瀋陽年鑑

SHEN YANG NIAN JIAN

1994

中国统计出版社

(京)新登字 041 号

图书在版编目(CIP)数据
沈阳年鉴 1994/《沈阳年鉴》编委会编——北京:
中国统计出版社,1994.8
ISBN 7—5037—1578—2
Ⅰ沈…
Ⅱ沈…
Ⅲ沈阳—1994—年鉴
ⅣZ523.11

沈阳年鉴
SHENYANG NIANJIAN
1994
《沈阳年鉴》编委会编
*
中国统计出版社出版
(北京复外三里河月坛南街 38 号)
沈阳市统计局胶印室激光照排
辽宁省统计局印刷厂印刷装订
香港维康美术印刷公司深圳
彩艺电分制版有限公司印制彩图

787×1092 毫米 16 开本 42.25 印张 104 彩页 148 万字
1994 年 8 月第 1 版 1994 年 8 月 第 1 次印刷
印数:1—5000 册
ISBN7—5037—1578—2/C·919
国内定价:50 元

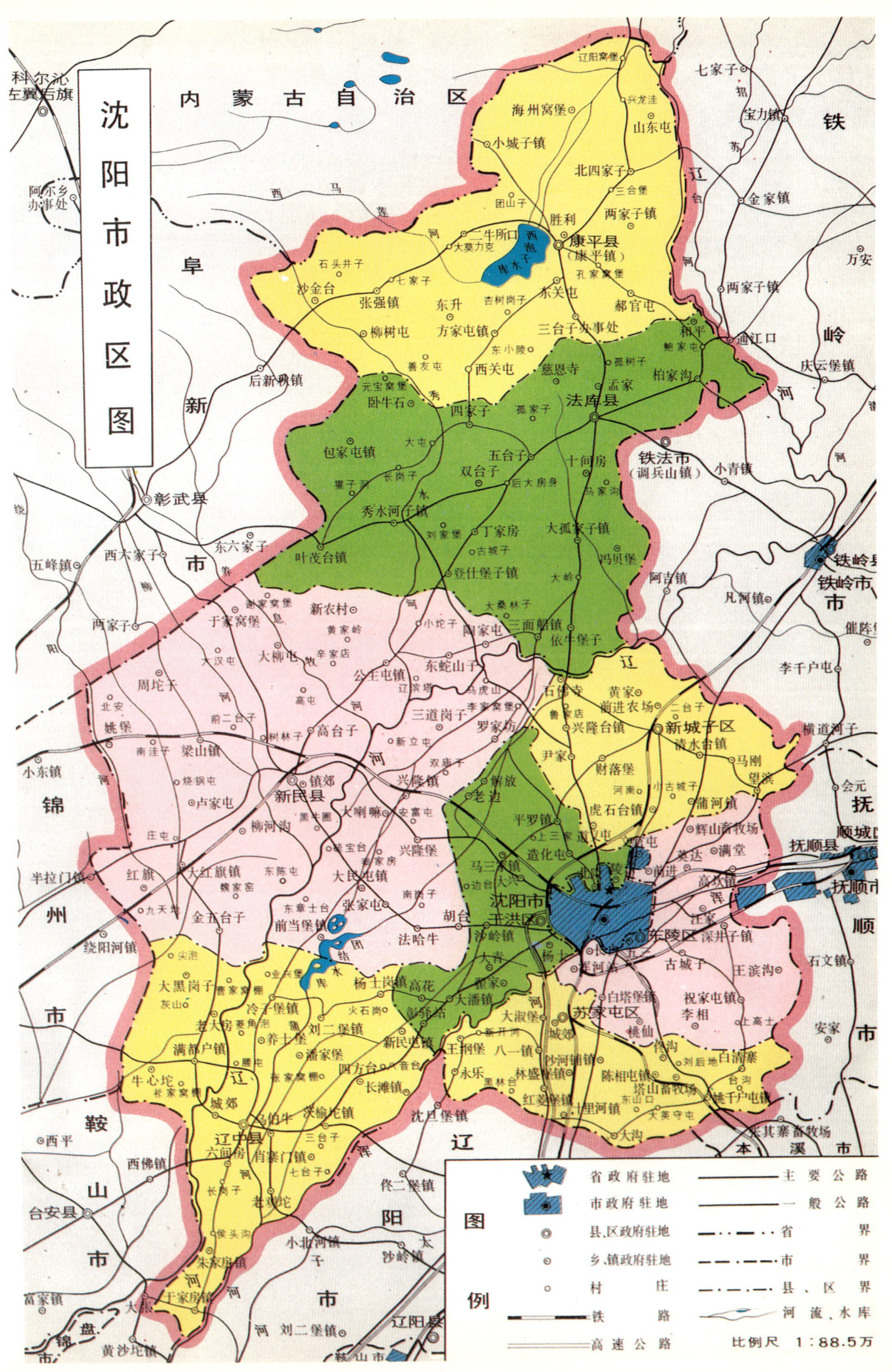

沈阳市政区图
内蒙古自治区
科尔沁左翼后旗
阿尔乡办事处
阜新市
彰武县
后新秋镇
五峰镇
西大家子
东六家子
两家子
铁岭市
铁岭县
铁法市（调兵山镇）
锦州市
鞍山市
抚顺市
抚顺县
本溪市
辽阳市
辽阳县
台安县
康平县（康平镇）
法库县
新民县
辽中县
沈阳市
新城子区
于洪区
东陵区
苏家屯区
辽阳窝堡
兴龙洼
海州窝堡
山东屯
小城子镇
北四家子
三合堡
团山子
两家子镇
胜利
二牛所口
大莫力克
西泡子
库水子
石头井子
七家子
沙金台
张强镇
东升
杏树岗子
东关屯
孔家窝堡
郝官屯
三台子办事处
柳树屯
方家屯镇
东小陵
西关屯
善友屯
元宝窝堡
卧牛石
四家子
孤家子
慈恩寺
孤树子
孟家
柏家沟
和平
鲍家屯
通江口
包家屯镇
大屯
五台子
双台子
十间房
后大房身
马家沟
长岗子
秀水河子镇
刘家堡
丁家房
大孤家子镇
古城子
冯贝堡
叶茂台镇
登仕堡子镇
大岭
大桑林子
三面船镇
依牛堡子
新农村
黄家岭
辛家店
于家窝堡
大汉屯
大柳屯
公主屯镇
东蛇山子
马虎山
周坨子
北安
姚堡
前二台子
高屯
高台子
三道岗子
罗家坊
石佛寺
黄家
前进农场
兴隆台镇
清水台镇
马刚
望滨
尹家
财落堡
河南
小古城子
蒲河镇
虎石台镇
辉山畜牧场
满堂
英达
前进
高坎镇
小东镇
梁山镇
南洼子
树林子
新立屯
双庙子
兴隆镇
镇郊
解放
老边
卢家屯
柳河沟
大喇嘛
安富屯
平罗镇
上三家
道义屯
造化屯
北陵
庄屯
红旗
大红旗镇
东陈屯
黄宝台
兴隆堡
马三家镇
大民屯镇
边台
大兴
半拉门镇
九天地
金五台子
东章士台
张家屯
南岗子
胡台
前当堡镇
法哈牛
沙岭镇
长白
浑河站
五三
汪家
深井子镇
古城子
王滨沟
绕阳河镇
尖泡
大黑岗子
杨士岗镇
高花
大潘镇
大淑堡
白塔堡镇
祝家屯镇
李相
上高士
冷子堡镇
老大房
火石岗
新开河
苏家屯区
桃仙
姚千户屯镇
满都户镇
养士堡
刘二堡镇
新民屯镇
王纲堡
八一镇
沙河铺镇
白清寨
潘家堡
四方台
永乐
林盛堡镇
陈相屯镇
牛心坨
长滩镇
红菱堡镇
塔山畜牧场
城郊
乌伯牛
茨榆坨镇
沈旦堡镇
十里河镇
大英守屯
大沟
六间房
三台子
肖寨门镇
西佛镇
长岗子
老观坨
佟二堡镇
侯头沟
小北河镇
沙岭镇
朱家房镇
于家房镇
刘二堡镇
大张
黄沙坨镇
富家镇
西平
七家子
宝力镇
金家镇
万安
两家子镇
庆云堡镇
小青镇
阿吉镇
凡河镇
催阵堡
李千户屯
横道河子
会元
石文镇
安家
张其寨畜牧场
图例
省政府驻地
市政府驻地
县、区政府驻地
乡、镇政府驻地
村庄
铁路
高速公路
主要公路
一般公路
省界
市界
县、区界
河流、水库
比例尺 1:88.5万

1993年9月10日，全国人大常委会副委员长布赫（前排中）、全国政协副主席洪学智（前排左二）来沈阳参加沈阳第三届秧歌节。图为布赫、洪学智同省领导全树仁（右二）、岳岐峰（左一）、戴苏理（右一）在开幕式主席台上

第三届沈阳秧歌节开幕式盛况

外国代表队在开幕式上载歌载舞

市花——玫瑰花

市树——油松

友好往来

日本环境保护调查团来沈阳调查

横山朗

戒田喜伴

根据中日双方政府协议，应国家计委邀请，日本国通产省委托以横山朗为团长的日本成套设备协会一行12人，于1993年10月25日抵沈，并于10月26日至11月4日在沈阳对环境状况进行了调查，旨在为中日两国政府最终确定沈阳为日本国对华绿色工程项目提供可行性报告。在沈期间，调查团成员对沈阳冶炼厂烟尘治理、沈阳热电厂三期改造、轻油制气厂、两部污水处理厂等项目的经济、技术进行了认真、细致的调查研究。

市长武迪生、副市长张瑞昌多次接见调查团，对日本专家为改善沈阳环境所做的卓有成效工作深表谢意。

武迪生市长、张瑞昌副市长会见调查团成员：

友好往来

1993年2月24日，市长武迪生、副市长刘克田会见以朝鲜民主主义人民共和国铁道部第一副部长郑长文为团长的平川贸易会社一行

1993年5月5日，市委书记张国光、副市长任殿喜会见马来西亚成功集团总裁陈志远先生一行

1993年11月18日，武迪生市长会见韩国驻华大使黄秉泰夫妇一行

友好往来

市委书记张国光向泰国正大集团董事长谢国民先生颁发沈阳市荣誉市民证书

1993 年 5 月菲律宾奎松市政府友好代表团来沈访问。图为代表团拜会沈阳市人大常委会时合影

1993 年 7 月'93 马来西亚'亚洲工商产品展览会在吉隆坡举行，沈阳市政府经贸代表团参加展览会，图为常务副市长任殿喜为展览会开幕式剪彩

沈阳风光

沈阳一瞥

辉山红叶

霞光塔影

商埠新貌

昭陵鸟瞰

秀湖夏色

碑楼初雪

城区一角

沈阳风光

沈陽經濟

铁西工业区一瞥

水库捕

新建的农家住宅

中捷友谊厂——国内最大的钻镗床制造厂

商海人潮

沈大高速公路

沈阳变压器厂——全国最大的变压器制造和试验研究基地

奶牛饲养有较大发展

家庭养鸡

八一灌区

旅游观光

十亭映殿——故宫，始建于1625年(后金天命10年)，由崇政殿、飞龙阁、翔凤阁、清宁宫、文溯阁等组成，全部建筑300余间，占地约6万多平方米，是清初清太祖奴尔哈赤和清太宗皇太极的宫殿。

张氏故居，建于1913年。这座三进四合院，共有房舍74间，占地1.6万平方米。1929年前，曾是张作霖的府邸。少帅张学良在这里度过青少年时期。

碧水长廊——南运河带状公园，建于1984年、1985年、蜿蜒14.5公里，面积314公顷，横跨东南3个市区，掩映6个公园，19个游园，两岸林带葱郁，景色秀丽，构成一幅“碧水长廊”的壮丽画卷。

福陵大磴——福陵(东陵公园)，始建于1629年，是清太祖奴尔哈赤和后妃的陵墓。位于沈阳东郊，占地557公顷，陵殿巍峨，风景佳丽，一百单八级石阶享有“福陵天磴”之称。

沈陽市推薦產品中心

推荐产品中心主任李静凯（右一）向薄一波同志（右二）汇报工作

沈阳市推荐产品中心是市技术监督局所属从事产品推荐的专门机构。

工作目标是：扶优限劣、引导消费、抵制假冒、净化市场。

工作原则是：严格考核、科学签定、真实宣传、公正推荐。

欢迎各企业将质量好的产品参加推荐活动。

地址：沈阳市和平区南八马路 90 号

加速发展的

1993年，和平区经济超常发展，各项经济指标提前两年完成“八五”规划。全区社会总收入完成28.8亿元，比1992年增长44.3%；财政收入实现1.6亿元，比1992年增长44.3%；总利润1.3亿元，比1992年增长51.4%。其中社会总收入、财政收入指标双列省城区之首。全区工业实现销售收入近5亿元，比1992年增长32.5%；实现工业利润3400万元，比1992年增长25.5%。

1993年，该区区街经济呈现以下几个主要特点，一是，积极发挥地处市中心繁华区的优势，把发展第三产业作为加速发展区街经济的支柱产业来抓；二是，认真实施“外向牵动”战略，对外开放有重大突破；三是，重点建设项目建设进展较快；四是，个体和私营经济成为区街经济新的增长点。

沈阳南站农副产品批发市场是全国大型批发市场之一，也是东北地区农副产品的主要集散地

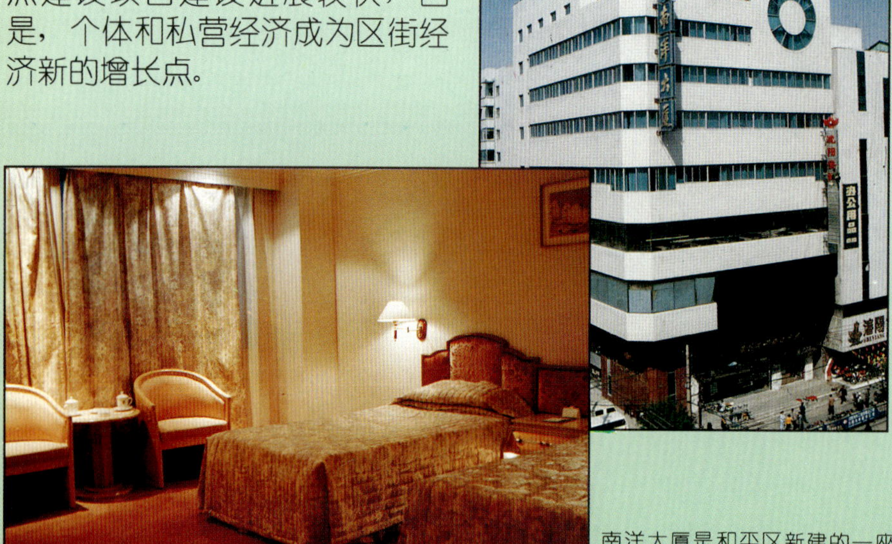

南洋大厦是和平区新建的一座集购物、餐饮、娱乐、宾馆于一体的现代化大厦

和平区经济

和平区政府大楼

誉满沈城的中外合资企业
天天渔港餐饮有限公司

沈阳市工业电炉厂产品畅销全国各地，远销世界各国。图为该厂厂长正在与外商洽谈开发产品

广州副食商场综合效益指标位居全国同行业第一

沈阳市中小学办

市教委主任　张卓然

市第一中学电化教室

沈阳市中、小学办学设施建设工作，在市委、市政府的领导下，经过十几年努力，有了长足发展。校舍、教学设备、教学仪器等物资条件发生了根本变化。1993 年全市 9 个县区“普九”工作通过省政府验收。实验室建设工作位居全国前列。全市有语言教室 146 个，微机教室 143 个，电化教室 314 个，其中符合国家标准的 30 多个。完善办学设施，为沈阳教育事业腾飞，奠定了良好的基础。

学设施长足发展

语言教室

艾廷隽副市长视察农村小学

计算机房

市财经学院报告厅

物理实验室

沈阳市副市长、开发区管委会主任（兼）刘克田、开发区管委会第一副主任、开发集团公司总经理张希志在开发区“4.28”庆典仪式上

沈陽經济技術開发區

田纪云题

93年4月28日，国务院特区办开放司司长谭汉怀在开发区揭匾仪式上宣读国务院批准设立沈阳经济技术开发区的文件

93年6月22日，沈阳经济技术开发区首届国际经济技术合作洽谈会在开发区奉达大厦隆重开幕

93年9月8日至15日，开发区在沈阳市国际经济技术合作洽谈会上，引进外资项目27个，协议投资总额25490万美元，协议利用外资15061万美元

在"9·9"沈阳开发区之夜文艺晚会上，省著名歌唱家朱玉与日本客商共唱《北国之春》

沈阳经济技术开发区创建于1988年6月，是辽东半岛对外开放的先行区和重要窗口。

1993年开发区引进项目捷报频传，基本建设高速推进，舆论宣传高潮迭起，这一年是开发区抓住机遇、加速发展、争创一流、再造辉煌的一年。

93年12月18日，省委副书记、沈阳市委书记张国光在开发区主持召开开发区开发建设领导小组第四次全体会议

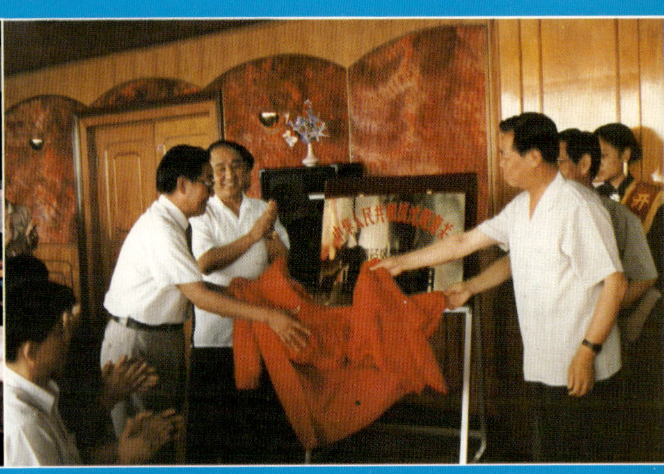

93年8月2日，沈阳海关驻经济技术开发区监管组正式进区办公

沈阳北站商贸金融开发区

沈阳北站商贸金融开发区是集商业、贸易、金融、旅游、中介、信息等新兴产业为一体的城市新型商贸金融中心区。自1991 年正式成立以来，到 1993 年末，已建成一批大型项目，总建筑面积 21.83 万平方米和电缆隧道及配套管网工程。1993 年已审批立项 23 个大型工程，总投资 55 亿元人民币，其中外方独资和中外合资项目 11 个，利用外资 3.9 亿美元。

沈阳北站商贸金融开发区正进入全面开发建设阶段，预计到 2000 年可累计完成投资 60 亿元人民币，竣工使用大型项目 30 余个，竣工面积 150 多万平方米，形成辐射全国、延伸东北亚、面向国际大市场，参与国际大循环的外向型、多功能、全方位的要素市场流通体系，成为沈阳市及东北地区与国际商业、贸易、金融、中介等相连接的纽带和桥梁。

开发区办公室主任：石爱民
地址：沈阳市沈河区北站路 208 号
电话：(024) 2726495
传真：(024) 2727473
邮编：110013

沈阳市房产实业公司

总经理　范利明

公司领导班子

该公司成立于 1988 年，是市房产局直属的综合性房地产经营管理企业，是以房地产开发为龙头，以城市房产经营管理，热力供暖为主体的综合性企业。下设开发分公司，房产经营管理公司、供暖公司、供暖工程公司、建筑公司、房屋拆除公司、房屋装饰公司、房屋租赁公司、建材经销处、建筑设计研究所等经营实体 28 个。

该公司同新加坡溫兄弟集团公司合资创办沈阳市第一家中外合资房地产开发公司“华新国际实业有限公司”，共同开发建设了“河畔花园”外商公寓，来自美国、日本、新加坡、南韩等 18 个国家和地区的客商和驻沈办公机构居住在这里。公司还独资在美国洛杉矶建立了“美华兄弟有限公司”，在科威特开办了“北京楼饭店”。

合资建设的“河畔花园”外商公寓

地址：沈阳市沈河区东纬路 64 号
电话：2717828
传真：2717846
邮编:110003

沈阳市房屋土地综合开发公司

总经理 邢同臣

该公司组建于 1974 年，资质等级为国家一级。自有资金 4000 多万元，每年开复工 50 万平方米左右，完成投资 2 亿元左右。20 年来，共完成投资 26 亿多元，竣工房屋 500 余万平方米。开发项目不仅遍及沈阳市区，而且辐射海南、大连等沿海特区。

近两年来，公司锐意改革，大胆创新，兴办合资企业 4 家，引进外资 4600 多万元。并与美国、德国、香港、台湾等国家和地区建立了国际经贸往来。公司房屋开发经营形式多样，有商贸大厦、办公大楼、各档次的商品住宅及经贸项目，竭诚欢迎各界朋友携手共振房地产业。

红星小区仿古住宅建筑

万莲住宅小区高级住宅

地址：沈阳市和平区东纬路 17 号
电话：3875034
传真：3876192
邮编:110003

沈阳市

市政建设房屋开发公司

公司领导班子在研究工作

沈海小区住宅楼

该公司成立于 1988 年 3 月，是国家三级房地产开发企业。公司坚持为城市建设服务的宗旨，以市政工程建设为依托、以改善市政环境、造福市民为目标，通过加强企业管理，深化内部改革，使公司经济技术实力逐渐增強。该公司承建的小北小区、沈海小区、上园小区、戏校小区等住宅与公建工程，质量标准全部达到乙优以上。

经理：王德富　　副经理：任东风

沈海小区住宅楼

地址：沈阳市沈河区青年大街 197 号
邮编：110015　电话：3892838

沈阳市图书馆

沈阳市图书馆创建于 1908 年，是一所综合性大型公共图书馆。共藏书 150 万册，其中古书籍图书 11 万册，外文原版图书 4 万余册，是沈阳地区文献资料收藏中心。

该馆设有社科、文学、自然、工业、热门图书 5 个外借处。有期刊、报纸、综合图书、参考图书、外文图书、港台图书、地方史料、缩微资料室、语音室、视听室等 10 个阅览室。有目录厅、报告厅、会议室、计算机中心、复印室、胶印室等现代化多功能服务设施。全年接待读者 44 万人次，流通图书 100 万册次，连续两届获全省公共图书馆服务成果一等奖。

社科图书外借处

名家书画赠书展

地址：沈阳市沈河区北京街 5 号　邮编：110013　电话：2724995

沈阳电热设备制造总厂

（沈阳市电热原件厂）

厂长　潘公璞

该厂是我国最早建成的综合性电热器、电热设备的生产企业，至今已有30年历史。曾连续7年被省、市政府誉为“小型巨人”和“明星企业”。主要产品包括20多个牌号、40余种不同规格的电热元件、电热器具、电热设备。双环牌密封恒温电炉出口到世界20多个国家和地区。

该厂有4种产品荣获省优质产品称号，有两种产品荣获轻工部科技进步奖，其中1987年研制成功的大型TDRQ涂装线加热器和LGRQ联苯锅炉加热器为国内首创，热效率高，节省能源，在国内汽车行业和纺织品等行业引起了强烈的震动。

地址：沈阳市大东区东边城街20号
电话：8852117　电挂：9028
邮编：110042

"双环"牌密封恒温电炉

LGRQ 联苯锅炉电加热器

TDRQ 型电加热器

工厂正门

沈阳市电信局

局长 邵文章

该局是东北地区的通信枢纽局，是全国大型骨干通信企业之一。

近年来，该局加大投资力度，加快建设速度，先后开通投产了具有世界先进水平的市内、长途程控电话、移动电话、无线寻呼、自动转报、三类传真、数据分组交换、“168”自动声讯系统等多种电信业务，使沈阳市初步形成了现代化的立体通信网络。

沈阳市电信局愿竭诚为社会各界服务，为把沈阳建设成为现代化、国际化的大型城市提供良好的通信条件。

程控电话机房

无线寻呼营业厅

地址：沈阳市沈河区惠工街一号
电话：2823627　邮编：110013

沈阳市绿化工程公司

经理　贾效民

该公司始建于 1961 年，现有职工 280 名，固定资产 321 万元，是园林绿化一级、古建筑二级的专业施工企业。

该公司技术力量雄厚，具有较强的造园、绿化、仿古工程的设计与施工能力。设计并施工了南运河带状公园和卫工河公园的绝大部分景点和绿化。由该公司施工的小区绿化工程，曾 3 次代表沈阳市参加省"绿叶杯"竟赛评比，并取得好成绩。公司注重开发国内市场，施工工程已辐射国内 10 几个地区，年产值近 1500 万元。

南塔园

东塔园长廊

盘锦工程

地址：沈阳市和平区南京南街 216 号
邮编：110005　　电话 3870340

沈阳市园林科学研究院

科研综合楼

院长　任嘉同

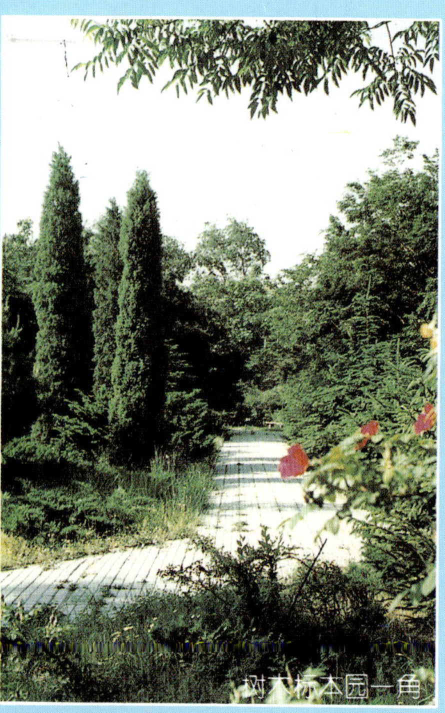
树木标本园一角

该院组建于1963年，现有职工300余人，其中：中、高级工程技术人员39名，固定资产518万元。

建院以来共承担科研课题80余项，其中42项通过技术鉴定，41项成果荣获各级奖励。并对成果进行了不同程度的技术推广与开发，获得了较好的经济效益、社会效益和环境效益。该院具有较高的造园、绿化、盆景等工程设计与施工能力，承揽了市内许多绿化工程，生产的水石盆景远销美国、法国、德国、荷兰、香港等国家和地区，经该院处理的草籽远销到日本。

地址：沈阳市沈河区青年大街199号
电话：3892838　邮编:110015

沈陽市環境保護投資公司

沈阳市环境保护投资公司试点验收会议于 1994 年1月在北京举行

全国人大环境保护委员会主任曲格平（右）会见沈阳市环保局局长王海峰（中）沈阳市环境投资公司经理吴竞（左）

沈阳市代表在验收会议上（右起：市政府副秘书张富卿、市环保局局长王海峰、市环保投资公司经理吴竞）

该公司是中国第一家为治理环境污染发放贷款的专业投资机构，成立于 1988 年。几年来，已为沈阳市投资建设污染治理工程 300 余项，投资额近 2 亿元。

该公司本着为环境管理服务，为企业服务的原则，担负着污染治理基金的筹集管理、运用任务。采取经济管理的手段从基金贷款发放的可行性、工程设计、施工、竣工验收直至贷款本息回收实行全过程的管理，增加了环保基金的积累和投入，提高了投资效益。

1994 年 1 月该公司在北京通过了国家环保局等有关部门的验收工作，并由国家向全国 19 个省、市进行推广。

沈阳市供销合作总社

总社主任　武振声

该社始建于1949年，有职工2.8万人，县以上专营公司65个，生产加工企业21个，基层社99个，经营服务网点达1548个，营业面积80万平方米。近年来与美国、日本、俄罗斯、西班牙等国商团联网合资、合营组建8家合资合作企业，外商投资金额达8000万人民币。1993年创利2384万元，经济效益在全国重点城市同行业中名列前茅。

沈阳麦海纤维制品有限公司

公司总经理[illegible]（左二）与班子成员在研究工作

该公司是沈阳棉麻公司与台湾麦海国际有限公司、沈阳服装进出口公司共同出资兴建的合资企业。投资总额170万美元。从日本、台湾引进两条具有90年代国际先进水平的喷胶棉生产线，年产仿丝棉、喷胶棉1200万米，产值2000万元，利税200万元。

该公司是沈阳服装进出口公司服装辅料生产基地，产品70%远销至美国、德国、日本、香港等国家和地区。

公司办公楼

地址：沈阳市大东区东贸路32号
电话：8842707　传真：8842766　邮编：110043

沈阳物资开发股份有限公司

该公司是国家体改委批准的股份制企业，以经营再生资源、金属材料、超储积压物资等多功能为一体的国家大一型企业集团，先后被国家评为500户最大服务企业之一，国内贸易部优秀企业，被沈阳市政府授予100家利税大户之一，和20家最大商业批发企业之一。

1993年商品销售创历史最高水平，销售额实现8亿元，实现利润3623万元，分别比1992年增长23.4%和2.18%。

董事长兼总经理 蔡汝榕

东泽紧固件有限公司

地址：沈阳市沈河区风雨坛街144号
电话：2726350 邮编：110014
传真：2729274

沈阳市
农垦联合企业总公司

总经理 张双

该公司是市政府直属的局级单位，下设 11 个农牧场，6 个专业公司，4 个事业单位。

近年来，农垦系统充分发挥了资源、产业和技术优势，已发展成农、牧、工、商、建、运、服各业全面发展的综合行业系统，为沈阳市“菜蓝子”工程和经济发展做出了贡献。该公司在断续履行市政府赋予的农垦系统实行行业管理职能的同时，进一步转变管理职能，转换经营机制，向经济实体过渡，并正在向企业集团方向发展。

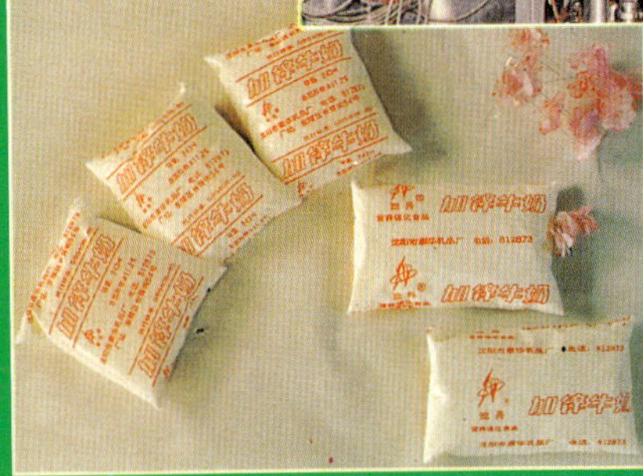
从丹麦王国引进的全自动超高温灭菌和巴氏杀菌生产线，生产的沈丹牌加锌奶、米罗营养奶、学生奶和可可奶、草莓酸牛奶、沈丹露等系列饮料誉满沈城，深受用户喜爱。

从荷兰施托克公司引进的肉鸡屠宰流水线，生产的肉鸡产品被国家农业部评为“绿色食品”，并获对德国、法国和日本出口注册。

地址：沈阳市沈河区市府大路 260 号　电话：2722214　传真：2721094　邮编：110013

编辑说明

一、《沈阳年鉴》是沈阳市人民政府主持编纂的大型年刊和综合性资料工具书，从创刊到发展已经走完了记史十载的光辉路程。本年鉴一年一卷，从相当的广度和深度全面反映沈阳市社会经济发展概况，翔实地记录了沈阳人民在党的领导下，为沈阳经济腾飞而做出的巨大努力和卓绝的奋斗精神，成为沈阳改革开放时代的历史见证。

二、《沈阳年鉴》1994 年刊，是创刊以来的第十卷本。主要记载了 1993 年沈阳市在深化改革、扩大开放和"两个文明"建设中取得的重大成果。图文并茂，形象生动，具有鲜明的地方特点和强烈的时代特色。

三、《沈阳年鉴》(1994 年刊)共 26 篇，基本框架与上年有所变化的是在专辑中新设重要文献分目，在县(市)、区经济发展中增设了部分乡镇经济发展条目，以满足不同层次的读者的需要。为便于检索，部类、分目在字体、字号和编排方面均有明显区别，条目标题统一用黑体字加【 】表示。

四、本年鉴的数据资料中，所有历年数字均调整为包括康平、法库两县在内的全市数据。按照国家统计局指标体系的变化，对有些指标的口径做了调整。因此，只列当年数字。部分数据合计数或相对数由于取舍不同，产生的计算误差均未做机械调整，请读者使用时注意。其中"空格"表示该项统计指标数据不详或无该项数据；"#"表示前一指标的其中项。

五、本年鉴登载的稿件，均由各地各单位指定专人负责撰写，并经领导审检。凡全市性数据和县(市)、区的主要数据，均经统计部门核准。

《沈阳年鉴》在国家、省、市各级领导和有关部门的关怀和支持下，经过全市各行各业、各单位几千人的通力合作，已经成功地出版了十年。在此，谨致诚挚的谢意。

《沈阳年鉴》编纂委员会

《沈阳年鉴》编辑部

目　录

专　辑

·重要文献·

·宏观调控体制改革·

·企业改革·

·市场体制改革·

·社会保障体制改革·

·农村改革·

·对外开放·

·开发区建设·

·廉政建设·

·纪念毛泽东同志诞辰100周年·

·武迪生市长遇难·

沈阳概貌

·基本情况·

·经济发展概况·

·经济结构·

政　治

·中共沈阳市委·

组织工作

宣传工作

统战工作

党校·党史工作

·市纪律检查委员会·

·计算机工业·

·电子工业·

·农机工业·

·其它工业·

交通·邮电

·铁路运输·

·公路运输·

·民用航空·

·邮 政·

·电 信·

城乡建设 环境保护

·综 述·

·建筑业·

·城市建设·

·住宅建设与管理·

·土地规划·

·环境保护·

·城市管理·

商业·物资 饮服与旅游业

·商业综述·

·日用工业品市场·

·对外贸易·

·利用外资·

·海 关·

·商品检验·

财政·税收 金 融

·财 政·

·税 收·

·金 融·

沈阳市人民银行

沈阳市工商银行

沈阳市农业银行

·技术监督·

·工商行政管理·

·物价管理·

·集体经济管理·

科学技术

·综　　合·

·科学技术协作·

·社会科学研究·

·科技成果·

教　　育

文化·新闻出版
广播电视

·文化事业·

·文学艺术·

·铁西区·

·于洪区·

·苏家屯区·

·东陵区·

·新城子区·

·新民市·

·辽中县·

·法库县·

·康平县·

人　物

·政界人物·

·专家学者·

·劳模人物·

·光荣榜·

社会经济统计资料

沈阳大事记

法规与规章

三资企业简介

推荐产品

附　录

·与沈阳建立友好城市关系各市简介·

索　引

CONTENTS

HONEST GOVERNMENT CONSTRUCTION

MEMORATING CHAIRMAN MAO'S CENTENNERY OF BIRTH

WU DISHENG DIED IN A PLANE CRASH

GENERAL PICTURE OF SHENYANG

POLITICS

DEMOCRATIC PARTIES, GROUPS AND ORGANIZATION

SCIENCE AND TECHNOLOGY

CULTURE, NEWS AND PUBLISHING BROADCASTING AND TV

PUBLIC HEALTH AND SPORTS

POLICIES AND REGULATIONS SOCIETY AND PEOPLE'S LIFE

COUNTY AND DISTRICT CONSTRUCTION

PERSONAGES

SOCIAL AND ECONOMICAL STATISTICAL DATA

卫生事业机构和人员

医疗床位(张)
18482
37370
39612
1978
1990
1993

医生(人)
10113
20338
21634
1978
1990
1993

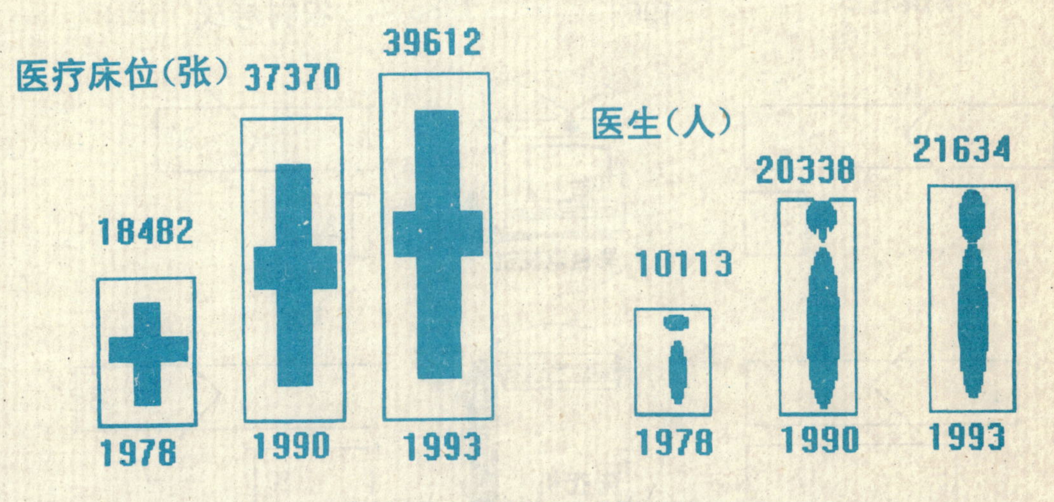

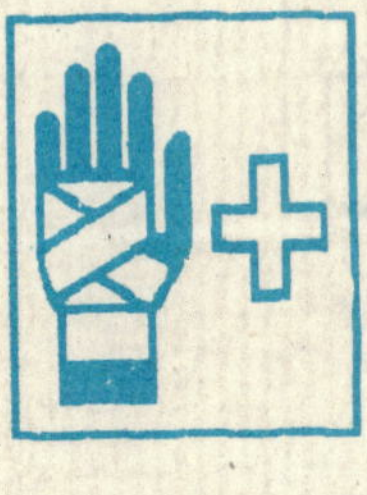

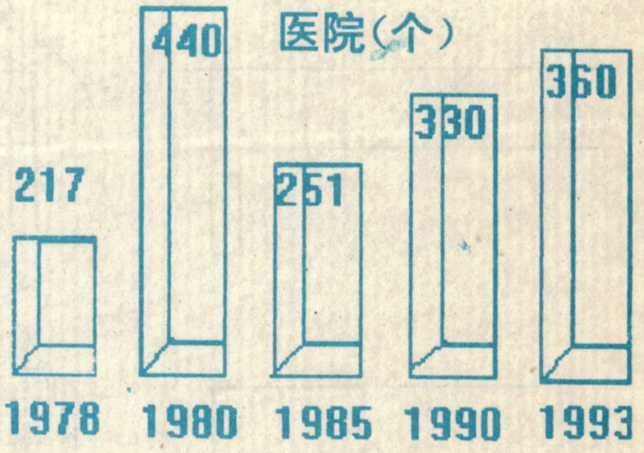
医院(个)
217
440
251
330
360
1978
1980
1985
1990
1993

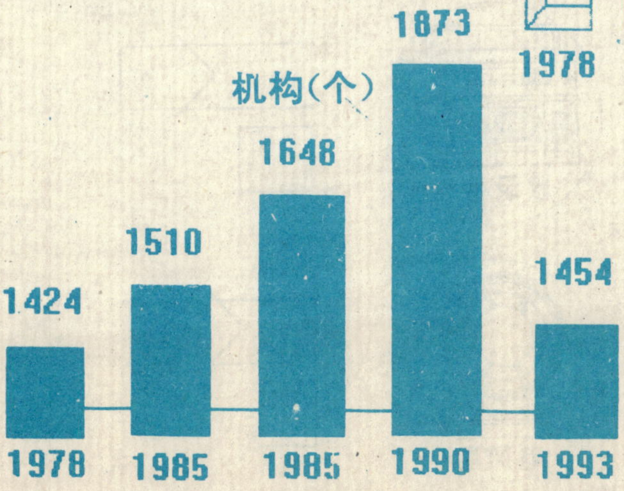
机构(个)
1424
1510
1648
1873
1454
1978
1985
1985
1990
1993

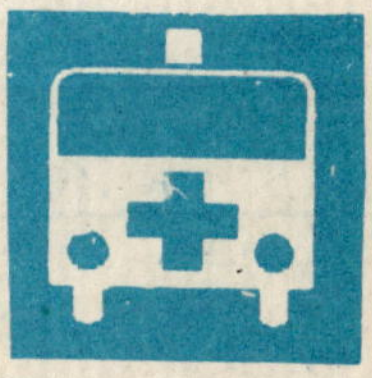

每百户耐用消费品拥有量

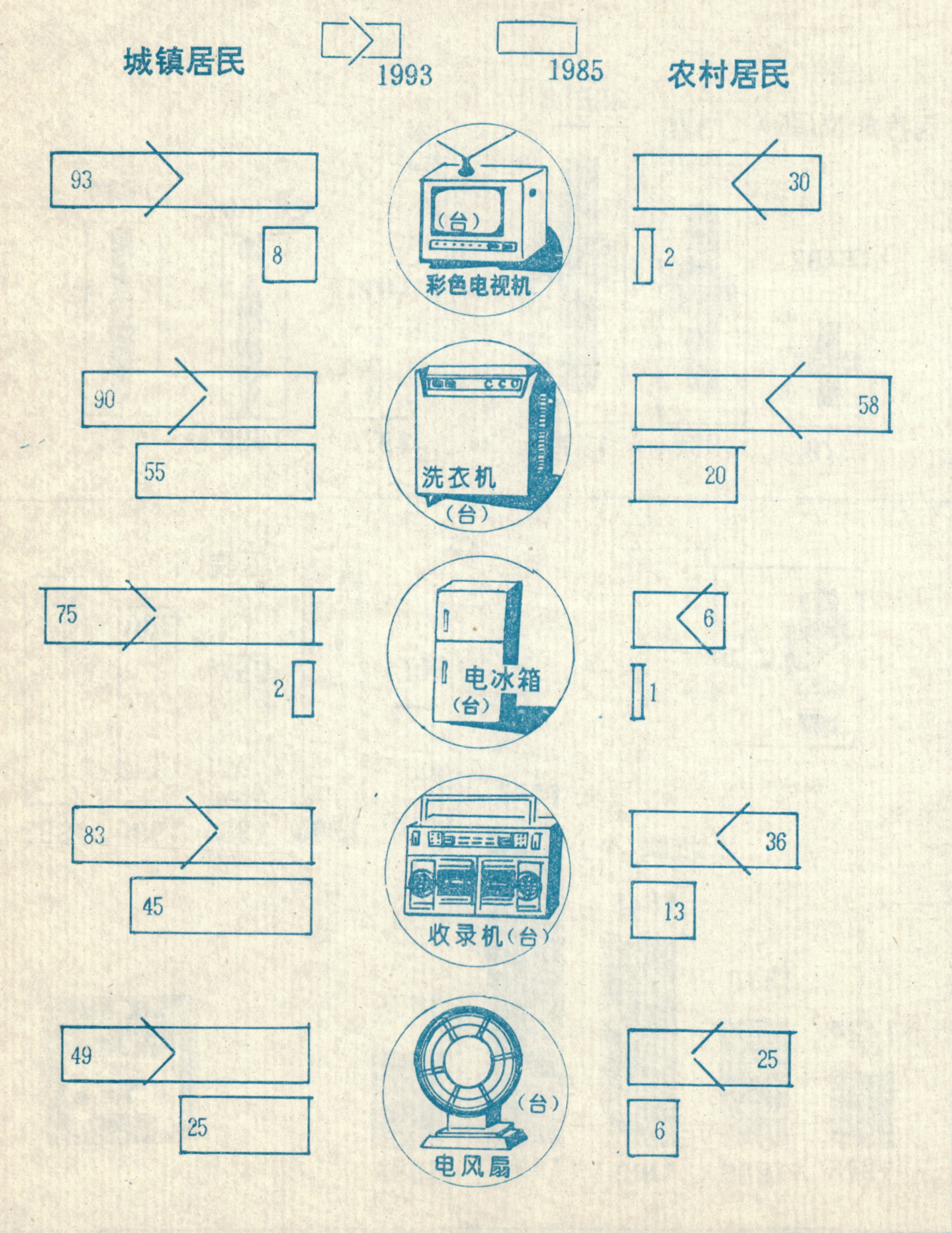

城乡居民储蓄存款年末余额

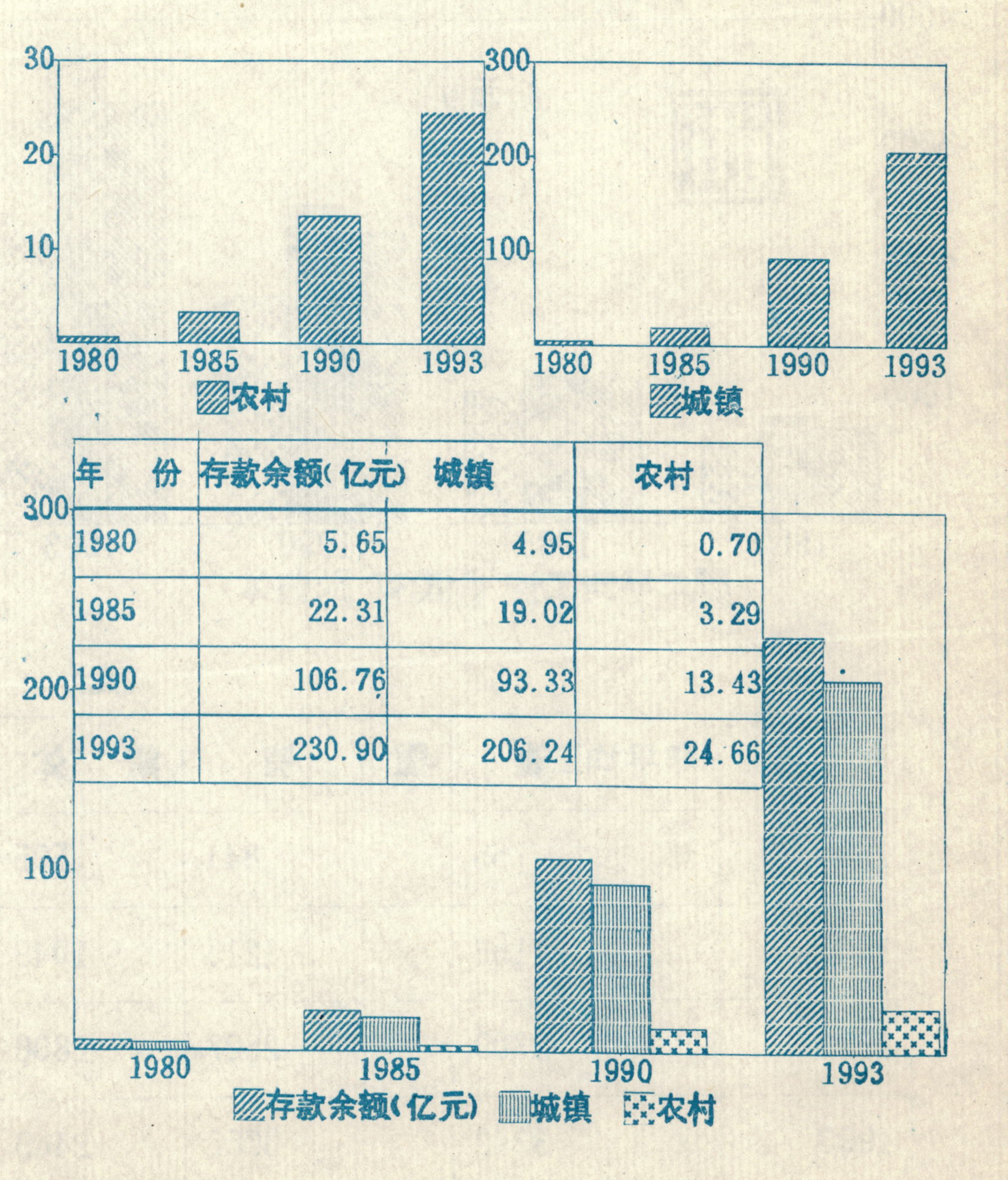

年　份	存款余额(亿元)	城镇	农村
1980	5.65	4.95	0.70
1985	22.31	19.02	3.29
1990	106.76	93.33	13.43
1993	230.90	206.24	24.66

职工平均工资

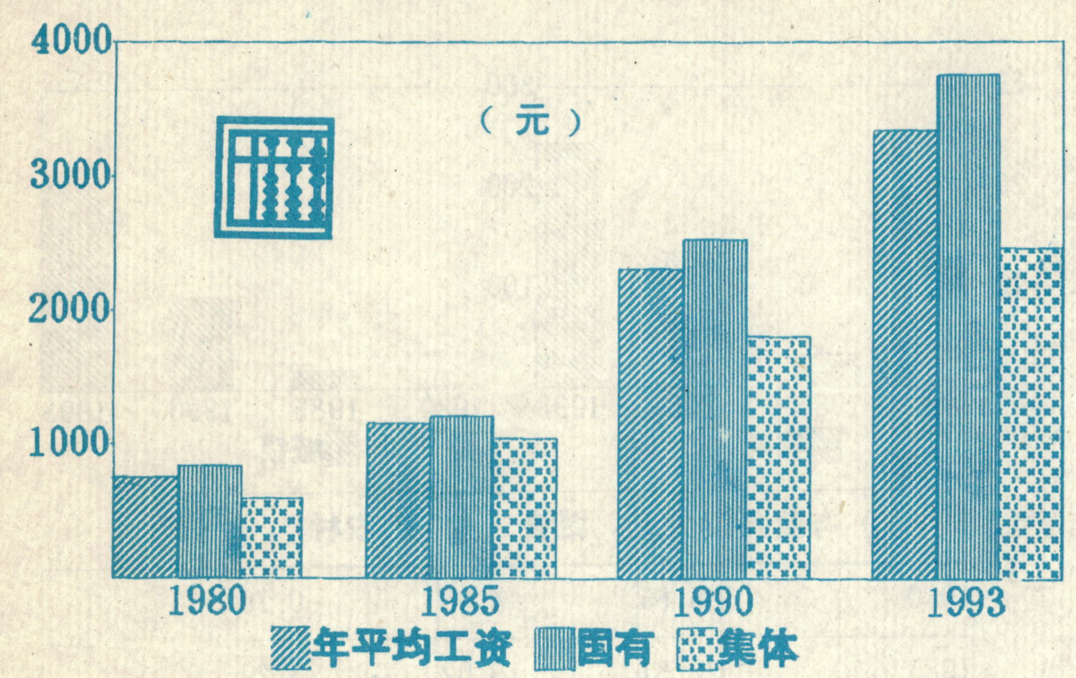

（元）

年　份	年平均工资	国　有	集　体
1980	755	841	595
1985	1156	1215	1049
1990	2309	2527	1806
1993	3342	3756	2469

邮电通迅网

年　份	电话机(万部)	每千人拥有电话机(部)
1980	3.63	7.0
1985	10.92	19.9
1990	21.84	35.0
1993	41.28	63.2

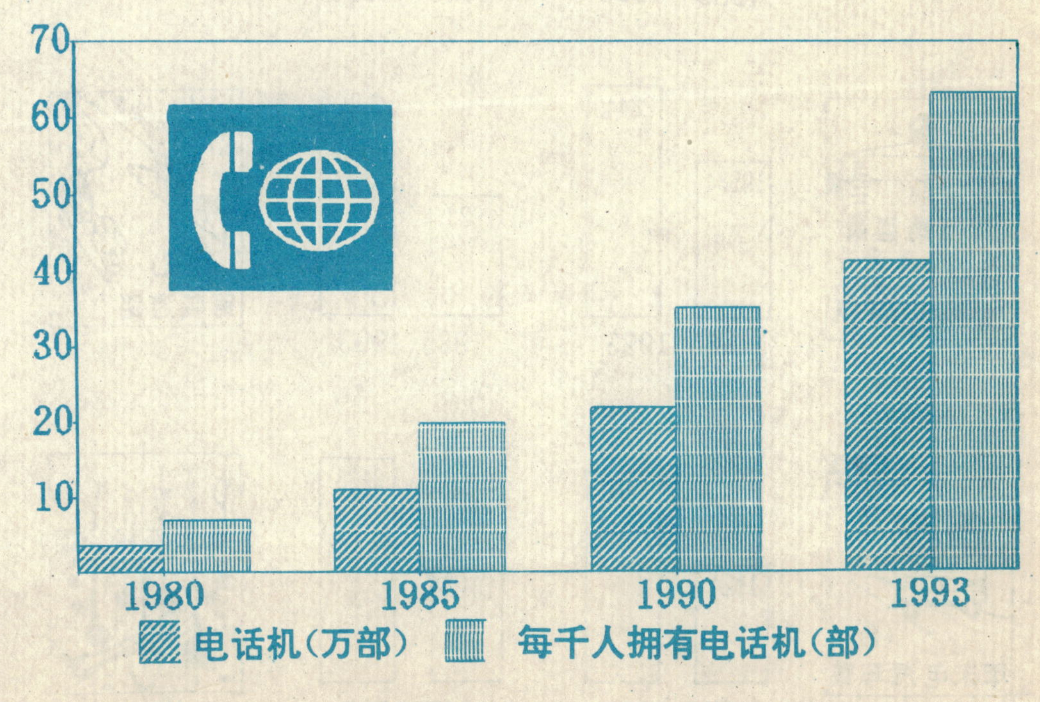

城市公共事业

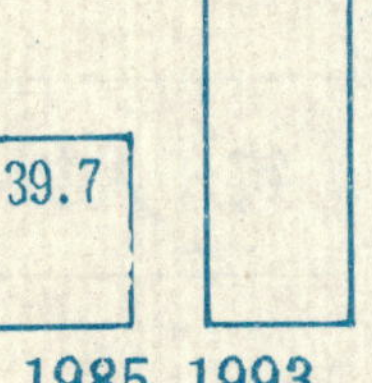

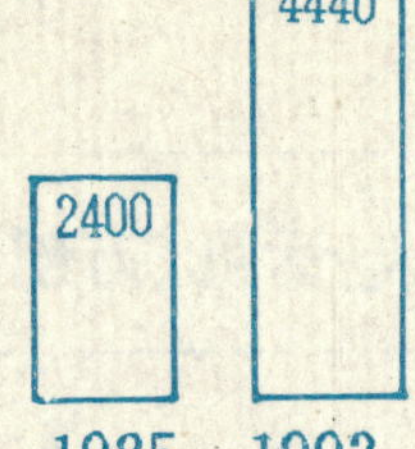

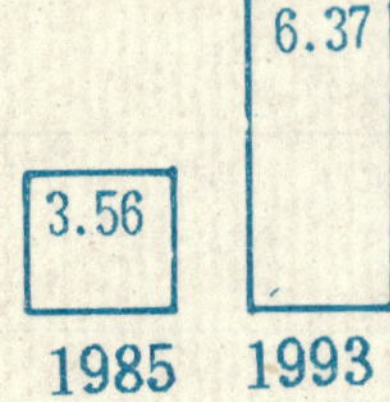

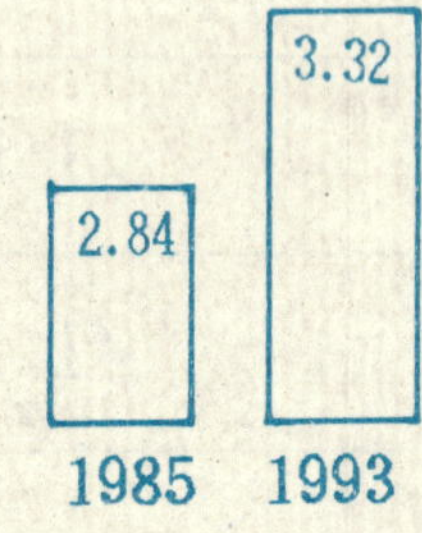

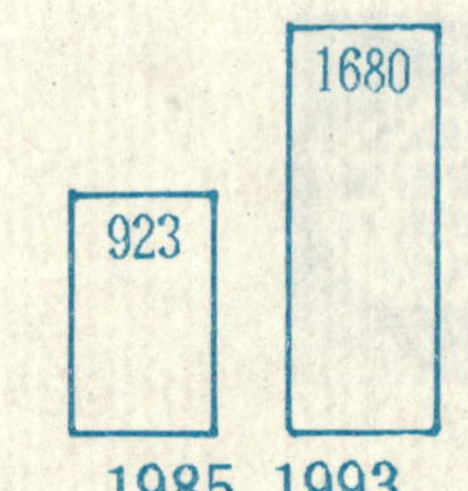

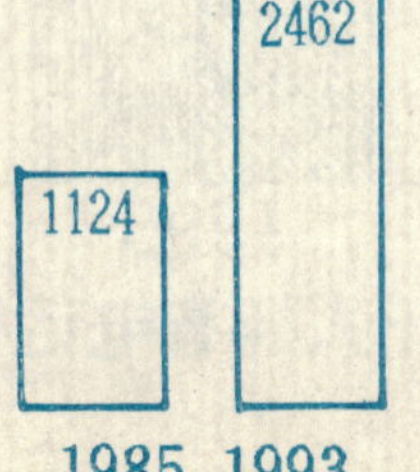

全年供电
（亿千瓦小时）

39.7

76.4
1985 1993

2400
4440
1985 1993

住宅建筑面积
（万平方米）

（亿吨）
全年供水

3.56
6.37
1985 1993

2.84
3.32
1985 1993

路灯（万盏）

煤气销售量
（万立方米）

19584
28449
1985 1993

923
1680
1985 1993

（公里）
铺装道路

（台）
年末电汽车数

1124
2462
1985 1993

18127
9128
1985 1993

绿地面积（公顷）

地方财政预算内收支

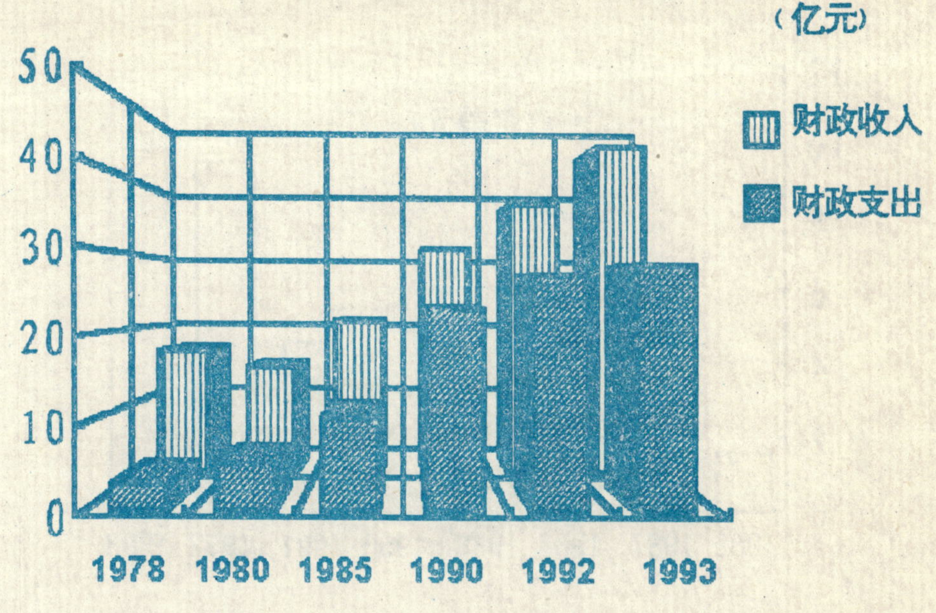

在地方财政支出中：　　　　（亿元）

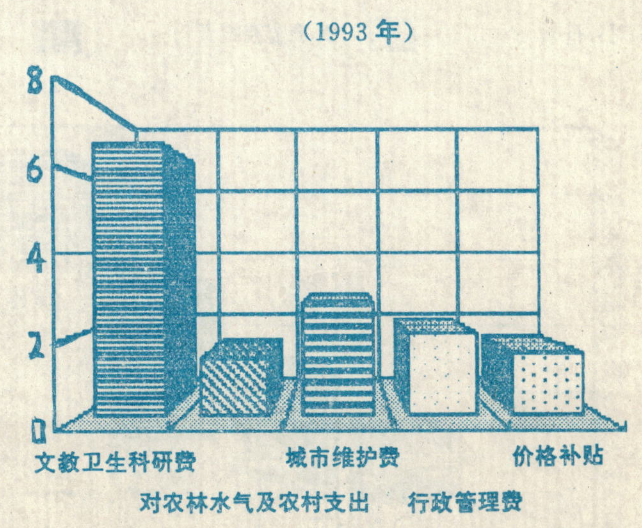

进出口总额

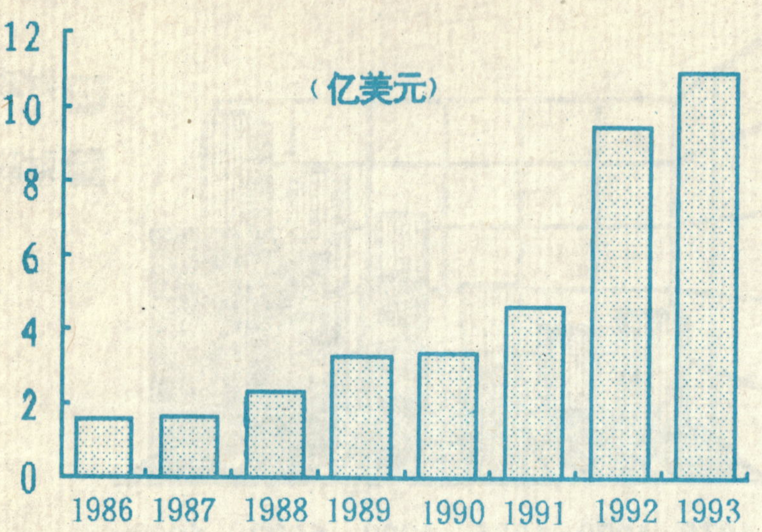

实际利用外资

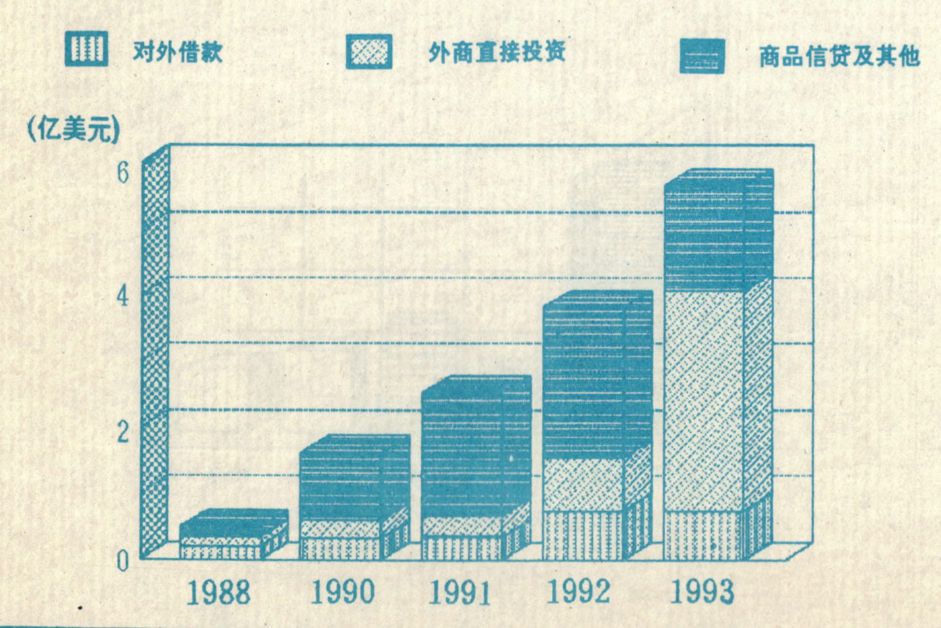

城乡集市贸易成交额

年份	集市数(个)	成交额万元
1985	301	72.8
1988	394	194.9
1990	400	303.9
1991	444	385.2
1992	517	719.9
1993	510	1079.8

2000
1000
1985 1988 1990 1991 1992 1993
集市数 成交额

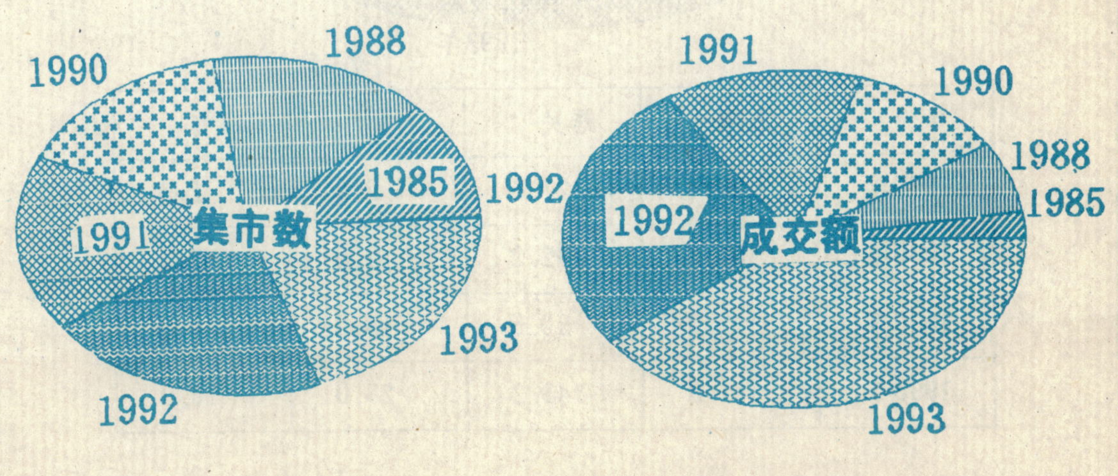

社会商品零售总额

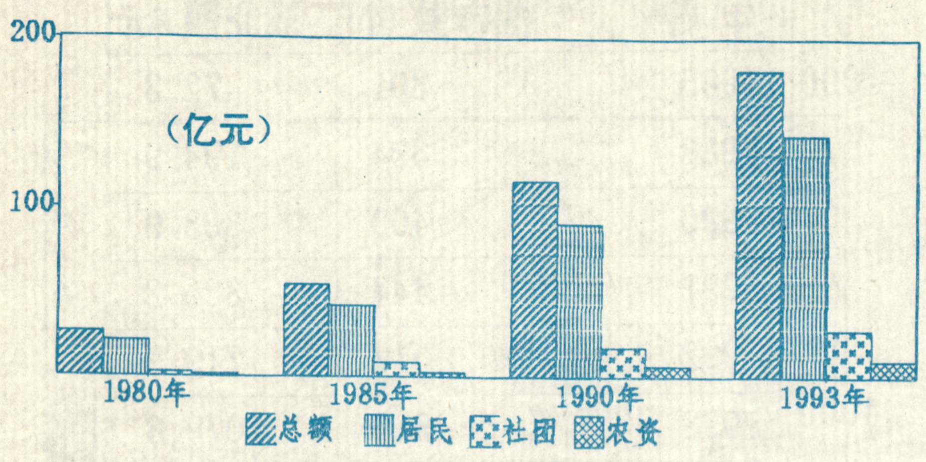

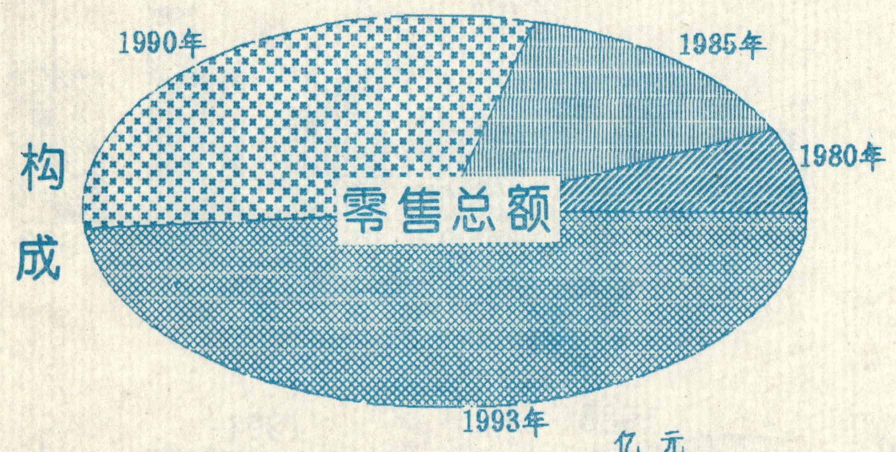

亿 元

年份	总额	居民	社团	农资
1980年	26.4	21.6	2.9	2.0
1985年	53.8	42.2	8.5	3.1
1990年	115.7	90.5	18.2	6.9
1993年	181.3	143.2	28.0	10.0

固定资产投资

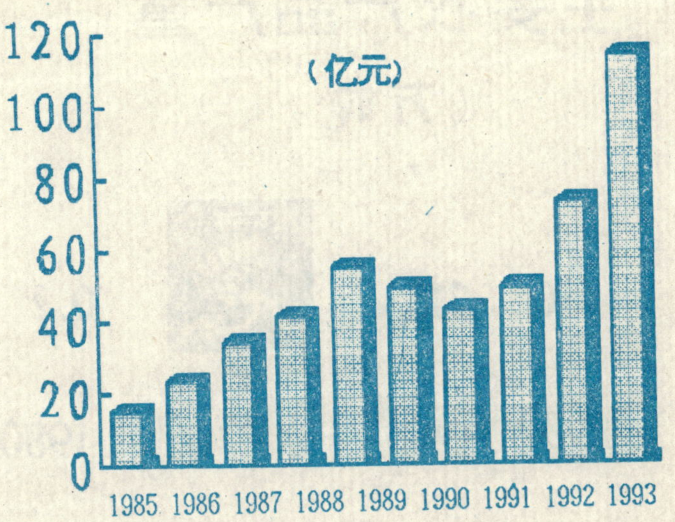

投资中生产性与非生产性比例

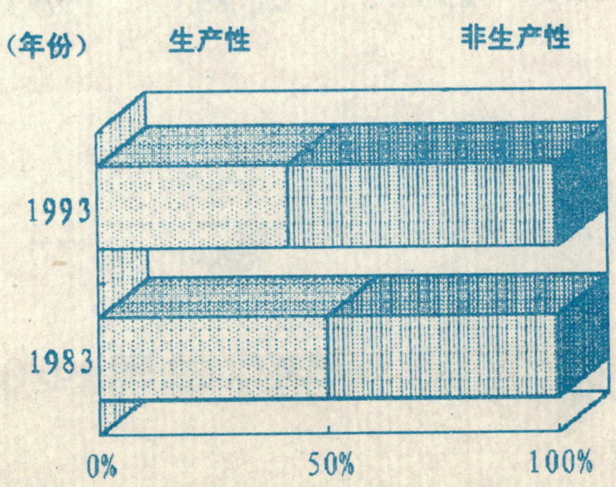

主要农产品产量

（万吨）

	1980	1993
粮食	210	318.3
水产品	0.2	4.3
水果	0.5	6.0
禽蛋	0.9	16.6
牛奶	1.7	6.0
猪牛羊肉	5.2	17.5

农业总产值

（亿元）

年　份	现价农业总产值	种植业
1980	9.45	7.08
1985	15.77	10.61
1990	40.39	23.06
1993	61.53	34.56

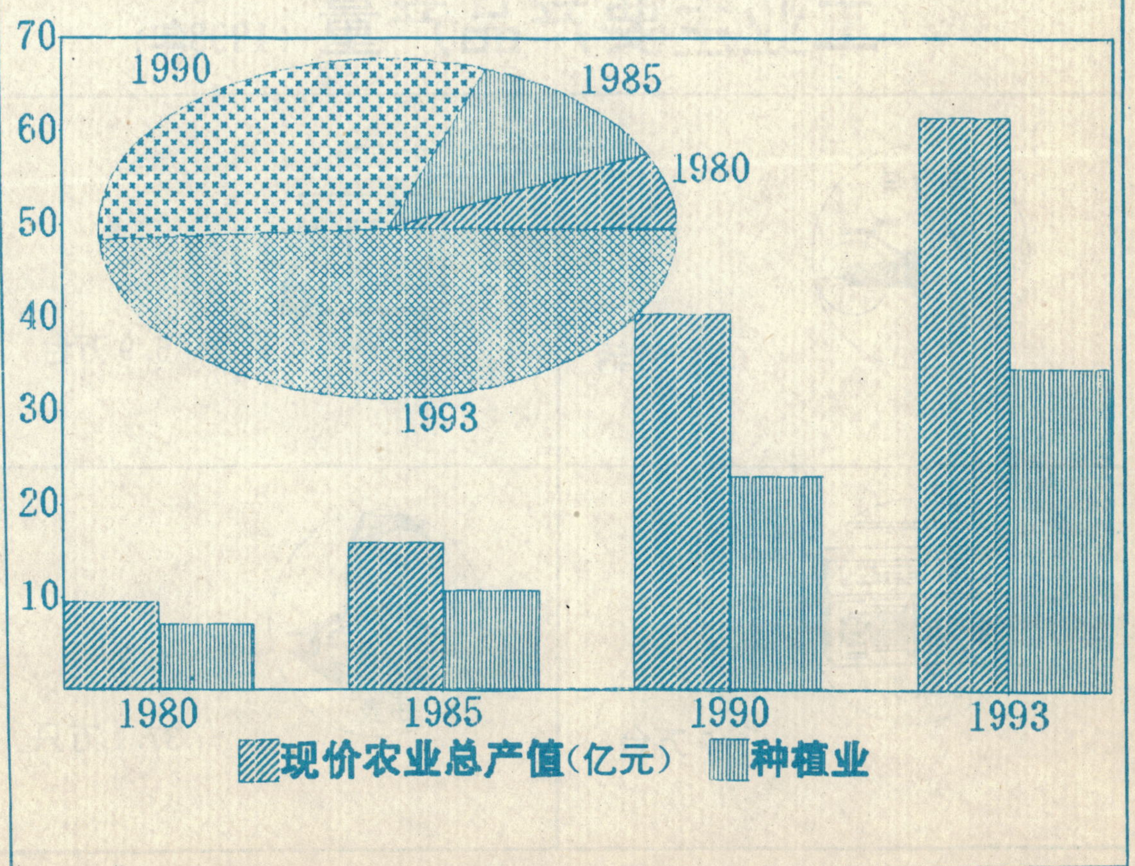

34.65 亿千瓦小时

83.58 万吨

14950 台

7745 万米

工业主要产品产量（1993年）

51.5 万辆

5.9 万台

3.7 万台

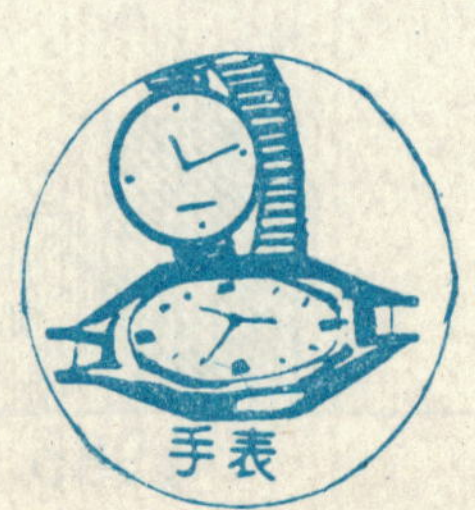

37.1 万只

工业总产值

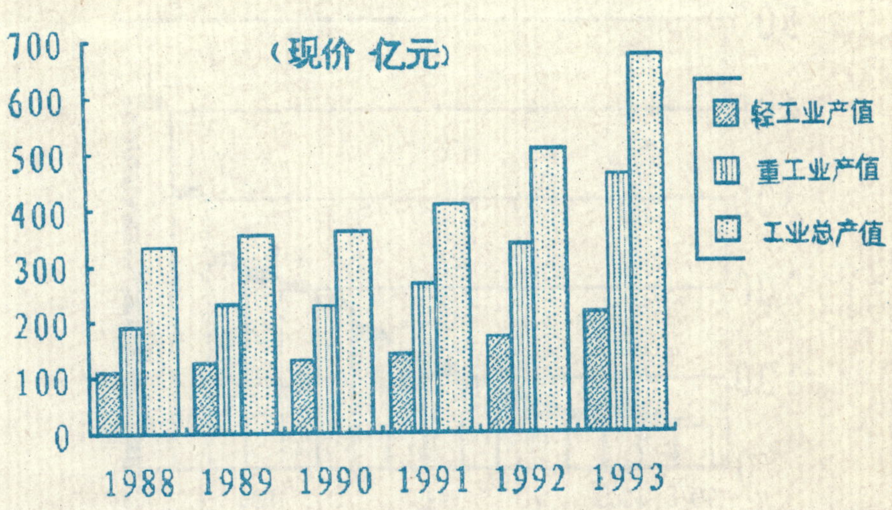

工业总产值构成

(乡及乡以上)

(1993年)

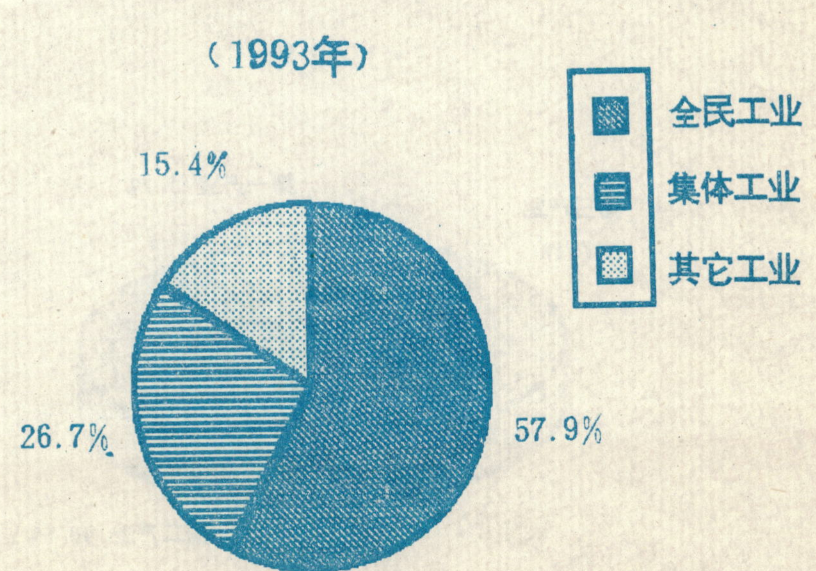

国内生产总值

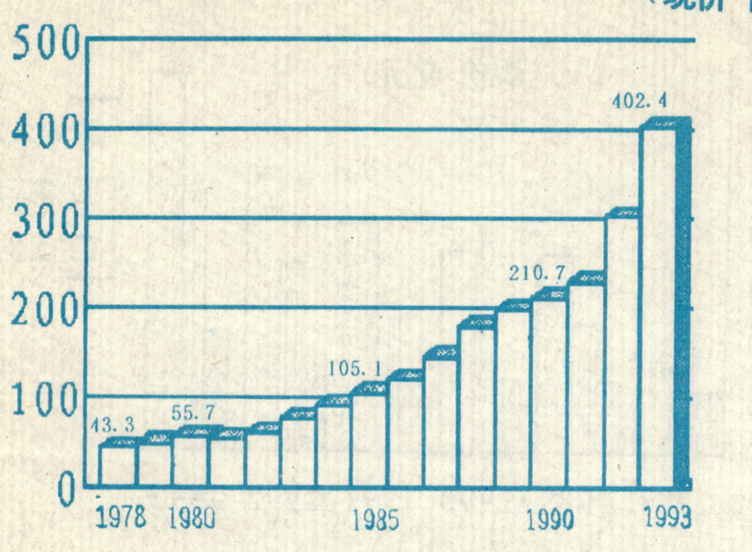

国内生产总值构成

(1993 年)

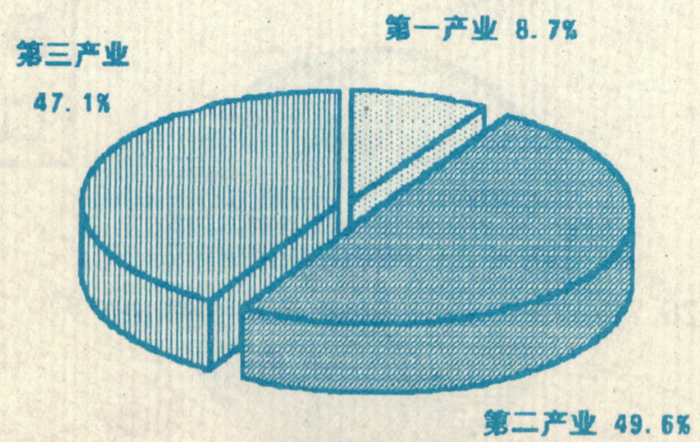

专　　辑

重要文献

在紧中求发展
靠稳定保发展
通过改革开放促发展

——在中共沈阳市委八届六次全体（扩大）会议上的总结讲话（摘要）

张国光
（1993年7月8日）

这次全会，是我们按照党的十四大新修定的党章规定所召开的一次带有检查督促性质、进一步发挥全委作用的重要会议，也是在我市改革开放和经济发展的关键时期，为讨论研究如何认清形势、未雨绸缪，保持经济持续稳定发展势头所召开的一次重要会议。下面，我根据常委的意见，结合会议讨论的情况，讲三个问题。

一、关于对上半年工作的估价

对上半年全市的工作，委员们在讨论中都给予了比较充分的肯定，这种肯定的依据主要来自两方面：

一方面是因为通过认真学习、贯彻落实小平同志南巡重要谈话和党的十四大精神以及省委、省政府关于进行“第二次创业”的部署，市委八届五次全会提出要保持的四大势头，基本得到实现。一是农业形势稳定、生产结构明显改善；工业生产逐月增长、经济效益不断提高，而且实现利税的增长超过了生产增长的幅度；商品流通进一步加快，各类市场全面旺销，整个经济保持了快速增长的势头。二是企业机制进一步由消费品市场向生产资料市场和生产要素市场及期货市场延伸；社会保障制度改革进一步由全民企业向集体企业和个体私营企业延伸，整个改革保持了全面深化的势头。三是外贸、外经、外资“三外”并举，特别是利用外资和新批三资企业以及对外工程承包、劳务合作比上年同期增长，整个对外开放保持了调整推进的势头。四是以思想解放为龙头、以环境改造为突破口的大文化建设全面展开，舆论环境、人才环境、社会环境和法制环境继续改善，党组织的战斗力进一步提高，整个党的建设和精神文明建设保持了不断加强的势头。

对上半年工作给予充分肯定的另一方面的依据，是因为全市工作在保持上述四大势头的同时，还呈现出以下几个比较明显的特点：

特点之一是，“一高两大两化”的目标日益深入人心，争上新台阶正在成为全市各级组织的自觉行动。去年底，市委八届五次全会明确提出了从现在起，在今后的18年中，我市经济的发展要实现三次大跳跃，到2010年把沈阳建设成为高科技、大生产、大流通的现代化、国际化城市。半年来，通过广泛深入的讨论和宣传，这一宏伟目标已成为全市人民的共识，并由此激发出极大的热情，抓住机遇、争上台阶正在成为全市上上下下、方方面面的自觉行动。市各部门根据“一高两大两化”的要求，纷纷调整自己的工作思路和工作目标，并积极转变职能，改善服务，努力为基层创造良好的发展环境。各县区普遍从深化对县情、区情的认识入手，研究选择了符合自身特点，能够发挥自身优势的发展战略。各行业分别以国内外同行业先进水平为参照，高起点地研究制定了赶超的目标和措施。各单位都把实现“一高两大两化”这一宏伟目标，作为思考问题、安排工作的出发点和落脚点，找准位置，运筹发展，为争上新台阶，实现大目标做出自己的贡献。

特点之二是，经济体制的市场取向更加明确，各项配套改革全面推进。上半年，我市的改革，紧紧围绕建立市场经济体制这一目标，表现出较强的目的性和配套性。一是在搞活市场主体上，继续深化了企业三项制度改革，扩大了各项试点，使企业自主经营、自负盈亏、自我发展、自我约束的机制进一步完善。二是在加速市场建设上，相继建成和完善了沈阳金属交易所、东北石化市场、东北煤炭市场和沈阳证券交易中心等一批区域性大型生产资料市场和较为规范的生产要素市场，为企业提供了更大、更好的活动舞台。三是在完善社会保障上，继续完善了全民、集体企业退休养老统筹办法，出台了集体企业行业保险和全民、集体企业职工工伤保险办法，以及企业基本养老保险个人缴费制度，为企业进入市场提供了有力的社会支持。四是在推进机构改革上，围绕转变政府职能，改善宏观调控，进一步大幅度地缩减了市和县区两级机关的人员编制，从而向实现小机关大服务的目标又迈出了可喜的一步。

特点之三是，分层次管理的格局进一步形成，县区的积极性得到较好的发挥。“把一个沈阳变成十三个沈阳”，这是市委八届五次全会的一个重要决策。半年来，根据这一决策要求，市各有关部门进一步向县区下放了多项权力；各县区则充分利用市里所赋予的权力，积极谋划自身的发展，进行创造性的工作，使全市县区经济呈现出突飞猛进、蓬勃发展的强劲势头。1—6月份，各县区累计完成工业总产值比上年同期增长41%，比全市乡及乡以上工业总产值平均增幅高28个百分点，为全市经济的增长做出了重要贡献。

特点之四是，领导方式明显改进，解决主要矛盾和突出问题的工作力度进一步加大。近些年来，我们有些同志在领导方式和工作方式上存在的一个突出问题，就是工作平推，抓不住重点，结果事倍功半。为解决这个问题，市委八届五次全会特别强调了要在抓住和解决经济建设中的主要矛盾和突出问题上狠下功夫。上半年，各级领导同志认真贯彻落实市委这一要求，在工作的摆布上，明显改变了一般化的领导方式和工作方式，注重集中主要精力，抓主要矛盾，抓突出问题，抓薄弱环节，从而在三级"两会"连续召开、占用领导很大精力的情况下，整个领导工作的力度不仅没有减弱，而且进一步加大。

总之，半年来全市各级党政组织为贯彻落实市委八届五次全会的精神，做出了积极的努力，取得了显著的成绩，经济建设和其它各项工作的许多方面不仅发展势头强劲，形势喜人，而且呈现出多年来少有的大好局面。这是应当充分肯定的。但同时，也必须看到，上半年由于各种客观因素的影响，特别是由于我们的一些工作部署、政策配套、舆论宣传、工作指导、督促检查和奖惩措施没有完全到位，市委八届五次全会的精神还有贯彻落实不尽如人意的地方。突出的是：在经济建设方面，结构调整特别是产品结构的调整进展缓慢，相当一部分企业尚未从根本上摆脱困境。在体制改革方面，政府职能转变的工作滞后，有些该放给基层和企业的权力，还没有真正放下去，有些该为基层和企业服务的事情，效率还很低。在对外开放方面，外贸出口增长还不够快。在大文化建设方面，思想解放和观念更新的程度还有很大的差距，社会治安形势不容乐观，城市环境中脏、乱、差的问题仍很突出。在党的建设方面，一些党组织程度不同地存在与改革开放和发展社会主义市场经济不相适应的问题，消极腐败现象变换形式还在某些方面蔓延，严重损害党群关系。所有这些问题，都需要我们在下半年认真加以解决，以巩固和发展上半年所取得的成绩。

二、关于对当前面临形势的分析

对于我们当前面临的形势，同志们在讨论中从多种角度进行了分析。总的看，当前的国际环境和国内形势对我们加快改革开放和经济发展都十分有利。从国际看，我国是当今世界对国际资本最具吸引力的国家，特别是今年以来，海外投资加速北移，沈阳已成为东北地区外商投资的首选城市，招商引资、利用外资出现了规模明显增大、领域明显拓宽、大客户和好项目明显增多的发展势头。从国内看，尽管目前宏观经济环境绷得比较紧，但去年以来全国已形成的投资规模的拉动，还具有相当大的惯性，重工业仍会保持一段较快的增长；同时，国家加强的改善宏观调控，特别是整顿金融秩序，这非常有利于我市大中型企业在有序的环境中进一步搞活。因此，当前仍然是我们加速发展的极好时机。只要我们充分发挥工业基础比较雄厚的优势，进一步加快改革开放的步伐，加快经济结构的调整，加速与国际市场的对接，我市经济保持快速稳定增长的势头并在新一轮竞争中实现跳跃发展，是大有希望的，而且有不少事实表明，我市目前已处于取得突破、跳跃发展、重振雄风的前夜。对此，我们一定要坚定信心。当然，在看到经济发展面临的有利条件的同时，也要看到在我们面前还存在一些矛盾和困难。特别是各级领导干部更要居安思危，注意看到经济和社会生活中已经和可能出现的一些新情况、新问题，对形势中比较严峻的一面要有足够的思想准备。

1、宏观经济环境趋紧。今年以来，在邓小平同志重要谈话和十四大精神鼓舞下，全国的改革开放和经济建设取得了显著的成绩。但是在经济继续大步前进中，也出现了一些新的矛盾和问题，某些方面的情况还比较严峻，对我市经济的发展必然带来影响。一是资金缺口将进一步扩大。目前全市乡及乡以上工业企业流动资金缺口已达数亿元，技改投资也比去年同期大幅度下降。下半年，国家将严格控制信贷规模，全面清理资金拆借，并把严格控制货币发行量作为加强宏观调控的首要目标，这对我市受国家政策保护和支持的某些重点行业、重点项目、重点产品能带来好处，但从全市总的情况分析，资金紧张的状况会更加严重。二是铁路运力不足这个"瓶颈"制约将进一步强化。上半年我市申报车皮的兑现率，计划内只有60%，计划外还不足30%，目前全市有8.3亿元库存产品待运。下半年，国家将进一步采取措施来缓解基础设施和基础工业的"瓶颈"制约，但有关措施到位有一个过程，铁路运输紧张仍将是制约我市经济发展的一个突出问题。三是企业增支因素将进一步增多。由于原材料、能源、运输涨价，全市市属工业企业增支因素全年预计高达10亿元，特别是随着新的财务制度的实行，还要有相当一批微利企业陷入亏损境地，使全年扭亏工作难度增大，提高效率步履艰难。

2、结构性矛盾日益突出。结构不合理是制约我市经济发展的一个深层次原因。近些年为调结构，全市做了大量工作，也取得了一定进展，但总的来看，特别是从产品结构来看，变化不大。上半年，支撑全市经济增长的行业主要是重工业。1—5月份，重工业累计增长17.8%，比全市乡及乡以上工业平均高出5.1个百分点。其中机械、建材、汽车的增长幅度分别达到22.2%、20.2%和17.4%。但必须指出的是，这种较大的增长幅度也并不完全是调整和优化结构的效应，有些行业在相当大的程度上是靠固定资产投资规模扩大的拉动和价格上扬的结果。机会效益的比重较大。因此，我们不能盲目乐观。特别是随着国家有关控制投资规模等宏观调控措施逐步到位，市场约束逐渐加强，机会效益会不断减少，生产结构性矛盾将日益突出，按一般规律分析，从控制投资和消费需求双膨胀措施的出台，到对市场用户生产约束作用的明显发展，这个过程，大约有半年到一年的时间。如果我们不抓紧有限的时间，积极采取有效措施，加速产品结构的调整，那么，到明年上半年以后，某些重工行业也很可能重步轻纺工业的后尘，从而使整个经济出现大的波动。

3、社会热点问题可能增多。随着经济生活中一些矛盾和问题的继续发展，社会热点在短期内不会减少，潜在的和显现的不安定因素可能增长。比如，由于经济环境趋紧，结构调整缓慢，企业亏损面可能继续扩大，停产半停产企业可能增多，一部分职工群众的生活困难也可能加剧。再比如，随着改革的全面推进，社会各方面利益关系的进一步调整，还可能产生一些新的不平衡，社会刑事案件和大案要案的上升，以及一些消极腐败现象的蔓延，也会使群众的意见增多。所有这些矛盾和问题，如果处理不好，都会形成社会热点，影响社会的稳定，阻碍经济的发展。所以，在这样发展快、矛盾多、问题复杂的情况下，迫切要求各级党政组织和领导干部提高驾驭全局的能力，及时分散和化解各种社会热点问题。

上述情况表明，我市的改革开放和经济建设已进入一个关键时刻。我们正面临着一次新的挑战和考验。全市各级党政组织，在新的考验面前，要保持清醒的头脑，坚定战胜困难的信心，积极采取切实可行的措施，认真解决我市当前经济运行和社会发展中出现的突出矛盾和问题，避免出现大波动，把目前来之不易的大好局面和进一步发展的良好势头继续保持下去。

三、关于对下半年工作的要求

下半年，我们要继续围绕实现全年工作的总目标，突出重点，加大力度，把工作进一步抓实。其中，经济建设要重点在优化结构、提高效益上有大的举措；体制改革要重点在企业贯彻《条例》转机制、政府提高效率转职能上有大的突破；对外开放要重点在开发海外市场、及时调入外资上有大的进展；大文化建设要重点在进一步解放思想换脑筋、整治环境保稳定上有大的作为，以确保八届五次全会提出的今年各项任务的全面完成。

要做好下半年的工作，实现既定的目标，关键在党，关键在各级党的组织，关键在加强和改进党的建设、坚持和改善党的领导。经验表明，党的领导、党的建设是经济建设和改革开放取得成功的根本保证，越是改革开放、发展经济，越要加强党的领导、抓好党的建设。这一条任何时候都是绝对不能忽视、不能放松的。否则就会犯历史性的错误。在新形势下加强党的建设和改善党的领导的总的目标、要求是什么?江泽民总书记最近在纪念党成立七十二周年座谈会上的讲话中精辟概括为三句话："一是我们党建工作，要紧紧抓住一个主题，就是把党建设成为领导社会主义现代化建设的更加坚强的领导核心；二是要努力提高党的执政水平和领导水平；三是要进一步增强党组织自身的凝聚力、对广大群众的吸引力、在改革和建设中的战斗力。"全市各级党组织和党的领导干部一定要按照江泽民总书记的要求，做到思想到位，工作到位，措施到位。

最近，党中央、国务院作了一系列有关加强和改善宏观调控的重要决策，这是党中央加强对经济工作领导的重大举措，是非常正确、非常必要、非常及时的。这不仅有利于整个国民经济持续、快速、健康地发展，又可以为进一步加快改革开放创造良好的宏观环境，同时对全国各地包括对我们沈阳的改革与发展都是十分有利的，全市各级党政组织要进一步增强全局观念和整体意识，对党中央、国务院的重要决策，一定要坚决贯彻落实，并结合沈阳的实际，在紧中求发展，靠稳定保发展，通过改革开放促发展。为此，首先要正确认识和处理三个关系：

一是紧缩与发展的关系。应当看到，紧缩与宽松是相对的，特别是在市场经济的条件下，二者的交替出现是经济运行过程中的正常现象。当前，中央为加强宏观调控，采取了一些紧缩的措施，目的是要为持续稳定的发展创造更宽松的环境和更有利的条件。因此，在宏观环境偏紧的情况下，我们既不能无动于衷、不服从大局，也不能惊慌失措、消极退缩，正确的态度应该是从抓住机遇、加速发展的高度来深刻理解中央所采取措施的意图，并从实际出发，进行创造性的工作，在紧中求发展。形势分析表明，宏观环境偏紧，对沈阳来说，主要是资金和运力紧张，其中最为突出的是资金紧张。而资金紧张的深层次根源，从自身看，还是一个生产结构问题。现在被资金困死的企业，多数是产品竞争能力差的企业。因此，要实现紧中求发展，必须下力量调整产品结构和企业组织结构，同时，还要通过广开扩大利用外资和内资的渠道、多筹集一块，通过强化企业管理、多挖出一块，以缓解当前资金紧张的矛盾，从而在优化结构、提高效益的前题下，争取保持一个较高而又实实在在的发展速度。

二是正确认识和处理稳定与发展的关系。稳定与发展是紧密联系、相辅相成的。稳定是发展的条件，没有稳定就谈不上发展，但稳定又是相对的，发展才是硬道理。事实表明，许多影响社会稳定的问题，最终都要靠发展来解决，只有经济不断发展，国力不断增强，人民生活不断改善，社会才能保持稳定，国家才能长治久安。但在当前社会热点问题可能增多的情况下，我们要十分注意保持社会面的稳定。

三是正确认识和处理改革开放与发展的关系。"发展需要改革，改革才能发展"，这是从十多年改革与发展的实践中所得出的结论，而且许多经验还证明，越是改革抓得好，越能推动经济的顺利发展。当前，经济发展中出现了一些矛盾和问题，解决这些矛盾和问题，不能再延用计划经济体制下形成的老思路、老办法，必须从改革中找出路，从加快新旧体制转换中找出路。

为了把"在紧中求发展、靠稳定保发展、通过改革开放促发展"这一工作思路切实贯彻下去，巩固上半年的成绩，做好下半年的工作，全市各级党政组织在正确认识和处理以上三个关系的同时，还要注意排除以下四方面的障碍：

第一，要注意排除思想的障碍。思想障碍主要来自三个方面，一是思想认识上的障碍；二是思想观念上的障碍；三是思维方式和工作方式上的障碍。以前我们的工作包括上半年的工作，有些做得不尽如人意的地方，重要原因之一就是由于这三方面的障碍束缚了我们的头脑，使我们的思想解放没有能够达到应有的水平。要把下半年的工作做好，必须针对我们当前的思想实际，继续抓好思想解放这个"龙头工程"，积极、全面、正确地学习和领会小平同志南巡重要谈话精神和建设有中国特色社会主义理论，进一步在换脑筋上下功夫。分析当前广大干部特别是领导干部的状况，在思想认识上，要重点解决对形势的看法问题，注意克服小进即满、盲目乐观和临变即惊、遇难即慌这样两种倾向。在思想观念上，要在转变与市场经济不相适应的陈旧观念的同时，解决对机遇的态度问题，注意增强时代的紧迫感，抓住机遇；增加历史的责任感，珍惜机遇；发扬科学的态度，用好机遇。在思维方式上，要重点解决对目标的追求问题，注意坚持以发展为取向，变封闭型思维为开放型思维，变静态型思维为综合型思维。同时，在工作方式上，也要根据发展的要求，进行相应的转变。

第二，要注意排除体制上的障碍。当前经济发展中出现的问题，从根本上讲，还是经济体制的问题。要继续保持经济快速增长的势头，最根本的就是要坚定不移地深化改革、扩大开放。下半年的改革要本着既有利发展又不影响稳定的原则，重点在这样几方面大力推进。一是要以搞好大中型企业为重点，加速企业经营机制的转换。二是要以扩大待业保险为重点，进一步完善各项保险制度，加速社会保障体系的建立，为企业内部经营机制改革的深化提供必要的条件。三是要以大力培育和发展各类生产要素市场为重点，进一步健全市场法规，为企业创造平等竞争的市场环境。四是政府机构改革要在上半年缩编抽干、人员分流的基础上，重点在转变政府职能上狠下功夫。在深化改革的同时，还要继续贯彻"一开四促"的方针，把扩大对内对外开放的工作进一步抓紧，加速与国际市场的全面对接。下半年，原定的几次大的招商和边贸活动要认真组织，注重实效；上半年及以前签定的合同要加速履约进程，努力提高项目的成活率、资金到位率和项目的开工率、投产率及达标率。海外市场的开发是实行大进大出的一个重要环节，要继续下功夫抓好。大中型企业与国际跨国公司联姻和实行嫁接改造的工作要一个企业一个企业的落实。

第三，要注意排除环境上的障碍。经济要保持持续快速发展的势头，需要有一个稳定良好的社会政治环境。为此，必须坚持两手抓、两手都要硬的方针，进一步加强大文化建设。一是要正确处理好人民内部矛盾。现在影响社会稳定的社会热点问题比较多，有些矛盾和问题还在继续发展，我们必须有思想准备，但这些问题大量地表现为人民内部矛盾，因此，在处理方法上，要坚持毛主席一贯倡导的正确处理人民内部矛盾的原则和方法，充分相信和紧紧依靠人民群众，加强思想政治工作，能解决的问题要立即解决，暂时解决不了的要说明情况，绝不能采取对人民不负责任的官僚主义的态度。处理社会热点问题，主要的是依靠各级党政组织和群众组织，充分发挥各级组织的作用。要本着"谁的人谁管"的原则，层层建立责任制。因疏于管理或工作不到位而出问题的，要追究有关主管地区、部门和单位党政主要领导人的责任。二是要进一步强化社会治安，严厉打击各种犯罪活动，坚决清除社会丑恶现象。目前正在开展的对群众反映强烈的一些咖啡屋色情服务的清理整顿工作，一定要坚持下去，严厉打击和取缔卖淫、嫖娼活动，以便取信于民。在继续加大打击力度的同时，要注意发挥各县区保一方平安的作用，通过采取联防巡逻等各种措施，进一步增强人民群众的安全感。在保证全市稳定中，公安、司法机关肩负着重要责任，关键时刻要到位。三是要进一步强化城市软、硬环境的规划、建设与管理。目前，我市软、硬环境还不适应改革开放和发展经济的要求，规划、管理方面都存在着一些问题。现在正进行的整治城市环境的工作，已经有了一个好开端，下半年要再接再励，继续努力。要从市情出发，通过标本兼治，按照现代化、国际化的标准，把沈阳规划好、建设好、管理好。

第四，要注意排除作风上的障碍。作风的好坏，对于能否有效地贯彻党的路线、方针、政策，保证经济持续、快速增长关系极大。市委八届五次全会所部署的工作，有些迟迟落不到实处，作风不良是一个重要原因。为此，各级党组织要按照前些时市委常委民主生活会提出的要求，以整风的姿态，解决作风上存在的问题。首先，要解决作风不实的问题。这个问题几乎逢会必讲，但至今没有得到根治，刮风、弄景、"忽悠"、耍滑、推诿、扯皮、不干实事的还有人在。针对这种情况，下半年还要继续克服形式主义，坚决反对官僚主义，大兴调查研究之风，坚持"实"的取向，切实做到"三实"：一是话往实讲，就是要少说多做，不讲空话。二是会往实开，就是开会要管用，要解决问题，要象沈河区委那样，在整改"文山会海"上敢动大手术。三是事往实办，就是对那些该办能办的事要办实办好。党政机关要进一步抓好自身建设，强化纪律约束。党政机关干部要牢记全心全意为人民服务的宗旨，增强责任意识和服务意识，不仅要把本部门独立负责的工作做好，而且对那些部门之间的边缘工作，更要抱着对事业、对人民负责的态度，以大局为重，主动去做。这样才是一个合格的人民公仆。其次，要解决风气不正的问题。当前，党风不正仍是一个突出问题。在一些党员和干部中，严重的官僚主义，不倾听群众呼声，不关心群众疾苦，作风粗暴，甚至利用手中掌握的权力谋取私利，刁难基层和群众，敲诈勒索，腐化堕落等等，都已严重干扰了改革开放和经济发展，严重损害了党群关系和干群关系，如不采取坚决措施加以克服，任其发展，就会葬送改革开放大业，就会丧失发展经济的大好时机，最终也会危及党的执政地位。对此，我们一定要头脑清醒，自觉地、毫不放松地加强党风和廉政建设。下半年，党风和廉政建设要重点在三个方面取得成效：一是结合政府转变职能，要在反对和防止权力商品化和保证政令畅通上取得成效；二是结合强化城市管理，要在惩治腐败、反对和纠正弄权耍威、吃拿卡要等行业不正之风上取得成效；三是结合加强党员队伍建设，要在反对和防止拜金主义、享乐主义和极端个人主义上取得成效。再次，要解决精神不振的问题。无论是一个地区、还是一个部门、一个单位，同样的条件下，我们干部特别是领导干部的精神状态不一样，工作的结果也不一样。今年以来，为什么大东区"新中街"再造之势能迅速形成，小东路国际化水平的开发建设搞得热火朝天？为什么苏家屯区曾十分落后的乡镇企业能迅速掘起，发展速度一跃而居全市前列？为什么机械局在主业兴旺的同时，多种经营也能蓬勃发展，出现了在三年之内将以十亿、二十亿、四十亿的绝对额成倍增长的强劲势头？还有其他许多县区局和单位为什么在同样的宏观条件下，也能创造性地工作，做出了令人瞩目的成绩，其中一条重要的原因，就是因为这些县区、局的领导班子特别是党政主要领导同志，有为官一任要对人民负责、为百姓造福的强烈愿望，有从全市、全国乃至全世界的广大空间来谋划本地区、本系统经济发展的现代意识，有一种奋发向上、锐意进取的开拓精神，有一股知难而进、敢闯敢"冒"的拼搏劲头。而相比之下，有些单位和部门的领导干部却不是这样，结果是工作一般化，业绩平平，打不开局面。市委希望，在进行第二次创业的艰难历程中，在抓住机遇、竞相发展的紧迫形势下，全市广大党员和各级领导干部要自觉坚持发展的工作思路，要有经受考验的思想准备，要有战胜困难的韬略与办法，要发扬艰苦创业的精神和求真务实的作风，要创造出无愧于人民赋予的权力，无愧于党组织寄予的期望的实实在在的业绩。能否达到这个要求，是在当前困难与问题比较多的新形势下，对我们每个党员特别是党政领导干部的最现实的考验。

同志们！上半年经过各级党政组织和广大干部、群众的共同努力，我市的改革开放、经济建设和各项事业都取得了可喜的成绩。尽管社会经济生活中出现了一些新情况和新问题，我们面临的形势比较严峻，但是应当看到，对我们加速发展的有利因素也很多。下半年，只要我们全市上下继续积极、全面、正确地领会和贯彻邓小平同志南巡重要谈话和党的十四大精神，团结一致，同心协力，振奋精神，开拓进取，就一定能够抓住机遇，用好机遇，战胜困难，完成市委八届五次全会提出的各项任务，胜利实现"保持四大势头"、"达到四个突破"的奋斗目标，为保证全国经济持续、快速、健康的发展做出应有的贡献。

增强紧迫感迎接新挑战
建立新体制再求新发展

——在中共沈阳市委八届七次全体（扩大）会议上的报告

（摘要）

张国光

（一九九三年十二月十五日通过）

我们这次全会的主要任务，是结合沈阳实际，认真贯彻党的十四大和十四届三中全会及省委七届九次全会精神，讨论和研究在新的形势下，如何抓住机遇、集中精力、加快发展的问题。

一、过去一年工作的新进展

1993年，是我们朝着将沈阳建设成为高科技、大生产、大流通现代化、国际化城市宏伟目标迈进的第一年。回顾这一年的工作，在以下几个方面取得了比较明显的新进展：

1. 对内对外开放的力度进一步加大，对全市工作的牵动和促进作用更加明显。

全市各级党政组织坚持实施"外向牵动"战略，采取了一系列大的动作，使对外开放工作在前两年连续跳跃发展的基础上又取得了可喜成果。外贸出口保持了快速的增长；对外工程承包和劳务合作窗口由一家变百家；利用外资工作有了新的突破，不仅一年新批"三资"企业相当于前10年总和，而且直接利用外资占利用外资总额的比重首次超过间接利用外资；尤为可喜的是，随着"把一个沈阳变成十三个沈阳"思想的进一步贯彻，县（市）区的外向型经济后来居上，利用外资的项目数已占全市的一半以上。在对外开放迅速扩大的同时，对内开放进一步拓展，赴边经贸活动范围由去年的"三边"发展到"四边一线"（即东北、西北、西南、华北四边，沈阳至深圳至香港一线），波及全国60多个城市。全市开始出现大开放、大发展、大跨越的新局面。

2. 经济体制的目标取向更加明确，各项配套改革稳步推进。在开放的牵动和促进下，今年我市的改革，紧紧围绕十四大提出的建立社会主义市场经济体制的目标，以贯彻落实《条例》为重点，稳步推进，全面深化。搞好搞活大中型企业的工作取得了新的成绩，企业机制由经营方式的转变逐步向产权制度的改革延伸；市场建设由消费品市场现货市场逐步向生产资料和生产要素市场及期货市场拓展；住房制度改革已经起步，社会保障由全民、集体企业职工养老保险逐步向待业保险、工伤保险扩大；党政机关提前超额完成了国家和省要求的三年内缩编减员25%的任务。

3. 新的生产力增长点迅速成长，在全市经济中的比重和贡献越来越大。重点地区建设突飞猛进，沈阳经济技术开发区实现社会总产值比去年增长两倍，南湖科技开发区实现科工贸总收入比去年翻了一番；乡镇企业和区街经济比翼齐飞，其工业总产值在全市已近"半壁江山"；第三产业蓬勃发展，年增加值占国民生产总值的比重达42%；个体、私营经济异军突起，在全市经济中的比重也有较大幅度的上升。

4. 大文化建设全面展开，使文化向社会各方面渗透的程度不断加深。为了适应建设"一高两大两化"城市的需要，各级党政组织根据全市总的部署，全面实施了思想解放、智力开发、文化建设和环境改造四大工程。思想解放工程紧贴改革的

"脉搏",通过开展集中性的大讨论和经常性的宣传教育,进一步增强了广大干部群众的"中心"意识、发展意识、开放意识和竞争意识。智力开发工程围绕培养和提高人的创造思维与创造能力,积极探索科技和教育为经济发展服务的新途径,为更多的创造型人才脱颖而出,提供了良好的环境。文化建设工程以专业文化为骨干,以节目文化和群众文化为重点,全面发展,共同繁荣,进一步丰富了全市人民的文化生活。环境改造工程以整治脏、乱、差为突破口,积极推进依法治市,全面加强了城市管理,使全市的社会治安、社会秩序、社会风气和社会环境进一步改善。

5.党的自身建设继续加强,驾驭全局的能力和水平进一步提高。全市各级党组织紧紧围绕经济建设这个中心,坚持用建设有中国特色社会主义理论武装党员头脑,为推动改革开放和经济上台阶提供了思想保证;坚持"配好、建好班子出生产力"的思想,积极为加快改革开放和经济建设选贤任能;坚持解放思想与实事求是的统一,特别是在处理企业党政领导体制等问题时,没搞一个模式,没搞一刀切;坚持从两个文明建设中寻找活动的载体,在发挥先锋模范作用中树立党员形象;坚持立足发展,从严治党,积极开展反腐败斗争,进一步纯洁了党的队伍,密切了党群关系。随着各级党组织自身建设的加强,党对全市各项工作的领导明显改善,工作的预见性、创造性和决策能力、指挥能力明显提高,从而在今年宏观经济环境发生大的变化、矛盾和问题比较集中的情况下,有效地驾驭了全局,没有因为处变不慎、指挥失当而错过发展的良机。

总之,今年这一年是我市在邓小平同志南巡重要谈话和党的十四大精神的指引下,思想观念大转变的一年,是改革开放迈大步的一年,是经济建设大发展的一年,是精神文明建设水平大提高的一年,也是党的建设和党的领导进一步加强和改善的一年。但是,也必须清醒的看到,我们在大步前进的同时,还存在着许多不尽如人意的地方,特别是放眼全国,横向比较,我市经济建设的某些方面还存在着明显的差距。因此,在实现"一高两大两化"目标的道路上,我们绝不能把一步当万里,满足于已经取得的成绩,而必须进一步认清形势,把握机遇,急起直追。

二、新的一年面临的新形势

明年是全面贯彻《中共中央关于建立社会主义市场经济体制若干问题的决定》的第一年,也是我市实现经济上台阶第一步目标的关键一年。从目前国际国内的条件看,在这新的一年中,全国将是一个体制大改革、结构大调整、对外大开放、经济大发展的局面,我市也将面临着诸多加快改革、加快发展的良好机遇。

一是国际经济环境将发生一些积极变化,对我市加速与国际市场对接十分有利。明年世界经济可望正常增长,国际贸易的市场容量将有所扩大;随着西雅图会议的召开和中美两国首脑高级会晤的实现,我们同世界各国特别是同亚太地区、周边国家的关系将进一步改善。这些都有利于我们更好地实施借边出境的战略,有利于我们扩大出口和对外经济技术合作。

二是外商来华投资重点北移的势头将更加强劲,对我市扩大招商引资十分有利。近年来,外商来我国投资以及南方资金已出现北移趋势,投资领域由过去主要投向轻纺工业,转为更多地投向重化工业。由于沈阳重化工业基础雄厚,因此被外商普遍看好。目前,不仅外商来沈的人数与日俱增,而且组团来的增多、大客商来的增多,来真投资的增多,这种势头明年会继续增强。这将大大加快我市利用外资、"嫁接"改造的步伐。

三是我国改革将进入全面攻坚的新阶段,对我市解决经济发展的深层次矛盾十分有利。以党的十四届三中全会为标志,我国经济体制改革将转向综合配套、整体推进、重点突破、全面攻坚的新阶段。这意味着,改革开始从浅层转入深层,从单项突进转向综合配套,从着眼于相对独立的改革措施所带来的效益转向着眼于形成全面的、新的经济关系。国家将不仅在财税、金融、投资、外经外贸和国有资产管理等五大宏观体制的改革上采取大动作,而且也将在重塑微观基础、建立现代企业制度上迈出新步伐,特别是要在搞好国有大中型企业上花更大的力量,使其真正在经济发展中发挥主导和骨干作用。我市国有大中型企业比较集中,国家要采取的上述决策与动作,将为我市的经济主体从根本上摆脱困境、走向振兴,带来希望。

四是全国明年需求活跃,特别是投资需求将继续扩大,对我市发挥产业优势十分有利。今年下半年国家通过加强和改善宏观调控,取得了积极成效,并为明年的快速发展创造了条件。明年全国固定资产投资将有较高增长,其中基础行业投资份额较大,对于我市这样一个重工业基地来说,市场拉动作用将进一步增大,是加快经济发展的极好时机。

五是我市自身在改革开放中积蓄的能量和打下的基础,对我们加快经济的发展和社会的进步也十分有利。经过这些年的不懈努力,我市经济和各项事业发展的思路已经清晰,总体目标和大政方针已经确定;我市在科技、人才等方面的优势正在显示,中心城市的功能作用正在发挥;产业结构的战略性调整开始起步,各种新的经济增长点迅速壮大;城市建设和改造所形成的基础,有条件承载经济的较快增长和外资的大量涌入;特别是自学习贯彻邓小平同志南巡重要谈话和党的十四大精神后,全市的凝聚力进一步增强,"一高两大两化"的目标、"一开四促"的方针和"实干兴沈,开拓图强"的沈阳精神日益深入人心,正在形成一股推进沈阳加速振兴的巨大力量。

当然,也要看到,国际经济环境的变化,为我市加速与世界经济的对接,开辟了广阔的前景,但同时,我们在思想观念、行为习惯、人才条件和产品质量等方面与对接需要不相适应的矛盾将更加突出;整个国民经济持续快速增长，会使市场对我市的拉动作用增大，但同时，生产要素短缺、资金紧张的状况不会有大的改变；财税体制的改革，为我们创造了与沿海地区同样平等的竞争条件，但同时，我市自身利用税收杠杆调节和支持企业发展的能力与余地将缩小；投资和金融体制的改革，对我市列入国家重点和“八五”计划的项目非常有利，但同时，对其他项目投资信贷资金的保证将更加困难；外经外贸体制的改革，有利于我市企业进入国际市场，但同时，由于国家相应地取消了原有的一些保护性外贸政策，使得我市靠补贴出口的产品将面临国际竞争的压力。对外，我们也要有清醒的认识和足够的思想准备。

总之，新的形势，有新的机遇，也有新的挑战，全市各级党政组织、全体共产党员和广大干部群众，一定要认清新的一年所面临的新形势，增强紧迫感，把今后首先是新的一年的工作抓紧做好，实现一个新的飞跃。

三、新形势下必须完成的新任务

为了把明年的工作做好，加速实现“一高两大两化”宏伟目标的进程，全市工作总的指导思想是：要以建立社会主义市场经济体制和发展市场经济为主线，全面贯彻党的十四大和十四届三中全会及省委七届九次全会精神，继续坚持“一开四促”的方针，坚持“学理论、转机制、抓党建、上台阶”和“在紧中求发展、靠稳定保发展、通过改革开放促发展”的工作思路，坚持“话往实讲、会往实开、事往实办”的作风要求，增强紧迫感，迎接新挑战，建立新体制，再求新发展。具体目标是：国民经济要持续、快速健康发展，在新的生产力增长点的增长上力争有大的突破；体制改革要全面深化，在企业制度的创新和市场体系的建设上力争有大的突破；对外开放要进一步扩大，在经济主体外向度的提高上力争有大的突破；精神文明建设要取得新成果，在城市的整体形象和环境面貌的改变上力争有大的突破。

为了实现上述目标，必须切实加快以下5个方面工作的步伐。

(一)以建立市场经济体制为取向，切实加快综合配套改革的步伐

根据党的十四届三中全会通过的《决定》精神，结合我市实际，明年改革要着重抓好以下4个环节：

1、加速转换经营机制，向建立现代企业制度的目标迈进。明年市里要在近两年每年搞好100户大中型企业的基础上进一步进行分类指导。要先选择10户有条件的国有大中型企业进行建立现代企业制度的试点，积累经验。对其他企业要继续贯彻《企业法》和《条例》，切实抓好“六个一批”；一是扩大实行股份制改造一批；二是仿三资企业管理提高一批；三是组建企业集团壮大一批；四是推行多法人双层经营搞活一批；五是开辟多种经营渠道转向一批；六是兼并、出售、转让一批。同时，坚持已经批准的企业投入产出总承包和对特困企业的扶植政策，进一步完善各种经营承包责任制，并根据国家的统一部署，创造条件使实行经营承包责任制的企业逐步转向利税分流，市有关部门要抓紧制定实施办法，确保平稳过渡。城镇集体企业也要深入贯彻国家有关城镇集体所有制企业的《条例》，通过大力推行股份合作制等途径，加快机制转换的步伐，彻底从“二国营”的管理模式中解脱出来。

2、加速补充各类市场，向建立统一、开放、竞争、有序的市场体系的目标迈进。明年总的要求是：以补充和发展生产要素市场为重点，全面推进各类市场的建设。资金居各生产要素之首，金融市场是各生产要素市场的龙头，要率先取得突破。要积极发展债券、股票融资，争取扩大规范股票的发行和上市规模，尽快形成以银行融资为主、以社会融资为辅的融资网络，以此带动和促进房地产市场、技术市场、信息市场、产权市场和劳动力市场等生产要素市场的发展。同时，要进一步改革商品流通体制，发展的完善农副产品、工业消费品和生产资料等商品市场。为了保证各类市场的快速，健康发展，要进一步搞好总体规划，健全市场规则，规范市场行业，逐步建立起公平交易、平等竞争的市场秩序。

3、加速健全保险制度，向建立多形式、多层次、完善的社会保险体系的目标迈进。明年要进一步扩大企业职工的养老、失业、医疗和工伤保险的覆盖面，统一缴费和给付标准，理顺社会保险管理体制。同时，住房制度改革也要稳步推进。

4、加速转变政府职能，向建立以间接手段为主的宏观调控体系的目标迈进。明年国家将推出财税、金融、投资、外贸和国有资产管理等方面的重大改革，市各有关部门要抓紧制定具体实施方案，确保按照国家的统一要求，及时到位。同时要结合我市的实际，积极研究和制定新的措施，以保持改革政策的连续性和稳定性。明年县(市)区的机构改革要基本到位，市工业局要继续保持稳定。党政机关要进一步简政放权、理顺关系、转变职能。

(二)以提高招商引资的质量和水平为重点，切实加快对内对外开放的步伐

要继续坚持“外商发财我发展”、“谁办谁管谁受益”等原则，实行“三个并举、三个为重”，即外资、外贸和外经并举，以利用外资为重；直接利用外资和间接利用外资并举，以直接利用外资为重；大中小企业、大中小项目并举，以大中小型项目为重，进一步发展社会大经贸，开拓全世界大市场，使对外开放向高层次、宽领域、纵深化方向发展，积极有效地利用国外境外资金、资源、技术、市场和管理经验。

1、改进招商方式，努力扩大利用外资的规模。要积极鼓励外商兴办独资企业，大力发展中外合作经营企业。还要下决心通过多枝嫁接、“腾笼换鸟”等方式把存量搞活。与此同时，要在讲求招商的实效上下功夫，注意按国际惯例搞好项目包装，积极组织定向招商，努力提高大型招商活动的档次和水平。市里明年要集中力量组织好两次大型招商活动。要继续支持县(市)区为主体的招商活动。通过努力，不断提高我市利用外资项目的成活率、资金到

位率、开工率,投产率和达标率。

2、按照“特区”模式,不断加速重点地区的开放、开发与建设。沈阳经济技术开发区和南湖科技开发区必须不失时机地加大招商引资的力度,加快开发建设的步伐,继续保持成倍增长的势头,并在总体规划上,要面向二十一世纪,瞄准现代化和国际化的目标,进行调整和完善;在运行机制上,要全面与国际惯例并轨,为全市的改革开放和发展提供示范。北站商贸金融开发区、辉山风景旅游区、铁西工业改造区的开放、开发与建设,也要迈出新的步伐,务见新的形象。

3、强化责任约束,切实把国有大中型企业推向对外经贸第一线。明年要抓住国家对外经贸体制改革的契机,努力争取赋予更多的大中型企业以对外经贸自营权,使其直接进入国际市场。还要进一步强化发展外向型经济的责任约束。今后,每个大中型企业都要有与国际市场对接的项目和产品,这要作为重要的考核标准。

4、加快外贸企业改革,提高综合竞争能力。各专业外贸企业要加速转换对外经营机制,积极发展和扩大自身的实业基础,并积极创造条件,组建一批以专业外贸企业为龙头,以生产企业和科技企业为依托,以金融企业为后盾,互相参资、紧密联合的大型综合商社,充分发挥我市对外经贸的群体优势,积极参与国际竞争和国际经济合作,使我市经济与国际经济实现互接互补。

在扩大对外开放的同时,要进一步扩大对内开放,继续巩固和发展赴边经贸成果,并向中原地区和东南沿海挺进。

(三)以大力培育和发展新的经济增长点为突破口,切实加快经济结构调整的步伐

明年,我们要更加全面地坚持一手抓大、一手抓小,一手抓城:一年抓乡,一手抓老、一手抓新的方针,在不断巩固和发展原有产业优势的同时,下更大的力量培育和发展新的经济增长点,再塑产业新优势。具体的努力方向是:

一要大力补充和发展两高一优农业和乡镇企业。要认真贯彻前不久召开的全市农村工作会议精神,围绕“进入大市场,实现大发展”的基本发求,深化农村改革,加大要素投入。二要大力补充和发展高新技术产业。要充分发挥我市的科技优势,继续精心组织实施“百亿工程”,重点抓好南湖科技开发区和10个科技小园区的建设,努力加速高新技术的开发、中试和接产工作。同时,要进一步加快用高新技术改造传统产业的步伐,抓好34个重点项目的建设。三要大力补充和发展第三产业。商贸业作为我市流通领域的主体,要继续巩固,发展、完善、提高,使之成为我市新的支柱产业。金融保险、信息咨询、交通通讯、旅游和房地产等新兴第三产业,也要加快发展。四要大力增育和发展区街经济的个体、私营经济。区街经济要进一步抓大上洋,努力实现新的跳跃。个体和私营经济在我市所占比重还很小,应继续鼓励和扶持,使之有个更大更快的发展。

(四)以增强城市综合功能为目标,切实加快城市建设的步伐

近些年来,我市城市建设成绩是大的,但由于历史欠帐过多,从总体上看,与经济和社会发展不相适应的问题仍十分突出。因此,必须进一步加强城市建设。

城市建设是一项宏大的系统工程,必须按照动态和发展的观点,不断提高规划和建设的水平。在项目的安排上,规划要着眼于跨世纪,设计要坚持高起点,实施要注意整体性,努力做到建一样就像一样,使城市面貌每年都有一个新变化。

世界各国的经验表明,国际化城市必须具备现代化的交通、能源、通讯、环保和服务等设施。为此,今后要紧紧围绕增强城市整体功能,抓好上述几个方面的基础设施建设。明年是我市动迁居民回迁的高峰期,能否保证居民按时回迁,也是事关全局、保持稳定的大事。有关方面一定要高度重视,切实加快住宅建设步伐,做好回迁安置工作。

加快城市建设的步伐,必须广开渠道,多方筹集资金。要按照国家有关规定,坚持对基础设施和土地实行有偿使用。特别是要加强对土地的管理,强化改革和工作的力度,把以地招商这篇文章进一步做好做活,向土地要效益、要资金。

(五)以提高人的素质为根本,切实加快大文化建设的步伐

全面加快改革开放和现代化建设的新形势,对大文化建设提出了新的和更高的要求。在新的一年里,文化建设重点要抓好以下5件事:

1、组织学好《邓选》,为加快发展奠定思想基础。明年,要把学好《邓选》作为实施思想解放工程的首要任务来抓。通过学习,引导和促进广大干部群众进一步摆脱僵化和陈旧的思想观念、唯书唯上的思维定势的束缚,发扬“大胆地试”、“大胆地闯”的精神,更加自觉地投身于改革开放和现代化建设事业。

2、抓好社会导向,为加快发展增加精神动力。各级党组织和领导干部要注意发挥党的政治优势,通过改善和加强思想政治工作,广泛开展“兴沈图强、争创一流”和做“创业明星”的群众活动,深入进行爱国主义、集体主义、社会主义的宣传教育,凝聚民心、弘扬正气,激发人们的巨大热情和创造精神。要在人民群众特别是青少年中大力提倡正确的理想信念、高尚的道德情操和健康、文明、科学的生活方式。坚决反对拜金主义、享乐主义和极端个人主义。报刊、广播、电视等大众传媒,要坚持“团结、稳定、鼓劲,以正面宣传为主”的原则,解决“镜头主要对准谁”的问题,突出主旋律,把握住正确的舆论导向,为改革开放和经济建设创造良好的舆论环境。

3、广开才路,为加快发展提供智力支持。要坚持“科教兴市”战略,大力发展科技和教育事业。从明年起,要在全市组织实施“跨世纪人才培训工程”,通过市属高校培养、与驻沈和国内重点高校联合办学以及派往国外培训等方式,争取3年内培养千名高级专门人才。组织、人事、科技、教育等有关部门,要采取多种形式和途径,开展引智纳贤活动,不惜重金延揽海内外人才。各行各业、各单位也要根据实际情况,抓

好人才培养和智力引进工作。在抓紧培养、引进人才的同时,还要进一步创造人尽其才、人才辈出的生产条件,充分发挥现有人才在经济建设中的作用。要通过引入竞争机制,采取有效措施,鼓励职工钻研技术,成为能工巧匠,造就一支宏大的人才队伍。

4、繁荣文艺事业,为加快发展创造文化条件。要进一步深化文艺改革,解放艺术生产力,创作出更多的艺术精品,繁荣我市文艺。同时,要进一步抓好群众文化活动,加强文化市场管理。此外,还要按照建设现代化、国际化城市的要求,在城市总体规划上对我市文化设施建设作出统筹安排。

5、强化城市管理,为加快发展提供环境保障。要加强依法治市工作,使全市的政治、经济和社会生活逐步纳入社会主义法制轨道。同时,还要进一步强化城市管理,明年要重点抓好3件事,一是环境卫生、二是交通秩序、三是社会治安。

四、加强领导,狠抓落实

面对新的形势,要完成新的任务,把社会主义市场经济、社会主义民主政治和社会主义精神文明不断推向前进,必须进一步加强和改善党的领导。各级党组织要适应新形势、新任务的要求,遵循党的基本路线,积极探索加强和改善党的领导的途径和方法,以新的观念、新的姿态、新的知识、新的水平、新的思路开展工作,充分发挥领导核心、战斗堡垒和党员的先锋模范作用,为完成今后特别是明年的任务提供坚强的保证。

要加强和改善党的领导,必须搞好党的自身建设。前不久,市委专门召开了党建工作会议,对在新形势下,如何适应建立社会主义市场经济体制的需要,全面加强党的思想、组织、作风建设,作出了部署,各级党组织要认真落实。在加强党的自身建设的过程中,要突出抓好用邓小平同志建设有中国特色社会主义理论武装全党这个根本任务,突出抓好班了建设这个决定性因素,突出抓好基层组织建设这个薄弱环节,突出抓好党风廉政建设这个关系到党和国家生死存亡的大事,不断增强党组织自身的凝聚力、对广大群众的吸引力、在改革开放和经济建设中的战斗力。

在加强和改善党对各项工作的领导中,各级党政领导干部处于十分关键的地位,肩负着极其重要的责任。尤其是明年,改革的步伐很大,是十几年来改革措施出台最多的一年,是深化改革非常关键的一年,无论是改革的广度、深度,还是改革的难度、力度,都是前所未有的,这对我们的领导水平和领导艺术都提出了新的更高的要求。各级党政领导干部一定要认清责任,增强使命感,不断改进领导方式和工作方法,要注意处理好学习与工作的关系,多挤点时间学习,少搞一点应酬,不断增强理论思维,提高研究新情况、解决新问题的能力。要处理好稳定与发展的关系,经常研究和及时解决群众关心的热点问题,疏导和理顺各种利益关系,努力提高人民生活水平,特别是要注意关心和解决特困企业职工生活困难。要处理好反腐与搞活的关系,始终把开放搞活、加快发展作为反对腐败的出发点和落脚点。要处理好当前与长远的关系,既要立足现实,干好当前,又不能只在眼前的事务里打圈子,要着眼长远,高屋建瓴地从战略上把握全局,树立干大事、创大业的雄心壮志。要处理好继承与创新的关系,对好的传统、好的做法一定要继承,对不适应的则要大胆创新,及时调整。还要处理好民主与集中的关系,注意发扬党内民主,重大情况和问题要先在党内通气和讨论;要坚持走群众路线,尊重群众首创精神;实现决策的民主化、科学化。同时还要不断推进社会主义民主政治建设,善于把党的主张变成人民意志和国家意志,进一步完善人民代表大会制度和党领导的多党合作与政治协商制度,充分发挥人大、政协和各民主党派、各群团组织等方方面面的作用,团结一切可以团结的力量,调动一切积极因素,努力提高驾驭形势、统揽全局的本领。

要加强和改善党的领导,还必须转变作风,真抓实干。从这几年的实际情况看,应该说,我们大的思路都是正确的,可是为什么有些工作成效不大、甚至没有成效呢?重要的原因是作风飘浮抓得不实,如果不下狠心继续解决作风不实的问题,明年"再求新发展"的目标是很难实现的。市委要求各级党政领导干部必须从世界观的高度,结合本单位、本部门的实际,认真检查一下工作抓不实的原因,以贯彻执行这次全会精神为新的起点,更好地发扬创新求实的精神坚持解放思想和实事求是的统一,把饱满的革命热情与严谨的科学态度很好地结合起来,进一步加大抓实的力度,一步一个脚印地抓好各项工作的落实,把抓实的工作再抓实一些。为此,要强化"抓实"意识,力戒形式主义和华而不实的作风,坚决反对官僚主义,大兴调查研究之风;要强化政策导向,坚持以实绩取人,对那些无所用心、不负责任,遇事推诿、不顾大局,长于钻营、不干实事的干部,决不能重用,已在领导岗位的,要坚决进行调整;要强化责任约束,把竞争激励机制引入领导班子建设,切实按照为官一任,必须"谋一方发展,富一方百姓,保一方平安,建一方文明的总体要求,对县(市)区委和政府班子实行目标管理,以政绩论英雄。其他各部门各单位也都要建立严格的工作责任制。要强化全过程跟踪,通过及时有力的督查,防止和克服工作落实过程中的虎头蛇尾、碰硬就回、见边缘工作就推等消极现象,对那些只讲小道理不讲大道理、只顾局部利益不顾全局利益、搞花架子、做表面文章而贻误工作引起群众不满的,要通报批评,后果严重的要进行组织处理。

同志们!沈阳朝着"一高两大两化"的宏伟目标迈进,已经有了一个良好地开端,新的更加艰巨的任务已摆在我们面前。市委要求,全市各级党政组织、各行各业、全体党员和广大干部群众,要在党中央和省委的领导下,坚持以建设有中国特色社会主义理论为指导,同心同德,锐意进取,艰苦奋斗,增强紧迫感,迎接新挑战,建立新体制,再求新发展,谱写第二次创业的新篇章,尽快把沈阳建成高科技、大生产、大流通的现代化、国际化城市，为全国的改革开放和社会主义现代化建设事业作出新的贡献！

政府工作报告

——一九九三年二月十二日
在沈阳市第十一届人民
代表大会第一次会议上
市长 武迪生

各位代表：

本届政府任期已满，我代表市人民政府向大会报告工作，请予审议。

一、过去5年工作的基本总结

本届政府任期的5年，是沿着有中国特色的社会主义道路继续开拓前进的5年。面对国际国内复杂情况和沈阳经济发展的诸多予盾，我们在省委、省政府和市委的领导下，依靠全市各族各界人民，坚持党的基本路线，认真贯彻市人代会的各项决议，抓住经济建议这个中心不放，用改革的办法处理治理整顿中的各种矛盾和问题，着力理顺基本经济关系；坚持以开放促改革、促改造、促改组、促发展，着力提高整体经济素质；特别是1992年以来，在小平同志南巡重要谈话和中央政治局会议精神指引下，进一步解放思想，重新审视并调整、完善工作思路，提出到下个世纪初，把沈阳建成高科技、大生产、大流通的现代化、国际化城市的奋斗目标，并采取超常规的实际步骤，加快改革开放和发展的步伐，拉开了经济登上新台阶的序幕。总之，本届政府承上启下，实现了社会稳定、政治稳定，完成了治理整顿任务，达到了任期5年的经济、社会发展目标，国民生产总值、国民收入和社会总产值分别由1987年的139亿元、114亿元和330亿元增加到1992年的272亿元、216亿元、668亿元。城乡经济实力进一步增强，城市基础设施建设完成了一批大项目，各项社会事业均有新的发展。从而，为实现新的跳跃、再上一个新台阶奠定了坚实的基础，展现出美好的前景。

——农业基础逐年夯实，农村经济开始步入良性循环。在解决米袋子、菜篮子的基础上，进而以发展高产优质高效农业为目标，稳定和完善以家庭联产承包责任制为基础的双层经营体制，健全集体经济组织，完善农村社会化服务体系，积极引导广大农民走向市场，从而加速了农村商品经济的发展；加大农业投入，农业基础设施和农田基本建设进一步加强，西部柳绕与东部山区开发取得明显成效，强化了农业的基础地位；大力推进科教兴农，积极实施“星火”“燎原”计划，努力提高农村机械化水平，促进了农村各业的增产增收；积极发展大农业，加强农村社会化服务体系的龙头项目建设，促进了农林牧副渔各业全面发展，粮菜肉蛋奶鱼果等主要农副产品产量明显增加，保障了大工业城市的有效供给；乡镇工业发展势头强劲，素质有所提高，已成为农村乃至全市经济的重要支柱，其产值在全市工业中四分天下有其一，且有相当一部分企业开始向高科技、外向型发展；加大农副产品购销体制改革力度，相继放开农副产品价格，相应开辟多层次、多成份、多形式的产销渠道，从而使市场调节占主导地位，促进了农村各种生产要素的优化组合。5年间，农村经济发生了历史性变化，粮食产量稳定提高，主要农副产品的商品率均达到85%以上，农村社会总产值由1987年的67亿元增加到1992年的165亿元；乡镇工业产值由1987的40亿元增加到1992年的122亿元，整个农村经济开始步入良性循环。

——工业布局有较大改善，企业活力有所增强。这5年，坚持市场取向，以提高经济效益为中心，依靠科技进步，加速技术改造步伐，努力调整工业结构。汽车制造、化工等产业已成为新的工业支柱；计算机等高新技术产业已初露头角；机床、电工、通用设备等行业在全国的优势地位重新得以恢复和加强；医药和建筑业发展步伐加快；建材、冶金、农机等行业的发展趋势见好；轻纺等日用工业开始走出低谷。短线产品和出口产品生产逐年有较大幅度增长，新产品开发已开始成为企业自觉行动，5年来开发13 000多种，其中有2 000余种达到国际先进水平，新产品产值的比重逐年增大，新创产值138亿元，新增利税23.6亿元，分别比前5年增长30.1%和39.7%。企业组织结构调整有了进展，企业集团已发展到53个，有的已实现了跨行业、跨地区、跨国的组合，同时还先后兼并了180多户企业，转属到区250多户企业，从而使企业结构和经营方式有了新的转变。针对企业活力不足的问题，以搞活企业特别是搞活大中型企业为中心环节，全面贯彻《企业法》《全民所有制工业企业转换经营机制条例》和《城镇集体所有制企业条例》，在进一步落实企业自主权的同时，普遍实行第二轮承包或租赁，选择部分企业进行投入产出总承包、模拟“三资”企业管理、实行股份制等试点，以“三项制度”改革为突破口转换企业经营机制，并配套推进社会保障体系的形成，全市有2 800多户企业进行了劳动制度改革，90%以上的企业以体现按有效劳动分配的原则，实行了岗位技能工资、联产联销计酬等灵活多样的分配形式，促进了劳动力要素的优化组合，提高了以人的活力为本的企业内在活力。针对经济一度失衡、企业效益滑坡的问题，把经济发展诸因素作为一个整体来抓，强化了搞好大中型企业的政策力度，大力清理“三角债”，狠抓扭亏增盈，大打科技促产、扩销促产、金融促产、联动促产的工业总体战，从而有效地遏制了生产滑坡，前年稳步回升，去年呈现较快发展的势头，重点搞好的100户大中型企业已开始搞活，其发展速度和效益指标在整个工业中居于领先地位。区街工业一直保持较高的发展速度，为全市工业经济增长作出了重要贡献。1992年，全市工业总产值完成500.4亿元，按可比价格计算，比1987年增长58.8%，工业净产值实现125亿元，比1987年增长一倍。沈阳工业继上一轮较快增长后，经过5年市场竞争摔打和转轨转制，已经为新一轮跳跃发展打下了坚实基础。

——市场体系逐步健全，第三

产业发展较快。5年来,坚持一手抓生产,一手抓流通,使第三产业有了较大发展。实行经营、用工、分配、价格、资产存量"五放开",把绝大多数商业企业的经济 活动导入市场调节的轨道。放开农副产品市场,包括去年放开粮食市场,完善消费品市场,大力发展钢材、木材、机电、工作母机等生产资料专业市场,发展技术、人才、劳务、信息和房地产等新兴市场,都取得了较好成果。全市各类市场已由 1987 的年373处发展到 1992 年的478处,五爱市场年成交额超过10亿元,居全国十大市场的第二位,中国鞋城、中国小食品城、中国家俱城等10个集贸市场年成交额超亿元;老商业街逐步得到改造,购物环境改善,经营服务档次提高,并涌现出中兴大厦、商业城等年营业额 6 亿元以上的大型商业机构,在地区乃至全国的经贸活动中具有举足轻重的影响。流通领域中的个体、私营经济有了很大发展,到 1992 年,从业人员已达18万人,营业额达33亿元,分别比 1987 年增长75%和110%。商品流通规模扩大,全市社会商品零总额已由 1987 年的72亿元增加到 1992 年的141亿元。抓住商品流通活跃、市场兴旺、多数商品日益转为买方市场之机,加快了价格改革步伐,5 年中共调整了800多种商品价格,促进了商品生产发展。采取各行各业一齐上和利用外资等办法,传统的第三产业得到扩展,新兴第三产业开始兴起。目前,现代商业、金融、保险、科技、旅游、信息、咨询、房地产等行业已成为我市新的投资热门。第三产业生产总值已由 1987 的44亿元增加到 1992 年的110亿元,在国民生产总值中的比重由 1987 的31.5%提高到 1992 年的40.5%,高于全国平均水平 13 个百分点。

——对外开放不断扩大,外向型经济建设取得较大进展。几年来,把开放作为振兴沈阳、实现跳跃发展的重大举措,实施"重点突破、沿线展开、全面推进"的开放战略,加强"桥梁工程"建设,努力改善软硬投资环境,着力把企业推向国际市场,发挥县、区、乡的独立开拓作用和各群团组织以及广大"三胞"眷属的桥梁作用,初步形成了多层次、多渠道、多方式、多主体、全方位的开放格局。全市自营出口创汇由 1987 年的1.06亿美元,增加到 1992 年的 4.64亿美元,1992 年比上年增长 38.6%,高于全国平均水平20个百分点。出口商品结构逐步优化,工业制成品在出口总额中的比重已达80%以上。出口商品覆盖面已拓展到96个国家和地区。对外工程承包和劳务合作不断扩大,旅游业也有较快发展。海外开发初步打开局面,已在23个国家和地区建立各种机构60余个,沈阳沟通五大洲、辐射十大区域性市场的国际经营网络初步形成。与国际友好合作城市的关系日益加强,对外文化、科技、教育、城建等领域的交流不断扩大。特别是 1992 年,对外开放空前活跃,赴"三边"经贸活动变成840多个合作项目,其中65%的项目得到落实,闯出了一条联合开发、借边出境的路子;成功地举办了经贸洽谈会、"三胞"联谊会,加大了招商力度。来沈投资的大财团、大客户接连不断,直接利用外资项目特别是重大项目明显增多,1992 年全市共签订利用外资合同822项,合同总额21.7亿美元,合同外资额11.6亿美元,其中已获批准利用外资项目706项,合同总额 14.9亿美元,合同外资额9.4亿美元,调入外资额3.8亿美元。当年利用外资与历年累计相比,实现了兴办"三资"企业数、合同总额和合同外资额三个翻番。

——五区开发进展顺利,新的经济增长点逐步壮大。5 年来,把五区开发作为新的经济增长点,采取滚动开发、合资开发、转让开发、嫁接改造等多种方式加以培育和推进。沈阳开发区在4.48平方公里内起步的一期工程基础设施基本完成,项目已经摆满,二期开发7.7平方公里正在加速展开。目前进区项目达 129 个,其中"三资"企业98个,已投产35个。南湖科技开发区的东工科学园、三好科技街、高科技创业者中心、科普公园以及产业试验区均已起步,已创办高新技术企业733家,其中"三资"企业93家,承担传统产业改造项目432项,开发高科技产品1 100多种,其中条形码产品占全国的70%,并打入23个国家和地区,全区技工贸收入累计达18亿元。铁西工业改造区已完成"七五"期间的改造计划,"八五"期间的改造正加速进行,特别是通过引进、嫁接和合资合作改造,使输变电、机床等行业的一批骨干企业恢复了全国同行业排头兵地位。北站商贸金融开发区已形成了外引内联、成片开发的"小气候",引入外资 3 亿多美元。辉山风景旅游区开发建设也已顺利起步。五区开发的全面展开,增强了对外商的吸引力,正在构造着沈阳经济和城市功能的新框架。

——城市总体功能得到增强,人民生活稳步提高。采取改革管理体制、实行政策倾斜、增加财政和信贷投入、广泛利用外资、发动全社会参与等办法,使住房、供水、供气、交通、通讯、能源、商服网点和环境污染"七紧张、一严重"的状况得以缓解。5 年来,城镇住宅交付使用面积达1 243万平方米,相当于建国以来新建住宅的三分之一,先后有 24 万户居民迁入新居,占城镇居民总户数的20.1%;实施大伙房引水工程、黄家水源工程和改造扩大现有水源,1992 年的日供水量比 1987 年增加 40 万吨;开发了煤成气,改造了油制气,扩建了煤制气,发展煤气用户 20 万户;全市电话总数由 1987 的13.6万部发展到 1992 年的 28.6 万部;建成了沈阳邮政通讯枢纽;完善了中环路,完成了沈阳段国道改造,外环路和绕城高速公路正在加速建设;建成了新北站和桃仙国际机场,延展了铁路营运里程,新开通 4 条国际航线和 16 条国内航线,初步形成了立体化交通框架;建设了沈海热电厂及输变电配套工程,缓解了电力紧张状况,扩大了集中供热面积;完成污染治理工程400多项,形成年处理废水5 000万吨、废气500亿立方米的能力,修建和完善了垃圾排放场,完成了西部污水截流工程,城区绿化率提高了 7 个百分点,从而在经济翻番的情况下,环境不仅没有继续恶化,而且局部区域的环境质量还有所改善。在加强城市建设的同时，乡镇建设也有很大变化，正在成为农村经济文化中心和新的经济增长点。此外，还提高了自来水普及率，实现了村村有电力，实施村村通油路及通信设施改造工程，为农村商品经济的发展创造了必要条件。

在生产发展的基础上，人民生活水平相应提高。城市居民人均收入由1987年的976元增加到1992年1 943元，农民人均纯收入由1987年的744元增加到1992年的1 154元，分别增长99.1%和54.9%；城市人均居住面积达到6平方米，5年内提高了1平方米；1992年的城乡居民储蓄存款人均达3 095元，为1987年的4倍。零售物价指数连续3年控制在全国大中城市平均水平。通过扩大就业渠道、扶贫解困、完善社会保险等，保障了困难职工、特困户和五保户的基本生活。

——“科教兴市”初见成效，其它各项社会事业都有新的发展。通过提高全社会科技意识，深化科技体制改革，加强科技法制建设，强化科研与生产结合，实行科技与金融结合，放活科技人员，使第一生产力在经济发展中开始活跃起来。5年来，完成技改项目1 300多个，使700多个企业得到改造，提高了产品水平。科研网络和技术贸易网络初步形成，取得科技成果7 800多项，推广科技成果5 200多项，取得经济效益58.6亿元，技术贸易成交额达到25亿元。特别是1990年国家把我市作为以城市为中心和科技成果推广试点市以来，有248项重要科技成果在我市326家企业得到应用，新增产值22亿元。除南湖科技开发区外，北陵星火技术密集区和上园、道义等10个科技小区建设也已起步。以高新技术改造传统产业的发展高新技术产业初见成效。以提高乡镇工业科技水平的“星火计划”已全面展开，投入4.2亿元，取得了新增产值24.9亿元的效果。

教育综合改革逐年深化，教育管理体制逐步理顺，教育结构趋于合理，与地方经济和社会发展相适应的教育体系正在形成。5年来，地方财政和社会集资用于教育的投入达20.4亿元，是前5年的2.5倍，保障了各类教育的协调发展。全市消除了学校危房，新建、扩建了一批校舍，在小学、初中入学双高峰的情况下，实现了本届政府任期内基本消除中小学二部制的目标，有70%的学校实现了标准化办学，实施九年制义务教育的人口覆盖率达85%；职业教育发展迅速，已输送毕业生5万多人；地方高等教育为经济和社会发展输送专门人才8 000余名；以岗位培训为主要内容的成人教育在经济建设中也发挥了积极作用；以提高农民技术水平为目标的“燎原计划”完成了一期工程；幼儿教育有了新的发展。教师队伍基本稳定，师资水平和教学质量有了较大提高。

文化事业生机勃勃。创作了《月牙五更》等一批优秀剧目，5年来，获国家级奖155项，获国际奖7项，群众文化活动进一步普及；文化产业开始形成，对外文化交流有新的突破，；连续两年举办的中国沈阳国际秧歌节，对弘扬民旅文化、扩大对外影响、促进经济技术交流发挥了积极作用。文物保护和利用有了新的进展，新闻、出版、广播、影视事业蒸蒸日上。卫生事业有了长足进步，医疗设施、卫生技术人员增加，医疗服务质量有所提高，看病难、住院难问题基本解决。认真贯彻计划生育基本国策，人口自然增长率比5年前下降8.22千分点。档案工作跨入国家档案管理先进行列。体育事业发展较快，在全国第二届城运会上获金牌总数、奖牌总数、团体总分三个第一，在第二十五届奥运会上沈阳运动员获一金二银一铜4块奖牌，在全国城市中名列前茅；群众性体育活动更加活跃，被授予全国群体工作先进城市称号。

民政工作取得新的进展，加强了基层政权和群众自治组织建设，完善了社区服务体系。发展了新时期的双拥工作，被命名为全国双拥模范城。开展了争创民旅团结先进市活动，促进了民族团结和民族经济的发展。

侨务、对台事务、修志、文史、宗教、人防、民兵等也都紧紧围绕经济建设做了大量卓有成效的工作。

——地方财政紧张状况有所缓解，金融事业发展较快。由于宏观经济环境变化，一度市场疲软、生产滑坡，相当一部分企业处于亏损状态，出现财政紧张状况。为了扭转这种局面，全市同舟共济，努力增产节约、增收节支、增效扭亏，同时采取护税、协税、审计监督等措施加强税收征管，开展联厂、联销、联科技等活动促产促销，增值税源，从而使财政紧张状况有所缓解。1992年，全市完成财政收入34.35亿元，比上年增长12.65%。由于原燃料涨价，新出现了一些增支因素和采取扶持企业发展的措施，加大了财政支出，全市财政支出23.45亿元，比上年增长10.37%，收支相抵略有赤字。

国家在沈及地方各级金融机构深化改革，推进金融市场的发育，5年来，建立和培育了有价证券、资金拆借、外汇调剂等市场，共发行有价证券78亿元，拆借资金1 100亿元，调剂外汇5亿美元，有力地支持了经济建设。

——社会主义精神文明建设健康发展，民主法制建设得到加强。5年来，结合国际国内形势和沈阳实际，在全市城乡深入开展了基本国情、基本路线和社会主义思想教育，广大群众进一步树立和坚定了社会主义的理想和信念。集中群众意志所确立的“实干兴沈，开拓图强”的沈阳精神正成为激励全市人民热爱沈阳、建设沈阳的强大精神动力。广泛持久地开展了“做文明市民、创文明单位、建文明城市”活动，增进了城乡人民和各单位的文明意识，提高了全社会的公德水准。以迎接“二青会”的秧歌节为契机开展的精神文明建设活动，进一步激发了全市人民团结、拼搏、奋进的精神和社会责任感。支援南方部分受灾地区的救灾赈灾活动，体现出全市人民巨大的民旅凝聚力和高尚的社会主义精神风貌。认真贯彻落实人大关于加强社会公德教育的决议，连续3年在冬春时节开展了“讲奉献、送温暖”活动，培育了社会主义的人际关系和美好情操；学雷锋、树新风以及军民共建、警民共建等群众性活动卓有成效，尊老敬贤、助人为乐、见义勇为等社会风尚日益发扬光大。特别是通过学习贯彻邓小平同志南巡谈话和党的十四大精神，广大干部群众的思想进一步解放，观念进一步更新，精神进一步振奋，全市精神文明建设正向深层次发展。

社会主义民主法制建设进一步加强。各级政府认真执行人大通过的决议，抓紧办理人民代表和政协委员提出的建议、意见和提案，主动接受人大常委会的监督，加强与人民政协的政治协商和与各民主党派、工商联的联系，积极发挥群团组织的桥梁和纽带作用，加强来信来访、公开电话等工作，建立和完善市长产业工人联络员制度利用新闻媒介开辟《政府与市民》专题栏目，不断拓宽全市各族人民参政议政的渠道。五年来，办理人民代表、政协委员提出的议案、提案和批评建议5 900多件，受理群众来信来访14.6万多件次，对改进政府工作、维护社会安定、促进改革开放和经济建设起了重要作用。认真贯彻市人大关于"依法治市"决议，市政府建立了"依法治市"责任制，各县区制定了相应的落实规划。五年来，提请市人大常委会批准颁布了10件地方性法规，制定了325件行政规章，与沈阳经济和社会发展相适应的地方法规体系正在形成。依靠工人阶级和全市人民稳妥地平息了1989年春夏之交的政治风波，作为"立国之本"的四项基本原则更加深入人心。深化普法工作，加强执法监督，强化治安综合治理，连年狠抓"严打""扫黄"和"除六害"等专项斗争，对维护社会秩序、净化社会环境、保持社会稳定，起到了有效的保障作用。

——政府机关建设得到加强，政府职能正在转变。各级政府机关在勤政廉政、放权简政、转变职能等方面，采取了一些有效措施。连续两年压缩三分之一的文件、会议，控制各种检查评比，使各级干部腾出更多精力，深入基层，为重点项目和企业服务；选派10%的干部到基层挂职锻炼，建立对口联系点，帮助企业解决了生产经营中的一些难题；有89个部门派出干部对口帮扶104个乡镇奔小康；强化政府各部门的目标管理，并跟踪督促检查，促进了各项工作的落实；进行全局观念和服务意识教育，加强相互协调和配合，提高了政府工作的整体效能。坚持"一要坚决，二要持久"的方针，采取一抓重点、二抓窗口、兼顾一般的方法，纠正行业不正之风，加强行政监察，取消不合理收费，制止乱摊派和滥罚款，查处违纪案件，惩治腐败行为，促进了廉政建设。缩减10%的机关工作人员，充实经济工作第一线；强化各项工作分级负责、分层推进的力度，较好地发挥了县区统筹本地区经济社会发展的职能和积极性。特别是去年以来，各综合部门和主管部门从职能、计划、财务、管理、服务等方面都采取了一些新的转变举措，受到基层和企业的欢迎。副食、粮食、服务等局主动转为经济实体，为加快政府职能转变探了路、带了头。

各位代表：过去五年，是全市人民迎难而上、团结奋斗、勇于改革、开拓进取的五年，是我市社会主义现代化建设事业继往开来、取得重要成就的五年，在此期间，全市各族人民热情支持政府工作；市人大、市政协以及各民主党派、人民团体和爱国人士对政府工作给予了有力监督和支持；离退休的老同志以极大的热忱关心政府工作，为振兴沈阳提出了许多宝贵的意见和建议；中国人民解放军驻沈部队、武警部队和公安干警，积极参与我市重点工程建设、城市绿化、共建精神文明活动和社会管理；中央、省和各地驻沈单位，从各方面给我市建设和发展以有力支持；关心沈阳的港澳同胞、海外侨胞和各国朋友，对我市的改革开放、经济建设给予多方面的实际支持。在此，我代表本届政府一并表示衷心的感谢！

在肯定过去成绩的同时，我们也深切感到在前进中困难还不少，有些问题还相当突出。一是工业经济结构矛盾仍较突出，拳头产品不多，资金周转缓慢，经济效益不高，发展后劲不足，相当一部分企业尤其是大中型企业仍缺乏活力，个别行业还没有走出低谷，整个经济增长还没有真正转入依靠科技和管理进步、优化结构、提高效益的轨道。农村经济发展也面临着一些新问题，相当一批乡村经济实力还很薄弱，社会化服务体系还不健全，生产资料买难和农副产品卖难的问题依然存在，农民和乡镇企业负担过重的问题尚未根本解决。二是城市功能的总体水平仍然不高，市场体系发育还不快，传统第三产业亟待改造，为生产服务的新兴第三产业亟待发展。投资环境还不理想，经济外向度仍然较低，出口总值在工农业总产值中所占的比重不大，利用外资的规模和水平都亟待提高。三是大文化建设还没有形成气候，城市管理力度不够，社会风气和思想文化领域还存在一些不健康因素，社会生活中的丑恶现象还很严重，市容、环境卫生、交通秩序时好时差，社会治安形势仍较严峻，重大刑事案件上升，群众还缺乏安全感。四是思想解放不够，观念转变不快，政府系统运行尚未完全摆脱传统体制束缚，机构庞大，办事效率很不适应社会主义市场经济运行的要求，职能转变和作风转变的任务很重。五是政府在决策和实施过程中，有许多不尽人意、不够完善之处。如青年大街三座机动车与自行车分离的平台桥，对上下班高峰自行车通行考虑的不细，拆迁也不到位，造成上下班时通行不畅，给人民出行带来不便。再如办秧歌节筹集资金，没有坚持受益单位和群众自愿原则，增加了单位和群众的负担。还有区街集体经济抓的力度不够，等等。这些问题都需要下届政府高度重视，尽快认真地加以解决。

二、今后五年的奋斗目标和所要采取的主要措施

在邓小平同志南巡重要谈话和中央政治局会议精神推动下，全国改革开放和经济建设进入了一个新的发展阶段。党的十四大作出了我国九十年代改革、开放和发展战略部署，描绘了迈向二十一世纪的宏伟蓝图。沈阳经过十四年改革、开放和建设，已具备了向新目标加速前进的基础和条件。尽快使经济登上新台阶，是大势所趋，人心所向。

当前,国际国内形势的发展变化,使我们遇到了千载难逢的发展机会。一是世界两极格局已经终结,正向多极化发展,这使我们有可能争取到较长时期的和平环境,一心一意发展生产力,开创经济新纪元。二是国际市场格局和全球经济状况正朝着有利于我们的方向发展,国际分工与合作正在重组,发达国家的一些产业及产品正逐步向外扩散,为我们填补和扩充这些领域,开拓多元化市场提供可能。特别是亚太地区经济增长较快,将提供更多的市场、资金和技术,有利于我们的产业升级。三是经过十四年改革开放,我国现代化建设的新高潮已经到来,宏观经济对我市经济的拉动强劲;沿海、沿边、沿江及内陆重要城市的全方位开放,为发挥我市优势,拓展横向经济联合,共同发展外向型经济提供了广阔的空间。四是为提高综合国力,搞好大中型企业,中央采取倾斜政策,对老工业基地改造给予重点扶持;经济自身的发展规律,也将促使我国经济在九十年代由轻型工业率先增长转为重化工业领先阶段,这为我们老工业基地加速改造、加快发展提供了宝贵机遇。五是沈阳经过四十多年的建设,特别是经过十四年的改革、开放和发展,城乡人民基本生活有了保障,城市建设有了大的框架,经济技术具备一定优势,广大群众的积极性空前提高,从而出现了沈阳经济与国际市场对接的历史性机遇,抓住它,对接好,就能使沈阳经济登上一个新台阶。

机遇千载难逢,挑战也是严峻的。一是当前世界上许多国家特别是我们周边的一些国家和地区都在加快发展,世界格局的变化还有许多不确定因素,如果我们的经济发展慢了,不仅影响沈阳老基地振兴和社会稳定,而且不利于社会主义制度的巩固和国家长治久安。二是国际市场竞争激烈,经济区域化、集团化转快,贸易保护主义抬头,加之世界范围内的高新技术及其产业迅猛发展,使我市经济与世界经济对接不可能轻而易举;随着我国《关贸总协定》缔约国地位的恢复,国际性经济竞争将直接反映到国内市场上来,我市相当一部分产业将受到较大冲击。三是党的十四大以来,全国呈现出“千帆竞发,百舸争流”的发展态势,近几年我市在全国经济的位次已经后移,如若发展慢了,就有被挤出经济大市行列的危险。四是挑战的危机还来自我们自身,尽管近些年来沈阳经济有了较快发展,但经济运行中的深层次矛盾尚未彻底解决,薄弱环节还很多,只有扎实奋斗,解决好我们自身存在的问题,才能实现加速发展。形势表明,尽管面临的问题、困难很多,但是加快沈阳发展的条件和时机已经成熟,天时、地利、人和都已具备。我们要以强烈的历史使命感,审时度势,抓住机遇,迎接挑战,真抓实干,争取实现跳跃式发展。根据党的十四大和市委八届五次全会精神、当前形势和沈阳的区位条件,对我市今后的发展提出以下建议:

在新时期我市经济上台阶的指导思想和总体奋斗目标是:继续实施“振兴沈阳,繁荣辽宁、服务全国、走向世界”的战略,坚持“一开四促”的方针,进一步解放思想,深化改革,扩大开放,加速科技进步和管理进步,把沈阳建设成为高科技、大生产、大流通的现代化、国际化城市,使之成为东北亚重要的工业基地和开发服务中心。

实现“一高、两大、两化”的总体目标是一项跨世纪工程。分三个阶段:第一阶段是到一九九五年,国民生产总值达到350亿元,人均5 660元,年均增长9.7%,进入小康基准线;第二阶段是到2000年,国民生产总值达到660亿元,人均10 140元,年均增长11%,在小康基准线上再提高一大步;第三阶段是到2010年,国民生产总值达到1 870亿元,人均26 000元,赶上中等收入国家的水平。在这三个阶段里,科技水平、产业结构、经济效益、经济外向度、环境质量、人民生活和文化素质等,都要有相应的变化和提高。

实现上述总体目标,下届政府任期的五年是关键时期。建议这五年要向“一高、两大、两化”的总体目标迈进一大步,基本完成经济体制向社会主义市场经济的过渡,建立起功能比较完备的市场体系、服务体系和社会保障体系,经济实力进一步壮大,国民生产总值达到451亿元,比一九九二年增长83%;经济效益显著提高,财政收入达51亿元,比一九九二年增长48%;经济结构有较大改善,一、二、三产业在国民生产总值中的比重达到5.3:46.4:48.3;科教事业显著进步,到一九九七年,高新技术产品产值占全部工业产值的比重达到15%以上,90%以上主导行业的主导产品达到国际八十年代水平,农业科技成果应用率达到70%以上;扫除农村青壮年文盲,农村基本普及九年制教育,城区基本普及高中阶段教育,中等职业技术教育在校生与普通高中在校生比例达到7:3,地方普通高等教育在校生规模扩大到1.2万人;工业总产值达到857亿元,比一九九二年增长80%,县区和乡镇工业产值在全部工业总产值中的比重达到40%以上;进一步加强农业基础设施和社会化服务体系建设,促进高产优质高效农业生产体系的稳步发展,农田作业的主要环节基本实现机械化,农业总产值达到42亿元,比一九九二年增长17%;出口创汇达到12亿美元,比一九九二年增长1.6倍,利用外资五年累计达到20亿美元;五区开发取得突破性进展,城市基础设施更加完善,建成绕城高速公路,通讯枢纽工程建成使用,城市五分之一的家庭拥有电话,浑河南岸新区建设展现形象;人民生活跨越小康标准,全市人均国民生产总值达到7 150元,城镇人均居住面积争取净增1.5平方米,城市居民人均生活费收入和农村人均纯收入都要增长一倍以上。与此同时,各项社会事业长足发展,市民文化素质明显提高,形成与社会主义市场经济相适应的社会氛围。

根据上述设想,建议今后五年着重抓好以下几个方面的工作:

(一)加快改革步伐,构造社会主义市场经济体制

建立社会主义市场经济体制,是改革的重要目标,也是我市经济振兴的根本出路和保证。三年内基

本完成国有企业经营机制的转换和政府职能的转变，初步建立起顺畅有效、富于生机活力的社会主义市场经济运行机制。

转换企业经营机制的核心是使企业真正成为自主经营、自负盈亏、自我约束、自我发展的法人实体和市场竞争主体。要通过理顺产权关系，实行政企分开，改进承包方式，扩大利税分流，扩展股份制，打破旧的对应关系，使企业走向市场。同时，建立和完善多层次、系统化的社会保障和双向选择、人尽其能的劳动力流动等配套制度，把企业承受的沉重社会负担分离出去，使职工的聪明才智充分发挥出来。

转变政府职能的重点是理顺政府与企业的关系，由微观管理的包办代替转向宏观管理和服务。要通过下放权力，完成由管住微观向管好宏观转变，由直接调控向间接调控转变，由包办代替向服务监督转变；通过建立科学有效的资产管理经营制度，搞好财务监督和协调服务，履行好国有资产所有者的监督职能；通过制定法律规章，培育各类市场，完善市场规则和流通秩序，履行好社会管理者的管理职能；通过搞好经济发展预测，总量平衡调控，重大结构与生产力布局规划，确定经济战略目标，实施经济政策引导，履行好经济宏观调控者的调控职能；通过精简机构人员，简化办事程序，改进工作作风，提高运转效率，履行好“小机关、大服务”的服务职能。

（二）合理配置生产要素，优化经济结构

优化经济结构是转换经济增长方式的重要措施，是促进经济上新台阶的重要途径，重点是重组产业结构，使其合理化和高级化。农业是国民经济的基础，必须把发展农业放在各项经济工作的首位，长期坚持，毫不动摇。要坚持市场取向，进一步调整农村产业结构和种植业结构，推进高产优质高效农业生产体系和农村社会化服务体系的建设，提高农产品的科技含量、规模效益和竞争能力，真正达到强化农业基础地位的目标。工业要坚持按市场需求，积极进行适应性调整，强化八大支柱产业；抓好开发性调整，发展一批高效益、高产出、高附加值、高创汇的产业和产品；加快创业组织结构调整，形成一批有较强竞争实力的企业集团。要继续发展建筑业，使其逐步成为我市经济的支柱行业。还要大力发展区街企业和乡镇企业，进一步增强经济综合实力。第三产业既要扩大规模，更要提高档次，在改造和提高传统第三产业的同时，侧重加快发展直接为生产服务的新兴第三产业和农村第三产业，逐步强化第三产业牵引能力，全面振兴实业。此外，在优化经济结构中，要坚持以公有制为主体，大力发展个体和私营经济，发挥各种经济成份的作用和积极性。

优化经济结构，必须加大智力和资金投入。要开辟一切能开辟的财源，积极发展金融业，采取职工集资、建立基金会、发行股票和债券、吸纳个人资金、引入外地资金、特别是吸引外资等方式广筹资金，形成自筹、信贷、外资各占三分之一的资金投入格局，同时下大力气加速资金周转，提高资金使用效益。要调动全市人民的聪明才智，大力推进科技进步和管理进步，充分发挥科技第一生产力的作用，从而保障各产业的高产出、高效益。

（三）扩大经济外向度，加速与国际市场全面接轨

加速与国际市场的全面对接，是发展社会主义市场经济的内在要求，也是我国“入关”的大势所趋和振兴沈阳的必由之路。要继续贯彻“一开四促”的方针，坚持外经、外贸、外资并举，加强“桥梁工程”建设，实施“重点突破，沿线展开，全面推进”的战略，形成管理体制、财务制度及运行机制适应国际惯例，国际交往的各种服务体系和设施基本配套，一批跨国公司成长发育起来，区域性国际市场分布配套，多层次、多渠道、全方位的对外开放新格局。

要切实抓好重点地区特别是“五区”的开发开放，按照“特区”模式，在建立新的经济运行机制、利用外资、依靠科技、加速改造和改善服务功能上率先突破，带动全市对内对外开放。沈阳开发区要建成以高新技术和出口创汇为导向，以工业为主体，二、三产业协调发展的外向型、现代化、国际化的新型经济区，今后五年要完成二期开发，三期开发也要取得较大进展；南湖科技开发区今后五年要在开发机电一体化、电子与信息、新材料、生物工程和能源与环保五大领域中取得明显进展，形成一批开发中心、先导产业和高科技企业集团，中试基地和高新技术接产区要初具形象；铁西工业改造工要高起点地加速总体改造，今后五年要在改造机床、输变电、通用机械、医药、化工5个优势行业和100个重点骨干企业方面有高水平、高效益的进展，使一批大中型骨干企业与国际市场接轨，并要初步建成国际性、现代化生产资料市场；北站商贸金融开发区要建成50个大型项目，初步形成有一定国际影响的新型综合经济服务区；辉山风景旅游区要配套完成八大区域建设，初步成为具有旅游、文化、娱乐、休养等多种功能的沈阳副城。

要拓宽利用外资领域，采取灵活政策，力争更多的国际商社、大财团、跨国公司来沈投资兴办高科技、高创汇、规模大、效益好的建设项目，争取在今后五年内多数大中型企业以多种形式实现与外商合资合作。要充分发挥县区和乡镇的开放积极性，推进公路沿线的小区开发，形成以外贸窗口为龙头，以大中型企业为主体，以城乡集体企业为两翼的对外经贸网络。鼓励外商以多种方式来沈兴办房地产、商业、金融、旅游等第三产业，提高发展档次和投资环境水平。继续采取“借船出海”“借边出境”和海外开发等方式开拓国际市场，在国外建立一批原材料供应和产品销售基地，推进沈阳与国际生产要素的优化组合。

（四）坚持“科教兴市”方针，加速把产业优势变成竞争优势

经济振兴靠科技，科技进步靠人才，人才培养靠教育。今后五年，要使科技和教育事业有一个更大的发展，科技人员总数要超过60万人，科技进步因素对经济增长的贡献率达到50%以上。要加速高新技

术产业化，重点开发机电一体化、电子信息、新材料、精细化工和计算机软件技术，形成一批在国内外有较强竞争能力并具有一定生产规模的高新技术产业；要加速传统产业的改造和升级，通过引进和开发，实现高新技术与传统技术的复合嫁接，重点实施好机床、输变电、通用机械、汽车、电子等8个主导行业的总体改造；加速农业现代化的进程，重点实施好“丰收”“星火”和“燎原”计划，大力推广农业先进技术和优良品种。要深化城市教育综合改革和教育内部管理改革，适时调整教育布局、规模和结构，依法普及九年制义务教育，抓好中小学标准化办学，发展中等职业技术教育、地方高等教育和成人教育。以提高教育质量为中心，基本建立起功能完善、质量较高的教育体系。

(五)进一步改革流通体制，加快市场体系建设

建立社会主义市场经济体制，必须要有完善发达的市场体系。今后五年，要继续大力培育和发展消费品批发市场，在重点产区和集散地建立一批农副产品专业批发市场，并逐步由现货批发向期货交易过渡；大力发展生产资料市场，形成国家级、区域级和市级市场网络体系，建成国家级机电产品和煤炭交易市场，建设生产资料批发市场和配送中心，新建和扩建具有集散和辐射双重功能的大型集贸市场，并向通讯订货、期货交易推进；加速发展资金、劳务、信息、技术、房地产等生产要素市场，积极创办证券、拍卖、企业产权等特种交易市场，初步形成结构合理、功能健全的市场体系。要把太原街、中街、北站3个地区建成高档次、现代化、国际化的商业区，建设总面积为200万平方米的现代化商业设施，并以此为龙头发展遍布城乡的连锁商店，进一步改变我市市场形象。狠抓市场环境配套，完善市场法规，解决市场封锁、地区分割问题，为企业走向市场创造良好的条件。

(六)加强城市环境建设，扩展城市总体功能

我市由工业生产基地城市向“一高、两大、两化”城市转变，必须抓好环境建设。要进一步搞好城乡基础设施的改造和建设，集中力量上一批关系经济发展全局的重大骨干工程。在市内建成4条快速交通干线，拓宽14条城市出口道路，高架轻轨交通一期工程开工建设，着手地铁工程前期准备，搞好桃仙机场扩建工程；兴建石佛寺平原水库引辽水入城；开发沈西煤成气、沈北煤田甲烷气；建设沈阳电信枢纽和国际邮政通讯服务中心；开发浑河南岸，并逐步使沈阳开发区、南湖科技开发区、绕城高速公路招商带与市区融为一体，推进有条件的县区撤县建市，使50%的乡发展为城镇，逐步形成沈阳都市圈。加快旧区改造和住宅建设，平均每年净增住宅270万平方米，完成市区危破房全面改造，解决人均3平方米以下的特困户住房。延展太原街、中街，调整和重组皇姑、铁西等地区和地段的功能。兴建浑河公园、北部污水处理厂等环保工程，加大植树造林力度，并逐步推进生产与生活的电气化、煤气化和热网化，使环境质量达到全国大中城市的中上等水平，软环境建设赶上沿海先进城市水平。

(七)加强大文化建设，促进社会全面进步

加强大文化建设，提高全体社会成员的素质，是实现经济上台阶的根本保证。大文化建设要紧紧围绕经济建设这个中心，抓住提高人的素质这个根本，以思想解放为龙头，以软硬环境建设为突破口，大力推进精神文明建设。要加速转换脑筋，通过思想教育、舆论熏陶、实践推动、政策导向等多种方式，树立起一整套与社会主义市场经济相适应的全新观念；要抓好人才增养和智力开发，重点提高人的适应能力和创造才能，抓好中小学创造教育，多方培养本地人才，广泛吸纳和引进国内外人才，创造有利于知识分子施展聪明才智的生活环境、工作环境和社会环境，加速建立经济、科技、教育密切结合和相互促进的有效机制。发展各项文化事业，进一步抓好以企业、校园、社团文化为重点的单位文化建设，以广场、节日文化为重点的社区文化建设，以影视为重点的专业文化建设，以人文景观为重点的旅游文化建设，使具有民族风格、地方特色和现代意识的都市文化更加繁荣。深入开展精神文明建设活动，重点抓好社会公德、职业道德的教育和培养，形成良好的社会风尚、优质的社会服务和文明、健康、科学的生活方式。切实强化城市社会秩序管理，理顺城市管理机制，实施城市科学化、法制化管理，使市容、交通、卫生、治安等环境秩序有大的改观，塑造沈阳的新形象。

(八)加强民主和法制建设，提高依法治市水平

社会的文明与进步，要求政府工作不断提高透明度，要求各层次人民的广泛参与和支持。要按照与经济体制改革和经济发展相适应，民主化和法制化紧密结合的要求，积极推进社会主义民主政治建设。要认真听取人民代表、社会各界和广大群众的意见，充分发挥各类专家和研究咨询机构的作用，加速建立民主 、科学的决策制度。要不断加强基层民主建设，在政治生活、经济生活和社会生活中，坚持和完善社会主义民主制度。要自觉接受人大监督，尊重法律监督，重视舆论监督，搞好行政监督，使各级政府机关及工作人员置于有效的监督之下。要把民主法制实践和民主法制教育结合起来，不断增强广大干部群众的民主意识和法制观念。要加快制订各项地方性法规和规章，以适应社会主义市场经济的需要。要加强政法队伍的建设，坚决制止有法不依、执法不严、违法不究的现象，坚定不移地维护在法律面前人人平等的原则。支持司法机关独立行使职权，依法惩处各种刑事犯罪和经济犯罪。加强社会治安的综合治理，保证改革开放和经济建设的顺利进行。

以上八个方面是关系我市经济和社会发展全局的关键环节，要始终不懈地抓紧抓好，并以此带动其它各项工作，确保沈阳经济和社会发展跨上新的台阶，胜利走向二十一世纪。

三、一九九三年工作任务

一九九三年是全面贯彻十四大精神，经济上新台阶的起步年。按照市委八届五次全会的要求，建议下一届市政府在今年工作中，以发展社会主义市场经济为主线，进一步解放思想，坚持实事求是，全面加快改革开放，以市场为导向，强化农业的基础地位，优化工业经济结构，大力发展第三产业，在国民经济上台阶、精神文明上台阶中，迈出更大的步伐。

一九九三年全市经济建设和社会发展所要达到的主要建议目标是：国民生产总值要比上年增长11.5%，突破300亿大关；工业生产要在调整和优化结构，提高效益的基础上增长13%；农村经济要全面发展，粮食产量保持215万吨左右，乡镇工业产值要争取突破200亿元；第三产业生产总值要增长18%；市场体系建设要有大的进展，社会商品零售总额增长15%，零售物价上涨幅度控制在大中城市的平均水平；对外开放要有更大突破，自营出口创汇增长25.6%，利用外资调入额力争增长一倍以上；全社会固定资产投资增长16.7%；财政收入力争增长8%。在加快经济发展的同时，科技、教育、文化、卫生、体育、环保、计划生育等各项社会事业要取得新的进展；城乡居民收入水平要有新的提高；城市管理要大大强化一步，社会治安、社会秩序、社会风气要进一步好转。

为了实现上述目标，建议抓好以下十个方面的工作：

（一）强化第一产业，优化第二产业，大力发展第三产业

要继续强化农业的基础地位，重视和解决农村发展中的新情况、新问题，保护农民利益，调动农民生产积极性，使农业朝着高产优质高效的方向迈出新步伐。为此，一要深化农村改革。继续完善双层经营体制，以村级服务组织为重点，增强集体经济实力，大力发展各种所有制成份的产前、产中、产后社会化服务体系。抓紧进行农村流通体制改革，发展一批跨地区的农副产品和生产资料专业批发及期货市场，解决农民卖难买难问题。发展农副产品深加工、精加工、储运等业，强化市场在农村经济中的调节作用。二要在稳定粮食生产的前提下，合理调整种植业结构，逐步实现稻麦、玉米、蔬菜和经济作物种植面积各占三分之一，建立与市场变化相适应的弹性生产结构。三要强化科教兴农体系建设，继续抓好“丰收”“星火”“燎原”三大计划的实施，大力推广优良品种和规范化技术，积极搞好城郊型生态农业建设，加快农用新技术、新机具的引进和推广。四要采取国家、集体、农民共同筹资等办法增加投入，加快农业综合开发和农田基本建设，发展一批粮菜种子基地、养殖基地、林果基地和创汇农业生产基地；强化水利等基础设施建设，并进一步改善生产和生态环境；发展5万亩蔬菜保护地，新开发鱼池1.5万亩，加快中部平原地区绿化，完成造林面积13万亩。五要认真贯彻减轻农民负担的规定，坚决查处向农民和乡镇企业乱摊派、乱收费、滥罚款行为，把今年农民负担控制在国家和省规定的标准之内。

今年优化第二产业的着力点，是面向市场，依靠科技进步和管理进步，提高经济效益。一是在巩固去年抓好100户大中型企业成果的基础上，再抓好100户大中型企业，并进一步加大扭亏的力度，促进更多的企业步入良性循环。二是继续强化以市场为取向的产品结构调整，运用各种经济杠杆，支持和促使企业尽快发展一批适销对路产品，压缩一批长线产品，淘汰一批效益差的产品，开发一批高新技术产品。三是果断地甩掉那些原材料无保障、产品无销路、发展没前途的老行业，适当收缩传统加工业，积极发展高新技术产业，并以高新技术改造传统产业。四是加速技术开发和改造，今年技改投资安排20亿元，比去年增长17.6%，重点用于八大支柱行业和铁西工业区的开发改造，并要确保这些投入的高效益产出。五是发展企业集团，已成立的集团要完善提高，增强竞争实力；要以拳头产品为龙头，通过股份制改造等形式，再组建一批资产经营一体化、科工贸一体化的企业集团；下决心对扭亏无望、资不抵债的企业关停并转，实行多形式的产权转让，以加速企业组织结构的优化。六是引导企业大力加强企业管理，提高管理水平，提高产品质量，降低成本，加速资金周转，提高劳动生产率。

第三产业兴旺发展是现代经济腾飞的前提，要确保今年有一个较大的发展。要加快市场体系建设。通过传统商业的重点扩建和改造，形成一批逐步接近国际水平的大型购物中心；依托我市产业优势，着手做好铁西生产资料超级市场的起步工作；完善市场法规，规范市场行业，维护交易秩序，改善服务环境。要大力发展金融保险业，进一步完善沈阳证券交易中心和外汇调剂中心，发展一批企业财务公司，增加保险险种，改进服务方式。要积极发展信息咨询业，组建一批各有特点的信息咨询机构，广泛开展科技、法律、质量标准、审计、企业经营、内资、外资等方面的咨询业务。要大力发展旅游服务业，增养和造就一批从事旅游业的高级人才，建设高档次的服务设施和机构，尽快与国际旅游业接网。要加强房地产业的总体规划，建立健全房地产开发、土地使用权出让转让以及租赁、换房等服务体系。要通过高档次的第三产业的发展来解决经济社会生活中的一些深层次矛盾，促进一、二产业整体素质的提高。

（二）加快对外开放，促进经济加速发展

扩大对外开放是今年的首要任务。要加快外贸体制改革，支持外贸公司打破专业壁垒，实行交叉经营，组建市对外贸易集团公司等贸科工一体的综合型企业集团；大力推行代理制，使更多企业直接进入外经外贸第一线；要根据当前国际格局和我国即将“入关”的新情况，通过“借边出境”、商品展销、经贸洽谈和建网设点等，扩展我市与韩国、日本、独联体、东南亚等周边国家、地区的经贸往来和技术合作；通过调整出口商品结构、提高产品档次、降低换汇成本，采取“借船出海”“借桥过河”等措施，延伸北美、南美和澳、非及欧洲市场；大力推进国际工程

承包和劳务输出，加强海外开发，建立海外市场开发基金，支持国营、集体和个体私营企业到海外建立生产经营网点，倡导现有海外机构与企业联姻，形成综合优势、集团优势，开展跨国、跨洲联合经营。进一步发挥市、县区、乡镇三个积极性和群团组织、"三胞"眷属的桥梁作用，按照国际惯例，实行灵活政策和优质服务，实施《沈阳市招商奖励条例》，大招商、招大商，利用外资全面推进"五区"开发、"沿线"开发、城市改造、企业改造和新兴产业的发展。

（三）加大改革步伐，促进企业转制、经济转轨

搞活市场，加快企业转制、经济转轨，是今年经济体制改革的核心任务。要全面贯彻《企业法》和《全民所有制工业企业转换经营机制条例》，对有条件的企业特别是大中型企业，主管部门只管领导班子和承包合同，其余全部放开，继续强化企业"三项制度"改革，抓紧理顺产权关系，完善经营承包制，并再扩大一批企业分别进行资产股份制、模拟"三资"企业管理及投入产出总承包试点。打破部门、地区和所有制界限，支持和鼓励企业根据市场需求和自身情况，进行内部改组、生产调整、后勤社会化经营、外部联合、自愿兼并、组建集团和对外合资合作。支持和鼓励企业实行产权多元化，吸纳不同所有制法人和职工参资入股。进一步落实《城镇集体所有制企业条例》，落实财产所有权、民主管理权、经营自主权。放宽政策，促进个体和私营经济发展。与企业转制改革相配套，要进一步建立健全待业、养老、医疗等社会保障制度，住房制度改革也要起步。在推进企业转制的同时，还要按照市场经济的内在要求，充分发挥税收及分配杠杆的宏观调控作用，进行工商、物价、财政、金融等方面的改革，加快市场体系培育，使经济运行尽快从双轨制转向市场经济轨道。（四）进一步发展科教事业，加强智力开发，为经济发展注入新的生机和活力。

今年要开发出一批高科技含量、高附加值、高效益、市场容量大、竞争能力强的拳头产品，投产1 900种新产品，消化吸收100项国外先进技术，搞好25项新技术推广应用，攻克50项重点科技项目，抓好5条高新技术产业龙。为此，要深化科技体制改革，促进人才流动和科技组织结构调整，保护知识产权，加速科技成果商品化和变成现实生产力；要建立高校、科研院所与企业之间长期稳定的合作关系，形成相互依存、优势互补、共同发展的运行机制；要发动科研单位、大专院校和全体科技工作者积极投入科技"百亿工程"，在推进高新技术产业化和用高新技术改造传统产业中大显身手；要建立健全科技开发基金，增提科技三项费用，科技贷款余额要达到10亿元以上，尽快形成全社会、多渠道、多层次的科技投入体系，促使科技工作在经济上台阶中发挥更大作用。

要多渠道筹措教育经费，增加教育投入，市财力安排教育事业费支出比上年有较大增加，同时提倡社会力量办学、引进资金合作办学。要与社会主义市场经济体制的要求相适应，深化教育综合改革。要加强基础教育，完成第二阶段普九任务；大力发展职业技术教育，办好一批高水平职业高中，走出以职养职的新路；地方高等教育要改革招生分配制度，调整专业，培养实用型人才；在抓好成人教育的同时，要注意抓好试点企业的成人继续教育和岗位培训；要试办特长、特优、特需学校；提高教师素质，重点抓好骨干教师和青年教师队伍建设。在培养本地人才的同时，还要采取多种措施广招国内外人才。

（五）加强城市基础设施建设，大力强化城市管理，进一步改善城市环境

经济上台阶，要求城市基础设施建设上台阶。今年城市基础设施建设要保证改造太原街，延展中街，治理和开发浑河城市段及两岸，新辟长白外地企业与私人投资开发小区等区域的基础设施先行到位；保障各项重点建设和技改项目所需基础设施的及时配套，使之顺利竣工投产。要完成大伙房引水二期工程，确保当年实现新增日供水能力20万吨；积极开发沈西煤成气、沈北煤田甲烷气等气源，建设轻油裂解制气厂和一座大型煤气贮罐，确保新增煤气用户3万户；在充分论证的基础上，桃仙机场扩建工程要起步，继续开辟新的国际航线；全面改造北一路至市府大路，拓宽打通6条市内交通干道；新增和更新公交车辆250台，同时，加快绕城高速公路建设；继续整治新开河、浑河，改善长青、珠林和于洪南里地区的排水系统；开工建设北部40万吨水处理厂，开辟东部、北部垃圾排放场；扩大集中供热面积300万平方米，加强城市绿化、美化，继续进行裸露地面覆盖工程，编制以治理环境污染为主要内容的"碧水工程"方案，并开始实施；住宅竣工面积确保250万平方米；新增程控电话20万门，改扩建邮政局所7处；实施"亮起来工程"，使部分重点商业区成为"不夜城"。还要开始建设高星级宾馆、大型购物中心、游乐中心，以及一批外商公寓等，以适应对外开放的需要。

在抓好城市建设的同时，要把加强城市管理作为政府工作的一项重要任务，综合采取法律的、经济的、行政的、组织的和思想教育等手段，大力整顿交通秩序，强化社会治安管理，整治环境卫生，净化美化城市。为此，一要综合整治交通秩序，进一步落实交通安全"三包三挂钩"责任制，严格交通管理，采取坚决有效措施，解决主要街路交通严重堵塞问题；下力量清理违章占道，严格占道审批，促进交通安全畅通。二要综合整治治安秩序，健全治安联防等防范机制，建立巡警队伍，加强重点地区、重点公共场所的控制，严厉打击严重刑事犯罪和经济犯罪活动，特别是狠狠打击带有黑社会性质的犯罪团伙，扫除社会丑恶现象。三要切实强化市容管理，实施条块结合，以块为主的管理责任制，认真落实卫生"五不准"和城市管理法规，引导人们养成良好的卫生习惯。四要发动和依靠广大群众，治理和改变红白喜事大操大办，封建迷信以及城区燃放鞭炮等陈规陋习。五要建立有效的城管体制，把城区作为城市管理的主体，充分发挥街、委

的作用，促进城市管理的各项工作落到实处。

（六）加快区街和乡镇企业发展，提高全市经济整体水平

支持区街和乡镇经济发展，促进两翼腾飞，是今年工作的又一个重点。一是进一步向县区放权，由县区统筹本地区的改革开放和经济发展，形成因地制宜、各展其长、优势互补、全方位加速发展的局面。二是加大乡镇企业投入，市统筹贷款10亿元，县区自筹10亿元，通过大投入高产出，促进农村工业跳跃发展。三是抓好开发一批新产品，创办一批新企业，发展一批"三资"企业，上一批技改项目的"四个一批"工程，发展具有较大经济规模、竞争实力和后劲，能够代表县区、乡镇工业形象的企业和拳头产品，促使乡镇企业产值超亿元的乡镇由38个发展到46个，超千万元的村由78个发展到220个。四是促地各区县工业小区开发，市里要帮其发挥优势，搞好规划，做好能源、交通、通讯等基础工作，使之在招商、引进外资和技术上有一个较大的进展。五是在乡镇建设、农房建设、公共福利建设、文化建设、广播和信息网络建设等方面，继续办一批实事，促进农村全面进步。六是为广大农村培养和输送人才，市属大中专院校要扩大农村定向招生，扩大电视、广播教育在郊区县的辐射面，积极发展农村职业技术教育，同时鼓励城市科技人员向乡镇企业流动。

（七）大力培育新的经济增长点，增强发展后劲

五个开发区的开发开放要迈出新步伐。沈阳开发区要完成二期开发 7.7 平方公里的道路、给排水、供电、通讯和土地平整的"五通一平"工程，并在三分之一面积上摆上项目，年社会总产值突破 10 亿元。铁西工业改造区重点抓好高新技术产业接产区建设，下半年项目进区，并在嫁接国外先进技术方面有新的突破。南湖科技开发区重点抓好高新技术产业实验区建设，一期工程基本竣工；浑河南岸 5 平方公里产业区建设要起步，五大高新技术产业要初具规模；出口创汇突破千万美元。北站商贸金融开发区要加大利用外资和招商力度，利用外资额达到4 500万美元以上。辉山风景旅游区要抓好起步区基础设施建设，规划好八大景区建设项目，其中有 4 个景区工程要在年内开工。

固定资产投资，要向关系"八五"后期全市经济发展后劲的沈海热电厂续建工程、石蜡化工工程、数控机床国产化改造和金杯总体改造等十大项目倾斜。各县区、各行业、各企业都要积极挖掘、选择和补充各自的新经济增长点。

（八）进一步推进社会主义精神文明建设，促进社会全面进步，提高人民物质、文化生活水平

加强社会主义精神文明建设，为改革开放和经济发展提供强大的精神动力。一要在全市人民中掀起学习建设有中国特色社会主义理论的热潮，坚持党的基本路线不动摇，把思想解放提高到新的层次。增强主人翁意识，更加自觉地弘扬"实干兴沈，开拓图强"的沈阳精神。二要以"兴沈图强，争创一流"为主题，深入开展"三文明"活动，加强社会公德和职业道德教育，树立和表彰具有时代精神的模范人物；进一步开展拥军优属，拥政爱民、军民共建、警民共建文明单位和创建文明小区、文明街委活动；加强国防教育、增强国防观念；建立职业道德规范；坚持纠正行业不正之风，把精神文明建设落实到城乡基层。三要协调发展各项社会事业。认真贯彻"双百"方针，搞好社区文化、村镇文化、企业文化、校园文化的建设；加强新闻、出版、广播、电视、文物等方面的工作，为人民提供更多更好的精神食粮；发动和依靠全市人民广泛参与，办好第三届中国沈阳国际秧歌节，坚持文贸结合，促进经济建设，丰富群众文化生活，提高文明素质；加强文化市场管理，继续开展"扫黄"斗争，取缔非法出版物，净化社会环境。卫生事业要进一步加强行业管理，加大监督执法力度，提高医疗服务质量，抓好初级卫生保健，完善农村三级医疗预防保健网。计划生育工作要加强基础建设和基层工作，完善县区、乡镇、村和组四级服务网络，使之逐步科学化、法制化、经常化、规范化，并切实抓好对流动人口的管理，确保人口自然增长率控制在5.56‰以内。体育事业要由行政事业型向社会经营型转变，建立专项体育俱乐部，加强科学的竞技训练和管理，大力发展群众性体育活动。民政、外事、侨务、旅游、对台事务、人防、民兵、修志、档案、文史研究等方面，都要为推进两个文明建设做出新贡献。

在发展经济的基础上，安排好城乡人民生活，提高收入水平。广开就业门路，多渠道妥善安置好复转军人、大中专毕业生、待业青年和待业职工，把待业率控制在 4%以内。开展群众性互助互济活动，加强优抚安置工作，切实安排好特困户、五保户的生活。增加有效供给，保持物价基本稳定。城镇居民人均收入要力争增长15%，农民人均纯收入要力争增长10%。

（九）加强社会主义民主与法制建设，巩固发展安定团结的政治局面

各级政府要认真执行人大通过的各项决议，自觉接受人大依法监督，办理好人大代表的建议、批评和意见；加强与人民政协的政治协商，虚心听取人民政协和民主党派的意见，认真办理政协委员的提案；加强同群团组织和无党派爱国人士及"三胞"眷属的联系，支持新闻单位舆论监督；活跃基层民主生活，发挥职代会、居委会和村委会作用，提高公民参政议政意识和能力；进一步做好群众来信来访工作，办好市长公开电话以及电台、电视台的《政府与市民》专题栏目，加强政府与广大市民之间的沟通；充分发挥工人阶级主力军作用，加强与各界人民的联系；落实民族、宗教、侨务政策，增进各民族及社会各界的团结和进步。

全面推进依法治市，搞好依法行政。加强法制宣传教育，增强广大干部群众的法制观念，各级领导干部要带头学法、执法、守法；要抓紧制订与完善保障改革开放、加强宏观调控、规范微观经济行为、推进社会主义市场经济发展的地方法规；

要贯彻《税收征收管理法》，提高全民纳税意识，严厉打击偷税漏税行为；要加强行政执法部门的自身建设，提高执法人员的素质和执法水平。

（十）转变政府职能，加强廉政建设，确保今年各项任务胜利完成

要按照党的十四大指明的方向，以高度的政治责任感，抓好政府机关的自身改革和建设。首先，要放权简政、转变职能。今年先在市计经委、经贸委以及工商、物价、劳动、人事、商业、粮食、服务、建材、物资等部门进行；县区机构改革，按照国务院的统一部署，今年要基本到位。其次，要精简机构、裁减人员。采取先撤"香火"，逐步拆"庙"的办法，今年市、区两级机关在九二年缩编10％的基础上，再缩编20％，通过创办经营实体，转岗到第三产业，以及从事个体经营等渠道，实现人员分流，使其各展其才。为了搞好机构改革，要加强领导，统筹规划，做深入细致的思想工作，研究制定相关政策，注意与中央和省机构改革的衔接，做到积极、稳妥、规范，争取在二至三年内基本完成。第三，要努力提高政府机关干部队伍的素质。当务之急是用党的十四大精神和邓小平同志建设有中国特色的社会主义理论武装广大干部，提高思想理论水平。各级领导干部要带头学习理论，解放思想，转变观念，不断提高驾驭市场经济的能力，提高领导水平。第四，要把廉政建设作为大事常抓不懈。坚持人民政府为民的宗旨，强化公仆意识。坚持反腐败斗争，严肃查处吃拿卡要、弄权勒索、以权谋私、徇私枉法、乱收费用以至贪污受贿、腐化堕落等违法违纪行为。各级政府工作人员要主动接受人民群众、民主党派和社会各界的监督，严以律己，以身作则，廉洁奉公，勤政为民。要加强行政监察工作，建立健全监督制度，形成约束机制。要转变机关作风，大兴调查研究之风，克服文牍主义、形式主义和官僚主义，坚持实事求是，务实抓实，讲求效率，更好地履行政府职能，努力完成今年的各项任务。

去年十二月，经国务院批准，省政府决定从今年一月一日起，将法库、康平两县划归沈阳市管辖。这两县资源丰富，人民勤劳，发展潜力很大。政府各部门要以极大的热情，做好工作衔接，主动上门服务，尽快将两县的经济建设和社会发展纳入全市整体发展规划。目前两县划归沈阳的工作正在交接之中，关于两县的经济和社会发展战略及五年和当年发展计划指标，将在认真调查研究，广泛征求两县人民意见的基础上做出安排。建议新一届政府做出安排后，相应调整全市的经济社会发展计划，提请市人大常委会审议。

各位代表：回顾过去的五年，全市人民在振兴沈阳的征途上迈出了坚实的一步。展望未来，任重道远。我们深信，650万勤劳智慧的沈阳人民，一定能够在党的十四大精神指引下，高举建设有中国特色社会主义的伟大旗帜，同心同德，拼搏进取，为繁荣沈阳、振兴中华做出新的更大的贡献！

沈阳在国际投资中的比较优势

沈阳市市长武迪生

本文提要 当今世界吸引外资的竞争日趋激烈，利用外资的效果和竞争力关键取决于投资环境。从投资环境的相关因素分析，沈阳具有诸多的比较优势。国际资本投向和投资内涵正在发生有利的转变，国内开放北移、政策北上的势头比较明显，沈阳独特的自身优势亦日渐引起外商关注。同时，沈阳通过制订切实的规划、有效的措施和优惠的政策，为实现与国际市场的对接积极创造条件。

随着国际经济一体化趋势的发展，国际分工与合作的参与意识的增强，对国际市场关切度的提高，世界各国越来越认识到外资的利用价值，吸引外资已经成为当今世界经济生活中的热点问题。对于中国这个世界上人口最多的发展中国家来说，有效吸收外资是补充国内资金不足，走向国际市场，促进经济上大台阶，实现中国人民多年夙愿的必由之路。当前，由于多极化世界经济新格局的形成，区域化、集团化以及国家干预的国际化趋势的发展，利用外资的国际竞争呈现更加激烈的局面。我们要想在竞争中获得更大的份额，就必须扬长避短，发挥优势。利用外资的效果和竞争力的强弱，最根本地取决于投资环境的优劣。本文仅就投资环境的相关因素，对沈阳在国际投资中的比较优势作以浅要的分析。

一、沈阳利用外资的国际有利因素

90年代是一个发展与调整、竞争与合作、摩擦与协调同在的时代。尽管世界上还会有一系列的动荡与冲击，但总的看，国际经济环境已经或正在出现有利的局势。

第一，国际贸易和国际投资仍将持续增长。尽管西方国家有可能出现经济衰退，但世界贸易总量还是要不断增加的。更为有利的是国际直接投资总额持续上升。至1988年，世界海外直接投资总额累计已突破1万亿美元大关，达到了前所未有的规模。目前国际直接投资市场资金较为充裕，为我们吸收外资提供了良好机遇。

第二，国际金融资本涌向中国的投资趋势已明。80年代中后期，国际资本投资出现了向发达国家倒流的现象，占居了资金流量的70％。与此同时，亚洲新兴工业化经济群成为国际投资的重点。近几年，这些国家和地区的外资已趋于饱和，劳动力成本不断上升，国际资本开始流向中国。在此区域内，我国东北地区以其工业基础雄厚，交通便利，资源丰富，市场潜力大，发展势头强而稳，市场要素综合指标高等优势，显露出吸引外资的强劲竞争力。沈阳与独联体、蒙古和朝鲜半岛毗邻，与日本隔海相望，正位于东北亚经济圈的中心，又是我国东北地区最大的经济中心城市，从长远发展来看，沈阳不但最具有经济活力和潜力，而且具有强大的区位凝聚力和辐射力，是承接外资的理想场所。

第三，国际直接投资内涵向制造工业转移。目前世界发达国家正在普遍进行产业结构调整，逐渐将

其劳动力成本高的制造业向国外转移。据泰国中央银行的统计分析，当前外国直接投资的主要部门依次是制造业、商业、金融业、服务业、建筑业、地产业和矿业。近年来外国对泰国制造业投资比重猛增，1988年达53.5%，比1987年增长166.4%。在制造业中，又以电气机械的投资额最高，分别占制造业的43.8%和总投资额的23.4%。从我国利用外商直接投资的情况看，截至1990年3月底，我国共批准成立外商投资企业2.3万个，协议外资额346亿美元，其中生产性企业占80%以上，主要集中于传统工业和基础工业。国际投资内涵的转变，对沈阳非常有利。因为沈阳制造业物质技术基础雄厚，工业企业5 500多家，其中大中型企业321家，工业门类有140多个，形成了以机械加工为主的门类齐全的工业体系。特别是机电工业规模宏大，成套能力强，在国际市场上具有一定的竞争能力和巨大的竞争潜力。因此，沈阳在承接国际制造业转移上具有独特的优势。

第四，日本及亚洲“四小”对华投资看涨。目前，日本及亚洲“四小”在80年代积攒的巨额资金和外汇储备，苦于自然资源不足和劳动力昂贵，急于寻找合适的投资机会和场所，大量的资本将涌入我国东北。此外，沈阳同周边国家和地区有着民间交往的历史基础，经济的互补性也较强，发展边境贸易的潜力大，可以分别同周边国家开展多方位、多渠道、多形式的区域性经济技术合作，发挥各自的生产要素和商品优势，获取国际分工和交换的比较利益。

二、沈阳利用外资的国内有利条件

沈阳是我国的重要工业基地，目前已与120多个国家和地区建立了经济贸易往来和技术合作关系。随着我国对外开放总体战略的调整，沈阳在国民经济的作用和在开放布局的地位，将更加显要。

第一，国民经济的发展，需要沈阳继续发挥“装备部”作用。沈阳是“一五”期间国家重点建设的以机械加工为主的老工业基地，曾发挥了国民经济各部门的国家重点工程建设“装备部”的作用。90年代要实现国民经济的起飞，着力提高综合国力，装备工业的加快发展就成为必然。在全国形成南有以上海为龙头的沿长江开放带，北有以沈阳为龙头的东北城市群。这对于加快老工业基地的改造和振兴，提高我国东北地区参与东北亚经济合作的地位和能力，增强我国综合国力和参与国际分工的竞争实力，具有重要的现实意义和深远的战略意义。

第二，加快沈阳对外开放步伐，是参与国际竞争的迫切需要。目前处于孕育之中的“东北亚经济圈”，国际竞争态势复杂。日本已采取发展双边经贸合作和“雁形分工”的策略，独联体已在远东建立了好几个“自由经济区”。为赢得主动，抓紧在我国北方建立一些经济特区已势在必行。这样可以提高外商到我国投资的兴趣，并利用特区的优势，将外商投资企业的产品打入独联体、东欧，甚至西欧市场。沈阳则是建立北方经济特区的最佳选择。

第三，“沿海提高、沿边展开、中间开花”，是国家开放总体布局的必然选择。我国80年代的开放，首先是在东南沿海启动的。80年代后期及90年代初又在沿边展开，逐步形成了以周边开放为主的第一轮开放格局。这种首先在沿海开放的战略选择，可以借用沿海地区的区位优势，由点到线，带动内地开放。但是，除了象上海这样的全国最大的经济中心城市，具有较强的辐射力可以带动长江流域开发开放以外，其它沿海开放地区工业基础薄弱，消费类行业占主导地位，很难对内地发挥辐射和带动作用，对增强综合国力的作用并不明显，很难带动国家整体技术装备水平的提高。因此，对90年代开放格局进行战略性调整，由过去以地区开放为主转入以经济中心城市为依托的产业开放为主，已是当务之急。国家心须尽快把上中游产业的超前开放提到日程上来，以带动下游产业的发展，带动整个经济技术水平的提高。在开放的总体布局上应是“沿海提高，沿边展开，中间开花”。“沿海提高”，是由劳动密集型向智力密集型的转化，是质的提高；“沿边展开”，是边境地区完成由“点”到“线”的开放过程；“中间开花”是选择工业基础好、产业带动度大的特大型经济中心城市进行产业开放。从而形成沿海、沿边和特大型经济中心城市同时展开、齐头并进、相互补充、共同提高的开放新格局。目前，由于内地开放尚不具备“千帆竞发”的条件，实施“中间开花”的方针，只能选择已经进入开放圈、兼有区位和产业双重优势的城市。沈阳则是符合这些标准的最佳对象之一。若此，全国对外开放就会形成沿海和内地呼应，南方和北方合围的大好局面。

三、沈阳利用外资的自身优势

资本增殖的本质决定了它必然向社会政治稳定，经济发展势头强劲，最有利于增殖的良好环境流动。从投资环境所包括的物质环境和人际环境的两个内涵来看，沈阳具有“六大优势”。

一是经济实力优势。统计资料表明，一个城市的经济实力与吸引外商直接投资存在着正比例的关系。经济实力越强，经济增长率越高，意味着经济发展越畅，市场需求越大，对外商投资的吸引力也越大。沈阳作为东北地区最大的经济中心城市，已经形成了比较完整的产业体系。大农业足以支撑沈阳经济的发展，粮、菜、蛋、奶等主要农副产业品自给有余。工业物质技术基础雄厚，已形成了以机械加工为主，包括冶金、化工、医药、轻纺、电子、汽车、航空、建材等支柱行业在内的门类齐全的工业体系，1991年工业总产值达400亿元。第三产业迅速崛起，已发展到商业、饮服业、旅游业、金融业、信息咨询等20多个行业，1991年占国民生产总值的比重已达40.1%，比全国平均水平高出近13个百分点。

二是经济地理优势。沈阳地处辽东半岛开放区的腹地，钢都鞍山、煤炭、石化之城抚顺、煤铁之城本溪、煤电之城阜新、化纤之城辽阳、煤粮之城铁岭，均分布在沈阳四周150公里的经济半径之内，从而构成了以沈阳为中心的辽宁中部经济圈和城市群。沈阳作为沟通关内外的咽喉，既是关内诸省市进入独联体、东欧市场和朝鲜半岛的重要通道，也是东北三省一区入关出海、通向全国和世界的必经之路。沈阳又处于东北亚地区的中心地带，如以沈阳为圆心，则东京、哈巴罗夫斯克、伊尔库茨克、乌兰巴托等城市均处在两小时航程的等距离辐射线上。

三是自然资源优势。沈阳地下蕴藏着丰富的矿产资源，煤炭储量7.4亿吨，石油储量丰富，天然气储量200亿立方米，周边还有丰富的各种工业资源，具有发展工业的巨大资源潜力。沈阳劳动力资源充足，共有劳动力303万人，其中产业工人150万，可承接各种工业加工技术和大型建筑安装工程。

四是基础设施优势。经过开发建设，支撑沈阳经济更快发展的基础设施框架业已形成。作为东北地区最大的交通枢纽，有六条铁路干线在沈阳交汇，可通达国内各地及朝鲜、蒙古和独联体等国。沈阳的铁路密度、年货运量和日客流量均居全国之首。五条国家级公路、六条省级公路由沈阳辐射四面八方。其中沈大高速公路是一条以沈阳为起点，贯穿辽南七座城市和两座港口的经济大动脉，汽车从沈阳到营口港只需两小时，到大连港只需四小时。沈阳桃仙国际机场已开通了直达香港、伊尔库茨克的国际航线，前不久又开通了直达日本、韩国等国的航线。国内航线已达33条，当日可到达国内各大城市。沈阳的基础设施配套完备，年供电量64亿千瓦小时，年供水量5.2亿吨，年煤气销售量28 304亿立方米，年液化销售量2.8万吨，全市电报电路总数172路，长话电路总数4 769路，公共交通线路85条，具有良好的生产、生活环境。

五是科学技术优势。沈阳有394个科研院所，28所高等院校，49万名各类科技人员，并拥有一批装备着国际先进测试手段的国家级实验基地，无论是在基础科学研究方面，还是在应用技术开发方面，都具有参与国际科技合作的能力。

六是社会政治优势。沈阳的政体有效、社会安定、民族融洽、异教共存。沈阳人具有勤劳淳朴、正直豪爽、热情好客的性格和恪守信誉的传统美德，对改革开放深信不移，商品经济观念日益增强，对政策的心理承受能力较强，作为全国经济体制改革试点市，沈阳在城市综合配套改革方面做了大量的探索，取得了丰硕成果，无论是人们的思想观念，还是经济管理体制、运行机制越来越接近国际惯例。

四、沈阳利用外资的基本构想和措施

国内外有利因素和自身独特优势，为沈阳的高起点开放夯实了基础。目前，沈阳正在按照发展社会主义市场经济的要求，深化以转换企业经营机制为核心的综合配套改革，积极为承接外资创造条件，并在扩大开放上采取一系列动作：

第一，确定对外开放总体构想。其主要内容是：以第三产业引路，全面振兴实业；通过全面开放促进沈阳大市场体系形成，并与国际市场接轨；加速科技向经济全面渗透进程，重组产业结构，把沈阳塑造成高科技、大生产、大流通的现代化、国际化城市和东北亚地区的开发服务中心；通过辐射和牵拉作用，带动辽宁中部城市群跳跃发展，进而形成世界级巨型城市带，带动东北重工业基地形成富有北方特色的国际经济技术交流区。

第二，开辟有利的外商投资场所。重点开发建设五个经济新区：一是南湖科技开发区。该区是目前国内少有的智力密集区之一。在开放程度、政策环境和发展速度上，要使其成为我国的“北方深圳”。通过开发建设，加速高新技术成果商品化、产业化、国际化进程，使其成为高新技术孵化器和老工业基地改造的“火车头”。近期要利用机器人工程、新材料、计算机、工业品外观设计及电脑开发等优势，形成相应的开发中心和先导产业，并逐步吸引国外优秀科学家、专家、学者和科研机构进区，最终形成世界上有影响的中国东北“硅谷”。二是沈阳北站商贸金融开发区。力争在较短时间内把这一地区建设成为人流、物流、资金流、信息流高度集中并伴有交通、通讯高度发达的高密度第三产业区，形成东北地区商业中心、物资贸易中心、金融中心、信息中心、通讯中心和经济社会咨询服务中心。通过第三产业的高度聚集作用，吸引东北地区、全国各地的贸易、金融和政府机构及国外商社、财团、银行、保险机构和跨国公司在此设立办事机构，使这一地区成为中国东北的“中环”。三是沈阳开发区。规划十年内要把该区建成高度开放的，以出口导向为主的，与国际跨国公司直接联网的，产业高级化、外向化的新型工业园区。目前一期工程4.48平方公里已建成，正向二期 工程7.7平方公里的区域推进。四是铁西工业改造区。该区目标是向机电一体化、综合加工、精密组装及精细化工方向发展，带动沈阳整个工业由重化工第一阶段向第二阶段转化，使沈阳工业在本世纪末接近和达到国际机电工业水平，恢复和强化沈阳在全国的机械加工中心的地位。五是辉山旅游风景区。该区位于沈阳东北部的旅游避暑胜地。计划用三至五年的时间，在该区开发建设旅游景观、服务中心、水上活动、登山活动、野营别墅、望滨山洞等八大配套区域，建成具有旅游、文化、娱乐、休养多种功能的沈阳副城。

第三，出租出让国有土地使用权。第一批有偿出让的7片土地是：沈阳开发区、南湖科技开发区、北站商贸金融开发区、辉山旅游风景区、北运河综合开发区、浑河畔开发区、浑河居住区的部分土地，总出让面积1 631.56公顷，出让时间 30 年至 50 年。沿外环两侧和市区其它地块，也比照 7 片地块政策出租出让。为吸引外商投资开发，政府采取了相应措施：一是在土地招商的初始阶段，不以挣钱为目的，以较低的土地出让金成交，以减少外商投资风险；二是采取先租后卖的作法，先以较低的价格租给外商开发，租金同时可作为将来买地的订金，三年期满可以将地买下获取较长期的使用权；三是允许投资者先付一部分现金，待开发后以开发好的部分地块偿还；四是开放地产市场，外商开发建设后,在合同期限内土地和公建设施可自由转卖,价格随行就市。

第四,制定保护外商投资的优惠政策。为吸引外资,消除投资障碍,沈阳制定了一系列鼓励外商投资的政策和措施,归纳为:(1)保护措施。保护外商的正当权益;减免税负以保障投资者利益;禁止进口可能形成竞争的同类产品。(2)特准措施。准许外商自由汇出持有外汇;准许投资计划所需地产;准许聘请技术管理人员来沈;准许投资者资产、所得利润依法转让和继承。(3)优惠措施。对两类企业(先进技术企业和出口创汇企业)免收土地使用费五年;免交职工各项补贴;地方所提税全免或减征不等;视情况减征或免征一定期限的工商统一税;进口原材料、散件减免进口税。(4)保证措施。保证外商投资企业自主经营、自主用工、产品自主定价、固定资产加速折旧,不留或少留残值;保证外资项目审批在一个月内完成;保证向外资企业优先提供能源动力等生产条件。

沈阳以其良好的投资环境向海外投资者敞开大门,欢迎有识之士前来独资开发或合资合作兴办实业。我期望在真诚的合作中互惠互利,共同繁荣。

中共沈阳市委关于在新形势下进一步加强和改进党的建设的若干意见

(1993年12月10日)

党的十一届三中全会以来,全市各级党组织认真贯彻党中央和省委有关指示精神,在团结和带领广大群众积极投身改革开放和社会主义现代化建设的伟大事业中,不断加强自身建设,取得了显著进步,对促进沈阳的稳定与发展,发挥了领导核心、保证监督和战斗堡垒作用。最近,党的十四届三中全会作出了《中共中央关于建立社会主义市场经济体制若干问题的决定》,这是我国经济体制改革进入全面攻坚阶段以后党中央的一个战略决策,是实现旧经济体制向新经济体制过渡的宏伟蓝图,是指引全党和全国人民不失时机地加快改革,加快发展的行动纲领。要顺利实施中央的战略决策,切实按照中央决定指引的方向,加速我市改革开放和全面振兴的进程,胜利实现建设高科技、大生产、大流通的现代化、国际化城市的宏伟目标,必须进一步加强党的领导,搞好党的建设。为此,针对我市当前党的建设面临的突出问题,特提出如下意见:

一、关于新形势下党建工作的指导思想和基本原则

(1)建立社会主义市场经济体制,是一项前无古人的开创事业,是社会主义发展史上一次具有深远意义的战略转移。这一战略性转移,使党的思想、组织、作风建设遇到许多新情况和新问题。这既对党建工作提出了新的更高的要求,也为进一步搞好党的建设提供了新的机遇,开辟了广阔的前景。全市各级党组织一定要认清形势,坚定信心,增强紧迫感,提高自觉性,把党建工作提到重要日程,切实抓紧抓好。

(2)党的建设历来是为实现党的政治路线服务的。在改革与发展全面加速的新形势下,我们要继续遵循党的基本路线,适应建立社会主义市场经济体制的迫切需要,紧紧围绕经济建设这个中心抓党的建设,抓好党的建设促进经济建设,为加速我市社会主义现代化建设的进程、实现"一高两大两化"的目标,提供坚强保证。各级党组织要根据这一指导思想,进一步明确党建工作思路,并在实践中自觉坚持以下基本原则:

——必须以邓小平同志建设有中国特色社会主义理论为指针,全面加强党的思想、组织、作风建设;

——必须跳出就党建抓党建的狭小圈子,从自我封闭的小循环进入政治经济的大循环,把加强和改进党的建设的全部活动贯穿到执行党的基本路线的实践中去;

——必须根据改革开放和现代化建设的现实需要,选择党建工作的课题,确定阶段性的目标,并要着眼于建立社会主义市场经济体制,着眼于实现我市"一高两大两化"的目标,着眼于党组织所在地区、部门和单位的稳定与发展;

——必须树立大党建的观念,坚持党要管党、从严治党的方针,注意拓宽领域,拓展思路,不仅党务干部要抓党建,而且全党都要抓党建;

——必须坚持"两手抓,两手都要硬",任何时候都绝对不能忽视和放松党建工作,特别是在新形势下,越是改革开放、发展经济,越要加强党的领导,抓好党的建设。

(3)对党建工作的考察,要以贯彻执行党的基本路线的实际效果为依据,评价的标准不仅要看在党的建设上开展了哪些工作,更重要的是看通过这些工作的开展,是否使党组织自身的凝聚力和对广大群众的吸引力有了增强,在改革和建设中的战斗力有了提高,是否有利于发展社会主义社会的生产力,有利于增强社会主义国家的综合国力,有利于提高人民的生活水平。

二、关于加强党的思想建设

(4)各级党组织要担当起带领广大群众建设有中国特色社会主义的历史重任,迫切需要理论的武装和知识的力量,必须坚决防止和克服埋头日常事务而忽视学习、轻视理论的倾向,形成学理论、学文化、学科技、学业务的浓厚空气。

(5)在学习中,要把学习建设有中国特色的社会主义理论摆在首位。当前,要重点学好《邓小平文选》第三卷和《中共中央关于建立社会主义市场经济体制若干问题的决定》。要端正学风,把功夫首先下在认真研读原著上。对邓小平同志提出的关于建设有中国特色社会主义的一系列新的思想、新的观点,要在领会精神实质的基础上,做到熟知能记,并紧紧抓住解放思想、实事求是这个精髓,用以转换脑筋,指导行动,努力达到解放思想和实事求是的统一,认识和实践的统一,主观和客观的统一,革命热情和求实精神、科学态度的统一。

(6)各级党委要加强对学习的组织领导,从实际出发,作出计划的安排。要坚持中心组学习和领导干部培训制度。要把个人自学和集中研讨、在职学习和脱产轮训有机结

合起来。县(市)区及市直部、委、办、局领导班子成员一般在本届任期内应脱岗增训二至三个月。后备干部上岗前也要到党校接受培训。市委党校要集中力量办好学习《邓小平文选》第三卷轮训班和专题研究班,力争用一年左右的时间,对全市县(市)区和市直部委办局以上党员领导干部都轮训一遍。各级党校要改进轮训方法,提高教学质量。各级领导干部要合理安排工作,保证必要的学习时间。

(7)为推动理论学习,增强理论思维,今后,全市县以上领导班子每半年都要结合总结工作,就改革和建设中的重大理论和实践问题,认真务一次虚,分析现实情况,对实践经验进行理论概括,以期获得规律性的认识;县以上党员干部,特别是县(市)区和市直部、委、办、局主要领导干部每年至少要亲自撰写一篇用理论解决一、两个实际问题的体会文章。有关部门要将领导班子务虚的情况和领导干部撰写文章的原稿收入学习考核档案,作为评价领导班子和领导干部理论素养的重要依据之一。

三、关于加强领导班子建设

(8)把沈阳建设成"一高两大两化"的城市,是一个跨世纪的目标,实现这一目标,必须大力培养和大胆启用一大批能与国际对接又能跨世纪的人才。与这一需要相适应,当务之急是要从年龄和知识两个方面优化各级领导班子的结构。具体目标是:经过近一两年的努力,使符合条件和要求的35—45左右的年轻干部所占比例,在大中型企业领导班子中达50%左右,在县(市)区领导班子中达45%左右,在市直部、委、办、局领导班子中达40%左右。为保证上述目标的实现,决定采取的配套措施有:①鉴于领导班子职数有限,一般可对班子中年大体弱的成员在保留原待遇的前提下,安排其非领导职务,倒出位子,再补进年轻干部;②缺乏上述条件的,作为过渡办法,也可先进后出;③放开配备助理职务的限制,对拟进班子的年轻干部,可先让其在助理的岗位上跟班见习,待条件成熟后再行提拔;④为培养一把手,条件具备的市直部、委、办、局可设常务副职;⑤实施"万千百"工程,抓紧后备干部队伍建设。

(9)在加强领导班子组织建设的同时,还特别要抓好思想作风建设这个长远起作用的根本性建设。领导班子思想作风建设总的目标要求是:通过努力,做到与党中央在思想上、政治上的高度一致,组织上、行动上的高度统一,使领导班子成为政治坚定,勇于改革,务实创新,全面贯彻党的基本路线的坚强集体。全市各级领导班子要根据这一总的目标要求,从自已的实际出发,不断解决思想作风上存在的突出问题。

(10)在领导班子思想作风建设中,一把手处于十分关键的位置,负有重大责任。因此,要带头学习和掌握建设有中国特色社会主义理论;带头解放思想,实事求是,进行创造性工作;带头贯彻执行民主集中制;带头防止和克服官僚主义、形式主义,反对拜金主义、享乐主义和极端个人主义;带头继承和发扬党的密切联系群众的优良传统,经常到群众中去,倾听群众的呼声,关心群众的疾苦,多为群众办实事。要自觉坚持和做到"五讲"、"三实"、"四不争",即:讲民主、讲纪律、讲团结、讲原则、讲大局;话往实说、会往实开、事往实办;不争名、不争利、不争权、不争位。在要求领导班子一把手奋发进取、严格自律、当好班长、带好队伍的同时,上级党委要对他们给予更多的关心。要创造条件,帮助他们更新知识、开阔眼界、完善自已。今后,对市直部、委、办局和县(市)区领导班子的一把手,由市委常委和副市长分别负责,每年至少要正式谈一次话,重点是沟通思想,同时,对表现突出的,给予肯定鼓励;对责任心不强、政绩平庸的,进行批评教育。

(11)加强领导班子建设,要引入竞争和激励机制,试行目标管理,从明年开始,首先在县(市)区委、政府班子试行。要按照为官一任,必须"谋一方发展、富一方百姓、保一方平安、创一方文明"的总体要求,确定年度的工作目标,然后由市委、市政府与各县(市)区委、政府签定目标责任状;之后,由各县(市)区委、政府将目标分解,落实到每个班子成员的头上,并由市委组织部建立政绩档案,加强阶段性考核,在"秋后"算总帐,以政绩论英雄。

四、关于加强基层党的组织建设

(12)党的基层组织是党在社会基层组织中的战斗堡垒,是党的全部工作和战斗力的基础。在改革开放和发展社会主义市场经济的新形势下,党的基层组织作用绝不能淡化,目前一些基层党组织软弱涣散的状况必须尽快改变。

(13)抓好基层党组织建设,关键在于各级领导机关要高度重视,加强分类指导。鉴于搞好国有大中型企业是全市经济工作的重中之重,加强这些企业党的建设也是当务之急。应当明确,根据党的十四届三中全会的决定,随着改革的深化,国有企业按照财产的重新构成可以有多种组织形式,但企业中党组织的政治核心地位不能动摇,保证监督作用必须发挥。其具体的途径和办法可以从以下几方面进一步完善:①企业集团和大型企业可实行常委制;②条件具备的企业可实行党政领导干部"双向交流"和"双向交叉"任职;③中小型企业亦可党政主要领导一人兼;④成立董事会的企业,上级党委可根据个人素质情况,推荐党组织负责人依照法律程序进入董事会、监事会和行政领导班子担任领导职务;⑤尚未进行公司化改造的企业,可增加党员行政领导干部在党委中的人数;⑥需要在职代会讨论的重大决策,党委可事先召开职工代表中的党员会议,统一思想,提出要求,引导他们在职代会中发挥骨干作用;⑦厂长(经理)要增强党的观念,是党员的要以普通党员的身份主动接受党组织的监督,每半年要集中向党委汇报一次工作情况、思想情况以及个人需要向党委报告的其他情况,还要以普通党员身份经常参加所在党支部的组织生活。上级党委对这些制度的执行情况要进行监督检查,至少每半年要听取一次企业党委的汇报。

(14)农村基层党组织建设工作,要紧紧围绕全面振兴农村经济,积极带领党员和农民群众深化改革,逐步实现奔小康的目标来进行。进一步搞好以党支部为核心的村级组织配套建设,建设的重点是整顿班子,配好支书,建立健全党内生活制度,推进以创建"新风户"为重点的社会主义精神文明建设。要有组织地选派有培养前途的中青年村级干部到各级党校、干校、大专院校进行培训,加强农村后备干部队伍建设。

(15)高校党委要在贯彻执行党的基本路线,坚持社会主义办学方向,推进学校教育体制改革中担负起领导责任。要针对新时期师生队伍思想特点,以培养"四化"有用人才和跨世纪接班人为目标,大力加强思想政治工作,引导他们树立正确的人生观、价值观和世界观,提高思想政治素质和科学文化素质。要加强在大学生和青年教师中发展党员的工作,力争在二、三年内实现"低年级班有党员、高年级班有党小组、年级组有党支部"的要求。

(16)进一步搞好机关党的建设。机关工委作为市委的派出机构,要负责抓好市委、市政府中心工作在市直机关贯彻落实情况的检查督促,协助市委和有关职能部门对市直各单位领导班子的思想、组织、作风建设进行管理。对工委所辖机关党组织所在单位正副局级干部的任免、奖惩,各有关职能部门、单位应事先征求机关工委的意见。机关工委在领导市直各部门、单位思想政治工作中,要与这些部门、单位的党组织(行政领导)密切配合,帮助和督促他们做好思想政治工作。为更好地发挥各部门、单位机关党组织的协助监督作用,各部门、单位机关党委专职副书记应列席本部门、本单位党组(行政)有关会议。

(17)加强城市街道、区街企业,乡镇企业党组织建设。街道党组织要针对离退休党员多的特点,确定工作重点和活动方式,使离退休党员为城市两个文明建设更好地发挥"余热"。区街企业和乡镇企业党组织,要紧密结合生产经营工作的实际,加强党的思想、组织、作风建设。

(18)做好党在个体劳动组织、私营企业、外商投资企业的工作。在个体劳动组织、私营企业中,凡有三名以上党员的都要按照党章的要求建立党组织,不足三名党员的可按从业地点就近或行业、部门相近的原则组成联合支部。外商投资企业中的党组织要在中方人员中发挥政治核心作用,保证和监督党的对外开放政策和国家有关法律、法规在企业的贯彻执行;做好企业中方员工的思想政治工作;团结外方员工;学会同外商、境外投资者打交道,支持中外双方行政负责人按照国际惯例搞好企业生产经营,共同办好企业。

(19)全市各行各业的基层党组织都要在建立社会主义市场经济体制的新时期,加强党员教育和管理。过去行之有效的"三会一课"制度和党内生活,要继续坚持和开展下去,其活动方式要紧贴经济工作的实际,紧贴改革开放实际,紧贴党内思想实际。对于一些党员长期脱离原单位外出务工、经商或学习,原单位党组织要从实际出发制定可行措施,保证他们与所在地或单位党组织建立密切联系,实施对党员的监督和管理。各级党组织在加强对党员的教育中,要引导党员正确处理按价值规律办事与遵守党规党纪的关系,重视个人物质利益与发扬无私奉献精神的关系,实现个人价值与服从组织需要的关系,局部利益与全局利益的关系,追求最高理想与执行现行政策的关系;努力争做解放思想,实事求是的模范,做艰苦奋斗、无私奉献、全心全意为人民服务的模范,做遵守纪律,坚持民主集中制的模范,做脚踏实地,勤奋工作,忠于职守的模范,做反对各种腐败现象,发扬社会主义新风尚模范。

在加强党员教育的同时,还要积极主动地做好党员发展工作。要把党员发展工作的重点放在生产、经营、工作第一线上,努力壮大党外积极分子队伍,重视吸收工人、农民、知识分子特别是其中的青年优秀代表入党,争取在两年内,使国有企业80%以上的班组都有党员。

五、关于加强党风廉政建设

(20)党风和廉政建设的核心问题是能否保持同人民群众的密切联系,这个问题过去是、现在是、将来也长期是关系我们党的形象、政权性质和生死存亡的大问题,特别是在从计划经济体制向社会主义市场经济体制的战略性转移中,更具有极端重要性,必须高度重视。

(21)当前影响党群关系的最大问题,是腐败现象严重侵蚀党和国家的肌体。前一段,各级党组织按照中央和省委的部署,深入地开展反腐败斗争,已初见成效,要继续坚持下去,务求取得明显的阶段性成果。以后,要继续适应改革与发展的需要,从群众反映最强烈的问题入手,不断确定新的新阶段性目标,抓住学理论、搞自查、抓大案、立规矩、转机制这几个基本环节,采取有力措施,集中解决一批突出问题,以取信于民。

(22)严格党的政治纪律,也是党风建设的一个重要方面。各级党组织要坚持民主集中制原则,增强全局观念,在贯彻执行中央和省、市委的正确决策上做到步调一致,保证政令畅通,令行禁止。对于违反党的纪律,有令不行,有禁不止,我行我素的行为,对上级政策规定执行不力,拖着甚至顶着不办的行为,今后要列为党风党纪的一项重要内容进行查处。

(23)在党风廉政建设中,要强化监督制约机制和党风党纪教育。广大党员干部要增强党性观念,提高对腐败现象的自觉抵御和自我净化能力,在发展社会主义市场经济中保持洁身自律,做到有政策按政策办,没有政策按规定办,没有规定按党性办,绝不允许将商品交换原则引入党的政治生活和国家机关的政务活动。

(24)进一步推行抓党风廉政建设责任制。要坚持在党委的统一领导下,党政一齐抓,各方面协调一致,形成整体合力,一级带一级,一级抓一级。今后,市委、市政府要坚持廉洁自律,以身作则,凡要求基层做到的，自己要首先做到；凡要求基层遵守的，自己要带头遵守。同时，对市直部、委、办、局和县(市)区，重点负责抓班长，然后由班长负责抓班子，再由班子成员负责抓好分管部门和系统的党风廉政建设。今后，凡是下一级干部在党风廉政上出问题，上一级分管领导属于知情不理、疏于教育的，视为失职，要追究领导责任，直至给予必要的纪律处分。

(25)党风廉政建设要遵循党的基本路线，紧紧围绕改革开放和经济建设来进行。检验党风廉政建设有无成效和成效大小的标准是：一看本部门、本单位、党风廉政方面的突出问题是否解决了；二看群众对党风、政风状况的满意率是否提高了；三看坚持长期反腐倡廉的有关制度和制约机制是否进一步建立和完善了；四看对改革的深化和开放的扩大是否推动了；五看对本地区、本部门的工作特别是对经济建设的顺利发展是否大大促进了。各级党委要经常对照这些标准，查找差距，加倍工作，不断促进党风廉政建设。

(26)在党风廉政建设中，各级纪律检查、监察机关要切实负起纪检、监察的责任，理直气壮地开展工作。对违法违纪问题，要坚决处理，绝不能迁就姑息；对问题严重、群众反映强烈的部门和单位要集中力量，重点解决。对于包庇说情、设置障碍、阻扰查办案件的，也要严肃批评制止，直至执行纪律。

六、关于加强党务干部队伍建设

(27)加强党的建设是全党的共同责任。党务干部作为党的建设的专门工作者，处于骨干的地位，肩负着特别重要的使命，他们的状况如何，直接影响党的建设。对此，各级党委一定要予以重视，把党务干部这支对于党的建设举足轻重、成败攸关的队伍建设好。

必须肯定，党务干部同从事经济、行政及其他工作的干部一样，都是党的干部队伍的一个重要组成部分。党的十一届三中全会以来，他们伴随着党的工作重点战略转移的历史进程，解放思想，更新观念，开拓进取，奋发努力，为加强和改进党的建设，推动和促进改革开放及经济发展，付出了宝贵的心血。事实已经并将继续表明，他们在建设有中国特色社会主义和“一高两大两化”新沈阳的伟大事业中的地位是不可替代的，作用是不可忽视的，贡献是不可磨灭的。

(28)当前，加快改革、加快发展的新形势，使党的建设面临着繁重而艰巨的任务，为党务干部大显身手、大有作为提供了大好时机。各级党政组织要创造条件，满足、鼓励和支持他们对事业的追求。在机构设置上，要将党务部门与行政部门放在一起统筹考虑，既不能以党代政，也不能以政代党；在业务经费上，对党务部门要网开一面，予以保证；在奖罚问题上，要坚持党务干部与行政干部一视同仁，同奖同罚，等奖等罚，对贡献突出的也要实行重奖；在舆论宣传上，对党务工作的积极作用和社会价值，要给予充分肯定。为了使党务干部能够更加有效地围绕经济建设抓好党建工作，还要适当安排他们直接参与一定的经济活动，包括对外项目的洽谈与考察。

(29)党务干部要进一步解放思想，振奋精神，摆脱在计划经济体制下形成的思想观念的束缚，改进与社会主义市场经济不相适应的思维方式、工作方式和活动方式。要认真学习建设有中国特色的社会主义理论，学习社会主义市场经济知识和现代科学技术知识，不断提高贯彻执行党的基本路线的自觉性，提高在新形势下做好党建工作的本领与水平，并在实践中把自己培养成一专多能的“复合型”人才。

(30)深入开展党建理论与实践的研究和探索。新形势下党的建设工作，同党的经济工作及其他工作一样，都面临着许多新课题，需要我们在继承党的优良传统的基础上去研究，去创新。为加强这方面的工作，市委决定成立沈阳市党建研究会，每年至少要组织一次理论研讨活动。各级党组织、广大党务干部和一切有志于党建研究的同志，都要抓住当前有利时机，进一步鼓起理论勇气，弘扬创新精神，锐意改革，大胆探索，勇于实践，把党的建设提高到一个新水平。

体制改革

【经济体制改革综述】 1993年，沈阳市按照建立社会主义市场经济体制的目标，经济体制改革不断向深层次、全方位推进并取得重要进展。

1、以贯彻《企业法》和《条例》为重点，企业经营机制的转换取得新的进展。一是按照《条例》的要求，搞好“废、立、改”全面落实企业自主权。对市政府颁布的525件规章进行了全面清理，其中对87件与《条例》相悖的行政规章以政府文件形式明令废止；对与《条例》在某些方面相抵触的78件行政规章进行了重大修改；制定出台了贯彻《条例》的《实施细则》。二是面向市场，放开经营的多种经营方式试点进一步深化和扩大。对130户大中型企业实行放开经营，政府对这些企业只管领导班子和承包合同；试行投入产出总承包的企业由11户扩大到34户，这些企业实现的产值、销售收入、利税的增长幅度都大大超过面上的企业；仿“三资”企业管理试点由13户发展到34户。三是企业三项制度改革进一步拓展。全市实行三项制度改革的企业扩大到5 886户，推行面达80%，涉及职工153万人，其中329户国有大中型企业三项制度改革已全面展开。全市已有2 928户企业97万职工签订劳动合同，剥离富余人员8.2万人，其中88%以上的职工通过发展第三产业等渠道实现了转岗转业；90%以上的国有企业普遍实行了以岗位技能工资为主的多种分配方式。

2、产权制度改革迈出实质性步伐。一是积极开展股份制试点，在已有37户企业进行股份制试点的基础上，又扩大了33户，累计达到70户，股本金总额65.4亿元，其中国家股58.1%，法人股27.4%，个人股14.4%。试点企业的法人财产权初步得到确立。二是国有大中型企业利用存量资产与外资“嫁接”改造取得积极进展。已有5户国有大中型企业利用存量资产与外商合资,实行"嫁接"改造。部分地处商业中心地带的老企业利用土地使用权有偿转让,吸引外资,异地建新厂或实行转向经营、工贸结合的试点正在起步。三是企业集团进一步发展完善。各类企业集团发展到61户,其中以资产为纽带,按核心企业对集团所属企业以全资、控股、参股关系组建的比较规范的集团有20户,占集团总数的三分之一。四是沈阳矿山机器厂等16户国有大中型企业实行的"大企业多法人"改革试点,初步形成了以总厂资产维系的、企业内部生产要素多层面进入市场的双层经营体制。沈阳铜网股份有限公司等企业试行"国有民营、分块租赁"为国有中小企业产权制度改革进行了有益的探索。五是企业兼并、破产进一步扩展,全年又有7户企业兼并了9户企业,累计有170户企业兼并了194户企业。企业破产由28户达到31户。六是全市已有600多户国有商业小企业实行国有民营。集体企业实行股份合作制达到2 068户,入股职工8万多人,个人股金达3亿元。

3、市场体系建设由消费品、现货市场逐步向"双生"市场和期货市场拓展。各类专业、综合商品市场已发展到502个,年成交额超亿元的大型市场有10个,其中五爱市场成交额突破20亿元,居全国前列。生产资料市场由41个发展到54个,有价证券、信息、技术、房地产、劳动力等生产要素市场达43个。东北石化市场、东北煤炭市场和沈阳证券交易中心等一批区域性市场发育成形,沈阳金属交易所已正式开业运营,目前已有国内41家大中型生产、流通企业作为会员单位入市交易。同时进一步放开了价格的行政管制,市场决定价格的机制基本形成。

4、对外开放进一步扩大,新的生产力增长点迅速成长。外贸企业初步形成面向国际市场、开拓经营、自负盈亏的经营机制。全市呈现国有、集体、乡镇、私营、"三资"企业五路大军齐闯国际市场的趋势。利用外资取得新的突破,新批"三资"企业达1 000家,实际利用外资比1992年增长3培。沈阳开发区二期开发7.7平方公里已全面展开,进区项目208个,已有66个项目建成投产。以地招商成效显著,共向外商批租土地120万平方米,房地产项目签约总额达15.9亿美元,其中外资12.5亿美元,已到位资金8 502万元和725万美元。南湖科技开发区建设加快,实现科工贸总收入比1992年翻了一番。乡镇企业和区街经济总产值已近全市"半壁江山",第三产业蓬勃发展,增加值占全市国民生产总值的比重已达42%。个体、私营经济在全市经济中的比重也大幅度上升。全市经济结构正沿着以公有制为主,多种经济成份共同发展的方向调整和优化。

5、各项配套改革继续深化。一是社会保障制度改革由国有企业向集体企业和私营企业扩展。建立了企业基本养老保险个人缴费制度,出台了集体企业待业保险和国有、集体企业工伤保险办法,全市企业养老保险统筹面达98%,参加统筹的职工157.7万人,国家、企业、职工三者承担养老保险费用的办法已在国有企业全面实施。参加待业保险的职工达90多万人,累计接收待业人员14 338人,支付待业保险金2 506万元。二是政府职能转变和机构改革积极稳步推进。市和县(市)区两级政府机关在1992年缩编减员10%的基础上,1993年又压缩20%,提前完成国家和省要求的3年内缩编减员25%的任务,并对分流人员进行了多途径、多渠道的妥善安置。三是科技体制改革继续深化,推动了科技与经济的结合。尤其是抓紧在南湖科技开发区、沈阳开发区率先建立与国际惯例相对接的新机制,使其在产权制度、劳动人事制度、分配制度、管理体制改革和发展科技服务支撑体系等方面有明显进展。四是住房制度改革全面展开,城区改革、农村改革继续保持健康的发展势头。

(李华民)

【股份制试点定向规范化】 1993年,沈阳市共审批试点企业54户,股本金总额23.2亿元,其中股份有限公司30户,股本金总额22.3亿元,有限责任公司24户,股本金总额为0.9亿元。截止到1993年末,全市股份制试点企业已达77户,股本金总额59.97亿元,其中国家股32.1亿元,占总额的53.5%;法人股17.7亿元,占总额的29.5%;个人股9.8亿元,外资股0.37亿元,占总额的17%。股份制试点健康发展。审批一律按规范化程序办理,继1990年公开向社会发行股票的金杯汽车股份公司、物资开发股份公司股票上市之后,东北轻工股份有限公司、沈阳合金股份有限公司已按国家规定精神重新规范,并获得国家体改委的重新确认审批。房天股份公司向社会公开发行股票已经结束,即将在深圳交所上市交易;输变电设备股份公司正抓紧向国家有关部申报上市材料,可望在境外发行H股和在境内发行A股。

股份制试点向规范化发展,突出表现在如下方面:

1、股权结构体现以公有制为主体。1993年50户试点企业股本金总额为59亿元,国家股32.1亿元,为总额的54.4%,法人股16.8亿元,为总额的28.5%,两项公有资产合计为82.9%。实行股份制不但使企业产权关系具体化、明晰化,而且使国有资产得到了保值和增值。

2、利益分配体现国家、企业、股东三者兼顾。据对10户股东总额在5 000万元以上且运行一年以上试点企业的调查,上交国家税金30 230万元,比1993年同期增长18.3%,占利润总额的51.3%。

3、企业发展体现以技术进步为先导。据对20户国有企业改组为股份制企业的统计,共筹集资金75 521万元,用于技术改造投入30 798万元,占募集资金总量的40.8%。

4、股份制试点促进了企业经济效益的提高。据对由大中型企业改组的28户公司统计,1993年实现产值、销售收入、利润分别比1992年增长30%、45%、50%。

(聂晶)

【科技体制改革有新发展】 1993年,沈阳市科技体制改革着力实施"科教兴市"的战略方针,以加速高新技术产业化，促进传统产业改革的“百亿工程”为主线，以企业科技进步和科技兴农为主战场，以加快南湖科技开发区改革与建设为重点，坚持以市场为导向，不断深化科技体制改革，建立和完善科技成果转化机制，促进科技与经济紧密结合，推动全市科技力量进入经济建设主战场。其明显变化：

1、科技体制改革进一步深化，科研院所、大专院校为经济建设服务的动力和活力明显增强。沈阳市科技体制改革1993年以开拓技术市场为突破口，逐步形成了“政府调控市场，市场引导科研”的改革模式。为引导科技力量进入沈阳市经济建设的主战场，在市属技术开发型科研院所中推行了“五保一挂”科研经营承包责任制，在社会公益型科研院所推行了“四保两挂”科研经营承包责任制，并引导科研机构大力发展科技产业，使它们在市场经济中站稳了脚跟，增强了面向市场的活力和自我发展能力。1993年，市属科研单位实现事业收入1.58亿元，与改革前的1985年相比，事业收入增加了17倍。沈阳冶金研究所依靠本所科技优势，紧紧抓住市场开发环节，在钛铸件设备的激烈市场竞争中未失掉一个用户，1993年实现科工贸收入3 778万元，实现利润986万元，在市属所中名列前茅。

沈阳市在深化市属所改革的同时，还通过制定优惠政策、健全协调管理服务体系、积极引导和扶植民营科技机构的发展。到1993年，全市已有民营科技机构1 490家，从业人员近2万人，1993年民营科技机构实现产值17亿元，利税4.2亿元，其中产值超1 000万元的有19家。

开展创建火炬型科研院所（院校）活动，增强了沈阳对大院大所、大专院校的凝聚力和向心力。开展创建活动以来，32个参加创建活动的单位共为沈阳市推广应用高新技术成果1 183项，与沈阳市企业联合开发新产品270个，参与企业技术改造、科技攻关和引进科技的消化吸收共298项，同沈阳市签订技术合同2 346份，总计实现经济效益近16.8亿元。目前，已有11个单位达到创建标准，被市政府授予火炬院所的荣誉称号。中国科学院金属研究所1993年开发的多功能报警系统等11项科技成果在沈阳市企业转产，使企业新增产值6 200万元，利税1 538万元。金属所自身实现科工贸收入达5 878万元。

科技体制改革的深入开展，有力地促进了科技事业的发展。1993年，沈阳市共取得科技成果1 650项，推广应用科技成果1 176项，成果推广应用率达71.3%。科研院所加快了从单纯科研型向科研生产经营型转轨。到1993年，全市科研机构（包括在沈的中央和省属科研单位）的事业收入达4.5亿元，相当于1985年事业收入的近7倍；科研机构的固定资产达到13.1亿元，相当于1985年的2.5倍。科研院所面向经济，为经济建设服务的动力和活力明显增强。

2、南湖科技开发区建设速度明显加快，一批高新技术产业初步形成。1993年，南湖科技开发区抓紧科技街二期工程和高新技术产业试验区建设，组织实施“一厂一角”、“腾笼换鸟”工程，发挥开发区的高新技术辐射作用，为传统产业改造服务，在改革、建设与发展几个方面都取得了较大的进展。1991年进入开发区的高新技术企业300多家，1992年达到732家，1993年已达1 275家；1991年开发区技工贸总收入为3.6亿元，1992年达13亿元，1993年已达28亿元。沈阳飞龙保健品集团公司等10家高新技术企业已发展成为多领域、跨行业的集团性公司，产值超1 000万元、利税超100万元的高新技术企业已发展到15家，在产业规模和经济效益方面都呈现出跳跃发展的良好趋势。

3、“百亿工程”实施进展顺利，促进传统产业改造探索出新途径。1993年“百亿工程”在沈阳市各条科技战线全面展开，高新技术的“火车头”带动传统产业改造的“车厢”作用明显加强，通过采取“转换机制，突出重点，三维合作，配套联动”等措施，使全市科技工作登上了新台阶，推动了沈阳市的经济建设。1993年，已经启动实施的“百亿工程”项目共430个，已实施高新技术产值80亿元，利税15亿元，其中新增产值56亿元，新增利税11.2亿元。实施单位通过参加“百亿工程”建设，促进了产业结构，产品结构的调整，建全和完善了运行机制，加快了改革建设步伐。

4、加强中间环节建设，促进了科技成果转化。1993年，有19个中试基地经批准投入建设。沈阳市科委将中试基地的起步项目优先列入沈阳市科研攻关，新产品试制或火炬计划，沈阳市计经委也将中试基地建设列入沈阳市基建计划，保证了中试基地建设的顺利进行。其中，高档数控机床、超高效农药、阻燃橡胶制品、核能阀门、打印机产品、计算机软件、电力电子等7个中试基地已初见形象。1993年，19个中试基地共实现产值5.4亿元，利税1亿元。

5、推进农村科技体制改革，沈阳市“两高一优”农业建设取得明显效果。1993年，沈阳市科委加大依靠科技进步推动农村经济发展的力度，认真贯彻沈阳市委、市政府关于深化农村改革和科技兴农的一系列指示，以发展高产、优质、高效农业为目标，重点抓了效益农业百例示范和星火密集区，星火示范企业建设，取得了较为明显的效果。在围绕星火计划实施，发展乡镇企业方面，从抓规划、抓管理、抓项目、抓资金筹措入手，重点扶持了8个星火密集区和20个星火示范企业。几年来，共研究开发星火计划108项，1993年实现新增产值24.3亿元，利税2.3亿元。在促进沈阳市农、林、牧、副、渔各业发展方面，以农业科技开发为龙头，重点抓了5个示范区和100个示范点的规划和扶植工作，取得了较为明显的经济效益。　（*赵宇*）

【探索政府机构改革】　为积极稳妥地开展政府机构改革，实现政府机关转变职能、理顺关系、精兵简政、提高效率的目的，沈阳市本着超前探讨、大胆设计、充分论证、稳妥实施的基本原则，1993年深入开展了政府机构改革研究和探讨，并在转变职能、理顺关系、精减人员、方案设计等方面取得较大进展，为全面推开政府机构改革做了比较充分的准备。

1、进一步缩编减员,为政府机构改革铺平道路。精减人员,解决政府机关人浮于事问题,是政府机构改革重要任务之一,也是历次机构改革的难点。首先做好这项工作,才能为全面开展政府机构改革铺平道路。因此,沈阳市于1993年5月12日全市党政机关范围内开展了,在1992年缩编抽干10%基础上再缩编减员20%工作。为做好分流人员工作,沈阳市制定了分流人员“9条途径”和“16条”优惠政策,使这项工作开展得比较顺利,于1993年底基本结束。这次缩编减员工作,按计划完成和超额完成了缩编3 342名任务,及分流机关人员2 952名任务,收到了预期效果。

2、进一步做好转变职能、理顺关系试点工作,为政府机构改革打下良好基础。按照政企分开,精简、统一、效能的原则,1993年沈阳市在计经委、外经贸委、劳动局、人事局、工商局、物价局和机械局7个部门进行转变职能试点。通过试点,这些部门弱化了微观管理职能,强化了政府宏观管理职能,共下放权力140多项。其中,市计划经济委员会为企业转换经营机制创造良好的外部环境,本着凡是企业行为而且企业能办到的事情,都由企业去办的原则,下放了投资审批权、进出口审批权、劳动人事计划权等30条管理权限;市劳动局转变职能,以“协调、监督、管理、服务”为主,在企业内部分配形式、企业劳动用工等方面由过去集中统一管理改为企业自主决定,共下放了9条管理权限,内部机构相应撤并了44%。此外,沈阳市还对具备条件的政府工作部门,进行转轨变型为经济实体的试点和探索。1993年2月26日,沈阳市人民政府正式批准市建材工业管理局转变为经济实体,成立星光建材工业集团公司,退出政府机构序列。为转变政府职能,开展机构改革探索出一条路子,积累了经验。

沈阳市还本着不等不靠、逐步理顺的原则,注意理顺一部分问题比较突出的部门关系,解决职能交叉、部门重叠、关系不顺的问题,为全面开展政府机构改革创造有利条件。1993年共理顺了21个方面的问题,解决了一些部门工作“扯皮”问题。在工业方面,理顺了市铁西工业区改造办公室和铁西工业区改造总公司工作“两层皮”、部门关系不顺的问题,组建了一体化的工作机构;在商业管理方面,理顺了市第三产业管理多年存在的职能交叉,领导多头的矛盾,组建了统一的管理机构;在城市管理方面,理顺了市城市管理办公室与市城建部门、卫生部门职能交叉问题,重新调整了管理职能;在对外宣传工作方面,解决了多年来政出多门、管理分散的问题,将对外宣传工作统一划归市委宣传部,实行统一管理等,已经收到较好的效果。

3、加强理论研究,以理论为先导,为全面开展政府机构改革做好充分准备。政府机构改革是行政管理体制改革的重要内容,是非常复杂的系统工作。为此,沈阳市在1993年加强了这方面的理论研究,为制定政府机构改革方案提供依据和基本思路。

首先,举办全国首届大城市机构改革研讨会,加强大城市机构改革理论研究。1993年6月23日至25日由沈阳市有关部门和“中国机构编制”杂志社共同在沈阳主持召开了全国首届大城市机构改革研讨会,探讨了大城市政府职能转变问题,在市场经济条件下政府机构设置问题,建立大城市社会大环境建设问题等。国家人事部、中编办、北京大学、人民大学和北京、天津、武汉、大连等大城市机构编制部门领导和著名的专家、学者参加了会议,会议交流了11篇论文,为研究大城市政府机构改革,提供了多方面的、深层次的理论依据。

第二,加强课题研究,探索沈阳市党政机构改革的基本思路。沈阳市在1993年完成了“沈阳市市级党政机构改革的研究”课题的研究和鉴定工作。这个课题,从理论高度论证了党政机构改革的必然性、必要性、紧迫性,明确了党政机构改革的指导思想、目标模式、原则和重点,探讨了党政机构改革的基本思路,受到有关领导和专家学者的好评,为沈阳市制定评论机构改革方案创造了良好的基础。

第三,充分论证,不断修改和完善机构改革方案。沈阳市在8个月时间的调查和大量理论研究基础上,1993年制定出了“沈阳市市级党政机构改革方案”(草案)。为坚持积极稳妥的原则,进行了充分论证。改革方案已与省、市有关领导和部门进行了多次论证,进行了3次较大的修改,待进一步完善后稳步实施。

(孙祥富 王运波)

【宏观调控体系不断完善】 1993年,沈阳市宏观经济调控体系建设取得新的进展。

1、“分税制”试点实施顺利。1993年是沈阳市实施“分税制”新财税体制关键性一年。财政、税务等部门认真搞好测算,从税收管理、金库运行、体制操作等方面加强管理,保证了“分税制”试点的顺利实施。

2、组建了国有资产管理局。为适应国有资产宏观调控的需要,成立了沈阳市国有资产管理局、沈阳国有资产经营公司。对全市3 381户行政事业单位的财产清查登记工作,界定了国有资产产权,使国有资产由原来的483 460万元增加到490 100万元。开展了资产评估工作,共评估立项454项,防止了国有资产流失,保障了国有资产的安全与完整。

3、金融市场不断扩大。在认真整顿金融秩序、严肃处理乱集资、乱拆借的同时,不断扩大资金拆借市场,健全了资金信息网络,证券市场不断扩大,外地证券商进入沈阳的速度加快。企业债券、短期融资债券上市量不断增加,缓解了全市企业资金紧张的状况。

4、工资调控格局基本形成。1993年,全市取消了指令性工资总额计划,颁发了《沈阳市国有企业工资总额宏观调控办法》和《沈阳市集体企业工效挂钩办法》,彻底改变了计划体制下旧的管理模式,建立了新的工资宏观调控机制。使企业逐步做到了自主确定工资总额和内部分配，发挥工资调节经济的作用，最终建立起“市场机制决定工资水平、企业自主分配、政府监督、调控”的工资分配管理模式。目前，全市90%以上的企业实行了自主、灵活多样的工资分配方式，对搞活企业起到了重要作用。

5、产权交易系统组建完毕。1993年以来，全市产权交易系统组建的速度不断加快，产权交易系统的领导组织体系、工作程序、规章制定、办公、营业场所、运营资金都已到位，产权交易系统的建立为沈阳走向市场经济又迈进了一步。

（熊庆寅）

·企业改革·

【企业集团进一步发展完善】 沈阳市企业集团的组建和发展，经历了三个阶段：1990年前，以二级行政性公司为核心或以生产技术协作关系为纽带，组建了一批企业集团。这些企业集团的组织结构，领导体制和审批程序都不很规范；1990年9月，为促进沈阳市经济结构的调整，市政府成立了由市长任组长，一名副市长任副组长的经济结构调整领导小组，市体改委等14个部门为成员单位，下设办公室作为办事机构，加强和完善企业集团的组建工作；1991年初，市经济结构调整领导小组按国家体改委的要求，对全市企业集团重新登记，基本具备公司集团条件的有33户。之后，根据《国务院批转国家计委、国家体改委、国务院生产办公室关于选择一批大型企业集团进行试点请示的通知》(国发〔1991〕71号文件)精神，先后组建了29家企业集团。这些企业集团按规范化要求，一般具备了核心企业、紧密层、半紧密层和松散层四个层次。截止到1993年，沈阳市共批准组建63家企业集团。其中，以工业产品为龙头、多元配套型企业集团39家，商业流通企业集团10家，科工贸混合型企业集团10家，其它类型企业集团3家。

目前，沈阳市企业集团的组建有三个特点：一是组建企业集团的审批工作逐渐规范化。二是企业集团的组建从第二产业向第三产业扩展。1993年组建的12家企业集团中，有8家是科工贸混合型企业集团。三是企业集团与股份制相结合，向现代企业制度发展。1992年以来，东北制药集团、长白计算机集团实行了股份制，进一步理顺了产权关系，强化了集团的联结纽带，开始步入现代企业制度的轨道。

企业集团的组建和发展，为沈阳市经济发展起到了重要的推动作用。随着市场经济的发展，企业集团的整体实力开始显露。据不完全统计，1993年组建的10家企业集团实现工业总产值比1992年增长92.7%；实现销售收入比1992年增长33.8%；实现利税比1992年增长152.3%。

（胡广元）

【企业破产处理】 改革的不断深入，沈阳市企业破产处理工作也逐步深化。1993年，市中级人民法院依据国家《全民企业破产法》和《民事诉讼法》对严重资不抵债的沈阳市无线电八厂、沈阳市向东锅炉辅机厂和苏家屯织布厂等3家企业宣告破产。企业破产处理仍然采取政府与法院相结合的办法。到1993年末，依据企业破产处理程序主要完成了对3户企业的资产、债权、债务和人员的清理、认定，对企业的实有资财以现值评估后拍卖，以及对人员的安置工作。

沈阳市无线电八厂是市电子局所属的全民所有制企业，固定资产净值3.3万元，负外债211.7万元，于1993年10月9日被宣告破产。企业破产后，退休职工152名由市人寿保险公司支付退休费用，保障了基本生活。为妥善安置其在职职工，将原企业两处场地中的一处3 874平方米的使用权由电子设备集团接收，用以安置原无线电八厂的在职职工，组织生产自救。另一处1 000平方米的场地使用权及其建筑物经评估后，进行了拍卖，由沈空天北土地房屋开发公司购买。待其它资财拍卖后，一并用以还债。沈阳市向东锅炉辅机厂是市税务局所属的集体所有制企业，固定资产净值227万元，负外债398万元，于1993年10月12日被宣告破产。企业破产后，113名退休职工由市人寿保险公司支付退休费用，14 000平方米场地的使用权及其实有资产经评估后，由辽宁华信物资公司出资210万元整体购买。原企业160名在职职工也随之由该公司安置就业。苏家屯织布厂是苏家屯区工业局所属的集体所有制企业，固定资产净值25万元，负外债271万元，于1993年10月27日被宣告破产。企业破产后，退休职工193名由市人寿保险公司支付退休费用，企业的实有资财经评估后，由苏家屯轻型风机厂出资15万元整体购买，并接收该厂9 834平方米的场地及其102名在职职工安置就业。

（赵喜忱）

【企业兼并】 企业兼并是搞活存量资产，实现生产要素优化组合，促进产业结构、产品结构和企业组织结构合理调整的重要措施。沈阳市的企业兼并工作从1979年开始起步，1983年开始步入发展的轨道并在实践中不断得到完善，特别是几年来企业兼并工作又取得了长足进展。

1、《全民所有制工业企业转换经营机制条例》颁布后，为使企业兼并真正达到调整结构、增加效益的目的，在全国率先出台了《沈阳市企业兼并暂行办法》。该办法共7章35条，对企业兼并必须遵循的原则、可采取的形式、程序及一些优惠政策等有关问题的处理作了规定，使企业兼并有章可循，走向法规化、规范化的管理轨道。

2、本着企业自愿、互惠互利的原则，积极促进企业兼并。截止到1993年底，全市实行兼并的企业有207户兼并了213户企业。其中：全民兼并全民38户，全民兼并集体96户，全民兼并个体1户，集体兼并集体64户，集体兼并全民7户，个体兼并集体1户。在被兼并的213户企业中，全民企业44户，集体企业168户，个体企业1户。

企业兼并的方式主要有以下5种：一是购买式兼并，即由兼并企业出资购买被兼并企业的资产，全市有22户；二是债务式兼并，即兼并企业承担被兼并企业的债权债务，全市65户；三是划转式兼并，即全民所有制企业之间被兼并企业的资产无偿划拨给兼并企业，全市78户；四是合营式兼并，即将被兼并方的资产和人员投入兼并合资经营，全市34户；五是破产式兼并，即对严重资不抵债、濒临倒闭的企业，由法院依法宣布破产后实行兼并，全市8户。

企业兼并工作的开展，为繁荣沈阳经济带来了新的契机。特别是在目前经济环境紧张，增量资产投入不足，亏损企业日益增多的情况下，企业兼并既可以解决部分优势企业对生产要素的需求，又可以使一批亏损企业摆脱困境，获得新的生机。几年来，资产流动总额4.8亿元，兼并企业接收职工近7万人，使近500万平方米的占地面积得到合理使用。这几年企业兼并不仅在数量上逐年增加，而且在兼并范围、方式、规模等方面都有较大突破。

3、为了使企业真正走向市场，1993年成立了沈阳市产权交易中心。该中心下设产权典当市场、产权交易市场、设备租赁调剂市场和承包租赁经营者市场等。为加快工作进展，组织市有关局(公司)等拟转让产权的企业进行摸底调查及汇报整理，使全市12户企业在深圳产权交易会上挂牌交易，并同深圳市产权交易市场签约。为使企业走向国际市场，还随从沈阳市赴韩国代表团，首次出国进行产权交易，促进了沈阳市企业产权转让的公开化和市场化。预计到2000年存量资产流动总额达10亿元。

随着社会主义市场经济的发展，企业兼并必将实现公开化、市场化、规模化，并向跨行业、跨地区、跨所有制、跨国界方向发展。

(于浩)

【转换企业经营机制】 1993年，沈阳市以贯彻《企业法》和《全民所有制工业企业转换经营机制条例》为重点，采取各种方式，加大改革力度，企业经营机制的转换取得了新的进展。

一是按照《条例》的要求，搞好“废、改、立”，全面落实企业自主权。各部门对市政府发布的525件规章进行了全面清理。对其中87件与《条例》相悖的行政规章以政府文件形式明令废止；对与《条例》在某些方面相抵触的78件行政规章进行了重大修改，并出台了《沈阳市贯彻〈全民所有制工业企业转换经营机制条例〉实施细则》。

二是面向市场，放开经营，多种经营方式试点进一步深化和扩大。在原承包制的基础上，对130户大中型企业实行放开经营。政府对这些企业只管理领导班子和承包合同，只考核企业承包期的实现利润，上缴利税和国有资产保值增值，其它指标一律不“搭车”；试行投入产出总承包的企业由1992年的11户发展到34户；股份制试点的步伐进一步加快，在1992年37户企业股份制试点的基础上，全年又扩大33户，累计达到70户，股本金总额65.4亿元，企业集团进一步发展完善。到1993年，全市企业集团已达63户。其中以资产为纽带，按核心企业对集团所属企业全资、控股、参股关系建立的比较规范的集团有20户，占集团总数的34%。

三是企业三项制度改革进一步拓展。全市进行三项制度改革的企业由1992年的2 882户扩大到5 886户，涉及职工153万人。有2 928户企业97万职工签定劳动合同，剥离富余人员8.2万人，其中88%的富余人员通过发展第三产业等渠道实现了转岗转业。已有523户国有企业的10万名经营管理人员实行聘用制，有1.9万人被低聘或解聘。90%以上的国有企业实行了以岗位技能工资为主的多种分配方式。

(高东)

·市场体制改革·

【生产要素市场稳步发育】 沈阳市生产要素市场建设按照市场体系建设的总体要求，1993年又有了新的发展，已初步形成了包括金融、科技、人才、劳动力、房地产、信息等市场在内的要素市场体系。

金融市场以证券市场为主导，包括同业拆借，票据贴现和外汇调剂为主要内容的市场框架基本形成。截止到1993年末，有73户大中型企业进行了股份制改造，股本金总额达65.4亿元，有4户企业向社会发行股票，有3户在异地上市；证券机构56个，证券交易市场已发展到24个，证券交易达7大类80多种，累计交易额达112亿元，基本上形成了区域性的证券市场；同业拆借市场立足沈阳，面向全国，累计拆借资金1 562亿元，成为全国八大融资中心之一。金融市场的发展不仅为沈阳市经济的发展缓解了资金紧张的局面，而且对促进企业经营机制的转换，解决经济生活中的一些深层次矛盾都产生了较大的综合效应。

科技市场发展较快，1993年技术合同成交额达10.9亿元，占辽宁省合同总额的55%，约占东北地区技术市场成交额的35%。1993年末全市已有各类技术开发，技术经营机构3 476家，经营网络遍布全国20多个省、市、自治区。1993年末，国家科委又批准沈阳市开办国家级沈阳技术交易所，使沈阳市成为继上海、天津之后第三家国家级技术交易中心市场。科技市场的发展不仅为科技成果商品化、产业化创造了适宜的外部条件，而且必将对经济结构、产业结构的调整，对拓展城市的综合功能产生巨大的影响。

劳动力和人才市场也有了一定的发展。劳动力市场到1993年末，已建成市、区(县)二级职业介绍所14个，专业介绍所289个，初步形成了不同规模，综合与专业相结合的职业介绍网络；累计介绍了227万人次，介绍成功率达85%，约170万人次。人才市场自1987开办以来，相继建立了人才信息中心和人才库，通过各种形式为国有企业、集体企业、“三资”企业和乡镇企业等输送各种人才1.25万人次。

房地产市场开始形成。1993末，沈阳市已有各类房屋开发经营机构262家；建立了房地产中心市场和土地一级市场国家垄断经营机构，累计已出让土地120辐。房产交易20 359件，成交面积72.9万平方米，成交金额3.4亿元，房地产市场的发展对加速和改善城市建设起到很大的促进作用。

信息市场有了起步，市信息中心与几十家企业形成信息联网；市物资部门建立了物资信息中心，有几十个会员，定期发布生产资料的供求及价格信息；沈阳钢材市场与全国六大钢材市场建立了信息联网，每周一次的信息发布会深受企业欢迎。随着市场经济的逐步发展，沈阳市的信息市场必将有更大地发展。

（梁焕章）

【价格改革迈出新步伐】 1993年沈阳市价格改革迈出了新的步伐。深入贯彻《条例》，加快价格形成机制的转换。根据沈阳市经济改革的整体需要和市场供求情况，进一步放开市场价格。先后放开了汽水、瓶白酒、调味品、牛奶等商品价格。清理废止了与《条例》精神相抵触的95份价格规范性文件，进一步落实了企业价格自主权。到1993年底，政府管价比重，在农产品收购总额中只占9.6%；在零售商品总额中只占3.4%；在生产资料销售总额中只占12.6%，初步形成了以市场调节价格为主的新的价格运行机制，为企业转换经营机制创造了宽松的价格环境。

深化价格体系改革。按照国家统一部署，调整了煤炭、原油、铁路货运、电力等4项重要能源和运输价格。同时对市管的商品价格进行了适度调整。1993年共调整了自来水、公共电汽车票价、中小学学费、文化古迹门票等50多种不合理价格。通过合理调整价格和放宽价格政策，1993年使企业增收达8亿元，调动了企业生产经营的积极性。

加快事业性和经营性收费改革。1993年初制定了《支持第三产业价格改革政策》，放开了咨询服务、信息服务等65项收费标准，同时调整了部分收费偏低的收费标准，运用价格杠杆促进第三产业发展。

全面清理整顿行政事业性收费。根据沈阳市委、市政府反腐斗争的统一部署，针对一些部门乱收费问题，沈阳市物价局会同有关部门，并邀请市人大代表、市民革、市民建等各民主党派代表参加对市直有关委办局和各县区政府的行政事业性的收费情况进行了全面的检查验收。共查出无收费许可证的收费93项，擅自超规定标准收费85项，自行扩大收费范围55项，不按规定使用财政统一票据的收费109项。在清理整顿中，对有乱收费行为和问题的部门和单位都依法进行了处罚。沈阳市政府先后两批明令取消179项不合理收费。各县区政府也先后取消自定不合理收费54项，减轻企业和群众负担3 200万元。

在1993年的价格改革进程中，还注意加强对市场物价的调控工作。由于国家出台的重大价格改革项目和金融、外贸、粮食购销体制等改革措施，都直接和间接地拉动市场物价上涨。为把市场物价控制在国家、企业和群众的承受能力范围之内，沈阳市认真贯彻落实国家宏观调控政策，加强了对与群众生活关系密切的商品价格的调控。首先实行商品和收费明码标价制度，以规范企业价格行为，其次针对不同商品制定了具体控价措施。如对部分商品价格实行监测报警制度，对部分商品实行企业控价备案或申报制度，对少数主副食品价格实行差率控制和限价措施等，较好地抑制了市场价格的过快上涨。

（张连仲）

·社会保障体制改革·

【社会保险制度改革】 1993年，沈阳市加强了对社会保险制度的改革。到年末，全市已建立养老、待业、工伤、职工解困等方面10项社会保险制度：

1、国有企业、区属以上集体企业退休费社会统筹。全市共有7 792户企业（其中国有企业2 526户、集体企业5 266户）参加统筹，职工154万人，其中国有企业在职职工60.5万人，退休职工27万人；集体企业在职职工47.5万人，退休职工19万人。

2、“三资”企业中方职工退休费社会统筹。参加统筹的“三资”企业400户，职工59 699人（其中退休职工8 754人）。

3、全民合同制工人养老保险。参加养老保险的单位4 016户，参加养老保险的合同制工人22.7万人（其中已退休326人）。

4、国有企业职工待业保险。全市累计接收待业职工18 524人，其中已重新安置就业的8 469人，目前仍在领取待业救济金的9 431人。

5、集体企业职工待业保险，参加待业保险的集体企业2 910户，接收待业职工283人。

6、企业职工工伤保险。参加工伤保险的企业4 800户，职工为89.8万人，发生工伤赔付25人。

7、农民养老保险。全市已有15万农民（包括乡镇企业职工）参加养老保险，累计缴纳保险金7 500万元。

8、临时工养老保险。参加养老保险的人数为1 500人，缴纳保险金20万元。

9、个体工商业者养老保险。参加养老保险的个体工商者4 000人，缴纳保险金300万元。

10、亏损企业特困职工发放生活周转金。全市累计向18.3万人次特困职工发放生活周转金1 210万元。

（季健）

【住房制度改革】 1993年11月22日《沈阳市贯彻〈辽宁省城镇住房制度改革总体方案〉实施办法》发布实施。

一、房改的基本思路

全面推行住房公积金制度，积极推进租金改革，发展住房交易市场和维修管理服务市场，促进公有住房出售，发行沈阳市租房债券，实施安居“234”工程，加快经济适用住房建设；到1993年末，基本建立起适应社会主义市场经济体制的住房新制度框架，为实现2000年沈阳市居民住房达到小康水平打下坚实基础。

二、房改的主要内容

1、全面推行住房公积金制度。为开辟住房基金新渠道，从1994年1月1日开始，在职职工每月按标准工资5%存储住房公积金，同时职工单位按同等数量划拨，一并记入个人住房公积金存储专户，两者归个人所有。职工将来买房可以使用，单位可利用运筹资金做为发展住房建设的滚动资金。

2、适时积极推进租金改革。1994年1月1日起，全市公有住房月租金从平均每平方米使用面积0.15元统一提高到0.38元，同时给租住公房的职工发放标准工资2%的住房补贴。以后每年将适时提高公有房屋的租金水平。

3、积极稳妥出售公有住房。向高收入职工家庭出售公房实行市场价，随行就市。向中低收入职工家庭出售公房实行成本价。现阶段，做为向成本价过渡的决策价格，向中低收入职工出售公房同时实行标准价。职工购买现住房享受一定的优惠政策。以成本价购买的公有住房为个人完全产权，住用5年后允许出售。以标准价购买的公有住房为公私共有产权，产权份额按当年标准价占成本价的比例确定。

4、发行沈阳市租房债券。1994年1月1日起，对新分配的公有住房，包括新建住房，腾退后再分配的二茬房以及调房增加住房面积，承租人按每平方米30至50元的标准购买租房债券；现住房的承租人，要在3年内以每平方米9元的标准购买债券。8年后还本付息。

5、实施安居"234"工程。为解决沈阳市人均居住面积不足2平方米、3平方米、4平方米的住房困难户和其它中低收入户的住房问题而建立的住房供应体系。按照"政府扶持，单位补贴，个人购买"的三方合理负担原则出售，不低于向职工出售公有住房的标准价水平。安居"234"工程的阶段目标是：在1993年完成2平方米以下特困户任务的基础上1994年至1997年重点解决人均居住面积不足3平方米住房困难户的住房，1998年—2000年解决人均不足4平方米的住房困难户住房。

(曾中朝)

·农村改革·

【农村改革不断深化】 1993年，沈阳市农村改革不断深化，各项改革措施相继实施，取得了重大进展，为农村经济发展和社会进步创造了良好的条件。

1、股份合作制取得突破性进展。随着农村经济体制改革的不断深入，全市农村股份合作制工作已由试点阶段发展到全面推进阶段。为了加大改革力度，加快股份合作制的工作步伐，使全市农村股份合作制经济再上新台阶，市农工委于1993年3月份在东陵区五三乡召开了全市农村推行股份合作制经验交流会。会后，全市农村认真贯彻落实这次会议精神，各县(市)区委、政府把股份制纳入重要的工作议程，加大了工作力度，使这项工作取得了历史性的突破。全市农村已有各类股份合作制企业4 591个，吸纳个人股金总额5.04亿元，分别比前8年的总和增长了6.5倍和5.8倍。以东陵和于洪区代表的近郊农村，在集体吸收农民入股上有新的进展，已有9个乡镇36个村推行了社区集团式股份合作制。以辽中县长滩镇为代表的中远郊农村，在引导农户之间实行股份合作上有了新突破，已发展农民股份合作企业1 131个，拥有个人股金2.2亿元。目前，农民股份合作制已从第二产业向第一、三产业扩展，从事种植和养殖业的已有600多个。这是农民群众的又一伟大创造，揭示了在市场经济条件下农村深化改革新的内容和方向。

2、农副产品购销体制改革全部到位。家庭联产承包责任制经过完善更加稳定，调动了农民的生产积极性，大大发展了生产力，农副产品逐年丰富。为解决流通问题，全市到1993年除保留部分粮食合同订购外，果、鱼、菜、蛋、奶、肉价格完全放开，全部由市场调节。农民在市场经济作用下，进一步调整产业结构，促进了全市"两高一优"农业的发展。

3、乡镇机关转变职能步伐继续加快。乡镇机关转变职能，创办经营服务实体，是实现"小政府、大服务"的重要措施，也是加强农村社会化服务体系建设的有效途径。到1993年末，全市农村乡镇"六站一会"已创办各类经营服务实体1 765个，分流乡镇机关在编人员3 722人，占机关在编人员总数的51.8%，全年可节约财政支出975万元。这些经营服务实体年营业额达5.6亿元，创利润4 065万元。这一转轨变型的重大举措，不仅初步解决了长期以来的机构臃肿、人浮于事、财政负担过重问题，而且为在更大范围内更好地给农民提供产前、产中、产后服务，为使生产关系更加适应生产力发展的需要，为农村经济加快向市场经济过渡，为使单一农业加快向农工商综合经营和贸工农一体化发展，开辟了广阔的道路。

4、农村社会保险事业逐步推开。近年来，全市农村把建立健全农村社会保障体系，作为深化农村改革的重要内容之一，从而促进了以农民养老保险和农作物社会统筹保险事业的健康发展。到1993年末，全市农村8个县(市)、区已累计有15万多人参加养老保险，投保资金已达7 385多万元。于洪区的北陵乡、东陵区的东陵乡已成为农民养老保险的全保乡。农作物社会统筹保险，全市已有6个县区104个乡镇470万亩玉米、水稻投保。目前，已积累农作物风险基金1 786万元。

5、进一步扩大县区的经济管理权限。为进一步加快改革开放步伐，促进县区、乡镇工业再上一个新的台阶。1993年全市对县区下放了"四个一批"的立项、评估、开工审批、融通资金、土地使用管理、对企业的减免缓退税审定等权限。调动了县(市)、区及企业的积极性，使全市乡镇工业在国家强化宏观调控，外部环境趋紧的情况下，取得了突破性发展。1993年全市农村工业实现产值213亿元，其中乡镇工业总产值完成190亿元，比1992年增长52.4%，高出全市工业平均增长幅度31.2个百分点，创造了历史最好水平。全市乡村两级集体工业企业实现销售收入96.1亿元，实现利润8.3亿元，上缴国家税金5.8亿元，分别比1992年增长72.7%；75.6%和64.5%。

(刘振震)

【农村股份合作制取得突破性进展】 1993年，沈阳市农村各县(市)区把发展股份合作经济纳入工作的重要议程，进一步加强领导，加大力度，广泛发动，精心组织；从而使这项工作已由试点阶段转入全面铺开，取得了历史性突破，呈现出强劲的发展势头。

——在全方位推行股份合作制上，到1993末，全市农村已累计发展各类股份合作企业4 591个，吸纳个人股金总额5.04亿元，分别比前8年的总和增长了6.5倍和5.8倍。

——在推行以村为单位的社区型集团式股份合作制上，以东陵、于洪区的一些乡镇为主体，累计有9个乡镇的36个村，推行了这种形式的股份合作制，比1992年增加了22个村。东陵区东陵乡、于洪区北陵乡，实现了村村推行股份合作制。

——在发展农民股份合作制上，以辽中县为主体，积极推广长滩镇的经验，农民三五成伙，通过资金、设备、技术、土地、劳务、信息等参股形式，组成农民股份合作体。据统计，全县已出现种植、养殖、服装等行业股份合作组织1 311个，拥有个人股金2.2亿元。

几年的实践充分证明，推行股份合作制，对于深化农村改革，促进农村经济逐步形成自我积累、自我约束、自我发展的良性运行机制，日趋显现出多方面的积极作用：改变了产权形式，有利于创建新型的企业组织经营形式；理顺了企业经营者和劳动者的关系，有利于形成以利益驱动为核心的激励机制；开辟了新的融资渠道，有利于集聚转化消费资金为生产资金；促进了分散潜在的生产要素的优化配置，有利于推动横向经济联合和规模经济的发展；强化了监督约束机制，有利于改善企业行为；规范了行政组织的管理行为，有利于政企职能分开。

（关明军）

·对外开放·

【国外经济合作】 1993年，沈阳市对外经济合作工作发展势头较好，外经“窗口”增多，实力增强，外经工作呈现出稳中有升，前景广阔的局面。1993年签订对外承包工程和劳务合作合同33项，合同额为5 300万美元，与1992年比较合同项目减少45项，金额增长1.9%；1993年实现营业额3 813万美元，派出劳务人员3 974人，分别比1992年增长7.3%和7.4%。1993年，中国沈阳国际经济技术合作公司挤身于中国对外承包劳务营业额和合同额两类最大的50家国际公司，分别排在第31位和第41位，营业额和合同额分别为3 700万美元和5 199万美元，派出3 010人，分别占全市的97%、98%和75%，发挥了主渠道的作用。沈阳铝镁设计院、沈阳煤炭设计研究院分别获得了国家外经贸部授予的对外承包工程设计咨询权，沈阳海外建筑工程总公司获得了对外承包工程和劳务经营权，并开始操作。

1.承包工程市场有所扩大。中国沈阳国际经济技术合作公司承包工程项目首次进入马来西亚的市场，使全市的国际承包工程市场由原来的俄罗斯、美国、巴基斯坦、塞舌尔、多哥、布基纳法索等6个扩展到7个。市场重心开始向俄罗斯转移，执行中的工程项目营业额占总额的60%以上，新签的工程项目合同额占总额的55%以上。新签承包工程项目中，俄罗斯有2个，其余分布在美国、巴基斯坦、塞舌尔、马来西亚等国家。执行中的承包工程项目主要有俄罗斯境内的办公楼、宾馆、别墅、学校、幼儿园等建筑与装修工程，巴基斯坦输变电工程，塞舌尔游泳池及看台，多哥的医院，以及布基纳法索的办公楼等。这些项目分别由沈阳市第四建筑工程公司、第三建筑工程公司、第二建筑工程公司、辽宁省建设集团所属有关公司等实施。

2.外派劳务人员数量增幅较大。1993年沈阳市外派劳务人员3 974人，其中世界银行贷款国内工程项目为195人，实际派出境外3 779人，与1992年相比，增长34%。中国沈阳国际经济技术合作公司外派人员首次进入保加利亚劳务市场，使全市国际劳务市场发展到俄罗斯、日本、韩国、新加坡、美国、塞舌尔、关岛、乌克兰、保加利亚、朝鲜、博茨瓦纳、澳大利亚、巴基斯坦、菲律宾、加纳、蒙古、匈牙利、扎伊尔、塞班等19个国家和地区。其中约77%的劳务人员集中于俄罗斯（1 952人）、日本（660人）、韩国（457人）。外派劳务的单位有，中国沈阳国际经济技术合作公司、沈阳对外经济建设总公司、沈阳市建工局、沈阳市机械局、沈阳国际经济贸易公司等11个单位。

3.国外非贸易性投资项目有新的突破。沈阳市1993年获国家批准的国外非贸易性投资项目5个，备案的项目达24个，项目投资总额2 910.3万美元。其中中方投资额为1 138.6万美元（含实物投资），占投资总额的39.1%。使沈阳市获国家外经贸部批准发证以及备案的非贸易性投资项目总数达49家。这些项目的分布是：俄罗斯21个、乌克兰、哈萨克斯各4个，日本、乌兹别克斯坦、泰国各2个，蒙古、德国、新加坡、法属圭亚那、澳大利亚、赞比亚、科威特、马达加斯加、厄瓜多尔、孟加拉、韩国、西班牙、毛里求斯、马来西亚各1个。1993年投资项目涉及的领域主要有橡胶、服装加工、制鞋、糖果加工、汽车装配、美容保健、餐饮等。

4.援外机电产品供货及时，保质保量。1993年国家下达给沈阳市的援外机电产品供货合同额比1992年下降74.2%，为230.8万元人民币。产品主要有电缆、低压开关板、机床及零配件、塔式起重机、凿岩机、环保设备等14个品种。承担援外机电产品供货任务的沈阳电缆厂、沈阳低压开关厂、沈阳第一机床厂、沈阳空气压缩机厂、沈阳风动工具厂、沈阳环保设备厂等11个企业全部按计划保质保量地完成了供货任务，保证了秘鲁水泥厂、乌干达体育场、坦赞铁路、坦桑尼亚煤矿、科特迪瓦和叙利亚农业机械、缅甸电话、多哥糖厂、毛里求斯会议中心、埃塞俄比亚水利建设以及古巴自行车厂等11个国家援外项目的顺利进行。

（毕乐群）

【海外市场开发】 1993年，沈阳市海外市场开发呈以下几个特点：

一是分层次、有重点、多渠道、全方位地开拓海外市场，拓宽了沈阳市与世界各主要市场的经贸合作渠道。建立、巩固和完善了海外经贸网络,初步建立了沈阳市独立的海外多元化市场体系。以贸易为主、生产加工、劳务输出、工程承包、房地产开发、技术引进多种形式并举的海外市场开发的格局已基本形成。以沈阳为大本营。连接世界各主要市场的经贸、商情和信息网络体系已初具规模,以往封闭式的生产经营格局开始打破,以国际市场为导向的外向型经济正朝着健康的方向发展。

二是海外布点增长速度快于往年,截止1993年底,沈阳市已与世界90个国家和地区建立了经贸业务往来关系,在41个国家和地区建立了独资、合资、合作等各种性质的海外经贸机构166家,驻海外工作人员已达200多人,累计对海外投资3 900多万美元。

三是原有海外企业得到了充实与发展。经过几年的艰苦创业,目前这些驻外机构已基本在海外站稳了脚跟,有的已取得了较快的发展。沈阳在香港的沈港公司、利合公司,在泰国的五丰公司,派驻澳大利亚的澳沈公司等驻外机构1993年出口创汇达1.6亿美元,累计吸引外资额1.2亿美元。这些机构对沈阳市扩大出口、转口贸易、融通资金和扩大对外经贸技术合作等方面发挥了重要的作用。

四是充分发挥了各工业局大中型骨干企业在海外市场开发中的重要作用。1993年,全市各工业局、公司和大中型骨干企业注重对外经贸交流,利用经贸洽谈会、招商会、考察团等形式,通过各种渠道,收集经贸信息,与外商进行贸易、合资、合作、引进国外先进技术和资金。特别是市纺织局、机械局、电子局、市建委、房产局和沈阳重型机器厂、沈阳第一机床厂、中捷友谊厂、沈阳第三机床厂等单位,在研究国际市场、组织企业开发、利用国际市场方面取得了较大进展。

（周大鹏）

【'93沈阳国际经济技术合作洽谈会】 '93沈阳国际经济技术合作洽谈会于1993年9月7日至9月14日在沈阳举行。

此次洽谈会共签订外商投资项目合同135项,合同总额8.55亿美元,其中合同外资额5.61亿美元,此外还签订了一大批协议和意向,同时为63户"三资"企业颁发了营业执照。参加本届洽谈会的境外客商多达980余人,分别来自日本、韩国、美国、马来西亚、新加坡、俄罗斯、法国、台湾、香港、澳门等25个国家和地区。

这次洽谈会与历届洽谈会相比,具有以下特点:

招商地域结构明显趋向多元化。由过去集中于东北亚和台港澳地区逐步向世界各地拓展。过去曾是沈阳市利用外资空白点的西班牙、以色列、巴拿马和巴基斯坦等国家的客商,分别与沈阳市有关企业签订了数额可观的合资合作项目。许多在国际上具有重要影响的跨国公司、集团公司和知名人士踊跃来沈阳参加考察或洽谈合作。

利用外资结构明显优化。这次洽谈会直接利用外资项目大幅度增加,占外资总额的90%以上,吸引外商直接投资已经成为沈阳市利用外资的主体;高新技术、出口创汇和改善投资环境的项目明显增多,占签约总项目的60%以上。南湖科技开发区成交的22个项目中,有21个属于高科技项目;重大项目明显增多,在已成交的利用外资项目中,单向投资额超过1 000万美元的项目有19项,超过5 000万美元的项目有3项,超亿美元的项目有2项;在投资总额中,外资比例明显加大,已达66%。

对外合资合作领域明显拓宽。这次洽谈会的成交项目,涉及沈阳市十多个主要工业行业,同时还向第一、第三产业迅速扩展。诸如房地产开发、旅游业、娱乐业、餐饮业、服务业和咨询业等各个方面都有相当数量的项目成交。此外,第一产业项目也有重要进展。

各开发区招商引资步伐明显加快。特别是沈阳经济技术开发区、南湖科技开发区、铁西工业改造区和辉山风景区,充分发挥其环境、人才、政策等综合优势,分别成交了一批重大项目,取得了可喜进展。沈阳经济技术开发区在这次洽谈会期间共签订合同18项,合同总额1.2亿美元,合同外资额7 460万美元。

（李阳）

【'93香港沈阳国际经济技术合作洽谈会】 '93香港沈阳国际经济技术合作洽谈会于1993年5月12日至19日在香港举行。

这次洽谈会共签订外商投资项目377项,签约总额48.7亿美元,利用外资额27.1亿美元。其中合同212项,投资总额20.2亿美元,合同外资额9.9亿美元。协议意向165项,投资总额28.5亿美元,协议外资额17.2亿美元。

此次洽谈会的成交项目以生产型和高新科技型项目为主,同时向第一、第三产业拓展。洽谈会涉及机械、冶金、化工、建材、轻工、汽车、纺织等十多个主要工业行业。此外,还成交了一大批涉及房地产开发、旅游业、娱乐业、餐饮业、服务业、咨询业等第三产业项目,此次洽谈会不仅签约总量实现了重大突破,而且谈成了一批令人瞩目的大项目。其中,投资额超过千万美元的有74项,并出现了超亿美元的项目。例如,与美国丝路公司合作的高新科技工业园,总投资5亿美元;与香港信安公司合作的客车组装项目,总投资1.3亿美元;与香港瑞安公司合作的房地产开发项目,总投资6.7亿美元;与香港狮龙集团合作的轻轨建设项目,总投资6.2亿美元;与香港资汇集团合作的科工贸综合区建设项目,总投资1.5亿美元。这对于进一步改善沈阳的投资环境,加速产业结构调整,密切与港澳地区的经贸联系,使沈阳尽快成为现代化、国际化城市,都具有深远意义。

此次洽谈会规模空前,到会的中外客商多达5 000余人,分别来自日本、新加坡、马来西亚、印度尼西亚、泰国、美国、法国、西班牙、韩国和港、澳、台等20多个国家和地区。而且有一大批在港澳地区或在世界范围有影响的跨国公司、集团公司和知名人士参加了洽谈会。这表明海外朋友对沈阳更加关注,沈阳的对外影响不断扩大,招商引资的吸引力明显增强，在更大范围内开展国际合作与交流的条件已经成熟。

（李阳）

【沈阳经济技术开发区首届国际经济技术合作洽谈会】 沈阳经济技术开发区首届国际经济技术合作洽谈会于1993年6月22日—1993年6月25日在沈阳经济技术开发区举行。

韩国、日本、港台、美国、加拿大、澳大利亚、以色列、芬兰、瑞士、瑞典、土耳其、西班牙、德国、沙特等20个国家、地区的211名客商应邀参加了洽谈会。其中包括日本的松下工业、马扎克、光电子、尼桑、三菱等株式会社、东京银行、住友银行、兴业银行、三井银行、野村证券株式会社，韩国的东方集团、三星集团、瑞士国家贸促会、以色列依那佛集团、芬中友协等。

本届洽谈会共实现对接项目114个，涉及投资8亿美元，外商带来的项目涉及了机械、电子、制药、纺织、建材、房地产等多个领域。成交项目75项，投资总额3.5亿美元，利用外资1.7亿美元。其中45个签约项目，投资总额1.8亿美元，利用外资7 680万美元；当场颁发营业执照27个，投资总额5 741万美元，利用外资2 490万美元。在协议意向的30个项目中，投资额1.7亿美元，利用外资额9 500万美元。洽谈会期间还批准进区内资项目12个，吸引投资5.8亿元，本届洽谈会签约项目中500万美元以上的有10个，占22%，1 000万美元以上的有3个，占6.7%，单体项目最大投资额4 600万美元，先进技术型和出口创汇型企业占84%，高科技项目占85%，生产型项目占90%。

本届洽谈会自始至终体现了开发区搭台、全沈阳唱戏的宗旨，实行了项目、信息、客户向全市公开，坚持计划内项目与计划外项目一样认真组织，外资项目与内资项目一样重视吸引，在区内办与在区外办的项目一样热情服务。推进了双向招商。市委、市政府、各综合部门、各工业局对洽谈会极为重视，全市有114个大中型企业派代表参加洽谈。中央、省、市的18家新闻单位30多名记者进行了采访，刊发稿件、照片33篇。

（韩显昱）

【第三届中国沈阳国际秧歌（民间舞蹈）节】 经国家文化部批准，由文化部群文司、文化部对外联络局、国家旅游局国际市场开发司、中国舞蹈家协会、沈阳市人民政府、西班牙GEL阿尔斯通SEL公司和沈阳天峰集团公司共同主办的第三届中国沈阳国际秧歌（民间舞蹈）节，于1993年9月10日至14日在沈阳隆重举行。

本届秧歌节按照"创新、提高、节俭、务实"、"弘扬民族文化，振奋民族精神，扩大对外开放，促进经济发展"的方针与宗旨，成功地举办了国际民间舞蹈邀请赛、"不夜金秋"系列群众文化活动，《红绸纽带》大型文艺晚会和大型灯展等活动。与秧歌节同步举办了'93沈阳国际经济技术洽谈会，'93沈阳商品博览交易大会。

参加本届秧歌节的有京、津、辽、冀、桂、黔、苏、豫、陕、皖和新疆等12个省、市、自治区的18支秧歌和民间舞蹈团队；还有来自德国、希腊、西班牙、印度、以色列、日本、韩国、罗马尼亚、俄罗斯、美国、越南等12个国家的15支民间舞蹈团。全国人大常委会副委员长布赫、全国政协副主席洪学智，以及中央部委领导和各省、市、自治区领导200余人亲临赛会。朝鲜、日本、美国、俄罗斯、西班牙等国家的外交使节以及日本国札幌市、网走市等友好城市的代表应邀参加了活动。25个国家和地区的近千名客商及全国万余名经济贸易等各界人士来沈洽谈贸易、推展商品、观光旅游，全市有260万人次观看了开幕式盛况或参与秧歌节各项活动。前国家主席杨尚昆为本届秧歌节题写了节名，党和国家领导人宋任穷、邹家华、李铁映、迟浩田、陈慕华、费孝通、王丙乾、阿沛·阿旺晋美、洪学智、钱伟长、彭冲、荣高棠为秧歌节题了词。

秧歌节期间，长春电影制片厂受文化部的委托派出摄制组，拍摄了对外宣传艺术专题片《东北秧歌》，系统地介绍了具有沈阳特色的秧歌文化，展示了沈阳悠久的古代文明和改革开放的崭新风貌。这部专题片将制作200个拷贝和录相片，分送中国驻外使领馆，供对外宣传之用。

与秧歌节同期举办的'93沈阳国际经济技术洽谈会、'93沈阳商品博览交易大会成果显著。洽谈会共签定外商投资项目合同135项，合同总额8.55亿美元，利用外资额5.61亿美元。商品博览交易大会共举办农机、物资、轻工等74个专业展销订货会，合同成交额33.2亿元，全国数千家企业，万余人云集沈城、展览商品品种达3万余种，全市经济界出现异常 活跃的喜人景象。来沈的外商不仅为数众多，而且还有一批在世界上具有重要地位和影响的跨国公司、集团公司和知名人士。达到了推动沈阳走向世界和让世界更多地了解沈阳的目的。

秧歌节在弘扬民族文化，振奋民族精神的同时，扩大了影响，增强了沈阳在国际上的知名度。"一节两会"的召开，吸引了国内外各界人士，以及新闻记者来沈观光采访。境外新闻单位如日本国日刊工业新闻社、俄罗斯真理报、俄罗斯第三产业报、香港大公报、台湾中华经贸杂志

秧歌节上的外国友人

等都派出记者来沈采访。中央新闻单位有新闻通讯社、中央人民广播电台、中国国际广播电台、经济日报、光明日报、中国图片社等也派出了资深记者。据统计："一节两会"期间，有60家新闻单位的350多名记者来沈采访，共发新闻稿件1 260多篇(条)。新华社、中央电视台、中央人民广播电台、辽宁日报、辽宁经济报、辽宁电台等新闻单位都对"一节两会"的盛况作了报道，辽宁电视台、沈阳电视台和沈阳电台还对秧歌节开幕式和《红绸纽带》大型文艺晚会做了现场直播。

节日期间，沈城呈现出群星荟萃，万商云集，五彩缤纷，万民同乐的景象。中国舞蹈家协会副主席游惠海在总结评价本届秧歌节时说："这是中国舞蹈史上的又一次盛会，它将作为展示改革开放后国运昌盛、人民喜悦祥和的壮丽画卷载入史册"。

（姜兆成）

开发区建设

【沈阳经济技术开发区】 1993年是沈阳经济技术开发区获得国务院正式批准，跻身于国家队，各项工作取得大发展的一年。

1.招商引资工作取得新进展，主要经济指标成倍增长。全年共批准进区项目130个，其中"三资"项目105个，内资项目25个。批准进区项目协议投资额27亿元，比1992年增长5.9%，协议利用外资额1.5亿美元，比1992年增长6.8%。全年新开工项目55个，比1992年增加52%，新投产项目42个，比1992年增加110%，实际利用外资额2 570万美元，比1992年增加132%。到1993年底，开发区已累计引进项目259个，其中"三资"项目203个，内资项目56个，协议投资总额65.8亿元，协议利用外资额3.3亿美元。1993年开发区共完成社会总产值17.5亿元，比1992年增长107.6%；完成工业总产值4.65亿元，比1992年增长89.4%；实现利税2.6亿元，比1992年增长133.5%；出口创汇2 800万美元，比1992年增长84.3%。

初具规模的沈阳经济技术开发区

2.开发建设步伐明显加快。1993年开发区共完成固定资产投资5亿元，比1992年增长64.4%，其中项目建设投资3.18亿元，比1992年增长42.5%；基础设施和公用设施投资1.82亿元，比1992年增长121%，累计完成固定资产投资13.5亿元，在"完善一期、开发二期、规划三期"的总体安排下，从1992年9月起，在二期进行了大规模开发建设，已完成基础设施投资1.38亿元，铺设排水管线46公里，给水管线22公里，建成主干线道路8条，总长度21.58公里，总面积38万平方米，另有4条道路开工建设。已实现了给水、排水、道路、供电、通讯和土地平整的"五通一平"。到1993年底，二期已有2.5平方公里的地块摆上了项目，有11个项目已开工建设。

3.抓住各种有利时机加大招商力度。1993年4月4日国务院正式批准设立沈阳经济技术开发区，4月28日举行了隆重的揭匾仪式。国务院特区办开放司司长谭汉怀，辽宁省省长岳岐峰、省委副书记、沈阳市委书记张国光、市长武迪生为沈阳经济技术开发区揭匾，国内300多家企事业单位来电祝贺。6月22日开发区成立5周年之际，举办了沈阳经济技术开发区首届国际经济技术合作洽谈会，9月9日在沈阳秧歌节期间，开发区邀请100多名外商共度沈阳开发区之夜。开发区还在韩国、日本、香港、马来西亚、法国和深圳、大连、北京等地召开新闻发布会、投资环境说明会、展览会等17次。按照大招商和招大商相结合原则，开发区先后组织参加了香港招商会、三胞联谊会、韩国招商会、'93洽谈会和开发区首届国际经济技术合作洽谈会等五次大的招商活动并先后16次组团出国招商，使来区投资的国家和地区由1992年的14个发展到18个。1993年开发区在国内各级的报刊、电台、电视台及7种国外、境外报刊发稿142篇，推动了招商引资高潮的涌现。

4.不断完善服务体系。1993年开发区在继续坚持开发区党委、管委会、集团公司三位一体的领导体制的同时，在改革企业产权制度上进行了大胆探索，创立了沈阳奉达股份有限公司，注册资本5 252万元。充分发挥其在建立新机制和招商、建设上的突出和示范作用。1993年沈阳海关开发区监管组、商检局商检组、外汇管理局正式进区办公。经国家外经贸部和海关总署批准成立的沈阳开发区进出口公司，获得了进出口自营权。电讯楼、消防楼、邮政楼等一批公用设施正式投入使用。开发区的财政、税收、土地、审计、工商行政、工程质量、安全卫生、综合治理、计划生育等工作也进一步加强。

（韩显昱）

【沈阳北站商贸金融开发区】 沈阳北站商贸金融开发区是集商业、贸易、金融、旅游、中介、信息等新兴产业为一体的城市新型商贸金融中心区。自1991年末正式成立以来，开发建设步伐不断加快。目前除已建成投入使用的沈阳北站站房综合楼、邮政枢纽大厦、工业品贸易中心、天涯宾馆、地下商业城以及站前路、友好大街和大型电缆隧道、部分配套管网等工程,总建筑面积21.83万平方米外,已审批立项23个大型工程,其中外方独资项目2个,中外合资项目9个,国内自筹项目12个,总占地面积18.3万平方米,规划建筑面积120万平方米,投资总额55亿元人民币,其中利用外资3.9亿美元,平均建筑容积率1:5.5。

在立项的23个项目中,正在建设的有8个,占地总面积4.3万平方米,规划建筑面积31.62万平方米,总投资14亿元人民币。其中独资项目2个,建筑面积7.7万平方米,计划投资3 700万美元;1994年计划开工8个,占地总面积7.7万平方米,规划建筑面积27万平方米,计划投资11亿元人民币。其中合资项目1个,建筑面积7万平方米;投资3亿元人民币,外方投资3 448万美元;正在进行前期准备项目7个,占地总面积4.3万平方米,规划建筑面积61万平方米,总投资31亿元人民币。其中合资项目6个,总建筑面积54.2万平方米,计划投资29.52亿元人民币,外方投资2.98亿美元,独资项目1个,建筑面积3.6万平方米,投资1 379亿美元。

除上述之外,开发区大型蒸汽锅炉房、20万门程控电话局、10万千伏安二次变电所以及各种市政、管网等大型基础设施也已审批立项,将在1994年内开工建设。这些配套工程建成投入使用后,可实现对开发区内所有项目单位的统一供热、供电、供汽等全套服务。

目前,北站商贸金融开发区正进入全面开发建设阶段,预计到2000年可累计完成投资60亿元人民币,竣工使用大型项目30余个,竣工面积150多万平方米,形成辐射全国、延伸东北亚、面向国际大市场,参与国际大循环的外向型、多功能、全方位的要素市场流通体系,成为沈阳市及东北地区与国际商业、贸易、金融、中介等相连接的纽带和桥梁,带动区域经济与国际经济接轨,促进地区之间、世界各国之间包括商业、贸易、金融、信息等方面的广泛流通。

(孟令阳)

【辉山风景区】 辉山风景区位于沈阳市东北部、距市区17公里,现占地面积116平方公里,规划控制面积为203平方公里(含沈阳副城52平方公里),其中森林面积76平方公里,水面5.04平方公里。景区为低丘陵地带,山峦起伏,溪谷迂回,水域辽阔,林木葱郁,气候温暖湿润,阳光充足,四季分明,各具特色;辉山、棋盘山、大洋山环抱秀湖,以“三山挺秀,一水怡人”而著称。

辉山历史悠久,人文景观丰富,明、清以来成为名山胜地。建国后,经过多年的建设与开发,已逐渐成为文化娱乐、旅游观光的重要场所。1981年被列为市级风景区,1991年被定为省级风景名胜区。

北站商贸金融开发区

风景区地处东经123°31′—123°45′,北纬41°51′—40°00′间。北邻铁岭市、抚顺市、本溪市,南有辽阳、鞍山等城市,客源充足。沈铁、毛望公路和东(陵)辉(山)快速旅游专用公路直达景区,来往交通极其便利。风景区已成为观光旅游的“金三角”地带,具有独特的开发建设环境。

根据沈阳市城市建设总体规划的要求,辉山风景区的建设宗旨和目标是:发挥辉山风景区山林与水土资源优势,建成集自然景观与人文景观为一体,具有旅游观光、休养度假、文化娱乐、商贸活动等多功能、综合性的沈阳副城。

为实现景区发展目标,改善景区投资环境,已实际投入2 484万元用于基础设施建设,景区内道路、供排水、供电、电讯等基础工程已全面起动。已修建道路13.5公里,打成井8眼,日供水能力达4 000吨以上,新架设和改造供电线6.5公里,500平方米的变电所和3 700平方米的电讯大楼已开工建设,预计年内可交付使用,基础设施逐步到位;除已建成的“晴雪楼”、“枫晚楼”、“观棋阁”、“望湖阁”等景点外,又僻建了“新码头”、“空中索道”、“天山浴场”、“鸟语林”、“高山滑车”等一批新景点,购物、餐饮、住宿等服务设施明显改善,现有床位1 400张,年接待游客超过50万人次,环境质量也不断提高。

由于景区投资环境不断优化,招商引资工作发展势头强劲。截止1993年末,景区投资建设项目和招商引进协议和合同项目39个,总投资额达33 477万元人民币,已投入开工建设的项目31个,投资总额726.4万元人民币,已到位资金5 015万元人民币。其中,“东煤宾馆”、“天山浴场”等14个项目已投入使用和运营。景区招商引进的规模日趋扩大。凡来景区开发建设的外商,除享有国务院、省市政府规定的优惠政策外,还将享受景区管委会给予的一些特殊待遇。辉山风景区欢迎国外客商和有识之士及港、澳、台各界人士,各界朋友前来投资进行开发建设。

(管慧)

廉政建设

【中共沈阳市委、沈阳市人民政府关于推进党政机关廉政建设的规定】在当前大力发展社会主义市场经济的形势下，切实加强党风廉政建设，保持党政机关的廉洁是关系到政治稳定和经济发展，社会主义事业成败的一件大事。为全面贯彻落实党的十四大精神，不断推进沈阳市党政机关的党风廉政建设，确保沈阳市经济建设的顺利进行，特颁布此规定：

一、严禁经商办企业

1. 县及县以上党政机关，要坚决执行中共中央、国务院的规定，不准经商办企业。已经兴办起来的经济实体，必须与党政机关在财务、名称、人事等方面限期脱钩，自主经营、独立核算、自负盈亏。

2. 由政府经济管理部门成建制转为经济实体的，要严格遵循政企分开的原则，不再行使政府部门的行政管理职能。

3. 党政机关不得将任何企业"挂靠"在本机关，已经"挂靠"的企业应主动脱钩。

4. 党政机关不得以任何名义使权力商品化，将职责范围内的工作改为有偿服务。在不影响保密、安全和正常工作的前提下，可将现有的信息、咨询机构、内部服务设施和交通运输工具向社会开放，开展有偿服务，但收入必须按照有关规定处理。

5. 县及县以上党政机关在职干部一律不准经商办企业，不准从事有偿的中介活动，不准利用职权为配偶、子女和亲友经商办企业提供任何优惠条件。在当前机构改革中，允许从党政机关分离的人员领办、创办经济实体以及承包、租赁企业或从事私营、个体经营，但不得以党政机关的名义或党政机关干部的身份从事经营活动。

二、严禁在公务或经济活动中接受礼金和有价证券

6. 党政机关及其工作人员（包括离退休干部），在公务活动和经济活动中，不得以任何名义和变相形式接受礼金和有价证券，不准接受下属单位和其它企事业单位赠送的信用卡，也不准把本单位用公款办理的信用卡归个人使用。

7. 党政机关及其工作人员在涉外活动（包括与华侨和港澳台胞交往活动）中，由于难以谢绝而接受的礼金和有价证券，事后要全部交公，并由所在单位负责上缴国库，不交者以贪污论处。

三、严禁在证券活动中的不法行为

8. 党政机关不准购买股票，不得用公款为个人购买股票或为个人向企业投资参股。

9. 党政机关工作人员不许索取和购买企业内部职工股和其它尚未上市的股票，不准利用职权或工作之便，收受单位和个人给予的任何股票。

10. 党政机关处级以上领导干部不得买卖股票。

11. 依法对股票的发行和交易行使管理权、监督权的机关工作人员，均不得买卖股票。

四、不准从事第二职业

12. 党政机关在职干部要全心全意地做好本职工作，不准从事第二职业。不得兼任各类经济实体的职务（包括名誉职务），个别经批准兼职的，不得领取任何报酬；未经批准已在经济实体兼职的党政机关在职干部，一律要与所兼职的经济实体脱钩。不准到下属单位和其它企事业单位报销应由个人支付的各种费用。

13. 党政机关中有专业技术特长的工作人员业余从事技术咨询、服务活动，应经本单位领导批准。但副县、处级以上领导干部（含副县、处级）、从事机要工作的人员，有关经济执法、经济监督部门的工作人员不得从事本项范围的业余活动。

14. 党政机关工作人员从事上述业余活动必须遵守法律和有关政策规定。只限于业余时间，不得占用工作时间和单位的物质条件及未公开的资料，确需占用的，应经单位领导批准，并要予以补偿；不得将本职范围内的工作变相转为业余活动；不得借用单位的名义或利用职权谋取私利；不得损害单位和国家的利益；不得泄露国家秘密。

15. 党政机关及其工作人员不得收受任何形式的回扣，收受回扣归个人所有的，以受贿处理。

五、严禁搞滥摊派、乱收费、乱罚款

16. 党政机关不准巧立名目，向基层单位和企业及群众滥摊派、乱收费。不得任意扩大收费范围，提高收费标准。符合规定的收费，必须全部纳入财务管理，实行财政专户储存，单独建立帐目，专款专用，不准私自改变用途，随意开支。

17. 执法监督机关和人员在对违法、违章、违纪事件进行罚没处理时，要严格遵守《沈阳市罚没管理规定》及国家有关法律。所罚没的款物，必须按规定及时上缴同级财政，严禁擅自挪用、调换、变卖、压价私分或自行处理。

18. 执法监督机关和人员不得滥用权力，限定他人购买其指定的经营者的商品，限制其他经营者正当的经营活动。

六、坚决制止在住房上以权谋私

19. 党政机关建职工宿舍，要严格履行计划、资金、土地、物资等审批手续。

20. 党政机关干部建私房，应事前向上级党政组织报告，建房中不得利用职权，违反政策，侵占国家和集体的土地、资金、材料和劳力。

21. 党政机关必须严格执行市政府关于各级干部住房控制标准的规定，其工作人员不得利用职权多要和多占住房。

22. 党政机关工作人员不得用公款为个人装修住房或购置家用电器、家具及生活用品等。

23. 用公款为领导干部购买商品房，应由领导班子集体讨论同意，党政主要领导用公款购房要报主管上级批准。

24. 党政机关干部不得私自转租公房，牟取不正当收入。已私自转租公房、牟取不正当收入的，必须认真纠正，不正当收入要上缴财政。

25. 符合兴办第三产业而出租

门市房的，要按有关规定执行。

七、坚决纠正在用人上的不正之风

26. 严禁以不正当手段谋取职位。党政机关干部不得以任何理由公开或暗地向组织上伸手要"官"，或疏通关系"跑官"，对这类要求任何人不得许愿或允诺。

27. 党政机关干部特别是领导干部，不得超越自身职权范围，干预基层单位的人事自主权，不得利用职权对自已亲友的工作调动、职务安排、职级晋升等施加影响。

28. 严禁在选举中搞贿选及其它非组织活动，为自己或他人谋取私利，干扰正常的民主选举工作。

八、严禁挥霍公款铺张浪费

29. 党政机关必须严格遵守财经纪律，在经费开支上不准大手大脚，不准以各种名义搞不合理开支，不准滥发钱物。

30. 在国内各种公务活动中严禁利用公款大吃大喝，铺张浪费。党政机关各部门间一律不准互相吃请，其工作人员不准接受来本部门办事的单位或个人的宴请。

31. 不准用公款参与高消费的娱乐活动。

32. 不准大操大办婚事、丧事。

33. 除重大活动外，各级领导干部一般不参加庆典活动。

九、严禁公费旅游

34. 党政机关不得动用公款组织工作人员游山玩水。

35. 不得巧立名目组织公费出国(境)旅游，确因工作需要出国学习或考察的，要严格审批手续，控制组团人数，要有明确的公务目的和实质内容，要讲求实效。

上述规定，全市县及县以上党政机关和干部都必须严格遵守，坚决贯彻执行。凡违反上述规定的，要追究其党政纪责任，触犯法律的，要追究其法律责任。各级党委(党组)要把廉政建设列入重要议事日程，实行逐级负责的廉政责任制。要根据本规定，制定实施细则，并认真贯彻落实。

此规定自发布之日起执行。

【深入开展反腐败斗争工作会议】 1993 年 9 月 20 日，中共沈阳市委召开深入开展反腐败斗争工作会议。会议的中心议题是传达贯彻中纪委二次全会及省深入开展反腐败斗争工作会议精神，动员部署沈阳市近期开展反腐败斗争。市委、市纪委、市人大、市政府、市政协的领导同志；市委各部委、市直各单位和县(市)区副职以上领导；市委老领导等共1 200余人参加了会议。

会议由市委副书记董万德主持。市委常委、市纪委书记王扬同志传达了中纪委二次全会精神，并就全市近期反腐败斗争做了部署：一是进行自查自纠，切实抓好党政领导干部的廉洁自律。要求全市县(市)区党政机关副县(区)级和市直党政机关副局级以上领导干部，都要在 10 月份对照中央提出的 5 条规定逐条进行自查自纠。

二是集中力量，采取措施，抓紧查办一批大案要案。重点查处党政领导机关、领导干部和司法部门、行政执法部门、经济管理部门及其工作人员的违法违纪案件。三是搞好专项治理，狠刹乱收费和公款旅游等不正之风。县区政府和市政府所属单位，要按照市政府的工作部署，对乱收费进行一次清理整顿，市物价局等有关部门要进行检查验收。关于纠正用公款出国出境旅游不正之风工作，一要弄清去年下半年以来的情况，二要立即停止办理。市工商、税务、公安等部门要继续治理利用职权吃拿卡要、敲诈勒索，损害企业合法权益等行为；教育部门要治理中小学乱收费；房屋开发部门要治理居民住房回迁安置不公问题；卫生部门要治理卡要患者钱物问题。其他单位和部门也要从各自的实际出发，有针对性地进行专项治理，年底前都要收得明显成效。四是加强领导，明确工作责任。监督检查党政机关领导干部廉洁自律问题由市纪委、市委组织部负责；治理乱收费问题由市物价局、监察局、审计局、财政局负责，以市物价局为主；治理公款旅游问题由市外办、财政局、经贸委、科委、监察局负责，以市外办为主；整顿党政机关经商办企业问题由市计经委牵头，市工商局承办，市体改委配合。就全市来说，凡涉及解决乱收费、党政机关经商办企业和实行"收支两条线"方面问题，由市政府负责，由一位副市长主管。查办大要案，涉及法律处理的由市政法委协调，市法院、检察院负责，涉及党政纪处分的由市纪委、监察局负责；反腐败斗争宣传报道的领导和部署由市委宣传部负责，近期反腐败斗争的监督检查和情况综合，由市纪委负责。市委将组成若干调查组对上述工作进行督促检查。

中共沈阳市委书记张国光在会上做了重要讲话。指出：如何把党中央的部署真正落到实处，把反腐败斗争深入开展下去，并取得阶段性成果，关键的一条是要统一全党特别是领导干部的思想。并提出，全市年内必须取得反腐败斗争阶段性成果。其目标是：各级党政领导干部能带头廉洁自律；一批腐败分子受到严厉惩处；几股群众反映强烈的不正之风被刹住。张国光同志在讲话中还强调，加强对反腐败斗争的领导，要注意把握住以下几条原则：一要全面坚持党的基本路线，保证和促进经济发展；二要把握住重点。当前反腐败重点是放在党政领导机关和司法、行政执法和经济管理等部门。三要坚持实事求是原则，严格把好政策关。四要注意把惩治腐败与弘扬正气有机结合。他还要求各级党组织积极支持纪检、监察部门的工作，为他们工作创造各种有利条件，以便更好地为经济建设服务。

(范红纲)

【领导干部廉洁自律、自查自纠】 中共沈阳市委按照中纪委 11 号文件精神，并结合沈阳市情况，确定了131个属于这次自查自纠范围的单位和部门，其中党政机关106个，具有一定行政管理职能的市直单位 13 个，人民团体 10 个，另外还有海关和商检部门。属于自查自纠范围的副局级以上领导干部880人。从 10 月初开始到 11 月初，这些单位和部门组织领导干部对照中央关于党政领导机关廉洁自律的 5 条要求和市委、市政府制定的《关于推进党政机关廉政建设的规定》，认真开展了自查自纠工作，受到了一次生动的党风廉政教育，明确了行为规范。

从全市看，主要自查出以下一些问题：有379人购买了125.02万元企业内部职工股(含2.1万元上市股票)；19人收受礼金和有价证券5 050元；11人未经批准获经济实体兼职，有1人兼职取酬1 000元，16人持有本单位或基层单位提供的信用卡。对上述自查出的各种问题，都已进行了纠正。

(范红纲)

【党风党纪教育工作】 1993年沈阳市的党风党纪教育，是把学习党章、《准则》和党纪条规作为经常性工作来抓，进一步深化8个条规的教育。在此基础上，针对当前党员特别是干部中存在的倾向性问题，突出四个教育重点，一是针对有些党员、干部对党的基本路线有片面理解，对上级的一些政策搞变通等，重点抓了政治纪律教育；二是针对有些党员，特别是党员干部在深化改革中，思想作风不正等问题，重点抓了改革纪律教育；三是针对当前社会和党内存在的腐败现象，重点抓了反腐败教育；四是针对个别党员干部不能自觉接受监督，也不愿监督别人等问题，重点抓了监督意识教育。据初步统计，1993年全市党员接受4项教育的面达到95%以上。在教育形式上，首先，注意运用报告会，民主生活会，动员大会等传统形式，努力拓展教育面，增强教育的影响力。其次，进一步强化了电化教育，增强教育的趣味性。目前，全市各级纪检组织共有电化教育设备2 246台，市纪委基本具备了自行摄、录、编的能力。全年市纪委共自行摄制各类教育录相片7部，并先后在中央及省、市电视台播放，收到良好效果。再次，充分运用正反面典型进行宣传教育。仅对15个重点单位和部门统计，中纪委二次全会以后，共树立廉政勤政的先进集体48个，先进个人181人。市纪委分两次向全市印发案例通报，通报了15起典型案例。另据5个重点部门和10个窗口单位统计，中纪委二次全会以后，共召开公开处理大会11次，印发案例通报65期。

(范红纲)

【加强廉政制度建设】 沈阳市1993年的反腐败斗争中，各级党政组织重视标本兼治，进一步加强了党风廉政制度建设。据对全市65个部门和行业统计，新建党风廉政制度1 748项，在中纪委二次全会之后进行的近期反腐败斗争中，全市共修改，完善各项规章制度2 218项，新出台改革方面的制度428项。在党风廉政制度建设上，比较成熟的制度主要有：1.党风廉政责任制度。即把党风廉政任务具体量化，纳入目标管理，与经济利益、政治荣誉挂钩，并作为政绩考核的重要内容；2.“两公开一监督”制度。即凡是与群众利益直接相关的事项或需要群众了解的事情都要公开，让群众了解办事程序和办事结果，接受群众监督。3.领导干部个人及家庭重大事项申报制度。4.党风廉政考察制度。5.社会监督评议制度。即执法监督、经济管理部门和公用事业单位，以及经常与人民群众打交道的行业、部门，都要从社会各界聘请党风廉政监督员，请他们对本单位及工作人员的廉政情况进行监督。市纪委党风廉政建设室将全市的各类党风廉政建设制度1 700多条做了归纳整理，并编印下发。

(范红纲)

【积极查处大案要案】 惩治贪污贿赂犯罪是检察机关的重要职责和长期任务。1993年初，结合学习党的十四大精神，市检察院组织检察人员开展讨论，进一步领会邓小平同志“两手抓，两手都要硬”思想的实质和内涵，树立检察机关要以打击犯罪为重点，带动各项工作全面开展和“改革开放搞多久，打击犯罪就要搞多久”的思想。市检察院加强了对反贪污贿赂工作的领导，精心组织，集中力量查办了一批案件。1993年，共立案查办贪污贿赂等严重经济犯罪案件366件，其中，贪污案115件，贿赂案54件，挪用公款案104件，偷税抗税案44件，假冒商标案44件，其他5件，立案总数比1992年上升20%。为国家挽回经济损失3 000余万元。从查办案件的情况看，1993年沈阳市贪污贿赂等严重经济犯罪活动有以下特点：一是大案要案呈上升趋势。共立案查办犯罪金额在万元以上的大案和案犯职务是县处级以上干部的要案193件，占立案总数的53%，比1992年的大案要案数增加48%。二是党政机关和司法部门、行政执法部门、经济管理部门中的贪污贿赂案件占有一定比例，影响大，危害严重。共立案查处36件，占立案总数的10%。其中副局级干部4人。三是金融系统的贪污贿赂犯罪突出。共立案31件，涉及各类、各级银行和银行内部各个部门。四是挪用公款犯罪上升势头很猛，比1992年增加1.7倍。五是假冒商标犯罪持续增加，比1992年增加1倍。一年来，针对贪污贿赂等严重经济犯罪的情况，市检察院主要抓了以下几项工作：

1.狠抓举报工作，广辟案件来源渠道。1993年初，面对举报线索下降，案件来源不足的不利形势，市检察院狠抓举报机构的组织、制度、工作三落实，推出《奖励举报有功人员暂行规定》等工作制度，通过新闻媒介广泛宣传。中纪委二次全会后，市检察院再次向社会公布了举报电话和检察长公开电话，发表文章和电视讲话，激发了群众的举报热情。从1993年9月至12月，全市两级检察院共受理举报线索2 050件，创历史最高水平，举报线索的质量也明显提高。一是涉嫌贪污贿赂等严重经济犯罪的线索集中，占58%。二是涉嫌犯罪的数额大，万元以上的线索占20%。三是被举报人中涉及重点部门、重点人员的占有相当比例。四是署名举报增多，占50%。还有相当多的举报人跟踪查询举报结果。两级检察院通过对大批举报线索进行筛选排查，掌握了一批有价值的案件。

2.加强领导力度，提高侦破案件能力。两级检察院始终把查办贪污贿赂案件放在工作首位，要求检察长亲自抓，对重大、有影响的案件要指挥到位。中纪委二次全会后，经市委和上级检察院同意，成立了沈阳市反贪污贿赂局，初步建立起一支反贪污贿赂工作的专门队伍，加强了侦查工作。为了强化领导指挥力度，对难度大、阻力大的案件由检察长、检察委员会委员逐件包案，督促指导查办。

3.突出打击重点，集中精力查办大案要案。市检察院坚持把查办大案要案作为反贪污贿赂斗争的中心环节。中纪委二次全会后，市检察机关把发生在党政机关和司法部门、行政执法部门、经济管理部门中的大案要案作为查处的重点，把权钱交易的行贿受贿案件列为重中之重，查办了一批大案要案。仅1993年9月至12月，两级检察院立案查办贪污贿赂等案件121件，其中大案要案80件。市公安局治安大队的一名原大队长(副局级)，在任职期间，私自另立治安管理费帐户，贪污数额特别巨大，已被依法逮捕。省卫生厅的两名处级干部利用审批新药和建新厂的权力，分别多次收受药品生产厂家和经销单位的巨额贿赂，被依法逮捕。省工商银行的一名信贷员和营业部一名副主任(副处级)利用审批贷款之机索贿受贿，先后经手贷款近亿元，分别从中受贿18万余元和3.2万元。省轻工业供销公司的财务科长和一名会计，于1992年9月至1993年3月，先后多次挪用公款125万元，借给私营企业和个体户从事营利性活动，挪用221万元，供给国营、集体企业，从中受贿4.5万元私分，二犯均构成挪用公款罪和受贿罪。

4.认真执行“一要坚决，二要慎重，务必搞准”的方针，确保办案质量。一年来，市检察机关针对当前贪污、贿赂犯罪错综复杂的实际情况，深入开展调查研究，进一步加强业务指导工作，及时研究解决办案中遇到的新问题，始终坚持严格依法办案，认真区分罪与非罪、此罪与彼罪的界限，正确地执行政策、适用法律，保证了办案质量。

(*王春生*)

纪念毛泽东同志诞辰100周年

【纪念毛泽东同志诞辰100周年理论研讨会】 由《人民日报》社理论部、辽宁省委宣传部和沈阳市委宣传部联合举办的“纪念毛泽东同志诞辰100周年理论研讨会”，于1993年9月20日至22日在沈阳迎宾馆召开。参加会议有关领导和专家学者50余人。中共辽宁省委副书记、沈阳市委书记张国光、沈阳市市长武迪生也参加了会议。

会议的中心议题是，紧紧围绕坚持和发展毛泽东思想，用邓小平同志建设有中国特色社会主义理论指导改革开放和现代化建设实践。在讨论中，中宣部理论局局长靳明辉说，毛泽东同志的巨大历史功绩，主要之点在于把马克思主义中国化、民族化、具体化，这是我们革命取得胜利、建设取得成功的根本的理论前提。其一，他提出了马克思主义与中国实际相结合的课题，树立了相结合的自觉意识；其二，他开创了马克思主义与中国具体实际相结合的道路；其三，他积累了马克思主义与中国具体实践相结合的丰富经验，并进行了理论上的升华和概括。《光明日报》副总编周隆宾认为，邓小平同志的理论与毛泽东思想的关系，唯一正确的提法就是继承和发展。在这个问题上要防止两种片面性，一是看不到邓小平同志的理论是对毛泽东思想的继承，是在过去的成果基础上的前进。这样就会割断历史，就有可能从否定毛泽东思想、毛泽东同志的光辉一生，到否定我们党在新中国成立以来取得的成就。二是看不见邓小平同志的理论是对毛泽东思想的重大发展，认为这个理论没有什么新东西。这样就会到处否认改革开放15年来党的实践上的新创造，否定邓小平同志和我们党的新贡献，动摇我们走建设有中国特色社会主义的信心，最后还可能走回头路，中央党校吴振坤教授提出，邓小平同志理论的主要内容体现了“三个新”，即提出了社会主义的新模式，建设有中国特色社会主义的新道路和社会主义市场经济新体制。

经过讨论，大家一致认为，毛泽东同志作为中国人民革命的主要领导者、组织者，中国社会主义制度的主要奠基人，中国社会主义建设道路的伟大探索者，在中国共产党的历史上，享有崇高的地位。他所提出的科学理论思想，以及在探索中出现的失误都具有重大的理论价值和历史价值，为建设有中国特色社会主义理论的创立奠定了坚实的基础。邓小平同志建设有中国特色社会主义理论，继承和发展了毛泽东思想，是马克思主义、毛泽东思想发展的新阶段，是指导改革开放和现代化建设的理论基础和思想保证。

(*陈之福*)

【纪念毛泽东同志诞辰100周年研讨会】 1993年在纪念毛泽东同志诞辰100周年之际，沈阳市社科联组织了多种形式的纪念活动。从1992年年底，就开始布署，号召所属学会积极参加纪念毛泽东同志诞辰100周年征文活动。在学会的发动下，广大会员踊跃参加，至1993年4月，收到各个学会选送的论文43篇，对其中14篇优秀论文进行了表彰。王宏彬同志的《战略家毛泽东和毛泽东战略家的思考》一文在全国、省研讨会上交流并获奖，为沈阳市赢得了荣誉。

与此同时，1993年9月20日至22日市社科联会同市委宣传部、市委党校共同筹备，以《人民日报》、省委宣传部、市委宣传部名义召开了纪念毛泽东同志诞辰100周年理论研讨会。这次会议有北京、上海、东北3省的专家、学者34人参加；《人民日报》、中宣部理论局、中央党研室、《光明日报》、国家体改委、省委宣传部领导及市委、市政府领导张国光、武迪生、丁世发、高柏金同志参加了研讨会并讲话。

到会的专家、学者畅所欲言、各抒己见，特别是对邓小平同志建设有中国特色的社会主义理论和毛泽东思想的关系进行了集中研讨，大家共同认为：邓小平的理论与毛泽东思想的关系是在坚持中开拓、继承中发展，唯一正确的提法就是继承和发展。把握住这个原则，要防止两个片面性，一是看不见邓小平理论是对毛泽东思想的重大发展，认为这个理论没有什么新东西。这样就会否认改革开放以来我们党在实践上的新创造，否定邓小平同志和我们党的新贡献，动摇我们走建设有中国特色社会主义道路的信心，最后，还可能走回头路。二是看不到邓小平同志的理论是对毛泽东思想的继承，是在过去成果基础上的前进，这样就会割断历史，就有可能从否定毛泽东思想、毛泽东同志的光辉一生，到否定党的光荣历史，否定毛泽东同志和我们党在新中国成立以来取得的成就。

专家、学者还提出许多新观点、新见解，这些对进一步解放思想、实事求是，深化改革、扩大开放具有现实意义；对进一步学习邓小平同志建设有中国特色社会主义理论有着积极的推动作用。这次会议《人民日报》、《辽宁日报》、《沈阳日报》、沈阳电视台等新闻单位都作了详细报道，在全国理论和学术界产生了很大影响。

（张立军）

【出版发行纪念毛泽东百年诞辰论文集】 为了帮助广大党员干部学习建设有中国特点的社会主义理论，进一步解放思想，转变观念，使学习邓小平特色理论成为一项自觉的行动，市社科联会同市委宣传部、市委党校组织了部分理论工作者和教员撰写文章，同时还收集了在纪念毛泽东诞辰100周年征文活动中的表彰的优秀论文和在纪念毛泽东诞辰100周年研讨会中的部分文章，编辑出版了《毛泽东思想与建设有中国特色社会主义理论论文集》。

《论文集》有缅怀毛泽东同志丰功伟绩的文章，有阐述毛泽东思想的文章，更有对邓小平同志在新的历史条件下继承和发展毛泽东思想，创立了建设有中国特色的社会主义理论的研究成果。特别是在对社会主义再认识、对社会主义初级阶段理论、对检验真理的标准、对三个有利于、对社会主义市场经济理论等都有详细的阐述。所以，《论文集》是一本学习特色理论难得的辅导材料。特别是对学习《邓小平文选》三卷有着帮助理解和消化的作用。

全书共收录了64篇理论文章，约28万字，先印2 000册并于1993年12月26日前出版发行，受到了广大学会工作者和干部群众的欢迎。其中张国光《用建设有中国特色社会主义理论指导沈阳改革开放与经济建设》、丁世发《用建设有中国特色社会主义理论武装全党的战略任务》、高柏金《深刻认识和把握建设有中国特色社会主义理论的本质特征》在辽宁省社科联纪念毛主席诞辰100周年理论研讨会上，被评为一等奖。

（张立军）

【纪念毛泽东诞辰100周年学术活动】 1993年10月26日，为纪念毛泽东诞辰100周年，由中共沈阳市委宣传部、市委党史研究室、市党史学会和沈阳炮兵学院共同主办的沈阳地区军警院校“纪念毛泽东诞辰100周年暨毛泽东军事思想研讨会”，在沈阳炮兵学院举行。参加会议的有中国刑警学院、沈阳军区现代化管理学院、辽宁省政法管理干部学院、沈阳武警指挥学校、沈阳市人民警察学校、沈阳军区空军训练团、大连陆军学院后勤训练大队、国防科工委医校的领导同志共68人。中共沈阳市委常委、宣传部长高柏金到会并讲了话。会议就毛泽东军事思想产生的社会历史根源问题；毛泽东事军思想的基本内容和中国特色问题；毛泽东军事思想的当代科学价值和指导意义问题，进行了广泛的交流和深入探讨。会议收到论文48篇，表奖了一批研究毛泽东军事思想的优秀学术论文。

1993年12月11日，为纪念毛泽东同志诞辰100周年，市委宣传部、市党史研究室、市社科联、市文化局、市党史学会，联合举办了“纪念毛泽东诞辰100周年学术报告会”。市区局理论宣传工作者，市区党史工作者，大专院校革命史教学工作者，各社会科学学会代表150人参加了报告会。在报告会上，中共中央党校教授金春明作了题为《纪念毛泽东，学习毛泽东思想》的专题报告。报告从毛泽东的社会主义观，邓小平同志的理论贡献与毛泽东思想的关系等几个方面，介绍了国内外学习研究毛泽东思想的主要情况和观点。并指出，今天我们对毛泽东同志最好的纪念就是学习继承毛泽东思想，深化改革开放，学习好当今发展了的毛泽东思想——邓小平同志提出的建设有中国特色社会主义理论和《邓小平文选》第三卷，以指导当今的改革与实践。中共沈阳市委常委、宣传部长高柏金出席了学术报告会。

（傅利民）

【纪念毛泽东诞辰100周年集邮展览】 为纪念伟大领袖毛泽东同志诞辰100周年，庆祝沈阳市集邮协会成立10周年，沈阳市邮政局、沈阳市集邮协会与中共沈阳市委宣传部、沈阳市总工会、沈阳国际秧歌节组委会办公室、共青团沈阳市委、沈阳市妇联、沈阳市文化局、沈阳市教委联合举办了“沈阳市纪念毛泽东同志诞辰100周年集邮展览”。

这次邮展共展出邮集32部220框，展示了毛泽东同志在各个历史时期的光辉形象和丰功伟绩。同时出了一部分中国早期、民国、解放区、新中国及外国邮票精品，以及沈阳市出版的集邮文献。全部展品共分10类，即传统集邮、邮政史、邮政用品、航空航天、专题集邮、极限集邮、青少年集邮、现代集邮、税票、集邮文献。

这次邮展有27部邮集获奖，其中金奖3个，镀金奖3个，银奖9个，铜奖12个。

（黄禹）

武迪生市长遇难

【武迪生市长在以色列遇难】 应以色列拉马特甘市政府的邀请，武迪生市长率领沈阳市政府代表团于1993年11月21日抵达特拉维夫，对以色列进行为期5天的访问。

访以期间，武市长于21日同拉马特甘市长签署了关于沈阳和拉马特甘建立姊妹城市的协议。代表团定于25日回国前夕分别同以色列一些对口部门签署关于在沈阳建立工业园、预制构件厂和垃圾处理系统等项目协议。

11月24日，武市长为继续商

谈在沈阳开发区建设47万平方米以色列工业园项目，应以色列伊兰·奥尔特尔建设公司总经理奥尔特尔要求，从拉马特甘市乘一架DELL直升飞机前往贝尔·夏瓦城考察。距贝尔·夏瓦城30公里，飞机突然坠毁，武市长和同行的沈阳经济技术开发区管委会副主任张力以及机上3名以色列人全部遇难。

武迪生同志不幸遇难后，沈阳市委、市政府委托副市长艾廷隽等同志专程赴以色列处理善后事宜，并护送武迪生同志遗体到北京。武迪生同志遗体于12月3日在北京八宝山革命公墓火化。12月6日，武迪生同志的骨灰安放在沈阳回龙岗革命公墓。

武迪生同志遇难后，朱镕基、荣毅仁、邹家华、李铁映、陈希同等党和国家领导人发来唁电或派工作人员到武迪生同志家中表示哀悼。顾金池、全树仁、岳岐峰、王怀远、张国光等省市领导，郭峰、戴苏理、李涛、徐少甫等省市老领导，以及沈阳市、沈阳军区、沈阳空军等单位的领导同志和各界群众参加了武迪生同志骨灰安放仪式。

武迪生同志1935年10月出生于河南省西华县。1956年9月参加革命工作，1978年11月加入中国共产党。历任沈阳轧钢厂技术员，沈阳线材厂生产技术科副科长、副厂长、厂长兼总工程师，沈阳市冶金工业管理局副局长，沈阳市体改委主任；1984年8月后历任沈阳市人民政府副市长、党组副书记，中共沈阳市委常委，沈阳市人民政府代市长，1986年3月任中共沈阳市委副书记、沈阳市人民政府市长、党组书记。

武迪生同志在任市委副书记、市长期间，与市委、市政府其他领导同志一道，为加快沈阳经济发展和社会主义现代化建设做出了重要贡献；他政治坚定，是非分明，坚决拥护并认真贯彻执行党的基本路线，同党中央在政治上、思想上保持一致；武迪生同志具有坚定的共产主义信念，虽然在读书时以至工作后近20年的时间里，蒙受不白之冤，但他一直坚持对共产主义的信仰和对中国共产党的追求；武迪生同志始终认真贯彻党的一切为了人民，一切依靠人民的群众路线，为党和人民的革命事业，为建设有中国特色的社会主义事业，为沈阳的发展和繁荣，献出了全部聪明才智，贡献了毕生精力。

（张春和）

【人民的好市长——武迪生】 武迪生同志1986年担任沈阳市市长时，沈阳正处在一个崭新的发展阶段，同时也面临着许多的困难。沈阳是“一五”期间建设起来的重工业城市，长期受计划经济的束缚，旧体制惯性大、旧观念根子深、历史欠账多，包袱非常沉重。迪生同志和市委、市政府的其他领导同志一起，坚持以小平同志建设有中国特色社会主义理论为指导，坚定不移地贯彻执行党的基本路线，把中央的方针政策与沈阳的实际结合起来，带领全市人民打响了振兴沈阳的总体战。

迪生同志有着强烈的改革意识，善于进行综合判断和总体把握。他跳出沈阳看沈阳，对沈阳的市情有着深刻的认识，对振兴沈阳有独到见解。早在八十年代中期，当一些人对引进外资和技术尚有许多疑点的时候，迪生同志就多次指出“自然知识、科学技术是人类共同的财富。随着现代科技的发展，一个国家，一个地区想关起门来发展自己是不可能的。只有兼容人类文明，学习借鉴先进国家和地区的经验，才能加速我们的发展”。在由计划经济向市场经济转轨的过程中，迪生同志强调，搞活大中型企业的出路在于对内深化改革，转换机制、调整产品结构和产业结构；对外扩大开放，走出市门，走出国门。

迪生同志极为重视对外开放工作，他从沈阳发展的战略高度，明确指出了“走对外开放之路是振兴沈阳的根本出路和历史性选择”。他说，“扩大开放，不单单是个资金的问题，更重要的是要实现沈阳与国际市场的对接”。小平同志南巡重要谈话发表后，他深知这次机遇对振兴沈阳的重要性，与有关领导一起，组织制定了沈阳外向型经济发展的总体战略、发展方针和一系列政策措施，大刀阔斧地推进对外开放工作。他常讲：“同外商合作不能怕人家赚钱，要懂得外商发财我发展的道理。”迪生同志不放过任何一个能够吸引外资、扩大沈阳知名度的机会，国外境外的知名人士、大客商、大企业家和新闻记者到沈，他工作再忙也要挤时间来见。他还多次率团出国出境招商，带着局长、厂长到国外境外去找市场，带回了许多大的项目。

许多群众都喜欢把迪生同志称作“平民市长”，这不仅因为他是从平民中成长起来的市长，更因为他始终把老百姓的冷暖挂在心上。他生前常说：“搞改革开放，许多体制、观念要改变，但有一条不能变，就是为人民服务的宗旨永远不能变。”他在市政府主政8年，每一项决策，总把“让绝大多数群众满意”作为出发点和归宿点。迪生同志亲自聘请了30多位产业工人联络员，经常听取来自第一线职工的意见和建议，为了更广泛地听取人民群众的意见和建议，在他的倡议下，市政府专门成立了人民建议征集办公室做这项工作。迪生同志长期生活在社会的底层，他当市长之前一家四口曾挤住在8平方米的房子里，他对群众面临的诸多困难有着切身感受。他上任不久，就把加速城市建设、改善人民生活作为一项主要工作来抓。市政府通过实行政策倾斜、增加财政和信贷投入、广泛利用外资、加快房地产开发等举措，依靠各方面共同努力，短短几年时间，城市面貌发生了日新月异的变化，人民群众生活的质量有了提高。

迪生同志十分重视教育事业的发展。1988年初，在新选出的市第十届人民政府的第一次常务会议上，迪生同志提出了大力发展教育事业，在本届政府任期内解决学校危房和中小学二部制的具体任务。市政府对教育的投入始终给予了较大倾斜，仅1988年就为教育增加投入一个亿，经过不懈的努力，如期实现了基本消除中小学二部制和危房的目标。为解决教师队伍的稳定问题，在财政十分困难的情况下，政府先后两次拨专款，为每个教师平均增加了60元的结构工资。迪生同志还十分重视沈阳的大文化建设，多次强调“一个现代化城市，一定要找准自己的文化定位，要象抓菜篮子那样抓好精神食粮的生产”。他提出了文化要为经济“造势”，使经济工作“借势而起，乘势而上”。

迪生同志喜欢普普通通的生活，愿意接触群众。下基层极少在下面吃饭，实在赶不回去了，一碗面条足矣。出差在外，他爱下小饭馆，顺便了解民情。每逢农村遭灾，他总是忧心如焚，急忙赶去看望。当市长后的8个除夕夜，他都专程来到矿井、炉台、车间，与一线的产业工人一块过年。迪生同志当市长后，在几年时间里一直住在三八里一栋民宅六楼的一个普通四室房里。组织上考虑他年岁渐大，上下楼不便，多次提出给他调房，他就是不同意。直到1991年迪生同志在中央党校学习期间，组织上给他换了一处住房，还是在居民小区，房子没增加一间，只是楼层低了两层。迪生同志常说，“我绝不能因为当了市长，就搬出居民区”。走进他的家，既没有豪华的装修，也没有高档的家俱，一对沙发是买别人用过的，一只茶几已经使用了近30年。

迪生同志一身正气，两袖清风，他甘于淡泊，安于清贫。他经常想的是如何为人民办实事，从不为亲朋故旧办私事，在他近乎苛刻的要求下，亲朋好友和身边工作人员都不敢跟他提个人要求。迪生同志一贯廉洁自律，操守极严。两个孩子结婚，他只是各给500元钱，让他们去旅行，临走时还要规定一条：路过北京在哪住都行，就是不能住在沈阳办事处。

迪生同志在“左”的路线下饱受20年迫害，以至妻离子散。他受过委屈，但更坚定了自己的信仰，对党忠贞不渝，为了改革开放事业奉献了一切；他受过歧视，因此更懂得人的尊严，无论对谁都坦诚相见，“用自己的心说话”，他在企业、商界、文艺圈、记者群以至海外赢得了大量的朋友，人们都说他的血有热度，他受过压抑，于是就更重视发现和使用人才，更重视人生价值的实现，几乎每天都工作十二、三个小时，不知疲倦地忘我劳作。

迪生同志“鞠躬尽瘁，死而后已”的忘我精神和“先天下之忧而忧，后天下之乐而乐”的高尚情操，成为激励人们前进的精神力量。

（张春和）

沈阳概貌

基本情况

【历史简况】 沈阳是一座历史悠久的古城，远在7 200多年前，沈阳人民的祖先就在这块土地上农耕渔猎、繁衍生息，过着原始的氏族部落生活。

尧舜时期，沈阳属青州，周代前，沈阳属营州。据郑家洼子出土文物证明，春秋战国时期，沈阳地区就生活着北方的东胡族等。

公元前221年，秦始皇统一中国后，沿袭了燕国原有的郡制，沈阳仍属辽东郡。

西汉时期，汉王朝于公元前206年在沈阳地区设立了侯城县，是中部都尉的治所，驻有汉军，为当时的军事重镇。

辽代时期(916年神州元年)，契丹族兴起，建国称辽。在沈阳设立沈州，筑有土城，下设东郊、灵源两县。

元代时期(1296年元贞2年)改沈州为沈阳路，重建土城。沈阳路归辽阳管辖。由于沈阳地区处沈水(浑河)之北，以中国的传统方位观，即"山北为阴，水北为阳"，故改沈州为沈阳。从此，沈阳这个名称正式出现在历史上。

1625年，努尔哈赤将"大金"(后金)政权自辽阳迁都沈阳，1643年(天职8年)，改称沈阳为"谋克敦"mukden(满语意为兴盛，汉文写作"天眷盛京"。从此，沈阳改称为盛京。1644年清政府迁都北京，盛京(沈阳)成为陪都，清朝统一中国后，1657年(顺治14年)，在盛京(沈阳)设立奉天府。

1911年，孙中山领导的辛亥革命，推翻了清朝统治以后，建立了中华民国。1913年1日，改奉天府为奉天县，同年5月又改为沈阳县。1923年8月，奉天行省将沈阳县城区及商埠地一带地方正式成立奉天市政公社，与沈阳县并存，同归属于奉天行省。从此，沈阳首次出现市的建制。

1930年2月5日，改奉天省为辽宁省。4月2日，改奉天市为沈阳市。

1931年9月18日，日本帝国主义在今沈阳市于洪区柳条湖地区发动了"九一八事变"，将沈阳市改称奉天市。

1945月8月8日，苏联政府正式对日宣战，8月20日，苏联红军空降部队解放沈阳。9月6日，中国人民解放军进驻沈阳，成立了沈阳卫戍司令部。1945年10月10日，成立了沈阳市历史上第一个人民政府组织——沈阳市民主联合政府。1946年1月1日，国民党进入沈阳。1947年8月1日，沈阳市由省辖改为国民党行政院直辖。

1948年11月2日，沈阳宣告解放，成立沈阳特别市政府，辖8个市区和12个郊区。

1949年5月1日，沈阳特别市政府改称沈阳市人民政府。

1993年1月1日，经国务院批准，原铁岭市的康平、法库县划归沈阳市领导。至此，沈阳市管辖大东、沈河、和平、铁西、皇姑、于洪、东陵、苏家屯、新城子9个市区及辽中、新民、法库、康平4个县。

1993年，经国务院批准，新民县改为新民市。

历经7 200余年的发展，奠定了现代化沈阳的风貌。特别是沈阳解放后，走上了健康持续发展的轨道。

(薛燕志)

【地理位置和范围】 沈阳市位于中国东北的南部，辽宁省的中北部，是东北地区的最大中心城市，辽宁省省会和全省政治、经济、文化中心。

沈阳位于东经122°25′09″至123°48′24″，北纬41°11′51″至43°02′13″，东西跨度115公里，南北跨度205公里。现辖大东、沈河、和平、铁西、皇姑、东陵、于洪、新城子、苏家屯9个市区；新民、辽中、康平、法库4个县(市)，沈阳地处长白山余脉与辽河、浑河冲积平原过渡地带，辽河经市域自东北向西南流过，自然形成北部、东部低山丘陵和中西部平原两大地貌景观。地貌由北向西南自然倾斜，市域内最高峰为法库县慈恩寺乡的庙台山，海拔447.2米，最低点为辽中县于家房镇的上顶子村，海拔高度5.3米。

沈阳有着得天独厚的自然条件和优越的地理位置。北与内蒙古自治区接壤，东与粮谷、煤炭之城铁岭及煤炭和石化城抚顺为邻，南与煤铁之城本溪及化纤城辽阳毗邻，西与煤电之城阜新、钢都鞍山及锦州市相依，居辽宁中部城市群中心。

(薛燕志)

【气候特征】 沈阳市处于北温带亚州季风气候区的北缘，属受季风影响的湿润和半湿润暖温带大陆性气候。主要特点是四季分明，雨热同季，降水集中，日照丰富，温差较大，冬寒漫长。年平均气温6.8～8.0℃，气温年较差(7月与1月平均气温差)，南部为35.8℃，北部为36.8℃，南北相差1℃。夏季炎热，平均气温在23℃左右，极端最高年气温36.5℃。冬季寒冷，平均气温在−11℃左右，极端最低气温−33.1℃。

农耕期(7.0℃)年平均积温3 821℃，南北相差273℃；水稻播种期(7.5℃)年平均积温3 694℃，南部比北部多226℃；7.10℃活动积温多年平均3 484℃，种植一熟作物热量充足有余。

全市多年平均日照时数为2 638小时，日平均7.2小时。日照分布的基本趋势是，由北向东南逐渐减少，康平、法库县年平均日照为2 700小时以上，为全市日照时数最多地区，东陵和新城子东部的丘陵山区年平均2 400小时，为全市日照时数最少地区。沈阳地区年平均降水量为648毫米，其中城区最多，为727毫米；康平县最少，为524毫米，暴雨发生期在4—10月份，集中于7月下旬至8月中旬，大暴雨发生在7、8、9三个月，以8月最多，往往造成洪涝灾害。

沈阳地区平均无霜期146天～163天，辽中县最长为163天；新城子区最短，为146天，南北相差半个月。全年盛行南风和西南风，出现频率占23%，多在4、5月份发生。受季风影响，风向随季节变化比较明显。冬季主要受北方冷空气影响，盛行偏北风；春季暖空气活跃，南北风常交替出现，以南风为多；夏季主要受南部暖空气影响，偏南风出现频率最高；秋季冷暖空气活动较活跃，因而南北风也常交替出现。

（薛燕志）

【土地资源及基本特征】 沈阳土地总面积12 980平方公里（1988年遥感调查数为12 900.15平方公里）计1 298 000公顷，其中农村面积1 279 400公顷，城市建成区面积18 600公顷，分别为总面积的98.6%和1.4%。根据我国土地资源用地分类，沈阳土地资源主要由耕地、园地、林地、牧草地、居民点及工矿用地、交通用地、水域和未利用土地等用地类型构成。其中耕地占土地总面积的53.4%；园地占土地总面积的0.8%；林地占土地总面积的11.6%；牧草地占土地总面积的5.8%；居民点及工矿用地占土地总面积的11.8%；交通用地占土地总面积的3.2%；水域占土地总面积的10.6%；未利用土地占土地总面积的2.6%；其它用地占土地总面积的0.2%。在各类用地中，农业生产用地（耕地）比例最大，是主要土地利用方式。

第二次土壤普查表明，沈阳市土壤共划分为7个土类，17个亚类。全市土壤总面积为1 195 200公顷，占土地总面积的92.1%，其中耕地土壤913 933公顷，占土地土壤总面积的76.5%。7个土壤类型分别为棕壤土、草甸土、水稻土、风沙土、沼泽土、盐土和碱土。棕壤土在沈阳地区分布较普遍，除辽中县外，各县区均有棕壤土分布。是农作物生产的主要土壤类型之一。草甸土发育在辽河、浑河等河流冲积平原的低阶地或河漫滩上，遍布全市平原地区及丘间谷地，是本区农作物生产的高产土壤，最高产量在500公斤/亩以上。水稻土主要分布在辽河、浑河、蒲河等沿河平原，是人类生产活动干预的结果。它在各县区均有分布。老水田以苏家屯和于洪区居多，新开水田以辽中、新民、新城子为多，水稻田是沈阳地区农作物生产的高产土壤之一，最高产量在600公斤/亩以上。风沙土主要分布在辽河、柳河、绕阳河、秀水河、浑河沿岸及康平县北部，以康平、辽中县面积最多，其次为新民市、法库县和于洪区。沼泽土主要分布在辽河、浑河、蒲河、柳河、秀水河等河流两岸的低洼易涝地，故河道及卧龙湖地区，以康平、辽中县及新民市面积最多。盐土主要分布在辽中、康平县的部分地区。碱土主要分布在新民市、康平和法库县的部分地区。沈阳土地资源开发历史较早，利用率高，后备资源潜力不大。全市土地已开发利用1 257 367公顷，利用率达96.9%。未利用土地40 633公顷仅占土地总面积的3.1%。大部分为盐碱地、沼泽、裸岩、石砾地及沙地等难利用土地，对农业生产持续发展影响较大。

在已开发利用的土地中，耕地自身潜力很大。全市粮食亩产400公斤以下的中、低产田面积占全市耕地的一半以上，中低产田面积尚有246 667公顷，增产潜力很大，是今后农业持续发展，增产粮食的主要方向。

近十年来，随着改革开放和经济建设的发展，城市建设、经济发展对土地需求量不断增加，土地利用城市化趋势逐年加快。目前，沈阳市建成区面积是建国初期的1.78倍，达到或接近国务院批准的规划范围，城市建设速度明显加快。

沈阳市土地利用类型的多样化，可满足人们现代化生活，多方面的需要。随着农、林、牧、副、渔、工业、民用、交通等各种土地利用结构的优化，合理配置土地资源将为沈阳经济的繁荣发展、人民富庶生活提供良好的基础条件。

（薛燕志）

【水资源特征】 沈阳市天然水资源总量33.4亿立方米，其中地表水天然资源量12亿立方米，地下水天然资源量21.4亿立方米，人均拥有水资源51.0立方米（以1993年人口计算），低于全省及全国人均水平，是我国北方严重缺水城市之一。

沈阳境内流经河流19条，分属辽河、浑河两大水系。辽河水系由北及西北流向西南，浑河水系由东北流向西南，均从辽中县出境。辽河是全国七大江河之一；浑河、柳河、绕阳河属大型河流。蒲河、养息牧河、北沙河、秀水河为中型河流；拉马河等为小型河流。湖泊及水库主要有卧龙湖、三台子水库、棋盘山、团结水库等12座水库，按地表水可利用量计算，中等水平年（P＝50%）境内地表水可利用量为33 683万立方米/年；中等干旱年（P＝75%）境内地表水可利用量为23 239万立方米/年。由于气候条件及地貌的影响，降水多集中在6～9月份，而且分布由东南向西北递减，年降水相差160多毫米，造成地表水在地区间分布不均。

沈阳地区地下水资源可利用量为20.1亿立方米，主要分布在沈阳地区的中部和西部浑河及辽河流域，由于赋水条件好，地下水较地表水丰富，但是富水程度，在地区分布上存在一定差异，平原地区属河流冲积扇，补给充足，为富水区；柳河、蒲河两岸和蒲河附近的山前平原为弱富水区；东部低山丘陵因属吉林哈达岭延伸山地，山前平原地下水缺乏，为贫水区，由于地下水分布不均，对水资源的充分开发利用极为不利。

（薛燕志）

【行政区划】 1993年，沈阳市行政区划变动较大，新民县改为县级市，康平、法库两县划归沈阳市。因而1993年沈阳市下设：9区、4县，（含县级市），具体是：和平区、沈河区、大东区、皇姑区、铁西区、东陵区、新城子区、于洪区、苏家屯区、新民市、辽中、康平、法库县。区县(市)下设行政街113个,乡93个,镇47个。

和平区设20个行政街:

砂山、胜利、民主、新兴、集贤、中华路、吴淞、园路、遂川、八经、南湖、十四纬路、云集、北市、南站、新华、马路湾、北站、北道口、西塔。

沈河区设16个行政街:

一经、二经、大西、小西、大南、小南、中街、正阳、滨河、万莲、风雨坛、山东庙、文化路、朱剪炉、团结路、惠工。

大东区设15个行政街:

万泉、小东、管城、长安、东塔、新东、珠林、小津桥、大北、小北、洮昌、辽沈、东站、二台子、文官。

皇姑区设20个行政街:

华山、亚明、明廉、克俭、崇山、塔湾、三台子、辽河、怒江、长江、陵北、昆山、三洞桥、泰山、黑龙江、寿泉、向工、黄河、新乐、太平。

铁西区设20个行政街:

路官、卫工、启工、十二路、七路、工人村、兴华、霁虹、重工、兴工、艳粉、云峰、保工、贵和、齐贤、兴顺、兴齐、轻工、笃工、凌空。

苏家屯区设6个行政街,7个镇,7个乡:

行政街:中兴、铁友、临湖、解放、民主、湖西。

镇:红菱堡、林盛堡、八一、沙河铺、姚千户屯、陈相屯、十里河。

乡:王纲堡、城郊、佟沟、大淑堡、白清寨、永乐、大沟。

东陵区设6个行政街、4个镇、11个乡:

行政街:东陵、马官桥、南塔、辉山、泉园、丰乐。

镇:高坎、祝家屯、白塔堡、深井子。

乡:王滨沟、英达、五三、汪家、长白、古城子、桃仙、李相、前进、满堂满族、浑河站朝鲜族。

新城子区设2个行政街、4个镇、8个乡:

行政街:清水台、新城子。

镇:虎石台、清水台、兴隆台锡伯族、蒲河。

乡:新城子、马刚、财落堡、尹家、望滨、石佛寺朝鲜族锡伯族、道义、黄家锡伯族。

于洪区设4个行政街、4个镇、12个乡。

行政街:北陵、于洪、杨士、陵东。

镇:马三家、大潘、沙岭、平罗。

乡:北陵、解放、老边、陵东、造化、大兴朝鲜族、杨士、大青中朝友谊、翟家、高花、彰驿站、于洪。

新民市下设4个行政街、6个镇、20个乡:

行政街:东城、西城、新柳、辽滨。

镇:大民屯、前当堡、兴隆、公主屯、梁山、大红旗。

乡:高台子、金五台子、东蛇山子、陶家屯、姚堡、大柳屯、镇郊、三道岗子、罗家房、新农村、周坨子、法哈牛、卢家屯、红旗、大喇嘛、胡台、于家窝堡、张家屯、柳河沟、兴隆堡。

辽中县下设11个镇、10个乡:

镇:辽中、茨榆坨、刘二堡、朱家房、新民屯、满都户、于家房、冷子堡、长滩、肖寨门、杨士岗。

乡:养士堡、城郊、六间房、老观坨、四方台、老大房、大黑岗子、乌伯牛、潘家堡、牛心坨。

康平县下设4个镇12个乡:

镇:康平、小城子、张强、方家屯。

乡:胜利、东关屯、郝官屯、北四家子、两家子、二牛所口、山东屯、西关屯蒙古族满族、沙金石蒙古族满族、柳树屯蒙古族满族、东升满族蒙古族、海州窝堡。

法库县下设7个镇、13个乡。

镇:法库、柏家沟、大孤家子、三面船、秀水河子、叶茂台、登仕堡子。

乡:慈恩寺、孟家、和平、十间房、冯贝堡、依牛堡子、五台子、四家子蒙古族、双台子、卧牛石、包家屯、丁家房、红五月。

(刘爽)

经济发展概况

【国民经济全面发展】 1993年,是沈阳市国民经济和各项社会事业继续大发展的一年。全市农业经济全面发展;工业生产持续增长,经济效益逐步改善;投资力度加大、重点建设进展加快;城乡市场繁荣、购销两旺;对外贸易及合作迈出新的步伐;金融秩序好转,财政紧张状况得到改善。城乡人民生活水平继续提高;科学技术、教育、文化、卫生、体育等各项社会事业发生了可喜变化。全年全市实现国内生产总值402.4亿元,比1992年增长16.5%。其中,第一产业实现增加值34.9亿元,增长9.1%;第二产业实现增加值199.8亿元,增长18.7%;第三产业实现增加值167.7亿元,增长15.6%。第一产业、第二产业、第三产业的比例为8.7:49.6:41.7。人均国内生产总值达到6 141元。

(王宏)

【农村经济稳步增长】 1993年,沈阳市加强了对农业生产的领导,加大投入力度,进一步完善农村各项经济政策,积极调整种植业结构,扩大了经济作物的播种面积,大力发展高产、高效、优质农业,全市农村呈现农、林、牧、渔各业全面发展的喜人景象。全年实现农业总产值61.5亿元,增长9.1%。粮食总产量达到318.3万吨,单位面积产量比1992年增长1%。蔬菜产量达258.2万吨,增长23.4%;主要经济作物大幅度增产,其中油料作物产量达2.4万吨,增长90.3%。造林面积进一步扩大,育林成活率提高。畜牧业生产保持良好的发展势头。全年生猪出栏165.8万头,增长5.9%;牛出栏10.3万头,增长15.4%;家禽出栏4 460万只,增长43%,猪、牛、羊肉总产量达18万吨,增产2.8%;禽蛋产量达16.6万吨,增产1.9%。渔业生产发展加快,水产品产量达4.3万吨,增产36.1%。

农业生产条件继续改善,科学种田普及程度进一步提高。1993年末全市拥有农业机械总动力达132.2万千瓦;机耕地面积达到53.7万公顷;机电排灌面积达到45.9万公顷;地膜覆盖面积扩大到2.9万公顷;每公顷耕地农药施用量达3.25公斤;化肥施用量达284.1公斤(折纯量)。主要农作物的单位面积产量也有新的提高。

在稳定农业生产的同时，农村经济全面发展。全市涌现出52个专业生产乡镇、569个专业生产村，农村各类市场发展到233个，年成交额达26.3亿元，增长43%。

乡镇企业登上新台阶。全年乡镇企业完成产值237.9亿元，比1992年增长62.7%。乡镇企业产值在农村社会总产值中的比重上升到79.7%。全市产值超亿元的村达26个，4个乡镇产值超10亿元。在上规模的同时，乡镇企业的经营管理水平、产品的科技含量以及企业经济效益都有较大提高，成为促进全市经济发展的新的经济增长点。

（王宏）

【工业生产高速发展】 1993年，沈阳市工业生产保持快速发展，经济效益逐步改善。全年完成工业总产值675亿元，增长21.2%。乡及乡以上工业总产值为566.9亿元，增长13.2%；实现工业销售产值490亿元，增长11.4%，工业产品销售率达95.2%。受投资需求的推动，重工业增势强劲。全年重工业产值达到385.7亿元，增长15.5%。轻工业产值为131.2亿元，增长8%。国有企业、大中型企业继续发挥骨干作用，生产分别增长6.7%和3.7%，产销率分别达到97.2%和97.1%；集体企业继续保持较高的增长速度，生产增长32.1%。乡镇工业、区街工业及农村村以下工业生产大幅度增长，成为支持全市工业增长的新的增长点。全年乡镇工业产值达196亿元，增长52.4%，区街工业产值达到36.6亿元，增长34.5%。非国有工业产值占全市工业产值的比重上升到53.8%。

投资类机电产品、原材料、建筑材料及适销的轻工产品大幅度增产，长线产品生产得到控制。产品更新加快，质量稳定提高，1993年全市共开发新产品2 632种，新产品实现产值70.4亿元，比1992年增长18.9%。重点产品的质量稳定提高率保持在97.6%的水平。

工业经济效益逐步改善。全市独立核算工业企业全年实现产品销售收入490.5亿元，增长33.2%；实现利税总额35.5亿元，增长25.4%。其中实现利润总额10.7亿元，增长35.4%。市属预算内工业企业实现产品销售收入207.8亿元，增长21.7%；实现利润4.7亿元，增长56.7%。全市工业经济效益综合指数达到71.8%，比1992年提高了3.5个百分点，经济效益总体水平有所提高。

（王宏）

【重点工程建设加快】 1993年，沈阳市固定资产投资增势强劲，重点工程建设进展加快。全年完成固定资产投资113.7亿元，首次突破百亿元大关，比1992年增长56%。全年完成基本建设投资74亿元，增长75.2%；完成更新改造投资33.6亿元，增长25%。完成商品房建设投资34.1亿元，增长1.6倍。全年施工项目达1 542个，当年投产791个，比1992年多投产485个，项目投产率提高到64.2%。全年投资重点加强了基础产业和城市基础设施建设。全年大中型基本建设项目、限上技术改造重点项目完成投资12.4亿元。沈阳变压器厂虎石台强电流试验站、沈阳风动工具厂液压凿岩机及全液压钻车等一批重点项目竣工投产。全年新增固定资产69.1亿元，新增主要生产能力：变电设备106万千伏安，金属切削机床制造448台/年，啤酒2万吨/年，长途电缆207延长公里，微波电路3 470公里，长途自动电话交换设备1.4万路端，轮胎外胎5.6万条/年，汽车1万辆/年。

住宅建设加快，城市基础设施得到加强，环境保护状况进一步改善。全年完成住宅建设投资35.9亿元，增长82.2%。住宅竣工面积达313.8万平方米，增长28.4%。年内大伙房引水二期工程市区管网建设基本完工；沈海热网三期工程完工，新增集中供热面积308万平方米，崇山路北陵大街跨线桥竣工通车；中环路长青互通式立交桥通车使用；绕城高速公路续建工程进展过半，市区环境任务有所提高。

（王宏）

【市场繁荣　物价稳中有升】 1993年，全市流通领域继续推进放开经营、价格、分配、用工、资产存量五个方面的改革，促进了商业企业经营机制的转换。商业饮食服务网点建设取得新的进展，购物环境继续改善，服务质量进一步提高。市场货源充裕、销售大幅度增长。全年社会商业销售总额达408亿元，增长26%。零售市场繁荣，全年实现社会消费品零售总额171.3亿元，增长24.3%。其中，食品类增长24.8%，衣着类增长30.1%，用品类增长27%。国有经济增长15.6%，集体经济增长12.8%；私营经济、个体经济蓬勃发展，实现零售额39.5亿元，增长64.5%。市场建设步伐加快，全市各类消费品市场已发展到510处，全年成交总额达108亿元，增长71.5%；生产资料市场发展到54个，全年交易额达122.8亿元，增长22.1%。沈阳金属交易所、东北石化市场等一批大型区域性生产资料市场成交活跃，并已开始由现货交易向期货交易方向发展。

1993年随着价格改革的推行，物价总水平稳中有升。全年职工生活费用价格总水平比1992年上升20.3%，消费品零售物价水平上升17.6%。各类消费品零售价格涨幅为：食品类上升20%，其中粮食上升44.8%，鲜菜上升9.1%，肉蛋禽上升22.2%，水产品上升13.5%；鲜果上升25.6%；衣着类上升15.4%；日用品类上升10.5%；全年服务性支出价格总水平上升40.6%，其中水电、交通、学杂保育、医疗保健、文化娱乐等支出价格涨幅较高。

（王宏）

【对外经贸又上新台阶】 1993年，沈阳市各部门各企业积极开拓国际市场，成功地举办了韩国经贸洽谈会、马来西亚经贸展销会等一系列经贸活动，对外经贸联系拓展到全世界近百个国家和地区，对外贸易全面增长，外向型经济建设步伐加快。全年实现进出口商品总额10.9亿美元，比1992年增长16.2%。出口7.1亿美元，增长9.1%。其中市营出口5.4亿美元，增长16.6%；工业制成品出口4.4亿美元，占市营出口商品总值的比重达到80.4%。全年进口3.86亿美元，增长31.9%。全年完成出口商品供货总值37.2亿元，增长25.1%。机电产品供货值达12.1亿美元,增长29.7%,出口商品结构进一步优化。

利用外资取得新的突破,"三资"企业迅速增加,海外开发和对外经济技术合作进一步拓展。全年新批准利用外资项目1 129项,合同外资额11.8亿美元,增长25.9%;外商直接投资达9.3亿美元,增长47.4%。实际利用外资额达5.65亿美元,增长48%。全年新批准成立"三资"企业1 108家,年末已注册的"三资"企业达到2 027家,其中549家已投产开业。全年"三资"企业实现产值61亿元,销售额53亿元,实现利税4.6亿元,分别增长55.6%、43.2%和21.1%,出口创汇6 451万美元,增长81%。全年新签海外承包工程与劳务合作合同5 300万美元,增长1.9%。

(王宏)

【财政增收　金融稳定】 1993年,沈阳市各部门坚持以提高经济效益为中心,充分发挥经济杠杆作用,强化税收征管,深入开展"双增双节"活动,积极培植财源,严格控制支出,有效地促进了财政的增收。全年完成地方财政收入45.3亿元,比1992年增长22.2%。其中完成工商税收42.7亿元,增长26.1%。在财政增收的同时,各级财政严格把关、有效地抑制了支出过快增长的势头。全年地方财政支出28.3亿元,增长11.1%。其中专项支出8.7亿元,增长11.2%;各项事业费支出17.3亿元,增长26.5%。金融秩序好转,储蓄稳定增长,货币回笼增加,信贷规模扩大。结构优化,金融市场活跃。特别是下半年国家加强宏观调控以来,消除了金融领域一度出现的乱拆借、乱集资等混乱现象,金融秩序好转。年末全市金融机构各项存款余额441.8亿元,比1992年增长20.6%,年末贷款余额492.4亿元,增长17.3%。其中基本建设和技术改造贷款余额87.3亿元,工业流动资金贷款余额179.2亿元。新增贷款向重点行业、重点企业倾斜,有力地支持了国有大中型企业的发展。全年现金收入698.8亿元,增长59.2%;现金支出665.2亿元,增长62.9%。收支相抵净回笼货币33.6亿元。增长10.6%。城乡居民储蓄余额达到231亿元,增长28.3%。

保险事业不断发展。全年国内财产保险保费收入3.9亿元,增长39.7%。全年国内财产保险保费支出1.3亿元,下降1.8%。人身保险保费收入11.2亿元,增长38.5%;人身保险保费支出8.7亿元,增长49.5%。

(王宏)

【科技教育事业取得新成绩】 1993年,沈阳市科学技术事业取得新成就。年末全市各类专业技术人员队伍扩大到51.3万人,县以上独立科研机构发展到152个。民办科技机构发展较快,已注册的民办科技机构发展到1 450个。全年取得科研成果1 650项,其中71项成果获省科技进步奖,153项成果获市科技进步奖。1 176项科技成果得到推广应用,一批成果投产并取得了显著的经济效益。专利申请不断增加,全年受理专利技术1 700项。技术市场日趋活跃,全年签订技术合同7 774项,技术贸易成交额10亿元,增长66.9%。高新技术产业化迈出较大步伐,年末高新技术企业达1 264家,全年完成高新技术项目及产品583项。"百亿工程"实施一年来,共启动项目430个,产值达80亿元。

教育事业有了新的发展。办学体制改革迈出较大步伐,教育投入增加,办学条件进一步改善,教师队伍不断加强,教学质量普遍提高。年末全市22所普通高校在校学生达6.9万人。45所普通中等专业学校在校学生达3万人。技术学校达到113所,在校学生1.8万人。普通义务教育得到加强,普通中学发展到322所,在校学生达33.1万人;小学发展到1 681所,在校学生达60.7万人。学龄儿童入学率提高到99.8%。民办学校迅速发展,年内新办民办中小学20所,民办职业高级中学20所,打破了政府独家办学的局面,初步形成了以政府办学为主,全社会共同参与的多元办学的新格局。成人教育、职业技术教育和学前教育也取得了新的成绩。

(王宏)

【城乡人民生活又有新的提高】 1993年,沈阳市城乡人民生活水平继续有所提高,居民收入增加,生活质量得到进一步改善。据抽样调查,全市城市居民人均年生活费收入达2 339.6元,比1992年增长20.4%,扣除物价上涨因素实际收入仍高于1992年水平。农村居民人均纯收入达1 218.3元,比1992年增长15.8%,扣除物价上涨因素增长4.4%。

年末全市职工总数达到235万人,增长3.6%。工资总额达78.6亿元,增长17.9%。职工平均工资达3 346.4元,增长17%。

随着收入的增加,城乡居民消费结构发生变化。据抽样调查,城乡居民消费支出中,用于教育、美化生活、文化娱乐、保险及有价证券方面的投资和消费增加。同1992年相比,城市每百户家庭拥有彩色电视机由88部增加到93.8部;录像机由20台增加到27.2台;电冰箱及冰柜由71.7台增加到78台。农村每百户家庭拥有彩色电视机由28部增加到30部;照像机由4架增加到5架;电冰箱由4台增加到6台;洗衣机由55台增加到58台。城市居民人均居住面积增加到6.61平方米,农村人均居住面积增加到20.95米。城乡居民储蓄增加,人均储蓄3 511元,增长13.8%。

(王宏)

【经济发展中的主要问题】 1993年,沈阳市国民经济在加快发展的同时,仍存在一些矛盾和问题。其一,经济发展不平衡,部分主导产业发展缓慢。全市轻纺工业仅增长2.1%和0.4%,石化和医药工业仅增长1.4%和4.8%,大中型企业仅增长3.7%,交通货运量仅增长2.3%。其二,企业资金占用增加,企业间资金相互拖欠依然困扰着企业。1993年末,全市工业流动资产占用额高达448.5亿元,比年初增加114.6亿元,存货占用达190.2亿元,占42.4%,其中产成品存货57.2亿元,占12.8%。资金占用的增加,导致企业资金周转不灵、债务链拉长。年末全部工业流动负债达422.8亿元,企业负债包袱越来越重。其三,企业亏损严重。年末全市工业亏损企业达1 521户，亏损面达22.9%，比1992年上升5.2个百分点；亏损企业亏损额14.1亿元，增亏80.4%。大中型企业亏损面高达36.2%，上升13.7个百分点。亏损额高达10.3亿元，上升68.7%。商业批发企业亏损情况也较严重。

（王宏）

【个体、私营经济迅猛发展】 1993年，沈阳市把发展个体、私营经济作为一个新的经济增长点，由部门行为变为政府行为，形成一个新的发展高峰年，使全市个体、私营经济获得突飞猛进地发展。1993年末，全市个体工商户达121 856户，从业人员181 078人，注册资金111 839万元，分别比1992年增长20%、19%和75%。实现年产值178 896万元，营业额735 662万元，分别增长72%和139.5%；私营企业已达4 051户、59 361人，注册资金85 319万元，分别增长39%、40%和39%，实现年产值65 882万元，营业额61 978万元，分别增长126%和47%。个体、私营企业共为国家提供税金3.7亿元，增长29.8%。同时，私营企业同外商合资企业已增至109户，增长34%；个体私营经济出口供货值达9 265万元，出口创汇额达842万美元，分别增长了102%和83%；全市个体、私营企业有39项新产品、专利产品填补了空白；全市个体工商户户均注册资金为9 177元，增长45%，私营企业户均注册资本为21万元，增长96%，注册资金超过100万元的私营企业大户达98户，超过100万元的私营企业大户在13户，其中拥有200万元以上资金的私营企业集团有10户，档次规模水平在不断提高。个体、私营经济已从传统的夹缝中走出，全面参与了社会的经济发展，成为全市经济的重要组成部分之一。

1993年，沈阳市各级工商行政管理机关在具体工作中主要做到了“两个落实”、“两个到位”和“一个加强”。“两个落实”：一是组织落实。全市上下普遍加强了对个体、私营经济的领导工作，市县区乡镇街主要领导带头抓个体、私营经济，健全了促进个体、私营经济发展的组织机构，层层负责，保证了个体、私营经济有组织有计划地发展；二是指标落实。自上而下签定目标责任状调动了各基层部门积极性。“两个到位”：一是政策到位。市工商行政管理局代市政府起草并以市政府名义下发了《沈阳市关于发展个体、私营经济若干问题的补充规定》，在此基础上，又制定了放宽个体私营经济的10条政策。二是服务到位。年初以来，各级工商行政管理机关进一步简化了个体、私营企业登记的手续，并通过经常性深入专业村、市场、街道等进行现场办公，积极挖掘发展个体、私营经济的潜力，为个体、私营企业的发展打下了坚实的基础。“一个加强”即加强管理。开展了争做“诚实、守信、文明个体工商户”竞赛活动，清理了“假”集体和无照经营，规范了街头小吃点、烧烤群等，有效地规范了全市个体、私营经济。

1993年，个体、私营经济发展呈现以下几个特点：

第一、新兴第三产业迅速发展。1993年，全市新发展科研、科技信息咨询、家庭生活服务、个体医疗、托幼、文化、体育、娱乐等各种技术业务培训班1 787户。新发展种植业、养殖业、纺织业、购运业、农副产品加工等行业4 836户。形成了传统产业稳定发展，新兴行业迅速掘起的新的经济格局。

第二、个体、私营运输业发展形势喜人。1993年全市登记发照15 375户、22 648人，分别比1992年增长12%和13%；实现产值10亿元，增长47%；个体、私营运输业的发展，改善沈阳市交通环境，推动城乡经济建设，成为全市个体私营经济的支柱行业。

第三、农村专业村（屯）建设方兴未艾。1993年，工商部门立足职能，全方位服务，使专业村（屯）建设出现蓬勃发展的局面，成为经济发展的新的增长点。截止1993年末，全市共发展种植、养殖、运输、饮食、皮革、针织、工艺品、豆制品等专业村124个，各种类型的联合体13个，登记发照4 633户，占全市增加户的23%。

第四、外向型个体、私营经济有发展。全市已有私营与外商合资企业109户，比1992年增长34%，是前5年发展总数的58%，投资总额46 704万元，注册资本41 716万元。有10多户私营企业在国外注册了20多个公司或办事处。市、区工商局帮助个体工商户、私营企业进入国际市场，先后有130批、60余人次赴美国、日本、韩国、泰国、马来西亚、匈牙利、俄罗斯等十几个国家和地区从事经贸考察和易货贸易活动。全市个体、私营经济全年共实现出口供货值9 265万元，出口创汇额842万美元，分别比1992年增长102%和83%。

（关德焕）

经济结构

【产业结构】 1993年是沈阳经济再上新台阶的一年，全市经济以16.5%的较高速度增长，这是自1985年以来，经济发展速度较快的一年，全年实现国民生产总值402.4亿元，首次突破400亿元大关；沈阳经济在深层次的改革开放中加快发展；国民经济三次产业由于发展水平和投入的不同，产业结构发生了较大变化，呈现新的格局。

1.产值结构变化趋向二、三产业。由于社会生产环境和产业发展的内部与外部条件的差异，三次产业在国民经济中呈动态变化态势，其变动幅度和趋势又影响着宏观经济的发展水平。

1993年各产业实现国内生产总值分别是第一产业34.9亿元，第二产业199.7亿元，第三产业167.7亿元；三次产业产值呈现8.7：49.6：41.7的构成比例，与1992年比较，第一产业比重下降1个百分点；第二产业下降0.3个百分点；第三产业上升1.3个百分点，产值结构呈现出向第三产业倾斜的变动趋势。

在全市宏观经济发展中，第二产业仍不失为国民经济的主导产业，第二产业产值占国民生产总值的49.6%。

第三产业的迅速发展，促进了沈阳经济的进一步繁荣，1993年全市第三产业产值达到国民生产总值的41.7%。达到历史最高水平，高于全省、全国的比重，比改革前的1978年的24%提高17.7个百分点，分别比1980年、1985年、1990年上升18.4%、11.5%和2.6%。

2.投资结构与资产配置同步变化。在现行的外延型扩大再生产的经济模式下，经济的增长与生产的发展，是与对其物质的投入密切相关。1993年全市固定资产总投资113.7亿元，其中第一产业投资0.8亿元；第二产业投资51.8亿元；第三产业投资61.1亿元。三次产业投资结构之比为0.7：45.6：53.7；历年来对第三产业的较多投入，形成了全市国民财产的产业构成情况是：1993年在全市1 330亿元的实物资产中，第一产业拥有57.4亿元，占全部的4.3%；第二产业达738.8亿元，占全部的55.5%；第三产业拥有534亿元，占40.1%；资产配置与投资变动走势一致。

3.社会劳动人口向第三产业转移。在全市351.9万人的就业者中，第一产业占72万人，第二产业164.3万人，第三产业115.6万人；三次产业从业者构成之比为20.5：46.7：32.8，社会劳动力大量向第三产业转移。1993年第三产业从业人员比1992年增加11.4万人，比重提高2.4个百分点，表明沈阳第三产业的空前繁荣与振兴，沈阳走向城市现代化进程的加快。

沈阳的产业结构，近年来变化巨大，更趋合理，但同发达国家或地区比较，尚有很大差距，同改革开放与经济发展再上新台阶要求，还有许多不相适应的方面，还须进一步调整产业结构，提高第三产业的比重，以适应沈阳经济的新发展。

（*张广慧*）

【全市实物资产】 1993年末，沈阳市共有实物资产1 330.2亿元，其中，固定资产原值为784.8亿元，流动资产为545.4亿元，分别占资产总额的59%和41%。

从国民经济部门来看，各部门财产分别为：工业641.1亿元；农业57.4亿元；建筑业97.7亿元；运输、仓储及邮电通信业98.0亿元，其中：邮电业28.3亿元；批发和零售贸易餐饮业202.3亿元，其中：餐饮业8.2亿元；农林牧渔服务业0.5亿元；地质勘查业、水利管理业4.2亿元；金融保险业13.3亿元，其中：保险业1.2亿元；房地产业64.2亿元；社会服务业28.4亿元，其中：公用事业19.2亿元，居民服务业9.2亿元；卫生、体育和社会福利事业14.1亿元，其中：卫生事业12.9亿元，体育、社会福利业1.2亿元；教育、文化艺术和广播电影电视业38.4亿元，其中：教育事业28.9亿元，文化艺术和广播电影电视业9.4亿元；科学研究16.5亿元；综合技术服务业1.4亿元；国家机关、政党机关和社会团体15.4亿元；居民37.4亿元。

按隶属关系来分，中央309.2亿元，地方1 021.0亿元，其中：省109.1亿元，市911.9亿元。

从所有制来看，国有经济992.9亿元，集体经济244.2亿元，其他经济44.3亿元，个体48.8亿元。

按三次产业来分，第一产业57.4亿元、第二产业738.8亿元、第三产业534.0亿元。

（*邸新*）

政　　治

中共沈阳市委

【市委八届六次全体(扩大)会议】 1993年7月6日至8日，中共沈阳市委召开了八届六次全体(扩大)会议。这次全会的主要目的和任务是，认真贯彻落实中共中央[1993]6号文件及省委、省政府召开的市委书记、市长会议精神，实事求是地分析沈阳市1993年上半年的经济、政治形势，深入研究抓住机遇，加快改革开放步伐，解决经济运行中的突出矛盾，促进沈阳市经济持续健康发展。会上重点围绕检查市委八届五次全会确定的各项任务在上半年执行落实的情况和下半年应继续采取的措施，听取了市委副书记、市长武迪生，市委副书记董万德、丁世发同志的汇报发言，会议结束时，市委书记张国光作了总结讲话。

这次全会在开法上以改革的精神突破了以往某些传统的方式，让市委委员对全市工作进展情况有个综合了解，保证全会更能充分发挥党内民主，充分发挥全委会的决策和监督作用。

出席这次会议的有市委委员、市委候补委员；市纪委委员；市人大、市政府、市政协的党员负责同志；各县区和市有关部门、各单位的负责同志；部分中央驻沈单位和市政府驻外办事处的负责同志，共计280多人。市委老领导吴铁鸣、王丹波、李柯等也参加了会议。张国光、任殿喜分别主持了会议。

(佟伟仁)

【市委八届七次全体(扩大)会议】 中共沈阳市委於1993年12月14日至15日举行了八届七次全体(扩大)会议。全会的主要任务是，结合沈阳实际，认真贯彻党的十四大和十四届三中全会及省委七届九次全会精神，讨论和研究在新的形势下，如何抓住机遇、集中精力、加快发展的问题。

市委副书记董万德主持大会，市委书记张国光作了题为《增强紧迫感，迎接新挑战，建立新体制，再求新发展》的报告。全会经过认真审议，一致通过了这个报告。市委副书记丁世发在全会结束时，就如何贯彻好这次全会精神提出了要求。

参加这次全会的有市委委员、市委候补委员；市纪委委员；市人大常委会、市政府、市政协领导同志；市委、市政府各部委办局以及县(市)区委、政府和市级群团组织的主要负责同志。原市委领导吴铁鸣、王丹波、李柯也参加了会议。

(佟伟仁)

【市农村工作会议】 1993年11月9日至11日，中共沈阳市委、市政府召开市农村工作会议。这次市农村工作会议的主要任务是，深入贯彻党的十四大和中央农村工作会议精神，动员全党坚持不懈地重视农业和农村工作，加快建立适应社会主义市场经济要求的农村经济运行机制、管理体制和产业结构，促进沈阳市农业和农村经济尽快进入大市场，实现大发展，登上新台阶。

会上，市委副书记、市长武迪生代表市委、市政府作了题为《积极建立社会主义市场经济体制，促进我市农村经济大发展大提高》的报告；辽中、于洪等八个县(市)区交流了在新形势下不断深化农村改革，大力发展农村经济的经验。会议期间，原市委领导李涛和市委书记张国光，专门召集全市农村8个县(市)区的党委书记进行座谈，共商落实中央农村工作会议精神，深化改革，扩大开放，促进沈阳市农村经济快速发展的大计。会议结束时，省委副书记、市委书记张国光作了重要讲话。

出席这次会议的市领导有：董万德、李中鲁、赵金城、王书海、高柏金、张鸣岐、任殿喜、王声溢、王扬、裴兆林、张瑞昌、艾廷隽、金明仕、张毓茂、刘克田、马向东、孙祥剑、单光大和原市委老领导李涛、王丹波同志。各县(市)区和市委、市政府有关部门负责同志共160余人参加了会议。

(佟伟仁)

【改进领导作风】 1993年，中共沈阳市委、市政府在领导全市人民实现“一高两大两化”目标的进程中，坚持党的思想路线，进一步转变领导作风，增强抓实力度，促进了全市两个文明建设。

第一，进一步坚持了“再抓实一些”的思想，提出了“话往实说、事往实办、会往实开”的“三实”原则。市委适时总结推广了沈河区委改革以会议布置工作的经验，积极倡导求真务实之风，并率先精简会议，全年市委召开的大型会议仅有19个，比1992年下降47%，充分体现了抓实的精神，为全市树立了典范。

第二，进一步加强了督促检查工作。年初和年中，市委先后对八届五次、六次全会任务进行了分解，对全市的主要工作实行市级领导负责的责任制。在此基础上，市委组织常委、副市长依据《任务分解》对全市贯彻落实市委全会情况进行督查。在对市委八届五次全会落实情况的督查中，共发现问题136个，通过领导现场办公解决了63%，其余问题经过统一协调也很快得到了解决。从而既有效地推进了全会精神的贯彻落实，又带动和促进了全市上下抓实务实。

第三，坚持市级领导带班承包制度。市委为进一步搞好国有大中型企业，继续坚持了市级领导带班承包制度。29名市级领导分别深入基层企业，为其排忧解难，引导和推动企业迈入市场，增强适应性和竞争能力。并及时总结推广了搞好大中型企业的10种办法。使得全市大中型企业在全国经济大环境偏紧的情况下，又有新的发展，全市324户大中型企业产值、销售收入、利税总额三项指标分别占全市乡以上工业企业的62%、70.6%和74%。其中"巩固的100户"企业中有77户各项指标都在1992年的水平线上得到了新的提高，实现利税比1992年增长10%以上。沈阳风动工具厂等一些企业保持或重新取得了行业排头兵的地位；"再搞好的100户"企业中，有46户企业达到了搞好的标准。目前，全市已有37.9%的大中型企业达到了搞好的标准，为沈阳市重振老工业基地雄风，再求新发展奠定了坚实的基础。

（孙勇）

【农村社会主义思想教育结束】 1993年4月20日，沈阳市农村社教领导小组召开了沈阳市农村社会主义思想教育工作总结大会，这标志着沈阳市农村社会主义思想教育胜利结束。市委书记张国光、副书记丁世发、市委常委、宣传部长高柏金、副市长金明仕参加了会议。会议由市政协副主席林馥卿主持，高柏金做了总结报告，张国光发表了重要讲话。

沈阳市的农村社教分两个阶段进行。第一阶段从1990年末到1992年6月，全市1 504个村分期分批开展了社教；第二阶段从1992年7月到1992年末，全市106个乡镇全部开展了社教。1992年7月和1993年1月，经省社教办检查验收，全市乡村两级社教全部合格。

沈阳市的农村社教在市委、市政府领导下，健康顺利地开展。通过深入调查研究，及时确定了切合实际的工作方针；通过建立健全组织保证体系，广泛宣传发动农村广大干部群众积极参加社教活动；在社教中掌握政策界限，积极稳妥地开展工作，全面完成了社教三项任务，取得了显著成效：一是进一步贯彻落实了党在农村的各项方针政策，为农村深化改革、发展农村经济大步奔小康做好了起步工作。通过社教，进一步稳定和完善了以家庭联产承包为主的责任制。各县（区）、乡（镇）、村均制定了经济发展规划，制定了发展社会主义市场经济的政策措施。二是农村基层组织建设得到进一步加强，为深化农村改革发展农村经济，大步奔小康提供了组织保证。村党支部领导班子得到加强，多数村党支部成为政治坚定、作风正派、密切联系群众、团结战斗的坚强领导核心；乡镇党委和政府的作风有了大的转变，领导思想进一步解放，增强了改革开放的胆略，改进了工作作风，转变了政府职能，为群众办好事、办实事；党员、干部队伍建设得到加强，充分发挥了党员的先锋模范作用。三是农村社会风气进一步好转，为深化农村改革，发展农村经济，大步奔小康创造了良好的社会环境。通过开展社教，全市农村的社会风气进一步好转，文明村镇建设和十面红旗新风户活动不断深入，涌现出了许多好典型。遵纪守法、助人为乐的好传统、好风尚不断发扬光大，广大农民学法、懂法、用法，法律意识明显增强。

集中进行农村社会主义思想教育工作胜利结束，这为农村经济发展，为建立社会主义市场经济体制奠定了良好的思想基础。

（高岩）

·组织工作·

【领导班子建设】 1993年，沈阳市通过换届调整和加大思想作风建设力度，使市级和县（市）区、局级领导班子的整体水平有了进一步的提高。

根据《党章》、《宪法》、《选举法》、《地方组织法》和《政协章程》所规定的任期、选举原则，从1月上旬到2月中旬，市及县（市）区人大、政府、政协和新划归沈阳管辖的康平、法库两个县的县委相继完成了换届选举工作。在换届选举过程中，市委从经济建设和改革开放的实际需要出发，坚持德才兼备的原则，坚持以实绩取人，大胆选用思想解放、敢闯、敢试、有突出政绩的年轻干部。一年来，共充实调整了144名干部。其中，新提拔76名，40岁以下的有16名，懂经济、会管理的干部也有所增加，使市直和县（市）区领导班子的整体结构进一步得到了改善。

为全面了解和掌握领导班子和领导干部的情况，以便有针对性地加强领导班子建设，在换届工作结束后，既对市直部委办局领导班子进行了年度考核。共考核了125个班子，523名领导干部。通过考核，对领导班子的现状、存在的问题，结构状况等进行了分析，对每名干部作出了实事求是的评价，为下步确定领导班子建设的重点和干部的调整、交流提供了依据。同时，为探索和推进干部管理工作的科学化、规范化，从7月份开始，在县（市）区党政班子中开展了目标管理工作，并为每名班子成员建立了政绩考核档案。

换届后，在领导班子处于相对稳定的情况下，市委从多方面采取措施，加大了领导班子思想作风建设的力度。一是通过各种形式，加强对领导干部建设有中国特色社会主义理论的教育，促使领导干部进一步解放思想，振奋精神。二是集中力量对市直部委办局和县（市）区领导班子贯彻民主集中制和解决自身问题能力情况进行了调查和巡视检查，并对其思想作风建设现状作了估价和总结分析，较完整地提出了进一步加强领导班子思想作风建设的措施和建议。三是针对各级领导班子存在的与"第二次创业"及沈阳市经济上台阶不相适应的问题，部署和指导了各级领导班子以"带头弘扬创业精神，把各项工作进一步抓实"为题，召开民主生活会，从思想上和组织上为完成市委八届五次、六次全会提出的各项任务，确保沈阳市经济上台阶奠定了基础。

（李志杰）

【基层党组织建设】 1993年，沈阳市为适应发展社会主义市场经济的新形势，紧紧围绕改革开放和经济建设的实际，采取有效措施，大力加强全市党的基层组织建设。

1.围绕企业转换经济机制的实际，狠抓了国有大中型企业党的建设。针对新形势下企业党建工作面临的新问题较多的实际情况，年初开始，对全市预算内的232户大中型企业进行了调查，掌握了全市大中型企业领导体制、党建工作、党组织发挥作用等方面情况，总结了一批好的典型经验，加强了对全市企业党建工作的指导、针对外商投资企业日益增多的情况，在调查研究的基础上，初步提出了《关于加强我市外商投资企业党建工作的意见》。

2.围绕深化农村改革，致富奔小康目标，狠抓了农村基层党组织建设。举办了40个村支部书记参加的经济薄弱村党支部书记培训示范班，促使一部分村的面貌发生了变化。同时，继续进行了百家大中型企业对口扶持百个经济薄弱村的对接工作，有60多对达成帮带意向，筹集资金1 200万元，已创利税50多万元。此外，为加强农村基层党组织工作目标管理，3月5日，召开了“沈阳市农村基层党组织工作目标管理研讨会”，为全市农村基层党组织工作建立健全目标管理机制，进一步加强农村基层党组织建设起到了引路和推动作用。

3.围绕充分发挥典型的示范、引导作用，狠抓了先进典型的总结、宣传、推广工作。按照抓好典型、用典型指导工作的思路，在总结典型的基础上，利用“七·一”纪念党的生日的契机，于6月28日，以市委名义在“八·一”剧场组织召开了“纪念中国共产党成立72周年暨先进党组织、优秀党员事迹报告会”，市联营公司党委、沈阳新阳机器制造公司工人党员杨铁岩、市市政建设工程公司党委书记吴玉文、市工业安装公司经理陈兴久、沈阳重型机器厂青年工人皮静斌，作为先进党组织、优秀共产党员、优秀党务工作者、优秀党员领导干部、入党积极分子5个层次的先进典型，先后在大会上做了事迹报告。市委书记张国光在会上作了重要讲话，号召全市党组织和党员要向先进典型学习，为建设沈阳、振兴沈阳做出贡献。在宣传、推广先进典型的同时，还积极向上级推荐，扩大先进典型的辐射面。1993年全市向省推荐的5个先进党委、12个先进党支部、46名优秀共产党员、32名优秀党务工作者均受到省委命名表彰。

（陈玉光）

【党员队伍建设】 1993年，沈阳市有中国共产党员49.3万人，占全市人口总数的7.5%。

党员队伍不断壮大。各级党组织认真贯彻执行党章和《中国共产党发展党员工作细则(试行)》，坚持发展党员工作的方针，重视吸收在生产和工作第一线的工人、农民、知识分子中的优秀分子入党。市委组织部召开了“全市企业生产一线发展党员工作经验交流会”，交流了沈阳重型机器厂党委等12个单位的经验，提出了今后一个时期企业生产一线发展党员工作的思路和目标。同时，对加强入党积极分子队伍建设、党委组织队伍建设和全市发展党员工作宏观调控，采取了积极有效措施，保证了全市发展党员工作健康发展，为党组织增添了新鲜血液。1993年全市发展党员15 000余名。其中，女党员占31.7%；35岁以下的党员占53.2%；高中以上文化程度的党员占68.1%；工人党员占35.9%；农民党员占7.1%；专业技术人员党员占21.2%；先进模范人物党员占39.8%。全市入党积极分子人数达10.5万名。

党员素质进一步提高。在党的十四大精神指导下，各级党组织按照党的基本路线的要求和市委工作部署，大力加强党员教育和管理工作，结合经济建设和改革开放的实际，对广大党员普遍进行了以建设有中国特色社会主义理论为重点的基本理论教育，党性教育，市场经济和科技文化知识教育。农村党组织根据党员带领群众共同致富奔小康的需要，对农民党员进行实用技术培训，农村党员已有30%掌握了1—2门实用技术。企业党组织围绕转换经营机制和生产经营的实际，把学技术、学知识，开展“共产党员工程”活动等作为党员教育和发挥作用的重要内容。各级党组织还认真开展了民主评议党员活动。提高了党员素质，充分发挥了共产党员的先锋模范作用。据统计，有10%的党员受到县级以上党委表彰。

（张文）

【后备干部队伍培养】 1993年7月，为贯彻落实市委八届六次全会精神，确保改革开放和经济建设的发展对领导人才的需求，实现沈阳市“一高、两大、两化”的目标，并为1995年市委换届和市政府人员调整做好组织准备，按照《沈阳市各级领导班子建设十年规划》总体要求，市委组织部在全市开展了后备干部队伍建设“万千百”工程。

实施“万千百”工程，即通过多种渠道、多种形式对全市进行培训，在市县区机关及有关企事业单位万名以上45岁以下中青年干部中，广泛培养熟悉市场经济和涉外经济、懂管理会外语的一大批跨世纪人才，作为选拔各级领导班子后备干部的雄厚基础；通过组织推荐、个人推荐、本人自荐并经组织考核筛选认定，建立一支5 000人的各级各类后备干部队伍；通过严格考察，精选出500人近期或到1995年能够进入市管和有关企事业经济领导班子的后备干部。为此，沈阳市委组织部专门下发《关于在全市后备干部队伍建设上实施“万千百”工程的意见》；在全市党政群、机关和部分企事业单位大批中青年干部中，进行了市场经济和涉外经济知识培训，并于11月份完成正规化考试；从12月份起，督促全市党政群机关认真组织对45岁以下中青年干部的外语培训；召开了全市推荐后备干部工作动员大会。

开展“万千百”工程的核心任务，是适应发展社会市场经济的需要，把一大批优秀年轻干部选拔到后备干部队伍中来。这项工作要求到1995年以前，完成全市后备干部人选的物色、推荐、考核、审定工作，建立分层次、分类别的后备干部管理体系。

注意考虑省委组织部对市级领导班子和县(市)区班子应配备年青后备干部的要求；注意向全市8大支柱产业和外经外贸、高科技领域的倾斜，着力选拔经营管理型、涉外经济型和高科技型领导人才；注意体现党所历来倡导的干部配备政策，重视选拔妇女、少数民族和非党后备干部。按照上述要求和工作原则，到1995年底全市各市管单位陆续完成了后备干部人选的推荐工作。

（向辉）

【市直领导班子年度考核】 为进一步推动市直部委办局领导班子建设，更好地适应改革开放形势的需要，保证经济工作的加速发展，中共沈阳市委组织部根据市委的部署，于1993年7月份开始，组织实施了对市直部委办局领导班子的年度考核。

市委对这次领导班子年度考核工作十分重视，市委书记张国光，在局级领导干部大会上就对领导班子的考核工作提出了要求；市委组织部专门下发了文件，在实施考核过程中，市委副书记董万德几次听取了有关情况的汇报。

这次对领导班子的年度考核工作，分为被考核者撰写述职报告、上级主管领导评价、民主评议、组织考察、审议评价、考核结果反馈等7个程序，对领导班子的考察除坚持正常的考察标准外突出了对一把手核心作用的考察，对领导干部的考核则突出了对工作政绩及发展潜力的考察。

考察结束后，市委组织部对所考察的领导班子及成员进行了认真的综合分析，并按照考核方案的要求，对领导班子按照好、较好、一般三个档次，对领导干部按照优秀、称职、基本称职、不称职四个档次分别进行了分类，对不称职的领导干部，根据能上能下及干部交流的原则，分别给予了免职及交流，对问题较突出的领导班子进行了调整。同时，对考核了解的情况，分别向所考核的领导班子的主要领导进行了反馈。

（武晋伟）

【知识分子工作】 1993年，沈阳市各级党委和政府认真贯彻执行党的各项知识分子政策，贯彻市委，市政府《关于加强和改进知识分子工作的决定》精神，尊重知识、尊重人才、精心组织广大知识分子进入经济建设主战场。一是全市各县(市)区和市直局(公司)都依据市委文件精神制定了适合本地区、本单位尊重知识，吸纳人才，重奖有突出贡献的知识分子政策，为知识分子施展才华创造宽松的社会环境，宣传部门、新闻单位加大了对知识分子宣传的力度，使科学技术是第一生产力的思想进一步在干部和群众中扎根。二是重奖了一批有突出贡献的科技人员。市委、市政府在4月份对在1992年科技和生产岗位上做出突出贡献的42名知识分子颁发了市政府特别奖。全市还选拔了3名国家级有突出贡献专家。193人享受政府特殊补贴，114人为市级有突出贡献专家。推选出110名优秀中青年专业拔尖人才。三是进一步改善知识分子的工作学习生活条件。为3 217名中青年知识分子破格晋升了专业技术职务，为17 070名退休中高级知识分子提高了退休金，为802名知识分子家庭办理了农转非(进城)手续，全市80%以上知识分子的住房得以解决和改善。四是选派科技副职，促进经济和科技的结合，1993年，为解决康法两县领导班子技术人才缺乏的状况，制定了《关于对康平、法库两县实施科技扶贫的工作意见》。本着以实际出发、双向选择、优势互补、互惠互利的原则，先后从市直机关、大专院校科研院所、大中型企业的专业技术管理人员中选拔50名干部到乡镇担任科技副职，较好地发挥了他们的作用，有力地促进了康平、法库两县的经济发展。

（王信权）

【政工职称评定工作】 为进一步加强企业党的建设和思想政治工作，稳定政工队伍，充分调动广大政工人员的积极性。沈阳市从1989年4月开始，对全市企业思想政治工作人员统一开展了地方性政工专业职务评定工作，并于1991年5月底全部结束。在评定过程中，经过各级评委会评审，约30 000人取得了各级政工专业职务任职资格。其中，高级资格1 124人；中级资格10 919人；初级资格约18 000人。实际被聘任的有22 442人。其中，聘任高级职务的586人，占政工干部总数的1.78%；聘任中级职务的7 730人，占23.4%；聘任初级职务的14 126人，占42.8%。

1991年7月，沈阳市又按照中共中央办公厅、国务院办公厅转发中组部、中宣部、人事部拟定的《企业思想政治工作专业职务试行条例》关于在全国统一设置和评定企业思想政治工作人员专业职务的精神，将地方开展的企业政工人员专业职务评定工作纳入国家统一的序列，按照国家统一规定，为从事党务、工会、共青团工作的政工人员重新审核评定了全国性的政工专业职务。1992年4月，首次评审工作基本结束。全市有19 510名企业(含实行企业化管理的事业单位)政工干部评定了各级政工专业职务，被聘任的有17 309人，其中，高级职务592人，占政工干部总数的2.29%；中级职务5 166人，占22%；初级职务11 551人，占50.2%。之后，又根据中央、省及市委要求，为沈阳市司法、金融、卫生系统政工人员评定了政工专业职务。

1993年9月，按照全国企业政工职评工作会议及全国企业政工职评工作领导小组《关于企业思想建设工作人员专业职务评聘转入经常化的意见》精神，沈阳市企业政工职评工作开始进入经常化评定阶段。在此之前，按照上级有关规定，为全市企业(含企业化管理的事业单位)中从事保卫、信访、老干部、计划生育、精神文明、人武干部的工作干部重新审核评定的政工专业职务。

（王信权）

【领导干部培训】 1993年，沈阳市以党的十四大精神为指导，紧密结合全市经济建设和改革开放的实际，进一步加强领导干部培训工作。全年在市委党校共举办了5期县(市)区和市直部委办局领导干部进修班，培训干部330名。为使培训取得实效，在实施中作了一些改进和调整；一是在培训内容上，继续以学习邓小平建设有中国特色的社会主义理论为重点，并增加了一些现代管理和科学技术方面的讲座，特别是根据我国将恢复“关贸总协定”地位的情况，并结合沈阳市提出的“一高两大两化”的战略目标，开设了涉外经济与社会主义市场经济知识内容。为此，市委党校于年初专门派3名骨干教师到天津南开大学国际经济研究所进修。这次培训，不仅使干部了解和熟悉了市场经济和外经外贸方面的基本知识，同时，还增强了他们改革开放的意识。特别是在《邓小平文选》第三卷和党的十四届三中全会决定发表以后，又及时增加了这两方面的内容，使学习的内容更加充实。二是在培训对象上，强调各单位实职领导干部首先参加培训，从而保证了参训率和领导干部学习制度的贯彻执行。三是在学习时间上，根据领导干部的工作实际，学习时间由过去的一个半月改为4周，同时，采取一些措施，缓解了干部的工学矛盾。四是在教学方法上，改变过去的教师讲授为主的学习方法，采取自学，研讨为主的研读式方法，党校都是只作适当的辅导，充分发挥学员的自我学习自我理解的能力。同时，还请市级有关部门的领导和有关高等院校的专家学者，就一些大家关心的问题进行讲座，拓宽干部的思路和知识面。

（赵焕阳）

【党员电化教育】 1993年，沈阳市党员电化教育中心适应社会主义市场经济新形势的要求，紧密围绕市委的中心工作，围绕全市党的建设、经济工作和改革开放的实际，不断解放思想，转变观念，积极开拓进取，强化对全市党员电化教育工作的客观管理，不断提高工作水平和质量，充分发挥了电化教育手段先进、覆盖面广；形式内容丰富、播放灵活；形象直观、声情并茂、易于理解的优势，对全市党的建设、经济工作和改革开放起到了积极的促进作用。

一是注重加强队伍建设，抓了电教通讯员队伍的调整、稳定。通过看片议片、协作拍片等方式对电教通讯员进行培训。在全市建立了市、县（区、局）、乡、村四级电教网络，专兼职电教通讯员达到1万余人，使全市基本上做到了电教工作有人抓，电教设备有人管，电教片有人播放。

二是认真贯彻“选材要严、制作要精、标准要高、经费要省”的原则，抓好全市党员电教片的摄制工作。于5月份召开了沈阳市第五届电教片观摩会，40部电教片参加了观摩评比。同时，市委组织部电教中心，摄制了电视专题片《金色的希望》、《永不倾斜的天平》，5集电视片《伟大的创举》。摄制了22期《党的生活》节目在沈阳电视台播出。配合在全市干部中开展的“涉外经济与市场经济培训”，摄制了57学时涉外经济辅导讲座。

三是从注重收看效果和提高收视率入手，紧密围绕每个时期党的工作要求，积极组织广大党员有针对性地收看党员教育电视片。通过《沈阳电教》等向基层推荐电教片200余部。为基层复制、租借电教片近千盘。并注意抓好播放收看中教育的思想性与趣味性，针对性与连续性相结合；思想教育与技术教育相结合；整体施教与分层分类施教相结合，因材施教，同时施教，同事施教，注意收看后的信息反馈收集。

（孟昭贵）

【组织工作保证经济工作上新台阶大讨论】 1993年4月，中共沈阳市委组织部在全体干部中开展了“组织工作保证经济工作上新台阶”大讨论。这次大讨论，是组织部门深入贯彻落实党的十四大和市委八届五次全会精神的一项重要措施。开展大讨论的目的是，促使组织部门的干部进一步解放思想，更新观念。明确新形势下组织工作的指导思想，使组织工作适应市场经济新体制的需要；讨论的主要内容是，研究社会主义市场经济体制下组织工作中面临的新问题，紧密结合工作实际，探索组织工作为经济工作服务的新思路；开展大讨论的方法是，在深入学习邓小平建设有中国特色社会主义理论 基础上，发动大家动脑筋、出主意、畅所预言，展开深入讨论，然后综合大家的意见，理出思路，统一思想。同时还邀请市委有关部委同志参加，注意听取横向部门的意见，以求拓宽讨论的思路。大讨论活动的开展，使干部进一步解放了思想，转变了观念，牢固树立起围绕经济建设这个中心做好组织工作的指导思想；紧密结合工作实际找准了为经济建设服务的结合点、突破点、着力点；加大工作力度，按照市委振兴沈阳的总体部署和要求，采取有效措施，进一步搞好领导班子建设和党的基层组织建设，从而，在组织上保证全市经济建设再上新台阶等方面形成了共识。

（黄家久）

【组织工作座谈会】 1993年8月14日，中共沈阳市委组织部召开全市组织工作座谈会。各县（市）区委、市委各工委、市直各局（公司）党委主管组织工作的副书记和组织部长参加了会议。市委常委、组织部长王声溢作了题为“深入贯彻市委八届六次全会精神，进一步加强和改进组织工作，为全市经济建设提供有力的组织保证”的报告。市委副书记董万德到会并作了重要讲话。

会议指出，在新的形势下，要进一步明确组织工作的指导思想，走出新路子，开创新局面；进一步明确工作重点，使出新招数，创出新水平；进一步树立抓实的作风，树立新形象，迈上新台阶。会议要求各级组织部门要进一步增强抓好新时期党的建设和组织工作的紧迫感、责任感和使命感，积极探索新时期党建和组织工作的新路子，把工作的指导思想明确到市委八届六次全会精神上来，更好地适应发展社会主义市场经济的需要，遵循“三个有利于”的标准，加强和改进组织工作。要继续按照党的十四大提出的“把各级领导班子建设成为忠诚于马克思主义，坚持走中国特色社会主义道路的坚强领导集体”这一目标，切实加强领导班子建设；从沈阳市经济建设和领导班子建设的长远需要考虑，进一步加强对青年干部的选拔和培养教育；继续从提高干部驾驭市场经济的能力和水平的目的出发，加强干部培训工作；继续在经济建设主战场充分发挥党组织的战斗堡垒作用、政治核心作用和共产党员的先锋模范作用的重点，搞好党的基层组织建设。

会议要求各级组织部门要不断加强自身建设，进一步转变工作作风，加强调查研究，研究新情况，解决新问题，在工作中注重求实、务实、抓实，提高工作水准，为全市的经济建设和改革开放提供充实的组织保证。

（王晓林）

【涉外经济与市场经济知识及外语培训】 为全面提高沈阳市干部队伍素质，促进全市“一高、两大、两化”的进程，1993年5月6日，市委办公厅和市政府办公厅联合印发了市干部教育工作领导小组《关于在全市干部中开展涉外经济与市场经济知识及外语培训的意见》。同时，市委组织部会同市人事局、市计经委、教委联合制定了实施办法，并于6月至12月在全市组织干部中组织实施。

这次培训对象主要是55岁以下的市、县（市）区机关干部，国有企业和有关事业单位的领导干部及其所属部门的管理干部。全市共有26 000多名干部参加了培训（其中县（市）、区局级干部近500名），是沈阳市有史以来涉及面最广，参加人数最多的一次在职业务知识培训。这次涉外经济与市场经济培训的主要内容有国际贸易、国际金融、国际经济法和涉外经济法、世界经济概况和有关国家经济发展概况及我国社会主义市场经济的有关知识。为搞好这次培训，市干部教育工作领导小组办公室结合全市干部学习的特点及实际需要，请天津南开大学等院校的有关专家、学者，编著了《涉外经济与改革开放丛书》，包括《国际贸易与金融》、《国际经济贸易法律与实务》、《变革中的世界经济》、《中国经济改革与开放》4册，共80万字，较好地适应了干部学习的需要。

这次培训采取干部业余自学与全市统一组织收看电视辅导相结合的形式，以各单位自管为主，各县区、工委和市直各局（公司）党委负责督促、检查；市委组织部负责统一协调和管理。培训以《涉外经济与改革开放丛书》为教材，在干部自学的基础上，针对教学中的重点难点和热点问题，通过沈阳电视台开办了《涉外经济与市场经济知识电视辅导》，辅导共分6个专题：变革中的世界经济、关税与贸易总协定、国际贸易实务、国际金融、国际经济贸易法律实务、市场经济改革，分别聘请省内外知名的教授、学者和有关部门的负责人授课。电视辅导共57个学时，由各单位组织集中收看，适应了干部在职学习的特点。

电视辅导结束后，于1993年12月5日和17日分两次对全市参训干部进行了统一考试，学员参考率达98%，及格率为99.3%，并对不及格的干部进行了补考。这次参训情况和考试成绩将记入干部个人培训档案。通过培训，使广大干部更新了知识，开阔了视野，增强了为经济建设服务的自觉性；使干部认识到了自己知识不足，自觉学习理论特别是社会主义市场经济和涉外经济知识的空气开始形成；同时也为干部的横向交流提供了知识上的保证；特别是还有很多计划外的干部、涉外人员也主动收看了电视辅导，收到了良好的社会效益。涉外经济与市场经济知识培训必将对沈阳市的经济发展和改革开放产生深远的影响。

外语培训对象主要是上述干部中45岁以下未经专业培训的干部。教材采用市里统一组织编写的《实用公务外语》（英、日、俄3个语种）。培训主要采取干部自学为主与适当组织辅导相结合的方式，由各单位根据市里的统一要求有计划、分层次、有重点地组织，到1995年底基本结束。1993年，全市已有5 000多名干部参加了各单位组织的业余英语培训班。

（谢晓瑜）

【选派干部赴边学习考察】 1993年6至7月间，沈阳市从市直和县（市）区及有关企业中抽调88名干部（其中县、区、局级干部19名）组成两个学习考察团，分别对广西和黑龙江等边贸地区进行了学习考察和经贸洽谈。这是继1992年沈阳市组织300名领导干部赴广东、江浙等地实施“洗脑工程”之后，为进一步提高全市各级干部市场经济意识和能力的又一举措。为使这次学习考察取得实效，采取各团集中统一进行的方式，并从市委组织部抽出6名干部，分别作为两个学习考察团的联络员，协助考察团负责人做好具体组织管理等工作。赴广西学习考察团共59人，先后到广西的南宁、凭祥、钦州、防城、北海及海南省的三亚、海口；赴黑龙江学习考察团共29人，先后到黑龙江的黑河、绥芬河和吉林的珲春，主要是学习考察边贸地区实施改革开放和发展社会主义市场经济的情况，同时开展经贸洽谈。

通过近一个月的学习考察，大家深刻感受到了边贸地区通过深化改革开放和发展社会主义市场经济所带来的巨大变化，也看到了沈阳与边贸地区的差距，特别是在思想观念，思维方式及工作方式等方面的差距，从而增强了发展社会主义市场经济的决心和紧迫感。回沈后，他们分别结合实际对本地区、本单位及市有关工作提出了许多有益的意见和建议。在学习考察中，大家也宣传和介绍了沈阳，扩大了沈阳在各地的影响。同时，每到一地都利用一切可能的机会，同当地有关部门及企业就房地产开发、技术转让、联合办厂、工程承包、建立销售网点及物资协作贸易等方面进行广泛的洽谈。据不完全统计，共达成52项经济技术合作协议和意向。

学习考察结束后，市委组织部专门听取了两个考察团负责人的汇报，并对扩大学习考察和经贸洽谈成果，落实有关工作等提出了指导意见。

（荣玉林）

【招收工商管理硕士研究生】 为适应沈阳市经济建设和改革开放对高层次管理人才的需要，1993年5月，沈阳市委组织部会同市委党校与天津大学研究生院联合在沈招收在职干部攻读工商管理硕士学位研究生（简称MBA）。报考条件为大学本科毕业4年以上，年龄一般在40岁以下，副处级以上干部，并经本单位同意和两名具有高级技术职称的专家推荐。各单位共推荐60多名干部报考，经筛选有49名干部参加了为期两个月的考前预科班补习。之后参加了由天津大学出题的入学考试，各科考试成绩及格的44人被录取。其中，有4名局级干部，其他为企、事业单位领导和处科级管理干部；平均年龄为35.2岁。10月4日沈阳市委党校举行了开学典礼。在3年学期里，学员将先后学习运筹学、管理学与现代管理方法，应用统计学、计算机应用基础、管理经济学、会计学、营销管理、经济法、国际贸易与国际金融等20余门课程。授课地点主要在市委党校，各科分别由天津大学选派或在沈聘请教授讲课。上课主要利用业余时间。学员作为原单位委托培养，不转人事、工资关系。该班按照天津大学的有关规章制度执行；同时，市委组织部将其作为市中青年干部培训班进行管理，并委托市委党校负责日常管理工作。学习实行学分制，修满学分后可申请作论文并向天大学位办公室申请学位，经审议通过后，由天大研究生院颁发学位证书和毕业证书。

（栾玉林）

【南开大学国际贸易研修班】 根据沈阳市对外开放工作会议和市委、市政府《关于进一步深化改革扩大开放的决定》精神，为加速培养外向型经济人才。1993年2月至6月，沈阳市先后在天津南开大学国际经济研究所举办了两期国际贸易研修班。经沈阳市各级组织人事部门推荐，有58名学员参加了这两期培训班，其中，县区局级领导干部5人，企业领导干部和处、科级干部53人。

学员在培训中，重点学习和研修了国际贸易实务、国际金融实务、国际经济贸易法和市场营销学等课程，兼修了外贸英语，还听取了“我国对外开放形势”、“关贸总协定及对我国的影响”、“世界银行与我国利用世界贷款问题”、“跨国公司经营策略”、“当代世界经济发展的十大趋势”等专题报告和讲座。学员们普遍感到不但学到了新知识，而且开阔了视野，更新了观念，增强了学习市场经济特别是涉外经济知识的自觉性。通过学习和研讨，大家对全国乃至世界经济发展的状况有了更进一步的了解，更加感到本系统及沈阳市与经济发达地区的差距，增强了危机感和把沈阳经济搞上去的紧迫感。

市委领导对培训班极为重视，市委副书记董万德专门作了批示。办班期间，市委组织部和市人事局的领导曾专程前往看望学员。

（常宝志）

·宣传工作·

【对外宣传工作】 1993年，沈阳市的对外宣传工作紧密围绕经济建设这个中心，根据全市扩大对外开放、加快外向型经济发展的需要，继续实施“大外宣”战略，动员全市各方面力量，形成“全员性、全方位、全过程”做好外宣工作的新格局。

1. 对外宣传与对外经贸相结合，为扩大开放和外向型经济发展服务。结合全市重大外经外贸活动，有计划、有重点地组织了“香港经贸洽谈会”、“马来西亚工商产品展销会”、“韩国经贸洽谈会”、“阿联酋——中国沈阳周”等8次较大规模的对外宣传活动，在一些国家和地区产生了轰动性的宣传效应，为全方位、多角度地宣传介绍沈阳，促进招商引资，起到了先导和保证作用。

2. 主动宣传与巧借外力相结合，为让世界更多地了解沈阳开辟新渠道。一年来先后接待境外记者十多批百余人次，集中宣传沈阳市的投资环境，搞好大中型企业改造及全市对外开放、招商引资的成果。通过中国国际电台组织了为期15天的“中国沈阳特别节目”，连续、系统、集中地向世界各国宣传沈阳。在国务院批准沈阳经济技术开发区为国家级开发区为国家级开发区后，又不失时机地邀请国家、省、市和境外记者深入开发区采访广为宣传，使沈阳经济技术开发区对外影响进一步扩大。

3. 加强指导与抓好基础相结合，为进一步提高全市外宣工作水平创造条件。在外宣工作指导上，坚持了“强化综合协调、拓宽外宣渠道、健全网络配套、重在水平提高”的思路；在外宣制度建设上，制定下发了《关于做好对外新闻发布工作的几项规定》、《关于加强和改进对外宣传品制作发送工作的几点意见》和《在全市各部门聘任外宣通讯员的通知》，使全市外宣工作开始向制度化、程序化、系统化方向发展；在外宣基础工作上，重点抓了外宣品制作“七个一”工程，开展了沈阳市首届外宣品评展活动，全市有100多个重点涉外部门和单位参加了这项活动，有力地促进了沈阳市对外宣传品的设计和制作工作。

（许建民）

【召开外宣小组（扩大）会议】 1993年3月12日，中共沈阳市委外宣小组（扩大）会议在市政府召开。全市外宣小组成员单位和部分涉外单位的领导及各县、区委书记等60多人参加了会议。

会议由市委外宣小组副组长、市委宣传部副部长张颖主持。会议传达了中央和省委外宣工作座谈会的精神，听取了市委外宣办1992年的工作汇报，通过了《关于加强和改进对外宣传品制作发送工作的几点意见》、《关于做好对外新闻发布工作的几项规定》的两个文件，提出了1993年全市外宣工作的总体思路及要点。市委常委、宣传部长、市委外宣小组组长高柏金作了重要讲话。

会议认为，外宣工作是党和政府的一项极其重要的工作，在我们党的全部工作中占有重要的战略地位。做好外宣工作，有利于促进沈阳市同世界各国的经济、科技、文化等方面的交流与合作，有利于加速沈阳市改革开放和经济建设步伐。1993年的外宣工作，要在巩固1992年工作成果的基础上，进一步增强为经济建设服务的自觉性，围绕对外经贸科技文化交流与合作和各项外事活动，不断拓宽对外宣传工作的渠道，加大外宣工作的经济宣传和改革开放宣传的力度，切实把对外宣传工作贯穿于对外开放的各项工作中，力争全市外宣工作迈开新步伐，做出新贡献，再上新台阶。

（吴刚）

【农村经济宣传】 1993年，沈阳市把农村经济宣传工作作为一项工作重点列入了工作日程。首先，抓住了关键，突出了重点，扎实有效地开展了农村经济宣传。全市农村广大干部群众进一步解放了思想转变了“等靠争要”的依懒思想以及“小富即安”不求进取的思想，并在发展农村工业上、在扩大生产规模上、在引进人才和技术上尽快适应市场经济要求。同时还进行了企业形象、企业产品形象、典型人物的宣传，树立竞争意识，把自已名、优、特、新产品推向市场。对干部突出了依靠科技强化企业管理的宣传，对职工进行学业务、钻业务的宣传教育。其次，拓宽了思路，探索了农村经济宣传的新途径。一是农村各行各业和新闻单位密切合作，大力开展了广告宣传，通过报纸、杂志、电台、电视台等新闻舆论媒介，宣传了企业，提高了知名度。二是利用各种机会，参与市场竞争。各县区都召开了各种展销会、洽谈会、新闻发布会等，宣传企业，宣传产品。三是利用各种手段进行对外宣传。组织了农村经济管理人员出去参观、考察、学习，编发了各种宣传自己的小册子、画册等，广交朋友，广泛宣传。四是充分发挥了典型和榜样的作用。通过宣传在发展农村经济中的先进单位和个人去感染人和教育人。进而为农村经济发展奠定了基础。

（*高岩*）

【企业思想政治工作】 为适应企业思想政治工作与发展社会主义市场经济相对接的客观需要，加强调查研究。中共沈阳市委宣传部于1993年3月组织召开了“市场经济与企业思想政治工作”研讨会，在“以改进求加强，以创新求发展”上取得了共识。从7月起，又利用3个月的时间，在贯彻落实党的十四大精神，建立社会主义市场经济体制的进程中，如何构建充满生机与活力的企业思想政治工作新机制的课题，深入到机械、建工、制药、军工等行业32家企业访谈调查，邀请部分专家学者反复论证，初步弄清了企业思想政治工作新机制的框架，即以邓小平建设有中国特色社会主义理论为指针，与现代企业制度相匹配，把握服从、服务市场经济发展的基本前提，坚持以人为本，以调动广大职工积极性为目的，遵循继承创新的行为原则，运用灵活多样的载体方式，依托专兼结合的新型队伍的相互衔接和协同运作的完整工作系统，深入开展企业思想政治工作。

在改进和加强思想政治工作中，着力实现三个“突破”：一是突破思想政治工作“自我体系”、“自我中心”的旧格局，探索党政工青齐抓共管，生产、经营、行政、后勤、教育各个方面参与的“大政工”格局，推广了市机电设备总公司搞好兼职队伍建设的做法；二是突出思想政治工作融合、融进、融化于经济工作之中的有效途径，总结了市工业安装公司和市第四建筑工程公司的经验；三是突破思想政治工作单一、呆板和简单化的旧方式，探索“各种载体、多种渠道、多种形式并用”的新方法，在全市深入开展了“沈阳上台阶，人人做贡献”的形势任务教育。以大众传播媒介为载体，在《沈阳日报》举办了有奖征答活动；以群众自我教育为基本形式，开展了“爱行业、爱岗位、当主人、讲贡献”演讲活动，以寓教于乐为手段，摄制了“沈阳上台阶，人人做贡献”电视点播节目，使形势任务教育出现了生动活泼的局面，扎实有效地开展思想政治工作创新奖评比活动，由沈阳市推荐的思想政治工作先进个人沈阳商业城总经理王云峰同志荣获《半月谈》全国思想政治工作创新奖特别奖，实现了“五连冠”。

（*廉辉*）

【《邓小平文选》第三卷学习热潮】 中共中央学习《邓小平文选》第三卷（以下简称“邓选三卷”）报告会召开以后，中共沈阳市委立即组织全市广大党员、干部认真学习中央关于学习“邓选三卷”的决定以及江泽民同志在报告会上发表的重要讲话，并结合全市党员干部的思想实际和工作实际，进行系统安排和全面部署。随之，一个《邓选》三卷的学习热潮在全市兴起。

从沈阳市《邓选》三卷发行上看，体现了需求切、信息灵、行动快、组织好、发行多的特点。市委宣传部从上半年即得知中央将出版发行新一卷《邓选》的信息后，并于10月下旬召开了县、区、局、工委宣传部长会议，就《邓选》三卷发行工作提前安排部署。明确了发行渠道，由市委宣传部统一领导，市新华书店具体发行。强调了发行重点，首先保证各级领导干部特别是各级“中心组”学习用书。各县、区、局、工委宣传部又分别召开了发行工作会。做好了层层发动，逐级布置。一个对《邓选》三卷学习用书的热潮在全市党员干部中迅即形成。在《邓选》三卷一度脱销的情况下，用书单位频频告急，不得不“四处出击”。党员干部对《邓选》三卷需求之迫切，购书之涌跃，积极性、自觉性之高，在沈阳市政治图书发行史上是空前的。截止年底，全市已发行《邓选》三卷近40万册，全市党员达到了人手一册。

从全市学习《邓选》三卷的情况看，具有准备早、抓得实、范围广、力度大、效果好的特点。针对这次《邓选》学习辅导任务重问题，市委宣传部提前向部分领导干部和理论工作者通报情况，一支学习和研究《邓选》三卷的骨干力量很快形成。尤其是在市委下发了全市党员、干部学习《邓选》三卷的安排意见，明确了学习具体任务、目标、要求和措施的情况下，学习热潮在全市迅速掀起。表现在，领导重视、党委抓、抓党委、书记抓、抓书记，一级带一级，一级促一级；运作灵活，出现了“五个结合”，即领导干部与普通党员干部学习相结合；学《邓选》与学《决定》（《中共中央关于建立社会主义市场经济体制若干问题的决定》）相结合；阅读原著同参阅辅导材料、电化教育相结合；集中培训、座谈讨论与分散学习相结合；理论学习、理论研究、理论宣传相结合.“三三滚动”，相互衔接，相互促进，全面展开，富有实效。全市广大党员干部通过全面，系统地学习《邓选》三卷，继邓小平同志南巡谈话以后，更加深刻地掌握了特色理论的精神实质，进一步解放思想，统一认识，明确了方向，坚定了信心。

（*程云福*）

【宣传思想工作】 1993年，沈阳市的宣传思想工作，以邓小平建设有中国特色社会主义理论为指导，认真贯彻落实江泽民等中央领导同志在全国宣传部长座谈会上的讲话精神，深入宣传贯彻党的十四大和十四届二中、三中全会精神，以及市委八届五次、六次、七次全会精神，坚持团结、稳定、鼓劲、务实和正面宣传为主的方针，围绕更积极有效地服务于经济建设，不断改进和加强宣传思想工作，为促进沈阳市加快改革、开放、经济发展和社会全面进步，提供了有力的思想保证和智力支持，创造了良好的社会舆论环境。

在理论工作上，市委宣传部按照分层次、有重点、讲实效的原则，精心组织全市党员干部特别是各级领导干部，认真学习党的十四大文件、社会主义市场经济理论和《邓小平文选》第三卷；着力于把全市解放思想推向一个新的高度，不断强化理论宣传力度；着力于提高解决改革实际问题的理论思维能力，继续加大理论研究力度，进一步提高党员、干部执行党的基本路线的自觉性。

在为经济建设服务上，围绕建立社会主义市场经济体制，搞好加快改革、加快发展的宣传。一年来，集中宣传力量、发挥宣传舆论的优势，直接深入"两转两建"、"奔小康"、"科教兴市"、"一节两会"等主战场，开展了战役性宣传，并在全市范围内广泛开展了"沈阳上台阶，人人做贡献"的教育。

在指导新闻、文化艺术事业发展上，从健全制度入手，加强对市属新闻单位的指导和协调，把握新闻舆论的正确导向；指导新闻体制改革；紧紧围绕市委、市政府的中心工作，集中开展新闻宣传战役。繁荣文艺创作，进一步推动"五个一工程"；抓群众性文化娱乐活动，进一步满足群众精神生活的需求；抓文化市场的管理，深入开展了"扫黄"、"打非"斗争，使新闻、文化艺术事业出现了新的繁荣。

在思想政治工作和精神文明建设上，以弘扬爱国主义、集体主义和社会主义为主旋律，以"兴沈图强、争创一流"为主题，以大文化建设为重点，利用多种载体、多种渠道、多种形式开展了群众性精神文明建设活动，形成了"谋一方发展，建一方文明、树一方新风"的新局面。城区区域精神文明建设保证了大面积推广，农村"十面红旗新风户"活动在68%的农户中开展。企业思想政治工作注意研究社会主义市场经济条件下的新形势，在改进和加强上狠下功夫，出现了新的局面。

在对外宣传工作上，继续实施"大外宣"战略，在实际工作中，对外宣传与外经外贸相结合，主动出击与巧借外力相结合，加强指导与抓好基础相结合，使外宣工作在促进沈阳市外向型经济发展、提高城市的国际知名度上，发挥了积极作用。

（王东）

【"转观念、上台阶"大讨论】 沈阳市"转观念、上台阶"大讨论，自1992年11月下旬开始，到1993年9月底结束，历时10个月。这次"大讨论"的目的在于解放思想，转换脑筋，确立加快改革开放和经济发展的大思路、大目标、大政策、力促沈阳经济和社会发展跃上新台阶。

整体看，"转观念、上台阶"大讨论有如下特点：一是时间长、范围广、上下结合。在这10个月中，全市各条战线和各个层次的党员、干部和群众近百万人参加了大讨论。《沈阳日报》、沈阳电台、沈阳电视台等新闻媒体都对大讨论进行了重点宣传报道，形成了浓厚的舆论氛围。二是方法活，形式新，内外结合。各单位都根据实际情况，创造性地运用各种行之有效的好方法和好形式开展大讨论，使大讨论从报刊走向基层，走向群众，走向生活。三是针对性强，有的放矢，破立结合。围绕着发展社会主义市场经济和建立社会主义市场经济新体制，提出了破除旧观念和树立新观念的具体内容。四是抓典型，树样板，点面结合。充分发挥典型的导向力和推动力，市委宣传部先后召开了6次经验交流会和座谈会，推广各个行业、各条战线的先进经验。五是迈实步，重实效，虚实结合。大讨论始终坚持把点子打在加快改革开放步伐和加速经济发展这个实际目标上，许多单位都把转观念与确定改革开放的新思路和制定经济发展新目标结合起来，找准大讨论与实际工作的结合点，取得了实际效果。

通过这次大讨论，进一步统一了全市党员、干部和群众思想，进一步把全市人民群众中蕴藏的积极性、创造性和巨大潜能唤发出来，有力地促进了沈阳经济和社会发展向新台阶跃进。

（方实风）

【学习理论 推进思想解放】 1993年，沈阳市的宣传思想工作，始终把学习建设有中国特色的社会主义理论，推进思想解放做为头等大事，抓住不放，始终把它看作是全市人民解放思想、更新观念、凝聚力量的关键环节。

一年来，在组织学习建设有中国特色社会主义理论过程中，注重强调学习的针对性，针对各层次党员、干部的思想实际，针对改革开放实践中遇到的疑点、难点、热点问题组织学习，避免无的放矢，从理论到实践；注重突出学习的指导性，把理论武装作为改革开放系统工程的第一道"工序"，坚持学以致用，理论为实践服务；注意学习的层次性，根据学习对象文化程度，理论水平，安排适当的学习内容，使各层次各得其所；注重讲求学习的科学性，无论是形势政策学习，还是基本理论学习，都用党的基本路线贯穿，都纳入到特色理论的总体框架中来安排，这样使得特色理论的学习更加丰满，更加有血有肉。

通过对特色理论的学习，确立了特色理论的指导地位，使广大党员、干部和群众初步掌握了特色理论的基本观点，提高了对这一理论伟大意义和丰富内容的认识，澄清了对于社会主义的那些不科学的，甚至扭曲的认识，更深刻地领会和掌握了邓小平的战略思想、理论观点，科学态度和创造精神，进一步解放了思想，进一步把精力集中到深化改革，扩大开放，加快经济建设，推动本地区、本部门的工作上来。

（方实风）

【社会主义市场经济理论教育】 认真组织广大干部群众学习社会主义市场经济理论，是理论教育工作的突出任务。1993年初，沈阳市对全市各级干部学习社会主义市场经济理论作出部署，明确提出通过学习，要进一步解放思想，转变观念，推动全市深化改革，扩大开放，经济再上新台阶。

这次学习以县处级以上干部为重点，采取理论学习、研究、宣传“三三联动”，相互促进的方法，并在力求实效上下功夫。在学习过程中，举办了县区局宣传部长和理论骨干学习班，培训了理论宣传干部。市委讲师团编写了《社会主义市场经济若干问题解答》等6个辅导材料，到基层单位进行辅导讲课，有针对性地解答学习中的理论和实践问题。市委宣传部召开了“沈阳市建立和完善社会主义市场经济体制研讨会”和“沈阳市个体和私人经济发展对策讨论会”，较好地用理论研究来深化理论学习，指导改革实践。以建立社会主义市场经济体制，搞活国有大中型企业为关键，并在全市开展了树立“企业整体形象、优秀企业家形象、产品形象”为内容的“企业进入市场，树立三个形象”的宣传。总结推广了市工业安装公司、风动工具厂、燃料集团总公司等20多个单位学理论、进市场、增效益的典型经验，工业安装公司还在全国企业宣传工作会议上交流了经验。各新闻舆论部门利用各种传播媒介宣传市场经济等相关知识，对搞活国有大中型企业的典型进行了系列报道，在全社会形成了学干结合、学以致用的浓厚氛围。

通过这次教育，广大干部群众对社会主义市场经济理论有了初步了解，为贯彻落实十四届三中全会《决定》奠定了思想基础，也为在沈阳市全面构筑社会主义市场经济体制起到了推动作用。

（张龙海）

【纪念“学雷锋”30周年】　1993年，沈阳市学雷锋活动，以毛泽东同志等老一辈无产阶级革命家为雷锋同志题词30周年为契机，围绕“学雷锋、讲奉献、树新风、送温暖”这一主题，在全市各行各业广泛深入开展学雷锋活动。其特点是规模大、范围广、影响深，具有鲜明的时代性和先进性。

3月1日，召开了沈阳市纪念学雷锋活动30周年大会，以市委、市政府名义命名表彰了市政工程养护处等12个学雷锋先进集体和朱连川等10个学雷锋标兵。市委书记张国光发表了重要讲话。此外，全市有8人被评为辽宁省学雷锋模范，有3个单位被评为辽宁省学雷锋先进集体。在3月3日省学雷锋纪念大会上，孙淑君同志的发言被20余次热烈的掌声打断。沈阳市的孙涉君和郭丽被评为全国学雷锋先进个人，受到了江泽民等中央领导同志的接见。3月5日，全市大、中小学生20万人上街参加义务奉献日活动。

2月27日，召开了沈阳市雷锋精神研讨会，共收到论文65篇，有30篇获优秀论文奖。市委常委、宣传部长高柏金撰写的论文《弘扬雷锋精神的几点思考》获辽宁省城市雷锋精神研讨会优秀论文一等奖。

组建了由董贵平为团长的学雷锋报告团，在全市巡回报告50余场，听众达7万人次，此外还同省委宣传部一起拍摄了12集专题片《春天的呼唤》

（王久成）

【宣传部长会议】　中共沈阳市委宣传部于1993年2月9日召开了全市宣传部长会议。出席这次会议的有市委书记张国光、市长武迪生、市委副书记丁世发、市委常委宣传部长高柏金等市委、市政府的主要领导同志。

会议的中心议题是传达贯彻全国宣传部长座谈会和市委八届五次全会精神，落实用邓小平建设有中国特色的社会主义理论武装全党的根本任务，进一步加强和改进新时期全市的宣传思想工作。

会上，张国光书记就如何进一步做好新时期的宣传思想工作做了重要讲话，高柏金同志传达了全国宣传部长座谈会精神，并提出了贯彻落实意见。

会议要求，全市各级党委要切实加强对宣传思想工作的领导，抓好宣传队伍建设，进一步把宣传干部的积极性调动起来。广大宣传干部要认清新时期宣传思想工作的新形势、新特点，振奋精神，创新求实、奋发有为，增强做好宣传思想工作的光荣感、紧迫感和使命感，以卓有成效的工作，为实现沈阳市“一高两大两化”的目标提供更好的服务。

（王东）

【宣传信息工作会议】　1993年9月24日，沈阳市委宣传部召开了沈阳市宣传信息工作会议。旨在总结工作，表彰先进，部署任务，切实提高宣传信息工作水平。市委常委、市委宣传部长高柏金到会讲了话。

会议指出，在建立社会主义市场经济体制的新形势下，宣传信息工作十分重要。全市各级党委宣传部门，要不断提高认识，真正把信息工作作为宣传思想工作的“第一道工序”来抓，从重视调查研究入手，切实提高宣传信息工作质量，并切实加强领导，把宣传信息工作抓实抓好。

会议要求，全市宣传信息员要抓住当前做好宣传信息工作的极好时机，振奋精神，提高素质，埋头苦干，集中反映沈阳市改革开放和经济建设以及精神文明建设等方面的大事、要事、新事，积极为领导决策服务，为指导工作服务，为宣传思想工作上新台阶服务。

会议表彰了东北机器制造总厂党委宣传部等15个先进单位和20名先进个人。

全市县（市）、区、局（集团、公司）党委宣传部，市委各工委宣传部，以及市属新闻、文化、出版等部门的负责人80余人参加了会议。

（王东）

【’93沈阳创造发明“三个一”活动】为贯彻落实市委、市政府关于在沈阳市实施创造发明工程的要求，进一步吸引和组织社会各界人士了解和学习创造发明知识，关心和参与创造发明，形成人才倍出、成果丰硕的“创造发明热”，市委宣传部与市科学技术协会会同有关部门，于1993年9月至12月在全市组织开展了创造发明“三个一”活动，即：读一本创造发明书籍，参加一次创造发明竞赛，搞出一个创造发明设想。

首先，组成了由市委常委宣传部长高柏金为主任的“三个一”活动组委会，以沈阳第三橡胶厂独家协办的'93沈阳创造发明知识大奖赛拉开了全部活动序幕。全市有10万余人分别参加了"创造发明书籍阅读心得有奖征文"、"'93沈阳创造发明知识大奖赛"和"'93沈阳创造发明设想及成果有奖征集"活动。有24名同志获得"'93沈阳创造发明书籍阅读心得奖",有20名同志获得"'93沈阳创造发明设想及成果奖",有1 113名同志获得"'93沈阳创造发明知识大奖赛"的幸运抽奖。在活动中共编发创造发明书籍800余套近9 000册,印发创造发明竞赛试卷28万张。整个活动激发了人们关心和参与创造发明的极大热情,促进了创造发明与生产实践的紧密结合,为推进沈阳经济发展和社会进步做出了贡献。

(林跃进)

【成立农村思想政治工作研究会】 为了贯彻落实党在农村的各项方针、政策,大力加强农村的宣传思想政治工作,经市委及有关部门批准,成立了沈阳市农村思想政治工作研究会。研究会的宗旨是:以马克思列宁主义,毛泽东思想和邓小平建设有中国特色社会主义理论为指导,坚持党的以经济建设为中心、坚持四项基本原则,坚持改革开放的基本路线,在中共沈阳市委的领导下,组织从事农村工作的同志和农村基层干部,系统地研究农村思想政治工作,探索农村思想政治工作的新途径、新方法、新思路,促进沈阳农村两个文明建设全面发展。1993年12月26日在东陵区召开了沈阳市农村思想政治工作研究会成立大会,92个团体会员的代表参加了大会。会议通过了张颖同志代表沈阳市农村思想政治工作研究会筹备组所做的《关于筹建沈阳市农村思想政治工作研究会的工作报告》,通过了《农村思想政治工作研究会章程》;会议推举丁世发、裴兆林、金明仕、单光大为研究会顾问;选举市委常委、宣传部长高柏金为会长。

(高岩)

【农村"十面红旗新风户"活动】 为大力加强农村社会主义精神文明建设,沈阳市根据本地区实际情况开展了以农民家庭为单位,以弘扬社会主义新风尚为主要内容,以促进农村物质文明和精神文明同步发展为目标,广泛性和先进性相结合的"十面红旗新风户"活动。通过这项活动,把广大农民应做的事演化成广大农民要做的事,创造了一种农民自我教育、自我扬弃、自我激励、自我提高的氛围。

"十面红旗新风户"活动是1992年初开展起来的,到1993年末,全市1 992个村中有1 500多个村开展了这项活动,有70%的农民家庭获得了"十面红旗新风户"称号。开展"十面红旗新风户"活动,改变了"抓两头,带中间"的传统作法,着眼于大多数,走一条"抓大多数促少数"的新路子。首先,注重活动对象的广泛性,吸引千家万户参与创建"新风户"活动。各地根据自己实际情况,确定了十条标准,均体现了广泛性的要求。这些标准是对农村精神文明建设的基本要求,绝大多数农户只要稍加努力就能达到,这样就把大多数农户吸引过来,调动了他们参与的积极性。其次,注重标准的动态性,逐步提高农村精神文明建设水平。在开展活动中,灵活把握标准,不搞一刀切,让村民因地制宜,围绕着十项标准自己制定细则,这样的细则符合本地实际,各具特色,有吸引力,群众参与积极性高。与此同时,随着农村两个文明建设的发展,"新风户"的评选标准不断提高,处于一种动态之中,从而使这项活动始终保持活力。第三,注重内容上的针对性,着力解决农村社会生活中的难点、热点问题。开展"新风户"活动,要求目标是一致的,结果是综合的,过程各具特色,鼓励创新务实地开展活动,着力解决本地难点、热点问题。在比较富裕地区,把着眼点放在正确处理三者利益关系上,遵守社会公德,提高精神生活水平;在比较贫困地区,把着眼点放在转变观念,勤劳致富上;在社会风气较差的地区,把着眼点放在社会治安综合治理上。

"十面红旗新风户"活动收到了明显的效果,沈阳市的经验在全国农村宣传思想工作座谈会上进行了交流,《人民日报》向全国推荐了这个典型。

(高岩)

【"向农村捐一本好书"活动】 1993年3月,由市委宣传部牵头,联合市总工会等8家单位组织了全市性的"向农村捐一本好书"活动。至5月活动结束时,全市共有1 113个单位捐献科技、文学等图书107万册。此项成果在全国排在首位。

这次捐书活动规模宏大,社会反响强烈,取得良好的社会效益。市委的一些老干部带头捐书,全市大、中、小学校的师生以及一些个体业者也都积极捐书。市机械局一家就捐书20多万册。捐书活动在以城带乡,以乡促城,城乡结合,共建精神文明的实践方面找到了结合点,也展示了沈阳市大城市的新风貌,充分体现了城市各界对农村及社会公共事业的关注和支持。

捐书活动对发展和巩固农村精神文明阵地,对改变农村文化面貌发挥了作用。全市农村藏书由不足50万册猛增至150万册,这项活动受到广大农民群众的欢迎。

(周永诗)

【首届对外宣传品展评】 1993年10月至12月,中共沈阳市委宣传部、市委对外宣传小组联合举办了首届沈阳市对外宣传品展评活动。旨在总结经验、展示成果、表彰先进、促进工作。3个月来,全市各县、区、局及涉外部门、企事业单位共推出400多种、1 000余件外宣品参加展评。经评委会评定,共评出获奖作品68种,优秀组织奖15个。

1993年12月13日,市委宣传部、市委外宣小组召开评比总结表彰大会,对全市近年来外宣品制作工作做了全面、系统的总结,表奖了优秀作品的作者和获优秀组织奖的单位,交流了部分单位的先进经验。市委、市政府的有关领导出席了会议,并就加强和改进对外宣传品制作工作进行了布置。

(路广皓)

·统战工作·

【概况】 1993年,是沈阳市统一战线工作开拓务实、积极进取、成绩比较显著的一年。一年来，牢牢抓住统战工作为经济建设服务这个中心，以“三个有利于”为标准，帮助各民主党派、基层统战部门为经济建设服务取得突破性进展，年底召开了县(市)、区统战工作为经济建设服务经验交流会，表彰先进集体5个、先进个人33名，有力地推动了为经济建设服务工作的深入开展；坚持和完善中国共产党领导的多党合作和政治协商制度，共召开4次协商会和情况通报会；完成了十届市政协的人事安排工作，共安排委员547人，其中非中共人士334人，占总数的61.1%。加强党外后备干部队伍建设，建立了200名党外后备干部名单。完成了全市党与非党干部合作共事的调查；进一步贯彻中央15号文件精神，开展了对沈阳市非公有制经济的调查，建立了非公有制经济积极分子档案；海外统战工作有新的进展，协同有关部门共同举办了第六届“三胞”联谊活动，宣传了沈阳，提高了沈阳的知名度；统战理论研究、信息工作得到了加强，召开了市场经济与统一战线研讨会，征集论文73篇。与市宗教局联合召开了首次宗教研讨会，征集论文18篇。共编发信息51期，被上级统战部采用41条；进一步加强了机关自身建设。

(朱文蔚)

【民主党派为经济建设服务】 1993年，沈阳市各民主党派发挥各自优势，选准各自重点，多形式、多领域、多渠道地开展了为经济建设服务工作，取得了显著成果。

1.积极参政议政，为经济建设中心服务。一年来，全市各民主党派紧紧围绕改革开放、经济发展、社会稳定等重大问题献计献策，提出建议和意见242项，其中在关于振兴沈阳经济的68项建议中，有22项被政府及有关部门采纳，创效益5 600万元。一年来，各民主党派还开展了21项专题调查研究，九三学社《关于加强沈阳市生态环境建设研究的建议》、民盟提出的《大企业走向市场经济的思考》等专题调查报告受到市委、市政府的重视和采纳。

2.发挥人才智力优势，开展科技支边扶贫。一年来，各民主党派在科技扶贫、技术咨询中加大了工作力度。市民建4次组织大专院校、科研院所的专家、学者、工程技术人员到法库、康平两县支边扶贫，为其提供技术项目20个。在银行紧收银根的情况下，经他们与市合作银行联系，为法库县红五月乡上项目解决贷款30万元。市九三学社以东陵英达乡为重点，组织沈阳农业大学的教授进行科技支农。一年来提供“蔬菜保护地”、“食用菌生产”等科技项目16项，促进了该乡的经济发展。据统计，各民主党派结合自身优势和特点，全年共开展科技咨询134项，创效益5 440万元；科技攻关7项，创效益26 000万元；智力支边扶贫44项，参加959人次。

3.积极开展为“三引一出”牵线搭桥工作。各民主党派发挥同海外联系广泛的优势，积极参加全市“三胞”联谊洽谈会，为发展沈阳经济招商引资。经市致公党牵线搭桥，引进港商资金300万港元。

4.面向社会开展人才培训。一年来各民主党派共举办各类培训班105个，培训学员9 291人；办学校3所，招收学员558人，收到了较好的经济效益和社会效益。

(孙世生)

【市首次宗教理论研讨会】 中共沈阳市委统战部、市宗教局、市统战理论研究会于1993年11月25日联合召开了沈阳市首次宗教理论研讨会。会议提交了18篇论文。与会者就如何依法加强对宗教管理和宗教与社会主义社会相适应等问题进行了研讨。大家一致认为，宗教工作是党的统一战线工作的一个重要方面，要坚持党的宗教信仰自由的政策，要依法加强对宗教的管理，积极引导宗教与社会主义社会相适应，在社会主义市场经济条件下，要团结调动广大信教群众为经济建设服务。

市委统战部部长单承申出席了研讨会并作了讲话。他指出，民族、宗教无小事，要坚决贯彻党的宗教政策。他要求大家认真学习江泽民和李瑞环同志在全国统战工作会议上的重要讲话，领会其精神实质，努力做好宗教工作。

(朱文蔚)

【参加市第六届“三胞”联谊会】 1993年6月22日至25日，中共沈阳市委统战部与有关部门共同筹办了沈阳市第六届“三胞”联谊会。这是一次集统战、经贸洽谈和对外宣传为一体的盛会。在各有关部门的共同努力下，取得了经济、社会等多方面的效益。在这次活动中市委统战部做了如下工作：

1.加强领导，落实任务。“三胞”联谊活动是沈阳市每年一次的大型涉外活动。统战部始终把这项活动列为全年重点工作之一，组织力量，狠抓落实。会前，部领导多次亲自主持召开各民主党派、有关群团负责人会议，传达市里要求，确定邀请名单，落实洽谈项目。通过市委统战部发出的邀请函80多件，通电话发传真数十次。共邀请来沈参加活动的海外“三胞”26人。

2.积极牵线，促成合作。为使“三胞”来沈后尽快接触对口厂家，事先根据对方的意向为其选定洽谈企业，为双方洽谈做好衔接。会上，积极为“三胞”介绍项目，帮助协调关系。经努力，统战部邀请的“三胞”签订独资项目一个，投资金额300万元港币，当场发了营业执照；签订协议3项，总投资额350万元人民币。

3.宣传沈阳，扩大沈阳市知名度。广泛的联谊和有组织的考察、洽谈活动，使“三胞”熟悉沈阳，了解沈阳市投资环境，有的当场拍板签约合作，有的表示再来沈阳进行考察合作。特别在这次活动中，台湾《工商时报》两名记者，他们白天采访，晚上发稿。在活动期间该报就发了《台资向北挺进，沈阳招商台商涌跃》等3篇文章，之后又发了采访武迪生市长等6篇文章，从多方面宣传沈阳，介绍沈阳投资环境。

(刘福昌)

·党校·党史工作·

【深化党校教育改革】 1993年，沈阳市委党校根据党的十四大关于“用建设有中国特色社会主义理论武装全党”的精神，在组织学员学习党的十四大文献，“邓选”三卷和十四届三中全会决定中，深化教学改革，较好地发挥了党校培训干部的阵地作用。

1.端正办学指导思想。沈阳市委党校在办学过程中，把坚持党的基本理论和基本路线，以经济建设为中心，为党和国家培养党性强、作风好、懂理论、会建设的适合社会主义市场经济要求的合格干部，作为办学的指导思想。1993年，开办了“市直部、委、办局和县、区领导干部进修班等10个班次，办班19期，培训学员907人。

2.改革教学内容。根据党中央、省、市的要求，沈阳市委党校对教学内容进行了较大的改革，按照邓小平提出的“学马列要精，要管用”的原则，将所学内容以学习“外经外贸基本理论”为主，改为学习《邓选》三卷和党的十四届三中全会决定为主，收到了较好的学习效果。

3.改进教学方法。改变了过去那种满堂灌的注入式方法，采取了以自学为主，读原著为主，研讨为主的方法，坚持走出去请进来，理论联系实际。全年，除了党校教师按教学计划授课外，组织学员到“沈抚引水工程”、“沈阳开发区”等单位实地考察30余次，请市体改委主任宿庸、沈阳财经学院教授尹良培等专家、学者来校为学员讲学60余人次，深受学员的欢迎。

4.加强党性锻炼，在教学中，坚持把党性锻炼寓于教学的全过程，把理论学习、党的组织生活和参加各项活动同党性锻炼紧密结合起来，帮助学员自觉端正党风，搞好廉政建设。同时开展各种娱乐和健身运动。学校建立了活动室，购置了大型多功能健身器1台，单项健身器5台，学员单位支援台球案子2付，保证了学员活动的需要，使学员在党校学习中取得了学习、健身双丰收。

（*何玉生*）

【理论研究】 党校是社会科学理论战线上的一支重要方面军，理论研究是党校中心工作的重要组成部分。1993年，中共沈阳市委党校有教员60人，其中正教授4名，副教授24名，讲师30名，加上县区党校158名教员，这是党校系统理论研究的基本力量。市委党校现有藏书20万册，订阅各种报刊杂志600余种，为广大教研人员提供了科研的基本保障。学校由一名副校长主抓理论研究，下设由教育长和教研室主任组成的学术委员会，对学校重大的理论研究课题做到事先讨论，集体决定。理论研究室是专门从事科研管理、学术活动、理论研究的综合部门。“八五”计划期间，党校承担了辽宁省的两个重大科研课题。即“马克思主义哲学在当代的发展”和“沈阳市外向型经济战略”，现已初步成稿。1993年全校教研人员共在省内外发表论文256篇，专著教材30部，其中有的文章被“中国人民大学报刊复印资料”、中央党校出版的“党政论坛”转载。《光明日报》、《中国人民大学学报》、《社会科学辑刊》、《党政干部学刊》、《辽宁大学学报》、《理论界》上经常能见到党校同志的文章，在省内有一定的影响。为了使理论研究更加深入，市委党校还组织全校教研人员召开了社会主义本质问题的研讨会；纪念毛泽东诞辰100周年时，党校系统又召开了毛泽东思想与邓小平特色理论的大型研讨会。党校的校刊《学习·探索》在理论研究上发挥了很好的作用。1993年全年共发表论文110篇，调查报告6篇，给广大干部和读者提供了宝贵的精神食粮。

（*郎秀英*）

附：中国共产党沈阳市委员会及各部委办领导人名单

书　记：张国光
副书记：董万德　丁世发
　赵金城
常　委：李中鲁　王书海
　高柏金　任殿喜
　王声溢　王扬
秘书长：赵金城
副秘书长：刘迎初　王洁纯
　袁奎武

市委工作部门

办公厅
主　任：王洁纯（兼）
副主任：张建华　鞠秀礼
　高建东　张世斌

组织部
部　长：王声溢
副部长：孙桂安　初立生（女）

宣传部
部　长：高柏金
副部长：韩凤奎　朱壮志
　张颖（女）　顾春明

统战部
部　长：单承申（兼）
副部长：邱爱华（女）
秘书长：傅乃忠

政法委员会
副书记：丁仁恕
秘书长：于　波

政策研究室
主　任：刘迎初（兼）
副主任：李广俊　赵联群

农村工作委员会
主　任：袁奎武（兼）
副主任：齐法滋　王振江
　杨晨晓

老干部局
副局长：毛文彦　李树森
　王继文　王光昱

机要局
局　长：张建华（兼）

市委派出机构

中共沈阳市委直属机关工作委员会
书　记：赵金城（兼）
副书记：赵秋凤（女）

中共沈阳市人民政府工作委员会
第一副书记：张万山
副书记：陈大勇
纪工委书记：潘连轩

中共沈阳市委科教工作委员会
副书记：王继汉　张永元
　宫　侠

中共沈阳市委中直企业工作委员会
书　记：张启明
副书记：栾国增
纪工委书记：孙学东

市纪检委

【市纪委案件检查工作会议】 中共沈阳市纪律检查委员会于3月4日，分别在市交通局和皇姑区召开了案件检查工作会议。市纪委书记王扬、常委陈少复同志及市直单位、县区纪委的领导参加了会议。会上，市机械局、冶金局、皇姑区、辽中县、苏家屯区等12个单位纪委汇报和交流了1992年案件检查工作情况。陈少复同志就1992年案件检查工作和1993年工作作了总结和部署。王扬同志做了重要讲话。

陈少复同志在总结1992年案件检查工作时指出，案件检查工作主要有3个特点：一是领导重视、抓得早、抓得实、掌握了案件检查工作的主动权。二是抓住重点，以点带面，推动了案件检查工作的深入开展。三是坚持案件检查工作为经济建设服务的思想，一方面严肃惩处违纪者，清除腐败分子，一方面保护干部的积极性，保护企业生产经营活动正常进行。

会议对1993年的工作提出了要求：第一，充分认识在发展社会主义市场经济条件下加强案件检查工作的重要性，坚定不移地贯彻“两手抓”的方针，处理好查处违纪案件与发展社会主义市场经济、与为经济建设服务、与加强党风廉政建设等诸关系，充分发挥案件检查工作支持保护改革和促进经济发展的作用。第二，坚决惩治腐败，认真查处违纪案件。要把深入进行反腐败斗争做为1993年工作的重点，积极查处违纪案件，把惩治腐败，查处违纪案件做为促进发展社会主义市场经济的重要手段。要把查处领导机关和领导干部的违纪案件做为案件检查工作的重点，下力量抓大案要案。着重突破那些影响大的案件，以此推动整个案件检查工作的深入开展。第三，要严格执行纪律，努力提高执纪办案水平。在执纪办案中要处理好坚持“三个有利于”的思想与执行党纪条规的关系，处理好改革开放和经济建设中出现的问题，把原则性和灵活性结合起来，从实际出发，对具体问题具体分析，区别对待，做到既严肃执纪，又要实事求是处理好改革开放和发展经济中出现的新情况，新问题。第四，要加强对执纪办案工作的领导，搞好案件检查队伍建设。各级纪委，在任务艰巨、工作难度大的情况下，要切实加强对案件检查工作的领导，认真分析案件检查工作形势，采取坚决措施，狠抓一个早字，变不利因素为有利因素，积极主动开展工作，切实把工作抓出成效。

王扬同志在会上讲了话，指出了在新形势下案件检查工作面临的新情况新问题，要求各级纪检组织和纪检干部对新形势要有清醒的认识，要克服困难，增强信心，着重强调了3个方面的问题。

首先，各级纪检组织要正确认识纪检、监察机关合署办公的重要意义，加快合署办公步伐。

其次，要突出重点，全面安排，做好1993年的纪检工作。围绕沈阳市改革开放的实际，围绕市场经济的培育和建立，全面履行纪检机关的四项职能，为经济建设服务。要把深入进行反腐败斗争做为1993年工作的重点。

再次，要振奋精神，积极探索，尽快使纪检工作适应社会主义市场经济发展的需要。

（*范红纲*）

【市纪委、市监察局合署办公】 1993年5月19日，中共沈阳市委员会，沈阳市人民政府联合签发了《市委、市政府批转市纪委、市监察局〈关于市纪委、市监察局合署办公和机构设置有关问题的请示〉的通知》。正式同意市纪委、市监察局合署办公。

这次合署办公是按照中央纪委、国家监察部、省纪委、省监察厅关于纪检、监察机关实行合署办公的统一部署进行的，是党政机关监督体制的一项重大改革，是在加快改革开放和现代化建设步伐的新形势下，坚持贯彻“两手抓，两手都要硬”的战略方针，加强党风和廉政建设，加强党的纪律检查工作，强化行政监察机关职能，并使之形成合力，以保证经济建设顺利进行的重大措施。合署办公总的原则是，要有利于在市委和各级党委的统一领导下，进一步强化党的纪律检查和政府行政监察两项职能，减少工作中的重复交叉，充分发挥整体效能；有利于市政府和各级政府继续加强对行政监察工作的领导，各级监察机关领导班子便于继续向政府负责；有利于精简机构和人员，充实加强主要业务部门和薄弱环节，提高队伍的整体素质和工作水平。

合署后的市纪委履行党的纪律检查工作和政府行政监察两项职能，完成纪检、监察两项任务，对市委全面负责。市纪委、市监察局合署后，实行一套工作机构，两个机关名称的体制。市纪委常委，包括未担任监察局领导职务的常委，都有权处理分管部门的行政监察工作。

合署后的市纪委共设置17个厅、处、室，比两机关原有的24个部门减少了29.2％。

按照宪法规定，合署后的监察局仍属于政府序列，继续在市政府领导下进行工作；监察局局长、副局长的任免仍按有关规定程序办理；继续坚持执行民主党派和无党派人士担任市监察局和各级监察机关的领导职务的制度；市监察局的职责、权力、工作程序，以及原与市政府及其各部门的工作关系等，仍按国务院颁布的《中华人民共和国行政监察条例》的规定执行；市监察局不再设立党组，保留局长办公会议制度，除重大问题由市纪委常委集体讨论决定外，其它问题由局长、副局长和局长办公会按规定的职权范围处理。

6月8日上午，市纪委、市监察局召开合署办公动员大会。自此，市纪委、监察局合署办公工作基本完成。

（*范红纲*）

【案件检查信访工作会议】 1993年8月24日，市纪委、市监察局召开案件检查信访工作会议。参加会议的有各县（市）区、市直单位主管案件检查和信访工作的领导和工作人员共100多人。市纪委副书记尹秀荣、赵传续分别就全市上半年案件检查和信访工作情况及下步意见讲了话。新城子区纪委、商业局纪委、畜牧副食局纪委、国营五三工厂纪委等4个单位在会上介绍了抓案件检查和信访工作的经验。市委常委、市纪委书记王扬做了会议总结，他指出：当前加强党风廉政建设和反腐败斗争，已经作为一项重大的政治任务摆在了全党同志面前。全市各级纪检监察机关和全体纪检监察干部必须认清形势，正确处理好党风廉政建设与经济建设的辩证关系。进一步提高认识，增强搞好反腐败斗争的责任感和紧迫感。要切实把查处违纪案件工作作为反腐败斗争的突破口，抓紧抓好。要积极采取措施，尽快扭转案件下降的局面；抓住重点，集中力量查处大要案；要努力抓好信访举报工作。

各单位要注意抓好3点工作：

第一，要抓好中纪委二次全会文件的学习，深刻领会其精神实质。各单位要认真组织纪检监察干部学习江泽民同志的重要讲话和全会报告，要同学习建设有中国特色社会主义理论和十四大精神结合起来，同学习邓小平同志十一届三中全会以来关于端正党风、加强廉政建设，反对腐败的一系列重要论述结合起来。

第二，主动取得党委和政府的领导，当好参谋助手。要按照中央关于“这场反腐败斗争要在党委的统一领导下，党政一齐抓，主要领导同志亲自负责”的要求，各级纪检监察机关要根据江泽民同志重要讲话和中纪委二次全会精神，认真研究本单位、本部门反腐败斗争的形势，找准主要问题，明确工作重点，然后向同级党委、政府进行一次全面情况的汇报，并提出下步工作的建议。

第三，要认真探索党风廉政建设的新思路和办法。在当前的党风廉政建设中，既不能完全沿用计划经济时期反腐败的思路和办法，也不能等待社会主义市场经济体制完善后才去抓。各级纪检监察机关在反腐败斗争中，要适应深化改革和发展社会主义市场经济的要求，从自身的职能和条件出发，积极探索在新旧体制转换过程中反腐败和党风廉政建设的新特点、新思路和有效对策。要善于把中央关于反腐败斗争的决策同实际结合起来，采取适合所在地区和部门特点的措施，进行创造性的工作。对工作中遇到的难点、热点问题，不回避，不等待，而以改革精神积极探索，从政策的高度、行为规范的高度，提出意见和治理措施，指导党风廉政建设。

（*范红纲*）

【接待受理信访举报情况】 1993年，中共沈阳市纪委信访室（监察局举报中心）。共受理信访举报3 942件次。其中，来信3 274件次，来访306件次，举报电话362件次。从受理范围看，控告信访占绝大多数，为3 302件次，占全年信访总量的83.8%；申诉信访41件次，约占全年信访总量的1%。从揭发的对象看，反映企事业单位领导干部问题的信访的比例最高，为1 906件次，占控告信访的57.7%；反映机关干部问题的信访比例也很大，为1 258件次，占控告信访的38.1%。其中，反映县处级以上领导干部问题信访672件次，占控告信访的20.4%。第三，从问题的性质看，反映经济方面问题的信访1 322件次，占控告信访的40%；反映以权谋私方面问题的285件次，占控告信访的8.6%；反映违反财经纪律方面问题的165件次，占控告信访的5%；反映弄虚作假方面问题的164件次，占控告信访的5%；反映腐化堕落方面问题的148件次，占控告信访的4.5%；反映欺压群众方面问题的107件次，占控告信访的3.3%；其他方面问题的信访1 111件次，占控告信访的33.6%。

①1993年沈阳市上半年信访量呈下降趋势，下半年呈显著上升趋势。1—6月份共受理信访举报940件次，月平均157件次；下半年共受理3 002件次，月平均500件次，是上半年的3.2倍。

②控告信访和申诉信访比例相差悬殊。全年受理控告信访3 302件次，占全年信访总量的83.8%；申诉信访41件次，只占全年信访总量的1%。全年控告信访是申诉信访的80.5倍。

③举报问题相对集中，每个时期热点问题不同。全年主要集中在经济方面问题1 322件次和以权谋私方面问题285件次两个大方面，二者占控告信访的比重为48.6%。不同时期的热点问题，主要体现在电话举报上。如9月份热点问题是结婚动用公车大操大办；10月份，集中反映中小学滥收费问题和大中专毕业生分配中的有关问题；11、12月份，反映企事业单位乱集资、滥发奖金以及居民住宅供暖不足等问题。

④匿名来信仍占较大比重，为2 622件次，占全年来信总量的80.1%。一信多投现象普遍。匿名来信有由书写形式向打字、复印方面发展的趋势。而署名来信绝大部分反映的是非纪检监察范围的问题。

（*范红纲*）

【查处违纪案件】 1993年，沈阳市纪检监察机关共立案查处各类违纪案件1 056件，结案973件，年结案率为92.14%；处分党员、干部768人次，处分率为78.9%；立大要案143件，比1992年的128件上升11.7%；挽回经济损失553.4万元。

1993年全市各级纪检监察机关认真贯彻党的基本路线，坚持“两手抓”的方针，在面临许多新情况、新问题的形势下把查处违纪案件做为惩治腐败的突破口和保护改革，促进经济发展的重要手段。查处的违纪案件主要有以下几个特点：

1. 从案件的性质看，涉及经济方面的案件381件，居各类违纪案件之首，占立案总数的36.1%。其中比较突出的是违反财经纪律、贿赂和贪污案件，分别占经济类案件的31.2%、27%、26%；腐化堕落和赌博案件共238件居第二位，占立案总数的22.5%，比1992年增加46%，其增长幅度居各类违纪案件之首；官僚主义失职渎职案件仍很突出，共86件，居各类违纪案件第三位，占立案总数的8.1%。其中监察机关查处的此类案件占监察机关立案总数的17%。

2. 从违纪人员涉及对象看，多数是单位、部门负责人或掌管钱物的人员，占立案总数的50%以上；其次是从事执法、监督部门工作的人员，占立案总数的16.7%。

3. 从作案时间看，近期作案明显高于往年。纪检机关查处的897件违纪案件中近二年作案的有673件，占立案总数63.7%，其中发生在1993年的424件，占40.1%。

4. 从查处案件的时间看，下半

年查处的案件占较大比例。下半年共立案查处669件,占全年立案件数的63.4%,特别是中纪委二次全会以来查处的案件明显增多。9—12月份查处的案件比1—8月份平均查处的案件上升119.9%。

(范红纲)

【清理整顿党政机关经商办企业】 根据中办发[1993]17号文件和市委委办发[1993]22号文件精神,按市反腐败斗争工作的总体部署,沈阳市从1993年9月份开始,由市计经委牵头,市工商局承办,市体改委配合,对全市党政机关,经商办企业情况进行全面的清理整顿。整个清理工作分三个阶段进行:一是发动阶段;二是调查摸底和边查边改阶段;三是转属和清理工作总结阶段。到年底基本达到预期目的。

通过调查了解到,沈阳市党政机关所办各类经济实体1 620户。这些经济实体按行业划分,商贸业935户,占总数的57.7%;工业、交通业150户,占总数的9.3%;科技开发业194户,占11.9%;房地产业48户,占总数的2.96%;利用机关设施办的服务业88户,占总数的5.44%;其它205户,占总数的12.65%;按经济性质划分,全民企业516户,集体企业1 067户,合资企业8户,其它29户;按隶属关系划分,党政机关直接开办的经济实体912户;挂靠党政机关的经济实体187户;党政机关直属事业单位办的经济实体421户;党政机关直属社会团体办的经济实体100户;按市、区,县划分,市各级党政机关办的经济实体783户,县区党政机关所办的经济实837户。这些经济实体,共有注册资金92 486万元,其中固定资产35 424万元,流动资金57 062万元。资金来源中,机关投放资金9 121万元,内部集资14 482万元;合资合作资金21 498万元;股份10 492万元;银行贷款16 343万元,这些经济实体中共有职工20 433人,其中机关干部2 291人。通过调查清理,党政机关所办的经济实体与机关已脱钩1 303户,占总数的81%,参与经商办企业的党政机关干部中,已脱钩的有1 858人,占总数的81.1%。

(范红纲)

附:中共沈阳市纪检委
现任领导人名单

王　扬	市委常委、市纪委书记
尹秀荣	市纪委副书记
赵传续	市纪委副书记兼市监察局局长
沈广才	市纪委副书记
赵启德	市纪委常委兼市监察局副局长
金荣弟	市纪委常委
陈少复	市纪委常委
付晓晨	市纪委常委兼市监察局副局长
金国生	市监察局副局长

市人大常委会

【市十一届人大一次会议】 沈阳市第十一届人民代表大会第一次会议于1993年2月12日至18日举行。529名市第十一届人民代表大会代表出席了会议。中共沈阳市委、市纪委、市政府、市政协、沈阳军分区和市各有关部门、机关、团体的负责人共123人列席了会议。

会议听取和审议了市长武迪生作的政府工作报告;听取和审议了副市长张瑞昌作的关于沈阳市国民经济和社会发展十年规划和第八个五年计划纲要调整方案(草案)的说明,审查和批准了沈阳市国民经济和社会发展十年规划和第八个五年计划纲要的调整方案;听取和审议了市计划经济委员会主任多静如作的关于沈阳市1992年国民经济和社会发展计划执行情况及1993年计划安排(草案)的报告,审查和批准了沈阳市1993年国民经济和社会发展计划;听取和审议了市财政局局长李经芳作的关于沈阳市1992年财政预算执行情况和1993年财政预算(草案)的报告,审查和批准了沈阳市1993年财政预算,授权市人大常委会审查批准沈阳市1992年财政决算;听取和审议了市人大常委会副主任刘金增作的沈阳市人民代表大会常务委员会工作报告;听取和审议了市中级人民法院院长刘实作的沈阳市中级人民法院工作报告;听取和审议了市人民检察院检察长张福礼作的沈阳市人民检察院工作报告。会议通过了关于上述各项报告的相应决议,决定批准上述各项报告。

会议选举了市十一届人大常委会主任、副主任、秘书长、委员,选举了市长、副市长,选举了市中级人民法院院长、市人民检察院检察长,选举了沈阳市出席辽宁省第八届人民代表大会代表,通过了市人民代表大会各专门委员会组成人员人选。

(王锦时)

【市人大常委会会议】 沈阳市十一届人大常委会自1993年2月产生后,依照法律规定,先后举行6次会议。

市十一届人大常委会第一次会议于1993年3月9日至10日举行,审议通过了市人大常委会1993年工作要点;审议了市选举工作办公室关于沈阳市市、县(区)、乡(镇)人民代表大会换届选举工作情况的报告,通过了关于撤销沈阳市选举办公室的决定;听取审议了市政府关于备耕生产和康平、法库两县农村经济发展情况的报告。

第二次会议于1993年4月19日举行,专题审议了《关于我市县区机构改革的意见》。

第三次会议于1993年5月27日至29日举行,听取审议了市政府关于土地开发出让及管理情况的报告,关于法律服务市场发展情况的报告;审议通过了《沈阳市劳动教养人员保外就医管理条例》;作出了关于批准1993年财政决算的决议,关于综合治理开发建设浑河沈阳城市段的决议和关于接受孙桂安辞去市十一届人大常委会委员职务的决定。

第四次会议于1993年7月15日至17日举行,听取审议市政府关于1993年上半年国民经济、社会发展计划和财政预算执行的报告,关于发展高产优质高效农业情况的报告,关于普及九年制义务教育工作情况的报告,关于社会治安工作情况的报告,审议通过了市人大有关专门委员会对市十一届人大一次会议主席团交付审议的《关于在城区禁止燃放烟花爆竹的议案》、《统筹规划,认真解决城区住宅开发中学校建设问题的议案》、《关于建高架轻轨和地下铁路应统筹规划,慎重决策的议案》审议结果的报告。

第五次会议于1993年9月21日至23日举行,听取审议了市政府关于贯彻落实《企业法》和《条例》情况的报告、关于实施《食品卫生法》工作情况的报告、关于贯彻劳改劳教工作方针情况的报告和关于办理市人大代表建议、批评、意见情况的报告;作出了关于深入贯彻落实《企业法》和《条例》的决议、关于组织代表评议市工商行政管理工作的决定和关于设立市人大常委会法制办公室的决定。

第六次会议于1993年11月16日至20日举行,审议通过了《沈阳市人大常委会讨论决定重大事项的暂行规定》;听取审议了市政府关于落实部门执法责任制情况的报告、关于编制《沈阳市城市总体规划修订方案》情况的报告、关于实施《税收征收管理法》情况的报告、关于实施《沈阳市科学技术进步条例》情况的报告、关于人口控制和计划生育工作情况的报告、关于外事工作情况的报告,听取审议了市法院关于发挥审判职能,为经济发展和社会稳定服务的报告,听取审议了市检察院关于依法查处贪污贿赂等严重经济犯罪情况的报告;审议通过了《沈阳市城镇房地产纠纷仲裁条例》和《沈阳市建筑市场管理条例》;作出了关于在全市行政执法部门和司法部门实行部门执法责任制的决定、关于《沈阳市城市总体规划修订方案》的决议。

(王锦时)

【围绕经济建设开展工作监督】 1993年,沈阳市人大常委会把保障、促进社会主义市场经济体制的建立和社会主义市场经济的发展作为首要职责,加强对经济工作的监督。

加强对国民经济、社会发展计划和财政预算的执行情况和监督检查,促进国民经济持续、快速、健康发展。根据市十一届人大一次会议的授权,市十一届人大第三次会议听取了市政府关于沈阳市1992年财政决算的报告,作出了关于批准沈阳市1992年财政决算的决议,并且建议市政府针对财政形势,采取措施,努力增收节支,实现市十一届人大一次会议确定的沈阳市1993年财政预算目标。第四次会议听取审议了市政府关于沈阳市1993年上半年国民经济和社会发展计划执行情况及下半年工作意见的报告,关于沈阳市1993年上半年财政预算执行情况的报告,肯定了全市上半年经济工作所取得的成绩,同时,也指出了前进中的一些新矛盾和问题。强调要正确认识经济形势,坚决贯彻党中央、国务院关于经济工作的一系列重要决策,认真落实市委八届六次全会精神,坚持在紧中求发展。既要抓住机遇加快发展,又要注重稳妥求实,把注意力集中到深化改革,扩大开放,转换机制,优化结构,提高效益上来。并建议市政府采取措施,严格控制支出,加强税收征管工作,解决税收跑、冒、滴、漏问题,努力实现应收尽收。第七次会议听取审议了市政府关于调整沈阳市1993年国民经济、社会发展计划和调整1993年财政预算安排情况的报告。

加强对农业和农村经济工作的监督检查,巩固和加强农业这个基础。3月份,常委会听取审议了市政府关于全市备耕生产工作和加快康平、法库两县农村经济发展情况的报告,指出全市农业生产还存在着"卖粮难"和种粮效益下降、农民负担重、农业生产所需资金缺口大、农用生产资料没有完全到位等困难和问题。建议市政府采取有效措施,解决存在的问题,克服困难,夺取农业丰收;建议对康、法两县采取一些倾斜政策,给予支持和扶持,促进两县经济的发展。市政府根据市人大常委会的意见,采取措施,及时解决了农用资金不足、农业生产资料下摆不到位等问题,保证了春耕生产的急需,为夺取农业丰收奠定了基础。6月份,在调查研究的基础上,听取审议了市政府关于发展高产优质高效农业情况的报告,建议政府及其涉农部门进一步树立市场经济观念,以市场为导向,促进农业生产结构的调整,完善农村社会化服务体系,确保农业投入,加强农业生产基础设施建设,力争农村经济工作再上新台阶。11月份,专题听取了市政府关于全市减轻农民负担工作进展情况的汇报,对减轻农民负担工作所取得的成绩给予了充分肯定,并建议市政府继续狠抓措施落实,确保全市农民负担不超过上年人均纯收入的5%。12月份,市人大常委会又对发展乡镇企业情况进行了视察,在分别视察了6个县(市)、区的一些乡镇企业后,召开了座谈会,肯定了全市在发展乡镇企业中所做的工作和乡镇企业在全市国民经济中的作用,指出了存在的不足,强调要把发展乡镇企业作为发展经济的重要工作来抓,切实解决乡镇企业发展中遇到的困难的问题,引导乡镇企业以市场为导向,调整结构,提高自身素质,上档次、上水平,为全市经济发展做出新的贡献。

(王锦时)

【加强地方立法工作】 1993年,沈阳市人大常委会把加强地方立法摆在人大工作的首位,积极开展地方立法工作,依法履行制定地方性法规的职责,努力为社会主义市场经济和各项事业的发展提供法制保障。

1.建立健全地方立法的综合办事机构。以往,市人大常委会的地方立法工作由市人大各专门委员会办公室分工负责。为了加强地方立法的综合协调工作,在总体上不增加机关人员编制的前提下,市十一届人大常委会第五次会议决定设立市人大常委会法制办公室。法制办公室作为市人大常委会地方立法工作的综合协调部门,负责编制地方立法规划、计划,同有关机构就地方立法工作进行沟通、协调,配合市人大各专门委员会对法规草案进行初审和修改等。由于进一步建立健全了地方立法工作机构,从而加快了地方立法步伐,提高了法规质量。

2.编制5年地方立法规划。市人大常委会印发了《关于编制沈阳市制定地方性立法5年规划的通知》。市政府、市法院、市检察院和市人大各专门委员会按照市人大常委会的要求,从保障和促进改革开放、发展社会主义市场经济、维护人民群众合法权益的需要出发,提出了1993年至1997年拟提请市人大常委会审议的立法项目。经市人大常委会办事机构综合、筛选,主任会议讨论研究,本着加大经济立法的比重和急需先立的原则,拟订了《沈阳市人大常委会5年(1993年至1997年)立法规划》,由市十一届人大常委会第七次会议审议通过。

3.制订《沈阳市人大常委会制定地方性法规的规则》。在总结实践经验的基础上,市人大常委会制订了《沈阳市人大常委会制定地方性法规的规则》,进一步明确了地方立法的原则和范围,对法规草案审议,法规的通过、报批和公布等作出了具体规定,使地方立法工作的规范化程度不断加强。

4.结合本市的具体情况制定地方性法规。市十一届人大常委会第三次会议审议通过了《沈阳市劳动教养人员保外就医管理条例》,经省人大常委会批准颁布。施行这个条例,强化了劳教人员保外就医的审批和管理工作,有效地防止了劳教人员骗取保外就医、逃避惩处、继续危害社会等情况的发生。第六次会议审议通过的《沈阳市城镇房地产纠纷仲裁条例》、《沈阳市建筑市场管理条例》,已经省人大常委会批准。第七次会议审议通过的《沈阳市道路客运市场管理条例》,已呈报省人大常委会待批准。

(王锦时)

【深入开展执法检查】 沈阳市人大常委会坚持立法与执法并重,通过深入开展执法检查,保证宪法、法律、法规在本行政区域内的遵守和执行,为发展社会主义市场经济创造良好的社会法制环境。

加强对经济法律法规贯彻实施情况的监督检查。1993年,重点检查了贯彻落实《全民所有制工业企业法》和《全民所有制工业企业转换经营机制条例》的情况,召开部分企业党、政、工负责人座谈会,走访一些企业和政府有关部门,听取审议市政府关于贯彻实施《企业法》和《条例》情况的报告,作出了关于深入贯彻落实《企业法》和《条例》的决定。要求把贯彻落实《企业法》和《条例》摆到全市改革和经济工作重中之重的位置,务必抓实。强调政府要进一步转变职能,落实企业自主权,使企业真正成为法人实体和市场的主体。市人大常委会还对《城镇集体所有制企业条例》、《税收征收管理法》、《沈阳市税收征收管理条例》、《水法》、《药品管理法》、《沈阳市科学技术进步条例》的贯彻执行情况进行了监督检查,听取审议了市政府有关报告,促使这些法律法规得到进一步的遵守和执行。

加强对与人民群众切身利益相关的法律法规贯彻实施情况的监督检查。市人大常委会先后检查了贯彻落实《环境保护法》、《食品卫生法》的情况,要求各有关方面必须以对人民高度负责的态度,加强环境污染治理,维护生态平衡;继续下大气力加强食品卫生管理工作,确保人民群众的健康。检查了贯彻落实《义务教育法》的情况,听取审议市政府的有关报告,建议进一步深化教育改革和解决教育经费不足等问题,促进了普及九年制义务教育工作。

市人大常委会还检查了《工会法》、《妇女权益保障法》、《归侨侨眷权益保护法》和《残疾人保障法》的实施情况,针对法律法规实施中存在的问题提出意见和建议,对于发挥职工当家作主作用,发挥妇女作用,发挥归侨侨眷在对外开放中的桥梁作用,以及保障残疾人平等地参与社会活动,共享社会物质文化成果,都起到了促进作用。

为了开展好经常性的执法检查,强化法律监督职能,市人大常委会建立了执法检查部门责任制,明确了市人大常委会各部门在执法检查中的任务和责任。各部门按照责任制的要求,督促有关方面落实市人大常委会关于贯彻实施有关法律法规的意见和决议,对执法检查中发现的有关违法案件、违法人员的查处情况进行调查、催办、反馈,进一步增强了法律监督的实效。

(张学伟)

【加强代表工作】 1993年,沈阳市人大常委会重视加强代表工作,积极为代表执行代表职务创造条件,发挥代表在管理国家事务和社会事务中的作用。

加强代表活动的组织建设。市十一届人大一次会议闭会以后,保留了县、区代表团的组织形式,并按照就地就近、便于组织、有利于活动的原则,将549名市十一届人大代表组成36个代表活动小组,建立了市人大常委会联系代表团,代表团联系代表小组,代表小组联系代表的组织网络。密切同代表的联系,市人大常委会主任、副主任、驻会委员积极参加代表小组的活动,除了平时结合工作对代表进行个别采访外,坚持每月5日接待代表采访制度,还于年底对代表进行一次普遍走访,听取代表们的意见和建议,对代表们反映的问题,及时转有关部门研究办理。

为代表知情知政、执行职务创造条件。在八届全国人大一次会议闭幕后,及时召开会议,向代表们传达了全国人大会议精神;年中,组织召开工作通报会,由市长向代表们通报了全市上半年工作情况和下半年工作任务;定期向代表发送《沈阳人大工作》、《沈阳政报》,以便代表及时了解人大和政府工作情况;还围绕市人大常委会会议议题和全市的一些重大问题,组织代表开展了23项视察活动。

认真办理代表提出的议案、建议、批评和意见。对市十一届人大一次会议主席团交付有关专门委员会审议的刘保平等63名代表提出的《关于在城区禁止燃放烟花爆竹的议案》,富世德等10名代表提出的《统筹规划,认真解决城区住宅开发中学校建设的问题》的议案,李开明等10名代表提出的《关于建高架轻轨和地下铁路应统筹规划慎重决策》的议案,市人大常委会分别审议通过了有关专门委员会审查议案结果的报告;还两次听取审议市政府关于办理代表建议、批评和意见工作情况的报告，促进办理工作，使一些问题得到解决，推进了全市工作。

（王锦时）

【组织代表开展评议】 以往，沈阳市人大常委会对市政府、市法院、市检察院的工作进行监督，基本形式是组织视察和检查，听取审议有关报告，提出建议、批评和意见或者作出决议、决定。1993年，沈阳市人大常委会在完善监督的形式方面进行新的探索和实践。经过认真研究和准备，市十一届人大常委会第五次会议作出了关于组织代表开展评议市工商行政管理工作的决定，通过了实施方案。市人大常委会精心组织了这次评议活动。参加调查评议的省、市人大代表共有564人，走访单位324个，走访选民8 170人，收集意见和建议479条。在此基础上，市人大常委会于1993年11月12日组织召开了评议市工商行政管理工作大会。会上，代表们摆事实，讲道理，对市政府工商行政管理工作进行了实事求是的评议，既肯定了成绩，又明确指出了存在的问题，并有针对性地提出意见和建议。市人大常委会副主任唐守山对工商行政管理工作给予了肯定，同时，也指出了存在的不足，要求市工商行政管理部门按照代表们的意见认真整理。市政府副市长马向东及市工商行政管理部门的负责同志参加了评议大会，认真听取代表们的意见，作了表态发言，认为代表们的评议意见中肯、深刻，对工商行政管理部门深化改革，转变职能，加强队伍建设，提高管理水平和工作效率，有很大的推动作用，并表示一定要按照代表们的意见，扎扎实实地搞好整改。市工商行政管理部门采取措施，认真进行整改，且已取得初步成效。

（张学伟）

【讨论决定全市重大事项】 为了进一步行使好《宪法》和法律赋予市人大常委会讨论决定本行政区域内政治、经济、教育、科学、文化、卫生、民政、民族工作中重大事项的职权，在总结实践经验的基础上，沈阳市十一届人大常委会第六次会议制定了关于讨论决定重大事项的规定，对依法应由市人大常委会讨论决定的重大事项的内容和范围作出了具体规定，还规定了行使决定权的方法和程序，实现了行使决定权的程序化、规范化和制度化。

市人大常委会依法讨论决定了全市政治、经济和社会生活中的一些重大事项。市十一届人大常委会第三次会议审议了市政府提出的《关于组织动员全市人民、综合治理开发建设浑河沈阳城市段的议案》，作出了关于综合治理开发建设浑河沈阳城市段的决议，要求市政府制定符合建设“一高两大两化”城市要求的实施方案，设立强有力的专管机构，确保工程质量和进度。目前这项工程已取得一定的进展。市十一届人大常委会第六次会议审议了市政府关于编制《沈阳市城市总体规划修订方案》的报告，通过了相应的决议，修订方案由市政府按程序报批。这次会议还听取审议了市政府关于开展依法治市、落实部门执法责任制情况的报告，作出了关于在全市行政执法部门和司法部门实行部门执法责任制的决定。要求市政府、市法院、市检察院进一步贯彻市人民代表大会关于依法治市的决议，把建立健全部门执法责任制作为加强法制建设和政权建设的重要内容来抓，进一步搞好法律法规的学习和宣传，制定好部门执法责任制的实施方案，加强领导和督促检查，保证部门执法责任制的有效实施。

（张学伟）

【依法任免国家工作人员】 1993年，沈阳市人大常委会认真行使人员任免权，依法任免了138名国家工作人员，其中，任免政府组成人员63名，人大常委会有关部门负责人5名，审判人员25名，检察人员45名。

市十一届人大常委会第一次会议决定任命了48名新一届市政府的组成人员，要求政府组成人员深入学习和贯彻党的十四大精神和邓小平同志建设有中国特色社会主义的理论，毫不动摇地执行党的基本路线，解放思想，实事求是，脚踏实地，真抓实干，带好班子和队伍，落实好市委八届五次全会精神和市十一届人大一次会议决议，认真办理人民代表的建议、批评和意见，研究解决人民群众关心问题，为人民办好事、办实事，树立政府的新形象。

市十一届人大常委会第三次会议决定任命孙祥剑为市政府副市长；市十一届人大常委会第七次会议决定任命张荣茂为市政府副市长、代理市长。

（王锦时）

【促进解决人民群众关心的问题】 沈阳市人大常委会通过工作监督，推动市政府、市法院、市检察院认真解决人民群众普遍关心的问题，为改革开放、经济建设创造稳定的社会环境。1993年6月，市人大常委会会同市政协组织市、区人大代表、政协委员，对全市城市管理工作情况行了一次较大规模的视察，共有242名人大代表和政协委员参加了这一活动，视察了中心城区的街路、住宅小区等200多处，广泛听取了人民群众的意见，就解决占道经营，占用绿地，住宅小区配套建设跟不上、管理不善、环境脏乱差等问题提出了意见和建议。市政府就视察期间反映的15个具体问题，逐个地进行研究，落实解决措施，使这些问题得到了及时解决。例如，六〇六所墙外千余间违建房问题，十多年未曾解决，通过这次视察，市政府根据代表们的意见，采取措施，在两个多月的时间内拆除了这一地区违建房，群众反映很好。党中央、中纪委针对当前的实际，对反腐败斗争进行了新的部署，鲜明地提出了近期取得阶段性成果的目标。为了推动反腐败斗争的深入进行，实现这一目标，市人大常委听取审议了市检察院关于依法查处贪污贿赂等严重经济犯罪情况的报告和市法院关于认真贯彻“两手抓、两手都要硬”的方针，充分发挥审判职能，为沈阳市的经济发展和社会稳定服务的报告，要求市法院、市检察院充分认识当前深入进行反腐败斗争的重要性、迫切性，克服困难，排除干扰，集中力量，提高效率，做到在近期内查办好一批大案要案；要求对典型案例及时进行曝光，让人民群众了解反腐败斗争的成果,增强搞好反腐败斗争的信心,推动反腐败斗争的深入开展。市人大常委会主任扩大会议专题听取了市政府关于纠风治乱情况的汇报,明确指出,纠风治乱工作虽然取得了一定成绩,但这项工作还仅仅是开始,必须常抓不懈。要采取措施,提高各行业管理干部的素质,还要建立健全规章制度,把纠风治乱工作纳入法制化轨道。为了促进社会治安的进一步好转,市人大常委会听取审议了市政府关于沈阳市社会治安工作情况的报告,指出当前社会治安形势仍很严峻,人民群众反映强烈,影响社会稳定和经济发展,要求政府及有关部门深入贯彻"两手抓、两手都要硬"的方针,不断增强打击力度,强化治安管理,维护社会治安秩序,为改革开放、经济建设创造良好的治安环境。市人大常委会还通过工作监督,督促有关部门解决了乱摊派、动迁回迁等一些实际问题,化解了一些热点和矛盾。

(张学伟)

【做好人大信访工作】 沈阳市人大常委会重视通过信访工作反映民意、体现民意、实现民意。1993年共受理和接待人民群众来信来访4 622(次),通过自办、转办和督办,促使一些问题得到及时解决,有效地维护了人民群众利益和社会的稳定。

市人大常委会在信访工作中着力于为人民群众办实事。1993年3月,沈阳电梯厂秦某将上访信寄至市人大常委会,反映大东区北大营街8号居民楼民用储水池与下水井相邻,由于未采取防护措施,造成引用水水质严重污染,以致近百人饮水中毒。接到这封上访信之后,市人大常委会即建议政府责成有关部门认真办理,并要求办事机构进行督促。卫生防疫部门对该民用储水池进行了全面彻底的刷洗、消毒,使水质达到国家饮用水卫生标准,居民反映很好。

市人大常委会特别重视做好集体上访的接待工作,以维护社会稳定。1993年7月23日,沈河区一经街地区约400余名被动迁的居民集体到市人大常委会机关上访,反映回迁期已到,回迁楼尚无着落,要求市人大常委会过问此事、督促有关部门予以解决。市人大常委会一方面安排人员接待上访群众代表,稳定上访人的情绪,另一方面及时向有关部门了解情况。当天下午,由市人大常委会副主任吴泮权主持召开了有市政府副秘书长、市计经委等有关部门负责人参加的协调会议,对妥善安置动迁户提出了要求。政府有关部门随即答复上访群众,近期采取各种办法尽快安置好动迁户。之后,有关部门落实房源,很快解决了这一地区动迁居民的回迁安置问题。市人大常委会还通过做好信访工作,督促有关机关纠正错案,查办执法人员违法违纪案件,维护了法律的尊严和有关当事人的合法权益,促进了人民群众关心的一些问题的解决。

(王锦时)

附:沈阳市人民代表大会常务委员会领导人名单

主　任:张国光(兼)
副主任:刘金增　周明录　裴兆林　朱炳梁　唐守山　吴泮权　金苗生
驻会委员:王云楼　李镇龙　陈雪岚　邵振棠　欧阳庚　金秉夔　赵泳乾　聂　金　郭树立　唐连茂　程连敬　谭廷珠　潘圣伦　薛桂仁
秘书长:吴泮权(兼)
副秘书长:欧阳庚　王云楼　赵泳乾

办公厅
主　任:王云楼(兼)
副主任:周庆聚　孙忠林

法制办公室
主　任:欧阳庚(兼)
副主任:周庆聚(兼)

财经室
主　任:谭廷珠
副主任:朱海泉

民族华侨外事办公室
主　任:李镇龙

政法办公室
主　任:程连敬

农村经济办公室
副主任:王永昌

科教办公室
副主任:蒋必达

城乡建设办公室
副主任:王佑启

人事代表室
主　任:蔡际阜
副主任:黄学友

沈阳市人民政府

【工作概况】 1993年,沈阳市政府按照市委八届五次、六次全会的要求,坚持"在紧中求发展,靠稳定保发展,通过改革开放促发展",经过全市各族各界人民的共同努力,全面实现了市十一届人大一次会议所确定的全年经济和社会发展目标。国民生产总值达到374亿元,比1992年增长15.2%;农业又获丰收,粮食产量达到318万吨;工业总产值完成670亿元,比1992年增长21.2%;市自营出口创汇5.4亿美元,比1992年增长16.6%;利用外资调入额达到5.65亿美元,比1992年增长48%。城乡人民生活水平继续提高,城市人均生活费收入比1992年增长20.4%,农民人均纯收入比1992年增长15.8%。

1.农业结构调整步伐加快,农村经济全面发展。一是通过加强对农村工作的领导和加大投入,加快了"两高一优"农业的建设步伐。农业总产值达到60亿元,比1992年增长7.8%。综合开发进展较快,粮食平均单产比1992年提高1%,蔬菜和畜牧业生产规模进一步扩大,菜、肉、蛋、禽、鱼等产量比1992年平均有较大幅度增长。二是加大了农村产业结构调整的力度,农副产品加工专业体系和农业产前、产中、产后服务体系初步形成,已涌现出52个专业生产(镇),569个专业生产村;投资7 800万元建设市场,农村各类市场已达233个,年成交额26.3亿元,比1992年增长43%。三是狠抓小康村建设，建成小康村32个，还有72个村接近小康村标准。四是把乡镇工业作为重要增长点来抓。乡镇工业进入快速发展阶段，完成工业总产值196亿元，比上年增长52.4%，占农村社会总产值的70%，占全市工业总产值的29.3%。

2.企业改革逐步深化，工业生产持续快速增长。一是企业改革全面展开。《企业法》和《全民所有制工业企业转换经营机制条例》赋予企业的权力逐步得到落实。已有6 099户县区以上独立核算企业实行了“三项制度”改革，涉及职工157万人，占企业职工总数的80%；剥离富余人员8.9万人，剥离出来的人员已通过发展第三产业等渠道实现了转岗转业。新成立股份有限公司33户，累计已达70户，股本金总额65.4亿元，增量资产占原有资产的42.8%。“划小经营单位”和“企业内部市场化”改革经过试验在部分企业中推广。二是技术改造有新进展，产品结构和产业结构调整取得成效。数控机床、空调器等项目进展顺利，千吨VC、风动工具等441个技改项目竣工投产。机械等支柱产业在全市工业生产中的带头作用日益显著。企业经营状况进一步改善，大中型企业实现利税比1992年增长27.1%，全市独立核算工业企业实现利税比1992年增长22.7%，其中实现利润比1992年增长41.8%。

3.对外开放进一步扩大，五区建设有了新的进展。一是坚持“一开四促”方针，实施外经、外贸、外资“三外并举”，专业外贸公司、大中型企业、商业企业、三资企业和县区企业“五路齐发”，着力发展大经贸，开拓大市场。外贸出口保持了持续增长；出口商品结构进一步优化，工业制成品在出口总额中的比重达到80.4%。二是对外承包工程和劳务合作范围日益扩大，海外开发有新的拓展。成功地举办了香港洽谈会等系列招商活动，招商引资规模不断扩大。全年共批准利用外资项目1 129个，合同外资额11.8亿美元，分别比1992年增长59.9%和25.9%。外商直接投资已成为利用外资的主体，比重达60%以上。一批大中型企业开始与境外跨国集团实行对接。对内开放也迅速发展，经贸活动范围由东北、西北、华北的三边，发展到西南、华南，涉及60多个城市。三是构造沈阳经济新格局与中心城市新框架的五区建设取得了新进展。沈阳开发区引进项目259个，有83个建成投产；二期7.7平方公里开发全面展开，并达到了“五通一平”。全区实现社会总产值17.52亿元，比上年增长107.8%。南湖科技开发区注册企业总数已达1 264家，全区技工贸总收入达28亿元，实现利税4.48亿元。北站商贸金融开发区引进开发项目17个，有8个项目开工建设，总投资额12亿元。铁西工业区总体改造进展顺利。辉山风景旅游开发区基础设施建设已经起动，引进项目37个，其中外商投资项目18个，投资总额3.5亿美元。

4.市场体系不断完善，第三产业蓬勃发展。一是通过继续推进“五放开”改革，进一步促进了大市场、大流通、大商贸框架的形成。全市社会商品零售总额达181亿元，比1992年增长24.3%。市场商品丰富，供应充裕，物价在全国普遍上涨幅度较大的形势下得到控制。二是国有商业企业改革进一步深化，大中型企业通过改善经营环境，大力开拓市场，加强网点建设，继续向组织集团化、营销连锁化和产权股份化发展；426户小型商业企业实行了“国有民营”，一些亏损企业扭亏为盈。三是与中心城市相匹配的市场体系进一步完善。各种所有制流通企业竞相发展。各类消费品市场由1992年的478处发展到510处，沈阳金属交易所、沈阳国际期货有限公司等高层次市场组织开始运营，东北石化市场、东北煤炭市场等区域性生产资料市场已经形成；金融、信息、人才、房地产、科技、劳务等各类生产要素市场已达52处。第三产业增加值比1992年增长12.5%，在国内生产总值中的比重已达到41%。

5.“科教兴市”成果明显，各项社会事业有新的发展。一是科技体制改革进一步深化，科技与生产的结合进一步加强，科技市场进一步扩大。全年取得科技成果1 650项，取得专利1 700项，技术贸易成交额达10亿元。实施“百亿工程”启动了430个项目，产值达到80亿元；农业科技工作重点抓了北陵等8个星火技术密集区和20个星火示范企业，实施星火技术项目108个，产值达到33.5亿元，利税达到2.5亿元。二是教育综合改革有新的进展。通过加强基础教育，有9个县(市)区“基本普及九年义务教育”和“基本扫除青壮年文盲”的工作达到国家和省的标准。成功地举办了沈阳国际成人教育研讨会。改革了地方高等教育的招生、考试、分配制度，进一步搞活了运行机制。新开办了40所中等以下民办学校，初步形成了“政府办学为主，社会共同参与，多元办学”的新格局。进一步改革了教育投资体制，财政投入比上年增长12.4%，社会筹资达1.5亿元。农村教育综合改革试验区由1个增加到2个，“燎原计划”示范乡镇由20个发展到48个，进一步促进了农科教的结合。三是“文化搭台，经济唱戏”取得了成效。第三届中国沈阳国际秧歌节丰富了广大群众的文化生活，进一步扩大了沈阳在国内外的知名度，文艺创作和演出取得新的成果，推出一批在全国获奖的优秀剧目。四是新闻、出版、广播、电视等工作取得新的成绩，有线电视试播成功。卫生事业有了新的进步，医德医风建设有所加强。认真贯彻计划生育基本国策，较好地完成了各项人口控制指标。

6.城市基础设施步伐加快，城市形象有新的改观。一是年度城建目标基本达到，完成城建投资6亿元，超过计划10%。民用住宅竣工交付使用313.8万平方米，回迁居民2.61万户，是历史上竣工面积、回迁居民最高的一年；新开、拓宽改造城市道路10条；完成排水工程7项；大伙房二期引水工程基本完工；电力基础设施得到改善，供电量增长9%；沈海热网工程完成第三期工程，新增供热能力308万平方米；安装21万门程控电话工程目标如期达到，新增用户10万户，改扩建

7处邮政局所已完成计划进度；40万吨污水处理厂建设已完成征地工作；绕城高速公路及沈抚支线完成43.3公里；更新改造公交车辆250台；全年新增煤气用户4万户；环境改造和改善工程同步进行，“碧水工程”开始实施，减少烟尘超万吨。二是按照“一高两大两化”的发展战略目标要求，对沈阳城市总体规划方案进行了新的调整，城市中心区规划用地面积由185平方公里扩展到440平方公里，并从总体布局、城市结构、基础设施等方面入手，制定了建设一个中心区、五个副城、两个边缘组团，六个卫星城和五十个小城镇的大都市规划。

7.城市管理力度加大，社会秩序有所好转。一是强化城市综合管理，提出了“一年抓治乱，城管见形象；二年打基础，城管大变样；三年上台阶，跨入先进市”的奋斗目标，集中力量进行了南站地区交通管制、加强人力三轮车管理、禁止轻便机动三轮车运营、加强基建工地管理、拆除部分地区违章建筑等专项整治活动。二是强化了对主要地区路段的管理，打通了五爱市场、十二线等卡脖路段，交通秩序有所好转，交通拥堵状况有所缓解。拆除违章建筑、清理占道工作取得成效，共拆除违章建筑9 800处，清理占道施工现场636处，拆除六〇六所周围地区违章建筑1 400多间，解决了多年遗留的“顽症”，归还占道面积25万平方米。市容环境卫生整治有了新的进展，对全市42个重点住宅小区环境进行了清理，对部分地区实行垃圾袋装化管理，撤掉主要街路和部分住宅小区垃圾箱3 000多个。三是加强了社会治安综合治理。在全市组织了两次“追逃犯、打团伙、破大案”统一行动，打击了犯罪分子的嚣张气焰，一般案件和大要案破案率比1992年有所提高。对“黄、毒、赌”和咖啡屋、酒吧、桑拿浴等进行了专项整治，卖淫嫖娼和色情服务等丑恶现象得到遏制。实行了巡警制，加强了综合执法。

8.财政收支基本平衡，金融秩序明显好转。一是动用财政税收政策，支持搞好大中型企业，，对商业企业实行“五放开”，对小型企业包死基数、环比递增，对街办和乡镇骨干企业实行定额定率征收，调动了企业增产增收的积极性。二是千方百计堵塞偷税漏税渠道，着力健全和完善税收征管制度。地方财政收入实现45.3亿元，比1992年增长22.2%。在增收的同时，努力节支，地方财政支出28.3亿无比1992年增长11.1%。三是整顿金融秩序，清理各种违章拆借和金融机构所办的经济实体，制止各种乱集资行为，同时大力吸收存款，多渠道筹措资金，各项金融指标均创历史最好水平，1993年末各项贷款余额和存款余额分别1992年初增加72.8亿元和75.4亿元，城乡居民储蓄存款余额达到231亿元，在全国大中城市中居第五位；货币净回笼33.6亿元，是全国少数几个货币净回笼的城市之一。

9.加强政府机关廉政建设，政府职能进一步转变。全市各级政府机关认真贯彻市委、市政府《关于推进党政机关廉政建设的规定》，普遍进行了领导干部廉洁自律、自查自纠，严肃查处了一批违纪违法案件，惩处了一批腐败分子。全市各级政府机关所办的1 620个经济实体，已有1 303个与机关脱钩，参与办企业的2 291名干部中，已有1 858人或与机关脱钩或与实体脱钩。查处行业违纪案件189起，执法部门吃拿卡要、弄权勒索等现象得到遏制。清理涉及增加农民负担的文件和项目185个，其中停止执行143个，取消收费项目49个，纠正错误收费10种，纠正强制性摊派21项，在全市142个乡镇中，农民负担全部控制在纯收入的5%以内；先后分两批公布取消了179项不合理收费项目，减轻企业和群众负担2 589万元。机关编制和人员在1992年缩编减员10%的基础上又压缩20%，市直机关共减编1 128个，精减分流人员858人，提前超额完成了国家和省下达的三年内缩编减员25%的任务。

（*张春和*）

【撤消有悖改革政策的文件】 市委办公厅、市政府办公厅组织市直有关部门从1992年底和1993年初，对1980年以来以市委或市委、市政府名义制发的、现仍在生效的规划性、法规性、决断性文件以及1989年以来制发的指示性文件进行了清理。查出与《全民所有制工业企业转换经营机制条例》相抵触、与党和政府现行方针、政策不一致的文件共有39件，其中属于内容明显过时、与实际情况不符，或以后又有新规定的共有15件，属于个别条款与《条例》或现行方针、政策不一致的共有24件。对上述文件，市委办公厅、市政府办公厅1993年3月12日下发厅秘发(1993)2号文件《市委办公厅、市政府办公厅关于停止执行沈委发[1980]31号等文件的通知》作了如下处理：

一、停止执行《批转市委宣传部等单位〈关于禁止经营营业性舞厅的报告〉的通知》等内容过时，与实际情况不符，或又有新规定的15件文件。

二、停止执行《批转市委宣传部〈关于加强宣传队伍建设的报告〉的通知》等24件文件中，与改革开放精神不一致，或与《条例》相抵触的个别条款。对这些条款，有关部门要根据上级精神和沈阳市的实际情况提出修改意见，经市委办公厅、市政府办公厅核订后，再予以颁布执行。

此外，在以往印发的领导讲话及其他会议材料中，凡与改革开放精神不一致，或与《条例》相抵触的有关内容，也一律停止执行。

厅秘发(1993)2号文件以附件的形式，明确了停止执行的文件目录和个别条款与《条例》相矛盾或不一致的文件目录及负责修改的部门。

停止执行的文件(15件)是：

1.批转市委宣传部等单位关于禁止经营营业性舞厅的报告(沈委发[1980]31号)

2.批转市科协党组《关于在县团级厂矿企业恢复和建立科学技术协会的请示报告》(沈委发[1981]27号)

3.批转市供销社《关于在基层供销社按集体经济办法实行管理的经营试点情况的报告》(沈委发

[1980]38 号)

4.市委、市政府关于发展畜牧业、渔业和林果生产几个有关政策问题的意见(沈委发[1980]64 号)

5.市委、市政府关于制止商品流通中不正之风的暂行规定(沈委发[1981]73 号)

6.批转市科协党组《关于进一步加强厂矿科协组织建设的请示报告》(沈委发[1984]6 号)

7.市委、市政府关于扩大国营工交基建企业自主权若干问题的试行规定(沈委发[1984]23 号)

8.市委、市政府关于改革商品流通体制和扩大商业企业自主权的若干规定(沈委发[1984]31 号)

9.印发《沈阳市关于对出国团组审批与管理的暂行规定》的通知(沈委办发[1984]33 号)

10.市委、市政府关于沈阳市机关、企事业单位小汽车定编及使用管理的规定(沈委发[1986]18 号)

11.关于印发《沈阳市国营工业企业厂长(经理)任期目标制试行办法》的通知(沈委办发[1986]2 号)

12.关于转发市委组织部、市体改委《关于改革行政性工业公司有关问题的暂行规定》的通知(沈委发[1987]12 号)

13.市委、市政府关于企事业单位党员、干部保持廉洁的规定(沈委发[1989]18 号)

14.转发市委组织部《关于目前干部管理工作中几个问题的规定》的通知(沈委办发[1989]24 号)

15.印发中共沈阳市委关于加强中外合资经营、合作经营企业党的工作的意见的通知(沈委办发[1990]45 号)

(*张春和*)

【市政府第十五届第一次全体会议】 市政府第十五届第一次全体会议于1993 年 4 月 10 日召开。市长武迪生、副市长任殿喜在会上作了重要讲话。

这次会议是市十一届人大一次会议选举产生的新一届政府领导人员和人大常委会第一次会议任命政府组成人员后新一届政府的第一次全体会议。

会议的中心议题是如何抓住机遇加速发展。要求对周围的大环境和小环境有一个比较深刻的认识,对全市发展的主要问题有一个共识,各部门要根据形势的变化作些思路调整,摆布好工作,找准结点。肩负起应承担的重任。

会议指出,本届政府面临的形势,其特点是要求高、难度大、矛盾多、任务重。要认清形势,增强紧迫感、使命感。

会议强调政府的各个部门要看到美好的前景,增强完成任务的信心。加快改革开放和经济发展已成为大势所趋,困难多的时候,也正是政府为人民建功立业的时候,要提高勇气,增强信心,勇敢地承担起历史重任。

会议要求政府各部门要敢闯敢冒,真抓实干。凡是看准了的事情,就要敢闯敢冒,敢于担风险,政府的决策只要符合总的发展趋势,符合“三个有利于”的原则,就应该坚定不移地往前走。

这次会议也是政府各组成部门分析形势、统一思想认识,上下一条心、团结一致,坚决完成市十一届人大一次会议确定的各项任务的动员会。这次会议为 1993 年全市各项工作取得成效奠定了基础。

(*张春和*)

【市政府第十五届第二次全体会议】 市政府第十五届第二次全体会议于1993 年 8 月 20 日召开,市长武迪生、副市长任殿喜、张瑞昌分别在会上就如何认识和正确判断当前的形势、把握社会热点问题、狠抓反腐倡廉;城市建设、土地招商、城市管理、社会治安;当前的经济形势、金融形势、贯彻中央财税会议精神等问题作了重要讲话。

会议指出,目前正处在一个非常关键的时期,既有形势大好的一面,又有形势严峻的一面,必须把握好在整个改革开放中的历史跨度,明确所处的历史地位。必须辩证地看待当前的形势,既看到已形成的优势和强项,又看到不足和弱项。要坚定信念、抓住机遇、迎接挑战。

会议强调,改革已经到了攻坚阶段,从总体上解决大中型企业的条件和态势已经形成,要认清国家实行宏观经济调控的必然性以及“紧中求发展”的有利条件,从而正确理解中央决策、统一思想、增强信心。沈阳最困难的时期过去了,最艰难的时期到来了,所谓最困难时期过去了,是指长期以来关系人民衣、食、住、行及市场发育问题已经得到基本解决。所谓最艰难的时期到来了,是指今后城市功能的调整,经济体制的转换,产业产品结构的调整,都是硬碰硬的艰巨任务。

这次会议是进一步统一思想,坚持“在紧中求发展,靠稳定保发展,通过改革开放促发展”方针的一次会议。会议明确经济工作要集中力量攻克三关:资金短缺关、扭亏关、调整结构关。从而使下半年经济的运行在外部环境趋紧的情况下,保持了适宜的增长速度,取得了较好的经济效益。

(*张春和*)

【为城市人民办的 10 件好事】 1993 年初,沈阳市人民政府为全市人民办的 10 件好事,到年底基本达到计划目标,进一步提高了城市综合服务功能,为沈阳经济的发展和人民生活水平的改善做出了新贡献。

1.全年住宅竣工面积 250 万平方米,力争达到 300 万平方米;回迁居民 2 万户。

1993 年,住宅建设各项指标均超额完成了计划目标,成为住宅建设史上完成最好的年份。全年完成住宅建设投资 35.9 亿元,其中商品住宅投资 20.2 亿元,分别比 1992 年增长 82.2%和 70.6%;施工面积 876.9 万平方米,其中商品住宅 453.6 万平方米,分别比 1992 年增长 43%和 34.7%;竣工面积 313.8 万平方米,比 1992 年增长 28.4%;回迁安置动迁户 26 130 户,比 1992 年增长 1 倍多,超计划 6130 户。

2.完成大伙房引水二期工程,确保当年实现新增日供水能力 20 万吨。

大伙房引水二期工程,主要包括南塔配水厂、李巴彦净配水厂到南塔配水厂 10 公里输水管道、市街管网 23.6 公里和输水干线挡土墙等工程,截止年末,各项工程基本完成，预计 1994 年初可形成日供水能力 20 万吨。

3. 继续开发沈西煤气、沈北煤田甲烷气等气源，形成日供气 10 万立方米的生产能力；开工建设一座 15 万立方米的干式煤气贮罐；确保新增煤气用户 3 万户。

沈西煤成气工程，全年打井 11 眼，其中有 9 眼井投入使用，确保了沈西煤成气向市内日供气继续稳定在 8—10 万立方米。为缓解沈阳市供气能力不足做出了新贡献；沈北煤田甲烷气工程，全年打井 2 眼，有气排出，现正在进行有关数据分析；165 万立方米干式贮罐（有效容积 15 万立方米），已完成初步设计、征地和场地平整等前期准备工作，全年共发展煤气用户 4 万户，超额完成了计划任务。

4. 拓宽二环南线，改造公合桥，拓宽、打通 6 条市内交通干道，建成绕城公路南半环，开工建设北半环。

南二环拓宽改造工程，东起沈抚公路西到沈大高速公路，全长 27 公里，由原宽 9—12 米，拓宽到 22 米，回填土 65 万立方米，新建了一座长青互通式立交桥；拓宽、打通市内交通干道工程，由原计划 6 条调整到 10 条，其中大南街、文艺路、光荣街、怒江街、云峰街拓宽工程已完成，青年大街、团结路、长江街基本完工，长 6.1 公里，宽 40 米的南北二干线快车道及部分慢车道铺装完成。崇山东路高架桥建成通车。沈阳绕城高速公路南半环 30.5 公里及沈抚支线 12.8 公里建成通车，北半环 7 月份开工建设，现正在进行路基及中小桥涵建设。

5. 新增和更新公交车辆 250 台；做好轨道客运交通一期的前期准备工作。

全年更新公交车辆 250 台，其中公共汽车 145 台，电车 105 台，成为历年更新车辆最多的一年，进一步改善了沈阳市公交车辆破旧老化的状况。沈阳轻轨高架交通一期工程，计划总投资 18 亿元，线路为全隔离、全高架。西起于洪张士，东到大东北海街，全长 22.3 公里。截止到年末，轨道交通车辆征地工作已完成，正在进行技术设备招标和引进外资等前期准备工作。

6. 抓好精勤、珠林和于洪南里地区的排水系统改造。

11.7 立方米/秒的精勤泵站土建部分已经完成，进入设备安装阶段，铺设出口暗渠 597 米；于洪南里铺设排水管道 718 米，暗渠 386 米；张士泵站土建部分完工，进入设备安装阶段；宁山路铺设排水管道 221.7 米：泰山路铺设排水管道 2 293米，顶管 26 米，北四马路铺设管道 885 米，东北大马路铺设管道 1 010米；珠林街铺设525米。

7. 开工建设污水处理能力 40 万吨的北部污水处理厂，开辟东部、北部垃圾排放场。

北部污水处理厂是“八五”污水处理重点项目，计划总投资 3.28 亿元，对污水进行常规处理和深度处理，日处理污水能力 40 万吨。1993 年场区征地 781.7 亩工作已完成，新开河改线修渠 1 600 米，112 明渠 518 米。现正在进行设备引进招标等前期准备工作。东部、北部垃圾排放场前期准备工作正在进行。

8. 扩大集中供热面积 300 万平方米；继续整治新开河，治理和开发浑河城市段；加快城市绿化、美化；编制“碧水工程”方案，并开始实施。

沈海热网三期工程建设全部完成，敷设热网主干线 11 公里，支线及二次网管线 29 公里，建设换热站 21 座，新增加集中供热面积 308 万平方米；治理和开发浑河城市段工程正在进行。其中南部污水截流工程青年苗圃到文体路（横段面为 3 孔直径 2.5 米）共计 611 米已铺设完成，浑河北岸护岸工程，完成浑河南拦闸门下游之阶平台 1 000 米，河山橡胶坝工程前期准备工作已完成。长江桥、怒江桥建成交付使用。城市绿化工作得到加强，全年植树 41.8 万株，造林 1 034 亩、15.9 万株，栽花 1 039 万盆，植草坪 28 万平方米。

9. 抓好太原街地区改造，加快 5 大开发区及新辟长白外地企业与私人投资开发小区等区域的基础设施建设。

太原街地区改造，已同 8 家外商签订了土地招商合同。东方红药房 4 800 平方米（香港嘉里公司）、生生照像馆 6.6 万平方米（泰国正大集团）、和平副食 1 万平方米（美国协作集团），南轩酒家 1 万平方米（香港新华集团）和新华书店 8 000 平方米（香港新世界发展公司）、开明市场 6 000 平方米（沈阳铁堂开发有限公司）等地块进入动迁阶段，其中东方红药房、开明市场动迁工作已完成，并开工建设；5 大开发区基本设施步伐加快，其中沈阳经济技术开发区二期建设已全面展开，铺设排水管道 35 公里，供水管道 27 公里，铺设道路 25 公里，两条 104 伏供电线路已架设进区，架设高压网 10 公里，已实现“五通一平”，具备了承接项目的建设条件；辉山风景区，新建了环湖北路 8.14 公里，拓宽改造了 1.6 公里进区路和 3.4 公里环湖南路，打井 7 眼，新增日供水能力 5 000 立方米，新建一处 4 600 平方米停车场，电信分局建筑用房 3 600 平方米正在建设，总装机容量可达 1 万门。

10. 新增程控电话 20 万门，发展市内电话用户 8 万户；改扩建邮政支局、所 7 处。

全年新增程控电话 21 万门，其中城内中街（44）局 1 万门，张士（51）局 1 万门，滑翔（58）局 1 万门，马路湾（36）局 4 万门，省政府（69）局 2 万门，沙河（60）局 2.4 万门，宁山路（611、612）局 4 万门，太原街（34）局 1 万门，铁西（56、57）局 1 万门，惠工（85）局 4 000 门，东北大马路（89）局 2 000 门，中山分局（22）局 4 000 门，辽中（78）局 4 000 门，营盘（319）局 1 000 门，五里河（39）局 4 000 门，开通长途线路 1.35 万路端；发展市内电话用户 9.3 万户。截止 1993 年末，沈阳市市话交换机总容量达到 40.3 万门，长途交换机总容量达到 2.3 万路端，市内电话用户达到 23.9 万户，市话普及率由 1992 年的 7.15%提高到 10.1%。进一步提高了沈阳市的通信能力。全年扩建邮电支局、所 8 处，其中热网路、向工街、珠林路、马官桥已完成交付使用，南五马路、南八马路、小北街、团结路主体完工。

（李儒成）

【基层政权建设】 1993年，沈阳市基层政权和基层群众性自治组织建设工作，又迈上了一个新台阶。

1.完成了居民委员会换届选举工作。根据《中华人民共和国城市居民委员会组织法》和《辽宁省实施〈中华人民共和国城市居民委员会组织法〉办法》的规定，按照辽宁省人民政府《关于做好居民委员会换届选举工作的通知精神》，在全市2 520个居民（家属）委员会（除部分因动迁外）进行了换届选举。全市一次选举成功率达99%，参选率达98%，共选出居民委员会干部16 440人，其中连选连任的占80.4%，正常离退的占17.8%，上届居民委员会干部落选的为1.8%；离退休人员占居民委员会干部总数的89%。通过换届选举，新的一届居民委员会干部的综合素质有了普遍提高，党员占36%，比上届提高8%；离退休干部占26%，比上届提高4%；高中以上文化程度的占20%，比上届提高6%；居民委员会干部的平均年龄为56.9岁，比上届下降了2.2岁。一大批政治素质好，遵纪守法，办事公道，有一定文化水平和较强的群众工作能力，热心为居民服务，身体健康，能够胜任工作的人选入居民委员会领导班子。全市统一在新的一届居民委员会中，设立了人民调解、治安保卫、公共卫生、计划生育、社会福利、经济管理等6个委员会，建立和完善了各项规章制度，使居民委员会的各项工作更加系统化、规范化。

2.居民委员会兴办的生活服务事业和生产企业有较大发展。截止1993年底，全市2 520个居民委员会累计兴办各类便民利民服务网点和生产企业11 290个，全年实现产值5.16亿元，利润4 585万元，居民委员会纯收入996万元，分别比1992年增长29.3%、63.5%和77.2%；上缴国家税收1 611万元。居民委员会服务事业和生产企业的发展，不仅增强了居民委员会的经济实力，创造了良好的经济效益，而且创造了良好的社会效益，大大方便了广大居民群众的日常生活，增强了居民委员会的社区服务功能。

3.村民自治示范活动又有新发展。一是围绕农村中心工作，在全市开展了"抓示范、促发展、奔小康"活动，把村民自治示范活动同农村奔小康工作紧密结合起来，使村民自治示范活动在新形势下有了新的发展。二是总结推广了一批"抓示范、促发展、奔小康"先进典型经验，进一步推动这项工作健康发展。三是辽中县被辽宁省民政厅初步确定为全省5个村民自治示范县之一，进一步拓宽了村民自治示范活动的领域。

4.继续开展了培训基层干部工作。全年共举办3期街道办事处主任岗位职务培训班，有89名街道办事处的正副主任参加了培训学习。各县区认真组织广大村（居）民委员会干部收看和学习由中央电视台和国家民政部联合编制的《村民委员会建设》和《居民委员会建设》录像片和教材，对村（居）民委员会干部进行培训，培训率达96.4%，使基层干部素质有了较大提高，促进了村（居）民委员会建设工作。

5.开展评比表彰活动。市政府对两年来全年涌现出来的基层政权和基层群众性自治组织先进集体和优秀个人进行了表彰。全市共表彰了先进乡（镇）人民政府8个，先进街道办事处5个，先进村民委员会19个，先进居民委员会18个；优秀村（居）民委员会干部标兵20名，优秀乡镇长、街道办事处主任、村（居）民委员会干部308名。并首次表彰了28名基层政权建设先进工作者。极大地调动了广大基层干部的工作积极性和荣誉感，同时也增强了责任感，为基层政权和基层群众性自治组织建设工作再上一个新台阶奠定了坚实的基础。

（何平）

【土地腾迁出让情况】 1993年，沈阳市在腾迁出让土地使用权方面有新的进展。按已签定的合同计算，共腾迁出让土地43幅，面积367.07公顷；项目合同总投资额80 763.47万美元，外方投资额70 305.77万美元；其中向外商投资企业腾迁出让土地42幅，面积365.07公顷，项目合同总投资额78 853.87万美元。

（建委）

·监察工作·

【执法监察】 执法监察是行政监察机关的重要职责和工作手段之一。1993年沈阳市监察机关紧紧围绕党和政府的中心工作和社会热点问题，广泛开展了执法监察活动，有效地促进了经济发展，确保了政治、经济和社会的稳定。

1.围绕政府有关部门落实《全民所有制工业企业转换经营机制条例》加强监督检查，保证和促进了《条例》的贯彻和落实。在该项执法监察中，市监察局首先由领导带队，组成3个调查组，深入到机械、冶金、石化、医药、轻工等8个工业主管局的20个大中型企业进行调查，从中发现了在落实《条例》中普遍存在的一些问题。通过调查，全市监察机关在该项执法监察中共立案17件，结案10件，给予政纪处分9人，为国家挽回经济损失50余万元。在对《条例》赋予企业的14项权力是否落实到位情况进行监督检查的同时，注意结合履行监察职能，积极帮助企业解决一些实际问题。如市机械局所属企业的监察机构通过开展效能监察，为企业收回外欠款2 000多万元，对近百名有终饱私囊问题的物资采购员进行了严肃处理，为企业完善管理，提高效益创造了良好的内部环境。

2.积极配合农口有关部门围绕减轻农民负担工作开展了执法监察。着重从履行监察职能出发，加强了对违纪案件及违反有关规定问题的查处与纠正，还加强了对落实市政府确定的"减负"标准情况的监督检查。全市共查处侵害集体利益、加重农民负担的案件25件，保证了减轻农民负担工作的顺利进行。1993年全市农民负担总额为1.28亿元，比1992年下降39%，人均负担49元，占农民纯收入的4.8%，比1992年减少4.22个百分点。

3.全市各级监察机关还广泛开展了对贯彻中办发（1993）5号文件及技改资金到位及使用情况、清理整顿机动车洗车场、重点部门执法情况、征兵和退伍军人安置、外语小语种招生、初中对口直升工作、违反计划生育政策等方面情况和问题的监督检查，均收到较好的监督效果。

（田维）

【惩腐办案】 1993年，沈阳市监察机关认真贯彻“两手抓，两手都要硬”的方针和中纪委二次全会精神，坚持把执纪办案作为惩治腐败的突破口和保护改革开放，促进经济发展的重要手段来抓，切实采取有效措施，加大工作力度，集中力量查处了一批违法违纪案件。全市监察机关共受理对监察对象的举报1 151件次，立案159件，其中大要案51件，结案153件，有153人受到政纪处分，有9人移送司法机关处理。从案件的性质看，属于经济方面的案件55件，占案件总数的34.6%，居各类违纪案件之首。其中比较突出的是贪污、贿赂和违反财经纪律案件，分别占经济类案件的30.9%、32.7%和23.6%；官僚主义失职渎职案件27件占案件总数的17%居第二位；腐化堕落案件16件占案件总数的10.1%居第三位。从违纪人员的身份看，多数是单位、部门的负责人或掌管钱物的人员，约占案件总数的50%以上；其次是执法、监督部门工作的人员。从违纪金额看，千元以上的案件47件，其中万元以上13件，有的高达10万元乃至百万元以上，其违纪金额之大是沈阳市近年来罕见的。从查处案件的时间看，下半年查处的案件所占比重较大，下半年共立案查处120件，占全年案件数的75.5%，特别是中纪委二中全会以来查处的案件明显增多，9—12月份查处的案件比1—8月份平均查处的案件上升4.96倍。在查办案件过程中，全市各级监察机关始终坚持以“三个有利于“作为判断是非，权衡利弊的根本标准，妥善地处理了一批涉及经济领域和改革中的问题和案件，较好地发挥了为改革开放和经济建设保驾护航的作用，全市监察机关通过查办案件共为国家和集体挽回经济损失101.4万元。

（田维）

【纠风治乱】 1993年，中共沈阳市委、市政府认真贯彻中纪委二次全会和江泽民同志重要讲话精神，紧紧围绕党的中心工作，一手抓经济建设，一手抓党风廉政建设，把纠风治乱作为反腐败斗争三项任务之一，采取有力措施，进行专项治理。经过全市党政机关和行业职工的共同努力，基本实现了年度纠风治乱工作目标，并在一些部门和行业取得了阶段性成效。

1. 狠刹群众反映强烈的不正之风取得初步成效。市委、市政府按照党中央、国务院的有关决定，经过调查摸底、自清自查、审核处理几个阶段工作，狠刹乱收费、乱罚款、乱摊派、公款出国出境旅游和党政机关经商办企业等五股不正之风，并取得了初步成效。

——市政府先后两批公布取消不合理收费179项；县（市）区先后取消不合理收费112项，全年可减轻企业和群众负担3 200万元。市、县、乡三级政府取消农民负担收费118项，每年可减轻农民负担2 000万元左右。全市两级财政部门纠正和制止了越级罚款、以罚代管、擅自制定罚没项目和非法设置罚款告示等问题。取消执法人员中473名合同工和48名临时工的上岗资格，清除市内非法设置的罚款告示牌150多处。清理乱摊派工作领导小组，已查清向企业摊派的联防费、书报费、评比、验收、达标费等20余种项目，在做好清退和纠正工作的同时，还拟定了制止乱摊派法规性文件。

——在全市范围内摸清了1992年7月至1993年8月间出国出境团组4 863个，22 069人次，其中含有党政机关干部的团组493个，有机关干部1 268人次。还有通过旅游部门办理赴东南亚等地的党政机关干部324人。针对出国（境）团组中问题。制定了出国出境团组审批10条规定。按此规定，1993年第4季度，市外办和有关部门认真处理和卡住出国团组7批35人次。

——全市党政机关所办1 417个经济实体和参与办企业的2 291名干部中，已734个实体和960名干部与机关脱钩。

2. 重点部门和行业的几项专项治理工作取得较大进展。

——市公安、工商和税务等行政执法部门，从严治理利用职权吃拿卡要、损害企业合法权益问题。公安局制定为警清廉5条规定，从严治警，全系统查处违法违纪案件25起，33人。其中，公开处理了21名违法违纪干警。两年来，累计辞退不合格干警75名。市工商局通过向群众发征询意见函，走访人大代表，聘请廉政监督员，派出执纪小分队明察暗访等方式，收集社会各界意见及腐败问题线索2 958条，在调查核实基础上，对11起违法违纪案件进行了公开处理。市税务系统重点抓了接受吃请、收受钱物和乱摊派3个问题的专项治理工作，查处19人的违法违纪问题。全年全系统拒收礼品现金折款24.9万元，取消向企业摊派20余种，金额达百万元。

——市教育系统会同有关部门对中小学收费情况进行4次大检查，纠正了重点高中、初中和热点职业高中招借读生、扩大招自费生、办重点班乱收费问题，并对市1中和120中学等13所学校乱收费问题予以通报处理，取消这些学校一年内评先评优资格，并建议区有关部门扣发校领导3—6个月结构工资奖励补贴部份。据统计，市财政收缴各中小学乱收费金额174万元，各县（市）区财政收缴18.5万元。全市各中小学退回对学生和家长的不合理收费226万元。

——市卫生系统为治理给医生送“红包”、滥用私分回扣款和以物代药问题，在沈阳地区中直、省直、军队、铁路等医疗单位统一“十不准”、“十公开”制度，重新制定《医务人员违反职业道德处罚规定》，把医德医风同奖金、工资、技术职称挂钩，对收受“红包”行为实行收一罚十。此规定实施后，各医院严格执行。中国医大第一临床医院各科115名教授、副教授，开展拒收“红包”签名活动，向社会发出公开信。此项活动开展以来，该院在1993年第4季度仅在外科各诊室拒吃请185人次，拒收“红包”和各种礼品115份，金额达两万多元，上缴各种回扣款36万元。

——市房管系统为缓解居民动迁回迁中的矛盾,千方百计克服困难,对全市11万户动迁居民宣传政策,妥善安置。截止1993年底,已按年计划安置两万户,他们还加大投入,缩短工期,使5 000户动迁居民提前回迁。市房屋土地开发集团,接管西塔动迁小区,为其注入6 000万元资金,使8年动迁在外的500户居民搬入新居。为解决回迁分房安置不公问题,他们在房源上坚持立体砍块、正厢搭配;在工作上实行工作人员双人上岗、挂牌服务;不断完善分房摇号办法,并坚持做到不私留好房,一摇到底。

3. 为政治稳定和经济发展服务收到较好社会效果。

——1993年,全市纠风治乱工作坚持了为政治稳定和经济发展服务,得到企业和人民群众的广泛支持,取得了较好的社会效果。据对全市65个县(市)区、市直部门和行业统计,在纠风治乱工作中,这些部门和单位共走访服务对象63万家,向社会或有关方面发征求意见函114万件,聘请廉政监督员1万多人,设立举报咨询公开电话925台,召开各类人员座谈会4 100多次,为企业和人民群众排忧解难做好事、办实事64 000多件,拒收钱物折款334万元。1993年底,市纠风办对全市进行了纠风治乱千人问卷调查,市民认为全市行业风气和廉政状况有明显好转和有好转的占67.2%,比1992年的55%上升12.2个百分点,认为纠风治乱工作取得明显成效和有成效的占77%,比1992年的64%上升了13个百分点;对反腐败和纠风治乱工作表示满意和比较满意的、表示有信心和比较有信心的各占55.5%,比1992年的42%和38%,分别上升了13.5个和17.5个百分点。市民评价公安、工商、税务、教育、卫生、房产部门的行风现状,认为是好的所占比例都有不同程度的上升。这说明,广大人民群众对党中央和国务院反腐倡廉,保持政治稳定,加速经济发展的各项决策,是拥护、关切和支持的,对各级党委和政府真抓实干,取得阶段性成效给予了客观公正的评价。 (楚晓飞)

·编制工作·

【概况】 1993年末,沈阳市、区、县党政群机关机构总数为876个(不含街、镇、乡),编制总数为28 576名,实有在职人数为25 328名;沈阳市、区、县属事业单位机构总数为3 417个(不含街、镇、乡),编制总数为175 781名,实有在职人数为167 061名。

1. 市级机关、事业单位机构编制:

沈阳市市级党政群机关机构总数为116个。其中,中共党委工作机构12个,人大常委会工作机构8个,人民政府工作机构70个,政协工作机构7个,人民法院机关1个,人民检察院机关1个,民主党派机构8个,人民团体组织9个。

沈阳市市级党政群机关编制总数为8 143名(国家核拨编制7 853名、地方自定编制290名),实有在职人数为5 247名。其中,中共党委机关编制738名(国家核拨编制737名、地方自定编制1名),实有在职人数为685名;人大常委会机关编制139名;实有在职人数为132名;人民政府机关编制4 141名(国家核拨编制3 852名、地方自定编制289名),实有在职人数为3 890名;政协机关编制83名,实有在职人数为83名;民主党派机关编制116名,实有在职人数为95名;人民团体组织编制75名,实有在职人数为362名。缩编减员后,市级机动编制2 551名。

沈阳市市属事业单位总数为802个,编制总数57 735名(财政全额拨款编制14 360名、财政差额拨款编制19 571名、自收自支编制23 804名),实有在职人数为49 932名。在实有在职人员中,按工作岗位结构划分,行政管理人员7 992名,专业技术人员26 383名,专业工人10 169名,后勤服务人员5 388名。

2. 区级机关、事业单位机构编制

沈阳市辖9个区的党政群机关机构总数509个(不含街、镇、乡)。其中,中共党委工作机构共83个,人大常委会工作机构45个,人民政府工作机构301个,政协工作机构15个,人民法院机关9个,人民检察院机关9个,民主党派机构2个,人民团体组织45个。

沈阳市9个市区各级党政群机关编制总数为13 552名(国家核拨编制9 925名,地方自定编制3 627名),实有在职人数为12 988名。其中,中共党委机关编制2 342名(国家核拨编制2 201名、自定编制141名),实有在职人数为2 272名;人大常委会机关编制283名,实有在职人数313名;人民政府机关编制9 775名(国家核拨编制6 437名、地方自定编制3 338名),实有在职人数9 656名;政协机关编制125名,实有在职人数139名;民主党派机关编制4名,实有在职人数为3名;人民团体组织编制671名(国家核拨编制523名、地方自定编制148名),实有在职人员数605名。缩编减员后,机动编制352名。

沈阳市辖9个市区属事业单位机构总数为2 033个(不含街、镇、乡),编制总数为91 980名(财政全额拨款编制55 987名、财政差额拨款编制20 971名,自收自支编制15 022名),实有在职人数为87 915名。在实有在职人员中,按工作岗位划分,行政管理人员13 466名、专业技术人员49 402名、专业工人19 796名、后勤服务人员5 251名。

3. 县级机关、事业单位机构编制

沈阳市辖4个县(市)党政群机关机构总数为253个(不含镇、乡)。其中,中共党委工作机构共32个,人大常委会工作机构20个,人民政府工作机构157个,政协工作机构9个,人民法院机关4个,人民检察院机关4个,人民团体组织21个。

沈阳市4个县各级党政群机关编制总数为6 881名(国家核拨编制5 370名、地方自定编制1 511名),实有在职人数为7 083名。其中,中共党委机关编制1 407名(国家核拨编制1 326名、地方自定编制81名),实有在职人数为1 436名;人大常委会机关编制198名(国家核拨编制195名、地方自定编制3名),实有在职人数210名;人民政府机关编制4 703名(国家核拨编制3 318名、地方自定编制1 385名),实有在职人数为5 066名;政协机关编制67名(国家核拨编制57名、地方自定编制10名),实有在职人数为67名;各人民团体机关编制312名(国家核拨编制280名、地方自定32名),实有在职人数为314名。缩编减员后,县级机动编制194名。

沈阳市4个县(市)属事业单位机构总数582个(不含街、镇、乡),编制总数26 066名(财政全额拨款编制16 040名,财政差额拨款编制3 706名、自收自支编制6 320名),实有在职人数为29 214名。在实有在职人员中,按工作岗位结构划分,行政管理人员4 258名,专业技术人员15 430名,专业工人7 472名,后勤服务人员2 054名。

(孙祥富　王运波)

【精兵简政、缩编裁员】 根据市委八届五次会议精神,在1992年完成机关缩编抽干10%任务的基础上,1993年市、区、县机关再缩编减员20%的工作部署,市委、市政府召开了"沈阳市党政机关精兵简政动员大会",市直各部、委、办、局和县(市)、区党政机关主要领导同志及组织、人事部门负责同志参加了会议。中共沈阳市委副书记、市机构编制委员会主任董万德作动员报告,对全市"缩编裁员"工作进行全面部署。这次机关缩编裁员范围只限于市县(市)区的党政群机关;缩编裁员的原则:一是以1992年末,市、县、区机关编制为基数,总体缩减20%,使用专项编制部门编制总额不变,但要压缩上层机关充实基层单位;二是缩减编制与缩减中层干部职数、削减行政经费原则上同步进行;三是缩减机关编制与各级机关转变职能、理顺关系结合起来同时进行。为做好机关分流人员工作,制定了安排分流人员"九条途径"和"十六条"优惠政策。

截止7月末,市级党政群机关按计划完成缩减机关编制1 131名、精简中层领导职数231名的任务,计划分流机关人员767名,实际分流机关人员848名,超10.6%;截止8月末,市内5个城区率先按计划完成缩减机关编制1 042名任务,计划分流机关人员636名,实际分流机关人员1 041名,超16.3%。截止年底,除康平县因特殊情况外,其它7个县(市)、区都按计划完成了缩减机关编制1 169名和分流机关人员1 083名任务。

(孙祥富　王运波)

【清理非常设机构】 1993年10月27日,根据中央编委关于清理整顿非常设机构的工作部署,沈阳市对一些已经完成或基本完成临时协调工作任务的非常设机构进行了清理整顿,撤销了市物价管理委员会、市整顿文化市场领导小组、市引进外资领导小组等83个非常设机构,占现有非常设机构总数的42%。

(孙祥富　王运波)

【全国首届大城市政府机构改革研讨会】 1993年6月23日至25日,沈阳市机构编制管理学会和"中国机构与编制"杂志社在沈阳共同主持召开了全国首届大城市政府机构改革研讨会。北京、天津、武汉、成都、大连、深圳等15个大城市机构编制管理部门的实际工作者和北京大学、中国人民大学、湖北省社会科学院等11所大专院校、科研单位的专家、学者50多人参加了这次会议。中央编委办公室地方组负责人宋梓铭、中央行政管理学会副会长兼秘书长刘怡昌到会就当前城市机构改革问题和90年代中国行政管理发展趋势问题作了专题发言。会议还特别邀请著名经济学家、北京大学教授肖灼基针对当前经济改革和经济发展的形势及对行政管理体制和机构改革提出了专题报告。会议还交流了11篇论文。会议期间,中央编委办公室副主任张志坚同志写来了书面讲话,中共沈阳市委、沈阳市政府的有关领导同志也到会讲了话。这次会议,对探讨地方大城市机构改革工作,开展广泛的学术研究,加强信息交流,都起到了积极的推动作用。

(孙祥富　王运波)

·保密工作·

【保密普法教育】 1993年是沈阳市在"二五"普法期间开展保密法制教育的第二年,也是实施整体推进,重点教育的关键阶段。为使全市普及保密法制教育工作能够扎扎实实地开展起来,市保密局在1993年保密工作要点中,把普法教育列为重要内容,并对各级保密组织提出了具体要求。年初召开了县区、局和保密活动组长单位参加的工作会议,对各单位落实普法教育方案和进度要求做出具体的部署。之后,根据全市工作情况确立了抓好于洪区、市建材局、沈阳重型机器厂等点、线、面结合的教育试点,总结普法教育的经验,为使整体普法工作不断深入,配合纪念《保密法》颁布5周年活动,适时召开了沈阳市普及保密法制宣传教育经验交流会,及时推广、交流了试点单位的经验,以指导全市的普法工作。根据普法工作的进展需要,市里还举办了两期普及保密法规学习班,培训专兼职保密干部百余人,为深入搞好全市"二五"普法教育培训了骨干。为配合普法宣传,省、市保密局联合摄制了反映生活实际,引以为戒的6集喜剧电视小品《密海警钟》,并组织了录像带的发行工作,还印发了《保密业务知识讲座》和《泄密案件选编》近3 000册。教育广大干部和群众懂法、守法。全市各级保密组织都能重视普法工作,并同有关部门配合把普及保密法的教育列为"二五"整体普法规划之中,许多市直机关、企事业单位和大专院校还根据本单位的实际,对《保密法》的学习、宣传教育工作实行分阶段组织和安排。采取突出重点、分层施教的方法,运用集中培训与举办讲座相结合、统一教育与自学相结合,重点教育与普及教育相结合,形象化教育与报告会相结合等有效形式,广泛深入地开展了普及保密法制教育,取得了较好的工作效果。一些单位还在党干校中开设了保密法制教育课,把普及保密法的教育列为干部培训的内容,规定了考核标准,针对不同岗位和责任,因人施教,增强了广大干部,特别是各级领导干部和保密人员的保密意识和法制观念。

为深化保密宣传教育,研究和探讨在新形势下保密工作如何适应深化改革,扩大开放的问题,更好地为经济建设服务,市保密局下发了开展保密工作理论研讨活动的通知,各级保密组织积极组织力量、撰写论文,开展理论研讨活动。机械、冶金等工业系统还做出专题部署,在系统内部开展了论文评选活动。截止到11月,各单位共选送保密论文93篇,经市论文评审小组认真评议,评出一等奖3篇,二等奖15篇,三等奖20篇。这些论文对深入研究普及保密法规起到了积极作用,同时也对在实践中如何掌握,运用法律武器为经济建设服务进行了有益的探索。市冶金局、机械局、电信局、东陵区、保密局在这次论文评选中获得组织奖。

(董志元)

【保密检查工作】 1993年,沈阳市在保密检查工作中充分发挥了保密工作为经济建设服务的作用,使全市的保密工作走上了依法管理的轨道。

1.确定密级验收工作园满结束。截止5月份,历时近3年的确定密级验收工作已基本完成。市直166个产生密级的单位共确定密级33 520项,其中绝密级163项;机密级3 691项;秘密级29 666项,在确定密级工作中,各级保密组织紧密依靠各单位专兼职保密干部,认真组织,加强指导,利用制定标准,典型引路的方法强化密级验收工作。为全市开展依法治密打开了局面。

2.严肃查处失泄密案件。在市各有关部门的支持配合下,全市共查处失泄密案件3起,针对一些单位均是在密件的传递与交接过程中,文件经管人员思想麻痹,违反保密制度所造成的失泄密案件,在查清事实基础上,已分别对当事人和责任者作出处理和经济处罚的决定。并对上述失泄密案件在全市予以通报。

3.加强对出境资料的审查管理。在沈阳海关的密切配合下,全市共办理《出境证明表》474件,其中携带23件,邮寄451件。在实施对出境资料审查过程中,注意发挥出境资料审批权单位的积极性,强化办证管理工作。在办证过程中,坚持做到随来随办,礼貌接待。树立了政府机关的良好形象。

4.积极参与重大活动。9月,市保密局派员参加了'93沈阳国际经济技术合作洽谈会,负责对外商提供合作资料的保密审查工作,根据国家保密局《对外经济合作提供资料保密暂行规定》的要求,积极与各县、区、局取得联系,宣传《规定》精神;建立了会议期间保密员联络制度;索取大会提供的资料;主动与大会主办单位取得联系,并派人驻会。在有关部门的支持与配合下,连续4年参加了洽谈会工作,为全市的经济振兴起到保驾护航作用。

为拓宽保密工作的新领域,6月下旬,市保密局参加了沈阳市中等考试的保密工作,3天考试期间,先后检查了市及各区的考场,试卷室,保密室17个,并于晚间对和平区、沈河区招生办的试卷室进行了突击抽查。通过检查,未发现考试试题泄露的情况,为顺利完成了这牵动千家万户,涉及面较广的中等考试工作提供了保证。

5.对印刷、复印及废纸收购行业进行保密检查。为认真贯彻执行国家保密局等5大机关联合制发的《印刷复印等行业复制国家秘密载体暂行管理办法》规定精神,进一步完善印刷复印及收购,销毁秘密文件资料的管理体制和方法,经市保密局、市计经委、市工商局、市公安局、市轻工局研究决定,从6月至10月对全市印刷复印废纸收购等行业重新进行注册登记,并对全市复制国家秘密载体的情况进行一次全面检查。在全市13个县(市)区的紧密配合下,全市工商登记注册印刷、复印行业839家(户),废纸收购站(点)479家,造纸厂13家,检查国家秘密载体定点单位28家(其中收回国家秘密复制许可证一家,责令限期整顿三家)。抽查印刷厂,复印社181家,废纸收购站(点)102家,造纸厂10家。通过检查,进一步增强了各级干部及从业人员的保密意识,摸清了全市复制,销毁秘密文件行业的基本情况,发现了一批好的典型,及时查处了发现的各种问题,为全市今后制定有关的规章制度,整顿复制国家秘密载体定点单位,实施对印刷、复印废纸收购行业的依法管理,奠定了坚实的基础。

(邹建国)

【纪念《保密法》颁布5周年】 1993年,是《保密法》颁布5周年,江泽民、李鹏等中央领导同志为此题词,号召全党同志发扬党的优良传统,做好新时期保密工作。根据国家保密局有关要求,市保密局下发了《关于开展〈保密法〉颁布5周年纪念活动的通知》,对纪念活动做出部署,并结合沈阳市5年来贯彻执行保密法的情况,向市人大做出了《关于沈阳市组织实施〈保密法〉基本情况的报告》,争取同级人大对执行情况的监督检查。在《保密法》颁布5周年前夕召开了全市纪念大会,认真总结了5周年来沈阳市实施法律和地方法规的情况,指出目前贯彻执行法律法规中存在的问题,提出了加强和改进的建议和措施。9月2日,市委保密委员会召开了纪念《保密法》颁布5周年座谈会,邀请市人大、法制办、司法局和部分县区、大型企业的负责同志参加了座谈会、市委副书记丁世发到会并做了《加强保密工作,为经济建设和改革开放服务》的讲话。会后,市委办公厅以沈办通报形式印发丁世发同志的讲话,要求各级组织和领导干部学习。

全市各单位按照市保密局的要求,结合本单位的实际,扎扎实实地开展了形式多样的纪念活动。东陵区、于洪区政府和许多大中型企业,结合学习宣传江泽民等领导同志为纪念《保密法》颁布5周年的题词精神,利用广播、图展、报纸、悬挂标语、横幅等形式,大造社会宣传声势。有的系统还组织了纪念《保密法》专场报告会,一些单位还撰写了纪念文章,中央、省在沈的机关单位也组织了播放保密影视片和开展保密知识竞赛等专题纪念活动。全市纪念活动的开展,使各级领导干部和广大职工群众普遍受到一次较为全面的保密法制教育，加深了对保密工作重要性的认识，增强了保密意识，收到了较好的社会效果。

（董志元）

·档案工作·

【档案工作的改革开放】 1993年，沈阳市各级档案部门和全市档案工作者认真贯彻市委八届五次、六次全会和市十一届人大一次会议的工作部署，不断推动档案工作的改革和开放，主动自觉地为全市的经济建设、对外开放和各项事业的发展服务。一是积极主动地为全市的外向型经济的发展服务。集中力量对全市开发区、“三资”企业的档案管理状况进行了调查，制定了符合本市实际的《沈阳市经济技术开发区档案管理暂行规定》、《沈阳市“三资”企业档案管理暂行办法》。针对全市积极开拓国际市场，发展外向型经济的需要，经过认真细致的调查研究，及时提出了《关于加强境外投资、承包工程、设计咨询、科技合作和劳务合作项目档案工作的实施意见》，加强了这方面档案工作的管理和服务。二是直接为全市的经济建设服务。在全国率先成立了档案信息开发服务中心，为全市各单位提供档案信息中介服务、档案业务咨询服务等，拓宽了利用档案信息为经济建设服务的渠道。三是积极探索了档案工作自身适应对外开放要求的问题。跟踪改革开放的深入发展，及时提出新的课题，下力量组织了大规模的档案工作与国际惯例对接的调查和研讨。四是主动为全市的机构改革服务。针对机构改革中容易忽视的档案安全与完整的问题，及时提出了《关于在机构改革中加强档案管理的实施意见》，市委、市政府向全市转发了这个意见，为全市在机构改革中确保档案财富的安全保管和齐全完整，维护特定历史时期沈阳市的真实面貌，提供了依据和保障。

（张黎明）

【档案法制建设】 1993年，沈阳市的档案法制建设进入了一个新的阶段。

1.全市的档案法制工作网络已具雏形。市档案局成立了档案法制工作的专门机构——法制处。建立了全市档案执法监督检查员队伍，在各机关、企事业单位和各县（市）、区共聘任专兼职档案执法监督检查员196名，明确了职责，颁发了《沈阳市档案执法监督检查员证》。

2.加强了档案工作规章体系的建设。重新对《档案法》颁布以来全市制定的档案工作规章和规范性文件进行了清理，对部分规范性文件提出了修订或废止的意见。制定了《沈阳市档案管理行政处罚办法》，对档案管理违法案件的范围、处理原则、案件管辖、处罚、裁决与执行等作出了具体的规定。同时，开始着手制定档案执法工作的有关程序和制度，并出台了《沈阳市举报违反〈档案法〉行为和保护奖励举报人员试行办法》。

3.依法查处了沈阳绝缘材料厂失火烧毁档案案件和某设计研究院所属单位涂改人事档案案件，对主要责任者做出了严肃处理。向全市发出了《关于沈阳绝缘材料厂失火烧毁档案情况的通报》。《沈阳日报》对这一案件公开曝光，并配发了评论员文章，对加强档案保护工作再一次敲响了警钟，使全市的档案安全保护工作得到了加强。

（张黎明）

【档案系统岗位练兵技术比武活动】 为了在沈阳市档案干部队伍中搞好振奋精神，热爱本职工作的教育，进一步提高档案工作者的专业技能和专业素质，沈阳市档案局、沈阳市人事局、沈阳市劳动局、沈阳市总工会在1993年共同组织了档案系统岗位练兵技术比武活动，经过各县（市）区、各系统、各单位的层层练兵和200多场次的理论考试、技术比武，产生了各自的标兵和能手。1993年11月6日，召开全市档案系统“状元杯”岗位技术比武大会。经过大会决赛，分别产生了文书档案立卷、科技档案立卷、蓝图折叠装订、档案库房管理和计算机技能5个项目的状元、标兵和能手。沈阳市档案局等单位作出了《关于表彰沈阳市档案系统“状元杯”岗位技术状元、标兵、能手的决定》。

（张黎明）

【档案系统十大先进人物】 1993年6月17日，沈阳市档案局、沈阳市人事局联合召开全市档案系统先进人物表彰大会。会上宣布，为了在全市宣传档案工作者无私奉献、开拓图强的精神，用先进典型鼓舞全市档案工作者积极进取，加快档案事业的发展，为振兴沈阳作出新的贡献，沈阳市人民政府决定：授予汤淑芝、王玉莲、孙荣轩、胡庆祯、李纯凤、张树梅、张雅娟、吴丹柯、师国祥、郑友新等10名同志为“沈阳市档案系统十大先进人物”的光荣称号。

（张黎明）

·横向经济联合·

【概况】 1993年，沈阳市的横向经济联合与协作工作，按照党的十四届三中全会精神和市委、市政府的总体工作部署，解放思想，转换机制，抓住机遇，外引内联，大力开展跨地区经贸合作活动，加大沈阳市参与全国经济发展的工作力度，进一步推动沈阳市与市外、省外特别是沿边境地区的经贸合作，加速生产要素的合理流动和优化组合，为沈阳市经济发展作出了新贡献。据统计，全年实际执行横向经济联合项目4 239项，通过联合协作实现产值26.4亿元，实现销售额12.8亿元；实现利税4.1亿元；通过联合协作引进资金5.4亿元；通过联合协作新增产品132种，创市以上优质产品81个；引进和输出管理人员、工程技术人员、技术工人等各类人才5 681人。1993年全市实有各类联合企业3 150个，其中企业集团66个。在市一级审批了有中外合资企业参加的联合企业4家，投资额在百万元以上的联合企业23家，科研与生产联合体4家。进行了15家企业集团的调研、论证和组建工作，其中星光建材集团等8个企业集团已经过审批、正式运营。1993年沈阳市横向经济联合与协作工作具有以下新特点。

1. 各级党、政领导进一步重视和加强对横向经济联合与协作工作的领导、市级党、政领导同志亲临一线部署、指挥全市性的跨地区横向联合工作，在近两年开展的“四边一线”大型跨地区经贸合作工作中，市委、市人大、市政府、市政协的领导同志武迪生、董万德、丁世发、赵金城、王声溢、任殿喜、刘金增、张瑞昌、艾廷隽、金明仕等都曾担任过沈阳经贸代表团的正、副团长，亲自带队出访和组织洽谈，直接在第一线组织、领导，开展工作。为沈阳市横向经济联合发展打开了新局面。

2. 横向经济联合与协作工作成为沈阳市对国内全面开放，特别是对沿边地区开放，进而走出国门的重要工作渠道。近二年沈阳市通过组织经贸代表团赴广西、云南、吉林、黑龙江、内蒙、山西、新疆等省、区开展经贸合作活动，波及全国60多个城市，达成各类合同（协议）1 000余项，其中已经落实的建立友好关系近60项，物资购销和边境贸易389项。1993年，沈阳市同国内各省、市、地区横向联合项目数占全市新办联合项目总数的51.8%，比1992年提高6.6个百分点，实现产值、利税分别比1992年增长5.1%和1.3%。通过开展跨地区横向经贸合作活动，有力地推动了沈阳市的企业进入国内大市场和走向世界。

3. 横向经济联合与协作工作成果显著。1993年，沈阳市通过横向经济联合实现产值26.4亿元，比1992年增长8.2%；实现销售额12.8亿元，比1992年增长33.3%；实现利税达4.1亿元，比1992年增长8%。横向联合实现产值、销售额和利税三项指标均创历史最高水平。

4. 横向经济联合与协作服务，使沈阳市经济发展的功能不断增强。通过“四边一线”大型跨地区经贸合作活动和日常的横向经济联合，促进了闲置的设备、厂房、场地、新产品、新技术等生产要素的合理流动，引进了沈阳市工业生产急需的能源、原材料和资金。

（侯雅琴）

【城乡联合】 1993年，沈阳市的城乡联合持续、稳步发展，连续3年保持强劲增长的态势。

1. 全市郊区、县横向经济联合实际执行项目1 639个，比1992年增长16%；横向联合新增产值和销售额15.48亿元，比1992年增长27%；实现利税1.75亿元，比1992年增长17%。这3项工作成果指标连续3年稳步增长，创出了历史最好水平。

2. 城乡联合在全市横向经济联合工作中的比重不断加大。1993年城乡联合实现产值和销售额占全市横向经济联合实现产值和销售额总数的39.5%，实现利税总额占全市横向经济联合实现利税总额的43%，分别比1992年增长了3.7个百分点和4个百分点。反映出城乡联合已成为全市横向经济联合工作的重要组成部分。

3. 城乡联合促进了生产要素的优化组合。1993年，乡村通过城乡联合，引进资金4亿元，其中流动资金2.22亿元，厂房折价资金3 309万元，设备折价资金14 435万元，技术折价资金193万元。城乡联合吸引了市区大工业的设备、产品、技术、资金、人才等生产要素向乡镇工业流动和转移，有力地促进了城乡之间生产要素的合理流动和优化组合。

4. 生产型联合和流通领域联合同步增长。1993年城乡之间流通领域联合实现销售额2.8亿元，比1992年增长4.7%，实现利税2 840万元，比1992年增长2.1%。反映出城乡联合朝着加速商品流通，完善市场体系的方向发展。

（何長）

【区域经济合作】 1993年，沈阳市进一步发挥中心城市作用，大力推进以沈阳为中心的辽宁中部经济协作区的区域经济联合与协作工作，并取得了新进展。

1. 按照发展社会主义市场经济的新思路，编制了协作区新的中期规划框架。各市结合本市的实际情况，提出了相应的规划要点，8市市长之间已经过互相沟通协商确定了协作更新的五年总体规划（要点）。

2. 应用区域中心市场，推动和发展区域联合。1992年，以沈阳市为中心，建立了以辽宁中部经济协作区为依托，全方位、开放式的辽宁中部共同市场，这个共同市场克服重重困难，苦战一年，采取以有形市场为舞台，以无形市场为基础、有形市场推动无形市场、无形市场保障有形市场，有形市场和无形市场相辅相成、引导协作区内企业开展形式多样的营销策略，取得了兴办有形市场，发展区域经济合作的初步成果。据统计，这个市场全年实现销售额1.25亿元，实现利税465万元，其中利润380万元。1993年12月15日，协作区又组织召开了鞍钢、本钢、抚顺石化、辽化、辽河油田5个特大企业等单位产销订货洽谈会。辽河油田拿出原油供应抚顺石化，鞍钢为辽河油田提供钢材等等。有效地沟通了这些产销能力强、物资需求量大的特大型国有企业之间的供销关系，为这些特大型企业从传统计划经济体制向市场经济体制转轨提供了切实有效的服务。洽谈会签定各类协议成交额达2亿元。5大企业的领导同志称赞这是一次手拉手走向市场的会议。在区域市场不断深入发展的同时，还向广度扩张，协作区规划了4个市场层次，即：巩固以共同市场为标志的区域中心市场；在8市建立共同市场的分市场；组织发展以行业联合体为依托的区域行业市场；以大企业名优产品为主导建立相应的名优产品市场。市场体系建设正在部署落实。

3. 区域行业联合向深层次，实体化发展。1993年9月，协作区召开了行业联合体工作经验现场交流会，介绍和推广了机械行业联合体、环保行业联合体兴办经济实体，深化、细化行业联合的经验。在经验交流会后，冶金、化工、建材等区域行业联合体，相继组建了行业联合总公司，应用行政的和经济的双重手段，推动行业区域经济合作的开展。

4. 进一步健全协作区组织网络，完善运行机制。1993年，在已建立协作区常务理事（市长）、理事（政府秘书长、计经委主任、经协办主任、科委主任等）、总部和各行业联合体等工作组织体系的基础上，又组建了由各成员市政府秘书长组成的辽宁中部经济协作区工作协调委员会，重点进行各市间经济联合与协作具体工作的协调。目前，这个工作委员会已经通过工作条例等，规章制度开始运作。

5.加强金融合作，培育区域资金市场。1993年，协作区金融联合体在继续应用发行股票、债券、集资等措施，为经济发展筹集资金，“输血”、“补氧”的同时，大力培育资金市场。协作区组建了“中国沈阳国际金融咨询发展公司”，为协作区内企业的金融活动和引进外资提供服务。筹备组建协作区的证券交易中心，为协作区资金市场提供必要的“硬件”环境。

6.发挥协作区整体优势，发展外向型经济。1993年，协作区采取整体动作，组织“8市5大企业1院”在韩国召开“中国辽宁中部经济协作区经贸合作洽谈会”。这项工作按预定的时间完成了1993年预定任务，预计可在1994年上半年赴韩国。同时，联合组建协作区海洋运输船队的工作，已经列入协作区发展的工作日程，营口港务局等有关方面已经提出了组建船队的项目任务书。

（何畏）

【’93沈阳——深圳——香港经贸洽谈会】 1993年，以“’93沈阳——深圳——香港经贸洽谈会”为标志的沈阳市与深圳市及香港的跨地区经贸合作取得了丰硕成果。5月31日，“’93沈阳——深圳——香港经贸洽 谈会”在沈阳东湖渡假村隆重召开。沈阳市委副书记、市长武迪生，市委副书记、市政协主席董万德，市委常委、市委组织部长王声溢，市人大常务副主任刘金增，副市长张瑞昌以及市经协办、计经委、经贸委、建委、科委、商办等政府部门负责同志和沈阳市168家大中型企业的负责人，广东省委常委、深圳市委书记，市长厉有为，市人大常委会主任李海东，副市长朱悦宁以及市委办公厅，市政府经协办，经发局，贸发局，体改办，接待办等有关部门的负责同志和深圳市中桥、物业、莱英达、特发、赛格、深业、石化、能源、深圳房地产总公司等28家企业的负责人，香港佳宁娜集团董事长马介璋，香港益通实业集团董事长温惜今，香港大环自行车有限公司董事长施展熊，香港亿利达（中国）有限公司总经理刘恒龄，香港成新手袋有限公司总经理邓凤莲等香港工商界人士共计610余人参加了洽谈会。会议气氛热情、友好、务实。会议历时3天，谈成合作项目62个。总投资额20亿元人民币，其中合同投资额8亿元，意向投资额12亿元。洽谈会为27个与深港联办或独资企业颁发了营业执照。

’93沈阳——深圳——香港经贸洽谈会是沈阳市1993年对国内沿海湾地区开放的一个重大举措，对沈阳市的经济发展有着深远的影响，具体表现为：

1.重点突出、针对性强，侧重老工业基地的技术改造。这次洽谈会突出了沈阳市老工业企业技术改造这一重点，在谈成的项目中，工业企业技改项目的数量及成交额都超过了项目总数和成交金额总数的一半以上。31个项目引进深圳资金十余亿元，有利于解决沈阳市老工业企业技改缺少资金的矛盾。

2.以存（量）引增（量），以少引多，切实做到了优势互补。在谈成的项目中，多数是以沈阳市现有厂房、场地、设备等存量资产，吸引深圳的资金，先进技术和管理，形成沈阳市的基础产业优势和资产优势与深圳的资金、技术、管理等优势的互补。这一结果充分显示了沈阳市与深圳市开展经贸合作的巨大潜力。

3.线“资”引“制”，双管齐下，促进沈阳市老工业企业转换经营机制。这次洽谈会在大力引进深、港资金和技术的同时，还注重引进深、港的股份制促进沈阳市的工业企业转换经营机制。在这次洽谈会上，组建了6家沈阳市企业与深、港企业联合的股份公司。洽谈会期间，沈阳市武迪生市长和深圳市厉有为市长还参加了由深圳万科公司和沈阳市6家单位联合组建的“沈阳万众股份有限公司”的创立暨第一届股东代表大会。

4.立足当前，兼顾长远，在开展经贸合作的同时，发展长远的战略合作关系。沈阳市是国家的老重工业基地，深圳市是对外开放的窗口和前沿。两市领导充分认识和把握优势互补这一关键环节，即组织双方经济界、企业界开展当前的经贸合作，又注重建立两市间长远的合作关系。会议通过了会议纪要，确定和进一步部署两市间全面加强金融合作；联手改造老工业企业；完善城市功能，共同开发第三产业；全力促进科技成果商品化、产业化和人才交流；加强两市经济贸易长期合作，加大招商力度等五大方面的工作任务，并落实了具体的工作部门。为今后两市间的长期合作奠定了基础。

5.全面合作，领域广泛，在社会经济各方面都树立了沈阳市与深圳市进一步合作的“示范工程”。这次洽谈会沈阳市与深圳市的合作项目涉及社会经济各领域，有工业技术改造项目，有科技开发项目，有房地产开发项目，还有商业、服务业等第三产业项目。合作的形式有合资联办的，有独资的。从归口部门看，有计经委系统的，有科委系统的，有建委系统的，有商办系统的。这些合作项目为沈阳市与深圳市的进一步合作，树立了“示范工程”。

在洽谈会后的半年多时间里，经过市委、市政府领导、市政府有关部门和企业的艰苦努力，特别是下大力气克服6、7月份以来国家大的宏观调控措施的施行给沈阳市与深圳市的合作带来的不利影响，沈阳市与深圳市的合作正在深入扎实地开展。截至11月末的统计，在沈阳与深圳，香港合作的62个项目中合同（协议）34项，其中沈阳同新房产开发公司，沈阳潮香村餐饮服务公司，沈阳沈达房地产开发有限公司，沈港皮革沈阳分公司，深圳尼奥时装设计有限公司沈阳分公司，国际新产品商场等18个合作项目已经开工建设，占所签合同（协议）总数的52.9%，除有一项合同消号外，其余的15项均在继续进行中；意向性合作项目28项，有8项已转为正式的合同（协议），占全部合作意向的28.6%。同时，经过双方的共同努力，另外又增加合作项目6项。到年末统计，合计到位深方资金已达5 000余万元。

作为“’93沈阳——深圳——香港经贸洽谈会”的延续和对两市间签署的“会议纪要”工作部署的贯彻和落实，沈阳市和深圳市于11月3日至10日在沈阳商业城举办了“’93深圳产品展销订货会”。深圳市92个企业、200余人来沈推出了深圳市最新生产的电子、家用电器、轻工机械、五金日化、日用百货、针纺织品，服装鞋帽、烟酒、食品饮料、文化用品、旅游用品等产品。张瑞昌、马向东、孙祥剑等领导同志和市纺织局、轻工局、电子局、长白集团公司等单位的负责同志和工业、商业企业的厂长、经理参加了订货会。订货会签订供货合同金额1.73亿元，意向协议金额4 300万元。其中沈阳商业城与深圳市有关企业达成联销、代销协议37项。这次订货会为沈阳市轻工、电子等行业产品更新和技术引进提供了机会与选择。标志着沈阳市与深圳市的经贸合作开始向经常化发展。

(何畏)

【市经贸代表团赴内蒙、山西】 1993年，沈阳市借鉴1992年组织沈阳经贸代表团赴云南、广西、吉林、黑龙江、内蒙部分地区和新疆等沿边省区开展跨地区经贸合作，扩大沈阳市与这些地区的经贸联系，“借边出境”，加速沈阳市全面对外开放步伐的成功经验，又组织了由市委副书记董万德，副市长艾廷隽为团长、市经协办主任高学林为秘书长，由沈阳市各委、办、局、县(区、市)和企业负责人组成的“沈阳市赴内蒙、山西经贸代表团”，赴内蒙古五盟和山西省开展跨地区经贸合作活动。代表团7月3日出发，7月28日返沈，历时25天，在赤峰市，锡林郭勒盟，二连浩特市，呼和浩特市，包头市，太原市，大同市等7个市(盟)进行了实地考察和经贸洽谈，推动沈阳市与内蒙山西两省区的经贸合作进入了一个新的发展阶段。代表团和上述各市签订各类合同(协议)、意向共计338项。截至年末的统计，已有178项转 为正式的合同、协议，占签约总数的53%。在已经落实，转为正式的合同、协议项目中，联合办厂54项，占总数的30.33%；技术转让56项，占总数的31.46%；物资购销42项，占总数的23.6%；建立友好关系19项，占总数的11%。这178个项目全部完成后，预计可实现年产值56 464万元，实现利润6 975万元。已经实现产值1 853万元，实现利润183.5万元。展示了沈阳市与内蒙、山西开展经贸合作工作的良好发展前景。

沈阳市赴内蒙，山西经贸代表团主要工作成果表现在以下几方面：

1.进一步开拓沈阳市工业产品销售渠道，挤占华北市场，提高沈阳市在全国机电产品市场的综合配套、成套能力。沈阳市赴内蒙、山西经贸代表团，在出访过程中瞄准各地机电产品市场，以沈阳市的综合成套、配套能力，扩大沈阳产品的影响，挤占国内市场。市机械局系统与内蒙、山西等地签订了价值2亿多元的6个机电设备成套、配套意向性协议，到年末，市机械局为赤峰有机化工有限公司提供炼油装置及设备，重型机械厂为呼和浩特市提供人造板生产线，市机械局成套公司为锡盟稠油化工厂提供炼油装置，市技改装备公司为呼市提供刨花板生产线等4个项目签订了正式的合同(协议)，合同(协议)金额约8 500万元。

2.通过“借边出境”走出国门，发展外向型经济。沈阳毛纺原料总厂、沈阳黎明机电仪表设备工程公司等单位与蒙古国联合建厂；市纺织局、机械局、轻工局、工商联等单位都与内蒙对口单位的相关企业建立了外贸关系。市纺织局已在同赤峰阿旗边贸公司的合作中受益。

3.加速沈阳市的科技成果尽快转化为生产力。沈阳钢厂的连铸连轧技术、沈阳食品发酵研究所的系列食品、饮料技术，沈阳飞机制造公司的防伪商标生产技术以及一大批乡镇企业、个人的专利技术，通过与内蒙、山西的联合协作，转移到了对方有关企业单位，加速沈阳市科技成果尽快转化为生产力，实现科技成果的价值和增值。据统计，沈阳市赴内蒙、山西经贸团技术转让的成交额达1 345万元人民币。

4.引进了一大批沈阳市工业生产急需的原材料。作为以机械加工为主的沈阳市，能源、原材料的短缺是制约经济发展的关键因素，而内蒙、山西恰恰资源丰富，可以弥补沈阳市能源、原材料需求方面的不足。沈阳经贸团内蒙、山西之行着重做了这方面的工作。沈阳皮革工业集团公司年缺口牛、羊、猪皮近百万张，这一次他们与赤峰、呼和浩特、锡林郭勒等4个皮革加工企业合作，通过技术设备输出和资金投入，联合生产牛、羊兰湿草。预计每年可拿回兰湿草50万张。沈阳毛纺原料总厂和呼和浩特市联合在蒙古国建厂，预计每年可拿4 000余吨优质羊毛。沈阳钢厂同山西太原市合作，投资补偿，返回生产急需的生铁。

5.促进沈阳市的闲置设备的转移和增值。沈阳罐头厂的价值200万元的油炸薯片设备，沈阳洗毛厂价值450万元的进口洗毛设备等共计42台套，价值1 435万元的闲置机械设备，通过与内蒙、山西的联合协作派上了新的用场。此举不仅实现了沈阳市闲置设备的转移，缓解了设备所有企业的资金和还贷压力，还可通过利润分成或产品补偿，实现设备的增值。

沈阳赴内蒙，山西经贸代表团回沈后，陆续接待了赤峰市、呼和浩特市、锡林郭勒盟、太原市等市(盟)经贸代表团的回访。张国光、武迪生、董万德、丁世发、赵金城、任殿喜、刘金增、艾廷隽、金明仕、张毓茂、孙祥剑等市委、市人大、市政府、市政协领导同志分别会见了这些市(盟)的领导同志，并对进一步增强沈阳市与有关市(盟)的经贸合作进行了商谈和部署。通过赤峰、呼和浩特、锡林郭勒、太原等市(盟)经贸代表团的回访，进一步落实了与沈阳市签署的意向性协议。沈阳市与内蒙、山西有关市(盟)的经贸合作关系正在健康发展。

(何畏)

【自身建设】 1993年，沈阳市在大力发展全市横向经济联合与协作工作的同时，继续着力加强经协工作队伍自身建设，提高经协工作系统为沈阳经济发展服务，为贯彻市委市政府重大决策服务的能力和实力。

1.加强市经协办机关建设，提高对全市横向经济联合与协作宏观调控的能力。1993年，市经协办机关在担负日常企业联合、城乡联合，科研与生产联合，区域经济联合等项工作的组织，管理的同时，还担负着市委、市政府部署的加速对国内沿海、沿边地区开放，组团出访等重要工作，还要缩减干部编制20%。在干部人数减少，工作量加大，工作质量要求高的情况下，市经协办党组一是果断作出了实施"三线作战"(即通过与沿边、沿海地区开展跨地区经贸合作"借船出海"、"借边出境"一条线；搞好日常全市横向经济联合工作的宏观调控一条线；办好经协公司一条线)，增强全市经协工作队伍"二个服务"(即：为沈阳经济发展服务、为实施、贯彻市委、市政府重大决策服务)的能力和实力的决策。二是加强对办机关全体干部的思想教育工作，领导班子多次专题研究思想政治工作，并召开了全办系统的思想政治工作会议，把全体党员、干部的思想统一到"三线作战"和"两个服务"这一共同目标上来，调动党员、干部发挥主观能动性，创造性地开展工作。三是对干部的工作进行分类指导，用人所长、宜上山的上山，宜下海的下海，结合落实"三线作战"和"两个服务"的决策，圆满地完成了减编任务。四是施行"矩阵式"的工作组织体系，在保证原有处室的各种业务、职能的同时，把"三线作战"的工作任务，特别是组会、组团、赴边等重大活动的具体任务再分解落实到各处室，这样就形成了三条主线分明，各处室原有职能和组织全市性重大横联活动纵横交叉、互相渗透、一人多职、一处多能的工作组织体系。使市经协办在工作任务量加大，工作人员减少的情况下，圆满地完成了1993年的工作任务。

2.推动经协公司深化改革，打好经协公司翻身仗。一是按市场经济发展的客观要求，进一步合理划分经营核算单位，取消原有的中间管理层次的公司，变原来6个公司为12个独立核算，自主经营，自负盈亏的企业性公司，构造市场主体，并把企业推向市场。二是按"平等竞争，择优选聘，优化组合"的原则，通过公开竞争、答辩，选聘了这些企业的经营者。三是各公司向市经协办签订承包目标责任状，确定承包指标，并由法人代表交纳风险抵押金，保证承包指标的完成，再由各公司层层分解承包指标，落实到基层部门和个人。形成了人人有指标，人人有压力，多挣多得，不劳不得的工作激励机制。通过采取上述措施，各经协公司干部群众动脑筋、想办法，苦干实干，投身市场经济，使企业的生产经营形势发生了巨大变化。经协公司全年全口径实现利润649.6万元，比市经协办向市政府签订的工作目标责任状规定的指标增长12%。全面完成了打好经协公司翻身仗第一年的工作目标。

(何畏)

附：沈阳市人民政府及各部委办局领导人名单

市　长：张荣茂
副市长：任殿喜　张瑞昌　艾廷隽　金明仕　张毓茂　刘克田　马向东　孙祥剑
市长助理：朱　锦(女)
秘书长：周勇顺
副秘书长：王　军　龙致华　齐法滋　贾丕仁　吴承昌　王维忠　张富卿

市政府组成部门

经济综合管理部门

计划经济委员会
主　任：多静如
副主任：李之恒　洪建生　刘安华　沈文波　徐有洋(兼)　关广月　蔺文斌　孟祥忱

经济技术协作办公室
主　任：高学林
副主任：洪玉良　李中权　刘　波

统计局
局　长：马金斗
副局长：刘文涛　邱维林　吴　鹤(女)

劳动局
局　长：孙长久
副局长：刘新文　陈树春　张厚义

财政局
局　长：李经芳
副局长：于惠凤　高金凤(女)　郭久嗣　汪　涛　祁　鸣(女)

税务局
局　长：姜宪志
副局长：牛树文　李天心　赵士春　张贵(兼)　何　力
纪检组长：张　贵

审计局
局　长：云生才
副局长：刘雅琴(女)　张德安

工商行政管理局
局　长：盖世林
副局长：富恩礼　包维杰　孙凤凌(女)　黄立
纪检组长：满红宇

物价局
局　长：魏玉书
副局长：王秀珍(女)　赵永林

技术监督局
局　长：何永江
副局长：万国成　洪景华　张翰闻

规划局
局　长：王　清
副局长：毛应稠　姚奇男

物资局
局　长：丛　刚
副局长：李录生　赵　进　王泰昌
党委书记：刘文生
党委副书记：王洪义
纪委书记：张　喜

工业经济管理部门

机械工业管理局
局　长：徐有洋
副局长：王贵邦　张树棠　张嘉庆
党委书记：陈凤志
党委副书记：任相林
工会主席：赵长义

冶金工业管理局
局　长:许继荣
副局长:何仲辉　李庆章
党委书记:丁世良
纪委书记:李兴国
轻工业管理局
局　长:张沛雨
副局长:赵在长　李　波
戴玲俐(女)马润泽
总工程师:李黎达(女)
党委书记:于友忠
党委副书记:姜月恒
纪委书记:周振东
石油化学工业管理局
局　长:赵安年
副局长:刘汝清　李家干
马文忠
党委书记:胡葆瑀
党委副书记:赵大然
纪委书记:王德田
工会主席:海廷杰
纺织工业管理局
局　长:刘铁成
副局长:耿秀清　李学舜
郎欢丰　宣永久
郑吉娟(女)
党委书记:赵丽娟(女)
党委副书记:杨学锋
纪委书记:司玉文(女)
工会主席:李　艺
农机工业管理局
局　长:宋铁瑜
副局长:林桂元　张家滨
郭　禹
党委书记:周长春
党委副书记:单桂英(女)
电子工业管理局
局　长:魏泰山
副局长:倪凤芳(女)　黄德风
总工程师:张仁君
党委副书记:王　铁
工会主席:王　铁(兼)
纪委书记:潘德祥
医药管理局
局　长:陈在为
副局长:丁献民　李应睦
党委副书记:郭凤梅(女)
农业经济管理部门
农业局
局　长:陈奎峰
副局长:刘家裕

林业局
局　长:何顺应
副局长:郭长源
水利局
局　长:陈承辉
副局长:全青山　熊兴文
任殿玉
商业经济管理部门
对外经济贸易委员会
主　任:王树泉
副主任:苏振昶　陈洪生
李同安　何岩江
汪　宙　王同渤
杨崇民(兼)　车宏麟
曹增和
党委书记:杨崇民
纪委书记:曹桂玲(女)
商业管理局
局　长:姚维安
副局长:滕世俊　刘芝旭
鹿　璐(女)　郑伟
党委副书记:张殿华
纪委书记:顾德成
粮食食品局
局　长:李福涛
副局长:刘春兴　陈嘉善
徐宝华　张发廷
公维伦
党委书记:李福涛
纪委书记:傅景孔
畜牧副食局
局　长:吕廉生
副局长:曹克璋　刘兆仲
鲁秀荣(女)　赵锡胜
陈继红(女)
总工程师:曾昭鉴
党委书记:王　欣(女)
党委副书记:刘文超
纪委书记:袁　键
服务业管理局
副局长:许继武　蒋欣(女)
党委书记:张恩荣
建筑材料工业管理局
局　长:葛铁铭
副局长:林　亢　赵光宇
白志江
党委书记:哈大升
党委副书记:孙　猛
纪委书记:周洪贞
城市建设管理部门
城乡建设委员会

主　任:许竞贤
副主任:邱光宇　石爱民
周德源　陆梅生
吕克瀚
城市建设管理局
局　长:刘伯良
副局长:王玉晶　高顺祥
宁先杰
党委书记:石德岩
党委副书记:张春霖　方继友
工会主席:张春霖(兼)
纪委书记:张宪书
房产管理局
局　长:郭　英
副局长:赵守贵　侯伯伟
程洁(女)　吕泽民
党委书记:赵志强
党委副书记:王文昌
纪委书记:袁桂兰(女)
建筑工程管理局
局　长:邱镜河
副局长:李德森　石其金
刘旭东
党委书记:冯景学
党委副书记:祁雨辰
工会主席:刘　秀(女)
环保局
局　长:王海峰
副局长:王泽民　林志刚
陈建智
交通运输管理局
局　长:修吉仁
副局长:何春海　柴兴福
卢世兆　关恩庆(兼)
党委书记:姚国春
党委副书记:高淑芳(女)
纪委书记:关恩庆
人民防空办公室
主　任:郑新立
副主任:张林祥
社会发展部门
科学技术委员会
主　任:李厚轩
副主任:陈学朴　刘铁生
王成祥
教育委员会
主　任:张卓然
副主任:关嘉禾　张　健
王　勇　张永元
文化局
局　长:孙明山

副局长:沈长吉　陶天皋
陈欲航
党委副书记:高同宇
纪委书记:胡宝兰(女)
卫生事业管理局
局　长:孙宝鑫
副局长:刘之浩　石树棋
王廷相　宋若男(女)
党委书记:李友仁
党委副书记:刘兴烈
纪委书记:李友仁(兼)
体育运动委员会
主　任:林树贤
副主任:刘文龙　张家祥
金自庸
计划生育委员会
副主任:崔永信　黄振卿
政务行政管理部门
办公厅
主　任:龙致华
副主任:张成库　张福乐
刘语民
研究室
副主任:汤造宇　仲肇明
经济体制改革委员会
主　任:宿　庸
副主任:富柏春　王义本
宋普光
民族事务委员会
主　任:田世厚
副主任:李锡福　肇乐群
铁慧如(女)
宗教事务局
局　长:田世厚(兼)
副局长:黄廷仕　崔国华
人事局
局　长:孙桂安(兼)
副局长:王金澄　宋海盛
张海川
编委会办公室
主　任:张海川(兼)
外事办公室
主任:娄国臣
副主任:董　光　方向东
李　军
口岸办公室
副主任:尚玉庭
监察局
局　长:赵传续
副局长:赵启德　傅晓晨
金国生

民政局
局　长:李振发
副局长:张宝华(女)　杨钟惠
李贺奇
侨务办公室
主　任:王晓明(女)
档案局
局　长:张秀华(女)
副局长:荆绍福
乡镇企业局
局　长:齐法滋(兼)
副局长:赵宇光
社会安全保障部门
公安局
局　长:常绪武
副局长:周文高　韩广生
吴宗声　杨加林
柴文忠　崔德义
政治部主任:王金利
纪检组长:徐德洪
司法局
局　长:刘福安
副局长:李　楷　顾长恩
马福元　柴德信
国家安全局
局　长:贾永祥
副局长:刘　威　张世龙
刘长海(下派) 修俊岩
总工程师:邵振隆
保密局
副局长:王西林
市政府直属工作部门
参事室
副主任:周雨田　舒玉瓒
商业办公室
主　任:于占淮
副主任:赵万福　郭世涛
法制办公室
副主任:刘济民　肖继业
市委市政府信访办公室
主　任:陈德成
副主任:孙艳华(女)
市精神文明建设城市管理办公室
主　任:朱福斌
副主任:吕海滨
新闻出版局
局　长:郑邦俊
副局长:傅虹烈
集体经济办公室
主　任:杨昆林
副主任:孙玉海　朱煜华

市政府派出机构
市政府驻北京办事处
主　任:翟泰定
副主任:苑杰
市政府驻上海办事处
主　任:陆传骧
副主任:谢佐鑫
市政府驻深圳办事处
主　任:彭树卿
副主任:王辉荣　张士勇
陈　科
市政府驻大连办事处
主　任:孙世平
市政府驻厦门办事处
主　任:罗奉岭
副主任:曹春林
市政府驻海口办事处
主　任:田有明
副主任:白成富
沈阳开发区管理委员会
主　任:刘克田
副主任:张希志　张德彦
温贵纯　栾茂贤
陈　刚
南湖科技开发区办公室
主　任:王成祥(兼)
副主任:李国安　李梦玲(女)
黄　凯
辉山风景区开发建设管理委员会
主　任:李世路
副主任:王精玉　于奎志
田维忠
北站商贸金融开发区办公室
主　任:石爱民(兼)
副主任:李　岩　王崇华
胡作友(兼)
浑河开发管理委员会
主　任:熊兴文
副主任:汪德孝　刘熙年
市政府直属事业单位
沈阳人民广播电台
台　长:高占文
副台长:弋国良　张茂民
王维德
沈阳电视台
台　长:韩永言
副台长:禹振侠　李云柱
白明路　刘凤城
沈阳出版社
社　长:郑邦俊
副社长:马洪伦

沈阳大学

党委书记:梁济宏

校　长:刘金福

沈阳大学财经学院

院　长:解恒谦

党委书记:李文林

沈阳大学师范学院

院　长:王树茂

党委书记:罗　超

沈阳大学农业分校

校　长:鞠玉升

党委书记:于海川

沈阳医学院

党委书记:石树棋(兼)

院　长:李晏真

沈阳行政学院

院　长:唐贵才

副院长:孙宏庸　原成华

党委书记:李培生

党委副书记:柴永庆

纪委书记:董成实

工会主席:田朝斌

沈阳科技总院

副院长:张万云　钟锡蛟

沈阳铁西经济技术开发总公司

总经理:王家驹

副总经理:董树良　邴文明

沈阳机电设备招标公司

经　理:章焕耀

市接待办公室

副主任:张　哲

堵关保(正处)

市地震办公室

主　任:王树棋

副主任:喻虹桥(正处)

市广播电视大学

校　长:韩秋波

党委书记:张洪志

市科技干部进修学院

院　长:王会元

党委书记:王会元

市地方志编纂办公室

主　任:殷蔚然

副主任:卢鸿泉

市直属企业行政管理机构

市农垦联合企业总公司

总经理:张　双

副总经理:裴家复　张学香

佟永奇

党委书记:吕海清

党委副书记:崔国良

纪委书记:刘国安

工会主席:刘国安(兼)

市烟草专卖局(公司)

局　长:宋学明

副局长:王奉民(女)　高金

市供销合作社联合社

主　任:武振生

副主任:岳铁山　金子固

李盛丰

党委书记:柳　松

党委副书记:刘汉宸

工会主席:刘仁刚

市直属企业

中国沈阳国际经济技术合作公司

总经理:姜　琦

副总经理:李国平　刘长安

郭恩成　雷干华

沈阳国际信托投资公司

副总经理:王隆基　魏宝瑞

沈阳市信托投资公司

副总经理:刘　杰　刘校范

沈阳金杯汽车股份有限公司

董事长兼总裁:何忠彬

副总裁:刘玉兰(女)　刘德祥

孙承铎　黄　平

姜洪军

党委书记:何忠彬

党委副书记:周铁军　陶新潜

沈阳工业品贸易中心

总经理:王　麟

副总经理:初耀武　刘国强

党委副书记:王　兵(女)

市煤气总公司

总经理:王英民

副总经理:杜望驹　江洪友

孙兆凯　范乃民

王光智

党委书记:邱德安

党委副书记:江洪友

纪委书记:刘英男

市自来水公司

总经理:张守惠

副总经理:季　超　强文涛

段滨志　才洪元

高鹏元

党委书记:冯惠远

市政协

【市政协十届一次会议】 中国人民政治协商会议沈阳市第十届委员会第一次会议于1993年2月10日至16日在沈阳八一剧场举行。

这次会议是在全市各族人民深入贯彻落实中共十四大精神,加快改革开放和现代化建设步伐,夺取建设有中国特色社会主义事业更大胜利的大好形势下召开的。会议听取并审议了王长兴代表九届常委会作的《高举两面旗帜,充分发挥政协作用,为推动实现沈阳发展宏伟目标而奋斗》的工作报告;审议了九届提案委员会的九届一次会议以来提案工作情况的报告;选举产生了政协沈阳市十届委员会主席、副主席、秘书长和常委。与会委员还列席了沈阳市第十一届人民代表大会第一次会议,听取并协商讨论了武迪生市长作的《政府工作报告》,听取并协商讨论了《关于沈阳市1992年国民经济和社会发展计划执行情况及1993年计划安排(草案)的报告》、《关于沈阳市1992年财政预算执行情况和1993年财政预算(草案)的报告》、《沈阳市国民经济和社会发展十年规划和第八个五年计划纲要的调整方案(草案)》的说明;协商讨论了新一届市人大主任、副主任,市长、副市长,市人民法院院长,市人民检察院检察长的人选。与会委员以高度的历史责任感和使命感,解放思想,广开言路,共商振兴沈阳大计。

会议一致同意市政协九届常委会的工作报告和提案委员会的提案工作情况的报告,充分肯定了市政协在过去5年里取得的成绩,并向在九届委员会工作期间做出突出贡献的、离任的政协委员和政协领导,致以崇高的敬意。

会议充分肯定了《政府工作报告》,同时提出了一些意见和建议。

会议号召,全市各级政协组织、政协委员、各党派、工商联、各人民团体、无党派人士,要紧密地团结在以江泽民同志为核心的党中央周围,在中共沈阳市委的领导下,更好地履行政治协商、民主监督的职能,进一步完善共产党领导的多党合作和政治协商制度,充分发挥政协的人才智力优势，在全市改革开放和现代化建设中发挥更大作用，发挥政协联系面广的优势，巩固和发展沈阳市安定团结的政治局面，大力开展“三胞”联谊活动，促进祖国统一、对外开放，遵循“长期共存、互相监督、肝胆相照、荣辱与共”的方针，加强 各党派、工商联、各人民团体、各族各界人士的团结合作，充分发挥参政议政的作用，加强政协自身建设，把政协工作不断推向前进。高举爱国主义和社会主义旗帜，团结一切可以团结的力量，调动一切积极因素，同心同德，群策群力，拼搏进取，真抓实干，为祖国统一、振兴中华，为把沈阳建设成为高科技、大生产、大流通的现代化、国际化城市而奋斗。

会议选举董万德为市政协第十届委员会主席，林馥卿、王长兴、单承申、陈水、陈洪铎、马吉庆、刘祁涛、孙毓庆、单光大、赵中玉当选为副主席；张德佑当选为秘书长。

全国政协常委李涛，辽宁省政协副主席林声，市委书记张国光，市委副书记、市长武迪生，市委副书记丁世发、王景荣，市委常委、市总工会主席李中鲁，市委常委、秘书长赵金城，市委常委、市纪委书记周明录，市委常委、宣传部长高柏金，市人大常委会主任徐晨，市人大常委会副主任黄正勋、张全、聂增贵、刘金增、王果新、裴兆林，副市长任殿喜、艾廷隽、张瑞昌、金明仕、刘克田、张鸣岐出席了会议。出席会议的还有市委老领导吴铁鸣、李柯，市政协往届主席、副主席李正风、刘克田、李欣、许沼、李学勇、成心德、刘黑枷、夏德昭、朱炳梁。

市各民主党派、市工商联、市工会、团市委、市妇联等有关人民团体领导及有关大专院校、科研单位的负责同志和部分政协之友也应邀出席了大会。

市委书记张国光、新当选的市政协主席董万德分别在大会开幕式和闭幕式上讲了话。

（隋吉行）

【市政协十届一次常委会议】 沈阳市政协十届一次常委会议于1993年4月6日至8日在沈阳宾馆举行。会议传达了全国政协八届一次会议精神，审议通过了市政协1993年工作要点；审议通过了市政协第十届委员会专门委员会组织原则；审议通过了市政协第十届常委会关于设置专门委员会的决定；听取了秘书长张德佑所作的关于市政协副秘书长建议名单和市政协各专门委员会组成人员建议名单的说明，并审议通过了市政协副秘书长任命名单和市政协第十届委员会各专门委员会组成人员名单。

会议一致认为，全国政协八届一次会议是一次承前启后、继往开来的重要会议；这次大会的召开，对于巩固和发展我国最广泛的爱国统一战线，坚持和完善共产党领导的多党合作和政治协商制度，更好地发挥人民政协的职能作用，都起到了极大的推动作用。

与会常委还联系全市实际工作，就解放思想、更新观念，搞好国有大中型企业，加强农业基础地位，转变政府职能、搞好城市建设，反对腐败、纠正行业不正之风，大力发展教育事业，发挥民间商会作用等方面，提出了许多很好的意见和建议。

市政协主席董万德在会议结束时作了重要讲话。指出，要把推动思想解放、转变观念作为政协的重要工作来抓；要围绕经济建设这个中心，抓大事、议大事、办实事；要积极发挥政协优势，突出政协自身特点，使政协工作更加生动活泼，富有成效；要在爱国主义和社会主义旗帜下，做好大团结的工作；还要加强政协自身建设。

市政协副主席林馥卿、单承申主持了这次常委会议。

市政协副主席王长兴、马吉庆、刘祁涛、孙毓庆、单光大、赵中玉出席会议。市各民主党派和工商联负责人及各县区政协主席列席了会议。

（隋吉行）

【市政协十届二次常委会议】 沈阳市政协十届二次常委会会议于1993年7月19日至20日举行。会议听取了市委副书记丁世发关于市委八届六次全会精神的传达和副市长张瑞昌关于沈阳市上半年经济形势和今后工作意见的通报，并进行了协商讨论。常委们对全市上半年的工作成就和下半年工作安排表示肯定，并就进一步解放思想，振奋精神，坚定信心，解决当前沈阳市经济工作中的矛盾和问题，提出了一些意见和建议。

市政协副主席林馥卿根据市政协主席会议的意见，就市政协上半年的工作情况向常委作了汇报，并就如何贯彻落实好市委八届六次全会精神，做好市政协下半年的工作提出了意见和要求。她在讲话中指出：市政协要认清形势，进一步解放思想，增强为经济建设服务的自觉性，把议大事和办实事紧密结合起来，围绕全市下半年重点工作履行政协职能，做好团结稳定工作，维护和发展良好的社会政治环境，开拓海外联谊工作的新领域，在中共沈阳市委的领导下团结一致，同心同德、振奋精神，开拓进取，开创政协工作新局面，为保证全市国民经济持续快速健康发展做出新贡献。

市政协副主席孙毓庆、单光大主持了会议，副主席王长兴、单承申、马吉庆、刘祁涛、赵中玉及秘书长张德佑出席了会议。各县区政协主席列席了会议。

（隋吉行）

【市政协十届三次常委会议】 市政协十届三次常委会会议于1993年10月18日至20日举行。会议听取了康平县负责同志关于防风治沙情况的汇报；审议通过了《市政协常委会关于大力发展沈阳市创汇农业的建议案》和《市政协常委会关于进一步做好康平、法库地区防风治沙工作的建议案》；讨论了市政协《关于沈阳市在搞好国有大中型企业进程中解放思想，更新观念情况的调查报告》和《关于加速沈阳市科技成果中试基地建设情况的视察报告》。会议还听取了市委副书记、市政协主席董万德作的《关于目前全市形势》的报告。

市政协副主席林馥卿作了总结讲话，并对年底前市政协的工作做了布置。

市政协副主席王长兴、单承申、孙毓庆、单光大先后主持了会议。市政协副主席刘祁涛、秘书长张德佑出席了会议。各县(区)政协主席列席了会议。

(隋吉行)

【市政协十届四次常委会议】 市政协十届四次常委会会议于1993年12月22日举行。会议听取了市委副书记、市政协主席董万德作的中共沈阳市委八届七次全会精神的传达;听取了市政协副主席林馥卿关于省政协七届四次常委会议精神的传达。会议原则通过了《关于召开市政协十届二次全会的决定》。

市政协副主席王长兴、单承申主持了会议。副主席马吉庆、刘祁涛、孙毓庆、赵中玉、秘书长张德佑出席了会议。各县(市)区政协主席列席了会议。

(隋吉行)

【充分履行政协的基本职能】 1993年,沈阳市政协紧紧围绕市委、市政府的重大决策 和人民群众普遍关心的重大问题,积极开展协商监督活动,全年共召开专题协商会12次,情况通报协商会9次,充分履行了政治协商、民主监督的基本职能。

1.认真组织好决策前的协商。住房制度改革是牵动全市各阶层利益的大事,为使这项改革稳妥进行,市政协在市房改办提出出售公有住房方案后,及时组织委员对实施办法进行协商。提出,“提租补贴与出售公有住房应同时出台”、“应充分考虑沈阳市亏损、停产、半停产企业职工的承受能力,对部分企业暂缓进行房改”、“没有达到住房标准的职工应与达到住房标准的职工同等优惠”等12条意见和建议。这些意见和建议在正式公布的房改方案中被采纳。市委召开反腐败斗争工作会议前,市政协会同市纪委、市委统战部、市监察局、为市委召开情况通报会做了准备。在协商讨论中、各民主党派、工商联负责人对全市如何搞好反腐败斗争提出了许多宝贵的意见和建议,对市委开好反腐败斗争工作会议起了积极作用。在市委召开八届七次全委(扩大)会议之前,市政协召开主席会议,并邀请市各民主党派、工商联、有关人民团体负责人及县(市)区政协主席参加,就市委工作报告进行协商讨论,提出了一些修改意见,大部分被采纳到报告修改编中。市政协还就沈阳市城市建设总体规划、县区机构改革方案等关系到全市改革开放和经济、社会发展的重大事项组织了决策前的协商,提出意见和建议,为市委、市政府科学决策提供了依据。

2.对群众普遍关心的问题,及时组织协商。1993年上半年,沈阳市咖啡屋、桑拿浴大量增加,利用这些场所搞色情服务的现象比较普遍,人民群众反映强烈。市政协及时组织了专题协商会,提出了“进一步提高和统一各级领导认识”、“进一步加强宣传,发动群众进行围剿”,“进一步加强管理,依法整治”,“进一步搞好主管部门的廉政建设”等意见和建议,对市政府开展的整治工作起了积极作用。而后,市政协又组织市内5个区的政协进行了视察,加大了监督力度,取得了比较好的效果。市政协还对群众普遍关心的物价改革、城市交通管理、中小学收费等问题,组织了不同形式的协商活动,及时反应群众的愿望和要求,帮助市政府改进工作,促进了全市的稳定。

3.把协商和监督有机结合起来,市政协在履行基本职能方面,注意了在同一问题上既开展决策前的协商又开展实施过程中的监督,使协商监督的效果更为明显。1993年上半年,市政府对沈阳市交通秩序和市容环境进行整顿。为了推动这项工作,市政协请主管副市长向委员通报城市管理情况。政协委员针对存在的问题,提出一些建设性的意见,受到市政府的重视。为了促进市政府在城市管理工作会议上制订的整治措施的贯彻落实,市政协和市人大联合组织部分政协委员和人大代表,分成13个视察分团,对全市交通秩序和市容环境进行视察,深入了解情况,提出具体意见和建议。市政府领导听取意见后,召开有关部门负责人会议逐条落实,解决了606所附近违章建筑等问题。

(张绪进)

【围绕全市中心工作,深入调查研究】 1993年,沈阳市政协围绕市委、市政府的重要部署,积极开展调查研究,为加快全市改革开放和经济建设步伐献计献策。全年共开展各种调查研究、视察、考察活动19次。

1.围绕经济发展中的难点问题开展调查研究。搞好国有大中型企业是沈阳市经济发展中的一个难度最大的问题。对此,市政协组织部分委员由几位驻会副主席带队分别到市内十几个国有大中型企业进行解放思想,转变观念问题的调查,对一些企业存在的“等、靠、要”,“小富即安”,“抱残守残,因循守旧”,“求稳怕乱,不思进取”等现象进行了深入的了解和研究,形成了调查报告,提出要破除“小农意识、封建主义思想残余”、“克服夸夸其谈、形式主义的不良风气”、“树立市场经济观念,增强竞争意识”等意见和建议。为了更深入地探讨、研究、解决企业深层次的矛盾,市政协在充分调查研究的基础上,召开了关于搞好沈阳市国有大中型企业的专题意见听取会,请市委、市政府主要领导和有关部门负责同志到会听取意见。委员和专家、学者提出了关于加强企业管理,依靠科技进步振兴沈阳市国有大中型企业等6个方面36条建议。这些意见建议,提出了解决问题的思路和办法,受到市委、市政府的重视,为市委,市政府搞好国有大中型企业的科学决策提供了依据。

2.围绕全市经济发展中的热点问题开展调查研究。市政协先后组织部分委员,对沈阳市城区粮食供应企业经营困难和轻工企业停产、半停产情况进行了调查。向市委、市政府反映了在长期计划经济体制下,为解决全市人民的吃饭问题而无私奉献的粮食供应企业,由于粮价放开,竞争激烈,企业负担过重,经营机制转换慢,缺少流动资金,企业亏损,职工生活非常困难的情况和问题,向市政府提出“总结经验,加快企业转换经营机制的步伐”;“实行离退休职工工资费用补贴,使企业轻装进入市场”,“及时合理解决财政欠退款,增强企业活力”等意见和建议。对轻工企业停产、半停产情况,经调查提出“转变观念,加强企业领导班子建设;调整产品结构,实现企业良性循环";"多渠道筹措资金,努力启动生产"和"注重停产、半停产企业,加强对企业的分类指导"等6个方面27条建议,受到市政府和有关部门的重视,采取措施加以解决。

3.围绕全市经济发展中涉及到的重点问题开展调查研究,市政协还围绕沈阳市经济发展中亟需解决的减轻农民负担,动迁户回迁安置,个体私营经济的发展,科技成果转化等问题开展调查研究,提了许多好的意见和建议,为解决这些问题提供了参考。市政协开展的关于沈阳市个体私营经济发展的调查提出的4条意见和建议,在市政府召开的专题座谈会上,得到了肯定,为政府加快全市个体、私营经济发展的决策,提供了依据。

(张绪进)

【政协常委会建议案】 1993年,沈阳市政协在加大政治协商民主监督力度方面进行了积极探索,抓住全市经济建设中亟需解决的重要问题,向市委、市政府,提出了二件常委建议案。由于建议案是在充分调查、专家论证,常委会广泛讨论的基础上形成的,具有超前性和可操作性,所以较好地发挥了参政议政的作用。

1.《关于大力发展创汇农业的建议案》。1993年7月,市政协和市九三学社会同新民、辽中、东陵、于洪、新城子、苏家屯等县(市)区政协对沈阳市农副产品创汇情况进行了调查,调查表明,沈阳市创汇农业发展步伐相对缓慢,有些问题亟需解决。市政协主席办公会议讨论了调查报告,又召开了有关专家、学者会议进行了充分的论证,形成建议草案,提交市政协十届三次常委会讨论并通过。常委会认为:大力发展沈阳市创汇农业,不仅可以增加国家的外汇收入,而且必然会引起农村产业结构的调整,带动农村第二、三产业的发展,从而繁荣整个农村经济,发展创汇农业,也有利于引进国外农业先进技术和管理方法,引进资金和人才。加快发展创汇农业是把沈阳市建成高科技、大生产、大流通的现代化、国际化城市的重要一环,应当把发展创汇农业作为贯彻落实市委提出的"一开四促"方针的重要方面去抓。建议案提出了市有关部门要"提高认识,转变观念",制定规划,突出重点,"制定优惠政策,增加资金投入","搞好基地建设,抓好产品深加工","完善服务体系,强化服务功能"等建议。

2.《关于进一步做好康平、法库地区防风治沙工作的建议案》。1993年8月,市政协会同康平、法库县政协,对康平、法库县地区防风治沙情况进行了调查。从调查情况看。康法两地风害、沙害是严重,而防风治沙工作存在问题也较多。市政协十届三次常委会在讨论中认为:风害、沙害是造成康、法两县贫困的重要原因之一,要改变康、法两县的贫困状态必须锁住风口,治住沙丘,努力改善生态环境。做好这项工作不仅是沈阳市农业发展的一件大事,也是造福子孙后代的大好事。康、法两县风沙治住了,肯定会使沈阳市的环境质量得到改善。因此提出"提高认识,加强领导","制定规划,突出防治重点","广泛筹措资金,增加资金投入,调整产业结构,合理利用土地,水资源","建立沙漠化监测体系,指导防风治沙工作"等建议。

市政协关于发展创汇农业和防风治沙的建议案,受到市委、市政府的高度重视,已经纳入《政府工作报告》和全市经济发展规划中。

(张绪进)

【政协提案工作】 政协提案,是人民政协行使政治协商、民主监督职能的一个重要方面;是参加政协的各党派、各人民团体和各族名界人士参政议政,为社会主义现代化建设和祖国统一大业献计出力的一种重要方式;也是协助共产党和人民政府加强与各界人士的联系,实现决策民主化、科学化的一条重要渠道。1993年,沈阳市政协委员紧紧围绕改革开放和现代化建设以及人民群众普遍关心的重大问题,积极提提案。自市政协十届一次会议以来,共收到委员提案594件。经审查,立案584件;另10件,作为政协委员来信转有关部门办理。在立案的584件中,有关经济建设和城市管理方面的263件,占全部提案的45%;有关教育、科技、文化、卫生、体育方面的155件,占全部提案的22.8%;有关统战、政协、民族、、宗教等方面的33件,占全部提案的5.7%。截止1993年11月末,已办复提案550件,占全部提案的94.2%。其中提案所提的意见和建议被有关部门采纳,问题已经解决或基本解决的92件,占已办复提案的16.7%;有关部门正在研究处理或纳入计划解决的有390件;占办复提案的70.91%;所提意见和建议因受条件限制难以解决或留作参考的68件,占已办复提案的12.36%。

市委、市政府十分重视政协的提案工作,建立了办理提案目标管理制度,对政协提案的办理工作提出了具体要求。承办提案的市委、市政府有关部、委、办、局,市检察院、市法院和人民团体等57个单位,都采取积极措施落实政协委员提案。在经济建设方面,政协委员提出的《关于改革开放和搞好国有大中型企业的10项建议》的提案、《关于沈阳市农村经济改革与发展的建议》的提案和《关于建立沈阳产权市场的建议》的提案,有关部门都认真进行了落实。在城市建设方面,政协委员提出的《关于解决孤家子地区公共交通问题》的提案、《关于还五爱街南段人行道给行人》的提案、《关于整顿南站地区交通秩序》的提案和《关于在城区禁止燃放烟花爆竹》的提案,都引起有关部门的高度重视,认真解决。在社会主义精神文明建设和人民群众普遍关心的重大问题方面,政协委员提出的《关于中小学收费问题》的提案、《关于净化盲人环境》的提案、《关于改善康平、法库两县医疗卫生条件、加强两县初级卫生保健》的提案,有关部门都及时办理,认真落实。

一年来,市政协提案工作有如下主要特点:一是市政协领导重视提案工作,加强了对提案工作的领导,为提案工作的开展奠定了良好的基础;二是抓住时机,抓住重点,想方设法,提高提案的质量;三是与提案承办部门密切联系,加强提案办复的跟踪监督,保证提案办复的质量。

(陈振邦)

【政协海外联谊工作】 1993年,沈阳市政协海外联谊工作注意在抓实上下功夫,取得了新进展。

1.同市政府联合举办了第六届沈阳"三胞"联谊活动。应市政协邀请,来沈参加本次联谊活动的海外朋友和"三胞"96人。市政协还配合市政府做好第三届中国沈阳国际秧歌节和沈阳国际经济技术洽谈会的筹备工作,并为会议邀请了20余位客商。一年共接待"三胞"和国际友人63批253人次。

2.召开了沈阳市海外联谊会第二届第一次理事会。这次会议认真总结了第一届沈阳市海外联谊会理事会5年来的工作,通过了《沈阳海外联谊会章程》,推举了沈阳海外联谊会第二届理事会名誉会长、顾问,选举产生了会长、副会长,秘书长、副秘书长。新一届海外联谊会会长、副会长增加到12人,其中海外副会长5人,理事增加到109人,其中海外理事33人。

3.一年来,市政协着重抓了招商引资牵线搭桥工作,并对签订协议项目进行跟踪服务,提高了洽谈项目的成功率。全年经政协牵线搭桥签订的合资合作项目13项,全月外资额1 040万美元,80%外资已经到位。市政协还组织部分委员会同市致公党、市工商联对所牵线办成的6家"三资"企业进行了调查,听取了他们的意见和呼声,并就有关问题同一些主管部门沟通、协商,帮助企业解决了一些实际问题。

4.市政协在传统节日到来之际举办了联欢会,邀请了在沈的海外朋友参加,表示慰问、联络感情,加深了友谊,扩大了影响。还通过接待、书信、送圣诞卡、贺年卡等宣传沈阳改革开放和现代化建设大好形势,宣传"和平统一,一国两制"的方针,收到比较好的效果。

(陈振邦)

【沈阳第六届"三胞"联谊活动】 沈阳市第六届"三胞"联谊活动,于1993年6月22日至25日举行。

第六届"三胞"联谊活动,是由市政协与市政府联合举行的。来自美国、马来西亚、日本、韩国、台湾、香港、澳门等22个国家和地区的700多名朋友参加了本届联谊和洽谈活动。市委、市人大、市政府、市政协领导,张国光、武迪生、董万德、丁世发、赵金城、高柏金、王声溢、王扬、吴泮权、孙祥剑、林馥卿、单承申、孙毓庆、单光大,原市政协副主席许诏等出席了联谊活动,并会见了出席会议的"三胞"和海外朋友。

全国政协副主席、澳门中华总商会会长马万祺等为这届"三胞"联谊活动发来了贺电。

第六届"三胞"联谊活动是一次集参观考察、经贸洽谈为一体的海内外炎黄子孙的盛大聚会。到会的"三胞",4天共签订合同106项,合同投资总额4.72亿美元,合同利用外资额3.04亿美元,现场发营业执照61户,洽谈项目及洽谈成果超过过去五届的总和,这标志着沈阳市对外开放以及招商引资进入了一个全面展开、加速发展的新阶段。具体表现出以下几个明显的特点。

一是沈阳已成为令人瞩目的投资热点,成为"三胞"在东北地区投资的首选城市,越来越多的海外朋友认识到,沈阳不仅具有巨大的经济活力和发展潜力,而且具有强大的区位凝聚力和辐射力,是开拓事业的理想地。表明沈阳在更大范围内开展国际合作与交流的条件已经成熟。

二是对外合作领域不断拓宽,招商引资工作正向纵深发展。本届联谊活动的成交项目以高新科技和出口创汇项目为主。其中高科技项目65项,占成交项目的61.3%。同时,第一、第三产业特别是有利于改善沈阳投资环境的项目增多。大项目、特大型项目也有明显增加,其中有14个项目超过千万元。

三是来沈阳"三胞"对沈阳各开发区更加关注,投资势头明显增强,特别是沈阳经济技术开发区、南湖开发区和辉山风景旅游区已成为"三胞"众心所向的投资热点。

(陈振邦)

【学习宣传工作】 学习和宣传,是人民政协工作的重要内容之一。1993年,沈阳市政协共组织学习活动7次,国内外形势报告会4次,录音录像报告会2次,编发《情况反映》和《简报》6期,印发《学习参考资料》5期,发放其它有关学习资料2 200份,会同市委统战部举办统战理论研讨会1次,召开座谈会1次。

一年来,市政协在学习宣传方面主要做了如下工作。

1.抓好市政协中心学习组的学习,积极参政议政。一是市政协中心学习组认真学习了李瑞环同志在全国政协八届一次全体会议上的讲话,听取了关于沈阳市整治社会环境、加强城市管理工作会议精神的通报,积极就如何选好角度、找准位置、发挥政协优势,协助政府搞好城市建设等问题进行了热烈讨论,并提出了"要尽快改变城区脏、乱、差的面貌,净化美化市容,为扩大对外开放创造良好的社会环境","要充分发挥街道干部在城市管理中的作用"等意见和建议。二是市政协中心学习组在学习会上先后提出了"反对腐败斗争关系到党和国家的前途命运,决不可等闲视之,市委、市政府要采取强有力手段和措施,切实抓出成效,取得阶段性成果,以取信于民","反腐败斗争是一项长期的任务,不可能毕其功于一役,必须深入、持久、更有效地开展下去"等一些建议,得到了有关部门的重视。三是市政协中心学习组为适应建立社会主义市场经济体制新形势发展的需要,邀请有关专家、学者作了关于市场经济与法制建设、新会计制度及沈阳金融状况的学术报告;在全国工会十二大闭幕后,及时邀请了市总工会负责人传达了大会精神;中共十四届三中全会公报发表后,认真组织了学习和讨论。

2.开展了新时期爱国统一战线理论及人民政协性质、地位、作用和任务的学习活动。一是举办了统战理论和人民政协知识培训班。培训班共举办两期,先后有200多名新委员脱产参加了培训学习。二是召开了以建立社会主义市场经济体制和党的统一战线为主题的统战理论研讨会。这次理论研讨会共交流论文60余篇,评出优秀论文16篇。

3.加强了与新闻单位的联系，做好政协宣传工作。一是市政协与市委宣传部、市委统战部共同起草了《关于加强统战、政协系统新闻报道的意见》，使政协宣传工作逐步趋于制度化。二是召开了新闻单位座谈会，加强了宣传工作的力度。一年来，《沈阳日报》报道市政协消息、图片、专访等计70条。沈阳电台播发市政协消息50条；沈阳电视台播放政协消息46条；沈阳经济台播发政协消息20条。市政协还向省政协推荐了4条宣传中国共产党领导的多党合作和政治协商制度好新闻，并分别评为二、三等奖。

4.利用多种形式广泛开展了宣传活动。积极组织了老委员和政协之友的学习；订阅了61种报刊杂志，借阅数达300多人次，全年查阅资料者计4 000多人次。

（陈振邦）

【政协文史工作】 1993年，沈阳市政协文史工作认真贯彻落实了全国北戴河文史工作会议精神，以文史工作为现代化建设服务为主题，着眼于对广大人民群众特别是青少年进行爱国主义、社会主义教育，较好地完成了上级下达的协作题目和政协自身“一年出一本书”的任务。

1.完成了上级下达的协作题目任务。一是为全国政协编纂的《中华文史资料文库》一书提供了23篇史料，共26万字。其中“九·一八”事变史料4篇、张学良史料3篇、张作霖史料4篇、郭松怜史料3篇、经济史料3篇、教育史料5篇、其它史料1篇(《中华文史资料文库》所载是由全国政协和各地方政协从已出版的史料中精选后提供的，这是一项有益当代、惠及后世的工作)。二是为全国协作题目《日军侵华暴行》丛书征集提供了3篇史料。即《皇姑屯炸车案》、《“九·一八”事变》、《神原农场》共7万余字。三是为省协作题目《第一次创业》丛书征集提供了5篇史料。即《引人注目的中国表演者》、《我与套料刀》、《第一枚国徽的诞生》、《轰轰烈烈创造新纪录运动》、《联保小组的诞生》共1.1万字。这些史料集中反映了“一五”期间沈阳重点工程的工人群众在第一次创业中的光辉业绩和艰苦奋斗的精神风貌。四是为省协作题目《辽宁名城》丛书征集提供了《名城沈阳》一文，约15万字。本文以经济发展为主线，撰写了沈阳的政治、经济、文化、自然条件、风情景观、历史沿革、物产等具有地方特色的内容。

2.出版发行了《沈城旧事》的沈阳文史资料(第二十集)，约15万字。

（陈振邦）

【委员活动日活动】 委员活动日活动，是沈阳市政协组织委员开展各种活动的一种形式，在一般情况下，每月最后一周的星期六举行。1993年，市政协共举办委员活动日活动8次。在不断总结经验的基础上，委员活动日的活动内容更加丰富，形式更加灵活。

1.组织报告会。市政协邀请了辽宁大学经济管理学院的有关副教授，向委员们作了关于我国恢复关贸总协定缔约国地位的报告，使委员们对我国恢复关贸总协定缔约国的重大意义和影响有了一定的了解。

2.组织通报协商会。市政协邀请了市政府、市公安局有关负责同志分别向委员们通报了’93中国沈阳国际秧歌节筹备情况和关于打击社会丑恶现象的情况通报，使政协委员对全市重大活动情况有了较为全面的了解。

3.举办座谈会。市政协请市经贸委、科委、税务局和人民银行的负责同志一起同政协委员座谈，实行面对面协商。市政协还组织了在两个文明建设中有突出贡献的政协委员座谈，交流了在改革开放和现代化建设中的经验和体会。

4.开展视察活动。市政协组织政协委员视察了新城子区道义开发区、北陵国家星火科技密集区及于洪区部分乡镇企业。视察中，委员们提出了一些意见和建议，引起有关部门的高度重视。

5.进行慰问活动。市政协组织政协委员在中国人民解放军建军66周年之际，到沈阳军区慰问了人民子弟兵，加强了军民团结。

举办委员活动日活动，一是密切了市政协同委员的联系，改变了以往“一年一次会，见一次面”的局面，使政协与委员之间的联系更加紧密。二是密切了市委、市政府领导同委员的联系。举办委员活动日活动，委员可以直接与市委、市政府领导同志对话，反映民情民意，提出意见和要求。三是加强了市政协与民主党派及县(市)区政协的联系。每次举办委员活动日活动，都邀请市各民主党派、工商联及各县(市)区政协负责人参加，使他们与政协的联系更为密切。

（陈振邦）

【政协自身建设】 搞好政协自身建设，是人民政协充分履行政治协商、民主监督的基本职能，发挥参政议政作用的重要保证。1993年，沈阳市政协大力加强了自身建设。

1.加强了思想建设。一是会同市委统战部在市委党校举办了两期新委员培训班。通过培训，新委员对新时期统战理论和人民政协的性质、地位、作用及政协委员的义务和职责有了一定了解，从而增强了参政议政意识和主人翁责任感。市政协还在机关开展了政协工作如何上新台阶大讨论，使全体机关人员增强了做好人民政协工作的责任感和为委员参政议政服务的自觉性。二是坚持了每月一次的中心学习组学习制度。根据形势的要求重点学习了邓小平同志建设有中国特色社会主义理论、社会主义市场经济理论，并及时通报 中央、省、市委的有关重要会议精神和重大工作部署。通过学习，进一步统一了思想，增加了共识。三是请有关专家、学者作了专题报告会，形势教育会；请市政府有关领导作情况通报会；举办了理论研讨会。使政协委员更好地“知情”，为委员参政议政创造了条件。

2.加强了组织建设。一是加强了市政协领导班子建设，发挥了集体领导作用。经市委批准，组建了新一届政协党组，加强了党对政协工作的领导。二是充实调整了各专门委员会。各专门委员会的组成人员，既保留了一定数量的连任委员作骨干力量，又注意充实了一批年富力强、层次较高、有专业特长、有一定社会影响的新委员，体现了新老交替与合作。同时，注意推选政协委员中的民主党派、工商联成员和无党派人士作为副主任和委员，发挥其在专门委员会中的作用。

3. 加强了制度建设。一是在《政协沈阳市委员会关于政治协商、民主监督的暂行规定》的基础上，制定了专门委员会组织通则和工作简则及《政协沈阳市委员会机关关于加强同委员联系的暂行办法》。二是坚持了每月一次的委员活动日和秘书长联席会议制度。

（陈振邦）

附：中国人民政治协商会议辽宁省沈阳市委员会领导人名单

主　席：董万德（兼）
副主席：林馥卿（女）　王长兴　单承申　陈洪铎　马吉庆　刘祁涛　孙毓庆　单光大　赵中玉
秘书长：张德佑
副秘书长：祁士英　杨长江

办公厅
副主任：周　巩
学习宣传室
副主任：张振鹤
民主法制办公室
副主任：邹瑞凯
经济科教办公室
副主任：聂向东

民主党派和有关团体、组织

·市民革·

【概况】 中国国民党革命委员会（简称“民革”），是中国共产党领导的爱国统一战线中的一个民主党派，是中国人民政治协商会议的组成单位，是所联系的一部分社会主义劳动者和一部分拥护社会主义的爱国者的政治联盟，是致力于社会主义和中国统一事业的政党。民革于1947年底在香港组建，宋庆龄为首任名誉主席，李济深为首任主席。民革沈阳市委是中国国民党革命委员会的地方组织，它在民革中央、辽宁省民革和中共沈阳市委的领导下开展工作。

1952年12月4日，经民革东北临时工作委员会请示中共中央东北局和中共沈阳市委同意，并经民革中央委员会批准，建立民革沈阳分部筹备委员会，有基层小组7个，党员82人。1993年，市民革共有基层支部19个，党员378人。

（尹作礼）

【参政议政】 1993年，民革沈阳市委充分发挥参政党的职能，组织和推动民革党员中各级人大代表和政协委员履行自己的意见和建议。参政议政质量有很大提高。在参政议政的范围上从微观转向宏观；内容上从单纯意见转向了建议；方式上从单兵作战转向了发挥群众优势。今年共提出91件议案、提案，其中有22件被采纳，被利用率达24%。

民革沈阳市委还与市政协民主法制委员会联合进行了关于“社会治安综合治理”的定点考察。市民革选派了24名有代表性的成员与市政协委员组成了5个考察组，深入5个区的街道及有关单位进行了调研考察，为沈阳市政府进行社会综合治理提供了很好的素材和依据，收到很好效果。在调研基础上市民革写出了《关于社会治安综合治理重在治本的几点建议》，上报有关部门。

民主监督是参政党的另一重要职能。民革沈阳市委于1993年充分发挥了兼职特邀人员在各系统的民主监督职能，从另一方面起到了参政议政作用。如物价特约检查员配合市物价局多次对市场物价进行检查；特约监察员配合市监察局对社会上出现的乱收费现象进行了检查，为制止这股歪风，为反腐斗争取得阶段性成果做出了贡献。如民革沈阳市委的检察院特邀检查员经过调查，对多起执法部门执法不严，执法不准确问题提出建议，使一些错判案件得到及时解决。在民革沈阳市委年终的参政议政表奖会上，共有34名优秀提案、议案人和11名优秀特约人员受到奖励。

（尹作礼）

【为经济建设服务】 1993年，沈阳民革组织广大民革党员，学理论，转观念，发挥优势，为经济建设服务方面有了新的进展。市委会先后两次请专家学者给全体党员做了十四大精神辅导报告和当前经济形势的报告，把党员思想统一到十四大精神上来，把力量凝聚到为经济建设服务上来。在组织党员认真学习邓小平同志南巡谈话和中共十四大精神的基础上，市委会在全体党员之中开展了“学理论、转观念、抓中心、比贡献”的活动。从而推动党员发挥自身优势，围绕经济建设搞好参政议政，努力做好本职工作，积极开展科技咨询，广泛利用海外关系牵线搭桥搞好“三引进”和承办经济实体等，为沈阳的经济发展做出了应有的贡献。年末，民革沈阳市委召开了为经济建设服务表奖大会。有3个基层支部和39名民革党员被授予先进支部和先进个人的光荣称号，并受到奖励。

市民革创办的中山机械技术研究所发挥成员的优势，积极开展科技咨询活动，把民革成员中科技人员的发明创造和专利成果印成材料积极主动与有关单位协作，开发高新技术和高新技术产品，取得了一定的社会效益和经济效益。此外，市委会还对过去已经办起来的几个经济实体，根据中央精神并结合第三产业登记进行了整顿巩固工作，采取了优胜劣汰的原则，对经营好、效益好的进一步巩固，加强管理，理顺关系，使其更好发展；对于管理不善效益不佳的，按有关规定处理，该停办的停办，该脱钩的脱钩。

（尹作礼）

【积极为祖国统一工作】 祖国统一工作是民革沈阳市委的工作重点。1993年，民革沈阳市委认真学习贯彻了民革中央、省两级“祖统”工作会议精神，对如何发挥民革党员在台、港、澳及海外亲友多的优势，为促进“一国两制，和平统一”祖国服务，进行了专题研究和部署。民革沈阳市委组织广大党员，认真学习国务院发表的“台湾问题和祖国统一”白皮书；祖国统一工作委员会召开了两次会议，研讨了在新形势下如何做好祖国统一工作的方针和方法。一年来，民革沈阳市委鼓励全市民革党员，充分发挥自身优势，积极与台、港、澳及海外的亲友加强联系，宣传祖国和家乡改革开放的大好形势，邀请亲友回国观光旅游、投资办厂。通过经济文化交流和联谊活动的开展，最后达到以“民促官”，以“联系促交流”，以“经济促统一”的目的，为祖国和平统一大业做出应有的贡献。一年来，沈阳民革党员共接待归国探亲访友达12人次。许多党员的海外亲友，通过回沈接触交流，耳闻目睹了改革开放给沈阳带来的巨大变化，使他们倍感亲切，倍受鼓舞。极大地增强了对家乡的热爱和盼望祖国早日和平统一的迫切心情。随着“汪辜”会议，两岸交流日益增多，两岸关系的缓和，使许多多年不敢直接联系的台湾上层政界人士，也开始亲自写信与在沈的亲属倾述思乡之情。民革党员的联谊工作逐步转向经济交流。很多有识之士经过亲友的牵线搭桥开始在沈进行投资，民革党员李秉陈也引进了近百万元在沈阳搞房地产开发。总之，通过民革沈阳市委的鼓励、组织和帮助，全市民革党员多领域、多渠道、多形式地开展了海外联谊，对祖国统一工作起到了一定的促进作用。

（尹作礼）

【基层组织建设】 1993年沈阳市民革的特点是党员年龄严重老化，后备干部不足，组织发展工作是个薄习环节。1992年的组织发展甚至出现了负增长的令人担优的现象。为此，引起市委会领导的高度重视，增强了紧迫感和危机感，并及时举办了基层干部培训班，专门就组织发展、干部队伍培养及基层支部建设进行了专题研讨，从而形成了领导带头、全党动手抓组织发展的喜人局面。常委们亲自主动地联系党外人士，并紧紧依靠地区和单位中共党组织，取得统战部的支持和帮助，使组织发展工作取得了可喜成绩：全市一年来共发展12名新党员，联系人士已达20多名，党员人数已由负增长转为正增长。对基层支部的建设，民革沈阳市委采取了抓两头带中间的方法。对原来较好的和平区支部，帮助他们总结经验，推广了他们开展“五比”活动的做法，使工作有新的发展。对原来较落后的支部，帮助支委解决困难，提高他们的工作水平，协助他们开展一些有益的活动，丰富了支部组织生活内容，从而增强了支部的向心力和凝聚力。一年来，比较落后的支部面貌大为改观，并迈入了先进支部的行列。全市19个支部，除鲁美和直属2个支部因党员年龄过高，不能正常活动外，其余17个支部均能定期活动并进行了基本建设。绝大多数支部都能做到有计划、有总结，组织生活做到内容、时间、地点三固定。有的支部还把全年组织生活打印成计划表发给每位党员。还有许多支部设立了组织生活记录薄、参政议政记录薄、大事记和党费收支帐目。民革沈阳市委所属基层支部的建设基本上走上了规范化、制度化。

（尹作礼）

·市民盟·

【概况】 中国民主同盟是以中上层知识分子为主的具有政治联盟特点的致力于社会主义事业的政党，是与中国执政党——中国共产党通力合作的一个参政党。

中国民主同盟沈阳市委员会（简称“市民盟”）成立于1951年7月，当时有盟员59人，主任委员陈先舟，成员以文教科技界的中上层知识分子为主。

市民盟成立后，推动全市盟员和所联系的知识分子在社会主义建设事业中发挥了重要作用。特别是十一届三中全会以后，市民盟以经济建设为中心，坚持四项基本原则，坚持改革开放，以邓小平同志建设有中国特色的社会主义理论为指导，解放思想，真抓实干，在参政议政，为经济建设服务和自身建设等方面，不断适应新形势，进行创造性的探索，取得了可喜的成绩，为沈阳市的政治稳定，经济发展，促进改革开放做出了积极贡献。

1993年市民盟有盟员1 571人，直属基层51个。盟员中有各级人大代表32人，政协委员114人，其中有7人担任各级人大和政协的领导工作。

（高慧）

【加强组织建设】 为充分调动沈阳市盟员的积极性和创造性，增强为经济建设服务的力度，努力使民盟沈阳市委的工作迈出新步伐，做出新贡献，根据民盟第七次全国代表大会精神及《民盟辽宁省基层组织建设5年(1993—1997)规划纲要》和《关于1993年组织发展工作的原则意见》，依据上述文件精神，民盟沈阳市委1993年的组织发展工作，在注重质量的前提下，积极稳妥进行。全年共发展盟员97人（女39人），年净增长率5.4%。新发展盟员中具有中、高级职称的有89人，占91.7%，硕士学位的有21人，博士学位的有2人，平均年龄为38.3岁，比1992年降低3.6岁，年纪最小的27岁。截止1993年末，沈阳市有盟员1 571人。1993年8月份举办了第十二期新盟员学习班，参加学习的新盟员有50余人，通过盟章、盟史的学习，增强了新盟员的光荣感和历史责任感，提高了政治素质，同时也加强了相互间的联系和友谊，受到新盟员的欢迎。

1993年，全市有21个基层民盟组织先后完成换届改选工作。通过换届充实基层新干部83人，其中40岁以下有21人。基层干部的年轻化，增强了基层组织的活力，有利于选拔跨世纪干部。此外，因工作需要，在民盟市委十届四次全委会上又补选了4名市委委员，现共有委员42名。

根据《盟章》有关规定，民盟沈阳化工学院支部和文艺总支部条件具备，发展为民盟基层委员会，市120中学民盟小组，经过充分筹备，成立了支部委员会。现在沈阳市民盟已有直属基层51个。其中，委员会12个，支部39个。为加强基层建设树立典型，推广经验，推动基层组织活动的开展,盟市委于1993年初召开了基层工作经验交流会。会上,东北大学委员会、中国医科大学委员会、沈阳矿务局委员会、沈阳农业大学委员会、皇姑教师学校支部5个基层的代表先后发言,交流了基层工作经验。在4月份辽宁省盟召开的基层工作研讨会上,东北大学委员会、中国医大委员会、沈阳矿务局委员会、沈阳农业大学委员会又被授予"五项全能基层"的称号,并在会上交流了经验,皇姑教师学校支部在会上受到表扬。

(乔香兰)

【参政议政】 努力发挥参政议政,民主监督作用是参政党的重要职责。为做好这项工作,1993年民盟沈阳市委积极发挥盟员中担任各级人大代表和政协委员同志的作用。沈阳市盟员中有各级人大代表和政协委员146名,这些同志认真履行职责,在参政议政工作中发挥了积极作用。据不完全统计,在1993年初召开的市政协会议上,盟员提出的提案和建议就有56件,反映了广大群众和知识分子的意愿和要求。在这次会议上还以民盟沈阳市委的名义做了题为《高等院校培养人才的模式必须和发展社会主义市场经济相适应》和《完善配套的市场体系是转换企业经营机制的关键》的大会发言及《关于普通教育的几个问题》的书面发言,受到有关方面的重视,认为很有参考价值。

民盟沈阳市委所属的9个专门工作委员会,在参政议政工作中发挥了参谋部的作用。他们积极开展调查研究,在改革开放和经济建设的实践中发现问题,并提出建设性的意见和建议。如高教工作委员会,围绕当前高等教育存在的问题深入开展调查研究,写出题为《当前高等教育面临的问题及改革的几点建议》的论文,在"民盟部分省市第六次高教研讨会"上交流并受到与会同志的好评。妇女工作委员会为配合贯彻妇女权益法教育,开展问卷式调查,写出了调查报告《知识女姓的身影——关于知识分子工作、生活状况的调查与思考》,报到民盟中央。

基层广大盟员在努力做好岗位工作的基础上,积极参政议政,提高了民盟的整体参政质量。如财经学院一位盟员结合辽宁省经济发展实际,写出了《敢问路在何方——第二次创业的若干理论界定与思辨》,在1993发展战略国际理论研究会上交流,岳岐峰省长亲自给以批示,此文已印发全省各市地,供各级领导参考。

(高慧)

【学习《邓小平文选》第三卷】 1993年,民盟沈阳市委发了关于认真学习《邓小平文选》第三卷的通知。通知要求市盟各基层组织,按照《中共中央关于学习〈邓小平文选〉第三卷的决定》及江泽民总书记重要讲话精神认真组织学习,除参加各自所在单位党政组织的学习之外,还要充分利用盟会的组织生活时间,认真组织盟员学习,在学习中要理论联系实际,要在解决实际问题上下功夫。

民盟沈阳市委机关得知《邓小平文选》第三卷出版发行的消息和中共中央学习邓选三卷的决定后,立即派员去新华书店为机关干部订购《邓选》三卷及学习辅导材料,并及时组织机关干部学习座谈。

民盟市委主委会专门召开学习会,民盟市委领导明确指出,邓小平同志关于建设有中国特色的社会主义理论,闪耀着马克思主义真理的灿烂光辉,是引导我们胜利前进的指南。学习《邓小平文选》第三卷,一定要把握解放思想、实事求是的精髓。市民盟领导同志提出全市盟员必须进一步领会邓小平同志关于经济建设要抓住机遇不放,保持适当发展速度和有关统一战线理论等论述,努力为沈阳经济的发展献计出力,把盟务工作推向一个新的高度。

沈阳市广大盟员认真学习《邓小平文选》第三卷,各基层盟组织按照民盟市委的部署,积极组织学习。通过学习,盟员一致认为《邓小平文选》第三卷的出版发行,是全党全国人民政治生活中的一件大事,是我们建设有中国特色社会主义理论的经典,是进一步发展和完善社会主义市场经济体系,进一步推进改革开放的科学指南。

目前,沈阳市民盟组织及其成员学习《邓小平文选》第三卷的高潮已经兴起,很多基层民盟组织用节省下来的盟费为盟员购买了《邓小平文选》第三卷。民盟沈阳市委十届五次全委(扩大)会议通过的"民盟沈阳市委1994年工作计划要点"明确指出,深入学习《邓小平文选》第三卷是沈阳市民盟1994年思想建设的重要任务之一。

(李冠雄)

【为经济建设服务】 1993年民盟沈阳市委与苏家屯区政府长期科技文化对口协作已进入第二年。苏家屯区政府为适应双方协作,成立专门机构。民盟沈阳市委先后向该区输送新科技项目、新专利共249项。民盟东北大学委员会派副主委鄂中凯教授组织部分盟员到该区考察,与苏家屯红菱机械厂、区农机齿轮厂建立长期合作关系,开发了"硬齿面减速系列","ZC 埚杆传动系列"和"汽车五速全同步变速器"等新产品及评估。民盟中国医大委员会主委徐燕屏教授、副主委杨增均教授及部分离退休盟员参与该校离办在该区区医院开办专家门诊,大大提高了区医院的医疗质量。

盟市委责成区盟沈阳农业大学委员会代表市盟扶助东陵区满族自治乡发展经济。帮助该乡制定了"两高一优综合农业科技开发与推广"的发展规划。重点开发推广8个项目。在牵线搭桥、"三引进"方面,通过市盟副主委梁光兴引荐和联络,市盟邀请台湾《工商时报》派两位主任记者来沈参加中共沈阳市委召开的"三胞联谊会"。回台后,连续发表几版新闻,介绍东北、辽宁、沈阳经济发展与投资环境。

为引进外资,联合开发"SOD"(超氧歧化酶)生产技术,市盟科技开发中心与美国北卡罗莱纳州大学化学系任博士建立联系。

除上述工作,其它基层也开展了为经济文化服务工作。

综合支部为市31中学、第四中学教师进行医疗咨询,颇受欢迎。

水泵厂支部发挥离退休盟员余热,建立了"沈阳水泵厂进口泵配件厂”。

铁西盟委会与东陵区白塔堡镇下深村合办了“育英中学”,解决了当地农村学生上中学难的问题,为发展沈阳普教事业做出贡献。

盟员余建章、王启斌参加1993年“辽宁省民主党派有关团体为经济建设服务经验交流会”。于建章培育的大豆新品种在全国8省市推广达500万亩,创产值2.5亿元。王启斌的SHBD型汽油添加剂和SHCT型柴油添加剂,已在辽宁、河北、新疆、吉林等地十余厂家投产,全年创产值5 600万元。

(高雅峰)

·市民建·

【概况】 1993年,民建沈阳市委召开了民建沈阳市委九届三次常会议上做了题为《认真贯彻中共十四大精神为振兴沈阳多做贡献》的工作报告。报告总结了1992年的工作,按排了1993年的工作要点,重点强调了在新的一年里,要认真学习中共十四大文件;学习邓小平关于建设有中国特色的社会主义理论;坚持党的基本路线;进一步做好参政议政和民主监督工作;广泛开展为经济建设服务和为沈阳经济多做贡献的各项工作。按照中共沈阳市委的统一部署,制定了1993年工作目标责任状,经过全体同志的共同努力,年末全部完成了各项工作,再次获得先进称号。

在市政协召开的十届一次会议上,俞家锟副主委做了题为《国有大中型企业经济效益的现状及解决的基本途径》的报告,受到了有关方面的重视。

在全国“两会”之后,特邀全国政协常委、省民建主委姜笑琴,全国人大代表、沈阳大学内窥镜研究所所长姜克让同志,传达介绍了两会盛况和精神。同时召开主、副委会议,学习了全国人大和全国政协会议文件。

中共中央做出学习邓选三卷决定后,召开会议,传达了中共中央决定,并向各位工作委员会和各支部下发了关于学习邓选三卷的通知。在中纪委二次会议做出开展反腐败斗争决定后,专门组织会员和全体机关干部,学习文件精神和江泽民、李鹏同志讲话,收集了群众对沈阳市党风和反腐倡廉情况的反映,在市委召开的邀请民主党派负责人参加的座谈会上做了汇报。民建中央下发关于改革会议就餐制度后,提出部分会议实行“一饭、一菜、一汤”就餐制。并在召开的主、副委会议上率先实行。在年终财务管理工作中被市财政局评为财务管理先进单位。

(张绍文)

【参政议政和民主监督】 1993年,民建沈阳市委代表和委员提出建议、提案50多项。在政协会议上做了题为《国有大中型企业经济效益的现状及解决的基本途径》的发言。市委会发动会员撰写了《关于使国有大中型企业管理与市场经济相适应的建议》等6篇专题调研材料。他们提出的《关于解决沈阳市重点公路建设资金不足问题的建议》的报告及《关于沙特阿拉伯财团拟向我市贷款的信息报告》已经市委、市政府领导批复后,转给有关部门处理。关于《整顿交通秩序的建议案》,市公安局已将办理情况反馈给该会。

市委会领导积极参加由中共沈阳市委和市政协组织的反腐倡廉座谈会,专题协商会,情况通报会,参加了市委、市政府各项报告的专题研讨会;还同市政协一道对市内粮食系统进行了视察,提供科技信息;对沈阳市轻工企业停产半停产情况进行了调查,提出了解决的意见和建议,《沈阳政协报》披露了这一情况。为了充分发挥参政党职能作用,对沈阳市的经济状况和经济发展以及人民群众所关心的热点问题经常向市各级组织提出意见和建议。在市委召开的反腐倡廉座谈会上,做了专题汇报。沈阳市纠风治乱工作会议后,重点进行了研讨工作。在开展“三胞”联谊工作中,广泛联合客商,吸引外资,为统一祖国,振兴中华做出了积极的贡献。

为了充分发挥民主监督作用,在市监察局召开的党风廉政建设座谈会上,对如何做好这项工作,提出了意见和建议。还派人查询了部分工商特邀员,并应邀参加了会议。在市物价局组织的有市政协、民主党派参加的物价税察工作中,派人参加市物价视察工作,对城区的治理乱收费情况进行了验收视察,对存在的问题,提出了解决的意见,并派出高级会计师参与了市监察局的经济违纪案件查处工作。

(张绍文)

【为经济建设服务】 1993年民建沈阳市委坚持以经济建设为中心,充分发挥经济界的整体优势,依靠广大会员、会友,广泛的开展了为经济建设服务活动和支边扶贫工作。

年初,市委会领导和负责经济工作的同志组织学习了邓小平关于建设有中国特色的社会主义理论,讨论了如何发挥参政党职能作用,更好的为经济建设服务等课题。而后,召开了经济技术顾问座谈后,扩大了经济技术顾问队伍,表彰了先进,树立了样板。2月份,在喀左县召开了信息发布会,主管工业副县长主持会议,300多个单位的负责同志参加了会议,传递经济技术信息300多条,推荐中外合资项目50多项,签定议项书5项,受到了县委、县政府和有关单位的热烈欢迎。在康平县民委和县酒厂的邀请下,组织咨询部门的有关专家和八王寺汽水厂技术开发部的同志,对康平县酒厂进行了考察,就采用含锶矿泉水酿造清醋问题进行论证,并派人进驻酒厂,开展研制工作。经过两个多月的努力,6月份研制出达到国标的含锶清醋,并投入生产,从而结束了群众吃不到当地醋的历史。组织高校的有关教授、高工对法库县红五月乡进行了考察,在“金属切削剂”等项目上达到成协议。对开发区进行考察,为开发矿泉水项目,解决贷款30万元。至今,《东北虎》牌矿泉水行销各大市场,供不应求。还在昌图县经委建立了经济技术咨询公司辽北分公司,为该县经济咨询传递信息,提供服务。并与国务院发展研究中心、省信息中心等单位建立了信息联系,形成了信息网络。为了帮助乡镇干部提高管理水平,在盘山县乡镇企业局举办了有主管副县长和乡镇企业局领导等75人参加的“经济理论学习班”。

开展为经济建设服务和支边扶贫工作受到了社会各界和上级组织的好评,《沈阳政协报》、《民建会员》、《沈阳民建》等报刊都进行了报导。在省民建召开的“为经济建设服务座谈会上介绍了经验。

(张绍文)

【组织建设和宣传工作】 1993年,民建中央先后召开了四省四市组织工作座谈会,东北片组织工作会议和中央组织工作会议,并在四省四市会议上介绍了沈阳市发展非公有制人员入会的做法和体会。受到了民建中央的肯定,在《民建组织工作通讯》上进行了报导。为了开好几个会议与省民建共同组织了调研小组,走访了市内5个区工委,部分支部及支部所在单位的中共组织,多次召开座谈会,对近年来组织发展与巩固工作进行了调研。中央会议之后,召开了组织工作会议,研究制定了贯彻实施意见。根据民建中央提出的以建立跨世纪干部骨干队伍的精神,提出了有计划地稳步发展的方针,1993年分两批发展了22名德才兼备、年富力强的同志入会。在发展的基础上,注意做好健全和巩固组织工作,调整了不利于开展活动的支部,改选了部分领导班子。

走访部分骨干会员和担任法人代表的会员,选送骨干会员到省市社会主义学院学习,还举办了新会员学习班,对会员进行会情会史教育。为充分调动女会员的积极性,召开了首次妇女代表大会,成立了第一届妇女委员会。

根据中共十四大和民建中央“六大”精神,市民建通过理论学习,理论研究和对优秀人物,先进典型的宣传,强化了会内的思想政治工作。

市委会召开了两次宣传工作会议,对如何搞好宣传工作,进行了研讨,共撰写论文18篇分别在《民建会员》、《民讯》上发表,并对优秀论文,优秀通讯员进行了评选和表奖。

组织了各种报告会,请市计经委同志介绍1993年经济形势,同时组织会员参加市政协的经济形势,国际形势报告会。与省民建一起举办两次会员会友活动日,分别以“社会主义市场经济”、“如何实施新税制”为专题邀请省社科院、省税务局的有关纪委和专家学者与会员一起就当前的社会热点问题进行了讨论。

中纪委二次会议后,组织各区工委、支部的同志学习讨论江泽民总书记讲话,要求全会同志洁身自律,带头搞好廉政建设,同时要协助监督中共各级组织和政府搞好党风和廉政建设,还要求全会要学好邓选三卷,搞好自身建设,提高理论水平。

在辽宁省委召开的“辽宁省各民主党派为经济建设服务经验交流会”上,有4人参加了会议。还有10余人的科研成果、论文、著作和作品在国际上和全国、省、市获奖。

(张绍文)

·市民进·

【概况】 中国民主促进会(简称“民进”),是中国共产党领导的爱国统一战线中的一个民主党派,是以从事文教工作的知识分子为主的社会主义劳动者和拥护社会主义的爱国者的政治联盟,是为社会主义服务的政党,是与中国共产党通力合作的参政党。中国民主促进会沈阳市委员会(简称“市民进”),是中国民主促进会的地方组织,始建于1952年11月3日,当时称民进沈阳市分会筹备委员会。1956年5月26日正式成立民进沈阳市分会。1956年12月,根据民进中央指示改称民进沈阳市委员会。民进沈阳市组织自1952年11月建立以来,至1992年1月,共召开1次全体会员大会,8次代表大会,选举产生了九届委员会。市民进现有区工作委员会5个,基层支部(总支)115个、会员1 108人。

(裴植)

【参政议政】 1993年,沈阳市民进成员积极参加国家政治生活,发挥政治协商和民主监督作用。市民进领导人积极参加党委和政府召开的民主协商、座谈通报会议.就政治、经济、科技、文化、教育和改革开放等重大问题提出意见和建议,对各级党委和政府决策起到了重要作用。如提出的《为教师办几件实事》、《加强中小学德育教育》、《关于我市初中实行招生制度改革的建议》、《关于中小学校内部管理改革的意见》等,均受到有关方面的好评。市民进成员中现有全国、省、市、区人大代表28人,全国、省、市、区政协委员66人,这些会员积极参加协商讨论国家和地方大政方针,认真行使民主权利,在改革教育体制、改善中小学教师待遇,发展师范教育,加强职业教育等方面提出了许多建议和意见,引起社会各界的重视。市民进现有39名成员被聘请担任各级政府监察局、物价局、督导室和法院的监察、检查、督导等特邀参政工作,他们不负政府的重托,忠于职守,受到赞誉。

(裴植)

【自身建设】 1993年,沈阳市民进不断加强自身建设,组织面貌和会员精神面貌发生了新的变化。

以其贯彻《关于民主党派组织发展问题座谈会纪要》精神,在巩固的前提下,有计划稳步发展组织,不断充实文化、教育、出版界的骨干力量。为加强基层组织建设,市民进制订了组织工作“四满意”标准,即:主动争取党的领导,所在单位党组织满意;密切配合所在单位中心工作,单位行政领导满意;组织生活正常,内容充实,会员满意;在本岗位工作中发挥积极作用,群众满意。经过评比验收,80%的基层支部都达到或基本达到了以上标准。

市民进重视干部培养工作,采取平时以会代训,寒暑假举办培训班,经常组织座谈、交流会等形式,提高干部政治和业务素质。市民进还通过召开新会员学习会、举办会史展览、播放会史录相等活动,加强对新会员的教育。

市民进把加强会员的思想政治工作放在重要的位置常抓不懈。配合党和国家各个时期的中心工作,积极开展多种形式的活动,寓思想教育于其中,收到了好的效果。市民进每逢节日、纪念日举行茶话会、游园会、演出会、报告会、座谈会等活动，组织参观学习，举办会员优秀成果展览，召开社会主义精神文明建设经验交流、为四化建设服务经验交流会，编辑会员荣誉册，宣传报导优秀人物的先进模范事迹、典型经验和工作成绩等。通过开展各种活动，激发了会员的光荣感，增加了会组织的凝聚力，调动了会员为社会主义建设事业努力工作、贡献力量的积极性。至1993年底，市民进成员中曾荣获全国省、市、区三八红旗手、优秀教师、优秀教育工作者、模范教师等荣誉称号，以及获得各种荣誉、表彰、奖励者达295人次。

（裴植）

【为教育振兴服务】 党的十一届三中全会以来，沈阳市民进发挥智力和人才优势，开展了多形式、多渠道、多层次的社会服务工作。先后开办了民进铁西区文化学校，民进沈阳市委员会培训中心，民进沈河区文化教育培训中心，民进大东区文化艺术辅导站，民进沈阳市教育中心，开展办学工作。办学内容包括英、日、俄、德、法、阿拉伯等外语培训，少儿美术、音乐、电子琴、书法培训，财会、法律、行政管理、文秘等专业大专班，涉外文秘专业高教自考辅导班，文、理、医科成人高考补习班等。现有在校班级30个，学员1 100人。历年累计结业、毕业11 300人。民进铁西区文化学校、民进沈河区文化教育培训中心曾被评为市、区“社会力量办学先进单位”。

市民进还通过举办各类讲座、报告、培训开展智力扩散工作。曾举办中、小学各科师资培训活动、全市参加学习的相关学科教师达4 000余人，收到了很好的社会效果。

市民进还积极开展送教下乡工作。即组织会内外优秀教师到教育比较薄弱的农村和郊区送教上门，介绍经验和培训师资。曾先后去过海城市西柳镇、铁岭市9县区、沈阳市新城子区兴隆台镇、东陵区旧站地区、高坎镇等，为当地的中小学各学科近800名教师作观摩课、示范课或经验交流。1993年，市民进总结了前一时期这方面工作，积极探索振兴沈阳教育和为经济建设服务的新路子，根据教育具有周期性、系统性，送教对象需要有针对性、稳定性等特点，作出新的工作安排。市民进经过协商、研究，落实了与沈阳市于洪区携手共建“1、2、3送教工程”，即选择一个区（于洪区），两类学校（省重点高中市第56中学，近郊初中市52中学和中远郊乡办初中翟家中学），计划用3年时间，由市民进根据实际需要，组织以会内选派为主、会外聘请为辅的送教队伍，采取定期举行活动和经常性沟通、交流相结合的方法，对这3所学校在学校管理、师资队伍建设、教育教学研究等方面提供服务，帮助他们提高办学水平。到1993年底已开展活动3次，内容包括《初中三年级培养阅读能力练习的项目》、《关于建设中学语文教研队伍的思考》、《关于语文教育观和教学改革》等专家讲座，和中学管理工作经验介绍。受到于洪区有关方面和学校、教师的欢迎和好评。

（裴植）

·市农工党·

【概况】 中国农工民主党（简称农工党）是以医药卫生界高中级知识分子为主、具有政治联盟特点、致力于社会主义事业、同中国共产党亲密合作的参政党。

1993年，沈阳市农工党根据《中共中央关于坚持和完善中国共产党领导的多党合作和政治协商制度的意见》精神，认真贯彻中共十四大和十四届三中全会精神，切实执行中共沈阳市委八届五、六次全会精神和农工党十一大提出的各项任务，牢牢抓住经济建设这个中心，充分发挥自身优势，着力参政议政，为经济建设服务，不断加强自身建设，调动全市农工党员为沈阳市两个文明建设和祖国统一大业服务，取得明显成效。全年共发展36名农工党员，有市人大代表和区政协委员各1人，党员总数达634人，其中：有高中级技术职称的611人，占全市农工党员总数的95.7%；分布在沈阳医药卫生界的农工党员为366人，占党员总数的56.3%；党员平均年龄54岁。

市农工党成立10年来，在中国共产党统一战线光辉旗帜和“一个中心，两个基本点”的基本路线指引下，得到空前发展。截止到1993年底，沈阳市农工党员中69人担任各级人民代表和政协委员，有14人担任各级特邀监察员、检察员、审计员、监督员和教育辅导员等。市农工党下设参政议政、医药卫生、联络、妇女和科教文5个工作委员会。农工党在沈阳建有37个基层组织，有基层干部103人，平均年龄55岁。机关编制为10人。

（王勇）

【学习建设有中国特色社会主义的理论】 1993年，沈阳市农工党以邓小平同志建设有中国特色社会主义理论武装党员头脑，作为思想建设首要的根本任务来抓，并用这一理论指导贯穿全部工作，收到明显实效。市农工党调整中心学习组组成人员，先后组织学习全国人大、全国政协八届一次会议精神、江泽民同志在纪念中国共产党成立72周年大会上的讲话和《邓小平文选》第三卷等，紧紧抓住有中国特色社会主义理论这一主线，提高和增强领导班子和党员骨干贯彻执行基本路线的自觉性和坚定性。

《邓小平文选》第三卷出版发行，为学习有中国特色社会主义理论提供了最好的教材和最有力的武器。市农工党采取多种方式，组织多层次的学习，及时制订学习计划，下发学习通知。

与此同时，还大力开展了社会主义精神文明建设。针对自身医药卫生界党员占多数的实际，市农工党把精神文明建设的重点放到医德医风建设上，除鼓励党员立足本职，全心全意为患者服务外，大力弘扬了农工党医大一院和市第七医院等支部党员踊跃参加抵制行业不正之风，拒收“红包”的高尚医德医风。

（王勇）

【发挥参政党作用】 1993年，市农工党不断解放思想，围绕经济建设这个中心，重新组建参政议政工作委员会，开展经常性的参政议政活动，提高整体参政议政水平。市农工党员负责人积极参加中共沈阳市委举行的情况通报会，主委马吉庆参加了对沈阳市反腐败斗争的督促检查工作，共商惩腐倡廉工作大计。特邀监察员积极参与市物价局、市财政局组织的为期一个月的全市清理整顿乱收费大检查及验收工作，提出合理化建议4条。特邀工商监察员、物价检查员积极参加有关部门组织的反腐倡廉活动，提出有建设性的意见和建议，受到重视。

在市政协十届一次全会上，市农工党提出的《关于建立"三优"咨询门诊和遗传检验与优生咨询中心的建议》、《关于改善法库、康平两县医疗卫生条件的建议》、《关于加强法库、康平两县防疠工作的几点建议》、《关于加强法库、康平两县卫生保健工作的建议》等提案，均被市卫生局采纳，收到良好的效果，并对提高法康两县人民群众健康水平起到了一定作用。

市农工党还积极推动作为民主党派地方组织的区级支部的参政议政活动，据对全市8个区支部的不完全统计，全年共提出提案和调查报告41件，对发展沈阳经济作出了贡献。一年来，在全市农工党员中广泛开展了"我为改革献一计"活动，各支部精心组织，广大党员积极参与，收到显著成效，不少党员的意见、建议被单位及有关部门采纳。

(王勇)

【发挥优势为经济建设服务】 1993年，沈阳市农工党发挥医药卫生优势为经济建设服务，突出抓了几件实事。狠抓沈阳市农工医药科技咨询公司的工作，全面启动该公司开展业务。组建沈阳市前进肾病研究所，并在于洪区红十字会医院建立门诊部，实行科、教、研一体化，受到社会普遍欢迎。成立了沈阳市前进足疗门诊部，从某些方面填补了沈阳市的医疗空白，受到广大患者的青睐。

在积极组建、完善经济实体的同时，市农工党还十分注重推动基层组织和广大党员在立足本职，做好岗位工作的前提下，面向社会大力开展为经济建设服务活动。妇委会先后两次为教师和儿童进行健康咨询和义务体检。市五院和市中心医院两个支部联合为铁西社会福利院的90余名孤寡老人进行疾病诊治。和平区支部在"六一"节为20余名残疾儿童进行了康复治疗。皇姑区支部开展了配合第五届"国际科学与和平周"的活动。同时，还下大气力开展智力支边扶贫工作，除开展对法库、康平两县的对口支援外，又先后有10人次赴朝阳喀左县进行讲学、查房、会诊等指导性工作，受到省委统战部的表扬和社会各方面的赞誉。

广大党员为经济建设服务受到社会各方面称道的同时，还受到了省、市的表彰。

为进一步推动全市农工党基层组织和党员为经济建设服务活动，检阅近年来服务经济建设的成果，市农工党于1993年末召开了为经济建设服务经验交流会，表彰了34名在立足本职做好岗位工作、面向社会开展义务咨询服务活动、积极进行智力支边扶贫和创办经济实体等方面成绩突出的党员，有5人介绍了经验和体会。这次会议达到了总结经验、互相学习、取长补短、共同进步的目的。

(王勇)

【加强基层组织建设】 1993年，沈阳市农工党把加强基层组织建设作为自身建设的重点抓紧抓好，收到明显实效。年初圆满完成了1992年度先进支部、优秀党员的评比表彰工作，推动全体党员互相学习、相互促进、共同提高，调动了广大党员建设有中国特色社会主义的积极性。先后成立了农工党皇姑区支部和文艺支部，皇姑区支部的成立使市农工党在沈阳市内5个区均建立了区级地方组织，为全面发挥市农工党整体功能提供了更有利的条件；文艺支部的成立则弥补了市农工党在文学艺术方面的不足，为全面发挥市农工党作用奠定了坚实的基础。全年还圆满完成了农工党市五院、和平区等支部的换届工作，强化了基层领导班子建设，推动了基层组织开展各项活动。在组织发展工作中，注重解决年龄老化的界别等问题，吸收了36名有参政议政和咨询活动能力和优秀知识分子加入农工党，其中还有市人大代表和区政协委员各1人，为市农工党组织增添了新鲜血液。在市农工党举办的新党员学习班上，通过组织新党员学习农工党史和开展做合格农工党员的讨论，使参加学习的农工党新党员明确了前进方向，纷纷表示要继承和发扬农工党与中国共产党长期合作的光荣传统，为农工党争光。

市农工党近年来加强基层组织建设的经验材料——《我们是怎样抓好基层工作的》，被选登在农工党中央机关刊物《前进》杂志上，在全党推广

(王勇)

【前进审计事务所】 1993年11月8日，市民主党派办公大楼门前，沈阳市前进审计事务所举行了开业典礼。

为进一步适应改革开放和现代化建设的步伐，充分发挥民主党派的政治协商、民主监督作用，促进沈阳市经济持续、健康、稳定发展，继续加强市农工党与沈阳市审计局的对口协商工作，根据中共中央统战部(92)12号文件关于各民主党派"还可以开办审计事务所等社会服务机构"的精神，在沈阳市审计局有关部门的鼎力支持下，经市农工党研究决定，报请沈阳市市审计局同意，并经辽宁省审计厅批准，成立了沈阳市前进审计事务所。这是农工党沈阳市委员会与沈阳市审计局建立对口协商关系取得的又一丰硕成果。

沈阳市前进审计事务所的宗旨是，坚持党和国家的各项方针政策，充分发挥民主党派参政议政、民主监督的重要作用，严谨、周到、热情服务，注重社会效益，严格按照辽宁省审计厅《关于辽宁省社会审计工作的规定》开展工作，坚持实事求是、客观公正、严守秘密的原则，为促进沈阳市社会审计工作的发展，为沈阳市经济建设的第二次创业而服务。该所接受政府审计机关、国有企事业单位、三资企业及社会团体和其它具有法人资格的经济组织和个人的委托，依法独立承办审计查证、咨询服务，并为社会培训审计、

会计人员。该所经营方式为服务，经营形式自收自支，独立经营核算，具有法人资格。

沈阳市前进审计事务所拥有市农工党中的高、中级会计师，并聚集了社会其它各行业的注册会计师、执业审计师等审计业务骨干力量，而且受沈阳市审计局直接的业务指导，这些对于今后开展委托审计、接受审计和接受委托进行查证等咨询服务工作将起到重要的保障作用。

（王勇）

·市致公党·

【概况】 中国致公党（简称致公党）是以归侨侨眷的中上层人士为主和有海外关系的代表性人士组成的，与海外有着广泛联系，具有政治联盟特点，致力于建设具有中国特色社会主义事业的参政党。

1993年，致公党沈阳市委认真贯彻落实中共十四届三中全会精神，组织全体党员学习《邓小平文选》第三卷，紧紧围绕中国共产党的中心任务开展工作，积极发挥政治协商和民主监督作用，在参政议政、海外联谊、引进外资、自身建设等方面都取得了一定成绩。特别是在发挥致公党海外联系的优势，为沈阳市的“三引一出”牵线搭桥振兴沈阳经济方面做出了一定贡献。

致公党沈阳市委自1988年12月成立以来，组织发展由小到大，截止到1993年底党员总数为180人，共有12个基层组织支部，主要分布在文教、卫生、科技等方面，其中具有中、高级专业技术职称的占党员总数的98%。现担任全国、省、市、区各级人大代表、政协委员的共43人。担任省、市、区有关部门的特邀监察员、检查员、监督员、审计员的共23人。

（尉建新）

【参政议政工作】 1993年，致公党沈阳市委紧紧围绕党的中心工作，积极开展了参政议政和民主监督工作。一年来，市委会领导人参与中共沈阳市委、市政府、市政协召开的协商会、通报会、对话会近10次，先后就中共沈阳市委、市政府、市政协重要会议的工作报告，重大改革方案的出台及反腐败廉政建设等方面的问题提出意见和建议。特别是在侨务政策、引进外资、如何搞好沈阳市“三资”企业等方面都为有关部门决策的科学化、民主化提出了有益的意见和建议，得到有关部门的重视和采纳。

致公党沈阳市委还充分发挥党员中人大代表和政协委员的作用，积极参政议政。一年来，该党各级人大代表、政协委员共提出提案和建议近60条，内容涉及到全市的经济发展、对外开放、文教卫生、侨务工作、人民生活等多方面的问题。

为使参政议政工作更加深入，市委会还积极开展了调查研究，会同有关部门对沈阳市部分“三资”企业的发展、出口创汇和治安综合治理等方面情况进行了调查，并形成调查报告，市政协以简报形式印发全市有关领导部门。同时还组织部分党员对《归侨侨眷权益保护法》的贯彻情况进行了调查和讨论，并将意见反映给有关部门，受到重视和采纳。

在参政议政工作中致公党沈阳市委还发挥特邀监察员、审计员、监督员的作用。有23名政治素质好，业务能力强，有参政议政能力的同志直接参与政府有关部门的监督、监察和审计工作。一年来，共参加各类活动10余次，在反腐倡廉等活动中配合有关部门积极工作，并受到好评，较好地发挥了民主监督作用。

（尉建新）

【为经济建设服务】 致公党沈阳市委紧紧围绕中国共产党的中心工作，发挥自身优势，发动全体党员为沈阳市的“三引一出”牵线搭桥，为经济建设服务。仅1993年沈阳市第六届“三胞”联谊活动期间，经致公党市委及党员就邀请了来自美国、澳大利亚、香港、台湾等国家和地区的12名客商来沈参加经贸洽谈。共引进3个项目，达成3个协议。经致公党邀请，促成“香港金烽（轻工）沈阳发展有限公司”在沈成立，注册资金300万港币，并为其在选择办公地点开展业务工作等方面牵线搭桥，提供信息服务；通过海外亲友牵线搭桥促成“澳大利亚康道发展集团有限公司”与和平侨联所属企业合资成立“白天鹅国际美容公司”投资额为200万元人民币；促成“美国富裕国际发展公司”与沈阳重型机器厂合资成立“纸艺术制品公司”投资额为20万美元。

致公党沈阳市的党员亲友遍及世界20多个国家和地区，在做好牵线搭桥、为经济建设服务的同时，也广泛地开展了海外联谊工作。一年来，共接待来沈“三胞”和外藉华人30多人次，党员中赴海外探亲、讲学、进修、考察、访问近20多人次，遍及美国、日本、印尼、新加坡、泰国、香港、台湾等国家和地区。向海外亲友发信、贺卡600多封，广泛地结交朋友、联络友谊。通过联谊活动，主动向“三胞”宣传祖国大好形势和改革开放取得的巨大成就，介绍沈阳良好的投资环境，鼓励他们回祖国投资。宣传了祖国、介绍了沈阳、加深了与“三胞”的感情，对统一祖国，扩大沈阳对外影响，加速沈阳向国际化现代化城市发展起到了促进作用。

（尉建新）

【开展建功立业活动】 致公党沈阳市委始终坚持号召全体党员立足本职做贡献，为两个文明建设服务。1993年，有相当部分党员在两个文明建设中因成绩显著而受到各级党和政府的表彰和奖励。据不完全统计，获全国、省、市、区及所在单位各种荣誉称号和奖励的近40人次。在国内外学术会议和刊物上发表论文近60篇，其中获各种奖励的近30篇。党员滕卫平副教授关于甲状腺方面的论文在日本东京都召开的中日第三届甲状腺国际学术会议上宣读并交流，有5篇论文在全国第四届内分泌学术会议上交流。由于他科研成果显著，曾荣获市劳动模范、省科研成果三等奖、全国医学百名科技之星、全国走向世界学术讲座10名科技专家之一等各种荣誉称号，并获得国家教育委员会颁发的优秀归国人员奖学金的奖励；傅秋帆教授被评为全国卫生系统，儿童卫生、学校卫生先进工作者，并在北京授予荣誉奖；陈洪铎教授关于皮肤治疗方面的学术论文，在亚洲皮肤科大会上发表、交流，并在有关国际学术会议和期刊上发表论文6篇；张育明教授主持研究的“山楂种源鉴定评价研究”属国家攻关课题，经国家科委评定为“达到国际先进水平”获农业部科技进步二等奖；刘哲丽1992年从美国回国，她放弃了到美国、澳大利亚工作的机会，把从国外学到的先进技术应用于眼科临床，她目前正在进行的“视网膜色素上皮的培养和移植研究”课题，属世界先进水平，填补国内空白，已得到有关专家的极大关注，并将申请国家自然科学基金。

在立足本职工作的同时，广大致公党员弘扬爱国爱乡的精神，开展有益的社会服务活动。据不完全统计，一年来，致公党市委妇委会组织医务界专家，为省军区部分官兵、学龄前儿童义诊200多人次，医疗咨询300多人次，受到社会好评。

（尉建新）

·市九三学社·

【参政议政】 1993年九三学社沈阳市委员会有80余人在各级人大、政府、政协担任职务。

在市政协十届一次会议上，以九三学社组织名义或以个人名义的大会发言共4篇，提交提案54件。

为发挥九三学社的智力优势，为经济建设服务，九三学社沈阳市委多次研究做出决策：要在科技兴农方面做些实事。为此于5月份召开了“参政议政农业工作委员会会议”，会议决定由农业大学基层委员会针对沈阳市农业发展中的重大问题拿出几篇有份量的论文，同政府有关部门研讨协商，争取为沈阳市农业上新台阶做出贡献。驻会副主委范振铨走访了市农村工作委员会，10月份与市政协经济科技委员会联合召开了“发展农业经济研讨会”，8篇论文有5篇在会上交流，3篇进行书面交流，受到市政协领导和市农工委负责人的充分赞许。会后，将8篇论文上报给中共沈阳市委、市政府、市人大、市政协的领导参阅，武迪生市长做了批示。特别是对高树歧教授的“关于在沈阳市建立肉牛、肉羊商品生产基地的建议”批转给市畜牧副食局。9月份，还参加了“沈阳市整体规划”的协商，提出“减轻中心城区人口压力、城区建设向浑南转移”和“重视浑南新区开发中的城市生态建设”的建议，受到政府、政协领导的重视。关于“开发生产绿色蔬菜”的建议的提案被市政府采纳并作为市长项目，葛晓光副主委还担任该项目的顾问和课题组成员。

为了发挥参政党的监督职能，驻会副主委在市监察局召开的“维护廉政特邀监察员座谈会”上，就在建立社会主义市场经济过程中如何反腐败、倡廉政提出4条建议；为配合政府制止乱收费的监督，特邀监察员尹镇东、邢占文参加了对全市20多个单位和县区的为时近一个月的检查工作。

（常振平）

【自身建设】 1993年，九三学社沈阳市委加强自身建设，进一步健全和完善政党机制，提高整体素质，发挥参政党功能，取得明显的效果。

1.思想建设坚持不懈。首先，为贯彻执行社中央、社省委的有关文件精神。于6月份召开了一次“新形势下面临的新情况新问题座谈会”，会议就“社员对加快现代化步伐、建立市场经济体制的认识态度如何”等5个专题进行的座谈和探讨。会后发了“纪要”，从“纪要”中看，广大社员拥护改革开放的基本国策，认为改革开放和社会主义市场经济体制的建立不可逆转，但对某些领域如开发区和房地产开发是否过热、腐败现象能否得到遏制，权力进入市场等问题表示深切的关注并寄希望于中共反腐败斗争取得成效。

其次，针对社员对社会主义市场经济的内涵和特征认识上的问题于9月份举办了一次大型报告会，请经济学家冯玉忠教授作“关于社会主义市场经济的理论和实践”的报告会。全市20多个基层组织的社员听了报告，基本了解了社会主义市场经济的五种功能，使广大社员得到启发。

再次，针对九三学社建社48周年的纪念日，社市委与社省委联合召开了座谈会。“93年庆九三”。老一辈社员和中、青年社员聚集一堂进行了一次优良传统和社会主义、爱国主义的教育。

另外，《邓小平文选》第三卷出版发行后，为组织好各级组织和广大社员学习，提出了“要充分认识学习《邓小平文选》第三卷的重大现实意义和深远的历史意义”等5条要求，并根据需要和可能配发了有关学习材料。

2.组织发展坚持标准，抓紧抓实。一是加强了领导班子建设，二是进一步坚持完善了主委办公会制度。三是建立了“后备干部考核办法”，制定了实施细则。四是坚决贯彻执行新社章关于组织发展的规定，明确了组织发展的重点。1993年沈阳市共发展九三学社社员60名，其中高级职称占50%，中级职称占50%，博士生和硕士生分别为6名和16名。1993年来，全市共有29个基层组织，社员757名。五是顺利完成农大、铁西、和平3个基层组织的换届工作。六是开展了“一先两优”活动。此外，又举办了一期新社员学习班，学习了社章、社史和九三学社优良传统

（常振平）

【支持经济建设】 1993年初，九三学社沈阳市委提出在东陵区英达乡设立科技兴农试点。这项工作的总体目标是：发挥九三学社特别是沈阳农业大学基层委员会的智力优势，以英达乡为基地，不断把农业科技成果转化为生产力，通过试验、实践，研究总结出沈阳市城郊农业发展的模式在全市推广，联系引进多方面的科技力量，帮助该乡发展二、三产业。为此，九三市委做了大量工作，在人力和资金上做了投入。在中共东陵区委、区政府和农大党委的大力支持下，农业大学社员陶向新担任了英达乡科技副乡长，负责此项工作，九三市委投入起动资金，高继中、刘祁涛、范振铨、葛晓光等领导同志3次到该乡视察。经过努力，在蔬菜保护地建设、食用菌开发、肉食牛基地建设等方面进行研讨和偿试，为实现总体目标奠定了基础。在

蔬菜大棚病虫害防治、果树栽培、养牛、养鱼、食用菌生产等方面举办的专题讲座，受到农民的欢迎和各方面的好评，农民的经济收入也有所提高。1993年新建的200余亩蔬菜保护地，一般亩产值在7 000元以上，示范户达到万元以上。

8月份，沈阳农业大学基层委员会18名社员与校主要领导再次赴北镇县，对该县的蔬菜、果树、养猪、养牛、养鸡等进行技术咨询。深入走访了重点农户和产区，在农业生态、栽培管理、品种更新、病虫害防治、储藏与加工等方面，结合该县的实际情况，提出战略发展的新建议，受到当地农民的欢迎和县领导的重视。

（常振平）

·市台盟·

【概况】 台湾民主自治同盟沈阳市委员会(以下简称市台盟)是由居住在沈阳市的台湾省藉知识分子组成的台盟地方性组织。1982年12月24日正式成立。陈水任主任委员。设办公室为常设机构，负责具体工作。机关现有编制7人。

市台盟自成立以来，在中共沈阳市委和台盟中央的领导下，紧紧围绕中国共产党和政府的中心任务，积极发挥参政议政、民主监督作用，不断加强思想建设和组织建设，积极为两个文明建设服务。台盟注意结合自身的特点和优势，多渠道、多层次、多领域开展两岸交往，广泛联系岛内外台胞，宣传党的对台方针政策，反映台胞的意见、建议和要求，维护他们的合法权益，积极为“三引一出”牵线搭桥，为沈阳市外向型经济发展、为推进祖国和平统一事业积极开展工作。

1993年，市台盟认真贯彻邓小平南巡谈话和中共十四大会议精神，进一步解放思想、更新观念、克服困难、群策群力，在参政议政、为经济建设服务、开展对台工作、加强自身建设等方面发挥了积极作用。

（王光华）

【参政议政工作】 1993年，沈阳市台盟紧紧围绕党的中心工作，积极开展参政议政和民主监督工作。一年来，台盟市委会的主要领导应邀积极参加中共沈阳市委、市政府、市政协召开的通报会、协商会、对话会近10次。商讨政府工作计划、市级领导班子人选、反腐倡廉大计等。台盟主要领导还接受记者采访，通过电视台就当前社会主要问题发表自己的看法和建议，受到有关部门的重视和采纳。

市台盟盟员及机关干部有12人被聘为市监察局、市物价局、市工商局、市教委、市检察院的特邀监察员、监督员、督导员和检察员。在政府的统一安排下，参加了各大局的工作总结、表彰会、通报会、反腐败座谈会等，了解情况，提出建议。市监察局的特邀监察员配合有关部门参与了《市政府清理整顿收费检查验收小组》的调查活动。

市台盟协助有关部门推荐人大代表、政协委员等。现有担任各级人大代表、政协委员的盟员15人。他们积极参加有关会议，认真履行自己的职责，递交提案、建议近20条。内容涉及经济建设、社会治安、城市交通、对台工作、人民生活等问题。担任市人大、市政协常委的盟员积极参与大中型企业调查组的调研活动，了解情况，参与研讨，提出建议。

台盟市委会成立了参政议政工作领导小组，先后召集两次参政议政工作讨论会，传达学习有关会议、文件精神；总结几年来参政议政工作的情况向盟中央汇报；收集意见和提案。市台盟还对近几年较好的提案和参政议政工作积极分子给予宣传和表彰；并常年为各级人大代表、政协委员订阅有关报刊、杂志、为其知情出力创造必要条件。

（王光华）

【为经济建设服务】 台盟市委会积极鼓励、推动盟员及所联系台胞立足本职积极奉献，通过发事迹调查表、单位专访、促膝交谈、刊登简报、召开经验交流会等形式调查了解和宣传表彰在为经济建设服务中做出突出贡献的盟员。沈阳冶炼厂理化中心高级工程师吴永福被厂评为“科技之星”，受到厂表彰，由于他对发展我国工程技术事业做出了突出贡献，经国务院批准获得“有特殊贡献的工程技术人员”称号，享受政府特殊津贴。沈阳百花集团家用电器厂副厂长王良知努力开拓，群策群力使厂效益不断递增。许多盟员兢兢业业、勤奋工作，在教书育人、企业改造、为患者服务、对台工作等方面做出了可喜成绩。12月，市台盟召开《为经济建设服务经验交流会》，会上盟员吴永福、蔡本勇、张登山介绍了他们立足本职做贡献，开展对外联络、吸引台资、引进人才的经验和体会。吴勋副主委总结了市台盟3年来围绕经济建设这一中心，在参政议政、对台联络、“三引进”、创办第三产业、盟员在各自岗位做贡献等方面所取得的成绩。市委统战部的有关领导到会并讲了话。

沈阳市台盟在贯彻落实“广交朋友、联络友谊、宣传政策、争取人心”的同时，发挥台盟的特点和优势，以台为桥，为发展沈阳外向型经济积极做贡献。1993年，市台盟向台湾岛内外寄发信件、宣传沈阳的有关资料、贺年卡100余件；赴港台探亲、出国学习、考察的盟员广泛联系台胞，主动宣传我国改革开放的大好形势，为“三引进”积极工作。台盟中央评议委员、省中医研究院邱宝云教授曾因是全国人大代表并拒绝在自首书上签字，于1990年去台探亲路经香港时受阻，几经周折，于1993年9月终于踏上了返台探亲之路。她返沈后，台盟召集会议，请她向全体盟员介绍了返台观感。

1993年，市台盟邀请、接待来沈投资考察、经商贸易、探亲访友、旅游观光、讲学的台胞和外国友人14批27人次。他们来自新加坡、美国、加拿大、日本、台湾等国家和地区，来沈后，经台盟介绍接触企业、单位近40家，洽谈经济、贸易项目9项，签定意向3项。6月份，邀请2位台商前来参加市第六届“三胞”联谊活动。市台盟通过盟员张登山、曹正萱夫妇邀请日本山黎县发明家协会会长原三男光先生来沈讲学，先后在市里举办了7场专题报告会，收到了良好的社会效益。盟员蔡本勇利用亲友关系成功地为某厂牵线搭桥，办一台资企业，投资总额为500万人民币。市台盟在接待交往中，一方面为台胞提供信息服务、政策咨询、介绍合作伙伴、陪同实地考察，提供交通方便等，另一方面注意宣传党的对台方针政策、改革开放的大好形势和沈阳良好的投资环境，同时注意了解台胞的心态、反映、意见和建议，并为维护台胞合法利益做了一些有益的工作。通过交往，增进了乡亲情谊，增强了台胞对大陆的认同感和向心力。

台盟妇委会在“六·一”节前夕，面向社会服务，组织盟员中的医务工作者为集贤街道学前班38名儿童进行了义务体检，受到好评。

（王光华）

【加强自身建设】　为提高台盟盟员整体素质，使其在为经济建设服务、参政议政、涉台工作中更好地发挥作用，台盟市委会根据每一阶段的工作重点，有针对性地开展形式多样的盟务活动。1993年召开委员会8次；组织盟员活动11次。一是通过举办座谈会、报告会、学习班等形式，学习中共十四届二中、三中全会精神、中共沈阳市委八届七次会议精神、邓小平文选第三卷、对台工作有关文件及盟中央五届二中全会精神等。6月，市台盟与市社会主义学院联合举办了第6期盟员学习班；9月在《台湾问题与中国统一》白皮书发表后，召开《迎中秋，话统一》座谈会；10月，与市社会主义学院联合举办《台湾形势及海峡两岸关系发展趋势》的报告会。二是通过工作总结会、研讨会、经验交流会来沟通情况，交流体会，总结经验，表彰先进，推动工作。1月召开工作总结会；2月、10月召开两次参政议政工作讨论会；12月召开为经济建设服务经验交流会。先后表彰了盟员学习十四大文件答题优秀者、市台盟参政议政工作积极分子、为经济建设服务先进个人、盟务活动积极分子。三是通过组织参观、联谊活动，来加强爱国主义教育和联络乡情。如：春节、“三八”节、中秋节举办形式多样的联谊活动。通过这些组织活动，使盟员及所联系台胞加强了联系，开阔了视野；了解了形势，掌握了政策；增强了参政意识、为经济建设服务的积极性和为祖国统一做贡献的责任感。

市委会遵照台盟中央《关于组织发展工作的若干规定》积极稳妥发展盟员。1993年吸收3名素质较好的中青年台胞入盟。

（王光华）

·市台联·

【热情为台胞服务】　根据沈阳市委、市政府进一步加大招商力度的要求，市台联积极宣传沈阳的投资环境，吸引台商到沈阳经商办企业。1993年7月，台湾《大陆风》杂志发行人林女士来沈时，市台联向她介绍了沈阳经济开发区和沈阳南湖科技开发区，她回到台湾后，在其刊物上发表了题为“巨龙翻身话沈阳”等5篇介绍沈阳的文章，使岛内台胞对沈阳有新的认识。市台联还利用台胞回台湾之际，将有关介绍沈阳的资料提供给台湾“故乡”出版社。

在沈阳市第六届“三胞”联谊会期间，由市台联邀请的14位台商，共带来20多个项目，他们与沈阳市21个企业进行了洽谈。一家由台商独资的企业在“三胞”联谊会上领取了营业执照，注册资本200万美元，该企业于1993年7月底开业。在“三胞”联谊会上洽谈的1 500件丝绸女装来样加工项目，也于1993年10月末交货，成交额为4.6万美元。活动期间还签定协议两项，协议额为150万美元。

在两岸关系不断发展的今天，从台湾到沈阳的台胞日渐增多，台联作为民间团体的桥梁纽带作用愈加突出。一台商在沈阳开办餐饮有限公司，与当地管理部门发生误解，这位台商向市台联反映了遇到的问题，市台联主动了解情况，把调查的情况向市政府有关部门作了汇报，当地管理部门向这位台商作了解释和说明，使双方消除了误解。市台联还主动拜访台资企业，关心台商在沈的生活和企业经营情况，协助他们解决一些实际问题。在中秋节举办的部分台商和市内台胞中秋茶话会上，一位台商有感触地说，台联会是我们的家。一年来，市台联共接待来沈考察、投资、进行经贸洽谈、探亲、旅游的台湾同胞20批55人次。

沈阳市居住着140余户台湾省籍同胞，做好对这些台胞的服务工作，是市台联一项重要的工作。近年来这些台胞多数与台湾亲属取得了联系，相继赴台探亲、探病和回台定居，他们的亲属有的也来沈探亲、旅游和考察沈阳投资环境。为了做好服务工作，市台联主动走访台胞家庭，在他们赴台前协助他们办理赴台手续，提醒一些注意事项。每当他们亲属来沈时，主动配合做好家庭接待工作。1993年，有10户家庭的台湾和国外亲属来沈探亲，市台联协助安排行程，为其亲属寻找投资场所。1993年市台联走访台胞家庭20多户，为台胞办理住房、学习、医病、赴台探亲等30多件，受到广大台胞的好评。

（高海风）

·市工商联·

【概况】　沈阳市工商业联合会又称沈阳市总商会，是中华全国工商业联合会的地方组织，是民间对内对外商会，具有统一战线性质的人民团体，是中国人民政治协商会议的组成单位之一。党中央赋于它做非公有制经济代表人士思想政治工作职能，成员主要是私营企业、个体工商户、“三胞”投资企业和部分乡镇企业。1993年，沈阳市工商联有会员6 572人，其中老会员4 342人，新会员2 230人，新会员中非公有制经济代表人士1 169人，占新会员总数的50%。为实现其职能，目前主要工作是：

1.贯彻执行党的基本路线，在中国共产党领导下，同各民主党派一起参政议政；

2.反映会员的意见、要求，维护会员的合法权益；

3.协助政府进行专题调研，开展有利改革开放和社会主义现代化建设服务活动；

4.加强自身建设，发扬自我教育的传统，帮助会员自觉遵守国家的政策法令，引导、教育会员爱国、敬业、守法、履行应尽的社会责任；

5.开展与港澳台胞和国外侨胞中工商社团和工商界人士的联络工作，协助政府引进资金技术和人才；

6.办好工商联自办企业；

7.政府委托或批准，参与某些具体经济活动。为会员企业办理有关证明。为非公有制企业会员出国进行政审出具证明等。

工商联的组织原则是会员代表大会制，每5年一届，本届有执委86人，常委36人。

（张达明）

【做非公有制经济代表人士思想政治工作】 为更好地完成党中央赋于工商联做非公有制经济代表人士思想政治工作的历史使命，沈阳市工商联于1993年初采取在各县(市)区建立会员联系点和办短期培训班的形式向会员宣传党的方针、政策和进行爱国、敬业、守法教育。共建立联系点40个，先后举办各类短期培训班21期。

一年来，通过组织会员学习《邓小平文选》三卷和党的十四大文件，使他们对党的改革开放政策认识得更明确了，更加坚定了他们参与建立、完善社会主义市场经济体制的信心和决心。一些前几年发了财只想守摊，不求再发展的会员重新振作起精神，在经营上不断探索新道路，使企业规模更加扩大，一些个体经营者发展成了私营企业，一些中小型私营企业发展成了合资企业或企业集团。由于组织学习和进行了入脑入理的思想政治工作，绝大多数会员摆正了个人富与帮助他人富和向社会做奉献的关系。许多会员不惜牺牲个人利益帮助同行搞好经营，还有的会员捐巨资搞社会公益事业。希贵集团董事长刘希贵1993年夏天向在北京举办的“希望杯”百县千乡科技扶贫大赛捐资100万元，年底又向省慈善事业基金会捐资100万元。飞龙医药保健品集团总裁姜伟向应昌小学捐资100万元，向省慈善事业基金会捐资20万元，都被传为佳话，受到社会的普遍称赞，改变了过去某些人对非公有制经济人士的偏见，树立了在中国共产党领导教育下成长起来的具有中国特色的新一代非公有制经济代表人士的美好形象。为向社会广泛宣传这一主旋律，市工商联1993年下大力气总结会员中典型人物的先进事迹，利用报刊、电台、电视台等新闻媒介和图书等广为宣传。一年来，在国家级和省市级报刊和出版物共发表出版了描写飞龙医药保健品集团总裁姜伟的报告文学、通讯和探讨非公有制经济发展的理论文章31篇。

经市工商联推荐，沈阳飞龙医药保健品集团和希贵集团被全国工商联编入《全国百强私营企业列传》名人录。沈阳惠工家具装饰材料行总经理王国兴和中外合资新兴工艺品厂厂长徐联文被评为全省民主党派、工商联为经济建设服务先进个人。沈阳远东波纹管制造集团总经理李鹤千、香蜜冷食品厂张淑珍、一太商场经理阎晓荧及王国兴还被市工商联推荐到中央社会主义学院学习。

（张达明）

【促进工商企业经济发展】 沈阳市工商联充分发挥商会联系面广的优势，利用全市“三胞”联谊会和经贸洽谈会的机会，加强同海内外工商界人士和社团的联系，积极为深化改革和扩大对外开放服务。1993年共接待外商108人次，经市工商联牵线搭桥，与5个区和市内54家企业进行接触，洽谈了经贸业务。仅“三胞”联谊会期间就签定协议10项，协议合资额10 565万美元，受到市政府领导的表扬。市工商联还先后为会员企业组织4个团，5次申办出国手续。1993年，组织部分企业两次参加全国性的商品展交会和经贸洽谈会。在1993年10月全国工商联40周年会庆之际举办的全国商品展交会上，辽宁省参展的8家企业中，就有沈阳市工商联组织的沈阳飞龙医药保健品集团、华夏制药厂等4家企业参展，在展交会上共签定订货协议100万元，为辽宁省代表团获大会最佳组织奖做出了重要贡献。

苏家屯区工商联7月份派专人带领12家企业14项产品赴福建漳州参加“第二届中国专利新技术新产品博览会”经大会严格评审，苏家屯区申报的这14项产品全部获奖，占辽宁省展团参展58项的24%，其中金奖6项占辽宁省所获22项的27.3%，银奖4项，优秀奖4项，大大增强了沈阳产品在国内外市场的竞争力，提高了产品的知名度和企业的经济效益，展会期间就有5家参展企业与外地厂家签定供销意向100多万元。

为促进沈阳市“一高、两大、两化”的建设，市工商联十分重视信息和咨询工作，1993年共收集有实用价值的各类经济技术信息200多条，发布经济技术信息12期。先后到内蒙赤峰敖汉旗、康平、法库、西丰等周边地区开展技术咨询，推广新技术、新项目。在中央统战部召开的各民党派、工商联智力支边扶贫大会上，沈阳市工商联受到了表扬。市工商联还与苏家屯区工商联共同举办了公共关系培训班，并与市司法局筹建了“沈阳市爱建律师事务所”，有的区工商联聘请了特邀法律顾问，旨在为企业会员提供法律服务。

为加强对自办企业的管理，使其更适应市场经济的需要，1993年市工商联对本系统自办的44家企业进行了调查。针对存在的问题，大胆进行改革，实行经营承包责任制，优化组合，调整合并了一批企业，并召开了自办企业经验交流会，提高了企业素质，充分调动了干部职工的积极性。1993年取得了较好的经济效益，完成销售额1 380万元，实现利润60万元，分别比1992年提高了60%和35%。另外，在市有关部门的积极支持下，市工商联还创办了“爱建企业集团”，为工商联自办企业的大发展创造了有利条件。

（张达明）

【组织建设】 沈阳市工商联为适应形势发展的需要，1993年加强了领导班子建设，新增补了一名副主委和一名秘书长。在各级党委的关怀和重视下，已有12个县(市)区工商联顺利地完成了换届工作，调整了领导班子结构。

为提高各县(市)区工商联机关干部整体素质，市工商联还不失时机地对领导班子新成员进行了培训，并加大了机关作风勤政建设的力度，采取 建立会员联系点等措施，促使干部经常深入基层调查研究，总结经验，指导工作。一年来，市工商联先后总结了沈河、苏家屯和新城子等区工商联的工作经验，并用简报形式印发给各县(市)区工商联，指导了基层的工作。

为实现新老会员交替和补充新鲜血液，1993年沈阳市工商联共发展新会员333人，其中个体会员227人，私营企业会员95人，“三胞”投资企业会员11人。

为提高非公有制经济代表人士的社会地位和在政治生活中的参与意识，市和各县(市)区工商联向县(市)区以上各级人大、政协推荐代表人士111人，进行政治安排。在已换届的12个县(市)区工商联中，有19位非公有制经济代表人士进入领导集体，当选为副主委。经市工商联推荐，有9名同志当选为省工商联执委、常委和副主委，有两名同志当选为全国工商联执委。

(张达明)

·市黄埔同学会·

【海峡两岸黄埔共庆69周年校庆】 1993年6月16日，天气晴朗，沈阳市300多名黄埔同学及家属、子弟欢聚在棋盘山下，隆重纪念黄埔军校建校69周年。

沈阳市黄埔同学会会长邓子纯主持大会。省同学会副会长兼秘书长高践为同志，副会长徐建华同志，副秘书长孙尚恒同志等都应邀出席了会议。

台湾22期同学、曾任台湾金门岛空军中将副司令、台湾防空炮兵司令徐经纶及夫人，亦应邀参加了大会。

省同学会副会长高践为讲话，希望广大黄埔同学发扬亲爱精诚精神，为振兴中华，促进祖国统一做出贡献。

市同学会会长邓子纯还公布了对这次大会赞助的单位。赞扬了他们这种无私奉献，热爱黄埔同学会的精神。并代表省、市同学会向他们表示感谢。

(马尚怡)

【黄埔军校同学创办第一所私立中学】 沈阳市黄埔同学会23期徐权同学与东陵区教委、辽宁省广播电视学校联合创办了“沈阳市广全初级中学”，这是经市教委批准的沈阳市第一所私立初级中学，徐权同学任校长。教学目标，主要为市内各重点高中输入高质量的学生，为适应改革开放和加速沈阳向国际化现代化城市发展，培养出素质好，基础好，具有英语初级会话水平，具有一技之长，全面发展的有用人才。

该校从1992年12月开始筹备，到1993年5月招收学生100名，8月23日正式开学。沈阳电视台曾对该校情况给予报道。

(马尚怡)

【广泛开展各方联谊活动】 对外联络是沈阳市黄埔军校同学会主要工作之一。市黄埔同学会充分发动会员向在台湾、港澳、以及海外的亲友、同学进行书信联系。1993年末，共发出信件230封，分别寄往台港澳、美、葡萄牙等国家和地区。收到来信76封，其中有邓会长向海外通信57封，来信48封，都是来自于台、澳、美、巴西、加拿大等处。

会员们在信中适当地宣传了党对台政策，台胞投资优惠政策和欢迎侨胞归国参加建设的政策等。

沈阳市黄埔同学会于5月间还接待了秦皇岛黄埔同学会一行24人来沈参观，双方互相交流了工作情况。

(马尚怡)

【黄埔军校同学在沈阳投资】 1993年在沈阳投资的台湾黄埔同学有：

39期历任排连长、联络官的李传昆，他在部队仅5年，因车祸退役经商。他担任台北泓发国际有限公司董事长、美国发利工程贸易股份有限公司常务董事，又于1993年在沈阳创办泓林木制品有限公司。

台湾空军学校高义盛同学，曾任空军少尉，是企业管理博士。现任台湾展群纺织股份有限公司总经理，于1992年来沈与沈阳市合资建立沈阳北阳纺织有限公司，他担任总经理。

黄埔30期韩朝同学，在部队服役10年，官至中校营长后，离开部队，先在台湾经营两年工厂，后去美国定居近20年，为美籍华人，在美国印第安那州地区经营餐饮业，并取得很快的发展。出于爱祖国的思想基础，他离开条件优越的美国于1993年7月，在沈阳创办印第安快餐公司。

(马尚怡)

【接待海外黄埔军校同学情况】 1993年，沈阳市黄埔同学会接待了来沈探亲，观光的黄埔22期同学，曾任台湾金门岛空军中将副司令，台湾防共炮兵司令的徐经纶。

曾任伞兵兵团副团长，台湾军校伞兵训练处黄埔11期少将处长姜健。

4月12日深夜里，邓子纯会长特赶到机场迎送到鞍山为祖坟建立墓碑及捐建小学校舍(共捐款人民币30万元)定居在美国的前国民党少将、黄埔9期孙成诚同学。

市黄埔同学会还接待了来沈投资的台湾黄埔同学，第39期任排连长、联络官的李传昆；台湾空军学校的高义盛；美藉华人，在美国印第安那州地区经营餐饮业，1993年7月来沈投资的韩朝。

(马尚怡)

·市侨联·

【参政议政】 参政议政是侨联组织的一项重要工作。1993年，沈阳市侨联根据上级部署，在省、市人大、政协进行换届选举工作中，认真推荐合适的归侨、侨眷人选充实到人大和政协的机构中，从而使省、市人大、政协更具有其代表性，也使归侨、侨眷和港澳同胞在参政议政方面发挥了应有的作用。

在改革开放中，沈阳市侨界的人大代表、政协委员参政议政意识普遍提高，在各级人大、政协会议上为把沈阳建设成为现代化的文明城市积极献计献策。在市人大十一届一次大会上，市人大常委、市侨联主席刘保平与其他62名代表提出《关于城区禁止燃放烟花爆竹的议案》被市政府接纳，并着手起草《沈阳市禁止燃放烟花爆竹的规定》,交市人大常委会立法。市人大代表、铁西区侨联主席缪文灿在会上提出了一些有关侨务工作的建议。为了更好地发挥“侨”的优势,适应沈阳市改革开放的需要,建议市政府支持建立沈阳华侨会馆,以便广大归侨、侨眷开展活动,接待来沈探亲访友、观光旅游、洽谈贸易的“三胞”朋友,使华侨会馆成为沈阳市对外开放的窗口,成为归侨、侨眷和“三胞”朋友之家。这一建议受到市政府领导及有关部门的重视。

全国人大代表、美国侨眷、和平区南京一校校长张奉临在全国人大会议上与其他代表共同呼吁制定《教师法》,现已经全国人大常委会制定通过颁布了。

中国航空工业总公司第六〇六所的李烽、杨学忠、诸惠民等归侨、侨眷分别是省、市、区人大代表或政协委员。他们积极参加人大、政协的活动,认真开展调查研究工作,多次在人大、政协会议上提出议案。其中困扰该所周围的动迁户拆迁问题经多次反映后,受到市区有关部门的重视,终于在1993年得到圆满解决,不仅居民住房得到改善,而且使该区城市面貌得到了改观。

(*余凌霄*)

【**为归侨侨眷服务**】 1993年,沈阳市归国华侨联合会本着为“侨”服务的宗旨,继续认真贯彻《中华人民共和国归侨侨眷权益保护法》和《中华人民共和国归侨侨眷权益保护法实施办法》,热心为归侨、侨眷、港澳台同胞和海外侨胞服务,全年接待来信来访180多件次,为他们办了一些实事。

1993年初春,香港美纶公司总经理陈边静茹女士的孙子陈明先生与沈阳市一女青年喜结良缘,并决定在沈阳举办婚礼,请市侨联帮忙。市侨联的工作人员积极为他们联系宾馆、车辆和录相,帮助这对青年圆满顺利地举行了婚礼。

1993年10月,新加坡独资企业沈阳美厨食品有限公司高级职员、印尼华人洪振元先生来沈阳办事。从炎热的印尼来到已进入深秋的沈阳,突患感冒引起肺炎。市侨联领导闻讯后立即与沈阳铁路中心医院联系,并派人送到医院治疗。之后市侨联领导又带着慰问品到医院看望洪先生。在沈阳铁路中心医院医务人员的精心治疗护理下,洪先生很快恢复了健康。返回印尼前,洪先生感谢市侨联的关怀和帮助,表示回印尼后要把沈阳市侨联热情为“侨”服务的精神和沈阳医生高尚的医德及高超的医术介绍给海外的华侨、华人朋友们。

在贯彻《中华人民共和国归侨侨眷权益保护法》,为“侨”服务的工作中,各基层侨联、侨务干部都做了大量的工作。家住大东区的日本归侨朱华春的私有房产长期被占用,虽经多方交涉,但没有得到解决。大东区侨联的工作人员依据《中华人民共和国归侨侨眷权益保护法》,多次向有关部门宣传党的侨务政策,终于使侨房被占的问题得到解决,从而也显示出《中华人民共和国归侨、侨眷权益保护法》的法律效力。

沈阳市第三中学退休教师、朝鲜归侨毕于文夫妇年事已高,毕老师身患半身不遂,身边又无子女照顾,生活上有困难。为了安排好毕老师夫妇的日常生活,沈河区侨联与区教育局、第三中学联系。第3中学每月出180元钱请人料理毕老师的日常生活,第3中学一个学雷锋小组也定期来照顾毕老师夫妇。党和侨联组织的关怀温暖了毕老师夫妇的心,使他们得以安度幸福的晚年。

(*余凌霄*)

【**开展海外联谊工作**】 广泛开展形式多样的联谊活动,加强了与港澳同胞、海外侨胞的友谊,据不完全统计,1993年沈阳市侨联共接待来沈的“三胞”朋友712人次。

积极参与市政府举办的沈阳第六届“三胞”联谊活动,市侨联共接待应邀来沈的“三胞”54人,其中港澳台40人,海外侨胞14人,他们分别来自美国、日本、新加坡、泰国等国家和地区,经市侨联穿针引线,他们与沈阳市28家企业接触达72人次,洽谈内容广泛,涉及电子、能源、纺织、印刷等,经济成果喜人,成交合同、协议总金额3 870万美元。同时得到广泛的社会效益。日本大阪华侨总会、新加坡餐饮业公会等社团和侨领发来贺电,香港美纶公司、香港中富贸易公司、海富泰有限公司等向大会敬献花篮,并通过参观、考察,增进了对沈阳的了解,树立了沈阳的良好形象。很多“三胞”回去后,纷纷来函、来电话对此次活动受到热诚接待表示感谢。

市侨联刘保平主席亲赴香港,通过亲朋好友开展招商活动,后又随沈河区招商团再赴香港引资、牵线搭桥,取得很好成果。

市侨联常委、沈阳歌舞团国家一级演奏员叶申龙应台湾文艺界之邀,在台北、中场等市举行了古筝胡琴演奏会和教学交流活动。通过文化交流,弘扬了中华民族的文化艺术,增强了海峡两岸人民的了解和友谊。

(*傅晨松*)

【**为引进外资牵线搭桥**】 1993年,沈阳市侨联继续发挥“侨”的优势,发动全市归侨、侨眷做好外引内联、牵线搭桥工作。据不完全统计,牵线搭桥的项目有298项,签订合同、协议44项,总金额为5 000万美元。

以“侨”为桥,进一步发挥归侨、侨眷在深化企业改革,转换经营机制中的作用,市机械局开展了“虹桥工程”,引进利用外资50万美元,同时为开拓国际市场牵线搭桥,实现230万美元。如:沈阳起重运输机械厂张式明,促成了该厂与台湾合资合作生产托辊专用钢管生产,现已开始运行,年产值达200万美元;沈阳电机厂崔萍胜与韩国亲友联系,引进外资10万美元在沈兴建汉城酒店。

沈阳机车车辆厂继续在全厂归侨、侨眷中开展“六个一”活动,积极为工厂牵线搭桥,提供各种信息。如:寿伦培工程师主动与吉尔吉斯的亲属联系,为工厂开展边境贸易,并在境外建立了干果加工、合作生产饮料、建立洗毛厂等项目,先后与吉尔吉斯坦、乌兹别克斯坦等国签订羊毛深加工、合资办厂、易货贸易等合同32项,成交额为700多万美元。

和平区侨联所属企业白天鹅美容中心与澳大利亚康道发展集团有

限公司签订了中外合资企业白天鹅国际美容有限公司合同，双方投资35万美元，其中利用外资额20万美元。一年来，经沈阳市侨联牵线搭桥，共签订合同3项、协议2项，合同总额2 340万美元，合同利用外资额1 286万美元，协议总额为1 500万美元。

（傅晨松）

【侨属企业情况】 1993年，沈阳市侨联继续把搞好侨联自办企业作为振兴沈阳经济的一项重要内容。

为维护全市侨属企业合法权益，做好宏观管理和政策指导，加强企业横向联系，开展信息交流和协调服务，市侨联与侨办联合成立了沈阳市侨属企业协会，现有82家企业会员。一年来沈阳市侨联自办企业又有新的发展，先后成立了沈阳华侨工贸总公司、沈阳市侨联物资公司、沈阳华侨旅游工艺品公司、沈阳兴侨经贸公司和沈阳盛京华侨医院等5家企业。目前，市侨联所属的3家公司分别与香港、新加坡建立了合资合作关系，如：沈阳华侨房屋开发公司与香港旋利（亚洲）发展有限公司签定合同，建立中港合资企业——沈阳华利房屋开发经营有限公司，共建沈阳华利大厦，总投资2 000万美元，1994年春便可全面投入兴建。

为充分发挥侨属企业在振兴沈阳经济中的作用，市侨联进一步修订和完善了《市侨联直属企业管理办法》，转换企业经营机制，实行目标责任管理，收到了一定的效果。1993年沈阳市侨联企业实现总产值近千万元，上缴国家税金175万元。

（傅晨松）

群众团体

·市总工会·

【概况】 1993年，沈阳市总工会机关在编人员164人，设10部5室3委，即：组织部、生产部、宣教部、民管部、生活部、保护部、女工部、文体部、财务部、法律部；办公室、调研室、技协办公室、工运理论研究室、第三产业办公室；工资工委、外企工委及机关党委。

市总工会下设国防工会、财贸工会、产联工会；设康平县总工会、辽中县总工会、沈河区总工会等13个县区工会和市机械局工会、铁路局工会等30个局（公司）工会。1993年，沈阳市工会组织达6 115个，会员174万人。

1993年沈阳市各级工会组织认真学习贯彻党的十四大、十四届三中全会及市委八届七次全会精神，以经济建设为中心，为建立社会主义市场经济、建立现代企业制度，动员和带领全市职工为沈阳市委、市政府提出的“一高两大两化”宏伟目标，为加快沈阳改革、开放和现代化步伐，做出了应有的贡献。

继续参与以建立社会主义市场经济，以转换企业经营机制为重点的改革工作。市总工会在调查研究的基础上，积极促进承包制、股份制、组建企业集团（公司）及国有民营试点，积极参与企业三项制度综合配套改革，认真贯彻落实“全民所有制企业转换经营机制条例”，落实“条例”中的14项权力，及时给市委、市政府反馈信息并提出合理建议。

坚持市场经济条件下两个维护。在企业贯彻“条例”和三项制度改革中，加大维护的力度；积极开展合理化建议活动，在企业职工间开展大讨论活动；积极兴办工会企事业，到1993年，市总直属兴办实体达31家。

在促进经济发展的同时，积极为职工办实事。由市总工会倡导，经市委、市政府批示，成立了沈阳市职工扶困救济资金管理委员会，下设办公室，办公室的日常管理工作由市总生活部负责。1993年，共救济扶持特困职工1万人，累计拿出救济基金100万元。

1993年12月份，沈阳市总工会召开了第十二次代表大会，总结回顾了前5年的工会工作，确定了今后5年的主要任务并确立工会工作总的指导思想：以邓小平同志建设有中国特色社会主义理论为指导，认真落实党的十四大、十四届三中全会精神，坚持党的“一个中心，两个基本点”的基本路线，贯彻沈阳市“一开四促”的方针，围绕建立社会主义市场经济体制，全面履行工会的四项职能，充分发挥民主渠道和社会调节作用，团结和动员全市职工投身第二次创业，为把沈阳建设成为高科技、大生产、大流通的现代化、国际化城市而努力奋斗。

（王子良）

【思想政治工作】 1993年，沈阳市各级工会在市委和上级工会的领导下，以经济建设为中心，大力加强思想政治工作，引导全市广大职工解放思想，转变观念，充分调动他们的积极性和创造性，有力地促进了改革和经济建设的发展。

为了把党的十四大精神和邓小平同志南巡谈话精神落实下去，全市各级工会认真组织职工学习具有中国特色社会主义理论，在职工群众中深入开展学习和宣传活动。市总工会宣教部组织编写了《学习十四大精神问答》和《社会主义市场经济基本知识》下发基层。委托市职工业余政治学校举办了5期“小先生”培训班，培训了来自各条战线的1 000多名理论骨干，这些骨干回到基层在群众学习中发挥了积极的作用。为了落实市委八届七次全会精神，市总工会在全市职工中开展了“转观念，上台阶”大讨论活动，全市各级工会精心组织，百万职工积极参与，思想观念得到了进一步更新解放，在沈阳经济上台阶中做出了巨大贡献。

全市各级工会以经济建设为中心，充分发挥自身的优势，大力加强日常思想政治工作。许多企业开展了“企业有困难、工人做贡献”，“我为厂长出谋，我为企业献计”等活动，调动了广大职工的积极性和创造性。各级工会注重把思想政治工作落实到基层，通过各种形式和手段，努力使思想政治工作进车间、到班组、落人头，增强了思想政治工作的活力和实效。许多企业工会还广泛运用各种宣传工具和宣传手段，深入开展生产宣传鼓动工作，开展比学赶帮活动，激发了职工的劳动热情，促进了生产的发展。

为了有针对性地开展工会思想政治工作，全市各级工会进一步强化了对职工思想动态的调查研究，分析职工队伍中可能出现的问题，及时反映给上级领导机关，为其决策提供依据。一年来，仅市总工会宣教部就写出职工思想动态的专题报告80余篇，先后发表在全国、省、市报刊和内参上，产生了积极的社会反响。还围绕工会思想政治工作自身建设开展调研工作，积极探索新形势下工会思想政治工作的新思路、新途径、促进了工作的深化。

（何春祥）

【职工教育】 为适应社会主义市场经济的建立和企业转换经营机制的需要，沈阳市各级工会组织1993年将工作着眼点立足于全面提高职工的思想道德和文化技术素质，通过开展岗位培训、技术练兵、拜师学艺、创造性思维等群众性学习教育活动，增加了广大职工学习技术、钻研业务的热情，提高了职工竞争上岗的能力，促进了企业的进步与发展。

沈阳市工会系统职工学校根据国家开展职业技能培训的要求，把工作方向从单纯地为企业生产服务，为职工群众服务，为工会建设服务扩展到为社会综合服务，开展全方位办学。形成了大中专学历教育、初高中文化教育、单科专业教育、岗位技能培训相结合的教育结构，全年开设专业（学科）26个，开办308个班次，培训学员7 970人。沈河区工会职工学校捕捉信息，适应国家新会计法的实施，联合市区工会职技开办了“新实用会计培训班”十几期。有3 000余人受益。沈阳职工大学积极深化内部改革，开展多层次、多形式办学，不断扩大办学规模，在原有大中专、职业高中等学历教育的基础上又增开了本科函授班。现在校生已达3 300人。其中大专生比1992年增长15%，职业高中生增长54%。学校抓管理、从严治校；抓教改，提高教学质量；抓效益，增收节支，取得了良好的社会效益和经济效益。

沈阳市职工读书自学活动适应改革开放和现代化建设的新形势，得到了稳步健康的发展，自学人数日益增多，自学队伍日趋壮大。为鼓励更多的职工走岗位自学、岗位成才的道路，沈阳市总工会召开了第五届职工自学成才表奖会。有25人分别荣获自学成才奖和自学积极分子称号。经市总工会推荐，沈阳飞机制造公司魏翠燕同志荣获全国职工自学成才奖，沈阳高中压阀门厂展洪胜、沈阳手表厂张绍阳、沈阳鼓风机厂马丹、东北制药总厂李国忠荣获省职工自学成才奖。

（赵树君）

【工会参政议政】 1993年，沈阳市职工参政议政制度逐步完善，民主参与和民主监督的渠道不断拓宽，工会组织在社会经济、政治生活以及企事业民主管理中的作用日益突出。具体表现在：

基层民主建设水平有所提高。围绕贯彻《企业法》和《全民所有制工业企业转换经营机制条例》，市总工会先后与市政府有关部门共同起草、制定了《沈阳市企业民主管理暂行办法》、《加强股份制企业民主管理的意见》、《外商投资企业工会工作实施细则》等9个文件，对转换经营机制条件下不同类型企业的民主管理作了明确的规定，促进了《企业法》和《条例》的落实。

各级工会与政府（行政）联席会议制度进一步完善。市总工会与市政府召开了第四轮联席会议，就“建立职工扶困救急资金”、“工会参加证券委员会”、“加快外商投资企业工会组建步伐”、“支持工会兴办企事业”以及“增加技术革新和合理化建议奖金数额”等7个方面问题形成了会议决议，并得到落实。与此同时，财贸、皇姑、沈河、纺织等产业和县区、局工会也都相继建立了与政府或行政的联席会议制度。

市长产业工人联络员的作用得到较好的发挥。在市政府的大力支持下，市总工会圆满完成了市长产业工人联络员换届选聘工作。新的市长产业工人联络员由45名一线职工组成，其中工人30名，知识分子8名，一般管理人员7名。通过座谈会、来信、来访、专线电话等形式，反映建设意见235项，实现率达到90%，在职工中和社会上反映良好。和平区、皇姑区、机械局；建工局、金杯公司等单位也建立了工人联络员制度。

（曹庆环）

【群众生产工作】 1993年沈阳市群众生产工作紧密围绕全市经济工作和实现“一高二大二化”的总体目标全面展开，在以下6个方面取得了新进展：

1. 坚持“主在基层，重在实效”的原则，广泛发动基层单位开展多种形式的劳动竞赛。据统计，全市参赛单位达3 000多个，参赛职工近百万人，实现职工“双增双节”5.3亿元。

2. 继续同市经贸委、市计经委联合开展“出口创汇贡献杯、进步杯”竞赛活动。全市共实现自营出口创汇5.59亿美元。继续发动职工开展促进发展外向型经济的三胞眷属引荐联谊活动，全市参加活动的职工已由800人次发展到1 260人次，联系国家和地区扩展到43个，引荐项目达234个，其中达成协议并签约的项目有67项，引进外资额已达到7 468万美元。

3. 搞规范化服务，劳动模范管理工作登上新台阶。全年新评选出市劳动模范766名（其中特等劳动模范23名），市先进集体278个（其中先进单位79个）。认真落实《沈阳市劳动模范管理办法》，与中国太平洋保险公司联合推出“为市劳动模范养老保险办法”，截至1993年底，投保劳动模范人数达320人，投保额超过90万元。

4. 会同市政府商办在商品流通企业中开展“扩大商品销售，争当销售状元”活动，在一线营业员中评选出“销售状元23名，全市国合商业企业在开展活动的7—12月间销售总额达74.32亿元，比1992年同期增加了12.8%。

5. 与中国人民银行沈阳分行联合在全市金融系统开展了争当“受群众欢迎的储蓄所，受储户尊敬的储蓄员，受企业爱戴的信贷员，受用户信任的会计员（简称‘一所三员’）”竞赛活动，促进了金融秩序稳定。全年全市银行各项存款余额336亿元，比年初增加59亿元，其中在开展活动的7—12月间，城乡居民储蓄存款增加33亿元，相当于前6个月的1.4倍。

6.群众合理化建议活动进一步深化。全市职工共提出合理化建议237 972件，采纳80 208件，已实施49 765件，创造（节约）价值达27 876万元。

（刘胜国）

【职工技术协作活动】 1993年，沈阳市职工技术协会，团结组织广大职工开展技术协作、技术攻关和技术培训活动，提高职工技术、文化素质，促进企业技术进步，为推动沈阳商品经济发展做出了积极的贡献。全市有市、县、区、局（公司）、企业技术协会1 574个，专业技术协会（专业队）1 457个，技协会员近10万人。这支以能工巧匠为主体，工人、科技人员、管理干部相结合，技术力量雄厚的群众性科技大军，通过开展技术攻关、技术交流活动，攻克技术关键4 016项，创造经济效益3.3亿元；推广交流先进技术1 022项，创造经济效益3 913万元；举办技术培训班2 174期，培训技术骨干98 224人次。

沈阳市职工技术协会设有焊接、锅炉、供热、数控数量、电子、液压、磨削、医疗器械等36个专业技术协会（专业队）、开发公司、研究所和实验厂。1993年为重点工程、重大技术难题组织技术攻关1 430人次，攻克技术难关44项，创效益198万元。

1993年，沈阳市技协组织广大技协会员围绕企业转换经营机制，帮助企业排忧解难，会同市计经委开展“百项重大技术难题攻关活动。”全市立项208项，已完成167项创效益1.3亿元。百项攻关，万人参战，全市直接参加攻关活动人数达5万人。

一年来，全市各级技协组织已兴办各种科技型经济实体152家。技协有偿服务成交额大幅度增长，全年仅在市总工会技术合同登记站的合同达到1465.73万元。

1993年，沈阳市技协组织开展了群众性技术革新和发明创造活动。全市职工实现技术革新、“五小”项目5万余项，创效益1亿多元。经市总工会、市计经委、市科委评出的优秀成果一等奖22项、二等奖64项、三等奖150项，同时授予江风阳等2名同志为“市技术革新大师”称号；授予谢冰等7名同志为“市技术革新能手”称号。在“沈阳市发明创造活动年”中，有20人获“发明之星”荣誉称号。

1993年，沈阳市职工技术协会被省市社团办评为“先进社会团体”、沈阳市总工会技协办等12个单位被省总工会授予技协先进单位称号。

（吴国芳）

【职工文化】 1993年沈阳市的职工文化工作以党的十四大精神为指针，在解放思想、转变观念、探索与实践和建立社会主义市场经济体制中取得了可喜的成果。

1993年工会文化事业有了较大的发展。市、县、区工会所属文化宫、俱乐部12个，这些文化宫、俱乐部绝大多数始建于30—50年代，各项设施陈旧落后。为了适应文化市场的激烈竞争，他们努力挖掘自身潜力，深化内部改革，拓宽服务领域，提高服务水平，增强了自我发展的能力，使宫容、宫貌和阵地设施有了明显的改善，充分发挥了“学校和乐园”的作用，并取得了显著的社会效益和经济效益。沈阳市文化宫1993年投入50多万元，进行了大规模的改建，将原剧场一楼与二楼隔开，一楼新增一个600平方米的迪斯科舞厅，二、三楼改建成的约600多个座席的电影厅，安装了舒适的沙发座席，更换了先进的立体声音响，使之达到一流影院的水平；又将原舞台改建为3层楼，新增加了游艺室和台球厅，使原来单一的影剧院改建成集电影、录像、舞厅、游艺为一体的多功能文化娱乐场所，取得了社会效益和经济效益的双丰收，1993年收入完成207万元，比1990年翻一番，创文化宫收入历史上的最高水平。1993年12月26日至29日，第六次全国工会文化宫、俱乐部工作会议在北京召开，市文化宫的“深化改革、迎接挑战、努力办好有时代特色的学校和乐园”的经验在大会上做了介绍。沈河工人文化宫通过引进外资将破旧的剧场改建成具有最新设备的“富都夜总会”。铁西区工人俱乐部通过职工内部集资也将原单一放映录相的剧场，改建成集舞厅、歌舞餐厅、游艺厅等多功能的文化娱乐场所；和平区工人俱乐部、辽中县工人俱乐部、苏家屯工人文化宫等也都在原有设备的基础上进行了改建，增添了设备和设施，成为职工开展各种文化活动的阵地。

1993年市总工会举办了纪念毛主席诞辰100周年系列活动——沈阳市职工首届文化艺术节。艺术节以党的十四大精神为指针，弘扬企业精神，突出宣传了工人阶级，展示了工人阶级在改革和建设中的主力军作用和主人翁的风采。活动从4月至12月历时9个月，共组织市职工故事比赛、市职工小品比赛、市职工摄影和美术、书法展览、毛主席像章收藏展览、市职工风采时装模特大赛、卡拉OK职工歌手大赛等项活动，参加单位200多个，参加人数1 000多人，观众达3万多人，这些活动的开展活跃了职工的业余文化生活，推动了企业精神文明的建设。

1993年参加全国和省文艺比赛的一些单位和个人都取得了较好的成绩。由沈阳拖拉机制造厂李长奎编剧，沈阳拖拉机制造厂业余文艺队伍演出的小品“破产的交易”参加了全国总工会举办的“505神功杯”全国职工小品比赛获优秀演出奖、市总工会文体部获优秀组织奖。由市第四建筑工程公司张永笠创作并表演的故事《中国“哈拉少”》和由沈阳电工铸铁厂林作岩、市交通局王兴胜、徐茎良共同创作，和平区青年教师潘隽表演的故事“真情”参加了“汉斯·工行杯”全国部分城市职工故事邀请赛；故事“真情”获创作一等奖、张永笠获表演一等奖、潘隽获表演二等奖。市总文体部获优秀组织奖。1993年沈阳市的职工歌手在参加辽宁省总工会举办的辽宁省职工庆“五一”《丹侬杯》卡拉OK电视大奖赛中也取得了较好的成绩，中兴——沈阳商业大厦的龙泉、沈阳冶炼厂的刘昆、东北制药总厂的刘玉江3人获演唱二等奖，有7位歌手获省职工优秀歌手称号。

(李凤梅)

【职工体育】 1993年，沈阳市职工体育坚持“一个中心，两个服务”的职工体育工作方针，不断探索新形式下职工体育工作，给职工体育活动带来了生机和活力，出现了良好的发展势头。

全市各级职工体育组织和广大体育干部面对建立社会主义市场经济体制的新形势，紧迫感责任感普遍增强。解放思想，勇于实践，对职工体育进行改革，采取了工作重点下移，变集中活动为集中与分散相结合；时间上采取业余为主，业余与工余相结合；形式上提倡小型多样，大型与小型相结合；项目上突出大众化趣味性，传统项目与新创项目相结合；经费来源强调主渠道筹集与争取全方位资助相结合。

群众性体育活动稳步发展。拳、操、跑等传统项目经久不衰。参加长跑的职工达70万人以上。第七套广播体操更加普及，职工出操率为68%以上。积极推广七项健身达标活动，职工达标率为27.5%，优秀率为19%。职工晨练、晚练、居民区体育活动出现了新的气象，参加人数明显增加。适应广大职工需求的大众体育、趣味体育、医疗体育遍地开花。特别是趣味体育更加引人注目，深受广大职工欢迎。1993年新创编、挖掘、整理项目达1 000余项。在这方面，沈阳电力机械厂做出了突出贡献。1993年，全市职工体育人口稳定率为55%。

竞技体育向多元化、大众化发展。在多层次开展篮、排、足等传统项目的比赛活动中，沈阳市总工会举办的职工篮球比赛有18个男女代表队参加。沈阳市工商局、和平区房产局分别获得男女冠军。市总工会、市体委联合举办的职工足球比赛，沈阳市公安局获得冠军。同时，在全市广泛开展门球、毽球、桥牌、钓鱼、国际舞等大众化体育比赛活动，已蔚然成风。

1993年，沈阳市东北机器制造总厂、黎明发动机制造公司、航空部606研究所、沈阳电力机械厂、沈海热电厂、沈阳鼓风机厂、铁道部沈阳机车车辆厂等7个单位被国家体委评为全国群体工作先进单位称号。

(张雅书)

【工会企事业全面发展】 1993年，沈阳市工会企事业，在市政府和基层党政领导大力支持下，各级工会组织、职工技协、退休职工委员会三路大军共同努力，得到了突飞猛进的发展，获得了全面丰收，受到全国总工会的表扬，在第二次全国工会企事业工作会议成果展示会上获得一等奖。

——工会企事业不断壮大。截止1993年末，全市各级工会组织共兴办企事业达1 370个，比1992年增加1.2倍。其中国营企业50个，集体企业1 296个，联营4个，中外合资企业5个。从业人员14 201人，比1992年增加2.6倍。全市工会企事业资金总值达2.6亿元，比1992年增加了5倍。具有一定实力的各种公司200多家，有的工会企业开始向集团化发展。

——工会企业领域不断拓宽。随着工会企事业的不断发展，领域不断拓宽，新的行业不断涌现。如科技信息业、金融、旅游业、房地产、礼仪庆典、职业介绍、婚姻介绍和中外合资企业等在全市工会系统相继出现。这些新行业的兴起，不仅满足了职工群众和居民多方面、多层次的需求，而且，对推动社会生产力的发展，起到一定的积极作用。

——工会企业经济效益大幅度增长。1993年全市工会企事业销售收入为2.25亿元，利润总额3 048万元，上缴税金1 823万元，分别比1992年增长3.4倍、5.5倍和12倍。工会企事业效益的提高，增强了工会组织的经济实力和对职工群众的凝聚力和吸引力，为职工群众做了大量的好事、实事，受到职工群众的欢迎。

——扩大了就业渠道，稳定了职工队伍。1993年通过工会办企事业全市共安置企业富余人员、社会待业人员、困难职工家属7 000余人，占工会企事业从业人员的50%。大东区工会利用各种渠道一年就安置企业富余人员、社会闲散人员1 298人，占全区工会企事业从业人员总数的80%。沈阳天益公司成立半年来，介绍职工再就业478人，解决了部分特困职工和因企业亏损放长假职工的生活困难，深受职工群众的欢迎。

——对外开放有了新进展，进一步扩大了对外经济联系。一年以来，市工会及事业单位先后同美国、日本、俄罗斯、香港等国家和地区建立了5个中外合资企业，比1992年增加了2个，全市有9个工会企事业利用边贸等各种形式，同俄罗斯等国家发展经贸关系和劳务关系。

(刘任)

【职工扶困救急资金】 1993年5月，沈阳市设立职工扶困救急资金。这项作为严重亏损企业生活特困职工救急济难专项资金的设立，在一定程度上缓解了特困职工的生活困难，为稳定社会作出了积极的贡献。

1992年底，沈阳市总工会针对沈阳市部分停减发工资的亏损企业职工生活困难、而社会缺少对他们实行救急的专项资金的情况，向市政府提出了设立“沈阳市扶困救急资金”的建议，被市长武迪生批示采纳。1993年5月，市委办公厅、市政府办公厅下发了《关于印发〈沈阳市职工扶困救急资金管理暂行办法〉的通知》，标志着沈阳市职工扶困救急资金的设立。按照《暂行办法》的规定，职工扶困救急资金采取以社会统筹为主的办法筹集，凡在本市境内的企业和经费自收自支的事业单位，均按上年度末在职职工和离退休职工总人数每人每年一元的额度缴纳；市政府和市总工会对资金给予一次性拨款；同时接受职工群众和社会各界的自愿捐赠赞助。职工扶困救急资金的救济对象，是参加统筹单位的连续两个月停发工资和连续4个月减发工资的亏损企业中的特困职工(家庭人均月生活费在市规定的困难补助标准以下)，每年在入冬前和春节前每户发给救济费 100—200 元；另外，对因火灾等意外重大事故均使家庭财产遭受严重损失，基本生活发生严重困难的职工，每户一次性救济 200—500 元。职工扶困救急资金由市总工会负责筹集、管理和发放。

市总工会把组建职工扶困救急资金作为一项重要工作来抓。组建了有政府有关部门领导参加的资金管理委员会，市总工会副主席张德奎任主任；成立了资金管理办公室，设在生活部；建立了一系列资金收缴、管理的办法和制度。市总工会召开大会，市委常委、市总工会主席李中鲁作动员，部署资金统筹工作，号召全市职工为扶困救急资金捐款。在筹集资金过程中，各产业、县、区、局(公司)工会做了大量的协调工作，大中型企业发挥了骨干作用，党政机关干部和劳动模范发挥了带头作用，经过各方面的努力，到 1993 年末，共筹集资金 155 万元。市总工会作为资金的管理部门，按照《暂行办法》的规定，在入冬前和春节前拨出救济款 100 万元，救济了万名亏损企业的特困职工。

职工扶困救急资金的设立，为沈阳市社会保障机制增添了新的内容，为生活特困职工送去了党和政府的温暖，弘扬了工人阶级团结互助的优良传统，在全社会产生了良好的影响，得到职工群众的拥护。

(*董文秋*)

1993 年沈阳市先进单位名单

沈阳飞机制造公司
沈阳新阳机器制造公司
沈阳黎明发动机制造公司
沈阳市沈海热电厂
沈阳电业局
东北大学
沈阳电力高等专科学校
化学工业部沈阳橡胶工业制品研究所
中国建筑东北设计研究院
东北育才学校
沈阳市皇姑区岐山路第一小学
沈阳商业城
沈阳市医药公司
沈阳矿务局红菱煤矿
沈阳纺织厂
沈阳潜水泵厂
苏家屯机务段
中捷友谊厂
沈阳电缆厂
沈阳高压开关厂
沈阳风动工具厂
沈阳电机厂
沈阳起重运输机械厂
沈阳实业电机厂
沈阳机床厂
沈阳高等级公路建设总公司
沈阳市第四粮库
沈阳市人民旅社
沈阳市急救中心站
沈阳浮法玻璃厂
沈阳市市政建设工程公司
沈阳五金商业集团股份有限公司
沈阳文化钟表总公司沈阳文化大楼
沈阳群星商业集团妇女儿童用品公司
中兴——沈阳商业大厦
沈阳啤酒厂
沈阳市老龙口酒厂
沈阳塔山防撬门厂
沈阳双喜压力锅制造总公司
沈阳房天股份有限公司
沈阳市热力供暖公司
辽宁试验设备厂
沈阳副食集团冷藏公司
沈阳合金厂
沈阳线材厂
沈阳第三橡胶厂
沈阳第四橡胶厂
永新——沈阳化工股份有限公司
沈阳市第三建筑工程公司
沈阳市第四建筑工程公司
沈阳市工业安装工程公司
中国人民保险公司沈阳市分公司
沈阳五金矿产进出口公司
金杯汽车股份有限公司
沈阳计算机外部设备总厂
沈阳市辉山畜牧场
沈阳市电信局
沈阳市广州副食商场
沈阳特种环保设备制造总厂
沈阳化肥总厂
沈阳市新城子制药厂
沈阳市友谊服装厂
沈阳市出租汽车公司
东陵区东陵乡
东陵区五三乡
于洪区于洪乡
于洪区陵东乡
苏家屯区沙河铺镇
苏家屯区城郊乡
新城子区财落堡乡
沈阳市道义星火工业技术密集区管理委员会
新民市法哈牛乡
新民市前当堡镇
辽中县刘二堡镇
辽中县林业局
法库县红五月乡
法库县水利局
康平县种子公司
沈阳市气象台

·团市委·

【组织工作】 1993 年，沈阳市共青团组织工作以党建带团建，大力加强团干部和团员队伍建设，不断探索在社会主义市场经济条件下团的组织工作运行机制，为各级团组织投身市场经济提供可靠的组织保证。

团的基层组织建设。团的基层组织建设，以《共青团基层建设纲要》为指导，重点实施了“123 工程”(即指导一个“三资”企业，帮助两个后进企业，总结推广三个典型)，强化了对基层工作的指导力度；以“载体”建设为突破口，分战线团的工作得到加强。青工战线以“团员全优岗”、青农战线以“星火团支部”、学校战线以“团支部为核心的班集体建设”为标志，狠抓团的基础建设，解决了部分基层单位长期以来凝聚力和战斗力不强的问题；以建立和完善评价体系为手段，加强对基层工作的考核和评价。在全市各级团组织中继续开展了“两优两先”竞赛活动。

团干部教育和管理。在团干部队伍建设上，注意研究和探索新形势下团干部进、管、用、输的新途径和新方法，注重在政治上、生活上关心和爱护团干部，在实践中考察和锻炼团干部。一是注意对团干部的日常管理和考核工作，利用基层团委改选换届和团市委到基层调研的机会，及时与团干部所在单位党委沟通情况、交换意见，使团干部协管工作经常化和制度化；二是注意对团干部的培训。一方面，强化对市直单位团委书记的培训，1993年，全市共培训4期，近200人次。另一方面，基层团组织利用党校和团校对团干部进行培训。在培训工作中注意了针对性和实效性，使培训工作更加贴近经济工作、贴近基层、有利于团干部的成长；三是注意政策的导向。1993年下半年，团市委在总结基层推荐团干部挂职、轮换等经验的基础上，与市委组织部联合制定和下发了《关于推荐优秀团干部作党政后备干部的意见》，规定了被推荐对象的条件、推荐的程序、培养选拔的途径与方法三个方面的内容，为团干部的成长创造了有利的条件。

团员教育和管理。在团员的教育和管理上，一是加强对团员的教育，通过教育评议、团员达标、争做跨世纪合格人才等方式，进一步强化团员意识，增强责任感和使命感；二是加快发展与严肃团的纪律相结合，1993年全年共发展新团员34 000余名，同时也对300余名不履行团员义务和违纪的团员给予纪律处分；三是全面深化推荐优秀团员作党的发展对象工作。工作呈现重点突出，辐射面宽等特点。经过团组织积极的工作，全年共有2 500余名优秀团员加入了党组织。

（马闯）

【大学生社会实践活动】 1993年暑期，共青团沈阳市委组织沈阳市28所大中专院校的5万余名学生，围绕“投身社会生活转观念，参与二次创业做贡献”这一主题，开展了科技服务，系列教育，勤工助学，基地建设等丰富多彩的社会实践活动。在活动中，各院校十分重视实践的教育功能，通过带领学生到农村、工矿企业第一线；到革命老区和改革开放、市场经济发展较快地区，对学生们进行国史国情教育，使学生们切实感受到自身所肩负的历史使命和社会责任的重大，澄清了部分学生思想上的模糊认识，在实践中帮助大学生树立了正确的人生观和价值观。同时，为发挥高等院校的知识优势，团市委还号召各院校组织学生深入农村、厂矿，开展广泛的科技服务，并从各院校率先选派了一部分专家教授、青年教师、研究生和本科生组成200余支精干的科技服务团队，直接深入到乡镇企业和中小企业及一些经济落后地区，开展科技咨询、难题攻关，医疗咨询，义务教育等类型的科技服务。通过开展此类活动，各院校共为企业解决科技难题300余项，直接经济效益500余万元，为推动当地的经济发展做出了一定的贡献。在这次活动中，勤工助学活动作为大学生社会实践活动的重要组成部分，也得到了各院校的正确引导与积极扶持，全市大学生共取得勤工助学收入80余万元，有效地帮助了大学生的学业，由于这次社会实践活动成绩突出，1993年11月份，沈阳团市委等5家单位获中宣部、国家教委、团中央授予的全国大学生社会实践先进单位称号。

（杨丹丹）

【第三届沈阳十大杰出青年评选】 1993年3月至5月，共青团沈阳市委、沈阳市青年联合会等单位联合举办了沈阳第三届十大杰出青年评选。本次评选旨在表彰在本职工作岗位上做出突出业绩的青年，把沈阳青联“青春献‘八五’、奉献在本职”主题活动推向深入，激励全市青年在振兴沈阳的实践中刻苦学习、服务社会、建功成才。评选采取自下而上层层推荐的办法。4月7日经组委会讨论确定20名青年做为“十杰青年”评选候选人参加4月上旬进行的投票选举。5月3日第三届“沈阳十大杰出青年”评选结果在沈阳迎宾馆揭晓。沈阳飞龙保健品有限公司总经理姜伟，以最高票数荣登十大杰出青年榜首。其余获奖者是：东北大学自控系教授刘晓平，皇姑区启智幼儿园园长孙淑君（女），沈阳玻璃机械厂副厂长、高级工程师李兵，沈阳中兴宾馆服务员郭丽（女），沈阳市政二公司第五工程处处长江宁，铁西区卫生局局长张小康，沈阳东宇集团公司董事长庄宇洋，沈阳希贵运输公司董事长刘希贵，沈阳商业城食品商场经理张智（女）。这次评选共收到选票32 094张，在市场经济大潮中，创造佳绩的企业界青年领导干部在这次评选中占了十杰的一半。

（和宁）

【“一〇绿火炬工程”】 “一〇绿火炬工程”是共青团辽宁省委制定的10年全省青少年绿化活动的总体安排，工程宏大，任务繁重。沈阳市实施“一〇绿火炬工程”的总体目标是10内承担并完成21.77万亩规划造林的绿化任务。团市委结合沈阳市造林“3—5—8”规划的总体布局，精心安排，系统实施，使沈阳市青少年造林绿化活动成为一个科学、规范的系统工程。

“一〇绿火炬工程”形成了大面积高标准规模造林。各级团组织特别是农村团组织把建设一定规模的青少年绿化工程作为实施“一〇绿火炬工程”的主体工作和完成全部工程的重点，县（市）区、乡（镇）、村三级团组织层层建起青少年绿化工程，形成了大面积、高标准规模造林，仅1993年青少年绿化工程就达560个，造林8.85万亩。

“一〇绿火炬工程”同地方经济及团的事业发展相结合，收到了综合效益。在实施“一〇绿火炬工程”的同时，团组织突出了地方特色，把造林绿化同美化环境，发展经济相结合，以绿化促开发，改善生态环境，发展地方经济。东部山区的团组织新开发山楂、李子、苹果梨等果树40万株。同时，一片片青年林、青年苗圃变成了一座座绿色的银行，团组织创经费45.1万元。

“一〇绿火炬工程”带动了青年向农业综合开发进军。各级农村团组织围绕实施当地农业综合开发规划，因地制宜，以资源为基础，以科技为手段，以市场为导向，效益为目的，改造低产田、低产园、低产林、低产塘，开发荒地、荒山、荒滩、荒水。1993年青年改造中低产田8 039亩，开发荒地、滩涂4 600亩。

“一〇绿火炬工程”的实施形成了大规模宣传氛围。在实施“一〇绿火炬工程”中，团组织把强化青少年绿化意识教育做为主要一环，不断强化青少年造林、管林、护林意识，增强广大青少年参加绿化，大办林业，尽快把沈阳大地绿化、美化起来的责任感和自觉性。1993年全市举办各类造林宣传、技术培训班890期，成立青年造林突击队1 350个，护林小分队950个，为绿化沈阳，美化家乡做出了贡献。

（关怀）

【市青联九届二次全委会】 1993年7月9日沈阳市青联九届二次全委会议在沈阳金城宾馆隆重举行，来自全市各条战线的200多名青联委员出席了会议。会议的主要议程是：审议九届青联常委会工作报告；增补九届常委、副主席。听取国际形势及沈阳市经济形势报告。

会上沈阳市青联主席、团市委书记赵晓川做了题为《发挥青联优势，投身市场经济，在把沈阳建成“一高两大”国际化、现代化城市的实践中建功成才》的工作报告，提出了进一步解放思想，转变观念，围绕促进生产力发展的根本任务，按照建立社会主义市场经济体制的要求，以经济联络为手段，完善自身工作机制，发挥青联组织优势，团结全市各族各界青年，在把沈阳建“一高两大”的国际化、现代化城市的实践中做出积极贡献。

在这次会议上，沈阳先达集团总经理朱俊英、市城建局副局长宁先杰、沈阳开发区副主任张力、市电信局党委书记翟平被增选为市青联九届委员会副主席。沈阳飞龙保健品有限公司总经理姜伟、沈阳金属所杨柯等12人被增选为青联九届委员会常委。何献俊等41人被增补为九届青联委员。

（和宁）

【第一所希望小学成立】 1993年2月，中共沈阳市委组织部、市委宣传部、团市委、市教委等14家单位联合发起了在全市实施希望工程的通知。

建立“希望小学”，救助失学儿童，是沈阳市实施希望工程的重要举措。这项工程实施以来，得到了社会各界的广泛支持和企业界的鼎力相助。沈阳雅风实业有限公司出资20万元，兴建了沈阳市第一所“希望小学”——沈阳雅风希望小学。这所小学座落在法库县秀水河子镇五里山村，占地8 000平方米，教学楼建筑面积628平方米，于1993年3月1日奠基，9月1日正式交付使用。

1993年9月1日在学校门前举行了开学典礼暨沈阳雅风希望小学成立剪彩仪式。沈阳雅风实业集团总经理孙洪先生被聘为“希望小学”名誉校长。

（王淑芬）

【“为了托起明天的太阳”晚会】 1993年1月，共青团沈阳市委等单位决定在沈阳市实施“希望工程”。3月20日，为了加大“希望工程”的宣传力度，由团市委等14家单位主办，由希望工程沈阳市助学基金办公室、辽宁桑莫国际化妆品有限公司承办的“同献一份爱心、共筑希望工程”大型募捐演唱会在辽宁体育馆隆重举行。在充满爱的旋律中，沈阳雅风实业有限公司、沈阳工商银行、沈阳市保险公司、沈阳特种环保设备厂等8家单位当场为希望工程捐款44万元，同时一些热心观众也纷纷为希望工程捐款。当主持人倪萍把法库县卧牛石村即将失学的12岁小朋友郑丽娟介绍给大家时，全场观众无不为之惋惜，铁西区勋望小学6年级学生王蕾代表同龄的孩子，将自己攒下的50元零用钱当场交给郑丽娟，希望她能象自己一样，无忧无虑地坐在课堂里读书，至此，晚会进入高潮。著名书画家杨九洲、卢志学、董文也当场交上了自己精心创作的作品，表达自己对失学孩子们的一片爱心。当主持人宣布将用这场晚会筹得的资金修建沈阳市第一所希望小学时，全场报以长时间的掌声。

（陈颖欣）

【开展为区街经济建设做贡献活动】 1993年，共青团沈阳市委组织和带领全市城区街道团组织和广大团员青年积极投身于区街经济建设，为区街经济的发展做贡献。

围绕鼓励青年职工岗位成才，团市委组织各城区团委制定了《沈阳市鼓励青年职工岗位成才暂行规定》的实施细则。同时，积极争取各区劳动局、经计委等有关部门的帮助和配合，开展了“青年职工岗位练兵比武竞赛”、“首届奥林匹克青工技能大赛”、“文明经营、优质服务竞赛”等等。使各区的大部分青年职工实际操作水平普遍提高了1—2个等级。

围绕扶持区街企业、提高区街企业经济效益，城区各级团组织一是开展以承揽企业急难新重任务为重点的生产突击活动和共青团先模岗台竞赛工程，全市城区团组织在区街企业中建立青年突击队500个，创先模岗台近百个，开展急难新重任务突击近千余次。二是开展义务宣传、销售本地区名优产品活动，共宣传区街企业名牌产品20余种，创销售额近百万元。三是在区街企业青年职工全面开展双增双节和提合理化建设活动。

围绕依靠科技振兴区街经济，开展了以引进技术、引进人才为主要内容的“双引”活动。针对区街企业对科技的需求，城区各级团组织发挥组织优势，成立了青年科技服务中心和人才交流中心共50余个，团区委派人专门负责和市内大专院校、科研院所、大中型企业取得联系，为区街企业提供科技服务。同时各区团组织多次组织区街企业参加市“青年科技博览会”、“青年科技人才交流洽谈会”，帮助区街企业牵线搭桥，输送科技知识和人才。

（毛安祥）

【开展“我为沈城添光彩”大型活动】 1993年共青团沈阳市委在全市城区的团员青年中开展了“我为沈城添光彩”大型美化市容活动。首先，团市委组织城区街道的团组织以广播、板报、标语等形式开展了“维护市容整洁、人人有责”为主要内容的宣传活动，动员广大市民积极行动起来，参与市容和卫生环境的整治和建设，在全市形成了较大声势和氛围。其次，围绕沈城的主要街道、绿化带的美化和部分小区的清洁，组织近万人次的团员青年和中小学生整治城市环境卫生清除繁华街道电线杆和候车廊上的非法广告，清扫南、北运河两岸的垃圾、残土、清洗了绿地花园内的雕塑、围栏等，同时，对一些比较脏乱的居民小区进行了清理，使沈阳市的市容市貌得到较大的改观。第三，为了保证这项大型活动深入持久地开展下去，团市委组织各区团委选择本区的主要街道开展了创建“共青团文明大街”活动，以“共青团文明大街”为团组织带领区街团员青年和少先队员参与城市管理和建设的“基地”，围绕“共青团文明大街”的美容美化，定期开展卫生环境的清洁和美化活动。

（毛安祥）

【评选“诚实守信青年个体户”活动】 为了提高青年个体劳动者的群体素质，形成礼貌待客、诚实劳动、守法经营、优质服务的良好风气，1993年共青团沈阳市委组织全市11万余名青年个体劳动者开展了评选“诚实守信青年个体户”活动。首先，团市委取得市有关部门的支持和配合，专门成立了活动领导小组，制定了评选条件和有关制度，以确保活动的扎实进行。其次，开展宣传发动工作。各县（市）区团委积极采取多种形式组织个体青年学习党和政府有关发展个体经济的政策和法规，充分利用广播、板报、宣传标语等开展法制教育、职业道德教育，在全市青年个体户中造成了较大声势和影响。第三，开展各种优质服务竞赛活动，全市共组织“文明经营示范”、“文明服务擂台赛”、“技术比武”等6个方面内容的竞赛活动达20余次，提高了青年个体劳动者文明经营、优质服务自觉性。第四，团市委和各县（市）区团组织，注重发挥群众的监督作用，采用群众测评方式，同时征求有关管理部门的意见，通过近10个月的日常和定期相结合的考核，对参加选评活动的青年个体户进行了鉴定评比，最后，在全市评选出43名沈阳市“诚实守信青年个体户”进行表彰。这项活动的开展树立了一批深受群众欢迎的个体青年典型，促进了广大青年个体户的思想道德水平的提高。

（毛安祥）

【共青团广告候车廊工程】 1993年，共青团沈阳市委按照社会主义市场经济规律的客观要求，积极组织和带领广大团员实施了“共青团广告候车廊工程”，在沈阳市内主要街道建设“广告式候车廊”20个，更新改造车廊300个，收到了美化城市，改善人民群众乘车环境，宣传企业产品的综合效果。同时，较好地树立了沈阳团组织的形象，探索出了一条在社会主义市场经济条件下发挥共青团组织作用的新途径。

1993年3月团市委提出在全市建设“广告式候车廊”的设想，即以候车廊为媒体，为企业做广告宣传，车廊由做广告企业出建设资金，团市委负责与有关部门协调建设的有关问题，按出资企业要求设计广告，并通过组织青年突击队来制做、安装车廊。团市委及时向市委、市政府汇报了这一工程设想。为此，市政府专门召开市长办公会议，就候车廊建设中亟待解决的问题进行了认真研究和部署。1993年5月团市委通过对全市公交站点实地勘查，确定了以繁华街路为主，逐步向一般街路推进的工程实施原则。为了不影响正常交通，团市委组织150支青年突击队，在夜晚施工，较好地完成了安装建设任务。

（汪惠勇）

【首届沈阳青少年创造发明大奖赛】 以“迎接21世纪挑战”为主题的首届沈阳青少年创造发明大奖赛暨第二届沈阳青年经济技术博览会是沈阳市青少年创造发明活动的主体活动。1993年3月25日大奖赛组委会成立，举办大奖赛消息发出后，报名踊跃。截止9月末，组委会共收到各类优秀科技成果800余项。其中既有高科技成果，也有实用新技术、新工艺，还有面向生活的大量实用发明创造。10月26日，经组委会评审，中科院金属所研究员杨柯、先达集团总经理朱俊英、东北大学唐春安获首届青年科学家奖，获奖8 000元。《超级电子档案系统》等4项科技成果获一等奖，奖金1 000元。还有几项成果分获二、三等奖和优秀奖。

（和宁）

【“中兴杯”旅游服务业青工岗位技能电视大赛】 1993年8月到11月，共青团沈阳市委会同市劳动局、市旅游局、市服务局、沈阳电视台、沈阳日报社、中国沈阳国际经济技术合作公司共同举办了“中兴杯”’93沈阳旅游服务业青工岗位技能电视大赛。

沈阳市及中央、省、解放军驻沈阳的宾馆、饭店、招待所110名从事烹饪、面点工作的青年职工参加了本次比赛。9月21日在辽宁省科技馆组织了选手的理论考试。10月17日在中兴宾馆餐厅举行了实际操作比赛，经过激烈角逐，园路餐厅厨师李大勇、市工商银行面点师朱兆广分别取得了烹饪和面点工种的第一名，荣获“沈阳市青年技术状元”称号，刘学军等9名厨师、温村霞等4名面点师荣获“沈阳市青年技术能手”称号。获奖的选手除被晋升一个技术等级外，还取得了中国沈阳国际经济技术合作公司优先推荐出国研修或服务的资格。通过这次比赛调动了全市旅游服务业青工钻研业务的积极性，促进了他们技术水平的提高。

（汪惠勇）

【沈阳市青少年心理咨询中心】 原沈阳市中学生心理咨询中心，正式更名为沈阳市青少年心理咨询中心，该中心是面向全市大、中学生提供心理健康咨询服务的非盈利性社会公益事业单位。

中心1993年共受理电话、信函咨询1 500余人次，并先后数10次在辽宁人民广播电台、辽宁经济广播电台、沈阳人民广播电台、沈阳经济广播电台制作心理咨询专题节目。1993年高考前，中心聘请中国医科大学的心理学家分别与辽宁电视台“青春年华”节目、沈阳人民广播电台“七彩屏”节目录制了”如何进行考前心理调适”特别节目；开设了考前心理咨询专线并应家长之邀为考生进行现场咨询；高考之后，通过新闻媒体开辟了“成功者谈成功路”专题和栏目，为成绩不理想的考生分忧解愁，通过“青春热线”的咨询服务，有的考生成功地解除了心理困忧，考取了全国重点大学；有的考生打消了悲观的念头，重新鼓起了生活的风帆；有的中学生走出了情感的误区，乐观向上地投入学习生活；有的大学生治愈了“强迫症”，愉快地重返课堂……，中心的工作人员还经常深入学校进行“少女课堂”等系列讲座，受到学生、家长、老师的普遍欢迎，“青春热线”3843666和咨询员梅茵姐姐成了学生们的知心朋友，许多学生、老师来电话盛赞中心为学生们做了一件好事。

中心还与中国青年报“青春热线”及全国其它城市的热线建立了工作联系，1993年11月中心举办了“第二期心理咨询培训班”，聘请了中国社会心理学会及中国医科大学的著名心理学家为基层心理咨询员授课，推动了学校热线心理咨询工作的深入开展；1993年8月，咨询员梅茵姐姐的论文《论中学生课余文化生活的忧与思》在全国首届青少年心理健康教育研讨会上获一等奖。团中央学校部已将沈阳市青少年心理咨询中心作为全国学校战线心理咨询工作的试点单位。《中国青年报》、《青年时报》、《沈阳日报》、沈阳电视台等新闻媒介对中心的工作进行了多方面的报道。

（张梅）

·市妇联·

【概况】 1993年，沈阳市妇联紧密围绕市委八届六次全会精神，确定了全年妇女工作的基本思路和主要任务，进一步明确了以“三个有利于”作为检验妇女工作的指导思想。一年来，沈阳市各级妇女组织紧密围绕经济建设这个中心，充分发挥参与、教育、代表、服务、联谊的五项职能，组织动员全市妇女积极参加“巾帼建功”、“双学双比”两项主题竞赛活动，有效地调动了广大妇女为经济发展作贡献的积极性和创造性；各级妇联抓住机遇，加快发展第三产业，沈阳木兰集团的成立，使妇联系统第三产业发展由服务型向效益型、科技型转变，由单一化向网络化、集团化方向发展；在全市妇女中开展了“四有”、“四自”教育和家庭文化系列活动，促进了社会主义精神文明建设；强化职能，维护妇女合法权益，工作坚持以宣传贯彻《妇女权益保障法》为主线，以解决侵权问题为主线，全年各级妇联共接待群众信访1万余件，积极推进妇女“双保”工作，共为2万名妇女查治妇科疾病。积极参与社会综合治理，组织帮教小组3 000余个。1993年，妇联组织自身建设进一步加强。全市完成了1 872个城镇基层妇代会的改选换届工作，还组建了沈师妇委会女大学生分会，到1993年底全市党政机关、科教文卫妇委会已有11个，市、县区妇联共举办各类培训班30余期，参加培训妇女干部2 000余人次。市妇联注重发挥联谊组织作用，为市女企业家协会与辽宁大学妇委会牵线，暑期组织女大学生到女厂长（经理）的所在企业进行社会实践、跟踪采访，开展“探索现代女性成材之路”的主题活动。使女大学生很有收获，市妇联还与市女知识分子联谊会共同开展对全市女科技人员工作、生活需求情况调查。市女知识分子联谊会的教育分会与市心理学会联合举办中小学生离家出走的心态及对策报告会；科技分会主动帮助康、法两县脱贫提供经济科技信息；卫生分会为偏远地区妇女儿童开展健康咨询，送医送药，深受当地欢迎。市妇联机关在机构改革上不等不靠，实行合署办公，人员优化组合，减少了职能交叉，强化了责任意识。市、区县妇联注重转变工作方式，积极探索新时期妇女工作社会化途径。各级妇联紧紧依靠党委、人大、政府、政协及司法等有关部门，将妇女儿童工作纳入了社会各方面工作之中，沈阳市妇女权益保护委员会及各县区妇女儿童协调委员会的成立、调整、使维权工作形成合力。市妇联还先后两次召开新时期妇女工作座谈会，邀请市直、县区部分党政领导，帮助筹划新时期妇女工作思路，多次与有关部门沟通，征询对妇女工作的意见和建议。在工作中注重发挥活动协调小组、妇联团体会员及联谊组织作用，使妇女工作活跃开展，为拓宽工作领域，市妇联在社会选聘维权工作联络员70多名，还与企业“联姻”开办了维斯佳妇女热线电话，这在全国妇联系统还是首创。

（于慧堂）

【巾帼建功活动】 1993年，沈阳市“巾帼建功”活动以工矿企业、科技战线为重点，以提高城镇职业妇女整体素质，立足本岗位建功为目的，发挥主管委、办、局作用，开展系列活动，体现行业特色。工矿企业围绕编余女工问题开展“投身改革、勇于竞争、在竞争中取胜”主题活动，使85%以上女职工提高认识，接受培训、重新上岗；科技战线积极实施“百亿工程”，开展“开发新产品，攻克新技术，取得新成果”竞赛，全市有2 891名女科技人员参加市级以上课题研究，有201人获市科技振兴奖或科技进步一、二、三等奖；商业战线广泛开展“三信一满两提高”活动，在全系统举办的“业务比武选状元”竞赛中，有75%以上项目的状元被女职工夺走；教育战线在全市中小学教师中开展“三项技能达标”活动，50%的女教师考试达标；卫生战线的“医德医风百家行”、“三级医师规范性查房”活动，极大地促进了女医务人员业务水平的提高。

据对全市100个大中型企业调查，在“巾帼建功”活动中，女职工提合理化建议6万余条，双增双节创造价值3 937万元，节约近2亿多元，开展技术表演赛1 541次，有14万女职工参加。

（张捷）

【“四有”、“四自”教育】 1993年，沈阳市继续在妇女群众中开展了多种形式、内容丰富的“有理想、有道德、有文化、有纪律”和“自尊、自信、自立、自强”的“四有”、“四自”教育。年初，市妇联在各级妇女组织和妇女群众中开展了“经济上台阶，妇联怎么干，妇女怎么办”和“市场经济与妇女解放”的大讨论。结合深化“巾帼建功”、“双学双比”竞赛活动，在女职工中进行“参与改革、展示风彩”的主题活动，对农村妇女进行了解放思想，进入市场，提前奔小康的宣传教育。突出抓了对女大学生的思想教育，举办了理想、婚姻、女性成才等方面的系列讲座，引导女大学生树立正确的人生观，道德观，价值观。通过这些宣传教育活动，引导和组织广大妇女解放思想，转变观念，提高思想道德素质，向“四有”、

“四自”目标迈进。

同时，市妇联在妇女群众中开展了“学雷锋做四自女性”活动。5月，市妇联举办了学雷锋先进妇女事迹报告会。会上全国学雷锋先进个人皇姑区淑君幼儿园园长孙淑君等4位同志做了事迹报告，使妇女群众受到了深刻的教育。

为丰富“四有”、“四自”教育内容，市妇联举办了“爱祖国、爱家乡、爱岗位”演讲竞赛，24人参加演讲，其中4人获一等奖。纪念毛泽东诞辰100周年，各级妇女组织通过召开座谈会、理论讨论会等形式，对妇女进行革命传统教育和毛泽东的妇女解放思想的教育。把“争做文明妇女，争创文明家庭”活动贯穿于全年，以促进妇女和家庭成员素质的提高。

通过宣传教育，全市涌跃出一大批“四有”、“四自”妇女典型。市妇联表彰1993年度“三八”红旗手标兵10名，“三八”红旗手100名，市“巾帼建功”活动先进个人、“双学双比”女能手各100名。市、县区妇联共表彰先进妇女1 200余名。

（王晖）

【成立妇女权益保护委员会】 1993年10月15日，经沈阳市委、市政府批准，沈阳市妇女权益保护委员会正式成立。由市妇联、政法委、法院等22个部委办局组成，市委副书记赵金城任主任，市政府副市长艾廷隽、市长助理朱锦、市妇联主席郭淑芝任副主任。

委员会的主要职能是：宣传有关保护妇女权益的法律、法规；贯彻、监督执行有关保护妇女权益的法律、法规的实施情况；协调社会各方面保护妇女权益工作中的重大事项，并向主管部门提出意见和建议；接受对侵犯妇女合法权益行为的投诉、举报，交有关部门查处，为受害妇女提供法律帮助。

（王宏）

【妇女参政议政】 1993年，在各级党政领导的重视和关怀下，沈阳市妇女参政议政的能力和水平有了一定的提高。各级妇联组织抓住人大、政协换届选举的有力时机，积极参与换届工作，配合组织部门，大力宣传妇女人才的政绩和典型事迹，推荐、协商女代表、女委员候选人，做了大量卓有成效的工作。市人大女代表有130人，占人大代表总数的23.68%，政协女委员111人，占政协委员总数的20.5%。换届后，13个县（市）区五大班子增加了12名女领导干部，街乡镇党政班子增加了16名女干部。

各级妇联配合组织部门，加强了女干部的培养选拔工作。市委组织部与市妇联共同对全市培养选拔女干部情况进行了调查，召开了女干部座谈会，总结了和平区委组织部的经验，研究制定了做好培养选拔女干部工作的具体措施，推动了女干部工作的开展。

为提高女干部的素质和参政议政的能力，市妇联举办了2期妇女干部培训班，部分县区与组织部也共同举办了女科级干部培训班8期，近300名女干部参加了培训。

市县区妇联为加强同女干部的联系，还成立了女领导干部联谊会，并开展了多种活动，有益于女干部的成长，也促进了参政议政能力的提高。

（王晖）

【成立女领导干部联谊会】 为增强妇女参政议政能力，加强女干部之间的联系，增进了解、沟通信息，1993年3月4日成立了“沈阳市女领导干部联谊会”。

遵照章程有69名局级女干部自愿报名参加了联谊会组织，民主选举出市妇联主任郭淑芝为会长，市委组织部副部长初立生，市畜牧副食局党委书记王欣为副会长。

女领导干部联谊会在3月和9月间举办了两次活动，主题为“为振兴沈阳经济献计，为培养选拔女干部献策”。同时参观了乡镇企业和农村新貌。联谊会成立及这些活动的开展为女干部成长提供了良好外部环境。

（姜波）

【开展扶贫帮困工作】 1993年，康平、法库两县划为沈阳之后，沈阳市妇联把扶持康法作为扶贫帮困工作的重点对象。“三八”期间，在全市各级妇女组织和广大妇女中开展了“心系姐妹情”——为康法两县妇女送温暖活动，捐赠衣物6万余件，还组织医学界部分专家学者去法库县部分乡为妇女儿童进行健康咨询服务。市妇联努力为两县妇女办实事。4月，去康平县东关乡三台子村帮助该村发展肉食鸡生产，为养鸡户提供鸡雏、技术、防疫、饲料、资金、销售方面服务，帮助贷款14万元。特别是在资金紧缺时，市妇联拿出4万元，购进饲料，解决了燃眉之急，18 000只鸡成活率均在95%以上，都已出栏，养鸡户每户平均收入近千元，深受妇女群众的好评，受到了县委、县政府的赞扬。

市妇联还扶植贫困地区发展第三产业，帮助法库县妇联上项目，组织妇女农闲时编织毛活。扶植帮助她们创办了“沈阳木兰集团法库分公司”，1993年10月1开业，到年底已创可观的经济效益。

（王秀卿　秦弘英）

【“双学双比”竞赛活动】 1993年，沈阳市“双学双比”活动，重点围绕发展社会主义市场经济和“两高一优”农业开展竞赛活动，同时把竞赛活动与妇女奔小康相结合，与扶贫帮困相结合，推动了农村经济的发展。全年主要抓了6项工作：一是加大宣传力度，坚持抓先进典型宣传。全市表彰了10大状元和100名女能手，并请省“双学双比”状元苏家屯城郊乡新华养殖场场长陈英华做了典型报告。为扩大社会宣传，录制了“双学双比”活动专题片《她们和沈阳的菜篮子》在省、市电视台播放，市电台开办了“双学双比”专题讲座。二是坚持对妇女进行高、新技术培训。采取普及与提高相结合，步步深入的方法，在村级开展普及性培训，乡级举办素质提高班，县、区通过农函大妇女分校、妇女班对骨干进行专业性、高层次培训，进行职称评定。在培训中始终坚持理论上学习，生产中实践，典型示范，普及推广。三是以发展“两高一优”农业为主线，全方位深化竞赛活动内容。根据市政府提出的“人均一亩效益田，户均增收一百元”的目标，在妇女中开展了“创效益田、效益院、效益场、效益园”的竞赛。1993年共创效益田160 807亩，效益园70 197个，效益场25 790个，效益院98 681个。四是推动乡镇企业妇女开展“双学双比”活动，7月与市乡镇企业局在东陵区联合召开了“乡镇企业女职工”双学双比活动经验交流会，东陵区妇联，东陵区制药厂在会上介绍了开展活动的经验，推动了全市80%的乡镇都已开展了“双学双比”竞赛活动。五是“三八”绿色工程活动取得新成果。市妇联提前一年完成市“三八”示范果园的开发任务。全市营造“三八”林943处，28 356亩，其中“三八”果园91处，3 550亩，“三八”苗圃90处，2 205亩，“三八”山4座，“三八”路396 600米。六是坚持围绕服务办经济实体，农村各级妇女组织加强了“三八”科技示范基地建设，全市共建“三八”科研基地517个，创效益8.84万元。市妇联还重视农业科技新产品的推广应用和服务工作，引进“891”植物促长素，经过试验示范促进了农作物高产，深受农家妇女欢迎。

（秦弘英）

【首届优秀女企业家评选活动】 沈阳市首届优秀女企业家的评选活动从1993年11月下旬开始进行，历时3个月。由市妇联、市计经委、市商办共同举办的，这次评选活动充分体现了广泛性、代表性、先进性。候选人的覆盖面较广，多数来自于女职工较为集中的轻工、纺织、医药、粮食、副食等系统。

这一活动自始至终得到了各级党政领导的重视和支持，引起了广大女企业家和各界朋友的关注和积极参与。经过自上而下的自荐、推荐。最后经评审小组在广泛征求所属行业上级主管部门意见和所在企业党组织意见的基础上，评出了沈阳市10名优秀女企业家。她们是马桂荣、王云峰、王宏明、王令琴、刘桂琴、朱米君、李佳珍、张福荣、郭友菊、韩宝清。

（张艳杰）

【妇女运动理论研究会】 1993年，沈阳市妇女运动理论研讨会以“市场经济与妇女”作为重点研讨课题，组织企业、机关、大专院校、群众团体等不同行业的会员撰写论文37篇。12月28日，召开了“市场经济与妇女解放”理论研讨会，9篇论文在会上交流并评选出了一、二、三等奖。

为纪念毛泽东诞辰100周年，继承和发展毛泽东的妇女解放理论，召开了座谈会，30余名曾被毛泽东接见的老同志和老干部出席会议，座谈毛泽东的妇女理论对马克思主义妇女理论的新发展。

1993年市妇女运动理论研究会调整了领导成员，改选了秘书长、常务副秘书长。发展壮大了会员队伍，还特别吸收2名女大学生入会。到1993年末，沈阳市妇女运动理论研究会共有会员192名。

（田波）

【实施《90年代中国儿童发展规划纲要》】 为进一步贯彻、实施国务院颁布的《90年代中国儿童发展规划纲要》，沈阳市儿童工作领导小组办公室协调城建、文化、卫生、教育等部门对沈阳市儿童生存、生活、成长的社会环境进行了调查、提出了实施《纲要》的具体意见，经市委、市政府批准，制定了《沈阳市90年代儿童发展规划纲要》。在《纲要》中确定了本世纪内沈阳市儿童的生存、保护和发展的奋斗目标，确定了儿童教育、卫生保健、文化设施建设、妇幼保健等多项指标，并提出了保证目标实现的主要措施，将儿童工作整体化、系统化。为实施《纲要》，市儿童工作领导小组举办了骨干培训班并利用电视讲座，设立社会宣传日等多种形式向群众进行了广泛宣传，各系统如卫生、教育等部门、都制定了具体实施细则。各县区根据本地区的实际情况也制定了实施细则。

为推动全市儿童规划纲要的贯彻实施，1993年5月26日，市人大常委会副主任周明录、吴泮权等视察了儿童工作。听取了市儿童工作领导小组关于沈阳市儿童工作情况的汇报及和平区教委、妇联关于和平区优生、优育、优教工作的汇报，实地视察了市妇女儿童宫。

市人大关于沈阳市儿童工作情况的视察报告受到国务院妇女儿童工作委员会的重视，并加编者按在其1993年第三期简报上全文转载，并上报中央有关领导。

（李鹤　穆爱华）

【开办“妇女”、“家教”热线电话】 为了帮助妇女认识发挥自身优势，解除情绪困扰和心理危机，解决家庭教育方面的问题和烦脑，提高心理健康水平和生活质量，沈阳市妇联于1993年6月1日和1993年9月1日先后面向社会开通了“家教”、“妇女”两部热线电话。聘请了沈阳市在法律、婚姻家庭、卫生保健、儿童保健、家庭教育等方面的专家担任顾问。并在社会上招聘了50多名咨询员进行义务服务。热线电话开通以来受到社会的关注和妇女群众的欢迎，先后接待近千名妇女的电话咨询。这些妇女通过咨询解除了心中的烦脑，增长了保健、育儿知识，找到了保护权益的政策和渠道。热线电话被称为女性的知音，家庭的挚友。

（李　鹤）

【举办’93首届沈阳儿童城】 由沈阳市妇联、教委、工会、科协、商业局、文化局等13个部门联合举办的’93首届儿童城于1993年5月29日至6月13日在辽宁工业展览馆开幕。这项活动集娱乐、教育、购物、服务为一体，城内设置了教育区、娱乐区、比赛区、表演区、展览区、服务区、购物区、咨询区、活动区等10余个区域，开展了为申办奥运万人签名，青年科技成果展览、儿童医疗保健咨询等多种活动。城内设置了大型玩具，开展了钓鱼、射击等多项趣味比赛。原市长武迪生亲自为儿童城题词。市委、市政府等五大班子领导都出席了开幕式。儿童城活动期间接待了10余万儿童。全国及沈阳市近百家儿童食品玩具企业展出产品，促进了儿童生活用品的生产、研制和销售。

（李　鹤）

【儿童活动阵地建设】 沈阳市妇女儿童宫是全市儿童的活动中心，在儿童活动阵地建设上，为加强与全国妇联系统儿童活动阵地间的联系，市妇女儿童宫发起并与全国17个兄弟单位共同成立了全国儿童活动中心研究会，市妇女儿童宫当选为理事长和秘书长单位,到1993年会员单位已发展到28个。此外,还分别当选为辽宁省青少年宫协会的副会长和全国学校剧研究会顾问,中国教育学会校外教育研究会的常务理事,成为全国妇联系统校外教育单位中的代表。市妇女儿童宫还积极探索开发创收项目,积极争取引用外资,围绕校外教育阵地建设的特点来发展妇女儿童教育事业,开辟了婚庆活动的纪念婚礼、民族婚礼和接待旅游婚庆等新项目,1993年共为18对青年举办了婚礼,接待参加婚礼的来宾1 600余人次。一年来,市妇女儿童宫的教学成果主要有:参加了国内外美术大赛15次,共送画近千幅,其中获国际金奖3个、银奖6个、铜奖2个、优秀奖7个、入选作品27幅,有10幅作品编入《国际儿童美术精品集》;获国内金奖26个、银奖15个、铜奖26个、有28幅作品编入《中国当代少儿美术精品集》共获优秀辅导教师奖15项,并获得了"曙光杯"优秀组织奖和"双龙杯"集体二等奖,还有6幅学生作品编入了小学美术课本,舞蹈、武术、艺体、声乐表演等专业班的学员先后参加了辽宁省"六一"电视晚会和第三届中国沈阳秧歌节的演出,舞蹈《花嬉春》在中央电视台7月4日少儿节目中播出。据统计,到1993年底,全市已有区级以上儿童少年活动阵地达14处。

(王铁力 于裴莹)

【妇联发展第三产业】 1993年5月为巩固发展妇联创办的经济实体,沈阳市妇联在调查研究的基础上,会同市工商局、税务局、财政局、劳动局、工商银行沈阳市分行、农业银行沈阳市分行等单位联合制定了《关于妇联发展第三产业兴办经济实体有关问题的通知》,为妇联发展第三产业,提供了优惠政策,促进了第三产业的发展。到1993年底,全市有10个县(市)区、80%街、10%乡镇妇联创办了经济实体,共有各类实体1 328个(其中1993年新办443个)。1993年实现产值4亿元,利税6 000万元,分别比1992年增长90%与200%。仅木兰集团产值就近3.5亿元,利税5 500万元。市妇联还创办了华兴、群英、希望3个实业公司。第三产业发展促进了妇联组织经济实力的增强,对开展各项工作提供了一定的经费保证。

为多途径发展第三产业,开辟新的就业门路,市妇联在和平区抓了创办家庭企业的试点工作。在和平区工商、税务部门的大力支持下,帮助生活困难的家庭开办临时营业执照,提供优惠条件共扶植240户困难家庭开办了家庭企业,为剥离女工二次就业探索了一条新路子。

(王秀卿)

【成立沈阳木兰集团】 1993年9月22日,沈阳木兰集团成立。木兰集团是以木兰实业总公司为核心,以沈阳市木兰电气安装公司等45个企业为紧密层企业;以市内6大区妇联所办的公司为松散层企业组成。1993年木兰集团公司全年共完成产值和销售额3.5亿元;利润3 000万元;上缴税金2 500万元。木兰集团现有固定资产1.1亿元,经营面积17万平方米。经营项目有干洗、家俬、房地产开发、高科技电子等,经营领域遍布全国32个城市,并打入到独联体、日本等国家。现在木兰集团已成为全国妇联系统创办发展较快、融科研、生产、服务为一体的综合性大型企业集团。

(赵丽华)

附:市人民团体领导人名单

市人民团体

总工会

主　席:李中鲁

常务副主席:张德奎

副主席:张士群　吴恩涛　李雅茹(女)

中国共产主义青年团沈阳市委员会

书　记:赵晓川

副书记:迟维意　张景辉

妇女联合会

主任:郭淑芝(女)

副主任:许芳(女)　何晓光(女)　张桂琴(女、兼)

科学技术协会

主　席:郭日跻

副主席:李生江　张光初　黄宝铮

文学艺术界联合会

主　席:刘文玉

副主席:铁　岩　林兆良　李启东

社会科学联合会

主　席:高柏金(兼)

副主席:李福义

工商业联合会

党组书记:邱爱华(女)

主任委员:张　全

副主任委员:刘永慈(女)　牟长栋　马广芬(女)

归国华侨联合会

主　席:刘保平

台湾同胞联谊会

名誉会长:何子安

中国国际贸易促进委员会沈阳市分会

会　长:李华年

副会长:李素芝(女)　蒋颂杰　陈铁新　胡庆明(女)

市残疾人联合会

理事长:杨长灵

台务·侨务工作

·台务工作·

【大力开展对台经贸工作】 根据中共中央关于对台工作的方针政策和中共沈阳市委、沈阳市人民政府关于加速沈阳经济发展的总体工作思路,1993年全市各级党组织、各企事业单位抓住海峡两岸关系进一步缓和及台商赴大陆投资由南向北转移的契机,把请进台商、引进台资作为服务经济建设,做好对台工作的重中之重。突出抓了4个方面的工作:

1.围绕市委、市政府组织的重大活动广泛招商引资。根据中共沈阳市委、沈阳市人民政府1993年将举办香港招商会、第六届"三胞"联谊会、国际经济技术洽谈会等安排,全市对台工作系统周密计划,春节后一上班便开始了邀商工作,并采取走出去、请进来等方式广招客商。

仅第六届“三胞”联谊会就请进客商93位，洽谈项目88项，签署合同、协议、意向22项，投资总额达1.82亿美元。

2.发动台胞台属及与台湾有联系的各界人士，通过开展“写一封书信，传递一条信息，请进一位客商，办成一个项目”等活动招商引资。广大台胞台属积极响应这一号召，积极投身到招商引资活动中去。据不完全统计，年内全市台胞台属发出以招商为主要内容的信函2 213封，电话、电传招商900余次，直接请进的台商达816位。

3.积极为台资企业排忧解难。各有关部门急台资企业之所急，先后为台资企业解决困绕其发展的各类难题40多件次，还为台资企业解决配套资金500万元人民币，使在沈阳投资的台资企业越办越好，有关部门还采取改进招商办法、减少项目审批程序、提高办事效率等，进一步提高了项目洽谈的成功率。年内新批合资企业项目121项，投资总额达1.36亿美元。其中，台资额7 300万美元。新批台资企业项目数、投资总额、吸引台资额分别比1992年增加60%、39%、28.4%。

到目前为止，沈阳市台资企业项目总数累计达256项，投资总额3.9亿美元。其中，台资额1.937亿美元。

4.发动台胞台属积极创办各类经济实体。为发展沈阳经济和使生活在沈阳的部分台胞台属先富起来，各有关部门发动全市台胞台属自愿集资近3 000万元，创办各类经济实体171家。其中，已办台属集体企业认证的86家，其它经济实体85家。年产值达9 000余万元，年创利税500余万元。安置台属及社会待业人员2 600多人。

（郭维成）

【积极推进与台湾间的交流与交往】1993年，沈阳市把推进与台湾间的交流与交往作为对台工作的重点之一，突出抓了两个方面的工作：

一是认真做好两岸人员的往来与接待工作，进一步增进亲情、友情。对来沈阳参观、考察的台胞，主动、如实、详尽地介绍沈阳的投资环境及相关情况；对前来寻亲的多方帮助查找；对来沈阳治病或在沈期间患病的，热心帮其联系治疗。全年接待来沈台胞11 883人次，无一人例外。同时，还积极为85名台属办理了赴岛手续，使同胞间的亲情，友情进一步升华。

二是对沈阳市可供与台湾间进行交流的优势项目逐项进行调查摸底，对已经成熟又能代表沈阳形象有项目，多方进行联系，积极向台湾岛内推进；对台湾岛内的优秀项目，积极予以协调，尽力促成其来沈阳交流。全年共促成沈阳与台湾民间的交流交往项目21项。其中，进岛交流9项20人次，到沈阳交流12项118人次。交流交往的项目与人次分别比1992年增加75%和150%。沈阳市总工会、沈阳市妇女联合会、沈阳市大东区少年宫少儿舞蹈节目等项目，虽然进行了充分的准备，由于台湾方面限制未能进岛交流。

1993年，沈阳市与台湾民间的交流与交往有3个突出特点：

1.交流交往的领域进一步拓宽。由过去的文化、新闻、学术等几个领域扩展到教育、卫生、文艺、体育等10多个领域。

2.交流交往的层次进一步提高。在人员交往中，来沈阳的台湾同胞中有台湾国民党“中央委员”、“国策顾问”、“立法委员”、“国大代表”及各界知名人士。沈阳市获准赴岛人员的层次、许多交流项目的质量也有所提高。

3.交流交往的影响扩大。象东北大学赴岛交流团抵岛后除进行了预定的交流，还与台湾东北大学校友会的部分校友进行了座谈，并拜访了东北大学名誉校长张学良先生，曾一度成为大陆与台湾新闻报道的焦点。

（郭维成）

【涉台教育、对台宣传进一步加强】涉台教育是指对沈阳市市民进行的有关中国共产党对台工作方针政策、台湾形势等方面的教育。涉台教育是对台工作中的一项基础性工作。1993年，主要是通过3种方式强化了涉台教育工作：

一是通过举办专兼职对台工作干部培训班，学习中共中央及省、市有关对台工作的方针政策和规定，讲形势，讲任务，加强对台工作干部进行教育。1993年，有关部门举办了有全市各县区台办及市委、市政府各局、各大、中型企业专兼职对台工作干部参加的培训班。各县区台办也都举办学习或培训班，分期分批对县区内所属企事业单位兼职对台工作干部进行了培训。

二是举办各种形式的报告会239场，讲形势，讲任务，对社会各界进行台湾形势及党的对台工作方针政策与任务的教育。

三是通过走访台属及居住在沈阳境内的台胞，帮助他们解决工作、生活中的困难等，有针对性地进行党的对台工作方针政策教育。先后帮助台属寻亲30人，安置台胞台属子女就业325人，帮助台胞台属解决工作、生活中的困难900件(次)，使广大台胞台属倍感党的对台工作政策的温暖。沈阳市和平区等还针对部分台属中的问题，围绕“精神上要自强，经济上要自立，感情上要自重，人格上要自尊，自我化解矛盾，自我平衡心态”加强对台属的教育，使全区台属精神面貌大为改观。

对台宣传是指对居住在台湾地区同胞所进行的宣传。是对台工作的重要组成部分之一。主要通过3种形式加强了对台宣传。

一是通过境内外新闻媒体宣传“和平统一”、“一国两制”的对台工作方针政策，宣传沈阳的投资环境及改革开放取得的新成就、新风貌。一方面通过撰写稿件进行对台宣传。全年撰稿48篇，18篇稿件被中央级新闻单位利用。其中，《东北大学复校》、《沈阳各界遥祝张学良93寿辰》等4篇稿件分别被台湾、香港、美国等国家和地区的8家报刊转载。另一方面加强与台湾新闻媒体联系，通过台湾新闻媒体把沈阳市的投资环境、经济建设成就、风土人情等直接介绍给台湾各界。台湾《联合报》、《新生报》、《工商时报》等已刊发介绍沈阳情况的稿件20多篇。

二是将1 000多份介绍沈阳投

资环境。优惠政策的小册子和反映沈阳面貌的图片等赠送给来沈台胞，由其带入岛内，进一步扩大了沈阳的知名度。

三是寓宣传于接待、服务台胞的全过程，通过热情、周到地服务，树立沈阳人的良好形象；理直气壮地宣传“和平统一”、“一国两制”的政治主张；客观地、实事求是地宣传改革开放与经济建设的巨大成就。

（郭维成）

【沈阳市台属联谊会】 沈阳市台属联谊会是由居住在沈阳市境内的与台湾同胞有亲缘关系的人士自愿组成的社会群团组织。该会于1993年10月22日在沈阳成立，在中共沈阳市委台湾工作办公室、沈阳市人民政府台湾事务办公室指导、管理下开展工作。

沈阳市台属联谊会的宗旨是：高举爱国、振兴、统一的旗帜，团结、引导全市台属同心同德，互爱互助，积极投身改革开放和四个现代化建设，推进海峡两岸在经济、文化、科学、技术等各个方面的交流与交往，促进祖国和平统一进程。其最高权力机构是台属代表大会。台属代表大会闭会期间，由台属联谊会秘书处负责处理日常工作。

中共沈阳市委副书记董万德、沈阳市政协副主席单承申、中共辽宁省委台湾工作办公室副主任陈永浩、辽宁省台属联谊会副会长温乃武等出席了沈阳市台属联谊会成立大会。全国30多个城市的台湾工作办公室或台属联谊会，为沈阳市台属联谊会的成立发来贺信、贺电。

（郭维成）

【沈阳市台湾研究会】 沈阳市台湾研究会是民间的学术性团体。1991年12月7日在沈阳成立。

沈阳市台湾研究会的宗旨是：通过各种形式的学术研讨，加深对台湾形势的了解，促进沈阳与台湾在学术领域的交流与合作，增进共识，进一步推动海峡两岸关系的发展。

沈阳市台湾研究会由理事、副秘书长、秘书长、副会长、会长组成。

出席沈阳市台湾研究会成立大会的有：中共沈阳市委副书记丁世发、全国台湾研究会副秘书长肖敬。中华人民共和国政治协商会议副主席程思远为沈阳市台湾研究会成立提词：“加强研究，增进理解，推动交流，促进统一。”

沈阳市台湾研究会成立已来，已收集论文121篇。1992年9月17日，还召开了沈阳市首届对台经贸理论研讨会，与会专家学者围绕发展两岸经贸各抒已见。12篇论文获一等奖，20篇论文获二等奖，15篇论文获纪念奖。

（郭维成）

·侨务工作·

【加强侨务工作的宏观管理】 为了加强对来沈华侨、华人和港澳同胞工作的宏观管理，进一步落实市政府“关于建立来沈客商信息网络，做好外宾接待的通知”精神，沈阳市制定了《关于加强对华侨、外籍华人、港澳同胞工作统筹协调和归口管理的决定》。1993年，市侨办结合侨务工作的实际，先后制定了《沈阳市贯彻〈权益保护法〉实施办法》、《沈阳市侨资企业协调服务的意见》。通过制定法规，强化了侨务部门的政府职能，从法制建设的角度加强了对全市侨务工作的统筹协调和宏观管理。

（刘诚）

【贯彻《归侨侨眷权益保护法》】 为了使《归侨侨眷权益保护法》真正成为维护归侨、侨 眷合法权益的法律武器，沈阳市侨办把贯彻《权益保护法》作为1993年全市普法教育的重要内容。年初，下发了“关于做好贯彻《权益保护法》自检工作的通知”。在各单位自检的基础上，市侨办组织铁西区政府、沈阳化工研究院、沈阳师范学院、沈阳第一机床厂等单位进行了互检，促进了全市贯彻《权益保护法》工作的落实。7月中旬，市侨办抓住全国人大执法检查组来沈阳市视察贯彻《权益保护法》工作的有利时机，召开了归侨、侨眷代表座谈会，走访了归侨、侨眷家属，视察了沈阳师范学院等单位和部分侨属企业，汇报了沈阳市贯彻《权益保护法》工作的情况，得到了视察组的充分肯定和表扬。在省政府召开的贯彻《权益保护法》的工作会议上，沈阳师范学院还交流了经验。结合国务院人大制定的《权益保护法》实施办法，在广泛征求归侨、侨眷意见的基础上，重新修定了《沈阳市贯彻〈权益保护法〉实施办法》。

（刘诚）

【加强基层侨务工作】 沈阳市政府于1993年9月召开了“沈阳市侨务工作会议”。总结了两年来沈阳市侨务工作的情况，指出了今后一个时期侨务工作的总体思路。武迪生市长代表市委、市政府在会上作了重要讲话，对沈阳市近两年来的侨务工作给予了充分肯定，并要求全市各级侨务部门要以邓小平关于侨务工作与我国发展关系的重要理论为指针，提高素质，抓住机遇努力做好新时期的侨务工作，为沈阳市的改革开放和经济建设做出积极的贡献。为了加强对基层侨务工作的指导，市侨办在对县区、企业分片承包、层层落实的基础上，通过抓“龙头”单位，抓骨干企业等办法，进一步密切了与基层侨务部门的联系，促进了基层侨务工作的开展。

为了提高侨务干部素质，加强侨务干部队伍的自身建设，适应改革开放和社会主义市场经济的需要，市侨办举办了侨务干部学习班组织全体干部学习党的方针政策和有关侨情，涉外经济等业务知识，围绕如何加深对新时期侨务工作地位和作用的认识进行了认真的研讨，明确了今后一个时期侨务工作的总体思路和主要对策，全体侨务干部进一步坚定了做好新时期侨务工作的信心。

（刘诚）

【拓宽与海外联系渠道】 1993年，沈阳市侨办紧紧围绕市委八届五次会议指出的“进一步加大招商力度，要继续实施桥梁建设工程，拓宽与海外联系渠道”的任务，在全市侨务部门提倡树立四种新观念，破除四种旧思想。即：树立海外3 000万华侨、华人都是工作对象的观念，破除沈阳不是侨乡、开展海外工作难的思想；树立走出国门广交朋友的观念，破除沈阳工作对象少，消极坐家等客的思想；树立争取侨心与为经济建设服务并重的观念，破除发挥“以侨为桥”的作用，就是单纯做中间媒介工作的思想；树立联络交友与牵线搭桥并重的观念，破除组团出访就必须带经济项目，有经济成果思想。1993年3月，以市侨办主任王晓明为团长、市委副秘长刘迎初为顾问的沈阳市侨务经济考察团，应马来西亚兴光集团、新加坡南源永芳集团有限公司、香港新华集团的邀请，赴马来西亚、新加坡和香港，进行了侨务经济考察。此次出访，结识新老朋友207位，其中重点人物112位，与27个侨团、商社建立了直接联系；扩大了沈阳在东南亚地区的影响，为沈阳市发展外向型经济开展了牵线搭桥工作。为了充分发挥荣誉市民的作用，沈阳市在香港召开了“荣誉市民恳谈会”刘克田副市长专程到香港向荣誉市民介绍了沈阳市经济发展的总体规划，听取了荣誉市民对沈阳市经济发展的意见和建议，收到了较好的效果。

同时，市侨办主动参加了市里的大型涉外活动。1993年5月，市侨办还派人到香港协助市政府有关部门，搞好去香港举办的大型招商活动。

（刘诚）

【做好海外重点人士与国内亲属的工作】　1993年沈阳市采取明确责任，分解承包的办法，对海外重点人士的亲属，通过定期走访，座谈和开展联谊活动等形式，帮助其解决实际困难和问题，并以此为桥梁，密切了同海外重点人士的联系与合作。沈阳市交通局干部、港澳同胞眷属于瑛的父亲于久平，是熊古组香港有限公司总裁。根据党的侨务政策，市侨办及时帮助于瑛解决了子女升学、就业、住房等诸多实际困难，使于久平先生十分感动。在市领导出访香港时，于久平先生主动与市领导见面，表达了一片感激之情，并表示要积极创造条件，为振兴沈阳经济贡献力量。美国有名公司顾问薛江山先生及太太杜令仪女士，在美国和台湾是很有影响的人士。在他们夫妇9月应邀参加沈阳市秧歌节和国际经济技术合作洽谈会期间，提出其侄薛忠诚是康平县中学教师，在工作和生活中遇到一些困难，希望帮助解决。对此市侨办多方沟通，积极联系，使这一问题基本得到解决。薛先生得知后十分高兴，表示要不遗余力，为积极促进海峡两岸的统一多做工作。与此同时，市侨办继续坚持、“办侨服务”的宗旨，切实加强了来信来访工作和帮助贫困归侨，侨眷脱贫致富工作。全年共接待和办理海内外侨胞来信来访47件，基本上做到了事事有结果，件件有回音。1993年市侨办共接受海外侨胞捐赠汽车6台，毛毯6 000条，现金25万元，总计人民币105万元。

（刘诚）

【加强对海外重点社团和重点人士的工作】　为了适应新时期侨务工作的新情况、新变化，沈阳市侨办1993年适时调整了工作思路和工作方法，努力打破亲缘、地缘的局限，在继续做好华侨、华人、港澳同胞工作的同时，把工作重点放在海外重点区域、重点社团和重点人士上。到1993年末，市侨办已与海外52个华侨社团、商会建立了联系，突破了年初确定的联系20至30个海外重点侨团、商社的计划，并新结识了美国南加州华人商会、美国自然功学会、加拿大中华文化中心、欧洲华侨华人社团联合会、马来西亚药业出入口工会、新加坡客属总会、丹麦沈阳同乡会等28个经济上有实力、政治上有影响的海外重点侨团及商社，占已联系社团总数的54%。市侨办通过各种渠道，接待和结识了海外侨胞、港澳同胞597人，其中新结识的海外朋友514人，占总人数的86%。在新结识的海外朋友中，有256位重点人士，占总人数的43%。通过与这些海外重点社团和重点人士的交往，为促进沈阳市的对外开放和经济建设拓宽了渠道。同时，沈阳市还进一步深化了荣誉市民的工作，授于泰国正大集团总裁谢国民先生、副总裁谢中民先生，新加坡温兄弟集团驻沈阳首席代表卢铿先生、美国自然功学会会长李清地先生为沈阳市荣誉市民，并向他们颁发了《沈阳市荣誉市民优待证》。

（刘诚）

【做好归侨、侨眷知识分子的工作】　为了充分发挥广大归侨、侨眷知识分子的优势和建设社会主义的积极性，1993年初，沈阳市侨办陪同市委、市人大、市政府、市政协的领导分别到大专院校、科研院所走访慰问了有突出贡献的归侨、侨眷知识分子代表。了解了他们的工作、生活情况、听取了他们的意见和要求，使他们亲身感受到党的侨务政策的温暖，在广大归侨、侨眷知识分子中产生了较好的影响。针对全市归侨、侨眷“一高两多”的特点，市侨办及时总结了沈阳变压器厂、第一机床厂、黎明发动机制造公司等单位充分发挥归侨、侨眷知识分子的智力优势和海外联系广的优势，搞好、搞活大中型企业的经验，召开了“沈阳市大中型企业归侨、侨眷知识分子工作经验交流会”，推动了全市归侨、侨眷知识分子工作的开展。为了进一步发挥归侨、侨眷知识分子在改革开放和经济建设中的群体作用，市侨办积极开展了侨界知识分子联谊会的各项工作，并通过举办联欢会，组织部分归侨、侨眷知识分子到棋盘山风景区渡假和到北戴河健康疗养活动，努力在工作上，生活上给予他们以“更多的尊重与照顾”。加强了同归侨、侨眷知识分子的联系，激发了他们为家乡建设献策出力的积极性。

（刘　诚）

【精心组织侨胞参加联谊】　为了充分发挥侨务部门的桥梁和窗口作用，沈阳市侨办会同市有关部门举办了“第六届沈阳三胞联谊会”，取得了较好的效果。

第一，来沈参加三胞联谊活动的海外侨胞、港澳台同胞人数多、新朋友多。1993年三胞联谊会，共邀请93位海外侨胞、港澳台同胞来沈，他们分别来自美国、加拿大、丹麦、日本、马来西亚、新加坡、香港、澳门和台湾等国家和地区。其特点：一是新朋友多。来宾中有83位是第一次来沈参加三胞联谊活动的新朋友，占来宾人数的90%；二是重点人物多。来宾中有18位是在当地政治、经济、科技等领域有较大影响和较强实力的海外重点人物；三是来自东南亚地区的朋友多。通过市侨办积极工作，有35位新加坡、马来西亚客人来参加活动。

第二，参加三胞联谊活动的外商洽谈热情高，项目广，信心足。根据这次侨办邀请的客人90%是首次来沈参加三胞联谊活动，为了提高项目对接的成功率，市侨办主要从两个方面开展了工作：一是在邀请客人的同时，积极宣传沈阳的投资环境，介绍沈阳拟对外合资合作项目。为了使初到沈阳的外商了解沈阳，市侨办收集了介绍沈阳投资环境和有关政策的资料，汇编成《沈阳投资环境与优惠政策》小册子，送给来参加三胞联谊活动的外商。并在三胞联谊活动之前，广泛征集各县区和企业对外合资合作项目，将外商洽谈的项目与沈阳有关企业挂上钩，做到外商一到沈阳就可以有项目进行实质性洽谈；二是在三胞联谊活动中，侨办每个工作人员负责一个或几个外商(团组)的项目联系，进行跟踪服务。经侨办牵线搭桥，全市有53个企业与外商洽谈了67个项目，在会上签定合同、协议12项，投资总额3 310万美元，其中外资额1 879万美元。发执照1项。在会前签定合同1项，投资总额2 000万美元。

第三，积极发挥海外新闻媒介作用，扩大沈阳在海外的宣传和影响。一是邀请在东南亚颇有影响的《资本家》杂志的撰稿人曾荣盛先生来沈参加活动，安排曾先生分别采访武迪生市长、任殿喜副市长，并去金杯汽车股份有限公司、沈阳华新国际实业有限公司等企业参观考察。曾先生在《资本家》杂志上发表了全面介绍沈阳的专稿，并表示要介绍更多的朋友来沈阳投资，发展事业。二是邀请《澳门日报》记者蒋忠和先生来沈参加三胞联谊活动。开幕式后，蒋先生立即发专稿传真回《澳门日报》发表，介绍三胞联谊活动的盛况。在活动中，又安排蒋先生采访了刘克田副市长，考察参观了沈阳开发区等单位。蒋先生表示回去后将在《澳门日报》上系统地介绍沈阳的改革开放成果，投资环境和三胞联谊活动情况。

据统计，1993年，经市侨办牵线搭桥、海外客商共与沈阳市147户企业洽谈了188个合资合作项目，签定合同7项，协议31项，投资总金额22 500美元，其中外资额为12 500万美元。

(刘诚)

【加强爱国主义和社会主义教育】 按照“一视同仁，不得歧视，根据特点，适当照顾”的原则，沈阳市侨办1993年不断加强对归侨、侨眷以“热爱祖国，建设家乡，发挥优势，积极奉献”为主题的爱国主义和社会主义教育。积极开展丰富多彩的活动，寓教育与活动之中。同时还注意把开展教育同落实党的侨务政策有机结合起来，积极帮助归侨、侨眷解决生产、生活中的实际困难和问题，激发他们的爱国主义热情。日本侨眷白魁隽原有5间住房，在社会主义改造时期被罚没。为了落实华侨私房政策，市侨办积极调查研究，多次与市、区房产部门联系，为他退回了100多平方米的住房。白魁隽十分感动，多次给在日本的女儿写信，宣传党的侨务政策，并动员其女儿来沈投资，支援沈阳市的经济建设。在抓典型、树样板的基础上，市侨办举办了归侨、侨眷“爱祖国，建家乡，做贡献”先进事迹报告会。沈阳市优秀归侨、侨眷知识分子“十佳”人物：东北大学教授、侨眷柴天佑，沈阳市优秀归侨、侨眷知识分子、沈阳药学院教授、越南归侨容世宏，金杯汽车股份有限公司副总工程师、日本归侨付世框等，分别介绍了他们热爱祖国忠贞不渝，建设家乡积极奉献的先进事迹，使广大归侨、侨眷深受教育和鼓舞，表示要以先进人物为榜样，在努力做好本职工作的同时，积极开展争取侨心，吸引侨资的工作。市委八届七次全体(扩大)会议后，市侨办立即分3次召开了各界归侨、侨眷代表学习党的十四届三中全会和市委会议精神的座谈会。与会代表纷纷表示要增强紧迫感，迎接新挑战，为沈阳市再求新发展做出新贡献。

(刘诚)

【积极为搞活企业服务】 根据沈阳市对外开放和经济建设的需要，1993年市侨办充分发挥“以侨为桥”的优势，积极为县区和企业发展外向型经济搞好招商引资工作，并注意在联系大客户，争取大投资，促成大项目上狠下功夫。为了有针对性地做好牵线搭桥工作，市侨办通过制发项目征询单、编辑项目册和《外商投资指南》等，及时了解企业对外合资、合作的需求。并利用“三胞”联谊活动等机会，广泛向海外客商介绍沈阳投资环境，并挑选出重点单位和重点项目，开展重点服务，提高了引荐工作的成功率。同时，还对21位海外专家的信息资料，下发给有关部门。市交通局根据市侨办提供的资料，决定聘请有关专家分别来解决公路客货运输等问题。市侨办还将沈阳胶带总厂、沈阳水泵厂等单位寻求海外专家解决生产、科研难题的信息反馈给国务院侨办，充分发挥了侨务信息的作用，为企业排忧解难。4月份，市侨办与海外交流协会组织全市26个企业的44人到澳门举办“沈阳市部分企业对外经济信息发布会”。来自加拿大、香港、澳门的海外客商60人出席了会议。市政府对这次信息发布会十分重视，金明仕副市长先期到达澳门，对沈阳市举办的这次活动进行了认真的筹备。《澳门日报》、《华侨报》、澳门电台、电视台等7家新闻媒介9次报道了会议情况和沈阳市的投资环境。会议期间，共洽谈了35个合资、合作项目，签订合同、协议19项，投资总额15 430万元人民币。为了通过侨务载体，加速沈阳市大中型企业的对外开放和经济振兴，国务院侨办等单位于10月在深圳华侨城举办了“中国大中型企业对外经济技术合作洽谈会”。在国务院侨办的热情支持和帮助下，洽谈会期间，沈阳代表团利用一切机会，广泛结交海外客商，积极洽谈合作项目，并新结识了美国玫瑰皇后集团总裁张正林先生等60多位海外人士。经市侨办牵线搭桥，沈阳造纸三厂与香港时富(集团)有限公司在会上签定了合资生产铜杯纸和纸杯的两项协议，总投资为3 200万美元。

（刘诚）

外事工作

【概况】 1993年，沈阳市外事工作有了很大发展，全市共接待外国人、华侨和港澳台同胞83 064人次，比1992年增加27.5%，是沈阳市历年来接待人数最多的年份，提前两年达到市外事工作会议提出的1995年接待人数达到8—9万人次的目标。市外办受理审核、确认出访团组1 425批5 241人次；办理因公出国护照4 076批17 116人次，比1992年分别增长31.3%和24.4%；代办因公出国签证1 833批7 455人次，比1992年分别增长39%和22.6%。

老挝总理、朝鲜铁道部副部长、朝鲜外经委副委员长等贵宾来沈阳市进行友好访问。沈阳市委、市政府领导先后率代表团出访欧美、日本、韩国、俄罗斯等国家和地区，增进了双方友谊，使沈阳市对外友好交流取得了丰硕成果。

友城城市关系有很大发展。1993年5月7日、10月5日沈阳市先后与菲律宾奎松市和墨西哥蒙特雷市签订了缔结友好城市关系协议书。至此，与沈阳市建立友好城市关系的城市已有8个。沈阳市还与韩国光州市和以色列拉马特甘市达成了建立友城关系的初步意向，争取在适当时机与其建立友城关系。

市对外友协发挥民间交往的优势，先后同日本、美国等近20个国家和地区的民间友好组织建立了交流合作关系。市友协同日本网走市日中友好促进协议会的友好交流，为两市建立长期、稳定的经济技术合作关系开辟了渠道。为了更好地发挥市友协的作用，加强了市对外友协领导力量，将华侨和留学生代表充实进友协理事会。

根据中央和有关政策精神，沈阳市委、市政府采取果断措施，坚决刹住公款出国旅游风。市外办对出国团组进行全面清查，逐个审核，并提出了治理公款出国旅游的防范措施，取得了明显效果，保证了全市对外开放健康发展。市外办加强了对驻沈外国专家的管理。目前，沈阳市已开办各类“三资”企业2 000多家，有上千名国外和境外专家、工程技术人员在沈工作。市外办根据市领导指示精神，理顺专家管理工作关系，整理和存储了全市“三资”企业的档案资料，对有外国专家和留学生的大专院校和厂矿企业进行了调查摸底；总结、推广外国专家管理工作的先进经验，并对优秀外国专家进行了表奖；广泛开展外联，请进来、派出去，为沈阳市经济建设培训人才。市外办与市有关部门配合，先后召开了’93沈阳国际成人教育研讨会和沈阳中美技术转移研讨会，推动了沈阳市对外交流。

市外办积极参与秧歌节和国际经济技术洽谈会的组织协调工作，利用自身渠道邀请国外使节及美、日、朝、俄驻沈领馆官员参加活动，并邀请10多个国家和地区的15支外国舞蹈队登台献艺，招徕20多个国家的近千名客商来沈旅游和洽谈贸易。市外办发挥自身优势，大力开展“桥梁工程”，为市有关部门和单位牵线搭桥100多次，已促成和目前正在继续洽谈的项目50多项，其中已签定合同的6项，合同总额4 307.5万美元，利用外国资金2 697.5万美元；达成协议和意向42项，总额6.8亿美元，利用外资3.3亿美元。其中15个行业91家企业参加的’93马来西亚亚洲工商产品展销会总成交额6.8亿美元，签约超千万美元的项目13个。

国际人才交流工作有很大进展。受市外办邀请，美国佛基尼亚理工大学著名市场学专家小田教授及15名研究生来沈阳市考察访问。小田教授实地考察企业后，就沈阳企业如何打进国际市场提出了宝贵意见。

1993年先后有美、日、英等境外新闻记者团组9批39人来沈采访，市外办精心安排采访活动，借助海外新闻媒介宣传沈阳。从收到境外的新闻采访反馈文章看，大都比较客观地报道了沈阳市改革开放情况，提高了沈阳市在海外的知名度。日本《日刊工业新闻》记者在介绍沈阳专版文章中写道：“沈阳正从‘东北现象’，‘三角债’等困境中摆脱出来；以重工业城市的原有面貌，高速度地发展第三产业”，“沈阳正从重工业城市向大规模的经济中心发展”。

为改善沈阳市投资环境，解决对外交通条件不理想的困难，市外办根据市领导指示，多次赴京向国家反映情况，争取增开国际航线，开通了沈阳至韩国汉城国际包机航线。沈阳至日本仙台包机航线运转正常，口岸设施逐步完善。目前，沈阳市已基本上形成了比较完善的对外交通体系。

市外办充分利用政策学习会、短训班、形势报告会等多种形式培训全市涉外干部队伍，提高涉外干部政治和业务素质。对出国人员的外事政策和纪律教育基本上防止了漏教现象。市外办先后编写了《外事接待工作常识》、《出国工作手册》、《申办外国签证手册》等培训资料，提高了培训水平。市外办组织了外语人才的专业培训，建立了外语人员专业档案，圆满完成了外语职称评审工作，全年共评定翻译职称204人，其中高级职称172人。

（罗晓东）

【中日文化交流活动】 1993年8月20日至23日，由沈阳市人民对外友好协会和日本神奈川县赠书会共同发起，以日中市民文化交流会、神奈川县赠书会会长藤田亲易先生为团长的日本市民文化交流团一行88人到沈阳与沈阳市民在市图书馆、八一剧场举行了丰富多彩的中日文化交流活动。

神奈川县赠书会1983年成立以来，每年向沈阳市赠送大量经济、科技、文学等方面日文图书，目前已达10余万册，分别收藏在沈阳市图书馆、辽宁大学、沈阳大学等处，为广大日语爱好者所喜爱。为了促进这种文化交流活动，沈阳市人民对外友好协会邀请88位日本客人来沈进行中日文化交流活动。

代表团在沈期间，在市图书馆举办了日本大鼓表演、日本儿童画展、日本语朗读会、日本语讲座、日本插花、日本书道表演等，市大中小学生及日语爱好者涌跃参加;在八一剧场举办了日本舞蹈、日本传统发型、日本和装等演出,沈阳市歌舞团、杂技团与日本友人同台演出,受到了在场中日观众的热烈欢迎。副市长张毓茂会见了代表团一行并观看了在市图书馆举办的各项活动及八一剧场的演出。

通过这次中日文化交流活动,使沈阳市市民对日本文化有了进一步的了解,加深了中日两国人民之间的友谊。

(李承志)

【友城工作新发展】 1993年,沈阳市友好城市工作又步入了一个新的台阶。分别和菲律宾共和国的奎松市和墨西哥的蒙特雷市缔结了友好城市关系,使沈阳市友好城市由6对升为8对。

奎松市位于菲律宾首都马尼拉市东北部,面积为154平方公里,市区为4个行政区,人口为170万。是一座文化城、近郊有种植园。自开放以来,沈阳市积极同该市联络,意在进行文化和其它领域的交流,促进市民间的友谊和实质性的合作。

奎松市政府对此反应积极,并几次派代表来联络,愿同沈阳市建立友好城市关系。1992年10月奎松市市长致函沈阳市市长表示愿同沈阳市开展经济、文化、艺术等方面的交流。

1993年5月5日以奎松市副市长查礼东·普拉那什为团长的奎松市政府代表团一行13人对沈阳市进行了友好访问。5月7日,沈阳市副市长任殿喜和奎松市副市长查礼东在沈阳签定了友好城市协议书。从此,沈阳的友好城市交往史上翻开了新的一页。

蒙特雷市位于墨西哥的东北部,是新莱昂州的首府,墨西哥的第三大城市,人口350万。该市是墨西哥的重工业基地和交通枢纽,工业门类齐全,主要以钢铁、汽车、玻璃、化工、水泥工业为主。而沈阳市的经济和工业门类同蒙特雷市有很大的合作潜力和互补性,同该市建立友城关系将有助于促进双方市民间的友谊和经济交流。为此,沈阳市通过我国驻墨西哥大使馆同该市联络。蒙市政府表示友好,同时市长热情邀请沈阳市派团访问蒙市,进行考察并商谈具体交流项目。

1993年9月28日以副市长刘克田为团长的沈阳市政府代表团一行5人访问了蒙特雷市并参加了该市的国际友城周活动。10月5日,刘克田副市长代表沈阳市政府同新莱昂州州长、蒙特雷市长签定了中国沈阳——墨西哥蒙特雷缔结友好城市协议书,同时还附签了两市1993——1995年的执行协议。这是我国第一个同墨西哥签定友好城市的城市。签字后的第二天,新华社驻拉美分社和拉美报纸分别用西班牙和葡萄牙文刊登了消息。

(姜玉明)

【市委、市政府主要领导出访】 1993年9月27日至10月4日,以市长武迪生为团长的沈阳市政府代表团一行7人对俄罗斯伊尔库茨克市进行了友好访问,在伊市期间,代表团拜会了伊市政府,同伊市市长戈沃林先生就双方深入开展经济贸易以及其它领域内交流进行了探讨,代表团还参观了伊尔库茨克水电站和科技贸易中心,并参加了商品展销会的开幕式。

1993年10月4日至10月10日,以副市长刘克田为团长的沈阳市政府代表团一行5人对墨西哥蒙特雷市进行了友好访问。10月5日上午8时,刘克田副市长代表沈阳市政府正式同新莱昂州长、蒙特雷市市长签定了中国沈阳同墨西哥蒙特雷缔结友好城市协议,同时,还附签了两市1993—1995年的执行协议。中国驻墨西哥大使黄士康应邀出席了仪式,蒙特雷市政会全体官员也出席了签字仪式。签字仪式后,刘克田副市长代表沈阳市政府发表了讲话,介绍了沈阳,表达了愿意通过友城关系,加强相互了解、促进同蒙市在各方面进一步合作的愿望。刘克田副市长还对几十名记者提出的有关问题一一作了回答。根据两市协议、两市将在平等互利的基础上积极开展经贸、科技、文化和体育等方面的交流。双方还就组织企业家代表团互访、进行学术交流、培训汉话、西班牙语人材、互派文艺、体育代表团等。新华社驻拉美总分社及拉美报纸分别用西、葡两种文字刊登了此消息。

1993年10月6日至11月12日,以市委常委、市总工会主席李中鲁为团长的市总工会一行10人赴日本札幌进行了工作访问,期间拜会了札幌市政府、札幌市议会、札幌市劳联,双方就如何进行对口交流方面进行了探讨。

1993年11月21日至11月24日以市长武迪生为团长的沈阳市政府代表团访问了以色列拉马特甘市,在此期间,代表团拜会了拉马特甘市政府并同有关经贸部门进行了接触。双方对在两市间开展友好、科技、贸易、文化、医学等诸领域的交流十分感兴趣。双方还签定了建立友好城市关系草案。

不幸的是,11月24日早4时50分,武迪生市长在外出考察中遇难。

事故发生后,以色列政府和拉马特甘市政府十分重视,以色列外交部、交通运输部都给予了关注,并对死者进行了哀悼。以色列驻中国大使还参加了在北京八宝山举行的悼念活动,并委托沈阳市外事办公室向死难者家属表示慰问。

虽然发生了此不幸事故,但拉马特甘市政府表示一定要为沈阳及拉市的友谊努力,以完成死者生前愿望,促进两市实质性交流和合作。

(姜玉明)

【国外主要来访客人】 1993年,来沈访问的重要外宾有老挝总理坎代·西潘敦,朝鲜民主主义共和国外经委副委员长具在泰,雅库特政府代表团政府副总理鲍里索夫,朝鲜民主主义共和国铁道部第一副部长郑长文,日本驻华大使广道寒,新加坡共和国新闻艺术部高级政务次长何家良,美国犹他州前州长诺尔曼·班哥特尔,圣彼得堡副市长布尔柯奥,俄罗斯伊利姆斯克副市长西蒙诺夫,美国哥伦布市市长罗伯特·N·斯图尔特,美国达拉斯市市长特使刘耀伦,日本网走市市长安藤哲郎,日本札幌市长代表团,日本广岛市议会代表团,美国伊利诺斯州议会代表团,菲律宾奎松市政府代表团，巴布亚新几内亚政府代表团和尼加拉瓜桑地诺民族解放阵线代表团。

较重要的经贸团组有：香港联合集团主席李明治，香港金利来集团董事主席曾宪梓，世行中蒙局高级官员奥斯汀·胡，泰国正大集团董事长谢国民，马来西亚成功集团总裁陈志远，马来西亚新协利集团董事长叶长利，马来西亚成能集团董事长林金华，韩国乐大集团董事铃木长男，韩国汉拿集团会长郑仁永，美国摩根财团中国大陆投资副总裁单伟建，美国通用公司副总裁休斯，美国亚美协会主席莫天成，美国亚洲协会主席蒋一成，美国亚裔商会主席 TCI 公司总裁孙英焕夫妇，日本松下工业株式会社社长松下良一，日本东北开发协利会会长三鬼彰，以色列伊里那夫集团董事长所罗门·伊那夫，丹麦 NOVO 公司总裁索伦森，法国利安水务·杜美思集团总裁莫智和，台湾达大国际集团总裁洪达仁和香港王新兴集团，欧亚投资代表团，法国东方汇理银行代表团，美国大休士顿经贸友好访问团，西班牙阿尔斯通公司，韩国斗源集团，韩国现代集团，日本东芝公司，日本建筑企业大林组，日本宫城县经贸团。

（马立新）

【市人民对外友好协会】 沈阳市人民对外友好协会成立于 1983 年 10 月，是全市性的人民团体，它遵循中国人民对外友好协会的宗旨，广泛开展对外民间友好工作，发展沈阳市人民同世界各国人民之间的了解和友谊，同各国对华友好组织、社会团体和各界人民发展友好合作关系。通过相互访问，举行纪念会、座谈会、参加国际会议、交换资料等，增进相互了解，发展友谊，促进相互间经济、社会、文化、科技、教育等方面的交流与合作，按国家的对外政策和有关规定，开展有关维护世界和平的活动，声援各国人民争取民族解放和维护民族独立的正义斗争。

对外友好协会的主要任务是：配合有关单位开展对外经济、社会、科技合作和人才交流。开展对外民间文化、教育、体育、卫生等方面的交流，组织派出和接待民间文化艺术团体和文艺界人士，进行友好访问，举办演出和展览。配合外事部门，推动沈阳同外国建立和发展友好城市关系，开展其它有关沈阳市人民同各国人民友好关系的工作，为全市开展对外合作架桥铺路，穿针引线。

（孙晓明）

【对外友协开展全方位对外交流】 1993 年，沈阳市人民对外友好协会认真贯彻市委、市政府对外开放的有关方针政策，进一步利用对外民间交往的有利条件，为发展沈阳市外向型经济起到了积极的推动作用，为对外开放工作做出了应有的贡献。一年来，共接待来访的外国人、华侨和港澳台同胞 21 批 254 人次，分别来自 8 个国家和地区，比 1992 年增长 3 倍。其中主要有经济贸易、科技教育交流、文体新闻、友好人士旅游观光等访问团组，分别来自日本、美国、东南亚、西欧、港澳台等国家和地区。来沈阳活动的主要特点是人员层次高、经济技术交流与合作增多。

1993 年，对外友协发挥民间交往的优势，利用民间渠道积极开展外联工作，先后同日本、美国、加拿大、德国、比利时、意大利、澳大利亚、新加坡、泰国、马来西亚、港澳台等近 20 个国家和地区开展了民间交流工作，对个别国家和地区采取了民促官的做法取得了较好的效果。如通过同日本网走市日中友好促进协议会的友好往来，推动了网走市政府、议会的主要领导人率团访问沈阳，并就两市建立长期、稳定、友好的经济技术合作关系进行了磋商与确认。为使全市基层单位拓宽对外交流渠道，对外友协主动为东陵区与日本冈山县结好，就向落合町派遣研修生、出口饲料添加剂等合作项目达成了协议。此外友协还开展向日本北海道新生协会、日本日中友好经济技术协力会、神奈川县赠书会、山梨县日中友好协会等联络工作，积极开展了对日交流，拓宽了对日合作渠道。为加强同东南亚国家的经济技术合作与交流，1993 年，经市政府批准，市友协组织全市 15 个行业 91 家企业 185 人 2 200 多种产品赴马来西亚吉隆坡参加'93 马来西亚亚洲工商产品展览会。为进一步促进中日文化交流，1993 年，沈阳市友协邀请了几年来为沈阳市捐赠书籍的日本神奈川县赠书会一行 88 人进行日中文化交流活动；经与网走市日中友好促进协议会副会长阿部一二先生协商，派遣沈阳杂技团、歌舞团一行 15 人赴日本网走市进行商业性演出与交流，不仅达到文化交流的目的，还获得了一定的经济效益。1993 年，市友协还邀请了以三宅兰子女士为团长的'93 札幌汉语学习班一行 24 人，来沈阳学习汉语，在短时间内提高了日本友人的汉语水平。根据市委、市政府要加强商业广告意识，在 2、3 年内全市亮起来的要求，市友协邀请了以板垣吉夫为团长的日本札幌广告代表团来访，同市有关企业共同探讨交流了沈阳市开展霓虹灯广告业务事宜，并为日方合资经营广告业务选择了合作伙伴。市友协还有目的有计划地输送一批厨师劳务和研修生赴日工作学习，为市有关单位培训了人才。

（孙晓明）

【因公出国签证工作】 1993 年，沈阳市共受理签证申请 1 833 批，7 455人次，与 1992 年相比，分别增加了39%和22.6%。出访国家、地区 30 多个，其中美国 521 批 1 836 人次；英国 20 批，72 人次；法国 11 批，61 人次；意大利 28 批，131 次；加拿大 28 批，109 人次；德国 58 批，253人次；日本431批，1 821 人次；马来西亚34批，112人次；新加坡 48 批，204人次；印度尼西亚 7 批，18 人次；芬兰 6 批，20 人次；新西兰 12 批，45 人次；以色列 2 批，27 人次；埃及 2 批，12 人次；沙特 2 批，6 人次；匈牙利 11 批，41 人次；奥地利 2 批，8 人次；其他 66 批，232 人次。除由外交部统一申办签证和参加外地组团并由其办理签证外，由沈阳市直接办理签证的有 1 621批 6 360人次；占全年出访总人数80%还多。

1. 加强内部管理，严格规章制

度，使签证工作科学化、规范化。在1992年签证工作基础上，进一步充实了《申办外国签证办案人员原则》办案人员严格按规定受理签证。在办案过程坚持“一看二审三送四通知”，“一看”就是看所需签证材料是否齐全；“二审”就是审核所填的审请表是否符合要求；“三送”就是及时准确地将护照签证材料送入使领馆；“四通知”就是收到办妥签证的护照后，及时通知有关单位和出国人员领取。

为了各有关单位了解各国签证情况，提高办事效率和签证工作透明度，使签证工作顺利进行，市外办编印了《申办外国签证手册》，发给有关部门，并通过有关渠道及时通报一些使领馆的签证要求，转发外交部领事司的有关文件，表扬签证搞得好的单位，批评一些违反外事纪律的人和单位。针对一些团组和人员不按规定渠道擅自前往使领馆或将待办签证内部文件交外方带入使领馆等现象，重申因公出国人员必须按规定程序和渠道申办外国签证的规定，对规范沈阳市申办签证工作起到了应有的作用。

2. 改进工作作风，努力为沈阳市四化建设服务。在办案过程中，遇到出席国际会议、双边和多边各类研讨会、外贸展销会、博览会、国外的培训班及处理理赔等这类行期较紧的出国团组，总是想方设法使其按期成行。

（陈军）

【对在沈工作外国专家实施奖励】 沈阳市人民政府办公厅1993年8月10日颁发了《沈阳市对外国专家奖励实施办法》。“奖励实施办法”共分11条。所指外国专家是应聘（邀）在沈阳市政府机关、经济管理部门、工商企业、农业、教育、科研、医药卫生、财政、金融、文化、新闻出版、体育等单位工作的各类外国专家。奖励分为精神奖励和物质奖励，以精神奖励为主。划分两个档次，一“单位奖”：对在工作中做出贡献，使聘（邀）请单位获得明显经济效益和社会效益的外国专家，可以单位名义授予先进工作者或优秀教师荣誉称号和价值1 000元人民币以下的纪念性奖品。二“玫瑰奖”：对在工作中做出较大贡献，使聘（邀）请单位或部门获得显著经济效益或社会效益的外国专家，以市政府名义授予“玫瑰奖”（奖章、荣誉证书等）和价值3 000元人民币以下的纪念性奖品。“单位奖”由聘（邀）请单位组织有关人员对外国专家的工作成果进行审议评定后，填写《外国专家奖励申请表》，经单位领导批准，报市政府外事办公室备案；“玫瑰奖”由聘（邀）请单位的主管部门填写《外国专家奖励申请表》，经市政府外事办公室组织有关人员对外国专家的工作成果进行审议评定后，报市政府批准，并报国家外国专家局备案。对外国专家的奖励原则上每年一次，申报工作截止于9月15日。对应聘（邀）来沈阳工作的外籍工作人员、华侨和港、澳、台专家，在中外合资经营、合作经营企业中工作的外方人员以及在友好交流中为沈阳做出贡献的国外友好人士的奖励，可参照该办法执行。

“十·一”前夕，市政府对在沈工作的20名优秀外国专家和“三资”企业外方代表进行了表彰奖励。其中，日本专家中林·守先生经市外事办公室推荐，国家外国专家局审核批准，获得1993年国家对来华工作的外国专家的最高荣誉奖——“友谊奖”，并做为特邀佳宾出席了国庆庆祝活动，受到党和国家领导人的接见。这是在沈工作的外国专家第一次获此殊荣。

（王宁）

【日本网走市代表团访沈】 应沈阳市人民政府邀请，以网走市市长安藤哲郎先生为团长、议长藤原金吉先生为副团长的日本网走市代表团一行7人于1993年9月1日至11日对沈阳市进行了友好访问，并出席了'93沈阳国际秧歌节及国际经济技术合作洽谈会，参观了东北育才中学、沈阳农业学院，游览了故宫、北陵，并受到了市委书记、市人大主任张国光，市长武迪生，市委副书记丁世发，市人大副主任刘金增、吴泮权、周明录、金苗生，副市长刘克田等领导的会见。

网走市地处日本北海道最北端，隔鄂霍次克海与俄罗斯相邻，可了望北方四岛，是日本著名的旅游圣地及边境城市。网走市面积为472.2平方公里，多湖泊，人口近5万人，主要产业有渔业、畜牧业及旅游业，世界三大渔场之一，在网走市，每年来此旅游人数达220余万人。

沈阳市人民对外友好协会1985年以来，与日本网走市中日友好协议会建立了密切关系，沈阳市与网走市交流日趋频繁，每年均派代表团进行友好交流活动。1993年10月，沈阳市人民对外友好协会派遣了沈阳杂技团一行15人赴网走市进行为期半年的商业演出，并派遣厨师赴网走市风景园宾馆进行技术交流，使沈阳市与网走市的经济合作有了实质性进展。

此次在沈阳市人民对外友好协会的努力下，网走市长、议长同时来访，在网走市尚属首次，并向沈阳市表达了今后进一步加强友好交流及经济合作的愿望。这对促进两市的友好合作关系将起着积极的作用。

（李承志）

【日本友人向沈阳市赠送百合花苗】 1993年4月份，日本友人松本万里子向沈阳市赠送了400株、30多种日本名贵百合花苗，种植在沈阳市南湖公园林芳园内。

56岁的松本女士现任日本成田克林毛巾株式会社董事，童年时代是在中国东北沈阳渡过的，在她非常困难的时候，得到了当地人民的帮助，孩提时心中就种下了与中国人民友谊的种子。50多年来，岁月沧桑，这种友情更加笃厚。随着中日交流的日益发展，松本女士积极开展对中国的贸易，与沈阳纺织品进出口公司结成了长期贸易关系，为寻求一种能够表达她对沈阳人民友情的方式，在沈阳市人民对外友好协会的帮助与联络下，实现了向沈阳市赠送400株百合花苗的愿望，这400株百合花苗被沈阳市公园处选定在南湖公园种植，表达了中日两国人民世世代代友好下去的夙愿。

松本女士7月份来沈观看了长势良好的百合花并和园艺工人合影

留念，并表示，今后将继续向沈阳市赠送名贵百合花苗，为进一步加强中日两国人民的友谊做贡献。

（李承志）

【'93马来西亚亚洲工商产品展览会】 1993年，沈阳市人民对外友好协会利用民间交流渠道，把开展对外联络工作的重点放在直接为经济建设服务上。经沈阳市政府批准，市友协组织沈阳市机械、电子、轻工、纺织、化工、医药等15个行业91家企业185人2 200多种产品赴马来西亚首都吉隆坡参加'93马来西亚亚洲工商产品展览会。经过全市有关部门和参展企业的共同努力，在经济贸易、合资合作、技术转让、境外办厂等方面取得了显著成效。其主要特点是：

1.时间短、影响大、成效显著。这次沈阳市参展招商只有暂短的5天时间，但在马来西亚影响较大。前来购物和洽谈生意的外商近万人次，其中有一大批在马来西亚和东南亚实力雄厚、有影响的跨国集团、公司和社会知名人士。总成交额为6.8亿美元，其中外资3.47亿美元。成交合同3项，金额4 020万美元；签订意向、协议35项，金额6.66亿美元，签约额超千万美元的项目13个。

2.规模大、阵容强、层次高。这次展览会上沈阳市组织的产品和项目出现了成交活跃，对客户吸引力强的有利局面。如马来西亚成功集团同沈阳市土地房屋开发集团，南顺发集团同市轻工局，大众机械有限公司同市机电总公司，吉隆坡工业发展公司同市空调器厂等13个企业都签订了千万美元以上的合资合作项目。

3.出口贸易成交活跃。这次展览会沈阳市出口产品达32项，金额近5 000万美元。如机械局的胶带和托辊、JMK/25381大型电力变压器、防爆电机、电磁线、分马力电机、全自动跑车带锯机床、普通车床；化工局的橡胶机械、乳胶手套、酚醛树脂、炼胶机、活性白土、滑石粉；纺织局的毛巾被、浴衣、浴巾、灯心绒；轻工局的双喜压力锅、山地自行车、玻璃咖啡壶、玻璃器皿、鹿鞭酒、肥皂、洗衣粉；法库县的玉米等受到客户欢迎。

4.合资合作项目增多。这次展览会沈阳市共签订合资合作项目35个，金额6.66亿美元，其中外资3.47亿美元。在这些合资合作项目中，来沈阳市投资办厂的约占80%；部分企业还将在马来西亚设厂。如沈阳市热水器总厂联手在马设厂，年组装热水器达5万台；沈阳市金属门窗厂利用自身优势，采取双向投资的办法，一举两得，即在马来西亚合资共建“大中马造纸有限公司”，又在沈合资生产铝制卷帘门厂，为企业开辟了一业为主，多种经营的新路子。

5.房地产招商见成效。房地产招商成交活跃是这次展览会的突出特点。市房屋土地开发集团利用自己资金的优势同马来西亚成功集团签订了建立“沈阳成隆物业发展有限公司”协议书，注册资金为1 000万美元，并为该公司腾迁用地10万平方米，出证腾迁费5亿元。双方将在10万平方米的用地上建设60万平方米的建筑物，总投资15亿元。市轻工局利用局在新民县开发区的土地与马方合资建造标准厂房，并出让沈阳罐头厂与泰国金峰有限公司合资共建高层公寓。沈阳伊甸园大世界就部分工程项目与马来西亚万能成功集团合资，总投资1.3亿元人民币。

6.宣传沈阳、广交朋友。这次展览会沈阳市有关部门除接触前来参会外商外，还拜会了马来西亚商界新闻界要员，马来西亚的《南洋商报》、《星洲日报》、《中国报》、《马来前锋报》、《太阳报》、《新海峡时报》等十几家报社应邀先后刊载了50多篇文章，介绍、赞扬沈阳市的经济发展情况，并专访了沈阳市同马来西亚合作的有关企业。吉隆坡电台、电视台还多次播放了沈阳市企业展览招商的实况，达到了宣传沈阳广交朋友的目的。

（杜永成）

军 事

沈阳军分区

【全民国防教育】 1993年，沈阳军分区政治部（沈阳市全民国防教育领导小组办公室），在沈阳市委宣传部、沈阳市人防办、沈阳陆军预备役高射炮兵师政治部的密切配合下，按照辽宁省国防教育领导小组办公室的要求，主要抓了以下4个方面的工作：

一是认真抓了《辽宁省国防教育条例》的贯彻落实。4月份，结合贯彻《条例》颁布实施两周年，以各县（市）区为单位开展了多种形式的宣传教育活动。大东区、沈河区、皇姑区等组织开展了国防教育宣传周、一条街活动和学术研讨活动。其它县区还分别采取组织民兵预备役人员参观，组织国防知识竞赛、读书演讲、报告会等多种形式的全民国防教育，并分别对有关单位贯彻落实《条例》情况进行了检查。年底军分区司令员郭百桐等3人被评为先进个人，市委宣传部国防教育处等四个单位被评为先进集体。大东区人武部《以企业家国防理论研究会为龙头，推动全民国防教育深入发展》的经验，在省里召开的交流会上进行了交流。

二是组织各级领导干部开展“军营一日”活动。1993年年初开始，全市各县（市）区人武部积极组织各级领导干部，参加各种军事实践活动，从直观上增强爱军习武的国防意识，目前，这项活动已基本上形成了制度。

三是加强了对基层国防教育教员和骨干的培训。7月份，市国防教育办公室组织了有各县（市）区宣传部，人武部、人防办及大中型企业领导和部分大专院校国防教育教员参加的培训班。请专家和领导围绕国防教育的方法和途径、我国的安全环境和国防建设、现代军事高技术在现代战争中的应用与影响等题目，进行了专题讲座。各县（市）区也都举办了各种形式的培训班9个，受训人员达450多名。

四是结合征兵宣传，广泛开展了全民国防教育。由于长期的和平环境和社会上金钱至上，当兵吃亏等思想的影响，人们的国防观念淡薄，献身国防的意识不强，使征兵工作出现了“冷”的现象。从10月份开始，历时三个月的征兵时间里，沈阳军分区组织各县（市）区广泛开展了全民国防教育活动。市里专门成立了征兵宣传组，市委宣传部和军分区领导亲自挂帅，在全市开展了献身国防光荣和依法征兵的教育。市人大、市政府和市双拥办的领导还分别在电视台作电视讲话，各县（市）区还组织多种形式的一条街活动。各新闻单位紧密配合，分别开辟了专题，专栏，进行了报道，刊发多类新闻稿件达300多篇。由于宣传教育及时到位，广大人民群众的国防观念普遍提高，有力地促进了国防教育深入发展。

（李向华）

【军事训练改革】 1993年，沈阳军分区遵照训练改革应坚持“战训一致、平战结合、突出重点、承前启后”的原则，采取了上下结合、横向配合的办法，分步骤、有重点地对全市民兵训练在内容和任务上进行了调整改革。着眼于全市民兵可能遂行的作战任务，在按纲施训的基础上，对那些在训练大纲上没有明确规定或虽有但与现代高技术条件下局部战争不相适应的内容进行了改革、充实和完善，并在与敌高技术兵器作斗争、高技术条件下局部战争的兵员动员、应付突发事件和抢险救灾4个方面拟出部分题目，根据全市各人武部的优势和特点，区分了任务。各县（市）区人武部则根据自己的实际情况进行了具体操作。普遍增加了高技术装备知识和综合演练等内容，并从适应打赢现代高技术条件下局部战争的需要出发，对部分针对性不强的内容进行了调整压缩，同时针对民兵的素质状况，加大了训练的难度和强度，从而使民兵的单个质量和整体素质都有了很大提高，在适应新时期军事斗争任务需要方面迈进了一步。

（王义民　张士琦）

【授勋工作】 1993年，沈阳市经过市委老干部局、市政府民政局和军分区政治部等部门的共同努力，按照总政治部（1992）政老传字第2号文件规定，全市共有42名1981年以前军队移交地方政府安置的退休改离休干部被授予中国人民解放军功勋荣誉章。其中被授予二级红星荣勋章的3名，独立功勋荣誉章的10名，胜利功勋荣誉章的29名。

军地领导重视，把授勋工作当做大事来抓。这项工作市委、市政府领导非常重视，市委副书记董万德做了重要指示。市委常委、军分区政委王书海亲自组织召开了有市委组织部、宣传部、老干部局和市民政局领导参加的联席会议，认真学习了有关文件，并结合沈阳市的实际情况就如何搞好授勋工作进行了认真细致地研究和安排，调动各方面力量做好这项工作。

双方密切配合，确保授勋工作顺利开展。针对这次授勋工作时间紧任务重要求高的特点，主要采取4个方面措施确保授勋工作展开和落实。一是详细制定实施方案，全市统一步骤；二是对工作人员进行培训，了解政策，熟悉工作程序和方法；三是实施过程中通过“三查一见面”做到不错不漏；四是讲究政策，慎重处理疑难问题。

利用传播媒介，搞好授勋工作的宣传教育工作。沈阳广播电台、电视台、《沈阳日报》、《晚报》、《晚晴报》配合做了大量的宣传教育工作。在宣传有关授勋规定的同时宣扬军队离休干部功勋业绩，促进全社会关心和爱护革命老前辈及尊老敬老的社会风尚。同时也教育广大人民群众居安思危，增强国防观念。

（王新北）

【机关正规化建设】 正规化建设是提高部队战斗力、全员业务、思想素质，保证正规的战备、训练、工作、生活秩序的根本保证。1993年，沈阳军分区机关的正规化建设总的指导思想是“巩固、完善、提高”。沈阳军分区党委十分重视机关的正规化建设工作，把此项工作列为党委工作的议事日程，每月的办公会都做为一项主要内容进行安排部署，研究正规化建设的有关问题。建立了正规的战备、训练、工作、生活秩序，圆满地完成了年度工作。

一是解决领导层的麻痹松劲思想。军分区领导认真检查思想中的麻痹情绪，明确从抓正规化建设入手，带动和促进全年工作，做到从思想上、行动上、组织上不松劲；二是抓干部的责任心问题。采取集中与分散教育相结合的方法，组织学习条令、条例，提高认识，增强干部的责任心；三是解决士兵中组织纪律观念不强的问题。狠抓条令、条例的学习，使士兵从思想上对加强组织纪律的重要性有了更高的认识；四是抓各项规章制度的落实。正规化建设年年抓，规章制度反复修改制定，但重要的是抓落实，做到持之以恒。为此，军分区重新修订了机关日常行政管理制度，早操制度，值班制度，文件归档制度，安全措施，车辆安全管理规定，勤务排一日生活细则和外来人员出入营门登记制度等，并解决了机关士兵的集中住宿问题，使正规化有章可循，更加条令化、规范化、制度化；五是抓兵员的管理问题。针对机关兵员管理中存在的薄弱环节，对机关士兵实行了“分散工作，集中住宿；谁使用兵员，谁负责管理；工作岗位业务部门管，业余时间勤务排管”的方法。实施正规化的连队管理，强化纪律作风养成，提高了机关的正规化建设。

（王伟）

【技术保障工作】 1993年沈阳军分区根据上级业务部门指示，为了加快全省民兵高射武器封存进程，承担了部分民兵高射武器封存及检修保养任务，经军区多次检查验收，质量全部达到要求。修械所在搞好为民兵预备役建设服务的同时，为了弥补民兵事业费不足，积极发挥自身的优势，利用闲置厂房、设备开展了多项生产经营活动。截止1993年末，已完成产值280万元左右，创利润40万元。

1993年，仓库突出地抓了安全管理。一是对警保队伍进行了思想教育和整顿。从国防教育入手，使民兵树立以库为家的思想，对一些有思想情绪的人员注意做耐心细致的政治思想工作，对通过关系进来，手续不健全的3名警保人员进行清退，较好地保证了警卫队伍的纯洁。二是坚持仓库管理制度。仓库各类管理人员坚持各项查库制度、收发制度、登记统计制度等。今年仓库安全接收发弹药、武器，无一差错。三是对安全设施进行维护。对各种消防工具、器材和报警系统统一进行了维护保养，打防火通道1 270米，面积达6 350平方米。还投资2 700余元增设了一台自动查岗记录仪，准确地反映了哨兵巡逻到位情况。

（王义民　杨积山）

【“爱我中华、献身国防”歌曲比赛活动】 1993年5月由沈阳军分区政治部组织，在全市范围内开展了民兵“爱我中华、献身国防”的歌曲演唱比赛活动。在历时一个月的时间里，经过13个县（市）、区和矿务局人武部在基层的选拔，每个人武部推荐2—3名优秀歌手参加全市的比赛。5月24日至5月30日，历时一周的歌曲演唱活动共评出民兵获奖歌手4名，另有18名同志获得了歌曲演唱优秀奖。6月18日，全市选拔出4名歌手参加了辽宁省民兵、预备役“爱我中华、献身国防”歌曲演唱比赛，刘毓江演唱的《告别大别山》获得全省比赛的第2名，徐红演唱的《吐鲁番的葡萄熟了》获得第三名。通过这次活动，极大地激发了广大民兵、预备役人员爱祖国、爱人民和爱军习武的热情，同时也为增进全民国防意识，扩大民兵预备役工作的影响，促进国防后备力量建设起到了推动作用，收到了很好的社会效果。

（赵卫兵）

【转业干部预备役登记工作】 1993年，沈阳军分区在地方组织、宣传、人事、财政、公安等部门的密切配合下，根据《中华人民共和国兵役法》“关于军官退出现役时，符合服预备役条件的。转入军官预备役”的规定，对1993年度转业到沈阳市安置的1 335名军队干部进行了预备役登记，并颁发了《军官预备役登记证》。结合沈阳市的实际情况，在实施登记过程中重点抓了4个方面的工作。

一是狠抓组织落实，形成完备登记机制。为把转业干部预备役登记统计工作落到实处，保持工作连续性，重点在完善组织机构、建立行之有效的登记机制上下了功夫。在市里成立转业干部预备役登记工作领导小组、下设办公室的基础上，各县（市）区也建立了相应的机构，收到了成效。

二是加强宣传教育，逐步实现依法登记。我国的转业干部预备役登记工作已间断了20多年，自1990年恢复登记制度以来，预备役登记工作经过了重新建章立制的过程。为使转业干部预备役登记工作走上依法登记的轨道，各有关部门进行了大量的宣传教育工作，并把这项工作贯穿到了国防教育当中。

三是注重总结归纳，确保登记质量。对几年来开展转业干部预备役登记工作积累的经验和遇到的问题进行了认真的分析研究，结合沈阳市的实际情况进行了探索，弥补了以往工作中的不足，提高了登记质量，受到上级业务部门的好评。

四是搞好登记管理，做到登管用三结合。针对几年登记工作中暴露出来的登管用相脱离的问题，进行了大量的认真细致地调查研究，并在沈河区、新民市进行了一些探索性的试点工作，受到广大转业干部的欢迎。同时也得到总政、军区有关部门的肯定。

（王新北）

【人武干部集训和参谋业务竞赛】 1993年7月1日至6日，沈阳军分区在军分区教导队组织县（市）、区和沈阳矿务局的人武部军事干部进行了集训和参谋业务竞赛，共有65名人武干部参加，完成作业8种122份，成绩评定在良好以上。

人武部军事干部集训和参谋业务竞赛，是根据军分区年度军事训练工作安排，贯彻落实军委新时期战略方针，把军事工作的立足点转到打赢现代条件下特别是高技术条件下局部战争上来。目的是提高人武部首长机关组织指挥能力、业务能力和抓民兵训练的能力，检验人武部军事干部的战术、技术水平和参谋业务水平。

集训期间学习了军委新时期战略方针、现代条件下兵员动员及高技术条件下局部战争理论等，并观看了教学录像片。通过集训使参赛同志对军委新时期积极防御战略方针有了深刻的理解，熟悉了现代条件下兵员动员工作的原则、特点和要求，了解了现代条件下特别是高技术条件下局部战争的理论，为今后开展工作创造了条件。针对人武部移交后部分军事干部参谋业务生疏的实际情况，集训结束后进行了参谋“六会”业务竞赛，对各单位的部领导、作训参谋和动员参谋分别进行“画”、“写”、“传”、“读”、“记”、“算”的“六会”竞赛。军分区结合实际，科学计划，严密组织，严格要求，采取“封闭式、高标准、大强度”的方法，全面检验了人武部机关的参谋业务水平，促进了岗位练兵活动的开展，提高了各职各类人员的军事指挥能力，为在新时期沈阳市的武装工作不断上新台阶打下了基础。

（王川）

【“前进93”演习交通道路保障】 1993年10月下旬，沈阳军区“前进93”战役演习在沈阳市境内全面展开，这次演习是机械化部队模拟高技术局部战争条件下机动作战实兵演习。部队将以铁路、公路等多种方式同时开进。为保障部队演习顺利进行，检验各级交通保障部门的快速反映能力和实际保障能力，军区要求各有关部门要积极动员交通保障力量，全力搞好交通保障，为这次演习的成功创造条件。

沈阳市交通战备领导小组受领任务后，组织有关部门进行了认真的研究，明确了交通保障要以人民战争思想为指导，以军区演习和部队行动为依据，以贯彻军、政、民统一指挥，各部门综合动用和通盘筹化的方针，在政府的领导下，发挥各级组织的作用，充分调动各方力量，积极投入到这次活动中去，做到有计划、有措施，万无一失。为确保部队机动道路畅通无阻，保障部队圆满完成机动演习任务，沈阳军分区组织各有关市、县、区人武部门和广大民兵对部队所要经过的路线和地区进行了认真的调查，在其它部门的配合下对本地区的社会秩序进行整顿，保证演习部队的顺利通过，并为宿营部队巡逻、战岗，保证部队的安全。同时，还在演习部队通过的地点开设茶水站，为演习部队提供饮食的补给，使演习部队能够在沈阳境内顺利通过提供了保障。

（杜斌）

【民兵以劳养武】 以劳养武活动是深化改革，建立社会主义市场经济，增强民兵工作活力，开创武装工作新路的重大举措。1993年沈阳市民兵组织建立在各行各业，优势十分广泛，各武装部和民兵连把这一活动做为民兵工作的基本任务，充分发挥自身特长，广泛开展了活动，见到了实效。

第一，适应形势发展需要，抓好武装工作系统中不同层次的活动项目。从武装系统看，人武部主要是搞好政策研究，信息传递，搞好部办或联办的各种生产实体，加工、服务业，利用人武部房地产经营创收。基层武装部则结合行业特长和本部特点，搞好服务、加工、销售创办部分实体为主要项目，既减轻单位负担，又增加武装工作收入。民兵连队则有计划、有组织地抓好利于发挥民兵作用的各项创收活动。从城市和乡村看，农村多以种植、养殖、修路、清淤、手工业和拆迁搬运为主要项目。城市，多以劳务承包、修旧利废、突击维修、科研攻关、产品推销为主，有条件的则创办了民兵为主体的以劳养武经济实体，并利用人防设施，行业项目优势进行了有偿服务。

第二，开展以劳养武活动，逐步形成活动规模。沈阳市14个人武部均开展了以劳养武活动。于洪区、沈河区还分别创办了洪武、兴武实业和经贸总公司，统一管理全区以劳养武活动，把全区以劳养武工作纳入了正轨。沈阳市半数以上的基层武装部开展了以劳养武活动，85%以上的民兵连队参与了以劳养武活动，形成了以劳养武的基本规模。

第三，抓以劳养武见实效，收到“三个效益”。沈阳市开展以劳养武活动中，逐年收到较好的效果。据不完全统计，年均创产值4487万元，上交税收372万元，上交乡镇以上单位财政2 23万元，纯利润520万元。其中用于公益事业费用52万元，用于补助民兵工作经费不足、完善基地建设和维修武器库68万元。各人武部均部分地实现了减免训练经费，以劳养武收益的60%以上投入到民兵训练中。（蔡彤　邵军清）

【驻军参加绕城公路建设】 沈阳绕城高速公路是沈阳市政府为缓解市内道路拥挤状况，投资较大的国家重点工程建设项目之一。从1991年开始修建，计划3年完成。1993年是最后一年。沈阳军分区受沈阳军区委托，负责协调组织沈阳市驻军各单位集中完成绕城高速公路北环段无偿运输1万立方米渣石料的任务。接受任务后，沈阳军分区领导和机关十分重视这项工作，把此项活动作为直接参与地方经济建设的实际行动，先后研究制订了实施方案和详细计划，组织沈阳市驻军有关单位领导召开协调会，并组织进行了实地勘察地形，具体划分了路段，规定任务完成的期限等。沈阳军分区主要领导还多次带领机关干部到实地检查验收完成任务情况。各驻军单位在时间紧，训练任务重，人员少的情况下，克服重重困难，精心组织，精心施工。沈阳炮兵学院组织出动车辆和学员上施工现场，80301部队的机关干部战士，顶烈日，战酷暑，超额完成了任务。从8月1日到8月15日，经过驻军各单位全体官兵的积极努力，提前完成了任务。共计出动车辆25 100台（次），人员4 700多人（次），义务运输土石方10 080万立方米。受到了沈阳市政府领导和绕城高速公路工程建设指挥部领导的高度赞扬，为沈阳市的交通建设做出了突出贡献。

（李向华）

【民兵训练基地建设管理使用经验交流会】 为了进一步抓好沈阳市民兵训练基地的建设，沈阳军分区于1993年5月20日至21日在沈阳军分区教导队召开了沈阳市民兵训练基地建设管理使用经验交流会。参加会议的有军分区、预备役师、各人武部、各预备役团的领导同志，各人武部作训科长及训练基地主任，共计50多人。辽宁省军区有关部门的领导也应邀参加了会议。

会议的主要内容是总结研究交流民兵训练基地、训练中心建设管理使用经验。会议期间还组织到会人员参观了东陵区民兵训练基地和民兵连、排长训练及军分区教导队基础设施建设情况。各县（市）、区人武部分别介绍了训练基地建设管理使用及组织集中训练情况和经验，并针对军委提出的新时期的战略方针，就如何提高民兵训练基地建设管理使用水平进行了研究讨论。大家认为，在新形势下，要想抓好民兵训练基地的建设管理使用，必须更新观念，转换脑筋，要由原来研究一般条件下训练转到研究现代条件下训练上来，跟上形势发展的需要。

会议提出今后民兵训练基地、训练中心建设管理使用要向“四个高水平”发展：一是要建设高水平的训练基地。今后民兵训练基地改建、扩建、改造及训练器材更新换代，要坚持高标准、现代化，把有限的经费积累起来集中使用。二是要抓好一个高水平的管理班子。要精心挑选管理人员，不断提高管理人员军事教学能力，行政管理能力。三是要培养一支高水平的教学队伍。四是要制定一套高水平的管理办法。

（李春和 王川）

【民兵执勤现场经验交流会】 为了进一步贯彻落实中办发（1990）12号文件、辽委发（1990）30号文件精神，贯彻落实市委八届六次全会精神，总结交流近几年民兵配合公安部门维护社会治安的经验，使这项工作逐步规范化，沈阳军分区于1993年9月7日在于洪区召开了民兵执勤现场经验交流会，对于洪区人武部等6个单位组织农村、城区民兵参加维护社会治安的经验和做法进行了总结和交流。

近年来，各县区人武部在组织民兵维护社会秩序、保证人民群众生产、生活中发挥了骨干突击队作用。特别是春节期间，军分区从市内5个区76个企业中抽调500名民兵，根据公安部门的部署配置在30个重点地区、重点地段上，顶风冒雪和广大民警巡逻在大街小巷之中，为万家团聚提供了可靠保证，也为治安形势的好转做出了贡献。沈河区、皇姑区人武部把组织维护社会治安，参与综合治理工作做为一项长期工作来抓。他们根据有关部门要求，在中街、北站和北陵公园坚持长年执勤巡逻，配合公安部门对综合性商业区和大型娱乐场所进行治安整顿，取得了很好的成效。于洪区人武部在协助公安部门维护社会治安中，党委重视抓得早，行动快，措施得力。他们针对本地区的实际情况，从1990年起，在全区16个乡镇按每百户一个人的比例，抽调720名基干民兵，组织专职护村治安巡逻队，打击了各种违法犯罪分子，积极协助公安部门破案，有效地预防了各类案件的发生，在维护农村社会治安和保卫农村经济发展中发挥了重要作用。

（张志军 王金奎）

【民兵组织建设调整】 随着改革开放的不断深入和市场经济的迅猛发展，民兵组织建设上出现了基干民兵队伍年龄老化、复员退伍军人流向非编兵单位、民兵编组不尽合理、基干民兵流动性增大、“三资”企业的增加等新问题。据此，沈阳军分区确定1993年民兵整组，一是要扩大编组范围，拓宽编组渠道，解决编组难，兵员老化，年龄结构不尽合理，复员军人流失，企业负担不均衡等问题；二是要采取各种编组方法，解决布局不尽合理，编组与生产不相适应和人员难集中，训练难抽人等问题。

为了把整组工作深入扎实的做好，军分区先后3次召开县（市）、区人武部领导工作会议，布署市整组工作。各县、区人武部对整组工作也都很重视，召开了部党委会，学习中办发（1992）13号文件，统一了党委一班人的认识。以县（区）委或政府的名义下发了整组方案，取得了地方领导的支持，结合民兵连长集训，集中组织学习有关文件，进行整组培训，从而为整组打下了良好基础。

军分区选了工业、商业、街道、乡镇、合资5个不同类型的单位进行民兵整组改革试点。通过试点进一步摸清了底数和需要解决的问题，如针对企业兵员少、兵难编的问题，本着哪里有合格兵员就到哪里编兵的原则，采取扩大编兵范围的办法进行编兵。

1993年民兵整组改革中，沈阳军分区把抓好整组质量做为重点，放在首位。一是抓好提高兵员素质。针对调查中发现的问题，采取了“四多四少”、“五优先”、“一延长”的做法，即辅助车间多编、生产关键岗位少编，普通人员和保障人员多编、技术性强的人员少编，工作稳定的人员多编、流动性大的人员少编，专业对口人员多编、非对口人员少编，党团员优先、退伍军人优先、专业对口人员优先，年龄较轻人员优先、预备役部队和民兵应急分队优先，适当延长专业技术兵服役年龄2—3岁，收到了很好的效果，使兵员素质有较大的提高。二是抓好干部配备。在干部配备上，对年龄偏大，能力较弱的连长进行了调整，在企业中着重强调由年龄较轻、懂军事的同志任副连长，并担任支部的武装委员，平时由副连长主持连队日常工作。对农村民兵连长尽可能选择素质高、身体好、情况熟、当过兵的党员干部担任，这样便于参与党支部工作和村民委工作。三是抓好民兵连队规范化建设。进一步完善了民兵预备役基层连队基础设施建设，建立和健全了各项规章制度，使连队在硬件建设上更加规范。四是抓好整组验收标准化。在下发整组方案的同时，就下发了整组验收标准，把“宣传教育广泛深入、正确掌握民兵条件、民兵编组合理、基干民兵质量好、干部齐全、坚持各项制度、领导重视”等7条标准制定成百分制评比条件，使整组验收有了明确的依据和具体的标准。

（向阳）

【民兵武器管理】 截止1993年底，沈阳市民兵武器装备管理工作已经实现连续10年安全无事故的目标。几年来，在各级党委、政府的领导下和武装干部及警保人员的共同努力下，沈阳市民兵武器管理工作，在不断完善各种管理制度和提高警保队伍素质的同时，还下大力量改善了市、县(区)武器库室的硬件建设，使全市民兵武器管理工作跃上一个新台阶，被辽宁省政府、省军区评为民兵武器管理先进单位。

一是在保障社会稳定中起了重要作用。管好民兵武器装备，特别是不丢失一枪一弹，是保障社会稳定的重要方面，也是一种为建立社会主义市场经济服务的意识。这一点，已成为加强武器安全管理的基本思想。

二是从双向适应的角度调整了总体布局。这是随着经济的发展和国防建设思想的不断调整和深化而同步实现的。10年来，沈阳市从既要适应地方经济发展的需要，又要适应国防建设的需要两个方面，逐步完善和调整了民兵武器装备的布局。经过调整使武器装备安全管理的可靠性进一步增强，布局更加合理，提高了与民兵组训的一致性。

三是逐步完善了民兵装备仓库警保设施。沈阳市在上级不断提高武器装备管理的要求中，逐步加强了仓库警保设施建设。各种设施保持完好有效，库房结构合理，建筑坚固。全市民兵装备仓库均达到了《沈阳军区民兵武器装备安全管理规定》的要求。

四是建立了一支素质较高的警保队伍。各民兵装备仓库的防范设施有了相当大的可靠性，但是，要保证民兵武器安全，关键还在于人及人的素质。各人武部在建立一支素质较高的警保队伍上下功夫，并收到了效果。首先是选调好警保人员，保证政治可靠。各人武部做到了“三个不用”即政治倾向不明的不用，本人现实表现不好的不用，与人武部有亲属关系的不用。从而保证了人员可靠和便于管理。其次是加强业务培训，提高警保人员素质。沈阳军分区在不断增强硬性防范能力的同时，注重在提高警保人员素质上下功夫。组织军械参谋、保管员业务训练，学习各种武器管理规章制度，保管统计方法和警卫人员的防范技能等。经过训练提高了警保人员的整体素质，保证了民兵武器的安全管理。

（王伟）

【民兵连长队伍建设】 抓民兵连长是民兵基层建设中提纲挈领的环节。1993年沈阳军分区开展民兵连长“十会十能”活动，通过抓连长带队伍，把民兵基层建设，特别是抓基层、打基础工作搞得更加扎实了；通过提高连长队伍素质，带动了民兵连队建设水平的提高。

1.统一思想认识，明确抓好队伍的重要性。民兵工作“三落实”，关键在基层，基层的关键在连队，连队的关键在连长，连长关键在提高连长的素质。为此，着重注意把各级人武部抓好连长队伍建设重要性思想统一到民兵连长是民兵干部队伍建设的重点上来。

2.适应两个转变，形成抓连长队伍的合力。按照“两个转变”的客观要求，各级把工作精力，放在了抓基层上，形成了工作合力，重点抓好连长队伍建设。第一，培养连长的民兵业务能力。从专业的角度讲，这是对民兵连长的最基本要求，不懂业务就不能当好民兵连长。各人武部完成连长业务培训，打好连长的业务基础，这样，连长懂得民兵组织工作、军事工作、政治工作，才能够按照要求抓好民兵工作“三落实”。第二，培养连长的组织能力。把抓连长队伍的精力放在提高民兵连长的组织指挥能力上，教方法、教要领，特别是规定了任务，把连长放在实践中去煅炼，培养他们的组织能力和指挥能力。第三，培养连长的劳武结合能力。民兵连长必须具有较高的劳武结合能力，培养民兵连长按战斗力——生产力——战斗力的模式抓。即用民兵训练的战斗力，去为地区经济建设做贡献，发展生产力，在生产实践中锻炼队伍，再进一步提高民兵连队的战斗力。

3.围绕经济练兵，发挥抓连长队伍的效能。一年来，民兵连长主要发挥了以下10个方面的作用。一是在联产承包责任制和发展商品经济中的带头作用；二是在农田水利建设和植树造林中的突击作用；三是在学科学、用科学、科学种田中的标兵作用；四是在抢险救灾和完成急难险重任务中的骨干作用；五是在精神文明建设和建设社会主义市场经济中的模范作用；六是在维护社会治安和护秋保收中的卫士作用；七是在农村基层组织和企业基层建设中的参谋作用；八是在壮大农村集体经济中的开拓作用；九是在健全农村社会化服务体系中的献计献策作用；十是在拥军优属支援部队建设和扶贫帮困中的桥梁纽带作用。

（邵军清 向阳）

【民兵“四会”教练员培训验收考核】 1993年，沈阳军分区认真贯彻落实了两级军区《关于加强民兵“四会”教练员队伍两年建设规划》的指示精神，加强了对民兵教练员培训工作的领导，做到周密计划，科学安排，认真组织，取得了显著成绩。截止11月底，有84人被评为沈阳市民兵“四会”教练员，圆满地完成了年度任务。其中2人被辽宁省军区评为优秀民兵“四会”教练员，10人被辽宁省军区评为民兵“四会”教练员，有2人被评为全国民兵优秀“四会”教练员。

1993年是全市培训“四会”教练员的第二年，也是完成两年培训规划关键性的一年。为了保质保量地把这项工作做好，突出抓了3个方面的工作：

在教练员的选拔上，坚持严把“四个关口”：一是把好基础质量关；二是把好兵种专业关；三是把好人员构成关；四是把好年龄结构关。

在教练员的培训上，一是学好训练法规，掌握教学依据。组织教练员学习《中国人民解放军军事训练指导法》和《军事分科教学法》等训练法规，为实施正规教学提供了理论指导。二是组织教学观摩，提高培训起点，聘请全军、军区级优秀“四会”教练员进行教学示范，使教练员学有样板，赶有目标。三是统一标准，严格要求。

在验收考评中，一是端正考核目的，规范考核方法。为检验教练员队伍的真实水平，考核采取全员普考、按比例抽考、推荐考评相结合的方法进行。二是坚持标准，严格施考。三是考、帮、建结合，以考促建。通过全年的培训和验收考评，教练员的基本素质和教学能力有了明显提高，在全市范围内建立了一支数量充足、专业配套、布局合理、教学水平较高的“四会”教练员队伍，为实施正规化、规范化训练，提高民兵训练质量打下了坚实的基础。

（王川）

【组织民兵抢险救灾】 为了切实做好1993年的防汛工作，根据市防汛指挥部的要求，以及气象部门对汛期天气形势的展望，沈阳市民兵认真执行了“安全第一、常抓不懈、以防为主、全力抢险”的方针，落实了各种防汛工作制度，较好地完成了各级组织交给的防汛任务。一年中，共落实民兵防汛分队82个，动用民兵17 520余人次，参加了抢修险工险段和抢险救灾任务。

5月下旬，军分区组织召开了由各县、区人武部领导参加的防汛工作会议，相继成立了防汛组织，下发了年度抢险救灾方案，重新划分了各自的任务，并对辖区内的主要河道进行了勘察。各级组织结合自己所担负的任务建立了防汛分队，在做好各项准备工作的同时，加强了防汛值班。市内五区人武部还组织了有防汛任务单位的领导、民兵防汛分队的营、连长参加了实际演练，通过演练进一步熟悉任务，找出了执行任务中存在的问题，为更好地落实防汛工作打下了基础。康平、法库、辽中县、新民市以及新城子区还组织民兵参加了对辽河大堤进行加固的工作，充分发挥了民兵组织突击队的作用。

8月4日，由于受上游降雨影响，浑河水位陡涨，并且情况越来越严重，地处浑河岸边的东陵区汪家乡甘河子村1 371名外地来沈采沙民工被洪水围困在河中的两个土岛上，随时有被洪水冲走的危险，市防汛指挥部接到报告后，立即要求军分区组织民兵进行抢救，军分区接到通知后，由隋福先参谋长组织机关人员和沈阳矿山机械厂民兵抢险救灾分队携带冲锋舟赶赴现场，与各有关单位共同将被围民工抢救出来，受到了当地政府和人民群众的好评。

（王金奎 张士琦）

【征兵工作】 沈阳市1993年冬季征兵工作，以《辽宁省兵役工作条例》、《沈阳市征兵、优抚、安置办法》为依据，以兵员质量为核心，以法规落实为主线，加大了多方面的力度。在市委、市政府的领导下，经各级兵役机关与有关部门的共同努力，保质保量完成了上级赋予沈阳市的新兵征集任务。

第一，加强了征兵工作的领导。针对沈阳市符合条件的青年底数少，征兵质量要求高的形势，市委、市政府和军分区领导提出了政策不松，标准不宽，质量不低，不讲价钱，保质保量完成冬季征兵任务的总要求。市委、市政府和军分区把征兵工作做为一项政治任务来完成。在沈阳市征兵工作会议上，市五大班子领导及相关的13个部委办局都按要求参加了会议。张国光书记强调各县区一把手要亲自抓征兵工作，并做为第4季度的重要工作来抓。沈阳军分区司令员郭百桐对征兵工作做了部署，并提出了具体要求。主管兵役工作的艾廷隽副市长多次深入征兵工作第一线，解决了许多实际问题。

第二，搞好了征兵宣传教育。一是宣传好省、市的地方性兵役法规。沈阳市将11月份定为地方性兵役法规宣传月，利用各种宣传手段突出宣传了沈阳市征兵、优抚、安置办法，提高了青年及家长依法履行兵役义务的观念。各级领导对有关问题发表了电视讲话，答记者问，播出了热线广播。二是加强了宣传力量。市委宣传部、市电台、电视台、报社都有专人负责征兵宣传教育，派出得力人员到市征兵办工作。据统计，全市252个乡镇、街道和1 500多个区属以上企业设立了征兵宣传点，共有5 800余名征兵宣传员，比往年增加30%以上力量。三是搞好针对性宣传。沈阳市征兵办公室邀请沈阳籍现任雷锋班班长到各县区巡回讲演报告，收到很好效果。

第三，严格体检政审，择优挑选青年。一是把好兵员身体关。沈阳市抽调了317名思想好、技术精、责任心强的医务人员设立了14个体检站。市征兵办公室对体检医生进行了培训，统一了体检方法。各体检站实行了“封闭式”体检，有效地保证了体检工作质量，体检合格率为64.8%。沈阳市体检组对各县（市）、区进行了抽查，合格率为99.5%，大大高于国防部规定的合格指标。二是把好政治素质关。全市选调政审工作人员3 530人，其中公安干警701人，保卫干部1 038人，武装干部218人，有经验的政审人员占95.7%以上，组建了418个政审组。对全市13 180名应征青年进行了初审，8 122名青年进行了复审，政审合格人员共7 472人。市政审组对各县（市）、区查出的本市其它县（市）、区的各类人犯共580余人进行了互相通报，实施了交叉联审，有效地防止了异地作案人员漏审现象，使政审工作质量进一步提高。

第四，采取有效措施，坚决实施依法征兵。征兵工作改革最终要走向依法实施征兵的路子。一是制定好法规。为了推动依法征兵工作进程，做好建立社会主义市场经济条件下的兵役工作，征兵开始前，市政府和军分区颁发了《沈阳市征兵、优抚、安置办法》，使沈阳市征兵工作有法可依。征兵中市人大6位副主任、正（副）秘书长及20余位委员分两组在沈阳军分区司令员郭百桐、政委王书海陪同下，视察了皇姑区、沈河区、于洪区、东陵区的依法征兵情况，对沈阳市制定的《办法》给予了充分的肯定。二是抓好依法征兵。首先是依法落实征兵任务，强调执行征兵命令的严肃性，使一些过去不情愿接受任务的单位认真受领了任务。其次是依法落实优抚政策。沈阳市各县郊区民政部门和人武部，按照规定普遍检查了优抚政策落实情况。市委、市政府进一步明确了城镇待业青年的优待金数额，大大促进了适龄青年应征的积极性。

第五，坚持廉洁征兵，消除征兵中腐败现象。各级兵役机关着重学习了江总书记在中纪委的讲话和总参、总政关于廉洁征兵的指示精神，把征兵中的不正之风做为兵役机关的腐败现象，予以坚决消除。市纪委和分区纪检联合制发《防止和纠正征兵中不正之风》的文件通知。沈阳市还严格坚持了总部提出的廉洁征兵“六不准、四严格、二保证”要求。县(市)区征兵办公室与接兵部门签定了廉洁征兵公约，公开了举报电话，公布了定兵人员名单，加强了监督机制。沈阳市1993年冬季兵员质量有了保证，也是与纠正和防止不正之风分不开的。

（邵军清）

【地方性兵役法规建设】 1993年10月沈阳市政府、沈阳军分区联合颁发了《沈阳市征兵、优抚、安置办法》，使沈阳市征兵工作有了可操作性强，符合地区实际的地方性兵役法规，进一步推动了全市依法征兵的进程。

第一，制定《办法》是十分必要的。随着改革的进一步深化和社会主义市场经济的建立，行政领导职能的转变，企业转换经营机制后用工制度、分配制度等方面的改革，役龄独生子女逐年增加等，沈阳市兵役工作遇到了许多新的情况和问题。多年来沿用的政策规定、工作经验以及传统做法不灵了，出现了一些单位不愿接受征兵任务，拒绝安置退伍义务兵，优抚工作不落实现象。因此，制定《沈阳市征兵、优抚、安置办法》，尽快适应社会主义市场经济发展的需要，适应国防建设的需要，就成为沈阳市兵役工作的客观需要和必然所在。

第二，制定《办法》的主要过程。沈阳市征兵工作难度逐年增大，市人大、市政府领导多次提出了“要加快沈阳市兵役工作立法”的要求。制定《沈阳市征兵、优抚、安置办法》是按照市政府法制局、市人大法制委的立法议案进行的。这个《办法》是以国家颁布的《兵役法》、《征兵工作条例》、《军人抚恤优待条例》、《退伍义务兵安置条例》和《辽宁省兵役工作条例》为依据，参照了部分省市兵役法规。同时，在总结沈阳市近几年兵役工作经验，征求有关单位意见，并与其共同研究确定框架结构和规范内容的基础上，借鉴了南方部分沿海城市的《兵役登记证》制度、义务兵优待方法、退伍军人安置政策、惩罚规定等方面的重要做法，几次修改拟定的。由于《办法》是沈阳市第一部比较系统和具有可操做性的地方性兵役法规，有待于通过1993年征兵工作进一步完善，有关领导和部门决定以行政法规的形式颁布实施，故沈阳市政府和沈阳军分区于1993年10月5日联合颁布实施。

第三，法规的主要特点。一是细化了《兵役法》的有关条款。比如，对拒绝、逃避兵役登记和服现役的制定了相应的较为严厉的惩罚措施；对当前兵役义务不均衡的问题，特别是优抚标准不明确问题作了较细致规定。二是拓展了《兵役法》的有关内容。如，对兵役登记问题，在《办法》中规定实行《兵役登记证》制度，用《兵役登记证》的形式把兵役登记工作规范起来，落到了实处。三是增强了可操作性。《办法》对青年参加兵役登记、体检时出勤误工问题，对未进行兵役登记的适龄青年强制敦促其履行兵役义务问题，对阻碍兵役工作的单位和个人的处罚问题和义务兵优待问题等，都区分了不同情况做了较明确的规定，不但明确了处罚对象、处罚标准，还明确了执行处罚的机关。四是符合沈阳市的实际情况。《办法》在吸收10余个省、市制定兵役法规经验的基础上，从兵役工作的实际需要出发，结合沈阳市城乡深化改革和建立社会主义市场经济的实际制定的各项条款。在1993年冬季征兵中，市人大组团专题视察了《办法》的制定及实施情况，给予了充分肯定。

（蔡彤）

【全国民兵学雷锋报告会在沈阳市举行】 1993年3月9日，全国民兵学雷锋先进事迹报告会在辽宁省军区北陵军人俱乐部隆重举行。沈阳军区，辽宁省军区、沈阳军分区以及沈阳市委副书记丁世发，副市长任殿喜等领导同志出席了报告会。参加全军学雷锋座谈会的4名人武战线学雷锋先进代表在会上作了事迹报告。沈阳市委副书记丁世发在会上讲了话。做先进事迹报告的4个代表是：坚持30年如一日，用雷锋精神育人建部的抚顺市望花区人武部代表葛枫林；被誉为草原“活雷锋”的青海省黄南藏族自治州河南县宁木特乡民兵连副连长多日杰；33年献身基层武装工作的湖南省冷水江制碱厂武装部部长韩桂林；带头实践学雷锋，艰苦创业建设家乡的江苏省睢宁县张圩乡黄山村女基干民兵陈萍。辽宁省军区和沈阳军分区、沈阳预备高射炮兵师的机关干部战士以及铁西、皇姑、大东、沈河、和平、于洪、东陵等7个区的人武干部、专武干部、民兵预备役官兵共计1 400人参加了报告会。这次报告会是按照沈阳军区、辽宁省军区政治部的统一布置，沈阳军分区利用全军学雷锋座谈会在沈阳军区召开的契机，为把沈阳市民兵学雷锋作为加强精神文明建设和民兵政治建设的活动推向一个新的高潮进行的。军分区党委和司、政后机关十分重视这项工作，曾先后3次召开会议研究布置报告会有关事宜。沈阳军区政治部和辽宁省军区的领导曾先后到沈阳军分区检查报告会准备工作情况。为借此机会推动基层民兵学雷锋活动深入开展，军分区还专门下发了文件通知，要求对学雷锋先进单位和个人进行表彰，并配合报告会组织开展了多种形式的学雷锋活动。报告会后，沈阳市委书记张国光看望了全国人武战线学雷锋的先进代表。

（李向华）

武装警察

【加强部队质量建设】 加强部队的质量建设，关键是要达到“政治合格、军事过硬、作风优良、纪律严明、保障有力”的要求。

1993年，武警支队坚持教育训练的战略地位，把加强训练，提高部队军事素质，同整顿军队，提高部队执勤和处置突发性事件的能力联系在一起，做为检查训练质量的标准。支队党委将军事训练作为经常性工作的中心内容来抓。提倡勤学苦练，尤其以干部训练为重点，提高干部指挥能力和管理能力。同时，由于领导干部的表率作用，激起了战士们的练兵热情，大大提高了军事训练的质量。

坚持政治工作生命线地位，充分发挥政治工作的服务和保证作用。支队在抓好形势教育的同时，进行了坚持党对武警部队绝对领导的教育。先后举办业务培训班8次。以《邓小平文选》为主要学习内容，并搞了学习《邓选》论文竞赛、演讲等活动。从6月中旬到10月末，支队将邓小平同志关于新时期军队建设思想列入学习大纲，重点进行学习，并落实到部队的日常工作当中，使广大官兵增强了信心和工作劲头。

坚持完善部队法制，做到依法治军，从严治军，建立健全条令条例和规章制度。首先，抓好教育，坚定广大官兵信念，使纪律建立在共同的革命理想之上，成为“自觉的纪律”。其次，完善部队的民主生活，着重抓整顿，纠正和解决工作中存在的问题。再次，组织官兵进行法律常识和各种暂行规定的学习，提高官兵的知法守法意识。由于教育得法，收到良好的成效，部队违反条令、条例的现象比1992年减少11.2%，部队的纪律作风得到加强。

坚持深化改革，抓好后勤建设。在后勤保障的工作中，按照军事经济的规律办事，精打细算，以谋求更高的效益。在建立健全后勤工作的一系列规章制度的同时，严格管理，建立和完善既适应制止突发性事件的需要，又有满足平时需要的后勤保障体制和运行机制。在抓好后勤保障的同时，大力发展第三产业，不仅支队搞、中队也搞。大到办工厂、商店；小到养猪养鸡。据统计，全年第三产业收入45万元，直接补入官兵伙食20多万元，剩下的全部投入到基层中队的建设之中。

(*孙军*)

【加强党组织建设】 武警沈阳市支队1993年始终贯穿了坚持党对军队的绝对领导这个主题，贯彻落实中央军委关于加强基层党支部建设的指示精神，根据基层党支部建设和党员思想实际，解决了领导不坚强、组织不健全、制度不落实的问题，加强了党组织建设。

首先，学习党建理论统一党员的思想认识。组织广大党员认真学习邓小平同志《建设有中国特色的社会主义》等重要著作，从科学社会主义的理论高度，加深对党的现行政策的理解。广泛开展了坚定社会主义信念教育，用建国45年和改革开放15年取得的巨大成就教育党员充分认识社会主义制度的优越性。并以“做新形势下的合格党员”、“增强事业心、责任感”为专题，开展了论文竞赛，从而达到了互相交流、互相学习的目的。

其次，严格组织制度，对党员实行有效的管理和监督。支队党委始终把指导基层党支部认真过好组织生活，作为加强党支部建设的一个重要环节来抓，精心制定计划，经常督促检查，加强具体指导。一年来，建立了党支部工作档案，统一了党支部会议记录本，党日活动登记本、党课教育计划表，每季度检查一次，并适时派党委成员参加各支部民主生活会。不少中队还建立了“党员之家”、“党员学习园地”等，以督促支部委员会和党员坚持党的组织生活制度。由于生活制度落实得好，全年共有6个党支部被评为“先进党支部”，45名党员被评为优秀党员。

再次，搞好函授教育，加强对基层党支部骨干的培训。根据支队的实际编好教材，先后编写了12篇讲义，6篇辅导材料，共10万余字。制订了切实可行的培训计划和培训制度，使函授教育的全过程始终处于严密有效的管理和监督之下，从而保证了人员、时间、内容和效果的落实。全年两期培训班，参加培训的112名学员，有31人被评上了优秀学员，25篇论文获优秀论文奖。

(*孙军*)

【干部队伍建设】 1993年，武警沈阳市支队把提高基层干部素质和稳定基层干部安心部队工作，作为干部队伍建设的重要内容来抓，较好地解决了思想不稳定，业务素质弱，工作标准低等不适应新时期部队建设需要的状况，有力的促进了部队的各项工作。

首先，加强干部理论学习，在提高干部的根本觉悟上狠下功夫。以共产党员的理想、部队的宗旨、军人的使命为教育主线，对广大干部进行热爱党、热爱武警部队和“为官一任，要为部队多做贡献”的职业道德教育，使广大干部明确自己所肩负的责任和使命。支队还下发了《毛泽东选集》、《邓小平文选》等著作，并结合中央军委的指示精神，进行深刻的学习和研讨。请市委党校的教授来指导学习，对高深的理论精髓进行细致的讲解。全年共上学习指导课15堂，为干部解决疑难问题300多个，指导干部写论文185篇。经过坚持不懈的努力，为稳定基层干部奠定了良好的思想基础，形成了讲理解、讲奉献的浓厚空气。

其次，对干部的工作到日常管理始终坚持严字当头。在工作上，坚持高标准，严要求。实行干部岗位责任制和目标管理。依据部队的基本职能，年度工作重点和各级各类干部的基本职责，自上而下层层明确目标，落实责任。在日常管理上，坚持把干部置于条令条例和政策制度严格约束之下，对任免调配、教育培训、福利、奖惩进行严格管理，坚持按制度规定办事，从而给稳定干部工作注入了生机和活力。

再次，严格把好干部进出关，加强后备干部队伍建设。基层干部的主要来源是院校毕业学员，而学员的质量如何，直接影响基层干部队伍的素质。从学员苗子的选拔培养到毕业学员的定职定位，每个环节都建立了完备的制度，每年招生都坚持统一考核、统一预考、统一体检，有效地保证了招生质量。在干部转业工作中，公开条件、公开数量、公开对象，接受群众监督。在转业干部移交安置时，做到三个主动：主动找转业干部征求意见，主动了解地方人才需求信息和安置政策，主动帮助转业干部解决安置中遇到的难题，使转业干部得到了妥善安置，对稳定基层干部起了积极作用。

目前，支队干部素质有了明显提高，安心不尽心，在职不尽责的现象不见了，干部思想稳定面逐渐提高，支队建设呈现稳步向上的好势头。

（孙军）

【官兵思想政治工作】 武警沈阳市支队1993年在广泛深入地开展学习《邓小平文选》第三卷的同时，运用邓小平同志建设有中国特色社会主义的理论和新时期军队建设思想，扎实有效地开展在新形势下的官兵思想政治工作。

首先，运用“解放思想、实事求是”这个开展政治工作的最基本准则，来组织广大官兵联系改革开放的实际认真学习《邓小平文选》第三卷。本着求真务实的原则，用科学的态度和方法面对新形势下遇到的新情况、新问题。用邓小平同志倡导的“五种革命精神”和江泽民同志提出的“64字创业精神”武装官兵头脑，使广大官兵深刻领会到建设有中国特色社会主义理论的实质；自觉服从国家经济建设大局，支持国家的改革开放和经济建设；自觉抵制各种腐朽思想文化的侵蚀，保持了部队思想的高度稳定，更加坚定了社会主义信念。

其次，坚持理论联系实际的原则。在开展思想政治工作中，进行了充分的调查，弄清了群众的真实思想，避免无的放矢。做到具体问题具体分析，既要讲道理，又要摆事实。运用正确的理论和方法对官兵提出的问题进行周到细致和有说服力的回答。对官兵关心的实际问题要据实讲解，力求全面、客观、辩证。

再次，采取了部队教育与家庭、社会三位一体做工作的方法。采取了家访，给战士家庭和当地政府写信，请老红军到部队进行革命光荣传统教育，请地方先进模范人物作报告，请地方政府来部队上课等形式。一年来共写家信3 000多封；请老红军讲传统20余次；请地方先进工作者报告5场次，请地方政府讲课70多堂，1 000多名官兵受到教育。

通过全年深入细致的思想工作，广大官兵思想稳定，安心部队工作，增强了工作热情，工作效率也有了明显提高，积极推动了部队的全面建设。

（孙军）

【加强文明执勤】 武警沈阳市支队担负着沈阳市市委、市政府、及美国、俄罗斯、日本、朝鲜等4个国家驻沈阳领事馆的安全警卫任务。1993年支队在落实执勤制度，保障勤务安全的情况下，加强部队的文明执勤。

1. 加强教育，打好文明执勤的思想基础。首先教育战士热爱警卫工作，明确文明执勤的重大意义，使战士能在执勤中正确处理严格警卫与尊重人民群众的关系，做到负责任、讲文明、守纪律。每年新兵入伍或重大节日来临，支队就组织官兵重温革命传统，学习为人民服务的宗旨，大讲人民群众拥军的动人事迹；启发警卫战士明确军队与人民的鱼水关系。组织反复学习毛主席《为人民服务》这篇光辉著作，开展了“让雷锋精神在哨位闪光”的演讲活动。

2. 大抓训练，提高文明执勤的本领。市委、市政府每天进出人员和车辆较多；领事馆每天要接待办理出国签证手续的人不下100人。卫兵执勤难度较大，如处理问题方法不当，极易发生矛盾和纠纷。为此，支队在抓好卫兵专业规范动作上下功夫，学习三大条令，并从实际担负的任务和所处的环境特点出发，制定补充规定，打印成册发到每个人的手中。支队每半月进行一次警容风纪检查，警容不整不准上岗，仪表不端不放行。并且每周安排8个小时的时间练站立姿势。统一规定卫兵执勤中各种规范性动作和执勤中的文明用语。逐步使卫兵的言行举止规范化，既保持军人严肃刚毅的风度，又体现出讲文明的精神风貌。

1993年武警沈阳市支队圆满完成了上级赋予的各项警卫任务。受到沈阳市委、市政府领导的肯定，受到驻沈各国领事的高度赞扬。

（孙军）

【双拥工作】 1993年武警沈阳市支队开展拥军优属、拥政爱民活动，巩固和发展平等、互助、团结友爱的军政军民关系，使双拥工作直接服务于国家的稳定和发展，取得了可喜的成绩。

加强对官兵的思想教育，进一步提高对新形势下开展双拥工作的认识。在发展社会主义商品经济的条件下，由于利益关系的调整，人们的思想观念、价值观念发生了一些新的变化，军民关系也出现了一些新的情况。针对部队为人民服务的思想淡薄、自觉性不高的不良倾向，教育官兵牢固树立全心全意为人民服务的思想，增强了双拥工作的自觉性。

广泛开展“学雷锋、爱人民、做贡献”的拥政爱民活动，树立武警部队的良好形象。支队的官兵以雷锋为榜样，积极走上社会，广泛开展为人民群众送温暖、办实事、做好事活动，用实际行动弘扬无私奉献的时代精神。每年3月5日，“八·一”建军节、元旦、春节期间，支队领导带队在街头摆摊设点，义务理发、看病、修理家用电器、法律咨询，开展便民服务。支队的36个学雷锋小组和25个便民服务队，经常活跃在工厂、学校、街头、敬老院、军烈属、五保户等共建点上。大东中队坚持长年到二台子敬老院为五保户老人洗衣服、拆洗被褥；支队学雷锋小组还坚持一周二次到克俭地区孤寡老人家中为老人理发、修鞋、买煤、买粮。逢老人生日，他们便凑钱买上生日蛋糕、水果来到老人家中给老人过生日。支队还经常到克俭街道“淑君幼儿园”和“淑君弱智幼儿园”服务、排忧，赠送玩具、书籍等。在保证各项勤务的条件下，派出优秀班长当教员，为9所中小学校的近3 000多名学生军训，得到校方和学生家长的赞扬。此外，支队还创办了"'双拥'汽车驾驶学校"，把部队过硬的技术传授给地方同志。一年来为地方输送了300多名优秀驾驶员，直接为经济发展贡献力量，密切了警民关系。

1993年，支队不仅保持了"双拥模范先进单位"的称号，而且有4个共建点被评为省级双拥先进单位，有12个被市，16个被区、县评为双拥先进单位。

（孙军）

【抢险救灾】 1993年沈阳市武警支队在扑救新城子区清水台镇怪坡南山林区的大火中，广大官兵发扬舍家忘我，无私无畏的精神，把党和人民的利益放在首位，时刻牢记全心全意为人民服务的宗旨，圆满地完成了上级交给的抢险救灾任务。

1993年4月10日上午9点10分，新城子区怪坡附近的南山林区发生火灾。一条长50米的火龙，借着5级的西南风，迅速向北蔓延，无情地吞噬着树木，扑向旅游景点——怪坡，国家和人民的生命财产安全受到严重威胁。

支队接到火情报告后，立即向新城子中队和就近的两个县区中队下达了参加扑火的紧急命令。100多名官兵迅速赶到火场，各级领导象指挥打仗一样，深入扑火现场组织指挥，组成了扑火指挥小组，统一指挥扑火。官兵并肩战斗，抢挖防火道，一直坚持到山火全部扑灭。

尽管这次火灾来势凶猛，但广大官兵发扬一个不怕苦、二不怕死的革命精神，哪里最危险就冲向哪里。经过广大官兵3个多小时的奋战，终于扑灭了山林大火，保住了200多亩松林和怪坡旅游景点，受到了新城子区政府和人民群众的高度赞扬。

（孙军）

【普法宣传】 1993年，武警沈阳市支队在总结以往工作经验的基础上，研究和探讨在建立社会主义市场经济新体制的条件下开展普法宣传的特点，有的放矢地开展法制教育，收到了较好的效果。

首先，花大力气培养普法宣讲骨干，与地方司法机构建立广泛的联系，请有多年工作经验的司法工作者讲课。据统计，全年办学习班12期，有200多名干部战士参加了培训，发放8个种类的宣传书籍近2 000册。

其次，将26个警民共建点列为宣传的重点对象。在开展双拥警民共建活动中，注重普法宣传，定期派法制宣讲骨干到"共建点"进行法制宣传。驻扎在城市的单位到厂矿、学校、街道进行宣传、授课；驻扎在农村的单位到乡、村进行解答法律疑点。

再次，根据不同对象，采取不同宣传手段。针对厂矿、街道人员层次较复杂的特点，采用了墙报、放录相片和影片等进行宣传。对农村的宣传则侧重土地管理法、水法、计划生育条例、婚姻法等与农民生产生活相关的法制宣传教育。对在校学生的宣传，进行了家庭、学校、社会三位一体的法制宣传教育。

据统计，全年支队共派出法制宣传员110多人次，上普法教育课4 000多次，有近4万多人受到教育，26个共建单位无一人违法犯罪，开创了支队普法宣传成绩的新记录。

（孙军）

【建设快速反映机动大队】 武警沈阳市支队机动大队担负着沈阳市区处置突发事件、临时勤务和城市治安巡逻的任务，是一支维护社会治安，打击犯罪分子的精锐队伍，素以反映迅速、机动灵活、战斗力强而名震沈城。

机动大队是一个坚强的、战斗的集体。从编制的组成来看，干部都是从支队选拔出来的，具有良好的指挥作战和管理能力的基层骨干。战士的选拔则是通过擒敌、战术、射击、武装越野、队列、器械等6个科目的考核，成绩优秀的才被留用。定员后，进行百日强化训练。以散打、擒敌技术、柔道、拳击为主要内容，有计划地进行模拟演习，检验干部战士的实际应变能力和处置突发性事件的整体战斗力。

城市巡逻是机动大队的主要任务之一。沈阳市在没有实行巡警制之前，机动大队是沈阳市唯一的一支治安巡逻队伍。由于兵力有限，主要在皇姑区的主要街道和繁华的闹市区进行徒步巡逻。每4个人为一个巡逻小组，每天从早上8点到第二天早晨2点，18个小时内不间断巡逻。此外，在沈阳市公安局对沈阳南站进行交通管制期间，机动大队在保证勤务的情况下抽调一个中队的兵力配合行动。每逢在沈阳市举行重大体育赛事，或"一节、两会"时，机动大队便全部出动维护会场秩序、保障与会人员安全。

1993年武警沈阳市支队机动大队出色地完成了各项执勤任务，显示出强大的战斗力。全年出勤6 576小时，围堵逃犯12次，抓获持枪歹徒2人，抓获重大抢劫、杀人在逃犯通辑犯5人，制止26起殴斗事件。抢险救灾、见难相助、救死扶伤等好人好事200多件，受到社会各界的赞誉。

（孙军）

【见义勇为的于建友】 武警沈阳市支队沈河区中队中队长于建友见义勇为、勇斗持刀歹徒，分别荣立二等功、三等功各一次；被沈阳市委、市政府授予"见义勇为先进分子"的荣誉称号，成为历年来沈阳公安系统受此项表彰的第一人。

1993年7月19日下午5时许，身着便服的于建友，在下班回家的路上，行至东陵区望花建材厂附近时，突然听到一声枪响，他立即向出事地点奔去。只见右腿中弹，手持两把菜刀的歹徒，扑向一持手枪的干警，并将这名干警打进路边的小水沟。此时，这名干警见围观群众增多，怕误伤群众，无法再向歹徒开枪。另一名干警因没有枪正束手无策。于建友见状怒火中烧，向歹徒喊到："放下菜刀、住手！"那歹徒见一名"群众"上来找死，又穷凶极恶地挥舞菜刀向于建友砍来，于建友从歹徒右侧脱开身绕到歹徒身后冲上去，猛地将歹徒抱住。歹徒疯狂地挥舞菜刀向于建友砍来，都被于建友机智地闪过，用熟练的擒敌技术，打掉歹徒手中的两把菜刀，将其摁倒，同两名干警一起将歹徒押送到望花治安联防办。

事后，《沈阳日报》、《沈阳晚

报》、《辽宁日报》、《辽沈晚报》、《中国青年报》、《青年时报》都相继报道和转载了于建友见义勇为，智擒歹徒的事迹。

（孙军）

人民防空

【概况】 1993年，沈阳市的人防建设有了很大发展，整体平战结合水平有了很大提高。工程利用率已达50%，比1992年提高3个百分点。已开发利用的人防工程为社会创造很好的社会效益和经济效益，年创产值（营业额）16 330万元，利润1 660万元。工程建设、通信警报、组织指挥、宣传教育等方面都取得了可喜成果。

（夏少英　田继良）

【工程建设】 1993年，沈阳市新建一处集商业和人防双功能的平战结合工程；"结建工程"超额完成任务，工程合格率达100%，优良率达到86%；工程质量监督得到了强化，完善了监督检查措施，培训了质量监督员、检查员，保证了施工质量；人防工程设计扩大了服务领域，上了新台阶。年内在完成地下设计的基础上，完成地上设计22项，16.5万平方米，创产值130万元，比1992年提高1.6倍。

（夏少英　田继良）

【通信警报建设】 1993年，沈阳市人防通信警报建设进一步完善。全市已建成地下和地上相结合，有线和无线相结合，固定和移动相结合，市、区、街相连通的有线、无线、会议通播、警报报知4个网络，大大提高了通信保障能力。

（夏少英　田继良）

【组织指挥】 1993年，沈阳市人防组织指挥工作有了新进展。对全市人防指挥干部进行了城市防空袭斗争的组织实施、情报资料收集办法、防空袭斗争文书、微机在指挥工作中的应用等知识的培训，大大提高了指挥干部的业务素质。对人防防化专业队伍进行了化救训练和演练，经考核及格率100%，优良率91.3%，增强了防化专业队伍参与化救工作的完成能力。

（夏少英　田继良）

【宣传教育】 1993年，沈阳市人防宣教育采用多种形式、多渠道、有效地开展人防宣传教育活动。人防画廊是长期宣传的阵地，全市设置画廊7处，共展出27期。向各级报纸、杂志、广播电台投稿100余篇，被采纳81篇，其中国家级11篇，省级19篇，市级51篇。配合《沈阳晚报》记者刊出人防系列报道3期，会同沈阳电视台摄制了《说说沈阳的天和地》电视短片，并在沈阳电视台播出。在全市123所中学，778个班级均开设了"三防"教育课，受教育学生41 562人，普及率达100%。结合工作需要，撰写学术论文15篇，有70%的论文获奖。其中被东北地区人防委评为特等奖1篇，三等奖4篇；被省人防学会评为特等奖、一等奖各1篇，二等奖2篇，三等奖3篇。

（夏少英　田继良）

法　　制

行政执法

【地方立法】 1993年,沈阳市在地方立法工作中,本着“加快地方立法,促进市场经济发展”的原则,市人大常委会讨论通过了地方性法规4件,市政府发布了规章51件,为沈阳发展市场经济和社会事业创造了良好的条件。

1.加强经济立法,保障市场经济健康发展。沈阳市在地方立法工作中,把重点放在了培育市场体系,规范市场主体,调整市场主体关系的经济立法上。《沈阳市建筑市场管理条例》、《沈阳市客运交通市场管理条例》的发布,将有力地促进市场体系的建立。《沈阳市贯彻〈全民所有制工业企业转换经营机制条例〉实施细则》的发布实施,进一步理顺了政府和企业的关系,促进了政府职能的转变,进一步落实了企业的权力,使《条例》的贯彻更具有可操作性。《沈阳市企业职工工伤保险暂行办法》、《沈阳市县区以上集体所有制企业事业单位职工待业保险暂行办法》的发布实施,有力地促进了企业三项制度和社会保障制度的改革。《沈阳市辉山风景区鼓励外商投资的规定》等涉外规章的发布,为沈阳扩大开放、吸引外资、与国际市场接轨提供了宽松的法律环境。

2.完善城市管理法规,强化城市管理力度。为落实城市管理工作会议的任务,加强城市管理力度,制定发布了《沈阳市人民政府关于南站地区实行交通管制的通告》,以交通拥堵比较严重的南站地区为突破口,进行综合整治,使南站地区的面貌大为改观。为规范城市管理行为,先后制发了《沈阳市人民警察巡查暂行规定》、《沈阳市城市除雪规定》等规章,强化了城市管理工作力度,使城市管理工作步入法制化轨道。

3.加强立法,推动住房制度改革。为落实省住房制度改革方案,耗用2年多时间,进行了大量的调查,制定了《沈阳市贯彻〈辽宁省城镇住房制度改革总体方案〉实施细则》等6件配套规章,使住房制度改革有了法律依据。

4.认真清理不适应市场经济发展的法规、规章。为推动沈阳市市场经济的发展,按照国务院和省政府的要求,对沈阳市建国以来,特别是在治理整顿期间制定的527件规章进行了认真清理,对不符合邓小平南巡谈话、与《条例》相违背以及失去时效的《沈阳市城市土地管理规定》等87件规章明令废止,对82件规章进行了修改,为沈阳市建立市场经济体制提供了可靠的保障。

5.开展调查研究,完善“换位思考”制度。为使法规、规章在市场经济中真正起到引导、规范、保障作用,针对在发展社会主义市场经济中遇到的问题开展调查研究70多次,写出调查报告10余篇。坚持规章出台前征询管理相对人和专家学者意见,不断完善“换位思考”制度,进一步提高了立法质量。

(*孙长青*)

【依法治市】 1993年,沈阳市依法治市工作进入了全面实施的阶段,取得了较大的进展。主要表现在以下二个方面:

1.强化城市管理,为加快沈阳发展,建立“一高两大两化”城市提供环境保障。为此,市政府加强了依法治市工作,使全市的政治、经济和社会生活逐步纳入社会主义法制轨道。在进一步强化城市管理方面,制定和健全城市管理的法规和规章,狠抓了行政执法队伍建设,强化了行政执法监督。重点抓好三件事,一是环境卫生、二是交通秩序、三是社会治安。

南站地区过去一直存在着交通堵塞、市场混乱、管理复杂等问题。市政府决心以南站地区为突破口,解决这一“顽症”。发布了《关于南站地区实行交通管制的通告》,主管市长、市长助理全过程地坐阵指挥,公安、城管、工商、交通、城建、铁路、和平区政府等部门认真履行职责,依法行政,取缔了所有经营性占道,交通秩序明显好转。

为了更好地维护社会治安,建立了巡警队伍。市政府发布了《沈阳市人民警察巡查暂行规定》,全市将用3年时间,在市内9个区和沈阳开发区建立起一支3 000人的公安巡警队伍。1993年,在市内5个区已有1 000名巡警上岗执勤,对社会治安、交通、经营秩序等方面发挥了积极作用,受到社会各界和市民群众的好评。

年初,一些咖啡屋、酒吧、桑拿浴业主为了招揽生意,雇聘“应召女郎”,提供色情服务,为卖淫嫖娼等违法犯罪活动提供方便,败坏了社会风气。市政府决定从6月中旬开始,用50天时间,分5个阶段对全市400余家咖啡屋、酒吧、桑拿浴等饮服行业进行了专项整顿,一些违法经营单位和个人受到了严肃查处。

2.1993年,市政府决定在48个委、办、局实施部门执法责任制工作,使行政执法不断规范化、制度化。首先以召开座谈会、经验交流会的形式,充分认识实行部门执法责任制的重要性和必要性,推动依法治市工作的深入发展;二是加强组织领导,市政府领导亲自听取汇报,研究部署实行部门执法责任制的基本内容和方法、步骤,提出了目标和要求及保证措施,使部门执法责任制落到实处;三是认真清理汇集建国以来的法律、法规、规章,明确部门执法任务和职责，市政府共清理规章525件，修改82件，废止87件；四是层层分解，使部门执法责任制工作执法主体到位、责任目标到位、保障措施到位；五是加强了指导培训工作，全市29个部门对行政执法人员进行了岗位培训；六是推广了市工商局、税务局、水利局等部门开展执法责任的先进经验；七是加强了监督检查，促进部门执法责任制的健康发展。11月中旬市政府向市人大常委会做了关于开展部门执法责任制情况的专题汇报。

（熊学军）

【行政执法监督】 1993年，沈阳市为保证法律、法规、规章的正确实施，促进行政机关依法行政，按照《辽宁省行政执法监督规定》，切实开展了行政执法监督工作。

1. 坚持法制统一、做好规范性文件的审查备案工作。为保证法制统一，继续坚持了规范性文件事先审查、事后备案的制度，全年共审查县(市)区政府和市直部门提报的规范性文件61件，批准发布58件，在规范性文件审查中，严格程序，将规范性文件中存在的问题及时进行协调，保证了规范性文件和法律、法规、规章的一致性。为加强对规范性文件审查备案的管理，年初，对县(市)、区政府、市直部门1992年度制发的规范性文件送审备案情况进行了一次检查。1992年度县(市)区政府、市直部门共制发规范性文件203件，其中未送审的139件，未备案的129件。通过检查，对未送审备案的规范性文件中存在的问题，通知制发部门予以纠正、对和法律、法规、规章相抵触的责令撤销，停止执行，维护了法制的统一性。

2. 开展法律、法规、规章执行情况的检查。根据国家和省政府关于开展执法检查的安排，制定了1993年法律、法规执行情况检查计划，会同有关部门先后对《水法》、《森林法》、《食品卫生法》、《农民负担费用和劳务条例》、《全民所有制工业企业转换经营机制条例》等10几部法律、法规进行了检查。通过检查，帮助执法部门进一步完善了执法程序和制度，纠正了执法中存在的问题，促进了行政机关依法行政。同时坚持和完善规章执行情况报告制度，对规章执行坚持以书面审查为主，书面审查与事先调查、事后核查相结合的办法，有针对性的提出处理意见，督促有关部门落实市政府领导批示，收到了较好效果。

3. 加强对具体行政行为的检查。为加强对个体行政行为的检查，在行政执法机关中开展了规范具体行政行为的活动，认真受理群众的来信、来访和举报，及时纠正不当的具体行政行为。针对《沈阳日报》刊登的“北站的牛二”的报道，对北站地区的行政执法情况进行了现场检查，就北站地区行政法执法中存在的问题，向北站地区管理办公室提出了建议，一是要加强执法制度建设，二是要加强执法队伍建设，三是要加强经常性的监督检查。北管办对执法队伍进行了整顿，使北站地区的执法工作有了明显的好转。

4. 加强行政执法部门之间关系的协调工作，保证法律、法规的正确实施。市民政局、卫生局在执行有关法规时在婚检项目和收费标准上长期出现分歧，为此，市有关部门分别到卫生局、民政局进行调查，对婚检中存在的问题和改进办法提出36点建议报至主管市长。艾廷隽副市长作了批示，并亲自主持召开办公会进行协调，进一步明确了婚检项目和收费标准，使婚检工作依法进行。

（孙长青）

【复议应诉】 随着改革开放的深入发展，法律制度也越来越完备，公民的法律意识越来越强。1993年沈阳市为了维护管理相对人的合法权益和法律的严肃性，切实开展行政复议工作，主要抓了以下几个方面：一是加强对《行政复议条例》的宣传力度。为了使广大管理相对人普遍了解行政复议工作，《沈阳日报》刊登了《你想找市政府告状吗？》的文章，详细介绍了行政复议的内容、受案范围和沈阳市的复议机构，使广大群众“投诉有门”。二是对复议应诉工作的现状进行了调查。根据省政府法制办《关于对全省行政复议应诉工作情况进行调查的通知》精神，对沈阳市各县(市)区政府、市直部门行政复议应诉机构的设置、人员编制、工作开展情况和存在的问题进行了认真调查，并将调查情况报告省政府法制办，省法制办对市公安局、税务局等部门的复议应诉工作进行了检查，对沈阳市的复议应诉工作给予了肯定。三是认真接待群众来信来访。为使广大相对人能了解有关法律、法规的规定，用法律来保护自己的合法权益，对来访群众所提出的咨询问题都能依照法律、法规的有关规定给予认真解答，全年接待群众来信来访78件，进一步增强了群众的法制观念，也密切了政府和群众的联系和人民群众对政府的信任。四是认真办理行政复议案件。为维护管理相对人的利益，在复议工作中严格受案范围，坚持受案条件，依法办案。

（孙长青）

【法制咨询与服务】 1993年，沈阳市的法制咨询与服务工作的主要特点是：

1. 采取多种形式，提高法制宣传教育的效果。沈阳经济广播电台与市政府有关部门共同创办了“政策、法规咨询”节目，设立了“法律咨询信箱”，大力宣传国家及地方的法律、法规、规章，解答听众提出的政策和法律问题。特别是房改、城管等社会热点问题，市民群众踊跃提出和反映问题，收到了明显的社会效果。年内，市有关部门编辑出版了《沈阳市地方法规规章汇编》(1992年)、《沈阳市农村法律文件汇编》、《中国沈阳涉外经济法规汇编》，为更好地学习和掌握有关法律、法规提供了方便。

2. 加强对基层法制工作的指导与信息的交流。继续办好《经济行政法制》简报，不断增加信息量，内容上突出反映沈阳市法制工作的特点和问题，对基层法制工作起到了指导和推动作用。同时，扩大了发送范围，全国100多个城市已与沈阳市进行法制信息交流，开拓了全市法制工作的视野，增进了与兄弟城市的工作联系和信息传递。

3. 提供法律咨询，为经济发展保驾护航。“沈阳市经济行政法律顾问中心”成立以来，坚持以服务社会，促进经济发展为宗旨，法律咨询与服务工作得到全面发展，聘请了一批精通业务、经验丰富、高层次的法律顾问。通过提供法律咨询、担任企业法律顾问等，调解非诉讼纠纷、代理诉讼、帮助企业清理债权债务，为沈阳经济的发展和依法行政起到了积极的作用。一年中，受理各种经济、民事纠纷 130 余件，接到1 000余人次的法律咨询电话，接待来访600余人次，处理法律咨询信件40余件，为企业追回债务5 000多万元，维护了企业和人民群众的合法权益，取得了良好的社会效益和经济效益。

（熊学军）

司法行政

【概况】 沈阳市司法行政机关是由沈阳市司法局和 13 个县（市）区的司法局组成。其主要业务范围包括：法律宣传、人民调解、公证律师、劳改劳教、法学教育和基层法律服务。

1993 年，沈阳市司法行政机关坚持“认清形势、主动出击、走进市场、发展自己”的改革目标，紧紧围绕经济建设这个中心，全面开展司法行政工作，取得了显著的社会效益和经济效益。全年实现了四个突破：

1. 思想上的突破。各级领导干部率先转变观念，机关工作由过去单纯的管理型观念向服务型观念转变，下放了人事、财务、分配、管理等权限，把工作重心转到为基层服务上来。建立起一系列的竞争机制、风险机制等措施。有的律师办案收费超过 40 万元；有的公证人员创收超过80万元，观念转变产生了强场效应。

2. 改革重点的突破。1993 年，全市律师、公证、基层法律服务改革跨度大、层次深、范围广。体现在四个方面：一是管理体制上的改革，通过大量的调查研究，相应制定了标准化律师所、公证处建设、效益工资等带有宏观指导性的文件和办法，使改革更具有规范性；二是用人、分配制度上的改革，各法律服务机构采取公开竞聘的形式，不拘一格选拔人才。仅 1993 年，就新发展从业律师187名，其中专、兼职律师65名，是前 3 年招聘数量的总和。公证机关招聘特邀公证员、联络员、协办员300名，是历年来招聘数量的1.5倍；三是管理运行机制的改革，推出了 8 项改革措施，打破了机关的配置格局，理顺了内部关系，实行了承办、聘任、双向选择和全员的契约合同制，新增设律师所10个，公证分支机构10个，基层法律服务中心所、分所50余处；四是扩大服务范围上的改革，制定奖励政策，调动工作人员积极性、开拓创造性。全市新开公证项目20项，市涉外律师事务所为金融部门融资7 000万美元。

3. 工作方式上的突破。适应市场经济新体制的需要，采取宏观管理、微观放权的措施，下放人事、财务、分配管理权。大兴调查研究之风，为领导决策提供可靠依据，为改革的深入发展提供超前服务。

4. 工作指标的突破。全年律师承办案件4 285件；提出法律意见书2 824份；担当法律顾问1 438家，比1992 年增长20.8%；为当事人挽回和避免经济损失11 274万元，约为1992 年的 3 倍；业务收费500万元，比 1992 年增长49%。全市办理公证18万件，是年计划的4.2倍；强制执行公证250件，标的额达6 000万元；业务收费810万元，约为 1992 年的2.5倍。基层法律服务共承办案件3 479件；清欠642万元；为当事人挽回和避免损失7 659万元；业务收费257万元，比 1992 年增长66%。各种统计数据显示，1993 年，司法行政工作的各项指标是一个历史性的突破。

（张金梅）

【法制宣传】 1993 年是“二、五”普法的第三年，为提高全市人民的法律素质，更好地为经济建设服务，沈阳市法制宣传教育办公室狠抓“二、五”普法规划的落实，围绕经济建设这个中心，把普法工作和为市场经济服务紧密结合起来，突出市场经济的法律法规的宣传，再次掀起了以《企业法》、《全民所有制工业企业转换经营机制条例》、《税法》等法律、法规为重点的学习高潮。全市举办系列讲座和专题报告会280余场，受教育者达50万人次；举办培训班350余期；培训法制宣传骨干15万余人；印发各种宣传教育材料2 000份；举办“市场经济就是法制经济”专题报告会50余场；发表宣传文章和专题报导380篇；专业法普及率达到普法对象的82%。

1993 年，市法制宣传教育办公室采取灵活多样的宣传方式，以《宪法》为核心，开展了《宪法修正案》，减轻农民负担和社会治安综合治理的宣传教育。先后编发了《宪法知识问答》、《减轻农民负担法规汇编》等宣传材料；在配合“严打”、“扫黄”、禁毒、禁赌和反盗窃活动中，全市共张贴标语 10 万余张，出墙报、板报2 万余期，出动宣传车500多台次，编发案例 3 期2 000份，发行法制宣传图片 6 期3 500套，播发电视新闻45条。根据形势任务要求，还及时向全市人民宣传普及了《税收征管法》、《水法》、《水产质量法》、《反不正当竞争法》、《消费者权益保护法》和《国家安全法》等法律法规，普及率达普及对象的93%。

（张金梅）

【法律服务与人民调解】 1993 年，沈阳市建立中心法律服务机构 9 个，联合所或地区所 5 个，乡镇、街道所240个，设立分支机构50处，初步形成了覆盖全市的基层法律服务网络和工作体系。共协办公证36 538件，见证6 305件，诉讼和非诉讼代理3 479件，担任法律顾问2 662家，清欠642万元，为国家、集体和个人挽回和避免经济损失7 659万元，业务收费257万元，比1992 年增长66%。

人民调解工作重点是完善基层调解组织，加强标准化调委会建设，进一步净化社会环境，保证社会安定。全市共有调委会5 643个，调解各类纠纷34 925件，调解成功率达92.3%；防止纠纷激化151件，避免非正常死亡210余人；纠纷率比1993 年下降17%。

（张金梅）

【公证、律师】 1993年，沈阳市的公证事业紧紧围绕经济建设这个中心，卓有成效地参与了沈阳市搞好大中型企业、旧城改造、金融房地产市场建设以及科技开发等中心工作，为改革开放和经济发展提供了良好的服务与保障，取得了显著的社会和经济效益。全市14个公证机关服务领域涉及工业、农业、金融等30多个行业，服务范围扩大到150多项。全年共办证18万件，是年计划的4.2倍，办证数量相当于1980年至1989年10年办证的总和，业务收费810万元，约为1992年的2.5倍。

沈阳市的律师事业适应经济发展需要，彻底打破单一国办模式，实行合作所与全民所并存，改变以往一地一所的配置格局。全市律师所由过去的18家增至28家。共有专职律师238名，兼职律师71名，特邀律师137名；建立法律顾问单位1 438家，续签率为91.3%，比1992年递增20.8%；律师承办案件4 285件，其中诉讼案件3 226件；解答法律咨询10 898人次；代写法律文书3 478份；审查合同816份；提供法律建议书2 824份；参与各类谈判389人次；为当事人挽回和避免经济损失11 274.85万元，比1992年增长49%；刑事辩护、民事代理的准确率分别达到97%和91.5%，为促进沈阳的经济腾飞做出了贡献。

（张金梅）

【劳改、劳教】 1993年，沈阳市劳改、劳教工作认真贯彻执行党的劳改、劳教工作方针，以提高改造质量为中心，办好特殊学校，确保场所安全和提高经济效益为重点，完成了各项工作任务。"两劳"场所实现"三无"，即无逃跑、无凶杀、无非正常死亡，狱内发案率为零。全市各劳改支队和劳教所全部被省命名为特殊学校。全年共签订帮教协议885份；安置1 172名刑释解教人员就业；受减刑的劳改犯人占在押人数的27.6%；参加各种技术培训班的犯人入学率比1992年一年提高了29个百分点；受到减期奖励的劳教人员占在教人员总数的25.6%；全年完成产值1 300万元，创利润370万元，比1992年增长了3%。

（张金梅）

【司法行政与队伍建设】 根据市委和司法部的要求，1993年沈阳市司法行政机关进行了机构和干部管理体制改革，组建了劳改、劳教管理局，重新确定了内部机构和人员编制人员分流、缩编30%。法律服务机构做为第三产业事业性的服务实体，走自主经营、自收自支、自我约束、自我发展的道路。沈阳市公证机关由国家行政机关向事业单位过渡的试点工作已在全市铺开。东陵区、和平区、铁西区的公证处已由国家机关变为事业单位，完全走自收自支、自我完善道路，服务项目已达150多项。律师工作以提供全方位、多层次、高质量的法律服务为宗旨，进一步加大改革力度。在体制上彻底打破了单一国办的模式，实行合作与全民所并存，从而改变过去一地一所的封闭式配置格局。律师所由过去的18家增至到28家。律师一所获得了司法部和中国证券监理委员会核发的从事证券法律业务合格证书。

在队伍建设方面，重点学习党的十四大理论和《邓小平文选》第三卷，用建设有中国特色的社会主义理论武装干部头脑，促进广大干部解放思想，转变观点，以适应市场经济形势的需要。全年共举办各类讲座培训8期，受训人员达859人次。

（张金梅）

【法学教育】 1993年，沈阳市法学教育根据司法部、省司法厅关于培训和造就合格法律人材。为促进社会主义民主和法制建设服务，为沈阳市的经济发展和法制建设服务的精神，多渠道、多层次、面向社会、面向基层、增加办学门类、拓展办学途径收到了明显的社会效益。法律专科报考人数为5 000余人次，面授230余学时，为学员发放各种教材10 000余册，已有191人取得了辽宁省高等教育自学考试法律专科文凭，平均及格率为77%以上。继开设吉林大学本科函授教育后，1993年又与中国政法大学共同开办了法律函授本科班，报考人数300人，正式录取学员123名，面授课时500多学时，已学完3门课程，及格率达100%；"两劳"干警岗位培训及格率为100%，文化补习取得较好成绩，已有70人取得了高中毕业文凭，毕业率达70%以上。

（张金梅）

公安工作

【概况】 1993年，沈阳市各级公安机关进一步改革和改进公安工作，充分发挥公安机关的职能作用，较好地完成了各项公安保卫任务。

1.有力地打击了境内外敌对势力、敌对分子的破坏活动。妥善处置了残疾车车主、长城公司集资者等群体性上访闹事事件和闹事苗头，维护了沈阳市的稳定。1993年调解各种民事纠纷1.8万多起，消除了治安隐患。

2.严厉打击各种犯罪活动。1993年共组织了两次统一打击行动。3月1日至4月20日开展了"打抢劫、缴枪支、挖团伙"春季出击行动。9月20日至12月10日开展了"追逃犯、打团伙、破大案"统一行动。破获了一大批刑事案件，打击处理了一大批违法犯罪分子，摧毁了一大批犯罪团伙。同时，将集中打击行动和日常打击相结合，各分、县（市）局针对本地区突出治安问题，相继开展区域性专项斗争，以稳定辖区治安秩序。在依靠群众打击犯罪方面开辟了新途径。《沈阳公安报》开辟了社会版，同辽宁电视台开办了《沈阳公安专栏》，同沈阳经济台合办了《蓝盾在你身边》，提高了群众同违法犯罪斗争的自觉性和参与治安工作的积极性。1993年有千余名群众打电话、写信或直接到公安机关检举违法犯罪活动。

3.强化了社会面的管理和控制。治安动态管理机制初步形成，控制能力明显提高。组建了专职巡警综合执法队伍。1 600名民警会同2 000多名专职治安联防队员，在全市18个繁华地区、55条道路和600个警区实行昼夜巡逻。1993年共抓获违法犯罪分子1.2万余名，预防了大批案件的发生。市区拦路抢劫、强奸案件比 1992 年下降13.2%，扰乱公共秩序、市场秩序案件下降8.5%。坚决扫除“六害”等社会丑恶现象，查处了一批卖淫嫖娼、传播、贩卖淫秽物品和赌博案件，罚没赌资61万余元。配合有关部门对酒吧、咖啡屋、桑拿浴等重点行业存在的色情服务和卖淫嫖娼问题进行了集中整治和反复冲击，严格了日常管理，净化了社会环境。

4.道路交通秩序进一步改观。“1环10线40条路”取缔各种违章占道，南站地区实行交通管制，以及对轻便摩托车和人力手推车清理整顿等项工作效果明显，主要街道交通拥堵现象有所缓解。1993 年交通事故发生率为248.9起/万辆，事故死亡率为26.8人/万辆，分别低于市里控制目标51.1个万分点和3.2个万分点。

5.火灾事故得到有效控制。1993 年火灾发生率为5.2起/万人，火灾损失为1.05元/工业总产值每万元，分别低于市里控制目标的0.8个万分点和0.95个万分点。

6.大力加强队伍建设，公安队伍的政治业务素质和执法水平进一步提高，战斗力明显增强。1993 年有23名干警在工作中光荣负伤，其中 1 名干警因工致残；2 名干警光荣牺牲；有128个集体和289名干警光荣立功；76个集体和198名干警受到嘉奖。全局评选出了“十大模范民警”和“十大优秀民警”。

(张志刚)

【户口管理】 根据沈阳市政府《沈阳市实行蓝印户口制度暂行规定》及《补充规定》精神，从 1993 年 3 月 1 日起，在沈阳市市区、经市政府批准的各类开发区及辽宁省政府批准的县辖镇等地区实行“蓝印”户口制度。凡是在上述地区内投资兴办实业人员及直系亲属(含华侨和港、澳、台同胞的国内亲属)；被沈阳市机关、团体、企事业单位聘用的管理、科研人员、生产骨干及直系亲属；“三投靠”人员以及长期居住在城镇 常住户口待定人员(以上人员均属于农业户口性质)，只要在实行“蓝印”户口制度地区内合法买房、建房、租房并居住，履行申报、审批并缴纳城市基础设施建设费，即可办理“蓝印”户口。在本市范围内，其权益和义务与常住户口人员相同。到 1993 年底，已有2 100人办理了“蓝印”户口。

为适应社会主义市场经济条件下人口大流动的形势，加强了暂(寄)住人口管理，严格了登记、办证、审查制度。1993 年共办理《暂住证》17.2 万人(份)，办证率达到 90.3%；收取城市基础设施建设费769.6万元。在加强经常性管理的同时，针对出租房屋藏污纳垢，犯罪分子隐匿其中危害社会问题，1993 年 5 月至 7 月，在全市范围内，集中开展了专项治理活动，查清了出租房2.06万户，3.0万间，招住的暂(寄)住人口16.3万人。同时建立完善了相应的管理制度，初步扭转了管理混乱的局面。

(张明杰)

【出入境管理】 1993 年到沈阳的境外人员来自119个国家和地区，共83 064人次，比 1992 年增加8 122人次，上升10.8%；中国公民因私申请前往70个国家和地区，共6 112人，比 1992 年减少1 010人，下降14%。一是恢复口岸签证，在桃仙机场正式设立口岸签证处，实行现场办公。放宽了对邀请单位的限制，将有权邀请境外人员的单位放宽到区级经贸委，1993 年共为2 047名境外急需入境来沈而又没能来得及在中国驻外机构办好入境签证的外国人在口岸补办了入境签证。二是放宽了外商住宿和到公共娱乐场所活动的限制，解决了外商住地和工作场所距离遥远、往返不便的问题，减轻了企业为支付外商高昂房费的经济负担。三是搞好签证服务，为外商居留、在沈住职、出入境创造方便条件。1993 年共办理各类签证、证件5 591件，比 1992 年上升73%。其中为1 450名外商发放了居留等证件，为2 040名外商办理了一、二、多次入境、再入境签证，为1 086名外商办理了停留延期，为674名持旅游、访问签证的外商变更了签证，改变了他们的来华身份，还为外国来华、台胞到沈定居签发证明材料341件。在沈阳举办“秧歌节”期间，组成了专门班子到中心会场设立“沈阳市公安局出入境签证代办处”为79名外商办理了入境、停留、居留等签证。

在中国公民因私出境管理工作中，主动开拓渠道，积极为经济建设服务。一是打破不办集体出国旅游的惯例，为24批644人办理了出国(境)旅游，使一些单位和个人能借旅游之机，洽谈贸易，做成生意；二是协助教育部门，办理集体出国留学，为 3 所条件较好、有输送留学生经验的学校办理了 3 批130人出国留学手续。三是继续开通出国劳务渠道，为 6 批209人办理了出国劳务的护照；四是为“三资”企业142名中方人员出国受训、考察、洽谈贸易、解决经济纠纷办理了因私护照，提供了方便；五是为97名因公紧急出国考察、洽谈贸易、办理了因私护照。

为给外商创造一个安全的工作和生活环境制定了《关于加强住沈外商租购房屋管理的通知》，保障了外商的安全。妥善处理了发生在“三资”企业中的经济纠纷所涉及外商人身财产安全的事件，保障了中外方人员的合法权益。

(阮寿京)

【交通管理】 1993 年，沈阳市交通管理工作认真贯彻市委八届五次、六次全会和市城管工作会议精神，为实现沈阳市城市管理工作目标，突出重点，强化管理力度，取得了比较明显的阶段性成果。

1.南站地区实施交通综合管制，清除了多年来一直困扰沈阳市交通的一大痼疾。按照市政府有关《通告》精神，与有关部门共同组织1 100多人对南站地区实行交通综合管制。重新开放了封闭已久的地下通道；设置出租车乘降站20处；设置方便行人安全通行的专用信号灯34处；重新规划停车场 8 处；安装隔离带392米，标志201块，施划标线34.9公里。打通了卡脖路段，分解交通流量，公交、长客调车、待避车辆成串堵塞的状况大幅度缓解；出租车、小公汽任意停车上下客现象明显减少；行人随意过街的问题得到初步控制。经测试，南站地区机动车通行速度明显提高，行车时间和停车次数明显减少。同时南站地区交通管制产生了强大辐射效应，相邻的几条主干线交通不畅情况也有了很大改善。

2.“一环十线”交通示范工程见成效，全市交通框架初步形成。对“五环十线”范围内占道的基建工地和经营性占道进行普查登记，对应清退占道的142处工地逐一发放了《限期清理通知书》。期间，共清退占道11万平方米，设置软硬围档7.2万平方米，清理市场200多处。使“一环十线”管理范围内的基建工地基本达到整齐划一，路网通行条件明显改善，形成了全市的交通框架。

3.调整市内车辆结构，交通环境明显改善。按照市政府《关于在城区禁止轻便三轮摩托车上路行驶的通告》精神，从1993年8月1日开始在沈阳市9个区路面对轻便三轮摩托车实行禁行，使以营运为目的的轻便三轮摩托车得到禁止。根据市政府《关于加强人力三轮车、手推车交通管理的通告》精神，一方面停止了发放人力三轮车的行车执照，一方面对现有的人力三轮车重新核发牌照，并严格实行了限时限区域行驶和禁止拉动长大物件。消除了残疾人驾车营运的不安全因素；手推车和人力三轮车防碍交通的问题得到了解决，提高了道路通行能力，促进了交通秩序的好转。

4.圆满完成了第三届中国沈阳国际秧歌节的交通安全保卫工作。期间，共取缔商亭14处，摊点117处，摊车1 100多处次，摊床500多处次，临时性售货摊70处。对调流圈、真空圈内及彩车游展路线的交通标志、交通隔离带进行了重新设置，更换了部分信号灯；对彩车游展路线交通标线重新施划110延长公里。共出动警力5 000余人次，车辆600多台次，交通护卫行程1 100多公里，保证了各项活动的交通安全。

5.强化宣传力度，编印发放了大量交通安全宣传品，同时取得新闻单位的积极支持，扩大宣传覆盖面，使交通管理工作得到了社会的理解和支持，提高了行人和机动车驾驶员遵守交通法规的自觉性。

（于光辉）

【消防工作】 1993年，沈阳市消防工作紧紧围绕保卫经济建设和市民的正常生活秩序，大力加强了火灾预防和灭火准备工作，采取了一系列消防监督管理措施和宣传教育活动，收到了明显的成效。1993年，全市共发生火灾3 425起，死23人，伤47人，火灾造成的直接经济损失为611万元，间接经济损失为8 346万元。火灾次数和损失均低于市政府下达的控制指标。

1.坚持把大中型企业、大型商场、公共娱乐场所、高层建筑以及宾客住所等方面的消防保卫工作放在首位，调整和充实了监管力量，定期组织消防安全大检查，督促和帮助企业整改火险隐患。

2.实行以防火承包为主要内容的责任制。1993年，沈阳市政府继续实行了防火承包的办法，向各县（市）区政府、市直各有关部门下达了火灾控制指标。各地区和各单位也都按照市政府的要求，进一步明确了以法人代表为中心的逐级领导和岗位职工防火责任制。

3.依据沈阳市人民政府令第1号《沈阳市消防管理处罚办法》和有关法律法规，在加强日常监督管理的同时，对发生火灾事故的单位，本着火灾原因不查清不放过；责任者没受到教育不放过；没采取安全措施不放过的原则，1993年，依法对发生责任火灾事故的257个单位、269名责任者进行了处罚。

4.大力加强消防宣传教育，进一步增强全民消防意识。1993年入冬前组织开展了“消防宣传周”活动，进行了消防宣传文艺演出。

5.消防部队常备不懈，执勤训练工作更趋于实战。为适应扑救现实火灾的需要，各消防中队一改过去以操场训练为中心的传统做法，直接到重点保卫单位进行实地灭火演习，并在市工会大厦组织了全市高层建筑灭火演习。消防部队全年共参加灭火战斗3 425起，从火场中抢救出群众56人，特别是成功地扑救了沈阳市副食品贸易中心仓库、省工会大厦等35起较大火灾。沈阳市22个企业专职消防队积极参加社会救援工作，确保了一方平安。市消防支队根据市政府的要求，组建了防毒防化抢险分队，承担了全市特殊情况下的抢险救援任务。

（韩凤祥）

【经济侦查工作】 1993年，沈阳市两级经侦部门，共受理、承办各类经济违法犯罪线索337件，比1992年增长5.6%；查访线索205件，比1992年增加60.1%；立案侦查经济诈骗、投机倒把、走私贩私、制贩毒品、假药等犯罪案件175起，比1992年上升36.7%；侦破结案139起，比1992年上升64.3%。依法处理了一批严重经济犯罪分子，为国营和集体企事业单位追缴赃款赃物价值9 000余万元，比1992年增长3.1倍。同时预防和减少了一些经济犯罪案件的发生，使企事业单位避免经济损失7 900余万元。

针对市场经济条件下，经济领域里严重犯罪活动日趋突出，以及经济犯罪活动出现的新问题、新情况、新特点，经侦部门采取新的举措，不断提高发现、控制能力和打击力度。一是，坚持严厉打击经济犯罪与最大限度追缴损失并重的办案原则，连续破获了一批数额大、虚实大、影响大的重特大案件，为国家挽回大量经济损失。二是，广辟案件来源，有力地开展了打假、打击走私贩私、投机倒把、制贩毒品、假药等现行犯罪活动。加强同海关、工商等执法部门的联系，采取有效对策，提高发现和控制能力，破获了一批走私、倒把、贩毒、假药等犯罪案件。缴获各种走私轿车45台，摩托车78辆，家用电器280件，黄金22 334.4克，杜冷丁1 000余支。破获一起特大团伙制贩假药案，缴获假“西黄丸”190件，避免经济损失36万元。三是，进一步加强了经侦基础业务建设。严格了执法程序，加强了执法检查和政策研究，提高了执法水平。四是，加强宏观调研力度，指导社会反诈骗预防工作，不断提高预防经济犯罪社会效果。组织撰写了《当前沈阳市经济诈骗犯罪的新特点及对策》和《浅析沈阳市走私犯罪活动的新特点及对策》等调研文章，向企事业单位发出《致企事业单位法人代表一封信》,并在沈阳电视台和辽宁广播电台滚动播放声相讲话,增强了社会预防诈骗意识。

(孙业武)

【首次评选十大模范民警】 为树立立典型,弘扬正气,加强公安队伍建设,沈阳市公安局从1993年4月开始,在全市公安系统开展评选十大模范民警活动。市委常委,政法委书记张鸣岐任评选活动顾问,市公安局党组书记、局长常绪武任评选活动组委会主任。组委会下设办公室具体负责各项评选工作。

评选十大模范民警活动从1993年4月28日开始,历时8个月,经过了基层民主推荐,各警种主管部门把关,考评政绩确定候选人,广泛学习宣传候选人事迹,组织全体公安干警,保卫干部和社会各界代表参评推荐等预选阶段,并聘请了27名市直机关、群团组织、省公安厅和驻沈新闻单位领导为外部评委,由88名市公安局机关各单位,各区分局,县(市)局主管政工领导及干警代表组成了内部评委。1993年12月24日下午,举行十大模范民警评选揭晓仪式。经由到会109名评委采取无记名投票方式,评选出沈阳市十大模范民警和沈阳市十大优秀民警。本届当选为沈阳市十大模范民警的是:

交通警察支队和平一大队二中队民警洪海峰;治安特警支队二科副科长莫大奎;沈河公安分局惠工派出所所长魏国良;和平公安分局刑警三大队民警荀玉侠(女);辽中县公安局看守所所长智增成;法库县公安局秀水河镇派出所所长徐跃春;消防支队启工消防中队副营职政治指导员张福好;东陵公安分局凌云派出所副所长张东阳;沈河公安分局治安科民警周明新;大东区公安分局机场派出所民警李新彦。

本届当选为沈阳市十大优秀民警的是:

大东区公安分局预审科民警冯兰菊(女);苏家屯公安分局刑警一大队副大队长邓万宏;刑事警察支队技术一科民警张文林;交通警察支队和平二大队一中队副中队长李俊忠;武警沈阳支队一大队副大队长彭树立;铁西治安分局齐贤派出所所长何永禄;新民市公安局芦屯派出所所长张玉良;北站治安分局刑警大队民警张志民;于洪区公安分局柳条湖派出所民警郭卫东;皇姑区公安分局克俭派出所副所长韩玉成。

(李威　孙延厚)

【组建巡警支队】 为了强化城市管理,迅速解决城市管理中存在的道路堵、秩序乱、环境脏、市容差的问题和执法力量分散的状况,中共沈阳市委、市政府于1993年初做出了建立公安巡警队伍的决定。用3年时间在市内9区和沈阳经济技术开发区建立一支3 000人的公安巡警队伍。先行在沈河区试点。5月1日起在沈河区开展试点工作,7月12日,新招录的300名巡警经过一个月的强化培训后正式上岗。

沈阳市公安局根据市编委的批复,于7月5日正式建立巡警支队,为副局级建制,下设办公室、勤务处、政治处、管理处和直属大队,各区分局建副处级巡警大队。

市政府于1993年8月11日颁布的《沈阳市人民警察巡查暂行规定》中规定巡警的职责是:(1)维护城区街道、广场范围内的治安秩序;(2)协助交通警察维护交通秩序;(3)维护城区街道、广场范围内的市容秩序;(4)维护城区街道、广场范围内的经济秩序;(5)参加城区突发性灾害事故的救援工作;(6)接受群众的求助,为市民排忧解难,扶危救急。

巡警的出现,受到广大市民的拥护和肯定。

(刘立群)

【"追逃犯、打团伙、破大案"统一行动】 为了进一步稳定沈阳市社会治安,增强打击力度,沈阳市从1993年9月至12月开展了"追逃犯、打团伙、破大案"统一行动。期间共抓捕逃犯1 200多名,打掉犯罪团伙400多个,破获刑事案件11 200多起,逮捕教养违法犯罪分子1 900多人。

1.领导重视。沈阳市委、市政府领导不仅亲自召开会议进行动员部署,而且还多次深入市公安局和基层单位了解情况,指导工作。各区县(市)都成立了由主管领导挂帅的行动领导小组,组织协调各部门开展工作,市公安局成立了由常绪武局长挂帅的统一行动领导小组,下设11个督查指导组。

2.准备充分。行动前,专门派人赴外市学习考察,结合沈阳市实际制定了具体实施方案,并组织全市公安保卫部门对逃犯和犯罪团伙进行全面摸底。行动中,市公安局在每个大的动作开始前都进行认真研究,做好周蜜计划和安排。为使打击工作取得切实成效,市公安局坚持一段一总结,及时调整工作部署,保证了统一行动不断深入。

3.整体作战。沈阳市公检法司联合发布了《关于在逃违法犯罪分子必须在限期内投案自首的通告》,市、区、县(市)公检法的领导在社会面和关押场所向在逃人员家属和在押人员宣传《通告》和党的刑事政策;在审理重大团伙案件时,检法部门都提前介入,在定性和处理上全面分析,形成共识。一些区、县的检法部门还专门制定了行动期间配合公安机关统一动作的具体规定,提高了办案效率。市公检法共同选择典型案例,3次召开公捕公判大会,收到了良好的社会效果。公安机关各业务部门突出各自优势,发挥各部门的打击职能,增强了整体打击合力。

4.宣传声势大。共掀起3次大的宣传高潮:先是全市清查搜捕和次日公开揭露,为序幕掀起了第一次宣传发动高潮。市公安局领导在沈阳电台、电视台发表了广播电视讲话和答记者问;报纸、电台、电视台又相继播发了消息和《通告》精神;市局印制了10余万份《宣传提纲》、《通告》、《缉捕在逃罪犯布告》、《致在逃人员及家属的一封信》等在全市广泛张贴和发放;公布举报电话,动员全市人民积极参与举报;各基层单位普遍召开了在逃人员家属动员会,并逐个上门做逃犯家属和亲友的工作。市公检法联合召开了全市在押人员坦白检举动员大会,在关押场所发动了强大的政治攻势。接着以全市公开处理大会为契机掀起了第二次宣传发动高潮，公开逮捕了一批重大逃犯和两名包庇窝藏犯，从宽处理了两名主动投案自首并有立功表现的罪犯。市公检法“三长”联合召开了部分逃犯家属参加的政策咨询会，通过电视台向全市播放。公安干警以逃犯家属、重点人、知情人为主要对象，展开强大的敦促活动。全市共有200多名违法犯罪分子主动投案自首，其中有7名杀人逃犯。各关押场所也相继召开了政策兑现大会，在政策的感召下，在押人员坦检各种违法犯罪问题和线索4 000多件。联合《通告》到期后，对那些拒不投案的逃犯和犯罪团伙成员再次开展了清查收捕行动，掀起了第三次宣传发动高潮。各区县（市）先后召开了公捕公判大会，从重处理了一批拒不投案和顶烟上的犯罪分子。

（王玉宝）

【春季出击行动】 为稳定春季社会治安，遏制刑事大案上升势头，从1993年3月1日至4月20日，沈阳市公安机关在全市组织开展了以“打抢劫、缴枪支、挖团伙”为主要内容的春季出击行动。50天，共破获现行案件1 600余起，破获重特大案件3 200多起；摧毁犯罪团伙300个；追捕逃犯300多名；捕教人犯1 380余人；缴获各种非法枪支500余支；追缴赃款赃物总价值550余万元。

1. 领导重视，组织严密。各级公安机关的领导对开展这次行动十分重视，统筹安排，精心组织，亲自下基层检查指导工作，及时研究解决实际问题，狠抓工作落实。

2. 全员参战，增强整体打击合力。各级公安保卫部门树立全局思想，突出各自优势，发挥各部门打击职能，打破区域和警种界限，增强整体打击合力。刑侦部门组织精干力量，以三起“公案”等现行大案为主攻目标，调集精兵强将专案包打，全力攻坚；各派出所利用地区优势，发现犯罪嫌疑线索，查破案件；预审收审部门，内外结合，积极开展政治攻势，在“三所一校”多次掀起“坦检”高潮，扩大了破案战果；各级治安、巡警部门加强社会面巡逻控制，打击现行违法犯罪，稳定了面上治安秩序。

3. 抓住重点，解决突出犯罪问题。各级公安保卫部门把严重危害社会治安的杀人、抢劫、强奸等重特大案件做为主攻目标，组织优势力量，全力攻坚，相继破获了一批较有影响的现行大案。同时，各级公安机关针对当前团伙犯罪的规律和特点，以遣送新疆劳改释放人员为重点，深挖犯罪团伙，特别是带有黑社会性质的犯罪团伙。此外，各级公安保卫部门抓住影响本地区治安的突出问题集中整治，收到良好的社会效果。

4. 加强舆论宣传，大造打击声威。沈阳市公检法司联合发布了《关于敦促违法犯罪分子和在逃人员投案自首的通告》，市公安局印发了《关于收缴非法持有枪支和管制刀具的通告》，各级公安保卫部门，充分运用新闻媒介和各种宣传形式，在社会面和关押场所大张旗鼓地宣传两上《通告》。

全市召开了以宣传4家联合《通告》为主要内容的“坦检”动员大会，在“三所一校”掀起坦检高潮，一大批违法犯罪分子主动坦白交代问题、逃犯主动投案自首。市公安局在电台、电视台专门开辟了“蓝盾在你身边”、“警民热线”等栏目，并通过新闻媒介公开通缉重大逃犯，共编发对外宣传稿件400多篇，及时宣传报道春季出击行动的战果。期间，共接到群众咨询、举报电话及信件2 000件。先后组织两次全市性大的清查行动。各级公安机关都选择了一批在发案地较有影响的案件，将抓获的重大犯罪分子进行“认点”揭露，公开逮捕，扩大了春季出击行动的社会效果，增强了打击声威。

（葛新）

【公安机关破获的5大案件】 1993年，沈阳市各级公安机关大力强化刑侦工作，把增强打击刑事犯罪力度摆到全局工作的中心位置。侦查破获了一大批影响大，危害严重的案件。现选登5例。

1. 王振波系列持枪杀人抢劫案。1993年1月15日17时，个体烟贩郝景丰从和平区南五烟市回家，行至自家楼口处（和平区同泽街6段13里8号）被歹徒用枪打死，抢走4万元现金。经查，此案与1989年5月25日大东区发生的枪杀个体烟贩，抢劫现金2万元，并在现场打死一名群众，打伤2名民警的案件系同一伙歹徒所为。同时还发现，黑龙江省等地持枪杀人案与此案串并，遂派侦察员前往黑龙江省牙克石市进行调查。12月12日，这伙徒再次作案，在铁西区滑翔小区枪杀烟贩父子俩，抢劫13万元巨款。刑警支队经侦查发现了王振波的踪迹，于12月24日将其抓获。从其家中搜出“五一”、“五四”式手枪各一支，在证据面前，王犯对上述犯罪事实供认不讳。

2. 李浩盗窃幼虎案。1993年2月9日，沈阳市动物园一幼虎被歹徒枪杀后盗走。经技术串并发现，此案与“92、10、8”东陵区水源地持枪抢劫案和鞍山市“93. 4. 26”持枪抢劫案系一人所为。通过技术鉴定认定，现场罪犯指纹系辽阳市刘二堡农民李浩所遗留。经工作，从李的姘妇住处搜出虎骨和盗杀幼虎的手枪。8月5日，将李犯在昆明抓获。

3. 杨国才团伙杀人抢劫案。1993年3月25日，沈河分局滨河派出所接报案：一持小口径手枪的歹徒两次到一食杂店开枪滋事。派出所民警经守候将其和同伙抓获，缴获火药枪一支，匕首一把。经深挖共抓获22名案犯，缴获小口径手枪、钢砂手枪12支，匕首200多把及自制炸弹、炸药等。经预审查明，这是一个以杨国才为首的犯罪团伙，其9名骨干均系新疆劳改释放犯。他们自1991年11月以来，在沈阳市及鞍山、抚顺等地杀人、抢劫、盗窃、敲诈作案21起，杀死3人，重伤6人，抢劫现金、金银首饰、手提电话、彩电等物品，总价值达22万余元。

4. 任国军持枪杀人抢劫案。1993年11月8日9时许，一歹徒持“五四”式手枪，在于洪南里铁道口附近将沈阳轧钢厂的一辆轿车截住，强行登车，继而又劫持了开往宁官方向的一辆公共汽车。接报案后，市委、市政府和市公安局领导赶赴现场，指挥参战干警，围追堵截。傍晚，终将歹徒围困在一居民区内捕获，缴获“五四”式手枪一支。经审查，该犯系辽宁省公安厅通缉的持枪杀人抢劫犯任国军。1993年10月24日，任犯在关山子教养院杀死一名劳教干部抢劫了枪支，又在吉林将一出租车司机杀死，抢劫作案。逃到沈阳当天即被抓获。

5.张海涛团伙杀害抢劫出租车司机案。1993年4月3日，一出租车司机在于洪区柳条湖街被乘车歹徒用枪杀害。9月25日，又一出租车司机在于洪区鸭绿江街被乘车歹徒用刀杀害。经公安机关开展侦查，抓获了以张海涛为首的9名案犯，破获了两起杀害抢劫出租车司机案，还查实了他们从1991年以来，抢劫出租车司机作案20余起，抢劫万余元的犯罪事实。 （薛秋晨）

检察工作

【概况】 沈阳市人民检察院下辖13个县（市）、区检察院和3个地区检察院。市检察院内部设刑事、法纪、监所、控告申诉和民事行政等检察处。还在税务部门设立驻税务检察处，在53个大中型企业建立派驻检察机构，还设有贪污贿赂罪案举报中心，受理人民群众对贪污贿赂等严重犯罪的举报。1993年10月5日，经市编委同意，在市检察院下设沈阳市反贪污贿赂局，内设侦查一处、侦查二处、驻市税务局检察处，撤销原经济检察处。

1993年，沈阳市检察院围绕经济建设这个中心，突出打击贪污贿赂等严重经济犯罪和严重刑事犯罪这两个重点，狠抓调查研究，对下业务指导和出庭公诉工作。深入开展了反贪污贿赂斗争，坚持依法从重从快打击严重刑事犯罪活动，大力加强法纪检察工作，积极开展其他检察业务，履行宪法和法律赋予检察机关的职责，为促进沈阳市的政治稳定，维护社会安定，保护经济发展，加强社会主义民主与法制建设，发挥了应有的作用。

（王春生）

【刑事检察工作】 依法从重从快打击严重刑事犯罪活动，维护政治稳定和社会安定，是沈阳市检察机关1993年的工作重点。全市两级检察机关对社会治安形势始终保持了清醒的认识，与公安机关、人民法院密切配合，坚持不懈地开展打击严重刑事犯罪的斗争，两级检察院经审查，批准逮捕了一批公安机关提请逮捕的刑事犯罪分子；对公安机关移送起诉和免予起诉的刑事犯罪分子，经审查分别作出提起公诉和免予起诉决定。根据市委和上级检察院的部署和要求，市人民检察院在打击严重刑事犯罪方面，主要做了以下几项工作：

一是始终保持打击势头，严惩杀人、抢劫、强奸、爆炸、重大盗窃、流氓集团、抢夺枪支等严重破坏社会治安秩序的犯罪活动。在办案中，坚持了提前介入制度，主动参与现场勘查和预审，加强与公安机关、人民法院的沟通联系，对基本事实清楚、基本证据确凿的案件迅速批捕、起诉，体现从重从快方针。一年来，批准逮捕7类严重刑事犯罪分子占批捕刑事案犯总数的30％。对那些引诱容留妇女卖淫、制造传播淫秽物品、吸毒贩毒、赌博等各种社会丑恶现象中构成犯罪的案件，也依法及时批准逮捕提起公诉，坚决予以打击。

二是积极参加专项斗争，形成整体作战优势。根据市委、市政府统一部署，市检察机关先后参加了“春季攻势”、“打团伙、追逃犯、破大案”等专项斗争。为了增强打击力度，市检察院与市公安局、市法院和市司法局联合发布了《关于敦促在逃犯投案自首的通告》，在统一思想，协调行动方面发挥了较好的作用。

三是积极做好出庭公诉工作，扩大严打声威。1993年，全市两级检察院进一步加强了出庭公诉，不断提高出庭公诉质量。还及时选择典型案例，配合人民法院召开公判大会，发挥震慑犯罪，鼓舞群众的作用。

四是结合办案，落实社会治安综合治理措施，做好预防犯罪的工作。1993年，两级检察院结合办案在企业事业单位和农村乡镇建立综合治理联系点101个，建立检察长，处长工作联系点50个，经过工作，这些单位的治安状况有了不同程度的改进。在办案中，两级检察机关还积极开展法制宣传，提出检察建议，帮助发案单位加强管理，协助有关部门开展对免诉人员和监外执行罪犯的帮教活动，都收到了一定的效果。

在打击严重刑事犯罪活动中，两级检察院认真履行了法律监督职责，加强了对侦查、审判、执行环节的法律监督。对公安机关提请逮捕、移送起诉的案件，本着以事实为根据，以法律为准绳的原则，依法认真审查，对构成犯罪，应予追究刑事责任的人犯及时批准逮捕和提起公诉，坚决惩治了犯罪；对那些不应批捕、起诉的人，依法作出不批准逮捕、不起诉或免予起诉的决定，依法保护了当事人的合法权益，对确有错误的人民法院的判决依法提出抗诉，保障了国家法律的统一正确实施。

（王春生）

【法纪检察工作】 1993年，沈阳市人民检察院坚持严格执法，狠抓办案，集中力量查办大案要案，重点查处社会影响大，群众反映强烈的徇私舞弊、刑讯逼供、非法拘禁、玩忽职守、重大责任事故等5类案件。对影响大、阻力大的案件，检察长亲自抓。并注意掌握斗争策略，讲究工作方法，认真执行法律政策，确保办案质量。全年立案侦查了一批法纪案件，其中大要案比1992年增加30％。一是立案查处刑讯逼供、非法拘禁等“侵权”犯罪案件，保护了公民的人身权利和民主权利。还查处了个别司法人员徇私舞弊犯罪案件，维护了国家执法机关的声誉和法律的尊严。二是查处发生在经营管理和商品流通过程中的玩忽职守案件，依法惩治给国家、集体财产造成重大损失的犯罪行为。三是查处了一批重大责任事故案件。当前，少数工矿企业和建筑部门片面追求经济效益，无视安全，违章操作，酿成人身伤亡，造成国家、集体财产重大损失的责任事故，后果相当严重。市检察机关认真查处这类犯罪案件，对事故主要责任人依法做出严肃处理。结合办案，全市两级人民检察院还深入基层工矿企业及建筑部门开展安全生产宣传及法制教育活动，协助发案单位积极作好预防工作，减少事故的发生。

（王春生）

【其他检察工作】 1993年，沈阳市检察机关坚持把对监督改造场所，执行法律情况的监督摆在重要地位，认真开展了各项监所检察工作。一是严格检察纠正执行刑事判决、裁定和监督改造活动中的违法行为。针对发现的各类问题及时提出纠正意见。二是加强监督改造场所的安全防范检察，及时分析掌握监督改造人员的思想动态。随时提出建议，帮助监督改造部门做好安全防范工作，维护了监督改造场所的安全。三是依法从重从快地打击被监督改造人员的重新犯罪活动，办理了一批劳动教养人员和留场就业人员的审查批捕案件和罪犯服刑期间再犯罪的起诉加刑案件。四是认真复查服刑罪犯及其家属的申诉案件。五是积极参与对被监督改造人员和劳动教养人员的教育改造工作，通过上法制课，进行思想教育等形式，努力做好教育、感化、挽救工作，收到一定效果。

控告申诉检察工作围绕稳定社会这个大局，努力做好信访接待工作，共受理群众来信来访3 163件，办理各种控告申诉案件431件。妥善处理了矛盾可能激化的上访案件，并与有关部门配合，接待处理好集体上访案件，控制了越级上访，杜绝了进京上访。在“文明窗口”竞赛活动中，市检察院接待室被最高人民检察院授予全国检察系统“文明接待室”荣誉称号。

民事行政检察部门在调查研究，总结经验的基础上，积极宣传民事诉讼法、行政诉讼法，使工作有较大进展。全年受理案件54件，结案46件，其中受理抗诉案件比1992年增加3倍，已向人民法院提出改判建议的7件抗诉案件，都得到改判。还结合办案，调解了一些民事纠纷，化解了矛盾，取得了一定社会效果。

检察派驻机构在反贪污贿赂工作中发挥了应有的职能作用。驻税务检察机构同税务部门密切配合，充分运用检察职能打击严重偷税抗税犯罪活动，对构成犯罪的立案侦查，追缴税款。同时，积极协税护税，努力为沈阳市增加财政收入。全市53个驻大中型企业和乡镇检察机构，共查办各种案件400余件，经审查由办案部门立案侦查贪污贿赂等严重犯罪案件。还积极协助所在单位依法治厂，改进管理，维护企业合法权益，通过办案为企业挽回经济损失。

检察技术部门充分运用现有技术条件，深入办案第一线，为开展各项检察业务提供服务。行政装备部门克服困难，努力改善装备设施和办公条件，保障了检察业务工作的开展。

（王春生）

【检察队伍建设】 1993年，沈阳市人民检察院坚持把抓好检察队伍的自身建设，作为开展检察工作，推进检察事业发展的基础建设和关键环节。一是抓好班子建设。1993年年初，两级检察长换届之后，市检察机关着重解决新一届检察长的精神状态问题，两级检察院领导班子普遍召开民主生活会，实事求是地总结经验教训。还召开了第三次区县检察长工作研讨会，对本届检察长任期5年内队伍建设、履行法律职责、机关基础建设三个方面都作出了规划，明确目标，并提出保障措施，增强了检察长锐意进取，开拓创新意识。二是抓紧做好培养人的工作。突出抓好三个层次：即选好副职，建设好班子；配备好基层院的业务科长；培养业务骨干，特别是着眼于培养青年干部，敢于使用有能力，有实绩的中青年干部。在任务繁重的情况下，抓紧理论学习，坚持开展学历教育、岗位业务培训和科学文化知识学习，提高干部业务水平和实际工作能力。三是切实抓好队伍自身廉政建设。首先，抓思想教育，落实思想政治工作岗位责任制，加强新形势下的思想政治工作，在检察人员中宣传、提倡奉献精神和敬业精神，树立秉公执法，为检清廉的典型，弘扬正气，抵制拜金主义思想的侵蚀。市检察院还把廉政建设作为领导班子思想作风建设的重要内容来抓，领导干部带头廉洁自律，作全体检察人员的表率。其次，抓制度建设，从实际出发，采取措施，进一步完善了保证廉洁执法的制度、规定，防止徇私舞弊，办人情案、关系案及以案谋私问题的发生。年底全院进行执法执纪大检查，领导带头，人人参与，进行了一次很有成效的严格执法、廉洁自律的教育。第三，严格执纪，对个别违犯人员作了严肃处理，绝不护短。第四，狠抓机关党的建设，注意在青年办案骨干中发展党员，注意充分发挥党支部的战斗堡垒作用和党员的先锋模范作用。

（王春生）

审判工作

【概况】 沈阳市中级人民法院下辖9个区、4个县（市）共13个基层人民法院。1993年两级人民法院有1 779名干警；下设刑事审判庭、经济审判庭、民事审判庭、行政审判庭、告诉申诉审判监督庭、执行庭及其他有关机构。为了适应社会主义市场经济的发展，市法院改革审判方式，组建了知识产权合议庭、涉外案件合议庭、破产案件合议庭、房地产案件合议庭、少年犯审判合议庭等专业化合议庭。基层法院从方便群众诉讼出发，设立45个城乡人民法庭。还成立了税务法庭、公路巡回法庭、土地法庭和驻银行巡回法庭等专门法庭。

1993年，沈阳市两级法院坚持审判工作为社会主义市场经济服务的方向，认真履行《宪法》和法律赋予的各项职责，全面开展各项审判工作。全年共受理各类案件55 079件，比1992年上升7.4%，审结49 069件，比1992年上升10.6%。通过各项审判活动，发挥审判职能，促进和维护了经济的发展和社会的稳定。

（王卉）

【刑事审判】 1993年，沈阳市两级法院共受理一审刑事案件4 467件，比 1992 年上升4.4%，审结4 170件，比1992年上升3.5%。全市法院继续贯彻“严打”方针，从重从快打击各种严重危害社会治安的刑事犯罪活动，突出打击重点，增强打击力度。对杀人、抢劫、强奸、重大盗窃及带有黑社会性质的团伙犯罪快审快结。如市法院在审理被告人张伟将其妻张玉格烧伤致残一案时，收案后办案人立即阅卷，立即送达起诉书，3 天后即公开开庭审理，仅用半个月时间就作出一审判决，该案从起诉到张伟被依法处决不到一个半月时间，体现了依法从快惩处的方针。严把量刑关，不枉不纵。

1993 年，沈阳市两级法院加强社会治安综合治理工作，完善和健全了组织机构，形成职责分明的领导体系。全市法院共召开公判大会50次，宣判罪犯515名。为企事业单位和学校上法制课63次，撰写并发表法制宣传文章600余篇。

1993 年，沈阳市两级法院认真贯彻中央、省、市关于严厉打击严重经济犯罪、惩治腐败的方针，对群众反映强烈的贪污、贿赂、挪用公款犯罪等大要案件作为打击重点，同时还注意了对贩毒、贩卖伪造货币、偷税抗税、假冒商标等案件的审理。对在反腐败斗争中全市查处的几起重大经济犯罪案件，与纪检、监察、检察机关沟通，做好庭审准备，案件一经起诉至法院，立即依法公正审理。全年共受理经济犯罪案件338件，判处罪犯235人。为国家和集体挽回经济损失476.55万元。

（*王卉*）

【民事审判】 1993 年，沈阳市两级法院受理各类民事案件23 643件，比 1992 年上升12%，审结22 450件，比上年上升13.2%。其中，受理婚姻家庭案件17 932件，占75.8%；债务案件2 990件，占12.6%；损害赔偿案件1 693件，占7.2%。两级法院认真贯彻《民法通则》与《民事诉讼法》，除审理好离婚、债务等常发型案件，同时还抓好房地产案件、劳务纠纷案件、知识产权案件和集团诉讼案件的审判，通过调整平等主体之间的财产关系，为市场经济服务。在民事审判中，强调查明事实、分清责任，耐心细致地做好当事人的思想疏导工作，全年以调解方式结案及经工作当事人自愿撤诉的16 172件，占结案的72%。

1993 年，全市法院加强人民法庭规范化建设，全市45个法庭已有29个法庭达到规范化标准。法庭审判干部采取驻庭审判与巡回审判相结合的方式，依靠群众把大量的纠纷解决在基层，全市有10 605件民事案件由人民法庭审结。人民法庭还积极指导基层调解委员会工作，化解社会矛盾。

（*刘东辉*）

【经济审判】 1993 年，沈阳市两级法院共受理一审经济纠纷案件11 147件，比 1992 年上升8.6%；审结9 981件，比 1992 年上升11.1%；解决诉讼标的总金额10.7亿元。办案数量、办案质量、解决诉讼标的额3 项指标均创历史最高水平。两级法院的审判人员牢固树立严格依法办案观念，为市场经济服务观念、保护平等主体合法权益观念和经济效益观念，按照邓小平同志提出的“三个有利于”为标准，不断学习和探索在新的经济体制下正确执法。在审理购销、加工承揽、建筑工程纠纷时，正确执行经济合同法，不论诉讼主体的性质如何，只要其经营合法，行为有利于市场发育，都平等地予以保护。对采取不正当手段竞争，破坏市场秩序的，依法予以制裁，通过法律手段为多元化的市场经济主体创造一个公平竞争的环境。随着国家整顿金融秩序，清收不合理贷款和违章拆借资金等项工作的全面铺开，法院受理的借款合同纠纷明显增多，法院主动与银行等金融部门取得联系，摸清借贷款情况，查明资金走向，以全局利益为重，想方设法积极清贷。据统计，仅 1993 年下半年全市法院就为省、市银行等金融部门清收贷款1.2亿元。认真贯彻专利法和技术合同法，加强了对工业产权和技术权益的法律保护。全年共处理专利侵权、商标侵权和技术合同纠纷71件，依法保护了当事人的合法权益，促进了科技成果的商品化和转变为现实生产力。在审理涉外经济纠纷案件中，既严格依照我国法律，又注意参照国际惯例，正确解决国内法与国际私法之间的法律冲突。全年共受理涉外案件 12件，通过审判平等地保护了中外当事人的合法权益，为沈阳对外开放创造了良好的法律环境。在审理农村承包合同纠纷案件时，认真执行党的农村工作政策，从发展生产的大局出发，维护承包合同的连续性和稳定性，依法保护农民的合法权益。

两级法院把为转换国有企业特别是大中型企业的经营机制服务作为经济审判工作重点，对于涉及大中型企业的案件，坚持优先收案、优先审理、优先执行的“三优先”原则。依法保护企业的经营自主权，促进企业承包、租赁经营制的完善。及时处理好股份经营和联营、兼并、破产等案件，推动企业联合、兼并和股份制的发展以及产业结构的调整，从而促进企业经营机制的转换。对大中型企业的债权，依法予以清收，全年仅市中级法院就为市内数十个企业追回款项1.6亿元。为拓宽服务领域，强化服务力度，两级法院还加强了案外服务和诉前服务。审判人员深入企业，解答法律问题，举办法律知识培训班，提供对经济纠纷处理的意见等。全市法院共有1 074人次走访了323个企业，解答法律咨询问题1 349个，建立法律联系点868个。对于企业提出的经济纠纷问题，符合收案条件的就地收案，不符合收案条件的采取其他方式协助解决。市中级法院企业法律服务办公室坚持面向企业、义务服务的方针，重点对市委、市政府年初规划搞好的100户大中型企业走访，就地收案19件，并在这些企业安排了院长服务日10次，院长帮助研究和解答法律咨询问题38件。

（*高铁军*）

【行政审判】 1993 年，沈阳市两级法院共受理一审行政案件66件，审结47件，其中维持行政机关决定20件，撤销 7 件，变更 6 件，原告撤诉14件。由于我国行政审判起步较晚，人民法院审理行政案件缺乏经验，特别是在当前的改革中，一些行政法律法规尚不完备，有的甚至相互抵触,这都给人民法院的行政审判带来难度。为此,两级法院集中力量学习行政法规,总结经验教训,通过学习党的十四届三中全会文件,更加明确了建立适应社会主义市场经济法律体系的目标,坚定了开展行政审判的信心和决心。在行政审判中,既保护公民、法人和其他组织的合法权益,支持行政机关依法行使职权,又注意保护改革开放成果,注意行政审判的社会效果。

(高铁军)

【执行工作】 1993年,沈阳市两级法院进一步强化执行工作,重点解决执行难的问题。全年共受理各类执行案件12 375件,比1992年上升3.8%,执行9 255件,比1992年上升10.8%。执行标的额达20 826.7万元。执行中不但重视执行的经济效益,更重视执行的社会效果。主要采取以下措施:(一)树立全局思想,围绕经济建设这个中心开展执行工作,为经济发展和社会稳定服务。(二)为国有大中型企业发展保驾护航。对国有大中型企业不轻易采取扣押、查封等强制措施,注重扶植企业发展生产,不因执行将企业逼上绝路,维护了双方当事人的利益。(三)坚持"审执结合、审执并重"。在审判过程中,执行提前介入,把握时机,采取必要保全措施,为顺利执行奠定基础。(四)加强执行力度,对有履行能力而拒不执行或规避法律妨碍执行的当事人依法强制执行,决不姑息迁就。(五)运用《中华人民共和国民事诉讼法》及最高法院适用《中华人民共和国民事诉讼法》若干问题意见规定的新的执行措施解决难案、死案,创造执行条件,取得良好的执行效果。如对被执行人无履行能力但对第三人享有到期债权的、执行中促使第三人履行债务,既减少了诉讼,又使案件减少积压。另外,两级法院在执行中注意克服地方保护主义,认真办理外地法院委托执行案件及协助执行案件,维护了法制的统一。

(刘海杰)

【告诉申诉与审判监督工作】 1993年,沈阳市两级法院共受理各类申诉案件1 238件,通过再审程序改判各类案件137件,占申诉案件总数的11.7%。共接待群众来访122 023人次,处理群众来信10 145件,处理简易纠纷904件。

1993年,全市法院充分发挥告诉申诉这一法院窗口作用,坚持文明接待、严格审查、依法立案,努力克服"冷、硬、横"工作作风,切实解决群众告状难。此外,还从社会稳定这个大局出发,对不属法院管辖的集团上访事件,不推不拖,认真做平息纠纷工作。对上访老户,按照"分级管理,层层负责"原则,进行思想疏导,尽量把上访老户控制在基层。发挥审判监督机制作用,本着实事求是,有错必纠原则,做好申诉改判工作。做好犯人减刑、假释工作;做好对判处缓刑、管制和监外执行人犯的考察工作。全年对893名人犯进行了考察,对预防和减少犯罪起到了一定作用。

(史明箭)

【队伍建设】 1993年,沈阳市两级法院坚持一手抓审判,一手抓队伍建设的方针,建立和完善3套机制,不断提高队伍的政治素质和业务素质。

1.建立和完善教育培训机制,提高审判干部为改革开放和经济建设服务的自觉性。开展了岗位练兵和专业培训,举办示范庭、观摩庭培养干部的实际工作能力,还组织干部参加全国法院业余法律大学的学习和选送到院校培训。现全市已有80%的审判干部达到法律大专以上水平。

2.建立和完善监督制约机制,制定了法院工作人员10项纪律和违反纪律的处罚办法;制定错案追究制度,通过当事人的上诉、申诉、检察机关抗诉、专项案件检查、执法执纪检查和群众举报等各种途径发现错判案件,对其中办人情案、关系案造成错判的,给予党纪、政纪处分,直至追究刑事责任;定期定访监督员,接受社会监督;实行不称职人员调离现岗位待分配办法和法院干部辞退制度,对完不成本职任务违反工作纪律、不服从组织分配和有一般违纪问题的干部实行调离原岗位待分配,直至辞退。

3.建立和完善正面激励机制。一是树立廉洁执法的先进典型,在全系统广泛开展向全国法院模范刘青同志和最高法院荣记集体一等功的新城子区法院学习活动。二是开展清官入谱活动,对从事多年审判工作一贯清正廉洁自觉抵制不正之风的审判干部载入清正廉洁法官谱。1993年,全市法院有三位优秀法官进入清官谱。三是创建廉洁法官家庭活动,动员家属协助审判干部廉洁自律,秉公执法,全年有100户廉洁法官家庭受到表奖。四是开展以办案数量、办案质量和服务效果为主要内容的天平杯竞赛活动。全年有508名审判干部进入办案能手行列。

(陈秀琴)

市检察、审判机关领导人名单

市检察院:

检察长:张福礼

副检察长:单振刚 张凤库 李大名

中级人民法院:

院 长:刘 实

副院长:宛玉良 郭占华(女) 张铁福 孙义祥

农 业

综 述

【农村经济综述】 1993年,沈阳市加速了农村经济建设的步伐,当年实现现价社会总产值达298.5亿元,比1992年增长57.5%,取得了令人瞩目的成就。现分述如下:

1.加强了对农村经济工作的领导。1993年,是沈阳经济再上新台阶的起步年,也是农村经济发展面临新挑战的一年。作为省内贫困地区的康平、法库两县划入沈阳后,全市的经济格局发生了较大的变化,农村经济的再发展遇到了更多的困难。面对新的形势,沈阳市各级领导把这一变化当作重新规划与发展农业和农村经济的一个机遇,进一步加强了对农村经济工作的领导。年初,市委和市政府就对农村经济的发展作了全面的部署,各县(市)区为推进农村乡镇企业的发展,分别成立了本地区的乡镇工业领导小组,并由五大领导班子承包重点项目和重点企业,对立项、审批及资金落实等实行一条龙垂直服务。在农业生产中,为适应农业结构调整,加快畜牧业发展的需要,新城子区重新调整和加强了原有的牧业生产领导小组;辽中县为搞好小尾寒羊的引进开发工作,专门成立了以主管农业副县长为主的领导小组。各级政府还加速了职能的转变,积极协调各有关部门,为农村各县排忧解难,为农村经济的发展创造适宜的外部环境。春耕期间,针对资金不足和农用物资有缺口的问题,各级政府根据市委的统一部署通过组织存款和跨地区融通资金,及时解决了3.3亿元春耕贷款和1.1亿元农产品预购定金;对有缺口的化肥、农膜、农药等主要农用物资也通过及时组织外贸和社会多渠道购入,得到较好满足。为解决春耕中遇到的水、电紧张问题,市县采取了多种措施。首先是针对水库蓄水不足的问题,及早安排了拦蓄桃花水的工作,使拦蓄量增长50%。并通过落实旱整耙、浅湿灌溉、集中供水泡田、调减2万公顷远、高、漏水田地块,实行水改旱等节水措施,缓解了农业用水紧张的状况。其次是为保证春耕电力供应,在工、农业用电矛盾突出的情况下,实行了向农业倾斜的政策。备耕期间及时组织了农村52座变电所对输变电设备和700多公里配电线路进行了检修工作。较好保证了农业生产的顺利进行。

2.进一步提高了农业综合生产能力。1993年,随着农业基础设施和农业开发工作的加强,农业资源配置的优化及农业技术的广泛推广运用,全市农业综合生产能力进一步增强,主要农副产品有较大幅度的增加。1993年,全市现价农业总产值达61.5亿元,按可比价计算比1992年增长9.1%,其中种植业34.6亿元、林业0.8亿元、牧业23.9亿元、渔业2.2亿元,分别比1992年增长6.2%、17.8%、10.7%和40.5%。主要农副产品、粮豆单产平均每公顷达6 554公斤,比1992年增长1%,创历史最好水平;粮豆总产量达318.3万吨,再获大丰收。在粮豆作物中,玉米195.9万吨,比1992年增长0.5%;大豆7.2万吨,增长74.8%。油料作物一改多年来徊徘的局面,总产量跃增到2.4万吨,增长90.3%;在保证城镇居民菜篮子的思想指导下,全市副食生产又取得了可喜成就。其中蔬菜总产量达到258.2万吨,比1992年增长23.4%;水果总产量6万吨,增长36.7%;牧业生产继续呈现六畜兴旺的繁荣景象。1993年末,全市生猪存栏达157.4万头,比1992年增长3.4%;牛存栏16.4万头,增长0.8%;羊存栏16.2万只,增长4.3%;家禽存栏2 781万只,增长24.7%。全市肉类总产量已达26.5万吨,比1992年增长9.1%;禽蛋产量16.6万吨,增长1.9%。渔业生产再上新台阶,全市淡水产品产量已达4.3万吨。即为丰富城市菜篮子也为农村经济的发展做出了新贡献。

3.增加了对农业生产的科技投入。1993年在发展农业和农村经济的过程中注重了增加科技含量的投入,科技兴农已成为农村干群的共识。如为普及、推广一系列实用技术,提高广大农民的科技素质,各地农村利用农闲时间广泛地开展了各类技术培训工作,受训人员达到50多万人次,使受训人员熟练地掌握一种以上实用技术。另外,在农业生产中加强了优良品种的推广工作。玉米“掖单13”、“6107×340”和水稻“辽盐241”等优良品种已在农作物的种植中普及,全市90%以上的粮食作物实现了良种化。在牧业生产中,瘦肉型猪比重已提高到70%,改良种、良种肉牛及细毛、半细毛羊的比重几乎达到100%。在渔业生产中,池塘主养鲤鱼面积进一步扩大。在种植业的栽培技术上,多数地区实行了适度密植、增施底肥的增产技术和拌药下种等科学防病方法,全市有12万多公顷地实行了配套复种。在水田生产中,全市共推广软盘育苗5 000万盘,施用床土调制剂0.6万吨,有80%的苗床做到了园田地育苗,并普床土调制剂。在近郊的于洪区还进行了抛秧和壮秧营养剂示范。随着保护地的增加,全市农膜年施用量已增加到0.8万吨,地膜覆盖面积已扩大到3万公顷,比1992年增长46.8%。农业现代化水平进一步提高,全市农用化肥施用量达54.7万吨,比1992年增长6.9%。农村用电量已达17.3万万千瓦,农机总动力达132.2万千瓦，机耕地面积达53.7万公顷，其中新城子、康平等县(区)的旱田机械、半机械化播种面积所占比重已提高到90%以上，正向农业生产全过程机械化过渡。

4.加强了对效益型农业的开发。1993年，各级政府从调整农业结构和产品结构入手，下了大气力抓了效益型农业的开发工作，并普遍取得了成效。在种植业方面，为适应市场经济的需要，粮食作物播种面积由1992年的51.3万公顷调减到48.6万公顷，比1992年下降5.5%，水稻、玉米、高粱三大粮食作物分别下降21.3%、3.2%、10.1%。在调减粮食作物面积的同时，经济作物面积增加到2.8万公顷，比1992年增31.9%，其中油料作物增长78.5%。其它作物面积增加到8.4万公顷，比1992年增29.2%，其中蔬菜和西甜瓜面积分别增长25.6%和82.3%。全市结合实施农业高产计划共落实效益田达13万多公顷。水果生产在更新老果树的基础上，积极开僻新果园，全市果园面积已发展到1.7万公顷，比1992年增长21.7%，退耕还果，开山种果，已成为广大农民发家致富的重要途径。在牧业生产方面，全市在稳定猪、鸡生产的同时，大力发展效益好的牛、羊、鹅等草食性畜禽，并从资金和技术上予以保证。辽中县肖寨门乡自筹资金引进300头良种母牛，建起占地达7公顷的大型养牛基地。康平、法库两县根据当地的资源优势在建立养牛基地的同时还建立了养鹅基地。一些地区还掀起养羊热，辽中县仅两个饲养大户就筹资40万元，建立了2 000只规模的寒羊养殖基地。全市当年引进寒羊达万只，提高了养羊业的经济效益。1993年，以貂、狐、貉、草狸獭为主的经济动物有较大发展，全市野鸡人工饲养量达50多万只。在渔业生产中，高效水产品得到较快发展，全市鲤鱼产量已增加到2.9万吨，占水产品比重由1992年的62.3%提高到66.4%；罗非鱼产量增长10倍多；虾蟹产量增长达7倍。林业生产更加注重效益，在全市新增的造林面积中，有三分之一是经济林。效益型农业的发展，使农民得到了更多的经济实惠，1993年，全市农民人均收入达1 218.3元，比1992年增长15.8%，其中农业收入已增加到722元，占42.0%。

5.乡镇工业发展迅猛。1993年，作为异军突起的沈阳市乡镇工业又获得了快速发展。全市乡镇工业总产值为193亿元，按可比价格计算，比1992年增长50.3%，新增产值逾60亿元，并且较好地实现了产销同步增长，经济效益进一步提高，全市乡、村两级工业企业销售收入比1992年增长72.7%，上缴国家税金增长64.5%。值得一提的是，在迅速崛起的乡镇企业中，注入了外资的活力。年内新开办“三资”企业190多家，投资额达2.3亿元。大大提高了出口创汇能力。据统计1993年全市农村共完成出口商品交货值达5.5亿元，出现了近年少有的喜人形势。为了转换乡镇企业的经营机制增强企业的活力，1993年，进一步推进了股份制。新增股份合作制企业2 000多家，新增企业职工入股余额达4亿元。为农村乡镇企业的健康发展树立了新的榜样。

沈阳农村经济在其全面发展中也存在一些令人关注的问题。在农业生产方面，在比较利益的影响下，部分农民为了增收只注重发展经济作物，而忽视粮食生产，甚至为了赚钱出现少数农民弃耕现象。如何保证农业这一安定天下的产业基础地位，除了有一个教育和鼓励农民的问题外，更主要的是国家应有一套保护农业生产、保护农民切身利益的政策措施；在乡镇企业方面，骨干企业和拳头产品仍然较少，村以下企业的效益相对偏低，已经成为乡镇企业发展中不可忽视的因素。而要使全市乡镇企业的发展赶上先进地区，今后面临的任务仍然是十分繁重的。

(陈兆林)

【依靠科技进步、农业连年丰收】沈阳市农业紧紧依靠科技进步，大力推进科技教育兴农战略，使全市的农业科技工作进入了一个新的发展时期，依靠科技发展农业的思想已成为全市上下的共识，一大批科技成果不断在生产上推广应用，促使农业连续四年获得丰收。1992年全市粮豆总产量230万吨，达到历史最高水平，1993年，全市8个县(区、市)粮食总产达到318万吨，粮食平均单产437公斤，创沈阳市粮食单产最高记录。据统计，科技在粮食生产中的增产因素已超过40%，对保持农业的稳定增长，促进农业登上新台阶发挥了重要的作用。全市在依靠科技进步发展粮食生产方面主要抓了以下几项工作。

1.健全和完善农技推广服务体系，不断强化科研和技术服务工作。近几年来，沈阳市在充实农业技术推广机构和基础设施建设进程中，把工作重点放在完善服务手段、强化服务功能提高服务质量上。市和县(区、市)两级每年为农村培训师资和技术骨干都在1.5万人次以上，市农技科研和推广部门每年向基层下达的科技试验、示范、推广项目达20多项，加速了农业新技术的推广和应用。市农科院，近年来共取得科研成果27项，成果覆盖面积3 700万亩，获得经济效益5.28亿元。1991年农业部颁布的8项全国农业科技进步一等奖中沈阳市就占两项。1993年，全市又有6项科研成果通过鉴定，其中5项达到国际或国内先进水平。科技的显著效益，又进一步推动了各级政府对科技体系建设的重视，促进了农业科技推广体系的进一步完善。全市141个乡镇的农技推广站全部达到了“五室一部一库一院”的标准。

2.组织实施丰收计划和高产竞赛活动，为农业注入新的活力。为实现粮食大面积、大范围、大幅度增产，近年来，沈阳市把实施丰收计划和组织“万、千、百、户”高产竞赛作为进一步调动农民种耘积极性、增强农业发展后劲、提高科技覆盖面、攀登粮食上新台阶的重大措施来抓。全市每年通过落实丰收计划和组织高产竞赛都吸引了近千名农业科技人员参与科技承包。几年来，全市累计推广丰收计划田527.3万亩，高产竞赛田面积360多万亩，增产粮食2.25亿公斤，新增产值2.67亿元。

3.紧密结合生产实际，大力推

广先进适用农业技术。几年来，全市通过抓粮食生产中的骨干先进应用技术的普及，大大地提高了农业生产水平。水稻生产推广了软盘育苗、床土调制剂、水稻合理稀植、水田“三旱”整地(旱翻、旱耙、旱整平)；浅、湿、干间歇灌溉节水栽培，采取三段五次科学施肥方法等6项骨干技术，大大地提高了全部水田生产水平，使水稻平均亩产稳定在500公斤以上。玉米重点抓了适时早播；增加密度、增施肥料；精细整地；施用农家肥；普及机械化或半机械化播种；综合防治玉米螟等配套增产技术，发挥了科技在农业生产中的作用。

4.运用现代农业技术，促进“两高一优”农业的发展。农业连续4年丰收，在很大程度上得益于“两高一优”农业的发展，而“两高一优”农业的实施，又必须依靠科技进步。沈阳市各级农业科研和技术推广部门把工作重点放到以发展高产优质高效农业为主的轨道上来，选择了一批技术比较成熟、市场前景广阔和经济效益较好的科研成果大力进行推广，加速了农业向“两高一优”改变。近年来，在水田生产方面，优良品种面积占全市水稻播种面积的90%以上。玉米的优良新品种的播种面积也在逐年增加，增产粮食近亿公斤。另外，全市在改革耕作制度，实行间套复种、稻菜复种、轮作、稻田养蟹、养鱼，发展北方农村庭院农业生产模式等方面也都取得了突出的成果，经济和社会效益十分可观，为粮食生产增收闯出了新的路子。

(张清彬)

【发展高效农业】 1993年，沈阳市加快了农业由计划经济向市场经济转变的步伐。在农业生产中，坚持农产品总量增长与质量、效益并重的原则，走高产、优质、高效的发展路子，取得了可喜的成果。

一是按照“两高一优”的要求，继续调整了农业生产结构。在种植业内部，继续调减部分物耗高、经济效益偏低的农作物面积，扩大了优质高效、市场适销的作物面积。全市粮豆作物由1992年的51.3万公顷调减到48.6万公顷，减少5.5%；经济作物增加到2.8万公顷，比1992年增加了31.9%。林果业，大力发展了经济林和优质果品生产，新栽果树面积达7万亩，比1992年增长33%。养殖业适应市场需要，重点发展了瘦肉型猪、牛羊、鹅等节粮型草食动物和名贵鱼生产。全市瘦肉型猪比重迅速提高到70%以上；牛羊肉总产量已达1.72万吨，占肉类总产量的6.2%；全市精养鲤鱼面积已发展到6.3万亩，从南方及国外引进的名贵鱼类养殖面积也有了明显的增加。

二是按照“两高一优”的要求，大力推广了农业实用技术。在粮食生产上，继续推广优良品种、规范化栽培、间套复种等农业实用技术，全市农作物良种覆盖率达到90%以上，科学施肥达250万亩。法库县从当地实际出发，开发“双江田”16.2万亩，亩产玉米801.4公斤，实现了高产高效。蔬菜生产重点开发保护地和建设标准化菜田、迅速提高了鲜细菜生产比重。在养殖业中，进一步普及先进的饲养技术，提高产出率，使肉类、蛋类、奶类和水产品产量分别达到27.7万吨、16.6万吨、6万吨和4.3万吨。

三是按照“两高一优”的要求，加快了农产品生产基地建设的步伐。1993年，全市在发展“两高一优”农业中，按照市场需求变化，强化了市场适销对路的鲜、活、细、名、优、特的农产品基地建设工作，全市已经形成了一批优质稻米、水浇麦、粮菜作物制种，以及西瓜、大蒜、草莓、瘦肉型猪、肉鸡、鲜蛋等生产基地。使农产品生产走上了区域化、专业化、商品化发展的道路。

四是按照“两高一优”的要求，推进了农产品深加工和贸工农一体化。1993年，全市以生产基地为依托，市场为导向的农副产品加工龙头企业建设又迈出了可喜的一步，推动了贸工农一体化的发展。全市已初步形成了44个农副产品生产、加工、贮藏、运输、销售的一条龙的生产经营体系，其中，有9个市级联合体，覆盖了8个农村县(市)区的55万亩生产基地。肉鸡、蔬菜、食用菌和山野菜等一些产品经过加工、贮藏后已经开始出口创汇，农民也从多层次增值中增加了经济收入。

(张俊华)

【农业科研成果显著】 1993年，沈阳市农业科研工作坚持面向市场经济，坚持科研为生产和农民服务的原则，积极探索农业新技术产业化发展的新路子，使科研工作取得了持续稳步的发展，特别是市农科院研究成功的大白菜核基因互作雄性不育系选育与利用获国家发明二等奖。一年来，市农科院鉴定成果7项，其中的小麦为前茬的玉米、大豆高产高效综合栽培技术研究为国内先进水平；辣椒雄性不育两用系选育及利用为国内领先水平并达到国际同类研究先进水平；大豆新品种“沈豆3号”选育及栽培技术的研究为国内先进水平；蔬菜无土栽培应用技术试验与塑料软管滴灌在蔬菜生产上的应用试验两项，均为国内先进水平；水稻“沈糯1号”选育为国内先进水平。获奖成果7项：大白菜核基因互作雄性不育系选育与利用获国家发明二等奖；玉米杂交种“沈单7号”获沈阳市政府振兴奖；蕃茄杂交种“沈粉3号”获沈阳市政府科技进步一等奖；“沈椒3号”青椒选育获省政府农牧业厅科技进步二等奖；以小麦为前茬的玉米大豆高产高效综合栽培技术研究，平菇新品种“84号”选育获沈阳市星火三等奖。经过广大科技人员辛勤努力，一批新品种、新组合材料在实验中取得令人满意的效果。特异高产株型大豆新品系沈豆91—H5064表现高产、抗毒病和霜霉病，脂肪含量18.9%，蛋白含量44.5%，小面积试种创亩产259.5公斤。大白菜课题组按“八五”攻关标准用大白菜核基因互作雄性不育系高新技术选育成了新的青帮耐贮藏型和早熟堵淡型不育系。青帮贮藏型不育系93—8A，耐贮藏、对病毒病、霜霉病达到高抗级，田间无软腐病发生。早熟堵淡型“沈阳改良快菜”生育期60天，高抗病毒、软腐病，增产幅度大，品质佳。小区试验与沈阳快菜对照增产190%，省区试比照品种增产102%。中熟品种辣椒杂交种9120参加省区试验，产量和抗病性居首位，组合试验尖椒形9318、9320、园果型9205，其产比表现，果实性状及抗病等均符合选育目标。为加快农业科研成果在农业生产上的应用，1993年，共推广26个新品种及栽培技术，累计面积1333.4万亩，增产粮食7亿公斤，蔬菜3亿多公斤，增加经济效益4.7亿元。

（张清彬）

【农村劳动力结构发生变化】 1993年是沈阳市农村经济迅速发展的一年，也是康平、法库两县划归沈阳的第一年。尽管因为地域的扩大、人口的增加改变了沈阳市原有6个县、区农村劳动力的结构，但按可比口径计算，全市农村的劳动力结构，还是向着合理方向转移。

1993年末，沈阳市农村劳动力一、二、三产业构成继续向合理方向转变。全市农村劳动力102.6万人，比1992年增加1%，一、二、三产业的劳动力分别为69.3万人、19.6万人和13.6万人。其中第一产业占劳动力总数的67.6%，比1992年减少1.1个百分点；第二产业占19.1%，减少0.6个百分点；第三产业占13.3%，增加1.7个百分点。呈现“退一、减二、进三”的趋势。

从全市8个县(市)区看，劳动力一、二、三产业结构的差异较大，并与其经济发展的水平相联系。劳动力结构变化较大，比例较好的县区：东陵区第一产业仅占49.6%，不到一半；第二产业占33.8%；第三产业占16.6%。于洪区第一产业占50.96%；第二产业占29%；第三产业占20.1%，是全市第三产业劳力比重最多的一个县区。相对较好的县区是：苏家屯区第一产业占57.5%，第二产业占26.8%，第三产业12.1%。而辽中、新民的劳力仍然是以农为主。第一产业的比重均在70%以上，一、二、三产业的比重分别为71.6%、14.1%、14.3%和75%、13.3%、11.7%。地处偏远的法库和康平县，第一产业所占比重都在85%左右，而二、三产业所占比重却分别为8%。

从全市一、二、三产业结构变动的趋向看，第一产业减少1.1个百分点(4 632人)为合理；第二产业减少0.6个百分点(4 270人)，则不正常。而第三产业增加1.7个百分点(1.9万人)，说明沈阳市农村1993年第三产业发展较快，因而使第三产业劳动力增加。从全市8个县(市)区第一产业劳动力结构的变化看，除苏家屯增0.2%，东陵区持平外，其余6个县区均比1992年减少。从第二产业内部劳动力结构的变化看，从事工业生产的劳力减少，从事建筑业生产的人数增加且增幅较大。从第三产业的劳动力结构变化看除康、法两县外，其余均比1992年增加，尤以于洪、苏家屯、辽中三县区增幅较大。

农村劳力结构变化可以看出，康法两县仍然以传统的农业经济为主导地位，二、三产业基础还很脆弱。今后调整产业结构的任务还很繁重。

（孙开胜）

【减轻农民负担成效显著】 沈阳市为了切实减轻农民负担，制定了相应的措施，从1992年初见成效以来，1993年减轻效果又有显著变化，农民负担系数达到了国务院规定的标准线以下。

1.农民上交集体提留和摊派明显减少。据1 000户农民家庭的抽样调查表明：1993年农民人均上交集体提留和摊派款为44.3元，比1993年的106.4元，减少了62.1元，占农民人均纯收入的比重4.2%，比1992年的10.3%，下降了6.1个百分点，首次达到国务院所要求的5%控制范围。全市8个县(市)、区的农民负担比重排序是：东陵区0.4%；新民市2.6%；康平县3.5%；新城子区3.6%；苏家屯区4.5%；于洪区4.7%；辽中县4.9%；法库县5.4%。法库县的农民负担超过了5%，但在省、市政府要求的贫困地区可达8%的标准内。减轻农民负担工作收到如此明显的效果，受到了广大农民群众的欢迎。

2.减轻农民负担所采取的措施。一是1993年初，市政府下发了《关于减轻农民负担的决议》。在此基础上，各县(市)区、乡(镇)也都下发了文件，对各项提留都作了明确的规定，主要是对“三提五统”进行限额管理办法，做到政府有数，农民有底。二是加大领导力度，严加监督管理，对照国家和省里的文件要求，认真清理核实，该减的减，该办的办，决不姑息迁就。使农民负担的监督管理工作走上正轨。三是量力而行，节约经费开支，削弱编外机构和人员。不盲目上项目，改变过去那种先花后算，花多少从农民手中拿多少的做法。四是发展乡镇企业和多种经营。进行以工补农，以工养农。

（姚余龙）

【农村实现小康的现状】 1993年，沈阳市农村小康实现程度的具体情况是：

在国家规定的16项指标中，达到小康标准的有11项，它们是：1.人均衣着支出(按1990年价格计算为112.8元)；2.钢混砖木结构住房比重(9.5%)；3.百户电视机拥有量(100.8台)；4.服务消费支出比例(13.1%)；5.平均预期寿命(71.7岁)；6.劳动力平均受教育程度(8.6年)；7.已通公路的行政村比重(99.5%)；8.安全卫生水普及率(98%)；9.已通电话的行政村比重(97.5%)；10.用电户所占比重(100%)；11.享受社会保障人口比重(100%)。没有达到小康标准的5项指标是：1.人均纯收入(按1990年价格计算为1016.4元)，还差83.6元；2.基尼系数(27.8%)，需提高3个百分点；3.恩格尔系数(50.8%)，需降低1个百分点；4.人均蛋白质日摄入量(67克)，需提高8克或更高；5.万人刑事案件立案件数(22.8件)，需降低2.8件。

这表明，沈阳市的农村小康之路已经走过近九成。但是今后的任务仍很艰巨，达到小康标准的指标需要巩固和提高，没有达到小康标准的指标要达到标准，还需付出极大的努力

（田喜斌）

【县(市)区小康监测结果】 1993年，沈阳市各县(市)区农村经济全面发展，农村产业结构调整已见成效，农民收入显著提高。据沈阳市农村小康监测网点的调查资料和有关部门提供的资料计算，8个县(市)区的农村小康综合得分在1992年

基础上有所提高，各县(市)区实现小康的进程又向前迈进了一步。

根据国家统计局农村小康综合评价标准的16项指标计算，1993年8个县(市)区综合得分排序是：东陵区90.2分，比1992年提高0.1分；于洪区90分，比1992年提高1.4分；苏家屯区88.4分，比1992年提高1.4分；新城子区84.7分，比1992年提高1.2分；辽中县83.9分，比1992年提高5.9分；法库县82分，比1992年提高3.1分；新民市80.8分，比1992年提高1.4分；康平县65.4分，比1992年提高1.3分。可以看出，各县(市)区的综合得分均呈增加趋势。

继1992年东陵区成为沈阳市农村率先基本实现小康的县(市)区后，1993年于洪区综合得分为90分，也步入基本实现小康的行列。综合计算结果显示，东陵、于洪两区之所以能率先基本实现小康，主要特点是农民收入水平较高，经济综合实力较强，1993年这两个区的农民人均纯收入(按1990年价格计算)东陵区已为1 341.9元，于洪区为1 554.7元，分别高出小康标准(1 100元)22%和41.3%。

从16项指标实际完成看，各县(市)区达到和超过小康标准的指标按顺序排列是：苏家屯区14项，比1992年增加2项，其中人均纯收入增加113元，服务消费支出比例提高0.8个百分点；东陵区13项，与1992年相同；于洪区13项，比1992年增加1项，服务消费支出比例提高0.8个百分点；法库县13项，比1992年增加2项，其中：基尼系数提高10.4个百分点，万人刑事案件立案件数达到小康标准；新城子区12项，比1992年增加1项，服务消费支出比例增加1.9个百分点；新民市12项，比1992年增加2项，其中：衣着消费支出增加6.8元，万人刑事案件立案件数达到小康标准；辽中县12项，比1992年增加2项，其中：服务消费支出比例提高2.2个百分点，万人刑事案件达到小康标准；康平县8项，比1992年减少1项，蛋白质日摄入量减少21.8克。

(高党婉)

【“一乡一业，一村一品”建设】　为了进一步深化农村经济体制改革，促进农村社会主义市场经济的发展，加速农民致富奔小康的步伐，沈阳市把“一乡一业，一村一品”建设做为发展“两高一优”农业的重要措施之一，经过几年的努力，在全市142个乡镇中已经形成52个农副产品专业生产乡，569个一品村，实现了在粮食稳步增长的同时，其它农副产品数量充足，品种增加，丰富了全市人民的“米袋子”和“菜篮子”，增加了农民收入，为农村经济腾飞注入了新的活力。

发展“一乡一业，一村一品”农业，是增加农民收入的有效途径。实践证明，农民千家万户的分散经营和日益发育的大市场之间的突出矛盾是生产规模小，形不成批量，因而吸引不了客户和消费者。而“一乡一业，一村一品”建设则顺应了市场经济需要，通过发展有本地特色的农副产品，并逐步形成规模，使之商品化、区域化、集约化，在全市52个专业生产乡中，既有优质米生产基地，又有优质水果、蔬菜、西瓜、油料作物基地，有以发展种植业为主的基地，又有以养殖为龙头的猪、牛、羊、鸡、鱼、鹅、珍禽等基地，为农村产业结构合理化奠定了基础。

“一乡一业，一村一品”的发展带动了农村市场建设。以专项农副产品为龙头的市场建设，促进了产业的发展，搞活了一片经济，富了一方群众。1993年，全市投资7 800万元建设农村各类市场233个，年成交额26.3亿元。新民市梁山镇是远近闻名的西瓜生产基地，为了帮助农民解决卖瓜难的问题，镇里出资30多万元建两处市场，在西瓜销售旺季日成交量可达200万斤以上。有效地促进了西瓜外销的进度。在近两年来西瓜市场不景气的情况下，该镇的西瓜生产稳步发展，长盛不衰成为当地农民的支柱性产业。

“一乡一业，一村一品建设”促进了农村二产业的发展。康平县小城子镇是沈阳市的牛、羊、兔生产基地。该镇围绕畜产品的深加工，投资办厂。先后改建和新建了皮革加工厂和兔肉加工厂，形成了年加工畜皮万张以上，日加工熏兔千只的生产能力。不仅实现了畜产品的深加工增值，也促进了农牧业的大发展，提高了农业的整体效益。

(张清彬)

【兴办乡镇级经营服务实体】　乡镇机关及其事业单位转变职能、兴办实体，是深化农村改革，加强农业社会化服务体系建设的有效途径；也是乡镇机构适应社会主义市场经济体制，向“小机构、大服务”转轨变型的客观要求。为此，近年来，沈阳市农村各县(市)区以乡镇农口“六站”(农业技术推广站、农机管理服务站、林业工作站、水利站、畜牧兽医站、农经管理站)为主体，大力兴办经营服务实体。到1993年末，全市农村各乡镇已累计兴办各类经营服务实体1 765个，其中：乡镇机关兴办的390个，占总数的22.1%；所属事业单位兴办的1 375个，占总数的77.9%。全年经营服务收入为5.6亿元，利润总额4 065万元，比1989年分别增长了6.8倍和5.4倍。累计分流机关在编人员3 722人，占编制总数的51.8%，全年节约经费支出957万元。

沈阳市农村兴办乡镇级经营服务实体，是沿着政企分开、政事分开、理顺关系、划分职责、调整职能、搞好服务的总体思路逐渐推进的。大体可分为三种形式：一是个别乡镇根据机关各部门的工作特点及转变职能、精简机构、提高效率、扩大创收的原则，进行全方位的转轨变型、分流人员、创办实体；二是少数乡镇突破农口“六站”，已在部分非涉农部门创办经营服务实体；三是大多数乡镇以农口“六站”为依托，兴办经营服务实体。

乡镇机关及其事业单位转变职能、兴办实体，使乡镇机关初步形成了新的经济运行机制，有利于转变政府职能；壮大了自身经济实力，有利于拓宽服务领域；加快了主导产业和重点产品开发服务进程，有利于区域性、专业化生产的发展；分流了机关人员，有利于减轻财政负担。

(关明军)

【农村合作基金会健康发展】　近年来，沈阳市农村合作基金会坚持规范化管理，逐步完善了合作基金会，健全了入股、分红、资金投向等方面的制度。规范了融资行为，统一了会计制度，使基金的管理工作逐步走向正轨。到1993年底，全市141个乡镇中已有126个乡镇成立了农村合作基金会，占全市乡镇总数的89%。全市8个农村县(市)、区，已经有6个县(市)、区成立了农村合作基金联合会。在融通资金方面也有了长足的发展，县(市)、区联合会融资已达1 207万元，乡镇合作基金会融资金额达21 000万元。在规范农村合作基金会方面主要抓了以下几个方面的工作：

一是完善了管理制度。近两年来，沈阳市农业管理部门为了确保农村合作基金会的健康发展，先后出台了《沈阳市村级合作经济组织财务管理暂行办法》、《沈阳市乡镇合作经济组织财务管理暂行办法》、《沈阳市农村村级合作经济组织审计工作暂行办法》和《农村合作基金会(联合)会计帐户设置原则》等规范性文件。使农村合作基金会从筹资、融资、到内部管理都做到了有章可循、有法可依。农村合作基金会的管理队伍也不断趋于成熟，融资业务水平不断提高，管理越来越正规，保证了各项业务的开展。

二是融资规模越来越大，已经成为农村经济发展不可缺少的资金互助的经济组织。到1993年末，县(市)区联合会融资金额达1 207万元，乡镇合作基金会达到21 000万元。累计投放资金23 836万元。其中种植业8 154万元，养殖业3 979万元，农田基本建设196万元，工业6 711万元，其它产业4 796万元。纯收入779万元，当年为农民分红1 000万元。全市乡镇农村合作基金会资金超过1 000万元的有6个，500—1 000万元的有11个，100—500万元的有51个。

三是发挥的作用越来越明显。农村合作基金会是农民按照自愿互利，有偿使用，在社区内为农业，为农民，为农村经济发展服务的资金互助组织。随着集体资金内部融通的扩大，合作基金组织的壮大，有力地加强并改善了集体资金的管理，壮大了集体经济的实力。同时，农村合作基金会的资金投向以发展农业生产为主要投资方向，大部分资金用于扶持农村种植业和养殖业，增加了农业生产的投入，支持了农村经济的发展，基金会在1993年用于种植业和养殖业以及农田基本建设的投入达12 329万元，占资金投入总额的52%。合作基金会的发展促进和改善了农村社会化服务体系建设，缓解了农村资金供求矛盾，在一定程度上也抑制了民间高息借贷的漫延，培育了农村资金市场，增加了集体经济和农民收入。

（张清彬）

【农业综合生产能力】 1993年，沈阳市继续增加对农业的投入，加强农业基础设施建设和农业新技术的推广，使农业综合生产能力进一步增强。在耕地面积比1992年减少的情况下，全市粮豆总产量达318.3万吨，每公顷播种面积平均单产高达6 554公斤，比1992年提高1%。

主要农业技术水平提高。主要表现为化肥施用量的增加和农膜覆盖面积的扩大。1993年，全市农用化肥施用量达54.8万吨(实物量)，比1992年增加6.9%。全市农膜使用量达8 153吨，地膜覆盖面积29 501公顷，比1992年增长46.8%。在农业生产中，加强了优良品种的推广工作，玉米“掖单13”、“6170/340”，大豆“铁84—67”，水稻“辽盐241”等优良品种已在农作物的种植中得到普及，全市优良种籽推广面积达到43.6万公顷，占全市粮豆作物总播种面积的90%。

机械化作业能力增强。1993年，全市农机总动力达133.2万千瓦，大中小型拖拉机合计达24 017台。机耕地面积53.7万公顷，占全市农作物总播种面积的89.8%。机播(插)面积24.8万公顷，机械施肥16.6万公顷，机械铺膜2 000公顷，机械收获面积2万公顷。农业生产机械化程度的提高，为沈阳市粮食生产的高产、稳产奠定了坚实的基础。

农村供电情况得到改善。1993年，投资413万元用于电力工程建设，新架送电线路13公里。全年农村用电量达17.3万万千瓦，平均每公顷用电3 033千瓦，电力排灌面积17.6万公顷。较好地保证了以水田为重点的农业生产用电。

科技兴农工作进一步加强。1993年，沈阳市推广覆盖免耕播种面积2 300公顷，水稻工厂化育秧播种面积900公顷，飞机喷药作业面积3.4万公顷，软盘育苗5 000万盘。以实用生产新技术的推广普及为代表的科技兴农工作进一步加强，增加了农业经济发展中的科技含量。农业综合生产能力进一步提高。

（张向阳）

【农业环境保护问题得到重视】 1993年沈阳市在农业环境保护问题上，紧紧围绕发展“两高一优”农业，开展农业生态环境的调查、监测和治理。经过有关部门的积极工作，首先完成了沈阳市农畜产品的质量调查任务。全市集中对张士、沈抚污灌区和优质米、商品粮基地等77个点采集蔬菜、水稻、玉米等样本进行检测分析。二是开展了生态农业建设和绿色食品配套技术的研究。1993年，沈阳市结合农村发展庭院经济、大力推广北方庭院生态模式，全市农村生态模式户已达到7 002户，这项工作不仅从根本上改善了农村生态环境，也大大加快了这些农户脱贫致富的步伐。在开发绿色食品工作上，市对东陵区的浑河站乡和王滨乡进行了环境质量的评估工作，共采集土壤、水、大气样本49个，检测分析后获得各类数据367个。通过检测分析，对这两个乡的绿色食品栽培试验工作提出了有针对性的措施和技术。为在全市发展绿色食品提供了经验。此外，为配合这项工作，农业环保部门还在全市的8大灌区及4条河流进行了取样检测分析工作。共获取有效数据270个，收集各类数据720个。通过分析测试，对全市农业用水的水质污染现状有了全面的了解。三是开展了农业污染事故仲裁工作。工业“三废”排放不合理一直是沈阳市造成农作物受害减产甚至绝收的的主要因素，为了保障农业生态环境和保护农民和消费者的利益，沈阳市对农业污染问题开展了法律仲裁工作,使农业污染事故的处理纳入了法治轨道。1993年,农业环保部门受理了苏家屯区小格镇秋白菜、萝卜等的污染事故处理工作,妥善地解决了农民因环境污染造成的经济损失的事故。

(张清彬)

【亿元乡镇】 1993年末,在沈阳市8个农业县(市)、区142个乡(镇)中,农村社会总产值超亿元的乡(镇)已达89个,比1992年增加21个。其中,产值超过10亿元的乡镇有4个,分别为东陵区五三乡,于洪区于洪乡、陵东乡、北陵乡。

这些亿元乡镇经济发展,呈现如下特点:

一是生产能力较强。亿元乡(镇)数占全市乡(镇)总数的62.2%,农村人口占64.9%,却创造了全市农村社会总产值的88.1%,农村工业总产值的93.8%,充分展示了其巨大的生产能力。

二是乡镇企业发展快,农村工业化水平提高。亿元乡(镇)充分利用本地资源和依托大城市的技术优势,积极发展乡镇企业,走出了一条高速增长的道路。1993年末,全年亿元乡(镇)拥有乡镇企业66 535个,比1992年增加13%,占全市乡镇企业总数的70.1%,乡镇企业总收入163.3亿元,比1992年增长55.1%,占全市农村乡镇企业总收入的82.7%,平均每一工人创造产值比全市平均水平高出40.8%。亿元乡(镇)的非农业产值所占比重高达84.1%,比全市平均水平高出8.4个百分点。

三是积极发展第三产业,提高人民生活水平。亿元乡(镇)把启动第三产业作为新的经济增长点,大力兴办商贸企业。不但促进了经济稳定、高速增长,而且使产业结构由原来的"工农贸"型向"工贸农"型转化。1993年,沈阳市亿元乡(镇)第三产业产值达39.9亿元,比1992年增长122.9%,占全市农村第三产业产值的91.1%,增长速度高出全市平均水平9.3个百分点。不但活跃了农村市场,繁荣了农村经济,同时,也成为增加农民收入,改善农民生活的一个重要渠道。1993年,亿元乡(镇)农民人均纯收入达1 405元,比1992年增长21%,高出全市平均水平187元。

四是亿元乡(镇)多分布在近郊区。在苏家屯、东陵、于洪、新城子等4个近郊区的58个乡(镇)中,亿元乡(镇)达54个,比重为93.1%;而远离市区,经济相对落后的3县1市的84个乡(镇)中,亿元乡(镇)只有35个,只占乡镇总数的41.7%。

(张向阳)

种植业

【概况】 在"决不放松粮食生产,积极发展多种经营"的方针指导下,1993年沈阳市种植业生产,坚持以市场为导向,充分发挥资源优势和市场优势,大力发展"两高一优"农业,调整种植业结构,稳定粮食生产,扩大经济作物和蔬菜、两瓜面积,使全市的种植业结构发生了明显变化,并取得了较好效益。

1. 进一步调整种植业结构,稳定粮食生产。尊重市场经济规律,提高种植业生产的比较效益,这不仅是农民的迫切愿望,也是市场经济发展的客观要求。为此,1993年沈阳市以市场需求为导向,对种植业结构做了及时调整。全市总播种面积在基本保持1992年59.8万公顷的水平下,粮豆作物播种面积调整为47.6万公顷,调减2.8万公顷,减少5.5%;其它作物增加1.9万公顷,达8.4万公顷,增加29.2%。粮食作物内部也进行了调整。水稻面积由13.6万公顷调减到10.7万公顷,减少21.3%;玉米由27.2万公顷调减到26.3万公顷,减少3.2%。而大豆面积却由3.4万公顷增加到4.2万公顷;小麦面积由3.3万公顷增加到3.4万公顷。经济作物中的油料增加82.3%。尽管种植结构做了调整,减少粮豆面积,但是通过发展高效高产农业,推广优良品种,增加投入,提高单位面积产量,全市粮食生产基本保持了稳定发展的势头。1993年全市粮食产量仍达318.3万吨,只比1992年减少4.5%。每公顷单产却由6 490公斤提高到6 554公斤,单位面积产量增加1%,创沈阳市历史最高水平。

2. 发展经济作物,促进高产高效。随着农业生产的不断进步,发展高效农业既要稳定粮食生产,又要增加农业收入,已成为农业生产发展中的重要问题。因此,调整作物结构,适当压缩粮食,相应扩大经济作物,即成为农业稳产增收的重要一招。1993年,全市各种经济作物产量均比1992年有较大增加,其中油料作物一改多年徘徊的局面,总产量达2.4万吨,比1992年增长90.3%。甜菜面积增加1 098公顷,产量增加3.8万吨;烟叶面积增为1.1倍,药材面积增加2倍。收到了利国利民的双重效果。

3. 扩大蔬菜、西瓜生产,丰富城市居民的"菜篮子"、"果盘子"。为了发展蔬菜生产,沈阳市从加强蔬菜基地建设入手,稳定和扩大蔬菜面积,调整蔬菜品种结构,增加生产投入,提高生产水平,从而使全市的蔬菜生产有了较大的发展。1993年全市蔬菜播种面积已达6.93万公顷,比1992年增加1.4万公顷,增加25.6%。产量达258.2万吨,比1992年增加49万吨,增长23.4%。而且品种增多,产量提高,并做到了排开季节,均衡供应。其中有许多品种是南菜北移,外菜中引。既丰富了城市居民生活,又增加了农民收入,做到了城乡居民皆大欢喜。并且有大量余菜远销外埠。两瓜生产1993年也有较大的发展。两瓜面积增为1 571公顷,产量12.2万吨,比1992年增加4.6万吨,增长60.3%。而且籽少瓤多、味甜。丰富了市场供应,满足了居民消费需求。

(孙开胜)

【粮食生产】 在近年来粮食生产比较效益日趋下降的大气候下,1993年沈阳市粮食生产经过广大农村干部及农民群众的辛勤努力,又喜获丰收。全市粮食生产总量达318.3万吨(63.7亿斤),大体上保持了1992年的生产水平。就单产而言,平均每公顷达到了6 554公斤,比1992年增加1%,创沈阳市历史最高水平。

在调整农业内部结构的前提

下，保证粮食生产的稳定发展。根据近年来粮食生产比较效益下降，局部出现卖粮难，农民种粮积极性受影响的情况，1993年沈阳市对粮食生产进行了比较大的调整，全市粮豆面积比1992年减少2.8万公顷，其中属于高产作物的水稻面积减少21.3%，玉米面积减少3.2%。大面积、大幅度的调减粮食作物，会不会影响粮食生产的稳定？这是一度令人担心的。然而，由于采取了一系列的保证措施，全市粮食生产面积减少5.5%的情况下，总产量仍达318.3万吨，仅减少4.5%，较好地实现了市委、市政府预定的"调整结构、提高单产、稳定总量"的战略目标。从全市8个县(市)区看，由于调整的力度不同，因而产量增减的幅度亦有所不同，其中康平县粮豆产量40.1万吨，比1992年增加6.7%；辽中粮豆产量50.7万吨，增加2.9%；两县产量均创历史最高水平。其余6个县(市)区产量均比1992年有所减少。减少幅度最大的于洪区，产量24.4万吨，减少10%；法库县、新民市产量分别为60万吨和72.7万吨，分别减少8.6%和8.2%。新城子区、东陵区和苏家屯区产量依次为22.4万吨、21.7万吨和26.4万吨，分别比1992年减少6.7%、5.6%和4.6%。

为了保证实现市委、市政府关于调整粮食作物结构、保持总量稳定的战略意图，1993年对粮食生产的调整措施，主要是遵循以下原则进行的。

1. 适当调减生产面积，保持产量的基本稳定。1993年，全市粮豆面积48.6万公顷，实际总产量318.3万吨，虽比1992年分别减少5.5%和4.5%，但却比计划分别高出4.1%和6.1%，即面积在46.7万公顷以上(700万亩)，产量在300万吨以上，实践证明这步棋是比较稳妥的。

2. 调整作物品种结构，提高生产效益：在对作物结构进行调整时，比较大幅度减少了投入大、成本高、收益低的水稻面积。适当增加了小麦的播种面积和经济作物播种面积。1993年全市小麦播种面积达3.4万公顷，产量达到38.4万吨，并在小麦茬内套种了大葱等，事实表明：水改旱的举措既稳定了粮食生产又增加了农民的经济收入，也是比较成功的。

3. 推广优良品种，提高单位收益。1993年全市90%以上的粮食作物为优良品种。产量高、品质好、抗病能力强，已基本取代和淘汰了使用多年接近蜕化的品种，从而使粮食单产水平比1992年提高了1%，这是保持全市1993年粮食基本稳定的关键。

4. 增加科技投入，以科技促丰收。随着农村经济的不断发展，科技兴农已成为广大农村干部群众的共识。增加科技投入已成为农业生产发展的有效措施。1993年，全市粮食生产大面积实施了先进的栽培技术，如旱田的覆盖免中耕，水田的工厂化盘育苗，飞机喷药、灭虫、除草作业等。并增加了化肥、农膜等主要农用物资的投入，从而保证了全市粮食生产的丰收。

(孙开胜)

【蔬菜生产】 1993年，沈阳市蔬菜播种面积为102万亩，总产量258万吨，年创产值8亿元，占农业总产值的14.7%。保护地生产面积发展到10万亩，占农业总产值的14.7%。保护地生产面积发展到10万亩，全年提早延晚生产鲜细菜31万吨。发展蔬菜生产、特别是发展保护地蔬菜生产，已成为全市8个县(市)、区及广大菜农发展两高一优农业的重要内容。

因城市建设的需要，每年都有一定数量的近郊老菜田被征用。为了保持16万亩供应沈阳市民吃菜的菜田面积相对稳定，除利用新菜田建设基金开发建设新菜田外，每年对16万亩基地菜田面积进行核实、登记、发放菜农证。菜农持证到农贸市场卖菜免征营业税；成立基地菜农的自治组织——沈阳市菜农协会，建立了蔬菜风险补贴制度，稳定了生产、减轻了农民负担。协会目前已有3万多会员，形成一支稳固的种菜大军。

科技作为第一生产力，为沈阳市的蔬菜生产注入了活力。沈阳市因气候条件所限，蔬菜只有半年的生产季节。为了缓解蔬菜生产、供应的淡旺季矛盾、发展效益型蔬菜生产，1993年进一步调整了品种种植结构，减少了大路菜生产面积，增加了小品种、南方菜、返季菜生产面积5 000多亩(15大种类、30多个品种)。推广高效节能不加温冬季保护地生产面积5 000亩，创造了黄瓜2月2日开园、蕃茄3月23日上市的历史纪录。韭菜、芹菜周年生产，结束了春节吃韭菜靠外采的历史。利用5万平方米恒温菜库、贮藏蒜苔1 000万公斤，17万平方米低温速冻菜库加工生产豌豆、芸豆、冬瓜、茄子等20多个品种，300多万公斤速冻菜。起到了旺贮淡销的作用。建设了配套完善、持久高效、规模经营的标准化菜田5 000亩。为模式化高产栽培创造了条件。进行了绿色蔬菜生产的示范，无化肥、无农药、无污染的西红柿、黄瓜、韭菜等蔬菜品种已经上市。水耕栽培等新的生产技术已开始应用。蔬菜深加工、精加工产品步入了超级市场的柜台、满足了不同消费阶层的需求。

1992年—1993年在于洪区的北陵乡、大潘镇、陵东乡，东陵区的五三乡建设了蔬菜产地批发市场。菜农不出村就可以把自产的蔬菜销售出去，解决了劳力不足的困难，缓解了卖菜难。于洪区大潘镇批发市场有组织、有专职工作人员、有运输工具、有交易场地，坚持销售地方蔬菜为主，购买农资、传授生产技术为辅，常年开展产前、产中、产后服务。全市现在基地内共建起蔬菜产销服务站123个。其中乡(镇)级9个，村级114个。为广大菜农参与市场经济、科学种菜提供了方便，提高了蔬菜生产效益，壮大了集体经济实力。

(张继娥)

【水果生产】 随着人民生活水平的不断提高，水果消费已成为人民生活不可缺少的内容。沈阳市作为一个拥有640万人口的特大工业城市，在水果生产上尚有一定缺憾。1993年全市水果生产总量只有60 258吨，人均不足10公斤，只占全市需求量的三分之一。而且品种单一，季节性强，旺淡供应不均，难以满足人民消费需求。为了丰富城市居民的“果盘子”满足人民生活需求，农村各级政府采取积极措施，在保证装满居民“菜篮子”的同时，正在逐渐提高“果盘子”中地产水果的比重。1993年全市新增果园面积3 000公顷，使全市果园面积达到了1.7万公顷，水果产量比1992年增长36.8%，其中，苹果、梨、葡萄产量分别比1992年增长53.7%、49.4%和30.8%。使水果生产淡没的局面有所改观。综观1993年水果生产，有以下特点：

一是舍得投入资金，注重培养人才。水果生产周期长、投入大，无论建新果园或是改造更新老果园都需要大量的资金。沈阳市农村各县(市)区政府在这方面具有较远的眼光，舍得投入资金。1993年，新城子区就投入200多万元资金用于水果上。于洪区投资几十万元组织农业技术人员对梨树病虫害规律及防治技术进行了研究；农民个人也舍得投入，集资75万元用于葡萄园的建设。水果生产技术要求复杂，为使果农更好地掌握果树栽培及管理技术，1993年，全市共举办技术骨干培训班19次，一事一学现场会30次，培训人员2 000人次，效果非常明显。苏家屯区400余名果农，经过培训之后，掌握了果树施肥、打药、剪枝等技术，拿到了“绿色证书”，在生产中发挥了重要作用。

二是适应市场需求，发展“新奇特”产品。在全市地产水果中，除草莓、苹果梨方兴未艾以外，其它品种都缺乏市场竞争能力，面临更新和被淘汰的威胁。为适应市场需求，沈阳市引进了巨丰无核葡萄新品种。这种葡萄不但无核，而且还比普通葡萄提早上市近一个月，价格是普通葡萄的2倍多，亩增收近2 000元。辽中县农民李宝田研究的日光温室早熟桃栽培技术，已被列为全国农业科技重点推广项目之一。另外，全市还从辽南等地区引进了多种水果优良品种，为丰富沈城人民的“果盘子”奠定了基础。

（张向阳）

【水稻种子基地建设】 种子是粮食增产的关键因素，也是发展“两高一优”农业的主要保证。沈阳市为适应水稻生产发展新形势的需要，保障水稻优良品种的覆盖率，在水稻种子方面充分利用国家商品粮基地建设基金和市财政专项基金，扶持面积较大的乡镇、农场建设水稻常规繁种基地，解决水田高产用种问题。自1991年起，全市已在37个乡镇、4个农业示范场完成了种子基地建设任务，使每个水稻乡镇拥有一块良种生产繁殖基地，并完成了种子贮藏库、种子晾晒场等设施以及种子加工、运输的机械设备等。保证了全市水田生产用种问题，初步控制了农民盲目引种、乱繁种子和串换商品粮顶替种子等“多、乱、杂”等问题，有效地保证了水田生产的健康发展。在水田制种基地建设方面，全市重点抓了以下几个方面的问题。

一是资金上给予扶持。为了加快种子基地建设步伐。全市通过国家商品粮基地建设基金和市财政专项资金，分期分批地解决水稻制种基地建设问题。到1993年底，全市已经解决了37个乡镇、4个农业良种示范场的水稻常规制种基地，已建成种子田6 000亩，总投资28 225万元，其中市投资120万元，乡镇、农场自筹16 225万元，保证了这项事业的顺利实施。

二是充分发挥乡镇农技推广站的作用，加快了种子基地建设。全市在水田种子基地建设方面，充分利用农业技术推广网络的技术力量，进行良种的引进、繁育工作，各乡镇农技推广部门也充分发挥其技术服务的优势，在种子田选定、田间管理、种子贮藏保管、种子售销等环节上发挥了重要作用。保证了种子基地建设中各项任务的落实。

三是强化监督管理。各县(市)区和市农业部门在水田常规种子基地建设方面，加强了领导力度，建立种子基地审批，项目开工和投产等方面的监督机制，并将水稻种子基地建设纳入了种子生产计划，由各级农业行政主管部门统一调控。加强种子基地建设的技术指导和田间质量检查，保证种子的纯度和质量。

（张清彬）

养殖业

【概况】 1993年，沈阳市进一步普及家禽、生猪、渔业的“三改”、“五改”及“池塘养鱼”等技术措施，使全市养殖业再上新水平，成为农业和农村经济中充满活力的增长点。

全市养殖业的发展，首先反映在畜禽存栏的增加和产品产量的增加方面。1993年末，全市生猪存栏157.4万头，比1992年增长3.5%，其中能繁殖母猪11.6万头，比1992年增长1.6%；肥猪及育肥猪48万头，比1992年增长4.1%。牛存栏16.4万头，比1992年增长0.8%；羊存栏16.2万只，比1992年增长4.3%，其中山羊2.4万只，比1992年增长43.7%。家禽饲养业的发展速度明显加快，年末家禽存栏已达2 781万只，比1992年增长24.7%。养殖业产品产量有较大幅度增加，全市肉类总产量达24.3万吨，比1992年增长9.1%，其中牛肉1.4万吨，比1992年增长12.8%；禽肉6.7万吨，比1992年增长31.7%；禽蛋产量16.6万吨，比1992年增长1.9%；淡水产品产量4.3万吨，比1992年增长38%。

其次，养殖业的发展还表现在产品结构的调整和产品质量的提高方面。1993年，全市面对市场需要，在牧业生产中大力发展高蛋白、低脂肪的畜禽，在全市的肉类总产量中，牛、羊肉所占的比重已由1992年的6.3%提高到6.5%，禽肉比重由1992年的27.5%提高到33.2%；瘦肉型猪所占比重已达70%；淡水养殖由单纯的养鱼，向鱼、虾、蟹、甲鱼多品种综合发展。淡水鱼的养殖也由过去鲤、鲢、鳙三个品种扩大到鲫鱼、黑鱼、鲶鱼、罗非鱼、鳜鱼等许多高级名贵品种。全市鲤鱼产量达2.9万吨，占水产品比重由1992年的62.3%提高到66.4%；鲫鱼产量由1992年的165吨，增长到264吨，比1992年增长49%；罗非鱼由1992年的6吨增长到69吨增长10倍多。淡水产品不仅满足本市居民生活的需要，还远销吉林、黑龙江等各省。在养殖业的发展过程中，全市各类养殖业商品基地得到了进一步巩固和壮大。1993年，全市各类饲养专业乡(镇)已发展到234个，其中淡水鱼产量超400吨的乡(镇)达24个，饲养专业村达1 006个，畜禽、水产养殖大户已发展到2.7万户，其中水产养殖有较快发展，养殖产量在10吨以上的大户就达1 201户。养殖业商品基地已形成了十分可观的规模，为丰富城乡人民的菜篮子做出了积极的贡献。

(陈兆林)

【畜牧生产】 1993年，是畜牧业生产和畜产品全面进入市场经济的头一年。在新形势下，沈阳市以改革为动力，围绕调整结构，提高水平，增加效益，狠抓畜牧业生产，取得了猪、鸡生产稳定；牛、羊、鹅、鸭等草食畜禽大发展；名、优、新、特、稀养殖品种有新突破，畜产品有效供给充足，农民收入增加的好成绩，使畜牧业生产又上新台阶。

1.畜禽数量和畜产品同步增长。一是畜禽数量增多。生猪饲养量318万头，比1992年增长3%，家禽存栏2 781万只，增长24.8%；黄牛饲养量24.8万头，增长34.4%。二是畜产品产量增加。肉类总产量26.5万吨，比1992年增长9.1%。其中猪肉15.8万吨，增长31.8%；禽蛋产量16.6万吨，增长1.9%。全市人均占有肉、蛋、奶总产量77公斤，比全国平均高出25公斤。三是畜牧业产值上升，达22.3亿元，占农业总产值的40.8%。

2.畜牧业生产结构和品种结构得到进一步调整。一是大力发展了草食性畜禽，加快了牛、羊、鸭、鹅发展速度。黄牛存栏增长52.1%，羊存栏增长4.3%；鹅、鸭饲养量410万只，增长30%，创历史最高水平。全年引进小尾寒羊7 000多只，良种肉牛3 000多头。牛、羊、鹅、鸭生产基本设施和基地建设得到加强，出现一大批牛、羊、鹅、鸭饲养专业乡村和专业大户。养牛专业乡56个，村203个，养5头以上专业户7 155户；养羊专业乡22个，专业村113个，专业户1 377户。二是肉禽产量持续增长，占肉类总产量的34.1%，比1992年上升了7个百分点。三是瘦肉型猪生产基地建设水平提高。新民、辽中、法库、苏家屯等4县(市)区基地已验收合格，其它4县区正在建设中，为全市成为瘦肉型基地市打下了基础。目前，上市商品猪瘦肉型已占70%以上。四是山鸡、乌鸡、珍珠鸡、香猪、鹧鸪等名、优、新、特、稀养殖新品种发展较快，山鸡饲养量达到50多万只。

3.畜牧业生产基地巩固发展。畜牧业生产在原有的基础上，具有专业化、区域性特点的畜产品生产基地巩固提高。于洪区饲养蛋鸡近400万只，提供鲜蛋3.8万吨，占全市四分之一左右；苏家屯区出栏肉鸡2.3万吨，占全市25%；新民市、辽中县出栏商品猪都在30万头以上；新城子区12个乡已全部成为养牛专业乡；康平县沿辽河6个乡形成了白鹅生产基地；辽中县长滩镇养猪5万头，人均2.5头，该镇英架子村人均养猪多达50多头。1993年各类专业乡村和专业大户大幅度增加，专业乡发展到234个，专业村1 006个，分别比1992年增加62个和301个。饲养专业大户达26 630户。

4.科技兴牧工作成效显著。一是主要畜禽技术推广项目成绩大。全年完成猪人工授精3.5万头，黄牛冷配2万头，快速育肥猪77万头，快速育肥牛4万头，蛋鸡高产技术577万只。二是加强了种鸡、种猪管理工作。对市属以上11个育种场进行种猪、种鸡登记鉴定，鉴定种猪1 300头，种鸡31万只，核发了生产许可证。三是大力开展科普宣传技术培训。市、县、乡、村四级举办学习班、培训班600多期，参加培训人员5万人次，电台讲座11次，编印科普材料5 000多份，还进一步开展了科技承包。

5.社会化服务和流通领域工作得到加强。在社会化服务方面，市、县、乡三级服务网络建设得到巩固提高，生产服务工作得到加强。全市投资264万元，改造了54个乡兽医站。全年完成20多项防疫任务，猪瘟免疫率为97%，新城疫Ⅰ系苗免疫率为95%。加强了兽药、饲料检验、打假工作，共检测兽药饲料603批次，查出不合格饲料1 100吨，销毁假劣青霉素28万只。在流通工作方面，抓市场建设的同时，采取公司加农户的办法，建设一批深加工、细加工龙头企业，走产加销一条龙的路子，带动生产发展。新城子区大辛二村建成一座年产万吨肉鸡的屠宰线，当年创产值7 000万元，加工分割鸡外销日本、德国1 100吨，带动了全区养鸡业的发展。东陵区发展18个肉鸡系列产品加工企业，年加工肉鸡1万多吨。据不完全统计，全市有各类屠宰、加工、贩运、销售以及兽药、饲料经销场点1 500多个。

(张梦飞)

【养猪业】 1993年，沈阳市养猪业在各级政府的重视下，进一步加强了基础设施的建设，狠抓了以“五改”为主的科学饲养方法的推广普及工作，强化了社会服务，提高了专业化生产水平，使全市养猪业克服了各种不利因素影响，继续保持稳定发展的势头。

1993年，全市生猪饲养量达318万头，再度创下历史最好水平。年末生猪存栏157.4万头，比1992年增长3.5%，其中能繁殖母猪11.6万头，比1992年增长1.6%；后备母猪2.6万头，比1992年增长0.2%；种公猪0.6万头，比1992年增长4.8%；肥猪及育肥猪4.6万头，比1992年增长0.4%；仔猪33万头，比1992年增长8.5%；年内生猪出栏156.6万头，比1992年增长2.5%。当年生猪出栏率为106%，继续保持全省领先水平。猪肉产量16万吨，占肉类总产量的65.8%，仍是肉类生产的当家品种。全年养猪业实现总产值达8.9亿元，比1992年增长0.8%。成为农村经济发展的重要内容。

在生猪数量稳步增加的同时，根据市场需要，进一步提高了产品质量，大力发展了瘦肉型猪，使全市生猪饲养由传统的肥猪向瘦肉型猪转化。1993年内，在全市出栏的商品猪中瘦肉型猪的比重已提高到70%。另外，还从外地引进了发育快，效益好的小香猪，并在于洪、新城子等远郊地区得到较快的发展，成为生猪生产中的一枝新花。

但是,1993 年,在全市养猪业生产中,也暴露了一些令人堪忧的问题:首先是生猪 5 号病一度在全市大范围蔓延。这是近年来养猪业遇到的一次较大疫情,各县区的养猪业都无一例外地受到冲击,使农民蒙受经济损失,影响着养猪业的发展。

(陈兆林)

【家禽生产】 1993 年,是沈阳市家禽产业大发展的一年,沈阳市各级政府进一步加强了家禽生产的领导,在资金、技术及社会化服务等方面予以支持,千方百计疏通渠道,实行产销挂钩和产品深加工等措施,拓宽了产品销路,有力促进了养鸡业的大发展。

蛋禽产品产量大幅度增加。1993 年,全市家禽存栏量达2781万只,其中蛋禽1847万只,比 1992 年增长24.7%;当年家禽出栏量达4 170万只,禽肉总产量达8.8万吨,其中鸡蛋产量为14.2万吨,比 1992 年增长1.9%。鸡蛋占禽蛋比重由 1992 年的85.1%提高到85.4%。1993 年,全市家禽业现价产值由 1992 年的9.2亿元增加到12.2亿元,按可比价格计算比 1992 年增长10.6%,养禽业占畜牧业的比重由 1992 年的46.1%提高到50.8%,成为沈阳畜牧业生产的一大支柱。

积极帮助农民拓展销路。1993 年,在发展生产的同时积极拓展销路,为生产服务,较好地解决了产品的销售。因而促进了全市禽蛋生产的高速发展。康平、法库两县历来是蛋禽生产大县。为了消除在农民的生产后顾之忧,这两县的食品公司对农民的蛋禽产品实行联合包销。新城子区财落堡乡大辛二村屠宰场与肉鸡孵化场、户联合签定收购肉鸡的合同,较好解决了生产者卖鸡难的问题。因而提高了农民的生产热情,刺激了生产的发展。

在科技养鸡方面,进一步推广和普及了以"三改"为主的科学饲养方法,全市用氨基酸代替鱼粉养鸡已由 1992 年的482.7万只增加到 1993 年的500多万只,取得了可喜进展;与此同时,以专业户为主体的肉、蛋鸡基地进一步巩固和扩大,全市养鸡专业乡(镇)已达64个,蛋鸡专业村159个,肉鸡专业村129个;百只以上蛋鸡专业户达 1.1 万户,百只以上肉鸡专业户为9 000户,万只以上蛋鸡大户为64户。出售肉鸡3—5 吨的大户达6 550户。初步形成了专业化生产规模。

随着家禽饲养基地的发展壮大,商品生产又有新起色。1993 年,全市家禽及禽蛋商品率分别由 1992 年的86.3%和89.4%提高到89.8%和89.7%,为富裕农民、繁荣城乡市场,促进农村经济的发展,做出了积极的贡献。

(陈兆林)

【淡水渔业】 1993 年,沈阳市有136个淡水养鱼乡镇,1 234个养鱼村,87个乡村办渔场。全市 4 县(市)、4 区养殖面积 24.9 万亩,比 1992 年增长 1 倍。淡水产品总产量4.3万吨,比 1992 年实际产量净增1.2万吨,增长 38%。总产量中鲤、草、鲫、罗非鱼等优质鱼达 3 万吨,占总产量的69.8%。10 万亩成鱼塘生产商品鱼 4 万吨,增长50%;其中6.3万亩标准塘平均亩产547公斤,比 1992 年增长30.8%。渔业总产值达2.6亿元,比 1992 年1.6亿元增长63.2%。全市淡水商品鱼人均占有量达 6.7 公斤,比 1992 年增长31.3%。全市渔业生产的淡水产品增长量、增长幅度、绝对产量、渔业总产值和淡水鱼人均占有量均创历史最高记录。

肉食鸭生产

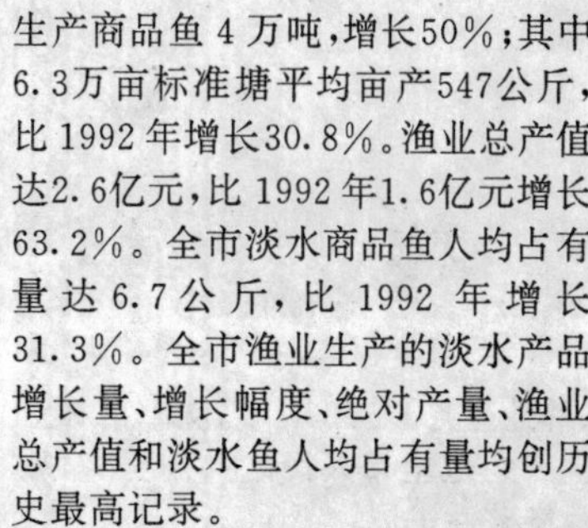

1."养鱼热"继续高涨。在国家无任何投入情况下,渔业股份合作制应运而生,全市各养鱼乡镇和养鱼户自筹资金3 000多万元,再次掀起开发建池高潮,全年新建池塘达1.4万亩。加强商品鱼基地乡村建设,全市年产400吨以上商品鱼基地乡镇24个,辽中县冷子堡镇产量达6 350吨,为全省第一个淡水鱼年产超5 000吨乡镇。产鱼 100 吨以上基地村达103个,产鱼10吨以上养鱼户达1 201个。

2.以"丰收计划"为龙头,促进渔业生产快速发展。完成农业部"丰收计划"两个项目,池塘面积1.6万亩,平均亩产分别达744.6公斤(万亩)项目和577.5公斤,总产商品鱼10 900吨,比 1992 年增加3 147吨,总利税1 567.4万元。明显提高了全市中低产池塘的产量效益。

3.以市场为导向,国家集体个人一起引进开发养殖新品种,优化养殖品种结构。开发当地银鲫、黑鱼、鲶鱼等品种,引进淡水白鲳、罗非鱼、革胡子鲶、河蟹、建鲤等品种养殖,优化了沈阳市养鱼品种结构,当年秋季沈阳市场地产鲜活淡水鱼品种达 7、8 种,已初见成效。另外,还引进加州鲈鱼、鳜鱼、沟鲶、甲鱼等试养。

4.依靠科技进步促进淡水鱼销售。淡水鱼全市已自给有余,池塘养鲤生产已达国内先进水平,全市 1993 年又增1.3万亩达 4 万亩,平均亩产达600公斤以上。在此基础上对其中1.6万亩养鲤塘增加鲫、黑、鲶等品种混养,活跃市场增加效益。同时采取"一塘养两茬鱼"、"分档放养提前出塘"和"商品鱼囤塘越冬"等技术,使商品鱼大量增加情况下产销两旺,全年淡水鱼均衡上市,搞活流通增加效益。

（朱君舜）

林　业

【林业生产】 1993年，沈阳市林业生产经过全市人民的共同努力，取得突破性进展：

1.造林任务全面完成，农村绿化有大发展。1993年全市计划造林21万亩，实际完成21.4万亩，造林成活率平均达到80%以上，其中成活率达85%以上的造林面积达到14.9万亩。按权属分，国营造林完成1.8万亩，集体造林完成12.9万亩，个人造林完成0.2万亩。按林种分，完成用材林5.2万亩，防护林4.8万亩，经济林4.8万亩，其它0.1万亩。

2.经济林发展迅速，为实现林业"两高一优"奠定基础。1993年全市计划新植果树7万亩，实际完成8.7万亩，成活率平均达到90%以上。水果总产量达5.8万吨。苹果梨发展面积占主导地位，达4万亩，山楂发展稳定，葡萄生产稳定中有发展，品种进一步优化，李子、杏、草莓开发有所发展。两瓜种植面积达到8万亩，产量达到3亿公斤。

3.重点工程建设完成较好。1993年全市林业投入达1 800多万元，推动了林业重点工程建设，康平、法库、新民、辽中4县（市）"三北"防护林二期工程建设全面完成，风沙区生态环境明显改善。营造速生丰产林2.8万亩，使全市丰产林基地达到20万亩，其中部、市合资林总规模达到7.5万亩，并且标准高、质量好。东部山区、柳绕地区、辽河平原开发中的林果项目形象突出，效益显著，得到国家农业开发办领导肯定。

4.林业"三防"取得新成绩，依法治林有新突破。1993年实现了全市无森林火灾和火警，保证了300万亩森林资源安全。共防治森林病虫害20万亩，林果主要害虫得到了有效控制，把病虫害造成的损失降到了最低点。在毁林案件有所抬头的形势下，1993年全市共查处乱砍滥伐、盗伐林木和违法经销野生动物案件130多起，有力地打击了毁林犯罪分子，扼制了毁林歪风上升势头。

5.科技兴林工作明显加强，推动林业生产发展。1993年，全市林业生产本着科技为生产服务，生产依靠科技的原则，按照生产、科技、金融、行政四位一体相结合的原则，调动了大专院校、科研院所等各方面的人才，共推广了20多项林果生产新技术，其中速生丰产林病虫害综合防治技术、杨树优良品种推广、苹果梨丰产栽培技术、李子丰产栽培技术等均取得明显的经济效益。

（关庆伟）

【农村平原绿化】 截止1993年底，沈阳市农村8个县（市）区，有7个达到国家平原绿化标准，被林业部授予"全国平原绿化先进单位"称号。他们是：新民市、法库县、康平县、辽中县、新城子区、东陵区、苏家屯区。

解放初期，沈阳市有林面积16.3万亩，林木蓄积量35.8万立方米，森林覆盖率仅为1.3%。在各级党委和政府的领导下，特别是在党的十一届三中全会以后，沈阳市绿化工程建设走向正轨，发展速度加快。从1986到1993年，8年间全市连续造林160.9万亩，核实合格面积达115.9万亩，超计划完成任务。其中营造"三北"防护林94万亩，是"三北"二期工程规划任务的129.2%，国营造林9万亩，林业育苗12万亩，四旁植树5 500万株，栽植果树35万亩，其中葡萄8万亩。改革开放以来，全市有林面积发展到260万亩，森林立木蓄积量增加到396万立方米，森林覆盖率达到12.59%。林业的发展为繁荣农村经济和改善生态环境发挥了重要作用。

（张宝森）

【林业多种经营蓬勃发展】 沈阳市林业多种经营的发展起步于1987年。主要是以国营林场、苗圃为龙头上了一批投资少、见效快的项目。到1993年底全市林业多种经营的发展已有林业机械生产加工、木材深加工、皮革模具加工、果品加工、工艺美术制品、采矿业、化工制品、种养业、饮食服务等20大类，30多项，总产值达到2 500多万元，年创利税200多万元。1992年原有的93个乡镇村工站多种经营创收达200万元，并涌现了一批年创利超10万元的先进典型。

1993年全市在发展多种经营上主要做了以下几项工作。

1.解放思想、调整思路，把实现"绿起来、活起来、富起来"做为总体目标。6月7日至9日在新民、辽中两（市）县召开了林业系统多种经营现场会，以推动全市林业多种经营向深度、广度发展。

2.加大多种经营的科技含量。1993年是沈阳市林业系统技术改造项目最多的一年。主要技改项目有：市兴林聚氨酯厂、生物工艺厂、辽中林机厂、新民木材加工厂等。产品档次提高、品种增加、生产能力加大、市场竞争能力增强。

3.资金向发展多种经营项目上倾斜。1993年市农行、财政和地方自筹800多万元资金投入到市直企业、县（区）局直属的经济实体和国营林场。

4.深化了市直企业和国营林场、苗圃内部改革。在搞好国有资产清查的同时，推广了国营林场划小核算单位的办法，充分调动法人及职工的积极性。在市直企业推行工效挂钩和利润承包，下放了企业经营自主权、干部管理权、内部分配权等。

5.抓培训提高财务人员管理水平。5月下旬，市林业局与市财政局举办了新会计制度培训班。包括县（市、区）在内的林业系统80多名从事财会工作的同志参加了脱产培训。

（王继东）

【果树基地建设】 1993年，沈阳市果树工作本着狠抓挖潜、改善条件、加强管理更新品种、优化结构提高单产、增加效益因地制宜、积极发展的原则，以苹果梨为主的商品果基地建设，又取得了突破性的发展。

1.新植果树面积和水果产量仍呈大发展的势头。全市1993年新植果树7万株，其中：苹果梨4万株，葡萄1.8万株，李子1.5万株，苹果0.5万株，其它果树0.2万株。截止

1993年，全市果树面积已达到35万株，其中：苹果梨基地11万株，葡萄10万株，山楂8万株，草莓0.5万株，李子3.5万株，苹果1.5万株，其它果树0.5万株。

全年水果总产量5.7万吨，为1992年水果总产量的135%，其中：葡萄2.8万吨，苹果梨1.2万吨，山楂0.8万吨，草莓0.2万吨，其它水果0.7万吨。水果总产值达5 000万元左右。

2.苹果梨低产树改造工作取得成绩。为进一步挖掘现有果树资源的增产潜力，1993年开展了4县(市)苹果梨园低产树改造试点工作。共完成改造面积3 600亩，是计划面积2 000亩的180%。截止1993年，全市苹果梨低产树改造面积达2.5万株，产量较改造前提高1.71倍。

(王录年)

【林业基础框架初步形成】 沈阳市经历了14年林业改革，特别是通过实施1990年市政府制定的“3—5—8”造林绿化工程总体规划，全市农村造林栽果步伐逐年加快，大林业布局正趋向合理。1993年全市有林面积达到260万亩、果树面积达到35万亩，森林覆盖率由1978年的4.8%，提高到12.59%，森林蓄积量达到396万立方米。全市农村8个县(市)区中，已有7个达到国家林业部颁布的平原绿化标准，进入了全国平原绿化先进县。经过科技进山和为期4年的林果综合立体开发，全市东部山区基本形成了以水源涵养林为主的东部生态屏障和以苹果梨、山楂为主的经济林基地；西部柳绕地区基本形成了以“三北”防护林为主的西部生态屏障和以杨树速生丰产林为主的用材林基地；北部康、法两县形成了以防风固沙林为主的北部生态屏障和以果树为主的经济林基地；中部平原地区形成以农田林网、村屯绿化、道路绿化为主的农区生态屏障和以葡萄为主的近郊经济林基地。沈阳市经济生态圈的基础框架初步形成，为改善全市生态环境，发展农村经济奠定了良好基础。

(李春晗)

水　　利

【抗旱夺丰收】 1993年，沈阳市水田生产突出的问题是旱，担负全市水田供水的各水库蓄水量锐减。省供水局年初分配给沈阳市农业用水仅为2.13亿立方米，比1992年同期减少了1.64亿立方米。这样，浑河水系的120万亩水田，每亩用水只有150立方米；辽河水系的6.23万亩水田，每亩用水只有210立方米。如按全市每亩定额240立方米计算，省分配的水量只能满足88.75万亩水田泡插，其余面积就只能通过抗旱措施加以解决。为了战胜干旱，在各级党委和政府领导下，从1992年冬开始，水利系统就着手进行抗旱工作的动员、组织和准备工作。广大干部和群众经过一秋冬的努力，各项抗旱工程全部就绪。一是加强了灌溉工程的检查维修，重点解决了“卡脖子”工程。同时对各级输水工程进行了全面检修，排除了隐患，确保了灌溉工程高效运行。在这方面，全市先后完成了6处灌溉骨干工程和300多项灌溉岁修工程，打下了抗旱基础。二是抓了机电井检查维修和更新改造，除逐眼检修外，还重点更新和改造了2 000多眼灌区内病井，为提取地下水做好了准备。三是广辟水源，一面抓蓄水工程维修建设，扩大蓄水能力，一面拦截挑花水的退流水，先后拦蓄了3 000万立方米，比正常年多蓄了50%。四是按照全市“两高一优”农业总体目标，调整了农业种植结构，把灌区内远、高、漏地块调整下来，改种其它作物，8个县(市)区共完成水改旱面积33.04万亩，超过计划10万多亩，从而节省了大量灌溉用水。五是举办了各级节水培训班，提高了灌溉人员素质和管理能力；同时，进一步完善了水利推广体系。在整个泡插过程中，虽然很少有降雨，但由于坚持实行了“强化井水、库水联合运用，余缺互补，广开水源，节约用水，加强服务，以法管水”的原则，落实了集中供水、集中泡田，缩短泡插期等措施，从而使全市284万亩水田于6月3日前全部插上秧、补上水，水稻很快返青，苗齐苗壮，秋后又一次夺得了水稻大丰收，打胜了抗旱这一仗。

(罗乃斌)

【农田水利基本建设】 为了提高农业综合生产能力，建设更多“遇旱能灌，遇涝能排”的稳产高产田，1993年沈阳市各级水利部门始终把农田水利基本建设纳入重要议事日程，当成一件大事常抓不懈。各县(市)、区按照省第六届农田基本建设“大禹杯”竞赛的要求，坚持发动和依靠广大干部和群众，持续不断地开展了以效益为中心，以骨干工程为重点，以发展“两高一优”农业为目标，以灌溉、治涝、清淤、整治河道和治理水土流失为主要内容的农田水利基本建设。一年来，全市累计完成土石方量4 542万立方米，使用人工3 177万工日，除完成防洪和灌溉等大量工程项目外，还完成了干、支、斗三级排水沟道6 123条，长5 900公里，清淤土方1 260万立方米；检修了排水站；同时完成4万亩梯田及210处谷坊等水土保持工程，控制了水土流失；新建人畜饮水工程63处，解决了9.25万口人和0.81万头大牲畜饮水问题；新修水产养殖工程291处，增加养鱼水面2.09万亩；新建村屯道路总长2 280公里。乡镇供水工作，已在茨榆坨等3个乡镇开始了试点，这一工作是水利基础产业的重要一环，将持续稳定地发展下去。上述农田水利基本建设工程的胜利完成，使全年农业生产条件得到了进一步改善，提高了抗灾能力，为1993年全市农业生产夺得丰收做出了贡献。

(郑红)

【水利法制建设】 沈阳市经过多年的艰苦奋斗，进行了大规模的农田水利基本建设，建成了一大批防洪、灌溉和治涝的骨干工程及高产稳产农田。全市共修堤防工程1 577公里，保护耕地584万亩，占全市总耕地面积的65.1%。共有中、小型水库532座，有效灌溉面积为7.31万亩，全市有低洼易涝面积446.34万亩，占总耕地面积的49.7%，目前已基本上得到了不同程度的治理，共修建排水站400座；全市建成10万亩以上大型灌区8个，中、小型灌区9个，建机电井25 991眼，水田面积达248万亩；全市有水土流失面积558.5万亩，已治理370.5万亩，占66.3%。截至1990年末，全市水利固定资产总值已达8亿多元。这些水利工程为发展国民经济提供了可靠的保证。但是，长期以来，由于水利工作重建轻管，造成水利工程人为破坏严重，工程效益衰减。据统计，从1988年至1990年，全市共发生水事违法案件300余起，造成损失达564万元，占水利固定资产总值的5.2%。所以，进一步贯彻执行《水法》，实现依法治水、管水和用水，意义十分重大。

为加强水利法制建设，保证良好的水事秩序，沈阳市从1990年开始在全市范围内进行水利执法体系建设。通过培训考核，选拔任命了529名水政监察员。目前，这些水政监察员已全部着装，佩带标志，持证上岗进行执法活动。在水利法制建设中，着重抓了以下几方面工作：

一是起草、制定地方规范性文件，为水利行政执法提供法律依据。先后起草、制定了20件与《水法》相配套的地方性法规、规章及规范性文件。其中，1993年新制定的有《沈阳市乡镇供水管理暂行办法》、《沈阳市水政监察管理暂行办法》、《沈阳市水利工程质量监督管理暂行规定》等，初步形成了法规体系。这些规范性文件的制定，在水利执法工作中发挥了重要作用。

二是每年定期开展《水法》宣传活动，不断提高全民的水法制意识，为水行政执法奠定了思想基础。为加强水法宣传的组织领导，1993年市水利局成立了以主管局长为组长的水法宣传领导小组；在水法宣传月期间，局领导三次以答记者问的形式在《沈阳日报》、电台、电视台广为宣传。同时投资5 000元在新北站、铁西广场、市政府广场和方型广场等4处，悬挂氢气球宣传水法。几年来，全市出动《水法》宣传车510余台次，深入乡镇村屯进行宣传。同时还在报纸、电台、电视台上发表了大量的文章；在主要公路及街道两旁，设立了1 166块永久性标语牌和9 000余条临时性标语，使水法宣传具有长期性、大众性的特点，为依法治水打下了良好基础。

三是建立健全执法监督、制约机制。为保证水利行政执法健康发展，几年来，在水利法制工作中，一方面制定了监督检查制度。每年市人大农经委、市政府法制办、市水利局等有关部门都联合进行水利执法大检查；另一方面，在水利系统内部建立起部门行政执法责任制，加强对执法人员的政绩考核，奖罚分明，大大地调动了各级水政监察人员的积极性。

几年来，通过全市各级水利执法人员艰苦细致工作，全市的水利秩序明显好转，水事活动逐步走上了法制轨道。

（郑红）

【防汛保安全】 1993年，沈阳市的防汛工作，在省抗旱防汛指挥部、市委和市政府领导下，认真贯彻执行了《中华人民共和国防汛条例》及“安全第一，常备不懈，预防为主，全力抢险”的方针，坚持“分级管理、层层负责、全面防守、重点加强”的原则，在健全以行政首长负责制的基础上，立足于“早来水、来大水、防大汛、抢大险、抗大灾”充分进行了各项准备。汛前，狠抓了思想、组织、工程、物资、通讯等落实工作；入汛以后，由于全市人民和各部门的共同努力，解放军的大力支援，战胜了暴雨和洪水，取得了抗洪抢险的胜利，保障了人民生命财产安全，促进了经济建设顺利进行。

1.保证了标准内洪水不涝地。1993年汛期，全市共出现大小降雨过程32次，其中大到暴雨过程20次；汛期平均降雨总量402毫米，较1992年同期多3成。其中：东陵区雨量最大为513毫米；法库县雨量最小为322毫米。由于降雨频繁，量大，一些地区出现了积水。但由于修了大量的除涝工程，发挥了干、支、斗、农4级排水沟道和近400座排水站作用，及时排除了田间积水，使全市没涝一亩地，夺得了农业生产大丰收。

2.确保了各河堤防安全。1993年汛期，全市各河共出现大小洪水51次。其中：浑河共发生大小洪水12次；辽河共发生大小洪水9次；蒲河发生洪水12次；绕阳河发生洪水4次。浑河8月4日最大洪峰流量为1 450秒立米；西辽河8月5日发生了658秒立米洪峰流量。辽、浑两河均出现了险情，并立即开展了抗洪抢险，确保了安全渡汛。具体情况是：

①.浑河的2次抢险。一是8月4日，受区间连降大雨的影响，浑河水位陡涨，由于流量大、流速急，致使浑北灌区甘河子拦河坝被洪水冲毁。如不及时修复，不仅影响南运河、新开河和各大公园供水，有失秧歌节期间的沈城形象，也将严重影响23万亩水田的补水。8月17日，金明仕副市长召开了现场办公会，与市财政、交通、水利等单位的主要领导同志商计修复措施。并指示：“要把该项水毁工程当成抢险任务，抓紧进行修复，保证秧歌节期间供水。”会后，各部门在资金、物资、车辆及交通运输等方面给予了保证，东陵区水利局抓紧组织施工，昼夜抢修，仅用12天时间就完成了堵口合拢任务，并开闸放水。二是8月4日，由于浑河出现洪峰，地处浑河左岸的东陵区汪家乡甘河子丰乐砂场受到严重威胁，有157名外地来沈采砂工人被围困在河中的土岛上，由于水大流急，孤岛随时有被洪水冲掉的危险。在这一紧急情况下，市委常委、秘书长赵金城，副市长张瑞昌，市政府副秘书长齐法滋等领导，带领市防汛办、沈阳军分区、市公安局、市浑河开发办等有关部门负责人，及时赶赴现场，组织抢救。东陵区政府和区防汛指挥部立即组织力量，调动抢险物资和设备到现场，市防汛办和沈阳军分区送来了橡皮船，并组织了抢险人员，沈空运输团出动了直升飞机，市浑河开发办带着汽艇也参加抢救。由于组织得当，措施及时，军民顶风冒雨，经过3个多小时奋战，终于使受围困的全部民工安全脱险。

②.西辽河的抗洪抢险。8月5日，西辽河出现685立方米秒洪峰

流量，因洪水流急势猛，加快了淘刷兑岸速度，仅3天时间，康平县张家油坊险段就兑掉了150多米，使主河道逼近大堤脚，形势十分严峻。险情出现后，康平县委、县政府立即向省、市防汛指挥部进行汇报，同时，采取了紧急措施。7日晚10时，县里召开紧急动员会议，号召全县人民全力以赴，奋起抗洪抢险，确保大堤安全。9日凌晨1时，副市长金明仕、市水利局局长陈承辉等领导赶到张家油坊险段，深入到抢险第一线察看，并指示："要不惜一切代价，必保不溃堤、不死人，确保西辽河大堤和人民生命财产的绝对安全"，并从物资上全力支援康平抗洪抢险。这次抢险，在市、县政府的关怀重视下，在有关部门和法库、铁岭、西丰等市县的大力支持下，加之沿河4个乡镇数千名劳力及几百名机动车和畜力车参战，经过4个昼夜的奋力抢险，控制了险情的发展。在抗洪抢险的紧张过程中，市防汛指挥部及时调动车辆，运去铁线21吨、草袋子6万条、笆片934片、食品4吨，有力地支援了抗洪斗争；与此同时，法库县政府和水利局有关领导，组织15台大货车，连续2天，给康平县调运块石1 500多立米。抗洪抢险充分体现了"一方有难，八方支援"的团结治水精神。

（罗乃斌）

【水利工程质量监督】 按照国务院1992年8月《关于进一步加强质量工作的决定》要求，为加强水利工程的质量管理，沈阳市于1992年12月份成立了沈阳市水利工程质量监督站，代表政府对水利工程行使质量监督权。1993年，市水利工程质量监督站立足本职，积极开展了工作。一是建立、健全了工程质量监督管理组织机构，市和大多数县(市)区已成立和完善了质量监督机构，配备了兼职和专职质量监督管理人员，为开展水利工程质量监督提供了组织保证；二是建立了水利工程监督管理的规章制度。在短短的一年时间内，在有关部门的帮助支持下，已先后制定了《沈阳市水利工程质量检测办法》、《沈阳市水利系统优质工程项目评选暂行办法》、《沈阳市水利工程质量监督实施办法》、《沈阳市水利工程验收规程》(试行)等，为开展质监工程提供了法规依据；三是大力开展了水利工程质量监督管理；投资20万元以下的项目由县(市)区水利质检机构进行监督管理。根据这一规定，市质监站1993年介入的质监项目共14项，其中包括辽中县土西等3座排水站、新民市三道岗子等2处避险楼、东陵渠首拦河坝、浑河城市段护坡、茨榆坨镇供水工程等。各县(市)、区质监站都积极开展了质量监督活动。经过一年的实践，全市对水利工程的质量意识有所提高，水利工程质量问题，已被各级领导以及设计、建设、施工单位更加重视起来，质量环境有较大的改善。

（郑红）

农垦事业

【概况】 1993年，沈阳市农垦联合企业总公司进一步解放思想，转换机制，加快改革开放步伐，各项工作有了新进展。

总公司规模扩大，资产增加，职工队伍素质不断提高。1993年，农垦总公司从铁岭市农垦局接收一个地处康平县的三台子畜牧场；新组建了沈阳市农垦实业公司和设在海南省海口市的海南沈海实业贸易公司。使沈阳市农垦总公司直属企事业单位达到21个。其中国有农牧场11个，专业公司6个，事业单位4个。固定资产原值达到29 235万元，比1992年增长29.9%。占地面积达到16.8万亩，其中耕地面积7.3万亩，比1992年增加10.6%。职工队伍不断壮大，素质不断提高，拥有职工22 368人，其中具有各类专业技术职称和大专以上学历的1 888人，占职工总数的8.4%。

1993年，农垦总公司在继续履行市政府赋予的对农垦系统实行行业管理职能的同时，进一步转换机制，向经济实体过渡。充分利用建立社会主义市场经济体制的契机，发挥资源优势、产业优势和技术优势，为沈阳市"菜篮子"工程和经济发展做贡献。

1. 各业生产继续发展。农业生产平稳增长，粮豆总产量达21 843吨，比1992年增长21.3%；畜牧业在稳定中有所提高，禽肉产量达到7 223吨，比1992年增长18.2%；工业产品产量都有较大幅度增长。新开发了学生营养奶、N50Z蓄电池、易拉盖等产品；建筑业在竞争中继续发展，竣工面积达到9.4万平方米，比1992年增长2.1%；房地产业异军突起，新开发住宅面积1.2万平方米。

2. 经济效益明显提高。1993年，实现国民生产总值16 075万元，比1992年增长26.2%；实现销售收入74 482万元，增长25.7%；实现利润(可比口径)1 537万元，增长140%；上缴税金1 809万元，增长34.5%。国民生产总值、销售收入和利税总额三项指标均超过或接近历史最高水平。

3. 产业结构调整步伐加快。在"稳定提高第一产业，加快发展第二产业，大力兴办第三产业"工作思路指引下，第一产业在稳定的基础上，向高产、优质、高效方向发展；第二产业的建材、建筑、农产品加工、机械加工等行业得到了较快发展，成为农垦经济的支柱产业；第三产业的商业、餐饮服业、房地产业、交通运输业蓬勃发展。三次产业产值占总产值的比例由1992年的27∶60∶13调整为28∶55∶17。

4. 改革开放力度加大。以贯彻《条例》为重点的企业改革逐步深入，企业经营机制进一步转换，14项经营自主权基本得到落实，"三项制度"改革向纵深发展，职工养老保险全面推开，产权制度改革开始起步，企业领导体制逐渐理顺，促进了企业进步和经济效益的提高。

对外开放有新进展。1993年，全系统外贸出口额达1 338万元，比1992年提高25.8%。沈阳勇仲引擎清洗公司、沈槟石矿工程有限公司的成立，使农垦合资企业实现了零的突破。

（沈峰）

【切实转换企业经营机制】 1993

年，沈阳市农垦总公司认真贯彻《企业法》和《全民所有制工业企业转换经营机制条例》，进一步转变机关职能，转换企业经营机制，深化企业“三项制度”改革，落实企业各项权力，积极兴办经济实体，使体制改革取得实质性进展。

1. 企业“三项制度”改革向纵深发展。全系统所属企业“三项制度”改革进入运转阶段，具体表现为：一是在人事制度上打破了干部和工人的界限，普遍推行了干部聘任制，坚持“三个有利”的标准，任人唯贤，以实绩取人，能者上，庸者下；二是在劳动制度上打破了固定工与合同工的界限，推行了全员劳动合同管理和合同制，实行优化组合和场内待业，鼓励职工自谋职业或领办、创办新的企业；三是在分配制度上打破了等级工资制，实行联产计酬、计件工资和岗位技能工资等多种分配形式，使职工收入同劳动成果相挂钩。与“三项制度”改革相配套的职工养老保险在全系统已全面推开。

2. 企业领导体制进一步理顺。根据农垦企业实际，在企业党政主要领导职务安排上，坚持宜专则专，宜兼则兼，不搞一个模式，不搞一刀切。对辉山畜牧场、光辉畜牧场等企业，实行党政主要领导分设并相互交叉任职。对肉鸡示范场、三台子畜牧场等企业实行党政两个领导职务由一个人担任。对企业的机构设置也不强求上下对口，重在精简机构，提高办事效率。

3. 简政放权取得新突破。农垦总公司按照《条例》精神，结合农垦系统实际，制定了“贯彻《条例》转变职能实施意见”，明确规定了企业应享受的14项权力，原属总公司管的，全部放给企业，使企业真正成为自主经营、自负盈亏、自我发展、自我约束的社会主义商品生产和经营单位。企业有了自主权以后，面向市场，自主经营。1993年光辉畜牧场自主决策的汽车运输、玉米烘干等项目做到了当年投资、当年受益，并成为企业经济的新的生长点。总公司转变职能后，其宏观调控的主要职能是：统筹规划，政策指导，信息引导，组织协调，提供服务和检查监督。

4. 总公司实业逐步扩大。1993年，投资300万元成立了海南沈海实业贸易公司和沈阳农垦实业公司，还与外商合资兴建了沈槟石矿工程有限公司。这些经济实体的兴办，为农垦总公司筹建企业集团奠定了物质基础。

（沈峰）

【努力推广新技术】 1993年，沈阳市农垦总公司以调整产业结构、产品结构和提高产品科技含量为重点，促进科技与经济相结合，大力推广新技术的应用，努力开发新产品，促进科技水平的提高和产品的更新换代。

科学技术研究获得可喜成果。肉鸡示范场的塔特姆肉鸡选育推广项目被市科委评为星火一等奖；光辉畜牧场的玉米蜡熟期秸杆青贮试验研究和奶牛服务中心的优秀黑白花乳用公牛推广被评为科技星火三等奖。

新产品开发取得新进展。1. 学生营养奶开始试产。为了解决东北地区儿童普遍缺锌、铁、钙和VA、VD的问题，市牛奶公司研制生产了学生营养奶，经市科委鉴定，产品质量稳定，达到国内先进水平，填补省内空白。对改善儿童机体营养状况，促进生长发育有显著作用。2. 易拉盖生产线投入运行。由光辉畜牧场引进技术开发生产的易拉盖产品具有经济、方便、卫生、美观等优点，主要用于罐头、种子、农药、机油、八宝粥等物品的包装，填补了东北地区的空白，可替代进口，市场前景十分广阔。1993年5月投入生产，8个月实现产值111万元，创利税34万元。3. N50Z 蓄电池研制成功。由塔山蓄电池厂研制生产的新型蓄电池——N50Z 蓄电池批量投入市场。该产品具有自放电少、起动快、少维护等优点，是铅酸蓄电池的更新换代产品，投放市场后深受广大用户欢迎。

此外，市种鸡场开发的涡轮式风动水泵、上点火型煤和炉具，光辉畜牧场的铝型材拉弯机、绿宝健身口服液等新产品也都投入生产，将取得较高的经济效益。　（曹承佳）

【稳定提高农牧业】 沈阳市农垦总公司农牧业生产，在经历了1992年的艰苦跋涉之后，开始复苏。1993年，农垦系统农牧业总产值14 396万元，比1992年增长10.9%。农牧业发展的主要特点是：

1. 粮食生产喜获丰收。种植面积由于新接收了三台子畜牧场而有所扩大，达到72 993亩。其中水田18 181亩，青贮饲料21 054亩。粮豆总产21 843吨，比1992年增长21.3%，同时，啤酒花、蘑菇、蔬菜、花卉等经济作物也获得了较高的产量。

2. 畜产品产量稳中有增。1993年，调整了畜牧业饲养规模和产品结构，基本摆脱了严重亏损的困境。禽肉总产量达7 228吨，比1992年增长18.2%；存栏肉、蛋种鸡32.76万只，增长30.2%；生产商品代鸡雏751.6万只，增长1.4%；奶牛存栏4 450头，比1992年减少189头，下降4.2%；向社会提供冷冻精液4.2万粒，其中市奶牛服务中心饲养的64号种公牛生产的精液为1.1万粒，占26.2%，这头牛在中国奶牛协会第五次（1987年）全国种公牛联合后裔测定中获第一名。

3. 农牧业产品结构调整初见成效。1993年，农垦系统减少蛋鸡饲养量28.14万只，减少奶牛存栏189头，使畜牧业经济效益继续下降的势头得到了遏制。1993年7月1日，市政府决定放开全市牛奶价格，实行市场调节。放开后，市牛奶公司作为牛奶供应的主渠道，对稳定鲜奶市场，平抑价格，发挥了重要作用。1993年农垦系统向市场提供加锌袋奶6 877万袋，比1992年减少26%。

4. 社会化服务体系初具雏型。农业以辽粳五号优良水稻品种推广为龙头，带动粮食产量的提高。1993年向社会提供稻种25万公斤，辽粳五号成为沈阳地区水稻的主栽品种，占水稻种植面积的50%。肉鸡以塔特姆品种为龙头，全年向社会提供鸡雏751.6万只，同时，为周围乡村肉食鸡饲养提供饲养技术、配合饲料、防病治病、回收加工销售等产前、产中、产后的一条龙系列化服务,带动了农民致富。奶牛以服务中心提供优良种牛精液为龙头,收购鲜奶加工销售,形成了育种、饲养、加工、销售一条龙生产体系。农牧业系列化生产体系的确立,不仅成为国营农业的优势,而且带动了周围乡村的发展,为丰富市民的“菜篮子”做出了贡献。

(曹承佳)

【大力发展农垦工业】 1993 年,是沈阳农垦工业生产增长、效益提高的一年。全系统实现工业总产值20 319万元,比 1992 年增长2.4%。实现利税2 339万元,增长56.6%。工业生产的主要特点是:

1.主要产品产量增长。1993年,农垦工业多行业、多品种竞相发展的态势更趋明显,一些主导行业和品种如建材、农产品加工、机械加工、包装、羽绒加工等都有长足发展。生产碴石36.1万立方米,比1992 年增长22%;乙炔气73.3万公斤,增长75.8%;菱镁包装制品1.1万立方米,增长 1%;羽绒制品2.6万件,增长52.9%;蓄电池4.8万千伏安时,增长23.1%;红砖10.2万块;各种阀门 9 万套,与 1992 年持平。

2.产品质量稳步提高。1993年,农垦系统进一步健全了质量管理系统,加强了质量管理工作,各单位从事专兼职质量管理的人员有所增加,使主要产品质量不断提高。肉鸡示范场生产的肉鸡产品获得西欧注册认证。牛奶公司康华乳品生产的加锌奶在“全国质量万里行”活动中,质量检测全部合格。

3.技术改造初见成效。1993年,农垦系统筹集资金 336 万元,用于企业的技术更新改造,主要解决农垦企业设备陈旧、技术滞后、产品科技含量低的问题。经过对光辉金属阳极电解槽生产线、中低压设备厂、肉禽总厂等项目的技术改造,培育了新的经济增长点,增强了企业发展后劲。

4.建筑业再上新台阶。农垦建筑行业现有固定资产原值829万元,从业职工2 400人,其中专业技术人员120人,占 5%。农垦建筑工程公司做为农垦建筑行业的管理部门,下设 14 个工区、1 个分公司。具有承建、装修各种房屋、桥涵、铁路等建筑工程的能力。1993 年竣工建筑面积9.4万平方米,实现产值5 943万元,创利润575万元,上缴税金177万元。十三工区承建的水利局综合楼,六工区承建的沈阳电业局变电所被市工程质量监督站评为市级乙优样板工程。建筑业已成为农垦经济的重要组成部分。

(曹承佳)

【积极兴办第三产业】沈阳市农垦总公司从 90 年代初就确立了“大力兴办第三产业”的工作思路,以改变长期以来以农业为主的单一产业结构,培育新的经济生长点。1993 年,农垦第三产业继续巩固和发展。新增国民生产总值2 672万元,比 1992年增长60.6%;实现利润431万元,上缴税金501万元。农垦第三产业发展的特点是:

1.商饮服业不断巩固。以沈阳奉集公司和沈阳光辉商业公司为代表的农垦商业在激烈的市场竞争中稳步发展。经营品种包括阀门、钢材、建材、机电、化工、粮油、食品、饮料、医药等 10 多个行业近千个品种上万种规格。拥有商饮服业门点125个,分布在市内 9 个区。经营形式包括批发、零售、代购代销等,以其优良的信誉和优质的服务为用户所信赖。歌仙大酒店、绿宝健身口服液、景星汽水等企业和产品已家喻户晓、妇孺皆知。

2.交通运输业迅速崛起。拥有包括推土机、挖掘机、载重运输车在内的各种运输车辆 306 台。与辽宁冶金进出口公司联合组建的汽车队曾在营口鲅鱼圈港和海南建设工地发挥了作用。组建于 1993 年 5 月的光辉汽车队,投资261万元,当年盈利87万元。上缴税金7.3万元。

3.房地产业开发露头角。1993年,农垦系统房地产业开发在 1992年刚刚起步的基础上,进入正常运转状态。沈阳农垦房屋开发公司在大东区可久巷开发住宅面积6.3万平方米,“跃层式”新型设计为沈城人民提供了全新的居住环境。沈阳市农垦实业公司开发的8 670平方米的综合楼即将交付使用。1993年,农垦房地产业作为新的经济生长点迅速成长起来,为农垦经济腾飞奠定了物质基础。

(曹承佳)

农业气候

【气候特点】 1993 年,沈阳市气候条件总的特点是:热量条件一般,降水量正常稍少,日照时数正常,基本属于气候正常年。

全年平均气温 8 度,与常年值相同,比 1992 年低0.1度,作物生长季(3—9 月)平均气温16.3度,也与常年值相同,但分布不均,春季(3—5 月)较常年值高0.8度,夏季(6—8月)较常年值低0.8度,各月具体分布是:1、2、3、5 月分别比常年值高0.7、3.3、2.3、1.0度,3 月和 5 月中、下旬的高温,对小麦的早播及水稻的插秧极为有利;4、6、7、8、10、11、12 月分别比常年值低0.8、0.4、1.1、1.0、1.4、1.2、1.3度;9 月与常年值相同。

作物生长季大于 0 度、10度积温为3 508度和3 306度,分别比常年值少34度和58度,但比 1992 年多36和16度;大于20度积温为2 277度,比常年值多26度、比 1992 年多189度,对水稻的丰产极为有利。

终霜日为 4 月 25 日,初霜日为10 月 2 日,无霜期159天,较常年多8 天。

全年热量条件总的看,与常年接近,比 1992 年要好。

全年降雨量633.7毫米,比常年值少88.7毫米,即比常年少12.3%,但比 1992 年多79.7毫米,属正常稍少年。作物生长季雨量556.6毫米,比常年值少81.5毫米,即比常年值少12.8%,其中,春季偏少明显,即比常年值少45.8%,尤以 5 月偏少最多,达66.5%,致使 1993 年小麦产量受到一定影响;夏季降雨量为447.7毫米,比常年值多 1%,在一定程度上缓和了前期的旱情。各月具体分布是:6、8、11、12 月分别比常年值多8.1、43.4、17.5、6.9毫米,1、2、3、4、5、7、9、10 月分别比常年值少6.3、6.8、9.4、5.0、36.5、47.0、35.1、18.5毫米。

全年日照时数为2 583小时，较常年值多42小时，比1992年多107小时，属正常年份。作物生长季日照时数为1 670小时，较常年值多15小时，比1992年多51小时，其中，春季较常年值多73小时，而夏季较常年值少72小时，9月较常年值多14小时。

1993年有短时、局部的气象灾害发生，主要有：

后春干旱。5月降雨量18.4毫米，仅比历史最少值多5.5毫米，并且主要集中在上旬，12日以后无降雨，造成后春严重干旱，给大田作物的苗期生长和小麦的丰产带来一定影响。

风灾。5月10日11时至18时，出现了持续7个多小时的8级以上大风，瞬时最大风速达10级、28米/秒，这场大风除给农业生产造成一定损失外，还造成多起断电事故，并引起数十起火灾，造成几十万元的经济损失。

冰雹。6月6日傍晚，东陵区桃仙、古城子等7个乡约10万亩农田遭受雹灾，其中2万亩绝收，冰雹最大直径2.5厘米；6月25日、8月12日、15日、18日康平县的部分乡、村，先后遭受雹灾危害，沙金乡还遭龙卷风袭击，2尺直径的大柳树被连根拔起，掀掉房盖2处，砸死黄牛3头，造成较大损失。

（王维桐）

【人工增雨】 沈阳市于1993年6月1日成立市人工增雨领导小组办公室，首次成功地进行了飞机人工增雨作业，并取得了明显的增雨效果和显著的经济效益。

进入5月份以来，沈阳市除7日有11毫米的较大降水外，全月基本无雨，月降水量仅18.4毫米，比1992年同期少28.2毫米，为常年降水量的三分之一，到下旬出现了明显旱象：农田表面出现了5—15厘米的干土层；水库蓄水急剧减少；农作物也呈现旱象，受旱最重的是春小麦，下部叶片已枯黄，而此时小麦正值拔节、抽穗的需水关键期，干旱严重威胁全市66万亩小麦的产量。市人工增雨领导小组办公室决定，进行飞机人工增雨作业，气象局于5月27日召开紧急会议，进行了细致地分工并做好各项准备工作，在省人工降雨、防雹办公室和东塔机场的大力支持下，租用了哈尔滨飞龙航空公司的特种作业飞机，并在东塔机场随时待命作业。

6月1日，天气图和卫星云图都显示，有利于降雨的天气将会在沈阳市出现，应抓住时机立即实施人工增雨作业，在统一指挥下，17时装载上催化剂干冰的飞机按时起飞，飞机沿高空气流的上游，在市西南部边界处经台安、辽中县、新民市的西部，到康平、法库县的西部，在飞行过程中，飞机巧妙地躲开雷雨云，顺利完成了抛撒催化剂的任务，于18时30分在雨中返回东塔机场。

这次人工增雨作业的增雨效果非常明显，据6月2日早8时气象电报统计：沈阳地区内5个测点（辽中、新民、康平、法库观象台）的平均降雨量为30毫米，比沈阳西部4个测点（锦县、义县、彰武、北镇）的平均降雨量21.7毫米多8.3毫米，比沈阳南部2个测点（灯塔、辽阳）的平均降雨量23.7毫米多6.3毫米，比沈阳北部3个测点（铁岭、昌图、开原）的平均降雨量13.2毫米多16.8毫米。沈阳东部的抚顺仅降水7.9毫米、新宾仅降水1.9毫米。如果把沈阳西部、南部的平均降雨量做为这次南来系统正常降雨量，而把沈阳地区平均降雨量与其差值做为增雨效果，那么，这次人工增雨的效果平均为7.3毫米，增雨率为32.2%。

这次人工增雨取得了显著的经济效益，每多1毫米的降水量，相当于在每亩面积上多降了0.667立方米的水，全市平均7.3毫米的增雨效果，相当于在895万亩的作物总面积上多降了4 357.8万方水，按地下水资源每方0.3元计算，这次人工增雨仅多降水的直接经济效益就约为1 300万元。

另外，这次人工增雨对缓解旱象、促进农作物增产，增加水库蓄水量，改善环境条件等都起了一定作用。

随着气象科学水平的提高，人工增雨、云水资源的开发将会得到进一步发展。

（王维桐　张守锋）

乡镇企业

【概况】 1993年，沈阳乡镇企业广大干部职工认真贯彻市委、市政府制定的《加快改革开放步伐，促进县区乡镇企业再上新台阶的若干政策措施》，抓住机遇、解放思想、加大对乡镇企业的投入和工作力度，大干快上，促使全市乡镇企业在外部环境趋紧、市场竞争十分激烈的新形势下，取得了突破性的发展，最显著的特点是发展速度明显加快、经济规模不断扩大、经济和社会效益明显提高。

据统计，1993年全市乡镇企业已发展到8.8万个，从业职工达57万人。乡镇企业产值突破200亿元大关，达到213亿元。其中，乡镇工业总产值完成190亿元，比1992年增长52.4%，高出全市工业平均增长幅度31.2个百分点，创历史最好水平。乡村两级集体企业发展到7 103个，从业职工32.7万人，完成产值120.5亿元。实现产销同步增长，经济效益明显提高。全市乡村集体工业企业完成销售收入96.1亿元，比1992年增长72.7%；实现利润8.3亿元，比1992年增长75.6%；上缴国家税金5.8亿元，比1992年增长64.5%。

1993年，沈阳乡镇企业发展具有以下特点：

1、外向型经济发展速度加快，“三资”企业数量明显增多。全市乡镇企业完成出口交货值5.5亿元，比1992年增长66.5%。其中，直接出口4.9亿元，间接出口0.6亿元。全市乡镇企业中，外贸出口企业已发展到190家。新办“三资”企业192家，增长34%，总投资2.3亿美元，比1992年增加1.3倍。合同外资额达1.4亿美元，比1992年增长1.9倍。出口交货值名列全市乡镇企业榜首的是于洪区，完成2.1亿元,比 1992 年增长 44.7%;东陵区完成 1.9 亿元,比 1992 年增长 87.4%。全市乡镇企业中,外贸出口交货值超千万元的企业达到14家,超过500万元的企业达到32家。外贸出口重点乡(镇)已经发展到 15 个。这些骨干乡镇和企业都为发展沈阳外向型经济做出了新贡献。

2、"四个一批"成效显著。以兴办一批新企业、改造一批老企业、开发一批新产品、发展一批外贸出口企业为重点的"四个一批"项目进展形势喜人。1993 年,按照市委、市政府大力发展乡镇企业的要求,各级政府部门、金融部门,转变观念简化工作程序,强化为企业服务的力度,加大了乡镇企业、县区工业"四个一批"项目贷款的投入。各县区和基层企业领导,千方百计广开渠道,多方筹集资金,为上大项目、上好项目自筹资金。一批竣工投产项目已经显示了可观的经济效益。其突出的特点:一是资金投入力度大。1993 年,"四个一批"项目计划总投资 27.5 亿元,是 1992 年的 2.2 倍,资金到位 18.7 亿元,是 1992 年的 3 倍。其中贷款 8.2 亿元(不含企业正常流动资金贷款),自筹 8.5 亿元,引进外资 1.9 亿元。二是上大规模、高水平的项目,已成为共识。乡镇企业开始向高科技、高附加值产品发展,投资超百万元的项目有 381 项,占立项总数的 15.4%,高科技项目 51 项,占 2.1%。新办"三资"企业 192 家占 7.9%。三是已竣工投产项目大幅度增加,经济效益稳步提高。1993 年竣工投产项目 1 469 项,为 1992 年的 102%,新增产值 14.1 亿元,是 1992 年的 2 倍。新增利润1.4 亿元,是 1992 年的1.8倍,新增税金 0.7亿元,是 1992 年的1.7倍。四是"三资"企业融资数额大、起点高。1993 年,新办"三资"企业计划投资 16.3亿元,占"四个一批"计划总投资的59%。是 1992 年同期的3.5倍。全市"三资"企业协议引进外资8.3 亿元。其中,辽中县1.9亿元、东陵区 1.7亿元、于洪区1.5亿元。已办工商执照的三资企业中,投资额最大的新城子区的沈阳新胜水泥制品有限公司,总投资额 2 亿元,其中引进外资1.4亿元。辽中县的沈阳辽东农工商总公司,投资总额1.7亿元、全部引进外资。"四个一批"项目已经成为发展乡镇企业新的增长点,推动和促进沈阳乡镇企业向高科技、外向型、高效益、高质量方向发展。

3、深化改革,乡镇企业股份合作制又有新发展。

沈阳乡镇企业认真贯彻市委八届五次全会提出的"乡镇企业股份合作制要普遍推开"的指示精神,市和县区抽调机关干部深入乡村企业,发动职工群众集资入股,具体指导企业进行资产评估,制定各项章程,股份合作制普遍推开。据统计,全市乡镇企业实行股份合作制累计达 2 663 家(其中新发展 1 899 家),占全市乡村两级企业的 30%。入股职工人数达到 55 489 人,占企业职工人数的 60%。个人股金总额达 48 691万元。随着股份合作制的全面推开,为全市乡镇企业发展注入了生机和活力。主要变化一是增强企业凝聚力、向心力。苏家屯区鲍家村,1993 年新办了 8 个企业,从城里引进各类技术人才 40 多人。开始这些认为是来帮助办企业的,等企业投产后,也就该被打发走了。实行股份合作制后,他们纷纷投资入股,成为企业股东,免除了后顾之忧,增强了主人翁责人感,一心扑在企业生产上,认真为企业搞技术设计,安装设备,积极为企业经营管理献计献策,还为企业培养了一批技术骨干。二是聚集了大量生产资金,增强了企业自我发展能力。东陵区在 19 个村实行社区型股份合作制,发动职工入股4 928万元,同时还吸收社会法人股8 114万元,有效地解决了企业生产资金短缺问题,增强了企业的后劲。三是促进了企业技术进步,新产品的开发和第三产业的发展。于洪区沙河子村实行股份合作制后,投资建了北方制药厂、大型汽车修配厂和万吨油库。

沈阳市乡镇企业股份合作制正在普遍开展。据统计,1993 年实现产值已达28.4亿元,利润总额达3.7 亿元。股份合作制推动沈阳乡镇企业在深化改革中再上新台阶。

4、加强企业管理,强化宏观管理力度。

沈阳乡镇企业有乡(镇)办、村办、联户办、个体办四个层次企业总数 8.8 万个。由于点多、面广、行业庞杂,每年对乡(镇)村企业又有 20 多亿元的固定资产投入。如何加强企业管理、提高经济效益,搞好宏观管理和微观服务,促进全市乡镇企业向"大投入、大发展、大提高"方向发展,是乡镇企业 在大发展中面临的新问题。为了加强对乡镇企业的宏观管理,市委、市政府决定加强市乡镇企业管理局的机构建设,同时调整和加强了局领导班子建设。并充实和加强市乡镇企业局的机构建设,加强和完善了生产指挥和调度系统,使局机关工作转变服务职能,更好地为发展乡镇企业服务。使之更加适应对全市乡镇企业进行宏观管理的职能和大力发展乡镇企业的需要。

沈阳乡镇企工产值由 1983 年的6.8亿元,到 1993 年上升到213.8 亿元,增了 30 倍,已占全市工业总产值的三分之一以上。目前乡镇工业不仅是农村经济重要支柱,而且已经成为全市国民经济的重要组成部分和最具有潜力和活力的新的增长点,同时又具有非常广阔的发展前景。但是,应当清醒地看到,同先进的江浙地区和乡镇企业比较发达的市和地区比较,沈阳乡镇企业发展状况从总体上,还存在相当大的差距和一些不容忽视的问题。这主要表现在:企业规模还不够大、骨干企业比较少;管理还比较粗放,企业经济效益比较低;对外开放步伐比较迟缓,外向型经济占的比例小;发展速度还落后于省内其它城市;思想观念还未彻底转变过来,经营素质和经营手段都比较落后。

总之,1993 年沈阳乡镇企业发展形势"喜人",但也感到差距"压人"。沈阳乡镇企业是振兴和繁荣沈阳经济的一个新的增长点,其潜力正在发挥,是未来保持和发展沈阳经济地位的一支生力军。市委、市政府已把大力发展乡镇企业列入确保全市社会经济发展目标十项重点工作之一,已经提高到全市经济发展战略位置的高度。沈阳乡镇企业正处于由初级阶段向更高层次发展的过渡阶段。在这一重大转折中，必须紧紧地把握住时机，向高层次跳跃。同时，要坚持大投入、大发展、大提高的方针，坚定不移地走上规模、上档次、上水平、增效益、增后劲的路子。积极推进城乡一体化，积极推进管理进步和技术进步，使我市乡镇企业由生产型转变为生产经营型，由粗放经营转为现代管理和集约经营。尽快形成自我积累、自我约束、自我发展的能力，步入快速发展、良性循环的轨道，将为繁荣和振兴沈阳城乡经济再创辉煌。

（王乃昌）

【乡镇企业提前完成“二二一”示范工程】 按照1991年6月19日由副省长肖作福与副市长金明仕分别代表省、市政府签订的“二二一”示范工程责任状的要求，近年来沈阳乡镇企业本着“能上什么项目就上什么项目，能发展多高速度就发展多高速度”的原则。坚持以城带乡、以乡促城，城乡一体化的方针，坚持加大“四个一批”项目的投入，加快产品结构、产业结构、组织结构的调整。从为大企业配套加工，逐步转向独立生产市场畅销的名、优、新、特产品，推动全市乡镇企业在“上规模、上质量、上水平、增效益”中又迈上一个新台阶。

1、原计划，按省乡镇企业“二二一”示范工程，列入责任状的县区有东陵区、于洪区、苏家屯区、辽中县、新民县（不包括新城子区和后划入沈阳的康平县和法库县）要求到1995年实现总产值150亿元。其中，东陵区46.3亿元，于洪区40.7亿元，苏家屯区20.2亿元，新民县18.1亿元，辽中县14.6亿元。

实际完成情况是：1993年，这5个县（市）区共实现总产值214.4亿元，提前达标。其中于洪区66.8亿元，东陵区66.02亿元，苏家屯区实现28.8亿元，提前两年达标；新民市实现24.2亿元，提前3年达标；辽中县完成28.4亿元，提前5年达标。5个县（市）区均超额完成示范工程规划任务。

2、列入示范工程责任状乡镇企业总产值超亿元乡（镇）情况。责任状要求沈阳市到1996年有42个乡（镇）实现产值超亿元，当年实现总产值122亿元。实际情况是1993沈阳市已有68个乡（镇）的企业总产值超亿元，共实现总产值192.8亿元，提前3年达标。超额完成示范工程规划任务。其中于洪区的于洪乡、北陵乡、陵东乡；东陵区的五三乡已超10亿元。

3、列入示范工程责任状的乡镇企业总产值超千万元村情况。责任状要求沈阳市到1996年，有225个村实现总产值超千万元，当年实现总产值82亿元。实际情况是：到1993年，沈阳市已有317个村的乡镇企业总产值超千万元，共实现总产值109.4亿元，提前3年达标，超额完成示范工程规划任务。其中于洪有16个超亿元村；东陵区有5个超亿元村；苏家屯区有3个超亿元村；辽中县有2个超亿元村。

沈阳乡镇企业正在认真贯彻市委八届七次会议精神，按照市乡镇工业工作会议制定的奋斗目标，坚持“大投入、大发展、大提高”的方针，努力拼搏，1994年争取工业产值突破300亿元大关，为发展和振兴沈阳经济做出新贡献。

（王乃昌）

工 业

综 述

【工业经济发展综述】 继1992年沈阳市工业生产、销售大幅度增长后，1993年又有了新的发展。据统计：1993年，全市完成工业总产值586.74亿元(按1990年不变价格计算)，比1992年增长23.5%。其中乡及乡以上工业企业完成工业总产值435.14亿元，比1992年增长15.1%。工业销售产值完成407.1亿元，比1992年增长11.4%。工业产销率为95.2%。全年工业经济发展的主要特点是：

1、工业生产增势良好。1993年是沈阳市工业经济发展的关键一年，市委、市政府抓住时机，加大调控力度，在工交战线干部职工的共同努力下，保持了全市工业生产的良好增长势头。上半年，广大职工抓住生产、销售的黄金季节，努力增加生产，提高效益，使全市工业产、销持续稳定增长。特别是进入2季度以后，月产值不断创历史最好水平，5、6两个月的月产水平已突破40亿元。下半年，国家强化宏观调控，经济增长中一些不合理成份及结构均得到有效调整。从7月份起全市工业生产进入稳定增长阶段。4季度，经济环境得到了改善，经济实力进一步增强，工业经济持续向好的方向发展。到年底，全市完成工业总产值的增幅达到15.1%，为1993年以来的最好水平。

2、重工业增势较强，轻工业生产开始回升。沈阳市是以重工业为主的城市，多年来重工业的强劲增长带动了全市工业生产的增长。1993年全市完成重工业产值313.8亿元，比1992年增长19.7%，增幅高于全市平均水平4.6个百分点。而轻工业从5月末起结束了负增长的局面，特别是进入下半年以来生产回升势头明显，增幅由7月末的3.5%上升到1993年年底的9.2%。

3、乡办工业增势强劲。沈阳市的非国有工业，特别是乡办工业自年初以来始终保持了较高的增长势头。1993年全市非国有工业产值及销售产值的增幅为30.4%、31.2%。其中乡办工业产值及销售产值的增幅为77.1%、80.2%。国有工业及大中型工业企业完成工业总产值增幅为5.2%和7.1%，其销售产值增幅为5.4%和2.3%。在全市新增57亿元产值中，非国有工业占53%，其中乡办工业新增产值占全市乡以上新增产值的33.3%，国有工业占21%。非国有工业、乡办工业已成为支持全市工业生产增长的主要力量。

4、受宏观调控影响，产品销售市场变化明显。上半年，在市场需求的牵动下，产品销售持续增长，投资类产品和消费品都出现了近年来的高水平增长。如，数控机床增长2.23倍、运送机械增长65.7%、微型电子计算机增长36.9%、气体压缩机增长47.1%、摩托车增长46.5%、空调器增长43.4%、啤酒增长15.1%。进入3季度以后，社会需求总量明显下降，市场旺销势头减弱。到10月末，全市乡以上工业的产销率达92.1%，比1992年同期下降了2.1个百分点。机械、冶金、汽车、建材等工业产品的销售价格回落，一些产品由畅转平或滞销。进入4季度，随着经济环境的不断改善，全市的工业生产速度又有所加快，产品销售情况又见好转，一些主要产品不断增产，其产量较1992年同期都有不同幅度提高，但增幅大都低于上半年水平。在全市统计的百余种主要产品中，有50%以上的产品产量高于1992年。

5、工业经济效益水平有所提高。工业生产的增长带动了工业经济效益的提高。反映工业生产经营成果的主要指标保持了良好的增长势头。1993年全市独立核算工业企业实现产品销售收入490.5亿元，比1992年增长33.2%，实现利税总额35.5亿元，比1992年增长25.4%，其中实现的利润总额10.7亿元，比1992年增长34.8%。

纵观全年工业经济运行态势，可以看到1993年全市工业经济运行基本上保持了稳定、健康发展的势头。但工业经济发展中仍存在着一些问题，具体表现在以下几个方面：

第一，企业亏损严重。1993年全市独立核算工业企业中，亏损企业达1 521个，比1992年增加570个；亏损面达22.9%。亏损企业亏损额14.1亿元，比1992年增长80.4%。

第二，生产发展不平衡。1993年全市工业生产的增长主要源于非国有工业，特别是乡办工业。而大中型工业企业在市场竞争中却显得不适应，全市大中型工业企业年增长7.1%，低于全市平均水平8.0个百分点。

第三，资金短缺。1993年全市工业生产一直受资金短缺的困扰，不仅不能满足一些有市场有效益的短线产品生产需要，而且使一些本来就很困难的企业雪上加霜。一些企业因缺少流动资金而停产、半停产，资金的严重不足，制约了工业生产的发展。

(金锷)

【工业经济效益】 1993年，沈阳市工业经济效益呈现稳步增长态势，产销衔接较好，利税增幅较大，重工业的主导地位更加显著，从工业投入产出比所反映的总体经济效益有所改善。

1.产销衔接较好，实现利税增

幅较大。1993年沈阳市工业生产速度加快，产销同步增长，实现利税总额的增幅较高，速度型效益开始显现。全市工业企业(全部乡及乡以上独立核算工业企业，下同)完成工业总产值(按90年不变价格计算)432.3亿元，实现产品销售收入490.3亿元，分别比1992年增长15.8%和33.2%。实现利税总额35.5亿元，比1992年增加7.2亿元，增长25.4%。其中：实现利润总额(盈亏相抵后的净利润)10.7亿元，比1992年增加2.8亿元，实现利润总额占利税总额的比重为30.2%，比1992年提高2.1个百分点；人均实现利税2 670元，其中：人均利润807元，分别比1992年增加571元和217元。

2.重工业主导地位显著。1993年，受投资需求的拉动，以投资类产品和原材料为主体的重工业发展强劲，产销及效益均大幅度增长。1993年，全市的3 925户重工业企业完成工业总产值312.2亿元，占全市工业总产值的72.2%，比1992年增长了19.0%，高出全市平均增长速度3.3个百分点，高出轻工业增长速度10.9个百分点；重工业实现产品销售收入365.3亿元，比1992年增长37%，高出全市平均增幅3.8个百分点，高出轻工业增幅13.7个百分点；重工业实现利税总额27.9亿元，占全市实现利税总额的78.8%，比1992年增长43.3%，高出全市平均增幅17.9个百分点，而轻工业实现利税总额仅为7.5亿元，比1992年下降了14.2%。

3.工业经济效益总体水平有所提高。1993年，根据工业产品销售率、工业资金利税率、工业成本利润率、工业增加值率、全员劳动生产率、流动资产周转次数等6个主要经济指标计算的，反映全市工业总体经济效益的综合指数为71.8%(由于实行新会计制度，指标衔接性差些，只是个匡算数)，分别比1992年、1991年、1990年上升3.5个百分点、9.4个百分点、11.2个百分点。呈逐年上升趋势。详见下表：

	计算单位	各年实际数			
		1993年	1992年	1991年	1990年
工业产品销售率	%	95.20	96.96	101.20	97.00
工业资金利税率	%	5.57	6.07	5.34	5.53
工业成本利润率	%	2.33	2.59	1.30	0.78
工业增加值率	%	27.77	25.46	25.02	25.01
全员劳动生产率	元/人	10 747	7 562	6 077	5 493
流动资产周转次数	次/手	1.26	1.21	1.22	1.26
经济效益综合指数	%	71.81	68.29	62.37	60.62

注：1990年～1992年计算工业增加值率及全员劳动生产率的工业增加值以工业净产值代替。

1993年，沈阳市工业经济效益虽然呈上升趋势，但与1992年相比，资金问题和企业亏损问题仍较突出。

1、企业资金紧张，债务链拉长。近几年来，尽管国家一再强调清理"三角债"，市有关部门也采取了一些具体措施，但企业间资金相互拖欠这一顽疾还没有从根本得以解决，制约着生产发展和效益的提高。据统计，1993年底，全市工业企业流动资产占用额高达448.5亿元，比年初增加114.6亿元，扣除一些不可比因素，平均每个单位流动资产占用额比年初净增23万元。从流动资产构成看，货币资金28.0亿元，仅占6.2%，而存货占用190.2亿元，占42.4%，其中产成品存货57.2亿元，占12.8%。资金占用的增加，导致资金周转不灵，债务链拉长。1993底，全市工业企业流动负债总计422.8亿元。这一结果表明，全市有三分之一强的企业负债经营的包袱越来越大。资金不足，借款贷款的增加，致使利息支出增大。1993年，全市工业企业支付的银行利息高达17.5亿元，是利税总额的49.4%，高出利润总额6.8亿元。

2、亏损面扩大，亏损额猛增。1993年沈阳市为扭转工业企业亏损的局面，相应采取了一系列的扭亏措施，收到了一定的成效。但由于一些深层次的问题没有从根本上解决，亏损状况仍较重。1993年，全市共有工业企业6 622户，其中：亏损企业1 521户，亏损面为22.9%，比1992年增长5.2个百分点；亏损企业亏损额14.1亿元，增亏额6.3亿元，增亏幅度高达80.4%。

(王雅红)

【大中型工业企业经济效益】 1993年，沈阳市继续把搞好大中型工业企业作为全市工业经济工作的头等大事来抓，逐步落实和完善搞好大中型工业企业的一系列政策和措施，力争创造一个适合企业生存和发展的外部环境，各企业相应转机制、练内功，克服任务不足、资金紧张、原材料价格上涨等诸多困难，大中型工业企业生产经营又有了长足的进展。

1、大中型工业企业队伍又得到进一步的壮大。据统计，1993年全市有大中型工业企业334户，比1992年增加10户，占全市企业总数的5.0%。其中大型工业企业120户，中型工业企业214户；国有企业253户，集体企业44户，全民集体合营企业21户，三资企业13户，股份制企业3户；中直企业44户，省属企业9户，市及市以下企业281户。

1993年，全市大中型工业企业共有固定资产原值281.0亿元，其中生产用固定资产212.7亿元，分别比1992年增长22.2%和20.3%；固定资产净值为190.3亿元，比1992年增长26.6%，新旧系数0.677。全市大中型工业企业共有职工74.34万人，比1992年增加1.4万人，增长1.9%，占全市工业企业职工人数的比重由1992年的54.2%上升到56.0%。

2、工业生产保持增长，产销衔接较好。1993年，大中型工业企业完成工业总产值(1990年不变价)277.6亿元，比1992年增长了7.1%，净增18.3亿元。完成销售产值(现价)330.5亿元，比1992年增长19.4%。产销率达97.1%。

3、销售收入、利税总额增幅较大。1993年，大中型工业企业共实现产品销售收入347.76亿元,占全市工业企业销售收入的70.9%,比1992年增长39.3%。在这些企业中,有81户企业销售收入超亿元,销售收入在2亿元以上的工业企业有42家。其中,金杯汽车股份有限公司、沈阳电缆厂、沈阳冶炼厂3户企业的销售收入在10亿元以上。实现利税总额23亿元,占全市的65.0%,比1992年增长27.7%,有55户企业实现利税在千万元以上,其中金杯汽车股份有限公司、沈阳线材厂、沈海热电厂、沈阳星光建筑材料集团公司、永新—沈阳化工股份有限公司、沈阳电缆厂等6户企业的利税总额在亿元以上。盈亏相抵后的利润总额为5.75亿元,比1992年增长68.5%,全年人均利税为3 098元,人均利润774元,分别比1992年增长25.4%和65.4%。

4、大中型工业企业总体经济效益略有上升。按国家新的工业生产评价考核指标计算,1993年大中型工业企业经济效益综合指数为67.56%,(由于国家从1993年7月份起改用新会计制度,有些指标口径存在一定差异,此数为匡算数字),比1992年的66.61%提高了0.95个百分点。其中,成本利润率为1.75%,比1992年增加0.25个百分点,全员劳动生产率为10 508元/人,比1992年增加1 206元;流动资金周转次数为1.27次,比1992年快0.09次。

1993年全市大中型工业企业生产经营状况虽然稳中有升,但存在的问题仍不容忽视,主要表现在:

一是亏损面扩大,亏损额增高。1993年在334户大中型工业企业中,有121户亏损,比1992年增加47户。其中大型工业企业37户,中型工业企业84户,亏损面由1992年的22.8%上升到36.2%。亏损额高达10.3亿元,其中大型企业亏损7.37亿元,中型企业亏损2.93亿元。亏损额超千万的企业有16户,其中亏损第一大户——沈阳矿务局亏损额高达3.37亿元。

二是资金紧张,企业负债沉重。由于原材料涨价,资金拖欠等原因,有许多企业已"无米下锅",从而造成恶性循环。更为严重的是有些大中型企业1993年已出现资不抵债的情况。这些企业大部分是连续几年的亏损企业,由于各方面的原因,亏损面迟迟得不到缓解。在全市已有42户大中型企业资不抵债,占大中型企业总数的12.6%,有10户企业的负债和资产已相差千万元以上。

三是资金利用效果差。1993年全市大中型工业企业流动资金为337.9亿元,比1992年增加92.9亿元,占全市工业企业的75.3%。但资金利用效果不好,资金利税率比全市平均水平还低0.6个百分点。百元固定资产创产值101元,比1992年的113元减少12元。

(张丽萍)

【工业生产存在的主要问题】 1993年,尽管沈阳市工业生产和经济效益保持了同步迅速增长势头。但是,认真分析全市经济形势,仍然是有喜有忧,喜忧参半。特别是与全国、全省相比,差距仍然很大,工业结构和生产要素上都还存在着一些制约工业生产发展的矛盾和问题,突出表现在以下5个方面:

第一,流动资金非常紧张,严重地制约全市工业生产的发展。1993年,全市资金一直很紧张,不仅不能满足一些有市场、有效益的短线产品生产需要,而且使一些本来就很困难的企业雪上加霜。据9月末调查统计数字表明,到年末,全市流动资金大约缺口16亿元。一些企业因缺少流动资金而停产、半停产,仅以市属工业局(公司)为例,就有149户企业处于停产、半停产状态。其中,大中型企业72户,占停产、半停产企业总数的48.3%。

第二,增支因素较大,企业效益严重分流。由于价格改革政策相继出台,特别是从7月1日开始,铁路货运每吨公里提价1.5分,电价每千瓦小时提价4.58分,银行利率两次分别上调0.8和1.38个百分点,从而使成本大幅度增加,企业难以消化。据对12个工业局(公司)调查,全年增支因素达22.4亿元,其中原材料涨价13.6亿元,能源动力涨价1.6亿元,银行贷款利息增加2亿元,以上三项占增支的76.8%。增收因素为19.6亿元,其中产品提价11.8亿元,占增收因素的60.2%,收支相抵后,净冲减利润2.8亿元,这一方面大大增加了全市提高经济效益的难度,另一方面也使全市扭亏工作面临严峻考验。

第三,资金占用大幅度增加。据工商银行年末报表统计,在市工行开户的391户国营工业企业的三项资金占用已高达103.5亿元,比年初增加28亿元。其中产成品资金占用已达27.3亿元,比年初增加4.5亿元。库存产品可供销售天数35天,比年初减少1天。此外,企业间的"三角债"又呈加剧之势。

第四,产品结构的调整还远远跟不上市场需求的变化。据调查,市属12个工业局(公司)的畅销产品仅占17.5%,平销产品占65.4%,滞销产品占17.1%。另外,在工行开户的391户国营工业企业有144户库存产品可供销售天数在90天以上,其中超过一年的有24户。在这144户企业中,至少有1/3的产品是因其结构、档次、质量不适应市场需求造成的积压。

第五,随着社会需求总量的下降,市场供需矛盾日益突出,特别是进入下半年以来,沈阳市的不少畅销产品转为平、滞销产品,产品库存上升较快,资金供需矛盾十分尖锐,严重制约了全市工业生产的发展。

(林跃年)

【产品结构调整初见成效】 1993年,沈阳市广大干部职工认真贯彻落实党的十四大和中央6号文件精神,坚持以提高经济效益为中心,以市场为导向,以质量为保证,以"拉短、限长、停滞"和限产压库促销为手段,大力调整产业结构和产品结构,增产适销对路产品,取得了较好效果。其主要表现在以下三个方面:

一是重点产品产值大幅度增长。年初以来,在组织工业生产时,始终要求企业适应市场变化,积极增加短线产品的生产,严格限制长线产品,坚决停止滞销产品的生产。通过降低库存,增加收入,以更多的资金投入生产。其主要作法是"助畅抑滞",即对畅销产品大张旗鼓的宣传、支持和促进，帮助企业解决畅销产品在增产中遇到的困难。同时，运用生产要素调控的手段，迫使生产平滞产品的企业减产、停产。在此基础上，还确定了机床、糊树脂、螺纹钢、双喜压力锅、VC、平板玻璃等80种产品为重点产品，在资金和其它生产要素的调配上重点支持，重点倾斜，收到了较好效果。截止到年末，这80种重点产品实现产值61.9亿元，增长28.8%，远远高于全市产值平均增幅；实现利税13.5亿元，比1992年增长67.9%。

二是限产压库促销工作初见成效。年初，根据国家经贸委对1993年限产压库工作及考核体系的要求，确定了沈阳市1993年限产压库促销工作的总原则为："宏观管住、控制总量，微观放开、调整品种"。同时，将其作为全年经济工作的重要内容，明确目标，落实责任，按月调度。逐月统计重点企业资金占用情况，分析增减原因，并将其纳入正常生产管理范围。按月通报在市工行开户的391户国营工业企业三项资金占用情况，以鼓励先进、鞭策后进，从而使这些企业的三项资金占用得到了有效控制。截止到年末，三项资金合计103.5亿元，虽比年初增加28亿元，且比最高的10月份下降8亿元；其中产成品资金占用27.3亿元，比年初增加4.5亿元，比最高的10月份减少11.4亿元。产成品可供销售天数35天，比1992年末减少1天，比最高的1、2月份减少了19天。在生产保持高速增长的情况下，资金占用增长与生产基本同步，产成品可供销售天数达到了合理水平。

三是新产品开发工作又有新突破。按照市委、市政府关于"八五期间要抓100种重大拳头产品"的战略决策，年初，在全市科技资金极为紧张的情况下，为这些项目协调科技贷款4 148万元，争取国家拨款及地方贴息260万元，保证了产品开发和投产进度。据1—12月份统计，全部60项重大新产品实现产值23.1亿元，利税3.1亿元。全市累计开发新产品2 632种，投产2 178种；达到国际、国内先进水平的新产品1 024种；新产品实现产值70.4亿元，增长18.9%；实现销售收入59.6亿元；实现利税9.7亿元，增长43.3%，新产品产值占全市可比口径工业总产值的16.5%。

（林跃年）

【企业技术进步】　1993年，沈阳市技术改造工作在资金紧张的不利形势下仍保持增长势头，市及市以下企业累计完成技术改造投资31.7亿元，比1992年增长34.3%。其中市属全民企业累计完成投资19.7亿元，比1992年增长19.9%。市属全民企业共有110个项目竣工投产，这些项目按设计能力达产达标以后，可新增销售收入21亿元，利润3.5亿元，税金2.5亿元。通过技术改造，增强了全市企业参与市场竞争的能力，加速了老工业基地面貌的改善，促进了企业的技术进步和全市经济的发展。

在1993年的技术改造工作中，呈现出几个较突出的特点：

一是"嫁接"改造企业工作步伐加快。为了把握有利时机，多形式、多渠道、大规模利用外资，实施了"接轨工程"，选择了10个大中型企业做为老企业嫁接改造的先头部队，全市各部门在资金、服务、协调、调度等方面给这些企业以倾斜和支持，通过这些项目的进展带动全市"嫁接"改造工作。一年中，金杯公司、空调器厂、八王寺汽水厂等企业的嫁接改造工作都取得了不同程度的进展，全市的"嫁接"改造工作开始呈现出千帆竞渡的局面。

二是资金来源多渠道化。为了缓解1993年资金严重短缺的形势，确保技改项目的资金需求，全市在筹措资金方面加大了力度，在市技改综合部门的积极倡导和大力支持下，全市1993年的技改资金筹措方式呈现出多渠道的特点。如利用外资式、借地生财式、内联引资式、存量调整式、资金自筹式、产权转让式、资产租赁式、股票债券式等等，多渠道的资金来源确保了沈阳市企业技术改造在资金紧张的形势下仍保持上升的势头。

三是加速了产品结构调整，提高了企业的经济效益。技术改造促进了企业产品的更新换代，加速了全市的产品结构调整步伐。一批具有行业形象，体现高水平、高附加值的产品通过改造提高了生产能力，扩大了生产规模，提高了企业经济效益。如风动工具厂经过"八五"技术改造，使液压凿岩机、钻车等产品畅销市场，并开发出12种水平高、效益好的新产品。其中，8种达国际水平，该厂1993年经济效益比改造前的1990年翻了一番以上。电机厂的大中型电机、金杯公司的轻型汽车等产品通过技术改造实现了更新换代，提高了企业的经济效益。

（顾少清）

【节能降耗成效显著】　1993年，沈阳市认真贯彻执行国家"开发与节约并重和把节能工作放在优先地位"的能源工作方针，尤其是通过"节能月"、"节电月"等一系列活动的宣传，增强全社会的节能意识，同时由于加强了能源的供应和管理工作，使全市工业生产从高能耗，低速度的发展困境中摆脱出来，能源经济效益提高，节能降耗工作成效显著。主要表现在以下几个方面：

1. 全市工业产值能耗水平下降，能源利用效益提高。1993年，全市县及县以上工业企业综合能源消费量614.68万吨标准煤，比1992年增长2.5%，按同口径计算的工业总产值为377.15亿元，比1992年增长9.56%，每万元工业总产值耗能为1.63吨标准煤，比1992年同期的1.74吨下降6.32%。1993年全市共节约（或少用）能源35万吨标准煤，其中：每万元产值耗煤1.03吨，比1992年减少0.04吨，下降4.7%；每万元工业总产值耗电1 323.3千瓦小时，比1992年减少54.1千瓦小时，下降3.9%。每吨能源可创工业总产值6 136元，比1992年的5 738元，增加398元，增长6.97%。沈阳市的工业企业能源消耗步入了少投入、多产出的良性发展轨道。

2. 市属主要工业局（公司）的万元产值耗能显著下降，大大节约了能源。据对市属12个工业局（公司）的统计，1993年12个工业局（公司）共消耗能源310.38万吨标准煤，低于1992年同期水平，按同口径计算的工业总产值比1992年增长6.51%,每万元工业总产值能耗为1.43吨标准煤,比1992年同期的1.54吨标准煤下降6.99%。吨能源创造工业总产值6 978元,比1992年同期的6 490元增加488元,增长4.75%。在市属12个工业局(公司)中有9个单位的万元产值耗能比1992年下降,节能面达75%。下降幅度最大的是长白计算机集团公司,下降59.02%。其次是电子局下降39.71%,东药集团公司下降18.79%,星光建筑材料集团公司下降16.28%,机械局下降10.05%。

3.重点耗能工业企业节能面达60%,推动了全市节能降耗工作。据对沈阳市年耗能万吨标准煤以上工业企业的考核,1993年共消耗能源为378.11万吨标准煤,比1992年增长0.4%,按同口径计算的工业总产值为175.5亿元,比1992年增长4.6%,每万元产值综合能耗为2.15吨标准煤,比1992年的2.24吨标准煤下降4.04%。吨能源创工业总产值4 642元,比1992年的4 455元增加187元,增长4.2%。由此推动了全市节能降耗工作的开展。

(姜希一)

【工艺专业化】 1993年,沈阳市工艺专业化工作,遵照国家关于控制行业要宏观管住、管好,微观放开搞活的原则,反复强调四大工艺是国家控制行业,放权不是不管,而是由过去只靠上头管的一个积极性,变为上下一起管的两个积极性,共同搞好专业化工作。

放权后的一年来,实践证明各县(市)区主管部门,增强了管好四大工艺的责任感,强化了基层管理力度。如东陵区计经委、于洪区计经委、新民市计经委,它们对所辖区域内的四大工艺厂点,逐乡进行清理、整顿。东陵区计经委还会同区工商局、环保局,下发了《关于换、检专业化生产准产证的通知》文件。对区内16个乡镇、6个街道的四大工艺厂点,结合换证、年检工作,进行了一次彻底清理,各乡镇、街道都采取措施,杜绝了无证生产现象。目前,全区换检率达98%,严肃了持证生产秩序。在各县区、局(公司、集团)不断强化对四大工艺厂点管理基础上,在各企业的努力下,1993年又有66个持临时准产证的厂点,达到行业二级标准,获得了二级准产证。至此,全市获二级准产证的厂点达1 173个,占厂点总数的79%。同时,在清理、整顿中,各县(市)区共撤消劣势厂点55个,新上厂点31个。现持临时准产证生产的厂点有337个。全市四大工艺厂点总数为1 510个(含新划归的康平、法库两县),其中:铸造872个、锻造277个、热处理237个、电镀124个。

沈阳的工艺专业化工作,从总体上看,基本上走向了宏观调控轨道,上下两个积极性正在较好地发挥作用。沈阳市计经委、工商行政管理局联合发出了,"四大工艺厂点必须持证生产的通告"。《通告》的发表,将为基层工作创造一个良好的社会舆论环境,必将使四大工艺的宏观管理走上健康轨道。

(李连祥)

【军工企业民品生产】 1993年在沈阳的军工企业全年实现工业总产值343 885万元,比1992年增长11.8%,其中实现民品产值比1992年增长15.7%,民品产值占工业总产值的比重,比1992年提高2.1个百分点。主要经济指标都比1992年有不同程度增长。一年来取得的主要成绩是:

1、民品生产持续稳步增长。近几年,由于军品任务不足,使军工企业认识到要想求得生存和发展,必须大力发展民品生产,由于认识明确,办法得当,使民品生产逐年增长。1986年市军民结合会议当年,民品生产虽有发展,产值也只有57 071万元,到1990年则上升为93 892万元,1993年比1990年又增长133.4%。沈阳飞机制造公司几年来坚持"军民结合"方针,在完成军品科研生产任务的同时,民品产值逐年上升,1993年实现民品产值39 368万元,比1992年增长17.9%。沈阳松辽汽车股份有限公司生产的各类汽车,几年来销售常盛不衰,1993年实现民品产值40 959万元,占工业总产值的94.4%。

2、支柱民品发展较快,并在市场上站稳了脚跟。沈阳的军工企业发展民品已有十几年历史,前几年由于对发展民品重大战略意义认识不足,因此没有充分利用军工的设备、技术、人才优势,生产的产品技术含量低,产品缺乏竞争力。1990年以来,各企业根据市里调整产品结构要求,对一些销路差、效益不好的产品进行限产或停产,重点扶持有市场、有发展前途、有效益的产品。经几年的努力一批代表军工企业形象的支柱民品相继诞生。如沈阳飞机制造公司生产的高级旅游车,几年来产量逐年上升,仍满足不了国内外市场需求,一三九厂生产的自动计量加油机一直是抢手货,松辽汽车股份有限公司的6450吉普车在市场也很紧俏,黎明公司的铝型材誉满全国。

3、新产品开发迈出新步伐。在沈阳的军工企业在调整产品结构同时,还本着工艺相近,技术相通的原则大力开发民用新产品。1993年共开发新产品51项,其中达国际水平的有8项,居国内先进水平的有32项,填补国内空白的有9项。上述产品当年投入批量生产的有46项,创工业总产值36 095万元,比1992年增长8.8%,新产品创利税3 538万元,比1992年增长40.6%,实现销售收入30 000万元。

(赵箴)

【铁西工业区总体改造】 1993年,沈阳市铁西工业区总体改造以市委八届五次会议、市人大十一届一次会议和市长办公会议(铁改专题)的精神为指针,充分利用改革开放、加速发展的大好时机创造性工作,使改造进程又迈上了一个新台阶。

1、探索新形势下重振铁西老工业基地雄风的对策。铁西工业区是国家"一五"、"二五"时期重点建设起来的以机电工业为主体、大中型企业为骨干的全国最大的综合性生产基地。自1986年国家批准对其实行总体改造以来,工业区的经济效益、社会效益、环境效益有了大幅度提高。但由于它历史包袱多,现实负担重,长期受计划体制束缚,机制不活,改革开放力度不够,改造投入不足等因素影响，目前设备老化、技术老化、产品老化和经济效益差，企业活力差的问题尚未从根本上得到解决。为适应建立社会主义市场经济体制的国民经济发展的需要，1993年8月，国务院发展研究中心、国家计委经济研究中心和沈阳市人民政府联合召开了《沈阳市铁西工业区改革、改造对策研讨会》。国家有关部门及省市领导同志、经济专家、学者等50多人出席会议。大家认真研讨、集思广益，提出了很好的建议，并且一致认为，加速铁西工业区总体改造已到了刻不容缓的时候，重新振兴铁西工业区不仅对沈阳乃至辽宁经济的繁荣具有十分重要的意义，而且将对全国老工业基地改造和振兴探索路子，积累经验。根据此次会议的精神，市政府向省政府和国务院呈报了《关于加快沈阳铁西老工业基地改造步伐的报告》，报告中提出了重新制定的铁西工业区改造目标和将采取的六大举措。具体举措是：(1)、应用高新技术改造传统产业；(2)、进一步加快利用外资步伐，加快工业区与国际产业的对接；(3)、建设生产资料综合交易市场，把产品优势变为商品优势；(4)、做好工业区环境区域综合治理工作；(5)、改造旧城区，加快布局调整；(6)、完善城市基础设施建设。

2、工业生产保持两位数增长，经济效益同步提高。1993年，铁西工业区国有大中型企业不断深化企业改革，加快经营机制转换。它们抓住全国投资需求扩大的机遇，努力调整结构，加强管理，强化扭亏，开拓市场，工业生产继续保持两位数的增长；许多企业发挥固有优势在激烈的市场竞争中经受了考验，并已开始步入良性循环。据统计，全年工业区独立核算企业实现工业增加值67.3亿元；完成工业总产值213.5亿元，比1992年增长16.2%；实现产品销售收入208亿元，增长23%；实现利税17.5亿元，增长56%，工业产品销售率达93.3%。数控机床、钢芯铝绞线、变压器、气体压缩机等主要工业产品产量比1992年平均增长41.8%。

3、固定资产投资增幅较大，城市建设进展加快。1993年，国家和地方继续加大对工业区支柱产业和重点项目的投入。全年区内安排固定资产施工项目289个，完成投资15.5亿元，增长17%。其中，技术改造项目195个，完成投资8.3亿元；基本建设项目94个，完成投资7.2亿元。全年竣工投产项目135个，新增固定资产11.67亿元，比1992年增长18.4%；其中，风动、车桥等83个国家和地方技改项目竣工投产。沈阳风动工具厂“八五”“发展节能新产品液压凿岩机”技改项目提前一年零两个月在全国率先完成，受到各级领导和部门的好评。该厂这次改造，以市场为导向，以开发具有国际当代先进水平的新产品为龙头，把有限的资金投入到重点关键设备的更新改造，从根本上提高了工厂技术水平和生产能力，最大限度地满足了参与国内外市场竞争的需要，为国有老企业技术改造焕发青春提供了又一个成功的范例。1993年，在国家继续对铁西改造给予专项贷款帮助的同时，工业区还积极拓宽融资渠道，实施“接轨工程”，加速“嫁接”改造。石蜡、化工、特种轮胎、金龙数控千吨VC等重点项目进展顺利。1993年，开发区城区建设有较大进展，特别是居民住宅、通讯、道路等方面，建设成绩喜人，兴顺商业街改造已初见端倪。

4、利用外资规模不断扩大，外向型经济建设取得进展。1993年，铁西工业区抓住外商来华投资由南向北，由生活资料消费类产业向生产装备类产业转移时机，发挥已有优势，不断加快对外招商引资步伐。在’93沈阳三胞联谊会，’93沈阳国际经济技术合作洽谈会期间，工业区举办了铁西改造专题新闻发布会，向海内外客商推出了加快铁西改造和扩大开放的新举措，引起强烈反响。据统计，全年工业区新注册“三资”企业50多家，投资总额3亿多美元，其中外资1亿美元。项目的特点是，利用外资大客户，大项目增多，“嫁接”式改造老企业的项目增多，一批国有大中型企业已开始与跨国集团实行对接。沈阳东洋制钢有限公司、沈阳华润雪花啤酒有限公司成为全市规模最大的“嫁接”式合资合作企业。

1993年工业区对外经贸取得较大进展，全年出口商品供货值15亿元，比1992年增长28%，自营出口创汇2.4亿元，比1992年增长17%。

(*魏兴盛*)

【1993年沈阳市工业企业实现利润总额前50名】 1993年，沈阳市工业企业按实现利润总额排序，前50名企业共实现利润16.20亿元。其中金杯汽车股份有限公司实现利润2.61亿元，名列榜首。

在前50家利润大户中，按所有制性质分，全民所有制的企业31家，占62%；集体所有制企业12家，占24%；股份制企业2家，占4%；其他所有制企业5家，占10%。

按隶属关系分，中央企业5家，占10%；省属企业1家，占2%；市属企业30家，占60%；县属企业5家，占10%；乡镇企业4家，占8%；其它隶属企业5家，占10%。按企业规模划分，大型企业29家，占58%；中型企业8家，占16%；小型企业13家，占26%。详见下表：

位次	企业名称	实现利润(万元)
1	金杯汽车股份有限公司	26 100
2	沈阳线材厂	14 347
3	沈阳星光建筑材料集团公司	12 026
4	永新—沈阳化工股份有限公司	5 415
5	沈阳造币厂	5 339
6	长白计算机集团公司	4 509
7	沈阳啤酒厂	4 243
8	东北制药集团公司	4 148
9	沈阳变压器厂	3 670
10	沈阳市自来水总公司	3 617
11	沈阳飞龙保键品有限公司	3 534
12	沈阳飞机制造公司	3 231
13	松辽汽车股份有限公司	3 097
14	沈阳钢铁总厂	3 018
15	沈阳第一机床厂	2 601
16	沈阳冶炼厂	2 515
17	中捷友谊厂	2 019
18	沈阳电缆厂	2 001
19	沈阳市特种环保设备制造总厂	1 986
20	沈阳高压开关厂	1 920

21 沈阳市新民蜡化学品实验厂 1 878
22 沈阳蓄电池厂 1 703
23 沈阳第四橡胶厂 1 429
24 沈美日用品有限公司 1 336
25 沈阳第三橡胶厂 1 251
26 沈阳高压成套开关厂 1 209
27 沈阳市新城子制药厂 1 104
28 沈阳轧钢总厂 1 005
29 沈阳二一三机床电器厂 811
30 沈阳合金厂 809
31 沈阳市辽中镀锌钢管厂 787
32 沈阳黎明发动机制造公司 774
33 弗莱希波泰格金属波纹管有限公司 768
34 沈阳市北方实业总公司 748
35 中国医科大学制药厂 730
36 辽宁试验设备厂 730
37 沈阳电机厂 702
38 沈阳风动工具厂 680
39 沈阳市市政工程材料公司 663
40 沈阳市萃华金银制品实业公司 655
41 沈阳市沈河区瑞丰糖果厂 639
42 沈阳市热力供暖公司 595
43 沈阳松陵软包机制造厂 566
44 沈阳二三厂 564
45 沈阳东北助剂总厂 558
46 沈阳低压开关厂 547
47 沈阳黎富服装有限公司 520
48 沈阳市第二热力供暖公司 505
49 沈阳市长城日用电器有限公司 500
50 沈阳市富民玻璃厂 499

煤炭工业

【概况】 1993年,沈阳矿务局继续深化企业内部改革,优化产业结构,推进技术进步。工业生产、基建施工和多种经营三业并举,为企业迈向市场闯出了一条新路。

1、克服困难狠抓重点,以调整为基础,优化产业结构。1993年,沈阳矿务局经历了计划经济向市场经济变革的严峻考验,承受了经济极度困难的沉重压力,一切从经济效益出发,以市场为导向,狠抓限产、压库、促销,全年生产原煤400.1万吨,为1992年的69%。产品销售率为97.9%,比1992年高出2.3个百分点。产品期末库存比1992年下降了50.9%。年初,根据市场预测和对投入产出效益进行分析论证,对成本高、煤质差、亏损大的两对矿井做出了停产保井和关井的决定。各生产矿井为控制成本,进行巷道布置改革,降低岩巷掘进比,减少巷道和设备占用,合理集中生产。节省了资金投入,保证了采场接续。1993年还全面实行了机电设备“包机制”,加强对机电设备的管理,进而保证生产的正常进行。

2、基建施工队伍加强竞争意识,积极打向社会,内外开花。1993年,是沈阳矿务局施工单位在竞争中拼搏,在困难中奋进的一年,也是取得丰硕成果的一年。在投资拨款不到位,资金极度紧张以及基建市场竞争日趋激烈的不利情况下,沈阳矿务局基建施工队伍积极转换经营机制,增强应变能力,坚持内保重点、要质量、要速度,外闯市场、创信誉、要效益的原则,努力打向市场,创造性地工作。实现了墙里墙外花齐开,产值效益双增长。全年共完成施工产值17 959万元,比1992年增长28.3%,施工利润比1992年增长85%。

集中精干队伍力保重点工程——红阳三井。施工队伍以管理保质量,以工艺保进度。主、副、风井3个井筒1993年完成进尺1 410米,实现三到底,完成了上级对该项工程的总工期排队要求,工程质量也明显好于1992年。

深挖潜力,打向社会,增收提效,壮大声威。1993年,沈阳矿务局基建施工队伍完成外部施工产值占全部施工产值的三分之二以上。在湖北省黄石市湖底隧道施工中,沈阳矿务局矿建工程处被誉为“湖底蛟龙”;安装工程处在山西省焦家寨煤矿进行安装施工中,全部达到优良品标准。甲方单位赠送了“优质高效名扬三晋”的锦旗。这个工程处被国务院命名为《中国500家最佳经济效益建筑业二级企业》、《煤炭系统25家最佳经济效益建筑业企业》。

3、多种经营和第三产业迅猛发展,已与工业生产、基建施工形成并驾之势。1993年投资4 000多万元,新开发效益型项目30多个,新安置人员1 200多人。至1993年末,多种经营和第三产业从业人员42 295人,总产出25 417万元。全年共生产水泥23万吨,生产砖216万块,生产石膏3.3万吨,完成机加产品5 807吨,发电3 762万千瓦时。另外,化工、轻纺、矿泉水等产业也有了长足的进步。其中:龙虎潭矿泉水在1992年获得全国矿泉水展览会开发奖的基础之上,再上一个新台阶,荣获1993年全国沿海开放城市商品博览会金奖。

(李卫)

【建设中的红阳三井】 沈阳矿务局红阳三井,井田位于沈阳市苏家屯区与辽阳市灯塔县的接壤部位,矿区工业广场所在地隶属于辽阳市灯塔县。

在红阳三井施工过程中,沈阳矿务局集中精干队伍,采用中深孔爆破,大抓岩机除尘、大吊桶提升和大模板筑壁等先进的施工工艺,提高了工程质量,加快了施工进度。该项目设计能力年产原煤150万吨,工程概算为39 953万元。由于生产资料市场放开,物价上涨幅度较大,加上投资到位率低,难以保证正常施工,原概算已几乎失去意义。该项目建设工期预计为60个月,1996年建成移交。自1991年12月末开工以来,到1993年底历经24个月,累计完成投资17 159万元,完成原概算的43%。主井、副井和风井已分别掘到—850米、—850米和—700米运输水平及回风水平,实现了上级对红阳三井工程的总工期排队——2年井筒到底的预期安排,并完成了部分井底车场巷道的施工。为尽快形成主副井巷道贯通创造了条件。

红阳三井煤种牌号为瘦煤,矿井设计服务年限为56年。设计配套洗煤厂一座,年入洗能力150万吨。洗出精煤可供鞍钢和本钢作炼焦配煤,其他副产品可供社会其它行业生产和生活使用。

红阳三井地理位置较好,交通

较为便利。该项目建成投产后，将为缓解辽宁地区能源紧缺状况起到一定的作用，对提高企业的经济效益和社会效益具有重要意义。

1994年，沈阳矿务局在立足改革，狠抓管理的基础上，力争在红阳三井施工上有新的突破。要按照上级领导的要求，实现"一到顶、二改装、三形成、4 000米"。即副井井塔9月30日滑模到顶；主井和风井两井筒临时提升系统5月1日前改装完；排矸系统5月1日前形成；供热系统10月1日前形成；－850米井底车场形成；井巷工程量全年确保完成4 000米。力争按设计要求，向国家建成移交一个"三满意"的现代化矿井。

（李卫）

【沈阳矿务局】 沈阳矿务局是国家大型煤炭企业，集煤炭生产、基建施工和多种经营为一体。

沈阳矿务局本部位于沈阳市新城子区虎石台镇，下属单位分布在沈阳，辽阳，鞍山和本溪四市，及铁岭市新台子镇，丹东市凤城县和抚顺市新宾县等地。矿区地理位置优越，交通运输方便。沈北矿区煤炭产品经新台子出口与国铁接轨；沈南矿区煤炭产品经章台子出口接国铁外运；本溪矿区生产的炼焦洗精煤可直供本溪钢铁公司。

沈阳矿区开采历史悠久，早在唐朝时期即有文字记载；矿区煤炭品种齐全，有焦煤，肥煤，瘦煤，贫瘦煤，无烟煤和褐煤；矿区储量丰富，有煤田面积500多平方公里，地质可采储量5.18亿吨。建国以来，沈阳矿区已累计向国家提供了1.78亿吨原煤。

沈阳矿区现有7对生产矿井，年生产能力530万吨，生产的焦煤，肥煤，贫煤，无烟煤和褐煤可分别用于工业和民用；有洗煤厂4座，年入洗能力335万吨，洗出精煤分别供鞍钢、本钢和葫芦岛锌厂等单位。

沈阳矿务局有较强的施工队伍，可承揽矿建、土建、安装和道桥等工程的施工。近十年来，他们走南闯北，在安徽、山西、山东、黑龙江、吉林、湖北等十余省，创出了威名，留下了美誉。

沈阳矿务局多种经营事业发展较快，现有水泥厂3座，年生产能力28万吨；有石膏井2对，能力为30万吨，其中一处在建，一对生产；有热电厂一座，装机1.2万千瓦；有附属发电车间一处，能力为0.6万千瓦；有火工厂一座，每年可生产民用炸药2 000多吨；有机电修配厂两处，机加制造能力雄厚；有矿山综合材料厂一个，每年可生产矿山用金属支柱10 000万支，生产金属顶梁30 000支；有林业处下辖8个林场，林地面积2万多公顷，年产木材2万多立方米。

沈阳矿务局集体事业蓬勃发展，1993年有集体职工3.36万人，经营网点370多个，年总产出约2亿元。不仅安排了大批矿工子女就业，也为社会创造了效益。

伴随着社会主义市场经济体制的建立和不断完善，沈阳矿务局这个长期计划经济指导下的大型煤炭企业，将面临严峻的考验和挑战。为此，这个局制定了"煤炭产量大上，扩大销售市场；基建内保速度，外创效益；多种经营以建材为主，全面发展"的经营战略，以期在市场经济中站稳脚跟，真正发挥出国有大型企业在国民经济中的支柱作用。

（李卫）

轻工业

【概况】 1993年8月沈阳市轻工业管理局将沈阳市金属制品厂等63户固定资产原值不足50万元，年完成工业产值不足500万元的小型企业转属区县管理，到年末该局有企业207个，职工13万人。

1993年轻工局系统完成工业总产值301 432万元，比1992年增长2.1%；实现销售收入332 158万元，比1992年增长11.6%，产品产销率为95%；实现利税20 071万元，比1992年下降36%，其中实现利润－736.9万元，比1992年减少利润10 152万元，上缴税金27 440万元，比1992年下降4%。

1993年是该局困难超常的一年。这一年全局短缺生产资金2.5亿元，增支减利因素4亿元，由于资金紧缺和增支因素过大，有43户企业一年处于停产、半停产状态。为了扭转被动局面，该局采取的措施主要是：

1.不断地进行经济形势分析，根据经济形势动态，提出阶段性的目标和任务。一是，每月局公司和企业坚持分层次地召开经济形势分析会，沟通信息，交流经验，提出问题，制定措施。在经济形势分析的基础上，9月份提出了"振奋精神，奋力拼搏，大干一百天"的口号，制定了大干一百天奖罚办法。各行业、企业在大干一百天中层层制定奖罚办法，有力地调动了各级干部和职工积极性。在大干一百天中，全局工业产值增长6.2%。二是，搞好挂点服务。为了落实经济形势分析会上提出的各项任务，由局长、书记带领局机关各处室干部组成10个工作组，对各公司、局直企业实行挂点服务。通过召开现场办公会和座谈会，帮助公司、企业解决一些实际问题。在局的带动下，各公司也都成立了由公司书记、经理带队的挂点服务组，经常深入企业，实行现场办公。有的公司还实行包点服务的办法，把企业的经济状况做为挂点服务组的考核指标，并与机关干部的工资、奖金挂钩，增强了企业干部的责任感。三是，把工作力度向重点、难点、热点倾斜。把制约全局经济形势的利润超百万元的盈利大户、亏损超百万元的亏损大户、停产半停产的43户企业，作为全局工作重点来抓，坚持常抓不懈。由于主攻方向正确使这些企业的经济形势都有一定的变化，特别是54户大中型企业经济形势好于全局。

2.全局企业认真贯彻落实《全民所有制工业企业转换经营机制条例》和《城镇集体所有制企业条例》，进一步深化以三项制度改革为重点的企业内部配套改革。沈阳啤酒厂等81户企业实行了劳动人事制度改革；沈阳双喜压力锅制造总公司等19户企业实行了分配制度改革；沈阳华光灯泡厂等6户企业实行模拟"三资"企业管理办法；东北轻工股份有限公司等6户全民企业实行了股份制;沈阳味精厂等2户大型全民企业实行了投入产出总承包;沈阳自行车等2户大型全民企业实行了全员风险抵押承包;市金银制品厂等29户集体企业实行了股份合作制。其中市塑料十二厂等11户股份合作制集体企业实行了对存量资产量化到人的试点。为了推进转换政府职能,该局根据市委提出的"放权、减人、办实体"的政府机构改革思路,合并了6个职能相近的处室,分流职工43人。

3.加强精神文明建设。一是加强班子建设。为了建设一支适应社会主义市场经济的干部队伍,1993年调整了塑料公司、建筑五金公司等78个单位领导班子,调整领导干部236人,其中提拔了73名勇于开拓进取的青年干部,对43名改革平平的领导干部调离现职,处分了一名公司一级领导干部。二是加强职工队伍建设。在职工中组织了深入学习党的十四大文件,开展了"全国大发展、我们怎么办"的大讨论,转变了职工思想观念,提高了对建设有中国特色的社会主义市场经济的认识,激发了职工建设社会主义的积极性。在企业资金紧缺、原辅材料大幅度涨价的情况下,全局职工献计、献策,挖掘内部潜力,开展双增双节活动。据对33个企业统计,一年节约物质2 420万元。据对全局调查,1993年全局增支因素高达4亿元,通过全局职工的积极努力,自我消化3亿元。有20个企业,25种产品物耗实现了本企业历史最好水平。同时,通过开展"三爱三做"活动,涌现了一批热爱企业、热爱本职工作并做出了突出贡献的积极分子,有12个企业、42名同志被评为市先进集体和市劳动模范。

1993年该局虽然做了大量工作,但仍存在一些问题,比较突出的是亏损企业和亏损额居高不下。年末全局有亏损企业128户,比1992年增加21户,亏损面为62%。亏损额17 974万元,比1992年上升1.4倍。在亏损企业中有8户企业亏损额高达500万元以上,共亏损8 501万元,占全局亏损额的47%。

(王兴武)

【加速结构调整增强企业活力】 1993年,沈阳市轻工业局为了推进轻工企业发展,积极实行结构调整。

加快产品结构调整。根据消费市场的需求动态,对生产的产品进行了三次适应性调整,使25种市场畅销产品有较大幅度增长,全年增加产值1.6亿元;限产长线产品20种,减少产值1.2亿元。

努力抓好开发性调整,积极引导企业瞄准国际、国内两个市场,开发了一批起点高、档次高、效益高的新产品。据统计全局共投入1 000多万元,开发新产品277种,其中沈阳衡器厂研制生产的电子汽车衡等46种达到了国内先进水平;消防器材公司研制生产的AFT高效内涂厚浆型防火涂料等14种达到了国际先进水平;市金属门窗公司研制生产的船用防火门等10种产品填补了国内空白。在新开发的产品中一年完成产值超500万元的有10种,完成产值超100万元的有25种。新产品一年共完成产值62 600万元,实现利税9 352万元,分别占全年完成产值和实现利税的21%和47%。

积极调整企业内部结构,加大企业生产要素与市场的接触面。沈阳油脂化学厂、味精厂、啤酒厂、双喜压力锅制造公司等一些企业把可以独立的车间、部门和服务单位实行划小划细、层层承包、多级法人、分级负责。企业组织形式变化后实行双层经营,调动了企业方方面面的积极性,取得了较好的经济效果。

大力进行产业结构调整,积极发展第三产业。为了适应市场经济的发展,全局各企业实行了一业为主多种经营,冲破了行业界限和产业界限,什么有效益就开发什么,什么挣钱就干什么。1993年全局新办第三产业门点732个,其中市内465个,外省市267个。累计全局已有第三产业门点1 357个,从业人员近2万人,占全局职工15.2%。第三产业全年实现销售收入3.2亿元,上缴税金611万元,分别占全局销售收入和上缴税金的10%和2%,分别比1992年增长11.2%和1.2%。

这一年该局新办第三产业的特点:一是,已由过去的安置待业青年、富余人员转向了为主体企业开拓市场、占领市场、扩大销售和为企业产品强化售后服务;二是,第三产业突破了商饮服修老模式,开始向室内装饰、信息、咨询、房地产开发等方向发展;三是,大中型骨干企业开发第三产业意识明显增强。1993年全局新建第三产业门点732个,54户大中型企业新建476个,占全局新建门点的65%。1993年全局在外省市新建的267个场、店都是大中型企业创办的;四是,所有制趋于多元化。第三产业企业打破了过去的全民企业、集体企业模式,1993年出现了企业与个人投资、职工个人集资、本厂同外市联营、跨行业合资等多种形式的股份合作制企业和联营、联销企业。

(王兴武)

【积极兴办合资企业】 1993年,沈阳市轻工业管理局走合资嫁接搞活企业的路子,新办合资企业28个,总投资7 627万美元,引进外资2 039万美元。到1993年底该局合资企业已扩展到71户,占全局企业的35%。一年来新办合资企业的特点是:

1、认识一致上下积极。过去兴建合资企业是局找企业做企业的工作,动员企业吸引外资搞合资。这一年是企业主动找局,找客户、找项目。

2、合资对象、合资项目有新扩展。合资对象除港、澳、台地区外,新发展了韩国、捷克、斯洛伐克、澳大利亚等国家。合资项目有不足10万美元的小项目,也有多达几千万美元的大项目,这一年全局超千万美元的项目就有6个。

3、合资方式灵活多样。有企业全厂合资、有实行一厂两制、有一厂多制、有名为合资实为租赁、有老厂合作新厂合资、有整厂转让外方租赁承包、有只是部份合资其余部份由合资企业租赁经营、还有企业部份厂地、部份设备转让外方承包本息分期偿还等等,各企业从实际出发,不拘一格。

4、合资项目已从原来的扩大经营范围、扩大生产能力,转向了瞄准世界先进水平,引进高科技、高档次、高效益产品。如沈阳空调器厂的空调器、旋转压缩机项目,五金防爆灯具厂的防爆灯具项目,都是具有世界先进水平的高科技项目,标志着新办的合资企业进入一个新的领域。通过合资,使企业开发了一批档次高、技术含量高、附加值高、效益高的新产品,加速了轻工产品结构的调整。

5、合资企业引进了国际先进的管理机制。按照国际惯例管理企业,不仅造就了一批中、高级管理人才,而且使企业职工的整体素质有了明显提高。

1993年全局已开工的25户合资企业,一年实现产值26 376万元,实现销售收入31 839万元,实现利税6 284万元,完成出口交货值8 647万元。

(王兴武)

【奋力开拓市场】 1993年,沈阳市轻工业管理局针对消费品市场竞争日益激烈和商业体制改革给扩销工作带来的困难,调整了工作思路,采取了新的策略,扩大了沈阳轻工产品在国内市场的辐射面。一是强化销售工作力度。局、公司、企业层层强化销售工作调度,局由季调度改为月调度,在调度会议上分析销售形势、市场动态、传递信息、沟通情况、交流经验和解决销售工作中存在的一些实际问题。同时在190个企业实行了各种形式的销售承包。10月份组建了沈阳市轻工销售总公司,强化了全面销售工作的协调、服务。二是主动出击、抢占市场。年初该局根据市场形势,提出了进一步提高竞争意识,树立大市场、大流通、大发展的观念,主动出击、开拓市场。根据这一指导思想,全局各企业积极行动,进行了寻找代理商、建立联销店、专业店和自建自销门点的尝试。一年时间全局在外省市新建自销门点、联销店、联营店、代销店267个,这些门点积极开展各种扩销活动,使全局出现了多渠道、多层次、全方位扩销的态势。三是利用各种形式提高自销能力。这一年该局在沈阳、北京、郑州等地先后组织企业参加了"全国轻工名优新产品展销会"、"全国农村定货会"和"国际消费品博览会"等5次大型展销定货会,共成交7亿元。同时全局有150个企业在全国各地召开各类订货会245次,成交5.2亿元。仅上述展销订货会总成交12.2亿元,占全局销售额的37%。四是加大产品广告宣传力度,随着市场经济观念进一步增强,越来越多的企业领导一改过去的旧观念,舍得花钱强化产品宣传,提高了沈阳轻工产品的知名度。据统计,1993年全局用于广告宣传费达4 000万元,比1992年增长60%。由于该局在销售工作中采取了切实措施和强化了工作力度,1993年全局共实现销售收入332 158万元,比1992年增长11.6%。产品产销率达到了95.5%。

积极开拓国际市场。沈阳市轻工业局一直把开拓国际市场、发展国际贸易当作发展市场经济、振兴轻工企业的战略。一是跨出国门直接与外商洽谈业务。全局一年时间有566人次,组织169个考察、洽谈团,参加了韩国、马来西亚、香港等国家和地区招商会、展销会,与外商谈成了一批项目;二是借船出海、借边出境。在市政府的组织下,该局在巩固与广西、云南、贵州等地合作的基础上,又奔赴黑龙江、内蒙、新疆等沿边地区,与当地联手共同推动对蒙古、朝鲜、俄罗斯、越南、缅甸、老挝的边境贸易和合作,共签意向协议57份;三是窗口企业又有新扩展。1993年该局在美国、俄罗斯、泰国、孟加拉、香港等国家和地区建立窗口企业11个;在沿海、沿边和经济特区建立边境窗口企业24个,这些企业广交国际客商,形成了商品推销点、信息联络点、售后服务点,发挥了出口贸易桥头堡作用。由于全局上下的积极努力,有10大类产品出口交货值比1992年增长50%以上。1993年全局共完成出口交货值22 608万元,比1992年增长34.6%,创造了历史最好水平。

(王兴武)

【腾笼换鸟】 在沈阳市区,特别是市中心区繁华地段,地皮价格较高,每平方米可以卖到2 000至3 000元,甚至上万元,而在市郊经济开发区土地价格却很低廉,每平方米仅在200元左右,市区与市郊的地皮差价在2 000元左右。沈阳市轻工业局积极引导企业利用地租级差实施异地搬迁,实施"腾笼换鸟"工程,加速了企业的技术改造、产品结构调整,促进了生产要素的优化组合。

1993年沈阳市塑料十二厂等3户企业已经全部完成了易地搬迁改造;市高级家俱厂等3户企业新厂区正在建设之中,另有7户企业完成了部份搬迁任务。上述13户企业利用级差地租共得搬迁费用1.1亿元。搬迁新征工业用地2.2万平方米,为搬迁前厂地的2倍。在新厂区新建厂房8万平方米,固定资产原值由原来的3 003万元,增值到7 290万元,增殖2.4倍。年完成工业产值由搬迁前的3 480万元,增产到2亿元,增长4.7倍;实现利润由亏损267万元,转为盈利1 600万元,增加利润1 867万元。

(王兴武)

【液氨泄漏】 1993年3月13日沈阳味精厂发生一起液氨泄漏事故,造成窒息42人,死1人,重伤3人,直接经济损失91万元。

1993年3月13日晚21时许,沈阳味精厂一辆7.5吨封闭槽车满载液体氨从大连驶回沈阳,开进工厂四分厂,当时工厂专管接收和卸液氨人员已经下班,开车司机擅自卸氨,由于没有将槽车分贮罐连接管接好,致使液氨外漏,一时间整个四分厂厂房和厂区内充满刺鼻的液氨气味,使正在工作的124名职工困在有害气体之中。事情发生后,工厂值班厂长立即组织当班干部、工人赶赴四分厂进行抢救,由于液氨气味刺激性特大,又使周围气温急剧下降,使抢救人员不能靠近液氨泄漏阀门。22时沈阳市政府、市轻工局、公安局等领导和公安消防大队,沈阳军区防化部队,沈阳矿务局救护大队等先后赶到现场。在沈阳矿务局救护大队等单位和工厂职工的积极努力下,14日凌晨3时30分将贮罐和槽车阀门关闭,制止了事态扩展。在事故发生中,受害职工被送往市医院,得到了及时抢救。事故发生后,市检察院、劳动局、轻工局组织了联合调查组,5月11日做出决定,对当事司机追究刑事责任,对6名干部分别给予政纪处分。

(王兴武)

·食品酿造工业·

【概况】 沈阳市食品酿造工业由食品加工业、食品制造业、饮料制造业和烟草加工业等四大行业组成。1993年末全市食品酿造工业拥有企业1 042家,固定资产原值为19.49亿元,固定资产净值为15.3亿元,全部职工年平均人数达62 352人。

1993年全市食品酿造工业生产继续保持了一定的增长速度。全年食品酿造工业共完成工业总产值299 196万元,比1992年增长3.6%。其中食品加工业总产值为106 476万元,比1992年下降11.1%;食品制造业总产值为84 858万元,增长29.7%;饮料制造业总产值为88 900万元,增长17.8%;烟草加工业总产值为18 962万元,下降32.9%。

1993年全市食品酿造工业,乡及乡以上企业完成产品销售收入315 784万元,比1992年增长26.3%。其中食品加工业完成155 101万元,占全市食品酿造业的49.1%;食品制造业完成54 971万元,占全市的17.4%;饮料制造业完成87 464万元,占全市的27.7%;烟草加工业完成18 248万元,占全市的5.8%。

1993年食品酿造工业乡以上企业实现产品销售利润17 308万元,比1992年增长93.5%。其中食品加工业完成产品销售利润1 024万元,比1992年增长25.4%;食品制造业完成4 112万元,增长62.4%;饮料制造业完成13 019万元,增长1.5倍。

1993年食品酿造工业仍有亏损企业101户,比1992年增加40户。亏损企业亏损额达9 081万元,比1992年增亏2 470万元。其中食品加工业亏损额为2 019万元,比1992年增亏1 294万元;食品制造业亏损额为3 600万元,增亏2 965万元;饮料制造业亏损额为667万元,增亏160万元;烟草加工业亏损额为2 795万元,减亏1 949万元,亏损企业增多和亏损额大主要是受食品加工业和食品制造业亏损企业居高不下的影响。

1993年全市食品酿造工业生产仍存在着一些问题。一是全行业生产速度不快。特别是食品加工业和烟草加工业发展滞后,生产滑坡较大。严重地制约了全市食品酿造工业的生产发展。二是全行业经济效益不理想。据统计,截止1993年底全市食品酿造工业乡以上工业企业完成利税总额26 068万元,比1992年下降了17.1%。其中仅食品加工业和制造业,就分别比1992年下降83.1%和64.0%。

(赵魁春)

【沈阳华润雪花啤酒有限公司】 沈阳华润雪花啤酒有限公司的前身——沈阳啤酒厂,始建于1936年,是具有50多年生产啤酒历史的国家大型一型企业。随着时代的进步和发展,已成为拥有雄厚实力,雄踞一方的现代化大型酿造企业。1993年公司有职工2 902人,年生产能力20万吨。产品按国标并参照国际标准生产,质量上乘。主要产品均为国优和省优产品,享誉海内外,产品畅销国内18个省区并远销美国、澳大利亚、香港、澳门、新加坡、朝鲜、韩国等国家和地区。主要产品有:雪花牌12度雪花啤酒、沈阳牌11度特制沈阳啤酒、沈阳牌11度沈阳啤酒、沈阳牌11度沈阳鲜啤酒、桶装揸啤酒及荔枝、橙汁、菠萝汁等听装高级饮料。

12度雪花啤酒系国家名酒,荣获国家颁发的优质产品银牌奖、中国出口名特产品金奖、首届全国食品博览会金奖、第一、二届北京国际博览会金奖、全国啤酒行业评比金奖、中国国产精品特级金奖,在中国社会事务调查所产品质量评价中被评为“中国公认名牌产品”。11度特制沈阳啤酒、11度沈阳啤酒均为国家部优质产品。

公司高度重视技术改造和技术引进工作,大力开发新技术、新产品。坚持以上质量,创名牌;上品种,变结构;上能力,增后劲;上水平,增效益为目标,全面提高企业素质。一流的人才、科学的管理、先进的设备、优质的产品、最佳的服务是企业腾飞与高速发展原因所在。几年来,企业始终保持了在全国同行业的领先地位,利税连续两年超亿元。1993年实现啤酒产量200 564吨,实现利税总额11 457万元,实现利润4 243万元。被国家统计局等部门命名为:中国啤酒制造业最佳经济效益百强之一;中国啤酒制造业最大市场占有份额500强之一。在1992年沈阳市企业评价中,沈阳啤酒厂在沈阳100家最大经营规模工业企业中排序第15位,在100家利税大户中排序第4位。

(李笑禹)

【沈阳市酿酒厂】 1993年,沈阳市酿酒厂各项经济指标均比1992年有较大幅度增长,工业总产值完成7 214万元,增长8.6%;销售收入完成8 011万元,增长15.1%;利税总额1 834万元,增长12%。啤酒产量完成49 673吨,增长9.3%;职工人均收入5 056元,增长30.6%。年初,沈阳市酿酒厂成立了啤酒达标小组,以提高产品质量为重点,开展技术攻关活动,先后对空压机系统,酵母扩培系统,酿造用水由井水改为自来水等进行了改造。同时进行了软化水质、调节麦醪、麦汁PH值的技术处理;并在酵母管理、工艺卫生管理方面采取了相应措施,使啤酒质量在较短时间内有了很大提高。尤其是新车间生产的啤酒,在集团公司的几次评酒会上都名列前茅,先行一步与集团公司统一了商标。

为了使产品有一个较为广阔稳定的市场,沈阳市酿酒厂制定了啤酒销售的具体措施:继续完善经营顾问委员会;巩固本地市场,拓宽外埠市场;在外贸出口上,采取了国内买断与自营出口同步进行,先后与铁西商业大厦、于洪外贸、市食品酿造公司、市粮油公司、市工业供销公司等单位签订了280万元的供销合同(其中买断232.5万元,自营出口

47.5万元),全年完成出口交货值285万元。

为使企业的管理水平尽快赶上沈阳啤酒厂,首先从完善各项规章制度,加强考核和奖罚力度着手,制定了深化改革的若干决定,重新修订了各项经济责任制考核办法、全员风险抵押承包考核办法、第三产业管理的有关规定、瓶箱包装管理办法等,在内部自我管理上有了新的起色。各生产车间之间开展了比质量、比消耗、创高产的竞赛活动,实现了向管理要效益,使企业管理工作逐步走向制度化、法制化。

(何秀艳)

【沈阳卷烟厂】 沈阳卷烟厂始建于1909年,是我国卷烟行业最早的企业之一。厂区占地面积15.4万平方米,建筑面积10.2万平方米。1993年末,有职工2 443人,其中专业技术人员291人,占职工人数的11.9%。

近几年,由于受市场经济大潮的冲击,以及消费者观念的转变和企业本身因素的制约,使该厂产品在市场中一度出现了由"皇帝的女儿不愁嫁"到"门前冷落车马稀"的现象,甚至有的牌号的卷烟惨遭无情淘汰。对此,沈阳卷烟厂积极从困境中寻求发展机遇,抓住卷烟出口俄罗斯的契机,积极研制开发出口牌号,经过多方努力终于成功开发出适合俄罗斯市场消费口味的混合型"万胜"牌卷烟,以其精良的质量,完美的装璜,独具一格的品味,在激烈的市场竞争中一炮打响,迅速风靡俄罗斯市场,开创国内卷烟出口俄罗斯产品价格最高,一次订货量最大的两项全国纪录。

1993年沈阳卷烟厂共出口卷烟45 000多件(每件50条,每条10盒,每盒20支),销售额近1 300万元,创历史最好水平。其中"万胜"牌卷烟就达26 600件。卷烟出口的成功,不但给该厂走上国际市场打开了道路,同时也为企业的振兴奠定了基础。

(王长征)

·皮革工业·

【概况】 1993年,沈阳市皮革、毛皮及其制品业有企业126户,职工13 420人,资本金为9 972万元。固定资产原值为8 537万元,固定资产净值率为63.9%。全市皮革毛皮及其制品业全年完成工业总产值28 528万元,比1992年增长18.5%。其中制革业完成6 330万元,比1992年增长6.9%;皮革制品业完成18 678万元,比1992年增长16.4%;毛皮鞣制品业完成2 799万元,比1992年增长32.7%。

全行业1993年完成销售收入25 265万元,比1992年增长18.8%;产销率为101.0%。1993年全行业经营状况不景气,亏损企业增加,流动资金减少。1993年末亏损企业30个,比1992年有所增加,亏损面为23.8%,亏损额为1 527万元,比1992年增加1.03倍。流动资产年末平均余额25 265万元,比1992年减少4 519万元,流动资金周转次数为0.92次。

全年皮鞋产量为1 217万双,鞣制皮革16.78万张,轻革88.97万平方米,重革14.6吨。

(王滨生)

·家具工业·

【概况】 1993年末,沈阳市家具制造业有59个企业,职工6 115人,资本金为2 355万元,固定资产原值为4 337万元,固定资产净值率为60.8%。

1993年沈阳的家具行业不能适应市场的需要,生产十分不景气。全年完成工业总产值6 950万元,比1992年减少2 457万元,下降26.1%。其中木制家具业完成产值5 609万元,为1992年的82.3%,金属家具业完成工业总产值1 044万元,仅为1992年的40.7%。

1993年末,全行业实现工业产品销售收入6 388万元,比1992年下降20.3%,其中木制家具实现销售收入4 894万元,比1992年下降11.7%,金属家具实现销售收入1 356万元,比1992年下降44.7%。

全年全行业亏损企业14个,亏损面为23.7%,亏损额为419万元,比1992年增加203万元。全行业流动资产年末平均余额为6 851万元,比1992年减少33.5%,流动资金周转次数为0.93次。

(王滨生)

【沈阳市家具工业总公司】 沈阳市家具工业总公司是全国家具行业的大型骨干企业之一,下属10个企业、8个合资企业和1个家具研究所。职工总数5 392人,其中工程技术人员507人。能生产人造板、木制家具、金属家具、玻璃制品等12类1 000多个品种的产品,其中部分产品出口美国、日本、香港等国家和地区。

1993年,全公司完成工业总产值6 083万元,比1992年提高5.8%;实现利润—92.5万元,比1993年减亏69.3万元,亏损企业减少2户;销售收入完成5 775万元,提高14.7%;出口交货值完成256万元,提高28%;新产品开发23种,投产23种,新产品产值2 200万元,实现利税213.3万元。从各项经济技术指标完成情况看,家具行业已经开始走出低谷,步入良性循环。总结1993年的工作,主要有以下几个特点:

一是坚持改革抓承包促大干。各企业把产值、利润、销售、三项资金占用等主要经济指标层层分解,落实到车间、班组、个人,签定承包合同,并制定了严格的奖罚规定,综合考核,确保各项指标全面落实。

二是加大经济工作力度,坚持调度、协调、保证生产任务的全面完成。总公司党政主要领导转变作风,分片包干,亲自带领有关处室的同志,经常深入企业,现场办公,帮助企业解决生产经营工作中的困难。同时加强生产调度,高度重视计划的严肃性和执行计划的积极性,结合实际,原则性与灵活性相结合,保证各项计划的完成。

三是坚持文明生产,抓安全保大干。各企业始终把劳动纪律、安全生产、工作秩序放在首位,建立健全安全生产岗位责任制,定期进行安全大检查。同时对重点部位实行专人负责。全厂实现了文明生产,安全无事故,厂容厂貌明显改观。

(包桂娟)

·造纸工业·

【概况】 沈阳市的造纸及纸制品制造业,1993 年末有企业 163 个,其中造纸业 43 个,纸制品业 120 个。职工人数22 198人,其中造纸业12 681人,纸制品业9 517人。全行业资金总计为18 262万元,其中造纸业10 779万元,纸制品业为7 483万元。

1993 年沈阳市造纸及纸制品行业完成工业总产值为 43 759 万元,比 1992 年减少 5 081 万元,下降 10.4%。其中造纸业完成工业总产值为 25 641 万元,为 1992 年的 93.5%。纸制品业完成工业总产值 18 118 万元,为 1992 年的 93.1%。销售收入完成 44 049 万元,产销率为 92.2%,其中造纸工业销售收入为 28 431 万元,产销率为 94.9%,纸制品业销售收入为 15 618 万元,产销率为 87.8%。

近几年来,沈阳市造纸及纸制品行业经营状况一直不景气,1993 年不但没有得到改善,而且越发艰难。亏损额增加,流动资金减少。1993 年末亏损企业 56 户,比 1992 年增长 80.10%,亏损面为 34.4%。5 户大中型企业除沈阳市第二工业纸板厂外,全部亏损。全行业 1993 年末亏损额为 5 255 万元,比 1992 年增加 3 626 万元。其中造纸行业亏损额为 4 160 万元,比 1992 年增加 2 827 万元;纸制品行业亏损额为 920 万元,比 1992 年增加 628 万元。流动资产年末平均余额为 37 816 万元,比 1992 年减少 15.2%,流动资金周转次数为1.16 次。

(王滨生)

【沈阳市造纸工业总公司】 1993 年是沈阳市造纸行业极其困难的一年,全行业万名职工,经过一年的艰苦努力,终于使全行业亏损额度大幅上升的趋势得到了有效的控制,从而保证了全行业干部和职工队伍的基本稳定。

工业总产值实现 1.6 亿元,比 1992 年下降 19%;实现销售收入 2.0 亿元,比 1992 年增长 15.6%;实现利润—2 995 万元(扣除新财务制度影响因素为—1 199 万元),比 1992 年增亏 621 万元;“三项资金”占用 1.5 亿元,比年初减少 702 万元,降低率为 4.6%。

1993 年,为加强行业管理,成立了行业管理办公室,直接面向企业生产第一线,缩小了同企业的距离,提高了行业管理的工作力度。根据市轻工局“简政放权办实体”总体部署,成立了沈阳造纸实业总公司,安排了部分公司机关富余人员,并提倡公司机关人员在提高为企业协调服务的综合业务能力的基础上,更要培养和发挥好经营之道的本领与功能。为了发展沈阳市造纸行业,加强沈阳地区各企业横向经济交往,1993 年 3 月 27 日发起组建并正式成立了沈阳市造纸协会。一年来在各会员单位的大力支持与协助下,开展了各项有益活动,特别是在为乡镇造纸企业提供咨询服务等方面做了许多工作。

全行业 1993 年存在主要问题,一是行业支柱企业生产速度过低;二是没有新的效益增长点;三是产品结构没有得到有效的调整;四是企业内部管理水平下降。

(张建荣)

·印刷工业·

【概况】 1993 年,沈阳市共有独立核算印刷企业 268 户,拥有固定资产原值 35 457 万元,累计折旧 10 400万元。全部职工年平均人数为24 490人。沈阳的印刷行业以沈阳新华印刷厂、辽宁美术印刷厂、中国人民解放军 7212 工厂等大中型骨干企业为主体,其中辽宁美术印刷厂为东北最大的彩印厂。

几年来,全市印刷行业规模虽逐年扩大,但盈利却逐年下降。1993 年全行业实现工业总产值49 649万元(按 1990 年不变价计算),比 1992 年增长 19.3%;销售收入 43 425 万元,比 1992 年增长 23.7%;实现利税 3 720 万元,比 1992 年下降4.1%。在 268 户企业中有 69 户亏损,亏损面为 25.7%,比 1992 年增加 8.1 个百分点。全行业资金利税率为 7.9%,比 1992 年下降 2 个百分点。全年书刊印刷 138 万令,比 1992 年增长18.9%,胶印印刷品212万对开色令,增长 19.2%。

(谭成)

·文体美术工业·

【概况】 1993 年末,沈阳市文体美术制造业在生产规模上比 1992 年又有较大发展。共有文教体育用品制造业独立核算企业 45 户;工艺美术品制造业独立核算企业 94 户,共计 139 户,比 1992 年增加 30 户。两行业全年共计完成工业总产值 25 193万元,(按 1990 年不变价计算),比 1992 年增长 12%;拥有固定资产原值10 679万元,比 1992 年增长53.1%,全部职工年平均人数 10 561人,比 1992 年增长5.4%。生产的主要产品有铅笔、墨水、羽毛工艺品、绢花、塑料花、金银首饰等文教体育用品。全年共生产铅笔 30 736万支,本册4 104.61万本。

1993 年行业盈利下降,全年共实现利税1 850万元,比 1992 年下降 23.6%,亏损面为 29.5%,比 1992 年增加10.2个百分点;实现销售收入27 277万元。在行业内部盈利情况,工艺美术制造业好于文教体育用品制造业,资金利税率分别为9.7%、2.9%。

(谭成)

【沈阳市文体美术工业总公司】 沈阳市文体美术工业总公司主管沈阳市属主要文教用品和工艺美术品工业。1993 年 9 月部分企业转属后,年末实有工业企业 12 个,有工艺美术研究所 1 个,还有一个劳动服务公司,包括双丰珠宝商店、幸福摩托车配件商店、中山彩色图片社、婚庆服务和汽车出租公司等 18 个第三产业。

1993 年末,职工 4 586 人,拥有固定资产原值 4 917 万元,资产总额 14 872 万元。主要产品有金银首饰、羽毛工艺品、绢花、玉雕、贝雕、地毯等工艺品及实用工艺美术制品;铅笔、吉它、铜号及各种刷子、绳子、台呢等品种。这些产品不仅满足国内市场需求,而且有些品种大量出口,主要销往美国、英国、德国、意大利、俄罗斯、日本、韩国、印度尼西亚、台湾、香港等10余个国家和地区。1993年出口交货值1 815万元,占工业总产值11.2%。

在现有的产品中,省优以上的有7个品种,产值12 035万元,占工业总产值74.2%;开发25项新产品,已投产15项。

1993年,该公司主要抓了以下工作:

1.狠抓了观念和机制转变工作,增强了计划经济向市场经济转变力度。市制绳厂实行了全方位、多元化的经营结构调整;市金银制品厂模似"三资'企业管理已见成效;市制刷厂对企业内部结构进行了有利于生产的调整;市广告公司实行了全员经营机制。

2.注重经销,抓销促产,取得明显成果,使8个企业比1992年增加了销售,增销总额达4 283万元。

3.全面开展了创收活动,以市场为导向,坚持"拉短限长",扩大适销对路产品的生产经营策略,增利150万元。

4.积极进行产品结构调整和开发。如对纤维绳网品种虽削减了产量,却增收30万元。

5.压缩行政费用开支,拨离富余人员,安排其它增产门路,节约费用116万元。

6.对部分企业采用"腾笼换鸟"等办法,合理调整用房和占地,搞经营开发,有5个企业营业外年收入80余万元。

7.千方百计开展多种经营。1993年公司又新开办第三产业门点11个,投资134万元,安排职工182人。

该公司1993年在市场竞争日益激烈,企业流动资金严重短缺和经济负担过重的极困难情况下,经全行业干部职工积极努力,较好地完成了生产、新产品开发、产品销售等各项任务。完成工业总产值16 214万元;销售额19 337万元;新产品产值3 000万元;实现利税总额523万元。

(张凤祥)

·日用金属工业·

【概况】 1993年,沈阳市共有日用金属制造业企业89户,比1992年增加25户,其中亏损企业23户,亏损面为25.8%,比1992年增加10.2个百分点。全行业拥有固定资产原值20 404万元,比1992年增长8.3%,累计折旧7 786万元。全部职工年平均人数13 082人,比1992年略有减少。全年共完成工业总产值43 306万元(按1990年不变价计算),比1992年增长32.0%,实现销售收入37 909万元,比1992年增长15.0%,全行业实现利税3 978万元,资金利税率为8.3%。

玉器工艺品

全市日用金属制造业以双喜压力锅制造有限公司和沈阳铝制品厂等大中型骨干企业为支柱,又有沈阳气管厂等一批小型巨人企业。这些企业生产的产品在轻工市场均属名牌,但近几年这些产品受到国内其它同行的冲击较大,优势已不明显,产量增长速度已不如从前。全年生产日用精铝制品5 174吨,比1992年仅增长3.7%;压力锅174.7万口,比1992年增长7.7%;金属门窗4.32万吨,增长17.1%。上面三种产品1992年比1991年分别增长14.8%,27.5%,75.1%。

(谭成)

【沈阳市日用金属制品总公司】 沈阳市日用金属制品总公司,下属15个企业,职工4 922人,固定资产原值4 360万元。主要产品有:液化气钢瓶、打气筒、各种锁具、菜刀、刮脸刀片、金库、防撬门、铝制炊具、八仙链、拉链等产品。

1993年,在资金不足,原材料大幅度上涨的情况下,全公司仍超额完成了全年各项经济指标。完成工业总产值10 386万元,实现利润96.2万元。

1.认真贯彻《全民所有制工业企业转换经营机制条例》和《城镇集体所有制企业条例》,深化以劳动人事制度改革为重点的各项改革。一是进行劳动人事制度改革。公司机关减政放权,精减人员充实了基层。沈阳塔山防撬门厂、沈阳市制锁厂、沈阳市铸锅厂在企业内部进行了劳动用工和人事制度改革。二是实行经济承包责任制,有13个企业进行了承包。三是大胆启用勇于创新的年轻干部。四是实施"腾笼换鸟",搞活部分企业。市铸锅厂原亏损116.6万元,他们将闲散地卖出6 000平方米,换来几百万元资金,使企业得到复苏。五是搞好企业转属工作,按市要求,沈阳消毒设备制造公司、沈阳市金属制品厂、沈阳市煤气炉具厂、沈阳市大勺厂、沈阳市银光电镀厂5个企业1993年转为区属企业。

2.转变职能,为企业服务。一是挂点服务,督促检查,公司党政领导及各科室分工负责到企业挂点服务,了解企业生产经营情况,及时沟通信息,领导还深入到亏损大户企业逐个调查研究。二是坚持生产、销售、财务调度工作。1993年共召开52次调度会,9次经济分析会。

3.抓技术改造,开发新产品和

合资嫁接工作。1993年开发新产品25种，已投产17种。其中，沈阳市铸铝制品厂电热不粘锅形成批量生产；沈阳市薄板厂新型实用DB—750型保险金库；市制锁厂9105型防撬门专用锁；沈阳塔山防撬门厂半封闭门等都已投产。被考核的30种产品，质量合格率达100%。搞好合资嫁接工作，1993年先后有沈阳市刀片厂、沈阳市拉链厂与外商合资经营。（陈凤兰）

·钟表工业·

【概况】 1993年末，沈阳市钟表工业拥有沈阳制钟工业总公司和沈阳手表厂2户中型企业以及6户小型企业。职工人数为3 444人，固定资产净值为3 321.4万元，流动资金全年平均余额为7 875.4万元。全年共完成工业总产值1 508万元，实现销售收入1 967.5万元。

沈阳市钟表制造业是一个历史较为悠久，拥有一定规模和生产能力的行业，同时又是全市不很景气的轻工业中问题较多、困难较大的产业。具体表现在有半数的企业亏损，全行业盈亏相抵后，亏损额为1 164万元。产销不景气状况已持续几年，大面积长时间的亏损暴露出生产经营中的许多弊端。随着市场经济的不断深入发展，该行业的广大干部职工深刻认识到在市场经济条件下，产品的质量、竞争力、服务对于企业的重要性。开始对企业产品结构、用工制度作较深层次的改革，并积极引进外资。随着企业外部环境的逐步改善，沈阳市钟表制造业有克服生存危机焕发青春的潜力。

（刘凯）

·自行车工业·

【概况】 沈阳市自行车工业以沈阳自行车厂为主，拥有大小厂家17户。1993年末职工人数为10 007人，流动资金全年平均余额21 256万元，固定资产净值合计5 203万元。全年共实现产值17 176万元，销售收入20 254万元。

沈阳自行车制造业在全国同行业中，可谓历史较为悠久，基础较为雄厚，技术较为先进。同时也是计划经济体制影响和作用极为深刻的行业之一，旧体制巨大的惯性作用，使得该行业愈来愈不适应市场经济的要求。针对该行业的现状和特点，1993年沈阳市有关部门在政策与资金等方面采取倾斜措施，企业内部也在不断地转变和完善经营机制，随着调整产品结构，加强质量管理等新举措的实施，该行业的产销状况已得到明显改善，企业的职工队伍更加精干，经济效益下滑势头基本得到遏制。扭亏增盈工作效果突出，亏损面减小，亏损额已由1992年的1 977万元，下降到203万元。

但是许多企业所面临的新旧问题和困难仍然存在，严重制约生产经营发展的深层次矛盾未从根本上得到解决，为适应日趋激烈的市场竞争尚需做不懈的努力。

（刘凯）

【沈阳自行车厂】 沈阳自行车厂始建于1936年，至今已有58年的历史。是我国最早生产自行车的三家老厂之一，是轻工部定点生产自行车的专业厂。解放后，经过不断改造、扩建，已发展成为生产专业化程度高、技术力量雄厚、工艺水平先进、产品规格齐全的大型自行车生产企业，年生产能力为123万辆。

1993年该厂拥有职工4 585人，其中工程技术人员131人，管理人员425人。占地面积27万平方米，固定资产原值8 634万元，净值3 841万元。有各种主要设备1 694台，自动半自动生产线35条，其中：引进英国和日本电镀、油漆自动生产线和高精尖设备22台，建设11 000平方米架子生产大楼、5 800平方米油漆生产大楼各一栋，该厂设有计量、理化、试验、化验、性能检测中心，具有综合性实验和分析能力。

该厂能够生产71厘米、66厘米、61厘米、51厘米、41厘米朗玛奇、可赛牌等7个系列，200多个型号，500多个花色品种自行车。其中71厘米ZA14型、ZA36型载重自行车、66厘米轻便车、61厘米QM55型轻便自行车分别被评为市、省、部的优质产品，1992年在第二届北京国际博览会上荣获金奖。为了发展商品经济，适应国内外广大用户的需要，该厂还生产国内国际流行的66厘米、61厘米山地车、调速车；40.5厘米、51厘米BMX越野车等。因其结构独特、造型美观、色彩绚丽骑行轻快而深受消费者的欢迎。产品销售在东北地区占有优势，辐射全国各个地区，远销亚洲、欧洲、拉丁美洲、大洋洲等十几个国家和地区。

1992年该厂遇到了近几年来资金最困难的一年，企业处于着破产状态。在新任厂长的带领下，振奋精神，以重振白山雄风的企业精神，不断研制开发了适应市场需求的新产品取得了较好的成绩。1993年实现工业总产值12 231万元，创汇1 646万元，实现利税839万元，全年开发三级变速、十级变速，十八级变速等17个新花样、21个新品种，其中：QH187型、QH187－1型弯梁自行车深受消费者欢迎。全年实现利润49万元。终于扭转了连续5年亏损的局面。

1993年之所以取得了这样的工作成绩，主要是采取了以下几项措施：

一是把提高产品质量工作放在一切企业管理工作的首位，建立了以厂长为牵头的质量领导小组，狠抓产品质量，使产品信誉迅速得到恢复和提高。

二是走向市场放宽多种经营政策，广开门路，走一业为主，多种经营之路，转换企业经营指导思想，坚持以销定产，根据市场需要，大力开发新品种，调整产品结构，增产适销对路产品，扩大销售市场。

三是继续加强了企业管理，严格贯彻执行工艺标准，降低物耗，使产品成本明显下降，增加了企业经济效益。

（张桂芬）

·日用电器工业·

【概况】 日用电器制造业是沈阳市

轻工行业的支柱产业,以生产电冰箱、空调器、排油烟机、吸尘器、电风扇及洗衣机等日用家电为主。1993年末,企业个数已达61户,职工为10 004人,固定资产净值37 437万元,全年共实现工业总产值303 480万元,产品销售收入272 760万元。

1993年,全市的日用电器制造企业以立足本地市场为主,同时在提高竞争力、拓展外地市场等方面作了大量努力和积极探索。在本地市场上,地产品具有较为明显的优势,其中沈乐满热水器、华丽牌空调器、日电牌排油烟机等在销费者中有较高的知名度和信誉。曾为全市轻工业亏损大户的沈阳电冰箱厂,经过低谷跋涉,已经开始走出困境,重现生机,经过换代的日电牌冰箱一扫往日销售的低迷景象,以有力的促销手段和优质的服务,得到许多销费者的认同。

目前,日用电器行业也面临着极为严峻挑战,许多外地厂家的产品质量优,成本低、批量大,致使本市同行业的产销能力萎缩。除少数品牌或个别企业尚有与之抗衡的能力外,总体上是处于被动不利的地位。到1993年末有21户企业亏损,亏损企业亏损额达3 110万元。全行业盈亏相抵后仍亏损1 585万元。因此,如何摆脱被动局面,提高经济效益和市场竞争力仍是沈阳市日用电器制造业所面临的主要课题。

(刘凯)

【沈阳市家用电器工业总公司】 沈阳市家用电器工业总公司是全国轻工系统重点骨干企业之一。1993年总公司拥有资产83 736万元,所属22个工业企业,36个商业企业,1个科研所和2个分支机构,有职工11 000人。主要生产和经营电冰箱、空调器、空调压缩机、防爆灯、电风扇、吸油烟机、温控器、电熨斗、加湿器、空气净化器、净水器、电池、电热原件等54个系列167种产品。产品多次获省优、部优和国优,享誉全国并远销欧美及东南亚国家和地区。

1993年,全公司完成工业总产值18 436万元,实现销售收入16 570万元,完成出口交货值547万元,实现利税1 084万元。各项工作均取得较好成绩。

1、认真贯彻落实《条例》,深化改革,增强企业活力。国有企业和集体企业分别贯彻《全民所有制工业企业转换经营机制条例》和《城镇集体所有制企业条例》有新进展。以三项制度为重点的企业内部配套改革进一步深化。1户国有大型企业实行了股份制,3户集体企业实行了股份合作制,企业改革由经营方式向产权制度延伸,收到了良好的经济效益。

2、扩大开放,引进外资,加快技术改造步伐。全年新建合资企业5个,使合资企业扩展到8个,总投资6.7亿元,共引进外资2 500万美元。其中,沈阳华润压缩机有限公司成立于1990年12月27日,是沈阳空调器厂与香港华润(集团)有限公司合资兴办的,承担的空调器用旋转式压缩机项目,是国家计委、原轻工部、沈阳市“八五”计划的重点建设项目。一期工程总投资5 143万美元,全套引进日本三洋电机株式会社90年代先进的加工、装配、检测及生产制造技术,并采用日本进口材料生产制冷量为1 872W至3 895W的11个规格的空调器用全封闭旋转式压缩机,适用于窗式、分体式(冷暖/单冷)房间空调器。产品严格按国际先进标准组织生产,具有高效、低噪、节能等优点,年生产能力30万台,达产达标后可实现产值2.7亿元,利润6 900万元。二期工程投产后将形成年产80万台能力。沈阳三洋空调有限公司是沈阳空调器厂与日本三洋电机株式会社、丰田通商株式会社合资兴建的,项目总投资2 980万美元,全套引进三洋公司的装配、检测设备及生产制造技术,生产系列分体式空调器。1994年投产,达产后年生产能力40万台,销售收入28亿元,利润4亿元。沈阳新科防爆器材有限公司是由沈阳市五金防爆灯具总厂与香港新科投资集团公司合资兴办的,项目总投资296万美元,引进德国R.STAHL公司生产技术,关键设备,生产具有国际先进水平的ZX—6000系列高效节能荧光防爆灯具,1994年4月份投产,年生产能力5万台,销售收入7 000万元,利润1 400万元。

3、推进技术进步,提高产品档次和水平。全年开发新产品23种,创产值8 647万元,实现利税574万元。产品质量稳定提高率达96%。华丽空调器、华乐电熨斗、友好温控器、家乐净水器获’93北京国际家用电器产品技术博览会金奖,移动式空调、碱性电池、双环加湿器、家乐空气净化器获博览会银奖。

4、完成了行业协会的组建工作。沈阳家用电器协会于1990年经沈阳市计经委批准成立,1993年办理了登记注册手续,召开了常务理事会,建立了协会的组织机构。家用电器协会挂靠在沈阳市家用电器工业总公司,拥有百花集团等全市范围内首批的会员单位40余家。

(王大庆)

·建筑五金工业·

【概况】 建筑五金工业是由建筑五金制造业、水暖管道零件制造业、金属门窗制造业和其它建筑用金属制品业构成的。1993年,沈阳市该行业共有生产企业197户,拥有固定资产净值10 551万元,全部资金总额42 405万元,从业人员17 810人。主要生产建筑小五金、架线器材、金属门窗及配件、水暖管件和丝、网、钉等产品。

1993年,沈阳市建筑五金工业努力克服资金匮乏,原材料涨价和市场占有率低等困难,大力调整产品结构,主动开发市场,积极按市场需求开展经营,在资金拮据的情况下,集中有限的资金搞投入,搞开发,搞改造。全年共开发出新产品17种,投产14种。其中研制生产的彩板门窗、Φ3.0强应力混凝土钢丝达到了国内同类产品先进水平,无残液液化钢瓶填补了国内空白。由于不懈的努力和拼博,全行业经济逐年萎缩、效益连年滑坡的被动局面得到了一定的改善。1993年全行业实现工业总产值55 209万元,比1992年增长117.6%;实现产品销售收入42 065万元,比1992年增长

96.7%;利税总额2 731万元,比1992年增长29.2%,取得了一定的成绩。

但是,许多企业产品结构不合理的矛盾没有根本解决,科技含量高和高附加值的新产品少,缺乏市场竞争力。其次,经济效益仍不够理想,全行业有32户企业亏损,亏损面为16.24%,亏损额为1 534万元;再次,企业管理水平有待提高,在许多环节上还不能完全适应深化改革、发展市场经济的需要。

(刘玉林)

【沈阳市建筑五金工业总公司】1993年,沈阳市建筑五金工业总公司有11个企业,其中全民企业5个,集体企业6个;有1个中型企业,1个建筑五金高新技术开发公司。拥有职工7 000余名,占地面积30.7万平方米,建筑面积12.7万平方米,固定资产原值7 237万元。近几年来,通过大力调整企业结构和产品结构,行业面貌有了较大变化。目前行业内近30种产品已经形成系列化。主导产品有金属门窗、水暖管件、圆钉、丝绳、五金工具、乙炔气瓶以及为行业内配套的其它产品。其中象牌钢锹、工农牌圆钉、一环牌铸铁管件、前进牌钢丝钳、实腹钢窗等11种产品,被评为国家、省、市的优质产品。6种产品已打入国际市场,销售到五大洲40多个国家和地区,深受客户的好评。

1993年,随着国家宏观经济环境偏紧,基本建设规模压缩等大气候影响,全行业经受着资金、材料、市场等诸多方面的考验,面临的形势非常严峻。但是在困难面前,全体干部职工进一步振奋精神、转变观念、解放思想、迎难而上,在紧中求发展,在困境中取得经济的持续增长。全年完成工业总产值9 248万元,比1992年增长4%;销售额11 500万元,比1992年增长18%;出口交货值458万元,比1992年增长67%;实现利润181万元,是近几年来创利最高的一年。

1993年全行业之所以经济形势较好,除加强企业领导班子建设,强化企业管理,深化内部改革外,重要的一条就是在产品结构调整和新产品开发上迈了一大步,开发出一批高技术含量、高附加值、高市场容量、高效益的产品,为企业和行业发展注入了新的活力。如沈阳彩板门窗总厂引进意大利专利产品彩板门窗,属于窗类的更新换代产品,达到国际80年代先进水平。沈阳金属门窗制造公司研制的新型推拉窗,消化吸收日本的先进技术,达到国内同类产品的先进水平。这两个企业与行业内的沈阳市钢窗厂等3个企业,钢窗年生产能力达56万平方米,钢门生产能力达10万档,不仅成为行业内的支柱,而且在东三省及本市也占有重要地位,市场履盖面达50%以上。沈阳市乙炔气瓶厂开发的无残液液化钢瓶,填补了国内空白,自投产以来已实现产值400万元,创利税80万元。沈阳长城钢绳厂按市场需求调整产品结构,新上Φ3.0预应力混凝土钢绳,应用在铁路行业,需求量较大,为企业增加了经济效益。沈阳市钢锹厂是具有30多年生产钢锹历史的专业厂,是轻工业部质量管理优秀企业,市轻工局出口创汇先进单位,"象"牌和"鹿"牌机制钢锹遍及国内20多个省、市、自治区,并远销到五大洲50多个国家和地区。上述企业的发展,为今后行业上新台阶奠定了坚实的基础。

1994年建筑五金行业将继续贯彻市委八届七次会议提出的"增强紧迫感,迎接新挑战,建立新机制,再求新发展"的精神和轻工局"塑造沈阳轻工业新形象"的要求,发动全行业的广大干部职工,团结拼搏争效益,克服困难攀高峰,决心以新的观念,新的思路,去塑造新的形象,创造新的业绩,夺取新的胜利。

(吴英)

·轻工机械工业·

【市轻工机械工业总公司】 沈阳市轻工机械工业总公司下属16个企业,其中全民企业8个。1993年底全部职工人数为5 528人,其中工程技术人员607人,全公司拥有固定资产原值7 733万元。

1993年全公司完成工业总产值8 168万元(90年不变价),比1992年增长5.7%,完成各种轻工机械产品的产量6 010吨,实现利税577万元。

总公司生产的主要产品有:造纸机械类产品有达到80年代国际先进水平的"真空洗浆机"、"外流式压力筛"及国内先进水平的"罗茨真空泵"、20立方米、40立方米蒸球;玻璃机械类产品有机电一体化的"玻璃空心砖退火炉";电光源类产品有"24头吹泡机"、"涂溥机"、液压机械类产品有500吨以下的"四柱液压机"、"千吨液压成型机","千吨六面顶压机",还有"振动给料机"、"石油化工管件"、木工圆锯片、切管锯片等。

1993年总公司经济工作的特点是:

1."跳跃式"开发新产品,大力进行产品结构的调整。积极采用社会上的最新科研成果或专利技术,借助外力开发新产品,不但速度快,而且产品的技术水平可跃上一个较高的档次。轻工机械二厂在1993年初,直接从国家级的科研所购买了了具有国际先进水平的"真空洗浆机"的全套技术图纸资料,当年开发试制,并于当年实现销售收入160多万元。1993年全公司共开发出18种新产品,创新产品产值2 102万元,创新产品利税215万元。

2、企业技术改造的力度加大,增强了生产后劲。在1993年全公司有轻工机械一厂、皮革机械厂、玻璃机械厂、造纸机械厂和锻压设备厂等5个企业进行技术改造,当年完成技改投资额2 267万元。其中新建、扩建厂房1.4万平方米,投资额为618万元;购置各种高、精、尖的大型机械设备120多台,投资额为1 649万元,从而使企业的机械设备得到了更新改造,生产手段和生产能力有了明显的改善和提高,为今后生产经营的发展奠定了坚实的基础。

3、抢占"两个市场",对外贸易工作结硕果。销售是企业生产经营工作的龙头,市场是企业生存和发展的基础,这已经在公司上下形成共识。1993年全公司的销售工作始终贯彻“四有”和“四无”的原则，取得了可喜成绩。“四有”就是营销有策略、销售有方案、队伍有增加、人员有训练。“四无”就是市场无边际、销售无止境、生产无饱和、创造条件无局限。全年共实现销售收入8 270万元，比1992年增长了4.9%；全年对外贸易共接待来访的8个团组，签订贸易合同10份，完成出口交货值1 122万元，比1992年增长1倍多。

(张天来)

·塑料工业·

【概况】 沈阳市塑料制品业是由塑料薄膜制造业、塑料板(片)材制造业、塑料人造革、合成革制造业、泡沫塑料制造业、塑料包装箱及容器制造业为主体构成的。1993年全行业共有工业企业191户(独立核算)，拥有固定资产原值28 152万元，其中生产用固定资产原值占87.8%，为24 713万元。全部职工全年平均人数14 181人。主要产品有塑料薄膜、板、管、棒、丝、绳、人造革、合成革、泡沫塑料、工矿配件以及杂品等。

1993年该行业通过调整产品结构，积极挖潜，狠抓产品质量，使生产速度、经济效益明显提高。全年共生产塑料制品34 627吨，比1992年增长10.5%。其中：塑料薄膜5 808吨；塑料板(片)材1 113吨，比1992年增长20%；塑料棒管材6 199吨；塑料丝及编织制品969吨。1993年该行业完成工业总产值44 327万元(90年不变价)，比1992年增长29.9%；实现产品销售收入40 765万元，比1992年增长34.7%；利润总额639万元；利税2 386万元，人均创利税1 682元。该行业经济效益虽有所好转，但全行业仍有50户企业亏损，亏损面达26%，亏损额为1 275万元。

(周颖)

·照明器具工业·

【概况】 以灯泡制造业为主，灯具制造业为辅的沈阳市照明器具制造业，1993年共有工业企业92家(独立核算)，比1992年略有增加。全行业拥有固定资产原值14 600万元，比1992年增加3 514万元，其中的73.6%用于生产；流动资产平均余额23 038万元，比1992年增加6 055万元；固定资产净值9 354万元，比1992年增加3 049万元；全部资本金总额为16 691万元，全部职工平均人数14 181人。

1993年全行业完成工业总产值26 048万元(按1990年不变价计算)，比1992年增长12.9%；实现产品销售收入21 878万元，比1992年增长9.7%；创利税1 945万元，比1992年增长52%；利润总额812万元，是1992年的4倍；实现工业增加值13 363万元，外商投资145万元。1993年该行业整体上保持着良好的发展势头，但仍有26家亏损企业，亏损面达28%，亏损额482万元。

(周颖)

·日用化学工业·

【概况】 沈阳市日用化学产品制造业，1993年共拥有工业企业46家(独立核算)，与1992年相比大体相同。全部职工全年平均人数6 292人，固定资产原值11 351万元，其中用于生产经营的8 419万元。全部资本金总额9 845万元，外商投资1 507万元。

该行业生产的主要产品包括洗涤皂、香皂、药皂、合成洗涤剂、香料、香精、各种化妆品、牙膏、火柴等等。截止1993年底，该行业共生产合成洗涤剂2.24万吨，皂用合成脂肪酸240吨，肥皂9 353吨，硬脂酸6 593吨，香精38.45吨，香料400吨，化妆品3 191万元。1993年，全行业完成工业总产值28 629万元，比1992年下降9.4%；实现产品销售收入25 527万元，比1992年增长26.7%；工业增加值11 439万元，创利税669万元，人均创利税1 063元。在46户工业企业中，亏损企业12户，亏损额高达1 426万元。

(周颖)

【沈阳丽港日用化学有限公司】 沈阳丽港日用化学有限公司，是由沈阳市日用化学厂与香港卫盛发展有限公司合资经营的日用化工企业。主要生产洗发、护发、护肤、美容化妆品及日用化工产品。1993年有职工542人，固定资产净值287万元。是东北地区化妆品生产行业中一家最大的中外合资企业。

原沈阳市日用化学厂，是50年代建立的化妆品专业厂，被轻工部确定为生产化妆品的重点单位，1989年晋升为国家二级企业。该厂生产的派丽、伊美思系列化妆品，有11种产品获得部优、省优、市优荣誉称号，在国内外市场享有盛誉。

1991年沈阳丽港日用化学有限公司成立以后，从法国、日本、美国引进了先进的技术和设备，配备了先进的产品检测仪器，从而形成了产品开发、生产、检测、销售及售后服务全方位、多功能的生产经营体系。并将“来自大自然，回归大自然”做为开发新产品的宗旨。采用德国的最新技术和科学配方，以中草药为主要原料研制生产出了具有独特风格的奥赛系列化妆品。

1993年该公司以市场经济为导向，在调整产品结构，扩大销路，加强企业管理上下功夫。在激烈的市场竞争中克服了市场疲软，原材料涨价、资金紧张等诸多困难。全年完成工业总产值2 578万元，上缴税金445万元，出口额达176.5万元，出口创汇3.9万美元。

一年来，该公司从转换经营机制入手，将单纯依靠商业部门销售转化为全方位、多层次、独立自主的新型销售渠道。形成了点多面广的直销网络。先后在辽阳、赤峰、凌源、承德等地建立了产品经销部。在开辟国际市场上，多次与俄罗斯、韩国、日本的客商进行贸易合作，并开创了沈阳市化妆品首次出口日本市场的先例。

该公司立足于企业的长远发展，不断加强企业管理工作。对生产车间进一步落实了经济责任制，把工资、奖金，同产品质量、数量、消耗、费用进行挂钩，充分调动了全体员工的积极性。为了求得企业的长远发展，在资金严重短缺的情况下，克服了许多困难，自筹130多万元资金，用于技术改造和设备更新。使新建成的4 000平方米的生产作业大楼投入了使用。不仅使公司的面貌发生了重大变化，而且为企业的长远发展增强了后劲。

（方叔钧）

【沈阳油脂化学厂】 沈阳油脂化学厂是以生产合成洗涤剂和油脂加工产品为主的综合性轻化工企业。1993年末拥有职工3 200人，其中工程技术人员190人，固定资产原值5 745万元，净值2 195万元。主要产品有肥皂、普通洗衣粉、浓缩粉、硬脂酸、甘油、粘结剂、硬化油、单甘酸等22个品种，35个规格。1993年完成工业总产值1.54亿元，实现销售收入1.53亿元。

1993年沈阳油脂化学厂的生产经营形势十分严峻，概括起来为“两多两难”。两多就是赊欠货款多，应收账款达5 400多万元；原燃材料涨价多，增支达1 500多万元。两难就是回款难，购料难。应收账款涉及1 202个经营单位，尤其是随着商业部门二三级站的纷纷解体，清欠工作阻力重重；流动资金短缺，造成购料难，供应与生产的矛盾比较突出。

面对新情况、新问题，沈阳油脂化学厂大胆破除守旧业、走老路的思维和操作方式，敢于和善于立新意、辟新路，以适应社会主义市场经济取向为准则，内转机制，外辟市场，不断探索改革之路。

首先，破除多年一贯制的“大一统”旧机制，组建多立体，实行多法人，双层经营，分灶吃饭的新机制。1993年独立核算、自主经营的单位有三威公司、劳动服务公司、贸易公司、一分厂、二分厂、新技术开发公司。双层经营使各单位的内在动力得到充分发挥。其次，改善传统单一营销方式，进行网点建设，双向推进，抢占市场制高点。企业在坚持专业销售队伍推销产品的基础上，为扩大销售领域，巩固市场，先后在沈阳、辽东、辽南、辽西、辽北、吉林、黑龙江和关内等8大区域内，组建网点36个，自成体系的销售网络形成规模。第三，加大催收货款力度，常规清欠和依法清欠同步运作。特别是通过法律手段，采取诉讼程序，成效显著。1993年沈阳油脂化学厂依法追回陈积货款465.5万元，返回货物613万元，判决利息170万元，企业运用法律武器维护和保证了自身的经济利益。第四，抓改造，上水平，增强企业技术实力。面对设备老化，沈阳油脂化学厂积极采取措施，进行技术改造。1991年国务院副总理朱镕基同志在视察该厂时指示，扩大浓缩粉生产线。遵照朱副总理指示，这个厂贷款980万元。经过1992年和1993年的艰苦努力，标志着国内90年代先进水平的浓缩粉生产线的主体框架工程结束。

（李凤云）

纺织工业

【概况】 1993年，沈阳市纺织工业共有独立核算工业企业85户，其中大中型企业34户。职工总数为67 881人，固定资产原值11.2亿元。拥有棉纺锭136 668枚，毛纺锭60 056枚。全年纺织工业完成工业总产值16.52亿元，比1992年增长0.4%；完成销售收入17.78亿元，比1992年增长3.4%；产销率为98.7%，比1992年增长4.1个百分点；全员劳动生产率为25 117元/人；全口径实现利税3 814万元；比1992年增长2%。其中全民企业实现利税3 215万元，比1992年增长42%，完成出口交货值7.45亿元，比1992年增长8.1%，自营出口创汇2 910万美元。开发新产品、新品种424种，设计新花色、新款式2 900种，全年四新产品实现产值6.68亿元，占全部工业总产值的36%。兴办第三产业200户，创利润852.9万元，安置富余人员3 284人，节约工资额526.6万元。

（范昆）

【纺织工业在困境中发展】 1993年，沈阳纺织工业系统干部职工知难而进、勇于开拓，经受了建国以来纺织工业遇到的空前困难和市场经济的特殊考验，赢得全年生产销售两兴旺的较好局面。

1993年实现工业总产值165 189万元，比1992年增长0.4%；销售收入177 820万元，比1992年增长3.44%；产销率达98.65%，比1992年提高4.1个百分点；出口交货值74 485万元，比1992年增长8.1%；自营出口创汇2 910万美元；全口经亏损8 865万元；实现利税3 814万元，比1992年增长2%。1993年沈阳市纺织工业系统经济工作的特点是：

1、抓好观念转变，开创工作新局面。各企业领导干部在寻求企业出路的不断探索中，逐步破除了片面强调困难，等、靠、要的思想，主动根据市场变化，开发新产品，调整产业结构，涌现出沈阳纺织厂、沈阳第二纺织厂、沈阳第二印染厂、沈阳黎明高级服装厂、沈阳制衣厂等一批在市场竞争中打主动仗的企业，初步确立了产品围着经营变，经营围着市场转的经营方针。

2、发展外向型经济，扩大对外开放。把利用外资嫁接改造企业，大力发展自营出口做为经济工作的重中之重，根据企业所处的地理位置，利用级差地租、自身资产存量和产品优势，广交外商，争取合资合作，使利用外资工作出现了发展进度快、投资领域宽、投资规模大的可喜局面。13家企业先后与美国、意大利、澳大利亚、加拿大、韩国、台湾、香港等十几个国家和地区的客商签定了合资项目，协议外商投资总额4 159万美元，年内外资调入额765万美元，已投产合资企业5家。到1993年年底，共兴办合资企业23家，大部分已经形成较强的出口创汇能力，无论从效益还是从企业管理方面看，对国有企业机制转换都起到了一定的示范效应，也为全行业培植新的经济效益增长点奠定了基础，加快了纺织企业与国际市场接轨的步伐。

3、深化企业改革，转换经营机制。一是进行企业内部机构调整，强化新产品开发和经营销售工作，分配上实施倾斜和承包政策。二是深化三项制度配套改革，强化风险、竞争、激励机制，全面实行层层聘任、聘用制和全员劳动合同制，坚持劳动成果与经济效益挂钩，搞活内部分配。三是进行企业体制模式改革，在国有企业中推广划小经营单位，实行分厂制，实施大船搁浅，小船逃生的策略，统一管理，分段经营、分灶吃饭、分而治之。四是转换机关职能，行业管理重点转移到抓班子、抓责任状考核、抓吸引外资嫁接改造，实施小机构大服务，行业主管局将原28个部门精简为18个，精简分流机关干部30%。

4、发展第三产业，贯彻“以副养主”的战略。1993年第三产业实现利润852.9万元，安置人员3 284人，节约工资总额526.6万元，收检了松散效益，弥补了企业亏损。

5、提高企业管理水平，向管理要效益。一是实行目标成本管理办法，全年降低成本1 200万元；二是加强现场管理，巩固和提高行业管理总体水平。1993年沈阳纺织厂、沈阳床单厂被评为省、市现场管理先进单位；三是机关干部深入基层挂钩抓点；四是强化质量管理，提高产品质量。市经委考核的重点产品质量合格率为94.7%，比市计划提高2.7个百分点；国家、省、市质量监察部门抽查的合格率为100%。

（修春波）

【加强企业管理】 1993年，沈阳市纺织工业系统以建立现代企业制度为目标，以提高经济效益为中心，以转换企业机制为主线，加强行业调控和企业管理。一是抓优化现场管理，促进生产要素最佳组合。采取抓点带面的办法，下力量抓好沈阳纺织厂、床单厂、绒线厂、第二毛纺织厂4个典型企业试点，使企业基本达到了环境整洁、纪律严明、设备完好、物流有序、信息灵敏、生产均衡的目标。二是推行现代化管理方法，提高企业管理水平。在企业中推行目标成本管理、厂内银行物耗程控法、质量效益工资等措施，均取得较好的效果，企业积极围绕厂情制定措施、堵塞漏洞、杜绝浪费、控制费用，1993年全局降低成本1 200万元。三是抓好基础管理，强化考核工作。在班组建设、基本功训练、标准化、计量、定员定额、规章制度、信息等方面强化管理，并制定具体目标和标准，进行严格的实施考核。沈阳床单厂企业管理效果突出，被市评为企业管理红旗单位。四是认真贯彻《全民所有制企业转换经营机制条例》，深化改革转换机制，积极推进三项制度改革，划小经营单位，搞活分配。

（刘连喜）

【强化销售促进生产】 1993年沈阳市纺织工业系统调整营销思路，坚持三个并重，突出三个重点。即：产品开发与市场开发并重；内销与外销并重；开辟新市场与巩固老市场并重；突出自营出口创汇；突出压库收欠；突出降本增值。在销售战术上，采取“内抓建网，外抓建点，开辟基地，挤占集贸，启用能人，八面出击”的打法，并大胆探索试行网络性批发、连锁性销售、集团性联销等现代化营销手段。全局销售收入达177 820万元，比1992年增长3.4%，产销率达98.7%，比1992年提高4.1个百分点，自营出口创汇2 910万美元。

在推动企业进一步面向市场，调整产品结构，开发新产品工作中，涌现出一批能在市场竞争中打主动仗的企业。第二印染厂牢牢掌握市场主动权，赢得了客户和市场，出现了产销两旺的好形势。这个厂按旧会计制度计算除了消化部分潜亏以外还实现利润426万元，按新会计制仍是盈利水平。1993年全局共开发新产品、新品种424种，新花色、新款式2 980种，四新产品实现产值占全局工业总产值的36%，比1992年增长0.5%，实现利税2 596万元，比1992年增长5个百分点。

（马文峰）

【扩大出口提高创汇水平】 1993年，沈阳纺织工业全年完成出口交货值74 485万元。其中，自营出口创汇2 900万美元。比历史最好的1992年增长8.1%，连续8年创最好水平。

1993年出口创汇工作的主要特点是：

1、“三资”企业出口创汇能力有所增强。全局通过近几年的招商引资，不仅嫁接改造了老企业，同时也使出口创汇能力得到进一步的增强。全年“三资”企业完成出口创汇1 890万美元，占全局出口创汇总值的20.3%，比1992年增长14.5%。

2、自营出口权企业的增加，增强了全局创汇能力。1993年沈阳第一毛纺织厂等8户企业获得了自营出口经营权，这些企业中绝大部分能够积极地利用国家赋予的进出口自营权，发挥本企业在生产、技术、对外成交为一体的优势开展自营出口、扩大创汇，直接地站到对外成交第一线，为全面出口创汇做出了贡献。

3、工贸结合、优势互补、扩大出口创汇。局内尚未获得自营出口权的企业，不等不靠，积极与外贸窗口建立合作关系，自觉开展自营出口，不仅使企业生产能力得到发挥，也使工贸双方的优势得到互补，在利益互惠的基础上促进了企业自营出口工作的发展。

4、积极开展代理制，扩大出口创汇。局内部分企业通过与外贸公司建立代理关系，积极对外成交，扩大本企业出口创汇能力，经过代理使不少的出口企业既锻炼了队伍又促进了产品出口份额的增长，这种企业通过有产品、有客户而无经营权所采取与外贸公司建立的代理制，提高了企业和外贸公司的两个积极性。

（程立）

【利用外资嫁接改造企业】 1993年，沈阳市纺织工业局及所属企业，利用外资势头猛增，对外开放，招商引资的新格局基本形成。

1993年，全局利用外资工作，着重放在起点高、投资较大、高新技术以及对于调整全行业产业结构有影响的项目上，先后迎来了来自美国、意大利、德国、俄罗斯、日本、韩国及香港和台湾地区的客商、签定了利用外资项目19个、协议外商投资额3 941万美元，是全局前5年利用外资总额的1.47倍。在这些项目中，已领取批准证书并获得营业执照的有11户。外商投资额达2 598万美元。其主要特点：

一是领导重视、抓得实、落得快。如沈阳纺织厂与外商合资的项目,从项目的谈判到拿到全部批文,仅用1个月的时间。从谈判质量到办事效率均受到外商的好评。

二是思路清晰、项目起点高。针对目前全行业资金困难。设备老化、新产品开发难度大的情况,走嫁接改造、招商引资的路子,使整个行业的面貌逐步得到彻底的改观。

三是投资规模逐渐增大。当年的招商引资项目中,有许多是超过千万美元的利用外资额。这些项目的进一步实施对于增加全局出口生产、推动行业技术进步、调整产业结构、增强企业改造后劲和创汇能力等诸方面都将显示出极大的潜力。

四是利用外资的结构发生了变化。房地产开发成为外商投资的重要领域,随之而来的餐饮、娱乐、运输等项目也将是外商与纺织工业合资的热点,纺织工业利用外资领域也在逐步拓宽。

(程立)

【沈阳第三纺织厂】 沈阳第三纺织厂始建于1942年,是我国生产工业用布最早的厂家之一,是东北地区最大的综合性产业用布生产企业。经过50多年的发展,由原来的单一帆布生产企业扩建成具有纺纱、织布、浆染、浸胶等综合生产能力的国有大型二档企业。

该厂占地面积87 400平方米,建筑面积61 683平方米,固定资产原值5 900万元,净值4 428万元,职工人数3 100人。目前拥有瑞士苏尔寿片梭织机等世界先进水平的纺织设备及各种轻重型有梭无梭织机、帘子布织机及具有年产4 000吨能力的浸胶生产线,年产棉纱3 500吨,工业用布700万米,浸胶化纤布2 000吨,牛仔布及纱卡200万米的能力,年产值8 000万元。主导产品有:机带布、胶管布、篷苫布、鞋面布、浸胶帘子布、整体带芯布和牛仔布等10余个系列,100多种规格的纯棉、化纤及混纺产品。其中,纯棉机带布、维纶和纯棉篷苫布、207#胶管布、5103#鞋面布等产品,先后荣获部、省、市优质产品称号。该厂产品广泛应用于冶金、煤炭、矿山、化工和橡胶等行业,行销我国各地并出口朝鲜、日本、香港等国家和地区。

该厂以科技是第一生产力为宗旨,注重科技开发,1993年成功地开发了涤纶帘子布、整体带芯布,填补了省内空白。1993年开发的新产品还有涤纶浸胶绳、尼龙网眼布、防撕裂布、金属过滤布、涤棉交织布等,其中有3项科研成果荣获沈阳市政府科技进步二等奖。

为进一步适应社会主义市场经济发展的需要,增强市场竞争能力,该厂于1993年初进行了以划小经营单位、让车间直接面向市场为特征的“模拟二级法人制”的内部改革。设立了纺纱、织布、化纤、带芯、片梭、机加等6个分厂,形成了统分结合、双层经营、工效挂钩、灵敏高效的市场适应机制,取得显著效果。1993年7月7日《沈阳日报》在头版头条以《“大家”变“小家”,人人都当家——第三纺织厂试办二级企业,资金占用减少,经济效益明显增加》为题报道了这一事迹,并专题配发了评论,给予高度评价与肯定。

(刘贵权)

【沈阳黎富服装有限公司】 沈阳黎富服装有限公司是由沈阳黎明高级服装厂和日本的富田株式会社、郡是产业株式会社、室谷株式会社、东华基金会合资兴办的生产中高档西服的专业厂家。地处沈阳经济技术开发区,占地面积为1.5万平方米,建筑面积为1.1万平方米。固定资产原值为1 800万元,现有员工870人,1993年西服产量46万件/套,年产值6 200万元,出口总值为4 400万元,年利润达520万元。

沈阳黎富服装有限公司(简称黎富公司)经济实力雄厚,建厂3年来,中日双方连续两次追加投资,到目前为止投资总额已达428万美元,注册资本为300万美元。其中日方投资153万美元,占51%;中方投资147万美元,占49%。黎富公司生产设备先进,全部从日本、德国、美国等国家引进的西服流水线。服装的面料和辅料全部从日本进口,生产工艺先进,产品80%以上销往日本等国家,在国际市场上有很高的信誉,日本和各国商社纷纷慕名而来参观考察,定货合同源源不断。

黎富公司是按照日本模式管理的企业,生产的西服全部采用日本样板,采用日本先进技术工艺和质量标准,常年有日本的工程师做技术指导。黎富公司十分重视产品质量,作到精益求精,1992年初荣获“羊毛局特许证书”。黎富公司生产的名牌“奥尼特”男西服具有做工精良,面料考究,款式高雅,穿着挺阔,水洗不变形的特点,深受国内外广大消费者的青睐。在纺织工业部和中国服装工业总公司举办的“中国服装精品博览会”上一举获得全国西服精品金奖和最佳销售奖、名牌奖等6项大奖。因此轰动了上海滩,引起全国服装界的刮目相看。1992年在由商业部承办的“全国最畅销产品展览会”上(全社会各业畅销品参展)黎富的“奥尼特”西服获得沈阳赛区第二名。1993年11月辽宁省市场调查所调查了5 000户居民、18 000名消费者,黎富的“奥尼特”西服被评为“1993年沈阳市民心目中知名度最高的国产商品”。

黎富公司成立3年来,在中日双方共同的努力下,生产经营日益发展,实现了出口创汇和经济效益的稳步增长。

出口创汇:1991年为204万美元,1992年为550万美元,1993年为765万美元。实现利润:1991年为217万元,1992年为436万元,1993年为520万元。

(黎富)

电力工业

【概况】 沈阳电网地处东北电网的枢纽和负荷中心,主要电源来自东北超高电压电力网,经过500、220千伏主网,北部与丰满电厂、清河电厂相连;东部与抚顺李石寨变电所、辽宁电厂相续;南部与辽阳500千伏变电所、西部与阜新彰武一次变电所相接。

沈阳电网现有输电线路1 723公里,其中:500千伏输电线路30公里;220千伏输电线路852公里;

66千伏输电线路841公里。共有变电所47座，总容量391万千伏安。其中：沙岭500千伏变电所1座，容量75万千伏安；220千伏变电所8座，容量176万千伏安；66千伏变电所38座，容量为140万千伏安。配电线路4 812公里，配电变压器4 474台，总容量79万千伏安。

市区有热电厂12个(包括自备电厂、热电站)，装机总容量达57.45万千瓦。其中：沈阳热电厂，全厂装有2.5万千瓦机组4台，总发电能力10万千瓦，供热负荷为350吨/时；沈海热电厂，安装两台国产20万千瓦机组，总发电能力40万千瓦；沈阳抗生素厂装机2.4万千瓦，年发电量9 777万千瓦时；沈阳钢铁总厂金山电厂装机2.4万千瓦，年发电量11 322万千瓦时；沈阳飞机制造公司装机0.6万千瓦；沈阳有色金属加工厂装机0.6万千瓦；沈阳黎明发动机制造公司装机0.3万千瓦；沈阳薄板厂装机0.3万千瓦；沈阳市房产水泥厂装机0.3万千瓦；沈阳市水泥厂装机0.15万千瓦；沈阳蓄电池厂装机0.1万千瓦。另外，沈阳市石腊化工厂、沈阳有色金属加工厂和沈阳胶带厂的在建容量分别为1.2万千瓦，0.6万千瓦和0.1万千瓦。

党的十一届三中全会以来，沈阳电网得到了飞速发展，伴随改革开放和辽宁第二次创业，沈阳电网将为沈阳的经济腾飞提供可靠的电能保障。

(*东电*)

【沈阳热电厂】 沈阳热电厂系东北电业管理局直属大二型热电联产企业。地处沈阳市铁西工业区，是1958年由我国自行设计、制造和安装的一座城市电厂。厂区占地面积21万平方米，生产建筑面积4.5万平方米。

1993年该厂有职工2 100人，其中科技人员429人，高级工程师20人，工程师137人，助理工程师215人。企业固定资产原值2.2亿元，工业总产值为8 525万元，实现利润865万元。

全厂装有2.5万千瓦机组4台，总装机容量为10万千瓦，每年发电量6亿千瓦时，供热量800万吉焦，担负着东北制药总厂、沈阳化工厂、沈阳味精厂等24家大中型企业生产用气和200万平方米居民住宅的冬季采暖任务，为促进沈阳市的经济发展，改善人民生活和城市环境发挥着重要作用。

各项经济指标全面完成。1993年安全生产完成了3个百日安全周期，实现连续安全生产607天，被评为东电安全生产先进单位及沈阳市安全生产标兵单位。发电量完成6.36亿千瓦时，完成年计划的132.5%，创历史最高水平。供热量完成800万吉焦，完成年计划的123.2%。供电煤耗完成337克/千瓦时。

深化内部改革。在1992年完成三项制度综合配套改革的基础上，1993年又因势利导加快企业内部体制的改革步伐，一次性从主体职工队伍中，剥离检修人员185人，组建了检修公司。同时又采取承包方式从后勤服务部门、生产铺助部门进行单项分离，建立经济实体，实现了3年减人50%的任务一年完成的目标，为企业实行公司化改组，建立现代企业制度奠定了基础。

面向市场，发展多种经营。自1985年起实行厂长负责制以后，该厂坚持“热电为主、多种经营”的战略方针，走出了一条自我发展的新路。在保证主业安全生产的基础上，先后组建了热电公司、工贸公司、能源科技开发公司、建筑安装公司和燃料公司，建立了10余种经营项目，形成了具有土建设计、火电厂检修安装、岩棉加工、化肥生产等能力的多种经营实体。1993年多种经营产值达1.17亿元，获省发展厂办集体经济功勋杯荣誉称号。

综合利用成绩显著。近年来该厂和科研、大专院校合作已完成科研项目和试制新产品12项，其中4项通过省级鉴定，1项获国家专利，4项获省级及东电科技成果奖。粉煤灰渣利用率100%。用粉煤灰渣研制生产岩棉和硅钙钾化肥均通过省级技术鉴定，已投入批量生产。用岩棉进行无土栽培试验也获得成功。被省政府授予“工业企业三废治理先进单位”、获得能源部“粉煤综合利用先进单位”光荣称号。1993年被国家环保局评为“全国环境保护先进单位”。

随着企业经济效益的提高，职工的生活也得到了进一步改善。新建职工住宅1.96万平方米，1993年有297户职工又搬进了新楼，有478户职工住房条件得到了改善。职工年人均收入较1992年增加20%。

(*张向东*)

【电力供应概况】 沈阳电业局是电力工业部属全民所有制大型一档供电企业，隶属东北电业管理局。供电区域是沈阳市的9区1市3县，13 008平方公里，担负全市96.8万用户的供电任务，直接计量用户户数为全国供电行业之首。1993年沈阳地区供电量为72.87亿千瓦时，比1992年增长8.1%，固定资产原值12.16亿元。沈阳电业局、沈阳市农电局、沈阳市路灯管理局共有职工9 548人(其中：全民职工5 747人，集体职工3 801人)。沈阳地区电网处于东北电网的中心，主要电源来自东北电力主网，通过500千伏线路，可由锦州、元宝山电厂受电，通过220千伏线路可由清河、铁岭、辽宁电厂和丰满水电厂受电。沈阳地区最大电力负荷达122.3万千瓦。市内的沈海热电厂20万千瓦发电机组2台，装机总容量40万千瓦。沈阳热电厂2.5万千瓦发电机组4台，装机总容量为10万千瓦。地方用户自备发电厂共12座，500千瓦以上汽轮发电机组22台，装机总容量7.68万千瓦。沈阳地区的供电设备，有63－500千伏送电线路亘长2 848公里；10千伏配电线路总亘长11 628公里；10千伏以下配电线路21 630公里；63—500千伏变电所电力变压器总容量547.26万千伏安；无功补偿设备容量99万千乏；新建和改造了部分供电设备，保证了沈阳地区的供电能力。为了提高沈阳地区电网安全、经济运行和管理水平，电力调度实现部分变电所远动技术，并使用计算机进行监控。对部分大用户电力负荷实行集中控制，安装了无线遥控开关、定量器等，实现了限电不拉闸，确保城乡居民生活用电及重点工农业生产用电。通讯设备除自动电话、电力载波、有线载波外，还采用微波、特高频、无线电台以及脉冲编码调制机等先进通讯技术，保证了电力调度、供电设备检修、生产管理等通讯畅通无阻。随着改革开放的深入发展，沈阳电业局对机构进行调整，进行了三项制度综合配套改革，实行了职工全员合同化管理、岗位工资制、干部聘任制和改革养老保险制。改革了营业用电管理，大力发展购电制，实行新的用电加价办法，计划用电采取了新的技术措施、科技工作有了新的发展，改革了住房制度，修改了220种技术标准，开展了安全、文明生产达标活动。超常规发展了多种经营，全局共兴办集体企业147个，1993年创产值2.58亿元，实现利润1 838万元，分别比1992年增长70.6%和41.3%。全年共剥离职工1 509人，不吃“皇粮”，基本实行自负盈亏。

（马家润）

【电网建设】1993年，沈阳地区的供电设备，有沈阳电业局管500千伏变电所1座，经500千伏辽沙线受电，安装25万千伏安有载调压单相自耦变压器3台，总容量为75万千伏安；220千伏一次变电所8座，电力变压器容量176.3万千伏安。另外，还有1座用户自有220千伏高压开关试验变电所。沈阳地区63千伏变电所共154座，电力变压器总容量为295.96万千伏安。其中：沈阳电业局管变电所共38座，电力变压器总容量为139.8万千伏安；农电变电所66座，为62.33万千伏安；用户自有变电所50座，为93.83万千伏安。这些变电所遍布城乡各地。沈阳地区送、配电线路，有沈阳电业局管500千伏线路30公里，220千伏线路902公里，63千伏线路733公里，1千伏配电线路2 126公里。用户自管63千伏线路378公里。农电63千伏线路805公里，10千伏配电线路9 502公里。这些供电设备，满足了沈阳地区用电需要。

1993年沈阳地区电网进行了建设和改造。6月苏家屯地区220千伏，容量为12万千伏安的文成一次变电所正式投入运行。在于洪区新建的220千伏繁荣一次变电所正在进行收尾工程。东陵地区的220千伏祁家一次变电所已完成三平一通基建的前期工作。新民地区220千伏高台一次变电所1台6万千伏安电力变压器更换为12万千伏安，增容6万千伏安。虎石台一次变电所220千伏3个出口扩建工程正在加紧施工，新装63千伏电力电容器2万千乏。沙岭50万变电所500千伏铁沙线出口工程正在施工。63千伏北陵变电所解决长期单电源受电，改为63千伏双回线受电，提高了供电可靠性。63千伏马路湾变电所增装10千伏电力电容器4 800千乏，提高了电压质量。为提高供电能力，年初将220千伏虎大线更换为400平方毫米的轻型钢芯铝绞线21.8公里。63千伏虎北东、虎北西线更换为240平方毫米的钢芯铝绞线27公里。新建4条63千伏线路36.39公里。还完成了小东、新城子变电所改造土建工程、劝工一次变电所63千伏断路器更换、浑河一次变电所63千伏母线改造工程。为确保供电设备安全运行，在500千伏辽沙线80—108号直线塔，将XP3—16—D型绝缘子串更换为美国瑞利公司制造的硅橡胶合成绝缘子81支，是东北电网首次在500千伏线路上采用的新设备。5月将220千伏平虎、梅虎线38基耐张塔的绝缘子更换SP10型绝缘子2 494片。11月在220千伏劝工、大成一次变电所更换硅橡胶绝缘子317组，并采用了定温固化硅橡胶涂料新技术，防止污闪事故。配电网改造共完成10千伏线路26.6公里，低压台区78个，增加低压绝缘线85.8公里，更换配电变压器106台及其他设备2 074件。

农电在东陵区新建63千伏祝家变电所，安装6 300、3 150千伏安电力变压器各1台。有3座63千伏变电所增容共13 050千伏安，接管康平供电局63千伏8座变电所，共40 750千伏安和63千伏线路105公里等设备，法库供电局63千伏7座变电所，共56 850千伏安和63千伏线路120.52公里等设备。新建63千伏线路4条共56.87公里。用户自管新建63千伏变电所2座，共20 600千伏安，4座变电所增容共9 750千伏安。新建63千伏线路3条共21.06公里。

沈阳市共有路灯33 236盏，配合市政建设，完成了文艺路、大南街、南北二干线、崇山立交桥的路灯新建工程和青年大街等17项工程以及庆云等8个小区的路灯配套工程，新安装和改造路灯1 795盏，安装变压器41台，增设架空电缆182.7公里，组立路灯专用电杆685根，使全市路灯有了新的发展。

（马家润）

【经营管理】 沈阳电业局1993年工作指导思想是：以党的十四大精神为指针，人转变观念，企业转换机制，机关转换职能，电力商品转向市场，找准位置，探索新路，推动各项工作的发展。在深化生产、经营改革方面，作了大量工作，被沈阳市政府授予先进单位的光荣称号。

1、精减、调整行政机构，将1992年22个职能部门，精减为18个。沈阳市农电局成立的多种经营处，7月接管了康平、法库供电局。农电系统在改革中。机构由62个减为46个，中层干部由102人减为64人。1月撤销了两县、四个效区的电力管理办公室，成立三电管理办公室和电力管理总站，在县（市）、区政府领导下，由各县（市）、区供电局负责实施电力管理和日常工作，实现了电力行业归口管理。

2、深化三项制度综合配套改革。在劳动用工制度改革，实行全员合同化管理和人事制度改革，实行干部聘任制的基础上，进一步深化分配制度的改革，实行了岗位工资制。由职工所在岗位及岗位的劳动责任、劳动强度、工作条件、技能要求四大劳动要素，按照生产岗位、管理岗位系列设岗位，以职工所在岗位的岗级、岗位工资标准确定岗位工资。实行一岗一薪，易岗则易薪动态管理，打破了平均主义分配制度，调动了职工的积极性。在深化三项制度改革中，对富余人员建立起保障机制，改革了养老保险制度，改变了职工养老保险完全由国家、企业统包的办法，建立了基本养老保险、企业补充养老保险和个人储蓄养老保险相结合的新制度。为激励职工积极性，企业补充养老保险还实行奖保和停保制度。通过三项制度综合配套改革，形成激励、竞争、保障机制，使职工增强了竞争意识和危机感，生产积极性和劳动热情空前高涨，经济效益和职工待遇也相应有所提高。

3、改革营业用电管理。在社会主义市场经济体制下，改革了先用电，后收费的传统电费结算方式，实行用电预购制度。在泉园小区试点的基础上，购电制迅速发展。1993年全市建立了32个购电站，居民购电户已达到67万户。为使购电制方便用户，采取了一系列措施。调整了营业时间；选派业务娴熟、作风过硬的营业人员参与购电制工作；建立奖、惩制度；开展优质服务竞赛；增设购电网点等，解决购电难的问题，使这项工作推向新的水平。1993年经国务院批准，改革用电加价办法，实行新的目录电价表，初步改善了电价结构不合理状况。为落实国家新目录电价，做好电费的重新发行和收缴工作，成立了沈阳市落实国家新电价领导小组。新电价表自4月1日起执行，但对居民生活用电和外国驻华使馆等从7月1日执行。对大工业、非工业、普通工业电价按1:1.2比价安排；对个别行业用电继续实行优惠；适当提高居民生活用电价格，这是几十年第一次提价。修改了电网峰谷电价，按新的目录电价，高峰上浮50%，低谷下浮50%，鼓励用户按市场经济规律安排生产，用经济办法使用户合理用电，调动企业节能降耗的积极性，缓解电力供需矛盾。

用电管理取得可喜成果。全年节电12 820万千瓦时，超计划指标28%。计划用电采取了新的技术措施，在全市大用户安装503套各种电力负荷控制装置，可控制高峰负荷40多万千瓦，缩小了峰谷差，提高了用电负荷率，使用电管理从调度的宏观控制发展到用计算机进行微观遥控，把多年来调度靠命令拉闸限电，变成用户审时度势自觉压负荷。在沈阳地区电力缺口15—20%的情况下，连续3年没有超电力、电量指标而拉闸限电，深受全市人民好评。

1993年国务院颁布了《电网调度管理条例》，为认真贯彻“条例”，沈阳电业局成立了贯彻“条例”小组，掀起了学习、宣传、贯彻“条例”的高潮。召开全市用电较大单位贯彻实施“条例”大会，宣传“条例”的内容，提出具体要求。通过“条例”的贯彻，不仅对电力工业纳入法制轨道，而且对依法治网，保障沈阳地区电网安全运行，保护用户利益，适应沈阳地区经济腾飞有着重要意义。

（马家润）

【安全生产】 沈阳电业局坚持“安全第一、预防为主”的方针，“依法抓安全、从严治违章”的指导思想，推行“两化”（工作程序化、施工作业工序化），狠抓落实，使安全生产持续稳定地向前发展。1993年底连续10年消灭了特大事故和重大责任事故，无生产性火灾事故纪录达15 990天，全年实现两个百日无考核事故周期，连续安全生产336天的好成绩。4月经东北电业管理局“安全、文明生产达标”检查验收并宣布沈阳电业局为“东电供电达标单位”。

1、狠反习惯性违章，在全局开展了“安全月”活动。重点是狠反在施工中的习惯性违章和工作中的随意性，强化安全纪律、劳动纪律，进一步落实局颁布的“双十条”（防止人身触电事故，防止人员过失事故）规定，深入推行“两化”。局和基层单位都成立了“安全月”活动领导小组，并进行了层层发动，提出要求，明确重点。在安全月活动的中心环节——“五查”（查思想、查制度、查设备、查纪律、查领导）中，全局共查出各类问题214条，各有关单位立即进行整改。通过安全月活动，使全局职工提高了安全意识，施工中的习惯性违章和工作上的随意性有所减少。

2、狠抓苗头，从严考核。对发生的事故苗头、障碍、险情等本着“三不放过”（事故原因不清不放过，事故责任者和群众没有受到教育不放过，没有防范措施不放过）的原则，及时进行认真分析、查原因、找教训、定措施、提要求，并根据从严的精神，对有关人员及时进行处理，共同吸取教训，落实整改措施，把事故消灭在萌芽之中，提高了职工的安全思想和遵守规章制度的自觉性。

3、进一步夯实安全基础。认真落实原能源部和电力工业部3次关于加强安全生产电话会议和防止电力生产重大事故20项重点要求，结合沈阳电业局具体情况作了17条补充规定。根据市政府要求，开展了签订“安全生产目标责任状”活动。坚持定期召开安全工作会议和每周一次的安全活动日。按时进行了春、秋两季安全大检查，及时处理检查中发现的问题。认真实施“反措”、“安措”计划。建立了“三道防线”，即：建立、提高自我保护能力；提高班组长、现场工作负责人、现场监护人和安全员的集体保护能力；各专业师、专责师、安全监察人员、单位安全第一责任者，落实好各自的安全生产责任制。大力宣传“三不伤害”（不伤害自己、不伤害别人、不被别人伤害）的安全思想，树立整体安全意识。为检查各项安全措施落实情况，在全局开展了交叉安全监察活动，组织各单位的安全员对生产单位和部分施工现场进行了检查，发现问题及时纠正。各单位还开展了迎接安全达标检查，安全生产明显好转。

（马家润）

【科技成果】 1993年沈阳电业局为开展科技工作，成立了科技开发公司。市农电局成立了沈阳市农业电气化新技术开发研究所。沈阳电力学会被中国科协评为先进学会。它们为促进科技开发作出了贡献。

1、科技成果。电力负荷控制系统技术规范，获原能源部科学技术进步奖。获得东北电业管理局6项科学技术成果奖。其中：防污工作计算机综合管理软件及污区分布图获一等奖；沈阳地区电网调度自动化系统，中低压配电网微机自动绘图及设备管理系统，利用变压器余热的热泵系统，沙岭50万伏变电所静止无功功率补偿系统引进、调试及消化吸收等4项均获二等奖；数字繁用表1 071与计算机联机实现自动校表获三等奖。还有计算中心青年技术人员研究的高压设备绝缘监督计算机综合管理系统在沈阳市第三届青年知识分子优秀科技成果评比中，被评为一等奖，并在第四届全国青工“五小”竞赛中获小发明二等奖。沈阳电业局属科技成果和技术改进共32项，在科技项目开发上共投资90.5万元。

2、科技工作紧密结合生产，为生产经营服务。沈阳地区调度应用计算机实现电网调度自动化，在30座一、二次变电所和沈阳热电厂实现“三遥”（遥测、遥讯、遥控），在调度室内通过屏幕显示，可清楚地看到潮流分布，断路器运行状态和电压、电流、功率等数值，对保证安全、经济运行发挥作用。63千伏怒江变电所是沈阳电业局第一座微机综合自动化变电所，安装一套WBZ－201型微机综合自动化装置，采用微机保护、微机计量、定时打印、月总累计的方式达到准确及时，采用键盘操作、彩色显示变电所电气主接线画面，使全所电气运行系统一目了然，打开了电力系统自动化新局面。研制开发的变电所设备“定时到位巡视器”，取得国家专利，对保证变电所安全运行收到良好效果。“变电防误蹬电子锁”，通过东北电业管理局鉴定，已批量生产。SF6断路器微水处理装置正式投入使用。研制的“充油电缆头带电补油装置”，对电缆头带电维修保证安全供电起到作用。配电研制的“变台防误锁”，在东北电业管理局主持的技术鉴定会上通过。对防止人身、设备事故发挥了作用。6月和平供电局现代化营业大厅投入使用，安装6台计算机，分别负责购电、收款、登记、查询及配电管理工作，改变了多年来手工操作管理的传统模式，实现了供电营业管理自动化，是电力行业的一次飞跃。 *（马家润）*

【多种经营】 为适应改革开放和社会主义市场经济发展的新形势，1993年沈阳电业局采取措施，大力发展多种经营，取得了较大成效，提高了经济效益。自主经营，自负盈亏的企业，从1992年的93个，发展到1993年的147个。在连续4年产值超亿元的基础上，1993年多种经营总产值达2.58亿元，实现利润1 838万元，产值和利润分别比1992年增长70.6%和41.3%。

为适应沈阳地区经济发展电力供应的需要，发挥电力行业优势，沈阳电业局设立了电气安装公司。该公司承揽63－220千伏送电线路架设、10—63千伏变电所的设计与施工、10千伏电力架空及电缆线路的设计与施工、低压内线设计与安装等。为了方便用户，局属各供电局都设有电气安装队。为满足电力发展需要，围绕主业，兴办实体，制造与生产电器设备和电气材料。电力设备工程局，承揽全市高低压变电所电力设备安装、检修、试验和缺陷处理，生产和改造63—220千伏各种容量的节能变压器、电流、电压互感器。电气安装公司还制造10千伏节能变压器、“全天侯”箱式变电站、各种类型的高、低压开关柜、防爆电缆头及线路使用的金具等。电缆厂制造各种规格的塑料电线、铝绞线、钢芯铝绞线，特别是该厂生产的“神力达”牌1—10千伏聚氯乙烯绝缘架空电缆，1千伏聚氯乙烯绝缘全塑电力电缆，荣获辽宁省优质产品一等奖，为沈阳市实现配电网绝缘化作出贡献。在苏家屯地区的沈阳电业实业公司建成钢管铁塔厂，该厂可按用户要求设计和生产不同类型的钢管铁塔。这些电器设备和材料，解决了电力系统及用户的需要。

全方位、多层次发展第三产业。面向市场，兴办了商业、金融、饮食、旅社、歌舞厅、服装、印刷、美术装潢等企业、门点。1993年将地处马路湾，局本部办公楼的一楼腾出来搞三产，开办了多种物资供销公司、电业综合商场、联办烧伤科门诊部、马路湾第二储蓄所等。在电业大厦外廊开办了10余个汽车配件商业门点。蓬勃发展的第三产业，成为电业局的主要经济支柱。

实行跨行业、跨地区、跨国家的交叉式多种经营。在黑龙江省边境黑河地区设立了“金桥贸易有限公司”。与美国开发系统有限公司合作，成立了“沈阳拓视电气自动化有限公司”。由中韩合资并由原沈阳市长武迪生题匾的“南国美食城”于7月开业。6月与台湾能源航运股份有限公司合资的“北新节能材料开发有限公司”签订了合同，年产量可达6 000立方米泡沫珍珠岩保温材料。2月在广西与防城港市供电局联办“沈港工贸实业总公司”，经营商品贸易、电力工程设计安装、饮食服务、旅游业等。8月成立房屋开发公司。10月在苏家屯地区建成沈阳市兴达金刚石厂可年产金刚石30万克拉。

（马家润）

石化工业

【概况】 1993年沈阳石油化学工业管理局以转变观念，深化改革，扩大开放，抓好思想解放工程为首要任务；以全面贯彻落实《条例》，抓好机制转换和职能转变为突破口；以切实加强各级领导班建设，继续开展“科技兴化”，下力调整产品结构，加快发展外向型经济步伐、大力兴办第三产业为工作重点，上下同心协力，克服重重困难，取得了经济工作的好成绩。全局主要经济指标（按可比口径计算）都比1992年有所增长。全年累计完成工业总产值22.7亿元，比1992年增长1.4%；销售收入22.2亿元，增长13.2%；利税合计3.0亿元，增长6.6%；实现利润1.1亿元，增长10.6%；出口交货值1.9亿元，增长10.7%。

（耿放）

【深化企业内部改革】 1993年，沈阳市石化局认真贯彻《全民所有制工业转换经营机制条例》，进一步解放思想，转变观念，加快转换企业经营机制，推动企业内部改革不断向纵深发展。

1、积极进行产权制度改革的探索，加速股份制改造。永新一沈阳化工厂、沈阳胶带总厂的股份制改造已经基本结束，并取得明显效果，目前正在不断向规范化股份制企业过渡。"国有民营"、"股份合作制"正在部分小型国有企业和集体企业试行。

2、扩大投入产出大承包试点。继1992年沈阳轮胎厂实行投入产出总承包后,1993年石化局又有橡胶四厂、橡胶机械厂、油漆厂3户大型企业与市政府签订了投入产出总承包合同。总承包对调动企业积极性,增强企业自我积累、自我改造、自我发展能力发挥了重要作用。

3、深化三项制度改革,启动企业内部活力。1993年石化局总结推广了沈阳化工厂实行干部聘任制、全员合同制、岗位技能工资制以及油漆厂劳动制度综合配套改革,胶带厂干部考核和工人测评上岗等经验,把改革企业领导体制,调整企业组织结构,大力兴办第三产业妥善安置富余人员作为重点工作抓紧抓实。全局第三产业实现产值、利税分别为3.5亿元和1 000万元。

4、进一步搞好大中型企业。石化局共有工业企业26户,其中大中型企业22户。局党政领导把搞好大中型企业做为全局工作的重中之重。1992年沈化等10户企业首批进入全市"搞好"企业之列,1993年又有催化剂、模具、制品3户企业达到了市政府制订的"搞好"标准。

5、按照市场经济要求强化企业管理。一是狠抓了化工系统现场管理五大难点(原始记录不清、跑冒滴漏、脱岗、计量不准、物品乱摆乱放)综合治理;二是抓好以方圆标志认证为内容的企业质量管理上台阶活动,使产品质量获得真正的可信服性;三是抓好以降低成本提高经济效益为目的的综合管理,大力推行费用包干、限额领料和目标成本,实行非生产性开支定量化,大幅度压缩各项费用。

6、适应宏观调控新环境,加快局机关职能转变。1993年市石化局机关根据"条例"精神,重新界定了职能,向企业下放20项权力。简政放权后,市石化局将在产业政策,投资方向,规模效益三个方面加强对企业的宏观调控,找准化学工业在沈阳市发展中的位置,积极调整产品结构和产业结构,推动企业快步进入市场,促进全市化工行业经济效益不断提高。

(张伟)

【技术改造与技术引进】 1993年沈阳石油化学工业管理局在技术改造方面始终贯彻"少新建多改造"的方针,坚持采用高新技术改造老企业,加大技术改造的投资力度逐步实现了投资主体法人化、项目选择市场化。全年完成技术改造和技术引进投资2.3亿元,比1992年增长23.7%,达到历史最高水平。沈阳市确定的两个重点项目的建设已初具规模。沈阳第三橡胶厂"特种安全胎"项目的主体工程及引进设备已基本安装就绪,预计1994下半年即可投入试生产;沈阳胶鞋总厂"旅游鞋二期工程"中的密炼车间设备已全部安装调试完成并试车成功。一批投资少,见效快的项目已相继建成投产。23个项目竣工投产,每年可新增产值5 685万元,增加利税2 851万元,创汇125万元。特别值得提出的是:在投资资金严重短缺的情况下,坚持技术改造与利用外资引进技术进行嫁接改造相结合,资金筹集开始向国际化迈步。1993年全局批准建立合资企业5家,已建成投产3家,利用外资额835万美元。同时企业自我改造和自我发展的能力明显提高,企业自筹资金比重已达30%以上。

与此同时,技术改造竣工项目经济效益考核工作取得了明显成效,到1993年底又有5个项目实现达产达标。实现新增产值1.7亿元,利税2 428万元,创汇161万美元。沈阳模具厂"引进活络模项目"提前6个月实现达产达标,该项目全年创造的利润是全厂实现利润的3倍,从而使企业走出了低谷,摆脱了困境,为企业发展增强了后劲。

(刘东焱)

【依靠科技发展化工】 1993年,沈阳市化工科技工作在有关部门的大力支持下,取得了较大发展,特别是新产品开发工作为沈阳化工的发展做出了贡献。全年共投产新产品100种,有33项成果经过鉴定或认定,其中达到国际先进水平和填补国内空白的13项,达到国内先进水平的18项,先进水平率达93.3%,新产品共实现产值2.8亿元,利税7 302万元,分别比1992年增长12.8%和12.6%。其中实现利润为4 139万元,占全局计划内企业利润总额的46.7%,当年新产品产值1.6亿元,新增利税3 450万元;在重点新产品中,产值超百万元的26项,其中超1 000万元的有7项;出口创汇248.7万美元。另外环境保护、标准化、计算机应用、科技信息及新技术推广等项工作也都取得了较大进展。

1993年化工科技工作主要有以下几个特点:一是以新产品开发为龙头,科技工作有了全面发展。二是新产品开发工作呈现了"五个结合,一个同步",即企业优势与市场结合;长期发展项目与当前增速度创效益的项目结合;企业自我开发和引进科研单位成果结合;国内和国外两个市场结合;开发研制和批量生产结合;新产品开发的速度和效益同步增长。三是科研能力得到加强,科研手段进一步完善,特别是列入市级的四个中试基地的建设取得了较大进展。四是科技的发展促进了企业技术进步,为企业增速度、创效益发挥了作用。

1993年的主要工作包括:1.加强了"产学研"工作,积极做好企业与科研单位间的协调服务工作。2.抓了市级中试基地的建设,当年已有橡塑阻燃制品和高档涂料、颜料基地的建设也正按计划进行。3.抓了"九五"科技发展规划的编制工作,为化工企业"九五"期间的发展方向提供了宏观指导。4.加强了科技调度工作,及时了解列入局以上计划项目的进展情况,帮助企业解决科技工作中存在的问题,更好地发挥了政府宏观指导、协调服务的作用。

(张宏涛)

【做好扭亏增盈工作】 1993年,沈阳市石油化学工业管理局的扭亏工作取得了可喜成绩。截止到年末,按调整口径计算亏损4户,亏损额301.6万元,与1992年同期比减亏1户,亏损额减少664.3万元,减亏幅度为68.8%。同时也超额完成了

1993年市里下达的670万元控亏指标的减亏任务。

1、提高认识,进一步加强对扭亏工作的领导。1993年,这个局把扭亏工作当做头等大事来抓,成立了由主管局长挂帅的有关处室参加的扭亏咨询服务小组,深入亏损企业进行调查研究,分析企业亏损原因,并在资金、原材料等方面给予协调和支持。

2、落实扭亏责任制。根据市里下达的控亏指标和企业的实际情况,将扭亏指标分解下达到有关单位,制定相应的奖惩措施,与其签订限亏责任状,确保全局扭亏目标的完成。

3、加强领导班子建设,加大负亏责任。为加强扭亏工作力度,1993年共对4户亏损企业的领导班子进行了13人次的调整,并收到明显的效果。

4、深化改革,加强管理,努力挖掘企业内部潜力。1993年,该局的亏损企业通过增收节支降低费用而减亏1 368万元,通过划小核算单位,创办第三产业而增加销售收入1 655万元,创利税112.5万元。

5、加快产品结构调整,适应市场经济的要求。为解决产品结构不合理问题,亏损企业在有关部门的支持帮助下开发了17种新产品,实现产值979万元,创利税272万元。其中仅沈阳石油化工厂就开发了GPE消泡剂等6种新产品,实现产值662万元,创利税200万元。与此同时,该厂还紧紧抓住主导产品3011聚醚市场走俏的机遇,大力增产扩销,仅此一个产品就增利349万元,从而使该厂由1992年亏损485.5万元,1993年盈利121.4万元。沈阳化工设备厂在积极争取外部支持的同时,也把握住主导产品摆线减速机市场见好的时机,适时调整产品价格,使其经营状况有了明显好转。与1992年同期比,仅这两个厂的扭亏增盈额就高达904.5万元,从而为实现大幅度减亏奠定了基础。

(苑祥禹)

【加快外向型经济发展】 1993年沈阳市石化局从转变观念入手,坚持实施"外向牵动"战略,引导全局职工"走依靠对外开放,振兴沈阳化工"的路子,并取得一定成效。1993年全局引进外资800万美元,累计引进外资3 000万美元,占全局固定资产原值的四分之一;办成合资企业14家,占全局直属工业企业总数的55%;完成工业总产值10.8亿元,实现利税13 952万元;完成出口交货值18 613万元,比1992年增长10.7%。这个局发展外向型经济的主要做法是:

1、认请形势,典型引路,增强全行业的开放意识。为了统一对"依靠对外开放,振兴沈阳化工"的认识,该局从分析行业现状入手狠抓了解放思想,转变观念的工作。根据全局产业结构存在问题,提出了闯入国际市场,向国际市场要技术、要资金、要管理经验的口号,并用合资企业成功的典型经验教育干部职工自觉地走开放之路。从而,在整个化工系统形成了对外开放的共识,为全局对外开放工作奠定了坚实的思想基础,创造了良好氛围。

2、强化领导,精心组织,形成全面对外开放工作体系。一是强化局一级的领导力度;二是制订好全局对外开放的总体规划;三是搞好实施对策;四是建立"三级"对外开放工作承包考核体系。

3、打头阵,办实事,为企业全面开放"鸣锣开道"。一是帮助企业开辟国际市场。局领导做到"三个带头"即带头参加各种外资会议,带头同企业一起找市场、带头谈生意。二是帮助企业搞合资。三是为合资企业创造良好的经营环境。

(耿放)

【加强宏观调控促进生产】 1993年,沈阳市石油化学工业管理局在生产组织上继续采取综合调度方法,加强宏观调控,保证了工业生产的稳定发展。1993年资金紧张的矛盾十分突出,流动资金严重不足,化工原材料价格不断上涨;与此同时"三角债"负担越来越重,这些矛盾相互交织成为石油化学工业生产发展的严重障碍。对此,该局不等不靠,从强化综合调度入手,加大调控力度,有效地制止了生产滑坡,具体做法是:

1、实行综合调度例会制。会议分析形势,研究解决生产经营中存在的问题、落实任务和目标,使全局各企业做到统一思想,真抓实干。全年完成工业总产值22.72亿元,实现了生产的稳定增长。

2、开展了适销产品竞赛活动。为了鼓励企业努力增产适销对路产品,合理使用有限的流动资金,该局把占工业总产值比重大、产成品库存低的产品确定为参赛产品,重点考核其产值、库存、产销率和产品可供销售天数等指标,凡完成如上指标者可得奖,奖励分为3个档次,最高档企业厂长可得奖金4 000元,生产副厂长、生产处长、以及有关处室领导分别按90%、80%、70%奖励;对完不成的企业扣罚厂长综合奖金500元,其它人员按比例扣罚,从而较好地调动了各企业的生产积极性。

3、积极筹措资金并做到合理把握流动资金投向,对争取到的贷款由局领导及财务处和生产处共同研究,根据各企业生产需要分析平衡,把有限的资金投入到产品有销路、效益好的企业去,合理使用资金,有效地发挥其作用,保证了全局生产的稳定增长。

(顿平)

【加强领导班子建设】 1993年,沈阳市石油化学工业管理局始终坚持配好领导班子出生产力这一观点,把企业领导班子建设当作党建工作的首要任务来抓,及时配备和强化了企业领导班子。1993年末,全局共有企、事业领导干部275名,大中专以上文化程度的占95%;平均年龄48岁。绝大多数现职领导干部,有强烈的事业心,有丰富的实践经验,多数班子是团结的有战斗力和凝聚力的。

这个局在班子建设方面主要有以下几个做法:

一是在思想作风建设上,常抓不懈。具体说局党委抓了三个"坚持":即坚持同各单位"一把手"每年正式谈一次话,了解干部的精神状态;坚持领导干部个人生活重大问题请示制度;坚持局领导参加企业班子民主生活会，增进局领导对干部的了解。

二是在使用上，打破了资历、年龄和企业大小3个界限，从中小企业大胆选拔部分政绩突出的主要领导到大企业当厂长；任用了一批45岁以下的中青年干部，在“一把手”的位置上挑大梁；留用了部分经验丰富，进取心不减，身体尚好的老同志在岗发挥作用，从而解决了部分企业领导班子精神不振和新老断层的问题。

三是在体制上，从理顺企业党政关系的实际出发，积极探索多种形式的任职方式。在保留部分企业党政分设的同时，根据每个企业的不同特点，推行了党政交叉任职9个单位，沈阳模具厂通过党政密切配合齐抓共管新产品、新科技，企业面貌焕然一新；实行了党政“一肩挑”6个单位，沈阳橡胶机械厂企业综合实力不断增强。从而企业领导班子的整体功能得到了改善。

四是在管理上，通过加强和完善一系列制度的同时，对企业党政主要领导干部工作目标完成好的和有突出成绩的，在工资、待遇等方面给予奖励；对工作不适应的坚决进行调整或降免。1993年共调整83名干部，其中提拔使用27名，降免16名。

五是注重青年干部的选拔培养教育。在考核领导班子的同时，考察了解青年干部的情况，将青年干部分成后备干部和储备干部两类，按近、中、远期培养、教育使用，全面衡量跟踪考核，从而基本上解决了在少数人中选干部和少数人选干部的弊端。

（刘汝泉）

·化学工业·

【概况】 1993年，沈阳市化学工业共拥有企业318户，资本金68 215万元，固定资产原值113 430万元，净值71 996万元，职工人数50 002人。

1993年，沈阳市化学工业生产稳定增长，全年实现工业总产值204 692万元，比1992年增长5%；实现工业增加值69 868万元，实现销售收入212 779万元，比1992年增长24.4%，产销率达到98%。

1993年，沈阳市化学工业共生产化学农药（折有效成份100%）2 226吨，农用氮、磷、钾化学肥料总计（折纯）6.61万吨，油漆25 767吨，染料70吨。

1993年，由于资金短缺，原材料涨价等原因，沈阳市化学工业不太景气，经济效益有所下降。亏损企业单位数达到66户，亏损面达到21%，比1992年增加了2个百分点。实现利润6 138万元，比去年同期下降了39%，实现利税21 741万元，较1992年减少2 673万元。

沈阳市化学工业力争在1994年努力调整结构，深化改革，克服各种不利因素，以提高经济效益为中心，争取早日步出经济低谷，为振兴沈阳经济做出积极贡献。

（赵思朦）

【永新——沈阳化工股份有限公司】 永新——沈阳化工股份有限公司是1989年1月1日由沈阳化工厂、沈阳铁西改造经济技术开发总公司、香港永新技术开发有限公司合资经营的股份制大型化工企业。总股本为1 494万股，每股面值10元，其中沈阳化工厂——国家股844.9万股，占总股本的56.55%；沈阳铁西改造经济技术开发总公司——社会法人股175.7万股，占总股本的11.76%；香港永新技术开发有限公司——外资股373.5万股，占总股本的25%；个人股100万股，占总股本的6.69%。

合资企业的主体——沈阳化工厂，始建于1938年，发展至今已成为国内骨干化工企业。主要生产氯碱、合成润滑油、有机化工原料、农药、合成树脂等5大系列32种产品。产品以“星塔牌”为注册商标，远销美国、日本、原苏联以及西欧、香港、东南亚一些国家和地区。

永新——沈阳化工股份有限公司拥有铁路专用线3.8公里，蒸汽机车3台，铁路槽车287台，年货物吞吐量70万吨。每年消耗原材料约30万吨，产品总量为40万吨。公司占地62.5万平方米，建筑面积30万平方米。现有固定资产原值32 200万元，净值21 800万元。根据国家统计局公布的1992年中国500家最大的工业企业排名，按销售额排序该公司居第436位，在全国氯碱行业中名列第6位；按利税总额排列该公司居第276位，在全国氯碱行业中名列第4位；1992年利税总额居沈阳市工业企业第二位。永新——沈阳化工股份有限公司自1989年合资以来，生产经营稳步发展，经济效益逐年提高，1988年至1993年利润总额分别是：3 812万元、5 008万元、5 808万元、5 821万元、5 857万元、5 415万元；销售额分别是：25 894万元、35 134万元、36 445万元、40 770万元、41 853万元、51 367万元。固定资产原值分别是：21 131万元、21 331万元、22 845万元、24 503万元、27 798万元、32 200万元；固定资产净值分别是：14 691万元、13 398万元、13 423万元、13 607万元、15 375万元、21 800万元。

公司现有职工6 757人，其中专业工程技术人员625人。拥有科研、新产品开发、技术服务、贸易于一体的研究所、设计所。形成了一业为主，多种经营，向外拓展的产业体系新格局。目前，公司在香港、广州、上海、北京和大连等城市已经建立了产品销售和技术服务机构。沈阳市“八·五”重点项目之一，沈阳石蜡化工工程正依托永新——沈阳化工股份有限公司兴建。建成后，将组成以氯碱工业与石油化工相结合的企业集团，具有广阔的发展前景。

（丛铁武）

【沈阳有机化工厂】 沈阳有机化工厂，是以生产离子交换树脂和癸二酸为主的国有中型一档化工企业，国家二级企业。1956年建厂，厂区占地面积8.9万平方米，现有职工1 000余人，拥有各类专业技术人员180余人，固定资产原值3 011万元。主要产品有阳离子交换树脂、阴离子交换树脂、癸二酸、大孔型离子交换树脂系列产品30多个品种及水质稳定剂等精细化工产品。主要产品年产量达6 000吨以上，产品销售覆盖全国各地，还远销美国、日本、德国、荷兰及东南亚各国，是沈阳市利税大户百家企业之一，出口创汇明星企业。1993年是该厂历史上经济工作困难最多，受到冲击最大的一年。资金严重短缺，大宗原材料、燃料价格大幅度上升，各种增支因素过大，总计高达800多万元，加之三角债务链困扰，使之生产速度一度下滑，在这严峻的经济形势下，该厂职工统一认识，共同努力，奋力拼搏，打破前所未有的困难局面，全年完成工业总产值7 001万元，实现销售收入6 930万元；实现利税总额775万元，取得了较好的经济效益。

以质量求生存，以品种求发展是沈阳有机化工厂始终坚持的经营方针。3个主导产品在全国同行业质量评比中全部获得第一名，并获化工部优质产品称号。其中001×7阳离子交换树脂保持了“三连冠”，被国家质量奖评审委员会授予国优银质奖。1993年又被全国用户委员会授予“全国用户满意产品”。癸二酸产品连续4次获得和保持辽宁省优质产品称号。1993年又保持了优等品率98%的高水平。自1980年进入国际市场以来，每年出口创汇，都超百万美元以上。多年来该产品在质量和交货期等方面都享有较高的国际声誉。1993年该厂在科研技术系统大力开发推广新产品，根据市场需求对大孔树脂新产品进行了扩试，全年试制生产大孔树脂多达12个品种，总产量490吨，占全厂树脂总产量的13%；完成新产品产值1 019万元，占工业总产值的14.6%，实现利润224万元，占全厂利税额的32.4%，为该厂新增效益奠定了技术基础，在市场竞争中，面向市场，科技促销取得了良好的成果。

坚持技术进步和管理进步是沈阳有机化工厂的兴厂方针。该厂在改革开放中，认真贯彻《条例》，转换经营机制方面取得新进展。1993年加大了企业内部配套改革力度，使企业发展速度、企业素质和经济效益同步增长。该厂在沈阳市科技先导型企业的基础上，1993年又被辽宁省政府命名为“省科技先导型企业”。该厂先后进行了大规模的技术改造项目4项，极大地提高了企业生产装置的技术水平。1993年又一座建筑面积为3 830平方米的科研测试综合楼竣工投入使用，将为沈阳有机化工厂技术进步创造更良好的条件。为企业的发展增添更足的后劲。1993年沈阳有机化工厂对外开放工作的步伐明显加快取得新进展。先后多次与外国企业人士和外商接触洽谈，在较短的时间内实现了与泰国亿大泰公司的合资经营项目，成立了沈阳埃奥奈特化工有限公司。自1993年5月份双方资金到位进入正常运营以来，经过双方努力取得了初步成效。企业部分合资运营的实验，对该厂今后开展合资合作积累了经验。1993年通过多次与外商的接触，该厂狠抓了外贸出口工作，全年累计出口交货值达1 575万元，比1992年增长31.9%，出口产品产值率达到22.5%。该厂与外国合作合资办企业道路越走越宽广。

（杨润筠）

·橡胶工业·

【概况】 1993年，沈阳市共有橡胶工业企业145户，职工人数30 345人。资本金总额为51 747万元，固定资产原值达到62 499万元，固定资产净值达41 990万元，流动资金平均余额为93 204万元。

橡胶工业在沈阳市有着悠久的历史和较强的生产能力和竞争能力，拥有沈阳橡胶三厂、橡胶四厂等一些有雄厚实力的老厂。1993年，沈阳市橡胶工业深化改革，强化管理，大力推进技术进步，各项工作又有了新进展。生产稳定增长，1993年完成工业总产值166 266万元，比1992年增长24%。实现销售收入139 670万元，比1992年增长15%，产销率达到90%。

1993年全年生产胶鞋1 083万双，轮胎外胎103万条，轮胎内胎94万条，运输带（折合量）347万平米。

1993年，沈阳市橡胶工业克服各种困难，取得较好的经济效益。全年实现利润达4 462万元，实现利税17 948万元。（赵思朦）

【沈阳第四橡胶厂】 沈阳第四橡胶厂始建于1938年，是国家大型二类企业，占地面积18万平方米。1993年有职工4 180人，其中工程技术人员287人。主要生产设备1 464台、套，其中RB－2高压钢丝编织胶管生产线和超薄尼龙绸防雨胶布生产线是分别从美国和日本引进的具有国际80年代先进水平。企业的主要产品有：高压钢丝编织胶管，胶布制品，橡胶型材与粘合剂，各种橡胶密封制品四大系列50多个品种，计7 000多个规格。产品销往全国各省（区、市），其中高压钢丝编织胶管，橡胶水坝游艇，胶布气床等产品还远销澳大利亚、美国、泰国等17个国家和地区，在国际市场有较高的知名度。

1993年该厂完成工业总产值16 152万元，实现利润1 713万元，销售收入18 626万元，全员劳动生产率为3.9万元。为进一步适应社会主义市场经济要求，企业注重经营机制的转换，扩大经销渠道，着重开拓国内外市场。

（王书林）

【沈阳轮胎总厂】 沈阳轮胎总厂是化工部轮胎生产定点厂家和有固定资产近两亿元的国家重点大型企业。经过“七·五”期间技术改造，生产规模、品种不断扩大。年生产能力尼龙斜交胎达到百万套，半钢丝子午线轮胎10万套。目前生产的沈轮牌轮胎主要有载重汽车、大客车、轻型载重汽车、轿车、工业车辆、微型车、拖拉机、马车及各种农业用车等8大系列，50多个规格斜交轮胎和轻型载重汽车、轿车两大系列、4个规格半钢丝子午线轮胎。

该厂技术力量雄厚，有技术高、经验丰富的老专家，有德才兼备的技术骨干。产品设计合理，选用材料优良，生产工艺先进，测试设备齐全，产品性能良好，安全可靠，使用寿命长，产品畅销国内29个省、市、自治区和欧、亚、美、非的10个国家和地区，产品深受广大用户欢迎。

该厂全体职工在“质量第一、信誉至上”的办厂方针指引下，发扬“四种精神”，争创“五个一流”，加强企业管理、严格工艺操作，使产品质量不断提高。先后有10多种产品获各级优质产品称号，其中6.50—16轮胎在1986年被评为国内第一批化工部优质产品和A级产品。载重车8.25—20、9.00—20、12.00—20等规格轮胎也被国家定为A级产品。

结合企业实际，深入开展“质量管理年”活动，取得了明显效果。随着社会的进步，企业也在不断发展，市场竞争也愈加激烈。为了提高自己的适应能力，在优胜劣汰的市场竞争中站稳脚跟，立于不败之地，全厂从1990年初开始，深入开展“质量管理年活动”，产品合格率稳步提高。

“八·五”初期，工厂先后投资6 000多万元，进行技术改造和设备引进，为企业发展增加了后动。

（邱荣博）

【沈阳胶管总厂】 沈阳胶管总厂是生产各类胶管的国家大型二类企业；也是国内目前唯一与日本合资经营大型橡胶护舷的生产厂家；又是中韩合资经营合成树脂防水卷材、排泥胶管的企业。1993年完成工业总产值1.01亿元，实现销售收入1.23亿元，实现利税1 778万元。主要产品有高、中、低压耐各种介质软管、橡胶护舷、橡胶履带、橡胶衬里高压消防水带、纤维增强PVC树脂软管和合成树脂防水卷材等6大系列，56个品种近8 000种规格。产品广泛服务于工业、农业、国防、交通运输和人民生活等各个领域，部分产品曾远销马耳他、新加坡、毛里塔尼亚、韩国、美国、荷兰和香港等国家和地区，在国内外享有较高的信誉。

工厂从德国引进的有衬里高压消防水带生产线，其产品达到德国DIN标准，1990年荣获国家质量银牌奖和公安部优质产品奖；从意大利引进的PVC树脂软管生产线，其设备、产品均具有80年代世界先进水平；1989年9月，这个厂与日本普利司通合资成立了沈阳普利司通有限公司，经营橡胶护舷产品；1991年合资企业荣获“全国外商投资先进企业”称号。1993年8月日方主动提出扩大合资项目，双方追加投资1 001.5万元人民币，决定再合资经营橡胶履带产品。预计1994年末可形成生产能力。1993年11月企业又与韩国合资，成立了沈阳星辰化工有限公司，生产合成树脂防水卷材和排泥胶管。现已正式投入生产，预计年产值可达1 000万元，年创汇100万美元以上。

工厂研制的轻型输油软管，填补了国内空白；军工胶管，曾为我国长征火箭发射成功和改进重要兵器做出贡献，多次受到航天部、兵器部的嘉奖和表彰；其它产品先后有11种被评为国家、部及省市优质名牌产品。

（杨洪弟）

医药工业

【概况】 1993年沈阳医药行业有工商企业400多家，生产和经营化学原料药、制剂药、中成药、中药材、医疗器械、卫生材料、药用玻璃制品、制药机械、药品容器包装等产品。

1993年全市医药行业取得了经济高速发展，经济效益明显提高的好成绩。其主要特点有：

一是医药经济保持高速增长。1993年沈阳医药行业完成工业总产值28.7亿元，比1992年实际增长57.8%。全年首次净增产值突破10亿元大关，达10.5亿元，创沈阳市医药工业历史最好水平。在工业总产值中：东北制药集团公司完成15.6亿元，增长3.9%。系统外医药工业企业完成13.03亿元，增长230%。医药工业销售产值完成27.1亿元，增长59.6%，销售产值增长快于工业产值增长。产销率达94.4%。

二是医药商品市场活跃。虽然目前市场秩序比较混乱，非法经营冲击严重，使国有商业购销下降，但经国有医药商业的艰苦努力，还是取得了相当大的成绩。全年国有医药商业完成购进总额4.5亿元，销售总额完成5.7亿元。

三是重视科技开发和质量管理。1993年全市有12项重要成果完成试制转入生产。主要有长春西汀、头孢他啶、pvp、莫雷西嗪、计算机辅助经营管理系统等等。在质量管理方面主要是加强了药品和医疗器械生产的监督抽查，组织阶段性与经常性相结合的质量大检查工作，协同辽宁省医药管理局对群众有反映的厂家质量问题进行了处理。全市医药生产企业和经营企业质量工作大为改观，没有发现严重的质量问题。

四是医药对外开放进一步发展。到1993年底，沈阳市共有中外合资企业35家，比1992年增加15家，已成为全市医药工业的一支重要力量。1993年，全市医药出口交货值达2.6亿元。

五是加大力度调整产品结构。为适应市场经济的要求，各医药企业把工作重点转向了调整产品结构、转向了拳头产品、高科技产品、高效益产品的开发。一些大的或较大的技改项目如：年产万吨VC工程、年产2 000吨维C钠工程、氟嗪酸工程、磷霉素钠扩产工程等，已在国家医药管理局立项并已组织实施。

六是规范医药市场秩序，提倡公平竞争。医药流通领域秩序混乱，假劣药品危害居民健康的情况，得到了市委、市政府和市人大、市政协的高度重视。1993年，沈阳市医药管理局组织人员对南站药材市场调查4次，与有关部门多次协调，形成了“沈阳市药材市场整顿意见”上报给有关部门，并组织150人次对全市县区经营市场状况进行调查。

1993年沈阳的医药工业存在的主要问题和困难，突出表现在：

——经济效益不理想，亏损企业增加。全市医药工业企业有19家亏损，占财务统计户数的23.5%，亏损额达3 871万元。其中，系统内占87.4%，究其原因大致是企业负担沉重，机制转换步伐较慢，产品结构不适应市场变化，在思想观念上有差距，陈旧意识还在起作用，造成机制还是在计划经济框架下运作等。

——医药商品市场混乱，违法经营，多家插手医药市场的状况还没有得到有效治理，伪劣药品严重威胁着人民群众的身体健康。在集贸市场上一些人违法从事药品批发业务，假冒药品充斥，高额回扣等现象严重干扰了医药市场的正常秩序，使国有守法经营的批发企业陷入空前困难的境地。据对全市县区医药批发企业177户的调查，其中证照不全的占46.3%，零售企业306户中证照不全的占12%。而名为零售实为批发的企业又很多，这些都严重的违反了《中华人民共和国药品管理法》和国务院有关文件精神。规范市场秩序，净化医药市场，以法治理刻不容缓。

（全名教）

【《沈阳医药志》出版】　“盛世修志”是我国的优良传统。一部系统地记载沈阳医药行业发展、变化、成就和特点的资料书《沈阳医药志》（1948－1988），经多方的艰苦努力，于1993年底正式出版。这是沈阳医药行业一件具有历史意义的大事。

该志遵照详今略古、详近略远的原则，主要对沈阳解放后医药行业做了记述。尤其是对党的十一届三中全会以后，沈阳医药行业的发展与现状，做了突出的记述。全书共分13篇、39章、68节、60目，总计60万字。

该志编纂的主要特点有：按照横排现状、纵述历史的方法，采用篇章结构设目分类记述。记述的形式大体分为四种类型。第一种类型为综合记述。第二种类型为纲目型记述。第三种类型为专题性记述。第四种类型为重点记述。

该志全面系统地记述了沈阳医药行业40年来的发展和现状，内容涵盖沈阳医药行业的发展演变历程。其中历史沿革上限引伸到1573年，有些重大事件则写到搁笔为止，资料详实，记述准确，是研究沈阳医药行业发展的不可缺少的资料工具书。

（全名教）

【东北制药总厂】　1993年，东北制药总厂全面完成了全年的生产经营目标和各项任务。完成工业总产值71 065万元，比1992年增长8.28%；完成销售收入76 899万元，比1992年增长41.2%；实现利税10 502万元，比1992年增长70.95%；实现利润5 002万元，比1992年增长39.48%；出口创汇3 824万美元。

深化企业内部综合配套改革，增强企业活力，促进企业发展。首先改进完善了生产单位承包办法，由过去的单纯成本降低承包改为工资总额全额承包，并下放基层部分权力，极大地调动了基层单位的积极性。二是进行了机构改革，推行了以事业部制为主、事业部制和职能制相结合的新机制，同时精减了机构和人员。三是进行了分配制度改革，实行了以岗位技能工资制为主，其他分配形式为辅的分配办法，突出了分配与劳动技能、劳动责任、劳动强度和劳动环境的关系，较好地体现了按劳分配原则。

以市场为导向，以经济效益为中心，生产经营呈现良好势头。在生产上，大力调整产品结构，不断扩大市场销路好的拳头产品生产，大力发展制剂生产的规模，改变了工厂的生产格局，产品结构开始趋于合理，并通过多种形式的劳动竞赛，促进了企业生产的发展。在经营上，两个市场并重，以狠抓营销人员素质和营销队伍建设为主，进一步完善了市场营销及信息网络。目前，该厂国内用户达千余家，并与国外55个国家和地区建立了业务往来。

立足当前，着眼未来，积极探索企业发展方向。1993年，东北制药总厂召开了中长期经济发展战略研讨会，确定了2002年的发展方向和目标。即以维生素产品为支柱，以头孢和磷霉素产品为拳头，发展规模经济，到1997年底，年工业总产值达到20亿元，实现利税3.5亿元，出口创汇7 000万美元；到2002年底，年工业总产值达到40亿元，实现利税8亿元，出口创汇1.2亿美元。

以科技为先导，加速新产品开发、研制、投产进程。先后有环丙沙星、卡兰、头孢他啶、磷霉素缓血酸胺盐、曲尼斯特等产品获得9个新药证书，卡兰、头孢三嗪、头孢他啶、PVP等5个产品通过国家医药管理局组织的鉴定，几个创新品种正在起步，有一批新产品投入批量生产，1993年新产品产值达9 000万元，创利税4 500万元。为发挥现有产品质量好、消耗少、成本低的优势，积极发展规模经济。东北制药总厂将VC年综合生产能力由1 500吨扩产至2 700吨，同时扩大了氢化可的松和磷霉素钠等产品的生产；目前万吨VC工程正在积极进行国家立项、加速建设。

（庞连鹏）

【沈阳市新城子制药厂】　沈阳市新城子制药厂是一个区属集体企业。自1979年建厂以来，已发展成能够生产中、西药制剂的中二型企业。1993年末，该厂有职工547人，其中工程技术人员120人，占职工总数的21.9%；厂区占地面积2.2万平方米，建筑面积1.5万平方米，固定资产原值1 902万元，净值1 449万元。

1993年，该厂完成工业总产值6 978万元，实现销售收入5 128.7万元，实现利税1 695万元，其中利润1 104万元，人均创利税3.1万元，上缴国家税收358万元。从1985年以来，该厂连续8年被沈阳市人民政府授予“小型巨人企业”光荣称号，1993年被国家统计局工业交通统计司和管理世界中国企业评价中心评为中国500家最佳经济效益企业，还被国家统计局评为“中国100家最大医药工业企业”之一。

1993年在沈阳市企业评价结果公布的名单中，该厂被沈阳市人民政府和沈阳市企业评价协会评为“1992年度沈阳百家最大工业企业之一”和“沈阳市百家纳税大户”企业，同时获得沈阳市人民政府授予的“科技振兴奖”。

沈阳市新城子制药厂主要生产片剂、胶布剂、胶丸剂、针剂、散剂、口服液、丹剂等8个剂型，128个品种。该厂现有5个生产车间，1个药物研究所和化验室，质检科等质量化验监督部门，严格按“GMP”标准进行管理和组织生产。1988年以来，该厂进行了大规模的技术改造工程，先后购进了国内最先进的铝塑包装机，全自动软胶布生产线，形成了年产9 000万丸的生产能力。

1990年投资852万元，新建3 200平方米针剂、口服液车间，全部采用国内先进技术，先进工艺，先进材料。1992年又投资250万元，新建仓库、车库、变电所增容等公用工程设施。进一步完善了车间、仓储及附属设施。

沈阳市新城子制药厂坚持依靠科技进步，重视人才的开发和利用，鼓励工程技术人员研制开发新产品，从而使这个厂每年都有10余个品种面市，其主导产品有：

复方铝酸铋片——胃铋治片，主治胃溃疡、十二指肠溃疡，急、慢性胃炎等。属国家级三类新药。

耆鹿逐痹口服液——治疗类风湿病的首选药物，属国家级三类新药。

莪术油软胶丸——治疗胃病、十二指肠溃疡及防癌变的良药。

复方甲苯咪唑丸——适用於儿童服用的驱虫作用快的国家级四类新药。

月见草油软胶布——降血脂，减肥良药，是该厂主要出口产品之一。

该厂还特别重视产品第二次开发，利用广告宣传推销自己的产品。据统计1993年投入广告宣传费390万元。

（邱铁男　杨志贵）

建材工业

【概况】 1993年，沈阳市建材工业共有247户企业，资本金拥有量为76 721万元，固定资产原值为98 381万元，净值为77 326万元，拥有职工40 602人。

沈阳市建材行业基础雄厚，历史悠久，拥有沈阳玻璃厂、沈阳浮法玻璃厂、东北耐火材料厂、沈阳耐火材料厂等我国建材行业重点和骨干企业，具有较强的竞争能力。一年来，沈阳建材工业致力于技术设备的更新，挖掘企业潜力，极大地增强了企业活力。1993年，建材工业共创产值106 334万元，实现销售收入122 402万元，产销率达93%。1993年，为了企业增产、增收，建材行业各企业大力组织生产适销对路、种类齐全建材产品。水泥产量达到84万吨，平板玻璃产量达到458万重量箱，卫生陶瓷达31.57万件，砖达到25亿块。

1993年，建材工业共实现利润14 024万元，其中水泥制造业实现1 018万元，砖瓦业实现1 292万元，建筑用玻璃行业12 547万元；利税总额达到23 154万元，其中水泥制造业实现1 887万元，砖瓦业实现3 339万元，建筑用玻璃行业17 523万元，建筑卫生陶瓷505万元。

（赵思朦）

【建材工业的发展】 1993年，沈阳建材工业以改革和发展为主题，以投入产出总承包为契机，全面实施建材工业发展新战略，经济步入了高速发展新阶段。各项主要经济技术指标均创历史最好水平，全面完成了与市承包的各项经济指标；在历史上，首次被列为市重点支持的4个行业之一。

1、建材生产高速发展，经济效益大幅度提高。市建材局实现工业总产值8.05亿元，比1992年增长17.5%；实现工业销售收入11.8亿元，比1992年增长78.2%，实现利润10 336万元，是1992年的64倍。

2、强化投资功能，大力推进科技进步，加速产品结构调整步伐。1993年基建投资额达9 400万元，比1992年提高30%；技改投资额达5 700万元，比1992年增加60%，完成市下达的指标。新产品开发迈出了较大步伐，全年共开发新产品36种，创产值38 581万元，比1992增长81.1%，创利税14 687万元，是1992年的5倍。

3、以工业为根，多业并举，初步形成规模经济。1993年，第三产业总数达298户，比1992年增加1倍；从业人员总数达4 600人，比1992年增长2倍。营业收入总额达2.28亿元，比1992年增长1倍；实现利税599万元，比1992年增长26.3%。第三产业向多门类、多层次发展，并渗透到各个领域：建材批发零售业、房地产开发、计算机软件开发、科研、教育、流通及金融业，形成了科、工、贸、金融和房地产一体化的经营格局，不仅大量安置了富余人员，而且成为开辟企业发展新途径的最活跃的力量。

4、以开放促发展，大力发展外向型经济。1993年对外开放工作取得了突破性进展，办成合资企业8家，合资金额2 308万美元，其中外方投资额达942.25万美元。与新加坡合资兴建的沈阳谊来陶瓷工业有限公司，总投资达900万美元，是较大的工业生产合资项目，做到了当年立项、当年投资、当年施工的高速度。

5、大踏步推进改革，焕发企业内部活力。1993年建材工业管理局整建制地转变为经济实体，组建了沈阳星光建筑材料集团，并打破原省行政管理框架，完成由行政管理职能到企业管理职能的过渡，进入法人实体运行的轨道，同时，以资产联结为纽带，将集团多层次有机地结合在一起，为发挥群体优势奠定了基础。按照投资中心、利润中心和成本中心，构筑了鉴定体制。对内部企业，进一步强化了配套改革，实行分档挂钩承包办法；针对企业特点推进企业组织结构改革，划小核算单位；推行生产和经营分离，在企业内部组建销售公司。1993年共新建各类销售公司43个，有力地促进了企业发展，为进一步推进改革向纵深发展积累了有益的经验。

（潘彦年）

【沈阳陶瓷厂】 沈阳陶瓷厂始建于1950年，1952年建成正式投产。是隶属于沈阳星光建筑材料集团的国有大型企业。工厂占地面积30万平方米；固定资产原值7 400万元；注册资金6 419万元；有全民所有制职工3 323人，其中工程技术和各类专业管理人员407人。

该厂生产的主要产品有："长城"牌、"沈陶(ST)"牌各种内外墙装饰砖、铺地砖和卫生洁具；"自力"牌热电偶保护管、绝缘管和各种高铝质、钢玉质工业瓷件及功能陶瓷产品；各种陶瓷壁画；陶瓷机械设备等，是中国陶瓷工业的大型骨干企业和东北地区规模最大的陶瓷生产厂家。

工厂经过40年的不断改造，各种产品都有了较大的发展。其主导产品釉面砖年产230万平方米；墙地砖15万平方米；卫生洁具30万件；工业陶瓷35万延长米；辊道窑瓷辊8万支；陶瓷机械350吨。墙地砖和卫生洁具获省级优质产品称号；高铝管和釉面砖获部级优质产品称号，工厂产品出口已有20多年历史，在香港、东南亚等地区有很高的知名度，年出口创汇225万元，在国内外市场享有良好的声誉。

该厂的专门科研开发机构沈阳陶瓷研究所，是东北地区建筑卫生陶瓷行业的主要科研单位。主要承担建筑卫生陶瓷、工业陶瓷、功能陶瓷等新产品、新材料、新工艺的研究开发工作。几十年来，研制出大量陶瓷新产品。为我国陶瓷工业的发展做出了贡献。

近年来，工厂致力于技术改造，不断焕发青春。卫生洁具产品通过引进日本伊奈技术，使产品水平实现了跳跃式发展，生产的高、中档卫生洁具跻身于国际先进水平，成为进口替代产品，被沈阳市授予金杯奖。工业瓷产品通过引进德国技术装备，每年生产新一代莫来石质辊道瓷辊8万支，各项指标性能均达到和超过国外同类产品，受到用户好评。

随着改革开放的不断深入发展，进一步引进外资。该厂于1993年5月与新加坡签约，同沈阳星光建筑材料集团合资经营成立“沈阳谊来陶瓷工业有限公司”。公司总投资规模为900万美元；占地面积为2.5万平方米；用工约200余人；年产玻化砖(瓷质砖)200万平方米，预计年产品销售收入8 000万元人民币，年获利预测为2 500万元人民币。

(徐雅秋)

【沈阳水泥机械厂】 沈阳水泥机械厂始建于1935年。经过近60年的不断改建、扩建，生产规模不断扩大。现已是工艺装备先进、技术力量雄厚的专门生产水泥机械的大型重点骨干企业。

1993年，该厂有职工2 545人。工程技术人员283人。其中，工程师、高级工程师92名。工厂占地22.15万平方米。固定资产原值8 300万元。

1993年，是该厂继1992年扭亏之后，再上一个新台阶的一年。在这一年，工业总产值完成9 974万元；销售收入首次突破亿元大关，达1.3亿元；新产品销售额2 275万元；新产品创利税135万元；上缴利润12万元；出口交货值为860万元人民币；产品产量达1.6万吨；全员劳动生产率为8 674元/人/年。其中，产品产量、工业总产值、销售收入都超过历史最好水平。

以市场为导向，狠抓技术改造，开发新产品，增强企业后劲。1993年，该厂投资905万元，对厂内一些设施进行了改造和扩建，购置了一些设备。并开发了∅3×9M边缘传动磨机，设计了新规格的600T/D篦冷机。不断把更新、更好的产品推向市场。

在激烈的市场竞争中，该厂坚持走质量效益型经营之路，坚持“质量第一，用户至上”的质量宗旨。在提高全员质量意识和产品质量上下功夫。1993年，该厂根据与外国交流日渐增多和在贸易往来及技术合作中，各国均要求以ISD9000系列国际标准为相互认可条件的实际情况，开展了宣传、贯彻质量管理和质量保证系列国家标准活动。对产品实行了从原材料进厂到产成品出厂的全过程控制，从而提高了产品质量。

深化企业内部改革，加强企业管理，增强企业活力。1993年，该厂扩大了经营承包范围，完善了企业内部经营承包责任制，明确了责、权、利关系，增强了全员效益观念。在三项制度改革上，实行了岗位技能工资制，实行了全员合同化管理，调动了职工的积极性。

(王盛修)

冶金工业

【概况】 沈阳冶金工业由黑色金属工业及有色金属工业组成。1993年，全行业共有工业企业146家，比1992年增加34家。拥有固定资产原值33.16亿元，其中生产用固定资产占87%，全部职工年平均人数59 295人。1993年，沈阳冶金工业不断深化企业内部改革，加速企业经营机制的转化，努力克服资金不足、原料短缺等困难，全行业基本实现了产销平衡，生产与效益同步增长。全年沈阳市冶金工业共完成工业总产值42.96亿元(1990年不变价)，比1992年增长18.2%，全年共实现销售收入49.78亿元，实现利税6.4亿元，分别比1992年增长55.4%和1倍。人均创利税10 793元，较1992年的3 816元，增加6 977元。生产的主要产品产量，除铜产量较1992年减少7%外，其它产品如钢、钢材、铅、锌、铜材、铝材等产量均比1992年增长。1993年沈阳冶金工业整体上保持了良好的发展态势，但仍有38家企业亏损，亏损面达26%，比1992年增加10个百分点。亏损企业亏损额为7 272万元，比1992年增加5 224万元。

(贾唯)

【地方冶金工业发展】 1993年末，沈阳市地方冶金工业共有企业40家，职工3.3万人，固定资产净值8.6亿元，各项主要经济指标均创历史最好水平：工业总产值完成14.2亿元，比1992年增长16.5%。钢产量完成28.3万吨，比1992年增长11.1%，钢材加工总量完成65.8万吨，比1992年增长22.3%，有色加工材全年完成1.1万吨，比1992年增长8.3%。销售收入全年实现22亿元，比1992年增长55%；实现利税3.5亿元，比1992年增长3倍；全年实现利润1.9亿元，比1992年增长7.36倍。全年共开发新产品16项，达到国际水平和国内先进水平的3项，实现新产品产值129.5万元，销售收入10 980万元，利税2 781万元。与1992年相比，在市考核的25项质量指标中，稳定提高率为100%。市冶金局15家企业的42项主要消耗指标，有10项达到历史最好水平。1993年，千人负伤率0.864%，比1992年下降39%；重伤为0，死亡事故2

起，比1992年下降50%；全年设备完好率稳定在90%以上，设备可开动率稳定在93%以上，均比1992年有所提高。

1993年除了主要抓提高企业管理水平，调整产品结构，扩大对外开放等几项工作外，还重点抓了以下几方面的工作：

1.狠抓了企业领导班子建设。1993年，在领导班子的建设方面，着力抓了5件事：一是以更新观念为重点，抓思想建设；二是以适应市场经济需要为重点，抓业务建设；三是以弘扬优良传统为重点，抓作风建设；四是以促进生产力发展为重点，抓组织建设，五是以树立干部良好形象为重点，抓廉政建设。在考核企业领导是否胜任时，严格地坚持了“想不想干大事，肯不肯吃大苦，能不能得人心”三条标准，使一批德才兼备的人才走上了企业领导岗位。

2.加大了技术改造力度。1993年，技术改造围绕战略性、适应性、开发性三个层次的调整同步展开。一些大的炼钢项目的进展使战略性调整步伐加大；一些满足市场急需的项目的进行使适应性愈加充分。一些高技术含量、高附加值产品的生产使开发领域不断拓宽。全年，技术改造共新开项目5项，总投资完成1 147万元，续建项目16项，共完成投资额10 056万元，竣工项目2项。

3.狠抓了企业改革。一是积极稳妥地推进了沈阳合金厂股份制的规范化进程。二是每个企业都积极地为建立现代企业制度做各方面准备。三是企业内部三项制度改革又有新进展。有6户企业实行了岗位技能工资制，还有6户企业实行全员合同制。全年共剥离富余人员5 000人，安置4 000余人。一年以来，新开第三产业门点77个，增创利润80余万元。

(崔启志　任冰)

【调整产品结构】 1993年，沈阳市冶金工业管理局产品结构调整的特点是力度大，步伐快，效益好。主要做了三方面的工作，一是以改善全市钢铁工业炼轧失调，行业内部比例失衡为重点的增钢和上钢；二是以适应市场需求，增加经济效益为重点的短线产品的促产和增产；三是以适应社会主义市场经济的客观要求，提高产品水平为重点的高新技术产品及高附加值产品的开发和试产。全年开发新产品16项，其中通过市或局级鉴定的有9项，投入批量生产的11项。

总的说来，1993年产品结构的调整是分三个层次同步进行的。一是战略性调整。1993年全局钢产量为28万吨，比1992年增长11.2%，创历史最好水平，使钢、材比为0.46:1。钢锭坯自给率达到40.32%。二是适应性调整。如轧钢总厂进行开坯车间改造，使之生产中型材，压延厂及时转向，由生产板材为主改为生产带材，从而取得了进入市场的主动权。三是开发性调整。如沈阳钢铁总厂开发生产出20GRM0A贝氏体抽油杆用热圆钢。沈阳轧钢总厂生产出∅13铁道扣件用弹簧圆钢，沈阳冶金研究所开发出了蒸氨塔、分离器、冷却器等一大批高附加值产品。

一年来，根据市场需求，全局通过产品结构的调整，出现了4大变化。一是钢的结构变化。全年优质钢产量累计完成17万吨，比1992年增长45%，而普通钢则完成11.2万吨，比1992年下降18.1%；二是钢材结构的变化。优质型材、中型材大幅度增加，而普通小型材则明显下降。三是有色材结构变化。沈阳铝材厂的铝型材全年完成1 825吨，比1992年增长108.1%。沈阳有色金属压延厂的带材全年完成1 956吨，比1992年增长25.1%。沈阳合金厂的蒙乃尔合金棒产量也有明显增加。四是深加工产品比重的变化。如沈阳线材厂的钢丝帘线全年生产1 535吨，比1992年增长4倍。研究所的钛制品生产64吨，比1992年增长77.8%，均呈跨跃式增长。

(郑春杰　任冰)

【外经贸工作有新发展】 1993年，沈阳市冶金工业管理局紧紧抓住外商来华投资目光北移的有利时机，利用外资，走嫁接改造之路的步伐明显加快。突出表现在：第一，合资项目的水平明显提高。一是合资项目已由过去的短期投资为主向长期投资方向发展；二是多数项目的技术含量和技术水平有明显提高，如合金厂的二氧化碳气体保护焊丝项目采用的是国际90年代先进水平的新工艺；三是投资规模明显加大，投资总额超千万，上亿元的项目占一半以上。第二，合资领域不断拓宽。原有的合资项目往往仅限于冶金行业。而目前，合资范围已涉及到汽车、医药、轻工等行业。第三，合作伙伴范围不断扩大。1993年以前，全局项目的合资伙伴全部为港商，集中在华人圈内，目前已扩大到日本、韩国、加拿大等国家，并且这一趋势正在逐步扩大。通过一年的不懈努力，全局采用与外商合资方式所“嫁接”改造的企业14户，比1992年增加8户；全局成立合资企业8户，比1992年增加6户；合同投资总额为74 100万元，合同利用外资额3 896万美元；这些合资项目完成后，每年可新增产值7.2亿元，利税1.9亿元，可出口创汇950万美元。

(钱德成　任冰)

【强化企业管理】 1993年，沈阳市冶金工业管理局根据市委、市政府的部署，强化了企业管理工作，推动了企业经营机制的转换，企业管理基础工作得到加强；加快了企业管理现代化的步伐，促进了全局经济工作的发展和效益的提高。2季度，由于钢材市场购销两旺，部分企业对始终坚持的严细管理一度放松了，以为只要多出些产品，效益自然就会好起来。这样不可避免地出现了产品成材率下降、产品质量达不到标准要求、拼设备造成被动的停产等现象，一些消耗指数也直线上升。尽管这些情况只是发生在个别企业，但是为了防止大多数企业经营者头脑过热，防患于未然，全局在钢材市场最看好的情况下，及时提出经济效益单纯靠市场拉动的企业是没有生命力的，只有强化内部管理，不断提高自身素质的企业才会在顺境中求得发展，在逆境中求得生存。与此同时，这个局重点采取了以下措施，一是针对各种消耗指数上升,产品成本不断提高的情况,加强了企业的成本管理,使15家企业42项原材料消耗指数4季度和2季度相比,有29项趋于好转。成本利润率由2季度的14.27%稳步上升到4季度的21.54%。二是针对下半年资金紧张的状况,加强了资金管理开源节流,降低了各种非必要性的支出,使资金紧张的局面有所缓解。三是针对上半年钢材热销,企业一度存在萝卜快了不洗泥的思想,加强了质量管理使钢材产品综合合格率由2季度的97.17%提高到4季度的97.46%。四是针对1992年安全事故较多的现象,重点加强了安全管理,使1993年的千人负伤率比1992年降低39%。工伤死亡率比1992年降低50%。通过堵塞漏洞,强化薄弱环节,加强基础管理和综合管理,取得了明显效果。沈阳钢铁总厂、沈阳合金厂被命名为省级现场管理红旗单位,同时沈阳钢铁总厂、沈阳合金厂、沈阳轧钢总厂、沈阳线材厂被命名为市级现场管理红旗单位。此外,做为一项长期工程,市冶金局还主要抓了建立和建全企业内部经济责任制的工作,确定了符合企业发展的经营目标,并把经营目标层层展开,分解落实下去,并通过建立经济责任制严格地加以考核。

(崔启志　刘锡璞)

【黑色金属工业】 1993年,以沈阳市冶金工业局所属企业为主体的沈阳黑色金属冶炼及压延加工业共有工业企业83家,年平均职工人数30 652人。拥有固定资产原值11.76亿元,固定资产净值8.79亿元,净值率为74.7%。

1993年,沈阳黑色金属冶炼及压延加工业有长足的发展,全年主要经济指标保持两位数高速增长,其中沈阳线材厂、沈阳钢铁总厂在全市1993年利润大户排名中分别跃居第2位和第14位。1993年全行业共完成工业总产值14.96亿元(1990年不变价),比1992年增长33.7%,大大高于全市的平均增长幅度。实现销售收入22.91亿元,比1992年增长63.9%;实现利税3.61亿元,增长2倍;资金利税率高达19.5%,比1992年增加12.8个百分点。截止1993年底,全行业亏损企业15家,亏损面18.1%。比1992年减少2.3个百分点。主要工业产品产量,钢47.86万吨,比1992年增长6.5%;成品钢材58.3万吨,增长11.6%。

(贾唯)

【沈阳线材厂】 1993年,沈阳线材厂紧紧抓住我国经济高速增长给企业带来的难逢的市场机遇,充分利用45度线材轧机二期技术改造和钢丝帘线一期项目投产后,企业可以集中精力狠抓生产经营这一有利条件,努力推动企业大跨度发展,全面实现了年初确立的争创黄金年的各项目标。全年完成销售收入48 945万元,比1992年提高126.2%;实现利税7 430万元,比1992年提高141%,其中:实现利润2 860万元,比1992年提高171.6%。

生产经营发展的主要特点:

1、线材产量大幅度提高。年初伊始,沈阳线材厂提出了"三个翻番",即:工业总产量、销售收入、利税总额三项指标均比1992年翻一番以上的奋斗目标。根据总目标的要求,结合市场产品紧俏等有利条件,沈阳线材厂首先狠抓生产这一关健环节,不断增强职工争创高产的紧迫感,积极组织全厂职工开展以完善45度轧机二期技术改造为主要内容的技术攻关活动,并不断转变工作作风,强化管理力度,严格生产秩序,从而使生产设备逐步实现正常运转,生产工艺不断稳定,产量水平大幅度提高,创造了1986年45度线材轧机改造以来的历史最高水平。

2、钢丝帘线生产形势喜人。为促进其钢丝帘线项目早日达产达标,年初及时对企业内部管理体制进行了调整,成立了钢丝帘线分厂。根据责、权、利统一原则,总厂对分厂实行经济利益与经济效益挂钩的风险承包办法,增强了分厂的压力和动力,促其在内部实行了工、产、质、效承包,把风险分解到人头,并不断强化了以基础建设为内容的自身建设,从而不断加速了引进技术消化吸收进程,使产量稳定提高。全年累计生产1 535吨,其中:钢丝帘线604吨。

3、经营效益显著。1993年,沈阳线材厂紧紧把握市场变化,在市场产品紧俏、价格变动频繁的上半年,及时成立物价领导小组,研究市场信息,进行价格决策,比较充分地实现了价格效益。在下半年钢材市场回落时,及时调整产品结构,全力组织市场畅销的硬线线材生产,并注意开展有效的促销活动,先后召开了用户座谈会和用户订货会,较好地避免了产品积压。全年共销售线材18万吨,比1992年增长54.5%。

4、企业管理得到加强。围绕着黄金年的各项目标,企业不断强化了以提高产品质量、降低消耗为内容的企业管理工作,坚持从严治厂,积极开展班组升级达标活动,促进了企业经营管理水平的提高。

(周大兴)

【沈阳钢铁总厂】 1993年沈阳钢铁总厂"转观念,闯市场;转机制,迎挑战;抓改革,促生产;抓机遇,增效益。"深化改革闯新路,脚踏实地求发展,全面而圆满地完成了全年各项任务,主要技术经济指标均实现了"三超",速度和效益双增长。

炼钢电炉

主要抓以下几个方面工作：

1、三项制度改革步步深入，现代企业制度的框架正在逐步形成。职工实行全员合同制，干部实行聘任制，分配实行岗位技能工资。在定岗、定员的基础上，减员1 111人。在主线集中管好，辅线放开搞活的原则下，将二机电厂、废钢加工厂、保温材料厂、运输公司、生活服务公司、咨询公司、医院、技校等单位由主体分离出去，成立了第三产业总公司。年经营额为6 993万元，其中利润175万元，占总厂利润的5.8%。

2、技术改造效果明显，技术进步取得可喜成果。全年固定资产投资2 564万元。其中电厂循环水工程、总变电所更换主变压器工程、中心理化室、雪松换热站改造和红外线探硫仪等一批工程和设备已投入使用。还完成了由美国引进的光谱仪的调试工作。对涉及总厂今后发展的超高功率电弧炉——炉外精炼炉——连铸机生产线已经完成了考察、可研、选型、立项等工作，为企业练内功保证产品质量，提高生产奠定了基础。

1993年开发了螺纹钢系列ML25、35、45、30CrMnTi，法兰盘用钢25MN；轴件用钢35CrMO等8个新产品，并通过了市级鉴定，新产品产值占现价总产值的17.33%，实现利税占总利税的39.3%，采用一批新技术、新工艺、新材料，如采用炉外脱硫油煮高铝砖、兰晶石砖，硅线面砖复合砌筑炉盖，使炉盖寿命由1992年的平均35.96次，提高到57.66次，仅这一项就创经济效益120余万元。

3、面向市场抓机遇，调整产品创效益。1993年钢材市场上半年行俏，该厂抓机遇及时组织了废钢大战、夺钢大战和圆钢大战，不失时机地赚大钱，取得了持续快速发展。上半年实现利税是1992年同期的14倍。下半年市场突变，钢材滞销，价格大幅度下跌，资金严重短缺，该厂抓住机遇强化管理练内功，在品种、质量、消耗上下功夫，制定了“搞活资金的10项措施”，开发出一批回款快的短平快产品，以市场为导向，调整产品结构，及时掌握市场信息，研究市场需求量和行情的变化，确定产品的生产顺位和抛销的时机，以合结钢和碳结钢为主导产品，压缩普碳钢的生产，尽可能的一次成材，炼钢合金比为47.6%，优钢比为47.66%，合金钢占生产总量的96.26%；并随时根据市场的需要及时调整产品的规格，使产品赶在市场的潮头，由于产品结构的优化在高价位上销售，年多创利润1 771万元。

4、强化销售实行销售人员风险大承包。改变了营销策略和单一的销售方法，冲出了江浙、长江三角洲及苏、锡、常主要销售地，以“挺进中原，稳住华东，开发山东、河北和东北”的营销策略和联销、代销、顶欠款等销售方法，实行销售人员风险大承包。销售人员实行分片包干取消工资和奖金，个人收入同销售量和回收货款挂钩，极大地调动了销售人员的积极性，也开拓了新市场。该企业1993年生产经营工作，在上游产品涨价减利1.5亿元，大于产品涨价增利1.4亿元的情况下，加上会计制度改革减利1 500万元，提取新增工资1 300万元，该企业还盈余3 018万元，取得了可喜的经济效益，在改革的路上获得了持续稳定的发展。

（刘石林）

【沈阳钢管厂】 沈阳钢管厂始建于1965年，是一个具有29年专业生产电焊钢管历史的中一型国营企业。占地面积11.5万平方米，建筑面积4.2万平方米。固定资产原值3 400万元。职工总数1 500名。拥有各类专业技术人员170名。占职工总数的11.64%。年实际生产能力15万吨以上。

1993年，该厂在艰难中渡过，上半年由于资金匮乏、原料短缺，企业开工不足，生产断断续续。截止到6月末，只生产电焊钢管8 491吨，比1992年同期下降43.9%；实现销售收入3 038万元，比1992年同期下降27.6%。

下半年，该厂调整了领导班子。通过有效的工作，很快使企业摆脱困境走出低谷。

1、牢固树立市场经济观念，建立稳固的供销渠道。通过召开用户座谈会，建立销售网点，走访市场等办法，运用“南征北战，东征西闯，走边渗透，缝隙出击”16字经营策略，很快使产品打开销路。到1993年末累计实现销售收入8 739万元，比1992年提高17.3%。

2、加大企业管理力度，向企业管理要效益。该厂狠抓企业内部管理，加大改革力度，通过从严从细管理使企业经济效益不断提高。一是实行全员合同化管理，企业职工全部签订任职合同，增强企业凝聚力。二是干部全部实行聘任制，搬掉铁交椅。三是实行岗位技能工资，职工收入与企业的经济效益挂钩。在此基础上，职工的奖金分配与企业的物耗指标紧紧捆在一起。四是以现场整顿为龙头，狠抓安全生产、文明生产。1993年该厂被评为沈阳市及冶金局安全文明生产先进单位。五是大力兴办第三产业，安置企业富余人员。1993年该厂第三产业实现销售收入739万元。六是狠抓技术改造、设备增值，增强企业后劲。1993年该厂利用日本政府黑字环流贷款80万美元，改造纵剪机组、热镀锌机组。现已进入制造安装阶段，为该厂综合效益的提高打下了坚实基础。

1993年全厂实现销售收入8 739万元，比1992年提高7.3%；实现工业总产值13 831万元，比1992年提高6.5%；实现利税459万元，比1992年提高9.5%；其中实现利润183万元，提高83%。

3、狠抓产品质量管理，提高产品在市场上的竞争力。1993年该厂特别注重对产品质量的管理。上半年由于钢材市场的过热形势，有些企业不注重产品质量，“萝卜快了不洗泥”的观念也不同程度的影响了该企业职工。厂领导班子发现这个问题后，通过召开质量分析现场会处理质量异议，加大质量指标考核力度等办法，把职工的质量意识提高到一个新水平。到1993年末该厂产品合格率指标比1992年提高0.1%。

（王善君）

【鞍钢沈阳薄板厂】 鞍钢沈阳薄板厂1993年末有职工3 776人，其中干部384人，工人3 392人。全厂设21个处室。5个车间、3个公司和2个分厂。主要有冷轧、热轧、镀锌、开平板4条生产线。主要生产设备有：两辊周期式热轧机组一架，年生产能力为4万吨；四辊可逆式冷轧机组一架，年生产能力6万吨，热浸镀锌生产线一条，年生产能力为0.5万吨；开平板生产线一条，年生产能力为20万吨。有50#、51#和56#铁路专用线3条。固定资产原值12 900万元，净值为9 693万元。

1993年初该厂为扭转1992年亏损1 266万元的被动局面提出了“发展薄板，跳出薄板”的发展战略，具体实施了“一抓两放”，即抓住生产经营主线、放开辅助、放开后勤的方案。接着，为转换机制，适应市场经济的需求，大胆提出了加盟鞍钢的重大举措。2月10日和5月20日，鞍山钢铁公司总经理两次到沈阳薄板厂实地考察。在省、市有关领导的亲切关怀下，5月31日，鞍钢正式兼并沈阳薄板厂。从此，沈阳薄板厂进入了一个新的发展时期。

1993年实现工业总产值为9 185万元，比1992年提高136.7%；完成产量43 057万吨，比1992年多生产24 363吨，增长130.3%；热轧板合格率96.78%，比1992年提高0.04%；冷轧板合格率93.38%比1992年提高1.02%；成材率82.37%，比1992年提高1.06%；实现销售收入18 602万元，比1992年多实现9 862万元；实现利润364万元，比1992年的－1 266万元增加1 630万元；利税合计实现2 828万元，比1992年的－694万元增加3 522万元。

在深化改革、转换机制方面，确定了16个独立承包单位，实行独立核算、自主经营、自负盈亏，有近900名职工的16个单位全年向厂上缴利润和企管费125万元。机构从原来的37个精减到31个，干部从原来的695人减到384人，共剥离富余人员666人，同时成立第三产业实业公司，对其进行安置。

在企业管理方面。加盟鞍钢后，坚持以强化安全目标管理为龙头，企业的各项管理尤其是定置管理和现场管理得到长足进展，全厂定置率达到93%。

在职工收入方面。全厂职工人均年收入由1992年的2 600元增加到3 400元。

在产品质量方面。年初，该厂组织由科技人员组成的攻关队伍，开展质量活动。首先把冷轧板粘结问题作为攻关重点，采取减小轧制末道次卷取张力，降低退火温度，使粘结量下降60%，同时优化退火工艺，使冷轧板延伸率提高近10%。其次对热轧硅钢的终轧温度和退火工艺进行科学修改，使其铁损下降，磁感上升200高斯。

在技术改造方面，7月份投资35万元并利用原有厂房、部分设备自行设计安装了一条热轧板卷开平板生产线，年产量可达20万吨，10月1日正式投入生产。

（赵文阁）

【有色金属工业】 沈阳有色金属冶炼及压延加工业截止1993底，全行业共有工业企业93家，年平均职工人数28 643人，拥有固定资产原值21.39亿元，固定资产净值16.66亿元，净值率为77.9%。其中沈阳冶炼厂和沈阳有色金属加工厂为国家大一型企业，规模占全行业的50%。

1993年，沈阳有色金属冶炼及压延加工业以深化企业改革，转换企业经营机制为动力，努力适应市场经济的变化，克服了资金和原料短缺的困难，保持了工业生产的稳步增长，全年共完成工业总产值28亿元（1990年不变价），比1992年增长11.2%。实现销售收入26.88亿元，比1992年增长48.4%，实现利税2.79亿元，较1992年增加1倍。主要产品产量，除铜产量有所下降外，其它产品均较1992年增加。铜产量5.31万吨，下降7.0%；铝产量6.48万吨，增长7.8%；锌产量1.73万吨，增长1.8%；铜材2.85万吨，增长3.6%；铝材产量1.92万吨，增长0.5%。

1993年沈阳市有色金属工业虽然整体上保持了产销平衡，经济效益上升的发展势头，但许多问题如资金短缺、原材料紧张等仍困扰着企业。全行业亏损企业达23家，亏损面为24.7%，比1992年增加12个百分点，亏损企业亏损额为6 135万元，比1992年增加5 942万元。

（贾唯）

【沈阳冶炼厂】 1993年，沈阳冶炼厂克服了资金短缺、原料不足、原材料涨价等困难，各方面工作取得了很大的成绩。

1、生产经营取得了较好的成果。全年产品总产量完成202 217吨，有色金属总产量135 504吨，其中电铜、电铅、电锌完成135 093吨。工业总产值137 854万元，工业销售产值137 911万元，实现利税6 354万元，比1992年增加591万元，增长10.26%；产品销售收入达比1992年增加8 611万元，全员劳动生产率为195 205元/人。

2、技术改造和新产品开发有新进展。1993年，沈阳冶炼厂有史以来最大的技改项目——炼铜工艺改造和二氧化硫治理有新进展，初步设计已通过国家审定，总投资额近3亿元。由加拿大政府贷款586万美元的协议已签定，引进的1万立方米制氧机已从法国定货，工程平面分布图已编制完成。其它配套工程项目也基本完成，如：富氧熔炼3 200立方米制氧机一次开车成功、非稳定态制酸工艺当年设计、当年投入使用。另外，在张士开发区合资兴建的10万吨电解铜厂整体工程的土建部分已基本完成。从日本引进的3条生产线正在安装，其余主要设备均已订货，将于1994年下半

冶炼厂铜加工车间

年建成。

依靠科技全年开发8种新产品(颗粒黄丹,人造金刚石,锌基合金,铅钙锶合金,减磨合金,烟化氧化锌及氧化锌生产电锌,立德粉)全年实现科技效益1 532万元,比1992年增加375万元。

3、集体经济和进口工作运行良好。集体经济探索外联内营的新路,对国家已定点生产的电机车铜接触导线进行二期改造并参加国际投标,出口60吨,为国内宝中铁路生产800多吨。石材等产品首次出口,创效益近2万美元。金刚石厂、经销公司、金属信息经贸中心等相继成立和营业,标志着多种经营工作有新的发展。

1993年,该厂进出口形势较好,加强了内部管理,建立了驻东南亚公司,增强了对外贸易的实力。全年出口铜杆、电磁线等产品1 900吨,电铜6 065吨、电锌1 003吨,创汇4 203万美元,比1992年增加1 206美元,增长40.24%,被沈阳市政府授予出口创汇明星企业称号。

4、改革不断深化。1993年,沈阳冶炼厂在1992年的基础上,深化了"三项"制度改革,建立起工人优化组合、干部考核聘任和动态运行管理机制,用工制度有了突破。全年分流人员730人,达到10%,现在运行良好,受到总公司的肯定。继续进行了老厂分办的试点,铅冶炼车间劳动生产率比1992年提高50.7%;对运输车间实行租赁经营承包;认真贯彻落实国家财务会计制度改革方案,适应了市场经济和国际财会制度接轨。

5、思想政治工作与生产经营结合更加紧密。该厂思想政治工作与生产经营一道去做,从工厂实际出发,坚持齐抓共管。运用各种宣传形式,开展了大量的有成效的工作。弘扬先进人物,总结改革、经营管理成功经验,搞好对外报道,树立好企业形象。针对全厂职工的住房、医疗、"三改"等突出的思想问题,做了大量的宣传和释疑解难,激励职工投身改革,为实现工厂奋斗目标贡献力量。 (陈见)

【沈阳有色金属加工厂】 与新中国同龄的沈阳有色金属加工厂,是我国第一家国营有色金属加工企业,被誉为中国有色金属加工业"摇篮"。现有职工1.1万人,其中各类专业技术人员1 600多人,厂区占地120万平方米,年生产能力6万余吨。工厂技术力量雄厚,工艺先进,以品种规格齐全而冠于全国同行业首位。主要产品有,铜及铜合金、镍及镍合金、钛钼及其合金以及稀贵精密合金四大系列,有36种产品荣获省部级以上优质产品称号。其中Hsn70－1A冷凝管、Tc4锻饼、T2破甲板、Qsn4－0.3压力表管荣获国家优质产品银牌奖。工厂先后荣获中国有色金属工业总公司和辽宁省质量管理奖,并于1987年首批进入国家二级企业行列。

1993年,沈阳有色金属加工厂转换经营机制,全面进入市场,按经济规律办事,提高企业在市场经济中的运作水平,在激烈的市场竞争中主要采取了以下措施:

1、适应市场,转换机制。全面进入市场,给大型国营企业带来了一定困难,这个厂积极探索老企业转换经营机制的新路,努力提高劳动生产率。1993年确定的总的指导思想是:精干主体、分离两翼,转换机制、各自为战。在全厂范围内,把富余人员从岗上分离出来。把一些依属性的单位从主业中分离出来,逐步推出。截至1993年底,全厂共分流人员1 600人,提高了劳动生产率,促进了工厂第三产业的发展。

2、开发新品种,提高竞争力。这个厂一直把开发新品种,增加新产品,做为重点来抓。新研制的25#新型造币合金,填补了国家空白并获国家专利,1993年年产1 700多吨;新开发的Hsn70－1B加硼冷凝管获国家专利,1993年生产近600吨,深受用户欢迎。铜盘管达到世界先进水平,并获得了澳大利亚的质量认证,产品出口到多个国家和地区。新开发的水汽管出口到澳大利亚,年出口300多吨。

3、狠抓改造,加快建设。近几年来,这个厂在重点抓生产的同时,投资5亿元进行技术改造。重点技改项目超薄水箱带工程共投资5亿多元,自1992年4月开工以来,基建项目基本完工,从奥地利引进的水平连铸机组、四辊初轧机、钟罩式退火炉,从德国引进的气垫式退火炉、美国引进的20辊精轧机等,已基本安装就位,年底即可生产。设计能力为16 000吨/年,其中高精度超薄带0.025～0.05mm,达到世界先进水平。冷凝短线品种增产工程,自3月份开工以来,3 473平方米厂房主体基本建成。日本引进的2 500吨挤压机已经进厂安装,8月份可达生产。年度供热能力18.92万百万大卡热电站扩建工程,已基本完工。从德国引进的铜盘管生产线,投产以来,市场逐渐扩大。为满足不断增加的市场需求,又投资160万元引进一台卧式退火炉,年增产500吨以上。

由于采取了以上措施,使企业的生产经营工作在相当困难的情况下,取得了一定成果。1993年实现工业总产值3.81亿元,完成产量2.05万吨,上缴税金3 436万元。

(张向阳)

【沈阳有色冶金机械总厂】 1993年,沈阳有色冶金机械总厂克服了资金异常紧张、材料到位滞后、增支减利等重重困难。在一度出现亏损的情况下,采取"增收、节支、挖潜、扭亏"的八字方针,取得了较好的经济效果。实现工业总产值17 138万元,为1992年的112%;完成工业总产值15 895吨,为1992年的105%;全员劳动生产率实现24 172元,为1992年的118%;实现销售收入30 363万元,为1992年的174%;实现利润总额518万元,为1992年242%;利税总额达1 557万元,为1992年的155%。出口创汇184万美元。

该厂在走向市场、搞活经营、发展生产、增加效益上,1993年采取了一系列措施,主要是:

1、深化改革,激励职工斗志,增强了企业的活力。在巩固完善多种形式的经济承包责任制基础上,在各机械加工车间实行了计时工资制。较好地体现了多劳多得、少劳少得、不劳不得的社会主义分配原则。从而,充分调动了一线生产工人的积极性,展现了找任务、要任务、抢任务、怕没任务可干的生动局面,生产效率逐月提高。

被推出的车间和处室,模拟二级法人,相对的自主经营、自负盈亏直接走向市场,取得了较好的经济效益。诸如仅有百余人的油膜轴承分厂,年创利达470余万元。运输公司在为厂内生产服务的前提下从社会赢利100余万元。

改革劳动制度,实行动态管理,引入竞争机制,能者上,庸者让,精干一线,分流二、三线,全年分流人员达725人,充实到第三产业或进入劳务市场。

2、走向市场,竞争推动发展,生产经营展现生机。在企业走向市场的经营中,以质量求生存,以产品创新求发展,以合同求信誉,积极参与竞争,赢得了市场。在机械行业不景气的情况下,却取得了充足的货源。在1993年当年任务饱合的基础上,又为1994年承揽货源8 000余吨。在生产中,面对重重困难,并在3个厂区中有两个厂区一度出现亏损的情况下,通过领导带队、催收货款、清仓查库、开源节流、发动群众、增产创收,在4季度创厂有史以来实现销售额4 500万元的最好成绩。又经厂长决策,在上半年钢材市场行情看好的形势下,大上钢锭,年产达20 651吨,取得了可观的经济效益。主动的竞争,灵活的经营,得力的措施,为生产注入了活力,使企业转亏为盈,走上了复苏之路。

3、科技兴厂,调整产品结构,在竞争中掌握优势。1993年计划开发6项新产品,其中SGMB120/4隔膜泵、阳极焙烧多功能联合机组、大型无键联接油膜轴承等为国内首次生产的新产品,研制成功,并发往用户进行安装调试或进行工业性试验。开发研制成功但质量不够稳定的高炉纯铜冷却板、贯流式双室风口套的质量有较大的提高,成品率稳定在95%以上。于1986年开始兴建、投资近5 000万元,面积为2.5万平方米的大型机械加工车间全部竣工。进口的10米、8米立式车床、∅200毫米、∅250毫米大型落地镗铣床,以及8米、12米卧式车床等具有现代水平的各种设备已安装完毕,开始投入生产,初步形成年产3 000吨的生产能力。将为企业走向市场,参与竞争发挥巨大作用。

(屈占山)

机械工业

【概况】 沈阳是我国重要的工业城市之一,尤以机械工业著称。是我国能源、原材料等基础产业所需重大技术装备的重要生产基地。

沈阳机械工业已有近百年的历史。解放后,经过50年代的大规模改造扩建,尤其是80年代的大规模技术引进,不断完善壮大,逐步形成了以生产输变电设备、石化通用机械、机床工具、重型矿山机械、标准基础件和仪器仪表为主的工业体系。拥有工业企业241家,固定资产50亿元,职工25万余人,是沈阳经济发展的一支重要方面军。

沈阳机械工业中,大中型企业和国家骨干、重点企业所占比重很大。其中,大中型企业占总数的五分之一,国家骨干、重点企业占七分之一。沈阳变压器厂、沈阳电缆厂、沈阳高压开关厂、沈阳重型机器厂、沈阳矿山机器厂、沈阳第一机床厂、中捷友谊厂、第一砂轮厂、沈阳气体压缩机厂、沈阳鼓风机厂、沈阳水泵厂、沈阳电机厂等22家机电部骨干企业占全局固定资产、工业产值和实现利税的三分之二强。这些企业拥有一大批大型、稀有、精密设备,在技术和管理上具有独到之处,在全国145大类机电产品中,能够生产108大类。沈阳机械工业拥有我国规模最大的高压输变电设备和石化通用设备的生产基地,年产量分别占全国的40%和30%;拥有我国最早的机床工具和重型矿山设备的生产基地,年产量均占全国的10%强。研制生产的大型透平压缩机、氢压机、卧式多轴钻床、高压锅炉给水泵、刨花板生产线等多种产品,尚处于国内独家生产的地位。

沈阳机械工业科技队伍人数众多,基础扎实,水平较高。全系统共有工程人员2万余名,科研院所56个。其中,变压器、鼓风机、钻镗床、水泵等13个研究所是国内机械行业的专业所。有测试中心12个,其中,高压电器、变压器、水泵、低压电器等实验站皆以设备精良,技术水平先进而在全国名列前茅。沈阳机械工业具有独立进行科学研究和产品开发设计的能力。自1987年以来,共为能源、原材料等国家重点建设工程提供各种装备6万多台套,提供或组织提供34大类大型成套装备。出口创汇从无到有,不断扩大,现以拥有外贸自营企业15家,出口创汇企业近100家,出口产品400余种,在国外建立供销网点20个,出口创汇超百万美元的企业19家。机床、电缆、变压器、破碎机、磨煤机、电机、水泵、风机等产品运销世界100多个国家和地区。

(王开斌)

【机械工业走向振兴之路】 1993年,沈阳市机械工业胜利地实现了1991年提出的"一年稳住,二年复苏,三年走向振兴之路"的奋斗目标,其主要标志是:

1、企业转换经营机制的改革步伐加快。1993年市机械局各企业加速转换内部经营机制,以实行大企业"多法人"改革为主旋律,把企业的改革工作引向深入,从而增强了企业的活力,提高了经济效益。沈阳矿山机器厂实行大企业"多法人"后,厂内39个单位,25个具有二级法人地位,并实行自主经营,自负盈亏。这些单位既生产又经营,各自为战,使该厂效益猛增。该厂1993年与1992年相比,利润翻了一番,利税增长97%,销售收入增长68%,工业总产值增长56%,出口交货值增长128%。在沈阳矿山机器厂典型经验的启示下,仅1993年各大企业就有近百个车间或分厂建立了二级法人的经营体制,为大企业实行公司化和产权制度的改革建立了坚实的基础,也使企业的经济效益突飞猛进。

2、主要经济指标保持高速增长。1993年市机械局主要经济指标与1992年相比,继续保持两位数增长:实现工业总产值70.5亿元,增长15.3%；销售收入72.5亿元，增长15.2%；出口交货值5.6亿元，增长16.7%；实现利润（按新财务制度，下同）1.2亿元，增长34.6%；实现利润5.5亿元，增长14.8%。

3、第三产业的发展突飞猛进。1993年市机械局第三产业不论是规模、档次、水平和效益比1992年都有了显著提高：实现销售收入20亿元，增长88.7%；实现利润3 800万元，增长65%；实现利税7 000万元，增长46%。累计安置待业人员5万人，累计开办第三产业门点3 255户；带出费用3.5亿元。第三产业的发展与第二产业已形成并驾齐驱之势，给企业和社会带来了巨大的经济效益和社会效益。

4、外经外贸工作取得显著成效。1993年市机械局完成出口交货值5.6亿元，比1990年翻了一番，出口创汇近亿美元，比1992年增长19.5%。沈阳变压器厂出口创汇超过2 000万美元，成为全市机电产品出口创汇的第一大户。累计成立“三资”企业25户。劳务出口签约额710万元，是市里下达计划的3倍。1993年机械局的外资外贸工作被市政府评为升档达标先进单位。

5、技术改造工作扎实，企业后劲明显增强。1993年，各企业克服资金紧张的困难，加大技改力度，并发扬“夜行军”精神，边改造边生产。全局技改投资4.4亿元，竣工项目新增产值10亿元，新增利税1亿元，截止年底全局固定资产原值达50亿元。

6、新产品开发成效显著，企业产品水平不断提高。1993年新产品开发以市场需求为导向，提高经济效益为目的，上档次、上水平、上品种，共开发新产品502种，创产值12.5亿元，创税利1.25亿元，均比1992年增长8.7%。15种新产品实现出口交货值5 000万元，企业产品85%以上具有国内先进水平，有40种产品达到90年代国际水平。

（李海明）

【“多法人”管理】 为了进一步探索国有大中型企业转换经营机制的新途径，沈阳市机械局从改革高度集中统一的管理体制入手，在下属的国有大中型企业中进行划小经营单位，实行“多法人”管理的改革。主要作法是，按面向市场经营的产品和服务项目，组建二级自主经营，自负盈亏的实体法人单位。采取6种类型：

1、通过划分和建立独立的生产经营实体，使主导产品的生产单位得到强化和充实。

2、将铸、锻、热处理专业性工艺部门组建成为专业化分厂，对厂内执行总厂下达的生产协作计划，执行厂内协作价格；同时面向市场承揽加工任务，收益归分厂。

3、把设备大修，模具制造和运输等辅助部门组建成分厂，既对内又对外。

4、利用大企业的物资供应、销售、研究所等职能部门的专业特长，组建各类公司和独立开发单位。

5、把生活福利后勤部门从企业中分离出去，组建各类实业、服务公司和商业服务点，对厂内实行有偿服务，对社会开放创收。

6、实行委托负责办法。对有些可独立经营，但一时又不具备条件的单位，实行模拟法人负责制办法，待可以独立经营时再划出去独立经营。

大中型企业由一统天下变为多级法人之后，产生了“裂变效应”，活力大增。

一是使企业扩大了拓展市场的生产经营能力，出现了各路豪杰出山争雄的局面。矿山机器厂划分为14个独立分厂、9个经营实体公司，把转向慢的“航空母舰”组建成新的以总厂为“旗舰”的“联合舰队”。市场开发的效果明显好于往年。1993年该厂各项经济指标较1992年都成倍增长。

二是推动了企业组织结构、产品结构的调整和技术改造。如今，生产实体有了自己的资金积累，可以自主地搞技术改造和新产品开发。低压开关厂多年来产品单一老化，改革后，一年就开发投产8种新产品。

三是带动和深化了企业“三项制度”改革。1993年，该局通过这项改革，共剥离出富余人员5万人，全部通过划分和重新组建的生产经营实体得到了安排。

四是初步解决了企业办社会的弊端，促进了第三产业发展。大企业的生活福利部门，过去是吃企业的“皇粮”，组建实体、分灶吃饭后，他们放开经营，有偿服务，增加了收入，企业的包袱成了财富。到1993年末，全局的“三产”门点数已达3 300个，遍布全国29个省市自治区，大的几十人，小的三五人，形成了一支浩浩荡荡的5万人“三产”大军，带出费用3.5亿元，年销售额20亿元，利税7 000万元。全局三产业门点中，人均创利超万元的已有50个，有的人均创利高达10万余元。

（王开斌）

【转变职能为企业服务】 1993年初，沈阳机械工业遇到了三大困难：资金短缺7亿余元，任务缺口8亿元，增支因素4亿元，一些企业处于停产和半停产状态。面对如此严峻的形势，沈阳市机械局切实转变职能，实实在在地帮助企业解决困难。

一是组织好局内部协作配套，解决企业生产任务不足的困难。沈阳市机械局有25万多职工，年产值70余亿元，内部协作配套任务占年产值的30%，这本身便是潜力巨大的市场。他们在坚持按商品经济规律办事的前提下，制定内配办法，即在质量、价格、交货期和售后服务都能保证的同时，原则上在局内配套，并采取一系列行之有效的措施，解决协作配套中遇到的问题，抓住企业普遍需要的大宗基础件和零部件配套，编制配套产品目录。全年有8亿元生产任务是通过局内配套得来的。为企业减少了费用降低了成本更弥补了该局全年生产任务之不足，一些企业还因此而扭亏为盈。濒临破产倒闭的沈阳微分电机厂通过局内协作配套，扭亏为盈，实现利润70多万元。

二是广开筹资渠道，努力解决资金紧缺问题。为解决资金紧张这个“瓶颈”问题，该局党政领导带队多次深入企业了解情况与企业共同研究解决问题的办法。一方面多次向上级领导和有关部门呼吁；一方面全力以赴帮助企业协调资金，该局先后6次为企业发放债券和融通资金，共为企业筹集资金2.4亿元。在筹集资金使用上确保产品有销路，经济效益好的企业。从而使20多家企业初步缓解了资金短缺的困难，保证了生产的正常进行。

他们还正确运用局的调控职能，积极组织全系统内的清欠。全年为沈阳标准件厂、第一砂轮厂、二一三机床电器厂等单位清欠近700万元，一定程度上缓解了这些企业的资金紧张的困难。

三是寓监督于服务之中，为企业发展保驾护航。针对目前大多数企业跑冒滴漏损失严重，国有资产大量流失等情况，该局提出了：经济越是放开，监督的力度越是要加大。监督检查促管理出效益。他们要求各级纪委监察部门紧密围绕中心，通过严格检查监督，为企业经济工作服务。该局每月召开一次由企业厂长、书记参加的经济活动分析会，对企业经营管理不善，造成经济效益流失的问题公开进行揭短曝光亮丑。重点是外包、外协、外购、外雇几个环节，纪检监察部门也在每月会上就企业跑冒滴漏问题及各类违纪案件情况进行通报和分析，从而使企业的管理工作普遍得到改善和加强。1993年，通过监督检查，全局企业仅比质比价采购、节约降耗、降低故障损失三项，节约资金相当于全局全年实现利润的100.6%。

（王开斌）

【讲效益以利润论英雄】 1993年初，沈阳市机械局提出，今后对企业工作的评价是，以效益论英雄，以利润多少论高低；既要纵向比较，更要横向对比。沈阳二一三机床电器厂多年来效益一直不错，1992年实现产值5 000万元，利税400多万元，其经济效益在本系统大中型企业中居前列。但横向一比就暴露出许多问题，由过去行业排头兵退居第三位。而造成这种位次后移的被动局面，主要是原领导班子思想保守，存有小富即安的心理，不愿迈大步与同行争雌雄。据此，该局在年终评比时，只给了铜牌奖，并调整了领导班子，派一名40多岁的新厂长。1993年前5个月就实现产值4 000万元，利税705万元，分别比1992年同期增长75%和107%，各项主要经济指标列本系统榜首。1993年该局22户机电部大型骨干企业中，经济效益位列全国同行业前三名的有14户企业。其中，"金牌"企业有沈阳变压器厂、沈阳电缆厂、沈阳高压开关厂、沈阳第一机床厂、中捷友谊厂、风动工具厂、鼓风机厂、矿山机器厂、起重运输机厂等9户企业，都给予重奖。

（王开斌）

【党政"合力"共种一块"田"】 所谓"合力"就是企业党政两个方面要同心同德，围绕一个工作目标，共种一块"田"就是共同做好经济工作发展生产力。1993年沈阳市机械局无论从机关到企业都始终坚持这一做法，使经济工作取得了丰硕成果。

1、充分发挥党组织的先锋模范作用。1993年，在任务短缺、资金紧张等困难面前，沈阳市机械局党委积极发挥各级党组织的作用，围绕生产经营、开拓市场、科技攻关等方面的关键问题，积极开展"共产党员工程"活动和扶贫帮带工程活动，全局全年共完成共产党员工程1 518项，帮带企业8个，扶持贫困村19个，共创价值1.1亿元。

2、加强党组织的保证监督作用。随着改革开放的深入，社会主义市场经济的建立，经营活动和范围越来越大，沈阳市机械局提出，经济越是放开，监督的力度越是要加大。局纪检监察部门主动担负为经济工作保驾护航作用，经常深入基层查找问题，并在每月一次的局经济活动分析会上曝光亮丑。一年来，为企业挽回经济损失6 000多万元，其中仅立案查处案件直接挽回经济损失达200万元。

3、各级班子的凝聚力和战斗力得到进一步增强。1993年沈阳市机械局党委坚持"配好班子出生产力"的原则，大胆选拔那些具有强烈的事业心和进取心，能干一番大事业的人进领导班子。一年来，重点调整了8个班子，提职13人，免职12人，交流17人，使一些企业发生了明显的变化。沈阳重型机器厂、沈阳电机厂等单位领导班子审时度势，主动对年初确定的利润指标进行了调整，由500万元上调到800万元和1 000万元。对此全局上下形成了不用扬鞭自奋蹄，你追我赶的竞争局面。

（孟宪民）

【实施虹桥工程】 1993年1月，沈阳市机械局为进一步发挥统一战线工作优势，调动统战组织和统战成员为经济建设服务的积极性，决定在全局统战成员中开展"虹桥工程"活动。

虹桥工程活动的目的是发挥全局统一战线阵容上的整体优势，调动高中级知识分子、技术专家、民主党派成员和与海外保持密切联系的归侨、侨眷的积极性，为振兴沈阳市机械工业贡献力量。这项活动主要是发挥统战成员在企业转换经营机制、技术改造、开发新产品以及外经外贸等方面的作用。为搞好大中型企业做出应有的贡献，促使全局的经济工作跨上一个新台阶。

虹桥工程的内容有4个方面：一是科技攻关工程。发挥统战成员中知识分子的技术特长，开发在市场上有竞争力的高新技术产品。二是牵线搭桥工程。发挥统战成员中海外关系上的优势。为开拓国际市场牵线搭桥。三是外引内联工程。发动统战成员开展为企业引进资金、引进技术、引进人才、引进管理和出口贸易的"四引一出"活动。四是咨询建议工程。充分发挥统战成员参政作用。为领导决策科学化、民主化、为企业的振兴等献计献策。

1993年全局完成重点虹桥工程50项，价值8 000万元，引进外资200万美元，为机械工业的振兴做出了重要贡献。

（李海明）

·机床工业·

【概况】 沈阳机床行业素有"机床之乡"的美称。主要由沈阳第一机床厂、中捷友谊厂、沈阳第三机床厂、沈阳第四机床厂、沈阳二一三机床电器厂、沈阳机床齿轮厂、沈阳利和木工机床有限公司、沈阳机床工业集团公司等44个企业组成。其中，全民企业15个，集体企业28个，中外合资企业1个。

1993年，沈阳机床行业完成工业总产值9.27亿元；完成出口交货值1.48亿元；实现销售收入10.95亿元；实现利税2.42亿元；实现利润1.67亿元；分别占沈阳市机械局的13.1%，26.4%，12.4%，24.4%，29.8%。

一年来，沈阳机床行业主要有以下特点：

1.加速产品结构调整的步伐，不断增强企业后劲。1993年机床行业为适应市场需求，不断的开辟市场和占领市场，加速产品结构调整，进一步增强企业后劲。中捷友谊厂从三个方面进行了调整，一是进行了适应性调整，全年重点在“40”摇臂产品的基础上，研制出ZK3450经济型数控摇臂钻床，在TPX619卧式镗床基础上改进研制出TPX6111B型卧式镗床。二是加速了开发性调整。在整顿提高原有数控产品的稳定性和可靠性，形成经济批量的同时，加速了新产品的开发和研制工作。其中，开发设计了16种，研制完成了5种6台。三是全年完成数控产品39台，实现数控产值2 768万元，比1992年增长了13%。

沈阳二一三机床电器厂为了进一步提高产品的制造技术水平和生产能力，1993年从德国西门子公司购入产品装配线，铁芯磨制线等关键二手设备，从瑞士、韩国购买热固性注射机等先进设备，全年共完成技改项目11个，投资1 108万元。由于不间断的进行技术改造，促使引进产品的生产能力以50%左右的幅度递增。1993年引进产品产值达到4 233万元，占总产值的53%，占利润的84%，并开发出西门子公司当代生产的新产品。同时每年以保5个，争取7个的速度开发新产品，1993年共完成9种新产品，为企业占领市场创造了条件。

2.加强企业管理，企业素质不断提高。中捷友谊厂为实现向管理要效益这一目标，狠抓了企业管理工作。首先，在全厂开展了“质量整顿季”活动，全厂共揭摆出558条问题，经归纳整理出370条，并将问题反馈给28个责任单位，限期整改，加强了现场管理工作。强化了厂内监督和考核；其次，注意抓好双增双节工作，加强了在制品的清理和债权、债务的管理，盘活了沉淀基金，全年共压缩节约各种费用1 600万元。再次，加强了计划、生产、技术、劳动、设备等管理，使全员劳动生产率和完成的工作总量都比1992年明显提高，达到历史最好水平，设备完好率达到91%以上，杜绝了火灾和重大人身伤亡事故，轻伤事故月频率控制在0.4‰以下。沈阳二一三机床电器厂为了不断提高企业管理水平，1993年完成了计算机辅助设计和管理，同时还加强了对物资采购等方面的管理，在材料采购上实行比质比价采购，全年节约资金71万元，回收旧物收入65万元，降耗节能减少费用支出10.4万元，万元产值综合耗能达到0.173吨，创本企业历史最好水平。

(*孟宪民*)

【沈阳机床股份有限公司】 沈阳机床股份有限公司(以下简称SMTCL)是在沈阳大地上新生的一根红苗。它是由沈阳第一机床厂、中捷友谊厂、沈阳第三机床厂、辽宁精密仪器厂发起创立，并吸收诸多法人及私人资本入股的股份有限公司。公司现有股本金5.6亿元，占地面积128.87万平方米，职工2.4万人。1993年实现利润5 057万元，是1992年的1.56倍；销售收入为9.15亿元，比1992年增长21.7%；存货周转天数为172天，比1992年加速26天。

沈阳机床股份有限公司是在改革不断深入，产权结构发生深刻变化的情况下，于1993年4月27日正式成立的。公司所属各厂都是历史悠久的著名企业。沈阳三大机床厂是我国普通车床、自动车床、钻镗机床三个专业研究所所在地和制造加工中心，同时又是国家出口创汇基地。早在60年代就都是我国机床工具行业的“罗汉厂”。按计划经济时的布局，机床一厂是以生产Φ400以上规格的普通车床为主；机床三厂是以生产多轴、六角、小规格的普通车床为主；中捷友谊厂以生产摇臂钻床、镗铣床为主；辽宁精密仪器厂则以生产精密仪器为主。随着社会的发展和改革开放的深入这几个企业在原有基础上综合实力有了很大提高，产品品种在追赶世界先进水平上有了长足的进步，逐渐形成了以普通车床、钻镗、多轴、六角、数控、加工中心、组合机、自动线为代表的系列产品和机床数控系统。这些产品大都是国家、省市的优质产品，并深受用户的青睐。产品遍布国内29个省、市、自治区，并销往国外60多个国家和地区。几十年来为武装国民经济各个部门提供了大量的工作母机，也为国家替代进口，节汇创汇，发展民族工业做了很大贡献。

SMTCL的创立，标志着沈阳机床工业又开始了一个崭新的起点。它的中心任务是在改革开放的大好形势下，利用世行贷款，促进沈阳机床工业的改革、改组和改造，并使其增强发展后劲，经济效益不断登上新台阶。公司的改造目标是：

一、调整产品结构，重点发展数控车床，加工中心，数控镗床及配套的数控系统，伺服系统，使机床产值数控化率由1992年的30%提高到2000年的85.4%。

二、装备与厂房设施的现代改造。关键零件的关键工序的工艺装备及测试手段和水平应达到引进改造技术的要求，重点改善装配调试厂房的生产条件，彻底改变铸造生产面貌。

三、企业体制及经营机制的改革。实行企业生产权股份制改组，改革企业用工、分配、人事制度，并推进养老、待业等社会保障体系的建立，坚持医疗及住房制度改革。

四、生产合理化改组。对三个机床厂产品进行合理集中，以期达到经济规模降低成本。成立铸造、钣焊、数控系统等专业生产厂，锻件、电镀件等集中外协，镶钢导轨、非标准、标准件集中生产，在企业内部打开封闭，采用成组技术，组织相似零件集中生产。

五、企业管理现代化改造。公司管理体制采用事业部制形式的分权管理体制，并加强公司在重大问题上进行统一与协调。

六、提高人员素质。对工程技术、管理、工人等各类人员进行轮训，考核上岗。

七、提高企业经济效益。销售收入由1992年的75 191万元达到2000年322 278万元，利润由1 977.7万元达到43 308万元，出口创汇由2 921万美元，达到5 719万美元。

为完成上述目标，公司拟定了五年改造规划和新的运行机制。目前公司各项工作已经全面展开，预计随着改革开放和工业改组、改造的步步深入，沈阳机床工业一定会重振雄风。

（王泽晓）

【沈阳第一机床厂】 沈阳第一机床厂是我国最大的车床制造厂。1993年，企业及时调整产品结构，以市场经济为导向，以科技进步为先导，以转换经营机制为内容，以提高经济效益为中心，克服资金紧张，技术改造战线长，市场竞争激烈的严重困难，在“二次创业”中又显雄风。全年完成工业总产值30 000万元，比1992年增长20%；完成机床产量6 304台，比1992年增长4.5%；实现销售收入42 700万元，比1992年增长41.6%；实现利税6 179万元，比1992年增长81.9%；实现利润2 750万元，比1992年增长128.6%；实现出口创汇1 040.5万元，比1992年增长0.58%；全员劳动生产率36 390元/人年。各项经济指标均创历史最好水平。

1993年，该厂紧紧围绕“转机制，上数控，抓改造，兴三产，确保利税5 000万”的工厂方针，参照“三资”企业，转换经营机制。全年出台了改革总体方案和16个配套文件，重点突破“三铁”，建立新型用工制度，打破工人与干部界限，签定职工劳动合同，强化定岗、定编、定员的三定工作，使非生产人员由1992年占职工总数16%下降到14%。在分配制度上，淡化基本工资，加大了活用部分。生产工人实行全额和部分计件工资制，管理技术人员实行部分封闭工资制，中层干部实行全封闭工资制。在企业综合管理上，由计算机中心研制开发的具有国内领先水平的EPMS管理系统，为厂今后在生产、技术准备、物料需求等领域全方位运用电子计算机管理创造了先决条件。目前，销售部门的往来帐均纳入电子计算机管理系统，结束了手工记帐的历史。采用计算机技术，为该厂掌握国际国内信息提供了可靠的保证。在资金管理上，提高资金运作效率，强化财务预算和财经纪律，健全和完善经济考核体系，建立了经济分析制度，并与经济效益挂钩。加强了人、财、物管理，深挖内部潜力，减少损失浪费，全年查出超储、积压废旧物资价值1 300多万元。在产品发展上，产品结构调整初具规模，全年完成S_1—325经济型数控550台。同时实施高起点数控产品全方位技术合作，同日本山崎马扎克公司合作四种数控产品；同瑞典DAROS公司合作生产S_1—302B大型活塞环数控车床；与美国戴维公司合作生产卧式双轴数控车床。全年开发研制新产品5种。重点科研计划12项，提高了产品的竞争能力和高技术含量。该厂的技术实力正在得到国际国内同行的密切关注。在技术改造上，全年投入技改资金8 340万元，是该厂历史上投资规模最大，在建项目最多，建设速度最快的一年。于洪新厂的“希望工程”已初具规模，部分车间已投入生产，按着专业化、成组化工艺要求，正进行大规模调整。为企业登上新台阶铺平了道路，增强企业竞争能力，是实现“二次创业”的决定性一步。大兴第三产业，全年新办企业39户，累计74户，完成营业额3 800万元，实现利润87万元。随着企业经济效益的提高，职工生活福利大大改善。1993年职工人均收入达到5 500元，比1992年增长30%，有近千户职工搬入新居，充分调动了职工的积极性，增强了职工的主人翁责任感。

（李硕）

【中捷友谊厂】 1993年，中捷友谊厂围绕“划小核算为重点，加速两改四攻坚、开拓市场多元化，四项管理再争先，转换机制大承包，实现利润超两千”的方针目标，集中精力狠抓了“三件大事”。即：以提高经济效益为中心，加强生产经营；以划小核算单位为重点，深化企业改革；以增强企业发展后劲为目标，加速技术改造。该厂克服了下半年产品销售不畅、资金紧张、生产能力不足等诸多不利因素，紧中求活，赢得了挑战，经济工作再上新台阶，连续6年成为全国同行业排头兵。主要经济指标均创历史最高水平，实现了“八个突破”：

1、生产水平有所突破。全年完成工业总产值22 003万元，比历史最高水平的1992年增长20%。

2、效益水平有所突破。1993年实现利润4 318万元，利税总额达到5 135万元，销售收入实现25 503万元，分别比1992年增长270%、89%和20.5%；出口创汇连续四年超千万美元，1993年达到1 104万美元。

3、产品结构调整有所突破。全年开发设计了TH6580X80A等16种新产品，研制出TH5680等5种6台新产品；共完成数控产品39台，实现产值2 768万元，比1992年增长13%。该厂还与日本大偎公司签订了合作生产龙门五面加工中心的协议，样机已完成预验收。

4、技术改造有所突破。全年共完成五大技改工程和50项技措项目，总投资5 600万元，高于该厂“六五”和“七五”期间技改投资的总和。

5、质量管理有所突破。1993年该厂全面完成主管局质量考核指标，成品抽查合格率始终保持100%；经国家有关部门检查评审，获得了GB/T19000－ISO9000标准合格证书，成为机械行业通过国内机构认证合格的首家企业。

6、多元化经营有所突破。该厂拓宽了多种经营领域，建立起多层次、多渠道、全方位的市场开发新格局，增强了企业活力。1993年新增第三产业企业54户，累计达到100户，完成营业性收入7 290万元，实现利润300万元，比1992年增长2.1倍。该厂还在国内成立了由50个经销公司组成的“中捷联销集团”，促进了工贸结合。

7、转换经营机制工作有所突破。一是该厂与沈阳市另外3家企业联合组建了沈阳机床股份有限公司;二是依法整体购买和接收了破产的原沈阳市标准件二厂,与香港利和公司合资组建了捷利机械有限公司;三是在内部12家单位进行了独立核算、自负盈亏的试点;四是进一步深化了三项制度改革,实行了岗位技能工资制,全员合同制和企业职工制,健全了双向选择、相互制约的新机制。

8、职工福利工作有所突破。1993年职工的工资增长幅度高于历史最好水平,人均收入较1992年增长30%,职工医疗、住房等福利待遇也都有较大幅度的改善。

(詹凤伟)

·工具工业·

【概况】 沈阳工具行业以沈阳工具工业集团公司为主体,该公司下属工具行业企业17户。其中集体12户、全民2户、合营2户、合资1户。共有职工7 134人,固定资产原值8 032万元,净值4 809万元。该公司设有两个研究所。即:沈阳市工具研究所,沈阳市组合机具设计研究所;拥有三个经营公司。即:沈阳工具工业公司、沈阳机床工具销售公司、沈阳工具集团物资供应公司,年销售额达5 000多万元,基本形成沈阳地区的工具销售中心。

1993年,全行业实现利润325万元,比1992年增长36%;利税总额1 364万元,比1992年增长48%;实现销售收入12 505万元,比1992年增长了25%;出口交货值1 121万元,比1992年下降了7.3%;完成工业总产值11 130万元,比1992年增长了2.2%。

1993年工具行业有以下几个特点:

1、探索产权制度改革路子,三项制度配套改革取得初步成效。该公司集中力量抓了两个企业的公有私营和股份合作制的探索;3个企业分灶吃饭,划小核算单位的实践;4个企业三项制度综合配套改革的试点验收。该公司深化三项制度改革的作法和经验在市、局以及全国工具行业作了介绍和交流。

2、注重产品结构调整,新产品开发效果明显。该公司1993年共开发新产品29种,其中达到国内先进水平5种,填补国内空白2种。创产值620万元,实现销售收入539.36万元,创利税106.4万元,这些指标分别占全公司三项总指标的25%、22%、10%。

3、寻找新的经济增长点,二产、三产业竞相发展。该公司采取有力措施,大力发展第三产业。1993年二产业实现销售收入12 505万元,利润352万元;而三产业实现销售收入12 198万元,利润291.2万元。二产和三产业不相上下。1993年该公司三产业荣获机械系统金牌奖。

(李韶华)

【沈阳工具工业集团公司】 1993年沈阳工具工业集团公司,下属22户企业、2个研究所。集团公司本部拥有8个子公司,有职工10 559人,专业技术人员1 067人(不含政工),其中具有高级职称的30人,中级155人,初级882人;占地面积31.3万平方米,建筑面积17.1万平方米;固定资产原值9 521万元,净值5 618万元;主要设备拥有量2 439台,主要产品有量具、刃具、量仪、磨料磨具、标准件、小型机械和食品机械等共19大类94个系列350个品种,销往世界五大洲30多个国家和地区。

1993年该集团公司全面超额完成了各项经济指标。其中利润增长了111%,利税增长了25.6%,销售收入增长了25.3%,出口交货值增长了11%。

三项制度综合配套改革更加深入。各单位普遍制定了改革规划,召开了经验交流会。到1993年底,已有台钻厂、第一工具厂、量具仪表厂、砂轮厂等4个单位被市机械局检查验收合格。

开发新产品取得成果。全年开发新产品29种,其中达到国内先进水平5种,填补国内空白2种,共创产值620万元,实现销售收入539.36万元,创利税106.4万元。

质量管理有了新进展。产品质量故障损失额比1992年下降了16.23%,优质产品产值率、局重点考核产品质量监督抽查合格率、产品成品率和一等品率等质量指标都好于1992年。

第三产业有了长足发展。全年实现销售收入12 198.6万元,比1992年增长55%,实现利税563万元,比1992年增长54%,尤其集团本部工具、机床工具、物资供应3个主体经营公司实现销售收入8 086万元,利润235.2万元,利税153万元。集团公司荣获市机械局金牌、工具公司获市机械局巨星企业、机床工具销售公司获市机械局先进企业称号。

安全生产得到加强。全年消灭了死亡、重伤、火灾事故,轻伤事故率为0.03‰,比1992年下降了25%。

(张卫东)

【第一砂轮厂】 第一砂轮厂是我国生产磨料磨具的大型综合性企业,是中国机械工业重点骨干企业之一,1990年进入国家二级企业行列。

第一砂轮厂始建于1940年,当时生产规模很小,厂房简陋,职工只有60人。50年代初,经过恢复性建设,企业面貌发生了很大变化,最早发明了黑绿碳化硅、棕、白刚玉4种磨料,为国家填补了空白,成为我国磨料磨具工业的发源地。50年来经过不断扩建、改造,特别是"七五"投资3000万元用于技术改造,使企业的工艺装备、生产能力有了很大提高。目前该厂有大型液压成型机组,有国内最长的隧道窑和大型倾倒炉,主要工序实现单机连动生产线,自备66千伏供电线路和专用铁路线及各项附属设施。1993年末全厂占地面积59.7万平方米,固定资产原值11 510万元,固定资产净值7 079万元,有职工4 833人,拥有主要设备764台。设有研究所,科研、工艺和检测手段比较先进,技术力量雄厚,在同行业居第一位。磨料、磨具生产能力达30 074吨,人造金刚石20万克。产品以大直经、高厚度、高精度为特点,列居全国行业之首。

到1993年末,已能生产普通磨料、磨具2大类、4小类、16个系列、310个品种、35万多种规格。其中:镜面磨、高速曲轴磨、陶瓷高厚度、外圆磨等13种产品分别被评为国家银牌产品和部、省、市优质产品,产品行销28个省、市、自治区并出口德国、日本、美国及东南亚等许多国家和地区。被广泛应用于机械、电子、冶金、造船、国防、科研等领域。

1993年第一砂轮厂受国家紧缩银根和"三角债"的影响,资金极度紧张,生产经营举步维艰。面对如此困难,全厂职工以主人翁的姿态,主动为厂分忧,变压力为动力,开展了全方位、多层次的"双增双节"活动,为扭转经济工作的被动局面做出了不懈的努力,把主要由于回款不畅造成的利润下滑降低到最小程度。1993年实现工业总产值10 305万元,销售收入8 500万元,出口交货值786万元,利税730万元。与此同时,全厂职工在转换机制、搞活经营、开发新产品、兴办第三产业等方面进行了有益的探索,取得了可喜的成绩,为企业紧中求活,提高经济效益做出了积极的努力。

(沈洋)

·电工电器工业·

【概况】 沈阳电工电器行业是由沈阳电缆厂、沈阳变压器厂、沈阳高压开关厂、沈阳电机厂、沈阳蓄电池厂、沈阳低压开关厂、沈阳电工机械厂、沈阳实业电机厂以及东北输变电设备公司,沈阳电机总公司,沈阳电器工业公司等全国同行业主导厂和国家机电部重点骨干企业组成。全行业共有企业75家,其中,全民企业20家,集体企业49家,合营企业6家。经过建国40多年的发展,无论生产能力,设计水平,产品质量在国内均堪称一流。成为我国输变电设备的主要生产基地,是沈阳机械工业的支柱行业之一。

1993年,全行业共完成工业总产值30.33亿元,实现利润2.65亿元,实现销售收入38.22亿元,完成出口交货值2.35亿元,实现利税4.61亿元,分别占沈阳机械工业的42.7%、47.3%、43.4%、41.3%、46.6%。

1993年沈阳电工电器行业主要有以下特点:

1.努力开发新产品,不断适应市场需求。沈阳变压器厂利用本厂最新科研成果和消化吸收日本日立公司设计制造技术,对该厂110KV系列变压器产品进行更新换代,开发研制出新一代节能节材型变压器新产品,其典型标准型品种空载损耗比国家标准降低30.20%,总损耗比西门子标准下降5.08%,总重量分别比国家标准和西门子标准下降21.48%和3.04%。每台产品每年可节省电费6万多元,由于原材料消耗减少而大大降低了制造成本,经济效益十分显著。1993年该厂共制造了该系列产品16台,创产值2 229万元,创利税223万元。

沈阳电缆厂研制的填充式导引电缆是一种国际新近发展起来的新技术产品,它集耐高压、纵差保护和信号传输为一体,主要用于高压输变电系统中,具有较小的固有衰减、电容不平衡及电感,均匀的波阻抗,较好的耐环境应力开裂性和阻水性。它填补了国内空白,达到国际上先进的日本、加拿大同类产品水平,现已通过欧洲某电力系统质量机构的认证,被巴林电力部所应用。1993年创汇20万美元,预计1994年后,每年可实现产值800万元,创利税200万元,主要用于出口创汇。

2.积极开拓国际市场,加速外向型经济的建立。1993年是电工电器行业积极开拓国际市场异军突起,外经外贸工作取得显著成绩的一年。沈阳变压器厂首次出口创汇超过2 000万美元,受到国务院机电出口办公室和沈阳市政府的嘉奖。沈阳电机厂与德国西门子公司合资生产高压电机项目总投资4 300万美元;沈阳电缆厂与日本古河株式会社合资生产高压交联电缆项目,总投资3 000万美元;沈阳蓄电池厂与日本松下株式会社合资生产蓄电池项目总投资1 000万美元;沈阳变压器厂与加拿大电力公司合资生产互感器、变压器项目,总投资3 000万美元。由于这些合资项目签订,促进了企业外向型经济的建立。

(孟宪民)

【沈阳变压器厂】 沈阳变压器厂是全国最大变压器生产基地,国家一级企业,1993年有1.2万名职工。固定资产原值达6亿元。

1993年,全厂完成工业总产值57 681万元,变压器产量1951万千伏安,销售收入实现77 412万元,出口创汇2 001万美元,均创历史最高纪录。实现利润3 670万元,较1992年增长2.1倍,各项指标均居市机电企业前列及全国变压器行业之首,成为大中型企业发展外向型经济的典范。

1993年该厂按照社会主义市场经济的要求,紧紧围绕提高经济效益这个中心,以市场需求为导向,树立大生产、大市场、大流通的观念,积极转换企业经营机制,加强科学管理,使企业经营工作向市场经济方向又迈进了一步。

1.深化企业内部配套改革,不断增强企业活力。以转换内部经营机制,适应市场经济发展为重点进行了一系列改革。在1992年进行的劳动制度、工资制度、保险制度三项制度改革的基础上,进一步深化企业内部配套改革,以销售承包为龙头,组织开展了一系列划小承包核算单位等改革,并实行了分配方式多元化,变企业重担厂长一人挑为人人挑,极大地调动了职工的积极性,使企业管理逐步向公司化经营迈进。

2.加大市场开发力度,不断拓宽经营渠道。紧紧围绕以市场需求为中心的经营方针。使企业成为活跃市场的主体,生产围绕着市场转,产品围绕着用户转,厂内各项工作围绕着销售转,积极努力,面向市场、开拓市场、引导市场,不断强化营销机制,采取国内外两个市场并重,全方位开发市场。目前,该厂的产品不仅畅销国内各地,还远销海外。1993年共出口变压器76台,互感器15台,产值达1亿元。努力开展国内国际间的联合,与泰国合资建立的华泰互感器厂已经投产庆造船厂、宜昌变压器厂联合建立变压器生产厂已进入实质性阶段,为开发三峡及长江沿岸市场创造了极为有利的条件。同时还大力发展第三产业，使企业逐步成为一业为主、多种经营的外向型经济实体。

3. 大力推进科技进步，产品社会效益不断提高。为在激烈的市场竞争中求发展、求生存，占领变压器市场的制高点，该厂一是不断引进消化国际先进技术，努力提高产品技术水平、工艺水平，在消化引进日立技术方面取得重大进展。已完成样机试制，并全面投产。二是加速新产品开发更新换代的进程，在产品设计上不断采用国内外先进技术，广泛运用价值工程及电子计算机技术对产品进行优化设计，促进产品开发速度及水平不断提高。全年开发新产品 45 种，有 24 种达到国际先进水平，实现新产品产值 2.5 亿元，创利税 2 593 万元。该厂生产的大型变压器基本实现高效节能化，并达到国际先进水平。

4. 产品质量稳步提高，职工质量意识较强。为不断提高产品质量，强化结构设计的标准化，改进设计质量，将可靠性大、工艺性好的结构纳入设计原则和结构标准，改进了关键工序的工艺方法。外购件择优定点采购。加大质量考核力度，从设计到生产开展产品一次试验合格率承包，关键工序实行质量承包单台奖罚，使产品质量稳步提高。全年超额完成上级和厂内考核指标。

充分利用市场机制，使沈阳变压器厂在市场经济中如鱼得水，大振雄风，1994 年该厂继续以崭新的面貌登上新台阶，在市场经济中走向更加辉煌的明天。

（王颖）

【沈阳高压开关厂】　沈阳高压开关厂是我国最早研究和制造高压开关的大型专业化工厂，是我国输变电行业重点骨干企业之一，大型一类企业，国家二级企业。

1993 年，工厂经济工作又上新台阶。完成工业总产值(1990 年不变价)2.83 亿元，比 1992 年增长 48%；实现产品销售收入 3.40 亿元，增长 69%；实现利润 1 920 万元，增长 4 倍。各项主要经济指标再列全国同行业首位。该厂已步入了良性循环轨道。

1993 年，工厂重点抓了以下几项工作：一是狠抓质量，加强教育，严把质量关，使职工质量意识和产品质量有了很大提高。1993 年工厂实行质量监督、检查，严格贯彻质量惩罚条例，把产品质量控制在产品成套和出厂前。全年企业质量事故为零，产成品合格率达到 100%，扩大了企业形象。同时对重点工程、重点产品实行全过程质量控制，收到了明显效果。加强售后服务工作，实行了重点项目专人负责，大宗项目派员现场服务，受到用户好评。

二是狠抓技改，加强管理，转换经营机制，实现了企业“工艺上条件”“管理上水平”目标。1993 年，工厂在工艺上条件、完善企业生产能力方面做了很大努力，基本上完成了 4 条关键工艺生产线，为工厂发展创造了条件。全年完成基建技改投资 3 657 万元，使工厂生产能力有了很大提高。

三是坚持“一业为主，多种经营”的方针，强化企业内部改革，促进企业向现代企业制度迈进。1993，工厂多种经营向规化发展取得了可喜的成绩，全年实现产品销售收入 6 300 万元，利润 503 万元。以分配制度为重点的三项制度改革工作迈进了一大步，企业的年人均工资比 1992 年提高了 2 500 余元。同时，1993 年企业扩大了“大企业小法人、划小核算单位”的试点范围，为向现代企业制度迈进创造了条件。

（李新春）

【沈阳低压开关厂】　沈阳低压开关厂是我国机电工业大型骨干企业。厂内设有沈阳电器传动研究所和机械工业部防爆电器产品质量监督中心，并负责起重电器、电器设备、防爆电器的行业归口管理。技术力量雄厚，产品质量上乘。主要生产高低压成套电气控制设备、电器元件、防爆电器三大类产品，共有 206 个系列，705 个品种，14 320 种规格。先后从德国 BBC，AEG 和西门子公司引进 3TB 交流接触器，MC3 电磁起动器、3uA 热继电器和防爆电器制造技术；从瑞士、德国引进弹簧生产线。有职工 5 500 人。其中工程技术人员 477 人，具有高级职称 109 人，中级职称 209 人，固定资产原值 7 590 万元，固定资产净值 3 488 万元，工厂建筑面积 14 万平方米。

1993 年该厂紧紧围绕以经济效益为中心，积极促进企业技术进步，使企业生产稳步发展。

1. 加快企业经营机制的转换。通过划小单位，分权经营，工厂按产品、工艺专业化分工，相继组建了 18 个独立经营单位。推行独立核算，自负盈亏，大企业多法人这一体制，以产品、工艺为对象，将具有独立产品、工艺的车间和分厂分离出去，实行自主经营，统分结合的经济体制，推动了新产品的开发上市，增强了企业的活力，形成新的经济增长点。

2. 一业为主，多种发展。在转换机制中，第三产业迅速蓬勃发展已初具规模，独立经营的 9 个公司 1 个所全年营业额达 9 438 万元，比 1992 年增长 157%。第三产业的发展不仅安排了富余人员，减轻了企业的负担，同时又为开拓市场起到了主渠道所不能起到的作用，已成为企业经济工作一大支柱。

3. 出口交货值有较大幅度增长，对外出口面有所扩大。全年共订货 1 500 万元，包括泰国、秘鲁、菲律宾、越南、马来西亚、伊朗等国家的成套电控项目和出口巴基斯坦、孟加拉、阿尔巴尼亚的元件产品。完成出口交货值 722 万元，比 1992 年 216 万元增长 234%，出口增长对电控生产发展和市场扩大已经起到重要作用。

4. 新产品开发速度加快，提高产品在市场竞争能力，使产品社会效益不断提高。工厂以市场为导向。调整开发新产品以适应市场经济发展需要，利用企业雄厚的技术力量，上高、精、尖产品，加快更新换代，开发一个见效一个，新产品上市已显示出作用，成套电控产品中新开发的 GCK 电控组合柜、F－C 双回路高压柜和引进的 3TB 交流接触器、3VA 热继电器这些新产品投入少，附加值大，正在发挥市场替代作用，显示了企业调整产品结构的新的活力。

（赵晓春）

【沈阳电机厂】 沈阳电机厂建于1950年。40多年来,特别是1986年以来,企业靠自我积累,自我发展,由地方中型企业发展为国家大型一类企业,国家二级企业,全国大中型电机专业生产厂。

1993年,完成工业总产值19 401万元,比1992年增长14%;实现销售收入28 780万元,比1992年增长81%;实现利润702万元,为1992年的5.85倍;利税总额2 585万元,为1992年的2.8倍;产值、销售收入、实现利润、利税总额都创本企业历史最好水平。

1、抓住机遇,大力发展。1993年,由于国家固定资产投入规模增大,拉动了机械工业发展,大中型电机的需求量明显增加,特别是380千瓦、475千瓦、570千瓦等20多种绕线电机,出现了该厂近10多年来从没有过的供不应求的市场形势。面对这一新的形势和发展机遇,沈阳电机厂按照市场经济发展规律,审时度势,果断决策,及时调整了产品结构,增加了市场急需产品的产量;5次调整了产品价格,充分发挥价格的杠杆作用;实行预交货款,谁先交款谁先提货等营销策略。1993年仅市场急需产品就增加产值6300万元,增加销售收入2300万元,增加利润500多万元,不但赢得了市场,满足了用户的要求,而且还缓解了资金短缺,增加了经济效益。

2、深化改革,增强活力。1993年,沈阳电机厂从进一步转换企业经营机制,适应市场经济发展入手。加大了改革力度,建立和完善了适应市场经济发展的营销机制,深入开展了订货、价格、回款、差旅费、活动经费销售大承包,坚持党、政、工领导分片包干,带队走访客户,开展市场预测,有力地促进了市场开拓,全年订货达到280万千瓦,为年生产计划的187%,市场占有率达到24%,比1992年增加了1.8%。为了更好地发挥工资的杠杆作用,在分配制度改革中,建立起约束和激励相结合的分配机制,在工资晋升中,生产车间与安全生产、劳动纪律、现场管理、产量和质量紧密挂钩,并把质量做为重点考核内容,以考核数据决定部门的工资晋升指标,处室按经济责任制考核,重点考核工作质量和服务质量,打破了过去按人数下达晋升指标的平均主义大锅饭,不但有利地调动了职工的积极性,而且还促进了各项管理工作的加强。

3、狠抓改造,增强后力。1993年该厂在做好"八五"和"汽轮发电机"两项技术改造验收的同时,又投资400万元,兴建了5600平方米汽车库。自筹443万元开始了大中型电机更新换代改造。近几年来,由于该厂把技术作为企业发展的战略措施来抓,坚持年年投入,全面系统改造,使企业的发展后劲有了明显提高。1993年,固定资产达到1.2亿元,比1985年净增8 800万元,新度系数由原来的0.6增加到0.75,比1985年增加了0.15。技术改造深入持久地开展,有力地促进了新产品的开发。1993年该厂围绕着电力、石化、化工等行业的新产品开发和技术改造,研制开发了144项新产品。其中,Y、YR系列4个品种65个规格中型高压异步电动机是国家火炬新产品开发的产品,新产品产值达到4 057万元,比1992年增加34%;新产品产值率达到20.9%,比1992年增长了3个百分点。

4、以严治厂,争创一流。沈阳电机厂为适应改革开放的需要,把建设现代化一流企业做为发展目标,提出"严管实干,争创一流"的治厂方针,坚持不懈的从严管理,以严治厂。为不断提高产品在市场上的竞争能力,该厂紧紧围绕提高产品的实物质量,狠抓了产品质量的可靠性,对影响产品质量可靠性的22个重大关键问题进行质量攻关。从严把质量"三关",建立"一卡"入手,实行严格的质量控制。坚持每日召开质量例会,对出现的质量事故狠抓不放,实行严格的奖惩,严格的质量否决权。为进一步加强生产作业现场管理,该厂坚持深入开展工艺突破口工作,实行严格的厂容厂貌管理"五个三",车间文明生产"五个三",操作岗位"五个三",产品零售部件摆放定置、定位,并天天检查考核,与工资晋升挂钩,实行严格的奖罚。在劳动纪律管理上,狠刹违纪现象,劳动纪律检查组天天在车间巡视检查,每月发2期纪检简报,公布各单位违犯劳动纪律人员的名单,并与工资晋升挂钩;各单位也相应成立了劳动纪律检查组,挂牌上岗,与班组奖金挂钩,实行层层严格管理。1993年,由于该厂从各方面都实施从严管理,企业的各项工作日趋规范化、科学化,全年先后有德国、日本、韩国、泰国、菲律宾等22个国家和地区的客商来厂洽谈,德国西门子公司拟投资与沈阳电机厂合资经营。

(张西贵)

【沈阳蓄电池厂】 沈阳蓄电池厂始建于1939年,是机械工业部重点骨干企业,铅酸蓄电池行业的主导厂,国家二级企业。工厂占地面积14万平方米,固定资产原值13032万元。所生产的"东北牌"蓄电池共8大类、14个系列、246个规格,广泛应用于汽车、铁路客车、内燃机车、邮电通讯、发电站、变电所、微波站、电子计算机、搬运车、叉车、矿井电机车、摩托车、船舶以及化工、石油、国防等领域。

工厂生产的各类蓄电池,优质产品产值率达到85%,GFD固定型蓄电池,获国家银牌,起动用蓄电池为部优产品,GF系列蓄电池为省优质产品。"东北牌"蓄电池除销往全国各地外,还远销澳大利亚,东欧、中东、东南亚等国家和地区。

1993年,工厂面对挑战,真抓实干,实现了生产增长,效益翻番,跳跃发展。各项经济技术指标超过历史最好水平。工业总产值23 201万元,比1992年增长15.68%,销售收入20 057万元,比1992年增长17.25%;实现利润1 703万元,比1992年增长92.87%;利税总额3 925万元,比1992年增长41.34%。

1.转换经营机制,加大改革力度。在实行经济承包责任制的基础上,企业对所有生产车间和部分处室实行了二级法人管理,实行独立核算,利润包干,自主经营,自负盈亏,把新组建的运输公司、物资供销公司、房产开发公司、蓄电池专用设备制造公司、和生活服务公司直接推向市场,承担风险和压力,并赋予相应的权力,使企业由一个法人承担风险为多法人共同承担责任与风险,收到了明显效果。

经沈阳市体改委批准,将工厂改组成“沈阳东北蓄电池股份有限公司”,进行股份制试点工作。

在进行三项制度等综合改革中,实行了岗位技能工资,进行了劳动用工制度改革,工人优化组合,干部聘任上岗,企业与职工签订劳动合同书,同时还实行了劳保统筹。

2.大力开拓销售市场。在资金紧张等诸多困难面前,企业认真分析形势,研究策略,整顿了销售队伍,实行了一切福利待遇向销售特区倾斜的政策,调动了销售人员的积极性。为保销售保市场,企业调整生产计划153次,调整产品品种258个,满足了用户的需求。免维护蓄电池在市场上走俏,工厂适时增加产量,比计划提高了30%。GFD固定型蓄电池深受用户欢迎,工厂几次追加任务,加大产量,平衡生产能力,完成产值比1992年增加了54.1%。

为开拓市场,工厂进行了中型密闭蓄电池、大型密闭蓄电池等高技术含量产品的研制开发工作,为企业产品的更新换代和占有市场奠定了基础。

为扩大市场占有率,开办了第三产业经销网点,巩固了工贸联营集团,与大型汽车制造和省市汽配公司,建立了紧密的协作关系,同时开发了国际市场,扩大产品出口。

3.强化管理,提高企业素质。在抓质量管理方面,工厂建立健全了一套完整的质量保证体系和质量监督系统,实行了质量否决权,把对产品质量的检查考核与职工的工资、奖金、岗位津贴等多项经济利益挂起钩来,重奖重罚。同时严格工艺纪律,认真检查工艺流程实施情况,使产品一次合格率达到99.72%。在财务工作中,以降低成本为中心,以加强资金管理为重点,健全了厂内银行的各项制度,核定了基层单位的资金周转额并严格考核。在比质比价采购和现场管理方面,也收到了预期的效果。

(高永刚)

·通用机械工业·

【概况】 沈阳通用机械工业主要由沈阳水泵厂、沈阳鼓风机厂、沈阳高中压阀门厂、沈阳气体压缩机厂、沈阳铸造厂、沈阳通用机械工业集团公司和沈阳空气压缩机厂构成。1993年全行业共28户企业,其中大型企业5户,中型企业5户,小型企业18户;全民企业8户,合营企业2户,集体企业18户。

1993年沈阳市通用机械工业企业以深化企业内部改革为动力,努力开拓市场,强化销售,提高经济效益。全行业实现工业总产值9.1亿元,实现销售收入10亿元,实现利税9 130万元,实现利润2 837万元,完成出口交货值8 707万元。

(李海明)

【沈阳鼓风机厂】 1993年,沈阳鼓风机厂在“纪律是质量的保证”的方针指导下,在加快转换经营机制,进一步完善内部劳动制度改革措施的同时,克服物料涨价、资金短缺等困难,使生产大幅度增长;积极开展科研和新产品开发工作,发展品种,满足用户需要;坚持三级质量会议制度,开展质量攻关活动,进一步提高产品质量;多方筹措资金,精心组织实施,较好地完成了技改计划,增强了企业后劲。

1.生产大幅度增长。1993年工业总产值达到20 702万元,比1992年增加56.7%;机器产品产量达到4 924吨,比1992年增加54%;工作总量达到303万多小时,比1992增加14.9%。

2.经营成果喜人。在广泛进行市场调查,掌握信息,热心服务,做好产品推销工作的同时,突破“连环债”的困扰,组织队伍,分29条线奔赴全国各地催收贷款。全年销售收入21 767万元,增加销售差价500万元;1994—1995年订货达到28 000万元,为1994年生产持续大幅度增长打下了基础。

积极开展进出口业务,努力创汇。全年出口创汇计划328万美元,实际达到了529万美元。在大部分材料市场处于卖方市场的情况下,有关部门多方筹措资金,领导亲自出征专人驻在催货,保证了物料供应,满足了生产需要。在此基础上,加强了物资管理,超额131%完成了厂下达的增收节支计划。

3.开发新技术、新产品,促进技术进步。为适应生产技术发展的需要,1993年完成科研项目5项,试制新产品31种,新产品产值达7 151万元,超额完成了上级下达的指标,满足了用户的需要。

4.开展质量攻关活动,加强质量管理。通过组织中层干部学习GB/T19000—ISO9000质量管理和质量保证系列标准以及群众性的质量法学习竞赛活动,进一步增强了员工的质量意识和履行质量职能的自觉性。坚持三级质量会议制度,及时解决质量问题。通过一系列质量管理措施,强化了质量管理,使质量成本稳中有降。与此同时,针对产品质量问题,发动工程技术人员开展质量攻关活动。在22个质量攻关项目中,已完成14项,效果显著。

5.较好地完成了技改计划。1993年完成投资额3 685万元,外汇成交额达678万美元;设备订货138台(套),安装16台(套),土建施工面积2万平方米。竣工面积9 278平方米,较好地完成了技改计划。

(黄家林)

【沈阳水泵厂】 1993年,沈阳水泵厂紧紧围绕转换经营机制这个中心,抓好企业经营工作,使生产和经济效益获得了同步发展。

1.经营销售稳步发展。一是增强“抓住机遇,抢占市场”的紧迫感,努力增加高压锅炉给水泵等适销对路产品和短线产品的生产;二是本着“以销定产”的原则,按合同组织生产,同时努力清除老的积压,全年累计处理老积压200多万元;三是狠抓资金回笼,全年共完成回笼指标1.9亿元;四是抓个“早”字,工作超前,到年末为止,完成1994年订货1亿元以上。

2.经济效益稳步提高。一是千

方百计增加生产，全年完成工业总产值1.7亿元，比1992年增长15%；二是广开渠道向第三产业、模拟二级法人单位要效益，创收效益达400多万元，使这部份效益超过了产品部份的构成份额。从而确保全年实现利润600万元，比上年增长15%。三是广泛开展“双增双节”，消化增支因素1 500万元，降低可变费用200余万元。

3.新产品开发和企业后劲稳步增强。一是围绕重点新产品，开展科研攻关。海上平台(A、B平台)泵焊接工艺已通过评定；首台产品已成功交付，获得用户认可。部攻关重点提高30－60万机组冷凝泵效率，水力模型研究已达到82－83%的目标要求。全年确定科研项目25项，实际完成26项；新产品实现了局下达的25种指标。二是狠抓“八五”技改项目落实。经多方努力，全厂资金到位率高于全国水平，曾多次受到地方和国务院经贸办的好评。电站泵新厂房等3个国家项目均落实了年度资金计划并且完成了这3个项目投资计划。三是工艺突破口和现场管理喜获丰收。工艺突破口继续保持机械部工艺管理先进企业奖。现场管理先后获得市机械局15家优秀企业奖，辽宁省100家红旗单位奖，国务院179家优秀单位奖。

4.对外合资、合作和进出口稳步上升。1992年立项的2个合资项目一项已经开工投产，一项完成登记注册，利用外资总额为270万美元。其中已开工的营口在原制作有限公司截止到1993年底创产值130万元，创汇约18万美元。全年完成出口交货值2 128万元，创汇342.1万美元，保持了稳步上升的势头。

5.转换经营机制及企业管理稳步深化。为了加速转换企业经营运行机制，解决困挠企业的“一线紧、二线松、三线肿”的现象，全年狠抓的“劳动、工资、保险”三项制度配套改革取得进展；管理机构由35个压缩到30个；职工总数由5 478人压缩为4 879人；一线生产人员由改革前占职工总数的33.8%，充实到36.4%；将工人的478个工种设计成10个岗级，最低岗14元，最高岗80元，人均增资40.16元，较好调动了职工的积极性。

6.职工收入和生活福利稳步改善。在确保效益增长，职工收入逐步提高的原则指导下，全厂职工1993年人均收入比1992年增长29.2%。职工住房竣工15 000平方米。新购进的浴池4吨锅炉年内已投入使用，解决了多年的热气供应不足问题。生活福利社会化改革取得进展，如职工医院将创收的90万元补充职工医疗费，缓解了该项费用不足的矛盾。

（符泰山）

【沈阳气体压缩机厂】 沈阳气体压缩机厂是全国压缩机行业的主导厂和科研试验的主要基地。为了促进技术进步，工厂先后从瑞士和德国引进了压缩机无油润滑密封元件技术和整机设计、制造专有技术，还从日本引进了高精度大型数控龙门镗铣床。经过积极消化、吸收，已全面应用于新产品的设计和制造。企业“八五”技术改造项目被国家计委列为限上项目，总投资规模5 240万元，重点改建铸造分厂和辅机制造分厂，提高生产工艺水平，以增强企业实力和发展后劲。铸造分厂新厂房基础工程已经完成，引进的树脂砂等设备正在进行安装。

1993年，工厂在市场急剧变化、资金极度匮乏的严峻形势下，充分发挥技术优势，不断转换经营机制，在难中抓机遇，紧中求发展，取得了较好成绩。全年完成工业总产值1.5亿元，比1992年增长3.4%；实现利税1 150万元。为了适应市场经济的发展和市场变化，工厂不断调整产品结构，大力开发新产品，在变化的市场需求中求发展。1993年，在化肥市场萎缩，退货4 000多万元的情况下，企业克服重重困难，跟踪国家重点工程项目，积极开发研制石化加氢配套用压缩机，弥补了任务不足，开辟了新市场。全年研制新产品42种，比1992年增加了5种，新产品产值达6 078万元。利用引进技术和企业已有的成熟经验研制的4M50系列大型氢压机，达到国际80年代水平，不仅实现了氢压机国产化的目标，也标志着我国压缩机技术登上了一个新台阶。

面对困境，沈阳气体压缩机厂注重推进企业管理进步，初步建立起以市场为中心的管理体制。全厂划小经营单位，改变核算体制，实行利润中心多元化管理。有20个车间、分厂成为利润中心，分别与厂签订了承包合同，按实现利润与工资、奖金挂钩。不仅进一步明确了责权利，增强了管理意识和效益观念，而且有效地发挥了各利润中心自身的生产潜力和经营能力。第三产业的发展已初具规模，现已成立门点18户，全年安置下岗人员70人，销售额达2 050万元，实现利润59万元。同时，企业“三项制度”综合配套改革也取得新进展，全厂实行了岗位技能工资制，打破了分配上的“平均主义”，进一步调动了职工的积极性。

（佟立石）

【沈阳高中压阀门厂】 1993年是沈阳高中压阀门厂实施“以技术改造为龙头，以质量整顿为中心，苦战4年，重振沈阀雄风”战略目标的第二年，全厂上下统一思想，努力拼搏，使各项工作取得了一定成绩。各项经济指标好于1992年，产品销售收入、利润总额、新产品产值分别比1992年增长29%、130%和105%。1993年是该厂大搞技术改造，初见成效的一年，各项技改项目与基建项目已基本完成。总投资4 120万元，其中：引进意大利先进的混砂能力为40吨/时树脂无箱造型生产线，已安装调试生产；购置安装了新的先进的节能型五吨电弧炼钢炉，新建了铸件精整厂房及8 000平方米出口阀门车间，购置7台数控机床，从美国引进先进真空直读光谱仪及红外线碳硫分析仪；对全厂冷加工车间进行全面工艺路线调整；核阀中试基地正在建设中。技术改造项目的实施，提高了产品的技术水平。工艺及装备水平，为组织生产，大干快上创造了有力条件，使沈阀的外部形象，竞争能力与应变能力明显增强，尤其是产品的技术水平有了较大的飞跃，其主导产品将由普通系列阀门生产转向包括火电、核电,石油采炼及化工行业使用的高性能、高参数阀门和API标准出口阀门的生产。围绕企业方向性的产品和市场的需求,增加了生产制造大口径阀门的生产能力,攻克了设计工艺和制造高难度的对卡式止回阀,及蝶形止回阀,开发研制了高温蝶阀及高温闸阀,高温蝶阀在部级鉴定会上通过,荣获1993年度沈阳市科技进步一等奖。完成了国家重点项目配套核能阀门的设计,并承接了30万千瓦－60万千瓦火力发电机组的主蒸气系统阀门设计与生产,将在1994年上半年完成。经过大规模的技术改造加快了新产品开发、研制、生产的速度,1993年实现新产品产值2 538万元,占全年产值38.4%,实现利税744万元。

抓科研,利用新技术新产品开发辅平道路,已研制成功超低碳材料钢种,为开发核能阀门的研制,生产奠定了基础;利用计算机辅助阀门设计系统,成功地开发出API标准闸阀、截止阀、止回阀等40个规格的产品及平板阀,实现了数据管理、设计、绘图与编辑。设计文档生成一体化,绘图采用了标准化、模块化及参数化,这些技术目前已达到国内先进水平。

(张弘)

·重矿机械工业·

【概况】 沈阳重型矿山机械行业是沈阳机械工业的支柱行业之一。全行业共有企业20户,其中国有大中型企业有:沈阳重型机器厂、沈阳矿山机器厂、沈阳风动工具厂、沈阳起重运输机械厂和沈阳工矿齿轮厂。1993年末,全行业共有职工3.2万人。

1993年,全行业共实现销售收入10.8亿元;实现利润6 660.8万元;实现利税12 486.2万元;出口交货值9 584.6万元,分别比1992年增长了44.7%、630%、163.3%、47.5%。沈阳矿山机器厂、沈阳风动工具厂、沈阳起重运输机厂分别跃居全国同类企业的排头兵;沈阳重型机器厂跃居全国同类企业第二名。

1993年全行业生产经营有以下几个特点:

1.实行"大企业多法人"经营管理体制,为建立现代企业制度奠定基础。重矿行业的国有大中型企业不同程度将企业的生产分厂、辅助部门、部分职能处室和服务部门进行重新调整组合,使其成为自主经营、独立核算、自负盈亏的二级法人单位。尤其沈阳矿山机器厂将14个生产分厂,7个辅助部门及部分职能处室和服务部门划为二级法人单位,基本形成分散经营、分级管理、分灶吃饭、统分结合、多头进入市场的新格局。为建立现代企业制度奠定了基础。

2.技术改造与产品开发齐头并进。1993年重矿行业完成技术改造投资10 289万元。开发新产品50种;产品水平达到国际先进水平的16种;国内先进水平的10种;新产品产值达20 745万元。最为显著的是沈阳风动工具厂以开发新产品为龙头,以市场需求为导向进行技术改造。先后投资4 950万元,从国内外引进均属国际先进水平的可控气氛全能热处理炉,光亮淬火线,1 600吨高能螺旋压力机,电液锤等249台高精尖设备,使生产能力、技术水平迅速跃升国际一流水平。提前一年零两个月全面完成"八五"技术改造项目,经国家验收一次合格,是我国机械工业"八五"技改限上项目全面验收的第一家。在技术改造的基础上,开发新产品12种,其中有2种达到国际先进水平,1种达国内先进水平,2种填外国内空白。新产品产值达1 500万元,比1992年增长7.7%。

(李韶华)

【沈阳重型机器厂】 沈阳重型机器厂是国家二级企业,具有50多年的悠久历史。1993年有全民职工13 138人,占地面积181万平方米,固定资产总值80 559万元。其产品主要装备于冶金、能源、交通、军工等基础产业。先后有66种自行设计制造的产品填补了我国机械工业的空白。1993年为适应市场经济要求,工厂深化改革,转换机制,抓住机遇,各项指标又上新台阶。工业总产值、商品产值、机器产品产量、销售收入、出口创汇和实现盈利等指标较1992年都有不同程度的提高和增长;按增加值计算的劳动生产率人均11007元;百元商品产值成本较1992年下降3.97元;企业精神文明建设取得新成果。

1、坚持技术进步,加大技改投入,为开拓市场创造先决条件。工厂按照"生产一代、研制一代、储备一代"方针,全年设计开发新产品21种,老产品改造1种,完成重大科研课题20项,新产品试制7种60台(套),新产品产值与产量均创历史最好水平,并完成国家重点技术装备任务斗轮挖掘机1 800吨。在产品质量方面,从斗轮挖掘机质量保证体系运行、电站设备质量监造和铸钢毛坯、油漆包装、整机外观三大关键入手,强化质量标准,严肃工艺纪律和质量法规,严把材料进厂关,零部件转序关和产品出厂关。产品优质品率达到16.34%。技术改造方面,通过贷款、集资等途径投入技改资金1 877万元,使企业装备得到改善,同时提高了企业的市场开发能力和市场占有率。

2、深化企业配套改革,为发展生产力奠基铺路。下半年,工厂陆续出台了全员劳动合同制、岗位技能工资制、职工个人交纳养老保险金和待业风险补偿等一系列制度、规定。对下岗的2 569名富余人员通过各种渠道已安置2 113人。企业内部完善了承包经营责任制,对分厂、车间实行工资总额同经济效益、劳动生产率复合挂钩,包利润、成本和劳动生产率,确保产量、质量、品种、资金占用、物耗等五项指标。为适应市场需要,将4个服务型单位转换为服务经营型;4个专业性较强的分厂实行厂内"封闭",转换为自主经营、独立核算、自负盈亏的全民分支经济实体,为企业今后转向"大公司,小工厂"模式创造条件。

3.强化企业经营管理,向管理要效益。工厂狠抓销售定价、产品设计、技术准备和外购、外协4大环节的目标成本管理;健全和完善了总厂、分厂、班组三级责任成本管理体系,按月严格考核,两费得到有效控制。冷加工小时责任成本、热加工百元产值成本都较1992年明显下降。针对资金异常紧张状况,工厂对资金使用统一计划、统一调度、统一支配,确保生产、生活急需。工厂领导还分片包干,积极组织货款回收,全年回收货款5.4亿元,较1992年增长32.4%。面对当年8 000万元的增支因素,工厂制订了108个项目246条措施,落实到班组、个人,层层承包,全年实现双增双节效益2 800万元。通过向管理要效益,企业不仅较好消化了增支因素,而且实现了全年810.8万元的盈利目标,比1992年实际增长135%。

(孙霞)

【沈阳矿山机器厂】 沈阳矿山机器厂是我国重型矿山机械制造业的大型骨干企业,始建于1921年,1952年改扩建后定为现名。该厂为国家二级企业,国家大一型企业。1993年完成工业总产值2.6亿元,销售收入2.8亿元,出口交货值3 124万元,并于1992年进入中国500家最大机械工业企业行列。全厂占地80万平方米,固定资产原值4亿元,机器设备1 600台,全部职工1.2万人,工程技术人员1 100人,高级技术职称人员近200人,由5个科研所新组成的沈阳矿山研究院,拥有成套现代化的试验设备及实验、检测场所,是科技力量雄厚的科研基地。该厂可承接黑色、有色、非金属矿的各种选矿试验项目。承担港口、码头、电站、露天矿的输送系统的设计、制造、安装和服务。主要产品有:系列规格的磁选机,螺旋分级机,浓缩机,过滤机和脱水设备;钢绳牵引、DX型夹钢蕊胶带输送机、DTD型电站专用带式输送机,悬挂式电磁除铁器;德国技术的直交轴硬齿面弧齿轮减速器、滚筒和托辊;中日合作生产的FL460轮式装载机、ZL15至ZL70系列装载机,新开发研制的井下铲运机;搅拌机、带式压滤机等环保污水处理设备;冶金烧结设备;汽车组合开关;建工建材设备等。多年来,先后从德国、美国、日本、奥地利等国引进技术,联合设计、合作生产,研制出新产品30多种。产品远销世界30多个国家和地区。

在转换经营机制的改革中,该厂在沈阳市机械系统率先实行了“大企业、多法人”经营管理组织结构体制、用工全员合同制、分配岗位技能工资制。将基层单位划分为14个独立的生产经营实体,使主导支柱产品的生产得到强化;铸、锻、热处理工艺专业化分厂,设备动力、工模具制造等辅助生产部门与生产分厂一样,在执行总厂指令性计划的同时,面向市场承揽任务;发挥销售、物资供应、研究所等职能部门的专业特长,组建各类公司和独立研究开发单位;将生活福利后勤部门组建成各类实业、服务公司和商业服务点,对厂内实行有偿服务,对社会开放创收,促进了第三产业的发展。已建各类门点106个,从业人员1 637人,年销售额超亿元。新的经济实体同总厂之间实行“统分结合”的管理体制,企业资产所有权属总厂,其它权责利一律下放。新体制使企业活力大增,初步使大型露天矿成套设备中的减速机、托辊、装载机、汽车开关4大支柱产品形成了经济规模。全厂自营产品产值由过去占总量的六分之一上升到二分之一,经济效益明显提高。

(黄东)

【沈阳风动工具厂】 1993年是沈阳风动工具厂生产经营和技术改造取得双丰收的一年。一年来,该厂紧紧抓住生产经营、技术改造、深化企业内部改革等关键环节,全面完成了“八五”技术改造任务,各项经济指标突破历史最好水平,经济工作迈上了新台阶。

提前完成“八五”技术改造任务。该厂“八五”技术改造项目是国家“八五”重点项目。这次改造,共更新设备249台(套),翻建危房1.54万平方米,改造部分能源管网3万余延长米。在改造中,该厂精心组织,统筹安排,艰苦奋斗,连续奋战。经过两年半的努力,于1993年9月30日提前一年零两个月完成了“八五”改造任务,做到了周期短,起点高,投资少,见效快。1993年10月30日,国家验收一次合格,是我国机械行业“八五”技改限上项目第一家获得国家验收的企业。

经济效益大幅度增长。在转换企业经营机制,进入社会主义市场经济中,该厂具体贯彻实施“围着用户走,跟着市场转”经营指导思想,先后在国内外建立了43个产品供应站。这些产品供应站,集销售、服务、信息于一体,拓宽了国内外两个市场,扩大了服务领域,经济效益明显提高。1993年该厂工业总产值比1992年增长49.3%,是改造前1990年的1.46倍;实现销售收入比1992年增长75.1%,是改造前1990年的2.6倍;实现利润比1992年增长68.3%,是改造前1990年的4.1倍;实现利税比1992年增长71.4%,是改造前1990年的3倍;实现出口交货值比1992年增长7.5%,是改造前1990年的2倍。

产品开发迈出新步伐。该厂积极贯彻“科技是第一生产力”的方针,下发了《沈阳风动工具厂关于科技兴厂的若干规定》,制订了加速产品开发的各种奖励政策,调动科技人员积极性。1993年,根据市场需求,共开发了全液压掘进钻车等8种新产品,全部达到了国内先进水平。其中有2种填补了国内空白,有一种达到了国际80年代末先进水平。扩大了产品服务领域,提高了产品水平。

企业管理有显著进步。一是转换了企业经营机制,模拟试行了企业多法人的管理体制,组建了3个独立的分厂。大力精简了机构,行政处室由28个减少到23个,非生产人员减少10.3%。二是三项制度改革有新的突破。用工实行了全员劳动合同制;干部实行了聘任和聘用制;分配实行了质量效益工资制和岗位技能工资制。三是强化了现场管理和财务管理,车间和厂区面貌一新;严格了成本控制,消化了1 600多万元的增支因素。四是开展了商品意识和质量意识教育,打击了部分厂家的假冒伪劣产品和侵权行为,产品质量明显提高,“7655”凿岩机被评为全国百个用户满意产品。

职工生活有了进一步提高。

1993年职工人均收入达4 500元，比1992年增长18.4%；购买了6 500平方米商品房，为134户动迁职工支出150万元的动迁费。

（王铁成）

【沈阳起重运输机械厂】 沈阳起重运输机械厂是国家定点生产胶带运输机的重点骨干企业，具有40多年生产胶带输送机的历史，是我国最大的胶带输送机专业制造厂。

该厂现为国家大型二级企业，截止到1993年，企业固定资产原值3 570万元，拥有职工2 500多人，工程技术人员210人，占地面积19万平方米。主导产品有DT型通用固定式胶带输送机，DX4型高强度胶带输送机，DQS型轻系列胶带输送机，SS垂直出轴减速器，JZQ系列，ZU系列及中硬齿面减速器，MD—82全自动码垛机，桥式起重机，电梯等。产品畅销全国28个省、市、自治区，并出口10多个国家和地区。该厂以制造一流产品，提供一流服务、创办一流企业为办厂宗旨，运用现代化管理方法保证了高质量、低成本，赢得了广大用户的信誉。该厂生产的DT型胶带输送机代表了国内同类产品的最高水平，荣获国家银质奖。SS垂直出轴减速器，JZQ系列减速器和DQS型轻系列胶带输送机均为市优质产品，企业荣获部质量管理奖。

1993年，工厂在“换脑筋，转机制，严管理，上台阶”的工厂方针指导下，各项工作都有较大程度的提高。

1、主要经济指标保持“两位数高速增长，成为全国同行业排头兵。全年实现工业总产值7 106万元，比1992年增长27.6%；实现销售收入9 605万元，比1992年增长63.4%；实现利润240万元，比1992年增长63.3%；实现出口交货值520万元，比1992年增长44.4%。

2、严格管理的各项措施收到显著成效，企业的综合素质和管理水平明显提高。向严格管理要效益的比价采购、价值工程、节约降耗等措施节约额达1 019万元。

3、三项制度改革取得突破性进展。全年拨离富余人员339人，非生产人员占职工总数的比例下降到13.7%，在全厂实行了岗位技能工资制，职工收入向前迈进了一大步。

4、产品开发、技术改造工作进展迅速，企业后劲明显增强。全年完成新产品鉴定5种，完成技术改造投资505万元，扩大了再生产能力。

5、产品外观质量和售后服务有了新的起色。成品抽查合格率达到100%，成品一等品率皮带机和减速器分别达到88.6%和78.6%。特别是坚持了用户代表制，不断强化售后服务，受到了用户好评。

6、第三产业的发展显示出勃勃生机和活力。到1993年底，全厂累计开办第三产业28户，安置人员237人，全年实现销售额1 393万元，上缴利润53万元，摊销费用41万元，自负工资总额105.2万元，为企业经济注入了新的生机和活力。

7、职工福利明显提高，企业吸引力得到增强。1993年全厂职工人均收入达到4 083元，比1992年增长34.8%，为职工分配了住房，并与大东区联建了3 000平方米住房，1994年可分配进户。

8、全厂广大干部、职工的思想观念开始转变到发展市场经济的轨道上来，精神面貌焕然一新，一批德才兼备、年富力强的干部充实到各级领导班子中，广大职工对企业三项制度改革的承受能力普遍增强，全厂呈现出政治安定，经济繁荣的可喜局面。

（毛宝中）

·仪器仪表工业·

【概况】 沈阳仪器仪表工业由沈阳仪器仪表工业总公司及所属企业和研究所及中美合资弗莱希波·泰格金属波纹管有限公司组成。1993年末全行业有企业16家。其中：国有企业6户，集体企业6户，中外合资企业4户及一个研究所。有职工6 244人；占地面积32.4万平方米，建筑面积10.4万平方米；主要设备968台和计量、理化、检测专用仪器和装置。

沈阳仪器仪表工业1993年坚持以市场为导向，深化企业内部改革，大力调整产品结构，从严管理，大搞多种经营，克服了资金短缺，设备老化等不利因素，使全行业经营工作有了新的起色。完成工业总产值7 668万元，比1992年增长5.9%；实现销售收入8 233.4万元，比1992年增长15.2%；实现利润492.4万元。

中美合资弗·泰金属波纹管有限公司引进国外先进技术和管理，强化了企业市场意识，使公司经济效益年年有较大提高。1993年工业总产值2 176万元，比1992年增长16.8%；实现销售收入2336万元，比1992年增长29.5%；实现利润768万元，比1992年增长66.2%；完成出口交货值54万元，比1992年增长58.8%。

（郑光伟）

【沈阳仪器仪表工业总公司】 沈阳仪器仪表工业总公司是1965年建立的专业化工业公司。几经改革至1990年6月经市体改委批准改造成为企业性公司。总公司除管理市属仪器仪表企业外，本部还独立经营。

1993年总公司所属国有和集体企业各6户，中外合资企业3户和一个研究所——沈阳市自动化仪表研究所。有职工6044人，其中：工程技术人员451人，有工程师以上职称的139人；占地面积32万平方米，建筑面积10万平方米；主要设备876台，还有较为完善的计量理化专用检测仪器及装置；固定资产原值3 791.9万元，净值1 970.6万元；能生产8大类1 100多个品种的仪器仪表产品。产品覆盖全国（除台湾省外），并有部分出口国外。

1993年全公司完成工业总产值5492万元，比1992年增长2.1%；实现销售收入5 897.4万元，比1992年增长10.4%；实现利润—275.6万元。

沈阳仪器仪表工业总公司1993年突出抓好4件工作。

一是深化企业内部机制改革，重点抓企业内部劳动、人事、分配三项制度改革。沈阳测温仪表厂在全厂实行全员劳动合同制，上岗签合同,明确责权利。调动了职工的积极性,形成人人关心企业经营的良好风气。在标准热电偶市场饱和的情况下,这个厂瞄准用户急需非标准热电偶,替代进口产品的契机,及时开发非标准热电偶,不但满足用户急需,替代了进口产品为国家节省大量外汇,而且为企业闯出了一条新的经营门路。1993年仅非标准产品创产值就达100多万元。

沈阳市自动化仪表研究所在实行全员劳动合同制的同时,引进风险承包机制。全所工程技术人员按课题项目自由结合,根据课题的经济效益状况,实行多劳多得,不劳不得,不养闲人的分配办法。促进工程技术人员搞科研的积极性,使研究所的经济效益有了较大地提高。人均实现利润突破2万元。

二是从强化管理中要效益。以市场为导向,强化销售职能,充实加强销售力量,落实销售大包干合同,兑现销售承包责任状,调动销售人员的积极性,在占领国内市场的同时,积极开拓国际市场,把沈阳的仪表产品打入国外。1993年实现出口交货值276万元。沈阳分析仪器生产原子吸收分光光度计出口马来西亚2台,实现了沈阳大型仪器出口零的突破。

狠抓提高产品质量工作不放松。认真开展质量月活动,大力宣传产品质量法,针对生产工艺中薄弱环节,组织攻关,提高产品质量。沈阳自动化仪表厂通过加强现场管理,实现文明作业,整顿工艺,严肃工艺纪律,提高了仪表盘产品质量,达到机械部仪表盘生产许可质量标准要求,1993年获得机械部颁发的生产许可证。

向双增双节要效益。沈阳测温仪表厂坚持多年贵金属领用和回收制度,不但严格厂内铂铑丝的管理,不浪费点滴,不丢失分毫,而且把回收旧铂铑丝工作做到用户厂家,仅此一项每年可节约资金10多万元。1993年全公司通过开展双增双节活动,消化增支因素达153万元。

三是大力调整产品结构,积极开发新产品。企业在开发新产品中普遍注重开发档次高,附加值高,智能化,适销对路,市场前景看好的产品。沈阳天平仪器厂和中外合资沈阳合兴机械电子有限公司分别开发出加油机新产品,当年就成为这两个厂主导产品。沈阳电表厂开发的复费率电能表,1993年创产值达120万元。沈阳传感仪器厂开发的BP系列压力变送器产品,填补了沈阳微电子式自动化仪表的空白。1993年全公司开发新产品16项。新产品创产值达800多万元。

四是大力发展第三产业。在抓好全公司第三产业的同时,侧重抓好公司本部经营工作。随着公司本部经营范围不断扩大经营能力不断提高,过去只能销售小量仪器仪表,承接小型几万元到十几万成套供货项目发展到现在承接几百万元到近千万元项目成套。1993年经国家一委两部认证成为全国甲级机电设备成套供货企业。公司经营区域已由辽沈地区辐射全国,并走向世界。1993年水泥检测仪器及装置成套出口南亚和东南亚国家,出口交货值达70余万元。承接百万元以上自控系统项目达十多项,经营额达2 000余万元。盘锦有机化工厂顺酐工程,辽阳电化二硫化碳工程等均按质按量按期完成,并一次试车成功,受到用户和当地政府的一致好评。

1993年公司本部完成销售收入3051万元,实现利润28万元。

(郑光伟)

·标准基础件工业·

【概况】 沈阳基础件行业主要是由沈阳标准件厂,辽宁省液压工业公司,沈阳第一标准件厂和工具公司中的6个小型企业组成。沈阳标准件厂和辽宁省液压工业公司为大型企业,沈阳第一标准件厂为中型企业。1993年底全行业共有职工15100余人,拥有固定资产原值19 927万元,净值10 044.9万元。

1993年全行业完成工业总产值26 421万元,实现销售收入33 984万元,实现利润1 472.9万元,利税总额3 436.8万元,分别比1992年增长13.4%,45.2%,28.8%,25.2%。

1993年工作有以下几个特点:

1.加快对外开放步伐,与外商合资合作实现“零的突破”。沈阳标准件厂制氧分厂与法国液化空气公司合资成立沈阳液化空气有限公司。双方总投资额为1 387.5万元,其中法商占投资额40%。该公司主要生产高纯化气体和混合气体,现已投入生产。省液压工业公司的阜新液压件和抚顺液压件也分别同美国盖伊安公司和新加坡签约了合资办厂的协议。

2.加大调整经济结构力度,三产业实现跳跃式发展。1993年全行业第三产业实现销售收入15 986万元,利润400万元。沈阳标准件厂开办三产业132家,从业人员467人,占职工总数的10%,实现销售收入8 200万元,利润243万元,荣获机械系统发展三产业银牌奖。

3.加速技术改造,为开拓市场创造有利条件。省液压工业公司立足企业长远发展,在“七五”改造的基础上,“八五”又进行企业改造,使公司的规模和技术水平不断壮大和提高,固定资产原值达8 775万元,比“六五”末期增长了75%。同时不断调整产品结构,全年开发新产品28种,创产值4 205万元,利税855万元,该公司被机械系统评为先进企业。

(李韶华)

【辽宁省液压工业公司】 辽宁省液压工业公司是国家大型企业,全国液压行业四大公司之一,在全国同行业中占有十分重要的地位。公司下属10个生产厂。其中全民企业8个;集体企业2个,分布在沈阳、大连、阜新、抚顺、锦州及营口六个城市,有职工6 897人。其中工程技术人员493人,固定资产原值8 667.4万元,固定资产净值5 390.8万元,主要生产设备1 375台,并拥有完善的检测仪器及设备。公司主要生产液压液力,气动产品及液压系统。产品品种达88种,规格达885个,主要产品的设计水平和制造水平已达到国际80年代水平,产品服务领域延伸到工程机械、机床、电力、冶金、矿山、石油、运输、船舶及橡胶等

16个行业，部份产品随主机销往33个国家和地区。

1993年，公司上下紧紧围绕沈阳市机械局提出的“三年走向振兴之路”和公司提出的“一个转变，两个超过，三个突破，登上两个台阶”的战略目标，克服了资金严重短缺、原材料涨价、各种增支因素加大等重重因难，完成工业总产值17 621万元，比1992年增长26%；实现销售收入18 480万元，比1992年增长54.3%；实现利税2 912.7万元，比1992年增长32%；实现利润1 654.7万元，比1992年增长52%；完成出口交货值280万元，比1992年增长51.4%；公司1993年各项主要经济指标完成情况再创公司历史最好水平。

1. 加大固定资产投资力度，为发展积蓄了后劲。1993年公司技术改造总投资1 550万元。为今后的发展创造了条件，积蓄了后劲。

2. 坚持技术进步，加速开发新产品，为开拓市场创造了条件。全年开发新产品28项，其中阜新液压件厂研制开发的YB/HYD10汽车助力转向泵，大连液力机械总厂开发的高转速大功率液力偶合器，沈阳工程液压件厂研制开发的HTM液压马达已达到当代国际先进水平。

3. 三项制度改革取得一定成效，有利的调动了广大职工的积极性。通过劳动制度综合配套改革，全员劳动生产率提高26%，有力地调动了广大职工的积极性。

4. 产品质量稳步提高，废品损失大幅度减少。1993年，国家、部、省、市局对公司产品质量抽检42次，全部合格。全年废品损失额比年计划降低了10.1万元。

5. 第三产业迅速发展，取得了突破性进展。1993年第三产业全年实现销售收入7 280万元，比1992年增长95%；利润56.6万元，比上年增长10%；利税201.3万元，安置人数已占全公司职工总数的六分之一。

（刘学发）

【沈阳标准件厂】 沈阳标准件厂是国家大型企业，也是国内标准件行业的最大厂家。该厂技术力量雄厚，品种规格齐全，产品质量好，在国内外享有一定声誉。1993年全厂有职工5 000名，其中工程技术人员占职工总数的4.5%。该厂拥有进口和国产设备965台（套），年生产标准件能力近20亿件，目前能生产150个品种2万多个规格，其中高强度产品占年总产值的65%以上。产品为全国机床、汽车、石化、通用等行业配套，还远销欧美、东南亚等10多个国家和地区。

沈阳标准件研究所是设在该厂的国家二级研究所，具有一流的理化、计量、测试手段和大批专业人才。机械工业部紧固件产品质量监督检测中心、国家进出口商品检验局标准紧固件认可实验室和国家商检局、机械部联合认定标准紧固件产品出口质量许可证检测单位均设在该所，是国家标准紧固件行业科研、咨询、服务中心。

该厂还能生产和制造标准件专用设备和各种气体。专机制造分厂拥有大型机加设备，能生产30MM以下的各种冷镦机、搓丝机、冷拔机等。70年代曾生产大批冷镦机援建罗马尼亚和东南亚、非洲等国家。目前能生产国内先进水平的标准件母机；制氧分厂是生产氧气、氩气、氮气和高纯氮为主的气体专业化分厂，产品广泛用于钢铁、化工、医疗等各个领域，年生产能力达700万立方米。该分厂目前已同法国液化空气集团签订协议，合资生产各种气体。

自建厂以来，沈阳标准件厂到1993年末累计实现工业总产值16.9亿元，利税总额2.9亿元。尤其是“七五”期间，该厂投资3 290万元进行设备更新和技术改造，新建了工模具厂房，引进了德国阿切林公司制造的具有80年代先进水平的可控气氛淬火、回火、热处理生产线，购置安装了大型无氧化退火炉和翻版热处理生产线以及具备80代水平的多工位高效冷镦机，使该厂的技术水平和生产能力迈上新台阶。

目前该厂正在积极调整产品结构，开发新产品、增加型异件、扩大高强度、高精度产品生产，提高为国内重点工程配套及出口高附加值产品创汇能力，努力提高产品水平和经济效益。

（刘智谦）

交通运输设备制造业

【概况】 交通运输设备制造业是由汽车制造业、飞机制造业、铁路运输设备制造业、自行车制造业及交通运输设备修理业等行业构成，是沈阳市重要的支柱产业之一。1993年沈阳市全行业共有独立核算的交通运输设备制造工业企业436户，拥有固定资产原值389 360万元，固定资产净值248 540万元，年平均职工人数为166 193人。主要生产载重汽车、客车及汽车、摩托车零配件、机车车辆配件、铁路信号设备、铁路专用设备、器材、飞机、自行车等产品。

1993年全行业共完成工业总产值57.89亿元，比1992年增长11.51%；实现销售收入74.85亿元，比1992年增长25.11%，利润总额3.65亿元，比1992年增长80.84%；利税总额6.24亿元，比1992年增长45.13%；实现了经济效益与生产同步增长，取得了较好的成绩。

但是，尚有一些企业在激烈的市场竞争中，还不能完全适应社会主义市场经济发展的需要，存在着一些问题，致使全行业仍有95户企业亏损，亏损面为21.7%，亏损额为0.38亿元。

（刘玉林）

·铁路运输设备制造业·

【概况】 沈阳铁路运输设备制造业主要包括机车车辆配件制造业、铁路信号设备制造业、铁路专用设备制造业和铁路专用器材制造业。1993年沈阳市共有该行业独立核算工业企业24个，年末拥有固定资产原值 17 004 万元，其中工业生产用固定资产 14 499 万元，占全部固定资产的 85.3%。全部资金为 25 815万元。

1993 年，全行业完成现价工业总产值 34 296 万元，比 1992 年下降 6.4%；完成产品销售收入36 923万元，比 1992 年增长 48.2%；实现利税总额 2 074 万元，比 1992 年增长 1.7 倍；平均每一职工实现利税 2 345 元，比 1992 年增长 2.6 倍。在全市整个经济形势不太景气的情况下，沈阳的铁路运输设备制造行业呈现良好的发展势头。全行业工业经济效益综合指数达 94.8%，比全市工业经济效益综合指数高 23 个百分点。在 6 项经济效益指标中，分别较 1992 年有不同程度的提高。工业产品销售率为 97.9%，提高 0.2 个百分点；工业资金利税率为 8.0%，提高5.3个百分点；工业成本费用利润率为2.0%，提高2.5个百分点；流动资产周转次数为2.5次，加快0.8次；工业全员劳动生产率为 12 460元/人，人均提高7 190元；工业增加值率为32.1%，提高5.9个百分点。亏损企业由 1992 年 5 家降为 3 家，亏损额仅为14万元，亏损面比全市平均水平低10.5个百分点。

（*杜智娟*）

【沈阳机车车辆工厂】 沈阳机车车辆厂是铁道部直属的以修理制造机车车辆为主的国有大型企业。1993 年工厂全部占地面积为 159 万平方米，固定资产 3.2 亿元，各种机械设备 3 003 台，主要生产任务：检修东方红(3)(5)型内燃机车、新造货车、厂修货车、路用厂协配件。

1993 年，工厂以落实《全民所有制企业转换经营机制条例》为中心任务；“励精图治，开拓兴厂”。经受了原材料、燃料提价，企业上半年亏损 1 513 万元及厂房设备陈旧等诸多不利因素的影响，全面完成了各项生产任务。提前一个月完成年修 45 台内燃机车的任务；货车厂修完成 9 906 辆，为年计划的 101%；货车新造完成 1 537 辆，为年计划的 102.5%；路用厂协配件完成 40 867件（套）；为年计划的 101%（其中完成路用锻轴 5 385 根，为年计划的 107%）；钢水完成 9 642 吨，为年计划的 103.6%。全年完成工业总产值 2.4 亿元，为年计划的 114.4%；实现产品销售收入 4.7 亿元，为年计划的 182%；完成利润总额 470 万元，为年计划的 100%（并预留了工效挂钩工资额 860 万元）；万元产值能耗（折算标准煤）为3.18 吨，比计划下降了16.3%。

工厂在生产经营中，围绕建立社会主义市场经济体制和转换企业内部经营机制为中心环节，探索了一条适合企业自身特点的发展道路。

一是转换经营机制，出台了一系列内部改革举措。在铁道部工业总公司对工厂领导班子进行调整基础上，对工厂基层领导班子进行调整，加强了领导力度和开拓进取精神，以优惠政策鼓励接近离退休年龄的1 198名职工（含 546 名干部）办理离退休，减员 10%左右；采取 7 条措施，理顺了国有企业与所属集体企业的关系；调整经营承包方案，实行突出主业效益、主业和多种经营双向考核的多种承包模式；调整劳动组织，定岗定编，全厂减少干部总数 585 人，使工厂干部定员控制在职工总数的 18%以下；基建工程实行工程承包制和项目总负责人制，加快了工厂“胡子”工程的收尾工作。全年完成基建施工项目 24 项，完成总投资额5 571万元；根据国家有关房改政策，结合工厂实际，制订工厂房改方案，为工厂实行住房商品化奠定了基础；改革了工资分配办法，为工厂积极稳妥地实施岗位技能工资制打下了基础。

二是大干 5 个月(6 至 10 月）实现了“新造车上产量，检修车降成本，基建、设备保工期、保质量”的目标。通过大干，新造货车从原日产 3 辆提高到 5 辆；在向市场销售 370 辆新造货车的基础上，确保完成指令性计划任务；货车检修在执行新厂修规程价补政策不到位情况下，以全局为重，超产106 辆。全年完成技术革新项目 64 项，节约价值 368 万元，双增双节效果显著，全年节约价值 420 万元。

三是适应市场经济发展，大力发展多元化经营。工厂加强对多种经营工作领导，一名副厂长专门分管多种经营工作。工厂实业总公司现已发展成为拥有 41 家企业的综合性公司，自筹资金将工期已拖 12 年之久的一剧场工程，改造成为总营业面积 7 500 平方米的综合性商场—沈阳劝业场。为安置富余人员，多方位发展多经提供基地。全年多经系统实现销售收入 3 860 万元，利润 442 万元；大力进行新产品开发研制，完成 80t—m（16 吨）液压铁路起重机、15 吨蒸汽吊改内燃设计，按用户要求完成了 k36 米轨矿石车、沥青罐车、出口电车转向架的设计和生产；对 40 马力内燃机车及电气化铁路工程架线车进行调研并确认设计方案。

四是狠抓精神文明建设，提高职工生活水平。工厂在抓好物质文明建设的同时，还注重抓好精神文明建设，加强了思想政治工作。坚持搞好民主管理，尊重职工当家作主的权力，发挥两级职代会作用，提高了工厂决策的科学性和民主性。改善职工生活，集中资金进行棚户区改造，新建职工住宅 828 户，建筑面积 4.2 万平方米，建成了职工单身宿舍、第二中学幼儿园、退休职工活动室。全年职工平均收入比 1992 年增长 28.35%。

（*郑云才*）

【沈阳机车车辆配件厂】 铁道部沈阳机车车辆配件厂是铁道部直属中型企业，是铁路制动机专业化生产厂，省级先进企业。辽宁省文明工厂，是全国 500 家最大交通运输设备制造业企业之一。工厂占地面积 62 559 平方米，其中：总厂 22 301 平方米。固定资产原值 3 489 万元。全部设备 511 台，其中：大精尖设备 14 台。有职工 1 548 人，其中：国营职工 950 人。

1993 年主要产品，120 型货车控制阀、103/104 型客货车分配阀、GK 型三通阀、DK－1 型制动机、704 调压器及各种制动机试验设备，还生产 240 型内燃机车汽缸套、180、207、240 型内燃机车活塞环、蒸汽机车发电机及建筑用钢制门窗等。工厂产品主要供应铁路机车车辆维修和新造车配套,同时还出口东欧、亚洲、拉丁美洲等十几个国家。

1993 年是工厂以决战“八五”的气势,持续跳跃发展,突飞猛进的一年。在这一年里,工厂抓住铁路大建设,大发展,路用配件需求量大增的契机,主动出击,组织力量千方百计承揽计划外任务,使全厂任务达到超饱和状态。使制动机市场占有率达到 43%。在此基础上开足马力,挖掘潜力,努力增产。奋斗结果:工业总产值在 1992 年增长 20.8%的基础上又增长 30%,达到 1 885 万元,是 1991 年 1 200 万元的 157%。全员劳动生产率完成 19 845 元/人,比 1992 年提高 29.7%,利润实现 138 万元,创历史最好水平,产品综合一等品率达 95.31%。

工厂在“依靠科技进步,振兴沈配工厂”的思想指导下,加速新产品开发和老产品工艺改进。1993 年成功地试制了具有高技术含量的 120 型货车空气控制阀并投入试生产。同时近几年研制的新产品中年内已鉴定 6 种,有 DL 试验台、切控阀试验台、F8 阀试验台、JZ-7 列车试验器和 WK701 试验台、WK705 试验台。在老产品工艺改进上,采用铜管代替尼龙管,铜套改用挤制铜管等多项新工艺,提高产品质量。1993 年工厂主要领导亲自带队走访用户 35 家,技术服务 24 户,受到用户好评。

1993 年工厂加大改革力度,首先调整产品结构,建立适应市场需要的制动机专业化生产机制,年内制动机及其试验设备生产比例已达到 85%,实现以制动机为主的产品结构调整。其次深化三项制度改革,简化机构,减少层次,先后将 8 个科室合署为 4 个部门,撤销劳服公司党总支一级中间机构。按“高效率、满负荷、快节奏”的要求,完成定编定员工作,使生产一线人员比例由 36.6%增加到 45.3%。改革劳动制度,试行全员劳动合同制,职工的身份由国家职工变为企业职工。分步实施,先在二线人员签定劳动合同,年末已签合同 275 人,占全厂职工 29%。计划 1994 年全部实行合同制。中层干部实行聘任机制的任命制。一人多职,一职多能,党政交叉任职,中层干部兼作具体业务。规定不具备文化程度和男 55 周岁,女 50 周岁以上,不再担任中层干部。对 50 个中层干部岗位调整 14 名,占 28%,新提拔 6 名,占 12%,对因领导不力致使经济效益下滑的二分厂领导班子成员全部免除职务。改革工资制度,实行岗位技能工资制,进一步拉开不同岗位工资档次,加大了向一线倾斜度,调动了全厂职工的积极性。

进一步加强企业管理。强化劳动纪律管理,严格考勤制度。加强劳动定额管理下调工时定额 18.1%。加强以严格工艺纪律和定置管理为核心的文明生产管理,建立良好的生产秩序。制定企业自我保护措施,有效的防止人才、产品技术外流。严格财务制度,制定有效的资金回收办法。保证决战“八五”目标的实现。

(关华丁)

【铁道部沈阳桥梁工厂】 铁道部沈阳桥梁工厂是中国铁路工程总公司直属工厂,是国家二级企业,大二型企业,省级文明单位,是为铁路建设生产各种工程机械、钢梁钢结构、养路机械和铁路扣件系列产品的专业制造厂家。1993 年有固定资产净值 6 788 万元,国营、集体职工 4 208 人,科技人员 677 人,厂内设 16 个分厂,38 个科室和部门。主要产品,1993 年正在生产的征山 T200 系列推土机,CTY9 型液压拖式铲运机,可移动 25 吨电动架车机,双梁门吊,货车综合调梁机,Ⅰ、Ⅱ型条扣件,重轨弹条扣件,轨缝调整器,钢梁钢结构产品及各种规格的轨枕模板等养路、筑路机械,产品远销国内 29 个省、市、自治区及东南亚、美国等国家和地区。实尺轨道动力试验设备,以高水平的质量,可靠的工期,良好的服务受到中外专家的赞誉。

1993 年是铁路建设大发展的一年,是工厂扭亏为盈的一年。厂领导班子抓准这个机遇,带领全厂职工,团结奋战创造了销售收入、工业总产值、主要产品产量、实现利税、多种经营实业公司创收、职工人均收入 6 项指标历史最好水平。被沈阳市企业评价协会、市统计局评审认定,工厂进入全市 100 家经营大户行列。实现销售收入 20 718 万元,比 1992 年翻一番;工业总产值 9 044.4 万元,比 1992 年增长 34%;征山推土机和弹条扣件年产量分别突破百台和 3 个一千万的大关;实现利税 855 万元,多种经营实业公司创收入 600 万元;职工人均收入 4 288 元,比 1992 年增长 35.8%。

该厂坚持以经济建设为中心,解放思想,真抓实干,正确处理宏观调控与上台阶的关系,紧紧抓住铁路大发展的极好时机,深入开展“四个大会战”,促进了各项工作不断迈上新台阶。

1、精心组织,统一指挥,打好生产大会战。年初,根据总公司领导干部会议精神,围绕“打好生产大会战”的总体布局,工厂建立了强有力的生产组织指挥机构,加强领导,精心组织,严格考核,开展“爱工厂,做主人,比贡献”的生产立功竞赛活动,调动了职工积极性。生产记录不断刷新,创造了月产弹条 100 个,道钉 120 万个,挡板 161 万个,推土机 13 台,铸钢 86 吨,模板 55 套的历史最高纪录。工厂承接的中美合作世界最大的机车车辆及扣件试验场的实尺轨道动力试验设备制造任务,技术标准高,质量要求严,结构庞大,制造工艺复杂,是部高科技攻关重点项目。承担如此大型复杂的钢结构生产,关系到国家的声誉。为确保工程质量、进度,为国争光,工厂成立了以厂长为首的重点工程领导小组,并责成一名副总工程师具体负责各部门的协调指挥,并分三阶段组织攻关会战。先后召开两次誓师大会,工程技术人员与工人紧密配合各部门协同作战,攻克了 24 000个高强螺栓联接孔钻孔精度等技术难关,实现了下平联一次试装成功,在大型钢梁、钢结构的生产技术水平方面跃上一个新台阶。

2、抓产品质量,打好技术进步和新产品开发大会战。在生产大上的同时,工厂进一步强化产品质量管理,认真落实质量责任制,狠抓产品生产全过程的跟踪考核和售后服务工作，实行优质奖和产品质量“包赔制”。根据铁路市场需求的变化，进一步加快新产品开发的步代，积极组织开展技术攻关活动，广大工程技术人员经过潜心研究，反复试验研制开发了市场急需的重轨Ⅱ型、Ⅲ型弹条扣件等新产品6项，其中重轨Ⅱ型、Ⅲ型弹条扣件，经检查鉴定产品质量性能达到国际标准水平，已投入批量生产。实尺轨道动力试验设备6万孔无一差错，实现了一次组装成功。征山T200推土机在全路青工技术大赛上显神威，在超负荷、高速、重载的比赛条件下，以良好的整机性能和内在质量经受了考验未发生任何故障，受到大赛组委会及各方面领导、专家及参赛选手的好评。

3、集中力量，打好基建改造大会战。1993年工厂共完成基建改造投资1 276万元，全面完成了弹条厂房改造及内部生产线调试，并已投入试生产。23#、24#家属住宅楼全面竣工，新增住宅面积10 707平方米，完成了一吨熔钢炉及西部旧水线改造。为配合生产大会战，工厂组织完成重大技术改进5项，落实技术改进项目177项，有力地推动了生产的发展。

4、狠抓内部管理，打好增产节约，控制成本，提高经济效益大会战。1993年工厂在原材料紧缺且价格上涨1992年亏损的情况下，强化内部管理，自我挖潜，增加效益。年初，召开增产节约工作会议，提出了紧急动员真抓实干，坚决打好增产节约、控制成本，提高效益大会战，誓夺增产节约800万的全面胜利的动员号令，为全面完成增产节约目标，杜绝潜在损失浪费，搞活资金，在全厂组织清仓查库工作，实现了扭亏为盈的奋斗目标。

1993年工厂的经营特点：第一，机遇意识强，行动快，抓得早。第二，紧紧依靠广大职工深化改革，转换机制，推行《厂内离岗待业制度》，分厂制和岗位技能工资试点。第三，推行了安全生产，安全消防责任承包，落实责任，保一方平安。第四，坚持“两手抓”的方针。在发挥行政、经济手段作用的同时，注意加强党的建设，改进党的领导，取得两个文明建设的双丰收。

（魏丽萍）

【沈阳铁路信号工厂】 沈阳铁路信号工厂始建于1937年，至今已有50余年历史。1993年末，区占地面积95 243平方米，有职工2 920人，其中工程技术人员436人，直接生产人员1 885人，占职工总数64%，固定资产净值6 318万元。产品分两大类，即通信产品和信号产品，通信产品主要有100—6000型纵横制自动电话交换机及其监测设备，信号产品主要有单元拼凑式操纵台，各种类型继电器，XSZ信号机构和各种规格色灯信号玻璃等铁路专用产品。

1993年，工厂提出“调整、扩能、增效、上台阶”的经营总方针和实现利润200万元的总目标。当年，主要经济指标和主要产品产量有大幅度增长，工业总产值(不变价)完成5 264.5万元，是计划指标的103.2%，比1992年增长4.2%；现价工业总产值完成8 671.8万元，是计划指标的103.2%，比1992年增长42%；完成利润200.9万元，是计划指标的100.5%，比1992年增长54.5%；上交利税623万元，比1992年增长41.3%。信号继电器年产量447 938台是计划指标的112%，比1992年增长35.7%；交换机产量7 496门，是计划的112%；XSZ信号机构完成830台，是计划的138%。

1993年，继电器组装车间对继电器调整工人试行“质量工资含量”办法，保证了继电器产品质量稳定提高，一次交检合格率达到96.67%。新产品研制工作通过总公司，铁道部鉴定项目8项，投入现场试验项目3项。新开课题研制项目4项。由韩国引进技术，工厂投资新建化学活性炭厂，仅用4个月时间，完成基建、设备制造和安装任务，一次试炉成功，各项技术指标均达到规定要求。

1993年，工厂加大改革力度，对劳动人事、劳动工资、劳动保险三项制度进行综合配套改革，先后出台21项政策，主要内容有：全厂职工100%签定劳动合同书，由过去的固定工变为企业合同工；工资制度改革由过去的固定工资改为岗位技能工资，从而打破以往的铁饭碗和大锅饭；对干部，由过去的终身制改为干部聘任制，工人实行合理组织竞争上岗；对下岗落聘人员进行集中培训，建立人才交流培训中心，妥善安置富余人员。（李长春）

·飞机制造业·

【概况】 沈阳飞机制造业是全市交通运输设备制造行业的主要支柱之一。由沈阳飞机制造公司、沈阳黎明发动机制造公司、沈阳兴华电器制造公司、沈阳滑翔机厂等4家企业所组成。全部为中央部属独立核算大中型企业。1993年，这些企业完成工业总产值占整个交通运输设备制造行业产值总数的21.3%，比1992年增长13.4%；实现产品销售收入15.9亿元，比1992年增长28.5%。

1993年，该行业拥有固定资产原值12.6亿元，职工4.7万人，全年平均每一职工实现利税1 757元，比1992年多创利587元。工业经济效益综合水平情况完成不够理想，该行业经济效益综合指数仅为58%，低于全市平均水平13.8个百分点。其中：工业产品销售率为81.3%，低于全市平均水平13.9个百分点；工业资金利税率3.7%，低于全市平均水平1.9个百分点；工业成本费用利润率2.6%，高于全市平均水平0.3个百分点；流动资产周转次数0.9次，低于全市平均水平0.4次；工业全员劳动生产率8 627元/人，低于全市平均水平62 120元/人；工业增加值率25.9%，低于全市平均水平1.9个百分点。

（杜智娟）

【沈阳飞机制造公司】 1993年，沈阳飞机制造公司以加速向社会主义市场经济体制转换为中心，进一步加大配套改革的力度，调整优化生产经营组织机构，使企业活力不断增强，科研、生产和经营出现了前所未有的喜人景象。军民品生产主要经济指标再创历史最好水平,工业总产值、产品销售收入、实现利润分别比 1992 年增长 15%、21.4%、24.4%。其中民品销售收入突破4.2亿元,外贸创汇 557 万美元,分别增长 27.8%和 10.1%。为提前1年实现“八五”目标奠定了良好的基础。

1、坚持航空为本,狠抓新机研制。该公司在调整产品结构,向军民结合型企业转变中,始终注重大力加强飞机研制队伍的建设,保持了一支雄厚的航空科研设计力量,在技术改造资金投向上,优先保证航空产品科研生产的需要,引进了先进的电子计算机、数控测量机、绘图机和数控铣床,建立了一批新工艺、新材料生产线,从而增强了发展航空产品的后劲,较好地按国家计划完成了军品研制和生产任务。

2、加速民品开发,强化民品销售。该公司为了扩大民品的市场占有率,大力加强产品开发工作。先后建起了汽车、铝合金制品、烟草机械、通路地板等 10 条民品生产线。其中年产 1 000 辆旅游车的生产线,经国家验收委员会验收后,已相继自行设计制造了 7 种高档旅游车和中档团体客车。其中一部分已销往加纳、阿曼、南美等国家和地区。1993 年该公司生产各型客车 808 辆,比 1992 年增长 41.8%;客车销售收入 1.6 亿元,增长 60.3%。同时,该公司各基层单位的自揽民品也好于 1992 年,自揽民品产值完成 7 434 万元,增长 6.9%。

中型空调客车

3、在对外贸易方面,先后向美国、英国、德国、加拿大等国客商出口交付了飞机货舱门、应急舱门、方向舵、翼助、机加件等产品。还向新加坡、香港、阿联酋、日本、美国出口通路地板、客车、轻型越野车、金属网制品、不锈钢链条等机电产品。全年共创汇 557 万美元,比 1992 年增长 10.1%。

4、大力发展与国外及港台的合资合作。1993 年,与香港航空基金会合资建立了“沈阳沈飞汽车制造有限公司”、与美国肯特公司合资建立了“沈阳飞特豪华家俱制造有限公司”、与美国太亨期货公司合资建立了“沈阳亨发期货经纪有限公司”,从而为该公司进一步走向市场奠定了基础。同时,该公司机关各部门的第三产业发展迅速,全年共办三产企业 107 家,从业人员 618 人,年销售收入 4 388 万元。

沈阳飞机制造公司还注重发挥企业的科技优势,加速科技成果的商品化。1993 年,进入全国百强企业行列,全年技术贸易成交额突破 1 亿元,比 1992 年增长 7.5%。

(谷云龙)

【沈阳黎明发动机制造公司】 沈阳黎明发动机制造公司是中国航空工业总公司重点企业,是国家“一五”期间重点建设项目之一。1993 年公司在生产经营、深化改革、科技进步、产品开发、对外贸易等方面取得了新的成果。全年实现利润 774 万元,销售税金 2 377 万元,全员劳动生产率为 4 892 元/人(用增加值计算)。

——以科技进步开拓市场,促进民品生产稳步增长。全年实现民品产值 3.59 亿元,比 1992 年度增长 22.7%。摩托车发动机 6.1 万台,比 1992 年度增长 27%,整车2.6万辆,比 1992 年增长 28%。民用煤气表完成 16.5 万块,铝型材制品 17 万平方米,全部铝型材挤压 4 070吨,增压器4 007台。公司工业民品完成产值1.05亿元,比 1992 年增长16.3%。公司民品开发完成了家用煤气表、纺丝升压泵、涡轮气体流量计、不等截面板式换热器等 9 项鉴定,有的接近或达到了国际、国内先进水平。公司一、二类压力容器制造已取得生产许可证。全年共有 11 项科技成果获奖,申报专利授权 11 项。公司“聚四氟乙稀唇口骨架油封”、“不等截面板式换热器”两项专利被列入沈阳市“百亿工程”。这些都拓宽了民品发展渠道。

——以民机航空零部件转包生产带动公司技术上水平。全年创汇 559 万美元,比 1992 年增长 22%,首次突破 500 万美元大关。通过高技术复杂程度的零件的加工,提高了公司冷热工艺的加工水平。公司的喷涂、喷丸、荧光检验、水渗探伤、真空钎焊、干膜润滑等 18 项特种工艺技术获得了美国 GE 公司《特种工艺批准书》,为公司成为稳定的供应商、唯一的供应商创造了条件。公司承制的 9 种 GE 公司与法国 SNECMA 公司的样件有 8 种通过外商评定,取得了突破性进展。与俄罗斯萨辽特工厂合作,积极开展发动机修理和技术、贸易往来。

——夯实基础、多种经营寻求更大发展。为深化改革、调整公司产业结构,公司加强了对第三产业的组织与领导,积极筹建第三产业发展总公司,制定了公司加快发展第三产业工作规划。多渠道筹集资金,开发厂南商业一条街。1993 年 12 月 22 日,建筑面积 1 600 多平方米的商业楼投入使用。公司解放思想、转变观念,树立大三产、大市场观念,发挥优势,寻求更大发展。

——深化改革,强化管理,转换企业经营机制。1993 年 10 月份公司实行了全员劳动合同制,公司建立起了新型劳动关系。公司在理顺职能的基础上,进行了机构调整,精干了队伍。为加快经营机制转换,给民品厂下放了 13 个权限。认真贯彻“两则”,顺利实现了转接。公司有 14 项现代化管理成果获部、省、市级成果奖。

(杨常云)

·汽车制造业·

【概况】 1993年末，沈阳市共有独立核算汽车制造工业企业180家，比1992年增加36家。这些企业拥有职工7.2万人，固定资产原值18.7亿元，新增5.1亿元，占全市新增固定资产的8.2%。其中工业生产用固定资产16亿元，占全部固定资产的85.6%。固定资产净值13.8亿元，固定资产新旧程度为78.6%，高于全市平均水平10.1个百分点。全部资金为55.8亿元，其中流动资金平均余额42亿元。全行业完成工业总产值45.6亿元，比1992年增长9.3%；实现产品销售收入44.7亿元，比1992年增长16.1%；实现工业增加值8.8亿元，占全市工业增加值的6.2%。

1993年，汽车制造行业工业经济效益综合指数为84.8%，高于全市平均水平13个百分点。工业产品销售率为93.5%，低于全市平均水平1.7个百分点；工业资金利税率8.3%，高于全市平均水平2.7个百分点；工业成本费用利润率7.6%，高于全市平均水平5.3个百分点；流动资产周转次数1.1次，低于全市平均水平0.2次；工业全员劳动生产率12 299元/人，高于全市人均水平1 552元；工业增加值率19.3%，低于全市平均水平8.5个百分点。

1993年，全市汽车制造行业中，有19家企业生产装配汽车整车，其余161家主要从事汽车零部件及配件制造业。汽车零部件及配件产值占整个汽车制造业产值的21.6%。全年生产汽车整车43 404辆，比1992年下降21.7%；其中：载重汽车16 964辆，比1992年下降43.4%；越野汽车5 416辆，比1992年增长16.2%；客车19 058辆，比1992年增长0.6%；改装汽车14 160辆，比1992年增长5.6倍；专用汽车1 599辆，比1992年增长60%。

（杜智娟）

【深化改革加速金杯汽车发展】 1993年，金杯汽车股份有限公司进一步深化各项改革，转换企业的经营机制，以求得金杯事业的新发展。

进一步完善了股份制试点工作。公司按照国家《股份有限公司规范意见》，修改了《公司章程》，调整了公司董事会成员，建立了公司监事会；根据部分企业转属的实际情况，调整了公司的股权和股本结构；实现了新会计制度工作的接轨，通过一系列的完善工作，使金杯公司股份制运作进一步规范化。

进一步深化了三项制度改革，一是精简了机构，压缩了编制。金杯公司内部机构调整后，工作人员由351人减少到214人，减少了40%；金杯公司所属各单位职能机构由433个减至337个，减少了22%；管理干部由5 309人减至4 096人，减少了7.2%。二是打破干部和工人界限，凭能力和业绩竞争上岗。先后提拔8名优秀青年进入企业领导班子，占基层班子成员的4.6%。解聘和调整使用12名企业班子成员，占基层班子成员的6.9%。三是对职工实行全员合同管理。到去年底，全公司已有90%的员工签订了《劳动合同》和《上岗合同》。共拨离分流3 018人，占职工总数的7.7%。有477人被解除劳动合同，占职工总数的1.2%。四是进一步改革分配制度。金杯公司在所属单位推出了“包死基数，逐年递增，超额分成，鼓励创收”的承包经营办法。将企业经营状况同经营者和职工的切身利益挂钩。在企业内部全部推行岗位技能工资，职工按岗位、技能和贡献获得报酬。解决了企业经营好坏一个样，职工贡献大小一个样的弊端。通过深化三项制度改革，做到了干部能上能下，员工能进能出，工资能高能低，这是转变观念、转换机制的一大进步。

金杯公司1993年各项指标完成情况如下：完成工业总产值195 022万元；生产汽车31 846辆，其中：生产轻型货车16 256辆，生产轻型客车15 590辆；生产汽车发动机37 550台；完成汽车配件产值50 495万元；实现销售收入310 100万元；实现利润总额26 100万元；实现税金10 000万元；实现出口创汇1 669万美元。

（张庆春）

【全力技术改造调整产品结构】 金杯汽车股份有限公司为实现“八五”改造目标，1993年提出了“集中全力改造、调整产品结构”的技改方针，并将技术改造工作做为站稳脚跟的战略措施来抓。

1、各项指标完成情况。1993年实施在建项目31项，其中续建项目27项，新开项目4项；全年累计新增投资20 197万元，完成投资27 558万元，投资额与完成额分别为1992年的87.2%和109.8%；完成土建项目15项，建筑面积45 290平方米，购买各种设备388台套，其中引进国外先进设备24台套。

2、技改项目前期工作。为使技术改造项目在资金缓解后能够尽快进入实施，在市各综合部门、金融机构的支持下，打破常规，使除铸造、锻造等个别项目之外的24个技术改造项目的前期工作到位。这些项目完成了立项、可研阶段的审批工作，大部分项目的初步设计亦已完成，其中4个项目进入实施。

3、“七五”改造的收尾工作。在国家计委、经贸委、中汽公司和省市各综合部门的支持下，金杯公司“七五”国家重点项目—沈阳轻型汽车技术改造项目顺利通过了国家级验收。包括金通、金客、汽齿厂、车桥厂在内的轻型汽车及变速器、主被动齿轮、前后桥“4亿”重点项目共完成投资78 981万元，实际完成实物投资62 091万元，实物投资额为计划的101.8%。“七五”项目的完成，使金杯公司主机厂的生产工艺水平达到了国内先进水平。

4、调整产品结构。通过技术改造，金杯公司的制造工艺水平有了较大的提高，制造手段有了相当的改善。为开发新产品，调整产品结构创造了前提条件。1993年，金杯公司根据用户的不同需要和市场变化，下大气力进行了老产品改进和新产品开发。共开发新产品31项，实现新产品产值79 294万元，创利税5 635万元。开发了SY1041型柴油车、单胎低货厢车等14个品种。其中有些品种已投入生产，柴油车还出口约旦国20台。开发研制了SY6480系列专用车7种，12人座和8人座变型车2种。开发研制了SY6474A、SY6475和SY6475A三种轻型客车，经海南定型试验，年底通过鉴定。还开发了SY6590中型客车，经二轮试验，已通过鉴定。

SY6480轻型客车的国产化工作取得了一定的进展。1993年向日方申请减货2次，共675种件，目前日方已同意，1994年将对其中的432种件实行减货，国产化率累计实现20%，轻型客车SY6480A第三轮四台样车的试制、海南试验及产品鉴定、上目录工作已经完成，即将投入试生产，该车自制件率达65%以上。SY1041轻型货车车身37种件国产化工作已基本完成。1994年7月份以后，SY1041车将不再装国外件。

（张庆春）

【加快合资合作　增强企业竞争力】努力实现合资合作是加速沈阳工业发展的客观要求。1993年，金杯公司把“加快合资合作步伐”作为公司发展的战略任务，积极与发达国家和厂商广泛接触，寻找合资合作伙伴，全年接待境外团组86个，接待境外人员180人次。对外合资合作工作取得了新的成果，合资合作项目取得了新的进展，共洽谈了13个主要项目，其中：

总装车间

1、沈阳金杯特种泵制造有限公司与瑞典飞力公司就合资生产系列潜液电泵达成意向，并正在进行合资项目的可行性研究报告商讨及编制。

2、沈阳汽车传动轴厂与美国德纳、台湾台亚公司就合资生产汽车传动轴系列产品达成意向，并完成了合资项目的可行性研究报告。

3、沈阳汽车离合器厂与日本丰田车体公司就汽车内饰件生产达成合资意向。

4、金杯公司与日本丰田汽车公司就汽车前桥、后桥、转向器三大总成达成技术合作协议，拟于1994年3月签约。

5、沈阳汽车座椅厂与日本丰田车体公司就生产海狮车高档座椅开展技术合作，双方已达成合作意向。

此外，金杯公司与日本丰田汽车公司就金杯客车整车的合资，发动机项目的合资，变速器项目的合资，以及丰田金杯技工培训中心二期扩大援助项目正在进行积极的洽谈。与台湾兆泰公司、日本爱新精机公司等就汽车散热器制动泵、离合器等项目的合资合作也在积极的进行中。

为实现金杯汽车产品、质量的新飞跃，实现零部件配套厂与主机厂的同步发展，增强企业整体竞争力，金杯公司正在积极扩大合资合作领域，吸收借鉴国际先进的技术管理，使金杯汽车成为一流产品，走向世界。

（张庆春）

【多种经营　提高经济效益】金杯公司在多年的经营实践中深刻地认识到，市场经济既提供机遇又充满风险，企业实行多种经营不仅可以降低企业费用，充分利用人力和物力资源，还可以增加创收渠道，增强承担市场风险的能力。为此，金杯公司在全力抓好轻型客车和轻型货车两个系列主导产品的同时，先后开发了特种泵、开发了房地产、开发了运输业，以及金融业和各种综合经营业务。1993年，金杯公司多种经营工作取得了显著的经济效益。金杯房地产公司异军突起，全年实现利润796万元，人均实现利润达30万元；金杯产业开发总公司在成立不到一年的较短时间里，便显示出其生机和活力，创利润123万元；金杯汽车物资总公司利用自身优势，组建了11个独立经营的二级经销公司，1993年再次创出实现利润569万元的好成绩。截止到1993年底，金杯公司共兴办自负盈亏、自主经营的多种企业187户，注册资金30 408万元，从业人员达4 143人。1993年多种经营实现利润3 071万元。

（张庆春）

【金杯汽车股份有限公司】金杯汽车股份有限公司是由沈阳市人民政府和国家经委批准，在原沈阳汽车工业公司基础上改造并发展起来的规范化的大型股份制企业；是融科研、生产、经营、开发、教育、外贸等为一体的经济实体；是全国大汽车制造公司之一。1992年在中国500家最大工业企业排序中位居第35位，在中国交通运输企业利税总额前10位中名列第8位。

公司现有直属生产企业20家，并设有物资、销售、配件、财务、汽贸、房地产、产业开发、实业8个子公司，以及轻型汽车研究所、金杯公司教育中心和金杯汽车大厦。还在世界著名的汽车城美国底特律建立了从事汽车贸易的海外公司—金杯汽车贸易公司。公司现有职工39 000人；各类专业技术人员6 300人，其中工程技术人员2 600人（含高级工程师210人）。公司注册资金11.89亿元人民币。公司股本总额为828 919 400股。其中：国家股517 621 900股，占股本总额的62.45%；法人股111 297 500股，占股本总额的13.42%；个人股200 000 000股，占股本总额的24.13%。资产总额达536 155万元。企业占地面积250万方米，房屋建筑面积为120万平方米。拥有主要生产设备6 600台（套）。公司的主要产品是与美国通用汽车公司合资生产的GMC牌S10系列轿卡车、厢式车和金杯SY1040、SY1041系列轻型货车。同日本丰田汽车公司技术合作、与香港华晨汽车控股公司合资生产的金杯牌 SY6480(海狮)系列轻型客车和 SY6474 系列轻型客车。以及各种汽车配件和特种潜液电泵。

金杯公司是国家经济体制改革的试点单位,从 1984 年组建至今,在全国率先推出了试办企业性实体公司,进行小型工业企业租赁经营的试点、进行资产经营责任制试点、进行企业破产倒闭处理试验、进行股份制试点五项重大改革。通过技术改造和引进开发,产品水平达到国际 90 年代先进水平,年生产能力达到生产 6 万台各种轻型汽车能力。公司的金杯轻型货车和轻型客车连续四年在全国同行业质量评比中获第一名,并于 1988 年率先获机电部优质产品称号。1992 年 SY1041 轻型货车、SY6474 轻型客车在中国保护消费者协会组织的评比中被评为金奖。金杯牌 SY6480 轻型客车被国务院社会调查事务所评为中国乘用车名牌产品

"八五"期间,金杯公司将坚持高起点、大批量、专业化的原则,围绕产品上水平、上能力、上质量、加快对外合资、合作和技术改造步伐,形成 SY1041、SY6480、S10 三个系列汽车 10 万辆的生产能力。到"八五"末期,预计金杯公司可实现年销售收入 101 亿元,实现利税总额达到 13 亿元。

(*张庆春*)

计算机工业

【概况】 1993 年,长白集团根据国内外市场导向,积极调整发展战略,发挥高科技产业集团科技先导作用和整体优势,在深化企业改革,转换经营机制,发展规模经济方面采取了一系列重大举措,确立了"科技兴业,大力调整产品结构、技术结构、人员结构、组织和投资结构,重点发展应用产品、应用系统和应用软件,上产业规模、上技术水平,实施全方位股份化经营"的发展方针,经济实现了跳跃式发展,提前半年完成了全年计划目标,各项主要经济技术指标均创历史最好水平,在全国 18 家计机集团公司中,长白集团利润总额列第 3 位;销售收入和利润增长幅度分别列第 3 位和第 4 位,在电子行业百家企业中按利润指标排名长白列第 27 位,人均创造效益在辽宁省电子行业名列前茅。

1993 年销售收入48 911万元,利润4 508万元。比 1992 年分别增长79%、368%;比同行业平均增长幅度高43.8、229个百分点。

【以用立业,发展计算机信息产业】 长白集团面对国内外市场激烈竞争,剖析了自身的问题,提出了解决制约集团发展的"结构性矛盾"和"素质性矛盾"的具体途径。在科技开发重点和产品发展方向上,坚持以信息技术为主导,以计算机应用为突破口,以改造传统产业为重点,以跟踪吸取国外先进技术为方向,实行自主开发同国内外多种形式的合资合作相结合。以计算机技术研究设计院、软件发展公司、计算机系统工程公司为主要技术支撑,发挥计算机技术研究集团成员中科研院所、大专院校及企业自身专业技术人员的优势,加速科技成果向产品转化,在具体作法上逐步实现 4 大转变:即单向应用系统向系统综合应用转变;简单组装型向各类零部件加工、OEM 产品和系统集成转变;产品单一化向产品多样化、系列化转变;产品规模小,成本高向产业规模经济转变。

重点发展的产品是;微机系列产品,工业控制机应用类产品,通讯类产品和各类打印机产品。并利用现代化工艺手段,加快实现上述产品的本地化。

1993 年共有 36 项新产品通过了技术鉴定,其中达到国际同类产品水平以上的 19 种,主要产品有 LQ—1600K 系列打印机、Acer506 Ⅱ 406 激光打印机、CB—LA 汉化应用软件、系列微机矿山防爆保护装置等微机应用产品;国内领先水平的 12 种,国内首创 2 种。

1993 年共有 8 种新产品投入批量生产,完成新产品产值 19 473 万元,新产品利税 1 841 万元。工业控制机在引进技术基础上开发了自已的品牌 CB—IPC—286 和 CB—IPC—386、SYR—C20 和 SYR—X01(远方数据终端)及汉化应用软件,广泛应用于电力调度,矿山、银行、文教等领域,电力调度装置占东北市场 65%以上。在 LQ—1600K 打印机生产及软件开发基础上,新一代的实用型 LQ—100K、LQ—1900K 和 LQ—2000K 打印机及与宏基公司合作的 Acer506 Ⅱ 406 激光打印机,将陆续投入批量生产。与香港合资组建了沈阳亚医科技有限公司自行开发了中医电脑疾病诊断系统,产品远销到香港,东南亚地区和俄罗斯。

1993 年,公司"八五"技改项目已基本竣工投入使用,通过改造形成了年产微机 4 万台,工业控制机 5 000 台,系列打印机 18 万台的生产能力,以适应大公司大市场战略的需要。技改目标的实现,壮大了公司的经济实力,为参与国家重点工程建设和同国际经济接轨创造有利条件。1993 年,公司根据部关于"三金工程"的布署,积极同辽宁省及沈阳市各有关方面蹉商,努力争取承担辽宁省及东北地区"三金"工程的建设。

【实施全方位股份制经营】 1992 年 7 月,经沈阳市体改委批准和国家认定,长白集团以部分国有资产评估界定成立了长白计算机股份有限公司。1993 年 4 月 28 日,"长白法人股"在北京 STAQ 系统溢价上市,成为国内电子行业第一家法人股上市公司,1993 年 12 月,长白法人股完成股权结构调整后,在全国配股发行。

股份制以资产为纽带,使企业的资金困扰得到了缓解,同时为企业注入了激励机制和风险机制,加速把公司推进了大市场。股份制促进了公司内部生产要素的优化配置和资源的合理流动。目前,长白计算机股份有限公司已成为长白集团的核心,是长白集团的投资决策中心,资金调配中心和利润分配中心,以股份公司为投资主体的对外参股、控股,形成了多种经济式并存的股

份制经营的多家独立经济实体，包括全资控股子公司，控股和参股公司以及多家股权式中外合资企业。股份公司还在香港、日本、美国、俄罗斯等国家和地区和国内中心城市开办了公司和经贸窗口，形成了全方位经贸营销网络体系。成立了“第三产业经济技术发展总公司”发展多元化经营。形成了科工贸一体化的产业体系新格局。

电子工业

【概况】 1993年沈阳市电子工业企业连续实现经济高速增长50%目标的第二年。由于各级党政组织的模范带头作用，广大职工奋力拼搏、扎实工作，取得了跳跃发展的瞩目成绩。全年完成工业总产值9.5亿元，比1992年增长50.6%；实现产品销售收入5.2亿元，比1992年增长77.1%；实现利税3 956.4万元，增长2.1倍；其中实现利润630.9万元，增长6.6倍；三项资金占用下降49.7%；资金周转180天，比1992年加快120天；亏损企业亏损额比1992年下降46.7%。

产品结构在1992年已向合理方向转化的基础上，1993年又有了可喜的变化，投资类产值占工业总产值的46.5%，比1992年增长88.2%；元器件类产品产值占工业总产值的38.9%，增长13.6%；消费类产品产值占工业总产值14.6%，下降65%。沈阳电子工业多年来命系彩电的不合理布局已经得到根本改善，现今的产品结构正朝着最佳方向发展。

一年来，沈阳电子工业局经济工作紧紧抓住了实行三个转变（转变观念、转换企业经营机制、转化政府职能）这个突破口，在实践上敢于突破。首先在全局范围内抓了两个股份制企业试点，将沈阳百花集团，北松家用电器厂改造为北松电器股份有限公司；以辽宁试验设备厂、辽宁无线电压铸厂、沈阳电子外贸公司、沈阳电子房屋开发公司4家企业，以参股形式组建了中天电子发展股份有限公司。两家股份有限公司建立后，经营状况取得了令人满意的成绩，为今后扩大股份制的试点开创了新途径。其次，在全局所有企业中实行了风险抵押承包经营。经济指标分为高中低三个档次，由经营者按企业或本人的承担能力自选指标档次进行承包。职工工资与企业的效益挂钩，谁创造出新效益，谁就必然地提高了工资档次。企业经营者的收入水平，则高于职工平均收入的3－5倍。实行承包经营责任制在很大程度上调动了企业经营者和职工的积极性，使大家都有了实现自身价值的用武之地。在实施中奖勤罚懒，收益拉开档次，结果是活了企业，利在个人。三是围绕转变机关职能下放权力，强化服务，进行了局机关缩编，按上级领导部门的要求，1993年机关压缩人员30%，将原机关的22个处室裁减为15个。多余人员通过办实体、假退等形式进行分流。机关精简后，在职人员进一步提高了指导、协调、监督、服务水平和工作效率，使局机关工作正向着精干、效能、优化的方向迈进。

（孟广善）

【积极开拓市场】 1993年，沈阳电子工业各企业为适应社会主义市场经济体制的新形势，抓紧了培育市场体系工作。辽宁试验设备厂以经营工作为中心，掌握驾驶市场。为了提高产品知名度，加强了广告宣传工作，该厂新开发的产品10万－60万大卡的冷水机组和吊顶风机，风机盘管，仅在沈阳电视台的黄金时间内就做了半年广告。还在北京、无锡等地召开信息发布会，扩大销售信息网络，在巩固老销售网点的同时，注重开发新网点。在促销活动中，该企业涌现了3名销售额在400万元之上的销售能手，其中一名销售能手自己即完成全厂销售总额的8.2%。国营七九〇厂以经营为龙头，面向市场制订销售战略，强化销售手段，不仅对专职人员有明确的任务要求，还发动机关干部搞兼职经销活动，给机关的人员加担子，成立兼职经营处5个，每个兼职经营处与工厂签订销售指标100万元，年终按合同完成情况进行奖罚，由于销售手段灵活多样，使全年的产品销售收入较1992年增长40.1%。辽宁无线电压铸厂为了走出因电视整机厂配套用货少而造成的困境，采取分兵出击南拓北展的策略，即向南挤进山海关市场，向北开拓黑龙江省市场，在沈阳地区则把功夫用到打入轻工行业，以周到的服务、廉价竞争进入沈阳市场。沈阳市半导体器件九厂在成都、兰州、太原、青岛等地分别设立了办事处，大搞促销活动，使产品拓宽了市场。沈阳无线电二厂也抓紧了在销售网点建设上下功夫，不仅在昆明地区开设了新网点，还把营销的触角伸向了兰州、长春等地。一年内该厂的新网点发展了12个，使销售力度明显增强。

各企业在全方位开拓市场的同时，积极开辟多种渠道，充分利用工贸、技贸、商贸等形式发展第三产业。全年新办第三产业56户，使全局的三产企业达到230户以上，从业人员达4 000余人。这些三产企业门类多辐射面广，不仅自身创造了价值，也消化了许多企业生产线的富余人员，起到了安定企业、促进改革、加速经营机制转换的作用。全年第三产业实现销售收入20 860万元，利税总额达到567万元，实现利润377万元。由于对第三产业的管理机制的进一步理顺，越来越发挥出自身的优势，成为扩大市场的一支坚强的生力军。

（孟广善）

【培育形象产品】 1993年沈阳电子工业各企业紧紧抓住市场消费的动态，依靠科技进步积极开发新产品，培育代表电子行业的形象产品。沈阳电力电子总公司积极研制了快速晶闸管，填补了沈阳市元器件产品的空白，并形成了批量生产能力。沈阳百花集团针对市场上大屏幕彩电热销、电子游戏机见俏的消费趋势，及时开发了63CM画中画彩电、大型游戏机扫描板、空气净化器电子收款机等新产品。沈阳扬声器总厂把主要精力放在为进口轿车的配套产品上来。沈阳电容器总厂研制开发了自愈式低电压并联电容器。

电子器材厂研制了汽车油杯滚面报警装置。市通讯设备厂研制了程控电话交换调度总机。这些新产品的开发,都是在对市场做了调查的基础上,针对企业的自身优势,投入人力物力进行研制的,并及时投放到市场。

以市场为导向,市电子局制订了建设4大基地的规划。经过几年的实践,4大基地建设已经定型,其中液晶显示基地厂址已经选定;磁记录材料生产基地软盘涂布项目争取到国家3 000万元低息贷款,此项资金已到位;制冷设备生产基地生产的环冷设备已经成为龙头产品,以其质量信誉而远销到古巴、日本、泰国等国家,该企业的经济形势近年来直线上升,1993年工业总产值完成6 600万元,比1992年增长99.5%;实现产品销售收入6 081万元,增长84.3%;实现利润930.7万元,增长116.4%。沈阳无线电天线厂与韩国合资生产的拉杆天线,其产量在全国同行业中名列前茅。电力电子生产基地的建设也取得初步成果,电力电子器件产品已占全省总产量的60%左右。

与此同时,电子局抓的"四小"形象产品(即金融办公自动化产品、汽车空调产品、卫星接收机、无线电天线)也正在积极实施之中。其中金融电子POS终端机等7种样机已到沈,明年可望投放市场。"四小"新产品的厂房用地已经落实,筹建工程正在积极进行之中。

(孟广善)

【进一步扩大开放】 1993年是沈阳市电子局提出"以发展外向型经济为根本出路"方针更加深入人心的一年。在这一年里,对外开放的力度进一步加大,使全局的经济发展速度呈现出跳跃之势。全年出口供货值6 975万元,比1992年增长16.5%;出口创汇额达1 250万美元,增长23%。出口产值占全局工业总产值30%,出口的国际市场日趋多元化,产品已出口到美、日、芬兰、孟加拉、香港等18个国家和地区。出口产品结构也发生了较大变化,投资类产品占出口总产值49.6%,比1992年增加11个百分点。

1993年末,已调入外资的合资企业21家,投资总额4 214万美元,注册资本3 252万美元,外资调入额1 516万美元,其中投资额在百万美元以上的合资企业7户。沈阳百花集团与香港裕芳公司合资经营的三星电子有限公司,主要生产54CM、63CM彩色电视机,年生产能力10万台,沈阳百花集团与香港浩瀚科技有限公司合资经营的沈阳惠德电子有限公司,主要生产电脑显示器,年生产能力6万台,沈阳百花集团与新加坡维用电子有限公司合资经营沈阳维用电子公司,主要生产电脑接插件,年生产能力2 200万套;沈阳晶体管厂与香港志阳贸易公司合资经营沈阳志阳电子有限公司,主要生产硅塑封整流二极管,年生产能力1.5亿支;沈阳半导体器件总厂与台湾福矽半导体工业有限公司合资经营沈阳福达电子有限公司,主要生产塑封整流二极管,快恢复二极管、硝特基管,年生产能力1.2亿支;沈阳煤矿电子设备厂与韩国大鹏电线(株)合资经营沈阳大鹏电缆有限公司,主要生产特殊电缆、电线,年生产能力2 000KM;沈阳无线电天线厂与韩国KYC电子(株)合资经营沈阳成林电子股份有限公司,主要生产拉杆天线,年生产能力1 800万支。这7家合资企业占全局合资企业总投资、注册资本、外资投入额分别为57%、59%、70%,是全局合资企业的主体。

合资企业组建后,生产出新的产品,开辟了新市场,得到了国际行情和信息,对企业入关、与国际市场接轨、调整产品结构、开发新产品起到了重要作用。通过合资合作,引进国外资金、技术,使企业提高了生产加工技术,提高了产品质量。同时企业一经合作经营后,对企业管理水平也起到了较好的促进作用。1993年沈阳市电子局合资企业完成工业总产值29 966万元,占全局工业总产值的34.6%。实现销售收入7 702万元,占全局销售收入的17%,出口创汇466万美元,占全局出口创汇总额的46%,比1992年增长72%,出口超百万美元的成林、志阳两家公司被市政府评为"出口创汇进步杯"单位。

1993年又新签订合资合作合同10项,总投资额2 907万美元,批准成立合资企业4户,调入外资529.3万美元。对外开放进一步加大了力度,呈现出稳步提高的趋向。

(孟广善)

农机工业

【概况】 1993年末,沈阳农机工业共拥有计划内工业企业27户,其中国有企业9户,集体企业18户。有大中型企业8户,全行业固定资产原值42 930万元,净值27 793万元,占地面积162万平方米,建筑面积87.7万平方米,职工总数27 860人,其中工程技术人员1 800人。主要设备5 600台(套)。能够生产拖拉机、内燃机、汽车、排灌机械、种植机械、运输机械、发电机组、农机具及拖内配件等24大类,200多个品种,1 000多个规格的产品。其中主导产品有各种农用运输车、大中小马力拖拉机、单缸多缸柴油机、微型汽车、潜水电泵、汽车底盘,各种变速箱和农机具等。1993年,由于受国家宏观政策环境的影响,全国农机工业陷入了比80年代初更为严峻的困境。产销下降幅度之大,滞销品种之多是历史上没有过的,一大批骨干重点企业相继处于停产半停产状态。面对整个农机市场大面积滑坡,以及几乎没有外部资金投入的困难局面,沈阳农机行业各级干部和广大职工振奋精神,紧中求活,靠深化改革,靠超常工作再渡难关,保证了全局的稳定和发展。全年完成工业总产值60 406万元,销售收入68 021万元,利润-5 161.1万元,上缴税金1 549.9万元,出口交货值1 600.2万元,自营出口创汇230.5万美元。

(谭德新)

【大上适销对路产品】 1993年初,由于市场拉动,农机市场起步形势看好,以农用运输车及其配套动力为代表的多数农机产品需求比较旺盛。为抓住市场机遇。一举冲出困境，沈阳市农机局向所属企业下达11种重点调度拳头产品考核计划，各企业迅速行动起来，研究计划，统筹安排，在资金、原材料、外协配套件、设备安装、人力调配、生产技术准备、销售回款等各个环节上狠抓落实。在缺少资金投入的情况下，为启动生产，各企业一方面眼睛向内，节约挖潜，发动全厂干部职工集资借钱搞生产。另一方面抓住用户急于要货的心理，努力收取预付款，同时，各企业注意精打细算，做好资金调度运用，能少花的少花，能不花的坚决不花，宁可职工晚开资，也要保证生产。在原材料，外协配套件组织上，一是某些品种紧俏，有钱也难以买到，二是多年欠供货单位的钱，供求关系紧张，供方要还欠帐，现钱给货。为此，各企业想方设法多方联系，疏通关系，厂长亲自带领供应人员跑配套厂家，费尽周折。甚至有不少企业是靠供应人员赊欠把原材料，配套件组织进厂。

在生产组织上，各企业也改变过去按均衡率组织生产的老做法，打破常规，加快速度，不管原材料，配套件何时进厂，都保证在短时间内保质保量地完成生产任务。内燃机制造总厂1993年生产6135柴油机834台，1992年是27台。拖拉机制造厂生产2815农用车5 566辆，比1992年增长15.1%。齿轮厂生产变速籍50 311台，潜水泵厂生产潜水电泵5 694台，都较好地完成了生产计划。另外一批小企业，在原配套主机厂不景气的情况下，立足自己，克服困难，发挥船小好调头的优势，注重调整产品结构，增产拓销，依靠小产品使企业在激烈的市场竞争中站稳了脚跟。齿轮厂、市油泵油嘴厂、市滤清器厂等企业紧跟市场变化，在主导产品销售受阻的情况下，迅速把新产品推向市场。各企业为弥补生产任务不足的问题，积极承揽零活，1993年全局承揽零活产值8 025万元，比1992年增长41.4%，占总产值的13.3%。

（谭德新）

【重视市场 强化销售】 1993年各企业销售队伍得到大力充实，一些企业抽调大批懂技术、有推销能力的骨干到销售第一线，推行全员销售。同时大多数企业都在实行和完善销售大包干政策上下功夫，实行厂级领导分片包干，并把销售收入，旅差费等指标落实到人头，重奖重罚，较好地调动了销售人员的积极性。第二农用汽车制造厂、潜水泵厂等企业，还把厂级领导、中层干部及全厂职工的月工资奖金与企业月销售收入指标完成情况挂钩，使全厂上下人人关心销售，增强了销售人员的压力和责任感。许多企业还通过参加或举办订货会，做广告等各种方式，广交用户，宣传产品，也收到一些效果。如齿轮厂等企业利用秧歌节的机会召开了订货会。据不完全统计，1993年全局共拿到1994年生产合同5.6亿元，约为1994年产值计划的70%。

各企业针对三项资金占用过高，特别是库存和发出商品占用上升的问题，都组织力量返修处理厂内外库存。据统计，全年返修小四轮678台，返修L195柴油机2 200台，返修486Q汽油机364台，汽车100台，以此获得销售收入6 000多万元，占销售收入总额的10%以上，全局发出商品占用比年初减少2 146.1万元，在一定程度上缓解了资金紧张的矛盾。

（谭德新）

【大胆探索 深化改革】 1993沈阳市农机工业局以三项制度改革为主要内容，在搞活、用人、搞好分配上有了更大进展。在人事制度改革上，8户大中型企业精简机构55个，占14.4%；解聘干部453人，占11%。一些企业还注重从优秀工人中选拔干部。在用工制度改革上，各企业落实了用工自主权，许多企业还形成了待岗、试岗、在岗的动态用工机制。8户大中型企业管理干部由过去的19.5%压缩到12%。拨离富余人员3 805人，占职工总数的17.3%，比1992年增加一倍。内燃机制造总厂、齿轮厂、市建筑水磨石厂等企业在用工上思路开阔，引进乡镇企业用工机制。在生产任务多时，苦脏累工种招用农民临时工，实行计件工资。在分配制度改革上，进一步贯彻分配与有效劳动挂钩，实行多种形式的弹性分配机制，机油泵厂在生产任务饱满的车间实行全额浮动计件工资制，极大地调动了一线工人的生产积极性。

1993年全局普遍推行了划小划细核算单位工作，共有155个单位实行二级法人管理，先后有9 000人从总厂中分离出来，占职工总数的三分之一。据不完全统计，划小的155个独立核算单位全年累计可盈利600万元，真正把厂长一个人的压力变成了各二级法人和全厂职工的压力。进入4季度以后，全局按照党的十四届三中全会精神，在产权制度改革上进行了积极探索。市油泵油嘴厂、第二农用汽车制造厂实行股份合作制试点，沈阳柴油机厂实行“大船搁浅，小船求生”的办法，1994年初将进入实际操作阶段。

另外，通过改革的办法使铸铁厂、市农机铸造厂、市特种车厂、市第一农业机械厂和市内燃机油泵厂等几个“老大难”企业逐步走向复苏。市农机铸造厂被农机供应总公司兼并以后，1994年可望实现扭亏为盈。

大办第三产业又有了长足发展。到1993年末，全局有第三产业门点256家，其中1993年新办108家；从业人员4 370人，占职工总数的15%；营业额（不包括局属三个公司）可达7 200万元，比1992增长38%，盈利638万元，比1992年增长70%以上。在传统第三产业的基础上，服务领域明显拓宽，经营规模不断发展壮大。拖拉机制造厂、柴油机厂、齿轮厂、第二农用汽车制造厂等企业充分发挥地域优势，都搞三产一条街，三产年创利都在100万元上下，为企业的稳定做出了很大贡献。

（谭德新）

【强化管理搞活资金】 1993年在严酷的资金形势面前，各企业千方百计在眼睛向内，强化管理上想办法找出路。在压缩资金占用方面，企业在拉短停滞，返修压库，加速回款的同时，下力气清理厂内长年超储积压物资、在制品及外协配套件，修旧利废。另外各企业在比质比价采购,降低不良品损失,严格定额管理,堵塞跑、冒、滴、漏、盗等方面都有所加强。齿轮厂对下属13个分厂实行费用承包,车间经费由过去月平均110万元,下降到71.9万元,降低35.3%。特别是1993年9月份,局转发第二农用汽车制造厂强化管理的34条应急措施之后,各企业都迅速行动起来,相继在厂内实行了全面紧缩措施,从一点一滴抓起,靠厉行节约,勤俭办厂渡过难关。如取消机关干部劳保用品,封存闲置设备及车辆,停购办公用品,严格领用制度等等,千方百计发动职工过紧日子,减少开支,降低损失浪费。一些企业把厂内的运输队、医院、食堂等后勤服务部门推向市场,实行费用承包,定额上缴,自谋出路,大大减轻了企业负担。如拖拉机制造厂对职工医院实行承包,使全厂医药费支出从1992年的380万元下降到220万元,节约开支160万元。(谭德新)

【调整产品结构推进技术进步】 1992年以来,农机工业紧紧围绕市场需求,进行了大规模的产品结构调整,1993年大多数企业都有自己的畅销产品,为企业扭亏增盈发挥了巨大作用。拖拉机制造厂的2815农用车,内燃机制造总厂的6135柴油机等产品。1993年市农机局开发新产品15种,其中有13种投入生产。内燃机制造总厂、齿轮厂分别开发出6135柴油机5个系列产品和182变速箱的5个变型产品,为企业抢占市场,赢得了主动。

技术改造工作在信贷趋紧的情况下,全年共完成投资额4 440万元,使许多企业发展后劲有所增强。沈阳齿轮厂齿轮箱改造项目落实资金1 200万元,完成投资966万元。沈阳潜水泵厂大中型污水污物泵改造项目落实资金400万元,完成投资285万元。沈阳柴油机厂扰民搬迁项目,因需要大量资金,一时难以筹措。为此,企业开动脑筋,及时转让土地使用权,用转让费的一部分1 560万元用于搬迁和改造,农机局还把400万元技改专项贷款分3批投给13个企业的13个短平快项目。内燃机制造总厂、机油泵厂、市油泵油嘴厂、市内燃机缸垫厂等企业充分结合企业实际和市场需求,不贪大,不求洋,把有限的资金用在刀刃上。上质量,上能力,收到了少投入,快产出的效果。内燃机制造总厂按照市场需求,立足自己,集中力量大力上6135柴油机,自筹资金170万元,补充完善了5条生产线,解决了影响生产和销售的关键质量问题,为企业下一步发展奠定了基础。

【扩大对外开放】 拖拉机制造厂与台湾新复有限公司合资创办的沈阳双福冲压件有限公司,1993年11月11日正式开业,实现了农机局对外开放“零”的突破。该项目共调入外资230.2万美元,1993年试产汽车冲压件300台(套)1994年计划生产5 000台套,盈利1 000万元。1993年农机局新批的3个“三资”项目是:拖拉机制造厂与台湾新复有限公司、新林国际贸易公司合资组建的沈阳双新农用运输车有限公司;拖拉机制造厂与台湾思美有限公司合资组建的沈阳冠驹发动机有限公司;市滤清器厂与台湾东孟公司合资组建的沈阳东孟滤清器有限公司。另外,沈阳齿轮厂利用北欧投资银行贷款496万美元,引进热处理关键设备项目,前期准备工作进展顺利,1994年预计能有实质性进展。

(谭德新)

【加速机关职能转变】 1993年,沈阳市农机工业管理局为适应市场经济的要求,积极地在理顺关系,清理职能,精兵简政,提高效率上下功夫。

一是简政放权。首先清理职能185条,上交或归还企业120条,占60.5%,并以正式文件形式把企业管理职能全部还权于企业。随着局职能的减少,局机关处室和人员大幅度精简,处室由原来的16个精简到10个,人员从81人精简到53人,减少34.6%。

二是做好协调服务,为企业排忧解难,为企业共同承担扭亏的风险和压力。1993年局继续组建了局机关与企业扭亏命运共同体,局机关全体人员交纳风险抵押金,局级每人1 000元,处级每人500元,一般干部每人300元,并按承包企业主要经济指标完成情况,年终奖罚兑现。1993年10月份以后,局机关三分之一的干部下去和企业一起想办法,克服困难。

局领导及有关部门不辞辛苦,帮助企业跑市场,落实资金,解决实际问题,先后为企业争取流动资金和技改贷款1 100万元,拆借发行债券650万元,落实技改资金2 550万元,争取贴息97.4万元,免税100多万元。对局内个别特别困难的企业,局还专门组织力量深入下去,与企业一道研究生存发展大计,使广大职工看到了企业复苏的希望。

(谭德新)

【有效地开展思想政治工作】 1993年沈阳市农机工业局始终坚持“两手抓”的方针,紧紧围绕提高效益,抓扭亏这个中心工作,在企业深化改革、转换机制,走向市场的全过程中;在资金匮乏,生产经营难以启动的困境中,发挥思想政治工作优势,为搞活生产经营提供了有力保证。

首先,狠抓领导班子建设。局党委坚持“配好班子出生产力”的指导思想,在对各企业班子考核的基础上,调整了7个企业领导班子,调整了48名干部,其中提拔了18名,交流4名,免职10名,使各企业领导班子基本上适应了当前经济形势的要求。在必要的组织调整的同时,局党委还注意抓领导班子的思想作风建设,召开专门会议,及时总结交流了齿轮厂、内燃机总厂、油泵油嘴厂等企业在领导班子建设方面的经验和做法。

其次,促进观念转变。全局各级组织立足于本单位实际,认真学习建设有中国特色的社会主义理论,实施一系列思想解放工程,促进了全局职工思想观念的进一步转化。一是转变过去那种依赖上级的“等靠要”思想,进一步树立了克服困难关键靠自己,锐意改革,开拓进取的新观念,二是转变平均主义“大锅饭”的思维惯势,职工中岗位靠竞争,报酬靠贡献的新观念有所增强。

第三是转变计划经济的“单打

一”经营思想,“一业为主多种经营,广辟财源”的新观念得到确立。第三,各级党政工青组织继承和发扬党的思想政治工作的优势,紧紧围绕生产经营这个中心,通过开展“共产党员工程”,“481 工程”,“青年效益工程”等各种形式的劳动竞赛活动,调动了广大职工积极性,为促进全局扭亏增盈发挥了作用。

第四,通过消除热点,化解矛盾,为职工办实事,使全局做到困境之中人心不散,队伍稳定。

(谭德新)

【沈阳拖拉机制造厂】 沈阳拖拉机制造厂暨沈阳双马汽车制造厂是我国机械行业大型骨干企业。始建于1952年,1958年试制出我国第一台轮式拖拉机,1959年由生产农机具转入批量生产拖拉机。到1993年末,企业拥有固定资产原值18 250万元、净值12 373万元,职工6 899人,其中工程技术人员423人。企业占地面积44.3万平方米,建筑面积31.9万平方米。主要产品及年生产能力分别为:SM2815农用运输车和SM1041轻型载货汽车2万辆;SM1021汽车及底盘5 000辆;SM500型拖拉机3 000台;4450CL大马力拖拉机100台;486Q(491Q)汽油机1万台;SM系列工程机械用液压油缸5万只;是一个能够生产多种产品跨行业的综合企业。

企业在40多年发展过程中曾有过辉煌的历史,为我国的农机工业发展和国民经济建设做出了较大的贡献。1993年,企业在上年产品结构调整和产业结构调整取得初步胜利的基础上,继续深化内部改革,进一步转换经营机制,上半年生产经营工作持续发展。截止6月底,产值、销售收入在1992年翻番的基础上,又分别增长了27%和40%;下半年,受到国家经济宏观调控的影响,靠预付款组织生产已不可能。受资金影响,生产速度回落,但仍然完成工业总产值24 682万元。实现销售收入25 259万元。下半年按新的财务核算体制核算,加大了亏损额,年末利润－1 399万元;如果按1992年同一口径计算,亏损额299万元,比1992年同期减亏97万元。

一年来,企业坚持“二转二建两优发展”的工厂方针,实行大企业多法人企业集团化管理的新体制,以调整产品结构为重点,转换机制深化改革为基础,强化管理为手段,为再踏腾飞希望之路奠定了坚实的基础。新产品产值16 729万元,产值率67.78%;实现销售收入17 459万元,占销售收入总额的69.12%。组织机构重新划分为“七部一室四委”,使在机关吃皇粮的干部由895人,减少到293人,减少了67.26%。在不断提高企业管理水平的同时,增强干部、职工的开放意识,开拓两个市场,全年完成出口交货值400万元,自营出口创汇6万美元。在资金少、技改资金求贷无门的情况下,借船出海,靠引进技术和装备实现产品更新换代,靠引进外资发展生产。与台商共同投资674.07万美元兴办的合资企业沈阳双福冲压件有限公司于11月11日开工营运;同时,第二个合资项目沈阳双新农用运输有限公司也正式签约,1994年将正式投产。与韩国、日本、美国、哈萨克斯坦、台湾等国家和地区的合资项目进行了洽谈、协商,“多枝嫁接”策略逐步实施,双马重新腾飞指日可待。

(袁中春)

【沈阳齿轮厂】 沈阳齿轮厂(沈阳挂车厂)始建于1948年,是国家机械电子工业部重点企业之一。现有3个厂区,占地面积16万平方米;职工3 200人,各类专业技术人员450人,其中工程技术人员近300人,具有中高级职称人员150人。

建厂40多年来,厂投入大量资金进行技术改造,工厂的固定资产达6 500万元,“八五”期间国务院对老工业基地进行改造,给该厂投资3 000万元,现已到位。利用国外贷款496万美元,国内手续已基本办完。整个“八五”期间,利用国家投资和外国贷款,总投资达7 000万元。该厂现在各种变速器的年生产能力10万台,“八五”改造完成以后,年生产能力将达15万台。

沈阳齿轮厂是以生产轻型汽车变速器、分动器、农用运输车及农汽挂车为主导产品。在全国轻型汽车变速器生产厂家中占有举足轻重的地位。变速器主要有BJ212、121、620、SC5T300、SC4T150、DD680、SC4T182、SC5T174等8个系列19种产品,主要为中国人民解放军总后所属的汽车厂及丹东黄海汽车厂配套。其中SC5T800、SC5T174、SC4T150、SC5T300汽车变速器各种性能指标均达到国际80年代末先进水平,并被国务院生产办列为1991年度国家级新产品试产计划。

该厂具有多年生产挂车的经验,在全国挂车行业中占有一定的位置,厂内技术力量雄厚,加工能力强,生产挂车规格齐全,从2吨—60吨均可生产。

其它工业

【东北机器制造总厂】 东北机器制造总厂始建于1937年,系国家兵器行业大型综合性骨干企业。占地44平方公里,建筑面积34万平方米,拥有职工2万余人。其中,工程技术人员和各种专业人员4 000余人,各种机械设备4 000余名,名优产品产值占工厂总产值90%以上,固定资产3亿余元。

50年代,该厂生产了我国第一台2 400马力氮氢气压缩机和15 000瓦水轮发电机组、1 500瓦气轮机组。历经几十年发展,该厂现已具备相当的生产规模和雄厚的技术实力。拥有专业研究所3个,系国家非标设备设计制造定点厂,并拥有一、二、三类压力容器设计、生产许可证,行业标准化中心,新技术推广站,精密机床维修中心等,有较为完善的质量保证体系。工厂现为国家二级企业及一级计量单位,一级标准化单位,省、市重合同守信用先进单位和出口自营企业。

近年来,该厂充分发挥技术优势,上质量、上品种、上水平、先后研制、生产了30余种大中型产品,拥有高压气瓶系列,溶解乙炔气瓶系列,绒织机节能电焊机、助滤剂、便携式医用气瓶、正压呼吸器等产品生产线,以及水泥、乙炔气等生产基地。环中牌氧气钢瓶年生产能力10万支以上，为省优产品；环中牌乙炔气瓶，年生产能力可达10万支，为国优银牌产品；汪汪牌充填儿童玩具年产200万只，出口美国及西欧一些国家；地板块年产1 000立方米，出口东南亚地区及意大利等国。

该厂设备门类齐全配套，有较精尖和重型加工设备，可承担各种非标设备、生产线的设计、制造；承但各种工、卡、量、刃具和冷、热冲模的加工制造；可承担冲压、旋压、高压焊接、铸造、压铸、锻造、表面处理、热处理及各种重型、精密切削加工并具有先进的工业技术和检测手段。还可承担电子计算机工程，专用电器设备的研制和测试，以及各种光学玻璃和镜片的加工，静态无声爆破、定向爆破、爆炸焊接成型等服务项目。

(金国安)

【沈阳新阳机器制造公司】 沈阳新阳机器制造公司始建于1965年是中国航天工业总公司直属大型企业，中国500家最大机械工业企业之一。占地面积106万平方米，职工7 852人，固定资产1.5亿元。

公司荟萃了电子、软件设计、机械加工等众多专业的工程技术人员1 000余人；有大型、精密及各类加工设备3 000台，有具备一流高精尖设备的大型数控加工中心；综合加工能力和机电一体化设备及非标设备、电子仪器的开发研制生产能力，企业人才济济，技术实力雄厚。

30年来，该公司在航天产品研制生产中，以尖端武器装备为国防现代化做出了重大贡献。公司坚决贯彻质量第一方针，拥有先进的计量、检测手段及完整严密的质量保证体系。实行全面质量管理，首批荣获“国家一级计量单位”称号并荣获“国家质量管理奖”称号。

军转民以来，公司充分发挥航天优势，致力于航天技术向民用的转化，先后开发了以加油机、改装汽车、食品速冻装置、螺杆式采油输油泵、双色膨化软冰淇淋机5项产品为支柱的涉及能源、交通、电子、石化、轻纺、建材、食品机械等众多领域的高技术民用产品百余种。在完成国家重点航天型号科研生产任务的同时，依靠技术进步和质量信誉积极开拓市场，民用产品经营规模迅速扩大。1993年，民品销售收入达3.2亿元，利税1 400万元，名列沈阳市百家销售收入和利税大户企业之列。太空牌自动计量加油机在国家技术监督局对国内几十种同类产品抽检中，以优异的质量、性能名列全国第一，并被沈阳市认定为推荐产品，全年投放市场2万台，畅销全国各地；研制的大型机电一体化设备高速纺丝机经用户一年的使用，质量性能均达到国外同类产品水准，代表了目前国内产品的最高水平，为进口设备国产化开辟了新的途径。公司努力发挥机电一体化优势，立足全方位开发高技术民用产品。承制的辽宁和天津电视塔高空旋转台以高质量赢得了信誉；为大型发电厂提供的大型进口设备备件加工和设备检修，为油田勘探研制的抽油井参数电脑综合测试仪器；为矿井研制的井下运输安全监控系统以及为首钢、通钢、吉化等用户研制的电子设备、机械设备及备件，使公司与众多国家重点基础行业的企业建立了长期稳定的业务联系，发展后劲不断增强。

(吴平)

【沈阳新乐精密机器公司】 沈阳新乐精密机器公司是中国航天工业总公司直属的大型骨干企业，以其精密机械制造与光机电结合技术产品著称于国内外工业界。

该公司始建于1956年，是我国最早建立的航空仪表厂之一，研制出多种航空仪表，为国防建设做出了突出的贡献。

进入80年代后，该公司积极贯彻“军民结合”的方针，先后研制开发出汽车配件、家用电器、医疗器械、日用化工、地震测量等多系列、多品种的民用产品，使企业逐步发展成军民品相结合，科研与生产相结合，内外贸相结合，具有技术雄厚和相当生产规模的开拓型军工企业。

该公司占地面积30多万平方米，有职工6 000余人。其中高、中级技术和管理人员1 500多名。该公司包容航空航天产品、真空吸尘器、冰块机、汽车摩托车化油器的制造装配及精密零件加工、模具制造、冷冲压、非标准设备、热加工等26个生产厂和2个产品设计研究所。

公司技术力量雄厚，设备齐全，测试手段先进，拥有我国第一流的超净厂房、数控加工中心、曲线磨床、光学磨床、三坐标测量机、高精度数控车床、数控铣床、电火花加工机等近千台现代化加工设备。

公司还具有先进的计量理化计算机设备，在多年的研制生产实践中，造就了一支红外光学、自动控制、精密机械加工、化工表面处理、模具设计制造方面，专业配套齐全、实力较强的工程技术专业队伍。

公司是航天工业总公司授予的质量管理奖单位，是国家二级企业，全国名优产品最佳售后服务优秀企业。并被国家批准为外贸自营企业，直接经营进出口业务。

该公司生产的“沈乐”牌真空吸尘器是从德国和瑞典引进技术和设备组成生产线采用国际标准。产品有VW—100标准型、VW—100P普及型、VW—100S音乐报警型、VW—100A型全自动吸尘器，功率均为300至1000W无级可调、产品设计新颖、造型美观、安全节电、使用方便，在我国吸尘器行业处于领先地位，并销往欧洲及亚太地区。1992年、1993年荣获国家家电产品最高荣誉“金桥奖”。

该公司生产的“新航”牌化油器用于各类国产、进口轻型车，以及航空50、TB—50、AX—100、K—90等四种摩托车化油器。先后荣获“中国济南轻型摩托车集团优质产品奖”、“航空航天部优秀产品奖”、“辽宁省优质产品奖”。被中国汽车工业联合会总公司定为“全国化油器测评评比第一名”。

该公司生产的NSFL型系列电暖器受到全国各地用户的一致好评。荣获首届全国轻工博览会银奖、航天部优质产品奖、第四届“沈阳杯”一等奖。

该公司生产的磁疗机、小型冰块机、洗涤剂系列产品等多次荣获全国和省、市优质产品奖。以上各种产品畅销全国，并出口20几个国家和地区。

（牟忠才）

【沈阳五三工厂】 沈阳五三工厂是中国兵器工业总公司直属的军民结合型企业。工厂占地面积133万平方米，拥有各类设备近5 000台。1993年有职工7 000余人，其中：工程技术人员千余人。

该厂始建于1920年。当初是奉系军阀建立的奉天军械厂的一个工厂。解放后，该厂依靠工人阶级，坚持民主管理，实行政治与经济相结合，使工厂有了很大发展。1953年1月，该厂被中央人民政府政务院、财政经济委员会和中华全国总工会命名为“全国模范工厂”。朱德总司令为这个厂题词：“你们是依靠工人阶级搞好工厂企业的模范”。由此，五三工厂成为全国工业企业的一面旗帜。

由于长期从事军品生产，该厂形成了一整套严格的产品开发，研制生产管理程序和行之有效的质量保证体系。近几年，该厂在保持军品生产能力的同时，积极探索，深化企业改革，转换经营机制，转变观念，调整产品和产业结构，大力发展民品生产。1993年民品销售收入是1983年的3倍。1993年民品产值和销售收入比1992年分别增长42%和37%。工厂现已形成了以板材轧制，冲压管件，消防器材，机电家电和工装模具制造等为主体的上百种民品生产结构。兵器工业总公司已将五三工厂规划为本行业的两个专业电机生产厂之一。国家计委、机电部将该厂确定为数控机床用交流永磁伺服电机定点生产厂，国务院稀土办也将这个厂列为在电机上应用稀土永磁材料的重点支持企业。该厂采用工厂和院校合作的方式，应用新材料、新技术、以生产高效，节能，可靠性和调节性强等特点的新型电机为工厂发展方向。在“七五”和“八五”期间，这个厂已投资4 800万元进行综合技术改造。现已形成和正在形成的几种主要电机生产能力是：冰箱压缩机电机。全套生产线从西班牙引进，已形成30万台生产能力。织布机用0.8KW稀土永磁节能电机。生产能力5万台。比普通纺织异步电机节电10%以上。1.5KW和3.3KW系列电机，现正在研制中。伺服电机生产线，设计能力1万台。1994年将建成汽车发电机，暖风机40万台套生产线。此生产线由引进意大利的定子加工线和国内配套的加工线以及装配线组成。

（满路明）

【三五二三工厂】 中国人民解放军第三五二三工厂，始建于1938年，是总后军需机械行业大型骨干企业，国家二级企业。厂区占地面积20万平方米，资产总额8 161万元，其中：流动资金4 100万元，现有职工2 373人，其中：工程技术人员110人，具有中级以上技术职称61人，主要生产和检测设备860余台。生产的主要产品有汽车起重机底盘、防护器材、汽车齿轮、五金制品和军需给养器材等5大系列百余品种。

1993年工厂认真贯彻《全民所有制工业企业转换经营机制条例》，深化了企业内部改革，强化了企业管理，注重完善承包经营责任制，按照有利于发展生产力，有利于增加工厂的综合实力的方针，加快改革步伐，实行了分厂制，调动了一线经营者的积极性，企业活力大大增强。

工厂确立了“一业为主，多种经营”的经营策略，兴办商业网点31个，经营额为3 685万元，利税总额224.6万元，其中：利润155万元，取得了较好的经济效益。

在产品结构调整中，充分利用和发挥工厂人材、设备、技术力量方面的优势。大力开发技术含量高、附加值大的新产品，先后研制了16吨汽车起重机底盘，S91型炊事车、净水车、保温加水车等产品，为适应部队装备和市场变化奠定了基础。为适应市场经济发展的需要，不断的进行技术改造，投资560万元从美国引进具有先进水平的格林森螺旋伞齿轮加工设备和技术，加速了装备现代化，提高了产品质量，扩大了产品品种，增强了市场的竞争力。

工厂始终遵循“质量第一，信誉第一”的宗旨，视质量为企业的生命，运用各种宣传教育形式贯彻《产品质量法》，强化全员质量意识，产品质量有了进一步提高，优质产品产值率占35.2%。

一年来，经全厂职工的共同努力，克服了任务不足，资金短缺，原材料涨价等困难，使企业经济效益有了较大发展，工业总产值完成了5 560万元，销售收入6 438万元，实现利税452万元，分别比1992年增长5.7%，11%，17.7%，工厂的主导产品中，钢盔获国家金奖，炊事车获国家银奖，86汽油炉等5种产品分别获全军和部优质产品，在军内外享有较高的声誉。

（王守义）

交 通 · 邮 电

铁路运输

【简述】 1993年，沈阳铁路分局坚持“改革、求实、提效、争先”的工作方针，克服重重困难，实现了各项工作的整体推进，达到了“改革迈出新步伐，安全攀登新高度，运输作出新贡献，路风取得新进展，‘两经’实现新突破，生活要有新提高”的奋斗目标。

1.安全生产再创历史新记录。全年，始终贯穿“学标、对标、达标”这条主线。狠抓了干部作用和职工“两纪一化”，不间断地开展刹风整纪活动。全面加强客车机车添乘、无人看守道口监护、各级干部定量考核、中间站调车作业安全等各项措施落实。到年底实现无行车重大、大事故1 843天，安全生产实现第五个安全年。

2.运输生产全面完成任务。在货源紧张，暴风雨雪偏多，关内限制口限量的形势下，主要领导坚持集中主要精力抓运输，四路出击组织货源，强化日常运输动态分析，不断提高运输效率。在各运输关键时期，分别组织了“大干40天，保证时间任务‘双过半’”、大打“7月、8月、9月攻坚战”和年末“决战33天”等抢装抢卸、快编快解的攻关会战，确保全年运输任务完成。货物发送量完成5 202万吨，为年计划的100.2%；旅客发送量完成6 350万人，为年计划的101.3%；换算周转量完成27 160百万吨公里，为年计划的101.8%；运输收入完成167 937万元，为年计划的104.5%。

3.路风建设取得阶段性成果。按照铁道部提出的“宣传、检查、纠正、建设”八字要求，在反腐败、整顿路风过程中，坚持舆论先行，广泛宣传。对客货服务重点部门的重点人员进行重点脱产培训。全年进行3次大的清理整顿行动，停止24个收费项目，使一些敏感性问题得到及时妥善处理。10月份，经铁道部验收，实现了整顿路风的阶段性目标。全年消灭了路风事件。

4.多种经营、集体经济有新发展。多种经营在整顿中规范，在规范中发展，形成集仓储、运输、延伸服务、工业生产、工程施工、商贸、饮食、综合服务等多渠道创收、多元化经营新格局。1993年有企业290个，经营网点519个，全年安排富余人员8 095人，实现总产值66 797万元，实现利润6 792万元。集体企业全年完成产值37 896万元，实现利润3 442万元。

5.基建工作有新收获。年内，基本建设更改工程投资11 921万元，完成11 686万元。完成的重点工程建设项目有：苏家屯站上行场峰尾线路延长改造工程，是铁道部投资的更新改造项目，仅用8个月时间就完成了主要工程任务。文官屯储运站工程、沈阳站货运楼工程、沈阳铁路第四中学工程、鞍山职工康复中心工程、铁岭站旅客天桥工程、铁岭运输服务基地工程、沈北至沈东间复线改造等工程都按时完成了任务。

（*程笑春*）

【旅客运输】 1993年，沈阳铁路分局的客运工作紧紧围绕铁道部和沈阳铁路局全年工作重点，扎实稳步地实施分局客运系统工作目标，到年底，全部兑现了承包责任状的各项指标。全年旅客发送量计划6 270万人，实际完成6 350万人，完成计划的101.3%。其中沈阳市旅客发送量3 724万人，比1992年增长0.6%。客运收入计划54 944万元，实际完成58 027.7万元，完成计划的105.6%。旅客列车始发正点率达99.1%，运行正点率达87.6%。

1.旅客运输实现了第七个安全年。客运系统始终把旅客运输安全做为客运工作的头等大事来抓，坚持常年对职工进行安全教育。针对“站台”、“车门”、“三品”、“三炉一灶”、“行包拖车”等五个不安全因素，制定了相应的对策。对重点值岗人员进行安全防火培训和消防演习；对重点设施进行检查，全年共检查站舍79个、天桥地道5处、线路807公里、机车车辆500台辆；对客车“三炉一灶”共检查了3 714辆，查出隐患149个，及时进行了处理；坚持五大节日“三品”堵卡。到年底，实现无旅客责任事故2 111天，无行包重大事故3 173天，实现了第七个安全年。

2.超计划完成旅客运输任务。为吸引客流，增加路收，完成旅客运输任务，一是抓了客流早调查。成立了有59人参加的15个客流调查小组，进行了11次客流调查，写出了187份调查报告，对客流做到心中有数。二是抓了能力早安排。根据客流调查分析，对能够吸引客流的10对旅客列车的到开时间进行了调整；对节假日高峰客流采取扩大运能的办法，共加开临客15对、273列，扩大编组3 272辆，临时加挂1 923辆，增收458.8万元。到年底，超额完成了沈阳铁路局下达的运输生产指标。

3.消灭了客运路风事件。年初，贯彻了铁道部和沈阳铁路局强化路风建设的两个紧急通知，建立了站（段）、车间（队）、班组三级路风工作管理网络，加强内部约束机制，卡住以票谋私。在抓职工思想教育的同时，采取有效措施，对订票户坚持集体审批，清理了订票的二道贩子；对规定留用的机动车票，指定窗口、时间，逐人逐票登记；对热门车票窗口的售票员实行轮换制，购票者凭三证购票；派路风监察员跟车监督补票等办法，防止了以票谋私现象的发生。全年，分局消灭了客运路风事件。在抓路风建设的同时，注意抓好客运服务工作，开展“十字”文明用语，微笑服务。开办旅客需求的服务项目，对重点旅客送上车，送出站，代买车票；署期，有4 792名干部职工义务为旅客送水 506.6 吨，送票上门19.4万次，接取送达办货6.2万次、14.5万件；输送重点旅客，运送首长120批、1 740人，外宾1 228批、2 114人；全年为旅客办好事5 800件，收到旅客表扬信1 131封，意见簿表扬55 256件，锦旗、牌匾159面（块），受新闻单位表扬412次。

4.抓了客运设备更新改造。分局为客运设备投资229.1万元，改造建设项目44项。其中新设备投资97.3万元，为沈阳站添置电脑售票机30台，电视监控系统一套，文电传真设备一套；为沈阳北站添置文电传真设备一套，改善了职工工作条件。更新改造投资131.8万元，其中站舍改造投资92.8万元。对乱石山、得胜台、浑河站站舍进行翻建，解决了旅客 候车难问题，对分水、营盘、章党站进行站台硬面改造，面积达7 000平方米，改善了旅客乘降条件。还为沈阳站第二候车室更新座椅400个，为三等以下车站的售票室、行包室更新专用座椅250个，防雨篷布166块。

（王淑芬）

【铁路货运】 1993 年，沈阳铁路分局货运工作，以“保安全，正路风，增效益，抓基础，创一流，开创新局面”为宗旨，货运发送量达到5 202万吨，其中沈阳市铁路货运量为627万吨，完成了货运计划，货车静载重平均每车54.3吨，消灭了货运重大、大事故，消灭了货场火灾事故和人身重伤以上事故。一般事故比 1992 年减少60%，责任赔款比 1992 年略有增加。

1.实现货运安全。首先，抓货物装载质量，下发了《关于货物装载不良的奖罚规定》，举办了装载加固培训班，提高货运人员素质，组织了两个装载加固检查组，深入主要车站检查，发现有问题的车辆70多辆都及时地进行了处理。车站增加安全检查员，实行“自检、互检、专检”三检制，建立装载加固检查登记簿，加强货物装载形象档案的落实，严格按标准装车，并填写装车信誉卡。其次，加强站车交接管理，在苏家屯、沈阳西站成立商检所，配备88名商检人员，制订 8 项商检管理制度。第三，对货运违章现象严格执行“三不放过”原则，及时处理，保证货运安全。

2.搞好货运路风建设。认真贯彻《铁道部关于严禁以车以票谋私的规定》及《关于制止乱加价乱收费的紧急通知》，对货主反映较大的收费项目及其它一些收费项目进行全面检查，取消了不合理收费项目。对合理的收费项目及收费标准向货主进行公布。货运人员每日上岗做到服装整齐，挂牌服务，工作规范化，各货场由其货运主任统一管理，制止货场管理混乱局面。组成货场检查组，开展创文明货场活动，对沈阳、沈阳东、铁岭、苏家屯等 16 个主要站的19个货场、53座仓库、8 座危险品库的货件堆码，表册、票据的填写，票货交接，消防设备等进行认真检查，发现问题53件，评出文明货场36个。设立路风专卷、路风监督电话，主动征求货主意见，全年召开货主会1 002次，收到表扬信 78 封，受到电台、报纸表扬27次，拒收钱物137次。

3.实现货运增运增收。1993 年货运收入指标比 1992 年提高4.52%。为完成新指标，首先，狠抓零担快运直达列车，在零担运量明显下降情况下，认真核实、挖掘货源，实现零担快运直达133列，6 032辆，26.3万吨，收快运费3 659.9万元。其次，加强限制口零担货物运输计划管理，组织远运程、高费率、大型车、装满载列车共2 376辆。第三，抓杂费收入管理，严格超吨检斤工作，特别对运量较大的灵山、开原、章党等几个口子站，严格掌握超吨补收运费，全年共补收运费2 540.7万元，核收货车延期使用费3 439.7万元。

4.加强货运基础工作。第一，继续狠抓“学标、对标、达标”活动，对货运人员采取“三级”教育培训法提高业务水平。沈阳铁路局、沈阳铁路分局共组织 24 期培训班，培训 260余人次，站段坚持每天一次班前学习。举办技术表演赛，开展攻关活动，共发表成果 15 个，受到路局及铁道部奖励。第二，抓专用线管理，与502户有专用线企业签订运输协议书，开展专用线评优活动，评出先进专用线管理机构 5 个，先进专用线企业 34 家，先进专用线管理者111 人。第三，实现货场硬面化17 355平方米，增设电子吊钩秤 6台，电子平板秤 4 台，为商检人员配备对讲机145台。

（那天祥）

【路风建设】 1993 年，沈阳铁路分局认真贯彻党中央、国务院及铁道部、沈阳铁路局关于反腐败、深入整顿路风的一系列指示精神，狠刹以车以票以权谋私的歪风，全年没有发生路风事件，为旅客做好事19 879件，受到中央级新闻单位表扬97件，受到省、市级新闻单位表扬636件。

1.广泛宣传，加强职工思想教育。利用各种宣传形式，宣传上级关于路风建设的指示精神，不断提高干部职工路风建设的意识。全分局共张贴宣传标语 900 余条；将铁道部长关于整顿路风的讲话整理印刷5 000份，复制录音带200盘，发到基层单位，组织干部职工学习收听；编写 6 份宣传提纲，在车站、列车上反复播放；发出了 4 万封致全分局职工家属的一封信；把铁道部、路局整顿路风的两个《紧急通知》印制 2 万份，发到窗口单位职工人手一册；将《全局职工紧急动员起来，坚决制止以车以票谋私，全面实现整顿路风阶段目标》的宣传材料，印制1 500张，张贴在旅客列车、客货服务场所；印制 8 万份路风建设资料小册子，全分局干部职工人手一册。

2.建立责任制，加强路风工作的领导。分局成立了由分局长、党委书记任组长的整顿路风领导小组。制定了加强党风廉政建设的八项规定。分局领导对 23 个重点车站、58个后进班组亲自包保，责任到人。分局与 18 个窗口单位签定了路风责任状，窗口单位的19 913名职工写了保证书。在党内，开展了“五个一”活动，即上一次党课、开好一次民主生活会、对窗口单位党支部书记进行一次培训、窗口单位党支部书记找每个党员谈一次话、每个党员包保一名职工。开展了《社会主义市场经济与路风建设》的系列教育，共举办9期培训班，培训各单位主管多种经营、集体经济的领导，客货车间主任、党支部书记，三等站以上站长、党支部书记等窗口单位和重点部门的干部389人。

3.进行路风检查，加大整顿的力度。根据铁道部的部署，从9月15日起，分局12名领导、88名机关干部、231名站段工作人员共计331人，组成18个工作组，进驻18个窗口单位，工作组人员佩戴标志进站、上车检查路风工作。客货窗口工作人员统一着装挂牌上岗服务，各车站张贴公布了收费项目价格表，通过新闻谋介向社会公布了37台路风举报电话。认真清理了延伸服务项目，停办了24个不合理收费项目。制定了货运计划员、热线窗口售票员等重要岗位工作人员定期轮换制度。取缔了135家有问题的订票单位，先后组织240次突击行动，打击处理票贩子774人次。

（王淑芬）

【实现第五个安全年】 1993年，沈阳铁路分局安全生产始终处于稳定状态。到年底，实现了无责任行车重大、大事故1 843天，连续实现了第五个安全年；无货运行包重大事故3 072天；无职工因公死亡事故797天；无责任旅客死亡事故2 111天；无责任路外重大事故4 374天；无重大火灾事故1 823天。

结合实际制定了《运输安全管理实施办法》，实行安全层层包保，将安全逐级负责制落到实处。分局14名主要领导包保了11个安全薄弱单位，亲自带领安全调查组对这些单位进行分析，帮助整改。与40个行车站段的主要领导签定“安全生产责任状”，建立安全考核制度，奖惩分明。全年共奖励12个安全生产先进单位，奖金12.1万元；奖励防止事故有功人员321人次，奖金2.5万元。

突出抓好列车冲突、车辆切轴、线路断轨3项安全重点工作。分局确定了46个安全关键环节，12个危险源，按系统重点控制，站段全面控制。从机关抽调303名干部，对管内35列夜间旅客列车实行全程添乘，共添乘5 400多列次，发出专题安全电报19份，通报各类行车安全问题1 354件。针对中间站调车事故发生频繁的现状，专门召开车务、机务系统的“中间站调车安全座谈会”，强化车机联网联控，制定了操作性较强的防范措施。抓好事故救援，提高救援人员素质，保证了每次救援都在30分钟之内出动。

坚持开展安全教育活动。在安全“四查”活动中，领导带头普遍查，多种形式深入查，关键单位重点查，注重实效反复查，共查出各类问题2 343条。举办了4期“整风肃纪学习班”，132名违章违纪职工参加，事故责任者进行现身说法。两次组织由12人参加的“安全警钟报告团”巡回演讲，80%的行车部门干部职工受到教育。对职工“两纪”问题坚持常抓不懈，定期检查通报情况，全年共发出违章违纪电报201份，罚款2.8万元，对80多名职工、20名干部给予行政处分。分局按系统组织安全检查组11次，抽调机关干部组织大型检查组4次，有983人次深入现场检查安全。

（索明杰）

【治安综合治理】 1993年，沈阳铁路分局治安综合治理工作，本着“加强领导，齐抓共管，打防结合，标本兼治，专群结合，路地联防，突出重点”的原则，整顿了站车秩序，打击了“车匪路霸”的犯罪活动，强化了内部治安防范，维护了铁路运输生产正常秩序。

1.严打“车匪路霸”。为确保旅客生命财产安全，根据铁道部、沈阳铁路局及省、市要求，于1月、3月、7月、11月份进行4次严打“车匪路霸”的活动。分局专门召开电话会议，动员布署，宣讲文件，要求基层单位加强组织领导，贯彻实施。分局选派60余名干警，成立3个小分队重点打击旅客列车上的犯罪活动，形成威慑力量。全年旅客列车上没发生暴力性案件和洗劫旅客财物案件。

2.整顿站车秩序。分局在沈阳北站、沈阳站及进京、进沪快车上进行重点整顿站车秩序工作。组织公安干警、客运职工、机关干部2 000余人次，清理整顿各种收费项目、售票及经营项目，集中进行打击倒卖火车票活动，清理围车叫卖。抽调机关干部210人，组成路风检查、堵漏增收稽查、列车治安巡查等专项工作小分队跟车检查。发动旅客，建立列车联防制度，维护列车治安秩序。

3.强化内部治安防范。首先，抓治安承包责任状落实。采取“分局与站段、站段与车间、车间与班组、班组与个人”的四级承包责任制，每月按时检查，每季综合分析情况，通报给各单位。到年末，管内有40个单位实现无刑事案件、无治安案件、无职工犯罪。沈阳市辖内共33个单位，其中32个单位实现治安达标。其次，反复宣传贯彻《关于加强路材路料管理防止丢失被盗的通知》，充分发挥各单位护厂队、保安队、治保会作用，与管内废旧物收购点，小熔炼厂签订不收购铁路器材协议书，收回一批被非法收购的铁路器材并处理了有关违法人员。

4.表彰见义勇为先进人物。由于加强了治安综合治理的宣传教育工作，涌现出众多见义勇为先进人物，其中突出的是苏家屯车轮厂保卫干事徐凤义。9月17日下午，他路遇两名歹徒抢劫一妇女金项链时，奋不顾身，勇敢追捕，与公安人员一起将歹徒抓获。公安部门据此破获了系列抢劫案和一起杀人案。沈阳市人民政府授予徐凤义同志“维护治安见义勇为先进分子”光荣称号。分局召开表彰大会，分局党委授予徐凤义同志“优秀共产党员”光荣称号，分局给予他记大功一次，奖励标准工资一级。

（那天祥）

【沈阳客运段】 沈阳客运段，位于沈阳北站东侧，成立于1992年10月1日。1993年末有职工2 172人，完成运输收入3 024.7万元。主要承担由沈阳北站开行的9对旅客列车乘务任务。其中有开往北京的11/12次特快旅客列车,53/54次全卧直达特快旅客列车;开往杭州的87/88次特快旅客列车;开往上海的135/136次直快旅客列车;开往大连的辽1/辽2直达旅游快车,开往营口的311/312次局管内直快旅客列车;开往锦州的455/456次普通旅客列车;开往灯塔的542/541次普通旅客列车。53/54次旅客列车是国内第一趟全列卧铺,一站直达,速度快,列车乘务人员综合素质较高,服务规范。

1993年,在"安全第一,预防为主"方针指导下,沈阳客运段实现了安全年。段和车间均设有安全委员会和安全领导小组、每趟列车设安全员等安全保证体系。段安全委员会每月5日上车添乘,每月末对段各部门进行安全考试,职工没有安全考试合格证不准担当乘务工作。坚持经常性堵卡"三品"活动,对重点区段实行开包检查。全年防止旅客抓车堕车事件108起,防止行车事故25起,防止旅客伤亡16起。遵循"人民铁路为人民"的宗旨,实行反腐倡廉,消灭了路风事件。列车上通过广播宣传实行"三公开",即公开举报电话号码,公开售货价格,公开挂牌服务,接受群众监督。制止乱涨价、卖高价及各种违法违纪现象,全年共收到表扬信106封、锦旗25面、拒收好处费3 000多元。11/12次、53/54次、87/88次旅客列车在全路进京进沪旅客列车竞赛评比中又获好成绩。

(那天祥)

【职工住宅建设】 1993年初,沈铁分局确定为职工办10件好事,把职工住宅建设列入10件好事之一。一年来,克服了资金不足,建筑材料价格上涨,动回迁难等困难,强化管理,狠抓工程进度和质量,投资近亿元,完成了新建职工住宅14.8万平方米,解决了2 700户职工的住房问题。还投资1 875万元,专门为机车乘务员新建了住宅。

面对住宅建设资金短缺和严重不到位,开展了基层单位自筹资金、职工个人集资,销售商品房、代建住宅、办合资公司等创资引资工作。基层单位自筹资金550万元,职工个人集资665万元,销售商品房2.86万平方米,销售和代建房收入5 262万元,创办的两个合资公司分别吸引外资700万元人民币和120万美元。

为加快住宅建设速度,保证工程质量,分局主管局长和住宅办公室的领导,深入现场办公,逐个工程,逐个楼号地与施工单位落实工程进度,解决资金、材料、动迁土地产权纠纷和土地确权等实际问题。全年完成开发面积8.47万平方米,规划面积27.4万平方米。

(索明杰)

公路运输

【概况】 沈阳市公路、公共交通运输,由沈阳市交通运输管理局执行政府职能,负责全行业管理。1993年,沈阳市公路、公共交通系统,围绕把沈阳建成"一高两大两化"城市的宏伟目标,在公路运输、提高城市公共交通服务水平、交通基础设施建设、加强交通运输市场管理和公路建设等方面取得了较大进展。交通运输企业以市场为导向,在转换经营机制方面迈出了新步伐,在对外开放方面取得了显著效果。新办独资、合资企业11家,其中,已开工生产经营的6家,投资总额1 712万美元,外方投资额804万美元。签订合同项目7个,投资总额2 447万美元,利用外资1 224万美元。出口产品增加,出口供货值5 622万元,比1992年增长17.8%。出口创汇额963万美元,比1992年增长10.8%,边境贸易额492万元。出现了一个大开放、大招商,大发展的可喜局面。在深化企业内部改革方面,各项配套改革稳步前进,各企业根据各自的特点,实施承包、租赁、转换经营机制等改革措施,收效明显,为企业进一步进入市场创造了条件。公路运输企业适应市场经济发展需要,积极调整产业结构,生产经营取得一定成果。城市公共交通企业服务水平有所提高,公共交通车辆总量与1992年持平。有无轨电车562台,比1992年减少9台;有公共汽车771台,比1992年增加19台;有公交联营车辆263台,比1992年增加33台;有中巴客运汽车778台,比1992年减少14台;沈阳出租汽车股份有限公司,有出租汽车859台,比1992年减少5台。交通系统工业企业在开发新产品、开拓新市场上狠下功夫,研制生产适销对路产品,扩大销售渠道,开辟新的经济增长点,工业生产大幅度增长。1993年市交通局工业总产值达13 061万元,比1992年增长21.6%。多种经营继续保持增长势头。1993年全局新开办多种经营企业150家,使多种经营企业总数达到607家,全年实现利润1 272万元,比1992年增长14.9%。1993年局属企业实现营业收入74 930万元,实现利润1 885万元。

到年底,全市共拥有各级公路275条,其中:国道5条,省道8条,县道59条,乡道183条,专用路20条。公路总里程达到4 808公里,比1992年净增18公里。公路密度由1992年的每百公里拥有公路37.94公里,上升到38.2公里。有路面里程达到4 682公里,占全市公路总里程的97.4%。晴雨通车里程达到4 549公里,占全市公路总里程的94.6%。公路绿化里程达到3 903公里,占可绿化里程的84.5%。全市共拥有公路桥梁1 335座,全长31 526延长米。全市公路养护总里程为4 601公里,年末综合好路率达到82.7%。

1993年车辆购置附加费、运输管理费等规费征收总额达到3.9亿元,比1992年增长26.9%,其中,车辆购置附加费实现3.1亿元,比1992年增长23.9%,被国家交通部命名为先进单位。

(施春生)

【公路运输】 1993年,沈阳市公路运输企业适应市场经济发展需求,积极调整产业结构,生产经营取得一定成果。为了走出运输市场竞争激烈、车辆老旧、资金短缺的困境,认真贯彻"一业为主、多种经营"的方针,转变了单一搞运输的格局,加快产业结构调整步伐,建立起交通运输主业、多种经营、外经外贸三大经济支柱,客货运输生产基本保持稳定。由于客货运输企业的生产和经营结构调整较大及诸多因素影响，市交通运输管理局所属企业全年完成公路货运量943万吨，为1992年的79.4%，完成货物周转量24 521万吨公里，为1992年的85%，完成公路客运周转量897万人，旅客周转量68 247万人公里，分别为1992年的101.8%和95.6%。在运输生产面临严重困扰的情况下，合理配套运力结构适应市场需求，取得突出成效。沈阳市第一运输总公司二公司，大中型货车、特种机具配套成龙，适应货运市场需求能力强，努力开拓市场，不断扩大货源渠道，生产经营不断发展，取得显著的经济效益。1993年利润总额继续超过百万元。大件货物运输公司是以运输长大笨重货物和大型设备为主的运输企业，他们敢打硬仗，以优质服务参与竞争，开拓市场，承揽大货源，使企业经济效益不断增长，1993年运输收入、利润分别比1992年增长11%和16.2%。沈阳市第三运输总公司四公司，在解放和卡玛斯货车大部分报废的情况下，依据市场需求，组建了卡玛斯实业公司、卡玛斯维修中心、卡玛斯汽车配件销售公司、北方客货联运公司等经济实体，实现利润46万元，比1992年提高了4倍，使企业走出困境，走上新的发展之路。市仓储联运中心，经过艰苦努力，积极开拓，在发挥公路主枢纽基本功能上取得成效。组织公路铁路水运货物代理，五爱市场、南塔市场货物代理，公路国际集装箱集散，国内铁路集装箱到发业务和铁路集装箱异地仓储等业务，企业经济效益大幅度提高，实现利润70万元，比1992年提高123.6%。沈阳市高等级公路建设总公司，在参与绕城公路建设的同时，积极开拓市场参与国内重大工程招标竞争，承揽了济青公路、杭勇公路等8个工程，1993年完成总产值1.9亿元，其中，施工产值1.8亿元，实现利润1 200万元。

（施春生）

【公共交通】 1993年，沈阳市公共交通企业在克服困难保证运营的前题下，服务水平有所提高。1993年是沈阳市公共交通企业经受困难最多的一年。从4月上旬开始，市政管网、煤气、自来水工程全面开工，挖掘主要干线110公里，涉及101条市内主要交通干道，使全市32条公共交通线路受到严重影响，占市内公共交通电、汽车线路的50%，其中，有31条公共交通电、汽车线路区间停运，一条线路全线停运。持续时间从4月至11月长达7个月之久。涉及面之广，是历年所没有的。同时，资金短缺，车辆残破，燃油料价格上调等问题严重困扰着公共交通企业。在这艰难的条件下，公共交通企业顾大局、识整体，全力保出车、保运营，做出了新的成绩。更新了250台公交车辆，装备了10条公共交通线路。通过深入改革实行单车租赁和线路承包的新机制。进行了票制改革，由过去的“满天飞”大锅饭的票制管理办法，改为专线月票，进一步明确了各线路的经营责任和利益。广泛深入地开展了“文明服务杯”竞赛活动，推动了标准化文明服务线路的开展，调动了司乘人员的积极性，跑漏票现象明显减少，改变了运营面貌，提高了经济效益。1993年电、汽车票款收入实现10 217万元，比1992年提高23.7%。出租汽车股份有限公司推行股份制经营，取得较好的经济效益，实现利润700万元，比1992年提高180%。1993年全市公共交通完成总行程6 402万公里，为年计划的92.8%，比1992年增长18.5%；完成客运量51 892万人次，为年计划的82.4%，为1992年的82.3%；出租汽车营运260万车次，为年计划的104%，比1992年增长34%。

（施春生）

【交通基础设施建设】 1993年是沈阳市交通运输基础设施建设规模较大的一年，全年完成固定资产投资17 565万元，比1992年增长156%。其中，公路主枢纽及客货场站建设7 566万元，城市公共交通基础设施建设4 924万元，运政、运管及征稽办公设施建设715万元，车辆更新及技术改造项目完成4 360万元。在道路运输基础建设方面，沈阳公路客货运输主枢纽调度指挥中心大楼，建筑面积19 800平方米，于1993年5月开工，已完成投资2 468万元，完成主体11层；投入550万元，续建了沈阳市集装箱仓储联运中心配套工程，使之功能更加完善；完成公路主枢纽货运中心站堆场5 300平方米，库房2 861平方米；北三台子货运联运站已基本形成规模；沈阳五爱客货联运总站，建设总规模39 985平方米，于1993年10月开工建设，已完成了征地拆迁及仓储库房、地下停车场基础工程；市第二运输总公司新建的兴运大夏竣工，竣工面积4 700平方米，1993年8月投入使用；公路客货运输更新新增车辆115辆。在城市公共交通基础设施建设方面，完成更新公共交通车辆250台，新建公共交通站点8处、550平方米，改造公共交通站点18处，改建变电所1个；新开了公交联营612路，增加运营里程13.5公里；沈阳出租汽车股份有限公司新建的凌云出租汽车运营场，完成车库5 000平方米、锅炉房1 000平方米及加油站700平方米，新增出租汽车141辆。在县区，投资兴建了苏家屯区交通运输综合楼和辽中县交通运输管理处。全市交通运输基础设施的建设和功能的日趋完善，促进了交通运输市场的进一步发展，为改善沈阳市的投资环境提供了有利条件。

（施春生）

【交通运输行业管理】 1993年交通运输行业管理进一步加强，交通运输市场稳步发展、秩序良好，整体形象明显好转，为使交通运输市场向统一、开放、竞争、有序的方向迈进奠定了基础。1993年，全市货运车辆已发展到62 498台，比1992年提高10.6%；营业性客运车辆已发展到11 755台，比1992年提高28.4%；机动车修理厂已发展到2 765家，比1992年增长11.8%；机动车配件商店已发展到2 336家，比1992年增长了12.3%；出租汽车违价率由1992年的11%下降到6%；小公共汽车违价和串线问题明显减少；货运违章经营已下降到5%，货源信息业也开始进入行业管理的轨道，仓储和零担运输的秩序也明显好转。机动车维修在严格资格审查和跟踪检测的基础上，通过开展质量、价格“双信”活动，使机动车维修质量有了明显提高，有56家机动车维修企业被评为全国机动车维修行业信得过企业，配件销售中的伪劣现象也开始减少。

（施春生）

【公路建设】 1993年是沈阳市公路建设迅猛发展的一年，一手抓高

绕城高速公路

等级公路建设，一手抓县、乡、村公路建设取得显著成果。在高等级公路建设上，完成了沈阳绕城高速公路南段桃仙至金宝台14公里的建设任务，北段31.5公里的路基和中小桥涵，东段11.06公里的工程已完成前期设计工作；沈阳至本溪高速公路沈阳段21.4公里的路基、中小桥涵基本完成；沈阳至铁岭高速公路沈阳段26.5公里工程，经过大量的前期准备工作以后，已经全面开工。在网化工程建设上，在县区政府的大力支持和积极参预下，全年计划的89个项目，全部完成。其中，完成新建黑色路面441.8公里，路基改造281.7公里，完成桥梁37座，557.1延长米。康平、法库两县划归沈阳市以后，市里全力筹措资金改造沈环线，在辽宁省交通厅的全力支持和帮助下，使35.5公里的沈环线实现了当年立项、当年竣工。在村路建设上，继前两年辽中县、于洪区实现村村通柏油路的基础上，东陵区也实现了村村通柏油路。1993年全市村村通柏油路工程，完成投资4 837.7万元，完成柏油路面302.7公里，又有94个村通了柏油路。至1993年末，全市的1 968个行政村中通柏油路的村数达到1 236个，占行政村总数的62.8%。东陵至棋盘山旅游路建设，在资金紧、任务重、标准高、困难多的情况下，经过16个月施工，于1993年“10·1”竣工交付使用。为发展沈阳、繁荣经济创造了有利的交通环境。

（施春生）

【沈阳绕城高速公路建设】 沈阳绕城高速公路，是国家交通部“八五”计划期间公路重点工程，高标准、全立交、全封闭，是特大中心城市环城公路示范工程。这条绕城高速公路，由黑大、京哈、丹霍3条国家干线公路的4段过境线组成，全长84.98公里。计划总投资8.1亿元。建成后，将把通过沈阳市的黑大、京哈、丹霍等国家主要干线公路联接起来，绕沈阳外环一周，可缓解市内道路拥挤，对带动地区经济起飞，提高中心城市地位，将发挥重要作用。这项筑路工程，在沈阳市绕城高速公路总指挥部和东陵区人民政府的密切配合下，用15天的时间，完成了征地2 010亩的任务，征地速度如此之快，在沈阳筑路史上是前所未有的。工程于1990年12月21日正式开工，至1991年末南环东段石庙子至桃仙15.8公里，完成土石方150万立米，22座中小桥涵基本竣工。1992年，沈阳绕城高速公路建设如期完成了南环东段15.8公里的建设任务，竣工通车。1993年7月19日，绕城高速公路南段下深沟至苏北大桥路面主体工程竣工。这段路双线长7公里，中间设分隔带，上下4个行车道。1993年10月，

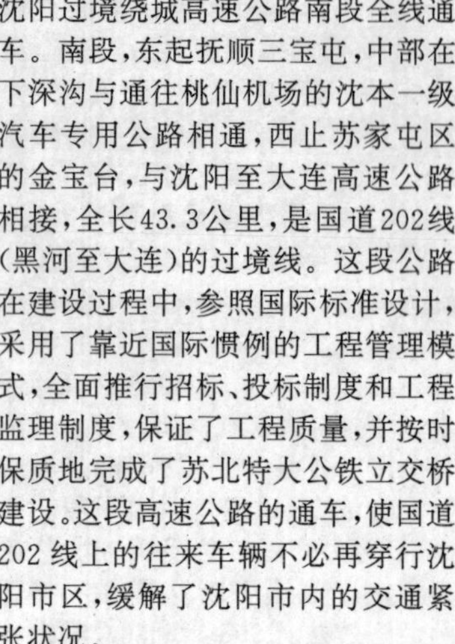

沈阳过境绕城高速公路南段全线通车。南段，东起抚顺三宝屯，中部在下深沟与通往桃仙机场的沈本一级汽车专用公路相通，西止苏家屯区的金宝台，与沈阳至大连高速公路相接，全长43.3公里，是国道202线（黑河至大连）的过境线。这段公路在建设过程中，参照国际标准设计，采用了靠近国际惯例的工程管理模式，全面推行招标、投标制度和工程监理制度，保证了工程质量，并按时保质地完成了苏北特大公铁立交桥建设。这段高速公路的通车，使国道202线上的往来车辆不必再穿行沈阳市区，缓解了沈阳市内的交通紧张状况。

（施春生）

【苏北公铁立交桥】 苏北公铁立交桥是沈阳过境绕城高速公路上的一座较大立交桥，位于苏家屯区北部，与长春至大连上下行等10条铁路线立体交汇，全长1 361米，桥宽26米，桥身平均高度为15米。这座公铁立交桥的施工技术十分复杂，既要保证80米跨度的桥身从两边桥墩上以各自40米长度顺利向中间延伸，又不能影响桥下铁路的正常行车。在中间无任何支撑点的情况下，要绝对保证两边各900吨重的箱梁准确无误的衔接上。负责施工的沈阳铁路局沈阳工程总公司，选调桥梁专业的精兵强将，参阅国外先进桥梁建筑技术资料，先后画了上百张草图，进行了上千次计算，用不到一个月的时间设计出了国内首创的“悬臂浇筑”施工方案。建桥职

苏北大桥

工日夜奋战,用15个月的时间完成了大桥主体工程,主桥合拢误差小于0.5厘米。他们以科学的态度和勇于拼搏的精神,谱写出了辽宁建桥史上的新篇章。这座现时东北地区最大的苏北公铁立交桥,于1993年6月29日胜利合拢,9月28日全部竣工。特大公铁立交桥的建成,为沈阳过境绕城高速公路尽快建成通车赢得了时间。

(施春生)

【丁香特大桥】 沈阳过境绕城高速公路北段的重要工程——后丁香特大桥工程,于1993年9月3日开始施工。这座大桥是沈阳市有史以来最大的一座公路桥。位于于洪区丁香屯附近,它跨越沈山线等8条铁路线,桥长1 425米,桥宽26米,工程总造价9 300多万元。大桥由沈阳铁路局勘测设计院设计,沈阳铁路局沈阳工程总公司承担施工。由于大桥跨越多条铁路线,为不影响铁路运输,在总结修建苏北公铁立交桥经验的基础上,继续采用难度较大的"悬臂浇筑"合拢技术进行施工。预计工程将在1995年8月末竣工。

(施春生)

【沈阳至本溪一级汽车专用公路】 沈阳至本溪一级汽车专用公路是经国务院批准的辽宁省"八五"计划期间交通运输重点建设项目,是辽宁省利用亚洲银行贷款建设的第一条高等级公路。这条路北起沈阳市东陵区桃仙乡,南至本溪市南芬镇,全长74.75公里。其中,沈阳段21.3公里,全封闭,全立交。沿途建设特大桥2座,大桥21座,中小桥31座,涵洞100个,跨铁路桥4座,通道桥98座。全部工程概算8.83亿元,除5 000万美元由亚洲银行贷款外,余款由国家和省里投资。公路沿途丛山峻岭,河流交错,地形复杂,特别是本溪至南芬段,跨河过涧,全部采用高架桥,为公路建设增加了难度。1992年沈阳至本溪一级汽车专用公路建设拉开序幕,征地动迁工作完成的又快又好,完成公路征地1 394亩,做好了工程前期准备。由沈阳高等级公路建设总公司承担的第一合同段,北起桃仙机场专用公路,南至佟沟乡刘太平村,全长9.9公里,于1993年4月6日正式开工。该段路基标准宽度24.5米,设计行车速度100公里/小时,路基工程总动用土方62万立方米,兴建桥涵27座。建成沈阳至本溪一级汽车专用公路,将对缓和这条公路运输压力、提高运输效益、发展辽东半岛经济具有重要作用。

(施春生)

【东陵至棋盘山旅游公路】 东陵至棋盘山旅游公路是沈阳市区联结棋盘山风景区的主要交通干线,是沈阳市开发棋盘山风景区建设的组成部分,是沈阳市第一条旅游线路,"八五"计划期间城市基础设施建设的重点工程。公路起点在沈抚公路东陵检查站,经东陵公园、沈阳植物园,跨越沈吉铁路,经宋家沟与马宋线汇合,终点至省道沈阳至平岗公路。线路全长15.56公里,按二级公路标准建设,路基宽16.5米,路面宽9～15米。设计行车时速80公里。平曲线最小半径250米,最大纵坡5%。桥涵设计荷载标准:汽车——20级,挂车——100。主要工程量,路面工程22.4万平方米,路基土方量61万立方米,建设公铁立交桥66延长米,小桥2座32延长米,涵洞(管)95道,铺筑路面15.6万平方米。占用土地600亩,投资3 000万元。这条路由沈阳市高等级公路建设总公司承担建设,1992年5月22日正式开工,1993年10月上旬交付使用。这条路的建成,对增加沈阳市凝聚力、辐射力,改善沈阳投资环境,提高人民群众的文化物质生活水平具有重要意义。

(施春生)

【沈环线公路】 法库县境内的沈环线公路,起自法库县与新民市交界,终至法库县县城,全长35.97公里,是去康平、吉林和黑龙江的主要通道,由于多年失修,路况很差,影响着交通运输。1993年法库县转属沈阳市后,省、市决定投资1 850万元,对这段路进行大修使之达到路基宽12米、路面宽9米的二级路标准。从1993年3月初起,沿途的6个乡镇组织万名农民,对路基加宽,到5月底完成了工程的前期准备,为工程的顺利进行创造了必要的条件,6月中旬全面开工。历时4个月,1993年10月12日竣工通车。

(施春生)

【东陵区村村铺上柏油路】 1993年10月14日,东陵区全区230个村,村村通上了柏油路。过去,东陵区的村间小道多为泥泞土道,影响了交通运输和农村经济的发展。为改变这种落后面貌,沈阳市交通运输管理局等部门在资金上、技术上给予大力支持,经过全区人民的艰苦努力,从1991年至1993年以来,全区共投入资金2 574万元,动用土方63万立方米,投入车工15万个台日,群众献义务工30万个,建设柏油路面总里程318公里,是东陵区建区以来公路建设投入最多的三年。在村村通柏油路工程实施过程中,东陵区政府成立了以区长为组长的全区公路建设领导小组,定期研究公路建设工作,深入基层现场办公解决公路建设中存在的问题。提前二年完成"八五"计划期间村村通柏油路的任务,进入1993年,东陵区政府在财力上作了大量投入。除市里给的乡村道路补贴外,区里列出专项资金,每公里道路补贴2.4万元。并制定了保障公路建设的拆、迁、占等有关政策,调动了全区人民建设公路的积极性,就连东南山区较困难的乡镇,也克服了重重困难,实现了村村通柏油路的目标。沈阳市人民政府为表彰东陵区在公路建设上做出的优异成绩,命名东陵区人民政府为"沈阳市乡村柏油路工程建设先进单位"。

(施春生)

民用航空

【概况】 中国北方航空公司自1990年6月16日组建以来,以艰苦创业、勇于开拓的精神,在激烈的航空市场竞争中,取得了令人瞩目的成绩,为未来发展奠定了雄厚基础。

1. 运输总周转量翻了一番。1993年,北方航空公司完成运输周转量为45 180.32万吨公里,与1992

年相比增长18.4%;与此同时,经济效益也稳步上升。截止1993年底公司营业收入达41亿元人民币,累计创利4亿元。

2.抓住机遇,迎接挑战,运输生产全面发展。北方航空公司经营的航线已由组建时的51条增加到120条,其中国际和地区航线由3条增加到6条。同时还承担着至日本、韩国及东南亚的不定期包机飞行任务,取得了独立飞行日本和开辟至独联体航线的业务权。由东北12个机场为基地连接全国各大中城市的航空交通网已经形成。

1993年北方航空公司成立了大连分公司,并与海南省三亚市筹建北亚公司,以沈阳为中心,以哈尔滨、长春和大连为飞机集散地的生产格局已经形成。与此同时,以航空运输为主,旅馆业、房地产业和对外贸易等多种经营也取得了明显进展。

3.把握时机,全面开拓,扩大生产规模。首先是根据市场资源的变化情况调整了长春、哈尔滨、大连的飞机投放量,保持较高的客座利用率。其次是抓航线配套,全方位地开拓市场。在航线发展上立足国内,立足沿海,立足东北市场,并把握时机最大范围的占领国际市场,加大市场占有率。第三是抓服务质量,努力提高竞争能力。与此同时,推进经营管理体制改革,逐步形成集团规模。

(李天华)

【客货邮运输】 1993年,北方航空公司在客货邮运输工作中取得了新的成绩。

1.运输生产持续发展。全年完成运输总周转量4.52亿吨公里,比1992年增长17.8%,完成旅客运输量328.18万人次,比1992年增长18.9%;完成货邮运输量45 600吨,比1992年增长10.6%。通用航空完成了2 642小时。

2.巩固和拓展航空市场。全年新开国内正班航线26条,这些新开航线是沈阳——烟台——汕头,沈阳——合肥——海口,沈阳——上海——深圳,沈阳——宁波——厦门,沈阳——青岛——福州,大连——北京——重庆,大连——宁波——深圳,大连——成都——昆明,大连——宁波——海口,哈尔滨——长沙——深圳,哈尔滨——烟台——上海,哈尔滨——济南——深圳,哈尔滨——南京——厦门,哈尔滨——烟台——海口,哈尔滨——北京——上海,哈尔滨——重庆——昆明,哈尔滨——成都——昆明,哈尔滨——北京——福州,长春——深圳——海口,长春——成都——昆明,北京——温州,福州——深圳,杭州——广州,宁波——厦门。增加热线航班1192班,其中新开辟的长春——深圳——海口航线,在初营阶段客座率便已达到80%以上。1993年运航城市43个,其中国际3个。下力气组织了航班外生产,全年共组织加班、包机1 881架次。其中飞往日本的旅游包机76架次,飞往俄罗斯的货包机29架次。抓了市场促销,全年发展销售代理人32家,各销售代理人共出售客票178万张,占旅客运输总量55.6%,与航线和市场相适应的销售网正在逐步形成。

狠抓基地建设,完善运力布局。继1992年成立黑龙江分公司和长春分公司之后,又组建了大连公司,并与三亚市政府合作,于1993年8份共同进行了北方航空三亚有限责任公司的筹建,正在逐步改善公司航线布局不合理的格局。在总体运力布局上,采取了先调查、后改善,逐步与市场资源相配套的方针,根据3个分公司的承受能力投放运力后,狠抓安全和服务质量,加速了机务和销售服务设施、设备的建设,各基地独立实施生产经营的能力正在进一步地得到完善。

桃仙机场

(李天华)

【通用航空飞行】 1993年国家民航总局下达给北方航空公司7 000小时的生产任务。其中,护林1 089小时,农化1 375小时,作业面积122.57万亩,林化155小时,作业面积20.77万亩,林播15小时,作业面积3万亩,旅游100小时,其它16小时。其中吉林分公司飞行787小时,黑龙江分公司飞行671小时,朝阳飞行大队1 292小时。共出动运五飞机20架,米八5架。先后在29个基地执行了护林、农林化、林播、旅游等多种作业项目,农林业总受益面积146.34万亩。

1.顺应市场变化,积极组织承担生产任务。为完成总局下达的7 000小时生产任务,年初公司及时召开生产会议,研究生产形势,部署全年生产任务。根据北方公司现有的通用航空生产能力下达了4 000小时的生产目标。据此,北方公司及分公司积极组织生产。各地区都根据市场的变化,抓住机遇,采取多种方式组织生产。本着保证重点,兼顾一般的原则,重点保证了春季7个基地、秋季5个基地的护林和三省地区的农林业防治病虫害任务。

2.严格基地管理、确保安全生产。北方航空公司经营的运五飞机,飞行多年,发动机质量差,飞机性能下降,给保证飞机安全带来了一定的难度,北方公司领导对保证通用航空生产的飞行安全高度重视,任务期间多次发电报对安全工作做指示,派出工作组到专业基地检查帮助工作,使飞行安全工作落到实处。

3.加强总体服务意识,与用户搞好协作配合。针对通用航空执行任务的特点,对公司全体人员进行了严格要求,强调要互相配合,提高总体服务意识,使执行任务的全体人员能够服从基地负责人的统一管理,努力做好本职工作,搞好协作配合,共同完成生产任务。

(李天华)

【机队规模】 1993年中国北方航空公司共拥有各类飞机87架。其中运输机39架,包括24架ND－82型飞机,2架A300－600R型飞机,11架Y－7型飞机,及湿租的2架I86型飞机。专业飞机48架,包括10架A－2型飞机,29架YUN5型飞机,9架MI8型飞机。

1993年,中国北方航空公司共有各类空勤人员969人。其中飞行员586人,乘务员368人。执行A300－600R型的飞行员27人,配套机组10个,执行ND－82型飞机的飞行员270人,配套机组80个。

1993年北方航空公司新招飞行学员109人,空乘160人,从飞行学院接收毕业学员19人,使北方航空公司的飞行队伍得到进一步壮大。

1993年6月16日上午8时30分,中国北方航空公司计划引进的8架宽体机中的第一架空中客车A300－600R降落在沈阳桃仙国际机场。至此,结束了中国北方航空公司没有大型远程宽体客机的历史,标志着北方航空公司的机队已进入大型化、远程化的新阶段。同时也为中国北方航空公司开辟新的国际航线和参与世界航空市场的竞争提供了必备的条件。

空中客车A300－600R飞机是目前世界上较为先进的大型宽体客机,由法、德等欧洲五国联合生产。该机可载客287人(头等舱24座、普通舱254座,双走廊布局)。最大商务载重89.6吨。

(李天华)

【强化空地安全措施】 2141一等运输飞行事故发生后,中国北方航空公司在全公司范围内进行了以安全为中心的全面整顿,历时2个月。这次整顿以党中央、国务院领导有关飞行安全的一系列指示精神和国务院1993年12月8日的《关于加强民用航空安全工作的通知》精神为指导,以民航总局有关保证安全的一系列条令、条例、规定和电话会议精神为依据,以吸取事故教训、强化安全管理、增强安全观念、提高整体素质、适应公司的发展建设和市场竞争的需要为主要目的,以整顿指导思想、组织管理、作风纪律和技术标准为主要内容,重点对各级领导班子、各级机关和飞行、机务系统进行了一次深入整顿。

针对飞行安全上亟待解决的几个问题采取了应急措施。一是调减了航班、班次。二是强化了机组技术力量的搭配。各飞行大队对飞行人员的技术状况逐个进行了重新排队,按实际技术状况严把了机组搭配关。三是检查了飞行四个阶段各项规章制度和工作程序的落实情况。重点对特殊情况,复杂天气的预先准备进行了检查。四是强化了飞行人员对机载设备的学习,已将警告系统的中英文对照,机载设备反映出的故障以及处置方法,编印成规范教材,下发各飞行部队。各级职能部门在飞行准备阶段进行了抽查。五是加强了勤务保障工作,强化了生产现场指挥机构的职能作用,完善了现场工作程序,要求各驻外办事处克服困难,创造条件,做好航班过站、过夜的各项保障工作,努力减轻机组负担。

调整宏观发展的思路,突出了安全工作的中心位置。一是发展速度由前8年的平均35%降低到15%。二是控制飞机的引进。三是增加对飞行保证设施的投入。四是合理地安排运力布局。五是加大人才培养力度,提高飞行、机务人员素质。六是转换内部机制,调整内部分配关系,向生产一线和技术骨干倾斜。七是加强思想政治工作,加强飞行、机务部队的思想作风建设。

(李天华)

【11.13空难】 1993年11月13日,中国北方航空公司宗三鼎机组(机长宗三鼎,1/1ILS教员)驾驶ND－82型2141号飞机,执行沈阳－北京－乌鲁木齐的6901航班任务。当天下午乌鲁木齐机场天气复杂,飞机在向250°方向进行盲降进近中,坠毁在距跑道头2.2公里处的麦地里。时间是14时56分。机上旅客92人,8名旅客遇难,72人受伤,其中重伤23人;飞行机组4人,全部遇难,乘务员5人都程度不同受伤。飞机报废,构成一等飞行事故。

事故发生后,国务院、国家民航总局、民航东北管理局和北方航空公司都立即派出调查组赶赴现场进行事故调查和善后处理。辽宁省、沈阳市政府也都派出办公厅领导赶赴乌鲁木齐处理善后工作。

"11.13空难"是东北民航成立29年来发生的第一次运输飞行重大事故。

(李天华)

邮　　政

【概述】 沈阳市邮政局是东北地区最大的邮政通信枢纽局,是全国十大干线中心局之一。担负着辽宁省邮件、报刊的集散任务。1993年末,沈阳邮政系统共有职工5 317人(不含集体职工661人),固定资产原值2.4亿元。全市共有邮电局所208处,报刊门市部3处,报刊零售点128个,邮政储蓄所(点)140个,集邮门市部(点)74个。市内局所平均服务半径4公里,服务人口3.34万人。

全市邮路总长度为49 485单程公里。其中火车邮路3 624单程公里,汽车路3 286公里,航空邮路42 211公里,形成了四通八达的邮政通信网络。全国唯一的邮政自办航空邮路,邮政包机每天往返于沈阳－南京－广州之间,缩短了进出口邮件的传递时限。

沈阳市邮政局下辖和平、沈河、皇姑、铁西、大东、东陵、于洪、苏家屯、新城子9个区和新民、辽中、法库、康平4个县(市)邮政(电)局和通信枢纽局(下辖函件分拣局、包刷分拣局、邮件转运局、邮件押运局、邮件运输局)、国际邮件局、报刊发行局、邮政储汇局、机要通信局、邮袋调拨局等6个专业局及沈阳邮政实业总公司(下辖邮政信息广告公司、邮政印刷厂、邮政房屋开发公司、邮政科学研究所、报刊销售公司、邮购公司、邮政汽车大修厂、《邮电业务学习》编辑部、沈阳邮政大厦)、沈阳市邮票公司、沈阳邮政工贸公司、生活服务公司、职工培训中心、邮电器材供应公司等单位。

经办的邮电业务有信函(平常信函、挂号信函、商业信函、礼仪信函)、印刷品、包裹、邮政快件、邮政特快专递、邮政储蓄、邮政汇兑、集邮、报刊发行、报刊零售和电报(普通电报、加急电报、国际电报、礼仪电报、请柬电报)、电话(市内电话、国内长话、国际长话)、电报挂号、电子信函、传真等业务。日处理邮件转运量2.7万袋(捆)、函件76万件、包裹1万件、报刊299.5万张(册)、电报电话作业量0.7万份。

1993年完成邮电业务总量10 441.1万元,完成邮电业务收入11 147.5万元,分别比1992年增长25.8%和44.8%,双双突破亿元大关。

(黄禹)

【特快专递业务】 邮政特快专递业务是迄今世界上传递速度最快的邮政业务,其标志是EMS(万国邮政联盟为特快专递统一规定名称的缩写)。特快专递业务分为国际特快专递和国内特快专递两种。

截止1993年末,沈阳国际特快专递业务已通达183个国家和地区,比1992年增加了115个。与日本东京、大阪及香港、九龙等地建立了特快专递的直封关系。寄往日本和香港地区的特快专递邮件只需48小时,寄往欧美各国家的特快专递邮件2—5天也可到达。

国内特快专递业务发展迅猛,截止到1993年末,沈阳市已和全国903个城市开通了快递业务,比1992年增加了504个,寄往广州、南京等地的特快专递邮件只需24小时。全市特快专递邮件的开办局也由1992年的32个增加到目前的40个。并在分拣、封发、投递部门实行了微机处理,加入了全国处理特快专递业务的微机网,从而加快了快递邮件的处理和查询速度。

为方便办理国际快递邮件用户报关、验关,沈阳市邮政局成立了代客报关公司,与此同时,沈阳邮政快递部门与和平区保险公司合作,为特快专递邮件进行了保险。

1993年,沈阳市特快专递业务收入实现1 013万元,比1992年增长了57.8%,占沈阳市邮政局业务收入的10%,相当于特快专递业务前10年的收入总和。

(杨玉昆 黄禹)

【商业信函】 商业信函业务是邮政企业根据自身优势和市场竞争需求,近年来新开办的业务。

商业信函是为工商企业传递产品信息和商品信息的书面媒介,即把广告所要表达的内容以邮寄的方式传到相关对象的手中,是深受中外企业家青睐的一种广告形式。它可根据用户的需求代发征订函、通知、请柬、贺卡等。沈阳市邮政局研究开发的“商业信函智能处理系统”于1992年7月通过了部级技术鉴定,客户只需提供1份底稿,邮政部门即可根据用户的要求,提供从地址检索开始到信封打印、内件排版印刷、封装邮寄的“一条龙”服务。同其他广告形式相比,商业信函具有得天独厚的优势,主要表现在:

1费用低廉:一封信只需几角钱,就相当于为企业派出了一名推销员。

2针对性强:根据产品的适用对象,有目的地选择邮寄范围,具有较高的到位率。

3覆盖面广:可寄递到国内各地。

4时间快:从确定发函数量到信件发出,1万件只需1天时间。

5信息量大:商函信息库拥有全国100多万个企事业单位名称、地址和邮编,随时向社会各界提供最新、最广的信息。

邮政商业信函在全市各区邮电局所办理,同时设有揽收车上门服务。

1991年,沈阳市各企事业单位商业信函使用率为10%,1992年为20%,1993年上升到40%。

(黄禹)

【邮政储蓄】 邮政储蓄业务是邮政企业为国家积聚社会、个人闲散资金所承办的金融业务,执行国家规定的统一利率标准,接受中国人民银行的业务指导。邮政储蓄本着“存款自愿、取款自由、存款有息、为储户保密”的原则,为沈阳各界提供储蓄存款服务。邮政储蓄具有点多、面广、营业时间长等特点。

截止到1993年末,全市邮政储蓄余额达到10.19亿元,经办业务局所140处,邮政储蓄经办的业务种类有:

1.活期储蓄:储户1元起存,储户可凭存折随时取款,其中活期异地储蓄,储户可凭异地活期储蓄存折,到全国各地指定的邮局办理存取款业务。

2.零存整取定期储蓄:储户1元起存(存期为1年、3年、5年),储户按月存款,到期凭存折支取本金和利息。

3.整存整取定期储蓄:储户10元起存,一次存入(存期分为3个月、半年、1年、2年、3年、5年、8年),到期凭存折支取本金和利息。

4.定期定额储蓄:是整存整取储蓄的一种,存单面额固定,存期1年,到期凭存单一次支取本息,此项业务可全市通兑。

5.有奖定期储蓄:①定额定期有奖储蓄:把储户存款利息的一部分(或全部)以奖金或奖品的形式付给中奖储户,其余的利息存款到期后再付给储户,存期为1年,到期后,储户凭存单支取本息,可全市通兑。②零存整取有奖储蓄(又称有奖“贴花”储蓄):存期为1年,每月存10元,存款利息全部以奖金形式付给中奖储户,到期凭邮局发给的“贴花”凭证支取本金,全市通存通兑。

6.支票存款:储户凭个人转帐支票,到邮局办理定期或活期存款。

7.代收私人电话费储蓄:活期储蓄的一种,安装住宅电话的用户,在邮局开立帐户,每月由邮电局在其帐户将话费划款给电信局。

8.礼金券储蓄:是定活两便储蓄的一种,储户存款时,邮局发给固定面额的存单,储户凭存单一次性支取本息。存期不满3个月按活期计息,超过3个月按相应整存整取档次打9折计息,此项存款可全市通兑。

(王新民 黄禹)

电　信

【加快通信建设步伐】 1993年，沈阳市电信局广大干部、职工锐意进取，深化改革，实现了邮电通信建设的蓬勃发展和突破性飞跃，取得了令人瞩目的成就。当年，沈阳市电信局在省邮电管理局、中共沈阳市委、市政府的关怀支持和正确领导下，全局上下共同努力，围绕“规模经营、超前发展、参与竞争、占领市场”的年度方针，在任务重、困难多、时间紧、压力大的情况下，出色地完成了全年各项通信建设、经营和生产任务，圆满实现了“2149”工程目标(即：安装市话程控交换机21万门，长途程控交换机4万门，市话放号9.54万户)，使沈阳市的通信建设在连年翻番的基础上，又创造了一年跨过40年的特殊记录，在沈阳市的通信发展史上写下了光辉的一页。同时，又第二次入选全国500家最大服务企业行列，取得了企业经济效益和精神文明建设的双丰收。

1.经济效益再创佳绩。全年邮电业务总量完成51 733万元，是年计划的119.82%，比1992年增长61.93%；邮电业务收入完成48 492万元，比1992年增长55%；这两项指标的增长速度均创沈阳市电信局历史最高记录，并超过全省平均增长水平。劳动生产率完成61 816元/人，是年计划的119.53%；市话放号计划9.54万户，实际完成9.57万户，比1992年增长90.8%，市话期末到达户数为239 362万户。

2.通信能力显著提高。1993年，沈阳市电信局固定资产投资额为66 080.2万元，全局固定资产累计达13.6亿元。

全年，安装开通市话交换机21万门，市话交换机总容量累计达40.3万门；无线寻呼40万系统竣工投产，无线寻呼用户数达16万户；完成移动电话A网扩容工程，移动电话户数达5 894户，同时，还完成了国家重点工程京沈哈光缆沈阳段288公里光缆敷设任务，完成了市话号码升位，开通了“168”自动声讯系统等。这一切，使沈阳市的通信能力得到了长足的发展。可以说：一个集空中、地面、地下，有线、无线，大容量、多功能、多手段于一体，常规业务与高层次手段相结合的、四通八达的现代化通信网已经在沈阳形成。在通信上缩短了沈阳与国内外先进城市的差距，为沈阳市的经济发展提供了良好的通信条件。

3.通信质量稳步提高。质量是企业生存发展永恒的主题，向质量要效益成为人们的共识。沈阳市电信局在通信生产中，严把质量关、深入持久地开展质量管理活动。1993年共有9个QC小组被评为部、省局优秀小组，其中长话QC小组再度被评为国优。

同时，针对大规模放号，业务量突增而带来的质量上的难点，积极组织攻关，通过攻关活动，全面完成了部、省局下达的各项质量指标，使全网的通信质量得以稳定提高。

(张巍)

电信大楼

【电信机构改革】 根据邮电通信事业发展的需要，为理顺沈阳市及新民、辽中两县的邮电管理体制，辽宁省邮电管理局下发《关于沈阳市新民、辽中两县邮电机构分设的意见的通知》(辽邮[1992]400号)，决定撤消新民、辽中县邮电局，组建新民县邮政局、电信局，辽中县邮政局、电信局，分别隶属沈阳市邮政局、沈阳市电信局。邮电支局所同时相应分开。新机构从1993年1月1日起开始运行。

根据辽宁省人民政府辽政[1992]175号文件，将铁岭市管辖的康平、法库两县从1993年1月1日起整建制划归沈阳市管辖的决定，同时考虑到邮电通信事业发展的需要，省邮电管理局决定撤消康平、法库两县邮电局，组建康平县邮政局、电信局，法库县邮政局、电信局，分别划归沈阳市邮政局、沈阳市电信局领导。

邮电部《关于康平、法库两县邮电机构划转、分设的批复》(邮部编[1993]8号)，同意辽宁省邮电管理局关于康平、法库两县邮电机构划转、分设的意见。新机构于1993年3月1日开始运行。

(张巍)

【沈阳电话号码升位】 为适应沈阳市通信发展的需要，经邮电部批准，沈阳市(含新民、辽中)电话号码于1993年8月1日零时升至7位。

这次电话号码升位是沈阳市通信建设中一项跨世纪的工程。由于这次电话号码升位情况比较复杂，技术处理难度大，宣传工作要求高，是对电信局技术组织、协调能力和管理水平的实际考验。

为了使这项工作得以顺利实施，首先在技术上做了大量艰苦细致的工作，改造了不利于号码升位的模拟交换机，进行市话网上全部45个局向、23万门交换机的数据的软件修改工作，使升位的各项技术措施准确无误，万无一失。

在升位宣传上，为了做到“让全世界都知道”，沈阳市电信局总动员，人人做宣传。这项工作创下电信局有史以来的5个最高记录。一是参与人数最多；二是宣传时间最长；三是攻势最猛；四是形式最丰富；五是效果最好。

8月1日零时，沈阳市副市长、升位工作总指挥马向东同志宣布：“沈阳市(含新民、辽中)电话号码停止使用6位、正式启用7位。”正式升位后，通话高峰准确挂发7位号用户占80%以上，全市23万门市话程控交换机工作正常，各项质量指标均无下降，全部达到了邮电部的考核标准。

为此，沈阳市政府发出《对市电信局在电话号码升位工作中做出突出贡献的表扬通报》，通报对这次升位工作给予高度评价："这次电话号码升位是沈阳市电信建设史上的一个里程碑，其号码容量将满足全市在百年内的电话通讯需要，缩短了沈阳市与国内外先进城市在通信上的差距，为把沈阳市建设成为'一高两大两化'城市创造了良好的通信条件。"

"……电话号码升位这项跨世纪工程的圆满成功，凝聚着电信局全体干部群众的辛勤汗水，市政府感谢你们，全市人民感谢你们。"

（张巍）

【发展农村通信事业】 "八五"通信建设规划实施以来，沈阳市电信局在大力发展市话建设的同时，也加快了农村通信建设的步伐，根据全省农村通信建设"2171"工程目标，沈阳市电信局提出在4个郊区和新民、辽中提前2年完成这一目标。

1993年，是提前完成"八五"农村通信建设的关键一年，在全市各级政府的大力支持下，农村通信建设取得了突飞猛进的发展，成为历史上发展最快，成绩最突出的一年。郊区农话建设目标"84212"工程，即建8个自动支局、改造4个、扩容2个、并网12个。沈阳市郊区农话提前2年超额完成省政府提出的"2127"工程目标，百分之百的乡镇实现了自动化，具有长途直拨功能。

4个县(市)的通信建设也出现了大幅度提高的好势头。4个县(市)累计放号4 223户，是年计划的148.5%。新民市、辽中县进入沈阳本地网，实现等位拨号。同时实现了农话自动化。

沈阳地区农村通信的发展，不仅为当地农村经济的发展创造了良好的通信条件，同时也为消灭市话和农话的差别，实现沈阳地区本地网通信格局奠定了基础。

（张巍）

【40万线自动无线寻呼系统开通】 自沈阳市电信局开办无线寻呼业务以来，用户需求始终居高不下。1992年，沈阳市电信局与厦门市邮电局合作，共同研制开发了当时国内容量最大的20万线无线自动寻呼系统，但仍未能满足用户的需求，供需矛盾十分突出，用户反映强烈。

为充分满足用户需求，1993年，沈阳市电信局继续与厦门市邮电局合作，投巨资开发了40万线超大容量无线自动寻呼系统，并于当年12月份正式投入使用。

新系统的开通，充分满足了广大用户的需求，截止1993年底，沈阳市无线寻呼用户数已达17万户。

（张巍）

【CT2定点通信系统】 1993年，沈阳市电信局与美国摩托罗拉公司合作，引进该公司生产的(CT2)固定点的通信系统。

CT2系统做为移动通信与蜂窝电话相比有一定差距，目前尚无漫游、反向通话、越区切换、自动登录等功能。其手持机必须在基站覆盖的小区内才能使用，它的特点是在某一固定基站(也叫公共基站、定点通讯站、电信点)附近，方可实现移动通信。

就沈阳市目前的情况看，市话网比较发达，能够为CT2系统提供足够的中继线，使CT2中继基站数量和密度都能达到一定的水平，从而保证通信质量。

另外，由于CT2用户机的成本和初装费与"大哥大"相比便宜许多，对用户来讲是一种物美价廉的通信设备，能够赢得多数用户，市场前景广阔。

（张巍）

【"168"自动声讯系统开通"】 随着信息时代的来临，随时掌握各类信息动态，已成为发展经济的必要条件。信息服务业是信息时代促进信息流通的必要行业。为了满足社会对信息的需求，为广大用户提供更高层次的电信服务，沈阳市电信局从台湾邦毅公司引进的"168"自动声讯系统，于1993年9月8日正式开通。

该系统采用目前国际上先进的电子控制及声讯服务技术，通过公众电话网向社会各界提供灵活、方便、快速、大范围的信息传播方式和自动、及时、方便、全面的信息咨询服务。该系统提供服务的具体方式是：事先将各类信息材料通过录音的形式存贮，并将各类信息编成以"168"为字头的8位电话号码，用户只要按电话局提供的分类号码拨通电话，便可听到所要查询的信息。

"168"自动声讯系统的服务项目有：邮电业务、文化娱乐、交通旅游、园艺宠物、医疗保健、政策法规、金融保险、股票期货、科教人才、婚姻家庭、工商企业信箱等35大类。此项业务的开展不仅是面向公众最好的商业广告窗口，也是各界朋友获取知识和寻求信息的最佳途径。

（张巍）

城乡建设·环境保护

综　述

【固定资产投资突破 100 亿元】 1993 年，是沈阳市固定资产投资又一高峰年。投资总量首次突破 100 亿元大关。第三产业投资增势强劲。又一批基本建设重点项目及技术改造限上项目相继告捷。

1. 固定资产投资总量及增速均创历史最高水平。1993 年，沈阳市固定资产完成投资总量 1 076 227 万元，首次突破 100 亿元大关，增速达 55.7%，投资总量比 1992 年净增 37.4 亿元。增速分别高出 1988 年、1992 年 21.2 和 6.1 个百分点。二项指标均创历史最高水平。从全年固定资产投资走势看：上半年投资一直处于较高增长态势，最高增速达71.8%。进入下半年，由于国家宏观调控改革的逐步到位，投资增速减缓，但仍属超高速增长。

在完成投资中，基本建设投资 740 171 万元，比 1992 年增长 75.2%，高于固定资产投资总体水平19.5个百分点，占全部固定资产投资的比重68.8%；更新改造完成投资335 886万元，比 1992 年增长 25%，占全部固定资产投资的比重 31.2%。基本建设投资增速快于更新改造增速 50.2 个百分点。

2. 生产性建设投资偏低。1993 年，在固定资产完成投资中，生产性建设投资444 553万元，比 1992 年增长20.6%，占全部固定资产投资的比重41.3%；完成非生产性建设投资631 674万元，比 1992 年增长 96.3%，占全部固定资产投资的 58.7%。二者所占投资比重表明，生产性投资已明显偏低。下滑的速度也非常之快，比 1992 年减少了12.3 个百分点。1993 年是自 1979 年以来生产性投资比重最低的一年。

3. 第三产业投资增势强劲。为使沈阳市经济发展再上新台阶，1993 年沈阳市加大了第三产业投资力度，共完成投资743 694万元，比 1992 年增长1.1倍，占全部固定资产投资总量的69.1%。在第三产业中，房地产开发投资成为其重要组成部分，共完成投资341 148万元，占第三产业投资总量的76.8%。

4. 机械、化工、轻工、运输邮电通讯业发展较快。1993 年，作为沈阳市主导行业的机械工业发展较快，共完成投资140 656万元，比 1992 年增长1.7倍，占工业部门投资的46.9%；化学工业完成投资 53 152万元，比 1992 年增长 1.93 倍，占工业完成投资的 37.8%，运输邮电通讯业完成投资80 789万元，比 1992 年增长60%。其中：邮电通讯业完成 72 136 万元，比 1992 年增长 1.3 倍。又新增市内电话自动交换机139 500门。

5. 住宅建设成绩斐然。1993 年，沈阳市住宅建设又有新发展，投资达历史最高水平。全年共完成住宅建设投资 35.9 亿元，比 1992 年增长 82.2%，占全市固定资产投资比重由 1991 年的 28.5%上升到 33.4%，提高 4.8 个百分点，占基本建设投资的比重高达 49.2%。全年住宅施工面积为 876.9 万平方米，比 1992 年净增 263.5 万平方米，是施工规模最大的一年。住宅竣工面积 313.8 万平方米，净增 69.4 万平方米。回迁动迁户 2.6 万户，20 多万居民喜迁新居。

6. 投资效果显著，新增一批主要生产能力。1993 年，全市施工项目 1 542 个，有 791 个项目建成投产，比 1992 年多投产 485 个；项目建成投产率为 51.3%。全市施工面积 15.22 万平方米，是有史以来施工面最多的一年。竣工房屋面积 502.4 万平方米，比 1992 年多竣工 106.4 万平方米。竣工率为 33%，新增固定资产 690 692 万元，固定资产交付使用率达到 64.2%，项目建设周期年均 2 年零 7 个月。

新增一批主要生产能力：铝加工年增 2 000 吨；变电设备能力 106 万千伏安；化学农药 30 吨；金属切削机床制造 448 台；啤酒 2 万吨；长途电缆 207 延长公里；新建微波电路 3 470 公里；长途自动电话交换设备 13 500 路端；城市自来水日供水能力 1.3 万吨。

1993 年，沈阳市固定资产投资始终处于高速增长态势，投资总体形势是好的，但在投资运行中也出现一些问题。这些问题有待在新的一年解决。

1. 应注重投资结构的调整。从 1993 年投资产业投向看，基础产业的农业投资较低，仅占全部固定资产投资的 0.7%，且作为老工业基地，对工业行业的投资尚显不足，占固定资产投资的 30%，投资增速低于 1992 年 7.3 个百分点，对全市工业经济的发展将带来不利影响。因此，应根据本地实际情况，注重投资结构的调整，使投资结构向合理化的方向发展。

2. 正确处理“骨”与“肉”的关系。随着第三产业的迅猛发展，非生产性建设投资居高不下。另一方面，具有生产发展后劲的生产性建设项目相对减少，致使生产性建设投资偏低。二者比例为 41.3:58.7。因此在大力发展第三产业的同时，也应注意生产性建设项目的投入，使国民经济协调发展，避免“骨”与“肉”比例失调。

3. 加大基建大中型、限上重点技术改造项目的投资力度，保证其资金及时到位，对一些投资较大的非生产性项目要严把审查关，将有限的资金投入到老工业基地的改造中,加速沈阳市经济发展的进程。

（李甡）

【重点工程建设】 1993年,沈阳市重点工程建设继续向能源、原材料、城市基础设施等基础产业倾斜,加大机械、化工、汽车、医药等支柱产业投入,一批重点工程年内交付使用,为沈阳市增添了新的物质财富。

一、重点工程完成投资12.4亿元

1993年,沈阳市安排重点工程32个,比1992年减少4个,其中国家按合理工期组织施工的基本建设大中型项目10个,比1992年增加1个,国家限额以上及市重点技术改造项目22个,比1992年减少5个,重点工程计划总投资568 455万元,占国有基本建设、技术改造项目计划总投资的27.3%。到1993年末,32个重点工程累计完成投资462 476万元,已完成总投资的81.4%。当年完成投资123 728万元,比1992年增长25.2%,完成年度计划的86.8%。其中国家基本建设大中型项目完成投资47 285万元,比1992年下降3.2%,完成年度计划的73.4%;国家限额以上及市重点技术改造项目完成投资76 443万元,比1992年增长52.9%,完成年度计划的97.7%。

二、基础产业超额完成年计划12.5个百分点

1993年,沈阳市继续向能源、原材料、城市基础设施等基础产业倾斜,基础产业在建规模达到22.6亿元,占重点工程的比重39.7%。到1993年末,这些项目完成投资28 141万元,完成年度计划的112.5%。国家大中型基本建设项目:大伙房引水二期工程,当年投资14 256万元,超额完成年度计划,项目基本完工。

三、支柱产业投资占重点工程完成投资的70%

近几年,沈阳市不断加大机械、化工、汽车、医药等支柱产业投入。1993年,这5个行业的计划总投资为319 251万元,占重点工程的56.2%,当年完成投资88 555万元,占重点工程完成投资的71.6%,比1992年增加27.6个百分点。各产业投资完成情况详见下表:

——机械工业投入加大

1993年支柱产业投资完成情况表　单位:万元

	项目个数	计划总投资	累计完成投资	完成总投资%	1993年计划投资	1993年完成投资	完成年计划%
合计	25	319251	198150	62.1	106035	88555	83.5
机械工业	15	128828	78362	60.8	54952	54570	99.3
汽车工业	4	89428	84364	94.3	13197	16631	126.0
化学工业	3	91298	25716	28.2	35198	14655	41.6
医药工业	2	8697	8697	100.0	2267	2267	100.0
电子工业	1	1000	1011	101.1	421	432	102.6

1993年,沈阳市在机械工业加大投资力度,安排15个重点项目,比1992年增加5个。计划总投资128 828万元,比1992年净增81 529万元。到1993年末,累计完成投资78 362万元,已完成总投资的60.8%。当年完成投资54 570万元,占重点工程完成投资的比重由1992年的11%上升到44.1%,增加33.1个百分点。其中国家"八五"期间技术改造重点项目:沈阳风动工具厂发展节能新产品液压凿岩机及全液压钻车项目,边生产边改造,仅用两年时间全部建成交付使用,并通过国家验收。新增年产218台液压机、329台液压钻车生产能力,新增产值6 690万元,利税2 844万元,创汇386万美元;沈阳华润压缩机有限公司旋转式压缩机生产技术项目,设计能力25万台压缩机,新增产值24 496万元、利税8 411万元,创汇979万美元,该项目1992年5月开工建设,到1993年末已基本完工,共完成投资22 364万元,当年完成投资21 864万元,占全部投资的97.8%,占重点工程完成投资的比重为17.7%,排属重点工程之首。另1993年新开工的国家限额以上技术改造项目:沈阳鼓风机厂提交国家重大装备配套风机生产技术水平项目建成投产后将形成年产60台风机、20台透平压缩机的生产能力,新增产值6 790万元,利税1 700万元,创汇540万美元。

——汽车工业后劲增强

1993年,沈阳市在汽车工业安排重点工程4个,计划总投资89 428万元,累计完成投资84 364万元,完成总投资的94.3%,年内完成投资16 631万元,占重点工程完成投资比重为13.4%。其中国家限额以上技术改造项目:沈阳金杯汽车股份有限公司"八五"总体改造全部竣工投产,累计完成投资80 915万元,形成年产汽车3万辆、客车1万辆生产能力;沈阳金通汽车有限公司S10项目建成投产后将形成5万台汽车生产能力,新增产值38.6亿元,利税4亿元,创汇1 085万美元。

四、7个重点工程竣工投产,形成生产能力或效益

重点工程历经几年建设,到1993年末,沈阳风动工具厂发展节能新产品液压凿岩机及全液压钻车、沈阳变压器厂虎石台电流试验站、沈阳华润压缩机有限公司旋转式压缩机生产技术项目、沈阳金杯汽车股份有限公司"七五"总体改造、东北制药总厂"七五"总体改造及VC扩大出口改造和沈阳计算机外部设备厂汉字打印机生产线二期改造7个项目竣工投产,形成年产打印机50 000部,VC1200吨,空调器25万台,汽车10 000辆等生产能力。

（唐静伟）

【投资效果】 1993年,沈阳市固定资产投资增势迅猛,完成投资总量达107亿元。随着较高的投入,取得了较好的投资效果,又新增一批主要生产能力,取得了较好的经济和社会效益,增强了沈阳的经济发展后劲。

1. 投资效果指标。1993年,沈阳市固定资产施工项目1 542个,建成投资791个,建设项目投产率为51.3%。完成固定资产投资107

亿元，未完工程占用率为73.9%，固定资产交付使用率为64.2%。工程建设周期32个月。竣工房屋面积502.4万平方米，房屋建筑面积竣工率为33%。

2. 工业经济效益增强。1993年，沈阳市工业固定资产累计完成30.3亿元，占全部固定资产投资的28.6%。作为技改限上项目的沈阳风动工具厂发展节能新产品液压凿岩机及全液压钻车、沈阳东北制药厂“七五”总体改造及沈阳金杯汽车股份有限公司“七五”总体改造项目相继投产。新增一批主要生产能力，扩大了工业生产能力。铝加工2 000吨/年；变电设备能力106万千伏安；化学农药30吨/年；轮胎外胎5.6万条；化学原料药1 200吨/年；蒸汽锅炉制造120台/年；柴油机制造2 000台/年；金属切削机床制造448台/年；铸铁件能力13 000吨/年；小型拖拉机制造6 000台/年；啤酒20 000吨/年；载货汽车制造10 000辆/年；家用空气调节器30万台/年。工业能力的不断提高，增强了沈阳市经济发展后劲。

3. 社会效益显著。1993年，沈阳市第三产业投资力度加大，共完成投资743 694万元，占全部固定资产投资总量的69.1%。迅猛发展的第三产业给沈阳市带来了显著的社会效益。

——综合服务功能加强。在大兴第三产业的同时，投资向文化教育、卫生等方面倾斜。新增建教育用房8万平方米，新增学生席位2万个；新建公共图书馆5 000平方米；新增阅览室席位140个；藏书新建15万册；新增病床床位820张。一定程度缓解了就医、就学难等紧张状况，极大方便了群众。

——城市基础设施加强。为使城市面貌和基础设施得到改善，加快城市基础设施步伐。新增城市自来水供水能力1.3万吨/日；新增市内电话自动交换机139 500门；新增长途自动电话交换设备13 500路端；城市道路扩建长度14.53公里；城市道路扩建面积35.06万平方米。

——城镇居住水平提高。1993年，为使沈阳市住宅再上新台阶，加快住宅建设速度。住宅完成投资35.9亿元，占全市固定资产投资的33.4%，比1992年增长82.2%。建成住宅面积313.8万平方米。人均居住面积由1992年的5.96平方米提高到6.2平方米。

（*李牲*）

【技术改造投资突破30亿元】 1993年，是沈阳市加快企业改造步伐投入最多的一年。全市克服资金紧张和建筑材料、设备器具价格上涨等不利因素，完成技术改造投资首次突破30亿元。主要特点是：

1. 技术改造投资突破30亿元。1993年全市完成技改投资33.6亿元，与1992年相比，增长了25%，成为全市历史上技术改造完成投资最多的一年。从经济类型看，全民所有制单位完成31.7亿元，比1992年增长34.3%；集体所有制单位完成1.9亿元，比1992年减少35%。从隶属关系看，中央直属单位完成11.9亿元，比1992年增长72.5%；省属单位完成1 145万元，比1992年减少61.8%；市及市以下单位完成21.6亿元，比1992年增长13.6%。

2. 调整投资方向，继续加强对工业行业的投入。1993年，在国家产业政策指导下，沈阳市努力调整资金投向，投资结构发生变化。

——投资明显向生产领域倾斜。在完成投资中，生产性的30.5亿元，占92.4%；非生产性的2.5亿元，占7.6%。其中，在市及市以下单位完成投资中，生产性的19.2亿元，占88.9%；非生产性的2.4亿元，占11.1%。

——基础设施建设步伐加快。为落实城市设施基础，进一步增强城市载体功能。1993年，城市基础设施建设步伐明显加快，全年投资8.4亿元，用于程控电话增容，城市道桥改造等工程建设，占全部技术改造投资的25%，与1992年比较，增长1倍以上。

——工业行业投资占居主导地位。在全民所有制技术改造投资中，1993年全民工业企业完成投资19.8亿元，占62.5%，所占比重分别比位居二、三位的运输、邮电、通讯业和房产公用服务咨询业高出41.5个百分点和57个百分点。与1992年的17.5亿元相比，增长了13.1%。其中机电、汽车、石化、医药4个行业完成投资14.6亿元，占全民工业技改投资的73.7%，比1992年增长41.7%，主导产业继续得到加强；冶金、有色金属、建材、煤炭4个行业完成投资4亿元，占全民工业技改投资的20.2%，比1992年增长8.1%。

3. 继续把大中型工业企业作为改造的重点。加速技术改造既是国民经济发展的战略重点，也是搞好大中型企业最现实、最根本的途径。为切实增强国有大中型骨干企业的活力和发展后劲，沈阳市继续把这些企业作为投资的重点，重心向此倾斜。1993年，在全市344家国有大中型工业企业中，有189家企业立项改造，占54.9%。安排实施项目438个，计划总投资70.7亿元。其中，1993年计划投资25.5亿元，实际完成22.9亿元，占全市全民所有制单位技术改造投资的72.2%，新增固定资产15.6亿元，占全市全民所有制单位技改新增固定资产的62.9%。

4. 5个限上及重点技改项目建成投产。年内施工的22个限上及重点技术改造项目，计划总投资21.4亿元。这22个项目自开始建设到1993年底已累计完成投资18.3亿元，完成计划总投资的85.5%，其中1993年完成投资7.6亿元，完成年度计划投资的97.4%，占全市完成投资的22.6%。沈阳金杯汽车股份公司“七五”总体改造、沈阳天利压缩机有限公司旋转压缩机生产技术设备、东北制药总厂VC扩大出口改造等5个项目，年内竣工投产。

5. 综合投资效果上升，新增了一批生产能力。1993年，全市793个技术改造施工项目中，当年建成投产441个，建设项目投产率为55.6%，新增固定资产26.1亿元，固定资产交付使用率达到77.7%，是近年来较好的一年。

1993年，沈阳市技术改造工作虽然取得较大的成果，但也存在一些问题，主要是：

限上及重点技改项目进度参差不齐。在22个限上及重点项目中，既有以沈阳风动工具厂为代表的完成年度计划投资较好的项目，亦有个别项目完成年度计划投资较差。

个别项目建设周期长，影响了投资效益发挥。

资金紧缺和资金不到位，使部分项目工程进展受阻。

1994年，已步入“八五”计划的第四年，技术改造的任务仍很艰巨。因而，针对1993年全市技术改造投资情况及问题，一是要加强宏观调控力度，“放而有序”、“活而不乱”，进一步做好重点项目的协调工作；二是要针对个别建设周期较长的项目，尤其是对几个“七五”项目，要采取有效措施，督促个别尾子工程尽快完工，早日投产；三是要广开渠道，广泛筹集建设资金，优先保证重点工程建设。

（李文彦）

建筑业

【概况】 1993年，沈阳建筑业紧紧把握改革发展的主基调，在起伏变幻的市场环境中，加快企业经营机制改换，加快市场体系建立，确保经济持续、稳定、健康的发展，形成了改革发展的新局面。全行业经济发展速度再创历史最好水平；各项改革措施稳步推进；对外开放迈出新的步伐；工程质量、社会信誉再树新形象，行业管理、法制建设取得新发展，为建筑业走向支柱产业奠定了坚实的基础。主要表现在：

经济发展继续保持了快速增长的势头。1993年，全市建筑业在资金紧张，困难增多，热点上升的偏紧环境中，加快了产业结构、产品结构、经营结构调整，加大“三产”开发，对外开放工作力度，促进主业精，副业兴，以副养主，以外养内，采取了减少企业震动，确保社会稳定等一系列措施，确保全市的经济工作目标再上新台阶。全市建筑业完成施工产值64亿元，比1992年增长56%，竣工各类房屋540万平方米，其中住宅竣工350万平方米，分别比1992年增长8%和12%。其中，市建工局所属国有施工企业完成施工产值16亿元，比1992年增长49.7%，实现利润6 500万元，比1992年增长13.8%。市建工局属施工企业以多元化经营为重点，形成新的经济增长点，兴办多种经营项目156项，实现产值3.2亿元，利润1 700万元。

对外开放步伐进一步加快。1993年，全市建筑业紧紧抓住对外开放的有利时机，大力推进对外开放工作。以市建工局属国有企业为代表，全年兴办“三资”企业11家，累计达26家，涉及机械、医药、轻工、房地产等十几个行业，“三资”企业投资总额46 073美元。在国外8个国家和地区承包工程2万平方米，输出劳务246人，出口创汇1 434万美元，建成海外公司，经贸点18个，受到市政府的表彰。经国家外经贸部批准，沈阳市建工局组建了沈阳海外建筑承包总公司。

改革力度进一步加大，推动企业经营机制的转换。1993年，在行业组织结构上进行调整，发展总承包企业，实现资产优化配置，市建三公司成为沈阳市第一家经国家建设部批准的总承包企业。一批县、区、自营骨干企业，经过调整充实，开始打出“沈阳牌”，加大了沈阳建筑业整体发展实力。在企业经营、组织结构上进行调整，重点是压缩机构，精简人员，向新型企业制度转变。市建五、七两个新组建的市属国有预算内施工企业开始模拟股份制企业运行。在企业内部开始向项目核算过渡，划小经营单位，实行多级法人，以项目为基点，配套形成企业内部各类要素市场。

行业素质，社会形象明显提高。1993年，沈阳建筑业以提高行业素质为重点，树立行业新形象，重点抓工程质量全面上台阶，抓施工现场脏乱差面貌的改观，抓行业职业道德、教育，使得行业素质、社会形象有显著提高。

行业管理，法制建设进一步强化。1993年，市建工局进一步强化行业管理，相继成立了建筑安全监督站，人才交流培训中心，建筑工程管理等行业职能部门。并根据沈阳市建筑市场管理的实际，报请市政府，并经省、市人大通过批准了《沈阳市建筑市场管理条例》，成为沈阳市建筑业第一部地方性立法，为建筑市场管理和行业法制建设奠定了基础。

（宋惠林）

【行业管理】 作为最早走向市场，最早探索管理体制改革的行业，沈阳建筑业实行行业管理到1993年已历经9年的历程。作为沈阳建筑业行业管理部门沈阳市建筑工程管理局在9年的行业管理实践中，为转变政府职能，加强宏观调控，发展建筑市场，提高社会效益，推进建筑业改革发展，形成地方经济发展支柱产业探索了一套较为成熟的管理模式和经验。其主要标志是：

行业管理思路清晰，重点突出。9年来，沈阳建筑工程管理局在行业管理的思路上始终坚持把解放思想，抓住机遇，加快发展作为行业管理工作的主旋律，努力向把建筑业发展成为国民经济支柱产业的目标迈进。在工作重点上始终坚持四个“突出”。即突出社会效益，提高工程质量；突出改革，搞活国有大中型企业；突出市场管理，建立统一、开放、竞争、有序的建筑市场；突出发展，不断使建筑业经济工作跃上新台阶。

行业管理新体制逐渐完善，为转变政府职能奠定了坚实基础。1985年以来，沈阳市建筑工程管理局按照有利于发挥行业整体优势，提高经济效益；有利于加强市场管理，建立平等竞争，公平交易秩序；有利于宏观调控，从方针政策，法规制度，规划协调，检查监督方面指导建筑业的改革与发展的实际需要，对全市建筑市场、建筑队伍、工程质量、政策法规实行统一规划和管理。在管理体制上，建立起工程定额，质量、安全、市场、招投标、建筑管理、人才交流、联合会等职能机构，建立起市、区(县)两级行业管理格局，强化对建筑市场管理，形成监督、调控、服务等五大体系。即企业资源动态管理体系，对全市建筑队伍实行总量平衡；以招投标为主体的市场管理体系，规范市场交易行为；工程质量监督，工程监理为核心的政府，社会全方位的质量管理体系，提高社会效益；行业法规建设为核心的政策指导管理体系；指导行业改革发展；行业联谊，人才交流培训为主的服务、咨询体系，提高行业整体素质。

行业自身发展迅速，社会效益明显提高。改革开放以来，沈阳建筑业作为国民经济第二产业，作为地方经济建设的骨干行业，已形成工业化、社会化大生产所需要的相对独立的设计、施工、科研、管理相配套的产业体系；形成了以国有施工企业为骨干、多种经济成份施工企业为依托、外埠企业参与补充的产业队伍；具有承担各类管理、土木工程、设备安装、装饰装修施工的综合配套能力。年竣工能力由1980年初100万平方米，达到1993年的600万平方米，综合施工能力提高6倍。1992年开始为期3年的“住宅工程质量年”活动，1993年开展的施工现场管理达标活动，为提高社会效益，树立建筑业新形象起到积极推进作用。

(宋惠林)

【项目法施工】 项目法施工作为建筑施工管理体制改革的重要内容，其实质是推动建筑企业把生产要素优化到工程项目上，实行项目经理负责制，落实项目承包，项目核算，提高经济效益，实现与国际施工惯例的接轨。这项改革沈阳建筑业自1991年开始试点，1992年开始推行，1993年配套实施。

1993年项目法施工的主要特点是：

形成项目管理新机制。1992年，全市建筑企业普遍推行了项目经理负责制。在工程项目上建立项目经理部。1993年，重点是对项目经理部进行整顿培训，使项目经理竞争上岗，企业的优秀管理人才向项目流动，企业管理重心落到项目。在全行业2 100个工程项目上，有1 700个工程项目重新调整，配齐了项目管理班子，使项目成为独立经营的实体，形成承包、核算、投入、产出有效的运行机制。

形成项目管理与企业配套改革对接。1993年，全市建筑业在进一步深化用工、分配、人事制度改革的同时，进一步放开项目用工、分配、人事的自主权，项目管理逐步成为企业生产要素，管理要素的集合点。项目经理班子可以采用个人承包和集体承包的形式，实行风险经营，既包亏又包盈，对承包经营人员按合同兑现，让优秀项目管理人员先富起来。

强化项目管理基础工作，使之规范化。1993年，沈阳建筑业在项目管理中重点强化基础管理工作，要求项目管理要讲效益，重质量，规范化。通过在全市建筑业开展的项目管理竞赛和项目经理资源审查工作，使全行业1 100名项目经理取得注册资格，2 800多名项目管理人员受到培训，评出一批优秀项目经理。

1994年，项目法施工仍是施工管理体制改革的中心环节，其目标是强化规范化管理，向国际惯例接轨。

(宋惠林)

【工程质量】 自1992年开始，沈阳市建筑业开展了“住宅工程质量年”活动，集中解决住宅工程“渗、漏、脱、堵”问题，在全市引起强烈反响，受到市政府和社会各界的极大关注，取得了较好的效果。1993年，沈阳市建筑业继续把狠抓工程质量，树立行业新形象作为提高经济效益和社会效益的关键环节来抓。年初，在市建工局开的全市工程质量大会上，市建工局要求全市建筑业把强化质量意识，提高工程质量作为行业兴衰荣辱的生命线，作为检验衡量企业效益和政府工作的根本标准，在1992年初见成效的基础上，促进工程质量全面上台阶。

1993年，经过全行业上下努力，严格标准，强化管理，全市创建200栋优良住宅，50项市级样板工程。其中市建四公司施工的辽宁省财政厅综合楼，市建工公司施工的沈阳电台综合楼，辽宁省二建公司施工的东北大学科学馆，辽中县六建公司施工的辽中镇政府住宅楼等6项工程被评为哈尔滨、长春、沈阳三市创优质工程的“样板工程”。市建四公司施工的辽宁省农科院综合楼等11项工程被评为“三市优质工程”。市建工公司施工的辽宁省高速公路指挥中心被评为国家级“优质工程”。

1993年，在全市建筑工程质量工作的重点目标是解决住宅使用功能问题，为确保质量提高。主要特点是全市建筑业坚持做到指标落实到企业，落实到临近部门和施工现场，严格标准，严格奖罚，罚劣重于评优，对出现不合格产品的企业，坚决降低企业资质，停止工程招投标，外埠企业清除出沈阳。对质量监督管理部门验收不把关的有关责任部门、责任者予以处罚，从而确保工程质量水平的提高。

1994年，沈阳建筑业将继续开展“住宅工程质量年”活动，使为期3年的“住宅质量年”活动取得全面胜利，并进一步提高工程质量，上档次，上水平，跃上新台阶。

(宋惠林)

【施工现场管理】 1993年，沈阳市建工局及全市建筑业认真贯彻落实市委、市政府关于开展城市管理工作的要求和三年规划的总体部署，结合建筑业的实际，制定方案，提出搞好建筑施工现场管理的三年规划和阶段性目标。

建筑施工现场管理是城市总体管理中的重要环节和组成部分，直接关系城市环境秩序建设的“脸面”和“窗口”。1993年，做为施工现场管理的主要任务和目标是突出治乱，解决施工现场“脏、乱、差、丑”的问题，为明后两年的管理工作打好基础。

1993年，市建工局组织各区建工局组成施工现场管理领导小组，制定了3年工作方案，组建了分级分权的管理机构，实行条块结合，以块为主，齐抓共管的工作方针，组织开展了全市性的施工现场大检查，对全市2 000个施工现场分别进行了自检与抽查，重点现场检查活动。把治理“脏、乱、差、丑”作为施工现场管理的突破口来抓。重点治理了施工现场内外沙浆遍地、污水横流、残土垃圾成堆、无围墙、无标志、乱占道等问题。对存在问题的施工企业和现场予以停产整顿，降低资质，限期整改的处罚，使全市44条主要街路沿线两侧施工的施工现场达到了围档标准化、景点化、文明施工、文明管理。涌现出日月潭大区站等70多个优秀施工现场。铁西区施工现场管理受到省、市有关部门和领导的好评。

1994年，施工现场管理将进一步根据城市管理3年达标和“清洁年”活动的要求，在全行业开展职业道德，文明施工教育，严格标准，实现规范化，落实责任制，完善法治，实现现场管理大变样。

(宋惠林)

【建筑业法规建设】 培育和发展建筑市场，使之作为统一的、开放的、机制健全、各类要素完备、符合国际惯例、公平交易、自由竞争的市场，实现建筑产品商品化、价格市场化、市场行为规范化、市场管理法制化、使建筑业成为地方经济发展的支柱产业，在国内外市场中不断开拓发展，这是沈阳建筑业15年改革发展的目标所在。根据这个目标要求，沈阳市建工局作为全市行业管理部门进行了不懈的努力探索，积累了一定的实践经验，为搞好建筑市场管理奠定了一定的基础，自1985年以来，沈阳市建筑工业管理局从加强建筑业法制建设入手，使建筑市场走上依法管理的轨道。几年来先后发布规范性文件70多个，以市政府规章发布11个，基本解决了沈阳建筑业和建设市场缺规少法的现状，适应了建筑业改革发展的需要。

但是，近几年来随着建筑业的发展，建筑市场急待进一步规范，已发布的规章、规范性文件急待调整补充、完善。根据这种现状，1993年补充出台了《沈阳市建筑施工招标投标管理规定》、《沈阳市外埠进沈施工企业管理规定》、《沈阳市施工现场管理规定》、《沈阳市建筑安全监督管理暂行规定》等规章和规范性文件，并代市政府起草了《沈阳市建筑市场管理条例》，先后经省、市人大批准，将于1994年4月1日发布实施。这个《条例》明确了建筑市场管理范围，主管部门职责；企业资质管理、年检制度；承包交易原则、条件和要求；有关质量、安全制度、施工现场管理要求；合同签订、仲裁；市场查处等原则。将有利于加强建筑市场依法交易、依法管理的力度。

(宋惠林)

【建筑市场管理】 1993年，沈阳市建筑市场管理的重点是强化企业资质动态管理，查处市场违法交易，非法承包、转包、出卖执照行为和工程质量粗制滥造问题，核心是规范市场秩序，提高经济效益和社会效益。

企业资质动态管理全面推进。1993年，沈阳市建工局在市场管理中突出企业资质动态管理，在企业开办审查、定级、复查工作中坚持优升劣降，对企业在工程质量、经营业绩、综合施工能力等方面实行不定期考核抽审，年底终审等考核办法，根据企业实际具备的条件和施工水平，按标准随时升降企业资质级别，通过竞争机制，搞活企业，规范市场。1993年，全市共有建筑施工企业1 350家，职工323万人。其中一级企业14家，8万人；二级企业37家，4万人；三级企业237家，9.3万人；四级企业167家，3.5万人；非等级企业840家，5.6万人；外埠企业55家，2.3万人。

市场监督力度进一步加大。1993年，市、区(县)级行业主管部门及质量、市场监督部门按照市、区(县)结合，条块分工，点面管理的原则和网络，对全市建筑市场进行管理，对涉及工程质量、招投标、安全生产、现场施工中存在的问题，主管部门及工商、税务、建行、劳动等部门相互配合，增强查处力度，1993年，全市建筑市场共检查2 000个施工现场，涉及工程1 961项，查处无证施工34项，非法转包16项，施工手续不全192项，越级施工19项，质量低劣30项，吊销施工证和营业执照16项，罚没金额44万元。

市场建设进一步完善。1993年，沈阳市建筑市场围绕《沈阳市建筑市场管理条例》的实施，进一步配套完善法规体系，向法制化轨道迈进。着手进行建筑产品价格改革的调研，在一些项目上开始试点。完善招投标管理，取消地方保护，促进企业在市场中平等竞争。建立安全监督、人才培训交流、工程管理机构，完善行业管理机制。

(宋惠林)

【发展外向型经济】 1993年，沈阳市建筑业根据市委、市政府提出的“一开四促”工作方针，确定了抓住机遇，大胆开拓，加快发展的工作思路，以出口创汇、引进外资、承包工程为重点，构造多层次、多渠道、多形式、多主体、全方位的对外工作新格局，促进建筑业的发展。

一年来，沈阳建筑业坚持把对外开放工作做为推动全行业经济发展的“龙头”，通过大力发展对外工程承包与劳务输出，加速向国际建筑市场接轨；通过招商引资，扩大利用外资规模，积累人才，经营实力；通过海外建点，扩大经贸，出口创汇；通过跻身“三沿”，形成多方位辐射点，形成国外国内联动、整体发展的态势。使全行业外经工作取得了重要进展和成果。

境内外创办合资企业。1993年，市建工局属国有施工企业在境内新办合资企业11家，外资合同额1 996万美元，实际调入1 070.6万美元，占外资应调入额的53%，超过全市外资调入额的平均数，是市政府考核指标的1.5倍，兴办企业涉及机械、轻纺、服装、医药等10多个行业。其中东和汽车配件有限公司为全市引进外资合作的较大项目。截止1993年底，市建工局属企业累计兴办境内合资企业26家，投资总额4 892万美元。境外企业主要有市建三公司在日本大阪合资兴办的“西辽建筑工程公司”；市建二公司在柬埔寨兴办的“柬阳实业公司”；市建一公司在新加坡兴办的“新阳发展有限公司”等，沈阳建筑机械厂等在美国、新加坡、香港、俄罗斯等国家和地区设立的办事、维修、销售、经贸点等，共18个。

工程承包与劳务输出。1993年，市建工局属国有企业在东南亚、俄罗斯、日本、关岛、非洲等8个国家和地区承包工程2万平方米，输出劳务246人，输出劳务指标占市政府考核指标的273%。在承包工程中开始向国际惯例靠拢，其中市建四公司在非洲的布基纳法索，多哥两项医院工程中一举中标，取得了总承包资格，向国际工程承包迈出了可喜的第一步。

出口创汇与对外经营权。1993年，市建工局属国有企业创汇1 434万美元。其中沈阳建筑机械厂、信凑缝制有限公司、一新毛织有限公司、希望服装有限公司为创利大户。出口创汇指标超出市政府下达指标的140%。1993年，市建工局在市委、市政府帮助下，经国家对外贸易部批准，组建了沈阳海外建筑承包总公司，获得了对外工程承包、输出劳务、出口材料设备、创办经贸企业的经营权，成为全市建筑业对外工作的窗口和经营实体。

（宋惠林）

城市建设

【城市建设综述】 1993年，沈阳市为促进经济上新台阶，在住宅、市政设施、交通、自来水、煤气、园林绿化、通信设施和环境保护等方面加大了投资力度，进一步提高了城市总体承载能力和综合服务功能。

1.住宅建设投资增大，居住条件进一步改善。1993年，全市住宅建设投资效果显著，各项住宅建设指标均超过历史最高水平。全年完成住宅建设投资35.9亿元，比1992年增长82.1%；施工面积876.9万平方米，比1992年增长42.9%；竣工面积313.8万平方米，增长28.4%；回迁安置动迁居民26 130户，比1992年增加1倍多；城市居民人均居住面积达到6.16平方米，比1992年增加0.2平方米；全年共拆除破旧房屋140万平方米，其中住宅104.6万平方米，住宅建设开发规模突破1 300万平方米，截止到年末，沈阳市区实有住宅面积4 400万平方米，比1992年增加208万平方米。

2.加强市政设施建设。1993年，沈阳市用于道路、桥梁、排水等市政设施建设投资1.96亿元。其中用于道、桥建设投资1.19亿元（其中维护费755万元）；用于排水设施建设投资0.77亿元（其中维护费898万元）。在道、桥建设上，全年对南二环、南北二干线、大南街、文艺路、云峰街、怒江街、光荣街、长江街等11条道路进行了拓宽改造，新建、改造道路32公里、53.5万平方米。新建了崇山东路跨线桥和长春瓦通式立交桥等两座立交桥，对万柳塘桥、文翠桥、五爱桥、怒江桥、文艺桥和大南桥等6座桥进行了改造。在排水设施建设上，继续对珠林、长青、张士、于洪南里等地区排水设施进行建设和改造。新建了精勤泵站，全年新增和改造排水管道23公里。对浑河城市段和新开河进行了开发和治理。日处理污水能力40万吨的北部污水处理厂开工建设。为30余个小区进行了市政设施配套。在对市政设施建设和改造的基础上，对原有设施进行维修养护。全年对171条一、二级道路、101座桥、580公里排水管渠进行了养护、维修和清扫。共维修养护道路23.5万平方米，交验完好路面450万平方米。清扫排水管渠245公里、清扫窖、雨井35万个次。南北运河、五里河、胜利等明渠清淤2万立方米，交验完好管道230公里。截止到年末，沈阳市区道路达到1 731公里、1 737万平方米，分别比1992年增加16公里和34万平方米。其中铺装道路1 680公里、1 617万平方米，分别比1992年增加15公里和24万平方米；永久性桥梁126座，比1992年增加7座；排水管道1 691公里，比1992年增加27公里。

3.更新公交车辆，车辆老化状况得到改善。1993年，沈阳市加速了公交车辆更新改造，成为历年更新公交车辆最多的一年。全年更新公交车辆250台，其中公共汽车145台，电车105台，新增公交车线路4条，增加营运线路长度77公里，其中：公交联营线路1条，基运线路长度15公里。轻轨高架交通前期准备工作正在进行。截止到年末，沈阳市共拥有公交营运车辆2 462台，其中电车562台，公共汽车1 082台（包括公交联营295台），小公汽778台；公交营运线路103条，其中公共汽车85条（包括公交联营12条），电车18条；出租汽车4 407台。公交车辆破旧老化状况得到很大的改善。

4.继续开发建设新水源，改造供水设施。1993年，继续对新水源进行开发建设和供水设施改造。大伙房引水二期工程，基本达到供水条件，完成投资1.3亿元。全年对李官卜、于洪、苏西、铁匠等8处老水源进行了改造，新增及恢复日供水能力4.4万吨，改造管网4处，980米，新增管网44.1公里，为23个小区进行了上水配套。在进行新水源建设和老水源改造的同时，继续狠抓节水工作，全年节约用水7 496.5万吨，生产重复利用量71 532.7万吨，工业重复用水率由1992年的72.07%提高到73.08%。截止到年末，沈阳市综合供水能力达到213.2万吨，比1992年增加1.1万吨，供水管道总长度由1992年的2 411公里增加到2 513公里。

5.继续开发新气源，提高供气能力。1993年，沈阳市在供气建设上，继续开发建设新气源，挖掘原有供气潜力，努力增加供气能力。在新气源开发建设上，继续对沈西煤成气和沈北煤田甲烷气进行开发建设。其中沈西煤成气工程，全年打井11眼，日供气能力继续稳步在8—10万立方米，最高日供气达21.3万立方米，全年供气2 208万立方米，缓解了供气高峰期的供需矛盾。全年新增供气管道31.8公里，新建调压站4座，全年发展燃气用户4万户，截止到年末，沈阳市供气管网由1992年的1 093.4公里增加到1 125.3公里，燃气用户达到85.9万户，燃气普及率达68%。

6.加强环境保护，完善环卫设施，美化市容。在环境保护方面，全年投资5 807.7万元，其中用于治理活水2 807.5万元，治理活气2 247.8万元，治理固体废物566.6万元，治理噪声79万元。当年安排治理项目163个，当年竣工项目146个，当年新增废水处理利用能力16 754

吨/日，废气处理利用能力49万立方米/时，固体废物利用能力5 875吨/年，沈海热网三期工程，全年投资8 305万元，新增集中供热面积308万平方米。在环境卫生设施建设上，投资750万元，全年更新改造各种环卫车辆34台，新建小高台垃圾楼115座，更新垃圾箱500个，新增水洗公共厕所8座，全年清扫面积4 119万平方米，清运生活垃圾及粪便293万吨，截止到年末，清扫及运输机械917辆，公共厕所1 298座。在园林绿化、美化城市方面，全年植树41.8万株，造林1 034亩、15.9万株，铺草坪28万平方米，栽花1 093株，摆花51万盆。扩大绿地覆盖面积190万平方米，绿化覆盖率由1992年的24.06%增高到25.07%，扩大公共绿地57万平方米，人均占有公共绿地面积4.13平方米，比1992年增加0.11平方米，截止到年末，沈阳市区绿化覆盖面积1 849万平方米，其中建成区4 655万平方米；园林绿地面积18 127万平方米，其中建成区4 350万平方米。

1993年，沈阳市城市建设取得了很大成绩。为提高城市综合服务功能，改善投资环境做出了新贡献，但城市住房紧张、道路阻塞、交通拥挤、供水、供气、电信能力不足、环境污染、排水不畅等现象还存在，这些都有待于今后建设中加以解决。

（李儒成）

【城市道路桥梁排水工程】 1993年，共完成“10路9水7桥”等26项市政重点工程，新建、改造道路32公里，铺装路面53.5万平方米；铺设排水管道23公里；新建大型高架桥1座，人行过街天桥3座，使城市基础设施得到充实和提高，交通拥挤状况进一步改善，城市环境大为改观。

一、城市道路及排水工程

1.大南街道路扩建工程：南起文化路，北至南顺城路，全长2.5公里，将原12米宽旧路拓宽至30米，形成由绿化带分隔的3块板式道路，使机动车和非机动车分行，并对延线排水设施进行改建，在与南运河交汇处改建大南桥1座。大南街道路工程是一项集路、水、桥于一体的综合性工程，这项工程的建成将使这一地区的地上交通环境和地下排水条件得到充分改善。

2.文艺路道路改造工程：西起三好街，经过彩塔街青年大街、建院街、文艺桥、东止五爱街，全长1.3公里，将原有14米宽的旧路拓宽为40米，两侧由绿化带隔离，采用机动车与非机动车，非机动车与行人分流制的3块板式道路，通行能力大大提高。

3.长江街道路工程：南起华山路，北至昆山中路，全长394米，宽30米，两侧各有2米宽的绿化带和4米人行步道，新建延线排水工程，总长379米，污雨水合流，使这一地区长期以来行路难、积水严重的局面基本改变。

4.云峰南街道路工程：南起沈辽东路，北止建设大路，全长1.1公里，形成一条27米宽道路，彻底改造并加宽机动车道，提高了道路质量和通行能力，新建排水管道，解决了积水问题。

5.新建青年大街延长工程：为适应城市建设的发展，将青年大街继续向北延伸至府前巷，与北京街相衔接，全长0.7公里，宽40米，缓解了交通堵塞现象。

6.塔湾街道路工程：塔湾街起于崇山西路，全长431米，宽30米，是连接中环路的一条干道。

7.团结路道路工程：西起惠工广场，东至小北关街，全长1公里，将原有7米宽的小区道路拓宽至26米，形成新北客站疏导客流量的重要通道之一。

8.光荣街道路工程：北起十一纬路，南至方型广场，全长1.5公里，宽30米，主要拓宽两侧慢车道，使这一路段车多路窄、交通拥挤现象得到解决。

9.怒江街道路工程：宁山路至怒江桥，全长1.2公里，宽30米，拓宽机动车道，使城市区间路得以疏通。扩建1 240米沿线排水工程，彻底解决了污水排放难问题。

10.新开河治理工程：1993年完成了怒江街至黄河大街段的延线污水截流工程，新建了怒江、长江2座桥梁，并完成了长期以来不能解决的泰山路污水截流工程。

11.张士污雨水出口泵站工程：张士泵站位于沈辽路与沈大高速公路相交处，重点解决沈阳开发区汇水面积4.5平方米公里的污雨水排放问题，年内已完成土建工程。

12.宁山路排水工程：长江街至怒江街、辽河街至松花江街，铺设1条全长1 400米直径为Φ1 500mm的排水管道，逐步达到污雨水分流。

13.东北大马路排水工程：1993年以东站大街214中学门前铺设了一条全长1.1公里，管径为Φ800mm的排水管道，使这一地区汛期雨水排放难问题彻底根治。

14.沈阳市北部污水处理厂开始建设，现已完成了征地及新开河改道等项目，为1994年全面动工兴建创造了条件。

二、桥梁建设

1.崇山东路高架桥位于沈阳市皇姑区崇山中路与北陵大街交汇处。崇山路是沈阳市中环路北段的主要干道，交通流量大，特别是崇山路与北陵大街交叉地带，东西方向直行与南北方向直行，转弯车辆特别多，2个方向交通极不通畅，事故频发，堵塞现象十分严重。1993年6月市政府决定在此处修建崇山东路高架桥。这座桥横跨北陵大街沿崇山东路凌空架起，全长630米，桥宽17米，设有4条机动车道。桥梁结构上部为双箱单室钢筋混凝土箱梁，下部为桩式基础。这座桥建成后，东西方向直行机动车可畅通无阻，其余车辆在无红绿灯控制下的地面环岛上交织行驶，在改善中环路与北陵大街交通方面具有重要意义。崇山东路高架桥是由沈阳市市政设计院设计，沈阳市市政建设工程公司施工，于1993年7月15日正式开工，1993年11月5日竣工通车。

2.人行过街天桥工程：1993年，为解决南站、太原街等繁华地区客流量大，车多路窄交通拥挤现象，市政府决定在胜利大街与中山路、中山路与太原街、胜利大街与民主路的交叉口处，分别修建3座人行过街天桥，使机动车与行人分离，互不干扰，提高了机动车速度，保障了行人安全，分散了人流，交通堵塞现象基本解决。

（卢宁丽）

【市政设施维护】 1993年，沈阳市市政设施维护投资2 567万元，比1992年增长了16.4%。其中道路维护投资1 296万元，增长了19.4%；排水维护投资1 271万元，增长了13.4%。市管市政设施维护投资1 653万元，增长了17.8%；区管市政设施维护投资914万元，增长了13.8%。

1993年沈阳市为科学合理地把握好有限资金投向，城市市政设施维护行业确定了由保工、塔湾、崇山、北海、滂江、万柳塘、文化、南五、建设等街路组成的一环路和由南京街至黄河大街、北陵大街至青年大街、珠林路至胜利大街、中华路至大东路、十三纬路至先农坛路、北二路至中山路、建设大路至南五马路、和平大街至南五马路、小北关街至风雨坛街、站前路、友好街等40条街路形成的11条线路，以及南运河、卫工河带状公园，区管三级路，市、区主要繁华路段、地区为全年维护工作重点。在保全面周期性维护和突出重点维护过程中，注重了社会效益、环境效益和城市总体形象相结合，以青年大街、北京街、北陵大街、黄河大街等4条为示范路。全年交验完好路450万平方米，交验完好管渠230公里，充分地发挥了市政设施载体功能作用。

1993年，沈阳市在对各种路面病害防治、处治上完成补坑槽17.03万平方米，处理翻浆、盖被补强翻建23.88万平方米，路面切削更新8.44万平方米，路面稀浆封层、沥青表面处治4.8万平方米，调整边石34.7公里，调整方砖4.45万平方米。为配合城市地下管网建设及时恢复被挖掘路面23.58万平方米。

在完成113座各种桥梁设施维护、粉饰的同时，市政设施养护管理部门结合创建4条示范路，对青年大街的文化立交桥和贯通十三纬路、大西路、一经街的平台式立交桥及跨河桥等，分别采用霓虹灯、射灯、满天星等多种彩灯对桥体进行了灯饰立体亮化工程。从而为古城沈阳的夜晚增添了新的景观。

排水设施维护管理，依据1993年沈阳市人民政府颁布的《沈阳市城市排水设施管理办法》，并结合城市防汛排涝工作强化了排水设施的全面维护和依法行政管理的力度。全年排水设施维护清掏窨井54.16万个次，清掏雨水井74.23万个次，清扫管渠1 233.93公里。完成运河、明渠、清淤47.81公里，清运污泥2.04万立方米，完成泵站污水抽升2.68亿吨。为确保社会、环境效益，全年及时处理水患事故4 023处，调换窨井盖3 805个、1 555套，调换雨水井箅8 572个、1 651套，安装防盗井链2 626条。调整、维修、翻修窨井403座，雨水井674座，管道1.7公里。同时对汛期积水严重的十三纬路、上园路、北陵大街、大西路、东北大马路等10余处地区进行了妥善改造处理。

由于1993年市政设施维护管理行业强调了抓全面维护管理与强化突出重点形象相结合的做法，从而使市政设施的功能不仅在维护过程中得到进一步完善和充分发挥，同时也为其更好地服务于城市和经济建设开拓了新的前景。

（朱志刚）

【城市环境卫生】 1993年，沈阳市城市环境卫生工作，坚持依法治脏、强化管理，以深化行业改革为动力，以提高环境卫生质量为中心，以解决群众反映的“热点、难点”问题为重点，使环境卫生质量得以稳定提高，环境效益，社会效益和经济效益均达到历史的最高水平，两个文明建设成就显著。

街路清扫保洁，采取五定岗责任制，坚持早扫不漏段并按季节污染程度，调整作业方式，对主要街路、繁华地区，实行延长扫保时间，使街路清洁度有很大提高。全年完成2 972万平方米扫保任务，其中完成80万平方米新增街路的扫保任务。建成4条卫生样板街路，并在一环十一线（40条）街路撤移垃圾箱1 700个，减少了污染点。全年重点抓了一环十一线（40条）街路和5个主要广场，7个火车站和长途客运站等地区的环境卫生，基本实现了沈阳城市大环境建设形象好、面貌新的局面。

垃圾清运无积存，不断研究新的收运方式，改变了过去那种传统单一的清运方式。先后在皇姑等5个城区183个居民委91 300户居民家庭进行了垃圾袋装化收运试点，收到良好的效果。保证了垃圾高峰期和冰雪期间垃圾的突运任务，全年共清运垃圾217万吨。

粪便清掏与公厕管理均达到行业规定标准。粪便清掏及时不满溢，公厕管理采取定期维护措施，方便群众，全年完成94万吨粪便清掏清运任务。

加强环卫基础设施建设，有步骤有计划的使环卫“硬件”建设“硬”起来。1993年城建投资计划全面完成。更新垃圾车9台，粪车2台，叉车14台，建小高台垃圾楼115座，更新垃圾箱1 000个，新建水洗公厕8座。改建了医疗垃圾焚烧处理设施，处理了100个医疗院、所的医疗垃圾1 872吨。沈阳市垃圾无害化处理工程的项目已被国家计委和对外经贸部列入1994年—1995年度，澳大利亚政府贷款项目。

强化管理，依法治脏成效显著。管理上采取集中整治与分散整治相结合，重点整治与日常管理相结合，整治与宣传环卫法规相结合的方法。重点整治了市场摊区、建筑工地、居民小区、城郊结合部、13个城区出口路等地的环境卫生，解决了群众关心的突出问题。1993年4季度又制定了《沈阳市城市义务除运雪规定》，使1993年除运雪工作有法可依，除雪质量好于往年。

通过开展春季环境卫生整治，行业规范服务与学雷锋活动和环卫法规知识宣传等活动，使环卫经受了“一节两会”、省绿叶杯竞赛、国家城市环境综合复查等考验。市环卫处在省窗口行业规范化服务竞赛活动中连续3次获优胜单位称号。各区环卫局、队、所有10个单位获1993年度优胜单位称号。

环卫科研与外向经济多种经营又有新发展。1993年环卫科研有两项课题获市建委和市城建局授予的科技进步奖，原环卫科研所，被有关部门批准为市环境卫生科学研究院，原省环卫科技情报站，扩展为辽宁省环境卫生协会。创办合作、合资企业发展顺利，在合作创办沈阳正大畜牧有限公司的同时又合资创办了锦西正大畜牧有限公司，环卫有偿服务，多种经营发展迅速。

（丁英明）

【公园建设】 1993年，沈阳市公园建设坚持以植物造园为主，不断提高造园水平。劳动公园西北门内景区改造，一改过去障景封闭的手法为开放式造园形式，采用植物造园，建成了具有水池、土山、堆石的大草坪，形成了宽敞明快的空间，受到了游人的赞赏。

完成了南湖公园盆景园和北陵公园杜鹃园的后期绿化工程。

动物园完成了面积为840平方米的熊山主体工程。

建设、碧塘、大东、南塔等区属公园也更新树木增加花草覆盖，使公园园艺水平不断提高。苏家屯区的沿渠公园，面积大，树木多，逐年完善，逐年提高，成为有较高造园水平的大型绿地。

深化改革，搞活公园经济，充分发挥城市公园的功能作用，按照“一业为主，多种经营”的方针，适时举办各种时令花卉展，花鸟鱼博览会，在不同季节开展了丰富多彩的文化娱乐活动，做到了“季季有变化，月月有活动”，全年举办时令花展10余次，陈列花卉30余万盆（株）；大型花展5次；并为市秧歌节安排场地和接待服务工作。还与外市、外单位联合在公园办文化庙会、走红大地游园会，配合“一节两会”举办“’93彩灯游园会”等等。通过组织多种形式，内容丰富的群众文化活动，创造了良好的社会效益，环境效益和经济效益，开创了公园建设和管理的新局面。

市区各公园内各项管理制度健全，实行目标管理，落实岗位责任制，加强园林设施和植物的养护管理，园容园貌整洁、美观，管理规范，开展创“三优十佳”文明服务活动和“窗口”行业竞赛，秩序良好，环境怡人。

搞好动物饲养和繁殖工作，全年繁育了10种141只动物，并与友好国家开展互赠互换，创造了良好的社会效益和经济效益。

东陵、北陵的4 473株古松全部立档、挂牌管理和实行专业队伍养护，适时打药、灌水、施肥，并逐年加强古建修缮、古松护坡、护盘、挖透气沟等综合扶壮措施，有效地保护了沈阳市的历史文化遗产。

（刘肖欢）

【城市园林绿化建设】 1993年，沈阳市城市园林绿化工作坚持以建设大环境绿化为中心，以增加绿量、提高绿化水平为目的的指导思想，广泛深入地开展全民义务植树运动，为振兴沈阳市经济建设、加快对外开放，创造良好的投资环境，生产环境和生活环境做出了努力。

全面完成各项计划指标。全年植树41.8万株，为计划的119.4%；植草28万平方米，为计划的112%；造林68.99公顷，为计划的103.5%；摆花50.6万盆（其中公共摆花20.6万盆），为计划的126.5%；栽花1 093万株，为计划的109.3%；新扩大绿化覆盖面积190万平方米。到年末城区绿化覆盖率达到25.07%，比1992年增加1.01个百分点；人均占有公共绿地面积达到4.13平方米，增加0.1平方米。

1993年绿化美化工作有了新提高，重点突出两条线，即青年大街、北京街和北陵大街一条线，黄河大街一条线的绿化、美化、净化、亮化的综合管理形象。春节期间在青年大街搞了50组冰灯，形成冰灯一条街。4月份在4条街试播油菜花9 400平方米，5月份如期开出黄花，解决了街路早春无花的难题。夏季在4条街共栽植15个品种草花246 738株，摆盆花62 364盆；新设10余种造型彩灯158组；新上档土边石8 000延长米；并完成补植、清除枯死树、修剪整形、撤土等养护管理任务，形成了沈阳市独具特色的“三季有花，四季常青，彩灯缤纷，冰灯装点”的集绿化、美化、净化、亮化于一体的新街景。

完成了市府大路西段、和平大街、青年大街、黄河大街、滨河路五条街路的绿化改造工程，总长度2.5万延长米，栽植垂柳、银杏、京桃、西安桧杨等树木3 137株。

完成了文艺路西段、和平大街北段拓宽街路的绿化工程，总长1 750延长米，共栽植针叶整形树、枫树球、水腊球等11种树木共4 236株；植草2 014平方米。在和平大街北段绿带中，精心设计和栽植了经过整形配植的规则树丛，并铺以草坪、花卉和散置黄石，形成了独具特色的绿化景观。

完成了大东园、青年园、黄河园三座游园的建设改造，总面积9 971平方米，共植树455株，植草4 950平方米，栽花1 837株，并进行了园路、园墙、花池、围栅等建设。改造后的游园，配置了树、花、草，增加了设施和活动场地，更加实用、大方，既方便了游人，又提高了园艺水平。

青年大街、北京街、北陵大街、黄河大街、建设大路、万柳塘路、宁波路、崇山路、文化路、和平大街10条花街和广场共栽花85.8万株，摆花12.3万盆；卫工街、重工街、塔湾街、青年大街、大东路、滨河路、文艺路、东陵西路、望花街、北陵大街、建设大路、文化路等12条街道，大西立交桥、一经立交桥、十三纬路立交桥、三好立交桥、兴工立交桥5座立交桥共栽植五叶地锦、三叶地锦10.2万株。完成五色草花坛43组，栽五色草205万株，丰富和美化了城市街路景观。区管街道如八经街，增加百余个花容器，按时摆花，进行树木修整整形；兴华大街、文化东路、中央路、市府广场、和平广场、铁西广场和文化路立交桥、望花立交桥也在绿化、美化上下功夫，绿化水平有了新提高。

（刘肖欢）

【辽宁省第二建筑工程公司】 辽宁省第二建筑工程公司始建于1952年，是以土建施工为主，兼营建筑构件生产、商品经生产、机械施工、汽车运输、高级装修、通风供热与安装、设备租赁、建筑设计及其它多种经营项目的大型综合性施工企业、国家一级建筑施工企业、国家二级企业。

公司实行总经理负责制，公司

下设19个土建分公司,其中有11个分布在沈阳市内,有8个分布在俄罗斯、突尼斯等国家。另设5个劳务市场、2个材料市场和机械施工公司、建筑构件厂、通风供热安装公司、高级装饰公司、租赁公司、职工医院、培训中心等12个附属企业。1993年有职工9 009人,其中技术、管理人员1 461人,占职工总数的16.2%,工人平均技术等级为7.5级。拥有固定资产8 850万元,各种建筑机械设备1 875台(套)。

公司年施工能力为100万平方米。施工产值4亿元。40多年来,累计完成施工产值20.85亿元,竣工面积650.4万平方米,先后打出了中科院沈阳机器人中心试验楼(获全国建筑业最高质量荣誉奖——鲁班奖、国家优质工程银牌奖)等一大批优质工程,为繁荣沈阳经济,建设沈阳城市做出了积极贡献。

1993年公司实行项目管理体制,主要经济技术指标均比1992年增长50%以上,全年完成施工产值32 091万元,为1992年的1.6倍,完成竣工面积26.2万平方米,实现利润1 401万元,为1992年的2倍,全员劳动生产率29 615元/人,为1992年的1.7倍,出国创汇258万美元,单位工程优良品率达49.9%,创市样板工程4项,创市优质工程4项;杜绝了重大人身伤亡、火灾、交通、设备事故,连续7年被沈阳市评为安全生产标兵单位,实现了安全生产“七连冠”,轻伤事故频率控制在0.7‰以内。1993年作为唯一一家企业代表,在国家劳动部召开的全国建筑安全监察工作研讨会议上,介绍了安全生产工作经验,受到了好评。

1993年,公司被评为“沈阳市50家最大盈利企业”之一,“沈阳市100家利税大户”之一,在“’92全国建筑施工企业综合实力百强评价”中,名列第18位。先后荣获“省政治思想工作优秀企业”、“省安全生产先进单位”、“市综合治理标兵单位”、“市工运学会先进集体”等40多项荣誉称号。 (*付铁刚*)

【沈阳市第四建筑工程公司】 沈阳市第四建筑工程公司是具有38年历史的国家大型一级施工企业。1993年有职工1万余名,下设25个专门从事工业与民用建筑、高级装饰、混凝土构件、铝合金制作安装、锅炉空调等生产和附属配套分公司(厂)。固定资产总值8 852万元,在国内外大型建筑工程总承包中,形成了强有力的综合施工能力,展现出企业的技术、装备和管理优势。

1993年,沈阳市第四建筑工程公司以市场为导向,以改革为主线,抓住机遇求发展,施工生产持续增长。全年完成施工产值34 684万元,竣工27万平方米,全员劳动生产率32 803元/人,分别比1992年提高25%、6.8%和43%。

该公司在建筑市场竞争激烈、主业效益受到严重冲击的客观环境下,大搞产业延伸,实行多元化经营,在第三产业和国际工程方面培育新的经济增长点,全年创利润达1 200万元,实现利税总额2 411万元,其中仅对外装修、运输、加工安装、医疗协作就创利338万元,对俄输出劳务创汇17万美元。

1993年,公司坚持以质量为本树形象,在开拓市场中取得新成效。全年共创优质工程8项,竣工工程优良品率65.4%,比1992增长6个百分点。该公司承建的沈阳商业城工程,先后被市、省评为优质项目和国家建设部优质样板工程。由于企业信誉高,市场竞争能力强,1993年累计施工面积超过历史最好年份,为公司经济的新发展奠定了坚实基础。

该公司在转换经营机制、深化企业改革上不断推出新内容,配套实施大动作。1993年,公司依据市场经济预测和强化管理的要求,提出了“四化一建”(即经营机制市场化,经营结构多元化,经营方式乡镇化,管理技术现代化,建设一个适应市场经济发展的现代企业)的改革目标。主要作法:一是对机关进行“消肿”。总公司本着合并职能,体现高效、精干的要求,首先将机关部门由24个压缩到17个,年末又压缩到7个;对管理干部由174名压编到50名,其余人员实行多渠道分流。二是以工程项目管理为重点,以划小核算单位、实行资金抵押承包和股份制试点方面取得实质性进展,与之配套的基层单位“五站一厂一队”、“三科一室”管理体制投入运行,取得了成功经验和良好的企业效益。三是“三项制度”改革又推进一步,实行了岗位靠竞争、分配靠贡献的合同制、聘任制、岗位技能工资等改革措施,激发了职工的内在动力。

以“双靠双发”为主题的思想政治工作生动具体地开展起来。该公司于1993年开展的“企业依靠职工发展,职工依靠企业发财”活动,调动了职工的积极性和创造力,增强了企业发展的凝聚力。经过一年实践,“双靠双发”活动效果明显,在企业经济效益增长的同时,职工年人均收入也比1992年提高23.7%。

该公司以改革步子大、经济效益和社会信誉好,先后荣获国家颁发的改革创新奖、施工企业管理优秀奖、思想政治工作先进单位和省市效益杯等60余项荣誉称号。

(*魏树森*)

【煤气生产与供应】 1993年,沈阳市煤气总公司克服了气源紧张、资金不足、设备老化、生产能力有限等困难,采取改造挖潜、开发建设等措施,较好地解决了全市煤气供需矛盾,保证了全市生产生活用气的需要。

1.采用先进技术、抓好改造挖潜。1993年投资432万元,完成了22项技改项目。投资112.8万元,完成3项科研项目,有两项获市科技进步三等奖。在科技改造中,重点对油制气厂粗苯系统实施全面改造,完成了炼焦煤气厂二号焦炉改造收尾工程,改造中全部采用了微机控制系统,大大提高了操作控制的准确性、合理性和先进性。同时,重点加强了煤气输配供气系统的改造,有计划地对煤气管网、调压站、储气罐实施重点改造。先后完成了油制气厂∅700mm管线大清扫;对部分低压区的调压站实施更换设备,增加压力级制,有效解决了低压区供气不足的问题;对长年跑、冒、漏严重的储气罐进行大面积修补,减少了煤气损失。通过大规模的改造,使生产能力有了较大增长,保证了供气需要。

2.采取"保供气、保生产、保安全"的三保方针,抓好主要设备的检修。1993年,沈阳市煤气总公司共投资753.2万元,对79个重点项目进行大修,并投资672.2万元购置了生产急需的关键设备。在抓好设备大修购置的基础上,他们在全公司组织开展了"向设备管理要效益"的竞赛活动,取得了明显效果,全公司503台主要设备的完好率达到94%以上,设备重大事故率为零,使油制气和人工煤气供应量都超额完成了全年计划。

3.搞好生产供气调度。沈阳市煤气总公司多次主动与辽河油田协商,增加对沈阳市的天然气供量,解决了多年来存在的首站与末站计量不一致的问题。1993年辽河油田在天然气开采量不足的情况下,仍保持了天然气日供量23万立方米,全年供应总量达到8 400万立方米。

4.坚持"预防为主、安全第一"的方针,确保生产供气安全。沈阳市煤气总公司1993年共召开6次安全工作专题会议,研究落实安全生产工作。并先后组织开展了"安全生产周"、"安全生产月"、"百日安全无事故"等项专题活动,全公司7个单位实行了安全生产目标管理,1993年未发生重大事故,安全生产达到了较好水平。

5.千方百计筹措资金,确保企业正常的生产经营。1993年受国家银根紧缩的影响,全公司资金出现了历年来少有的紧张状况。企业自有资金不足,技改、基建、大修等投资不到位,外欠款长期占用,严重影响了企业的正常生产经营,为此公司采取了争取银行贷款,积极清理外欠款,发动职工集资等措施,保证了企业生产资金的使用。1993年共清欠款11 813万元,吸收职工个人集资2 012万元,并三次调整焦炭销售价格,增加收入1 726万元。

6.抓好煤气设施基本建设,为加快沈阳市燃气事业发展,提高全市燃气普及率水平。1993年沈阳市煤气总公司把重点放在了气源开发建设上,力争在"八五"时期,完成三大工程项目。目前,三大工程的前期工作进展顺利。为解决全市储气能力不足,新建的16.5万立方米干式罐工程,已完成了可行性研究及扩初设计、征地、鉴定罐体等项工作,完成投资1 322.7万元。为解决气源不足,拟建的35万m^3轻油制气工程,已完成了调研及委托可行性研究等工作,完成投资40万元。为增加液化气罐装能力和安全措施进行的液化气贮配站搬迁改造工程,已完成了征地、道路、给排水及引进国外设备调研等项工作,完成投资957.5万元。上述三大工程的完成投资额占全公司完成投资总额的53%。同时完成了炼油厂第二期1.6万平方米职工住宅建设的资金准备和前期工作。并自筹资金动工兴建了瓦房店胜利乡仙浴湾3 700平方米职工疗养院。为有毒害岗位的职工提供了疗养基地。

(*于栋彬*)

【煤气工程设计与施工】 沈阳市煤气总公司 的设计与施工队伍,是随着城市煤气事业的发展而逐步壮大起来的。60年代末,初步形成了煤气工程的设计能力。

1977年,成立技术研究室。1980年成立煤气管网工程勘察设计室。1986年,技术研究室和管网工程勘察设计室合并,组建城市煤气设计研究所,主要从事城市煤气工程设计,所内设有煤气输配、制气和净化工艺、电器、仪表等10余种专业。

施工队伍,1973年前为煤气服务处检修队,主要从事市街管网的新设和抽换,户内煤气设施的安装;煤气公司下属的修建队,主要从事土建工程施工和气源厂的罐、塔、槽和工艺管理线(钢管)的安装与维修。1974年,成立煤气管道工程队,专门从事输配管网的施工和户内煤气设施的安装,1977年改称煤气管线所,1984年,管线所、修建队与煤气管网工程处合并,改称煤气工程公司。到1990年,煤气工程公司共有职工2 400人,为一级煤气工程安装企业,专门从事煤气输配工程和户内煤气设施安装,年施工能力管网铺设150公里,户内安装6万户。

1949年至1990年,沈阳城市煤气内外线安装工程,均由煤气总公司自行设计。

1980年,煤气管网工程勘察设计室承担了为新建中的加压气化厂配套的煤气管网工程设计。1982年5月末,形成了沈阳煤气管网工程设计总体技术方案和扩大初步设计。设计范围,在现有制气厂日供气46万立方米,管线总长度520公里中低压系统的基础上,适应新建加压气化厂日供气56万立方米的规模,发展25万户的输配气高压管线设计,中低压管线设计。新设高压管网49公里,中压管网90公里,低压管网640公里,调压站48座。工程总投资概算8 146万元。

1982年5月26日—29日,沈阳市建委、科委邀请28个单位、43名工程技术人员,就沈阳市煤气管网工程总体设计技术方案和扩大初步设计进行技术论证。认为:总体设计技术方案是可行的,达到了技术先进,经济合理。

1987年,煤气设计研究所承担了16.5万立方米干式罐区以外的全部辅助工程设计。朝阳煤气工程分别被评为辽宁省、沈阳市优秀设计二等奖。

1949年至1982年,沈阳市内煤气内外线安装,均为煤气总公司的施工队伍承担施工。

1983年至1985年,市内煤气管网进行大规模建设4家。煤气总公司的施工队伍3年承担新建中压管线39公里,低压管线260公里,调压站48座,户内煤气设施安装9.9万户。

1986年至1993年,市内煤气管网工程和户内煤气设施安装工程,均为煤气总公司的施工队伍承担施工。5年计安装管网工程700公里,内线安装35万余户。年平均外线施工80公里,内线安装5万户,为气化沈阳作出了贡献。

1982年以来,沈阳煤气事业的大发展,促进了施工机具和施工工艺的进步。沈阳煤气工程公司从1984年起,户内煤气设施安装,先后装备了金钢石混凝土钻孔机 80 台，冲击钻（电锤）200 台，装备电动套丝机 200 台，外线施工装备了轮式挖掘机 4 台，铲车 3 台，8 吨汽车 8 台，切割机 70 台，混凝土切割机 2 台。到 1990 年煤气工程公司拥有施工机械设备 1 039 台（件），总功率达 6 023.4 千瓦，动力装置率达 3 233千瓦/人。施工机械化，不仅提高了劳动生产率，减轻了工人的劳动强度，而且提高了施工进度和施工质量。

（于栋彬）

【市煤气总公司成立 70 周年】 1993 年 12 月 28 日，是沈阳市煤气总公司成立 70 周年纪念日，在这 70 年里，沈阳煤气事业发展经历了三个主要时期。

在日伪和国民党统治的 25 年间，沈阳市的煤气一直处于缓慢的发展状态，供应户数最高仅为 3 万余户，煤气日供量 5 万立方米，到沈阳解放前夕，因煤、电和资金困难而停产倒闭。

1948 年到 1978 年的 30 年间，沈阳煤气发展经历了恢复、提高和稳步发展的时期。1948 年沈阳解放后，在党和政府的直接领导和关怀下，全厂 78 名职工，在机械设备所存无几，厂房破烂不堪的困难条件下，昼夜奋战，于 1949 年 5 月 1 日正式向市区恢复供气。从此，沈阳煤气事业发展翻开了新的一页。广大煤气职工，依靠自己的力量，先后新建了 24 孔焦炉 2 座和煤气发生炉 3 座，使煤制气日供气能力达到 20 多万立方米。70 年代初，为改造 20 年代的水平炉，采用国内先进技术工艺，新建了每座日产 5 万立方米油制气炉 4 座，并陆续新建了 7 座煤气贮罐。到 1978 年全市日供气能力达 41 万立方米。煤气贮气总容积 24.8 万立方米。煤气管道用户 14 万户，比解放前增长了近 5 倍。在加快煤气基础设施建设的同时，液化气供应也有了较大发展，到 1978 年液化气用户已突破 10 万户。使全市燃气普及率达到了 45.63%。全市煤气生产、输配能力已初具规模。

党的十一届三中全会以后，沈阳的煤气事业走向了空前繁荣发展的新阶段。煤气基础建设有了较大发展。1980 年至 1984 年间，先后建成每座日产 10 万立方米油制气炉两座，使油制气日供气达到 33.2 万立方米。1982 年初第三座 24 孔焦炉建成，使焦炉气日供气达到 23.2 万立方米，全市日供气能力达到 56.4 万立方米。1985 年辽河油田天然气引入沈阳市区，日供天然气达到 23—30 万立方米，折合人工煤气 46—60 万立方米，使全市日供气量突破百万立方米。为进一步解决气源不足，保证稳定供气，1989 年与东煤地质局联合开发利用沈西煤成气，年供气达 1 000 万立方米以上。成为全市重要的补充气源。在发展管道煤气的同时，液化气供应也有了较快的发展，供应户数增加到 22 万户，年销售量增加 2.6 万吨。

1993 年末，全公司拥有固定资产原值 4 亿多元，职工近万人。供气种类形成了油制气、焦炉气、发生炉气、天然气、煤成气、液化气 6 种气源并存的生产供应格局。日供气能力 108 万立方米，拥有湿式煤气贮罐 7 座，干式罐 1 座，总容积 41.3 万立方米。市街煤气管网干线 1 093 公里，加压站 4 处，压缩机 14 台，调压站 126 处，调压器 201 台，液化气球型贮罐 17 座，贮气能力 4 805 吨，液化气火车槽车 23 台，汽车槽车 14 台，总运载能力 742 吨。全市煤气管道用户 55 万户，液化气用户 22 万户，工业、商饮和大生活户 1 400 余户。1993 年售气量 3.4 亿立方米，工业总产值 2.2 亿元。全公司有 12 个中小型企业，形成了煤气生产供应，煤气设施规划设计、建设和维护，城市煤气科研与新技术应用，各类燃气炉表具及部分煤气设施材料的生产，煤化工副产品的开发利用，城市煤气专业人才的培养等门类齐全，实力雄厚，技术先进的城市煤气发展体系。

（于栋彬）

【自来水生产】 到 1993 年末，沈阳市已拥有自来水水源 38 处、水井 368 眼、净配水厂 8 座；日供水能力达到 188.4 万立方米，供水面积 184 平方公里，供水人口 323.5 万人。

1992 年大伙房水源一期引水工程竣工投产后，沈阳市供水紧张的局面有所缓解。但由于城市地下水位逐年下降，老水源生产设备陈旧、老化，致使生产能力下降。随着经济发展和居民生活水平的提高对自来水的需求不断增加。1993 年自来水生产形势相当严峻。从年初开始，为迎接元旦、春节期间高峰供水，满足全市人民的节日供水需要，市自来水总公司组织人力、物力、财力进行增水挖潜。在时间紧、任务重、困难大的情况下保质保量完成更新改造 3 眼水源井，使全市除夕供水达到 158 万立方米。继 1992 年之后，又创造了沈阳市供水史上最高日供水量。

为确保 1993 年日供水 142 万立方米的指标，从 1992 年底开始，市自来水总公司就组织力量对全市各个市政水源、取水井的状况进行了细致的调研，制定了全年更新改造水井 29 眼的方案。在进行更新改造水井的同时，还积极开展修复旧井、死井的工作。在石佛寺水厂展开了“死井复活”大会战，对近年来坍塌报废的几眼水井进行了技术分析，采取了边洗井、边对塌井部位下套管的措施，仅在 50 天的时间里就救活了 6 眼“死井”，恢复日供水量 2 万多立方米。

为保证全年供水生产各项指标的完成，1993 年市自来水总公司在春季、秋季检修和防寒防冻工作中，共计投入人力 2 023 人次，车辆 164 台班，资金 183 万元，检修供电线路 500 公里，高压配电柜 407 面，消除事故隐患 185 处，检修水井变压器 15 台，160KVA 变压器 3 台，大修机泵 319 台套，使全年机泵设备完好率达到 99.75%，水源井机泵可利用率达到 98%，生产设备大修及时率达到 99%，生产设备故障不超过 5%。全年投入资金 300 万元，改造水源井 25 眼，修复旧井 13 眼，恢复日供水能力 3.6 万立方米。通过以上措施，使全市日平均供水量达 142 万立方米，比 1992 年增加 10.3 万立方米，市街水压合格率达到 53.5%，比 1992 年提高 3.28 个百分点，各项水质指标也全部达到或超过国家标准。

（侯政）

【自来水供应】 1993年末，沈阳市供水管网长度2 416.3公里，售水总量45 718.7万立方米，其中工业用水16 935.8万立方米，公共生活用水13 036.3万立方米，居民生活用水15 746.6万立方米。

自来水供应，涉及到社会各个方面，是关系到全市经济发展和人民生活的必不可少的物资资源。沈阳市自来水总公司坚持经济效益、社会效益共同提高的原则，强化服务意识，完善服务措施，提高服务质量。1993年优质服务又上一个新台阶，全年共收到群众表扬信1 068封，锦旗29面，政府、新闻媒介表扬63次，在沈阳市广播电台举办的百家窗口服务单位"形象杯"竞赛中名列榜首，并荣获了"省级规范服务竞赛优胜单位"的称号。

1993年，沈阳市在自来水供应工作中主要采取了以下几项措施：

1.完善服务措施，优质服务再上新台阶。在前几年工作基础上，又作出经营机制要转变，优质服务不能变，不能松，要再上一个新台阶的决定。一是利用各种会议强调优质服务；二是利用各种手段宣传优质服务；三是利用奖励办法促进优质服务。为提高服务水平，出台10项新举措。一是开展规范服务达标活动，开展专业技术培训和规范服务培训，把职工服务水平与岗位技能工资挂钩；二是进一步完善监督机制。在原有50名用户监督员的基础上，又增聘了15名用户监督员，扩大了监督范围，三是实行"1.1.14"必访制，即：1个信访员1个月必访问14户。四是强化巡线工作，调整巡线人员，增配3台摩托车，制定了奖罚办法。五是加强维修力量，增加维修人员和机具，保证维修及时率。六是落实服务工作奖罚条例。七是在全市开展有奖报漏活动。八是加强授理工作，对文化素质低，表达能力差的授理人员进行调整。全年共授理"三来"3 591件，处理市、区人大和政协提案58件，全部做到件件有回音，达到用户满意，重复上访率为零。九是改善小区管理和服务。十是在夏季高峰供水中开展优质服务上台阶活动。通过以上10项措施的实行，彻底转变了"售水是硬指标，服务是软指标"的错误观念。各区营业管理处在接到群众无水的报告后，在产权单位无资金解决的情况下，都能主动筹集资金，为群众解决无水。如铁西区管理处为群众解决无水后，居民在送表扬信的同时还在管理处门前燃放鞭炮，产生了轰动效应。

2.在资金严重紧张的情况下，多方面筹集资金，改造陈旧管网和为群众解决无水。全年共投入资金104.7万元，完成管网改造工程5项，解决无水37件，使2 948户，10 300人受益。

3.加强精神文明建设，全面提高企业素质，树立反腐倡廉的行业新风，坚持对各级干部进行廉洁教育，领导以身作则，不搞特殊化，全年未发生一起吃拿卡要和贪污腐化的违纪事件。

（侯政）

【计划节约用水】 1993年沈阳市节水总量达到7 496.5万立方米，比1992年增长8.4%，工业用水重复利用率23.08%，比1992年提高1.01个百分点；间接冷却水循环率93.1%，比1992年降低0.67个百分点；日平均节水量20.5万立方米，比1992年增长8.2%；全市84个单位实施节水措施完成工程106项，比1992年少完成25个单位41项。

为实现节约用水计划，沈阳市主要采取了5项措施：

1.加强节水宣传，调动全民节水积极性，增强节水意识，在全市范围内利用各种宣传媒介及形式多样的宣传活动，开展了"节水宣传周"活动。

2.加强基础工作，强化节水管理。1993年与沈阳建工学院合作编制了《城市工业用水定额制定通则》等3项行业用水标准，填补了国内此项研究的空白。在1992年普查用水器具的基础上，对1993年应改造的3.2万件不合理用水器具的改造进行了督促，到年底已改造完2.3万件。并在全市范围内创建了87个节水型企业和单位。

3.积极开展节水科研工作，开发节水新方法、新器具。1993年完成了日节水2万立方米的"沈海热电厂循环冷却水水质稳定处理试验研究"等项目。

4.加强地下水资源的管理，市建委、市物价局、市财政局等联合下发了"关于征收我市疏干井水资源保护费和排水设施使用费的通知"。

5.建立健全节水规章制度，经沈阳市人民政府批准，于1993年底颁布了《沈阳市城市节水用水管理办法》，同时还修改完善了《节水计划指标管理办法》等几项规章制度。

（侯政）

【水源建设队伍】 沈阳市给水工程勘察设计研究院、沈阳市自来水工程公司、沈阳市自来水安装公司是隶属于沈阳市自来水总公司的3家从事于水源建设的专业队伍。多年来，在沈阳市水源建设上做出了巨大的贡献。

沈阳市给水工程勘察设计研究院，始建于1961年，是沈阳市乙级勘察设计单位。1993年全院有工程技术人员82人，其中高级工程师16人，工程师29人。该院设有给排水、建筑、结构、电气、暖通、工程测量、计算机辅助设计、水文地质勘察、工程概预算专业；从事于水文地质勘察、净配水厂、供水管网、各类泵站及工业与民用建筑的勘察设计工作。主要承担沈阳地区给水工程勘察设计和地下水位观测等任务，同时面向全国为各地供水事业服务。1993年完成营业收入241.4万元，利润总额12.1万元。

近年来共完成200余项工程项目的勘察设计任务，其中包括大伙房水源南塔配水厂、大伙房水源引水工程市街管网，沈海热电厂供水工程、郎家水源、尹家水源、北陵配水厂、张士开发区供水工程等大型给水工程，特别是对高寒地区的给水工程勘察设计工作，具有丰富的经验。

沈阳市自来水工程公司是一个具有30年水源建设经验的综合性施工企业，对承建大、中型地下水、地面水的水源工程建设及水处理工艺安装，有丰富的施工经验和先进的技术装备。到1993年末，拥有职工1 100名，其中高中级专业技术人员和经济管理人员120名，固定资产1 703万元，机械装备646台套，其中吊装运输设备117台，施工机械装备321台。1993年创产值6 576万元，利润428.5万元。

近年来，该公司以其经济实力和技术资力的优势先后在国内承建了河北省秦皇岛市的柳江水源、汤河水厂、海港水厂、输水干线等工程；吉林省延吉市输水管道；山东省济宁市深井曝气处理、淄博市的输水管道工程；辽宁省北票市输水管道工程；以及沈阳市的石佛寺水源工程，大伙房水源工程和黄家电源工程等。尤其是在大伙房水源工程建设中，公司以其雄厚的实力，在激烈的招标竞争中中标，承建了大部分的输水管线。市街管网工程和全部的李巴彦净配水厂、南塔配水厂工程。在施工中，克服难度大、工艺复杂、资金紧张等重重困难，保质保量并提前131天完成市政府要求的供水计划，为发展沈阳经济做出了贡献。

沈阳市自来水安装公司组建于1984年，到1993年末，拥有固定资产1 678万元，职工901人，其中各类高中级专业技术和经济管理人员32名，是一支年轻的、充满活力的给水工程建设队伍。

几年来，该公司发扬高效、优质的工作作风，先后承建了沈阳市文化路立交桥、桃仙机场、铁西分质供水、沈海热电厂、新北客站、石佛二干线、大伙房水源市街管网等一些省市及国家重点工程的给水工程。在大伙房水源二期工程的市街管网工程招标中，该公司在激烈竞争中，不畏强手、精心组织、精心计划，在1993年6月11日沈阳市机电设备招标公司开标大会上，3个合同包全部投中。

在市场经济的大潮中，该公司始终坚持自身的建设，加强技术、质量、安全等方面的管理，坚持质量第一、信誉第一的宗旨、积极开拓外埠的工程市场。先后在大连、海南、营口、阜新等地承建了上水管道安装工程，其中大连开发区金鲇线工程被大连市政府评为“优质工程”。近年来，该公司的施工产值稳步增长，1993年完成施工产值4 637.6万元，比1992年增长16.8%，创历史最高水平。

（侯政）

【沈阳市自来水总公司】　沈阳市自来水总公司是1911年创建的老企业，现已发展为集自来水生产、自来水供应、水源勘察、设计、施工、科研开发为一体的大型综合性企业。1993年有职工8 159人，其中专业工程技术人员600余人，固定资产原值49 747.5万元，固定资产净值40 178万元。全年完成工业总产值12 365.9万元；工程施工产值15 390.63万元，利润总额3 617.2万元。在1992年沈阳市企业评价中，居沈阳市100家利税大户中的第10名；沈阳市50家最大盈利企业中的第5名。在1992年全国行业百强排序中位居第2位（按利税总额排序）。

沈阳市自来水总公司根据其行业特殊性，始终坚持经济效益和社会效益并重的方针，多年来，在城市基础设施建设和供水服务上，投入大量的人力、物力和财力，收到了良好的社会效益。仅1993年就完成市政同步工程4项，改造管网1 951米，完成住宅小区上水配套工程18项，配套楼房861栋、489.5万平方米；为改造陈旧管网和为居民解决无水投入资金104.7万元，完成管网改造工程5项，解决无水37件，使2 988户，10 300人受益。在供水服务方面沈阳市自来水总公司从更新观念，强化服务意识入手，在全公司逐渐形成了“人人讲服务，人人会服务”的局面，1993年收到群众表扬信1 068封，在沈阳市广播电台举办的百家窗口服务单位“形象杯”竞赛中名列榜首，并荣获了“省级规范服务竞赛优胜单位”的称号。从根本上扭转了行业不正之风。

由于沈阳市自来水总公司是具有80年历史的老企业，一些老水源设备老化，工艺陈旧是面临解决的大问题，公司把企业的技术改造当做头等大事来抓，每年投入近千万元资金进行企业的更新改造。从1990年起完成了李官卜一、二井群改造工程、北陵泵房机组自动化工程，石佛寺反冲洗水回收等多项重大技术改造工程。为解决供水面积大，水源分布广，调度复杂的问题，1993年底引进了上海DMP—89型微电脑调度模拟屏系统，该系统的建立，为沈阳市供水调度优化运行打下了基础。

沈阳市自来水总公司始终坚持“科学技术是第一生产力”这一客观真理，注重科技进步，与哈尔滨建工学院等6所大专院校、科研单位实施厂校联合，科研协作，并与美国、日本、德国、澳大利亚、法国等国的同行业建立了长期友好合作关系，在科研开发和技术进步方面结下了丰硕的成果。自1965年以来，共开发出科研成果23项，其中“高锰酸钾氧化法除地下水微量有机污染物试验研究”、“单井充氧回灌除铁除锰试验研究”、“浑河污染对地下水水质影响的研究”等10余项科研成果荣获了省、市科技进步奖。

（侯政）

住宅建设与管理

【住宅建设】　沈阳市在1993年初提出住宅建设上新台阶的奋斗目标，全年住宅竣工交付使用面积确保250万平方米，争取300万平方米，回迁安置动迁户2万户。经过各有关建设部门的共同努力，到年末，各项住宅建设指标均超额完成计划目标，创历史最高水平。

1.住宅建设投资总量猛增，再创历史新高峰。1993年，沈阳市为进一步加快住宅建设步伐，保证住宅建设目标的实现，广开投资渠道，吸引各种资金。全年共完成住宅建设投资35.9亿元，比1992年增加16.2亿元，增长82.2%，占全市基本建设投资的48.5%；住宅施工面积876.9万平方米，比1992年增加263.5万平方米，增长42.9%，占全市各类房屋施工面积的57.6%。住宅建设投资总量和施工面积的增加,为后几年住宅建设的大发展打下了基础。

2. 房地产业的迅猛发展,加快了城市改造的进程。随着改革开放和建设步伐的加快,沈阳市房地产业发展迅猛,开发经营机制日趋完善,形成各行业、多层次、全方位搞房地产开发建设的新局面。1993年共完成商品住宅投资20.2亿元,比1992年增加8.4亿元,增长71.2%,占全市住宅建设投资的56.3%;商品住宅施工面积453.6万平方米,比1992年增加116.9万平方米,增长34.7%,占全市住宅施工面积的51.7%;商品住宅竣工面积133.9万平方米,比1992年增加7.2万平方米,增长5.7%,占全市住宅竣工面积的42.7%;全年销售商品房72.1万平方米,收回资金9.4亿元,其中商品住宅67.3万平方米,收回资金8.4亿元;预售商品房68.1万平方米,收回资金8.26亿元。全年共拆除危破旧房140万平方米,其中拆除住宅104.6万平方米,开发建设规模突破1 300万平方米。

3. 住宅建设效益显著,人均居住面积达到6.16平方米。沈阳市积极组织落实住宅竣工验收和动迁户回迁安置工作,全面实现并超额完成市政府提出的住宅建设目标。1993年住宅竣工面积313.8万平方米,比1992年增加169.4万平方米,增长69.3%,比以往最高年份的1987年还增加9万平方米;回迁安置动迁户26 130户,比1992年增加1倍多,超计划6 130户;城市居民人均居住面积由1992年的5.96平方米上升到6.16平方米,增加0.2平方米。全年建设解困住房施工面积11万平方米,其中竣工面积4.5万平方米,解决缺房户12 999户,其中人均居住面积在2平方米以下的有866户,城市居民的居住条件得到改善。

4. 住宅配套工作得到加强。1993年,沈阳市组织落实住宅配套,狠抓住宅竣工验收工作。全年共验收2万平方米以上小区35个,建筑面积180万平方米,其中初步验收小区30个,建筑面积150万平方米;全面验收小区5个,建筑面积30万平方米。完成公益设施配套小区20个。在供水设施配套上,全年竣工完成了长江街、长江新村二期、工学里等18个小区,861栋楼、489.5万平方米上水配套工程。在市政设施配套上,为18个小区进行了市政设施配套。共铺设硬面道路5.9万平方米共计9.1公里,下水管道4.1公里,植树1.63万株、绿篱15.1万株、草坪29万平方米,栽花2.7万盆。在供气设施配套上,全年共发展煤气用户4万户。

5. 加大了危房改造投资力度。为进一步加快对棚户区和低矮破旧房屋的危房改造,1993年沈阳市加大了危房改造投资力度。全年共用于危房改造投资10亿元,比1992年增加6.9亿元,增长2.2倍,占全市住宅建设投资的27.9%;施工面积250.3万平方米,比1992年增加81.7万平方米,增长48.6%,占全市住宅施工面积的28.9%;竣工面积113.2万平方米,比1992年增加62.7万平方米,占全市住宅竣工面积36.1%。

住宅小区一角

一年来,沈阳市住宅建设成就显著,但建设中出现的一些问题也不容忽视。一是由于原材料涨价、地价升值等原因,造成住宅成本越来越高,购买能力相对下降,不利于资金及时收回。二是动迁户不断增加。据不完全统计,1993年底全市尚有动迁户近10万户。三是开发面多集中在老城区改造,投资大,动迁比高,这也是造成住宅价过高的一个原因。这些问题还有待于在今后住宅建设中加以解决,适当调整新区建设与旧区改造比例。

(李儒成)

【强化住宅建设管理】 1993年,沈阳市住宅建设工作取得突破性进展。各项指标均为历史最好水平,完成住宅建设投资35.9亿元,比1992年提高82%;住宅施工面积达到876.9万平方米,比1992年提高43%;住宅配套竣工交付使用面积313.8万平方米,比1993年提高28.4%;回迁安置动迁居民26 130户。

1. 加强宏观调控,推动了住宅建设健康发展。年初,上年结转的住宅建设总规模近800万平方米,其中施工面积仅为369万平方米。为确保年末竣工交付使用250万平方米任务,市里采取了一系列宏观调控措施,收到明显效果。一是市政府两次下发特急明传电报,严格控制开发建设总规模的继续扩展,开发项目的审批由"两支笔"调整为"一支笔",促使开发建设单位把注意力集中于在建项目上;二是实施跟踪管理,扩展施工面积。市住宅办、开发办抽调专人组成5个组,按行政区域分5个阶段,对住宅项目进行调查摸底,依据工程形象进度计划实施督促检查。促使住宅项目及时开工;三是召开住宅建设工作会议,巩固宏观调控成果。为有效地保持住宅建设规模的合理比例,7月初召开下半年住宅建设工作会议,在总结工作明确任务的同时,对个别开发建设单位只占地块不开工的8幅地块提出"黄牌"警告,限定开工时间。之后,市里将在限定时间内未开工的和平区质实里地块及时收回,另行分配。到年末,住宅施工面积已达到876.9万平方米,为完成全市任务奠定了基础。

2. 千方百计融通资金,基本上适应了住宅建设的需要。住宅建设规模大,投资需求额度高,资金紧缺矛盾突出。为解决资金困难主要通过三个渠道:第一,各金融部门保持了原投入到住宅建设的贷款规模,市建行又为有回迁任务的重点住宅项目增加贷款 3 000 万元;第二,开发企业自有资金量加大。从事房地产开发的企业由 1992 年末的 146 户发展到 262 户,使自有资金额由上年的 4.6 亿元增加到 10 亿多元;第三,积极推动商品房销售,加快资金回收。充分利用各类交易展示会和广告信息等渠道加强促销。加之对外出让、转让土地改造旧商业区和公建项目的开发建设,易地购房安置动迁户,加大了销售量。共收回资金 9.4 亿元,其中收回个人购房资金 1.8 亿元。

3.层层实施责任制,保证了住宅竣工和回迁安置任务的完成。市住宅办同 46 家有竣工任务的开发公司签定了竣工责任状;市动迁安置办公室同各区动迁办、各区动迁办同有回迁安置任务的开发建设单位签订了回迁安置责任状;有的区政府同有住宅竣工、回迁安置任务的开发建设单位建立了责任制。市、区有关部门协调服务,开发建设单位层层落实责任,圆满地完成了住宅竣工、回迁安置两项任务。

4.规范房地产开发市场行为,开发经营机制趋于健全。1993 年,沈阳市强化了对开发企业资审和业绩考核及开发用地审批、商品房经营的管理力度,进一步规范了房地产开发市场行为。中央 6 号文件下发后,按照建设部的部署,对市属以下 163 家房地产开发经营机构进行了大检查,并对发现的问题进行边查边改。经过规范房地产开发市场行为,开发企业队伍素质和管理水平提高,开发经营机制趋于健全,对确保全年住宅建设任务的完成起到了至关重要的作用。

5.探索同步施工的新路子,确保配套工程实施到位。为逐步推行地上地下配套与主体施工同步建设程序,解决地上配套设施滞后的问题。市里在沈河区兴盛和铁西区顺兴两个小区进行试点,并召开了经验交流会。这两个小区地下管网配套包括煤气工程与主体工程同步施工,住宅主体与地上配套建设一步到位,同时交付使用,整体使用功能完善为今后住宅建设摸索了经验,为加强交付使用后住宅小区管理,进一步明确了有关部门在小区管理中的职责,狠抓了环境治理和公共公益设施的配套建设,有 9 个住宅小区通过了全面验收;4 个住宅小区达到省级标准。

(*曲悍东*)

【沈阳市房产评估中心成立】 随着房地产市场的不断发展完善,1993 年 8 月沈阳市正式组建了房产评估中心。这一中介服务机构的诞生,使沈阳市房地产市场更趋完善。目前房地产评估在社会主义市场经济中主要发挥着如下几个作用。

一是确保房地产业税收。在房地产市场中,房地产买卖、租赁、抵押、典当等行为越来越多,要实现公平交易,客观上要求估价部门对其做出公正、科学、合理的估价,这样既能很好地为交易双方服务,又能防止隐价瞒价、偷税漏税的行为发生,确保足额收缴房地产交易契税。

二是对国有资产合理估值。在社会主义市场经济中,建立社会主义企业制度势所必然。在国有资产内股份制企业、合资企业、有限责任公司转移时,其房地产必然进行估值,合理作价,才能准确地确定各合资方的实际份额并有效地防止国有资产流失。

三是对房地产补偿、房地产纠纷提出公正的处理依据。房地产评估组织是服务于社会的社会公正机构,因此在社会经济生活中,发挥着公正人作用,以其真实、客观、合理的估价,为仲裁和执法部门提供依据。

四是为住房制度改革服务。出售公有住宅是住房制度改革的一项主要内容,因公有住宅新旧程度不同,政府委托房地产评估机构对房屋状况做出成新评估,以便合理确定出售价格。

沈阳市房产评估机构在社会主义市场经济中较好地发挥了以上几方面作用,本着公正、科学、合法的评估原则,已在房改出售旧公房(试点)、房地产交易、抵押、国有资产估值、房地产纠纷拆讼、拆迁补偿等方面估价近 30 次,面积 110 万平方米,估价额 5 000 多万元(不含房改出售旧公房(试点)的估价值)。

(*马德山*)

【城市集中供热】 集中供热是北方城市现代化标志之一,是必不可少的基础设施。

沈阳市随着城市建设的发展和供热总体规划的实施,改写了自解放以来单靠小火炉和分散小锅炉供热的历史。继 1977 年利用煤气二厂余热实现集中供热 14 万平方米以后,1981 年完成了沈阳热电厂热电联产技术改造,并完成一期集中供热热网工程;1988 年建成金山热电厂民用热网工程;1989 年太原街地区实现集中供热;1991 年至 1993 年,先后又完成沈海热电厂一、二期供热管网工程,使余热供暖和热电联产供热面积,包括 1993 年新发展的 250 万平方米,累计已达到 750 万平方米。加上近 10 年来住宅小区建成的单体锅炉 10 吨以上,供暖面积 10 万平方米以上的锅炉房供热,到 1993 年末,全市集中供热面积已达 2 800 万平方米,占全市民用供热总量的 49.6%,超过了“八五”达到 30%的目标,在全国有供热的大中城市中,名列前茅。

城市集中供热为沈阳市民办了一件大好事,并取得了较好的环境效益、经济效益和社会效益。

沈阳市冬季供暖长达 151 天,由于气压的影响,烟尘极难扩散,烟尘的污染以及锅炉的噪声污染都比较严重。实行集中供热后,一是在保护环境减少污染方面已经取得了较好的环境效益;二是节省了建设分散供暖锅炉的工程投资,并且节约能源,提高热能利用率,使供暖成本逐年下降,取得了可观的经济效益;三是保证了供暖质量,改善了人们工作、学习、生活条件,维护了安定团结,促进了精神文明建设的发展。

随着我国改革开放的进一步深入,沈阳市的集中供热,在城市总体规划的指导下,根据热源条件编制了城市供热近期和长远的发展规划。并结合城市改造和建设,坚持因地制宜，多种途径，广开热源，远近结合，经济合理，力求技术先进，积极稳妥地本着规划、建设、管理三统一的原则，打破部门、行业和地区的界限，有组织、有计划、有步骤地发展，使其在社会主义建设中，在城市环境综合治理工作中，起到积极的推动作用。

（梁立廷）

【房地产市场】 1993年，沈阳市房地产市场建设迈出了较大步伐，取得了前所未有的突出成就。

首先，房地产市场的服务体系得到了大发展。一是健全了房屋互换服务机构，在各区、县(市)已有了换房服务站的基础上，成立了市换房服务中心，明确了市、区业务分工，市、区两级换房机构积极开展业务活动，全年组织群众换房6 251户，超年计划4.2%；二是组建了沈阳房地产信息有限公司，利用电子计算机、大屏幕显示等现代化设施，为用户提供全方位的房地产信息服务，服务手册达到了全新的水平；三是成立了市房产评估中心，受理房屋评估业务，到年底，评估房产150多万平方米；四是调整和加强了市房地产经纪人事务所，并审查批准了一批经纪人组织和单独从业的经纪人，对开展房地产中介服务活动起到了重要的推动作用。通过加强这些服务机构的配套建设，沈阳市的房地产市场服务机制已逐步趋于完善。

其次，适应房地产市场发展需要强化了有关立法工作。在原已制定颁发的有关法规基础上，经市政府提出的《沈阳市城市房地产纠纷仲裁条例》，已经市人大讨论通过，省人大批准颁布执行；市政府印发了《沈阳市房屋互换管理办法》、《沈阳市部分产权房屋交易管理暂行办法》、《关于加强房屋租赁管理的通知》、《沈阳市房屋拆除管理规定》等一系列法规文件。这些法规文件的实施，有力地规范了房地产市场行为，促进了房地产市场的发育。

第三，房地产市场空前活跃繁荣。市房产局先后于6月和10月成功地举办了沈阳市春季房地产交易大会和'93东北地区房地产交易展示会，集房地产招商、交易、中介、信息咨询和房屋互换、商品房销售等业务于一体，形成了不同于往年的新格局，取得了较好的效果。同时，针对房地产市场出现的一些地下非法活动，公开发布了《关于严禁倒卖公房使用权和动迁迁出证的通告》，进行整顿查处，维护房地产市场的正常秩序。

（苏桂秀）

【沈阳市热力供暖股份有限公司】 组建于1980年5月的沈阳市热力供暖公司，1993年，经市政府有关部门批准进行股份制改造试点，更名为沈阳热力股份有限公司。该公司是集热力工程设计，锅炉与辅机制造，锅炉、管网及工业设备安装，供暖运行管理和外经外贸、房地产开发于一身的跨行业、跨地区、跨国界的综合性大型企业、国家二级企业。公司在境内外有38家独资、合资企业，有职工2 800余人，专业技术人员占职工总数的24%，工人平均技术等级为5.6级。

1993年是公司深化改革、建立社会主义市场经济的一年，公司变以往整体进入市场为把市场引入企业，探索出适应市场经济发展的“大企业多法人、统分结合”的新型企业体制。通过划小经营单位，把原来所属吃公司“计划饭”的供暖管理所、安装工程处以及对内、对外实行双重职能的处室全都推向市场，成立了23个实体公司，公司内部成立了劳动力、资金、物资、信息和技术五大市场。通过3年“跳跃式”发展计划的实施，使公司的经济效益和社会效益均有了较大幅度的提高。1993年公司完成产值16 628.8万元，比1992年提高4%；实现利润2 561万元，提高89.7%；产值利润率为18%，提高8.4个百分点；人均创利7 858元，增长92%；上缴国家利税1 192万元。

沈阳市热力工程设计研究院，在大、中热源、热网等方面的科研设计，是国家专业甲级科研设计单位，不仅遍布沈阳、辽宁，而且已扩展到吉林、黑龙江、安徽等20多个地区和城市，在大连、锦州、温州和阜新开设的分院也先后开张营业。1993年完成设计产值500万元，实现利润132万元。

沈阳市热力预制保温管厂还引进国外先进技术生产的6大系列，18种规格的预制保温管和相配套的各种管件，普遍用于沈海热网和各住宅小区集中供热工程之中。沈阳市热力设备厂生产的20吨以下的热水锅炉、锅炉辅机以及新开发的BGH系列波纹管高效换热器也普遍用于各集中供热工程之中。两厂创利35.3万元。

5个建筑安装公司均系国家二级安装施工企业，为全市安装锅炉15台，总吨位达149吨；铺设管网20.8公里。还打进了黑龙江、吉林等外省，创利439万元。

6个专业供暖公司管理着全市850万平方米的供暖面积，比1992年增加供暖面积50万平方米，占全市供暖面积的六分之一；采用先进的微机调控变频调速仪，使锅炉的热效率有了很大的提高。

目前，该公司的11个境内外合资企业经过努力，创汇116万美元，实现利润240万元。公司对外经贸公司被评为省外经贸工作先进单位。

【沈阳房天股份有限公司】 沈阳房天股份有限公司是由全国同行业第一个国家二级企业——沈阳市房产经理公司改组而成的股份制企业，是全国同行业和辽宁省、沈阳市著名的企业之一。

原沈阳市房产经理公司组建于1976年6月，是一个以房产经营管理和城市供热为主的事业单位。1988年转为企业，成为自主经营、自负盈亏、自我约束、自我发展的经济实体。1992年6月，又率先发展成为全国同行业首家股份制改造企业，并更名为沈阳房天股份有限公司。

1993年房天公司有员工1 900名，股本总额8 600万元。同时房天公司受国家的委托，还经营管理着20多亿元的物业资产。

房天公司以房地产开发、综合物业管理、城市供热和供水为主，兼营锅炉水电安装、建筑施工、建筑设计、工业产品生产、物资经销、餐饮服务和对外经贸等，业务范围覆盖全国，波及美国、加拿大、独联体、日本、新加坡、香港、台湾等国家和地区，是一个跨行业、跨地区、跨国界，并具有现代经营思维的大型综合企业。

房天公司负责沈阳市38个住宅小区、28个局委办公楼、美国和日本驻沈阳总领事馆舍等363万平方米物业的经营管理和311万平方米的城市供热任务。坚持国际化、现代化、多元化、集团化和高科技、高效益的“四化二高”战略，初步形成了以沈阳为大本营，以南方的防城港、北海、海口、中山、惠州、上海、成都和北方的营口、满州里等三沿城市为南北基地，以港澳台地区和美国纽约、华盛顿、洛杉矶，加拿大温哥华为经营前沿，并不断向东北亚、东南亚等新经济增长点地域辐射，全方位拓展经营的新格局。

近10年来，房天公司始终坚持以市场为依托，以效益为中心，并着力体制改革和机制转换，使两个文明建设均取得了可喜的成绩。利润增长69倍，年均增长60.4%；上缴利税2 000多万元，职工收入增长6.8倍。先后被评为沈阳市改革明星企业，“贡献杯”、“效益杯”优胜企业，先进单位，文明单位；辽宁省先进企业，文明单位，“效益杯”优胜企业，思想政治工作先进企业，民主管理先进企业，窗口服务竞赛优秀单位，先进创业集体五一奖状；全国同行业先进企业，优秀企业；国家建设部精神文明先进单位等。

1993年是房天公司实行股份制后的第一年，实现利润2 603万元，比1992年增长1.6倍，人均创利1.4万元，在房天的发展史上树立了新丰碑，实现了新飞跃。

1993年11月10日，中国证券管理委员会正式批准房天公司由定向募集公司转为社会募集公司，确认房天公司向社会公开发行人民币普通股股票2 000万股，每股面值1元，发行价每股3.68元。作为沈阳市第一个规范化的社会募集公司，在市政府的领导和支持下，与证券商密切合作，使股票发行工作在12月份顺利结束，中签率1.3080‰。

土地规划

【重新修订城市总体规划方案】 按照沈阳市委、市政府提出的“一高两大两化”的城市发展目标和建立社会主义市场经济体制的需要，1993年沈阳市重新修订了《沈阳市城市总体规划》。从城市结构、总体布局、基础设施、功能分布等多方面入手，在深入调查，充分论证和借鉴国内外先进经验的基础上，确定了“1个中心区，5个副城，2个边缘组团，6个卫星城，50个小城镇”的城市结构布局方案，在市第十一届人大常委会第六次全会上审议通过。

（田军）

【规划设计审批】 按照沈阳市委、市政府“重点突破、沿线展开、全面推进”的战略部署，1993年对沈阳市土地进行了分区规划、专项规划和控制性详细规划的编制工作。编制完成了太原街、中街、南湖科技开发区、辉山风景区、新北站等一批重点地区的控制性详细规划。完成了沈阳市中小学校布局、消防站点布局、环卫垃圾场及厕所布局、邮政站点布局、加油站点布局和热网布局等专项规划。同时加强了以道路交通为重点的基础设施规划与建设，完成了南北二干线、大南街、文艺路、南二环道路的联接、拓宽规划。1993年全市办理土地规划审批2 091件，建筑面积1 002万平方米（其中住宅552万平方米），是1992年工作量的123.6%；管线审批765件，20万延长米。完成2万平方米以上住宅小区及大型公建的审批115件，总建筑面积820万平方米。

（田军）

【勘察测绘】 1993年完成沈阳市市区航空摄影817平方公里；完成康平县1:1000航测成图11平方公里；法库县1:1000航测成图10.5平方公里；1:500地形图，现状补测635幅；道路网完成60公里；南湖科技开发区高新产业区1:500地形图测图5.8平方公里；管网、道路网完线624公里；建筑完线1 344件。完成了“数字化成图及管理系统”、“地籍测量及数字化管理系统”等科研项目，并获得国家奖励。

（田军）

【土地使用制度改革取得新进展】 1993年沈阳市土地使用制度改革取得新进展。全年出让土地81块，面积165万平方米，比1992年增长137.4%，应收出让金13 409万元，实收5 590万元。在认真总结全市土地出让工作经验的基础上，根据国家的有关规定，市政府于1993年10月下发了《沈阳市国有土地有偿使用实施办法》的文件。在开展国有土地有偿使用工作中，土地管理部门主要抓了以下几个环节。一是确定有偿使用范围，合理确定和及时调整地价。二是划定资金用向，调动多方面积极性。三是规范土地出让文本，加强合同的签订与管理。四是土地出让与地块规划相结合，确保出让的土地符合城市总体规划的要求。

（田军）

【法规监察工作】 1993年沈阳市进一步加强了对规划审批及土地管理的法规监察工作。一是立法工作有新进展。《沈阳市国有土地有偿使用实施办法》、《沈阳市测绘管理办法》、《沈阳市建设工程规划验收办法》3个地方性法规相继出台。二是加强执法力度，查处违法建设、违法占地案件1 600起，面积24万平方米，拆除违章建筑817处，面积1.6万平方米，收回土地188亩，其中耕地35亩。三是加强执法队伍建设。沈阳市土地规划局组建了法规监察大队，部分县区成立了监察中队。各级法规监察部门会同有关单位清理整顿了全市各类开发区和房地产开发公司，并对越权批地等问题进行了清查。

（田军）

【用地审批与开发复垦】 1993年，沈阳市面对为经济发展搞好用地服务和保护耕地的双重任务，采取“节流与开源”并重的措施，坚持带项目审批土地，严格执行用地计划，坚持全面规划，合理开发，因地制宜，综合利用的原则，把好用地审批关。在保证建设用地的同时，有效控制对耕地的滥占乱用。认真贯彻《沈阳市土地开发复垦、耕地保护管理暂行办法》,并大力抓好土地开发复垦工作,切实加强对土地开发的管理,做到科学开发,合理利用。1993年用地审批1 320件(其中报省审批45件),总用地面积27 720亩,其中耕地18 390亩,占全年用地计划指标的97%;开发复垦土地3.6万亩,其中耕地2.77万亩,分别超过年计划的20.7%和10.8%,做到了当年占地与开发复垦土地相抵有余,既保证了城市建设和经济发展用地,又保持了耕地面积的稳定。

(田军)

【地籍管理取得新的进展】 地籍管理工作是土地管理的重要基础工作。沈阳市初始地籍的审报、调查、测绘、发证工作已进入收尾阶段。到1993年底城镇地籍调查已完成5.06万宗地,占应调查数的95.7%,发放土地使用证4.6万个,占87%;农村地籍调查和发证完成95.1%。预计全市城镇国有土地初始地籍登记和农时地籍发证工作在1994年可基本完成。在此基础上,全面开展出让、变更、抵押、出租土地登记工作,加强土地权属的动态跟踪管理,搞好变更登记和发证工作。着手地籍数字化成图的试点工作,加强地籍档案的管理,实施土地使用证年检制度。1993年6月成立的地价评估所和地产事务所要全面介入土地权属、产权管理和土地有偿使用制度改革之中,真正发挥在土地市场和土地产权管理工作中的中介和协调作用。

(田军)

环境保护

【概况】 1993年,沈阳市城市环境综合整治、工业污染防治和环境科学研究等多项工作取得较大进展,在国民经济快速增长、能源消耗不断增加的情况下,污染物排放量没有同比例增长,环境污染趋势得到控制,环境质量没有相应恶化。环境结果表明,大气和水环境质量均比1992年有所进步,大气环境感观上好于1992年,为促进环境与经济的协调发展起到了积极的作用。

1993年加强了环境保护的宏观管理力度,参与综合决策的力度得到加强。城市环境综合整治工作得到稳步发展;调整、修订了环保"八五"计划和十年规划;制定了大气污染近期和中期防治对策,并付诸实施。全市年削减烟尘排放量超过1万吨。创建了6个烟尘控制达标区、街(无黑烟区、街);编制了《沈阳市"碧水工程"实施方案》,省政府下达的"碧水工程"已开始实施;新创建4个噪声达标区;开展了废油的集中控制和综合利用;完成了世界银行贷款的沈阳市有毒有害固体废物处理处置工程项目的预评估;新建项目实行了分类管理,并试行了环保"三同时"保证金制度;完成了筛网脱硫除尘和多氯联苯焚烧技术两项"八五"攻关课题;环境监测工作坚持为环境管理服务,与环境管理的配合进一步合拍;修改、调整了环境保护基金管理办法;对各类污染源的现场监督检查频次增多,力度增强;征收排污费领域进一步拓展,并制定了征收排污费执法程序和有关法律文书;环境保护宣传教育更加深入;扩大了对外交往,积极引进外资,环境外交愈加活跃。

(高辰)

【城市环境综合整治】 1993年沈阳市环境保护工作积极参与政府综合决策,加强宏观管理力度,以宏观的角度防治环境污染,取得明显效果。

按照沈阳市国民经济发展十年规划、"八五"计划调整方案确定的新目标,本着经济建设、城乡建设、环境建设三同步,经济效益、社会效益、环境效益三统一的原则,修订了环保十年规划和"八五"计划。全市13个区、县(市)也全面开展了环境规划的编修工作,共编制、修订各类规划计划59个;编制了化工行业、冶金行业、东北制药集团、重点工业污染源单位污染防治规划;全市编制了各类开发区、招商区环保规划11个。这些规划计划已纳入沈阳市国民经济和社会发展计划及技术改造计划、部门发展计划之中。

根据沈阳市烟尘污染比较严重的情况,制定了以治理低空面源烟尘污染为重点的近期和中期大气污染防治对策,并已逐步付诸实施。编制了《沈阳市"碧水工程"实施方案》,确定污水综合治理工程30项,其中几项较大的工程已开始实施。结合城市管理上台阶工作,编制了《沈阳城市管理(环保部分)五年规划》,把环保工作与城市管理结合起来,分解目标,明确职责,当年目标任务全部如期完成。1993年是沈阳市推行环保目标责任制第二年,环保目标责任状各项任务完成情况好于1992年。对沈阳市工业污染防治的重点68家重点污染源,通过实施排污许可证、限期治理、征收排污费、现场监察和行业管理等措施,积极促进企业进行技术改造,加快老污染源治理和控制新污染产生。全市安排污染治理项目50个,环保投资4 200万元,验收25个,2 587万元。全年易地搬迁改造严重污染扰民企业21家,腾出黄金地段16万平方米,为搬迁企业投放环保贷款100多万元。对乡镇企业中的电镀行业实行了限期治理。进一步充实了环境监察队伍,增加了人员、车辆、现场监察仪器等,保证了对污染源现场监察的规范性、科学性和执法的严肃性。开展了环境保护执法大检查,并配合省人大和省政府环保执法检查团检查了沈阳市环保法规和野生动物保护法执行情况,重点检查了皇姑区、139厂、北行野味一条街、凤凰饭店、冶炼厂和沈阳化工厂等单位和地区。对沈阳市环保产业情况进行了调查,基本掌握了全市环保产业有关情况,并已筹建了环保产业市场。

(高辰)

【大气污染防治】 1993年,沈阳市大气污染防治工作以治理城市低空面源的烟尘污染为重点,在加强宏观管理的同时,严格执法,完成了年初制定的全市年削减烟尘排放1万吨的工作目标。

根据市政府提出的本世纪末沈阳市要达到的环境质量标准,制定了沈阳市大气污染防治对策,提出了近期和中远期目标和措施，并已逐步付诸实施。在1992年大气烟尘污染物排放许可证试点的基础上，起草印发了《沈阳市烟尘排放许可证管理办法》，贯彻国家新的锅炉排放标准，发放了65个临时许可证，逐步由烟尘浓度控制向烟尘总量控制过渡；在大东路、文化路东段、市府广场、北陵大街、兴华南街和三好街南段等地区开展了创建烟尘控制达标区、街(无黑烟区、街)试点工作，以上地区已基本达到试点要求，同时在苏家屯区金山小区创建了无黑烟区和大淑乡建成了全市第一个乡镇烟尘控制区；环保与工商等部门联合印发了《关于对沈阳市部分重点区域各类排污装置严格管理的通告》，通过贯彻通告，北陵公园门前已取缔了个体临街烧烤，其个体饭店全部由烧煤改为烧液化气；根据锅炉在冬季运行期间不能进行更新改造的具体情况，采取"冬天的事情夏天办"的办法，对部分单位的排烟装置和除尘设施进行了限期治理，其中对烟尘超标排放污染较严重的78个单位的31台锅炉、5台窑炉、4台茶炉(灶)、78台除尘器以及4台燃油锅炉下达了限期治理任务；为确保城区采暖季节的大气环境质量有所改善，发布了《关于加强今冬明春城区烟尘管理的通告》，提出了城区防治烟尘的有关规定，并先后3次组织进行全市性烟尘大检查。

(高辰)

【水污染防治】 沈阳市1993年水污染防治工作以实施"碧水工程"为中心工作，深入开展水环境管理。其中较大的工程项目已经开始实施：细河截流工程基本完成；新开河截流工程进展顺利；北部污水处理厂开始了建设征地；为西部污水处理厂配套的南部污水截流工程已铺设部分暗管，西部污水处理厂的建设正在多方洽谈引进外资；投资1 900万元的沈阳冶炼厂重金属污水处理站投入试运行；污水处理设施改造利用工程沈阳啤酒厂污水处理站通过管网改造，每年又接纳6万吨高浓度有机废水，实现运行验收。

推行和实施水污染物排放许可证制度工作，紧密结合城市污水处理厂的建设，扩大了重点污染源中实行排污许可证单位的比例，对原57家实行排污许可证单位的管理权限进行了调整，由市直管占全市污染负荷75.52%的22家单位，并对全市实行总量控制，已完成了申报、审核、总量分配、核发证书工作。

污水处理设施的管理变定性管理为定量管理，统一了设施运行、操作、监测表格，制定了设施运行考核标准，采取市区分工合作，环境监察和监测人员配合的办法，对重点污染源进行巡回检查，对非重点污染源定期抽查，全市污水处理设施的完好率、运行率和达标率分别达到95.7%、94.5%和88.7%，重点污染源达到94%、92.5%和83%。

继续对有关企业开展指标化考核工作。在被考核的49家重点污染源中，主要考核指标COD和挥发酚1993年分别比计划减少排放3 262.7吨、1.5吨，分别比1992年少排放1 553.3吨和10.8吨，其指标达标率分别提高了9%和3%。

(高辰)

【噪声污染防治】 1993年，沈阳市噪声污染防治工作，在巩固已建成的噪声达标区成果的同时，新创建4个噪声达标区，使全市噪声达标区增加到51个，总面积达到126平方公里，全市噪声达标区覆盖率达到50%。对这些地区68个单位共150个噪声源下达了限期治理任务，治理率100%，达标率93.3%。

强化了建筑施工噪声的现场管理，对夜间施工噪声扰民情况进行巡回检查，并进行了处理。

(高辰)

【有毒有害废物管理】 1993年，沈阳市开展了废油的集中控制和综合利用工作。建立了固体废物信息交换中心，开展废物资源交换工作，并与上海市一起被国家环保局确定为开展废物资源交换工作的试点城市。

沈阳市有毒有害固体废物处理处置工程被列为沈阳市机电一体化工程之中，总投资1 000万美元。这项工程经过几年准备，已完成了预评估。按市政府的要求，市环保局就争取日本政府对沈阳绿色工程项目提供优惠贷款问题，组团赴日本访问，并于11月份向来沈的日本调查团提供了沈阳冶炼厂等4项工程的有关资料。

(高辰)

【环保"三同时"管理】 1993年，沈阳市加强了建设项目环境保护"三同时"管理，突出利用经济手段，试行了环保"三同时"保证金制度。即：建设单位在申办环保"三同时"时，要按不同的总投资额的不同比例，一次付清保证金(保证金的比例为0.1%至3%)，使建设项目竣工验收合格后，全部返还建设单位；建设单位如违反"三同时"规定或未经同意而随意改变原设计方案，要进行处罚，罚款从保证金中扣除。试行环保"三同时"保证金制度，既促进了建设单位的污染治理，提高了建设项目的竣工验收率及"三同时"合格率，又加强了环保部门对新建项目的控制与约束，有效地控制了新污染的产生。全市全年共收取环保"三同时"保证金197.2万元，其中市收取57.2万元，区、县(市)收取140万元。

1993年对新建项目实行了分类管理。将建设项目分为红牌、黄牌、绿牌三类，红牌项目要作环境影响报告书，黄牌项目作报告表，绿牌项目则直接办理"三同时"审批手续，既简化了程度，提高了审批效率，同时又逐步实现环保"三同时"管理的规范化、程序化。全年共审批建设项目50项，总投资额11.6亿元，其中环保投资4 258万元，占总投资的3.70%。

(高辰)

【环保法制建设】 随着经济形势的发展，沈阳市对原《沈阳市环境保护基金管理办法》进行了修改并经市政府批准实施。新的环保基金管理办法改环保贷款固定利率为浮动利率，即随国家银行利率调整。完成了沈阳市大气污染防治条例的起草工作，已被市人大列入1994年立法计划。

根据全国人大和国务院的部署，以沈政办发(1993)15号文件颁发了《关于开展环境保护执法检查严厉打击违法活动的通知》，在全市开展了环境保护执法大检查。省人大、省政府环保执法检查团来沈阳检查环保执法情况，充分肯定了沈阳市环保立法和执法工作取得的成效，认为沈阳市人大和政府重视环境保护工作，加强了环保立法和执法建设，使环保工作走上了依法管、治的轨道，环境污染基本得到控制，对经济发展起到了促进作用。

（高辰）

【环境科研与监测】 沈阳市承担的筛网脱硫除尘和多氯联苯焚烧技术两项“八五”攻关课题的研究已完成阶段性成果。1993年安排科研课题16项（包括上年接转5项），鉴定验收9项。进行了沈阳市环保科技成果推广应用对策的研究工作，并积极推广、申报环保科技成果，全年向国家环保局申报科技成果5项。

环境监测坚持为环境管理服务。按监测规范对部分监测点位进行了检查和调整，如根据环境空间已发生变化的实际情况，对全市33个降尘点位中的11个点位进行调整；根据国际卫生组织GEMS/Air的技术要求，对沈阳市原来的6个国控大气监测点位进行了优化布点，使全球环境监测（GEMS）系统由卫生部门转入环保部门后继续正常运行。对地面水国控河流浑河沈阳段监测点位开展了复查认证工作。配合实施排污许可证、环保“三同时”验收、汽车尾气检测等工作，开展了各类监督性监测；为保证排污收费工作，争取足额征收排污费，对污染源单位进行了加密监测，有效地促进了对污染源的监督管理和企业的环境保护工作。

（高辰）

【加强现场环境监察】 1993年沈阳市环境监察人员深入进行了各类污染源的现场监督检查。全年共查处了超标排放烟尘单位300余家，依据国家和地方有关法律、法规和规章，按不同的超标程度，分别给超标单位以警告、罚款、查封等处罚，并组织全市环境监察人员和邀请新闻单位，对全市进行了3次大检查，通过新闻媒介对违法单位进行“曝光”，促进了违法单位进行污染治理。通过对企业污水处理设施进行现场查生产工艺、自测记录及现场采样化验分析，掌握有关企业污水处理设施的运行情况，按工作程序及时提供给管理部门进行处理。

针对建筑施工扰民是群众反映的重点，市有关部门平均每周二次对建筑施工工地进行不定期夜间抽查，先后处罚了72家屡次夜间施工扰民和拒交排污费的施工单位。对拒绝接受处罚的18家单位提交法院强制执行，并查封了两台产生污染的设备。环保部门会同公安、工商等部门以及新闻单位，对商业网点、烧烤营业网点、饭店等进行了清理整顿，查处了70多家对外播放音响的商业网点，取缔了部分重点地区有污染的烧烤营业网点，查处了50多家使用非清洁燃料的饭店。

加强了环保“三同时”执行情况的现场监察，对未执行“三同时”规定的5家企业进行了处理，对未办理“三同时”手续的9家单位，责令其补办手续，并处以罚款和通过新闻媒介公开批评。认真处理群众反映的环境问题，妥善处理40余件群众举报的问题，并及时反馈处理结果。

（高辰）

【征收排污费】 1993年，沈阳市征收排污费工作，征收领域进一步拓展，征收额首次突破5 000万元，全市全年共征收排污费5 452万元，比省下达的计划任务3 500万元多征收1 952万元，超额55.8%；比市计划任务4 343万元多征收1 109万元，超额25.5%；比1992年多征收803万元，提高17.3%。

在1992年排污申报登记的基础上，1993年征收排污费工作，以经过调查、分析、核实和审查后的申报登记表及有关数据为依据，向全市工业企业发放了《排污申报登记注册证》，对各单位排污情况实行“户籍管理”，增强了收费工作的科学性和计划性，也促使了企业加强设备运行管理。

征收排污费工作实行承包责任制，各项经费根据征收排污费的工作量，包定额，超出工作量部分按比例增加收费部门和人员的各项经费，体现了多劳多得的原则，充分调动了收费人员的工作热情。

根据国家有关要求，征收排污费部门和环境监测部门签订了委托监测协议，实行监测数量、质量与经费挂钩，以科学的监测数据推动征收排污费工作的进展，同时促进了监测工作的开展，增加了监测频次，使企业加强了对污染物排放的管理。

制定了征收排污费执法程序和有关法律文书，明确了应交纳排污费的数量和拒交排污费应承担的法律责任。对125家单位上半年拖欠排污费问题，按照法律程序，分别给予了警告和罚款处理，对拒不执行又不向法院起诉的29个单位，申请人民法院强制执行，收缴排污费41万元，这也明确了污染环境如不承担经济责任，就要承担法律责任的原则。

（高辰）

【环境宣传教育】 沈阳市1993年环境保护宣传教育工作，在全市各有关部门的配合下，围绕“保护蓝天碧水，促进改革开放”这个主题，大力宣传国家关于环境与发展的有关对策和市委、市政府《关于进一步加强环境保护工作的决定》精神，联系沈阳市的实际，广泛地开展了各种环境保护宣传教育活动。

环保部门与沈阳人民广播电台联合举办了24讲“环保之声”讲座，主要介绍市民关心的环境问题。讲座集知识性、趣味性于一身，轻松活泼，既普及了环境保护知识，又提高了市民的环境意识，听众反映良好。同时，安排环保部门在电台与市民直接通话，解答疑难问题。

1993年正值第一次全国环境保护工作会议20周年和环境保护成为基本国策10周年，在纪念活动期间，市领导公开发表纪念讲话和文章，论述环境与发展的关系，沈阳市环境保护工作、发展方向及本世纪末要达到的环境质量。同时，举办了多种形式的宣传纪念活动。

全年在各报刊、电台、电视台刊登（播）各种稿件近400篇，深入报道沈阳市落实中共中央、国务院批准的我国环境与发展十大对策工作的典型经验，揭露和批评违反环保法规、污染环境、影响改革开放的现象和行为，充分发挥新闻舆论的监督作用。编印了反映沈阳市20年来环境保护工作的画册《沈阳环境保护》，为祖国各地以及国际间的环保工作交流提供了生动形象的资料。

（高辰）

【扩大环保对外交流】 1993年，沈阳市环保对外交流工作富有成效。全年组织环保团组9个共30多人次出访了美国、日本、东南亚及俄罗斯等国家；接待来访团组23批共70多人次，进一步扩大了与美国、日本、韩国、欧共体等国家和有关国际金融组织的交往，积极争取环境保护的贷款和援助，治理沈阳市的环境污染。完成了世界银行1 000万美元的沈阳市有毒有害固体废物处理处置工程项目的评估，保障了世界银行支持沈阳工业项目的全面落实。为争取日本政府第四批日元贷款，改善沈阳的大气环境质量，圆满完成了包括沈阳冶炼厂搬迁改造、沈阳热电厂三期扩建工程和油制气厂易地改造为一体的环保项目前期工作，保证了谈判的顺利进行。

（高辰）

城市管理

【市容综合治理成效显著】 1993年，沈阳市市容综合管理工作的重点是对街路容貌、施工现场、市场摊区、出口路汽车洗车场、街头小广告、清理违章建筑等进行了综合整治工作，使市容面貌发生了明显的变化。

1. 整顿施工现场。对全市827处施工现场加强了管理。在甲乙双方开展文明施工竞赛活动，市内7区先后召开施工现场标准化管理现场会，推动了全市施工现场的管理工作。同时，针对拆迁工地范围大，影响市容面貌和交通秩序，及时地下发了《关于拆迁工地设置软围档的通知》，保证了拆迁工地的整洁和有序。到年末，主要街路的施工工地都设置了统一规格的围档，并在繁华地区设置了大型的商品广告路牌。通过整治，主要街路的工地达标率100%；次要干道达标率90%；一般干道达标率85%。

2. 清理占用道路。为治理“八乱”，全市加强了对违章建筑、违章接建的综合整治工作。1993年以来，全市共拆除违章建筑9 800余处，违章接建2 031余处，整顿违章商亭1 397处。同时，对全市主次街路上的商业占道、马路工厂、马路作业、马路仓库进行了清理整顿。

3. 整顿在出口路设置的汽车洗车场。在沈新、沈抚、沈大等7条出口路上有12个汽车洗车场，由于在一条出口路上设置2至3个洗车场，出现了管理混乱和乱收费等现象，各方人士反映较大。为此，下发了《关于对我市出口路汽车洗车场进行整顿的意见》，并会同公安交警、物价等部门加强了对这些洗车场的检查管理。为了更好地维护对沈阳市对外开放的整体形象，根据省、市明传电报的精神，对全市12个出口路汽车场进行停业整顿。

4. 清理整顿街头小广告。在清理街头小广告工作中，采取了3个整治办法。一是市城管办下发了《关于追查清理小广告的紧急通知》，组织各区城管队伍和有关执法部门对非法行医、乱贴小广告的单位和个人进行跟踪调查，对无证行医的场所进行突击整顿。一年来，共端窝巢120余处，处罚了一批游医，没收了一批假药和医疗器具。二是发挥街道办事处的作用，对管区内的乱贴小广告的单位和个人进行追查和处理。三是发挥“门前三包”员的作用，对电柱上、建筑物上的小广告随时清理。通过整顿，乱贴小广告的现象有了明显的减少。

5. 强化市场摊区的管理。1993年强化了街办市场的管理。铁西区对爱工市场、建业路市场、十二路3号小区摊区进行了综合整治，拆除违章建筑178处，使街办市场走向规范化管理轨道。为了推动街办市场的工作，市区先后在铁西区、和平区、沈河区召开整顿市场摊区现场会。一年来，全市共整治马路市场、摊区644处，取缔马路市场31个，市场退路进厅5个，取缔占道商贩5万多人次。

（洪俊海）

【加强城市管理的宏观调控】 1993年，沈阳市的城市管理工作宏观调控主要体现在以下方面：

1. 确定总体目标。于5月10—11日召开了市城市管理工作会议。明确提出了“一年抓治乱，城管见形象；二年打基础，城市大变样；三年上台阶，跨入先进市”的三年总体奋斗目标。确定了1993年为城市管理年，主要工作任务是治理“八乱”（即乱占、乱建、乱摆、乱放、乱走、乱停、乱排、乱倒），使城市形象有较明显的改观。同时制定了强化城市管理的10项措施：①全面清理占道，改善道路通行条件。②以疏导南站等卡脖地段交通为突破口，综合整治交通秩序。③调整市内车辆结构，加速改善城市交通环境。④加强市容卫生管理。⑤加强居民小区管理。⑥建立公安巡警队伍，强化社会面防范机制。⑦加强城市管理的法制建设。⑧严格实行城市管理目标责任制。⑨完善规划，配套建设，更好地发挥城市功能。⑩大力提高市民的文明素质。

2. 建立城市管理工作调度会例会制度。会议由市政府主管副市长主持，每两周一次。主要内容是及时分析，研究和解决城市管理中的问题。参加会议的范围是市直有关局和市内9个区的主管领导。全年共开了12次，解决全市城市管理中的较大问题70多个。市内9个区和新民市也都建立了调度会例会制度，及时研究解决城市管理中的突出问题。据统计，各区、县（市）1993年共召开城管调度会80余次，解决城管工作中的较大难题350余件。

3. 注重加强协调。在以南站地区为突破口治理全市交通秩序的战役中，副市长马向东亲自坐阵交通警察大队，指挥交通特殊管制，协调解决整顿当中出现的问题，使南站地区秩序混乱、拥挤堵塞的状况得到缓解。在全市清理违章建筑、清理占用道路等治理“八乱”的战役中，市政府、市城管办领导及时协调解决许多难点热点问题，取得明显成果。位于大东、沈河、东陵三区结合部的606所外围地区10多年形成的违章建筑群1 600多间，占道7万多平方米，经过协调各区，使之得到拆除。

4.强化监督职能。在加强城市管理的宏观调控中，采取三种形式强化监督职能。一是请市人大、市政协代表进行监督。6月份，市人大、市政协领导和代表、委员100余人视察城市管理工作。及时提出城管工作中问题。全年全市人大代表、政协委员提议案、提案40多件，对城市管理提出许多宝贵的建议和意见。二是强化舆论监督。充分利用《沈阳日报》、沈阳电台、沈阳电视台的阵地，进行宣传和监督，形成有利的社会氛围。沈阳电台开设了“792联心桥”、“社会大哥大”专题节目，沈阳电视台开辟了“城管多棱镜”和“净化之角”专栏节目。通过这些专题、专栏节目宣传城市管理的政策、法规，反映群众对城市管理的意见、要求和呼声。“792联心桥”和“社会大哥大”接群众监督电话1 005人次，接到群众来信1 800多封。三是通过社会各界群众、人民来信来访进行监督。市电业、房产、交通、电信局和市信访办都设立了公开电话，直接倾听群众的呼声，使全市的城市管理工作始终置于广大市民的监督之中。

（许沈洁）

【城管监察工作】 1993年，沈阳市的城管监察工作重点开展了清理违章占道、监察扒窗开门和整治城市出入口路等工作：

1.清理违章占道。1993年，市城管监察大队对城市管理中难度较大的违章占道进行了监察，多次会同市公安、工商等有关部门，对全市48条主要街路上的堵塞道路，影响车辆正常行驶，影响市容环境的“马路仓库”、“马路作业点”和无证商贩进行了清理整顿，共查处“马路仓库”84处，“马路作业点”128个；取缔无证商贩3 500人次，其中有弄假骗人行为的800人次。

2.监察扒窗开门。随着经商人数不断增多，门市房的需要量随之增加。一些人未经同意，擅自将临街楼房底层的窗改成门，不仅影响建筑的使用寿命，而且破坏了良好的市容环境。针对上述问题，市城管监察大队会同市房产局对全市主要街路和繁华地区的扒窗开门进行了全面检查，共查出未经管理部门同意的窗改门258处。经市城管部门和市房产技术部门联合鉴定，对不适宜窗改门的35处，作出了停止营业，恢复原貌的处理；其余223处补办了窗改门的手续。基本上制止了随意乱扒窗开门的势头。

3.整治出入口路。城市的出入口是城市的门户，是城市的第一形象。沈阳市的出入口路经过近几年的不断改造和建设，已经得到了一定的改善和规范，但是，还有许多不尽人意的地方。沈辽路有300多米长的慢车道被小商贩占据并堵死；望花街有木材、竹篾的加工和存储，严重占道30余处500多延长米，残土、垃圾占道1 000多延长米并堵塞交通。针对以上问题，1993年，市城管监察大队组织人力，会同有关区和部门对存在问题的出入口路进行了5次清理整顿。共取缔“马路仓库”、“马路作业点”34个，无证商贩450人次，清除垃圾、残土1 000多立方米。基本上解决了车辆拥挤和市容环境中的“脏、乱、差”问题。

（关生龙）

【城市管理目标制约机制】 1993年沈阳市政府实行目标管理制约机制，为强化城市管理，制定了《沈阳市(1993—1995)城市管理达标活动方案》，形象目标及考核办法。一年一考核，三年进行达标总评，同时听取市人大代表、政协委员、市长联络员的评价意见，听取新闻单位、信访部门和广大群众的意见。对全面实现管理目标的，市政府授予管理达标单位称号；对未完成年度责任目标的，给予通报批评和经济、行政处罚。各县(市)区、各委办局将本地区、部门的责任目标分解，与所属街道、单位签定目标责任状，把任务落到基层，形成逐级负责的城市管理目标体系。

5月10日市委、市政府在八一剧场召开有全市各区县(市)、各委办局、街道办事处、中央和省驻沈单位的领导500多人参加的沈阳市城市管理工作会议，决定27个部门参加城市管理达标活动，分为甲乙丙丁4个达标组，甲组：大东区、沈河区、和平区、皇姑区、铁西区，乙组：东陵区、于洪区、苏家屯区、新城子区，丙组：新民市、辽中县、法库县、康平县，丁组：城管办、建委、城建局、交通局、工商局、房产局、建工局、规划局、公安局、环保局、卫生局，《沈阳日报》、沈阳电视台、沈阳人民广播电台。各部门把城市管理中的热点、重点、难点找出来，以治乱为主要目标，把清理占用道路，改善交通环境，整顿市场摊区、基建工地、住宅小区，提高环境卫生质量等方面写进责任状，形成条文，明确目标与任务。8月11日武迪生市长同27个部门的主要领导签订城市管理目标责任状。

铁西区、皇姑区、大东区与街道办事处建立城管抵压金制度，把目标任务的完成同领导的政绩挂钩，采取奖励和处罚同时进行的行政、经济手段，强化制约机制的实施。市城管办还组织全市街道开展了沈阳市街道办事处城市管理达标活动，有效地解决了条块分割、职责不清、相互推诿、管理断档的现象。通过城市管理达标活动，有力地调动了各部门各单位的积极性和主动性，增强了责任感，使城市环境的综合整治有了明显的进展，城市面貌有较大变化，人们对城市管理的参与意识也有了明显的增强。1993年对全市主要街路、市场摊区、住宅小区、建筑工地和环境卫生、交通秩序等主要项目的明检和暗查活动，市领导和有关部门都比较满意，同时辽宁省建设厅还在沈阳召开的城市管理工作现场会上，对沈阳的城市管理工作给予很好的评价。广大群众也普遍认为1993年的城市管理工作比1992年有较大的进步。

（徐建湘）

【“门前三包”工作稳步发展】 1993年，沈阳市的单位“门前三包”工作在为改革开放创造良好的市容环境中得到了充分加强，在强化城市管理的总体战役中得到了稳步发展，取得了新成果。主要表现在4个方面：

一是重新修订和印发了《沈阳市"门前三包"管理办法》。随着形势的发展，1985年沈阳市颁布的《沈阳市实行"门前三包"责任制的暂行规定》已经不适应，其中许多内容也需完善。为此，1993年，市城管办在广泛征求了有关部门和社会各界人士的意见的基础上，及时修订了暂行规定，改为《沈阳市"门前三包"管理办法》，以市政府[1993]30号文件形式印发到全市各基层单位。该办法共11条内容，对"门前三包"的内容、管理标准以及如何加强管理、处罚标准都做了明确规定。

二是各级政府对"门前三包"工作重要意义的认识进一步提高。"门前三包"工作摆上了重要的议事日程。全市各区、街道办事处，都有专门机构抓"门前三包"工作。和平区抓点带面，在全区积极推广中华路街道"门前三包"的典型经验，引导"门前三包"工作向深度和广度发展。

三是全市"门前三包"责任区段基本落实到位，多层次的制约机制逐步完善。1993年，全市已有9 967个单位落实了"三包"责任区段。全市还普遍建立了一级制约一级的"门前三包"管理网络，制定了监督、考核、评比、奖罚等"一条龙"的约束和激励机制。

四是全市"门前三包"突破了只管地面不管立面的局限，开始向全方位、立体化管理方向发展。使"门前三包"在治理各种街贴广告、违占违建、车辆乱停乱放等社会顽症方面，发挥了重要作用。

（张景奇）

【发展城市户外广告】 1993年，沈阳市在管理城市户外广告方面主要开展以下工作：

1.进一步理顺了审批管理程序。为促进户外广告发展，市城管办首次召开有关部门协调会，对日常审批和较大项目中存在的问题加以协调，解决了市、区二级审批中存在的脱节问题，并起草了《沈阳市户外广告管理规定》和《沈阳市张贴广告管理暂行规定》。

2.强化广告管理。清理整顿60余处陈旧破损广告，拆除近百块7 000余米严重占道的路牌广告，严肃处理了12家非法设置广告的单位，罚款1万余元。

3.积极开发新媒体。提出了限制路牌广告发展意见，即除工地围档外，一般不再审批路牌。为减少占道，引导广告向空间发展，即利用现有交通、市政绿化等公用设施设置广告，此类广告已占全市审批广告的60%以上。配合"秧歌节"和"广告艺术周"抓了中街、太原街两条商业街亮起来工程，在提高户外广告艺术化、电动化、立体化、多样化上投入力量，形成了北站地区、中山广场、中街28处的整体广告景观。

（韩寿庆）

【治理"八乱"】 沈阳市委、市政府确定1993年为城管年，主要工作目标是以治理"八乱"为重点，进行专项治理，集中解决乱占乱建、乱摆乱放、乱走乱停、乱排乱倒的问题，使城市形象有明显的改观。

以治理南站地区为突破口，综合整治重点地段的交通拥堵问题。从6月1日起对南站地区实行交通管制，成立了交通管制指挥部，主管副市长亲自坐阵指挥。通过报纸发布《关于南站地区实行交通管制的通告》，调整车流，白天禁止大货车和人力车通行，出租车、小公汽一律在统一设置的20个站点内乘降，调整迁移了30个公交站点，重新规划了8处停车场，取缔了所有经营性占道。同时组织1 000余人的综合执法和群管队伍，对南站地区5条主要街路实行全方位监控，强制管制。使南站地区的秩序明显好转，机动车时速由原来7公里提高到15公里。机动车随意调头违章率下降到5%；人力三轮车遵章率达96%以上；自行车遵章率由过去的47%提高到80%以上。

清理占道和违章建筑，解决乱占乱建问题。沈阳市政府把清理占道和违建问题作为城市管理的一项重要任务来抓，采取了综合整治措施。一是严格控制道路占用，停止对一、二级街路经营性占用的审批。二是大幅度提高占道费征收标准。三是调整规范了一批占道市场，对严重影响市容交通和扰民的市场予以搬迁或撤并。四是采取坚决措施，对经营性占道和违章建筑强制清除。截止1993年底，全市共拆除违章建筑4 300多处，55 000多平方米；拆除违章商亭1 080处，9 100平方米；取缔占道商贩5万多人次，清理占用道路11万平方米。

强化住宅小区管理，解决乱排乱倒问题。市建委从配套费中拨出35万元给7个城区，专项用于小区环境治理。问题较大、群众反映强烈的42个住宅小区得到重点清理，清运垃圾8 400余吨。积极探索建立运转有效的小区管理机制，使住宅小区实现管理服务社会化。修订了《小区管理办法》，推广了东陵区泉园小区管理的先进经验。

大力整顿市场、工地，解决乱摆乱放问题。为解决市场布局和管理混乱问题，市里调整了集贸市场建设八五规划，拟定在1995年以前投资3亿元，新建33处较高档次的集贸市场，拆建、改建22处市场，力争退出所有一、二级街路的占道市场，1993年已开始操作。针对市场口部乱摆摊点，乱放杂物、车辆等问题，重新划定临界线；严格规定了车辆进出时间和早行夜市的营业时限。各区还积极清理自办市场。大东区长安办事处拆除自办的违章商亭290多个，铁西区取缔自发摊区9处。到年底，全市共整顿占道和口部混乱市场200多处，使大中型市场的口部秩序得到控制，早行夜市遵守时限合格率达到90%。

1993年是沈阳市拆迁、建设的高峰年，全市在建面积大，施工工地多。不设围档，场外乱堆乱放物料问题普遍。为此，市政府专门发出紧急通知，对全市基建工地特别是临街一、二级路的工地进行全面整顿，并提出了整顿标准和时限。截至年底，全市827处较大施工工地全部退出超占道路，清除了场外物料，设置软硬围档的合格率达到99.2%。

（王军）

【群众性精神文明建设活动】 1993年，沈阳市群众性精神文明建设活动突出抓了3个方面建设：

一、社会公德建设

1.开展“雷锋在车厢”活动。从1993年4月开始到1994年3月由市精神文明城管办和市交通局联合在公交系统中开展教育职工和广大市民对在公共电汽车上站着的老、幼、病、残、孕和抱小孩的同志给予帮助和关心活动。通过活动,评选出文明乘客和活动积极分子,促进社会风气好转,改善人际关系。

2.评选“无天女散花居委会、楼院”活动。以提高市民文明素质为中心,从解决实际问题入手,把社会公德教育落到实处。在活动中,各街委普遍采取了宣传教育、公开曝光、加强管理、定期走访、重点解决等多种形式,使“天女散花”现象得到有效的控制,并在部分地区基本杜绝。全市11个区县(市)(不含康平、法库)的23个居委会被评为1993年度沈阳市无“天女散花”居委会。

3.评先文明市民标兵活动。这项活动主要是以《市民公约》为基本要求,以见义勇为,照顾鳏寡孤独、助人为乐等八个方面为评比标准,采取从下至上系列评选,即各单位评选文明职工,学校评选文明学生,街乡评选文明居(村)民,县区评选县区级文明市民,市里评选市文明市民标兵。通过评选活动,对广大市民进行一次广泛深入的社会公德教育。活动本着“社会认可,宁缺勿滥”的原则,经过认真的研究和细致的筛选,范玉芝、陈跃等78人被评为1993年沈阳市文明市民标兵。

4.强化城市管理的宣传教育。为增强广大市民的城市管理意识和法制观念,市精神文明城管办在全市范围内广泛开展了宣传和教育活动,《致全市市民的一封信》印发到每户,《强化城市管理宣传教育提纲》发到基层单位,并采取各种教育手段,使之家喻户晓,人人皆知。为增强宣传教育的力度,市精神文明城管办和沈阳电视台等单位于1993年7月14日联合开展了沈阳市城市管理知识大奖赛,把强化城市管理的宣传和教育工作推向了高潮。此外,各地区、各单位还充分利用文明市民学校,全方位地开展了遵守《市民公约》、做文明市民,禁止“天女散花”、做文明乘客、移风易俗和强化城市管理及城管法规、规章的教育。

二、职业道德建设

1.开展服务升级达标活动。按照统一标准,对全市11个区县(市)(不含康平、法库)、33个“窗口局(公司)所属的3 844个服务单位的服务工作,按4个档次进行考核评定。到1993年底,全市已有36个“窗口”单位晋升为市标准化服务单位,90%以上的不合格服务单位晋升为一般服务单位。同时,还开展了评选最佳、最差服务单位活动,中山大酒店、北陵公园、新星电影院、天益堂药房、沈阳血栓病医疗中心附属医院5个单位被评为最佳服务单位,辽中县医院被评为最差服务单位。

2.开展优质服务竞赛活动。这一活动是“一节两会”期间,由市精神文明城管办、市委宣传部和秧歌办联合开展,以“参与与奉献”为主题,从仪容仪表、主动文明、物价计量等6个方面,通过社会评议、征求中外嘉宾意见,明查暗检等方式进行考核评定,全市评选出54个优秀服务单位和5个优秀组织单位。此外,全市有21个局、38个行业、19万职工参加了辽宁省“窗口”行业规范化服务竞赛活动,有9个行业、54个单位获得第二竞赛年度的优秀组织单位和优胜单位称号。

三、文明单位建设

截止1993年底,全市涌现出全国、省、市“三优”大街11条,省级文明乡镇12个,市级文明单位1 408个(含1993年新创建的78个),省级文明小区3个,文明街道5个,市级文明街道21个,其中东陵区泉园小区被评为全国文明小区。

(刘壮野)

商业·物资·饮服与旅游业

商业综述

【商业市场概况】 1993年,沈阳市以大市场体系建设和转换商业企业经营机制,建立符合社会主义市场经济要求的现代化企业制度为重点,继续深化流通领域的各项改革,促进和保持了商业市场的发展、繁荣和稳定。

商业基础设施建设成就显著。商业机构继续保持了较快的发展势头。市工商局1993年新注册登记的流通性企业达2.2万家,比1992年增长49.8%,对商业的投入加大。1993年,沈阳市用于商业市场方面的固定资产投资达36.69万元,比1992年增长12.6%,一批有影响的较大建设项目相继开工,进展顺利,有的已竣工,部分或全部投入使用。

社会商业购销规模进一步扩大。1993年,沈阳市全社会商业购销规模与国民经济特别是工农业生产的发展保持了同步增长。全年社会商业购进总额357.9亿元,销售总额409.8亿元,分别比1992年增长25.8%和26.3%。在购进总额中,农副产品收购23.4亿元,增长1.2倍,工业品纯购进187.3亿元,增长19%。商业连结和支持生产的作用日益突出。1993年商业企业对工农业等生产经营单位的销售额达83.3亿元,比1992年增长31.8%。大中型商业企业在市场中的地位仍很突出,1993年销售总额占全市的62%。

零售市场稳定中见活跃。1993年,沈阳市零售市场基本保持了稳定、均衡和较高的增长态势,全年实现社会消费品零售总额171.3亿元,比1992年增长25.6%,扣除物价因素实际增长6.8%。各种经济零售额全面增长,特别是非国有经济增势较强。国有经济比1992年增长13.4%,非国有经济增长38.5%,各类商品销售均较活跃。与1992年相比,食品类增长24.8%,穿着类增长30.1%,用品类增长24%。

集贸市场发展再上新水平。1993年,沈阳市集贸市场建设向大规模,高档次,多领域开拓,年末,全市各类消费品批发和零售市场已达510处,比1992年增加22处。全年集贸市场成交额达108.8亿元,比1992年增长71.5%,其中城市增长76.3%,主要商品成交量与1992年相比,粮食增长38.6%,猪肉增长8.9%,牛羊肉增长51.8%,水产品增长7.2%,鲜蛋增长3.6%,家禽增长92.4%。

经济效益状况良好。1993年,沈阳市商业企业努力深化企业内部的各项改革,以积极的态度适应市场经济对企业的新要求,加强管理,大力促销,从而取得了良好的经济效益。市属国合商业(不含粮食系统)1993年实现利税总额5.5亿元,比1992年增长40.4%,其中实现利润2.8亿元,增长41.7%。资金利税率,人均销售额也分别增长2.7%和4.5%。

(*杜春雷*)

【商业购销规模进一步扩大】 1993年,沈阳市商业企业认真贯彻放开经营、价格、分配、用工、资产存量的五放开精神,深化改革,逐步建立适应市场经济要求的经营机制,从而加速了商品流通,扩大了商品流通规模。主要特点是:

1.贯彻《条例》转机制,进一步扩大商品流通。1993年,沈阳市商业企业认真贯彻《条例》,深化商业体制改革,国有大中型商业企业向股份制倾斜,明析产权关系,1993年末,全市360户大中型企业中已有48户企业转为股份制。小型商业企业逐渐转向"国有民营"、"社有民营"企业,适应了市场经济发展的要求,促进了商品流通规模的扩大,1993年,全市社会商业总购进达357.9亿元,比1992年增长25.8%,社会商业销售总值达409.8亿元,比1992年增长26.3%。

2.中心城市幅射力增强。1993年,沈阳市不断完善消费品市场体系,消费品市场建设的步伐进一步加快。商业饮食业网点建设取得很大进展。全市各类消费品批发市场、零售市场,已由1992年的478处发展到510处。社会商业网点的迅速增加,对于发挥沈阳区域中心市场的吸引力和幅射力起到了积极作用。1993年,全市社会商业调出省内外商品总额达81.7亿元,比1992年增长94%。其中调出省外46.3亿元,增长2.1倍。

3.商品货源充裕,有效供给能力增强。1993年,沈阳市工农业生产增长较快,轻工业产值增长8%,农业生产又获丰收,主要农副产品产量均保持了增长。从而为消费品市场提供了丰厚的货源。1993年,沈阳市社会商业从工农业生产部门购进商品总值210.7亿元,比1992年增长25.3%。其中农副产品购进23.4亿元,增长1.2倍。工业品购进187.3亿元,增长19%。同时为活跃丰富沈阳消费品市场,全市社会商业由省内外调入各种名优新商品142.1亿元,比1992年增长32.7%。

4.不断拓宽商品销售领域,国有大中型商业企业展现生机。1993年,沈阳市社会商业不断拓宽销售领域,开展形式多样的代销、联销、展销等扩销活动。尤其国有大中型商业企业,积极挖掘商业文化内涵,一方面采取多种促销措施,另一方面改建扩建商业设施,创造优美的购物环境,达到促进商品销售的目的。1993年,中兴——沈阳商业大厦、商业城等10大百货共投资3 000万元,用于改建装饰店中店和外部设施。

5.零售市场稳步上升。1993年,沈阳市城乡居民收入有很大提高。据抽样调查,全年城市居民人均生活费收入达2 339.6元,比1992年增长20.4%;农村居民人均纯收入达1 218.3元,增长15.8%。全市职工年平均工资达3 297元,增长17.4%。强劲的购买力驱动零售市场繁荣活跃,稳步上升。1993年,沈阳市社会商品零售总额实现181.3亿元,比1992年增长24.3%。

(王峭松)

【零售市场稳步增长】 1993年,沈阳市消费品市场虽起伏较大,仍呈现繁荣兴旺稳步增长的态势,各类商品销售趋旺,消费过热的心理趋平稳,主要特点是:

1.零售市场呈现阶段性进展,波动较大。1993年,由于受人民币汇率下跌和我国"入关"迟滞的影响,使消费者预期商品涨价心理增强,刺激了消费,使得零售市场呈现淡季不淡,旺季更旺的局面。

全年实现社会商品零售总额181.3亿元,比1992年增长24.3%,上半年实现社会商品零售额84.6亿元,比1992年同期增长18.9%。下半年,随着国家宏观调控措施逐步显效,零售市场由热销走向平稳,一度抢购的金饰品、家电商品有所降温。零售市场呈现鲜明的阶段性变化。最高月份销售增幅达27.8%,比最低月份增速高出14.6个百分点。

2.各种经济蓬勃发展,非国有经济增幅高。1993年,沈阳市各种经济类型的零售额竞相增长。国有经济零售额实现93.9亿元,比1992年增长13.4%,占社会商品零售额的比重由1992年56.7%降至51.8%;非国有经济零售额实现87.4亿元,比1992年增长38.5%,占社会商品零售总额比重由1992年43.2%上升至48.2%,其中个体私营经济零售额增幅高达64.5%,占非国有经济零售额达45.2%。

3.消费需求旺盛,各类消费品销售活跃。1993年,沈阳市城乡居民货币收入增长较快,购买力的增长,对消费品市场形成了较旺的需求。全年实现消费品零售额171.3亿元,比1992年增长25.6%。居民投向食品类66.5亿元,比1992年增长24.8%,占消费品零售额比重达36.9%;随着居民生活水平的提高和工作节奏的加快,食品类消费趋向快洁,方便。由已往的荤食逐步向清淡可口方面转变。

居民投向衣着类30亿元,比1992年增长30.1%,占消费品零售额比重由1992年16.9%上升至17.5%。人们的衣着消费趋于高档化、个性化、时装化和配套化。

居民投向用品类69.5亿元,比1992年增长24.0%。各种进口及名牌家电,黄金饰品、儿童用品,室内装饰用品及厨房设备等销量都有较大幅度增长。其中:电冰箱、彩电、洗衣机、自行车等商品销售量比1992年增长3%~27%。随着社会进步和城乡居民生活水平的提高,电话机、空调器、电脑、热水器等新一代家电商品越来越多进入家庭消费之中。

4.零售市场供求基本平衡,消费行为更趋理智。据沈阳市10大百货商店,对1993年所经营的万种商品库存分析,供大于求和供求平衡的商品占95%以上,供不应求的商品仅占5%左右,居民购买商品选择性进一步增强,消费行为更趋理智。

1993年沈阳市零售市场也存在一些突出问题,一是城乡市场反差较大。1993年农村零售额实现1.6亿元,比1992年增长12.5%,低于城镇增幅13.1个百分点;二是消费品与农业生产资料供应反差大,1993年消费品零售额比1992年增长25.6%,高于农业生产资料零售额20.2个百分点。(王峭松)

农贸市场

【商业经济效益】 1993年沈阳市国营商业和供销合作社面对激烈的市场竞争形势,积极深化改革,转换经营机制,加强企业管理,并开展多元化的促销方式,创造了良好的经济效益。

1.商品销售额持续稳定增长,劳动效率大幅度提高。1993年沈阳市国营和供销社商业(简称国合商业,下同)实现销售额130亿元(不含市粮食局系统及市燃料公司系统,下同),比1992年增长18.5%。从动态上看:全年4个季度与1992年各季比较,均呈增长态势,分别为13.3%、12.7%、6.7%和27.1%。分部门看,在全市12个国合商业系统中,除市医药局所属商业企业商品销售额下降4.1%外,其它各部门均有所增长。其中销售额占整个国合商业总销40%的市商业局全年销售为53.4亿元,比1992年多销11.4亿元,增长27.7%。1993年沈阳市国合商业积极推进"三项制度"改革,不断理顺和完善企业内部的分配关系,从而调动了职工经营积极性,提高了劳动生产率。商业企业全年人均销售额,由1992年13.1万元提高到13.7万元,增长4.5%。

2.毛利总额扩大,毛利水平上升。1993年沈阳市国合商业部门积极调整商品进货渠道,合理调配进货品种,扩大了毛利额,全年共实现毛利17.2亿元,比1992年增加3.6亿元,增长26.3%。分系统看市商业局实现毛利额17.2亿元,比1992年增加2.6亿元，占全市增加额的72.2%。由于毛利额增长幅度大大高于销售额的增长幅度，使得毛利水平大幅度提高。1993年国合商业销售百元商品所获毛利为13.3元，比1992年增加0.9元，增长6.7%，相应增加利润1.2亿元。

3.实现利税上升，资金利税率提高。1993年沈阳市国合商业实现利税为5.5亿元，比1992年多实现1.6亿元，增长幅度达40.4%。其中：实现利润2.8亿元，增加8 000万元，增长41.7%；销售税金及教育附加费2.7亿元，增加7 564万元，增长39.1%。1993年由于商业企业加强了微观管理，资金使用效果又有提高。每百元流动资金提供的利税达10.2元。在1992年较1991年增长34.3%的基础上又增长2.7%。

1993年沈阳市国合商业经济效益仍存在不可忽视的问题。主要表现在：第一，费用规模扩大难以控制。1993年由于受多方面增支因素的影响，加之有些企业管理不严，导致全年商品流通费用(即经营费用、管理费用及财务费用三项之和)多达12.5亿元，比1992年多支出3.3亿元，增长幅度高达35.8%。第二，商业企业亏损额增加，亏损面扩大。1993年国合商业全部亏损企业亏损额为1.2亿元，比1992年多亏3 445万元，增长48.1%。在851个独立核算的商业企业中已有292个企业发生亏损，亏损面达34.3%。第三，流动资金占用大，周转慢。1993年国合商业流动资金平均占用为54亿元，比1992年增加14.4亿元，周转次数由1992年的2.8次降至2.4次。流动资金周转一次所需天数由1992年的130天减慢到150天。

（王忠敏）

【商业网点建设】 截止1993年底，沈阳市商业网点总数达到11万个，比1992年增加1万个，营业面积600万平方米。商业网点迅速发展，进一步促进了生产，方便了群众生活，繁荣了市场。全年社会商品零售总额达180亿元，比1992年增长24.8%，为沈阳市历史最好水平。

1.抓住重点，改造骨干网点。针对一些大中型商服企业规模小、水平低，远远不适应形势要求的情况，采取政府支持，多方筹集资金的办法进行改造，全年改造了100个老网点。如中街的纺织大楼，鼓楼服装商店，中发楼等，市五金公司营业楼由过去5 000平方米，扩大为20 000平方米，增强了市场的竞争能力，进一步发挥了骨干企业作用。

2.吸引资金，建设现代化网点。1993年全市吸引国内外资金建设较高水平的商服网点28个。其中按不同星级标准建设的宾馆19个。这些项目的特点是规模大、层次高、标准高。具有多种服务功能，设施现代化，经营现代化，管理现代化。现已建成并开业有伊甸园大世界、沈河区装修材料大厦、阳光娱乐城、南湖大酒店等。即将建成的有太阳商业广场，鹏源大都会，夏宫等。这些网点会给沈阳增添新的光彩。

3.发动社会，兴办群体网点。全市各类市场已达到800处，在这些市场中行业各异，各具特色，这对拉动生产，方便群众，安排就业起到了很大作用。如五爱市场现规模已扩展到10万平方米，年成交额达30多亿元，客流量达几万人次，周围设有150多家饭店、寄存处、旅店等服务设施，并相继在周围建4—5个综合服务楼。南塔的中国鞋城南侧又建一座2.4万平方米的南塔市场。并于12月15日开业，有摊床3 000多个，设有电动滚梯和旋转坡道，厅内拥有日用杂品、小食品、服装百货、五金电料等专业批发区。同时配有饮食厅、寄存处、停车场，提供托运、银行、电信、售票一条龙服务。兴一集市、活一地区经济、富一方人民。

4.适应需要，发展服务网点。随着人民物质文化生活的逐步提高，要求服务行业相适应。1993年在巩固提高传统服务行业的同时，着重抓了各种新兴服务行业的发展。全市发展高级餐饮店、芬兰浴、娱乐场所1 000多户，还创办了深受欢迎的搬家公司、引路公司、家庭服务公司、上门维修公司。为满足夜生活需要，开办了夜市场，一些行业通宵服务，使沈阳城的晚上灯火辉煌。从而得到了人民群众，国内外客人的好评。

（谢春万　王保林）

【大市场体系初步形成】 沈阳市政府把培育市场、建设市场作为“兴产业、活经济、富群众”的重要举措。在市场建设上，由过去的部门行为转为政府行为，对市场建设的投入加大，使市场建设呈现了健康、快速的发展势头，到1993年底，各类市场总数达606处。

集贸市场遍布城乡已形成体系。1992年全市集贸市场建设投资总额达3.4亿元，相当于前14年的总和。1993年投资总额4亿元，到当年底，市场已达510处，比1979年增长了64倍。成交总额达46亿元。其中，农副产品市场340处，成交额达17亿元；各类商品专业批发市场170处，成交额达29亿元。营业面积超万米的市场有27处；年成交额亿元以上的市场有24处。沈阳南站农副产品批发市场，年成交额达2.5亿元，已成为东北地区南菜北运的集散地。沈阳五爱市场，每天车水马龙，南北客车络绎不绝，日客流量达15万人次，1993年成交额达到31.5亿元。中国家具城开创了9个月内建成，一年内开业并实现12亿元成交额的先例。还有粮食、肉类、水产品等一大批以集市为基础的看货成交、现货交易场所。

生产资料、生产要素市场发展较快，初具规模。1990年以前，全市生产资料市场只有20多处，且经营主体少，规模小，门类不齐全。1993年，全市采取自建、联建等多种形式，加强了生产资料市场的建设，先后建成了皇姑区塔湾钢材市场、新城子生产资料综合市场、东陵高观台建材市场等12处生产资料市场。市内第一家期货市场——沈阳金属交易所，自1993年9月底运营以来，成交总额达9.7亿元。到1993年底，全市各类生产资料市场已达51处，初步形成了多层次、多门类、专业与综合配套的生产资料市场流通网络。全市的生产要素市场正在兴起。证券市场初具规模；技术市场日益活跃；劳务市场日益兴旺。“双生”市场成交额达1768 356万元，比1992年增长17%。到1993年底，全市生产要素市场已达45处。其它如房产交易市场、科技信息市场等也很活跃。沈阳市的各类市场建设，与全国统一大市场相对接的市场体系框架正在形成。

（王忠国）

【商业改革向纵深发展】 1993年，沈阳市商业系统以建立社会主义市场经济体制为目标，进一步解放思想，强化改革力度，加快开放步伐，促使全市大市场、大商业、大流通框架的基本形成。

1.以国有商业为主的“三多一少”的流通格局进一步发展。1993年，全市国有、集体商业与个体、私营、中外合资企业从企业总数比重上看，大体比例是，国有商业占4%，集体商业占11%，个体、私营、中外合资企业占商业网点总数的85%。

2.国有商业企业深化改革，转换机制步伐加快。大中型商业企业改革：一是向集团化发展，继五金公司组建集团企业后，文化钟表公司又成立了全市第二个国有批发企业集团；二是搞“母体裂变”，组建单体公司，工业品贸易中心等经营困难的批发企业试办单体公司，实行划断经营后，初见成效；三是积极试行股份制改革，到1993年末，全市商业股份制企业共5户，股本金总额为2.8亿元。商品销售收入实现19.4亿元，比1992年增长23.6%；利润总额实现9 200万元，增长124.4%。小型商业企业改革向“国有民营”和股份合作制发展。到年末，市内917户企业有426户企业实行“国有民营”，有66户企业实行股份合作制。

3.国有商业企业的经营档次进一步提高。大中型零售百货商场由经营中、低档商品为主开始向经营中、高档商品为主；大型副食商场由主要经营初级加工产品为主，开始向小包装、分割制品、半制成品、高营养滋补品的经营方向转变；粮食加工、供应企业由粗加工、单一经营开始转向深加工、精包装、系列化经营转变。

（姚军）

【小型国有企业实行国有民营】 1993年，沈阳市商业各部门在深化大中型企业改革的同时，积极探索搞活微利或亏损小企业的新路子，年初开始实行“国有民营”改革试点，并逐步扩大试点范围。到年末，城区917户小型商业企业，已有426户全部或部分实行“国有民营”，占企业总数的46.5%。从运行情况看，有3个显著特点。

1.产权关系明确。经营者通过投标，交纳风险金、租赁费和据有法律效力的契约，得到企业资产的经营权、使用权，实现了所有权与经营权的适度分离。同时，经营者在保证国有资产保值增值和按契约规定上缴利润外，以租赁的财产自筹资金、自主经营、自负盈亏，体现了权、责、利统一的原则，强化了风险机制和自我约束机制。

2.促进企业经营机制转换。在风险、利益双重关系驱动下，经营者和职工的压力感、紧迫感大大增强，劳动、人事、工资三项制度改革的自觉性大为提高，建立了较好地体现能者上、庸者下的人事制度，双向选择的用工制度和按劳分配制度，有效地解决了亏损工资照拿、奖金照发等弊端，初步扭转了小企业的亏损局面。据统计，在推行“国有民营”后，已有102户企业扭亏为盈，占扭亏面的79.7%，其它大多数企业都有不同程度的减亏。

3.服务质量明显提高。“国有民营”改革，极大地调动了经营者和职工的积极性。变“让我干为我要干”，采取各种扩销促销措施，除售前、售中、售后服务外，开展送货上门、开架销售、上门推销、电话预购等营销业务，服务质量明显提高，对待顾客冷、硬、顶现象基本消灭，既保证了社会效益，又取得了经济效益。

（姚军）

【’93沈阳商品博览交易大会】 作为第三届中国沈阳国际秧歌（民间舞蹈）节的重头戏之一——’93沈阳商品博览交易大会，是一次“文化搭台，经济唱戏”的盛会。这届博览交易大会由市统一部署和协调，各行业、各部门分头组织承办，从1993年8月下旬开始，到9月底结束，有一万多外地客商来沈洽谈生意和购物观光。共召开各类专业供应会、交流会、展销会74个，商品（产品）成交总额达33.2亿元，超过历届博览交易会。充分展示了沈阳市经济发展的成果，进一步扩大了沈阳产品的知名度和辐射面，活跃了流通，达到了预期目的。

与前两届商品博览交易大会相比，这届博览会有以下特点：

1.参加的行业增多。全市有机械、农机、石化、建材、轻工、纺织、电子、医药、商业、副食、粮食、供销、饮服和物资等15个行业参加，与1992年比增加了医药和房地产等行业。

2.举办的形式灵活。各类专业展销会、订货会、供应会，既有局主办的，如沈阳轻工产品博览会、沈阳副食展销会、沈阳金秋粮油商品交易会等，又有企业自办的，如沈阳第一机床厂的机床产品订货会、沈阳齿轮厂和沈阳挂车厂的农用运输车订货会等；既有全国性交易会，如全国煤矿机电产品订货会、全国南北建材精品交易会，又有地区性的供应会；既有综合性的商品（产品）交流，又有专业性的商品（产品）展销。同时，还安排了辽宁液压市场、沈阳机床配件市场开业，使开业庆典与招商引资融合在一起。

3.交易的方式灵活。这届博览交易会采取展销与订货、批发与零售、现货与期货、内贸与外贸相结合的形式进行，实行了开放式、自由式交易。为前来洽谈交易的客商创造了良好的环境。

（庄力）

日用工业品市场

【工业品市场】 1993年是计划经济向市场经济转变的第一年。在国民经济快速发展的推动下，沈阳市工业品市场呈现繁荣、活跃的形势。市商业局系统全年商品销售总额达到55.9亿元，其中零售额33.3亿元，比1992年分别增长25.1%和25.6%。人均创税利首次突破万元大关，赢得了市场、赢得了效益、赢得了发展。回顾全年的市场变化有以下特点：

1. 市场旺销呈现起伏变化。从市直国营销售看，全年完成46.1亿元，比1992年增长30.2%。市场的旺销，使零售企业增长39.8%，同时拉动批发企业增长12.2%。10家大型零售企业，除市第一百货商店受动迁影响而下降外，都有较大幅度增长，商业城、中兴大厦、友谊公司增幅超过50%以上。在7家批发企业中，有6家超过1992年销售水平，五金公司和百货公司的增幅达27.5%和25.8%。

下半年，国家采取了一系列宏观调控措施，工业品市场随之出现降温。商品销售额分季度看，出现“一平、二旺、三稳、四升”的情况。其中一季度增幅为23.5%、二季度为41.6%、三季度为8.8%、四季度为25.9%。综合来看，上半年是旺销，主要受国家调高零售税和人民币对外币比值下降，引发消费者购物高潮。下半年的平稳，也是受国家整顿金融秩序、控制基建规模、提高储蓄利率等调控措施的影响。年末市场又受新税制将出台的影响，出现一次购物小高潮。

2. 消费出现了“热点”商品。在市场销售的波动中，金饰品、彩电、冰箱、洗衣机、建筑钢材等“热点”商品起了主导作用。45种主要商品纯销有18种增销，而大件商品就占12种，如彩电年销量达11万台，比1992年增长55%；冰箱销10.7万台，增长6.7倍；排油烟机销7.3万台，增长5.3倍；自行车销35万辆，增长12.7%；金饰品销3.1亿元，增长32.9%。这些骨干商品销量的增长直接影响了市场。

3. 商品价格涨幅较大。因受国家税率、铁路运费、煤炭、电力等价格提高及市场供求变化的直接作用，大部分工业品价格上涨，各月零售物价指数呈两位数增长。9月以后高达18%以上，全年零售物价指数为117.6%左右。消费需求弹性大的商品价格涨幅较大，如金饰品、彩电、洗衣机、自行车、手表等，这也是1993年销售额高速增长的主要原因。

4. 市场多元化竞争，拉动活跃了市场。1993年全市社会商品零售额实现181.3亿元，增长24.3%。其中国营增长15.6%。个体经济发展速度较快，市场占有率逐步扩大，据统计1993年全市轻工市场、农贸市场的成交额达109亿元，其中年成交额超亿元就有8处。

5. 国有商业据守主体市场，突出整体优势。大中型企业以市场为导向，不断调整经营格局和经营方式，完善自身的经营特色，扬长避短，发挥优势。利用国有商业信誉推行名优新商品的总经销、总代理。各批发企业已与145个厂家承担辽宁以及东北地区代理商，销售额达2亿多元。全年建立卫星企业和连锁店129户，销额达1.4亿元，拓宽了国有商业的大流通辐射面。在市场多元化竞争中，国有商业也在加强自身建设和内部装修改造，全年投资4 380万元，扩建和改造和平商场、联营公司、铁百大楼等企业，使国有商业增强了竞争力，取得了规模效益。

（田甲男）

【内外贸一体化发展】 沈阳市商业局是经营日用工业品企业的专业主管局。所属企业过去是传统的内贸商业企业，为开辟国际市场贸易渠道，近年来各企业充分利用自身资产存量大，经营品种全，库存商品多，货源渠道广的雄厚优势，敢于走出国门闯天下。针对原苏联中央集权下放，国家体制剧变的情况，及时抓住契机，充分利用我方与独联体国家的经济互补优势，不等不靠，主动出击，采取灵活的方式，抢占原苏东市场。1992年局组织所属企业分别在扎巴罗热和哈萨克斯坦成功地举办了两次中国商品展销会，在当地造成较大影响并取得了十分理想的效果。展销会成交额1 527.9万美元，同时巩固了一批老客户，结识了一批新客户。为巩固已有成果，建立稳定的贸易渠道，各企业积极到边贸城市和境外办企业构筑边境“桥头堡”和境外“根据地”，已先后在黑河、满洲里、珲春、东宁、房城、北海等边境城市建立了7个边贸公司。在俄罗斯、乌克兰、哈萨克斯坦、香港、新加坡、塞浦路斯等十几个国家和地区建立了13个贸易办事机构和9个实体公司，把开发海外市场的触角伸到了我国各边境口岸，伸到了东欧、东南亚及中东地区，为全方位地开展对外贸易建立了可靠的基地。各企业在对外贸易工作中，采取了灵活、多样的途径和办法，不仅搞活外贸经营，而且促进了内贸发展。

一是充分利用当地生产加工能力，与外商合作，开展来料加工业务，积极扩大出口创汇。沈阳市商业股份集团公司与韩国柳莱株式会社合作，由韩国方面提供布料及设计样式，由商业股份集团公司安排在服装加工企业生产服装出口日本国。1993年仅一笔12万美元的来料加工就盈利15万元人民币，年加工能力达100万美元以上。

二是充分利用专业公司窗口，积极借船出海。一些外贸业务起步较晚实力比较薄弱的企业，在一时尚无外贸渠道的情况下，积极寻找国内合作伙伴，充分利用商业企业联系面广的自身特点，为一些外贸专业公司提供出口商品，以买断的形式来摸索和熟悉外贸业务。文化钟表公司，群星商业集团公司通过该种办法分别提供了10多万元文化用品和50多万元的毛衫、服装等出口商品。

三是寻求境外合作伙伴，委托代理经营，在国外寻伐可靠的合作伙伴作为当地的代理商，按我方指定的售价经销中国商品。市第二百货商店，充分利用企业库存，积极出口创汇，1993年上半年一次发往俄罗斯5万美元准备削价50%的库存积压商品，采取支付对方一定佣金的合作方式由对方英塔尔公司代理经营，按我方指定的销售价格销售，仅用十几天便销售一空，不但没有损失，而且销售毛利可达60%以上。既出口创汇，增加了效益，又压缩了库存、盘活了资金一举多得。

四是工贸并举，同步发展。走出国门到境外办实业。市化工原料公司。着眼于一些投入少，周期短，见效快的工业生产项目到境外办工厂，再以厂为基地开展贸易。他们利用沈阳大一糖果厂的特色产品优势，与工业搭伴出海，以 20 万元的投入在俄罗斯阿穆尔河畔共青城开办了一个糖果厂，从设备安装到试车生产仅用一个月左右的时间。糖果厂投产后可年产糖果 100 吨，当年即可以收回全部投资。在此基础上，他们又以 2 万元人民币投资在当地兴办了一个洗涤用品车间，生产各种洗发香波，创造了工贸结合，以工业促进贸易共同发展的好经验，为企业带来了良好的发展前景。

五是大力发展易货贸易，促进企业发展。在与独联体各国贸易中，易货贸易占相当大比重。几年来一些企业，抓住国外信誉好实力强的大中型国有企业和重点紧俏物资，开展易货贸易。铁西商业大厦起步早、渠道宽、抓得实、效果好。先后在伊尔库斯克、莫斯科、乌克兰、扎巴罗热、哈萨克斯坦等 5 个重点地区分别设立了办事处，抓住重要客户建立常年易货贸易关系，大量引入国内市场紧俏的钛板、钢管、饲料、锌锭等产品，贸易规模越来越大，不仅解决了国内市场的急需，企业也取得了可观的经济效益。1992 年企业的外贸利润收入已达 400 万元之多，相当于当年全部内贸利润的总和。1993 年进出口易货额为 16 180 万元，实现利润占整个企业利润的 80%以上。

沈阳市商业系统在积极开展对外贸易工作中，注意“四个利用”即：利用现有库存，利用当地工业生产资源和资金，利用当地生产能力，利用当地产品特色和生产技术优势，从而促进了企业库存结构的调整，增强了企业对市场变化的承受能力和自我改造，自我发展的能力，促进了企业整体效益的提高。

（周玉萍）

【用“劳模效应”创“名人效益”】 在商战日趋激烈的形势下，沈阳市商业系统的一线劳动模范们为给国有商业争信誉、增效益，不断推出销售新举措：全国劳模王巧珍和市劳模、卖车大王孙作树率先实行“挂匾售货”，用“劳模效应”创出“名人效益”，提高销售额达 30%。继“挂匾售货”之后，市劳模、中兴——沈阳商业大厦电视机部营业员王义又创出“名片制服务”（即把印有自己姓名、电话、单位地址、售后服务等内容的名片赠送给购物者并让其也留下姓名、单位和电话以便于联系）。这种反映流通领域先进生产力发展趋向的销售手段一问世，就魔力般地吸引、连锁着越来越多的顾客涌向“劳模框台”，使销售额大幅上升。市商业局工会对这些举措给予了高度重视，先后在北市百货大楼和中兴——沈阳商业大厦召开两次现场会，在所属一线劳模中推广这两项做法。《工人日报》于 1993 年 10 月 11 日在头版头条位置，以“劳模效应创名人效益”为题报道了“挂匾售货”的消息；省、市和中央多家电台、电视台对此也进行了报道。在新闻界和社会上引起了一阵轰动。大年三十的晚上，一位顾客按着名片给王巧珍家挂了个电话，说全家人都围在一起观看王巧珍帮助选购的电视，他向王巧珍全家致以节日的问候，还说，这张名片虽小，却是沟通我们心灵的桥梁啊！王义实行名片服务后，为顾客调试电视机千余台，也与顾客结下了深厚友谊。孙作树更是“自我展示”的典型，他不但挂出了牌匾，赠送顾客名片，还把自己与省、市各级领导合影的多幅放大的彩照挂在醒目处以吸引顾客。所以，尽管孙作树的车辆组周围受到了 18 个新建卖车点的挑战和冲击，他们的自行车销量却见涨不见落。

多年来市商业局一直把先进典型的选拔、培养和管理作为一项长期任务和系统工程来对待，常抓不懈。1993 年，全局系统有劳模和获“五一劳动奖章”及市以上先进荣誉称号的一线营业员达 60 余人。他们挖掘自身智力，运用于本职岗位，扩大了销售。继而成为商业企业新的经济增长点。

实行劳模“挂匾售货”和“名片制服务”的好处有：一是为劳动模范实现个人的人生价值，充分展示自己，再创业绩提供了舞台，创造了条件；二是提高了劳动模范在群众中的威信，扩大了企业的知名度；三是满足了消费者因恐惧假冒伪劣而急欲寻找货真价实商品的需要；四是增大了社会主义国营商业的信誉，增强了与个体商业的竞争力；五是两项举措对劳模本人有约束，对他人是示范，有利于带动职工队伍整体素质的提高。

（湛民）

【市百货公司】 沈阳市百货公司是具有 45 年经商历史的国有商业企业。随着流通体制的改革，公司原来所属的大型零售商店和中小型商店先后转属商业局和城区管理。公司由经营管理双重职能转为以百货批发为主的经营实体。

在计划经济向市场经济转变过程中，以批发为主营的百货公司，受购销渠道、“三角债”、历史包袱等问题的制约和困扰，经营日趋萎缩，致使 1992 年发生亏损。1993 年面对企业所处的困境，公司转观念、换脑筋，深化经营机制改革，突破传统的经营思想和格局，积极探索批发企业发展的新路，打破商品界限、地区界限和行业界限，借鉴国外商业批发企业的营销方式，靠国有商业的经济实力和信誉，靠公司购销渠道的畅通，靠得天独厚的地理位置，寻找有经济实力、有知名度、有名优新产品厂家作为合作伙伴，大力发展总经销总代理业务。逐步从经销自营向发展工商联合、以服务为主的总经销总代理和联营联销业务的轨道上迈进。公司开展总经销总代理的形式有两种，一种是代理销售的形式，即公司作为代理方，被代理方（厂家）的商品向公司一家提供，由公司向沈阳地区或辽宁地区总批发销售。另一种是联合经营的方式，即公司出营业场地、出人员，对方出商品，联合建立紧密型或半紧密型的经营实体，双方按实现利润分成，或向被代理方收取保底利润。

该公司经选择率先与全国最大的化妆品生产厂家——中美合资上海庄臣有限公司建立了总经销关系，挂出了庄臣沈阳经营部的牌匾。仅此一项业务，一年可获保底利润 30 多万元。在此基础上，公司又相继同上海南源永芳、广东佛山安安、深圳捷利三点、美国强生系列化妆品、海南国际联合化妆品、香港大中添厂、安阳熊猫电筒等28个厂家建立了总经销总代理的业务关系，取得了独家经营权。由于被代理方多为中外合资企业和实力雄厚的企业，产品质量好，知名度高、生产技术先进；代理方销售渠道宽，仓储条件好，双方实现了优势互补，共同受益。在一年多的时间里，就为公司扩大销售2 800多万元，创利100多万元。实现了单一品种的垄断经营。用无资金、无库存的代理商经营，使公司逐步甩掉了大库存、大资金、周转慢的历史包袱，重现企业生机与活力。

（市百）

【沈阳文化钟表集团股份有限公司】 沈阳文化钟表集团股份有限公司隶属于沈阳市商业管理局。集团公司下属11个专业公司和一个文化大楼，共有职工2 200人，营业面积3万平方米，仓库面积4万平方米。主要经营各种纸张、纸制品、文教办公用品、测绘设计用品、照像影视器材、电脑科教仪器、现代办公用品、体育乐器用品、健身健美器材、油墨印刷器材、钟表眼镜、日用百货、家用电器等18个大门类，24 000个规格品种。1993年销售额完成3.78亿元，利税实现1 647.70万元。1993年中国最大服务业企业评价中，位居批发业第107名，沈阳市百家纳税大户评价排序中名列第48位，盈利企业第32位，商贸批发第12位。并多次荣获部、省、市经济效益先进单位等荣誉称号。

1.坚持深化改革，转换企业经营机制。一是进一步深化和完善了三项制度改革，在干部制度改革上，创造了机会均等的竞争环境，实行干部聘任制，按照干部的政绩和德才表现，选贤任能；在用工制度改革上，确定了全员劳动合同制，破除了国营与集体、固定工与合同工的界限；在分配制度改革上，实行工资、奖金与企业经济效益挂钩等多种分配形式，确定了销售回款大承包，利税比例工资制、岗位工资制、部分工资与奖金捆在一起上下浮动等多种分配办法。二是对组织机构进行精简，将总公司15个行政科室，撤并为5个处室，党政管理人员由原来的112人，减少到52人，将部分管理科室转变为经营实体。三是实行股份制经营，组建了“沈阳文化钟表集团股份有限公司”，建立新的经营管理体制，使经营权与所有权相分离，开辟了新的融资渠道，引导生产要素的合理组合，提高了职工对企业的关切度。

2.及时掌握市场变化，积极调整经营战略。一是从单纯批发经营向批零一体化经营转变，大力开辟零售网点，做到批发损失零售补。二是从单一经营向综合经营转变，实行“一业为主，多种经营”，“以商为主，综合开发”的经营战略，坚持和发展文化钟表主要品种的经营，突出了专业化、系列化的特点，并向配套化，高档化发展，开拓了家用电器、珠宝、金银首饰、自行车等多种经营门类。强化总经销、总代理业务，先后与上海英雄金笔厂、深圳中华自行车公司等23个厂家签订合同，取得了对金笔、赛车、爬山车等710多个规格品种的总经销总代理。三是加大了国际市场开发的力度，积极发展商业外向型经济。同韩国合资兴建了“沈阳进一光学有限公司”，“沈阳汉娜食业有限公司”，与美国合资兴建“辽宁兰克施乐办公设备有限公司”，同日本、瑞士、香港等国家和地区建立进口表经销维修站，年非商品创汇折人民币80万元。

3.强化企业管理，向科学管理要效益。实行内部银行管理，对各分公司的资金实行定额管理，内部调剂，并采取定期占用，限期收回的办法，最大限度地发挥资金的效能。开展全质管理，建立进货跟踪、库存商品稽查制度，坚持“两会”制度，定期召开经济活动分析会和现场办公会，强化科学管理手段，组建了微机室，对公司系统的商品、资金、费用等实行计算机联网管理。

4.强化服务意识，把优良服务贯穿于售前、售中、售后的全过程。对大件精密商品负责上门安装、调试、维修、咨询等一条龙服务，增添服务项目，开设函购、电购、代提、代运业务，赢得了企业经济效益和社会效益。

（张丽君）

【沈阳商业城】 沈阳商业城是由沈阳市工商银行和沈阳商业管理局联合经营的国有大型商业企业，于1991年12月28日对外营业。总投资近2.1亿元，1993年末，有员工3 143名，固定资产净值19 399万元，总建筑面积7.9万平方米。下设服装、鞋帽、食品、纺织、针织、百货、交电、国际精品10大商场，经营商品6万余种。同时开设银都歌舞厅、特丹亭酒家、商业城房地产开发公司、地下停车场、商品周转库。大厦内采用电子自动监控系统、自动空调系统、与国内贸易部及百家巨型企业联网的电子计算机系统。传真机、电传机24小时运转，是一座集购物、娱乐、餐饮、停车、仓储、房地产开发等多种服务功能为一体的大型现代化商务中心。

商业城的领导班子，团结拼搏、开拓进取，克服了资金短缺、债务沉重、竞争激烈等困难，使企业尽快步入市场，并站稳了脚跟。

从建店伊始就实行了一套集风险、激励、约束和发展于一体的新机制，即：双向选择、能进能出的全员劳动合同制；唯才是举、能上能下的全员干部聘任制；风险承担、利益共享的全员风险抵押制；损失赔偿、责任必究的全额损失包赔制；按效计酬、能高能低的全额效益工资制。新机制运行两年来，激发了广大干部员工的积极性，经济效益和社会效益显著。

在1992年的第一年运行中，商业城销售突破6亿元，当年跨入我国商业巨型企业前十强，实现利税4 537万元，人均创利税13 653元，创出沈阳市同行业建店第一年最佳经济效益。1993年，商业城通过完善机制、提高素质、从严管理、开放经营，实现销售9亿元，再次列入国内商业十强行列。实现利税9 305万元，人均创利税额28 473元，创我国东北地区同行业最佳经济效益。

沈阳商业城开业时，占用基建贷款1.89亿。开业后，对收尾工程及开办费又投入2 000多万元；经两年运行，偿还贷款利息4 700余万元，偿还贷款本金4 400万元。

1994年，沈阳商业城将认真贯彻党的十四届三中全会精神，建立现代企业制度，面向大市场，放眼大商业，以改革为龙头，促调整上档次；促服务上信誉；促管理上水平；促拓展上效益。为搞活流通，繁荣市场，发展经济，再做新贡献。

（李楠）

【中兴——沈阳商业大厦】 中兴——沈阳商业大厦（以下简称“中兴”）为突出经营特色，借以形成“穿在中兴，美在沈城”的穿着消费气氛，实现引导沈城穿着消费，成为东北地区购物中心的目的，于1993年9月10日至10月10日举办了第四届中兴服装节（以下简称“服装节”），取得了较好的经济效益和社会效益。“服装节”期间销售实现10 274万元，比1992年同期上升11.9%，比前期上升83.8%。

这次“服装节”的特点：一是商品货源足。“服装节”共汇集全国1 429个生产厂家的42 767种国产商品，货源总值达18 945万元，其中：有2 338种新产品首次与沈城人民见面。有波诗讷牌高档女衬衣、裙裤、套装，津达卡牌、奥尼特牌西装，游戏人间牌真皮镶拼男式类衬衫、外套半大衣，正阳牌女园领工艺衫，哈森系列新款皮鞋等。这些数以万计、款式新颖、做工精细的穿着商品，代表着当今服装消费的最新潮流，展示了“中兴”强大的经营实力。

二是宣传声势大。为使“服装节”达到预期目的，扩大社会影响，“中兴”利用各种传播媒介，广泛地进行了广告宣传，同时扎制4辆彩车，印制10万份彩色传单，在市内、郊区巡回宣传。9月10日在“中兴”门前举行了隆重、别开生面的开幕剪彩仪式，吸引了众多的消费者。“服装节”期间还举办了中兴服装节节歌大奖赛和有五城市工商企业（上海联合毛织品有限公司、天津服装公司、伊克昭盟羊绒衫厂、牡丹江商业大厦、沈阳“中兴”）时装模特队的时装表演赛，把企业文化与商贸活动融为一体。“穿在中兴，美在沈城”，在沈城已家喻户晓，人人皆知。

三是销售措施活。“服装节”期间推出“现场美容”（北美、高姿、娜丽丝8家化妆品公司免费为顾客测试皮肤，现场美容）、“买一赠一”（太阳神、喜乐、旁氏、利化等10家公司开展买一赠一活动）、“让利酬宾”（黄金饰品、宝石镶嵌饰品、家电商品分别让利2%—10%）、“金秋佳运”（每购买一件服装、羊毛衫、裤、一个矿泉壶、热水器，都得到一次幸运抽奖机会）等促销措施。

四是服务措施好。“服装节”期间推出以“情系中兴”为主题，以商品质量放心，服务质量满意为内容的服务措施：①商品保质量，人身保安全。投资22万元为消费者向保险公司投了“商品质量及人身意外伤害事故保险”。②设10万元退换货基金，商品出现质量问题，包修、包换、包退。③市内消费者购买大件商品，送货上门。④建立总经理咨询制，每周六接待顾客咨询。⑤各商场设有售后服务台，负责商品咨询，顾客投诉。⑥由先进工作者和服务标兵轮流担任导购员，帮助、引导、指导顾客选购商品。

（韩文昌）

【沈阳群星商业集团】 沈阳群星商业集团是沈阳市商业系统的大型实体企业。由五交化公司、妇女儿童用品公司、沈阳地下商业城、小商品批发公司、国际贸易公司、老年人用品商店和金华百货商店组成。在深圳、珠海、大连、营口、黑河等市设立五个分公司，现有职工2 000余人，网点面积6.5万平方米。

集团主要经营针纺织品、服装鞋帽、妇女儿童用品、文化用品、黄金饰品、小商品、老年人用品、五金工具、水暖建材、卫生洁具、装饰材料、家电交电、机电设备、化工原料等生产资料和日用工业品商品达35 000余种。经营方式灵活多样，零售兼批发、经销、代销、联销等业务。与全国5 500多个生产厂建立稳固的购销关系，在沈阳，省内，东北地区形成有实力、有影响、多层次的销售网络。

集团成立以来，在省、市及有关部门的关怀指导下，全体员工的齐心努力，连续荣获商业部全国集体企业先进单位，“十年改革先进单位”，省文明单位，市明星企业等荣誉称号。

进入1993年，集团坚持以社会主义市场经济为导向，响应“辽宁第二次创业”的号召，调整经营战略，立足专业和特色经营，并在此基础上，针对人民消费水平的不断提高，购物的心理特点，不断调整经营结构，逐步向系列化、配套化、高档化及名、优、新方向发展。强化营销策略，搞开发经营，培育新的经济增长点，建立新型的市场竞争机制。深化改革力度，深化经营承包责任制，建立起“包死基数，超额分成，欠收自补”的激励机制；推行和扩大股份制办法；实行“商店所有，职工经营”的国有民营经营机制；加大分配改革力度等改革举措，充分调动干部职工的积极性。取得了明显的经济效益和社会效益。商品销售额实现2.2亿元，利税额1 377万元，其中利润869万元，销利两项主要经济指标创历史最好水平。集团在国务院1993年中国最大服务企业评估中，被评为中国最大服务业企业零售业第76名；被辽宁省评为百强企业之一；在沈阳市企业评估中，被评为利税大户、盈利大户和零售大户。集团总经理曹振江先后获得全国“五一”劳动奖章，省、市劳动模范的荣誉称号。

（朱寄尘）

【沈阳铁西商业大厦】 沈阳铁西商业大厦是个地区性商业企业，在国内贸易方面，同地处太原街和中街两个商业中心的商业企业相比缺乏优势，因此，建厦之初，便确立了“立足铁西，服务全市，辐射全国，走向世界”的经营战略。

大厦1988年4月30日开业，1989年便成立了外贸部，旨在以内贸为依托，积极发展外向型经济，在开辟国际市场方面寻求企业发展的途径。大厦首先以苏东市场为主攻目标和突破口，通过广泛深入的市场考察和可行性研究，抓住独联体市场供给馈乏的有利时机，主要通过互通有无的易货贸易形式，用国内的日用工业品换回独联体市场的原材料和生产资料，满足国内市场的需求。

为了广泛结交独联体诸国各界

人士，巩固和发展贸易关系，促进双方在更广阔的领域进行合作，采取了向独联体一些大城市派驻人员，建立经营和信息结合，经贸和实业结合的办事机构，分别在俄罗斯的莫斯科、伊尔库茨克、乌克兰的扎巴罗热和哈萨克斯坦的阿拉木图注册了三个股份有限公司，实现了国内国际两个市场的对接。

经过几年的努力，大厦外贸的经营规模不断扩大，经济效益不断提高，为了进一步扩大贸易范围，实现外贸市场的多元化，1992年初，在辽宁省对外友好协会的大力支持下成立了以原外贸部为主体的辽宁兴顺对外经济贸易公司，又在沈阳国际经济贸易公司的协助下，注册了沈阳国际经济贸易公司兴顺分公司，使大厦外贸部成为具有独立进出口权的经济实体。公司设立了进出口一部、二部和三部，加强了领导力量，并通过招聘配备了外贸和外语人才，添置了先进的现代化办公设备和通讯设备，从经营体制和结构上，为加大开辟国际市场的步伐创造了有利条件。

公司成立后，在巩固和发展对独联体贸易的同时，以开辟新的市场，发展合资合作项目做为重点，加大工作力度，于1993年10月，在香港合资注册了香港碧兴有限公司，开辟了新的国际市场，意在借助香港同世界各地的广泛经贸往来的优势，发展同东欧、西欧及东南亚地区的经济贸易，进一步扩大对国际市场的占有。

自1989年以来，大厦在发展外向型经济方面做了大量的工作，先后共接待国际贸易团体300余人次，派出出访、考察、洽谈团组20余次，与独联体的7个共和国的30个地区及日本、韩国、香港、台湾、美国等100多个客商进行了贸易、合资、合作往来，签订合同76项，履约率达96%以上，共实现贸易额2.1亿元人民币，创利润1 100万元人民币，在发展外向型经济方面作出积极的贡献。

（徐丹）

【沈阳北市百货大楼】 沈阳北市百货大楼是沈阳市大型综合性百货商店之一，地处久负盛名的老商业区北市场。“劳模摇篮”的美誉和文明服务的声望，使大楼名驰遐迩，饮誉全国。大楼于1983年11月15日开业，10年来，已基本形成了以综合性经营、全方位管理、多功能服务为特色的企业发展模式。特别是近3年来，大楼在改革中崛起，在创新中发展，闯出了一条适合自身发展的振兴之路，并取得了良好的经济效益和社会效益。尤其在音像商品的销售上，始终处于沈城商界的前列，在沈城形成了“买电视到北市”的消费格局。大楼先后被辽宁省政府、沈阳市政府、沈阳市总工会授予“先进企业”、“文明商店”、“劳模摇篮”等荣誉称号。1993年大楼推出的劳动模范挂牌服务的举措，在沈城引起强烈反响，并形成了震撼沈阳服务业的“劳模效应”。大楼拥有南北两座营业大楼，总建筑面积13 000平方米，总营业面积10 700平方米，职工总数1 160人，日客流量14 000余人。共经营日用百货、男女时装、高档针织品、名牌皮鞋、运动鞋、进口家用电器、高档钟表眼镜、照像器材、运动乐器、现代办公用品、玻璃器皿、进口箱包、礼品、工艺美术、纯金饰品、烟酒食品、美容化妆品、装饰材料、组合家俱、卫生陶瓷洁具、日杂用品、自行车、制冷炊具等35个商品大类，25 000余个花色品种，年销售额12 000万元。大楼下设27个商场，1个外贸部，1个文稿社，并在俄罗斯和乌克兰拥有两个合资企业。

作为大型国有商场，北市百货大楼始终坚持顾客至上，信誉第一，质量第一，服务第一的办店宗旨。大楼营业厅宽敞明亮，布局合理；商品陈列整齐丰满，图案各异。为方便消费，大楼共设立145个便民服务项目。凡大楼销售的商品均包修、包退、包换；大件商品均实行试听、试看、试用，以及免费送货上门、维修上门。大楼开业10年来，自我发展、自我完善能力不断增强。在经营上，树立了“重点经营、个个击破”的营销策略，进货渠道不断拓宽，经营领地不断扩大，充分发挥了以变应变、灵活经营的优势。在管理上，实行三级管理、两级核算，基本实现了由经验型管理向科学型管理的转变，突出了以法治店的企业管理的核心地位。在服务上，从切实关心消费者的根本利益出发，不断提高服务质量，继承和保持了文明服务一流企业的服务水平。

（宋鹏翔）

【沈阳和平商场股份有限公司】 沈阳和平商场股份有限公司（原沈阳市和平商场）是沈阳市大型零售商业第一个由国营企业改制成股份制的单位。地处繁华的沈阳商业中心太原街，得天独厚的地理位置和60年的悠久历史使公司久负盛名。公司重新翻建的新营业大楼总建筑面积10 200平方米，现有职工887人，主要经营日用百货、五金交电、针纺织品、服装鞋帽、文化钟表、照像器材、装饰灯具、金银饰品等14大类1.8万种商品。1993年销售额18 200万元，创利税1 450万元。公司下设4个综合办公室，8个职能管理科室、16个商品部和对外经济贸易部、家用电器修理部。该公司营业大厅宽敞明亮，商场内设有电梯、自动扶梯、空调系统、监控系统、消防自动报警系统等现代化设施，特别是把太原街的过街桥直接引进二楼营业大厅，建筑造型新颖别致，独具匠心。商场经营布局合理，可满足不同层次的消费需求。服务设施齐全，讲究服务信誉，对出售的商品一律实行“三包”、“四试”、“三上门”，努力做好售前、售中、售后的全程服务。

为提高企业的市场竞争能力，增强企业的发展后劲，公司从长远发展出发，结合企业实际，深入进行了干部制度、劳动用工、分配制度改革；推行了以全面质量管理为主要内容独具和平特色的“链条式闭环管理法”，在经营管理中，坚持“名、优、新、特、廉”的经营方针，坚持优质服务，认真维护消费者利益。公司努力开拓经营，主要经济指标连续13年达到省内同行业、同类型企业最好水平、连续5年达到和超过国家二级企业标准，并连续荣获辽宁省先进企业，省商业系统先进单位，省五一劳动奖状、省消费者最满意商店,省质量信得过商店,1992年以来,先后被国内贸易部,国家统计局、中国消费者协会基金会等单位授予"全国百家最大零售企业、最佳效益单位、无假冒伪劣商品商场"等荣誉称号,并在国务院发展研究中心,中国企业评价中心等12个部门开展的全国最大服务业企业评选活动中名列金榜。

(蔡惠娟)

【以特色取胜的老年人用品商店】 沈阳市老年人用品商店是沈阳群星商业集团分支企业之一。成立于1986年4月,现有职工57人,建筑面积800平方米,营业面积280平方米,建店8年,始终坚持社会效益第一的办店宗旨和全心全意为老年人服务的指导思想,使商店成为沈阳市老年人的购物中心。

在激烈的商海竞争之中,商店坚持以专抗全,用特色取胜,把经营的罗盘定在老年用品的经营上。分析老年用品市场变化,开发适合老年人需求的品种,上品种、上质量、上档次,向商品的系列化,配套化发展,做到"高档求精,中档求优,低档求廉"。以此来满足不同层次老年顾客的需求。

商店还把优质服务做为关键环节常抓不懈,制定了20字服务公约,即"面带微笑,口称敬语,行有礼貌,服务周到,尊老敬老"和四种文明用语,即"声高调不变的和气语,和蔼温厚的表情语,举止文明的手势语,动作轻的操作语",在全店推广实施,要求全体营业员遵循。一系列的规章制度,使服务工作有章可循。8年商店共收到顾客表扬信五千多封。靠竭诚的优质服务,增强了企业的信誉和吸引力,经济效益逐年提高,1993年全年销售851万元,实现利润50.1万元,上缴税金37.7万元,人均创利税15 660元,销利分别比1992年上升17.8%和50%。8年来商店先后被省、市有关部门评为《老年顾客之家》、省级文明单位、市先进集体,连续四年被评为市明星企业,1993年获省小巨人企业。

(王玉权)

副食品市场

【副食品市场进一步活跃】 1993年,沈阳市畜牧副食局(副食集团)继续坚持"一放三转"的工作思路,在1992年积极稳妥地把鲜、冻猪肉品种和老根菠菜、早生甘兰、黄瓜、茄子、芸豆等原计划管理的5个蔬菜品种的购销价格、流通渠道实行了全部放开之后,又将最后一个计划管理的大白菜品种,实行了价格和渠道的全部放开,至此,形成沈阳市与市场经济体制相适应的,全面放开的副食品产销新体制,促进了沈阳市副食市场体系的完善,进而保证了市场的进一步繁荣、活跃。

1.市场体系的进一步完善,促进了市场的稳定、繁荣。扩建、改造、完善了肉类、菜果、水产三大中心市场和5个区域、4个季节性市场,促成了城乡一体的副食批发网络。其中,市肉类食品、蔬菜果品、水产品三大批发市场,积极发挥流通中的主渠道作用,通过扩大经营面积、规模、增加设施、服务等手段,不断扩大市场容量和完善吸纳辐射功能,使市场成交活跃、交易量大幅度上升。1993年,三大批发市场交易总额达7.7亿元,形成了大流通态势。副食市场体系的建立和完善,增强了沈阳市运用经济手段对副食品市场进行宏观调控的能力,并成功地保证了1993年秋大白菜品种的稳定放开。特别是在全国副食品供应出现偏紧的情况下,沈阳市的副食市场仍然呈现了交易活跃、商品丰满、价格平稳的繁荣景象。

2.国有副食零售商场积极争占市场,为副食市场注入新的活力。在百商经副、个体商贩、农贸市场等多成份经营主体并存、竞争日趋激烈的环境中,沈阳市各大国有副食零售商场积极转变传统的经营观念,调整营销策略,不断探索、大胆尝试新的经营方式,已开始由市场退缩、市场坚守、步入了市场争占的发展阶段。涌现出了大东副食商场等代表国有副食行业形象,能牵动一方市场的零售企业。这些企业以新的营销观念,调整经营结构,转变经营方式,形成了具有影响力的购物中心,占据了一方市场,探索出了一条以多元化、多功能经营取胜,再造国有商业发展优势的新路子。并通过联合举办副食展销会、副食节等融商业文化与副食销售于一体的大规模促销活动,活市场、导消费、创效益,丰富市民菜篮子,浓化节日氛围,展示了国有商业雄厚的经济实力和全新的经营特色,取得了促一方市场繁荣,增一方百姓安乐,带一方经济振兴,创一方都市文明的积极效果。1993年,沈阳市副食零售商场旺季经营品种已由1992年的3 000增至5 000多个,进一步满足了不同层次的消费需求。

(李斌)

【十大工程取得优异成绩】 1993年,是沈阳市畜牧副食局转变政府职能组建沈阳副食集团后正式运行的起步之年,为全面推进沈阳市副食系统由计划经济体制向市场经济体制的转轨,实现经济工作的跳跃式发展,沈阳市畜牧副食局(集团)采取全面推进和重点突破的工作方法,在全年的工作上,实施了十大工程,取得了显著的效果。

一是实施解放思想工程,启动了企业发展的总开关。以牢固树立社会主义经济观念为核心,一年来,沈阳市畜牧副食局(集团)把解放思想工程作为龙头工程,通过开展市场经济理论问题辅导,组织座谈会、经验交流会等形式,分层次地梳理、归纳了系统"左"的和旧的表现,明确了转换脑筋的目标,并通过层层宣讲、组织大宣传网络,开展内外宣传等措施,在全局(集团)上下形成了思想解放的强大舆论氛围。使系统广大干部、职工在市场经济观念和新思维方式的建立中进一步克服了步入市场经济的畏难情绪,树立起了跳跃式发展的决心。

二是实施领导体制改革工程,奠定了经济上台阶基础。采取因地制宜、因人而异的方法,既积极大胆,又稳妥务实地在领导体制上进行改革和创新,初步建立起了体现党政合力,有利于企业生产经营的新的领导体制。全局(集团)110个

沈陽市
三環機綉廠

厂长　吴为民

该厂是生产大型机绣产品的专业厂，生产高级服装辅料、各种花边、衣领、绣片及室内装饰机绣品，共350多个品种、规格和花样。其中水溶衣领、花边、绣片属国内首创质量已达到日本同类产品水平。被市政府评为优质产品，系列机绣品荣获全国"七五"星火计划成果金奖，印尼国际科技和适用技术博览会银奖。产品远销日本、波兰、美国、德国、香港等10多个国家和地区。自1991年起，连续3年被市政府评为"小型巨人企业"。

该厂拥有大型梭式绣花机6台和相应的配套设备。1993年实现产值1260万元，利润145万元，缴纳税金120万元。

车间一角

电脑设计

地址：沈阳市新城子区文化路　电话：9864771　传真：9864736　邮编：110121

沈阳市人寿保险分公司

公司营业大楼

该公司是经中国人民银行批准的统一经办社会保险、人身保险、涉外人身保险和保险资金运营等业务的专业保险公司。成立于 1989 年 1 月，1993 年下设 15 个区、县(市)分支机构，300 多处保险代理网点，2 个证券营业部。全年保险基金总收入 11 亿元，比 1992 年增长 36%。全市 7000 多家国有、集体、“三资”企业的 180 万名职工参加了社会养老保险。48 万名离退休职工老有所养。450 多万人参加了不同种类的人身保险，全市基本形成了全方位一体化的社会保险体系。

总经理　宋文阁

市领导及省有关部门领导参加人寿保险工作会议

全市 48 万名退休职工老有所养
图为公司为破产企业职工发放养老金

地址：沈阳市沈河区十一纬路 102 号
电话：2824966
邮编：110014

中国人寿保险股份有限公司

沈阳市法库县支公司

公司领导班子

总经理　华泽兰

该公司是经营社会保险及各种保险业务的专业公司。其职能是筹措保险基金，组织经济补偿，安定人民生活，增进社会福利。服务宗旨是：忠诚服务、笃守信誉。

自1982年恢复保险业务以来，保险事业发展迅速。法库县划归沈阳市之后，于1993年6月重新组建法库县人寿保险公司。经营范围有：全民、集体及合同制职工养老保险；私营企业职工养老保险；个人养老保险；工伤保险；待业保险；计划生育系列保险；学生团体平安保险；团体人身意外保险；独生子女保险；金婚保险等24个险种。

地址：法库县城内团结街　邮编：110400
电话：（04203）　22747

沈阳市环境卫生科学研究院

院长　周中人

该院是从事城市环境卫生科研工作的专门机构。建院10年来，共承担国家建设部、中央爱委会、国家环保局及省市建委、科委，主管局下达的科研课题24项，其中经过鉴定的19项，获建设部、省、市政府等部门科技进步奖12项。

该院在经济开发方面逐年发展，具备一定的生产能力。所属的环卫设施用具厂研制出果皮箱、高强水泥垃圾箱、塑料垃圾袋、小型保洁车及环卫设施用具，取得了良好的经济效益。

垃圾箱

垃圾袋加工机

地址：沈阳市东陵区高官台街71巷18号　邮编：110161　电话：8890320

沈阳市社会福利有奖募捐委员会

“六合彩”投注站

“六合彩”开奖大厅

沈阳市社会福利有奖募捐活动是从 1988 年开始的。截止到 1993 年底，共筹集社会福利资金 1800 多万元，资助社会福利项目 80 余个，对安置社会上的孤、老、残、幼人员，促进社会福利事业的发展，发挥了重要的作用。

为加速社会福利事业的发展，从 1994 年起，在全市又发行了社会福利“自选数”电脑奖券，即“六合彩”。这种奖券发行以来，深受广大群众的欢迎。

奖级	如何中奖	奖金（单位：元）
一等奖	●●●●●●（6个正选号码全相同）	>180000
二等奖	●●●●● + ●（任意5个正选号码相同+特别号码）	> 20000
三等奖	●●●●●（任意5个正选号码相同）	1000
四等奖	●●●● + ●（任意4个正选号码相同+特别号码）	300
五等奖	●●●●（任意4个正选号码相同）	30
六等奖	●●●（任意3个正选号码相同）	10

●正选号码　●特别号码

“自选数”社会福利电脑奖券

地址：沈阳市沈河区市府大路 199 号
电话：2828642　邮编：110013

沈阳北陵国家星火技术密集区

张瑞昌副市长在密集区建设动员会上做重要讲话

驻区国家二级企业

驻区企业开发的高科技产品

该区是 1992 年由国家科委批准建立的第一家国家级星火技术密集区。位于沈阳市北郊城乡结合部，地域面积 50 平方公里。交通方便，服务设施齐全。有各类科技人才 1920 人，其中高级职称 940 人，有民办科研机构 24 所，每年都有多项重大科技成果问世。

1993 年密集区实现社会总产值 24 亿元，其中工业总产值 17 亿元，农业总产值 0.63 亿元，第三产业产值 6.37 亿元，利税总额 3 亿元。区内有企业 1.100 家，其中集体 700 家，私营 342 家，合资企业 76 家。主要产品有机械、电子、家电、建材、五金、轻纺、毛纺、皮革、制鞋、冶金、铸造、汽车部件、食品、玻璃制品、蔬菜、不锈钢炊具、珠宝、钢材、包装等 18 类 100 多个品种。目前，一个以实施星火计划为中心，集技贸工农为一体的星火技术密集区已初步形成。

密集区内"标准化菜田"

沈阳国际信托投资公司

公司董事长、总经理 王隆基

王隆基总经理与副总经理魏宝瑞(右)、公司顾问李宝云(左)在研究工作

该公司是市政府领导下的非银行金融机构，成立于1985年3月，是独立核算、自负盈亏的经济实体。

公司主要经营：人民币和外汇业务；信托存贷款、投资业务；委托存贷款、投资业务；房地产投资业务；有价证券业务；金融租赁业务；代理财产保管与处理业务；代理收付业务；经济担保业务和信用鉴证业务；经济咨询业务。

几年来，公司坚持“融汇中外，真诚合作；竭诚服务，信誉第一；追求高速，讲求实效；科学管理，奋力拓展”的经营宗旨，发挥“地方性”和“灵活性”的信托优势，在国内外广交朋友，先后与境内外几十家金融机构，几百家企业建立了稳定的业务合作关系。

1993年，公司主要经济指标创历史最好水平，全年实现利润1796万元。

总经理召集各部门的经理研究工作

地址：沈阳市市府大路261号
电话：2710320 **电传**：80085 SITIC CN
传真：(024) 2711147 **邮编**：110013

沈阳市自来水总公司

总经理 省先进企业家　张守惠

总公司供水调度大

地址：沈阳市和平区和平北大街 43 号
邮编：110002　　电话：2711410
电挂：0473

该公司是集自来水生产、供应、水源勘察、设计、施工、科研开发为一体的大型综合性企业。1992 年在全国行业百強排序中，按工业总产值排序占第 4 位；按利税总额排序占第 2 位。拥有固定资产原值近 5 亿元，制水能力达 188.4 万立方米/日，1993 年完成工业总产值 2.2 亿元，工程施工产值 1.5 亿元，创利税 6 千万余元。

近年来，该公司通过深化改革，转换经营机制，给企业注入了新的生机和活力，在发展供水生产，改善售水服务的同时，大力开拓工程市场，积极实行多种经营，发展第三产业，取得了显著的经济效益和社会效益。

李巴彦混合反应气浮池刮沫机

日产 40 万吨水的李巴彦净、配水厂

金杯汽车股

董事长兼总裁　何忠彬

金杯汽车大厦

该公司是融科研、生产、经营、开发、教育、外贸为一体的经济实体，是全国八大汽车制造公司之一。1992 年在中国 500 家最大工业企业排序中位居第 35 位，在中国交通运输企业利税总额前 10 位中名列第 8 位。

公司主要产品是与美国通用汽车公司合资生产的 CMC 牌 S10 系列卡车、厢式车和金杯牌 SY1040、SY1041 系列轻型货车。同日本丰田汽车公司合作、与香港华晨汽车控股公司合资生产的金杯牌 SY6480(海狮）系列轻型客车和 SY6474 系列轻型客车，以及各种汽车配件和特种潜液电泵。1992 年，SY1041 轻型货车、SY6474 轻型客车在中国保护消费者协会组织的评比中被评为金奖，金杯牌 SY6480 轻型客车被国务院社会调查事务所评为中国乘用车名牌产品。到“八五”末期，预计可实现年销售收入 101 亿元，实现利税总额达到 13 亿元。

金杯汽车内饰生产线

地址：沈阳市铁西区兴工北街 67 号
电话：5873344　传真:5872537　邮编：110025

份有限公司

金杯牌 SY6480 轻型客车

金杯牌 SY1041 轻型货车

金杯牌 SY6474 轻型客车

金杯牌 SY1040 轻型货车

CMC · S10 轿卡车

松辽汽车股份有限公司

董事长兼总经理　肖玉良

该公司（七四一六工厂）始建于1947年，1993年3月18日正式改组为股份制企业，是中国人民解放军全军第一家股份制企业，是中汽公司首批66个汽车定点生产厂家之一，是国家大型二档企业。有职工3000余人，固定资产1.2亿元。

1993年销售额4.2亿元，实现利税4592万元。主要产品有SLQ6450系列轻型越野客车、SLQ6501系列轻型客车、5021系列专用车和1030客货车4个系列，共67个品种。两种系列产品1991年荣获全国武警“金盾杯”大赛8枚金牌；1992年获全国消费者信得过国产车评选金银奖；1993年被列入中国500家最大交通运输设备制造企业之一。

SLQ6501 轻型客车

SLQ6450YA 轻型越野客车

地址：沈阳市苏家屯区
电话:9811688　电挂：7032
邮编：110101

沈阳三山汽车工业联营公司

SHEN YANG SAN SHAN AUTO－UNITED CORPORA TION

国家、省、市优秀企业家，市劳动模范高级工程师、总经理　**马成泰**

该公司系军工、科研和东陵区联营的经济实体，生产6个系列、15个品种的汽车产品和三叶系列节能产品。HSB9130型半挂车1989年获部优质产品；HSB1030型轻型货车1990年获市优质产品；三叶系列节能产品1990年获部、省、市优质产品，国家、省、市科技进步奖，并在泰国举办的90年新产品、新技术博览会和印尼91年博览会上分别荣获金奖。

该公司是中汽总公司成员厂、国家计量二级合格单位、国家档案二级管理企业、市“小型巨人”企业，产品远销22个省、市、自治区，1993年在北京召开的全国科技奖励会上，公司荣获国家星火示范企业称号，国家领导人江泽民、李鹏接见了公司总经理马成泰。

三山汽车　遍及全国

HSB9130型10吨半挂车

SHS1090XLD型厢式零担运输车

HSB5100型东风加油车

HSB1031双排座载货汽车

三叶化工　走向世界

三山汽车，品质优良，结构合理，造型美观，经久耐用，使用方便

三叶化工，环保精品，起动迅速，省油节电，减少黑烟，延长寿命

地址：沈阳市东陵区竞赛路6号　电话：3816550　电挂：0218　邮编：110166

沈阳电业局
沈阳供电公司

地址：沈阳市和平区八经街 94 号　电话：2826976　邮编：110003

沈阳电业局电气安装公司

适用于住宅小区、厂矿、宾馆的混凝土箱式变电站

M8 系列全密封变压器

GGB 系列低压配电屏

该公司是东北电力安装行业的骨干队伍，1990 年被国家建设部定为“送变电工程一级企业”。可承揽 220 千伏及以下的输、配电线路、电缆、内线和变电所安装及配套工程；制造、检修各类型号的电力变压器；制造混凝土箱式变电站、电气控制设备、电缆附件及电气设备试验等。自 1987 年连续 5 年被市政府授予“小型巨人企业”，被省政府命名为“文明单位”。

经理　郑绥亮　地址：沈阳市和平区西滨河路 48 号　电话：2710265　邮编:110014

沈阳电业局电缆厂

厂区外貌

该厂是生产各种电线、电缆的专业厂。主要产品有各种规格的塑料线、铝绞线、钢芯铝绞线，神力达牌 1～10 千伏聚乙烯耐候绝缘架空电缆，1 千伏聚氯乙烯绝缘全塑电缆等系列产品。先后荣获辽宁省优质产品一等奖，辽宁省十佳劳服企业，沈阳市明星企业等称号。

各种规格的绝缘电缆

厂长　周桂林　地址：沈阳市铁西区北二西路 37 号　电话：5821102　邮编：110026

局长、党委书记、总经理　钱家越

沈阳电业局电力设备制造公司

该公司的宗旨是：质量第一、用戶第一、信誉第一。可向用戶提供：安全、经济、可靠的电力设备，各种容量及电压等级的节能电力变压器、电流、电压互感器等。可向用戶派出：训练有素的安装、维修队伍。对各种电力设备进行检修、安装、调试、缺陷处理等业务。可向用戶出租各种电力变压器。

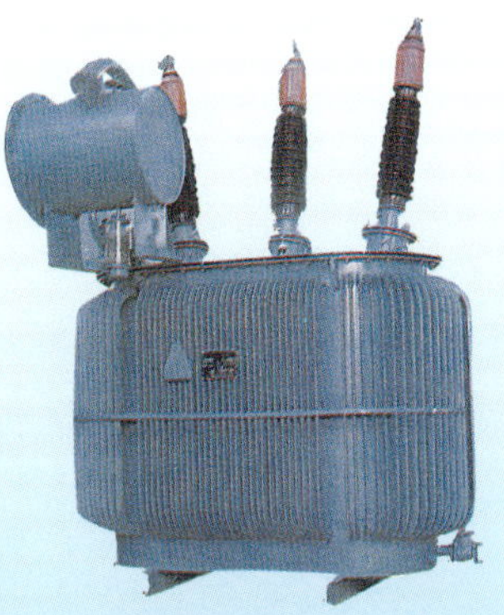

60 千伏电力变压器

60 千伏电压互感器

60 千伏电流互感器

总经理　段永民　地址：沈阳市和平区胜利南街 26 号　电话：3864207　邮编：110001

沈阳电业实业公司

该公司以安装配电线路，变电所及高压电气设备试验为龙头。所属电气设备厂，制造各种高、低压开关及低压配电箱；钢管铁塔厂制造各种规格的钢管塔，并承担运输及安装；汽车驾驶技术培训学校,可培养汽车、摩托车驾驶员。该公司设备先进，技术力量雄厚，有完整的质量保证体系，竭诚欢迎各界朋友光顾。

高、低压配电屏

经理　刘述铎　地址：沈阳市苏家屯区桥松路 51 号　电话：9811242　邮编：110101

沈阳星光建筑材料集团

勤俭奋斗建
基業改革
開放創新
勳

为沈阳星光建筑材料集团（公司）题
邹家华
一九九四年二月

总经理　葛铁铭

该集团是集科、工、贸、金融和房地产开发于一体的大型企业集团。拥有员工 3 万余名，总资产 19 亿元，有核心层、紧密层、半紧密层成员单位 31 个。

集团公司对紧密层企业实行六统一，即统一规划；统一承包；统一主要领导干部任免；统一重大基建技改项目的贷款还款；统一对外贸易；统一国有资产管理。

星光集团拟定了宏伟的改革发展蓝图，目标是跨入百亿集团行列。3 万星光职工愿为发展建材永不停止追求奋斗！

地址：沈阳市沈河区盛京路 28 号
电话：4846254
传真：4847374
邮编：110011

沈阳市住房资金管理中心

该中心是沈阳市人民政府根据国务院和省政府有关文件精神，为适应沈阳市住房制度改革的需要，于1992年5月成立的代表市政府负责全市住房资金的归集、管理和使用的事业性经济实体。

中心具有负责全市住房公积金、租房债券、公有住房提租统筹上缴部分及出售公有住房回收资金的统筹借用部分的归集和管理等职能。自成立以来，为沈阳市住房制度改革有关出售公有住房市统筹借用资金、住房公积金、租房债券，提租新增租金市统筹部分等项资金的归集、管理和使用做了大量的准备工作。

主任　刘景泉

管理中心领导班子

微机室

地址：沈阳市沈河区十一纬路145号
电话：2824575
邮编：110014

辽宁省

路桥建设二公司

总经理　朱恩来

该公司是以高等级公路路面施工为主的施工企业，拥有固定资产原值5864万元，是省公路工程施工机械化水平最高的企业。先后参加了沈（阳）大（连）、三（原）铜（川）、西（安）宝（鸡）、沈阳外环、沈阳本溪、沪宁等高等级公路建设，并受到有关部门的好评。

公司曾荣获“省先进集体”、“重合同守信用先进单位”等称号，1990年被批准为国家二级企业，1992年进入全国建筑行业百强行列。

沈大高速公路路面工程

沈阳外环高速公路路面工程

地址：沈阳市于洪区洪泽湖街22号
电话：5891500　电挂：5606　邮编：110141

辽宁省路桥建设三公司

经理：刘贵仁

该公司组建于1950年，主营：公路工程建筑，兼营：房屋建筑、机械运输、租赁。由该公司修建的新民绕阳河桥、毓宝吕桥、小河口太子河桥、宁官立交桥、灯塔立交桥、营大立交桥、宁官收费所等工程项目被交通部、省评为优质工程。从1984年起，三公司全力投入沈大高速公路建设，并以善打硬仗、作风顽强、质量优良而著称，赢得了“开路先锋”和“主力军”的美誉。由该公司参加的陕西三铜公路建设，（世界银行贷款项目）施工进度和质量受到了外国监理和陕西交通部门的好评。

由该公司建造的营大立交桥

座落在沈大高速公路上的立交桥

沈阳飞龙 医药保健品集团

集团总裁
飞龙保健品有限公司董事长兼总经理 姜伟

该集团是以沈阳飞龙保健品（集团）有限公司为核心的企业，于 1993 年 5 月组建的企业集团，有紧密层企业 6 家，1993 年完成产值 8．7 亿元，实现利润 2 亿元，上缴税金 3000 万元。

该集团以生产和销售高科技医药、保健、美容品为主。主要产品有延生护宝液、“延生护宝”牌骨质宁擦剂、精制琼玉膏、胃康胶囊、眠安宁口服液、元胡止痛颗粒剂、愈风宁心口服液、白石清热冲剂、“飞龙”牌姬美化妆品等。延生护宝液是一种益肾健骨、通和血脉、促进新生、延年益寿的医疗保健品，也是该集团的拳头产品。产品除国内市场外，还远销到欧美、东南亚、中东等十几个国家和地区。并与韩国新海贸易株式会社正式签定延生护宝液 1 亿美元的贸易合同。创全国民间国际贸易之最。

飞龙集团的目标是再用 3 年时间，建成多种产业结构的国际化金融企业集团。

集团副总裁
飞龙保健品有限公司副总经理 路岩

集团获得的部分奖杯证书

地址：沈阳市和平区文化路 41 号
电话（传真）：（86）024—3843954　3842953
邮编：110003

东北制药总厂

厂长　史洪元

工厂领导班子

该厂创建于1946年，是我国最大的以化学合成为主兼有生物发酵和制剂产品的综合性制药工业企业之一，列居我国最大的500家工业企业之一，是国家一级企业。

该厂在原料药向规模化、系列化、高技术化方向发展的基础上，大力开发制剂产品，形成了维生素、抗生素、抗结核、激素、心血管等类原料药和包括片剂、胶囊，针剂、散剂、栓剂等在内的五类制剂产品。产品质量在我国医药行业中获金、银牌居榜首。目前，已与海外100多个公司建立了业务关系，产品远销世界55个国家和地区，年创汇近4000万美元，连年被市政府评为出口创汇优秀企业。

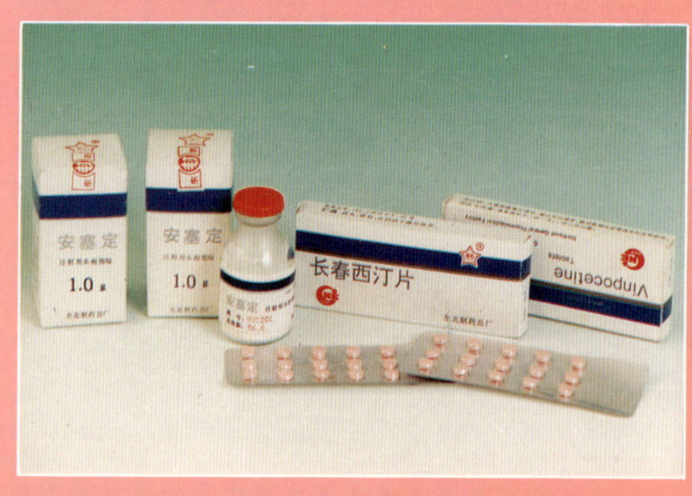

地址：沈阳市铁西区重工北街37号
电话：5821275　　邮编：110026

沈阳乾隆

药业有限公司

公司正门

董事长兼总经理　赵军强

该公司系中外合资企业，以中药开发研制为主导，以继承和发扬祖国传统医药学为目标，融科研生产为一体的专业化企业。拥有一支从事制药工作多年的知识分子组成的科技队伍，组成一个较完整的生产、技术、质量管理和新产品开发研制的系统。生产车间全部按照国际 GMP 标准设计，配液、灌装实现全部自动化。

公司经过几年的开发研制，推出的乾隆健身液。其方剂来源于清宫太医院御药房藏方，结合现代高科技，精制而成，其最大优点是符合中医“阴阳双补、气血兼顾、标本同治”的理论。被专家誉为同类产品中的更新换代药品。

荣获的高新技术　发奖杯

地址：沈阳市沈河区万柳塘路 27 号
电话：4821788　邮编：110015

东北轻工股份有限公司

总经理 高级经济师 王峰

该公司始建于 1986 年，是东北地区第一家实行规范化股份制的大型商业流通企业。

公司在东北三省及山东等地设有 10 个分公司，并拥有商场、饭店、宾馆、舞厅、生产资料贸易中心等 12 个经营部门。1993 年公司实现销售额 3.25 亿元，实现利润 1388 万元，综合经济效益在全省大型流通企业中名列第 8 名。创沈阳市大型商贸企业人均销售、人均创利、人均收入三项第一名，跻身于沈阳商业四强的行列。

东北轻工北斗歌舞餐厅 KTV 包房——西部牛仔

地址：沈阳市和平区中山路 61 号　电话：3831888　传真:3836　邮编：110001

沈阳五金商业集团股份有限公司

该公司（原市五金公司）是一个具有40多年历史的大型商业企业。下设20个批发公司，10个独立核算的五交化公司及47个连锁店，是东北地区五金行业最大的批零一体、综合经营的商业企业。1993年实现销售额4.6亿元，利润1600万元，分别比1992年增长27.5%和28%，经济效益连续4年位居全国同行业之首。

经营范围主要包括：建筑五金、标准件、橡胶制品、劳保及保健用品、各种手用、电动、风动、液压工具、机床机械、水暖器材、消防器材、液压件、电工器材，各种灯具、车辆家电、二、三类机电、建材化工、装饰用品、炊事机械、科学仪器、仪表、汽车及配件、微机电脑、空调器、办公用品、金银首饰等30多个大类、5000多个品种、35000多个品规。销售辐射遍布全国600多个城镇、县区，并远销独联体、东南亚和南美等地区。

全国"五一"劳动奖章获得者，董事长兼总经理　李开明

地址：沈阳市和平区文化路44号
电话：3893331
邮编：110003

沈阳铁百股份有限公司

总经理　王万林

该公司原名为沈阳市铁西百货大楼，始建于1953年，是国家大型商业企业。1992年重新扩建装修后，总营业面积达1.1万平方米，设有自动扶梯，内部装修华丽，现有职工近1000人，年销售额1.5亿元，创利500万元。

公司主要经营日用百货、五金交电、针棉纺织品、文化钟表、金银工艺品、服装鞋帽，兼营食品、机电二、三类产品。

地址：沈阳市铁西区兴华南街16号
电话：5852926　邮编：110021

沈阳工业品贸易中心

沈阳工业品贸易中心始建于1985年，现有职工1942人，固定资产1亿元。下属29个经营单位，主要经营：日用百货、针纺服装、五金交电、烟酒食品、金银制品、缝纫设备及零配件、生产资料、旅游服务、餐饮娱乐、外贸进出口等。经营品种达4万余种，业务范围覆盖东北及内蒙古东部地区，对外同40多个国家和地区的350多个企业保持长期贸易往来关系，在美国、澳大利亚、比利时、香港设有分公司或办事机构，1993年出口创汇额达2000万美元。

地址：沈阳市沈河区惠工街118号
电话：2723482　电传:4804017　邮编：110013

沈阳市食品公司

公司正门

该公司始建于1954年，是以生产加工经营肉、蛋、禽为主的综合性大型国有商业企业。集屠宰加工、冷冻储藏、熟食制做、商业食品机械、生化制药、食品卫生检疫于一身，兼营各种水产品、水果、蔬菜等业务。公司所属20多个生产经营企业，有职工5000余人，固定资产原值1.3亿元。1993年市场交易量3.5万吨，成交额1.9亿元，是东北地区最大的肉类产品交易市场。

公司注重引进技术和开发新产品，先后从日本、德国、法国、丹麦等国家引进熟食制品及冷藏的设备工艺，30多种熟食、禽蛋制品和生化药品荣获部、省、市优质产品。

批发市场剪彩

批发市场交易大厅

冷库

地址：沈阳市皇姑区明廉路8号　电话：6877661　电挂：7393　邮编：110035

沈阳市水产总公司

该公司是具有 38 年历史的以经贸海淡干水产品为主的大型商业批发企业。有职工 1637 人，固定资产原值 3800 万元。

公司下属 7 个水产品分公司（所），3 个物资经营公司、1 个渔需渔具公司、1 个批发交易市场，6 个购销服务站和 3 个中港合资联营企业，与 1000 多个生产营销厂家建立了业务关系。

总经理　陈国璋

公司领导班子

渔需渔具公司

海鲜品批发商场

地址：沈阳市和平区总站路 111 号　电话：2721507　传真:2726910　邮编：110002

沈阳中发粮油食品总公司

（沈阳市第三粮库）

总经理　马云飞

该公司是国内粮油储存、加工的骨干企业，1993 年有职工 1896 人，有生产用建筑面积 5.7 万平方米，各类固定仓、库房储存能力为 4.5 万吨。

公司主要生产经营粮油产品、植物油加工、面粉加工、植物油精炼和人造奶油加工等。1993 年粮油加工总量 15 万吨，其中植物油加工 7 万吨，植物油精炼 2 万吨，面粉加工 6 万吨。生产的二级大豆油、葵花油、特二粉、标准粉、小磨香油荣获部优产品，高级大豆烹调油、人造奶油、起酥油评为市优产品。公司 1993 年被市政府授予“百強”企业，被国家国内贸易部批准为大二型企业。

高级大豆烹调油生产线

地址：沈阳市东陵区东陵路 3 号

电话：8843893、8842507

邮编：110043

沈阳市

速冻食品公司

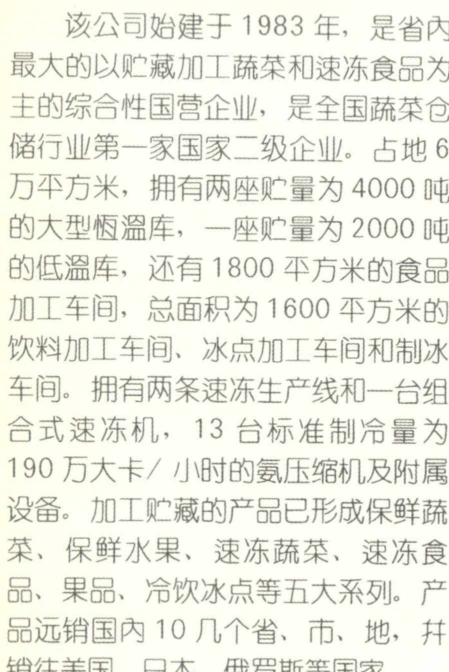

经理 庞洪巨

该公司始建于1983年，是省内最大的以贮藏加工蔬菜和速冻食品为主的综合性国营企业，是全国蔬菜仓储行业第一家国家二级企业。占地6万平方米，拥有两座贮量为4000吨的大型恒温库，一座贮量为2000吨的低温库，还有1800平方米的食品加工车间，总面积为1600平方米的饮料加工车间、冰点加工车间和制冰车间。拥有两条速冻生产线和一台组合式速冻机，13台标准制冷量为190万大卡/小时的氨压缩机及附属设备。加工贮藏的产品已形成保鲜蔬菜、保鲜水果、速冻蔬菜、速冻食品、果品、冷饮冰点等五大系列。产品远销国内10几个省、市、地，并销往美国、日本、俄罗斯等国家。

地址：沈阳市于洪区洪湖一街26号

电话：5812428 电挂：5047 邮编：110141

沈阳市粮食房产实业公司

总经理：郭学富

公司领导在研究设计方案

该公司是集房地产开发、工程设计、建筑施工于一体的综合性企业，设有一院一所四科三室。几年来开发小区住宅总建筑面积 8 万平方米。

粮食建筑工程设计院技术力量雄厚，主要承揽粮油仓厂建筑工程和民用建筑的设计任务。在改革开放方针指导下，公司干部职工转机制、抓管理、上效益，朝着生机蓬勃的方向发展。

公司施工的青年大街 43-4 号住宅楼获沈阳市"百栋"优质工程称号

开发建设的住宅楼

地址： 沈阳市和平区十一纬路 36 号
电话： 2823356
邮编： 110003

沈阳热力股份有限公司

董事长兼总经理　孟庆民

该公司是一个集供热工程设计，锅炉与辅机制造，锅炉、管网及工业设备安装，供热运行管理和外经外贸、房地产开发于一体的跨行业、跨地区、跨国界的综合性大型企业。

1989 年在全国同行业中首家被评为国家二级企业。现有职工 2800 余人，专业技术人员占职工总数的 24 %，工人平均技术等级为 5．6 级。

1993 年，该公司完成产值 16629 万元，实现利润 2561 万元，分别比 1992 年增长 4 %和 89.7 %，连续 8 年居全国同行业之首。公司曾获得部、省、市授予的 20 多个荣誉称号。

地址：沈阳市沈河区八纬路 29 号
电话：2714346　传真：2826225
邮编：110014

公司办公楼

市最大的浑河居住区锅炉房外景

企业中有 64 个企业实行了交叉任职、“一肩挑”等不同形式的领导体制改革;还进行了领导干部职级随企业效益浮动的试点;实行了增加企业党委班子中行政干部比重的办法。这些改革措施,从体制上保证了党政同种一块田,提高了班子的工作效率。

三是实施转换企业经营机制工程,激发了企业内在活力。积极探索、尝试了经营机制转换的新途径,使系统内呈现了“国有民营”、“新老划断”、股份合作制、划小核算单位等新的经营机制转换改革取向。如在食品公司郊区分公司所属的 52 个食品购销站和分布市内的 32 个集体企业网点,实行了国有和集有民营改革方式等都不同程度地激发了企业内在活力,在有的企业内部已形成了全新的运行机制。

四是调整经济结构工程,培育了企业效益的增长点。以市场为导向,沈阳市畜牧副食局(集团)进一步优化了系统的产业、产品和经营结构。在产业结构上,呈现了以一个产业为主,多产业发展的趋势;在产品结构上,畜牧、渔业、蔬菜三业产品结构继续呈现了向高产、优质、高效方向延伸的趋势。商办工业开发了新产品 12 个、新花样 35 个、新包装 19 个,呈现了跨行业开发的新势头;在经营结构上,加强了经营中的软件和硬件设施建设,进一步拓宽企业的经营门路,优化了经营结构,提高了经营档次。

五是实施扩大开放强化营销工程,牵动了企业经济发展。实施内外贸并举的发展战略,切实加大销售力度,不断扩大主营商品和产品的辐射能力。并通过举办副食节、副食展销会等大型促销活动,形成了强大的销售攻势;同时,积极开展外经贸业务,加强与外商的接触,促进了产品的出口和与外商的合资合作。1993 年,沈阳市畜牧副食局(集团)已有 46 种产品销往世界 12 个国家和地区,年出口供货值近 4 000 万元人民币,创汇 300 多万美元;三资企业已发展到 9 户,引进外资额 400 多万美元。

六是实施完善集团机制工程,促进了集团运行的良性循环。沈阳市畜牧副食局(集团)积极跳出原行政管理局的工作思路和方法,加快了向企业行为运行。对机关进行了进一步精减,机构由原来的 13 个减至 8 个,管理人员由 71 人减至 43 人;建立和完善了一系列按集团模式运行的机制,切实加强了监督机制;同时机关人员积极转变工作作风,放权于企业,加强了对基层的服务。

七是实施其余各项工程,取得了各项工作全方位推进。实施挖潜力工程,加强了对企业闲置场地、厂房、设备和资金的利用,采取上项目、出租、合资合作等方式开发了多种经济实体;有的企业还进行了设备出租;局纪检监察系统开展清理外欠款工作,全年为企业清回外欠款 1 000 多万元,挖掘了企业的内部潜力。实施开发人才工程,各单位都制定了人才开发政策,对干部及科技人员实行了聘任制。一些单位还采取招聘办法,引进、吸纳了外界人才。目前,一种按照集团运行机制建立起来的人事管理新体制正在逐步完善、推行开来。实施造大船工程,抓住动迁、倒迁、联建、改造的有利时机,促成了一批能代表集团形象有工程项目。如三大批发市场已交付使用;新北站超级副食市场、太原街和中街十几个企业的改造、扩建项目将陆续建成并进一步地树立起集团的发展形象。实施组织联合舰队工程,本着同类合并、专业分工、批零合一、优势互补的原则,集团内部进行了组织结构的适应性调整,形成了分层次的企业群体,进一步优化了资源配置和整体协调。

十大工程的实施,促进了企业效益的增长,1993 年,沈阳市畜牧副食局(集团)实现商品销售额13.9 万元,比 1992 年增长 24%;实现补贴后利润 1 200 万元,同口径比 1992 年增利 1 520 万元。实现了经济的跳跃式发展。　*(李斌)*

【秋大白菜全部放开经营】 1993 年按照市场经济规律,沈阳市全面放开大白菜的生产经营,即放开种植,放开价格,放开市场。

大白菜全面放开不是撒手不管,秋大白菜上市有它特有的矛盾,时间短、数量大、上市量集中,天气变化对它影响较大。因此,沈阳市畜牧副食局加强宏观调控。对秋大白菜产前、产中、产后提供服务。具体调控办法:一是调控种植面积。根据市场供求传递信息,引导菜农按照市场需求,合理安排种植面积。1993 年在通过调查分析的基础上,对菜农提出了种植 3.5 万亩—3.8 万亩大白菜的信息,实际完成 3.5 万亩,比 1992 年 4.2 万亩减少了 0.7 万亩。从供应实际情况看,基本达到了产销平衡;二是为菜农进城卖菜创造宽松的环境。在秋菜集中上市期间,自由上市的菜农销售大白菜免收一切费税,开放市场,放开禁行路,允许走街串巷,到楼群卖菜;三是增设卖菜门点,帮助卖菜大户和城市居民解决卖菜难和买菜难的问题。四是实行净菜上市。为了方便消费,提高大白菜商品率,增加附加值,净化环境,使大白菜商品化程度好于往年。由于有了足够数量的菜源,加上采取了既全面放开,又宏观调控的作法,尽管没有确定指导价和限制价,但由于价值规律的自然调节,买卖双方直接议价,使大白菜的价格趋近于价值,每公斤价格在 0.16—0.20 元左右,得到了消费者接受,生产者认可。国家用于大白菜补贴款 1993 年只用了 60 万元。过去每年 500—600 万元。

(金莹)

【肉食品市场】 1993 年,沈阳市食品公司在不断变化的肉食市场面前,积极发挥自身优势,主动参与市场竞争,在调控市场,引导消费和促进肉食市场繁荣等方面进行了不懈的努力。

1.密切注视肉食市场动向,主动发挥主渠道作用,及时引导消费、稳定市场。一是实行猪肉定点挂牌销售,让沈城人民吃上“放心”肉。1993 年 2 月以来,受“五号”病疫情影响,沈阳市市场一度出现了市民不敢买猪肉,不敢吃猪肉的现象,致使肉食市场冷清萧条。针对肉食市场这种现状。沈阳市食品公司通过深入细致的市场调查,在摸清消费者的心理基础上,在 3 月下旬采取了定点挂牌销售沈阳市食品公司猪肉产品的措施，在市内六大副食商场等百余家国营副食零售商店开设了专柜专营市食品公司猪肉产品，并通过新闻媒介加强了宣传工作，提高了公司及其产品的知名度，让沈城市民吃上了“放心”肉。二是增加猪肉储备，大力组织货源，稳定丰富市场。进入1993年下半年，全国肉食市场发生了异常变化，生猪货源趋紧，猪肉库存薄弱，市场价格持续上扬。公司根据肉食市场变化及其趋势，做出了“杀猪储肉，储备待销”的决策，并迅速加以实施。进入三季度全国肉食市场更加趋紧，为补充库存，公司主管业务经理同购销主体单位领导入川到产区组织货源。四季度中旬，为贯彻市长办公会议纪要精神，公司专门召开了有肉联厂、肉食购销分公司、四郊区、四县(市)食品公司负责人会议，具体部署落实市政府下达的储备肉任务及公司计划实施措施。主体购销单位倾注了人力、财力、物力组织货源入库到位。各经营单位也都按公司的要求组织了大量的牛羊肉、副产、水产、禽蛋等货源。据不完全统计，公司为繁荣沈城两大节日市场，共组织商品货源总值6 000万元，商品总量1万余吨，其中猪肉3 000吨，牛羊肉2 500吨，各种水产品2 500吨，各种下货及其它品种近3 000吨。

2.培育建设批发市场。1993年，沈阳市食品公司为使已有的肉类产品批发市场进一步上规模、上档次、上水平，投资200万元修建了沈阳肉类产品批发市场交易大厅，变露天式经营为封闭式经营。1993年5月初破土动工，8月18日竣工投入使用。交易大厅建筑面积3 000平方米，设施完备配套，御雪防风，采光卫生等条件优良，大厅内设固定摊位94个。新交易大厅建成，改善了市场经营条件，为业户提供了方便，为市场规范化管理创造了条件。1993年末，进场经营已超过百户。经营商品有110多个大类，上千个品种。年底，又新开辟了熟食、粮油和小食品经营交易场地。同时，批发市场在管理规范化，加强服务工作上也取得了新经验。公司的许多企业也依托市场。开拓了新的经营门路。1993年，批发市场日成交量100余吨，日成交额平均70—80万元，年交易量3.5万吨，交易额1.9亿元。一个规范化、大容量、广幅射、多功能的肉类批发市场体系已初步形成。

(郭瑞彦)

【水产品市场】 沈阳市水产总公司是沈阳市国有主营水产品及商业批发企业。下属20个独立核算单位；储藏能力1万吨。1993年采取了重大改革措施，扭转了经营萎缩，效益滑坡的局面。

1.加强水产批发市场建设，促进市场繁荣。内外进场经营单位有110户；全年销售水产品30 919吨，比1992年增长41.6%，销售额实现15 695万元，比1992年增长75%。市场已成为省内外水产品集散地，冷藏企业实现利润124万元，比1992年增长85%。

2.发展合资企业。与香港冠清士有限公司合营“沈阳沈冠大连水产品加工有限公司”。全年加工鳕鱼片999吨，实现产值1 200万元，产品出口600吨，创外汇98.5万美元。

3.同外商组建联营企业。与香港(深圳)昌利丝绸有限公司和香港(深圳)莱斯皮具有限公司建立“泰格商场”和“中发莱斯联营公司”。全年实现利润182.2万元，比1992年增长65.6%；渔需公司与日本浦克钩具公司建立“联姻”关系，成立浦克钩勾总经销单位。全年实现销售额984万元，比1992年增长3.3%，实现利润37.9万元，比1992年增长26.7%。

4.狠抓企业经营管理。坚持基层经理亲自抓购进，把住“病”从口入关，增加适销品种，扩大销售，降低储存量。期末库存2 671吨，比1992年下降30%，减少了资金占压；紧缩费用支出，全年费用水平9.79%，比1992年下降1.07个百分点；强化资金管理，加速资金周转。全年资金周转8.5次，42天，比1992年加速4.2次，缩短周期42天。

5.推行全员风险抵押承包经营责任制。全员按600元至10 000元标准交风险金；对基层班子签订责任状；指标分解，逐级承包，把销售额、利润指标落实到部组。承包指标和奖惩办法的落实，调动了干部和广大职工的积极性。

改革使企业增强了活力，促进了经营。全年销售水产品40 014吨，比1992年增长33.8%，其中地销售量约占社会销售量的60%；销售额实现25 912万元，比1992年增长49.8%；实现利润256.3万元。既提高了企业效益，又为丰富城乡居民“菜篮子”做出了贡献。

(李相元)

【烟草专卖市场】 1993年，全国卷烟市场变化较大，竞争激烈。面对卷烟价格放开后计划量削减，价格上涨的新形势，沈阳市烟草公司克服困难，积极开拓市场，扩大卷烟销售，企业经营出现勃勃生机。全年实现销售额7亿元，比1992年增长25%；实现税利11 000万元，增长0.1%；销售卷烟198 654箱，增长3.4%。各项经济指标均高于往年，再创历史最高水平。

卷烟购销取得较大进展。首先强化市场分析预测，在全国形成了信息网络，多方了解产供销形势，定期下市场了解行情，分析市场规模及动向，为经营决策服务。其次，拓宽货源渠道，巩固老关系，结识新朋友。通过走出去，请进来等各种形式，广泛开展业务活动。全年外埠采购183 215箱，比1992年增长30%，增加调入量42 000箱，与全国21个省市发生购进业务，占全国供应单位的78%。第三，严格把住销售关。注意掌握市场价格的波动规律，本着适度投放的原则，较好地把握市场投放数量和投放节奏，做到长流水，不断线，调节供求，满足需要。同时，与广西、山东等厂家合作，以市场为导向，共同选定牌号，工商联手，培育市场，分等消费，开展配套联销业务，促进了卷烟销售。

——改革开放迈出较大步伐。深化了三项制度改革。按以精简、高效、合理的原则，对各部门实行了定编定岗定利定责，通过优化组合，择优上岗;在企业内部打破了干部与工人的界限,实行了全员合同化管理;按以公开竞争的原则,重新选择中层干部,废除了干部终身制,在企业内部形成了岗位靠竞争,收入靠贡献的小气候。

把三级批发推向市场。为了激发其经营活力,发挥其主销作用,在三级批发建立了竞争机制,签订了承包合同。每个批发部人员精减到4个人,但创毛利达900多万元,超承包核算50%。

——专卖管理工作取得可喜成果。为了维护烟草专卖法的严肃性,进一步扩大了合作范围,加大了执法力度,会同武警、公安等部门以抓大案要案为主,大力整顿卷烟市场,严格对专卖许可证的检查和管理,严厉打击无证批发,无证运输等非法活动,同时,大力开展推行打假活动。通过综合整治,维护了正常的流通秩序,保护了国家和消费者的利益。全年共查处案件226起,罚款额279万元。

(烟草)

【沈阳水产批发市场】 沈阳水产批发市场是沈阳市工商行政管理局和沈阳市畜牧副食局共同委托,沈阳市水产总公司和于洪区工商局共同管理的市一级水产专业批发市场,其功能是集经营、管理、服务业一体,面向全国国有企业、集体企业和个体生产经营单位的水产品交易场所,开业于1992年元旦。

水产批发市场总占地面积8万平方米。有保鲜冷藏库能力6 660吨,速冻能力30吨,恒温库800吨,盐干品库2 000吨,双轨铁路专用线2.4公里,场内专用线170延长米,一次容纳火车皮20节;封闭式交易大厅800平方米,业务洽谈室32间,计500平方米,饭店一处,计120平方米。市场靠近沈大、沈山、沈新、沈辽公路要道,交通方便。

市场管理机构健全,组织形式有:

市场管理处:负责客户接待、安排摊床、进场车辆管理和掌握经营销售情况。

工商管理所:负责办理进场经营者注册登记、颁发营业执照,管理日常市场经营秩序。

业务科:负责办理进场经营者租赁冷库合同手续和客户到货卸车入库人员安排和商品保管。

安技科:负责管理机电制冷设备安全运输,保证客户商品安全。

保卫科:负责场区内治安秩序的管理。

水产批发市场运营两年来,取得了不断繁荣发展的好形势。

1.市场知名度高,进场经营客户逐步增加。建场初期,内外进场注册经营的单位有70户。1993年进场注册经营客户有110户,其中内部经营单位38户,市内和市属县区进场经营单位66户,省内丹东1户,省外山东荣城3户,浙江温岭2户。水产品销售旺季,临时注册进场的个体户约有20户。形成了以主营公司为主,有不同地区、不同经济成分参与经营的市场新格局。

2.市场繁荣营销活跃。建场以来,省、市内外进场经营客户,发挥各自优势,积极组织货源,繁荣市场。过去经营量较少的海参、大虾、鲍鱼、虾肉、鲜贝、八仙等品种增多了;高中档大王鱼、鲇鱼、大带鱼等优质品种货源上市应时了;低档小黄花鱼、青鱼、川丁鱼、中小带鱼等品种货源常年不断。形成了你无我有,互相补充,优质优价,劣质劣价、以质取胜的营销活跃的局面。1993年市场销售总量实现30 919吨,比1991年增长6.3倍。其中主营公司销售实现18 185吨,占市场销售总量的58.8%;外部进场经营户总销售量实现12 734吨,占市场总销售量的41.2%。

3.市场营销渠道多,覆盖面宽。进场前,市场主体水产冷冻厂是为内部经营服务的单纯仓储型企业。进场后发挥了设备、人力、场地的综合优势,吸引了省外浙江、山东、福建,省内大连、丹东,市内及市属县区的客户进场经营。市场商品除一部分于市内、两县、四区范围销售外,一部分还销往省内外市镇,覆盖了省内鞍山、辽阳、本溪、铁岭、抚顺、阜新、锦州,省外四平、通化、梅河、东丰、赤峰等地区。1993年销往市外的海、淡水鲜鱼18 588吨,占市场销售总量的60%,拓宽了市场商品覆盖面,较好地发挥了沈阳地处中心城市的辐射作用。

4.市场促进了企业经营机制的转换和经济效益的提高。进场前,市场主体水产冷冻厂年外租库收入50万元。市场建立后,促进了经营机制的转换,改变了过去“吃等食”的经营模式,提高了经济效益。1993年实现利润124万元,比1992年增长85%,从而结束了长期以来单纯保管,消耗大,设备低放运输的历史。

水产批发市场,运输、冷藏保管、营业设施齐备,管理体制健全,交易手段和服务方式运转灵活。为进一步适应市场经济发展的需要,主办公司本着“扬长避短,内控外联”的原则,进一步加强批发市场的建设,扩大规模,提高综合服务功能,朝着大容量、远辐射的方向发展,积极参与大市场、大流通、为丰富全市城乡居民“菜篮子”和促进国家“四化”建设做出贡献。

(李湘元)

粮油商业

【概况】 1993年,是粮食流通体制改革的第一年。沈阳市粮食系统广大干部职工紧紧围绕改革和发展的总体目标,换脑筋、转机制、渡难关、闯市场、创效益,实现了粮食流通体制重大改革的平稳过渡,取得了令人鼓舞的可喜成果。

——在困境中实现了增收减亏。按承包口径,商业费用净支出18 755万元,比市承包指标减少12%;综合利润实现了7 718万元,比市承包指标增加8.7%。

——转机制上项目有了良好开端。从1992年10月到1993年底,全系统新上项目213个,其中技改31个,仓储和贸易69个,跨业105个,合资合作8个,总投资达2.5亿元,比1992年增长5.25倍。特别是招商引资有了较大突破,共引进外资2 920.34万美元,比1992年增长10倍以上。从而改善了经营条件，增强了竞争实力。

——面向市场、搞活流通获得了较好效益。粮食市场有了较大扩展，商品购销总量达351万吨，粮油出口22.4万吨，比1992年增长130.62%，出口创汇2 064万美元，比1992年增长96.54%。经营服务领域逐步拓宽，全系统已开办了餐饮、房地产开发、机械加工等12个门类的跨业经营网点600个，实现利润1 370万元，初步形成了"一业为主，多元经营"的新格局。

——以企业为主体的五年承包初战告捷。经过一年的努力有30个单位全面完成了本年度承包指标，其中：有11个单位实现了盈利超百万元。

（赵璐）

【粮食企业转换经营机制】 1993年，沈阳市粮食企业为了生存和发展，坚持以改革统领全局，确立了走上市场经济的新机制。面对粮价放开的新形势，打破了封闭式、分配型的旧体制，确立了"总量平衡、钱随粮走、定额补贴、分级包干"的商品运行新机制。尽管遇到诸多新情况，新问题，但多数企业逐步适应了新机制的运转，开始走上自主经营、自负盈亏的轨道。

为促进企业加速转制，在完善承包责任制上狠下功夫，形成了"盈亏统算、净利包干、重奖重罚"的承包新机制。并相应制定了企业盈利全留、递减下来的费用补贴用于上项目搞建设；提前实现下年目标给予重奖；对承包期内，政绩不突出、工作无起色、扭亏无望的单位领导班子就地免职等一系列配套措施，从而增加了承包的透明度，增强了经营者的危机感和紧迫感。各单位层层分解落实承包指标，建立健全分级分口的承包网络。与此同进，积极推进企业内部配套改革。香雪面粉厂从推进三项制度的改革入手，理顺领导体制，调整企业组织结构，加大经营管理力度，内蓄活力、外争市场，提高了企业效益。沈阳宝船面粉公司以调改营销方式为突破口，加大内部改革力度，在小麦紧缺、补贴减少的情况下，以名优产品抢市场，以广告攻势扩市场，以全员销售占市场，实现了盈利273万元。苏家屯城区粮店实行资金退店、国有民营，把粮店生存和发展同职工的利益拴在一起，解决了自己"吃饭"问题。

为增强市场竞争实力，粮食企业认真贯彻"深化本业、发展跨业、开创新业"的战略方针，面向大市场调整经营战略，大力发展粮油精深加工，开发了等级粉、专用粉、精制大米近20个品种，与此同时，大力开展粮油内外贸易，广开门路，扩大销售。并跳出粮仓经营的小圈子，面向大市场，开拓新的经营服务领域。全系统已开办餐饮、物资、机械加工、房屋开发、矿山开发、文化娱乐等12个门类的跨业经营网点600个，实现利润1 370万元。辽中县粮食局紧紧抓住转机制上项目这一根本，多渠道筹资3 600万元，着力于工业上技术、实业上基地、跨业上支柱，全年上项目31个，走出了"三业并举"的新路子。市粮运公司确定了三年三大步的发展战略，广开经营门路，创办了PVC地面砖、大理石矿开采和加工、石油经销等25个项目，涵养了企业后劲。

（赵璐）

【粮油内外贸易】 1993年，面对粮价放开的新形势，沈阳市粮食部门大力开展粮油内外贸易，广开门路，扩大销售，全年商品购销总量351万吨，粮油出口22.4万吨，比1992年增长130.6%；出口商品供货总值13 975.7万元，增长100.4%；创汇2 064万美元，增长96.5%，主要出口日本、韩国、西班牙、香港等国家和地区。

平抑粮价，稳定市场。粮价放开后，议价口粮销售量有所增加，但由于社会上多渠道经营粮食，粮食部门销售的居民口粮比粮改前下降40%左右。年初，粮价呈跌势，10月1日后受全国粮价走势影响，粮价上扬，大米、面粉、豆油等主要品种平均增长12%以上。粮食部门按照国务院的要求，采取了限制批零差率、定期召开信息发布会、实行提价申报制度、调控内部批发指导价、国营粮食明码标价敞开销售、粮食企业兑入和抛清紧缺粮油等措施，很快平抑了市场，粮价稳中有降，均低于全国大中城市的平均水平。

搞活流通，拓展市场。粮食部门在激烈的市场竞争中，立足城乡市场，建立原料基地，购入紧缺品种小麦12万吨、大豆8万吨，调剂余缺；设立销售窗口，在西北、华北主销区设立近30处大米销售门点，开展多种形式联销、代销活动；坚持薄利多销，扩大市场占有率，以名优产品为先导，形成广告和营销攻势，扩大知名度。玉米外销量达88.5万吨，占全部销量的58.7%，主要销往广东、广西、福建、四川、江苏、浙江等地区；大米外销突破15万吨，远销北京、天津、河北、陕西、内蒙、新疆等地，十分走俏。

（赵璐）

【粮食定购改合同收购】 1993年，由于国务院和省政府对粮食定购政策做出重大调整，沈阳市政府第十二次常务会议决定：当年初所定调减3.95亿公斤定购任务实行保量放价和部分粮食预购定金改为农贷等收购政策，也相应做出调整。

粮食收购的有关政策：

1. 从1993年秋粮上市起，省对市原下达的11.375亿公斤粮食定购任务全部改为按经济合同收购，并执行省确定的保护价和价外加价。实行保护价和价外加价的范围包括原6个县（市）区定购粮食7.95亿公斤；康平、法库两县定购粮食3.425亿公斤。议价粮收购价格随行就市。

2. 经济合同粮的收购按省政府确定的保护价和价外加价执行。以每公斤粮食标准品计算，其保护价为玉米（二等品）0.4元，水稻（三等品）0.7元，大豆（三等品）1.392元，等级差价率按国家规定执行。价外加价的具体标准为：每公斤玉米加价6分4厘，每公斤水稻加价5分2厘8。保护价和价外加价由粮食部门在收购农民合同粮食时兑现。另外，每公斤玉米和水稻的2分钱加价款改为兑现平价化肥，由粮食收购部门按收购农民的经济合同粮食数量开具卖粮凭证，由农民到当地供销部门购买平价化肥。价外加价款由市财政按收购数量和品种据实拨补给粮食部门。

3.对经济合同粮食的收购质量标准仍按1992年实行的国家标准执行。收购入库的粮食水份原则上水稻不超过15%，玉米不超过20%，大豆不限。各县(市)区可根据实际情况，在确保不坏粮、不增加费用补贴的基础上，适当放宽水份标准。收购时间不搞一刀切，各县(市)区可自行安排。原有跨市送交粮食的县(市)区，1993年改为本区域内送交，本市内跨界送交的粮食仍按原规定办理。

4.各县(市)区政府在确保市下达的经济合同粮收购数量和品种任务的完成，完不成收购任务的，由市财政扣减地方财力。县乡村要贯彻国务院提出的"户交户结"的结算方式，坚决不打"白条"。粮食部门除农业税和预购定金外，不得代任何部门扣其它款项。

(赵璐)

【机械化粮食储备库建设】 在沈阳市第一粮库兴建的国家机械化骨干粮食储备库，占地面积2.6万平方米、建筑面积1.3万平方米，仓容量0.5亿公斤，总投资2 843万元。

该库是全国18家机械化骨干粮食储备库之一，它具有占地面积小，存储容量大，机械化程度高，保管检测手段先进，作业环节安全等特点，是当前国内储粮条件好、储备能力强的先进的粮食储备库。

1992年8月8日，该库的兴建工作正式开始，至1993年9月30日，已完成工程总量的80%。其中立筒库工程完成了30个筒仓的钢混凝土构件浇筑和滑模施工，完成了工作塔框架钢混凝土构件浇筑，完成了封闭砌筑和部分内外墙抹灰，完成了上通廊钢屋架的吊装。合计完成钢混凝土构件浇筑量近7 000立方米；房式仓工程已经完成、6栋仓房已投入使用；地中衡房工程于1993年4月底即建成交付使用。目前，该库建设正进入机械设备的配套安装阶段，预计到1994年底，整体工程将全部竣工。

该库在前段施工期间，得到了国家有关部委领导同志和辽宁省、沈阳市领导的关心支持。国家计划委员会副主任郝建秀同志曾前来视察，国内贸易部副部长、国家粮食储备局局长白美清同志几次亲临现场指导，国家机械化骨干粮食储备库会议在沈举行期间，与会的领导和各省、市粮食局建设单位的同志们也来此参观，并对正在建设中的这个粮食储备库誉之为："取得了较好地形象进度。"

(边和平)

【国家粮食储备库挂牌】 为了促进粮食商品化、经营市场化发展进程，加强国家对粮食的宏观调控，1990年国家建立了粮食专项储备制度，并不断完善粮食储备体系。同时为加强对国家储备粮油的管理，切实做到管理有效、储存安全、调度灵活、轮换方便，更好地为改革开放和经济建设以及人民生活服务，国家粮食储备局将全国一些大中型有国家粮食储备任务的粮库命名为国家粮食储备库和储备中转库。其中沈阳市有第一粮库、第三粮库、第四粮库、新民市中转库、法库县中转库5家单位。

1993年6月9日，辽宁省国家粮食储备库命名挂牌典礼暨辽宁沈阳铁西国家粮食储备库挂牌仪式在市第一粮库举行。国家粮食储备局副局长许宗仁、副省长张荣茂、副市长金明仕等领导同志及有关方面参加了典礼。并向首批国家粮食储备库颁发印章；许宗仁副局长、张荣茂副省长为辽宁沈阳铁西国家粮食储备库挂牌剪彩。国家粮食储备库、储备中转库的会名挂牌，标志着国家粮食储备制度进一步完善和国家粮食宏观调控能力的增强。

(赵璐)

【招商引资】 1993年，沈阳市粮食系统在"深化本业、发展跨业、开创新业"战略方针的指引下，坚持对外开放，抓住机遇，以招商引资为启动点，推进企业跳跃发展。共接待来访外商团组60个，外商人数达150人，与韩国、日本、新加坡等20多个国家和地区建立了经贸关系，并在利用外资创办"三资"企业上取得了可喜成果。成立了沈阳东大粮油食品有限公司、沈阳凯莱大厦等8家合资企业。其中：当年生产经营的有4家。投资总额5 664.4万美元，比1992年增长10倍；利用外资2 920.34万美元；外资调入额为608.7万美元，占外资累计调入额的85%。批准立项的9个项目，协议投资总额3 335.7万美元，协议外资额1 348万美元。其中：沈阳海特玉米深加工、沈阳比龙塑料异形材有限公司等4个项目投资均超千万元，出现了粮油食品加工、房地产、塑料、饲料和服务业全方位、多行业合资合作的良好走势。

合资合作的主要特点：(1)项目规模大、外方出资比例大、利用外资额大。沈阳凯莱大厦、沈阳东大粮油食品有限公司项目投资额均超千万美元，且外方投资比例高于中方。(2)嫁接式合资企业增加。利用厂房、场地和现有技术装备等固定资产存量与外商合资，引进资金、技术和管理经验，从而，加速了企业技术改造步伐。(3)跨行业和服务性项目比重增大。1993年批准和立项的合资项目，跨行业和服务业项目占60%。(4)粮油深加工和高科技含量的项目开始出现。

主要措施：(1)强化对招商工作的领导，各级领导亲自运筹、指挥和协调，有影响的客户亲自接待、定期研究、组织项目对接。(2)务实招商的基础工作。抓好人员培训、项目储备和政策梳理、宣传工作。建立招商引资项目库，对全系统招商项目实行动态管理。(3)加强优质服务工作。(4)抓好项目的落实。

由于加大了招商引资的力度，并把招商引资作为筹措资金、扩大开放的主攻方向，为企业发展注入了新的生机和活力。市东大粮食总公司与香港旺丰有限公司全面合资后，注重引进外资改造和装备基础设施；引进先进管理经验，改造和形成责权利明晰的内部运行机制；引进人才，改造和提高职工队伍的整体素质，使企业面貌发生了较大改观。

(赵璐)

【抢险保粮】 1993年，沈阳地区冬季雨雪多。粮食水份大(入库玉米的平均水份高达28.5%，比国家规定标准高出10.5%；水稻平均水份17.5%，比国家规定标准高出

2.5%，收购入库晚，造成烘晒产量低、时间紧、任务重、难度大，这是建国以来罕见的。为解决农民卖粮难的问题，沈阳市政府先后3次放宽收购新粮水份标准。由于烘干产量低、烘晒场地被挤占，接收时间集中，库存暴满；气温升降变化急剧，粮食集中发热；资金紧张等，致使玉米、水稻同时告急，城市农村同时告急。面对这一严竣形势，市委、市政府领导多次亲临一线查访粮情、做指示，并召开会议动员全社会力量抢险保粮。粮食系统广大职工以对国家财产高度负责的精神和强烈的主人翁责任感，按照省、市政府的要求，以抢险的姿态，发扬"宁流千滴汗，不坏一粒粮"的拼搏精神，排除一切困难，投入抢险保粮的战役中。加强领导，落实责任，采取断然措施，增加设备，提高烘晒能力；内控外借，扩大晾晒场地；分流疏导，加强粮食的宏观调控；发动群众，打好粮食烘晒总体战。在社会各界的无私援助下，粮食系统广大职工经过5个多月的日夜奋战，胜利地完成了抢险保粮任务。共烘晒处理高水份粮138.4万吨，保证了储粮安全。并涌现了3个先进单位和15个立功的先进个人，再次显示了粮食系统职工是特别能战斗的队伍。

（赵璐）

【粮油加工】 1993年沈阳市为使加工企业适应粮食市场的新变化，求得自我生存和发展，粮油工业通过加强管理，依靠技术进步、技术改造，优化产品结构，开发新产品，增强了竞争实力，收到了较好的经济效益和社会效益。1993年全市粮油加工企业共完成工业总产值56 044万元（不含县区），实现工业利润（市直）3 020万元，比1992年的2 829万元增加191万元。全年加工成品粮44.1741万吨（含县市区）其中大米23.1457万吨，面粉20.3493万吨，杂粮0.6791万吨，植物油2.6586万吨。稻粒出米率67.2%；小麦出粉率68.6%；浸出大豆出油率14.8%；浸出葵花出油率26.9%。全市1993年有粮油加工车间40个，年粮食加工能力97.9万吨。其中面粉加工车间7个，面粉加工能力36万吨，磨辊接长19 200厘米（含1993年新建投产日处理小麦250吨等级粉加工车间一座，系用消化吸收英国西蒙磨粉机3 200厘米接长）；大米加工车间26个，市直3个、县（市）区23个，砻谷机装机量46台，手加工能力40万吨，含县（市）区增速新改造加工车间4个；植物油车间5个，年处理量14.9万吨；玉米联产车间2个，年加工能力7万吨。由日本东洋精米机制作所引进"色选机"组成的日产20吨精洁米生产线已投入生产。

针对当前粮油加工存在的问题，加工企业以市场需求为导向，大力发展粮油精深加工，开发了等级粉、专用粉、精制大米近20个品种。

（赵璐）

【粮食仓储】 为了适应粮食流通体制改革的新形势，增强市场竞争能力，充分发挥主渠道作用，1993年沈阳市粮食部门千方百计筹措资金，提高仓储水平，仓储机械化水平上了新台阶。

全市1993年有粮食仓库103个，粮库总占地面积878万平方米；最高储存能力达274万吨；水泥地坪164.6万平方米，可晾晒地坪106.3万平方米，仓房容量94.1万立方米；31个粮库有铁路专用线10 625延长米，92台烘干塔（含烘干机组），烘干日设计能力1.29万吨。

面对建国以来罕见的粮食水份大、收购入库晚的严峻形势，今年全市新增汽力、快速烘干塔75台，日增洪干能力1万吨。其中：新民市部份粮库职工集资安装了快速烘干机组；市第三粮库由美国引进的烘干机组已投入使用。

投资2 843万元，建设规模5 000万公斤的沈阳第一粮库机械化骨干库主体工程已建设完成。建成后，储量由2.3亿公斤增加到2.8亿公斤，粮食中转量由3亿公斤增加到6亿公斤，进一步发挥大型粮食企业在粮食经济中的骨干作用，在"八五"期间把第一粮库建成吞吐量大、技术先进、功能齐全的大型机械化粮食储备、中转和出口基地，对缓解沈阳地区储粮压力、减少对外租借场地，发展沈阳经济，搞活粮食流通起到重大作用。

国家投资建设的第四粮库国家粮食储备库，今年已全部竣工并通过验收，投入使用。市第一粮库、第三粮库、第四粮库、新民市中转库、法库县中转库被列为国家粮食储备库、康平县全县吊棚1.5万平方米，成品库实现吊棚化，露天储粮囤实现钢筋囤化。

由于入库新粮水份严重超标，加之春季连降雨雪，给粮食保管带来极大困难。从新粮接收开始，加强了入库粮油的质量管理，对新粮进行低温倒囤、过筛除杂、机械通风，缓解了粮情。并继续开展了"四无粮仓"、科学保粮活动，保证了储粮安全。

（赵璐）

【沈阳市粮油贸易公司】 沈阳市粮油贸易公司是国有大型商贸批发企业，隶属于沈阳市粮食食品局。1993年公司有职工104人，固定资产原值723万元，年占用流动资金23 498万元，年粮油购销总量为25万吨，年粮油销售额为20 107万元。公司主营玉米、大豆、小麦、豆油、豆粕及饲料等各类粮油商品及其副产品，企业营销业务遍及国内29个省、市及韩国、俄罗斯、泰国、香港等国家和地区，在国内吉林、内蒙设有粮油收购分公司，在大连港设有口岸中转库，具有独立的粮食收购、烘干、调运、外销能力。该公司资金雄厚，粮油商品货源充足，讲求信誉，恪守合同，与国内外商贸客户长期保持着良好的合作关系。1993年公司实现利税1 046万元，出口创汇587万美元，近年来先后荣获辽宁省商贸企业创利大户，沈阳市百家最大工业企业之一，行业十佳评价先进单位及辽宁省和沈阳市出口创汇名优先进企业等称号。

（李成侠）

【沈阳市第一粮库】 沈阳市第一粮库，即辽宁沈阳铁西国家粮食储备库，始建于1939年，占地面积54.2万平方米，建筑面积17万平方米，职工4 000人，固定资产原值9 000余万元，年综合利润1 000余万元，年出口创汇300万美元。

该库是以粮油储存、加工为主，

集粮食购销、调、存、加工于一体的大型综合性国有粮食企业,年平均储藏量25万吨,年加工量20万吨,年经营量80万吨至120万吨,年烘干量10万吨,仓容量15万吨。现有钢板仓、圆筒仓、砖仓共80个、库房24栋,栈棚1 330延长米,两条铁路专用线1 600延长米。1992年,国内贸易部投资2 800万元在此建设国家机械化骨干粮食储备库,这将进一步改善其储粮条件,增强其储备能力。

该库生产经营门类齐全,既有制米、制粉、精制黄大豆油,还有挂面生产、白酒酿造,饲料加工,粮机修造及制药等,同时还对外办理代储、代运、代加工等业务。此外,该库分别同美国、台湾和香港合资兴建了辽宁东江机动车维修有限公司、沈阳同发国际食品有限公司和沈阳益铭饲料有限公司。

该库曾获中国商业部"四无"粮仓先进单位和先进企业,辽宁省文明单位、沈阳市先进企业和花园式单位等荣誉称号。该库的主导产品挂面、大米、面粉曾分别被评为部、辽宁省优质产品。1993年,该库被国务院发展研究中心、管理世界中国企业评价中心评为中国500家最大服务企业(仓储业排序第50名);被国家统计局评为中国500家最大食品制造业(排序第202位);被沈阳市企业评价协会、沈阳市统计局评为沈阳100家最大经营规模工业企业(粮油加工排序第86位)。

(边和平)

【沈阳市第三粮库粮油加工厂】 沈阳市第三粮库粮油加工厂位于沈阳市东郊,沈抚公路13公里处,是国内粮油加工骨干企业,1993年末有职工1 896人,生产用建筑面积5.7万平方米,有各类固定仓、库房,储存能力为4.5万吨,铁路专用线达1 000延长米,1993年工业总产值达1亿元。企业生产经营主要范围是粮油产品,有植物油加工、小麦粉加工、植物油精炼和人造奶油加工等。企业主要产品有国标一级大豆油、二级大豆油、葵花油、特一面粉、特二面粉、标准面粉、高级烹调油、人造奶油、起酥油及各种副产品(饲料粉、大豆粕、葵花粕、肥皂、白酒及服装)。企业采用现代化管理手段,大量地采用国际先进技术设备,不断提高企业素质和产品质量。粮油加工严格执行国家、部、省级标准。

企业植物油加工主机引进英国CMB公司的皇冠浸出器,并采用预榨、苯浸出法,日投料250吨。植物油加工设备可生产加工大豆、葵花籽,以及各种油料作物;面粉加工采用五皮五心生产工艺,可生产加工特一粉、特二粉、标准粉等产品;植物油精炼和人造奶油全套设备由意大利引进,可精炼生产出多种高级烹调油、色拉油,并且生产人造奶油、起酥油等。1993年粮油加工总量15万吨。其中植物油加工7万吨,植物油精炼2万吨,面粉加工6万吨。企业的二级大豆油、葵花油、特二粉、标准粉、小磨香油荣获部优产品,高级大豆烹调油,人造奶油,起酥油评为市优产品,产品合格率达100%。企业1987年迈入省级先进企业,1988年被市政府授予"特厂"试验企业,1993年被市政府授予"百强"企业,"放开经营100家单位",同年,被国家国内贸易部批准为大二型企业,经国家统计局考核评价,被列入"中国500家最大食品工业"行列,按利税总额排列位居219名。

(金立格)

【沈阳市第一饲料厂】 沈阳市第一饲料厂是国有现代化饲料工业企业,1993年有固定资产原值1 216万元,厂区面积2.3万平方米,厂内设有铁路专用线。经过几年来的技术改造、现有全价配合饲料、预混合饲料和颗粒饲料3条生产线,年单班产全价配合饲料2万吨,预混合饲料4 000吨,颗粒饲料1万吨。

产品以猪、鸡、牛、鱼、虾等全价配合饲料和颗粒饲料为主,有5大类,30多个品种,注册商标为"盛京牌",奶牛精料补充料和肉用鸡料连年获商业部优质产品奖,鲤鱼颗粒料和蛋鸡料获辽宁省优质产品奖。

工厂坚持"质量最好,价格最低,服务最佳"的生产经营方针,产品实行"三包",备有运输车辆,为用户优惠免费送料。饲料生产车间引进有美国微电脑控制多功能配料秤,预混合系统设备及从荷兰引进和颗粒设备,车间内装有闭路电视监视系统,实现自动控制,封闭式生产,设备先进,工艺合理,从而保证了投料比例准确,预混搅拌均匀,粗细度合理的加工质量要求,饲料配方都是由沈阳饲料科学研究所研制并经专家顾问团审查,再经过对比试验大面积推广后,筛选而定的,具有科学性、先进性、适应性和经济性,其营养成份均达到或高于国家标准。工厂拥有现代化的产品检测手段,所用原料和成品都经严格化验,凡达不到规定指标要求的原料不投产,不合格的产品不准出厂。

近几年来,由于粮食企业转制,国家取消了大量的财政补贴,取消了各种优惠政策,原料完全依靠市场议价购进,使产品成本加大。面对企业负担加重,同行业竞争激烈等诸多困难,工厂本着"视用户为上帝,向管理要效益,靠质量占市场,以新姿迎挑战"的指导方针,不断深化内部改革,转换经营机制,加强科学管理,推进企业进步,积极开发新产品,靠质量创名牌,夺市场,1993年牛料出口俄罗斯,鱼料被评为省级饲料免检产品,占领了沈阳市三分之一鱼料市场。深受用户欢迎。工厂被评为全国商业先进企业并荣获商业部质量管理奖。

(李永发)

供销社商业

【概况】 1993年,沈阳市供销社系统坚持深化改革,转换企业经营机制,大力拓宽经营领域,强化服务功能,以提高企业经济效益为中心,发动干部职工兵分5路奔市场,各项工作取得明显成效,主要经济指标在全省供销系统名列前茅。全系统实现商品销售额26亿元,其中市属企业实现商品销售额14亿元,实现利润2 384万元。

1.深化改革,转换企业经营机制有新进展。一是积极完善承包经营责任制。在所属企业全面推行风险抵押承包，变以法人代表是承包主体为全体职工为承包主体，较好地调动了企业全体员工的积极性。二是小型企业实行社有民营。三是模拟“三资”企业管理试点工作向纵深发展，企业自主权和各种内部配套管理办法得到落实。四是市社机关转变职能、精简机构、缩减人员的工作已初步到位，并组建了沈阳北方贸易集团。

2.积极开拓市场，扩大商品销售。为适应市场经济的需要，市社所属企业先后组建近30家新的经营机构，扩大商品经营领域，新增商品近千种，新增商品销售额达6 000多万元。新涉足的经营领域有汽车、摩托车大宗批发，珠宝玉器及金银制品的加工经销等。北方汽车贸易公司1993年4月份成立，到年末，共销售各种汽车157辆，实现商品销售额2 600万元。同时积极开展总经销、总代理业务，已有近40种名牌商品成为东北地区的总经销和总代理，累计实现商品销售额5 600万元。

3.加快开放步伐，扩大对外贸易。1993年，市属企业普遍开展了对外贸易，收到明显成效，特别是对独联体等国的易货贸易有较大幅度增长。全系统实现出口商品供货总值4 240万元。实现创汇700万美元，比1992年增长35%。同时，重点抓了引进外资工作，主要项目有北方贸易大厦与美国协和集团组建沈阳协和百货(北方)有限公司；中美合资沈阳赛纳汉堡包有限公司，中港合资东泽紧固件有限公司等，共引进外资5 000多万元。

4.农村供销社改革出现了较好的发展势头。基层供销社以“社有民营”为主要形式的产权制度改革基本到位，充分调动了干部职工的积极性。以养殖业、加工业、农副产品三项为主体新的经营格局初步形成。1993年，农村供销合作社实现商品销售额11.9亿元，比1992年增长7.1%；实现农副产品收购1.2亿元，比1992年增长11.1%，均创历史最高水平。通过深化改革，经济下滑的趋势得到遏制，标志着沈阳市农村供销社已开始踏上振兴之路。

（张清义）

【农村供销合作社改革】 沈阳市现有8个县(市)区供销合作社，132个基层社，有职工1.94万人，固定资产原值1.1亿元，商业网点遍布城乡。1993年，通过深化改革，调整产权关系，遏制了经济的滑坡，使农村供销合作社的改革出现了近年来从未有过的发展势头。全年商品销售额实现11.9亿元，比1992年增长7.1%；农副产品收购实现1.2亿元，比1992年增长11%，均创历史最高水平。

1.基层供销社以调整产权关系为核心的企业内部改革有了突破性进展。到1993年末，全市实行“社有民营”的基层社有111个，占全市总数的83.3%；收回退库资金2 522万元，占全部退库资金的50.1%；上缴“两费”1 546万元。产权制度的调整，极大地调动了干部职工的积极性，有效地解决了基层供销社零售柜组多年积累下来的一些深层次矛盾，避免了由于产权关系不清而造成的短期行为和负盈不负亏等问题，对促进企业转换经营机制增强企业活力，尽快摆脱目前基层供销社的经营困境有着积极的作用。

2.县(市)区供销合作社所属公司，以试行股份合作制为主要内容的产权制度改革开始起步。1993年，全市各县(市)区社对所属县以上企业普遍进行了股份合作制的大胆探索，取得明显成效，新城子区物资回收公司、辽中县纸箱厂，通过划分产权，集资入股，已正式转变为股份制企业。企业面貌发生了根本性变化，经济效益大增，实现利润分别比1992年增长14.1%和45.5%。

3.县(市)区供销合作社以转变职能为重点的改革基本到位。1993年，各县(市)区供销合作社坚持把自身改革做为深化供销社改革的一项重要内容来抓，在转变职能上下功夫，促进了县(市)区供销合作社由单纯管理型，向经营、管理、服务型的转变。在机构设置上，坚持从实际出发，本着“精简、统一、效能”的原则，减掉机构25个，精减人员55人，在转变职能过程中，实行了一个机构两块牌。大力兴办经济实体，开拓新的经营领域，培育新增效益生长点。全年，县(市)区供销合作社自身创办经济实体13个，涉及粮油、煤炭、建材、房地产等经营领域，创利25万元。

（张清义）

【市农业生产资料公司】 1993年，沈阳市农业生产资料公司，紧紧围绕企业的发展目标，以提高经济效益为中心，以增强企业活力为重点，全体干部职工进一步认清形势，解放思想，深化改革，转换机制，齐心协力，克服了农资商品流通体制变化带来的困难，较好地完成了各项任务。全年实现商品销售额1.56亿元，比1992年增长11.5%；实现利润306万元，比1992年增长7%；人均劳效24.2万元，比1992年增加1.3万元。各项主要经济指标在连续5年创记录的基础上又登上新台阶。

1993年，市农资公司为增强企业后劲，不断增加固定资产投入，扩大再生产，投资1 400万元，在五爱市场路北兴建了沈阳农资大厦，营业面积5 200平方米，并已投入使用；投资940万元，在沈河区大北街购置3 200平方米营业大楼；投资20万元，延长铁路专用线77米，扩建站台3 000平方米，提高火车到发货能力1.2倍。

市农资公司为适应市场竞争的需要，抓住机遇，乘势而上，走以一业为主，向多领域拓展的路子，积极寻找新增效益生长点。1993年建成并营业的沈阳农资大厦，集酒店、宾馆、歌舞厅于一体，充分利用靠近五爱市场的有利条件，开业以来生意兴隆。同时，利用大厦一楼大厅开办农资交易市场，成为东北地区最大的，较为现代化的多功能交易市场，将有利于加速和搞活农资商品流通，为农资企业获得新的发展发挥应有的作用。

1993年，随着企业的不断发展，职工生活得到进一步改善，全年人均工资收入增加近百元，人均奖金比1992年增长8.8%，住房等其它福利也相应得到改善。

（曲蕊林）

【日用杂品市场】 沈阳市日用杂品总公司是以经营日用杂品为主的批零兼营的中型商业企业，有22个经营单位，职工1 936人。1993年实现商品销售额1.68亿元，实现利润96万元。

1993年，面对市场竞争激烈，大部分网点动迁的不利形势，坚持以市场为导向，以开发开拓为重点，结合总公司现状，提出了“巩固一块，开发一块”的经营战略，使经营工作出现了新的生机和活力，各项工作取得了明显成效。各经营单位在突出特色经营上，把系列化、配套化，做为重点，突出名、优、新、特品种的经营。机械炊具经营已形成了厨房设备、制冷设备、烘烤烙炸机械、包装、配件等17个系列。在经营规模和实力上都有了明显的提高，增强了竞争能力。全年炊具类实现销售5 530万元，比1992年增长16.5%，利润实现260万元，增长20%。

各单位，在抓好经营的同时，注重抓好厂商、用户关系，为各厂家承担总经销、总代理业务，把握市场主动权，已为160多家企业做总经销、总代理业务，并与厂家联合举办各种展销会、订货会、现场操作表演会，据统计，全年召开各种展销会26次，销售1 000多万元。

一些已被动迁的单位，克服困难，扩大销售，采取国有民营的方式各自为战，承包经营，效果明显。如和平分公司在租点经营的同时，全面规划企业发展前景，一是在满洲里投资50万元。成立了星河商场，成为对俄贸易的窗口。二是买地建库房、车库、加工厂，预计每年可节省仓储费用16万元，4年即可收回投资。由于这些单位不等、不靠，利用一切可利用的条件开拓市场，扩大经营减少了动迁带来的损失。

外贸工作加大了力度，先后派员出国考察，寻求合作伙伴，对蒙古开展贸易，预计贸易额300万元。为进一步扩大对外贸易规模，又增加了粮食出口业务，12月份已有172.8吨玉米发往大连，开创了对外贸易的美好前景。

（李勃）

【土产商业】 1993年，沈阳市土产总公司立足发展，坚持深化改革，以经济效益为中心，加快转换企业经营机制，打破传统经营观念，摆脱原有经营模式，抓住机遇调整经营结构，寻求新增效益生长点，克服网点动迁增多、资金紧张、增支因素增加等困难，为重新构造土产总公司经营结构和经营网络，再塑企业形象，脚踏实地，艰苦创业。

1.调整经营结构，摆脱原有经营模式。以市场需求为导向，1993年在择优筛选原有经营品种的同时，开发经营了白糖、汽车轮胎、电视机、小百货、五金建材、水暖器材、劳保用品、工业坩埚等300多个新的经营品种，销售额750多万元。适时调整经营组织，在加强巩固原有经营网点使之再现生机的基础上，增加新的经营网点17个，其中批发单位新增10个，延伸了企业的经营触角。

2.强化营销策略，开发新的经营领域。坚持走少投入、多产出、多收入的道路，开展联营、联销、代销业务，新建立代销户43个，代销额500万元，特别是在重新构造企业经营优势，探索批发企业经营发展新路子，发展总经销、总代理上做了大胆尝试。本着“干一、抓二、看三”的原则，积极采取联建自建相结合的方式，开发房地产项目。实行内外贸并举，努力开展外向型业务，1993年，签订了5项易货合同和1份意向书，总计易货额30万元。

3.挖掘内潜，向管理要效益。努力通过法律武器保护企业权益，挽回经济损失，1993年，胜诉5项官司，总额660多万元，已清回部分货款。加强清理结算资金力度，清回应收款近100万元。年初，响应市政府号召，参加库存积压商品甩卖活动，销售商品原值46万元，收回资金22万元，对松动资金起到了推动作用。加强仓储创收，扩大对外出租业务，提高企业效益，1993年，系统外创收74.6万元，另外，维护企业权益，办理了6处仓库土地使用证，总面积18.6万平方米。

4.转换企业机制，实施配套改革。完善经营承包责任制，采取大额风险抵押承包、销售大承包。“母体裂变”、“社有民营”等承包形式，建立企业新机制。实行干部聘任制，加强领导班子力量，建立干部能上能下的管理制度。改革用工制度。继续实行全员劳动合同制，竞争上岗，优化组合。进一步推动分配制度改革，在批发企业推行销售大承包，在零售企业推行效益比例工资，使职工收入与企业效益紧密相连。

（黄文）

【市干鲜果品总公司】 沈阳市干鲜果品总公司是沈阳市大型果品专营公司。始建于1953年，是集储藏、营销于一身的经济实体。1993年总公司下属10个独立核算单位，有职工2 624人，年销售额7 500万元。主要经营干鲜果品、粮油饲料、干菜饲料、冷藏食品、小食品、蔬菜、鱼肉等农副产品。在品种的选择上，由于顺应了经营发展的趋势，筛选优化，现已初步形成了一业为主、多种经营，相辅相成，有明显经营特点的专业化公司。并开展代储、代运、代销业务。

沈阳市干鲜果品总公司占地面积17万平方米，铁路专用线410延长米。总公司设施齐备，水、电、供热和运输设备充足，仓储设施品类齐全，有适宜储果菜的半地下式通风库8 000平方米，简易库3 000平方米，可储果菜、肉鱼4 500吨的现代化冷库一座。4吨级的食用油罐两座，有2万平方米的货场可同时接纳20节车皮到货，有营业用房1 500平方米。有5 000多平方米的干果加工厂、设备齐全。是全市一流的干果加工厂。

为了充分开发利用总公司存量资产的优势，搞活经济、上规模增效益。市干鲜果品总公司与大东区工商局联建了沈阳市面积最大，设施最齐备的沈阳沈东果菜批发市场（在干鲜果品总公司院内），沈阳沈东果菜批发市场的建立得到了省、市、区领导的高度重视，副省长肖作福亲自提写了场名。目前，市场交易活跃，买卖兴隆，交易额逐步上升，市场已初具规模。

沈阳市干鲜果品总公司凭借存量资产及地理位置的优势，其经济前景广阔，必将发展为连接城乡、经营规模大，设施完善、融经营、服务、管理于一体，集经营、代储，加工于一身的沈阳最大的果菜集散地。

（吴景秋）

石油供应

【概况】 1993年，是沈阳市石油市场加快向市场经济转变的一年。一年来，沈阳石油市场进一步向多元化发展，形成了多条渠道、多家经营、多种价格的局面。

沈阳石油市场的构成主要体现在3个方面：

其一，是沈阳市石油总公司。该公司专门经营石油成品油长达40余年，在计划经济情况下，肩负着整个沈阳地区的汽油、煤油、柴油、润滑油4大类石油成品油的计划分配、购进调拨、储存保管、组织供应的职责。改革开放以后，特别是近年来，石油成品油由沈阳市石油总公司独家经营的局面虽已打破，但其依然承担着沈阳石油市场主渠道的任务。该公司有一支训练有素的职工队伍。有一批专门的技术业务人才，其油库、铁路专用线、油罐汽车、化验、计量、消防等储运设施完备，下设公司、加油站等销售网络遍布全市。尽管多家经营竞争激烈，其油品销售的市场占有量仍在60%以上，对沈阳经济发展和石油市场繁荣起着极为重要的作用。

其二，中国石化销售沈阳公司、东北输油管理局、中国石化总公司辽宁联络部、辽宁省石油总公司。这些单位在计划经济时，为计划管理部门或行政机关，近年先后办起经济实体，发挥其优势，参与市场的经营和竞争。这些单位和油田、炼油厂联系密切，进货渠道通畅，尽管其油品大部销往外地，仍对缓解沈阳石油市场货源紧张起着相当重要的作用。

其三，石化销售和石油公司系统以外的各行各业也开始经营石油成品油。自1992年初到1993年底，仅在《辽宁日报》、《沈阳日报》“企业法人登记通告”专栏注册的沈阳市内新开办的经营石油成品油的公司达763户，其中主营的416户，兼营的320户。其企业性质有全民、集体、联办、股份、私营。这些公司的油品以沈阳为市场起到一定的拾遗补缺的作用，因其在税收、行政管理、企业责任上享受优惠政策，致使沈阳市石油总公司主渠道作用有所弱化。

1993年，沈阳石油成品油市场特点是，先吃紧后疲软。1993年1至7月份，石油市场受1992年下半年全国石油短缺的冲击波影响，全市成品油供求紧张，油价不断攀升。以70号、90号汽油为例，每吨零售最高价分别达到3 280元，3 390元。7月份以后，由于国家加强宏观调控，收紧银根，生产发展速度放缓，加之进口原油和成品油增多，油源充足，销售不旺，市场疲软，油库饱和，油价不断滑落。70号、90号汽油，每吨最低价分别降至2 600元、2 660元以下。其油价落差之大为前所未有过的。

沈阳市石油成品油市场进一步放开，多家竞争局面已形成。据不完全统计，沈阳地区石油主渠道以外各行各业近两年仅新建加油站已超过420个。这些加油站对于搞活市场、方便车辆加油起到了明显作用。但是，也存在一些不容忽视的重复建设、密度过大、油质低劣、计量不准，不利安全等问题。有待进一步规范和维护市场经济秩序，促进石油市场的繁荣。

（吴丹柯）

【沈阳市石油总公司】 沈阳市石油总公司是专门经营石油成品油的大型国有商业企业，承担全市汽油、柴油、煤油、润滑油4大类石油成品油的购进调拨，储运保管，经营销售的主渠道任务。对沈阳市工农业生产和国民经济的发展，起着重要的保证和促进作用。

沈阳市石油总公司下设县（市）区公司及分公司19个，直属油库2个、炼油厂1个，汽车队1个，还有1个负责东北经济区特种油品供应的沈阳特油部。1993年公司系统有职工2 502人，其中各类专业技术人员350人；固定资产净值为4 068万元，其中，本期增长702万元。商品销售总额达7亿元，成品油销量29.4万吨，占全市总需求量的60%多。总公司拥有大中型油库12个，总容积为14.8万立方米；各种生产车辆99辆。其中油罐汽车82辆；自有铁路专用线5条、2 800延长米。拥有加油站37个，另有联营联建加油站20个。总公司还设有石油商品质量检验中心和企业消防队。

1993年沈阳市石油市场变化较大。上半年工农业生产和国民经济发展比较快，社会油品需求上升，资源偏紧，油价直线上升。进入下半年，国家加强宏观调控，由于资金短缺及进口油大量涌入国内，市场销售疲软，价格不断回落。同时，石油经营单位猛增，市场竞争十分激烈，沈阳市石油总公司的主渠道作用明显减弱。总公司领导面对新的挑战，坚持改革开放，搞活经营，加快企业经营机制的转换，实行“巩固主营阵地、开展多种经营”的营销战略，积极开拓市场。到年末，总公司系统新办经营网点99个，使销售网络遍布全市。全年购进总值比1992年同期增长61.9%；销售总值比1992年同期增长24.9%；利税完成2 786万元，比1992年同期增长16.7%。

为适应市场经济，增强企业后劲，一年来，沈阳市石油总公司对两个直属油库的储付油设备和管线，进行了更新改道和技术改造。东陵油库新铺设4条地下输油管线，解决了原管线使用年久锈渗漏的问题。并完成了沈抚地下输油管线至东陵油库段对接工程，对于缓解油品铁路运输紧张，降低油品运输成本和损耗具有实际意义。于洪油库综合改造二期工程竣工投产，又新增储油罐20个，总容积为6 400立方米，增加了润滑油的储存能力。自行研制了油泵多级自动调速发油方式，对东陵油库和于洪油库的付油站进行了技术改造，使付油量提高了一倍。

（黄文海）

物资供应

【概况】 沈阳市物资局是沈阳市政府主管生产资料流通的职能部门，下辖金属材料、机电设备、燃料、化工轻工材料、有色金属材料、建筑材料、木材、物资开发、再生利用、物资对外贸易、生产资料服务、汽车贸易等15个专业物资经营总公司和1个木材综合加工厂、1个职工中等专业学校；从1986年开始，陆续对13个县(市)区和开发区物资局(总公司)实行行业管理。1993年全系统有职工2万多人；占地200.8万平方米，其中仓储占地128万平方米；有铁路专用线35条3万延长米；各种装载、运输设备上千台套。物资经营网点遍布城乡各地，并在国内重点地区和城市设有经销机构。

1993年，沈阳市物资局系统物资销售额首次突破70亿元大关，达79.5亿元，比1992年增长40.9%，创历史最高水平；实现利税总额6 800万元，增长10%。进出口贸易总额达2 180万美元，增长59.6%。年内创办"三资"企业8家，实际利用外资440万美元，比1992年增长28%；设立境外经销机构3家，总投资74万美元，增长2.3倍。

通过近年来的改革开放，物资企业步入市场，参与竞争，企业实力进一步壮大，发展后劲逐步增强，1993年末市属企业拥有自有流动资金上亿元。经营领域遍及所有生产资料，并向消费资料、工业、房地产、社会服务业和实业开发领域延伸，生产资料市场建设也取得了突破性进展。

(姜鸿鹏)

【物资企业转轨变型】 物资企业原有的经营机制是建立在高度集中的计划经济体制基础上的，随着改革的全面深化和社会主义市场经济新体制的确立，这种旧体制束缚企业发展的弊端逐渐暴露出来，迫使物资企业以变应变、兴利除弊，走上了转轨变型的道路，使企业获得了新发展。

1993年，沈阳市物资企业转轨变型的第一步是冲破自身的樊篱，打破专业公司之间的界限，实行交叉经营、多种经营和综合经营，做到"立足物资、跳出物资"在搞好物资主营的基础上，把经营领域延伸到消费资料、工业、房地产、社会服务业、实业开发等领域，走出了一条依托贸易、背靠金融、多元化经营、全方位发展的新路子。

在此基础上，物资企业通过"裂变"经营，广设网点，培育多个经济效益增长点。通过几年的努力，现已基本形成了以沈阳为依托，立足东北、辐射全国的物资经营新格局。

物资企业大力加强基地建设，与大批资源、销售、深加工和资金基地建立巩固的关系，使物资企业长有市场，短有资源，经营有资金，正常经营工作得到保证，企业效益连年提高。

物资企业进一步转换企业经营机制，按照市场经济规律的要求，改革了传统的劳动用工、分配和保险制度。同时注意克服单兵作战的缺点，进一步强化联合协作，集结整体优势，走集团化发展的新路。物资系统第一个企业集团——沈阳燃料集团已于1992年正式成立，通过一个时期运行，效果十分显著，1993年在煤炭价格并轨、补贴取消的情况下，该集团仍实现利润1 000多万元。

1993年底，沈阳市物资企业已经完成了由分配执行型向经营效益型的转变，步入了大发展的新时期。

(姜鸿鹏)

【建设现代化生产资料市场】 沈阳市生产资料市场建设和消费品市场相比，相对滞后，既缺乏形象，又缺乏数量，沈阳中心城市、中心市场的地位与作用远未发挥出来。针对这种情况，1993年沈阳市在生产资料市场建设上，按照"建设大市场、发展大贸易"的要求，着力营构功能齐备、与中心城市匹配的生产资料市场体系，并取得突破性进展。

进一步巩固和完善现货专业生产资料市场。在巩固钢材、木材、机电产品等有形市场的基础上，分别创办了3个汽车自选市场，同时把市场建设与网点建设结合起来，1993年新增网点180多个。专业市场强化管理和服务工作，沈阳钢材市场加强了钢材交易例会和信息服务工作，1993年成交各种金属材料75万吨，使有形市场得到了进一步发展。与此同时，进一步加快市场基础设施建设。为改变沈阳生产资料市场缺乏形象的问题，和外商合资兴建的融交易、信息、服务、娱乐等多种功能于一体的综合性交易大厦——沈阳物海大厦已经破土动工，1993年已完成主体工程，全部工程将于1995年底竣工。大厦总投资4亿元人民币，总建筑面积5万平方米，建成后，将极大地改善沈阳市生产资料市场缺乏形象的问题。

在巩固完善现货市场的同时，期货市场得到了进一步发展。沈阳金属交易所自1993年5月8日挂牌，到9月24日入市交易，仅历时几个月。入市后，交易额逐步上升，最高日交易额达3亿元。沈阳金属交易所是由市政府主办的东北地区第一家金属材料期货市场，是非营利性全民所有制事业法人。交易所实行会员制、保证金制和统一结算制。首批吸收国内43家有影响的大型金属材料生产、经营、消费企业及外贸金融单位作为会员。首批入市的品种有铜、铝、锌、锡、镍、线材、螺纹钢、钢坯等9种金属材料，现已推出了1#铜、特一级铝锭、6.5mm线材、18—25mm螺纹钢的标准化期货合约，使交易效率大幅度提高。交易所实行理事会领导下的总裁负责制，内设综合、交易、交割、信息、结算、策划6个部，为会员单位和投资者服务。交易所设备齐全，引进了美国Wax100、400小型计算机系统，每个席位上装有长途程控电话，并有大屏幕卫星接收装置接收国内主要交易所行情；交易所使用中科院计算所编制的交易软件，并结合实际制定了16个规范性文件，沈阳金属交易所入市几个月来，成交额不断扩大，成为全国日交易额超亿元的主要交易所之一，它形成的价格，正成为东北地区金属材料价格的"晴雨表"，指导着金属材料的生产与消费。交易所的建成，标志着沈阳市现代化生产资料市场建设迈出了重要一步，对充分发挥中心城市物资、资金与信息的集结、辐射功能将起到十分重要的作用。

（姜鸿鹏）

【物资企业深化内部改革】 1993年，沈阳市物资企业从适应社会主义市场经济需要出发，以搞活企业内部微观机制，落实企业经营自主权为重点，大力推进企业内部改革，有了新的发展。

1993年沈阳市物资局直属各企业全部实行了全员合同化管理，企业职工全部参加了社会养老保险统筹和待业保险，其中在燃料、机电、生资3个总公司全面推行了三项制度综合配套改革，在职工中实行了全员合同制和岗位技能工资。企业干部全部实行了聘任制，职工实行竞争上岗，从而有效地克服了企业内部大锅饭，铁交椅的弊端。一些单位还实行了效益工资，销售大小承包，坚持以效益论英雄，重奖有突出贡献的业务员。充分调动了职工的积极性，在多数企业形成了职工能进能出，干部能上能下，分配凭贡献，上岗靠竞争的企业激励、竞争机制。

在企业转换经营机制过程中，首先改变了传统的管理模式，变捆绑经营为裂变经营，先后成立了局属的再生、汽贸等专业公司，各企业也都从市场经济的需要出发，结合本单位实际，实行自我“核”裂变，划小核算单位，纷纷组建新的经营机构，改革传统的经营观念和经营方式，广建网点，坚持一业为主，多种经营，努力向市场经济的各个领域开拓。沈阳燃料集团总公司在市场发生急剧变化，财政补贴取消的情况下，面对竞争激烈的市场，积极深化内部改革，大搞多种经营，经过自我裂变，在全市出现135个经营网点，同时又在深圳、海口、福州、上海等外埠开办了8家经贸公司，多种经营创利已占全部利润的56%。沈阳金属材料总公司改革传统经营习惯，推行均衡经营法并实行内部月审计制度，堵塞了漏洞，促进了经营工作的开展。

根据市场经济的需要，各企业在改革中都合理地调整压缩了管理机构，精简了管理人员，充实扩大了销售队伍。沈阳木材总公司机关纯管理人员由68人下降到30人。沈阳燃料集团总公司机关管理人员由最初的116人压缩到50人，同时又新组建了8个经营实体。1993年在深化企业内部改革中全局累计剥离富余人员1 109人，并给予了妥善安置。

按照市委、市政府的统一部署，在进一步转变机关职能的基础上，沈阳市物资局机关处室进行了调整，由原来的20个处室压缩到10个，工作人员由105名压缩到70名，调整后，机关工作人员求实务实，为基层服务的意识有了明显增强。

（李宝俊）

【物资配送新成果】 1993年沈阳市物资配送工作在1992年的基础上又取得了新成果，全年配送户已发展到471户，其中机电产品配送210户，金额6 515万元；煤炭配送200户，金额7 890万元；硫酸和其它固体化工配送61户，金额84万元，1 148吨。1993年物资配送工作的主要特点是：

1. 扩大了配送范围，变单一配送服务为全面配送服务。沈阳市机电设备总公司过去配送主要局限于较简单的机电产品及有协议的用户，1993年，他们根据市场变化的新情况，实行全面的配送服务，并积极向外埠扩展，对部分商业网点也实行配送。目前，配送辐射面已发展到抚顺、鞍山、辽阳、铁岭、海城、本溪等地。沈阳市燃料集团总公司利用生产多种配煤质量可靠、价格合理的优势，努力增加配送户数，扩大配送量，1993年总计配送多品种生产用配煤30万吨，占煤炭总销量的20%。沈阳市化轻材料总公司新城子液体站专门组织召开了一次有28个厂家参加的硫酸配送会，进一步巩固了老用户，发展了新厂家。

2. 物资配送的力量不断充实，配送工作得到进一步加强。沈阳机电设备总公司在总结多年配送工作经验的基础上，改变了过去松散型送货方式，实行了定线送货，集中送货的办法，既做到了及时送货，又节省了人力物力。机电二分公司将原汽车队改为配送科，配备了专人管理，增设了配送车辆。1993年共组织物资配送送货1 244次，其中用自己单位汽车送货674次，租车送货467次，自行车配送货103次。沈阳燃料集团总公司为了增强配送运输能力，新购进了20台货厢解放车，加强了管理改进了落后的生产工艺，并正在着手筹建一条年产40万吨的配煤生产线。

3. 增强了社会效益，促进了企业经济效益的提高。沈阳燃料集团总公司在对配煤实行配送过程中，各用户对配送的品种煤经烧用后，反映煤炭达到了充分燃烧，锅炉供气稳定，使生产单位节约了煤炭和资金，避免了浪费，防止了单一烧优质煤价格贵，结焦率高，烧坏锅排，损坏设备的不良后果，保证了企业的正常生产。同时，由于煤炭经过混配加工后，使价格下降10—20%左右，从而吸引了用户，增加了煤炭配送量，调整了煤炭库存结构，减少了资金占用，促进了企业经济效益的不断提高。

（李宝俊）

【生产资料市场走势】 1993年，沈阳市生产资料市场蓬勃发展，市场建设步伐逐步加快，全市物资供销企业克服不利因素，积极采取措施，抓住有利契机，组织进货，使生产资料购销总值有较大幅度的增长，全年交易总额为593.7亿元，比1992年增长39.8%，其中销售总值302.2亿元，比1992年增长36.5%，为全市经济发展提供了有力保证。

全年生产资料市场主要特点：

——上半年购销过热与下半年降温成鲜明的对照，全年生产资料市场供需形势大起大落。上半年主要生产资料受投资增长的拉动，需求旺盛，呈逐月热销态势，1—6月份生产资料销售总值为82亿元，较1992年同期增长44.4%。进入下半年，随着国家各种宏观调控措施逐步到位，物资供需形势明显转变，生产资料供需矛盾趋缓，各类物资销售也由过热转为平缓，下半年销售总值始终处于低幅增长的态势，1—

10月增长21.4%,1—11月增长22.4%。

——黑色金属材料、建筑材料及机电设备始终为全年交易热点。年初受生产、基建需求增大的拉动,生铁、钢材、水泥及各种建筑用材成为炙手可热的抢手货,十分热销,尽管下半年物资供需形势逐步趋于平稳,但仍为交易热点,全年黑色金属销售达126.1亿元,比1992年增长82.1%,建材类增长88.9%,均大大高于全市销售总值增长的幅度。

机电设备市场由畅转平。年初,受投资增长的影响,与固定资产投资关系密切的各类机电设备,如起重设备、工业机床、汽车及高精尖的自动化设备极为畅销,到下半年随着国家宏观调控措施出台,热销开始降温,市场相对平稳,全年销售总值增长48.7%。

——进口增加。全市物资供销企业拓宽经营领域,积极筹措外汇,进口各种短线生产资料,以保证全市经济的正常运行,全年从韩国、日本、俄罗斯等国进口钢材、汽车、各种化工产品等生产资料14.6亿元。

——生产资料价格由猛涨向平稳过渡。受市场供求影响,上半年主要生产资料价格居高不下,且一涨再涨,螺纹钢、水泥已达到历史最高价。7月份以后,生产资料价格涨势趋缓,并不同程度地有所回落。其中,建筑用钢材价格回落明显,如上半年俏中尤俏的螺纹钢到8月份,每吨购进价格比6月末下降约300元。随着物资供需矛盾的缓解,到年底生产资料的价格已稳中有降,向合理的水平过渡。

——生产资料市场建设步伐加快。为适应改革、开放、加速物资流通产业发展和市场化进程,全市有关部门通力合作,互相配合,积极建立和培育开放生产资料市场,全年新增各类生产资料市场13个,现正在运行的各类专业生产资料市场已达54个,全年生产资料市场成交总额122.8亿元,比1992年增长22.1%,其中沈阳金属交易所、东北石化市场等一批区域性生产资料市场成交活跃,并已开始由现货交易向期货交易方向发展。 (王盈)

【沈阳综合生产资料市场】 沈阳综合生产资料市场是由木材市场、建材市场、机电产品市场、石化市场四个专业市场组成的沈阳市规模最大的一家生产资料交易场所。市场始建于1992年5月14日,由沈阳市物资局、沈阳张士开发区物资局联合主办、座落在沈阳新北站主楼东大厅。其分市场座落在张士开发区大明湖街。市场总营业面积近1 000平方米,配备洽谈间和电话等办公设施,有近百户大中型生产和流通企业进驻,具有丰富资源和雄厚的实力。市场经营钢材、有色金属材料、木材、建材、石化等产品。可进行现货、期货和远期合约,可开展代购、代销、调剂串换、信息咨询等业务,经市政府批准的沈阳综合生产资料市场管理办公室及工商、物价部门对市场进行管理和服务。市场每周三上午8.30—11.30举办综合生产资料交易例会,并举办信息发布会,市场将定期召开生产资料交易大会,为生产企业提供产品定货会服务。进驻市场的单位,经市场鉴证,将享受市政府赋予的税前按销售额提取3‰—5‰的组织资源补助费;凡在生产资料市场内独立核算的企业,可享受沈阳张士开发区所特有的减免所得税及城建基金等项优惠政策。1993年沈阳综合生产资料市场共实现成交额6亿元,成交量14万吨,为生产流通企业提供供求信息数百万条。

(王蕾)

【铁西工业区生产资料市场】 沈阳市铁西工业区生产资料市场于1992年3月15日正式开业,市场座落在铁西工业区,北靠建设中路,东邻繁华的铁西兴顺商业一条街,营业面积近5 000平方米,市场由铁西区经济计划委员会主办,工商、税务等部门参与管理。市场经营范围主要为机电、石化、金属、医药、建材、橡胶制品、汽车配件等产品,承接环保、机械、电控、化工等技术改造及新产品开发业务。先后有100余家大中型企业进驻市场。该市场设有150部程控电话、写字间、餐厅、电梯、电脑、信息联网、电传、打字、复印等各项服务设施全天候为客户服务。

沈阳市铁西工业区生产资料市场本着为经济建设服务,为大中型企业服务的宗旨,积极为供需双方提供良好的交易场所和快捷的市场信息,同时为促进市场快速健康地发展,对进场经营的企业也给予一定的优惠政策:

1. 凡进入市场经营的企业,3年内根据其每年缴纳的增值税数额,由区财政按照缴入区库的增值税数额预以补贴返回经营企业。具体补贴返回标准是第一年60%,第二年50%,第三年40%。

2. 凡进场经营的企业,3年内可根据每年缴纳所得税数额,由区财政按每年补贴50%返回经营企业。

3. 凡进场经营的企业,3年期满后,视其经营状况对确有困难的企业还可适当延长财政补贴年限。

4. 凡进场经营的企业给予免收一年管理费的照顾。

5. 对进场经营有特殊贡献的企业,可采取一事一议的办法,给予更加优惠的政策。

为树立良好的市场信誉,促进铁西区工业的发展,规定:进入市场经营的单位必须是沈阳市的大中型企业或外埠企业与铁西区区街企业联合经营的单位。为使市场达到一定的经营规模,凡进入市场经营的企业,年销售额一般不低于200万元。

(曹振国)

【沈阳钢材市场】 沈阳钢材市场是经国务院批准,由沈阳市人民政府主办的沈阳地区最大的专业生产资料市场。始建于1987年3月10日。市场位于沈阳新北站对面的沈阳物资贸易中心内,营业面积1 000平方米,有60个洽谈间,进驻、进入单位360个,进驻业务人员500人。经营范围主要有黑色和有色金属材料、冶金炉料、硬质合金和金属制品。场内实行交易公开、资源公开、价格公开、结算方式公开。利用计算机和大屏幕向客商发布资源信息。交易方式为现货和期货二种,市场成交量和成交额以5%的速度递增,市场最高客商量达1万人,1993

年成交钢材77.5万吨,成交额27亿元。分别比1992年提高75%和35%,一跃成为全国八大钢材市场的“龙头”大户。1993年全市工业钢材需用量的70%是从这个市场解决的。8年来,沈阳钢材市场不但缓解了沈阳地区钢材的供需矛盾,而且为探索沈阳市建立有型生产资料专业市场提供了经验,走出了一条立足沈阳,面向辽宁,辐射东北,走向全国的成功之路。目前该市场已成为东北地区最大的钢材策源地。

1993年,沈阳钢材市场实行每周四信息发布例会制度,创刊了《钢材周报》,定期发布市场预测信息,同时,与冶金部、国内贸易部等单位实现了计算机联网,多渠道收集信息及时传递给经营单位。

1994年沈阳钢材市场还要引进期货交易方式,改造现货市场,同时加强各项服务工作促进市场的进一步发展,更好地为沈阳工农业生产服务。

(沈刚)

【东北石化市场】 东北石化市场位于沈阳市皇姑区长江街繁华的北行农贸市场附近,是中国石化总公司与辽宁省政府联合创办的东北第一家大型石化产品与物资交易市场,为全国六大石化市场之一。市场于1992年12月8日正式开市营业,交易方式以现货交易为主,1993年成交金额23.5亿元,成交产品数量88.8万吨,是东北地区石化产品的主要集散地。

市场采用会员制结构,共有会员51家,包括抚顺石化公司、大连石化公司、辽阳石油化纤公司、锦州石化公司、锦西炼油化工总厂、大庆石化总厂、鞍山炼油厂等9家东北地区各大型石化生产企业,及全国各地的石油公司、化工原料公司等各种经销部门42家。会员单位大部分是国家大中型企业,均实力雄厚、信誉良好,是理想的业务伙伴。各会员单位在市场内以经营石油化工产品为主,包括燃料油、润滑油、重油、化工原料、塑料原料、化纤等品种;以经营石化企业所需原材料为辅,包括原油、钢材、设备等。经营品种达上百种,涉及面比较广泛,基本上起到了在东北地区石化行业中大市场、大流通的作用。

市场集物资交易优势和信息优势于一身,可随时收取国内外有权威性的石化产品价格信息、并可反映市场各类成交信息,及各大炼油厂产品出厂价和销售价。市场每周定期出版《每周石化商情》和《石化市场快报》两种刊物,用来反映产品市场行情和产品供求信息。1993年6、9月份市场举行了两次大型信息发布会,为企业的生产经营决策起了重要的参考作用。

东北石化市场交通便利,环境良好。市场为会员配备了微机电脑终端、电话等设备,并提供国际国内长途电话、电报、传真、复印、打字、广告宣传、信息查询、订票、住宿等多种服务,使市场成为具有现代化办公手段、管理较完善的办公场所,深受会员单位、各地客商的欢迎。

东北石化市场政策优惠,资源丰富,交易方式灵活多样,服务优质,是理想的石化产品交易场所,一年多来为振兴石化事业、繁荣沈阳经济作出了应有贡献,1993年被评为辽宁省五大生产资料市场之一。

(吴镝)

【沈阳物资开发股份有限公司】 沈阳物资开发股份有限公司,是国家体改委批准的股份制企业,以经营再生资源为主的大一型企业集团。主要经营范围有:再生资源回收和利用、金属材料、超储积压物资、稀有金属、汽车、汽车配件、五金交电、建筑材料等,企业注册资金5 505万元,经营场地36万平方米,员工5 600人,下设10大经营系列、28个所属公司,5家联营公司、3个中外合资企业和一个生产资料调剂市场。公司先后被国家评为500户最大服务企业之一,国内贸易部优秀企业,被沈阳市政府授予100家利税大户、20家最大商业批发企业称号。

沈阳物资开发股份有限公司始终坚持深化改革、加快发展的方针,充分发挥股份制优势,抓机遇,换机制,争开拓,上台阶,为适应经济发展的需求,制定了“商贸抓机遇,拓展规模;证券抓联合,搭船过海;物业抓基地,借地生财;实业抓高新,高投稳收”。新的发展战略,促进了经济的快速发展。

1.按照专业化、系列化、配套化模式,调整经营体制,建立了10大经营系列,强化了“以全竞争”优势,发展了规模效益。

2.调整生产布局,开辟新经营区域。拓展了黄金首饰等新门类品种经营,打破了行业经营界限,扩大了经营范围,大力兴办工业生产项目,培植新的效益生长点。

3.发挥存量资产的优势,兴办高新产业,走引资改造、引资发展之路,南展北拓、内引外联、借船出海、借边出境,在现有中港、中美、中日合资的基础上,加大对外经济合作力度,广泛招商引资,使外向型经济向高层次、高领域、纵深化发展。

4.强化企业管理机制,严格按照股份制规范化要求运行,大力调整管理机构,建立了精简、高效、统一的管理体系,实行了有利于企业发展的承包和分配办法,完善了激励和约束机制。

5.充分发挥股份公司的资金比较优势,发展大流通、开发大产业,将到位的8 000多万配股资金,投入证券、房地产、外贸、加工、旅游等新产业,加快高新科技产业和老企业技术改造进程,扩大了企业新增效益规模。

1993年,由于公司各项配套措施的到位,企业经营取得可喜成果,创历史最高水平,商品销售额实现8亿元,利润实现3 623万元,分别比1992年增长23.4%和2.18%。

(张玉山)

饮食服务业

【概述】 1993年,沈阳市饮食服务行业通过转换机制、深化改革、开拓经营、强化管理,取得了较好的经济效益。全系统国有企业实现营业收入3.35亿元,比1992年下降14.4%,实现利润1 923万元,比1992年增长14%。其中市属国有企业在10余个网点动迁和各项增支因素大幅度增加的不利条件下，实现营业收入1.47亿元，比1992年下降28%，实现利润688万元，比1992年增长7.3%。

转变体制，组建企业集团。根据党的十四大提出的围绕建立社会主义市场经济体制，加快政府职能转换和沈阳市委、市政府关于有条件的政府专业局可逐步转为经济实体的要求，经市委、市政府批准正式组建沈阳饮食服务集团。为此，重点做了如下准备工作：一是按照以大带小、以盈带亏，方便管理、共同发展的原则，将原属45户企业进行划转、合并，调整为24户企业作为集团核心层、紧密层企业；二是撤销了饮食、服务两个管理型公司，三是抽调部分机关干部领办、创办了四个经济实体；四是在对局机关缩编减员30%的基础上，由行政8个处室调整为5处1室，修订了处室职责范围和集团公司各项规章制度。

调整经营结构，不断开拓经营。一是改善服务条件，提高接待服务能力。投资321万元对和平旅社等7户企业进行装修改造，使市属旅店业带卫生间客房占全部客房比例增加到40%以上；投资1 700万元改建盛京饭店综合服务楼，于1993年8月开工，预计一期工程1994年10月竣工交付使用。二是研制开发新品种。金秋美食节期间，市属12户饮食企业挖掘、引进、创新宴席20余套、菜点24种；冷饮业研制出雪鹿圣代、咖啡饮品大世界、大果、抱冰雪莲等40余个品种，创利润100万元；速冻食品厂生产的老边、北洋饺子、园路元宵、马家烧麦、春卷等5个系列15个品种，不仅占领了沈阳市场，还远销辽阳等省内城市。三是挖掘经营潜力，扩大经营范围。各饮服企业将原来闲置的或适合做门点的临街房改建成商业网点，打破传统的饮服业经营范围，向一业为主、多种经营方向发展。信托业的拍卖和典当有了较快发展，1993年拍卖成交额2 491万元，比1992年增长近2倍，累计典当额5 979万元，比1992年增长近4倍，当品、拍卖品由生活资料扩展到生产资料，由有形商品扩大到奥运金牌、电话号码等无形商品。挖掘生产能力、组织动迁企业创收。园路餐厅动迁后，主动与市饮食速冻食品厂合作扩大生产速冻元宵，局新办经济实体，围绕饮服业开展多种经营，获毛利10余万元；投资530万元开发房地产业，全年开工面积达1.8万平方米，还开展了饮服业管理专业培训，先后联办、兴办了饮服业管理大专班、工人技师任职资格岗前培训班等，全年创收10万元。

加强企业管理，深化企业改革。一是加强了服务工作规范化管理。起草制订了《沈阳市饮食服务工作管理规范》，把企业管理工作逐步纳入规范化管理轨道。二是加强了财务监督与审计管理。通过强化管理，1993在消化近500万元增支因素情况下，实现利润仍比1992年有一定增长。三是以转换经营机制为重点，不断深化企业各项改革。进一步完善了承包经营责任制，对所属企业实行了分档承包联利计奖，对亏损企业实行了减亏承包；引进“三资”企业经营机制，在盛京饭店、和平旅社进行了模拟“三资”企业管理试点，重点在三项制度改革上取得突破。对干部实行聘任制，对职工实行了全员合同制，分配上实行岗位技能工资制，调动了全员的积极性，企业效益明显增长。此外，为了更好地贯彻落实转换企业经营机制《条例》，局制订并颁发了贯彻《条例》的实施细则，为企业转换经营机制提供了帮助。

（庄凤集）

【组建沈阳饮服集团】 为贯彻党的十四大提出的建立社会主义市场经济，加快政府职能转变的要求，根据沈阳市委、市政府关于有条件的政府专业局可逐步转为经济实体的指示精神，结合沈阳市服务业管理局实际情况，按照有利于企业转换经营机制和参与市场竞争的原则，市政府于1993年2月27日批准沈阳市服务业管理局正式组建沈阳鹿鸣春集团（1993年10月8日改为沈阳饮服集团）。即通过强化资产联结纽带，实行资产经营一体化，通过投资控股、参股、在行业内外建立、发展一批国内联营和中外合资企业，使之成为主营饮服业，兼营旅游、商贸、科教配套经营的企业集团。同时保留部分政府职能，一套领导班子，内部机构两种职能分开，行使政府、管理、经营三项职能。具体设置是：

1、政府职能。负责由局对行业行使政府职能和与内贸部、省商业厅及市有关部门的对口业务工作，统计和填报各种行业报表，收集交流市场信息，分析预测市场情况，规范和监督行业行为等工作。

2、管理职能。除负责经营管理好核心层企业外，还要负责对紧密层企业的管理。职现为班子建设、承包发包、国有资产管理和指导企业发展战略的制定等。

3、经营职能。经营饮食、服务业、房屋开发、工业品贸易、外经外贸、科技开发等。

同时，将具有一定规模，实力较强的沈阳饭店、盛京饭店、和平旅社、人民旅社、站前宾馆做为集团的核心层企业，加上自办实体，组建沈阳饮服集团总公司，进行统筹规划，集中投资，建成有形象、有规模的大型企业。

4、党群机构。本着精简高效的原则，按职能分为三摊，一是党群部门，包括党委办公室、宣传、工会、共青团；二是组织部门，包括组织、老干部管理；三是纪委监察部门。

集团总公司性质为全民所有制企业，具有法人地位、独立承担民事和经济责任。总经理为集团的法人代表，受董事会委托，按《企业法》履行总经理的各项职责。集团对核心层、紧密层企业逐步实行统一规划、统一承包、统贷统还、统一进出口，统一任免干部、统一管理资产。核心层企业实行一个法人代表、自负盈亏。集团隶属市委、市政府领导，一个头对市各综合部门，统一对财政承包利润，包上缴，包国有资产保值增殖和统一工效挂钩。

（季春堂）

【盛京饭店扩建工程】 沈阳市盛京饭店是沈阳市服务业管理局所属的较大型企业，地处沈阳市最繁华的商业中心中街地区。现有建筑面积9 400平方米，下设6个经营部，包括日接待顾客1 500余人次的老边饺子馆；85间客房、200多张床位的旅店部；全部引进意大利生产线的冷饮厅和全套进口高级音响、灯光等设施的歌舞餐厅等，年获利150万元左右。其中被评为沈阳市最佳风味食品的老边饺子驰名中外，慕名前来品尝的中外宾客络绎不绝，日营业额达1.8万元。这家企业虽然有得天独厚的地理位置、驰名的品种、优秀的技术人员队伍，但由于企业原有建筑老化，面积狭小，使其优势无法充分释放，既阻碍了企业的发展，又与中街地区大商业的发展不相适应。

随着改革开放的社会主义市场经济的深入发展，根据中街地区统筹规划，为建设一处与这一地区商业发展相配套的多功能餐饮娱乐服务网点，经过对市场周密调查，并就餐饮娱乐业在中街地区的如何布局及市场密集率的论证后，1992年9月19日沈阳市计划经济委员会批准了扩建盛京饭店综合楼的项目。该项目总建筑面积为11 310平方米，其中危房改造3 200平方米。建筑造型为主裙楼结合，高低错落。主楼地上9层，裙楼4层，地下1层。工程分两期实施，第一期工程建筑面积为7 452平方米的东部主楼工程已于1993年8月开工，预计1994年10月对外营业。包括997平方米的商场，5 504平方米的客房，427平方米的附属设施和524平方米的集中空间和地下车库。二期西部裙楼工程建筑面积为4 858平方米，包括商场330平方米、快餐厅212平方米、美发厅75平方米及中西餐厅、老边饺子厅、游艺娱乐厅及其他附属设施4 241平方米。预计1996年3月全部完工并对外营业。

整个工程结束后，不仅给盛京饭店每年增创经营利润536万元，而且这一以东北风味精品为主体，兼营其它风味食品，写字楼、餐饮娱乐相配套的服务设施，对沈阳市的对外开放和中街商业区的繁荣与发展将起到整体配套的作用。

（祝亚明）

【站前宾馆上档次】　沈阳市站前宾馆前身是60年代为适应繁忙的沈阳南站配套服务开办的站前旅社。随着沈阳新北客站的开通，大量客流北迁和改革开放以来第三产业大发展，企业陈陋的设备已明显不适应形势发展的需要，严重束缚了企业的进一步发展，为改变这种被动局面，企业领导班子审时度势，转换脑筋，从市场需要出发，决定对企业进行整体改造，调整经营布局，更新设施设备，为企业全面走上市场添力助威。

1993年共投资160万元，新增装了400部程控电话；装修了接待大堂；改建20间带卫生间的标准客房；架设霓虹灯牌匾并把主楼内外粉饰一新。同时对经营格局进行了总体调整；在抓好主业经营的基础上，成立了“洪聚实业公司”，开拓了彩照扩印、时装、冷饮及锅炉经销4个新项目；与8家市内及外地工商企业开展联合经营，培育新的经济效益增长点。在此基础上，1993年5月26日将“站前旅社”改名为“站前宾馆”、。经过调整与改造，使企业面貌焕然一新，企业形象大为改观，接待服务水平、档次有很大提高，给企业带来了可观的经济效益。1993年企业创利114万元，比1992年增长16.3%，其中新增和改造后利润占利润总额的60%。

（戴连荣）

【参加全国烹饪比赛】　沈阳市服务业管理局系统有6名厨师参加了1993年10月28日至11月2日在石家庄举行的第三届全国烹饪技术比赛东北华北赛区个人项目的比赛，取得了获五金、二银、二铜的好成绩。沈阳市商业服务学校的盛绍维获热菜金牌，御膳酒楼的杨松获热菜金牌、冷拼铜牌；勺园饭店的张健获热菜金牌、冷拼银牌；风味楼饭店的王启阳获热菜金牌；盛京饭店的王儒志获热菜银牌；南轩酒家的王晓获热菜金牌、冷拼铜牌。

（王敏惠）

【天天渔港大酒店】　天天渔港大酒店位于沈阳热闹繁华的北市地区，是集餐饮、娱乐于一体的大型综合性海鲜食府。它是由沈阳穆斯林餐饮有限公司与香港金佳联国际有限公司共同兴办的中外合资企业，隶属于沈阳穆斯林集团公司。自1993年6月1日开业，在短短的时间里，她在沈阳餐饮界已经独放异彩。

天天渔港大酒店投资1 200万元人民币，营业面积近3 000平方米。设有浪漫别致的KTV包房、独具风韵的小宴会厅、优雅抒情的刘伶酒吧、豪华典雅的大型多功能宴会厅、富丽堂皇的总统套房、热情火爆的星光夜总会，为沈城人民提供了一个高档、舒适的餐饮、娱乐场所。

天天渔港大酒店本着“以人为本，服务于人”的宗旨，坚持顾客至上的原则，狠抓软件建设，在服务质量上下功夫，使客人一进入天天渔港就能倍感温馨。该店高薪聘请了数名有多年餐饮经验的港籍厨师，在继承发扬传统粤菜基础上，溶入清真风味。天天渔港首创的清真粤菜、渔家宴把传统的南方饮食文化与北方饮食习惯相融合，成为沈阳餐饮界的一朵奇葩。

天天渔港大酒店开业半年多来先后接待了数万名中外宾客，取得了可喜的经济效益和社会效益。1993年该店先后承担了第三届沈阳国际秧歌节、赈灾扶贫义演大型文艺晚会等大型活动的部分接待任务，受到了省市领导的一致好评，为沈阳创造良好的投资环境做出了贡献。

（李子秋）

【香港美食城酒楼】　香港美食城座落在沈阳青年大街辽宁体育馆院内，是一个中外合资，由港方管理的按五星级酒楼装修的高档酒楼，归属北京香港美食城集团。该酒楼专门接待高级宴会，宴请富商、外宾等；由8名香港管理人员及厨师现场管理，以著名的粤菜风味为主理，菜色可口，足斤足量。

香港美食城酒楼装修豪华，备有先进的卡拉OK设备、舞池及独立洗手间。该酒楼自1992年开业以来，生意稳步上升，回头客达70%。真可谓：“请客不到美食城，客人说你心不诚”。

（张万洪）

【和平旅社青年接待班】 沈阳市和平旅社青年接待班是由10位平均年龄21岁的青年组成的充满朝气和活力的青年班组，承担迎送宾客和电梯服务工作，是旅社的“迎宾第一站，送客最后岗”。

青年接待班自1987年成立以来，注重调动青工的工作热情和向上的积极性，坚持以优质服务为中心，以雷锋为榜样，满腔热情地为宾客服务，在工作中探索规律，掌握规律优化工作，使青年接待班的优质服务工作不断迈上新台阶。几年来，他们先后荣获了中华全国总工会授予的“五一”劳动奖状，市委、市政府“学雷锋先进集体标兵”、团市委“社会主义建设青年突击队”和“学雷锋先进集体”等荣誉称号。

由于班组的特殊性质，青年接待班每隔几年都要有一次人员变动。班组成立至今，尽管人员已换了几茬，可是“爱店、奉献、进取”的班组精神始终没变。他们注重班组的思想建设，教育青年热爱服务岗位，发扬青年接待班的优良传统，把企业的需要当做自己的第一需要，使青年们踏踏实实地在平凡的工作岗位上为企业、为社会倾力奉献。

他们虚心地向有经验的老同志学习，并在工作中摸索经验，逐步提高自身的业务素质。他们练习哑语，学习英语，掌握市内交通线路和机关、厂矿、娱乐场所所在地。在坚持三个服务（站立服务、主动服务、微笑服务）的基础上，又在老同志的帮助下总结出“重点服务、跟踪服务、灵活服务”的经验，并灵活运用于工作实践之中。

他们时刻以雷锋精神激励自己，从小处着眼，从小事着手，把温暖送到每个旅客的心中。他们深夜为旅客送站；帮助旅客寻找失去联系的亲属；为聋哑旅客提供特殊服务；为患病旅客请医送药；为外宾提供重点服务。他们长期关心照顾一位孤寡老人，在老人患病住院期间承担陪护工作，用自己的钱为老人买饭、买水果；他们见义勇为，协助公安人员擒拿歹徒；他们救人急难，挽救过路突发急症的行人的生命；他们积极参加企业的各项活动，承担急、难、新任务，不求任何报酬。他们全方位的优质服务受到了各方宾客的好评，用真诚的心，炽热的情感，感人的行动写下了一篇篇展示和平旅社优质服务的故事。

（陈星）

旅 游 业

【概况】 1993年，沈阳市共接待国际旅游人数83 064人，比1992年增长27.5%。其中外国人55 657人、港澳同胞11 796人、台湾同胞15 367人，比1992年分别增长34%、18.4%、16.7%。

1993年，国际旅游者在沈阳市平均逗留时间为2.86天，比1992年多0.07天。全年旅游外汇收入达2 156万美元，比1992年增长了13.8%。其中商业性收汇310.9万美元，劳务性收汇1 846万美元。

至1993年，沈阳市开发出自然、人文景观200余处，拥有涉外宾馆21座、客房290间，床位5 783张，年平均出租率80%以上；拥有星级饭店10家，拥有旅游的重点餐馆、商场50家，旅游汽车公司4家，各种车辆250多台；建立各类旅行社60多家，其中经营国际旅游业务的一类社3家、二类社13家；经营国内旅游业务的三类社51家。他们与全国20多个省市旅游部门建立了横向联合，同日本、美国、新加坡、香港10几个国家和地区开展了业务联系，向跨地区、跨国界经营迈出了一步。

1993年，沈阳市旅游基础设施建设得到很大发展。“沈阳旅游大厦”项目已取得国家旅游局的立项和资金支持，70万元前期费用已经到位，选址工作已经完成。辽宁省“中华民族故土园”园址确定在沈阳市植物园，并通过国家旅游局的验收，现正抓紧施工前的准备工作。沈阳宏信大夏、沈阳广场两项大型中外合资旅游项目已获得国家旅游局的审核批准。沈阳商贸饭店项目也通过了初审。这些将使沈阳市旅游接待能力得到明显提高。向省旅游局申报，积极将辉山风景区辟为省级旅游渡假区。积极开发旅游商店，从全市旅游商品生产企业中选出10家企业参与全国旅游行业竞争，较好的促进了商品创汇的增长。旅游宣传形式多样化。尤其是利用影视、广告等媒介进行公众宣传联合促销，在《中国旅游报》、《沈阳日报》上刊发宣传稿10余篇，为1992年的两倍。通过组织“银晶杯”1993年全国星级酒店礼仪小姐技艺大赛”、“辽宁省首届奥林匹克青年技能竞赛”等规范服务竞赛活动，很好地锻炼了职工队伍，提高了全行业职工思想素质和业务能力。

交通和通讯设施有较大进展。沈阳至香港旅游包机运营良好。1993年，开辟了沈阳至俄罗斯伊尔库茨克、日本仙台等国际新航线，沈阳至韩国汉城直航包机飞了3班。这些空中航线与沈大高速公路、沈哈公路、沈丹公路等陆路交通互相连结，构成了四通八达的立体交通网络，为国内外来沈宾客基本上提供了游、住、吃、购、娱一条龙服务。

（杨杞）

【旅游宣传】 为在竞赛形式上开创新意，进一步促进宣传效果，1993年3月，沈阳市旅游局与沈阳电视

清昭陵

台联合举办了沈阳市首届“旅游知识电视大奖赛”，凤凰饭店、辽宁工会大厦、中兴宾馆、中山大酒店、天涯宾馆、华星大厦、玫瑰大酒店、金城大酒店等8家主要涉外宾馆参加了比赛。市委副书记丁世发、副市长刘克田等领导和有关新闻单位记者、参赛单位观众数百人到场观看。在凤凰饭店综合厅进行了这次大奖赛以新颖的形式、丰富的内容、轻松的节奏、满意的结果而告结束，凤凰饭店代表队获一等奖，中兴宾馆、辽宁工会大厦获二等奖，其它单位获三等奖，辽宁宾馆获贡献奖。沈阳电视台多次重播了这一节目，达到了宣传沈阳旅游业和旅游知识的预期目的，这也是辽宁省旅游界首次以这种形式进行旅游宣传。

涉外宾馆的闭路电视系统是对外宣传的重要窗口。1993年初，市旅游局召开了有关工作总结会，金城大酒店以其完备的设施，良好的服务被评为先进单位，市旅游局以抓这一典型来促进该项行业工作进一步上档次。

为扩大沈阳旅游资源的对外宣传，市旅游局先后接待、安排了中央电视台《东方时空》摄制组、沈阳电视台等拍摄了“怪坡”等新景区和市内各主要景点新貌的专题片，由电视台播出，介绍沈阳旅游景观。

为进一步加强对外宣传品的出版发行工作，市旅游局先后会同省新闻办公室、市委外宣处召开对外宣传品工作会议，协助上述单位向有关基层单位分配外宣资料额度，开展外宣品评优活动，鼓励各单位八仙过海，各显其能，丰富沈阳市外宣品的种类和内容。市旅游局还在9月份举行第三届中国沈阳国际秧歌（民间舞蹈）节期间，编辑出版了介绍沈阳市旅游业主要方面情况的《沈阳导游手册》（中文版），与1992年印发的《沈阳旅游图》（中、英文版）一起向来沈的海内外游客和各界人士推出，宣传沈阳市旅游业。

沈阳市一些主要旅行社的对外宣传意识也大大增强，除传统的面对海外旅游市场的宣传外，还立足本市，增加对周边地区的宣传活动。通过报刊、电台、街边广告板各种形式宣传自身形象，扩展国内旅游业务，增强了群众对旅游业的了解和对旅游活动的兴趣，使沈阳旅游业出现了良好发展势头。

（田毅）

【旅游资源开发与建设】 近年来，到沈阳旅游的海外旅游者年平均增长率超过20%，而旅游资源供应却发展不够理想，主要体现在旅游景观缺少新意、旅游商品匮乏、大型旅游活动较少。1993年，按照市委、市政府的部署，沈阳市旅游局努力推进旅游资源开发与建设。

1.抓景观建设。由国家旅游局等国家部委联合筹建的主要面向海外侨胞的“拥有一片故土”工程，将在全国建设36处“中华民族故土园”，形成一个全国系列大型旅游景点。初步确定辽宁“故土园”建在山水具全，景色宜人的沈阳市植物园内，该景观将在1994年投入建设。

辉山风景游览区是沈阳市重点发展的5大开发区之一，也是目前较成型的游览区。在国务院批准开辟首批国家旅游度假区后，市旅游局多次与辉山游览区管委会联系，撰写了“关于辉山游览区申报辟为国家级度假区”的请示件，并上报国家旅游局，为辉山游览区的进一步发展创造条件。为使沈阳市旅游资源开发突破市区界限而向周边扩展，形成围绕全城的旅游景区景点，市旅游局组织人力用近一个月时间，对全市各方面资源进行了普查，摸清了脉络，建立了档案，使今后的规划开发工作做到心中有数。市旅游局还先后考察了怪坡游览区、西湖游览区、陨石山森林公园等，还会同省旅游局、省城乡规划设计院考察了法库县，为其进行旅游资源开发规划。

2.抓服务设施。面对日益增加的海外旅游者，沈阳市旅游服务设施已出现供不应求的局面，特别是旅游涉外宾馆，现有21家主要宾馆年平均出租率超过80%，旺季时全部客满，竟使一些旅行社因订不到客房而退掉旅游团。同时，随着沈阳投资环境的不断改善，外商纷纷来沈考察、投资。香港虹胜实业有限公司、嘉里集团、鹏源发展有限公司、扬子开发股份有限公司、新世界集团等及泰国、马来西亚等外商投资或准备投资于高星级宾馆建设，将改变沈阳市尚无高级宾馆的况状。市旅游局积极努力争取国家立项审批，1993年内先后使沈阳广场、沈阳商贸饭店获得正式立项，万豪大酒店、凯莱大厦等也正式上报国家待批。

市旅游局还将筹建大型综合性旅游服务实体——沈阳旅游大厦，1993年初获取了国家旅游局的立项批准和部分资金的支持，70万元人民币的前期费用已到位。该工程正在进一步落实。此外，全市旅游涉外餐馆、商店各增加25家，社会各方面又筹建了一批具有相当水平的餐馆、娱乐场所。

3.抓旅游商品。近年来，沈阳市乃至全国都出现了旅游商品创汇持续下降的情况，与接待海外旅游者人数的增长极不相称。为扭转这种局面，市旅游局对全市旅游商品生产企业进行了调查研究，经大量实际考察，挑选了15家生产畅销商品的企业，作为沈阳市旅游商品生产单位，拟参照国家政策，支持这些企业优先发展，形成沈阳市旅游商品的供应源，其中的10家企业推荐给国家旅游局，参加全国首批定点厂

新乐遗址

竞争，努力争取国家支持，促进沈阳市旅游外汇收入特别是商品创汇的增长。

4.抓旅游活动。沈阳的旅游活动还不够丰富，每年尽管举办了几种灯会、东陵杏花会、北陵荷花会、南湖花展等活动但主要面向国内旅游者，规模、影响不大。限于条件，沈阳市旅游局在1993年尝试举办了“沈阳1993《走红》大型艺术游园会”。这次活动区别于以往活动的最大特点是除了具有观赏性外，还大大增强了旅游者的参与性，在多种观赏、娱乐活动之余，在活动地点——东陵公园内半隐蔽性地藏放了一定数量的纪念品，供旅游者自行寻找，归已所有，大大增强了这次游园会的娱乐性和对旅游者的吸引力。

第三届中国沈阳国际秧歌(民间舞蹈)节在1993年9月如期举行，做为全市唯一的大型节庆活动，市旅游局给予充分重视，年初就通知各旅行社组织客源。并在“秧歌节”的准备过程中，4次派人进京，争取了国家旅游局同意由国际市场开发部参与主办“秧歌节”，这是国家旅游局连续两届参与主办，大大增强了“秧歌节”的对外影响力。

(田毅)

【国内旅游现状】 1993年，是沈阳市旅游业近年来发展速度最快的一年，全市经营国内旅游的第三类旅行社在原28家的基础上，全年又有42个单位提出了办三类旅行社申请，其中批准了36家旅行社允许经营国内旅游业务。随着市场经济的发展，国内旅游市场形势变化很大，由此带来管理工作的亟待加强。针对实行情况，市旅游局从10月份起，对全市当年发展及原先开展经营国内旅游的旅行社，结合《三类社考核管理办法》，本着优胜劣汰，进行了复查整顿工作。截止1993年底，沈阳市三类旅行社共51家。

旅行社的发展扩大，使旅游队伍也不断增强。1993年底，全市三类旅行社在编从业人员为503名，当年组织专、兼职(社会招聘业余的)导游员培训357名，其中收到结业证书的177名，获全省导游资格考试合格证书24名。

为保障国内旅游业的健康发展，沈阳市旅游局会同物价局确定了1993年27条国内旅游线及旅游汽车包车收费实行最低限价，积极引导旅行社在市场经济过程中，运用企业经济杠杆，保证国内旅游市场有价开展公平竞争，从而保证了国内旅游组织接待、服务质量、管理水平的提高，旅游设诉率下降。1993年全市国内旅行社组织接待国内旅游者92 357人次，比1992年增加8 400人次；旅游纯利64.3万元，比1992年增加10.9万元。

(王静)

【加强旅游市场管理】 加强旅游市场管理，是提高旅游业总体素质和发展水平的必要保证。1993年，沈阳市经营旅游业务的单位增加，旅游经济运行环境市场化程度加快，旅游市场出现了一些新情况和新问题；如一些未经旅游行政管理部门批准的单位非法经营旅游业务，甚至组织变相公款出国(境)旅游；有些旅游经营单位超越经营职权削价竞争；有些旅游经营单位不按规定收取外汇等等。根据建立社会主义市场经济的要求，本着纳入轨道、规范秩序、提高素质的原则，沈阳采取了相应的旅游市场管理措施。市旅游局与市物价局联合下发了《关于沈阳市国内旅游线路收费实行最低限价的规定》，较好地控制了一些经营单位降低服务质量，削价竞争的现象。联合下发了《关于加强旅游价格协调管理工作的意见》，对由于宾馆(馆店)、旅游景点随意调价，造成对外报价不稳定的现象提出了解决办法。制定了《关于组织沈阳市公民自费出国(境)旅游和经营旅游业务暂行管理办法》，明确规定，未经旅游行政管理部门批准，任何单位和个人不得经营旅游业务。针对旅游市场出现的问题，市旅游局制定了《关于清理整顿旅游市场的实施方案》，重点清理整顿未经旅游行政管理部门批准非法或变相经营旅游经营单位和超越经营范围的单位以及降低服务标准和发生重大问题的单位。对已发现的非法经营国际旅游业务的7个单位进行了处理。

(刘洋)

【旅游教育与培训】 为了从整体上提高旅游行业从业人员的素质，提高旅游服务质量。1993年，沈阳市旅游局对全市旅游行业职工的教育与培训工作进行了认真具体的规划和落实。首先根据旅游业发展的需要，将以前每年举办一期的专、兼职导游员培训改为两期，接照国家旅游局的要求，先后利用4个多月的业余时间，培训了国内旅游导游人员300多名。其中第一期100名学员已参加了省旅游局的统一考试，有25名获得了合格证书。第二期200名学员经初试合格后发给了定期见习导游证书。既解决了导游员缺少的现状，又在一定程度的提高了旅行社接待服务质量。其次各旅游经营单位也加强了对职工培训工作的组织领导，相继对客房、餐饮、总台等服务人员进行了岗位培训，并配合实际工作广泛开展了岗位技能练兵活动。华星大厦举办了“爱华星综合知识大赛”等系列活动，凤凰饭店开展了“优质服务月”活动，金城大酒店、中山大酒店和中兴宾馆等单位开展了服务技能综合知识大赛。北苑大厦在开展“三化四服务”活动的基础上，通过自培、自讲、自带的方式使基础不同的职工分别得到了有针对性的训练和提高。1993年，全市旅游行业有90%以上职工参加了各种形式的培训。通过培训使广大职工对本岗位服务标准、服务规范和服务程序基本上做到了记得住、说得清、做得到，增强了做好服务工作的业务能力。

(刘洋)

【旅游价格管理】 旅游业是以服务劳动为主的第三产业，旅游商品的价格应与其他商品价格一样，是以社会必要劳动量来决定其价值大小，在旅游市场上进行等价交换。同时，旅游商品供求关系的变化较大，在旅游市场中，旅游需求高低起伏，波动十分大，弹性系数也大。

1993年，沈阳市在调查研究的基础上，放开了全市的旅游价格。同时，为了避免一些经营单位(旅行社)不顾服务质量高低，而只是在收费价格上相互削价竞争这种现象的发生，市物价局等联合下发了《关于沈阳市国内旅游线路收费实行最低限价的规定》。对旅游涉外饭店的收费按国家旅游局制定的标准实行了各星级的最低限价。与此同时，为了保证旅行社对外报价的稳定，防止旅游涉外饭店和旅游景点突然上调价格而影响旅行社的对外信誉，市旅游局还与市物价局联合下发了《关于加强旅游价格协调管理工作的意见》明确了各类问题的解决办法和处理意见，较好地维护了旅游市场秩序。

(孟雪松)

【第三类旅游社考核管理办法】 为贯彻实施国务院发布的《旅行社管理暂行条例》，进一步加强对全市第三类旅行社的管理，维护旅游者的合法权益，促进国内旅游业的发展，1993年，沈阳市旅游局制定《沈阳市第三类旅行社考核管理办法》。

一、考核内容

1.组织管理：旅行社主要负责人必须具有法人地位，经济上实行独立核算，自负盈亏；财务管理制度健全；获导游证书的导游员人数达5人以上，严格执行国家有关法规、政策，自觉接受旅游行政部门的行业管理；积极维护旅游者的合法权益。

2.经济指标：考核营业收入总额、利润总额、全员人均利润额、接待人天数等4项指标。

3.服务质量：考核6个方面。

二、考核办法

三项考核内容设具体考核项目。考核办法采取积分制，各项累加满分为100分，各项得分在60分以上为及格。市旅游局依据平时掌握的情况并结合考核达标情况，按照分高低排列名次，通知其旅行社主管部门。

三、奖惩

1.对成绩优异，排列名次在前三名的旅行社，将作为市年度优秀旅行社，予以通报表场和奖励，并向上级推荐评优。

2.综合平均未达到60分的，视情节限期整改，纠正整顿或吊销旅行社经营许可证，建议工商部门吊销营业执照。

3.综合得分虽在60分以上，但其中有一项不及格的给予警告，限期整改。

4.对在考核中弄虚作假或不接受考核的，视其情节进行严肃处理，直至吊销营业执照。

5.在工商部门注册半年以上，未开展主营业务，吊销旅行社业务经营许可证，并建议工商部门吊销营业执照。

四、考核工作的组织与管理

考核工作由市旅游局组织领导，旅游业营理处负责具体考核事宜。市旅游局将根据国内旅游形势，每年对考核内容进行修订，力求完善，以促进全市国内旅游总体服务水平提高，达到优胜劣汰的目的。

(王静)

【涉外饭店星级评定】 饭店星级制度是国际旅游业的通用语言，是世界旅游发达国家通行的一项制度。以星(★)的多少来标定的一个饭店的硬件档次和服务项目既巧妙地避开了各国语言文字的障碍，而且可以一目了然地使客人对饭店有一个全面的了解，因而星级制度的发展过程中被越来越多的国家和地区所采用。

沈阳市的旅游涉外饭店星级评定工作是从1989年开始的，几年来，全市旅游涉外饭店的管理及服务水平有了前所未有的飞跃，硬件水平也得到了相应的规范和提高，其进步是令人瞩目的。到1993年末，沈阳地区尚无一家四星级以上的旅游饭店、仅有3家三星级饭店、5家二星级饭店和1家一星级饭店。这些中、低档饭店设施设备不标准，服务不规范，管理制度不落实，维修保养跟不上，设备完好率和清洁卫生状况不佳，尤其是在软件方面，与国内旅游热点城市相比差距更为明显。这就需要按照国家统一颁布的标准制定符合各星级饭店运转的操作规程和任务质量标准体系，并引进外国饭店管理集团的管理经验，实施“硬件标准化、软件规范化、管理科学化”的“三化”工程，促进沈阳市星级饭店的总体水平上一个台阶；在条件成熟的情况下，建造一批高星级旅游涉外饭店，从而为改善沈阳市的对外投资环境和促进旅游事业的发展做出贡献。

(孟雪松)

【治理公款出国(境)旅游】 1993年9月20日，沈阳市召开深入开展反腐败斗争工作会议。会上市委决定治理公款旅游问题由市外办、财政局、经贸委、科委、监察局负责，以市外办为主。第二天外办立即召开党组会，认真学习了江泽民同志在中纪委二次会议上的讲话和市委书纪张国光在市反腐工作会议上的讲话，决定把治理公款出国旅游工作作为外办当前一项重要工作抓，集中精力，认真落实。外办为此还成立了工作班子，建立了工作责任制，把解决党政机关干部公款出国旅游做为治理重点。着重对1992年7月至1993年8月出国团组和人员(主要是党政机关干部493批1 268人次，包括通过省、市旅游部门出国的337人)进行了清理。至1993年底，上述期间的出国团体和人员情况已基本核查清整，根据省纪委书记尚文提出的六条区别是否公款出国旅游的政策界限而进行的认定工作基本完成。

市外办先后召集了全市出国归口审核部门负责人会议和财政、经贸、监察、科委等部分领导参加的治理小组会议，汇总情况，查找问题，分析研究，就如何治理公款出国旅游不正之风提出了四条防范措施。主要有：市各出国审核部门要严格按照各自职责范围把好出国两项审核关；坚持组团以5人为度原则，对于出访任务不明确、人员组成不合理的出国(境)活动要坚决停下来；任何出国团组不允许夹带与出国项目无关的机关人员；严格实行向上级部门主管领导请假制度；要控制出国团组的用汇；严禁跨地区，跨部门组团的规定。为使这些措施落到实处，市外办还制定了阶段性目标，并专门组成了检查组，深入各归口审核部门进行整改情况检查。

总的来看，在这次治理工作中，各级部门、单位都能自觉开展自查自纠工作，建立内部约束机制，治理效果比较明显。市反腐工作会议以后，全市共卡住公款旅游出国团组7批35人次，节省外汇8万余美元。

（杨杞）

【辽宁宾馆】 辽宁宾馆是沈阳市的一个比较老的涉外宾馆，1993年坚持一业为主，面向市场展开多种经营，使辽宁宾馆发生巨大变化。经济效益比1992年增长近40%，全年接待内外宾客7 300多人，全年住客率达93%；人均创利达2.5万元。通过股份制和中外合资等形式，创办6大经济实体，敢于承担市场经济风险，同时强化自身的经营调控能力，使辽宁宾馆成为一个班子强、管理严、经营活的充满生机的经济实体。

辽宁宾馆坚持质量，效益同时，抓居安思危，树立风险意识，敢于迈进市场去竞争。1993年以股份制、中外合资等形式建立了中日合资华维现代装饰工程有限公司；辽宁华维电气安装公司；辽宁宾馆丹东沿江开发区经贸公司；辽宁宾馆丹东沿江开发区酒楼有限公司；中外合资辽宁神户之海餐饮有限公司神户之海酒吧和辽宁宾馆工贸实业总公司。这些新的实体已开始运行，并已取得了可喜的成绩与效益。这些举措，不仅使宾馆员工开拓了视野，增加了紧迫感，更为辽宁宾馆发展增添了后劲。

辽宁宾馆经过近年来的不断完善更新，客房宽敞、整洁、舒适、素雅。现代化的设施，合理的布局又使房间尽显豪华气派。现代化的前厅大堂酒吧，风格独特，是宾客游憩的理想之处。规模不同的餐厅风格各异，各具独特色彩，一流的厨师队伍为宾馆提供各式美味佳肴。欧式风格歌舞厅最佳音响，超时代卡拉OK给宾馆一个全新的感受和美的意境，美的陶醉。

（王建伟）

【金城大酒店】 金城大酒店1988年动工兴建，1990年底试营业，隶属于东北金城电子工贸公司，是一幢集宾馆、餐饮、康乐、旅游和商场等于一体的现代大型酒店。酒店外表兰白相映，高耸入云，雄伟气派，总营业面积近3万平方米。酒店拥有国际标准客房（写字间）、套房、豪化套房共248间（套）。房间装饰典雅，风格各异，有回归自然的感觉。16层贵宾套房著称辽沈。开业3年多来，接待过中外宾客30万余人次。有20几个国家和地区的百余个旅游团队曾在这里下榻。酒店餐饮部营业面积2 400平方米，由大、小中餐厅10余处，可同时接纳360人就餐。装饰建筑物的欧式厅、唐宫、梅园、鹤轩等环境优雅，并提供全套的金、银、瓷餐具，服务规范、快捷、高档，小餐厅配有镭射多屏幕卡拉OK伴唱设备，中外曲目多样翻新。由国家特一级厨师主理鲁、辽、粤、川，各菜系菜种，受到宾客的好评。

金城大酒店不但豪华气派而且功能齐全，基本达到了国际酒店的标准。订房接待、住宿结算均实现了微机化；全楼装有中央空调系统，一年四季各服务部位均可达到恒温效果；楼顶国际卫星接收系统，可将10几个国家的卫星电视信号、闭路电视、背景音乐送往楼内每一角落；500门程控电话机的电话可打IDD、DDD电话；商务中心24小时为宾客提供打字、复印、电传、传真服务；24小时供应符合国家卫生标准的热水，确保宾客沐浴使用；自动消防报警和灭火系统，安全防范自动监示器，可使宾客既感到舒适又安然无恙；美容美发室设有日本“新明和”最新美容美发系列设备；国内最先进的浆（干）洗设备和一流的熨烫师可随时将主人的衣物清洗干净；娱乐中心的英式国际标准球台，德国MDM系列豪华健身系列器材，桑拿、按摩、医疗、保健、代办国内火车票、国内国际飞机票，邮递、通信服务；位于16楼的“云梦”酒吧和大堂的咖啡厅昼夜为宾客服务；酒店一、二楼的购物中心可为宾客提供各类商品。金城旅游公司办理国内国际旅游业务，酒店出租汽车队随时可将宾客送达理想之处。

由5个大小豪华会议室组成的会议中心，可接纳280人的各种会议。

（李经）

【沈阳玫瑰大酒店】 1993年，沈阳玫瑰大酒店在上级部门领导下，以经济效益为中心，大胆改革、锐意进取，克服重重困难努力提高服务质量，使企业发生了可喜的变化，经营管理走上正轨；经济效益不断提高。

1993年营业收入实现1 200万元，比1992年增加5%；接待宾客5万多人次，其中外国宾客6 000多人次，接待旅游团队167个。圆满地完成了“沈阳——深圳——香港经贸洽谈会招待会”、“沈阳广场隆重首推仪式”、“香港减灾扶贫义演团”、“辽宁省煤气协会研讨会”等大型接待活动10余次。还接待了来自9个国家和地区的一些政府官员、知名人士及国家有关部委负责人。较好地发挥了“窗口”的作用。为沈阳市深化改革，扩大开放做出了积极的贡献。

一年来，沈阳玫瑰大酒店重点抓了以下几个方面工作：

1. 狠抓领导班子和干部队伍建设，加强思想建设，统一思想、统一认识、统一行动。加强廉政建设，制定了廉洁自律“十二不准”。在党员中开展“广交友、献好计、出大力、创效益”活动，充分发挥党员的先锋模范作用。整顿中层干部队伍，加强了培训工作。

2. 狠抓提高经济效益工作。首先，抓了餐饮部的扭亏为盈工作；其次，抓了客房出租率；此外，还抓了承租欠款的催收工作。

3. 加大力度，实行人事劳动制度改革。首先，按照德才兼备和出生产力的原则，聘用中层干部，应聘21人，解聘7人，被解聘人员占四分之一；其次，合理定岗定员，优化组合，满负荷运转、裁减富余人员100人，一般管理人员由73人减少到31人；第三，改革了工资、奖金等分配制度。

4. 加强硬件建设，改进服务设施，酒店在财力不足的情况下，多方筹措资金，加强基础建设。20层塔楼改建“星河酒廊”，丰富了住店客人的夜生活。

（谭国复）

对外经济贸易

综述

【外经贸综述】 1993年，沈阳市坚持发展全社会大经贸，开拓全世界大市场，努力优化投资环境，大力吸引外商投资，积极发展对外经济技术合作，取得了令人满意的成果。

对外贸易持续增长。1993年，全市自营出口创汇5.4亿美元，为国家计划的103.3%，比1992年增长16.6%。其中机电产品出口1.3亿美元，占出口总额的23.8%。一般贸易出口3.7亿美元，易货贸易出口9 634万美元，"三资"企业出口6 451万美元，机电产品国内中标556万美元。沈阳市在狠抓深化改革，努力增加出口创汇工作中，一是进一步完善承包经营责任制，对承包指标做较大调整，将原来的出口总额、出口收汇、上缴外汇、利润和费用水平、资金占用6项指标调整为出口总额、收汇、利润和国有资产增值四项指标，使承包指标进一步科学化；二是充分发挥"三路"大军作用，专业公司继续发挥了外贸出口的主力军作用，全年出口3.1亿美元，比1992年增长9.9%，占全市出口总额的57.1%；"三资"企业出口创汇6 451万美元，比1992增长81%，占全市出口总额的11.8%；地方外贸公司和自营进出口企业创汇1.7亿美元，占全市出口总额的31%；三是进一步优化出口商品结构。1993年全市工业制成品出口4.4亿美元，占出口总额的80.4%，出口商品950个，比1992年增加69个，其中出口额在100万美元以上的商品为140个，比1992年增加25个。这些商品分别出口到95个国家和地区；四是努力争取自营权和大力推行代理制。1993年，通过努力，沈阳市又有12家企业准获外贸自营权，至此，全市的窗口单位已增加到71家，其中自营企业41家，出口创汇4 638万美元，占全市实际出口创汇8.6%。同时，还推行了代理制，挂牌到各外贸公司被代理的企业达200多家。"一顶帽子"大家戴，一个牌子多家挂的局面已经形成。

利用外资步伐继续加快。1993年，沈阳市共批准利用外资项目1 109个，合同总额为190 270万美元，合同外资额118 035万美元，外资调入为56 494万美元，分别比1992年增长59.9%、30.8%、25.9%、48.0%。新开业投产的"三资"企业287家，累计达到549家。沈阳市在狠抓招商引资，不断提高项目的质量和水平上，一是采取灵活的政策措施。坚持"三放开"的原则，即：放开外商投资比例，放开外资比例，放开国产化比例。坚持"保本地价"的原则，坚持"特事特办"的原则，重点项目实行"政策跟着项目走"。这些灵活有效的政策措施，进一步激发了外商的投资热情；二是坚持不断优化外资结构。1993年，在批准直接利用外资的1 108个项目中，高科技项目占全部项目的9.8%；出口创汇型项目占22.6%；改善投资环境的项目占21.4%，利用外资结构明显优化，房地产、旅游、娱乐等第三产业项目明显增加。1993年批准投资额在1 000万美元以上的项目有25个，合同外资额为25 778万美元；三是充分发挥县(市)、区局和开发区的主导作用。1993年，13个县(市)、区直接利用外资一直保持强劲发展势头，共签项目533项，投资总额达60 887万美元，合同外资额达37 077万美元，分别占全市直接利用外资的48.1%、36.7%、39.7%。1993年，已有10多个国家到沈阳开发区投资项目192个，投资总额7.3亿美元，外资额2.8亿美元；南湖开发区兴办的中外合资企业189家，投资总额2.4亿美元，其中外资额1.4亿美元；四是进一步扩大对外招商力度。1993年，在市政府的统一安排下，沈阳市在国内外举办招商活动达7次之多，使来沈投资的国家、地区和大公司、大客户明显增加，招商活动取得了丰硕成果。通过几次大的招商活动，使全市利用外资规模和项目质量水平都有了明显提高。

对外工程承包和劳务合作日益扩大。1993年，新签工程承包和劳务合作合同33项，合同总额5 300万美元，实现营业额3 813万美元，派出劳务人数3 974人，合同额、营业额、派出人数分别比1992年增长2%、7.3%、7.4%。沈阳市在狠抓放开经营，积极发展全社会大外贸工作中，一是充分发挥"国合"公司外经工作主渠道作用。1993年，"国合"公司充分发挥了工程承包和劳务方面的优势，承揽了一批中小型成套项目和技术项目，总计签订对外工程承包和劳务合同30项，合同总额5 200万美元，营业额3 700万美元，派出劳务人员3 010人；二是进一步扩大"窗口"。通过代理方式，13个县、区和部分工业局、企业等19个单位挂了"国合"分公司的牌子。同时，110家企业通过代理方式，也直接走上了国际外经市场，更可喜的是经过努力，铝镁设计院、煤炭设计院、市建工局海外建筑工程总公司、东电公司等已被国家批准享有外经自营权，使沈阳市外经窗口由1家发展到5家；三是大力开展经贸结合，交叉经营。1993年，"国合"公司坚持以经为主、经贸结合，在承包工程和输出劳务的同时大力开展商品贸易，出口创汇525万美元。各外贸专业公司坚持以贸为主，贸经结合，积极开展海外工程承包和劳务输出。如五矿和技术进出口公司在以贸为主的同时，以技术培训形式分别向日本和泰国派出劳务20多人。

狠抓“桥头堡”建设，大力开发海外市场。1993年，沈阳市围绕海外市场开发和中心网点建设。一是考察了全市驻境外机构经营管理和国有资产管理情况，在分析现状的基础上，提出了调整和加强海外机构管理，进一步完善海外机构规范管理的各项措施；二是代市政府投资995万人民币新建了莫斯科华阳国际经贸公司、纽约沈美国际有限公司、塞浦路斯中沈商达有限公司，并对驻日本大洋公司、比利时沈华公司、汉城万业公司、香港沈港公司给予增资；三是积极组织企业开发海外市场，组织医药、房产等行业的中小型企业到国外考察和商务洽谈80余人次。同时，为企业介绍化工、粮食加工、房地产、电脑等合资合作项目38项。到1993年底，沈阳市已在23个国家和地区建立各种公司、企业和机构60家，派出常驻人员160多人。

（李阳）

对外贸易

【概况】 1993年，受国际市场变化等诸多不利因素的影响，沈阳市对外贸易发展步履艰难。一季度对外出口增长乏力。与1992年同期相比，呈下降趋势，形势十分严峻。全市各外贸企业在困境中拼搏，积极组织对外成交，千方百计扩大出口，到1993年底，累计实现对外贸易进出口总值达8.16亿美元，超额完成了国家下达的计划。实现对外贸易出口总值54 168万美元，完成计划的103.3%，比1992年增长16.6%。其中：专业外贸公司出口值为22 052万美元，比1992年增长7.0%，完成计划的102%；地方外贸公司出口值为12 151万美元，比1992年增长33.3%，完成计划的97.9%；自营出口企业出口值为4 638万美元，比1992年下降18%，完成计划的71.7%；“三资”企业出口值为6 451万美元，比1992年增长81%，完成计划的129%。在出口商品中，初级产品出口10 627万美元，比1992年增长37.8%；工业制成品43 547万美元，比1992年增长12.4%。

1993年，全市出口商品品种为950种，比1992年增加69种，出口值超过100万美元的品种有140种，比1992年增加12种，其中：出口值超过1 000万美元的有4种。玉米（3 050万美元）、铜（1 173万美元）、旅行车（1 492万美元）、金属切削机床（1 204万美元）。出口商品面向五大洲的95个国家（地区）。其中：亚洲32个国家（地区），出口额为28 969万美元；欧洲25个国家（地区），出口额16 679万美元；美洲17个国家（地区），出口额为6 620万美元；非洲16个国家（地区），出口额为6 620万美元；大洋洲4个国家（地区），出口额412万美元。出口比较集中在港澳地区（11 113万美元）、日本（5 662万美元）、韩国（14 050万美元）、俄罗斯（10 350万美元）、美国（5 631万美元），对这6个国家（地区）的出口占全市出口总值的67.9%。此外，还新开辟出口国家12个，主要有越南、塞浦路斯、哥斯达黎加、安得列斯岛等。

1993年，全市实现对外贸易进口总额达到27 396万美元，比1992年增长13.4%。其中：专业外贸公司进口额14 491万美元，比1992年增长15.5%；地方外贸公司进出口额7 228万美元，比1992年增长66.5%；自营出口企业进口额1 334万美元，比1992年下降22.2%。1993年，共从29个国家（地区）进口了142种商品。其中：生产资料进口26 939万美元，占进口总值的98.3%；生活资料进口486万美元，占进口总值的1.7%。进口的主要品种有：汽车散件（1 346万美元）、邮递通讯设备（1 054万美元）、计算机附属设备（1 758万美元）、各种钢材（7 339万美元）、铜精矿砂（1 574万美元）、化工原料（1 665万美元）、纺织服装用辅料（1 153万美元）、医疗机械（1 078万美元）。进口的来源主要有港澳地区（4 596万美元）、日本（5 770万美元）、土耳其（1 217万美元）、韩国（1 335万美元）、俄罗斯（6 212万美元）、美国（2 208万美元）。

（白纯）

【外贸出口】 1993年，沈阳市外贸出口面临一系列的矛盾和困难，各外贸企业广大职工，在诸多不利因素中拼搏，使外贸出口保持了稳步增长的势头。

1993年沈阳市出口完成54 168万美元，为国家计划的103.3%，比1992年增长16.6%。其中一般贸易出口37 527万美元；易货贸易出口9 634万美元；“三资”贸易出口6 451万美元；国内中标556万美元。

在出口总额中：专业外贸公司出口25 475万美元，占出口总值的46.9%；自营生产企业出口4 638万美元，占出口总值的8.5%；地方外贸公司出口12 151万美元，占出口总值的22.8%；中央部委驻沈分公司出口5 453万美元，占出口总值的10%；“三资”企业出口6 451万美元，占出口总值的11.8%。从出口情况看，“三资”企业、地方外贸公司出口增长幅度较大，专业外贸公司仍是出口的主力军。

1993年沈阳市出口商品销往95个国家和地区，其中新开辟市场12个，它们是：越南、塞浦路斯、卡塔尔、加纳、布基纳法索、乌干达、安哥拉、博茨瓦纳、哥斯达黎加、圭亚那、安得列斯岛、汤加。

出口商品按地区划分：对港澳出口11 112万美元，占出口总值的21%；对日本出口5 662万美元，占出口总值的10.5%；对美国出口5 631万美元，占出口总值的10.4%；对东盟六国出口4 076万美元，占出口总值的7.5%；对欧共体出口5 849万美元，占出口总值的10.8%；对非洲国家出口494万美元，占出口总值的0.9%。对香港、俄罗斯、美国、日本出口总值为32 742万美元，占出口总值的61%，可见这四个国家和地区仍是沈阳商品出口的主要市场。

从商品结构上看，1993年沈阳市初级产品出口10 627万美元，占出口总额的19.6%，比重比1992年上升了3个百分点;工业制成品出口43 541万美元,占出口总额的80.4%,比重比1992年下降了3个百分点。

1993年机电产品出口12 894万美元,比1992年增加420万美元,增长3.4%,占出口总值的23.8%。

1993年全市出口商品950种,比1992年增加了69种。其中出口额超100万美元的商品有140个,比1992年增加12个;超500万美元的商品有20个;超1 000万美元的商品有4个,它们是:玉米、汽车、金属切削机床、铜。

1993年沈阳市外贸出口年增长幅度为17.2个百分点,在全国15个大城市中,排列为第九位。

(李艳华)

【外贸进口】 1993年,沈阳市外贸进口稳步增长,全年进口到货27 395万美元,比1992年增加3 243万美元,增长13.4%。其中中央外汇进口610万美元,比1992年增加6万美元,增长1%;贷款外汇进口927万美元,比1992年增加113万美元,增长13.9%;地方、部门外汇进口25 858万美元,比1992年增加3 124万美元,增长13.7%。

全年进口总值中,专业外贸公司进口14 491万美元,比1992年增长15.5%;地方外贸公司进口7 228万美元,比1992年增长66.5%;"三资"企业进口196万美元,比1992年增长59.3%;中央部委驻沈外贸分公司进口4 146万美元,自营生产企业进口1 334万美元,分别比1992年下降23.6%和22.2%。

1993年,沈阳市从29个国家和地区进口了商品,其中俄罗斯、日本、美国、韩国、土耳其和香港等为主要进口国家和地区。

全年进口142种商品,其中100万美元以上的有48个,金额为23 816万美元,占进口总额的86.9%,比1992年增加了34个品种,增加1 231万美元,增长5%。其中进口较多的商品是:盘条、汽车散件、邮电通讯设备、计算机附属设备、一般厚钢板、型材、钢坯、钢锭、钢精矿砂、化工原料、尿素、磷酸二铵、医疗器械、纺织服装用辅料。

进口商品中,按国家要求重点上报的23个主要进口商品,沈阳市有13个,进口额为13 818万美元,占进口总额的50.4%。

进口商品按其用途划分:生活资料进口456万美元;生产资料进口26 939万美元,分别占进口总额的1.7%与98.3%。

1993年沈阳市进口势头看好,主要是在手合同较多,全年累计进口订货总额为26 710万美元,加上1992年遗留合同4 126万美元,在手合同共30 836万美元,比1992年增长5%。合同履约率为89%。

(李艳华)

【对外贸易运输】 中国外运沈阳集团公司是沈阳地区最大的专业化外贸运输机构。下设海运公司、陆运公司、空运公司、船务公司、经贸展览公司、兴运对外贸易公司、汽车运输公司、仓储公司等多家子公司,并在大连港、营口鲅鱼圈港设有子公司。在鞍山、北京、沈阳桃仙国际机场设有办事处。

1993年该公司在沈阳市经贸委、中国外运总公司的直接领导下,紧紧围绕社会主义市场经济这个中心,进一步解放思想,锐意改革,大胆实践,克服重重困难,全面完成了当年外贸进出口运输任务。总货运量达33.4万吨。

社会主义市场经济的新形势,使外贸运输的内外部环境发生了重大变化,也给外贸运输提出了更高的要求。1993年公司从沈阳市发展大经贸,开拓大市场的全局出发,把抓好运输管理,疏通运输渠道,服务和保障全市外贸进出口作为头等要紧的任务来完成。

海运业务方面,充分发挥大连、营口鲅鱼圈两家口岸公司的地缘优势,积极加强同货主、船公司、港务局及其它有关部门的联系与合作,抓船货衔接,为货主提供最佳运输方式。

1993年铁路运输是在艰难的情况下进行的,因铁路部门运力有限,停运情况时有发生,对陆运业务影响很大,在困难面前他们主动与铁路部门密切配合,千方百计提高计划的兑现率,保证了对港澳和苏东等国家和地区的出口运输。

空运业务方面,根据业务发展需要在太原街繁华地区增设了业务代办点,开通了沈阳至北京空运中转的货柜班车。1993年全年收发进出口快件22 797票,比1992年增加了22%,完成进出口运量1 320吨,比1992年上升了32%。

仓储业务,1993年总储量达到2.5万吨,吞吐量达到6.2万吨。1993年年初投资500万元筹建的6 700平方米三层楼库将于1994年投入使用。

为了方便外贸进出口运输,不断增强外贸运输实力,1993年同香港美通船务公司合资成立了沈通国际货运有限公司,同香港三连运输公司合资成立了中发货运有限公司。

(王立奘)

【轻工业品进出口】 沈阳轻工业品进出口公司是享有进出口自营权的专业公司。自1962年开展对外贸易业务以来,遵循重合同、守信用、在平等互利的基础上广泛合作的原则,不断扩大进出口业务,获得了良好的信誉。目前已同60多个国家和地区的客商建立了稳固的贸易关系,形成了固定的销售渠道。

1993年,沈阳轻工业品进出口公司下设12个出口业务部,一个进口部,2个进出口分公司,2个国内销售公司,大连设有办事处,一个外贸包装厂。在法国、秘鲁、美国、俄罗斯、匈牙利均设有办事机构。公司主要经营日用百货、鞋类、箱包及皮革制品、纸张及纸制品、文教用品、体育用品、旅游用品、玩具、家用电器、五金制品、建材、木制品、塑料制品等14个大类商品,采取多种灵活的贸易方式,包括一般进出口贸易代理、合资、合作、易货贸易、补偿贸易、对等贸易、"三来一补"等。

1993年,沈阳轻工业品进出口公司努力开发新的国际市场。主攻"独联体"及东欧国际市场;开发秘鲁、巴西等国家市场。在俄罗斯、秘鲁、美国、匈牙利等国家建立了5个办事处;创办了国际化的合资工商贸公司和商店。一个多层次、全方位的对外贸易新格局已初步形成,公司在稳步发展中求突破。1993年创汇1 850万美元。

(张景坤)

【粮油食品出口】 1993年,沈阳粮油食品进出口公司在深化企业内部机构改革,强化内部的承包管理,进一步转换企业经营机制上做了一些尝试,调动了全体职工积极性,加强了公司的经营管理,取得了一些效果。

进一步强化企业的部门机构和职工队伍。过去公司存在的突出问题是人满为患,人浮于事,干和不干的一个样,使大家的积极性受到很大影响。针对这个问题,公司从机构改革入手,先后搞了两次机构裁减,综合部门人员从59人减少到23人,同时增加了4个业务科。大家能重新认识自己,汲取了教训,受到了教育。平时表现好的同志马上有的科提出聘用,个别人没有聘用的部门,有的自己找出路,有的主动去做力所能及的工作,有的主动要求停薪留职。因此大家感觉到只有努力工作,自己才有出路。综合部门人员缩减,充实了业务科的力量,也降低了费用开支,充分调动了业务科同志的工作热情。

划小核算单位,承包到人,进一步调动全员工作的积极性。公司采取了以副总经理为龙头的三级承包责任制。即:副总经理向总经理承包三到四个业务部;各业务部经理再向主管副总经理承包;业务员根据本科商品的特点,可以个人承包,也可以自愿组成承包小组向科长承包。同时人人缴纳风险抵押金,还制定了奖励创汇、鼓励收汇、重奖盈利的奖励方案,将个人利益与公司的利益紧密联系一起,并且在财会科抽出3个人专管承包,分别对副总经理负责,他们象业务科的一名业务员那样,帮助业务科把好资金使用关,发现问题互相勾通,及时提醒,帮助业务科算帐,当好他们的参谋,收到了明显的效果。过去公司租用3个冷库6 150平方米,每年费用高达500多万元,承包后,改变了原来的管理方法,产品生产出来后,直接入工厂冷库,然后发往大连装船,一年减少冷管费用近百万元。

加强管理,奖惩分明,进一步增强企业的凝聚力和战斗力。首先公司奖罚分明,政策兑现,抵制各种不正之风,真正做到多干多得,少干少得,使大家有奔头,有干劲;其次,加强管理,严肃纪律,对违反公司制度者严肃处理。

通过上述措施,公司员工增强了主人翁责任感,增强了对企业业展的信心。因此,尽管1993年面临很多困难,仍较好地完成了国家下达的各项计划指标,取得了一定的经济效益。

(吴静)

【工艺品进出口】 沈阳工艺品进出口公司是经国家对外经济贸易部批准,享有直接对外经营工艺品进出口业务的专业公司。1993年,公司在经营中遵循平等互利,互通有无的对外贸易原则,利用代理、合资、合营、转口、易货贸易、补偿贸易、对等贸易、三来一补等多种贸易方式,积极发展同世界各国的贸易往来。广开客路,开发新品种,占领市场,并带动沈阳地区一批小型工艺品厂走向世界,为扩大沈阳工艺品进出口业务作出了贡献。全年出口创汇达1 060万美元,比"七五"期间出口创汇总值增长近6倍。

公司经营品种主要有抽纱、特种工艺品、各种人造花、雕刻、玩具、各种工艺品画类、文房四宝、珠宝首饰、灯具等制品、草柳竹藤制品等各种工艺品,纸张品类、箱包类、鞋类、服装类、皮件、搪瓷制品、玻璃器皿等近百种,出口商品远销美国、日本、意大利、法国、德国、西班牙、丹麦、韩国、尼伯尔、荷兰、吉布堤、香港等40多个国家和地区。

(裴军)

【服装进出口】 沈阳服装进出口公司,作为沈阳专业外贸公司从1988年自营以来,为沈阳走向世界、繁荣沈阳经济做出了突出贡献。

1993年,公司全体员工克服困难,努力拼搏,经受住了国际市场不景气,国内资金紧张等诸多不利因素影响的严峻考验,全年实现出口创汇4 373万美元,超额完成计划指标,人均创汇达30多万美元;实现进口总额2 708万美元,取得了出口创汇和经济效益双丰收,被沈阳市人民政府命名为1993年出口创汇明星企业。

沈阳服装进出口公司下设9个出口业务科,一个进口部,一个海外部、一个开发部,在国内设有深圳办事处,在日本、韩国、波兰、俄罗斯和香港均设有办事机构。公司主要经营服装、针棉毛织品。沈阳生产服装和针、棉、毛织品的历史悠久,实力雄厚。有较大规模的服装厂家20多个,从电脑制图、自动裁剪、附衬、缝纫、钉扣到后期整理的石磨、洗水、整烫、定型、包装装潢等都采用了国内外系列先进的技术设备、工艺,为服装生产和出口奠定了先进的技术基础。沈阳制造的服装品种繁多、技术精湛、做工精细、质量上乘、风格独特。高级毛料的西服生产技术和质量国内外驰名。各种服装畅销世界5大洲40多个国家和地区,深受国外客商及消费者的欢迎。沈阳的针、棉、毛织品门类也很齐全,设备先进、做工精细、质量优异。其中提花毛巾被、剪绒浴巾、螺旋浴巾、毛巾等上百个品种,近300个花色产品,图案新颖,其质量在全国行业中居领先地位,全年有几十个新产品销往国外。

随着改革开放的不断深入,1992年,经沈阳市人民政府批准,以沈阳服装进出口公司为核心企业,成立了沈阳服装进出口集团,集团共有77个成员企业,其中6个海外企业、2个直属工厂,基本形成了以服装出口为龙头,生产和经营结合的国际化、实业化、多元化的企业集团。

(姜国军)

【机械进出口】 沈阳机械进出口公司是经国家对外经济贸易部审定核准的经营机电仪产品进出口业务的专业公司。

1993年,公司拥有注册资本2 622万元,120名职员,设有5个出口业务部,一个进口业务部,在国内设有11个分支机构。在泰国、新加坡、印度尼西亚、韩国、美国、巴西、俄罗斯、罗马尼亚、南非、香港等国家和地区设有海外贸易机构。国内外形成了有力的销售渠道。自营以来，公司进出口额连年递增，经营出口的产品已发展到45大类，1 000多个品种。产品出口到60多个国家和地区，与数千家客户建立了友好的贸易关系。

1993年，实现进出口总额4 374万美元，比1992年度增长25%，其中出口额2 154万美元，比1992年度增长5.2%，进口额2 220万美元，比1992年度增长55.9%，成为沈阳市10家最佳外贸企业之一。在出口的121个品种的机电产品中，大品种28个，与1992年相比，出口产品结构不断向优化发展，电视机等深加工机电产品的出口量增加，并且市场逐渐趋向稳定化。香港、东南亚市场出口额占60%，仍然是沈阳机械产品的主要市场，开发美国和南美市场，已初见成效，1993年对美国和南美出口额达312万美元，比1992年增长80%。

（王希奎）

【五金矿产进出口】 沈阳五金矿产进出口公司是经国家经贸部批准在国内、外颇享信誉的专业进出口公司。

公司经营范围广阔，下设10个业务部，2个分公司，4个驻外机构，3个职能部门。1993年沈阳五金矿产进出口公司对外贸易继续稳步发展，进出口总额达到7 480万美元，比1992年增长了34.5%；实际收汇1 902万美元，有偿上缴587万美元，无偿上缴132万美元，应留成外汇1 058万美元，实际留成937万美元；实现利润518万元，费用水平7.05%，资金周转次数4.24。一年来沈阳五金矿产进出口公司在市政府宏观调控政策指导下，自觉按照商品经济规律和国内外市场需要主动经营，积极参与国际分工和国际竞争，各项业务工作都取得了新进展，符合国际经济贸易规范的企业经营机制正在逐步形成。

公司海内外贸易渠道通畅广泛，驻美国、澳大利亚、日本、韩国、印尼、俄罗斯、香港等国家和地区的公司机构方便而热情地为您服务，公司将进一步面向全球其它地区拓展经销网络。

公司正以积极灵活的贸易方式，不断开辟新的经营领域，加强工贸、科贸及贸贸联合，向建立国际化的专业外贸集团公司方向发展。

（李小观）

【医药保健品进出口】 沈阳医药保健品进出口公司是以从事医药、保健品及医疗器械进出口业务为主的专业外贸公司。公司设有医药分公司、保健品分公司、药材分公司、医疗用品分公司、大连分公司、延吉分公司及开发部、苏东部、进口部、经销部、药材综合加工厂等。此外在美国、加拿大、德国、新加坡、韩国、香港等国家和地区也设立了分公司和合作经营机构。

多年来，公司以出口创汇和提高经济效益为中心，遵循重合同、守信用、在平等互利的基础上广泛合作的原则，不断扩大进出口业务规模。到1993年末，已建立了以北美洲、欧洲、东南亚、东北亚为主的多元化市场，同50多个国家和地区的客商建立了贸易关系，形成了固定的销售渠道。为适应形式发展的需要，1993年，公司改革了管理体制和组织形式，改建了4个分公司，制定了分级管理办法，扩大了分公司的权限，从而理顺了企业内部的组织关系。在分配上，采取"包死基数，利润（创汇）提成"的分配方法，使个人所得拉开了档次，进一步强化了激励机制和制约机制。在人员的管理上，鼓励平等竞争，实行择优聘用，充分发挥每个人的自身优势。从而真正实现了企业的自主经营，自负盈亏，自我约束，自我发展的目标，进出口总额由1990年的787万美元上升到1993年的2 023万美元，三年增长了1.6倍。其中出口创汇由1990年的482万美元上升到1993年的1 050万美元

公司经营的范围主要包括：西药原料药、医药中间体、中药材、中成药、保健品、医疗器械及用品、生化药品、卫生材料、滋补化妆品等，以及开展来料加工、补偿贸易、合作合资生产、易货贸易等多种业务。1993年，针对国际医药市场不很景气的情况，公司积极转换经营机制，进一步确定以一业为主，多种经营的方针，在坚持抓好行业内品种的同时，开发了木制品、铸铜、铸铁、铸塑、皮夹克、童装等25个行业外品种，这些行业外品种创汇达225.7万美元。

（潘宁）

【化工产品进出口】 沈阳化工进出口公司是享有直接对外经营权的专业公司。

1993年，出口创汇986万美元，为出口计划的116%，为1992年的130.6%，荣获"93沈阳市出口创汇双杯赛"进步杯一等奖。

公司经营的商品主要有：有机和无机化工原料、石油系列产品、塑料中间体、合成树脂、合成橡胶及其制品、选矿药剂、染料、颜料中间体、农药、医药及其服装、工艺、轻工产品等。

公司设有有机化工、无机化工、染料、选矿药剂、非化工、进口等7个业务部门和计划、统计、财务、运输等4个综合部门，在澳大利亚和美国派有常驻贸易代表。1993年公司有职工92人，其中大专以上的占86%。拥有一批既熟悉外语，又精通业务的外贸专业人才和高、中级经济师。

公司本着重合同、守信誉、服务第一、客户至上的原则，在国内外形成了良好的进货和销售渠道，并享有贸易信誉。随着改革开放的不断深入，1993年，扩大出口市场3个，商品15个，为今后多出口、多创汇、上新台阶打下了坚实的基础。

（杨文永）

利用外资

【概况】 1993年是沈阳市利用外资工作大发展的一年，全年批准利用外资项目1 129项，总投资额为19亿美元；合同外资额为11.8亿美元；实际使用外资为5.6亿美元，分别比1992年增长59.9%、30.8%、25.9%、48%。

1993年全市批准"三资"企业1 108家，投资总额16.6亿美元，合同外资额9.3亿美元，调入外资3.3亿美元，分别比1992年增长

60.3%、27.9%、47.7%、3.2倍。

可以看出，直接投资已成为沈阳市利用外资的主体。“三资”企业在经历了稳步发展阶段之后，1992年开始进入了飞速发展时期，特别是1993年各项指标均达历史最高水平，主要特点是：

1.发展速度快。1993年沈阳市批准“三资”企业数超过11年的总和，平均每天批准“三资”企业3家，创历史最高水平。

2.外资来源广泛。1993年欧洲一些发达国家如荷兰、比利时等首次来沈投资，在沈阳市投资的国家和地区已近40个。其中80%以上的投资集中在美国、日本、韩国、台湾、香港。

3.大项目明显增多。1993年投资额在1 000万美元以上的项目25个，合同外资额25 798.3万美元，分别比1992年增长47%和108%。

4.外方投资比例增大。1992年外方投资占总投资的55.17%，1993年上升到56.4%，说明外商已由初期的试试看转变为真心实意投资阶段。

5.县区发展速度快。县区直接利用外资保持强劲发展势头，1993年县区直接利用外资已占全部项目的48%，成为沈阳市直接利用外资的主体。

6.高科技项目与综合服务项目并举发展。1993年全市的高科技项目占全部项目的9.8%，房地产项目占13.3%，餐饮娱乐占7.7%，说明利用外资带动了高新技术的发展，综合服务功能的增强改善了沈阳市的投资环境。

（张士纯）

【利用外资】 1993年，沈阳市利用外资工作取得了突破性进展。全年批准利用外资项目1 129个，合同外资额11.8亿美元，调入外资5.6亿美元，分别比1992年增长59.9%、25.9%和48%。“三资”企业全年共实现产值61亿元，销售额53亿元，利润总额3.7亿元，分别比1992年增长55.6%、43.2%和35%。1993年利用外资的主要特点是：

外商直接投资已成为利用外资的主要形式。全年共批准成立“三资”企业1 108家，已超过1982年至1992年批准成立“三资”企业的总和。合同外资额9.3亿美元，实际调入外资3.3亿美元；分别比1992年增长60.3%、47.45%和315.9%。平均每天成立3家企业。项目数、合同外资额、实际调入，分别占全部利用外资的98.1%、79.2%和58.9%。

外资投向多在第三产业。在全年新批的1 108个“三资”企业中，第三产业占278家，合同外资额4.2亿美元，分别占项目总额和合同外资额总额的25%和48.3%，均比1992年增长1倍以上。其中房地产业62个；合同外资额约3亿美元；占第三产业的71.4%；占“三资”企业合同外资额的32.3%。饮食服务业88个，合同外资额1亿美元。为发展城市第三产业起到了积极的促进作用。

县（市）区及开发区利用外资发展迅速。1993年，各县（市）区及开发区共兴办“三资”企业701家，合同外资额5.5亿美元，占全市的63.3%和59.1%，分别比1992年增长67.3%和20%，创历史最高水平。其中县（市）区兴办“三资”企业速度更快，全年共兴办“三资”企业533家，合同外资额3.7亿美元，分别比1992年增长71.4%和255.8%。占全市的48.1%和40%。

1993年底，全市已注册“三资”企业2 027家，其中已投产（或营业）的549家生产经营状况良好。全年共实现总产值61亿元，营业额3.8亿元，利税总额达4.6亿元。

（汪英家）

【“三资”企业健康发展】 1993年，沈阳市提出对“三资”企业管理的几点思路，进一步明确各项下放权力的具体内容，分清职责，理顺关系，加强宏观管理，做好微观服务，进一步改善外商投资环境，把“三资”企业管理推向新高度。

到1993年底，沈阳市注册“三资”企业已有2 000多家，开业549家。当年外资调入33 254万美元，比1992年底以前历年的累计调入之和的19 194万美元还多14 060万美元，是1992年调入1 996万美元的4.2倍。在利用外资上沈阳市现已有了质的转变，往年以间接利用外资为主，而直接利用外资额大大超过间接利用外资额。开业企业也迅速增加。1992年底累计开业企业只有262户，现已发展到549户，当年开业户数比1992年底前开业户数还多25家。1993年，全市“三资”企业实现工业产值61.3亿元，销售收入52.9亿元，利税5.4亿元。实现自营出口创汇6 451万美元，比1992年多了2 887万美元，增长81%。

（赵铁力）

海　关

【概况】 随着改革开放的深入，沈阳海关关区（仅指沈阳、抚顺、辽阳、铁岭4市）对外贸易实现了全方位、多元化的发展。在新形势面前，沈阳海关组织全体职工认真学习党的十四大提出的社会主义市场经济理论，将海关总署提出的“促进为主”、“从严治关”两个基本工作方针为扎实的具体行动，坚持狠抓干部队伍建设，坚持深化业务改革，强化打击走私工作力度，为加速关区对外开放做出了贡献。1993年，监管业务量有了大幅度增长。据统计，为1992年前关区“三资”企业总数的84%；监管进出口货物666 426吨，比1992年增长99%；监管进出口集装箱11 808个，增长62%；监管进出境飞机1 336架，增长16%；验放100 775人次的进出境旅客的行李物品，增长22%；监管邮递进出境包裹、印刷品、音像制品1 225 617件，增长10%；办理进出口货物报关单22 256份，增长37%。征收关税19 688万元，征收代征税8 453万元，减免税额56 724万元。查处走私案件22起，案值5 100万元，缴库罚没收入1 567万元。

（唐建平）

【海关干部队伍建设】 海关是国家进出口境监督管理机关，是国家对外开放的窗口。建设社会主义市场经济这一巨大历史任务，给海关建设提出了更高的要求。沈阳海关始终认为：加强以提高人员素质为目的的海关干部队伍建设，是推动海关各项工作发展的基本保证。在1993年中，沈阳海关一是强化了“三个有利于”的政治教育和改革开放的形势教育，以促进干部队伍思想观念的转变和工作作风的改进。二是在全关实行了建立责任机制和激励机制为中心内容的《干部岗位目标管理责任制》。三是结合贯彻中纪委二次会议精神和海关系统廉政工作会议精神，在全关上下进行“刹风整纪”。大力宣扬和严肃处理了几个正反两方面的典型，使反腐败斗争取得了阶段性成果。四是突出了骨干队伍的教育培训工作。先后举办了处长政策研讨班和科长管理培训班。选拔了11名优秀干部入校学习深造。

（唐建平）

【内部机构设置调整】 近年来，沈阳桃仙机场空港进出境航班、旅客、空运进出口货物逐年递增。1993年8月，沈阳海关将驻桃仙机场办事处由科级办事机构升格为处级职能部门，变单纯的旅检任务为独立担负起进出境飞机、旅客和空运进出口货物的监管任务。根据关区监管业务发展的需要，进一步细化了海关监管责任分工，增设了征税统计处，在有关业务处中增设了5个科。

（唐建平）

【深化改革　为开放服务】 国有大中型企业集中，是沈阳关区的一个鲜明特点。1993年，沈阳海关关区对外开放服务的总体工作思路是：深化业务改革，以支持国有大中型企业这个国民经济龙头的发展，带动促进关区外向型经济的发展。一是针对监管业务有了新的发展，而海关工作规章相对滞后这一实际，在全关进行了删繁补缺的建章建制工作。将原有的百余项制度进行清理，修订为64项。它既涵盖了海关监管工作中的业务流程，操作规范，制约措施各个方面，又达到了简化手续方便企业的目的，还进一步堵塞了各监管环节的漏洞。二是以“三个有利于”为考虑问题的出发点，坚持特事特办。在实际工作中针对有的企业受种种因素的困扰一时资金不足无力纳税的困难或是通关程序上或是政策上的问题，沈阳海关为培养企业生产的后劲，采取了“放水养鱼”的政策，灵活变通，特事特办。先后为沈阳金杯通用汽车有限公司、沈阳拖拉机厂、沈阳计算机外部设备厂等30多家企业的进口货物办理了“凭保放行”、“逐税逐放”手续。对进口机修部件数量大、批次多、品种杂的北方航材公司，进行了进口发物集中报关，分散放货的业务试点。方便了企业生产、减少了企业的损失。三是增强服务意识，主动为企业排忧解难。沈阳海关认为，支持关区外向型经济的发展，首要的不是寻找政策上更多的突破，而是要让企业在用好用足现行政策上下功夫。针对有的企业对海关政策规定不甚了解的实际，沈阳海关领导带领有关业务人员深入企业现场办公75次，通过“关长接待日”、“政策咨询台”接待企业领导和接受政策咨询1 800多人次，为企业用好用足政策创造了条件。四是增设监管网点，进行货物分流，加速进出口货物验放。关区对外贸易在全方位、多元化的发展，而“千军万马一条道”的报关方式，成为制约货物通关速度的“瓶颈”。沈阳海关克服人员不足，距离较远等困难，尽可能的增加，“窗口”，进行货物分流。2月份，沈阳海关驻邮局办事处开始直接办理邮递进出口货物的海关手续；8月份，沈阳海关驻沈阳经济技术开发区监管组开始办理驻区企业的海关业务；12月份，沈阳海关抚顺办事处筹备组开始办理抚顺市企业的海关业务。使因进出口货物量增加而造成的通关不畅状况得到了较好的缓解。五是在进出口企业中广泛开展“海关信得过企业”活动，使海关监管与企业自管相结合。通过为22家“信得过”企业培训义务监员，增加“信得过”企业进出口货物直放率等措施，方便了企业的进出口活动。六是帮助企业用好保税政策的优惠，开办保税集团，保税工厂（仓库）。保税工厂是国家对承接进口料件加工产品复出口企业的一种优惠政策，保税工厂进口的料件可享受全额保税。开办保税工厂可以简化海关手续，方便企业生产和合法进出。沈阳海关采用多种形式向企业宣传保税工厂的政策。1993年在认真考核的基础上新批准了沈阳冶炼厂等8家国有大中型企业为“保税工厂”，批准了东北输变电集团为沈阳第一家“保税集团”。至此，沈阳关区“保税工厂”达到了23家，“保税仓库”16个，“保税集团”1家。七是加大科技投入，改善监管手段。面对沈阳关区进出口业务量大幅度增加，商品种类、规格日趋复杂的局面，沈阳海关技术人员经过近半年的努力，研制开发了《沈阳海关计算机网络报关自动化系统》，并于10月份投入运行。运用这一系统，海关的申报、审单、征税、统计等业务现场对所需的数据、资料都可在计算机上提取。既提高了海关依法监管的准确性，又加快了通关速度。使报关业务流程中人工填单、人工查卷等落后作业方式成为历史。

（唐建平）

【加强打击走私工作力度】 走私是一种逃避国家对国际贸易管理非法牟取暴利的严重经济犯罪活动。1993年中走私活动再度猖獗并呈迅速向北蔓延势头。沈阳海关根据党中央、国务院打击走私工作会议提出的“海上抓、口岸堵、陆上查、市场管”总体行动方案，结合沈阳关区反走私斗争实际，加强打击走私工作力度，努力为关区经济发展创造平等竞争的良好环境。

在组织机构方面，沈阳海关积极向市政府建议，成立了“沈阳市打击走私工作领导小组”，在沈阳海关设立办公室，对全市打私工作进行协调。在工作中根据沈阳关区走私活动的方式、特点等具体情况，突出了三个工作重点。一是加强了进出境口岸的反走私查缉：针对近年来通过旅客进出境携带渠道和邮递进出境渠道走私的案件逐年增多这一趋势，加强了对携带、邮递国家禁止或限制进出境的文物、淫秽物品、机电产品走私活动的查缉。先后查获了旅客藏匿国家珍贵文物（共79件），邮递国家珍稀物种标本（共5 000多个），携带机电产品、淫秽物品入境等非法牟利的走私、违法案件53起。二是在货物监管方面突出了对重点商品的监管和海关重点工作环节的监管。针对走私商品种类由过去的日用杂货向内外差价较大汽车及零部件、家电等方面转移这一特点，加强对转关运输货物监管环节的监管和保税货物、特定减免税货物中敏感性商品的监管。查获了在进口货物集装箱中藏匿轿车等机电产品和伪报、瞒报货物品名、数量、规格、价格逃证、逃税及倒卖保税进口的物料，出售特定减免税货物的走私大案11起。三是突出了打击企事业单位法人走私的大案、要案为重点。针对近年来走私活动主体多元化且法人走私比例逐年上升这一趋势，沈阳海关在反走私斗争中坚持以打击案值大、影响恶劣的法人走私为突破口，实施重点打击。查处了法人走私大案12起，1993年下半年，沈阳海关与关区内公安、工商、税务等有关部门协调配合，组织了一次较大规模打击走私联合行动，对遏制关区走私猖獗势头起到了积极作用。

(唐建平)

商品检验

【概况】 沈阳进出口商品检验局(简称沈阳商检局)是国家进出口商品检验局设在沈阳地区的进出口商品检验机构，隶属辽宁进出口商品检验局领导。

根据《商检法》规定，沈阳商检局基本任务有：

一是对重要的进出口商品和检验项目实施强制性的法定检验；

二是对法定检验商品和法定检验范围以外的进出口商品实施监督管理；

三是凭对外贸易关系人的申请办理各项进出口商品鉴定业务。

业务管辖地区有沈阳、本溪、铁岭3市及其所属各县。

沈阳商检局拥有适应开展进出口商检工作的各类专业技术人员，有各种技术职称的检验人员占全局职工的64%。同时拥有先进水平的检验仪器设备。1993年承担900余家生产的出口商品17类502种和400余家进口商品15类280种的检验任务。局内设有粮油、食品微生物、化矿产品、五金钢材实验室和瓦楞纸箱包装、机电安全实验室。可以对粮谷、蔬菜、饲料、植物油、肉食，金属材料、化矿产品、橡胶、塑料、纸箱包装等五大类11个品种的进出口商品化学成分分析，材料性能，微生物进行检测和鉴定，准确地出具检验结果。

1993年沈阳商检局共检验进出口商品13 443批，其中进口商品1 517批，(内沈阳市1 501批)；出口商品11 926批，(内沈阳市11 257批)。收检验费470万元。经检验发现不合格商品144批，均对外出具了索赔证书，为企业挽回经济损失240.6万美元。

(温中)

【杜绝伪劣商品进出国门】 加强进出口商品检验，保证进出口商品质量，维护对外贸易各方的合法权益，是《商检法》赋予商检部门的首要职责。为防止假冒伪劣商品流出国门，影响国家的外贸信誉和造成经济损失，沈阳商检局1993年5月初召开了沈阳地区边贸商检工作会议，宣布了沈阳商检局边贸商品报验、检验的暂行规定，并在实际检验中对边贸出口商品质量严格把关。

沈阳市某公司向俄罗斯出口19 980双雪地鞋，因其鞋舌材质低劣，一拉就断，帮与底粘合不牢，五眼松动，鞋里未缝合等问题被沈阳商检局检验判为不合格商品，不予放行。尽管该公司受到一定经济损失，担维护了国家的外贸信誉。

沈阳商检局年内共堵住向周边国家出口的粗制滥造的床罩1 300条；色差挠毛不均的全棉裤2 100条；鞋底开裂，同双鞋色差，大底长短不一的牛面工作鞋17 000双；包装陈旧，零部件严重变形的自行车570辆，以实际行动维护了国家外贸信誉。

为维护国家与企业经济利益，沈阳商检局对进口的商品也本着实事求是的原则秉公检验，使出具的索赔证书公正、合理，经得起检验。特别是聚氯乙烯残留氯乙烯含量严重超标一案向日本信越化学公司出具的索赔证书经受了技术谈判的考验。

沈阳久利塑料管材有限公司经烟台外贸通过伊滕忠株式会社从日本信越化学公司进口2 010吨聚氯乙烯树脂原料，经商检局检验其残留氯乙烯单体含量高达12.2ppm，而合同规定其含量不得超过5ppm。日方商社和公司的代表就索赔证书与沈阳商检局进行了技术交流。由于检验人员准备认真，出具的材料翔实，法律依据充分，实验数据准确，日方代表承认我方的证书、准确、公正和可信，经谈判，日方认赔2万美元。

(温中)

【贯彻商检法规、发挥职能作用】 《商检法》是商检部门对进出口商品实施检验的法律依据和法律保障，1993年是《商检法》颁布实施4周年，为深入贯彻落实商检法规，沈阳商检局做到了三个“坚持”和三个“不断”，取得了较好成效。

一是坚持对内抓好检验人员《商检法》及实施条例教育，不断提高执法人员业务素质。有计划的采取大会宣讲、出板报宣传、发学习资料、办学习班、开案例分析会、定期测验考核和开展商检知识竞赛等形式，组织检验人员深入学习，加深对《商检法》及实施条例的理解，增强了法规意识，提高了把关与服务能力。

二是坚持对外做好《商检法》的宣传工作，不断增强外贸和企业的守法意识。为对外做好商检法规的贯彻落实工作。1993年沈阳商检局召开业务会和办培训班16次，对企业和外贸约2 000余人进行了商检法规和业务培训。使参加会议和培训的人员了解和掌握了商检法规的内容和规定，增强了守法意识。

沈阳飞机制造公司进口的40多批，1 100余万美元的商品，由于能主动与商检局密切配合，检验出5批不合格，索赔金额3万美元。沈阳第一机床厂、中捷友谊厂、第一砂轮厂等企业，由于能认真学法、守法，对外贸易得到较大发展，他们的产品出口到50多个国家和地区，创汇约达1.2亿美元，未发生对外理赔事件。

三是坚持搞好基础建设,不断完善执法手段。为使执法手段适应国际科技的发展和国内检验市场的需要,沈阳商检局在不断完善原有理化实验室的同时,在上级局的支持下,又先后投资150万元购进一批先进的检测仪器设备,建立了微生物实验室,包装实验室和机电安全实验室,使检验手段日臻完善,检验水平明显提高,检验结果更为准确。提高了商检信誉,维护了对外贸易有关各方的合法权益。

(温中)

【强化优质服务】 面对未来检验市场的竞争趋势,1993年沈阳商检局积极向检验人员灌输"谁能提供优质服务,谁将占领市场,拥有客户"的竞争意识。在全面贯彻国家商检局提出的"四落实,两管理"过程中,积极协助生产经营单位提高出口产品质量,优质高效地为生产、经营单位服务,受到了各方面好评。

沈阳包装制品厂为某公司定做对俄罗斯出口的苹果包装箱2万套,沈阳商检人员对已生产出来的部分纸箱检验时发现,其抗压强度低,压痕线折叠裂纹现象严重,系原材料质量问题,商检人员向该公司提出了更换原材料重新生产的建议,但使用单位的领导却强调更换纸箱原材料会造成费用过高,而且车皮计划已经批下来,重新生产怕时间来不及。为了用事实说服用户单位,进行了现场装载试验。面对滚落满地的苹果,用户心悦诚服地接受了建议。更换原材料后,商检人员积极配合加工单位争时间,抢速度,生产一批检验一批,保证了用户按时发运。

沈阳某公司用价值近20万美元的羽绒服、旅游鞋从俄罗斯换回的盐渍干羊皮,经商检局检验发现,该批货为春夏宰杀的无羊毛的多年陈羊皮,皮面刀痕多,有虫蛀,部分已腐烂变质失去韧性,数量缺少近3万张,规格小于规定尺寸,在时间紧,工作量大的情况下,商检局各处室通力合作,积极配合,放弃了节日休息时间,仅用3天时间完成了接受报验、抽样、检验、出具品质、数量证书的全过程,为该公司挽回经济损失达200万元人民币。

沈阳胶鞋总厂向美国出口43 200双篮球鞋,经商检局检验,因不符合合同规定,被判定不合格产品,为避免其逾期交货,蒙受经济损失,检验人员深入整理现场,直至工作到次日清晨,使发运按计划进行。事后,检验人员对其存在问题进行了分析,帮助查找了原因,提出了改进建议,这种在质量把关中,热情地服务的工作作风,受到了经营单位的好评。

(温中)

【开展外商投资财产鉴定】 沈阳商检局1992年首次对沈阳某娱乐公司与日本某株式会社共同投资在沈阳兴办娱乐有限公司财产鉴定为中方挽回超百万元经济损失,在社会上产生了积极的反响。为严防外商以设备作投资,使用投机手段故意抬高价格或以旧顶新,以次充好,以少冒多,造成虚假投资,损害国家经济利益。1993年沈阳商检局进一步加强了对外商投资财产鉴定工作的宣传力度。主动走访各市会计师事务所,对辽宁商检局与财政厅联合下发的《关于外商投资财产检验和验资工作的若干规定》的执行情况进行调查研究。同时在广播电台、电视台、报刊上先后发表12篇讲话、文章、宣传介绍有关外商投资财产价值鉴定工作的意义、作用,收到了较好的社会效益。

沈阳市会计师事务所在其编的《三资企业验资准备事项简介》一书中明确规定:"外商实物投资应提供商检机构的价值鉴定证书,并以商检机构出具的价值鉴定证书确认的价值为合理的现有价值。"

1993年沈阳商检局共受理外商投资企业财产价值鉴定业务92批,已结案73批,经鉴定发现外商报价与实际价值不符的28批,虚报价批占鉴定批数的38%,压低外商虚报金额123万美元,为国家和企业挽回经济损失。

沈阳某仓储联运中心与美国某实业开发有限公司合资开办"沈阳××高磁器件加工有限公司"。美方以作价12.1万美元的台湾产电火花打孔机械及部分设备备件做为其投资资本,设备运抵沈阳后,经商检局鉴定人员深入细致的工作,掌握了同类设备在台湾的市场价格仅为美方发票价格一半的一手资料后,将该批设备的价值鉴定为6.1万美元,较美方发票刊明价格12.1万美元减少6万美元,减少幅度达49.6%。

沈阳某皮鞋厂与韩国某制鞋会社合资兴办"沈阳××皮革制品有限公司",中、韩双方各投资30万美元,韩方以制鞋设备及部分制鞋原料做为其全部投资资本,经商检局鉴定人员查验,其运抵沈阳的制鞋设备、办公用品均为旧货,且无名牌、产地、生产厂家、规格型号、制造日期不详,原材料数量缺少,商检鉴定人员进行了广泛的市场调查,查阅了大量资料,采用成本法进行鉴定,最终鉴定结果价值为181 685.2美元,较韩方发票刊明价格减少118 314.8美元,减少幅度达39.5%。一年来,通过外商投资财产鉴定还先后为沈阳某电器有限公司挽回6万美元损失;为沈阳某建筑公司挽回5万美元损失;为沈阳某贸易大厦挽回3万美元损失;为沈阳某厂挽回1.5万美元损失;为沈阳某宾馆挽回11.7万元港币损失。

(温中)

财政·税收·金融

财　　政

【财政收入】 1993年,沈阳市财政收入完成452 751万元,为年度预算的113.08%,比1992年增长22.2%;扣除投入产出总承包企业实行"收支两条线"超基数上缴收入,比1992年增长15.5%。在总收入中,市本级收入完成332 491万元,为年度预算的108.04%,比1992年增长16.66%;县(市)区级收入完成120 260万元,为年度预算的119%,比1992年增长31.88%。主要收入项目完成情况是:

1、工商税收完成426 593万元,为年度预算的114.15%,比1992年增长26.05%,可比口径增长18.7%,其中产品税、增值税完成149 852万元,为年度预算的108.66%;比1992年增长17.28%;营业税完成152 084万元,为年度预算的124.66%,比1992年增长38.52%。

2、农牧业四税收入完成6 018万元,为年度预算的116.9%,比1992年下降1.33%。其中:耕地占用税完成1 135万元,增长11.93%;契税完成749万元,增长35.2%;农业税灾情减免增加,相应减少了收入。

3、企业收入退库10 498万元,为年度预算的178.08%,比1992年增加退库10 888万元。其中:(1)工业企业收入完成6 676万元,为年度预算的97.56%,比1992年下降38.72%。一是生产资料价格上涨,各种费用增加,可比产品成本以两位数的速度上升;二是国家采取整顿金融秩序,控制信贷规模,资金周转相当困难;三是从1993年7月1日起,实行新的财会制度,改变成本核算办法,长期利息计入财务费用、加速折旧等因素影响,影响利润近2.5亿元。(2)商业企业收入完成2 620万元,为年度预算的87.48%,比1992年增长8.4%。主要是市政府调整了对商业企业适应社会主义市场经济的政策,实行比例工资,减亏承包等办法,有效地促进了商业企业的发展。到1993年末,上述企业实现利润比1992年增长61.84%,减亏24.18%。全市国有商业实现销售额增长18.2%,实现利润增长72.7%。(3)粮食企业亏损退库2.04亿元,为年度预算的123.79%,比1992年增加退库3 818万元。1993年粮食商业企业亏损1.5亿元,比1992年减亏3.4亿元。主要是粮油价格放开后,各部门克服单纯依靠财政补贴过日子的思想,严格控制经费支出,压低费用支出水平,除利息支出比1992年增长外,其余指标均下降。增加财政退库的原因是支付了专储粮利息补贴,抢险保粮支出和省专项补贴。

(王波)

【财政支出】 1993年,沈阳市财政支出预算为19.55亿元,康平、法库两县划入沈阳市后,支出预算相应调整为20.4亿元,执行中,增加了中央、省专项拨款以及动用1992年结转和结余资金等,支出预算相应调整为342 496万元。执行结果,全市财政支出完成283 355万元,比1992年增长11.1%,扣除投入产出总承包列收列支,可比口径增长7.18%。

1、基本建设支出完成12 323万元,为调整后年度预算的64.73%,比1992年下降5.45%。基建支出主要用于辽中、新民、浑河灌区水利设施建设,通过"两高一优"科技应用,良种繁育;教育学院、师范学校、沈阳大学教研基地建设;市急救中心、口腔医院等医疗卫生设施改造扩建;沈海热网工程续建,装备司法、公安设施以及还贷,利息等。

2、企业挖潜改造支出完成3.99亿元,为调整后年度预算的66.65%,按可比口径比1992年下降3.69%。重点安排了国家给予2.5亿元资金的投入使用,支持了沈阳机床数控二期改造,大型装载机工程以及高新技术产品开发和为提高整体生产水平所进行的结构调整。继续支持张士、南湖科技开发区和蜡化学工程改造等。

3、城市维护费支出完成2.8亿元,为调整后年度预算的81.66%,比1992年增长11.3%。民用住宅竣工交付使用270万平方米,回迁安置居民2.5万户,人均居住面积增加到6.16平方米;文艺路、光荣街、云峰街等6条道路改造全部完工并交付使用,对缓解和分流市内交通起了重要作用,南二环路东起马官桥西至砂山街已全面拓展,中环路至长青立交桥实现了直线桥体通车;大伙房二期引水工程基本完工,新增日供水能力20万吨;沈西煤成气源日供气能力达到8万立方米,16.5万立方米干式罐工程,液化气搬迁工程完成前期准备;更新改造的250台公交车辆已上线运营,邮政、电信工程也有了新的发展。

4、支援农村生产和农林水利事业费支出完成1.4亿元,为调整后年度预算的75.35%,比1992年增长10.72%。支农支出主要用于新民、辽中、于洪等县(市)区农业综合开发,改造中低产田,在沈阳市中部71个乡镇实施发展粮食专项计划;进一步推广农业先进科学技术,实行农机统种分管,更新农机具;扶持乡镇企业出口创汇,贫困地区脱贫治富;加速了沈阳市浑河、蒲河、辽河等河道整治和防洪岁修建设。并为康平、法库两县农林牧副渔的全面发展,农业生产科学化提供了资金。

5、文教卫生事业费支出完成6.5亿元,为调整后年度预算的99.47%,比1992年增长14.06%。其中教育事业费支出完成4.1亿元,为调整后年度预算的99.99%,比1992年增长20.62%。教育事业费增支除支付人员经费增长和康、法两县划转沈阳市增加的支出外,市、县(市)区及社会多方筹措资金用于专款投入9 736万元,改善了中小学的办学条件。其中翻扩建校舍8.8万平方米,大中修校舍25.9万平方米,更新维修锅炉128台,更新维修暖气管道12.4万延长米。购置教学仪器设备150余种、20万台(件),图书170万册,微机939台,新增语音设备58套,为30所农村中学的实验室进行了装修,为实现沈阳市中小学教学现代化、电气化提供了资金。

6、行政管理费支出完成2.01亿元,为调整后年度预算的99.91%,比1992年增长8.15%。

7、公检法支出完成16 962万元,为调整后年度预算的99.72%,比1992年增长17.32%。

(王波)

【国有资产管理】 1993年底,沈阳市1 666户国有企业国有资产总量107.7亿元,其中,工交建企业资产存量75.1亿元,占全部资产的69.76%;商粮贸企业资产存量17.9亿元,占16.62%;农林企业资产存量4.4亿元,占4.12%;城市公用企业资产存量10.2亿元,占9.5%。

1、国有资产产权登记。国有资产产权登记工作经过一年多的实际运作与广泛宣传,在工商行政管理部门的配合和1992年全面登记的基础上,又办理市属新开办企业国有资产产权登记2 400户,为中央驻沈企业办理产权登记53户。

2、行政事业单位财产清查登记。根据国务院清产核资领导小组的统一部署,共对全市清查范围内的3 381户行政事业单位进行了全面彻底的清查。清查出盘盈资产6.96亿元,占清查后全部资产的9.76%;通过所有权界定,使国有资金由原来的48.4亿元增加到清查后的49.01亿元。

3、清产核资试点工作。按照国家统一部署与《沈阳市1993年清产核资扩大试点工作实施方案》的要求,对经国务院清产核资小组批准列为试点的沈阳矿山机器厂等12户企业进行了全面的清产核资。清查后,12户试点企业的资产为50.79亿元,清查前帐面价值增加749万元,其中,固定资产重估后净值为17.22亿元,比清查前12.49亿元增值37.86%。

4、资产评估。1993年,对全市4家机构颁发了资产评估许可证书,全市共评估立项454项,比1992年增加164项,资产确认353项;被评估前资产帐面价值52.2亿元,评估后确认价值75.8亿元,增值率为45%。评估内容涉及资产产权变动中的资产出售、拍卖、转让、合资、承包、兼并、股份制试点等诸方面经济行为。

5、股份制企业试点工作。截至1993年底,全市股份制企业试点评估立项34项,资产确认36项,核实国家股股本金47.9亿元。共计委派国家股股权代表10人。

6、组建资产经营机构。为适应经济体制改革的需要,逐步完善沈阳市的国有资产管理体系,1993年初,分别组建了沈阳资产经营有限公司与沈阳证券登记有限公司。

7、国有资产大检查。1992年11月至1993年2月份,从基层单位借调30人,组成了7个组,对36户企业进行了国有资产管理大检查。违纪金额共计上缴1.76万元。

8、国有资产管理工作培训。1993年分别与沈阳市审计事务所、沈阳市科技干部管理学院举办了2期资产评估培训班,参加培训人员140人。为健全资产管理机构,完善资产经营管理体系,和世界银行贷款评估团多次介绍情况,争取国有资产经营管理培训贷款25万美元,已基本达成协议。 (李辉)

【税收、财务、物价大检查】 根据国务院的统一部署,沈阳市1993年税收、财务、物价大检查工作,从8月初开始,经过发动企、事业、行政单位和私营企业、个体工商户自查,组织重点检查和改章建制总结收尾3个阶段。由于各级领导重视,措施得力,取得了明显效果。截止1993年12月末,全市查出各种违纪金额15 479万元,应上缴入库13 818万元,已上缴入库13 796万元,入库率为99.84%,分别比1992年增加49%、57.7%、58.6%和5.4%。

全市应自查的135 301户企、事业、行政单位和私营企业、个体工商户,全部进行了自查。在自查的基础上,全市又相继组织专业人员8 323人,分成2 896组,对54 970户企、事业、行政单位和私营企业、个体工商户进行了重点检查,重点检查面为40.6%。超过了全国和全省提出的重点检查面的要求。

在税收、财务、物价大检查中,全市共接待群众来信、来访698件(次),已处理结案413件(次),正在处理的168件(次),转出和不能处理的117件(次)。共查出各种违纪金额257万元,已入库102万元。

此外,按照国务院的部署,全市还组织50名专业人员,分成20个组,对43户中央在沈企、事业单位进行了重点检查,查出各种违纪金额163万元,应入库金额163万元,已入库金额142万元。

这次大检查查出的主要问题是:

1、违反国家税收法规,偷漏工商各税。全市共查出偷漏税款10 809万元,占违纪总金额的69.8%,比1992年增加了近2个百分点。问题比较严重的仍然是增殖税、营业税、产品税和集体企业所得税4大税种。通过这次大检查,发现纳税人有意偷税者增多。并已形成税款流失的又一倾向,应引起有关部门的高度重视。

2、违反财经法规制度。截留利润、虚报亏损、骗取财政补贴等。全市共查出违纪金额2 513万元,占违纪总金额的16.2%。其中,国有企业偷漏所得税、调节税及侵占应交利润1 985万元,虚报亏损、骗取财政补贴191万元,不按规定用途支用各项财政资金337万元。

3、偷漏能源交通基金和预算调节基金。共查出违纪金额852万元,占违纪总额的5.5%。

4、违反国家控制社会集团购买

力规定，印制使用各种代购物券。共查出违纪金额247万元。占违纪总金额的1.6%，其中，印制使用各种代币购物券3万元。

5、违反国家物价法规政策。共查出违纪金额310万元，占违纪总金额的2%。随着市场经济的迅速发展，绝大部分商品价格已经放开，物价违纪的焦点主要集中在一些企业单位和一些不法之徒乘价格放开之机，不明码标价，漫天要价，或以缺斤少两，缺尺少秤等手段，变相涨价，坑害消费者的利益。在大检查中，都受到了严肃的查处。

（邹竹岩）

【预算外资金管理】 1993年，沈阳市预算外资金总收入11.1亿元，总支出10.4亿元，年终结存4.7亿元。预算外资金总收入占预算内收入的27.8%。

为适应社会主义市场经济的需要，1993年沈阳市预算外资金管理工作的重点主要是加强行政事业性收费管理和继续搞好财政专户存储。全年共审批8项新的行政事业性收费项目，通过清理整顿取消179项不合理收费。全年吸收财政专户存储资金3.6亿元。

（陈 钧）

【严格控制社会集团购买力】 1993年，沈阳市社会集团购买力控制工作，按照全国控办提出的“一要管理，二要改进”的原则，改进控购管理办法，促进了沈阳市经济协调、稳定的发展和反腐倡廉的顺利进行。

1993年，沈阳市社会集团购买力实际支出11.1亿元，比1992年增加1.7亿元，增长17.66%。其中，指令性指标支出3.44亿元，增长2.19%；指导性指标支出7.7亿元，增长26.23%。

1993年，全国控办核定给沈阳市社会集团购买力控制指标是109 000万元，按这一指标考核，全市社会集团购买力支出如扣除物价上涨指数，没有突破国家核定的控制指标。

1993年，沈阳市控制社会集团购买力工作，从建立社会主义市场经济体制要求出发，紧紧围绕国家经济改革政策，以支持生产、科研、教学及搞活、开放为中心，改革了控购管理办法，实行按经济效益审批和提高征收专控商品附加费的办法，把控购管理纳入了以提高经济效益为中心的轨道，取得了明显效果，采取了以下几项措施：

1、积极开展控购宣传工作。1993年，根据控购工作中出现的新情况、新问题，进行有针对性的宣传工作，把现阶段为什么还要做好控购工作以及怎样做好控购工作做为重点，召开了全市各县（市）、区控购工作会议，传达了财政部全国控购工作会议的精神，统一了认识。同时把国家调整后的专项控制商品目录以文件的形式进行了转发，发到全市各县（市）、区及各主管部门，并以布告形式将新的专项控制商品目录印刷了10 000份，发到了全市机关、工厂、各大小商店，加强了政策宣传。

2、改进了控制指标的管理办法。1993年，根据国家强化宏观调控的要求，指标管理要进一步强化，按照国家控办要求，缩小指令性指标管理范围，扩大指导性指标管理范围，即将原指令性指标管理范围中的“劳动防护用品”和“非生产汽车用油”2项划入指导性指标管理范围，这样，既便于工作上突出重点，也利于集团单位根据各单位的实际情况，分解落实控制指标。按照划分后的指标管理范围，根据全国控办核拨全年的控制指标，结合沈阳市各县（市）、区及各主管部门1992年的年终决算，考虑本年经济发展及生产增长的因素，将1993年的控制指标及文件形式分到了各县（市）、区及各主管部门。

3、严格专控商品的管理与审批。1993年，国家从5月1日起将原来8大类29种专控商品调减为8种，主要是为了更好地支持经济发展和保证各项事业的正常需要，简化了审批手续，方便了集团单位的工作，但并不意味着管理工作的放松，而是要集中精力，抓住重点。

制订1993年小汽车审批原则。把管理的重点放在了“三车”的审批管理上，制订了小汽车的审批原则。即企业单位购买从宽，党政机关、行政事业单位购买从严；生产、经营用车从宽，非生产用车从严，报废更新车从宽，新增车从严；低档车从宽，高档、进口汽车从严，自有资金购买从宽，财政拨款购买从严。有下列4种情况之一的不予审批：

①购买小汽车的资金不符合财务制度规定的；②汽车供货渠道不正当的；③中外合资企业车辆转给其它单位的；④除抵债车和专门规定的汽车外，外省、市、自治区车辆转入本市的，以及个人车辆转给集团单位的。

在具体的审批过程中，主要是看企业的创利情况，凡创利较多的企业、出口创汇较多企业以及效益较好的乡镇企业，在审批上都是给予支持的，政策也比较放宽。而对大中型企业；对1992年发生赤字和亏损的企业，从严掌握，同时制定了严格的审批程序，对企业批车进行严格的资金审查。

调整专控车辆附加费的征收比例，引导企业消费。1993年，由于改革和市场经济发展的步伐较快，一些单位领导争相购买好车，针对这个情况，采取了调整附加费征收比例的办法，附加费比例对生产车和进口车采取不同的比例，即对购买进口小汽车附加费的征收比例上调5%—30%，对购买国产小汽车附加费的征收比例上调5%—10%。这样，不仅有利于增强企业内部自我控制、自我约束的能力，控制了集团单位争相购买好车的势头。

4、深化改革，简政放权。1993年5月1日起，将现行的29种专项控制商品调减为8种。为此，经过认真研究，认为简政放权是进一步促进深化改革的有力措施，这样既简化了审批手续，方便了社会集团单位，也有利于控购机关集中精力把重点工作管好。将“三车”之外的专项控制商品全部下放到县区控办审批，对乡镇企业购买地产的小汽车，县（市）、区控办也可代市控办审批。

5、继续开展控购工作大检查。1993年，根据国务院关于开展1993年税收、财务、物价大检查的要求和国务院《关于严格控制财政支出和社会集团购买力过快增长的通知》

精神，按照市政府的统一部署，于8月下旬部署了全市的控购工作大检查，经过自查和重点检查，查出违纪金额100多万元，违纪小汽车40多台。对情节严重的分别给予了严肃处理。

（章华）

【国债发行】 1993年国家分配沈阳市国库券任务44 000万元，其中：3年期国库券任务28 000万元，年利率13.96%；5年期国库券任务16 000万元，年利率15.86%。5年期国库券任务中含向退休养老基金和失业保险基金机构摊派任务6 370万元。两期国库券均从3月1日起计息和发行。截止1993年8月15日，全市国库券累计上划国库款44 061万元，超额61万元完成国家分配任务。其中："两金"机构交款5 800万元，完成摊派任务的91.05%。受到国家财政部的表奖。

沈阳市为保证完成国库券任务，先后采用了多种发行方式和措施。年初根据省财政厅统一部署，从3月4日至3月25日面向社会公开有奖发售3年期国库券3 200万元；从4月初到5月末以搞发行手续费措施促销发行了9 200万元；6月初至8月中旬用行政手段发行国债31 600万元。

1993年国债发行工作较以往历年国债发行是难度最大、工作量最大、采取发行手段最多的一年。究其原因：一方面受炒股、炒基金、单位集资、银行高息储蓄等冲击严重，国债做为金边债券已无优势可言；另一方面国家在发行中后期调高国债利率显得迟缓、宣传力度不够也是造成国债发行进度迟缓的主要原因。

（陈仲烈）

【财政信用】 沈阳市财政投资公司是市财政局领导下的从事财政信用工作的专设机构。公司的任务是按照国家有关法令以及方针政策，运用财政间歇资金采用灵活多样的信用方式，充分发挥财政职能，支持工农业生产、技术改造和各项事业发展，为繁荣市场经济服务。

1993年，沈阳市财政投资公司一方面继续广泛地吸收财政间歇资金，深挖内部财源，调整贷款结构支持工农业生产及重点项目，扶持亏损企业扭亏为盈，另一方面拓展财政信用新领域，发展投资业务支持企业技术改造，促进地方产品走向国际市场。1993年投放各项贷款为计划的110.5%，回收各类贷款为计划的109.8%，比1992年多回收156万元，增长了2.5%，收取资金占用费为计划的134%，比1992年增收8.8%，实现利润为计划的136%，比1992年增长了1.9%。其主要表现为：

1、努力筹措资金，狠抓陈欠清理及利息的收缴工作。一是公司不断总结经验，制定具体的经济指标，落实到各部门，承包到人，严格考核，奖惩分明，增强自身发展能力。二是充分运用财政间歇资金，充实公司资金力量，拓展财政信用。三是搞好资金调度，做到资金运转合理，营运资金稳步增长。

2、合理投放信贷资金，发挥资金效能，提高经济效益。公司充分发挥财政信用资金运用灵活的特点，严格控制贷款规模，实行对农业生产贷款倾斜的政策，积极扶持乡镇企业的发展，对国营大中型骨干企业实行优惠政策，发展地方文教事业，为全市经济发展起到了有利的促进作用。

3、注重基础建设。一方面，进一步加强和完善公司内部制度建设，不断充实财政信用资金的管理办法，加强信用资金的管理和核算。实行上岗考勤、制度制约，不断提高职工的整体素质。另一方面，改善了工作环境，为职工提供了良好的办公条件，促进了业务工作的顺利开展。

（詹毅）

【财政证券】 沈阳财政证券公司成立于1988年4月21日，是隶属于沈阳市财政局的全国首批国债转让试点单位，是经中国人民银行批准的非银行金融机构，并在沈阳市工商行政管理机关注册登记，公司实行自主经营、独立核算、自负盈亏、依法纳税，是具有法人资格的经济实体。

公司实行总经理负责制，下设办公室、计财部、业务部，公司编制60人，有高、中级技术职称的有8人。

公司设第一、第二营业部，总营业面积600平方米。配备彩色大屏幕、微机等现代化通讯设备。注册资金1 000万元，实际运营资金2 500万元。

沈阳财政证券公司现已加入了全国证券交易自动报价系统、中国证券业协会、中国国债协会，并在沈阳证券交易中心、天津证券交易中心、上海证券交易所设有交易席位，可接受顾客委托进行买卖，也可做自营。

公司的主要业务范围是：国债的代理发行、流通转让、还本付息、证券的代保管业务及证券的鉴证、咨询和投资基金、受益债券的委托买卖和自营业务，以及人民银行批准的其它业务。服务宗旨是为国债发行工作服务，为群众服务，保护持券人的利益促进国债的发行和兑付。

1993年公司代理发行国债24 244万元，为1992年发行数11 000万元的220.4%；转让国债12 060万元，为1992年13 793万元的87.4%；兑付到期国债3 536万元，是1992年4 988万元的70.9%。为适应国债流通市场变化，公司还扩大了业务领域，开办了投资基金委托业务，企业债券的发售业务，现已为投资者办理开续户2 000多户，买卖总成交笔数不断上升总成交金额已过百万元。公司还代理发售企业债券31种，金额达696.4万元。

1993年12月11日—17日公司首次代理发售房天股票、卖新股认购申请表40万张，金额80万元。

（高芳）

【贯彻实施新财会制度】 根据财政部的统一部署，1993年7月1日起，全国实施《企业财务通则》、《企业会计准则》（以下简称"两则"）及新的财务会计制度。为使"两则"及新财会制度在沈阳市顺利贯彻实施，1993年围绕"两则"及新财会制度开展了一系列工作：

1、加强组织领导。年初，首先成立了由市财政局领导和各业务处（室）组成的"两则及新财会制度培训工作领导小组”,并出台“沈阳市贯彻实施两则及新财会制度有关问题的若干意见”,同时召开市直各业务主管部门财务科(处)长会议,对全市宣传贯彻“两则”工作进行总体部署,将“两则”工作提高到各级领导的议程,受到广泛重视。

2、进行全员培训。根据沈阳市贯彻实施“两则”及新财会制度有关问题的若干意见,对全市财务人员进行系统培训。2月份,举办了2期由市直各业务主管部门、大型工业企业总会计师、财务科(处)长,各县区负责新制度培训工作人员参加的新财会制度等师资培训班和商品流通企业师资培训班,培训师资近400人。师资培训结束后,由各业务主管部门培训基层财会人员,办学单位的师资、课时、办学条件等由市财政局统一审批,对符合办学条件的单位以正式文件批复,培训结束后,统一考试,统一发放“两则及新财会制度培训合格证书”,截止6月末,沈阳市5万企业财务人员,经过培训的达48 000人,完成培训面96%。

3、大力宣传。为使财务制度改革得到社会各界、尤其是企业法人、厂长(经理)的理解与支持,先后利用《沈阳日报》、《辽宁经济报》等宣传工具,对这次财会制度改革的意义及全市宣传贯彻实施情况进行专题报导,并组织有关人员编写了《企业会计准则与实务》一书和供企业法人、厂长(经理)学习新财会制度用书《新财会制度知识手册》。全市共发放培训辅导材料及新财会制度12万册,录相带2 000套。6月末,全市进行总动员,召开了各主管部门局长、财务处长、大中型企业法人代表、总会计师参加的贯彻“两则”动员大会,武迪生市长对贯彻“两则”作了重要讲话,市财政局局长对“两则”实施进行具体部署。

4、主办沈阳市新财会制度大奖赛。为使广大财会人员在较短的时间内较好、较扎实地掌握新财会制度,于6月份组织了全市财会人员参加新财会制度问卷活动,并于7—9月份,联合沈阳电视台、沈阳飞龙医药保健品(集团)公司共同主办了“沈阳市学习贯彻新财会制度‘飞龙杯’电视大奖赛”。参加问卷的财会人员近2万人,参加电视大奖赛有32个代表队,经过紧张角逐,沈阳市电子局代表队获得第1名,金杯公司代表队一队、工贸中心代表队获得第2名,机械局代表队一队、房产局代表队、东北制药集团代表队获得第3名。大赛期间,副市长张毓茂到场观看了比赛,沈阳电视台进行了实况录相,大赛达到了预期效果,受到市有关领导的好评。

5、组织实施。为做好新旧制度的对接转换工作,多次召开有主管部门及大中型企业参加的贯彻新制度座谈会,并积极到企业进行实地调查,对调查中发现的问题,形成题为《沈阳市贯彻执行新财务制度的调查报告》。7月上旬,还及时转发了财政部关于国营、集体工业企业、商品流通企业、股份制企业等9个新旧会计制度对接事件,到7月1日,除个别部门没有实施新财务制度以外,沈阳市大部分行业、部门都实行了新的财务会计制度。

(王瑛)

【会计专业技术资格考试】 1993年11月13日至14日,沈阳市按照国家财政部、人事部的部署如期举办了全国(沈阳地区)会计专业技术资格考试。这次考试共计有14 143人报名,其甲种:会计员3 683人,(预算专业)助理会计师558人,(企业专业)助理会计师3 683人,(预算专业)会计师590人,(企业专业)会计师4 386人,乙种:助理会计师331人,会计师252人。

1993年全国首次举办乙种会计专业技术资格考试,为不具备规定学历的会计人员提供了自学成才的机会。

甲、乙两种考试共分5个档次、2个专业和14个科目。5个档次为:甲种考试的档次:会计员、助理会计师、会计师,乙种考试的档次:助理会计师、会计师。2个专业为,预算、企业;14个科目是:甲种考试科目,会计员:1、会计与会计法规基本知识,2、会计员实务;助理会计师:1、会计专业及相关知识综合考试,2、助理会计师实务,3、企业助理会计师实务;会计师:1、会计专业及相关知识综合考试,2、(预算)会计师实务,3、(企业)会计师实务;乙种助理会计师首轮考试科目:1、财经应用写作,2、政治经济学,3、会计学(上);会计师首轮考试科目:1、财经应用数学,2、会计学(下),3、审计学。

会计专业技术资格考试关系到广大财会人员的切身利益。为使广大财会人员参加报考,利用新闻媒介发布信息,扩大宣传范围。6月29日《沈阳日报》发布了《全国会计专业技术资格考试报名的通知》。7月15日发表关于乙种考试的有关政策解答,8月3日《沈阳日报》刊登了关于组织报考人员培训的广告,8月3日至5日在沈阳电视台播出考试报名及培训招生的广告。

7月5日,在市财政局召开了会计专业资格考试的工作会议,向市各主管单位及县、区财政局布置考试报名工作的各项安排。7月20日—8月10日在全市范围全面展开报名工作。

为帮助应考人员系统复习,经市专业技术职称考评中心批准,由13个学校举办了不同专业、档次的培训班。在沈阳市专业技术职称考评中心协调下由沈阳市科技干部管理学院组织实施会计专业资格考试的考务工作。根据报考人数确定19个考点,474个考场,组织安排了临考人员1 422人,工作人员145人。

报考人员名单实行了微机管理,确保万无一失顺利地完成准考证的填写和发放工作。试卷保密工作落到实处,所有试卷封筒安全及时抵达上级指定地点。

围绕“精心组织、重点安排、贯彻政策、热情服务”的考务工作的指导思想,圆满完成了1993年全国(沈阳地区)会计专业技术资格考试工作。

(蔡方明)

【会计专业技术职务评审】 根据沈阳市职称改革工作领导小组关于开展经常性专业技术职务评聘工作的统一部署,1993年沈阳市本着实事求是,不拘一格选拔人才的精神,继续开展了高级会计师专业技术职务评审工作。一批勇于进取，锐意改革的年轻总会计师，财务(科)处长脱颖而出，经过专家考评、小组考核、答辩、专业技术职务评审委员会评审，全市共有132人被评为高级会计师。其中：有着丰富实践经验的总会计师、财务科(处)长、老财会工作者占96人，中青年有36人。

（黄丹）

【沈阳会计师事务所】 沈阳会计师事务所是根据中华人民共和国会计法和中外合资经营企业法，于1985年3月经沈阳市工商行政管理局登记注册，具有法人资格的事业单位。沈阳会计师事务所依法独立承办各项法定业务，以及资产评估、会计咨询、会计培训等服务。恪守公正、客观、实事求是的原则。承办的法定业务，承担民事责任。依法执行审计业务出具的报告，具有证明效力。经济上实行独立核算，自负盈亏。

1993年，沈阳会计师事务所有员工210人，其中注册会计师109人。具有高级技术职称的41人(含高级会计师、工程师、经济师和高级翻译)，大学以上文化程度91人。

事务所下设办公室、综合指导部、3个审计部、咨询业务部、资产评估中心和张士、南湖2个开发区。另按沈阳市行政区域设立10个办事处；按行业设立了8个分所。

截止1993年底，该所已与1 340多户企事业单位建立了顾问咨询关系；完成“三资”企业和内资企业查帐902项；对323户外商投资企业进行了决算审查；提出验资报告(证明)3 600多件；完成合资经营可行性验资报告94项；完成资产评估318项；完成上市公司经营业绩审计和资产评估5家(其中包括丹东、大连市各一家)；还为6家证券公司进行了上市基金审计；为3家公司进行了信用评级工作。

（兰书先）

税　收

【概况】 1993年，沈阳市税收工作积极转变观念、转变职能，始终坚持“三个有利于”的原则，解放思想，实事求是，严格执行国家的税收政策，较好地处理了生产与税收、当前与长远的关系，有力地支持了沈阳经济发展。市税务局一手抓税收工作，一手抓队伍建设，深化学军建队活动，使广大干部的两个素质明显提高。在征管查三分设的基础上，进一步完善了征管机制，大面积推广了现代化管理手段，提高了征管质量，使税收征管工作向规范化、科学化迈出了可喜的一步。同时认真开展各项专业检查，大力清理欠缴税收，面对税收任务多次追加的现实，艰苦奋斗、团结拼搏，圆满地完成了税收任务。市级工商税收首次突破40亿元大关，实现了超1992年，超计划、超历史最好水平的预定目标。市税务局锐意开拓，积极进取，在执法中服务，在服务中执法，深入开展了政策促产和服务促产的“两促”活动。创造了一系列既符合社会主义税收特点，又符合沈阳实际的经验和作法。年末，市委、市政府在60多个委办局中破例发了贺信，赞扬市税务局“为促进沈阳财政收支平衡和经济持续快速，健康发展做出了积极贡献。”

（许振礼）

【税收收入】 1993年沈阳市由税务部门组织征收的各项财政收入49亿元，比1992年增长18.16%，增收7.5亿元。

一、各项收入完成情况

(一)、全口径工商税收收入45亿元，比1992年增长24.88%，增收9亿元，完成全年计划110.9%，超收4.4亿元。中央级工商税收收入2.2亿元，比1992年增长5.08%，增收0.1亿元；省级工商税收收入0.2亿元，比1992年增长75.34%，增收0.06亿元，完成全年计划146.62%，超收0.05亿元；市级(包括市以下级)工商税收入库42.7亿元，比1992年增长25.99%，增收8.8亿元，完成全年计划113.88%，超收5.2亿元。

(二)、国营企业所得税收入3.2亿元。其中：中央级收入1.9亿元，比1992年增长16.72%，增收0.2亿元；地方级收入1.3亿元。

(三)、国家能源交通重点建设基金收入1.6亿元。其中：中央级收入0.5亿元，地方级收入1.1亿元。

(四)、国家预算调节基金收入1.2亿元。其中：中央级收入0.3亿元，比1992年增长74.63%。增收0.2亿元；地方级收入0.9亿元，比1992年下降40.96%，减收0.6亿元。

(五)、烟、酒专项收入0.06亿元，比1992年增长14.95%，增收0.007亿元。

(六)、教育费附加收入0.6亿元，比1992年增长21%，增收0.1亿元。

(七)、股份制企业所得税收入0.2亿元，比1992年增长9.31%，增收0.01亿元。

二、组织工商税收收入的特点

(一)、认真执行中央6号文件决定，坚决贯彻中央关于加强宏观调控重要决策，及时停止临时性、困难性减免，停止执行以税还贷政策，增加税收3 986万元。

(二)、贯彻征管法，加强征收管理。在各级财政比较困难的情况下，全体税务干部始终坚持以组织收入为中心，加强税源管理和计划调度。突出了对涉外、个体、出口退税3个重点部位的管理，涉外税收实现3.4亿元，比1992年增长36.6%；个体税收实现3.76亿元，比1992年增长31.89%。

(三)、狠抓大检查，全力压缩欠税，保证税款足额入库。一年来，全市企业普遍进行了自查，其中有68 363户企业自查税额3 812万元，专业检查8 822万元。同时市税务局还组织力量对54 258户企业进行了重点检查，检查面为40.73%。共查补税额12 634万元。年初以来，市税务局紧紧抓住影响收入任务的重要环节，全力压缩欠税，杜绝新欠发生。全市共压缩欠税5 042万元。与此同时严格执行滞补罚制度，全年征收税款滞纳金补罚收入1 406万元，比1992年增长1.2倍，增收763万元。

（曲晨　许振礼）

【税法宣传】 1993年，是《中华人民共和国税收征收管理法》和《沈阳市税收征收管理条例》颁布实施的第一年，为了强化内、外部宣传，创造良好的税收环境，使税务机关依法征税的强制性同纳税人依法纳税的自觉性结合起来，沈阳市税务局在全市范围内开展了全方位，多层次，丰富多采的税法宣传教育活动。

一是取得人大支持，以市人大名义召开了宣传、贯彻、实施《中华人民共和国税收征收管理法》和《沈阳市税收征收管理条例》的新闻发布会。市人大还组织部分常委会委员、财经委员和人大代表，对全市贯彻执行“一法一例”情况进行了3天视察，视察中听取了市税务局及9区2县领导汇报，深入有关企业检查，针对存在问题现场解决，有力地推动了以法治税向纵深发展。

二是充分利用新闻媒介在全社会广泛宣传。在电视台收视率较高的《请您欣赏》等栏目举办税收知识专题点播；在4月份的税法宣传月活动中，电台、报纸进行了120余次的专题报道。

三是各税务分局举办税企同台《征管法》知识竞赛活动，组织了由5 000名企业法人代表参加的税法知识考试。

四是举办了“沈税杯”南北足球对抗赛和邀请世界冠军进行宣传税法的接力长跑。

五是分层次、分对象地举办纳税人培训班578期，培训企业法人和财会人员34 600人，印发《征管法》小册子15万份。

税法宣传活动，极大地增强了全民的纳税意识。全市有5 000余户企业通过税法宣传主动进行自查，补税580万元，群众自发举报偷漏税296件，补罚税款112.8万元。

（王伟　许振礼）

【大力开展服务促产】 1993年，沈阳市税务部门结合沈阳经济发展实际，从支持新的经济生长点出发，在灵活运用政策促产的同时，还从以下3个方面积极开展服务促产活动：

1.成立专门的服务促产机构，长期无偿地为企业提供服务。为了把为企业牵线搭桥当红娘这项工作经常化、规范化、制度化，年初，市税务局成立了“信息咨询服务中心”，基层分局成立了18个信息站，通过专管员在企业中收集各类供求信息，储存到微机中，形成全市网络。全年已无偿地为企业收集、整理、扩散7 453条信息，成交206项，金额达27 485万元。受到企业的欢迎和好评。

2.全方位地开展服务促产活动。年初市税务局就通过大量的调查研究，紧紧抓住生产力的新增长点，认真组织选项立项，全市共确立服务促产4 693件，并实行了目标责任制跟踪管理。仅此全年增加产值87 219万元，增加销售92 000万元，增加利润5 100万元，增加税金6 300万元。

3.召开第二届“三联会”，再搭鹊桥，为企业服务。针对企业税政收紧，银根收紧，产成品大量积压的困难情况，在总结1992年召开首届“三联会”成功经验的基础上，1993年8月23日至27日在辽宁体育馆又举行了第二届“联厂、联销、联科技”鹊桥会，有4万余工商界人士和数以千计的个体工商业者参会，会上签约合同金额103 744万元；意向55项，金额10 477万元，合计1 261件，金额114 221.1万元。这次会议有5个特点，概括为“两不三突出”，一是不收费；二是不开政策口子；一突出交流信息，二突出商品零售，三突出招商引资。受到了企业界的一致称赞。大会收到锦旗28面，感谢信186封。

市委书记张国光指出：“税务局举办第二届三联会，是计划经济向市场经济过渡中创造性地工作，是搞活流通、促进生产、利国利民、培植税源”。武迪生市长题词“鹊桥开天道，企兴税旺富人民”。

为了巩固三联会成果，市税务局对会上签约的各类合同逐级分解，逐项落实到人，继续跟踪服务，督促并帮助企业解决合同实施过程中的困难，使之尽快转化成现实生产力。到1993年末实际履约合同1 061件，金额74 591万元，意向485件，金额7 532万元，合计：1 109件，金额82 123万元，履约面87.9%，履约率71.8%。

（李淑萍）

【加强个体税收管理】 1993年，沈阳市税务部门，加强对个体税收工作的管理，取得显著成果。

1、全力组织收入，确保全年个体税收任务的完成。一是从早抓起，实行月例会制度。二是组织清理漏户和无证户，全市清出近万户，补税增收200余万元。三是坚持个体工商户分行业最低营业额限额，增加税收近1 000万元；对个体运输司机核定税额征收500万元。四是认真贯彻营业税税率提高两个百分点，提高个体纳税营业额的规定，平均提高42%，增加税收1 500万元。1993年全市个体税收完成37 513万元，比1992年实收增长31.89%。

2、狠抓税务所征管基础建设，实现征管资料档案化管理。按照税务工作会议的要求，下大力量抓好税务所征管基础建设工作。第一，重点抓了中街、九路等9个税务所（分局）的基础工作建设，使其内部经管资料都实现了档案化。第二，以点带面。适时召开了中街税务所征管基础建设、五爱市场利用微机进行征管的现场观摩讨论会，交流了这两个所的先进经验，推动了全市基层税务所征管基础资料建设。目前，全市有30个税务所达到档案化、规范化管理。第三，抓征管现代化，认真抓好五爱市场应用微机进行税收征管试点，推动了税务所应用微机征管的进程。

3、适应市场经济发展，认真做好私营企业促产工作。一是抓好思想到位，以市场经济为尺度，形成企业兴税收旺，企业衰税收空的共识。二是抓宣传到位，把宣传工作做到每户企业，用党发展私营经济的方针政策鼓励他们发展生产。三是抓服务到位，发挥协作网络优势为企业提供信息；培训私企财会人员，帮助企业加强经营核算；牵线搭桥为企业签订合同当红娘。四是抓政策到位。对企业研制的新产品，给予减免税照顾；在部分企业中试行工资与效益挂钩方法；对出口创汇产品给差价补贴照顾。

4、认真抓好税收专项检查工作。加强组织领导，下发《个体工商户和私营企业税收专项检查工作的通知》;广泛动员搞好自查,收到较好效果。全市53 977户个体户和私营企业自查面100%,补缴税款653万元;集中人力搞好重点检查,市税务局组织各分局集中时间、集中人力对个体私营酒店、装饰材料的重点行业的16 773家重点户,进行重点检查,检查面40%,查补税款346万元。同时,还对歌舞餐厅演艺人员应纳的个人收入调节税进行重点检查,仅两星期时间就查补300余万元。

(吴宝明)

【建立完善税收司法保障体系】 沈阳市税务系统先后于1989年4月、1992年5月和1993年4月在全市13个县(市)区税务局成立了税务检察室、税务治安派出所、税务法庭。至此,一套完整的税收司法保障体系正式告成,这在全国大中城市中尚属首创。这3个部门认真履行职责,协同作战,为沈阳市的税收征管工作起到了保驾护航的作用。

抓基础建设,增强执法力度。为了帮助从公、检、法部门调入人员,尽快熟悉有关税收政策和规定,税务机关首先组织了专业知识的学习,并制定了切实可行的规章制度。实行了人员优化组合,任务分解到组,责任落实到人,从而激发了广大干警多办案,办好案的积极性。针对偷、抗税的情况和特点,及时召开座谈会、研讨会,制定出相应的司法保障措施。

各负其责,强化税收秩序。年初,召集了公、检、法、税4家联席会议,制定定期联系制度,明确全年工作任务和各自分工。税务治安派出所主要负责集贸市场的税收秩序和对付暴力抗税,全年对全市的农贸、集市、零散营业线及重点行业清理900余次,重点教育不法业户500多人,处理偷、漏、抗税案件838起,行政拘留14人,收审3人,补罚税款96万元。税务检察机构全年受理案件588件,比1992年增长2.7倍,查实入库税款772万元,拘留人犯31名,逮捕人犯19名。税务法庭共处理强制执行案件42起,刑事案件4起,实现税收入库186万元。震摄了不法犯罪分子,维护了税收正常秩序。

(张甲)

【税务干部队伍建设】 1993年,沈阳市税务局在干部队伍建设上,继续开展学军建队活动,狠抓"双基、两政"建设,旨在提高干部的政治素质和业务素质。

在基层建设中,市税务局机关组成了联合调查组,摸清了全市122个税务所的全部底数,起草了《税务所管理暂行条例》,在于洪分局召开了税务所建设现场会,引导各分局的基层建设步入规范化的轨道。举办4期基层干部培训班,培训170人,还调整了正副所长38名,大大增强了基层的实力。

在基础建设中,积极开展教育培训。全年共组织各类业务培训班196期,参训人员3 000余人。开办了税收自学考试本科和业余辅导班,还有80人考取了辽宁税专大专函授班。

全系统共新建包括"雷锋团"在内的学军建队联系点27个,组织了1 625名骨干到军营学习训练,有33个基层单位与部队结成帮学对子。加强服务观念,全局共创建方便企业的办税服务大厅15个,设便民征收点240个,为残疾业户登门服务619次,共收到表扬信609封,锦旗102面。

在勤政和廉政建设中,继续推进和深化4个廉政方案,收到明显效果。据统计,全系统各级干部分别向主管领导签订廉政责任状4 600多份,建立各级干部廉政档案4 630多份。由于狠抓了廉政建设的基础工作和"软件"建设,全年全系统副处级以上干部无违纪;全系统违纪率不超过总人数的0.3%,人民群众和社会各界对税务人员的满意率均达到80%以上。

在搞好双基两政建设的同时,市税务局还注重了基层领导班子建设,在处级干部管理上,试行了试用期制度,不定期交流制度,挂职锻炼制度、考核制度。举办了分局长培训班3期,培训85人,促进了领导水平的提高。在科以下干部管理上,进一步强化竞争机制、激励机制、淘汰机制。全系统1993年聘任正副科、所长529人,落聘29人。聘用一般干部2 444人,落聘72人,对落聘者实行下岗培训。对2名不合格干部"打开出口"予以辞退。在部分单位实行专管员等级制,通过业务考试和综合评价将专管员划分成一、二、三等,并与奖金待遇挂钩,消除了分配上的平均主义。

(张智　陈自忠)

金　融

·人民银行·

【概况】 1993年,沈阳市金融部门认真贯彻落实中央6号文件精神和各项金融方针政策,整顿金融秩序,严肃金融纪律,特别是市人民银行充分发挥中央银行的作用,组织各金融机构,团结协作,较好地完成了各项金融工作任务。

1、贯彻中央宏观调控措施,落实约法三章,积极清理违章拆借和所办经济实体,整顿金融秩序,严肃金融纪律。

一是清理拆借。到年底,全市共清收回违章拆借资金11.1亿元,完成了总行要求的清收进度。

二是清理所办经济实体。市人民银行率先垂范,对自己所办实体,该脱钩的脱钩,该撤销的予以撤销。

三是配合有关部门清理乱集资,同时,还协助有关部门对长城公司的非法集资款进行了清理。

2、发挥人民银行综合协调功能,积极协同各家银行组织平衡信贷资金,努力克服资金紧张局面,保证支付和重点资金需要,促进了经济的发展。

1993年以来,由于银行存款少增,净拆出资金较多,加上总、省行拖欠汇差资金较多等原因,银行资金日趋紧张,备付金急剧下降,从4月中旬起,专业银行先后在人民银行出现长达4个多月的透支,累计透支额达251亿元,正常支付出现困难。为保证经济的正常运转,市人民银行组织各家金融机构采取了4项紧急措施:一是对同城交换差额实行强行拆借,防止了透支压票、压单现象;二是大力组织存款;三是通过清理违章拆借活动,收回拆出资金缓解银行支付困难;四是积极向专业银行总、省行反映汇报沈阳市资金困难情况,努力清收了汇差资金。

同时,市人民银行还积极协助专业银行合理安排信贷资金,调整信贷结构,在保证支付的前提下,支持了一批重点项目、重点企业的资金需要,特别是对农副产品收购、大中型企业技术改造和生产适销对路产品、出口创汇、科技发展以及其他第三产业和乡镇、区街企业合理的资金需要给予了很大支持,使有限的资金用在了刀刃上。

3、适应中央银行职能转变的要求,对金融机构严格进行监管,促进其健康发展。一是严格监控金融机构信贷规模,监督其信贷资金投向,规范其业务行为;二是严格金融机构审批管理;三是加强金融业务的稽核监督。

4、深化金融改革,稳步发展金融市场。一是积极促进沈阳合作银行转换机制,使其办成真正股份制商业银行。二是对非银行金融机构的资产负债比例管理和风险管理工作进行了初步探索。三是尝试公开市场操作,完成了总行2亿元的融资券的发行任务。四是积极发展证券市场。在一级市场方面,主要是完善审批管理,配合有关部门审批发行了5.18亿元的企业短期融资券;在二级市场方面主要是健全和完善了沈阳证券交易中心,包括增加上市证券品种,适当发展会员,改进证券交易方式,加快交割清算速度,基本上实现了电脑化。同时进一步规范柜台交易。据统计,仅在交易中心上市交易的8种基金预计全年成交量可达4.31亿元,交易总额达9.85亿元;同时加强了对证券商的监管,促其规范化经营。

5、认真做好外汇管理工作,支持外向型经济发展。加强了贸易和非贸易外汇收支的管理。在健全和完善日常出口收汇核销和结汇制度的同时,组织开展了外汇收支检查,对逾期未收汇和不及时结汇的单位进行了清理,保证了中央外汇的及时上缴和地方外汇留成的及时核拨。

6、贯彻中纪委二次全会精神和国务院关于反腐败工作决定,认真开展反腐败工作。另外,健全和完善了各项基础工作。

(刘振波)

【信贷收支】 1993年,沈阳市金融运行经历了曲折的发展过程,上半年金融形势一度严峻,中共中央6号文件下达后,沈阳市金融系统认真贯彻执行文件精神,在"整顿金融秩序,严肃金融纪律,推进金融改革,强化宏观调控"方面狠下功夫,从而使全市金融形势朝着稳定的方向发展,1993年金融运行的主要特点是:

一、存款波动较大,增势不稳。1993年末全市银行各项存款余额为336.4亿元,比年初净增59.9亿元,比1992年同期多增3.8亿元,增幅21.64%,较同期回落3.8个百分点。从存款结构看,企业存款增势下滑,储蓄存款增幅较高。

1.企业存款起伏较大。年末银行企业存款比年初增加11.8亿元,比1992年同期少增12亿元,增幅回落23.56个百分点,分期观察,上半年企业存款比1992年同期少增8.2亿元,3季度企业存款比1992年同期少增10.3亿元,4季度企业存款比1992同期多增4.2亿元。

2.储蓄存款平稳增长,增幅扩大。虽然年初受社会直接融资影响,沈阳市储蓄存款一度在低谷徘徊,其中3、4月份连续负增长。上半年全市储蓄仅增加9.5亿元,比1992年同期少增8.6亿元,增幅下降9.1个百分点,进入下半年,由于国家相继两次上调储蓄利率及出台了一系列宏观调控措施,储蓄滑坡得到抑制,并出现较快回升势头。1993年末全市城乡储蓄存款余额已达230亿元,净增42.8亿元,比1992年同期多增9.5亿元,在全国单列市中位居第二。

二、贷款投放集中,新增贷款重点支持了国营大中型企业。1993年底全市各项贷款余额407.6亿元,净增61.2亿元,比1992年同期多增133亿元,增幅与同期基本持平。新增贷款投向是:

1.贯彻国务院关于集中资金保重点资金需求的精神,新增贷款重点支持了国家双保企业及关系全市国计民生的重点行业的重点企业,1993年末全市工业贷款新增18.9亿元,其中工业生产企业贷款新增12亿元。

2.为完成粮食收购任务,保证粮食收购资金到位,全年新增粮食贷款8.9亿元,比1992年同期多增5亿元。

3.支持效益好、创汇高的外贸企业。全年外贸企业贷款新增2.1亿元,比1992年同期多增4.4亿元。

4.新增技改贷款支持了国家及市级重点建设项目。年末固定资产贷款新增13.1亿元,其中技改新增9.8亿元,基建新增2.2亿元。

(姜淑华)

【货币流通】 1993年上半年,沈阳地区货币流通随经济环境影响波动较大,在国家加强宏观调控之后逐步趋于平稳,年末市场货币流通量为52亿元,比1992年增加16亿元,其增量和增幅均为近年来最大的一年。

1993年货币流通变化特点为:

1.现金收支大幅增长,货币回笼增势减缓。全年国家银行现金收入698.8亿元,现金支出665.2亿元,分别比1992年增长59.2%和62.9%。货币回笼33.6亿元,比1992年增长10.6%,增长速度为1989年以来最低的一年。货币回笼主要项目变化较大:商品回笼131.8亿元,增长30.7%,增幅高于1992年3.5个百分点,回笼能力有所增强;信用回笼36.7亿元,增长18.5%回笼能力继续减弱;经营性资金的结算回笼货币22.4亿元,增长29.6%,已成为货币回笼增长的重要因素。

2.地区间货币流通规模继续增大,1993年沈阳市地区间货币流出流入总额首次突破百亿大关,达131.4亿元,货币净流入59.2亿元,比1992年增长53.8%。大量现金流入沈阳市,成为货币大量回笼的主要来源,也体现出沈阳市作为东北地区经济、金融中心城市的货币流通的显著特点。

3. 年末市场货币流通量大量增加。1993年末沈阳地区货币流通量为52.0亿元，比1992年增长44.4%。各阶层持币结构变化为：①集团单位持币12.0亿元，比1992年增长41.2%。②城镇居民手持现金25.7亿元，比1992年增长44.4%，其高速增长的原因除居民货币收入大量增加，消费档次和水平不断提高外，居民经营性持币和用于金融资产投资的手持现金的增长比往年有更大的增长。③农村居民手持现金11.0亿元，比1992年增长44.7%。④其他持币3.3亿元，增长57.1%。

（李易凡）

【金融市场】 沈阳金融市场是经中国人民银行总行批准保留下来的全国8大中心城市资金融通中心之一。金融市场主要是充分利用资金使用上的时间差、地区差、行际差、办理本市和跨省、市，跨系统金融机构之间资金拆借和抵押拆借业务，调剂资金余缺。沈阳金融市场1993年共拆入拆出资金73亿元，其中拆入资金52亿元。全年从外省市给沈阳市引进资金14亿元，重点解决了同城票据交换联行汇差清算中的头寸不足等急需资金的问题，保证了沈阳金融的正常运行，支持了沈阳工农业生产的发展。

沈阳金融市场充分利用地理优势，主动与东北地区各家资金市场建立业务往来关系，建立融资网络。1993年金融市场共拆给东北三省19个城市资金市场资金总额8亿元，扩大了融资覆盖面，发挥了沈阳中心城市开展跨地区、跨系统调剂资金余缺的作用，推动了沈阳市融资业务向有序、规范、稳健的方向发展。

沈阳金融市场与沈阳工行融资中心、农行融资市场并存，融资量约占沈阳市融资总额三分之一。

（王景成）

【金融管理】 1993年，沈阳市的金融管理工作，紧密围绕贯彻落实中共中央6号文件精神，坚决整顿金融秩序，切实加强金融监管，积极推进金融体制改革，促进了全市金融业的健康发展。

在整顿金融秩序过程中，金融管理部门共查处和纠正金融机构违反金融政策的问题23起；协助有关部门控制了一些单位乱集资的势头；在调查研究的基础上，开展了对全市典当行的清理整顿，提出了加强对农村合作基金会的管理意见等。

为了适应经济的发展需要，金融管理部门坚持条件，合理批设机构，全年共审批设置金融机构109家。其中批准在沈阳市各个经济开发区设置金融机构6家，为加速开发区的建设提供了金融配套服务；批准异地金融机构在沈阳市设置分支机构14家；经总行批准，首家外资银行——香港商业银行在沈阳市落户，使全市金融业更增加了活力。

为繁荣沈阳市的证券市场，批准设置了22家证券交易营业部，批准两种异地投资基金在沈上市，完善了沈阳证券市场的组织体系，推动了沈阳证券市场的进一步发展。

（何正金）

【外汇管理】 1993年，沈阳市外汇管理局认真贯彻落实国家宏观调控各项有关措施，在加强和完善外汇外债管理上主要做以下几个方面工作。

1. 促进改善沈阳市贸易、非贸易外汇收支状况。全年全市出口净收汇2.3亿美元，地方留成1.1亿美元，全市进口用汇（额度）1.4亿美元；非贸易外汇收入630万美元，比1992年同期增长34.6%；非贸易外汇支出74万美元，比1992年同期增长12.12%。

2. 充分发挥外汇调剂职能，采取积极措施稳定汇价，不断完善市场调节机制。截至1993年末，全市调剂外汇成交金额为2.1亿美元，其中外商投资企业调剂量大幅度上升，比1992年同期增长了247%，调入外汇3 109万美元，比1992年同期增长26%，有力地支持了工农业生产的需要。

3. 利用外资工作取得了较大进展。全年外汇债务提款额为5.8亿美元（其中北方航空公司从国外租赁飞机12架、金额3.47亿美元、占59%）。到年末，全市外债余额为9.1亿美元，比年初增加了4.8亿美元，新增债务投向基本合理，使用效益有所提高。

4. 主动为"三资"企业服务，积极支持"三资"企业的发展。沈阳市外汇管理局1993年为"三资"企业调剂外汇7 825万美元，缓解了企业资金紧张矛盾，支持了生产发展；审批外币计价2 150万美元，有效地解决了企业外汇不平衡的困难。

（李刚）

【加强结算管理】 为切实保障国家银行资金安全，促进改革和社会主义市场经济发展，沈阳市人民银行1993年下发沈银会字（1993）229号文，并按其规定的55条检查提纲，对全市36个行处贯彻结算制度，执行结算纪律情况进行全面检查。根据各行贯彻制度不平衡，个别行处管理薄弱的问题，人民银行在加强结算管理，落实结算管理责任制的同时，进一步强化内部监督机制，推行会计主管坐班制；建立健全规章制度，防止、纠正违章操作；严肃结算纪律，制止压票、退票、占压资金现象；实行岗位责任制，各司其职，保证总行统一结算制度落到实处。

组织结算人员学法，增强法制观念、制度观念和职业道德观念。通过剖析案例，分析各类案件发生的内外部因素、作案手段，鉴别票据真假，采取有效防范措施，堵塞漏洞，消除隐患，严防犯罪分子通过结算环节诈骗、盗窃银行资金。据不完全统计，1993年堵截利用电报、汇票、支票等诈骗银行资金9起，金额980万元。市工商银行营业部根据一张伪印支票，协助公安机关抓获一私刻公章进行诈骗团伙。

加强汇差资金管理，实行大额汇划款项通过人民银行转汇，使其汇划款项与资金同步，防止商业银行占用汇差资金。推行商业汇票和信用卡业务，用法律手段规范票据使用和流通。

人民银行结算举报中心，认真履行职责，咨询、反馈经济活动中有关结算问题。对企事业单位、银行及社会各界反映、举报的问题，进行核查、处理。全年处理结算纠纷66起,金额达860万元。

(高丽华)

【金融监察】 1993年,沈阳市金融系统纪检监察工作,紧紧围绕国家金融宏观调控的中心任务,大力开展“防盗窃、防诈骗、保障资金安全”、纠正行业不正之风、查处违法违纪案件和加强党风廉政建设等活动,有力地促进了金融改革和金融业务的健康发展。据统计,1993年,共堵住和识破诈骗、盗窃案件49起,避免资金损失人民币1 834.4万元,美元110万元。共受理群众来信162件,立案查处违法违纪案件78件,比1992年增长47.2%,其中经济案件31起,涉及金额447.6万元。在纠正行业不正之风,深入开展反腐败的斗争中,全市各行司新建各项制度806项,乱收费、乱摊派和用公款炒股票等问题被坚决制止,以权谋私、以贷谋私等消极腐败现象进一步得到了抑制。

(于成志 方居礼)

【金融稽核】 1993年,沈阳市人民银行稽核工作,把合规性监督与风险性监督,查处性监督与防范性监督、现场稽核与非现场稽核结合起来,进一步强化稽核监督的力度。全年共对107家金融机构进行了稽核,查出并处理违规金额17亿元,充分发挥稽核监督的职能,维护了货币的安全与稳定,促进了全市金融事业的健康发展。

1.强化中央银行职能,重点开展金融宏观调控政策措施执行情况稽核。查出部分贷款未纳入规模、用流动资金发放固定资产贷款等违规金额3.9亿元。

2.根据《中国人民银行稽核“八五”规划》对部分金融机构进行全面稽核。1993年,全面金融稽核85家金融机构,占所辖机构数的22.2%,查出应补未补自有资金302万元,少缴存款准备金4 644万元及规模外发放委托贷款、以拆借资金名义扩大信贷规模870万元等问题。在纠正处理问题的同时,重点督促被稽核单位制定整改措施,强化内部管理。

3.专项稽核,确保农副产品资金到位。为确保农副产品收购需要,不给农民打“白条子”,组织了4个县稽核人员,对农副产品采购资金的归位及使用情况进行专项稽核,共查出粮食企业挤占银行贷款9 432万元;财政应补未补挤占6.1亿元;企业应收资金挤占6.57亿元,分别占粮食贷款总额的5.07%,32.8%和35.3%。为确保农采资金合理使用,清收挤占挪用贷款,促进财政应拨补款项及时到位起到了一定作用。

此外,为探索适合中国实际的风险权数,结合风险管理,进行了信贷资产质量稽核。委托农行对29家农村信用社经营管理进行稽核。

(张希彬)

【证券交易】 1993年,沈阳市证券交易经过加强宏观调控、整顿金融秩序的工作,乱集资、滥发债券情况被制止,证券发行总规模得到控制,证券交易趋向平稳发展。

全年沈阳市证券交易总额28.2亿元(不含金杯,物回股票在上海、深圳的交易额),比1992年降低12.3亿元,其中国库券交易额9.3亿元,仅及1992年的42.5%:地方企业债券交易额2.4亿元,仅及1992年的24.2%,而投资基金交易额8.2亿元,是1992年的8.4倍。

1993年末,沈阳证券交易种类共有国库券、保值公债、国投债券、国投公司债券、金融债券、地方企业债券、住宅建设债券、受益债券、投资基金、短期融资债券等10种,从1986年到1993年累计证券交易金额98.7亿元,对促进沈阳市国营大中型企业转换经营机制、抑制通货膨胀、减缓社会需求压力、实现资源优化配置发挥了积极的作用。

1993年,沈阳市证券交易技术有所提高。沈阳市证券交易中心开始采用美国惠普公司先进的电脑设备HP9000/800G30小型机系统。沈阳市证券交易中心坚持公开、公平、公正的原则,建立健全了《市场业务规则》等10多项规定,使证券交易日臻完善。

沈阳市投资基金交易在1993年飞速发展。证券交易网点数由1992年的39家猛增至56家,1993年末,沈阳证券交易中心共有8种投资基金上市,上市总规模3.7亿元,并与天津证券交易中心实现联网,与上海证券交易所的联网,正在试运行。沈阳证券交易中心在上市种类、规模、价位等方面都处于全国投资基金市场的领先地位。

1993年,沈阳物资回收股份有限公司股票在深圳上市,沈阳房天股份有限公司对社会公开募股发行。越来越多的人拥有股票、股权证、基金和企业债券、国库券等,证券交易对普通 人来说已不再陌生,正日益贴近人们的生活。

(满国丰)

【居民储蓄】 1993年,沈阳市储蓄事业飞速发展。截止年末,城乡居民储蓄存款余额达2 30.90亿元,比年初增加50.89亿元,增长28.27%,其中城镇居民储蓄存款余额达206.24亿元,比年初增加46.8亿元,增长29.36%;农村居民储蓄存款余额达24.60亿元,增加4.08亿元,增长19.83%。在全市城乡居民储蓄存款余额中定期存款为191.32亿元,活期存款为39.58亿元,分别占总量的82.86%、17.14%,人均储蓄3 514元。

1993年,由于受社会上乱集资等因素的影响,沈阳市城乡居民储蓄存款曾一度出现大滑坡的严重局面。3月份净下降2.86亿元,4月份下降1.87亿元,两个月共下降4.73亿元。下降速度之快,幅度之大,涉及面之广都是历史上罕见的。给银行的资金运转带了很大的困难。在这严峻的形势下,各金融部门的储蓄工作者,在政府和各部门的支持下,利用人民银行两次调整存、贷款利率的有利时机,纷纷走上街头,采取多种形式大力宣传储蓄,并进一步改善服务态度,提高服务质量,扭转了储蓄存款下滑的局面,使沈阳市成为继上海、北京、天津、广州之后,第5个储蓄存款余额超200亿元的城市。

一年来,全市金融系统广大员工艰苦奋斗,努力工作,保证了全市储蓄存款稳步快速增长。一是努力改善储蓄服务、延长服务时间、改善服务条件、增加储蓄种类。全市涌现出了大批先进储蓄所和优秀储蓄员，出现“全天候”储蓄所、“二班制储蓄所”，开辟了登门服务、电话服务、通存通兑、工资转存等新的服务领域，引进微机、自动提款机等新的工具，储蓄种类由简单的定、活期增加到现在20几种，基本上适应了广大储户的需要；二是广开储蓄网点。目前，全市储蓄所已发展到819个，加上依靠社会力量在机关、学校、厂矿、部队等单位开办的储蓄联办所，总数达到了1 030个，大大方便了储户。三是经人民银行批准，适时调整利率，开办保值储蓄，保证了在大的经济波动中储蓄存款的稳步增长，为沈阳市储蓄事业能有一个更大的发展，奠定了坚实的基础。

（庞宇飞）

·工商银行·

【概况】 1993年，中国工商银行沈阳市分行认真贯彻总、省行存款，支持重点急需；完善和深化内部经营体制改革，提高经营活力；加强自身廉政建设做了大量工作。特别是总、省行紧急会议后，进一步动员全行力量抓存款、保支付、保重点和清拆借、压汇差，克服困难，推动了各项工作任务的完成。到年末，各项存款余额164.8亿元，比年初增长13.3%；各项贷款余额242.4亿元，比年初增长14.4%；现金回笼39.7亿元，比1992年同期增长32.3%；实现利润2.5亿元。全面完成了总、省行和市政府下达的各项指标。年末，各行所辖支行、营业部17个，集镇办事处2个，分理处40个，储蓄所189个，机构总数262个，职工总数7 241名。

（张志江）

【经营实力稳步增长】 1993年初，沈阳市工商银行面对企业集资、内部股票等直接融资的大量增加和国家加强宏观调控力度，抽紧银根的情况，存款出现大幅滑坡，资金营运陷入困境。为切实把存款抓上去，迅速扭转被动局面，增强经营实力，及时召开了全行系统分理处以上领导干部紧急大会，提出狠抓存款的具体措施；一是依靠全行力量，打总体战。各行处领导和工、商、计外勤及机关人员，组成吸储揽存小分队，深入到分理处办公，逐户走访、登门揽存；二是集中力量攻大户，对铁路、东电、石油等存款大户提供全方位的优质服务；三是层层落实存款指标任务。市行制定了公存款和储蓄存款三级目标承包责任制，各基层行处将存款指标落实到有关人员。将存款任务与奖金挂钩，认真考核，有奖有惩，保证了存款任务的完成；四是储蓄部门抓住国家两次提高利率的时机，积极开展宣传和优质服务活动，到10月19日存款余额超过100亿元，成为全国第5个跨入储蓄存款超百亿元的大城市行。至年末，全行资产总额达436亿元，比年初增长15%。

（张志江）

【重点支持国有大中型企业】 1993年，沈阳市工商银行在面临既要加强宏观调控力度，又要支持经济适度发展双重任务的情况下，克服资金营运中的困难，积极做好保支付、保收购、保重点工作，进一步加强了系统内的资金调度。强调以经济手段调动基层行的积极性，对各办事处通过重新核定信贷资金差额的办法促其自求平衡。对技改、科技等直营单位将资金全额包干，改为按资金差额比例控制。市行统一调度资金，优化调拨方式，合理安排收支，促进了资金的正常运营。全年增加贷款30.6亿元，其中工业贷款15.4亿元，商业贷款3.5亿元，技改贷款8.7亿元，支持了沈阳市经济的发展。

在贷款增量上，按照“五优先、五从严、八不贷”的贷款保压序列，根据国家对骨干支柱企业和重点项目点贷要求，确保贷款投入到效益好、风险小、流动性高的企业和项目上去。继续对列为全国44户特大型企业的沈阳电缆厂实行三级联合贷款。对30户重点大中型企业，实行“单列单批、两级管理”联合贷款，发放贷款8亿元，占工业流动资金贷款增量的78%；为保证农副产品收购、保证市场商品供应，增加贷款2.7亿元。同时，为增加企业后续发展能力，增加技术改造贷款8.7亿元。保证了重点企业和项目的资金需要。

在盘活存量上，积极协助和促进企业限产压库，改善资金结构，压缩三项资金占用，缓解资金紧张矛盾。进一步清理“三角债”，通过此增彼减、对等清欠等方式，共帮助700余户企业清理“三角债”1 000笔，金额5亿元。

（张志江）

【深化内部经营管理体制改革】 按着建立适应社会主义市场经济的金融体制和加快向国有商业银行转化的要求。沈阳市工商银行1993年继续搞好业务开拓，探索和完善内部经营机制改革，努力增强自身经营活力。一是积极拓展新业务，加大市场占有份额。科技开发支行自1988年5月进入沈阳南湖科技开发区以来，坚持走金融和科技相结合的路子，开展全方位功能金融服务。到1993年末，贷款余额达8.3亿元，其中科技开发贷款6亿元，用于支持高新技术产业的开发及中试基地建设，支持高科技企业集团发展，支持科研与生产紧密结合的好项目。据统计，目前工商银行在开发区的投入占全部投入的比重大约为60%左右。沈阳开发区支行随着开发区建设，不断拓展自身业务、种类与经营范围。国际业务有较快发展，外币存款余额6 235万美元，外币平均存款比1992年增加30%，外汇贷款余额4 493万美元，比1992年增长205%，办理进出口结算业务1.8亿元，比1992年增长46%。牡丹卡业务也有长足发展。二是探索和完善内部经营机制的改革。结合打好吸储揽存总体战，积极探索以分理处为基本经营单位的经营管理机制改革，探索一区多支行新路子，拟定了转换内部经营管理体制的方案，千方百计搞活分理处和支行经营，增强全行经营意识。同时，将仅有单一储蓄业务的沈河、铁西储办调整为综合性支行。原有各办事处经市人民银行批准，改为支行。

（张志江）

【严肃金融纪律，贯彻“约法三章”】

为更好地贯彻国务院、人民银行关于整顿金融秩序，加强金融宏观调控的一系列指示精神，按照总、省行和市人民银行的要求和部署，沈阳市工商银行1993年积极开展了整顿金融秩序的工作。一是认真清理了拆借资金。成立了由主管行长挂帅的领导小组，查出违规拆借资金9亿元。本着积极、迅速的精神，及时收回向系统外拆出的资金。提前完成上级要求的清收比例；到年末，已收回全部拆出资金的89.7%。对这项工作，国家审计署驻沈特派办曾在信贷资金管理和使用情况审计中与予肯定。二是认真搞好自办公司(经济实体)整顿与脱钩工作。根据要求，对全行金融性公司和经济实体进行认真全面的调查摸底。在此基础上，对自办公司在业务经营活动中的违规行为进行认真清理和纠正，制定了自办公司(经济实体)的脱钩方案，落实了脱钩进度，整个脱钩工作按上级要求稳步有序进行。

(张志江)

【国际业务有较快发展】 沈阳市工商银行自1988年开办外汇业务以来，坚持全行办外汇的指导方针，注重发挥整体功能，外汇业务不断取得新进展。截止1993年末，已拥有外汇资产9 554万美元；各项外汇存款余额6 235万美元；外汇贷款余额4 483万美元。6年累计办理进出口贸易结算38 286万美元。累计办理非贸易结算917万美元，累计实现利润631万美元。外汇存款、外汇贷款、外币利润分别比1989年增长6.7倍、4.5倍和1倍。

发挥整体功能，全行办外汇。除市行国际业务部外，先后在辖内6个支行、22个储蓄所开办了外汇存放款、外汇会计、国际结算等业务，并与170多家国外银行建立了代理关系，对外业务往来不断扩大。

发挥人民币信贷资金优势，积极争取和拓展外汇业务。支持沈阳华铭电子有限公司生产出口圣诞灯，6年累计出口创 汇700多万美元，产品远销香港、东南亚和欧美等十多个国家和地区。支持沈阳市“八五”重点项目——沈阳市电信局21万门程控电话引进项目，1993年累计发放外汇贷款2 000万美元。

(郭圣田　孙抒凯)

【牡丹卡业务有较大发展】 中国工商银行沈阳市分行牡丹卡业务部成立于1990年10月15日，经过3年的艰苦创业，业务已初具规模。截止1993年末，累计向社会发卡2.2万张，发展特约单位186家，办理信用卡存、取款业务的储蓄所115家，1993年全市运用牡丹卡交易16.6万笔，交易额近6亿元。为促进牡丹卡业务健康、稳步发展，沈阳市工商银行十分重视运用电脑和现代化设备完善信用卡业务的处理手段，现已在帐务处理及资料档案管理中全部运用电脑操作，并安装了386微机客户查询余额系统，本市持卡人可通过该机查到最后余额和当月交易明细。为降低业务风险，提高工作效率，在全市94个电脑储蓄所使用牡丹卡止付名单查询系统；186家特约商户的500多个受理窗口安装了止付仪，并安装了大堂式ATM(自动柜员机)40台，使银行服务时间和空间进一步扩大。

沈阳牡丹卡的特约商户不仅集中在市内，同时也辐射郊区。持卡人除了在特约商户享受购物、消费、娱乐等服务外，还可在部分特约商户办理商品批发结算业务。沈阳牡丹卡业务部以服务于社会，服务于沈城人民作为宗旨，千方百计为持卡人创造一个良好的用卡环境，长年坚持开办有奖优惠促销活动，受到特约单位与持卡人的欢迎。

(段元元)

【计算技术研究所】 于1979年创办的以研制、开发、生产点钞机为主的沈阳工商银行计算技术研究所，虽然设备简陋、资金不足、技术力量薄弱，但由于坚持了以科技为先导、以市场为导向、以服务于银行业务经营为宗旨、以自主开发、联合攻关、协作生产为手段的指导思想，探索出了一条依靠“小实体、大网络”的经营模式发展高新技术产业的路子，使银行现金处理机具的开发生产实现了良性循环。到1993年已研制成功新产品10余种，其中8种获国家专利。计研所的固定资产增加到570万元，厂房建筑面积5 900平方米，建成多条生产线，已为金融系统单位提供点钞机10万台，点钞机专用除尘器6万台，出纳终端机5 000台，自动鉴别伪钞机1万台，以及智能收付款点钞机、捆钞机等多种产品。其中有些产品具有国际90年代水平，市场覆盖率较高，如TD型点钞机1991年获巴黎国际发明博览会银质奖，国内市场占有率超过50%；鉴别伪钞机市场占有率高达90%。这些产品还出口到保加利亚、独联体等20几个国家和地区，创 汇340万美元，列沈阳市科研工院所系统创 汇之首。1993年，该所实现产值3 900万元，销售收入3 700万元，利税总额623万元，人均8.5万元。成为国内同行业科研开发能力最强、生产规模最大、产品出口最多的单位。先后被工商银行总行确定为研究、开发金融系统电子化产品及银行办公自动化机具的定点科研单位和新产品试制基地，被市政府命名为“火炬型院所”，列入“八五”期间科技“百亿工程”行列，汇入沈阳市新的经济增长点。

(张志江)

·农业银行·

【概况】 1993年沈阳市农业银行和农村信用社认真贯彻党的十四大精神和中央领导关于农业问题的重要讲话，贯彻落实“从严控制总量，优化结构，面向市场，转换机制，提高效益”的信贷方针，动员全行职工，大力组织资金，遏制了存款下滑势头，缓解了资金供不应求的紧张局面；认真贯彻中央6号文件精神，落实“约法三章”，整顿农村金融秩序，维护了农业银行和农村信用社良好的经营环境和金融纪律，保持了正常的经营秩序；进一步加强和完善内部经营管理，促进农村金融体制与社会主义市场经济体制相适应；按照中纪委和总、省行的要求，开展了反腐败斗争，打击了经济犯罪，教育了广大职工。扎扎实实做好农村信贷工作，在资金十分紧张的情况下，支持农业生产取得了丰收，支持粮食和其他农副产品收购顺利完成，支持农村乡镇企业快速发展。为促进沈阳市农村经济健康、稳定发展做出了贡献。

1993年，市农行各项存贷款增幅较大，经营效益显著增加。到年末，各项存款实现61.4亿元，比年初增加15.1亿元，增长32.6%；其中对公存款实现15.6亿元，比年初增加3.8亿元，增长32.7%，比1992年多增1亿元；储蓄存款实现36亿元，比年初增加9.8亿元，增长37.4%，比1992年多增2.7亿元。各项贷款余额达72.5亿元，全年净投放贷款15亿元，增长26.1%，比1992年多投放3亿元。全年实现利润6 143万元，比1992年增加2 695万元，增长43.91%。

1993年市农行机构、人员有了新的扩充。根据行政区划的变化，接收了康平、法库两县农业银行支行，为适应沈阳市两个开发区经济发展的需要，成立了农业银行沈阳开发区支行和南湖科技开发区支行。到年末，市农行下设支行达到15个，基层营业机构399个，覆盖了沈阳市除铁西区外的每个县区，职工总数达到3 645人。

农村信用社取得新发展。信用社突出以经营效益为中心，加强管理，稳步扩大经营，效益大幅增长。1993年末全市农村信用社各项存款实现30.3亿元，全年增加4.7亿元，增长18.3%；各项贷款余额达到25.58亿元，全年增加贷款5.5亿元，增长27.9%；共实现利润6 800万元，比1992年增加5 100万元，增长3倍。但信用社发展不平衡，地处近郊和县、区城内信用社的经营环境、经营实力和经营效益都优于其它信用社。

（张玉泽　马宗义）

【大力组织存款】 1993年，沈阳市农行各项存款起落较大，年初储蓄存款和企事业单位存款都出现了良好的增长势头。3、4月份受集资、债券和股票等直接融资热的冲击，储蓄存款出现了几年来未曾有过的绝对额下降0.3亿元的滑坡局面。5月份以后，由于沈阳市资金形势全面紧张，同城交换汇路不畅，从6月份开始，市农行出现大户过度性存款只出不进，对公存款大幅度回落，6、7、8三个月净下降达4.5亿元。加之接收康平、法库两县农行，弥补其资金缺口3亿元等原因，致使全行出现了历年来少有的资金紧张局面。1—7月份全行占用总行汇差资金月平均余额达2亿元，最高达3.4亿元；全行资金备付率最低时不足0.5%；5—7月份同城票据清算累计透支3.05亿元，被迫以高利强行拆借来维持营运。为扭转这一严重局面，市农行确定了“确保总量增长，努力优化结构，动员一切力量抓存款”的指导思想，制定出台了一系列组织存款奖励政策，并紧紧抓住国家加强宏观调控和两次调高利率的有利时机，组织了广泛的储蓄宣传活动，储蓄网点延长了营业时间，开展了“活力杯”、“爱农行、筹资金”、“迎国庆创一流”等劳动竞赛活动，新建综合网点7个，储蓄网点14个，并改造装修一批老网点，增强了农行吸储的服务手段和竞争力。从5月份开始扭转了储蓄存款下滑势头。同时，全面落实组织对公存款的任务和措施，稳定了企事业单位大户存款，争取一批新客户，使对公存款稳中有升。到1993年末，农行各项存款比年初增加5.1亿元，储蓄存款增加9.8亿元，增长额都是历史最高水平。各项存款大量增加，使市农行当年信贷收支基本平衡，资金自给率由1992年的74.46%提高到81.58%，平均备付率由1992年的2.92%提高到4.13%。低成本存款占全行存款比重提高5.34个百分点，使存款成本降低，全行经营实力明显增强。

（张玉泽　马宗义）

【整顿农村金融秩序】 整顿金融秩序是1993年下半年沈阳市农村金融工作的一项重点内容。自中央6号文件下发及全国金融工作会议和全国农村金融工作会议后，市农行立即召开了全市农村金融工作会议，认真传达贯彻了中央6号文件及人民银行、农业银行两总行会议精神，全面提高对整顿金融秩序、落实“约法三章”的认识，同时结合市农行实际情况，提出立即停止违章拆借，停止对自办实体注入资金，并清收已拆出和已占用资金等具体贯彻意见。为了加强对整顿金融秩序工作的组织领导，市、县区行都成立了领导小组，由行长任组长，直接负责，并抽调业务干部组成办公室负责具体工作。按照整顿金融秩序和“约法三章”的要求，通过3个月的整顿和清理，按时完成了任务，并取得成效。1.以清理违章拆借资金为突破口，整顿同业拆借秩序。按照中央6号文件和总行“全面清理、对照政策、抓住重点、限期收回”的要求立即停止了违章拆借。并对1.89亿元的违章拆借逐笔登记清理，落任务、落责任、落专人清收。现已收回1.25亿元，占总额的66%。2.严格清理违章利率。市农行下发了进行利率大检查的通知，实行分级负责，认真开展检查。各支行的利率执行情况比较规范，检查中查出了11笔12万元多收利息，及时进行纠正。3.全面清理自办经济实体。根据“全面清理、对照政策、区别情况、分别处理”的原则，市农行对自办经济实体开展全面清查，逐个摸底，制订清理方案，进行全面清理。全系统共停办撤销实体19个，脱钩46个，收回资金4 756万元，占投入总额的87%。

（张玉泽　马宗义）

【不断完善内部经营管理体制】 为适应建立社会主义市场经济体制的要求，1993年沈阳市农业银行进一步完善内部经营管理体制，努力向商业银行管理模式过渡。在计划管理上，制定并实施了《沈阳市农业银行信贷计划管理暂行办法》，将以往的信贷计划砍块下达改为限额管理下的存贷比例管理，全行新增贷款的80%与存款挂钩，20%与经营效益挂钩，较好地控制了贷款投放，使全行全年新增存款始终大于新增贷款，这为实施资产负债比例管理奠定了基础。增设了3%的统筹基金，重新调整了县区支行向市行的借款额度，较好地解决了县区支行政策贷款的资金不足矛盾。建立了系统内拖欠汇差加罚息制度，促进收回各项拆借资金1.7亿元。加强了内部资金的调控力度，1993年系统内调剂调度资金863笔，累计金额109.4亿元，是历史上最高的一年，较好地解决了地区间、行际间的资金余缺。在财务会计管理方面，重新修订经营目标责任制考核办法，强调了以经营为中心，以利润为目标。按新财会制度的要求，进行了核销呆帐、固定资产盘盈、盘亏进帐工作，对有关业务人员进行了新财会知识培训，并为实施新财会制度做好了一切准备工作。参加了农业银行自办全国联行计算机对帐系统，增加了市农行系统的全国联行营业机构。继续开展了会计出纳达标升级活动，使全行的会计出纳水平进一步提高。在信贷管理上，根据农业生产的实际变化，把农业生产贷款由过去贷到村改为贷到户，明确了承贷责任，防范了贷款风险，又比1992年节约信贷资金40%。加强了贷款风险管理，全面实行了抵押、担保贷款方式，减少了信用放款。开展了贷款风险度管理的试点工作。

（张玉泽　马宗义）

【重点支持粮食收购和农村经济发展】 按照党中央、国务院关于农副产品收购不给农民"打白条"的要求，1993年沈阳市农业银行把农采资金的落实和供应作为大事来抓。在各级政府的支持和统一领导下，市农行主动积极配合当地人民银行，落实了银行、财政、企业各自应承担的收购资金供应任务，并层层签订了资金供应责任状。由于各方资金到位及时，满足了收购资金的需要。到12月末，农行已投放农采贷款8.4亿元，比1992年多投3亿元，其中旺季投放6.1亿元。全市已收购商品粮16.5亿斤，种籽0.6亿斤，生猪0.25亿斤，完成粮食收购计划的73%，未出现"打白条"问题。

为支持农业生产稳定发展，促进农业生产上台阶，市农行、信用社贯彻向农业倾斜的信贷方针，1993年累计投放农业贷款11.5亿元。在支持粮食和农副产品生产取得丰收的同时，重点支持了高产、优质、高效农业的发展。主要有棚菜生产、水浇麦开发、高密度养渔、科技兴农、优良种禽、种籽基地建设、农副产品深加工等项目。还支持农村社会化服务体系增强了服务功能。1993年沈阳市农业银行累计投放商流贷款27.58亿元，支持了城乡搞活商品流通。为确保农业生产资料的储备和供应，市农行对农资贷款实行专项管理，全年累计发放农资贷款5.1亿元，年初保证了农资部门农业生产资料储备充足，供应及时，不误农时，满足了春备生产的需要。4季度农资价格上涨，市农行及时投放2.1亿元贷款，保证了农资一、二、三级站和县区农资公司的储备需求，基本可以满足1994年春农业生产需要。乡镇企业作为农村经济新的增长点，在农业银行、农村信用社的信贷支持下，1993年取得了高速增长。1993年农业银行和农村信用社对乡镇企业累计投入贷款18.46亿元，其中设备贷款2.15亿元，净投放贷款5.98亿元，比1992年多投放1.2亿元。为充分利用有限的信贷资金，坚持了新增贷款与收回乡镇企业固定资产贷再贷、清收沉淀贷款、压缩企业三项资金占用和组织存款四项指标挂钩的政策，取得了较好的效益。1993年全市乡镇工业实现产值196亿元，比1992年增长52.5%，在农业银行、信用社开户的乡镇企业实现产值113亿元，利税6.38亿元，分别比1992年增长62%和46.6%。

（张玉泽　马宗义）

【国际金融业务】 沈阳市农业银行为适应经济发展的需要，增强综合服务功能，于1988年成立了国际业务部，开始办理国际金融业务。5年来，各项业务长足发展，经营实力不断增强。到1993年末，各项外汇存款达1 124万美元，其中居民外币储蓄存款余额为671万美元。企事业单位外汇存款户达161户，其中"三资"企业139户。各项人民币存款余额达1.8亿元。在积极扩充资金实力的同时，国际业务部不断扩大业务领域，增强对客户的服务能力。开展了外币、外汇存款、放款、外汇结算、外币兑换、信用证项下进出口结算、对外咨询等业务，与217家境外代理行建立了关系，汇路畅通。仅1993年就实现国际结算907笔，总额超过8 000万美元。几年来，国际业务部积极支持经济发展，到1993年末，各项外汇贷款余额达2 320万美元，引进世界银行为4笔对中国贷款810万美元，各项人民币配套贷款余额达1.9亿元，支持了一批"三资"企业的建立和发展，促进了引进外资，支持了外贸企业扩大出口创汇，世界银行贷款项目进展良好。

（张玉泽　马宗义）

【金穗卡业务发展迅速】 自1992年4月，东北第一张金穗信用卡在沈阳发行以来，沈阳市农行高度重视金穗信用卡作为现代化结算工具的推广、应用和管理，使金穗卡业务在仅一年多的时间内得到了迅速发展。截止到1993年末，全市共发金穗信用卡10 634张，其中单位卡926张，个人信用卡9 808张，开立企事业及个人存款帐户9 458个，存款余额达6 500万元。全市共发展受理金穗卡的特约宾馆、酒店、商场、医院等148家，发展受理金穗卡的营业网点56个。近两年来，共发生业务量10多万笔，累计发生额近1亿元，办理授权业务6 000余笔，区域范围涉及全国100多个城市。

（张玉泽　马宗义）

·建设银行·

【概况】 1993年，沈阳市建设银行坚持改革与整顿并举，以改革促进发展，大力筹措资金，支持重点建设，为沈阳市的经济发展做出了努力。截止到1993年12月31日，全行一般性存款余额达到432 164万元，比年初增加98 199万元，增长29.4%，增长率位居全市各家银行首位，完成总行核定全年存款计划的163%。全行利用信代资金发放的各项贷款余额294 145万元，比年初增加45 634万元。实现利润5 207万元，超额完成了总行下达的利润指标。附属企业也获得较大的发展，信托投资公司、信用社、房地产信贷部共吸收各类存款53 448万元，发放贷款26 814万元，实现利润4 092万元，支持了沈阳开发企业和集体经济的发展。

（姚岩林）

【狠抓增存，提高投放能力】 1993年，沈阳市建设银行把狠抓资金筹措，增强投放能力作为全行中心工作来抓。一是继续加强对筹资工作的领导，加大筹资工作力度。分、支行成立筹资工作领导小组，把筹资工作做为考核各行工作成绩的重要内容，制定了季、月、旬考核内容和评定标准，并抓好落实，成绩突出的予以重奖，完不成任务则给以重罚，已初步形成调动全员吸收存款的激励机制；二是在巩固自筹资金存款的同时，瞄准全市经济发展中新的经济增长点，抓大户，辟新户，拓展筹集渠道。针对沈阳市基建计划管理权下放到县(市)、区的新情况，市建行与市计经委联合制定了管理权下放后自筹资金的管理办法，各支行根据这个管理办法与当地计经委就所辖区域建设项目管理达成协议，有效地防止了新旧管理体制交替中自筹资金存款的流失，到12月末，自筹资金存款余额达到39 440万元。与此同时，沈阳建行还紧紧抓住新北站金融商贸区、沈阳经济开发区、南湖科技开发区、合资企业、第三产业、股份制企业等新的经济增长点积极开展工作，组建了新北站支行，当年吸存4 029万元，协助市有线电视台做好初装收费工作，仅一期工程就吸收存款2 300万元。三是通过良好的服务手段吸收储蓄存款，全年通过发行大额有奖储蓄存单，开办储蓄贺卡、工资转存、债券转存、外币储蓄等服务项目，使储蓄存款年新增71 539万元，完成总行计划的217%。此外，沈阳市建设银行还利用企业经营机制转换的时机，积极参与企业股份制改造，适时吸收存款。先后配合东北输变电集团、雪花啤酒集团、市电信局、市火炬大厦做好定向筹集股票的收款工作。通过全行上下共同努力，广泛吸存，沈阳市建设银行的资金实力和投放能力进一步增强。

（姚岩林）

【提高资产质量，避免投资风险】 加强贷款的前期管理工作，是提高资产质量，防范投资风险的关键一环，也是促进贷款决策科学化、民主化的重要前提条件。沈阳市建设银行1993年进一步强化了贷款前期的项目调查、项目评估和贷款决策工作，继续实行审贷分离，集体决策。坚持和完善了评审决策体系，建立了分行信贷审查委员会，对新发放的贷款项目，在深入调查的基础上，由支行推荐，提交分行项目审查处评估，分行贷款评审委员会集体讨论决策。在审查中，注重将项目投资预算、市场预测、经济效益和偿还能力等因素综合考虑，本着对国家负责，对企业负责的原则，深入调查，严格把关，慎重决策，做到成熟一个，审批一个，办理一个，有效地防止了信贷风险，保证了国家资金的安全，提高了银行资产质量。全年共评估审查项目38个，其中基本建设项目24个，技术改造项目10个，其他类型项目4个，总投资达437 165万元，对沈阳重型机器厂“八五”电站配套紧急措施项目、沈阳建筑机械厂总体改造项目、沈阳电话枢纽工程、南湖科技开发建设总公司、大伙房引水工程等21个建设条件、社会效益和自身效益较好的项目予以肯定和支持；对9个资金不落实，技术不过关，市场前景不好，还贷能力弱的项目予以否定；对沈纺大厦、辽宁轻型飞机制造公司、新民无纺布3个有发展前途，但目前上马条件尚不成熟的项目，及时向各有关部门和建设单位提出缓建意见，已被采纳。同时，加强了对流动资金贷款的风险管理，在系统内部首次对在行内开户的45个流动资金贷款企业进行信用等级评定，共评出AAA级4户、AA级32户、A级9户，掌握了企业的经营效益情况，为合理发放贷款，防止贷款风险提供了依据。

（姚岩林）

【积极发展国际金融业务】 全方位的改革开放对国际金融业务提出了更高的要求。为了促进国际金融业务的发展，实现与国际标准的对接，1993年沈阳市建设银行提出了“上下齐努力，全行办国际业务”的工作方针。在实际工作中，一是完善国际业务网络机构，经人民银行外管局批准，在南湖、北站、和平、沈阳开发区4个支行成立了国际业务分部，在铁西、皇姑等6个支行建立了国际业务代办处，在7个储蓄所开办了外币储蓄业务，增加了外汇、外币业务窗口，方便了企业客户，为国际金融业务全面发展奠定了良好的基础；二是积极吸引外资。重点抓好“三资”企业存款，积极参加各种招商引资活动，特别是抓好大型项目的境外筹资工作，承担了贯通沈阳全市的高架轻轨一期工程项目的境外筹资任务，并对项目做出了备选方案，待总行批准后即可实施；三是注意培养国际金融人才，全年举办学习班、培训班4期，培训学员80多名，主要讲授外币储蓄核算、外币假钞鉴别、外汇结算及新的外汇管理办法等内容，为全行办国际业务在人员上提供了保证。四是继续办好国际结算业务，全年共办理进出口结算业务987笔，14 155万美元，比1992年翻了一番。五是4次成功地组织了向香港利宝银行境外押钞业务，总金额达200多万美元，首次实现了与境外银行的直接联系。此外，还进一步加强了对国际金融市场信息的收集与管理，提出租用美联社TELERAT终端，直接获取国际金融市场的第一手资料。参照“巴塞尔协议”和人民银行、建设银行总行的有关规定，在国际业务部进行了外汇资产负债比例管理试点，并制订了实施细则，收到较好效果。开办了外币信用卡和旅行支票业务，与5家涉外宾馆建立了特约商户关系，为沈阳市的改革开放，吸引外资开拓新路。一年中，国际金融业务取得长足发展，外汇存款新增2 148万美元。余额达到4 437万美元，完成全年计划的128.9%。发放外汇贷款1 927万美元，支持了一批外向型企业发展生产，为沈阳市扩大对外开放做出了努力。

（姚岩林）

【继续做好房改金融工作】 1993年，沈阳市建设银行为迎接《沈阳市住房制度改革方案》的出台和实施做好准备。完善和拓展了房改代办处的功能，在独立办理房改业务的同时，还办理信贷、结算、储蓄、现金等业务，方便了群众，提高了工作效率；开办了个人住房抵押贷款和“存、贷、建、销”一条龙的“供楼”业务，制定并实行了《供楼贷款暂行办法》，发放职工个人购房抵押贷款181万元，为正确引导个人住房消费做了有益的探索；举办各类房改业务培训班20期，培训人员1 000多人次，提高了业务人员素质；为保证全市房改方案运行后住房公积金的及时存储与核算，市建行在调查摸底的基础上，在全市建立了61个住房公积金核算接柜网点，配备的55台电子计算机也已安装调试完毕，随时准备投入使用。解决了各房改部门的办公用房和办公用具，为15个房改金融业务代办处解决了业务用车。同时，还制定了《沈阳市住房公积金数据过渡方案及管理办法》等制度及实施细则，为房改方案的正式运行作了充分准备；增加了房改信贷投放力度，全年共发放房改贷款5.6亿元，比1992年的4.3亿元新增1.3亿元，增长幅度为130%，解决了沈阳市15个住房合作社、84个房屋开发公司和60多家房改单位住房建设资金需求，发放解困房贷款290万元，建解困房15万平方米，使2 000多家住房困难户迁入新居；此外，为调动房改金融部门职工积极性，推动业务发展，沈阳市建行注重内部管理机制的建立，实行了支行代办处与分、支行、分行房地产信贷部与市财政和分行的"双向承包"制，较好地协调了各方面利益，调动了积极性，促进全行房地产金融工作在1993年有了较快的发展。截止到1993年12月末，全行房改存款余额达到72 165万元，比1992年新增2.9亿元，贷款余额50 562万元，比1992年新增1.7亿元，增长150%。在支持房改，服务房改的同时，自身也取得较好的经济效益，房地产信贷部实现利润1 416万元，比1992年增加116万元。

（姚岩林）

【支持重点项目建设和大中型企业发展】 1993年，沈阳市建设银行在深化金融体制改革，由国有专业银行向商业银行转轨，进行政策性业务与经营性业务分离的情况下，继续发挥财政职能，强化财务资金管理，为重点项目建设和国有大中型企业发展生产服务。在立项上，加强了对重点工程项目和大中型项目的预算审查工作，特别是加强对全市几个重点开发建设的高层建筑群进行深层次的管理，注重审查深度，保证审查质量。全年共审查概预(结)算及标底2 863份，总价值37.9亿元，核减价值达2.1亿元，核减率为5.5%。为重点项目的合理立项，确定投资把好关，在资金供应上，集中资金保重点。1993年沈阳市建设银行在资金紧张，投放能力受到限制的不利条件下，挖掘潜力，集中资金优先保证重点建设项目和大中型企业发展生产的需要。共发放建贷21 173万元(含回收再贷部分)，优先支持东北耐火材料厂(镁砖项目)、沈海热网工程、东北输变电制造公司、沈阳变压器厂、沈阳重型机器厂等能源、交通、基础设施和大中型骨干企业，保证资金及时到位，特别是当东北耐火材料厂镁砖项目下拨的建设资金未及时到位时，多次到北京建设银行总行说明情况，为该项目争取到储备贷款3 700万元，解决了项目建设资金缺的燃眉之急，保证了工程进度。全年共发放建筑业流动资金贷款75 282万元，支持了沈阳第三、第四建筑公司、市工业安装公司等大中型建筑安装企业发展生产；发放科技开发贷款3 987万元，支持了东北大学软件开发系统、中国科学院沈阳金属研究所等高新技术产业；发放工业流动资金贷款35 300万元，重点支持了沈阳金杯汽车股份有限公司等一批市场有销路，管理制度健全，经济效益好的工商企业发展。在项目管理上，采取跟踪管理办法，了解项目建设全过程，及时提供服务。在了解到大伙房引水工程因世界银行贷款未到位而发生资金短缺时，发放时间差贷款2 200万元，保证了工程进度。建行内部进一步建立健全了各级重点项目领导小组，实行重点项目管理目标考核制，分、支行领导与重点项目建立联系点制度，坚持重点项目例会制和每季度一次的重点项目资金管理调度会，听取汇报，及时解决项目建设中资金问题。全行1993年共经办大中型项目4个，建设单位6个，计划总投资2 245 400万元，实际完成投资1 592 900万元，完成计划的70.94%。此外，沈阳市建行还注意帮助企业理财，提合理化建议，促进企业经营管理水平和经济效益的提高。在贷款上予以倾斜，促进亏损企业生产自救，实现减亏。1993年对市政府承包的亏损建安施工企业已实现减亏目标。

（姚岩林）

【积极参与财务体制改革】 1993年，沈阳市建设银行在深化财务体制改革，完成新旧财务体制转化的工作中，一是对全行财务工作人员进行调整，充实力量，加强了对全行系统财务成果及经营状况的综合分析，分期分批地对全行系统财会人员进行培训，为新旧财务体制的顺利接轨做好准备。二是制订并印发《建设银行沈阳市分行财务体制改革实施方案》、《建设银行沈阳市分行财务改革实施办法》和《建设银行沈阳市分行财务改革若干问题的说明》等条例，从制度上保证了全行系统财务体制改革的同步进行。三是抓好新财务制度的推广和实施，按照财政部规定及时设立、更改和调整会计科目，分行主管领导和部门加强检查指导，及时纠正偏差，保证各科目核算的准确性，较好地保证了新旧财务体制的平稳过渡。

（姚岩林）

·中国银行·

【概况】 中国银行沈阳市分行在1993年的工作中，以"高效、优质、实干、廉政、团结、创新"的精神，积极探索向商业银行转化的途径，不断深化管理体制改革，进一步强化内部管理，加强职工队伍建设。为贯彻中央6号文件精神，针对违章拆借资金、乱担保、违章操作等问题进行自查自纠，对自办经济实体进行清理整顿，初步形成了良好的经营秩序。较为圆满地完成了各项计划指标。截至12月31日，各项人民币存款余额25亿元，比1992年增加7亿元，增长40.5%。其中，个人储蓄存款余额15.4亿元，提前5个月完成全年计划。各项外币存款余额2.6亿美元，增长51.29%。长城卡发卡量达到5 900张，特约商户150

家，存款余额达1.5亿元，交易量23亿元。各项人民币贷款余额25.1亿元。其中流动资金贷款余额23.6亿元，各项外币贷款余额1.7亿美元。办理出口来证通知4 000笔，金额2.3亿美元；出口审单议付4 500笔，金额1.4亿美元；进口开证670笔，金额1.5亿美元；汇出汇入汇款4 300笔，金额1.8亿美元；出口托收1 700笔，金额4 000万美元；进口代收530笔，金额8 000万美元。全年实现利润6 000多万元，人均创利6.7万元。

（张晋美　范华廷）

【资金实力明显增强】 为向国有商业化银行转轨作准备，实行资产负债比例管理，中国银行沈阳市分行本着“存款立行”的指导思想，采取了一系列行之有效的措施，使各项存款稳步增长，资金实力不断增强。至1993年年底，人民币资金自给率达到106%，比1992年提高22.8%。

方便客户，增强服务功能是吸引存款的有效办法。中国银行沈阳市分行全辖储蓄网点做到周三下午不关门，星期日不休息，延长营业时间，增加储蓄品种，实现礼仪卡储蓄全辖通存通兑。通过电台、电视台、报纸等宣传媒体大力开展储蓄宣传，行领导也同职工一道走上街头，宣传储蓄。在增强外部服务功能的同时，注意加强内部职工队伍建设。加强了对职工的职业道德教育和岗位技术培训，提高了服务质量和服务效率，继续实行奖金与技术水平和吸储能力挂钩，调动了职工的积极性。为增强吸存能力，扩大服务范围，该行加快储蓄网点建设速度，全年共建网点19个，至年末正式开业17个，速度明显快于往年。新建网点吸储余额6 000万元，占全年新增余额的10.76%。通过全行努力，储蓄存款提前5个月完成全年计划。至1993年末，净增存款额突破5亿元，占储蓄存款余额的三分之一。

（张晋美　范华廷）

【为进出口企业提供多功能服务】 1993年同业竞争的加剧，给中国银行沈阳市分行的国际结算业务带来了强大的外部压力。该行以此为发展契机，从提高服务质量入手，增加服务种类，加强与外贸企业的合作与交流。先后两次举行银企座谈会，还多次到公司走访，听取客户意见、建议；为客户解决实际问题，经常举办业务培训班，为内部业务人员以及进出口公司的业务人员提高业务水平提供了便利条件。在业务处理中，每个环节均做到严格把关、谨防疏漏，从客户的利益出发，把风险和损失减少到最低水平。以优质、高效的服务赢得客户的信任。同时，加强结算部门与会计、信贷部门的配合，增进对客户业绩与信誉的了解，在灵活的融资方式中，做到择优扶植，把人民币、外币资金用到社会效益好、经济效益高的项目上。

外贸信贷部门在信贷资金规模紧张、外贸企业收购资金不足的情况下，不断加强信贷管理，本着“压缩非主体户贷款；保证主体户贷款，压缩一般企业贷款，保证外贸企业贷款，加速资金周转”的信贷方针，为支持沈阳市对外贸易发展，以出口带动沈阳经济发展做出了积极贡献。2季度以后，外贸企业出口呈现滑坡势头，资金紧张成为困扰外贸企业的严重问题。中国银行沈阳市分行采取“以出口信用证和内外销两个合同为依据，分类排队，逐笔核贷”的办法，根据出口结汇期确定贷款期限，出口结汇后及时收贷，保证信贷资金在出口收购过程中专款专用，明显加快了信贷资金的周转速度，提高了资金的使用效率，保证了外贸出口收购的资金需求。有力地支持了沈阳市服装进出口公司、国际贸易进出口公司、五金矿产进出口公司等主体户项目好、效益高的进出口业务。在支持外贸企业发展中，还注重支持外贸企业优化进出口商品结构，开辟有潜力的新市场。为支持某外贸公司向南美地区出口电视机业务，该行在对新市场、新客户进行较为充分的调研后，多方想办法筹措资金，向上级申请追加贷款规模，至年末已发放贷款1 800万元，使首期合同开始执行。在支持外向型经济发展中，充分发挥外汇贷款、人民币贷款、技术改造贷款、科技开发贷款等整体服务功能，支持出口型生产企业和国有大中型企业、科研单位改善投资环境。至1993年末，沈阳中国银行累计发放外贸贷款19亿元。外贸贷款余额达12.5亿元，净增贷款1.8亿元，占全部人民币流动资金贷款的52.84%。为外贸企业办理押汇和打包放款849笔，金额5 400万美元。支持市外贸及省工贸企业出口创汇6.6亿美元，完成计划的103%。

（冀克立　范华廷）

【“三贷”、“三资”贷款效益显著】 依据人民银行“从严控制总量，优化结构，面向市场，转换机制，提高效益”的信贷总方针，以适应市场的需要，逐步向国有商业化银行转轨为目标，中国银行沈阳市分行外汇信贷部门1993年本着“保结转，控新批，保重点，压一般”的均衡控制原则，注重把支持重点技改项目与调整企业产品结构、改进生产工艺相结合；把扩大流动资金贷款与增加企业经济效益、弥补出口亏损相结合。先后向沈阳冶炼厂投放外汇技改贷款300万美元，用于引进制氧机，以解决企业污染问题；向沈冶及辽宁有色进出口公司发放外汇贷款1 600万美元，用于进口精铜矿，解决了企业开工不足问题，增加了出口创汇；向辽宁冶金进出口公司及辽宁省装饰材料进出口公司发放730万美元外汇贷款，以进养出，弥补亏损。从比利时引进优惠贷款1 060万美元，支持沈阳市电信局引进6万线程控交换设备。利用西班牙2 100万美元贴息贷款，引进13万线程控交换设备的项目正在报批，这些项目的建成将大大改善沈阳市通讯紧张状况。

对“三资”企业贷款本着分类管理，择优扶植原则，重点支持“嫁接型”、“进出结合型”、“技术先进型”及乡镇“三资”企业的发展。累计向446家“三资”企业发放人民币贷款5亿元，外汇贷款1 400万美元，企业累计实现利税2.4亿元，出口创汇约3 000万美元，约占全市“三资”企业出口创汇总额的50%。永新——沈阳化工有限公司、沈阳飞龙保健品有限公司等6家企业被中国银行总行评为最佳贷款信誉客户。

(张晋美　范华廷)

【证券业务发展迅速】 1993年,中国银行沈阳信托咨询公司在做好内部管理,下大力气清理信托资产的同时,积极探索新业务,使公司的证券业务有了较大发展。实现了沈阳证券业务部电脑化、扩大了营业面积,为证券业务的进一步发展奠定了基础。该部全年交易额达1.7亿元,比1992年增长37%。上海证券业务部已于8月份正式营业,至1993年底交易额突破3亿元,在证券同业中业绩突出。

(范华廷)

【电脑化进程加快】 电脑工作在1992年全行储蓄业务实现电脑化的基础上,1993年基本完成了会计业务综合处理系统的电脑化上机工作和信用卡公司B25微机向PC系列微机工作站系统的转换,并接通TMCS电讯控制系统,调试使用自动柜员机,试运行会计帐户S机客户查询系统。在促进业务发展,拓宽服务范围,提高管理水平方面又上新台阶。在实现银行业务现代化、电脑化、规范化、国际化的道路上取得了较大的进步。

(范华廷)

·交通银行·

【概况】 交通银行沈阳分行是公有制为主的股份制商业银行,全行辖内资金总额已达80 000万元,1993年在整顿金融秩序的新形势下,坚持商业银行经营方向,各项业务取得了建行以来的最好水平。截止年末,全行人民币资产总额比1992年增加130 503万元,增长33.7%,外币资产总额4 100万美元,人均创利润14万元,比1992年增加4.7万元,增长1.5倍。

(王琦　张爱平)

【深化存款机制改革】 1993年,交通银行沈阳分行在存款工作中,坚持"存款立行"思想,把存款放在经营管理的首位,一是全面推行存款全员承包责任制,将存款目标层层承包到部门,落实到个人,在奖金分配中提高存款奖比重,拉大存款奖金档次,把存款指标完成情况与职工奖金分配、业绩考核、"双先"评比紧密挂钩。二是强化了存款管理。努力提高储蓄存款比重,发展储蓄网点,开发了个人通知存款、定期存单小额抵押贷款等一系列储蓄新品种。年末,储蓄存款比1992年增加18 000万元,增长45.7%。加强了对公存款跟踪服务、动态反馈、对策调整和指标考核,加大了以贷揽存的力度,不断提高企业在交行的存贷比例。三是改进了服务方式,采取热线电话、柜面咨询、开门评行、密码自动查帐和延长营业时间等方式,更新了微机通讯网设备,开发了对公未收利息统计系统、清收来帐系统、设立了机动微机终端,解决了企业对帐难的问题,缩短了客户办理汇票和取现金的时间。年末,全行新增结算户3 100户,比1992年增长47.6%。各项存款余额比1992年增加64 000万元,增长35.7%。

(王琦　张爱平)

【重点支持大中型企业和集体企业】 1993年末,交通银行沈阳分行的贷款余额比1992年同期增加46 000万元,增长26.5%,其中用于支持大中型企业的贷款占80%以上。根据国家产业政策和各行业企业效益情况,不断调整贷款结构,优先支持了交通、能源、出口创汇、高科技产业和军转民等企业生产发展。在全市资金紧张的情况下,向251户大中型企业累计发放贷款200 000万元,占贷款累放额的35.5%,为28户国有大中型企业核定周转额贷款12 000万元。信贷资产质量明显提高。压缩了信用贷款,增加了担保贷款和抵押贷款比重,加强了贷款催收力度,全年收回有问题贷款22 000万元,本息回收率分别达到97.2%和90.8%。

(王琦　张爱平)

【外汇业务取得迅速发展】 1993年末,交通银行沈阳分行进出口贸易结算总额比1992年增加2 100万美元,增长23.5%。非贸易结算总额增加11 500万美元,增长2倍,外汇存款余额比1992年增加1 100万美元,增长39.4%。为支持外向型经济发展,全年共投放外汇贷款余额20 000万美元,比1992年增长3倍。在不断拓宽原有外汇信贷业务领域的基础上开办了打包放款、出口押汇、世界银行美元贷款转贷业务和国外政府混合贷款等新业务品种,已同美国、日本、法国、英国、德国、瑞士、澳大利亚、芬兰、荷兰、新加坡、马来西亚以及香港、澳门等国家和地区130多家银行建立了直接业务往来关系,已建立代理行关系的国外银行有350家。外汇结算、外汇汇率报价等主要业务实现了电子化,赢得了较高的国际信誉。

(王琦　张爱平)

【加大非传统银行业务】 一是拓宽了证券业务领域。全资经营了沈阳证券公司,1993年共代理企业发行债券和短期融资券29 000万元,比1992年增加3 500万元,增长13.8%,在沈阳证券交易中心、深圳和上海证券交易中心取得了交易席位,建立了深圳证券营业部,开通了与北京中国证券市场研究设计中心STAQ系统的法人股交易渠道,证券报价、交易、结算全部实现了电子化。年末证券交易总额110 000万元,比1992年增加22 357万元,增长20.5%。加强了通发基金管理,实现红利率17%。二是发展了保险业务。全资经营了中国太平洋保险公司沈阳代理处。全年人民币承保总额比1992年增加285 000万元,增长64.5%,保费收入增加1 100万元,增长79.7%。三是金融租赁业务长足发展。由过去围绕生产领域开展租赁业务发展到流通领域、消费领域和交通运输领域,年末发放租赁贷款余额6 000万元,比1992年增长97.2%。四是房地产业务稳健发展。1993年末房地产开发贷款余额11 257万元。在沈阳新北站联合开发商业大厦3 500平方米,即将交付使用,合资经营了沈阳银运房地产开发有限公司,现已开发商品楼20 000平方米。五是新开办了太平洋信用卡业务。与全市100多家商场、宾馆、酒店、娱乐中心签订了信用卡特约单位协议,办理了金卡和普通卡。此外,信托业务、投资业务以及咨询、担保业务都取得了较快发展。

（王琦　张爱平）

【加强资产负债管理和风险管理】 1993年交通银行沈阳分行按国际通用的"巴赛尔"协议要求，结合全市资金供需情况，不断调整资产负债间的比例，保持资产与负债之间在期限、结构、利率方面相互对应，定期对资产负债管理11项考核指标和财务管理17项考核指标做综合分析，发现问题、及时调整，保证了资金安全性、流动性、效益性的合理协调。在金融形势较严峻的条件下资金调度灵活，头寸充足，保持了较强的支付能力，同时为缓解全市资金紧张状况，向专业银行累计拆出资金740 000万元，最高时一天拆出28 000万元。做到了自觉遵守金融法规，依法经营，严格执行了国家利率政策以及整顿金融秩序的政策、规定。全面完成清理整顿任务。

在深化经营机制改革方面迈出了较大步伐，推行了存款激励机制，把存款贡献大小与个人切身利益紧密挂钩；在办事处和主要业务部门推行了财务单独核算、将存、贷、利三者挂钩，降低了成本，提高了盈利水平；在人事管理上加大改革力度，试行了向社会公开招聘和内部分层次招聘制度。试行了职工上岗竞争，促使职工队伍整体素质明显提高。

按商业银行跨地区设置分支机构的性质，沈阳分行的业务范围已辐射到东北三省和内蒙古自治区。目前已在哈尔滨、长春、吉林、大庆、黑河、齐齐哈尔、四平、通化、辽源、鞍山、抚顺建立了12家分支行，辖内资产总额1 790 000万元，发放各类贷款789 000万元，有力支持了东北地区的经济发展。

（王琦　张爱平）

·合作银行·

【概况】 沈阳合作银行成立6年来，始终坚持"精诚合作、竭诚服务、行兴我荣、行衰我辱"的业务宗旨，认真贯彻执行"顾客第一、信誉第一、质量第一、效益第一"的经营方针，立足改革，以改革增效益，在改革中求发展，不断强化内部管理，转换企业经营机制，努力拓展业务领域，大力组织存款，努力壮大资金实力，优化贷款投向，积极支持区街经济发展。1993年沈阳合作银行有城市信用社20家，业务网点由成立初的19处增加到68处。1993年末，各项存款余额达204 310万元。较年初增加50 881万元，增长24.9%；其中储蓄存款83 518万元，较年初增加29 151万元，增长53.6%，创历史最好水平；各项贷款余额为139 673万元，较年初增加24 286万元，增长21%；1993年实现利润5 001万元，比1992年增长22.6%。

（汪洋　唐迪）

【狠抓吸收存款，增强资金实力】 1993年沈阳合作银行坚持"存款第一"的指导思想，把增加存款，壮大资金实力，作为头等大事来抓，针对信贷资金短缺，规模增加不多，吸收存款困难的情况，在全行范围内进行了广泛深入的思想发动，全方位、多渠道筹措资金，增强全行职工吸收存款的意识。一方面，通过扩大宣传，开展储蓄宣传月活动，提高知名度和信誉度。利用业务竞赛，岗位练兵及"一所三员"评比活动等多种形式。改进服务质量，增加服务网点，改善服务态度，增加服务项目，以优质的服务，良好的形象赢得客户的信任，继6月份储蓄存款超6亿元之后，下半年储蓄存款突破了8亿元。全年净增29 151万元，完成全年计划的182%。另一方面，通过承包奖励的办法，把存款指标层层分解落实到人，并制定具体的奖罚措施，调动全体干部职工吸收存款的积极性，通过登门服务、走访重点企业，邀请企业来访座谈，召开银企关系会，密切银企关系，加强服务力度，大力吸收存款。截至1993年末，南湖、滨河、铁西、沈河4家城市信用社存款先后突破1.5亿元。

（汪洋　唐迪）

【优化贷款投向】 1993年，沈阳合作银行始终把区、街、企业做为信贷工作的立足点，全年向区街企业投入124 793万元，其中新增贷款13 758万元。先后制定了支持区街企业的"四挂钩"、"七支持"措施，帮助企业盘活资金、压缩不合理占用；派驻工作组到亏损企业调查，分析亏损原因，协助开发新产品，及时给予资金帮助，全年扶持56户亏损企业扭亏增盈。保工信用社坚持贷款"三公开"的原则，通过由政府有关部门及要求贷款的企业共同参加项目论证、审查的方法，把有限规模投向效益好的企业和项目，既最大限度地发挥了信贷资金的作用，也确保了资金的安全。同时他们还通过向效益好、规模大、信誉高的企业发放周转额贷款，为跨行业、跨区域的企业牵线搭桥、联产促销，用一笔贷款解决了几个企业的需要。在一次联产促销会上，为企业无偿提供信息473条，达成1 000万元的购销合同。受到企业和区政府的高度赞扬。

强化管理，做好风险贷款和应收利息工作，1993年，沈阳合作银行把回收风险贷款，清收陈欠利息工作，作为工作重点，对确无偿还能力的企业采取"债务转移"的办法；对复苏有望的企业采取帮、扶的办法；对无信誉的企业采取依法收贷的方法，下大力清收风险贷款和陈欠利息。

（汪洋　唐迪）

【加快改革向商业银行过渡】 1993年，沈阳合作银行有9家信用社实行了科级建制，为向商业银行过渡，强化了管理和人才培养工作。先后在南湖信用社进行"行员制"工资改革试点；泰山信用社进行领导干部"聘用制"试点；天合信用社进行"全员合同制"试点工作。强化了约束机制，实行以政绩取人，能者上、庸者下的用人标准。在"承包奖"、"专项奖的基础上，打破平均主义，实行与经营成果挂钩的分配原则，增强了干部、职工的主人翁责任感和工作积极性。

截止1993年末，沈阳合作银行天合信用社、苏家屯营业部已经正式营业，并初见成效；火炬、银合信用社的筹备工作基本就绪；滨河、南湖、铁西三家信用社被评为国家"AAA"级信用单位。同时沈阳合作银行积极拓宽结算渠道；扩大服务领域，已有11家信用社、1个营业部实现记帐电子化，提高了工作质量和效率。并同省行开办省辖特约联行业务，初步解决了省内结算难的问题。

（汪洋 唐迪）

信托投资·证券

【沈阳国际信托投资公司】 1993年沈阳国际信托投资公司以经济建设为中心，以提高企业经济效益为重点，围绕深化金融改革，创造性地开拓业务，使各项工作得到长足发展，主要经济指标均创历史最好水平。1993年公司营运资金总额比1992年增长了26.5%，筹措资金比1992年增长43.4%，固定资产投放额比1992年增长了64.5%，证券交易额比1992年增长了86.9%，全年实现利润比1992年增长了150.8%。实现利润1 796万元，人均创利29.4万元。

一年来，沈阳国际信托投资公司始终不渝地坚持“融汇中外、真诚合作；竭诚服务，信誉第一；追求高速、讲求实效、科学管理，奋力拓展”的经营宗旨，狠抓经营机制的转换，全方位开拓业务。在经营思想上，坚持逐步由银行型向信托型过渡，发挥公司“地方性”和“灵活性”的信托优势，使公司自觉地纳入市场经济的轨道，在经营重点上，逐步由国内信托业务转向国际业务，密切同海内外各界的关系，开辟利用外资渠道，广泛筹措资金，支持地方经济建设。不断调整资金结构，优化资金投向，采取有效措施，盘活沉淀资金，发挥了桥梁、窗口和纽带作用；在经营作风上，努力改变过去坐门等客的官商作风，主动登门服务，帮助企业解决问题，取得了客户信赖，提高了公司的声誉；在干部培养使用上，积极倡导加强政治理论学习和专研业务，并把中青年干部放在关键的工作岗位进行培养锻炼。进一步推行和完善了干部聘任制，加强了干部考核制度，增强了事业心和紧迫感；在分配上，实行责任承包制，重奖重罚，真正做到工效挂钩，拉开了收入档次，调动和激发了职工的积极性；在内部管理上，健全了各项规章制度，明确了工作程序，严格了公司纪律，使公司内部管理走上了规范化的轨道。在国家紧缩银根整顿金融秩序的情况下，不仅为企业生产和建设提供了所需要的资金，自身也得到了很大的发展。

经过一年来的艰苦努力，公司在国际金融信托贷款、委托放款、证券业务、房地产开发等方面均迈上了一个新台阶。目前，沈阳国际信托投资公司已经发展成为具有较雄厚的经济实力、金融功能比较齐备，融资手段灵活多样，信誉良好的地方性金融机构，在沈阳经济建设和对外开放中显示出越来越重要的作用。

（焦传周）

【市信托投资公司】 1993年，沈阳市信托投资公司不断适应社会主义市场经济的要求，坚持“转变观念，转换机制，增强实力，提高效益”，取得了较好的经营成果。

全年完成利润1 030万元，比1992年增长2.2%，净增22万元；各项存款平均余额完成37 980万元，增长39.4%，净增10 744万元；各项贷款年末余额完成38 792万元，增长22.6%，净增7 158万元；证券交易额在股市低迷情况下完成4.5亿元，与1992年持平；为市重点建设项目贷款投放额1 950万元，增加850万元。此外，支持乡镇区街企业发展投放资金400万元。

公司全年主要抓了以下几方面的工作：

1.狠抓存款，广开财源，增强公司实力。全年委托存款26 267万元，信托存款2 723万元，其它存款5 914万元，保证金存款7万元。抓存款工作中，坚持转换观念，重新修订了《吸收存款暂行办法》，部门用款与存款相结合，人人担有存款指标，有奖有罚，定期考核，年终兑现，激发了大家挖存款的积极性。各级领导带头拓展长期稳定财源，职工想方设法达标超额作奉献。存款户比1992年新增9家，存款额最高达5.1亿元。

2.管好贷款，防范风险，确保资金安全。全年委托贷款25 957万元，信托贷款7 218万元，租赁贷款3 074万元，基金贷款2 630万元，债券贷款1 604万元，专项投资938万元。在市行下达的规模内，新增贷款80%以上用于市重点项目、大中型企业和乡镇区街企业。还参资入股南方和国泰证券公司、深圳新产业集团和万众股份有限公司，使资金运作收到很好效果。

3.催收利息，转化风险，提高资金使用效益。全年回收利息2 486万元，清理逾期、风险、呆滞贷款61 918万元，同时使46家拖欠本息的企业发生明显转化。在该项工作中，始终坚持措施落实到户、指标落实到人，先后对33户原行政提保的单位改为经济担保，限定了8家企业落实还款计划，接受4家企业以物抵债偿还款息，运用法律手段起诉了2家长期赖帐的企业。并从第4季度起，变原季计息为月计息。通过上述工作，使利息回收和风险转化大大推进了一步。

4.围绕市场，抓好经营，发展证券业务。全年证券交易额4.5亿元，代发股票、债券2.2亿元，还本付息1.9亿元，实现收益530万元。针对全国股市持续低迷的情况，公司注重加强市场的调研预测，及时调整库存券种，抓准价差大出大入，有所侧重做好“一级半”市场的买卖。5月18日上海营业部试营业后，又加入了天津证交中心和STAQ、NET两个法人股市场，取得了深圳证交所的会员资格。以沈阳为轴心、以外埠为轮辐的经营方针，确保了证券业务的收益水平。

5.精心运作，管好基金，求取更好回报。“兴沈”投资基金5月份首次年度分红总收益为536万元，红利率为17.1%。进入二次分红年度后，公司按照“避除风险，提高收益”的原则，进一步调整了投放结构，认真筛选项目合理投放。至年末止，基金共实现收益391万元，资产净值3 855万元，预测二次分红将有明显提高。

6.抓好队伍，提高素质，打好事业基础。坚持以党支部建设为核心，抓好思想、业务和基础设施建设。市委选派一名干部充实公司班子，强化了领导力量。干部职工中自学精神增强，调入15名层次较高人员，改善了队伍的素质结构。同时，进一步拉开了分配档次，加强与完善了规章制度，突出了重点岗位的安全防范。

（宇仁鹏）

【南方证券有限公司沈阳分公司】 中国南方证券有限公司沈阳分公司是目前东北地区最大的股份制证券公司。公司注册资本为5亿元人民币，在沈阳市中山广场东北侧有面积达3 420平方米的办公、营业大楼一栋。营业大厅装备LED电子显示屏3部，通过卫星接收上海、深圳证券交易所股市行情。另设大屏幕显示器3台、各种电脑40余部，基本实现了经营、办公手段的自动化、现代化。公司下设管理部、证券部、投资部、营业部、信息部、电脑工程部7个部，共有正式员工62人，中级以上职称的12人，占19.4%；大专以上学历的36人占58%，平均年龄29.5岁。

中国南方证券有限公司沈阳分公司筹建于1992年10月，同年12月28日证券营业部试营业，开办沈阳基金委托买卖业务。1993年4月28日分公司正式成立，主要经营业务有(1)代理证券发行；(2)自营、代理证券买卖；(3)代理证券还本付息和红利的支付；(4)有价证券的代保管和证券的鉴证；(5)接受委托代收证券本息和红利；(6)接受委托办理证券的登记和过户；(7)证券贴现和证券抵押贷款；(8)证券投资咨询和信息服务；(9)办理投资基金业务和与证券有关的投资业务；(10)外币及境外证券业务；(11)向国有商业银行和其它金融机构贷款和融资；(12)经中国人民银行批准的其它业务。公司自正式营业以来，坚持“稳健经营，竭诚服务，谋求高效”的宗旨，积极开发市场，努力拓展服务领域，跻身于国内证券市场竞争之列。经过努力，适时开通了深、沪通讯热线，开展了深、沪股票的异地委托交易和北京STAQ系统法人股交易。目前，公司已是沈阳证券交易中心、深圳、上海证券交易所、北京STAQ系统会员单位。

公司在一、二级市场的开发以及参与企业股份制改造、证券业务投资等方面取得了良好的社会效益和经济效益。

为了适应社会主义市场经济建设和证券业经营发展的需要，公司紧紧围绕提高社会服务水平和企业经济效益，健全规章制度，强化内部管理，初步形成了正规有序的运行机制，较好地保证了年度公司各项经营目标的实现。同时公司还注重按照党中央“两手抓”的方针和证券行业的特点，注重抓好精神文明建设，增强了员工队伍的廉洁从业，依法经营的自觉性。一年来，在多次重大发行项目和各类业务经营中，公司全体员工严格纪律，遵章守法，没有出现任何舞弊和违法行为，使公司在地方政府和广大股民中保持了较高的信誉。

（陈 衡）

保 险

·人民保险·

【综述】 中国人民保险公司沈阳市分公司成立于1951年5月15日，是中国人民保险公司驻沈阳的一个分支机构，是国家政策性金融单位。由于历史的原因，在1959年初停办国内保险业务。党的十一届三中全会后，拨乱反正，沈阳市分公司也于1980年6月恢复了国内保险业务。全体员工努力拓展业务，靠忠诚赢得信任，以服务参与竞争，事业由小到大，实力由弱到强。成为促进沈阳社会主义经济建设和改革开放的“稳定器”，保险事业的主渠道。

保险种类由恢复初期的十几个险种，发展到目前的企业财产险，运输工具险，货物运输险，产品责任险，种植养殖业保险，涉外保险，科技保险等100多个险种险别。服务领域从城市到乡村，从企业单位到居民个人，从全民集体，“三资”企业到个体经营者，覆盖到生产、流通、家庭生活各个领域。1993年，公司承保各类财产总额达1 582亿元，比1992年增长86.8%。保险业务总收入4.45亿元，比1992年增长46.6%。国内外业务赔款(含给付)2.03亿元，比1992年增长101%，实现利润1亿元。

“团结、进取、诚实、奉献”是中国人民保险公司沈阳分公司的企业精神。精神文明建设的加强，增强了企业的凝聚力和职工队伍的向心力。并在社会上树立了良好的保险形象，公司被评为“省信用特一级金融单位”，“全国金融系统优质文明服务先进集体”，“优秀纳税单位”，“沈阳市思想政治工作先进企业”。公司所辖的支公司都进入市级文明单位行列。

（郭晋东）

【国内保险】 自1980年6月恢复国内保险业务以来，随着改革开放的深入和商品经济的发展，沈阳人民保险业务已经形成了以财产险为主体的企财、家财、机动车、货物运输及各类责任保险的结构。服务地域涉及沈阳城乡、陆地、海上、空中，100多个险种险别为保户提供经济补偿。1993年国内业务收入3.9亿元，比1992年增长44.5%。

1. 通过经济补偿，防灾防损和融通资金，为搞好国有大中型企业提供保险服务。其内容包括：对受损的大中型企业实行预付赔款，帮助其迅速恢复生产；对全市大中型企业全部实行防火承包，提供优质的防灾服务；对部分保费数额大，资金暂时困难的大中型企业，采取一次签单，分期付款的优惠政策；资金运用向大中型企业倾斜，视能力予以贷款或拆借；开办新险种，满足大中型企业的保险需求。

2. 为支持沈阳名优产品提高知名度，积极开办产品质量，责任信誉保险。先后为沈努西、长城牌电冰箱、电热毯、三星压力锅等20多个拳头产品开办了产品质量责任保险。同时还开办了公众责任、职业责任、雇主责任保险，累计开发新险种54个，收取保险费1 100万元，支付赔款138万元，平均赔付率为12.5%。保险公司积极开办新险种，不仅为产、销间架起了信誉的桥梁，而且进一步扩大了保险服务领域，提高了人民保险公司的知名度、信誉度。

3. 为促进农业生产发展，深化农村改革，实行适度规模和集约化经营配套服务，市保险公司对建立农村社会化保险服务体系进行了探索。改变了商业经营的承保方式，采取社会统筹的办法，在全国率先推出了农作物统筹保险。其方法是：政府出面动员，实行大面积统保，保费由农民自筹，政府补贴；出险勘查，秋后计赔；结余积累，保险公司有偿服务，具体办理；如遇特大灾害，甘尽义务。农险业务为农业灾害及时提供经济补偿，促进了农村经济的发展，取得了政府、群众和保险公司三方面都比较满意的效果，荣获了中国人民保险总公司的"新路子奖"。

(郭晋东)

【涉外保险】 沈阳市人民保险分公司从1981年开始办理进出口货物运输保险、飞机保险、企业财产保险、涉外单位汽车保险等对外业务。通过办理涉外保险的业务，不仅逐步形成了水险、非水险、信用保险的业务结构，而且为沈阳对外贸易交往和经济技术合作提供了充分的服务，还为国家争取了大量的非贸易外汇收入。随着改革开放的不断深入，为适应辽东半岛建立外向型经济的需要，努力开拓涉外保险的新险种，不断扩大涉外保险服务领域。1990年以来新开办的涉外保险业务有：建筑和安装工程保险、机器损坏保险、产品责任保险、公众责任保险、展览会责任保险、雇主责任保险、出国人员人身意外保险、航空人身意外保险、旅行社旅游保险、中外合资企业各项保险以及驻沈的外国商社、领事馆的有关保险业务。

1993年涉外业务收入948.3万美元，比1992年增长63.7%。随着社会主义市场经济的建立和改革开放的深入进行，沈阳涉外保险在经济建设中将发挥更大的作用，为发展沈阳外贸经济做出更大的贡献。

(冯成安)

【防灾与理赔】 1993年，沈阳市人民保险公司积极认真做好防灾防损和理赔工作，做到事故隐患经常抓，季节性的灾害突击抓，薄弱环节重点抓，还采取了经济承包的方式，实行责、权、利结合，同100多户大中型企业实行防火责任承包，提高了企业领导对防火工作的认识，各支公司还在投保企业中聘用了义务防灾员，加快了重大险隐患的整顿，推动了群众性防火工作的开展。

理赔是保险财产在发生保险责任范围内的灾害事故造成损失时，保险人根据保险合同规定，进行经济补偿的一项具体工作。沈阳市分公司认真贯彻"主动、迅速、准确、合理"的原则进行理赔工作。1993年，公司共办理国内外业务赔款2.03亿元，比1992年增长101.0%

全市各支公司在努力拓展保险业务的同时，把保险的经济补偿当作稳定社会，稳定经济的重要工作来抓，做到结大案不超月，结小案不过周，千方百计缩短理赔时间，坚持万元以上赔案送款上门，疑难大案预付赔款，想方设法方便保户，受到了群众的好评。

为了提高理赔质量，各支公司还坚持勘查第一现场，见物定责定损，维护保险的声誉。并先后制定了《理赔工作程序实物细则》和理赔内勤考核制度，实行重大损失通报制度，还多次举办理赔业务培训班和技术研讨会，同时实行肇事机动车辆招标修理的办法，把竞争机制引入理赔工作，不仅保证了修车质量和工期，而且节约了赔款。

(郭晋东)

·人寿保险·

【概况】 沈阳市人寿保险分公司全称中国人寿保险股份有限公司沈阳市分公司，于1989年1月成立，是全国第一家统一经办社会保险和人身保险业务的公司。

1993年全市人身保险和社会保险基金总收入实现11.2亿元，比1992年增长36%。其中，各种人身保险费收入2.7亿元，社会保险基金总收入8.5亿元。全市180万名职工得到社会养老保障，保障面达98%。500万人参加不同种类的人身保险，占全市人口的86%，投保率居全国城市之首。

人寿保险公司的主要业务是，经办社会保险业务、经营各种人身保险业务和资金运营业务。社会保险业务主要包括国有企业、集体企业、"三资"企业中方职工养老保险业务、职工工伤保险业务，集体职工失业保险业务、集体企业破产倒闭基金收缴、管理业务，特困职工特困周转金发放业务以及市政府交办的其他社会保险业务。人身保险业务，主要包括少年儿童、个体业者、乡镇、街办企业职工、农民以及个人的养老年金保险；计划生育系列保险，团体医疗保险，各种人身意外伤害保险和涉外人身保险业务。资金运营业务主要包括购买国家和企业债券，流动资金贷款，有价证券买卖，股权投资，房地产开发等。目前，公司保险种类发展到50余种，年资金运用额达2亿多元。

人寿保险业务的发展，为全市人民提供了社会保障。1993年，人寿保险公司拨付职工退休费用8亿元，保证了全市50万名退休职工老有所养。支付人身保险金4 500多万元，为各种人身意外伤害事故提供了经济保障，从而保证了社会安定团结。

人寿保险事业的发展，促进了人寿保险公司自身的壮大和完善，全市人寿保险职工队伍已发展到700人，公司在全市13个行政区县(市)和两个开发区设立了15个支公司，方便了企业和居民投保。各支公司配备了电子计算机，实现了计算电脑化。一个由具有现代化素质人员组成，现代企业管理制度做保障的人寿保险事业正展示在全市人民面前。

(王兴生)

【新险种开发】 沈阳人寿保险公司在1993年适应市场经济发展的需要，先后开发和推行了11个人身险新险种，共收保费1 464万元。主要有：

出国人员传染病保险：该险于1993年5月份推出。凡经正式批准办理出境手续的出境人员均可参加保险，依据出国人员在境外停留时间的长短计算保险费，最低30元，最高80元。患17种国家卫生检疫部门认可的传染病时，保险公司予以赔付，最高1万元。1993年该险保费收入191万元，目前已获得全国代理权。

保卫、更值人员意外伤害保险：该险于1993年5月份推出，凡机关、团体和企事业单位的保卫、更值、治安联防人员均可参加保险，每年每人交保险费100元，被保险人在岗位上因受意外伤害造成伤残或死亡的，可得到部分或全部保险金，最高保险金给付1万元，医疗费给付5 000元。为保护国家、集体和人民生命财产造成伤残或死亡的，最高给付2万元，医疗费给付1万元。此险全年收费38万元。

高速公路人身意外伤害保险：该险于1993年7月推出，凡通过高速公路的汽车车上人员，均可参加本保险。每人交费3元，当发生意外事故人员伤亡时，最高给付保险金2万元，医疗费1万元。目前已收费50余万元。

企业领导人意外满期还本保险：该险1993年3月份开办，每人交费350元，保险期限1年，满期还本268元。当发生意外时，最高给付保险金7 000元，医药费5 000元。被保险人的家属被不法分子报复杀害时，给付保险金2 000元，医药费2 000元。

电汽车意外伤害保险：该险开展于1993年6月份，凡购买电汽车月票的人，均可参加，每人交费0.5元，发生意外事故时，给付保险金5 000元，医药费2 500元，在车上见义勇为者，发生意外事故，给付保险金1万元，医疗费5 000元。

另外还开展了前往边境地区人员意外伤害保险、学习票驾驶员意外伤害保险、福寿安康保险、铁路旅客意外伤害保险、信用金保证保险、住院平安保险等险种。

（*薛芳*）

【健全社会保险体系】 沈阳人寿保险公司成立后，在市委、市政府的重视下，加快了全市社会保险的改革和发展。到1993年末全市基本建立起社会养老保险、失业保险、工伤保险制度，并采取多种方式，积极探索医疗保险，已形成了相互配套的社会保险体系。

1.社会养老保险不断完善。从1987年起，全市先后实行了国有企业职工和集体企业职工统筹养老保险，标志着沈阳市社会养老保险基本建立，并随着时间的发展而不断完善。

首先，保障范围不断扩大。1989年实行社会保险的只有国有企业和集体企业职工，现在已经发展到“三资”企业中方职工、私营企业、个体工商业者以及广大农民。形成了多种方式、多层次的养老保险体系。全市7 000多家企业的180万名职工得到保障。承保面达98%。20万名街办、乡镇企业职工和农民老有所养。

其次，保障程度增加。1989年支付全市退休费用只有3.5亿元。人均年退休费用只有1 000元。到1993年，经几次提高退休职工待遇后，年支付退休费用近8亿元，人均退休费用达到1 500元。人均年支付额增加了50%。

其三，改革了国家统包的社会保险机制，实行社会养老保险基金由国家、集体和个人三者合理负担的新机制。目前，全市130万名在职职工均按工资总额的一定比例缴纳养老保险基金，实现了良性运行的社会保险机制。

其四，保险基金从单一的现收现付制向部分积累制发展。目前，全市“三资”企业中方职工和两个开发区职工的养老保险正在向积累制转变。其它职工养老保险的积累制办法也正在研究。

2.普遍实行工伤保险、失业保险，强化社会保障功能。从1993年下半年起，市政府出台了职工工伤保险办法和集体所有制职工失业保险办法。标志着全市社会保险体系基本形成。到1994年末，全市职工养老、工伤和失业三大社会保险将覆盖全市国有和集体企业，并逐步覆盖其他所有制企业。

3.采取多种方式，积极稳步地推进了医疗保险。为尽快建立全社会医疗保险制度，人寿保险公司本着“收支相抵，不赔不赚”的原则，进行积极探索，用商业保险的办法，为社会提供医疗保障。

其一，学生团体平安保险和住院医疗保险收到成效。全市80万名中小学生得到医疗保险。

其二，逐步解决农民的医疗保障。针对广大农村缺医少药的状况，人寿保险公司在农村发展了以农民个人交费为主，村里补助为辅的医疗保险，收到了效果。

其三，从1992年以来，在大东区政府机关和事业单位试行医疗保险，提供了医疗保障。

其四，有关部门开展探索建立企业大病医疗保险制度。（*王兴生*）

经济管理与监督

计划工作

【计划体制改革】 1993年,沈阳市进一步解放思想,更新观念,不断深化计划体制改革。

1.转变计划管理职能。1993年沈阳市确定计划工作的重点是:研究战略、制定规划、产业政策、培育市场、重点建设。据此,市计经委提出并以市政府名义下发了《沈阳市"八五"计划及2000年长远规划的调整方案》,提出了《关于沈阳市进行第二次创业的基本设想》、《沈阳的经济地位及发展战略》、《沈阳工业向市场经济转变的战略与政策》、《关于沈阳市向市场经济过渡的几点意见》,起草了《关于加强固定资产宏观调控的意见》,下发了《关于沈阳市加快开发区建设管理的通知》。根据中央大力兴办第三产业的要求和沈阳市目前对工业企业兴办第三产业认识不足的现状,提出了《关于实现工业企业兴办第三产业跳跃发展的实施意见》,分析了现状,阐述了工业企业兴办第三产业的必要性和重要性,提出了沈阳市工业企业兴办第三产业的具体措施意见。为解决资金不足问题,盘活存量资金,市计经委提出了《关于解决沈阳市工业流动资金问题的措施意见》,就沈阳市资金占用过多、周转过慢、效益过低的现象,提出了调整产品结构、改革企业内部资金管理等8方面的具体措施。就发展企业集团问题,市计经委起草了《"八五"期间沈阳市企业集团发展规划》,制定了组建与发展企业集团的指导思想、原则、目标及今后应采取的措施,明确了"八五"后期组建企业集团工作的方向。

2调整计划管理内容。为进一步适应市场经济的要求,1993年沈阳市取消了《经济效益计划》、《地方预算外资金支出计划》;新增了《房地产开发投资计划》、《重点科技项目计划》,减少了《工业产品产量计划》的产品品种,缩小了各类计划的发放范围。

为从根本上改变传统的指令性计划制度,建立适应市场经济要求的,既有利于宏观调控又有利于微观搞活的指导性计划制度,沈阳市进一步缩减了各类指令性计划,增强了市场调节的作用。1993年实行指令性和指导性计划管理的产品48种,其中指令性计划12种。市本级指令性计划全部取消,国家级和省级分别保留1种和11种。指令性计划产品的产值比重降到万分之三。工、农、商等各业均形成以指导性计划和预测计划为主的局面。社会事业计划也进行了改革,招生计划中减少了指令性计划名额,劳动工资计划改为弹性计划。

3改进计划管理手段。强化了政策性协调,减少了直接行政管理。经济手段、经济政策和经济法规的作用不断增大。1993年沈阳市计划工作继续简化项目审批程序,加强了项目备案制和项目承包责任制,实行了技术改造项目推荐制,加强了对企业投资方向的政策性引导,对某些国家重点支持的行业,项目实行优惠利率和财政贴息办法,对应扶持的企业的生产和改造采取了减免税、停息、亏损持帐等多种措施,减轻了企业负担。针对工业结构的现状和存在的问题。依据国家产业政策,市计经委编写了《沈阳市工业产品近期鼓励、控制和禁止发展的产品目录》,对产品的生产规模、发展重点和发展方向等方面作了重点说明和具体规定。

4健全计划管理方法、制度。1993年,沈阳市简化了生产、流通、分配、消费、建设以及科技、教育和各项社会事业发展的计划指标和指标体系,着重监测反映经济效益和综合平衡的指标,为改进计划指导和管理提供了科学依据。市计经委还完善了宏观经济监测预警系统,通过中心城市信息网络,加强了与国家、省及兄弟省市的协调和联系,建立了定期公布经济信息和宏观经济运行报告的制度。在计划编制过程中,改变了长期延用的基数法、水平法,积极采用投入产出,经济模型等现代技术手段和方法,提高了计划的科学性。

5.改进了计划工作方法、工作方式和工作作风。1993年,沈阳市计划部门加强了调查研究、信息咨询服务、简化了计划会议的程序,提高了办事效率。同时,提高了制定计划的的开放度、透明度和社会参与度,促进了计划工作的民主化、科学化和法制化。

(*郝 欣*)

统计工作

【概况】 1993年,沈阳市各级统计部门,按照深化改革、扩大开放和建立社会主义市场经济体制的要求,加快了统计改革和建设步伐,较好地发挥了统计的信息、咨询、监督功能及统计在社会主义市场经济中的导向作用,取得了新的成就。

准确及时地完成了319种统计年报和各种定期报表任务;完成了1992年投入产出调查任务;第三产业普查工作从9月正式开始,到年底,完成了普查业务培训、三产单位的模底及清查等项工作,普查表的填报工作全面展开。同时,还完成了为满足本地区、本部门和本单位党政领导科学决策而进行的大量统计调查工作。为确保统计数据质量，各级统计部门针对影响统计数据质量的各种因素，采取有效措施，实施综合治理，取得较好效果，使全市的统计数据客观地反映了沈阳国民经济和社会发展基本情况。

1993年，全市各级统计部门深入开展统计分析研究，统计的咨询、监督作用日益增强。一方面，加强了对经济运行态势的监测，对地区、部门和企业的生产经营、经济效益等情况进行定期跟踪，及时预警，发挥了监督作用，也为各级政府制定调控措施提供了依据。市、县区统计局和一些主管业务部门不仅注视本地区、本行业的经济运行态势，还密切注视兄弟地区和行业的经济运行情况，定期写出对比分析报告，为各级领导掌握全局，了解自己的差距，推动本地区和行业的发展，起到重要作用。另一方面，各级统计部门还围绕深化改革、对外开放和经济发展中出现的新情况、新问题，深入实际，调查研究，开展专题分析，为各级领导科学决策和有关部门进行管理提供了依据。市统计局和一些县(市)区统计局还积极参与政府机关工作责任目标考核工作，对政府各部门的工作进行量化考核，取得较好的成绩。一年来，全市各级统计部门撰写的统计分析、统计信息达1 800多篇。从分析的质量和产出的作用看，统计的咨询、监督作用日益增强，参与各级领导科学决策和科学管理的能力也大大提高。

(米志强)

【强化统计信息工作】 1993年，沈阳市统计工作强化信息工作。首先，市级县区统计局、市直各业务主管部门都积极利用大量统计数据，开展统计资料的深加工、精加工，编辑整顿了一批质量较高的统计资料书刊，及时向各级党政领导和有关部门提供统计信息，同时还面向社会服务。市统计局除认真搞好《沈阳年鉴》、《沈阳统计年报》、《沈阳统计手册》、《沈阳统计月报》等定型统计资料外，又编辑出版了《沈阳商业概览》、《沈阳市工业企业名录》、《沈阳简明统计资料》等资料，其中，《沈阳年鉴》在全国地方年鉴评比中，被评为特别优秀奖。东陵区编辑的《东陵特区五年建设成就》，文图并茂，生动形象地介绍了东陵特区成立五年来各项工作取得的成就，为党政领导提供了优质服务。

第二，各级统计部门积极通过新闻媒介发布统计新闻，沈阳市先后两次召开新闻发布会，发布了《沈阳市1992年国民经济和社会发展情况的公报》、《沈阳市1993年上半年国民经济发展形势报告》。全市通过新闻媒介发布统计信息的数量增加，内容更加广泛，水平也有提高。一年来，仅市统计局在新闻单位播发、刊登的统计信息稿件达874篇。通过编辑出版统计资料和通过新闻媒介传播统计信息，不仅使社会各界及时了解沈阳经济发展动态，也使统计工作发挥了信息咨询功能，知名度日益 提高。

第三，在全市建立统计信息网，创办《决策信息》旬刊，把统计部门掌握的政策信息，统计信息和市场信息，向社会公众传播，为发展社会主义市场经济服务。同时，沈阳市还通过统计信息咨询中心、沈阳市场研究社、沈阳农村信息公司、统计事务所等中介组织，开展了市场调查和统计咨询服务。

第四，开展了企业评价活动。市统计局利用统计数据，先后对独立核算工业企业、建筑业企业进行排序，还与有关部门联合对工业企业、商业企业等进行综合评价，通过《沈阳日报》向社会公布，在有关部门和企业引起震动。

(米志强)

【统计制度方法改革】 沈阳市根据国家、省的统一部署，开展实行新国民经济核算体系，重点抓了国内生产总值的进度试算，开展了1992年投入产出调查并着手编制地区投入产出表；从1993年年报开始实施新的国家统计报表制度。此外，为贯彻新会计制度，重新改进了主要经济指标统计。此外，在农业统计方面，建立了农村月报，设计了农村股份制试点季报、农村固定资产投资季报，拟于1994年执行。在社会统计方面，建立实施了高等教育基本情况年报制度。在固定资产投资统计方面，在沈阳开发区、南湖科技开发区、北站金融商贸开发区、辉山风景旅游开发区建立了基本建设、技术改造和建筑业统计定期报表制度。

(米志强)

【贯彻执行新统计报表制度】 为适应社会主义市场经济需要，改革统计指标体系和调查方法，推进统计标准化进程，理顺政府统计与部门统计及各专业统计之间的关系，国家统计局在清理、整顿精减现行统计报表的基础上，制定了新的国家统计报表制度，包括农林牧渔业企业、工业企业、建筑业企业、交通运输邮电业企业、批发零售贸易(含商业、外贸、物资供销)及餐饮业企业、服务业企业、行政事业单位基层统计一套表制度及有关的综合统计报表制度，自1993年年报和1994年定期报表起实行。

实施新的国家统计报表制度，是统计工作的一项重大改革，涉及面广，难度很大。由于新制度改革内容复杂，下达较晚，熟用又需一个过程，只能边工作，边消化。

为贯彻执行新的国家统计报表制度，1993年10月至12月，沈阳市统计局统一组织开展了全市统计调查单位的清查工作。1993年统计年报工作开始前，市统计局组织召开了多次年报工作会议，向各县区、市直各部门以及中央、省驻沈单位布置新的报表制度，进行培训。为确保新的国家统计报表制度的顺利实施，市政府办公厅发出文件，转发了市统计局《关于实施新的国家统计报表制度的报告》，印发全市认真贯彻执行。

在全市各单位的支持下，各级统计部门通力协作奋战，沈阳市完成了年报数据的上报任务。

(米志强)

【统计法制建设】 1993年，沈阳市继续发挥统计法制工作起步早、底子厚的优势，不断开拓统计法制建设的新途径。

沈阳市统计立法工作在市人大、市政府的重视下，几年来已逐步完善并加以配套。沈阳市统计局完成了向市人大“关于《沈阳市统计工作管理办法》实施情况的报告”。根据《管理办法》3 年的运行情况和《统计法》颁布 10 年来的统计法制实践，具体总结分析了沈阳市统计法制建设所取得的成绩和作用、《管理办法》实施中尚存在的问题以及针对问题提出的建议和对策，并计划对现行的《沈阳市统计工作管理办法》进行必要的修改，按照法律程序提高其法律效力，上升为地方性法规。

1993 年，沈阳市统计“二五”普法工作取得关键性的进展，沈阳市各级政府统计部门、各主管部门、单位围绕宣传、贯彻统计法做了大量工作，并为统计“二五”普法验收打下良好的基础。继统计“二五”普法骨干培训，沈阳统计局又对各单位的统计负责人进行了统计法制培训，此次活动受到国家统计局政策法规司的重视，认为在全国尚属先例，并派专人来沈授课，取得了良好的效果。为配合全国统计法知识竞赛的举行，沈阳市周密部署，并将这次竞赛与统计“二五”普法活动紧密结合起来，共发行七千余份试卷。各单位认真组织统计人员参加竞赛，参阅了大量资料，优胜者得到了国家的奖励。沈阳统计法制机构通过统计人员上岗培训、统计职称辅导培训宣传统计法规，普及了教育面，在统计干部培训中发挥了重要作用。

沈阳市统计法律监督继续发挥其重要职能，本着“有告必理，有案必查，执法必严，违法必究”的原则，统计执法检查及查处统计违法案件工作有序进行。进一步扩充统计检查员队伍，提高统计检查员的业务素质是行使统计法律监督职能的基础。8 月份召开的统计检查业务研讨会组织各专兼职统计检查员就统计法制建设、统计检查业务理论、统计检查实务展开了研讨，确定了检查队伍的网络化、系统化发展方向。沈阳市实行有计划的日常检查，辅之以重点检查。通过检查对一些违反统计法规，在统计数字上弄虚作假的违法行为进行了严肃处理，对统计违法行为起到了一定的震慑作用。某中外合资企业虚报产值的统计违法案件作为一起典型的案件，还被多家新闻媒介曝了光。

（齐飒）

【统计干部教育与培训】 1993 年，沈阳市统计干部教育培训工作，着眼于统计改革发展的需要，以对统计人员进行新知识的培训为重点，通过多层次，多渠道开展各类短期培训和学历教育，企业提高统计人员素质，为统计战线培养应用型人才。

根据国家统计局的布署，全市继续开展统计员和助理统计师岗位专业知识培训，培训较系统地学习统计专业基础知识、岗位专业知识。为参加全国职称资格考试创造了有利条件。为了使广大统计人员适应统计方法制度的改革要求，举办了新国民经济核算体系、新会计制度等短期培训班，培训班选用国家有关部门最新编写的教材，聘请经过国家统一培训任可的教师授课，使统计人员及时掌握了新知识，全市参加各类短期培训的统计人员有 2 000余人。

在学历教育方面，中国统计干部电视函授学院沈阳分院，坚持把社会效益放在第一位，继续办好统计专业自考大专班和本科班，全年组织学员参加各科报名考试 1 200 余科次，各科考试及格率居全国前列。1993 年又有 25 名大专和本科学员毕业。沈阳分院从今后统计事业发展的需要出发，积极培养新型统计人才，1993 年与市电大联合开办了经济信息管理专业，所设大专班已正式开学。

（王光伟）

【统计信息自动化建设】 1993 年，沈阳市统计信息自动化建设形势乐观。全市统计系统现有 286 以上档次的微机 57 台，其中市统计局有微机 29 台，小型机 1 台。在全市微机总数中，1993 年更新的就有 20 台，占 35%，市统计局 1993 年共更新微机 8 台，占 28%。与此相对，一度使统计数据处理受到约束的 M24、浪潮 0520 等 286 以下档次的微机基本退役。从整体看，统计数据处理的手段有了长足的改进，基本甩掉了手工汇总的统计数据处理方式。沈阳市统计信息自动化建设向深层发展、规模不断扩大延伸。其主要标志是部分乡镇统计办公室也配备了微机，如东陵区各乡镇，于洪区的大兴乡和陵东乡，新民市的大柳乡等。此外，全市大多数业务主管部门配备了微机且用于统计工作。因此，从这个角度看，统计信息自动化建设形势乐观。

与统计信息自动化建设的规模的发展相同，统计数据处理的工作量成倍增加。除了常规性的统计报表数据处理之外，更大的任务是进行各项专项调查的数据处理，而这些专项调查的数据处理工作没有计算机作为手段是不可能完成的。1993 年进行的全国投入产出调查的数据处理工作，在市级进行全部数据的录入、汇总工作，全市共有 544 个单位，21 000 张表，数据达到 430 万个字符。这在过去手工方式下处理是难以完成的，介由于使用了计算机处理，各项工作顺利完成。1993 年开始的全国第三产业普查也是如此，计算机承担着最为重要的任务。还有一些其他专项调查的数据处理工作。由于使用计算机处理，不仅在时间、质量方面都得到保证，而且，统计人员的劳动强度大大降低。

软件的开发应用达到了较高的程度。统计部门进行数据处理的软件大部分自已根据调查任务的要求开发设计。统计定期报表和年报数据的处理一般由市统计局计算中心根据要求设计、然后发至各县（市）区及主管部门使用，同时，市统计局计算中心还根据各专项调查的要求，组织开发专项调查数据处理软件。比如 1993 年就开发了政府施政方针调查数据处理软件，外资企业经营情况调查数据处理软件等。同时，综合数据库的建设与应用也有较大进展。

统计数据的采集、加工、排版、印刷一体化基本形成。1993 年，市统计工作基本上实现了数据处理、制表、排版、印刷一体化。《沈阳年鉴》的排版，由市统计局自行完成，其中数据版的制作就是计算中心利用统计年报数据和综合数据库自动生成的。《沈阳统计年报》资料的印刷出版则由计算中心利用年报资料直接排版,然后由胶印室印刷出版。这样,统计工作从数据采集、加工,到开发应用基本形成了一条龙作业,为统计资料社会化在时间上和质量上提供了保证。

(张振国)

【投入产出调查】 根据国家统计局、国家计委、国务院财贸办、财政部《关于认真做好1992年全国投入产出调查工作的通知》的要求,沈阳市投入产出调查工作在1993年全面展开。

这次投入产出调查在沈阳市共调查包括全市321家大中型工业企业在内的583家不同类型的企事业单位,具体组织实施工作由在市统计局组建的市投入产出办公室协调有关部门承担。由于投入产出调查涉及到基层调查单位的统计、财务、物资、销售等各项业务,因此按照市投入产出办的需求,绝大多数基层调查单位都组织了由单位主要领导挂帅的临时性的调查领导小组,保证了基层调查工作的顺利开展。

根据基层填报需要,市投入产出办历时3个月对沈阳市近2 000名基层填报人员进行了为期3天的业务培训,同时大多数基层单位又进行了内部培训。这样全市参与调查工作的万余名基层核算人员基本上掌握了每个调查指标的含义和填报方法,为提高填报质量打下了基础。

这次投入产出基层填报时间从2月份到4月份共3个月,时间紧、任务重。为在短时间内高质量地填报好调查表,全市广大基层调查人员一丝不苟、辛勤工作、按时完成了填报任务。

质量是统计调查的生命。从本次投入产出调查一开始,市投入产出办就十分重视质量控制,首先多次派人深入基层了解情况,并根据需要在基层单位中组织了调查协作组,指定人员素质高、核算基础好的单位为组长单位,帮助市投入产出办进行业务指导和质量检查。其次在审核过程中进行多级审核,即初审、会审、终审,每次审核都消灭一定的错误,最后得到了质量较高基层表。

本次投入产出调查的数据处理工作量大、时间短。为完成任务,市投入产出办公室及统计局计算中心的领导和同志加班加点,提前完成了全市投入产出基层调查表的数据录入工作,使沈阳市能够在全省领先上报投入产出基层调查表,受到省核算办的表扬。

(李争时)

【施政方针调查】 为了增加政府与市民的沟通渠道,密切政府与市民的关系,了解市民对市政府1993年各项施政方针的评价,沈阳市城市社会经济调查队于1993年末进行了一次千人规模的"沈阳市各项施政方针民情民意调查"。

本次调查按照随机抽样原则,采取不记名方式进行,被调查者为家住沈阳市的工人、企事业单位管理人员、科技人员、教师、医务人员、商饮服人员、机关干部、金融工作者、离退休人员等城市居民。调查问卷设计近百题,涵盖了人民生活与市场物价、城市基础设施建设、文化教育与医疗卫生、社会治安与廉政建设及背景资料5大方面。

调查结果表明,有63.8%的市民对全市的人民生活、市场物价、城市建设、文化教育、医风医德、社会治安、廉政建设等方面的工作给予了充分肯定,认为沈阳市政府一年来工作扎实,成绩突出。但也有36.2%的群众认为成绩不突出,特别是市场物价、环境保护、市内交通、廉政建设和社会治安等几大方面需要着力解决的问题较多。

根据数据处理的结果,结合广大市民的心声,城调队撰写出《改革步伐加大生活接近小康》、《加强物价宏观调控抑制物价快猛上涨》、《沈阳市生活环境质量亟待提高》、《加大交通管理力度提高道路通行能力》等5篇调查报告,既反映了广大市民最关心、最急需解决的问题,又为市领导的决策提供了充分的参考建议。本次调查深受广大市民的欢迎。

(黄宝红)

【市场食品、保健品质量大抽查】 近几年来,沈阳市的食品、保健品市场上已经有了一大批质量过硬、消费者满意的产品。但是,假冒伪劣产品屡禁不绝,仍在危害着广大消费费者的身体健康。特别是以中小学生为主要消费对象的食品、保健品问题尤为突出。一些食品、保健品,学生服用后出现了性早熟、胃肠道疾病等症状。针对儿童食品、保健品市场的混乱现状,沈阳市统计局根据市政府领导的有关批示,1993年对市场上的食品、保健品进行了一次市场抽样调查。

这次抽样调查由沈阳市城市社会经济调查队组织实施,历时5个月,样本总数5 000份,实际回收有效问卷4 000份,调查范围涉及全市7个区、12个街道办事处、59个机关、企事业单位,被调查者年龄从3岁幼童至7旬老者,调查内容包括市场上销量较大的172种产品,原始数据突破700万字符。

根据调查结果,对在全市影响较大的产品由市技术监督局、沈阳市食品卫生监督检验所按国家标准进行了严格检验。经检验和有关专家评审,优质安全的产品有广东东莞津威饮料食品有限公司生产的津威葡锌乳酸奶、沈阳康华乳品厂生产的学生营养奶和可可奶、沈阳八王寺汽水厂生 产的八王寺汽水等21种,不合格产品有5种。上述结果于1993年11月由沈阳市统计局、沈阳市工商行政管理局、沈阳市卫生事业管理局、沈阳市教育委员会、沈阳市关心下一代工作委员会5家联名以《致全市中小学生及家长的一封信》形式向全市中小学公布,得到了广大中小学生及家长们的广泛好评,一致认为政府部门为全市中小学生办了一件有意义的实事。

(崔曦东)

【企业评价结果】 1993年11月,由沈阳市企业评价协会、沈阳市统计局两家联袂,对沈阳地区中央属、省属、军工、市属工业企业及乡镇工业企业进行了评价。评价的资料来源于1992年沈阳统计年报。其中"沈阳50家乡镇工业企业利税大户"、"沈阳市10大集贸市场"、"10

大生产资料市场”均分别由沈阳市乡镇工业管理局、沈阳市工商局提供。

在评出的“利税百大”、“盈利50大”企业中，只包括：工业、农业、商业、建筑业和交通运输5个行业。

沈阳市是首次对本地工业企业进行全面评价，这基本反映了沈阳市主要工业企业的经营实力、经济效益以及物资供应市场集贸市场，生产资料市场的基本状况。

1992年沈阳企业评价结果

沈阳100家最大经营规模工业企业

(按产品销售收入排序)

位次　企业名称

1 金杯汽车股份有限公司
2 沈阳冶炼厂
3 东北制药集团公司
4 沈阳电缆厂
5 沈阳飞机制造公司
6 沈阳变压器厂
7 沈阳矿务局
8 沈阳黎明发动机制造公司
9 永新一沈阳化工厂(有限公司)
10 沈阳重型机器厂
11 沈阳有色金属加工厂
12 沈阳第一机床厂
13 沈阳市煤气总公司
14 沈阳第三橡胶厂
15 沈阳啤酒厂
16 沈阳钢铁总厂
17 铁道部沈阳机车车辆工厂
18 长白计算机集团公司
19 沈阳拖拉机制造厂
20 国营松辽汽车厂
21 东北机器制造厂
22 沈阳卷烟厂
23 沈阳轧钢总厂
24 沈阳第三机床厂
25 沈阳线材厂
26 中捷友谊厂
27 沈阳高压开关厂
28 中国人民解放军第7407工厂
29 沈阳市老龙口酒厂
30 沈阳水泵厂
31 沈阳钢厂
32 沈阳电线厂
33 沈阳蓄电池厂
34 沈阳轮胎总厂
35 沈阳矿山机器厂
36 沈阳市自来水总公司
37 沈阳电机厂
38 沈阳油漆厂
39 沈阳气体压缩机厂
40 国营六一五厂
41 沈阳味精厂
42 沈阳纺织机械厂
43 沈阳飞龙保健品有限公司
44 沈阳鼓风机厂
45 沈阳浮法玻璃厂
46 沈阳纺织厂
47 沈阳新阳机器制造公司
48 沈阳有色冶金机械总厂
49 沈阳东北助剂总厂
50 沈阳第三粮库粮油加工厂
51 沈阳长桥胶带有限公司
52 沈阳新乐精密机器公司
53 沈阳市金银制品实业公司
54 中国人民解放军第3505工厂
55 沈阳市香雪面粉厂
56 沈阳新华印染有限公司
57 沈阳市化肥总厂
58 沈阳油脂化学厂
59 沈阳自行车厂
60 沈阳玻璃厂
61 第一砂轮厂
62 沈阳百花电器集团公司
63 沈阳第二印染厂
64 沈阳飞宇橡胶制品有限公司
65 沈阳新光动力机械公司
66 沈阳胶管总厂
67 沈阳建筑机械厂
68 沈阳薄板厂
69 沈阳低压开关厂
70 沈阳第二毛纺织厂
71 沈阳风动工具厂
72 辽宁省沈阳橡胶厂
73 铁道部沈阳桥梁工厂
74 沈阳第一毛纺织厂
75 沈阳市第四粮库
76 沈阳绒织厂
77 沈阳钢管厂
78 沈阳市新民蜡化学品实验厂
79 沈阳标准件厂
80 沈阳双喜压力锅制造总公司
81 沈阳水泥机械厂
82 沈阳有机化工厂
83 沈阳齿轮厂
84 沈阳第二纺织厂
85 沈阳第四橡胶厂
86 沈阳市第一粮库粮油加工厂
87 沈阳二三工厂
88 沈阳市酿酒厂
89 国营五三工厂
90 中国人民解放军第3523工厂
91 沈阳第三纺织厂
92 沈阳市第一饲料厂
93 沈阳铸造厂
94 沈阳第二农用汽车制造厂
95 沈阳空调器厂
96 沈阳第二柴油机厂
97 沈阳陶瓷厂
98 沈阳热水器总厂
99 沈阳铁路信号工厂
100 沈阳造纸厂

注：以上排序不包括发电、供电企业

沈阳100家利税大户

(按利税总额排序)

位次　企业名称

1 金杯汽车股份有限公司
2 沈阳市烟草公司
3 永新一沈阳化工厂(有限公司)
4 沈阳啤酒厂
5 沈阳市沈海热电厂
6 沈阳电缆厂
7 东北制药集团公司
8 沈阳冶炼厂
9 沈阳卷烟厂
10 沈阳市自来水总公司
11 中兴一沈阳商业大厦
12 沈阳电业局
13 国营六一五厂
14 沈阳商业城
15 沈阳钢铁总厂
16 沈阳第三橡胶厂
17 沈阳飞机制造公司
18 中国石化销售公司沈阳公司
19 沈阳变压器厂
20 沈阳有色金属加工厂
21 沈阳医药集团公司
22 辽宁省卷烟销售公司
23 沈阳东北助剂总厂
24 沈阳线材厂
25 国营沈阳纺织机械厂
26 沈阳油漆厂
27 沈阳第一机床厂
28 沈阳飞龙保健品有限公司
29 沈阳市老龙口酒厂
30 沈阳市联营公司
31 沈阳轮胎总厂
32 沈阳蓄电池厂
33 沈阳市食品公司
34 沈阳市石油总公司

35 中捷友谊厂
36 中国农业生产资料沈阳公司
37 沈阳轧钢总厂
38 沈阳飞宇橡胶制品有限公司
39 长白计算机集团公司
40 沈阳市第三机床厂
41 沈阳市新城子制药厂
42 沈阳市五金机械集团总公司
43 沈阳北方贸易大厦
44 沈阳味精厂
45 沈阳燃料集团总公司
46 沈阳黎明发动机制造公司
47 沈阳市粮油贸易公司
48 沈阳市文化钟表总公司
49 沈阳浮法玻璃厂
50 沈阳市酿酒厂
51 沈阳市鼓风机厂
52 沈阳市新民蜡化学品实验厂
53 辽宁省汽车工业总公司
54 沈阳市群星商业集团
55 沈阳高压开关厂
56 沈阳长桥胶带有限公司
57 沈阳胶管总厂
58 国营松辽汽车厂
59 沈阳第四橡胶厂
60 沈阳市金银制品实业公司
61 辽宁省沈阳橡胶厂
62 沈阳市第一建筑工程公司
63 沈阳水泵厂
64 沈阳市特种环保设备制造总厂
65 沈美日用品有限公司
66 中国石化物资装备东北公司
67 辽宁省第二建筑工程公司
68 沈阳物资开发股份有限公司
69 中国人民解放军第 7407 工厂
70 沈阳电线厂
71 沈阳玻璃厂
72 沈阳市第三建筑工程公司
73 沈阳重型机器厂
74 沈阳热电厂
75 沈阳市和平商场
76 沈阳市第四建筑工程公司
77 沈阳钢厂
78 沈阳风动工具厂
79 沈阳市第二市政建设公司
80 沈阳电机厂
81 沈阳市市政建设公司
82 沈阳市工业安装工程公司
83 第一砂轮厂
84 沈阳有机化工厂
85 沈阳二一三机床电器厂
86 辽宁国际商场
87 沈阳市香雪面粉厂
88 沈阳市八王寺汽水厂
89 沈阳市第四粮库
90 沈阳矿山机器厂
91 沈阳铜网厂
92 中国人民解放军第 3505 工厂
93 沈阳市第二住宅建筑公司
94 中国医药沈阳采购供应站
95 沈阳合金厂
96 沈阳双喜压力锅制造总公司
97 沈阳工业橡胶制品厂
98 沈阳耐火材料厂
99 沈阳新阳机器制造公司
100 沈阳市第一住宅建筑公司

沈阳 50 家最大盈利企业

（按利润总额排序）

位次　　单位名称
1 金杯汽车股份有限公司
2 沈阳市烟草公司
3 沈阳市沈海热电厂
4 永新—沈阳化工厂（有限公司）
5 沈阳市自来水总公司
6 国营六一五厂
7 东北制药集团公司
8 沈阳啤酒厂
9 中国石化销售公司沈阳公司
10 沈阳电缆厂
11 中兴—沈阳商业大厦
12 辽宁省卷烟销售公司
13 沈阳商业城
14 沈阳飞机制造公司
15 沈阳医药集团公司
16 沈阳冶炼厂
17 沈阳电业局
18 沈阳市食品公司
19 沈阳飞龙保健品有限公司
20 中国农业生产资料沈阳公司
21 国营沈阳纺织机械厂
22 沈阳东北助剂总厂
23 沈阳市联营公司
24 沈阳市工业安装工程公司
25 沈阳市新城子制药厂
26 沈阳北方贸易大厦
27 沈阳五金机械总公司
28 沈阳飞宇橡胶制品有限公司
29 沈阳变压器厂
30 沈阳市石油总公司
31 沈阳市群星商业集团
32 沈阳市文化钟表总公司
33 沈美日用品有限公司
34 中国石化物资装备东北公司
35 沈阳钢铁总厂
36 沈阳线材厂
37 沈阳燃料集团总公司
38 辽宁汽车工业总公司
39 沈阳市特种环保设备制造总厂
40 长白计算机集团公司
41 沈阳市金银制品实业公司
42 沈阳第三橡胶厂
43 沈阳蓄电池厂
44 沈阳市粮油贸易公司
45 沈阳油漆厂
46 沈阳市香雪面粉厂
47 中捷友谊厂
48 沈阳第一机床厂
49 中国人民解放军第 3505 工厂
50 辽宁省第二建筑工程公司

沈阳 20 家最大商业零售企业

（按销售额排序）

位次　　企业名称
1 中兴—沈阳商业大厦
2 沈阳商业城
3 沈阳市联营公司
4 沈阳北方贸易大厦
5 沈阳铁西商业大厦
6 沈阳市群星商业集团
7 沈阳市和平商场
8 东北轻工股份有限公司
9 沈阳中山大厦商场
10 沈阳铁百股份有限公司
11 沈阳市北市百货大楼
12 沈阳市第二百货商店
13 沈阳市广州副食商场
14 沈阳市鹿鸣春大厦国际商场
15 沈阳秋林公司
16 沈阳市第一百货商店
17 沈阳市轻工商场
18 沈阳市苏家屯商业大厦
19 沈阳市五金交电化工大厦
20 辽宁国际商场

沈阳 20 家最大商业批发企业

（按销售额排序）

位次　　企业名称
1 中国农业生产资料沈阳公司
2 辽宁省汽车工业总公司
3 中国石化销售公司沈阳公司
4 沈阳物资开发股份有限公司
5 辽宁省供销贸易大厦
6 辽宁省卷烟销售公司
7 沈阳市烟草公司
8 沈阳市石油总公司

9 沈阳市燃料集团总公司
10 沈阳医药集团公司
11 沈阳市五金机械集团总公司
12 沈阳工业品贸易中心
13 沈阳市文化钟表总公司
14 沈阳市糖酒副食品总公司
15 辽宁省新华书店
16 沈阳市食品公司
17 沈阳汽车配件公司
18 中国医药沈阳采购供应站
19 沈阳市粮油贸易公司
20 沈阳市交电总公司

沈阳10大集贸市场
(按成交额排序)
位次 企业名称
1 五爱轻工市场
2 中国鞋城
3 东行市场
4 九路市场
5 中国小食品城
6 茨榆坨市场
7 南站农副产品批发市场
8 中街轻工市场
9 开明市场
10 北行农贸市场

沈阳10家最大外贸进出口企业
(按进出口总额排序)
位次 企业名称
1 沈阳服装进出口公司
2 中国冶金进出口辽宁公司
3 沈阳五金矿产进出口公司
4 中国汽车进出口公司沈阳公司
5 有色金属进出口沈阳公司
6 沈阳粮油食品进出口公司
7 沈阳机械进出口公司
8 东北制药总厂
9 中国有色金属进出口辽宁有限责任公司
10 沈阳国际经济贸易公司

沈阳10家最大涉外旅游企业
(按营业收入排序)
位次 企业名称
1 沈阳中山大厦有限公司
2 辽宁凤凰饭店
3 辽宁大厦
4 辽宁省中国国际旅行社
5 辽宁经济技术交流馆(华星大厦)
6 沈阳玫瑰大酒店
7 辽宁泰山宾馆有限公司
8 辽宁宾馆
9 沈阳友园服务有限公司
10 东北金城电子工贸公司金城大酒店

沈阳50家乡镇工业企业利税大户
(按利税总额排序)
位次 企业名称
1 沈阳市汽车货厢厂
2 沈阳市东陵制药厂
3 沈阳市玻璃钢风机厂
4 新民市石油化工厂
5 沈阳市北方实业股份有限公司
6 沈阳市六药二分厂
7 沈阳市高压成套开关厂
8 沈阳市长青汽车部件厂
9 辽中县镀锌钢管厂
10 沈阳市望花啤酒厂
11 辽中县轧钢厂
12 沈阳市彰驿服装厂
13 沈阳市沈雪啤酒厂
14 沈阳市于洪化工厂
15 沈阳市富丽日用化学厂
16 沈阳市天柱山化工厂
17 辽中县新风机械厂
18 沈阳市沈新电缆厂
19 沈阳市东风有色金属拔丝厂
20 沈阳市电缆十分厂
21 沈阳市大一糖果厂
22 沈阳市英守炼铁厂
23 沈阳市于洪区建筑安装工程公司
24 沈阳市砂石矿业集团公司
25 沈阳市沈东钢化玻璃厂
26 辽中县生物工艺厂
27 沈阳市科兴金属制品厂
28 沈阳市东陵区京味烧鸡店
29 沈阳市汽车附件厂
30 沈阳市油漆总厂四分厂
31 沈阳市望花食品厂
32 沈阳市药用玻璃厂二分厂
33 沈阳市精密无缝钢管厂
34 沈阳市沙河子四达公司
35 沈阳市红菱减速机厂
36 沈阳市新城子药厂虹桥分厂
37 沈阳市三山精细化学厂
38 沈阳市有色金属制品厂
39 沈阳市沙河皮鞋二厂
40 辽中县有色金属加工厂
41 沈阳市佟沟联合砖厂
42 沈阳市化工油漆厂
43 沈阳市三星金属材料厂
44 沈阳市新城子区郎士屯整流变压器厂
45 沈阳市风驰汽车改装厂
46 沈阳市于洪区远征化工厂
47 沈阳市兴盛电缆厂
48 沈阳市新城子区钛设备制造厂
49 沈阳市北方制药厂
50 沈阳市林盛化工厂

沈阳10大生产资料市场
(按成交额排序)
位次 企业名称
1 东北钢材市场
2 沈阳钢材市场
3 东北石化市场
4 沈阳望花木材市场
5 沈阳东城生产资料市场
6 沈阳铁西大中型企业生产资料市场
7 沈阳市铁西区生产资料市场
8 沈阳电子市场
9 沈阳城南建材市场
10 沈阳皇姑木材市场

【统计专业资格考试和评审】 根据国家统计局、人事部《关于一九九三年度统计专业职务资格考试工作安排的通知》的精神,为了保证国家要求的报名的上报时间,在沈阳市职称改革工作领导小组统一领导下,由沈阳市职称改革办公室和沈阳市统计专业职称改革工作领导小组联合下发了《关于开展1993年度助理统计师、统计员资格考试工作的通知》,在通知中对报名条件和具体要求作了规定,全市从1993年6月1日起开始报名,截至到6月末止,全市机关、企业事业单位报名考生,助理统计师420人,统计员390人。国家原规定的全国统一考试时间为1993年10月23日和24日进行,因故国家将原规定的考试时间改为1994年4月16日和17日进行。考试结果将于1994年下半年发表。

在组织沈阳市统计专业资格考试的同时,根据沈阳市职称改革工作领导小组《关于开展经常性专业技术职务评聘工作的实施意见》,全市各基层单位按照统计专业职务各档次要求的条件,单位推荐,各主管局、县、区职改部门审核,沈阳市职称改革工作领导小组办公室审查资格后,提出参评意见,然后各单位分别送沈阳市统计专业职务中级评审委员会和市统计局统计专业职务初级评审委员会进行评审。两级评委会组织评委委员分别按照中、初级任职条件,逐个进行严格审查,全面考核,并对申报统计师人员进行答辩。最后分别召开四次评审委员会进行评审。经过到会委员进行审查,通过无记名投票,通过统计师 493 人;助理统计师 28 人,统计员 15 人,(系指市统计局统计专业职务初级评委会代评人员)。

(郑玉琦)

【第三产业普查】 1993 年,沈阳市按国家的统一要求,对全市第三产业进行全面普查,这次第三产业普查是继人口普查和工业普查之后的又一项重大的国情国力调查,它涉及面广,调查项目多,时间紧迫,工作难度大,是一项巨大的社会调查系统工程。

普查的范围,包括各种经济类型专门从事第三产业活动的企业、行政事业单位和个体户,也包括附属于第一、第二产业中的第三产业。实际的普查范围几乎涉及全社会的每一个单位。普查的内容主要有:调查第三产业机构单位数和从业人员数,第三产业生产、经营活动情况,第三产业实物资产情况等。

普查的年度为 1991 年、1992 年和 1993 年。

普查方法,以全面调查为主,辅之于抽样调查和典型调查。即对各种经济类型的企业、事业、行政单位采用全面普查的方法,由全国统一制定普查表,各地组织填报。其中,1993 年度普查表由辽宁省制定下发,各市组织填报。城乡第三产业个体户采用抽样调查的方法,以县(区)为单位,分城乡、分行业等距随机抽样。1991 年、1992 年、1993 年度的增加值计算通过典型调查推算。

普查工作时间,从 1993 年 7 月开始,到 1994 年 12 月底前全部结束。

沈阳市第三产业普查办公室在 1993 年下半年做了 5 个方面的工作:

1. 组建普查机构,抽调普查人员和落实普查经费。中央、省直驻沈单位和市属各主管部门及市、县(区)中的乡、镇、街道共组建普查机构 750 个;各级普查机构抽调普查工作人员 5 000 余人。

2. 制定《沈阳市第三产业普查实施方案》和各项细则。包括调查摸底细则、普查登记细则、装订包装细则、质量验收细则等。

3. 全面部署普查工作,培训各级业务骨干。全市各地各级部门(单位)共召开普查工作会议(或动员大会)463 次,与会人员 1.2 万人次。全市各级普查机构共召开培训会议 513 次,直接参加培训的人员达 7.5 万人次。

4. 广泛宣传,为普查工作大造声势。上下齐动。从市、县(区)到乡(镇)、街道、各级三产普查宣传机构一齐行动,层层召开宣传动员大会。各县(市、区)先后悬挂和贴出标语 353 条,编发普查工作简报 158 期。

内外同搞。全市在各种新闻媒介和机关刊物上共发表文章 163 篇,散发致调查户一封信 5 万余份。

音像共举。各级三产普查机构充分利用宣传面大,宣传力强的广播电视进行宣传教育,市办及和平区办先后在沈阳电视台和辽宁广播电台宣讲了普查的目的、意义和要求。

图文并茂。有些县(区)还搞了书法、绘画等宣传活动,增强了吸引力,感染力。

5. 调查摸底,普查登记,取得阶段性成果,全市普查摸底,登记工作着重做了"全面扫描、分清产业、卡册对照、掌握底数"等方面的工作。截止到 1993 年 12 月末,全市查清了近年来从事第三产业的个体户和从业人员,1991 年为 86 185 户,从业人员为 115 730 人;1992 年为 93 299户,从业人员为 133 986 人。

(胡刚)

审计工作

【概况】 1993 年,沈阳市县(市)区两级审计机关共审计 864 户(市局 253 户),查出违纪违规金额 1.28 亿元,已上交财政2 568万元,市局 2 197万元),追回被侵占挪用资金 3 398 万元,查出损失浪费金额 11 837万元,查出贪污贿赂案 2 起,移送司法机关、监察部门处理的 6 人。审计中向被审单位提出 551 条改进工作的建议,已全部被采纳,增加经济效益 234 万元。主要审计项目完成情况:

——财税金融审计。全年审计完成 68 户,查出财税部门截留转移财政收入 1 929 万元;挤占挪用财政资金 117 万元;查出金融保险部门挤占挪用信贷资金、转移收入等违纪金额 724 万元。

——基建项目审计。全年审计完成 55 项。查出部分单位盲目争项目,资金不落实,有些单位挪用资金搞计划外投资等问题。

——企业审计,全年共审计完成 419 户,查出部分企业经营成果不实,虚增利润;有些企业消化潜亏进度迟缓,缺乏积极态度;财务管理工作较差,帐实不符;部分企业的经营自主权尚未落实等问题。

——行政事业单位审计。全年共审计完成 235 户,查出损失浪费挤占挪用专项资金,私设"小金库",违反"控购"等违纪问题。

——农业资金审计。全年共审计完成 69 户,查出挤占挪用专项资金;部分项目资金未及时到位;有些项目资金下拨、贷出手续不完善;有些资金未按期收回等问题。

——利用外资项目审计。全年共审计完成 20 户,查出部分项目配套资金未及时到位;有些项目购进的设备利用率不高;部分项目的投资未及时收回;项目配套资金被挪用等问题。

——行业审计。主要开展了对全市粮食系统、农电系统、卫生防疫系统、文化系统、工商行政管理系统 5 个行业的审计,纠正了这些行业带有行业特点的不正之风,促进了行业管理的加强 。

——内部审计工作。全市 583 个内审机构,1 705 名内审人员全年对 7 061 个单位进行了审计,查出损失浪费金额 2 775 万元,增加经济效益 1 742 万元,纠正违纪金额 2 020万元,通过开展内审工作,促进企业转换经营机制,推动企业走向市场,特别是通过内审有力地促进了企业经济效益的提高。

——社会审计工作。全市14个社会审计组织,312名社审人员完成了3 037个委托单位的审计,完成委托事项1.19万项,其中验资6 299项,承包离任审计1 654项,财务收支审计428项,清理债权债务461项,咨询服务、建帐建制699项。通过加强对社会审计的指导、管理,大大地开拓了社会审计的业务领域,提高了社会审计的服务质量和社会信誉,同时社会审计的基础建设得到了加强。

(曹佑成 杨伟)

【强化调控职能部门审计】 1993年,沈阳市审计机关把对宏观经济运行具有管理和调控职能的综合部门和主管部门当作重点,尤其是中央关于加强宏观调控的措施下达后,把对这些部门的审计当作重中之重,普遍加强了对这些部门(单位)的审计。审计范围由原来的资金分配、使用、扩大到管理审计等内容,涉及财产管理、财源增值、资金筹集等方面的问题也进行审计,使审计工作得到了进一步深化。市审计局在对大东区财政审计中,从财政管理存在的漏洞入手,找出财政收入不良的原因,并建议其发展区街经济,广辟财源;加强税收征管;控制追加支出和社会集团购买力。该区政府对此极为重视,对审计建议逐一研究落实,收到了较好的效果。在对金融部门的审计中,重点放在信贷资金的使用和管理上。在对某银行信贷政策执行情况审计中,查明应收未收贷款利息高达21 825万元,既影响了信贷资金的正常周转,又直接影响银行的自身经济效益。针对问题及时提出了改进意见,引起了有关部门的重视,已及时采取措施,加以改进。苏家屯区审计局在对永乐乡财政审计中,对查明的问题作出处理意见后还针对该乡乡镇企业基础薄弱,亏损面大,当地资源未得到充分开发与利用等问题,提出了充分利用当地资源发展高效企业,努力发展第三产业,促进农、林、牧、副、渔全面发展;振兴乡镇经济,积极筹措资金,增加对乡镇企业的投入;加强企业管理,缩小亏损面等建议。该乡及时采纳,收到了比较好的效果。

(曹佑成 杨伟)

【严肃查处违法违纪】 1993年,沈阳市审计机关认真履行审计监督职能,严肃查处各种违法违纪问题,维护了正常的经济秩序,保证了改革开放和经济建设的顺利进行。据统计,全年依法对严重违法违纪单位处以罚款47.95万元,并对2户严重违反财经纪律的单位给予了通报。严肃查处了偷税漏税的违法行为,保证国家税收的完整。在对北市典当行的审计中,发现该单位法人代表孙某在经营中隐瞒销售收入100余万元,偷税7万余元。孙某已被司法机关逮捕;严肃查处了损公肥私,损失浪费的行为,保证国家资财的完整。在对辽海金属材料厂的审计中,查出该厂厂长擅自将企业流动资金以联营开办费名义转出76万元,其中10万元被中间人私吞,66万元无法收回,已将责任人移交司法部门审理;严肃查处了弄虚作假,骗取兑现的行为,促进了企业经营责任制的落实。在对沈阳某厂的审计中,发现该企业以开假发票增加销售收入、少转销售成本、虚报利润的方法,骗取承包合同兑现的问题,对此给予了严肃处理,把厂领导多得的奖金全部追回,维护了财经法纪的严肃性;严肃查处了隐瞒收入、私设"小金库"的问题,保护了国家利益。在对沈阳某文化单位审计中,发现该单位票款等业务收入24.6万元不入帐,设置"小金库",随意支取,对该单位给予了警告处分,并在其所在公司系统中进行了通报批评,对该单位原经理和财务经理分别处以两个月基本工资的罚款。

中央6号文件下达后,集中查处了金融部门违章拆借信贷资金,随意浮动利率;党政机关经商办企业以及乱收费、乱摊派、乱罚款,侵犯企业合法权益等问题,惩治了腐败。在对某银行审计中,查出1993年4月末违章拆借资金余额5.3亿元,所属两个分支机关向13户企业提高利率发放16笔贷款,对其多收利息2.7万元予以没收。在对市某局的审计中查出该局1993年向所属企业摊派款达62.7万元;在对市机关办的某房屋开发公司的审计中,查处了该公司没有与原机关脱勾的问题。在对市农电系统的审计中,查处了盲目投资,造成经济损失;搭车收费,部分乡村农民照明电费用偏高,增加农民负担等问题。除此之外,还派出10人参加了对长城公司等单位乱集资、乱收费、乱罚款的清理整顿工作。

通过上述审计工作,严肃了财经纪律,维护了正常的经济秩序,促进了金融秩序的好转,促进了廉政建设的加强,促进了反腐败斗争的开展。

(曹佑成 杨伟)

【改革审计方法,探索审计新途径】 1993年,沈阳市审计机关根据上级审计机关加强改进审计工作的有关精神,结合沈阳市实际,对以往的审计方法予以改进,使审计工作更贴近于经济工作。在这同时,根据新的经济形势对审计工作的新要求,大胆的探索,开辟了两项新的审计。

一是在努力学习、研究《企业财务通则》、《企业会计准则》和分行业的会计制度的基础上,开展了新旧会计制度衔接调帐合规性的审计和调查。在第3季度,共对工业、商业等行业25家国有企业和集体企业新旧会计制度衔接调帐情况进行了专项审计和调查。审计和调查发现,部分企业在衔接调帐过程中存在由于帐务处理不当造成国家资本、盈余公积不实、各种费用未按规定计入递延资产造成利润和产品成本的不实,职工福利基金赤字未按规定弥补及新会计制度与有关财经法规之间还不统一等不利于新会计制度实施的问题。审计和调查后,向市有关部门提出了整改建议,纠正了企业存在的上述问题。这项审计,对于新会计制度顺利实施,起到了促进作用。

二是开展了资产负债及损益真实性审计。10年的审计工作经验说明,企业资产流失严重,资产与负债关系不清的问题,既给国家造成损失，又给企业发展带来不利影响。因此，有必要对企业资产、负债和损益真实性情况进行专项审计，以促进企业提高素质，保障资产完整。1993年6月，市审计局先后对6户工业企业1992年度资产、负债和损益真实性进行了审计。审计发现部分企业存在资产损失严重，实现利润和成本核算不真实等问题。对此及时进行了纠正和处理。并针对企业经营管理存在的一些问题和影响经济效益提高的不利因素作了客观的分析，提出了30余条切实可行的改进建议，帮助企业充分利用现有资源提高经济效益，维护了国有资产不受侵犯。

（曹佑成　杨伟）

【加大审计调研和综合分析力度】 1993年，沈阳市各级审计机关把为领导决策和加强宏观调控作用，作为审计工作的一项重要任务抓紧抓实。一方面注意把微观审计中发现的问题上升到宏观角度加以分析，形成综合材料向政府和有关部门报告。另一方面围绕经济活动中的苗头性、倾向性，共性以及热点问题开展审计调查，为领导决策服务。全年围绕待业保险金使用情况、减轻农民负担、校办企业、补充教育经费、中外合资企业投资情况、农村机电井折旧基金提取、管理使用情况，世行贷款职教项目情况，商业网点建设资金使用情况，粮食行业亏损挂帐情况等专题进行审计调查，形成了综合或专题报告95篇，市局报出26篇，被市政府领导批示8篇。其中《关于我市农电系统行业审计的报告》，被金明仕副市长批转给市有关部门。批示指出："审计局报告很详细，问题提的比较客观。农村电费收取、管理、使用都存在很多问题如不认真加以解决，将给国家和农民带来不应有的损失。请结合审计报告，对问题认真查处，并制定确实地规范"。和平区审计局针对一些企业厂长未经审计而离任所出现的问题，向区委、区政府提出严格执行离任审计的报告，被区委、区政府联文转发。由于这些报告问题抓得准，原因分析得透，建议提得实，从而为党政有关领导部门掌握工作进展情况，制定政策，提供了较为翔实、客观、可靠的依据，较好地体现了审计工作的宏观调控作用。

此外，两级审计机关还积极地完成了政府交办的工作，收到了较好的效果。如市政府交给市审计局对市机械局系统房屋开发公司的审计，因该公司承建的小区住宅开发工程拖期，致使1 891户居民4年半不能回迁，群众反映强烈。审计中不仅查清了该公司存在的大量问题，而且还对该公司的现状和前景进行了深入研究和分析。在向市政府提交的专题审计报告上，提出了应将该公司交由实力强，管理精的开发单位接管的建议。市领导采纳了审计建议，并在报告上作了批示。该公司被接管后，审计局又帮助和配合接管单位开展了一系列整顿工作，收到很好效果。"小巨"、"明星"企业达标评比是县区政府领导十分关注的工作。为了保证评比质量，促进评比活动的健康发展，1993年，沈阳市有11个县（市）区审计机关集中力量分别对298个申报评比的企业进行了审计鉴定。审计结果有288个企业达标，10个企业由于弄虚作假，未通过鉴定，有效地防止了个别企业骗取荣誉行为，把住了评比质量关。

（曹佑成　杨　伟）

【为经济发展服务成果显著】 1993年，沈阳市两级审计机关坚持为改革开放和经济发展服务的审计工作指导思想，努力为发展经济和深化改革服务，收到较好的效果。一是促进企业转换经营机制，改进和完善管理，提高经济效益。在对沈阳气压机厂兼并低压开关四分厂后的审计中，发现保留帐外资产160万元。责成其重新调帐建帐，从而防止了国有资产的损失。在对金杯、输变电、长白等实行股份制企业的审计中，发现有的企业财产评估口径不一致，致使企业资产不实、不准。为此，市审计局建议采取措施加以解决，促进了企业转换机制；年初，对沈阳油漆厂管理经营混乱的问题通报后，又对其进行了后续审计，帮助企业进行整改，促进企业强化管理，提高了经济效益。二是支持企事业单位深化内部改革。在对市儿童医院的审计中，发现该院下属的电脑室集资购入的2台设备没上帐，在使用中收取的款项分配无章的情况后，认真进行调查研究。经调查研究认为，医院在经费困难无力添置设备的情况下，集资购置设备，既满足了患者的需要，又可为医院创收弥补经费不足，这是医院走向市场经济的一个尝试，是改革之举，它既有社会效益又有经济效益。对此，市审计局一方面帮助院方与电脑室签订内部承包合同；另一方面帮其建章建制，把每一环节都纳入正常管理轨道，推进了改革的健康发展。在对待养老保险基金的审计中，针对欠缴、漏缴待业养老保险金，困置资金没有发挥效益等问题，提出了修订政策、启动资金、发展生产等建议，促进了社会保障制度的完善。三是开展农业资金的审计，提高资金使用效益，促进农村经济的发展。一年来，先后开展了农电资金、柳绕地区开发资金东部山区开发资金、商品粮基地建设基金、辽河平原开发基金等8个审计项目，追回被挤占挪用资金597.2万元。并对资金管理、使用中存在的问题，向政府和有关部门提交了专题报告，有力地促进了农业资金的管理和使用，促进了农村经济的发展。

（曹佑成　杨伟）

【加强外资审计】 1993年，沈阳市两级审计机关对国外贷款项目，中外合资企业，国外政府贷款转贷项目积极开展了审计工作。仅市审计局，全年完成13个项目和3户中外合资企业的审计，审计总金额6.3亿元，查出违纪金额202万元。对查出的问题不仅按规定作出处理，还针对配套资金不到位，引进 设备利用率不高等问题，提出了相应的建议，引起了政府和有关部门领导的重视，促进了资金的到位和设备的利用。如在对世行贷款职教项目的审计中，发现部分国内配套资金没到位后，及时将此情况和改进意见向政府作了专题报告。主管市长批示，要求有关部门尽快落实配套资金。6月份，在对志阳电子有限公司这个合资企业的审计中，发现该公司连续两年在保本点以下运行。对此,市审计局对该公司的生产各个环节进行了测试分析,找出成本高、产量低是造成效益不好的主要原因,并提出了改进建议。该企业董事会采纳了审计建议,及时采取提高产量,限额领料等措施降低成本。到10月,企业产值比1992年同期增长23%,销售增长12%,出口创汇增加了3 000美元,由1992年亏损6.3万元,变为实现利润1万元的盈利户。又如在对沈阳安民消防系统工程有限公司审计中,查出外方大量的违法违纪问题,追回外方已转移资金30万元。有效地避免了国家资产的继续损失。新闻单位对此做了报道,使其它合资企业引以为戒,通过开展外资审计,促进了项目资金到位,促进了引进设备的管理和有效利用,加速了全市"外向型"经济的健康发展。

(*曹佑成　杨　伟*)

技术监督

【概况】 1993年,沈阳市的技术监督工作,坚持以质量为中心,以标准化、计量为基础的工作方针,坚持监督与服务相结合的原则,积极开展技术监督的各项基础工作,促进了全市产品质量的提高。

在产品质量监督方面,对5 435个企业的7 217种产品进行了8 074批次的监督检验。其中,对3 444个工业企业的4 391个品种进行了4 713批次检验,对1991年商业企业的2 826种商品进行了3 361批次检验;在标准化工作方面,对81种产品进行了采用国际标准验收,对新城子区的新城子乡、于洪区陵东乡开展农业标准化情况进行了验收,全部合格。推广普及了肉鸡、蛋鸡、瘦肉型猪饲养管理标准和山楂、苹果梨栽培管理标准;在计量工作方面,完成了计量器具质量监督抽查109种(规格),按照《计量法》的规定,复查了72家264项企事业最高计量标准和24项社会公用计量标准,对25家强制检定授权单位、15家质检机构进行了计量复查,对23家制造计量器具企业进行了复查换证。

1993年是《产品质量法》颁布实施的第一年。为了宣传贯彻《产品质量法》举办了讲座、报告会和培训班,先后培训了1 500多名骨干,还会同市有关部门,加强了对社会面上的宣传,为配合'93质量万里行活动,在中央电视台'93万里行东北小分队来沈采访期间,他们组织全市技术监督系统在太原街、中街开展了宣传活动,武迪生市长接见了小分队成员并讲了话。通过一系列活动使更多的人了解法,熟悉法,执行法,遵守法。

加强执法力度。全年共查处违反技术监督法律、法规的案件1 040件,打击了制造、销售假冒伪劣商品的行为,维护了国家和消费者的合法权益。

1993年,沈阳市对党政机关人民团体及事业、企业单位应用统一代码标识,实行统一代码证书制度。到1993年年底,已发展代码系统成员5万余户,并建立了全市代码组织机构信息库;帮助企业尽早与国际对接。大力发挥联合国技术信息促进系统(TIPS)沈阳中心站的作用。为企业接转,发布国际信息。沈阳中心站为全市企业向国际发布信息200余条,接收信息近万条。可让商品更多地取得进入国际市场的"身份证"。"条码"的推广应用工作。新发展条码用户57个,全市应用条码的单位达104个。

(*卢兴德*)

【计量工作】 1993年沈阳市计量工作以贯彻实施计量法为中心以法制管理为手段,加强了对贸易结算、医疗卫生等强检计量器具和市场商品的计量监督。主要抓了以下几项工作:

1.严格计量管理,加强监督复查。考核社会公用计量标准5项、复查24项;企事业单位最高计量标准29项、复查264项;向5家企业授权对内开展强制检定,对25家企业进行了强检授权复查;对15家向社会出具公正数据的产品质量检验机构进行了计量认证,对1家质检机构到期复查换证;对22个企业发放了制造计量器具许可证,对1家企业到期复查换证;考核市、县区法定技术机构及授权单位计量检定员320名,发展计量监督员40名。

2.组织对各单位计量器具的检查。先后对全市出租车计价器、加油机、医用计量器具和节日市场、定量包装商品及大中型企业进行了计量监督检查,其中出租车计价器、加油机、医用计量器具的周期受检率分别为95%、97%、92%。定量包装商品的计量准确率仅为38%,软包装酱油、方便面、炒货、干菜缺量较为严重。大中型企业最高计量标准、强检工作计量器具以及非强检工作计量器具的周期受检率分别为98%、92%和85%。在4次节日商品计量检查中,共检查8 639个单位和个体户,现场处罚计量违法行为112起,没收拉杆秤35支,严厉打击了缺斤少两的不法行为。全年市、县区共查处计量违法案件570起,没收违法计量器具697台件,立案69起,罚没款11.8万元。

3.对全市101家企业的109种(规)计量产品进行了质量监督抽查,合格率为92.7%,其中加油机、互感器、衡器、压力表的合格率分别为100%、100%、94%、88%。

4.开展改革土地面积计量单位试点。这项活动在全市郊区开展将市制单位亩改制为公顷、平方米和平方公里。康平县被评为省改革土地面积计量单位试点先进单位,苏家屯区、法库县被评为市先进单位。

5.利用社会力量和企业现有条件,市技术监督局建立了6个大宗物料社会公用称重计量站和两个金银饰品社会公用称重计量站,为社会提供有偿称重服务、出具有法律效力的检测数据。

6.召开两次企业计量工作研讨会,交流了企业计量工作经验,并宣讲ISO9000质量管理与质量保证系列标准,促进了企业计量工作与国际接轨。对12家企业的计量工作给予了评价。

7.成立了沈阳市计量协会,发展会员单位150家,召开了第一届理事会,并开展了协作活动。继续开展市计量测试学会工作，完成了第三期计量管理函授培训任务，培训计量管理人员120人。

（刘晶）

【标准化工作】 1993年，沈阳市标准化工作深入贯彻《标准化法》，以单位代码标识、采用国际标准为主线，重点做好农业标准化和企业标准备案管理工作。

单位代码标识。对全市5万余户党政机关、事业单位、社会团体及各企业单位颁发了全国统一代码标识，并收集、录入了各单位组织机构信息。全国代码办公室为全市及各县（区）技术监督部门配备了电子计算机和激光打印设备，全市初步建立起市级组织机构信息系统，并已经和筹划为政府宏观经济决策和为全市经济发展提供单位信息服务。

采用国际标准。继续落实采标责任制，全年有81个产品通过采用国际标准验收。其中，达国际先进水平的32个，占验收总数的40%，国际一般水平的49个，占验收总数的60%。目前全市累计采标验收总数为1 510项。据不完全统计，1992年采标验收的产品有21个企业，并按规定免征产品税和提取奖金总额63万余元，调动了企业生产产品采用国标准的积极性。按国家科委、国家技术监督局要求，全市有19项重点采标产品首次推荐上报“国家级新产品试制鉴定计划”（待批），经批准后，将享受国家级新产品优惠待遇。

农业标准化。以发展全市“二高一优”农业为目标，开展农业标准化示范工作，批准新城子区新城子乡、于洪区陵东乡为市农业标准化示范乡。

企业标准备案管理。全年备案企业标准592项。其中，市属企业330项，县（区）企业262项。达国际先进水平的8项，国际一般水平的42项，国内先进水平的93项。年底全市累计备案企业标准7 174项。

标准宣贯与实施监督。为加强企业管理和适应“复关”要求，对部分企业举办了《质量管理和质量保证》GB/T19000（等同ISO9000）系列国家标准学习班和讲座，进行了“关贸与企业标准化”和部分县（区）企业“标准化业务知识”培训；加强了市场《食品通用标签》国家标准执行情况的监督检查。对提高企业适应市场经济的能力和标准化人员业务素质起到促进作用。

（唐燕宁）

【产品质量监督】 1993年沈阳市产品质量监督工作取得了较大的成绩，主要表现为：

1.全面完成国家、省监督检查计划。全年国家监督抽查2市154个企业的80类175种产品，抽样合格率为71.4%，比国家全年平均抽样合格率高出1.0个百分点，省监督抽查市97个企业生产的129种产品，抽样合格率为68.2%，比省平均抽样合格率低5.4个百分点。

1993年沈阳市承担了国家、省局下达的玻璃瓶装碳酸饮料、螺纹钢筋、汽油、柴油、铝合金门窗5种产品的统检工作。其中玻璃瓶装碳酸饮料统检抽样合格率为24.6%；螺纹钢筋统检抽样合格率仅为14.8%；汽油、柴油统检，抽样合格率为81%。

2.加大定期监督检验和全市统一监督检验的力度。全市统一编制了《1993年沈阳市定期监督检验产品目录》，并报省局批准执行。列入《目录》的产品为涉及人身健康、财产安全及关系国计民生的产品几大类376种。全年全市监督检查企业5 435家，其中工业企业3 444家，商业企业1 991家；监督检验产品7 217种，其中产品4 391种，商品2 826种；查出产（商）品质量不合格企业1 060家，其中工业不合格企业504家，商业不合格企业556家。

对监督检查中发现的质量问题，市、县区两级技术监督部门严格执法，强化了对不合格产（商）品及其生产、经销企业的后处理工作。根据有关法律、法规的规定，实施了通报批评、停止不合格产（商）品的生产和销售、没收非法所得及罚款等处罚，维护了法律的严肃性，对企业起到了管、帮、促的作用。

3.将“打假”纳入质量监督正常工作，强化市场突击检查。市打假办与省打假办联合，在全市组织了全省各市参加的大规模的销毁假冒伪劣商品活动，市、县、区技术监督局加强了对市场商品质量和群众反映强烈的产品质量的突击检查，出动30余辆汽车，毁伪劣食品、药品、低压电器等13大类价值116万元。有力地打击了制售假冒伪劣商品不法分子的嚣张气焰，在社会上引起了极大反响，有效地遏制了假冒伪劣商品在市场上的蔓延。

4.宣传贯彻《产品质量法》，加强新闻舆论报导。先后与省局、市有关局（公司）、大东区局等联合举办质量法学习班，培训900多人次。沈河、铁西、东陵区召开了质量法宣贯动员大会。

此外，配合'93中国质量万里行小分队在沈期间活动，市局、市各产品质量检验所（站）、县区局在中街、太原街等繁华地段设立宣传板、质量咨询台、投诉台，受理消费者投诉，接待消费者达2万多人次。

市局和各县区局注重并加强与新闻媒介的联系，一年来在报刊、电台、电视台发布质量工作报导120余件次，提高了质量监督的社会威信，取得了较好的效果。

5.处理质量投诉，为用户和消费者办实事。一年来，市“打假办”接待质量投诉572件，处理和结案524件，占投诉量的94.4%。各县区在这方面也做了大量工作，受到用户和消费者好评。

全市全年共查处粮油、食品、钢材、农用生产资料、建材等208类假冒伪劣产（商）品，价值1 300多万元，罚没款184.6万元，捣毁黑窝点174个，司法机关立案191件，结案145件，判刑13人。

6.积极稳妥地开展新产品鉴定、仲裁、委托检验和产品监制工作。仅市产品质量监督检验所就完成上述各类检验的产品1 500余种。

【加强生产许可证的监督管理】 市生产许可证办公室组织协调有关部门在1993年全市197个企业23大类708种产品（包括低压电器、电线电缆、热轧钢筋、无缝钢管、化妆品、电热毯、铁塔、瓦楞纸箱等）生产许可证的申报审查工作。帮助企业申报取证或整改，受到国家许可证办公室和企业的好评。

根据国家许可证办公室的要求，本着"该放的放开，该管的管住"的原则，坚决查处无证产品，严肃许可证制度。市和各县区先后组织对螺纹钢筋、化肥、农药、一次性输液器、水泥、低压电器、电线电缆、电热毯等产品的无证查处工作，查处无证产品价值约150多万元，罚没款13万元，为保护人身安全，维护正常的经济秩序，发挥了积极的作用。

（张孝先）

【第三产业稳步发展】 1993年，沈阳市技术监督局所属的第三产业取得长足进步，稳步发展。

1.规模扩大，经营范围拓宽。这一年，新注册并已开展营业的公司13家，连同原有的6家，共19家。这些企业已容纳266人就业。在积极搞好营销的同时，还注意向实体发展。方圆实业总公司与台湾厂商合资兴办的彦隆网印有限公司已正常运转。方圆实业总公司开发的几种智能仪表已近完成。计量测试所开办的计量测试开发维修中心，开发研制成功了蒸汽浴箱和冲浪浴装置，经技术鉴定后，已投放市场。局所属的标准计量技术服务公司开发的LUGB型涡街流量传感器已形成系列化产品投放市场，受到用户欢迎。

2.据统计，到1993年10月末，该局所办的公司，已有固定资产总额达820万元，有流动资金320多万元，共有资产总值已达1 140万元。

（卢兴德）

【方圆科技大厦落成】 沈阳方圆科技大厦座落于三好科技一条街上，它是由沈阳市技术监督局所属全民经济实体沈阳方圆实业总公司投资联建的，是集科、经、贸为一体的现代化多功能综合性的科技大厦。为南湖地方科技开发事业服务，为繁荣沈阳的经济和发展服务。

科技大厦共6层，建筑面积达5 000平方米。该大厦设计新颖，装饰华美，具有现代化的写字间、客房和营业大厅。各种设施齐备、档次高，装有采暖、空调、电梯等设备，有程控上百台内外线电话通讯设备和电话总机台，并配有电脑打字、电传、复印等现代化办公设备。

驻厦单位除沈阳方圆实业总公司之外，尚有2家合资企业及证券交易中心，鲁美教育开发总公司以及计量测试新技术开发公司和广告业务等部门。

方圆科技大厦是具有经济、商业、金融、教育、科技开发等多功能的现代化综合场所，它将以崭新的姿态，为沈阳的经济腾飞做出自己应有的贡献！

（赵泳辉）

【质检中心、计量测试中心落成】 沈阳市产品质量检验中心、市计量测试中心大楼落成并于1993年12月投入使用。

座落于铁西滑翔小区的质检中心、计量测试中心占地面积11 000平方米，一期工程建筑面积15 000平方米，大楼高7层，雄伟壮观。

质检中心、计量测试中心是在产品质量监督检验所、市计量测试所的基础上扩建而成。计量测试中心现开展10大类计量中的长度、热学、力学、电磁、无线电、时间频率、放射性、光学、物理化学9大类79项440余种计量器具的检定和相应的测试；在确保国家计量单位统一的前提下，开展量值传递和保证计量器具的准确一致、正确使用；其宗旨是积极热情地为社会各界提供多方面的计量服务保障。

它的落成，为把全市建设成为"一高两大两化"的区域性中心城市，奠定了产品质量检验、计量检定的坚实基础。

（李哲仁）

工商行政管理

【概况】 1993年，沈阳市的工商行政管理工作，落实"秉公执法，求实创新，廉洁高效，团结奋进"的沈阳工商精神以人大代表评议工商行政管理工作为重要推动力，真抓实干，全面超额完成了年初确定的任务，主要指标实现了跳跃式发展，各项工作又上了一个新台阶。主要表现在以下7个方面。

1.发挥政策优势，促导企业在转制中大发展。1993年，工商部门综合运用登记、管理和服务的职能，积极贯彻《企业法》和《全民所有制工业企业转换经营机制条例》，充分运用政策导向，使全市企业顺乎市场经济发展的势头，获得了前所未有的大发展。截止年底，全市新发展企业40 821户，比1992年同期增长35%，企业总数达127 232户，比1992年同期增长36%，创历史最高水平。

2.把握有利时机，推动市场在提高中求发展。从年初开始，工商部门紧紧抓住市场经济起步阶段，快速发展的大好时机，遵照市委、市政府"发展大商业，建设大市场，搞活大流通"的方针，逐步把市场建设纳入全市国民经济发展的规划之中，并在巩固、提高沈阳市消费品市场的同时，将工作重点转向了生活资料和生活要素"市场，使全市的市场建设出现了健康、快速的发展势头。截止年底，全市市场总数达606处，其中集贸市场510处，"双生"市场96处，集贸市场成交额达108.8亿元，成交量达14.9亿公斤，分别比1992年增长75%和28.8%，"双生"市场的成交额达176.8亿元，比1992年增长17%。

3.创造宽松环境，引导非公有制经济在竞争中求发展。1993年工商部门从认识上有了新的突破，把个体私营经济作为一个新的经济增长点，由部门行为变为政府行为，通过广泛宣传，得到社会的普遍认同。市委、市政府在10月专门召开了有各县区党政主要领导参加的沈阳市个体私营经济工作座谈会，从而把发展个体私营经济摆到各级党组织、政府的重要议事日程。迅速形成一个新的发展高峰，使全市个体私营经济突飞猛进地发展壮大起来。截止年底，全市个体工商户达121 856户，私营企业达4 051户，分别比1992年同期增长20%和39%。"三资"企业在不断引进大项目、增大第三产业比重，扩大投资来源中加速发展。一年来，工商部门通过政策倾斜、现场办照等积极主动地为外商服务，吸引了大量外资进入沈阳市。

4.制造浓郁氛围，带动商标广告在运用中大发展。一年来，工商部门坚持积极引导、放开发展的原则，扩大宣传，强化服务，创造氛围，使商标广告事业获得了突破性的发展。截止年底，全市广告经营单位总数达582户，经营额达2.46亿元，分别比1992年增长85%和105%；全年新注册商标1 020件，全市累计有效注册商标5 347件，分别增长63%和14%。主要表现：一是拓宽了商标注册领域和范围；二是突破了某些传统观念和陈旧模式的束缚，形成了专营和兼营同时发展、城市和农村同时发展、自办和引进同时发展，公平竞争的新格局，加速了广告事业的发展；三是成功地举办了首届沈阳商标广告展示艺术周活动。

5.增大整治力度，有效地维护了社会经济秩序。1993年，工商部门坚持了发展和管理并重的原则，在积极发展的同时，进一步规范市场行为，维护市场秩序。首先，以打假治劣为龙头，开展了打私、打黄和查处各种经济违法活动的工作。全年共查处1 628件经济违章违法案件，其中制假案件1 113件走私贩私案件127件，收缴罚没款1 001万元。其次，结合城市管理年，有重点、有计划地对集贸市场和社会面市场进行了整治。全年共清理了占道经营3 500人次，取缔无证商贩12 890人次，查处各类违章违法案件46 510件。第三，加强了日常监督管理和专项治理整顿工作，以年检为重点全面开展了各项监督管理工作。

6.坚持标本兼治。围绕提高队伍整体素质加强自身建设。着力推进了廉政建设，在坚持不懈地开展“双廉”工作的基础上，狠抓了反腐败斗争，并取得了阶段性成果。着力推进了法制建设。对过去的规范性文件进行了全面清理，出台了10个新的规范性文件，大张旗鼓地开展了“两法”宣传，全系统依法治局工作得到了进一步深化。着力推进了思想政治工作和各项基础建设。

7.积极探索试验，稳妥扎实地深化了工商行政管理改革，先后进行了13项小范围地试验，经过一年的运转，均取得了积极的成果。东陵区、于洪区和新民市筹建了3处私营经济开发区，引进14户私营企业；沈阳市产权交易市场试验。工商部门会同市计经委、财政局、税务局、体改委等部门投资兴建产权交易中心，制定了交易规则；沈阳商标转让市场现已初步形成。通过采取集中和分散交易相结合的办法，一年来共转让商标63件；企业登记程序改革试验在坚持改革的前提下对其不断进行了完善和调整，解决了登记和管理的衔接问题，经纪人登记管理试点试验已在11个行业中共发展316人，发挥了他们的作用；由56户广告费投入超50万元以上的企业组成的广告客户委员会现已正式成立，并在市广告协会的指导下展开了工作；由400余户企业自愿组成的沈阳企业合同管理协会已正式成立；市场管理服务分离试点工作，在多种形式的探索中有所进展；企业事务所、涉外企业事务所自成立以来，在坚持企业自愿的基础上，已先后为1 800户企业、1 249户次的“三资”企业提供了服务；信息中心已正式成立，并先后为企业和有关单位提供服务12 750户次，综合经济信息服务即将展开；机构改革试验在苏家屯区工商局已全面展开，所实施的“大登记、大管理、大服务”的办法，已取得了积极成效。

（关德焕）

【实行“三先三后”“两免验”】 1993年，沈阳市积极贯彻《企业法》和《全民所有制工业企业转换经营机制条例》，制定了以“三先三后”“两免验”为主要内容的关于进一步放宽企业登记政策的决定，使全市企业在转制中获得前所未有的大发展。截止1993年末，全市新发展企业40 821户，比1992年增长35%；企业总数达127 232户，增长36%，创历史最高水平。

一是弱化前置审批、减少登记环节，解决“办照难”问题。1993年“五放开、三放宽”的基础上，又推出了“三先三后”、“两免验”的新政策。使企业登记的前置条件由37项减少到16项；登记程序由8道环节减少到4道。同时进行了企业登记注册和咨询服务的分离试验，从而方便了企业，也为今后工商行政管理机关依法独立登记注册奠定了基础。

二是增强服务意识，帮助引导企业按市场经济要求，转换经营机制，合理配置生产要素。1993年，坚持现场办公、政策宣讲、咨询服务、提供信息、牵线搭桥和不断延伸服务等方式为企业排忧解难。为企业提供万余条信息；提供市场摊位近千个；帮助6户企业利用闲置厂房场地开辟了6处市场；帮助617户企业划小核算单位、发展第三产业1 769户、安置企业富余人员13 000人次、追缴拖欠款13 474万元；支持9户大型商业企业把经营范围扩大为国内一般贸易，从而增加了经济效益，实现扭亏为盈和不同程度的减亏。

三是实行政策倾斜，促进产业结构和企业的组织结构按照国家的宏观经济政策进行调整。1993年，拓宽了登记领域，积极促导新兴第三产业的兴起和发展，先后把各类市场、邮电、铁路、医院、农业社会化服务体系等纳入登记管理范畴。新发展第三产业企业28 948户，全市第三产业总数达81 916户，分别比1992年增长40%、43%。还为94户股份制企业、568户股份合作制企业办理了登记注册，支持发展了82户企业集团。

（关德焕）

【’93沈阳商标广告展示艺术周】 1993年，沈阳市成功地举办了首届商标、广告展示艺术周。这次艺术周活动是以商标广告宣传为媒介，以增强企业商标广告意识为基点，以促导企业面向市场，走向市场为主线，以推动全市商标广告事业和经济建设同步发展为目的而举办的一次文化经贸活动。五光十色的户外广告，展示了改革开放以来沈阳这座古老名城的崭新风貌，重塑了沈阳的外部形象。全市在新北站、桃仙机场、沈阳站三个窗口部位，市政府、中山两个广场，中山路、中街、东顺城等7条主要街路，17座立交桥等处设置88处大型霓虹灯广告，各种路牌广告2 374块，958块交通护栏广告，516块灯箱广告，6处龙门式广告牌楼，345盏彩色射灯，200处广告电话亭，210处广告候车廊，置有广告的各种车辆1 346辆。到夜晚，全市主要街路上新颖美观的广告灯饰，各具特色，城容市貌明显改观。

声势浩大的商标广告宣传，促使沈阳市企业的商标广告和市场竞争意识有了较大增强。这次艺术周活动期间，组织了“裔腾”杯商标广告知识大赛，举办了商标广告营销策略报告会等系列活动，各种新闻媒介开展了声势浩大的商标广告舆论宣传，国内外的企业竞相投入巨资开展广告大战，运用商标广告策略占领市场。据统计，这次艺术周活动有市内外2 000多家企业参加，广告费投入达4 900多万元。广告制作质量和水平大有提高。这次艺术周户外广告创意比较新，采用的广告载体比较新，采用的广告材料比较新。如电控三翻转式、太空球，遥控飞艇等广告载体都很新颖，是过去广告宣传载体所未见的。艺术周期间，由沈阳市广大消费者评选出的中山广场“飞亚达”霓虹灯广告、辽宁汽车贸易总公司的电视广告、飞龙公司的报纸广告、木兰公司的广播广告等20件最佳广告；沈阳商业城等10家大型商厦射灯、楼型灯广告，对今后沈阳市商标广告事业的发展起着示范影响作用。

大规模的著名商标和真假商标标识展示及注册商标转让活动产生了良好的社会效益。这次艺术周期间共展示了118件注册商标，其中沈阳市著名商标38件，名优产品商标30件，扩大了著名商标和名优产品商标的知名度。同时进行了29件注册商标转让。经过消费者投票评选出了第三届沈阳20个著名商标。

（*徐占元*）

【“三资”企业加速发展】 1993年，沈阳市“三资”企业在引进大项目、增大第三产业比重、扩大投资来源的环境中加速发展。全年新增外商投资企业1 087户，比1992年增长81%，其中合资908户，合作55户，独资124户；投资总额为26亿美元，比1992年增长1.1倍；注册资本为17亿美元，其中外方为9.8亿美元，分别增长1.3倍和1.6倍。外商投资企业发展有以下特点：

一是投资大户增多。投资总额在1 000万美元以上的大户有59户。投资总额为11.9亿美元，占发展总数的46%，注册资本为7.59亿美元，其中外方为5.33亿美元。分别占发展总数的45%和55%。在这些大户中主要以工业和服务业为主。

二是第三产业发展迅速。1993年发展第三产业227户，占发展总数的21%。其中发展最多的是餐饮娱乐和房产开发业。餐饮业102户，投资总额2.6亿美元，注册资本为1.83亿美元，其中外方注册资本为1.13亿美元。餐饮业具有投资周期短、见效快的特点，深受外商投资者的青睐；房产开发业64户，等于前11年发展的总和，投资总额为4.98亿美元，注册资本为3.42亿美元，其中外商注册资本为2.3亿美元，在这64户外商投资企业中合资52户，合作7户，独资5户。投资规模在1 000万美元以上的有14家。

三是投资伙伴增多。全年共有29个国家和地区的外商来沈投资，比1992年增长3.6%，其中荷兰、比利时、利比亚、哥斯达黎加、西萨摩亚、法国、英国、印度尼西亚、巴基斯坦9个国家是首次来沈投资。另外韩国来沈投资者剧增。沈阳市加强对外开放以来，香港、台湾、美国来沈投资为最多。1993年韩国181户客商开始大批进入沈阳市投资。使韩国在我市投资跃居第2位，目前的排列顺序是香港401户，韩国181户，美国149户，台湾135户，形成多方投资的趋势。

（*关德焕*）

【集贸市场的建设与管理】 1993年末，集贸市场总数达510处，比1992年增长了6.7%；年成交额达108.8亿元，成交量达149.2万吨，分别增长75.1%和28.8%。全年投资总额达5.3亿元，增长了51.4%，市场总建筑面积达300万平方米，增长了51.5%，在全国百强市场评比中，全市有6处市场榜上有名。在50处轻工市场中，市五爱轻工批发市场、中国家具城、中国鞋城和东行市场分别排在第3、17、36、42位；在50处农贸市场中，南站农副产品批发市场，南五药材市场排在第35、42位。

1.建设起点高，速度快。全年投资5 000万元以上的专业市场有3处。其中中国小食品城、新民辽滨市场投资超过亿元。中国家具城开创了9个月内建成，年内开业并实现12亿元成交额的先例；南塔市场以一流的建设水平展示了场容场貌的新形象。目前，沈阳市建筑面积超万平方米的市场有27处；交易额超亿元的市场有24处，整体的档次、水平有了明显提高。

2.出现群落形态的发展趋势。在北行、南塔、东行和茨榆坨等几个地区分别出现了以一个龙头市场带动多个专业市场，互相促进、共同发展的局面、提高了整体规模效益。

3.区域经济的发展。这些专业市场的生机活力和规模效益，已经产生了连动效应，在诸如五爱小商品批发市场、中国鞋城等许多市场周围，第三产业和生产基地圈获得蓬勃发展。促进了“建一处市场、兴一批产业、治一方经济、富 一方百姓”的作用。

1993年，各市场普遍扩大了市场招商功能，招来了一些经营大户，拓宽了市场的货源；还把市场场名作为服务商标进行了注册，并展开了大规模的广告宣传。全年共有48处市场投入317.5万元广告宣传费，这是沈阳市历史上从未有过的，提高了服务功能。在各大中型市场周围，根据经营者和消费者的需要，配套兴建了大型停车场、库房、旅店、饭店、邮政、电信、银行、运输、医疗、娱乐等设施和场所，有的市场还为外埠客商解决了住宿、户口、子女就学等实际问题。这些市场配套功能的形成和作用的发挥，扩大了市场的内引外联，增强了辐射力，沈阳的中心市场地位得到了巩固和加强。

（*关德焕*）

【生产资料、生产要素市场的发展与管理】　1993年，沈阳市的生产资料、生产要素市场管理取得了新的突破。生产资料市场继续以较快速度发展。1993年末，全市共有生产资料市场53处，市场建设总投资2.5亿元，经营面积110万平方米，进场业户6 269户，全年市场成交额为110亿元。全年共培育生产资料市场14处，已开业12处，总投资1.4亿元，新办市场经营面积48.27万平方米，进场业户1 141户，同时，工商部门对15处市场重点进行了完善。

生产要素市场的建设也取得了突破性进展。房产租赁市场经过近半年的筹备，于1993年12月房地产市场管理所挂牌正式开展工作；沈阳企业产权市场筹备工作已基本结束，1994年初开业运营；沈阳金属交易所已于9月份开业，工商管理工作已经开展。1993年沈阳市生产资料和生活要素市场发展主要有以下几个特点：一是市场数量增长快，市场建设已引起全社会的高度重视；二是市场规模有了较大提高。主要表现在一批投资千万元以上的大型、特大型生产资料市场正在建设；三是市场结构产品种类日趋合理。以沈阳优势产品为依托，建成了阀门、农机、标准件、锅炉等综合产成品专业市场，增强了市场特色；四是市场功能得到了强化。市场具有信息网络健全、通讯设施完备、储运条件良好、后勤服务工作配套等特点；五是市场运营有一定起色，市场成交额大幅度提高。年成交额达110亿元，比1992年增长9.3%，达到历史最高水平。

沈阳市在培育发展“双生”市场上，坚持从沈阳实际情况出发，因行业、因地区、因品种制宜，按照先发展后规范的原则，推进“双生”市场建设，主要做法：一是利用市场登记职能，指导帮助市场主办单位做好市场的前期论证、筹备工作；二是强化市场的日常管理和服务，指导市场扩大规模，提高档次，完善服务功能，三是抽出资金、人力，自办或与其它部门协调配合发展生产要素市场，其中企业产权市场、房地产市场就是在这个环境下取得重要进展的。

（李猛）

【加大打假力度】　1993年，沈阳市认真贯彻国务院《关于严厉打击生产和经销假冒伪劣商品违法行为的通知》，积极主动地开展了打假制劣活动，全年共查处假冒伪劣商品案件1 113件，罚没款入库额72万元。查获了一大批假冒伪劣商品，主要品种有食品14 349公斤，酱油3 030公斤、调味品3 153公斤、茶叶3 720公斤、小食品1 858公斤、罐头25 011瓶、饮料88 075瓶，烟21 276条、酒49 361瓶，电器开关3 090个，录像带3 100合，人用药品270公斤、洗涤用品488公斤、化妆品1 885盒、种子2 916吨、汽、柴油325吨、水泥80吨、轴承4 060套等。有效地遏制了制假销假活动的蔓延。在开展打假活动中以捣毁制假黑窝点为主攻目标，追根溯源端掉黑窝点172个，增加了打击的力度。

一年来，沈阳市在打假工作中，不断调整和完善打击的方式方法和战略战术。集中力量、打歼灭战。针对制假窝点大多是团伙作案的特点，采取集中优势力量，打歼灭战，务求人赃俱获，不留后患。雷厉风行、快速出击。在掌握制假窝点基本情况的前提下，攻其不备连续作战，不给违法分子造成逃跑或藏匿，转移物品的机会。快查快结，提高效率。在抓住制假窝点主要违法事实的基础上，按照办案程序尽快结案使违法者及时受到处罚并乘胜扫清外围因素，扩大打假成果。对典型案件进行公开处理，增强全民的打假观念。全年进行了公开处理21次，381件。公开销毁12次，销毁假劣物品24个品种、价值145.5万元。送司法机关审理23人，举办假冒商品展览会30次，召开新闻发布会11次。

（孟雅兰）

【“重合同守信用”活动】　1993年是沈阳市“重合同、守信用”活动开展的第九年。据统计全市参加“重合同、守信用”活动的企业已达38 753户，比1992年增长1.2%。这些企业越来越明确地认识到，搞好经济合同管理是企业全面提高质量管理水平的一项十分重要的内容，在市场竞争中，对提高企业知名度和信誉，依法维护自身的合法权益，从而增加经济效益，具有举足轻重的作用。

为了使考核评定工作更加规范，质量进一步提高，从而引导更多的企业参加“重合同、守信用”活动，大力推行了以“三全、六化”为核心内容的企业经济合同管理标准。同时，还对全市“重合同、守信用”单位及部分大中型企业的2 518名厂长（经理）、合同管理员进行了较系统的培训，使企业及有关人员自身的管理水平得到较大提高。

在考核评定1993年度“重合同、守信用”单位的过程中，根据国家工商局制定的考核评定标准，结合沈阳市实际，先后以《沈阳市“重合同、守信用”单位认定命名办法》和《关于认定命名1993年度“重合同、守信用”单位工作意见》，向市直各企业主管部门和各县区工商局做了部署。1993年坚持自愿申请命名的原则，不下指标，不定比例、不搞平衡，不搞终身制，保证了命名质量，体现了“重合同、守信用”单位的先进性。

1993年度，全市共有1 845户企业申请命名，“重合同、守信用”单位，根据日常掌握的情况，对635户企业进行了复核、抽查，报请省政府批准，48户企业被评为辽宁省重合同、守信用单位，经市政府批准，60户企业被评为沈阳市重合同、守信用先进单位，23户企业被评为沈阳市信守合同工程优良先进企业，346户企业被评为沈阳市重合同、守信用单位，25户企业被评为沈阳市信守合同工程优良企业，25户企业被评为沈阳市技术合同信誉单位。还有775户企业被所在区、县人民政府命名。

另外，在1992年度被命名的1 045户企业中有45户企业，在1993年年度中由于企业撤并转、严重亏损等原因，不宜继续保留“重合同、守信用”单位称号，拟撤销其荣誉称号，收回牌匾。　（李晓龙）

【保护消费者权益工作】 1993年，随着沈阳市经济持续增长和各项事业全面发展，消费领域出现了异常活跃的局面。面对新情况和新问题，各级消费者协会积极地开展工作，使全市保护消费者权益工作有了较大发展。

1.解决消费纠纷的力度有所增强。全年市、区县(市)消协共受理消费者投诉案件1 429件，解决了1 418件，解决率99%，为消费者挽回经济损失119万元。其中商品质量投诉占90%，鞋类商品仍占投诉量之首。另外农民对假种子、假农药、假化肥投诉亦明显上升，其中于洪区投诉就达60件。

2.以法律、法规为重点的宣传工作更加深入。各级消协组织除了利用报刊、电视和电台的专栏、专题节目，开展经常性的宣传有关的保护消费者权益法律、法规外，市消协还与沈阳人民广播电台联办每周半小时热线受理投诉的节目，全年共现场解决120件投诉，不仅对处理消费纠纷有一定的示范作用，而且对提高消费者自我保护意识和能力起了很大作用。10月份进行了"第四届和平杯保护消费者权益好新闻"评选工作，奖励了20个新闻单位43篇作品的55名作者。

3.增强以打假为重点的社会监督工作的力度。各级消协根据消费者的反映热点，对每年问题突出的元宵质量、啤酒质量和轻工产品售后服务进行了重点监督，元宵节前向社会公布了元宵检查评比情况；夏季将10 000张啤酒检测结果公布张贴在各大饭店、宾馆和商店，发动广大消费者进行监督；于9月份举办了有全国87个轻工电子产品生产厂家参加的大规模的售后优质服务活动。并积极谨慎的向广大消费者推荐了19次(47个品种)的名优商品，并组织了10次打击假冒伪劣商品的巡回展览。向企业反馈消费者的意见245件，为促进经营者提高产品和服务质量，自觉维护消费者利益起到了积极的作用。

4.消费教育取得了良好的社会效果。中小学、幼儿园"三层次"的未成年人消费教育已在全市推广。苏家屯区消委在永恒汽车电器厂进行了成年人消费教育已取得成功的经验。市消协与市总工会等单位一起联合召开了现场会向全市推广。

(*高岷*)

【纠风治队 倡廉惩腐】 1993年，沈阳市工商行政管理局根据行业特点，狠抓了廉政建设，特别是认真贯彻中纪委二次全会和沈阳市深入开展反腐败斗争的会议精神，积极落实中央提出的反腐败斗争三项任务，取得了阶段性成果，主要表现在：

1.廉政防范制约机制得到了健全和完善。一是权力分解，建立了约束机制；二是内外结合，建立了权力监督机制；三是明确责任，引入了承包机制；四是严明奖惩，形成了激励机制。从而构成了较为完善的廉政建设防范制约和运行机制，使全系统的党风廉政建设初步走向了制度化、规范化、程序化，并在全国工商行政管理系统行政监察工作会议和沈阳市委召开的制度建设经验交流会上介绍了经验。

2.行业不正之风基本上得到了遏制。1993年全系统把纠正行业不正之风摆在廉政建设的首位，实行综合治理与专项治理相结合，加大监督检查力度，使纠风工作收到明显效果。广大干部职工自觉做到，吃请不到，送礼不要，贿赂不收。一年来，全系统共拒吃请7 150人次，拒礼拒现金558人次，金额达61万多元。同时，停止6种收费项目。沈阳市工商行政管理局在市监察局组织的"行风千人问卷调查"中，满意率居执法部门首位。

3.违法违纪案件得到了严肃认真地查处。1993年全市工商行政管理系统共立案查处25件，涉及30人，其中结案24件，有29人受到党纪政纪处分。其中被开除党籍的4人，被开除公职的2人，被辞退的2人。并于1993年12月4日召开公开处理大会，处理了11起涉及14名干部的违法违纪案件。

4.咨询服务收费项目和各直属事业单位所办实体的清理整顿工作基本完成。对全市11个县(市)区工商局成立的11个企业咨询服务中心或工商事务代理处进行了清理和整顿，对6个不符合标准的予以停办。对挂靠在全市工商行政管理系统的45个经济实体，按规定进行了认真清理，通过了国家工商局检查组的验收，受到了好评。

1993年全市工商行政管理系统纠风治队，倡廉惩腐工作的主要特点，一是各级领导认识明确，常抓不懈；二是工作重点突出，使用力量集中；三是廉政教育针对性强，效果好；四是专项治理抓得自觉，抓得实；五是监督检查力度大，成效明显。

(*张新建*)

物价管理

【物价宏观调控】 为适应社会主义市场经济发展的要求、建立以市场形成价格为主的价格机制，1993年，沈阳市针对大部分商品价格放开的实际情况，转换政府职能，从直接管理向间接管理，从微观管理向宏观调控转化，积极探索适应社会主义市场经济的物价宏观调控体系。

1.积极开展市场物价的监测和预警工作。1992年市场物价监测工作的基础上，着重选定97种与人民生活密切相关的、市场价格变动较大的商品及收费项目进行监测。其中：食品类有粳米，上白粉、豆油、猪肉、鸡蛋等32种，轻工产品有肥皂、洗衣粉、自行车、彩色电视机、电冰箱等37种，重工产品有汽油、线材、罗纹钢、铝锭、玻璃、水泥、红砖等13种，收费项目有理发、洗澡、照像，公园门票，商品房价格等15种。全市按城区、郊区、县不同特点，分工负责，对规定的品种选择固定的商店和农贸市场，每月10日、25日采价2次，并进行一次综合分析预测，上报市领导，同时反馈给各有关单位。在1994年元旦前，由于市场物价上涨过快，沈阳市物价局在两节期间，对18种生活必需品每日采价分析，向市领导报送当日市场价格变化情况，为市领导决策提供依据。

2.采取各种调控措施，抑制物价过快上涨。一是扩大货源。进入1993年11月份后，沈阳市粮油、肉、菜价格上涨过猛，群众意见较大、市政府及时采取调控措施，向商业企业投放1 000万元贷款，向副食行业投放100万元价格补贴款，给农民每交售一头生猪补贴30元钱，对集贸市场经营粮油和猪肉的业户免收管理费，以扩大货源，增加市场供给。

二是控制提价，严格控制国家管理的商品和服务收费项目的提价，对超权定价变相涨价行为从严处理。

三是差率管理，对与人民生活密切相关的猪肉、豆油、大米、精粉、上白粉实行差率控制，其中经营猪肉的零售部门的批零差率按18%执行，其它品种批零差率控制在12%。

四是实行价格变动申报制度，对猪肉、豆油、大米、精粉、上白粉，规定各生产和批发部门在出厂价格和批发价格变动前，要向沈阳市物价局申报、经物价局核准后，方可变动。

五是建立备案制度，对牛奶、酱油、醋、精盐、彩电、冰箱、洗衣机、金饰品等8种商品实行价格变动备案制度，这些商品价格变动时，要向物价部门备案。

3.健全价格法规，规范市场价格行为。

为规范市场价格行为，1993年11月1日沈阳市政府发布了《关于实行商品和收费明码标价的通告》。《通告》规定，凡在沈阳市境内从事商品经营，从事经营性和事业性收费的单位和个体工商户，必须实行明码标价。明码标价必须使用统一的标价签和价格表，价格签、表统一由沈阳市物价检查所监制对实际结算价格高于标价的，其差额为非法所得，消费者有权拒付，对违反本通告的行为，由市、县(市)区物价检查机关按《国家物价局关于价格违法行为的处罚规定》处罚。

（崔崇山）

【深化价格改革】　1993年，按照建立社会主义市场经济体制的要求，沈阳市调整不合理价格，理顺价格体系和放开价格，建立市场价格机制等方面，进一步深化了价格改革。

1.认真测算，精心组织实施国家、省重大调价项目。1993年国家先后放开了东北煤炭价格，提高了铁路货运、电力、原油、成品油价格。在这些重大调价项目出台期间，沈阳市物价局组织国有大中型企业认真进行测算，分析调价影响，研究消化措施，帮助指导企业尽可能将调价影响在企业内部消化，减少了社会震动，保证了国家重大调价项目在沈阳市顺利实施。

2.根据国家调整重要基础产品价格，理顺沈阳市区续产品价格关系。属国家管价的输变电设备和大型矿山设备等重型机电设备，因原材料提价，生产成本上升，沈阳市物价局积极向国家有关部门反映价格矛盾，争取解决，对特殊的价格矛盾，采取了“一事一议，特事特批”的办法，及时予以解决。属市管价的品种，积极调研，适时调整相关产品价格，理顺价格矛盾。先后调整了公共电汽车票价、沈海和铁西电厂电价、中小学学费、文化古迹门票、自来水和煤气增容费、占道费、电话初装费等50余项不合理价格，全市调价额达8亿多元。

3.制定支持第三产业发展的价格政策。为促进沈阳市第三产业发展，解决第三产业长期存在的价值补偿不足的问题，调整了第三产业价格政策，分步放开了旅店业、科技咨询、信息和中介服务等收费标准，并积极推进教育和医疗收费改革，对私人办学、非义务教育和非大众医疗、高档次病房等实行灵活的收费政策，增强了第三产业的活力和自我发展能力。

4.加快价格形成机制的转换。为进一步落实企业价格自主权，抓住时机，先后放开了汽水、瓶白酒、调味品、牛奶等商品价格。至此，除药品外，市管商品价格已全部放开。到1993年底，沈阳市市场价格中市场调节与国家、省、市三级管价相比，所占的比重已高于全国平均值。市场调节价格在农产品收购总额中占90.4%(全国平均为90%)，在零售商品总额中占96.6%(全国平均为95%)，在生产资料销售额中占87.4%(全国平均为85%)，初步形成了以市场调节为主的新的价格运行机制。

（栾仕和）

【物价监督检查】　1993年沈阳市物价监督检查工作，坚持“保护合法、支持改革、纠正失误、惩处违法”的原则，严厉整治各种价格秩序，保护了消费者的合法权益。1993年全市共查处各类价格违法案件1 333件，其中重大价格违法案件72件，退还用户款168.71万元，比1992年增加158.24万元。

1.适时开展市场物价检查。在绝大部分商品价格放开的形势下，群众对不明码标价，漫天要价，或以缺斤少两、掺杂使假等手段变相涨价的违法行为意见很大。为了坚决制止和纠正这些违法行为，沈阳市物价检查部门集中时间和人力，在春节、元宵节、五·一节、国庆节及秧歌节期间，进行了节日市场物价检查。3月份，全市出动400余人对客运出租汽车和小公共汽车的收费情况进行了检查，共检查825台，处罚136台，现场罚款2万余元，对其中不接受检查、情节严重的通过新闻部门公开进行批评。8月份，对全市的自行车和机动车存放收费进行了检查，五爱市场、浑河浴场等存车点违价情节严重，给予了从重处罚。在《沈阳市价格检查条例》颁布3周年之际，11月23日，全市出动200余人，上街宣传物价政策，现场咨询和接待举报。11月下旬至12月上旬，在全市范围对商业企业明码标价情况进行了检查，共检查商业企业5 300户，发放《沈阳市人民政府关于实行商品和收费明码标价的通告》1.8万张，对个别明码标价有问题的企业进行了警告和罚款处理。

2.加强各行业的检查和指导。1993年上半年，对农业生产资料、铁路、机动车维修、市属医疗院所进行了检查和指导。在对经营农资商品行业检查中，共检查112户，查出非法所得9.4万元。在对铁路行业检查中，共没收非法所得25万元。

在对市属医疗院所的检查中，共检查29户，对一次性用品乱加价、药品超加价率及乱收费等价格违法行为进行了处罚，共罚没款29万元。在机动车维修行业的检查中，对发现的配件乱加价、乱加工时费等行为进行了处罚，并对一些物价管理制度不健全的企业进行了具体指导。1993年下半年，对机动车洗车场、教育系统收费进行了检查整顿。对于洪区沈辽机动车清洗站、于洪区张士车辆清洗站、胡台洗车场等不顾政府三令五申、擅自强行对外地车辆清洗收费的单位进行了公开处理，共罚没款23万元。在对市属2所中学、10所职业高中、县(市)区属126所中小学收费检查中，查出非法所得561.2万元，责令退还学费168.71万元，收缴入库166.4万元，受到了广大学生和家长的欢迎。

3.认真开展1993年度物价大检查。根据国务院和辽宁省《关于开展1993年税收财务物价大检查的通知》精神，沈阳物价大检查工作于1993年8月20日正式开始，市物价大检查办公室召开了各县(市)区物价部门、市直各委办局、公司、驻沈中直企业的领导参加的动员大会。在自查阶段，为确保自查不走过场，各级物价机构派人深入基层单位帮助自查，既纠正了价格违法行为，又督促企业加强了内部管理，推动了自查工作的深入开展。全市共有2 348个单位参加了自查，自查率达100%，查出非法所得174.14万元，收缴入库56万元，退还用户1.28万元。在重点检查阶段，抽调全市专、兼职物价检查人员1 420人，组成280个重点检查小组，抽查了537户，查出有违价行为的79户，责令退还用户31.5万元。

(陈文立)

【清理整顿乱收费】 按照沈阳市委、市政府反腐败斗争的统一部署，沈阳市从1993年9月中旬开始，对各级政府部门及其所属单位的行政事业性收费全面进行了清理整顿。经过清理，市直86个部门中有行政事业性收费项目的有62个部门，加上13个县(市)区政府，全市共有收费主管部门75个，有行政事业性收费单位1 948个，有行政事业性收费项目3 840项。经过整顿，市政府分两批公布取消了179项不合理收费，各县(市)区政府取消本级政府及所属部门制定的不合理收费112项。全市取消的收费项目，全年可减轻企业和群众负担3 200万元。在清理整顿中，全市共查处各种乱收费案件208件，给群众退款307万元，收缴入库496万元。

1.加强领导，明确目标责任。为加强对清理整顿收费工作的领导，市政府常务会议决定，由马向东副市长负责，由物价局牵头，从物价、监察、财政、审计4个部门抽调13名工作人员，组成了清理整顿收费办公室，具体负责清理整顿收费工作的组织实施。按照市委、市政府关于清理整顿收费工作到1993年年底前要抓出阶段性成果的要求，制定了要达到的阶段性目标和6项具体指标，要求各县区政府和市直各部门按照目标一项一项落实。

2.全面自查，摸清收费底数。规定了自查的10个重点，明确了自查的政策原则，从9月中旬开始全面进行了自查。通过自查，全市共查出无收费许可证收费93项，超规定标准收费85项，擅自扩大收费范围55项，不按规定使用财政票据收费109项，1993年1至8月份不合理收费总金额645万元。查出的乱收费的主要表现，一是不经批准擅自收费；二是超标准、超范围收费；三是以转变政府职能为名，将无偿的行政管理职能转为企事业单位的有偿收费，使行政职能成为经营行为；四是巧立名目变相收费，利用职权收取抵押金、风险金、保证金等；五是强制收取保险费；六是收费开白条子，不使用法定收费票据；七是不专户存储，坐收坐支，谋 取部门利益。

3.边清边改，尽快取信于民。为了赢得群众的信任和支持，抓住群众反映强烈的乱收费热点和政府部门乱收费的难点，边清理边纠正。一是坚决取消不合理的收费项目。市政府于10月15日召开沈阳市纠风治乱大会，公布取消了第一批131项不合理收费，11月15日又公布了第二批取消的48项不合理收费。在市政府陆续公布取消不合理收费项目的同时，各县区政府对本级政府及所属部门制定的不合理收费也积极主动纠正，共取消不合理收费112项。二是坚决支持群众的参与热情。为鼓励广大群众积极举报和抵制乱收费，市政府将取消的收费项目和14部举报电话通过新闻媒介向社会公布，激发了群众的参与热情。到1993年底，全市共接到群众咨询举报电话达3 400多人次。为了保护群众的热情，各级物价部门都指定专人受理群众举报，做到件件有着落。到1993年底，全市根据群众举报查实的乱收费问题1 580件，退还举报人95.5万元，收缴罚没款34.6万元。三是坚决查处乱收费的违法案件。沈阳市物价、监察、财政、审计4个部门联合行动，对重点乱收费问题从收费立项、标准、资金去向以及领导人的责任等各个方面彻底查清，严肃处理。如严厉查处了群众反映强烈的中小学乱收费问题，全市给学生退款226万元，没收罚款174万元，对13所中学予以了通报批评，扣发了这些学校领导3—6个月的奖励补贴；严厉查处了省内外反映强烈的进城路口洗车场强行拦车洗车收费问题，查处后撤消了洗车机构，遣散了洗车收费人员，坚决制止了强行洗车收费行为；严厉查处了社会反映较多的政府部门利用职权乱收费问题，纠正了公安部门驾驶员培训超标准收费、各区计经委擅自收取个体购车定编费等乱收费行为。

4.督促检查，确保取得阶段性成果。在全面自查的基础上，沈阳市物价、财政、监察、审计4个部门共抽调32人，并邀请20名人民代表和民主党派人士，组成6个督查组，于11月8日至12月20日，对全市清理整顿收费工作进行了督促检查。重点抽查了38个县、区、局，检查了182个收费单位，抽查面达50.7%。经检查，有11个部门清理整顿收费取得了明显成效，有27个部门清理整顿收费工作基本合格。对17个不合格的具体收费单位下发了限期整改通知书，保证了全市清理整顿收费工作扎实有效，不走过场。

(栾仕和)

【首次万户职工群众推荐受欢迎地产商品活动】 为促进沈阳市地产品上质量、上品种，生产更多物美价廉的受广大人民群众欢迎的商品，为增强消费者的自我保护意识，自觉抵制质次价高的伪劣假冒商品，充分发挥全市广大职工，积极参与市场经济活动的群体作用，1993年5月下旬在全市首次开展了万户职工群众推荐"受欢迎地产商品"活动。这项活动在沈阳市总工会和市物价局的支持和领导下，在市食品工业总公司和市牛奶公司的积极配合下，由市职工物价监督总站和市物价局综合法规处具体组织实施。由市总工会和市物价局联合召开了"沈阳市首次职工群众推荐受欢迎商品活动新闻发布会，《工人日报》驻辽宁记者站、《辽宁日报》、《沈阳日报》等13家全国和省、市新闻单位参加了会议，并对这一活动进行了跟踪报道。在开展推荐活动中，印发了1万份致全市广大职工一封信和1万份受欢迎商品推荐表及地产品征求意见表，组织全市44个职工物价监督分站450名职工物价监督员对黎明发动机制造公司、沈阳飞机制造公司、沈阳高压开关厂和沈阳助剂厂等44个大中型企业的1万户职工家庭进行了走访调查，集中对沈阳地产酱油、大酱、醋、鲜奶及奶制品等5大类29种商品的价格、质量、销量情况进行了调查，征求对这些商品的意见。经过一个多月的调查，汇总，以推荐票数的多少为主要依据，并在征求有关部门对产品质量、卫生等技术指标检测意见的基础上，经活动领导小组审核，确定14种地产品为1993年最受职工群众欢迎的调味品和奶制品。它们是：大东副食品厂生产的万泉牌沈阳干酱、沈阳酱油厂生产的沈字牌二级软包装酱油、沈阳调味品厂生产的彩塔牌二级袋装酱油、皇姑副食品厂生产的北陵牌5°原汁醋、铁西副食品厂生产的双鹏牌5°原汁醋、、和平副食品厂生产的自力牌老抽酱油和自力牌老陈醋、沈阳调味品厂生产的彩塔牌颗粒碱、皇姑副食品厂生产的北陵牌炸鸡粉、沈阳康华乳品厂生产的沈丹牌强化锌消毒奶和沈丹牌消毒奶、沈阳乳品一厂生产的双鸽牌全脂甜奶粉、双鸽牌酸牛奶、沈阳乳品二厂生产的白鹤牌全脂甜奶粉。在推荐活动中，职工群众对少数地产商品的质量、价格、包装等方面提出350多条意见和建议，并对个别地产商品的质量亮了"黄牌"。这些意见主要是：有的有杂质，有的商品没有出厂日期和保质期。沈阳市职工物价监督总站和沈阳市物价局及时把职工群众的意见和建议反馈给沈阳市食品工业总公司和沈阳市牛奶公司，市食品工业总公司立即召开了所属各厂的厂长会议，专门研究了整改意见。加强了检查和奖罚力度，改进了包装。沈阳市牛奶公司也研究制定了进一步提高奶制品质量的具体措施，还根据职工群众的要求，抓紧开发适应不同层次消费需要的中高档次的各种乳制品和高营养食品。

对首次职工群众推荐受欢迎商品活动，各方面反映很好。参与活动的两个公司领导都认为这是听取群众对产品意见的最好机会，也是扩大地产优质产品销售的最有效的举措。广大职工群众反映，这一活动给广大消费者创造了一个评论商品好坏的新形式。一些新闻记者则认为，这项活动目的是促进地产品发展，活动的形式是"上帝"评论商品，有新意，并建议今后再开展此类活动时，也要对不受欢迎的商品给以曝光。

(张连仲)

【市价格学会】 沈阳市价格学会成立于1981年9月3日。现有个人会员651人，团体会员60个，

1993年，沈阳市价格学会较好地完成了年初确定的各项任务，被市社科联评为优秀学术团体。

1.积极开展价格理论研究和学术活动。1993年价格学会紧密联系价格改革实际，积极开展价格理论研究和学术活动。1993年5月，沈阳市委宣传部、市社科联、市物价局等8个单位联合召开"沈阳市建立和完善社会主义市场经济体系理论研讨会"。价格学会负责征集的物价系统4篇论文参加研讨，全部被评为优秀论文。

7月份，在辽宁中部8城市"社会主义市场经济与法制建设理论研讨会"上，学会秘书处撰写的《加强市场法制建设，规范市场交易行为》获优秀论文二等奖。

10月份，市价格学会组织召开理论讨论会，与会者围绕市场形成价格与政府宏观调控；价格改革如何与其它改革配套进行；社会主义市场经济与物价基本稳定等问题进行了认真讨论。提出了许多既有一定理论深度，又有实际指导意义的意见和建议。

为了进一步提高广大会员的理论素质，还请著名经济学家、辽宁大学冯舜华教授作了"建立社会主义市场经济体制的必要性和可行性"的专题学术报告。

2.完成了1992年度《中国物价年鉴》沈阳部分的编写任务。

3.完成了中国价格学会下达的"复关对沈阳经济的影响及价格对策"课题任务。

4.开展优秀论文评选活动。1993年共评出优秀学术论文14篇，其中2篇被沈阳市社科联评为优秀学术成果二等奖，7篇评为三等奖，2篇评为优秀奖。

5.积极开展物价业务培训。1993年共举办5期企业物价人员业务培训班，500多名专兼职物价员参加了培训。

6.以推广物价工作经验和理论研究成果为重点，努力办好会刊。为了增强会刊的时效性，从1993年1月起，由季刊改为双月刊。并按时完成了会刊的编辑发行任务，而且质量有所提高。

(石文成)

【市医药价格协会成立】 1992年12月22日，经沈阳市物价局和医药局半年多的筹备、沈阳市第一家行业价格协会——沈阳医药价格协会正式成立。国家物价局、国家医药局、辽宁省医药局发来了贺电。辽宁省物价局和沈阳市人大、政府领导出席了成立大会。会上通过了《沈阳市医药价格协会章程》，选举市医药

局丁献民副局长为会长，聘请了沈阳市张瑞昌，刘克田副市长为名誉会长，辽宁省物价局郝德春副局长、辽宁省医药局于明德副局长、沈阳市物价局魏玉书局长、王秀珍副局长、沈阳市医药局陈在为局长为顾问。

会议通过的协会章程规定：沈阳市医药价格协会挂靠市医药局，是由工商企业自愿结合联办，在政府物价部门指导下从事医药商品价格管理和协作的群众团体。协会的宗旨是维护会员单位的合法权益。促进药品生产和流通，稳定医药市场价格秩序，维护国家、企业、消费者利益。其主要任务是宣传贯彻国家物价方针、政策、法规、规范医药市场价格秩序、规范生产经营定价行为、克服市场价格盲目性、维护公平竞争原则。

（崔崇山）

集体经济管理

【城镇集体经济综述】 1993年，沈阳市城镇集体企业的广大干部、职工认真贯彻党的十四大精神，积极落实《中华人民共和国城镇集体所有制企业条例》和市委、市政府制定的“经济独立、自主经营、独立核算、自负盈亏、按劳分配、民主管理”的“二十四字”方针，使全市城镇集体经济又有了新的发展。到年底，全市城镇集体工业企业共完成工业产值90亿元，比1992年增长17.9%，其增长幅度比全市国有企业高11个百分点；城镇集体工业产值占全市工业总产值的15.4%，占全市乡以上工业总产值的20.8%。全市城镇集体商业企业共实现社会商品零售总额41.5亿元，比1992年增长12.8%，占全市社会商品零售总额的23%。全市城镇集体经济中的建筑安装业、交通运输业及新兴的第三产业等也比1992年有了较大发展。

全市城镇集体企业贯彻落实《中华人民共和国城镇集体所有制企业条例》取得初步成果，试点企业已由1992年的156户扩展到366户。在积极落实“三权”，实行“三改”，即落实财产所有权，使企业产权明晰化；落实经营自主权，促进了企业经营机制的转换；落实民主管理权，确立了新的领导体制中，尤其注意了把界定产权同实行股份合作制结合起来，不断加大改革的步伐。

集体企业推行股份合作制已有了新的进展。截止1993年末，全市城镇集体企业中已有1 202户实行了股份合作制，较1992年增加了500户。其中县（市）区属集体企业938户，市属集体企业264户。职工个人入股金额达9 824万元，创沈阳市股份合作制历史最高水平。在集体企业中实行股份合作制的行业不断扩展，运作逐步规范化，一批股份制企业正逐步改造为股份合作制。

市内5城区的区街经济继续呈现跳跃式发展的势头。1993年，市内5个城区的总收入首次突破百亿元大关，已达115.5亿元，总利润达5.78亿元，分别比1992年增长36.5%和38.9%；工业总产值达35.6亿元，工业利润达3.07亿元，分别比1992年增长35.4%和30%；财政收入5个区都超过了亿元大关，共达6.1亿元；5个区共融通资金3亿元，其中投入技改和新产品开发1.5亿元，实施技改项目229项，开发新产品404项，新增产值3.1亿元，新增利税8 050万元；5个区新办“三资”企业280家，实际调入外资7 075万美元，自营出口创汇1 852万美元，出口交货值17 150万元。

转属企业生产形势继续好转。继1992年260户市属集体工业企业首批转属后，截止1993年底，转属企业共有321户。据对首批转属的254户企业统计，1993年共完成产值82 907万元，比1992年增长45.9%；亏损企业由1992年的158户减少到135户；亏损额由1992年的1 148万元减少到310万元，下降了73%。

（朱继先）

【集体经济方兴未艾】 自党的十一届三中全会以来，沈阳市城镇集体经济适应生产力发展的需要，由小到大，由弱到强，有了长足的发展。截至1993年底，全市城镇集体企业已达23 000户，职工75万多人，占全市职工总人数的33%。已形成了拥有工业、运输业、建筑业、饮食服务业以及新兴第三产业各业兼有、门类齐全的综合性集体经济。

城镇集体经济主要由市属集体、县区街属集体和中央、省直企事业兴办的厂办集体几大部分组成。其中，尤以区街经济发展最为迅速。做为各区经济“半壁河山”的街道经济，近几年破除了小门小户、小手小脚、小打小闹、小富即安的思想，树立迈大步、创大业、求大发展、做大贡献的雄心，勇于上台阶、移位次，把思想和行动都统一到建设经济大区和经济大街上来。全市91个街道中除个别新建街道外，总利润都超过了100万元，（1983年时只有5个街道总利润超过百万元）。其中有4个街道总利润超过了500万元，大东区大北街道总利润突破了千万元大关，成为全市第一经济大街。大南、中街、大西、南站等街道办事处也提出了要争创千万元经济大街的奋斗目标。

城镇集体经济做为城市经济体制改革的突破口，1984年以来率先进行了“租赁经营”、“股份合作制”和“破产倒闭”三大试验，为全面经济体制改革起到了示范作用，在全国也有一定影响。1991年《中华人民共和国城镇集体所有制企业条例》颁布以后，又以贯彻落实《条例》为主线，不断加大集体企业的改革力度，到1993年末贯彻落实《条例》的企业已扩大到366户，1994年将在区属以上集体企业全面贯彻。

贯彻落实《条例》的企业基本做到了以下几点：(1)通过进行资产评估、清产核资，界定了产权，划分了归属，落实了企业的财产所有权，促进了产权制度的改革；(2)通过建立职工（代表）大会、民主选举厂长（经理），明确了职代会（董事会）领导下的厂长（经理）负责制，落实了民主管理权，进行了领导体制改革；(3)通过落实企业各项自主权，加快了“三项制度”的改革步伐，进行了经营机制的改革。

沈阳市从1984年开展争创“小型巨人企业”和“明星企业”以来，1993年评出的“小型巨人”企业已从1984年的15户增加到95户；“明星企业”增加到191户。286户“小型巨人企业”和“明星企业”共完成销售收入44.51亿元，比1992年增长28.5%，共实现利润3.68亿元，比1992年增长22.7%；完成出口交货值1.31亿元，比1992年增长21.4%；上缴利税2.62亿元，比1992年增长43.4%。

城镇集体经济虽然有了长足的发展，但与全国和兄弟市比、与乡镇比还不够理想，在速度上低于全市平均水平、低于乡镇发展速度。需要加大改革力度，加快建立新体制的步伐，努力实现持续、快速、健康发展。

（戴有恒）

【贯彻城镇集体企业《条例》】 1993年，沈阳市城镇集体企业中贯彻《中华人民共和国城镇集体所有制企业条例》（下简称《条例》）继续取得了新的进展。

1.贯彻《条例》的舆论氛围加大。从市到各县（市）区、局都把组织实施《条例》做为集体经济工作的主线来抓，在舆论导向上狠下功夫。一是以《条例》为内容举办了知识竞赛和问卷测评活动，使《条例》精神不断深入人心；二是层层举办《条例》学习班，据统计，参加培训人员达1千多人，初步形成了贯彻《条例》的骨干队伍；三是市政府于9月份召开贯彻《条例》座谈会，介绍了4家企业的典型经验，扩大了社会影响；四是市人大于12月份视察了和平区、机械局、轻工局贯彻《条例》的情况，推动了《条例》继续深入地贯彻。

2.贯彻《条例》的试点面扩大。年初，各县、区、局都制定了贯彻《条例》的工作规划，确定试点企业，并组织力量，精心指导，保证了试点工作的顺利进行。据统计，1993年全市试点企业为366户，比1992年增加210户。

3.贯彻《条例》的深度明显。1993年全市围绕贯彻《条例》紧紧抓住了“三改”“三落实”的工作重点：即改革产权制度，落实财产所有权；改革领导体制，落实民主管理权；改革经营机制，落实经营自主权，并使之不断深入，贯彻《条例》的深度明显增强。一是在一些企业中进行了清产核资、界定产权工作，使企业产权明晰化；二是加大了股份合作制的工作步伐，1993年新发展股份合作制企业500户，在部分股份合作制企业中还进行了资产量化到职工个人的试点；三是在全市集体企业中出现了240户无主管部门的企业；四是集体企业和职工按《条例》规定依法维护合法权益的意识开始增强。

（赵瑞兴）

【区街经济呈现跳跃式发展】 1993年，沈阳市市内5个城区紧紧把握发展机遇，不断加大工作抓实力度，战胜了大环境偏紧、动迁企业过多的严重挑战，连续3年呈现出加速发展的良好态势，区街经济整体实力明显增强。

市内5个城区总收入首次突破百亿元大关，已达115.5亿元，总利润5.78亿元，分别比1992年增长36.5%和38.9%；工业总产值35.6亿元，工业利润3.07亿元，分别比1992年增长35.4%和30%；财政收入5个区都超过了亿元大关，共达6.1亿元。其特点：

一是速度快、效益高。各区主要经济指标均创历史最好水平，呈现效益与速度同步增长的好势头。社会总利润高于社会总收入的增长速度，两项增长幅度均超过35%，其中皇姑区，增长幅度高达50%以上。

二是大投入、大产出。在资金异常紧缺的情况下，各区都采取了多渠道、多形式的融资办法。5区共融通资金3亿元，其中投入技改和新产品开发项目1.5亿元，实施技改229项，开发新产品404项，新增产值3.1亿元，新增利税8 050万元。

三是招商引资有了突破性进展。各区都把对外开放做为区街经济发展的主攻方向。5区新办三资企业280家，实际调入外资7 075万美元，自营出口创汇1 852万美元，出口交货值17 150万元。有几个区1993年发展“三资”企业数量、中外双方投资总额、外资调入额都超过了前5年的总和。

四是重点形象市场建设有大的突破。1993年是各区市场建设和发育最好的一年。新建和扩建了一大批生产资料市场和大型专业市场。铁西区规划兴建的“两城、四厦、一中心”形象工程有了实质性的进展，和平区的小食品城已试营业，中街“南拓北展、、向西延伸”的规划建设已全面展开，皇姑区市场交易额近10亿元。比1992年增长一倍多。市场和私营税收高达3 000多万元，已占区税收的三分之一。

五是第三产业有了突破性进展。各区第三产业发展数量、规模和效益都超过了历年。仅铁西区就新办第三产业3 000多个，新增商业网点6 000多个，第三产业中的个体和私营异军突起，营业额比1992年增长1.2倍，第三产业上缴税金已占各区财政收入的三分之一，成为区街经济的重要支柱。

（戴有恒）

【股份合作制进展情况】 1993年7月26日，沈阳市政府召开了城镇集体企业股份合作制座谈会，总结了全市集体企业推行股份合作制工作的情况，提出了大力推进这项改革的意见。以此为契机，股份合作制改革有了长足的发展。

1.股份合作制企业在量上有了较大的发展。

全市各县（市）区、局加大了推进股份合作制改革的力度。首先，从抓思想教育入手，进行了多种形式的宣传教育，进而统一了思想，并确定了发展目标。其次深入实际，精心指导，通过举办学习班、研讨会，培训骨干，掌握股份合作制的操作办法。再次不断总结经验，召开经验交流会，以典型引路，推动面上的发展，取得了明显的效果，截止1993年末，城镇集体所有制企业已有1 202户实行了股份合作制，比1992年增加了500户。其中县（区）属集体企业938户，市属集体264户，职工个人入股金额达9 824万元，其中县（区）属集体企业个人股金额7 082万元，市属集体2 742万元，为个人入股金额最高的年份。

2.股份合作制在面上有了不断地扩展。过去股份合作制企业多集中于工商两大行业,现已向交通、运输、建筑安装、医药卫生等行业扩展,扭转了各行业间发展不平衡的状况。由过去集中于市属、县区属集体企业向校办、民政、及中央省直在沈的厂办集体企业扩展。

3.股份合作制运作逐步规范,市集体经济办公室结合多年的股份合作制的运行情况,制定了股份合作制的操作办法。各县(区)、局结合实际制订了本系统的具体实施办法和示范章程,使企业股份合作制的运作在领导体制、股权构成、分配办法、审批程序等方面日趋规范。

4.股份合作制在质上有了重大突破。1993年在推行股份合作制中,一些部门又进行了积极大胆地探索,本着企业产权关系进一步明晰的需要,有选择地在一些集体企业中进行了存量资产量化到人的试点。使这项改革又有了突破性进展。和平区、机械局、轻工局试点工作已取得初步成效。

5.一批股份制企业改造为股份合作制。市机械局对83户"一企三制式"的股份制企业进行改造,克服了原股份制中个人股金比重小、个人分红少,职工主人翁意识淡薄及对资产增值关切度不高的弊端。

(*王玉君*)

【转属企业生产形势持续好转】 继1992年市属260户工业企业转归市内5个区管理之后,1993年,市委、市政府根据轻工局的实际情况,又做出了轻工局部分企业继续转属的决定。为此,市政府专门召开了转属工作经验交流会。进一步提高了对转属工作重要意义的认识,增强了搞好这项工作的自觉性。从9月1日开始,轻工局所属的固定资产原值在300万元以下的61户工业企业也划归有关区管理。截止1993年底,转属企业共有321户。转属职工达6.9万人。

转属企业到各区以后,受到了区委、区政府的高度重视。各区都结合区情,采取了一系列的扶持政策。同时加大服务、协调力度,有力地促进了这些企业的复苏和发展。首批转属到各区的254户企业,共完成产值82 907万元,比1992年增长了45.9%;亏损额由1992年的1 148万元减少到310万元;减亏幅度达73%。轻工局转属到各区的企业尽管时间较短,但生产形势也已经出现了好转的势头。

各区对转属企业主要做了以下工作:

1.结合转属企业的实际情况,制定有利于企业发展的优惠政策,在政策上给予倾斜。如皇姑区制定的《关于扶持转属亏损企业减亏扭亏的意见》中规定,凡转属亏损企业免缴管理费一年。减亏1万元奖励200元;完成减亏计划每万元奖励300元;实现扭亏增盈后,每万元奖励500元;盈利企业上台阶给予重奖。在政策的激励下,企业认真分析原因找差距,大干快上创效益。据统计,在首批转属的254户工业企业中,亏损企业由1992年的158户减少到135户,亏损面减小了14.5%。

2.各区都把领导班子建设做为企业复苏的关键来抓。在深入调查研究的基础上,根据广大职工的意愿,并经职代会选举,及时地对那些领导无力的班子进行调整。据统计,1993年各区共调整了103个转属企业的领导班子,占转属企业总数的32%。调整后的新班子积极带领广大职工转变观念抓机遇,锐意改革增效益,搞活了企业,发展了生产。如转属到铁西区的市仪表六厂,新班子从稳定职工队伍、深化企业内部改革入手,强化管理、划小核算单位,实行层层承包,积极开展多种经营,在原产品仪表机芯上又增加了3个花色品种,使1992年亏损40多万元的企业一举扭亏为盈。同时,厂内新铺了柏油路,新建了500多平方米的厂房,厂容厂貌焕然一新。

3.强化服务手段,加大扶持力度,为转属企业排忧解难,增添活力,促进发展。1993年,各区为转属企业融通资金6 545.8万元,帮助企业开发新产品97项,上技改项目47项。如转属到沈河区的市电磁线二厂开发的新产品水冷电缆线,投放市场后成了抢手货。仅此项产品就创利19.4万元,使企业甩掉了亏损的帽子。市胶带五厂转到皇姑区仅两个月时间,区里就多方筹措资金60万元,帮助企业引进了设备。技术改造后生产出的整体环型胶带及高效提升机带,质量好,销路快。1993年,该项产品创产值200万元,实现利润93.3万元。企业被市政府命名为"明星"企业。　(*李辉*)

【出现"无主管部门集体企业"】 1993年,沈阳市部分城区工商等综合部门,大胆地进行了"无主管部门集体企业"的探索。皇姑区工商局率先对辽宁五洲贸易公司等13户新办集体企业作为"无主管部门集体企业"予以核准登记,东陵区、新城子区、大东区也进行了积极探索,据统计,1993年全市共有240户新办的"无主管部门集体企业"被核准登记,大东区一些集体企业也列为试点企业。

为保证"无主管企业"的尽快设立,各区工商部门在严格按照《城镇集体所有制企业条例》要求进行设立条件审查的前提下,突破了有关"由规定的审批部门批准"的规定,直接为企业核准登记。同时,取得了税务、劳动、银行等有关部门的积极配合,解决了这些企业的银行开户、税务登记、核定工资基数、劳动保险等诸多问题,为企业做了很多协调、服务性工作,促使企业尽快地步入了市场。这些企业为了保护自身的合法权益,互相沟通信息、特别是便于向政府反映情况,在自愿的基础上,成立了"无主管企业"的自治组织——企业协会。制定了协会章程,组成了理事会、监事会,并聘请了顾问。

"无主管企业"的诞生完全体现了《中华人民共和国城镇集体企业条例》所规定的"四十字"原则,充分反映了集体企业固有的本质特征——组织上群众性,经营上的自主性、管理上的民主性,是集体企业主动进入市场的积极尝试。"无主管企业"的出现,有利于政企分开,促进政府职能的转变,对集体企业深化改革带有方向性的指导意义。

(*王玉君*)

科 学 技 术

综 合

【概况】 1993年,沈阳市科技工作认真贯彻市委八届五次、六次全会精神,着力实施"科教兴市"的战略方针,以实施加速高新技术产业化和促进传统产业改造的"百亿工程"为主线,以加快南湖科技开发区改革与建设为重点,不断深化科技体制改革,建立和完善科技成果转化机制,努力扩大科技对外开放,使全市科学技术事业得到迅速发展,科学技术生产力进一步解放,促进了经济建设向依靠科技进步和社会主义市场经济的迅速转移。科技体制改革、技术市场、科技金融结合、中试基地、火炬大厦、科技立法等项工作,以及火炬计划、星火计划、科技成果推广应用计划的实施,都得到了国家科委和有关部门的好评,在全国具有较大影响;1993年落实科技三项经费达5 500万元;一大批科技成果和专利技术获国家科技进步奖23项;辽宁省科技进步奖67项,其中由市科委等单位完成的"地方科技进步立法研究"项目,以唯一满票获得省科技进步一等奖。沈阳市科技工作在1993年开创了新局面,为加快全市的经济振兴和发展做出了新贡献。

1."百亿工程"实施进展顺利,高新技术产业化和传统产业的高起点改造步伐加快。1993年,在"百亿工程"的实施中,制定了"百亿工程"月调度会制度和"百亿工程"调度会实施细则,建立了"百亿工程"季报制度。把"百亿工程"10个子工程分别落实到具体部门。1993年"百亿工程"按三个层次、四个战场展开,做到了组织、资金、项目和人员的"四落实",10项子工程进展顺利。通过运用高新技术的"火车头"带动传统产业改造的"车厢",推动了全市科技工作不断登上新台阶,加速了沈阳市的经济振兴;启动实施项目430个,实现高新技术产值80亿元,利税15亿元,相对1991年新增的高新技术产值为56亿元,新增利税11.2亿元。一批有形象、有市场、技术含量高的项目已经进入产业化发展阶段。其中,计算机及外部设备、生物技术、数控机床等产业实现了亿元以上的产值。

2.科技园区建设全面展开,高科技的孵化与辐射功能不断增强。南湖科技开发区1993年高新技术企业已达1 250家,技工贸总收入已达到28亿元,呈跳跃发展的良好趋势。三好科技街在原有2.4万平方米门点的基础上,又向文萃路延伸,新改造科技门点1万多平方米。同时在三好街两侧新建起了创业大厦、裕宁科技大厦等七座大体量的科技商厦。0.5平方公里的南塔高新技术产业实验区自1992年8月开工建设以来,已完成六通一平,14个高新技术企业、6个科研所(院校)进区共安排22个项目,建设面积达30万平方米,其中竣工面积已达到60%。

在运用高新技术改造传统产业过程中,通过发挥开发区向全市辐射高新技术项目、辐射科技政策、辐射机制、辐射小园区的作用,在实践中探索出"一厂一角,局部跳跃""腾笼换鸟,技术渗透""移花接木,优势互补""两头在内,中间在外"等高新技术改造传统产业的有效模式,共完成为企业技术改造服务的项目2 877项,累计创经济效益10亿元。大东区上园科技工业园区、于洪区道义、苏家屯区雪松星火技术密集区等十几个科技小园区的建设都呈现出较好的发展势头。在星火密集区内建立的产业功能区建设开始见形象,已有155家企业进入小区,其中"三资"企业75家,引进高新技术73项,引进资金近亿元。道义星火密集区通过招商引资,已有18家"三资"企业、10家国内联合企业在区内落户,吸引外资1 754.7万美元,投产后产值可达7.35亿元,创利税1.7亿元。雪松星火密集区,已有14家企业(其中"三资"企业6家)投资建厂,有7家企业投入生产,完成产值8 000万元,利税840万元。

1993年,高科技孵化工作取得重大进展,共孵化高新技术企业40家,高新技术项目73项,其中有两项被列为国家火炬计划项目,有7项列为"百亿工程"重点项目,孵化企业的技工贸总产值达到5 545万元,利税1 109万元。地处南湖科技开发区腹地的高科技创业大楼竣工在即,并将成为沈阳市高科技孵化上质量、上规模的重要基地。在于洪区道义正良村开发建设的高科技岛一期工程5 300平方米标准厂房已顺利完工,并交付使用。

3."星火计划"实施稳步推进,"两高一优"农业建设取得明显成果。1993年,加大了依靠科技推动农村经济发展的力度,紧紧围绕星火计划实施,以发展"高产、优质、高效"农业为目标,重点抓了效益农业百例示范和星火密集区、星火示范企业建设,取得较为明显的成果。"大白菜雄性互作不育系"研究成果获得了国家发明二等奖。玉米育种攻关项目新品种"沈单6号"、"沈单7号"推广面积达到2 947万亩,增加社会经济效益3.72亿元。"新3511大豆"通过科技成果鉴定,被辽宁省品种审定委员会定名为"新豆1号"向全省推广,成为我市自己选育的第一个大豆优良新品种。"耆鹿逐痹口服液"新产品 被国家确定为三类国家级新药。

1993年,全市共实现增产粮食2.15亿公斤,增加效益4.6亿元。为确保星火密集区和星火示范企业这一建设重点，积极争取有关方面的大力支持，有15个项目列入了国家星火计划，争取到国家星火贷款5 500万元，已落实4 662万元。星火密集区和星火示范企业实现新增产值24.3亿元，新增利税2.3亿元。

4.科技对外开放不断扩大，国际交流与合作更加活跃。1993年，沈阳市与国外的科技交流与合作渠道进一步扩大，全年共派出科技团组432批，计2 017人次；办理外宾来华科技交流与合作手续139批，计340人次。

1993年，纳入国家、市级引智项目36项，其中80%以上属高新技术或三引项目(引进外资、引进外国技术、引进国外设备)，引进外国专家130人，引进外资2 800万元。

沈阳市技术出口工作在1993年有很大进展，全市技术出口创汇1 587.57万美元，共出口项目13项。如沈阳铝镁设计院为伊拉克设计年产20万吨铝厂，创汇280万美元；沈阳第三机床厂出口数控车床技术及设备，创汇225万美元。

5.科技体制改革进一步深化，科技法制建设不断加强。为引导科技力量进入经济建设的主战场，继续在市属技术开发型科研院所中推行"五保一挂"科研经营承包责任制，在社会公益型科研院所中推行"四保两挂"科研经营承包责任制，开展科技企业股份制、集团化试点，同时加大在市属所、大院大所中开展了创建"火炬型科研院所(院校)"的活动力度，1993年有11个科研院所(院校)达到创建标准，被市政府授予"沈阳市火炬型科研院所(院校)"。据不完全统计，31家参加创建活动的院所1993年共完成科技成果37项，开发新产品42项，在沈承担技术改造、引进技术消化吸收、科技攻关项目86项，为我市创产值3.5亿元，利税6 500万元。

为保证科技体制改革的不断深化和促进科技事业的健康发展，始终注意保持科技政策的连续稳定，并在科技法制建设上迈出了新步伐。《沈阳市科学技术进步条例》，经过二年实施，取得了明显效果。同时还承担国家软科学研究课题《地方科技进步立法研究》，1993年被评为市和省科技进步一等奖。

6.技术市场日臻完善，技术贸易更加繁荣。1993年，全市技术市场成交额达10.9亿元，比1992年增长53%。技术市场实现额达到6亿元。积极组建了技术市场信息系统，与50余家科研院所、大专院校、工矿企业和县区科委技术市场信息计算机联网，并与美国银太国际贸易公司、美国SR科技贸易公司新技术信息交流联网达成合作意向协议。还建立了技术市场发展基金会，有45个单位加入，基金总额已到750万元。

目前技术市场已发展成为与金融市场、物资市场、人才市场等诸多市场互相联系、互相呼应的重要市场，成为沈阳市市场体系中的一个重要组成部分。

7.成果专利数量持续增长，成果推广力度加大。1993年全市共完成科技成果1 650项，其推广应用率达70%，在所完成的科技成果中，达到和接近国际水平的有80项，获国家科技发明奖4项，获国家科技进步奖23项，沈阳农科院选育的"沈单七号"获国家科技进步一等奖。在全市67项辽宁省科技进步奖中，由市科委等单位完成的《地方科技进步立法研究》项目，以唯一满票获得一等奖；由沈阳市科技情报研究所等16家单位承担的重大软课项目"用高新技术改造沈阳传统产业与发展沈阳高新技术产业研究"通过了国家鉴定。1993年全市专利申请量达到1 700项，超过计划13%；专利许可贸易合同额达到2.7亿元，超过计划的20%。

1993年在国家资金压缩的情况下，全市共安排科技成果推广的资金达到5 030万元，新增产值3.4亿元，利税3 800万元。

为了加强科技成果转化的中间环节，1993年市级中试基地已有19个经批准投入建设。高档数控机床、超高效农药、阻燃橡塑制品、核能阀门、打印机产品、计算机软件、电力电子等7个中试基地已初见形象。投入建设的19个中试基地已实现产值5.4亿元，利税1亿元。

8.政府职能进一步转换，科技实业得到大力发展。在推动科技体制改革和科技事业发展的同时，沈阳市科委积极转变观念，转换职能，淡化管理，强化服务，逐步形成了政府、事业、企业三个层次的管理服务模式。

在转换职能过程中，沈阳市科委积极开展科技与金融结合，1993年全市科技贷款余额达到13亿元，有力地支持了高科技产业化和科技事业的发展。此外，还多种方式、多渠道广泛筹集资金，发行四期科技债券共1.43亿元，并筹建了火炬城市信用社。

1993年，市科委属各单位共实现销售收入1.2亿元，首次突破亿元大关，比1992年增长37.9%；净收益2 030万元，比1992年增长69.2%。

科技培训工作，在缺资金、少场地、工作人员不足情况下，1993年沈阳市科技培训中心已完成培训3 200人次，直接创经济效益12万元；沈阳市农村科技培训中心为全市农村共培训技术和管理骨干11万人次，全程跟踪服务大面积推广实用新技术29项，取得了较为显著的经济、社会效益。

(胡忠君)

【实施《沈阳市科学技术进步条例》成效显著】《沈阳市科学技术进步条例》(以下简称《条例》)于1991年11月9日经沈阳市第十届人大常委会第26次会议审议通过，1991年11月30日，省第七届人大常委会第25次会议审议批准正式颁布实施。《条例》颁布实施二年来，得到市委、市政府的高度重视，把宣传贯彻《条例》作为实施"科教兴市"战略的重大举措列入议事日程。市有关部门根据自己的职责范围和工作分工，依法行政，积极落实《条例》，先后制定出台了《关于加强和改进知识分子工作的决定》和《关于强力推进科研和生产结合若干意见》等文件。各区(县)和工厂企业也相应提出了"科技兴区(县)"、"科技兴厂"，加强了对科技工作的领导，充实了科技工作力量，形成了从上到下比较广泛的科技网络。各报刊、电台、电视台等充分利用新闻媒介，强化了对《条例》的宣传力度，提高了广大干部和群众的科技意识和法律意识，增强了贯彻实施《条例》的自觉性。在全市各单位、各部门的共同努力下，沈阳市贯彻实施《条例》取得显著成效。

一、《条例》的贯彻实施，强化了科技投入的力度。

《条例》颁布前的1991年，全市科技三项费用为2 100万元，1992年增加到5 000万元，1993年达到5 500万元。“八五”期间市政府还决定每年拨出1 000万元，专项用于中央科研院所向沈阳市转化科技成果的贷款贴息。区(县)原来没有科技三项费用，《条例》颁布实施后，各区(县)按财政支出预算的0.5%安排科技三项费用，1992年达400万元，1993年尽管财政偏紧但仍达到400万元左右。《条例》实施后，1992年当年全市科技贷款余额达到9亿多元，1993年达到13亿元。市科技与金融结合事业得到长足发展，经市人民银行批准，中国工商银行沈阳南湖科技支行已开始营业，建行、交行等2家银行也分别在南湖开发区建立了科技支行和信贷部，专门为沈阳市科技进步提供多种融资手段和资金服务。

二、《条例》的贯彻实施，加速了高新技术产业化的进程和“百亿工程”的实施。

随着《条例》贯彻实施，市委、市政府提出科技工作要以南湖科技开发区建设为突破口，加大高新技术的辐射功能，促进全市经济的跳跃发展。截止1993年末南湖科技开发区累计兴办高新技术企业1 250家，整个开发区科工贸总收入已超过28亿元。代表沈阳市高新技术产业形象的火炬大厦已拔地而起，实施“一厂一角”、“腾笼换鸟”工程已成为传统产业改造的有效模式。另外，《条例》的贯彻实施也促进了“百亿工程”的顺利实施，到1993年年底，“百亿工程”已实现新增高新技术产值56亿元，利税11.2亿元。

三、《条例》的颁布实施，深化了科技体制改革，促进了科研与生产结合。

在贯彻实施《条例》的推动下，科研单位、大专院校，加大改革力度，加快发展步伐，积极探索新的发展途径。沈阳市自控院在院内实行了全员劳动合同制，全员风险抵押，岗位技能工资等措施，并在全市科研单位中率先创办了股份制企业，进一步深化了产权制度改革。沈阳市农科院在全市公益型科研院所中进行“四保一挂”科研承包责任制改革试点，调动了科技人员的积极性，自1992年到1993年该院涌现出了一批具有国内先进水平的科研成果。其中沈单7号玉米新品种等两个项目获得国家科技进步一等奖，创造了良好的社会效益和经济效益。中央和省驻沈科研院所、大专院校积极投身地方经济建设，为沈阳的发展做出了新贡献。据统计，31家参加创建火炬型科研院所(院校)的单位，两年来共开发高新技术产品210项，向全市推广高新技术成果137项，承担沈阳市技术改造，引进技术消化、吸收攻关项目98项，实现经济收入9亿元，利税1.8万元。

四、《条例》的贯彻实施，促进了技术贸易的繁荣和科技成果的转化。

《条例》的贯彻实施，加快了科技成果转化，促进了技术贸易的发展。1992年全市技术贸易成交额为6.2亿元，1993年已达到10.9亿元，创历史最好水平。为加快科技成果转化，在贯彻实施《条例》中强化中试基地建设，到1993年末，全市已建立了5个国家级中试基地和19个市级的中试基地，科研院所、大专院校自办中试基地、生产车间也有100多个。其中，高挡数控机床、电力电子、计算机软件、超高效农药等7个中试基地已初具规模，成为沈阳市经济发展的重要生长点。

（陈伟昌）

【技术市场蓬勃发展】 1993年，沈阳市技术市场呈现繁荣稳定、蓬勃发展的好势头。沈阳市技术市场管理办公室重点抓了完善技术市场运行机制和优化管理全方位服务两个环节。

一是完成了沈阳市科学技术委员会下达的“百亿工程”分解目标，实现新增产值2.45亿元，利税3 570万元，分别占原计划指标的102%和111.9%。技术贸易成交额达10.9亿元，创历史最好水平。融资贷款1 150万元，重大技贸项目8项。

二是强化了技术市场建设。(1)建立沈阳市技术市场发展基金800万元，投入科技贷款750万元，促进科技成果转化21项，创产值6 140万元，利润1 271.3万元，税金266.7万元，其投入产出比为1：9.5：1.96：0.4。(2)微机联网。为开发信息产业，挖掘信息资源，以完善和繁荣技术市场，利用计算机进行信息联网。现已初具规模，联网56家，传递信息1万多条，共100万字。(3)建立了沈阳市技术合同仲裁委员会。技术合同仲裁工作是我国科技领域中一项十分重要的执法工作，为技术市场健康发展起到保驾护航作用。经国家科学技术委员会批准，于1993年7月3日成立沈阳市技术合同仲裁委员会。仲裁工作已经开始。(4)开办技术交易保险。为了从经济上保证技术交易各方的合法利益，消除在技术交易过程中的阻力，减少纠纷，促进技术交易市场的逐步成熟，为科学技术尽快转化为生产力提供保障，沈阳市科学技术委员会和中国人民保险公司沈阳市分公司联合下文通知由沈阳市技术市场管理办公室代理科技保险业务。(5)筹建规范化的、功能齐全的国家级技术交易所。以交易所为龙头，推动全市的区域性技术市场和专业化技术市场的发展，使沈阳市成为东北地区最大的技术贸易中心市场。

三是抓好技术市场管理工作。(1)认真做好技术合同认定登记及统计分析工作。共认定登记技术合同7 774份，认定登记的合同金额10.9亿元。(2)技贸机构审批。全年共审批新办技术贸易机构1 147家，市属以上技术贸易机构721家，民办技术贸易机构426家，新办的技术贸易机构从业人员达5万多人。(3)技术培训。全年开办各类技术贸易培训班8次，培训技术贸易工作人员1 000人。

（刘少江）

【引进国外智力】 1993年沈阳市引智工作进一步得到国家、市领导及各部门的大力支持。各部门各单位的引进国外智力意识进一步加强，真正把引进国外智力作为加速老工业基地改造、繁荣沈阳的重要举措，国家外国专家局也加大了对沈阳引智工作的指导和支持，全年新批准沈阳市引智项目30项，累计资助人民币95万元，外汇额度31万美元，贴息贷款400万元，用于支持沈阳市引智工作。市政府从市财政预算中拿出100万元，市科委也拿出相应的经费予以支持。

引智项目进展顺利。1993年沈阳市聘请国外专家142人，同时沈阳市国际人才交流办公室对全市选派工程技术人员、管理人员出国实习培训、研修实行归口管理。派出实习培训人员660人次。

引进项目取得可喜成果。1993年沈阳市已聘请来沈的国外专家绝大多数都取得了较好的效果，获得了较大的经济、社会效益。金杯客车制造有限公司、沈阳变压器厂、水泵厂、蓄电池厂、第一机床厂、三山汽车公司、重型机器厂、矿山机械厂、市机电设计研究所等一大批重点企业、研究院所都聘请了国外专家到厂就新产品开发、引进设备、消化吸收高新技术项目进行技术咨询和指导，并且都取得了好的效果。

通过成组配套引进国外人才，加速了引进技术设备的消化吸收，更好地发挥了引进设备的作用。金杯公司聘请42位日本丰田专家来厂工作，在全厂广大技术人员、干部、职工积极努力和日本专家及赴日培训归国人员的辛勤工作下，金客公司海狮面包车生产能力已达到每年10 000辆，实现按每7分钟生产一辆车的节拍生产，更重要的是在由小批量生产向大批量现代化生产过渡过程中，在由CKD组装汽车到国产化率达到30%的生产过程中，不仅把住了质量关，而且有所提高。该厂生产的海狮牌高档面包车身喷涂质量要求很高，过去返修率在50%左右居高不下，不合格的车身只能上生产线重新喷涂，工厂及时采纳丰田公司专家传授的技术后，采取部分修补的办法，这样一台车只需50元，仅此一项每年就可节约200多万元。

通过聘请国外专家来沈工作，加速了沈阳新产品开发步伐，取得了显著的经济效益。沈阳工业橡胶制品厂通过聘请日本50年代在本厂工作过的日本专家重来工厂工作，开发出4个系列12个品种的高强力胶粘剂，其中8个品种已投入中试小批量生产，各项技术指标均达到或接近美国产品水平。沈阳矿山机器厂聘请德国专家，来厂指导设计为山东兖州矿务局配备的圆型料场混匀堆取料机设备，工厂不仅及时圆满完成了设计任务，而且掌握了这一领域的技术，工厂引进国外人才投入产出比达1∶70。

（孙晓春）

【百亿工程】 “百亿工程”是沈阳市1992年末推出的一项“依靠高新技术的火车头，带动传统产业车厢”的科技工程。即，从1992年起到1995年末全市高新技术产业新增产值100亿元。实施“百亿工程”的指导思想是：以国内外市场为导向，以高新技术成果为依托，以深化科技体制改革为动力，充分发挥科学技术第一生产力的作用，按照建设社会主义市场经济体制的目标，把建立沈阳的高新技术产业作为主攻方向，把传统产业的高起点改造作为重点，通过实行宏观协调与指导，采取“配套联动、全程服务、鼓励竞争、优势互补”的措施，分层次组织实施。使沈阳市的高新技术产业得到更快发展，经济结构得到合理调整，为重振沈阳工业基地的雄风，做出科技界的贡献。

1993年百亿工程的10个子工程实施进展顺利，百亿工程已经列入市委、市政府的重要议事日程。从实施效果来看，1993年完成产值达56亿元，利税11亿元。

（林海波）

【实施星火计划】 沈阳市星火计划实施8年来，已经进入以星火示范企业和星火技术密集区建设为重点的成熟阶段。经国家和市政府批准，全市8个星火技术密集区已有5个划出专用土地建设工业星火开发区，它们是：北陵密集区的鸭绿江、新城子区的道义、苏家屯区的雪松、东陵区的浑河站、新民市的胡台。到“八五”末期要在全市建成20家星火示范企业。

星火技术密集区建设初见成效。1993年以北陵国家星火技术密集区为首的星火技术密集区群体建设在沈阳市全面起动，在建设星火密集区过程中，抓住重点，集中力量，以建立8个星火密集区为突破口，形成区域优势，以点带面，进而推动了农村经济的发展。1993年8个星火技术密集区完成工业总产值46.8亿元，比1991年增加产值24.8亿元，增长速度为113%，与1992年比增长速度为63%，高出全市乡镇工业29个百分点。利税实现3.8亿元，出口创汇实现1 988万美元。这8个密集区的地域面积占全市地域面积的5%，工业产值占全市乡镇工业总产值21%（不含康法）。

各星火技术密集区的工业星火开发区建设初见成效。8个工业星火开发区共开发土地面积3 000多亩，小区基本实现六通一平，80%的土地已经转让或正在转让，通过各种渠道引进人才600多人，其中高级职称240多人，引进高新技术100多项，引进企业140多家，其中外向型企业100多家，引进外资5 365万美元，多方引进资金6亿元，落实星火计划科技贷款3 000多万元，1993年已有40家企业投入生产，实现产值2亿元。目前，8个密集区的星火开发区初步形成了各具特色、布局合理、辐射力强、以外向型经济为主的星火技术密集区群体已开始见形象。

星火示范企业建设又上新台阶。1993年星火示范企业建设工作也全面展开，首先制定了星火示范企业建设标准。同时成立了沈阳市星火企业家协会。建设以20个产品先进、竞争能力强、具有一定规模效益的星火示范企业，逐步引导向管理科学化、企业集团化和逐步走向国际化转化。培养一批有胆有识，能驾御市场经济的星火企业家队伍，并把这些企业培养成为振兴当地经济的龙头企业,发展外向型经济的窗口,开发高新技术的浮化器,培养各类人才的基地,带动农村经济的发展的辐射源。20个示范企业的发展速度、产品水平、科技进步的速度都比上一年有很大的提高。如节能产品、曲轴、磁浮转板高压液位计、高精度电子天平、双重臂塑料管及设备、真空设备系列产品、安全测试电缆、干燥机、减速器等项目的技术水平都达到国际80年代末90年代初同类产品水平。

1993年,沈阳市为星火企业落实贷款3 000万元。20个示范企业完成产值6.57亿元,利税10 708万元。增长速度比1992年分别提高70.7%和10%。有50%的星火示范企业创建了自己的科研开发机构,使一批企业走上了科、工、技、贸良性循环的轨道。

星火计划的实施,给沈阳市的社会经济生活带来一些重大变化,各级领导和广大农民群众的科技意识不断增强,实施星火计划由科技管理部门行为转变为各级党委和政府行为;各单位、各部门密切配合,形成了以星火计划为中心的宏观管理网络;星火技术密集区建设全员起动,星火开发小区已见雏型,星火示范企业开始涌现;乡镇企业的技术水平不断提高,产业规模不断扩大;星火计划的实施推动了改革开放的纵深发展。

(刘德志)

【中试基地】 中试基地是科技成果向生产领域转化的重要通道与桥梁,是科研与生产结合的关键环节,是发展高科技实现科技成果产业化的瓶颈与接口。为进一步促进科技与经济的有机结合,使科技成果尽快转化为现实生产力,沈阳市委市政府决定在“八五”期间在全市建设20个市级中试基地,按照中试基地规化要求,基地建成后将实现科技开发、成果熟化、情报信息、性能测试、人员培养等几大功能,在“八五”期间将实现“2324”中试目标,既建成20个中试基地,转产30项中试产品,经济效益以20%的速度递增,高新技术产品产值占本企业总利税的40%,“八五”末期将实现产值10亿元,利税2亿元。建设中的19家中试基地有12家建在企业;7家建在科研院所和大专院校;分布在机械、化工、冶金、电子等重要领域及支柱行业中,批准的19家中试基地已全面起步进展顺利。

1993年采取突出重点带动一片的办法,重点抓了7个重点形象工程,努力完成“712”建设计划,即有7个中试基地初见形象;12个中试基地全面起步,2个中试基地开始筹建,到1993年末7个重点形象工程的新建改建工程基本完成,主要中试手段已经具备,关键仪器设备已安装完毕,投入使用的已占设备到位率的70%,边建设边中试边转产的格局已经形成。7个重点形象工程分别是:阻燃橡塑制品中试基地;超高效农药中试基地;核能阀门中试基地;打印机产品中试基地;计算机软件中试基地;电力电子技术中试基地;高档数控机床中试基地。19家中试基地全年共实现产值5.4亿元,利税1亿元,全年共落实银行贷款5 750万元。全面完成了年初制定的各项指标。

(袁文波)

【科技与金融结合】 自1987年,沈阳市在全国率先提出科技与金融结合以来,经过八年的探索,无论在理论上还是实践上,都有较大的创新与突破,形成了独具特色的适应社会主义市场经济发展的科技与金融结合的运行机制。逐步形成了以大金融为主体,以财政拨款和单位自筹为两翼的科技资金投入体系,1990年全市科技贷款余额达到1.5亿元,1991年达到3.4亿元,1992年达到9亿元,1993年达到13亿元。其做法是:

1、为各种科技计划的顺利实施提供专项贷款。科技贷款为科技发展提供了强有力的资金支撑,保证了全市火炬计划、科技攻关计划、成果推广计划、新产品试制计划、星火计划等科技发展计划的顺利实施。

2、开办科研流动资金贷款业务。沈阳市工商银行科技信贷部几年来开办了科研流动资金贷款业务,并为部分科研院所核定了周转额贷款。这项工作打破了国内科研单位历来没有流动资金贷款的现状,在贷款管理工作上是一个大胆尝试,解决了科研单位的燃眉之急和后顾之忧。从1988年到1993年,共发放科研流动资金贷款2.84亿元,支持了70多个科研单位的生产经营活动,累计实现产值8.5亿元,实现利税2.8亿元。

3、发行科技短期融资债券。1989年,沈阳市科委和人民银行沈阳市分行在全市首次发行1 000万元科技短期融资债券。科技短期融资债券具有周期短,周转快的特点,使科研单位在生产过程中对关键设备和流动资金的急需得到一定程度的解决,成为增强科技投入的一个重要渠道,受到科研单位的欢迎。1993年为加快高新技术产业化,促进传统产业改造,先后发放短期融资债券7期,共计16 500万元。

4、建立科技开发风险基金。1992年经市政府批准,从科技三项费用、新产品减免税及市财政拨款等渠道,每年筹集一部分资金做为市科技开发风险基金,重点支持中试基地建设和用于科技开发项目的风险担保。据统计,1992、1993年两年共筹集2 500万元。

5、在南湖科技开发区建立配套服务的金融机构。为适应全市科技发展的需要,1992年8月经市人民银行批准,工商银行在原设科技信贷部基础上成立了南湖科技开发支行。交通银行、农业银行和合作银行也都先后在南湖开发区设立了科技银行或信贷部。1993年还成立了专为科技服务的南湖科技信用社和火炬科技信用社。它们的成立促进了金融体制改革,同时促进了科技体制改革向纵深发展,促进了沈阳市科技事业的发展。

6、高新技术企业试行股份制。技术开发股份制是促进科技与经济相结合的有效组织形式,南湖科技开发区对股份制进行了大胆的尝试。到1993年末,批准了34家高新技术企业为股份制企业,先达条码股份有限公司等14家高新技术企业发行了企业内部股票,总计发行量5.2亿元,在财政和银行之外开辟了一种新的筹资方式。

我们还开办科技保险业务，实行大型科研设备仪器的实物租赁，开展信托、委托贷款等业务，较好地适应了解放和发展科学技术生产力、促进科技与经济结合的需要。

（郭玉福）

【民营科技型企业】 沈阳民营科技型企业是伴随改革开放的大潮发展壮大起来的。经过十年的艰苦奋斗和不断探索，已经成为经济建设中最具生命力的新生力量，并呈现出向集团化、年轻化、股份制、国际化发展的态势。

沈阳市第一家民营科技型企业沈阳华奉科技研究所是1984年成立的。到1987年发展到101家，1990年增长到729家，1993年已达1 490家。1990年以来，产值达千万、利税百万元以上的民营科技型企业还寥寥无几，1993年产值在1 000万元以上，利税在百万元以上的企业已达19家；还出现了产值超亿元、利税达2 000万元以上的集团性企业。

1993年，全市民营科技型企业注册资金14.5亿元，外资额2 000万美元，固定资产5.8亿元，流动资金5.5亿元，其中，自有流动资金3亿元。1993年开发新产品515项，实现产值17亿元，实现利税5.2亿元。

1993年民营科技型企业的发展主要呈现以下几个特点：一是向集团化发展。民营科技企业因具有开发高新科技产品、运行机制灵活等优势，一些民营科技型企业由科研开发、生产经营开始向其他领域拓展，涌现出一批集团性公司，如：沈阳飞龙保健品集团、沈阳东宇集团、沈阳福斯特新技术开发公司等企业。二是向年轻化转变。统计调查表明，1990年以前全市兴办的民营科技型企业以离退休科技人员为主体，占80%；1992年以来，民营科技型企业的骨干和中坚力量有70%是不甘心于在科研单位、大专院校坐冷板凳的科技人员。三是发展股份制。民营科技型企业的不断发展壮大，为其产权关系如何处理提出了新的课题。民营科技型企业积极探索走股份制的道路，1993年末，已有20多家实行了股份制，发行内部股票的有东宇集团、沈阳好猫股份有限公司等5家，发行金额2亿元以上。四是与国际市场对接。民营科技型企业在吸引外资和把产品推向国际市场方面迈出较大步伐，1993年，已有189家民营科技型企业引进外资，金额达2 000万美元，创汇150万美元。例如：中日合资东大一阿尔派软件股份有限公司，先后与日本、美国、台湾等国家和地区建立了广泛的合作关系；沈阳应用化学研究所则与俄罗斯合资建立了“海特有限公司”，把触角伸向了国外。

（任大庆）

【科技信息工作】 1993年，沈阳市科技信息工作紧密围绕全市经济、科技的中心工作，为领导决策、社会进步、经济振兴做了不同层次的信息服务工作，在社会主义市场经济机制下，发挥了极其重要的作用。

情报研究硕果累累，成果水平不断提高。1993年沈阳市科技情报所共完成科研课题18项，其中获沈阳市科技进步奖6项，省科技情报成果奖4项，市科技情报成果奖4项。这些课题具有较强的可操作性，为全市的各级领导和有关决策部门提供了良好的参考依据。

国内唯一宣传报导科技成果的全国公开发行的综合性刊物《科技成果纵横》经过1992年的艰苦创业，在国家科委和市科委的大力支持下，1993年共出刊7期，并加刊1期“吉林专辑”。为加速科技成果商品化、产业化进程，促进科技成果与经济建设的结合做出了应有的贡献。

“沈阳市检索查新中心”在已有28个分部和开通国内、国际联机线路的基础上，又引进了“全国经济技术新闻数据库”等近10个自备数据库。同时由市科委立项对检索查新工作的规范化、标准化进行了专题研究，为全市的科研立项、成果鉴定、专利申报、技术设备引进前查新，避免科研项目的低水平重复和科技成果鉴定、评奖的失准现象提供了科学依据。

积极开展科技信息咨询服务工作，在原有的科技项目评估、中介咨询等服务项目的基础上，创办了“方圆信息网络系统”，发展用户50余个。中介合同成功近100项，技术贸易成交额达400万元。共摄制科技声像专题、资料片35部，其中《百亿工程》等得到了领导的好评。供市局级以上领导参阅的决策内参《科技情况反映》出刊35期，并加刊软科学专辑20期，其中市领导批示2期。计算机部门在数据库建设和应用软件开发的基础上成立了“希望家用电脑公司”经营实体，为科技信息长入经济建设主战场开辟了新的途径。组织实施基层情报研究9项，使专业、行业信息工作得以充分发挥其作用，受到了企业、高等院校、科研院所及各工业局的欢迎。

（姜河）

【科技决策咨询与评估】 沈阳市科技顾问委员会是市政府决策的咨询智囊机构，自1984年成立以来，不断发展壮大，逐步形成了市政府、行业和县区、专业组三个层次包括近千名各行各业高级专家顾问在内的决策咨询网络体系，为各级领导决策科学化、民主化，进行了卓有成效的工作。

据统计，1993年市政府及行业科顾委共参与编制和论证科技、经济、社会发展规划、计划210项；专家建议400份，其中有50%以上被各级决策部门采纳；开展软科学课题研究35项；撰写论文34篇；诊断企业50家，极大地促进了沈阳市科技、经济、社会的协调发展。

（一）领导决策的“外脑”。

沈阳市科技顾问委员会围绕市委、市政府的中心工作，对关系全市发展的重大问题，组织有关顾问专家深入实际，调查研究，进行综合分析和研究，提出多种方案比较论证，积极提出建议。如数控机床国产化改造工程、金杯汽车总体改造工程、绕城高速公路建设工程、“百亿工程”、20个中试基地等建设方案都是科顾委的专家顾问们参与咨询论证，提出建议而决策的。

（二）领导决策的“望远镜”。

科技顾问委员会广泛地开展了科技、经济与社会协调发展的咨询论证工作，先后组织顾问对《2000年的沈阳》、《沈阳市科技兴农纲要及农业发展规划》、《2000年沈阳汽车工业发展战略》、《强力推进高新技术产业化十点意见》、《于洪区科教兴区发展战略》等进行了专题研究和讨论，对沈阳市科技、经济、社会总体发展规划和年度计划的制定起到了积极的作用。

(三)科技成果转化的“桥梁”。

加速科技成果商品化、产业化，使之从潜在的生产力转化为现实生产力，这是经济与科技结合的关键。科顾委积极组织专家们开展科技成果推广的活动，一年来经科顾委专家顾问推广应用的科技成果近百项，使“面向”与“依靠”二者“隔河相望”的局面有所改观。沈阳化工研究院在除草剂的研制和开发上已接近美国杜邦公司DPX系列产品，由于这些产品在投入工业化生产中存在着一定风险性，许多单位不敢接纳该成果。化工行业科顾委得知后，专门召集化工研究院所专家和沈阳农药厂的领导研究成果转化对策，经讨论研究，沈阳农药厂同意接受该项目。但资金不足又使该成果转化受到影响，沈阳市科顾委了解情况后，协调一部分资金，使该成果顺利得到了推广应用，预计甲磺隆一项年产值800万元，利润400万元。该成果推广将促进农业取得更大丰收。

(四)对企业存在的技术和管理问题进行诊断的“医生”。

为克服沈阳市经济建设中遇到的暂时困难，依靠科技，遏制生产滑坡，使企业尽快走出低谷，各行业科顾委组织专家顾问进行企业诊断，为企业开展开发新产品、技术咨询服务，使许多企业经济效益明显提高。

沈阳钢厂是冶金局所属企业中的一个亏损大户，经各行业顾委几次论证，一致认为解决该厂唯一出路就是在完善原生产工艺的基础上，建立一条电炉、连铸、热送直轧的生产线。该项目在东北大学专家合作下，在行业科顾委的积极努力以及厂方的大力配合下，于1993年生产线已正式投入使用，使每吨钢产量成本可降低67.3元。全年按9万吨产量计算可增收600万元，取得了较大的企业效益和社会效益。

沈阳市科技经济评估研究会受科技领导小组办公室委托，通过科学研究、理论研讨、出版书刊、信息交流、人员培训等工作，促进了沈阳市的评估工作的科学、公正、准确，通过科学评估使领导决策从主观到客观，从宏观到微观，从定性到定量，保证了资金的有效利用。1993年，全市完成860个项目的评估，评估投资额达208亿元，避免了一些项目盲目上马，节约不必要的投资7亿元。

(郭玉福)

【科技兴县(区)】 为加强依靠科技进步发展农村经济的宏观管理与指导，沈阳市成立了“科技兴农”领导小组，制定了科技兴农总体方案，先后下发了《沈阳市科技兴农暂行规定》、《沈阳市星火奖实施办法》等10余个政策法规，为全市开展科技兴农、科技兴县(区)创造了良好的环境。全市农村各县(区)都成立了由县(区)委书记、县(区)长参加的相应领导机构，选配了专职的科技县(区)长、科技乡(镇)长及科技副职，并根据市里的统一部署，分别制定了科技兴县(区)、科技兴农实施方案，完善了政策配套体系。经过几年的认真组织实施，取得了明显效果。新城子区通过实施科技兴区战略，建立了道义星火工业技术开发区，全区效益田面积达到24.6万亩，占耕地面积的37.6%，亩效益达到260元以上。

围绕科技兴农和科技兴县区，各县(区)广泛开展了科技承包、科技培训、科技开发、科技共建和科技示范网络建设等活动，将实施“百亿工程”和效益农业“百例计划”做为工作重点，取得了显著成绩。1993年全市共组建科技承包集团66个，承包人员达1 700余人次，签订合同129份，承包面积185.87万亩，增产粮食8 955万公斤，增加经济效益1.06亿元。各县(区)吸引大专院校科研院所建立了10多个科技兴农示范基点。东陵区吸引沈阳农业大学专家组成科技兴农服务团，在高坎镇建立了科技示范基点。通过推广保护地栽培新技术，全镇保护地面积发展到680亩。示范村兴隆村已实现了保护地品种优质化，黄瓜育苗嫁接化，茬次安排周年化，测土施肥配方化，栽培技术模式化。保护地亩产值由原来的5 000元增加到7 000元，净收入由3 000元增加到4 800元，最高的亩净收入达到17 400元。

(董加耕)

【效益农业百例计划】 为适应建立社会主义市场经济体制的需要，引导沈阳市农民走依靠科学技术发展效益型农业的路子，1993年初市科委提出在“八五”后3年，在全市农业科研、技术攻关、技术开发和科技成果推广计划实施的基础上，总结出100项效益型农业的先进典型，即沈阳市效益农业百例计划。

一、效益农业的标准及类型

效益农业是相对常规农业效益普遍较低而言的，具有阶段性、相对性和区域性。效益农业以投入产出比衡量，目前可分为三类：投入产出比1:1.5以上的为农业；投入产出比1:3以上的为高效农业；投入产出比1:5以上为特效农业。这是个参考标准，在实际工作中还要考虑效益的绝对量。

效益农业的主要类型是：

(1)质量效益型。即在成本相同条件下，所获得的产品质量最好，如营养丰富，适口性好，外观优异等。

(2)高产效益型。即在同样投入情况下，获得较多的产品，使单位成本低，如能耗低，用工少等。

(3)资源效益型。充分发挥当地自然资源优势，发展农业高技术产品。

(4)创新效益型。发挥科技优势，采用高新技术，发展农业高技术产品。

(5)综合效益型。即综合应用实用技术，实现产品深加工，以获取高附加值商品。

二、实施范围及进度

效益农业百例计划在内容上，主要是种植业、林果业、畜牧业、渔业及其加工业。所总结的先进典型应是在沈阳各县(市)区、各乡镇实施，取得了明显的经济效益，并在当地发挥较好的示范作用。

效益农业典型“八五”后3年，每年组织实施40项。

三、编辑出版《沈阳效益农业》一书

纳入百例计划的项目，应是通过技术进步成为本县、区同类农业生产中效益最好的典型，并在国内或省内具有一定的先进性。每个典型要有一套完整的文字材料，介绍该项目的基本情况，主要技术措施，以及投入产出分析。每个典型要配备2—3张反映本典型的彩色照片。文字材料要求准确、真实，做到科学性、先进性和实用性的统一。每年出版《沈阳效益农业》一个分册。

（孙昌洙）

【创建火炬型科研院所】 1993年，沈阳市创建火炬型科研院所（院校）工作，紧紧围绕发展科技第一生产力、振兴沈阳经济这一主题，以组织实施“百亿工程”为重点，不断深化科技体制改革，大力发展高新技术产业、加快传统产业改造步伐，促进科技经济结合，为推动沈阳市经济发展发挥出重要作用。1993年的创建工作主要有以下几个特点：

1.高新技术产业规模越来越大。据不完全统计，1993年，31家创建火炬型科研院所（院校）单位大力发展科技产业，全年共实现科工贸总收入约6.8亿元，利税1.36亿元。沈阳冶金研究所确立了走科技产业兴所之路，从新产品小批量试验生产，向组装生产大型成套工程项目转变。分别开发生产了66项科研新产品，覆盖全国20多个省市自治区，受到用户好评。1993年，该所实现产值3 760万元，利税1 204万元，经济效益显著。

2.新的经济增长点越来越多，据统计，31家创建单位共兴建中试基地、高新技术企业、生产车间、科研生产联合体90多个，为沈阳市经济发展培植了许多新的增长点。中国科学院沈阳金属研究所投资6 000万元，建设沈阳新材料工程中心，开发生产超高压气瓶、三耐材料等6种高新技术产品。1993年，该所实现科工贸总收入58 778万元，利税588万元。

3.“车头”带动“车厢”的动力越来越强。东北大学在自身发展壮大的同时，与沈阳冷暖风机厂实行紧密联合，用研究开发的新型干燥设备对老企业实施“腾笼换鸟”的改造，带动企业共同发展。机械电子工业部沈阳仪器仪表研究所为促进沈阳经济发展，与沈阳远东波纹管厂建立起密切的协作关系。同时，该厂还向沈阳飞达半导体厂提供了半导体后部机械加工设备及技术；向沈阳温控器厂提供了温控器专用系列设备，使这两个厂的生产能力有了较大的提高。

4.外向型经济发展越来越活跃。据统计，科研院所（院校）引进外资、联合办所、共同兴建高新技术企业、发展外向型经济的，占全部创建单位的30%以上。化学工业部沈阳橡胶工业制品研究所利用本所的技术优势，到国外办厂，与马来西亚泉利树胶有限公司进行合作，共同生产缠绕胶管等产品，走上了发展外向型经济的道路。1993年，该所实现产值3 653万元，利税1 031万元。

5.改革步伐明显加快。1993年，沈阳市自动控制研究院在全市科研单位中率先创办了股份制企业，深化产权制度改革，并在全院内部推行了全员劳动合同制、全员风险抵压、岗位技能工资等改革措施，建立起干部能上能下、职工能进能出、工资能高能低的用工、奖励、分配制度，调动了科技人员的积极性。1993年，该院共实现科工贸总收入3 100万元，利税530万元，取得了较为明显的经济效益。中国航空工业总公司第六〇一研究所围绕“军品要保、民品要放、机关要精”的总目标，以军为本，军民结合，依靠科技进步，加快改革开放步伐，打破了封闭的管理体制和传统观念，初步实现了军民品分线，一所两制，建立了新的运行机制。1993年，该所总收入达8 000多万元，其中纵向收入5 000多万元，军转民收入3 000多万元，军转民利税720多万元。

（赵宇）

【社会发展综合实验区】 1993年4月，沈阳市政府召开办公会议，根据国家科委等有关部门关于申报国家综合实验区的要求，专题研究关于推荐沈河区为国家社会发展综合实验区的问题，市政府有关部门的同志出席了会议，听取了沈河区关于申报实验区筹备工作情况汇报，指出：沈河区作为沈阳市的中心城区，在促进经济与社会协调发展方面具有代表性，作为模式和探索，沈河区的社会各项事业的发展，将对沈阳市及周边地区的商业繁荣及中心城市服务功能的完整、加速沈阳市现代化建设步伐具有十分重要和深远的意义。市政府决定，同意并推荐沈河区申报国家社会发展综合实验区，同时，为加强组织领导和协调工作，成立沈阳市社会发展综合实验区领导小组，由市长武迪生任组长，副市长任殿喜、张瑞昌、刘克田为副组长，市科委、体改委等有关部门领导为成员，原则同意《沈河区社会发展总体规划》，并纳入沈阳市总体规划。

1993年5月6日至8日，国家社会发展综合实验区管理办公室组织有关专家，对沈河区进行了实地考察，认为已具备申报条件，并对沈阳市申报筹备工作给予充分肯定。

1993年7月6日至7日，国家社会发展综合实验区协调领导小组会议在京举行，经答辩和审批，沈河区被正式列为国家社会发展综合实验区，这是辽宁省第一家，也是全国大城市中，唯一一个被列为国家社会发展综合实验区的城区。

1993年8月27日至29日，国家社会发展综合实验区协调领导小组在沈举行了颁牌仪式，从而使实验区由申报阶段转为规划全面实施阶段。

社会发展综合实验区的建立，对沈阳市的经济和社会发展起到了较好推动作用。一是通过新闻媒介的传播报导，扩大了沈阳市在海内外的知名度，使沈阳市招商引资有了新的起色，海外一些投资者通过驻华使馆，主动了解实验区情况，寻求合作领域；二是实验区规划的重点示范项目，与国家、省市有关部门对接，优先给予规划和资金支持，使沈阳市的社会服务功能得到改善，1993年末，实验区在国家各部委立项4个，争取贷款800万元；三是依靠科技进步推动经济与社会的协调发展，逐渐成为各级领导干部的共识。通过示范项目的落实，全市各有关部门更为关注科技进步对社会事业发展所起到的积极作用，并通过减政放权、筹措资金、强化投入，推动实验区的健康发展。

为使实验区建设真正步入建设现代化城市的总体战略之中，由市科委、体改委牵头，起草了《关于推进沈河区社会发展综合实验区工作的意见》，旨在对其进行区域性管理试点，充分发挥城区功能作用，落实实验区确定的战略规划。为此，沈河区组建了实验区管理办公室，制订了1994年工作思路和对策，以确保实验区任务和项目的全面落实。

（任大庆）

【宣传普及专利法修正案】 1993年，结合专利法的修改和我国即将恢复关贸总协定缔约国地位这一实际情况，在全市范围内加大了宣传普及专利法的力度，采取多种多样的形式深入宣传专利法，分级分类进行专利骨干人才培训，全市统一办班、与有关单位联办、企事业自办等形式，充分发挥各方面力量的优势，充分调动各行各业的积极性，培训了一批专利工作骨干队伍和生力军，既有面上的普及也有重点突出，提高了全市人民的专利意识和企业领导知识产权保护观念，为今后专利工作的开展奠定了坚实的基础。先后在沈阳南湖科技开发区、沈阳市农村科技培训中心、沈阳高中压阀门厂、沈阳市卫生局、沈阳冶炼厂等单位举办不同形式的培训班，同时还组织了20多个单位5 000多人参加全国专利知识“多星杯”竞赛，获得全国最佳集体组织奖，使专利工作者得到了一次再提高的机会。

专利法宣传普及的深入，推动各项专利工作的全面开展。1993年全市申请1 786件，是1985年的4.5倍。其中发明304件，占16.1%；实用新型1 399件，占74.2%；外观设计183件，占9.7%；职务发明511件，占27.1%；非职务发明1 375件，占72.9%。到1993年末全市累计专利10 241件，全市专利申请量仅次于北京市、上海市，列全国大城市第三位，占全国3.2%，占辽宁省41.8%。全市列入“百亿工程”计划的专利项目24项，科技贷款到位945万元。据百项重点实施的专利项目统计，1993年创产值2.7亿元，利税3 500万元。1993年全市登记专利许可合同成交额480万元。1986年以来，全市累计登记专利许可合同1 314项，合同成交额3 500万元。全市累计受理各类专利纠纷案件60件，结案57件，结案率达95%。

（侯志奇）

【防震减灾】 1993年沈阳市在加速地震监测预报系统现代化建设，强化管理机制，推进地震预防，扩大地震科技为经济建设服务诸方面，又获新的进展，取得了明显的社会及经济效益。

一、地震活动与监测

1993年，沈阳市未发生地震活动，这是自沈阳市建立地震监测台网以来首次出现的现象。

进一步实施《沈阳市地震监测预报系统调整优化方案》。为新城子地震台新增上的两台微机地电仪全部投入正常运行，提高了观测精度与质量；进一步加强了电磁辐射观测台网的技术装备；给辽中地震台配备了微机，为地震分析预报研究工作现代化创造了条件。为了加强纵向管理与指导工作，重新修定印发了《技术管理工作制度汇编》，并与各地震台签定了“达标方案”，实行目标管理。

二、地震预报与宣传

根据机构改革与人事变动情况，经请示市委同意，重新调整了“沈阳市防震抗震工作领导小组”。各县、区防震抗震工作领导小组也相应地进行了调整、补充。重新修定印发了《沈阳市地震系统地震应急措施》，提高地震系统职工在应急状态下的快速反应能力。

进一步加强地震宣传工作。利用“7.28”唐山地震纪念日、国际减灾日向全市群众印发万份科普宣传材料；刊出几十期宣传板报与画廊；组织百余次广播；放映50余场科教电影、录相；举办青少年地震科技夏令营。上述活动均收到了明显的社会效果。

三、地震科技服务

经过两年的辛勤劳动，完成了“沈阳市地震小区划”，通过了国家地震局评审，达到了国家先进水平。此项工作将为我市城市建设与经济发展起到积极作用。

积极开展工程地震工作，完成沈阳市皇姑热电厂初勘及施工两个阶段的工程地质勘探工作及其它工程地震咨询项目，取得了良好的社会经济效益。

（童林生）

【科技外事活动】 1993年沈阳市科技外事工作围绕“百亿工程”的实施取得了可喜成果。

1.做好市科委口出国审批及邀请来华工作。全年共审批科技团组432个，有2 017名科技人员及管理干部赴美国、日本、独联体、香港等20多个国家和地区进行科技考察、技术交流、进修培训、合作研究及参加自然科学学术会议；共邀请了来自日本、美国、韩国等19个国家和地区的139个科技代表团，共340人来沈阳进行了科技交流与合作洽谈。

2.国际交流与合作成效显著。上半年，组织沈阳市第三机床厂组团赴德国、英国进行技术考察，通过努力，终于以最低的价格引进了3台数控精密齿轮及复杂箱体加工设备，不仅为国家节省了90万马克的外汇，而且解决了生产技术关键，提高了数控机床的产品质量。11月份，沈阳市科委派出了科技合作考察团赴以色列进行了光电技术考察，经过友好协商，市科委与以色列ELOP公司签署了在沈阳成立光电技术产业中心的协议，选择激光应用技术、图像处理技术、光学技术为优先发展产业。此计划将于1994年开始实施，立争3年内完成光电中心的建立工作，并形成亿元产值规模。为建设星火示范企业，实施农村工业星火计划，市科委下属沈阳市星火总公司与新加坡高胜亚太有限公司签署了合资成立沈阳高胜亚太有限公司的协议。公司主要经营餐饮、服装加工、汽车维修等业务。首期投资为108万美元，其中外资占70%。

3.引进国外资金与技术工作日趋活跃。为解决沈阳市面临的污水处理、环境净化问题，邀请了澳大利亚墨尔本水务局、澳大利亚联邦科工院环保技术代表团来沈进行考察洽谈，澳方对与沈阳合作表现出极大兴趣，拟为沈阳市争取澳大利亚政府贷款150万美元。日本水光栽培专家妻夫木先生来沈进行技术交流，同意帮助沈阳市申请日本政府无偿援助建立5万平方米的无水栽培蔬菜试验场，共计5亿4千万日元。此申请将于1994年3月提出，5月份得到批准后开始实施，并接收中方10名技术人员赴日本学习无土栽培技术。日本TOKIWA纺织株式会社与沈阳织布厂确立了合作关系，先期通过来样加工进行技术指导，现已帮助厂家解决了后整理中径向缩水率不好的老大难问题，提高了产品质量。经双方合作力争将织布厂建成中国纺织行业中最好的工厂。后期将成立合资企业。

4.归国留学人员科技开发资金项目效果显著。由沈阳市劳动卫生职业病研究所归国留学人员赵万千同志的课题组研制成功的"酶法胆红素试剂盒"填补了国内空白。胆红素氧化酶法测定血清胆红素是80年代发展起来的新方法，其特点是方法简便，试剂易保存，便于大批量自动化分析，并且能适应临床检验质量控制的要求。此试剂盒可以代替进口，初步估算沈阳市场的需求就可创利百万元。沈阳环境科学研究所归国留学人员荆治严同志的课题组，借鉴日本的成功经验，对浓缩解吸技术进行消化吸收应用研究，取得了良好的效果，并受到有关专家的一致肯定。现已为商品化生产提供了全面的数据及标准样机。将有力地促进对苯系物等有机溶剂的环境污染监测工作。

5.在其他方面，利用中日合作JICA渠道，结合沈阳市科研生产的需要，1993年又选派6名技术人员赴日本进行了技术研修，并邀请1名日本海外协力队员来沈阳大学任教。收到了很好的效果。1993年还完成了3万余字的题为《沈阳国际科技合作与交流的现状及发展战略》软科学课题，于6月份通过了正式鉴定，它将对全市科技外事工作起到借鉴、促进和引导作用。

(胡淑敏)

【'93中国沈阳计算机软件周】 由沈阳市人民政府、国家科委火炬计划办公室和东北大学、长白集团联合举办的'93中国沈阳计算机软件周于1993年9月13日开幕，于9月17日圆满结束。软件周期间，分别在新落成的东北大学软件大厦举行了'93中国沈阳计算机软件新产品、新技术报告会，在辽宁工业展览馆举行了'93中国沈阳计算机软件展销会。本届软件周，有来自国内外的124家单位展示了1 000余种软硬件新技术、新产品，还就30个新技术、新产品举办了专题讲座和报告会，观众、听众达8万余人次，合同、意向成交额达1 500万元。

本届软件周有以下几方面特点：

1.参加单位多，观展、交流踊跃。参加本届软件周活动的厂商来自国内的有110家，来自国外的有美国、英国、日本、新加坡以及香港和台湾地区的计算机软件厂商14家。整个展览馆摊位爆满，规模空前。

2.达到国际、国内先进水平的高新技术产品多。经软件周展销会专家评审组评出了"东大SEAS超级电子档案系统"等7项金奖和15项银奖。

3.软件产品的商品化程度普遍较高。

4.专题报告场次多，技术交流、研讨活跃。

本次活动邀请了国务院有关部门负责人，各大中心城市软件主管部门负责人，部分大学、科研单位和软件企业负责人以及港、澳、台和国外软件企业代表。沈阳市科委主任李厚轩作了题为《沈阳软件产业及发展现状的报告》；电子部计算机司软件处处长陈冲作了题为《中国计算机软件产业现状及成果》的报告。东北大学以及国外专家还举办了20场软件新技术报告会，为软件技术的交流与合作创造了良好的机会。

本届软件周提供了沈阳了解国内软件技术和产品的机会，促进了软件产业的国际合作，感受到了软件市场竞争的激烈，增强了沈阳市软件产业上水平、上规模的紧迫感。

(张震)

【沈阳新基火炬大厦】 沈阳新基火炬大厦是由沈阳市科委所属沈阳国际科技开发公司、沈阳市房产局所属沈阳市房产实业公司和香港新华集团所属香港新基地产发展有限公司合资成立的沈阳新基科技发展有限公司开发建设的大型现代化建筑。它座落于沈阳市政府广场北侧。于1993年11月28日竣工的主楼为写字楼，地下3层、地上32层，高120米；地上总高度为177米，楼顶通讯铁塔高57米。总建筑面积4.4万平方米，外墙为铝合金骨架，蓝灰色镀膜玻璃幕墙，是目前东北地区最高的建筑。楼内设电信分局，各写字间均有国内国际直拨电话；楼内装有7部进口高速电梯、中央空调、集中供热等各类现代化设施。大厦主楼前厅的二期工程为阳光大厅，目前正在施工中。阳光大厅位于主楼南测，共4层，建筑面积6 000平方米，是集购物、娱乐、餐饮、商务为一体的综合服务设施。预计1994年9月份竣工。

国家科委对火炬大厦建设给予高度重视，于1993年列入国家火炬计划，国家科委副主作李绪鄂为这座雄伟的大厦题名为"沈阳新基火炬大厦"。大厦预计1994年10月份全面营业，届时将成为集高科技开发、常设技术市场、科技人才交流、国际科技贸易、信息集散为一体的，国内最大的高科技中心。它对于开拓国际、国内高科技市场、扩大技术出口，对振兴沈阳经济建设将发挥不可估量的作用。

(应世杰)

科学技术协作

【概况】 1993年，沈阳市各级科协机关专兼职干部努力提高服务意识和服务能力，在工作质量、工作水平和工作效率等方面都有了新面貌。市科协机关在活动方式和工作方法上，由一般性号召转变到面向市场、政策导向、典型引路上来。市科协按照机关实行目标责任制和岗位责任制，事业单位实行技术承包和经营承包制，企业单位实行聘用制、合同制和按有效劳动分配的办法，加强管理，提高效率。同时，市科协还制定了机关内部管理办法，建立了机关工作季汇报和机关干部日常考核制度。通过深入实际，调查研究，组织交流机关干部办实事、抓典型、写文章、交专家朋友的经验，加强了科协机关的作风建设。

由于沈阳市对太原街进行整体改造，沈阳市科协被确认为被动迁单位。沈阳科学馆在继续落实和完善目标承包责任制，搞好固定资产的清查工作的同时，认真做好动迁前的各项准备和动迁期间的职工思想工作。于1993年11月科协机关及科学馆全面顺利地完成了动迁工作。市科协在市委、市政府大力支持下，就新科学馆地址的确立及换建等事宜与沈阳市土地房屋开发集团签订了协议，并根据新科学馆建馆宗旨、任务、功能要求，经有关专家论证，提出了新科学馆设计要求任务书，为新建科学馆前期工作打下基础。

（孔庆华）

【自然科学学会工作】 1993年，沈阳市自然科学学会围绕加速沈阳市高新技术产业化、传统产业的改造升级和农业现代化等课题，加强了决策论证和政策建议工作。如拟列入联合国环境总署开发项目的“沈阳市未来生态环境规划发展研究”，正在进行项目计划的制定、论证和实施。邀请了美国、中国环境基金会的专家来沈与在沈的环境专家进行考察与研究，形成了课题报告，并通过国外专家向世界银行申请贷款。各学会、协会、研究会发挥智力优势，密切结合实际举办的“沈阳市交通建设与管理”、“沈阳纺织工业利用外资的途径和效应”、“企业经营机制转换与心理调适”等项软科学研究课题，为各级领导的决策提供了科学依据。先后举办跨学科、跨地区的国内国际学术交流会议275次，参加人数达4.5万多人次。征集学术论文2 000多篇，举办各类学习班，培训班187个，参加培训人员达0.8万多人次。

为了引进智力和引进技术，提高沈阳市的科技水平，市科协继续积极支持协助各学术团体在国内召开双边或多边的各种形式的国际科技会议，先后在沈阳举办了“中日糖尿病学术会议”等国际科技会议。此外，还为沈阳药学院陈英杰教授支付出国参加国际学术会议所需的外汇额度5 000多美元，为沈阳化工学院金革教授等22人缴纳国际学术组织会员会费所需的外汇额度2 706美元。这些专家、学者参加的国际学术组织单位共有16个。全年市科协派往日本研修生10名，请进国外来沈访问团组11批32人次。为了筹备更多个国际科技会议，进一步发挥国际科技会议中心理事会理事的专家作用。1993年10月16日，中国·沈阳国际科技会议中心举行第二届理事会议，副市长孙祥剑到会并讲了话。

（孔庆华）

【县（市）区科协工作】 1993年，沈阳市各县（市）、区科协把提高农村劳动者的科技文化素质作为根本任务，以实用技术培训和加强群众性自我服务组织建设为重点，进一步强化农村科普工作，为促进发展高效优质高产农业服务。1993年末，全市有 农村专业技术研究会（协会）541个，围绕探讨和推广股份合作制式的专业技术研究会，巩固扩大产、供、销一体化的科技服务实体，市科协推广了于洪区马三家镇拉马台村股份合作蔬菜协会实行股份合作制，向技术经济利益联合体方向发展的经验。为了适应市场经济的需要，探索科普工作的新形式。新城子区科协广泛开展了以科学技术普及为核心的服务体系建设，实施了示范培训、推广和服务为一体的科普基地建设，投资10万元，建立了以蔬菜保护地为内容的科普园。建基地以来，累计接受技术教育的农民4 000多人次，为农民引进、试种新品种达20余种，新产品30多个，加速了农村群众性科学实验成果的推广。年初，市科协与市委宣传部联合，对全市农村基层干部和党员普遍进行一次实用技术培训。编发了适用于农村的最新科学技术资料2万册送到农户手中，全市农村1 200名学员参加农业函授大学学习。在“讲精神文明、比科技致富、建科普乡村”活动中有46个科普村、26个农村专业技术研究会，91名致富标兵，27名优秀组织工作者受到市科协的表彰。城区科协在促进区街经济发展、促进精神文明建设中，加强了为经济建设服务的力度。把科学技术普及与技术项目推广相结合，继续搞好“播火杯”竞赛。“讲精神文明、比科学生活、建文明家庭”活动进一步规范化和制度化。与此同时，各级科协在培养科技后备力量中，开展了“热爱大自然自制标本小巧手”比赛活动。评比第七届沈阳市青少年科技小发明方案130项，第二届沈阳青少年“生物百项”方案50项。

（孔庆华）

【厂矿院所科协工作】 沈阳市厂矿（院所）科协围绕促进企业的技术进步，提高企业职工素质和经济效益，深入开展“讲理想、比贡献”立功竞赛活动。1993年，全市参加“讲比”活动的工程技术人员达2.9万多人，设立竞赛项目6 735项，完成竞赛项目4 701项；提出科技建议10 315项，被采纳4 436项；提出决策论证190项，被采纳90项，合计创造经济效益3.8亿元。一些厂矿科协将“讲、比”活动与工程技术人员的岗位职务聘任相结合，注意引导青年科技人员参加竞赛活动的作法，收到较好效果。继沈阳胶管厂科协开展技术承包工作之后，全市开展技术承包工作的厂矿科协已达49个，签定技术承包合同580项，完成技术承包合同541项，创造经济效益4 000多万元。经验收的合同项目兑现承包奖金72万元。

1993年，沈阳市厂矿科协把抓好科学技术这条生命线和增强科协经济实力这条生存线，作为一种新的途径大胆的进行尝试，并取得了可喜的成果。据不完全统计，在154家厂矿科协中已有80余家兴办了各类科技第三产业。沈阳建筑机械厂科协成立了技术开发公司，并在短期内开发 研制出了国内外市场急需的新式塔吊，前后共售出6台，销售收入达30万元，受到了工厂的嘉奖。沈阳冶炼厂科协成立了“沈西冶化研究所”，先后向新疆喀拉拉通克铜镍矿冶炼厂、河北衡水化工厂、深圳金盛贵金属制品有限公司派出了优秀技术人员，提供技术服务和指导，开发新产品，取得了显著的经济效益。沈阳丝绸总厂科协成立了“沈阳工业用布技术开发公司”，研制和开发工业用布，满足了沈阳市一些企业对工业用布的急需，取得了年创30万元的效益。

（孔庆华）

【组织宣传工作】 1993年，沈阳市各级科协组织进一步密切与广大科技工作者的联系，为科技工作者适应社会主义市场经济，实现自身价值多办实事。市科协通过编发《专家建议》、《沈阳科协简报》、《科协之窗》等刊物，宣传党的科技政策、知识分子政策、交流各地科协的先进经验，扩大了科协的影响力。为了增强领导干部的科技意识，提高决策和管理的科学性，市科协与市委党校联合请科技专家为局级班，企业厂长、书记班进行科技讲座，宣传“科学技术是第一生产力”的思想。市科协还组织了二批有突出贡献的专家赴北戴河健康休养，市委、市政府领导与专家们进行了座谈。专家们提出的许多建议，已经市科协整理后上报有关部门。各级科协组织努力提高为广大会员服务的能力，努力办好科技工作者之家。据统计，全市厂矿科协全年为科技人员解决住房478户，组织健康疗养2 119人，安排身体检查5 630人，走访慰问科技人员1 947人，开展丰富多彩的文体活动276次。此外，市科协开展了关于“沈阳市科技进步条例”实施情况、沈阳市乡镇企业发展现状等方面的调研。

（孔庆华）

【国际科技会议】 中国·沈阳国际科技会议中心是根据中国科协的建议，经沈阳市人民政府批准于1987年成立的。到1993年底，“会议中心”先后承办召开了23次跨学科、各种类型的双边或多边的国际科技会议，接待了来自美国、日本、加拿大、英国、德国、瑞士、澳大利亚、新加坡、韩国等20多个国家和香港、台湾地区及国内20几个省市共计2 000余名专家、学者。编辑印刷了各种学术会议论文集2 000多册，汇编了国内外学术论文和论文文摘1 400多篇。几年来，为东北大学、中国医科大学、沈阳化工学院等大专院校和科研院所的专家、学者支付了出国参加国际学术会议和考察活动所需外汇额度，以及缴纳了国际学术组织会员会费所需外汇额度。自“会议中心”成立以来，通过以上两项活动合计共支持专家外汇额度约4.5万美元。

“会议中心”通过几年来的工作实践，基本上实现了以服务为宗旨的目的，既协助了专家、学者们为举办国际科技会议筹集经费，解决了专家、学者们为摆脱举办国际科技会议而带来的各种事务性工作的困扰，又将“会议中心”所收入的外汇用于支持专家、学者们开展国际学术活动。这些专家、学者也帮助和支持了“会议中心”一起联合举办了多次国际学术会议。通过这样的良性循环，使沈阳市国际民间科技交流工作迈出了可喜的一步。

（孔庆华）

【“三五”金桥计划】 为了在沈阳市科协系统认真组织落实中国科协提出的“金桥工程”的任务，年初，市科协印发了“沈阳市科协系统‘三个五’项目开发计划登记表”。在各县区、厂矿科协和各市级学会进行大量的深入细致的工作基础上，市科协提出了“三五”金桥计划的工作目标。即在“八五”期间的后三年（1993—1995）里，市科协完成5个重大项目；县、区、局科协完成50个较大项目；市级学会（协会、研究会）、厂矿（院所）科协完成500个主要项目。预计实现效益10亿元。同时，通过实施“三五”金桥计划，取得较好的社会效益和生态效益。

在列入沈阳市科协系统“三五”金桥计划的555个项目中，市科协直接承担了“创造发明工程”、“沈阳市未来生态环境规划发展研究”、“农村科普示范基地建设”等5个重大项目。县、区、局科协、厂矿科协、市级学会（协会、研究会）分别在进行产品开发、技术服务、技术推广、技术引进、技术培训、技术咨询、技术承包、技术协作等方面承担了550个项目。到1993年12月底，已初步完成441项，占计划项目总数的83%；其中预计实现经济效益在100万元以上的有94项，占计划项目总数的17%，为全面完成金桥计划奠定了坚实的基础。如沈阳矿务局前屯煤矿在采煤掘进中，每年约排出几万吨废矸石，该局科协的同志们发现这种矸石可以遇水膨胀的特点。他们主动与沈阳陶瓷厂科协联系，双方经多次合作试验获得成功，用此矸石可生产陶瓷卫生洁具。从此前屯煤矿的矸石变废为宝，沈阳陶瓷厂每年可节约从外地购进原料费用20多万元，结束了沈阳近郊无陶瓷原料的历史。

（孔庆华）

【’93群众性创造发明活动】 1993年是沈阳市实施创造发明工程，开展群众性创造发明活动的第二年。为了在沈阳尽快形式“创造发明热”，市科协、市委宣传部等14家联办 单位，通力协作，大力宣传创造发明经验，有力地促进了科技成果转化为生产力，促进了创造发明人才的成长。

群众性创造发明活动是一项庞大的系统工程，必须通过全社会的共同努力才能达到。报刊、电台、电视台集中适当时间，增加篇幅，开设了《科技与发明》、《创造与生活》、《创造发明成果》、《创造发明角》等专栏和专题，突出宣传了近年来有突出贡献的发明家的事迹；宣传了创造发明知识和技法；介绍了在推动全市经济建设和社会发明中有突出作用的创造发明项目和专利成果。沈阳日报刊登创造发明知识大奖赛试题，此项活动有10多万人参加，1 113名工人、农民、知识分子及干部、学生等成为这次大奖赛的获奖者。出版部门组织编写创造发明的科普读物，介绍了世界创造发明的重大成就。文化和文学艺术部门也通过文化、文艺形式积极配合搞好创造发明宣传。围绕建立社会主义市场经济体制，全市开展了“创造发明与入关挑战”、“创造发明与市场经济”的讨论和以“创造发明——科技、经济、社会发展的源泉”为主题的活动。市、区理论学习中心组，各厂矿企事业单位充分利用市、区文化宫、青少年宫、俱乐部、图书馆等文化设施，举办创造发明讲座、演讲和作品展览，收到很大效果。

市委宣传部、市计经委、市科协还联合举办了创造发明与成果实施高级研修班。邀请日本东亚医用电子株式会社顾部井上守先生、台湾万国专利商标事务所所长陈灿辉先生和沈阳化工学院副院长赵亮教授作学术报告。大家拓宽了视野，启迪了创造性思维。为了加强对中小学生创造力的培养，市教委决定全市职业高中新高一学生全部开设创造性思维训练课，在一批中小学开展创造教育的实验工作。市科协与市教委联合举办首届小学生头脑奥林匹克竞赛，使孩子们启动了创造思维，丰富了创造想象，训练了动手动脑能力。

为了展示群众性创造发明活动的成果，推动成果的转让实施，市科协和市创造力开发协会于1994年4月23日至29日在沈阳科学馆，联合举办了“沈阳市创造发明新产品展销会”。历时一周展销活动，共有68个单位参加。展出创造发明专利产品280项，工业新产品30项。有1.5万余人次参加了展销会，签订成果转让合同2项，达成意向协议93项，发布科技信息150余条，总成交额达41万元。

（孔庆华）

【兴办企事业】 1993年，沈阳市科协在抓好科学技术的同时注重增强科协经济实力。各级科协和所属团体在积极开展科技咨询、技术开发、出版发行和科技活动场所等为科技工作者和科技团体服务的基础上，大力兴办实业，发展信息服务、科技经纪人、对外经济贸易、科技广告、创造发明成果开发等新兴第三产业。到年底，市科协所属企业事业单位已发展到40个，注册资金1 902万元，固定资产1 030万元，职工298人，完成纯利润额161万元。与此同时，市级学会（协会、研究会）、县（市）区科协、厂矿（院所）科协也积极创造条件。以南湖科技开发区为窗口，以“一厂一 角”为基地，兴办了174个科技实体，创产值8 741.8万元。

（孔庆华）

【筹建沈阳科学馆】 1993年根据市统一规划，沈阳科学馆被确认为被动迁单位，需易地换建。经市有关领导协调，将易地安置在五里河园林研究所规划地段，占地8 000平方米，其安置建筑面积1.8万平方米至2万平方米。于1995年竣工。

为了作好动迁工作和新建沈阳科学馆的筹建工作，组建了动迁领导小组和基建办公室，负责动迁前的准备，动迁和新建沈阳科学馆的筹建工作。认真做好了动迁前的各项准备和动迁期间的职工思想工作，1993年11月8日至16日科协机关及科学馆全面顺利地完成了动迁工作。

根据科协的性质、任务的需要，参照其他市科技活动场馆的建设、使用和管理情况，制订了新建沈阳科学馆设计要求，经科协机关讨论修改，并请有关专家论证。新建沈阳科学馆宗旨是：致力于促进科学技术繁荣与发展，促进科学技术的普及与推广，促进科技人才的成长与提高，创造一个环境，启迪创造思维，培训创造人才，开发创造发明成果。新建科学馆应为一独立建筑体，要具有浓厚的学术气氛、高的艺术格调、一流的会议设施、周到的服务规范。是科学家会晤、交流、讲演和休憩的理想场所。要把学术交流、科普培训、展览教育、科学实验、科技咨询、科技信息、科技市场以及科技人员的联谊活动、健身康复等融为一体，建筑特色应体现科学性、艺术性、新颖性和趣味性，为新建科学馆前期工作打下基础。

（范增垣）

【市体育科学学会】 沈阳市体育科学学会，成立于1984年4月，下设学术、训练、运动医学、学校体育4个委员会和体育学术编委会。1993年被中国科协评为先进学会。

学会的生命力在于开展高质量的学术活动，服务于振兴体育事业需要。该会成立至今已经开了10届论文报告会，共征集论文近千篇，经过专家评审入选500多篇，其中选出优秀论文200多篇，有70多篇优秀论文参加了省、全国和国际学术会议进行交流。沈阳体育学院的部分会员所撰写的论文，有11篇论文入选出席亚运会科学大会，在全国第三届体育科学大会上有5篇论文入选。学会还出版了两期优秀论文集。

学会的战斗力在于当好党和政府的参谋和助手，发挥智囊团的作用。学会人才荟萃，知识密集，并具有学术的权威性。该学会会员有300多位专家、教授、学者、和老体育工作者，是高水平的体育科学技术团体，也是市体委最高的社会化的发展体育科学技术的参谋部和智囊团。学会完全能够在发展体育战略决策方面发挥作用，为体育发展战略提供咨询和论证。学会为了帮助市体委解决训练中的难题，组织专家对重点课题进行攻关。并报国家体委列为委管课题—《运动性贫血机理和防治方法研究》。其初步成果在国防运动医学学术会议上进行了交流。学会根据初步研究成果，又组织营养学，运动医学，运动训练学的专家与厂家合作，研制成功运动营养食品“健身羹”，“健身饮料”，又引进了省防疫站的“贫血1、2号”，治疗效果良好。从1987年开始，学会又协助市体委对田径运动员选才标准进行研究，完成了国家体委另一委管课题《沈阳市田径运动项目科学选才标准研究》，协助市体委对全市运动员选才状况作了调查，在此基础上以市体委名义作出了《关于加强运动员科学选才工作的决定》，推动了沈阳市运动员的选才和训练的规范化、科学化。被辽宁省体委和国家体委评为省和全国运动员科学选才先进集体，学会干部被评为先进个人。学会在市体委筹建市体科所的工作中献计献策，上下沟通，制定方案，推荐人才，购置器材，做了大量工作，并从学会理事中聘请5位专家担任科研所的客座研究员，提高了科研能力，推动了沈阳市的体育科研所工作。

学会的凝聚力和吸引力在于维护自己的会员和广大体育科技工作者的权益，为他们谋利益，热情服务。把学会办成“体育科技工作者之家”。在经费十分困难的情况下，与沈阳体育学院联系创办了《沈阳体育学术》，自1986年创刊已出版28期，发表了600多篇文章，免费赠给会员阅读，并在全国体育系统内部发行。通过学会评审论文，颁发证书，刊物刊登文章，为会员晋升技术职称提供了依据，创造了条件，据不完全统计，在会员中有70%都晋升了高、中级的职称。学会有计划，有步骤地对体育科技人员不断地更新知识，更新技术，进行继续教育，先后举办了《运动训练学》、《体育统计学》、《体育管理学》、《运动生物学》、《体育科研方法》、《运动员科学选材》等培训班。此外，学会在全市首先推出“健美操”，“韵律操”等，办了两期培训班，培训了200多名领操员，在全市中、小学中普及了这项活动。

（金琪）

【市珠算协会】 沈阳市珠算协会成立于1981年，有会员250名，其中有高级职称会员52名。

1993年沈阳市珠算协会认真贯彻党的十四大精神，进一步解放思想，增强服务意识，经过协会、各分会和广大会员的共同努力，在普及珠算科技知识，提高珠算技术水平，培养计算人才，为改革开放和经济建设服务等方面做出了应有的贡献，较园满地完成了各项工作任务，促进了沈阳市珠算事业的篷勃发展。1993年1—11月份，共举办了各种形式的珠算技术培训班50多期，培训学员4 000余人，开展珠算技术等级鉴定4.8万人次，组织各种形式的珠算技术比赛12次，参赛人数8 000多人，为社会各界输送了一大批计算人才。一年来，市珠算协会曾多次得到中国珠算协会、省民政厅、省人事厅、省科协等上级有关部门的表彰和奖励，获得“全国技术等级鉴定先进单位”、“1993年海峡两岸珠算通信赛 组织推广特等奖”、“辽宁省兴辽强市创业建功先进社会团体”和“辽宁省科协系统先进学会”称号。

为了完善协会内部管理，加强理事会对协会日常工作的监督管理，建立了理事会例会制。1993年年初，组织召开了四届二次理事年会，并通过编发《珠协简报》，将协会动态及时反馈给协会理事，充分发挥其监督管理职能。还抓了协会秘书处的组织建设和健章工作。

服务于社会，服务于经济建设，提高珠算技术水平是沈阳市珠协积极开展珠算技术等级鉴定工作的出发点。通过举办鉴定员培训班，加强鉴定工作人员的职业道德、思想品德教育和专业技术培训，提高鉴定员素质，建立了一支思想、技术过得硬的鉴定员队伍。1993年1—11月份，市珠协到各有关单位开展鉴定750场，累计达4万人次。针对近几年来珠算理论方面出现的新情况和新问题，进行研究和探讨。市珠协于4月下旬组织召开沈阳市珠算理论研讨会，在会上交流了27篇论文。大会对参加研讨的论文进行评选，其中9篇论文被评为优秀论文。

认真抓好少年儿童珠算式心算教育和“三算”教学实验备案班的跟踪考核工作；1993年8月，主办了沈阳市珠算夏令营，并邀请国家珠算集训队的专家和速算“神童”参加了夏令营活动，组织了各种形式的观摩、座谈、比赛和有益的少儿活动。

举办和组织沈阳市第十四届珠算技术比赛和1993海峡两岸珠算通信赛沈阳赛区的比赛；全市第十四届珠算技术比赛于1993年6月举行，市直各委、办、局、行、社、各县、区、市属大、中专院校等43个单位积极组队参赛，对在全市普及珠算技术起到积极作用；1993年海峡两岸珠算通信赛于1993年5月30日举行，采取统一试题，两岸同时比赛的方式，市珠协通过层层动员，积极组织，全市有5 000多人参赛。

（金琪）

【市电力学会】 沈阳市电力学会始建于1985年6月28日。挂靠在沈阳电业局。负责组织全市电力科学技术的学术活动。现有会员510名，其中40位会员有高级职称。

面对需要开展学术交流。针对沈阳这个老电网急待进行改造的要求，于1993年9月召开了“中日城市电网变电交流活动”，通过交流了解到日方电网现状，变电美化设计，电网接地技术，变电技术进步和改造方面等情况，对沈阳市均有一定参考和借鉴价值，这一活动得到辽宁电网其它7个电业局的支持。为推广新型硅橡胶绝缘子，尽快掌握世界新型材料，于10月份召开了“中美间硅橡胶绝缘子技术研讨会”，会上美方专家就美国技术做了全面介绍，为我国电网采用新技术、新产品提供了依据，也为我国组织生产提供了必要的技术准备。同时学会还组织了形式多样的学术交流和报告。

对工程技术人员继续教育。1993年先后举办了“核电技术”，“电网调度知识”，“电业生产触电安全人工急救法”，“管理知识学习”等培训及报告，共有450人次参加了学习，这项工作使部分专业人员掌握了新的知识，提高了技能。

充分发挥老、中、青知识分子为社会主义建设作贡献的积极性，广泛开展了技术咨询服务活动，全年共完成11项咨询项目。完成金桥计划4项。

（金琪）

【市心理学会】 沈阳市心理学会成立于1988年，现有会员320人，其中98人有高级职称，团体会员单位11个。学会下设学术、组织、编辑出版、组织管理、国际学术交流、司法心理、医学、教育、社会、管理、心理咨询等11个委员会。

1993年初学会向科协申报两个科研课题，项目名称为：“企业经营机制转换与心理调适”，课题组成员到铁西区8家企业，考察和分析企业经营机制转换过程中的职工心态，对600名职工做了心态调查，并将调查的情况向市政协，市委的领导做了汇报，张国光书记听取了汇报，对领导决策具有重要意义。这一研究成果，在辽宁省社会科学季刊第三期发表了一部分，其余部分成果将陆续向领导汇报，并准备在1994年第一季度由辽宁人民出版社出版一本30万字的“探讨人类心理奥秘”文集；另一项目题目为：“决策心理研究”该项目拟在1994年底出书。运用心理学、领导学、行为科学等科学知识，研究分析领导决策活动中决策主体的心理活动规律，决策客体的心理活动规律，以便在社会主义市场经济新形势下决策主体如何不断强化自我管理，不断改善决策者自身素质，提高决策水平、能力将起到一定的推动作用，有利于促进决策民主化和科学化。此项目通过收集资料，问卷和座谈了解情况，再运用计算机对调查数据进行统计处理，最后形成调查报告。

针对中学生离家出走现象，应社会各界的强烈要求，学会分别于5月27日、6月4日、6月18日为3 000余名中小学教师、部分学生家长等做了“中学生出走现象心理分析及其防范”专题报告。受到热烈欢迎。为广大群众进行儿童教育、儿童心理卫生保健等方面知识义务咨询，达2 000人次。

沈阳市心理学会“奖励之中有学问”、“消费者的行为方式和动机研究”等20篇论文被省心理学会评为优秀论文。编印的“沈阳心理学会信息”，沟通了会员之间的联系。

1993年9月25日、26日在市人才市场同市人才中心联合举办“人才心理测评”现场操作，被测者20余人，通过电脑分析结果良好。市委书记张国光，以及各报、电台、电视台记者到现场参观、询问、亲自测试。目前，这项测试正准备面向社会，大面积用于社会各种人才的选拔上。

(金琪)

【市数学学会】　沈阳市数学学会成立于1978年3月，现有会员人数937人。下设：学术交流委员会、普及工作委员会。

作为自然科学一个群众性学术团体，主要是通过学术交流，活跃沈阳市数学界的学术空气，促进学科发展；借辽宁省数学会在沈阳召开‘93学术年会’的机会，市学会征集了40篇论文，在年会上沈阳市38篇论文获“优秀论文”奖，会议认为沈阳市论文水平较高。一年来学会先后邀请了10余位国内、外专家教授讲学，如邀请德国大学Klier教授讲“区间数学”、中国科学院陈蓝荪研究员讲“生物数学”、南开大学史树中教授讲“经济数学”等，听课者达3 000余人次，通过这些活动大大开拓了沈阳市数学工作者的视野，同时了解到数学在有关新领域的应用与研究，有力地促进了全市应用数学研究水平的提高和发展。

先后举办“概率统计”、“计算机软件”、“Basic语言”、“微分几何”等20期培训班，学员大多是工矿企业的实际工作者和部分高校、中专、中学的教学人员，这些活动有力地提高了各类学员的数学素质，使他们在工作中更加得心应手，提高了工作效率和质量。为了更好地推动中学数学课外活动的开展和提高数学竞赛的成绩，学会还办了两期数学教练员培训班，邀请全国知名的初等数学专家和教练员来沈阳讲学，共培训了二级教练员105名。市数学学会、东北育才中学、沈阳二中等校联合举办星期日业余数学奥林匹克学校，对全市初、高中学生(数学爱好者)进行培训，请有经验的大学数学专家、有丰富经验的中学教师授课，对提高全市中学生的数学水平和数学竞赛成绩有很大推动作用。

坚持组织沈阳市近千名优秀中学生分别参加中国数学会举办的一年一度的初、高中数学竞赛。1993年4月份参加全国初中数学竞赛中，沈阳市有650名初中学生参加，其中90名获市优胜者，80名获省优胜者，占全省199名优胜者的40%。1993年10月份全市有555名初、高中学生参加全国高中数学竞赛，其中获市优胜者有72名。省优胜者有67名，占全省197名优胜者的34%。

(金琪)

【市质量检验协会】　沈阳市质量检验协会成立于1986年，协会在国家、省、市技术监督局的指导和支持下，在中国质量检验协会，市科协的业务指导和帮助下，紧紧围绕为沈阳市经济建设服务，积极探索新形势下，开展活动的新路子，并不断加强自身建设，积极开展咨询服务、教育培训和学术研究活动，创办了《沈阳市质量检验协会信息》刊物。

1993年根据市科协拟定的“三五”金桥计划，协会申报了5个培训咨询项目，到1993年末，5个项目按计划均已完成，实现了预计效益。根据我国“复关”后企业面临国际竞争和进行国际贸易的需要，熟悉和掌握国际贸易中的各项技术保证措施、惯例，消除技术壁垒，减少关税壁垒在对外贸易中的影响，做好“入关”准备和“入关”后的经济贸易工作，举办了《关贸总协定与国际贸易技术保证》培训班，为推动企业尽快建立符合国际惯例的质量体系，与国际惯例接轨，提高企业质量管理水平和产品质量，开展产品质量认证工作，还分别举办了宣贯GB/TI9000—ISO9000《质量管理和质量保证体系》系列标准、《产品质量认证》培训班，为了做好宣贯《中华人民共和国产品质量法》于9月1日实施后的普及推广工作，提高全市生产、经销企业领导和质量监督管理人员的质量意识和法制观念，先后举办了6期《质量法学习班》，来自全市各行各业的300多家企业的600余人参加了学习。

据统计在协会1993年开办的各项培训中，共有1 000余人参加了学习。协会根据市技术监督局质量监督员进行执法换证的要求，承办了首期商业企业质量监督换证培训，并且在工业企业也发展了一批质量监督员，使产品质量的社会监督、群众监督有了保证。为了搞好对企业的咨询服务活动，召开了部分国有大、中型企业、合资企业的厂长和质量负责人座谈会，就《质量法》实施后，如何开展质量监督工作，切实保护企业利益，真正做到为大、中型企业服务，以及企业内部如何开展质量管理工作等问题进行了座谈和探讨。

(金琪)

社会科学研究

【概况】　1993年，沈阳市社会科学界联合会在市委、市政府的领导下，工作迈上了一个新台阶。

理论研究，特别是应用理论研究成果突出。社科联完成了“沈阳市建立和完善社会主义市场体系”等

3 项课题的研究，有的建议已列入市政府的工作决策。41 个学会完成了国家、省及业务主管部门的260项课题。其中有许多成果进入了业务主管部门的领导决策。如市商业经济学会提出"走集团化道路；改造批发市场，实行批零一体化规模经营；划小经营单位，开展总经销、总代理业务；加快企业经营转化的步伐"，被市政府写入工作部署之中。

国际学术交流有发展。有 2 个学会先后承办了"沈阳国际成人教育研讨会"和"股份制国际研讨会"。有的学会还派人参加了"香港、台湾、大陆关于管理工作研讨会"；有的赴东南亚、美国等参加财会业务培训和考察，对沈阳市经济发展和文化繁荣起到了推动作用。

科学普及成果显著。据对20个学会统计，为发展市场经济和实现国际市场对接，利用各种方式培训人才14万人次，创造经济效益6 000多万元。出版专著 90 部，其中有20部获奖。

社科队伍不断壮大。新组建了逻辑学等 4 个学会。调整了哲学、科社等学会的挂靠单位，加强了基础理论研究。

（李福义）

【建立和完善社会主义市场体系研讨会】 建立社会主义市场经济体制，必须建立和完善市场体系。1993 年沈阳市社科联就研究这个课题做了全面部署，征集论文，为了加快成果转化，于 1993 年 6 月 15 日与市委宣传部、市体改委、市工商局、市税务局等 10 个单位联合召开了"沈阳市建立和完善社会主义市场体系研讨会"。

这次研讨会课题新、层次高、规模大，并紧密结合沈阳经济发展的实际，受到市委、市政府领导和决策部门的重视。与会的理论工作者和实际工作者提出了建立和完善沈阳市场体系的目标和基本思路。

与会同志指出，沈阳市要建立的市场体系应该是统一开放、平等竞争、规则健全的市场体系；是以大型机电产品批发为龙头、以生产要素市场相配套，以消费品市场为保障的市场体系；是结构合理、功能健全、容量大、辐射远、环节少的市场体系。为达到这个目标，与会同志认为：第一，要克服"两论"破除三个旧观念。"两论"即市场经济是资本主义专利论和计划与市场对立论。"三个旧观念"，即认为市场范围越大、领域越多，资本主义成份越多的旧观念；认为建市场就是建造交易场所和交易大楼的旧观念；以及在市场建设和管理上重眼前、轻长远，重局部、轻全局，重国内、轻国际的旧观念。

第二，要坚持三个原则。一是解放思想与实事求是相统一的原则；二是扬长避短、发挥优势的原则。扩大"产地型"市场规模，巩固"中转型市场规模，适度发展"销地型"市场规模；三是普遍推进、多方投入的原则。实行市场建设投资主体多元化，国家、集体和个体一起上。

第三，要处理好四个关系。一是市场体系与市场主体的关系。要重视市场体系建设，又要重视市场主体的培育，使企业特别是国有大中型企业成为社会主义市场体系的主体。二是市场体系与沈阳产业优势的关系。要在发展生产资料市场上下功夫，使之成为牵动沈阳市经济发展的、全国一流的、与国际市场接轨的生产资料大市场。三是市场体系与产业结构调整的关系。四是市场体系建设与加强宏观调控的关系。只有加强宏观调控，才能解决市场建设和管理中各自为政、重复建设等问题，保证沈阳市市场体系稳定、健康发展。

（靳艳辉）

【市场经济体制下社会保险制度探讨】 尽快建立和完善社会保障体系，是经济体制改革的重要配套工程。1993 年沈阳市社科联通过招标，由沈阳财经学院赵文祥等教授承担，其研究成果已报市委、市政府有关部门。

研究从现实出发，借鉴外国社会保险的先进经验，对沈阳市社会保险范围、社会保险基金的筹集和管理等问题进入了全面探讨。就沈阳市建立和完善社会保障体系提出了建议。

1. 沈阳市社会保险的范围如何确定。目前沈阳市的社会保险范围的改革方向应该是：在原有基础上，逐步把社会保险的范围扩大到所有集体、三资、私营企业的职工，对他们也实行养老、工伤、遗属、待业、生育、疾病、医疗等全项目的社会保险，加速劳动力的合理流动，促进市场经济的发展。为了保证社会保险的实施，必须建立社会保险基金。

2. 沈阳市社会保险基金的筹集和管理。社会保险基金筹集的原则和方式。社会保险基金的筹集方式可分为现收现付式、储蓄积累式和部分积累式 3 种。这 3 种方式各有优缺点，由于当前沈阳市承受能力较低，应分别对养老、待业、医疗保险基金采取部分积累式筹集，而对生育和工伤保险基金采取现收现付式筹集。

(2)社会保险基金的来源。要建立收支平衡，专款专用的社会保险基金，必须通过多渠道进行筹集资金。各种社会保险基金的来源渠道不能同一而论，而要根据不同的险种和经济发展状况，以及危险程度，选择不同的方法。从沈阳市情况看，养老、生育、医疗保险基金应从国家、企业、个人三方筹集，失业保险基金应从企业和个人两方筹集，而工伤保险基金应由企业缴纳。

(3)社会保险率的确定。为了增加社会保险的调剂功能和保障作用，利用各项保险待遇给付高峰期到来的时间差，将各项保险基金互相补充，把有限资金用好用活；社会保险费率的确定，可以采取综合分类保险费率制，将养老、生育、待业、医疗保险项目归为一类，采取综合费率制，将工伤保险采取差别费率制。

(4)社会保险基金的管理。沈阳市社会保险基金的管理应根据安全性原则、收益性原则、流动性原则、社会效益性原则的要求，主要用于购买政府公债或储存于国家银行或民营银行，由银行选择借款人。

(5)关于沈阳市社会保险基金筹集和管理改革的具体设想

3. 社会保险制度的组织管理机构与体制建设。沈阳市社会保险制度管理机构改革可以通过以下措施来进行：

(1)建立从上到下起权威性的统一决策机构——“社会保险事业管理委员会”。(2)逐步建立健全各项制度，通过立法明确各部门的权限和职能，理顺各部门的关系，逐步形成分工明确的管理机构。(3)加强社会保险的体制建设。(4)社会保险制度改革的辅助措施。发展生产力，提高工作效率；控制人口增长；大力发展第三产业，增加就业渠道；加强对流动劳动力的管理；加强社会救济、社会福利、公共医疗卫生事业以及残疾人社会保障制度的建设，推动沈阳市社会保险制度的日臻完善。

(靳艳晖)

【学习建设有中国特色社会主义理论研讨会】 为促进学习研究和宣传邓小平建设有中国特色社会主义理论，加快和深化沈阳市的改革步伐。中共沈阳市委宣传部、市社科联、市科学社会主义学会，于1993年6月18日在沈阳市委党校，共同举办了学习邓小平建设有中国特色社会主义理论研讨会。

参加这次研讨会的有来自辽宁大学、中国医科大学、市委党校、市委政策研究室、市讲师团、沈阳日报理论部等单位或部门的40余名专家学者。与会的专家学者围绕邓小平同志建设有中国特色社会主义理论的形成和发展、内容和结构、重要的指导意义和社会主义的本质特征等问题进行了热烈的研讨，并交流了学习体会。

会议认为：研究建设有中国特色社会主义理论要在两个方面下功夫。在基础理论研究方面要在四个结合上下气力，一是要在与14年改革开放的实践相结合上下气力；二是要在与毛泽东思想研究结合上下气力；三是要在时代潮流相结合上下气力；四是要在建设有中国特色社会主义理论观点与体系框架研究的结合上下气力。在理论应用于实践的研究方面，一是要与邓小平同志创造性的战略思维的研究相结合，二是要与当前深化改革扩大开放中出现的新问题相结合；三是要与解决人们思想中的疑难困惑问题相结合。

市委常委、宣传部长高柏金出席会议并讲了话。会议收到论文5篇。

(陈慧君)

【统战工作理论研讨会】 沈阳市第十二次统战理论研讨会由市委统战部、市社科联、党校、市统战理论研究会和市政协学宣委联合举办，于1993年12月20日召开。会议以“市场经济与统战工作”为主题，共交流论文60余篇，评选出优秀论文16篇。论文作者中既有大专院校的理论工作者，又有各级统战工作部门的实际工作者。大家针对在社会主义市场经济条件下统战工作如何适应新形势，探索新路子，做出新贡献等问题，从理论上到实践上展开了广泛、深入的研讨。取得了一些成果。与会者认为：

在市场经济条件下，统战工作的对象正在发生某些变化。一部分与历史上特殊事件相联系的统战对象(如解放战争时期的起义、投诚；建国后的对资改造等)随着历史的发展将逐渐消失，一些带有新时期特点的统战对象开始涌现。例如，随着多种经济成份的出现，非公有制经济代表人物已成为新产生的统战对象。另外，原有的统战对象在新的历史条件下也会发生一些新变化。例如，大批的非党知识分子正在走向经济主战场；海外同胞中正在进行着老一代与新一代的交替，等等。

在市场经济条件下，统战工作领域将逐渐扩大。将由境内扩展到境外，由大中城市扩展到乡镇，由国有大、中企业扩展到“三资”企业、私营企业。

在市场经济条件下，统战工作的职能也相应发生变化。“了解情况，掌握政策，协调关系、安排人士”的范围要扩展，内容要加深。尤其是在市场经济的竞争机制趋动下，不同经济成份、不同利益群体之间的关系更趋复杂，统战工作“协调关系”的任务将有所加重。

为此，要努力树立统战工作要为市场经济服务的思想，在工作中不断探索、不断创新，使党的统一战线工作在市场经济条件下进一步得到发展。

(黄　山)

【东北亚区域经济合作与沈阳应采取的对策研究】 在世界经济一体化、区域集团化形势的加强与市场争夺激烈的情况下，东北亚地区各国均表现出加强本地区各国间双边或多边经济合作的强烈意愿，合作关系也出现迅速发展的势头。

沈阳如何抓住机遇迎接挑战，需要社会科学工作者进行研究。经市社科联招标，由辽宁大学沈阳亚太金融经济研究所李桂山、张善儒、佟雨顺等教授承担本课题研究。

此项成果共分三部分：

第一部分论述了东北亚区域经济合作的新态势。

第二部分论述了沈阳经济发展现状。从沈阳的地理位置、交通通讯条件、城市经济环境、工业基础、资源、科技力量、金融状况等方面展示了沈阳经济的优势方面，也分析了劣势和不足方面，指出了沈阳要发展，企业必须转换机制。

第三部分论述了沈阳经济发展战略。分析了沈阳经济发展的机遇，包括：整个大陆沿海、沿边、沿江和内陆重要城市的全方面开放；中央对老工业基地的重点政策扶持；东南亚地区经济合作进程的迅猛挺进；国际分工合作的重新组合。

沈阳只有抓住机遇，不断总结经验，遵照国际惯例，才能逐步形成社会主义市场经济体制，实现经济起飞。

对中外合资出现的“假合资”和设备出资等问题，必须要派懂技术、懂法律的人参加谈判；合同条款要完备严密不给外商留下可钻的空子；不要为引进外资而引进，不要在地方性优惠政策上加码。努力引进大型成套先进设备，培育创汇拳头产品。加强对三资企业开办后的管理，加强审计监督工作。

沈阳要发展，必须加速发展第三产业，促进第一、第二产业。在发展第三产业过程中，要做到：(1)在商业上，要向多渠道、多层次、少环节、快周转的方向发展，尤其是向高技术等级方向发展。(2)在金融业上，要使它成为高度灵敏的经济发展调节阀，尽快实现手段上的电脑化。(3)加快发展旅游业、咨询业、信息技术业。

另外，要加强基础设施建设，发展支柱产业，增强经济后劲。切实办好沈阳高新技术开发区；引导沈阳科技优势与沿海地区金融、市场、信息优势相结合；组建跨国企业集团，创明星企业、名优产品；积极进入形成中的东北亚经济圈，首先积极参与渤海经济圈，进而与华南经济圈、与港澳台、与亚太地区各个国家和地区建立和发展经贸往来；在培养造就国际型营销人才上，沈阳要有紧迫感。要扩揽人才，从社会上招聘，从企业内部公开招聘，并对现有人员进行岗位培训。对于营销人员要按能力和贡献在工资待遇上予以鼓励，留住人才；沈阳急需培养现代型、复合型、外向型人才。在培训人才方面，沈阳要组建高档培训中心，在境外设人才开发中心，在全市推行外语考试制度，建立计算机应用考核制度，外语大赛改为每年一次，充分利用辽宁教育电视台，开展培训专题讲座。

以上诸方面对沈阳在东北亚区域经济合作中经济实力的增强起决定性作用。

(靳艳晖)

【社会科学优秀学术成果】 沈阳市社会科学界联合会1993年进行了第五届社会科学优秀学术成果评选(1991.7——1993.7)。这次评选工作准备充分、工作细致、效果明显，对沈阳市社会科学发展起到了推动作用。

1993年初社科联向全市各学会、协会、研究会下发了文件，具体阐述了第五届社会科学优秀成果的评选对象，评选原则、评选办法。经专家推荐、共上报专著17部、论文206篇。由社科联学术委员会大部分成员及聘请有关专家学者28人，组成了优秀成果评选委员会，经过分组初评和集中评选，共评选出一等奖10项，其中专著4部，论文6篇；二等奖47项，其中专著6部；论文41篇；三等奖86项，其中专著6部，论文80篇；优秀奖论文59篇。

从这次评选出的优秀成果来看，应用理论研究成果显著，特别是关于建立社会主义市场经济管理体制方面的研究成果更为突出。如辽宁大学教授冯舜华所著《比较经济体制学》在全面分析外国经济体制的基础上，指明了中国经济体制改革必须借鉴先进经验和吸取的教训，在中国是第一本出版发行这方面研究的专著，获得专家们的一致好评，被评为一等奖。沈阳市税务局局长姜宪志所著《中国税收征管体系研究》一书，为税收征管提供了可借鉴的思路，被评为一等奖。其它，如荀洪文所著《深圳上海股市试验启示录》、鞠秀礼、潘艳军所著《党的领导机关适度行文标界研究》等，都很有价值。

另外，基础理论研究也取得了一批成果。市委党校教授姜成林所著的《直觉思维与逻辑思维》，对逻辑学的研究做出了突出贡献，被评为二等奖；市地方志学会殷蔚然主编的《沈阳市志·财政·税务·审计·金融卷》，为市志又添了一份厚重的研究成果。

其它方面，如国际经济、卫生经济、商业经济、价格理论、档案研究、金融理论、教育理论、哲学、科社等学科领域都取得了显著成果。

经市社科联主席办公会讨论决定，今后每3年举行一次优秀成果评选。对于评选方案、程序、质量要求，要进行重新修定。

(靳艳晖)

【总会计师研究会】 沈阳市总会计师研究会成立于1991年11月9日。它是由沈阳地区各行业总会计师组成的群众性学术团体，挂靠于沈阳市财政局，是沈阳市社会科学界联合会和中国总会计师研究会的团体会员。立会宗旨是：推进和完善沈阳市总会计师制度建设，发挥总会计师在加强经济管理，提高经济效益中的作用。其任务是：总结、研究、交流和传播总会计师在履行职责、行使权力、参与决策、协调关系等方面的经验；研究总会计师制度建设中存在的问题，探讨在深化改革中总会计师应采取的对策；反映总会计师对经济建设的建议、意见；组织有关总会计师的理论研究和学术交流活动，介绍国内外总会计师工作和会计改革方面的先进经验。目前，已发展会员96个，其中团体会员89个，个人会员7个。

1993年做了以下几项主要工作。

1. 积极参与《企业财务通则》、《企业会计准则》以及与此相适应的各行业新财务会计制度在全市的贯彻实施。沈阳市的各类企业和银行的财会人员、企业法人、经理和其他管理人员，共有3万余人参加"两则"和新财会制度学习班学习。很多总会计师承担了组织讲课、辅导任务。研究会协助财政局设立了新会计制度培训考试题库，为180多个学习班拟订了考试试题共5 000多道。为企业领导人专门编写了《新财会制度知识手册》，印发2 000册。协办了新财会制度"飞龙杯"电视大奖赛，并为此编写了《新财会制度问答1000题》，印发3 000册。

2. 在学术活动中，会员根据课题纲要撰写论文43篇，其中有3篇送全国总会计师研究会交流，在市社会科学界联合会1991——1993优秀成果评选活动中，有1篇评为3等奖、5篇评为优秀奖，13篇被该会评为优秀论文。

3. 在财会人员培训活动中，为"世界发达国家经营管理培训中心"(联合国支援项目)选送学员200名，办了全国会计专业技术考试考前辅导班，有400多人参加学习。

4. 新组建的财务会计咨询公司，配合市扭亏办公室，对亏损企业市聚氨酯橡胶厂进行了"会诊"并协助改进管理，建立健全财会管理制度。

(郝世儒)

【哲学学会】 沈阳市哲学学会成立于1959年，在"文化大革命"期间停止活动。1983年10月恢复活动。学会挂靠在沈阳财经学院。由候述佳任秘书长，张学敏任副秘书长。会员350人，其中有高级职称47人，中级职称234人。调整后，学会挂靠在沈阳市委党校。

学会恢复活动以来，坚持以马列主义、毛泽东思想和邓小平建设有中国特色理论为指导。几年来学会积极开展了学术报告、学术交流；征集和表奖优秀著作、论文；组织会员进行社会调查；开展课题研究等活动。如，1993年为纪念毛泽东同志诞辰100周年，学会积极组织会员开展“毛泽东思想与建设有中国特色社会主义理论”课题研究，撰写学术论文。与沈阳市委宣传部、沈阳市委党校、沈阳市社科联共同组织编写出版了《毛泽东思想与建设有中国特色社会主义理论》论文集。

为使哲学更好地为振兴沈阳的经济服务，1993年11月16日召开了“企业哲学”研讨会，与会者就“企业哲学”的涵义、对象，“企业哲学”的特点、体系、内容以及“企业哲学”的作用和研究方法进行了探讨。大家认为，企业在深化改革、扩大开放和现代化建设中有着举足轻重的特殊地位，研究企业生产、经营中的哲学问题，探讨企业发展的规律性问题，对企业转换经营机制、抓好两个文明建设极富现实意义。

为推动科研活动，学会每年都评选优秀论文、著作，进行表奖。此外，积极组织会员参加市社科联1991—1993年度社会科学优秀成果评奖活动。在这次评选中，有2部专著获优秀著作一等奖，4篇论文获优秀论文二等奖，3篇获三等奖，3篇获优秀论文奖。

据不完全统计，近5年来，会员们撰写公开出版的专著、教材87部，在省市级公开刊物上发表学术论文1 286篇。其中有28部著作、教材获省市级以上优秀著作奖，689篇获省市级以上优秀论文奖。

（张学敏）

【党的建设研究会】 沈阳市党的建设研究会成立于1993年11月30日。是沈阳市开展党建理论研究和交流实际工作经验的群众性学术团体，是辽宁省党的建设研究会的团体会员，是沈阳市社会科学界联合会的组成部分。其宗旨以马克思列宁主义、毛泽东思想和邓小平同志建设有中国特色的社会主义理论为指南，坚持党的基本路线，在市委的领导下，团结、组织广大党务工作者、党建理论工作者，发扬理论联系实际的学风，深入研究和探讨在社会主义市场经济条件下党的建设理论与实践，为推动沈阳市党的建设工作的发展服务。

其主要任务：1.学习、研究、宣传马克思列宁主义、毛泽东思想和邓小平同志关于党的建设的学说；有组织有计划地研究、探讨在社会主义市场经济条件下，党的建设理论与实践；开展党建研究中的有关协作活动。2.组织撰写党建研究论文、专著、读物等；3.宣传党中央、省、市委关于加强党的建设的指示精神，介绍有关党建工作和党建研究动态，提供党建研究工作信息。4.有计划有重点地组织开展党建调查研究活动，为市委党的建设决策服务，努力完成市委交办的任务，为全市党务部门做好党建工作提供咨询和服务。

（霍宗孟）

【科学社会主义学会】 沈阳市科学社会主义学会成立于1984年6月。现有团体会员39个，专家学者118名，局级领导3名，挂靠在中共沈阳市委党校。学会成立10年来，始终不渝地坚持宗旨，即团结全体会员，在马列主义、毛泽东思想的指导下，坚持党的基本路线，和“二为”方向、“双百”方针；解放思想、实事求是，积极开展科学社会主义理论研究和宣传活动，努力探讨建设有中国特色的社会主义理论问题，抵制各种错误倾向，努力为我国社会主义现代化建设服务。学会组织会员对国内外重大的科学社会主义的理论和实践问题进行探讨；开展科学社会主义的普及和宣传；交流科研成果和经验；评选优秀科研成果。特别是近一两年来，以邓小平南巡讲话和党的十四大文件精神为指导，努力开创学会工作新局面。1992年10月学会组织召开了学习党的十四大报告研讨会，对建立社会主义市场经济运行机制等6个专题进行研讨。全年评选出优秀论文11篇。为促进邓小平建设有中国特色社会主义理论的学习和研讨，1993年6月18日学会与市委宣传部、市社科联共同举办了建设有中国特色社会主义理论研讨会。研讨会邀请了在全市颇有影响的专家学者，共40余名理论工作者参加会议。会议围绕邓小平同志建设有中国特色社会主义理论的形成和发展、内容和结构、重要的指导意义和社会主义的本质特征等问题进行了热烈的研讨，并交流了学习体会和学习成果。1993年科社学会评出优秀论文18篇，专著一部。

（陈慧君）

【自学学会】 沈阳市自学学会成立于1991年12月1日，是广大自学研究者（及自学者）和自学成才者自己的组织。学会的宗旨和任务是：坚持四项基本原则，积极进行自学和自学成才规律的研究，宣传和表彰自学成才典型和优秀自学者，在会员中共勉互助，为弘扬民族文化、推动自学事业的发展、提高民族素质、实现社会主义现代化做贡献。学会的精神是：“自强、拼搏、成才、报国”。

学会自成立以来，已发展会员200余人，其中有中级以上专业技术职称者占24%，涉及专业12个。在理事会35名成员中，有副教授以上职称的专家学者占35%。其中国际知名学者乌丙安教授，全国劳动模范、第七、八届全国人大代表史继文，现代青年诗人林朗等人的工作，都为学会增添了巨大的活力。

学会在几年的发展中，得到了省、市有关领导和各大专院校师生的热情关怀、支持与帮助。其中省总工会、市总工会、市社科联、市民政局、市人大、市教委、辽宁大学、东北大学、沈阳大学、沈阳行政学院、沈阳药学院、沈阳化工学院、鲁迅美术学院等都与自学学会有密切的联系，两年来，学会共组织大型活动10余次，共撰写学术论文30余篇，评选表彰优秀自学者和自学研究者11人，创办小型经济实体3个，帮助5个困难青年完成学业。

沈阳市自学学会积极接纳符合条件者加入本组织，规定：凡承认学会章程，通过国家组织的自学考试，取得专科以上毕业证书；通过自学和研究取得一定成果；在本职岗位上努力工作、自学成才，被本单位承认为做出较大贡献的生产和工作骨干，经申请，都可成为会员。

（贾巨恒）

科技成果

【科技成果奖励概况】 1993年沈阳市科技进步奖，经市科技进步奖评审委员会评定，并经市政府批准，奖励重大科技成果155项，其中一等奖8项，二等奖47项，三等奖100项。沈阳市星火奖奖励项目54项，其中一等奖5项，二等奖12项，三等奖37项。

1993年沈阳市获国家级科技进步奖7项(不包括参加合作单位完成的项目和未公布的国防专用项目)，其中二等奖2项，三等奖5项。获国家发明奖3项，其中二等奖1项，三等奖2项。获辽宁省科技进步奖75项，其中一等奖4项，二等奖18项，三等奖53项。获辽宁省星火奖13项，其中一等奖1项，二等奖5项，三等奖7项。

(张守毅)

1993年沈阳市获国家发明奖项目

二等奖

序号	项目名称	发明者
1.	大白菜核基因互作雄性不育系选育及利用	沈阳市农业科学院张书芳、宋兆华、赵雪云

三等奖

序号	项目名称	发明者
1.	JFZ20复合转毂式矫直机	东北大学 阜新冶金备件厂 上海第五钢铁厂 崔甫、张树锁、刘树桐 王少恕、杨会林、荣福贵
2.	单波长、双通路时间分辩背景校正原子吸收光谱分析技术	中国人民解放军第二〇二医院张湘刘长江、张宁

(郭春宇)

1993年沈阳市获国家级科技进步奖项目

二等奖

序号	项目名称	完成单位
1.	金属有机源分子束外延设备(MOMBE)和MBE—IV型分子束外延设备	中科院沈阳科学仪器厂
2.	东北电网调度自动化系统实用化	东北电管局调度通讯局

三等奖

序号	项目名称	完成单位
1.	岩石三性综合分级	东北大学
2.	复杂先天性心脏病的外科治疗	沈阳军区总医院
3.	醋酸强的松生产中微生物C1脱氢技术研究	东北制药总厂
4.	农田防护林永续利用与更新方式	中科院沈阳应用生态研究所
5.	计算机光盘档案管理系统及其推广应用	沈阳市档案馆

注：此获奖项目不包括未公布的国防专用项目。

(张守毅)

1993年沈阳市获省科技进步奖项目

一等奖

序号	项目名称	完成单位
1.	好猫诱鼠剂及诱杀毒饵(Ⅰ、Ⅱ型)	沈阳市好猫鼠药厂
2.	年产10吨绿黄隆中试	沈阳化工研究院等
3.	谷仓工人职业性哮喘免疫学病因发病机理与诊断研究	沈阳军区总医院
4.	地方科学技术进步立法研究	沈阳市科委等

二等奖

序号	项目名称	完成单位
1.	单相强油水冷封闭式出线100MVA、500KV电力变压器	沈阳变压器厂
2.	高塑性冷轧带肋(螺纹)钢筋加工技术	沈阳工业大学等
3.	隐形条码识别系统	中国兵器工业总公司条码技术研究开发中心
4.	FTY150S—6纺织用三相永磁同步电动机	沈阳工业大学等
5.	换热器用大长径比整体厚壁波纹管加工方法及工艺	沈阳工业大学等
6.	北艳大红S—5761	沈阳化工研究院等
7.	高固体份丙烯酸涂料	沈阳油漆厂
8.	纺丝直接成布技术及产品开发	纺织工业非织造布技术开发中心
9.	沈阳市进步煤矿软岩巷道支护改革应用研究	沈阳市进步(筹备)煤矿等
10.	ALLO—LAK细胞治疗恶性胸腹积液的基础及临床应用研究	沈阳军区后勤部军事医学研究所等
11.	胃癌细胞功能分化与浸润转移特点的研究	中国医科大学

12.	抗心律失常药物盐酸莫雷西嗪研制及试产	东北第六制药厂
13.	支气管肺泡灌洗检测技术及其临床应用	中国医科大学
14.	防治玉米螟新颗粒剂——杀螟灵1号研制及大面积开发应用	沈阳农业大学等
15.	山楂害虫种类调查及主要害虫发生规律研究	沈阳农业大学
16.	辽西地区油松低产林改造技术推广的研究	沈阳农业大学等
17.	ZDB真空镀膜玻璃	东北大学等
18.	耐高温抗腐蚀滤料的研制与应用	东北大学等

三等奖

序号	项目名称	完成单位
1.	250MVA、500KV单相自耦电力变压器	沈阳变压器厂
2.	高效自动流动注射仪的研制	中科院沈阳应用生态研究所等
3.	PMW1系列稀土永磁节电型起重电磁铁	沈阳工业大学等
4.	ZLG—1型人参真空冷冻干燥机的研制及冻干机理的研究	东北大学
5.	RD系列道路划线设备研制	东北大学
6.	小直径深内孔厚壁销钉式挤出机机筒粉末等离子喷焊工艺的研究	沈阳工业大学
7.	采油电潜泵50CrVA系列泵轴	沈阳航空工业学院机械电器厂
8.	QJS—800型气垫式胶带输送机	东北大学等
9.	大型线性规划软件开发及在鞍钢应用	沈阳化工学院等
10.	成套电气装置CAD系统	东北大学
11.	RDC—1型染色生产工艺单片计算机控制系统	沈阳建筑工程学院等
12.	癸二酸含甲酚废水处理技术	沈阳化工综合利用研究所等
13.	D型(大型新结构)陶瓷磨机橡胶衬里	沈阳工业橡胶制品厂
14.	重型难燃钢丝绳芯输送带	沈阳胶带总厂
15.	难燃尼龙钢缆牵引输送带	沈阳胶带总厂
16.	TC4钛合金杂质偏聚缺陷及其清除的研究	东北大学等
17.	W18Cr4V高速钢低温气体快速碳硼氧稀土多元共渗及其应用	沈阳工业高等专科学校等
18.	重油磁化节能燃烧器的研制	东北大学等
19.	利用酯化复合菌提高固态浓香型白酒优质品率的研究	沈阳市老龙口酒厂
20.	新型啤酒酵母菌株的选育及应用锥形罐缩短酒龄的研究	中科院沈阳应用生态研究所等
21.	赤峰红花沟金矿田成矿规律与成矿预测研究	沈阳黄金学院等
22.	歪头铁矿湿式自磨机生产过程自动控制研究	东北大学等
23.	胃癌高发现场胃癌前病变预防途径的研究	中国医科大学肿瘤研究所等
24.	自身免疫甲状腺病T细胞的研究	中国医科大学
25.	伤湿所致脾阳虚证动物模型及其机理研究	辽宁中医学院
26.	肺炎支原体抗原基因在大肠杆菌中克隆和表达的研究	中国医科大学
27.	红毛五加的系统研究	辽宁中医学院等
28.	大学生中多种乙型肝炎疫苗预防效果及抗HBs持久研究	中国医科大学
29.	呼吸器在新生儿临床应用的研究	中国医科大学
30.	辽宁省人群监测心血管病发病死亡趋势及危险因素变化分析(1985—1989)	中国医科大学等
31.	颌面部Langer's皮纹走行方向与皮肤中血管、淋巴、神经走行方向的研究	中国医科大学
32.	增智健脑剂治疗弱智儿临床研究	辽宁中医学院
33.	乙二胺致哮喘病因和诊断研究	沈阳市劳动卫生职业病研究所等
34.	氧化铝粉尘致肺纤维化作用的病因学研究	沈阳市劳动卫生职业病研究所
35.	大豆产量程序设计及栽培措施优化研究	沈阳农业大学等
36.	特用玉米新品种沈爆一号选育与开发利用	沈阳农业大学
37.	优质水稻新品种沈农129的选育	沈阳农业大学
38.	三元杂交种“柞杂8号”的选育	沈阳农业大学等
39.	辣椒杂交种	沈阳市农业

	"沈椒3号"选育的研究	科学院
40.	梨黑星病综合防治技术推广	沈阳农业大学等
41.	动物血保护大豆饼蛋白质在牛瘤胃中的降解率与小肠消化率的研究	沈阳农业大学等
42.	杨树(水泡、壳梭孢)溃疡病发生和防治的研究	中科院沈阳应用生态研究所等
43.	SPZ水质稳定剂	东北大学等
44.	沈阳西部污水工业污染源水污染物控制指标体系的研究	沈阳环境科研所
45.	沈阳市乡镇企业污染现状调查及环境污染防治对策的研究	沈阳环境科研所
46.	风扇磨装卸行走机械手计算机控制驾驶系统	东北大学
47.	邮政枢纽数据处理及指挥调度系统—宽带计算机网络	东北大学等
48.	沈阳中山大厦商场计算机网络管理信息系统	沈阳市商业科研所等
49.	复合管型实体热电偶系列产品	东北大学
50.	瘦肉型肉猪、蛋鸡、肉仔鸡饲养管理标准图推广应用	沈阳市苏家屯区畜牧副食局等
51.	女性耻骨微细结构与年龄关系研究	沈阳市刑事科研所等
52.	城郊区域经济社会决策支持系统	东北大学等
53.	沈阳市航空遥感国土资源技术规程及调查研究(合并项目)	沈阳市国土区划办公室等

注:此获奖项目不包括未公布的国防专用项目。

(张守毅)

1993年沈阳市获省星火奖项目

一等奖

序号	项目名称	完成单位
1.	SKGRL(Y)高效节能热风炉系列的研制	东北大学等2个单位

二等奖

序号	项目名称	完成单位
1.	保护地蔬菜病虫害综合防治研究	沈阳农业大学
2.	肉鸡屠宰成套设备系列产品开发	南塔禽畜加工设备制造公司
3.	硬齿面圆柱齿轮减速器系列产品开发	辽中减速器厂
4.	ES—ABN系列电子天平	沈阳龙腾电子称量仪器有限公司
5.	GJ养护窑高效节能技术	沈阳市节能科学技术研究所

三等奖

序号	项目名称	完成单位
1.	玉米秸饲喂奶牛新技术开发研究	沈阳农业大学等5个单位
2.	柳河沿岸大面积杨树低产林带状改造及其生态、经济效益研究	沈阳农业大学等2个单位
3.	实施辽宁省"一二三工程"建设组织与管理	于洪区陵东乡政府
4.	出口生物工艺系列产品开发	辽中县生物工艺品厂
5.	G32—1润滑稳定剂研制与开发	沈阳市远东化工厂
6.	水稻生产过程机械化试验示范	沈阳市农机管理办公室等
7.	玉米生产过程机械化试验示范	沈阳市农机管理办公室等

(董加耕)

1993年沈阳市科技进步奖授奖项目

一等奖

序号	项目名称	完成单位
1.	SIC705单轴等温离心压缩机	沈阳鼓风机厂
2.	高温碟阀	沈阳高中压阀门厂
3.	热浸镀铝管型材工业化生产	东北大学
4.	三十种中草药化学成份生物特征的系统研究	沈阳药学院
5.	重症肝炎治疗新方案研究	中国医科大学
6.	蕃茄杂交种沈粉三号的选育及其利用的研究	沈阳市农业科学院
7.	地方科学技术进步立法研究	沈阳市科委 沈阳市人大科教文卫委员会 沈阳市政府法制办公室 沈阳科学与科技政策研究会
8.	SPZ水质稳定剂	东北大学

(二、三等奖147项略)

(姜国维)

1993年沈阳市科技振兴奖获奖项目

一等奖

序号	项目名称	完成单位
1.	年产1000吨维生素C车间的科技成果转化和科技项目开发	东北制药总厂
2.	头孢噻肟钠	东北制药总厂
3.	条码技术及其产品开发	沈阳先达条码股份有限公司
4.	单相强油水冷封闭式出线100MVA.50万伏电力变压器	沈阳变压器厂
5.	复方铝酸铋片	沈阳新城子制药厂
6.	LQ—1600K系列打印机	沈阳计算机外部设备总厂
7.	高产、多抗性玉米杂交种“沈单七号”	沈阳市农业科学院
8.	冲天炉节能，提高熔炼质量成套技术推广	沈阳铸造研究所
9.	斜交轮胎及子午线轮胎技术装备攻关项目	沈阳橡胶机械厂

(郭春宇)

1993年沈阳市星火奖获奖名单

一等奖

序号	项目名称	完成单位
1.	492Q型球墨铸铁曲轴	辽中县农机汽车修造总厂
2.	SKSZ旋转闪蒸干燥机系列的研制	东北大学沈阳科技机械工业技术研究所
3.	复肝康冲剂药物开发	沈阳辽河制药厂
4.	TR2.5型透反射式双色液位计	沈阳水星仪表有限公司
5.	塔特姆肉种鸡引进繁育与推广	沈阳市肉鸡示范场

二等奖

序号	项目名称	完成单位
1.	振动式水平干燥机	东北大学干燥技术研究所、东北大学沈阳干燥机厂、东北大学实验厂
2.	机绣水溶产品系列开发	沈阳市三环机绣厂
3.	SC—5402气相防锈纸	沈阳市长城防锈材料厂
4.	SC型高效湿除尘风机系列产品	沈阳市风机厂一分厂
5.	PCV防水油膏	沈阳市人民化工厂
6.	HSB9130型系列10吨半挂车	沈阳三山汽车工业联营公司
7.	ZDB真空镀膜玻璃	东北大学新民联合幕墙玻璃厂
8.	玻璃钢冷却塔产品开发	沈阳玻璃钢风机厂
9.	水稻生产集约化栽培技术体系研究	辽宁省农科院稻作所、于洪区农技推广中心等三个单位
10.	辽宁省123工程二期工程东陵基地区建设	东陵区人民政府
11.	辽宁省123工程科技示范乡建设	东陵区五三乡人民政府
12.	新城子区科技兴区总体方案	新城子区科委

三等奖37**项(略)**

(罗丽)

教 育

【概况】 普通教育:沈阳市1993年有各级各类学校(含私立学校)2 082所,在校学生1 041 259人,教职工103 031人,其中:专任教师66 920人。

1993年普通高等学校和科研部门举办的研究生学校21所(不计校数),在校研究生2 880人,教职工1 392人(不计入总数),共招生1 171人,毕业生783人(博士生54人,硕士生729人)。

1993年全市有普通高等学校22所,在校生68 628人(含电大普通专科班),教职工27 371人,其中:专任教师10 442人(市属普通高校2所,在校生11 590人,教职工2 387人,其中:专任教师1 059人),全年共招生22 446人(市属4 042人),毕业生13 783人(市属2 947人)。平均每万人口在校生(含研究生)109人,比建国初的1949年增加88人,比1965年增加67人,比1979人增加47人。专任教师中,教授827人,副教授2 746人,占专任教师总数的34.22%。

1993年全市有普通中等专业学校45所,在校生30 354人,共招生11 447人,有毕业生8 251人,教职工6 155人,其中:专任教师3 193人。平均每万人口在校生46人,比建国初的1949年增加36人,比1965年增加11人,比1979年增加28人。专任教师中高级讲师423人,讲师1 078人,占专任教师总数的47.01%。校舍建筑总面积731 148平方米。其中:市属普通中等专业学校16所,在校生17 349人,教职工2 171人,其中专任教师1 135人,共招生7 406人,有毕业生3 740人,校舍建筑总面积278 312平方米。

1993年全市有普通中小学(含私立学校)2 015所(中学330所,小学1 685所),在校生939 397人(小学606 809人,初中283 288人,高中47 579人),教职工69 796人(中学31 585人,小学38 211人),其中:专任教师58 458人(小学31 352人,初中18 130人,高中3 976人)。学校占地面积20 698 065平方米,校舍建筑总面积3 861 442平方米。全市学龄儿童入学率为99.76%,初中毕业生升学率为51.37%,高中毕业生升学率为51.76%,全市小学应届毕业生毕业率为97.93%。平均每万人口小学在校生929人,初中在校生435人,高中在校生74人。小学专任教师学历达标率为95.16%,初中专任教师学历达标率为66.33%,高中专任教师学历达标率为65.17%。

职工教育:1993年,沈阳市有职业高中56所,在校生31 095人,教职工4 843人,其中:专任教师2 816人。平均每万人口职高在校生48人,专任教师学历达标率为34.06%。全市技工学校、职业高中、普通中等专业学校(市属)招生与普通高中招生比为6:4。

特殊教育:沈阳市1993年有特殊教育学校16所(工读学校2所,聋哑学校8所,盲校1所,弱智学校5所),在校学生1 645人(工读学校在校生65人,聋哑生791人,盲生97人,弱智生692人),教职工463人(工读学校80人,聋哑学校402人,盲校49人,弱智学校205人),其中:专任教师463人(工读学校59人,聋哑学校217人,盲校30人,弱智学校157人)。

幼儿教育:沈阳市1993年有幼儿园(含私立)1 611所,在班、在园幼儿193 125人,教职工14 762人,其中:教养员7 338人,入园率为53.89%。

成人教育:沈阳市1993年有各级各类学校1 930所,在校生680 829人,教职工12 002人,其中:专任教师5 347人。

1993年成人高等学校有30所,职工大学22所(市属6所),管理干部学院5所,教育学院1所,广播电视大学2所(市属1所),普通高校举办的夜大学16所(不计校数),函授大学15所(不计校数),干部专修科4所(不计校数)。

在校生51 978人(市属14 020人),教职工5 510人(市属1 417人),其中:专任教师2 237人(市属639人)。平均每万人口在校生80人。

1993年成人中等专业学校64所(市属47所),职工中等专业学校39所,农民中等专业学校6所,函授中等专业学校1所,广播电视中等专业学校5所,教师进修学校13所。在校学生37 666人(市属22 259人),教职工2 818人(市属2 202人),其中:专任教师1 581人(市属1 360人),平均每万人口在校生58人。

1993年成人普通教育学校有95所,在校生14 155人,教职工746人,其中:专任教师250人,平均每万人口在校生22人。

1993年成人职业技术学校有1 741所,在校生577 030人,教职工2 956人,其中:专任教师1 279人,平均每万人口在校生882人。

(*韩敏洁*)

【深化教育综合改革】 沈阳市自1988年被国家教委确定为全国城市教育综合改革实验城市以来,已经进行了8年的改革实验,主要经历了3个阶段:一是单项试验,自1988年至1990年重点抓好中小学校内部管理改革。二是重点突破,自1990年至1992年重点抓好小学毕业生免试对口直升初中和初中生升入普通高中、职业高中、中专、技校实行“一考四录取”。三是综合配套和完善提高,自1992年至1993年重点抓好教育内外部关系的协调,教育内部各级各类教育的逐步完善提高。尤其是1993年按着党的十四大和《中国教育改革和发展纲要》确定的社会主义市场经济体制改革的总体目标，教育改革逐步适应和深化，初步形成了基本符合沈阳市实际情况的从幼儿教育到成人教育协调配套，全面发展的基本框架，逐步走出一条教育与经济、社会相适应的新路子。

深化教育综合改革的主要做法：

第一，加快教育体制改革，努力建立与经济体制、政治体制和科技体制相适应的教育体制。在领导体制上，改革过去"高度集中"和"条块分割"的旧体制，在横向上采取"集中领导，统筹规划，加强协调，分口负责"。在纵向上采取"分级办学，分级管理，县乡扩权"，扩大县区、乡镇对教育的统筹权和决策权。在办学体制上，打破政府单一办学的旧模式，逐步形成了"政府办学为主体，社会共同参与，多元化办学"的新格局。现在，沈阳市职业技术教育已经全面实现了与企事业联办，成人教育和幼儿教育基本上都由社会来办，地方高等教育和基础教育也实行了多种形式的社会助学。仅1993年，沈阳市本着"积极鼓励，大力支持，正确引导，加强管理"的原则，已审批了41家民办学校，还与中外企业集团合作创办了3所合作学校。在投资体制方面，打破了国家财政独家投入的旧模式，采取了"财政为主，多方筹集，综合调节"的政策。财政主渠道始终保持了"两个增长"，大力发展校办企业，增加投入，同时开辟了征收6种教育费税等政策渠道，还出台了鼓励民办学校和适当扩大自费生比例及提高非义务教育学生学杂费标准等政策。投资渠道已达4个方面，12条渠道。1993年教育经费比1992年增长12.4%，仅社会筹集就达1.5亿元。在管理体制上，探索"政府转变职能，社会广泛参与，学校自主办学"的体制。主要做法是：转变教育行政部门的职能，增强宏观调控；下放权力，扩大学校办学自主权；动员社会参与，大力发展社会教育。

第二，搞好教育结构改革，逐步建立起主动服务于经济建设，各级各类教育协调发展的新格局。一是构建协调发展的层次结构。重点抓好基础教育，突出强化中等职业技术教育和地方高等教育。二是构建比例合理的门类结构。1993年沈阳市中等职业技术教育与普通高中在校生比例已达6.5：3.5，地方高等教育调整了办学方向，培养急需的应用型、复合型人才，在城乡扩大了初三分流和高三分流及高中后一年职业技术教育试验。三是构建与经济发展相适应的专业结构。调整的重点是强化中等职业技术教育，形成了"面向市场，主动服务，超前准备"的新体制，探索了教学——生产——经营——服务相结合的职业技术教育模式。

第三，深化教育内部运行机制改革。一是强化了激励机制，各类学校完善了结构工资制，打破新的平均主义分配方式。二是强化竞争机制，完善教师聘任制。三是强化了自我约束机制，加强了学校民主管理。

第四，深化教育教学领域改革，全面提高质量。在教育思想上，深入贯彻"两全"方针。在教学内容上，根据沈阳市实际情况不断更新内容，基本普及了小学外语教学，扩大了计算机教学。在教学方法上，进行了创造教育，愉快教育，特色教育，超前教育的试验。

第五，若干个单项改革逐步深化，形成综合配套和完善提高的整体。一是继续完善初中招生制度改革，在"对口直升"的基础上，1993年实行了对优秀学生，特长学生集中保送就读等政策，增加办学特色。二是高中阶段招生继续实行"一考四录取"，并把中师、中专招生指标落实到了县区，扩大保送生和推荐生范围，外语升学考试加试口语听力，扩大收费生比例等政策。三是深化职业技术学校和地方高校的招生分配制度改革，招收部分优秀中等职业技术学校毕业生进入地方高校，高校毕业生除部分专业按培养计划推荐录用外，实行了供需见面，双向选择和进入人才劳务市场自主择业的政策。　　*(马志君)*

【市领导视察中等职业技术教育】为了推动沈阳市职业技术教育进一步发展，1993年8月31日，市委、市纪委、市人大、市政府、市政协等五大班子领导张国光、武迪生、丁世发、赵金城、李中鲁、王书海、高柏金、张鸣歧、王扬、吴泮权、艾廷隽、马吉庆等市有关部门负责人，视察了机电学校、纺织工业学校、外事服务学校、丰田金杯培训中心、计算机学校等5所中等职业技术学校。

随着社会主义市场经济的建立，沈阳市职业技术教育开始进入一个蓬勃发展的新时期，并且逐步形成了自已的地方特色，即：政府统筹；在职业高中实行校企合作、联合办学；采取"大家来办"的方针；增强整体规模效益；突出技能训练，全面提高教育质量；分期分批 建设一批示范骨干学校；逐步形成合理的职教体系。1993年，沈阳市职业技术教育的主要成果是：①职业技术教育发展迅速，规模扩大。全市新增职业高中21所，总数已达89所，开设75个专业，在校生31 841人。有重点职业高中14所，其中国家教委备案的省级重点学校10所。②形成了一定的物质基础。全市职业高中1993年新建教学楼、实习楼计26 004平方米，学校办学条件都有很大改善。③丰富了教育综合改革的内容，促进了教育综合改革的深化。改变了单一化、教育脱离经济建设、脱离社会发展实际的局面，使职业教育为经济建设服务更直接、更紧密、更有效。④为现代化建设输送了大批合格顶用的人才。截止1993年底，职业高中为各行各业输送了近12万毕业生。这些毕业生有文化、懂技术、会操作，很快成为生产和工作中的骨干力量。⑤职业技术教育提高了全市劳动者素质。职业高中实行"双证"制以来，学生的素质明显提高。"八五"以来，职业高中毕业生参加技术等级考核全部达到三级工以上。1993年达到四级工的为31.83%，达到五级工的为6.12%，

市委、市纪委、市政府、市人大、市政协等领导同志视察职业教育，是对广大师生的极大鼓舞。领导同

志兴致勃勃地视察了学校的教育教学设施、实验室、实习厂,观看了学生的实际操作,听取了学校领导的汇报,对沈阳市职业教育近年来取得的成绩很满意,高度赞扬职教战线领导、教师和学生为开拓沈阳市职教事业做出的贡献。在市机电学校,武迪生市长为同学题辞"千里之行,始于足下"。在金杯培训中心,市领导肯定了发展教育要引进外资的做法,同时指出,建设职业学校就要高起点,高水平,以适应建设"一高两大两化"城市的需要。听了外事服务学校校长的汇报后,领导们对该校依靠自身力量发展校办产业,年创收已达150万的成绩表示赞赏,并要求所有职业学校都要走产教结合,校企合作的路子。

市领导在视察市计算机学校后,就这次视察发表了重要讲话。张国光书记在讲话中指出:沈阳市职业教育走出了一条既适合社会主义市场经济,又能够符合沈阳市情良性循环的路子。职教还要发展。希望过两年再出现一批象计算机学校这样高水平的职业技术学校。

(蔡继红)

【普及九年义务教育取得突破性进展】 1993年,沈阳市普及九年义务教育取得了突破性进展。经省政府"两基"评估验收组检查认定,大东区、沈河区、皇姑区、和平区、铁西区、于洪区、东陵区、新民市、辽中县等9个县(市)区均达到了国家和省规定的普及九年义务教育验收标准,提前实现了市政府提出的普及九年义务教育第二阶段规划目标。苏家屯和新城子两区也按"普九"规划目标的要求,如期完成了阶段性"普九"工作任务。康平、法库两县根据市政府的要求和部署,对原有规划作了重大调整,按新的"普九"规划要求,两县将在本世纪末,基本实现普及九年制义务教育的历史任务。这样,就在沈阳市范围内初步形成了按"九、二、二"三个层次进行分类实施的普及九年制义务教育的基本格局。"普九"基本格局的形成和发展,标志着沈阳市九年义务教育进入了稳定持久地普及和提高的新阶段,据对13个县(市)区的综合调查统计,1993年,全市7—12周岁适龄儿童入学率达99.8%,13—15周岁适龄少年初中阶段入学率达94.8%;小学在校生年巩固率达99.8%,初中在校生年巩固率达97.4%;15周岁人口初等义务教育完成率达98.7%,17周岁人口九年义务教育的完成率达97.6%;小学毕业生全科及格率达97.8%,初中毕业生全科及格率达77.3%,九年义务教育的普及程度和教育质量都达到了国家规定的实施标准。

为了全面加快沈阳市普及九年义务教育的步伐,沈阳市人民政府根据国家教委[1993]2号和省教委[1993]12号文件关于"建立义务教育评估验收和奖励制度"的规定和要求,决定对1993年首批验收达标的县(市)区进行表奖,奖励于洪区、东陵区、新民市、辽中县教育经费各100万元,另奖励9县(市)、区各1.5万元,以表彰"两基"工作中的有功人员

(李有宽)

【地方普通高等教育】 1993年沈阳市属普通高校充分挖掘现有潜力,扩大招生数量,使在校生规模有了较大发展。全年共招收新生4 072人,比1992年增长了9.2%。在校生达到11 866人,比1992年增长了9.5%。招收委培生231人、自费生1 760人,占招生总数的48.9%,比1992年增长了10.9个百分点。

以人才市场需求为目标,进一步调整了专业和层次结构。第一,坚持办好主干专业。根据沈阳市机械类人才需求量大而学生不愿报考的实际情况,在招生时采取了多招公费生、少招自费生和降低录取分数线的办法,在办学中采取了拓宽专业服务方向的办法,如将机制专业拓宽为机械电子工程和数控机床专业。这就保证了较好地完成工科类专业的招生计划,1993年招收纯工科专业学生997人,占招生总数的24.5%。第二,增设新专业、改造老专业。1993年市属高校增设了3个专科专业,有餐旅管理、统计电算化、卫生检验。同时将财务会计拓宽为涉外企业会计,商企管理拓宽改造为广告学,财政金融拓宽为投资经济管理,法律学拓宽为国际经济法。第三,调整办学层次,增加本科专业数量。沈阳大学校部增设了工业自动化、环境工程、管理工程3个本科专业,使本科专业达到6个。沈阳大学财经学院增设了劳动经济、财政学、外贸经济3个本科专业,使本科专业达到7个。沈阳大学师范学院增设了物理、化学、英语3个本科专科,使本科专业达到5个。第四,试办了高等职业技术教育。经国家教委、省教委同意,在市电视大学试办了职业高中计算机师资班。从应届职业高中毕业生中招收了40名优秀学生,学制三年,毕业后担任计算机课的实习指导教师。

进一步深化教学领域改革。根据人才市场需求,大胆调整教学计划。其原则是加强基础课和实习实践课,保证专业课更专、动手能力更强。其次是以提高学生计算机和外语能力为主线,增设实用性课程。三是为提高学生动手能力,进一步加强实践教学环节。

为加强对青年教师培养,市教委责成沈阳大学师范学院对非师范院校毕业的青年教师进行教育原理、心理学、职业道德等160学时的培训,第一批87名学员已于3月取得合格证,第二批80年学员正在培训中。

市委科教工委、市教委于12月份举办了第三次市属普通高校学生思想政治工作研讨会。6所普通高校共推荐了33篇优秀论文在大会宣读。

(荀秀春)

【中等专业教育】 1993年,沈阳市中等专业学校在市场经济的挑战面前,努力研究经济需求和人才需要,加快开放办学,拓宽服务面向,增强了办学活力。首先是进行招生制度改革。内容包括:扩大自费生招生比例,市属中专学校招收自费生比例由1992年的10%提高到30%,自费生毕业后不再由国家统一分配工作,逐渐改变国家统包统分的政策;扩大招生总体规模,根据沈阳市经济和社会发展的趋势,扩大了一些专业的招生名额;在招收委培生方面放宽政策限制,允许市属中专在

沈阳以外的地区招生；省属学校也把招生范围扩大到其它省份，有的是与其它省的同类学校开展对口交流。上述措施调动了学校积极性，各校主动走向人才市场，招生数量增加较快。全市共招收新生11 447名（其中市属学校招4 738名），自费生和委培生占38.5%。招收自费生，使学校获得一定收入，提高了办学效益，补助教育经费的不足。

为了更紧密地结合社会需求，一些学校加快专业调整。沈阳市纺织工业学校增设了纺织外经外贸和工业财会等专业。省粮食、水利等学校也随着主管部门职能转换拓宽了专业范围。与此同时，中专学校的办学层次和办学形式日趋灵活。除担负中专学历教育外，还承担本行业在职职工的培训任务。沈阳市警察学校为全市公安系统培训巡警300名，保证市政府提出巡逻民警按时上岗的要求。一些部门把职工培训中心设在学校，提高办学效益。沈阳市机电工业学校开始试办高等职业教育班。市纺织工业学校派出24名中专学生赴俄罗斯进修。

1993年，中专学校在进行了教育评估的基础上，加大改革力度，强化管理、深化了中专教育的综合改革。已经开展办学水平评估的学校继续巩固评估成果，通过合格评估的学校不断整改，有12所学校在这一年又进行了办学水平评估。各个学校都制定了学校整改方案和综合改革方案。按评估指标体系要求加强学校建设。在主管部门的支持下，部分学校开始进行学校内部管理体制改革的试点。内容包括：实行校长负责制；实行岗位责任制，即定岗、定员、定职、定责，加强岗位规范化建设；实行全员聘任制，对教职工队伍进行优化组合，剥离富余人员去开发校办产业；实行工资总额包干，按劳分配，内部发放结构工资，这项改革调动了教师教书育人的积极性，促进了教师队伍的稳定和提高，也使学校管理水平上升到一个新高度。

（常质熙）

【幼儿教育发展新趋向】　1993年，随着社会主义市场经济体制的逐步建立，做为社会福利事业的托幼园所发展面临着新的困难和挑战。沈阳市是个重工业城市，以单位自办园所为主是沈阳市幼儿教育事业主要特点，也是80年代解决全市幼儿入托难的成功经验。但一年来，由于多方面的原因，一些单位挤占托幼园所的房舍、场地，其至撤销托幼园所，致使全市托幼园所数量减少，有些地区重新出现了“入托难”现象，严重影响了幼儿教育事业的发展。据对市内5个区的调查，从1991年以来，已撤销托幼园所289所。还有一些园所因部分房屋被挤占而规模缩小。究其原因：

1.企业在经营机制转变过程中视托幼园所为包袱，将其改为他用。有部分厂矿经济滑坡，为了节省资金或开辟新的经济收入门路，把托幼园所改成饭店，招待所、医院、商店等；有的企业为了技术改造用地而撤销厂内托幼园所；个别企业在劳动用工改革中大批女职工放长假导致入托儿童减少而停办托幼园所。

2.沈阳市托幼园所收费偏低，而市场物价不断提高，使一些自收自支的托幼园所经济负担加重，入不敷出。由于办园资金不足，出现了办园条件差，师资队伍不稳定，保教质量降低等现象。

面对上述问题，沈阳市下发了《关于加强幼儿园管理的通知》初步控制了局势。主要做了以下工作：

1.利用新闻媒介宣传幼儿教育工作的重要。如协同辽宁电视台新闻立交桥节目暴光了个别单位侵占幼儿园，办工厂、办酒店、办招待所、办医院的错误做法，同时表扬了松陵机械厂重视托幼工作支持园所发展的先进事迹。

2.继续坚持“自己的孩子自己管”的原则，要求有条件的单位办好托幼园所。大中型企业办的幼儿园是沈阳市办园的主体，特别是一、二级园所条件好、师资力量强、收托数量大，原则上不允许解散，如确属理由充分，需经市、区教育行政部门批准。

3.要求区街加强对街道园所的管理，积极扶持园所翻扩建改善办园条件，提高保教质量，承担起为社会服务的任务；街道办事处不得以搞活经济为理由侵占、撤销园所。目前尚没有办园的街道办事处（地处大企业宿舍区的街道除外）要积极想办法建园或接收小区新建的幼儿园，解决本地区幼儿入托问题。

4.积极发展小区园，要求新开发小区和旧区改造的小区都要配套建立幼儿园。小区幼儿园不得改做他用，若主办单位不想继续办园，须将小区园的房产折价交还给区教育行政部门，由其另行委托其他单位承接继续办园。

5.抓好试点，用典型引路。总结推广了南宁幼儿园认真贯彻《幼儿园工作规程》努力提高办园水平的试点经验；调查总结了沈阳工业大学幼儿园实行园长负责制和经济承包责任制取得社会效益和经济效益同步发展的经验；沈阳仪器仪表工艺研究所为使幼儿园尽快适应市场经济的需要转换机制，积极扶植、促进幼儿园走自我发展、自我完善之路的经验；沈阳飞机制造公司幼教中心树立市场经济意识，在本单位企业与生活服务分离的情况下不等不靠，兴办第三产业以副养园的经验。

市教育委员会还起草并与有关部门会签了《沈阳市托幼工作管理规定》，重申多形式、多规格、多渠道发展托幼事业的方针，提高托幼园所的收费标准，建立奖励和处罚制度，明确托幼园所保教人员的工资待遇，解决街道办托幼园所教职工退休养老等政策问题。这个文件的发布将推动沈阳市幼儿教育工作的发展，沈阳市幼儿教育发展适应市场经济的需要已成为必然趋势。

（邹世婵）

【教师队伍建设】　振兴民族的希望在教育，振兴教育的希望在教师，干部和教师队伍建设是提高教育教学质量的保证。1993年，沈阳市师训和干训工作取得了显著成绩。

1.干训工作进一步加强

（1）校长培训。沈阳市举办了不同类型的校长培训班4个，共培训校级干部779人，组织了“国内访问学者”进修学习8人。其中：与北师大联办了第二期中小学校长教育管理班30人;举办第19期校长管理班30人;薄弱初中校长培训班29人;初中教育管理专业班689人。

(2)制定了干训规划。在认真总结全市中小学校长岗位培训经验基础上,制定了《沈阳市中小学校级干部继续教育规划》(1994—1997)使干训工作继续沿着系统化、规范化和制度化轨道向前发展。

(3)后备干部培训。根据国家教委035号文件规定,坚持"先培训后上岗"原则,全市重点抓了后备干部培训,3年来共培训1 031人,从而保证了干部来源的数量与质量。

(4)专业证书培训。沈阳市对文化程度尚未达标的校长进行了专业证书培训,现已结业158人,在学205人。

2.师训工作水平进一步提高。

(1)学历培训。《关于加快我市初中教师学历培训步伐意见》规定:"凡在沈阳市任教的初中教师(含民办),至1993年底,男年满50周岁(含50周岁),女年满45周岁(含45周岁)的,必须参加学历培训,现已有3 744名初中教师参加了全国卫星电视师范学院"三沟通"学历培训。首批学科结业考试已完毕,平均及格率98.2%。

(2)骨干教师考评。1993年初,沈阳市研讨制定了"八五"期间《沈阳市中小学骨干教师基本要求和实施细则》。4月份,全市由下而上开展了骨干教师考评工作,下发了《关于加强中小学骨干教师培训和管理的几点意见》,建立了骨干教师档案和管理、培训提高、跟踪考评制度,建立合理机制,竞争机制,规定骨干教师可跨校兼课。目前,共评出骨干教师2 372名(其中:中学1 050名;小学1 322名)。

(3)继续教育。与北师大联办中学高级教师研讨班如期结业(语文20人,数学20人),经过论文答辩,已评出优秀论文20篇,有6篇论文,将陆续在北师大学报发表。

抓了小学教师三项基本功训练。沈阳市小学教师全员培训进度良好,城区完成70—80%;郊区完成50%以上,1993年参加辽宁省比赛中,有5人获奖(其中:第一等3人,第二等1人,第三等1人),获全省总分第一名,沈阳市还获得优秀组织奖。

(徐文鹤)

【中小学德育工作】 1993年是沈阳市中小学德育工作形势发展较大,抓实见效的一年。

1.加强了德育工作的基本建设。沈阳市教育委员会制定并印发了《沈阳市中小学德育工作规程》,在全市中小学中开展贯彻和落实《规程》的活动,举办《规程》讲座培训班和落实《规程》的现场经验交流会。

2.注意提高德育队伍的理论素质。先后与市教育学会配合,请青年教育改革家魏书生,全国著名的德育专家,北师大教授李意茹、天津大港中学优秀班主任张万祥,大东区委副书记郭继东讲学,请市教育学院王树茂教授做心理学报告、剖析中学生出走的原因。

3.重点抓了中小学生的养成教育,尤其是小学起始年级的立规成习的教育。自从1988年国家教委颁发《小学生日常行为规范》以来,沈阳市中小学认真贯彻执行并开展了系列教育活动,涌现出一批落实《规范》的先进学校。为了巩固5年的成果和推广先进学校的经验,沈阳市教育委员会评选出38所贯彻《小学生日常行为规范》示范校。并在全市中小学中开展向先进学校学习的活动。

4.弘扬了中华民族的传统美德。沈阳市有39所中小学开展了传统美德教育的实验,取得了很好的经验。年底在市第160中学召开了现场交流会。

市教育委员会与市教育科研所共同在新民市进行的5年之久的爱国主义系列化教育的实验,成果显著。1993年在新民市召开了沈阳市中小学开展爱国主义系列化教育经验交流会。其经验得到省教委、市委宣传部领导的肯定。

5.强化了社会治安综合治理工作。1993年初签定了各区(县、市)综合治理责任状,实行一票否决。在沈阳市河北一校、新城子区分别召开了市中小学法制教育现场会,"三生"帮教现场会,收到了很好的效果。

6.密切了与社会各有关部门的合作。1993年3月4日与市老龄委员会配合在和平区召开了"沈阳市中小学向雷锋同志学习,开展尊老敬老、帮老助残"的现场会,推动了沈阳市中小学向雷锋学习的活动。与省博物馆配合举办了"东方巨人毛泽东"图片展活动。与市青教办配合开展了纪念毛泽东诞辰100周年"五个一"教育活动。与沈阳康宁妇幼用品公司共同合作,建立了舒而美奖教学基金理事会,每年奖励26名先进女教师及20名品学兼优的女中学生,各1000元。

在沈阳市中小学中开展为希望工程捐款活动,共捐款40万元。在法库县投资10万元,建立了一所希望小学,并救助全市1000名因贫困而失学的孩子。

7.1993年沈阳市教育委员会被沈阳市委、沈阳市政府评为综合治理先进单位。全市中小学开展爱国主义教育的经验在辽宁省委宣传部和省教委召开的德育工作会议上进行了全面介绍。

(傅丹)

【普通高中整体改革】 《中国教育改革和发展纲要》指出:"普通高中的办学体制和办学模式要多样化"。沈阳市普通高中的整体改革将着眼点放在打破封闭式的办学体制和单一的升学模式上,经过几年的努力,目前已经初见成效:普通高中规模布局趋于合理,办学形式日趋多样,培养目标走向多元,普通高中办学开始出现活力。1993年5月8日《中国教育报》第一版发表了新华社记者的文章《沈阳普通高中办学模式多样化》。在全国普通高中工作会议上,介绍了沈阳市的先进经验。

近年来,沈阳市对普通高中的规模和布局,进行了不同程度的调整,从某种程度上消除了普通高中过于分散的现象,高中的规模和布局逐渐趋于合理。在调整规模和布局的同时,还着手改善普通高中的内部层次结构。沈阳市现有24所省级重点中学,每年招生6 000多人,占招生总数的37%。为了激励一般高中的办学积极性,稳定沈阳市普高的规模,1993年开始命名首批市级重点高中。这项举措充分调动了县区政府和学校的积极性,开始集中人力、物力、财力,重点倾斜,武装一些原来基础较好的高完中,准备申报市级重点。目前,验收审批工作正在进行之中。从办学体制和模式看,除了重点高中、一般高中外,还涌现出以育才中学为代表的实验性高中、以36中学为代表的综合性高中和实验高中、汇文中学、东光中学等私立高中,打破了过去传统、单一的教育格局。

重点高中的建设得到加强,经过评估正在走上规范化的轨道。在各级政府的重视和社会方方面面的支持下,重点高中的办学条件有了较大改善,师资队伍的建设进一步得到加强。现在重点中学正在上水平、上效益、争创一流,朝着规范化的目标迈进。

在高中招生制度改革方面,1993年沈阳市将重点高中保送生的比例由计划招生数的5%扩大到10%,共录取了547名保送生,进一步巩固了初中招生制度改革的成果。

普通高中的整体改革为一般高中带来了生机和活力。首先,城市高三分流出现了新的形式。继1992年分流出700多名高三学生之后,1993年全市14所普通高中与地方高校、成人中专联合办学,570多名高三学生参加了成人大、中专补习班。

其次,大多数学校都在考虑如何兴利除弊,发挥优势,力争办出特色,办出信誉。26中学办美术特长班,一批毕业生考入鲁迅美术学院等高校。一些学校努力探索办学模式的多样化。共青团实验中学更新观念,结合学校的特点,与青年干部学院等高校广泛联系,互助合作,在联合办学方面取得了一定的进展。1993年沈阳市还推广了实验中学厚积薄发、治学严谨的经验,第二中学全面贯彻方针、全面提高质量的经验,56中学扶植中差、大力提高教学质量的经验,充分发挥各校特色,不拘一格,培养多层次、多规格的人才。

普通高中的整体改革,促进了教学质量的全面提高,1993年高考沈阳市报名17 656人,录取11 065人,录取率63.13%。

(杨晓飞)

【中小学校内部管理改革】 1993年沈阳市中小学校内部管理改革工作,重点抓了贯彻落实沈改办发(1992)3号文件的试点工作,并已初见成效。

1993年全市有76所中小学进行全方位试点,在学校内部实行以结构工资制、教职工聘任制为主的改革基础上,把"内改"与干部教师队伍建设、职称改革、教育教学改革紧密结合起来,促进改革向综合配套方向发展。使得校长负责制、结构工资制、教职工聘任制等项改革进一步完善。在试点工作中,突出解决分配上的平均主义,实现多劳多得、优质优酬,同时紧紧抓住改革的关键环节——教师考核,在试点校中对教师的考核要求结果公开并与分配挂钩。

市教委在改革试点的基础上于6月份召开了沈阳市中小学校内部管理改革经验交流会,交流了沈河区一经二校,市第33中学,市第5中学,铁西区启工三校等19个学校的有关结构工资、教职工聘任、教职工考核等方面经验,并和市教育科研所教育管理研究室一起,重点抓了各级各类学校的教师考核,完成了沈河区一经二校的教师工作量和工作质量考核的成果鉴定工作,准备1994年在全市推广。

康平、法库县的内改工作也开始起步。法库县部分学校开始试点,康平县也正在着手准备进入试点阶段。逐步使两县的"内改"工作赶上全市步伐。

1993年全市在总结几年来"内改"工作及落实3号文件"试点"基础上,评选出内改先进学校53所,其中重点高中8所,完中2所,职业高中5所,初中18所,小学18所,教师学校2所。学校内部改革工作的开展,调动了广大教职工教书育人的积极性,启动了学校的办学活力,推动了学校工作全面地、健康地发展。

(王朝巍)

【学校体育卫生和军训工作】 1993年,沈阳市学校体育卫生工作经过全市学校体育卫生工作者的共同努力,取得了新的成绩:

1.体育锻炼标准化进一步强化。市教委与体委和卫生部门对沈阳市11个区县的34所中小学执行国务院批准颁发的学校体育、卫生工作两个条例情况进行了调查,有31所学校达到优秀标准,2所学校获得良好,1所学校不及格。2中和省实验中学被国家教委评为国家级贯彻落实两个条例的优秀学校。全市中小学校学生体育锻炼合格标准工作得到进一步强化,中学生达标率为97.8%,小学生达标率为98.9%。中招考试加试体育进入第二年,全市共有17 950名考生参加了体育考试。平均分为52.34分,不及格考生占0.84%,优秀率占34.8%。全国10城区体育教学与观摩研讨会于1993年9月5日——11日在沈阳市和平区举行,来自全国的3 000名专家、学者和教师到会,对全国体育教学的发展进行了广泛的研讨,会议取得了圆满成功。

2.广泛开展了卫生保健工作。全市中小学广泛开展了以防近视为中心,防龋齿为重点的卫生保健工作。全市有708所学校设立了独立的卫生室和专职校医,器械配备全部达到标准,有三分之一学校达到国家要求的A级标准。并健全了卫生管理档案和资料板。市和区县还签订了保健工作目标责任状,加强了工作的力度。受国家教委委托,沈阳市承办了全国第一期保健所所长培训班,1993年7月20日至27日在沈阳举行,来自全国各地的近百名保健所长参加了为期一周的培训。

3.学生军训和国防教育紧密结合。1993年举办了有13所军训试点校约50余名专职武装干部、教员参加的军事学术培训讲座;召开了学生军训领导小组会议,丁世发副书记和艾廷隽副市长听取了军训办的工作汇报;东北大学、辽宁大学、二中和一二〇中等 4 所学校的 400 名学生在市第二届学生运动会上做了队列表演，受到省、市领导及广大学生观众的好评。

（李维宁 富焱）

【语言文字规范化工作】 1993 年，沈阳市加强了市、区、县语言文字工作的管理，大力开展语言文字工作骨干培训，认真落实《沈阳市社会用字管理规定》等法规，依法治理，强化管理力度，增强全社会的语言文字规范化意识，使沈阳市社会用字管理工作和普及普通话工作有了新的进展。

一、根据国家和省语言文字工作“八五”计划的要求，以及省语委关于检查社会用字的通知精神。以省规定的受检单位为重点，进一步加强了社会用字的治理整顿工作。

1. 市语委办和市新闻出版局联合发文并组织了对本市报刊、出版物用字的整顿，使报刊用字不规范的状况明显改变，绝大部分刊头、版面用字做到了规范化。对少数改正迟缓的单位亮了黄牌，促其尽快改正。

2. 市工商局利用企业重新注册登记之机，进行了企业名称、标牌用字的整顿，并强化了对新注册商标、广告、商品包装、说明用字的审核把关，减少了新的不规范社会用字。

3. 市地名办实现了全市街、路、巷、门牌标志用字的标准化、规范化。此外，他们还主动抓了建委系统各单位用字规范化，并组织区县地名办协助本区抓好其它方面的用字整顿工作。

4. 市城管办和市语委办协调各县区抓了街道市容用字的整顿，城区在搞好一条示范街的基础上，再整顿出一条商业街，郊区县重点抓了主要街道。

5. 市文化局、市公安局、市电视台等部门对本系统用字和对外宣传用字都积极进行了调查和整顿。

6. 市语委加强了对秧歌节等大型活动用字的监督指导。

7. 市语委办在组织各有关部门开展面上工作的同时，重点抓了市委、市政府、市教研室、新北站，一所影剧院，两所中小学，两条示范街的用字整顿，10 月中旬，顺利通过了省检查组的检查。

二、根据国家教委、国家语委部署，沈阳市以教育系统为突破口，以教师普通话达标为重点，积极普及普通话，推进汉语规范化。

1. 认真贯彻落实省教委、省语委《关于建立教师普通话等级证书制度的通知》精神，明确了普通话是教师的职业语言，普通话达标是合格教师的必备条件，对“八五”阶段各级各类学校不同学科教师普通话水平分别提出了达标要求，促进了全市教师的普及普通话工作。

2. 举办了 3 期教师普通话水平测试员培训班，培训出 120 多名测试员，为开展全市教师普通话达标测试工作做了准备。

3. 结合小学教师“三项基本功”培训和中学教师“三沟通”培训，强化中小学教师说话和写字的基本功训练，帮助区县组织了推普骨干教师培训，以骨干带一般，推动了面上的普及普通话工作。

4. 组织市、区县有关部门共同开展了教师普通话水平达标测试工作。1993 年共有4 000多名中小学教师通过了测试，取得了等级证书。

5. 组织全市小学教师说话、写字、绘画三项基本功大赛，并选拔、培训 5 名优胜选手参加省的大赛，3 人获一等奖，两人获二等奖。

（刘爱）

【教育工作会议】 1993 年 5 月 13 日，中共沈阳市委、沈阳市人民政府召开了沈阳市教育工作会议，市委书记张国光、副书记丁世发，市委常委、市政府常务副市长任殿喜，副市长艾廷隽，市纪委、市人大、市政协的领导，各区县（市）的党政领导，市区教育行政部门领导，各有关委办局负责人出席了会议。

这次教育工作会议是在党的十四大确定了建设社会主义市场经济体制，党中央、国务院颁发的《中国教育改革和发展纲要》提出教育要不断深化改革，加速发展，自觉地为社会主义经济建设和提高全民族素质服务的背景下召开的。会议的宗旨是：认真贯彻中央和省市关于教育改革和发展的有关精神，促进教育尽快跃上一个新的台阶，更好地为沈阳的经济和社会发展服务。

艾廷隽副市长在会上代表市委、市政府作了题为《深化改革、加速发展、提高质量，使教育主动为沈阳经济和社会发展服务》的工作报告。报告总结了前段工作，分析了教育所面临的新形势、新问题，提出了今后一个时期沈阳市教育改革的总体思路。与会同志就艾廷隽副市长的报告进行了分组讨论，和平区政府和于洪区政府作了大会发言。张国光书记在会议结束时就沈阳市教育改革与发展发表了重要讲话。

这次教育工作会议的意义在于：第一，根据《中国教育改革和发展纲要》精神，对沈阳市教育发展目标进行了调整，提出要在 1995 年前，基础教育方面要基本实现普及九年义务教育，城区要基本普及高中阶段教育，城区幼儿教育要能够满足群众需要；职业技术教育方面要办好省和国家重点职业学校 30 所，中等职业技术学校在校生与普通高中在校生之比要基本达到 7∶3，使城市未升入高中的毕业生全部受到初等职业技术教育，使农村新增劳力受到职业技术教育或实用技术培训；地方高等教育方面在校生要达到 1.2 万人左右，使地方高校的专业结构、层次结构和人才规格基本适应沈阳经济结构、产业结构和人才需求；成人教育方面要抓好 10 个大中型企业教育综合改革试点工作，开展规范性岗位培训、适应性培训和转岗培训，积极稳妥地发展成人学历教育，大力发展各级各类非学历成人教育，“燎原计划”试点乡镇要达到乡镇总数的 40%，新增一个市级农村教育综合改革实验县（区），基本扫除青壮年文盲。第二，会议明确了今后一个时期沈阳市教育改革的基本方向。即改革沈阳办学体制，积极鼓励和扶持各种社会力量和公民个人兴办教育；改革旧的招生就业制度，使初、高中招生政策进一步完善，职业技术学校和地方高校毕业生逐步实现自费不包分配，自主择业；深化和完善学校内部管理改革，形成有效的竞争机制、激励机制和自我约束机制；加速推进农村教育综合改革，使教育更好地为当地经济和社会发展服务。

（卢娜）

【中国沈阳'93国际成人教育研讨会】 1993年6月8日至6月11日，由中国成人教育协会、企业教育研究会、沈阳市成人教育研究会、美国成人教育与继续教育协会发起，沈阳市政府主办，沈阳市教委和沈阳市世界贸易中心会承办的'93国际成人教育研讨会在沈阳市召开。

应邀出席这次研讨会的中外代表共359人。其中来自美国、加拿大、奥地利、澳大利亚、以色列、马来西亚、沙特阿拉伯、南非、菲律宾、日本、法国、保加利亚和中国台湾省的代表共152人。来自国内20多个省、自治区、直辖市的代表207人。此外来自美国、日本、加拿大等国家的随员25人也参加了会议的部分活动。国家教委副主任王明达、成人教育司司长董明传、城市教育改革办公室副主任郝铁生等8人，代表国家教委出席了会议。辽宁省副省长张榕明同志出席会议并讲了话。

在研讨会上，有8名中外学者就"成人教育与经济发展"、"终生教育"、"扫盲教育与环境卫生教育"、"成人教育的受教育途径与经济发展"等四个专题宣读了8篇论文。有16名中外代表在大会上就上述论文进行了评述发言。在小组宣读论文时，有24名学者宣读了24篇论文，有百余名代表在小组会上发言。大会共交流了150名代表的117篇论文。不少代表在发言中还播放了自己准备的录相片、幻灯片。与会代表对于宣读的论文，都给予了很高评价，普遍认为这些论文代表着当代国际水平。大会使用了汉语、英语、日语3种语言，大会发言采用同声翻译，小组发言及其它活动中一律配备了沟通3种语言的翻译人员。

研讨会期间，代表们参观了沈阳职工大学、沈阳电视大学、沈阳飞机制造公司培训中心、金杯丰田技校等教育机构。代表们游览了市容，先后到北陵公园、故宫和商业城观光购物。沈阳市青少年宫为国内外代表演出了精彩的文艺节目。国内外代表对这些活动非常满意。

这次研讨会是一次成功的会议，它促进了中外文化交流，特别是成人教育的交流。同时还增进了各国成人教育工作者的联系，增强了友谊。扩大了沈阳的影响，增加了沈阳在国际和国内的知名度。

（陈宗岐）

【第九届教师节活动】 1993年教师节期间，沈阳市着重总结宣传了在教育战线做出突出贡献的优秀教师和教育工作者的先进事迹和工作经验，促进了全市教育事业的发展。

根据省教委和省人事厅《关于评选表彰1993年全国暨辽宁省优秀教师和教育工作者有关问题的通知》要求，结合沈阳市教师队伍的实际情况，市教委会同市人事局、市科教工委、市科教工会、市教育基金会对在教育、教学工作中做出突出贡献的优秀教师和教育工作者，尊师重教先进集体和个人进行了表彰。其中市模范教师和教育工作者100名，市优秀教师和教育工作者900名，市尊师重教先进集体35个，尊师重教先进个人35名。

1993年教师节期间，经市委、市政府批准，沈阳市在现任的中小学教师、教育工作者（包括中等师范学校，厂办中小学校和各级教研员）中命名了14名沈阳市教育专家。他们是巴启金、王东、王阁文、刘长清、刘复、刘金界、孙洗宇、李锦韬、孙奉临、张佩伦、张澍荃、贺秀宇、柏洪林、葛朝鼎。

1993年教师节期间，市委、市纪委、市人大、市政府、市政协领导视察了职业技术教育，并慰问了辛勤工作的广大教师。还组织了市优秀教师夏令营活动，扩大教师的知名度。成功地举办了题为《老师，您好》的庆祝教师节专题电视晚会。受到广大教育工作者的欢迎，取得了很好的社会效果。

（苏文捷）

【高考招生工作】 1993年沈阳市报考普通高等学校和招收高中毕业生的中等专业学校的总人数为17 656人，比1992年减少了3 284人。被各类普通高等学校和招收高中毕业生的中等专业学校录取的总人数达11 065人，比1992年增加1 527人。在录取的新生中，普通高等学校录取9 614人（其中国家任务录取5 249人，自费生录取3 943人，招工招生相结合的成人高等学校录取专科生148人，市属成人高等学校职业技术专科班录取180人，沈阳市广播电视大学基础班录取94人），比1992年增加1 629人。其中文科，国家任务录取1 481人，自费生录取1 441人，招工招生相结合的成人高等学校录取专科生50人，市属成人高等学校职业技术专科班录取43人，电大基础班录取71人；理工科，国家任务录取3 451人，自费生录取2 212人，招工招生相结合的成人高等学校录取专科生98人，市属成人高等学校职业技术专科班录取137人，电大基础班录取23人；体育，国家任务录取75人，自费生录取48人；艺术，国家任务录取96人，自费生录取242人；空军和民航飞行学院录取飞行学员43人；师范院校招收保送生103人。招收高中毕业生的中等专业学校录取总人数为1 451人（国家任务录取910人，自费生录取505人，招工招生相结合的成人中等专业学校录取36人），比1992年减少102人。其中文科，国家任务录取328人，自费生录取378人，招工招生相结合的成人中等专业学校录取36人；理工科，国家任务录取582人，自费生录取127人。

另外，为落实市政府关于加快为乡镇企业培养人才的通知精神，单独组织了为乡镇企业和农村卫生院培养人才的招生考试，接纳报名考生602人，录取了197人。其中专科生录取69人，中专生录取128人。

1993年，沈阳市共接纳报考各类成人高等学校和中等专业学校的考生总人数为29 005人，比1992年减少2 225人。其中报考各类成人高等学校的有25 243人，比1992年增加311人；报考成人中等专业学校的有3 762人，比1992年减少2 536人。全市各类成人高等学校和中等专业学校共录取新生14 997人，比1992年增加2 652人。其中各类成人高等学校录取11 313人(省属以上各类成人高等学校录取7 329人,市属各类成人高等学校录取3 984人),比1992年增加2 696人。成人中等专业学校录取新生3 684人(省属以上成人中等专业学校录取722人,市属成人中等专业学校含预科生录取2 962人),比1992年减少44人。

1993年,成人高等学校和中等专业学校招生进行了一些重大改革。在确保招生质量的前提下,实行招生计划放开,工龄、年龄放开,并允许招收15%的社会青年,成人中专又进行了秋季招生,全市成人中专秋季招生录取新生达2 122人。因此,1993年是沈阳市各类成人高等学校和中等专业学校录取新生人数最多的一年。

1993年,沈阳市高等教育自学考试和中等专业教育自学考试又有新进展,全市有2 177人获得高等教育自学考试专科毕业证书,有453人获得高等教育自学考试本科毕业证书,有274人获得中等专业教育自学考试毕业证书。累计全市已有31 207人获得高等教育自学考试专科毕业证书,有1 112人获得高等教育自学考试本科毕业证书,有9 454人获得了中等专业教育自学考试毕业证书。

(李蒲)

【1993年沈阳市高考前十名考生名单】

理　科

第一名(592分):陈健萌,女,1976年生,辽宁省实验中学毕业生。

第二名(587分):彭永江,男,1975年生,法库县高级中学毕业生。

第三名(584分):唐英,女,1974年生,沈阳市第四十中学毕业生。

第三名(584分):姚震玲,女,1975年生,辽宁省实验中学毕业生。

第五名(582分):饶远,男,1975年生,辽宁省实验中学毕业生。

第六名(581分):郭文宇,男,1975年生,辽宁省实验中学毕业生。

第七名(579分):李闯,男,1975年生,辽宁省实验中学毕业生。

第八名(578分):刘昱,男,1975年生,辽宁省实验中学毕业生。

第九名(577分):支德贵,男,1974年生,辽宁省实验中学毕业生。

第十名(576分):郑昭阳,男,1975年生,沈阳市第四中学毕业生。

第十名(576分):权基赫,男,1973年生,沈阳市朝鲜族第一中学毕业生。

第十名(576分):金米,女,1975年生,沈阳市第二中学毕业生。

文　科

第一名(529分):李宇,男,1974年生,辽宁省实验中学毕业生。

第二名(517分):郑玉明,男,1974年生,沈阳市第二中学毕业生。

第三名(512分):金美英,女,1975年生,沈阳市朝鲜族第一中学毕业生。

第四名(511分):李光,男,1975年生,东北育才学校毕业生。

第四名(511分):高明,男,1975年生,沈阳市第二中学毕业生。

第六名(508分):刘晓峰,男,1975年生,辽宁省实验中学毕业生。

第七名(506分):桂海英,女,1975年生,沈阳市朝鲜族第一中学毕业生。

第八名(504分):金文权,男,1974年生,沈阳市朝鲜族第一中学毕业生。

第九名(503分):王晓航,女,1974年生,沈阳市第二中学毕业生。

第十名(502分):李保明,男,1975年生,东北育才学校毕业生。

(李蒲)

【中等学校招生改革】 1993年,沈阳市为巩固发展招生改革成果,使新形势下的招生制度更有利于人才培养和经济腾飞,根据实际情况对中等学校招生实行以下六项改革:

1.进一步理顺管理体制,简政放权,扩大招生学校选拔新生自主权。中师、中专招生指标全部落实到县区(市内5区统招),招生指标按县区人口数、本年报考数、上年升学数(以应届生升学数为主)及人才需求情况进行分配。在严格执行招生政策和招生计划基础上,扩大招生学校选拔新生自主权,重点高中招收自费生给学校50%自主权;一般高中、职业高中招收联办生、自费生的录取权放给学校。

2.适当加大自费生比例,建立与市场经济体制相适应的招生计划体制。职业高中联办生、自费生招生计划数控制在50%以内;普通高中控制在20%以内;中等专业学校控制在30%以内;中等师范学校可招收30%的收费生,毕业后由国家统一分配。

3.减轻学生过重课业负担,减少考试科目,逐步建立初中毕业会考制度。中考科目6科:语文、数学、外语各120分,物理100分,化学80分,政治60分,总满分600分。

4.改革考试方法,提高选拔新生质量,发挥考试的正导向作用。坚持在录取中对优秀学生、优秀学生干部、在德育中有突出贡献学生、体音美及单科竞赛优胜者的照顾政策。中师、中专、普通高中,录取往届生一律提高30分。重点高中、中师加试体育工作继续试行,体育满分60分。在9个城区试行英语考试中增加听力测试内容。

5.积极进行保送制度改革,促进普及九年制义务教育健康发展。重点高中保送生比例扩大到招生数的10%;市属师范学校按招生数的5—7%招收保送生。保送条件扩大为:市级以上优秀学生、优秀学生干部;两次获区(县)级优秀学生、优秀学生干部;区(县)级优秀学生、优秀学生干部,同时获市级以上教育部门举办的单科竞赛及体音美竞赛优胜者。

6.加速考试手段改革,提高考

试科学化、现代化水平。在应用计算机进行考务管理中，实行考生填涂报各信息卡、志愿卡，利用微机自动编排考场、考号，采集报考信息，自动打印考生成绩册、送（调、退）档单、审批名册。采用计算机辅助录取，并建立查询系统。计算机技术在中招工作中的应用，提高了招生工作的信度和效度。

1993 年全市共有56 447人报考各类中等学校，各类中等学校共录取新生 37 209 人，占报考人数的 65.9%，其中 5 个城区录取率约为 82%（不含职高扩招数），其余县（市）区录取率约为 44%（不含技校）。中等师范学校录取1 073人，其中公费生 769 人（含保送生 57 人）、委培生 23 人、收费生 281 人。中等专业学校录取3 323人，其中公费生 1 287人、委培生 627 人、自费生 764 人，电视中专 236 人、成人中专 409 人。重点高中录取 7 751 人，其中公费生 6 011 人（含保送生 517 人，育才学校直升 50 人）、自费生 1 740 人。一般高中录取 8 295 人，其中公费生 6 463 人，自费生 1 832 人。职业高中录取 10 088 人，其中公费生 4 608 人，联办生 727 人，自费生 2 362人，民办学校录取 2 391 人。技工学校录取 6 679 人。

（刘振铎）

【校办产业稳定发展】　1993 年沈阳市校办产业协调发展。全市校办工业企业 2 099 个，第三产业 665 个，农场 1 541 个。校办产业职工 44 452人，其中固定集体职工 9 086 人。拥有固定资产 2.3 亿元，流动资金 4.9 亿元，发展校办产业普及率达到 96%，基本实现了校校有企业，校校有收入。1993 年全市实现总收入 1.52 亿元，比 1992 年增长 19.9%，完成工业利润 9 774 万元，第三产业利润 1 477 万元。已经形成了规模经营和具有较强的经济实力。其中于洪区校办产业总收入已突破 2 000 万元。全市百万利润大户 1993 年已达到 12 户，年利润 10 万元以上企业有 254 个，其中沈阳市长城日电有限公司实现利润 504 万元，成为沈阳市校办企业创利大户。

沈阳市校办企业 1993 年补助教育经费 6 597 万元，交纳国家税金 4 366 万元，为支持教育发展和减轻农民负担做出了较大贡献。

校办企业为中小学生开辟了劳动教育基地。大力发展校办企业为全市中小学开辟劳动教育基地，开展各种形式的劳动教育创造了有利条件。据统计，全市接纳中小学生参加劳动的校办工厂有 1 984 个，共有 63 万人，参加校办工厂的生产劳动，培养了广大青少年热爱劳动、热爱劳动人民的思想感情。

（徐景华）

【市政府命名教育专家】　1993 年，沈阳市人民政府命名了 14 位沈阳市教育专家，他们是：

巴启金　辽中县第二高中
王　东　市实验小学
王阁文　市第二十八中学
刘长清　市第三十一中学
刘　复　和平一校
刘金界　苏家屯区教研室
孙洗宇　岐山一校
李锦韬　市第一三四中学
张奉临　南京一校
张佩伦　市第二中学
张澍荃　市师范学校
贺秀宇　宁山路小学
柏洪林　辽沈一校
葛朝鼎　东北育才学校

【东北工学院恢复东北大学校名】　东北工学院其前身为东北大学，成立于 1923 年 4 月，分设理、工、文、法四学院，当时与“清华”、“北大”盛名齐驱，1928 年 8 月起，张学良先生兼任校长；“9·18”事变后，迁至北京，后又迁至西安；抗战胜利后，回迁沈阳。1949 年 2 月解散，其文、法学院和后来成立的商学院并入其它院校，在其理、工学院基础上组建了东北工学院。

1985 年，冶金部和辽宁省联名向国家教委申请把“东北工学院”复名为“东北大学”，因一些历史和现实的原因未能获准。从此，在长达 8 年的日子里，“复校”事宜一直牵动着遍布海内外原东北大学学子和现东北工学院近 2 万名师生的心。1992 年底，张学良将军得知此事后，对在沈阳“复校”非常满意，并欣

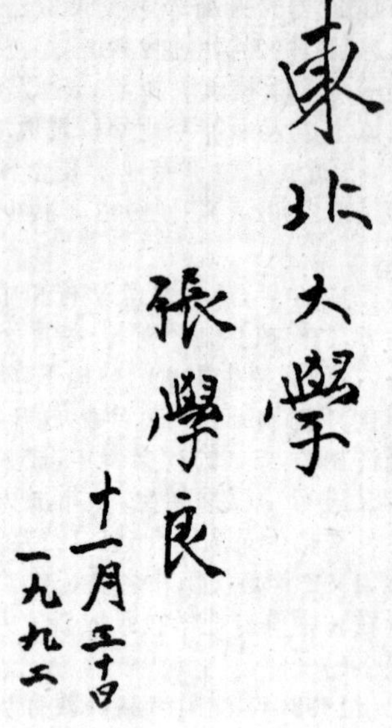

张学良题词

然命名，在自己专用的信笺上写了“东北大学”校名。1992 年 12 月 17 日，此墨迹经原“东大”教授、现居美国的张吉廉先生转递至大陆。1993 年 3 月 8 日，经中共中央政治局审议，国家教委正式批准了“东北大学”复校的申请。4 月 22 日，东北大学举行了隆重的“复校”典礼。辽宁省及沈阳市积极主动地为东北大学复校创造条件，把位于浑河南岸 50 多万平方米的土地划归东北大学，为把东北大学建成一个集理、工、法、商、文、管理学院为一体的综合性重点大学创造了条件。

【东北大学】　东北大学座落在中国东北的经济、文化、交通中心——辽宁省沈阳市。校园南滨浑河、北畔南湖，地处沈阳南湖科技开发区。学校占地面积 173 万平方米，建筑面积 57 万平方米。

东北大学创建于 1923 年 4 月 26 日。1928 年张学良先生亲兼东北大学校长。1949 年 3 月，在东北大学工学院、理学院（部分）的基础上新办沈阳工学院。1950 年 8 月定名为东北工学院。1993 年 3 月 8 日，经国家批准，东北工学院复名东北大学。被周恩来总理誉为“千古功

臣”的著名爱国将领张学良先生荣任名誉校长和东北大学董事会名誉董事长。

今日东北大学，是一所以工为主、理工文法商和管理相结合的全国重点大学，是全国33所设有研究生院的第一层次大学。学校建有秦皇岛分校、辽宁分校、成人教育学院、冶金工业部东北大学继续教育中心和东大中美现化技术培训中心。

东北大学校本部现设有机械工程学院、文法学院和31个系、部，共37个专业。24个学科有权授予博士学位，50个学科有权授予硕士学位。设自动控制学科，地质、勘探、矿业石油学科，冶金学科3个博士后流动站。学校的采矿工程学科和钢铁冶金学科为国家重点学科。轧制技术及连轧自动化实验室为国家重点实验室。软件中心为国家级工程研究中心。

学校有25个科技技术研究所，82个实验室和5个为教学、科研服务的实验中心。计算中心建筑面积5 000平方米，可同时安排百余人上机操作。学校图书馆建筑面积16 000平方米，藏书100余万册，有各种语言的期刊3 000余种，并拥有光盘检索、国际联机检索、缩微等现代化服务设施。学校主办并向国内外发行的学术期刊有《东北大学学报》、《控制与决策》、《中国工程师》等。东北大学出版社每年出版各种学术专著、教材近100种。

1993年学校有教师1 800人，其中有教授、副教授816人。在68人博士导师中，有中科院院士1人，国务院学位委员会学科评议组成员7人，挪威皇家科学院院士1人。在校各类学生13 509人，其中研究生1 277人，外国留学生48人。

自1978年以来，学校承担的国家863高技术科研项目、国家自然科学基金项目、国家博士点基金项目以及国家重大技术攻关项目、国际合作项目和地方、企业的科学研究项目7 718项，累计科研经费约1.7亿元。其中有760余项获国际、国家和省、市级奖励，209项科研成果获国家专利。每年由学校组织召开的国际、国内大型学术会议达10余次。东北大学是中国高等学校科学技术协会理事长单位。作为世界大学科学园目前唯一的中国(大学)会员单位，现与十几个国家和地区的科学园建立了联系。学校现有10个校办科技产业和11个合资企业，其高科技产品远销国外。

近年来，随着学校的发展，东北大学的国际交流日益增多，已先后同美国、日本、英国、德国、法国、香港等16个国家和地区的48所大学、科研院所、企业建立了学术交流及合作关系。聘请了70名国外著名学者为学校的名誉教授或兼职教授；并先后邀请了1 887位外籍专家来校讲学、任教及合作科研。同时，学校还选派1 505名教师到美、日、英、德、法、香港等17个国家或地区的大学、科研院所讲学，合作科研，进修或攻读学位。

东北大学建校70年，培养各类技术人才近10万人，其中研究生4 700人，外国留学生200人。1993年毕业的学生达2 638人，其中硕士和博士研究生330人。

(*王爱光*)

东北大学

【辽宁大学】 1993年是辽宁大学深化改革、加快发展的一年。根据国家教委提出21世纪初建设中国百强大学(即“211”工程)的规划，辽宁省正式宣布向国家申报辽宁大学进入“211”工程，辽宁大学成为辽宁唯一一所获此“准考证”的高校。

一年来，辽宁大学以“211工程”为契机，在教学、科研、师资、管理、国际交流等领域取得了可喜的成绩。

1.教学成果突出：学校投资30多万元增加计算机终端，全员开设计算机课，为全校学生增加科技写作课和应用写作课。学校新增18个专业，全部为应用型，使学校专业总数增至53个。教材编写工作取得突出成绩，在全国第二届优秀教材评选中，有7部教材获奖，在地方综合性大学中名列前茅。

2.科研实力增强：科研经费的引进有较大幅度增长，全年引进科研经费480多万元，比1992年增加了52%。科技产业有了良好的开端，建立了第一个中间实验室，绿色公司、中空玻璃厂、化学系化工厂已经起步并初见成效。一些产品如亮氨酸消旋、中药抑制真菌系列产品已形成小批量生产。

3.师资水平提高：重视青年教师的培养和提高，投入12万元为全校66名青年骨干教师发放生活和学术津贴。学校顺利开展了11个系列职称评审工作，首次采取评聘分开，首次进行教育管理系列职称评审。学校由于重视青年教师的成长，基本上解决了师资队伍断层问题，50岁以下的教授、副教授182人，占高职称总数的42%，其中，最年轻的教授31岁，副教授28岁。通过积极争取，1993年学校又获得1个博士点和3个硕士点，增列5名博士生导师。经国家教委批准，学校还拥有研究生自考权。

4.管理工作加强：实行校内结构工资制，一定程度上提高了教职员工待遇。加强了财务管理，学校建立了校内银行，实现财务管理电脑化，通过开源节流，基本弥补年度财政上的赤字额。1993年是后勤部门实行全额承包的第一年，在招生规模扩大、投资经费不足、设施陈旧老化的情况下，基本上保证了学校中心工作的正常运行。抵资收入增长幅度较大。1993年学校在住房严重不足的情况下，广开门路，教职工个人集资1 000万元用于建房。

5.国际交流活跃。留学生规模有所扩大，以韩国为重点的招生工作初见成效，每年长、短期班人数达到350人，留学生学习层次也有提高。1993年，学校与俄罗斯伊尔库茨克大学合办了国际商学系，已招生开学。学校建立了韩国学系和韩国研究中心，受到韩国各界的注视。学校还积极争取国际援助，日本赠送一套“飞特乃斯”医疗设备，韩国拟赠送中客一辆。

辽宁大学将本着“拼搏、奉献、求是、创新”的精神，为争取进入世界强校而努力。

（韩春虎）

【沈阳大学】 沈阳大学是一所以培养应用型、外向型人才为主的多学科综合性大学，是经国家教委正式批准建立的全日制普通高等院校。几个校园区占地面积共11万平方米，建筑面积10.5万平方米。

沈阳大学师资力量较为雄厚，专业学科门类比较齐全。1993年末，有教职工1 270人，其中正副教授209人，讲师254人；聘请国内外兼职教授100多名。学校设有理工、财经、文史、艺术、农业等科类46个专业。这些专业是根据科技发展，产业结构的变化适应沈阳市经济建设和社会发展急需而设置的，具有较强的针对性和灵活性。

沈阳大学教学条件不断改善和充实，为培养高质量专门人才创造了良好的环境条件。学校利用世界银行贷款购入成套先进的教学实验仪器设备，给实验教学提供了良好的条件。学校已经建立起一批实习工厂、实验农场、实验养渔场等教学实践基地和科研、教学、生产联合体。

沈阳大学现有在校生9 000余名，其中全日制本专科学生5 393名，函、夜大学生近4 000名。学校坚持教育改革，积极拓宽教学领域，采取多层次、多渠道的办学形式，不断提高教学质量，为沈阳地区经济建设和社会发展培养了各级各类专门人才3万余名，招收外国留学生和进修生120余名。

沈阳大学科研和科技开发坚持面向市场经济，面向教学的原则，注重应用科技开发、科技成果的推广应用，积极促进科技成果的商品化、产业化。减速器研究所研制的环形减速器项目达到国际先进水平，已同美国XMX公司签订了联合开发生产协议；医学工程公司研制的XJ—5型宫腔镜获得国家发明奖。几年来，学校科研和科技开发工作取得明显成果，先后获得国家、省、市以上科研成果25项，获得专利十几项，技术转让5项。校办产业发展迅速，全校先后创办各类经济实体30多个，取得了良好的经济效益和社会效益。

为适应对外开放的需要，沈阳大学积极开展国际间的科学文化技术交流与合作。选派教师和学者前往国外讲学、进修、考察；邀请外国专家、学者访问、讲学、任教。已先后同美国、日本、越南、韩国、比利时、澳大利亚、俄罗斯等国家的20多所院校建立了友好交流和科技项目合作关系。

沈阳大学积极推进学校内部管理体制改革，启动学校内部活力，认真贯彻《大学生思想政治教育纲要》，极大地调动了教职工教书育人、管理育人、服务育人的积极性。学校努力深化教学领域改革，搞活办学，加强实践环节，各系（部）专业均同有关企事业单位、院校建立了合作关系，开展联合办学，挂靠办学，有了一批稳定的合作伙伴和生产实验、社会实践基地，着力培养适应市场经济、外向型经济、乡镇经济和第三产业发展的复合型人才。

（校办）

【辽宁省实验中学】 辽宁省实验中学位于沈阳市皇姑区黄河南大街89号。创建于1949年，即东北实验学校。经发展，现已是一所具有实验性、示范性的学校。

学校环境优美，教学设备完善，师资力量雄厚，学生素质优异。1993年有31个班（初中16个班、高中15个班），学生1 680人，教职工192人，其中特级教师3人，高级教师39人。

1993年学校制定了三年发展规划，提出了“六个一流”（领导班子、管理水平、师资队伍、德育质量、教学质量、教学设备和环境）的奋斗目标。

1.加强和改进德育工作。坚持周一升旗仪式，并进行系列的“国旗下的讲话”；出版了《重温历史　爱我中华》一书，爱国主义教育更加扎实。举办了学生业余党校学习班。开展了“向雷锋同志学习”和学工、学农、学军等活动，使德育工作取得明显的实效。

2.提高教育质量，学校坚持教育教学整体改革，完善了课程结构的改革，外语、电子计算机、五笔字型输入技术等课，都收到显著效果。取得了“六年”一贯制俄语基本“过关”实验的成功。实验班学生在完成各科学业任务的基础上，达到了大学二年级公共俄语成绩及格的水平。

3.加强体育训练，学校积极贯彻“学校体育工作条例”。努力搞好体育课教学，坚持间操、群体活动和培养高水平运动队工作。女篮获辽宁省中学生篮球赛亚军。学生体育达标率为98%。荣获了国家教委、国家体委命名的全国中学贯彻“学校体育工作条例”优秀学校的称号。

4.开展教育科研活动。1993年9月，全国外语教学研究会第七次学术年会在实验中学召开。12月，由辽宁省实验中学与东北三省部分重点中学组成教育科研协作体。活跃了学术研究，加强了合作交流，推进了教育改革的深入发展。

5.培养优秀人才。1993届高中毕业生升学率为100%。有16名学生被保送入重点大学。沈阳市文、理科第一名均为本校学生。有一名学生被评为辽宁省十佳中学生，毕业前夕光荣地加入中国共产党。

（王洪升）

文化·新闻出版·广播电视

文化事业

【文化事业综述】 1993年,沈阳市文化艺术事业呈现蓬勃发展的局面。文艺体制改革取得突破性进展。专业艺术表演团体由7个调整为4个,精简了260人;经济文化联合体得到发展,仅沈阳戏曲剧院就得到联合体企业资助44.5万元;在文化企业单位电影公司、演出公司实行了总经理承包责任制;在北塔文管所等事业单位进行了差额承包的管理体制改革试点;市文化局制定下发了《干部聘任制方案》和《职工双培制方案》,推行了全员劳动合同制,进行了深化人事、用工、分配制度的改革,有的单位实行了压缩聘任。

文艺创作和艺术生产的任务圆满完成。全年,创作戏剧作品12部;歌舞、音乐、曲艺作品40余个。4个剧院(团)新排演剧(节)目9台,演出2 258场,收入401万元。8次出国演出,共演出420场,创汇173万元。举办了新剧目展演,话剧《古塔街》等剧目受到观众的欢迎。在全国文艺比赛和演出活动中,评剧《老年和青年》、《山里山外》获第三届全国戏剧节优秀演出奖等6项奖励;评剧《日月图》获全国地方戏曲交流演出(北方片)优秀剧目奖等9项奖励;《要帐》、《千方百计》获全国首届相声节表演一等奖等6项奖励;《蹦绳》获第三届全国杂技"新苗杯"大赛铜奖等4项奖励;话剧《长椅》获全国小剧场戏剧展演演出奖等3项奖励;京剧演员迟小秋获梅兰芳金奖大赛旦角组提名奖第一名。全年,沈阳市艺术表演团体共获国家级奖励29项。

群众文化活动进一步繁荣。以市委、市政府名义召开了全市农村文化工作会议,制定了解决农村文化工作落后状况的具体措施,推动了农村文化活动的开展。在铁西区和沈河区进行了企业文化、社区文化建设试点。配合第三届沈阳秧歌节组织开展了"不夜金秋"等群众文化系列活动。全年,共开展大型活动300多项,基层活动6 600多项。

文化市场管理成绩显著。通过积极引导,初步形成了在全省有影响的图书批发市场,市内有的区的文化商品市场框架初步形成,建立了市音像行业协会,抓了文明服务评比竞赛活动,涌现出一批先进典型。积极开展了"扫黄"、"打非"集中行动,查获了一批重大的涉"黄"案件,进一步净化了文化市场。

文物的保护和开发进一步加强。认真贯彻"保护为主、抢救第一"的方针,完成了"九·一八"陈列馆地下展厅工程,进行了辽滨塔维修工程的前期准备和官后里古城址的抢救清理工作,开发了新乐村坞,翻建、维修了故宫大政殿等6项工程。全年,各文博单位接待观众91万人次。

文化产业有了新发展。面对电影、演出、图书市场严重滑坡的困难局面,电影公司、新华书店、演出公司三家企业以转换经营机制为重点,不断深化用工、分配制度改革,并通过合资经营、联合经营等方式,努力开拓市场,全年实现利税1 102万元,超额完成计划指标。各文化事业单位的产业开发工作也有了可喜的进展,大部分单位在保证主业的前提下,开发了一些新的经营项目。全年文化事业单位产业开发、多业助文创收886万元,补充事业经费420万元。

(*张伟*)

【群众文化活动】 1993年,沈阳市群众文化事业有了较快的发展。铁西区文化馆、东陵区文化馆和图书馆、于洪区文化中心都已建成并投入使用,和平区图书馆也基本峻工。完成沈河区大南、大西,皇姑区克俭,大东区二台子和铁西区轻工等5项住宅小区文化活动室建设项目,面积达2 100平方米。铁西区被命名为省少儿书法活动基地,新民市前当卜被国家文化部定为全国儿童文化园试验基地。

农村文化工作有了新的进展。3月份,以市委、市政府名义召开了沈阳市农村文化工作会议。市委办公厅、市政府办公厅转发了《关于加强我市农村文化工作的意见》和《关于开展创建沈阳市"社会文化先进县区"活动的意见》的通知,市文化局制定了《沈阳市社会文化先进县区具体标准》。市财政拨款21万元作为农村文化设施建设的补贴。

群众文化活动更加活跃和广泛。在新年春节期间全市共举办"开明杯"老年秧歌大赛等各种群众文化活动1 480项(次),数万人次参加各种表演,观众达200余万人次。在第三届沈阳国际秧歌(民间舞蹈)节期间,全国12个省、市自治区的18支民间舞蹈团来沈,推出了丰富多彩、具有浓郁民族民间特色的参赛节目;来自12个国家的15支民间舞蹈团登台献艺,促进了中外文化交流。秧歌节中的群众文化活动的形式和内容有了新的突破,举办了"不夜街"文化庙会、"迎金秋田园文化周"、"欢乐园"游园会、焰火表演等文化系列活动,其中市级活动95项、县区级活动141项、乡镇等基层活动387项,来自25个国家、地区的近千名客商及全国各地万余名各界人士和260多万沈城人民参加了秧歌节的各项活动。沈阳市社区性的群众文化活动的质量和水平不断提高。和平区的文化庙会、沈河区的家庭文化节、新民市的荷花节、铁西区的艺术节、大东区的企业文化活动都做到了常年化、系列化、规范化，突出了群众性和广泛性。

群众文化理论建设不断加强。召开了市群众文化活动特点与走势理论研讨会。在沈河区和铁西区分别进行了社区文化和企业文化建设的试点，取得了初步成效。

群众文化活动的水平有了明显提高。1993年在省以上可比性活动中，沈阳市共获奖465项次。在沈阳国际秧歌节中，铁西区、皇姑区、沈河区3支参赛队均获得了“金玫瑰奖”，相声《8字迷》获文化部第二届群星奖铜牌，郭庆鸿的书法作品入选《国际现代书法篆刻家作品荟萃》，并荣获“世界铜奖艺术家”称号。

（李冠英）

【文化产业初具规模】 1993年，沈阳市文化产业开展“以文补文”、“多业助文”有了突飞猛进的进展，促进了文化事业的全面发展。

1993年，沈阳市文化部门所属的电影院、剧场、书店在充分利用自身所处商业中心地理优势和经营人才优势，继续开发产业的同时，全年还先后兴办了各类公司、经济实体68个。到1993年底，由市文化局正式批准的文化产业单位138个，从业人员达700余人，其中安置文化系统富余人员近200人。这些文化产业无论从数量和规模上都是文化部门前所未有的。其形式也是多种多样的，包括全民、集体，甚至是个体的；此外，还有联合经营、与外商合资合作经营等。其经营项目也较为齐全，包括以经营文化产品为主的，如文化娱乐、书刊销售、演出展览、音像影视、文博开发、艺术培训、文献信息、舞美装修建筑、文化旅游、对外文化交流等，还兼融商饮服务业及工贸企业等项目。

在加快发展文化产业过程中，沈阳市文化部门本着：一是投资少、收效快、效益好，并与文化经济的发展和人民群众精神生活关系密切的行业；二是与文化科技进步有关的新兴文化行业；三是对整个文化经济有直接影响和起较大示范作用的产业项目。年初，沈阳故宫博物院利用自身优势，先后成立了古建筑装饰公司、旅游服务公司、文博图书公司，并投资10万元兼并了郊区的一个古建筑瓦厂。这些公司都实行岗位招标、全员承包，极大地调动了聘用人员的积极性，仅开业半年，就创利达30万元。沈阳市图书馆在开发文化产业中，紧紧围绕图书馆这个主业来进行。如胶印、复印、大采编、视听室、语音室、办教学班等项目，都与主业紧密相关。同时，他们还发挥自身优势，先后建立了图书交易市场、图兴公司等产业项目。全年共实现利润达60万元，补充事业经费30万元。

此外，各单位开始注重兴办一些经济实体，逐渐摒弃那些“挂牌公司”，形成了一批有自己特色的产品、项目、具有一定竞争力的文化产业新体系。如光陆精品商厦是由光陆商场重新装修而成，装修共投资500余万元，形成了装饰华丽、设施高档、环境雅致的经营环境。采取招商承租柜台的经营方式，自年底开业以来，商场营业额平均每天可达7至8万元，每月可收租金25万元，预计年获租金可达300万元，比原光陆商场的收益提高一倍以上。此外，沈影沙发家俱厂、新华涂料厂、电器加工部、织带厂等一些中、小型企业纷纷建立起来。并开始向文化科技的新领域拓展，出现了一批直接为生产经营服务的新兴科技产业项目。如“八方电脑公司”已开始为电影发行部门研制一种“电脑检片仪”，受到普遍好评。市图书馆开展的“百家企业跟踪服务”活动，实行“资源共享”等。

近年来，文化部门还先后与美国、日本、意大利、俄罗斯、台湾、香港等国家和地区兴办合资合作企业达14家，开展贸易活动先后共引进外资2 500万元。如成立于1992年的“大业装饰工程公司”，是由沈阳市电影公司等与意大利马可波罗公司联合兴办的，总投资额为30万美元。一年来，不仅承揽了沈阳的多项工程，还较好地完成了北京、大连、鞍山等地文化工程。全年实现营业额1 000余万元，获利达170万元。市演出公司先后与外商合资合作了4个企业。其中从事高技术印刷行业的嘉利传播彩印有限公司，开业仅6个月就实现利润一百多万。

在创建中外合资合作企业的同时，还兴办了一些跨地区的联合经营的文化产业。如市电影公司与国内九大城市联合在哈尔滨成立的“八方经济技术开发有限公司”，开展边贸活动；还与省电影公司、大连市电影公司兴办的“旅顺大酒店”、“马可波罗服装公司”等。利用各自优势，互相资助，达到你中有我，我中有你，共同发展的目标。

1993年，沈阳市文化产业纯收入达886万元，其中补充事业经费达420万元，占整个事业经费的25%。从下半年开始，随着文化产业的进一步发展，先后形成了一批具有一定规模和竞争能力的支柱产业。如“八方房屋开发公司”以筹建“沈阳电影娱乐中心”为龙头工程，计划在三年内开发建成一万余平方米的具有电影娱乐、商贸餐饮、宾馆等多功能综合楼和两万平方米的商品住宅。从而使八方房屋开发公司本身和电影中心都成为支柱产业。此外，先后与台商合作经营的国新娱乐有限公司，与泰商合资成立的天宇娱乐公司，共投资1 700万元，在北站地区的地下地上兴建两个较大规模的娱乐中心，预计于1994年初开业。市电影公司与香港瑞宝集团合资兴建的东北文娱广场，是在原东北电影院的基础上（港方投资1.5亿元）兴建一座23层的建筑，7层以下为商场和电影文化娱乐场所，7层以上为办公写字楼。将于1994年初动工兴建，预计3年内完工。

根据文化产业进一步发展的需要，从1993年底起，沈阳市文化局开始着手制定沈阳市发展文化产业的长远规划。规划的重点是在文化体制上有较大的变革，以适应文化产业发展的要求。要逐步使文化事业单位向产业化过渡，文化企业单位向集团化发展，要在今后一个相当长的时期，对文化产业逐步实行国有民营和股份制经营，从而形成新型的文化经济体系。

（钟晓光）

【对外文化交流】 沈阳市对外文化交流工作在1993年取得了丰硕成果，市属专业剧院团全年出国演出8次，所到国家和地区有美国、德国、日本、巴基斯坦、缅甸、孟加拉、马来西亚、新加坡、香港、台湾。共演出420场，收入173万元人民币。除了商业性演出，沈阳杂技团还承担了国家两项大型对外文化交流任务：一项是国务院侨务办公室派遣到日本对华侨进行慰问演出，行程17天，演出14场，观众8 000人次。杂技团从始至终以精彩的节目、严明的纪律、认真的工作态度，受到各侨团、侨领和我驻日使、领馆的一致赞赏与好评。国务院侨办为此给市政府、市外办、市文化局发来感谢信。一项是受文化部派遣前往东南亚五国进行友好访问演出，全体演员克服了水土不服、饮食不惯、演出场地十分简陋等等意想不到的困难，坚持高标准、高质量的演出，使所到国无不掀起一次次“中国杂技热”。各国大报竞相载文盛赞沈阳杂技团演出，各国文化部长等官员纷纷出席晚会，接见演员。沈阳歌舞团古筝演奏家、国家一级演奏员叶申龙于10月份应邀到台湾讲学、演出，这是沈阳艺术家首次进岛进行艺术交流，受到岛内演艺界人士热烈欢迎。每次演出、讲学，场内始终座无虚席，掌声不断。其它在国外演出的团队也都取得了良好的演出效果。全年出国演职人员88人次，无一例违纪现象。全部平安返国。

1993年，沈阳市还接待了国外及港台的艺术家、歌星来沈演出。以色列基布茨舞蹈团、西班牙马德里民间舞蹈团、美国彼利瓦西亚艺术中心舞蹈团等都是首次到中国沈阳演出，港台歌星叶倩文、童安格、凌峰等来沈演出后，都对沈阳留下了十分美好的印象。

(陈丽萍)

【艺术评论】 1993年，沈阳市艺术研究的主要研究方向是文化艺术产品生产如何适应市场经济体制，怎样调整文艺生产各部门之间的关系，创造更多更好的精神产品以满足人民群众不断增长的文化需求。1993年，沈阳市艺术研究人员在全国及省市报刊上发表30余篇理论评论文章，对沈阳市的文艺创作进行尽可能准确的把握与批评，对过去的创作经验进行理论上的总结。《黑土地上的生命之歌——评系列舞蹈剧〈月牙五更〉》、《构建属于自己的艺术世界——辽宁电视剧创作态势的思考》、《凝炼、含蓄：王秋颖表演艺术论》等文章有较好的反响。沈阳市艺术研究所还对沈阳市有较高成就的剧作家进行了系统的研究，撰写了《选择与表现》、《董振波戏剧的“戏曲化”特征》等论文，参加了辽宁省剧作家专题研讨会。

1993年，沈阳市艺术研究所完成了重点科研项目《沈阳戏曲音乐集成》的撰写工作。另一全国重点科研项目《沈阳戏曲志》也已正式出版。研究所的艺术理论刊物《艺术景观》继续出刊。

从8月份开始，沈阳市艺术研究所在沈阳市文化市场和广大群众中进行了大型社会调查，经过深入研究，写出了电影市场、演出市场、书刊市场、娱乐市场调查报告。通过问卷形式，对人民群众的文化需求作了10个方面的调查，为艺术研究所下一步的理论研究提供了宝贵的依据。

为了进一步开阔沈阳市艺术表演团体领导者和主要创作人员的视野，提高艺术水平，沈阳市艺术研究所收集了近年来国内有代表性的艺术创作优秀作品的音像资料，举行了观摩与研讨活动，受到欢迎。

在辽宁省首届艺术科研优秀成果奖评比中，《论关东文化与艺术创作》、《人生祈盼与关东风情的交响》获得等级奖励。音像资料部拍摄的电视专题片《〈月牙五更〉剧组在北京》还获得1993年沈阳音像档案资料评比等级奖励。

(黄莉莉)

【'93文艺创作座谈会】 1993年6月7日至9日，沈阳市文艺创作座谈会在沈水园宾馆举行。

来自全市的作家、文艺创作人员等参加了座谈会。市文化局、市文联、市电视台分别介绍了文艺创作情况。与会人员对文艺如何走出困境等问题进行了探讨。市委、市政府领导武迪生、丁世发、高柏金、张毓茂到会，并同与会人员进行了座谈。

市委常委、宣传部长高柏金在座谈会上作了《以经济建设为中心，把文艺创作推向新的繁荣》的报告。《报告》总结了近一年多来全市文艺创作情况，布署了今后的工作任务，着重提出文艺创作人员要写现实生活，写改革和经济建设。并提出要进一步加快、加深创作体制的改革，采取多种办法给作家、创作人员以切实的激励。

武迪生市长在座谈中指出：在市场经济条件下，各级领导和广大文艺工作者都要有清醒的意识，转换机制，参与经济建设，为经济发展服务，唤起时代精神，特别是表现和反映沈阳在改革开放中出现的新事物、新人物风貌，发挥社会主义文艺的导向功能，为沈阳的全面振兴做出贡献。

(黄世俊)

【新剧目展览演出】 为了繁荣沈阳市文艺创作，活跃文艺舞台，深化文艺体制改革，重视艺术创作、促进艺术生产取得新成果，1993年12月8日至12月12日沈阳市举办了“沈阳市(1993)新剧目展演”。

参加展演的剧目共有4台：京剧《月照西行路》、《梁山伯与祝英台》，评剧《日月图》，话剧《古塔街》。《古塔街》和《月照西行路》是首次与观众见面。《梁山伯与祝英台》和《日月图》已分别参加了文化部在天津和太原举行的全国性汇演，是取得了较好成绩的新剧目。

京剧《月照西行路》取材于西游记的传说。编导者力图寻找新的角度去展出剧中人物的性格特征和矛盾冲突，在舞台表现上调用了多种手段。编剧：孟繁林，导演：荆涛，主要演员有李静文、朱强、李晓丹、张英超等。

话剧《古塔街》以一条老街的动迁为故事框架，由此折射出在历史变革时期，芸芸众生的心理状态和价值取向，从而讴歌了改革开放的时代和民族的精神。编剧：李杰，导演：苏金榜，主要演员有吕晓禾、霍焰、曲永吉、蒋光琳等。

评剧《日月图》是一部传统意义

的戏剧,编导者以时代为背景,叙述了朝廷为巩固边疆在选拔良将过程中,由一张军事地图引发出的曲折并富有情趣的故事。编剧:曲润海,导演:马建平、蔡大礼,主要演员有宫静、王田、周丹、牛一波等。

京剧《梁山伯与祝英台》取材于人们熟知的爱情传说。编导者注意用新的戏剧思维对古老传说加以关照,在戏剧的结构方式和舞台表现上具有新鲜气息。编剧:陈若英、宋长鲁,导演:孙蓓君、刘安琪,主要演员有迟小秋、朱强、李晓丹、赵敏芸。

新剧目展演期间,邀请了省内的戏剧界和评论界知名人士观摩演出,并组织了各类评论会和研讨会,认真研究分析沈阳戏剧创作和艺术表现方面的得失,为进一步繁荣沈阳市的文艺事业,创作更多、更好的艺术精品,迎接1994年举办的第四届沈阳市艺术节做准备。

(宋关林　王大新)

【大型文艺晚会《红绸纽带》】 由沈阳市文化局承办,中央电视台、辽宁电视台、沈阳电视台联合录制的大型文艺晚会《红绸纽带》,是第三届中国沈阳国际秧歌节的主体活动之一。晚会于1993年9月11日、12日、13日在辽宁体育馆演出,中央、辽宁、沈阳3家电视台联合进行了录制,并于国庆节期间,由中央电视台第一套节目向全国进行了播出。此后,中央电视台第二套节目也播出了晚会的实况。

《红绸纽带》文艺晚会着力于营造博大辉宏的艺术氛围,注意文化底蕴的开掘和以秧歌为代表的中国民间舞与世界各国、各流派民间舞蹈的交流和展示。晚会的编导策划班子均由国内一流艺术家组成,总导演是著名导演黄一鹤;策划撰稿是著名作家闫肃,著名喜剧艺术家王景愚;执行导演由张凯华、李云鹰担任。参加晚会词、曲创作的也是来自国内及省内的一流作家、作曲家,其中有闫肃、孟庆云、刘诗召、石顺义、伍嘉骥、杨震、张名河、刘威、马登弟、姜哲新、李刚等。由于《红绸纽带》又作为第三届中国沈阳国际民间舞蹈节的文艺晚会,舞蹈艺术在晚会中占据了相当的比重。著名舞蹈家门文元出任晚会的舞蹈总设计,张爱娟、崔霭华等参加舞蹈部分的编导工作。在国际舞坛久负盛誉的美国杨百翰舞蹈团以及俄罗斯、西班牙、以色列、印度等外国舞蹈团,中国辽宁歌舞团、前进歌舞团、沈阳京剧院、沈阳市青少年宫等国内团队参加了晚会的演出。

著名喜剧家王景愚、中央电视台的孙晓梅、辽宁电视台的铁辉、沈阳电视台的杨松联合担任晚会的主持人。有来自台湾的凌峰,有以一曲《风中的承诺》而载誉歌坛的台湾歌星李翊君、洋溢着青春气息的台湾少女组合,牛奶、巧克力和国内的赵丽蓉、韦唯、芷玉琰、郭达、蔡明、宋祖英等艺术家参加了演出。

晚会中,一些精心构思、编排的节目引起了观众的兴趣,如史诗性的歌舞组曲《秧歌情》,展示各国舞蹈精华的《红绸纽带》,荟萃各国优秀歌曲的《外国歌曲集锦》及《京剧舞蹈》等。晚会实况在中央电视台播出后,也引起了较好的反响。

(关林)

【'93艾侬杯、飞龙杯选美大赛】 1993年,由沈阳市秧歌办、市委宣传部和《沈阳日报》社等14家单位联合主办了"'93艾侬杯、飞龙杯选美大赛"。6月20日大赛揭晓,中兴——沈阳商业大厦职员,22岁的钱琨和中国医科大学副教授,29岁的王明武,分别获得"沈阳小姐"和"沈阳先生"的冠军。

这次选美大赛的目的是通过选美活动来提高人们对美的关注,培养人们高尚的审美情趣,进一步树立沈阳对外开放的形象。

参加本次决赛的20位姑娘和10位小伙,是从800多名参赛者中筛选出来的。决赛之前,他们又在行家指导下,从形体、姿态语言技巧等方面进行了专门的训练。专家们对参加决赛的选手们从形体、容貌、气质、才能等几个方面加以考评打分,尤其注重内在与外在美的统一。最后产生出10位"沈阳小姐"和5位"沈阳先生"。

10位"沈阳小姐"是:钱琨、秦薇、高音、薛静、清波、张力耘、褚丽芙、马娉娉、李丹、闫之妮。5位"沈阳先生"是:王明武、于胜青、郭连惠、邱暾、曹强。

【电影发行放映】 1993年,沈阳市电影公司通过深化改革,巩固电影主业,开发、完善、发展第三产业,使企业初步形成了"大企业、多法人、分级管理、分灶吃饭"的新格局,各项工作取得了较大进展。全年实现发行收入1 250万元,综合利润478万元,较好地完成了年度经济计划指标。

1993年7月份起,沈阳市电影公司遵循《全民所有制工业企业转换经营机制条例》的有关规定,实行了总经理经营承包制。为适应这一新的经营方式,克服过去机构臃肿、人浮于事、效率不高的弊端,首先在公司机关进行了经营机制和机构改革,将原公司15个科室撤并成电影经营部、录像经营部、财务部、政治经济工作部、公关部等5个职能部门,人员由103人减到50人。其中电影经营部,实行全员承包经理经营负责制,实行定发行指标、定职工收入总额、定费用等管理办法,享有独立核算、自主经营、人员聘用、自定工资等权力,打破了用工、分配制度上的大锅饭。电影经营人员由原来的45人减至19人。克服了过去业务上人员过多、分工过细、遇事互相推诿的弊端。形成了责任到人、分工不分家,责、权、利紧密挂钩的新的经营机制,从而调动了经营者和职工的积极性,扭转了电影经营不景气的状况。下半年电影发行收入达到730万元,弥补了上半年的亏空,为较好地完成全年任务做出了重要贡献。

在抓好电影主业的同时,公司集中精力大发展第三产业。通过一年多的努力,公司兴办的各种企业已达到25个,其中直属自办的第三产业单位16个。目前,这些企业已走上规范化经营的轨道,不仅培养锻炼了一批经营管理人才,又为公司安置富余人员27名,保证了公司机构改革的顺利进行。

与此同时,全市各电影院也都在努力开发第三产业,做到以副促主、以商保影、以工养人,逐步向企业集团化目标迈进。 (冯家玉)

【文化市场管理与整顿】 1993年是沈阳市文化市场管理与整顿工作继续取得新进展的一年。

首先,针对书刊、音像市场"黄毒"和非法出版物泛滥的严重问题,组织开展了春季和秋、冬2次全市性的大规模"扫黄"集中行动。全市共组织突击检查30余次,出动检查人员3 000多人次,检查书刊、音像制品经营网点1 000余家,查获了一批在全省乃至全国有影响的涉"黄"案件,基本解决了开明、五爱等轻工集贸市场作为沈阳市非法出版物主要集散地的问题。同时,还切实强化了日常管理,加强对市场面的阵地监控,坚决堵截非法出版物的流通源头,重点抓了书刊二级批发单位的新书样本送审。对集(个)体书店(摊)公开在街头张挂销售夹杂淫秽、色情画面的《人体艺术摄影》画册污染社会环境的问题,及时采取措施,予以禁止,对进入沈阳市书刊市场的20余种有问题画册进行清退;对录像带出租站出租伪劣带的情况,制定了限制性措施,进行了有效整治,以部分录像放映厅制作,张贴虚假和色情广告,甚至放映淫秽录像的行为分别予以了停业整顿和吊销许可证的处罚。据初步统计,1993年全市共收缴反动、淫秽和色情书刊11 121册,非法书刊30 919册,淫秽录像带1 610盘,伪劣音像制品80 000余盘,查获了30余起大要案,收审15人;缴销违章业户许可证28家,取缔了一批无证经营业者,进一步净化了沈阳书刊、音像市场。

其次,针对电子游戏业发展过快过滥,一些电子游戏厅违章经营的突出问题,于3、4月间开展了集中清理整顿,共撤销具有赌博性质的苹果机621台,收缴色情画面的游戏机版27块,取缔距中小学校门200米半径范围内的电子游戏厅24家,因面积低于规定标准等原因,限期搬迁或整改的105家,因非节假日接纳中小学生参与活动等原因,被停业整顿的120家,吊销文化经营许可证24家。经过整顿,绝大部分电子游戏厅撤出了明令禁止使用的老虎机、角子机和苹果机,距中小学校不足200米开设电子游戏厅的问题基本得到解决,无证经营或证照不全的现象基本消除。

此外,针对贵族不夜城等少数经营单位借开放搞活,繁荣沈阳文化市场名义、无证开设赌城,从事非法经营活动,坚决予以取缔。针对一些歌舞厅、卡拉OK歌舞(餐)厅利用封闭包房从事色情服务的行为,坚决予以打击,责令业者限期拆除或改造封闭包房,查处了一批从事色情服务的酒店,使这个一度成为社会热点的问题有所缓解。

在一手抓整顿的同时,文化市场的发展建设工作也取得新进展。以卡拉OK歌舞(餐)厅、夜总会、录像带出租业和大文化商品市场的迅速崛起为标志,沈阳市文化市场进入了沈城历史上前所未有的繁荣活跃时期,出现了工、农、商、学、兵、内资、外资竞相开发文化市场的可喜景象。截止1993年底,全市娱乐场所达到2 268家,图书报刊经营单位达到740家,分别比1992年增长了65%、150%和5%,基本形成了一个高文化、多层次、多渠道、多成分的综合型市场。目前,每天进入文化市场购买文化商品和参与娱乐活动者达16万人次,规模上已排居全国大城市前列。

(徐一)

【沈阳音像协会】 沈阳市音像行业协会于1993年6月22日成立。协会是在市文化市场管理部门的指导下,由市辖区内从事音像经营的单位自愿组成进行自我教育、自我管理、自我服务的全市性行业组织。其宗旨和基本任务是,沟通党和政府与全市音像经营者之间的联系;贯彻执行党和国家对音像制品管理的有关政策和规定;维护和保障本行业及会员的合法权益;提高沈阳音像经营的社会效益和经济效益;抵制各种违背职业道德的行为,繁荣和发展沈阳的音像市场。

(傅维其)

【图书发行】 1993年,沈阳市有新华书店门市部19个,书亭、售书处12个,出版社自办发行点12个,二级批发单位63个,集体、个体书店、摊亭697个,比1992年有所发展。沈阳市新华书店销售各类图书3 461.3万册,9 270.7万元,比1992年增长9.09%,在图书流通领域里充分发挥了主渠道作用。

做好重点书发行,集中时间,集中人员,征订和发行《邓小平文选》第三卷30万册。居全国同等城市前列,创改革开放15年来发行领袖著作最高纪录。各店还配合干部学习,发行了《邓小平生平思想研究》、《十四届三中全会文件》等书6.4万册。根据教学需要,发行中小学语文、数学、物理、化学精编和小学单元测试卷等书30.6万册,《新华字典》、《小学生词语手册》等书8.3万册。铁西区新华书店组织全区中小学生利用寒暑假期间开展读书活动,发行《寻伟人足迹,学雷锋精神》和《我的星》等书7万册。这是在新的历史时期德育教育工作新思路的成功尝试,被全国青少年读书活动组委会评为全国先进单位。

1993年沈阳市新华书店开展优质服务,向读者宣传推荐好书活动。全年向读者主动推荐各类图书21.9万册,128.5万元,同时,为了更好地解决读者购书困难,新华书店各门市部办理新书预订8.7万册,32.7万元;缺书登记16.4万册,308.9万元;代查代找8万册,190.4万元;深入机关、工厂、部队、学校流动供应296次,销售各类图书金额达55万元。为方便上下班职工购书,开展早晚摆摊1 108次,销售额39.7万元。配合"五一"、"六一"、"十一"等重大节日群众游园活动,在北陵、南湖等大型公园流动售书,受到群众欢迎。

为方便专业读者购书,各新华书店根据经营专业特点,组织充足书源,举办了教材、文艺、邮电、医药、少儿、美术、音像等专业图书展销32次,销售图书132万册,476.1万元。1993年9月中旬举办了第十三届沈阳书市,售各类图书100万册,363万元。同时组织作家、画家、企业家为读者签名售书、促进了图书销售。10月16日香港繁荣集团董事长,北京市政协常委、香港作家协会名誉会长陈玉书先生,在和平区书店举行《商旅生涯不是梦》一书签名义卖活动。不到两小时销售1 000多册。为纪念毛泽东同志诞辰100周年。我国著名画家、中央美术学院教授李琦同志在沈阳美术书店举办领袖画像签名售画。发行了《主席走遍全国》、《啊!延安》(毛泽东画像)、《永远活在人民心中》(周恩来画像)、《我们的总设计师》(邓小平画像)等伟人像300多张。12月4日,新加坡著名作家尤今女士在马路湾书店举办签名售书活动,吸引了广大文学爱好者,销售《一袭舞衣》、《风情万种的小城》等5种新著3 000多册。

1993年沈阳市新华书店参加了全市服务窗口规范化服务竞赛。和平、沈河、太原街、古籍、音像、苏家屯等6个书店被评为市服务窗口竞赛优胜单位。经市、区精神文明建设办公室检查,沈河区店、音像书店被命名为市级文明单位、朝文书店被命名为区级文明单位。至此,全市新华书店全部进入文明单位行列。

(孙尤才)

【图书馆工作】 1993年是沈阳市图书馆事业发展较快的一年。全年共接待读者44万人次,借阅图书101万册次,接待咨询课题1 732项,取得服务成果96项。

为满足广大读者的阅读需求,1993年沈阳市图书馆延长了开馆时间,夏季由每周开馆52小时延至73小时,即从9时至20时,深受读者欢迎。为拓宽服务领域,该馆创办了剪报中心及信息市场,一年中剪报中心发展了22个订户,发行324期,发出有关房地产、金融、化工、轻工等信息2万余条;信息市场发布信息2 828条,成交信息12条。市图书馆还向126个企业发行了《企业决策》小报共29期3 700份。这些举措为图书馆直接参与经济建设,使信息进入市场探索出一条新路。

为解决农村看书难问题,根据文化部"向农村捐献一本好书"活动的通知精神,市图书馆组织了全市范围内职工捐书活动,此项工作由市委宣传部牵头,市图书馆具体承办。仅3个月时间,全市1 113个单位共捐献书刊107万册,在全国各大城市捐书活动中列首位。组织了"第五届全国图书馆宣传周"活动,全市13个县区馆都参加了这一活动,各馆在门前、公园、主要地段进行宣展,介绍图书馆的功能作用,发布科技信息等,共出宣传版69块,发布工农业科研等诸方面最新信息9 516条,最大限度地吸引广大读者来馆就读。为提高公共馆业务人员素质,组织了13个县区馆业务竞赛活动,竞赛项目分为图书采购验收、图书分类、图书编目、借阅流通、检索咨询等,全市县区馆150名业务人员参加,大东区馆等6个集体,38名个人获得奖励。

为加快市图书馆现代化建设,图书馆购置24台计算机用于图书馆工作。目前该馆利用新购入的2台486服务器12台终端,以及打印机等附属设备,完成了采访、连续出版物、流通3个系统的实行应用任务。从10月份开始,市图书馆已用计算机开展借书还书等服务工作,仅2个月共办理计算机证7 951个,接待读者4.1万人次,借阅图书9万册次。改变了原来借阅工作中的手工操作,提高了借阅图书的速度和质量,深受广大读者欢迎。

1993年沈阳市图书馆在努力拓宽服务领域,加快图书馆现代化建设的同时,积极想办法开展以文补文工作,全年创收实现纯利润60万元,补充事业经费30万元,增强了图书馆自身活力,同时也提高了职工的福利,调动了广大职工的积极性。

(文燕)

【第十三届沈阳书市】 沈阳市新华书店、沈阳市书刊发行业协会于1993年9月4日至9月19日在辽宁美术馆举办了第十三届沈阳书市。这届书市主要特点:宣传声势较大,领导重视关怀,品种丰富多彩,服务主动热情。读者争相选购。16天接待各界读者8万多人,发行各类图书100万册,363万元。受到了省市领导的赞扬和读者好评。

1.宣传声势较大。书市开幕前召开了书市新闻发布会。省、市报纸、电台、电视台编辑、记者来书市采访、录音、录像,及时报导了书市开幕消息,介绍了书市概况,播放了广大读者争相购书的盛况。《辽宁日报》、《沈阳日报》和《辽宁广播电视报》都作了专题报导,辽宁经济电台、沈阳电视台分别广播和播映了书市总指挥讲话录音和现场直播,介绍书市特点。并在辽宁、吉林、黑龙江等省日报上刊登了书市广告。书市门前设立了宣传板,突出宣传书店业务和新书简介。每日评出10种最佳畅销书在门前公布,起到了读者购书的导向作用。

2.领导重视关怀。辽宁省政协副主席高擎洲,中共沈阳市委副书记董万德、丁世发、市委常委、宣传部长高柏金、沈阳市副市长艾廷隽、张毓茂、孙祥剑、市总工会主席李中鲁和省、市老领导戴苏理、柳文、沈显惠、刘异云等领导同志出席了书市开幕式,并视察了书市,看望了书市工作人员。他们赞扬书市新书多,品味高、质量好,为全市人民精神文明建设和经济建设做出了新贡献。

3.品种丰富多彩。这届书市有15家新华书店展出社会科学、文化教育、文学艺术、自然科学、工程技术、古籍图书、少儿读物、港台书刊、录音磁带等2万多种。这些图书大部分是近一、二年出版的新书,有一部分是获奖图书。为纪念毛泽东同志诞辰100周年,书市特展出《毛泽东选集》、《毛泽东生平实录》、《一代巨人毛泽东》、《历史大潮中的毛泽东》、《建国前后的毛泽东》等毛泽东著作、生平传记等书近百种。港台图书第一次在书市展出,受到了读者欢迎。

4.服务主动热情。书市开展了以"扩大销售,满足需要"为主要内容的优质服务竞赛。开展了新书预订、缺书登记、代查代找、代包代运、流动供应等服务项目。为方便广大职工和学生购书,书市设两个周末晚场,营业时间延至21点。在灯火通明的大厅里,刚刚下班的广大职工在认真地寻觅自己所需的图书,两个晚场销售8万多元。9月10日是中国教师节,书市特为全市师生开设了专场,一天销售16.9万元。为方便单位购书,各展销处都设了集体购书接待处,设专人解答读者咨询,协助单位选书,办理外埠发运等业务。为了发挥旧书作用,古籍书店设立了古旧书收购处,受到了读者的好评。

5.读者争相选购。本届书市个人读者购书较多,约占书市销售额的60%。其购书特点:从抢到选,由虚而实。从读者购书品种和档次来看,读者对文化知识的追求有明显提高,购书的热情也有很大增长。多读书、读好书的风气已在沈阳市形成。各类图书都很畅销。社会科学,经济类图书销售有较大上升,文学类的中外名著的豪华本、珍藏本、礼品书十分抢手,领袖的生平传记,生活纪实文学销售较快,港台出版的含有“内幕”性质的纪实体传记文学十分走俏,文化教育、科技图书读者需求向实用性发展。建筑装饰、家用电器、计算机等书也比较畅销。

(孙尤才)

【市少年儿童图书馆搬迁新址】 沈阳市少年儿童图书馆成立于1951年4月,是辽宁省第一所公共系统少年儿童图书馆,1984年7月,成为独立建制的少年儿童图书馆。

旧馆址在沈河区大西路,条件比较简陋。1991年市政府决定将市图书馆旧址交给市少年儿童图书馆使用,经过一年多的维修,整饰,馆舍面貌焕然一新,既保留了古建筑的风格,又体现了少年儿童的特点。于1993年6月25日,以崭新的面貌,在锣鼓喧天,鼓号齐鸣声中,正式向全市100多万少年儿童和广大的青少年工作者开放。

迁址后的市少年儿童图书馆,位于中街繁华地区,沈河区朝阳大街131号。馆舍面积由原来的800平方米,增加到3 400平方米;现有藏书34万余册;工作人员42人,大专以上学历21人,高级、中级、初级专业技术人员33人;组织机构健全,服务体系完整,设有业务辅导部、图书采编部、图书借阅部、参考咨询部、读者活动部和行政办公室六个部门,开设了资料借阅,视听活动,电脑培训,智力玩具和幼儿园阅览等服务新项目;同时增设了静电复印,电脑打字和胶印等面向社会的服务项目。

搬迁后的市少年儿童图书馆,服务项目不断增加,业务指导辐射全市各区(县)少年儿童图书馆和中小学图书馆(室),改变了过去传统的、单一的服务方式,已成为一个内容丰富,形式多样的、多功能的市级少年儿童图书馆。

(李万平)

【文物保护工作】 沈阳是国务院已公布的62座国家级历史文化名城之一,地上地下文物古迹非常丰富。经文物普查发现,在原来9个区两个县的区域内存有古遗址、古城址、古墓葬、古建筑、历史纪念建筑物,革命遗址及革命纪念建筑物共计450余处。从中选出具有重大历史、艺术及科学价值的文物38处,由市政府公布为市级以上文物保护单位,其中有3处为国家级,有14处为省级。1993年,康平和法库两县划归沈阳市后,这两县共有古文化遗存743处,其中已公布为县级以上文物保护单位共计29处,其中有省级2处,市级6处。经文物部门反复调查研究拟申报市政府公布第二批市级文物保护单位35处。这样,沈阳市市级以上文物保护单位达70余处,古文化遗存近1 200处。文物是历史文化的载体,是先人活动的证据,沈阳市有这么多的文化遗存,充分体现了悠久历史,光辉灿烂的文化和光荣的革命传统,做好文物保护工作,对建设社会主义精神文明建设和发展旅游事业都起着重要作用。

为保护好沈阳市的市级以上文物保护单位,首先,由市文化局、文物管理办公室和市规划局、城市规划设计院共同对省级以上17处,进行了实地勘察,测量,针对当地的实际情况,重新划出了保护范围和建设控制地带,省政府于1993年4月,明文确定了这两个保护界限。然后,又依法解决文物保护与基本建设的矛盾。《文物保护法》和市政府发出的《关于在规划建设中加强文物保护工作的通知》中都明确规定,在文物保护单位的保护范围和建设控制地带内,进行基本建设工程,其设计方案要予先征求文物主管部门的同意,然后按市规划建设部门审批。对已批准的项目,由市文物主管部门派人到现场进行文物调查勘探工作。由于沈阳市许多基建单位都能按照文物法规办事,能和文物部门密切配合,1993年在文物抢救清理工作中取得了显著成绩。例如:市文物考古钻探队在老城区内实现了对基建工地94 624平方米的调查钻探任务,对保护地下埋藏文物做出了突出的贡献。市文物考古工作队对沈阳故宫北侧兴建东亚商场工地的古文化遗址进行了考古发掘,发现了从战国、两汉、辽金至明清时期的文化层,堆积厚度达10米以上。特别是在底层发现了夯土城址,城外有护城河黑淤土,城内有大量的战国和汉代砖瓦、兽面纹瓦当,大型建筑遗址及许多遗场,专家初步认为这是沈阳历史上最早的候城遗址,对解决“候城究竟在哪?”这个历史悬案问题,有了新的突破。各建设单位也注意保护文物古迹。如东亚商场的建设单位从保护故宫这座宫殿建筑群的环境风貌出发,按照文物主管部门的要求,其建筑物与故宫红墙的距离由原20米再往北延长10米,共让出30米的距离。这样,他们虽然蒙受了很大的经济损失,但对保护故宫做出了重大贡献,受到了国家文物局的赞赏。另外,文物主管部门也依法对在文物保护区内不经审批而乱拆乱建的单位进行了处罚。

(孙庆永)

【改革使沈阳故宫出现可喜成果】 沈阳故宫博物院是全国两座仅存的皇家宫殿建筑群之一,是清代历史艺术性质的博物馆。

自改革开放以来,沈阳故宫实行了院长负责制。特别是1993年调整了院领导班子后,他们大胆探索改革的新路子,开拓进取,真抓实干,各项工作都取得了显著成果。全年经济收入达457万元。为年计划的161.4%,比1992年增加100万元,收支结余150万元。全年接待国内外客人72万人次,其中包括国内外元首级别有5人。接待了第二届国际秧歌节参赛的全部团队。

1993年沈阳故宫调整、充实、改造了大部分的陈列室,又投资4

万元开设了珏郡器、古铜器和雕刻品陈列室。引进了“当代原始人写真展”、“人类性科学”两个展览，并将“当代原始人写真展”推向了锦州与山东蓬莱两市，获得了可观的双重效益。为对故宫进行再宣传，与“辽宁老年报社”共同举办了“游览沈阳故宫有奖知识竞赛”；与辽宁省立体声广播电台联合举办了“古城神韵”现场点播；与沈阳人民广播电台共同举办了“华灯初上”播音组共同播出了“盛京皇宫今夕谈”，通过开展这些活动使故宫的知名度大增。

1993年沈阳故宫完成了6大项古建筑的维修与维护工程。其中大政殿的维修，东七间楼与奏乐亭的维修是国家文物局确定的重点工程。西、北两侧大墙的重新砌筑与加高，琉璃井亭彩绘，东、西大门，大清门、太庙门、东西掖门的重新油饰工程的院内维修工程，总投资共206万元。特别是大政殿的维修工程能做到精心组织、科学施工、工艺水平高、保质保量地完成任务，得到了国家和省、市文物局的肯定。

1993年沈阳故宫下力量抓了科学研究并取得了新的成果。院里尽可能地为科研人员创造条件，经过科研人员的努力在省级以上刊物发表论文15篇，出版了院藏法书专辑《书法丛刊》，参加编写大型辞书《关东文化大辞典》，完成了建设部下达的《中国美术分类全集·建筑艺术》沈阳故宫卷的文字与照片拍摄的工作。还选派了业务人员参加了“国际匈牙利萨满教学术研究会”和在河北省易县清西陵举办的第三届清宫史研究会。

1993年，沈阳故宫努力整顿了院容院貌；修剪绿化带2 000余米，草坪200多平方米，整修灌木树冠320延长米，重新铺砌了崇政殿前御路800平方米，还投资3万元装修扩建了来宾接待室。重新粉刷了全部院墙和部分油饰了古建筑。通过修院容、饰院貌，使故宫这座古代帝王宫殿建筑群以整洁、美丽而庄重的面貌重新展现在国内外游客面前。

为加速改革步伐，引入竞争机制，消化富余人员，充分发挥文物部门的优势，大力开发文化产业，沈阳故宫成立了“沈阳故宫实业开发经营总公司”，先后成立了“古建装饰公司”、“文博画书公司”、“旅游服务公司”。并投资10万元兼并了苏家屯区的一个瓦厂。目前仅半年时间，经营总公司已经创利30万元，瓦厂已收回全部投资还略有盈余，同时共安排富余人员28名。

(周维新)

【沈阳故宫大政殿维修】 沈阳故宫大政殿是清太祖努尔哈赤建造的宫殿，建于1625年。最早称“大殿”，1636年定名为“笃恭殿”，随后改称“大政殿”。它座落在故宫东路北部的中心，建筑面积401.12平方米，通高18.28米。为11角垂檐攒尖式建筑。

大政殿座北朝南，平面呈八角形，各边长9米，建在1.5米高的须弥座台基之上。南侧设有御路，前为月台。东、西、北三侧均有踏跺，须弥座上置有雕刻细腻的荷叶净瓶石栏杆，各角望柱头上雕有卧狮一只。柱网分三层排列，有柱40根，檐柱24根，老檐柱、金柱各为8根，周围出廊。各面均用六扇斜棱格扇门封闭，棱条起二柱香式纹饰。下架大木做二麻六灰地仗并油朱红，殿内为梵文天花及降龙藻井。重檐下施五踩双下昂斗拱。内外檐做金龙和玺彩画。屋顶为黄琉璃瓦绿剪边。正面前檐柱雕有金龙蟠柱，翘首杨爪，做升腾之状。整座建筑以它独特的造型，浓郁的地方手法，使功能、结构和艺术达到了完美的统一。

大政殿做为沈阳故宫的代表，历经360多个春秋的洗礼，瓦件炸裂，椽望槽朽，地仗开裂。1993年4月6日经国家文物局的批准，并拨款80万元对其进行屋顶翻修。此次维修历经6个多月的精心施工，于1993年10月26日竣工。遵照文物法“保持现状，恢复原状”的原则，维修中按照古建传统工艺进行施工，并对破损构件按原材质，原尺寸进行更换。此次维修共更换琉璃瓦件80%，缘飞152根，更换、加固仔角梁15根，望板600余平方米，化学加固脊、宝顶琉璃构件30余件。重做地仗217平方米，油饰858平方米，并对外檐彩画进行了除尘处理。使游客能更清晰地观赏到乾隆时期的彩画艺术。

此次维修由沈阳故宫博物院院长亲自指挥，院古建部具体负责主持施工，施工单位是沈阳故宫古建装饰工程公司。经检查验收，质量达到设计要求，受到国家文物局，省、市主管部门及有关专家的好评。

(温树凡)

【“九·一八”旧址建地下展厅】 沈阳“九·一八”事变陈列馆，于1993年4月开始动土建地下展厅，同年11月建成。占地面积为600平方米，共6个展室。

地下展厅的建成与残历碑主体建筑形成一个完整的建筑体系。它的建成为进一步充实和完善“九·一八”事变史的陈列，起到了重要作用。

地下展厅的陈列将以新颖的陈列方式，采用半景画、浮雕、圆雕、雕塑并和声、光、电的配合，烘托陈列的气氛，使之更加感人。

整个陈列共分三个部分。第一部分反映了事变的历史背景；第二部分展出事变爆发后，伪满政权的成立及在伪满政权统治下的14年里，东北及沈阳人民受奴役的场面。1931年9月18日夜10时20分许，随着一声炮响，“九·一八”事变在沈阳柳条湖爆发。这种陈列效果会把人带入那难忘的时刻；第三部分展示了东北各族人民的抗日斗争精神，同时也反映了全国各族人民及爱国华侨支援东北抗日斗争的事迹，及在中国共产党领导下的抗日战争所取得伟大胜利及日本侵略者无条件投降的情景。形象的雕塑展示了东北军，东北义勇军，抗联等抗日队伍中涌现的抗日英雄人物。

地下展厅还设有录像厅，以放映历史资料片为主，为广大观众开放。

地下展厅的陈列与残历碑展厅的陈列溶为一体，它既充实了原陈列的内容，而在形式上又有新的拓展。人们在这里将接受“勿忘国耻”教育。特别是对青年学生这一代跨世纪的主人，进一步加强爱国主义，历史唯物主义教育，进一步增强他们的民族自豪感,义务感和责任感,提高爱祖国、爱家乡的思想觉悟,坚定社会主义信念有着重要的现实意义和深 远的历史意义。

(李惠春)

【辽滨塔抢救清理】 辽滨塔位于新民市公主屯镇辽滨塔村内,系一座8角13层密檐砖塔,始建于辽代,残高32.62米。1985年公布为沈阳市文物保护单位。该塔因年久失修,损毁严重,塔刹、塔檐均已脱落。1993年沈阳市政府决定拨款对该塔进行抢修。施工前,沈阳市文物管理办公室派沈阳市考古工作队于1993年7月12日至10月22日间,对辽滨塔的基础,"地宫"、"中宫"、"天宫"和塔周围遗迹进行了考古调查和抢救清理。该塔建于基岩之上,基础稳固。"地宫"位于基座上部,距地表3.7米至5.1米处,宫室内高1.2米,宽0.8米,深1米,叠涩顶,门南向。靠北壁置一砖雕供桌,桌上供有银丝串珍珠龙首幡、三足莲花瑞兽铜薰炉、高足影青瓷碗、青瓷盘、铜勺、铜箸、铜币、香木塔、木函等,在北壁上还嵌有一尊砖雕观音燕萨坐像。"中宫"位于塔身第一层下部,即佛龛后,封门在正南,向内曲折向西南。宫内高1.1米,宽0.8米,深0.9米,亦叠涩顶。靠东壁处设木供桌,桌上供置青釉斗笠式盏、银丝编海棠形浸珠漆盏托、菊瓣形青瓷盒、香木塔、木函等。木函外包黄帛,函内有铜、银、金三重套装的盖罐,金罐内置5颗五色舍利子。此外还对塔周围进行了勘查。发现了庙宇建筑遗址,东西墙基距离约有87米,可见当年庙宇规模的宏大和香火之盛。在塔的附近还发现一个龟形碑座,从形制上看为典型的辽代石刻遗物。碑身尚未发现,走访当地的群众,回答说,近七、八十年也没有看到过碑身。这次考古调查和抢救清理,确定了辽滨塔的建筑年代和形制,为修复工作提供了可靠依据;出土的珍贵遗物为研究辽代宗教和研究宋辽间经济文化交流提供了新的实物资料。

(李晓钟)

【首例"舍利"在实胜寺出现】 1993年5月7日晚,沈阳唯一的喇嘛教寺院实胜寺内79岁的高僧召乌力吉(蒙古族人)始觉体力不支,提出想回原籍阜新一顾,寺内派人护送至沈阳站,高僧召乌力吉无疾圆寂,遗体被送回寺里。9日火化遗体后,从其遗骨内发现红、蓝、白等色"舍利"数十枚,每枚黄豆粒般大小。

"舍利"本为梵语,意为"坚固"。当年佛教创始人释迦牟尼圆寂后火化,首次从其遗骨内发现异常坚固的骨髓结晶体,被称为"舍利子",佛教界奉为"圣物"。

"舍利"在沈阳发现,是沈阳佛教史上的首例,堪称奇迹。召乌力吉出身于阜新一农家,幼年在东藏瑞应寺出家,专攻藏佛教经典。40年代曾获"格西"称号(相当于佛教中的"博士"),1978年被实胜寺从阜新请来传授"经书",在喇嘛教界德高望重。

【市直属剧院(团)获奖情况】 1993年度市直属剧院(团)共获得国家级奖励29项:

沈阳戏曲剧院在第三届中国戏剧节中,评剧《老年和青年》获优秀演出奖;评剧《山里山外》获演出奖;田敬阳获优秀演员奖;杨龙双、刘雁群获演员奖;黄伟英获优秀创作奖。在全国地方戏曲交流演出(北方片)中,评剧《日月图》获优秀剧目奖;曲润海获编剧奖;马建平、蔡大礼获导演奖;李清明、李荣哲、李娟获音乐奖;邢造、齐国良、金放获绘景奖;宫静、周丹获表演奖;牛一波获优秀配角奖。

京剧演员迟小秋获首届梅兰芳金奖大赛(旦角组)提名奖第一名。

沈阳话剧团在全国小剧场展演及国际研讨会中,话剧《长椅》获演出奖;朱静兰获导演奖;吕晓禾获优秀表演奖;蒋光琳获表演奖。

沈阳杂技团在第二届全国杂技"新苗杯"遵义大赛中,谢永强表演的《蹦绳》获铜牌;陈芝玉、李忠实获教师奖;黄书汉获音乐奖;陈东旭获勤奋奖。

沈阳艺术团在首届中国相声节中,相声《要帐》、《千方百计》分别获节目二等奖;范伟、陈连富获表演一等奖;贾承博、金炳昶获表演二等奖;白纪元创作的《要帐》获创作二等奖;纪元、大良、佩业创作的《千方百计》获创作二等奖。

(王大新)

【文艺创作成果】 1993年,沈阳市文艺创作空前繁荣,文学、戏剧、曲艺、美术、书法、电视剧及群众文化等各艺术门类都取得丰硕成果。全年出版各类文学著作30部,上演大戏《古塔街》等6部,制作电视剧6部(56集)等。相声《要帐》、《千方百计》、评剧《日月图》、话剧《长椅》等一大批优秀艺术品在国际、国内多种大赛中获奖。长篇电视剧《荒路》获第十三届全国电视剧"飞天奖"三等奖。作家马秋芬获中国庄重文学奖。全市专业文艺获国际、国家级奖42项;业余文艺获省以上奖176项。

(文章)

文学艺术

【概况】 1993年,沈阳市文联的体制改革思路是:本着打破陈规,分类归口,搞活机制,提高效率的原则,一手抓繁荣创作,培养人才,出好作品;一手抓创收,搞经济开发,为事业提供活动经费。

1.文联机关内部机构分成4大块。文联现有的11个协会及文艺理论研究室、党办、行政办、组联等4个室统一起来,重新划为4个部;既文学、艺术、行政管理、经济开发。

2.文联机关内部机构分成4大块,人员实行分流后,原各协会及各部门的对外称谓及职能不变。即文学艺术各门类协会仍然独立存在,会员工作照常进行。各协会秘书长的职级及对协会的职责不变。

3.文联机关内部机构改革后,对部门的领导干部实行聘任制,以实绩考核使用人才。

4.集中人力、物力、财力、充分发挥社会联络、协调作用,搞有影响的,大型的文学艺术活动,增加文联的知名度。

(吴智林)

【文联五届四次全委会】 沈阳市文联于1993年5月20日召开五届四

次全委会。40余位委员参加了会议。

市委副书记丁世发、市委常委、宣传部长高柏金、副市长张毓茂等领导到会并分别讲了话。会上，刘文玉主席向到会委员，报告了1992年工作总结和1993年工作要点。他在总结中充分概述了一年来文联工作所取得创作、出版及获奖等成果，同时又指出在商品经济大潮中，文联工作存在的不足和问题。对1993年工作，提出以纪念毛泽东同志诞辰一百周年，与中国作家协会联合举办全国性“龙海杯”散文征文大赛和配合第三届中国沈阳国际秧歌节活动，组办“全国书画名家作品大展”等主要活动；为开展以文补文、多业助文、文联将要投出力量办好实体，藉以改善经济条件，发展文艺创作。

与会委员们，听了市领导讲话，倍受鼓舞，畅谈了对“讲话”的认识。在审议并通过了1992年工作总结和1993年工作要点的同时，互相通报了信息，讨论了当前改革中的热门话题。

（朱学琳）

【全国书画名家作品大展】 由沈阳市书法家协会和市美术家协会承办、市秧歌节组委会主办的“沈阳全国书画名家作品大展”于1993年9月5日至15日在鲁迅美术学院美术馆举行。共展出书法104件、国画85件。

这次大展，从4月份开始向全国各地名家征集作品，得到各方面的支持，从组织征稿到展出，仅用了5个月的时间，就征上近200幅在国内外有一定影响的书画名家作品，其中有著名书法家、中国书法家协会代主席沈鹏、副主席刘炳森、顾问大康、王遐举和蜚声海内外大画家吴泽浩以及甘肃画院李宝峰、北京对外展览公司田福会、东北师大戴成有等著名书画家的作品。已故书法家张伯驹和沈延毅的作品也在这次展览中展出。还有一批知名度很高的中青年书画家的作品也参加了展览。使展厅竞放异彩，实可谓全国书画群星献艺，荟萃九洲名家书画界精品，这次展览大书画产生了极大的影响。

丁世发、赵金城、高柏金、马向东、朱壮志等市领导和市文联主席刘文玉、副主席李启东以及书画界近400人出席了开幕式，市委宣传部副部长朱壮志主持大会，丁世发、赵金城、高柏金、刘文玉等领导为展览会剪了彩。

（朱学琳）

【“龙海杯”散文征文大赛】 为宣传毛泽东同志为中国革命和建设所建立的不朽功勋，沈阳市文联和中国作家协会发起，由沈阳兴利房产开发经营有限公司承办了《纪念毛泽东同志诞辰一百周年“龙海杯”散文征文大赛》。这是沈阳市文联组织的一次全国规模，影响较广的活动。

为加强征文大赛活动的组织领导和指导，除了聘请全国著名老作家冰心、袁鹰为大赛顾问外，还聘请了中共辽宁省委常委、宣传部长王充闾，沈阳市人民政府副市长张毓茂、中共沈阳市委宣传部副部长朱壮志分别担任大赛的顾问、组委会主任和副主任。征文大赛评委会由全国著名作家、诗人柯岩、单复、木青、石英、阎纲、吴泰昌、周明等人组成，沈阳市文联主席刘文玉任评委会主任委员。

征文大赛活动经费，由社会集资解决，中外合资沈阳兴利房地产开发经营有限公司提供人民币15万元。

征文大赛活动于1993年8月初拉开帷幕、当即在《人民日报》、《文艺报》、《鸭绿江》、《芒种》杂志等十几家报刊发了征文启示，到1993年11月末，共收到来自全国27个省、市、自治区的稿件近千篇，参赛作者中有党政军的离退休老干部，有曾在毛主席身边工作过的同志，有机关干部、军人、工人、学生，也有作家，记者等等。

此次征文有5篇作品获得荣誉奖，他们是白朗的《毛主席的关怀永不忘》、朱子奇的《忆毛主席访苏片断》、思齐的《我和毛主席同桌进餐的时候》、毛岸青和邵华的《无尽的思念》、毛新宇的《知心的话说给爷爷毛泽东》，征文评出一等奖1篇，二等奖2篇，三等奖11篇，优秀奖36篇。

颁奖大会于1994年2月19日上午在北京钓鱼台国宾馆举行。全国人大常委会副委员长程思远，原全国政协副主席马文瑞、邵华的母亲张文秋老人和沈阳市副市长张毓茂，市委宣传部副部长朱壮志，大赛评委会和组委会的领导市文联主席刘文玉，沈阳兴利房产开发经营有限公司的总经理李兴活等近200人出席大会。

（吴智林）

【艺术交流】 沈阳市文联1993年积极开展了对外艺术交流。

2月，应荷兰首都阿姆斯特丹市国家博物馆邀请，沈阳书画研究会专业画家亓官良（中国手指画研究会常务副会长）赴荷兰参加国际手指画研讨会及大型中国手指画展览。这次手指画展是中国在国外首次大型展览，受到观众的欢迎。

3月，市文联副主席邵振棠，秘书长吴智林等一行3人，应邀赴独联体俄罗斯首都莫斯科和伊尔库茨克，乌克兰首都基辅等城市进行访问。其间，考察了文化工作与经济贸易，民俗等情况。

3月下旬，市文联主席、诗潮杂志社主编，著名诗人刘文玉应新加坡武吉知马联络所锡山文艺中心主席洪生先生邀请，在新加坡访问。其间，与新加坡作家协会，五月诗社的同行及朋友进行了文学交流。新加坡文化部次长何家良先生亲切会见了刘文玉。

四月，书画家么喜龙，么喜江应美国美富不动产投资企业公司邀请，访问了洛杉矶，并举办了“么喜龙、么喜江书画展”。

五月，市书法家协会秘书长姚志忠，市书画研究会专业画家郑伯劲，亓官良赴日本札幌参加万国博览会，其间进行了展览交流。

（吴智林）

【作家挂职生活】 沈阳市文联的专业作家，继木青（作家一级）、刘思铭（作家二级）、李伟（作家三级）分别到企业，县级基层机关挂职生活后，1993年又有马秋芬（作家二级）、崔亚斌（作家二级）到企业和司法部门挂职生活。至此，文联的专业作家全部都到基层去挂职生活，找到了创作的基地。

马秋芬是沈阳市作家协会主席，是位颇有实力的中年女作家，她荣获了庄重文文学奖，此项奖是香港知名人士庄重文出资同中国作家协会文学创作基金会联合设的一项旨在鼓励国内中年作家努力创作好作品的奖励。马秋芬在辽宁省一家物资公司任经理一年来，经受了磨练，长了许多见识，为她写长篇小说积累了十分有益的素材。近期她准备整理材料开笔创作长篇小说。

崔亚斌是沈阳市作家协会副主席。近几年来一直关注司法战线，同公、检、法部门结下了不解之缘。1993年5月，他终于全身心地投入到司法战线，到沈阳市中级人民法院调研处挂职生活。仅仅半年的时间，收获颇丰，为长篇小说创作积累了大量素材，还在省市报刊上发表了约20万字的报告文学和纪实文学。为此，受到了市中级法院上下好评，年终为他荣记了三等功。

（吴智林）

【沈阳文学艺术院】 沈阳文学艺术院，是隶属沈阳市文联的全民事业单位，创建于1989年2月，致力于培养文艺创作人才。办学5年，累计培养学员达3万余人次。在学员中，除台湾外，遍及全国。有工农兵与在职和离退休干部、工程师；还有企业家、个体户和在校的大、中学生，年龄最高84岁，最小的才16岁。为使学员学好专业课，学院每月出版一期定期函授教材——《文艺创作》。在内容上，每期除登载写作基础知识、名著欣赏外，还刊发部分学员的作业（包括习作）与老师的点评。现已出版近60期，累计发表学员的小说、散文、诗歌等作品2000余篇（首），成为学员发表处女作的园地。经过培养，学员的作品刊发在全国各级报刊上的已有500余篇（首），亦有获各级奖励的，还有的出版了小说集、诗集和专集。更有经过函授学习，提高了创作水平，被有关单位聘用。

（朱学琳）

【书画家么喜龙赴美办展】 沈阳书画研究会秘书长、专业书法家么喜龙是应美国美富不动产投资企业公司的邀请，同时被邀请的还有书画研究会专业画家么喜江。两位书画家于1993年4月8日赴美国洛杉矶举办“么喜龙么喜江书画展”。展出书画作品200余件，受到当地群众热烈欢迎。在展出同时，分别在展厅作了现场技法表演，使异国朋友大饱眼福，赞声不绝。

展出期间，美国的《国际日报》、《世界日报》、《天天日报》及“北美卫视电视台”等新闻单位都作了专题报道，给予高度评价。

么喜龙，曾在沈阳、北京、日本、美国等地多次举办个人书法展，作品被国内外诸多单位收藏，还在国内和香港先后出版了7部作品集。其名被多种辞典收入，国内外近百家报刊和新闻单位做了专题报道和刊发作品，市档案馆为其建立个人艺术档案，被辽宁大学中文系和沈阳大学聘为书法艺术客座教授。

么喜江，是么喜龙的胞弟，省美术家协会会员，其作品在省市各级报刊上多次发表，曾获过市一等奖，优秀作品奖和全国“三乐杯”青年书画精英赛创作奖，曾被评为1990年沈阳市青年“十佳”画家之一。1993年由香港国际乐斯出版社出版了《么喜江山水画集》。

（朱学琳）

【书画家赴札幌参加国际博览会】 应沈阳友好城市日本札幌市政府和国际博览会组委会的邀请，沈阳市以市书法家协会副秘书长，书法家姚志忠为团长，沈阳书画研究会专业画家亓官良、郑伯劲和收藏家潘福忠为团员的沈阳艺术家代表团随沈阳市政府文化交流团于1993年6月10日赴日本札幌市参加“’93国际博览会”开幕式，同时在札幌和冈山、落可町等地又举办了姚志忠书法作品展”和“亓官良、郑伯劲二画家中国画作品展”，获得了参加博览会的各国观众与当地书画爱好者的好评。

（朱学琳）

【画家亓官良赴荷兰表演手指画技法】 应荷兰首都阿姆斯特丹市国家博物馆邀请，中国手指画研究会常务副会长、沈阳书画研究会专业画家亓官良于1993年2月18日赴荷兰参加国际手指画研讨会及大型中国手指画展与手指画现场表演。

亓官良的手指画表演艺术，轰动了荷兰画坛，荷兰的几家大报刊分别用多种文字介绍了他的手指画艺术并刊登了他现场表演的大照片。

这次中国手指画展是中国手指画在国外第一次举行的大型展览。共展出来自中国、日本、美国和欧洲的博物馆及私人收藏家的作品200余幅。

（朱学琳）

【作家马原拍摄电视片《中国文学梦》】 曾以创作风格独特的小说《错误》、《冈底斯的诱惑》、《上下都很平坦》等作品引起文坛瞩目的沈阳文学艺术院专业青年作家马原，自筹资金，创作、拍摄30集大型电视系列片《许多种声音——中国文学梦》。

这部电视片，风格类似《望长城》，旨在轻松随意的氛围中引导观众游历新时期的“文学长城”。该片长达600分钟，是由沈阳市电影电视艺术中心承拍的，导演刘成伟，总撰稿是青年作家张英。经过一年多的大江南北紧张地奔忙，已具成品。

《中国文学梦》，是记叙从1978年至今的中国文学发展史，片中将让那些平日里从不跟读者见面的百余位当代文学名家在荧屏上面亮相，与观众谈自己的酸甜苦辣和所思所想。全片以聊天形式、纪实随意性手法，从作家角度来反映新时期文学发展的“许许多多的声音”。如在著名作家巴金的寓所，摄制组拍下了老作家与家人欢度他88岁生日的一组镜头。刚从杭州疗养归来的巴金，在耀眼的灯光下，面对镜头，第一次担当起电视演员的角色。老作家与主持人和女儿李小林一起聊天，表现得非常轻松自如。

由于经费的压力，摄制组的工作非常辛苦，为圆这场“文学梦”，他们既是主持人、导演、撰搞，又是搬运机器的“力工”。尽管如此艰辛，仍信心百倍的完成这部电视片，献给热爱文学的广大观众。

（朱学琳）

【朱学琳获世界艺术名人证书】 由

世界艺术名人评审委员会暨中央电视台、中国画研究院、美国中国美术家协会、美国东方艺术协会、英国东方美术家协会、日本国际书画协会、香港新闻出版社、当代艺术报、《画廊》杂志社、中国书画报社等12家艺术单位共同签署的“世界艺术名人证书”颁发给市文联朱学琳，并授予他“优秀书画家”荣誉称号。

朱学琳，是市文联组联部负责人，《沈阳文联》内刊责任编辑、省美术家协会会员、国际书画学会学术委员。朱学琳，还曾被聘为《中国当代文艺艺家辞典》编委和深圳“银海杯”'93全国书画印大展赛评委。

（文联办）

【获省以上奖的作品与作者】

文学

△由中国作家协会和中华文学基金会评选的“庄重文文学奖”在北京人民大会堂颁发。市作家协会主席、青年女作家马秋芬获此殊荣。

△由国家环保局宣教司与中国环境报社举办、中国作家协会参评的“绿叶杯”环境文学奖。木青的散文《呼唤绿色》获银奖第一名。

△由辽宁省文联和辽宁省文学期刊联谊会评选，王滨（荒原）的论文《浅论文学期刊编辑综合素质》获优秀论文一等奖第一名。

美术

△由中国美术家协会与中国油画艺委会主办的“中国油画双年展”和由黑龙江、吉林、辽宁三省美协主办的“东北当代油画展”。宫立龙的《大嫂》获最高大奖；王义罡的《油画系列》和刘明的《自画像系列之5、之16》同获学术奖。

△由中国美术家协会与国家体委主办的“第三届中国体育美展”，张要武的油画《呼声》获三等奖。

△由国际现代书画家篆刻家大辞典编委会主办的“国际现代书画展”。卢志学的中国画《隆冬》和刘明的油画《自画像系列》同获铜牌并被授予“世界铜奖艺术家”称号。

△由世界艺术名人评审委员会与世界现代美术家大辞典编委会暨中国、美国、英国、日本、香港等国家与地区的9个艺术组织共同签署的“世界艺术名人证书”颁发给市文联朱学琳，并授予“优秀书画家”称号。

△由中国书协中国美协和中国奥委会申办委员会主办的“2000年奥林匹克第一届国际书画艺术大赛”。亓官良的中国画《送秋》与杨海滨的中国画《沼泽秋风》同获优秀奖。

书法：

△由中国社会科学院主办的“20世纪国际现代书法篆刻名人作品荟萃展”。沈阳82岁老书画家陈旧和中国书画函授大学盛京分校常务副校长佟铸的作品入展并获“国际文化交流荣誉奖”。

△由辽宁省书法家协会和辽宁省少数民族协会主办的“辽宁省少数民族书法展”。佟铸、关志刚、佟原、佟华生等四人同获“优秀作品奖”。

△由中国书协中国美协和中国奥运会申办委员会主办的“2000年奥林匹克第一届国际书画艺术大赛”。佟铸、关云辉、杨恒旗三人的书法获“优秀奖”。

音乐：

△中国音乐家协会主办的“全国未来词曲作家大选赛”慕天放的歌词《追随太阳》获“创作奖”。

慕天放的另一首歌词《秧歌梦》在“首届‘莲花杯’青年歌词大奖赛中获创作奖”。

△由农业部举办的“全国农场场歌大赛”中余本章的歌曲《红星在北大荒闪亮》获“金奖”。

△在“辽宁省卡拉OK青年歌手大赛”中市音乐家协会获“伯乐奖”。

舞蹈：

△由中国文化部与中国舞协、沈阳秧歌办主办的“第三届中国沈阳国际秧歌节”。赵秋来、李瑞林创作的《八角鼓舞》、沈斐然、刘力创作的《荷花飘香》和陈桂英、庞志阳创作的《满族舞蹈》三个民间舞蹈同获“创作金奖”。

曲艺：

△由中国曲艺家协会主办的“中国相声节”白纪元创作的《要帐》和大良、纪元、佩业合作的《千方百计》同获“创作二等奖”。

△由中国戏剧家协会主办的“全国戏剧小品创作大奖赛”中李士义的小品《儿子》获“铜奖”。

杂志：

△由中国当代文学研究会与少数民族文学研究会评选，授予《芒种》杂志社“集体园丁奖”；主编唐耀华获“园丁奖”。

（朱学琳）

修志工作

【在全国参展并获奖】 1993年3月5日至11日，在北京举办建国以来第一次全国新编地方志成果展览。沈阳单独设展区，共推出108种成果，包括市志、县志、区志、专业志、部门志、企业志及有关沈阳市情的书籍。展品数量列各参展城市之首，被誉为“硕果累累”。9月，全国优秀志书评奖结果揭晓，辽宁省共有22部志书获奖，其中沈阳有7部。获一等奖的有《沈阳市志》第一卷《综合》卷，获二等奖的有《沈阳市志》第七卷《交通邮电》卷、第十卷《财政税务审计金融》卷以及《新民县志》，获三等奖的有《法库县志》、《东陵区志》、《苏家屯区志》。

（陈锋）

【修志成果】 1993年，沈阳新编地方志工作继续取得进展。《沈阳市志》第十卷《财政税务审计金融》卷出版，国内外发行。全书70万字，彩照51幅，黑白照片63幅。第五卷《轻工业纺织工业区街企业》卷已于11月交付出版。全书70万字，是全国大中城市中率先出版的工业部类志书。尚未出版的其他11卷市志也都加快了总纂进度。到12月末，已完成主管单位或专家审评的志稿有：政权卷的“人大”、“检察”，社会卷的“民政”、“人民生活”、“方言”，城建卷的“综述”、“城市规划”，商业卷的“商检”、“海关”、“供销合作商业”，政党卷的“政协”、“民主党派及工商联”、“其他党派”、“共青团”、“妇联”等，市委志的初稿撰写工作已经完成，开始进入总纂。农业卷、科技教育卷、人物卷的编纂工作也有较大进展。

1993年,沈阳各县区的修志工作也取得新的成果。除已出版的7部县、区志外,《辽中县志》已完成录入和排版,《康平县志》已开始录入,《铁西区志》正在进行总纂。《于洪区乡镇街志》已出版。《法库年鉴》已排版完毕。于洪、东陵、苏家屯、沈河等区都在进行"七五"区情的资料整理工作。

(陈锋)

【编纂全市大事记】 为贯彻为现实服务、为改革开放服务的方针,市志办从1993年下半年开始,按月编发全市大事记,受到市委、市政府领导及有关部门和县区领导的好评。市政府秘书长周勇顺同志称赞"编发大事记是一种创造"。在编发大事记中,各县(市)区、市政府各部门领导重视,督促工作人员及时向市志办报送资料。为抢时间,有的大事发生当天,就用传真机报市志办。市志办正抓紧编纂沈阳大事记(1992—1993)。

(陈锋)

新闻出版

【加强新闻队伍职业道德教育】 1993年7月31日,中宣部、国家新闻出版署联合发出《关于加强新闻队伍职业道德建设,禁止"有偿新闻"的通知》,中共沈阳市委宣传部、沈阳市新闻工作者协会立即组织市属新闻单位负责同志进行学习、讨论,并结合全市实际,对贯彻《通知》精神作出了部署。市委宣传部还专门就贯彻《通知》精神下发了文件。各新闻单位贯彻落实《通知》精神,主要有以下几个特点:

1. 领导重视,态度坚决。《沈阳日报》、沈阳电台、沈阳电视台机关纪委、机关党委及市属各专业报党支部接到《通知》和市里下发的文件后,普遍组织本单位的编采人员进行了认真地学习讨论。大家结合本单位实际,分析"有偿新闻"的危害和表现,自查自纠,并提出整改措施。许多单位领导表示,要将制止"有偿新闻"作为新闻界反腐败斗争的一个重要方面,一抓到底,抓出成效。

2. 制订廉洁自律措施,规范编采人员的行动。在认真学习领会《通知》精神的基础上,各单位都制订了遵守新闻职业道德,制止"有偿新闻"的规定。《沈阳日报》规定编委会把编采人员遵守新闻职业道德,禁止"有偿新闻"作为考核干部、评定职称、评选先进、发展党员的重要依据之一。沈阳电台规定编采人员不准利用工作关系搞"对缝"拿"回扣",为外单位承揽广告,从事第二职业。沈阳电视台规定不准从个人或小团体私利出发,利用自己掌握的舆论工具发泄私愤,或作不公正的报道。沈阳工人报、都市青年报、晚晴报、消费周报、卫生与生活报、沈阳电力报、沈阳荧屏周报也制定了有关规定。沈阳电台、沈阳电视台还将各自的规定播发出去,欢迎社会各界监督,并公布了举报电话。

3. 常抓不懈,初见成效。沈阳日报制订规定后,至年底没有发现编采人员搞有偿新闻。沈阳电台、沈阳电视台制订规定后,对记者外出采访情况进行了调查了解,也没有发现编采人员搞有偿新闻的现象,更没有接到群众打来的举报电话。各单位还涌现出了一批廉洁自律的好人好事。例如,沈阳日报一名领导带领两名记者到一家中外合资企业采访,采访结束后,企业送给每人一个兜,其中装着个信封。回报社后,发现信封中装的是钱(领导1000元,记者500元),报社领导立即让记者把钱送回这家企业。沈阳电视台一名记者到舒君幼儿园采访,对方给钱做为误餐费,他不仅没要,还自己拿出100元钱捐给了这所弱智幼儿园的孩子们。由于记者一心沉到生活的激流中采访,市属报纸、广播、电视的宣传质量都有了一定程度的提高。

(安石)

【第六届振兴沈阳好新闻评比】 为促进新闻宣传工作,鼓励广大新闻工作者努力宣传沈阳,扩大沈阳在国内外的知名度,表彰在宣传沈阳两个文明建设方面做出突出贡献的同志,经市委、市政府同意,1993年,中共沈阳市委宣传部、沈阳市新闻工作者协会联合举办了第六届振兴沈阳好新闻评比活动。

对中央驻省、驻沈、省驻沈记者站及市属新闻单位经过认真初评名选送的56篇作品。经评委背靠背复评,评委会评定,历时两个月,最后确定了获奖单位及获奖作者名单。于6月7日在沈阳日报社大会议室举行了颁奖会。

人民日报辽宁记者站、中央人民广播电台辽宁记者站、经济日报辽宁记者站、工人日报辽宁记者站、光明日报辽宁记者站、新华通讯社辽宁分社沈阳记者站、辽宁日报沈阳记者站、辽宁电台沈阳记者站等8家中央、省级记者站荣获特别贡献奖。中央、省、市30家新闻单位的72名记者分别获得一等奖和二等奖。其中一等奖14篇,二等奖45篇。

振兴沈阳好新闻奖是1988年经市委、市政府同意设立的,每年评选一次,参评的作品仅限于当年发表的。

第六届振兴沈阳好新闻评比与前五届不同的是增设了集体奖,并突出强调市属、省属新闻单位的记者在上级新闻媒介发表的稿件可以优先参评。

(安石)

【加强对新闻舆论的引导和监督】 1993年沈阳市坚持团结、稳定,鼓劲及正面宣传为主的方针,以邓小平建设有中国特色社会主义理论为指导,认真贯彻党的十四大和十四届二中、三中全会精神,紧密围绕市委、市政府的中心工作协调新闻宣传,较好地引导了社会舆论。

1. 加强党对新闻工作的领导,使宏观调控制度化、规范化。健全、制定和实行了新闻单位负责人例会制度、新闻审读审听审视制度、新闻发布会管理制度、市属新闻单位新闻工作考评奖励制度、制止有偿新闻的若干意见等。

2. 密切围绕市委、市政府中心工作,开展战役性宣传。先后组织了"转观念、上台阶"的宣传,"学雷锋,树新风"的宣传,"转机制,进市场"的宣传,"科教兴市"的宣传,扩大对外开放的宣传，第三届中国沈阳秧歌节的宣传，农村奔小康的宣传，加强城市管理的宣传，反腐倡廉的宣传，大文化建设的宣传，学《邓选》的宣传，毛泽东诞辰100周年的宣传等。同时针对社会热点问题，做好“解难”、“散热”工作，促进社会安定。

3.总结典型经验，积极推进新闻改革。新闻工作座谈会，总结推广了沈阳日报实行内部职称聘任制，沈阳电台深化节目改革、重塑广播新形象，沈阳电视台推行以强化工作责任目标管理为核心的全方位多层次配套改革，消费周报在市场经济下怎样开展批评报道的经验。

4.增强服务意识，不断扩大新闻宣传范围。先后组织了10余次中央、省、市新闻单位记者集体采访，在中央和省级新闻机构刊播反映沈阳市的新闻稿件1800多篇(条)。成功地举办了第六届振兴沈阳好新闻评选及第三届中国沈阳国际秧歌节(波纹管杯)好新闻评选活动，与中央人民广播电台国际部合办“中国城市走向世界”专题节目，撰写8篇反映沈阳改革开放的系列报道。

(安石)

【新闻工作座谈会】 为适应社会主义市场经济发展的新形势，深化新闻改革，中共沈阳市委宣传部1993年6月17日召开沈阳市新闻工作座谈会。会上，《沈阳日报》总编辑傅贵余介绍了《沈阳日报》实行内部职称聘任的经验；沈阳电台台长高占文介绍了深化节目改革，重塑广播形象的经验；沈阳电视台台长韩永言介绍了实行工作责任目标管理，努力争创全国一流综合电视台的经验；消费周报副总编辑白述彭介绍了市场经济 下怎样开展批评报道的经验。

市属新闻单位中层以上干部以及中央驻省、驻沈和省驻沈记者站站长、记者约150人参加了这次座谈会，市委副书记丁世发，市委常委、宣传部长高柏金，副市长张毓茂，省委宣传部副部长高东晓，省新闻工作者协会副主席、市新闻工作者协会主席刘黑枷出席了会议。

丁世发在座谈会上讲了话。他说，沈阳市新闻事业发展较快，新闻宣传取得了很大成绩，舆论导向和宣传基调是正确的，新闻单位内部改革有了长足的进步。新闻队伍政治素质、业务素质总体上是好的，是可以信赖的。他要求各新闻单位要再接再厉，进一步推进新闻改革，坚持团结、稳定，鼓劲的原则，把握好宣传基调、口径，高扬主旋律。要突出宣传重点，坚持两个文明一起抓，积极、全面、正确地宣传邓小平南巡谈话精神和党的十四大精神，全面准确宣传党的基本路线。要进一步提高新闻队伍素质，加强队伍建设。要当好党和政府的耳目喉舌，正确反映群众愿望和呼声，维护新闻的真实性和严肃性，防止片面性，为群众提供更多有益、有用的信息。要把握好社会主义市场经济条件下的价值导向，宣传正确的人生观、价值观以及艰苦奋斗的思想。要加强党对新闻工作的领导，为新闻单位配备好班子，指导好工作。

(安石)

【出版工作取得新成果】 1993年，沈阳出版社针对出版工作中出现的新形势、新情况，采取了开拓经营的新举措，进一步转变思想观念，加强综合管理，经过全社职工的共同努力，先后完成了《毛泽东大典》、《中国小学教学百科全书》等重点出版工程，推出了一批畅销图书。

根据图书市场出现的新形势和读者要求，经过3次选题调整，全年共申报选题计划156种，现已发稿134种，发稿字数5 456.5万字。由于图书市场滑坡，印数过低等原因，末发稿22种，发稿兑现率达86%。计划出版再版书44种，完成37种，再版比例为27.6%，比1992年提高7.6%。

1993年重点书6种，占选题计划的4%，其中被列入省重点图书的《毛泽东大典》是一部弘扬老一辈无产阶级革命家，宣传马列主义、毛泽东思想的弘篇巨著，一经出版、立即受到各界的瞩目。结合我国文化教育、经济建设和科学技术实际的《中国小学教学百科全书》、《中国外科专家经验文集》也都已出版发行，受到读者好评。

1993年已出新书214种，其中转年出书138种，当年发稿新书76种；再版书44种。再版率20.6%。《新编小学生词典》、《全国小学生最优秀作文百篇》等均再版3次，累计印数在10万册以上。在已出版的新书中，《中国小学教学百科全书》、《当代散文大系》(第一辑)、《汽车摩托车驾驶员培训考试教程》等取得了良好的社会效益、经济效益，受到读者的欢迎。1993年共有35种图书、10种封面分别荣获全国、省地区优秀图书奖及优秀封面设计奖；出版利润达到276万元。

(赵娥)

【“扫黄”、“打非”成效显著】 1993年，沈阳市按照现行的图书报刊管理体制，把住出版和印刷两关，堵住“黄货”产生的源头。积极引导基层出版单位和书刊印刷企业进一步端正指导思想，坚持社会主义的新闻出版方向，处理好社会效益和经济效益的关系。认真抓好全年图书出版选题的审查工作，把好图书内容质量关。对全市内部图书资料的出版、印刷，严格审批制度，一年中共批内部书号148个，没有出现一本格调品位低下和政治方向有问题的图书。对书刊印刷企业、做到了经常检查，重点抽查，严格依法管理。1993年继续把工作重点放在对县区以下和单位自办的小型印刷厂的检查监督上。全年共检查印刷企业200多家，查出违纪厂家18家；查获非法印刷书刊24种，总计29.4万册；查处非法印刷品13.9万套。由于加强了工作力度，非法出版活动基本得到控制。没有出现印刷反动、淫秽等黄色出版物的案件。全年印刷企业违纪率比1992年下降58%。

对非法出版活动的案件，坚持迅速立案，依法查处。在全年查处的18起案件中，较重大的有2起。一起是沈阳电力专科学校印刷厂非法印制境 外图书《情有独钟》、《轻松的倾诉》、《太阳雨》等500多册，严重违反了国家新闻出版署关于境外出版单位不得在大陆擅自从事出版活动的规定。发现后，除对其进行查封，还吊销了印刷业经营许可证。另一起是沈阳铝镁设计院印刷厂无证、无手续，盗用厂名印刷1.4万册《古代汉语》，罚款后被停业整顿。对上述情况已通报全市印刷企业，对强化全市书报刊印刷管理和打击非法出版活动起到了推动作用。

（冯桂华）

【五报三刊参加全国报刊业发展成就博览会】 经国家新闻出版局批准，新闻出版局信息中心与中国报业经营管理协会、中国期刊协会于1993年9月25日至10月3日在北京“革命军事博物馆”联合举办了《1978——1993中国报刊业发展成就博览会》。

沈阳市的《沈阳日报》、《沈阳晚报》、《沈阳工人报》、《消费周报》、《都市青年报》和《芒种》、《青年科学》、《人生十六七》五报三刊参加了展览。为做好此项工作，沈阳市本着“自行创意、自行设计、自行发展”的原则，组成参展领导小组和设计工作班子，对参展内容和设计方案进行认真审定。为了更有力配合文字图片的展出，使展览更具有特色和成效，市新闻出版局又组织沈阳电视台和参展单位，联合录制了电视专题片《自豪吧——沈阳报业》，较全面系统的反映了全市报业发展的全貌。

参展期间，沈阳展厅以文图声像多种形式向国内外的同行和广大观众展示了15年来沈阳市报刊业数量、品种的增加，布局、结构的变化；宣传内容、报道形式、版式设计等方面改革的成效；报刊社运行机制和管理体制有效转换的作法；搞活多种经营、实现自负盈亏的经验，实现技术改造和设备更新的效益；增强综合经济实力，实现自我发展的途径，以及推进自身改革开放的新观念，新思想和新措施等。受到各方面较高的评价和广泛赞扬。

（马占君）

【沈阳市版权学会成立】 1993年是《著作权法》正式实施3周年，也是我国加入《世界版权公约》、《伯尔尼公约》正式生效的第一年，为了深入贯彻《著作权法》，加强沈阳市的版权宣传及理论研究工作，提高全社会版权保护意识。根据沈阳市科学文化教育事业比较发达，涉及版权使用单位比较集中的特点，为促进全市文化、科技交流及版权贸易的需要，沈阳市在广泛调查研究、多方征求意见、共同探讨的基础上，于1993年初开始了沈阳市版权学会的筹备工作。

由沈阳市新闻出版局牵头，组成了由市委宣传部、市人大科教办、市中级人民法院、市政府法制办、市教委、市文化局、市司法局、市文联等有关领导同志参加的沈阳市版权学会筹备领导小组。在广泛征求了作者团体作品传播、使用单位和司法部门的意见之后，结合沈阳版权保护工作的实际，拟制了《沈阳市版权学会章程(草案)》。市版权学会筹备组经过同宣传、文化、新闻出版、教育科研、司法等各界多次协商，推荐出一批文化层次较高，有一定学术水平的同志做为沈阳市版权学会第一届理事会候选人。

经过近一年的积极筹备，在得到沈阳市社会团体管理机关批准后，沈阳市版权学会成立大会(暨第一次代表大会)于1993年12月18日召开。出席大会代表105名，代表着全市涉及到著作权保护与管理的各个方面和阶层。

国家版权局、中国版权研究会等全国48家单位对沈阳市版权学会成立表示祝贺，有16家外省、市、自治区和市(地)版权管理部门和版权学术团体给大会发来贺电、贺函。

沈阳市版权学会第一次代表大会选举出69名理事，组成沈阳市版权学会第一届理事会。大会审议通过了《沈阳市版权学会章程》。在市版权学会第一届理事会第一次会议上，选举出郑邦俊等21名常务理事，组成沈阳市版权学会第一届常务理事会，并一致推举郑邦俊同志担任市版权学会理事长。

已成立的沈阳市版权学会是从事版权理论研究，宣传普及版权知识，维护版权所有人合法权益的群众性社会团体。其宗旨是：以马列主义、毛泽东思想为指导，坚持四项基本原则，坚持实事求是的科学态度，贯彻“百花齐放、百家争鸣”的方针，团结全市版权工作者、文化科技作品的创作者、传播者和热心版权保护事业的团体和个人，致力于版权理论的研究和发展，推动著作权法的贯彻实施，促进全市文学艺术和科技作品的创作与传播，繁荣社会主义科学文化事业。

沈阳市版权学会是全国首家成立的城市版权社会团体。它的成立标志着沈阳市版权保护事业有了进一步发展，也将为我国方兴未艾的版权保护事业做出其应有的贡献。

（赵延志）

【14家报刊创刊】 1993年，沈阳市《新民市报》、《辽中县报》、《东陵特区报》、《苏家屯区报》、《沈阳人才报》、《人生十六七》、《沈阳电力技术》、《沈阳交通科技》、《沈铁工运》、《经济鹊桥》、《城市房屋拆迁》等14家报纸期刊，经省市新闻出版局审批核准，正式创刊出版发行。在这些新创办的报刊中，有县区报，有青少年刊物，有直接为沈阳改革开放和经济建设服务的经济科技类报类。这些报刊的面世，标志着沈阳市新闻出版事业发展的新成果，是沈阳市又一批对外宣传的窗口和精神文明建设的载体。

《新民市报》是新民县撤县建市后，反映新民市政治、经济、文化等等综合信息的一份地区性内部报纸；《辽中县报》、《东陵特区报》、《苏家屯区报》也是充分体现地方特点的综合性内部报纸。共青团沈阳市委创办的公开发行的《人生十六七》，是全国少有的面向中学生、融思想性、指导性、知识性为一体的青少年读物。从问世以来，就以其显著特点和风格，引起同行关注，受到广大青少年的青睐。市人事部门的《沈阳人才报》及时交流人才流动工作的经验和信息，使用人单位和人才通过报刊媒介进行双向选择，对实现人才资源合理配置起到桥梁作用。沈阳市交通运输管理局创办的《沈阳交通科技》，积极反映该市交通运输行业和公路系统改革开放、科学管理和专业技术等方面的新成就、新技术、新经验，使科研技术直接为交通生产服务。《沈阳电力技术》是电业系统的电网专业技术刊物，她紧紧围绕沈阳城市和农村供电、输电、变电、设计、科研和管理等开展宣传，对促进电网技术交流及加速电网发展起到了积极的推动作用。《经济鹊桥》这个税务行业的新刊物，从她诞生之日起就瞄准市场经济大目标，把准确、及时传递经济信息和市场供求等微观信息作为办刊主要任务。其突出特点是：提供的信息，讲求实用性、针对性、广泛性和新颖性，注重市场供求与综合分析预测，经济效益和社会效益的统一具有较高的参考价值和使用价值。

（马占君）

广播事业

【广播事业发展概况】 1993年，沈阳市广播宣传和事业建设，继续取得长足的进步，为今后进一步加快广播系列化、产业化发展奠定了较好的基础。

广播宣传紧密围绕市委、市政府的中心工作，坚持党的基本路线，坚持团结、稳定、鼓劲和正面宣传为主的方针，突出了经济宣传重点，加大了改革开放和社会主义精神文明建设宣传的力度，拓宽了广播宣传的领域，使广播宣传的整体效果大大加强。在新闻宣传中，紧紧抓住全市在贯彻全民所有制工业企业条例、农业结构调整、招商引资扩大开放，建设大市场搞活大流通、发展第三产业、科技兴市和加强民主法制、精神文明建设等市委、市政府下大气力抓的、带动全局的重点工作和成果进行跟踪报道。全年新闻广播时间共940小时。沈阳人民广播电台和沈阳经济广播电台都实现了整点（半点）新闻直播，每天直播新闻共22次，125分钟，比过去增加了8次，40分钟。新闻节目的时效性和信息量都有提高，并开办了英语新闻节目。体现广播特点的新闻，重要的独家新闻和典型报道，提出问题引人思考的深度报道都有了较大幅度的增加。版块节目进一步贴近群众、贴近生活，提高了节目的文化品位和审美情趣，增强了可听性和亲切感，扩展了广播服务的领域。《792连心桥》、《社会大哥大》、《星光夜话》、《882服务台》、《空中导购》、《名医坐堂》、《经济新节拍》、《星期天收听大世界》等一大批优秀节目受到听众的欢迎和信赖、使广播真正成为了党和政府联系人民群众的“空中桥梁”，使广播的服务功能在与人民群众日常生活相关的各个领域逐渐展开并走进了人们的心灵世界。

广播事业建设取得了重大进展，为今后广播的加速发展提供了保证。沈阳市重点工程项目之一，沈阳广播中心工程建设，1993年克服重重困难，超额完成了年度投资计划，累计完成工程投资额3600万元，基本竣工，并荣获东北三省甲优工程金奖，广播电影电视部1993年颁发了全国调频广播频率规划，指配给沈阳市两个调频频率（98.6MHZ、92.1MHZ）为沈阳广播系列化提供了频率资源。同时，在中央和市财政的支持下，投资154万元（其中外汇4.2万美元）购置了数套直播设备和发射设备，为沈阳人民广播电台文艺台、教育台、交通台、儿童台的筹建准备了技术硬件。广播经营再创历史最好水平，创收575万元，抵补事业经费180万元，减轻了市财政负担，增强了自我发展能力。康平、法库两县划归沈阳市管辖后、原康平境内的三二七中波转播台整制划归沈阳人民广播电台领导。

（廉杨）

【沈阳人民广播电台节目改革】 沈阳人民广播电台节目改革1993年取得了阶段性成果，初步完成了广播方式的根本转变，使广播改变了面貌、走出了低谷。

广播曾经有过自己的辉煌。但是，近十几年来，广播受到电视的巨大冲击，面临严峻的挑战。为适应社会主义市场经济发展的新形势，在众多新闻媒体的激烈竞争中扬长避短，赢得新的辉煌，1993年4月1日，沈阳人民广播电台在完成了从22点整点新闻直播为标志的新闻节目改革和以实现栏目化为标志的专题、文艺节目内涵改革的基础上，借鉴沈阳经济广播电台主持人直播版块节目改革的成功经验，按照新闻台的框架，调整改革了节目，推出了主持人直播与录播相结合的板快节目，延长播音午夜，连续播音19个小时。这套节目的推出，标志着沈阳人民广播电台初步完成了录播向直播的转变，广播改革取得了阶段性成果。

不断深入发展的广播改革，给广播注入了新的活力，使广播从日益增强的吸引力和崭新的媒介形象，重现迷人的风采。首先是新闻节目的时效性更强，信息量更大。现在，沈阳人民广播电台每天直播新闻16次、110分钟（不含转播中央人民广播电台新闻节目），比过去增加了8次、40分钟。同步报道、现场报道、录音报道等充分体现广播特点和优势的报道大幅度增加，大量采用新华社和中国国际广播电台提供的国际国内新闻，使新闻节目的信息量和地域履盖大大提高。其次是各版块节目更加贴近群众、贴近生活，增强了听众参与性和服务性，提高了节目的文化品位和审美情趣，丰富了节目内涵。《792连心桥》、《星光夜话》、《星期天收听大世界》、《名医坐堂》等一大批优秀节目受到听众的欢迎和信赖。这些节目之所以受到欢迎，一是抓难点解热点，把党和政府为人民办实事的具体工作与反映群众的呼声和要求结合起来，密切了党和群众、政府与市民的关系，增强了党的威信，激发了广大干部群众关心和支持改革开放的热情；二是通过多种形式，特别是热线电话的形式，实现一对一服务，让广播节目深入到群众日常生活之中，拉近了广播与听众的距离。

在进行节目改革的同时，还适时推进了干部人事制度和分配制度改革，特别是围绕录播向直播转变过程中出现的一些新情况新问题，着眼于建立适合直播方式的新的运行机制，制定了《新闻记者编辑定额管理办法》和《直播节目主持人编辑定额管理办法》等一系列规章制度，实行了内部职务聘任制，可以高职低聘，也可以低职高聘。新的运行机制的核心是节目质量，建立了节目质量监督机制和质量一票否决制度。内部机制改革，调动了采编人员的创造性和积极性，促进了他们采编观念和工作节奏的转变，保证了节目改革的顺利进行。

（廉杨）

【部分乡（镇）试办调频传输】 根据辽宁省广播电视厅辽广技字[1991]113号文件精神，自1992年起，沈阳市从农村广播事业建设的实际出发，在农村部分乡（镇）广播电视站进行了使用调频传输广播信号的试点工作，投资少、见效快，乡至村的通播得到较快恢复。党政领导满意，广大农民欢迎。

这些年来，由于农村生产经营体制的变革，对广播的需求越来越迫切。但是，农村广播网建设遇到了新的问题和实际困难，很多乡（镇）开通程控电话，实行农电技术改造；以及近郊区城镇基本建设、铁路、公路扩建，使原有的广播专线杆倒、线断，无力恢复，广播信号中断状况日趋严重。为了解决乡（镇）以下通播率急剧下降的问题，经过考察论证、科学规划，拟定了在部分乡（镇）分期分批试办调频运输广播的规划，首先在新民市柳绕地区贫困乡（镇）搞了试点，初步取得好的效果。从资金投入看，每个乡（镇）只需4万元即可解决通播，仅为架设专线的十分之一。

“乡办调频运输”，优先考虑贫困、少数民族、特乡特镇。技术特性限定发射功率10W，天线高度25米左右。在市无线电管理委员会的支持协助下，解决频率资源，于1993年建成15个调频运输站，市财政给每一个乡（镇）补助资金1万元。

在试点过程中，坚持标准，严格把关，并制发了有关管理办法，强调了逐级申报、审批手续，要求经费有保障，设备齐全标准化，充实编播力量，按无线广播宣传口径加强管理，杜绝政治或技术责任事故的发生。

（王恩贵）

【《九三新起点相会在联营》】 1993年1月1日，沈阳经济广播电台举办了一次别开生面的户外直播特别节目《九三新起点相会在联营》。这是东北地区的首次户外直播尝试，也是沈阳经济广播电台不断探索适合直播特点的新的播出形式的又一尝试。

《九三新起点相会在联营》特别节目，从上午10点开始，到下午1点结束。在3个小时的节目中，设有《空中会嘉宾》、《听众卡拉OK》、《现场点歌》、《智慧宫》等栏目。特邀节目佳宾、我国著名足球门将傅玉斌的现场演唱和热线问答，受到听众的热烈欢迎。副市长刘克田等领导同志，也做为嘉宾来到直播现场，回答听众提问，向全市人民祝贺新年，使节目气氛不断推向高潮。

在节目进行过程中，有数以千计的听众热心参与其中。他们冒着零下十几度的严寒，伫立在沈阳联营公司门的直播现场，不仅有风华正茂的年轻人，也有许多年近古稀的老人和蹒跚学步的孩子。联营公司门前一时之间行人止步、车辆缓行，万人聚集，笑声、掌声时时响起。此情此景，使许多老广播工作者为之动情，为之振奋。看到了改革给广播事业带来的生机和活力。《辽宁广播电视报》等新闻媒介以《广播撩开你神秘的面纱》等为题进行了热情的报道。

（廉杨）

【《792连心桥》和《社会大哥大》】 沈阳人民广播电台的《792连心桥》和沈阳经济广播电台的《社会大哥大》节目，是在经济台开办《政府与市民》节目的基础上，按照武迪生市长在政府工作报告中关于进一步办好《政府与市民》节目的要求，于1993年推出的新栏目。两个栏目各有侧重，但其基本宗旨是一致的，即：紧密配合市委、市政府的中心工作，围绕市政建设及与人民群众日常生活息息相关的社会公益事业，以直播和听众热线参与的方式，迅速传达政令，及时反馈信息，跟踪报道结果，充分发挥广播的喉舌耳目作用和桥梁纽带功能。

《792连心桥》开办于1993年4月，它每天7点5分播出，每次10分钟；经济台的《社会大哥大》开办于1993年3月15日，每天6点15分播出，每次也是10分钟。

《792连心桥》和《社会大哥大》先后设立了《政府与企业热线》、《消费者投诉热线》、《房改热线》、《节日市场监督热线》、《发展个体私营经济热线》、《打假热线》、《征集市民建议热线》、《冬季人民生活热线》等专题栏目。特别是在市政府关于征集人民群众意见和建议，强化城市管理，整顿社会秩序活动开展以后，围绕城管整治各个阶段的工作，开展了深入广泛的宣传。节目开办以来，由于市委、市政府领导和有关部门的亲切关怀和大力支持，加上节目内容贴近群众，贴近生活，因而引起了社会各界的广泛关注和好评。市委书记张国光同志对节目给予了充分肯定。市人大副主任吴泮权同志称赞，这两个节目“上为党分忧，下为民解愁。”电台收到听众表扬信和电话数百封（次）。中央和辽沈一些新闻媒介还多次对这两个节目做过报道。

截止1993年底，《792连心桥》共接到听众电话535个，收到听众来信1340封；《社会大哥大》共播出208期，接到听众电话500多个，收到听众来信约3 000封，接待听众来访1 000多人次，听众通过广播反映的问题涉及城管、城建、房产、工商、税务、交通、环卫、环保、煤气水电和粮食副食供应等十几个方面。在市政府领导和有关部门的支持下，听众反映的问题有80%以上都得到了妥善处理和解决，其余也基本上做到了事事有回音、件件有着落。目前，各政府职能部门和各区政府、窗口单位，一般都设有专人监听这两个节目，以便及时协调处理群众提出的相关问题。1993年6月4日，《792连心桥》播出了一位听众反映住房漏雨的热线电话。当天上午，副市长任殿喜同志就召集房产、建工等有关部门领导开会，研究解决雨季前居民住宅维修问题，并在第二天的节目中向群众做了答复。反映问题的那位听众又一次挂通了热线电话，激动地说，上午一个电话，房子很快就得到维修，市长真是咱的父母官，真给咱市民办实事啊！有的听众把广播的热线电话比喻为“我们心中的市长”。大家普遍感到，开办这类节目带来了较好的社会效益。一是进一步拓宽了普通老百姓直接反映自己意见、建议和要求的民主渠道;二是增强了政府有关法规、政令以及为民办实事、关心群众疾苦的社会透明度;三是增进了政府具体工作部门的社会责任感和公仆意识;四是有利于发挥人民群众和新闻媒介的监督职能。

(廉杨)

【《空中导购》】 沈阳经济广播电台每天中午播出的服务性节目《空中导购》,是在借鉴南方一些电台节目改革经验的基础上,开办的一个颇有特色的节目。这个节目每天播出一个小时,以沟通产销需求,服务于群众日常生活为基本宗旨。

《空中导购》创办于1991年7月15日。播出之后,很快就得到了广大听众的认可和欢迎。每天节目一开播,主持人刘晴会接到几十位听众的咨询电话,所提问题大到机电产品、农机器具,小到医疗药品、钮扣针线,可谓千奇百怪,无所不问。对于听众提出的需求咨询,刘晴都能按时准确地给予回答,不仅令听众满意,也使来沈的港台客人感到惊奇。

作为一个消费服务类节目,《空中导购》十分注意在节目中宣传正确的消费观,引导听众的消费需求。如对沈城一度出现的山地车、赛车购买热现象,在听众求购时,主持人有意识地提供山地车、赛车生产线引进信息,提醒听众注意零配件配套问题,不要盲目追求高消费,收到较好的社会效果。

(廉杨)

【《星光夜话》】 《星光夜话》是沈阳人民广播电台在节目改革中推出的一个新栏目。它以主持人直播和听众热线参与的方式,围绕心理咨询和“软性话题”,在每天晚上10点到午夜零点播出。节目开播以来,共播出心理咨询75次,话题讨论147个,直接参与讨论式咨询的听众达3600多人次,收到听众来信3 200多封。

《星光夜话》节目如同一块巨大的磁石吸引着广大听众。越来越多的听众相约在星光下,欢聚在夜话中,参与夜话,关心夜话,信赖夜话,老大娘嫁女找夜话把关,个体户经商找夜话指点,夫妻口角找夜话评理。一位听众出国,最后一件事是向《星光夜话》告别,表示“走遍天涯路,不忘夜话”。广大听众称赞《星光夜话》是“心灵的窗口”和“精神生活中不可缺少的一部分”。

(廉杨)

电视事业

【概况】 1993年,沈阳电视台在市委、市政府的领导和支持下,以党的十四大和邓小平同志建设有中国特色的社会主义理论为指导,按照市委八届五次、六次全会的要求,坚持党的新闻宣传方针,紧密配合市委、市政府的中心工作,较好地完成了各项宣传任务。

1.精心组织了几次重大战役性报道:1993年,沈阳电视台组织了对市委三次全会的宣传;对市人大、政协两会的宣传;对建立社会主义市场经济体制、贯彻落实《条例》的宣传;对坚持“一开四促”方针,对外利用外资、对内赴边经贸的宣传;对学习《邓小平文选》第三卷和反腐倡廉的宣传;对纪念毛泽东诞辰100周年的宣传等等。尤其是对第三届中国沈阳国际秧歌节“文化搭台,经济唱戏”的宣传,沈阳电视台投入100多万元资金,240人直接参与,21个采访报道组昼夜奋战,行政部门全力服务,技术部门充分保障,高质、高效地完成了任务,受到了市委、市政府领导的充分肯定。

2.在加大新闻信息量,提高新闻时效性方面进行了新的改革和探索。沈阳电视台的《沈阳新闻》,是收视率较高的重点节目之一,不仅及时报道了全市重大活动和举措,而且努力贴近群众、贴近生活,关注人民生活热点问题,增加了社会新闻和经济生活的信息量,受到了社会各界的广泛好评。为使节目在布局上增强舆论宣传的整体力度,沈阳电视台在新闻节目里增加了板块式栏目和专题性报道,开办了《新闻视点》和《早安·沈阳》,使新闻节目由原来每天一次增加到5次,从15分钟增加到30分钟。新闻板块栏目,是集新闻性、社会性、知识性、评论性于一体的可喜尝试。

3.各类专题节目有了新的起色;经济宣传进一步加强。经济栏目由原来的2个增加到4个,节目量由每周原来60分钟增加到120分钟。全年播出经济类新闻500多条,经济信息1 340条,经济专题310个,在中央电视台播出节目106条。社教、青少、电教、体育等专题节目,又涌现出了一批好作品。

4.对外宣传取得了可喜成果。反映沈阳的12集大型系列风光片《黑土风情》摄制完成,受到了市委主要领导的充分肯定。该片在辽宁电视台连续播出一个月,在中央电视台中华大地节目中通过卫星向38个国家和地区播出。13集系列片《变化中的中国——沈阳专辑》和专题片《中国沈阳》通过各种渠道传播到海外许多国家和地区,扩大了沈阳在世界的影响。

5.文艺节目的数量增多,质量有了新的提高。沈阳电视台摄制播放的一批文艺晚会各具特色,丰富多彩。《观众点播》、《开心一小时》等栏目深受观众喜爱,而且收到了很好的经济效益。电视剧的生产取得了丰硕成果。全年共拍摄了电视剧《山妹》、《走来走去》和《半路夫妻》3部47集。从外埠引进播出的《京都纪事》、《诗人毛泽东》等一大批电视剧,丰富了沈阳荧屏。1993年,沈阳电视台有57部作品荣获全国和省市级奖励,其中获市级奖13个,省级奖21个,国家级奖23个。在国家级奖励中,电视连续剧《荒路》荣获第十三届全国电视剧“飞天奖”三等奖,《蝎子沟暴动》荣获全国煤炭部“乌金奖”二等奖;《浪跷人》荣获第六届东北三省电视剧“金虎奖”三等奖;文艺晚会《秧歌潮》荣获政府级电视文艺“星光奖”三等奖;专题片《东方摇滚》和《重归黑土地》荣获第七届全国城市台“金牛奖”一等奖;《誉从信中来》荣获“中国电视奖”经济类三等奖;音乐电视《忘不了》荣获中国首届’93“春兰杯”MTV大赛银奖;《黑土风情》、《把欢乐送给城里人》、《送你一把金钥匙》、《水——21世纪的主题》、《房改牵动万人心》、《两种面孔,两种结果》、《彩虹欢歌》分别在全国专题类、体育类、电教类、普教类、经济类和特别节目类的节目评比中荣获二、三等奖;《沈阳一教师住房被占用》等7条消息、评论、系列报道在全国好新闻评比中荣获一、二、三等奖;《经济广角》荣获全国经济栏目类三等奖。

(于光)

【电视事业发展与管理】 1993年,沈阳电视台1台、2台、有线台共播出节目8 572小时12分,比1992年增加播出时间4 192小时12分,增长95.7%;其中1台播出5 391小时35分;2台播出1 920小时37分;有线台播出1 260小时。1993年,沈阳电视台被评为全国和省、市投入产出统计工作先进单位;沈阳市拥军优属先进单位。

沈阳彩电中心1993年自筹款投入1993万元,工程总投入已达5 753万元,主体工程和汽车库、锅炉房、给排水工程已经竣工。

沈阳电视台有线台正式成立,沈阳有线电视网初步形成。有线台自办一套综合节目,每天播出14小时,开通了3个片区3万多户,完成投资4 000万元。

沈阳市电视事业管理办公室对全市106家有线电视台、站进行了整顿,归口管理,严格实行了"准播证"和"统一供片"制度;新建了新民市电视台和辽中、新民、苏家屯、法库有线电视台;贯彻国务院129号令,加强了全市卫星地面接收设备的管理工作;对全市47家有线电视设计施工单位进行了清理整顿,取消了5个不合格的单位;开办了有线电视技术与管理专业证书班;对各县、区的安全优质播出实行了巡回检查制度;完成了沈阳至康平、法库两县广播电视微波传输工程的部分任务,把沈阳电视台的两套节目送到了康法两县。

(于光)

【沈阳电视台有线电视开通试播】 1993年9月28日,沈阳电视台有线电视"十·一"开播试通典礼在沈阳中山大厦隆重举行。中国国际信托投资公司总经理王军特地率团25人从北京前来参加庆典活动,辽宁省副省长张荣茂、市委副书记丁世发、市委常委宣传部部长高柏金、市人大副主任吴泮权、市政府副市长马向东、市政协副主席单光大、市政府秘书长周勇顺、市委副秘书长办公厅主任王洁纯、省委宣传部副部长高东晓、省广播电视厅副厅长李克康,全国13个兄弟省、市广电局长、有线电视台台长,市委、市政府各部委办局和沈阳电视台台长韩永言等领导同志200多人参加了会议。会议由市政府副秘书长、办公厅主任龙致华主持,副市长马向东代表市委、市政府讲话。中国国际信托投资公司总经理王军、辽宁省副省长张荣茂为国家副主席荣毅仁祝贺沈阳有线电视开通试播庆典题写的"创办沈阳有线电视,促进两个文明建设"的铜匾揭幕。北京、上海、广州等全国50多个兄弟省市电视台发来了贺电;《人民日报》、中央人民广播电台、新华社等全国10大新闻单位和全市16家新闻单位的记者对大会进行了采访和报道。

按照沈阳有线电视系统工程总体方案的要求,沈阳有线电视系统根据21世纪卫星电视多频道技术与地面有线电视网相结合的发展趋势,为适应城区建设和社会发展的需要,采用550兆(MHZ)双向邻频传输技术,以传送电视和调频广播节目为主,整个系统可传送50套电视节目和16套以上调频广播节目。随着社会发展的需要,它可以逐步开发其加密、电视会议、现场直播、电视节目点播、咨询服务等潜在的功能,还可在网上开展多功能数据通讯业务,进行计算机联网,提供计算机信息检索等等,成为一个多功能的综合信息网络。

沈阳有线电视系统工程城区规划为20个片区。首期工程开发10个片区,包括和平区的全部,沈河区、皇姑区的大部和大东区、铁西区的部分地区。1993年末,沈阳有线电视已完成主、支干线电缆1 529公里,在5 000栋楼里安装用户60 800户,其中有3万户居民可收看到由沈阳有线电视台传送的中央、辽宁、沈阳的一、二套;中央、辽宁教育台;中央三、四套,云南、贵州、四川、西藏等卫星电视节目和沈阳、辽宁有线电视台的节目。

(于光)

【沈阳电视台开办白天节目】 自1993年1月1日起,沈阳电视台在1台开办白天节目,播出时间为6点至11点,12点至17点,这使方圆12 000平方公里、拥有650万人口的沈阳地区白天收看不到沈阳电视台节目的历史宣告结束。

为加大新闻播出力度,正确把握电视舆论的导向,1993年1月1日,沈阳电视台开办早、午间新闻,实行新闻滚动式播出;7月1日《早安·沈阳》正式播出,使新闻节目在早晨6点开始到午夜零点结束的时间里,共有《早安·沈阳》、《沈阳新闻》、《中央新闻联播》5次播出,成为全国城市台每天播出新闻次数最多的电视台之一。

白天节目除新闻外,沈阳电视台主要选播了一大批有重播价值的电视剧、文艺节目、教育节目和一部分首播节目;并在星期日开办了《黄金热线》固定直播栏目。《黄金热线》已成为沈阳地区星期日电视收视的焦点,并为全国首家开办电视热线的直播栏目。

(于光)

【沈阳荧屏周报】 《沈阳荧屏周报》创刊于1992年9月,一年来,报社围绕市里中心工作,配合电视宣传和为读者搞好服务上狠下功夫。特别是为适应沈阳市有线电视的开播,6月,经省、市新闻出版局批准,报纸由原来的四开8版扩为四开12版后,不仅加强了原有无线电视宣传的力度,而且还增加了有线电视宣传和读者关心的其它内容,使报纸栏目增加到30多个,受到了广大电视观众和读者的喜爱,报纸的最大期发行量已近30万份。

(于光)

卫生·体育

卫生事业

【深化卫生改革】 1993年，是沈阳市深入卫生改革取得明显效果的一年，是卫生事业发展进步较快的一年。

一年来，沈阳市卫生改革在过去浅层次改革的基础上，不断地向深层次发展。人事用工制度、分配制度、经营机制、管理体制等方面改革有了突破性进展。实行全员优化组合，干部实行聘任制；工人实行合同制管理，极大地调动了人员的积极性。在保证事业发展的前提下，实行按劳分配，一个“多的有理，少得有据”的分配机制基本建立，多数单位职工的年人均收入有所增长，有效地发挥了奖金的激励作用。在经营机制改革方面，长期以来，按计划经济模式，医疗机构有什么项目，就提供什么服务的旧观念、旧的经营服务模式，按市场经济规律办院，突破综合医院与专科医院界限，综合医院院办小专科，专科医院办小综合，扩大了服务领域，开始向群众需求什么，就提供什么服务的新观念、新的经营服务模式转变。

“强化管理，科技兴医，文明服务，提高质量”是卫生工作的基本要求，多种形式的管理责任制已基本建立，综合目标责任制日益完善，医院的分级管理条件已逐步成熟，1993年已有5家大医院进入三级甲等医院，5家中等医院进入二级甲等医院，一家小型医院进入一级甲等医院，预计1994年还将有几家大医院和中等医院分别进入三级甲等和二级甲等医院行列，将为全市人民健康提供优良的服务条件。

科技兴医是为医疗卫生机构创造高科技高质量服务的条件。1993年已有8家医疗卫生机构条件成熟，建立了8个研究所，积极开展临床研究，推进了各医疗卫生机构的科技水平的提高，现已有7项达到国家先进水平。

建立多渠道补偿机制为医疗卫生机构的建设发展奠定经济基础。各医疗卫生机构大力发展主业以外的第三产业，以副补主，1993年已有第三产业企业122家，年营业额达1 300多万元，补充卫生经费140万元。积极引进外资，已有9家申报了合资合作办医办其它项目；拓宽医疗服务领域开展不同层次人群的特需服务，有9个单位开展了高级病房、家庭式产房、特需护理病房、门诊全程服务、电话出诊等15个特需服务项目，受到了群众欢迎。

1993年由于深化了卫生改革，激发了医疗卫生机构内部活力，推进了卫生事业发展，为全市人民健康服务创造了有利条件，医疗卫生事业为适应沈阳市实现“一高两大两化”的宏伟目标奠定了基础。

(华祖兴　张绍连　赵锋)

【强化医疗服务管理】 1993年，沈阳市医政管理工作主动适应社会主义市场经济的要求，针对新形势下医疗市场出现的新情况，新问题，提出了一系列新措施，新方法，强化了医疗服务管理，取得了较好效果。

1. 日常监督与集中打击相结合，坚决取缔非法行医。为保证广大患者享受安全有效的医疗服务，1993年共进行4次统一行动，出动专兼职医政监督员420人次，取缔非法行医240起，罚没款6 000余元，没收非法行医器械388件，清除非法广告二万余张。

2. 按照有关规定，对9名外国医师来沈行医活动进行了认真审批，对合格者颁发了《外国医师短期行医许可证》，从根本上杜绝了外国医师来沈行医的盲目性和管理上的无序性。

3. 认真执行“放管结合、以管为主”的方针，使医疗机构布局合理、医疗市场秩序稳定和医疗供求关系不断改善。按照卫生区域发展规划，严格了社会办医的审批标准、审批社会办医院7个，各县区审批社会办诊所82个。

4. 坚持标准、严格审批医疗广告，为广大患者提供正确的就医导向。全年审批医疗广告312份，并对8家不按规定刊发医疗广告的单位给予了罚款、警告、停播医疗广告等处罚。

5. 加强医院内部质量控制，在全市各级各类医疗机构中普遍开展“三基三严”训练，以三级医师规范化查房和病历病案规范化书写为主要内容，督促、带动基础医疗质量的全面提高。

6. 不断提高农村基层医疗机构人员素质。1993年全市282名农村乡村医生通过统一考试、考核，晋升为农村乡村医师。农民的医疗保健需要得到基本保证。

(宋文涛)

【药政管理】 1993年沈阳市药政管理工作以打击销售假劣药品为重点，加强药品监督管理，取得了明显成绩。全年查处假劣药案10起，查处假劣药品574种，取缔非法药贩66起。其中，制售假西黄丸案是沈阳市自实施《药品管理法》以来查处的第一个制造假药的黑窝点。收缴了制药设备和原辅料、包装材料，案犯被司法机关收审。

整顿治理医药市场工作取得进展。省、市人大和省政协先后视察沈阳市3处药材批发市场，省、市政府做出整顿决定，组成整顿组织，制定整顿方案，要在1994年1季度末取得阶段性成果。

医院药剂管理工作迈出新步伐。沈阳市第六人民医院(即沈阳市传染病院)药剂管理工作成绩显著,尤其是应用微机管理药品工作更为突出。为此,沈阳市卫生事业管理局于10月份在该院召开了医院药剂管理工作现场会。为进一步推动医院药剂管理工作规范化、科学化,沈阳市卫生事业管理局组织起草了医院药剂管理工作有关制度和办法,并将于1994年上半年开始试行。为加强医院制剂管理,对全市医院制剂品种进行统一注册,换发新批准文号。

药品监督检验机构得到加强。沈阳市大东区和皇姑区药品检验所先后迁入新实验室。药品监督队伍和质量管理人员继续受到培训。沈阳市卫生事业管理局药政处、市药品监督办公室和沈阳药学会共同主办了药品监督管理研讨会、药品生产质量管理研讨会、医院药剂管理研讨会,举办了社会主义市场经济、行政讼诉法专题讲座,交流了药品质量管理和医院药剂管理工作经验。沈阳市药品检验所开办沈阳市药物研究所,在新药研制工作方面取得了初步成绩。 (尹胜林)

【医院分级管理】 根据全国医院分级管理试点工作会议精神结合沈阳市实际情况,1993年,沈阳市在原来几所试点医院的基础上又扩大了范围,对5所申报创三级医院和10所创二级医院进行了深入的调研和实际指导。同时对各区卫生局推荐的4所"一甲"医院也进行了摸底调查,据不完全统计,一年来深入基层医院指导达50余次。

为提高医院分级管理评审质量,专门举办2次评审员培训班,共有120多个单位的450余人参加。通过办班提高了医院分级管理认识,对推动下一步工作起了积极作用。

组织了有关专家编写医疗、护理、医技等8个专业部分的(中、初级)《"三基"复习题解》已出版发行。

一年来,根据各医院对晋等级的申报条件和平时考查情况,本着成熟一个评审一个的原则,先后评审3所"三甲"医院、4所"二甲"医院,并在年底又试评了1所"一甲"医院。具体是:

评审等级	评审单位
三级甲等	中国医大一院
三级甲等	沈铁中心医院
三级甲等	沈医附属中心医院
二级甲等	沈变职工医院
二级甲等	东电中心医院
二级甲等	苏家屯区中心医院
二级甲等	大东区人民医院
一级甲等	沈阳市高中压阀门厂职工医院

在评审过程中,按照分级管理的各项标准和《细则》中的评审要点,严格掌握标准认真评审,评出的结果基本符合等级医院的标准,经辽宁省卫生厅复查验收,都先后得到了"三甲"、"二甲"医院的认定。

(闫桂荣)

【加强各类卫生监督管理】 1993年沈阳市不断深化卫生监督体制改革,全面加强各类卫生监督,积极探索在新形势下卫生监督管理模式,已初步建立卫生监督管理体系。

沈阳市卫生事业管理局在压缩机构精简人员的条件下,为突出社会公共卫生管理,适应卫生行政执法需要,于1993年7月将卫生监督与卫生防疫正式分开,设置局内独立的"卫生监督处",负责组织领导全市"五大"卫生监督管理工作。

深化卫生监督体制改革使沈阳市卫生监督管理工作取得较好成效。体制上:截止到1993年底全市13个县(市)区已有12个县(市)、区实行"五大"卫生(食品、学校、劳动、放射、环境卫生)综合监督管理,初步缓解监督人员力量不足的矛盾。调动卫生监督人员工作积极性,提高了工作效率、减轻了被监督单位负担、避免了不必要的重复监督。指标上:对全市35个化妆品生产企业、55个大中型批发经销单位全部实行销售登记制度。公共场所均已建立系统卫生档案管理。"三资"企业、乡镇企业的劳动卫生监督管理全面铺开。于洪区再次被卫生部、农业部确立为国家乡镇工业职业卫生服务对象试点区。全市对70万名中小学生进行健康普查、健康教育。食品卫生监督65 701户、限期改进1 905户、停业846户、吊销卫生许可47户、罚款2 994户,累计金额56.80万元,没收销毁产品78 871公斤。由于深化卫生监督体制改革,使五大卫生监督管理得到加强,取得了较显著的社会效益和经济效益。

(王守华)

【国家乡镇工业职业卫生服务对策于洪试点区】 迅速崛起的乡镇工业现已成为国民经济的重要组成部分,但由于生产环境中有害因素影响致使工人身体健康受到明显损害。对此,国家卫生部、农业部在1990年全国15个省30个县区"乡镇工业职业卫生服务对策与需求"调查评估的基础上再次确定4个国家乡镇工业职业卫生服务对策试点区(沈阳于洪、山东张店、上海宝山、浙江金华)沈阳市于洪区为其中4个国家试点区之一,时间周期1993年至1996年底。

本次试点任务将在摸清沈阳市于洪区乡镇工业职业危害现状及特点,并根据危害范围和程度依靠科技进步、推广适宜技术、应用卫生服务研究理论和方法,从社会"大卫生观"角度为国家确定整体性乡镇工业职业卫生服务模式,制定有关法律法规提供科学依据。

该项工作1993年已完成于洪翟家和大兴两个试点乡的乡、村、个体、联户企业的调查登记及监测工作、查出接触有毒有害职工1 064人,确定有毒有害作业点119个,监测合格率43%。在1993年试点工作中市区领导及专业人员共开各种会议13次、参加会议人员达200余人次;参加调查、监测人员154人次、及时向卫生部、农业部汇报动态信息、拍摄现场工作照片160多张,主要场面搞了录相,留作本底资料,此项试点工作按国家计划已全面铺开。

(王守华)

【推进等级医院建设】 1993年沈阳市强化医院管理,推进等级医院建设,医院分级管理及评审工作取得新进展。

1993年沈阳市卫生局提出医院分级管理工作要进一步扩大试点,加快步伐,要求各级各类医院都要积极参与,认真实施。特别强调各单位要将医院分级管理工作纳入日常管理之中，结合综合目标管理、医疗质量管理和服务质量监督管理组织落实。同时还制定了强化医院管理、加强内涵建设、突出“三基、三严”、全面提高质量的总方针。在具体实施上采取了以下措施：

1. 扩大医院分级管理的试点单位。1993年，沈阳市卫生局继续帮助指导试点医院实施分级管理，争取按期达标普级，进一步拓宽分级管理覆盖面，扩大试点单位。在原有试点医院基础上又将条件基本具备的东电医院等3家医院扩为试点单位。

2. 积极组织等级医院的评定和推荐评审工作。1993年，沈阳市完成了对9个单位等级医院评定和推荐评审，其中三级甲等医院推荐评审3家，二级甲等医院5家，一级甲等医院1家，全部接受评审单位都通过评审达标。

3. 促进医院管理工作的标准化。结合医院分级管理标准要求，突出抓好“三基三严”和基础质量建设，加大管理力度，提高管理水平，促进医院管理工作走向科学化、规范化、标准化。

（付强）

【护理工作】 随着卫生事业不断发展，护理队伍日益壮大，护士文化层次不断提高，已由过去的中等专业教育向高层次护理教育方面发展。护理工作正向着科学化、规范化、标准化、制度化迈进。

1993年沈阳市各医疗单位的护理工作在普遍开展医院分级管理工作的同时，全面贯彻落实辽宁省护理质量管理标准及规范的要求，全市护理工作有了统一的遵循和要求。

护理管理全部实行二级或三级管理，建全各项规章制度，各级各类护理人员职责，各项疾病护理常规；建立护理质控管理组织，有明确的质量管理目标和达标措施，定期组织考核及评价。制定护理工作期规划、年工作计划，在职人员培训进修计划，全面落实执行护士长例会、夜查房、行政、业务查房、差错、事故登记报告的具体规定。病房、门诊、急诊科（室）、手术室、供应室、分娩室、婴儿室、ICU、CCU等其管理达到布局合理、环境整洁、工作有序。均应达到设施规格化、管理科学化、工作制度化、护理操作规程化。

加强基础护理工作，建立静脉输液巡回制度，严格执行肌注、静脉用药现用现配制度，开展责任制护理，由专人对病人的身心健康实施全面的、系统的、整体的护理，强化单病种护理，提高专科疾病护理质量。

1993年全市统一执行新的规范护理表格，制定了护理文件书写要求及质量标准。执行规范化的体温单、医嘱单、医嘱本、特殊护理记录单、护士交班报告、护理病历，促使护理文件表格达到等级医院标准。

（刘淑芹）

【重点科系评估工作】 科学技术是第一生产力，依靠科技进步振兴沈阳市医疗卫生事业已成为共识，尤其是在市场经济条件下，高新医学科学技术作为参与医疗市场竞争的制高点已被广泛关注，对作为第三产业的医疗卫生事业的发展将起着不可忽视的主导作用。

1993年，沈阳市为加强对重点科系的宏观管理，推动重点科系的建设，开展了重点科系评估工作。

——指导思想：按照统一领导、统一标准，对现有重点科系进行全面评估，从而达到整顿、加强和提高的目的。

——评估办法：对沈阳市卫生局直属单位的重点科系，依据评估指标体系进行他人评估。

——评估原则：宏观评估与微观评估相结合；定性评估与定量评估相结合；贡献评估与条件评估相结合。

——组织领导：沈阳市卫生局成立重点科系评估委员会，并成立不同专业的专家评估组。

——评估程序：评估委员会根据各学科特点制定了20个重点科系，300个技术项目的基础质量和医疗质量的技术评估指标。专家评估组在各单位自查申报的基础上对其进行全面评估。

——评估结论：评估结果以等级结论为标志。对确能代表沈阳市水平的列为一级重点科系；对只能代表医院水平的列为二级重点科系。被列为一级重点科系的，可享受市卫生局的优惠待遇。

通过此次评估，极大地调动了各单位加强重点科系建设的积极性。评估前各单位都认真进行了自查和整改，评估后针对专家评估组的反馈意见，进一步制定了加强重点科系的具体实施方案。7个单位调整了16名研究生充实到重点科系队伍；实验室设备逐步完善，投资1 200万元；科研课题和新技术项目明显增加，研究方向更加明确。

重点科系评估工作，其实质是通过科学论证，对达到标准者给予权威性的认可，引入了竞争机制。此项工作从制定标准到评估结束，是一项完整的系统工程，具有严密的科学性和严肃的权威性。此项工作推动了各单位的重点科系建设，增强了各单位在医疗市场中的竞争能力。

（刘正贵）

【振兴中医事业】 1993年，沈阳市的中医事业又有了进一步的发展。

加强农村中医药工作，注意了县级中医院的建设。成立了康平县中西医结合医院，乡、镇卫生院中医科的建设进一步发展，培养了50名乡村中医士，充实了村卫生室的队伍。扩大了中医药在农村三级医疗保健网的参与作用。新城子区中医院已完成了2 500平方米病房楼的主体工程，新民市中医院病房楼也完成了一半进度。苏家屯区中医院完成了4 000平方米的制剂大楼建设，东陵区成立了糖尿病医院。沈阳市中医研究所征地10亩，8 500立方米楼正在建设中。

突出中医特色，发展了中医专科专病门诊。继沈阳市中医研究所的老年病，沈阳市中西医结合医院的皮肤科，和平区的儿科，铁西区的男不育，沈阳市中医研究所、皇姑区、于洪区、大东区的骨伤科，沈河区的疮疡、类风湿，大东的肿瘤科，苏家屯的血栓病之后，又扩展了东陵区的糖尿病科，新民市的子宫肌瘤科，市二院的癫痫科、药浴科在社会上都有了一定的知名度。

中医科研工作有了较大的发展。近一半的中医机构办起研究所，1993年又成立了沈阳市针炙治疗研究中心，沈河中医院的中医临床研究所。加强科学研究工作，全市中医科研课题31项，鉴定4项，获市科技二等奖2项，三等奖2项，省级1项。还整理出版了《沈阳名老中医医鉴》、《临床心电问答图谱》等著作。

加强了学会学术工作，受国家委托，在沈召开了“全国中医药学术会议”，组织交流了160多篇文章，举办了全市“中医医古文学习班”全市500多人参加，举办了“中医专业答辩”学习班，有400多人参加，提高了业务技术水平。

沈阳市中医药学校被列为全国达标建设单位，通过省级验收。

社会办中医机构发展较快。现有社会办中医院4家，中医门诊部19所，中医诊所102所。

扩大了对外开放，加强了国际间的联系，1993年有5个团，20多人次分别到美国、韩国、俄罗斯、乌克兰等国和地区进行了交流。

国家卫生部副部长、国家中医药管理局长张文康来沈视察，为苏家屯中医院题词：“辽宁杏林春意浓，奇葩一枝苏家屯，艰苦奋斗堪庆贺，不忘来时有重任。”

(*肖振祥　张晓非*)

【提高卫生人员素质】 在医疗市场竞争中，技术水平的竞争是医学科技的竞争，医学科技的竞争最终是人才的竞争。1993年，沈阳市为提高卫生人员的业务素质，主要作了以下工作：

一是开展医学继续教育。医学继续教育涉及卫生技术队伍的各个层次，由于其技术状况和知识结构存在差异，对其教育的目标要求各不相同，因此，为保证教育效果的落实，区分不同层次，施以不同的教育内容和方法。全面开展了青年医师岗位培训。市卫生局医学继续教育委员会制定了“青年医师岗位培训方案”，培训对象为大学毕业工作未满5年的青年医师；培训内容为在校期间未学过、实际工作又需要的知识；其目的是为培养素质、提高技能、快速适应临床工作需要。青年医师岗位培训采取学分制的办法，对未取得规定学分者，不予晋升中级职称。全市已有540名青年医师参加了岗位培训。

二是培养和造就一批跨世纪的带头人。针对临床学科带头人年龄偏大、后续乏人的状况，对一批确有培养价值的中青年优秀拔尖人才，进行专业培训。目的在于培养和造就一批跨世纪的、能够追踪世界最新医学科技的后续学科带头人。1993年举办了一期呼吸内科专业技术骨干班，脱产学习3个月，有27人参加。培训内容为该学科的新技术进展、疑难病专题讲座、临床囊像学进展、以及科研方法等，授课教师全部为中国医科大学的专家教授，课程内容新颖、实用、有高度。从而使中青年的专业知识得到了充实和提高。

三是加强农村卫生人员的培训工作。近年来沈阳市农村的卫生技术队伍逐渐扩大，但高学历人员缺乏，满足不了农村卫生工作的需要，为了解决这一问题，在8个郊区、县招收了142名学员，委托市职工医学院开办了农村医师培训班，结合农村卫生工作的特点，按照大专课程和教学大纲进行培训，这批学生毕业后全部回到乡镇卫生院工作，将给沈阳农村卫生工作，打下一个良好的基础。

(*刘正贵*)

【妇幼工作】 1993年沈阳市妇幼工作以贯彻落实《九十年代儿童发展规划纲要》为主线，以抓好基层建设为目标，全面地提高管理质量，使全市妇幼工作取得较好的成绩。

1.强化投资力度。1993年全市累计投资85.5万元，扩建业务用房1 600平方米，完成门诊量约18.5万人次，业务收入达322.1万元。

2.积极开展“创建爱婴医院”活动。解放军二0二医院、沈铁沈阳医院通过国家评估，步入国家“爱婴医院”行列。

3.加强孕产妇与儿童保健的系统管理，提高管理质量，保证监督措施，全市1993年活产57 130人，孕产妇死亡16人，孕产妇死亡率2.8/万，基本消灭了破伤风。

全市婴儿死亡率17.85‰。城市14.17‰，农村20.76‰。

4.贯彻落实《女职工劳动保护规定》在全市范围开展创甲级活动，使大中型企业达标率达75%，有34家企业受到市劳动局、卫生局等单位的联合表奖。

5.加强了接生员和保育员的考核。全市1 351名接生员和1 429名保育员进行考试考核，及格率均达到98%以上。为提高全市农村接生工作和幼儿教育工作的整体水平奠定了基础。

6.继续贯彻《辽宁省防止劣生条例》，纠正行业不正之风。1993年清理整顿了全市9区4县的婚检门诊，对婚检医生进行了考试重新备案，建立了公开办事制度和公开电话，对“三乱”现象进行了整顿，使婚检工作中出现的不正之风得到纠正，婚检质量得到提高。全年婚检42 122人，疾病检出率达6.9%。

7.推广使用新技术，开展了卡孕栓应甲、胎甲球筛查及新生儿疾病筛查工作，在集体园所中开展儿童口腔病防治，为推进妇幼保健工作的发展打开新局面。

(*马春婉*)

【地方病防治工作】 1993年，沈阳市地方病防治工作不断解放思想，改革创新，强化科学防治和综合治理，圆满地完成了各项防治任务，取得了显著的社会效益。

1.碘缺乏病防治工作成果得到巩固和扩大。针对食盐供销渠道较为混乱的现状，卫生、粮食、盐业、工商、技术监督等部门加强了对碘盐市场的管理，组织人员多次对非碘盐进行稽查，没收非碘盐70多吨，使病区居民碘盐普及率保持在95%以上。对20 227名新婚育龄妇女和271 402名中小学生投服了碘油丸。对15 343名新生儿进行了先天甲低筛查。通过多年来的积极防治，经专家鉴定，沈阳市碘缺乏病防治工作所产生的社会效益，相当于每年为国家创造价值2 100万元。

2.防氟改水取得新进展。1993年，全市打防氟井12眼，使40个村屯的28 475人喝上了符合卫生标准的自来水。几年来，市、县(区)财政共投资900多万元，集体和群众集资1 800多万元，打防氟井201眼，受益人口达到30多万。

3.布鲁氏菌病防治。卫生、畜牧部门密切配合，积极开展人间、畜间布鲁氏菌防治，在全市达到基本控制的基础上，1993年又有5个县(市)、区达到了国家规定的稳定控制标准。

4.鼠疫防治。康平县是沈阳市唯一有鼠防任务的县，县政府对防治工作非常重视，在县财政状况非常困难的情况下，拨专款1万元，在长195华里，宽6华里的鼠防带积极开展灭鼠活动，使鼠密度由5只/10公顷下降到2只/10公顷以下。同时较好地完成了辽宁省下达的鼠疫监测任务，通过监测没有发现疫情。

5.综合治理取得可喜成果。多年来，对贫病交加形成恶性循环的地方病重病区村屯采取防病治病与脱贫致富相结合的综合性措施进行治理，取得了显著的成效。全市有19个村屯通过综合治理，摆脱了贫、病的困扰，走上了致富的道路。其中有9个村屯人均收入由过去的不足200元，上升到1 000元以上，达到了中等水平。

(张守平)

【传染病防治工作】 1993年，沈阳市传染病防治工作坚持以预防各类传染病为中心，深入贯彻《传染病防治法》，认真开展监督执法活动，严格执行传染病报告制度，重点抓好霍乱、病毒性肝炎、痢疾、伤寒、猩红热、艾滋病等传染病的疫情控制，完成规定的控制指标。全市1993年共发生甲乙类传染病14种，计18 737例，死亡10例，发病率为285.21/10万。其中病毒性肝炎发病率为109.23/10万；痢疾发病率为87.34/10万。

加强机构建设，实行专业倾斜政策。沈阳市政府投资250万元兴建了沈阳市皮肤性病防治所，现已正式投入使用，该所面积2 000平方米，设备200万元。沈阳市结核病防治所也正在建设之中，现已投资840万元。为稳定防疫队伍，沈阳市及各县区防疫部门采取了浮动工资、增加津贴、专项补助等多种倾斜政策和措施，调动防疫人员的积极性，稳定防疫队伍，保证防疫任务的完成。

贯彻《传染病防治法》，全方位开展执法工作。对两起传染病暴发事件的责任单位各罚款1万元；对6起违反结核病法的单位进行处理纠正；处罚和取缔20余家非法诊治性病单位和个人；强化对医疗单位消毒药械、卫生用品的监督管理。

加强重点传染病防治，严格控制疫情。对沈阳市首例艾滋病病毒感染者采取了严格的控制措施，对12起甲肝暴发疫情进行了必要的流行病学调查和处理，有效地控制传染病的扩大蔓延。

搞好儿童计划免疫，保证儿童身体健康。完成6种疫苗99.1万人份的接种任务，接种率均在95%以上；在全国消灭脊髓灰质炎强化免疫第一轮活动中，有27.5万名4岁以下儿童普服小儿麻痹糖丸。另外在卫生部对沈阳市乙肝疫苗接种检查中，各项内容均达标，获卫生部授予的先进集体奖。

(陈秀敏)

【加强卫生科技外事交流】 随着对外开放工作的不断深入、沈阳市卫生科技外事活动异常活跃，科技外事交流的渠道进一步拓宽，交流的内容进一步充实。

1993年沈阳市卫生局组成出国团组30个(75人)，分别派往美国、日本、俄罗斯、韩国、新加坡、泰国、香港等国家和地区，较好地完成了医学研修、学术交流、技术合作洽谈等任务。全年共接待来访团组15个(65人)，分别来自美国、日本、韩国、俄罗斯等国家，其中学术交流团组9个、友好往来与合作团组6个。派专家走出国门或把国外专家请到沈阳广泛地进行了多学科的学术交流，这对提高沈阳市医学科技及学术水平起到了积极的作用。

日本的川崎市、札幌市和沈阳市缔结友好城市以来，川崎市从1986年开始接受沈阳市医学研修生，到1993年共接受医学研修生24人、医院管理研修生21人，札幌市共接受医学研修生14人。通过赴日研修，引进了日本先进的医疗技术，吸取了医院管理方面的经验，同时也培养了一批人才。从1992年开始沈阳市接受日本川崎市的中医研修生。友好城市间的医学交流，进一步密切了友好城市间的关系。

1993年，沈阳市卫生系统又与国外新建两个友好关系。一是沈阳市中医研究所与韩国宇信乡病院缔结了友好医院关系，签署了协议书；二是沈阳市卫生局与日本大山健康财团建立了友好关系，从1994年开始接受沈阳的医学研修生。

聘请国外医学专家来沈阳市工作，吸收国外先进的医学科学技术，提高沈阳市医学科技水平，是科技外事工作又一新的进展。医疗单位引进国外医学专家来沈工作，即引进了先进的技术同时也培养了自己的人才。沈阳市职业病院聘请了俄罗斯眼科专家沃尔阔夫来沈工作。用先进的手术方法治疗青光眼、白内障、近视眼等1 000余例，取得了良好的临床效果。

(刘正贵)

【放射工作单位换证建档】 1993年，沈阳市放射卫生工作以认真贯彻《放射性同位素与射线装置放射防护条例》为指导，全面完成了放射工作单位的“许可登记证”和“许可证”换发及新档案建立工作。

沈阳市有放射工作单位568家，设备总数为828台；其中放射性同位素单位54家，总等效活度33.50TBq；从事放射工作人员数2 286人，人均年剂量当量为0.44msv。按照卫生部和辽宁省卫生厅的要求，市卫生局对换证建档工作做了统一部署，整个换证建档工作历时一年，分3个阶段完成。

第一阶段由各放射工作单位按照沈阳市卫生局下发的沈阳市放射卫生防护检查题纲要求开展自检自查，并对自查中发现的问题进行整改。

第二阶段市、区卫生监督机构对全市各放射工作单位进行检查和测试。共检查放射工作单位568家，下发监督意见书153份，监督覆盖率达100%；测试设备810台，总计10 499监测点次，测试点合格率为

100%，同时分期对上岗的放射工作人员进行了放射卫生防护知识培训。

第三阶段是市、区卫生行政部门依据检查和测试结果对射线装置单位进行验收，验收合格后报请辽宁省卫生厅颁发新放射工作“许可证”；沈阳市卫生、公安部门联合组织对放射性同位素单位检查验收，合格单位分别报请辽宁省卫生厅、公安厅换发新“许可登记证”。

全市共换发放射工作“许可证”514个，“许可登记证”54个，换证率为100%，并已全部建档。全面完成了沈阳市放射工作单位的换证建档工作。使沈阳市的放射卫生规范化管理水平和放射综合防护能力得到进一步提高。对保障放射工作人员及公众的健康与安全，促进放射性同位素与射线技术的应用与发展起到积极的作用。

（姜彭嘉）

【红十字会工作】 为贯彻市红十字会五届四次理事扩大会议精神，沈阳市红十字会1993年以改革开放，增强实力，促进活力为重点，坚持责任目标管理使各项工作取得了较好成绩。

1. 组织建设在整顿巩固中发展。对全市基层组织和会员队伍在加强整顿巩固提高的基础上适当有所发展。全市发展基层组织21个，发展会员7 000多人，到1993年末，全市有基层组织2 786个，会员33万余人。对各级红会干部业务培训1 584人，并表彰了先进红会单位和个人。

2. 群众卫生救护训练和无偿献血工作有较大进展。有6.2万名救护（队）员和学校卫生员受到初级现场急救技能的训练；普及卫生知识培训30余万人次，广泛开展各种救护技能竞赛，巩固训练成果。加强红十字（中心）站建设，开展小伤小病治疗达11万余人次。无偿献血进展较快，已超过千人，比1992年增长3倍。

3. 红十字青少年活动丰富多彩。大中小学校普遍开展了红十字演讲、征文、书画比赛、知识竞赛等，并有1.2万人参加 了红十字夏令营活动。

4. 参与扶危济困和社会服务活动，产生良好影响。先后向贫困户发放救济毛毯300件，棉大衣600件。各级红会组织开展募捐对重症患儿、孤儿和特困户进行互助互济，对社会孤老病残人等实行“四定一包”服务。

5. 筹集资金兴办经济实体成绩显著。市、区、街三级红十字会一年共办实体159个，全市现有实体265个。

6. 开展宣传扩大影响。组织全市纪念“五·八”世界红十字日千人长跑和无偿献血等宣传活动。积极发行中国红十字报刊近5 000份，沈阳红十字报2.4万份。各新闻部门均报导了各种活动情况。

7. 积极开展对台服务和国内交流。接待台胞台属来访和查人转信近百人次，处理查人表格及衍生问题共26件；接待韩国京儿道赤十字社申东喆率领的一行4人访问团。先后还接待总会领导和长春、大连、鞍山等市红十字会的考察团。

（于治明）

【爱国卫生工作】 1993年，沈阳市的爱国卫生工作紧紧围绕创建卫生城的工作目标，在综合整治社会环境卫生、健康教育、除害防病、农村改水改厕等项工作中，取得了较好的成绩。全市灭蟑螂工作迎接国家检查达到了标准，受到了中央命名表彰；农村改水在全国保持领先地位；全市的健康教育、戒烟工作受到了卫生部长表扬。全市先后有一个城区、两个单位被评为省级卫生模范城区、单位。

在1993年的工作中，对环境卫生进行综合整治贯穿全年工作之中，经过几次卫生大清扫活动，全市共有80余处大街和重点地区的环境面貌有了较大改观，有10余条主干道卫生焕然一新。健康教育工作是在“六项卫生知识”普及基础上深入开展的，重点体现“知、信、行”的教育成果。全市共印发创建卫生城市知识小册子10万册，参与卫生知识竞赛活动及受教育人次达20万人之多。全市还涌现出2万多户“卫生示范户”。

为了造福全市人民，从1季度起，全市就开始了消灭蟑螂的综合整治工作，全市复制了100盘灭蟑录相带，培训骨干并在电视台播放。发动群众在4、5两个月集中投药，共投放灭蟑药水30余万瓶，有效地控制了蟑螂的密度。

1993年，全市共评出特等卫生模范单位7个，模范单位31个，卫生先进单位50个，先进个人200名，还对1990年前命名的各类卫生先进单位进行了全面的整顿复查。

（杨维新）

体育事业

【概况】 1993年，沈阳市体育工作认真贯彻国家体委“把握机遇、真抓实干、深化改革、迎接挑战”的思路，为适应社会主义市场经济的需要，积极探索依托社会，自我发展的新路子，全面深化体育改革。使群众体育在实现生活化、普遍化、社会化方面有了新发展。竞技体育在扩大有偿训练、全员聘任制方面稳步前进，获得辽宁省体委颁发的体育突出贡献奖和群众体育先进奖。同时积极发展体育第三产业，使沈阳市体育事业由行政型逐步向社会经营型转变。

1. 群众体育蓬蓬勃勃。城乡体育人口稳步增长，自觉锻炼人数增多。据统计，城区体育人口为144万人，占城区总人口的47%；农村体育人口为112万人，占农村总人口的38%。各种晨练辅导站点发展到430个，参加活动人数达30万人之多。

群众体育工作不断创新。1993年6月国家体委在沈阳市召开的全国社区体育现场会上，全面推广了沈阳市及大东区等5个典型单位，抓好城市社区体育的系列经验，获得与会24个省和19个市代表的一致赞誉。在召开的全国体育产业座谈会上，新民市被邀请介绍了以工养体、以商养体、以体养体，发展体育事业的经验。在召开的全国亿元乡体育工作座谈会上，新城子区虎石台镇介绍了“一村一品”群体活动推动农村两个文明建设的经验。

积极培养群体工作新典型，在全国七运会群体表彰会上，沈海热电有限公司等8个企事业单位；新城子区虎石台镇，于洪区陵东乡和大东区洮昌街道办事处被命名为全国群众体育先进单位。

2. 体育社会化结出新硕果。1993年4月正式成立了沈阳机关体育俱乐部；中外合资“柏文娜”高级时装有限公司与市农民体协实行了挂靠；集体和个人办体育出现新势头。各种方便群众体育锻炼又兼顾营利性的武术、气功、健美、游泳等项活动发展到30多处；全市农村中集体办竞赛达52次，个人办竞赛达14次。体育总会完成换届工作，单项协会超额完成2个联办挂靠指标。

3. 推行《国家体育锻炼标准》工作取得好成绩。全市“达标”及格率为96.77%，优秀率为27.53%。

4. “明日之星”测试，全市有2 230人达到合格标准，有440人达到优秀，1 000名成绩优异者受到了奖励。

5. 全年组队参加省常规比赛共15项，团体总分、金牌总数名列全省第一名。完成组建1995年参赛城运会队伍工作和组建1996年省第七届运动会队伍工作。1993年共完成市级比赛48项次；承办省级赛会4项次；国际级比赛2项6次。举办各项裁判员学习班22期；审批一级裁判员64名；国家级裁判1名。

6. 下发了《关于部分运动项目开展有偿训练的意见》等有关文件。在小足球、小体操等7个项目上实行了有偿训练；在足球、乒乓球、篮球项目上推行了俱乐部制。

7. 体育科研步伐加快。全年拍片2 000余人次，对各训练队伍进行了跟踪测试，并协助各运动队选拔了一批优秀运动员苗子为城运会的召开做好准备。开展科研咨询活动，完成运动员血红蛋白，入队运动员机能状况、卡特尔16种人格因数等数据库管理系统的程序编制。

8. 加强体育场馆建设，投资40万元完成6 000平方米的陆校综合射击馆基础工程建设；完成自筹资金的基建项目4项；市水上运动学校综合楼投入使用，体校车库投资20万元，现已竣工。

9. 国际体育交流活跃。1993年沈阳市共有5个体育团组48人次出访日本、俄罗斯、马来西亚等3个国家；接待了日本足球、体操、少年乒乓球代表团共3个团组57人次。

（董蓓蓓）

【群众体育】 1993年，沈阳市的群众体育工作，深化改革，积极开拓，成绩显著。在各行各业和各有关方面的支持下，全市群众体育在实现生活化、普遍化、社会化方面又迈出新步伐，在服务于全市的改革和现代化建设上做出了新贡献。沈阳市连续三次荣获辽宁省群众体育先进奖。国家体委在沈阳市召开的全国城市社区体育现场会取得圆满成功，标志着沈阳市的群众体育又进入了一个新的发展阶段。其主要成果是：

城乡体育人口稳定，自觉锻炼的人增多。截止1993年末统计，城区体育人口为144万人，占城区总人口的47%；农村体育人口为112万人，占农村总人口的38%。各种晨晚炼健身辅导站点发展到430个，参加辅导站点活动的人数超过30万人。

群体工作出新经验。6月份国家体委在沈阳市召开的全国城市社区体育现场会上，全面推广了沈阳市和大东区、洮昌街道、中捷友谊厂、沈阳黎明发动机制造公司等5个侧面抓好社区体育的系列经验，获得与会的24省和19市代表的一致肯定和赞赏。在年初于昆明召开的全国体育产业工作座谈会上，新民市被邀请赴会介绍了以体养体、以商养体和以工养体发展体育事业的经验，引起与会者的很大兴趣。在7月份于上海召开的全国亿元乡体育工作座谈会上，新城子区虎石台镇介绍了开展“一村一品”群体活动推动农村两个文明建设的经验。

体育月活动十分活跃。9月份，由市体委、市体育总会和市总工会联合发起举办的“庆七运申奥运群众体育月活动”，得到各县（市）、区和基层单位的普遍响应。体育月中各种群众性体育比赛、表演、健身活动热热闹闹，形成了人人庆七运盼奥运的可喜局面，掀起了体育活动热潮，进一步增强了人们的体育意识。

体育社会化结出新硕果。以组织协调省、市、县区三级党政领导机关体育活动为宗旨的沈阳机关体育俱乐部于4月30日在沈海热电有限公司诞生。市农民体协与热心支持农民体育事业的中外合资柏文娜时装公司实行了联办。集体和个人办体育出现新势头。据统计，各种方便群众锻炼又兼顾营利性的武术、气功、健美、健身、游泳等场馆校发展到30处，城区的健身体育市场正在崛起。农村中，集体办竞赛达52次，个人办竞赛达14次，农民体育日渐活跃。

涌现一批群体工作先进单位和个人。在全国七运会群众体育表彰会上，沈阳市的沈海热电有限公司对11个单位被命名为全国群众体育先进单位，5名同志被命名为全国群众体育先进工作者。在省体委召开的街道体育表彰会上，沈阳市有和平区南湖街道办事处等9个街道办事处被授予辽宁省体育先进街道称号。新民市还被评为全国优秀体育先进县（市）。

（王恩祥）

【学校体育】 1993年沈阳市学校体育工作以狠抓落实《学校体育工作条例》，推动学校体育工作的全面开展。10月份，市教委、市体委和市卫生局联合对全市33所基础和条件较好的中小学校进行了检查验收工作，其中96%的学校达到了优秀标准。为今后更好地贯彻《条例》取得了经验，对学校体育工作起到了积极地推动作用。

《国家体育锻炼标准》是我国一项体育制度，近年来，推行《标准》的工作，在沈阳市各级各类学校已形成群众性、经常性和制度化。1993年全市推行新《标准》工作又有新的提高，全市学校“达标”及格率为96.77%，优秀率27.53%，较1992年都有增长。

1993年是全市“明日之星”选材工程测试的第二年，为进一步搞好这项工作，市体委修订了测试标准，提高了要求，经测试全市有

2 230名小学生达到了合格标准，并对前1 000名进行奖励。

根据国家体委的要求，沈阳市开展了新编幼儿广播体操的评比活动，3、4月份分别深入到各县(市)、区对2 000余名幼儿教师进行了新编幼儿操的培训工作。6月份市教委、市体委联合对13个县(市)、区18个幼儿园所(含学前班)进行了检查评比，评选出8个优秀单位和10个先进单位，有力地推动了幼儿体育工作。

为了解省、市级体育传统校工作的情况，以便改进工作，11月份对全市30所传统校进行了调查研究，各学校领导普遍比较重视学校体育及课余训练工作，有较健全的组织机构和规章制度；训练经费基本得到保证，年平均投入经费约5 000元左右；绝大部分学校能保证每周训练4次；一些学校由于规模大，学生多，体育锻炼时场地显得紧张，30所学校中有22所学校为200米跑道的操场；市内区学校体育教师学历达标情况较好，郊县学校体育教师学历达标率为60%。

1993年沈阳市重视学校课余训练的科研工作，共收到中小学课余训练论文50余篇，经评审推荐出7篇论文报全国课余训练论文报告会，其中3篇被评为全国优秀论文，参加了大会交流，受到好评。

1993年，一些学校取得较突出的成绩，受到表彰。其中省实验小学、沈河区回民小学在全国七运会上被国家体委评为全国群体先进学校；铁西区兴工四校被国家体委评为全国先进体育传统项目学校。

(冯腾骞)

【全国城市社区体育现场会】 由国家体委主持召开的全国城市社区体育现场会于1993年6月15日至17日在沈阳举行。来自全国24个省、市、自治区和19个市的近百名体育工作者参加了我国体育史上首次以街道体育机构开展社区体育工作形式的现场会。国家体委群体司司长邱玉才主持召开了这次会议，沈阳市委、市人大、市政府、市政协有关领导出席会议并讲了话。

会上，各地代表听取了沈阳市大东区街道体育开展情况以及洮昌街道体委、中捷友谊厂、黎明发动机制造公司等企业如何支持发展街道体育工作的报告；参观了沈阳市社区体育活动、设施、图片展览；观看了大东区街道体育运动会，沈河区、和平区老年秧歌和迪斯科等健身活动。

"社区体育"是近年来发展起来的新生事物，它是指在政治、经济、文化发展到一定水平的城市中，在人们工作、生活的一定区域内，为增进人们身心健康，有组织的自发的群众体育活动的综合体现。它的区域范围一般相当于街道办事处辖区。参加的对象较广，有职工、学生、军人、居民等等。沈阳市的城市社区体育，从1987年有组织、有计划地在街道范围内开展，至今已形成具有沈阳市特色的社区体育规模。它内容丰富，形式多样，在全国城市社区体育现场会期间给与会代表们留下深刻的印象。代表们一致认为沈阳市的社区体育有特点，有生气，有内容。正如国家体委群体司司长邱玉才在会议总结评价说的那样：这次现场会多姿多彩，内容丰富，实效性强，说明社区体育已成为我国城市体育的发展方向。体育作为精神文明建设的内容，已在整个社会生活中发挥着不可估量的作用。

全国城市社区体育现场会是国家体委第一次召开的社区体育方面的全国性会议，也是第一次在沈阳市召开的全国性体育会议。通过这次现场会，为沈阳市的体育事业走向全国，让全国更加了解沈阳，奠定了基础。

(单承连)

【沈阳籍运动员在七运会取得好成绩】 1993年9月4日至15日在北京举行的全国第七届运动会上，沈阳市共有124名运动员参加了比赛。其中有11人次获得9个单项冠军，12人获得2个集体项目冠军。

王春先：在七运会男子游泳比赛中获200米自由泳、100米蝶泳2项冠军；在400米自由泳，200米蝶泳、200米混合泳比赛中获2项亚军。王春先是在1982年被孟凡展教练选入市游泳队，1986年调入省队。

张丽荣：在七运会女子田径3000米比赛中，两次破世界纪录，获得2块金牌，又获10000米第三名；3000米、马拉松第四名；1500米第六名。

吕彬：在七运会女子200米自由泳比赛中获冠军；4×100米自由泳、4×100米混合泳获二项第二名；获100米自由泳、200米混合泳第三名。

杨宪军：七运会男子田径400米栏获冠军。4×100米接力第六名。杨宪军1981年入大东区业余体校田径队，1986年调入省体校，1988年进入省田径队。

张迪：七运会女子柔道61公斤级冠军。

才力：七运会男子举重108公斤以上级冠军。才力1980年入沈阳市举重队，1983年到省举重专业队。从1983年至1993年共获全国、亚洲冠军、破纪录70余次。

姜海洋：七运会男子4人双浆无舵手比赛获第1名。姜海洋1984年入沈阳市赛艇队，1986年调入省队。

李泽：七运会获男子蹼泳中距全能第一名，接力第三名。李泽1985年入沈阳市队，1990年调入省队训练。

孙怀军：七运会男子滑水第一名。1983年入沈阳市游泳队，1986年调入省滑水队。

庄晓岩：七运会获女子柔道无差别级第二名。

高升、李争、付博、董礼强、尤可为5名足球运动员，在七运会足球比赛中勇夺金牌。

辽宁女子排球队在全国七运会比赛中夺得冠军。其中李华、胡文、李辉、高琳均是沈阳体校培养出来的运动员。

(张卫华)

【沈阳市足球协会】 沈阳市足球协会于1992年12月26日正式成立。它是中国足球协会注册的会员单位之一；是沈阳市体委所属的事业单位；沈阳市足球协会前身是沈阳市体委足球办公室。

沈阳市足球协会的宗旨是依照

国家的政策、法令，致力于开拓足球产业和足球市场，发展足球运动，把足球事业推向市场经济，为中国足球事业的腾飞做出贡献。它是对沈阳地区的足球运动实行专项组织管理并兼有部分行政职能的组织管理机构。它具有对足球专项运动训练、竞赛活动、青少年运动员培养、各类足球俱乐部业务组织管理，以及沈阳地区足球运动的规划、组织等实行专项业务指导、监督和规划的职能。它的任务是：积极开展全市职工和青少年足球活动，推动沈阳地区足球运动水平的提高；加强和推动职业、半职业、业余足球俱乐部建设，培养各层次足球人才，推动足球运动向市场经济过渡，实现人才交流，并与国际足球人才市场体制接轨，使足球运动走向产业化，为足球事业步入市场经济创造条件；加强足球协会自身的实体化建设，利用多种渠道扩大足球运动的影响，筹集资金大力发展青少年足球运动，培养优秀的足球后备人才；加强沈阳与国际、国内各足球协会、足球俱乐部间的交往与交流。

沈阳市足球协会成立后，1993年参与了在沈阳举行的国际，国内大型足球比赛有："亚俱杯"国际足球预选赛，首届"足协杯"职工足球赛；全市"业余足球俱乐部杯"少年足球赛；"市长杯"中小学足球赛等。活跃了沈阳地区的群众体育生活。1993年全市业余足球俱乐部已注册9个；半职业足球俱乐部1个。

（吴庭瑞）

社会·生活

人口

【总人口】 1993年末，沈阳市人口总数为6 576 562人，比1992年末增加44 904人，年增长率为6.7‰。其中男性为3 340 944人，占总人口的比重为50.80%，女性为3 235 618人，占总人口的比重为49.2%，与1992年相比，女性所占比重下降了2.3%。人口性比例属正常。

在总人口中，非农业人口为4 051 036人，占总人口比重为61.60%，与1992年相比上升了0.6个百分点。农业人口为2 525 526人，占总人口的比重为38.4%。

1993年全市出生人口总数59 620人，出生率为9.07‰，比1992年上升了0.13个千分点。1993年全市死亡人口数为40 411人，死亡率为6.17‰，比1992年上升了0.24‰。全年自然增加19 209人，自然增长率为2.93‰，比1992年下降了0.13个千分点。

1993年全市迁入人口98 369人，迁入率为14.96‰，与1992年相比迁入率上升了5.39个千分点；全年迁出人口71 139人，迁出率为10.82‰，与1992年相比迁出上升2.3个千分点。

(毛英杰)

【人口分布】 1993年，沈阳市总人口为6 576 562人，具体公布情况如下：

和平区626 374人，占总人口的比重为9.52%；沈河区579 460人，所占比重为8.81%；大东区598 833人，所占比重为9.11%；皇姑区648 257人，所占比重为9.86%；铁西区725 064人，所占比重为11.02%；苏家屯区410 057人，所占比重为6.24%；东陵区398 449人，所占比重为6.06%；新城子区299 916人，所占比重为4.56%；于洪区361 677人，所占比重为5.50%。

新民市667 545人，占总人口的比重为10.15%。

辽中县499 346人，占总人口的比重为7.59%；康平县321 452人，所占比重为4.89%；法库县440 132人，所占比重为6.69%。

(毛英杰)

【人口抽样调查】 人口变动情况抽样调查是我国获得年度人口数据的主要渠道之一。

沈阳市1993年抽中皇姑、于洪、辽中3个区(县)，9个乡镇街，20个调查小区。调查工作从11月初开始，历经广泛宣传、调查员选调、业务培训、调查摸底、入户登记、自查、议查、复查、调查表装订、编码和过录、质量抽查、复查验收、手工汇总和计算机录入汇总总结等阶段的工作，经省验收，各项指标全部达到国家规定的质量控制标准。调查结果如下：

1、调查户数和总人口。调查户数：1 171户；调查总人口，年初：3 926人，年末：3 963人，年平均人口3 945人。调查户数比1992年减少818户；调查总人口比1992年减少2 936人。

2、出生人口与出生率。全市调查点出生人口57人，其中，男婴：28人，女婴29人；出生率14.45‰，比1992年上升2.53个千分点。

3、死亡人口与死亡率。全市调查点死亡人口19人，其中，男8人，女：11人；死亡率为4.82‰，比1992年低0.85个千分点。

4、迁入、迁出人口。全年迁入人口101人，迁出102人，净迁出1人。

由于抽选的样本量较少，所得各项指标只为省及国家制定人口计划使用。

(孙杰)

计划生育

【概况】 1993年，沈阳市计划生育委员会在注重日常工作的同时，着重抓了计划生育工作的改革，努力探索市场经济条件下人口控制的规律和方法，使之适应新形势的需要。计划生育工作继续保持良好势头，取得了可喜的成绩。

全市普遍推行计划生育管理方式的改革，改变了过去就计划生育抓计划生育的办法，全面实行三结合，即：把实行计划生育同发展社会主义市场经济相结合，同脱贫致富奔小康相结合，同建设文明幸福家庭相结合。增强服务性，寻找工作的契合点，利用多种渠道，多种手段千方百计保证基本国策的落实。

在农村，计划生育工作的基础建设得到加强；在城市，计划生育工作更加稳定。开始步入低出生、低死亡、低增长的现代化人口再生产类型。全市人民的婚育观念发生了很大变化，计划生育政策已被大多数育龄妇女所接受，“养儿防老”的旧观念已逐步被“优生优育”、“晚婚晚育”、“生儿生女都一样”的新观念所代替。

1993年，沈阳市人口出生率为8.99‰，人口自然增长率为3‰，分别比计划下降了3.24个千分点和3个千分点；计划生育率达到99.68%；节育率为92.25%。

全市统计，推迟生育期的达1.5万人；主动献出合理二胎指标的有8 849对夫妇，其中独女户6 578对；领独生子女光荣证的有763 027对夫妇。一对夫妇只生一个孩子正在成为广大群众的自觉行为。

(黄鹏)

【深入宣传教育】 针对人们思想随着经济发展日益活跃的特点,沈阳市在1993年的计划生育宣传教育工作,抓住广大群众求知、求乐、求美、求富的心理需要,增强了知识性和趣味性。一是把国策教育、人口理论教育、计划生育基础知识教育紧密结合起来,增强控制人口的紧迫感;二是抓住群众求富的兴奋点,把计划生育同少生快富结合起来,使其自觉推迟婚育期,终生只生一个孩;三是向育龄妇女提供科学知识,有针对性地进行晚婚、晚育、优生、优育、妇幼保健等有关应用科学的教育。大力推广了沈河区创办的男士学校和和平区兴办的"五期教育"经验,使广大育龄夫妇真正懂得计划生育知识和实行计划生育利国利民的好处。四是大力宣传育龄妇女在发展社会主义市场经济中的作用,运用典型引路的方法,引导育龄妇女转变生育观念,走上致富道路。

在宣传形式上一方面利用广播、电视、报纸等宣传阵地办好宣传栏目,另一方面抓住重大节日等有利契机,广泛深入地开展宣传教育活动。1993年全市各级计划生育部门共召开座谈会10 289次,演讲会1 474次,报告会1 676次,经验交流会1 243次,表彰会1 186次。举办计划生育知识竞赛1 100次,文艺汇演850场。已建成计划生育学校1 812所。1993年8月,全市还举行了计划生育节目大调演。

从城市到农村,宣传教育网络已经形成,计划生育政策、基础知识通过各级宣传网络传送到3 000余户,有利地促进了人们生育观念的转变。

(黄鹏)

【加强孕前型管理】 搞好孕前型管理,是严格控制人口增长的重要措施。1993年,沈阳市按省计划生育条例的要求,主要抓了技术服务网络的建设,它是保证孕前型管理顺利实施的硬件。1993年,全市基本形成了县(市)、乡、村、组四级技术服务网络配套。乡(镇)技术服务站已建成137个,占乡(镇)总数的76.48%,其中计划生育部门自建101个,占乡(镇)总数的71.12%。村级服务室已建成1 896个,占2 002个村总数的94.7%。各级技术站服务人员充分利用现有设备,严格按照操作规程操作,实行上门服务。法库县及乡(镇)技术站设备齐全,技术力量强,服务质量好。康平县技术服务站的医疗人员常年深入基层,为育龄妇女做节育手术,既减轻了农民负担,又有效地控制了计划外超生。东陵区70%的乡配备了B超设备,定期对育龄妇女进行孕检,使孕前型管理水平有所提高。辽中县各乡、镇全部建立了技术服务站,1993年又配合国家搞了100例皮下埋植试点。全市孕前型管理工作越来越好,基本上做到上、取环不出村,人流不出乡,疑难手术不出县。1993年全市计划生育部门做四项手术44 244例,极大地方便了育龄妇女。

在抓好技术网络建设的同时,注重提高工作质量。各县(市)、区普遍进行了孕情普查,加强了孕情监测。完善A、B、C工作制,把透环、走访制度落到实处,确保了孕前型管理的顺利进行。

(黄鹏)

【计划生育队伍建设】 计划生育工作是一项政策性强、接触面广的群众性工作,因此,必须有一支思想、业务上过硬的计划生育干部队伍。1993年沈阳市着力抓了对2.2万名计划生育专、兼职干部的培训工作。一是通过各级培训班,全面提高计划生育干部的政治素质和业务素质。市培训乡以上专职计划生育干部921人;县(区)培训村级计划生育兼职干部3 100人;乡(镇)培训计划生育中心户长6 629人。新民市针对村妇女主任和中心户长变动频繁的情况,对所有村级计划生育干部进行培训,使他们达到持证上岗的要求。通过培训使计划生育干部忠诚党的计划生育事业,坚定不移地执行计划生育政策,懂得计划生育基础知识,提高了他们的政治素质和业务素质,保证了基层工作的质量。二是全市推广了皇姑区开展争当"国策卫士"活动的经验,增强了广大计划生育干部热爱这项事业的信心。涌现出一批全心全意为计划生育事业无私奉献的"国策卫士"。铁西区召开了千人大会,树立百名"国策卫士",并把"国策卫士"事迹汇编成册,由于有了这支思想好、作风硬、懂业务、会管理的计划生育队伍严把生育关,才使全市控制人口任务顺利完成。

(黄鹏)

【依法管理计划生育工作】 依法管理计划生育工作是控制人口增长的一项有效措施,也是今后计划生育工作方向。1993年,沈阳市计划生育部门认真贯彻国家颁布的"流动人口管理一号令",认真执行省人大批准的计划生育条例和落实沈阳市政府制定的计划生育实施细则,依法管理计划生育工作。首先,加强计划生育政策、法规教育,增强全体公民的法制观念,使群众知法、懂法、守法,用法律规范自己的生育行为,同时也用法律来保证自己的生育行为。在宣传教育的基础上,依照法律程序,与育龄夫妇签定婚育合同,并实行法律公证。严格按照政策、法规办事,把育龄人群全部纳入合同管理之中。到1993年末,全市签定计划生育合同65万份。对违背计划生育合同的623件,依照法律程序予以了起诉,经过法律部门的审理,都得到了妥善处理。通过依法管理,增强了人们的法律意识,促进了生育政策的落实。

(黄鹏)

【发挥计划生育协会作用】 1993年,沈阳市已建立各级计划生育协会组织7 611个,有会员104.4万人。各级计划生育协会扎根于群众之中,是党和政府联系群众的桥梁和纽带,在计划生育工作中发挥了重要作用。在工作中,计划生育协会充分发挥了自我教育、自我管理、自我服务的作用,团结、教育、帮助了广大群众,使计划生育工作由少数人做多数人工作转变为多数人做少数人工作的局面。为了解决育龄妇女的后顾之忧,增强计划生育工作保障体系,协会又同保险公司合作在全市开展了计划生育系列保险,使老有所养、幼有所教、落实节育措施有保险,落到实处。1993年,全市计划生育已开展了11种保险,累计保险金额达1.5亿元。

(黄鹏)

【强化流动人口生育的管理】 据统计,1993年外省、市流入沈阳经商、办企业、打工等居住3个月以上的流动人口达33.7万人,其中育龄妇女8.2万人。市区由于旧区改造,动迁人口达45万人,企业剥离的3万多人也流入社会,这些城市流动的人口给计划生育工作带来了许多困难,流动人口的生育管理已成为城市计划生育工作的重点和难点。

面对这种情况,沈阳市各级计划生育委员会积极研究对策,采取了相应措施。一是认真贯彻落实国务院批准的流动人口管理办法,凡居住3个月以上的按常住人口一样管理。做到底数清,不漏人,保证措施落实。二是由公安、工商、计划生育部门联合建立了流动人口管理办公室,加强协作,互通信息,达到综合治理,使工作不留死角。三是因地因时制宜,根据具体情况采取对策。沈河区在五爱市场把流动人口的生育管理纳入市场的整体管理之中。在办执照的时候同时必须出示当地计划生育部门的生育情况证明,如没有证明则不予办理。摊主必须代表自己和从业人员同市场工商管理所签定合同,保证在经营过程中不违反计划生育政策,如有违反,轻者罚款,重者收回摊床,勒令停止经营。五爱市场已10年无计划外生育,他们的管理模式受到国家的高度重视,被国家和省授予先进单位称号。五爱市场的成功经验是大集贸市场流动人口生育管理的典范,现已在全市推广。和平区根据区内动迁人口较多的特点,联合房产部门与动迁户签定计划生育合同,保证在动迁期间的计划生育正常,如发现问题取消回迁资格。四是在加强行政管理的同时,增强流动人员的计划生育意识,发挥他们的自我管理能力。各区都普遍加强了对流动人口的教育宣传,并帮助他们成立自我管理的组织,使其在工作之余,有一个松弛的场所。如皇姑区成立了流动人口自治小组,大东区建立了流动人口之家,由于采取了以上行之有效的措施,1993年全市流动人口的生育管理在严峻的形势下仍然取得了较好的成绩。

(黄鹏)

劳动工资

【职工队伍状况】 1993年,沈阳市继续推行以综合配套改革为重点的各项劳动用工制度改革,并在单项和局部试点取得成功的基础上已转向全面推进。全市职工总数增加,职工队伍结构发生变化,合同制职工发展迅速,固定职工不断缩小,计划外用工继续减少,产业结构在不断调整,第三产业职工比重继续上升。

1、职工总数增加,各种所有制职工队伍发生变化。1993年,沈阳市职工总数为235万人,比1992年净增6.1万人,增长2.7%。从经济类型看,增长幅度最高的是"三资"企业职工为主的其他所有制,全民所有制和集体所有制职工总数虽有增加,但占全部职工的比重下降。1993年全市全民职工为146.8万人,比1992年增加3.7万人,增长2.6%,占全部职工的比重由1992年的62.6%下降到62.5%,下降0.1个百分点;集体职工为77.2万人,比1992年增加1.4万人,增长1.8%,占全部职工的比重由1992年的33.1%下降到32.9%,下降0.2个百分点;其他所有制职工为11.0万人,比1992年增加1.1万人,增长11.1%,占全部职工的比重由1992年的4.3%,上升到4.7%,上升0.4个百分点。

2、合同制职工发展迅速,固定职工和计划外用工继续减少。1993年,沈阳市继续坚持"国家宏观调控,企业用工自主,各种形式并存,全面劳动合同"的劳动制度改革原则,以转换企业经营机制,增强企业活力为中心,全面推行劳动制度改革。企业普遍实行劳动合同制,合同化管理和优化劳动组合。并对国家统包统配人员的安置做了大胆改革,明确军转干部、复退军人、大中专毕业生随企业用工制度改革实行劳动合同制,截止到1993年末,全市合同制职工已达45.4万人,比1992年增加11.3万人,增长33.1%,占全部职工的比重由1992年的14.9%上升到19.3%,增加4.4个百分点。从行业分布看,增加最多的是工业部门,增加8.5万人,增长38.3%占全部工业职工的比重由1992年的17.7%上升到24.8%,上升7.1个百分点;其次是商饮业,增加1.9万人,增长38.8%,占全部商饮业职工的比重为20.2%,上升3.61个百分点;再次是房地产业,增加0.3万人,增长14.3%,占全部房地产业职工比重为23.3%,上升0.2个百分点。从经济类型看,全民所有制合同职工为40.5万人,比1992年增加9.9万人,增长32.4%;集体所有制合同职工为1.6万人,增加了0.6万人,增长60.0%;其他所有制合同职工为3.3万人,增加0.8万人,增长32.0%。

1993年末,全市固定职工为159.4万人,比1992年减少4.8万人,减少2.9%,占全部职工的比重由1992年的71.7%降为67.8%,下降3.9个百分点。减少幅度最大的行业是工业,减少9.6%,其次是建筑业,减少9.5%。

几年来,沈阳市在改革用工制度的同时,继续清理整顿计划外用工,使计划外用工得到有效控制。1993年末,全市计划外用工为12.3万人,比1992年减少2.2万人,减少15.0%;比1991年减少3.9万人,减少24.1%。占全民职工的比重也由1991年的11.3%下降到1992年的10.1%,再降到1993年的8.4%。

3、产业结构在不断调整,第三产业职工比重继续上升。几年来,随着劳动制度综合配套改革的不继深入和人们择业观念的改变,产业结构发生了变化,第三产业迅速发展,职工队伍不继状大。1993年末,全市第一、二产业(农业、工业、建筑业)职工总数为145.5万人,比1992年减少2.2万人,减少1.5万人;比1991年减少3.1万人,减少

2.1%。占全部职工的比重也由1991年的65.4%下降到1992年的64.5%，再降到1993年的61.9%。第三产业职工总数为89.5万人，比1992年增加8.3万人，增长10.2%；比1991年增加10.8万人，增长13.7%。占全部职工比重也由1991年的34.6%上升到1992年的35.5%，再上升到1993年的38.1%。从第三产业的行业分布看，增加最多的是商饮业，增加4.1万人，增长13.9%；其次是房地产业，增加1.3万人，增长14.4万人；再次是金融保险业，增加0.5万人，增长23.8%。

（高亦兵）

【职工工资增长情况】 1993年，沈阳市继续深化用工与分配制度改革，对工资总额实行宏观控制，微观不限制的原则，对企业的工资发放，依据企业的经济效益和劳动生产率的增长进行控制，按照“两低于”原则，约束企业工资增长，同时随着企业经营机制的转换，企业进一步落实了分配自主权，工资分配制度改革不断深化，加之国家对职工工资总额的调控力度进一步增强，职工工资总额增加，平均工资增长。

1、职工工资总额增长20.4%。1993年全市实际发放职工工资总额为78.6亿元，比1992年增加13.3亿元，增长20.4%，低于全国工资总额增长21.1%的水平。1993年由于沈阳市继续贯彻改革开放搞活的方针，大力改善投资环境，大量吸引外资，使其他所有制企业发展迅速，职工队伍增长较快，工资总额增长幅度较高，在全市职工工资总额中：国有单位职工工资总额为55.4亿元，比1992年增加9.60亿元，增长20.9%，占全市职工工资增加额的72.1%；集体单位职工工资总额为19.1亿元，比1992年增长17.0%；其他所有制单位为4.1亿元，比1992年增长29.3%。

1993年工资总额的增加，主要是由于调整工资与物价补贴政策的出台使人均工资水平提高所致。由于人均工资水平的提高，增加工资额11.1亿元，占工资总额增加额的83.1%。

2、职工人均货币工资比1992年提高16.9%。1993年，全市职工人均货币工资达3 345元，比1992年增加484元，增长16.9%。国有与其他所有制单位平均工资水平基本持平（但平均工资增长速度国有单位快于其他所有制单位），城镇集体所有制单位人均工资水平最低，国有，其他所有制单位与集体所有制单位平均工资水平差距越来越大，二者相差1 322元（1992年比1991年相差1 088元）国有单位人均货币工资3 782元增加617元，增长18.4%；集体单位人均货币工资为2 460元，增加289元，增长13.3%；合营及其他所有制单位职工人均货币工资为3 781元，增加484元，增长15.7%。

国民经济各行业的平均工资水平无明显变化，在国民经济12大行业中，有5个行业（农林牧渔业，工业，商饮服务业，房地产，教育，文化，社会福利业）的人均工资水平低于全市平均工资水平，其他部门的人均工资水平均超过全市平均工资水平。金融保险业的人均工资增长幅度仍居各行业之首，增长25.7%（但比1992年同期减少4.5个百分点，地质勘探业平均工资比1992年减少29元，下降0.8%。各行业平均工资水平及增长（下降）幅度详见下表：

行业名称	平均工资		增长(+−)%	增长位次
	1993年	1992年		
一、农林牧渔业	2 369	2 302	2.9	11
二、工　业	3 262	2 750	18.6	8
三、地质勘探业	3 626	3 655	−0.8	5
四、建筑业	3 678	3 299	11.5	3
五、交通运输与邮电业	4 382	3 621	21.0	1
六、商饮服务业	3 083	2 602	18.5	10
七、房地产	3 248	2 796	16.2	9
八、卫生体育福利业	3 493	2 966	17.8	7
九、教育文化	3 281	2 979	10.1	7
十、科学和综合技术	3 664	3 166	15.7	4
十一、金融保险业	4 209	3 348	25.7	2
十二、国家机关团体	3 550	3 349	6.0	6

若扣除职工生活费价格指数上升的因素，1993年全市职工人均实际工资为3 265元，实际工资水平下降2.8%。

3、工资总额增加的因素，一是，工资总额增长翘尾因素占一定比重，自1992年4月份以来，国家各项经济改革政策陆续出台，沈阳市相继放开部份商品价格，各项补贴相应增多，及增加机关、事业单位职工岗位职务津贴，因此翘尾因素增加占有一定比重，各种津贴增长21.1%，占工资总额增加的24.6%，二是各种奖金增长20.7%，占工资总额增加的23.7%。由于实行工效挂勾政策，在“两个低于”的原则下调整企业工资，增加职工的计时工资标准，计时工资增长21.6%，占工资增加额的48.8%。

（张秀英）

【深化企业三项制度配套改革】 1993年沈阳市提出了所有企业都要实行全员劳动合同制，实行了全员劳动合同制的企业都可以实行岗位技能工资制的要求，不断完善政策，加强指导，按照“舆论先行、全面启动、分步实施、全面发展”的思路，大胆实践，使沈阳三项制度改革取得了新的进展。

1、劳动用工制度改革全面展开。这项改革围绕落实企业用工自主权，依法确立劳动关系，建立竞争机制全面展开。截止1993年末，全市进行用工制度改革的企业累计达6 099户，涉及职工157.4万人。其中，1993年进行改革的企业达3 217户，涉及职工829万人。实行全员劳动合同制的企业累计达1 169户，涉及职工78万人。其中，1993年实行的企业达731户，涉及职工35万人，通过用工制度改革，1993年共裁减企业富余人员8.9万人（累计已达15.6万人）是1992年的133%，其中，有7.4万人得到了妥善安置，安置率为83%，还有8 216人从企业分离到社会（累计已达18 524人）。用工制度改革的不断深化，给企业用人和劳动者自主择业创造了宽松的环境，增强了企业活力，加速了劳动关系法制化的进程。

2、工资分配制度改革向深层次发展，工资增长机制和激励机制逐步形成。在工资分配宏观调控方面，取消了指令性工资总额计划。进一步完善了工资总额管理办法，对163户企业进行了自主确定工资总额试点；对一些扭亏有望的亏损企业试行了“盈亏两条线”挂钩办法；取消了挂钩工资基数外的单列工资，解决了单列工资体外循环问题。同时，加强了工资立法工作，制发了《沈阳市国有企业工资总额宏观调控办法》和《沈阳市集体企业工效挂钩办法》，使工资工作逐步纳入法制化管理轨道，建立了新的工资宏观调控机制。在企业内部分配方面，扩大了岗位技能工资改革覆盖面，1993年沈阳市实行岗位技能工资制的企业达316户，累计达508户。目前全市已有90%以上的企业实行了以岗位技能工资为主的灵活多样的分配制度。

3、社会保险制度改革进一步深化，综合保障能力不断增强。具体出台了三项改革办法。一是发布了《沈阳市县区以上集体所有制企业、事业单位职工待业保险暂行办法》，及其实施细则。二是实行了基本养老保险个人缴费制度，拟定了基本养老金计发基数和计发办法，并在部分企业中进行了“空运转”。三是出台了《沈阳市企业职工工伤保险暂行办法》。

1993年，沈阳市的企业三项制度改革具有三大特点：一是改革由局部试点转为全面推开。目前，全市已有2个区和8个行业全面推行了全员劳动合同制。二是企业三项制度改革与政府转变职能，培育发展劳动力市场相互衔接，协调推进。三是力度大、步子稳、效果好。从全国看参加改革的企业职工约50%，而沈阳市已达80%；在拨离安置的120万企业富余人员中，沈阳市为15.6万人占13%，在2 500户实行岗位技能工资的企业中沈阳市为508户占20%。从沈阳市自身看，三项制度改革无论从户数、人数，还是改革措施的配套，都比1992年有较大幅度的提高和发展，已经从局部改革进入了全面启动、全方位发展的新阶段。

（王德周）

【社会保险制度改革】 1993年，沈阳市积极探索建立多层次、全方位、一体化的社会保险制度，提高了全市社会保险能力。

1、全面实行职工个人缴费制度，增强职工自我保险意识。为适应市场经济发展的需要，进一步体现社会保险“三者”合理负担的原则，1993年沈阳市政府发布了《关于企业职工实行个人缴纳基本养老保险费的通知》，到5月中旬缴费结束时，缴费职工已超过140多万人，占参加统筹职工总数的98%。

2、加强宏观调控，严格办理企业职工退休审批手续。根据劳动部《关于严格按规定办理职工退休的通知》要求，沈阳市从1993年6月1日起，企业职工办理退休手续改由市、县(市)区两级劳动部门直接审批。这一办法的实施，对保护企业职工的合法权益，维护政策的严肃性，加强宏观调控，促进养老基金社会统筹的健康发展起到了积极的作用。

3、规范企业职工工龄，加强保险福利的基础工作。1993年对全市150多万企业职工进行了参加工作时间和连续工龄确定。为更好地贯彻劳动部和市政府规定，使职工缴纳基本养老金前后工龄得以连续计算，保证职工退休后能享受到标准内的待遇，同时也为新的养老金计发基数和计发办法等项改革的实施创造了条件。

4、保障离退休人员的晚年生活和享受社会发展成果。1993年沈阳市共有48万多名离退休人员提高了离退休待遇，月人均增加离退休金23万元，全年总增资1.3亿多元。为确保离退休人员的切身利益，保障离退休人员的晚年生活，维护社会稳定，经多方筹措和协调，增加的资金已于10月份全部到位。

5、改革基本养老金计发办法。根据劳动部《关于改革基本养老金计发基数和计发办法的意见》要求，沈阳市企业职工基本养老金计发办法方案已经形成。

6、改革企业职工工伤保险制度。为保障企业职工在生产、经营活动中因工伤、残、亡获得医疗照顾、基本生活和相应的补偿，依据有关法规于1993年5月份发布了《沈阳市企业职工工伤保险暂行办法》及《沈阳市企业职工工伤保险暂行办法实施细则》，从而使沈阳市工伤保险金正式开始实行社会统筹。

（曹琦）

【继续推行岗位技能工资制】 1993年，沈阳市以实行岗位技能工资制为主的企业内部分配的制度改革，步伐明显加快，从而极大地调动了职工的生产积极性，也使企业的经济效益大幅度提高。

1993年，全市实行岗位技能工资制的企业达508户，职工58万人。其中国有企业396户，职工45万人；集体企业112户，职工13万人。

长期以来，企业工资分配制度实行的是等级工资制，这种分配办法，严重地制约和影响了职工劳动积极性的发挥。其中最突出的问题是一线生产岗位和苦、脏、累、险岗位的工人收入偏低，造成一线岗位普遍缺员，二、三线和非生产性岗位人满为患，企业生产效率低下。沈阳市自1991年起开始在部分企业进行岗位技能工资制试点，之后逐步推广到508户企业。改革以打破工资分配平均主义为重点，按劳动技能，劳动强度，劳动环境和劳动责任四大要素对6.3万个工人、干部岗位进行了科学测评，完成岗位测评数据16万多个。这项改革使一线工人工资收入大幅度提高，合理拉开了与二、三线岗位的分配档次，使长期存在的“一线紧、二线松、三线肿”的不合理劳动组织结构得到初步改变。一线生产工人的基本工资收入比改革前提高了46.8%，比二、三线人员基本工资收入高34.3%，先后有17 600多名二、三线工人主动返回一线生产工作岗位，从而稳定了生产一线的职工队伍，调动了一线职工积极性，促进了企业经济效益提高。508户改革企业1993年实现利税和劳动生产率分别比1992年增长49.05%和36.57%。

（李一民）

【强化企业工资管理的宏观调控】 1993年沈阳市进一步完善了企业工资总额管理办法，制发了《沈阳市国有企业工资总额宏观调控实施办法》和《沈阳市集体企业工资总额同经济效益挂钩办法》，确定了企业在坚持“工资总额的增长幅度低于本企业经济效益增长幅度，职工实际平均工资增长幅度低于本企业劳动生产率增长幅度”的原则下，实行“企业自主确定工资总额”、“工效挂钩”和“工资包干”三种工资总额调控办法。同时，彻底取消了传统的指令性工资总额计划管理，明确了企业按“两低于”原则自行编制企业工资弹性使用计划，建立了新的工资宏观调控机制，使工资管理走上了法制化、规范化的轨道。1993年沈阳市对163户股份制企业和经市政府确定重点搞好的大中型企业，进行了按“两低于”、自主确定工资总额的试点工作，为企业走向自我约束、自我激励、自我发展，实行市场工资创造了条件，为今后企业工资宏观调控模式进行新的探索。1993年沈阳市实行“工效挂钩”的企业也较1992年有所增加，“工效挂钩”覆盖面进一步扩大；在挂钩形式上采取了更加灵活的作法，允许亏损企业同减亏额挂钩，具备一定条件的亏损企业还可以实行“盈亏两条线”的挂钩办法，外贸企业还实行同出口创汇额挂钩。取消了在挂钩效益工资“体外循环”的单列工资，将各种津贴、补贴和单项奖金核入工资基数，使其都与企业经济效益挂钩浮动，理顺了工资浮动与经济效益增减之间的比例关系，加大了“工效挂钩”的调控力度，扭转了企业工资“政出多门”、“乱开口子”的现象。1993年还对多年为沈阳经济发展做出贡献的大中型骨干企业，劳动工资保险综合配套改革取得明显成果的企业，用增加标准工资的办法进行了倾斜，对那些亏损严重、亏损额继续增大的企业进行了处罚，注重发挥工资杠杆“扶优促差”的激励作用。改进了《企业工资基金支付手册》，实行企业在“两低于”原则下自主制定弹性使用工资总额计划，强化了企业违反工资基金管理法规处罚办法，使企业工资宏观调控措施与企业工资使用支付相衔接，落实了企业工资自主权，也发挥了工资手册的调控作用。

（李大宏）

【外资企业劳动管理】　1993年底，沈阳市外商投资企业（含外市地外商投资企业在沈分支机构）注册登记2 118户，其中已开业708户，中方职工68 973人，外籍职工182人。为促进外商投资企业的健康发展，1993年沈阳市对外资企业的劳动管理方面，作了以下工作：

1、继续搞好政策咨询服务，坚持依法管理。在健全外商投资企业劳动法规的基础上，积极搞好新建企业的政策宣传工作，认真抓好有关政策法规的贯彻和实施。在用工方面，外商投资企业用人自主权在公平竞争中基本得以保障，企业可以多形式、多渠道随用随招，较好地满足了企业的用人需要，1993年累计增加职工6 243人，累计减少职工5 990人。在日常管理方面，外商投资企业一律实行劳动合同制，对新招职工实行录用，签订劳动合同与鉴证合同“三同时”措施、对自订劳动合同书实行先审议后鉴证的形式，并妥善地处理了一些履行合同中出现的问题。1993年末中方职工劳动合同签证人数为46 008人，占在职职工人数的80.9%。

2、集中进行劳动监察。针对个别外商投资企业存在着对现行劳动管理法规政策了解掌握不够，甚至违反劳动政策法规的问题。沈阳市劳动局于1993年8月中旬开始集中力量，有重点地对部分外商投资企业进行了劳动监察。监察内容包括企业是否按有关规定办理了用工手续，是否定期为职工缴纳待业保险基金和养老保险基金，职工的合法权益是否得以保障，劳动时间、劳动报酬、劳动保护是否按有关规定执行等，劳动监察对全市外商投资企业加强劳动管理起到了推动作用。

3、解除中方职工后顾之忧，认真做好有关业务工作。随着沈阳市劳动、工资、保险三大制度改革的深入发展，外商投资企业也相应开展了工伤保险、中方职工个人缴纳基本养老保险基金、确定工龄和晋升档案工资等工作，还评定工人技师资格126人。

（肖颂东）

【劳动争议调解与仲裁】　1993年，沈阳市劳动仲裁工作努力在指导、调整和监督等基本职能上发挥及时性和超前性的作用。全年共受理劳动争议50起，全部按期结案。其中，裁决18件，裁定4件，调解3件，经过调解撤诉15件，自行撤诉10件。通过对劳动争议案件的处理，及时调整了劳动关系，依法公正地处理了企业与职工双方劳动争议，为稳定社会起到了积极的作用。

1、提供咨询服务，指导企业依法正确处理违纪职工。沈阳市劳动局综合归纳了企业处理劳动争议中的败诉的原因，编写了“劳动争议处理积极预防”、“劳动合同管理”、等材料，先后在企业主管局和部分企业举办的劳资干部培训班上进行了宣传讲解，当场答复企业劳动干部的政策咨询，指导企业依法正确行使处理违纪职工的权力。

2、帮助企业修订内部劳动纪律及规章制度，积极预防劳动争议的发生。在劳动争议处理方面，改变过去“不告不理、事后介入、就事论事”工作方式，把办案与指导监督职能结合起来。在劳动争议案件处理中，发现大多数企业制定的劳动纪律条款已经不能适应社会发展的需要，很容易产生争议。因此，在处理好劳动争议案件的同时，还指导督促企业建立与国家政策相一致的厂规厂法，做到标本兼治，预防劳动争议的发生。

3、帮助企业正确使用“开除、除名、辞退”的规定。根据几年来沈阳市处理劳动争议实践和国家的有关规定编写了“开除、除名、辞退概念的异同及适用范围”等有关材料，通过《沈阳劳动》和企业主管局举办的劳资干部培训班进行了宣传，帮助企业划清三个概念的界限，把握政策的适用度。

4、全方位受案，及时妥善处理劳动争议。《中华人民共和国企业劳动争议处理条例》发布后，劳动争议受案范围由过去因履行合同发生的劳动争议和因开除、除名、辞退违纪职工发生的争议，扩大到劳动工作各个领域，因此，从1993年8月1日实行全方位受案，凡申诉请求仲裁的劳动争议，经过例会研究符合受理条件的都依法及时立案，报仲裁委员会审批。在办案过程中,坚持以事实为根据,以法律为准绳,对依法反复调解不成的,及时裁决,避免久拖不决,使当事人的合法权益得到有效保护。

(穆忱)

【完善职业介绍体系】 1993年,沈阳市职业介绍工作按照建立社会主义市场经济体制的要求,朝着全方位、多功能、一体化的中介服务方向迈出了一大步。

1. 改善环境,健全制度,加快职业介绍工作的步伐。按照发展沈阳劳务市场的总体部署,完成了职业介绍所大厅的改建工作;制订和完善职业介绍运行需要的各项制度和操作办法。改建后的职业介绍所于1993年2月2日正式开放。共设置了12个服务窗口,16个洽谈室。实行服务制度、办公程序公开化。并增加了一些新的服务内容。

1993年共接待用工单位3 925户次,洽谈交流的待业人员6.4万人次,其中省1.5万人次在职业介绍所现场与用工单位达成协议;办理求职登记19 785人;推荐介绍12 138人;共发布用工信息4 500条;办理外市地调入沈阳442人,其中引进企业急需技术人才305人;办理知青子女回沈就业250人;接受委托保管人事档案33份;审批企业临时工30 000人;为"三资"企业办理合同签证51 025份。

2. 逐步完善职业介绍的信息系统。一是抓好信息员队伍建设,除配备专职信息工作人员外,还在沈阳市的大中型企业,综合管理部门、各职业学校聘任了信息员。二是充分利用新闻媒介广泛传播信息。与省、市电台、电视台、报社建立了长期的合作关系共播出157期信息和专题节目。

3. 技工交流和企业富余人员调剂及失业职工再就业工作取得突破性进展。1993年为技工交流登记438人,推荐介绍技工305人。为解决企业富余人员,失业职工再就业难的问题,于8月29日举办了以调剂交流失业职工和企业富余人员为主的全市劳动力交流洽谈会。共组织了包括国有、集体、"三资"、合营企业在内的352户用工单位,提供40多个工种,4 500多个工作岗位。前来洽谈的11 200多名求职者中,有914名失业职工和490名企业富余人员及2 353名其它待业人员在现场与用工单位达成了意向协议,同时还为1 600多人进行了现场政策咨询服务。

(范垂生)

【扩大失业保险覆盖面】 1993年沈阳市制发了《沈阳市县区以上集体所有制企业事业单位职工待业保险暂行办法的实施细则》,使县区以上集体企业的失业职工得到了失业救济,为集体单位深化改革,提供了社会保障。

国有企业、"三资"企业失业保险工作更加完善。通过"三核定"检查,使沈阳市新增投保户数802个,新增投保职工78 771人,截止1993年末全市已有4 009户企业的112万职工参加了失业保险,收缴率达94%,完成了辽宁省失业保险部门对沈阳市的考核目标。

1993年接收失业职工8 216人,其中关停企业职工407人;终止、解除劳动合同职工2 779人;企业除名职工4 144人,企业辞退职工396人;企业开除职工133人;外商投资企业除名中方职工74人;集体企业职工283人。

充分发挥劳动就业服务体系整体功能。各县(市)区失业保险机构,按照失业保险的有关政策,及时为每个失业职工发放了救济金,保证了失业职工的基本生活,维护了社会的安定。强化了失业职工的再就业工作,通过对失业职工的转业训练,使其掌握一技之长,增强了再就业的能力;加强生产自救基地建设,为失业职工提供临时或长期就业的场所。通过各种渠道,1993年已有了3 212名失业职工重新就业。

用活失业保险基金,将失业保险由社会向企业延伸,对企业安置富余人员给予扶持。1993年先后向沈阳一一九厂等4家企业投放了生产自救费和转业训练费,使500名富余职工得到了安置,240名职工实现了转业训练。

(刘希元)

【劳动鉴定】 1989年以前,沈阳市劳动鉴定工作一直由各单位自行处理,造成劳动鉴定工作在宏观管理上基本处于失控状态,严重影响了企业劳动制度深化改革的进行。为改变这种局面,做好职工病、伤、职业病等劳动鉴定评残工作。使伤残程度有合理"定量"的鉴定,沈阳市于1989年制定了《沈阳市劳动鉴定暂行标准》,1990年又根据《中华人民共和国劳动保险条例》,发布了《沈阳市劳动鉴定暂行办法》具体规定了劳动鉴定工作的主要职责和内容。1993年,为强化对劳动鉴定工作的领导调整了沈阳市劳动鉴定委员会的组成人员。

几年来,通过开展鉴定工作,维护了企业和职工的合法权益,受到了企业和职工的欢迎,初步取得了以下成果:

1、扼制了随意提前退休的势头,保证了退休费用统筹工作的正常开展。近年来随着退休待遇的调整,以及第二职业高薪的诱惑由于企业审批不严,造成职工"诈病"提前退休势头逐渐上升。这种情况的产生加重了社会负担,冲击了社会统筹工作正常进行。通过劳动鉴定把关,使"诈病"情况及时得到控制,同时也保护了养老金统筹工作的正常进行。

2、制止了赖工伤、闹工伤的歪风。一个时期以来,赖工伤已成社会顽症,使企业无法正常经营。实施统一鉴定后,有效地制止了这股歪风,使国家的工伤保险待遇及到了正确实施。

3、整顿了劳动纪律,加强了劳动管理。很多企业都有些长休病、伤残的职工,有的小病大养,有的是长期"吃劳保"。可同时却又从事其他"挣大钱"的工作。严重影响了在职职工的积极性。通过重新清理,统一鉴定。使不够全残的职工,又重返了工作岗位。

4、维护职工合法权益,理顺就医渠道,保证职工合理医疗。鉴定工作,在维护企业利益的同时,也时刻注意保护病、伤残者的合法权益,经鉴定对确实有病没有医疗终结的职工,建议单位要保证患者医疗,对不适应原工作的建议行政部门给予调整适当工作。

5、为工伤保险社会化奠定了基础。劳动鉴定是实现工伤保险社会化的基础，目前沈阳市劳动鉴定工作从法规，标准等方面都做到了有章可依，并且有健全的组织机构和管理网络。（邱光华 金彦鸿）

【职业安全卫生监察】 1993年，沈阳市职业安全卫生监察工作积极贯彻企业负责、行业管理、国家监察、群众监督的工作方针，全面完成了安全生产各项目标。

1、继续做好安全生产法规的基础性建设。为更好地贯彻实施国家和省的有关安全生产的法规草拟了《沈阳市企业职工伤亡事故报告和处理实施细则》。为了做好专业安全监察管理工作，拟定了贯彻《矿山安全法》的实施细则实行了《沈阳市起重机械准用证管理暂行规定》、《沈阳市漏电保护器安装和运行管理暂行规定》、《沈阳市锅炉压力容器安全监察程序规定》等一系列规定、办法，使安全生产法规基础性建性得到明显加强。

2、完善安全生产目标管理。沈阳市政府重新发布了《安全生产目标管理责任状》，一是调整目标管理的指标。确定了职工因工死亡、重伤等5项主要考核指标和8项基础指标。二是制定了安全生产新的奖罚办法。

三是对企业和主管部门确定不同的考核指标，增强了考核指标的针对性。

3、加强宏观调控，广泛开展安全生产法规宣传活动。以市政府名义召开5次全市安全生产工作会议，传达贯彻国务院紧急电话会议和《关于加强安全生产工作的通知》，对重大的事故予以曝光，对事故责任者进行了严肃处理。与此同时，大力开展以宣传贯彻安全法规为主要内容的“安全生产周”活动。整改各类事故隐患3万个，职工参与面达90%以上。

4、进一步强化安全监察工作。组织了一次大规模的建筑安装企业安全监察活动。对沈阳市255个施工现场进行了抽查，共查出各类隐患3 396项，其中重大隐患155项，下达整改指令书147份，查封现场60个。组织开展锅炉压力容器的安全监察。对气体市场进行了整顿。加强了对矿山企业重大事故隐患的监察，特别是对本溪彩屯煤矿和沈阳矿务局林盛煤矿发生的重大事故进行了针对性的监察，督促企业限期整改，扼制了重大事故的发生。

1993年，沈阳市共发生死亡事故81起，死亡119人，其中重大死亡事故4起。伤亡事故指标控制在省市下达的指标之内，并被评为全省安全生产工作先进单位。

（王志彭）

【就业前培训】 1993年沈阳市就业前培训工作面向市场，不断开拓新的领域，取得了可喜的成果。1、拓宽培训领域，开展全方位培训。各县（市）区在抓好待业青年就业前培训的同时，努力拓宽培训领域。大东区就业训练中心接受企业委托，开展了富余职工、失业人员的转岗转业训练，为富余职工再安置和失业人员再就业打下了基础。法库县就业训练中心与3个企业签定委托培训合同，培训了270名企业富余职工，为国有企业转换经营机制创造了外部条件。与此同时，还把就业训练工作从城镇延伸到农村，开展了种植、养殖业的培训，帮助农民科技兴农、科技致富。为了满足企业用工的需要，新民市、辽中县、新城子区还为企业培训了330名农民学员。

2、加强教学管理，就业训练质量明显提高。1993年各县（市）区就业训练中心招收了一批初、高中分流学员，为了保证教学质量，各职校采取多种措施，加强教学管理，努力提高教学质量。铁西区职校克服了资金、校舍等多方面的困难，对初、高中分流学员进行了全日制培训，受到了省市教委、省人大视察团的好评。

3、建立正常的评估制度，促进了就业训练工作的发展。1993年沈阳市就业训练中心不断改进教学方式、方法，加强教学管理，积极开展教研活动。大东区、皇姑区就业训练中心，被评为“全国重点就业训练中心”，铁西区、苏家屯区职校被评为辽宁省重点就业训练中心。

1993年，沈阳市各就业训练中心和职业技术学校共招生11 403人，超计划14%，结业13 597人。

（王志彭）

【职业技术培训】 1993年，沈阳市职业技术培训以适应社会主义市场经济为出发点，重点发展职业技能开发事业，强化教学改革和基础建设，为社会培养和输送了大批合格的劳动者。

1、面向市场，推进技工学校改革。市场经济体制的建立，企业用工自主权的落实，对技工学校的培养目标和培训形式提出了新要求。1993年，技工学校按照市场要求，采取了拓宽招生渠道。扶植联合办学，建立新生调剂市场等措施，共招新生7 211人。其中录用初三、高三“分流”学生1 133人；为联办单位招收新生267人；利用新生调剂市场，为54所技校430名新生实现双向选择，创造了条件。

2、职业技能竞赛与国际奥林匹克技能竞赛标准初步接轨。按照国家劳动部技能竞赛与国际标准接轨的要求，在沈阳市有关部门的支持下，1993年首次举办了22周岁以下青年奥林匹克技能竞赛，历时8个月。在33个工种、3万多名选手参赛的基础上评选出4个工种的10名技术状元、25名技术能手。于11月中旬，在沈阳迎宾馆召开总结表彰大会，同时，还有5名选手代表辽宁省参加了全国青年奥林匹克技能竞赛。

3、技师评审成效显著。1993年，共举办技师，高级技师培训班6期，培训考核265人。全年评审技师508人，高级技师79人。和平区、辽中县的企业首次有了5名高级技师。

4、对技工教育战线上的教育工作者进行了表彰。共表彰先进技工学校校长10人，职业技术教育优秀个人200名，先进集体77人。向省劳动厅推荐并获奖的先进集体5个、先进教师7人、优秀班主任6人、先进工作者6人。受到市政府奖励的优秀教师及教育工作者35人、尊师重教先进单位1个。获国家优秀教师奖1人、省级优秀教师1人。

(王利民)

【劳服企业建设与发展】 1993年，沈阳市劳服企业克服困难，积极深化三项制度改革，转换经营机制，从而增强了活力，得到了发展。

1、经济实力明显增强。1993年，沈阳市有劳服企业5 714户，比1992年增加88户，全年实现产值收入58.44亿元，比1992年增长16.9%；实现利税额3.9亿元，增长2.6%；年末固定资产净值达9亿元，比1992年增长16.3%。由于发展转快，不仅巩固了现有25.6万人的职工队伍，而且当年还安置待业人员21 707人。

2、实行劳动制度综合配套改革和推行合作股份制的步伐加快。全市劳服企业在普遍实行经营承包责任制的基础上，积极探索劳动制度综合配套改革。1993年松陵实业总公司、沈阳冶炼厂实业总公司、沈阳冶金机械修造厂、沈阳造币厂劳服公司对所属劳服企业完成了劳动制度综合配套改革工作，人数已达13 560人。还有的单位正在制定方案进行试点，认真做好推行劳动制度，综合配套改革的准备工作。实行股份合作制，已由试点逐步推开。1993年末，沈阳市劳服系统实行股份合作制企业有96户，比1992年增加51户，增长113%，入股职工1 464人，入股金额1 273万元。其中：沈阳市机械局、商业局、冶金局劳服公司基本上实行了股份合作制。

3、县(市)区劳服企业发展迅速，经济效益明显提高。1993年末，沈阳市各县(市)区有劳服企业1 952户。其中，当年新办493户(自办企业81户)，占企业总数的25%。1993年，实现产值58 152.6万元，利润3 742.66万元，由于经济发展有力地促进了劳动就业工作，1993年安置就业13 014人，其中安置企业富余人员93 416。

(李景文)

人事管理

【干部调配】 1993年，沈阳市共引进各类专业技术人员521人。其中工程技术人员120人；教学人员54人；卫生人员51人；文化艺术人员34人；行政管理人员24人；财务、计统人员26人；农林水等技术人员14人。从调入的途径来看，外省调入233人，省内调入288人。从职称分类来看：高级职称18人；中级职称145人；初级职称358人。从调入人员的学历看：本科以上学历219人；大专学历143人；中专学历159人。从年龄结构看：20岁至30岁有207人；31岁至40岁有184人；41岁以上有130人。这些人员来自于全国各省、市，他们都是各类专业技术骨干，充实到科研、生产第一线以后，极大地缓解了一些单位急需专业技术人员的状况，促进了全市经济的发展。

1993年沈阳共调出450名各类干部。调出人员从学历上看：大专以上调出的有244人；中专学历的有157人；中专以下学历的有49人。从调出人员的年龄结构看：25岁以下的有109人；26岁至45岁有297人；46岁以上有44人。

一年来，沈阳市干部调配工作主要有以下几个特点：一是引进人才舆论宣传工作有力度。积极参加了国家人事部和中央电视台联合举办的“架金桥、觅知音”人才交谈大会和国家人事部举办的首届人才市场人才交流大会。又首次在《人民日报》登载≪沈阳市引进人才智力启事≫，通过上述途径广泛宣传了引进人才政策、扩大了在全国的影响，为吸引人才创造了良好的舆论环境。二是各级领导对引进人才工作重要性的认识有了很大的提高，制订了很多优惠政策，为引进人才工作做出了重要贡献。三是各单位注重发挥引进人才的作用。本着“引得来、留得住、培养好、起作用”的原则，各单位都采取了很多措施，为引进的人才创造了良好的工作环境和生活环境，受到广大知识分子的欢迎。

(邹阳)

【干部培训】 1993年，沈阳市加强干部培训工作，取得成绩。

1.以提高行政机关干部工作能力为着眼点，合理安排了行政机关干部的培训工作。一是在全市组织了岗位培训公共课的培训工作，全市18 000余名机关干部参加了培训，占全市行政机关干部总数的90%。二是为了提高基层行政单位干部素质，举办了街道办事处主任岗位培训班，共有65人参加了学习。三是开展了军转干部岗前转任培训，有500多名转业干部参加了学习，增强了军转干部参加地方建设的能力，四是以铁西区、大东区、辽中县为试点单位，开展了公务员基础知识培训，为有计划地向公务员过渡奠定了良好的基础。

2.从企业生产和科研实际需要出发，指导企业自主地开展了专业技术人员的继续教育。一是指导各行业普遍开展了新理论、新方法、新科技、新工艺、新材料、新设备等知识的轮训，全市15 000人次参加了培训。二是以推动科技力量转化为现实生产力为宗旨，组织了15期高研班，取得了较好的经济效益、社会效益和人才效益。

3.为促进对外开放工作，大力开展了外向型经济人才的培训工作。一是利用电视广播形式，在全市范围内广泛地进行了涉外经济与市场经济知识培训。全市有1万多名机关干部参加了学习，二是组织全市行政机关干部以及企业管理人员(45岁以下)进行了外语培训，全市共有4 000余人参加了学习。三是举办了市第二届外语大赛—“外贸服装杯”外语大赛，共有3 037人参赛，通过大赛，发现、选拔并使用了一批外语人才，激发起全市学习外语的热潮，四是在天津南开大学国际经济研究所举办了外经外贸培训班，有82人参加了学习，五是组织选派了100名35岁以下海外工作人员到香港实习培训，使一批海外工作骨干有机会直接到国际市场去接受煅炼。

(邹阳)

【人才市场建设】 1993年，是沈阳市人才流动工作取得较大发展的一年，全年实现人才合理流动12 080人，为全市766家单位公开登报招聘6 095名专业技术、管理人员。为流动人员保管档案844份，受理流动人员出国政审49人。

1.大力培育和发展人才市场。一是建立健全人才市场的政策法规体系。根据人才市场流动新的形势需要，重新制定了《沈阳市人才流动暂行规定》同时还制定了《关于聘用高级人才最低月标准工资的规定》，促进了人才市场向法制化、规范化的轨道迈进。二是拓宽了服务领域健全了人才社会化服务体系。开展了为用人单位公开登报招聘人才实行一条龙服务业务。对于需要大批招考工作人员的单位，提供全过程服务，直到为合格者办理好聘用手续。同时，还成立了市人才评价中心，采取全新的方式和现代化的设备，对人才的智力、能力、素质等进行全面测试以供用人单位参考。三是健全人才社会保障体系。为流动到"三资"企业、乡镇企业、私营企业的人员办理待业、养老保险等手续。为流动人员保管人事档案并提供晋升职称、档案工资、保留干部身份、连续计算工龄、出国政审等相应的服务。四是充实人才供需信息库、加强信息管理手段。将入库的人才供求信息全部输入微机，为前来检索的单位提供服务。五是解决人才市场场所，开辟人才市场。年初购置了380平方米的人才市场大楼，开辟了一个300平方米有18个国际标准摊位的交流大厅。人才市场采取常年开放形式组织招聘单位在人才市场报名、面试，方便了用人单位招聘和个人应聘。

2.充分利用人才市场为经济建设服务，举办了大型的人才交流大会，全市共有285个单位参加招聘。两天的大会共接待咨询28 730人次，人才登记4 136人，达成交流意向的有1 035人，当场成交490人，并有275个技术项目达成了意向转让协议。

(孟庆伟)

【人才流动仲裁】 1993年沈阳按照法律、法规程序依法受理人事争议案326件。其中调解结案235件，裁决结案91件。在裁决的争议案件中，因调转和面向社会公开招聘而发生争议的占裁决案件总数的28%；因辞职、辞退和擅自离职发生争议的占裁决案件总数的69%；因有关部门执行政策发生偏差引起争议的，占裁决案件总数的3%。全年受案准确率和结案准确率分别达到了98%。有效地保证了当事人双方的合法权益，促进了人才的合理流动。

在人才流动争议仲裁工作中重点突出以下几方面工作，一是加强了政策法规的宣传。利用报纸、电台、电视台及有关刊物，大力宣传人才流动争议仲裁方面的有关政策法规，宣传人事争议仲裁的范围和程序。同时配合中央电视台"全国人才万里行"摄制组，报道了沈阳市人才流动争议仲裁总体情况及具体案例，收到了较好的效果，起到了政策导向的作用；二是为进一步适应市场经济的需要，深化人事制度改革，根据当前人才流动的具体情况，颁发了沈阳市《关于为流动人员建立档案的暂行办法》，为一些合理流动而受阻的专业技术人员重新建立了档案。既解除了他们的后顾之忧，增强了仲裁工作的力度，又有效地克服了个别单位人才私有观念严重，放人不放档案，影响人才流动现象；三是为促进人才合理流动，调整了人才流动争议的受案范围，在原仲裁范围的基础上，扩大到企业单位的聘用人员，凡有学历、有职称及无档案关系的专业技术人员，在流动中发生争议都受理仲裁；四是进一步增强仲裁工作的力度，逐步实现仲裁工作程序化、法制化。

(李文祥)

【机关、事业单位工资与福利】 1993年沈阳市加强机关、事业单位工资与福利工作。

1.深化事业单位分配制度改革。一是对实行工效挂钩的事业单位按照承包合同进行了审核兑现。二是在技术开发、生产服务型事业单位中实行了用工效比例调控工资总额，实行有效分配的具体办法。即在保证工资总额增长幅度不高于单位经济效益增长幅度、职工平均工资收入增长幅度不高于本企业劳动生产率增长幅度的前提下，单位工资总额随经济效益增减而增减。三是制发了《关于推进教育系统内部分配制度改革的通知》，将国家、省有关提高事业单位奖金水平的政策与推进教育系统内部分配制度改革工作结合起来，推动教育系统内部分配制度改革。

2.积极、稳妥地作好工资、奖金、津贴的调整工作。一是调整了职工洗理费、书报费标准的意见，为每位职工每月增加了20元补助费。二是平稳、妥善地完成了与康平、法库两县的工资对接工作。三是在全省率先出台了将科研设计单位、大专院校的奖金税改为工资调解税的政策。四是对环卫工人、排水工人的岗位津贴、检查院、法院干警执行津贴、监检、纪检人员津贴进行了调整。

3.加强了福利保险工作的宏观管理。制发了《关于国家机关、事业单位工作人员的因公(工)伤亡管理问题的补充通知》，对因公(工)伤亡的性质做了科学的鉴定，使全市机关、事业单位公(工)伤亡鉴定有了较明确的依据。同时，还适当调整提高了因公(工)伤残护理费标准，抚恤费计发标准及遗属生活困难补助标准，发放了因公(工)伤残证明。

(邹阳)

【大中专毕业生分配】 1993年，沈阳市共接收、安置大中专毕业生7 860人。其中研究生115人，本科生3 200人，专科生1 620人，中专生2 945人。其主要分配去向：到公安、税务等机关单位的980人、到中央、省直驻沈单位的395人、到"三资"企业的160人、到企事业生产、科研一线的6 305人。这些毕业生的接收安置，有力地充实和壮大沈阳市的科技队伍。

1993年大中专毕业生分配，根据国家教委"毕业生就业工作要逐步实行'中期改革'，培育和发展毕业生就业人才市场，有条件的还要组织多种形式的供需见面活动"的总精神，紧紧围绕经济建设中心，深化分配制度改革，促进人才合理配置，进一步拓宽了毕业生就业渠道。其主要作法：一是改革传统的统包统配分配方式，大胆地引进市场竞争机制，积极地为毕业生和用人单位创造双向选择的环境。除国家机关和具有行政职能的事业单位控制“双选”外，其它单位凡是通过“双选”落实的指标，准时派遣到位。全年共组织了3次全市范围的毕业生与用人单位供需见面、双向选择洽谈会，毕业生直接与用人单位见面，就所学专业和对方需求条件进行洽谈，使毕业生就业方式更具体化，大大提高了双向选择达成协议的成功率。会上当场成交，签订协议的占分配总数的20%。这样不但拓宽了毕业生就业渠道，使原来没有分配计划的中、小企业、“三资”企业、各类公司都有机会到会选人，同时毕业生的选择范围也更加扩大了。而且解决了以前存在的有的毕业生学非所用，专业不对口；有的单位某种人才过剩，造成人才积压和浪费的矛盾。二是适应市场经济的需要，促进人才的合理流动。采取对农村生源除医、农、林、水类专业毕业生一次派遣回本地外，其它专业毕业生可暂时先派遣回去，然后根据各地情况，对某些专业毕业生过剩的，允许向其它地区流动或选择市内用人单位，更加科学地促进人才的合理配置。

（李文祥）

【军转安置工作】 1993年沈阳市共接收安置军队转业干部1 198人。其中师职干部2人，团职干部182人，营以下干部1 014人。分配去向大体是：行政部门401人，占接收总数的33.5%；事业单位157人，占接收总数的13.1%；企业单位640人，占接收总数的53.4%。从行业系统看，政法系统272人，科教宣传系统79人，工交财贸系统317人，基建系统80人，市内区230人，新民、辽中、法库、康平四个市县52人，中央驻沈单位130人。

沈阳市1993年军转工作最为明显的特点是安置难度大。一是安置数量大。1993年接收任务比1992年增长了1.5倍。团职和专业技术干部所占比例已接近接收总数的50%，而且大多数年龄较大，职级较高，举家全迁的比例也较大。二是择业期望值与实际需要落差大。据统计，1 000多名转业干部自愿到企业工作的还不到10%，绝大多数填报去向是机关、事业和经济监督管理部门。三是普遍进人难。机关精简机构和缩编，事业单位正在转向自收自支轨道，企业实行干部聘任制，经济效益不景气，所以整个安置任务面临较大困难。

面对这种形势，沈阳市主要采取以下做法：

一是根据1993年进沈转业干部的数量、职级结构和接收单位编制及干部余缺情况，编制了《1993年军队转业干部分配计划》，将供需双方因素有机地结合起来，为安置工作打下基础。

二是利用计划宏观控制，借鉴人才市场的形式和机制，促进供需双方各得其所。参加全市军转人才市场大会的接收单位约有800多人次，部队转业干部约在1 000人次以上。有31家没有下达计划的单位也到会选到了51名转业干部，通过这次大会，共有564名转业干部确定了分配去向。

三是采取“相互了解，积极引导，热情服务”的方式，为转业干部跻身“三资”企业，自谋职业搭桥铺路，为转业干部安置工作开辟了新的渠道和领域。共有25名转业干部被推荐选要到“三资”企业工作，41名军转干部走上自谋职业的道路。其中，师职或相当于师职的干部2名，团职干部6名，营职干部9名，连排职干部7名，专业技术干部16名。

在1993年军转干部安置过程中始终坚持“三公开”。即：公开岗位用人信息，为供需双方创造有利条件；公开分配办法，维护“双向选择”的权利；公开考试条件、办法和结果，为军转干部创造一个平等竞争的机会。

（苗宁）

【专业技术职务评聘】 1993年沈阳市继续专业技术职称评聘工作。

1.研讨制定《开展经常性专业技术职务评聘工作实施意见》。经先后9次征求各方意见修改后，送市职改领导小组领导审阅，于5月份下发全市各单位试行。

2.组建、调整全市高、中、初级评委会，并在中、高级评委会中普遍设立专业（学科）评议组。这项工作为全市职称评聘工作顺利开展起到保证作用。为使专业技术职务资格评审工作逐步向社会化、专家化过渡，起到促进作用。

3.举办学习班，培训各委、办、局、县、区负责职改工作的领导和工作人员60余人，奠定了专业技术资格考评工作的组织基础。

4.组织开展全市专业技术资格评审工作。到1993年11月末，共审核高级参评资格4 240人；中级20 120人；初级21 000人。在这项工作中，始终注意克服论资排辈倾向，为中青年业务骨干脱颖而出创造条件，并破格评审晋升一批专业技术资格，在基层和专业技术人员中收到较强烈的反响。

5.认真组织了全市各类专业职称晋升的考试工作。其中包括不具备规定学历人员考试；中、高级外语考试；会计人员全国考试；计算机人员全国考试；统计人员、经济专业人员考试等。全市总计有6万余人参加了上述各类考试。

6.较好地完成了全市专业技术岗位设置工作。

7.从深化职改工作需要出发，大力开展社会化考评工作的调研，初步提出“评审专业要细化，评审条件要硬化，审核工作专家化，考评工作社会化”的考评工作方案。

8.更换了部分专业技术人员的“资格证书”。

9.新组建的市专业技术资格考评中心已正常开展工作。

（宋孝伦）

人民生活

【城市居民收入稳步增长】 据对沈阳市500户居民家庭的抽样调查，1993年沈阳市居民年人均生活费收入为2 339.64元，比1992年增长20.4%，居民收入稳步增长，收入水平不断提高，收入结构转向多层次，收入来源呈现多元化。

1.工资性收入全面增长。1993

年沈阳市职工人均工资性收入为 3 017.01 元，比 1992 年增长 19.8%，其中全民职工工资年人均为 3 163.43 元，比 1992 年增长 18.7%；集体职工工资年人均为 2 519.05元，比 1992 年增长 17%，其他所有制工资年人均为5 102.6元，比 1992 年增长 1 倍。工资中增幅较大的是奖金和津贴，分别为 517.9 元和 716.78 元，增长 22.8% 和 30.3%。

2. 职工非工资性收入增长较猛。1993 年沈阳市城市居民的非工资性收入年人均为 558.03 元，比 1992 年增长 17.1%，其中职工从工作单位得到的其它收入年人均为 216.58 元，比 1992 年增长 9.9%。从事第二职业和金融投资获得的收入明显增加，1993 年人均其它劳动收入为 35.03 元，比 1992 年增长 1.7 倍，财产性收入(利息、股息、红利、租金)为 32.67 元，比 1992 年增长 1.4 倍，其中红利收入增长 1.6 倍，利息收入 13.08 元，增长 24.3%。

3. 工资性收入中标准工资比重下降，奖金和津贴比重上升。1993 年在工资性收入中，标准工资的比重为 57.2%，比 1992 年下降 1.9 个百分点，奖金和津贴的比重为 40.9%，上升 2.3 个百分点，其中全民标准工资所占比重比 1992 年减少 2 个百分点，各种奖金增加 0.6 个百分点，各种津贴增加 2.3 个百分点；集体标准工资所占比重比 1992 年减少 1.6 个百分点，各种奖金减少 1.8 个百分点，各种津贴增加 2.6 个百分点。

（贾万军）

【居民消费结构渐趋合理】 1993 年沈阳市城市居民人均月消费性支出为 202.48 元，比 1992 年增长 27.3%，大大快于生活费收入的增长速度，居民消费呈全面增长态势，且消费结构日趋合理。

1. 食品支出比重下降。食品消费支出占总支出的比重即恩格尔系数是用于衡量一个国家消费水平高低的一个重要指标，消费水平越高，恩格尔系数越低，反之则越高。沈阳市的恩格尔系数几年来一直居高不下，连续数年是上升趋势。1989 年至 1992 年依次分别为 52.03%、55.1%、55.29%、57.58%，而 1993 年仅为47.8%，比 1992 年下降9.78 个百分点。这主要是因为消费性支出中的娱乐文教服务支出、交通与通讯支出所占比重有大幅度提高，分别比 1992 年增加2.68、2.36个百分点。而杂项服务、医疗保健、居住、衣着和设备用品及服务等支出所占比重也均有不同程度的提高。表明人们的消费支出诸如教育、住房、医疗、娱乐、杂项服务等项目已开始增加更多的投入，消费结构日趋合理。

2. 食品消费中，各项支出比重与 1992 年相比除粮食及油脂类支出的比重分别上升 0.5 个百分点和 0.21 个百分点外，其他 17 类的食品支出项目所占比重均表现为下降，肉禽及制品支出比重下降 2.07 个百分点，酒和饮料支出比重下降 1.42 个百分点，菜类支出比重下降 1.09 个百分点，烟草类支出比重下降 0.86 个百分点。

3. 用的支出比重大幅度上升。1993 年沈阳市居民用品支出比重为24.81%，比 1992 年上升7.23个百分点。其中娱乐文教服务支出比重上升较大，由 1992 年的7.74%上升到 1993 年的10.42%。交通和通讯、杂项商品和服务、设备用品和服务，分别比 1992 年上升了2.36、1.5和0.69个百分点。在娱乐文教服务支出中教育支出比重由 1992 年的 3.66%上升到 1993 年的7.09%，上升了3.43个百分点，而耐用消费品支出比重则下降了0.35个百分点。在交通和通讯支出中，电话、BP 机、电讯费支出比重由 1992 年的 0.06%上升到 1993 年的1.6%，上升了1.5个百分点，平均每百户电话拥有量从 1992 年的2.7台上升到 1993 年的 10 台，增长了近2.7倍。

4. 穿着支出、居住支出及医疗保健支出均为小幅度上升。1993 年沈阳市城镇居民人均月衣着支出为 38.48 元，占消费性支出比重为 19%，比 1992 年上升了 0.82 个百分点；人均居住支出为 11.25 元，支出比重为 5.56%，比 1992 年上升 0.86 个百分点；人均医疗保健支出 5.74 元，支出比重为 2.83%，比 1992 年上升了 0.87 个百分点。

（谢岩华）

【城市小康进程评估】 所谓城市小康一般是指人们的物质生活水平由温饱转入丰衣足食，并略有节余的历史阶段。城市小康生活水平的指标体系分为经济发展与城市社会化水平，物质生活，国民素质，精神文化生活等 5 个方面。邓小平同志提出到本世纪末，中国将达到小康社会目标。至今已有 15 年了，经过十五年的改革、建设和发展，沈阳市距小康还有多远？1993 年，沈阳市城市社会经济调查队进行了测算，这次测算是以 1980 年为起点，以实现小康目标为阶段终点，判断 1990 年的进程和到 2000 年实现小康的可能性。

为了客观地反映目前沈阳市城市居民生活与小康标准的差距，采用模糊识别综合评价法，这种方法是以 19 年的初值为“0”，以小康标准为“100”，综合计算 1990 年实际水平与小康标准的接近程度。得分在 90 分以上，视为达到小康标准，80 分以上，为接近小康标准。经测算沈阳市至 1990 年末综合评价为 70.56 分，说明在奔小康的进程中，沈阳市已走过了三分之二的路程，接近目标。从各项指标看，沈阳市提前达到小康标准的指标有：人均国民生产总值、第三产业增加值比重、人均日摄入脂肪、平均期望寿命、中学入学率等 5 项指标。其它 9 项指标距城市小康标准还有一定的距离，尤其是人均园林绿地面积和基尼系数这两项指标，相距甚远。

1. 收入水平高度均等，基尼系数偏低。1990 年沈阳市人均实际收入接近小康标准，为 1 957 元，比小康标准少 423 元，评为 69.91 分。而测量收入分配均等程度的基尼系数是 0.13，仅得 25 分，说明沈阳市收入分配高度均等，城市居民之间的收入差距没有拉开，这样易导致工作效率不高，消费结构雷同，不利于体现社会主义分配原则。

2. 消费结构不尽合理，恩格尔系数居高不下。衡量消费水平高低的恩格尔系数是用食品消费支出占总支出比重来计算的。一个国家消费水平越高,恩格尔系数越低。沈阳市恩格尔系数居高不下,是由于一部分消费内容如住房、医疗、教育、部分服务项目以及食品、燃料等由国家或企业以福利或补贴等形式支付的费用没有包括在内,因此不能现实地反映居民的实际消费水平。随着改革的日趋深化,住房商品化,医疗、教育等福利制度的改革,上述情况将会发生变化,消费结构日渐合理,可望达到小康标准。

3. 居住水平较差,人均面积有待进一步提高。沈阳市人均居住面积 1990 年仅为 5.7 平方米,与小康标准差距相当大,仅得 35.29 分,相当于世界上中等偏低收入国家的平均水平。住房成套率为 15%,接近规定 60%的标准。

4. 人均绿地面积少。人均园林绿地面积是沈阳市 14 项小康指标中得分最低的一项,只得 13.67 分。小康标准规定人均应达到 9 平方米,而沈阳市只有 3.8 平方米,差距惊人,如不纳入日程尽快解决,将影响沈阳市的小康进程。

(黄宝红)

【文娱耐用消费品向高档次发展】 1993 年随着沈阳市经济的发展,人们的生活水平不断提高,居民家庭拥有的耐用消费品数量和档次都发生了新变化。

1. 耐用消费品更新快,消费上升。在以彩色电视机、冰箱、洗衣机为标志的一代耐用品基本普及以后,城市居民对耐用品的消费向着求新、求奇、求高质量发展。大屏幕彩色电视机、多功能录像机、带有遥控、镭射、卡拉 OK 的组合音响、微波炉、电烤箱、摩托车、家用冷暖风机、淋浴热水器、游戏机、照相机、排油烟机等正成为人们选购热点。1993 年人均用于日用和文娱耐用消费品的支出为 176.41 元,比 1992 年增长 68.8%。一些新型换代的享受型家用电器商品迅速进入居民家庭。1993 年平均每百户购买淋浴热水器 6.2 台,比 1992 年增长 55%;排油烟机 4.8 台,增长 80.5%;照相机、高档乐器也有不同程度的增长。

2. 耐用消费品拥有量增长快。1993 年末,沈阳市城市居民平均每百户拥有彩色电视机 93.8 台,比 1992 年增长 6.6%;冰箱冰柜 78 台,增长 8.8%;录像机 27.8 台,增长 38.2%;洗衣机 90.2 台,增长 5.7%;组合音响 7.6 套,增长 15.2%,照相机 52 架,增长 3.3%,淋浴热水器 30.4 台,增长 36.3%,排油烟机 54 台,增长 9.3%。

3. 通讯工具进入居民家庭。为了加强与社会和与他人的沟通和联系以及追求生活的方便,住宅电话、BP 机、大哥大正在成为人们新的消费热点。1993 年沈阳市居民平均每百户拥有电话 10.2 部,比 1992 年增长 2.8 倍。BP 机、大哥大也将逐渐步入居民家庭。

(李桂芬)

【市场物价总水平涨幅偏高】 1993 年,沈阳市加快价格形成机制的转换,价格改革力度大,同时受多种因素影响,物价涨幅逐月攀升,致使全年物价总水平涨幅偏高。

1993 年沈阳市物价变动的走势为起点高,涨幅逐月攀升。1 月全社会职工生活费用价格比 1992 年同月上涨 11.9%,以后逐月攀升,6 月涨幅突破 20.7%,12 月最高,上涨 25.2%。全年物价变动的特点是涨幅高,涨价面广,人民生活基本必需品价格暴涨。全年职工生活费用价格比 1992 年上涨 20.3%(其涨幅已成为 1989 年以来的最高峰),其中:零售物价上涨 17.6%,服务项目价格上涨 40.6%;编制物价指数的 391 种商品及收费有 319 种上涨,占 81.6%。零售商品价格普遍上涨,其中:食品涨价 20%,衣着涨 15.4%,日用品涨 10.5%,文化娱乐用品涨 4.1%,书报杂志涨 11.3%,药及医疗用品涨 16.3%,建筑装潢材料涨 19.1%,燃料涨 63%。人民生活基本必需品价格暴涨,如猪肉平均涨价 28.1%,大米涨价 8.5%,精粉涨价77.8%,豆油涨价 33%,鲜菜涨价9.1%。

1993 年物价上涨的主要原因为:

一是调放商品价格。1993 年沈阳市上调了标准型出租车起价费和每公里租价,分别上涨 40%和 11.1%,居民电价涨24.3%,自行车存车费涨 1 倍,初中学杂费涨1.1 倍,电汽车零票涨87.5%,月票涨 77.4%,精盐涨53.8%。新开放价格的商品如牛奶涨24%,汽水涨10%,大白菜涨18%。价格改革力度大,直接影响物价总水平上涨。

二是投资高幅增长影响。1993 年沈阳市国有投资完成额为 105.1 亿元,比 1992 年增长 62.5%。建设规模扩大,生产资料价格上涨,进而拉动消费品价格上涨。

三是原材料、能源、交通及农业生产资料和农副产品收购价格的上涨,致使产品成本提高,影响零售价格上涨。1993 年辽宁省取消了原油、生铁等的最高限价,放开了一大批生产资料价格,原材料购进与工业品出厂价格大幅度上升。如农产品中白条鸡涨价 15.6%,鸡蛋涨 21.6%,水产品涨 13.5%。工业品中服装涨 15.3%等。

四是消费心理变化影响。1993 年上半年人民币汇率波动及“复关”无期,影响进口商品价格升高,人们购物保值心态加重。金饰品涨价 42.2%,家用电器出现热销,进口彩色电视机涨价 32.9%,国产冰箱涨价 3.2%,洗衣机涨价 8.9%,电风扇涨价 3.2%。

五是商业零售税率和企业贷款利率上调后企业消化能力有限,多数商店对商品实行了小步多次上调价格,把税率及利率上调的影响通过价格转移到了消费者身上。

(刘苇)

【农村居民收入提高】 据对沈阳市农村1 000个农村住户的抽样调查,1993 年农民人均纯收入已达到 1 218.32元,比 1992 年的1051.64 元,增加166.68元,增长了15.8%。扣除物价上涨因素,实际增长 4.4%。这标志着农村产业结构调整已见成效,农民的生活水平又有提高,全市农村的小康可望提前实现。

1993 年沈阳市农民收入水平提高的主要特点是:

1. 基本收入与转移性和财产性收入均有增长,转移性和财产性收入增幅更大。基本收入包括劳动者在企业和其他各种单位参加劳动得到的报酬及农民家庭经营收入两部分。它是农民收入的主体。1993年每一农民从中获得1 180.67元的纯收入，占全部纯收入的96.9%，比1992年的1 032.83元，增加147.84元，增长14.3%。转移性和财产性收入包括在外人口寄带回、农村外部亲友赠送、调查补贴、赔款、救济、退休金、奖励、补偿和利息、股息、租金、出让特许权等收入以及其他转移性和财产性收入。这部分收入将随着改革开放的加快，农民财富的增加以及农民金融意识的增强，而有较大幅度的增长。1993年人均转移性和财产性收入为37.65元，比1992年增长1倍多，增长幅度为各项目之首。年末人均储蓄及手存现金余额已达1 175.86元，全年利息收入人均6.77元，农民财力不断增强，财产性收入不断增加。

2.农业生产收入仍占主体，非农业生产收入增长更快。1993年人均生产性纯收入为1 170.11元，比1992年的1 028.23元，增加141.88元，增长13.8%。在生产性纯收入中，农业生产收入占61.7%，仍为收入的主体。1993年人均农业生产收入722.03元，比1992年的664.9元，增加57.13元，增长8.6%。其中种植业纯收入增加47.65元，增长9%。这表明农村的优质、高产、高效农业的开发已取得一定的成绩，这在农业生产资料普遍涨价，农业生产成本大幅度提高的情况下，已实属不易。在生产性纯收入中，非农产业收入虽然只占38.3%，但比1992年提高了3个百分点。1993年人均从非农产业获得纯收入448.08元，比1992年的363.33元增加83.75元，增长23.3%，无论是增加额还是增长率都是相当快的。从中可以看到1993年农村二、三产业的发展是很快的，农村产业结构调整已取得明显的成效，广大农民从中获得了明显的收益。

3.各县(市)区发展还不平衡，康、法两县收入较低，1 000户的调查资料显示出1993年沈阳市各县(市)区人均纯收入的排列顺序为：于洪区1 853.5元，位居榜首；东陵区1 603.69元，名列第二；第三名为苏家屯区1 406.51元。其它县区依次为新城子区1 238.77元；辽中县1 206.28元；新民市1 147.36元；法库县844.71元；康平县613.74元。从这个排列顺序上看，各县区收入相差十分悬殊。如果扣除康、法两县，沈阳市农民的人均纯收入将达到1 367.67元，比1992年的1 154.48元，增加213.19元，增长18.5%。

（田喜斌）

【农民生活消费继续增加】 1993年沈阳市农民收入提高，生活消费支出继续增加。据对1 000户农民家庭的抽样调查，全市农民1993年用于生活消费的人均支出额为954.94元，比1992年的854.89元，增加了100.05元，增长11.7%。

1.用于购买文教娱乐用品及服务的支出大幅度增长。1993年农民人均购买文教娱乐用品及服务的支出达到112.1元，比1992年的74.7元，增加了37.4元，增长幅度高达50.1%。这项支出占生活消费支出的比重由1992年的8.7%，上升到1993年的11.7%。说明了农民的精神生活已进入新的发展阶段。

2.购买衣着的消费支出继续提高。富裕的农民，开始“讲究”穿戴，并且是高档化，时装化。据调查资料显示，农民用于购买衣着的现金支出逐年增加，1993年人均支出为125.1元，比1992年的99.7元，又增加了25.4元，增长25.5%。所占生活消费支出的比重也由1992年的11.7%，增加到13.1%。

3.食品消费的支出仍在上升。1993年农民用于食品消费的支出人均达484.9元，比1992年的446.66元，增加了38.24元，增长8.6%。其中人均消费肉类8.95公斤，比1992年增长1.8%；消费家禽1.25公斤，增长78.6%；消费水产品2.32公斤，增长40.6%；消费糖果糕点1.36公斤，增长4.6%。农民生活水准不断提高和改善，表明了农民的生活质量正向高档次发展。

4.农民家庭的生活耐用品拥有量继续增加。建房热过后，农民开始置办大件耐用生活消费品，这是农民共同的特点。据调查资料表明：到1993年末，沈阳市农村每百户农民家庭拥有的自行车达到171辆，比1992年增长8.2%；手表207只，比1992年增长19%；电风扇25台，比1992年增长4.2%；洗衣机58台，比1992年增长5.5%；电冰箱6台，比1992年增长50%；电视机100台，比1992年增长1%；收录机36台，比1992年增长12.5%；照像机5架，比1992年增长25%。

（姚余龙）

社会福利

【简述】 1993年，沈阳市各级民政部门进一步解放思想，抓住机遇，以推进建立社会保障体制为核心，以发展民政经济和第三产业为突破口，以拓宽服务领域为契机，以加强法制建设和开展争先创优活动为手段，真抓实干，为沈阳的经济发展和社会稳定做出了新贡献。

社会保障方面：实施农村民政对象奔小康工程初见成效。制定了到本世纪末的发展规划，在此指导下，农村基层社会保障组织的运转得到了强化，较好地安排了各类民政对象的基本生活。落实救济和扶贫工作由“输血”变“造血”的改革，不断扩大了集约扶持的覆盖面，加快了贫困户脱贫致富的步伐；农村社会养老保险取得重要进展，制定了规划目标，县(市)区层的工作机构、编制问题基本得到解决；城市社区服务探索出了一条持续发展的新路，成立了市社区服务发展促进会及其实业总公司，实现了社区服务由无偿向低偿和有偿服务的转变。

民政经济方面：社会福利生产继续保持强劲发展的势头。一年来，全市社会福利生产以市场为导向，以转换经营机制为重点，深化改革，强化管理，加快技术改造和产业产品结构的调整，不断扩大对外开放，发展外向型经济，推进了福利企业与市场经济的对接，促进了经济效益的快速增长；民政事业单位两个效益显著提高。全面引入企业管理运行机制,进一步启动了内在活力;民政第三产业得到了有力推进。制定出台了《沈阳市民政第三产业发展规划》,全系统形成了多层次、多渠道、多形式大力开发第三产业的热潮;社会福利有奖募捐大幅度上升。全市获社会福利基金187.5万元,比1992年增长了45%,受到省有关部门的表彰。

双拥和优抚安置方面:巩固了全国双拥模范城的工作成果。1993年1月,沈阳市被命名为全国双拥模范城。双拥工作进一步列入市委、市政府的重要议事日程,提出了继续创建高标准双拥模范城的要求。各级党委、政府和部队,紧紧围绕发展地方生产力和提高部队战斗力的中心,动真情、办实事,有力地推动了各项优待抚恤政策的全面落实,13个县(市)区都出台了优待实施细则,80%的乡镇和大中型企事业单位制定了优待规章,使全市的优待抚恤工作向法制化迈进了一大步;军休安置工作的发展机制正在形成,带动了军休工作整体效益的提高;复员退伍军人安置工作在克服"安置难"中探索了新经验,得到上级有关部门的肯定,军供工作确保了过往部队的饮食供应,在东北战区军供互检中,沈阳市有2个站被评为先进单位。

基层政权和"两委"建设方面:依法加强了居委会建设,圆满完成了3年一度的居委会换届选举任务;村民自治示范活动不断深化,在全市村委会中开展了"抓示范、促发展、奔小康"活动,辽中县被省确定为全省拟建全民自治示范县。

社会行政管理方面:社团登记管理工作依据国家有关法规,会同市有关部门联合制定了关于社会团体兴办经济实体的有关政策,依法对社团全部进行了年检,查处了4个非法社团;婚姻管理依法进行了婚姻登记和收养登记,合格率达99.8%以上;殡葬管理适时出台了《沈阳市公墓管理暂行办法》及公墓发展规划等一批配套法规,积极引导群众移风易俗办丧事,加大了殡葬行业管理的力度;收容遣送工作全市共组织较大规模收容60余次,依法履行了收容教育和遣返的职能;行政区划工作完成了康平、法库两县划归沈阳市的交接工作和新民撤县建市及辽中县的县改市呈报工作。

(荣生 张利)

【社会福利救济】 1993年,沈阳市有城镇定期社会救济对象944户,1 073人,救济金额133万元。同时,全年对952户,2 103人进行了临时救济,救济金额29.5万元。

全市共有农村五保户8 500户,1.02万人。有农村敬老院140所,在院老人5 508人,年人均供养标准800元。在院外的4 692名五保老人年人均供养标准500元以上。这些老人除由亲属照顾的1 504人以外,普遍实行了敬老院带分散五保户和建立村级包户服务小组,定期上门服务,照顾老人生活。

全市有县区级福利事业单位8所,有床位475张,收养老人320人。

1993年,城乡福利事业单位在发展院办经济方面取得较大进展。全市8个县(市)、区属福利院创收达57.9万元,全市农村敬老院创收达568万元。

在扶贫工作中,全年规划扶持3 900户,有1 381户摆脱贫困,脱贫率达到35.4%。这项工作继续推进以"输血"变"造血"为主要内容的改革,在坚持传统的党员干部包户、部门包户、实行优惠照顾等帮扶措施的基础上,大力推广了于洪区发展创办扶贫互助农场的经验,扩大了规模扶贫的普及面。到1993年底,全市共创办村级扶贫农场290个,占全市行政村的15%,比1992年增加了7%,入场农户1 437户,脱贫率达80%,人均收入800元。

进入6月份以后,农村局部地区遭受了风雹、洪涝等自然灾害。灾情发生后,各级民政部门配合各级政府深入灾区调查核实,共同帮助研究生产自救措施。全市两次下拨救灾救济款102万元。保证了灾民、贫困户、五保户在冬季和春夏荒期间正常生活。

(于作义)

【社会福利生产】 1993年沈阳市福利企业实现工业总产值(现价)186 886万元,完成销售额197 348万元,实现利税24 387.1万元,其中利润15 377.4万元,税金9 009.7万元。全市现有福利企业1 392户,共安置各类残疾人17 833人,其中盲人1 734人,聋哑人3 195人,残疾人8 1646人,呆傻4 740人。1993年,实现产值超亿元的县、区有6个;实现百万元以上利税的企业20户;实现50万元以上的企业43户。全年完成技术改造项目37项,总投资额5 169万元。开发新产品47项。完成出口创汇204.81万美元。

市直属福利企业9户,其中中型企业4户,小型企业5户。1993年实现工业总产值13 890.7万元(不变价),完成销售额19 930.3万元,实现利税565万元。市直属福利企业基本是50年代建厂的老厂,拥有固定资产原值9 060万元,净值5 045万元。主要产品分属电线电视、机床电器、微电机、农机齿轮、汽车配件、量具刃具、工矿配件、印刷装潢等8个行业。主要产品有铁芯塑料爆破线、钢丝绳、控制、照明机床变压器、时间继电器、微动开关、分马力电机、油泵电机、防爆电机、量具刃具、工矿配件、汽车配件、火化机等26种。

"七·五"计划期间,市直属企业由于民政部、市政府的支持及企业自身的努力,企业的技术改造和固定资金的投入有了较大的增长,1985年固定资产原值4 282万元,1993年达到9 060万元,增长112%。近年来,随着企业经营机制的转变,福利企业十分重视市场形势的变化和发展,开发了适应市场变化的新产品,如33#镀锌铁线、予应力钢丝、JBK5变压器、90机座防爆电机等,还开发了两户药厂,与法国合资开发了民政工业自己的产品——火化炉联合生产高档次的出口火化设备。目前已出口到菲律宾等国家。

随着改革的深化,民政福利企业结合自身的特点,以"为党分忧,保持稳定"为原则,安置了社会上的残疾人参加劳动生产。在企业经营管理中,开展了"三项制度"的改革,以促进工业生产的发展，并且进一步划小了核算单位，对企业销售人员实行了全额承包制，以促进福利企业在市场经济中的竞争机制。

（王法文）

【城市社区服务工作】 1993年，沈阳市社区服务工作紧紧抓住国家产业结构调整，大力发展第三产业的有利时机，以社区服务设施建设和设施服务为依托，以实体化公司为龙头，立足民政，面向社会，大力兴办和发展社区服务业取得显著成效。

1．进一步完善社区服务网络化。在原社区服务已形成几个系列化服务和初步网络化的基础上，将市、区、街、委及所属机关、企事业单位不同层次的服务机构、服务设施、服务队伍以及委办公益事业等进一步组织联络起来，形成以市、区公司（中心）设施为龙头，以公司（总站）为骨干，以委办网点、公益事业为基础的社区服务组织和体系，使残疾人康复、安置、老年人寄托收养、文化娱乐、烈军属关怀照顾、社区居民生活等基层社会保障进一步得到加强。

2．积极推进社区服务社会化。根据市场经济条件下人们对社会福利事业和社会化服务的需求，为了组织引导全社会参与发展居民服务业，1993年3月成立了沈阳市社区服务发展促进会。吸收从事社会化服务特别是居民服务业的机关团体、企事业单位及个人参加促进会，定期沟通情况，交流经验，协调关系，筹措资金，形成全社会发展社区服务的新局面。与此同时，社区服务彻底打破了民政部门独家承办的局面，不但在资金筹措、设施建设、组织管理、服务队伍实行社会化，而且在所有制性质上，已经形成国有、集体、个人兴办福利及公益事业。在服务形式上代办所、中介人、上门服务等形式亦得到广泛采用。

3．探索服务组织、设施实体化。各级原有的社区服务管理委员会、指导委员会，根据新形势工作发展的需要，转变为自主经营、自负盈亏、自我约束、自我发展的经济实体，做到服务与经营有机结合，以服务带经营，以经营促服务，两者互相促进、共同发展。在服务设施的建立管理上，运用市场经济理论，按企业化管理方式，促使服务设施做为经济实体，面向社会，自我发展。1993年底建成的沈河区社区服务活动中心，皇姑区敬老院已经走上自负盈亏之路。全年，社区服务实体公司直接创办经济实体45个，街道建立社区服务分公司或社区服务总站74个，创办各类经济实体312个，同时在居民委员会兴办了7 600余个便民服务网点。总计创收85万元。

4．逐步形成社区服务产业化。社区服务是民政部门倡导的以服务民政对象为主，面向社会各阶层的一种基层社会保障形式。一年来，为居民服务的内容和范围进一步得到丰富和拓宽，社会自费养老、康复医疗、婚姻介绍、保姆介绍、家务服务、生活咨询等行业已逐步建立起来。和平区乐万家生活服务公司，铁西方众生活服务公司，大东区老年人公寓的建立和发展先后受到省、市有关领导人的肯定，代表着社区服务业的发展方向。

（邹竹平）

【社会福利事业】 1993年，沈阳市民政事业管理处所属的市安宁医院、市养老院、市社会福利院核定床位930张。全年收养人数994人，床位利用率107%，比1992年增长3%。自费养员达575人，占养员总数的56%。业务收入达267万元，比1992年增收78.5万元。

一年来，3个市级院的建设取得了新的进展。市安宁医院由财政投资60万元，新建门诊楼600平方米。为大力兴办民政第三产业和扩大以实业补事业，当年，该院自筹资金20万元，创建了一座加油站，已投入使用。市养老院为争创国家二级院，财政投资60万元进一步改善了院容院貌。其中，修建中心花园1处，老人活动场1个，修花墙200延长米。此外，财政投资200万元，新建病房楼2 000平方米，并于11月末竣工投入使用。为面向社会，扩大开放，满足社会需求，于1993年10月经市民政局批准同意在院内设立沈阳市老年公寓，现正在筹建之中。

1993年，3个院的自身建设有了新的加强，学术研究蔚然成风，职工的技术业务素质和服务质量有了新的提高，年内医务人员共撰写医疗、护理等学术论文68篇，有5篇在国家级专业杂志和会议上发表。各单位都把深化三项制度改革作为主要任务来抓，在充分启动激励和制约机制的同时，坚持对职工进行职业道德教育，并根据各岗位的不同，制定岗位责任、工作标准，进一步规范了服务程序化及技术操作常规，从而初步达到了服务工作程序化、规范化。由于工作效率和管理服务质量的明显提高，增加了社会知名度。在省业务部门检查评比中分别获一、二级福利院，在省、市优质服务评比中分别获窗口赛服务优胜单位、白求恩杯竞赛先进单位，扶残、助残先进单位、尊老、爱老先进集体等殊荣。

（张利　倪华）

【双拥工作】 1993年，沈阳市委、市政府和驻军领导同志共同提出了把沈阳建设成为高标准的双拥模范城的奋斗目标，使全市的双拥活动开展的更加活跃，更加深入，更加广泛。有力地促进了社会的稳定，推动了各项优抚工作的进一步发展。经过军政、军民的共同努力，沈阳市被国家民政部解放军总政治部命名为全国双拥模范城。市委副书记，市双拥工作领导小组副组长丁世发等12名同志被省命名为拥军优属模范。

1．加强双拥教育力度，军民的双拥意识和国防观念普遍增强。一年来，双拥工作将全国纪念延安双拥运动50周年大会精神做为主要内容，并将双拥教育和国防教育纳入精神文明建设规划之中，充分发挥了双拥教育和国防教育基地的作用，在大、中、小学较普遍地开展了国防教育和军训；举办各种报告会，讲演会和知识竞赛等活动508场；召开双拥工作经济交流会、现场会41次；出刊双拥工作简报40多期；设永久性双拥标语108块；印发双拥宣传材料3.2万份；各新闻单位播发双拥稿件283篇，反映沈阳市双拥工作事迹的长篇通讯《滚滚双拥潮》被刊登在省民政杂志上,引起了较好的反响。

2.基层双拥活动空前活跃,军民共建活动有了新的发展。双拥活动形成了进企业、进连队、进街委、进学校、进市场、进家庭的“六进”新格局,军地双方自觉履行“双拥协议”、“双拥公约”,双拥共建活动在社会主义市场经济的大潮中有了新的发展,全市已有军地联办经济实体 70 个,军地共建双拥路 26 条 20.9 公里,双拥林 17 处 1 675 亩,双拥果园 3 处 290 亩,双拥街心花园、景点 61 个。充分发挥了太原街、中街、北行农贸市场等军民共建示范点的作用,军民共建点发展到 1 562个。通过军地互访、征求意见、现场办公、解决难题 439 件,军政感情更加融洽,军民关系更加密切。

3.军地互相支援,互办实事,互解难题,为促进“两力”的提高做出了新的贡献。驻沈部队广大官兵为第二故乡的建设洒下了辛勤的汗水。年初在绕城公路建设和第三届沈阳国际秧歌节等重大活动中,驻沈部队大显身手,先后出动各种车辆 9 161 台次,官兵 5 万多人次,植树 41 万株,栽草坪 1.2 万平方米;训练民兵 1.5 万人次;派出校外辅导员 1 269 人,资助教育经费 40.8 万元;派扶贫工作队 48 个,使 174 户贫困户脱贫;为地方防病治病 33 万人次,为地方的两个文明建设做出了显著贡献。

沈城人民十分关心部队的建设和子弟兵的生活。在发展市场经济的情况下,加强了配合部队做好军人的思想工作,坚持了写“三信”、“六必访”和签定新兵“爱兵教子公约”、军人立功报喜奖励等制度,全市共有 889 名沈阳籍军人立功,其中有 6 人荣立一等功,48 人荣立二等功。为适应部队现代化建设的需要,开办各种军地两用人才培训班 141 个,培训官兵 6 600 多人。充分发挥了 3 个军供站的作用,共接待过往官兵 1.3 万多人次,保证了部队执勤、训练、调动等任务的完成。支持部队生产经营,提供 60 多项科技项目,减免税 165 万元。支援土地 7 217 平方米,种子 2.6 万公斤,化肥 209 吨,提高了指战员的生活水平。安排随军家属就业 195 人,解决未随军家属住房 181 户,解除了部队的后顾之忧。

4.全面落实优抚政策,积极开展扶持农村优抚对象奔小康和企事业优抚工作“四有”、“三好”评比竞赛活动。市政府和沈阳军分区为解决征兵难问题,颁布了《沈阳市征兵、优抚、安置办法》,决定 1994 年起对城市入伍的义务兵普遍实行优待。1993 年共对 7 645 名农村义务兵家属发优待金 586.8 万元,年户均 768 元,比 1992 年增加 133 元,是提高优待金最高的一年,并对 8 209户其他优抚对象发优待金 149.3 万元,户均 182 元。对烈士、因公牺牲、病故军人家属的定期抚恤金标准,每人每日提高 10 元。特、一等革命伤残军人的护理费,平均提高一倍,对农村 60 岁以上和丧失劳动能力的优抚对象的人头负担,全部进行了减免。1993 年又为 168 户在乡老复员军人建房 445 间,各级财政和群帮折款 47.7 万元,全市共有 7 059 名在乡老复员军人享受医疗保险,全年共补助医疗费 107 万元。

为实现市委,市政府建设小康村的规划,使优抚对象与全市农民同步奔小康,年初,各县(市)区对 7 万多户农村优抚对象的家庭生活和从事商品生产情况,进行了一次大普查,并在此基础上制定了扶持农村优抚对象发展商品生产奔小康的发展规划,确定了到本世纪末将有 90%的农村优抚对象户达到小康标准,其余的 10%户家庭人均收入超千元的奋斗目标。通过广泛发动社会力量,采取党员干部包户、建立扶优基地、开展科技培训、信息交流、政策优惠、安置就业等办法进行扶持,已初见成效。据不完全统计,全市已有 15 980 户农村优抚对象达到小康标准,有 63 个村的优抚对象户达到小康标准,有 22 590 户优抚对象家庭人均收入超过千元,已接近达到小康户标准。

在企事业单位深入开展优抚工作“四有”、“三好”评比竞赛活动中,有 37 个单位被市评为优胜单位。一年来,全市企事业单位共为优抚对象解决住房 2 615 户,发生活困难补助费 60 多万元,充分发挥企事业单位优抚对象在两个文明建设中的积极作用。优抚对象共为企事业单位献计献策 7 982 条,创经济效益 1.1 亿多元。

(*赵录昌*)

【老龄工作】 1993 年沈阳市老龄工作深化改革发展较快,成效显著。

1.兴办老年经济实体,拓宽了老有所为的渠道。经过努力,克服了缺资金、缺人才、缺场地等诸多困难,制定了优惠政策,掀起了兴办老年经济实体热潮,老年经济实体发展到 716 个,比 1992 年增加一倍多。市直属老年经济骨干企业大康实业总公司实现产值 4 200 万元,创利税 360 万元,分别比 1992 年增长 67%和 30.9%。在农村开展了建立“敬老田”的活动,全市已有 100 多个村建立了敬老田,创收约 20 万元。

2.开展敬老宣传教育,增强社会敬老意识。一是市民政局同市教委、团市委联合抓了敬老教育从小抓起的工作,推广了和平区西塔街道和西塔小学联手在学校开展敬老教育的经验。和平区已在 48 所小学中全面铺开,社会效益显著,1993 年全区涉老案件比 1992 年下降了 42%。二是自下而上进行了“三奖”评选活动。全市共评选出“老有所为精英奖”先进个人 172 名。“敬老好儿女金榜奖”先进个人 91 名,“为老年人服务奉献奖”先进个人 69 名,先进集体 68 个,并从中评出 10 名“三奖”先进个人标兵。三是在“国际老人节”和“敬老日”期间开展了敬老活动。敬老活动的主题是“人人敬老,帮老年人所需”。市委宣传部和市老龄委印发了 7 000 份宣传提纲,广泛开展了多种形式的宣传、慰问活动,积极为老年人解决实际问题,受到老年人的欢迎。《沈阳老龄工作》共编印发行 11 期,约 12 万字;《中华老年报记者站》发展通讯员 71 名;征集老年学术论文 70 多篇。

3.强化社区敬老服务,促进了“五有”方针落实。在进一步完善六个服务网络的基础上，1993年着重推行了“三化”服务，5个城区共建包保小组2 000个，设老年病床千余张，家庭病床2 000张，市区老年活动中心(室)33处，街活动室126处，两委的活动室(点)已近千处。市康乐婚姻介绍所接待求偶老人6 000多人次，登记303人，17对老人喜结良缘。为保护老年人合法权益，继续推行了签订赡养协议工作，共签协议9 414份。

(王永梓)

【婚姻管理】 1993年，沈阳市婚姻工作，加快改革步伐，逐步走向规范化科学化的轨道。全年国内公民间结婚登记56 911对，是总人口的17‰，比1992年下降了1个百分点，离婚登记5 451对，是总人口的1.7‰，比1992年上升了1个百分点；境外人员同国内公民结婚登记234对，比1992年上升了75个百分点，离婚登记10对，是1992年的5倍。

1993年，沈阳市贯彻全国和省婚姻工作会议精神，明确了全市婚姻管理工作发展方向，确立了“以党的十四大精神为指针，以依法进行婚姻管理为主线，以强化婚事服务为突破口，逐步实现婚姻管理的法制化，规范化，科学化，社会化，为经济建设和改革开放创造良好的社会环境”的工作指导思想。1993年起草了《沈阳市婚姻管理办法》(暂定名)及相关的婚姻登记管理规范性文件，为婚姻登记管理由粗放型向规范化、科学化转变提供了保证。

婚姻登记管理体制改革有较大突破。5个城区全部实行集中婚姻登记管理。苏家屯区实行相对集中登记管理。进一步确立和提高了婚姻登记管理的执法地位，加强了机关和队伍建设，提高了办事效率，方便了婚姻当事人。

婚事服务呈现勃勃生机。仅市内5个区投入房屋千余平方米，固定资产20余万元，选派20余人为婚姻当事人开展了照像、购物、租用婚姻用品等项服务，两个效益均获丰收。组织三届“沈阳民政红线缘鹊桥会”活动。为觅偶当事人牵红线，搭鹊桥。

创办沈阳市婚姻家庭建设协会。吸收了省市部分婚姻家庭问题研究专家、学者以及婚姻家庭问题相关的部门领导和人士，协调各方面力量，进行讨论研究，开展婚姻家庭服务，发挥其在经济建设和社会稳定中的积极作用。

(孙英)

【残联工作】 1993年，沈阳市残疾人联合会工作有了较大发展。

康复工作：完成白内障复明手术1 827例，完成儿麻矫治手术333人次，培训7岁以下聋儿97名，分别为1993年任务数量的171%、166%和149%；完成低视力配镜30名，培训智力残疾儿童家长203名，建社区康复站31所，被国务院授予“全国残疾人三项康复工作先进单位”。

教育工作：建立了两所残疾人职业高中；基层残联建立了4所残疾人职业技术培训学校(中心)；举办残疾人就业、职业培训班96期，培训人数1 688名，提前五年完成了省下达的“八五”培训任务。

康复扶贫：新民前当铺20万扶贫资金已经投入使用，增加产值90万元；新近开辟的苏家屯、新城子、辽中3个新试点的50万扶贫贷款已经到位。

文化生活：参加了“省残疾人艺术调演”。其中舞蹈“在水一方”获表演一等奖，并取得了全国残疾人文艺汇演电视录相资格。

信访工作：全年市、县区残联共处理来信来访5 000多件(次)。并对全市274个转属企业中的4 688名残疾人进行了状况调查，解决了非民政企业个人集体上访一事。

福利企业：全市残联单位又创办各类经济实体100多家，安置残疾人300多名，年终实现产值1.5亿元。

1993年各级残联组织解决残疾人动迁，住房200多户，为近百名残疾人办理了农转非手续和户口进城，帮助200多名残疾人自谋职业办理了免税手续和营业执照，为1 000多名丧失劳动能力的残疾人办理了养老保险和人身保险，保险金额近30万元；解决农村减免义务工、种子、化肥、农业税、农资材料等项目折合人民币20多万元。

按照上级残联的部署和要求，完成了县区级残联和市级残联的换届工作；协助政府妥善处理了残疾人机动三轮车营运问题；根据中残联要求，在农村中开展了残疾人贫困人口调查；参加了第三届沈阳国际秧歌节庆祝活动；成功组织了沈阳希贵残疾人杂技团进京演出；残疾人代表孙淑君被评为全国学雷锋先进个人，受到江泽民总书记的接见；举办了庆祝“国际残疾人日”大型文艺晚会；接受了市人大对贯彻落实《残疾人保险法》情况的检查指导。此外，实施残疾人按比例就业前期准备和先期试点已经完成，整体工作即将在全市全面铺开。

(残联)

【军队离退休干部安置】 1993年，沈阳市军队离退休干部安置办公室以规范化建设为标准，主要抓了几个方面工作。

1.建房和军队无军籍退休退职职工安置工作。一是协助军队完成73 576平方米建房任务。落实了国家下达沈阳市的4批待安置军队离退休军、师、团职干部的建房93 340平方米任务。二是审核了军队申报安置的军队无军籍退休退职职工，并纳入第一批军队无军籍退休退职职工安置计划。

2.探索了内部运行机制改革。实行了军休系统公费医疗由市安办卫生科统管、干休所医生专管的院科合一体制；实行了维修费、采暖费由市安办统管，小修或中、大修申报由干休所负责的两级管理形式；实行了医疗费由卫生科使用，房产维修费、采暖费由基建科使用，特活费由安置科使用，车辆购置费、开办费由秘书科使用的对口管理方法；实行了奖金两级考级考核、两次分配的劳动人事分配制度改革。

3.落实了服务管理工作规范化。实施按规章办事、按目标实施、按程序工作、按时间完成的工作规范，取得明显效果。市军休系统医院、卫生所全年门诊36 786人次，抢救危重病人104人次，未发生一起医疗事故。房产维修9 867次，节省开支5.7万元。车辆保证休干看病用车率达100%。

4.强化了生产经营工作。市安办稳定老项目,发展新实体,大力开展创收工作。经营实体由1992年22个发展到1993年的33个,经济效益由1992年纯收入97.7万元提高到1993年纯收入165万元,增长率达69%。

一年来,市安办坚持以服务管理工作为中心,以生产经营为龙头,以思想政治工作为保证,狠抓了干休所规范化建设,建立了“医疗、活动、副食”三个基地,开展了形式多样、内容丰富的各种活动。全市军休干部安置工作不断深入发展。民政部先后在沈阳召开了全国干休所服务管理工作经验交流会、全国干休所生产经营工作经验交流会,省民政厅在沈阳召开了干休所服务管理规范化工作现场会。有1个干休所被民政部、总政治部评为“全国先进干休所”,被省委省政府授予“省级文明单位”,1个干休所被评为“省窗口竞赛先进集体”、被市政府评为“敬老先进集体”,有6名休干被民政部、总政治部评为“全国优秀军队离退休干部”,有1名职工被评为“全国优秀工作人员”,市安办被省评为“安置军队离退休干部先进单位”。

(*军退办*)

【退伍军人安置工作】 1993年沈阳市退伍军人安置工作在各级政府高度重视和退伍安置部门的积极努力下,退伍义务兵安置于6月末,转业志愿兵安置到8月末全部结束。

城镇安置针对待安置人员多、地方企业进行三项制度改革劳动就业负荷重、安置难的实际采取了依法行政,合理下达安置计划。安置部门提前向全市500多家单位发出通知,广泛开展对国家退伍安置政策的宣传教育。市政府对全市220家单位下达了接收安置计划。

为加快安置工作进度,公开政策,增加工作透明度。各级安置部门和用人单位在安置中公开办事制度和安置政策,坚持贯彻区别对待原则。对立功、超期服役和有专业特长的人员普遍给予优先安置。市卫生系统和邮电通信部门对45名有技术专长的女兵进行了对口安置。在市公安局、工商、农业银行招干中,对退伍军人进行考试,根据成绩择优录用了108名。按需要条件选出30名党员、班长充实到司法管教战线。沈阳电业局、市邮政局等单位接收后按培训考试成绩确定岗位。

广开渠道不断拓宽安置领域。鉴于企业富余人员不断增加,安置渠道相对变窄的情况,鼓励支持退伍军人到“三资”或集体企业工作,并制定对其保留全民身份。可按正式职工调转的保护政策,全市有20名退伍军人到“三资”或集体企业工作或自谋职业。各级安置部门对自找单位办理计划外安置的给予多方照顾,全市追加指标安置的达350名。为缓解退伍兵汽车司机安置难,市退伍办还创办了沈阳市红星汽车出租公司,第一批20名退伍军人已上岗营运。

为进一步强化管理,夯实安置工作的思想基础,市内5城区注重发挥基层作用,在退伍军人待分配期间全部实行了“三管四定”。即区里统一管理,街道分片管理,居委会逐个管理的三级管理。定人、定时间、定地点、定内容的四定活动。通过各种形式向退伍军人宣传安置政策,教育他们认清形势服从安置。积极开展学雷锋做好事的有益活动。全市组织退伍军人做好事3 000多人次。

农村退伍军人安置工作继续坚持了积极开发使用两用人才的途径。对当年回乡的两用人才各服务机构认真登记造册,全市236名两用人才80%得到了合理使用。各县(市)区十分重视培训补训工作,组织回乡退伍军人参加各类学习班,使他们掌握了一技之长。为增强两用人才工作后劲,县区安置部门克服困难积极巩固发展经济实体。新民市投入100万元引进20万元与外商联合生产新产品,年产值达900万元。

(*张田*)

【农村社会养老保险】 1993年,沈阳市认真贯彻市政府12次常务会议精神,使农村社会养老保险工作取得了突破性进展。全市参加养老保险的农民累计达到151 379人;收取保险金额为7 385.3万元,5 831名农民已开始领取养老金。

1.积极宣传,大力推动,保率保金双增长。市农村社会养老保险工作会议以后,各县(市)区加强了对此项工作的领导,分别召开专门会议动员广大农民参加养老保险,强化自我保障意识。1993年全市新投保农民为97 519人,是1992年的3.2倍,年收取保险金额3 916万元,是1992年的2.8倍。

2.理顺关系,健全机构。按照市政府的要求,各县(市)区对农村社会养老保险工作领导小组进行了调整,明确了民政部门的主管地位,理顺了工作关系。苏家屯区、辽中县、新民市、法库县、康平县还成立了专门机构。

3.深入乡村调查研究,及时反馈信息。通过调研和整理几年来的档案资料,掌握了农村社会养老保险工作的历史沿革,总结了过去的经验和教训。

4.制定修改法规文件,为依法行政奠定基础。草拟了《沈阳市农村社会养老保险基金管理办法》、《沈阳市农村社会养老保险管理服务费提取及使用办法》,修改了《沈阳市农村社会养老保险办法》,还制定了《关于贯彻市政府确定的市农村社会养老保险办公室“十六字”工作职能的实施细则》。

(*农保办*)

【社团登记与管理】 截止1993年末,沈阳市共有社会团体917个,其中市属社团414个,县(市)区属社团503个。在这些社团中联合性社团124个,专业性社团356个,行业性社团102个,学术性社团335个。社会团体在城市的经济和社会发展中发挥了重要的作用。

1.各类社团发挥自身的优势服务于经济建设。随着我国商品经济的发展,人民群众结社意识空前高涨,社团的数量不断增加。1993年全市新注册登记社团79个,比1992年增长9.4%。随着政府职能的转变“小政府、大社会”扩大了社团的服务功能,拓宽了社团的服务渠道，社团日益成为社会事务的重要载体，为促进社会进步和经济发展作出了贡献。采取的形式有：开展有偿咨询服务，进行学术交流，为政府和企业组织决策提供依据，举办各类培训班培养人才，兴办社会公益事业，兴办与社团宗旨业务相关的经济实体，将科学技术转化为生产力，把学术成果推向市场等等。1993年仅市属社团发表的学术论文被采用的有3 000余篇，经社团牵线搭桥引进项目和资金达4亿多美元，社团兴办各类经济实体产值2 500多万元。

2.社团登记管理机关采取多种措施增强社团活力。为适应改革开放和建立社会主义市场体制的需要，根据中央发展第三产业和民政部提倡社团兴办经济实体，增强社团实力的指示，市民政局会同工商局、税务局、财政局联合下发了《关于社会团体兴办经济实体和咨询服务公司有关问题的通知》，为社团的生存和发展创造一个宽松的环境，同时也增强了社团的活力。以往有的社团搞活动完全依赖于财政和业务主管部门的拨款以及会费。由于经费有限，影响了社团活动的开展。社团通过有偿服务，既为发展经济作贡献，减轻了政府的负担，也为社团走向"人员自聘、工作自主、经费自筹"的"三自"轨道打下了良好的基础。

3.通过年检加强社团管理。年检是社团管理机关的重要任务，是对社团工作的全面考核。通过对社团的年检，重点了解了社团的业务活动、财务活动、组织机构及负责人的变化，有偿服务和办实体等内容，一方面促进了社团自身建设和各种规章制度的日益完善；另一方面对在年检中内部管理不善、组织涣散、名存实亡以及利用社团名义谋取私利或违反国家法律、法规的社团，根据国务院《社会团体登记管理条例》的规定分别作出了处理，使社团健康发展。

4.在全市社团中开展了建功立业兴辽强市活动。为了把竞争机制引进社团，充分调动社团在社会主义建设事业中的积极性，根据辽宁省民政厅的指示精神在全市社团中开展了建功立业，兴辽强市竞赛活动，全市涌现了市出租汽车行业协会、市书刊发行业协会等58个先进社会团体，同时还向省民政厅推荐了市建筑业联合会等11个社团，接受了省民政厅和省人事厅的表彰。

5.加强社团监察工作，为沈阳的社会稳定服务。根据国务院《社会团体登记管理条例》第二十六条"未经批准登记擅自以社会团体名义进行活动不听劝阻的，由民政部门命令解散"的规定，1992年共解散了4个非法社团组织，维护了社会的稳定，使社团在民主与法制的轨道上运行。

（吴琪）

【收容遣送与长流安置】 1993年，由于流浪乞讨人员的组成发生新的变化，收容遣送工作的难度也相应增大。为适应新的形势，沈阳市收容遣送站在收容手段、收容方法上采取了劝阻与强制结合、计划与不定期结合、配合与自收结合、宣传与收容结合等方法，增强了收容遣送工作的力度，净化了社会环境。

据统计，1993年收容流浪乞讨人员3 617人次，其中县（市）区收遣站收容542人次，自收60次，宣传收容40次，与公安、县（市）区站配合收容5次，在秧歌节、春运期间共组织大型收容11次。

为强化业务规范建设，制定了流浪乞讨人员《审查规范登记》、《流浪乞讨人员分类》，统一了县区收容遣送站归档标准，审查登记表和表格填报程序。

长流安置工作有新进展，全年共安置长流人员47人次，安置率占安置人数的94%。巩固率占安置人数的95.7%。在开展"三无"达标活动中，取得了良好的效果，全年共收容本市流浪乞讨人员219人次。达标县（市）区达100%。

（事业处）

【殡葬管理与服务】 1993年，沈阳市殡葬管理部门认真贯彻殡葬改革方针、政策，加大殡葬管理与服务的力度，工作取得了长足发展。

据统计，1993年全市人口死亡火化率达到98.7%，比1992年增加0.2个百分点。

在春秋两季各县（市）区开展了大规模的平坟还田工作。据不完全统计，全市平坟32 000余座，还可耕田和宜林地100余亩。

城区的骨灰深葬植树活动健康发展。全市共有2万余人参加活动，安葬骨灰5 457盒，植树5 000余棵，绿化荒山近70亩。

丧葬用品市场进一步得到治理整顿，市县（区）民政等有关部门对全市丧葬用品市场（花圈、寿衣店）共组织检查20余次，销毁烧纸2万多公斤，各种丧葬迷信品3 000余件。经治理整顿丧葬用品市场，花圈店多乱差的现象有所改观。

殡仪服务满足了丧户的需求。全市9个殡仪馆和1个运尸车队，所在区域设置的服务站（点）布局合理，服务项目增加到近40余项。各殡仪服务单位的服务设施与环境进一步得到改善。

为满足广大丧户处理骨灰的不同需要，1993年经市政府和省民政部门批准，在全市城乡先后建立了回龙岗墓园等7个安葬骨灰的墓地，共安葬骨灰400余盒。

依法强化殡葬管理，针对殡葬工作存在的问题，市政府颁布了《沈阳市公墓管理暂行办法》，依据《办法》对全市公墓进行了总体规划和整顿。市民政局、工商局、卫生局联合发布了《关于禁止医院设置经营性遗体告别厅的暂行规定》，市民政局、公安局、计经委等有关部门联合下发了《关于单位自备灵车使用管理几个问题的通知》。

（何清财）

【民政第三产业】 1993年，沈阳市各级民政部门及企事业单位积极适应建立社会主义市场经济体制的要求，从实际出发，充分认识和发展民政系统的行业优势。多层次、多渠道、多形式地大力兴办民政第三产业，全市民政第三产业呈现良好的发展势头。

运行机制初步形成。一是编制中长期规划和年度计划。上半年，制定出台了《沈阳市民政第三产业发展规划》，并适时召开了全市民政系统发展第三产业动员大会。各级民政部门和企事业单位积极运作，把大力发展第三产业作为自身深化改革，优化服务，增强活力的根本途径，纳入重要日程，加紧编制出本地区、本单位的发展第三产业中长期规划和年度计划；二是强化组织领导。市成立了发展民政第三产业领导小组，各县(市)区和市属企事业单位均建立了领导和协调机构；三是实行以承包责任制为核心的经营管理体制。逐级层层签订目标责任状，并辅之以优惠鼓励政策，确保了民政第三产业经济效益和社会效益目标的实现。到1993年底，全市民政第三产业已初具规模，社会效益和经济效益十分明显。据统计：一年来，全市民政第三产业共创总收入5.3亿元，实现利税5 417.8万元，占全市民政经济收入的25%。全年福利企业共创办三产经营实体544家。在全系统大办三产的热潮中，各级社会福利单位，积极引入企业经营管理机制，充分利用现有的设施、设备和人员，开门办院，开发生产，促进了经济效益大幅度增长。全市收养收治类单位床位平均利用率由过去的85%提高到96%，其中，市属“三院”的床位利用率已高达107%，自费收养收治人员比例占56%。开发性生产共完成产值1 100万元，实现利税300万元，比1992年分别增长了4.5%和15%。军休系统开发生产共创总经营额1 700万元，实现利税165万元，比1992年分别增长了70%和69%。各级民政部门还把婚姻服务和殡葬服务等作为一种产业去开发，在婚姻管理服务方面，相继开展了婚事系列服务活动，市婚姻服务中心在面向国内婚姻当事人服务的同时，积极开发涉外婚姻服务，全年共召开各类鹊桥会24次，举办集体婚礼6次，开展婚姻介绍400多对，涉及当事人达2 000余人。

民政第三产业的长足发展，已初步显示出其在民政事业发展中的基础性地位，同时也有力地促进了民政工作稳定和社会作用的发挥。

(荣生　张利)

民　族

【概况】 沈阳是一个典型的多民族杂居城市。1993年全市共有38个少数民族，少数民族人口60多万人，占全市总人口的9.12%，超过全国少数民族人口的平均比例。人口在4万人以上的有满、朝鲜、蒙古、回、锡伯等5个民族，其中：满族32万人、朝鲜族8.3万人、蒙古族7.5万人、回族7.1万人、锡伯族4.9万人；人口最少的是普米族和塔塔尔族，都只有1人。市内沈河区的小西、朱剪炉街道是回族聚居区；和平区西塔、皇姑区明廉、长江街道是朝鲜族聚居区；全市有11个民族乡(镇)和近300个民族村。少数民族人口多、比重大、分布广、民族工作任务重是沈阳市的基本市情之一。

沈阳市民族事务委员会，是市政府管理民族事务的职能部门，各县(市)区也设有民族工作机构，各有关部门、企事业单位也都指定专兼职人员做民族工作。

沈阳市的民族工作坚持把发展民族地区经济作为民族工作的中心任务，充分发挥民委职能作用，发动和依靠社会力量，取得了可喜的成绩。主要表现在：少数民族当家做主的权利得到进一步保障，民族团结不断增强。通过加强马克思主义民族观的宣传教育，全面落实党的各项民族政策，及时妥善地处理了民族关系方面的问题，使社会主义新型民族关系得到进一步巩固和发展，少数民族政治地位不断提高。现担任市人大代表和政协委员的少数民族所占比例分别为16%和10%；民族乡(镇)的主要领导都由少数民族干部担任。民族地区经济稳定发展，基本改变了落后面貌。民族乡镇工业从无到有，从小到大，初步形成规模；能源、交通、通讯等基础设施明显改善；农业生产已逐步从粗放型农业向现代化大农业和高产优质高效型农业转变，少数民族聚居的乡、村建设有了较快发展，少数民族群众的生活水平不断得到改善和提高，一部分群众已过上比较富裕的生活。民族文化、教育、科技、卫生等社会事业也都有了较大发展，初步形成了为少数民族生产、生活服务的体系。少数民族干部队伍不断壮大，干部素质有了明显提高。通过开展争创民族团结进步先进市活动，形成了全社会都来关心支持民族事业发展的好势头，涌现了一批民族团结的先进集体和个人，为沈阳市进一步改革开放，发展经济创造了一个良好和谐的外部环境。

(侯德才)

【争创民族团结进步先进市活动】 争创民族团结进步先进市活动(简称争创活动)，是民族工作全面贯彻党的基本路线的体现，是依靠全党、全社会力量做好民族工作的好形式。根据省委、省政府提出的“早日把辽宁建成民族团结进步先进省”的号召，中共沈阳市委、市政府决定用3年左右的时间，把沈阳建成民族团结进步先进市。

自1991年12月10日，市政府召开争创活动动员大会以来，各县(市)区、各部门和单位按照争创活动的要求，普遍制定了争创规划、具体办法和措施，坚持把争创活动作为改善民族关系、增进民族团结、促进共同繁荣的中心环节来抓，坚持把争创的目标立足在为扩大改革开放、加速经济发展上。通过采取督促检查、典型引路、分类指导等措施，推进了活动的深入开展，并取得显著成效。主要表现在：一是广泛深入开展宣传工作，使马克思主义民族观和党的民族政策更加深入人心，广大干部群众对新时期民族工作的基本任务、方针、政策等有了明确的认识，增强了做好民族工作的自觉性。二是全面落实党的民族政策，较好地解决了尊重民族风俗习惯等方面的问题，调动了少数民族的积极性，增进了民族团结。三是支持和扶植少数民族和民族地区的经济和各项事业发展已成为全社会的共识和共同责任，许多部门和学院都能从各自的优势出发，为少数民族和民族地区办好事，办实事。四是培养选拔使用少数民族干部工作不断增强，少数民族干部队伍不断壮大，素质有了明显提高。

到1993年末，经过考核评选全市已有141个部门和单位达标，进入争创民族团结进步先进行列。

（侯德才）

【民族地区经济有新发展】 沈阳市民族地区经济稳定发展，生产逐年增长，民族乡镇工业从无到有、从小到大，初步形成规模；能源、交通、通讯等基础设施明显改善；农业生产已从粗放型农业向现代化大农业和高产优质高效型农业转变。1993年，全市11个民族乡(镇)实现工农业总产值13.7亿元，比1992年增长41.8%；粮食总产量27万吨；出口创汇额335.2万美元，比1992年增长389.9%；人均收入1 046元，比1992年增长18.2%，少数民族群众生活水平不断得到改善和提高，一部分群众已开始过上比较富裕的生活。

一是加快了工业发展速度。民族乡镇把发展工业生产放在经济发展的首位，为加大工业生产的力度，对老企业普遍进行了改造，上了一批新企业、新项目和新产品，全市民族乡镇企业已发展到1 878个，全年实现产值13.7亿元，如：兴隆台锡伯族镇的铝型材厂，已成为该镇的支柱产业。二是加快了外向型经济发展速度。全市民族乡镇新建合资、合作、独资企业30多家，共引进外资1 000多万元，民族乡镇外向型经济格局已初步形成。三是加快了科技兴农步伐。新城地区黄家锡伯族乡和石佛寺朝鲜族、锡伯族乡推广了稻田养鲐鱼、养河蟹的鱼米双丰收的好做法。苏家屯区等十几个民族村推广了北方庭院生态农业新技术，将这项集养殖、种植和沼气能源为一体的农用新技术作为致富的好项目，可使每户年均增收5 000—8 000元，东部地区的民族乡村，推广了林果业，良用菌及麦菜复种等效益型项目，优化了民族地区的产业结构，提高了少数民族群众的经济收入。四是优化了民族地区的畜群结构。为发挥回族、蒙古族等少数民族擅长饲养牛羊的特长，充分利用民族乡村多河滩、多水草的资源优势，在回族、蒙古族等聚居的乡村中，推广了桩养牛快速育肥法和稻草氨化饲料新技术，使养牛户每养一头牛可增收300多元。为大力发展节粮型牧业，优化民族地区畜群结构，民族乡村先后从山东鲁西地区引进了近万只品质优良、裘肉产量俱高、被农民誉为白色银行的小尾寒羊，每养一只小尾寒羊可增收500—800元，这是群众公认的致富好项目，已被市里列为重点开发项目之一。

（侯德才）

【少数民族干部队伍不断壮大】 少数民族干部是党和政府联系少数民族群众的桥梁和纽带，是做好民族工作的中坚力量。为加强少数民族干部队伍建设，中共沈阳市委组织部、统战部、市人事局、市民委联合下发了《关于加强少数民族干部培养、选拔、使用工作的意见》，通过有计划、有重点地加强对少数民族干部的培养，采取定向培训、挂职锻练、拓宽来源、建立后备干部名单等措施，1993年全市少数民族干部已发展到19 822名，占全市干部总数的6.35%。其中：国家机关少数民族干部2 972名，占全市机关干部总数的6.49%；少数民族专业技术干部14 759名，占全市专业技术干部总数的6.53%，其中有高级职称的733人，中级职称的3 599人，这些少数民族干部，在建设沈阳、振兴沈阳和发展民族团结进步事业中都发挥了重要作用。

（侯德才）

【浑河民族经济技术开发区】 浑河民族经济技术开发区是经沈阳市政府批准成立，得到国家民委支持的以高新技术产业为主的开发区。市政府对开发区的建设给予了优惠政策，可享受沈阳开发区和南湖科技园区的有关政策。

为充分利用民族地区的有利条件，加快对外开放步伐，更好地为改革开放服务，1993年，沈阳市民委、市科委与东陵区政府相配合，对浑河开发区的资源条件、发展规划、开发政策等进行了调查、论证，制定了小区建设规划和实施方案。开发区分为高新技术工业开发区、现代化农业开发区、商饮服务业开发区(包括文化娱乐小区)和韩国投资开发区。争取用3年左右时间把小区建设成为融经贸、科技、旅游、民族娱乐为一体的，适应社会主义市场经济发展的高起点、高水平、高效益、外向型的经济技术开发区。

到1993年底，开发区内的供排水、采暖、供电、通讯、道路等基础设施建设已相继竣工；招商引资工作进展顺利，引进资金1 800万元，进区客户20多家，其中8家已开工兴建。高新技术工业开发区在占地80万平方米的土地上已全面施工，靠近浑河南岸的文化生活小区的招标工作也在加速进行，其他开发项目也都在抓紧筹措之中。

预计到1997年末，进区企业可达40多家，年产值可达5亿元，出口创汇6 000万元，创利1亿元。在搞好开发区建设的同时，还要以此为龙头，带动民族乡镇的工业发展。

（侯德才）

【小西回民住宅小区】 为加快城市民族聚居区的旧房改造，改善少数民族群众生活条件，1988年以来，沈阳市政府责成市民委组建房屋开发公司，对小西回民聚居区进行开发改造和建设。该地区旧称"回回营"，有360多年历史，这里的群众居住条件一直十分简陋，房屋破旧，拥挤不堪，严重影响了居民生活水平的提高，也制约了这一地区经济的发展。民族房屋开发公司采取集资联建、合作开发等办法，经过3期动迁改造，已累计完成了建筑面积27万平方米的建设任务。共开发建设了体现鲜明民族特色，具有阿拉伯风格的住宅楼20栋。小区供水、供电、供气、供暖完全自行配套、自成体系。商业大厦、回民市场、浴池、幼儿园、学校、老年活动室等配套设施齐备。小区内环境优雅、街道整齐，1 500多户动迁群众喜迁新居。从根本上改善了少数民族群众的居住条件，昔日棚屋鳞次、破旧不堪的西关回回营已荡然无存，一个新型民族生活区已初步形成，在国内及阿拉伯一些国家中产生了一定的积极影响。

（侯德才）

宗　教

【概况】 沈阳是一座历史悠久的文化古城。全市有5种宗教，即佛教、道教、伊斯兰教、天主教和基督教。有7个爱国团体，即沈阳市佛教协会、沈阳市道教协会、沈阳市伊斯兰教协会、沈阳市天主教爱国会、沈阳市天主教教务委员会、沈阳市基督教三自爱国运动委员会、沈阳市基督教协会。并且，这5大宗教的省级机构均设在沈阳。共有宗教活动场所84座（寺观教堂和活动点），分别座落在13个区、县（市）。著名的宗教胜地有佛教慈恩寺、实胜寺；道教的太清宫；伊斯兰教的清真南寺；基督教的东关教会、西塔教会；天主教的南关教堂寺。有教徒12万多人。宗教职业人员达200余人。

这5种宗教的活动（宗教仪式）不同，各具特色。如沈阳慈恩寺是佛教的宗教活动场所，是汉族地区佛教重点寺庙之一，省级文物保护单位。几年来，国家拨给巨款重修，重修后的佛像，全部泥塑贴金，金碧辉煌。佛教的法会均在此奉行。1993年，接待了许多来拜佛、访问的港澳台同胞、佛教僧尼和国外朋友。沈阳道教太清宫，是道教宫观，谓之东北道教第一坐标，是东北道教活动中心。党的十一届三中全会以来，随着宗教政策的落实，国家拨了巨款先后修复了“老君殿”“玉皇楼”“吕祖楼”“善功祠”“方丈房”等，修复的太清宫，雕梁画柱，飞檐走兽，神像巍峨，栩栩如生，彩色艳丽，镶嵌贴金，颇具民族特色。该宫是省级文物保护单位，是汉族地区道教重点宫观之一。道士和信徒开展了正常的宗教活动，除每天3次上殿诵经敬神以外，每年有几大节日如“玉皇圣诞”“老君诞辰”“清明节”“九皇会”等节日都要在这里奉行“道场”（宗教活动）信士都来参加，同时也吸引了许多中外旅客。沈阳伊斯兰教清真南寺，位于回族聚居地区是沈阳穆斯林群众进行宗教活动的中心，是市级文物保护单位，他们的宗教活动，每天有5次上殿礼拜，每周星期五为“主麻日”（聚礼日）每年有开斋节和宰牲节等，这些节日都在清真寺奉行宗教活动，同时也接待了许多国外客人。沈阳天主教南关教堂，是天主教活动场所，该堂具有浓厚的法国宗教建筑风格，是省级文物保护单位。神职人员和广大教徒除星期日和每日早、晚有宗教活动外，每年奉行4大占礼活动，即耶稣复活占礼，圣神降临占礼，圣母开天赞礼和耶稣圣诞赞礼。该教坚持独立自主，自办教会的方针，宗教事务不受外国势力支配。几年来，港澳台同胞不断有人来访。沈阳市基督教东关教会，是基督教奉行宗教活动的场所，主要的宗教活动有主日礼拜（星期日），礼拜六聚会，礼拜一查经会等，每年有三大节日，即复活节，感恩节，圣诞节。该教事奉“三自”爱国的旗帜，坚持独立自主，自办教会的方针，团结广大信徒走爱国宗教道路。每年均接待了港澳台同胞及国际友好人士来访。

这5种宗教团体除开展正常的宗教生活之外，党和政府为了支持和扶持宗教团体搞活经济，根据中发（1991年）6号文件，鼓励他们开展以自养为目的生产、服务和社会公益事业，给他们优惠政策，成立了经济实体20个，取得了一些经济效益，从而减轻了国家的经济负担，同时，为沈阳的经济发展做出一定努力。

（王世英）

【搞好皇寺舍利的宣传】 沈阳目前碓一正式开放的藏传佛教（喇嘛教）寺院一实胜寺（皇寺）大喇嘛召乌力吉圆寂火化后，遗骨中发现红、绿、黑、白等五彩“舍利”。佛教界认为，这在我国佛教史上是罕见的。

发现召乌力吉舍利后，市宗教部门于1993年5月，着力进行了宣传。主要是，原辽宁省省长岳岐峰和副市长张毓茂亲自到皇寺观看舍利，并对外宣传提出了意见根据领导的意见做了具体安排，召开了皇寺舍利新闻发布会，并录制了舍利录像片对游人开放，从而收到了良好的社会效果。

五彩舍利的出现，是沈阳市佛教界的一件大事，它为实胜寺这座驰名海内的古刹增添了瑰丽，并使沈阳这座文化古城再次放射出异彩。

（佟林）

【加强对宗教界人士的教育】 加强对宗教界人士的社会主义和爱国主义教育，是一项十分重要而长期的工作。1993年，沈阳市通过这项工作，提高宗教界人士的社会主义和爱国主义觉悟，加强对深化改革开放，建立社会主义市场经济体制等一系列问题的认识，坚持“独立自主”自办教会的“三自方针”（自传、自养、自治），使宗教同社会主义相协调、相适应，依法加强对宗教的管理，带领广大信教群众，进行正常的宗教活动，团结和带动他们一道为建设有中国特色的社会主义服务。

1.组织全市宗教界人士学习市委八届五次、六次全委会议和市人大、市政协会议精神，由全国人大代表李鸿宾、全国政协委员吴爱思传达了全国人大、全国政协八届一次会议精神。在继续抓好各教周二政治学习日外，还利用座谈会、报告会，教徒学习班，教职人员培训班、教派负责人联席会、理事扩大会等，对他们进行思想政治教育。定期组织参观祖国锦秀河山和改革开放取得的伟大成就，进行直观教育，激发他们的爱国热情，更好地做好爱国爱教工作。

2.召开了建设有中国特色社会主义理论研讨会。与会人员围绕邓小平同志建设有中国特色社会主义理论的形成和发展及重要意义，联系各教同社会主义相适应的问题进行了热烈的讲座讨论，从而增强了宗教界人士对“特色理论”的理解，提高了新时期如何认识宗教与社会主义相适应的自觉性。

3.党的政策、法律、法规的教育。帮助各教分别举办了深入学习贯彻市政府46号令的学习班、座谈会，并结合各教存在的实际问题，对照检查，参加学习的僧尼、道士、阿訇、神甫、牧师等200余人。

4.协助各教以多种形式进行党的宗教政策和独立自主自办教会的教育，不断增强信教群众爱国守法的意识，除举办学习班外，还通过协助他们解决发生在各教的实际问题，来引导帮助他们提高政治觉悟，收到较好的效果。

（李德平）

【全面贯彻党的宗教政策】 全面正确地贯彻党的宗教信仰自由政策，是宗教与社会主义相适应、相协调的一项基本方针，受到广大信教与不信教群众的热烈欢迎。随着改革开放的深入，各项法制、法规的逐步完善，广大信教与不信教群众都要求自已的合法权益受到保护。为此，沈阳市政府颁布了关于《沈阳市宗教活动场所的暂行规定》即46号令（以下简称46号令），得到宗教界的拥护。他们感到自已的合法权益得到了保护，同时也明确了宗教对国家、社会所应尽的义务，规范了宗教活动的合法性。各个宗教活动场所（点），纷纷将46号令上墙，以教育广大信徒群众，使宗教活动真正在宪法、法律的范围内进行。

合理布局宗教活动场所。依法加强宗教活动的管理，是全面正确地贯彻党的宗教信仰自由政策的一个重要方面。因此，合理地安排宗教活动场所，使广大信教群众的宗教活动，能真正规范于宪法和法规之下。1993年根据实际需要，又成立了铁西基督教会，形成了布局合理，基本满足广大信教群众宗教生活要求的局面。

进一步落实党的宗教房产政策。针对宗教团体的生活来源主要是房产收入，经多方努力和深入细致的工作，市宗教团体成立了五教共同组成的董事会负责下的宗教房产经理公司，统一管理，统筹规化现有的宗教房产，以解决宗教的自养。

1993年，沈阳市解决了一些多年来遗留且极为棘手的问题。拿出百万元落实了天主教三经路教堂，道教坤道院的易地改建；铁西、皇姑清真寺的易地改建都已圆满解决。

（苗力）

县(市)区建设

和平区

【概况】 和平区位于沈阳市中部，东与沈河区接壤，西与铁西区毗邻，南隔浑河同东陵区相望，北同皇姑区连接。总面积21.4平方公里。总人口62.6万人，总户数19.4万户。居民共有29个民族，其中汉族约占94%，少数民族主要有回、满、蒙、鲜、锡伯等。全区辖20个街道办事处，335个居民委员会。

该区体现了沈阳政治中心的特点，为中共辽宁省委、省人大、省总工会、团省委、省妇联等机关所在地，还有沈阳军区、沈阳铁路局等重要机关。这里也是沈阳市的交通枢纽，区内不仅座落着铁路沈阳南站和沈阳长途汽车客运站，而且是沈阳桃仙机场旅客进出沈城的必经之地。和平区商业发达，是东北地区最大的物资集散地，有全国著名的商业街——太原街，有沈阳繁华的商业区——北市场和南市场，集中了沈阳联营公司、中兴——沈阳商业大厦、和平商场、北市百货大楼等许多大型综合商场，还有规模较大的南站农副产品批发市场、中国小食品城和开明轻工批发市场等。饮食服务业有远近驰名的鹿鸣春饭店、老边饺子馆、御膳酒楼、沈阳冷食宫、生生照像馆、洪大高级理发店、国庆浴池等，有高档的辽宁宾馆、中山大厦宾馆、东北饭店、华侨饭店等。和平区经济发展较快，1993年有区属商业企业200多家，其中广州副食商场各项主要经济指标名列全国同行业第一。有区属工业企业400余家，主要行业有电气机械及器材制造、金属制品、食品酿造、服装加工、交通运输设备制造和机械工业等，有中外合资和外商独资企业130家。和平区各项社会事业繁荣，有全国著名的中国医科大学、东北大学等高等院校，有可供大型文艺演出的中华剧场，有沈阳一流的影院——东北电影院，有可以进行国际体育比赛的沈阳中心体育场、辽宁体育馆等。全区还有卫生机构200多个，著名医院有中国医科大学附属第一医院和第二医院、解放军第202医院和沈阳市第七人民医院等。

(何永良)

【区街经济有较大发展】 1993年，和平区在沈阳市委、市政府的领导下，坚持以党的十四大精神为指针，紧紧依靠全区各族人民，抓住机遇，加快发展，改革创新，艰苦奋斗，使区街经济又迈出了坚实的一步，综合经济实力又上了一个新台阶。全年实现总收入28.8亿元，比1992年增长44.3%；总利润1.25亿元，增长51.4%；财政收入1.64亿元，增长34.8%。完成工业销售收入4.97亿元，比1992年增长32.5%；工业利润3 390万元，增长26.5%。其中总收入、财政收入名列辽宁省城区之首。改革步伐加大，在转换企业经营机制、转变政府职能和搞活街道等诸多方面取得重要进展，对外开放有重大突破，成功地举办了'93和平国际经济技术合作洽谈会，同10多个国家和地区进行了频繁的经济交往。1993新办“三资”企业76家，合同利用外资额9 153万美元，实际调入外资额1 753万美元，出口创汇457万美元，出口供货值6 075万元。全年实现技改投入3 225万元，开发新产品80余种，3项成果首获市科技进步奖，民营科技开发机构已发展到160家。1993年总投资规模达7亿元、总建筑面积达24万平方米的12个重点工程项目取得进展。中国小食品城开始试运转，神农制药厂新厂已经建成，北市综合市场完成主体工程。个体和私营经济兴旺发展，从业人数年末已达21 738人，实现税收4 361万元。建立和完善了两大劳务市场，全年安置各类人员就业24 000余人，零工市场被国际劳工组织专家称为“中国最活跃的劳务市场”。

(何永良)

【城市建设和管理有新起色】 1993年，和平区注重强化城市建设与管理的力度，为改善人民群众的生活环境和促进区街经济发展做了大量的工作。新建、翻建、维修道路4.6万平方米，建完好街路5条，扩大绿地面积1.2万平方米。实现联片供暖28万平方米，治理各种污染源102处。配合了沈阳市对太原街进行的整体改造。开发建设公建和住宅201万平方米，大修、维修破漏房屋24万平方米。回迁安置居民6 000户，10个住宅小区达到庭院化标准。经整治“八乱”为突破口，全面开展了市容环境的综合整治，繁华地区公共秩序明显好转。一批城管中的“老大难”问题得到妥善解决。拆除清理违章建筑、商亭796处、5 860平方米，清除多年积存的残土、垃圾1 000余吨。多年难解的桂阳、砂阳小区煤气开栓难，桂阳小区吃水难，高道里三角地和砂山小高地居民改善居住条件难等，经多方努力已经解决或正在操作。爱国卫生运动深入发展，环境卫生工作克服重重困难取得了较好的环境效益和社会效益。“三文明”和军民共建活动取得了新的成效。

(何永良)

【各项社会事业有新进步】 1993年，和平区坚持把教育作为战略重点来抓，进一步加强了对教育工作的领导，加大了对教育事业的投入。新建、翻建中小学6所，中小学教学设施达标率提高到90%。教育教学改革日趋深化，以东宇学校的成立为标志，办学体制改革取得突破性进展。基础教育又有新的发展，全面达到辽宁省“两基”验收标准，职业教育和成人教育又有新的提高。1993年又有203户教职工喜迁新居。卫生改革不断深化，卫生事业稳步发展，“科技兴医、发展专科”的举措取得初步成效。医疗市场管理得到加强，预防保健继续保持市内领先地位。计划生育工作成效显著，人口自然增长率降至1.8‰，计划生育达到100%，创历史最好水平。群众性文化活动丰富多彩，成功地举办了第三届和平文化庙会。文化市场的建设和管理有新发展，全市第一家有一定规模的文化商品市场投入运营，建成了新的图书馆、档案馆。群众性体育活动日趋活跃。19个机关事业单位档案工作达到省级标准。社区服务运行机制发生了较大变化。居委会建设水平有了新提高。残疾人康复工作成果显著。“双拥”工作取得新成果，圆满地完成了1993年征兵任务。

（何永良）

【民主与法制建设有新发展】 1993年，和平区进一步加强了民主与法制建设，共办理人大代表和政协委员提出的议案、提案、建议、批评和意见334件，办结率为37%。受理群众来信来访和区长公开电话1 722次，做到案案有结果，件件有回音。法制宣传活动日趋活跃，司法行政制度改革深入发展，落实政府部门执法责任制各项工作进展顺利。沈阳市首家合作性质的律师事务所挂牌营业。社会治安综合治理力度增强，1993年破获刑事案件5 965起，集中整治咖啡屋、酒吧间、桑拿浴等场所271个，开展“破大案、打团伙、追逃犯”专项斗争成效显著，维护了政治安定和社会稳定。

（何永良）

沈　河　区

【概况】 沈河区是历史悠久的古城区，为今日沈阳市的发源地。全区面积17.6平方公里，总人口57.3万人，人口密度为每平方公里3.2万人，有满、回、朝鲜、蒙古、锡伯等22个少数民族。全区辖16个街道办事处。沈河区是沈阳市的政治中心，是中共沈阳市委、沈阳市人大常委会、沈阳市人民政府、政协沈阳市委员会以及8个民主党派机关和群团组织的所在地；沈河区又是传统商业区，市内三大商贸区，有两个分布在沈河区内，即：北站商贸金融开发区和中街商贸区，该区还拥有居全国集贸市场第三位的五爱批发市场；沈河区还是重点旅游区，区内有沈阳故宫、太清宫、慈恩寺、长安寺、天主教堂和张学良旧居等一大批名胜古迹。沈河区是沈阳市的陆上门户，沈阳北站就座落在该区北部，区内交通发达，纵横顺畅，是海内外宾朋前来观光旅游，投资办厂，经商发财的最理想区域。

【区街经济加速发展】 1993年沈河区总收入完成27.93亿元，比1992年增长40.6%；利润总额完成1.33亿元，增长30.4%；财政收入完成1.38亿元，增长27%。全区各系统围绕建设经济大区的总目标，加大改革开放力度，取得显著成效：工业企业大力推行股份制，着力抓大项目和科技进步，增强了企业自我发展的能力。全年发展股份制企业66家，入股1 179人，入股金额409万元；新上重点工业项目32个，其中，年创利税100万元以上的重点项目14个，投资1 000万元以上的重点项目3个，总投资额8 423万元，已有5个项目正式投产，当年总计完成产值5 000多万元，实现利税700多万元；全年完成技改项目24个，开发新产品30种，有11种产品分别填补了国内和省内空白。全区工业总产值完成6.53亿元，比1992年增长19.9%；完成工业销售收入6.01亿元，增长54.2%；实现工业利润6 534.8万元，增长29.4%。商委系统推行“国有民营”改革，增强了自身的竞争能力。全区商业、饮食业、服务业和物质系统完成销售额19.93亿元，比1992年增长32.7%；实现利润5 735.1万元，比1992年增长21.6%。贸易兴区深入人心，市场建设成果喜人：井字街商贸区“南拓北展向西延伸”的改造工程全面铺开，其中，20万平方米的东亚商业广场、14万平方米的新峰商业广场、8万平方米的太阳广场已开工建设，4万平方米的汽车摩托车配件销售中心已经建成；五爱市场三、四期扩建工程全部完成并投入使用，市场营业面积增至10万平方米，拥有摊位1.5万多个，全年成交额达31.5亿元；面积为2.7万平方米的惠工家具装饰材料行和友好市场一期工程已经竣工并开始营业。全区市场成交总额达35.9亿元，比1992年增长89.9%。对外开放进一步扩大，外经外贸成绩显著。全年与外商签协议合同110项，协议合同金额3.7亿美元；全年外资调入额1 199.6万美元，比1992年增长154.7%；完成出品供货总值4 250.5万元人民币，比1992年增长112.7%；完成出口商品总额437.6万美元，比1992年增长212.6%；兴办“三资”企业80户，比1992年增长95%。

【实验区工作取得实质性进展】 早在1992年，沈河区就已正式申报国家社会发展综合实验区。经过不懈努力，沈河区于1993年7月6日顺利通过由国家22个部委领导和专家组成的领导小组的评审，并被正式批准为国家社会发展综合实验区。这是全国城区中唯一的国家社会发展综合实验区。8月27日，国家社会发展协调领导小组在沈河区工商局礼堂举行实验区颁牌仪式，出席颁牌仪式的有来自国家9个部委的11名领导，中共沈阳市委副书记董万德、市委常委、宣传部长高柏金、市人大副主任刘金增、副市长任殿喜、孙祥剑等领导同志也出席了颁牌仪式；有近30家中央和省市新闻单位对颁牌活动作了报道；实验区工作受到了各方面的重视：市政府把《沈河区社会发展总体规划》纳入了沈阳市国民经济和社会发展的总体规划；全区已有4个经济项目在国家立项；汽车内饰件制造公司的地板挤出机改造项目和沙锶饮料公司的山楂醋酸菌系列饮料项目均被列入国家星火计划，北方重矿机械厂的煤矿立井装载设备储存式定量板式输送机项目被国家科委列为1993年重点项目,沈阳特种环保设备制造股份有限公司的污水深度处理装置项目被列入国家科委和国家环保局1994年项目计划。4个重点项目共获得国家低息贷款800万元。

【城市建设有了历史性突破】 1993年,是沈河区城区开发改造面积最大,动迁规模最大的一年。全年规划审批开发项目149个,可建面积500万平方米,占全市可建面积总数的35%以上;在建面积350万平方米,占全市在建面积总数的40%以上。其中,区属开发面积为186万平方米,是1992年开发面积的3.3倍。全年共动迁居民5.8万户,占全市动迁总户数的47%,动迁企事业单位将近千家,拆除危旧建筑近百万平方米。结合大开发,拓宽打通了文艺路、大南街等15条街路共47.6万平方米,拓宽改造面积是前两年的7.3倍。北起北站、南至南环路的区内第二条南北交通主干线建设工程全面展开,交通拥挤的状况得到初步缓解。大开发促进了环境质量的有效改善,区域大气环境质量比1992年明显提高,降尘下降12.3%,城市管理力度加大,效果明显。全年以整治"八乱"为突破口,对违章占道、违章建筑、市场摊区、建筑工地、交通秩序和重点地区实行综合整治,共拆除违章建筑1 356处,清理违章占道2 098处;有98%以上的建筑工地达标;通过整治,北站、井字街和五爱市场等地区的市容和交通秩序明显好转。同时,还对居民生活垃圾和新建居民小区实行了新的整治措施。全区有60个居委会实行垃圾袋装并进行封闭式压缩一次排放;运用行政、经济、法律手段,对17个新建居民小区实行严格整治,提高了进住标准,到年底,已有14个新建居民小区消除了脏乱差现象,达到了新的进住和接管标准。

【各项社会事业同步发展】 1993年,沈河区普及九年义务教育取得新的成果,并接待了省政府评估验收团的检查;实验小学和朝阳一小学分别成为国家及辽宁省教育整体改革实验基地;实验小学向全国教育整体改革第六届研讨会的代表全面展示了教育改革的成果;高考录取率为60.6%,中考录取率为80.7%,初中毕业生全科及格率为71%,小学毕业生语文、数学及格率均为98%;职业学校毕业生就业率为97.5%,教育质量居全市上游水平。文化工作继续向积极健康、丰富多彩的方向发展。区文化馆编排的满族舞蹈《盛京鼓舞》获国家文化部"群星奖"铜牌,在第三届沈阳国际秧歌节中,沈河区代表队参赛的《满族八角鼓舞》获"金玫瑰"奖;全年组织老年秧歌大赛、家庭文化艺术节、消夏乘凉晚会、校园集体舞、商业时装表演等各种群众文化活动100余场;"扫黄"、"打非"工作扎实开展,共收缴非法出版和黄色书刊3 700册,音像制品9 200盘。医疗卫生工作加强了机制改革和医风医德培养,全年各类传染病发病率控制在189/10万,"四苗"覆盖率为99.8%,无脊髓灰质炎病例发生。体育工作坚持群众体育和竞技体育协调发展的方针,中小学体育锻炼达标率为98.4%,优秀率为29.8%;在日本大阪举行的第二届东亚"希望杯"少儿乒乓球比赛中,沈河区4名小运动员参加了由8名运动员组成的中国代表队,并获得男女团体冠军,谭瑞午同学获男子单打冠军。民政工作迈上了新的台阶:社区服务由单纯福利型管理变为经营性管理,全年创利润300多万元;婚姻管理以法律法规为准绳,为4 113对当事人办理了结婚登记,为731对办理了离婚登记,合法率均达100%;被市民政局评为"婚姻体制改革先进单位";拥军优属坚持动真情、办实事,为优抚对象补贴生活费11万元,妥善安置退伍军人443名,安置随军家属21名,为驻区部队减免各种费用4.4万元,1993年,该区被市政府命名为"双拥模范区"。计划生育工作认真贯彻"控制人口数量,提高人口素质"的基本国策,全区共出生人口3 809人,比1992年少出生406人,人口自然增长率为0.2%,计划生育率为99.89%。

【依法治区取得新成绩】 在1993年,沈河区进一步完善了民主监督机制,区政府主动接受区人大的依法监督和区政协的民主监督,在全市各城区中,沈河区率先实行面访代表制度,保证了办案时效和质量。全年共办理人大代表建议217件,办理政协委员提案147件,面访代表214件,满意率占建议的90%,面访率达98%,办复率达100%。1993年5月15日,沈河区被市政府评为"办理议案、提案先进单位"。全年受理群众来信来访1 485件,处理群众集体上访170余批,办复1 467件;受理区长公开电话419件次,受理沈阳人民广播电台"连心桥"节目接转群众来信60件,全部得到及时和妥善处理;按照《行政诉讼法》和《行政复议条例》的要求,区政府积极组织了12期共28个部门的63批干部参加行政复议资格培训班学习;为适应发展社会主义市场经济的要求,区政府清理和废止了11个与《全民所有制工业企业转换经营机制条例》等新法规不一致的文件;区工商局、巡警队、环保局、司法局等执法部门共举办各类专业法规培训班54期,参加学习的执法人员达1 100人次,执法人员经过培训,提高了执法水平。社会治安形势基本稳定,全年共破获各类刑事案件3 519起,其中破获重特大案件807起;摧毁犯罪团伙69个;有效地制止了数起较大规模的突发事件,防止了社会矛盾的扩大和激化;在维护社会治安中,一批民警屡建战功,成长为先进典型。1993年10月22日,区公安分局民警魏国良被公安部授予全国公安战线二级英模光荣称号,在沈阳市十大模范民警和十大优秀民警评选活动中,魏国良、周明新、张志民榜上有名。1993年5月1日,沈河区依据市政府的决定,在全市城区中率先组建了由300名巡警组成的巡警大队,巡警上岗巡逻的试点工作进展顺利,获得成功。半年中,共制止斗殴和扰乱公共秩序3 658起;纠正各种违章43 185起;抓获犯罪份子104人;破获各类刑事案件72起;制止集体闹事和抢险救灾16次;为群众指路答疑、查找亲属、救助病人7 684人次,巡警综合执法的作用，受到了社会的广泛好评。1993年，全区加强了治安防范网络建设，在重点和繁华地段设置了25个治安岗亭；12个街道的居民住宅和企事业单位安装了技术报警装置，提高了治安防范能力。

（钟树楼）

大东区

【概况】 大东区位于沈阳市区东部，东南、北与东陵区为邻；西与西南与沈河区相连；西北与于洪区接壤。全区总人口59.9万人。1993年大东区完成工商总收入170 000万元，比1992年增长30%；实现工商总利润9 800万元，比1992年增长30%；工业产值达到74 000万元，比1992增长44.2%。整个区街经济发生了显著变化。

【工业整体素质有新提高】 1993年大东区投入资金3 000万元，完成技术改造和新产品开发102项，新增产值8 000万元，利税1 000万元。信达仪器仪表公司研制的“伪钞鉴别机”等两项科技成果获得市科技进步二等奖；广厦热力设备制造公司研制的“BH型波纹管换热器”获得第四十二届布鲁塞尔国际博览会3项大奖。全区骨干企业已发展到51户，新组建了传感器制造集团等5家科工贸一体化的集团公司；涌现出沈阳波纹管制造（集团）公司、三星机械制造（集团）公司、广厦热力设备制造公司等一批产值超千万元，利税超百万元的大户企业。上园工业科技园一期工程后续配套建设全面完成；二期工程也已初具规模，所安排的13户企业大部搬迁完毕，7户企业已经投产，全区还组织举办了历年来规模最大的人才智力交流洽谈会，并参加了沈阳市和全国的人才交流洽谈活动，特别是重奖有突出贡献的科技人员在全市引起轰动效应，增强了人才引进的驱动力。全年共引进各类人才1 365人，仅具有中级以上职称的就达782人。全区90%的重点工业企业都配备了科技管理干部，区、街、企三级科技管理网络日趋完善。

【流通产业活力有新增强】 1993年大东区属国合商业为适应市场需要大力变革经营结构，已有75户商业企业转向经营。区粮食系统转制后，大步走向市场，克服各种困难，提前1个月完成全年计划。新组建的区食品公司，初步形成拥有集约优势的生产集团。全年商业完成销售额30 910万元，比1992年增长7.9%；实现利润600万元，比1992年增长20%；上缴税金507万元，比1992年增长7.6%。市场建设全面展开，全年投入1亿多元，先后建成了东北电子城、小商品大世界、装饰材料城和东行日用杂品市场、望花木材市场、上园综合市场，新增市场营业面积10万平方米。东行家私城迁入北顺城营业大厅后，扩大营业面积27 000平方米，使全区设施先进的厅楼式市场营业面积达到7万平方米，居市内5个城区的领先地位。全年各类集贸市场总成交额超过12亿元，相当于1992年的2倍多。

【区街经济外向型有新扩大】 1993年大东区坚持实施“外向牵动”战略，招商引资实现新突破。3月份，该区在香港举办的“'93沈阳大东香港外经贸合作项目发布会”上，共签定合同、协议、意向56项，总签约额10 371万美元，协议利用外资额6 613万美元。已有12个合资经营项目领取了营业执照，总投资额860万美元，利用外资额462万美元。这次洽谈会签约成功率高达77.3%。7月份，又在新加坡成功地办了“'93沈阳大东新加坡外经贸合作洽谈会”，总签约额12 500万美元，还洽谈出口贸易额1 000万美元。9月份，在“'93沈阳国际经济技术合作洽谈会”上，又签约13项，总成交额达到36 000万美元，有3家合资合作企业在会议期间领取了营业执照。由于不断加大招商引资的力度，全年外资实际调入额已达到3 500万美元，为市下达计划的175%，名列全市各区之首。新办“三资”企业50户，是年计划的2倍，比1992年翻了一番还多。实现出口供货值4 200万元人民币、自营创汇4 000万美元、劳务输出127人次，都超额完成了市下达的计划。海外窗口建设也有新进展，全区已在海外建立各种经贸机构8个，加强了与主要区域性国际市场联系。

【个体私营经济有新发展】 1993年大东区个体工商业户达到10 093户，从业人员达到14 790人，分别比1992年增长23.4%和21.9%；私营企业达到183户，从业人员达到2 553人，分别比1992年增长62%和52%。全年个体工商业户产值达到10 045万元，营业额达到33 269万元，分别比1992增长10%和41%；私营企业注册资金和产值（营业额）达到2 500万元和1 019万元，分别比1992年增长1.4倍和78%。有近30户私营企业实行了跨地区、跨所有制、跨行业经营，出口创汇100万美元。

【经济体制改革有新举措】 1993年，大东区以理顺产权关系为重点，全区又有127户企业实行股份合作制经营，共吸纳股金420万元，实行股份合作制经营企业的总数已达到376户，量化资金到人的资产股份合作制试点工作也已经开始，股份合作制在实践中日趋规范和完善。区属商业在积极推行股份合作制的同时，还有106户企业，实行国有民营或公有私营。企业内部三项制度改革全面推开，全区已有1 042户企业实行了用工制度改革，有1 078户企业实行了多种形式的分配制度改革，基本形成了以按劳分配为主体，效率为先、兼顾公平的分配形式。无主管部门企业试点工作也已经开始，并初见成效。

【城区综合功能不断强化】 1993年，大东区加大城区综合功能的建设力度，开发改造势头良好。全区共开发地块26片，改造旧区67.3万平方米，建筑面积达到126万平方米，住宅竣工面积76万平方米。新建百乐、边墙、东祥等5万平方米以上的住宅小区6个，7 610户居民如期回迁新居。鹏源大都会、沈阳广场已全面施工，小东路地下商场主体已基本竣工，小商品大世界二期工程也已破土动工。全年还维修危房

7 241 处,消灭了 1992 年底在册的危房。

市政基础设施建设加快。全年新建、翻建道路 22 600 平方米,新建深坑密闭旱厕 5 座、水冲式公厕 2 座,维修破损道路 28 160 平方米,新建、翻建排水管道 18 600 延长米,维修窨雨井 977 个。改善生态环境,扩大和恢复绿地 105 000 平方米,完成联网供热 50 万平方米,治理污染 10 处。人防工程完好率达到 91.5%。

城管工作力度增强。以"城市管理年"为契机,全区首次召开城管工作会议,改革城管工作体制,实行建管分开,强化街道属地管理,健全和完善了《大东区城管工作责任目标考核办法》等 10 项城管法规,重点整治了违章乱建、乱占道路等 7 个久治不愈的顽症和重点部位,共拆除违章建筑 900 多间,拆迁摊亭 280 多个,整顿小食群 100 余处,同时取缔了马路市场和马路停车场,使交通卡脖路段的堵塞状况基本得到缓解。经市检查验收,大东区有 22 条主要街路实现达标。尤其是拆除历史遗留已久的六〇六所地区违章建筑群,解决了全市多年想解决而未能解决的"老大难"问题。

【各项社会事业取得新成果】 1993 年大东区社会各业有了较快的发展。教育工作,认真贯彻落实《中国教育改革和发展纲要》精神,推进教育事业不断发展。经省政府验收,大东区成为首批"普九"工作达标区、职工教育先进区,并被国务院命名为特殊教育先进区。德育工作、教学改革等 17 项经验分别在省、市作了介绍和推广。"创造性教育"等 31 个教育科研项目分别被列入"八五"期间国家和省、市级教育科研发展规划。办学条件也进一步改善,三十五中学风雨操场已经竣工,五十中学新教学楼成为全市第一所集教学、办公、实验于一体的多功能教学楼,小河二小学教学楼、二十八中学职工住宅等教育基建项目也均已按计划施工或竣工。医疗卫生工作,积极进行经营机制改革,区属医疗院所全部按照"四自"的方针实行了自收自支。全年又新办小专科 13 个,区医院已被省、市评为二级甲等医院。防疫保健和公费医疗管理工作保持全市先进水平。计划生育工作。强化目标管理和依法管理,在人口出生高峰年,计划生育率仍达到 99.98%,全面完成了人口计划。文体工作,积极发展和繁荣群众文化体育事业,全年共开展大型文化活动12次,成功地举办了大东区第四届群众艺术节,并在秧歌节期间组织了"不夜金秋文化庙会",区政府获得市政府授予的秧歌节"突出贡献杯",区文体委被评为市群众文化活动先进单位。体育运动也取得好成绩,在国家体委召开的现场会上大东区介绍了开展群众体育活动的经验。洮昌、东塔、新东 3 个地区体委分别被评为国家和省的群体工作先进单位。全区运动员在全国和省、市的比赛中,共获得金牌 34 枚,区击剑队参加省、市比赛囊括全部金牌,并代表辽宁省参加全国少年击剑比赛。全年还向上级体校输送优秀体育人才 27 名。民政工作,以争创省级"双拥"模范区为龙头,积极开展双拥"六进"活动,全年完成"双拥"共建项目 6 个,培养军地两用人才 460 人,优抚四项指标率达到 100%,大东区被命名为沈阳市拥军优属模范单位。社会化管理和社区服务水平也进一步提高,"四残"人员安置率达到 100%,区福利院被评为全市窗口行业竞赛优胜单位。

(*曲显泰　祖玉田*)

皇姑区

【概况】 皇姑区地处沈阳市市区北部南隔哈大铁路与和平区、沈河区为邻;西南面隔沈山铁路与铁西区毗连;东、西、北三面为于洪区所环绕。东西最长处约 8 公里,南北最宽处约 8.85 公里,总面积 36.5 平方公里。1993 年全区辖 20 个街道办事处,393 个居民委员会。共有 198 830户居民,人口 647 884 人,人口密度为每平方公里 17 750 人。总人口中,汉族占 93.2%,还有满、回、朝鲜、蒙古、锡伯等 30 个少数民族。

皇姑区是一个有着悠久文化历史的城区。区内有距今 7200 余年的新石器时代早期文化遗址——新乐遗址;有保存完好的辽代佛塔——无垢净光舍利塔;有清朝第二代皇帝皇太极的陵墓——昭陵(北陵)。大量的文物古迹,展示了皇姑区的古代文明。

皇姑区内有沈阳飞机制造公司、新阳机械厂、新乐精密仪器公司和沈阳机车车辆工厂等国家重点骨干企业;有凤凰饭店、友谊宾馆、泰山宾馆等高标准、现代化的旅游服务设施;有辽宁大学、辽宁中医学院、沈阳航空学院等 17 所高等院校;有 601 所、1 447 所等 57 家市以上科研院所。悠久古老的历史,先进集中的现代文明,优美的自然环境,使皇姑区成为国内重要的文化区和旅游区。

【区街经济实现跳跃式发展】 1993 年,皇姑区综合产值(收入)完成 210 876 万元,比 1992 年增长 48.6%;全区实现利润总额11 332 万元,比 1992 年增长 62.9%;完成财政收入 11 079 万元,比 1992 年增长 57.7%,创历史最高水平。

培育规模工业企业成效显著。1993 年,皇姑区为改变区街工业企业形象,对重点企业、重点项目大胆投入,重点扶持。全年通过各种渠道融资 9 237 万元,重点扶持 52 户企业,培养出 30 个有较大规模的骨干企业,推动工业生产强劲增长。全区工业产值完成 81 279 万元,比 1992 年增长 53.2%;实现工业利润6 843 万元,比 1992 年增长 67.7%。

企业改革向纵深发展。皇姑区各经济部门认真贯彻《城镇集体所有制企业条例》,围绕企业经营机制的转换,积极推行股份合作制和用工、分配、社会保险三项制度改革。发展股份合作制企业 126 户,100 户全民、集体企业实行了全员劳动合同制,4 476 名职工与企业签订了劳动合同书。2 000 多户企业打破了等级工资制度,实行的岗位技能工资为主的多种分配形式有 650 户企业参加社会养老保险统筹,投保人数达 36 850 人。

对外经济贸易打开新局面。1993年，皇姑区在对外开放、招商引资、发展外向型经济方面采取了一系列大动作，先后参加了6次大型国内外招商活动，与马来西亚、韩国、香港等12个国家和地区的80多个公司200多位客商广泛接触，签订57个项目，签约总额2.7亿美元。新办“三资”企业50个，比1992年增长66.7%；外资调入额达321.6万美元，比1992年增长67.6%；实现出口供货值1 640万元，比1992年增长26.8%；自营出口创汇达210.6万美元，比1992年增长96.8%。

科技兴区战略进展顺利。皇姑区加大了引进人才工作的力度，积极引导企业依靠科技进步提高产品的竞争能力。1993年共引进各类人才1 113人，研制开发新产品120项，完成科研成果85项并推广应用。民办科研机构已经发展到290户。全年依靠科技进步新增产值9 700万元，新增利税2 520万元。

市场建设构成新框架。1993年，皇姑区以发展生产资料市场和大型专业市场为主攻方向，投资4 000余万元，新建了东北机动车交易市场、塔湾钢材市场、沈阳机动车配件城等大型专业市场，改变了以农贸市场为主的市场结构。1993年市场成交额近10亿元，比1992年增长一倍多。市场成交量2.7亿公斤，达历史最高水平。市场建设带动了个体、私营经济迅速发展，市场和个体、私营税收3 510万元，比1992年增长53%，约占全区财政收入的三分之一。个体工商业户达10 214户，比1992年增长28.8%，私营企业达270户，比1992年增长42%。

区直商业增添了活力。全区区直商业调整经营结构，转换经营机制，拓宽经营范围，强化销售手段。在部分小型商业企业中实行了“国有民营”。对亏损、微利企业实行兼并。投资1 000余万元新建、扩建、改建了一批商业服务设施，新办了24家有较强竞争能力的企业。区直商业正逐渐摆脱计划经济的经营方式，向市场经济转变。1993年完成销售额2.97亿元，实现利润381.5万元，比1992年增长28.5%。

【城建城管工作效果显著】 皇姑区加快了旧区改造步伐，1993年超额完成改造35万平方米棚户区的计划，共改造棚户区54.8万平方米，是开工和在建工程最多的一年，为昆山、亚明、永泰等地区的1万户居民群众改善了住房条件。全区建安工作量完成2亿元，比1992年增长了1倍。打通、延长了长江街和昆山西路，改善了这个地区的交通状况。强化居民住宅小区建设和管理，3个小区被省市评为先进小区。市政建设有新的进展，道路、排水工程超额完成年计划。植树3.3万株，栽草坪3.46万平方米，扩大绿地面积23万平方米，全区绿化覆盖率达到29.2%。

城市管理不断加强。皇姑区以解决重点、难点、热点问题为突破口，从治理“八乱”入手，共拆除违章建筑375间，取缔占道商亭、摊床217处，清除占道物品958处，使市容、交通、卫生秩序明显好转。坚持开展全民卫生达标活动，居委会达标率为85%，一般单位达标率为83%，特殊行业达标率97%，各类卫生先进单位达522个。强化环境综合整治，大气、水质、噪声等污染控制在国家标准之下并有所降低。精心组织垃圾清运袋化试点工作，环境卫生综合成绩在全市居领先地位。

【社会事业健康发展】 1993年皇姑区各类教育协调发展，投资795万元，新建4幢中小学教学楼和实验楼，中小学校全部实现楼房化、暖气化，办学条件进一步改善。教育质量稳步提高，小学毕业生全科及格率为99.1%，初中为81%，高中会考及格率达99.5%，高考送挡1 134人，列全市第一位。拓宽办学渠道，鼓励扶持民办学校，已建成8所民办职高，3所民办中学和1所民办小学，适应了教育事业发展的需要。

医疗卫生不断探索改革新路子。在提高医疗质量的基础上，内引外联，巩固发展了专科专诊的成果，在区属医院进行了“国有民营”试点工作。预防保健工作进一步加强，圆满完成脊髓灰质炎的预防工作，疫苗接种率达100%。各类食品合格率、餐具消毒率明显提高，未发生重大疫情和传染病流行。较好地完成计划生育工作目标，1993年比计划少出生800多人，出生率为7.2‰，人口自然增长率为1.98‰，计划生育率达99.98%。

文化、体育工作又有新起色。群众性文化活动的高层次发展，在第三届中国沈阳国际秧歌节期间，皇姑区满族舞蹈表演团荣获金奖。以弘扬民族文化，巩固发展特色文化为主线，组织街道办事处及驻区单位举行文艺演出、剪纸展、书法展等各类活动618次，丰富了地区群众文化生活。全区群众性体育活动更加活跃。1993年，在参加市举办的各种比赛中获金牌53枚，打破市少年组纪录18项，为省、市输送了30多名体育人才。

（王再新）

铁西区

【概况】 铁西区位于沈阳市区西南部，面积39.6平方公里，人口73万人，所辖20个街道办事处，405个居民委员会。铁西区是沈阳这座著名重工业城市的工业核心，大中型企业占全市一半以上，拥有一批全国行业的排头兵企业和一支庞大的科技队伍，曾为葛洲坝等一些国家重点工程做出过重大贡献。区街经济在大工业的带动下呈现出勃勃生机与活力。1993年全区完成社会总收入24亿元，总利润1.16亿元，分别比1992年增长33.2%和33.3%，社会各项事业也得到了较大发展。

【区街经济发展进入快车道】 1993年铁西区区街企业完成工业销售收入8.1亿元，工业总产值8.9亿元，工业利润6 849万元，分别比1992年增长34.5%、44%和30.4%，工业三项经济指标绝对值居市内五区之首；街企总收入完成10.2亿元，街企利润8 618万元，分别比1992年增长46.8%和37.3%；物资系统完成销售收入4.2亿元，实现利润

337 万元，分别比 1992 年增长 39.1%和86.8%；财政收入完成 1.21 亿元，比 1992 年增长 40.1%，首次突破亿元大关。区街经济保持了高速度、高效益发展势头，提前两年实现了“八五”期间主要经济指标翻一番的奋斗目标。

技术改造和新产品开发取得明显成效。全年投入技术改造资金 2 800万元，实施技术改造 80 项，新增产值和利税分别比 1992 年增长 92%和31%；投入新产品开发资金 1 150万元，开发研制新产品 72 项，其中 7 种新产品填补了国家和省内空白，有 9 种达到国内先进水平，新增产值和利税分别比 1992 年增长 25.3%和 25.2%。技术改造和新产品开发为历年来投入最大、项目最多、效益最好的一年。

【招商引资有了突破性进展】 1993 年铁西区新发展“三资”企业 45 家，投资总额达 4 567 万美元，自营出口创汇 416 万美元。“三资”企业的数量、中外双方投资总额、合同利用外资额和出口创汇额都超过了前 4 年的总和。全年已有 28 个部门和街道办事处走出国门直接参加招商活动，全区共推出 50 多个较大的招商项目，请进来 100 多位外商进行经贸洽谈。特别是通过赴香港、韩国招商等 4 次大型招商活动，提高了铁西区的知名度，仅韩国招商活动就签订合同利用外资额 3 400 万美元。全区合资合作伙伴已由过去的以港台为主扩大到美国、韩国、日本、加拿大、印度等国家。“三资”企业的行业也由原来的生产型向房地产开发、餐饮娱乐等多方面发展。

【第三产业进人蓬勃发展阶段】 1993 年铁西区第三产业又有了长足的发展。全国最大的厅式家具市场——中国家具城已成为立足东北、辐射全国的家具和装饰材料集散地。全年实现营业额 12 亿元，税收 1 200 万元；新建扩建了木材、建材、标准件、马壮等市场；“井”字型商业中心区改造建设 31 个居民里，新增 210 个百米以上的商业网点；大力兴办第三产业，全区新办商业网点 6 000 多个，其发展数量、规模和效益均创全区有史以来最高水平。

个体私营经济发展迅速。发展户数和从业人员分别达到 9 500 户和 1.8 万人，比 1992 年增长 14%和 25%，实现商业销售额和工业总产值 34 亿元，比 1992 年增长 4 倍，上缴税金 2 700 万元，占全区财政收入的 22.3%。

劳务市场进一步完善。在原来审批、签证、核定一条龙服务的基础上，又增加了职业介绍、求职登记、信息收集发布、政策咨询、待业保险等业务。全年共有 21 个企业发布了用工信息，求职登记 1 112 人，推荐介绍 830 人，为用工单位和求职者起到了牵线搭桥的作用。同时，进一步完善了八马路零工市场和职业介绍所，安置待业人员 8 000 多名。

公有商业企业在全面推行“五放开”改革的基础上，普遍进行了定销售、定毛利、定费用、定额纳税，退出企业流动资金的“四定一退”改革，引入个体经营机制，实行“公有民营”和“企有自营”。在发展战略上，采取“抓大放小”的措施，在搞好骨干企业的同时，放活小企业，采取拍卖、转属、兼并、租赁、联合等多种形式，实现机制再造，结构重组，为企业发展注入了生机和活力。采取“巩固零售阵地，强化商业批发，开展多种经营，快上商办加工”的全面发展战略。打破了行业界限，副食行业兼营百货，粮食行业多种经营，蔬菜行业开办市场，不仅挽救了一批亏损企业，还取得了较好的经济效益和社会效益。1993 年，尽管区属商业企业面临着部分网点拆迁，粮食蔬菜价格放开，财政补贴全部取消等诸多困难，仍然实现销售额3.8 亿元，利润765万元，分别比 1992 年增长10.1%和10.2%。

【城区环境进一步改观】 1993 年，铁西区旧区改造步伐加快。改造旧区新建住宅开工总面积达 186 万平方米，年内竣工 62 万平方米。全区人民关注的建大三期工程已有 74 栋住宅楼完成主体；全年回迁安置居民 3 295 户，修缮危房 1 万平方米，群众居住条件得到进一步改善。

市政设施进一步完善。拓宽改造街路 7 700 平方米，铺设人行方砖步道 6 000 平方米；新建水洗公厕 4 座，垃圾转运小高台 30 座；植树 4.1 万株，铺草坪 14.7 平方米，全区绿化覆盖率由 1992 年的 19.7%提高到20.6%。

重点工程建设进展顺利。建筑面积 3.5 万平方米的工贸大厦已完成地下和地上三层主体工程；金龙大厦、七彩城相继破土动工；物资大厦、购物中心已完成动迁腾地，达到“三通一平。”

市容环境卫生进入全省先进行列。强化了城市管理力度，拆除违章建筑、清除违章占道 2.8 万平方米，取缔了秩序混乱、堵塞交通的自发市场 11 处，整顿街办市场 14 处。进一步治理了污染源，改造茶炉、锅炉、冲天炉 62 台，新创建卫工、轻工 2 个安静小区。经省爱委会检查评定，铁西区被授予省级卫生模范城区称号。

社区服务功能不断完善。新办社区服务网点 501 个，安装公用电话 380 部；区福利院被评为省一类院；全年安置残疾人就业 286 名；拥军优属工作不断深入，被评为市拥军优属模范区。

【各项社会事业健康发展】 1993 年铁西区的各项社会事业全面发展。教育事业迈出新步伐。办学条件不断改善，新建、扩建中小学教学楼 5 座，总面积达 2.4 万平方米，消除了学校危房和中小学二部制，有 80%的学校实现了标准化办学。教育质量全面提高，全区小学、初中毕业生行为规范合格率和体育合格率均达到 99%以上，文化课全科及格率分别达到 98.6%和 77.4%，初中毕业生升学率达到 85%，高中毕业生升入上一级院校达 1 124 人，职业高中毕业生当年就业达 96%。“普九”及学校标准化建设成果显著，经省政府检查验收，铁西区提前两年完成“普九”计划，成为全省首批“普九”达标先进区。

卫生和计划生育工作继续保持先进水平。全区初级卫生保健工作按规划顺利实施，健康教育“三进率”达 96%，计划免疫四苗覆盖率达 99.9%，各类传染病发病率比 1992 年下降 26.7%，全年无脊髓灰质炎病例发生；计划生育工作在严峻的形势下取得可喜成果，计划生育率为99.9%，比市指定指标提高0.4%，人口出生率为7.19‰，比1992年下降0.9‰，铁西区再次被评为省计划生育工作先进区。

群众性文体活动蓬勃开展。企业文化、社区文化等具有地区特色的文化工作有了新发展，成功地举办了铁西区第二届艺术节和金秋庙会活动。在中国第三届国际民间舞蹈大赛中获得："金玫瑰"奖；新建1 200平方米的街道文化站2个，新建的4 300平方米文化馆得到充分利用。坚持"扫黄打非"，文化市场得到进一步净化；群众体育工作又获好成绩，少儿业余田径在全市保持"十一连冠"，群众体育工作连继10年被评为先进区，全年向省市运动队输送运动员61名。

（于子凤）

于洪区

【概况】 于洪区位于沈阳市西郊，兼有城乡两种建设职能。1993年辖12个乡，4个镇，4个街道办事处，199个自然村，人口36.8万。全区耕地面积39 789公顷。其中水田面积16 657公顷，于洪区地理位置优越，半环市中心区，有广阔的农副产品销售市场，发展工业又能得到城市大企业的支援。自然条件良好，境内除地势平坦、土质肥沃、地下水丰富、交通便利外，尚有大量待开发利用的资源。此外，农业装备雄厚，工业基础良好，科技力量较强，发展经济和社会事业具有得天独厚的条件。

1993年于洪区坚持放开农业，主攻工业，大力发展第三产业的指导思想，艰苦奋斗，开拓进取，全面完成了各项工作任务，国民经济和各项社会事业步入了一个新的发展时期。1993年，全区社会总产值实现77.2亿元，比1992年增长50.1%。工业产值完成58.3亿元，比1992年增长54.4%，其中乡镇工业产值完成53.3亿元，比1992年增长55.4%；农业产值完成6.68亿元，增长6.7%；第三产业增加值完成8.43亿元，增长67.4%；国民生产总值完成32.6亿元，增长49.9%；国民收入完成30.7亿元，增长50.1%；财政收入完成1.25亿元，增长24.5%；农村人均收入实现2 000元，增长37.9%。

（侯喜明）

【农业生产获得全面丰收】 1993年于洪区粮田面积在比1992年减少的情况下，总产量仍然达到2.3亿公斤，水稻单产611公斤，玉米单产493公斤，分别比1992年增长3%、5.1%；蔬菜总产量达到4.7亿公斤，总产值首次突破亿元大关；生猪饲养量19.5万头，比1992年增长2.1%；家禽、肉鸡、肉牛、淡水鱼、水果等产量均有较大幅度增长。

农业生产在困境中取得丰硕成果，主要抓了以下几方面工作。强化农业工作领导力度。年初，针对农业生产面临的重重困难，区里成立了农业工作领导小组，并提出了"种好地，不撂荒"的指导思想。通过采取下调土地提留，组织跨地区承包等措施，及时解决了4万多亩弃耕地的转接包问题，较稳妥地实现了转接包土地工作的平滑过渡。强化农业产业结构调整力度。从区情出发，制定出台了10条优惠政策，总结推广了32个典型经验。全区共调减粮田面积7.1万亩，增加经济作物种植面积2.7万亩，林果6 305亩，蔬菜1.5万亩，其中发展蔬菜保护地面积1 935亩。扩大南菜北植面积3 924亩，反季节菜2 500亩。养殖业结构发生新变化，山鸡、银狐、老虎等珍禽动物的试养开始起步；小尾寒羊、观赏鱼、甲鱼等名特品种的饲养取得了可观效益。强化农业投入力度。1993年，全区农业投入达到1.03亿元，其中，区财政在资金偏紧的情况下，对农业投入仍达到379万元。各种农用物资货真价实，数量充足，下摆及时，满足了农业生产需要。强化农田基本建设力度。全区新上38项水利工程，维修机电井2 118眼，清淤68万立方米。同时，还进一步落实了大型农机具、机电井的折旧制度，加强了陈欠款的收缴工作，积极兴办农副产品深加工企业，对农业生产起到了积极作用。

（侯喜明）

【工业生产高速发展】 1993年于洪区工业实现销售收入46.6亿元，比1992年增长54.4%，其中乡镇工业完成43亿元，增长59.4%。实现利润4.9亿元，增长60.7%，其中乡镇工业完成4.5亿元，增长57.6%。工业产值超亿元的乡镇已达14个，其中4个近郊乡的工业产值全部超过7亿元。沙河子、双喜等9个村的企业产值突破亿元大关。街办工业产值实现2亿元，利润达到1 869万元，分别比1992年增长55.7%、84.5%。

工业生产在客观环境趋紧的情况下，能够克服重重困难，获得高速发展。采取的主要措施是：坚持解放思想更新观念。面对不断变化的客观形势，适度调整了经济发展指标，适时规划了跳跃式发展目标。坚持加强领导，靠前指挥。区确定了对乡村重点抓，对企业分类抓，对大型项目跟踪抓，对经济效益常年抓的指导思想，各级领导干部带头谈项目、筹资金，承包重点村和大型企业的技改项目，通过现场会、拉练会等形式掌握生产动态，分析问题，研究对策。坚持政策导向，建立激励机制。继续稳定和完善招聘能人、吸引资金、强化服务、扶持乡镇企业发展的若干项优惠政策，重奖了3个发展乡镇工业先进村和21名发展乡镇工业有功人员。坚持多方筹措，增加资金投入。在银行、保险和财政等部门的大力支持下，经过全区广大干部、群众的共同努力，全年累计投入工业资金5亿元，比1992年增加1.5亿元，其中自筹资金达到60%以上。坚持发展"四个一批"，提高市场竞争能力。全区新办集体工业企业614家，完成技改项目66个，开发新产品82种，坚持多轮并驱，培育新的经济增长点。在继续发展国有和集体经济的同时，对非公有制经济予以倾斜，发展私营、个体工业企业927个，新增产值2.8亿元，为工业生产再上新台阶夯实了基础。

（侯喜明）

【第三产业迅猛发展】 1993年，于

洪区把发展第三产业作为拉动全区经济发展的大事来抓。引导教育干部群众解放思想,破除保守的地域市场观念和提篮小卖的小农意识,树立着眼大市场,参与大流通,争取大发展的思想观念。区乡两级成立了领导小组,制定了发展规划,建立了考核制度,加大了投资力度,进而出现了区、乡、村一齐抓,国有、集体、私营、个体、合资企业一起上,全方位、高档次、多层次、大发展的可喜局面。全区社会商品零售额达8.7亿元,第三产业增加值占国民生产总值的比重由1992年的20%增加到24%,集贸市场成交额达到1.96亿元,比1992增长27%。商业、供销、粮食等部门的商品销售额、利润额、人均创利等主要经济指标均好于1992年,区供销社成为全市供销系统唯一一家多年不亏损单位。金融、技术、人才、劳务、房地产等生产要素市场也有了较快发展。新建的大潘、西站等综合、专业批发市场已开始营业,伊甸园大世界城一期工程、柳条湖市场已经竣工,全市第一家由个人投资310万元兴办的杨士综合市场正式落成,双喜神州集、东北汽车城等项目正在筹建中。

(侯喜明)

【对外开放不断扩大】 1993年于洪区抓住出口创汇和招商引资两个重点,加快对外开放步伐。全区出口创汇企业发展到41家。出口交货值达到1.42亿元,自营出口创汇1 012万美元,分别比1992年增长67%、181.3%。新审批"三资"企业95户,引进外资合同额5 176万美元,其中外资调入1 378万美元,均相当于过去历年的总和。北陵国家星火技术密集区和张士招商区,领导力量增强,建设步伐加快,到1993年末统计,新上内外项目105个,引进内外资金7 300万元人民币。

(侯喜明)

【经济体制改革进一步深化】 1993年,于洪区坚持以改革统揽全局,以改革促发展的方针,面对不断变化的客观环境,注意引导广大干部群众克服小进即满、盲目乐观和临变即惊、遇难即慌的保守意识,树立面对新形势,迎接新挑战,采取新措施,开创新局面的观念。完善双层经营机制,发展城郊型农业。全区适度规模集约经营面积达到22.8万亩,其中,家庭农场438个,经营面积6.8万亩,村办农场54个,经营面积4.6万亩,实行统种分管的村达到137个,经营面积23.6万亩。壮大集体经济,强化服务功能。新发展村办集体企业343家,清理村民占欠款420万元。乡镇"六站一会"兴办服务性经济实体90个,创产值3 000万元。村级蔬菜产销服务站增加到61个,农机服务组织发展到235个。制止三乱,切实减轻农民负担。区制定了关于减轻农民负担的18条政策,对乱收费、乱罚款和乱摊派现象进行了清理和处罚。全区大部分乡镇的农民负担控制在国家规定的标准之内。转换经营机制,增强企业活力。贯彻落实了《全民和集体所有制企业条例》,理顺了产权关系,落实了企业自主权,企业内部普遍实行了集体承包、风险抵押、厂长负责、目标管理的经营机制。大力推行股份合作制,新发展股份合作制企业389户,股金总额达7 836万元,分别比1992年增长一倍以上,有20个村实行了集团式股份合作制。流通领域继续实行"五放开"和"公有民营"经营责任制,增强了企业活力。加强配套改革,完善各种制度。在国有企业推广了职工待业保险,扩大了职工养老保险。农民养老保险等险种,得到了进一步发展。进一步完善了区乡两级财政分成体制。基本完成了缩编抽干任务,共分流人员190名,为下步机构改革创造了条件。

(侯喜明)

【城乡建设取得显著成绩】 1993年,于洪区经过努力,城乡建设10件大事全面完成。区乡两级房屋开发38万平方米,当年竣工29.5万平方米,改造南里、北塔棚户区3 000平方米,农房10万平方米,铺设煤气管线14 000延长米,煤气开栓1 400户,新建了于洪区自来水管理处,修建黑山路、青海西路和青铜巷3条道路;汪家、柳条湖、解放至区委3条客运干线全线贯通;加强了三级路面的管理和养护,公路网化基本形成;改造安装中远郊程控电话4 300门,便于洪区在全市农村率先实现了村村通程控电话;高花乡改水任务基本完成,有3 800多户农民吃上了自来水;小城镇建设步伐加快,修整了村路,完善了排水设施,美化绿化了村容村貌。城市管理工作取得了很大成绩,加强了主要街路和出入口道路的管理,全面清理违章占道,取缔无证商贩摆摊设点2 000多处,山东堡市场占道经营问题得到解决。强化了住宅小区管理,拆除违章建筑205处,同时还全面治理了脏、乱、差,城区面貌有所改观。

(侯喜明)

【社会事业有新发展】 1993年,于洪区科教兴区战略实施顺利,第二个三年规划中的第一年任务基本完成。工业"百亿"工程、农业"百例"计划项目全部落实。全区新发展民办科研机构35个,引进、推广高精尖技术30项。有17种新产品填补国家空白,有9种产品达到国内先进水平。科技队伍不断壮大,素质进一步提高,科技市场日趋活跃,科技培训全面展开。一年来,区、乡两级共举办各类科技培训班235期,培训人员1.5万人次。农民技校在发展农村经济中发挥了重要作用。农业科技承包规模扩大,效益提高,新增产值6 079万元。

教育事业取得新成绩。"五·四"学制改革健康发展,"初三"分流制度已经形成,"三教"统筹工作有新的进展,"普九"工作稳步进行,控辍工作成绩显著,受到省市政府表彰。"两基"工作已经过国家验收。德育工作得到加强,教学质量不断提高。'93届高中毕业生有95%升入上级学校,创历史最高纪录。

卫生事业有新发展。区级医院和乡镇卫生院的医疗设施不断更新,医疗水平得到提高。计划免疫率、四苗覆盖率、地方病、传染病防治率均达到国家规定标准。初级卫生保健工作进一步加强。防病治病能力逐步提高。全区计划生育率比1992年提高0.9%,节育率达到90.26%,有1 937对夫妇自愿献出二胎指标。

文化、体育、广播事业取得新成果。群众性文化、体育活动内容丰富,水平日益提高,有5件作品获市以上奖励,在市以上体育比赛中荣获36个第一名,其中破市以上记录达8人次。区广播电视站自制专题片2部,向省市电台、电视台提供新闻46条。

社会福利工作有新进展。一年来,安置城镇待业青年1 658人,残疾人就业率达87.5%,提高了现役军人的补贴标准,退役军人基本上得到妥善安置。

民政、民族、宗教、外事、侨务、档案、保密、修志、民兵、残联等项工作也都迈出新步伐。一年来,区政府及各部门在省市各项工作评比中,多次捧杯夺旗,在首届中国明星县(市)评比中被命名为明星县(市),与1992年百强县区所处的位次相比前移了20位。

(候喜明)

【杨士乡】 杨士乡位于沈阳城西南部,是于洪区的近郊乡,南靠浑河,北邻沈阳出口加工区,东与市内城区按壤,西同辽中县毗连。号称"中国第一路"的沈大高速公路从这里延伸,是沈阳通往大连的门户,便利的交通条件和得天独厚地理位置为该乡的经济发展插了腾飞的翅膀,并且跻身于沈阳市十强乡镇行列。

1993年杨士乡下辖14个村,总人口2.2万人,80%的劳力在乡村企业工作或从事第三产业,只有20%的劳力从事农业生产劳动。全乡有15所小学(含一所朝鲜族小学),两所中学,都是标准化学校,九年义务教育在全乡得到普及。乡里有医院3家,小剧场一座,卫生保健事业十分发达,农民业余文化生活十分丰富。随着经济的发展,农民的生活条件和居住环境都得到大幅度改善,村村通了柏油路,家家用上了自来水,户户有液化石油气罐。部分农民购置了私人小轿车,安装了私人电话,提前进入了小康生活。

1993年杨士乡社会总产值达9.12亿元,其中农业产值0.91亿元,工业产值7.08亿元,第三产业产值1.13亿元。

农业以蔬菜种植和高效养殖为主,通过产业结构的调整,向高产、优质、高效的方向发展。蔬菜保护地已有97公顷,平均每公顷产值28 965元,四季向城市居民提供精细菜7万余吨。1992年以来,香菇、灵芝等经济作物和药材生产形成了农业发展的新趋势。高效养殖品种广泛,乌鸡、鹧鸪、狐狸、奶牛产量效益都十分可观,尤其养鸡业十分兴旺。目前全乡蛋鸡存栏量达151万只,每年可向城市提供鲜蛋1.6万吨,占沈阳市鸡蛋总产量的四分之一。此外全乡每年可向城市提供肉食鸡4 500吨,鲜奶474吨,鲜鱼65吨。

工业门类齐全,实力雄厚,行业包括:机械、纺织、轻工、铸造、精细化工、建筑建材、电子电缆等几十种。全乡集体、联户、个体企业1 221家,年产值5 000万元以上的4家,年产值1 000万元以上的12家。工业固定资产2亿元,出口创汇1 000万元。乡政府、乡工业公司为更好地发展乡村工业,制定了发展工业的10条优惠政策,在全市引起强烈反响。杨士乡的乡村工业生产有较多的名优产品,其中春雷小波瓦1982年被农牧渔业部评为优质产品。奥吉娜长效刹车剂质量达到国际水平。高弹丝纤维、饮必灵、金钢石等产品都具有很强的市场竞争能力。

杨士乡第三产业比较兴旺,1993年投资1.7亿元筹建伊甸园大世界城和杨士综合市场。其中伊甸园大世界城建成后将成为商饮服一体的东北最大的娱乐服务中心,第一期工程3.6万平方米的商贸大厦已在1993年底竣工,第二期工程现已开工。乡内有4个农贸市场、酒店、商店及各种食杂店随处可见。第三产业的发展,给杨士乡经济的发展带来了新的生机。

杨士乡地处城乡结合部,有较好的投资环境,南依浑河流域,是未来的旅游开发区;北靠沈阳出口加工区,是未来的工业城,交通方便,实力雄厚,具有发展经济的优越条件。最近,该乡党委和政府为进一步改善投资环境,对沈大公路两侧及本乡之内的于金路、杨金路两侧又做了新的规划,确定了若干工业区。杨士乡领导班子由于在发展经济中坚持5个轮子一起转,着力发展集体企业,发展科技含量高的企业,稳中求活,稳中求快,因此杨士乡发展前景将会更灿烂,更广阔。

(齐宝鑫)

【陵东乡】 陵东乡位于沈阳北郊城乡结合部。沈法、沈吉公路、裕虎、长大铁路从乡内交错通过。风景秀丽的清昭陵,震惊中外的"9·18"事变柳条湖遣址座落在乡境内。全乡辖9个自然村,地域20平方公里,耕地面积1 083公顷,其中,水田243.6公顷,旱田839.4公顷。全乡有农业人口10 357人,5 145个劳动力,其中农业劳动力2 206人,人均耕地面积0.10公顷。

1993年全乡蔬菜总产量50 859吨,单产达42 510公斤;粮食总产量3 063吨;生猪饲养量10 402头、生猪出栏5 510头;肉鸡出栏275吨;鲜奶产量3 588吨。农业产值实现2 695万元。其中种植业产值1 690万元,畜牧业产值1 005万元。

改革开放以来,乡村工业发展迅速,全乡拥有383家企业,其中乡属61家,村属322家,生产各类产品200余种。1993年实现工业产值8.4亿元,其中,乡村集体企业产值7.19亿元,占总产值的86%;销售收入实现7亿元,产值销售率为83.3%,利润实现7 700万元。全年上缴税金1 700万元。

全乡有第三产业网点311个,其中饮食业50个、商业147个、交通运输业65个,共有从业人员1 325人。1993年,第三产业实现产值30 508万元,上缴税金55 594.2万元,劳均收入4 788元,人均收入2 220元。在全国2 093个亿元乡镇中主要经济指标统计排序中,陵东乡人均农村社会总产值位居第10位,乡企利税总额位居12名。陵东乡取得的成绩得到上级和社会各界的充分肯定,几年来先后获得:辽宁省"科技示范乡"、"中国乡镇企业百强乡"、"全国体育先进乡"、"中国乡镇之星"等荣誉称号。

该乡经济发展的优势主要是:

1.地理位置优越。陵东乡处于

大城市经济技术辐射强场区,吸收转化辐射能量率较高,具有广阔的经济技术和文化市场,商品、信息、资金、人才畅通,第三产业有广阔的发展前景。

2.农业设施完善。农机装备水平适宜。全乡水浇地面积达426.1公顷,占旱田面积50.7%;保护地面积达99.1公顷,占蔬菜面积13.3%,其中温室25.3公顷,大棚6.67公顷,中小棚66.7公顷。全乡拥有农业机械总动力21 852千瓦、机电井134眼,灌溉面积占耕地面积95%以上。大中型拖拉机115台,机耕面积占耕地面积96%以上。2个提水站,6个滴灌水塔,农业技科园,标准化菜田、水田低压管道节水设施和机械装备运载能力等都具有现代化作业水平。

3.乡村工业成为主要经济支柱。由于工业的迅速发展,不仅为农业基础设施积累了资金,同时又加快了自身的发展速度,并推动了第三产业的发展,使全乡一、二、三产业同步前进,结构趋于合理。

4.全乡拥有各类技术人才700人。其中高级技术人才130余人,中级360余人,初级210余人。在尊重知识,尊重人才的同时重视教育,加强对全乡8所小学1所中学的基础教育,把人才培养与经济发展密切联系起来。

5.推动科学技术在全乡的应用普及,建立了工业、农业两个科研所,4个专业学会,3个科技示范村,4个科技示范企业,10个科技示范组,10个科技示范户。乡政府聘请了30名科技顾问,与东北大学、农业大学、市农科院等30余个大专院校科研单位建立了技术合作关系,作为迅速发展经济的依托单位。

【北陵乡】 北陵乡隶属沈阳市于洪区,地处沈阳市北郊,是辽宁省经济比较发达的乡镇之一已跻身于全国百强乡镇之列。

北陵乡方圆30平方公里,下辖8个村(现已全部变为农工商全面发展的股份制实业公司),全乡总人口近2万人,总耕地面积近2万亩。

北陵乡具有发展商品经济的地理优势和自然优势。300多年前的“清昭陵”,7 200多年前的“新乐遗址”,分别座落在它的东侧和南面。周围与10几所大专院校和大中型企业毗邻交错。北陵乡位于沈大高速公路的起点,交通便利,四通八达,至沈阳新北站,沈阳桃仙机场迅捷可达。在悠久历史与现代文明相融汇,改革开放与经济发展相伴随的伟大实践中,北陵乡喜借天时、地利、人和等综合优势,使本地区的经济发展一直走在全市、全省乡镇的前列。

农业开始向高产优质高效发展。全乡6 000多亩水田,80%的面积实现全程机械化作业,以发展标准化保护地群和外菜中引、南菜北种为主要特点的高效菜田面积,推广到3 000多亩,接近全乡蔬菜总面积的三分之一。其中与日本农业株式会社合建的沈阳中日蔬菜品种改良试验场,共引进空心菜、荷兰豆、网纹甜瓜等15个种类,上市30个品种,成为沈阳高效农业的窗口。全乡养殖业也在稳步发展,高密度养殖水面达到600多亩,具有一定规模的家庭养殖场发展到70余家。同时还发展了一批出口速冻菜、京果、牛肉干、罐头、脱水菜等外向型创汇农业。

工业开始向高科技、大规模、外向型发展。北陵乡靠与大专院校联姻,先后引进几百名科技人才、创办起17家科工贸一体化研究所,开发出近30种新产品,或就地直接转化为生产力或向外实行技术入股转让,其中获国家专利11项。与东北大学联建的沈阳科技机械工业技术研究所开发出的干燥机及其它科研所开发的多元设备、料斗、电子天平等,都是填补空白,领先国内技术水平的产品。目前,全乡5个工业招商小区,3个工业出口小区已初具规模,全乡数十家产值超千万的重点企业,近百家产值逾百万的骨干企业大部分集中于此,而今后凡是科技含量高的大项目,也都将向工业小区引进。外向型经济是北陵乡近年工业发展的鲜明特色,论经济效益,全乡自营出口企业发展到15个,“三资”企业发展到52家,总投入2亿元,注册资金1.5亿元,外商投资6 000多万元,出口供货值以1990年的1 260万元为起点,每年以翻一番的速度增长。北陵乡已与国外近百家客商建立了业务往来和朋友关系,在参与国际市场的竞争中,一批自已的外经外贸管理人才脱颖而出。

第三产业开始向多层次、大流通、专业化方向发展。个体、私营、集体的商业网点、商业企业360多个。木材、蔬菜等专业化市场应运而生。座落在北陵的龙凤大饭店,位于北陵大街的和贺娱乐城及待建的跑马场、汽车城、射击场等都已或将在沈阳占有自己的一席之地。房地产开发业更是形势喜人,1993年在市区开发总面积达9万平方米,预计总盈利超千万元。

全乡“一、二、三”产业的协调发展,带来了速度效益的同步提高。1993年全乡实现社会总产值12.3亿元,其中农业3 565万元,工业8.89亿元,三产业增加值1.8亿元,财政收入1 640万元,出口供货值8 500万元,人均收入2 500元。

【沙岭镇】 沙岭镇位于沈阳市的西郊,东与于洪乡为邻、南与大青乡为界、西与新民市胡台乡接壤、北与马三家、大兴乡相连、沈京102国线贯穿其中,交通发达区域面积60.4平方公里,耕地面积3 748公顷,其中水田面积1 850公倾。镇辖1个居民委员会、12个村民委员会,全镇总户数7 018户、总人口25 008人,由汉、蒙、回、鲜、满、锡伯等6个民族组成。

镇内共有居民小区1处,建筑面积6.77万平方米,有电影院、饭店、旅社、幼儿园于一体的娱乐中心1处,中学1所,小学11所,鲜、蒙族、小学各1所。

全镇在经济发展上,贯彻以农为主,多种经营,以商致富,搞活经济,繁荣市场的方针。农业结构属城郊型,其特点是面向市场,面向城市,以粮为主发展粮、副、渔多种经营1993年水稻总产量18 888吨,农业总产值达7 015万元,该镇大力发展畜牧及养殖业,全镇共养鸡70万只,每年向市场提供商品蛋6 500吨,养鱼水面1 389亩,提供商品鱼

250吨。

全镇有企业75个,其中镇属企业21个,村属企业54个,全年工业总产值达15 474万元。沙岭农贸市场购销两旺有摊床140个,商品7种齐全,年成交额162.6万元,上缴税金1.4万元。随着经济的飞速发展,人民生活水平有了明显的提高。1993年人均收入达1 950元,80%的农户用上了自来水,高精商品进入了农民的家庭,电视普及率达100%。

苏家屯区

【概况】 苏家屯区地处沈阳市南部,北与东陵区接壤,西与于洪、辽中县隔浑河相望,东南同抚顺、本溪、辽阳三市毗邻,全境东西长58公里,南北宽29公里,总面积762平方公里,辖7镇、7乡、6个街道办事处,198个村委会、109个居民委,区内聚居着汉、满、蒙古、回、朝鲜、锡伯等13个民族、总人口42.1万人,其中,农村人口23.6万人,城市人口18.5万人。全区耕地60万亩、林地12万亩、水面8万亩。1993年,国民经济稳定增长,社会总产值达到40.1亿元,比1992年增长643.2%;国民生产总值实现13亿元,比1992年增长38.1%;工业总产值达到30.9亿元,比1992年增长52.4%;农业总产值实现5.1亿元,比1992年增长3.7%;财政收入达到7 550万元,比1992年增收1 273万元,增长20.3%,全区各项社会事业有了新发展。

【农业获得全面丰收】 1993年,苏家屯区农业总产值实现5.1亿元,比1992年增长3.7%。粮食产量259 795吨,平均单产比1992年提高2.1%,居全市最好水平。畜牧业总产值实现2.7亿元,比1992年增长6.2%,蔬菜等副食品供应充足,满足市场需要。林果生产全面完成市区计划,造林301公顷,水果产量1.1万吨。在平原绿化县区建设方面已通过国家验收。1993年,围绕发展"两高一优"农业,大力调整农业结构,水稻和玉米优质米分别比1992年增加19%和9%,经济作物增加63%。全区涌现出96个"一村一品"专业村,获得了显著效益。农村改革不断深化,综合服务功能得到加强,适度规模经营不断扩大,村级集体经济实力有所增强,集体收入达到2 200万元,乡镇机关兴办服务实体224个,村级服务组织发展到197个。减轻了农民负担,取消不合理收费和负担项目24项,农民人均负担比例降至4.7%,比1992年减少3.3个百分点,保护了农民生产积极性。农业基础设施建设大大加强,完成水利工程62项,大力发展节水型农业,苏家屯区已跨入全国第一批水土保持监督执法先进单位行列。完成农业综合开发任务25项,提高了农业的综合生产能力和经济效益。

【工业生产高速增长】 1993年,苏家屯区工业生产呈高速增长态势。城市工业产值实现4.2亿元,比1992年增长3.7%;乡镇工业产值达到26.7亿元,比1992年增长54%;统计口径实现总产值10.8亿元,比1992年增长66.5%,利润总额3 600万元,比1992年增长35.3%,保持了发展速度与效益的同步增长。

1993年,苏家屯区坚持"发展才是硬道理"的观点,首先完善了人才奖励政策,在全市率先重奖了8名优秀企业家。其次继续转换企业经营机制,完善企业内部配套改革措施,组建完善"东大、浩大、中大、红大"4个企业集团。推广股份合作制,全区股份合作制企业发展到232户,股金总额6 986万元,1993年发展136户,吸纳个人股金4 014万元。认真实施"四个一批"发展战略,培植新的经济增长点。1993年发展434项,其中,固定资产投资额在100万元以上的项目有35个,有24个企业总产值超过千万元,有3个村总产值超亿元。多方筹集资金,1993年筹资额达3亿多元。产品的科技含量和质量继续提高,1993年,全区有16种产品获全国专利新技术新产品奖。街道工业、校办工业、民政企业都保持了健康发展的好势头。建筑业完成产值1.8亿元,上缴税金650万元,分别比1992年增长14%和29%。有8项工程被评为市以上样板工程,交通运输业实现收入348万元,比1992年增长39.1%。

【第三产业异军突起】 1993年,苏家屯区按照建设大市场,发展大商业,搞活大流通的总体目标,加快了第三产业的发展步伐。1993年,投资1 900万元,全年完成枫杨菜市场、公园商场、大淑木材市场、林盛手套批发市场、姚千、千里集贸等10处新建、扩建、改建工程。全区市场已达到15个。初步形成了以农贸市场和轻工市场相结合;零售市场和批发市场相结合;厅式市场和摊区市场相结合的多功能、多类型的市场体系。1993年,全区以从事第三产业为主的个体、私营业户发展到8 008户、从业从员1.3万人。商业网点总数达到4 410个、平均千人拥有商业网点10.5个。全区社会商品销售额和零售总额比1992年增长61%和63%,第三产业增加值1.9亿元,比1992年增长54.8%。

【外经外贸工作迈出新步伐】 1993年,苏家屯区外经贸工作的显著特点是"一快、二增、三多"。一快是招商引资步伐加快。1993年全区批准设立"三资"企业28家,是历年总和的117%,合同投资额达1 803万元,其中外商投资占48.3%,分别是历年总和的142%和157%。二增是出口供货值和自营出口创汇额增加。1993年新增加5家出口创汇企业,现已发展到27家,有20余种系列产品销往17个国家和地区。出口供货值增加到3 500万元,比1993年增长26%,自营出口创汇增加到110万美元,比1992年增长10%。三多是民间劳务多、民间贸易多、同世界各国的往来多。1993年民间劳务人员达1 156人次,创汇231万美元,派出民间贸易团组152个,共700多人次,创汇28万美元。1993年先后派出考察和商贸团组50个,到美国、日本、独联体、韩国和香港等国家和地区开展商贸活动,邀请8个国家和地区的93名客商到苏家屯区参观考察。

【城乡建设和管理取得新进展】 1993年，苏家屯区城乡建设完成投资1.75亿元，比1992年增长45.8%。集中力量开展以民主平棚区改造为重点的住宅建设，竣工住宅面积29.4万平方米，其中旧区改造12.2万平方米，城区首期开通5 000门程控电话。城区道路状况得到改善。打通了迎春街南段、新建丁香街北段。完成排水工程10项、铺设排水管网4 400延长米。城区植树32 755株、植绿篱11 542延长米，铺草坪18 100平方米，栽草花168 020株。城区绿化覆盖率提高到25%，人均占有公共绿地面积4.13平方米。

村镇规化建设创历史最好水平，完成了陈相、姚千、八一镇基础设施建设规化和鲍家村建设规化试点，实现了工业区和生活区的分离。部分乡镇实施了街路命名，全区百米水受益村达191个。农村公路新铺黑色路面94.9公里，新建村级油路40.7公里，已有149个村通了柏油路，村通柏油路率76.4%。

【科教文卫等社会事业健康发展】 1993年，苏家屯区全面开展了科技成果推广、引进、技术培训和科技承包等方面工作。共推广应用科技成果121项、落实市区两级科研项目26项，其中11项达到国家和省级先进水平。引进工业新产品39项，全区各类民办科研机构已发展到38个，农业标准化生产为省内先进单位。

1993年，全区教育有新提高。中小学生遵则率达99.2%，中小学生犯罪率控制在0.016%以下。农村5至6周岁儿童入班率达99.3%，农村幼教工作在全市率先进入普及学前两年教育。初中毕业生升学率64.6%，比1993年提高15个百分点，高考升学率达62%，比1992年提高10个百分点。成人脱盲率为100%。农村改造危房、维修校舍7 812平方米，投入资金405.7万元，其中乡村集资339.7万元，校办产业实现产值3 000万元，利润实现300万元，补充了教育经费之不足。

卫生事业重点加强了医院的分级管理和农村医疗网络建设。区中心医院在全市县区级医院中，率先晋升为二级甲等医院。在市卫生系统开展的初级卫生保健等5个专项竞赛中，苏家屯区获得4项第一名。农村医院坚持专科特色，有13家卫生院进行了装备更新。计划生育工作全面贯彻“三为主”方针，全区计划生育率达99.95%有1 006对夫妇献出二胎指标。广播电视工作有新突破，区有线电视台装机开播，1993年已安装6 500户，每天有13套节目播出。此外，文化、体育、民政、档案等项工作也都取得了新成绩。

【人民生活水平明显改善】 1993年，苏家屯区城市职工人均收入2 781元，比1992年增长13.9%；农民人均收入1 400元，比1992年增长26.8%，城乡居民储蓄额达10.4亿元。农村已有30个村达到或接近小康村标准。

(王德利)

东 陵 区

【概况】 东陵区地处沈阳市东南部，是沈阳市的一个行使城乡两种管理职能的新型城区，也是沈阳市改革开放特别试验区。全区总面积913.4平方公里，其中城区面积26.4平方公里。耕地面积60万亩，其中水田14万亩、旱田38万亩、菜田8万亩。总人口39.8万人，其中农业人口26万人，城市人口13.8万人。全区辖12个乡，4个镇，231个村，5个街道办事处，176个居民委员会。

1993年东陵区认真实施“横向联合、科技兴区、对外开放、聚集人才”四大发展战略，不断加强改革力度、加大开放程度、加快发展速度，全区经济及各项事业的发展继续登上新台阶，提前两年实现了“八五”计划目标。1993年全区社会总产值实现83.06亿元，比1992年增长58.2%。国内生产总值实现36.5亿元，比1992年增长59.3%；一、二、三产业比例结构为9∶56.6∶34.4，分别实现3.3亿元、20.7亿元、12.5亿元，比1992年增长10.5%、59.3%、79.8%。全区人均国内生产总值由1992年的5 793元上升到9 160元，增长65.9%。国民收入实现29.47亿元，比1992年增长55.1%，财政收入实现1.43亿元，比1992年增长32.7%。

(陈永华)

【“两高一优”农业取得成果】 1993年，东陵区农业总产值实现54 501万元(现价)，比1992年增长13%，在农业总产值中，农、林、牧、渔业的产值结构比重由1992年的55.7%、0.7%、40.5%、0.6%，变化为58.5%、0.8%、39.9%、0.7%。全区共调整粮田面积6.5万亩，其中水改旱3.2万亩、改种经济作物和蔬菜3.3万亩。粮豆生产在播种面积减少、自然灾害严重的情况下，仍获丰收，总产量达20.9万吨；蔬菜总产量为37.8万吨，商品菜总产量为31.1万吨。林果生产又有新发展，全区造林面积达700公顷，森林覆盖率达到19.2%，新栽果树733公顷，果品产量达9 000吨，居全市第一位。平原绿化实现达标，通过了国家级验收，被评为全国平原绿化先进县(区)。全区大牲畜存栏2.4万头、生猪存栏11.6万头、羊存栏8 500只、家禽存栏184万只，肉类总产量达1.8万吨、禽蛋产量1.6万吨，牧业总产值实现21 763万元，比1992年增长11.5%。全区农业继续加快了科技进步，新品种、新技术的引进、推广继续扩大。粮豆作物普遍推广了优质高产品种，实行科技承包创高产面积达8.9万亩。新发展蔬菜保护地1 000亩，标准化菜田600亩、特种菜1 500亩。引进小尾寒羊550只。果树密植高产技术试验取得成功。新发展以推广新型播种机具为手段的统种分管乡3个，面积达5万亩。全区农田水利基本建设获得省“大禹杯”，沈抚污水灌区改造工程已经上马。

(陈永华)

【工业生产快速增长】 1993年，东陵区面对经济大环境偏紧和资金严重短缺诸多困难，及时采取盘活存量、发展储蓄，推行股份制和以地招商、多方融资等有效措施，广筹社会资金，提高信贷能力、增加投入，实现了工业的快速发展。1993年全区完成工业固定资产投资5亿元，其中银行贷款1亿元，实现"四个一批"项目759家，新增工业产值千万元产值企业16家，总数达到50家，新增工业产值亿元村5个。企业产权制度改革步伐加快，新发展股份合作制企业211家，吸纳个人股金4 000万元。到1993年末，全区各类股份合作制企业总数已达513家，占全区集体企业总数的40%。

1993年全区实现工业总产值61.1亿元，比1992年增长59.5%，其中乡镇工业实现56.3亿元，比1992年增长56.6%，区属工业实现4.57亿元，比1992年增长115%，街道工业实现了2 795万元，比1992年增长115.7%。全区乡以上工业实现产值17.5亿元，比1992年增长110.7%，在全市13个县(市)区中名列第一。校办、民政工业均突破亿元大关，分别比1992年增长56.3%和67%。工业企业经济效益进一步提高，全区工业产品销售收入实现47.7亿元，比1992年增长62.1%，利税总额实现6.1亿元，比1992年增长52.4%，全区乡以上工业企业实现产品销售收入10.8亿元，实现利税总额1.3亿元，其中税金5 323万元，分别比1992年增长79.1%、55.7%和59.4%。

(陈永华)

【第三产业全面繁荣】　1993年，东陵区共投资2.1亿元，新上第三产业项目367个，在新建的20个重点项目中，有16个项目已投入运营。新建了南塔市场、沈阳装饰材料市场、东陵建材市场、沈阳汽车配件市场等6处专业市场及深井子金三角等4处农贸市场。1993年末全区已有各类市场45个，其中大型专业批发市场16个，初步形成了布局合理、购销两旺的市场群。1993年，全区市场成交额10.4亿元，比1992年增长35.2%。大型市场的开发建设，不仅促进了周边地区运输、仓储、饮服等各业的繁荣，也有力地拉动了一、二产业的发展。1993年，全区第三产业总收入实现39.2亿元，比1992年增长59.7%，实现增加值12.5亿元，比1992年增长79.8%，实现利润2.1亿元，比1992年增长38.3%。全区有12个乡镇街的第三产业营业收入较1992年翻了一番，其中有9个乡镇突破亿元。

(陈永华)

【对外开放迈出新步伐】　1993年，东陵区对外开放工作取利重大进展。全区出现了引进项目多、投资额度大、外资调入快的可喜局面。全区出口供货值完成1.95亿元，比1992年增长71.9%，在全市13个县(市)区中继续名列榜首，新批"三资"企业119家，是1992年以前"三资"企业总和的1.5倍。调入外资890万美元，比1992年翻了一番。自营出口创汇1 237万美元，比1992年增长169.7%。1993年6月5日，东陵区成功地举办了第二届中外企业家联谊会，16个国家和地区的249位客商到会，签订协议合同37项，合同投资达1.02亿美元，其中有33家"三资"企业在会议期间领取了营业执照，总投资为5 088万美元，合同利用外资2 259万美元。经沈阳市人民政府批准，面向"三资"企业兴建的沈阳浑河民族经济技术开发区，占地面积80.3公顷，发展轻工、医药、电子、服装、新型材料、机械加工等行业，小区内道路、给水排水、通讯、供暖、电力等项基础设施工程基本结束，已有韩国、日本、香港等国家和地区的20余家合资、独资企业进区兴建厂房，部分企业开始试生产。

(陈永华)

【个体私营经济获得长足发展】　顺应社会主义市场经济形势，东陵区政府采取"热情扶持、放手发展"的方针，积极推进个体私营经济发展。1993年全区累计向私营企业投放信贷资金2 000余万元，新发展个体工商户3 795家，总数达11 000家，较1992年增长34.5%；新发展私营企业389户，总数达800户，较1992年增长48.7%，其中产值超千万元企业有2家，超500万元的有12家，超300万元的有30家。为进一步鼓励和推进私营企业上档次、上水平、上规模、上形象，经沈阳市人民政府批准，于1993年初筹建了沈阳东陵私营经济开发区，该小区地处东陵区长白乡境内，交通方便地理位置优越，总占地面积74.1公顷，面向区内外私营企业招商。小区内"五通一平"等基础设施建设正紧张施工，有27户企业取得了土地使用权，陆续进区兴建厂房。

(陈永华)

【科技兴区和人才战略顺利实施】　1993年，东陵区科技总投入1 790万元，共安排市级科技项目16项，其中"星火计划"12项、农业项目4项，引进各类新技术、新成果54项。全区转让技术成果300项。新建民办(厂办)科研所40家，研制工业新产品9种，其中微控石棉水泥波纹瓦成套设备和电热涂料两种产品被确定为国家级新产品。在2个乡和6个企业实施的"百亿工程"进展顺利。科技共建稳步发展，与科研单位的关系更加密切。科技培训工作成绩显著，全区共举办各种类型的科技培训班559期，培训人数53 214人次，有339名农民和民办科研机构人员晋升了技术职称，全区16个乡镇都办起了人才培训中心，有130多个村建立培训室，经过培训和深造，一支懂技术、会管理、善经营的乡土科技人才队伍已经形成。全民的科技意识和人才意识普遍增强。全年通过各种渠道引进人才400多名。1993年东陵区被评为科技工作先进单位。

(陈永华)

【城乡面貌大为改观】　1993年，东陵区共投资4 187万元用于城乡基础设施建设。城区完成了方凌路(中段)、天坛二街(南段)及塔东街的黑色路面改造；铺设草坪、栽种花草16万平方米；开发住宅20万平方米。为解决前陵堡地区近千户居民多年吃水难问题，投资兴建的自来水工程于年内竣工供水。农村铺设县级以上柏油公路27.5公里，乡、村黑色路面154.4公里。1993年东陵区提前两年基本上实现了"村村通油路"和"村村有程控电话"的"八五"规划目标。

为了实现市政府提出的城管总体目标,东陵区进一步加强了工作力度,先后成立了占道联合审批小组、鞋城地区综合管理委员会和城管联合执法队,并同区直7个委办局和5个街道办事处签订了城市管理目标考核责任状。全区共清除违章建筑194处、1 780平方米,纠正违章占道9 760起。城乡交通程序、社会治安市容村貌大为改观。

(陈永华)

【社会事业稳步发展】 1993年,东陵区教育事业发展迅速,办学规模不断扩大、办学条件不断改善,教学质量不断提高、农村学校网点布局进一步合理,"普九"、"扫盲"工作通过了省政府的评估验收。1993年全区翻建扩建校舍1.2万平方米,全区已有61所学校拥有教学楼71栋,建筑面积13万平方米,占全区校舍总面积的44%。全区83%的学校经市教委验收进入了教学设施标准化学校行列,其中仪器配备达到一类标准的中小学39所。

全区中专全口径升学率达89.3%,比1992年提高13个百分点,高考全口径升学率57.9%,比1992年提高6个百分点。校办产业产值首次突破亿元大关,勤工俭学纯收入达1 684万元,比1992年增长48.1%,补助教育经费达717万元。

医疗条件和基础设施进一步改善。1993年全区已有区级医院5所,乡镇卫生院13所,共拥有床位881张,比1992年增长49.3%,卫生技术人员1 288人。其中,中高级职称98人。全区翻扩建和维修7所卫生院,购置先进医疗设备19台件,人民群众的就医条件得到明显改善。联合办院、以村级卫生室建设为重点的农村初级卫生保健网络建设以及防疫、妇幼保健、地病防治等项工作均取得新进展。

1993年,全区举办了大型文艺汇演区级3次、乡镇级36次、村级100余次。全区已有文化娱乐场所181个,比1992年增长60个。全区藏书量达3万多册。

全区中小学体育达标合格率为98.1%,优秀率为28%。1993年东陵区共举办体育比赛12次,参加市举办的各项比赛10次。程家镇、东陵乡被沈阳市评为农村体育先进单位,7所中、小学被评为冬季锻炼先进单位,全年为省市输送体育人才15名。

计划生育工作加强了农村中心户、技术服务网络建设和外来人口计划生育的常规管理,计划生育率达到99.85%,人口自然增长率控制在5‰以下,被省政府命名为计划生育工作先进单位。

(陈永华)

【古城子乡】 古城子乡位于沈阳市东南,沈抚铁路干线南侧。总面积为61.6平方公里,居民6 050户,21 257人。全乡共有18个行政村。

古城子乡交通便利,北靠沈抚铁路干线,沈祝线、英祝线贯穿境内。1993年,全乡实现了村村通柏油路,建起了程控电话网络。全乡实现社会总产值1.9781亿元,其中农业产值为3 781万元,工业产值为1.6亿元,全乡人均收入达1 308元。

(党若龙)

【英达乡】 英达乡位于沈阳市东北部,天柱山脚下,面积22.17平方公里,其中耕地面积10 680亩,境内多为丘陵。辖7个行政村。14个自然村,居民3 173户,总人口11 279人,有汉、满、回、锡伯、朝鲜、蒙古等几个民族。

英达乡交通便捷。沈吉铁路在这里通过,京哈102国道沿乡经过,马宋公路贯穿腹地,村村都通了柏油路,基本形成了一定规模的交通网络。

近几年,英达乡经济发展速度较快,1993年全乡社会总产值实现31 869万元,其中农业产值为1 076万元,工业产值为24 872万元,三产业营业收入为5 921万元。农业以旱田为主,主要粮食作物有玉米、高粱、大豆等;工业有企业768个,该乡支柱企业沈阳白泥厂的产品畅销全国各地;中外合资企业沈阳市畜产品联合经销公司在全国工商联颇有名气,同俄罗斯、泰国、香港等国家和地区都有经贸往来。该乡主要产品有建筑材料、工业冶炼材料,机械部件加工和其他加工产品。三产业主要分布在各村和102国道、马宋公路一线。

在社会事业方面,有1所乡办养老院,1所中学,6所小学,1所农民技术学校,5个图书室,12个卫生院所。93年人均收入为1 470元,全乡农民的衣、食、住、行、用的档次正在不断提高。

(张维忠)

【白塔堡镇】 白塔堡镇地处沈阳市南郊10公里处,沈营公路南北穿过镇中,北部为南湖高科技产业区,东邻桃仙机场高速公路,西部南部与苏家屯区接壤,共辖16个自然村,即白塔村、白塔北村、白塔南村等。全镇总面积76 350亩,其中耕地面积51 105亩,菜地面积8 055亩,全镇总户数7 505户,人口25 660人。连续5年被省委省政府命名为文明镇。

白塔堡镇地理位置优越,土质平坦肥沃,适合于各种动植物的饲养和种植,并是市、区水稻、蔬菜生产的重要基地。交通便利,沈阳至辽阳、营口的公路,穿过镇内10公里左右,环城公路在镇内6公里,乡道、村道全部柏油化,可谓四通八达。

1993年,白塔堡镇工农业生产达到了历史最高水平,社会总产值完成5.7亿元,其中工业产值完成4亿元,农业产值完成4 500万元,第三产业完成1.2亿元,建筑业完成300万元,全镇居民储蓄存款余额4 400万元,人均收入1 500元,已有4个村达到小康村标准。

农业生产向"两高一优"迈进,交售国家粮食500万公斤,建成保护地2 000亩。标准化菜田、水田各2 000亩,并建立了科技实验基地;生猪存栏5 000头,鲜蛋上市量600吨,肉食鸡上市量1 500吨,葡萄栽培1 500亩,上市量1 600吨,淡水养鱼捕捞量130吨;工业生产速度快、全镇三资企业已达13家,著名的新世界渔具有限公司,飞龙保健品有限公司就建于此。1993年新办企业30余家,全年完成出口创汇额3 900万元。第三产业以白塔街为中心发展迅速,加油站、旅店、饭店、运输多门类服务行业达150多家。小城镇建设已达到较高的水平，是全国重点发展的百个镇之一。镇内全部实现街道柏油化村村自来水化。投资300多万元的中学楼已落成；第一期居民住宅楼改造工程已经结束，两栋商品楼拔地而起；1 000门电话工程已正式通话。白塔街两侧设有中心小学、中学、信用社、农行白塔分理处、工商所、税务所、供销社、敬老院、托儿所、幼儿园，围绕在镇政府左右，形成以白塔街为主的政治经济、文化娱乐中心。

（李洪亚）

【五三乡】 五三乡位于沈阳市南郊，跨浑河两岸。全乡区域面积54平方公里，境内沈桃高速公路、沈丹线、沈辽线、沈外环高速公路和沈抚（南线）铁路纵横交错，地势平坦、交通方便、资源丰富。全乡有浑河北3个农工商公司、浑河南17个自然村，农业人口35 375人，10 140户，耕地面积38 600亩。乡政府座落于历史悠久的南塔之邻。是以“农林牧副渔、工商饮服建、土地开发和客货运输”综合发展的城郊科技示范乡。

1993年全乡社会总收入实现14.1亿元，比1992年增长61%。社会总产值实现12.1亿元，增长60%，其中工业产值实现8.9亿元，增长58.6%，第三产业总收入3.3亿元，增长107%。农业实现4 800万元，增长11%。上缴国农税金3 600万元，增长38.5%，人均收入实现2 038元，增长21.6%。

全乡有乡、村两级集体企业510家，私营、个体企业1 100家。目前已形成机械制造、建筑建材、电子电气、医药化工、橡塑、食品、造纸、印刷、服装、五金、家具、工艺品等门类齐全的工业体系。第三产业有大饭店、宾馆、商业大厦、客运站、汽车配件市场、建筑装饰材料市场、木材市场、农副产品市场、日用杂品市场、房屋土地开发、建筑工程公司和物资贸易商业网点100多家。

农牧业先后建成了集约经营的肉、奶、蛋、禽、菜、果、粮食等生产基地。生猪上市连续8年超万头，鲜奶上市1 400吨，鸡蛋上市1 455吨，蛋鸡存栏125 800只，肉鸡上市330吨，饲养山鸡9 250只，草狸獭3 570只，发展苗圃400多亩。

村镇建设实现了乡、村道路绿化美化，村村包括巷道全部实现了柏油路。部分农民建起了住宅楼。村级卫生事业建立了卫生保健网络，计划生育完成了区下达的各项任务、文教体育、民政、保险、金融等事业都有新的发展，村村有文化活动室。全乡有1个高档次的敬老院，1所中学、1所职业高中、1所技工学校、14所小学校（其中10所达到校标准化小学）、21所幼儿园、1所乡党校、1所农民技术学校、18所基层企业职工文化技术业余学校。

五三乡，1958年受到周恩来总理签字的国务院奖励；1979年又受到国务院的嘉奖；1990年被评为全国百颗星乡镇之一，是全国十佳乡镇之一，荣获彭真题字的“大地杯”奖杯；1990年来，被中宣部和农业部评为全国乡镇企业思想政治工作先进单位；1992年列为全国乡镇经济百强。

（邓会斌）

【祝家屯镇】 祝家屯镇位于沈阳市的东南郊，镇政府所在地距市区23公里，全镇总面积105平方公里，其中耕地面积5.3万亩，人口近2万人，辖17个行政村和1个居委会。

祝家屯镇交通便利，镇政府所在地处在深十、英祝、长祝3条公路的交汇处。向北可与沈抚高速公路相通距抚顺市区25公里，向南与沈丹公路相通距本溪市区30公里，向西15公里通过荒上线与沈阳桃仙机场相通。镇内集贸市场历史悠久，闻名省内外，是农副产品和轻工产品的集散地。镇内设有工业开发区和专用输变电线路。

祝家屯镇环境优美，镇内依山傍水。山林面积达9万多亩，蓄水面积达200余亩。自1983年建镇以来，小城镇建设已初具规模，镇内巷路全部实现柏油化，六大规划区已经形成。中心卫生院、派出所、法庭大楼全部交付使用，程控电话全部畅通。

1993年，全镇社会总产值实现1.86亿元，其中农业产值达5 000万元，工业产值达1.051亿元，三产业收入达3 600万元。祝家屯镇物产资源丰富。镇内有果园3 000亩，盛产大杏、李子、葡萄、山楂等水果，年上市量达7 000多吨。其中沙地大杏是珍奇产品，驰名辽沈，具有个大，味美、色鲜、早熟、经济价值高等优点，有广阔的开发前景，人参、中草药和蚕茧有相当的产量。肉鸡上市量超过1 500吨。镇内年产玉米1 400万公斤，年繁育玉米良种3 750万公斤，是全市的良种繁育基地。全镇工业发展较快，共有各类企业176家；利税总额1 231万元，出口供值可达3 800万元。在全国经济发展的大潮中，祝家屯镇的人民也走上了富裕之路。

【王滨沟乡】 东陵区王滨沟乡地处沈阳市东南部山区，距市区31公里。东南与抚顺县的刘山乡和拉古乡毗邻；西南和西北分别与祝家屯镇和深井子镇接壤，总面积68.5平方公里。

王滨沟乡始建于1961年，到1993年，全乡有居民2 628户，9 676口人；耕地面积为2 449公顷，辖10个行政村，36个自然村。全乡有黑色路面4条，全长21公里，通往抚顺、沈阳。

近年来，乡镇企业和三产业发展迅猛而且向多层次，多形式发展。现有村办企业35个，乡办企业10个。

乡镇工业有造酒，制砖，机械加工，有优质的矿泉水，年产2万吨矿粉的铁矿畜牧业以养猪、养牛为主，农作物以玉米、大豆、花生为主。水果产品主要有葡萄、桃、山楂、杏、苹果、梨等。

1993年，全乡社会总产值6 860万元，其中工业总产值为4 320万元，农业总产值为2 332万元，上交国家税金35万元。

在改革、开放的大潮涌动下，人们的头脑得到迅速的更新，思想得到迅速的转换。全乡个体经商户，层出不穷，如搞运输、办加工厂、开小商店、理发、饭店等。一些种植技术难度大，不易栽培的野生作物也在全乡安家落户，如桔梗、山芝麻、紫草等。另外，全乡还盛产蕨菜、榛子、蘑菇、山里红等山货野菜。

随着生产的发展,经济效益的提高,人民的生活水平日益完善。人均收入达1 115元、人均住房16.8平方米。电视机、洗衣机全乡基本普及,电冰箱、摩托车、录放像机等高档商品也逐渐进入农家。交通、通信十分畅通,出门有公共汽车,全乡10个行政村都装上了程控电话机,人民生活安居乐业,走上了富裕的道路。

(宫有为)

【汪家乡】 汪家乡始建于1960年11月7日,座落在沈阳市东郊,与抚顺市相邻,南靠沈抚铁路线,北至沈水之称的浑河岸边,与清太祖努尔哈赤陵园隔河相望。全乡辖19个行政村,有汉、满、回、蒙、朝鲜、锡伯等6个民族,人口30 952人。劳动力12 362人。汪家乡地势平坦、土壤肥沃、气候宜人,浑河流经境内16公里。全乡交通四通八达,沈抚铁路,沈抚、沈丹、抚丹公路交织成网,环城高速公路穿乡而过。全乡实现了村村通柏油路、户户自来水。通讯实现程控化。

1993年全乡社会总产值实现53 682万元,比1992年增长54.2%。农业总产值实现5 300万元,全乡拥有耕地面积59 955亩,是沈阳市的细粮基地和蔬菜基地。1993年粮食总产量实现25 210吨,蔬菜上市量3万余吨。生猪饲养量1.5万头,蛋鸡25万只,年上市鲜蛋达2 500吨。工业总产值实现36 382万元,全乡拥有各级各类企业330多家,以医药化工、纺织服装、机械加工、建筑材料、五金、砂石等行业为主。其中,年产值在千万元以上的企业5家,500万元以上的9家,百万元以上的企业67家。全乡有"三资"企业12家,年出口供货额2 700万元。从事工业的职工达到8 568人。1993年全乡第三产业总收入实现1.2亿元。拥有煤炭经销、客货运输、饮食服务等商饮服修运企业670多家,从事第三产业的人员近2 000人。

(唐殿勇)

【满堂满族乡】 满堂满族乡是1984年9月19日沈阳市建立的第一个满族乡。满堂乡位于东陵区的东北部,辉山风景区、棋盘山水库座落在该乡境内。全乡辖11个行政村、20个自然村,1个居民委、23个居民组,共有居民1 843户、7 585人,其中农业人口7 054人,劳动力2 844人。全乡有满族居民868户、3 484人,占总人口的46%。全乡土地面积8.1万亩,其中耕地面积1.9万余亩,以种植粮谷、豆类为主。全乡栽植山楂、葡萄、梨、李子等果林面积5 084亩,果树40多万株。满堂乡畜牧业发展较快,从1981年出现养牛专业户开始到1993年底,奶牛存栏达353头,肉食牛存栏达1 176头。1993年全乡农业总产值实现1 000万元。满堂乡建乡10年来,二、三产业的发展速度,到1993年末,全乡工业企业已达80余家,其中超千万元产值的企业4家。第三产业企业360多家,二、三产业产值分别达到了1.13亿元和4 500万元。1993年全乡社会总产值达到了1.7亿元,人均收入实现1 200元。随着经济的发展,满堂乡的各项社会事业也取得了巨大进步。目前全乡10个村实现道路黑色路面,6个村吃上了自来水,程控电话遍布全乡。马宋、毛望、沈抚支线公路交错,交通四通八达。全乡已拥有满族中学1所、满族小学3所,敬老院、卫生院各1所,成为各项服务措施齐备的新兴民族乡。到"八五"末期,满堂乡要实现总产值2.5亿元,人均收入可望达到1 500元。

【长白乡】 长白乡位于沈阳城南,浑河自东向西流经长白地域长达5公里,将全乡分成南北两部,河北岸有五里河股份公司,砂山股份公司,王家庄农工商公司;河南岸有上、中、下、西4个夹河和马总、沙岗子6个自然村,全乡总面积15.39平方公里,现有耕地543.2公顷,其中水田67.4公顷,菜田475.8公顷,境内地势平坦,水源充足,土质肥沃,气候适宜。沈苏公路纵贯全乡南北,西经苏家屯区与沈阳大连高速公路相接,是沈阳通往大连、鞍山等地的南大门,交通十分便利;乡内程控电话可直拨国内外,交通、通讯都十分便捷。

全乡现有人口12 864人,住户4 318户。当地劳力占总人口的43.6%。1993年全乡社会总产值74.616万元,国民收入16 758万元,国民生产总值18 619万元,人均国民生产总值14 474万元,人均收入1 650元,全乡现有普通中学1所,小学3所,医院1所,村村设程控电话、柏油路,社会医疗、教育、科技都有了新的发展。全乡已进入小康行列。

工业是长白乡的经济支柱,全乡现有工业企业792个,乡属企业13个,村属企业76个,私营和个体企业704个。这些企业分属建材、黑色金属冶炼、塑料、食品加工、木制品等多种行业。近3年来又发展了特种电缆和微电子等高新科技产品。其中彩板门窗、肠衣、风机、节日灯等产品畅销海内外。1993年出口供货额1 725万元,新办"三资"企业6个,总投资2 199万元,全年实现工业总产值54 368万元,全乡工业正在向高科技和外向型方向发展。

1993年全乡农业产值3 347万元,其中种植业1 420万元,畜牧业1 927万元。全年蔬菜总产45 550吨,出栏生猪11 406头,出售鲜蛋1 996吨,鲜奶2 510吨。长白乡是沈阳市重要的副食品基地之一。

经过产业结构的调整,第三产业发展势头强劲,1993年全乡第三产业户数718个,就业人员2 285人,总收入16 500万元,利润2 023万元,第三产业人均纯收入600元,是乡人均纯收入的36.4%。1985年建成长白工商一条街以后,又于1991—1993年建成了长白家具、农副产品、阀门交易3个市场。仅3个市场年总营业额达2 920万元,安排业户426户,从业人员达800人。1993年经市政府批准建立的"沈阳市东陵私营经济开发区"、"六通一平"基础工程已基本完工,部分业户已进区施工、生产。

(王仁厚)

【高坎镇】 高坎镇位于沈阳市东陵区东北部。东邻抚顺,西靠清王朝努尔哈赤陵东陵,南腑浑河,北依风景秀丽的棋盘山。镇政府设在旧站村内,地处沈阳、抚顺两大城市中间,沈吉铁路，瑷大公路横贯东西，乡路把各村连接起来。境内设有旧站火车站及仁境、旧站、高坎、中马等6个公共汽车站，交通极为方便，具备发展工业、农业、旅游等各业的有利条件。

镇内地势南低北高，西部较为平坦，年平均气温为8.2℃。浑河自东向西流长9公里，有10个村的农田靠这条河水灌溉。

全镇土地总面积为52.2平方公里，有耕地26 940亩，1993年末总户数6 457户，其中农业户5 713户，总人口20 771人。其中农业人口17 775人，镇内有汉、满、朝鲜、锡伯、蒙古、回、土家族等民族。镇政府下辖17个村民委员会，5个居民委员会，共有27个自然村。

1993年全镇社会总产值51 573万元。其中农业产值3 352万元，占社会总产值的6.5%；工业产值41 158万元，占社会总产值的79.8%；第三产业增加值为7 063万元，占社会总产值的13.7%。

高坎镇是沈阳市农业科技示范镇，畜牧业和林果业比较发达。全镇家禽存栏为149 330只；奶牛499头，近年又饲养了山鸡、乌鸡、貂、荷兰猪、香猪、金丝獭等珍禽动物。1993年畜牧业产值达1 262万元，占农业总产值的37.6%。全镇共有果树8 205亩，包括苹果梨、山楂、李子、杏、葡萄等，其中苹果梨最负盛名，是沈阳市水果生产基地。

工业是全镇经济的重要支柱，通过上新项目，开发新产品，改造老企业，全镇基本形成了建材、服装、机械加工、制药、化工、精密铸造、饮食等7大行业为主体的工业体系。至1993年末，镇内共有工业企业187家。其中螺旋钢管厂年产值已超过3 000万元。

交通运输及商、饮、服务业也都有了较快发展。从业人员1 140人，1993年实现增加值6 020万元。全镇人均收入为1 427元，比1992年增加141元，增长了10.9%。随着经济的不断发展，村镇建设和各项文化教育事业得到了进一步的发展，全镇已基本实现了道路柏油化、电话程控化。 （祝杰）

【桃仙乡】 桃仙乡位于沈阳市南部，东北地区最大的航空枢纽——沈阳桃仙机场座落于该乡境内。该乡交通便利，以桃仙机场为中心的公路网四通八达，沈丹公路、沈桃、沈本高速公路均途经桃仙。全乡各村均实现了路面柏油化。桃仙乡面积为85 458亩，其中耕地面积54 810亩。全乡辖17个行政村，共5 629户，总人口20 021人，其中劳动力9 512人。

1993年全乡实现社会总产值28 052万元。农业总产值实现3 417万元，农作物总产量达到了21 966吨，平均亩产442公斤，生猪饲养量达11 981头、出栏6 338头，奶牛存栏46头、牛奶产量249吨；家禽存栏91 851只，鲜蛋产量达1 044吨。乡镇工业总产值实现15 897万元，其中乡办工业实现了3 937万元，村办工业实现6 144万元，私营、个体工业实现5 816万元，实现出口创汇1 205万元。农村建筑业实现产值2 400万元。全乡第三产业总收入实现10 048万元，利润2 748万元。

（杨春林）

【前进乡】 东陵区前进乡位于沈阳市城北，西北分别与于洪区、新城子区接壤，东南部与大东区相邻，半城半乡。总面积为56.6平方公里，境内有3条公路，2条铁路通过，并有沈阳东站、文官屯车站，交通极为便利。全乡共有土地53 715亩，人口19 987人。下辖12个行政村和一个实业公司。乡政府所在地座落于榆林村内。

前进乡由于地处沈阳市郊，地理位置优越，经济发展较快。农业主要以蔬菜和饲养业为主，主要品种有各种粗细菜和肉乳蛋禽等，为丰富沈阳市民的菜篮子作出了重要贡献。党的十一届三中全会以来，随着改革、开放的不断深入，前进乡充分利用党的富民政策，因势利导、因地制宜，在前进乡掀起了大上乡镇企业的热潮，使前进乡的二、三产业有了一个大的突破。从1982年起，工业开始起步，至1993年全乡共有集体企业204家，其中超千万元企业有6家。在行业上主要有化工、建材、食品、机械加工等。“金飞马牌”油漆、101树脂、粗铜巷菁等都是远近驰名的名优产品。优越的地理环境带来了第三产业的振兴，旅社、商场、舞厅、饭店等服务设施遍布城乡。望花木材市场是全市最大的木材市场，大大方便了城乡人民的生活。

1993年全乡社会总产值实现77 200万元，农业总产值实现3 629万元，工业总产值64 615万元，三产业营业收入实现20 050万元，人均收入达到1 700元，工业亿元村1个，社会总产值超亿元村有4家。

（冯淑荣）

【东陵乡】 东陵乡位于沈阳市东部城乡结合部。东依风景秀丽的清朝福陵，西临规模宏伟的沈海热电厂，南靠浑河，北靠运输要线沈吉公路、沈抚公路纵贯东西，中环路横穿南北是沈阳的东大门。交通发达，地理位置优越，自然资源丰富，环境优美。全乡占地面积39.3平方公里。总人口17 299人，其中农业人口11 147人。全乡主要民族有：汉族、回、满、锡伯族。现有蔬菜耕地9 255亩，人均耕地0.5亩。乡下辖7个农、工、商联合总公司。

党的十一届三中全会及党的十四大以来，全乡经济有了突飞猛进的发展。第一产业以种植、养殖业为主，是沈阳市重要的副食品基地。截止1993年，年产蔬菜6 000万公斤，年上市猪、鸡、蛋奶418.8万公斤，农业总产值达3 358万元。乡村工业是全乡经济的重要支柱。现有乡村集体企业350家。主要以医药化工、矿业建材、食品、饮料、机电冶金及轻工产品为主体。部分产品获部、省市优质产品奖，远销港澳和海外7个国家和地区。1993年出口供货额完成2 500万元，创汇36.3万美元，1993年全乡工业总产值达7.4亿元，第三产业实现收入1.4亿元，实现增加值6 656元。1993年全乡社会总产值实现8.4亿元，比1992年增长55%；总收入实现8.2亿元，增长70.5%；总利润实现8 374万元，增长71%；上缴国家税金1 736万元，增长13%；人均收入达到1 931元，增长17%。全乡人均社会总产值、人均创利税、人均收入列全市乡镇前茅。

全乡有初级中学1所,小学7所,幼儿园5所,全乡已普及九年义务教育。全乡基本实现村村道路柏油化,通讯联系网络化,使用燃料煤气化,食用水自来水化。

1993年东陵乡在全市农村率先进入了小康乡。先后荣获省级"文明乡"及市先进集体称号。

(孙奎孝)

【深井子镇】 深井子镇座落在沈阳市东南部。东部与抚顺县大南乡接联,南部与东陵区祝家镇接壤,西部与东陵区古城子乡相连,北部与东陵区汪家乡为邻。东西长17公里,南北宽10公里,总面积67平方公里。其中耕地面积59 310亩,林地面积18 720亩。

1993年全镇总户数为6 840户,其中农业户数5 619户,全镇总人口23 228人,其中农业人口19 913人,民族以汉族为主,还有满族、朝鲜族、回族、锡伯族、蒙古族、壮族等少数民族。全镇下设4个居委会,20个行政村,31个自然村。

深井镇位于小兴安岭的余脉,地势由东南向西北缓缓倾斜,山地与平原各占一半。适宜发展各种种植业和养殖业。

深井镇交通十分方便,铁路有沈抚南线,深井子火车站是客货三等站。每天到发客车5对,货库场可同时靠停30节货车装卸,并有30吨铁塔吊一座,对运送关内外物资起到了重要作用。该镇也是公路运输的中心,深十公路横贯镇内,浑深卫线经镇东北而过。1993年村村铺上了柏油路。从深井子可乘火车或汽车到沈阳。日客流量达1 500人次。

1993年全镇社会总产值28 051万元。农业以种植业为主,产值达2 619万元,畜牧业产值1 330万元。农业生产主要以水稻、玉米、大豆等品种为主,1993年农作物产量达2 392万公斤,是历年来最好的一年。乡镇工业是乡镇经济的重要支柱,近年投资兴建了一批产值超千万元之大企业,其中铝材厂和木材加工企业已初具规模,产品运销海内外。目前,全镇已有工业企业124家,从业人员1 168人,全年产值实现17 317万元。

第三产业也有了长足发展,三产业达589家,从业人员1 400多人,镇内的农贸市场交易活跃,香瓜批发市场已辐射到抚顺、本溪等县市。全年三产业增加值3 295万元。

(朱铁军)

新城子区

【概况】 新城子区位于沈阳北部,是沈阳市的9个城市之一。总面积849平方公里。有耕地69万亩。其中水田17万亩,效益型农业面积16万亩。总人口30万人。全区辖8个乡,4个镇和2个街道办事处。区内驻有100多个中央直属和省市属工矿、科研和学校等企事业单位。全区共有14个少数民族,其中锡伯族人口两万余人,占全市锡伯族人口的50%以上,仅次于新疆察布查尔锡伯族自治县,是全国第二大锡伯族聚居区。1933年全区社会总产值实现256 200万元,比1992年增长30.6%;国民生产总值实现105 042万元,比1992年增长28.4%;财政收入完成4 788万元,比1992年增长27.1%。该区交通便利,长大铁路贯穿该区南北,有新城子和虎石台两个3等车站,年均货运量和客运量分别为60万吨和1千万人次。京沈线、京哈线、明沈线和沈平线等国道横穿该区的东西中三面。另有7条县级公路和16条乡级公路在区内纵横交错,四通八达。新城子区自然资源丰富,土地肥沃,地势自东向西倾斜。东部丘陵山区果业发展迅速;中部为沈阳市的重要蔬菜生产基地;西北部为闻名全国清水优质大米生产基地。驰名全国的"沈北怪坡"和沈阳市的最高峰—石人山,以及沈阳市的著名旅游胜地—棋盘山风景区就座落在东部丘陵地区。流径境内的辽河、蒲河等6条河流,为西北部水田生产和中南部的蔬菜基地发展提供了良好而充足的水利资源。近几年来,工业、农业和其它各向社会事业发展迅速,已步入良性循环的轨道。

(李智元)

【效益型农业迅猛发展】 1993年,新城子区认真贯彻中共中央关于发展"两高一优"农业的方针,加强了对农业的领导力度,积极稳妥地调整了农业生产的内部结构,并认真贯彻执行了中央、省、市关于减轻农民负担的指示精神,调动了农民的生产积极性,使粮食生产获得大丰收,农村各业全面发展。1993年农业总产值实现226 941万元,(现价)比1992年增长26.8%。在种植业生产上,继续坚持了以调整结构为重点,全力发展效益型农业。全区播种玉米28万亩、水稻15.56万亩、大豆3.13万亩,效益型农业面积达24万亩,比1992年增加7.4万亩,增长45%;新栽果树2.5万亩、棚菜生产面积达8 672亩。十大高效农产品基地已形成规模,旱田、水田、效益田各占三分之一的东部、中部、西部3个区域性经济的格局已基本形成。

为了增强农业的发展后劲,全面提高农业的经济效益,1993年继续增加了对农业的投入,坚持了科技兴农的方针。在农田基本建设方面共投入资金2 107万元,使农业生产条件得到进一步改善。共引进各种新式农机具103台(件),统种分管面积达27.3万亩,占全区责任田面积的89.7%。由于科技推广和科技承包工作的深入开展,农业的科技含量得到增加,农产品的产量和经济效益得到很大的提高。在粮食种植面积减少3.9万亩的情况下,粮豆总产量仍然达22.4万吨。效益型农业的产值可达2.5亿元。

(李智元)

【乡镇工业创历史最高水平】 1993年新城子区工业总产值实现168 096万元(不变价),比1992年增长32.6%。其中乡镇工业实现142 156万元,比1992年增长36.9%。全区工业销售收入实现130 729万元,比1992年增长26.2%。工业利润实现10 978万元,比1992年增长26.2%,其中,乡镇工业实现8 754万元,比1992年增长32.5%。为实现全区工业的持续增长，区政府主要采取了以下措施：一是强化了对工业的领导力度。区乡(镇)党政一把手亲自抓工业，坚持领导包企业、包项目制度，并按生产力标准，调整了一批企业领导干部，使经营者素质得到进一步提高。二是千方百计筹措资金。区政府把搞活资金做为一件大事来抓，加强了对筹资工作的领导，采取了多渠道筹资办法，通过社会集资、外部拆借、吸引外资、横向联合和推行股份制等各种渠道共筹集资金41 064.6万元，基本上保证了工业生产的正常运转。三是深化企业改革、大力推行股份制。到1993年年末，全区股份制企业由1992年的35家发展到206家，股金总额达11 527万元；实行经营承包制的企业发展到719家，占乡村集体企业的98.5%。实行包税制的乡村集体企业达到395家，占应纳税企业的97.1%。企业改革的进一步深化，使职工对企业的关怀度和参与意识明显增强，企业的经营状况得到进一步改善。四是继续推进了“四个一批”建设。1993年共实施项目370项，资金到位15 962万元，其中技术改造44项，开发新产品54种，新办企业246家，兴办“三资”企业26家。呈现了迅猛发展良好的势头。

(李智元)

【畜牧业稳步发展】 1993年，新城子区畜牧业生产遇到了饲料价格上涨、生猪五号病疫情严重等不利因素。区委、区政府强化了领导力度，组织有关部门和各乡镇，根据市场的需求，优化了畜牧业结构，狠抓了瘦肉型商品猪生产基地、肉牛生产基地和大辛二肉食鸡生产加工集团的建设。同时，狠抓了服务体系、基础设施建设和推广先进科学技术等工作，提高了生产水平，促进了全区畜牧业生产的稳步发展。全区生猪饲养量达30.8万头，比1992年增长3.2%。其中存栏12.3万头，比1992年增长4.5%；出栏18.5万头，比1992年增长2.3%；蛋禽存栏414万只，比上年增长19.7%；肉鸡出栏7 154吨，比1992年增长30%；出口肉鸡1 200吨；出栏肉牛2.8万头，淡水鱼总产量达2 940吨，比1992年增长20.3%，蔬菜总产量达50万吨，比1992年增长12.8%。畜牧业的各类专业大户发展到4 732户，比1992年增长7.3%。此外，山鸡、草狸獭等各类经济动物也在迅速发展。

(李智元)

【城乡建设日新月异】 1993年，新城子区根据经济和各项社会事业发展的总体规划，本着有利生产、方便生活的原则，有计划、有重点地进行了基础设施和重点工程建设，加强了城乡管理和环境整治工作，市政基础设施不断完善。新建道路93 552平方米，铺设排水管道5 124延长米。房屋开发有了新进展，新建住宅楼27 564平方米，居民住宅条件得到逐步改善。公共设施建设进一步发展，程控电话已发展到8 300门。城市供水、供电、供暖、供气和城区绿化有了较大发展，城市园林建设得到了进一步完善。公路建设和养护工作得到加强。1993年共完成县以上黑色路面工程32项，总长31.6公里，新铺设乡村黑色路面11.38公里，治理县、乡两级公路28公里。县以上公路好路率达97.8%，乡级公路好路率达85.1%，为全区人民的生产、生活创造了便利的交通条件。村镇建设有新的发展，基础设施不断完善，村镇人均居住面积达9.8平方米，自来水普及率已达到57.7%。

在加强城乡建设的同时，强化了城市管理和环境保护工作。区政府与区直11个委、办、局、街道办事处签订了城市管理责任状，把城市管理纳入目标管理，以治理“八乱”为重点，对市容环境进行了综合整治。环保工作积极为经济建设搞好服务，依法预防和治理环境污染，使城乡环境得到进一步的净化。

建筑业有了较快发展。1993年共完成施工总产值6 800万元。创优质工程4项，住宅楼工程均达到设计标准。福州路基础框架等5项工程已经完成，虎石台农贸市场等3项工程正在施工，进展情况较好。

(李智元)

【商品流通空前活跃】 为使市场体系不断完善，城乡市场繁荣稳定，1993年新城子区政府以狠抓第三产业为突破口，加强领导，成立了第三产业办公室，先后召开了几次全区性的第三产业工作会议，动员全社会力量大力兴办第三产业，并突出抓了怪坡风景区和“三边经济”等市场体系建设，使全区出现了国营、集体、私营和个体等多种经济成份一起上的良好格局。以百货公司、供销大厦和农贸市场为主体的商业中心已经形成，使商品流通空前活跃。个体和私营经济迅速发展，全区个体工商业户已发展到6 104户，从业人员达到8 728人，全区各类商业网点已发展到3 406个，第三产业从业人员达到35 778人。社会商品销售总额实现50 110万元，比1992年增长57.3%，集市贸易成交额实现11 938万元，比1992年增长58%，第三产业增加值实现20 358万元，比1992年增长62.2%。

(李智元)

【外经外贸成绩显著】 1993年新城子区坚持以国际市场为导向，以出口创汇和引进外资为重点，强化招商引资力度，进一步扩大对外开放，使外经外贸工作取得了突破性的进展。1993年先后组织了7个国内外招商团，经过广泛接触，细致工作，共与国内外客商签订了35项意向性合同，同国外的13家有实力的大公司建立了实质性的关系。同时，充分利用了“一节两会”和“三胞”联谊会的机会，同外商签订14项合作意向。到1993年底，全区“三资”企业已发展到43家，新办横向联合企业40家，利用外资515.6万美元。比1992年增长68%，出口供货值完成4 439.4万元，比1992年增长2.1倍，自营出口额达339万美元，比1992年增长4.4倍，劳务输出达196人，是1992年的32.7倍。

(李智元)

【社会事业健康发展】 1993年新城子区增加对教育的投入，在坚持国家财政拨款为主的同时，采取了多渠道筹集教育资金的办法。一年来，从各方面争取和筹措资金1 800万元，翻建农村校舍21 723平方米，大、中修校舍1 064平方米，抢修危房6 600平方米,全区80余所学校的校舍得到更新改造。教师住房条件得到进一步改善,新建教工住宅楼14 700平方米,有425户教师搬迁新居。教育质量又有新的提高,中、小学生品德优良率达98%,小学生毕业及格率达99.1%,优秀率达74.2%,初中毕业生及格率达89%,优秀率达27%,高考升学率比1992年提高10.5%,在各项竞赛活动中,获市以上奖励94项。

卫生事业取得了新的成就。三级医疗卫生体系得到加强,医疗条件和行业管理进一步改善。新建的妇幼保建大楼已经竣工,医疗水平和服务质量不断提高。计划生育工作成果得到巩固,全区计划生育率达99.94%,人口增长得到控制,被省政府评为计划生育工作先进单位。

文化事业健康发展,群众性的文化活动日趋活跃,文化市场得到净化。群众性的体育活动蓬勃发展,竞技水平又有新提高。在市级以上的各项比赛中共获金牌30枚、银牌33枚、铜牌19枚。

基层政权建设得到加强,圆满完成了居民委换届选举工作。社会保障和福利事业健康发展,救灾、扶贫、养老保险等工作有新的进展。"双拥"和优抚工作向高层次推进,优抚政策得到全面落实。保险事业不断完善。

(李智元)

【人民生活明显提高】 1993年由于新城子区各项改革措施得到了顺利的实施,工业、农业及第三产业发展较快,取得了较大的成绩,使城乡居民的生活水平又跃上了新的台阶。一是就业人数不断增加。1993年仅工业职工就增加了6%,其中乡以上企业职工增加8%。全区社会就业人数达15万人,是人口的48.4%。二是城乡居民收入显著增长。城镇职工年人均工资为2 787元,比1992年增长12%;农业人口人均收入为1 230元,比1992年增长12%。城乡居民年末储蓄余额为61 628万元,人均存款为2 054元,均比1992年增长20%以上。三是中、小学学生的入学率和巩固率均为100%。到1993年年末,中、小学学生的在校人数超过3万人,学龄前受教育儿童一万余人。四是居民高档商品拥有量迅速增加。彩色电视机、电冰箱、录放像机、摩托车和照像机等高档商品已进入寻常百姓家,总拥有量每年均以两位数速度增加。特别是住宅电话,发展更为迅速。到1993年底,每百户居民电话拥有量比1992年增长了54%,新城子街内已达到每百户拥有19部电话的水平。

(李智元)

【开发区建设步伐明显加快】 新城子区的开发区建设起步较晚,但发展较快。到1993年底全区已拥有道义、虎石台、新城子、"沈北怪坡"和东部山区等多处开发区。其中以道义星火工业技术密集区最为突出。道义星火技术密集区自1992年4月19日批准建立,到1993年末,经过一年多的开发建设,取得了令人瞩目的成果,已成为新城子区对外开放,招商引资的重要窗口和经济增长点。一是机构设施齐全。道义星火技术密集区成立了工作委员会和管理委员会,现有人员26名。二是招商引资卓有成效。截止1993年底,到该开发区办理手续注册登记的各类企业已有36个,其中,"三资"企业20个,国内联合企业和私营企业16个。在企业中工业企业28个,第三产业8个。总投资5.6亿元,引进外资1 881万美元。已交定金项目32个,实际操作项目30个。资金到位1.04亿元。28个工业项目投产后,可实现产值8.6亿元,创利税1.8亿元。已有7家企业投产,实现产值2 500万元,创利税350万元,出口创汇60万美元。三是基础设施全面配套。在一平方公里的工业园区内,基本实现了"六通一平",即路、上水、下水、电力、电讯和供暖开通,整个开发区建设得平坦、整齐。投资300万元,新安装1 000门程控电话;投资330万元,修建了5.9公里的道路;投资140万元,完成了6.7公里的下水工程;投资1 200万元,完成了日供水能力。1万吨的自来水工程;投资450万元,完成了20万平方米供暖能力的供暖工程;投资1 200万元,新建了3.2万KVA双回路变电所一座。此外,在一平方公里的第三产业区内,已铺下水管道900延长米,修道路2公里。四是第三产业同步发展。到1993年末,已有8家企业兴建第三产业。香港欧邦洋行兴建的锦绣花园,投资2 800万元,建了44栋欧式别墅,已基本完工,正在筹建第二期工程。辽宁省总工会住宅开发和辽宁省军区干休所的别墅开发,正在兴建之中。沈阳私立博文小学投资2 400万元筹建,主体工程已全部完成。此外,商、饮、服、修等各类项目不断增加,已建成使用的梦黎酒楼和华飞酒楼等高档华贵、满足了国内外客商的需要,活跃了地区经济。五是软环境基本形成体系。工商很行、农业银行、建设银行和保险公司都在开发区设立了业务服务机构,金融系统已经形成体系。工商、税务和公安等部门在开发区内的直属机构健全,保证了开发区的工作需要。

为了吸引更多的国内外客商到开发区投资办企业,开发区研究定了15条优惠政策。区委、区政府还决定给开发区全方位放权,使之享受工商局、经计委、外经委、土地局、建委、环保局等部门的区级的审批权限,大大提高了开发区的办事效率。进驻开发区各类企业,只要手续齐全,"三资"企业一周内即可办完,国内联合企业一天就可办完。目前,已有美国、日本、新加坡等10多个国家和地区的客商到这里投资办厂,发展前景十分可观。

(李智元)

【新城子街】 新城子街位于新城子的中部,是区人民政府所在地。总面积7.5平方公里。街道办事处辖14个居民委员会,252个居民小组。全街10 020户,31 432口人,占全区总人口的10.5%。

改革开放以后,新城子街各行业发生了翻天覆地的变化,已经成为全区的政治、经济文化中心和交通枢纽,成为初具规模的现代化城镇。

街内工业门类齐全。1993年末拥有农机修造、汽车修配、电工陶瓷、电机、制药、印刷、酿酒、食品、糖果、服装、针织及皮革等各类工业企业 40 余家。其中街属工厂 10 家,1993 年工业总产值达 1 511 万元,比 1990 年增长 107.3%。

交通运输四通八达,长大铁路、石望、沈新、新潘等公路在街内纵横交错。新火车站有 800 平方米的候车大厅,每日有 8 对列车停站,新城子站日过往客流达 1.5 万余人次,日货物吞吐量达 2 000 多吨。51 台投入运营的客运汽车可直接通往沈阳、区内各乡、镇和 181 个村。日客流量可达 4 300 多人次。另外还有 42 台出租小客轿车,38 台出租货车为客户服务。

城镇建设发展较快。街内建有各种楼房。其中住宅楼 103 幢,22 万平方米。其它住宅房屋 5 083 栋,8 万平方米。主要街道铺上了黑油路面。上下水管线基本配套,居民都吃上了自来水,街内有 2 万立方米的煤气罐一座,全街有 4 929 户居民使用煤气,占总户数的 49%,其他大部分居民用上了液化石油气(罐),人民生活水平有了很大改善。

商饮服务行业繁荣兴旺。在中央路两侧建有五金交电、百货大楼、供销大厦、饮服、邮政、电话、新华书店、银行和保险等 19 幢营业性楼房。在贵州路北侧建有农贸、轻工、批发 3 座封闭式大厅,使用面积 3 375平米,在批发厅东侧有5 000 平方米的菜市场,还有 900 平方米的门市房。区供销社、商业局、粮食局、食品公司、物资公司、医药公司、石油公司和燃料公司等部门都设有自己的商品门市部。旅店、饭店、理发、照像、浴池、钟表、电器修理、修鞋和杂修等饮食服务业星罗棋布,集市贸易空前活跃,1993 年日成交额达 63 万多元。

文教卫生事业蓬勃发展。街内设有重点高中 1 所,普通完全高中 1 所,初级中学 2 所,职业高中 1 所,小学 3 所,共有教职工 844 人,在校学生 8 508 人,全街共有幼儿园 21 个,保育人员 162 人,在园儿童1 750名。街区内有文化馆、图书馆(藏书 6 万册)、新华书店、电影院、工人俱乐部、公园(占 200 亩)、体育场(占地 100 亩)各一处。区医院有 5 层的病房大楼,设病床 300 张。在册医务人员 281 人,其中高级职称的 13 人,中级职称的 60 人,初级职称 208 人。医疗设备不断更新,有全身 CT、500 号 X 光机、B 超扇扫等先进设备 20 余种。区中医院 93 年新建病房大楼 1 500 平米。150 张病床,医务人员 62 人,其中高级职称 3 人,中级职称 7 人,初级职称 52 人。街内还有新城化工厂医院。新城子街医院、卫生防疫站、妇幼保建站、结核病防治所、药品检验所等医务部门。

此外,核工业部沈阳地质职工培训中心、省地质矿产局测绘大队、地球物理探矿队、综合地震大队、冶金地质研究所、新城化工厂、市直流电机厂等 10 余个中央、省、市属工厂和科研单位驻在街内,为全区及新城子街的发展提供了有利条件。

(*王德胜*)

【清水台街】 清水台街道位于新城子区人民政府东 9 公里处。办事处所属管辖地区南北相距 11 公里,东西宽窄不一,成条带形。北起沈阳矿务局前屯煤矿,南至蒲河镇,总面积为 1.04 平方公里。

清水台街道办事处境内东有哈大公路,沈铁公路,距办事处 1 公里处有新望公路。沈阳矿务局铁路专用线贯穿清水台街道办事处南北,北至铁岭县新台子镇,南至虎石台,交通方便,四通八达。

全街总人口 25 000 人,绝大部分是沈阳矿务局职工和家属。居民来自全国 20 多个省、市、自治区,汉族人口比重大,少数民族人口比重小。其中有满族 678 人、蒙古族 345 人、回族 614 人、朝鲜族 23 人,锡伯族 152 人。

全街有 18 个居民委,根据矿区所在地划分 3 大片,即北片前屯煤矿所在地,辖区共有商饮网点 131 个,为居民便民服务创造了条件。街属企业有陶瓷厂、大理石厂、菱镁厂、万米皮鞋厂等,大部分在 1970 年左右建厂,各厂的厂地占地面积大、厂房都比较宽敞,水、电、煤、劳动力等资源充足,为企业引进人才上项目创造了条件。1993 年街属工业产值实现 650 万元。比 1992 年增长 20%;销售收入 520 万元,增长 23.7%;利润额实现 12 万元,增长 20%。第三产业总收入实现 509 万元,实现年计划的 167%;增长值实现 302 万元,实现年计划 172%,利润额实现 101 万元,实现年计划 248%。清水台陶瓷厂生产的陶瓷管、花盆、一担水小缸,产品合格率达 95%以上,由于质量好成本低、价格便宜,产品在沈阳市场有一定地位。五家皮鞋厂有职工 358 人,年产皮鞋 7 万双,销往沈阳、吉林、黑龙江等地。大理石厂生产的水磨大理石、楼梯板、窗台板等产品深受用户欢迎,产品供不应求。清水工艺美术厂 1993 年出口创汇达 94 万元,销售收入达 98 万元,,利润实现2.7 万元,人均创汇 2 万元。

(*鲁雅珍*)

【虎石台镇】 虎石台镇地处沈北近郊,是经省委、省政府批准建立的卫星城镇,全镇总面积为 80 平方公里,辖 21 个村、16 个居民委,1993 年末,全镇总人口 6.4 万人,其中农业人口 2.1 万人。

虎石台镇自然资源丰富,全镇有耕地 6.6 万亩,年产粮食近 2.5 万吨,地表地下水资源充足,境内有以大龙河为主的 5 条河流,矿产资源以煤碳为主,沈阳矿务局大桥煤矿座落在境内,“龙虎潭”矿泉水即可饮用,又可沐浴。

虎石台镇经济发展较快,1993 年,全镇社会总值达到 3.1 亿元,比 1992 年增长 34.4%,工农业总产值达到 3 亿元,比 1992 年增长 31.8%,被市政府评为综合实力“十强乡镇”之一。

虎石台镇交通便利,长大铁路在此设有二级货运站,三级货运站,沈新公路贯穿南北,平望公路纵横东西;沈阳绕城高速公路途经镇内;市郊 325 路公共汽车在此设有始发站;沈矿铁路客货终端站设在镇内,全镇村村公路畅通,镇内邮电通讯设施齐全,可直拨国际、国内电话及电传。

农业生产全面丰收,1993 年全镇农业总产值达到 5 858 万元,比 1992 年增长 19.8%,粮豆总产量 2.4 万吨,比 1992 年增产 2 098 吨;

效益型农业面积比1992年增长53%,实现了人均一亩效益田;蔬菜保护地面积比1992年增长56%;蔬菜总产量7.7万吨,比1992年增长26.8%;平原栽果累计发展到1 600亩;林业生产完成了“3、4、6、1”绿化工程。1993年末,全镇大牲畜存栏2 094头;生猪饲养量达2.1万头;家禽存栏35.4万只,比1992年增长20%,全镇淡水鱼放养水面达1 060亩,淡水鱼产量290吨。农业技术装备水平有新的提高,农机总动力6 340千瓦,拖拉机部数达到248台,农用化肥施用(实用量)3 028吨,农村用电量904万千瓦小时。

工业持续发展,1993年工业生产稳步发展,取得速度、效益同步增长的好成绩,全年工业总产值实现24 080万元,比1992年增长35%,其中:镇属工业总产值1 950万元,比1992年增长40%;村办工业总产值11 790万元,比1992年增长40%;村以下工业总产值10 353万元,比1992年增长29%,全年工业利润实现1 385万元,比1992年增长31%。

全镇工业企业的深化改革,促进了经营机制的转换,强化了企业管理,不断增加投入和调整产品结构,技术改造和开发新产品的步伐加快,新的经济增长因素不断扩大,全镇已拥有建材、铸造、化工、酿造、食品、缝纫、制鞋、工艺品加工等工业门类,主要产品近200种,其中获部优1种、省优1种、市优5种、永才服装、锐港玩具、圣庭果产品打入国际市场,远销、日、泰、香港等国家和地区,极大地促进了市场经济的发展。

城镇建设成效显著,1993年末,城镇人口达3.6万人,镇内拥有全市一流的托幼园所3个;初、高中学校3所;大中专院校5所;体育场、电影院、邮政大楼、电讯大楼、医院楼等公用设施,还有高档次的宾馆、饭店、歌舞厅和园林设施,主要街道路灯彻夜通明,办公楼、住宅楼遍及镇内,有近4 000户居民用上了管道煤气,完善的基础设施,齐全的服务功能,满足了全镇人民的需要,经上级批准的“虎石台经济技术开发区”的建立,又为虎石台镇增添了新光彩。

(申明武)

【清水台镇】 清水台镇位于沈阳市北部36公里处,北部与铁岭县的万泉河为界;南面与蒲河镇毗连,东面与马刚乡为邻,西面与新城子乡接壤。全镇总面积78平方公里,哈大公路将全镇切为东西两部。东部为丘陵区,其中最高处帽山,海拨高度为300米。土壤大部分为中高和薄腐酸性壤土,山砂土、浅淀坡黄土和深潮黄土,丘陵区除缓坡地带、坡脚和山区平地耕种旱田作物外,其余坡度较大。土层浅薄的岗坡、丘顶、大部分为牧场、林地,和一部分果园;西部大部分是平原和少量的高岗地,海拨高度60至70米,平原地区土质肥沃,土壤多为河淤土、深淀淤黄土,淤黄土和部分黑粉土及黑底河淤土,适合种植多种农作物。

全镇境内有3条自然河流和1条人工河,万泉河流经镇北部边界长12公里,羊肠河绕镇中部,长6.5公里,长河流经镇南部长6公里;妇女河是1条人工开凿的排涝设施。位于该镇后屯村北部,长28公里镇内有帽山水库1座,位于后腰堡村东部,有拦河坝4座,蓄水坑3个,全镇辖19个行政村。全镇20 200人,其中农业人口18 000人,非农业人口2 200人,全镇共有农村劳动力6 500人,其中从事镇办村办工业的3 000人,从事第三产业(商饮、服、建、运输等)2 000人。从事农业的劳动力1 500人。

镇属企业有农具厂、轧钢厂、橡胶厂、砖厂、制镜厂、印刷厂、乳白胶厂、电镀厂、聚氨酸厂等9个主要企业,共有职工400余人。乳白胶厂生产的乳白胶已远销全省各地。距镇政府1公里的泥沟村,有生产皮鞋个体企业80余家,800名职工从事皮鞋生产,年产皮鞋140万双,销往省内及吉林、黑龙江省等地,形成了皮鞋专业村。

全镇现有耕地面积60 320亩,种植农作物以玉米为主,辅之以少量水稻和大豆,其余是蔬菜,果树等。其中旁凤村有果树1 400亩,年产李子、苹果梨40万公斤。

1993年全镇社会总产值达1.6亿元。其中工业产值为1.06亿元。

(李丙禹)

【蒲河镇】 蒲河镇地处沈阳北部,距市区20公里,镇域面积55.33平方公里,辖20个行政村,人口15 000人。

蒲河镇历史悠久、资源丰富、环境幽雅、交通发达。改革开放以来,经济发展较快,1993年农村社会总产值达到1.45亿元,人均纯收入达到1 150元,部分村已跨入小康村的行列。

蒲河镇不但具备城市郊区镇的一般特征,更具有自已独到之处,是发展二、三产业最理想的选择地。

1.交通方便。与沈大高速公路相接的,沈阳至长春的高速公路正在施工中,并在蒲河镇没有出入口,驱十几分钟便可到达省城沈阳,20分钟到达铁岭市,2小时到达营口鲅鱼圈港,4小时达大连。另有沈阎附线公路、蒲望公路和新望公路,形成了四通八达的公路网络。公交汽车,中小客车及出租车随时可乘。镇中心距长大铁路干线5公里,沈阳矿务局铁路专用线与长春至大连铁路干线相连,从镇内部分村通过可设立货运专用线。

2.通讯便捷。镇内有现代化通讯设施,程控电话可与国内外相互直拨,有邮电支局,邮递业务方便及时。

3.资源充足。全镇土地资源83 000亩,其中:耕地51 000亩,山地3 000亩,有社会劳动力6 500名,其中从事种植以外的劳动力4 300名,并有一支专业的基建队伍。水利电力资源极为丰富,辽宁三大河流之一的蒲河流经镇内9个村,有两条电量充足的高压供电线路,对其重点企业可协调提供专线供电,镇的东部属半山区有2 000亩用材林,有取之不尽的建筑石料,有远近闻名的连花优质矿泉水。

4.物产丰富。全镇的农林牧副渔五业并举,盛产玉米、无污染水稻、大豆、疏菜及水果。1993年粮食产量16 000吨,饲养生猪3万头,蛋禽30万只,肉牛4 000头,肉鸡

600吨，淡水鱼200吨，还有山鸡，草狸獭等珍禽动物，山野菜等，特别是远近闻名的蒲河镇大集，每逢二五八，全国各地均有人来此地。集上交易有农副产品、轻工产品等是购物的好去处。

5.环境优美。沈阳市辉山风景区的部分景点都设在蒲河镇境内，风景区山青水秀，气候宜人，有八大自然景观正在开发建设之中，是人们假日郊游，渡假疗养的胜地。新城子怪坡风景区距该镇仅有8公里，到怪坡可让您领略到一种神奇的感觉。

（杨武忠）

【兴隆台锡伯族镇】 兴隆台锡伯族镇位于沈阳市北郊新城子区最西部，北部与新民市、法库县接壤是以锡伯族为主，多民族集居的地区。

兴隆台锡伯族镇改建于1985年。1961年成立人民公社，1980年改名为兴隆台乡，国家为照顾少数民族地区，于1983年农历4月18日（为纪念锡伯族西迁日）更名为兴隆台锡伯族乡。后又改为现在的兴隆台锡伯族镇。

兴隆台锡伯族镇共辖17个行政村，13 000口人，耕地面积2 952公倾，农村劳动力5 611人，人均收入1 152元，1993年工农业总产值12 905万元。现有镇属中学一所，小学13所，中、小学在校学生1 937人，教师154人。1993年末少数民族大、中专毕业生87人。有镇属工业45家，村属工业291家。

改革前的1975年兴隆台有人口1 214人，人均收入仅101元，农业总产值25.9万元，全乡只能普及6年教育，大、中专毕业生17人，仅有的镇属工业3家，村里没有工业企业。党的改革开放政策出台后，在党和政府的领导下，人民的生活水平逐年提高，原有的草房，已翻建为砖瓦房，95%的农户已搬进了砖瓦结构的新居，99%的农户有了电视，生活水平从温饱向小康迈进。

锡伯族人民是个能骑善战的民族，而且能歌善舞。每年在庆祝西迁纪念日的时候，就如汉族人过春节一样，首先是从事各种民族游戏，比出胜负后饮酒欢歌，男女老少尽情的喝酒跳舞，午夜达到高潮。

（李学文）

【新城子乡】 新城子乡位于新城子区政府所在地的城区内。全乡面积102平方公里，辖23个行政村，共有100 005亩耕地，人口300 800人。

全乡地处平原、地势平坦、土地肥沃。乡内盛产玉米、大豆、高粱和蔬菜是沈北的“小粮仓”和“副食品基地。”

1993年，新城子乡以经济建设为中心，真抓实干，经济得到迅速发展，人民生活水平有了很大提高。到1993年全乡社会总产值达34 713万元，其中农业产值达9 757万元，工业产值达23 188万元，分别比1990年增加130%；71%和120%。1993年税收达350万元，农民人均收入1 216元，分别比1990年增加83%和20%。

在农业生产上，该乡在全面落实家庭联产承包责任制的基础上，不断加强和完善了统分结合的双层经营服务体系。全乡23个村，农机服务，农业服务体系健全。1993年统种分管面积已达55 000亩，占责任田的98%；实现药剂灭草免另中耕45 000亩，占责任田的73%。机械化的作业使大批劳动力从土地中解放出来，全乡效益型农业面积达37 456亩，比1990年增加了3倍。随着农业先进技术的推广，全乡开展了万千百十高产高效益竞赛，有85 000亩耕地实行了规范化栽培，涌现了亩产650公斤以上的千亩丰产方和亩产700公斤的百亩块。其中万亩丰产方曾获得市高产竞赛奖，有关部门先后3次在城子乡召开全国大豆会议，推广其经验。该乡也是辽宁省“科技示范乡”之一。

该乡重视对农业的投入，加强了对农业设施的建设，做到了旱能灌、涝能排。几年来动用土石方2 450立方米，用工105万个、清淤修排水干支粱322条，植树137万株。全乡沙石路村村相连达18公里，柏油路达6公里，打机电井55眼。近年来农业投资达350多万元。

因此粮食生产达到稳产高产。1993年全乡粮豆总产量为32 378吨、单产445公斤。生猪、肉牛、肉鸡、蛋鸡生产在区内连续3年夺得基地乡称号。1993年生猪饲养量为44 018头，肉牛饲养量为3 294头，蛋禽存栏达685 000只，供应市场鲜蛋4 320吨，肉鸡出栏1 283吨。全乡蔬菜面积达21 239亩，其中保护地达4 144亩，每年可向城市提供新鲜蔬菜11 122吨，丰富了城市“菜蓝子”。

该乡把发展乡镇企业作为振兴全乡经济，致富奔小康的战略来抓。到1993年底全乡发展乡、村集体和个体企业达1 190家，从业人员达7 371人，全年工业产值达32 188万元，利润达1 620万元，上缴国家税金390万元。现有千万元产值村5个，百万元产值村17个，5百万元产值以上的企业4家。有4个企业产品获市优质产品奖，有2个企业被市评为明星企业。其中2个企业被市评为骨干企业、排头兵企业。其中新城石油机械厂生产的CYB真空石油泵填补了国家空白。以乡钛设备制造总厂为龙头的钛设备产品畅销全国22个省市，300多个厂家，经济效益名列全区乡镇企业前茅。全乡现建有中外合资企业4家、总投资880万元，年计划增产值4 250万元，利税达550万元。规划中的新城子招商区正在建设中。

在教育上全乡每年投资约80万元，因新增添教学设备，改变教学条件，加强对教师队伍的培训，使教学质量不断提高、学生“四率”超过了教育部门规定的标准。20所学校中有13所学校达到市标准化学校的要求。乡被市评为“尊师重教乡”1993年被省教委评为“农村教育改革先进乡”。

卫生工作中狠抓了村级卫生保健和地方病防治工作。荣获省市卫生系统先进称号。计划生育工作由于全乡的努力被评为市计划生育一级达标乡。

（付国全）

【黄家锡伯族乡】 黄家锡伯族乡位于沈阳市新城子区北部，辽河南岸。东与铁岭市新台子镇、前进农场接壤，南与新城子乡为邻，西与石佛寺乡毗连，北与法库县隔河相望。新黄公路穿过集镇中心，交通比较方便。

全乡土地总面积111.1平方公里，辖23个行政村。耕地面积75 053亩，其中水田29 573亩。共有农户4143户，17 327人。有满、蒙、回、锡伯、朝鲜等5个少数民族，4 401人，占全乡总人口数的25%。境内有60公里砂石路，纵横交错地连接着每个村庄。辽河、万泉河、羊肠河、左小河、长河流经境内；有人工修建的36.5公里长的防洪大堤，还有林带。土质肥沃，地势平坦，自然资源丰富，适合农作物生长。主要农作物有水稻、玉米、大豆等。

1984年黄家锡伯族乡成立以来，在乡党委、乡政府的领导下，着力加强了农田水利建设。建水利站3处，排水干渠6条(7公里)，机电井355眼，基本形成了旱能灌、涝能排的水利体系。全乡初步成为"地成方、路成网、林成带、渔养塘"的渔米之乡，粮食产量逐年增长。

1993年全乡社会总产值达13 178.56万元，其中工业总产值7 690万元；农业总产值5 488.56万元。粮豆总产量达33 106吨。每年可产优质大米2 000万公斤左右，清水灌溉无污染。中共十三届代表大会的代表们吃的就是黄家乡生产的优质大米。

在抓粮食生产的同时，乡政府突出抓了效益型农业，坚持从调整种植业结构入手，效益田面积达6 950亩。其中：清种麦2 550亩；经济作物1 600亩；蔬菜1 800亩；栽果1 000亩，果树品种大幅度增长。

畜牧业生产已成为该乡农村经济支柱产业。1993年生猪饲养量达44 391头；肉牛饲养量达5 671头；肉蛋禽饲养量259 420只；淡水养渔水面1 950亩，鲜鱼上市量480吨，居全区各乡镇之首。1993年乡政府重点实施了"162"工程。即1个四级净化养殖场；6个北方庭院生态模式养殖场；2个养猪一条街。涌现出养猪双百头大户25个；30头以上的大户524户。养牛10头以上大户132户。全乡畜牧业生产已逐步形成，发展养殖大户与集体养殖场同步发展经营的新格局。

现在，黄家锡伯族乡已成为新城子区的粮食基地、畜牧业基地和优质大米基地。

(黄树仁)

【石佛寺朝鲜族锡伯族乡】 石佛寺朝鲜族锡伯族乡，位于沈阳市北郊35公里处，新城子区西北部。西与新民市罗家房乡毗邻，北与法库县依牛堡乡隔沙相望。全乡总面积48.7平方公里，境内的七星山主峰海拔140.8米在七星山麓东侧有一处市级文物保护单位，距今7 000余年的新石器时代"双洲城"遗址。全乡有耕地面积40 100亩，其中水田为32 600亩，辖14个行政村，3 300多户，13 000多口人，其中朝鲜族2 570人，锡伯族1 630人。此外还有汉、满、回、藏、蒙等民族，少数民族人口占全乡总人口的37%。

自1991年12月9日改建少数民族乡以来，全乡各族人民，振奋精神，团结拼搏，使全乡各类企业，特别是经济发展速度明显加快。1993年社会总产值达到8 000万元，比1992年增长了33.3%：工业产值实现4 000万元，比1992年增长了36.1%，利润210万元。财政收入85万元，全乡农民人均收入1 100元。

全乡有10个乡办企业，22个村办企业，150家个体企业。农业生产已走上效益型的路子，1993年实现了3万亩水稻优质米生产基地；500亩玉米杂交制种基地；1 000亩中草药材基地；出栏2 000头肉牛生产基地；1 600亩淡水鱼养殖等5个基地。

(刘宝叶)

【道义乡】 道义乡位于沈阳市城北市政界1公里处，虎裕铁路贯穿境内，京沈公路和数条区，乡级公路相交纵横。全乡有三分之一的村铺上了柏油路面，三分之二的村铺上了砂石路面。道义乡南沿与沈阳市外环路相交，距沈阳北站仅有8公里，从道义乘汽车经过沈大高速公路，可直达大连港、营口鲅鱼圈和锦州新码头。

道义乡总面积为57.6平方公里，耕地面积3 997公倾，地势平坦、气候温和、雨量适中、适合农林牧渔业综合发展，全乡辖15个行政村。其中1个朝鲜族村、6个菜田村、8个旱田村，4 822户，总人口近2万人。居住着汉、满、回、朝鲜、锡伯族等10个民族。全乡有1所中学、13所小学。其中1所朝鲜族小学。乡有1个敬老院、1个乡属卫生院、15个卫生所，村村都有电影放映机，乡内装备有上千门程控电话。家家户户都吃上了自来水。

道义乡始终坚持稳定粮食生产积极发展多种经营的方针，深化农村改革大力调整种植业结构，重点发展乡村工业，走贸工农一体化道路。道义乡除种植玉米、水稻、高粱、土豆、小麦作物外，还种大量的胡萝卜、大葱、土豆、白菜等是沈阳市重要的商品粮、副食品和蔬菜生产基地。其具体作法：一是不断扩大复种作物面积，其中小麦面积由1990年的7 000亩，增加到1993年9 200亩，蔬菜面积由1990年的28 380亩，增加到1993年52 590亩；二是采取提高科技含量，改革耕作制度等措施。促进粮食和蔬菜生产不断向优质、高产、高效方向发展；三是提高农业综合生产力，加大农业资金，科技投入和社会化服务体系建设；四是向科技兴农方向发展，除建立乡、村、组、户四级科技网外，自1992年以来，乡完成了万亩蔬菜高产高效技术开发，玉米万亩模式化栽培等十项科技兴农任务，同时进行20多个项目的科技成果推广。其中，稀土、生根粉、聚脂镀模反光幕的推广应用，均收到了较好的经济效益。畜牧业发展的特点是向一村一品方面过渡发展，乡内有肉食基地6个、肉牛基地1个、奶牛基地1个、百头猪场1个、蛋鸡村1个、畜牧业1993年的产值达到了2 597万元。

第三产业有新发展，特别是交通、运输业发展较快，到1993年末，从事第三产业已达到了506户，产值达到了2 241万元，比1992年增加了1 611万元，人均收入达到1 644元，比1992年增加了339元，随着农民收入的增加，各村贫困户逐年减少，达到小康标准的人家逐年增多，电冰箱、彩电等一些高档商品已进入了农民家庭，农民的衣食住行进入了一个新的层次。道义乡的工业发展尤为迅猛，特别是1992年4

月19日沈阳市人民政府关于确定道义乡为"道义星火工业技术密集区"后，由于享受沈阳开发区的优惠政策使道义的经济如虎添翼，飞速发展。1993年工业产值达到了2亿元。目前已初步形成了机械、化工、建材、服装、皮革、食品等行业的多门类工业体系。全乡共有企业144家，其中"三资"企业14家、国内联合投资企业9家、乡办企业14家、村办123家。并于1993年跨入了沈阳市十强乡的行列。

（王子林）

【财落堡乡】 财落堡乡地处新城子区西南部，东与新城子乡、虎石台镇为邻，西和尹家乡相交，南同道义乡接壤，北与兴隆台镇毗连。乡域面积66平方公里。辖18个行政村。共4 945户；17 056人，劳动力5 828人，耕地面积65 979亩。

沈承公路纵贯全乡南北，新潘公路横穿东西乡路网四通八达。境内有九龙河、左小河、牤牛河3条河流。全乡地势南高北低，土质为黄壤土、黑壤土、河淤土及部分水稻土和少量潮棕壤，适合种植多种农作物和蔬菜，也适宜发展林果。年降水量700毫米左右，全年无霜期155天。财落堡乡常住人口中大部分为汉族，还有锡伯族，满族，回族等少数民族。

全乡有中学1所、小学15所，其中市第七十五中学和得胜台小学被市区誉为示范学校和重点学校；有敬老院一个。

党的十一届三中全会后，财落堡乡的经济发生了历史性的变化。农业从单一的粮食生产转变为多种经营；从传统的生产方式转变为机械化、科学化、生产技术规范化，从"广种薄收"转变为"两高一优"。工业从打制小农具的铁匠炉转变为机械加工，从驴拉磨的小豆腐坊转变为机声隆隆的食品加工厂，从简陋的五小企业转变为具有冶炼、轧钢、农机制造、纺织印染、造纸、线材、镀锌、大理石建材、食品加工、变压器制造等门类比较齐全的乡村企业集团。特别是大辛屯二村在全国农业劳动模范、党总支书记王兴亚同志的带领下；于1992年建成了肉鸡屠宰流水生产线，其分割部位肉鸡系列产品不但畅销国内的6省14个地区，还飘洋过海打进了国际市场。1993年向德国、法国、日本和香港等国家和地区出口肉鸡1 200吨，创汇达1 200万元。这一龙头企业的建成投产，不但富了新城子区的百姓，而且还带动了辽中、新民、法库、康平等部分地区的肉鸡饲养业。1993年全乡的第三产业也迅速崛起，各种社会化服务体系应运而生。商、饮、运、服、修各业发展势头良好。

1993年全乡社会总产值达26 194万元，其中工业产值14 733万元，农业产值10 638万元，第三产业产值1 451万元，粮食产量达20 045吨，全乡人均收入实现1 318元。

（孙太祥）

【马刚乡】 马刚乡地处新城子区东部，东北端与铁岭市的李千户乡交界，区域面积61.2平方公里，耕地面积35 500亩。全乡辖13个行政村，有3 368户，10 947口人，其中农业人口10 347人，人均占有耕地3.3亩，为纪念马刚烈士而得名的马刚村是乡政府的所在地。

全乡地势东高西低，东部山峦起伏绵延，有较大山峰25座，其中沈阳地区最高峰石人山海拔441.3米，高耸境内。山地内矿产资源丰富，共有林地面积25 000亩，森林茂密，古木参天，近年新发现的本区"原始森林"就在马泉沟村东端。全乡森林覆盖率41%。西部平坦开阔，是全乡的主要产粮区，农作物以玉米、大豆、水稻、高粱为主。

"两高一优"的农业促进了山区经济的新发展。1993年调整了作物种植比例，发展效益田9 958亩，增加经济效益100万元，人均增收100元。为市区繁育万亩种子良田，向市区交售良种2 775吨；通过科技兴农，农业机械化普及率达90%以上，实现粮豆总产10 370吨，单产360公斤，比1992年增长10%。

畜牧业生产出现好势头。1993年肉牛饲养量达3 100头，出栏2 000头，分别比1992年增长15%。生猪饲养量11 000头，出栏6 000头，分别比1992年增长17%。蛋禽存栏10万只，发展山鸡、草狸獭、家兔等5万只，各类畜牧大户300余户。

山区开发成果显著，"山林水田路"得到了根治，开发新果园6 000亩，营造速生丰产林500亩，种植中草药400亩，开发食用菌8 500平方米，共创产值300万元，人均收入增加250元。1993年末果园面积达15 000亩，种植果树40.5万株，水果产量1 500吨，比1992年增长25%，建果窖60个，贮果32万公斤。

乡村工业前景可观，1993年新办乡村企业13个，引进资金300余万元，其中创办3个独资企业。全年实现工业总产值7 257万元，比1992年增加1 578万元，增长28%。

教育卫生迅速发展，现有中学1所，小学13所，农民中专1所，幼儿班13个。形成了本乡教育的基本体系。医疗、保健、防疫设施齐全，马刚乡卫生院设置床位25张，增设X光机3台，B超机1台，使农村常见病、多发病得到了预防和治疗。

随着村民生活水平不断提高，全乡1993年末拥有电视机3 031台；其中彩电1 356台；洗衣机1 849台；摩托车234台；电冰箱232台；录放机也进入了农民家庭。全乡人均收入达1 165元，比1992年增长9.4%。

（杜於伟）

【望滨乡】 望滨乡位于沈阳、抚顺、铁岭三市的交界处，属东部山区乡，总面积41平方公里，耕地面积19 966亩，其中水田310亩。全乡共有12个行政村，总户数1 848户，总人口6 391人，农业人口占95%。

1993年全乡人民进一步解放思想，深化改革，使国民经济得到了迅速发展，全乡社会总产值达5 207万元，国民总收入达3 577万元，分别比1992年增长29.2%和20.3%。

1.农村经济全面发展，一年来，坚持深化农村改革、调整和优化农村产业结构，稳定政策，加强服务，引导全乡人民不断破除"小富即安"的因循守旧，不求进取的思想；树立高效农业的思想，结合本地区实际，扬长避短，是科技兴乡之路，大力发展效益型农业。1993年全乡粮食总产量达到了4 427吨，单产323公斤，向国家交售商品粮1 620吨。采取引导和优惠相结合的政策，使畜牧业生产成为全乡人民群众致富的重要来源，1993年全乡生猪饲养量11 441头，比1992年增长4%，肉牛2 000头，肉鸡出栏260吨，山鸡饲养量为15万只。林业生产发展很快，以苹果梨园为龙头带动了林业的全面工作，1993年新建苹果梨园12处，面积5 000亩、造林2 760亩，四旁植树7 200棵。

2. 工业生产发展迅速。1993年全乡工业生产加强了老企业的管理，通过抓好"一投产、二翻番、三改造"的工作方法，使全乡的工业取得了明显提高，全年完成工业产值3 750万元，比1992年增长了29.9%，利润完成了214万元，比1992年增长32.9%。乡属工业实现产值605万元，利润35万元，分别增长40%和25%，林办工业实现产值545万元，利润31万元，分别增长60.2%和106%。

3. 教育、通讯事业不断发展。1993年末，全乡共有中小学6所，在校学生760人。其中中学生270人。1993年升学率为14%，比1992年提高14个百分点。同时电话通讯事业也不断发展，全乡1993年73台自动电话全部改为程控，电话已逐步进入农家。

4、农民收入逐年增加，生活不断改善。——全乡农民收入稳步增长，人均纯收入达1 153元，比1992年增长21.8%，农民的年人均生活费用支出850元，增长13.3%，人均住房使用面积15平方米，高档耐用品拥有量不断增加，1993年电视机每百户有83台，其中彩电30台，百户拥有洗衣机10台，电冰箱3台，录音机70台，同时农民储蓄额不断增加，1993年末人均储蓄达1 130元，比1992年增长130元。

（李元禄）

新民市

【概况】 新民市位于沈阳西部，全市面积3 314.7平方公里。设7个镇，20个乡，6个街道办事处，411个村。1993年末全市总人口66.8万人，其中非农业人口10.9万人。幅员面积497万亩，耕地面积258万亩，林地78.5万亩，可放养水面7.05万亩。种植业、养殖业、林果业发展迅速，被列为国家优质米生产基地、商品鱼开发基地和沈阳市副食品生产基地。石油、天然气资源丰富，年产原油300多万吨的辽河油田沈阳采油厂座落在市区东部。地上地下水资源丰富，境内有辽河、柳河、养息牧河、秀水河、绕阳河、蒲河等6条河流。全市有工业企业9 277家，初步形成了石化、医药、纺织、服装、轻工、食品、建材、机电等为主要行业的工业体系。第三产业兴旺发达。物资贸易、商饮服修、金融保险体系健全，商业网点星罗棋布。新民市地理位置优越，交通电信发达。市区中心距沈阳市区60公里，处在沈阳、鞍山、抚顺、营口、大连、阜新、辽阳、锦州等大中城市的环抱之中。沈山、高新铁路贯穿境内，京沈、丹霍、沈承、沈阜、沈环5条国省公路干线和19条市级公路纵横交错，形成了以市区为中心的四通八达的交通网络。城乡装备的8 860线程控电话交换机，开通了国内外直拨电话业务，移动电话、传呼业务日趋完善并备有电信传真设施。新民铁路货场拥有5条货物线，3条专用线，库房面积2 730平方米，硬面货场1.2万平方米的新民铁路货场，年货物吞吐能力已达100万吨。

【国民经济发展综述】 1993年，新民市经济继续保持良好的发展势头。全市社会总产值实现49.2亿元，比1992年增长51.8%；国民生产总值实现19.8亿元，比1992年增长32%；国民收入实现18.3亿元，比1992年增长30%；工农业总产值实现38.2亿元，比1992年增长37.4%。积极发展高产、优质、高效农业，提高农业综合生产能力和综合效益，农村经济繁荣兴旺。1993年，新民市农业总产值实现13.9亿元，比1992年增长27.5%。农业生产全面丰收，粮食总产量达到72.7万吨。经济作物播种面积达到76万亩，比1992年增长65.2%，全市蔬菜保护地面积已达到2.4万亩，比1992年增长49.4%，主要公路沿线乡镇的棚菜生产已形成规模，取得了可观的经济效益。已经形成蔬菜、西瓜、种籽、甜菜、林果、大蒜等一批独具特色的专业生产基地。林牧渔业协调发展，现有果园7.2万亩，果树400万株，水果产量8 000吨。生猪饲养量达到74.8万头，其中出栏38万头，牛存栏3.23万头，羊存栏5万只，家禽存栏526万只，禽肉产量1.5万吨。淡水鱼产量达到7 075吨。抓住大中型企业特别是沿海经济发达地区结构调整的机遇，加快工业发展步伐。1993年，新民市工业总产值实现24.3亿元，比1992增长43.8%。其中乡镇工业总产值实现20亿元，比1992年增长42%。全市工业利润实现1.56亿元，比1992年增长30%。1993年，全市工业企业在企业规模、技术水平、产品档次上有新的突破，亿元乡镇和系统已达12家，超千万元企业达17家，超千万元村达10家。流通领域更加活跃，市场建设和沿路经济发展迈出了新步代。占地450亩规划总投资2亿元的辽滨市场初具规模，已有27个单位3家个体、私营业户投入市场建设，建筑面积9万平方米，建成19栋营业楼已交付使用；有71家企业在辽滨注册，获得了较好的经济效益。新建了大民屯综合市场、梁山西瓜专业批发市场、罗家房老牛圈市场、周坨子乡赵坨子市场、金五台子市场、东蛇山子市场、改扩建了公主屯、大柳屯等一批市场。全市城乡市场商品货源充足、流通活跃、物价稳定、购销两旺。1993年，全市社会商品零售额实现70 084万元，比1992年增长14%；集市贸易成交额实现19 059万元，比1992年增长7.7%。财政收入增加，人民生活水平提高。1993年，市本级财政收入7 007万元，比1992年增长19.6%；全市农民人均收入达到 1 138 元，比 1992 年实际增长 10.3%；城镇人均收入达到 1 658 元，比 1992 年增长 13.1%。随着人民生活水平的提高，城乡居民储蓄存款大幅度增加。1992 年，全市城乡居民储蓄存款余额达到 70 099 万元，比 1992 年增长 23.6%。

【外向型经济迈出新步伐】 根据改革开放的新形势和新民的实际情况，继续实施“南引北输、内建基地”的发展策略，加速对外开放，扩大招商引资，外向型经济工作上了新台阶。1993 年共批准建立“三资”企业 20 家，投资总额 1 086.6 万美元，形成生产能力后，可实现产值 58 404.5万元。1993 年完成出口商品供货值 7 336 万元，完成全年计划的146.7%，是 1992 年的2.2倍，其中直接出口交货值4 038万元，完成计划的 161.5%，是 1992 年的 1.9倍。出口品种达48个，比 1992 年增长18个，出口到俄、美、日、韩等 7 个国家和地区。劳务输出向有组织、有计划、较高层次上发展，改变了以往民间的、分散的简单劳务输出的局面。1993 年先后向俄罗斯合资企业派出工程技术人员 11 人，向泰国派出专家和技术人员 17 人，组织 20 名技术工人培训了日语并通过日方面试合格，将分批派往日本名古屋研修一年，为以后承包日方工程打下了基础。1993 年新民市驻外办事处和窗口由 1992 年的 11 个增加到 13 个，其中，境外 4 个，分别是香港、俄罗斯、韩国和匈牙利。在市区城乡分别建立了工业、农业、商业、旅游等 5 个招商园区，总投资 14 127万元，园区建设初具规模，达到五通一平，具备了大力招商引资的条件。这些对外窗口和招商园区为全市招商引资，发展贸易和劳务输出，提供了信息，发挥了作用。

【积极发展高新技术产业】 1993 年新民市大力实施“科技兴市”战略。在全市 27 个乡镇和有关委、办、局普遍建立了农民技术学校和职工技术学校，采取多种形式向农民和职工传授科学技术。1993 年，培训人员 12.6 万人，有 2 390 人获得了各类专业技术职称。按照适应社会主义市场经济体制的要求，合理调整产业和产品结构。以高产、优质、高效为前提，合理调整农业内部结构。大力实施“五五九”科技示范工程和开展水稻“万千百”高产竞赛活动。因地制宜地筛选出了一大批先进适用的农业科学技术成果进行推行和普及。1993 年，全市共推广北方庭院生态农业模式、西瓜套复种、米麦台畦间作带状种植、鲤鲫鱼杂交、塑料保温猪舍等 15 项农牧业生产新技术和 62 个新品种。其中，有的列入国家星火计划、有 7 项列入沈阳市星火计划，有 1 项获得了国家专利局的发明专利。在依靠科技进步，改造老企业，开发新产品方面，1993 年，全市用于技术改造的投资达 9 800 万元，共 50 项，开发新产品 102 项创产值 2.6 亿元、利税 4 800 万元。

【城乡基础设施建设】 1993 年新民市加强了基础建设，改善了市区和乡镇基础设施，积极承办了涉及全市人民生产生活的 10 件事。投资 1 600 万元兴建标准较高、功能较全的新民迎宾馆；辽河大街旧房改造，建起了楼房，第一批用户已搬进新居；电力电网建设投资 20 万元，新增五条配电线路，保证了新民城区内安全可靠供电；投资 2 784 万元用于水利设施建设；新铺乡村油路 67.24 公里，在 1992 年“131”交通事故发生处建成立交桥；投资 3 000 万元新建了大民屯、梁山西瓜批发等 6 处综合市场，集贸成交额突破 2.8 亿元；投资 120 万元在市区内新建一处占有地 4 万平方米的湖滨公园；投资 500 万元建设沈阳西湖风景区；兴办了新民电视台和新民有线电视台；全市 26 个乡镇实现了程控电话，达到全国双向直拨，开通了电讯传呼台移动电话台。随着城区建设的步伐加快，城区居民的文明程度不断提高。

【社会事业健康发展】 1993 年新民市社会事业健康发展。教育工作，全面贯彻教育方针，加快“普九”步伐，调整中小学网点布局，90%达到标准化要求。1993 年 10 月份经辽宁省验收检查达到省级“双基”标准。加大教育投资，进一步改善了办学条件，教学质量不断提高，1993 年，全市考入大中专学校 1 112 人，新民高中升学率达 98%，进线率达 100%，小学巩固率达 99.9%，初中巩固率达 98%，中小学体育达标率为 98%。卫生事业贯彻预防为主的方针，全年投资 305 万元，改善了部分医院、卫生院房舍、设备。健立健全了市、乡村级医疗卫生网络。加强了医院分级管理，两个质量指标治愈好转率达到 90%，综合抢救成功率达到 95%以上。计划生育工作坚持“三为主”的方针，加强宣传教育，强化科学管理，全市计划生育率达到 99.45%，节育率 91.2%。文化事业坚持“三为”方向和“双百”方针，广泛开展内容丰富、形式多样、健康有益的群众性文艺创作和文化娱乐活动，活跃了城乡人民的精神生活。1993 年文化工作做了二十件大事。其中，故事《谭振山讲述的故事》在河南省《故事家》举办的大禹杯故事大赛中获一等奖。书法、诗歌、秧歌、舞蹈、书画、篆刻、摄影等作品也多次获省市嘉奖。在辽滨塔成功地抢救了一批很有价值的文物。广播电视事业蓬勃发展，兴办了电视台，新建了有线电视台。其他各项事业都有很大发展，为发展经济做出了积极贡献。

【新民撤县设市】 1993 年 6 月 14 日，经国务院批准，撤销新民县，设立新民市(县级)，由省直辖，以原新民县行政区域为新民市的行政区域，不增加机构和人员编制。撤县设市庆典于 1993 年 7 月 25 日上午在新民体育场隆重举行。国家有关部门的领导，辽宁省、沈阳市的部分领导，其它友好市县的部分领导和新民市的各界人士参加了庆典活动。

【新民首届荷花节】 在新民市前当堡镇，有一处万亩水面，千亩荷花的自然风光。1991 年被沈阳市政府命名为沈阳西湖。每当荷花盛开时节，那里芦荡幽迷，湖光银锦，花繁叶密，吸引大批游人到此赏花观光。1993 年 7 月 25 日至 27 日，新民市利用撤县设市之契机，本着文化搭台，经济唱戏的原则，举办了首届荷花节。荷花节期间，共举行 5 次经贸洽谈活动，接待国内外客商 376 人，签定合同、协议、意向 106 项，总金额 66 242 万元,增加了新民的国内外知名度。

【新民镇】 新民镇系新民政府所在地,是新民市政治、经济、文化、交通中心。

全镇有六个街道办事处,五个郊村,共有居民 23 685 户,79 049 口人,其中农业户 984 户,农业人口 3 359 人,劳动力 1 269 人。共有土地 57 183 亩,其中耕地 7 500 亩,林果 1 924 亩。

农业生产五个郊村,坚持"以菜为主,多种经营"的原则,充分调动农民的积极性。在合理调整布局提高蔬菜产量和增加蔬菜品种的同时,努力开发郊村的畜牧业、养殖业、村办工业和第三产业。现已形成了以蔬菜为主,养殖、第三产业、工业为辅的新格局。1993 年全镇农业总产值 874 万元,其中蔬菜产量达到 15 285 万元,农民人均收入1 402 元。

全镇有镇属企业 14 家,职工 1 113人,以耐火砖、白水泥、卫生纸、继电器、机制品等为主要产品。1993 年工业总产值已达 9 985 万元,利润 808 万元,第三产业产值 2 600万元。

外向型经济有新发展,现已在匈牙利成立了新欧办事处和贸易公司。

工农业生产的迅速发展,促进了全镇文化、体育、卫生等各项社会事业健康发展。全镇共有小学 7 所,现已有 4 所小学实现了教学楼房化;街政工作不断发展。

经过全镇人民共同努力,该镇基本形成了镇容整洁、环境优美、繁荣富庶的新城镇。

【镇郊乡】 镇郊乡位于新民市城郊,环抱市区四周。北邻高新铁路,西至柳河岸边,南到辽、柳河交汇处,东止辽河东岸。沈山、高新铁路,京哈、丹霍公路贯穿境内,交通四通八达。全乡面积 185.9 平方公里,地势低洼不平,辽河、柳河、养息牧河流经南北、大部分土地是辽河冲积土壤,土质肥沃。

镇郊乡辖 22 个行政村,有居民 8 291 户,32 895 口人,劳动力 8 322 人,其中从事农业劳动的 5 600 人,工业劳动的 1 335 人,第三产业的 1 387人。1993 年全乡实现社会总产值 1.25 亿元,人均收入 1 050 元。

1993 年,镇郊乡在协调发展的基础上,加速经济结构和种植结构的调整,农业向稳定型、开发型、生态型、效益型的大农业方向发展。在河滩地上种植早春作物,确保上茬的稳收,堤内地继续种植高产水稻、玉米作物,公路两侧种植经济作物,棚菜和露地菜,宅前屋后发展北模生态大棚。现已建生态大棚 868 个,产细菜 3 000 吨。1993 年粮食总产量 27 500 吨,农业总产值达 4 199 万元,两项均创历史最高水平。

镇郊乡现有搪瓷、橡胶、绝缘材料、塑料、成套公司五家乡办工厂,年创产值 1 281 万元。另外,村办工厂年创产值 1 679 万元,个体工厂年创产值 2 240 万元,建筑业年创产值 852 万元,1993 年全乡工业总产值 5 200 万元。1993 年,全乡第三产业实现产值 2 249 万元,其中运输业产值 1 244 万元,饮服业产值 69 万元,商业产值 590 万元。

【高台子乡】 高台子乡位于新民市北,距新民市区 7.5 公里,区域面积为 14.96 万亩,其中耕地面积为 62 364亩,荒地草原面积为1.1万亩,林地面积为 5 000 亩,养殖水面 1 000亩。全乡 13 个村,65 个村民组,3 674户,14 528口人,其中农业人口 13 875 人,非农业人口 653 人。

高台子乡地理位置优越,交通方便,公路、铁路纵横交错。高新铁路从境内东西穿过,丹霍、沈环、茶大公路在境内交叉,形成铁路、公路网络化,为发展经济创造了条件。高台子乡历史悠久,有远近闻名的高台山遗址。该遗址位于高台子乡腰高台子村山丘东南台附近,面积约为 6 万平方米。这个遗址自 1973 年发现后,1976、1979、1980 年先后三次挖掘,除清理出一批高台子东山文化类型的墓葬外,还发现了不同历史时期相互迭压的文化遗存,为新民市文化发展序列提供了一定的科学依据。

高台子乡在党的富民政策指引下,进一步调整产业结构,积极发展第三产业,全乡经济得到了较大发展。

1993 年全乡社会总产值达 5 856万元,其中农业总产值2 400 万元,工业产值2 600万元,第三产业产值 856 万元,人均收入可达 1 161元。

高台子乡利用本地自然优势和传统经济作物种植经验,发展"两高一优"农业,1993 年全乡种植大蒜 8 000亩,产量达2 000吨,产值达 200万元;种植西瓜150亩,产量达 437吨,产值达 9 万元。

1993 年全乡畜牧业也有了一定发展。养牛 4 039 头、肉食鸡 52 万只,畜牧业产值可达 1 007 万元。

1993 年全乡工业生产迈出了可喜一步。在原有工业项目的基础上,新建了沈阳市服装实验厂新民分厂,年产值达 300 万元,利税 45 万元,同时,巩固和扩建了两个砖厂,现在这两个砖厂年产值达 100 万元,创利润 10 万元,促进了全乡工业的发展。

【金五台子乡】 金五台子乡位于新民市西南部,东隔辽河与前当堡镇相望,南邻辽中县,西靠绕阳河与红旗乡为邻,北和柳河沟乡、大红旗镇接壤。沈阳市外环公路、柳金公路贯穿南北,辽河、柳河、绕阳河环绕东西。全乡总面积 132 平方公里,辖 12 个村,41 个自然屯,70 个村民组,有 20 122 口人。1993 年全乡社会总产值实现 8 467 万元,其中农业总产值实现 3 383 万元,工业总产值实现 4 460 万元,上缴利润 413 万元,人均收入 1 180 元。

全乡现有耕地面积 55 013 亩。其中旱田 43 641 亩,水田 11 372 亩。机电井 203 眼,排水站 17 座。1993 年粮食总产量达 5 336 公斤。大牲畜存栏 4 322 头,猪存栏36 500 头,牛存栏 1 350 头,羊存栏 150 头,家禽存栏 55 635 只。到 1993 年末,全乡已有养殖重点专业户 655 户,养猪专业村 2 个,养牛专业村 1 个,全年为市场提供肉类2 182吨,鲜蛋 225 吨。

全乡现有机械配件厂、橡胶厂、建材厂、化工厂、电子原件厂等 10

家乡办工业企业，成为全乡工业生产的支柱。机械配件厂为沈阳金杯汽车公司生产汽车零部件，年产值265万元，利润38万元，1993年被评为乡镇级一级企业。橡胶厂生产的大小胶管共20余个品种，广泛应用于农业灌溉和工业生产，年产值220万元，1993年被评为乡镇级二级企业。

金五台子乡第三产业蓬勃发展。商、饮、服务业户数已达410户，从业人员1 200人，集市贸易十分活跃，每日上市进行交易人数达7 000人，成交品种2 000余种，日成交额21万元。

交通运输业迅速发展，全乡12个村，村村通柏油路，交通方便，为经济发展创造了优越的条件。

文化、教育、卫生、福利事业都有很大程度的发展和改善。全乡现有中学1所，小学12所，教职员工252人，在校学生3 608名。农民文化技术学校1所，专兼职教师29人，每年培训农民各类技术人才300名以上。卫生院1所，现有床位20张，B超、心电图、脑电图、X光等医疗设备齐全。

【红旗乡】 红旗乡位于新民市西部，南邻辽中县、东连大红旗镇和金五台子乡，北、西两面和黑山县接壤。沈山铁路、京哈公路横贯东西，绕阳河流经南北，属沈阳市柳绕经济开发区。

全乡土地面积98平方公里，辖9个行政村，3 322户居民，13 930口人。全乡地势平坦，南部土地为颗粒黑土，北部为沙壤土，土质肥沃，适于玉米、水稻、高粱、大豆、花生、林果等作物生产。乡南部由于绕阳河在此漫散，形成万亩冲积河滩，长着茂盛的芦苇和饲草、栖养着上百种的珍禽稀鸟，形成优美的自然景观。

1993年，全乡社会总产值5 510万元，其中农业总产值2 500万元，工业总产值2 517万元，全乡粮食总产量1 500万公斤，农民人均收入976元。

在发展“两高一优”农业中红旗乡发挥本地优势，重点以开发果树和棚菜为龙头，促进全乡经济的发展。1993年，全乡果树面积达到5 700亩，果树27.5万株，产果150公斤，棚菜面积达到1 400亩。1993年，全乡产菜200万公斤，收入200万元。

在柳绕地区经济开发中，红旗乡将农田基本建设做为首要基础工作来抓，突出植树造林，形成了较为完整的林网体系。1993年，全乡植树面积达到3.3万亩，基本形成了农田林网化，改善了农业生产条件。由于红旗林果业发展快，前景可观，被国家确定为林果发展示范乡，分别受到国家及省市的表彰。

1993红旗乡第三产业发展较快，在公路和铁路沿线，个体餐饮服务和机修加工等门点发展到近百家，全乡从事肉蛋禽贩运的农民近千人，既活跃了市场，又增加了农民的收入。1993年全乡第三产业收入超过430万元。

【大红旗镇】 大红旗镇位于新民市西部，距市区25公里。东与柳河沟乡相接，北与芦屯乡相连，西以绕阳河为界与红旗乡相望，南与金五台子乡接壤。沈山铁路、京哈公路横越境内，乡级公路纵横交错，交通方便。全镇土地总面积123平方公里，镇辖14个行政村，50个自然屯，82个村民小组25 606人，镇政府位于大红旗村，大红旗火车站北侧200米处。

大红旗镇地貌特点为平原地，主要平原地占总面积的98%。气候温和，常年平均气温为摄氏7—8度，最高气温为摄氏35度，无霜期为145天左右，年平均降水量600—800毫米。土质以沈山铁路为界，南部多为黑土地、北部多为沙土地。

大红旗镇现有耕地面积87 958亩，种植作物以玉米为主，其次是水稻。1993年粮食总产量29 523吨，其中水稻产量5 757吨，为东北地区优质米生产基地。1993年粮食亩产玉米459公斤，水稻为538公斤。1993年交售公粮11 070吨。主要农业经济作物为花生和蔬菜，1993年，花生产量1 445吨，蔬菜产量45 978吨，除一部分自食外，其余全部销往城乡市场。1993年全镇生猪饲养量37 760头，出栏24 229头，牛羊家禽饲养量分别为2 200头、4 632只、472 412只，向市场供应猪肉2 423吨，牛肉69吨，羊肉41吨，禽蛋817吨。全镇现有防护林36条，504亩，用材林603亩，果园28个，2 200亩，其中葡萄园5个250亩，苹果园4个40亩，李子园19个910亩，苹果梨园3个1 000亩，每年给市场提供大量水果。1993年全镇实现农业总产值6 756万元，利润4 505万元。

全镇现有工业企业12家，其中与省市联办的有4家，村办厂14家，主要的工业产品有油毡原纸、工业用呢、外用药膏等十多个品种。1993年全镇实现工业总产值8 346万元，利润529万元。

全镇现有个体户525户，年产值达1 200万元，利润158万元。服务行业兴旺发达，服务门点32家。大红旗镇集市贸易历史悠久，驰名省内外为沈阳市农村大型贸易市场之一。上市的农、副、土特产品和工业产品达1 000余种。旺季时参加集市交易的人数达3万多人，平均日成交额达7.5万元，最高成交额可达10万多元，1993年总成交额达到1 400万元，全镇人均收入达到1 153元。

大红旗镇交通电讯十分发达，沈山铁路通过大红旗镇内，日客运量达800人次，京哈公路横穿大红旗境内，乡级公路全部是柏油路面，村村相通，给工农业生产和交通运输带来了极大方便。

全镇现有小学13所，中学1所，市直高中1所，几年来为上级学校和社会培养了许多优秀人才。

【卢家屯乡】 卢家屯乡位于新民市西部柳绕地区，南北长11公里，东西宽16公里，总面积176平方公里，境内河流有大龙湾、二龙湾、绕阳河、柳绕河网横跨东北西南，地势平坦，耕地面积72 137亩，过去是白沙盐碱地，现在已是一片肥沃的良田。

全乡辖11个村，46个居民组，3 085户，现有人口13 763人，其中：农业人口13 195人，劳动力3 380人。

1993年，全乡社会总产值实现2.5亿元，其中工业总产值1.1亿元，农林牧渔业产值4 124万元，第三产业产值1 000万元，交通运输产值600万元，建筑及其它产业产值8 276万元，向国家纳税总额为100

万元,利润106万元,人均收入1 260元。

卢家屯乡的农作物以种植高粱、玉米、大豆为主,辅种瓜、棉、小油料等经济作物。1993年,粮食总产量为2 300万公斤,上缴国库736万公斤。1993年,养殖专业户、重点户饲养的大牲畜存栏数达4 981头,牛存栏2 696只,家禽饲养量21 345只,其中蛋鸡155 688只。

卢家屯乡的乡办工业已成为柳绕地区的一颗明星,到1993年止,卢家屯乡通过各种方式已办了沈阳电缆十分厂、辽河电线厂、卢家屯乡磷肥厂等十几家企业,生产的电缆、电缆盘、电线,各类高中低档裘皮大衣、皮夹克、皮手套、各种精密铸件、教具、文具等产品畅销省内外,1993年工业产值达1.1亿元,在新民乡镇工业中名列前茅。

卢家屯乡现有农业技术中专学校1所,小学12所,中学1所,教师234名,在校学生2 280名,乡卫生院1所。

【梁山镇】 梁山镇位于新民市的西北部,位于东经122°9′,北纬42°03′,距市区18公里,东西跨度10公里,南北跨度20.5公里,总面积205平方公里。东依柳河、西邻姚堡乡、南与芦屯乡接壤、北与周坨子乡搭界。全镇共辖18个村,103个村民小组,分布在63个自然屯,有居民6 312户,总人口26 338人,居住着汉、满、回、蒙、锡伯、朝鲜等民族。全镇1993年社会总产值8 675万元,其中工业产值1 885万元,农业产值6 790万元,人均收入1 150元。

梁山的气候类型属于受季风影响的半湿润温带大陆性气候。土壤属于沙壤土,性质含碱缺磷,以轻碱土为主。

梁山镇是新民市西北部柳绕地区经济、文化、物质交流的中心,交通四通八达,高新铁路线在镇内通过,国道102线在梁山东侧而过,镇内有县乡公路2条,乡级柏油路通往各村。

梁山镇积极发展高效农业,并取得了成绩。1993年粮谷豆总产量达5 500万公斤,平均单产337公斤,粮谷豆总产值6 790万元。畜牧业也有较大发展,1993年生猪出栏15 466头,鲜蛋200吨。经济作物以名扬省内外的梁山西瓜为主,1993年又获丰收,总产量达38 513万吨,产值1 561万元,占农业收入的28%。梁山镇故有“西瓜之乡”的美称。

梁山镇有以水泥、淀粉、硝酸、采石为骨干的工业企业23家,产品不断更新换代,产品质量不断提高,市场范围不断扩大,在市场竞争中站稳了脚跟,1993年创产值6 775万元,利润478万元。

全镇有中小学校20所,教师380名,在校学生4 350名,有文化站1个,电影院1个,镇中心卫生院1所。

【姚堡乡】 姚堡乡位于新民市西北部,距新民市区33公里,东靠梁山镇和周坨子乡,南临芦屯乡,西与黑山县、阜新县接壤,北与彰武县毗邻。全乡13个村,40个村民组,分布在37个自然屯,总户数4 439户,总人口18 179人,其中劳动力5 438人,本地区居住着汉、满、蒙等民族,乡政府设在中姚堡村。

全乡土地面积141.6平方公里,其中耕地面积为8.3万亩,占总面积的21%。姚堡乡地势平坦,土质结构以沙土和轻碱土为主,农作物以栽培玉米、高粱、大豆、水浇麦为主,部分村屯栽培水稻、小杂粮、西瓜、花生种植量逐年增加。通过经济结构的调整,一个稳定型、开发型、效益型农业基本形成。本乡有较好的畜牧业发展条件和基础,主要饲养蛋鸡、生猪、牛、羊,饲养量逐年递增,为新民市养殖专业乡。

全乡有林地面积35万亩,草地面积1万亩。境内河流有绕阳河、大龙湾、二龙湾、绍绕排干、马绕排干,河流和排干沟渠纵横分布,形成网络,为农业发展提供了丰富的水利资源。

全乡交通方便,沈阜公路,曹大公路和高新铁路从境内通过,各村屯路路相通。市场建设有了新发展,流通领域活跃。1993年,姚堡乡在三处农贸市场的基础上,新建市场3万平方米,东西长200米,南北长150米,东西两侧建商品门市房60间,设摊床600个,可容1.5万人在场内交易,日成交额8万元,吸引黑山、阜新、彰武、沈阳及新民的广大顾客,成为该地区商品交换的集散地,活跃了全乡经济。

1993年,姚堡乡实现社会总产值8 958万元,其中农业总产值4 556万元,工业总产值3 057万元,第三产业产值1 345万元,全乡人均收入998元,粮豆总产量2.5万吨。全乡住宅建筑面积336 844平方米,公共建筑面积20 935平方米,生产建筑面积11 904平方米,防氟自来水普及23个村屯。

【周坨子乡】 周坨子乡位于新民市西北部,北纬42°9′,东经122°35′,距新民市25公里,东依柳河,南靠梁山镇,西与姚堡乡为邻,北同彰武县搭界,乡内有新彰公路贯穿南北,入境总长为14.6公里,全乡公路网交错纵横,村村通有柏油路,现代化的程控电讯网遍及全乡。全乡辖10个村,35个自然屯,45个居民组。乡政府设在乡中心地周坨子村。全乡总面积为133.4平方公里,总户数4 439户,总人口为16 432人,其中农业户4 221户,农业人口15 712人,劳动力5 492人。

1993年,全乡社会总产值为7 283万元,国民生产总值3 738万元,国民收入3 514万元,人均收入1 000元。

1993年,农业总产值实现3 658万元,粮食总产量达到2 750万公斤,平均亩产400公斤。

周坨子乡被市政府命名为林果专业乡,现已形成林果专业生产村2个(安坨子村、大坨子村),乡办千亩果园1个,村办果园3个,有苹果、苹果梨、山楂、李子、草莓等10余个品种,年产果量150 000公斤。

积极发展畜牧业。1993年全乡生猪饲养量为24 000头,年出栏12 686头,绵羊存栏5 455只,牛存栏587头,家禽饲养量99 405只;其中蛋禽79 271只,各种鲜鱼产量达到37 500吨。

稳步发展工业。1993年全乡工业总产值2 063万元,有乡办企业10家,其中万元产值企业2家(周坨子阀门厂和周坨子山场)。周坨子酒厂生产的"燎原"白酒已销往全省各地，特别是瓶装和罐装白酒久销不衰。

历史悠久的赵坨子综合农贸市场，占地26 640平方米，辐射阜新、彰武、黑山、法库等市县，是重要的农副产品的集散地。以赵坨子综合市场为主线，全乡第三产业发展迅速，1993年全乡第三产业产值已达1 562万元，现全乡各种网点门类齐全，流通领域呈旺盛势头，为全乡的经济发展增添了新翼。

【大柳屯乡】 大柳屯乡位于新民市北部25公里处，北与法库县相接，南邻高台子乡，东和公主屯镇、新农村乡毗连，西和周坨子乡、梁山镇隔柳河相望，丹霍公路由乡西部南北穿过。市乡公路，纵横交错，交通方便。

大柳屯乡地理位置在东经122.8°，北纬42.5°，全乡共有22个村，79个自然屯，148个村民小组，7 592户，27 635口人，区域面积230.5平方公里，耕地面积14.5万亩，林地67 000亩，荒地83 210亩，养鱼水面1 000亩。全乡土地辽阔，自然资源丰富，发展多种经营有着得天独厚的优越条件，被沈阳市列为柳绕地区重点开发区之一，所产大蒜、菜籽远近闻名，被誉为"大蒜之乡"、"菜籽之乡"。

1993年全乡社会总产值9 700万元，其中工业产值1 922万元，农业产值6 468万元，人均收入1 030元。全乡有黑色路面三条26.4公里，砂石路面十五条88.4公里，基本实现了村村通砂石路、公路网络高密度。有大小客车10台，运输汽车8台，大中型拖拉机45台，小四轮拖拉机109台，交通运输的发展活跃了经济，方便了人民群众。

全乡集市贸易规模越来越大，农贸市场占地33 350平方米，现有摊床8 160平方米，年成交额达1 200万元，每年向国家纳税10万元。

文化教育事业迅速发展，现有中学2所，小学22所，全部达到了"普九"标准；村村建立了文化站，安装了调频广播和程控电话。乡内主要街道铺上了黑色路面，安装了路灯。乡所在地、大柳屯银行、水利站、兽医站办公大楼拔地而起，为农村乡镇增添新的姿色。

【新农村乡】 新农村乡位于新民市东北方向35公里处，东、南与公主屯镇毗连，西与大柳屯乡接壤，北邻法库县。地形开阔，北高南低，为半丘陵地区。境内有秀水河、老地河流过。全乡面积103.8平方公里，耕地面积6.6万亩。全乡划为8个村，17个自然屯，有3 386户，总人口为13 447人。

全乡1993年社会总产值实现6 509万元，比1992年增长42%，农业总产值实现2 484万元，比1992年增长32%，粮食总产量达到12 080吨，工业总产值实现3 472万元，比1992年增长41%，第三产业产值实现553万元，比1992年增长120%，人均收入达到1 025元，比1992年增长24%，年末银行储蓄余额达到874万元，计划生育率达到98.5%。

新农村乡是两杂种子繁育基地，为沈阳、新民两级制种已有二十多年的历史，全乡有制种田面积3万亩，占总耕地面积的46%。1993年种子产量达到1 000万斤，产值达到900万元，种子单项人均收入551元，现已为新民市的制种专业乡。玉米种子有"沈单七"、"沈单六"、"掖单十三"等十几个优良品种，远销河北、四川等十几个省市。

1993年，全乡畜牧业总产值实现1 019万元，比1992年增长51%，生猪饲养量达到2万头，比1992年增长11%，年末牛存栏达到1 003头，比1992年增长179%，羊存栏150只，家禽饲养量达到14.8万只。

全乡共有皮鞋厂等7家乡办企业，1993年乡办工业产值实现846万元，比1992年增长26%，利润51.4万元，比1992年增长14.2%，皮鞋厂生产的F 110自动泵，年产值达到60万元，创利润5.7万元，该产品远销成都、重庆、北京、烟台、哈尔滨等10几个省市的重点厂家，阀门厂生产的国际8335—87液化气钢瓶阀座，年产值达到263万元，创利润23万元，该产品远销柳州、新疆、公主岭等9个省市的10多个重点厂家。全乡有建筑工程队8个，从业人员200人，交通运输业30个，从业人员110人，商饮服务业75家，从业人员144人。全乡有1所初中，8所小学，有教职员工212人，1993年小学升入初中的升学率达到99%。

【公主屯镇】 公主屯镇位于新民市东北部，距市区26公里，东连东蛇山子乡，西邻大柳屯乡，西南与高台子乡，镇郊乡接壤，南以辽河为界和三道岗子乡、兴隆镇为邻，北与新农村乡和法库县的登仁堡乡相连，镇政府所在地公主屯村是新民市境内历史悠久的大村镇，早在100年前，就是北方粮谷大车进新民屯的必经之地，镇内北山有新石器时代古遗址，辽滨塔村有辽代建筑的古塔——辽滨塔，是市级文物保护单位。

镇内有沈环公路纵贯南北，公孤公路可通过法库三面船转向沈阳、万于公路东西穿过，公阎公路经新农村乡通向法库县的阎家荒地。

镇内辖24个村，9 816户，有21 028人，全镇土地面积202平方公里，耕地面积14万亩，1993年，全镇实现社会总产值17 721元，工业总产值5 005万元，农业总产值10 661万元，人均收入1 124元。

公主屯镇是新民市产粮重点乡镇之一，1993年，紧紧围绕农业畜牧业做文章，并重点进行产业结构调整。1993年，粮豆播种面积9.7万亩，产量8 022万斤，生猪饲养量46 436头，出栏18 936头，年末存栏27 500头，家禽存栏34万只，年饲养量3 037头，出栏1 064头，存栏1 973头，羊存栏1 488只。

镇现有镇办企业8个，产值1 235万元，村办企业20个，产值834万元，其它产值2 936万元。

镇现有中学2所，小学24所，文化站1个，电影院1个，镇中心医院1所。

【陶家屯乡】 陶家屯乡位于新民市东北41公里处，北东靠法库县，西接东蛇山子乡，南隔辽河与三道岗子、罗家房两个乡相望。沈承公路、公三公路在境内交叉通过。

全乡有陶屯、新华等八个村，2 754户，11 219口人，土地面积49.5平方公里，其中耕地面积

46 270亩。

1993年全乡实现社会总产值8 443万元,其中农业产值2 700万元,工业产值3 543万元,建筑业产值400万元,第三产业1 800万元,人均收入1 200元。

陶家屯乡重视产业结构的调整,各项事业有了长足发展。全乡乡办企业6个,生产的产品销售十几个省市。

全乡农业发展也出现了喜人的局面,1993年向国家交售粮食702万公斤,其中水稻150万公斤,玉米543万公斤,大豆5万公斤。

畜牧业和渔业稳步发展,生猪出栏8 500头,产鲜蛋350吨。国际银行投资的陶家屯精养鱼场也开始向社会提供商品鱼。

商饮服业出现了历史以来的好势头,乌尔汉的商饮服一条街和可容纳2万人经商的新扩建的陶家屯农贸市场深受群众欢迎。

1993年全乡的文化教育事业上了一个新台阶,2 100平方米的中学教学大楼拔地而起,教学质量有所提高。

【罗家房乡】 罗家房乡位于新民市东北部,东连新城子区,南邻兴隆镇,西与三道岗子乡接壤,北与铁岭的法库县隔辽河相望。大老公路、沈新北环公路从境内穿过,交通便利。

全乡辖21个村,有7 632户,28 626口人,9 219个劳动力。土地面积为128.8平方公里,其中耕地11.3万亩,地势平坦,土质肥沃,是新民市商品粮生产基地之一。1993年,全乡社会总产值达12 329万元,是新民市超亿元乡。

1993年,罗家房乡充分发挥土质肥沃的优势,发展粮食生产,粮豆总产量达到50 165吨,是名符其实的"小粮仓"。在发展粮食生产的同时,罗家房乡充分利用粮多的有利条件,发展畜牧业,1993年生猪存栏达25 396头,家禽饲养有突破性发展,1993年家禽存栏达12万只,产蛋量达321吨。

乡村工业迅速发展,已成为农村经济的重要组成部分,1993年,全乡乡村两级集体企业已达26家,全乡工业总产值达3 980万元。

商业网点不断增加,集市贸易日趋活跃。几年来,随着工农业生产的发展,商品流通渠道不断拓宽,为生产生活服务的商业饮食服务网点已遍及乡内各村,1993年全乡社会商品零售额达1 500万元,集市贸易成交额达500万元,人均收入达1 207元。

【三道岗子乡】 三道岗子乡地处辽河左岸,位于新民市的东北部,境内资源丰富、交通发达、土质肥沃、经济发展。共有18个行政村,53个自然屯,6 024户,22 772口人。耕地面积84 000亩,其中旱田34 000亩,水田27 000亩,经济田23 000亩。1993年全乡社会总产值实现了1.99亿元,其中农业总产值7 160万元,工业总产值1.1亿元,第三产业产值1 500万元,人均收入1 300元。

三道岗子乡通过大力优化和调整产业结构,推动了"双高一优"效益型农业的发展。1993年,在遭受低温、冰雹等灾害的情况下,农业仍获较好的收成,粮食总产量达3 100万公斤。专业村屯的建设,促进农业向适度、规模、集约的专业化方向发展,目前全乡已形成优质大米、生猪、肉鸡、蔬菜、水果五大生产基地。生猪生产起步较早,具有传统优势,七十年代初就已在省内闻名,1993年生猪饲养量达到6.5万头,出栏3.8万头。肉鸡生产发展迅猛,1993年肉鸡出栏3 000吨。蛋鸡生产初具规模,1993年蛋鸡饲养达到7万只,年产鲜蛋1 200吨。肉牛饲养量达2 600头,养殖业已成为本乡经济的重要产业,产值占农业总产值的60%以上。水果生产有了新的发展,以葡萄、李子为主的水果面积已达到4 000亩,年产水果1 300吨。

三道岗子乡的工业生产坚持速度与效益同步,发展与提高并举和乡、村、个、大、中、小一起上的原则,取得了长足发展。1993年乡村工业产值突破亿元大关,乡属冷轧薄板经销公司,大力发展企业集团,走工贸结合之路,1993年产值实现5 000万元,成为全乡的骨干企业。

【兴隆镇】 兴隆镇位于新民市东部,距新民市18公里,西依辽河,东至沈阳市于洪区老边乡,南与兴隆堡,大喇嘛两乡毗邻,北与罗家房,三道岗子乡接壤。沈山铁路横贯东西,辽得公路纵穿南北,交通方便,四通八达,地理条件优越。

全镇有1个居民委员会,21个村。居民7 248户,其中农业户6 762户,总人口27 879人,其中农业人口24 532人,非农业人口3 347。总面积140平方公里,其中耕地面积113 880亩,地势平坦,土质肥沃,盛产玉米、水稻、大豆、小麦,粮食产量50 000吨,是新民市重点产粮乡镇,也是沈阳市重点商品粮和优质米基地,兴隆镇还是新民市东部地区交通、文化和经济贸易中心。全镇1993年实现社会总产值21 817万元。其中农业总产值7 268万元;工业总产值11 549万元;其中镇办工业产值2 210万元,村办工业产值2 239万元,个体企业产值6 400万元,建筑业产值700万元;第三产业产值3 000万元,人均收入1 254元。

"两高一优"效益型农业发展较快。开发经济作物13万亩,棚菜生产有了新突破。造林面积21 976亩,果树总面积1 884亩,主要品种有葡萄,山楂,苹果等。畜牧业稳步发展,肉鸡产量逐年上升,年产1 913吨,禽蛋产量705吨,全年生猪存栏32 494头,出栏15 395头,淡水鱼产量123吨。新引进优良品种鲁西黄牛种牛110头,小尾寒羊种羊60只,成立了全镇农村第一家股份合作制的羊养殖场。

兴隆镇工业基础好,各种厂房、设备齐全,技术力量雄厚,是横向联合、项目投资的好去处。企业进行产权制度改革,实行股份合作制的企业有14家,入股人数1 471人,入股金额73.5万元,全镇工业呈现速度与效益同步增长局面。第三产业发展迅速,兴隆镇投资兴建华龙市场,年初交付使用,主体大厅建筑面积3 483平方米,四周配房面积2 000平方米,市场占地面积6 000平方米,是沈阳市郊区和新民市农村大型农贸综合市场。现有个体工商业户483家,私营企业16家,集市贸易成交额1 813万元,社会商品零售额7 875万元。华龙市场既是沈阳市的近郊,又是新民市的门户,粮食资源丰富,农副产品品种繁多,劳动力资源充足,公路、铁路交通方便,商、饮、服、修、运齐全,是批发、加工、经商的理想场所。兴隆镇现有初级中学一所,在校学生1 341人,教师107人,小学21所,在校学生2 984人,教师217人。镇内新民市第四人民医院备有病床50张。兴隆镇敬老院现有孤寡老人37人,他们在幸福地安度晚年。

经济工作逐年好转,全镇财政收入65万元,财政支出65万元。

【兴隆堡乡】 兴隆堡乡位于新民市东部,距市区26公里,东连沈阳市于洪区,西接大民屯镇、大喇嘛乡,南邻胡台乡、法哈牛乡,北与兴隆镇接壤,丹霍公路横穿东南,大老公路纵贯南北,交通便利。全乡有12个村,15个自然屯,3 794户,14 000口人,除汉族外,还有满、蒙、回、苗、锡伯、朝鲜6个少数民族在此居住。

全乡总面积80平方公里,耕地面积5.6万亩,水旱田兼种,属辽河东部粮食丰产地区,这里有6 000亩的水面,盛产淡水鱼、虾、河蟹等水产品,境内有丰富的石油、天然气资源,辽河油田沈阳采油厂座落在乡政府所在地。

1993年全乡社会总产值完成22 376万元,其中农业产值4 060万元,占18.1%,工业产值16 426万元,占73.4%,第三产业产值1 890万元,占8.5%,全乡经济出现了持续、稳定、协调发展的好势头。

在稳定和发展农业生产的同时,兴隆堡乡从实际出发,大力发展乡村工业和第三产业,初步形成了农、工、商、综合发展的新格局,到1993年,全乡具有明显优势的工业企业已发展到404家,乡村企业固定资产1 875万元,从业人员2 727人。在狠抓企业内部管理的同时,狠抓了多渠道的横向联合,先后同沈阳、深圳、内蒙古等合办了六家联合企业。1993年,与香港、美国、韩国等国家和地区的企业集团兴办了4家合资企业,并且都取得了较好的经济效益。

【大喇嘛乡】 大喇嘛乡位于新民市东部。有11个村,13个乡办企业,49 001亩耕地,4 008户,14 641口人,4 462名劳动力,交通便利,百姓安居乐业。

1993年全乡社会总产值7 859万元,工农业总产值6 545万元,人均收入1 315元。

农业有了好收成。1993年粮食总产量2 172万公斤,平均单产419公斤,农业总产值3 144万元。积极发展效益型农业,全乡共有15 000亩经济田,实现人均1亩,总产值450万元,平均亩效益300元。

畜牧业有一定发展,全乡总产值2 379万元。养蛋鸡17.5万只,产蛋1 750吨,收入350万元;饲养生猪19 000头,出栏13 000头,收入130万元;养牛1 005头,出栏401头,收入14元;养鱼水面1 700亩,其中精养鱼水面1 200亩,总收入150万元。

工业发展步伐加快。1993年全乡工业总产值1 003万元,上缴利税50多万元,创历史最好水平。第三产业出现了可喜的变化,商、饮、服务业共创产值357万元,利润70万元。

产业结构得到了调整,专业村屯已经形成。大喇嘛村、三喇嘛村、西高力村、长山子村、小岗子村、唐家窝堡村等分别以生产西瓜、棚菜、饲养蛋鸡、牛、制草绳而闻名。

文化教育事业和社会主义精神文明建设也取得了一定成绩。“普九”工作达到省市要求的标准,群众性文体活动蓬勃开展。

【张家屯乡】 张家屯乡位于新民市东南部,距新民市区38公里处,京沈公路横穿境内。

全乡辖17个村,21个自然屯,总人口16 241人,总面积77.7平方公里,耕地面积62 842亩,林地5 475亩,草地5 790亩,养鱼水面5 000亩。境内贮藏丰富的地下石油,天然气等自然资源。

1993年全乡社会总产值9 468万元,其中农业总产值5 110万元,工业总产值3 184万元,第三产业产值2 010万元。农民人均收入1 338元。

农业为该乡基础经济,主要作物有玉米、水稻、大豆、西瓜、蔬菜、葡萄等,尤以蔬菜和大米著名。1993年全乡粮食总产量2 250吨,水果产量75吨,各种蔬菜产量31 443吨。养殖业发展较快,1993年全乡生猪饲养量1.06万头,淡水鱼产量985吨,肉蛋禽存栏13.7万只。效益型农业发展迅速,1993年全乡经济作物面积2.25万亩,约占全乡耕地总面积1/3。全乡有各种类型的专业基地10个,专业村11个。

工业基础较好,主要行业有石化、橡胶、机械加工、农副产品深加工等,主要产品有乙炔氧气减压器、汽车密封胶条、橡胶杂品、石油产品、服装等,农副产品深加工发展突出,全乡有各类农产品加工基地7个,主要产品有萝卜条、辣椒面、芥菜腌渍、芝麻糖等。第三产业发展较快,各类物质贸易、运输、商饮、服务体系健全,流通活跃。

交通、通讯、电力、文化、教育、医疗保健等社会事业有了长足发展。乡村道路四通八达,乡内程控电话50多部,输变电工程网络健全,电力充足,文化娱乐和体育设施完备,是沈阳市体育先进乡,卫生院条件好,医疗水平较高,列新民农村医院之首。

【胡台乡】 胡台乡是新民市商品经济起步较早,发展较快的乡镇之一。东邻沈阳市于洪区,距沈阳经济技术开发区8公里,距新民市区37公里。京沈公路从乡内通过。经济地理优势得天独厚。全乡总面积97平方公里,耕地面积6.8万亩,地势平坦,土质肥沃,沟渠纵横交错,电井星罗棋布。盛产优质大米、鸡鱼肉蛋,是沈阳地区的鱼米之乡。

胡台乡辖23个村,其中有3个朝鲜族村。多少年来,全乡各族人民和睦相处,共同耕耘着这块富绕的土地。全乡有7个民族,2.8万口人,8 900名劳动力,文化素质较高,仅科技队伍就有300余人。

胡台乡人民生活富裕,从80年代末就开始,由温饱型向小康型过渡,集体经济实力也日益增强。文化教育、卫生及社会福利事业都发生了日新月异的巨大变化。

在党的改革开放方针指导下,胡台乡依托靠近沈阳市和辽南经济辐射带的优势,从80年代就开始逐渐摆脱单一农业自然经济的束缚,大办乡镇企业,振兴第三产业,形成了三个产业结构比较合理,同步发展的社会主义商品经济新格局,由于实行高科技投入,农业生产连年丰收,粮食单产在全市名列前茅,被沈阳市评为"水稻大面积高产乡"。林牧副渔各业俱兴,成为稳产高效的新型农业。乡村工业迅猛发展,即1993年全乡共有企业151个,其中乡办企业7个,村办企业70个,个体及联办企业74个。全乡出现产值超500万元的骨干企业5个,工业产值达500万元的专业村5个,成为全乡发展商品经济的重要支柱。第三产业异军突起,商饮服修运各业日趋完善,全乡近年千名劳动力进入了不同层次的流通领域,为振兴全乡商品经济提供优质服务。

1993年胡台乡社会总产值达32 000万元。其中农业总产值10 849万元,工业总产值19 985万元,第三产业总产值达2 166万元。随着商品经济的发展,人们的生活水平不断提高。1993年全乡人均收入达1 400元。人均住宅面积达16.3平方米,113户住上了自建的楼房。高档家用电器普及率达50%以上。程控电话已进入农民家庭。

【前当堡镇】 前当堡镇地处辽蒲河冲积平原,位于新民市最南端,距离新民市30公里,是辽宁省先进镇,全国亿元乡镇之一。全镇有14个村,23 000人口,土地面积96平方公里,耕地面积6.5万亩,自然水面1万亩,风光秀丽的沈阳西湖度假区就座落在这里。

1993年,全镇社会总产值实现2.6亿元,其中工业产值1.7亿元,农业产值6 000万元,第三产业产值2 000万元,建筑业产值1 000万元,人均收入1 400元,在建立社会主义市场经济新体制中,全镇各项工作都取得了新的成绩。

效益型农业日新月异,为落实省市关于发展效益型农业的指示精神,前当堡镇乘市场经济之天时,靠资源丰富之优势,因地制宜发展种植业和养殖业。1993年在粮食总产量没有减少的情况下,增加经济作物面积7 000亩,从事蔬菜和保护地生产。合理的种植业结构调整使经济作物总面积达到近2万亩。渔业生产已成为群众致富的又一个基本途径,现已开发精养渔池4 000亩,养鱼户2 000户,年产鲜鱼4 000吨。在市场经济带动下,肉食鸡饲养业呈大幅度发展趋势,由几十户发展到500户,年出栏达4 000吨。

工业生产突飞猛进。1993年实现工业利税1 627万元,镇村集体企业发展到26家,个体工业发展到355家,工业拥有固定资产3 736。职工人数3 370人。通过采取引进、嫁接、横联、股份合作等多种有效途径,新上项目15个,引进外资715万元,吸引内部资金和股金1 500万元,并完成和推广13个股份合作企业。创办3个中外合资及合作企业,在发展外向型经济上迈出一大步。

第三产业蓬勃发展。抓商贸市场开发,促进商、饮、服务业发展,商业网点200余家,饮服个体户100家,运输专业户150家,群众自觉按价值规律走向市场,商品经济的意识显著增强。

沈阳西湖旅游度假区是新民市"八五"期间重点开发建设项目之一。经过几年的努力,现已初具规模,截止目前投资总额达310万元,接待旅客10万人次,仅镇政府收入31.4万元,并在继续追加和投入。度假区现已具备狩猎、垂钓、划船、游泳、曲桥、赏花、餐饮娱乐等多种游乐功能,1993年在新民市委、市政府领导下,成功地举办了首届荷花节。随着前当堡镇经济的不断腾飞,沈阳市西湖将成为东北地区著名的旅游胜地。

【东蛇山子乡】 东蛇山子乡位于新民市东北部,距市区35公里,东邻陶家屯乡,南隔辽河与三道子乡相望,西接公主屯镇,北与法库县接壤。全乡总面积116.8平方公里,北边有海拔186.4米的龙头山,中部有东蛇山子、西蛇山子、黄金楼子等百米高的丘陵高地,其余是平原。境内有新法、沈新、沈承三条公路通过。辽河、秀水河和老窑河流经境内,交通方便,土质肥沃。

全乡有18个村,37个自然屯,6 455户,25 940口人。1993年,全乡社会总产值实现13 246万元。农业总产值实现6 237万元,工业总产值实现5 124万元,第三产业产值实现1 800万元,人均收入达到1 254元。

全乡在稳定粮食生产的基础上,大力调整种植结构,重点发展畜牧业生产。1993年,全乡粮豆总产量达到3 305吨,经济作物18万亩,主要有菜籽、地瓜、甜菜、黑芝麻、药材等,取得了很好的经济效益。畜牧业生产,生猪饲养量达到7.2万头,出栏4.12万头。比1992年增长了54%,牛存栏1 800头,羊存栏800只,家禽饲养量达到23.4万只。

因地制宜发展工业。全乡16家乡办工业企业,已基本上形成了以建材业为主的工业体系,生产的红砖、预制件、钢窗等产品供不应求,销往沈阳、法库等地建筑市场。

工农业生产的全面发展,带动了全乡第三产业的发展,运销户大量涌现,到1993年末,全乡用于从事个体运输的汽车已达38台,拖拉机277台。经济的发展促进了全乡社会事业的发展。乡有中学2所,小学18所,中小学各校校舍、教室宽敞明亮,环境优雅。有文化站一所,有卫生院一所,医生34人。

【于家窝堡乡】 于家窝堡乡位于新民市的西北部,南东连大柳屯乡,西以柳河为界与周坨子乡为邻,西北与彰武县接攘,东北与法库县叶茂台镇搭界。柳河和养息牧河流经境内,丹霍公路贯穿南北,于柳公路通过东西,交通方便。

于家窝堡乡辖9个村,24个自然屯,有2 750户,10 951口人,全乡土地面积106.5平方公里,森林覆盖率为29.6%,为柳绕地区重点开发乡之一。

1993年,全乡社会总产值实现3 968万元,农业总产值实现2 548万元,工业总产值实现870万元,第三产业产值550万元,人均收入达到1 001元。

农业生产持续发展,在保证粮食生产稳步增长的基础上,大力调整农业种植业结构,以畜牧业为重点的效益型农业开发初具规模。1993年,粮食总产量达1 460万公斤,引进以鲁西牛为主的各种黄牛500余头,小尾寒羊271只,生猪饲养量达到1.5万头,出栏率达到57%,

蛋鸡存栏达到5.5万只,肉鸡产量达到30吨。

在大力发展高效农业的同时,乡政府积极加大基础设施建设步伐,1993年,投资近60万元,将乡政府办公地点迁至304国道西侧。同时,在乡政府所在地公路两侧兴建新北开发区一条街,共引进个体户21个,目前,乡政府所在地的公路两侧房屋整齐,经济活跃,初具全乡政治、经济、文化中心框架。

另外,彰武台门续桥工程已经竣工,护路栏水大坝经市检查验收合格,小四台子万亩荒地开发建设初见成效,经沈阳市验收,被列为国家农业开发重点。

【大民屯镇】 大民屯镇位于新民市东南19公里,辽河东岸,南邻前当堡镇,北邻大喇嘛乡,东邻张家屯乡,西与镇郊乡隔河相望,是新民市最大的集镇。京哈公路、老大和辽大公路纵横贯穿境内,交通方便。境内地势平坦,土质肥沃,水利资源丰富,是新民市有名的“渔米之乡”。

镇辖大民屯街道办事处和19个行政村,8 927户,36 062口人,有汉、满、回、蒙、锡伯、土家、朝鲜等民族在此居住。1993年,全镇社会总产值实现2.32亿元,国民生产总值实现1.1亿元,其中农业总产值实现9 600万元,工业总产值实现11 295万元,第三产业产值实现1 620万元,人均收入达到1 250元。

大民屯镇是沈阳市闻名的蔬菜生产基地,历来以盛产大葱、大白菜、土豆而闻名遐迩。1993年,镇政府以大力发展“双高一优”效益型农业为重点,对全镇农作物的种植结构进行了大幅度调整,种植大路菜3.5万亩,上市商品菜1.5亿多公斤,种植辣椒2 000亩,产辣椒20万公斤,发展棚菜1 000余亩,西瓜2 000亩,大蒜5 000亩。这些各具特色的农副产品已形成规模优势,不仅占领了市场,而且获得了较好的经济效益。

1993年,大民屯镇党委、政府针对本镇地理位置优越,交通便利这一客观条件,提出了加强市场体系建设方案,搬迁了老市场,投资610万元,在102线国道和辽得公路交叉处新建了一个占地5.2万平方米的新市场,内设营业房132间,防雨防晒棚式摊床480个,整个市场可容纳5万人进行商品交易,成为新民市乡镇最大的综合性市场之一,对带动全镇工农业的发展起到了促进作用。

【柳河沟乡】 柳河沟乡位于柳河西岸,距新民市区12公里,西邻大红旗镇,东连镇郊乡,南和金五台子乡、前当堡镇、大民屯镇接壤,北与卢家屯乡、梁山镇毗邻。沈山铁路、京哈公路横贯东西、柳金公路纵穿南北,交通十分方便。总面积140.6平方公里,地形南北狭长,地势北高南低。有耕地面积9.9万亩,果园面积1 590亩,棚菜保护地面积3 960亩,还有广阔的池塘草场,蕴藏着发展农、林、牧、副、渔业极好的天然资源。

全乡有16个村,83个自然屯,7 352户,28 748口人,其中农业户7 061户,农业人口为27 526人,劳动力13 727人。

柳河沟乡耕地多在辽柳平原,气候条件、水利资源非常适合发展粮食生产。1993年,全乡有排涝设备配套的上河滩、青台疱工卒排水站,电井10眼,水浇地面积达1.2万亩,水田发展速度较快,稻米质地优良,清水大米载誉辽沈地区。1993年,全乡农业总产值实现5 609万元,粮食总产量达到37 920吨,其中,粮谷大豆产量32 000吨,水稻5 500吨。生猪存栏22 366头,牛存栏406头,羊存栏320只,家禽存栏35 610只,为市场提供肉蛋总量达1 832吨。全乡棚菜生产面积16 830亩,总产量50 490吨,商品菜面积3 960亩,产量11 880吨。到1993年末,全乡已有石狮子、解放、黑岗子、潘屯、柳河沟、永安等7个村基本形成了具有自己特点的以生产蔬菜、林果、生猪专业为主的专业村。

全乡的工业发展速度比较快,1993年,已有13家乡办工业企业,生产的铜排,电线等产品销售很快,取得了较好的经济效益。1993年,全乡工业总产值实现5 693万元,利税424万元。

在大力发展工农业生产的基础上,第三产业发展迅速。1993年,全乡积极引导,在102线国道两侧兴建了总占地面积32 400平方米,建筑面积4 250平方米,有13户商、饮、修等服务网点新柳开发区,创产值已达1 800万元。

建筑、运输业异军突起,全乡有大小建筑队10个,建筑工人300名,运输车250台,年创产值近1 000万元。

积极发展社会事业。现全乡有初中2所,小学16所,有中学生2 850人,小学生3 433人,有卫生院一所,可同时接纳30名患者就诊,为全乡人民生产生活创造了有利条件。

【法哈牛乡】 法哈牛乡位于新民市东南部,东邻胡台乡,南邻于洪区、辽中县,西邻前当堡镇,北邻张家屯乡。沈京公路横贯东西,蒲河流经西部,属辽浑蒲水系。全乡共有20个村,8 769户,总人口29 325人,以汉族为主,此外,有满族2 765人,蒙古族3 850人,还有少量的回族、朝鲜族、锡伯族。

全乡总面积106.1平方公里,耕地面积7 518亩,这里地势平坦,土地肥沃,是沈阳市水稻重要产地和优质大米生产基地,有林地和疏林草地1.6万亩,宜于林牧业生产的发展。以蒲河为主干,全乡有河流、池塘、坑泡等水面30 451亩,其中,宜于水产养殖水面9 500亩,具有发展渔业生产的天然优势,是沈阳市淡水养鱼基地,法哈牛乡是沈阳市远郊久负盛名的鱼米之乡。

全乡境内蕴藏着丰富的石油和天然气资源,目前,全乡有油气井134眼。

1993年,全乡粮食总产量达到37 067吨,其中水稻产量为28 880吨,占总产量的77.9%。生猪饲养量25 263头,鲜鱼捕捞量1 200吨。乡里投资盖起了全市一流的中学教学楼,建了2 160平方米的农贸大厅,全乡拥有267门程控电话,20个村均实现无线广播传送。

全乡共有企业509个,其中乡办工业企业有23家,村办企业69个,个体企业415个,中外合资企业1个,沈阳大发镀膜有限公司拥有先进的生产技术和生产线,生产绒射真空镀膜玻璃。年生产能力为22万平方米,产值2 800万元。沈阳市新民第三塑料厂是沈阳市“乡镇一级企业”,年生产能力为2 000吨,其中塑料包装袋、注塑件除供辽宁省和沈阳市外贸公司商品包装外,还销往东北三省及北京、上海等大城市,产品获1990年中国乡镇企业产品出口展销会一等奖,并成为辽宁省及沈阳市外贸塑料包装品定点生产厂家。沈阳市沈雪啤酒厂拥有年生产10 000吨的生产线,该厂现在生产11°鲜啤酒,12°黄牌酒,11°白啤酒和12°红牌四个系列的品种,产品辐射沈阳、本溪、鞍山、抚顺、辽阳、锦州等地,经济效益显著,于1991获国家专利。

(甄国华 陈述义 赵勇)

辽 中 县

【概况】 辽中县为沈阳市辖县,位于辽宁省中部,东邻沈阳、辽阳、南近鞍山,西靠台安、黑山县,北接新民市。总面积为1 668平方公里,辖11个镇、10个乡和1个国营农场。1993年末,全县总人口49.9万人,其中农业人口40.6万人。有汉、满、回、蒙古、锡伯等13个民族。

辽中县自然资源丰富。全县有耕地面积127.5万亩,是国家商品粮生产基地。有自然水面10万亩,适合发展渔业生产。水资源充足,境内有辽、浑、蒲等5条过往河流。矿产资源有石油和天然气,辽河油田茨榆坨采油厂座落在县城东北15公里处。

辽中县地理位置优越,交通方便。县城中心距沈阳市70公里,处在大中城市的环抱之中。沈盘(沈阳至盘锦)、沈环(沈阳至辽阳、辽中、新民、铁岭至沈阳)、小小线(本溪小市至北票小塔子)3条省级公路贯通全境,乡乡村村公路畅通。县内邮电通迅设施齐全,可与国际、国内直拨电话、电传。

辽中县经济持续稳定发展。1993年,全县社会总产值达到35亿元,比1992年增长41.6%;国民收入12亿元,比1992年增长29.8%;工业总产值实现31.2亿元,比1992年增长44.8%。

(李奎义)

【第一产业稳中有进】 1993年,辽中县进一步强化了农业的基础地位,增加了对农业的投入,认真调整农业内部结构,大力发展“高产、优质、高效”农业。全县粮食总产量首次突破50万吨大关,达到50.7万吨,比1992年增长2.9%。

经济作物播种面积增加,效益显著。1993年经济田达39万亩,接近人均一亩经济田的要求,其中蔬菜播种面积达到14.5万亩,比1992年增加3.7万亩,总产量达到25.2万吨。

林业生产取得新成果。1993年,林业产值730万元,完成造林面积3.7万亩,育苗面积0.66万亩,植树210万株,全县森林覆盖率上升到13%,比1992年增加1.5个百分点。

畜牧业生产发展迅速。全年畜牧业产值3.4亿元,比1992年增长40.0%。主要畜、禽、肉、蛋等副食品产量普遍提高。

渔业生产有新突破。1993年,全县渔业产值8 290万元,淡水鱼总产量达2.4万吨,分别比1992年增长51.9%和98.3%。

农业生产条件继续改善,机械化水平有新的提高。1993年,全县拥有农业机械总动力14万千瓦,拖拉机总台数2 242台。农用化肥施用量8.1万吨。农村用电量2.6万千瓦小时。

农业结构的调整,加速了农村股份合作制经济的兴起。1993年,以长滩镇等经济较发达地区为发起地,带动全县农村股份合作制向各个领域延伸。全县农民股份制企业发展到749户,股东总数达4 300人,股金总额1.98亿元。

(李奎义)

【第二产业突飞猛进】 1993年,辽中县第二产业产值实现24.4亿元,比1992年增长51.8%。其中:建筑业产值1.8亿元,比1992年增长24.9%。

工业生产快速增长。全县工业企业强化自主意识,狠抓新产品项目开发、技术改造和产品结构调整,强化了企业管理,使工业生产得到迅速增长。1993年,全县工业总产值22.7亿元,比1992年增长54.4%。乡以上独立核算工业企业产品销售收入7.3亿元。比1992年增长42.7%;利润总额3 342万元,税金总额3 267万元,分别比1992年增长45.7%和25.4%。

1993年,辽中县重点抓了辽中镇星火技术密集区和星火示范企业建设,全县开发新产品50种,实施技术改造58项,创办新企业164家。通过开发改造,新增产值7.8亿元。在产权制度改革方面,全年新增股份合作制工业企业43家,使全县村以上股份合作制工业企业发展到103家。

(李奎义)

【第三产业崛起奋进】 1993年,辽中县把第三产业放到优先发展的地位。全县第三产业增加值实现3.5亿元,比1992年增长27.4%。

市场建设发展迅速,销售量大幅度增加。1993年,辽中县对城乡市场进行了大规模的开发改造,新建市场8处,总面积3万平方米,改造市场4处,总投资额404.2万元。全县已经形成了专业与综合相配套,大中小相结合的市场体系。全县社会商品零售总额实现4.5亿元,比1992年增长15.3%。城乡市场贸易额4.6亿元,比1992年增长51.8%。

外向型经济稳定发展。1993年,出口创汇企业发展到23家,出口创汇产品19种,产品打入国际市场,行销20个国家和地区。出口供货总值5 315万元。

交通运输业稳步发展。1993年完成公路货运总量412吨,比1992年增长14.4%;客运总量568万人次,比1992年增长13.1%。

邮电业发展步伐加快,通讯现代化水平提高。1993年,完成邮电业务总量763万元,比1992年增长24.9%。市话用户达到3 579户,农话用户2 205户,分别比1992年增长30.7%和26.8%。市话程控交换机容量达5 440门,比1992年增长81.3%;无线寻呼用户850户,比

1992年增长585户，增长了2.2倍。新增移动电话机373户。全县21个乡镇全部实现了电话程控直拨。通讯事业已与沈阳同步，迈入了世界先进行列。

（李奎义）

【社会事业蓬勃发展】 教育事业进一步发展。1993年，辽中县教育经费支出2 691万元，比1992年增长19.9%。翻建、扩建及维修校舍2.5万平方米，基建投资559万元，翻建了城镇第一初级中学和第二初级中学。改善了教学条件，为全县教育事业的进一步发展奠定了坚实基础。教师队伍素质和教学质量不断提高。全县小学教师合格率提高到92%，初中教师合格率提高到76%。教学条件的改善和教师素质的提高，有力地促进了教学质量的提高。全县小学生毕业合格率为94.9%；初中毕业合格率为91.2%。向大中专以上院校输送学员821人，平均升学率为79.3%。

卫生事业稳步发展，1993年末，全县卫生机构68个，拥有医疗床位1 040张，有各类卫生技术人员1 407人。门诊就医人数46.4万人次，病床使用率48.4%，病人治愈率85.4%，病人较好率12.6%。

文化事业繁荣兴旺。1993年，辽中县举办了"田园文化周"活动，并获得了优秀组织奖；成功地举办了毛泽东诞辰100周年纪念活动。辽中有线电视台建成并投入使用，收视户达到5 500户。

（李奎义）

【城乡基础设施逐步完善】 1993年，按照辽中县城乡建设总体规划，千方百计筹措资金，确保重点工程的实施，使城乡建设在原有的基础上又有了新的发展。1993年，投资142万元，改造拓宽了沈盘线城镇南出口路段2公里，至此，县城东西南北四个出口全部改造完毕，城镇整体形象又有了新改观。全年房屋施工面积62万平方米，竣工面积38万平方米。其中，住宅竣工面积34万平方米，比1992年增长12.4%。在竣工住宅中，县城居民集资1.2亿元，建成住宅楼60栋，有2 985户乔迁新居，改善了居民的居住条件。商业街改造工程总面积3.4万平方米，大部分项目已竣工投入使用并初见成效。投资360万元，新修和养护城内柏油路6条，计2.8万平方米；修筑地下水主管线3 291延米，支线5 000延米。自来水用户达到1.7万户，天然气用户达1万户。在美化、绿化街心公园的同时，投资72万元完成了蒲河公园二期工程。改造了农村送、配、用电体系，保证了工农业生产和人民生活的用电需求。

（李奎义）

【人民生活水平不断提高】 1993年，辽中县城乡人民收入继续增加，生活水平进一步提高。抽样调查表明，城镇居民人均生活费收入1 634元，比1992年增加159元，增长10.8%；城镇居民人均生活费支出1 435元，比1992年增长13.9%。农民人均年纯收入1 250元，比1992年增长22.2%，扣除物价上涨因素，实际比1992年增长4.5%；人均年生活费支出829元。年末城乡居民储蓄存款余额6.3亿元，比1992年增加8 267万元；人均储蓄存款由1992年的1 095元增加到1 261元。

（李奎义）

法　库　县

【概况】 法库县位于辽宁省北部，东邻铁岭县、铁法市，东北与昌图县、开原市隔河相望，北与康平县接壤，南连新民市和新城子区，西与彰武县毗邻。全县辖7个镇13个乡，309个村，区域面积2 320平方公里。县城所在地法库镇距沈阳市100公里。全县总人口44.1万人，其中农业人口37.8万人。除汉族外，全县有回、蒙、满、锡伯等13个少数民族。境内地势北高南低，丘陵平原起伏交错，县内有八虎山、拉马山、马鞍山、五龙山、磨盘山等5大山脉；辽河、秀水河、拉马河横穿县境，有中小水库23座；全县有耕地195万亩，全县地貌特点概况为"三山一水六分田"。全境属北温带大陆性季风气候，年平均气温6.7℃，年降水量600mm左右，无霜期150天左右。

1993年是法库县划归沈阳市的第一年，一年来，县委、县政府为了抓住机遇，加速发展全县经济，尽快跟上沈阳发展步伐，认真贯彻党的十四大精神，坚持以经济建设为中心，深化改革，扩大开放，实施加速发展的重要举措，发扬"团结实干，开拓图强"的法库精神，努力克服前进中出现的矛盾和困难，使经济和社会事业继续保持了稳定发展的好势头。全年国内生产总值实现71 100万元，比1992年增长8.8%；国民总收入实现62 450万元，比1992年增长8%；工农业总产值实现112 482万元，比1992年增长10.8%。公益和社会事业发展较快，服务功能明显增强。

【农村经济有新发展】 1993年，法库县继续实施"五四三二一一"和"万千百十"两个工程，调整农村产业结构，大力发展"两高一优"农业，巩固了农业基础地位，全县农村社会总产值实现11.5亿元。比1992年增长16.6%，农民人均收入实现801元，比1992年增长14%。调整了种植业内部结构，开发"双江田"20万亩，改造中低产田10万亩，实现"吨粮田"1.1万亩；发展高效益经济作物19.2万亩，比1992年增长5%。继续开展农田基本建设，植树造林，提高农业机械化水平，稳定物质投入，增加科技投入，农业综合生产能力进一步提高，粮食生产又获丰收，粮豆总产量达6亿公斤。果树、蔬菜和养殖专业村数量增加，规模扩大。果树基地基本建成，新植果树104万株，万亩葡萄长廊初步形成规模效益；蔬菜基地建设有了较大发展，蔬菜面积达到6.7万亩；养殖业生产基地初具规模，加速了畜牧业发展，猪、牛、羊饲养量均比1992年有一定增长，鹅发展较快，饲养量达65万只，比1992年增长63%。乡镇企业超常发展，速度与效益同步增长。坚持把发展乡镇企业作为农村经济新的增长点，建立起股份合作制企业232个，吸引股金3 968万元，其中建立横向经济联合体92个，引进资金1 670万元；新上项目216个。乡镇企业总产值实现5.4亿元，乡镇工业总产值实现4亿元，销售总收入实现5.9亿元，利税实现7 127万元，分别比1992年增长38.6%、34.3%、31.4%和37%。

【县营工业有所发展】 1993年,法库县在县营工业企业中进行了以产权制度为重点的改革。对经营状况较好的企业实行股份制改造,对一些包袱沉重的企业实行国有民营,深化企业内部人事、用工和分配三项制度改革,增强了企业活力;从转变职能入手,改革工业管理体制,将原来的一、二工业局退出政府序列,重新组建了3个实体工业公司,本着优化结构的原则,对工口42户企业重新划定了隶属关系。扩大了对外开放引进。积极参与境内外招商活动,签订合资合同金额95万美元,合同利用外资65.5万美元,达成中外合资项目2个;开展与沈阳等各层各界的联合与协作,实现企业联合、部分车间联合式单项产品联合30多项。调整了产品结构,对糠醛、轻体板、出口服装等重点项目,强化管理,跟踪考核,开辟销售市场,达到了较好效果。强化了企业管理,突出抓了应收款回收和扭亏增盈工作,工口企业共回收欠款869万元;加大扭亏力度,建立了政府与主管部门、主管部门与企业双重责任制,开展帮扶活动,效果显著,实现税金比1992年增长9.7%,工口企业盈亏相抵后比1992年减亏20%,亏损面比1992年下降3.5%。

【商品流通进一步活跃】 1993年,法库县全县社会商品零售总额实现3.1亿元,比1992年增长11.5%;城乡集贸市场成交额实现1.3亿元,比1992年增长9.5%。深化了企业改革,国营、集体独立核算单位,国有民营率达到59%。积极开拓市场,完善了法库镇和叶茂台农贸市场,新建起家俱市场,商业、粮食两座综合大楼开工在建。城乡市场体系初具规模;巩固和发展了沈阳、大连、秦皇岛、四川、黑龙江、内蒙等外向型营销基地。大力引导扶持发展个体私营经济,个体工商业户发展到5 500户,私营企业10户,注册资金2 357万元,年产值1 902万元,营业额1.2亿元,上缴税金572万元。整顿市场秩序,经营秩序有了明显好转。加大吸储力度,城乡储蓄存款余额3亿元,比1992年增加5 900万元。

【城乡服务功能进一步增强】 1993年,法库县全县固定资产投资完成6 538万元,比1992年增长39.2%。城乡基础设施建设步伐加快,城镇6个小区连片改造区域面积3.6万平方米,新建办公、营业、住宅楼17幢,建筑面积5.7万平方米;实施了南水源改造工程,日增加供水能力1 200吨;开展了城镇综合治理,镇容镇貌有较大改观。新修和改造公路720公里,其中沈环线37.5公里大修改造工程,实现当年施工当年投入使用。邮政完成了业务大楼和配套设施建设。电信完成25个配线小区的22公里增容改造和10个乡(镇)农话线路改造;对沈阳方向增开了一部12路载波,进网电路达到18条。供电大修和改造送电线路8条22公里,完成供电量近2亿度,比1992年增长7.4%。

【社会事业取得新成绩】 1993年,法库县在教育工作中,着重解决了学生辍学和改善办学条件,市县乡三级财政和希望工程共筹资金644万元,新建校舍1万平方米,翻修校舍8 700平方米,重点高中实验楼装基在建;以提高教学质量为宗旨,加大教改力度,提高师资水平,全县中小学生学习成绩及格率达到国家规定标准,法库高中升学率达到86%,二高中升学率达到53%,创历史最好水平。体育工作,坚持以学校为依托,以社会为重点,大力开展群众性体育活动,有2人2次打破市纪录,1人3次打破省纪录。卫生工作,全面完成了各项防疫和保健指标,努力改造医疗条件,城乡一些卫生院主动与大城市医疗单位开展联合,提高了医疗技术和服务质量,缓解了偏远农村群众治病难的问题。计划生育工作,坚持“三不变”的原则和“三为主”的方针,有效地控制了人口增长,计划生育率达到99.4%,人口自然增长率控制在5.27‰。广播电视工作,在发挥好舆论导向作用的同时,重点抓了基础建设,开通了沈阳至法库微波线路,并建成有线电视台。文化工作在抓繁荣的同时,开展扫“黄”打非活动,净化了文化市场。社会保障制度逐步完善,家财、企财和机动车辆参保面分别达到60%、85%和70%;城乡全民、集体职工养老保险覆盖面达到90%。坚持依法治县,加强普法教育,提高了遵纪守法的自觉性;加强人民调解工作,共调处各类民事纠纷3 470起,化解了矛盾;开展了专项打击和集中整治活动,共破获各种刑事案件437起,破案率达73%,有效地维护了社会治安秩序,促进了经济建设的发展。

(乔治国)

康平县

【概况】 康平县位于沈阳市的最北部,辽河西岸,南临法库,西临彰武,北与内蒙古科左后旗接壤,东隔辽河与昌图相望。全县区域面积2 173平方公里,辖4个镇,12个乡。1993年末全县总人口33万人,其中农业人口26.5万人,有汉、满、蒙等19个民族,少数民族人口53 200人,占全县总人口的16.3%。

康平县自然资源丰富。全县耕地面积8万公顷,林地5.1亿公顷,水域2.1万公顷。全县水资源总量为18 815万立方米,可利用地表水6 220万立方米,可利用地下水12 595万立方米,地下非金属矿藏十分丰富,有石油、天然气、煤炭、玛瑙、硅石、沸石、锶矿泉水等10多种矿藏资源。

康平县地理位置优越,交通方便,县城距沈阳市120公里,203国道跨越南北,彰开省级公路横贯东西,货运铁路直通县城。县内邮电通讯设施齐全。5 000门程控电话开始实施安装,明年10月即可进入市网。

1993年,康平县社会总产值达到9.8亿元,比1992年增长12%,国民生产总值完成4.9亿元,比1992年增长32.2%。

【农村经济稳步发展】 1993年,康平县把发展“两高一优”农业放在首位,大胆调整农业内部结构,使农林牧副渔各业协调发展,粮豆总产量4亿公斤,比1992年增长6.2%,乡镇企业产值实现25 309万元,比

1992年增长44%，多种经营生产产值实现32 500万元，比1992年增长12.1%。农民人均收入实现688元，比1992年增加177元。在农村经济工作中，坚持依靠政策调动、改革驱动、科技推动、市场拉动，促进了农村经济全面发展。一是继续狠抓粮食生产。落实了中央新出台的保护加强农业各项政策措施，清理废止涉及农民负担文件65件，取消“三提五统”以外农民负担7项，全县共减轻农民负担655.4万元，人均减少24.7元，限额负担占1992年农民人均收入的5.98%。持续开展了“科技之冬”活动，推广农业适用新技术20项，培训农民2万余人次，投入劳动积累工232万工日，完成农田基本建设土石方692万立方米。全年植树造林4万亩，森林覆盖率达23%。二是大力发展多种经营生产。经济作物面积发展到39万亩，全县生猪、黄牛、绵羊饲养量分别达40万头、5.2万头和5.3万只。淡水鱼产量达到1 450吨。以草食动物为主的养殖业引起了各级重视，孕育着进一步大发展的良好势头。三是迎难而进，大力发展乡镇企业。依靠联合引进启动了一批，通过深化改革搞活了一批，发挥本地优势新上了一批。全县有55个村新创办了股份合作农场或养殖场。

【流通领域更加活跃】 1993年康平县动员社会各方面力量加强市场体系建设，累计投资120万元，改、扩建市场5处，全县集贸市场已达21处，其中专业市场6处，基本形成了门类齐全贯通城乡的集贸市场网络。全年集市贸易成交额达1.2亿元，增长39.4%。在抓市场硬件建设的同时，加强了市场管理，依法查处经济违法案件21件，捣毁制假加工点5处，净化了市场交易秩序。商饮服修网点遍布城乡，传统第三产业有了新的发展，坚持放宽、用活、制定扶持政策，鼓励发展个体和私营经济。个体工商户已发展到4 996户，增长9.8%；私营企业已达10户，个体税收达433.2万元，占税收总额的24.5%。适应市场经济需要，在原有金融保险和劳动保险的基础上，新组建了人寿保险公司，社会保障体系框架初步确立。劳务输出首次突破1万人次，开辟了一条安置剩余劳动力和农民致富的新途径。全县第三产业增加值达8 149万元，增长146.8%。

【外向型经济迈出新步伐】 为了扩大对外开放，加快招商引资步伐，促进外向型经济的发展，1993年，康平县共参加了4次国际国内较大规模的招商引资活动。一是5月11日至21日在香港举办的“沈阳香港国际经济技术洽谈会”。接触70多名中外客商、签定两项意向书。二是6月21日至25日的“沈阳市第六届三胞联谊会”，展出了康平部分地工产品，印发《康平投资指南》2000余份，招商项目19项100余套资料。三是参加了8月21日至31日在韩国举办的“首次经济贸易洽谈会”。签定了合资兴建康平坑口电厂意向书和合资兴建皮革厂、皮装厂意向书，四是参加了9月8日至14日的“93中国沈阳市国际经济技术洽谈会”。签定意向性协议2项，洽谈项目4个。会议期间，举办了“康平县人民政府新闻发布会”，向与会的境外5家新闻单位和国家省、市的13家新闻单位记者及沈阳市各方面领导详细介绍了康平的自然状况、资源优势和招商引资的优惠政策等等。

通过广泛宣传，多方联系，开阔了眼界，拓宽了门路，也使外界对康平有了较为全面和深刻的了解，这将促进康平加快发展外向型经济的步伐，促进全县经济的发展。

【城镇建设取得新成果】 康平城镇建设在1993年取得了突破性进展，全年总建筑面积达1 375万平方米，其中，建办公楼26 834平方米，办公条件有所改善；住宅建设10.4万平方米，有607户职工侨迁新居，使城镇人均住房面积由1992年的8.2平方米，增加到11平方米；城镇植树37 687万株，镇内绿地面积由1992年的46万平方米，增加到51.2万平方米；新修城内黑色巷路4条，3 800延长米；修建排水管道2 000延长米；投资865万元，新建一处供水能力达1万吨/日的自来水新水源地，彻底解决了镇内居民吃水难问题；集中供暖逐渐被群众认识和接受，总连片供暖面积达10 200平方米；城镇建设区域面积和规划面积不断拓展，其中，区域面积由1992年的5.3平方公里，发展到6.2平方公里；面积由1992年的6.2平方公里，发展到15平方公里。城镇的辐射功能得到加强。

城南、城北、城东出口公路的拓宽与美化，给整个城镇建设增添了勃勃生机。镇内宽敞的中心街直通南北。笔直的中心路横贯东西。幢幢高楼摆放整齐，城南、城中、城北市场布局合理。一个现代化的小城市正初展英姿。

【县直工业改革初见成效】 1993年康平县直工业共24家，多数始建于70年代初，基础相当薄弱，20多年来始终没搞过大型的调整与改造，90%以上的企业已产不抵债，在激烈的市场竞争中，显得十分脆弱，企业生存与发展受到了严峻挑战。面对困难形势，县委、县政府提出了以改革保生存，以改革促发展的工作指导方针，在企业中全面推行了以股份合作制、公有民营、一厂多制等为主要形式的产权制度改革，中小型企业普遍实行了“金蝉脱壳”，即老厂假死，另起牌照，新厂新法人、新机制，甩掉了历史债务包袱，企业轻装前进；较大型的企业实行了“大船搁潜，小艇出击”，即划整为零，分而治之；对扭亏无望的企业，下决心破产或关停。

1993年在银行只注入贷款302万元的情况下，企业保住了生存，多数企业能够正常运转，全年实现产值7 375万元，利润比1992年减亏334.7万元，实现税金519万元，比1992年增加317.2万元。

【社会事业健康发展】 1993年，康平县的社会事业有了长足的发展。教育事业，在全县财政状况十分严峻的情况下，县委、县政府把解决拖欠教师工资问题当第一件大事来抓，在市委、市政府的全力支持下，共筹资473万元，全部兑现了几年来拖欠的教师工资，维护了教师的合法权益，稳定了教师队伍。教育质量进一步提高，全年为大专院校输送新生769人，康平高中的升学率近90%，创历史最高水平。全年共投资

300余万元,新建和翻建校舍546间。解决危房450间,全部消灭了险房。康平高中实验楼、悦明小学教学楼交付使用,教学条件明显改善。

卫生事业取得新进展,农村初级医疗卫生保健网络进一步加强,县级医院和乡镇医院医疗设备得到改善,医疗水平进一步提高。计划免疫率、苗覆盖率、地方病、传染病的防治率以及妇幼保健工作均创历史最好水平。

计划生育工作狠抓了后进单位的转化以及宣传教育工作,加强了孕前型管理,提出了更高的工作标准。1993年,全县人口出生率为14.9‰,自然增长率为9‰,计划生育率为99.9%。

文化事业有新发展,广泛开展了形式多样、健康活泼的群众性文化活动,民族、民间艺术得以弘扬。多方筹资、扩建了图书馆馆舍,馆藏量大幅度提高。广播电视工作有新起色,有线电视已开始进入县城的千家万户。民政、民族、体育、外事、侨务、档案、修志、民兵、残联等项工作也都取得了很大成绩。

人民生活水平进一步提高。1993年,全县粮食生产获得了历史上最大丰收,而且农副产品价格较高,在收购过程中一律实行户交户结、现金结算,消灭了“白条子”。农民真正得到了实惠,增产又增收。全县农民人均收入达到688元,比1992年增177元。城镇居民人均收入也有了较大幅度的提高,城乡居民储蓄余额达1.5亿元,比1992年增加3 500万元。人民群众的生活水平得到了较大的改善。

(*刘彦超*)

【康平镇】 康平镇位于康平县中心,也是康平县政治、经济、文化活动的中心,全镇方圆9平方公里,东、北与胜利乡接壤,南与东关乡毗邻,人口约4.7万人。辖3个村(高家、镇西、前进)10个居民委(城南、朝阳、西岭、矿山、含光、向阳、建设、贺炯、吴斌、立新),耕地面积276公顷。

1993年全镇社会总产值4 379万元,其中:工业3 240万元,农业240万元,第三产业899万元。人均收入905元。镇办企业主要有镁砂厂、被服厂、综合厂,这些企业在效益上都有新的改观,特别是镁砂厂在1993年已扭转了亏损局面,被服厂的产品已打入国际市场,远销德国、日本、韩国、美国等6个国家。

强化农业基础地位,大力发展商品经济和第三产业。1993年保护地面积达到了3.6万平方米,镇村级企业发展到19家,从业人员164人,拥有固定资产91万元,村级积累已达84万元,全镇限额内农民负担为3.2%;其中镇西村3%,前进村3.2%,高家村3.3%。村级个体和私营经济已发展到718户,从业人员1 124人。

全镇计划生育工作成绩突出,计划生育率100%,出生率1.3‰,人口自然增长率8.9‰。在街政建设中,在原来7个居民委的基础上,又成立了西岭、朝阳、城南居民委,现已进入正常工作。

【东关屯乡】 东关屯乡位于康平城南,辖11个村、38个自然屯、74个居民组,人口22 268人,其中劳动力6 098名,总户数达5 934户。区域面积105平方公里,耕地6.9万亩。境内有大型煤矿二处,地方煤矿一处。203线国道,铁法煤田专用铁路横贯全乡南北,东关乡是一个交通比较发达,地理环境比较优越,经济发展比较快的乡镇。农村经济不断发展,1993年全乡共实现社会总产值9 565万元,比1992年增长12.5%,是历史上经济发展比较快的一年,其中,农业实现1 890万元,比1992年增长7%;工业企业总数达704家,实现产值4 485万元,比1992年增长23%;多种经营生产规模不断扩大,1993年实现产值3 190万元,比1992年增长6%。

第三产业初具规模。1993年全乡第三产业总户数已达583户(第三产业普查结果),其中个体503户,集体80户,1992年仅劳务输出一项就实现产值547万元。

社会事业不断发展。1993年全乡有6所小学验收合格成为标准学校,有乡中学和3所学校被市命名为市级文明学校,乡卫生事业继续发展,新建的乡卫生院投入使用,总投资30万元。社会保险范围不断扩大,1993年全乡共开设保险项目7种,社会保险总额达4 000万元,民政工作更加完善,全乡镇有优抚对象达710人,全年兑现优抚金7.2万元,孤老人供养率100%。计划生育工作通过认真贯彻、宣传《条例》,计划生育率达100%。医疗卫生保健水平不断提高,全乡几种常见的防治初具成效。

人民生活水平不断提高。一是农民收入不断增加,1993全乡人均收入达707元,比1992年增加155元;二是农民负担不断减轻,1993年全乡合同内每个农业人口负担27.17元,比1992年人均46.13元减少18.9元。

【胜利乡】 胜利乡地处康平镇郊,国道203线贯穿全境南北,彰开公路穿越东西,区域面积11.3万亩,其中有耕地面积4.9万亩,总人口20 007人,其中农业人口17 592人,劳力4 846人。

1993年,全乡社会总产值实现14 625万元,比1992年增长了40%,其中,第一产业实现产值4 200万元,比1992年增长了25%,二、三产业实现产值10 425万元,比1992年增长了47.5%。村级集体经济达150万元。农业全面丰收,1993年在粮食种植面积减少20%的情况下,粮食产量达到了1 675万公斤,与1992年持平。林业生产有了新发展,全年完成造林任务1 200亩,新建60亩地苗圃。农田水利基本建设得到了巩固提高,春、夏、秋三季共完成23项水利工程。农业生产技术领域不断扩大,推广8项新技术。多种经营生产持续发展,实现产值3 500万元。保护地生产有了新的突破。全年共引进外资120万元,新建大棚400栋,占地230亩,养殖业有了新发展,建起了哈户村黄牛养殖场,乡村企业在困境中求发展,实现利税1 035万元。全乡现有乡办企业9家,村办36家,私办536家,在发展乡村企业上重点抓了企业经营机制的转换,实行了公有民营、股份制和一厂多制等形式。同时狠抓了新项目的考察论证工作,共论证考察21个项目,形成4

个可行性研究报告，糠醛厂、天龙矿泉饮料厂在1994年可望建厂投产。

第三产业迈出新步伐。共实现产值4 929万元，比1992年增长36.1%，从业人数达到了3 200人。建筑、运输、商饮行业已在县内形成了一定优势。建筑大军正在扩大，全乡现有较大型工程队12个，小型的23个，能工巧匠1 800人。1993年成功地组建了胜利村三建公司，为今后占领康平的建筑市场创造了条件。

社会事业全面发展，教育质量有了新的提高。乡中学在1993年初中升高中和中专考试中平均成绩名列全县第一名，教学条件不断改善。1993年胜利、刀兰两村投资50万元，新建校舍60间，文华村投资55万元建设的1 300平方米教学楼业已奠基，明年暑期可交付使用。计划生育名列全县前列，计划生育率一直保持在100%。民政工作狠抓了殡葬改革，火化率达到了100%。社会福利事业进一步加强，投资3万元，维修了乡敬老院的房舍，改善了老人的居住条件。

1993年人均收入达到1 020元，比1993年增长20%，新建砖瓦房240幢，楼房12座，群众的居住条件有了很大改善。

【郝官屯乡】 郝官屯乡地处康平县东南，距县城15公里。东与昌图县隔河相望，南与法库县毗邻，西与本县东关乡、三台子农场接壤，北与两家子乡、胜利乡为邻。区域面积19.5万亩。现有耕地面积7.7万亩，总户数为4 510户，总人口为20 530人，其中非农业人口为964人，全乡下辖12个行政村，37个自然屯，68个村民组。

全乡主要以农业为主，农业的主栽品种是玉米、高粱、大豆。全乡现有乡、村、户企业355家，其中乡镇企业8家。主要产品有红砖、基建石、水涮石、石灰石、帆布手套等。

1993年全乡实现社会总产值6 220万元，其中农业产值2 152万元，乡镇企业产值1 528万元，多种经营产值2 540万元。

1993年全乡粮食产量达到8 488万斤，是历史上粮食产量最高的一年。人均纯收入900元，比1992年增加了82元，农民负担由1992年的8%下降到5%。

郝官屯乡现有第三产业业户500户，其中国营企事业单位78户，所从事的行业是商业、饮食、建筑、服务、运输等，从业人员3 000人，人均增加收入150元。目前已探明郝官屯乡地下贮藏着丰富、品位较高的附合型矿泉水，有待于今后开发。

近年来，随着改革开放和经济发展，郝官屯乡的社会事业发展较快，公路网化建设又迈向新的高度，投资30万元，使整个乡政府所在地1.5公里的街道实现了黑色路面，暗沟排水，乡级公路建设受市政府表彰。人民保险越来越受到人民的重视和支持，文教卫生事业也有了新的发展，目前，郝官乡有中学一处，完小12处，学生的入学率、巩固率、合格率均达市县要求标准。

随着市场经济的发展，农民的商品观念、市场意识不断增强，致富道路越走越宽。目前有95%的农户住上砖石结构房屋，90%的农户有了电视机，人民的生活水平有了大幅度的提高。

【方家屯镇】 方家屯镇位于康平县西南部，距县城18公里。区域面积15.2万亩，其中耕地面积7.2万亩，育林面积3.5万亩，草原面积3万亩。辖12个村，69个居民组，人口总数18 771人。这里交通方便，两条县级公路在此交叉，有客车直通沈阳、铁岭、法库、康平等地。方家大集由来已久，市场规模较大，建国以来就是康、法两县的重要商品集散地之一，镇内有中学一所，小学12所，在校学生2 600余人。

镇内经济以农业为主，由于土地肥沃，多年来被县里选为育种基地。1993年培育出优良品种2 302吨，收入368万元，占粮食产量的9.3%，占农业全部产值2 640万元的14%。

畜牧业发展迅速，专业村、专业户初具规模。1993年存栏黄牛2 700头，生猪12 100头，家禽21万只。林业生产不断发展，在注重建设防护林、水土保持林的同时，扩大了经济林栽植面积。镇办林场、苗圃，村办果园已收到了可观的经济效益。积极推广农业新技术。1993年多种经营产值720万元，比1987年翻一番。

1993年乡镇企业产值310万元，利税16万元，从业人员520人。以商、饮、服、修为主体的综合服务体系不断扩大和完善。劳务输出的人员越来越多，1993年输出700人，创收100万元。

农村经济的发展，大大地提高了人民的生活水平，农民人均收入由1987年的239元增至到1993年的660元。

文化教育进一步发展，小学入学率达100%，中学升学率达50%。卫生医疗条件得到了改善，解决了群众看病、住院难的问题。计划生育工作坚持经常，1993年人口自然增长率为8.74‰，计划生育率99.3%。文化生活不断丰富，促进了精神文明建设。

【东升满族蒙古族乡】 东升满族蒙古族乡位于康平县西南部。现有户数4 202个，总人口17 422人，总区域面积18.4万亩，耕地面积8万亩。

1993年，全乡社会总产值达3 000万元，比1992年增长14%，实现国民收入1 153万元，比1992年增长了14.4%。其中，第一产业总产值达2 100万元，比1992年增长了14%；第二产业总产值达480万元，比1992年增长了15%；第三产业总产值达420万元，比1992年增长了12%；农民人均收入690元，比1992年增长了15%。

在农业生产当中，该乡首先加强了农业基础建设，全年改洼治涝10 000亩，辽河平原开发面积10 000亩，修大型涵洞12个。其次，对种植业结构进行了全面调整，使高产高效作物种植面积达50 000亩，占耕地总面积的60%。粮食总产量突破6 000万斤，比1992年增收1 000万斤。在多种经营生产当中，狠抓了黄烟、地瓜、花生三大基地建设，突出了黄牛、生猪、禽类饲养，加大了宜农荒地、果树、小麦、蔬菜的开发力度，使黄烟、地瓜、花生总种植面积达10 000亩，比1992年增加了4 100亩，产值达3 145万元，比1992年增长了39%；黄牛、生猪、禽类总饲养量达12.8万头(只)，比1992年增加了4.6万头(只)。收入总额达1 280万元，比1992年增长了31%；宜农荒地、果树、小麦、蔬菜总开发量达23 000亩，比1992年增加了9 500亩，综合创收700万元，比1992年增长了58%。乡企工作起色较大，由于坚持了内引外联，在原有7家乡企的基础上，又联办企业13家，比1992年增创利税6万元。

在卫生工作中，完善了乡医院的医疗设备，改善了医疗条件，村村都成立了卫生所，方便了群众就医。在民政工作中，创办了福利建材商店，安排了多名残疾人就业；狠抓了殡葬改革，使该乡全年火化率达100%。社会综合治理工作效果明显，刑事案件发案率有所下降，司法调节率达100%。计划生育率为100%，人口自然增长率为9.3‰。在教育工作中，乡政府保证了民办教师的开资和各种补助，并投资12万元修缮校舍70间，提高了教师工作的积极性，使全乡升学率达100%，实现百分校1个。狠抓了交通工作，全年修桥3座，铺路80公里，改善了交通条件。认真落实了关于减轻农民负担的决定，全乡共砍掉农民不合理负担12项，总金额达40万元。

1993年，是东升乡经济工作和社会各项事业大发展的一年，该乡的农机、水利、农科、畜牧、民政、司法等部门均被县政府评为"先进单位"，乡党委被县委评为"先进党委"，乡政府被市评为"文明机关"。

【西关屯蒙古族满族乡】 西关屯蒙古族满族乡位于康平县西南部，南面与法库县四家子乡接界，北部与本县东升乡接壤，东部与方家镇相邻。东西全长20公里，南北宽6.5公里，总区域面积为13.2万亩，总户数为3 457户，人口1.48万，少数民族占总人口的58%。下辖11个村，35个自然屯。大部分为丘陵岗地的中性土壤，西部低洼盐碱易涝。全乡共有耕地5.9万亩，林地面积为3 300亩，水库3座，塘坝16座，可蓄水110立方米。全乡有9个山头，12条河流，草原林地植被覆盖率为37%，康平县海拔最高最低点均在西关乡境内，是一个以种植业为主，适应果、菜生产的地区。

【西关屯乡】 1993年西关屯乡农村经济发展较快，全乡社会总产值达到3 137.1万元，比建乡前增长2 371万元。

乡、村、户企业有了新发展，建蒙满乡后，西关乡把精力注重在乡、村企业发展上，先后办起了企业4个，即：砖厂、复合肥厂、硅石矿、鹿场。从效益上看，1993年乡镇企业总产值实现570万元，实现利税15万元。康平划归沈阳后，西关乡劳务、运输以及其它各业都出现了好势头，1993年第三产业总产值达到1 235万元，纯收入达到920万元。

交通事业发展较快。建乡以来动用社会力量共修建达到国家三级公路标准的乡村道路15公里，初步形成了乡与村、村与村的道路网络。

在村屯建设上，全乡有2 360户居民住上砖瓦房，占总户数的80%。

在办学上，全乡投资75万元，人均投资45元，使全乡部分学校达到了上级部门要求的百分校标准。

在福利事业上，近二年全乡共投资8万元，为敬老院翻建474平方米老人宿舍。

人民生活水平有了改善。全乡1993人均收入670元，比建乡前增长345元。

【柳树屯蒙古族满族乡】 柳树屯蒙古族满族乡位于康平县西南部，距县城95平方公里，总面积约85公里。东和北与张强、沙金两乡接壤，西和南与彰武、法库两县毗邻。秀水河的上游利民河流经中部半丘陵半平原地带。乡政府驻柳树屯。

全乡共有28个自然屯，所辖13个村民委员会，64个村民小组。1993年全乡总人口14 908人，其中农业人口14 394人。总户数为3 747户，其中农业户数3 604户，劳动力3 619个。

柳树屯乡土地肥沃、资源丰富，耕地面积6.8万亩，人均占有耕地5.5亩，以玉米、高粱、大豆为主栽品种。1993年粮豆总产量4 458万斤，向国家交售订购粮1 160万斤，出售商品粮2 000万斤。矿产资源十分丰富，出产珍贵的玛瑙石、以及沸石、浆砌块石、条石、刻石等。有水库3座，淡水养鱼丰富了农村市场，充实了城市的菜篮子，促进了商品经济的发展。几年来发展果园14个，面积1 074亩，年产量200吨左右。公路建设发展很快，村级公路已经联网。畜牧业发展迅速，原来就有发展畜牧业传统和丰富的改良技术与饲养经验的柳树乡，1993年更上一层楼，肉类总产量达823吨，比1985年增加了87.9%。农田基本建设向注重整体效益，提高抗灾能力，促进高产稳产的方向发展。全乡涵闸138座，排水站2座，机井15眼，开发建设水浇麦、稻田各2 000亩。大、中、小型拖拉机110台，为农业机械化的发展打下了良好的基础。全乡有林地面积2 200亩，1993年造林4 000亩，森林覆盖率13.9%。

由于农业生产的稳定发展，为第二、三产业打下了坚实基础。该乡打破了传统的种植结构，在种植业上，形成了东麦、西稻、南药、北菜、中杂粮油料的种植新格局。保证了人均一亩稻麦田，2亩经济田。多种经营生产上提出了远抓果树，近抓牛、羊、鸡、鹅、兔的工作思路，收到了良好效果。1993年全乡社会总产值3 816万元，比1985年增长了近3倍；其中粮食产值1 290万元，比1985年增加了68.6%；多种经营产值2 455万元，比1985年增长12倍。乡村户企业产值270万元，比1985年增长了1.5倍。

随着农村改革开放的不断深化，在大力发展农业生产的同时，农村建筑业及运输业、商饮服务业、劳务输出等第三产业从无到有，从少到多，迅速发展，从事第三产业业户共有58个，651人。

现有小学13所，在校生1 250名，儿童入学率达100%。有中学1所，在校生580名。业余教育成绩显著，1990年底已全部扫除文盲。社会福利事业发展很快，敬老院是省政府先进敬老院。

农村经济的全面发展,农民收入也得到迅速增长,生活发生了巨大变化。从1985年到1993年,人均纯收入由227元增加到648元,增长2.9倍,全乡65%的农户住上了砖木水泥结构的新房,高档家用电器已进入农民家庭,电视入户率达70%,农民已从温饱型向富裕型迈进。

【二牛所口乡】 二牛所口乡位于康平县的西北部,南环卧龙湖,北接内蒙古科尔沁大草原,东西以东马莲河和二道河子为界,分别与胜利乡和张强镇毗邻。全乡区域面积25万亩,其中耕地11万亩,水田2 000亩,林地3.2万亩,果园1 600亩,草场5.2万亩。地势西高东低,南为低丘漫岗,北为风沙盐碱,土质比较贫瘠。农作物以玉米、高粱、谷子、大豆为主,亩均产量一般在300—600公斤之间,气候冬冷夏热,年积温3 200℃。,年降雨量400——600毫米。

全乡辖14个行政村,93个村民组,农村总户数为5 200户,22 100人,其中劳动力6 032人,县乡共管单位7家,乡办企业17家。

全乡有中学一所,在校生760人;18所小学,在校学生1 780人。

乡有医院一处,医护人员47人,承担全乡各种疾病的预防和治疗。有集贸市场一处,有个体经营业户610户,从业人员875人。1993年全乡农村社会总产值为5 872万元,粮食总产量7 500万斤,农民人均收入由1980年的64元上升到1993年的703元,年递增率为20%,农民生活水平明显提高。

近年来,全乡已建起了一批初具规模的生产基地:一是建设粮食生产基地。全乡共建设高产稳产田2万亩,吨斤田5 000亩。二是建设经济长廊。沿彰康公路,共建设温室大棚32个,蔬菜保护地2 900亩,年产蔬菜1 450吨。三是建设黄牛养殖基地。四是建设村级农场五处,种植面积6 000亩,所获收入可解决村组管理费和工资,减轻农民负担。

物质条件的改善极大地促进了社会事业的发展。全乡文化、卫生、教育、体育和社会福利事业也有长足的发展,连续几年被评为市级文化工作先进乡。农民的精神生活和物质生活都有很大改善,人均住房面积由1980年的4.5平方米增加到16平方米,有60%的农户由原来的土房改建为砖瓦房,目前全乡人民已从温饱型,逐步摆脱贫困,向小康迈进。

【山东屯乡】 山东屯乡位于康平县的东北部。东靠辽河,北与内蒙接壤。全乡共有9个村,59个村民组,2 956户,12 270人,3 900名劳力。

全乡区域面积17.8万亩,其中耕地面积5万亩,有林面积3万亩,水面5 000亩,草原3万亩。宜林(农荒)地3万亩。

1993年全乡农村社会总产值4 018万元,其中:多种经营产值2 121万元,乡村企业产值235万元。人均收入640元。粮豆产量4 000万斤。

这个乡地处辽河沿岸,粮食生产是农业的一大优势,为此,乡党委、乡政府重点抓好沿河五村的粮食生产基地建设,突出抓好"双江田"1万亩,"吨粮田"3 000亩,使全乡粮食产量稳定在5 000万斤左右。建设好558工程,即:粮食5 000万斤,社会总产值5 000万元,人均收入800元。

积极发展小水面养鱼,增加农民收入,全乡现有养鱼水面2 027亩,每年淡水鱼产量在450吨左右。

拓宽经济发展领域,积极寻找新的经济增长点,充分利用"203"国道通过全境的优势,在沿线增设服务网点,发展集市贸易,重点发展辽阳村经济小区,并使之具备了一定的规模。

文卫事业有了较大的发展,全乡1所中学、11所小学全部新建或改建校舍,教学条件明显改善,小学生的入学率、巩固率及毕业合格率有所提高,辍学率大幅度下降。全乡的农村医疗卫生保健系统进一步健全,农民群众的健康水平明显提高。计划生育工作成绩显著,计划生育率为99%,人口自然增长率为9.3‰。

【北四家子乡】 北四家子乡位于康平的东北部,距县城17.5公里,东靠辽河,与昌图县相望。国道"203"线由南至北贯穿全境,交通方便。全乡辖11个行政村,72个村民小组,3 899户,15 824口人,区域面积21万亩,其中耕地面积6.8万亩。

1993年,全乡农业获得了大丰收,粮食总产量达到2 500万公斤,工农业总产值实现2 324万元,比1992年1 835万元增长27.7%。其中种植业收入1 423万元,比1992年的1 065万元增长33.6%;多种经营收入500万元,比1992年的405万元增长23.4%;乡村企业收入322.8万元,比1992年的320万元增长8.8%。

第三产业蓬勃发展。全乡4 500名劳动力中有近1 500名从事建筑业、运输业、商饮服务业。据统计,劳务输出达1 000名以上,个体运输户每村都在10户以上,个体商店、饭店、旅店、理发店、修理铺等不下百家。市场农副产品、服装鞋帽、蔬菜瓜果及日用杂品等应有尽有,日交易额达万元以上。

随着经济的发展,各项事业都取得了可喜的成绩。尊师重教成为社会风尚,学前班村村都有,小学生入学率达到100%,乡党委、乡政府把教育摆在了工作重要日程,狠抓了教师队伍的整顿,提高了教学质量。医疗卫生条件得到了改善,缺医少药的问题得到了彻底解决。

人民生活水平有了明显提高。农民人均收入由1992年的447元增加到625元,增加178元。农民住房条件得到了改善,砖石结构住房占四分之三以上。家用电器走进了千家万户,电视机普及率达70%。全乡人民正在从温饱型向富裕型迈进。

【海洲窝堡乡】 海洲窝堡乡位于康平北部,北与内蒙古自治区科尔沁左翼后旗接壤,东与辽宁省康平县劳改支队、山东屯乡相连,西、南与小城子镇为邻。境内南北长12.3公里,东西15.3公里,区域面积22万亩,耕地面积7.3万亩。全乡辖10个村,总人口13 962人,其中劳动力2 525名。水域面积5 789亩,草场3.9万亩,林地7.6万亩,其中杨树面积5万亩,松树面积2.6万亩。这个乡地处辽河流域,属平原地区,东部低洼盐碱,西部为沙化土壤。平均海拔98米,年平均气温6.8℃,年降水量525毫米,无霜期为150天,年日照时数为2 867.6小时。

全乡沙化土壤面积5.5万亩,适合种植油料作物及小杂粮,尤其适合花生的种植。1.8万亩盐碱地适合种植甜菜、大豆、水稻等作物。近四万亩草场,适合发展畜牧业,全乡1993年从山东引进鲁西黄牛200头,小尾寒羊177只,现已在这里安家落户。

境内有新、老引辽河、蚂螂河、顺山流河四条河流通过,可开发利用的水面2 700亩现已利用1 300亩发展渔业生产。

森林覆盖率为36%,木材蓄积量达30万立方米,年采伐量为3 000立方米,林业收入每年在20万元以上,果品收入达10万元。

1993年全乡社会总产值3 148万元,农业总产值2 850万元,粮食总产量2 800万斤,经济作物面积达4万亩,其中花生面积2.3万亩,花生总产量500万斤。农民人均收入618元,乡企总产值134.4万元,个体工商户187户。

教育、卫生等项事业发展较快。学校全部消灭了险房,教学条件有很大改善,中小学生辍学率大幅降低。计划生育工作成绩显著,人口自然增长率为9.5‰,计划生育率为99.4%。医疗条件进一步改善,广大农民群众的健康水平明显提高。

【小城子镇】 小城子镇位于康平县北部。东与海洲乡相连,西同二牛乡为邻,南和胜利乡接壤,北与内蒙古公河来苏木毗邻。全镇区域面积182平方公里。横跨马莲河中游,土地肥沃,地势平坦,北部、东部多为沙碱土地。康科公路贯穿南北。

小城子镇,原为小城子乡,1985年建镇。下辖14个村,共3 800户,16 320人,其中劳动力3 860人。耕地面积8万亩,土地比较瘠薄,草原荒地面积8万亩,育林地8万亩。全镇经济以种植业为主,适宜养畜造林,是农业乡镇。

全镇有15所小学,1所中学。经过几年的努力,学校的校舍基本改建翻新,普及九年义务教育工作有很大进展。镇内有医院1家,村村设有卫生保建所,农村初级卫生保健得到进一步加强。有农贸市场一处,促进了农村商品经济的发展。1993年全镇社会总产值2 840万元。其中农业产值1 700万元,畜牧业产值600万元,乡企产值87万元,建筑业产值43万元,运输业产值44万元,商饮服务业产值150万元,其他收入116万元。人均收入660元,是1990年的2倍,绝大多数农民家庭建起了砖瓦房,生活水平有了明显的提高。

农业以种植和畜牧养殖为主。主要粮食品种为玉米、高粱、大豆、谷子,年产粮2万吨,平均亩产250公斤。加大了产业结构调整力度,大力发展经济作物,逐渐向两高一优方向发展。畜牧业发展较为缓慢,现养牛4 000多头,其它大牲畜6 000头,羊4 500头,猪12 000头。充分利用本乡面积大的优势,大力发展林业生产,增加森林覆盖面积,使防风固沙、水土保持大见成效,生态环境有了较大改观。

全镇企业逐步恢复并有所发展,共有企业7家,1992年全部转亏为盈,经济效益大大增加。农贸市场买卖兴隆,个体经济发展迅速,业户达280多家。在改革开放的今天,小城子镇注重产业结构大调整,一、二、三产业大发展,经济指标大提高,引导农民进入大市场,发展前景十分可观。

【两家子乡】 两家子乡位于康平县东部,东隔辽河与昌图相望,地势平坦,全乡区域面积118.6平方公里,辖11个行政村,65个居民组,总户数为3 173户,13 254口人,其中劳动力3 100人。

两家子乡是农业乡,农业以种植粮食作物为主。自实行联产承包责任制以来,粮食产量逐年提高。近年来,通过开发水田,推广"米麦间作"等先进种植技术,实现了产量与效益同步增长。1993年粮食产量达6 000万斤,社会总产值3 200万元,比1992年增长37.5%,人均收入达到650元,林业、牧业、渔业也都得到了发展。

农业的发展带动了多种经营的发展。这个乡利用农业的丰收,秸稞数量大的优势,发展黄牛生产,目前,养牛业已在两家子乡蓬勃兴起。由于乡政府的积极努力,1993年从山东购进鲁西黄牛100头,又从内蒙古购进黄牛100头,使黄牛存栏数增至1860头。家禽以发展白鹅为主,并确定沿河4个村为饲养基地。1993年家禽存栏143万只,猪存栏13 955头,羊存栏1 500只。近年来又开发了果树生产,果树面积1 000亩,品种有苹果、梨、山楂、李子等。

1993年乡村户企业实现产值275万元。个体工商户的兴起,促进了全乡经济的发展。全乡共有43家个体工商业户,经济效益可观。

随着改革的不断深入和经济的不断发展,两家子乡的各项事业也取得了很大成绩。交通运输取得新进展,村村相连的公路网已经形成,新修了8公里的柏油路,解决了多年来交通不便的难题。卫生工作,乡有卫生院,村有卫生所,医疗设备和技术水平都比以前有所提高。教育工作取得成绩,全乡的适学儿童入学率达到100%,1993年初中升高中16名,升中等专业学校11名,学校的办学条件也得到了根本改善,乡、村分别成立了农民业校,学习党的路线、方针、政策和科学文化知识,提高了农民素质。

【张强镇】 张强镇位于康平县西北部,距县城35公里,东与二牛所口乡、东升乡,南与柳树屯乡,西与沙金台乡接壤,北与内蒙古科左后旗散都苏木毗邻。全镇总区域面积157平方公里。

张强镇多处丘陵地带,西南高东北低,西南部为丘陵漫岗,多沟壑,中部为低丘平原,多良田,东北部低洼易涝,并与内蒙戈壁沙海相连。北部沿边自西向东有马莲河,西北有天然四道号水库一座,面积达555公顷。

张强镇共辖14个村民委,48个自然屯,83个村民小组,25 000口人,镇政府所在地是张强村。

张强镇主要农作物有玉米、高粱、大豆,主要农副产品有蒲草、蒲棒、蒲编制品和柳条编纺织品等。近几年粮食产量4 000万公斤左右，果树、蔬菜和淡水养鱼、养牛、羊、鹅等，形成一大特点。

张强镇办企业，主要有红砖厂，生产大量优质红砖；综合厂承揽对外加工、制作手工工具及木器等；汽水厂每年生产优质汽水8 000箱；白酒厂生产白酒3万斤；服装加工制作项目对外联合已形成规模。乡镇企业全年利税可实现51万元。

张强镇从1988年以来开发水田333公倾，收到较好经济效益。有"四八"干渠一条，沿途解决水浇地3 000公倾；全镇桥涵闸300座，提水站2座。全镇共有大中小型拖拉机195台。

张强镇有3条主要镇级公路，连接各村及自然屯，长达26公里，县级油面公路彰开线在该镇境内贯通，共达25公里，交通极为方便。镇内有变电所一座，肩负着4个乡镇用电输送任务。1993年在上级电信部门的大力支持下，已安上程控电话，现已装机160门，张强镇现有小学14所，在校学生2 970名，儿童入学率98.5%；有中学1所，学生810名；成人教育学校1所，年培训农民15 000人次。文化中心藏书2万册。康平第二医院设在这里，医疗设施齐全，为当地居民防病治病起到一定作用，1993年被沈阳市定为中西医结合医院。

【沙金台蒙古族满族乡】 沙金台蒙古族满族乡位于康平县西北部，西接彰武，北邻后旗。区域面积22.5万亩，其中耕地面积8.1万亩，农作物以玉米、高粱、大豆为主，兼作其它杂粮。春旱、夏涝、秋掉明显，抗灾夺丰收是农业的主要特点之一。

全乡辖12个行政村，67个居民组，4 101户，16 382口人，其中非农业人口380人，有蒙、满、汉、回、朝鲜、白、壮7个民族，少数民族人口占全乡总人口的70.9%。男女劳力共4 028人，从事第一产业劳动的有3 560人。乡设初级中学1所，小学11所。

自1983年实行家庭联产承包责任制以来，经济发展较为迅速。特别是1993年全乡实现社会总产值3 492.86万元，比1992年增长13.5%，其中农业产值2 098.3万元，多种经营产值1 034.56万元，乡村户企业产值360万元。人均收入565元，比1992年人均增收124元。粮食总产量4 800万斤，突破历史最高水平。

该乡以农业生产为主，也有着养殖业的传统习惯。养羊、养牛在养殖业中占主导地位。1993年牛的饲养量达3 866头，出栏1 090头，羊的饲养量达7 060只，出栏705只，畜牧业总收入395万元，人均增收147.3元，占人均收入总额的26%。

第三产业和社会事业得到巩固发展。全乡有农用运输车87辆，农业机械化水平进一步提高，劳务输出已被越来越多的人所认识，剩余劳动力已开始走出农院进入省城。1993年到县外打工人数近500人，不仅收到了经济效益也带来了社会效益。

社会服务体系渐趋完善。以乡农科站为中心的农业科技服务体系，以乡农机站为中心的农机系列化服务体系，以乡兽医站为中心的畜牧业服务体系，发挥了越来越大的作用。

基础教育得到了巩固。小学生入学率、巩固率、毕业生合格率均达100%。1993年乡初级中学为上一级学校输送新生61名，居全县前列。医疗卫生环境得到改善，防病治病水平明显提高。计划生育率达国家标准。火化率达100%。社会治安得到控制，刑事、治安案件的发生率有所下降。

随着人民生活水平的改善，人们的缮食结构已由黄变白，由粗变细，正在由温饱型向营养型转变。住房条件得到改善，有近半数农户住进了窗明几净的砖瓦房，70%以上的农民购置了电视机，电冰箱、电风扇，高档家用电器已开始陆续进入农户。

全市各街道主要经济指标及位次
(1993年)

街道名称	街道利润总额		工业销售收入		工业利税		商业销售额		其它各业收入	
	万元	位次	万元	位次	万元	位次	万元	位次	万元	位次
大东区大北街道	1 001	1	5 482	1	820	2	4 472	15	47	70
于洪区陵东街道	920	2	5 101	2	1 359	1	345	100		
皇姑区黄河街道	702	3	1 264	48	292	27	5 610	8	46	72
和平区南站街道	700	4	123	108	18	104	6 288	5	870	10
于洪区于洪街道	690	5	4 335	5	708	5	896	87		
于洪区扬士街道	619	6	4 415	4	725	4	1 203	73	1 378	4
皇姑区昆山街道	618	7	3 894	6	665	6	656	92		
沈河区正阳街道	595	8	1 026	60	159	65	5 860	7	182	41
沈河区中街街道	552	9	1 659	29	274	33	7 750	2	263	32
沈河区大南街道	531	10	1 540	37	347	17	6 662	3	218	36
东陵区马官桥街道	519	11	1 848	20	280	32	4 829	11	529	14
大东区小东街道	516	12	2 727	9	407	11	2 485	34	228	35
大东区新东街道	510	13	3 009	7	451	8	1 098	75	74	58
大东区长安街道	503	14	2 101	15	311	24	997	82	1 605	3
大东区小北街道	500	15	2 682	10	402	12	3 754	19	264	31
大东区津桥街道	437	16	2 291	13	340	19	5 030	10	51	67
沈河区小南街道	422	17	2 256	14	359	15	12 188	1	273	29
皇姑区辽河街道	420	18	4 925	3	728	3	1 741	57	21	81
和平区云集街道	406	19	2 878	8	349	16	2 630	33	270	30
皇姑区陵北街道	404	20	1257	49	317	23	2 483	35	176	44
铁西区凌空街道	403	21	1 583	35	327	21	1 322	67		
铁西区七路街道	403	21	1 782	22	251	36	1 164	74		
皇姑区三台子街道	403	21	2 075	16	359	15	1714	58		
大东区万泉街道	402	24	1 601	33	244	38	4 561	13	439	19
沈河区小西街道	389	25	1 342	47	171	62	6 456	4	298	27
沈河区大西街道	389	25	1 730	25	333	20	3 620	20	16	86
皇姑区克俭街道	370	27	1 410	44	178	59	2 313	39	398	21
铁西区轻工街道	358	28	1 747	23	367	13	1 236	70	256	33
沈河区朱剪炉街道	355	29	1 558	36	242	39	4 737	12	11	89
皇姑区亚明街道	350	30	1 719	26	342	18	2 273	42	81	57
沈河区惠工街道	349	31	1 733	24	285	31	533	96	102	53
和平区吴淞街道	342	32	398	93	87	79	1 811	54	98	54
沈河区文化路街道	340	33	881	67	110	75	479	98	131	49
沈河区二经街道	332	34	1 104	56	263	34	1 915	52	116	52
大东区洮昌街道	330	35	1 501	41	205	48	878	88	539	13
皇姑区华山街道	327	36	1 529	38	293	26	1 642	61	207	38
皇姑区长江街道	325	37	862	69	176	61	3 266	23	65	60
皇姑区三洞桥街道	323	38	2 381	12	441	10	1 218	72	50	68
皇姑区崇山街道	320	39	1 389	45	326	22	2 284	41		

街道名称	街道利润总额		工业销售收入		工业利税		商业销售额		其它各业收入	
	万元	位次	万元	位次	万元	位次	万元	位次	万元	位次
大东区二台子街道	320	39	1 950	18	291	28	977	82	975	8
沈河区一经街道	317	41	1 022	62	235	41	3 756	18	152	47
和平区南湖街道	315	42	579	85	87	79	1 400	63	1 869	1
大东区珠林街道	311	43	1 662	28	245	37	2 249	44	1 616	2
和平区中华路街道	310	44	390	95	57	93	3 610	21	178	43
大东区东站街道	310	44	1 478	42	207	47	2 759	30	52	66
和平区八经街道	306	46	917	65	179	58	2 901	29	239	34
沈河区滨河街道	306	46	1 088	57	166	64	2 649	32	212	37
沈河区团结路街道	303	48	1 072	58	134	67	3 435	22	364	23
大东区辽沈街道	302	49	1 250	50	184	55	4 431	16	36	74
和平区新兴街道	302	49	1 346	46	286	30	3 184	25	471	17
于洪区北陵街道	291	51	2 588	11	450	9	248	102		
大东区管城街道	281	52	1 689	27	253	35	89	105	1 203	6
铁西区路官街道	280	53	798	75	215	44	2 160	48	97	55
沈河区风雨坛街道	277	54	1 457	43	178	59	3 187	24	313	26
皇姑区龙江街道	271	55	1 904	19	203	50	1 975	51	17	84
铁西区兴华街道	268	56	1 213	53	98	77	2 965	27	47	70
和平区北市街道	266	57	345	96	37	98	2 963	28	44	73
皇姑区怒江街道	264	58	775	76	187	54	1 751	56		
铁西区贵和街道	260	59	723	79	113	73	1 033	77	824	11
和平区北站街道	260	59	888	66	181	57	1 987	50	32	77
铁西区笃工街道	251	61	394	94	70	87	650	93		
皇姑区塔湾街道	245	62	1 137	55	229	42	2 203	46	14	87
沈河区万莲街道	244	63	1 622	32	216	43	1 537	62	333	24
铁西区工人村街道	237	64	1 644	31	209	46	876	89	30	79
铁西区云峰街道	232	65	860	70	100	76	4 559	14	20	82
铁西区齐贤街道	230	66	1 025	61	197	52	1 904	53	36	74
和平区胜利街道	230	66	1 029	59	200	51	2 967	26	400	20
皇姑区太平街道	227	68	545	86	76	82	1 713	59		
铁西区卫工街道	226	69	1 524	39	238	40	528	97		
铁西区霁虹街道	226	69	1 238	52	76	82	2 198	47	118	51
铁西区兴工街道	226	69	1 830	21	183	56	2 346	37	55	64
皇姑区向工街道	219	72	879	68	132	68	1 222	71	207	38
和平区民主街道	215	73	1 648	30	204	49	1 693	60	137	48
沈河区山东庙街道	214	74	613	81	81	81	3 873	17	63	61
和平区新华街道	214	74	345	96	73	85	1 308	68	206	40
铁西区十二路街道	211	76	1 202	54	288	29	1 244	69	17	84
皇姑区明廉街道	210	77	591	83	58	91	2 328	38	158	45
皇姑区泰山街道	210	77	285	101	66	89	2 224	45	31	78
铁西区重工街道	206	79	1 597	34	211	45	445	99	896	9
大东区东塔街道	205	80	2 058	17	309	25	1 017	78	276	28
铁西区兴顺街道	202	81	592	82	96	78	1 788	55	12	88

街道名称	街道利润总额		工业销售收入		工业利税		商业销售额		其它各业收入	
	万元	位次	万元	位次	万元	位次	万元	位次	万元	位次
和平区遂川街道	201	82	1 517	40	190	53	921	85	153	46
和平区园路街道	201	82	404	92	68	88	2 081	49	127	50
皇姑区寿泉街道	193	84	806	72	119	72	971	83	4	91
皇姑区新乐街道	192	85	154	106	32	100	5 259	9		
铁西区启工街道	191	86	800	74	130	69	1 392	64	33	76
铁西区保工街道	185	88	1 007	64	171	62	1 009	79	70	59
和平区砂山街道	185	88	1 007	64	171	62	1 009	79	70	59
和平区马路湾街道	184	89	641	80	75	84	639	94	999	7
铁西区艳粉街道	170	90	308	99	44	96	2 480	36	29	80
铁西区兴齐街道	155	91	806	72	630	7	2 258	43	0	
大东区文官街道	155	91	1 022	62	152	66	635	95	476	16
和平区十四纬路街道	151	93	734	78	129	71	935	84	330	25
和平区北道口街道	150	94	420	90	50	94	1 344	66	614	12
和平区集贤街道	108	95	581	84	36	99	2 303	73	467	18
和平区西塔街道	97	96	319	98	47	95	908	86	53	65
苏家屯区中兴街道	70	97	755	77	130	69	20	108	0	
东陵区东陵街道	67	98	218	102	58	91	215	103	180	42
东陵区丰乐街道	66	99	130	107	23	102	2 746	31	18	83
东陵区南塔街道	63	100	305	100	64	90	6 018	6	1 268	5
苏家屯区湖西街道	60	101	405	91	30	101	800	90	0	
东陵区泉园街道	46	102	59	109	14	105	1 370	65	388	22
苏家屯区临湖街道	30	103	540	87	73	85	200	104	10	90
苏家屯区铁友街道	24	104	213	103	22	103	1 035	76	94	56
东陵区辉山街道	12	105	25	110	4	107	74	106	60	62
新城子区清水台街道	12	105	526	89	38	97	3	109	3	92
苏家屯区解放街道	8	107	200	105	11	106	750	91	50	68
新城子区虎石台镇街道	−24	108	211	104	−15	108	0		60	62
苏家屯区民主街道	−32	109	838	71	−23	109	292	101	2	94
新城子区新城子街道	−171	110	1 243	51	−55	110	33	107	3	92

农村乡镇主要经济指标、位次 (一)

	农村社会总产值(万元)	位次	农村工业总产值(万元)	位次	粮食总产量(吨)	位次	粮食商品率(%)	位次	粮食平均单产(公斤/公顷)	位次	农民人均纯收入(元)	位次
北陵乡	128 830	1	85 050	2	3 101	134	44.7	125	7 348	57	2 450	2
陵东乡	121 702	2	84 000	4	2 839	135	4.6	139	6 941	64	2 220	3
五三乡	110 396	3	89 400	1	10 548	119	35.2	132	6 718	69	1 958	8
于洪乡	105 954	4	84 801	3	8 767	126	64.3	73	8 663	10	2 668	1
杨士乡	91 483	5	70 803	6	921	137	21.7	135	7 031	63	2 210	4
东陵乡	81 833	6	73 136	5		142		142		142	1 910	9
前进乡	78 107	7	64 628	7	8 301	128	70.0	44	8 114	32	1 700	13
长白乡	73 060	8	54 368	8	434	141	34.6	133	6 382	81	1 691	15
茨榆坨镇	68 804	9	19 341	27	33 701	21	70.4	42	6 483	78	1 530	22
浑河站朝鲜族乡	64 533	10	47 863	10	5 639	130	56.6	101	4 743	126	1 560	19
城郊乡(苏)	58 267	11	51 250	9	12 000	117	69.4	47	8 368	19	1 670	16
白塔堡镇	52 634	12	39 925	13	20 749	77	52.8	109	7 612	51	1 744	11
高坎镇	49 075	13	41 158	12	9 333	123	49.0	118	5 941	97	1 427	37
汪家乡	48 125	14	36 447	14	25 211	50	68.8	49	7 497	52	1 440	34
沙河铺镇	46 821	15	41 740	11	23 962	60	76.4	19	7 785	37	1 453	28
造化屯乡	37 527	16	29 001	16	12 669	114	84.2	7	7 150	61	1 634	17
林盛堡镇	37 466	17	30 079	15	21 057	75	92.4	3	8 232	24	1 409	40
新城子乡	35 001	18	23 188	20	32 378	24	71.5	34	6 683	70	1 216	67
胡台乡	31 557	19	19 985	26	37 638	13	76.9	16	9 189	4	1 349	47
虎石台镇	31 343	20	24 080	19	22 378	69	70.2	43	6 347	84	1 240	63
马三家镇	30 670	21	20 673	22	31 312	26	33.6	134	8 691	9	2 070	5
大兴朝鲜族乡	30 200	22	25 069	18	17 440	97	46.4	122	8 433	16	1 790	10
道义乡	30 081	23	22 701	21	8 804	125	56.4	102	4 476	132	1 362	44
翟家乡	30 045	24	20 602	23	9 995	122	9.3	137	7 624	49	2 033	6

农村乡镇主要经济指标、位次 (二)

	农村社会总产值(万元)	位次	农村工业总产值(万元)	位次	粮食总产量(吨)	位次	粮食商品率(%)	位次	粮食平均单产(公斤/公顷)	位次	农民人均纯收入(元)	位次
辽中镇	29 743	25	12 806	46	1 505	136	77.7	14	6 432	79	1 732	12
英达乡	28 879	26	25 542	17	4 435	133	82.0	10	7 454	55	1 470	24
陈相屯镇	28 522	27	20 495	24	24 278	54	60.6	88	7 749	43	1 473	23
桃仙乡	28 052	28	15 897	35	21 956	71	76.2	20	6 631	72	1 446	30
大潘镇	27 466	29	18 658	28	17 422	98	48.0	120	7 490	53	1 563	18
法哈牛乡	27 043	30	16 483	33	36 505	18	75.3	24	8 551	12	1 458	27
沙岭镇	26 359	31	15 474	37	18 888	87	83.6	8	9 227	3	1 550	20
财落堡乡	26 107	32	14 733	41	20 045	80	68.1	55	5 560	106	1 318	51
大淑堡乡	25 860	33	20 452	25	18 970	86	75.7	23	8 894	7	1 338	48
古城子乡	25 807	34	16 650	32	26 168	45	66.5	65	6 610	75	1 308	54
前当铺镇	25 782	35	17 025	30	30 000	31	71.0	36	8 503	14	1 464	25
深井子镇	25 301	36	17 377	29	23 921	61	79.6	11	6 619	74	1 128	91
八一镇	24 889	37	17 020	31	28 783	37	82.6	9	8 704	8	1 428	36
长滩镇	23 741	38	13 272	43	28 500	38	67.4	59	8 235	22	1 395	43
大民屯镇	23 053	39	11 259	51	35 425	19	69.9	45	6 247	86	1 216	67
兴隆堡乡	22 617	40	16 426	34	25 000	52	62.6	82	7 613	50	1 413	39
朱家房镇	215 95	41	15 232	39	36 745	17	38.6	130	7 223	59	1 161	82
兴隆镇	21 558	42	11 475	50	50 175	2	63.1	80	8 032	33	1 208	70
三道岗子乡	20 449	43	11 135	63	31 000	29	61.6	86	6 214	89	1 299	56
潘家堡乡	20 016	44	15 814	36	22 427	68	70.9	37	7 768	38	1 213	68
肖寨门镇	19 477	45	11 606	48	29 832	34	71.2	35	8 432	17	1 441	33
姚千户屯镇	19 277	46	15 373	38	18 032	92	59.8	92	8 226	25	1 310	53
公主屯镇	19 245	47	5 505	84	40 110	10	41.8	129	6 345	85	1 123	92
大红旗镇	18 778	48	87 87	65	29 523	35	76.5	18	6 494	77	1 153	86

农村乡镇主要经济指标、位次 （三）

	农村社会总产值（万元）	位次	农村工业总产值（万元）	位次	粮食总产量（吨）	位次	粮食商品率（%）	位次	粮食平均单产（公斤/公顷）	位次	农民人均纯收入（元）	位次
红菱堡镇	18 638	49	15 205	40	14 315	109	99.8	1	8 232	23	1 442	32
乌伯牛乡	18 604	50	13 817	42	20 500	78	74.1	28	9 702	2	1 461	26
城效乡(辽)	18 180	51	10 770	55	18 694	88	76.7	17	6 217	88	1 208	71
卢家屯乡	17 537	52	11 000	54	23 000	63	43.9	126	5 364	108	1 260	59
刘二堡镇	17 248	53	10 198	61	31 241	28	70.5	40	8 587	11	1 278	58
大青乡	17 113	54	12 018	47	8 833	124	64.0	76	8 396	18	1 700	14
梁山镇	16 988	55	6 775	78	27 500	40	58.2	97	5 055	118	1 195	76
满都户镇	16 765	56	8 529	67	17 292	99	76.0	21	5 078	116	1 059	98
满堂满族乡	16 733	57	13 185	44	5 914	129	79.0	13	5 441	107	1 450	29
清水台镇	16 612	58	11 060	53	17 182	100	72.7	32	6 041	94	1 159	84
十里河镇	16 610	59	10 547	57	17 562	96	62.3	83	7 754	42	1 408	41
平罗镇	16 563	60	11 500	49	27 030	42	99.1	2	7 102	64	1 536	21
祝家屯镇	16 379	61	10 330	59	16 442	103	70.6	39	5 079	115	1 156	85
李相乡	16 354	62	12 862	45	18 624	89	68.2	54	7 731	44	1 350	46
王纲堡乡	15 228	63	8 124	70	17 835	93	61.4	87	8 469	15	1 438	35
高花乡	15 000	64	8 500	68	12 991	113	59.6	93	6 020	96	1 323	50
冷子堡镇	14 786	65	7 066	77	38 723	12	60.6	88	8 137	31	1 235	65
蒲河镇	14 447	66	9 368	63	15 283	104	70.8	38	5 853	98	1 182	77
四方台乡	14 247	67	10 389	58	25 250	48	63.2	79	8 143	30	1 211	69
柳河沟乡	13 872	68	5 693	81	32 000	25	51.5	111	5 831	100	1 100	94
白清寨乡	13 594	69	9 166	64	5 209	131	74.6	25	4 019	139	1 417	38
彰驿站乡	13 548	70	8 702	66	10 070	121	55.0	106	7 758	41	2 022	7
黄家锡伯族乡	13 527	71	7 690	72	33 889	20	69.4	48	7 184	60	1 235	65
东蛇山子乡	13 453	72	5 228	85	33 051	22	66.6	64	5 156	113	1 254	60

农村乡镇主要经济指标、位次 (四)

	农村社会总产值(万元)	位次	农村工业总产值(万元)	位次	粮食总产量(吨)	位次	粮食商品率(%)	位次	粮食平均单产(公斤/公顷)	位次	农民人均纯收入(元)	位次
大沟乡	13 379	73	7 258	74	24 038	57	75.9	22	8 179	28	1 326	49
兴隆台锡伯族镇	13 296	74	10 635	56	17 828	94	63.5	78	6 358	83	1 152	88
老边乡	13 019	75	10 200	60	17 687	95	56.7	100	7 768	38	1 444	31
罗家房乡	12 387	76	4 104	97	50 165	3	64.0	75	7 409	56	1 207	72
养士堡乡	12 327	77	6 322	79	26 002	46	74.3	26	7 998	35	1 248	61
镇郊乡	12 291	78	5 685	82	27 500	39	52.8	110	5 825	101	1 077	96
于家房镇	12 119	79	7 205	75	21 600	73	38.0	131	6 746	68	1 149	89
佟沟乡	12 015	80	10 040	62	8 508	127	59.5	94	8 019	34	1 351	45
永乐乡	11 982	81	7 070	76	25 246	49	73.4	29	8 365	19	1 128	90
新民镇	11 868	82	8 187	69	633	140	55.3	105	4 396	133	1 402	42
尹家乡	11 721	83	6 002	80	17 003	101	63.7	77	6 831	67	1 205	73
解放乡	11 428	84	7 725	71	29 861	33	85.4	5	7 463	54	1 302	55
六间房乡	11 173	85	5 152	86	31 256	27	51.4	112	6 626	73	1 054	100
胜利乡	11 058	86	5 111	88	11 737	118	14.2	136	5 808	102	800	119
红五月乡	10 729	87	5 682	83	13 500	112	79.4	12	6 170	91	883	109
慈恩寺乡	10 592	88	5 128	87	43 250	7	69.5	46	7 625	48	784	122
新民屯镇	10 451	89	4 671	91	18 374	91	68.6	51	9 173	5	1 297	57
老大房乡	9 680	90	4 193	96	15 231	105	45.0	12	5 261	111	1 088	95
大柳屯乡	9 640	91	1 922	115	27 500	41	58.2	98	3 746	140	1 030	101
陶屯乡	9 493	92	4 736	90	14 200	110	70.5	41	6 063	93	1 201	75
张家屯乡	9 487	93	3 224	103	22 451	67	67.3	60	6 176	90	1 244	62
牛心坨乡	9 440	94	4 317	95	23 000	62	57.5	99	4 855	123	1 057	99
马纲乡	9 271	95	7 307	73	10 353	120	72.8	31	4 490	131	1 165	81
东关屯乡	9 250	96	2 783	107	24 170	56	47.5	121	7 842	36	707	131

农村乡镇主要经济指标、位次 （五）

	农村社会总产值（万元）	位次	农村工业总产值（万元）	位次	粮食总产量（吨）	位次	粮食商品率（%）	位次	粮食平均单产（公斤/公顷）	位次	农民人均纯收入（元）	位次
老观坨乡	9 165	97	4 990	89	16 524	102	67.9	56	5 073	117	1 175	70
姚堡乡	9 016	98	3 057	105	25 060	51	84.7	6	4 581	130	998	105
杨士岗镇	8 845	99	4 606	92	28 924	36	64.5	71	8 535	13	1 204	74
金五台子乡	8 670	100	4 460	94	26 778	43	49.3	117	6 660	71	1 180	78
大喇嘛乡	8 466	101	3 404	101	21 720	72	54.8	108	7 760	40	1 315	52
登仕堡镇	8 086	102	3 394	102	24 010	58	64.1	74	5 286	110	772	123
大黑岗乡	8 053	103	3 731	100	19 000	85	65.8	68	5 244	112	1 068	97
三面船镇	7 967	104	2 596	109	45 000	6	73.0	30	8 152	29	844	114
石佛寺朝鲜锡伯族	7 564	105	4 003	98	19 804	83	64.4	72	8 180	27	1 175	79
周坨子乡	7 638	106	2 063	112	21 500	74	72.7	32	4 822	124	1 023	103
王滨沟乡	7 275	107	4 466	93	12 036	116	67.3	60	6 426	80	1115	93
孟家乡	7 096	108	1 689	118	26 507	44	50.4	115	4 977	120	883	110
依牛堡乡	7 066	109	2 288	111	50 036	4	74.2	27	7 691	47	901	108
丁家房乡	6 736	110	2 045	113	20 025	81	68.7	50	4 383	134	806	116
郝关屯乡	6 694	111	1 382	122	42 400	8	68.6	52	11 450	1	803	117
新农乡	6 521	112	3 036	106	12 080	115	62.9	81	3 188	141	1 025	102
高台子乡	6 196	113	2 600	108	15 064	106	45.5	123	4 773	125	1 161	82
东升满族蒙古族乡	5 835	114	648	130	30 000	30	66.6	64	7 260	58	690	133
冯贝堡乡	5 796	115	1 550	120	32 693	23	55.8	103	6 940	65	844	113
大孤家镇	5 729	116	1 536	121	40 002	11	49.9	118	6 586	76	756	127
红旗乡	5 717	117	3 513	104	15 001	107	58.4	96	5 118	114	976	106
包家屯乡	5 686	118	1 585	119	45 000	5	67.7	57	6 241	87	788	121
二牛所口乡	5 226	119	592	132	37 530	14	65.2	69	6 140	92	703	132
秀水河镇	5 199	120	691	129	50 300	1	62.0	85	5 671	104	708	130

农村乡镇主要经济指标、位次　(六)

	农村社会总产值(万元)	位次	农村工业总产值(万元)	位次	粮食总产量(吨)	位次	粮食商品率(%)	位次	粮食平均单产(公斤/公顷)	位次	农民人均纯收入(元)	位次
卧牛石乡	5 181	121	970	124	37 000	16	66.3	66	6 373	82	761	126
望滨乡	5 159	122	3 750	99	4 463	132	67.6	58	4 888	122	1 153	86
五台子乡	5 149	123	2 370	110	22 770	65	6.2	138	4 199	136	770	124
和平乡	5 089	124	1 733	116	37 500	15	67.1	62	6 858	66	811	115
张强镇	4 917	125	490	133	40 161	9	65.9	67	6 025	95	714	129
两家子乡	4 496	126	95	141	30 000	32	64.5	71	8 958	5	650	137
四家子蒙古族乡	4 177	127	735	128	20 345	79	43.0	128	5 001	119	802	118
于家窝堡乡	4 099	128	860	125	14 605	108	51.0	113	5 685	103	1 004	104
叶茂台镇	4 067	129	846	126	25 486	47	60.2	91	4 669	127	761	126
小城子镇	4 064	130	230	140	19 250	84	51.0	114	4 138	137	660	136
法库镇	4 010	131	2 030	114	902	138		141	4 929	121	865	111
山东屯乡	3 684	132	289	136	20 002	82	60.5	90	7 711	45	640	139
十间房乡	3 673	133	1 697	117	18 507	90	77.7	15	4 638	128	792	120
方家屯镇	3 537	134	297	135	24 850	53	55.0	106	5 837	99	669	135
北四家子乡	3 421	135	279	137	24 197	55	68.5	53	8 327	21	625	140
沙金台蒙古族满族乡	3 356	136	236	138	24 000	59	59.3	95	7 700	46	565	142
柳树屯蒙古族满族乡	3 223	137	231	139	22 291	70	55.5	104	5 330	109	648	138
柏家沟镇	2 937	138	751	127	22897	64	48.6	119	8 219	26	854	112
西关屯蒙古族满族乡	2 891	139	479	134	20 827	76	62.2	84	5 623	105	670	134
双台子乡	2 824	140	644	131	22 500	66	89.5	4	4 590	129	730	128
康平镇	2 627	141	1 333	123	751	139		140	4 104	138	905	107
海州窝堡乡	2 458	142	48	142	13 938	111	43.8	127	4 224	135	618	141

附：县(市)区领导名单

铁西区

区委书记：董镇广
区委副书记：王　法　马光浴　胡修华
纪委书记：周惠良
区　长：王　法
副区长：刘兆庆　秦振佐　甘泉(女)　陈仲兴　俞梁初

和平区

区委书记：梁双宾
区委副书记：佟正春　郑　阳　邹本泉
纪委书记：杨玉保
区　长：佟正春
副区长：李继安　曾凡仲　王　涵　侯华祥　逯俊东　张文波(下派)　艾东尧(科技)

沈河区

区委书记：张玉琢
区委副书记：王启文　王清汉　田延春
纪委书记：杨顺贤
区　长：王启文
副区长：王　友　常永秋　吴孝常　胡作友　徐　璐(女)　单建民(下派)　满永发(科技)

大东区

区委书记：韩孟邦
区委副书记：王俊岐　郭继东　安佩珍(女)
纪委书记：李荣玺
区　长：王俊岐
副区长：聂秉孝　毕永连　刘长林　张雅琴(女)　李　澍　闻英显(科技)

皇姑区

区委书记：李忠玉
区委副书记：田凤钰　高思绵　卢八均
纪委书记：刘宝贵
区　长：田凤钰
副区长：杨　光　张立英　史俊才　孙鸿文　李　林　尹瑞林(科技)

东陵区

区委书记：张　彤
区委副书记：孙维良　孟庆桂　朴学军
纪委书记：佟国兴
区　长：孙维良
副区长：刘　和　刘　忠　张世民　于秋恩(科技)　张长海

于洪区

区委书记：郭崇祥
区委副书记：刘传洪　李玉华
纪委书记：梁庆宝
区　长：刘传洪
副区长：于　波　孙富源　翟　来　白家林　李玉强　佟昆林　张魁斗

苏家屯区

区委书记：宋树有
区委副书记：张荣仑　田玉林　王年贵
纪委书记：曹建福
区　长：张荣仑
副区长：段取宝　肖毓箐　徐茂盛　范崇喜　孙琪富

新城子区

区委书记：吴贵民
区委副书记：王世卿　杨德林　高玉文
纪委书记：董绍贤
区　长：王世卿
副区长：阎永田　刘俊珊　于绍军　郭君达　韦春才(科技)

辽中县

县委书记：盖如根
县委副书记：李春祥　马宝忠　王庆范　郝春芳(女)(下派)
纪委书记：金宗武
县　长：李春祥
副县长：季春明　全景隆　翟　力　宋殿喜　王　杰

新民市

市委书记：李宝权
市委副书记：李学忠　王传发　赵香权　邵明信(下派)
纪委书记：陈永文
市　长：李学忠
副市长：郑朝权　郭德友　王帅英(女)　安世廉

法库县

县委书记：崔学贵
县委副书记：王成江　王立文　左树贵　赵凤杰　孙成德(下派)　毕恩江
纪委书记：王国杰
县　长：王成礼
副县长：李　忠　韩全伸　李　震　毕华峰　张振权　孙景峰(下派)(科技)

康平县

县委书记：陈德明
县委副书记：王凤仁　孙百川
纪委书记：周　宏
副县长代县长：王淮延
副县长：樊秩庸　张树生　温志达　马秀云(女)　高士范　刘光启(下派)　李忠国

(虞恩)

人　物

政界人物

【张荣茂】

张荣茂，汉族，1937年2月生于湖南桃源，1961年9月毕业于大连工学院化工系，1965年7月大连工学院燃料化学工程专业研究生毕业，高级工程师。历任沈阳煤气化研究所技术员、工程师，沈阳环保所环境质量评价及污染防治研究室主任、所技术业务负责人。1980年1月任沈阳市环保局副局长、沈阳市建委副主任。1981年9月任沈阳市人民政府副市长，1988年2月任中共沈阳市委常委、市人民政府副市长。1992年1月任辽宁省人民政府副省长，1994年1月任辽宁省人民政府副省长、中共沈阳市委副书记、代市长。1994年2月任辽宁省人民政府副省长、沈阳市人民政府市长。

【董万德】

董万德，男，1943年3月生，汉族，中国共产党党员，大学文化。历任沈阳冶炼厂调研组干事、武装部助理员、供销科党支部书记、厂党委副书记兼纪委书记、党委书记；中国有色金属工业总公司沈阳公司经理、党组书记；中共沈阳市委副书记。

【肖佐汉】

肖佐汉，陕西省延长县人。1928年8月参加革命，同时加入中国共产党，历任中共延长县团区委书记、县委宣传部长、县委组织部长、县委书记、盐城县委书记，昭乌达盟地委组织部长，热东地委副书记。解放后，肖佐汉曾任中共辽西省委组织部副部长，热河省委组织部长、省委副书记兼纪委书记，中共沈阳市委书记处书记，沈阳市革命委员会副主任，中共沈阳市委常委、书记、顾问、中共沈阳市顾问委员会副主任，辽宁省人大常委会副主任等职。

肖佐汉早在大革命时期，就积极参加了党领导的进步学生运动。抗日战争时期，在极端艰苦的条件下，他认真执行党的指示，为加强根据地党的建设和边区建设，扩建县区抗日武装，争取和瓦解敌军做了大量工作。解放战争时期，肖佐汉参加和领导了剿匪反霸，保卫红色政权的斗争。

新中国诞生后，肖佐汉长期担任省、市领导工作，为辽宁省和沈阳市的经济发展和现代化建设做出了重要贡献。粉碎“四人帮”后，肖佐汉坚决贯彻执行党的十一届三中全会以来的路线、方针、政策，坚持四项基本原则，积极支持改革开放，以饱满的政治热情和忘我的革命精神投身到“四化”建设之中，表现了一个共产党员高度的政治觉悟。在半个多世纪的革命生涯中，肖佐汉始终不渝地忠于党、忠于人民，勤勤恳恳、兢兢业业、积极完成了在各个历史时期党交给他的各项任务，为中国革命和建设事业倾注了毕生心血，奉献了全部才智，立下了不可磨灭的功绩。

肖佐汉一贯严于律已，宽以待人，坚持原则，光明磊落，作风民主，平易近人，工作勤奋，艰苦朴素，清正廉洁，始终保持了一个共产党员崇高的革命精神和优秀的思想品德。

肖佐汉因病医治无效，于1993年4月29日在沈阳逝世，终年80岁。肖佐汉是中国共产党的优秀党员，忠诚的共产主义战士。他的一生是革命的一生，战斗的一生，全心全意为人民服务的一生。

【陈子和】

陈子和是山东省掖县（现莱州市）人，生于1906年，历任沈阳市南满制清公司副经理，沈阳市太阳烟草公司经理，天津市华阳烟草公司董事长，沈阳市食品工业公司副经理，沈阳市第三工业局技术室主任，沈阳市绒织厂第二厂长，沈阳市工商联副主委、主委，辽宁省工商联副主委，全国工商联第四、第五届执行委员、第六届咨议委员，沈阳市人民代表等职。

解放前，陈子和积极兴办民族工业，关心工人疾苦，支持中国人民解放事业，是一位开明人士。解放后，他在中国共产党和人民政府的领导教育下，爱国、敬业、守法，积极参加社会救济和兴办教育等事业，表现出高度的爱国热忱。

陈子和拥护中国共产党的领导，拥护社会主义制度。在与中国共产党的长期合作中，“肝胆相照，荣辱与共”。党的十一届三中全会以后，他拥护党的改革开放的路线、方针、政策，积极提出一些有价值的意见和建议，为改革开放和经济建设献计出力。党的十四大的召开，使他受到极大的鼓舞。他虽年事已高，仍不遗余力地工作，他运用自己的影响和声望，积极参加政治协商、民主监督，为四化建设，祖国统一，尽到了自己的责任。做出了应有贡献。

陈子和因病医治无效，于1993年1月18日在沈阳逝世，终年86岁。

【陈水】陈水（原名蔡剑深）是沈阳市政协副主席、台盟中央委员、台盟沈阳市主任委员、物理学家、辽宁大学著名教授。

陈水是台湾省台北市人，生于1931年9月。1955年毕业于台湾大学物理系，1957年台湾清华大学硕士研究生毕业。1958年至1963年赴美国马里兰大学攻读博士研究生，同时兼任助教；1963年至1964年在美国国会图书馆任馆员。

1965年2月，陈水教授怀着满腔爱国热忱，毅然放弃国外优裕的生活条件回到社会主义祖国，到辽宁大学物理系任教。历任辽宁大学物理系理论教研室主任，物理系系主任，台盟中央常委，全国政协委员，省、市人大代表，省科技翻译协会理事长，省、市科协常务理事、副主席、中国物理学会理事等职。

陈水教授积极投身祖国的教育事业，多次被授予省、市先进工作者，市劳动模范，全国侨务战线先进工作者等荣誉称号，享受国家有特殊贡献专家津贴。

陈水教授坚决拥护中国共产党的领导，拥护社会主义制度，拥护党的十一届三中全会以来的路线、方针、政策，为改革开放和经济建设献计出力。

陈水教授因病医治无效，于1993年3月29日在沈阳逝世，享年62岁。

专家学者

【张志东】张志东，1963年6月出生于江苏泰县，1983年获南京大学物理系理学学士学位，1989年获中科院金属所工学博士学位，1987年至1988年在荷兰阿姆斯特丹大学物理实验室进修。1992年5月晋升为副研究员。1993年1月破格晋升为研究员。现为中科院金属所磁性和磁性材料研究室副室主任。他在磁性、磁性材料和应用磁学等领域取得多项具有国际先进水平的工作。如稀土铁碳化合物的磁性研究、单离子理论模型的推广、高矫顽力钐铁氮永磁体的研制、磁致胶体效应理论模型的建立等都得到了国际同行的重视。目前已在国际著名学术刊物上发表学术论文41篇，在国际会议上发表6篇，另在国内学术刊物及会议上发表17篇论文。被同行在国际学术刊物上引用近百篇次。被美国物理学会吸收为会员，被美国传记协会编入《国际杰出(科技)领导者辞典》，被英国剑桥国际传记中心收入《国际传记名人辞典》。曾获中国科协第三届青年科技奖、辽宁省先进青年科技工作者、中科院青年科学家奖一等奖等奖励。

【柴天佑】柴天佑教授，45岁，博士导师，东北大学自动化研究中心主任，第三届国务院学科评议组成员。第五届国家自然科学基金委员会评审成员，国际自控联控制装置与仪表技术委员会成员，曾获国家首届自然科学基金优秀中青年专项基金（全国仅14项）等多项基金资助。指导博士后3名，博士生15名，硕士生36名。在国内外著名学术杂志和学术会议上发表论文150篇，部分研究成果获国家教委科技进步一等奖、二等奖等。曾多次赴美国、日本、澳大利亚等国20余所大学讲学。曾任在日本举行的“SICE，92国际会议”控制理论分会主席，“IFAC低成本自动化国际会议”程序委员会委员，获全国具有突出贡献的中国博士学位获得者称号、具有突出贡献的中青年专家。

柴天佑教授于1992年5月建立了东北大学自动化研究中心。在他的带领下，中心承担了东北地区最大的火力发电厂清河电厂4台10万千瓦发电机组的计算机控制系统的科研工程项目，他提出了采用集散控制方式，采用光缆通讯和远程I/O技术并结合自适应智能控制技术解决了过去采用弱电进行集中控制出现故障造成停电的难题，大大地提高了发电机组的投运率和自动化水平，具有重大的经济效益和社会效益。他组建和培养了一支平均年龄只有28岁的科研队伍，在不到一年的时间里先后负责承担了“八五”重点建设项目——天津带钢厂异步轧机计算机控制系统、鞍山宽厚板急速冷却计算机集散控制系统、步进式加热炉计算机集散控制系统等五项大型自动化控制系统项目。并自力更生将自动化研究中心建设成为现代化研究基地，成为辽宁省和沈阳市的自动化工程技术中心。

1993年中央电视台新闻联播专栏节目《中华学人》介绍他的学术研究成果在全国引起反响。

【姜惟廉】

姜惟廉，1940年12月生人。1964年于北京农业大学遗传育种专业毕业，毕业后一直从事玉米育种研究。现任沈阳市农业科学院玉米研究室主任、高级农艺师。

长期以来，她坚持农业科技面向农村经济建设的方针，致力于玉米优良品种的选育，为农业现代化建设事业做出了重大贡献。成功地组配了“沈单1、2、3、4、6、7、8号”优良玉米杂交种，并育成具有高配合力、抗性强、适应性广泛的优良玉米自交系—5003，以上杂交种十年来累计推广面积5 970万亩，其中“沈单7号”推广4 500万亩，增加社会效益5亿元以上。5003自交系被全国许多科研单位引进，已组配了20多个优良品种，“沈单3、4、6号”先后获省科技进步三等奖、市科技成果二、三等奖；“沈单7号”1991年获农业部科技进步一等奖，1992年获国家科技进步一等奖，1993年获沈阳市政府“振兴杯”奖，是全国“八五”重点推广品种之一。她主持的课题分别被列为国家“六五”、“七五”、“八五”攻关项目。并于1986、1989年两次获国家科技攻关奖励证书。她多次被评为沈阳市先进科技工作者，优秀科技工作者，市工会“四自标兵”、“帼国英雄”，1992年被选为辽宁省劳动模范，1993年补选为沈阳市特等劳动模范，并获辽宁省城镇妇女帼国建功奖。她还是辽宁省六、七、八届人大代表。

【张书芳】

张书芳，1939年3月9日出生，汉族，河北任邱市人，1962年毕业于沈阳农学院（现沈阳农业大学）园艺系蔬菜专业。现任沈阳市农业科学院十字花科蔬菜研究室主任，大白菜育种组主持人，高级农艺师。发明了大白菜雄性不育两用系、大白菜核基因互作雄性不育系、红萝卜雄性不育系。先后主持完成了9项科研成果，其中“秋杂二号”大白菜1982年获沈阳市政府科技进步一等奖，“红丰二号”红萝卜1989年获省政府科技进步二等奖，：中国秋冬萝卜核一胞质雄性不育系选育及利用”与山东省农科院等四个单位联合申报获得1989年国家发明二等奖；大白菜核基因互作雄性不育系选育及利用1991年获农业部科技进步一等奖，1993年获国家发明二等奖。

1977年以来先后10次被评为省、市先进工作者，6次被评为省、市劳动模范。1989年被授予沈阳市特等劳动模范和全国先进工作者称号。1990年被评为沈阳市优秀共产党员。1991年被评为国家级有突出贡献的中青年专家，享受政府特殊津贴待遇。1992年3月被授予沈阳市政府特别奖。

【马成泰】

马成泰，1939年生于吉林省通化市，1946年定居沈阳。曾就读于辽宁大学、吉林工业大学等院校。现任沈阳三山汽车工业联营公司董事长和总经理，高级工程师。是沈阳市劳动模范、优秀共产党员、先进科技工作者，省市优秀企业家和全国星火优秀企业家。他领办的三山公司是由军工企业、科研单位和东陵区乡镇企业合营的联合企业，总资产4 200万元，其中固定资产2 000万元；是国家定点的民用汽车改装厂和油品节能添加剂厂。1988年以来，先后完成油品增效剂和农夫型轻型汽车等四项国家级星火计划项目和多项国家级重大新产品试产计划，增加了企业的科技含量和发展后劲，每年保持50%以上的增长速度，形成了一个年产值1.4亿元，年税利1 300万元的星火企业集团。

马成泰同志常年坚持在科研、中试、推广应用第一线，担任星火计划课题主持人，取得了丰硕的成果，三项油品增效剂已达到国际先进水平，如JZ—A机油增效剂主要技术性能指标已超过90年代西方国家同类产品，出口东南亚、澳洲等国家和地区，成为我国唯一出口节能添加剂的厂家。

马成泰领办的三山集团公司多次获得小型巨人企业、明星企业等光荣称号，产品多次获得部、省、市优质产品奖和三项国际金奖；他本人获得四项市科技进步奖、一项省星火科技一等奖、一项国家星火科技二等奖。1994年3月18日在北京人民大会堂召开的全国科技奖励大会上，又荣获了国家星火示范企业称号，党和国家领导人江泽民、李鹏同志接见了马成泰同志。

【刘积仁】

刘积仁，1955年生，辽宁丹东人，现任东北大学软件中心主任。1984年，开始攻读计算机应用专业博士，1986年到美国国家标准技术研究院作博士论文，1987年获博士学位，成为我国第一位计算机应用博士，1988年被破格提拔为教授。目前还担任全国政协委员、国家自然科学基金学科评议组成员，中国自动化学会常务理事，兼任综合办公自动化专业委员会主任，中国软件行业协会常务理事，辽宁省青年科协副理事长等职。

工作以来，一直从事计算机应用的教学、科研工作。主要研究计算机网络协议工程方法学及支撑环境、分布式多媒体和嵌入式实时软件开发环境等。先后承担国家“863”、国家自然科学基金重点项目、国家教委博士点基金、中科院开放实验室基金、国家火炬计划、教委归国人员基金等科研项目近20项。有10项成果通过国家、部级鉴定，其水平均处于国际先进水平，并多次获国家、部省级科技进步成果奖，发表学术论文50多篇，培养博士、硕士20多人。他所领导的软件中心已成为计算机软件国家工程研究中心、辽宁省计算机软件工程技术中心、沈阳市软件中试基地。

几年来先后荣获国家教委授予的“有突出贡献的中国博士学位获得者”、“全国教育系统劳动模范”及“全国五一劳动奖章”等多项称号。1994年又作为东北地区唯一的专家首批入选国家“跨世纪优秀人才计划”。

【姜伟】姜伟，沈阳飞龙医药保健品集团总裁，1955年8月生，中共党员，高级制药工程师。1982年毕业于辽宁中医学院中药系，学士学位。历任辽宁中药研究所研究室主任、沈阳兴维保健品有限公司总经理、沈阳飞龙保健品有限公司董事长兼总经理、沈阳飞龙医药保健品集团总裁等职。姜伟同志还兼任中华全国青年联合会委员、辽宁省青年联合会委员、沈阳青年联合会常委、中国青年企业家协会副会长、辽宁省民办科技实业家协会常务副会长、沈阳市民办科技实业家协会副会长等社会工作。姜伟同志是沈阳市人民代表大会代表、沈阳市铁西区政协委员，先后荣获辽宁省政府特别奖获得者、沈阳市十大杰出青年、沈阳市政府特别奖获得者、沈阳市劳动模范、中国科技实业家、全国杰出青年企业家等荣誉称号。

姜伟中学毕业，下乡去接受再教育。恢复高考制度后，于1977年首批考入辽宁中医学院中药系，大学毕业后分配到辽宁中药研究所。在1986年的改革大潮中，他激流勇进，当上了研究室主任，不负重望，当年室里就创产值13.4万元。

1986年底，他毅然辞去公职，从亲朋好友手里筹措2万元资金，与一日本客商合作办起了一家合资企业，生产他的中医特效减肥专利药品——“飞燕减肥茶”，当年在“广交会”上一次成交60万元。

初涉商海并小有收获的姜伟未被“飞燕减肥茶”的成功所陶醉，他把自己的研究目标定在补肾壮阳、使人延年益寿的医疗保健佳品——延生护宝液上。延生护宝液问世以来，先后荣获“首届新加坡国际名优产品博览会最高金奖”、“’92中国旅游购物节最高奖——天马金奖”、“国际科学与和平周热爱科学与和平贡献奖”、“首届中外老年用品博览会金奖”、“中国专利新技术新产品博览会金奖”等20几项国内、国际大奖。

作为制药专家，他潜心开发，亲自研制成功了胃康胶囊、精制琼玉膏等在市场上供不应求的高科技产品，并策划推出了骨质宁擦剂、眠安宁口服液、元胡止痛颗粒剂、愈风宁心口服液、白石清热冲剂等“延生护宝牌”系列新产品。

他善于管理企业，使企业运作法制化、制度化，逐步使飞龙公司壮大成为在全国医药保健品行业举足轻重的集团。1992年飞龙公司创产值1.8亿元，实现利润6 000万元，企业也一跃成为辽宁省医药行业创利第一大户。在全国医药行业人均利税评比中荣登榜首，在全国合资企业人均利税大排名中名列第二，1993年飞龙集团再创佳绩，实现产值8.7亿元，利润2亿元。

姜伟成功不忘社会。他领导的飞龙公司积极参加社会公益事业：1992年2月成立沈阳飞龙少年民族乐团；组建辽宁延生艺术团；为澳星发射人员无条件提供10万元奖金，并倡导和发起了中华航空航天奖励基金会；出资5万元，奖励中国第一位轮椅上的哲学硕士张海迪女士；投资100万元成立辽宁中医药奖励基金会，奖励在辽宁从事中医药科研、经营、生产、管理工作的有功人员，为沈阳市应昌小学捐资100万元，用于改善办学条件和组建大型少年军乐团；出资100万元参加“’93沈阳共青团工程”，在沈阳市主要交通干道建设200个高档次候车廊，造福沈城人民。

劳模人物

【沈延刚】1934年出生，全国劳动模范。辽宁东沟人。1951年参加工作，1965年加入中国共产党。历任沈阳玻璃厂工人、技师。参加工作40余年来，一直工作在生产第一线。在厂内厂外搞设备改造，技术革新501项，其中攻克重大技术关键198项，创效益2 000多万元。1993年12月9日，他带领市技协成员攻克了沈阳金杯客车制造有限公司从意大利引进的全国最大的双动机械压力机钢轴锈蚀关键课题，使在场的意大利专家和专业技术人员拍手叫绝，不仅创造了重大的经济效益，也为中国工人阶级争了光。自1962年以来，他先后被授予沈阳市先进生产者、劳动模范、技协积极分子等荣誉称号几十次，1987年被授予全国五一劳动奖章，1989年被授予全国劳动模范荣誉称号，是职工心目中的“老黄牛”、“革新迷”。

【唐乾三】

1933年出生，全国五一劳动奖章获得者，沈阳市特等劳动模范。1952年参加工作，1955年加入中国共产党。历任沈阳飞机制造公司值班员、调度、车间主任、副经理，1982年起任沈阳飞机制造公司总经理。在他的亲自指挥下，公司近5年完成了4项国家重点新机科研项目，特别是在“八三工程”飞机的研制中，他担任现场总指挥，大胆采用电子计算机辅助制造、系统工程等科学管理方法，克服了重重困难，使这个项目提前19天首飞成功，创造了我国航空史的新纪录。他以改革创新的精神，带领企业走出了军品、民品、外贸产品、第三产业协调发展的新路，1993年民品产值已超过4亿元，产品形成6大系列200个品种，在全国军工企业名列前茅。他从1985年开始，先后被评为全国首届经济改革人才奖，国家级有突出贡献的科技管理专家，全国“军转民”优秀企业家等殊荣。

（奚晓杰）

【迟小秋】

迟小秋，女，1965年生，是一位蜚声剧坛的著名程派演员。辽宁省劳动模范。国家一级演员。1984年，荣获第二届“中国戏剧梅花奖”，同年被选为中国戏剧家协会最年轻的理事。1992年荣获中国首届“梅兰芳金奖提名奖”第一名。1991年正式调入沈阳京剧院。

迟小秋11岁入阜新市戏校学戏，她文武兼备，艺术功底深厚。1983年正式拜程砚秋嫡传弟子王吟秋为师，宗法程派艺术。她嗓音纯正，宽音圆润甜美。对程派以气催声的发音方法领会娴熟，演唱中十分注重声、腔、意、气的运用，以情代声，声情并茂。她宗法程派艺术不折不扣，又能结合自身条件使自己音质之长得以发挥，因此在演唱上，既有程派浓重的寓刚于柔，幽吟委婉的特点又有雅丽清馨，圆熟优美的明显个性，形成了自己独特的演唱风格。

迟小秋表演地道，纯熟。感情细腻。身段和水袖颇见功力。巧妙的运用身段和水袖表现人物的复杂的心里活动，富有很强的表现力和感染力。她唱、念、作具佳，在京剧界颇有影响，被梨园前辈誉为程派艺术的标准传人。近年来，在继承的基础上，她大胆探索出新路，又有一些成功之作受到各届首肯和好评。其中最具代表性的是新编大型历史京剧“梁山伯与祝英台”以全新的面貌和独具特色的唱功和表演赢得了专家和广大观众的好评。并在全国青年新剧目调演中荣获优秀表演奖。

她多次荣获各种奖励，其中较有影响的是：

1984年第二届“中国戏剧梅花奖”；1989年辽宁省首届艺术节“优秀表演奖”；1990年辽宁省委、省政府授予的“1980—1990年”10年“优秀文艺成果奖”；1992年全国京剧青年团队新剧目调演“优秀表演奖”；1993年荣获中国首届“梅兰芳金奖提名奖”第一名。

【刘桂琴】

1940年生，山东新泰人。1958年参加工作，1970年加入中国共产党。历任沈阳教学仪器厂职员，皇姑区昆山公社干事，市汽车缸垫厂、链条厂、噪声控制设备厂厂长等，1989年起任沈阳特种环保设备制造总厂厂长、党委书记。1973年起，她连续接收兼并10家亏损企业，均扭亏为盈，被人称为“扭亏专家”。昔日的街道小厂，在她的领导下，已发展成以环保、制药、噪声控制三大支柱系列产品为基础，多种经营的企业集团，产品遍布全国28个省市，还远销美国、日本、意大利等6个国家。10年间，他们上缴利税总额以平均每年95%的幅度递增，1992年实现利润1 006万元。1992年以来，先后被评为省、市劳动模范，全国五一劳动奖章获得者，1993年被授予沈阳市特等劳动模范称号。

（奚晓杰）

【金书升】

金书升，1930年生，河北交河人，1948年参加工作。全国劳动模范，1973年加入中国共产党。历任沈阳有色冶金机械总厂工人、车间副主任、高级工程师。他46年如一日，始终工作在冶金机械第一线。早在50年代，他就不断改革刀具，多次刷新生产纪录，成为一位以高精度深孔加工而闻名于省内外的革新能手。1979年冶金部引进日本、西德一米七轧机设备，主要备件42动压油膜轴承是美国专利，日本制造的产品，技术指标要求高，国内没有加工设备。金书升将7项重大技术方案应用于研制中，一次试验成功，指标超过日本三菱公司水平，为国家节约外汇上百万美元。几十年来，他攻克重大技术关键上百项，节约创造价值上千万元。自50年代开始，他荣获市、省、部级荣誉称号30余个，1989年被评为全国劳动模范。1990年，已到了退休年龄的他，谢绝了高薪聘请，仍工作在厂内，他说：“现在钱好挣，党给的荣誉不好保持，现在厂里需要我，我要把全部光和热都献给企业。”

（奚晓杰）

光荣榜

1993年全国"五一"劳动奖章获得者名单（沈阳）

关玉新 曹振江 关敬安
董贵德 杨大勇 张文英
董贵平 刘焕荣(女) 刘庆仕
范炳勇 董令贻(女) 唐英年

1993年辽宁"五一"劳动奖章获得者名单（沈阳）

钱国庶 刁成林 陈荣礼
王万武 刘多启 张启芳(女)
刘家骥 李国英 李志德
杨国栋 付多丽(女) 佟恩光
张　杰 郭俊倬 闫占荣(女)
邢云祥 孙玉民 高文彬
王文军 迟庆宝 高　军
全长家 徐成文 郑庆云
李喜涛 马会林 赵景坤
林慧艺(女) 杨福信 于道勤

1993年沈阳市特等劳动模范名单

张成哲 史继文 王巧珍(女)
田华章 刘积仁 刘桂琴(女)
唐乾三 邓足斌 于再勋
王云峰(女) 高文田 杨大勇
徐正新 李广智 李开明
周世俊 纪云华(女) 尹作斗
王兴亚 王振汉 张文英
姜惟廉(女) 宋学明

1993年沈阳市劳动模范名单

贺光明 韩洪林 王国恒
刘　预 吕春秀 蒋海清
田培忠 张顺明 杨　光
李志军 冯世栋 钱家越
杨晓琴(女) 傅玉梅(女) 谢廷秀(女)
陈德章 李连燕 刘景振
周　华 孙桂兰(女) 张炳余
魏敏通 高祥贵 臧怀玉
杨恒生 陈会欣(女) 卢伟权
唐荣兴 李桂芬(女) 李世民
霍恒荣 孙成儒 张子厚
朱克信 代文彪 张景奎
谢克光 蔡春生 孟宪新
郭维林 张风栖 李宗钦
尹前进 李雅萍(女) 王德泉
郝素玲(女) 汤　萍 张　激(女)
孙洪斌 刘启泰 耿承伟
付定一 付铁林 王毓民
陈朴庵 王大寰 张　华(女)
张佩纶 柴天佑 吉士俊
郝文学 滕卫平 张　辉
宇永福 黄志远 张今声
刘成文 王　春 吴旭芒
李德新 吕化广 高维伟
沈建民 韩秋波 李志君(女)
王　光 康长安 苏　洁(女)
吴育斌 李俊复 何玉凤(女)
程玉文 齐风娟(女) 张锡华(女)
刘长清 鲁文远 张淑媛(女)
陈洪铎 于静涛 蒋仲乐
周本濂 朱国臣 王美英(女)
关士荣(女) 林　涛 苏士义
姜　萍(女) 李长生 刘汉忠
杨伟光(女) 苏佳艳(女) 郑庆云
李德举 郭伟春 唐荣国
鄂义海 吴克仁 庄　祥
陈德奎 李盛勤 王吉友
王连杰 于泽昌 聂志才
王凤喜(女) 姚军毅 高金芹(女)
沈启文 陶凤珍(女) 纪素云(女)
祝国强 王德萍(女) 刘春新
于延康 张茂义 徐秀芹(女)
周　杰(女) 傅多丽(女)
李晓艳(女)
郑凤奎 艾洪云 栾秀珍(女)
黄文晓(女) 王玉坤(女) 侯尚君
张仲才 王林福 孔昭明
张德君 张捷军 刁成林
胡守权 李国范 张绍斌
张克礼 邹兆朗 张洪海
方　洁(女) 张香琴(女) 唐广福
江　涛 姜忠恒 徐英波
卜承冲 刘占安 徐绍棉
魏文达 戴守仁 陶乃林
王淑贤(女) 常守谦 李成秀
陈福芳 杨建华 赵计生
蔡文铎 王乃刚 程蕴璞
邵守元 李　智 孙尚一
佐国军 王和平 刘志增
单明恩 张　珂 王德先
李　昕(女) 董庆祥 包贵义
徐瑞林 刁永庆 杨国栋
赵贵宝 左纪连 孙殿良
马树仁 李　军 张振一
喻兴海 郑　平 衣国相
张献明 于国忠 孟昭玉
运庭乐 冯庆余 杜士杰
张景文 张长江 尹显文
池长友 李广志 谷殿仁
赵玉林 张　鼎 张国庆
李英堂 范洪业 宫长艳(女)
高秀英(女) 马春忠 柳建恩
辛年太 梁柏山 崔玉翔
孔繁荣 庄明悦 魏殿阁
罗德利 张福琛 柳玉田
马运通 赵临洲 孙希久
王化斌 于福山 仉恩纯
田志祥 张国贤 吴晓萍(女)
马荣芬(女) 藏连春 刘明杰
仉明海 郭俊倬 孙　德
潘公展 翟忠生 谭其旺
张洪宝 张宝忠 马金环(女)
杨启良 徐祥运 刘敬贤
姚家骥 刘家骥 周桂芝(女)
候升魁 黄东皓 高玉芹(女)
聂希婵(女) 李方红 宫锡芝
王安宇 于平远 赵学成
金　辉 郇义军 张为人
闵建新 段英振 卢书连
钟文军 高宝林 徐培成
刘文利 刘升汉 刘大军
于钦水 吴玉文 张万厚
张彦学 郑　伟 高　军
曲从显 吴广德 张福荣(女)
曹振江 佟仁祥 徐振中
郭　丽(女) 金爱华(女)
高丽珍(女)
郝丽萍(女) 王东风(女)
高青云(女)
佟明英(女) 李生菊(女)
林会杰(女)
梁晶娥(女) 孙作树 王万林
李富贵 张庆华 张显成
刘宝和 刘桂洲 孟庆芳
陈广福 阎振海 边建军
肖太保 黄淑荣(女) 郭友菊(女)
杜淑云(女) 王绍栋 韩炳孝
潘公璞 刘克敏 苗雨均
刘玉杰 马　勇 宋启文
金荣国 赵　仪 肖庆森
孙凤海 王　雷 刘积瑞
孙庆文 丁洪光 张丙亮
陈树严 刘　生 张爱民
于齐天 王忠海 苏文海

陈　东　张绍阳　杜景元
王　珍　杨宝俊　吴均楼
孙福天　孟庆民　李德阳
庞洪臣　刘　凯　秦振阳
张宝连　冯永茂　冯　丽(女)
唐继跃　冯书顺　刘永厚
刘恩发　关吉国　陈海廷
王庆山　贾东明　苏文财
王希臣　徐宝珠　孔天才
王振伦　王　强　王　宽
栾连仲　李延昌　康新占
徐国仁　刘作秋　张维斌
傅守法　李汝源　李志德
刘俊全　吴启明　朱玉欣(女)
师守臣　马恒力　李宇范
张守忠　魏国荣(女)　孙　焱
王志仁　张景略　陈宝士
邢　军　吕殿伟　李继英
金荣富　高庆轩　杨生贵
付政伟　刘建伟　徐自成
杨　林　刘云续　佟春永
杨　栾　魏秀川　朱树森
王建华　陈宝友　张连刚
张俊艳　张铁铭　杜春祥
赵成林　王　杰　崔　洁(女)
郝淑贤(女)　田乐融　翟淑英(女)
于道勤　董令贻(女)　李佳珍(女)
印欣阳　孙源志　张明治
成美荣(女)　李富洲　杨学义
银鸿桂(女)　胡景兰(女)
陈学勤(女)
王惜时(女)　陈立人(女)　李国英
张淑英(女)　赵铁砚(女)
牛丽雪(女)
赵春梅(女)　丁树贵　随宝志
冯丽华(女)　姚明兰(女)
王焕云(女)
王文军　胡　勇　王胜甫(女)
刘振海　欧乃光　李昌利
刘玉芳(女)　那亚光(女)
孙淑君(女)
史宝力　佟恩光　杨通礼
孙　拥　辛红英　孙继勤
常　波(女)　沈长艳(女)　路春明
铁广丽(女)　金　丽(女)　张伟昌
杨丽范(女)　潘英杰　佟佰仁
薛继常　唐英年　窦淑芬(女)
张泽民　刘忠勤　崔守杰

王玉霞(女)　滕　林　刘杰义
吴为民　贾恒年　郭爱武(女)
代立洲　周大全　王万武
田奎斌　刘　健(女)　刘仁山
王成荣　张玉春　任建章
姜庆武　王德华(女)　张　宏(女)
范继光　张生贵　李文川
李国玉　杨海林　常福祥
马志英(女)　张振祥　孔　军
信洪贤　杨　华　李永忱
孟庆昌　陈明艳　王　仁
钟文秀　王　浩　邓万生
任福鹤　高惠菊(女)　蒲巨明
樊文池(女)　胡佳友　苏士印
陈兆权　王　清(女)　李依书
冯恩明　王伟华(女)　林乃成
牛成顺　宋铁成　吴卫东
庞世钧　祖占祥　戴振铎
张桂琴(女)　程云伟　么喜龙
高兆江　高红苗(女)　张　晨
孙长山　孙培泮　谢　燕(女)
曹延风(女)　王凤新　杨　林
尹淑珍(女)　刘焕荣(女)　王润树
杨宝维　郑立成　董文杰
赵毓琛　付世枢　王申德
杨全华　王玉山　王桂云(女)
闵发顺　张思洁　杨庆生
李庆全　万　辉　汤金华
李伯师　辛树枝　司桂馥(女)
凌立生　高乃学　杨学著
刘振远　刘东辉　李玉生
李丽香(女)　马秀娟(女)　柳博亮
王学敏　韩　青　吴志伟
李鹤千　张佳平　姜　伟
洪海峰　荀玉侠(女)　董　斌
李新彦　金炳甲　张立斌
刘　春(女)　林昌焕　周长奇
孙万林
刘　智　王　杰　王　瑛(女)
钱启哲　张玉祥　王世云(女)
马　驰　郭愚然　邹有恒
王文兰(女)　张成贵　张　利
黄振东　苏立志　李殿林
周晓娥(女)　张金龙　白永生
展洪胜　庄宇洋　白金良
王淑莲(女)　李文儒　马顺一
董青山　冯图华　姜　福
王淑侠(女)　李友林　刘井忱

张首先　王建新　孟令群
李如忱　陈秀甫　郎洪国
马志文　张春山　刘玉林
于富波　崔彪国　孙玉忱
冯鹤林　白桂英(女)　陈守明
闻殿恒　李泽民　刘成心
赵作刚　黄宝荣　赵海良
李守山　邱启祥　吴守中
李福海　王白力　兰助林
张乐祥　吴德全　富启山
顾忠义　金巨才　陈玉忠
刘连举　张国安　李国忠
刘西琴(女)　武德金　陈英华(女)
赵晓光　金常元　赵国强
祝恩元　张德林　马通仁
白成利　邹文素(女)　王志权
赵全甫　戴有川　孟凡友
孟繁荣　田玉香　韩绍久
金魁仁　白贵学　孙士昆
邵连喜　佟宝忱　王吉元
蔺善学　李雪梅(女)　康广亮
杨井石　陈崇江　王海栋
杨春成　马福昌　赵维纲
魏天佑　孟宪平　张力为
王泽成　丁绍柱　于天义
孙洪乐　于春生　佟占春
侯庆义　赵利洪　田玉英(女)
孙志旭　马家振　吴俊峰
孙　伟　刘　军　郭绍忠
朱来君(女)　郑圣道　徐正本
苏焕芝　汉骏声　温绍强
朱文玉　孙德满　孙作武
关连甲　孙岫林　王学士
姜世秀　王延森　胡洪烈
赵洪庆　许崇田　王盛武
安成群　张志江　杜荣涛
吴振亮　夏长柏　吴其昌
栾忠和　赵汉文　程宝民
徐宝文　石耕田　刘士成
金三渐　赫广连　王佑华
郭利铭　董德禄　黄兆庆
薛景颖　辛　特　由俊革
胡宝林　李德权　刘恩深
刘绍家　王语涛　马桂梅(女)
李桂英(女)　连亚萍(女)

统 计 资 料

1-1 国民经济主要指标

	单 位	1990年	1991年	1992年	1993年
年末总人口	万人	646.1	650.1	653.2	657.7
#市区人口	万人	453.9	457.6	460.9	464.8
年末从业人员数	万人	332.2	339.8	343.0	351.9
#职工人数	万人	230.3	234.1	235.7	234.9
国内生产总值	亿元	210.7	228.7	301.9	402.4
第一产业	亿元	23.1	25.4	29.3	34.9
第二产业	亿元	107.1	113.4	150.6	199.8
第三产业	亿元	80.5	89.9	122.0	167.7
人均国内生产总值	元	3 277	3 529	4 663	6 141
工农业总产值	亿元	400.2	452.5	558.6	736.6
工业总产值	亿元	359.8	408.0	507.2	675.1
轻工业	亿元	131.7	141.2	170.4	212.6
重工业	亿元	228.1	266.8	336.8	462.5
农业总产值	亿元	40.4	44.5	51.4	61.5
国有固定资产投资	亿元	36.4	44.9	66.2	105.1
#基本建设	亿元	23.8	26.8	42.0	73.4
更新改造	亿元	12.3	17.8	23.6	31.7
城镇集体固定资产投资	亿元	3.4	1.6	3.4	2.5
社会消费品零售总额	亿元	108.8	117.5	136.4	171.3
城乡集市贸易成交额	亿元	31.9	42.4	65.5	108.8
外贸出口总额	万美元	25 337	33 874	65 291	70 700
地方财政预算内收入	亿元	31.1	31.2	35.1	45.3
地方财政预算内支出	亿元	23.1	23.5	25.6	28.3
职工工资总额	亿元	52.6	57.5	66.6	78.6
职工年平均工资	元	2 309	2 492	2 834	3 345
城市居民人均生活费收入	元	1 534	1 696	1 943	2 340
城乡居民储蓄年末余额	亿元	106.8	142.1	182.2	230.9

注：本表产值均按现价计算。

1-2 国民经济主要指标发展速度

%

	以上年为100				1993为1990年	1991～1993年平均增长率
	1990年	1991年	1992年	1993年		
年末总人口	101.0	100.6	100.5	100.7	101.8	0.6
#市区人口	100.8	100.8	100.7	100.8	102.4	0.8
年末从业人员数	101.1	102.4	101.0	100.6	105.9	1.3
#职工人数	101.1	101.6	100.6	99.7	101.9	0.6
国内生产总值	101.5	104.6	116.8	116.5	142.3	12.5
第一产业	141.1	109.7	115.2	109.1	137.9	11.3
第二产业	95.5	103.9	118.0	118.7	145.5	13.3
第三产业	106.8	104.5	115.7	115.6	139.8	11.8
人均国内生产总值	100.0	103.6	116.1	119.7	143.9	12.9
工农业总产值	103.7	110.5	118.5	120.6	157.8	16.4
工业总产值	102.5	110.6	118.9	121.8	160.1	17.0
轻工业	105.2	105.6	116.9	120.3	148.5	14.1
重工业	100.8	113.4	120.0	122.5	166.8	18.6
农业总产值	129.2	109.8	114.2	109.1	136.7	11.0
国有固定资产投资	90.3	123.4	147.4	158.7	288.8	42.4
#基本建设	85.0	112.3	157.2	174.6	308.1	45.5
更新改造	100.0	144.9	132.6	134.2	257.9	37.1
城镇集体固定资产投资	82.9	47.1	212.8	73.2	73.4	-9.8
社会消费品零售总额	108.8	108.0	116.0	125.6	157.4	16.3
城乡集市贸易成交额	114.6	132.9	154.5	166.1	341.2	50.5
外贸出口总额	103.2	136.9	204.8	115.6	324.0	48.0
地方财政预算内收入	90.8	102.1	117.9	121.1	145.7	13.4
地方财政预算内支出	108.0	101.8	115.6	104.5	122.9	7.1
职工工资总额	110.2	109.5	115.8	118.0	149.6	14.4
职工年平均工资	110.5	107.9	113.7	118.0	144.8	13.2
城市居民人均生活费收入	105.6	110.6	114.6	120.4	152.5	15.1
城乡居民储蓄年末余额	139.4	133.1	128.2	126.7	216.3	29.3

注：本表产值指数均按可比价格计算。

1-3 国内生产总值

（现行价格）

年份	国内生产总值(亿元)	第一产业	第二产业	第三产业	以国内生产总值为100 第一产业	第二产业	第三产业
1978	43.3	4.2	28.7	10.4	9.7	66.3	24.0
1979	49.6	5.4	32.4	11.8	10.9	65.3	23.8
1980	55.7	6.5	36.3	12.9	11.7	65.0	23.3
1981	54.1	7.5	32.2	14.4	13.9	59.5	26.6
1982	60.3	8.2	37.2	14.9	13.6	61.7	24.7
1983	75.6	12.1	42.3	21.2	16.0	56.0	28.0
1984	90.8	13.5	51.7	25.6	14.9	56.9	28.2
1985	105.1	10.7	63.1	31.3	10.2	60.0	29.8
1986	119.5	11.6	72.1	35.8	9.7	60.3	30.0
1987	145.1	14.6	85.3	45.2	10.0	58.8	31.2
1988	179.2	20.1	99.5	59.6	11.2	55.5	33.3
1989	198.6	16.4	110.4	71.8	8.3	55.6	36.1
1990	210.7	23.1	107.1	80.5	11.3	50.7	38.1
1991	228.7	25.4	113.4	89.9	11.1	49.6	39.3
1992	301.9	29.3	150.6	122.0	9.7	49.9	40.4
1993	402.4	34.9	199.8	167.7	8.7	49.7	41.6

1-4 国内生产总值指数

（可比价格）

%

年份	以上年为100 国内生产总值	第一产业	第二产业	第三产业	以1978年为100 国内生产总值	第一产业	第二产业	第三产业
1978	117.2	109.0	111.7	138.1				
1979	109.4	107.4	112.0	103.0	109.4	107.4	112.0	103.0
1980	112.2	127.8	110.2	112.3	122.7	137.2	123.5	115.7
1981	92.5	104.0	86.8	103.6	113.5	142.7	107.2	119.8
1982	110.3	105.2	115.6	99.9	125.2	150.1	124.0	119.8
1983	121.3	133.2	111.4	143.2	151.9	200.0	138.1	171.5
1984	116.8	104.7	119.3	116.3	177.4	209.5	164.8	199.5
1985	111.1	71.5	115.2	116.7	197.1	149.8	189.8	232.8
1986	105.7	92.1	108.1	103.5	208.3	137.9	205.2	241.0
1987	112.0	118.7	110.0	115.2	233.4	163.7	225.7	277.6
1988	113.0	112.5	109.4	120.7	263.6	184.2	247.0	335.1
1989	100.9	74.0	98.4	110.9	266.0	136.3	243.0	371.6
1990	101.5	141.1	95.5	106.8	270.0	192.3	232.1	396.9
1991	104.6	109.7	103.9	104.5	282.4	211.0	241.2	414.8
1992	116.8	105.2	118.0	115.7	329.8	243.1	284.6	479.9
1993	116.5	109.1	118.7	115.6	384.2	265.2	337.8	554.8

1-5 国内生产总值构成项目

（1993年） 万元

	增加值	劳动者报酬	固定资产折旧	生产税净额	营业盈余
国内生产总值	**4 024 487**	**2 116 422**	**344 474**	**691 012**	**872 579**
第一产业	**349 159**	**229 633**	**13 307**	**9 656**	**96 563**
1.农　　业	349 159	229 633	13 307	9 656	96 563
第二产业	**1 997 888**	**1 068 805**	**196 671**	**494 565**	**237 847**
2.工　　业	1 728 619	860 715	184 205	468 111	215 588
3.建 筑 业	269 269	208 090	12 466	26 454	22 259
第三产业	**1 677 440**	**817 984**	**134 496**	**186 791**	**538 69**
4.农林牧渔服务业	2 020	1 995	207		
5.地质勘探业、水利管理业	3 513	1 863	1 499	35	116
6.交通运输、仓储、邮电通讯业	296 432	151 847	44 667	33 374	66 544
交通运输业和仓储业	262 305	144 120	26 568	31 271	60 346
邮 电 通 讯 业	34 27	7 727	18 099	2 103	6 198
7.批发和零售贸易、餐饮业	501 883	293 093	28 191	81 624	98 975
批发和零售贸易业	456 117	260 094	26 233	77 172	92 618
餐 饮 业	45 766	32 999	1 958	4 452	6 357
8.金融保险业	378 904	21 216	8 781	32 517	316 390
金 融 业	180 428	17 561	8 081	30 678	124 118
保 险 业	20 134	3 655	710	1 839	13 930
其　　他	178 342				178 342
9.房地产业	56 722	9 719	16 685	14 142	16 76
房地产管理业	6 406	2 285	4 110		11
房地产开发业	39 108	7 434	1 367	14 142	16 165
城市居民自有住房	2 422		2 422		
农村居民自有住房	8 786		8 786		
10.社会服务业	178 622	123 371	6 923	21 704	26 624
11.卫生、体育、社会福利事业	62 904	57 737	5 160	7	
12.教育、文艺、广播电影电视事业	112 358	85 831	13 431	1 899	11 197
13.科学研究和综合技术服务业	35 457	27 500	4 321	1 489	2 147
14.国家党政机关、社会团体	48 443	43 812	4 631		

注：本表按当年价格计算。

2-1 按性别、城乡、农业及非农业分的人口数

人

年份	总人口	按性别分		按农业、非农业分	
		男	女	农业人口	非农业人口
1949	2 932 162	1 543 341	1 388 821	1 785 668	1 146 494
1952	3 285 029	1 748 547	1 536 482	1 754 401	1 530 628
1957	4 241 282	2 216 049	2 025 223	1 555 753	2 485 529
1962	4 096 618	2 245 952	2 120 666	1 823 104	2 543 514
1965	4 833 884	2 486 509	2 347 775	2 031 338	2 802 546
1970	4 883 016			2 529 205	2 353 811
1975	5 171 446			2 684 955	2 486 491
1978	5 389 105	2 853 723	2 661 082	2 741 971	2 647 134
1979	5 537 762	2 803 767	2 733 995	2 682 560	2 855 202
1980	5 651 579	2 859 025	2 792 554	2 616 486	3 035 093
1981	5 759 887	2 929 845	2 830 042	2 613 329	3 146 558
1982	5 884 005	2 992 421	2 891 594	2 625 796	3 258 209
1983	5 953 413	3 028 512	2 924 931	2 613 132	3 330 311
1984	5 999 612	3 051 658	2 947 954	2 585 178	3 414 434
1985	6 063 377	3 084 886	2 978 491	2 549 105	3 514 272
1986	6 146 920	3 131 072	3 015 848	2 550 795	3 596 125
1987	6 233 631	3 175 569	3 058 062	2 554 638	3 678 993
1988	6 311 426	3 214 789	3 096 637	2 516 028	3 794 998
1989	6 398 844	3 257 768	3 141 076	2 545 882	3 852 962
1990	6 460 649	3 282 141	3 178 508	2 572 537	3 888 112
1991	6 500 783	3 302 924	3 197 859	2 557 190	3 943 593
1992	6 531 658	3 316 833	3 214 825	2 548 398	3 983 260
1993	6 576 562	3 340 944	3 235 618	2 525 526	4 051 036

2-2 人口自然变动情况

年 份	出生人口（人）	出生率（‰）	死亡人口（人）	死亡率（‰）	自然增长率（‰）
全 市 数					
1978	94 007	17.7	27 959	5.3	12.5
1979	90 848	16.6	26 862	4.9	11.7
1980	86 089	15.4	30 846	5.5	9.9
1981	99 781	17.5	30 111	5.3	12.2
1982	124 347	21.4	32 976	5.7	15.7
1983	82 880	14.0	30 239	5.1	8.9
1984	68 518	11.5	31 538	5.3	6.2
1985	81 526	13.5	34 028	5.6	7.9
1986	90 411	14.8	32 970	5.4	9.2
1987	100 949	16.3	34 202	5.5	10.8
1988	92 244	14.7	35 578	5.6	9.0
1989	86 756	13.7	35 844	5.6	8.0
1990	79 799	12.4	37 894	5.9	6.5
1991	58 894	9.1	36 257	5.6	3.6
1992	59 179	9.1	38 545	5.9	3.2
1993	59 620	9.1	40 411	6.2	2.9
市 区 数					
1978	58 282	16.9	17 884	5.2	11.7
1979	56 982	15.7	17 194	4.7	11.0
1980	52 863	14.0	20 057	5.3	8.7
1981	65 238	16.9	19 875	5.1	11.7
1982	89 803	22.6	21 818	5.5	17.1
1983	61 143	15.1	19 707	4.9	10.2
1984	50 900	12.4	20 842	5.1	7.3
1985	55 851	13.4	22 461	5.4	8.0
1986	64 956	15.3	21 781	5.1	10.2
1987	73 413	17.0	22 870	5.3	11.7
1988	66 761	15.2	24 138	5.5	9.7
1989	59 750	13.4	24 858	5.6	7.8
1990	49 412	10.9	26 600	5.9	5.0
1991	35 312	7.8	25 139	5.5	2.2
1992	38 349	8.4	26 769	5.8	2.5
1993	38 449	8.3	28 449	6.1	2.2

2-3 按市、县分的人口数

万人

年 份	全 市	市 区	新民市	辽中县	法库县	康平县
1978	539.0	354.4	65.1	47.2	41.9	30.4
1979	553.8	371.3	64.1	46.4	41.7	30.3
1980	565.2	382.6	63.6	46.4	42.2	30.4
1981	576.0	391.8	64.1	46.9	42.5	30.7
1982	588.4	401.8	64.8	47.6	43.4	30.8
1983	595.4	408.3	64.9	47.9	43.1	31.1
1984	600.0	413.5	64.8	47.9	42.7	31.1
1985	606.3	420.1	64.7	47.9	42.7	30.9
1986	614.6	428.5	64.6	48.0	42.7	30.8
1987	623.3	436.9	64.7	48.1	42.8	30.8
1988	631.1	444.1	64.8	48.2	43.0	31.0
1989	639.8	450.2	65.6	48.7	43.5	31.8
1990	646.1	453.9	66.8	49.6	43.8	31.9
1991	650.1	457.6	66.8	49.8	43.9	32.0
1992	653.2	460.9	66.8	49.7	43.8	32.0
1993	657.7	464.8	66.8	49.9	44.0	32.1

2-4 分地区土地面积、户数和人口数

(1993年末)

	土地面积（平方公里）	户　数（万　户）	人口数（万人）	每平方公里人口密度（人）
全　　市	**13 008.0**	**197.89**	**6 576 562**	**506**
市　区	**3 495.0**	**143.38**	**4 648 087**	**1 330**
和　平	21.4	19.41	626 374	29 270
沈　河	17.6	19.55	579 460	32 924
大　东	48.5	18.74	598 833	12 347
皇　姑	36.5	19.88	648 257	17 760
铁　西	39.3	22.35	725 064	18 449
苏家屯	776.6	12.27	410 057	528
东　陵	931.3	12.00	398 449	428
新城子	849.0	8.57	299 916	353
于　洪	774.8	10.61	361 677	467
市辖县	**9 513.0**	**54.52**	**1 928 475**	**203**
新　民	3 352.5	18.93	667 545	199
辽　中	1 667.5	14.88	499 346	299
法　库	2 320.0	12.26	440 132	190
康　平	2 173.0	8.45	321 452	148

2-5 全部从业人员数

(年末数) 万人

	1990年	1991年	1992年	1993年
总　计	332.2	339.8	343.0	351.9
按三次产业分				
第一产业	72.0	76.2	73.3	72.0
第二产业	165.5	165.6	165.4	164.3
#工业	143.8	144.4	143.6	140.9
第三产业	94.7	98.0	104.3	115.6
按构成分				
职工数	230.5	234.1	235.7	234.9
#国有	146.9	148.9	148.1	146.8
集体	75.4	76.0	77.5	77.2
农村劳动者	93.6	96.6	96.1	95.5
城镇个体和私营	8.3	9.1	11.2	14.2
其它从业人员				7.3

2-6 职工人数按行业分

(年末数) 万人

	1990年	1991年	1992年	1993年
总　计	230.5	234.1	235.7	234.9
农林牧渔水利	3.52	3.79	3.67	4.03
工　业	128.67	129.57	127.75	123.70
轻工业	40.11	40.16	39.59	35.90
重工业	88.56	89.41	88.16	87.80
建筑和勘探业	18.20	18.23	19.09	18.40
运输邮电	11.88	11.50	11.79	12.10
商饮物资	28.62	30.42	31.60	33.57
#商业	21.45	23.44	24.26	26.11
房产公用服务	8.41	8.60	9.16	10.28
卫生体育福利	4.97	5.29	5.32	5.22
教育文化广播	11.96	12.10	12.14	12.21
科研技术服务	4.21	4.36	4.51	4.83
金融保险	2.08	2.18	2.65	2.48
机关及其它	7.93	8.12	8.03	7.98

3-1 全部工业企业单位数及工业总产值

项目	单位	1993年	1992年	1993年为1992年(%)
工业企业单位数	个	50 719	48 469	104.6
#乡及乡以上	个	6 948	6 087	114.1
国有	个	855	817	104.7
集体	个	5 830	5 152	113.2
其它经济类型	个	263	118	222.9
#三资	个	171	55	310.9
村及村以下	个	43 771	42 382	103.3
村办	个	5 710	5 440	105.0
城镇合作	个	81	154	52.6
农村合作	个	2 059	2 194	93.8
城镇个体	个	3 895	3 855	101.0
农村个体	个	32 026	30 739	104.2
全部工业总产值(90年不变价)	万元	5 867 428	4 818 575	121.8
轻工业	万元	1 993 026	1 664 165	119.8
重工业	万元	3 874 402	3 154 410	122.8
#乡及乡以上	万元	4 351 415	3 818 167	114.0
国有	万元	2 414 166	2 313 121	104.4
集体	万元	1 296 423	1 008 691	128.5
其它经济类型	万元	640 826	496 355	129.1
#三资	万元	281 550	297 799	94.5
村及村以下	万元	1 516 013	1 000 408	151.5
村办	万元	740 935	482 773	153.5
城镇合作	万元	5 620	3 695	152.1
农村合作	万元	150 760	114 522	131.6
城镇个体	万元	95 228	22 474	423.7
农村个体	万元	523 470	376 944	138.9
大型	万元	2 145 315	1 811 496	118.4
中型	万元	630 451	781 385	80.7
小型	万元	3 091 662	2 225 694	138.9
#乡属工业	万元	407 292	245 075	166.2
全部工业总产值(现价)	万元	6 750 620	5 063 540	121.8
轻工业	万元	2 126 109	1 707 569	119.8
重工业	万元	4 624 511	3 355 971	122.8
#乡及乡以上	万元	5 169 249	4 038 386	114.0
国有	万元	2 992 687	2 455 086	104.4
集体	万元	1 379 724	1 034 317	128.5
其它经济类型	万元	796 838	548 983	129.1
#三资	万元	310 001	281 483	94.5
村及村以下	万元	1 581 371	1 025 154	151.5
村办	万元	760 991	498 201	153.5
城镇合作	万元	5 750	3 880	152.1
农村合作	万元	159 474	118 382	131.6
城镇个体	万元	102 463	15 984	423.7
农村个体	万元	552 693	388 707	138.9
大型	万元	272 954	1 881 624	118.4
中型	万元	778 556	916 017	80.7
小型	万元	3 242 490	2 265 899	138.9
#乡属工业	万元	425 711	252 651	166.2

3-2 全部乡及乡以上工业企业单位数及工业总产值

（1993年）　　万元

指　标	企业及单位数（个）	工业总产值	
		按1990年不变价格计算	按当年价格计算
总　计	6 948	4 351 415.2	5 169 249.3
在总计中：			
国有经济	855	2 414 165.5	2 992 687.1
中央企业	115	634 929.4	806 221.7
地方企业	740	1 779 236.1	2 186 465.4
#县(旗)属企业	206	88 030.3	103 369.3
集体经济	5 830	1 296 422.9	1 379 724.1
#县(旗)属企业	972	230 321.9	250 418.0
私营经济	7	309.7	311.6
联营经济	72	111 773.8	129 457.5
股份制经济	12	244 627.1	355 009.7
外商投资经济	105	133 283.6	177 008.7
中外合资经营企业	86	119 075.1	163 248.3
中外合作经营企业	5	2 320.6	2 777.3
外资企业	14	11 887.9	10 983.1
港、澳、台投资经济	66	148 267.6	132 992.6
与大陆合资经营企业	62	144 433.6	129 672.6
与大陆合作经营企业	1	3 795.0	3 281.0
港、澳、台独资企业	3	39.0	39.0
其他经济	1	2 565.0	2 058.0
在总计中：			
乡属工业	1 137	407 291.9	425 711.3
在总计中：			
轻工业	2 856	1 212 977.4	1 312 431.5
以农产品为原料	1 653	652 591.3	729 254.4
以非农产品为原料	1 203	560 386.1	583 177.1
重工业	4 092	3 138 437.8	3 856 817.8
采掘工业	81	37 164.1	64 580.8
原料工业	497	678 215.7	1 013 443.1
加工工业	3 514	2 423 058.0	2 778 793.9
在总计中：			
大型企业	120	2 145 315.1	2 729 573.7
中型企业	214	630 451.1	778 556.4
小型企业	6 614	1 575 649.0	1 661 119.2

3-3 各行业工业总产值及指数

（乡及乡以上工业）

	现价工业总产值(万元)				1993年为下列年份指数(%)		
	1990年	1991年	1992年	1993年	1990年	1991年	1992年
总　　计	**2 943 236**	**3 304 379**	**4 038 424**	**5 169 249**	**143.9**	**132.2**	**114.0**
一、采掘业	**44 129**	**43 349**	**53 327**	**64 581**	**102.7**	**102.1**	**96.1**
#煤炭采选	39 284	37 700	46 130	53 850	85.1	87.3	84.6
非金属矿采选	4 714	5 436	6 885	9 148	193.2	158.9	130.3
二、制造业	**2 851 469**	**3 176 209**	**3 866 091**	**4 980 096**	**144.7**	**133.2**	**114.7**
食品加工与制造	142 512	158 269	178 725	186 648	98.4	89.6	95.5
饮　料	54 214	62 864	78 774	81 535	136.4	124.2	102.4
烟草加工	28 649	20 468	25 089	17 487	58.5	80.2	67.1
纺　织	146 406	154 459	158 585	169 974	96.9	97.7	95.5
服装及化纤制品	61 829	69 466	79 677	75 107	111.6	105.8	94.4
皮革毛皮羽绒制品	19 842	21 533	24 981	34 712	131.9	139.9	130.3
木材加工竹藤棕草制品	12 010	14 086	7 905	23 618	191.0	167.4	129.9
家　具	9 354	8 571	9 251	6 988	71.8	75.2	72.1
造纸及纸制品	44 054	41 958	48 301	43 864	96.1	101.2	86.9
印　刷	39 756	46 472	51 293	56 294	119.8	117.0	107.1
文教体育用品	3 518	3 704	5 030	6 128	168.6	166.4	120.0
石油加工及炼焦	8 913	13 222	15 503	35 300	456.9	349.1	279.3
化学原料及化学制品	176 216	181 308	199 207	221 443	114.3	114.3	105.1
医药制造	131 597	146 622	180 163	227 749	170.0	152.4	124.1
化学纤维	1 035	1 021	1 004	1 210	120.3	106.9	124.0
橡胶制品	102 358	111 130	124 010	156 002	144.7	138.0	123.0
塑料制品	27 283	30 646	36 261	45 305	154.3	139.9	120.1
非金属矿物制品	98 551	118 693	143 253	206 884	153.3	120.7	111.2
黑色金属冶炼与加工	134 224	139 249	163 369	321 995	130.2	129.2	133.7
有色金属冶炼与加工	251 642	266 503	288 669	377 759	115.0	111.3	109.7
金属制品	118 770	135 416	161 728	267 455	191.2	173.4	145.6
普通与专用设备制造	488 205	542 435	714 628	891 595	152.5	139.9	110.6
交通运输设备	294 267	412 710	598 023	752 479	186.2	145.8	111.6
电气机械器材	348 916	368 196	428 265	564 657	149.1	134.3	118.8
电子及通信设备	54 931	4 7559	60 194	90 399	213.5	231.5	154.5
仪器仪表文化办公用机械制造业	20 377	23 964	28 098	32 740	144.9	125.2	108.1
其他制造业	32 040	35 685	46 107	32 461	91.3	92.8	72.2
三、电力煤气及水的生产和供应业	**47 638**	**84 821**	**119 006**	**124 382**	**132.7**	**104.1**	**89.5**
电力蒸气热水	21 432	52 694	81 124	71 810	161.6	106.1	81.6
煤　气	14 337	20 042	20 913	29 469	100.2	93.5	96.8
自来水	11 869	12 085	16 969	23 103	124.5	118.9	111.7

注：指数按可比价格计算。

3-4 主要工业产品产量

年份	自行车（万辆）	电视机（万部）	#彩电	电风扇（万台）	电熨斗（万个）	灯泡（万只）	日用精铝制品（吨）	压力锅（万口）
1978	46.03	1.26		5.43	2.78	2 513	2 456	13.50
1979	52.50	3.94		3.71	4.12	2 827	3 236	25.30
1980	62.00	4.98		14.07	20.20	3 299	3 673	30.00
1981	78.24	10.55		20.67	30.43	3 466	3 731	41.00
1982	98.44	11.16		16.20	50.12	3 824	3 890	44.00
1983	106.93	12.56		18.84	73.12	4 444	3 692	57.00
1984	86.26	19.43	0.27	25.04	86.26	5 373	4 241	75.00
1985	92.02	22.88	3.97	35.79	76.28	4 975	3 946	92.01
1986	97.75	11.47	1.33	44.09	73.16	5 817	4 471	105.01
1987	106.51	17.16	4.57	32.14	69.56	6 229	4 930	127.41
1988	91.50	16.60	7.58	27.92	45.06	6 865	4 810	154.82
1989	71.00	22.52	9.56	36.76	36.60	6 710	4 034	126.23
1990	46.50	18.60	10.77	44.90	35.10	6 819	4 116	121.70
1991	40.14	9.48	6.89	42.57	25.16	8 502	4 352	127.31
1992	40.50	11.80	5.90	20.50	21.38	8 990	4 988	162.27
1993	51.47	5.93	2.46	13.90	10.67	2 956	5 174	174.69

3-4 续表 1

年份	机制纸及纸板（吨）	卷烟（万箱）	白酒（吨）	啤酒（吨）	味精（吨）	肥皂（吨）	合成洗涤剂（吨）	皮鞋（万双）
1978	84 370	19.11	11 948	41 734	2 721	19 647	6 816	361.40
1979	89 155	19.80	14 045	50 069	3 156	22 096	9 176	326.86
1980	98 210	25.50	17 351	60 259	3 460	25 935	9 352	408.38
1981	98 689	28.35	23 443	68 958	3 900	28 625	10 415	466.30
1982	100 941	27.59	26 562	72 256	4 500	28 713	13 035	449.42
1983	110 787	19.84	24 436	77 341	4 800	26 685	16 025	459.60
1984	120 479	20.26	25 678	93 245	4 933	26 472	18 763	522.60
1985	135 064	21.98	28 643	111 834	5 326	25 801	22 870	569.49
1986	136 997	22.03	33 762	116 388	5 449	27 495	24 010	578.29
1987	129 858	24.10	40 053	122 150	6 052	30 138	28 498	663.82
1988	129 662	26.51	45 650	132 191	7 917	28 253	26 848	736.40
1989	127 953	28.10	44 553	157 724	7 447	27 902	27 810	407.80
1990	124 469	24.20	64 242	185 726	9 508	27 520	28 766	418.80
1991	107 931	18.50	65 999	210 969	9 714	24 372	23 358	438.31
1992	116 536	19.52	82 263	291 742	12 455	18 717	24 877	1 012.39
1993	185 100	13.18	57 900	311 400	12 850	9 560	21 807	1 217.13

3-4 续表 2

年份	输送机械（吨）	气体压缩机（台）	风机（台）	工业泵（台）	高中压阀门（吨）	金属切削机床（台）	锻压机械（台）	交流电动机（万千瓦）
1978	13 540	2 558	12 659	9 933	5 035	7 362	471	138.20
1979	15 288	2 092	13 863	10 910	4 786	8 275	400	158.40
1980	8 930	2 245	14 510	13 320	4 296	9 817	600	129.40
1981	7 035	1 530	16 939	14 106	3 452	9 539	518	90.00
1982	7 455	1 937	18 472	18 611	4 455	9 599	549	100.90
1983	10 720	2 188	20 590	23 572	4 872	10 647	583	118.40
1984	17 901	2 496	23 302	23 696	5 698	11 442	699	138.60
1985	11 766	5 782	19 549	23 465	6 450	11 356	816	148.00
1986	12 861	3 023	21 739	22 188	6 154	11 857	743	162.00
1987	15 720	3 566	18 965	22 861	6 256	12 162	691	197.20
1988	20 513	5 161	38 127	27 797	6 629	13 043	583	204.65
1989	17 263	3 525	37 200	29 200	4 918	13 656	400	187.20
1990	11 076	2 731	23 600	25 500	7 463	10 013	281	170.00
1991	12 820	3 728	9 900	35 900	6 556	11 458	337	175.00
1992	15 910	5 246	12 854	27 649	5 865	13 537	450	219.07
1993	11 948	13 121	8 900	28 000	5 445	14 950	461	239.32

3-4 续表 3

年份	变压器（万千伏安）	高压断路器（台）	电力电缆（公里）	钢芯铝绞线（吨）	汽车（辆）	滚动轴承（万套）	原煤（万吨）	发电量（万千瓦小时）
1978	1 255	3 551	10 700	12 108	784	109.7	521.1	34 059
1979	1 449	2 518	11 508	11 815	1 443	116.5	578.3	27 982
1980	1 140	1 247	15 191	11 354	4 032	124.1	586.0	29 489
1981	508	1 222	12 444	11 603	2 518	121.7	505.4	26 995
1982	388	1 013	12 552	11 816	4 680	157.0	514.5	22 868
1983	870	1 113	12 904	17 550	7 435	173.3	505.5	26 227
1984	1 017	1 945	14 395	18 458	12 784	166.2	532.1	32 143
1985	1 330	3 715	15 534	22 062	25 306	125.8	564.1	51 587
1986	1 422	3 005	15 853	24 442	26 499	158.5	541.9	58 879
1987	1 699	2 929	19 266	23 709	34 805	179.2	492.7	63 200
1988	1 878	2 992	13 441	16 896	51 382	181.7	524.3	70 093
1989	1 832	2 100	13 715	24 954	45 044	200.5	580.2	80 540
1990	1 336	1 511	18 752	18 307	22 572	190.2	608.8	96 561
1991	1 472	1 687	13 724	21 219	39 167	201.1	613.5	260 873
1992	1 671	1 962	21 171	13 640	53 356	174.2	653.8	377 982
1993	1 998	1 900	14 922	17 004	43 404	131.0	488.5	346 500

3-4 续表 4

年 份	煤气生产量（万立方米）	钢（万吨）	成品钢材（万吨）	铜（吨）	铅（吨）	锌（吨）	铜材（吨）	铝材（吨）
1978	21 447	26.21	42.68	46 153	48 070	20 727	23 365	3 622
1979	21 825	23.93	47.55	50 259	47 778	21 513	23 612	4 479
1980	21 978	22.86	51.41	56 618	52 294	17 690	21 618	4 700
1981	23 832	19.43	43.72	51 939	56 329	17 723	22 022	3 881
1982	25 347	21.45	43.32	48 651	58 815	17 235	24 198	4 455
1983	26 812	26.37	42.32	41 121	58 976	15 960	26 015	4 748
1984	28 584	30.59	42.35	49 553	58 202	18 567	27 914	6 489
1985	26 220	32.20	46.86	56 562	54 643	20 109	31 281	7 638
1986	11 587	32.69	42.63	58 241	55 031	17 302	32 750	16 817
1987	10 751	34.26	47.94	57 623	61 114	16 939	33 415	19 016
1988	33 586	37.36	50.46	45 687	69 438	16 471	32 450	16 000
1989	34 469	35.29	48.61	50 226	68 823	14 486	33 382	17 639
1990	17 008	38.60	49.20	54 897	62 970	15 146	26 472	17 519
1991	37 542	40.43	51.59	54 687	55 904	17 510	28 805	17 257
1992	37 750	44.95	52.23	57 141	60 054	17 205	27 527	19 088
1993	30 712	47.86	58.30	53 143	64 816	17 254	28 520	18 367

3-4 续表 5

年 份	焦炭（吨）	硫酸（万吨）	油漆（吨）	轮胎外胎（万条）	水泥（万吨）	平板玻璃（万重量箱）	砖（亿块）	卫生陶瓷（万件）
1978	27.19	8.34	15 094	19.00	13.77	168.5	7.02	21.00
1979	26.20	9.70	17 896	22.60	18.09	167.8	8.53	22.50
1980	26.52	12.37	19 886	21.20	20.46	156.9	10.35	24.40
1981	26.43	11.66	18 814	15.60	19.19	170.0	12.61	28.90
1982	27.95	13.47	20 682	16.00	22.99	143.8	16.15	29.40
1983	30.68	11.89	23 263	25.20	23.63	169.9	16.20	30.20
1984	30.89	14.23	29 754	30.50	25.66	177.0	18.11	26.60
1985	31.41	9.13	25 855	37.40	29.30	151.4	21.61	30.90
1986	26.60	10.24	26 644	39.90	36.61	176.5	24.90	30.30
1987	23.17	9.82	28 800	48.30	42.56	182.6	28.82	30.30
1988	28.83	9.95	27 924	58.77	47.80	88.6	32.80	23.87
1989	27.88	10.39	21 544	66.13	41.40	178.5	25.39	27.70
1990	29.69	8.70	23 813	67.30	35.51	212.9	24.81	31.20
1991	28.32	57.61	24 855	75.34	45.73	286.5	23.40	22.75
1992	29.35	8.65	29 288	98.83	72.83	417.1	25.68	33.77
1993	30.17	6.00	23 134	102.59	83.58	457.8	25.00	31.57

3-5 全部独立核算工业企业主要经济指标

（1993年） 万元

指标	企业单位数（个）	亏损企业	工业总产值（当年价）	工业总产值（1990不变价）	工业增加值（生产法）
总计	**6 622**	**1 521**	**5 138 244.6**	**4 322 876.9**	**1 426 823.2**
在总计中：					
国有经济	724	241	2 976 764.2	2 399 094.1	710 520.9
中央企业	85	2	802 413.1	631 216.1	117 675.4
地方企业	639	221	2 174 351.1	1 767 878.0	1 852 845.5
#县(旗)属企业	202	79	103 162.6	87 584.9	28 831.9
集体经济	5 644	1 182	1 364 777.4	1 283 089.1	509 320.5
#县(旗)属企业	93	305	247 536.1	227 493.8	59 437.8
私营经济	5	—	311.6	309.7	162.9
联营经济	71	23	129 457.5	111 773.8	29 820.9
股份制经济	8	2	354 884.6	244 502.0	59 230.9
外商投资经济	103	44	176 998.7	133 275.6	83 846.5
中外合资经营企业	84	33	163 238.3	119 067.1	75 800.2
中外合作经营企业	5	2	2 777.3	2 320.6	1 141.6
外资企业	14	9	10 983.1	11 887.9	6 904.7
港、澳、台投资经济	66	29	132 992.6	148 267.6	33 407.50
与大陆合资经营企业	62	28	129 672.6	144 433.6	30 371.9
与大陆合作经营企业	1	—	3 281.0	3 795.0	2 996.6
港、澳、台独资企业	3	1	39.0	39.0	39.0
其他经济	1	—	2 058.0	2 565.0	513.1
在总计中：					
乡属工业	1 137	152	425 711.3	407 291.9	205 949.8
在总计中：					
轻工业	2 697	721	1 299 592.6	1 201 067.8	423 673.1
以农产品为原料	1 542	431	719 935.4	644 113.3	235 838.7
以非农产品为原料	1 155	29	579 657.2	556 954.5	187 834.4
重工业	3 925	80	3 838 652.0	3 121 809.1	1 003 150.1
采掘工业	78	13	64 516.8	37 100.1	28 463.3
原料工业	472	94	1 008 867.3	673 969.2	114 386.8
加工工业	3 375	693	2 765 267.9	2 410 739.8	860 300.0
在总计中：					
大型企业	12	37	2 729 573.7	2 145 315.1	572 939.9
中型企业	214	84	778 556.4	630 451.1	208 232.9
小型企业	6 288	140	1 630 114.5	1 547 110.7	645 650.4

3-5 续表 1

万元

指标	全部职工年平均人数(人)	资本金合计	国家	法人	个人	外商
总计	**1 327 607**	**1 939 410.3**	**1 438 751.7**	**255 172.5**	**51 428.3**	**76 829.7**
在总计中:						
国有经济	708 331	1 271 780.4	1 203 060.5	12 766.2	12 189.2	3 382.2
中央企业	223 226	415 708.0	413 348.8	1 219.4	69.0	870.8
地方企业	485 105	856 072.4	789 711.7	11 546.8	12 120.2	2 511.4
#县(旗)属企业	42 607	35 533.1	33 619.1	1 260.9	150.6	
集体经济	502 221	357 288.6	98 013.7	195 079.0	13 003.7	3 274.4
#县(旗)属企业	103 246	75 393.8	11 682.6	61 025.7	2 268.3	57.0
私营经济	99	120.5		20.0	92.4	
联营经济	38 054	31 977.9	30 701.8	1 113.8	37.9	
股份制经济	43 065	99 310.5	63 107.0	11 724.4	24 479.1	
外商投资经济	12 931	120 394.2	22 729.9	20 564.7	428.5	48 038.2
中外合资经营企业	10 921	112 577.2	22 629.9	18 868.9	428.5	42 017.0
中外合作经营企业	317	1 869.8		1 146.6		723.2
外资企业	1 693	5 947.2	100.0	549.2		5 298.0
港、澳、台投资经济	21 955	57 174.0	19 774.6	13 904.4	1 197.5	22 134.9
与大陆合资经营企业	21 599	56 778.8	19 774.6	13 654.4	1 197.5	21 989.7
与大陆合作经营企业	262					
港、澳、台独资企业	94	395.2		250.0		145.2
其他经济	951	1 364.2	1 364.2			
在总计中:						
乡属工业	85 564	87 837.6	13 805.1	35 878.3	7 028.2	4 662.0
在总计中:						
轻工业	396 597	574 561.7	375 051.9	96 119.8	7 639.5	38 185.1
以农产品为原料	224 579	242 546.9	168 957.4	43 835.2	1 878.8	18 028.3
以非农产品为原料	172 018	332 014.8	206 094.5	52 284.6	5 760.7	20 156.8
重工业	931 010	1 364 848.6	1 063 699.8	159 052.7	43 788.8	38 644.6
采掘工业	68 349	74 712.4	73 007.4	1 152.1	261.0	
原料工业	122 965	325 802.3	267 589.2	24 412.9	6 457.6	24 147.8
加工工业	739 696	964 333.9	723 103.2	133 487.7	37 070.2	14 496.8
在总计中:						
大型企业	538 820	1 097 371.2	970 004.9	23 674.6	35 546.0	26 911.8
中型企业	204 591	292 284.1	257 664.9	20 783.8	561.5	10 094.0
小型企业	584 196	549 755.0	211 081.9	210 714.1	15 320.8	39 823.9

3-5 续表 2

万元

指　　标	流动资金合计	#货币资金	存　货	#产成品	流动资产年平均余额
总　计	4 484 881.9	279 558.9	1 901 816.7	571 913.8	4 061 866.0
在总计中:					
国有经济	2 856 717.5	147 290.9	1 232 624.8	318 248.5	2 576 443.9
中央企业	693 285.4	43 536.3	369 646.4	58 075.6	628 533.1
地方企业	2 163 432.1	103 754.6	862 978.4	260 172.9	1 947 910.8
#县(旗)属企业	81 066.5	4 505.1	30 266.0	12 984.3	73 929.1
集体经济	906 642.2	61 845.6	406 335.5	164 700.7	829 967.9
#县(旗)属企业	190 649.4	12 472.9	76 519.4	31 337.5	169 864.9
私营经济	231.2	11.4	96.3	27.6	120.1
联营经济	102 068.5	4 073.5	44 493.0	18 234.4	99 351.8
股份制经济	376 592.9	38 198.3	151 243.9	43 301.9	364 648.8
外商投资经济	110 564.7	14 911.7	27 596.0	9 775.1	78 200.0
中外合资经营企业	101 369.1	12 991.7	24 071.0	8 441.8	72 598.4
中外合作经营企业	1 715.8	155.4	629.6	220.6	1 364.8
外资企业	7 479.8	1 764.6	2 895.4	1 112.7	4 236.8
港、澳、台投资经济	127 900.8	13 075.3	38 513.7	17 100.2	109 052.8
与大陆合资经营企业	125 250.2	13 007.1	36 402.5	15 657.2	107 696.2
与大陆合作经营企业	2 385.1	58.2	1 928.5	1 443.0	1 346.6
港、澳、台独资企业	265.5	10.0	182.7	—	10.0
其他经济	4 164.1	152.2	913.5	525.4	4 080.7
在总计中:					
乡属工业	147 323.2	12 675.8	65 108.5	34 031.6	139 646.4
在总计中:					
轻工业	1 283 098.0	75 219.5	437 149.4	167 261.0	1 164 577.9
以农产品为原料	687 807.3	42 699.4	216 597.7	72 034.5	616 898.0
以非农产品为原料	595 290.7	32 520.1	220 551.7	95 226.5	547 679.9
重工业	3 201 783.9	204 339.4	1 464 667.3	404 652.8	2 897 288.1
采掘工业	65 971.5	4 106.7	16 773.0	5 121.5	59 967.6
原料工业	586 741.5	46 362.9	257 290.9	64 840.1	485 875.5
加工工业	2 549 070.9	153 869.8	1 190 603.4	334 691.2	2 351 445.0
在总计中:					
大型企业	2 618 724.6	147 557.8	1 130 602.5	279 207.7	2 420 431.9
中型企业	759 782.6	41 397.7	312 133.0	102 059.8	681 334.0
小型企业	1 106 374.7	90 603.4	459 081.2	190 646.3	960 100.1

3-5 续表 3

万元

指　　标	固定资产原价合计	#生产经营用	累计折旧	#本年折旧
总　计	3 363 968.9	2 574 386.2	1 058 219.3	142 192.6
在总计中：				
国有经济	2 455 615.6	1 796 242.3	849 215.5	100 447.2
中央企业	804 060.0	593 641.8	315 759.5	32 178.6
地方企业	1 651 555.6	1 202 600.5	533 456.0	68 268.6
#县(旗)属企业	69 286.7	58 900.3	13 951.3	2 241.3
集体经济	423 021.7	347 989.4	129 024.7	23 428.8
#县(旗)属企业	84 227.2	71 821.3	25 191.0	4 200.8
私营经济	141.1	85.8	34.0	7.8
联营经济	61 727.3	46 784.0	21 877.0	2 523.1
股份制经济	153 863.8	135 876.4	29 146.3	5 339.7
外商投资经济	176 184.5	166 989.4	9 984.4	6 500.9
中外合资经营企业	169 064.1	161 553.2	9 384.8	6 036.2
中外合作经营企业	1 816.6	1 186.1	62.0	51.6
外资企业	5 303.8	4 250.1	537.6	413.1
港、澳、台投资经济	91 769.0	79 204.1	18 144.0	3 852.8
与大陆合资经营企业	91 574.5	79 119.2	18 121.9	3 848.8
与大陆合作经营企业	22.9	22.9	1.5	1.5
港、澳、台独资企业	171.6	62.0	20.6	2.5
其他经济	1 645.9	1 214.8	793.4	92.3
在总计中：				
乡属工业	105 492.0	84 989.7	24 408.1	5 826.4
在总计中：				
轻工业	786 525.1	567 148.8	217 711.6	32 993.1
以农产品为原料	418 200.2	317 902.2	110 945.8	18 443.1
以非农产品为原料	368 324.9	249 246.6	106 765.8	14 550.0
重工业	2 577 443.8	2 007 237.4	840 507.7	109 199.5
采掘工业	209 220.4	161 601.6	55 107.8	8 644.7
原料工业	686 695.6	561 702.7	185 748.4	27 318.7
加工工业	1 681 527.8	1 283 933.1	599 651.5	73 236.1
在总计中：				
大型企业	2 302 721.6	1 744 391.0	745 673.8	89 653.9
中型企业	507 059.4	382 338.9	160 732.2	23 734.1
小型企业	554 187.9	447 656.3	151 813.3	28 804.6

3-5 续表 4

万元

指标	固定资产净值合计	固定资产净值年平均余额	产品销售收入	产品销售成本	产品销售费用
总计	2 305 749.6	2 054 308.5	5 114 301.5	3 900 474.9	132 600.8
在总计中：					
国有经济	1 606 400.1	1 395 380.3	3 184 078.0	2 408 044.8	63 029.9
中央企业	488 300.5	433 323.2	732 399.5	622 906.0	8 386.5
地方企业	1 118 099.6	962 057.1	2 451 678.5	1 785 138.8	54 643.4
#县(旗)属企业	55 335.4	52 045.8	96 880.5	79 903.7	4 027.9
集体经济	293 997.0	275 600.7	1 201 581.1	958 702.0	38 670.1
#县(旗)属企业	59 036.2	56 942.4	218 048.3	171 556.2	5 984.2
私营经济	107.1	20.5	361.7	312.4	0.1
联营经济	39 850.3	39 041.2	101 373.5	79 480.5	1 522.6
股份制经济	124 717.5	118 102.3	359 294.4	272 438.7	9 364.6
外商投资经济	166 200.1	156 142.3	144 751.4	87 109.4	16 506.7
中外合资经营企业	159 679.3	153 275.0	133 303.7	77 054.1	16 051.3
中外合作经营企业	1 754.6	1 562.1	2 121.4	1 838.9	28.7
外资企业	4 766.2	1 305.2	9 326.3	8 216.4	426.7
港、澳、台投资经济	73 625.0	69 161.3	120 642.8	92 355.9	3 459.0
与大陆合资经营企业	73 452.6	68 992.8	117 717.4	89 887.0	3 277.0
与大陆合作经营企业	21.4	11.5	2 138.7	1 812.4	89.2
港、澳、台独资企业	151.0	157.0	786.7	656.5	92.8
其他经济	852.5	859.9	2 218.6	2 031.2	47.8
在总计中：					
乡属工业	81 083.9	74 603.8	293 711.1	234 645.5	6 256.3
在总计中：					
轻工业	568 813.5	519 284.5	1 252 255.2	1 009 344.9	49 498.4
以农产品为原料	307 254.4	275 841.8	701 846.8	577 929.7	31 745.6
以非农产品为原料	261 559.1	243 442.7	550 408.4	431 415.2	17 752.8
重工业	1 736 936.1	1 535 024.0	3 862 046.3	2 891 130.0	83 102.4
采掘工业	154 112.6	154 123.8	75 567.9	82 704.9	793.4
原料工业	500 947.2	425 454.5	1 013 142.1	630 013.8	14 724.4
加工工业	1 081 876.3	955 445.7	2 773 336.3	2 178 411.3	67 584.6
在总计中：					
大型企业	1 557 047.8	1 375 912.1	2 716 707.2	2 154 909.8	52 942.1
中型企业	346 327.2	308 731.3	969 908.6	625 835.5	20 454.9
小型企业	402 374.6	369 665.1	1 427 685.7	1 119 729.6	59 203.8

3-5 续表 5

万元

指　　标	产品销售税金及附加	产品销售利润	利润总额	亏损企业亏损总额	利税总额
总　　计	247 311.0	610 259.30	107 158.7	141 053.3	354 469.7
在总计中：					
国有经济	148 738.0	351 508.80	6 155.3	103 899.8	154 893.3
中央企业	31 625.5	69 280.30	-37 015.2	59 615.9	-5 389.7
地方企业	117 112.5	282 228.50	43 170.5	44 283.9	160 283.0
#县(旗)属企业	3 998.4	8 524.80	-2 422.3	5 983.4	1 576.1
集体经济	64 339.4	130 711.50	44 096.5	28 772.4	108 435.9
#县(旗)属企业	12 335.4	26 539.70	8 006.2	7 056.9	20 341.6
私营经济	22.4	14.80	14.0	—	36.4
联营经济	6 130.6	14 146.40	-1 154.5	3 076.8	4 976.1
股份制经济	12 007.2	65 483.80	29 578.1	65.7	41 585.3
外商投资经济	7 176.6	33 281.30	21 831.4	3 748.2	29 008.0
中外合资经营企业	6 894.4	32 626.90	21 531.7	3 434.1	28 426.1
中外合作经营企业	102.1	151.70	5.4	98.2	107.5
外资企业	180.1	502.70	294.3	215.9	474.4
港、澳、台投资经济	8 896.8	14 973.10	6 440.2	1 490.4	15 337.0
与大陆合资经营企业	8 758.3	14 837.10	6 433.3	1 489.4	15 191.6
与大陆合作经营企业	108.0	129.10	—	—	108.0
港、澳、台独资企业	30.5	6.90	6.9	1.0	37.4
其他经济	—	139.60	197.7	—	197.7
在总计中：					
乡属工业	15 675.9	34 396.70	19 616.0	1 865.1	35 291.9
在总计中：					
轻工业	71 509.4	114 862.20	3 743.0	49 009.0	75 252.4
以农产品为原料	39 510.9	48 312.50	-5 618.5	28 784.0	33 892.4
以非农产品为原料	31 998.5	66 549.70	9 361.5	20 225.0	41 360.0
重工业	175 801.6	495 397.10	103 415.7	92 044.3	279 217.3
采掘工业	2 980.8	-11 134.90	-36 048.7	37 163.6	-33 067.9
原料工业	46 366.2	112 265.00	52 552.7	10 154.5	98 918.9
加工工业	126 454.6	394 267.00	86 911.7	44 726.2	213 366.3
在总计中：					
大型企业	129 202.0	377 147.40	68 283.0	73 711.8	197 485.0
中型企业	43 604.2	69 493.70	-10 769.7	29 198.8	32 834.5
小型企业	74 504.8	163 618.20	49 645.4	38 142.7	124 150.2

3-6 运 输 量

年 份	客运量（万人次）	铁 路	公 路	民 航	货运量（万吨）	铁 路	公 路	民 航
1980	4 788.10	3 699	1 084	5.10	1 671.24	563	1 108	0.24
1981	5 113.90	3 872	1 236	5.90	1 575.23	566	1 009	0.23
1982	5 113.00	3 762	1 343	8.00	1 782.25	589	1 193	0.25
1983	5 414.30	3 961	1 448	5.30	1 945.25	633	1 312	0.25
1984	6 036.10	4 393	1 635	8.10	2 141.30	648	1 493	0.30
1985	6 462.20	4 508	1 941	13.20	9 279.34	702	8 577	0.34
1986	6 310.50	3 894	2 399	17.50	11 216.47	684	10 532	0.47
1987	6 513.80	3 960	2 527	26.80	12 784.66	705	12 579	0.66
1988	8 064.00	4 405	3 628	31.00	13 247.75	713	12 534	0.75
1989	7 960.30	4 197	3 736	27.30	13 759.71	726	15 033	0.71
1990	7 385.60	3 760	3 595	30.60	11 776.59	549	11 227	0.59
1991	7 847.30	3 487	4 318	42.30	12 292.53	582	11 710	0.53
1992	9 711.07	3 701	5 956	54.07	12 434.73	588	11 846	0.73
1993	11 013.89	3 819	7 135	59.89	12 728.72	633	12 095	0.72

3-7 邮 电 业 务 量

年 份	邮电业务总量（万元）	函件（含机要）（万件）	包裹（万件）	汇票（万张）	报刊（万份）	电报（万份）	长途电话（万张）	市话年末到达户数（户）	农话年末到达户数（户）
1980	4 282	3 427	106	144	25 306	116	266	27 749	7 235
1981	4 752	3 290	85	146	27 221	126	270	28 757	6 739
1982	5 092	3 511	76	137	26 615	133	310	31 252	6 132
1983	5 642	4 076	80	144	29 045	145	360	35 444	6 124
1984	6 644	4 729	87	147	34 100	143	446	39 438	6 635
1985	7 680	5 782	86	165	38 099	178	548	43 268	7 081
1986	8 704	6 298	95	176	36 458	181	588	51 907	7 490
1987	9 926	7 016	145	182	37 859	209	692	52 017	8 040
1988	12 113	7 277	144	180	32 674	265	883	64 358	8 704
1989	16 005	7 925	368	166	13 153	249	1 207	79 535	9 467
1990	21 338	7 452	116	168	13 508	211	1 895	93 739	10 103
1991	28 386	6 255	134	167	16 914	205	2 842	115 470	11 272
1992	40 256	7 444	156	184	19 036	208	4 432	158 025	13 741
1993	62 180	8 460	182	211	19 523	182	6 776	253 725	17 647

3-8 邮电通讯网

年份	邮电局、所（处）	长话电路（路）	电报电路（路）	电话机（万部）	每千人拥有电话机（部）
全市					
1978	263	382	87	3.42	6.9
1979	214	429	108	3.55	7.0
1980	261	467	106	3.63	7.0
1981	261	498	88	3.87	7.1
1982	254	635	86	4.03	7.2
1983	255	659	90	8.60	15.9
1984	278	949	93	9.42	17.3
1985	280	1 089	115	10.92	19.9
1986	266	1 225	100	11.57	20.8
1987	267	1 381	101	13.70	24.7
1988	270	1 812	147	16.74	27.5
1989	264	2 752	155	18.96	30.6
1990	260	3 949	159	21.84	35.0
1991	259	4 796	172	25.11	40.1
1992	253	7 428	170	31.21	49.6
1993	315	17 337	211	41.28	63.2
市区					
1978	173	374	80	2.85	8.0
1979	126	397	104	2.94	7.9
1980	174	437	102	3.04	7.9
1981	174	465	84	3.15	8.0
1982	169	599	82	3.33	8.3
1983	170	620	86	7.95	19.5
1984	192	909	89	8.66	20.9
1985	194	1 044	111	10.13	24.1
1986	180	1 173	96	10.73	25.0
1987	187	1 325	97	13.03	29.8
1988	184	1 749	143	14.68	33.1
1989	178	2 670	151	16.50	36.7
1990	176	3 697	155	19.11	42.1
1991	177	4 521	168	21.97	48.0
1992	172	7 258	166	27.43	59.3
1993	167	17 052	201	38.76	83.4

4-1 农村户数、人口、劳动力及耕地面积

（含国有农牧场）

年份	户数（万户）	人口（万人）	劳动力（万人）	耕地面积（万公顷）	水田	水浇地
1978	63.3	287.7	84.7	60.42	8.87	3.19
1979	63.4	278.0	82.4	60.05	8.59	2.18
1980	64.3	272.9	86.2	59.83	8.71	2.11
1981	67.9	279.6	88.0	59.73	8.86	1.47
1982	68.8	280.3	90.9	59.65	9.16	1.41
1983	68.5	278.1	97.3	59.65	9.21	0.98
1984	68.5	279.1	96.9	59.52	10.04	0.88
1985	67.8	276.6	101.2	58.85	11.70	0.86
1986	67.8	273.7	101.3	58.69	12.57	0.88
1987	67.8	273.6	99.2	57.98	13.71	0.83
1988	68.4	272.1	98.8	57.80	13.83	0.87
1989	70.0	273.7	98.2	57.51	13.59	1.03
1990	72.3	274.4	98.4	57.54	13.19	1.02
1991	72.8	274.2	101.5	57.41	13.28	1.05
1992	72.8	273.2	101.6	57.32	13.23	0.95
1993	74.3	272.7	102.6	56.96	10.72	1.10

4-2 农林牧渔业总产值

（1993年） 万元

	总产值	农业	林业	牧业	渔业
当年价格					
全市	**615 342**	**345 698**	**7 699**	**239 412**	**22 533**
苏家屯	57 594	26 800	392	28 711	1 691
东陵	64 169	33 088	427	30 244	410
新城子	61 546	30 779	187	29 073	1 507
于洪	78 699	40 610	722	33 364	4 003
新民	139 512	87 160	2 104	46 445	3 803
辽中	95 282	50 527	1 518	33 625	9 612
法库	62 997	43 893	1 469	16 858	777
康平	55 543	32 841	880	21 092	730
不变价格					
全市	**546 167**	**297 885**	**6 518**	**223 373**	**18 391**
苏家屯	51 746	22 813	385	27 171	1 377
东陵	56 026	28 525	293	26 865	343
新城子	57 197	29 652	194	26 106	1 245
于洪	65 470	32 530	604	29 626	2 710
新民	123 081	75 522	2 079	42 290	3 190
辽中	85 023	41 559	730	34 444	8 290
法库	56 784	39 001	1 360	15 784	639
康平	50 840	28 283	873	21 087	597

4-3 农作物播种面积

(1993年)　　公顷

	全　市	苏家屯区	东陵区	新城子区	于洪区	辽中县	康平县	法库县	新民市
总播种面积	598 231	39 286	42 847	51 360	44 070	87 203	76 253	106 669	150 543
一、粮食及大豆	485 677	32 768	32 711	35 998	32 705	71 804	61 078	99 533	119 080
#水　稻	106 792	15 915	9 648	10 373	16 592	25 696	2 396	4 536	21 636
小　麦	34 047	234	67	3 930	65	2 292	8 630	11 791	7 038
玉　米	263 443	12 641	17 506	18 665	12 265	35 489	32 846	66 039	67 992
高　粮	17 501	166	652	253	279	1 087	5 398	4 392	5 274
大　豆	42 274	3 482	3 744	2 089	3 021	5 433	5 457	8 732	10 316
二、经济作物	28 456	812	553	867	285	4 543	9 464	3 924	8 008
#棉　花	452					8	316	13	115
油料作物	16 459	287	378	424	254	1 082	6 930	1 98	5 124
三、其它作物	84 098	5 706	9 583	14 495	11 080	10 856	5 711	3 212	23 455
#蔬　菜	68 507	4 870	8 255	13 392	10 416	9 664	5 315	2 429	14 166
#商品菜	40 002	2 749	6 497	9 553	8 426	3 757	1 892	365	6 763
西、甜瓜	3 479	340	383	383	95	57	294	494	1 433
为去年同期（%）									
总播种面积	98.6	98.3	95.5	98.9	96.1	100.1	98.9	98.5	99.5
一、粮食及大豆	93.5	92.4	95.6	92.2	94.2	97.2	89.7	95.4	91.9
二、经济作物	130.9	334.5	24.7	73.3	91.5	93.8	160.1	183.4	119.9
三、其它作物	128.2	133.6	93.8	123.7	102.6	129.6	181.9	165.9	154.8
#蔬　菜	124.6	143.6	90.7	117.4	102.5	133.6	197.7	136.4	153.0

4-4 畜牧业生产情况

(1993年)

	全　市	苏家屯区	东陵区	新城子区	于洪区	辽中县	康平县	法库县	新民市
一、牲畜、家禽存栏									
大牲畜(头)	435 398	22 678	27 818	24 489	17 620	52 816	77 444	99 343	113 190
#奶牛	19 259	3 608	6 683	3 246	3 283	476	536	680	747
生　猪(头)	1 573 656	125 715	120 354	122 702	124 360	252 746	211 171	253 704	362 904
#能繁殖母猪	116 414	9 202	8 543	6 729	7 372	19 143	16 457	18 411	30 557
后备母猪	25 994	1 838	1 871	944	2 128	5 647	2 999	4 010	6 557
种公猪	6 277	392	746	387	612	833	740	987	1 580
羊(只)	162 438	11 030	8 782	7 478	8 215	5 524	39 798	31 356	50 255
家禽(万只)	2 781	358	195	414	460	408	262	157	527
二、出栏内猪(头)	1 605 740	148 643	125 394	185 369	121 414	264 538	189 296	185 567	385 519
三、猪牛羊肉(吨)	175 211	14 964	13 423	22 134	12 229	29 721	22 186	20 357	40 197
四、禽蛋产量(吨)	166 438	19 913	16 992	30 240	38 663	7 858	15 847	7 245	29 680
五、牛奶产量(吨)	60 122	11 399	25 041	9 434	10 876	1 369	181	511	1 311

4-5 主要农产品产量

万吨

年 份	粮食及大豆	蔬 菜	猪牛羊肉	禽 蛋	牛 奶	水产品	水 果
1978	175.3	122.9	0.9	0.1	1.3	0.1	0.6
1979	195.3	113.2	0.8	0.1	1.5	0.1	0.7
1980	210.6	94.6	5.2	0.9	1.7	0.2	0.5
1981	207.5	113.7	4.9	1.2	1.7	0.2	0.8
1982	220.1	128.9	6.6	1.5	2.1	0.2	1.1
1983	300.6	149.7	6.8	2.4	2.4	0.3	1.0
1984	323.9	152.9	7.0	3.0	3.1	0.5	1.2
1985	205.0	107.8	7.1	4.4	3.1	0.5	1.2
1986	223.2	122.2	7.2	5.6	3.5	0.7	1.2
1987	258.1	144.3	7.2	5.4	3.6	1.0	1.4
1988	288.1	158.3	10.1	8.5	4.6	1.3	1.6
1989	209.3	164.7	10.8	9.9	4.8	1.6	1.8
1990	307.7	166.4	13.0	11.2	5.6	1.8	2.5
1991	308.9	175.9	15.3	14.2	6.8	2.4	3.6
1992	333.4	209.2	17.5	16.3	7.4	3.1	4.4
1993	318.3	258.2	17.5	16.6	6.0	4.3	6.0

4-6 分地区主要农产品产量

(1993年)

吨

	粮食及大豆	蔬 菜	猪牛羊肉	禽 蛋	牛 奶	水产品	水 果
全 市	**3 183 266**	**2 581 660**	**175 211**	**166 438**	**60 122**	**43 391**	**60 258**
苏家屯	263 827	165 357	14 964	19 913	11 399	3 560	11 013
东 陵	216 701	385 366	13 423	16 992	25 041	802	10 177
新城子	224 123	498 597	22 134	30 240	9 434	3 013	3 939
于 洪	244 111	474 551	12 229	38 663	10 876	4 050	5 813
新 民	726 782	616 556	40 197	29 680	1 311	7 075	9 149
辽 中	506 651	251 519	29 721	7 858	1 369	22 441	4 840
法 库	600 135	69 032	20 357	7 245	511	1 000	13 511
康 平	400 936	120 682	22 186	15 847	181	1 450	1 816

4-7 大牲畜和猪、羊数

年　份	大牲畜年末数（头）	#奶　牛	生猪年末存栏数（头）	肉猪年末出栏数（头）	羊年末存栏数（只）
1978	310 500	5 482	1 351 645	574 258	48 268
1979	307 201	6 394	1 317 509	556 109	68 542
1980	306 924	6 057	1 254 510	723 315	86 399
1981	290 776	6 716	1 228 018	647 825	96 641
1982	284 189	8 223	1 208 017	841 809	103 391
1983	310 606	10 243	1 074 791	836 733	107 134
1984	350 799	12 156	1 061 833	786 649	99 769
1985	369 535	12 724	1 281 649	737 245	65 453
1986	377 986	14 760	1 236 743	796 709	63 775
1987	364 891	13 458	956 158	768 963	68 302
1988	384 088	17 089	1 244 526	950 951	86 309
1989	398 769	18 360	1 274 485	1 055 419	111 101
1990	421 243	20 934	1 328 478	1 193 791	115 228
1991	430 384	23 626	1 400 370	1 391 429	110 489
1992	439 298	24 648	1 521 166	1 429 169	110 401
1993	435 398	19 259	1 573 656	1 605 740	162 438

4-8 乡镇企业单位数

个

年 份	企 业 数	农业企业	工业企业	交通运输企　业	建筑企业	商业饮食业	服 务 业	其他企业
1980	3 897	984	2 638	25	96			154
1981	4 158	734	2 940	32	111	20		321
1982	4 371	829	3 069	37	119	20		299
1983	5 926	548	4 444	316	217	17		384
1984	35 556	505	20 720	3 987	1 453	2 588	130	6 173
1985	44 983	542	23 630	7 736	1 628	2 231	80	9 136
1986	54 047	665	32 538	7 420	2 027	9 174	1 567	656
1987	63 923	511	28 067	18 261	1 615	12 695	1 984	790
1988	69 062	534	37 791	11 858	1 737	13 951	2 252	939
1989	70 410	501	37 677	13 114	1 713	14 474	2 100	817
1990	72 643	501	41 034	12 169	1 439	13 937	2 652	911
1991	72 241	612	41 005	11 371	1 360	14 415	2 675	803
1992	80 389	718	43 437	13 295	2 980	16 005	3 185	769
1993	88 138	815	42 414	16 756	1 909	21 859	3 358	1 027

4-9 乡镇企业从业人员

万人

年份	从业人数	农业企业	工业企业	交通运输企业	建筑企业	商业饮食业	服务业	其他企业
1980	13.57	0.86	11.43	0.05	0.91			0.32
1981	15.76	0.95	13.02	0.06	1.16			0.48
1982	16.62	0.47	14.00	0.08	1.58			0.49
1983	19.01	0.45	15.91	0.14	2.14			0.37
1984	28.49	0.33	21.81	0.64	3.90	0.88	0.17	0.76
1985	36.42	0.15	27.83	1.96	4.88	0.74	0.16	0.70
1986	45.76	0.14	34.01	2.27	6.37	2.32	0.45	0.20
1987	48.53	0.09	36.75	2.59	5.74	2.69	0.51	0.17
1988	50.42	0.07	38.16	2.83	5.40	3.22	0.53	0.21
1989	50.04	0.05	38.56	3.04	4.41	3.28	0.56	0.14
1990	46.80	0.05	36.27	2.84	3.55	3.19	0.63	0.27
1991	48.75	0.07	37.92	2.82	3.55	3.48	0.72	0.19
1992	52.52	0.06	40.30	3.05	3.75	4.24	0.95	0.17
1993	57.05	0.35	42.48	3.62	4.38	5.13	0.79	0.30

4-10 乡镇企业主要财务指标

万元

年份	总收入	各项费用	税金	纯利润	年末固定资产原值
1980	38 879	30 072	1 746	6 200	18 004
1981	82 744	34 484	3 031	5 475	22 181
1982	54 838	41 956	4 169	7 224	26 808
1983	78 877	58 327	5 748	9 555	30 231
1984	137 953	109 239	8 919	7 870	35 548
1985	215 539	173 998	16 505	21 509	97 764
1986	313 488	158 761	17 361	21 672	74 490
1987	429 486	355 396	21 668	34 863	97 141
1988	602 940	501 377	32 869	49 134	128 056
1989	1 332 570	609 523	40 292	55 310	151 217
1990	970 641	657 418	38 053	55 122	160 232
1991	1 155 581	771 787	44 510	64 141	188 945
1992	1 378 033	946 659	52 675	65 682	244 991
1993	1 072 524	1 161 151	46 715	52 706	262 809

5-1 全社会固定资产投资额

年份	全社会总计	国有	#基本建设	更新改造	城乡集体	城乡个人
投资总额(亿元)						
1983	12.91	11.13	6.63	4.50	0.77	1.01
1984	15.37	12.95	8.14	4.81	1.23	1.19
1985	23.56	19.31	11.53	7.78	2.28	1.97
1986	33.84	29.34	17.03	11.92	3.04	1.46
1987	41.22	35.22	19.74	14.99	3.46	2.54
1988	54.79	46.73	29.74	16.65	5.25	2.81
1989	49.24	40.37	28.12	11.94	5.56	3.31
1990	42.49	36.40	23.82	12.58	3.80	2.29
1991	49.41	44.93	26.75	17.83	2.30	2.18
1992	73.39	66.22	42.02	23.64	4.46	2.71
1993	113.75	105.12	39.27	31.72	3.98	4.65
房屋竣工面积(万平方米)						
1984	522.6	258.2	209.6	48.6	94.3	170.1
1985	447.8	272.9	225.4	47.4	43.1	130.0
1986	547.6	388.3	289.2	92.8	34.3	152.0
1987	624.5	383.2	225.3	156.8	76.6	164.7
1988	643.9	420.2	336.0	84.2	61.5	162.2
1989	613.5	371.7	318.3	51.5	106.9	134.9
1990	542.3	367.6	329.8	37.5	56.1	104.7
1991	532.2	395.9	333.5	57.0	29.4	107.4
1992	541.4	392.4	345.7	42.5	40.0	110.8
1993	623.7	490.1	450.4	39.7	38.6	95.0
住宅竣工面积(万平方米)						
1984	352.1	158.6	153.0	5.6	39.6	153.9
1985	313.6	174.6	161.8	12.8	20.3	118.7
1986	374.2	246.2	190.8	50.7	15.4	113.6
1987	459.3	256.5	148.6	106.8	51.6	151.1
1988	421.1	237.8	204.4	32.4	37.9	145.4
1989	362.5	184.9	175.9	9.0	86.2	120.1
1990	335.1	217.3	211.7	5.3	48.1	97.5
1991	361.6	227.1	219.6	5.4	11.1	98.0
1992	362.3	241.1	241.0	1.9	16.8	100.4
1993	377.9	312.2	309.3	2.9	10.4	55.3

5-2 国有和城镇集体固定资产投资

亿元

年份	国有投资	基本建设	更新改造	城镇集体投资	基本建设	更新改造
1980	8.8	6.6	2.2	0.5	0.13	0.20
1981	9.2	6.1	3.1	0.7	0.26	0.28
1982	11.1	7.0	4.0	0.6	0.29	0.27
1983	11.2	6.6	4.5	0.7	0.51	0.19
1984	13.7	8.1	4.8	1.0	0.58	0.41
1985	19.2	11.7	7.6	1.9	1.17	0.66
1986	29.3	17.1	12.0	2.9	1.57	1.26
1987	35.2	19.8	15.0	3.2	2.18	0.99
1988	46.7	32.9	16.6	4.9	3.28	1.62
1989	40.3	29.3	11.9	4.1	3.51	0.58
1990	36.5	23.8	12.3	3.4	2.83	0.57
1991	44.8	26.8	17.9	1.7	0.67	0.94
1992	66.1	42.0	23.6	3.7	0.67	2.75
1993	105.1	73.4	31.7	2.5	0.63	1.87

5-3 工业固定资产投资额和新增固定资产

年份	投资额（亿元）	占总投资（%）	新增固定资产（亿元）	交付使用率（%）
1980	4.8	51.6	3.4	70.8
1981	5.2	52.5	4.6	88.5
1982	5.8	49.6	4.5	77.6
1983	5.6	47.1	5.4	96.4
1984	6.7	45.6	5.4	80.6
1985	10.8	51.2	7.0	64.8
1986	15.9	49.4	11.7	73.6
1987	17.8	46.4	12.2	68.5
1988	22.7	44.0	12.3	54.2
1989	18.8	42.3	14.8	78.7
1990	18.8	47.1	14.9	79.3
1991	23.7	51.0	21.8	92.0
1992	32.5	46.6	27.7	85.2
1993	32.2	29.9	24.2	75.2

5-4 商品房建设情况

年份	完成投资(亿元)	建筑面积(万平方米)		
		施工	竣工	销售
1985	1.30	147.4	32.5	19.6
1986	3.45	266.9	84.6	36.2
1987	4.92	326.9	130.3	48.2
1988	10.20	510.4	162.5	60.5
1989	10.98	530.3	164.5	61.6
1990	7.88	349.8	172.9	56.7
1991	6.74	323.5	138.4	51.0
1992	12.78	393.7	142.3	57.4
1993	34.11	776.3	191.1	85.9

5-5 建筑安装企业主要经济指标

	单位	1990年	1992年	1993年
全市				
施工产值	亿元	27.8	44.8	73.4
施工房屋面积	万平方米	738	1 055.2	1 433.7
竣工房屋面积	万平方米	417.3	486.6	563.8
竣工率	%	56.5	46.1	39.3
职工平均人数	万人	18.9	21.7	27.8
年末固定资产原值	亿元	11.13	14.29	16.80
年末固定资产净值	亿元	7.85	10.01	11.86
利润总额	万元	5 946	9 111	18 650
国有企业				
施工产值	亿元	21 .4	33.4	44.65
施工房屋面积	万平方米	518.9	728.7	781.9
竣工房屋面积	万平方米	268.2	314.3	277.8
竣工率	%	51.7	43.1	35.5
职工平均人数	万人	12.6	14.3	13.0
年末固定资产原值	亿元	9.32	11.62	11.33
年末固定资产净值	亿元	6.54	8.08	8.09
利润总额	万元	3 360	6 788	12 191

5-6 全社会能源物资消费总量

年 份	能源消费总量（万吨）	#工 业 用	煤炭消费总量（万吨）	电力消费总量（亿千瓦小时）
1978	680.6	449.9	504.7	28.31
1979	718.1	455.0	537.8	30.96
1980	733.7	466.1	592.1	34.77
1981	749.3	458.7	612.4	34.97
1982	750.3	437.5	718.9	35.51
1983	788.4	461.0	788.8	37.88
1984	821.3	492.3	784.5	39.86
1985	839.7	507.8	829.6	42.03
1986	858.2	509.2	764.0	45.37
1987	862.8	512.6	746.8	50.04
1988	878.5	528.0	786.3	52.13
1989	891.1	527.1	743.1	53.98
1990	925.4	558.8	773.0	50.75
1991	969.9	591.6	903.8	63.76
1992	812.2	483.3	999.3	70.80
1993	903.7	597.8	1 108.5	76.41

5-6 续表

年 份	焦 炭（万吨）	燃 料 油（万吨）	汽 油（万吨）	柴 油（万吨）
1978	24.1	119.2	6.8	9.3
1979	22.4	119.4	7.6	8.9
1980	22.2	111.2	7.7	5.5
1981	22.7	102.2	10.2	5.2
1982	19.7	94.2	7.3	5.8
1983	22.2	100.5	7.6	6.1
1984	24.7	103.9	10.3	7.8
1985	26.1	85.7	9.7	8.5
1986	23.7	77.1	12.5	12.8
1987	24.5	73.9	13.3	15.4
1988	25.5	64.8	13.0	15.8
1989	23.3	68.1	12.4	18.1
1990	22.2	73.4	11.4	18.9
1991	17.5	76.4	12.5	19.4
1992	16.7	73.6	13.4	19.6
1993	18.4	76.0	17.9	22.1

5-7　钢材、水泥、木材消费量

年　份	钢　材（万　吨）	水　泥（万　吨）	原木直接消　费（万立方米）	锯　材（万立方米）
1978	58	50	21	26
1979	65	66	21	31
1980	68	79	18	33
1981	63	78	19	32
1982	71	80	21	31
1983	81	85	19	31
1984	89	97	20	35
1985	100	107	17	37
1986	99	127	20	40
1987	104	124	17	35
1988	107	131	18	34
1989	88	112	14	26
1990	76	99	14	23
1991	81	90	13	25
1992	94	129	12	25
1993	142	170	10	25

5-8　物资消费与库存总值

亿元

年　份	消费总值			库存总值
		#工业用	基建用	
1980	64.2	59.6	3.4	44.3
1981	65.8	59.4	3.8	42.0
1982	71.1	63.8	4.3	39.5
1983	80.4	71.3	4.5	41.5
1984	90.9	81.3	5.1	38.9
1985	104.3	95.4	7.1	46.0
1986	117.0	105.7	8.9	70.7
1987	131.0	118.3	11.8	62.1
1988	155.0	137.9	15.3	55.0
1989	177.4	162.8	14.6	65.6
1990	178.2	159.8	13.4	74.9
1991	204.0	188.9	13.9	76.5
1992	231.6	204.0	19.0	70.6
1993	315.6	252.6	48.6	79.6

6-1 社会商品零售总额

年份	社会商品零售总额	居民零售	社会集团零售	农业生产资料
绝对额(亿元)				
1978	17.6	13.7	2.2	1.9
1979	20.7	16.3	2.5	1.9
1980	26.4	21.6	2.9	2.0
1981	30.2	24.9	3.2	2.2
1982	32.0	25.5	3.8	2.6
1983	35.8	28.6	4.4	2.9
1984	43.6	34.0	6.4	3.4
1985	53.8	42.2	8.5	3.1
1986	64.0	51.5	9.5	3.0
1987	75.5	60.4	10.9	4.2
1988	96.9	78.6	13.4	4.9
1989	109.9	88.6	15.3	5.9
1990	115.7	90.5	18.2	6.9
1991	125.3	96.2	21.3	7.8
1992	145.8	111.2	25.1	9.5
1993	181.3	143.2	28.0	10.0
为上年(%)				
1979	117.6	119.0	113.6	100.0
1980	127.5	132.5	116.0	105.3
1981	114.4	115.3	110.3	110.0
1982	106.0	102.4	118.8	118.2
1983	111.9	112.2	115.8	111.5
1984	121.8	118.9	145.5	117.2
1985	123.4	124.1	132.8	91.2
1986	118.9	122.0	111.8	96.8
1987	118.0	117.3	114.7	140.0
1988	128.3	130.1	122.9	116.7
1989	113.4	112.7	114.2	120.4
1990	105.3	102.1	119.0	116.9
1991	108.3	106.3	117.0	113.0
1992	116.4	115.6	117.8	121.8
1993	124.3	128.8	111.6	105.3

6-2 商业企业购销存总额

1993年 万元

	购进总额	#从生产者购进	#农副产品	销售总额	批发	零售	库存总额
合　　计	3 695 618	2 494 841	136 628	4 079 935	3 327 712	752 223	613 541
一、按经济类型分：							
1.国有经济	2 938 663	2 098 776	124 318	3 260 367	2 747 341	513 026	408 047
2.集体经济	518 127	270 670	12 139	571 698	411 093	160 605	119 448
3.其　　他	238 828	125 395	171	247 870	169 278	78 592	86 046
二、按国民经济行业分：							
1.食品饮料烟草和家庭用品业	809 653	448 367	72 842	927 698	781 600	146 098	258 725
#:食品饮料烟草批发业	420 946	185 367	69 986	507 779	469 352	38 427	105 055
纺织品服装鞋帽批发业	37 746	29 218	8	45 468	37 542	7 926	35 652
日用百货批发业	72 144	46 975	1 262	81 811	67 586	14 225	24 937
五金交电化工批发业	194 056	140 401	8	187 908	152 440	35 468	63 220
2.能源材料机械电子设备业	1 146 370	824 182	69	1 320 993	1 293 798	27 195	74 009
3.其他批发业	287 034	205 541	21 719	300 120	293 752	6 368	40 507
4.零售业	1 432 898	1 001 971	41 998	1 512 626	947 799	564 827	232 753
#:食品饮料烟草零售业	690 037	611 944	35 806	766 111	654 090	112 021	73 462
日用百货零售业	239 757	127 297	4 461	285 671	110 134	175 537	49 809
纺织品服装鞋帽零售业	172 991	123 691		201 452	37 472	163 980	41 309
五金交电化工零售业	212 171	78 304	173	133 271	81 672	515 599	33 908
5.商业经济与代理业	169	90		185	123	62	17
三、按企业规模分：							
1.大型企业	1 525 968	1 109 215	20 361	1 751 157	1 484 092	267 065	130 459
2.中型企业	724 027	376 871	23 312	822 817	587 251	235 566	202 491
3.小型企业	1 445 623	1 008 755	92 955	1 505 961	1 256 369	249 592	280 591

6-3 商业企业主要财务指标

1993年 万元

	合计	按经济类型分			按企业规模分		
		国有经济	集体经济	其他	大型企业	中型企业	小型企业
资本金合计	405 353	247 313	129 663	28 377	90 989	78 139	236 225
流动资产合计	1 923 691	1 404 611	390 872	128 208	533 452	485 969	904 270
#存货	619 271	402 562	162 015	54 694	139 982	168 964	310 325
固定资产合计	279 390	191 475	46 706	41 209	113 778	74 403	91 209
流动负债合计	1 713 768	1 265 282	336 437	112 049	455 442	462 695	795 631
商品销售收入净额	4 498 563	3 429 720	838 950	229 893	2 488 336	830 706	1 179 521
商品销售成本	4 125 763	3 185 654	742 733	197 376	2 344 541	735 485	1 045 737
经营费用	198 689	134 482	54 260	9 947	55 882	46 870	95 937
商品销售税金及附加费	55 334	38 538	12 995	3 801	23 821	14 678	16 835
商品销售利润	118 777	71 046	28 962	18 769	64 092	33 673	21 012
代购代销收入	1 752	1 543	183	26		1 609	143
主营业务利润	120 529	72 589	29 145	18 795	64 092	35 282	21 155
其他业务利润	13 342	9 906	1 953	1 483	1 793	4 516	7 033
管理费用	80 263	52 644	18 104	9 515	26 539	21 518	32 206
#税金	2 980	2 111	726	143	762	899	1 319
财务费用	35 862	22 491	8 812	4 559	-3 819	14 644	25 037
#利息	47 790	35 031	8 309	4 450	13 296	12 530	21 963
营业利润	17 746	7 360	4 182	6 204	43 165	3 636	-29 055
补贴收入	20 676	20 575	101			6 876	13 800
投资收益	7 850	4 519	411	2 920	3 477	2 231	2 142
营业外收入	15 818	8 252	6 090	1 476	4 085	2 743	8 990
营业外支出	14 493	7 273	5 771	1 449	2 765	3 882	7 846
利润总额	47 597	33 433	5 013	9 151	47 962	11 604	-11 969

6-4 出口商品供货总值

万元

指　　标	1987年	1988年	1989年	1990年	1991年	1992年	1993年
合　　计	97 643	152 354	170 748	198 127	250 826	297 021	371 632
按农轻重产品分							
农副产品	8 491	13 067	16 348	10 375	15 104	17 874	30 195
轻纺产品	57 334	79 901	93 955	113 971	138 469	167 123	201 721
重工产品	31 818	59 386	60 445	73 781	97 253	112 024	139 715
按主管系统分							
轻工局	9 682	13 635	12 139	13 747	17 724	16 566	22 608
纺织局	29 916	34 548	42 070	47 225	58 268	68 900	74 485
机械局	14 203	28 652	26 367	28 470	38 023	48 040	56 795
石化局	10 348	14 212	16 056	13 671	15 280	16 808	18 613
医药局	12 973	17 141	21 433	26 250	24 344	27 157	25 528
粮食局	5 838	9 664	11 006	5 353	8 112	6 975	13 976
金杯汽车公司	5 583	8 275	8 945	9 200	8 602	5 062	8 799
冶金局	1 504	3 976	2 037	2 235	2 582	1 461	153
电子局	693	3 857	2 269	4 662	5 502	6 007	6 926
建材局	607	585	910	1 183	3 312	3 524	3 460
民政局	232	260	160	233	203	173	238
农机局	603	1 414	945	1 224	2 082	1 804	1 600
农垦总公司	531	958	1 357	1 568	814	1 064	697
计算机公司	28	46	705	1 215	480	713	136
供销社	186	1 285	1 476	850	2 116	4 015	4 241
副食局	15	25	217	278	281	290	1 262
按区县分							
铁西区	186	195	451	412	897	5 095	1 224
大东区	303	681	1 371	1 573	2 260	4 856	4 349
和平区		88	290	364	868	1 028	1 539
沈河区	89	100	225	491	951	1 999	4 250
皇姑区	49		388	498	1 129	1 294	1 771
东陵区	315	2 310	3 060	4 284	7 075	11 460	19 498
于洪区	1 100	1 998	2 564	5 133	6 949	8 781	13 878
苏家屯区	148	140	413	871	2 347	2 776	3 757
新城子区	88	232	1 014	561	1 024	1 228	4 439
新民县	494	219	380	621	1 324	1 599	3 003
辽中县	676	765	1 836	2 015	3 717	5 456	4 807
康平县						1 812	576
法库县						4 122	1 887

6-5 进出口商品总值

万美元

年份	进出口总值	进口总值	出口总值			
				农副产品	轻工产品	重工产品
1985	6 576	4 269	2 307	1 297	314	696
1986	15 703	6 080	9 623	3 259	4 059	2 305
1987	15 905	4 638	11 267	2 730	5 697	2 840
1988	22 888	4 956	17 932	2 948	9 330	5 654
1989	32 681	11 689	20 992	4 260	9 629	7 103
1990	33 723	8 386	25 337	3 040	11 149	11 148
1991	46 170	12 296	33 874	3 739	14 936	15 199
1992	94 535	29 244	65 291	5 596	29 403	30 292
1993	109 263	38 563	70 700	6 060	31 839	32 801

6-6 旅游事业发展情况

年份	接待国家及地区数(个)	接待的旅游人数(人)				旅游收入(外汇券万元)
			外国人	华侨	港澳台胞	
1980	53	12 468	11 493	42	933	344
1981	47	14 229	12 438	46	1 745	356
1982	73	15 076	10 614	220	4 242	353
1983	58	14 122	9 827	321	3 974	365
1984	68	19 594	13 893	366	5 335	510
1985	75	30 407	21 854	460	8 093	1 375
1986	75	31 591	21 606	619	9 366	2 449
1987	78	33 878	21 275	670	11 933	3 012
1988	93	33 301	19 447	767	13 087	5 391
1989	72	25 947	17 101	504	8 342	4 870
1990	100	41 899	26 269	585	15 045	7 592
1991	90	50 080	29 649	454	19 977	8 821
1992	120	65 142	41 544	463	23 135	10 271
1993	133	83 064	55 657	244	27 163	12 477

6-7 对外签订利用外资协议(合同)

年份	项目数(个)	对外借款	外商直接投资	外商其他投资	外资金额(万美元)	对外借款	外商直接投资	外商其他投资
1980	4				92			
1983	21				1 472		50	
1984	53				2 258		146	
1985	29	7	11	11	5 661	1 019	3 775	867
1983	21				1 472		50	
1986	33	3	15	15	4 349	1 601	1 332	1 416
1987	25	7	6	12	4 737	3 145	465	1 127
1988	89	18	53	18	11 008	3 611	5 922	1 475
1989	75	8	53	14	8 166	2 395	3 254	2 517
1990	104	8	92	4	15 794	1 318	5 757	8 719
1991	186	4	175	7	39 610	6 616	14 508	18 486
1992	708	7	693	8	93 761	7 494	63 421	22 846
1993	1 129	12	1 108	9	118 035	8 731	93 472	15 832

6-8 实际利用外资额

万美元

年份	合计	对外借款	外商直接投资	商品信贷及其他
1983	145			
1984	118			
1985	201	177	24	0
1986	1 191	952	150	89
1987	5 040	3 981	597	462
1988	4 979	2 123	1 411	1 445
1989	4 946	2 019	2 806	121
1990	16 076	3 275	2 747	10 054
1991	25 297	3 464	3 348	18 485
1992	38 182	7 416	8 009	22 757
1993	56 494	7 408	33 254	15 832

7-1 地方财政收入

万元

年份	合计	#企业收入	各项税收	指数（上年=100）		
				合计	企业收入	各项税收
1978	167 722	82 757	84 779			
1979	154 250	61 902	86 038	92.0	74.8	101.5
1980	145 226	57 097	87 989	94.1	92.2	102.3
1981	128 977	42 603	86 053	88.8	74.6	97.8
1982	138 478	40 510	95 787	107.4	95.1	111.3
1983	136 190	28 432	105 435	98.3	70.2	110.1
1984	163 131	24 919	135 753	119.8	87.6	128.8
1985	209 685	20 651	187 089	128.5	82.9	137.8
1986	235 956	30 150	201 889	112.5	146.0	107.9
1987	254 124	24 127	222 399	107.7	80.0	110.2
1988	290 723	6 019	264 351	114.4	24.9	118.9
1989	342 216	-3 901	315 100	117.7	—	119.2
1990	310 726	-11 501	293 745	90.8	294.8	93.2
1991	316 164	-16 643	303 383	101.8	144.7	103.3
1992	346 918	-4 917	330 295	109.7	29.5	108.9
1993	452 751	-11 039	426 593	130.5	224.5	129.2

7-2 地方财政支出

万元

年份	合计	#基建和挖革改资金	科技三项费	支援农村生产支出	城市维护费	文教科卫事业费	行政管理费
1978	28 355	3 670	1 177	992	1 914	8 024	3 707
1979	41 855	13 237	1 281	1 098	1 588	9 239	3 948
1980	50 245	16 835	745	1 845	5 557	11 362	4 751
1981	39 189	9 278	537	1 219	5 864	11 588	4 586
1982	48 296	14 327	630	1 729	5 297	13 920	5 136
1983	54 147	11 597	928	2 452	7 638	15 718	6 720
1984	60 109	56 992	1 537	1 891	8 425	17 358	7 715
1985	105 264	29 116	1 181	2 435	8 902	23 693	8 574
1986	151 339	34 529	1 456	2 488	11 036	28 916	9 972
1987	145 473	11 628	1 265	3 808	24 463	30 515	11 399
1988	175 650	11 871	2 064	3 929	22 940	36 410	9 783
1989	213 472	16 520	2 466	7 471	33 756	43 367	12 072
1990	230 580	13 875	3 672	7 792	31 234	47 142	13 370
1991	234 669	36 472	5 070	6 182	19 968	52 808	15 121
1992	255 331	43 237	6 398	6 605	25 415	59 326	19 211
1993	283 355	52 239	5 851	5 361	28 326	67 535	20 140

7-3 银行现金收入构成

万元

年份	合计	#商品销售	服务事业	城镇储蓄	比重（总计 = 100）商品销售	服务事业	城镇储蓄
1980	297 733	192 805	25 322	55 101	64.8	8.5	18.5
1981	354 722	228 815	28 381	64 196	64.5	8.0	18.1
1982	379 068	237 797	29 863	72 905	62.7	7.9	19.2
1983	454 563	272 366	33 759	89 089	59.9	7.4	19.6
1984	561 976	324 286	41 342	124 334	57.7	7.4	22.1
1985	738 895	397 155	51 957	189 887	53.7	7.0	25.7
1986	905 612	437 091	61 631	272 724	48.3	6.8	30.1
1987	1 178 437	518 135	77 094	404 422	44.0	6.5	34.3
1988	1 769 221	680 329	100 889	683 673	38.5	5.7	38.6
1989	2 104 175	708 508	122 335	877 120	33.7	5.8	41.7
1990	2 369 559	720 748	144 860	1 051 049	30.4	6.1	44.4
1991	2 948 181	820 464	170 294	1 378 320	27.8	5.8	46.8
1992	4 481 122	1 035 445	209 243	2 163 655	23.1	4.7	48.3
1993	6 987 726	1 318 579	285 573	3 586 971	18.9	4.1	51.3

7-4 银行现金支出构成

万元

年份	合计	#工资支出	奖金支出	对个人其他支出	农副产品采购支出	农村信用社支出	行政管理费支出	城镇储蓄支出
1980	290 427	167 175	13 601	32 401	13 639	39 148	18 756	39 439
1981	339 038	199 707	15 765	55 536	24 661	52 197	20 229	51 390
1982	355 005	186 840	19 197	35 580	21 193	57 720	20 974	54 545
1983	440 818	202 633	21 968	41 143	46 212	83 246	25 318	65 823
1984	544 903	253 221	35 734	59 392	46 806	95 441	35 822	91 916
1985	715 772	329 935	44 390	97 936	54 450	88 819	50 284	137 166
1986	870 629	384 561	51 916	123 050	47 226	93 541	55 163	206 377
1987	1 148 109	455 612	67 941	157 331	63 953	114 096	68 470	312 837
1988	1 818 303	581 314	92 014	218 488	81 695	162 930	108 650	596 107
1989	1 990 894	649 246	100 542	242 208	93 608	132 969	124 978	696 190
1990	2 255 369	716 451	99 067	227 516	82 199	125 034	151 572	815 436
1991	2 766 955	801 636	102 794	263 408	81 547	162 285	194 242	1 109 433
1992	4 196 099	974 579	124 880	343 575	81 158	203 818	245 130	1 851 340
1993	6 652 129	1 202 621	135 371	416 870	137 455	253 478	499 780	3 219 233

7-5 银行存款

(年末余额) 万元

年份	合计	#企业	财政	机关团体部队	城镇储蓄	农村
1978	176 602	66 883	22 722	42 883	24 515	1 174
1979	209 771	78 475	16 882	49 381	34 155	2 310
1980	241 023	110 224	5 231	56 992	49 894	2 218
1981	301 390	126 317	9 711	74 185	62 952	3 486
1982	365 311	160 692	9 090	76 624	80 778	2 644
1983	444 174	171 446	48 274	74 616	104 290	4 412
1984	495 475	214 824	4 145	71 942	137 960	6 680
1985	592 234	246 727	1 049	71 923	191 337	4 794
1986	755 023	325 919	2 547	76 709	263 505	5 637
1987	961 781	377 971	-1 291	86 047	361 097	7 369
1988	1 019 428	379 060	-4 813	66 641	452 367	13 935
1989	1 342 832	411 807	119	84 278	651 381	12 458
1990	1 817 149	547 384	-812	97 652	909 351	14 130
1991	2 244 357	660 115	6 292	122 265	1 224 496	13 152
1992	2 809 941	796 276	-15 301	109 644	1 552 390	111 729
1993	4 418 033	1 324 138	79 008	94 147	2 062 373	246 610

7-6 银行贷款

(年末余额) 万元

年份	合计	#工业企业	物资供销	商业	固定资产	农业
1978	367 842	103 726	136 916	115 909	20	6 375
1979	415 930	110 228	159 240	134 320	3	6 907
1980	476 909	123 914	153 919	163 466	18 215	8 448
1981	484 939	134 128	138 956	179 533	15 799	8 726
1982	507 053	138 282	137 364	187 104	25 281	10 650
1983	551 669	145 576	127 701	219 667	36 652	10 412
1984	654 844	182 477	146 840	239 230	46 675	15 805
1985	830 225	220 910	208 764	243 665	76 562	23 350
1986	1 156 722	332 540	244 756	295 299	111 033	32 502
1987	1 349 279	413 862	215 747	374 401	166 479	39 407
1988	1 515 494	498 692	205 070	441 722	207 087	23 460
1989	1 886 602	675 739	207 599	535 631	291 480	30 565
1990	2 481 718	954 692	265 552	669 374	362 043	37 953
1991	3 004 819	1 129 236	270 186	792 458	533 454	47 964
1992	3 508 018	1 092 687	287 441	940 028	645 716	57 749
1993	4 924 439	1 791 508	322 397	1 206 669	873 091	121 614

注:银行贷款年末余额1993年为金融机构口径.

8-1 城镇居民消费价格分类指数

%

年 份	总指数	消费品	食品			衣着
				粮食	副食	
以上年为100						
1985	112.1	112.7	116.9	102.0	124.9	105.0
1986	107.3	106.8	107.6	100.3	108.9	104.9
1987	110.1	109.9	112.8	104.8	116.4	104.8
1988	120.5	120.6	119.5	106.1	122.6	129.2
1989	117.3	116.4	116.9	117.5	115.3	119.8
1990	102.7	102.0	101.5	94.9	103.1	104.3
1991	105.7	104.4	106.1	129.3	105.7	102.9
1992	108.7	107.8	107.6	153.1	104.1	107.9
1993	120.3	117.6	120.0	144.8	117.9	115.4
1993年以下列年份为100						
1985	237.0	222.5	235.8	357.4	239.8	227.2
1988	266.5	157.1	162.6	319.7	154.3	160.2
1990	138.2	132.3	137.0	286.6	129.7	128.9

8-1 续表

%

年 份	日用品	文化娱乐用品	书报杂志	药及医疗用品	燃料	服务项目
以上年为100						
1985	104.6	102.0	112.9	102.9	100.0	105.6
1986	105.6	100.4	124.6	103.6	130.4	112.6
1987	103.6	104.6	106.7	110.9	116.7	113.1
1988	115.9	121.9	105.3	120.0	100.0	119.3
1989	111.7	111.3	171.9	135.4	100.0	125.9
1990	101.9	100.7	100.6	115.8	111.5	109.6
1991	97.8	94.9	116.7	105.6	148.8	116.4
1992	108.7	100.8	112.0	109.2	138.5	115.7
1993	110.5	104.1	111.3	116.3	163.0	140.6
1993年以下列年份为100						
1985	169.5	142.9	352.2	289.9	570.0	397.0
1988	133.7	111.7	251.6	210.3	374.6	261.3
1990	117.5	99.6	145.5	134.1	335.9	189.4

8-2 职工工资总额和平均工资

年份	工资总额（亿元）	国有	集体	为上年（%）	平均工资（元）	国有	集体	为上年（%）
1980	14.07	10.19	3.88		755	841	595	
1981	15.32	10.84	4.48	108.9	773	823	674	102.4
1982	16.34	11.46	4.58	106.7	800	850	660	103.5
1983	17.00	11.53	5.46	104.0	818	890	698	102.3
1984	20.18	12.75	6.85	118.7	941	1 002	846	115.0
1985	25.29	16.24	8.29	125.3	1 156	1 215	1 049	123.0
1986	30.29	19.76	9.63	119.8	1 354	1 433	1 213	117.1
1987	34.22	23.02	10.16	113.0	1 507	1 622	1 291	111.3
1988	44.24	30.20	12.64	129.3	1 911	1 050	1 602	126.8
1989	47.68	32.96	12.97	107.8	2 090	2 278	1 716	109.4
1990	52.56	37.12	13.60	110.2	2 309	2 527	1 806	109.2
1991	57.54	40.28	14.86	109.5	2 492	2 705	1 953	107.9
1992	66.62	46.81	16.59	115.8	2 834	3 160	2 152	113.7
1993	78.64	55.38	19.11	118.0	3 345	3 783	2 460	118.0

8-3 城乡居民储蓄存款年末余额

年份	储蓄存款年末余额（亿元）	城镇	农村	储蓄存款本年比上年增加额（亿元）	平均每人储蓄存款（元）
1978	2.77	2.44	0.33		51
1979	3.93	3.38	0.55	1.16	71
1980	5.65	4.95	0.70	1.72	100
1981	7.23	6.21	1.02	1.58	126
1982	9.34	8.06	1.28	2.11	159
1983	12.31	10.40	1.91	2.97	207
1984	16.22	13.61	2.61	3.91	270
1985	22.31	19.02	3.29	6.09	368
1986	30.55	26.19	4.36	8.24	497
1987	41.89	35.90	5.99	11.34	672
1988	52.20	45.07	7.13	10.31	827
1989	76.60	66.72	9.88	24.40	1 197
1990	106.76	93.33	13.43	30.16	1 653
1991	142.06	126.27	15.19	35.30	2 186
1992	182.17	162.01	20.16	40.11	2 789
1993	230.90	206.24	24.66	48.73	3 511

8-4 城市居民调查户基本情况

年份	调查户数（户）	平均每户（人）		平均每一就业者负担人数（人）	人均年生活费收入（元）	人均年生活费支出（元）	
		家庭人口	就业人口				#食品支出
1978	300	4.53	2.34	1.94	315.17	308.04	
1979	300	4.57	2.35	1.94	353.16	338.63	198
1980	300	4.62	2.52	1.83	416.91	409.61	231
1981	600	4.26	2.69	1.58	488.87	467.95	257
1982	600	4.10	2.60	1.58	500.90	462.78	275
1983	300	3.99	2.57	1.55	519.19	490.70	298
1984	300	4.03	2.52	1.60	592.79	556.88	331
1985	300	3.63	2.24	1.62	720.63	688.89	392
1986	300	3.53	2.20	1.60	887.40	848.64	478
1987	300	3.46	2.12	1.63	976.52	973.89	518
1988	300	3.48	2.15	1.62	1 195.77	1 267.59	621
1989	300	3.20	2.07	1.55	1 452.93	1 485.63	773
1990	300	3.26	2.08	1.57	1 534.28	1 481.67	816
1991	300	3.34	2.13	1.57	1 696.26	1 675.10	926
1992	300	3.33	2.14	1.56	1 943.20	1 908.73	1 099
1993	500	3.21	2.11	1.52	2 339.60	2 429.73	1 161

8-5 城市居民家庭平均每百户年末耐用消费品拥有量

年份	自行车（辆）	黑白电视机（台）	彩色电视机（台）	收录机（台）	照相机（架）	洗衣机（台）	电冰箱（台）
1980	153			4	5		
1981	175	61	0.3	11	7	5	
1982	185	74	0.2	15	9	19	
1983	207	82	0.7	24	13	29	
1984	211	87	2	35	16	52	
1985	198	83	8	45	17	55	2
1986	195	79	18	54	24	68	7
1987	215	74	35	61	29	75	17
1988	225	64	50	73	33	80	37
1989	215	49	67	74	34	79	52
1990	226	42	80	88	42	84	62
1991	231	41	85	80	46	83	70
1992	223	33	88	82	50	85	71
1993	230	30	94	83	52	90	76

8-6 农村居民家庭收支抽样调查资料

	单 位	1992年	1993年	1993年为1992年（%）
调查户数	户	1 000	1 000	100.0
平均每户人口	人	3.93	3.96	100.8
平均每户劳动力	人	2.26	2.35	104.0
每一劳力负担人口	人	1.75	1.67	95.4
人均年总收入	**元**	**1 847.46**	**2 040.49**	**110.4**
人均年纯收入	元	1 051.64	1 218.32	115.8
人均年总支出	**元**	**1 665.08**	**1 786.35**	**107.3**
#家庭经营费用支出	元	606.60	595.58	98.2
购置生产用固定资产	元	32.85	26.22	79.8
缴纳税金	元	32.27	32.91	102.0
生活消费支出	元	854.89	954.94	111.7
①食品	元	446.66	484.90	108.6
②衣着	元	99.70	125.06	125.4
③居住	元	132.10	106.18	80.4
④家庭设备及服务	元	45.01	57.99	128.8
⑤医疗保健	元	32.24	30.45	94.4
⑥交通和通讯	元	15.64	17.74	113.4
⑦文化娱乐用品及服务	元	74.69	112.09	150.1
⑧其它	元	8.85	20.53	232.0
每百户拥有耐用消费品				
黑白电视机	台	71	70	98.6
彩色电视机	台	28	30	107.1
收录机	台	32	36	112.5
照相机	架	4	5	125.0
电风扇	台	24	25	104.2
洗衣机	台	55	48	105.5
电冰箱	台	4	6	150.0
摩托车	台	4	4	100.0

9-1 各类学校数

个

年份	合计	高等学校	中等专业学校	普通中学	农业中学职业中学	技工学校	小学
1952	2 089	11	22	39			2 015
1957	1 556	10	27	135			1 317
1962	1 928	23	27	189			1 628
1965	3 299	14	19	223			2 666
1970	3 263	9	14	518			2 722
1975	3 126	9	22	515		19	2 580
1978	2 635	15	18	465		46	2 137
1980	2 732	18	27	385	18	111	2 168
1983	2 557	20	34	360	18	112	2 001
1984	2 599	20	37	350	25	114	2 038
1985	2 650	22	44	348	44	110	2 069
1986	2 494	23	50	340	53	118	1 900
1987	2 483	24	50	339	52	116	1 892
1988	2 481	21	46	335	52	114	1 900
1989	2 485	21	46	339	53	111	1 892
1990	2 492	21	46	334	57	114	1 893
1991	2 441	21	46	334	57	118	1 866
1992	2 317	22	45	323	58	117	1 742
1993	2 251	22	45	330	56	113	1 685

9-2 学校专任教师数

人

年份	合计	高等学校	中等专业学校	普通中学	农业中学职业中学	技工学校	小学
1952	14 580	1 527	769	1 778			10 412
1957	21 770	2 915	2 050	4 583			11 870
1962	32 122	4 674	1 919	6 270			19 015
1965	39 661	4 063	1 528	8 138			23 954
1970	49 776	3 181	668	16 060			29 837
1975	57 186	3 441	1 366	23 249			28 946
1978	58 195	5 665	1 468	26 127			24 770
1980	59 509	6 689	1 372	25 652	114	1 634	23 628
1983	57 858	7 905	1 930	20 995	734	1 962	24 046
1984	58 345	8 020	2 086	20 170	1 144	2 037	24 619
1985	60 749	8 513	2 433	20 318	1 673	2 175	25 453
1986	62 448	10 418	2 687	20 289	2 099	2 436	26 812
1987	65 869	10 235	2 898	20 891	2 370	2 540	26 857
1988	66 920	10 023	3 183	20 402	2 704	2 493	27 781
1989	69 801	11 224	3 125	20 330	2 607	2 572	29 582
1990	70 130	10 353	3 055	20 272	2 662	2 797	30 630
1991	70 955	10 202	3 042	20 823	2 756	2 879	31 168
1992	71 921	10 440	3 169	21 156	2 480	2 742	31 849
1993	72 410	10 442	3 193	22 106	2 816	2 544	31 309

9-3 在校学生数

万人

年份	合计	高等学校	中等专业学校	普通中学	农业中学职业中学	技工学校	小学
1952	54.62	1.14	1.34	4.69			47.45
1957	69.59	1.71	2.24	12.25			53.39
1962	88.35	2.81	1.32	13.54			70.68
1965	115.33	1.78	1.46	20.46			91.63
1970	137.37	0.38	0.10	43.95			92.94
1975	141.26	1.11	0.65	57.98			81.52
1978	132.54	2.03	0.81	63.22			66.48
1980	116.06	2.85	1.00	46.37	0.28	2.17	63.39
1983	96.70	2.98	1.18	32.09	1.35	0.85	58.25
1984	95.11	3.46	1.40	30.54	1.68	1.08	56.95
1985	96.82	4.18	1.68	31.23	2.17	1.17	56.39
1986	101.58	4.77	2.04	32.61	3.28	1.55	57.33
1987	101.90	4.92	2.32	31.18	3.41	1.64	58.43
1988	103.75	5.85	2.57	29.11	3.80	1.55	60.87
1989	105.35	5.72	2.60	27.41	3.84	1.53	64.25
1990	106.16	5.78	2.44	28.01	2.80	1.56	65.57
1991	106.48	5.92	2.45	30.42	2.59	1.66	63.44
1992	108.14	6.27	2.69	32.92	2.73	1.83	61.70
1993	109.01	7.05	3.04	33.26	3.11	1.87	60.68

9-4 各类学校毕业生数

人

年份	合计	高等学校	中等专业学校	普通中学	农业中学职业中学	技工学校	小学
1980	370 563	3 960	1 863	248 745		2 394	112 823
1981	315 772	283	4 647	179 925	180	11 883	118 549
1982	226 978	13 902	2 949	114 189	2 276	9 935	82 914
1983	202 972	7 886	3 159	106 486	7 127	5 058	72 711
1984	191 276	6 919	3 386	107 754	4 205	3 222	83 093
1985	201 168	7 160	4 245	85 095	5 047	4 813	94 156
1986	195 330	10 128	5 327	85 066	5 486	1 181	87 229
1987	208 409	13 299	5 963	94 390	7 194	4 838	81 925
1988	209 435	14 789	6 848	98 431	5 947	5 530	77 010
1989	192 248	14 294	7 477	87 188	7 319	4 616	72 498
1990	200 268	15 629	8 293	83 321	8 010	4 485	80 170
1991	218 241	15 009	7 860	81 784	9 009	5 843	98 476
1992	223 701	16 046	8 016	83 498	8 219	4 881	102 915
1993	235 222	15 256	8 251	92 405	12 327	5 910	101 073

9-5 卫生事业基本情况

年　份	医疗卫生机构数（个）	#医　院	门诊部(所)	医疗床位（张）	#医　院	卫生技术人员（人）	#医　生
全市数							
1980	1 510	221	1 196	20 528	18 078	34 395	12 531
1981	1 568	224	1 238	19 829	18 362	37 229	12 661
1982	1 539	231	1 208	20 666	19 217	40 122	13 539
1983	1 571	237	1 241	22 016	20 379	40 780	13 858
1984	1 647	242	1 251	24 364	22 450	42 671	14 342
1985	1 648	251	1 224	26 578	24 881	43 849	14 452
1986	1 653	265	1 213	28 222	25 352	46 340	15 378
1987	1 734	283	1 281	32 732	29 966	49 512	16 741
1988	1 795	319	1 308	36 904	34 307	51 723	19 512
1989	1 861	332	1 277	37 297	35 534	52 362	20 073
1990	1 873	330	1 273	37 370	36 017	52 724	19 951
1991	1 732	333	1 188	38 153	36 860	53 044	20 421
1992	1 692	339	1 164	38 037	36 795	55 528	21 962
1993	1 454	360	939	39 612	38 513	55 938	21 634
市区数							
1980	1 361	129	1 165	16 205	14 935	31 158	11 564
1981	1 411	129	1 210	16 559	15 092	33 596	11 752
1982	1 394	138	1 184	17 320	15 891	36 330	12 582
1983	1 433	143	1 216	18 631	16 999	37 024	12 943
1984	1 463	149	1 226	20 759	18 855	38 641	13 360
1985	1 484	157	1 207	22 689	20 454	39 754	13 461
1986	1 476	169	1 195	24 739	21 899	42 061	14 377
1987	1 545	187	1 258	28 988	26 267	45 286	15 735
1988	1 619	221	1 287	32 864	30 372	47 223	18 149
1989	1 589	215	1 264	33 235	31 531	47 682	18 515
1990	1 583	231	1 244	33 021	31 723	47 731	18 265
1991	1 512	233	1 176	33 921	32 680	48 461	18 695
1992	1 494	235	1 154	32 751	31 554	49 002	19 005
1993	1 300	262	909	35 319	34 277	50 609	19 435

9-6 文化事业基本情况

个

年份	电影放映单位	#影剧院	艺术表演团体	图书馆	文化馆	博物馆	广播电台(座)	电视台(座)	图书馆藏书(万册)
1980	1 531	38	20	15	15	2	2	2	495
1981	1 712	46	20	15	15	2	2	2	492
1982	1 736	60	40	15	16	2	2	2	467
1983	1 607	62	41	15	16	2	2	2	458
1984	1 375	55	39	16	16	2	2	2	431
1985	1 469	55	26	16	16	3	2	2	456
1986	1 283	53	26	17	14	4	2	2	455
1987	1 229	47	28	17	15	4	2	2	464
1988	1 232	63	20	18	16	4	2	2	730
1989	1 251	63	16	18	16	5	2	2	499
1990	1 203	60	17	18	15	5	2	2	527
1991	1 066	57	17	17	15	5	2	2	561
1992	1 084	59	24	19	16	5	2	2	565
1993	1 084	59	24	19	16	5	2	2	590

9-7 城市火灾与交通事故

年份	火灾			交通事故		
	发生次数(次)	死亡人数(人)	损失折款(千元)	交通事故数(起)	死伤人数(人)	#死亡人数
1984	121	10	338	5 294	4 496	182
1985	164	24	719	5 535	4 299	280
1986	170	17	1 221	4 064	3 550	1 775
1987	161	14	720	4 892	4 102	2 051
1988	122	16	542	5 120	2 408	301
1989	161	19	801	4 949	2 293	317
1990	2 059	23	4 323	5 189	2 348	292
1991	2 269	59	3 130	5 370	2 278	304
1992	2 429	57	5 012	4 562	2 642	382
1993	2 916	65	12 973	5 470	2 798	483

注:自1990年起,公安部对火灾标准重新修订,故统计口径与以前年份不可比.

10-1 城市公用设施

年份	自来水供水量（万吨）	#生活用量	煤气销售量（万立方米）	#生活用量	液化气销售量（吨）	年末公交营运车辆（辆）	年末公交营运线路（条）	客运总量（万人次）	出租汽车（辆）
1978	26 828	6 478	12 662	6 525	11 938	696	49	37 528	
1979	26 627	10 212	13 673	6 805	12 050	841	55	55 606	
1980	29 832	10 782	14 666	7 277	16 831	919	44	62 705	98
1981	30 394	11 073	15 590	8 235	17 513	982	46	66 269	98
1982	32 133	13 628	16 638	9 256	14 953	1 030	46	65 087	98
1983	33 556	13 499	17 515	10 069	18 244	1 042	48	63 334	94
1984	34 725	14 566	18 391	10 643	18 069	1 036	63	65 721	126
1985	35 557	15 621	19 584	12 002	18 196	1 124	69	65 190	370
1986	36 447	15 879	23 794	13 118	16 789	1 148	70	67 348	613
1987	38 295	17 815	25 420	14 633	18 428	1 147	71	78 727	547
1988	40 041	20 017	27 350	17 750	22 801	1 182	75	76 635	541
1989	54 519	24 993	27 612	18 813	35 362	1 285	75	70 955	3 452
1990	55 670	25 395	27 439	18 746	33 039	1 356	75	71 049	2 998
1991	57 214	24 487	28 304	19 660	36 970	1 389	91	74 970	3 829
1992	60 370	28 018	28 775	17 133	34 833	2 369	99	66 015	4 421
1993	63 737	31 045	28 449	17 087	25 435	2 462	103	54 355	7 172

注：1992年以后公交车辆数加小公汽车辆数；1989年以后为全社会数，以前为系统内数.

10-2 城市市政工程设施及绿化

年份	铺装道路		桥梁		下水道长度（公里）	路灯盏数（盏）	绿地面积（公顷）	#建成区	绿化覆盖率（%）
	公里	万平方米	（座）	#立交桥					
1978	870	742	85	5	1 191	21 700	8 176	1 356	9.60
1979	875	749	84	5	1 205	23 100	8 436	1 579	11.06
1980	877	753	85	6	963	23 360	8 536	1 605	11.05
1981	878	757	85	6	966	24 360	8 609	1 667	11.57
1982	906	758	79	6	948	25 335	8 649	1 703	11.79
1983	916	776	80	7	951	25 300	8 706	1 761	12.16
1984	918	803	80	7	971	27 762	8 883	1 938	13.48
1985	923	853	80	7	1 004	28 407	9 128	2 183	15.00
1986	956	891	87	9	1 015	31 162	9 326	2 394	16.30
1987	976	927	91	10	1 100	30 398	9 569	2 637	17.79
1988	991	964	93	11	1 146	30 507	9 842	2 910	19.47
1989	1 578	1 362	104	13	1 498	31 004	11 108	3 154	21.00
1990	1 640	1 423	105	14	1 578	31 668	11 267	3 314	22.03
1991	1 648	1 568	113	17	1 628	34 013	17 822	3 975	23.04
1992	1 665	1 593	119	23	1 664	33 427	18 032	4 171	24.06
1993	1 680	1 617	126	24	1 691	33 236	18 127	4 351	25.07

10-3 城市环保及环卫

年份	废气排放量(亿标立米)	二氧化硫排放量(万吨)	废水排放量(万吨)		工业废渣产生量(万吨)	工业粉尘排放量(万吨)	清扫面积(万平方米)	清运垃圾及粪便(万吨)	环卫机械(辆)	公共厕所(座)
				工业废水						
1980	567.00	11	34 804	25 620	86.8		1 521	194	246	276
1981	519.15	13	36 100	22 630	139.5	3.2	1 553	223	273	343
1982	597.22	14	39 090	23 236	104.2	3.0	1 990	218	298	348
1983	604.39	16	40 025	24 815	108.4	0.7	2 077	200	337	351
1984	682.96	17	40 506	26 328	139.8	1.2	2 039	207	388	367
1985	774.19	19	41 179	28 270	238.0	3.3	2 061	202	443	379
1986	744.10	15	42 541	26 670	342.0	1.6	2 192	203	471	1 315
1987	737.94	14	40 112	25 620	262.0	1.6	2 334	221	591	1 388
1988	686.28	13	39 105	23 321	188.0	0.4	2 412	233	529	1 368
1989	713.50	13	37 226	21 229	230.0	0.7	4 000	265	545	1 503
1990	719.84	16	40 494	14 493	228.0	0.7	3 795	288	562	1 554
1991	1 041.36	21	41 929	14 362	227.9	0.9	3 626	285	856	1 619
1992	1 154.17	21	43 969	16 434	269.0	0.8	4 131	285	911	1 406
1993	1 209.51	22	46 100	15 962	264.0	1.0	4 119	203	917	1 298

10-4 城市房屋住宅及用电情况

年份	年末实有房屋建筑面积(万平方米)	其中:住宅		人均居住面积(平方米)	城市用电量(万千瓦小时)		
		建筑面积	居住面积			#工业用电	生活用电
1978	3 289	1 528	787	3.51	282 854	215 785	
1979	3 401	1 613	831	3.45	308 327	233 805	
1980	3 568	1 728	890	3.52	322 666	241 300	
1981	3 771	1 878	968	3.72	327 273	240 999	
1982	3 962	2 011	1 036	3.88	332 849	239 198	
1983	4 176	2 148	1 106	4.06	354 450	253 392	
1984	4 336	2 292	1 181	4.28	372 743	268 015	
1985	4 907	2 400	1 236	4.42	396 705	299 008	
1986	5 000	2 537	1 349	4.68	423 678	316 326	
1987	5 331	2 776	1 503	5.10	458 500	365 000	22 100
1988	5 637	2 951	1 578	5.21	469 600	367 200	24 600
1989	7 407	3 129	1 966	5.35	484 667	367 222	32 823
1990	7 797	3 324	2 041	5.66	514 613	375 970	34 719
1991	8 106	4 099	2 130	5.83	578 505	408 255	40 470
1992	8 342	4 232	2 200	5.96	638 925	431 387	57 810
1993	8 684	4 440	2 291	6.16	695 005	471 240	76 406

沈阳大事记(1993年)

一 月

1日

法库、康平两县正式由铁岭市划归沈阳市管辖。

3日

市政府举行第十四届十三次全体会议,武迪生市长针对一些部门出现的“盖章收费”现象提出转变职能不等于权力经商。

5日

全市10家大型商场从即日起到2月5日开展“安全认证电子产品推展”活动,保护消费者利益,迎接家电产品“入关”。

6日

省人大常委会主任王光中,副主任高继中考察沈阳科技工作。提出各级领导应对民办科技事业给以关注。

8日

沈阳又开通5 000线长途程控电话交换系统。至此,全市长途程控电话交换机总容量达1.1万门。

▲市教委作出坚决制止滥收费的决定,要求各学校应按物价部门颁发的收费许可证的项目标准收费。

▲东胜国际商业大厦动工兴建,总建筑面积11万平方米。

9日

市政府、沈阳军分区领导慰问光荣院老人。

10日

在全国双拥五十周年纪念会上,沈阳市被命名为全国“双拥模范城”。

11日

沈阳市高等院校1991至1992学年度市长奖学金评选揭晓,6所市属大专院校的32名学生获得市长奖学金。

▲国家计委、经贸部、建设部的18位国内地铁、轻轨交通方面的专家学者对沈阳市轻轨交通第一期工程可行性研究报告进行评估。

12日

市委召开市委书记办公会议,强调进一步加强和改进政法工作,为改革开放创造更好的法制环境。

▲省、市领导慰问驻沈部队医院的休养员。

▲沈大高速公路北行线沈阳段22.5公里处发生4辆汽车追尾相撞的特大交通事故,当场死亡6人,重伤1人。

13日

武迪生市长签署了市政府第4号令,发布《沈阳市招商奖励规定》,决定重奖招商有功人员。

▲市委副书记王景荣等市领导到医院慰问了见义勇为勇斗歹徒的沈阳高压开关厂青年工人白宏义,高度赞扬了白宏义的正义精神。

14日

市委、市政府召开农业工作会议,提出强有力措施减轻农民负担,调整农业结构,培育农村市场。张国光、李涛同志讲话,强调坚持以市场为导向,积极推进“两高一优”农业发展进程、农业现代化进程、农村改革开放进程。

15日

市物价局、市财政局召开治理乱收费管理工作总结会,强调行政事业性收费要按照国家和省、市的文件规定执行,严格执行收费许可证,明码实价,专用收据制度。

▲全市开始对行政事业单位进行财产清查登记工作。

▲市委办公厅发出通知,提出全市开展纪念老一辈革命家为雷锋题词30周年活动。

16日

市委、市政府向全市提出要求,破旧习,树新风,过一个轻松愉快的春节。

17日

副市长金明仕带领有关部门负责人一行19人赴法库、康平两县现场办公,听取两县干部、群众的意见与建议,共同研究探讨振兴两县经济大计。

18日

市委、市政府邀请留学回国人员茶话迎春,提出用好国内人才会吸引更多的国外人才回国效力。

20日

市领导与在沈驻军领导举行座谈,共话军民鱼水之情,共谋振兴沈阳之策。

21日

省、市和沈阳军区举行春节军民联欢晚会,万余名军民欢聚一堂,共庆新春佳节。

22日

农历初夕,省市领导分别到市电信局长途台、市邮政通信枢纽局、沈海热电厂、沈阳商业城、大东副食商场等单位,看望节日工作的职工。

25日

从年三十到正月初三(22日到25日)全市共发生火灾209起,其中年三十那一夜就发生火灾137起,这些火灾大部分是由燃放鞭炮引起的。

27日

由中国公共关系公司东北办事处和意大利马可波罗公司总裁、沈阳市海外联谊会副会长戴丽姝女士联办的沈阳国际公共礼仪学校举行签字仪式。

28日

市委召开常委会议,决定1993年再搞好100户大中型企业。强调1993年是打好搞活大中型企业攻坚战最关键的一年,要求全市各个方面进一步抓好经济工作的这个重中之重。

31日

清晨，在新民县境内发生客车与火车相撞的特大恶性事故。新民县个体司机薛明龙驾驶一辆鞍山牌大客车（辽宁31—01409）超员载客94人，由新民县大柳屯乡驶向新民县城。7时25分左右，当车由北向南行至高新线2公里处（距新民县2公里）无人看守道口时，因司机忽视了望，驶至铁路线上后，被由西向东驶来的赤峰开往大连的77次特别快车撞出10余米远的路基下，大客车全部粉碎，车内59人当场死亡，截至19时，又有7人相继死亡，28人受伤。

▲市长武迪生、副市长刘克田会见香港联合集团主席李明治先生一行。

二　月

3日

张国光、武迪生、丁世发、徐晨、林馥卿、周明录等市领导与退下来的市政协九届委员会委员举行座谈，向老委员们致以新春问候，对他们促进沈阳经济发展和改革开放，促进精神文明建设和法制建设中所作出的努力和所取得的成绩表示感谢和敬意。

▲市委、市政府作出《关于进一步加强环境保护工作的决定》，要求各级政府广筹资金，搞好环境治理。

4日

市工商局制定公布了《关于进一步支持和鼓励个体、私营经济发展的10项措施》，在职人员可在业余时间从事个体经营。

5日

打破国家包办教育的模式，市政府决定提倡、鼓励单位、个人及民间联合开办全日制中、小学、职业中学等。

6日

全国10大百货商店贸易联合会在沈阳举行会议。主要议题是抓住机遇，迎接挑战，转换大型商业企业经营机制，自觉地把企业推向市场，组建企业集团、商业股份公司，引进“三资”企业管理方法。

8日

沈阳市召开计划生育工作会议，38个县区局获目标兑现奖；市交通局、电子局、矿务局未完成指标被罚。

▲市长武迪生、副市长刘克田会见韩国乐天集团理事铃木辰男一行4人。

▲武迪生市长在全市审计工作会议上就如何强化审计监督，为社会主义市场经济服务提出要求，围绕经济建设开展工作，要为市场经济服务。

9日

市委书记张国光在全市宣传部长会议上讲话，指出现在是做好宣传思想工作的极好时机。只要广大宣传思想战线上的同志统一思想，振奋精神，充分发挥自己的聪明才智和创造精神，全市宣传工作就一定会提高到一个新的水平。会议提出为经济建设和改革开放创造良好的舆论环境。

▲武迪生市长、张瑞昌、刘克田副市长会见来沈考察的日本东芝珠式会社渡里杉一郎一行5人。

副市长张毓茂率领沈阳代表团一行3人离沈，应邀参加在美国安格雷奈市召开的第六届北方城市预备会议。

10日

市政协召开十届一次全体会议，单承申主持会议，王长兴作常委会工作报告，张国光出席大会并讲话。

▲董万德、林馥卿等领导同志与参加市政协十届一次会议的港澳籍委员进行座谈。

11日

省委书记全树仁到东陵区进行调查研究，提出农村实行股份合作制是社会主义市场经济最好体现。

12日

市第十一届人民代表大会第一次会议隆重举行，武迪生市长作《政府工作报告》，张瑞昌副市长作《关于〈沈阳市国民经济和社会发展十年规划和第八个五年计划纲要的调整方案（草案）〉的说明》。

13日

市政协第十届委员会第一次会议常务主席和市政协九届委员会副主席同各民主党派及工商联负责同志座谈。充分发挥多党合作、政治协商作用，积极进行参政议政、民主监督，继续为沈阳经济发展作贡献。

15日

市召开大文化工作座谈会，市委常委高柏金强调各单位、各部门要以党的十四大精神为指导，进一步提高对大文化工作重要性的认识，同时要坚持以经济建设为中心，紧扣这个中心，处理好文化建设与各项事业的关系，为推动经济上新台阶创造有利条件。

16日

市政协十届一次会议闭幕，大会圆满完成各项议程。董万德当选为市政协主席，林馥卿、王长兴、单承申、陈水、陈洪铎、马吉庆、刘祁涛、孙毓庆、单光大、赵中玉当选为副主席。

▲省政府与市政府正式签订“八五”期间沈阳市公路网化建设工程责任书。“八五”期末，沈阳市公路总里程为3 500公里，公路密度达每百平方公里42.8公里。

18日

市第十一届人民代表大会第一次会议胜利闭幕。张国光当选为市人大常委会主任；刘金增、周明录、裴兆林、朱炳梁、唐守山、吴泮权、金苗生当选为副主任；武迪生当选为沈阳市市长。

19日

市长武迪生、副市长马向东会见香港永安集团公司董事、总经理郭志权先生一行。

▲市委宣传部、团市委、市教委等14家单位联合召开新闻发布会，宣布全市开始实施“希望工程”。

20日

市召开卫生工作会议，明确指出卫生事业面向市场不是以盈利为目的。卫生工作无论如何改革，把社会利益放在首位，为全市人民提供最基本的医疗保健服务的宗旨不会变。

22日

市财政工作会议提出转变职能，深化改革，加强财政的宏观调控，与国际财会惯例对接的全年工作思路。

23日

市委、市政府召开市政法工作会议，提出加强领导，人人参与，把社会治安真正搞好的要求。

▲武迪生市长会见了由美国汤姆森·德夫科有限公司总裁汤姆森、亚美企业集团行政总裁周宗远、美国三藩市房地产发展有限公司总裁盖瑞·古士曼、香港张氏金融集团董事总经理吕钧组成的投资环境考察团。

▲沈阳商业城总经理王云峰、和平区妇婴医院院长董令贻被评为省“10大女杰”之一。

24日

市长武迪生主持召开市政府第三次常务会议，研究并通过了新一届政府领导的分工问题。

▲武迪生市长、刘克田副市长会见了以朝鲜民主主义人民共和国铁道部第一副部长郑长文为团长的平川贸易会社一行4人。

26日

市委宣传部、团市委联合召开“雷锋精神理论研讨会”，提出搞市场经济同样需要雷锋精神。

28日

市领导武迪生、董万德、林馥卿、王长兴、单承申等会见港澳政协委员及朋友。参加会见的有：史东山、臧文昌、李宝南、陈丽英、刘鳞、张凤茹、侯锐、钟乐辉、王海泉、回顾行、周默予和梁仲虬等。

三　月

1日

张国光、董万德、丁世发、赵金城、高柏金、艾廷隽等市领导会见来自各条战线的11名全国、省学雷锋先进个人和先进集体代表。指出物质文明越发达，越需要雷锋精神。

▲张瑞昌副市长会见美藉华人蒋一成先生一行。

3日

市委、市政府举行学雷锋活动30周年纪念大会，做出《关于表彰沈阳市学雷锋先进集体和标兵的决定》，授予市政工程养护处等12个单位为沈阳市学雷锋先进集体，授予朱连川等10名同志为沈阳市学雷锋标兵。市委书记张国光在会上讲话，指出要进一步认识学雷锋的现实意义，增强坚持开展学雷锋活动的自觉性。

▲沈阳军区空军隆重举行表彰大会，为不久前回家探亲因抢救落水农民而光荣牺牲的驻沈某部志愿兵吴玉春记一等功。

4日

共青团沈阳市委表彰14个学雷锋先进集体标兵和15名学雷锋个人标兵。

5日

市有关部门在周恩来青少年时代读书旧址纪念馆举行纪念周恩来诞辰95周年座谈会。

▲全市各条战线广大青年职工、学生及各界人士，纷纷走上街头或在本岗位上开展学雷锋活动。

6日

沈阳市各界妇女集会纪念“三八”国际劳动妇女节。张国光、武迪生等领导到会，为10名被评为市“三八”红旗手标兵的同志披上授带。

7日

沈阳商业城总经理王云峰、沈阳特种环保设备制造公司总经理刘桂琴、市木兰公司总经理张桂琴，荣获全国优秀女企业家称号。

9日

市十一届人大常委会举行第一次会议，讨论了全年工作要点和人事任免事项。

10日

全市召开对外经贸工作会议，提出以党的十四大精神为指导思想，以再上新台阶为目标，坚持“一开四促”方针，坚持外资、外贸、外经工作并举，坚持以利用外资为重点，推进沈阳市对外经贸和对外开放事业全面发展的全年外经贸工作指导思想。

▲出席全国政协八届一次会议的沈阳11座全国政协委员赴京。他们是：陈洪铎、马吉庆、孙毓庆、赵忠玉、唐开宗、刘积仁、高士品、闻邦椿、赖祖涵、高擎洲和吴爱恩。

11日

出席八届全国人大一次会议的沈阳市22位全国人大代表赴京。他们是：张国光、武迪生、张毓茂、朱炳梁、冯玉忠、何三光、王云峰（女）、赵希友、吴挺宝、史继文、高文田、孙兴武、李润庭、李静文（女）、张再华（女）、梁志德、黄建美（女）、李鸿宾、周重芝（女）、姜克让、谢昭仪（女）、葛晓光。

▲市委副书记丁世发在全市农村文化工作会议上强调，搞好农村文化工作，是推动农村经济发展，把沈阳建成高科技、大生产、大流通的现代化、国际化城市的需要。

12日

沈阳市成立人民建议征集办公室，为提高政府工作民主化、科学化水平又辟新渠道。

13日

沈阳味精厂发生一起液体氨泄漏事故，当场致42人窒息，其中一人在医院抢救中死亡。

16日

市长武迪生、副市长张瑞昌会见了香港华润集团副董事长周传儒一行。

▲上午9:51分，沈阳桃仙机场接到无线电传呼信号：朝鲜民主主义人民共和国从平壤直抵北京的苏制图1—53式班机，在沈阳附近上空发生机器故障，急求迫降桃仙机场。不到两分钟，机场作好了一切救护准备，10:02分飞机降落桃仙机场，12:49分迫降飞机排除故障后重新起飞。

18日

为解决第三产业价格不合理问题，沈阳又放开66项第三产业价格，并对放开的价格和收费实行收费许可证管理和明码收费制度。

▲张瑞昌副市长会见日本国际研修协力机构甲斐纪武一行19人。

19日

东陵区纪念市政府确定为该区为经济改革试验“特区”5周年，又推出72条发展新政策。

20日

沈阳市举行大型募捐演唱会，同献一份爱心，共筑“希望工程”。

22日

傍晚17时20分许，位于铁西

区云峰街与沈辽中路交叉口两南角的沈阳高中压阀门厂一施工现场，因地基沟塌方，造成600毫米直径的输水干线管道和300毫米直径煤气干线管线泄漏事故，经抢修、险情得到解决。

23日

'93沈阳国际丹顶鹤学术研究会在沈阳举行，来自美国、荷兰、日本和我国的30多名专家、学者出席研究会。

▲沈阳与汉城开通直航包机。

24日

在全国"两会"期间举行的第八次记者招待会上，沈阳市市长武迪生应邀答中外记者问，就太原街土地有偿出让，搞好大中型企业，在沈阳建立证券交易所等热点问题回答了记者的提问，表达了沈阳深化改革扩大开放的信心。

25日

全市召开搞好春节爱国卫生运动，市容环境综合整治动员大会，副市长艾廷隽做了以爱国卫生活动月为契机，以治理脏乱差为重点，动员全社会力量整治市容环境为中心内容的报告。

▲全市回族同胞举行庆祝大尔代节联谊会。

27日

由沈阳新东屋业开发有限公司投资20亿元人民币开发建设的小东路商业走廊——鹏源大都会工程破土动工。

▲世界银行官员在国家计委、财政部有关人员的陪同下抵临沈阳，对中科院金属研究所和机电部沈阳仪器仪表工艺研究所进行考察。

30日

市政府召开紧急会议，动员全社会力量抢险保粮。

31日

江苏省江阴市经贸代表团在沈阳举行经济发展恳谈会。

四 月

1日

市政府召开"弘扬见义勇为精神"座谈会，决定再筹集见义勇为专项资金150万元。

▲市政府召开春耕生产紧急动员会议，提出战胜困难，不误农时，确保春耕。

2日

沈阳矿务局林盛煤矿矿井于2时20分发生特大爆炸事故，井下矿工死亡22人，失踪1人，伤4人。

3日

市委、市政府召开深化地方高校改革座谈会，提出加快地方高校改革步伐，培养更多适用人才的要求。

▲武迪生市长会见了美国TDI公司总裁罗伯·汤姆逊一行。

5日

全市33万人参加了清明节植树活动。省市领导全树仁、孙奇、张国光、武迪生、董万德和沈阳军区领导宋克达、辛敏枫等与群众一起植树12万株。

6日

应市政府邀请，泰国正大集团董事长谢国民、总裁谢中民一行20人来沈访问。客人此次来沈主要就有关合作项目进行考察商谈。市长武迪生，副市长任殿喜、张瑞昌、马向东会见了正大集团客人。当日，市政府还举行授予谢国民、谢中民先生沈阳市荣誉市民仪式，市领导张国光、武迪生等分别向他们颁发了证书，并赠送了象征开启沈阳市大门的玉石钥匙。

▲市委书记张国光、市长武迪生等市领导察看粮情，慰问奋战在烘干晾晒一线的粮食系统职工，感谢解放军指战员的大力支持，要求八方支援，确保公粮粒粒归仓。

7日

市政府在香港举行新闻发布会，介绍将于5月13日至19日在港举行的"沈阳市香港国际经济技术合作洽谈会"的有关情况，副市长刘克田在会上介绍了沈阳的投资环境和优惠政策。

8日

武迪生市长、刘克田副市长会见了来访的美国伊利诺斯州议会代表团一行12人。

9日

沈阳、营口、鞍山、抚顺、本溪、铁岭、辽阳、丹东8市的物价局长齐集沈阳，制定统一价格改革政策。

10日

市政府召开第十五届一次全体会议，常务副市长任殿喜主持会议，市长武迪生作了重要讲话。会议要求政府全体成员与全市人民一道，抓住机遇，力争沈阳经济更好更快地发展，确保全面完成1993年和本届政府的工作目标。

▲朝鲜驻沈阳总领事馆举行招待会，庆祝金日成同志81周年诞辰。副市长刘克田等有关方面负责人应邀出席。

15日

沈阳市第一家民办民族传统文化研究机构——东方朝鲜民族传统文化研究所正式挂牌开业。

16日

国务院批准沈阳经济技术开发区升为国家级开发区，并享受沿海开放城市经济技术开发区政策。

▲沈阳专利商场在繁华的中街开业，当天就有1 250项专利成果参加出售。

▲张瑞昌副市长会见香港中策投资者有限公司总裁黄鸿年先生。

17日

省长岳岐峰在市领导张国光、武迪生、金明仕、刘克田、马向东的陪同下深入沈阳城乡，对企业、市场、农村进行了大量调查研究。岳省长指出，发展市场经济，当前关键问题仍然是要解放思想，转换脑筋。

19日

市十一届人大常委会举行第二次会议，审议《关于沈阳市县区机构改革的意见》。

▲刘克田副市长会见了以川野浩一会长为团长的日本长崎县禁止原子弹氢弹团长议会访华团一行5人。

23日

武迪生市长会见了以依扎克·侯振先生的为团长的以色列职业服务业代表团一行13人。

24日

一年一度的市劳动模范、先进集体表彰大会在八一剧场隆重举行。市政府授予沈阳铸造厂张成哲等23人“市特等劳动模范”称号，沈阳飞机制造公司贺光明等738人“市劳动模范”称号，命名沈阳飞机制造公司等79个单位为“市先进单位”，命名东北机器制造总厂高压气瓶分厂等199个集体为“市先进集体”。

▲省委书记全树仁在市领导张国光、丁世发、赵金城、刘克田等陪同下考察了沈阳开发区、风动工具厂和南湖科技开发区，全书记指出，要抓住机遇加快开发区建设和老企业改造。

27日

沈阳机床股份有限公司正式成立，这是国内机床行业最大的股份制企业。省市领导张荣茂、张国光、武迪生、张瑞昌出席了公司成立大会。

▲刘克田副市长会见联合国技术信息促进系统罗马总部执行主席古斯塔沃·夫劳瑞斯先生和执行主席助理格劳丽娅·基麦尔女士。

28日

市政府召开扭亏增盈工作会议。会上对扭亏增盈工作做出突出成绩的单位和个人进行表彰，对成效不大或继续增高的企业通报批评。

▲'93全国轻工产品订货会在沈阳结束总成交额达2.7亿元。

29日

市长武迪生、副市长刘克田在迎宾馆会见了美国摩根财团中国大陆投资项目副总裁单伟建先生及其随员。

▲沈阳市公安局为有利于人口合理流动，出台新的户口政策。农村劳动模范可办城市户口，企业生产一线的骨干家属可优先解决“农转非”。

30日

武迪生市长、张毓茂副市长会见了台湾新闻传播界赴辽宁观光团一行14人。

五　月

1日

沈阳市广大人民群众以多采的文化活动和丰富的生活内容欢度“五一”国际劳动节。

3日

沈阳市各界青年代表举行纪念“五四”运动74周年座谈会。市委书记张国光发表讲话，希望青年解放思想，勇于拼搏，为两个文明建设再立新功。会上共青团沈阳市委命名姜伟等10人为第三届“沈阳十大杰出青年”。

4日

深圳—沈阳卫星传递证券行情系统在沈阳建设银行信托投资股份有限公司正式开通获得成功。

5日

市领导张国光、任殿喜、艾廷隽、刘克田会见了马来西亚成功集团首席执行执行总裁陈志远先生一行14人。

▲原省人大常委会副主任、中共沈阳市委书记肖佐汉同志因病逝世。

7日

沈阳与菲律宾奎松市正式缔结友好城市关系，副市长任殿喜与奎松市副市长查礼东·普垃那斯分别代表两市政府在协议书上签字。这是沈阳继与札幌、川崎、芝加哥、都灵和杜塞尔多夫市建立友好关系之后，在世界上结交的第六个国际友好城市。

8日

市政府与市总工会举行第四次联席会议。为如何转变政府职能，发挥工会的组织作用，进一步衔接好双方的工作，搞好沈阳经济建设等问题广泛交流了意见。

9日

中共沈阳市委召开常委民主生活会，重点解决如何带头弘扬创业精神，把沈阳市的工作进一步抓实的问题。会议指出，从市委常委、副市长做起，在全市掀起一个以转变思想观念、转变思维方式和工作方式、转变工作作风、弘扬新时期创业精神为重点的思想解放和真抓实干的新热潮。

10日

市委、市政府召开城市管理工作会议，副市长任殿喜作题为“强化城市管理，整治社会秩序，为经济和各项事业上新台阶创造良好环境”的工作报告。市委书记张国光作重要讲话。会议号召整治城市环境，建设文明沈阳。

▲张瑞昌副市长会见了以大西副社长为团长的日本斗田汽车株式会社访沈团一行10人。

12日

市委、市政府召开全市党政机关简政动员大会。会议提出1993年市县机关总体缩编20%，鼓励机关干部创办经济实体或从事个体经营。

▲世界银行国际咨询专家汉斯·罗斯先生到沈阳考察，将与沈阳机床股份有限公司、机床设计和制造企业等单位就有关项目进行可行性研究和规划。

13日

市委、市政府召开教育工作会议，指出，要使教育主动为沈阳经济和社会发展服务，必须深化改革，加速发展，提高质量，彻底转变传统的教育观念，建立富有活力的教育新体制，紧紧地把握教书育人这条主线。

14日

来自美国、德国、英国、日本、瑞士、香港和国内的30多家企业参加的沈阳国际医疗器械展览会在辽宁工业展览馆开幕。

▲沈阳(香港)国际经济技术洽谈会在香港开幕。

16日

在全国助残日，省市领导全树仁、岳岐峰、徐文才、陈素芝、徐德、丁世发、金苗生、张毓茂到皇姑区聋哑学校、启智幼儿园、沈河区精神病院慰问在那里辛勤劳动的工作者。

17日

沈阳经济技术开发区在香港召开投资环境介绍会，有30多个国家和地区的商社企业代表和20多位记者出席。

武迪生市长和刘克田副市长分别讲话。

▲任殿喜副市长会见以欧嘉士、余汉荣为团长的香港无线电视台来沈采访记者一行11人。

19日

沈阳(香港)国际经济技术合作

洽谈会在香港闭幕,到会中外客商5 000人,签订外商投资项目377项,签约总额48.7亿美元。

20日

艾廷隽副市长会见来沈参加“沈阳中美国际技术转移研究会”的美国此卡州立大学代表团。

21日

应市政府邀请,日本东京银行驻大连支店店长小川俊一郎先生来沈讲学。

22日

团市委组织全市10万多团员青年及少先队员参加美化城市的大型活动。

26日

市政协举行第三次委员会,听取有关城市建设方面的汇报。

27日

市委、市政府在辽中县长滩镇召开推广农民股份制经验现场会,推动全市农村改革向深层次、新领域发展。

28日

市政府对南站地区实行交通管制。以公安交警为主,有关部门从属动作,对南站地区实施全方位、全天候、全覆盖的交通管制。要求停车不乱放,行车不违章,行人不斜穿,道路无占用,路段无阻塞,环境无脏差。

▲日本札幌市劳连代表团结束对沈阳的3天访问。

29日

沈阳庆祝“六一”国际儿童节大会暨'93沈阳首届儿童城开城典礼在辽宁工业展览馆举行,市领导董万德、高柏金、任殿喜、王扬、周明录、王长兴、郭柏桐参加了活动。

▲张瑞昌副市长会见台湾忆丰集团董事长曾来发率领的东北之旅考察团部分成员。

▲马向东副市长以日本国众议院议员,日本社会党通商产业委员会委员和田贞夫为团长的关西辽宁协会和田贞夫访中团。

31日

团市委、市教委表彰“十佳优秀少先队员”和“十佳优秀少先队辅导员”。

▲沈阳薄板厂被鞍钢集团兼并。

六 月

1日

东北大学举行庆祝张学良名誉校长93寿辰大会,遥祝老校长安康,盼老校长早日荣归故里。

2日

美国有线电视广播网(CNN)驻北京首席记者齐迈可等一行5人结束了对沈阳的4天参观采访。

4日

武迪生市长、刘克田副市长会见以色列驻华使馆商务参赞丹·卡塔雷瓦斯先生和以色列国家出口贸易协会执行副会长奥菲克先生。

5日

市委召开市级领导带班服务工作动员大会,提出要把帮助国有大中型企业的社会主义市场经济找到最佳结合点作为工作重点。105名干部组成29个服务组深入企业工作。

6日

市领导会同有关部门察看南站地区交通管制情况,指出加强科学管理,以点带面推开。

7日

全市城乡2 000多名锡伯族同胞在北陵公园举行联欢,欢庆“4·18”西迁节。

▲民航沈阳——天津——武汉航线正式开通。

8日

'93沈阳国际成人教育研讨会在辽宁大厦开幕。来自美国、加拿大、奥地利、以色利、台湾等13个国家和地区的400名代表出席会议,就成人教育与经济发展、终生教育理论、扫盲教育等课题进行广泛研讨。

▲沈阳市民办科技实业家协会成立。其宗旨是,团结沈阳地区献身科技事业的民办科技实业家,大力兴办和发展科技实业,促进科学技术迅速转化为现实生产力。

9日

武迪生市长、艾廷隽副市长会见了美国北卡罗来州社区学院部主席,前北卡罗来州州长罗伯特·斯考特先生。

▲历时3天的市文艺创作座谈会结束,提出以经济建设为中心,繁荣文艺创作。武迪生市长在会上讲话说,讴歌人价的创作,唤起时代的精神,应成为沈阳文艺的主调。

10日

市创造力开发协会召开第二次理事扩大会,市长武迪生提出要发挥群众性创造发明活动在两个文明建设中的作用。群众性创造发明活动要热起来。

12日

金明仕副市长主持召开全市防汛工作紧急会议,要求各级干部正确处理好发展经济与搞好防汛的关系,迅速行动起来,切实抓好夏秋季防汛工作。

▲召开沈阳预备役部队组建10周年纪念大会,提出加强国防建设,促进两个文明跃上新台阶的要求。

14日

市委宣传部召开形势任务教育经验交流暨表彰会,14个先进单位受奖。

15日

全国城市社区体育现场会在沈阳召开,市体委、大东区政府在会上介绍经验。

16日

全国残联主席邓朴方来沈阳视察残疾人工作,为“沈阳广场隆重推出典礼”剪彩。

▲朝鲜劳动党新义州市代表团一行7人到达沈阳访问。

17日

市召开新闻工作座谈会,提出新闻工作要服务经济中心,深化新闻改革。

18日

沈阳举行建设有中国特色社会主义理论研究会,围绕邓小平同志建设有中国特色社会主义理论的形成和发展,内容和结构,本质特征,重要指导意义等问题进行了热烈研讨。

20日

'93艾农杯、飞龙杯选美大赛揭晓,钱琨、王明武分别夺得沈阳小姐和沈阳先生冠军。

21日

市委、市政府召开紧急会议,就国库券发行认购工作作出部署。

▲西班牙GEC阿尔斯通SFL公司为第三届中国沈阳国际秧歌(民间舞蹈)节捐款10万美元。

22日

沈阳第六届"三胞"联谊活动开幕,700多名台港澳同胞和海外侨胞在沈阳探亲和洽谈生意。

▲沈阳开发举行首届经济技术洽谈会,来自日本、美国、以色列、韩国等22个国家和地区的250多位外商参加洽谈。

23日

武迪生市长被美国达拉斯市授予"荣誉市民"称号。美国LCD国际有限公司董事长、美藉华人李清地先生代表达拉斯市市长巴列先生在沈阳向武市长转交荣誉证书。

24日

市委书记张国光主持召开全市副市级以上干部会,传达省委、省政府召开的市委书记、市长会议精神,武迪生市长通报了上半年经济形势。会议强调要紧中求发展,以稳定保发展,通过改革开放促发展。

25日

市长武迪生会见日本关西地区著名企业家、大阪商工会所贸易部长、松下工业(株)会长松下良先生一行。

▲市委召开迎"七一"优秀共产党员座谈会,22位优秀党员和优秀党务工作者参加座谈。市委副书记丁世发要求全市党员在市场经济的大潮中练就真本领。

26日

市政府召开会议,把整治环境列为办实事的一件重要工作,把群众反映突出的3个方面15件事列入近期整治重点。

28日

市召开纪念中国共产党成立72周年暨先进党组织,优秀党员事迹报告会。市委书记张国光作重要讲话,强调要全面提高党的战斗力,为改革开放和经济持续稳定发展提供重要保证。

▲武迪生市长会见世界银行高级官员奥斯汀·胡先生一行。

29日

市召开农村县区领导干部会议,提出以建设"小康村"活动统领农村工作全面。

▲市召开秧歌节宣传工作动员大会,提出第三届秧歌节主题为"参与与奉献"。

七　月

1日

市长武迪生、副市长马向东会见全国政协委员、香港远东投资国际有限公司董事长邱德根先生、董事邱达成先生。

2日

以董万德为团长、艾廷隽为副团长的沈阳经贸代表团前往内蒙古自治区、山西省进行经贸洽谈活动。

▲全市召开新旧财会制度对接动员大会,主题是充分认识财会制度改革的重大意义,加强领导,科学组织,确保新旧财会制度顺利对接。武迪生市长在会上要求确保顺利衔接。

3日

沈阳市成立技术合同仲裁委员会。

5日

全市行政事业单位财产清查登记工作结束,清查后资产总额达71亿元。

▲武迪生市长在沈阳迎宾馆会见并宴请了美国驻沈阳总领事侯儒楷及夫人。

6日

中共沈阳市委召开八届六次全体(扩大)会议。张国光作总结讲话,武迪生、董万德、丁世发作汇报发言。会议再次强调在紧中求发展,靠稳定保发展,通过改革开放促发展。各级党组织要增强全局观念和整体意识,坚决贯彻党中央、国务院关于当前经济工作的一系列主要决策,为保证国民经济持续快速健康的发展作出应有的贡献。

7日

全国人大华侨委副主任委员刘振华带检查组在沈阳检查《中华人民共和国归侨侨眷权益保护法》贯彻落实情况。

8日

团中央书记处书记巴音朝鲁率调研组在沈阳调研共青团工作。

9日

朝鲜驻沈阳总领事馆举行招待会,庆祝朝中友好合作互助条约签订32周年。

▲全国爱国卫生运动委员会专家考核组在沈阳宣布,经过3天的抽查考核,沈阳市消灭蟑螂工作成效显著,达到了国家要求标准。

10日

国务院批准撤销新民县,设立新民市(县级市)。

▲第二届中国沈阳国际秧歌节组委会召开扩大会议,动员方方面面"大干60天,办好秧歌节"。

12日

沈阳召开经济发展战略国际研讨会,世界银行工业能源局局长理查德·斯特恩等5人专程来沈讲学。

13日

省委书记全树仁在市委书记张国光陪同下,考察了沈阳矿山机器厂、沈阳铸造厂。全树仁指出企业要活必须加大对外开放的步子。

15日

市十一届人大常委会举行第四次会议,审议市政府关于上半年国民经济和社会发展计划执行情况等报告。

16日

国家科委副主任邓楠对沈阳市科技工作进行考察。

17日

中共沈阳市委邀请各民主党派、人民团体负责人举行情况通报会,通报市委八届六次全会精神。

20日

市政协举行十届二次常委会议,传达讨论中共沈阳市委八届六次全体(扩大)会议精神,协商讨论沈阳市上半年经济形势和今后的任务。

21日

市人大常委会召开向市人大代表通报市政府工作情况大会。市长武迪生代表市政府向市人大代表通报上半年工作情况和下半年主要任务。

22日

沈阳海关在沈阳经济技术开发区设立监管组。

23日

市召开纪念《全民所有制工业企业转换经营机制条例》颁布一周年座谈会，市委书记张国光在会上指出，维护《条例》的法律地位，加快贯彻《条例》步伐。

24日

市长武迪生会见了以小野泽丰为团长的日本长冈市中越铸物工业协同组合代表团。武市长向客人介绍了沈阳的投资环境，双方就进一步拓宽合作领域进行了探讨。

25日

新民市举行撤县设市庆典，省市领导到会祝贺。

26日

朝鲜平安北道代表团抵沈进行友好访问。

27日

省市民政部门组成慰问团，到部队医院看望工作人员和休养员。

28日

市长武迪生、副市长张瑞昌会见了美国通用汽车公司执行副总裁休斯先生一行。

▲以常务副市长任殿喜为团长的沈阳经贸代表团出席了'93马来西亚亚洲工商产品展览会"沈阳有80家企业推出2 200多种商品参展。

30日

市委书记丁世发、市双拥办主任扬忠惠等12人被评为省拥军优属模范。

▲省、市和沈阳军区举行"八一"军民联欢晚会，军民共叙鱼水情，共谱"双拥"新篇。

八 月

1日

零时，沈阳市内电话号码由6位升为7位，标志着沈阳的电话事业发展又迈上一个新台阶。

2日

由中国记协组织的渤海地区亚太经济合作特别采访团到沈阳采访。采访内容是沈阳的投资环境、引进外资的优惠政策、吸引外资的成功经验等。

4日

召开沈阳市扩大改革开放暨重振铁西工业雄风对策研讨会。就如何改造铁西工业区进行了研讨、论证。

5日

市政府分别授予李属秋等21名见义勇为者为"维护社会治安见义勇为先进分子"荣誉称号，并号召全市人民向他们学习。

▲刘克田副市长会见韩国斗源集团总裁金灿斗一行。

▲市召开乡镇工业工作座谈会，提出眼睛向内搞活资金，加强管理提高效益。强调要千方百计筹措和盘活资金，大力推进管理进步和技术进步，保证乡镇企业持续、协调、高速、健康发展。

6日

武迪生市长接受中国质量万里行小分队的采访，并做了"质量万里行是兴国利民之举，是振兴中华民族的根本所在，是为民服务的核心"的题词。

▲马向东副市长会见香港华登珠宝有限公司董事长郑绮华女士。

▲武迪生市长会见以色列伊那夫集团董事长所罗门·伊那夫先生一行。

7日

市政府召开财税工作会议，通报上半年全市财政状况，部署下半年税收任务。张瑞昌副市长在会上指出，当前的中心任务就是统一认识，严肃财经纪律，确保预算任务完成。

▲市委宣传部召开新闻界座谈会，提出加强新闻队伍职业道德建设，禁止"有偿新闻"。

8日

市长武迪生、市委常委张鸣岐会见香港华润(集团)有限公司总经理朱友蓝先生一行。

▲以赤峰市委副书记、市人大常委会主任鲍鹏飞为团长的赤峰市经贸代表团一行76人抵沈访问。

10日

沈阳市城乡居民储蓄存款余额首次突破200亿元大关，达到200.76亿元。

11日

市委、市政府召开整治市容环境落实城管目标责任制动员大会。市长武迪生分别同27个县、区和有关委办局负责人签署了城市管理目标责任状。

12日

韩国东和商协(株)会长承曰范先生被授予沈阳市荣誉市民称号。

▲沈阳市在香港举行"一节两会"新闻发布会，各界人士对秧歌节和洽谈会兴趣颇浓。

13日

市政府命名14名教育专家。市委书记张国光、市长武迪生等领导为教育专家颁发荣誉证书。

14日

'93沈阳彩灯游园会在南湖公园开幕。

16日

刘克田副市长会见了以董事长为首的马来西亚新协力集团一行9人。

17日

全国政协副主席杨汝岱一行9人在市政协主席董万德、副市长刘克田等领导陪同下视察了沈阳开发区。

18日

全国城市目标管理研究会第六次年会在沈阳举行，来自全国50个城市的110名代表参加会议。

20日

市政府召开第十五届二次全体会议。学习、贯彻中发[1993]6号文件和市委八届五次全会精神。武迪生市长作重要讲话，要求全体政府工作人员不参与股票经营，限制参与礼仪活动。

24日

副市长张瑞昌率领中国沈阳经贸洽谈代表团在韩国汉城新罗德店举行"中国·沈阳经贸洽谈会"。中国驻韩国大使张庭廷、韩国贸易协会副会长洪性佐等韩国政界、工商界、金融界、新闻界600余位嘉宾出席开幕式。

▲全市召开纪检监察案件检查信访工作会议，强调从严治党、从严治政、惩治腐败。

26日

刘克田副市长会见美国休士顿市议员杰森·罗宾逊为团长的美国休士顿经贸友好访问团。

▲市政府举行第十次常务会议，决定全市开始对政府部门收费全面清理整顿。

27日

沈河区被国家社会发展协调领导小组确定为国家社会发展综合实验区。

▲刘克田副市长会见日本东泽制钢株式会社常务取缔役高桥广一一行。

28日

以台湾威京关系企业总裁沈庆京先生为团长的台湾工商建研会东北投资考察团一行27人对沈阳经济技术开发区的投资环境进行考察。

29日

沈阳与呼和浩特市签订多项经贸协议，两市经贸合作又有新发展。

30日

武迪生市长、张毓茂副市长会见新加坡时代印刷集团总裁柯逢豹先生一行。

▲以深江茂树先生为团长的日本大阪商工会议所中国投资环境考察团到沈考察。

31日

张国光等市领导视察沈阳市机电学校、沈阳市纺织工业学校、沈阳市外事服务学校等中等职业学校。指出，职教的发展要处理好5个方面的关系，以形成产业化、社会化、“两手抓”的趋势。

九　月

1日

市召开信访工作会议，提出信访工作要围绕经济建设这个中心，做好超前化解矛盾的工作，靠稳定保发展。

2日

沈阳市成立第三产业普查领导小组，副市长马向东任组长。

3日

市秧歌节组委会举行第三次会议，武迪生市长要求进一步把第三届中国沈阳国际秧歌节的筹备工作做细、做实，把秧歌节办成开放性、群众性、国际性的文明而热烈的节目。

6日

沈阳市召开1993年教师节颁奖大会。市委、市政府向全市14位教育专家颁发了奖金，对获得全国、省、市劳动模范、优秀教师和教育工作者以及尊师重教先进单位、先进个人的代表进行表彰。

▲’93沈阳商品博览会暨第八届物资交易大会开幕。

▲武迪生市长会见日本驻华大使国广道彦一行。

7日

省委副书记尚文、省人大常委会副主任冯友松、省政协副主席张凌云等到沈阳走访学校，慰问教师。

8日

’93沈阳国际经济技术合作洽谈会举行开幕式。来自韩国、日本、美国等25个国家和地区的客商600余人出席。洽谈会历时7天，沈阳市推出了700余个合资合作项目。

▲武迪生市长、刘克田副市长会见日本网走市市长安藤哲郎、议会议长藤原金吉一行。

9日

新加坡温兄弟有限公司驻沈首席代表卢铿和美国自然功学会会长李清池被授予沈阳市荣誉市民。

10日

在中山广场举行’93中国沈阳国际秧歌节开幕式。仪式由副市长张毓茂主持，市长武迪生致开幕词。全国人大副委员长布赫、全国政协副主席洪学智，省委书记全树仁、省长岳岐峰、省委副书记孙奇、尚文、市委书记张国光以及沈阳军区、省军区首长、省市老同志，国家有关部委领导，外国使节和外国贵宾，33支中外舞蹈团队出席了开幕式。

12日

全国政协副主席洪学智在沈视察，看望了市政协及各民主党派负责人。

13日

武迪生市长、张瑞昌副市长会见了欧亚投资考察团一行。

▲刘克田副市长会见日本阿尔派株式会社社长沓泽虔太郎一行。

14日

第三届中国沈阳国际秧歌节和’93沈阳国际经济技术合作洽谈会同时闭幕。

▲市召开农业股份合作经济现场会，提出推进股份合作制，向深层次发展。

15日

市首批政府机关公务员聘任试点工作在大东区劳动局、财政局、民政局展开。

16日

市委书记张国光会见美国美亚企业董事长方可先生和法国新雅股份有限公司董事长文成先生。

17日

市委邀请市各民主党派、工商联负责人和无党派人士，通报全市关于广泛开展反腐败斗争的部署意见，共商惩腐倡廉工作大计。

20日

人民日报理论部、中共辽宁省委宣传部和沈阳市委宣传部在沈阳联合举办“纪念毛泽东同志诞辰100周年理论研讨会》。市委书记张国光在会上作题为“用建设有中国特色社会主义理论指导沈阳改革开放与经济建设的实践”的专题发言。

▲市委召开深入开展反腐败斗争工作会议。张国光做重要讲话，要求确保在年内取得反腐败斗争阶段性成果，发展沈阳改革开放和经济建设的大好形势。

21日

张国光、赵金城、艾廷隽等市领导会见了日本华乐白鸭日洋株式会社金田满等一行。

22日

共青团沈阳市第十一次代表大会开幕。市委、市纪委、市人大常委会、市政府、市政协领导到会。市委领导希望全市青年在振兴沈阳的伟大实践中建功立业，做跨世纪接班人。

24日

市长武迪生、副市长刘克田在市政府会见了以美国犹他州前州长诺尔曼·班奇特尔为团长的美国犹他州代表团。武市长向客人介绍了沈阳的开放情况及其发展潜力，并欢迎客人来沈投资。

▲共青团沈阳市第十一次代表大会闭幕，赵晓川当选为团市委书记。

▲市政府召开大会，动员工业企业大干100天，以销促产，挤占市场，实现速度效益双超计划。

26日

市委办公厅、市政府办公厅联合发出通知，要求加强对新闻发布会的管理。

27日

全市开展群众性发明创造月活动。

▲武迪生市长率沈阳市政府代表团一行6人，应邀出访俄罗斯伊尔库茨克市。

▲以副市长刘克田为团长的沈阳市政府代表团一行5人，应邀对墨西哥蒙特雷市进行友好访问。

28日

市各界人士欢聚一堂，共庆国庆佳节。市委书记张国光代表市委、市政府向大家致以节日问候。

29日

副市长张瑞昌会见了美国驻沈阳领事馆新任总领事彭士国先生。张副市长向客人介绍了目前沈阳市的经济改革及调整方面的情况。

30日

市委、市政府作出《关于推进党政机关廉政建设的规定》。

▲马向东副市长会见新加坡新闻艺术部副部长何家良率领的新加坡工商界商务考察团一行。

十　月

1日

沈阳有线电视开通试播。

4日

全市开展为期7天的’93全国节能宣传周活动。

5日

沈阳市与墨西哥蒙特雷市结成友好城市。副市长刘克田和蒙特雷市市长拉里昂德在蒙特雷正式签署了两市结成友好城市协议。

▲市委、市政府召集市物价局、财政局、计经委、外办、教委、卫生局、房产局、公安局、税务局、工商局等部门，听取关于治理乱收费和制止公款出国出境旅游以及纠正各种不正之风的情况汇报，强调狠刹几股群众反映强烈的不正之风。

6日

原省人大常委会主任王光中等领导视察沈阳南湖科技开发区。

7日

市纪委就礼重达等7起违法违纪案件查处情况发出通报，强调要切实把加强党风廉政建设，惩治腐败摆在重要位置。

9日

沈阳国际知识大奖赛揭晓，有36个国家和地区的近1 600多名海外人士参加大奖赛活动。

10日

京沈哈光缆工程沈阳段全线开工，共需敷设光缆270.4公里。

12日

团市委、市教委联合发出通知，表彰一批少先队工作先进集体和优秀个人。

13日

马向东副市长会见了以日本板垣光夫理事长为团长的日本札幌市霓红灯广告考察团一行4人。

▲日本东京佐佐木商会董事长佐佐木寅雄先生向沈阳赠送价值140万日元的农用机械。

14日

市委、市政府召开沈阳市纠风治乱工作会议。会议宣布市政府决定取消131项不合理收费的决定。

▲以卫生部副部长何界生为团长的国家卫生监督执法检查团一行12人来沈阳进行为期7天的检查。

18日

省委书记顾金池来沈阳视察工作，听取市委、市政府的工作汇报，视察了沈阳商业城、中捷友谊厂。顾金池充分肯定了沈阳市的工作，并指出：沈阳要继续为全省搞好大中型企业提供经验，充分发挥中心城市作用。

▲国务院赴辽宁税收、财务、物价大检查工作组到沈阳检查工作。

19日

沈阳市成立妇女权益保护委员会。

20日

市政协举行十届三次常委会，审议讨论创汇农业和搞好国有大中型企业等议案和报告。

▲市委书记张国光主持召开工业经济座谈会，指出要认清改革开放新阶段的新特点，抓住机遇，迎接新挑战。

22日

第二届沈阳青年经济技术博览会开幕。百余家单位参展，展出科技成果、专利产品近千项。

23日

沈阳市政府与北京航空大学签署了沈阳市与北京航空大学长期科技合作协议，为沈阳市利用北京航空大学高新技术成果改造传统产业创造了有利条件。

▲沈阳过境绕城高速公路南段全线通车，全长43.3公里。

25日

朝鲜驻沈阳总领事馆举行宴会，纪念中国人民志愿军赴朝参战43周年。市人大常委会副主任金苗生出席。

26日

市长武迪生、副市长张瑞昌会见了以横山朗为团长的日本成喜设备协会环境保护调查团。

▲市委、市政府召开了“沈阳市个体私营经济工作座谈会”。副市长马向东作了《解放思想，创造条件，加快个体私营经济发展，为振兴沈阳经济做出更大贡献》的报告。

27日

市长武迪生、副市长任殿喜、刘克田会见了以法国利安水务·杜美思集团总裁莫智和为团长的利安水务·杜美思集团考察团一行9人。

▲副市长张瑞昌全见美国大老古企业集团董事长张大玮一行8人。

28日

武迪生市长会见日本新闻代表团，并向日本记者介绍了沈阳经济改革及社会发展的有关情况。

29日

市委书记张国光会见以全国领导委员会成员亨利·鲁伊斯率领的尼加拉瓜桑地诺民族解放阵线代表团。

31日

张国光会见美国得克萨斯州贝尔郡郡长特使，美国孟氏集团总裁孟宪宁先生。

十一月

1日

“中、日、韩三国第九回书画交流展”在沈阳辽宁美术馆开展，共展出三国188位书画家的200多幅艺术珍品。

2日

全市居委会换届选举工作结束。换届后全市有居委会（包括家属委员会）2 500个，居委会干部16 440名。

3日

武迪生市长会见了日本东洋制钢株式会社社长大山龙一先生一行5人。

▲市委反腐败工作领导小组召开会议，听取市纪委关于南方部分省市近期开展反腐败斗争的经验和作法，提出进一步搞好反腐败斗争的要求。

▲市召开工业大中型企业转换经营机制经验交流会。张国光在会上讲话提出大中型企业应当成为对外开放的主体的要求。武迪生要求对搞好大中型企业进行分类指导。

4日

市委书记张国光会见了以朝鲜劳动党平安北道党委宣传书记朴诛英为团长的朝鲜劳动党平安北道代表团。

5日

市级领导干部集体学习《邓小平文选》第三卷，强调学习要把握好解放思想、实事求是的理论精髓；社会主义的本质和根本任务；坚持一个中心两个基本点的基本路线；社会主义和爱国主义思想的统一这四个重点。

▲刘克田副市长会见日本北洋株式会社副社长都丸久男先生一行7人。

6日

市委召开学习《邓小平文选》第三卷动员大会。市委书记张国光在讲话中要求全市党员、干部深入学习、牢牢把握《邓小平文选》中的战略思想和理论观点，把学习引向深入。

8日

卫生部派出的专家组，就沈阳市妇婴医院9月中旬至10月中旬期间发生的“柯萨奇”病毒致使15名新生儿死亡事件宣布，沈阳市妇婴医院和沈阳市卫生局负有重要责任。

▲武迪生市长会见以副市长罗武为团长的韩国光州市代表团。

9日

省政府“两基”（基本普及九年义务教育、基本扫除青壮年文盲）评估验收团来沈阳进行全面审查。

▲市召开农村工作会议，提出进入大市场，实现大发展，登上新台阶。市委书记张国光在讲话中要求全党同志和全社会方方面面，都要关心农村经济的发展，推动农村经济的振兴。

10日

武迪生市长会见了以会长三鬼彰先生为团长的日本日中东北开发协会东北三省访问团一行13人。

11日

刘克田副市长会见了前美国哥伦比亚银行总裁、现全美癌症基金会总裁、环球贸易公司董事长贝克先生一行4人。

▲艾廷隽副市长会见以约翰·泰勒总经理为团长的澳中教育网络公司代表团一行5人。

12日

市政府召开“利用外资工作座谈会”，提出抓住机遇，乘势而上，搞好利用外资，还需要进一步解决观念、机制、人才、资金等问题，以推进其不断发展。

▲市政协组织部分政协委员，对轻工系统企业停产、半停产的原因进行分析诊断，并推出解决办法。

15日

市级领导集体学习党的十四届三中全会公报，提出贯彻精神，加快改革，加快发展。强调要紧紧抓住国内外的有利时机，加快建立社会主义市场经济体制的进程。

▲刘克田副市长会见日本通产省雇员坂田先生率领的日本“官民使节团”一行6人。

▲张瑞昌副市长会见韩国侩一皮革株式会社代理理事林泰吉先生一行。

16日

市十一届人大常委会举行第六次会议，听取市政府关于开展依法治市、落实部门执法责任制情况等报告。

17日

武迪生市长、张瑞昌副市长会见丹麦诺沃公司国际部总裁邵云森先生一行。

18日

武迪生市长、刘克田副市长会见韩国驻华大使黄秉泰夫妇一行。

▲中央调查组对沈阳市反腐败斗争进行督促检查，对前段工作给予肯定，对下步工作提出要求。

22日

市召开住房制度改革实施动员大会。全市住房制度改革办法开始实施，主要内容包括出售公有住房、建立住房公积金、提租补贴超标加租、租房买债券。

23日

市人大常委会组织部分组成人员视察绕城公路建设情况。

24日

武迪生市长率领市政府代表团应拉马特干市政府邀请，访问以色列期间，于凌晨7时因乘座当地的直升飞机失事，不幸于以色列的内盖夫沙漠上空遇难。同机遇难的还有沈阳开发区管委会副主任张力。

29日

市人大常委会召开主任（扩大）会议，听取减轻农民负担工作的进展情况汇报。

▲“阿联酋——中国沈阳周”活

动在阿布扎比拉开幕。

30日

沈阳市党的建设研究会成立。原市委老领导吴铁鸣、李柯任名誉会长，王声溢当选为会长。

▲张瑞昌副市长会见以邹华华为董事长的香港德力高集团一行4人。

十二月

1日

任殿喜副市长会见俄罗斯伊利姆斯克市副市长西蒙诺夫率领的代表团。

▲市委召开的党建工作会议结束。市委书记张国光讲话中强调在党的建设上要切实克服和纠正离开中心抓党建的倾向，要切实克服和纠正抓中心代替党建的倾向，要切实克服和纠正党建工作可有可无和与已无关的倾向。

3日

市委书记张国光与东北大学学生座谈，鼓励大学生认真学习理论，做清醒的爱国者。

4日

市委、市政府召开会议，通报全市反腐败斗争情况，要求要进一步以惩治腐败为重点，加强党风廉政建设。

▲张瑞昌副市长会见韩国大鼎电子株式会社·第一土建株式会社会长张在福先生。

6日

老挝人民革命党中央委员会主席，老挝人民民主共和国总理坎代·西潘敦和夫人抵沈，对辽宁进行友好访问。

▲武迪生市长骨灰安放仪式在回龙岗隆重举行。省市领导和各界群众洒泪向武市长告别。

7日

沈阳超城科技股份有限公司与日本曙光株式会社举行合作协议签字仪式。双方将联袂在南湖科技开发区浑南产业区0.5平方公里土地上建设“中日中产业园地”，总投资1亿元人民币。

9日

市委办公厅、市政府办公厅联合发出“关于党政机关在元旦、春节期间保持廉洁作风的通知”。

10日

马向东副市长会见香港谢瑞麟珠宝(国际)有限公司主席谢瑞麟先生。

11日

全国和省人大代表在沈阳视察，对沈阳工作提出意见和建议。

14日

市委召开八届七次全体(扩大)会议，号召增强紧迫感，迎接新挑战，建立新体制，再求新发展。

15日

市纪委举行第六次全会，提出把反腐败斗争引向深入。

16日

市政府授予徐凤仪等10人“维护社会治安见义勇为先进分子”荣誉称号。

20日

沈阳市成立打击走私领导小组，刘克田副市长任组长。

21日

市工会第十二次代表大会开幕。

▲全市各界人士举行座谈，纪念毛泽东诞辰100周年。

22日

省、市广大群众和沈阳驻军指战员隆重集会，纪念毛泽东诞辰100周年。

23日

市工会第十二次代表大会闭幕。李中鲁当选为市总工会主席。

▲日本川崎市副市长深濑干男来沈访问。

24日

市计划、经贸工作会议结束。强调把握机遇，促进经济继续快速发展，会议提出1994年经济工作的指导方针和主体任务。

25日

日本札幌市副市长木户喜一郎先生一行来沈访问。

▲沈阳举行大型文艺晚会《继往开来》纪念毛泽东诞辰100周年。

27日

市委召开常委会，研究落实市委八届七次全会精神。会议强调要安排好节日市场，关心群众生活，让全市人民过一个欢乐、详和、文明、节俭的节日。

▲沈阳卫生通信地球站建成投入使用。

法规·规章

法规与规章

沈阳市企业职工工伤保险暂行办法

第一章 总则

第一条 为保障企业职工在生产、工作中遭受工伤事故和职业病伤害时(以下简称工伤)获得医疗照顾、生活保障和经济补偿及其他物资帮助的权利,促进安全生产,依据国家有关规定,结合本市实际情况,制定本办法。

第二条 本办法适用于沈阳市境内全民所有制企业、城镇集体所有制企业的职工和外商投资企业的中方职工(含临时工、轮换工、农民工)。

第三条 企业和职工应当严格遵守国家的安全卫生法规和安全生产规程,积极预防工伤事故和职业病的发生。

职工发生工伤事故和职业病时,企业应及时进行救治。企业或工伤职工保险管理机构应按本办法及时提供工伤保险待遇。

第四条 工伤保险由市劳动部门管理,并负责检查监督本办法的贯彻实施。

劳动部门负责工伤事故处理、伤残等级确定、待遇标准核定和康复规划的实施。工伤保险基金的筹集与支付,由市人寿保险公司负责组织实施。

第二章 工伤保险范围及确认

第五条 企业职工在下列情况下造成伤残或死亡享受工伤保险待遇:

(一)在本单位生产工作区域及工作时间内,从事正常生产、工作或领导临时指派的工作,或因工遭受非本人所能抗拒的意外伤害的;

(二)在紧急情况下,未经领导指派而从事对企业有益工作的;

(三)在生产工作环境接触有毒有害物资引发职业病的(经市级职业病医院认定);

(四)经领导安排或同意,从事与本单位生产工作有关的科学研究、试验、发明创造或技术革新等工作的;

(五)从事抢险救灾,维护社会和公民利益的;

(六)复员转业军人因公、因战致残治愈后旧伤复发的;

(七)由市以上劳动行政部门确认的其它因工伤亡。

第六条 职工发生工伤事故后,企业必须按规定向劳动部门报告,提出享受工伤待遇的意见,经劳动部门审查认定后执行。

第三章 工伤保险待遇

第七条 职工因工负伤或患职业病住院医疗、旧伤复发或评残后继续医疗,所需挂号费、医疗费全额报销。

第八条 职工因工负伤或患职业病住院医疗的,住院伙食费按当地出差伙食补助标准报销三分之二。经批准转外地医疗的,所需交通费、食宿费按职工因工出差的标准执行。

第九条 职工因工负伤或患职业病,必须到指定的医疗机构医疗(急救医疗除外),医疗至伤愈或处于相对稳定状态时,应由医疗单位作出医疗结论,医疗期最长为12个月,医疗期间的工资由企业按本人工伤前3个月的月平均工资发给。超过医疗期,由劳动鉴定部门作出医疗终结结论。致残的,由市或县、区劳动鉴定委员会进行劳动能力鉴定,评定伤残等级,发给因工伤残等级证。

第十条 职工因工致残经劳动鉴定后,按确定的一级至十级标准享受待遇:

(一)发给一次性伤残补助金,一级发给15个月;二级发给13个月;三级发给10个月;四级发给8个月;五级发给6个月;六级发给5个月;七级发给4个月;八级发给3个月;九级发给2个月;十级发给1个月。

(二)职工因工致残被鉴定为一级至四级的,应退出生产、工作岗位,发给定期伤残抚恤金,其标准分别为:月社会平均工资的90%、85%、80%、75%。伤残抚恤金随本地区工资水平提高的幅度定期相应调整。

饮食起居需要护理的,要按月发给护理补助费,护理补助费按一级至三级发给,其标准为全市社会平均工资的50%、40%、30%。

(三)职工因工致残等级为五级至六级的,企业安排工作确有困难,视情况可以离岗休养,休养期间企业按本人工伤前3个月月平均工资70%发给,并连续计算工龄。

(四)职工因工致残等级为七级至十级的,由企业安排适当工作。安排工作有困难本人自愿辞职另谋职业的,企业应予批准,并发给一次性就业安置费,工作每满1年发给本人1个月的工资(按本人离职前3个月平均工资计算),不满一年的按一年计发,最高不超过24个月,终止原工伤待遇。

(五)因工致残完全丧失劳动能力职工易地安家的,发给3个月的安家补助费。

第十一条　职工因工死亡待遇：

(一)丧葬费：标准为社会平均工资4个月，一次性发给主办丧事单位或死者直系亲属；

(二)一次性抚恤金：标准为社会平均工资36个月；

(三)供养直系亲属定期抚恤金：供养1人的，每月按全市社会平均工资的40%发给，供养2人的按70%发给，供养3人以上的(含三人)按90%发给。

第十二条　临时工(含城镇临时工、农民合同工、轮换工、季节工)因工伤亡的保险待遇：

(一)因工死亡的，按本办法第十一条规定的标准一次性发给因工死亡丧葬费、抚恤金和供养直系亲属定期抚恤金。

(二)因工致残的，医疗终结后经鉴定为一级至四级的，一次性发给伤残补助金、护理费、安置费，三项合计分别为2万元、1.9万元、1.8万元、1.2万元；五级至十级的，一次性发给伤残补助金、安置费，二项合计分别为8千元、7千元、3千元、2千元、1千元、0.5千元。

第十三条　在同一工伤事故中，通过民事诉讼获得民事赔偿的，一次性的工伤保险待遇不再重复享受。

第十四条　根据伤亡事故中所负的责任大小，一次性伤残补助金和一次性抚恤费按下列标准发给：

(一)职工本人无责任的，全额发给；

(二)职工本人负次要责任的，按95%发给；

(三)职工本人和企业负同等责任的，按90%发给；

(四)职工本人负主要责任的，按85%发给；

(五)职工本人负完全责任的，按80%发给。

第十五条　职工因工致残一级至六级治愈后旧伤复发死亡的，按本办法十一条(一)、(三)款的规定发给因工死亡丧葬费和供养直系亲属定期抚恤金，并按社会平均工资18个月标准发给一次性因工死亡抚恤金。

第十六条　职工因工致残医疗终结后，经劳动鉴定委员会鉴定确需配置、更换补偿功能器具的，按普及型标准到市劳动部门指定的单位配置。

第十七条　有下列情行之一的，工伤保险待遇自行停止：

(一)因工死亡职工供养的直系亲属被判刑或劳动教养的；

(二)工伤职工医疗期满后被开除、除名、劳动教养、判刑的；

(三)经鉴定为七级至十级的劳动合同制工人，解除劳动合同的；

(四)未经单位允许自行离职的；

(五)从失踪之日起失踪期满3个月的。

属本条(二)、(三)、(五)款规定，重新参加工作，所在单位按期为其缴纳工伤保险金的，可继续享受原待遇，停止工伤保险待遇期间的工伤保险金不予补发。

第四章　工伤保险基金筹集与管理

第十八条　工伤保险基金本着"以支定收，留有储备"的原则，实行全市统一筹集，统一管理，专项储存，专款专用。

第十九条　工伤保险基金由企业按工资总额一定比例缴纳。企业缴纳工伤保险费和企业自行支付的工伤保险待遇均从成本中列支。

第二十条　工伤保险基金根据各行业工伤风险类别和工伤事故及职业病发生频率提取，实行差别费率和浮动费率，最低为企业工资总额的0.3%，最高不超过统筹单位平均费率的3倍。差别费率每年定期进行调整。各行业提取比例为：(1)煤矿2.3%；(2)机械、建安、建材、冶金、化工、制药1.1%；(3)轻工、交通、煤气、自来水、农机、汽车0.9%；(4)电子、粮食、纺织0.7%；(5)商业及其他行业0.3%。

第二十一条　工伤保险基金统筹项目包括：

(一)职工因工死亡丧葬费；

(二)职工因工死亡发给直系亲属的一次性抚恤金；

(三)职工因工死亡发给供养直系亲属的定期抚恤金；

(四)职工因工致残后发给的一次性伤残补助金；

(五)职工因工致残发给的定期伤残抚恤金；

(六)职工因工致残完全丧失劳动能力的护理补助费；

(七)职工因工致残配置补偿功能器具的费用；

(八)职工因工致残完全丧失劳动能力后的易地安家补助费。

第二十二条　由工伤保险基金支付的统筹项目，均按上年度社会平均工资计发。未列入统筹项目的其它保险待遇(医疗费、住院期间伙食补助、就业安置费、医疗期间及离岗休养期间的工资)，由企业按本办法的规定支付。

第二十三条　工伤基金总额的86%作为支付职工工伤保险费用；5%作为风险储备金；5%用于发展康复事业；2%用于工伤保险管理费用；2%用于服务经办费。

第二十四条　工伤保险基金由企业开户银行代扣，存入企业所在县、区人寿保险公司在银行开设的工伤保险基金专户。工伤保险基金不计征各种税费。工伤保险基金由银行按照同期城乡居民存款利率计息，所得利息转入基金。

第二十五条　工伤保险基金提取、支付由各级人寿保险公司按照本办法办理，并按受市社会保险基金委员会检查与监督。

第五章　劳动鉴定

第二十六条　建立沈阳市劳动鉴定康复中心，受市劳动部门的委托，负责对工伤职工劳动能力的鉴定和制定康复规划等工作。

第二十七条　企业劳动鉴定委员会或小组要督促落实工伤事故预防措施，负责组织工伤抢救医疗、工伤认定及协助市、县、区进行劳动鉴定工作。

第六章　企业和职工责任

第二十八条　企业招收职工时，必须在劳动合同中明确规定对职工承担工伤保险的责任。

第二十九条　企业实行租赁承包或被兼并、转让时，继续经营者必须承担该企业职工的工伤保险责任。

职工被借调或者临时聘用期间发生工伤事故的，应按照双方签订的协议承担保险责任。

第三十条　职工因工负伤和患职业病医疗期间，企业不得解除劳动合同，合同期可顺延到医疗期满为止。

第三十一条　企业必须按本办法的规定办理职工工伤保险，如实向当地劳动部门申报职工工伤、职业病情况和向人寿保险公司申报本企业工资总额、职工人数，按时缴纳工伤保险基金，逾期不缴纳或偷漏报工资总额的，按日加收未缴纳部分1%的滞纳金。

第三十二条　企业破产时要按规定清偿应支付的工伤保险待遇。

第三十三条　职工应严格遵守企业安全生产规程，发生工伤后应如实报告情况，服从企业和劳动部门按照本办法进行处理。

第三十四条　职工因工死亡后，企业和家属应在十日内办理完丧葬事宜。无正当理由，逾期不办理的，尸体由公安部门协助处理，其费用家属自理。负责工伤处理的家属及亲友代表最多不得超过3人，超过的费用自理。

第七章　法律责任

第三十五条　企业违反本办法，有下列行为之一的，按有关规定给予行政处分和经济处罚：

(一)逾期不办理工伤保险注册登记手续的；

(二)在劳动合同中不规定或非法免除工伤保险责任或在职工工伤、职业病医疗期间解除劳动合同的；

(三)瞒报、少报或逾期不报工伤和职业病情况，以及少报职工人数和工资总额的。

第三十六条　工伤保险管理机构延期支付或少发、漏发工伤保险待遇的，同级或上级劳动行政部门督促保险机构纠正并补发待遇。

第三十七条　工伤保险管理人员失职或徇私舞弊的，其所在单位或者有关部门应当批评教育或给予行政处分。情节严重构成犯罪的，依法追究其刑事责任。

第三十八条　工伤职工无故拒绝治疗、检查、夸大或隐瞒重要情节影响劳动鉴定和多领工伤保险待遇的，企业和劳动部门可停发或减发有关待遇。对虚报冒领的部分予以追回。对经劳动鉴定确认已恢复劳动能力而不上班的，按有关规定处理。

第三十九条　工伤职工及其亲属或其他人拒绝和阻碍国家工作人员依法执行职责，并破坏生产、工作秩序或扰乱治安的，由公安机关依照《中华人民共和国治安管理处罚条例》的有关规定处理；以暴力、威胁手段阻碍企业干部和劳动行政部门工作人员依法执行职责并构成刑事犯罪的，由司法部门追究其刑事责任。

第八章　争议仲裁和行政复议

第四十条　因工伤残的职工及死亡职工的亲属因工伤保险待遇与企业发生争议时，可向有管辖权的劳动争议仲裁委员会申请调解仲裁。

第四十一条　企业或职工对劳动行政部门作出的工伤责任认定、劳动能力鉴定、伤残等级确定以及保险待遇标准决定不服的，可在决定作出后15日内向上一级劳动行政部门申请复议或直接向人民法院起诉。

第九章　附　　则

第四十二条　本办法由市劳动局负责解释。

第四十三条　本办法自1993年7月1日起施行，过去规定与本办法有抵触或不一致的，以本办法为准。

沈阳市城市园林绿化管理规定

第一章　总　则

第一条　为保护和改善城市生态环境，进一步加强城市绿化的规划、建设和管理，根据国务院《城市绿化条例》结合我市实际，制定本规定。

第二条　本规定适用于沈阳市城市规划区及建制镇内的绿化规划、建设、保护和管理。

第三条　各级人民政府应将城市绿化建设纳入国民经济和社会发展计划，开展全民义务植树和其他绿化活动，加强园林绿化管理和科研工作，提高城市绿化覆盖率和绿化水平。

第四条　市城市建设管理局是本市城市绿化的行政主管部门，主管全市城市绿化工作。

第五条　全市各单位和有劳动能力的适龄公民，应当按照国家有关规定履行植树造林和绿化城市的义务。

第六条　城市规划、土地、环保、房产、工商、交通、公安、银行等有关部门，应当协助城市绿化行政主管部门搞好城市绿化建设和管理。

第七条　对在城市绿化工作中成绩显著的单位和个人，由各级人民政府以及市城市建设管理局给予表彰和奖励。

第八条　本规定所称城市绿地包括：

(一)公园、动物园、植物园、游园和街道绿地、广场、运河、渠道等公共绿地；

(二)居住区绿地；

(三)企业、事业、机关、团体、学校和驻军单位等专用绿地；

(四)为城市绿化提供苗木、花卉的苗圃、花圃等生产绿地；

(五)由市城市建设管理局管辖的城市防护林带、水源保护林和市区为卫生、安全等防护目的营造的隔离林带等防护绿地；

(六)风景名胜林地；

(七)城市规划预留绿地。

第二章　规划和建设

第九条　城市园林总体规划由市城市建设管理局和市规划局共同编制，报市人民政府批准后，纳入城市总体规划，由市城市建设管理局负责组织实施。

各县、区人民政府根据市城市园林绿化总体规划，编制本县、区内的城镇绿化规划，经市城市建设管理局及市规划局共同审核后实施。

第十条　城市的新区开发和旧区改造必须留出相应的绿化用地。城市新建区的规划绿地面积不得低于总用地面积的30%;旧城改造区的规划绿地面积不得低于总用地面积的25%。各项建设工程绿化用地占工程总用地面积的比例,由城市建设管理局同规划部门共同研究确定。

第十一条　各项新建、改建和扩建工程、城市道路和住宅小区的建设,须将绿化工程列入基建规划,基本建设投资中必须包括其附属绿化工程的建设投资。

工程建设项目的附属绿化工程的设计方案,按照基本建设程序审批时,必须由市城市建设管理局参加审查。城市的公共绿地、居住区绿地、风景林地和干道绿化带等绿化工程的设计方案,必须报市城市建设管理局或上级行政主管部门审批。

第十二条　城市绿化工程的设计,须委托持有相应园林绿化工程设计资格证书的单位承担。

第十三条　园林绿化工程设计应以植物造园为主,吸收国内外先进的设计经验,体现民族风格和地方特色,遵循点线面相结合,乔灌草相结合,多品种、多层次、多形式相结合的设计原则。

第十四条　绿化建设单位必须按照批准的设计方案进行施工。绿化工程设计方案确需改变时,须经原批准机关审批。

第十五条　城市绿化工程的施工,必须委托有园林绿化工程资质证书的单位承担。

第十六条　各项建设项目的附属绿化工程完成的时间不得迟于主体工程投入使用后的第二个年度的绿化季节。绿化工程竣工后,市城市建设管理局按批准的设计方案,对园林绿化工程质量和植物成活率等进行验收。未达到时限要求和设计方案要求的,市城市建设管理局根据实际情况,责令建设单位限期完成。逾期不完成或者达不到设计方案要求的,由绿化专业部门进行绿化,并由市城市建设管理局对责任单位按实需绿化费用的一至二倍收取绿化延误费。

绿化延误费应列入城市绿化专项资金,专款专用,由财政部门监督使用。

第十七条　企事业单位、机关、学校和驻军等单位在市、区园林绿化部门的指导下,应搞好本单位和职工宿舍的绿化规划、建设和管理。

第十八条　城市苗圃、花圃应加强培育适合我市生长的优良植物品种,保证我市园林绿化事业发展的需要。

第三章　保护和管理

第十九条　市、区园林绿化部门应吸收国内外先进的城市绿化管理经验,加强树木的修剪、施肥、灌水、打药等日常管护工作,确保城市绿化植物的成活率和保存率,保持城市树木花草的美观繁茂及绿化设施的完好。

第二十条　市城市建设管理局应严格控制占用城市绿地和砍伐城市树木。

任何单位和个人不准擅自占用城市现有绿地和规划预留绿地,不准擅自砍伐、移植、毁损城市树木。

第二十一条　凡因建设工程、管线工程、开设商业服务网点等原因必须占用城市绿地和砍伐、移植、修剪城市树木的,必须经市城市建设管理局批准。批准程序为:按市、区管理权限,施工单位和个人应向市或区园林绿化管理部门提出申请;市、区园林绿化管理部门进行现场勘察,并提出具体意见报市城市建设管理局。

占用城市绿地和砍伐、移植、修剪城市树木,应缴纳绿地占用费和园林绿化补偿费。

第二十二条　百年以上树龄的大树,稀有、珍贵树木,具有历史价值和重要纪念意义的树木,统称古树名木。

市、区城市建设管理局应建立古树名木档案,编号、挂牌,进行重点保护。

第二十三条　凡生长在公共绿地、生产绿地、防护绿地以及风景名胜区的古树名木,由园林部门和风景名胜区的管理机构负责管理;凡散生于各专用绿地范围内的古树名木,由所属单位负责管理,市、区城市建设管理局负责监督和技术指导。

古树名木严禁砍伐、移植和损害。因特殊情况必须进行砍伐、移植的,须经市城市建设管理局审核后报市人民政府批准。

第二十四条　城市园林部门必须做好绿地植物病虫害的预报和防治工作,严禁用有病虫害的苗木和种子进行绿化。未经市植物检疫主管部门检疫或检疫不合格的苗木和种子,不得调出调入市区。

第四章　罚　　则

第二十五条　工程建设项目的附属绿化工程设计方案或者城市的公共绿地、居住区绿地、风景林地和干道绿化带等绿化工程的设计方案,未经批准或者未按批准的设计方案施工的,由市、区城市建设管理局责令停止施工、限期改正或者采取其他补救措施。

第二十六条　有下列行为之一的,由市城市建设管理局或其授权的单位责令其按本规定附表标准赔偿损失并按直接经济损失的三至五倍处以罚款:

(一)未经市城市建设管理局批准而砍伐、移植、毁损城市绿地内树木和其他园林设施的;

(二)损坏地被植物和花草树木的;

(三)在绿地内进行污染植物或土壤作业的;

(四)往绿地内倾倒垃圾污物的。

第二十七条　有下列行为之一的,由市城市建设管理局或其授权单位限期清退,并责令按三至五倍缴纳绿地占用费:

(一)未经市城市建设管理局批准,违章占用城市绿地的;

(二)虽经市城市建设管理局批准,但占地期间不足额缴纳绿地占用费的;

对限期清退期满后仍不退还绿地的,除按三至五倍缴纳绿地占用费外,市城市建设管理局或其授权的单位责令限期迁出或者拆除。

第二十八条　擅自砍伐、移植古树名木的,责令其赔偿损失,并按经济损失的五至十倍处以罚款。

第二十九条　故意违法侵占城市绿地、损害城市树木花草和园林设施，拒绝或阻碍城市绿化管理人员依法执行公务，违反《中华人民共和国治安管理处罚条例》的，由公安机关进行处理；情节严重，构成犯罪的，由司法机关依法追究其刑事责任。

第三十条　对违反本规定的直接责任者或单位负责人，可以由其所在单位或上级主管机关给予行政处分，构成犯罪的，依法追究刑事责任。

第三十一条　城市建设管理局和城市绿地管理单位的工作人员玩忽职守、滥用职权、徇私舞弊的，由其所在单位或者上级主管机关给予行政处分；构成犯罪的，依法追究刑事责任。

第三十二条　当事人对行政处罚不服的，可以自接到处罚决定通知书之日起15日内，向作出处罚决定机关的上一级机关申请复议；对复议决定不服的，可以自接到复议决定书之日起15日内向人民法院起诉。当事人也可以直接向人民法院起诉。逾期不申请复议或不向人民法院起诉又不履行处罚决定的，由作出处罚决定的机关申请人民法院强制执行。

第五章　附　　则

第三十三条　本规定在实施中的具体问题由沈阳市城市建设管理局负责解释。

第三十四条　本规定自1993年1月19日起施行。

沈阳市实行蓝印户口制度暂行规定

第一条　为适应改革开放需要，促进我市经济和城镇建设发展，加强户口管理，根据国家和省有关规定，结合我市实际情况，特制定本规定。

第二条　本规定所称蓝印户口，是指生活基础已转入我市城镇及有关地区的农业人口，经批准落户后，按城镇常住人口进行管理，在本市适用地区有效的一种户口管理制度。

第三条　实行蓝印户口制度的地区：

(一)市区(指九个区，下同)城镇地区及近郊乡；

(二)经市政府批准的各类开发区；

(三)经省政府批准的县辖镇。

第四条　凡在我市实行蓝印户口制度地区内合法买房、建房并居住的下列农业人口，均可办理蓝印户口：

(一)在我市投资兴办实业外商(含华侨和港、澳、台同胞)的国内亲属和聘用的管理人员、生产骨干及其直系亲属；

(二)国内单位在我市投资兴办实业聘用的管理人员、生产骨干及其直系亲属；

(三)在我市投资兴办实业的国内居民及其直系亲属；

(四)华侨和港、澳、台同胞经批准购买商品房或自建房，需照顾入户的内地亲属；

(五)在我市从事科研开发或受聘的科技、教育、管理等人员及其直系亲属；

(六)在我市从事务工经商等活动的人员及其直系亲属；

(七)"三投靠"人员以及长期居住在城镇的常住户口待定人员。

第五条　蓝印户口人员在入学、升学、招工、招干、房屋分配及动迁、征兵、复员退伍安置、生活补贴等各方面，均与当地城镇常住居民享有同等权利，履行同等义务。

第六条　蓝印户口的申办。

办理蓝印户口的人员须持房屋使用证、户口证明、工作证明或营业执照向当地公安派出所申请，市区的经市公安局批准；县的报县公安局批准。

第七条　蓝印户口原则上整户办理。

第八条　对办理蓝印户口人员征收城镇基础设施建设费。市区每人征收1万元；县城关镇每人征收5千元，其它集镇每人征收3千元。

对不够特困条件的病残人员，市区每人征收2千元，县每人征收1千元。

第九条　对已具备条件，因"农转非"指标所限未能办理"农转非"的人员根据自愿的原则，可办理蓝印户口，待有指标时转为城市户口。对于特困户每年可安排一定指标，经审定免收城镇基础设施建设费，办理蓝印户口。

第十条　蓝印户口可在本市(含县)适用地区内迁移。由市区迁往县城关镇及其它集镇的，准予落户(已征费用不退)；同等地区之间的迁移，有正当理由的，准予落户；由集镇迁往县城关镇和由县城关镇迁往市区，符合进市条件的缴纳地区差价款后，准予落户。

迁出我市适用地区的，恢复其农业户口性质(已征费用不退)。

第十一条　公安派出所和粮食部门对蓝印户口的粮油关系档案分别实行专籍管理。

蓝印户口人员按非农业人口统计。

第十二条　市区城镇基础设施建设费由市公安局户政管理部门代收，县的城镇基础设施建设费由所在县公安局户政部门代收。所收费用用于市区和县镇建设。收费部门提取管理费6%。

第十三条　本规定由市公安局负责解释并组织实施。

第十四条　本规定自发布之日起实行。

沈阳市实行蓝印户口制度补充规定

第一条　为改进蓝印户口办理工作，切实保障我市蓝印户口人口与所在地城镇常住人口享受同等待遇，加强户籍管理工作，特制定本规定。

第二条　改进蓝印户口的管理方式。公安、粮食部门对办理蓝印户口人员填发常住人口的户口簿和粮油供应证。内部仍按蓝印户口人口登记，专籍管理。

第三条　分期将蓝印户口转为当地城镇常住户口。

对整户(父母带子女)办理蓝印户口的,自办理之日起,满3整年,将其户口正式转为当地城镇常住户口;对拆户(父母一方带子女或单人)办理蓝印户口的,自办理之日起,满五整年,将其户口正式转为当地城镇常住户口。粮油供应关系亦按上述原则进行管理。

第四条 蓝印户口人员具备下列条件之一的,可不受本规定第三条限制,届时将其户口转为当地城镇常住户口;

(一)县(区、市)属以上企业录用的正式职工;

(二)经市人事局批准的录用的各类干部;

(三)考入普通高中、职业高中、技工学校及以上各类学校的人员;

(四)退伍军人。

第五条 允许单人办理蓝印户口。年龄不满16周岁的本市农业人口,在城镇地区有监护人,并已在城镇地区中小学校借读的,可以单人办理蓝印户口。

第六条 允许蓝印户口在本市范围内迁移。其迁移办法按城镇常住户口迁移的有关规定办理。户口由新民市及各县迁入市区的,需补交城市基础设施建设费价差款。户口由市区迁入新民市及各县的,不退还城市基础设施建设费价差款。蓝印户口人员迁往外市的,恢复其原户口性质。

第七条 办理蓝印户口不占省核定给我市的"农转非"指标。年度办理蓝印户口(包括单人办理蓝印户口)的指标由市政府下达,所定指标不得突破。

第八条 市区范围内办理蓝印户口,由市公安局户政处统一审批并代收城市基础设施建设费。

第九条 新民市及各县可参照本规定制定市、县范围内的蓝印户口制度实施办法,并向市主管部门报送本地区办理蓝印户口的计划和实施情况。

第十条 本规定自发布之日起施行。《沈阳市实行蓝印户口制度暂行规定》第七条、第十条、第十一条同时停止执行。

沈阳市罚没管理规定

第一章 总 则

第一条 为加强罚没管理,维护国家利益,保护企、事业单位和公民的合法权益,切实保证执法机关依法行政,根据国家有关法律、法规,结合我市实际情况,制定本规定。

第二条 本规定适用于我市一切社会性执法罚没行为。凡涉及执法罚没的单位和人员必须遵照执行。

第三条 各级人民政府财政部门是罚没管理的主管机关,审计部门应配合财政部门监督本规定的实施。

第四条 本规定所称罚没是指执法机关依据法律、法规和规章规定,对违法违章行为实施经济处罚的执法行为。本规定所指罚没包括:

(一)罚没财物。执法机关依法查处违法、违章案件的罚没款和罚没物资。

(二)追回赃款、赃物。即依法查处追回的贪污盗窃、投机倒把、行贿受贿等违法、违章案件的财物。

第五条 违反财经纪律、税收法规的罚没处理,执行有关制度或规定,不适用本规定。

第二章 罚没管理权限

第六条 下列文件中规定的罚没项目属于合法罚没项目:

(一)法律。

(二)行政法规。

(三)地方性法规。

(四)国务院各部委根据法律和行政法规,在本部门权限内,制定的规章。

(五)市人民政府根据国家宪法、法律和行政法规制定的规章。

第七条 我市罚没规定的制定权,由市人民代表大会及其常务委员会和市人民政府行使。

凡稳定性较强、长期适用的罚没规定,由市政府制定规章发布实施;临时适用的罚没规定,由市政府发布通告实施。

制定重大的罚没规定,提请市人民代表大会常务委员会审议批准后,公布实施。

现行合法罚没项目及标准按规定继续执行;新增加的罚没项目或提高现行合法罚没项目罚没标准,由市级执法部门提出,报市财政局审核,最后报市人民政府批准或报市人民代表大会及其常务委员会批准。

第八条 根据国家有关规定,国家行政机关、政法机关和经法定授权或行政委托的社会组织,在法律法规、规章授权的前提下,具有罚没权,其他任何部门和单位无权实施罚没。

群众组织实施经济处罚权,其执法适用范围和处罚尺度只限于有关群众性、社会性行政管理事物,且处罚程度较轻、执法程序简单的现场即时处罚。

第九条 市各执法部门转发上级有关经济处罚方面的规章和文件,须征得市财政局同意,重要的须报市政府批准颁布实施。

第三章 罚没执行

第十条 各级执法机关,应按法定程序执行罚没,没有建立执法程序的,必须建立,同时必须建立行政执法监督制度和执法机关内部罚没管理规定,并报同级财政部门审核、备案。具备上述条件的,由同级财政部门发给《罚没许可证》后,方可实施处罚。

第十一条 各级执法机关实施处罚时必须遵循下列原则:

(一)以事实为依据;

(二)依法罚没,遵守法定程序;

(三)适用一般程序的案件审理实行民主集中制;

(四)定性准确,处理恰当;

(五)罚没处理对当事人公开;

(六)同一违章行为不得重复处罚。

第十二条 罚没案件的处罚程序:

(一)立案;
(二)调查;
(三)定案处理;
(四)结案。

执法机关对依法查处违法、违章案件的案卷,应按法律、法规的规定齐备有关材料,并按规定的期限妥善归档保管。

执法机关对违法、违章案件立案处理,必须向被罚单位和个人开具市财政局统一制发的罚没收据,并指明处罚所根据的条款,并告知被处罚单位和个人具有行政复议或行政诉讼的权利。

第十三条 依法执行罚没的有关人员在现场对违法、违章人员实施即时处罚必须遵守下列规定:

(一)佩戴执勤标志或出示证件;
(二)向被罚单位和个人讲明或出示处罚依据;
(三)开具财政部门统一印制的罚没凭证(票据);
(四)按规定的权限和罚没标准实施处罚,不准擅自超越罚没权限,提高罚没标准;
(五)遵守罚没票据使用规定,专用票据专项使用;
(六)实施处罚时,必须使用现场即时处罚法律文书。

第十四条 被罚单位和个人对处罚决定不服,可在收到处罚决定通知书之日起十五日内,向决定处罚机关的上一级机关提出复议或依法向人民法院提请起诉。复议或诉讼期间,处罚决定继续执行。

第四章 罚没执法监督

第十五条 各级财政部门要切实做好对执法机关罚没执法的监督检查工作,各企、事业单位和人民群众有权依据本规定,对各执法机关罚没执法进行监督,各执法部门要依据法律、法规规定,加强对自身罚没执法的监督管理。

第十六条 执法罚没监督工作必须坚持有法必依,执法必严,违法必究的原则。

第十七条 各级财政部门就下列内容,对各级执法机关执法罚没实施监督:

(一)执法机关罚没执法主体的合法性;
(二)罚没执法所依据的法律、法规的合法性;
(三)执罚情况;
(四)执法制度建设情况;
(五)罚没财物上缴情况;
(六)其他与执法罚没相关需要监督的事宜。

第十八条 各级财政部门对各级执法部门执法罚没实施监督通过下列方式:

(一)对经济处罚法律、法规实行档案化管理,各级财政部门应按管理需要分类建档。

(二)采取多种方式检查执法机关罚没执法情况,执法机关应定期将本部门执法情况报同级财政部门。

(三)实行对乱罚款举报监察制度。各级财政部门应受理企、事业单位和人民群众对乱罚款行为的控告和检举,并应区别情况直接或责成有关部门处理。

第十九条 各级财政部门应认真查处举报乱罚款案件,各级执法部门积极配合做好举报乱罚款案件的查处工作。

各级主管部门检查各执法机关执法情况时,有权借阅行政执法案卷及其他有关材料,各执法部门不得拒绝。

第五章 罚没财物管理

第二十条 执法机关应加强对罚没财物管理和会计核算工作。要建立严格的凭证(票据)领用、缴销、对帐制度。我市各级执法机关罚没财物的凭证(票据),由市财政局统一制发。

第二十一条 执法机关和有关单位应加强罚没财物管理,建立健全严格的财物验收,保管制度,财物交接和结算对帐制度,保证罚没收入及时足额上缴国库。

执法机关、企业事业单位、机关团体和城乡集体所有制单位,应按国家和省、市有关规定,对应上缴国库的没收物资、追回的赃物和拾得的无主物资,必须及时完好地上缴同级财政,严禁挪用、调换、变卖、压价私分或自行处理。

第二十二条 上缴国库的罚没物资、追回的赃物和拾得的无主物资,除违禁品和假冒商品或国家禁止拍卖的其他物品除外,一律纳入拍卖渠道,公开拍卖处理。

第二十三条 各级执法机关对财政机关核拨的“办案费用补助”要按国家有关规定严格管理和使用。

第二十四条 企业单位被收缴的罚款,应从本单位利润留成中开支;行政、事业单位在预算外资金或预算包干结余经费中支付;个人交纳的罚款不准由单位报销。

被罚单位和个人接到处罚通知后,应按要求上缴罚款或罚没物资,拒不履行的,执法机关可请求人民法院强制执行。

第六章 罚　　则

第二十五条 违反本规定有下列行为之一的,由县(区)以上人民政府的财政部门分别给予处罚:

(一)不具有经济处罚主体资格或授权不合法的部门(或组织)滥施处罚的,责令其立即停止处罚并取消其处罚权。其非法罚没收入如数退还;无法退还的,全部上缴财政,并视其情节另处其非法罚没收入20%以下(含本数)的罚款(最高不超过十万元)。

(二)擅自增加罚没项目或提高罚没标准的,责令立即取消非法罚没项目,恢复原罚没标准,其罚没收入,应如数退还;无法退还的,全部上缴同级财政,并视其情节另处其非法罚没收入10%以下的罚款(但最高不得超过五万元)。

(三)不遵守罚没原则和执法罚没程序的,责令立即改正,各级财政部门有权责令停止其处罚权,进行整顿。并视情节另处2千元以上5千元以下罚款。

(四)不遵守现场罚没规定,应退还非法罚没收入,并视情节处以执法罚没人员非法罚没收入2倍的罚款(但最高不得超过100元)。

(五)不使用财政部门统一印制的罚没凭证(票据)

执法罚没和不按规定上缴罚没财物的，没收其非法凭证，其罚没财物应全部上缴同级财政，并视情节处以其罚没收入20%以上的罚款(但最高不得超过1万元)。

(六)出现(一)、(二)、(三)项情况的，除对单位和直接责任者处罚外，还应视情节轻重，扣发单位主管领导一至六个月的奖金或处以50元至200元的罚款。

被罚单位和个人，应在规定的期限内，缴纳罚没款，愈期不缴的，财政部门有权通知银行，从其存款中强行划拨。

第二十六条　违反本规定，有本规定第二十五条行为之一的，由各级人民政府的财政部门视情节轻重，提出建议，由有关部门按照国家行政机关工作人员奖惩规定或企业职工奖惩规定，对有关领导和直接责任者给予行政处分。

第二十七条　不遵守有关罚没财物和追回赃款、赃物规章制度，擅自截留、挪用、坐支和私分、变卖罚没款物的；违反"办案费用补助"会计核算和使用有关规定的；被罚单位不按规定开支罚没款的，对有关领导和直接责任者给予行政处分。

第二十八条　对违反本规定，情节轻微、危害不大，主动交待并及时改正的，可以减轻或免除处罚；对情节恶劣，后果严重、触犯法律的，由司法机关依法追究其刑事责任。

第二十九条　各级人民政府财政部门的监督检查人员，对违反本规定的案件应认真查处。不按本规定进行处罚的，追究经办人员和有关领导的责任。

第七章　附　　则

第三十条　本规定所指的执法机关包括下列部门：

(一)海关、工商行政管理、物价管理等行政执法机关；

(二)公安机关、人民法院、人民检察院等政法机关；

(三)交通、林业、外汇、城建、环保、技术监督、卫生、城管、文化、土地管理以及其他国家经济管理和行业管理部门。

第三十一条　本规定由市财政局负责解释。

第三十二条　本规定自发布之日起施行。《沈阳市罚没管理暂行规定》(沈政发(1988)97号)即行废止。

沈阳市关于发展个体私营经济若干问题的补充规定

第一条　为进一步鼓励和支持我市个体、私营经济的发展，充分发挥个体、私营经济的补充作用，根据国家和省有关规定，结合我市实际情况，制定本补充规定。

第二条　鼓励公民个人依据国家法律、政策规定从事个体经营或兴办私营企业。机关、社会团体和企事业单位剥离的待业人员，停产、半停产企业放长假的职工，可申请临时营业执照从事临时性经营或在私营企业中从业；企事业单位的专业技术人员、管理人员，可利用业余时间到乡镇区街企业、个体工商户、私营企业兼职，企事业单位在职人员，可利用业余时间从事个体生产经营活动或从事政策允许的第二职业。个体工商户和私营企业用工自主。

第三条　个体工商户和私营企业可从事或生产经营除国家法律、法规和政策规定明令禁止以外的行业和商品。经有关部门批准，个体工商户、私营企业可对发展生产、满足人民生活需要的某些控制行业、产品品种，从事试验性生产经营。对经营国家放开的重要生产资料和生活资料，试验、生产所需的国家专控物资，有关部门应列入计划，提供便利，不得歧视。

个体工商户和私营企业生产经营的商品和服务收费，除国务院、省、市另有规定外，一律实行自主定价。

第四条　鼓励个体工商户、私营企业与外商合办中外合资、合作企业和对外承接"三来一补"业务。在境外设立生产经营网点或开展易货贸易，其易货商品在境内销售不受经营范围的限制；生产出口创汇产品的私营企业，所享受的出口创汇产品补贴不征收所得税，但必须全额转入企业发展基金；从事"三来一补"的私营企业，其来料、来件价值占产品原、辅材料或零部件总值20%以上的，从取得第一笔收入月份起，免征二年所得税。

对引进外资兴办中外合资企业有贡献的人员，按《沈阳市招商奖励规定》(1992年12月30日沈阳市人民政府第4号令)予以奖励。

第五条　鼓励和支持个体工商户、私营企业从事第三产业。允许个人投资、参资兴办、改建集贸市场；允许个体工商户和私营企业以代购代销、长途贩运、批零兼营等方式从事商品经营，其专用商品销售发票的执行和使用，与集体企业相同。个人或个人合伙从事医疗、文化、幼教、种植、养殖及其他行业并有固定经营场所的，要依法登记，纳入国家行政管理，有关部门要在政策方面给予扶持。

第六条　鼓励和支持组建私营企业集团，允许个体工商户、私营企业向国营、集体企业参资入股；有经济实力的个体工商户、私营企业，可以承包、租赁、购买小型国营、集体企业。

第七条　鼓励和支持个体工商户和私营企业参加市各招商区、开发区、区域小城镇的建设，并平等享有与之相关的各项优惠政策。具备条件的区、县，经批准，可建立个体、私营经济开发区。

第八条　对康平、法库县申请从事个体、私营经营的人员，其经营登记注册条件一律放开，实行"先登记后完善、先发展后规范"的办法，凡是到沈阳市区内经营的，各市场全面予以开放，优先提供其经营场所，并从经营之日起，一年内减半征收各项税费。

第九条　对有专业特长人员兴办的技术开发和中介性咨询企业取得的专利科技成果，可以作为技术投入，在申请开业登记时放宽注册资金的限制；对有推广价值的新技术、新产品，有关部门要列入相应的科技发展或新产品开发计划，并协助解决所需资金。

对科技人员和管理人员在个体工商户和私营企业

中从业的，可参加本学科领域职称评定或晋升，并由有关部门授与其相应的职称；为科技兴市作出了贡献而户口在外地的，可参照企事业单位外来科技人员的待遇给予落户；科技人员的调动、工龄计算、档案管理等，与企事业单位科技人员同等对待。

第十条 金融机构应在个体工商户、私营企业开户、资金结算和现金收支管理上提供方便，在每年信贷计划中，留出一定贷款额度，开展对个体工商户和私营企业的信贷业务，并可在个体工商户和私营企业中开展资产抵押信贷担保业务。提倡和鼓励个体工商户、私营企业从销售收入中提一定的比例，或通过其它渠道筹措资金成立、加入信贷基金互助组织。

第十一条 允许个体工商户、私营企业租用企事业单位、机关团体闲置的房屋场地和柜台，但租用非自有产权的须经产权单位同意方可租用。

个体工商户、私营企业经批准占用的生产经营场地，因城市建设确需搬迁的，应严格按照国家和省、市有关规定执行，动迁损失补偿和动迁过程中的异地、回迁安置等可比照集体企业，由动迁所在地的建设单位负责安排。

第十二条 个体工商户、私营企业登记注册，除国家法律、法规和国务院规定的核发生产经营许可证或专项审批外，不受其他条件限制。

第十三条 个体工商户和私营企业有权拒付除国务院、省人民政府规定以外的其他行政事业收费或规定内的超标准收费。任何部门或个人不得以任何方式向个体工商户、私营企业强行推销商品，不得以各种名目和借口向个体工商户和私营企业收取"抵押金"，凡已收取的，要在本补充规定发布之日起一年内返还给业户。对违反上述规定的责任者一经发现，有关部门要严肃处理，情节特别严重的，要依法追究其刑事责任。

第十四条 个体工商户和私营企业主应认真执行国家税法。税务部门可根据不同情况对个体工商户和私营企业分别采取按帐查实、定营业额、定纯益率、定比例征收或核定税额等办法，灵活确定征收方式。对私营企业人员的计税工资标准，可按国有企业同行业、同工种平均工资额两倍(含两倍)以内确定，其计税工资可在税前列支。工商等行政管理费和对新城子、苏家屯、于洪、东陵区和辽中、新民、法库、康平县的私营企业按销售收入征收的2—4‰农村人民教育基金，也在税前列支，并不再征收教育附加费。

从事工业生产的私营企业，允许增提折旧基金、新产品开发基金。

第十五条 各区、县人民政府和有关部门，可依据本补充规定，结合本地区、本部门的实际情况制定发展个体、私营经济的实施细则。

第十六条 本补充规定在施行中的具体问题由市体改委负责解释。

第十七条 本补充规定自发布之日起施行。

沈阳市消费纠纷仲裁办法

第一章　总　则

第一条 为保护消费者合法权益，正确处理消费纠纷，根据《沈阳市保护消费者合法权益条例》的规定，制定本办法。

第二条 本办法所称消费纠纷，是指消费者与生产销售、服务者之间，在购买商品或接受有偿服务过程中所发生的争议。

第三条 消费纠纷仲裁委员会(以下简称仲裁委员会)是各级人民政府委托工商行政管理部门会同有关部门、社会团体组成的受理、处理有关消费纠纷案件的组织。

市、区(县)设立仲裁委员会。仲裁委员会日常办事机构设在同级消费者协会(委员会)。

第四条 消费纠纷仲裁实行一次仲裁制。

第五条 仲裁委员会受理消费纠纷案件，根据法律、法规、规章和政策规定进行仲裁。

第六条 当事人向仲裁委员会申请仲裁，应从其知道或应当知道权利被侵害之日起一年内提出，但侵权人愿意承担责任的不受此限。

第七条 当事人、法定代表人可以委托一至二人作为代理人代理诉讼。委托他人代理诉讼，必须向仲裁委员会提交授权委托书，授权委托书应记明委托事项和权限。

第八条 仲裁委员会接受上级仲裁委员会的监督与指导。

第九条 凡在本市行政区域内发生的消费纠纷，均适用本办法。

第二章　管　辖

第十条 消费纠纷案件由商品销售地或提供服务地的仲裁委员会管辖。

第十一条 区(县)仲裁委员会受理标的额2000元以下的消费纠纷案件。

市仲裁委员会受理标的额在2000元以上(含2000元)的消费纠纷案件。

第十二条 上级仲裁委员会有权办理下级仲裁委员会管辖的案件，也可以把自己管辖的案件交下级仲裁委员会办理。

下级仲裁委员会管辖的案件，认为需要由上级仲裁委员会办理的，可以报请上级仲裁委员会办理。

第十三条 当事人一方向仲裁委员会申请仲裁，另一方向人民法院起诉的案件，仲裁委员会不予受理。

第三章　组　织

第十四条 仲裁委员会由主任、副主任和委员若干人组成。主任、副主任和委员必须由具有专业知识和工作经验的人担任。

仲裁委员会设仲裁员若干人受理消费纠纷案件。

第十五条 仲裁委员会根据需要，可以聘请社会知名人士、专业技术人员和法律工作者及工商行政管理机关工作人员担任兼职仲裁员。兼职仲裁员与专职仲裁员在处理纠纷时享有同等权利。

第十六条 仲裁委员会受理消费纠纷案件，由仲裁员二人和仲裁委员会指定的首席仲裁员一人组成仲裁庭进行。

仲裁庭评议案件，实行少数服从多数的原则。评议应当制作笔录，由仲裁庭成员签名。评议中的不同意见，必须如实记入笔录。

重大或疑难案件的处理，应提交仲裁委员会讨论决定。仲裁委员会的决定，仲裁庭必须执行。

消费者申诉的简单案件，可以指定一名仲裁员进行仲裁。

第十七条 仲裁庭组成人员，如认为自己不适宜办理本案应申请回避；当事人发现仲裁庭成员与本案有关联，有权用口头或者书面方式申请其回避。

第四章 程 序

第十八条 消费者认为其权益受到侵害有关单位(人员)不予解决或经营者认为消费者无理纠缠时，可向各级消费者协会(委员会)投诉，由其帮助协商处理。协商不成的，消费者或经营者可提出仲裁申请，由消费者协会(委员会)移送仲裁委员会仲裁。

第十九条 消费者或经营者向仲裁委员会申请仲裁，应当递交申诉书，并按照被诉人数提交副本。

申诉书应当分别写明申诉人、被申诉人的自然情况，申诉的理由、要求及有关证据情况等。

第二十条 仲裁委员会收到申诉书后，应当在7日内决定立案或不予受理。不予受理的，应说明理由。

案件受理后，应当在5日内将申诉书副本发送被诉人；被诉人收到申诉书副本后，应当在15天内提交答辩书和有关证据。

被诉人没有按时提交或者不提交答辩书的，不影响案件的处理。

第二十一条 仲裁员必须认真审阅申诉书、答辩书，进行调查研究收集证据。

为了调查取证，仲裁委员会可向有关单位查阅与案件有关的档案资料和原始凭证，有关单位应当如实地提供材料，协助进行调查；需要时，应出具证明。

仲裁委员会对于涉及国家机密的证据必须保密。

第二十二条 现场勘察或者对物证进行技术鉴定，应当通知当事人及有关人员到场；必要时可邀请有关单位派人协助。勘察笔录和技术鉴定，应当写明时间、地点、勘察鉴定结论，由参加勘察、鉴定的人员签字或者盖章。

仲裁委员会委托有关单位进行技术鉴定时，受托单位应当按照委托鉴定的项目、标准等要求认真办理，鉴定结论必须加盖公章。

第二十三条 在处理案件时，为避免造成更大财产损失，仲裁委员会可以根据当事人的申请作出采取保全措施的裁定，保全措施限于申请仲裁的范围或者与本案有关的财物。

保全措施可采取查封和扣押货物，变卖不易保存货物并保存货款，责令被申诉人提供担保或者法律准许的其他办法。

保全措施在必要时可以由仲裁委员会提请有关部门行使。

案件处理后，因采取保全措施涉及到的财产损失由败诉方承担，双方都有责任的，按责任大小双方同时承担。

第二十四条 仲裁委员会处理消费纠纷案件的一般程序为：调解、仲裁。

第二十五条 仲裁委员会在处理纠纷时，应当先行调解。调解可以由仲裁员一人主持，也可以由仲裁庭主持。

第二十六条 仲裁委员会应当在查明事实、分清责任的基础上进行调解，促使当事人互相谅解、达成协议。

调解达成协议，必须双方自愿，不得强迫。协议内容不得违背法律、法规、规章和政策规定，不得损害公共利益和他人利益。

第二十七条 调解达成协议的，应当制作调解书。调解书送达后，双方当事人必须自动履行。

第二十八条 调解未达成协议或者调解书送达前一方或者双方翻悔的，仲裁庭应进行仲裁。

第二十九条 仲裁庭在开庭前，应当将开庭时间、地点以书面方式通知当事人。当事人经二次通知，无正当理由拒不到庭的，可作缺席仲裁。

第三十条 仲裁庭开庭时，由首席仲裁员宣布仲裁员、书记员名单，询问当事人是否申请回避。

仲裁庭应当认真听取当事人陈述和辨论，出示有关证据，然后依申诉人、被诉人的顺序征询双方最后意见，可再行调解；调解未达成协议的，由仲裁庭评议后裁决，并制做仲裁决定书。

第三十一条 仲裁决定书应当写明：

(一)申诉人和被申诉人的名称、地址及其代表人和代理人姓名、职务；

(二)申诉的理由，争议的事实和要求；

(三)裁决认定的事实、理由和适用的法律、法规、规章、政策规定；

(四)裁决的结果和仲裁费用的负担；

(五)不服裁决的起诉期限。

仲裁决定书由仲裁员署名，加盖仲裁委员会的印章。

第三十二条 当事人一方或者双方对仲裁不服的，可在收到仲裁决定书之日起15天内，向人民法院起诉；期满不起诉的，仲裁决定书即发生法律效力。

第三十三条 当事人对已送达的调解书和发生法律效力的仲裁决定书，应当依照规定的期限自动履行，原仲裁机构有权监督仲裁决定的执行。如当事人拒不执行，由市工商行政管理局通知当事人所在的开户银行划拨需支付的贷款或赔偿金。

第五章 费 用

第三十四条 当事人应当交纳仲裁费。仲裁费包括案件受理费和案件处理费。

案件受理费由申诉人预交。

案件处理费(包括鉴定费、勘察费、差旅费、证人的补贴等)按实际开支收取。

第三十五条 案件受理费交纳标准如下:

(一)标的额在500元以下(含500元)的,交纳5元;

(二)标的额在500元以上的,按标的额1%交纳。

第三十六条 案件处理终结,仲裁费由败诉人承担,双方都有责任按仲裁决定分担。

仲裁庭调解成立,仲裁费由当事人双方协商分担。

第六章 附 则

第三十七条 本办法由市工商行政管理局负责解释。

第三十八条 本办法自发布之日起施行。《沈阳市消费纠纷仲裁暂行办法》(沈政发〔1987〕108号)同时废止。

沈阳市城市规划建设违法案件处理办法

第一条 为使城市规划建设违法案件处理工作规范化,依法对违法者给予行政处理,根据《中华人民共和国城市规划法》和《沈阳市城市规划管理条例》,制定本办法。

第二条 本办法适用于我市城市规划区。

第三条 城市规划建设违法案件是指由公民、法人或其他组织违反城市规划法律、法规、规章的行为而引起的依法应当给予行政处理的案件。

第四条 城市规划建设违法案件由市、县(区)城市规划行政主管部门按照本办法的规定处理。

第五条 县(区)城市规划行政主管部门管辖本行政区域内下列城市规划建设违法案件:

(一)未取得《建设用地规划许可证》或临时《建设用地规划许可证》,使用土地进行建设的;

(二)未经城市规划行政主管部门许可,不按《建设用地规划许可证》或临时《建设用地规划许可证》规定的内容,使用土地进行建设的;

(三)未取得《建设工程规划许可证》或临时《建设工程规划许可证》进行建设的;

(四)未经城市规划行政主管部门许可,不按《建设工程规划许可证》或临时《建设工程规划许可证》规定的内容,进行建设的;

(五)建设工程竣工后未经城市规划部门验收或验收不合格而使用的;

(六)临时建设工程逾期不拆除的;

(七)其他违反城市规划法律、法规、规章的。

第六条 市城市规划行政主管部门管辖下列城市规划建设违法案件:

(一)重大、复杂的案件;

(二)涉外案件;

(三)跨县(区)的案件;

(四)上级部门交办的案件。

第七条 市城市规划行政主管部门可以处理县(区)城市规划行政主管部门管辖的案件,也可以将自己管辖的案件,移交县(区)城市规划行政主管部门处理。

县(区)城市规划行政主管部门可以将其管辖的疑难、复杂案件报请市城市规划行政主管部门处理。

第八条 未经城市规划行政主管部门和有关主管部门批准,使用土地进行建设或从事挖取砂石、土方等活动的,责令其立即停止违法活动,对违法使用的土地,由县(区)以上人民政府收回,对建筑物、构筑物和其他设施限期拆除或予以没收;对破坏原地形地貌的,责令有关当事人限期恢复原状。

第九条 未取得《建设用地规划许可证》或临时《建设用地规划许可证》而取得建设用地批准文件,占用土地的,批准文件无效,占用的土地由县(区)以上人民政府责令退回,并追究批准机关直接责任人的行政责任;对建筑物、构筑物或其他设施,限期拆除或予以没收。

第十条 违反本办法第五条(二)项规定的,责令限期改正;逾期不改的,吊销其《建设用地规划许可证》或临时《建设用地规划许可证》。

第十一条 对违反本办法第五条(三)项规定,严重影响城市规划的下列违法建筑物、构筑物或其他设施,责令其停止建设,并限期拆除:

(一)压占规划道路的;

(二)压占各类管线及其维护地带的;

(三)占用高压供电走廊的;

(四)占用河湖、堤岸及其维护地带的;

(五)占用水源井群保护地带的;

(六)违反机场净空规定的;

(七)占用城市公共绿地、园林、风景区、文物保护区和其他公共活动场地的;

(八)未按规划要求建设管线的;

(九)占用居住小区(含住宅组团)内规划用地的;

(十)其他严重影响城市规划的。

限期拆除的违法建筑物、构筑物或其他设施,违法建设单位或个人拒不执行的,由市或所在地的县(区)人民政府组织有关部门协助城市规划行政主管部门强制拆除。拆除所需的费用,由违法建设单位或个人承担。

第十二条 违反本办法第五条(三)项规定进行建设,其建筑物或构筑物不严重影响城市规划尚可利用的,予以没收或处以工程总造价10%—50%的罚款。

违反本办法第五条(三)项规定进行建设,其建筑物或构筑物符合规划要求的,责令其补办手续,补交费用并处以工程总造价10%—50%的罚款。

第十三条 违反本办法第五条(四)项规定进行建设,影响城市规划尚可采取改正措施的,责令其限期改正,补交有关费用,对有关单位或个人除按《沈阳市城市规划管理条例》第五十三条(一)、(二)、(三)项规定处罚外，对有关单位的主管领导或直接责任人员，由其所在单位或其上级主管部门给予行政处分。

有关单位或个人在限期改正后，必须经作出处罚决定的机关检查认定，方可继续施工或使用。

第十四条　无权审批、越权审批单位非法批准建设的建筑物、构筑物，批准文件无效，对非法批准单位的主管人员和直接责任人员由其上级主管部门给予行政处分，非法批准的建筑物、构筑物按本办法有关规定处理，所造成的经济损失由批准单位负责。

第十五条　违法建设案件处理结案前，城市规划行政主管部门不予办理该单位或个人新建、扩建、改建项目的规划审批手续。

第十六条　对符合下列条件的城市规划建设违法案件，应当立案：

(一)有明确的违法行为人；

(二)有违反城市规划法律、法规、规章的事实；

(三)依照城市规划法律、法规、规章应当依法予以处理的；

(四)属于受案范围和其管辖范围的。

第十七条　市、县(区)城市规划行政主管部门对符合立案条件的案件，须填写《违法案件立案呈批表》，经主管领导批准立案。

第十八条　经批准立案的案件，应及时指派承办人，承办人不得少于二人。

第十九条　承办人进行案件调查时，应当向当事人出示证件；可以向当事人、证人提出询问并制作笔录，索取有关证据，进行现场勘察。

承办人依法进行案件调查时，被调查人应予以支持和协助，不得拒绝、阻碍调查工作的正常进行。

第二十条　经调查认定有违法行为的，应及时发出《责令停止城市规划建设违法行为通知书》，送达当事人。

被责令停止建设的工程不得继续施工，对强行施工的单位或个人，城市规划行政主管部门有权查封扣押其建筑材料，或对强行施工部分依法强制拆除，并对施工单位处以施工取费一至五倍的罚款。

第二十一条　城市规划行政主管部门在案件调查结束后，应根据事实，依据法律、法规、规章分别情况予以处理；

(一)认定举报不实或证据不足，未发现违法事实的，立案予以撤销；

(二)认定违法事实清楚，证据确凿的，依法作出行政处罚决定，发出《城市规划建设违法案件行政处罚决定书》，送达当事人；

(三)认定国家工作人员违法，依法应当给予行政处分的，须提出书面建议交附调查报告和有关证据，移送当事人所在单位或其上级主管部门、行政监察机关处理；

(四)认定当事人拒绝、阻碍城市规划工作人员依法执行公务的，应提请公安机关依照《中华人民共和国治安管理处罚条例》处理；

(五)认定违法行为构成犯罪的，应将案件及时移送司法机关依法追究违法者的刑事责任。

第二十二条　承办人处理城市规划建设违法案件，应在立案后三十日内结案。因特殊情况不能按期结案的，经主管领导批准，可以适当延长办案期限。

第二十三条　《责令停止城市规划建设违法行为通知书》、《城市规划建设违法案件行政处罚决定书》应当直接送交受送达人签收；本人不在的，交其同住的成年家属或其所在单位签收；受送达人是法人或其他组织的，交其收发部门签收。

受送达人拒绝签收的，送达人应当邀请有关人员到场说明情况，在送达回证上说明拒收事由和日期，由送达人、见证人签名或盖章，把送达文书留在受送达人住处或收发部门，即视为送达。

第二十四条　当事人对行政处罚决定不服的，可在接到处罚决定书之日起 15 日内，向作出处罚决定的上一级主管部门申请复议；对复议决定不服的，可以在接到复议决定书之日起 15 日内，向当地人民法院起诉。当事人也可以在接到处罚决定书之日起 15 日内，直接向人民法院起诉。当事人逾期不申请复议、也不向人民法院起诉、又不履行处罚决定的，由作出处罚决定的部门申请人民法院强制执行或依法强制执行。

第二十五条　本办法执行中的具体问题由市规划局负责解释。

第二十六条　本办法自发布之日起施行。

沈阳市辉山风景区鼓励外商投资的规定

第一条　为充分利用辉山风景区的自然资源优势，鼓励外商来辉山风景区投资进行开发建设，尽快把景区开发建设成旅游观光、休养度假、文化娱乐、经贸活动等综合性多功能的风景名胜区，制定本规定：

第二条　沈阳市辉山风景区(以下简称景区)，鼓励外国的公司、企业及其它经济组织或个人在景区兴办以旅游服务为主体的第三产业的合资、合作、独资企业(以下简称外商投资企业)。

第三条　对外商到景区投资的建设项目，优先安排供应所需要的水、电及其它配套设施，并提供各种优质服务。

第四条　外商在景区投资兴办的高科技智力开发型游乐项目，外商投资额在 1000 万美元以上，回收投资时间长的，其经营所得，经税务机关批准，均按 15%的税率缴纳企业所得税。

对不具备前款规定减征企业所得税条件的其它项目，经税务机关批准，可按税法规定税率的八折计算征收。

第五条　合营期限在 10 年以上的中外合资企业，经税务机关批准，从获利年度起，免征 2 年企业所得税，第 3 年至第 5 年减半征收企业所得税。

第六条 对符合第四条一款所指的经营项目，其企业所得税减免期满后，按其适用税率延长3年减半征收企业所得税。延长减半后税率低于10%的，按10%征收。

第七条 对符合第四条一款所指的经营性项目，其企业应缴纳的地方所得税，一律免征。其它外商投资企业从纳税年度起，地方所得税免征5年，其后减半征收3年。

第八条 外商从景区投资企业获得的税后利润，再投资于本企业或景区内的其它企业，经营期限在5年以上的，经税务机关批准，可退还再投资部分已缴纳的企业所得税税款的40%；其再投资于景区内先进技术企业和产品出口企业，并经营期限在5年以上的，全部退还再投资部分已缴纳的企业所得税税款。

第九条 外商投资企业发生年度亏损，可用下一年度所得利润弥补。下一年度所得利润不足弥补的，可以逐年提限所得利润弥补，但弥补期限最长不得超过5年。

第十条 外商在中国境内没有设立机构而来源于景区股息、利息、租金、特许权使用费和其它所得，除依法免征所得税外，经税务机关批准，按10%的税率征收预提所得税。其中以优惠条件提供资金、设备的，经税务机关批准，可以免征预提所得税。

第十一条 外商投资企业的外汇余缺，经有关部门批准，可以用人民币购买国内产品出口换取外汇。也可在外汇管理部门的监督下，通过外汇调剂中心进行调剂。

第十二条 在景区投资的外国和国外技术人员按规定携带日用生活用品和交通工具入境，经批准，免征关税和工商统一税。

第十三条 外商投资企业在开办初期或因其它特殊原因按规定纳税有困难的，经税务机关批准，在一定期限内可减征或免征工商统一税。

第十四条 外商投资企业的固定资产，经税务机关批准，可加速折旧，还可不留或少留残值。

第十五条 鼓励外商包片承租开发景区土地，承租土地最长使用期限为50年。土地使用权期满，土地使用权及其地上建筑物，其他附着物所有权由国家无偿取得，注销土地使用证。

外商投资企业的土地，在土地使用协议有效期限内，可依法转让、出租、抵押、继承、馈赠等，但必须经土地管理部门认可办理手续，并按规定缴纳转让后的土地增值费、土地管理登记费等。

第十六条 土地使用权出让金根据用地位置、质量、用途、占地面积、环境和使用年限等具体情况确定。按出让的最高年限，每平方米的出让金在人民币30元—130元之间。

出租土地：每年每平方米人民币5元—7元，按年计征。

景区以土地折价入股形式合资开发的土地费用，按出让土地标准优惠20—30%。

第十七条 对第四条一款所指的经营性项目，外商投资额在500万美元以上（含500万美元）的企业，其土地使用费免收5年，从第6年开始全额征收。

第十八条 1995年底以前来景区兴办经营期限在10年以上的外商投资企业，土地出让费按规定标准下浮10—20%收取；土地出租金可在5年内减收10—30%；对一次性交付土地出让金确有困难者，可分期交付，即自签约之日起交全额的30%，营业之日起再交付全额的50%，其余部分在签约之日起5年内交完。

第十九条 外商投资者可按景区的统一规划对秀湖水面进行开发建设，占用水面的使用价格按土地出租使用费标准的10—20倍收取。

第二十条 土地使用权转让价格，转让双方有权协商确定，但转让价格明显低于转让当时土地使用权市场价格的，景区管委会有优先购买权。

第二十一条 土地、水面使用费自土地使用协议的生效之日起5年内不予调整，5年后如调整时，调整的幅度不超过原土地、水面作用费标准的20%。

第二十二条 外商投资企业的职工人数、工资水平和分配形式，可根据国家的有关规定自行确定。其所需技术人员、管理人员和职工可直接向社会公开招聘，也可从外地或国外招聘。

第二十三条 外商投资企业除按规定支付职工工资和提取劳动保险、福利费、住房补助基金外，免缴国家对职工的各项补贴。

第二十四条 外商在景区投资除享受景区待遇外，还可同时享受国家、辽宁省、沈阳市公布的外商投资企业的其它优惠待遇。

第二十五条 香港、澳门、台湾同胞及其企业在景区投资兴办企业，参照本规定执行。

第二十六条 本规定执行中的具体问题由沈阳市辉山风景区开发建设管理委员会负责解释。

第二十七条 本规定自公布之日起执行。

沈阳市外商常驻代表机构管理暂行规定

第一条 为加强对我市外商常驻代表机构的服务和管理，促进外向型经济的发展，根据国务院《关于管理外国企业常驻代表机构的暂行规定》，制定本规定。

第二条 本规定适用于外国企业（包括港、澳、华侨及在境外的中国独资、合资、合作企业）中的贸易商、制造厂商、华运代理商及经济团体、经济组织在沈阳市设立的常驻的代表机构（以下简称外商常驻代表机构）。

第三条 外商常驻代表机构应是代表本企业进行业务联系、产品介绍、市场调查、咨询服务，促进合作和技术交流等非经营性的办事机构。

第四条 外商在沈阳市设立的常驻代表机构，必须遵守中国的法律、法令和沈阳市的有关规定，其合法权益受中国的法律保护。

第五条　沈阳市对外经济贸易委员会，是外商在沈阳市设立常驻代表机构的审批和管理机关。

第六条　外商在沈阳市设立常驻代表机构应提出申请，经审查批准后，办理登记手续。

未经批准登记的，不得开展常驻业务活动。

第七条　外商申请在沈阳市设立常驻代表机构，必须有沈阳市的一个有进出口经营权的企业或对外经济组织（包括贸易、运输、金融、信托投资、贸易咨询、广告包装、承包工程、外企服务等公司以及沈阳对外商务公司和贸促会）做为承办单位，负责向审批机关介绍、推荐。承办单位可适当收取承办费或手续费。

第八条　外商申请在沈阳市设立常驻代表机构，应向审批机关提交以下证件和材料：

（一）由外商董事长或总经理签署的申请书，内容包括常驻代表机构名称，常驻代表姓名，业务范围，驻在期限和驻在地址等；

（二）由外商董事长或总经理签署的常驻代表的授权书。常住代表简历（包括学历和职历）和近照。常驻代表由外方境外来的，须附有护照或其他身份证件的影印件和身体健康检查证明。常驻代表由中国境内人员出任的，须附有辞职或停薪留职证明或离退休证明，并到沈阳市外国企业服务公司登记，出具该公司提供的人事政审证明；

（三）由与外商有业务往来的金融机构出具的资本信用证明；

（四）由外商所在国或地区有关当局出具的经过公证的合法开业证书。在境外的中国独资、合资、合作企业，还须附有中国有关部门允许在境外设立企业的批准文件；

（五）承办单位的推荐函；

（六）外商常驻代表机构地址的使用证明或租房协议和沈阳市公安局的地址使用批准文件。

上述材料经审查合格后，由审批机关发给批准证书和下达批复文件。

第九条　外商常驻代表机构的驻在期限最多批准为一次3年，期满后要求继续常驻的，要提前3个月向原审批机关办理延期手续，并重新办理有关登记手续。逾期未办理的，按自动撤销处理。

第十条　外商在沈阳市设立常驻代表机构的申请获得批准后，在审批机关的批复文件下达之日起30日内，持批准证书、批复文件和本规定第八条中规定的证件、材料，向沈阳市工商行政管理局办理工商登记手续，缴纳登记费，领取登记证，逾期未办理工商登记手续的，原批准证书作废，由原审批机关收回。

第十一条　外商常驻代表机构的工商登记为一年一次，在每年期满前30日内，向沈阳市工商行政管理局办理工商延期登记手续，交纳延期登记费逾期未办理的，视为非法机构予以取缔。

第十二条　外商常驻代表机构获得批准后，其常驻代表到沈阳市工商行政管理局办理代表证。雇聘中国雇员必须到沈阳市外国企业服务公司办理聘用手续，由沈阳市工商行政管理局签发雇员证。不准私自雇聘中国雇员。

第十三条　外商常驻代表机构及其人员必须遵照中国税法规定，在工商登记后一个月内，向沈阳市税务局对外分局办理纳税登记手续，按期照章纳税。

第十四条　外商常驻代表机构获得批准后，境外派来的常驻代表及其家属，持工商登记证和护照（或港澳通行证，台胞旅行证），在沈阳市公安局申请办理居留手续，领取居留证件。

第十五条　外商常驻代表机构持工商登记证，按照中国银行的有关规定，在中国银行沈阳市分行或中国银行指定的银行开立帐户。

第十六条　外商常驻代表机构持有关批准文件、工商登记证和本机构及其常住代表的印章、签字式样向沈阳海关备案，并可向沈阳海关申请进口办公、生活用品及交通工具，按照中国海关的有关规定交纳关税和工商统一税。进口的交通工具，应向沈阳市公安局登记，领取牌照、执照，并向沈阳市税务局对外分局缴纳车辆牌照税。

上述进口的物品，不得私自转让、出售。需要转让、出售的，应事先向沈阳海关提出申请，经批准后方可转让、出售。

第十七条　外商常驻代表机构不得在中国境内架设电台，对于业务需要的商业性电信线路，通信设备等，应当向沈阳市电信局申请办理。

第十八条　外商常驻代表机构中的各类人员，一律凭代表证或雇员证，在国内进行与其业务有关的活动。

第十九条　外商常驻代表机构的名称、常驻代表、驻在地址、业务范围和承办单位的变更事宜，经申请，在审批机关批准后，分别到有关部门办理变更登记手续、交纳变更登记费。未经批准，不得私自变更。

第二十条　外商要求撤销其常驻代表机构，应在终止常驻业务活动的一个月前，书面通知原审批机关，经准许，有关债务、税务清理完毕后，到沈阳市工商行政管理局及有关部门办理注销登记手续。

原外商对其常驻代表机构的未尽事宜，应继续承担责任。

第二十一条　外商在沈阳市常驻代表机构及其人员违反本规定或者有其他违法活动，我市有关主管机关有权进行检查和依法处理。

第二十二条　本规定执行时的具体问题由沈阳市对外经济贸易委员会负责解释。

第二十三条　本规定自发布之日起施行。

沈阳市企业民主管理暂行办法

第一章　总　则

第一条　为加强企业民主管理，保障企业职工的主人翁地位和民主管理权力，充分发挥职工的积极性、智慧和创造力，发展生产，促进经济建设的顺利进行，根据

《中华人民共和国全民所有制工业企业法》简称《企业法》、《中华人民共和国城镇集体所有制企业条例》和《中华人民共和国工会法》的有关规定，结合我市实际情况，制定本办法。

第二条　职工代表大会(职工大会)是企业职工实行民主管理的基本形式，凡我市全民所有制和集体所有制企业均应建立健全职工代表大会(职工大会)和其他形式的民主管理制度。

第三条　企业党组织对职工代表大会和其他民主管理形式实行思想政治领导，保障职工正确行使和履行其规定的权力义务。

第四条　企业工会委员会是职工代表大会(职工大会)的工作机构，负责职工代表大会(职工大会)的日常工作。

第五条　企业职工代表大会(职工大会)和其他民主管理形式，应依照法律规定，正确行使民主权力，发挥主人翁作用，提高自身素质，支持厂长(经理)依法行使职权，维护厂长(经理)生产经营指挥的管理权威，并带头和引导、教育职工遵守劳动纪律和各项规章制度，完成生产和工作任务。

企业厂长(经理)应当定期向职工代表大会报告工作，接受职工代表的民主监督和对企业的民主管理。

第六条　企业职工代表大会(职工大会)实行民主集中制。

第二章　管理形式

第七条　全民所有制企业职工代表大会是职工行使民主管理权力的机构。职工在200人以上的企业建立职工代表大会制度；职工在200人以下的企业建立职工大会制度。

全民所有制企业管理委员会必须有占管理委员会人数三分之一的职工代表参加。

第八条　集体所有制企业职工代表大会是集体企业的权力机构。职工在300人以上的建立职工代表大会制度，在100人以上300人以下的建立职工大会或职工代表大会制度由企业自主确定；在100人以下的建立职工大会制度。

第九条　职工代表大会代表由职工选举产生。职工代表大会每年召开两次，企业厂长(经理)、企业工会或三分之一以上职工代表可根据需要提议召开职工代表大会临时会议，解决职工代表大会决议决定事项的重大修改或职权方面的重大问题。

第十条　企业应从实际出发采取民主咨询会、厂情发布会等多种方式，拓宽民主管理渠道，吸引更多职工参与企业的各项管理。

第十一条　企业建立联席会议制度。联席会议由职工代表团(组)长和专门小组负责人组成由企业工会(或常设机构)召集，解决职工代表大会闭会期间需要临时解决的重要问题。联席会议议定事项应向下一次职工代表大会报告予以确认。

第十二条　企业车间(分厂)、班组可以根据具体情况，采取职工(代表)大会、职工民主管理小组等形式，对本单位事务实行民主管理。

第三章　管理职权

第十三条　全民所有制企业职工代表大会(职工大会)行使下列职权：

(一)审议企业的经营方针、长远规划、年度计划、基本建设方案、重大技术改造方案、职工培训计划、留用资金分配和使用方案及产权制度改革方案，提出意见和建议。

(二)审查同意或否决企业的工资调整、奖金分配、劳动保护措施方案、奖惩办法以及其他重要规章制度。

(三)审议决定企业的职工福利基金使用方案、职工住宅分配方案和其他有关职工生活福利的重大事项。

(四)评议监督企业各级行政领导干部，为党委考察、选拔使用干部提供重要依据。

(五)企业的厂长(经理)任免、聘用或解聘，必须征求职工代表的意见；有条件的企业，经政府主管部门决定，可实行民主选举，报政府主管部门批准或备案。

第十四条　集体所有制企业职工代表大会(职工大会)行使下列职权：

(一)制定、修改企业章程。

(二)选举、罢免或聘用、解聘厂长(经理)副厂长(副经理)；评议、监督企业各级领导干部，并对企业其他行政领导干部的奖惩和任免事项作出决定。

(三)审议厂长(经理)提交的各项重要议案，决定企业经营管理的重大问题和改革方案。

(四)审议决定企业职工工资形式、工资调整方案、奖金分配方案、职工住宅分配方案和其他有关职工生活福利的重大事项。

(五)审议决定企业职工奖惩办法、劳动保护措施和其他重要规章制度。

(六)法律、法规和企业章程规定的其他职权。

第十五条　企业其他民主管理形式，应通过征集提案，民意测验、提合理化建议等多种方式参与管理，实现企业管理的民主化、制度化。

第四章　管理程序

第十六条　职工代表大会(职工大会)审议建议程序：

(一)厂长(经理)或企业有关部门提出企业重大决策意向，组织有关人员和职工代表进行论证，提出决策议案；

(二)企业工会发动职工群众对决策议案进行充分讨论，出谋献计，提合理化建议，为修改、补充决策草案提供信息和依据；

(三)厂长(经理)在职工代表大会(职工大会)上对决策方案形成情况做工作报告或专题报告，工会应组织职工代表进行讨论，将意见和建议归纳整理，提交厂长(经理)修改、补充；

(四)在职工代表大会(职工大会)充分审议的基础上，最后做出决议。

第十七条　职工代表大会(职工大会)审查同意否决程序：

（一）职工代表大会（职工大会）对厂长（经理）提出的属于审查同意或否决的议案，应组织职工（代表）逐项审查，分项进行表决，做出决议，经职工（代表）大会审查同意的方案，由厂长（经理）公布实施；

（二）职工代表大会（职工大会）对需要进行审查、表决的议案，超过全体职工代表半数通过的为同意，没有达到半数的为否决。被否决的议案，不得公布实施；

（三）厂长（经理）或有关方面对职工代表大会（职工大会）否决的议案进行分析研究，作出必要的修改后再提请本次职工代表大会（职工大会）复议。

（四）对须经职工代表大会（职工大会）审查同意或否决的议案，应充分发扬民主，尽量统一意见，对分歧较大的不得轻易表决。

第十八条 职工代表大会（职工大会）审议决定程序：

（一）工会应根据职工对改善生活福利事项的意见、要求和职工福利基金的情况，向厂长（经理）提出改善职工生活福利事项的建议；

（二）厂长（经理）应根据工会的建议，结合企业的财力情况，经过综合平衡，提出改善职工生活福利的意见，并及时反馈给工会，进一步听取职工群众的意见；

（三）企业管理部门应根据厂长和工会协商一致的意见，制定出每个项目的具体方案；

（四）工会对拟定后的有关项目方案应组织职工讨论，广泛听取各方面的意见，经过补充修改后，再提交本次职工代表大会（职工大会）审议。

（五）职工代表大会（职工大会）审议决定的事项贯彻实施后，工会和有关专门机构应对贯彻实施情况定期跟踪检查，以保证决定的项目按期完成。对职工代表大会（职工大会）通过决定的项目，未经职工代表大会（职工大会）同意不得随意改变。

第十九条 职工代表大会（职工大会）评议监督程序：

（一）工会对民主评议干部应提出方案，由企业党政领导进行动员，有针对性地做好干部和职工的思想工作；

（二）被评议干部要认真总结自己的工作，向分管工作系统或所在单位、部门的职工（代表）作述职报告；

（三）按所属系统或所在单位、部门，由职工代表进行背靠背或面对面评议。根据实际需要，也可采取投票和民主测评等方法评议；

（四）由工会或民主评议干部专门机构对民主评议的意见进行分类整理，综合分析，写出评语，反馈本人或转交给有关部门提出具体整改措施；

（五）民主评议干部专门机构应根据民主评议的结果，提出有关干部的奖惩、任免建议，交干部主管部门决定；

集体企业根据评议结果，由职工代表大会（职工大会）对被评议干部做出奖惩或任免的决定。

（六）民主评议干部专门机构对评议干部的结果和整改情况应向本次职工代表大会（职工大会）作报告。

第二十条 职工代表大会（职工大会）民主推荐和选举程序：

（一）政府主管部门任免招聘企业厂长（经理）或解聘厂长（经理）时，须征求职工代表的意见；

（二）政府主管部门决定民主选举厂长（经理）时，选举工作应在企业党组织统一领导下进行，公开民主选举方案，使职工了解和掌握厂长（经理）应具备的条件、选举方法、步骤和要求等，认真作好自下而上的民主推荐，采用无记名投票方式进行民主表决，选举结果报政府主管部门批准后办理聘任手续。

第五章 管理责任

第二十一条 厂长（经理）必须履行《企业法》规定的各项义务，带头执行职工代表大会（职工大会）依法作出的决定。对职工代表大会（职工大会）审议决定的事项未经审议通过不得实施；被依法否决的方案，不得执行；已经职工代表大会（职工大会）通过决定的事项，未经职工代表大会（职工大会）同意不得改变；凡需职工代表大会（职工大会）通过后上报审批的，无职工代表大会（职工大会）签署意见，政府主管部门不予审批。

第二十二条 职工代表大会（职工大会）同厂长（经理）在审议决策重大问题发生分歧时，属于生产经营的，由厂长（经理）决策；属于工资调整、奖金分配等重要规章制度的，由上级工会协商解决；属于职工福利的，由职工代表大会（职工大会）审议决定。

第二十三条 厂长（经理）凡有下列侵犯职工代表大会（职工大会）职权和职工合法权益行为的，应视其情节轻重，追究行为人的行政责任或法律责任：

（一）阻挠企业建立职工代表大会（职工大会）制度的；

（二）无故不按规定召开和阻止召开职工代表大会（职工大会）的；

（三）应由职工代表大会（职工大会）审议决定的事项，未经审议决定即实施的；

（四）被职工代表大会（职工大会）否决的事项，仍执行的；

（五）职工代表大会（职工大会）审议决定的事项，不执行或未经职工代表大会（职工大会）同意而擅自改变职工代表大会（职工大会）决定的；

（六）对行使合法权利的职工（代表）进行压制、阻挠和打击报复，造成严重后果的；

（七）违反规定程序，未经职工代表大会（职工大会）通过，报上级予以审批的。

第二十四条 企业实行民主管理不好的，不得评选为先进企业，其厂长（经理）也不得评选为劳动模范和优秀企业家、优秀领导干部。

第二十五条 厂长（经理）滥用职权，侵犯职工合法权益，对职工进行报复陷害触犯刑律的，工会和职工群众有权依法提起诉讼。

第六章 附 则

第二十六条 本规定执行中的具体问题，由沈阳市总工会负责解释。

第二十七条　本规定自公布之日起施行。

沈阳市外埠进沈施工企业管理规定

第一章　总　则

第一条　为适应市场经济的发展，加强对外埠进沈施工企业的管理，保护企业合法权益，维护建筑市场秩序，制定本规定。

第二条　本规定适用于外埠进沈施工企业。

第三条　本规定所称外埠进沈施工企业（以下简称外埠施工企业），是指非沈阳市行政区所辖而在沈阳市境内从事各种房屋建筑、土木工程、设备安装、管线敷设、建筑构配件生产等经营活动的施工企业。

第四条　沈阳市建筑工程管理局（以下简称本市建工局）及市人民政府各有关管理部门按照市人民政府规定的职责分工，对外埠施工企业进行管理。

第二章　企业经营和资质管理

第五条　外埠施工企业在沈承包、分包工程或者提供劳务，须持县以上主管部门出据的外出施工证明、施工资质等级证书、营业执照、营业管理手册、开户银行签证的流动资金、固定资产状况及近三年主要工程交工证明、工程总包、分包合同书或劳务承包协议书等资料，到本市建工局登记，并接受资质审核。由本市建工局会同市建设银行核定其营业范围和取费标准，并由本市建工局发临时施工许可证和取费证。

第六条　外埠施工企业持临时施工许可证到市劳动部门办理务工许可证和安全资格证，之后分别到工程所在地工商行政管理部门、建筑银行办理临时营业执照，设立帐号。

第七条　外埠施工企业撤离沈阳市、歇业、破产或资质等级发生变化时，须及时到本市建工局办理变更手续，并报沈阳市工商行政管理部门备案。

第八条　外埠企业临时施工许可证只限当年有效。凡有结转跨年工程项目的外埠施工企业，须到本市建工局审验施工证件和企业资质证书，并重新办理临时施工许可证。

第三章　工程承包管理

第九条　外埠施工企业在沈承包工程，应到市建筑工程招投标管理办公室接受投标资质审核，持核发的投标证书参与工程投标。

第十条　外埠施工企业承包工程，应与发包单位或施工单位签定工程承包或劳务承包合同。建设单位应到市工程质量监督站办理质量委托手续，到市建筑安全监督站办理安全监督手续，到市建工局办理开工报告。

上述手续完备后，方准施工。

第十一条　外埠施工企业不得独立总承包住宅小区工程或群体工程。

第四章　监督管理

第十二条　外埠施工企业在沈施工，必须接受本市建工局及各级建筑市场管理部门、工程质量监督部门、安全监督部门及劳务监察部门的日常监督管理。

（一）外埠施工企业应严格施工现场管理，控制噪声，杜绝污染。

（二）外埠施工企业在工程施工中，严禁使用质量不合格的建筑材料、构配件、设备等。工程质量不合格不准交付使用。

（三）外埠施工企业在工程施工中，应坚持安全生产，杜绝人身伤亡事故。

第十三条　外埠施工企业在沈承包工程，应严格执行本市现行工程预算定额和取费标准及利税政策，其承包的工程造价应经市建设工程预算审查中心审定。发生合同纠纷，双方协调不成时，可向合同管理机关申请调解或仲裁，也可直接向工程所在地法院起诉。

第十四条　外埠施工企业在沈施工期间，应在规定的报告期限内，向本市建工局报送统计报表及重点工程、住宅小区配套完成情况资料。年终结算书、年度工程结转计划，应按期报出。发生重大质量、安全事故，应及时报告有关主管部门。

第十五条　外埠施工企业在沈承包工程竣工，须经本市建工局、市工程质量监督站和建设单位共同验收合格后，到开户银行办理竣工结算拨款手续。

工程竣工后，在保修期内保修不及时，建设单位可动用其交纳的工程保修金，委托其他施工单位进行维修。

第十六条　外埠施工企业在沈施工期间，应建立《营业管理手册》和《质量管理手册》

第十七条　外埠施工企业在沈施工期间，应设置驻沈办事处，负责本企业或本地区施工企业的日常管理。

第十八条　外埠施工企业进沈施工应按本市有关规定向市建筑市场管理办公室交纳管理费。

第五章　奖励与处罚

第十九条　外埠施工企业有下列情况之一的，由本市建工局给予奖励和表彰：

（一）在国家、省或本市重点工程、住宅小区建设中成绩优异的；

（二）连续两年未发生重大质量、安全事故，并且所承建工程连续两年被评为全市样板工程、优良工程的；

（三）被本市命名为“信守合同、工程优良企业”的；

（四）文明施工，现场管理达标的。

第二十条　外埠施工企业违反本规定的，由本市建筑市场管理部门视情节予以警告、通报批评、没收非法所得、责令停产整顿、罚款，直至清除本市的处罚。

对有下列行为之一的，予以严肃处理：

（一）未办理进沈施工审批手续，无临时施工许可证、无临时营业执照施工的，没收其全部非法所得，取消企业在沈施工资格。

（二）未办理投标手续，私下交易，非法承包的，没收其非法所得，并按工程已完成的形象部位造价的5%—10%处以罚款。

(三)出借施工许可证和营业执照、银行帐号的,没收其非法所得,吊销其施工证件,并按工程已完成的形象部位造价的1%—5%处以罚款。

(四)拒交管理费的,取消企业在沈施工资格。

(五)管理混乱,造成重大质量、安全事故的,责令停产整顿,给予责任者经济处罚,并取消企业在沈施工资格。构成犯罪的,依法追究法律责任。

(六)承建工程项目出现不合格工程的,取消企业在沈施工资格。

第六章 附 则

第二十一条 本规定自发布之日起施行,原沈建工发[1987]38号《沈阳市关于外埠进沈施工企业管理的暂行规定》即行废止。

第二十二条 本规定实施当中的具体问题由沈阳市建筑工程管理局负责解释。

沈阳市经济合同鉴证管理办法

第一章 总 则

第一条 为保护经济合同当事人的合法权益,维护社会经济秩序,促进社会主义商品经济的发展,制定本办法。

第二条 本办法所称经济合同鉴证(以下简称鉴证),是指工商行政管理机关受当事人委托,对其签订的经济合同进行审查和鉴定,以证明其是否具有真实性、合法性。鉴证不对合同的可行性担保。

第三条 本办法适用于我市区域内的公民、法人和其它组织间或相互间订立的各类经济合同、企业承包经营合同、企业租赁经营合同。

第四条 鉴证实行自愿原则,但国家、省和市人民政府规定应当鉴证的经济合同,合同当事人必须办理鉴证。

第二章 程 序

第五条 鉴证应由合同当事人各方共同到鉴证机关办理。如一方当事人委托他人代办,其代理人必须持有委托证明。

第六条 凡市人民政府规定,须经有关机关批准后成立的经济合同,经批准后方可到鉴证机关办理鉴证手续。

第七条 办理经济合同鉴证,当事人各方应提供下列证明材料:

(一)经济合同条款及内容已经双方协商一致,并使用国家规定的经济合同示范文本或市工商局批准的自制文本的合同正本、副本;

(二)合同当事人资格证明;

(三)签订经济合同的法定代表人或委托代理人资格证明;

(四)其它有关证明材料。

鉴证机关应认真审查各方当事人提供的证明,是否真实、合法,认为不完备或有异议时,可通知当事人作必要的补充或向有关单位调查、索取有关证件或材料。有关单位、个人应给予协助。

第八条 鉴证机关在鉴证时,应审查下列内容:

(一)签订经济合同主办人的身份是否合格,当事人是否具有权利能力和行为能力;

(二)经济合同当事人的意思表示是否真实;

(三)经济合同内容是否符合国家法律、法规、政策和计划的要求;

(四)经济合同的主要条款内容是否完备,文字表述是否准确,合同签订是否符合法定程序。

第九条 经审查对真实、合法的经济合同予以鉴证,鉴证人应当在合同文本上签名或盖名章,加盖工商行政管理局《经济合同鉴证专用章》。

第十条 经济合同鉴证当事人应向鉴证机关交纳鉴证费。鉴证费标准按国家规定执行。

第十一条 经济合同经鉴证后,鉴证机关留存二份,经编号存档一份,另一份交本机关管理人员,以便跟踪管理督促履行;如当事人一方是外埠企业,应邮寄外埠企业所在地工商行政管理局协助监督履行。

第十二条 经鉴证的经济合同,全部履行完毕后,存档二年。

第十三条 对不真实、不合法,权利、义务不平等的经济合同不予鉴证,并向当事人说明理由。

第十四条 工商行政管理局发现自己的鉴证有错误时,应及时纠正或撤销鉴证。上级鉴证机关发现下级鉴证机关鉴证有错误时,应指令下级机关撤销鉴证,撤销鉴证由原鉴证机关以书面形式通知各方当事人。

第十五条 鉴证后的经济合同需变更、解除时,各方当事人必须协商一致,签订变更或解除合同协议,并到原鉴证机关备案。

第三章 管 理

第十六条 各级工商行政管理局是经济合同的管理机关。各级金融机构、市场管理办公室(委员会)以及其它与经济合同有关的职能部门是经济合同管理的协管部门。

各级工商行政管理局和经济合同协管部门对已鉴证的经济合同要实行跟踪管理,并发挥职能作用,积极做好服务工作。

第十七条 经鉴证的经济合同在履行时有困难的,应及时通知经济合同主管机关或协管部门进行协调,协调不成时可申请经济合同仲裁委员会仲裁。

第十八条 鉴证的经济合同,必须建立台帐,逐一编号登记,以便能及时查明鉴证依据和证明材料来源。

第四章 罚 则

第十九条 单位或个人盗用鉴证机关的名义进行鉴证的,除承担由此给当事人造成的损失外,处以五千元以下罚款。

第二十条 经济合同当事人在鉴证时,出据假证,隐瞒真实情况,骗取鉴证的,除责令其赔偿因出具虚假文件、证件给他人造成的损失外,处以五千元以下罚款。

第二十一条 法律、法规规定应该鉴证的经济合同而经济合同当事人未进行鉴证的，其造成的经济后果自负，并对其处以五千元以下罚款。

第五章　附　则

第二十二条　技术合同鉴证参照本办法执行。

第二十三条　各类经济合同鉴证的实施细则，由市工商行政管理局制定。

第二十四条　本办法实施过程中遇到具体问题，由市工商行政管理局负责解释。

第二十五条　本办法自发布之日起施行。

沈阳市房屋互换管理办法

第一章　总　则

第一条　为加强换房市场管理，建立正常的换房秩序，有利生产、方便生活，根据我市实际情况，特制定本办法。

第二条　本办法适用于本市市区范围内国有直管公有房屋、单位自管房屋、私有房屋的使用人（含单位下同），进行房屋（住宅、非住宅）使用权互换及跨省、市个人之间的房屋使用权互换。

第三条　房屋互换，实行自愿的原则。

房屋互换使用后产权性质不变。

第四条　市房产管理局是房屋互换工作的主管机关。市房屋互换服务中心、区换房服务处和市房产经营公司按职责分工，负责房屋互换工作的管理并办理房屋互换审批手续。

第二章　房屋互换管理

第五条　市房屋互换服务中心负责办理下列房屋互换的登记和审批手续：

（一）跨省、市住宅房屋的互换；

（二）跨区（县）、跨市房产经营公司各类产权住宅、非住宅房屋的互换；

（三）单位自管住宅房屋之间的互换。

第六条　区换房服务处负责办理下列房屋互换的登记和审批手续：

（一）管辖内直管公房之间住宅房屋的互换；

（二）管辖内直管公房与私房之间住宅房屋的互换；

（三）管辖内的直管公房之间、直管公房与私房之间非住宅房屋的互换。

第七条　市房产经营公司负责办理本公司经营管理的直管公房、私房之间（住宅、非住宅）房屋互换的登记和审批手续。

第八条　住宅房屋互换，房屋使用人须持承租人（私有房主持本人）身份证影印件、户口簿及下列证件到市、区或公司换房管理部门办理登记手续。

租赁国有直管公房的，须持公有直管住宅租赁证（房屋使用证）。

租赁单位自管房屋的，须持单位自有住宅租赁证（房屋使用证）。

私有自用房屋产权人，须持经房屋所在地私房管理所核实并加盖公章的书面申请书。

租赁私有房屋的，须持有房屋所在地私房管理所核实并加盖公章的私房产权人的同意书。

动迁户须持有动迁安置部门的同意书、双方对各自发生费用做出的书面承担保证书。

第九条　非住宅房屋互换，房屋使用人须持下列证件，到市、区、公司换房管理部门办理登记手续：

（一）房屋租赁契约；

（二）房屋产权人的同意书和房屋所有权证影印件；

（三）单位介绍信。

第十条　经审查符合房屋互换条件的，由换房管理部门签发《登记卡片》，作为换房户查询换房信息的依据。

《登记卡片》有效期为半年，超期自行作废。

第十一条　换房户互相看房时，看房方必须出示本人居民身份证和换房管理部门签发的《看房通知单》，否则，对方有权拒绝其看房。看房方看过后将《看房通知单》交回签发部门经办人，如遗失或转让，造成换房对方不良后果的，由看房方负相应责任。

第十二条　换房户各方协商同意换房后，住宅房屋互换须填写《住宅房屋互换审批表》，非住宅房屋互换须填写《非住宅房屋互换审批表》，由房屋产权单位加盖公章，到管辖的换房管理部门办理审批手续，由其签发《换房批准书》。换房户凭《换房批准书》进住换入的房屋。

第十三条　双方搬家，应通知产权单位房管部门的房管员到所换房屋清点房屋设备，如有损坏或丢失，由原户负责修复或赔偿。

第十四条　有下列情形之一的，不予办理换房登记审批手续：

（一）无承租权或产权不清的；

（二）房屋纠纷未解决的；

（三）租金未结清的；

（四）变相转让的；

（五）有同居人不能随换房户同时迁出的；

（六）有暖气设备，采暖费用无法落实的；

（七）市规划控制地区范围内，已与外商签订土地转让合同的地区范围内及已履行拆迁审批手续尚未实施拆迁地区范围内的房屋，其换出换入人口条件不对等的；

（八）押金成本租房屋。

第十五条　换房户到换房管理部门进行换房登记，须按规定交纳登记费，房屋互换经批准后，须按规定交纳房屋互换手续费。

第十六条　换房登记费、手续费的具体收费标准，由市房产管理局会同市物价局另行制定。

第十七条　已经换房管理部门批准，房屋互换后一方违约的，由双方协商解决，协商不成的，任何一方均可申请房地产仲裁部门仲裁。

第十八条　未经审批私自换房的，如确属双方自愿且征得产权单位同意，经审查符合房屋互换条件的，可补办换房批准手续，收取一至三倍的换房手续费。

第三章 罚 则

第十九条 违反本办法,无换房审批权单位办理换房批准手续的,其批准手续无效,并对批准单位处以500至1000元罚款。

第二十条 换房管理部门对违反本办法的单位或个人处以罚款,必须开具市财政局统一印制的罚款票据,罚没款及时足额上缴同级财政部门。

第二十一条 换房管理部门工作人员,必须认真履行职责,遵纪守法、文明服务。违者,由其主管部门给予处分,触犯刑律的,由司法机关依法追究刑事责任。

第二十二条 新民市和各县可参照本办法制定房屋互换具体实施办法。

第二十三条 本办法由市房产管理局负责解释。

第二十四条 本办法自发布之日起施行。本办法发布前的有关房屋互换规定与本办法相抵触的按本办法执行。

沈阳市国有土地有偿使用实施办法

第一条 为加快我市土地使用制度改革,实施国有土地使用权的有偿使用,根据《中华人民共和国城镇国有土地使用权出让和转让暂行条例》,《辽宁省城镇国有土地使用权出让和转让实施办法》,结合我市实际情况,制定本办法。

第二条 在坚持社会主义土地公有制的基础上,本着土地所有权与使用权相分离的原则,有计划、有步骤地实行国有土地有偿使用制度。

第三条 市和县(市)、区人民政府土地管理部门是实施国有土地有偿使用的主管机关,依法确认土地使用权,核发国有土地使用证,并对国有土地使用权的出让、转让、出租、抵押、终止,进行监督、检查,办理土地变更登记手续。

第四条 土地使用权出让,必须按照法律规定的程序和批准权限办理。本着平等、自愿、有偿的原则,由市和县(市)、区土地管理部门,与土地使用者签订合同,其它部门不得以任何形式出让土地和签定土地出让合同。

土地出让和涉外企业、股份制企业用地均需进行地价评估。

第五条 土地出让可采用协议、招标和拍卖方式,并不断扩大招标、拍卖方式,以增强公平竞争的透明度,提高土地效益。

通过出让方式取得的土地使用权,必须按合同规定进行开发建设,完成开发投资总额(不包括地价)或建设面积20%以上的,可以依法转让、出租、抵押或者从事其它经济活动。

第六条 土地使用权转让时,地上建筑物及其附着物所有权随之转让;土地使用者转让地上建筑物、其他附着物所有权时,其使用范围内的土地使用权随之转让。转让者应依法到土地、房产管理部门办理土地和房屋的变更、过户登记手续。

第七条 扩大土地使用权出让范围。除党政机关、人民团体、行政事业单位办公用房、军事设施、公共公益事业、普通住宅等项目和非营业性用地以及市政府批准的其它用地仍实行行政划拨外,对其它新增建设用地,首先是商业、金融、旅游、服务业、高、中档商品房屋和涉外工程项目建设用地的供应,都要通过有偿出让方式提供用地。

行政划拨的土地,如改变为属应按出让性质处理的,必须先补办出让手续。

第八条 土地使用权出让,按土地的不同等级,不同使用性质和不同使用年限,由市土地管理局、财政局、物价局统一制定地价,报市政府批准后实施。不经市政府批准,不得降低出让地价。

第九条 土地使用权出让年限,按国家规定执行。出让年限不足十年的按十年计交纳出让金,超过十年的按实际年限交纳出让金。

建筑容积率(土地使用面积与地上建筑面积之比)超过1:6的用地,容积率每增加一,出让金递增5%。

第十条 通过出让方式取得的土地使用权,在使用期限内使用者每年按每平方米二元以下、零点五元以上标准向政府缴纳土地使用费。

第十一条 出让后土地使用权转让时,该地块转让费扣除合理房价后,发生土地增值的,转让方应按下列比例向政府交纳土地增值费:增值额(转让地价减去原地价)在100%以下的按增值额的20%交纳增值费;增值额在101—200%之间的,按增值额的30%交纳增值费;增值额在201—300%之间的,按增值额的40%交纳增值费;增值额超过301%的,按增值额的50%交纳增值费。

第十二条 土地使用权出让金和土地转让的土地增值费由市土地管理部门代收代缴,地面建筑连同土地转让的土地增值费由房产管理部门代收代缴。土地使用费由县(市)、区土地管理部门代收代缴。所收费用收取部门提取2%做为业务费,其余上交财政部门。除收取的出让金原为农业用地的20%,用于农业土地开发外,其余费用要用于城市建设。

第十三条 土地出让金、土地增值费和土地使用费除按规定上交中央财政和提取业务费以及留用农业使用外,其余按以下比例安排使用:沈河、大东、铁西、和平、皇姑区和东陵、于洪区的城市建成区,市、区按"八、二"的比例分成使用,市留80%、区留20%;苏家屯、新城子区和虎石台镇政府所在地,市区按"二、八"比例分成使用,市留20%、区留80%;其它地区、包括沈阳经济技术开发区留所在地区使用。其中农村集体经济组织利用本单位使用的土地与外单位联办企业所收的出让金,返回所在县(市)、区,用于农业和基础设施建设。

第十四条 通过非出让方式取得的国有土地使用权,使用者如转让、出租、抵押,须依照法律规定与土地管理部门签订土地使用权出让合同,向政府补交出让金后,其土地使用权方可转让、出租、抵押。

未经办理出让手续的不得转让、出租、抵押。

第十五条　农村集体土地使用权如需出让必须先行征为国有，并依照规定办理出让手续后，方可出让。农村经济组织以集体土地使用权作价入股与外单位联办企业，其土地所有权经征用转为国有后，实行有偿使用。

第十六条　设立开发区要严格履行报批手续，其用地要做好总体规划，做到有计划、有步骤地进行。用地一律实行有偿使用，按审批权限规定依法办理出让手续，不能自用自批。受让土地单位要按合同规定的建设条件和要求投资开发土地。成片开发出让土地要经科学论证，做到以项目批地，不得撂荒耕地。

第十七条　出让的土地在合同生效后，一年不开工建设的，市政府无偿收回土地使用权，注销土地使用证。

用地单位不得囤积、炒卖土地。

第十八条　对本办法发布前，一九九〇年五月十九日《中华人民共和国城镇国有土地使用权出让和转让暂行条例》实施以来，未签订土地出让合同，擅自转让、出租、抵押土地使用权的，须按规定补办土地使用权出让手续，补交出让金。坚持不办的由土地管理部门按违法用地，处以出让金30%以下的罚款。

第十九条　土地管理部门要加强对土地有偿使用的监督检查工作。土地使用单位未按合同规定要求开发、使用土地的，市和县(市)、区土地管理部门有权对土地使用者责令限期改正，直至无偿收回土地使用权。

第二十条　本办法如有与上级政府规定不符，按上级政府规定执行。执行中的具体问题，由市土地管理局负责解释。

第二十一条　本办法自发布之日起实施。

沈阳市住房公积金实施细则

第一条　为按照国家、单位和职工个人共同筹资建房的原则改革住房投资体制，逐步增强职工家庭解决自住房的能力，根据《沈阳市贯彻(辽宁省城镇住房制度改革总体方案)实施办法》，制定本细则。

第二条　住房公积金制度是个人和集体共同积累资金解决职工住房的制度。实行住房公积金的职工按月存储占月工资一定比例的住房公积金；职工所在单位同时给职工存储占职工月工资同等比例的住房公积金，两者均记入个人名下，归职工所有。

第三条　存储住房公积金，比照银行同期活期储蓄利率计付利息。

第四条　住房公积金由市人民政府担保。

第五条　市住房资金管理中心(以下简称资金管理中心)代表市政府负责住房公积金的归集、管理、监督使用和偿还，对各单位存储和使用住房公积金进行指导、督促和定期核查。

第六条　凡在本市工作，具有本市城镇常住户口的党政机关、群众团体及全民所有制、集体所有制企事业单位的固定职工、合同制职工，军办企业、股份制企业、私营企业职工以及外商投资企业的中方职工及其所在单位，均实行住房公积金制度。

新参加工作的职工，从发薪之日起实行。

离休干部、退休职工、临时工、外商投资企业外籍职工不存储住房公积金。

第七条　职工个人住房公积金的存储额等于职工月工资乘以住房公积金存储率。住房公积金的存储率暂定为5%。存储额低于5元的按5元存储；5元以上，以“元”为最小计算单位，见“角”四舍五入。职工所在单位亦按相同数额同时给职工存储住房公积金。

今后，随着经济的发展和职工收入的变化，住房公积金存储率相应进行调整。

有条件的单位，经职工代表会议决定，报资金管理中心备案，住房公积金存储率可高于5%。

第八条　职工月工资基数按以下方法计算：执行行政、事业工资标准的，以结构工资计算，即基础工资、职务工资、工龄工资三项之和(含职务补贴、教龄津贴、护龄津贴)；执行企业工资标准的，以标准工资(档案工资)加5元副食补贴计算；实行岗位技能工资制的企业，以岗位技能工资计算；外商投资企业和私营企业以现行工资标准计算。

存储住房公积金的工资基数，以一九九二年底的工资基数为准。住房公积金从一九九四年一月一日起开始存储。

第九条　住房公积金的来源

(一)个人存储部分，从个人工资中支付。

(二)企业给职工存储部分，从单位住房基金中列支。在当前尚未建立住房基金的情况下，根据本单位所需资金的数额，按下列筹资渠道列支：

(1)应付集体福利费或按工资同经济效益挂钩办法提取的工资基金结余；

(2)按规定提取的住房折旧费及建房投资；

(3)全民企业经财政部门，集体企业和私营企业经税务部门核定列入成本、费用；

(4)外商投资企业，按统一规定的财务核算办法执行。

(三)机关、事业单位给职工存储部分，从单位住房基金中列支。在当前尚未建立单位住房基金的情况下，属于财政全额拨款的单位列入预算；属于差额拨款单位，经财政部门核定列入预算；自收自支单位比照企业列支。

第十条　严重亏损企业和确实无力给职工存储住房公积金的其它单位，提交职代会讨论通过，填报《缓存住房公积金审核表》，经财政、税务部门认证及资金管理中心审核批准，可暂缓存储，待经济状况好转时实行、恢复或补存。

第十一条　资金管理中心委托建设银行沈阳市分行房地产信贷部(以下简称建行房贷部)代办住房公积金的归集与存贷业务。

第十二条　住房公积金由职工所在单位通过代办银行统一解交资金管理中心。本细则实施后的第一个月，职工所在单位在首次解交时，应将个人存储部分和单位给职工存储部分一并记入《住房公积金汇缴清册》个人栏目，送代办银行登录入帐，开设职工个人的住房公积金户头。以后如有变化，每月缴款时，须向代办银行报送《住房公积金变更清册》。代办银行每年向各单位公布一次按职工姓名开列的《住房公职金核对清单》。职工可向所在单位查询自已的住房公积金存储情况。

第十三条　职工所在单位必须在发工资五日内解交住房公积金。单位不按时解交，由资金管理中心委托建行房贷部督促解交。单位迟交时，须按日交纳3‰的滞纳金(自发放工资五日后算起)。

第十四条　职工离退休时，其结余的住房公积金本息由职工提取。

第十五条　职工在职期间去世，其结余的住房公积金本息，由其法定继承人提取。

第十六条　职工工作发生变动，住房公积金按下列规定办理：

(一)职工在市内调动工作，其住房公积金本息随之转移。调入单位填写《住房公积金转移通知书》，经调出单位盖章后，到代办银行办理住房公积金转移手续。

(二)职工经批准出国定居和调离本市的，由单位出具证明，其结余的住房公积金本息，由职工提取。

(三)职工离职、停薪留职或因其它原因中断工资关系时，从停发工资之日起，停止存储住房公积金，其结余的住房公积金仍在代办银行存储。在原单位恢复工作的，继续存储；重新工作的，按职工调动工作的规定办理。未能恢复工作或未能重新工作的，达到退休年龄时，其结余的住房公积金由本人提取。

第十七条　住房公积金在提取和继承各环节，均免缴个人收入调节税。

第十八条　职工个人名下的住房公积金，专项用于职工买房、建房、动迁安置住房个人负担的增加面积款和自有住房的翻修；不能用于住房的内部装修、一般养护以及交纳房租、购买债券。职工提取住房公积金必须具备的条件是：有建房或购房证明，其余部分的资金已经落实；有需要支付回迁安置增加面积款的证明或翻修自有住房的申请。职工提取住房公积金，由职工所在单位提出意见，报资金管理中心审批，由建行房贷部办理支款手续。

第十九条　职工个人购买住房、自建住房和自有住房翻修，可使用家庭成员积累的住房公积金；必须经家庭成员本人及所在单位同意，资金管理中心审批，由建行房贷部办理支款手续。

第二十条　职工个人购买住房、自建住房和翻修自有住房，提取住房公积金后资金不足时，可根据资金管理中心对职工个人购建房贷款的规定，向建行房贷部申请专项低息贷款。

第二十一条　职工使用本人、家庭成员的住房公积金购买和自建住房出售后，须将原来使用的住房公积金如数存入原户，仍作为各自的住房公积金。

第二十二条　职工和单位按时足额存储住房公积金后，各单位因购买和建造住房需要，可根据资金管理中心对单位购建房贷款的规定，在本单位名下住房公积金额度内，向建行房贷部申请专项低息贷款。

第二十三条　职工和单位按时足额存储住房公积金后，因购买和建造住房需要，各单位可根据建行房贷部的贷款规定，向建行房贷部申请与住房公积金存储数额相联系的经营性购建房贷款。

第二十四条　对于由职工较少的单位按区域、行业或其它方式组建起来的住房合作社，在申请专项低息贷款和经营性购建房贷款时，视同一个单位，享有同等权利；在征得参加单位同意后，由住房合作社统一申请、使用和归还贷款。

第二十五条　本细则由市住房制度改革办公室负责解释。

第二十六条　本细则自公布之日起施行。

沈阳市贯彻《辽宁省城镇住房制度改革总体方案》实施办法

为贯彻党中央、国务院关于推进城镇住房制度改革指示精神，根据《辽宁省城镇住房制度改革总体方案》，制定本实施办法。

一、住房制度改革的目的和基本原则

城镇住房制度改革是经济体制改革的重要组成部分，其根本目的，是缓解居民住房困难，不断改善住房条件，正确引导消费，逐步实现住房商品化。按照社会主义市场经济的要求，城镇住房制度改革从改革公房低租金制度着手，将现行公房的实物福利分配制度逐步转变为货币工资分配制度，由住户通过买房或租房，取得住房的所有权或使用权，使住房这种特殊商品进入消费品市场，实现住房资金投入产出的良性循环。

到“八五”末期，全市城镇人均居住面积要达到6.5平方米，并解决人均居住面积不足两平方米的住房特困户的居住拥挤问题。到2000年，全市城镇人均居住面积要达到8平方米，基本缓解城镇居民住房困难。

城镇住房制度改革的基本原则是：

(一)坚持国家、集体和个人共同承担住房资金的原则，逐步改变单靠国家和单位统包、实物分配住房和低租金的住房制度，建立由国家、单位和个人三方共筹资金建设住房的机制；

(二)坚持售、租、建并举的原则，逐步实行按经营价出租住房，积极发展个人自有住房和公私共有产权住房，形成租买比价合理、促进售房、推动建房的良性循环；

(三)坚持单位资助和职工互助的合作解决住房的原则，逐步发展职工住房合作社，建立个人和单位共同积累住房互助合作基金的制度，走互助合作的道路；

(四)坚持积极稳妥、分步渐进的原则，充分考虑国家、单位和个人的实际经济承受能力和心理承受能力，采取循序渐进的改革办法逐步实施；

(五)坚持统一政策与因地制宜相结合的原则，既要在房改的目标方向、基本政策上同中央、省的要求保持一致,又要使房改的具体内容、措施和步骤切合沈阳实际。近期要以出售公有住房为重点,以建立住房公积金制度为核心,加大租金改革力度,扩大资金来源,促进经济实用住房建设和危旧房的改造,推动解危解困。

二、住房制度改革的主要内容

(一)出售公有住房

机关、企事业单位新建的住房、购买的商品房和腾空的旧住房,一律按先出售后出租的原则向职工出售或出租。出售的房价分为准成本价和标准价两种。房改起步阶段的新房价格:砖混结构单元套房准成本价每平方米建筑面积起点不低于600元,标准价起点不低于349元。房价与实际造价的差额,由产权单位承担。

鼓励职工、居民购买已经租用的公有旧住房(含被动迁户回迁安置的新房),其价格也分为准成本价和标准价两种,并以成新折扣计算。房改起步阶段的旧房价格:砖混结构单元套房准成本价每平方米建筑面积起点不低于400元,标准价起点不低于302元。

向职工出售公有住房的价格,每年公布一次。

鼓励收入较高的居民和有资金能力的居民,以市场价格购买自住房,并按有关规定给予减免税费待遇。

职工购买的准成本价新、旧住房,其产权为个人全部产权,允许出售、出租和赠与;标准价新、旧住房,其产权为公私共有产权,允许继承、出售。以市场价购买的住房,其产权为私有。

职工购买的准成本价新、旧住房,取得产权后即可出售;标准价新、旧住房,居住满五年后允许出售,如职工调离本市或出国定居,允许提前出售。职工以标准价购买的新、旧公有住房出售后,其增值部分按国家、单位、个人各自所占的产权份额分成。

职工购买新房,一次交清全部购房款,给予减收房价20%的优惠。职工购买现住的旧房,给予减收房价10%的现住房优惠,每年工龄减收房价0.5%至0.8%的工龄折扣以及一次交清全部购房款减收房价25%的优惠。

职工购买新、旧公有住房,可以分期付款,首次付款不低于50%。其余50%房款的付款期,购买新房为10年,购买现住旧房为8年。

职工购买准成本价和标准价新、旧公有住房,每户只享受一次优惠待遇。

准成本价和标准价新、旧住房,均可调可换。

职工以标准价购买的公私共有产权住房,可以通过交纳旧房准成本价与标准价差价款的办法,将部分产权转变为全部产权。

职工购买公有住房后被动迁,个人应按旧房准成本价或标准价补齐原面积的成新差价和结构差价;新增面积按新房准成本价或标准价计算。

职工购买公有住房后,不再交纳房租。

公有住房出售后,采暖费仍按现行规定办理。

公有住房出售后,各户自用部分的维修由个人自理;共用部分和共用设施的维修管理仍由售房单位负责,购房职工按每月每平方米建筑面积0.10元的标准交纳维修管理费。

出售公有住房回收的资金,原则上用于住房建设。出售自管房回收的资金,市政府借用10%,满5年返还。出售直管房回收的资金,市政府统一安排使用60%,市房产部门使用40%。

向职工出售新、旧公有住房,须报市房改办审批;出售旧房须经市房屋评估中心评定成新。

(二)建立住房公积金

住房公积金制度是体现职工互助,单位资助,增强职工购房能力的住房资金积累制度。凡在本市工作,具有本市城镇常住户口的党政机关、群众团体及全民所有制、集体所有制企事业单位的固定职工、合同制职工,军办企业、股份制企业、私营企业职工以及外商投资企业的中方职工及其所在单位,均实行住房公积金制度。离退休职工、临时工和三资企业中的外籍职工,不实行住房公积金制度。

住房公积金由职工和所在单位共同存储。职工按月标准工资5%逐月存储;单位也按其月标准工资的5%逐月给职工存储,两者均归个人所有。公积金由职工所在单位在指定的银行为每个职工开设个人专户存储。住房公积金比照同期活期存款利率计息。

住房公积金的来源:个人存储部分,从个人工资中支付;企业给职工存储的部分,按新会计制度办法规定的项目列支。行政事业单位给职工存储的公积金,属于财政全额拨款的单位列入预算,属于差额补贴或自收自支的单位比照企业列支。对亏损企业及其职工确实无力存储住房公积金的,在经过主管部门和财政、税务部门认证后,允许暂缓存储公积金,待经济条件好转时实行或补存。

公积金是用于职工购房、建房和自有私房翻修的专款。经申请,允许同住的家庭成员共同使用其存储的公积金,用于集资买房或建房,职工使用公积金购、建房后,仍要按月存储公积金。职工将其住房出售时,要将原来使用的公积金原数存入各有关职工的公积金帐户。

各单位建设住房,可以专项低息贷款 的形式使用本单位职工存储的住房公积金。

职工离退休、调离本市或出国定居时,公积金本息还给本人;职工在本市调转时,公积金随工资关系划转;在职职工去世时,公积金可由继承人提取。

住房公积金由市住房资金管理中心管理、监督使用。委托有关银行房地产信贷部代办结算、存贷业务。

(三)提租补贴、超标加租

改革现行公房低租金制度,是住房制度改革的重要内容。要采取分步渐进的调租步骤,提高公有住房租金,在提高租金的同时,给职工适当的住房补贴。

“八五”期间,全市公有住房租金,力争达到包括维修费、管理费、折旧费的计租水平。在房改起步阶段,将月租金由现在的平均每平方米使用面积0.15元统一调整到平均0.38元,同时按月给住公房的职工和离退休职工发住房补贴 。

在职职工的补贴 标准按本人标准工资的2%计发。月工资不足100元的按100元计发；离退休职工按离退休时的标准工资，再加离退休后增加的补贴性工资为基数计发。

对按职工买房公助办法购房，拥有住房全部产权或部分产权的职工，同样发给住房补贴。住私房的，其住房补贴按沈劳发[1984]149号《关于职工租用私房租金补贴问题的通知》有关规定执行。住集体宿舍的独身职工暂不发补贴。

住房补贴资金来源：企业按国家和省有关规定办理；机关和由财政全额拨款的事业单位列入预算；自收自支的事业单位比照企业列支；离退休职工从营业外列支。

对住房人均使用面积超过控制标准的，实行超标累进加租。

住房人均使用面积不超过控制标准的社会救济户、单位定期困难补助户、残疾人困难补助户和烈属抚恤户因提租增支，对其增加支出部分，可由住房承租人提出申请，分别由民政部门或职工所在单位酌情给予补助。

建国前参加革命工作的干部、工人，凡住房人均使用面积不超过国家或省市住房控制标准的，对其增支部分按下列规定由所在单位给予补助：红军时期参加革命的，其增支部分给予全额补助；抗日战争时期参加革命工作的按70%补助；建国前参加革命工作的按50%补助。本人去世，住房由其配偶和父母接续住用的，其租金增支部分仍享受补助。其配偶再婚或子女接续住用时，不再给予补助。

直管和自管房新增租金的20%，由市统筹，用于社会性住房补偿。提租后，增加的租金仍免交房产税。

(四)租房买债券

新承租的新、旧公有住房和已经租用公有住房的承租人，均按住房面积购买沈阳市租房债券。住户凭租房债券认购回执获得租住权，并按月缴纳房租。

新承租的新、旧公有住房按每平方米建筑面积30至50元购买租房债券；已经租用的公有住房按每平方米建筑面积9元，分3年(每年3元)购买租房债券，第一年一次购买全部应购租房债券的可减购20%。

租住新住房交原房的住户，所增加的建筑面积按每平方米30至50元购买租房债券。

租房债券满八年还本，利息按银行同期活期利率计算。

租房债券由住房产权单位组织购买；负责核定住户购买租房债券总额并填写租房债券认购通知单。住户持租房债券通知单到指定的金融机构购买债券。

租房债券的资金做为专项住房建设周转资金，允许住房产权单位按照有关规定在承租人购买债券额度内以低息贷款形式使用债券资金。

租房债券可以转让，进入国家指定的证券市场。

属于下列住房，允许不购买租房债券：个人出资买房拥有全部产权或部分产权的住房；动迁户回迁安置的住房中由个人出资增加面积部分；社会救济户、单位定期困难补助户、残疾人困难补助户和烈属抚恤户住用的住房。

三、搞好解决住房困难户与住房制度改革的接轨

深化改革，加快住宅建设，继续抓好解困"234"工程。在今年底前，解决人均居住面积不足2平方米的住房困难户；到1997年底解决人均居住面积不足3平方米的住房困难户；到2000年底解决人均居住面积不足4平方米的住房困难户。

积极发展经济实用住房的开发建设，多渠道开辟解困房源，逐步形成适应不同收入人员、不同标准、不同价格的住房新格局。

四、举办职工住房合作社，发展职工住房合作事业

举办职工住房合作社，是实施住房制度改革，筹集、积累住房资金和发展职工住房合作事业的组织形式。

我市在已经试办二十七家职工住房合作社的基础上，结合住房制度改革，在"八五"期间继续组织具备办社条件的企事业单位把职工住房合作社办起来。为适应需要，在基层办社的基础上，逐步建立市、区以及行业系统的职工住房合作联社。

职工住房合作社，应体现公办民助或民办公助、职工互助、单位资助、共同筹资、积累资金的互助合作特点，把职工住房合作社办成职工住房之家。

五、附　则

本办法所称城镇是指市内9个区。本办法适用于凡是在沈阳市区域按属地化原则实施房改的单位(经国务院房改领导小组批准的独立实施房改的系统除外)。

县(市)的住房制度改革，可参照本办法，结合县(市)具体情况，制定房改方案，报市住房制度改革领导小组批准后实行。

已经实行提租补贴的东北制药总厂、新阳机器制造公司等房改试点单位，以及已经实行职工买房公助制度的房改单位，要继续巩固和发展试点房改成果。市住房制度改革办公室 和市住房资金管理中心，要尽快提出房改试点单位的房改办法。

市有关部门根据本办法制定实施细则，经市政府批准后实施。

本办法由市住房制度改革办公室负责解释。

本办法自发布之日起施行。

沈阳市出售公有住房实施细则

第一条　为贯彻《沈阳市贯彻〈辽宁省城镇住房制度改革总体方案〉实施办法》，推进住房商品化、自有化的进程，加快住宅建设和旧区改造，搞活存量资产，正确引导消费，特制定本细则。

第二条　凡属我市行政区划内的新、旧直管公有住房及单位的新、旧自管公有住房，除本细则第七条规定不宜出售的公有住房外，均可出售。

第三条　凡新建住宅或购买的商品房以及腾空的二茬房，要先售后租，其出售比例原则上不得低于

50%。

第四条 每户购买新、旧住房控制面积，比照《辽宁省城镇公有住房超标加租试行办法》的规定执行。

第五条 出售公有住房，公民家庭男女任何一方购买均可，并且只能以一方名义购买。

第六条 产权单位出售新、旧公有住房必须向市住房制度改革办公室申报，经市房屋评估中心评估后，由市住房制度改革办公室批准，方可出售。

第七条 属下列情况之一的住房不出售：

(一)产权有纠纷的房屋；

(二)已列近期改造规划片的房屋；

(三)具有保留价值的房屋；

(四)宗教房产；

(五)政府代管房产；

(六)适于改造做非住宅使用的临街房屋；

(七)低于五点五成新的房屋；

(八)其它不宜出售的房屋。

第八条 出售公有住房执行两种价格，即：准成本价和标准价。

在房改起步阶段，新房准成本价每平方米建筑面积起点不低于600元；标准价起点不低于349元。

取得使用权证并进住的住宅，均为旧房。在房改起步阶段，出售混合结构楼房准成本价每平方米建筑面积起点不低于400元；标准价起点不低于302元，单元式套房混合结构实际售价低于每平方米建筑面积120元的按120元计价。砖木结构楼房准成本价起点不低于320元；标准价起点不低于253元。平房准成本价起点不低于280元；标准价起点不低于231元。

今后，每年新、旧公有住房售价由市政府逐年公布。

第九条 售房价格，应根据楼层、朝向、设施条件(旧房还应包括评估的成新系数)的不同相应增减(详见附件)。

应交总额计算公式：

$$\text{新房应交总额}=\frac{\text{准成本价}}{\text{标准价}}\times(1-\text{各项调节系数之和})\times\text{建筑面积}\times(1-\text{优惠系数})$$

$$\text{旧房应交总额}=\frac{\text{准成本价}}{\text{标准价}}\times\text{成新系数}\times(1-\text{各项调节系数之和})\times\text{建筑面积}\times(1-\text{各项优惠系数之和})$$

第十条 旧楼房每户建筑面积的计算方法是：将一栋楼各户使用面积分别核定后，计算出总使用面积，以该栋的总使用面积除以该栋总建筑面积得出换算系数；再以各户的使用面积除以换算系数，即可求出。其计算公式：

户建筑面积＝户使用面积÷换算系数

丈量核定使用面积，必须按建设部(84)城住公字第27号文件的规定执行。

第十一条 购买新房的职工，一次交清全部购房款，给予减收应交总额20%的优惠。

购买新房可分期付款，首次交款不得低于应交总额50%，其余50%可在十年内交清，每年交款不低于应交总额的5%，每提前一年交款，则减收余额的3%。

第十二条 购买旧房优惠售房价格的10%。

一次交清购房款的，减收售房价格的25%。分期付款，首次交款不得低于50%，同时给予减收交款部分15%的优惠；其余50%可在八年内交清，每年交款不低于应交总额的6.25%，每提前一年减收余额的3%。

第十三条 职工购买旧住房，享受工龄折扣。每一年工龄减收售房价格的折扣系数；红军时期为0.8%；抗日战争时期为0.7%；解放战争时期为0.6%；建国以后为0.5%。确定原则按职工家庭成员中工龄最长者计算，自管房产权单位职工工龄低于家庭中外单位职工工龄，自管房产权单位则以后者的工龄计算购房工龄折扣。超过国家规定的退离休年龄的工龄，不享受工龄折扣。

职工家庭成员，根据《实施办法》发布之日房屋使用证和户口簿的记载确定。

已故离退休人员的配偶，购买公有住房，本人工龄低于已故离退休人员的，可按已故离退休人员的工龄享受折扣。

第十四条 向职工出售的新、旧公有住房，按有关政策减免税费。

第十五条 向职工出售新、旧公有住房回收的住房资金，按国家规定免缴税金。

第十六条 职工购买新、旧住房后，不再交纳房租，实施提租补贴时享受租房补贴。

第十七条 职工按本细则规定购买公有新、旧住房，每个职工家庭只能享受一次优惠待遇。下列情况，职工购房也属于享受一次优惠待遇的范围：

(一)一次购房，没有达到控制面积标准，差额面积等于或大于单室住房面积；

(二)一次购房，没有达到控制面积标准，差额小于单室住房，须将原购住房按市政府公布的当年售房价格卖给原售房单位并取得证明材料；

(三)职工离婚，经法院裁决或民政部门认可的离婚协议书载明，原住房归对方所有或使用的；

(四)职工再婚后，双方都没有住房的。

第十八条 职工按本细则购买的新、旧住房，在按准成本价交齐全部价款后，其产权为个人全部产权，由房产管理部门发给《房屋所有权证》。按标准价交齐价款的，其产权为公私共有产权，发给《公私共有房屋所有权证》。

职工按原沈政发(1988)61号文件规定购买的新、旧公房(住房特困户、住房合作社社员全价购买的住房除外)，由市房产管理部门核发《公私共有房屋所有权证》。

公私共有产权住房，如转变为个人全部产权住房，需补交当年旧房准成本价与原购房时标准价之间的差价款。职工补交这个差价款，享受当年购买旧房的优惠待遇。差额补齐后，换发完全产权的《房屋所有权证》。差价款的计算公式：

实补交总额＝(当年旧房的准成本价－原购房时的标准价)×(1－各项优惠系数之和)×建筑面积

第十九条 职工在按准成本价交齐全部价款后允许出售、赠与、出租。职工按标准价购买的新、旧住房,允许继承,居住满五年后允许出售。原售房单位有优先购买权,增值部分,按国家、单位、个人各自所占的产权份额分成。

职工购买的新、旧住房,均可调可换。如将原购住房卖给原售房单位再买新房的,新房价格为以下三部分之和,原买房的价款及原面积交纳成新差价和结构差价;增加部分,按新房准成本价或标准价计价。

第二十条 原房屋产权单位向职工出售住房后,仍负责公共部位和设施的维修及管理,责任划分如下。

(一)自用部分,即进户门以内的部位和设备,属于购房职工的自修范围,费用自理。

(二)公共部位和设施的维修管理费用,由相关购房职工共同负担。现阶段,购房职工按月向售房单位交纳维修管理费,由售房单位负责维修和管理;费用不足部分,由售房单位承担。购房职工交纳的公共部位和设施维修管理费标准为:普通楼房每平方米建筑面积 0.10元,旱楼和平房每平方米建筑面积 0.08 元。

公共部位和设施系指:房屋承重结构(屋顶、梁板柱、墙体和基础)、屋面、外墙面、楼梯间。共有设施系指:楼内的上下水管、煤气、暖气、供电线路、电梯、共用天线等。

(三)住宅区内的道路、上下水管道、窨井、化粪池、室外泵房、路灯照明、绿化等公共设施,按现行管理体制进行维修管理。

(四)个人全部产权住房和公私共有产权住房的维修管理,在条件成熟时,逐步向有偿服务的物业化、社会化维修管理过渡。

第二十一条 出售住房所收回的资金,存入各单位在银行开设的帐户,原则上用于住房建设。

第二十二条 自管房单位出售的公有住房,按其收回售房款的全额,由市借用 10%,5 年返还;国有直管公房出售后,按收回售房款全额的 60%同自管房单位出售公房由市借用的 10%和动迁回迁的职工按规定应向市政府交纳的购房款,均存入市建行房地产信贷部,由市住房资金管理中心管理。用于全市住房解困、解危和旧区改造。

出售国有直管公房回收资金的另 40%,作为房产重置资金,由市房产管理局管理使用。

第二十三条 职工在购房前或购房后,遇有政府批准的动迁,应无条件服从,按动迁政策进行回迁安置。

已购房并动迁的职工在回迁时,个人应按旧房准成本价或标准价向市政府补齐返还面积的结构和成新差价。增加面积部分,个人按本细则向市政府缴纳购买新房款。建设单位按沈政发(1988)24 号文件规定应收取的增加面积款,仍由职工所在单位承担。

未购房的职工如购买回迁住房,可向市政府按回迁当年旧房准成本价或标准价购买。增加面积部分按新房价购买。

第二十四条 按市政府批准的特殊政策动迁的职工,个人已按回迁面积每平方米交纳了当年公布的购买旧房准成本价以上者,回迁住房为个人完全产权,发给《房屋所有权证》;个人已按回迁面积每平方米交纳了当年公布的购买旧房准成本价以下者,回迁住房为公私共有产权,发给《公私共有房屋所有权证》。

第二十五条 职工购买新、旧公有住房,采暖费用按现行规定办理。

第二十六条 职工购房采取不正当手段,一户骗取两次优惠政策购房的,由售房单位退回购房款,收回房屋,收缴停租期间的租金,并处以适当罚款。

第二十七条 职工购房弄虚作假,骗取工龄优惠的,责令补齐应交款项,并处以应补齐款额 1—2 倍罚款。

第二十八条 房产管理部门和各单位在职工购房中违反本细则者,要追究经办人、主管领导的责任,并给予经济处罚。

第二十九条 本细则由市住房制度改革办公室负责解释。

第三十条 本细则自发布之日起执行。《沈阳市职工购买公有住房暂行规定》[沈政发(1988)61 号]即行废止。我市过去发布的有关文件,凡与本细则抵触的,一律以本细则为准。

沈阳市公有住房售后维修管理实施细则

第一条 为搞好公有住房售后维修管理,确保居住安全和正常使用,根据《沈阳市贯彻<辽宁省城镇住房制度改革总体方案>实施办法》,制定本细则。

第二条 本细则适用于个人购买的全部产权住房、公私共有产权住房、被动迁户回迁安置住房中个人出资增加面积的部分。集资合作建房参照执行。

第三条 市房产管理局是本市公有住房售后维修管理的行政主管机关,负责制定有关政策和质量标准。

区、县(市)房产管理局对辖区内公有住房售后维修管理工作进行行政管理,对各管房单位进行业务指导、监督,受理住房的咨询、投诉。

第四条 成幢、成片的公有住房出售后,可由出售住房的产权单位(以下简称产权单位)自行管理,也可委托房产经营单位代管。非成幢、成片的公有住房出售后,产权单位委托房产经营单位代管。

第五条 公有住房售后的维修养护是全部产权住房和公私共有产权住房产权人(以下简称产权人)的责任,房屋不同部分维修责任的划分是:

(一)自由自修部分,即户门以内的部位和设备,属产权人自修范围,由其自理或委托办理。

(二)共用公修部分,包括房屋承重结构(楼盖、屋顶、梁柱、墙体及基础)、外墙面、过道、楼梯间、门厅等共用部位,以及共用上下水管、垃圾道、供电线路、共用照明、水泵、水箱、电梯、共用天线等共用设备的维修或更新，由同幢住房相关产权人共同负担。煤气和供暖管道的维修或更新，按现行管理体制进行管理。

（三）住宅区内的道路、上下水管道、窨井、化粪池、室外泵房、路灯照明、绿化等公共设施，按现行管理体制进行维修管理。

第六条 建立公有住房售后公用部分维修基金，由产权单位单独设帐管理、专款专用，存款增值，滚动使用。其来源有：

（一）产权人暂按每月每平方米建筑面积平均0.10元的标准交纳的公共部分维修费。

（二）出售新建公有住房，在建房成本中增加综合造价的3%；出售旧的公有住房，在售价中提取10%。

（三）不足部分，由产权单位适度负担。

第七条 职工个人购买的全部产权住房或公私共有产权住房产权转移或变更后，原交纳的公用部分维修费不再返还，新的产权人应继续交纳。

第八条 住户必须合理使用住房，不得损害他人的合法权益，禁止下列行为：

（一）擅自拆改住房格局结构和外观造型；

（二）损坏住房共用部位，共用设备和公共设施；

（三）在通道和屋面堆放物品或乱用乱占；

（四）擅自改变住房的使用性质。

凡违反上述规定，影响他人居住安全或正常使用的，责令其排除隐患或恢复原状；人为损坏共用部位、共用设备和公共设施，由损坏人修复或赔偿。

第九条 因住房维修发生纠纷，当事人可申请当地房产管理部门或房产仲裁机关处理，也可向人民法院起诉。

第十条 本细则由市住房制度改革办公室负责解释。

第十一条 本细则自发布之日起施行。

沈阳市公有住房提租补贴实施细则

第一条 为改变低租金制度，促进住房商品化，根据《沈阳市贯彻<辽宁省城镇住房制度改革总体方案>实施办法》，制定本细则。

第二条 凡本市城镇范围内的国有直管住房和单位（含中央、省驻沈单位、军办企业）自管公有住房，均适用本细则。

第三条 公有住房租金标准及计算办法，均按统一规定的《沈阳市公有住房租金计算办法》执行。

第四条 租住公有住房的每户月租金额，由出租住房单位核定，并给住户填发核定后的租金通知单，做为住户按月交租的依据。

第五条 市、县（市）、区房产管理部门负责对租金评定工作进行业务指导、检查和验收。

第六条 从一九九四年一月一日起，全市统一提高公有住房租金；同时，由所在单位按月给租住公房的职工和离退休职工发住房补贴。其中，企业在职职工按本人标准工资（档案工资）加5元副食补贴的2%逐月计发；离退休职工以离退休时的标准工资加离退休后按国家及省市规定应增加的工资性补贴为基数，按2%逐月计发；机关事业单位职工按结构工资即基础工资、职务工资、工龄工资三项之和（含职务补贴、教龄津贴、护龄津贴）的2%逐月计发。计发补贴基数不足百元的按百元计发。

为便于计算与发放，月标准工资100元（含100元，下同）及其以下的，月补2元；100元以上到150元的，月补3元；150元以上到200元的，月补4元；200元以上到250元的，月补5元；250元以上到300元的，月补6元；300元以上到350元的，月补贴7元；350元以上的，月补8元。

住房补贴核定后，即为定额补贴，在下次调租前不得变动。

计发补贴的工资基数以一九九二年底的工资基数为准。

住房补贴由出租住房单位出具“租住公房证明”，职工转交所在单位做为发放住房补贴的依据。

第七条 建国前参加革命工作的干部、工人，凡住房不超过国家或省市住房控制标准的，因提租增支，对其净增支部分[净增支＝新租金－（原租金＋住房补贴）]，按下列规定由所在单位给予补助：红军时期的，对净增支部分给予全额补助；抗日时期的，对净增支部分按70%补助；建国前的，对净增支部分按50%补助。本人去世，住房由其配偶或父母接续住用的，其租金净增支部分仍按上述规定享受补助。其配偶再婚或完全由子女接续住用的，不再享受上述规定的补助。

第八条 人均使用面积不超过住房控制标准的社会救济户、单位职工定期困难补助户、残疾人生活困难补助户和烈属抚恤户，因提租增支，对净增支部分，可由本人申请，分别由民政部门或职工所在单位酌情给予补助。

第九条 自全市统一提高公有住房租金之月起，对直管公有住房和单位自管公有住房的新增租金部分（新增租金＝新租金－原租金），按20%由市统筹，用于社会补偿（如住房解困）。各出租住房单位于每月十五日前向市住房资金管理中心上缴上月新增租金统筹部分（超标加租部分不统筹），报送租金报表。

在核定上缴统筹租金额度时，原租金低于市房产管理部门原定统一租金标准的，按下列租金标准计算原租金基数：平房每平方米使用面积为0.13元，楼房为0.17元。

统筹新增租金工作，由市住房资金管理中心负责业务指导、抽查核实。

第十条 各出租住房单位提租后的租金仍存在现开户银行。

第十一条 此次因提高租金给租住公有住房的职工发放补贴，包括按出售公有住房办法购房拥有全部产权和公私共有产权住房的职工，不包括住私房和住独身宿舍的职工。但过去租住私房职工享受的补贴仍按沈劳发[1984]149号《关于职工租用私房租金补贴问题的通知》有关规定执行。

第十二条　实行新租后，如遇有借故拒交租金的，由职工所在单位负责从本人工资中代扣代缴。

第十三条　凡地方职工租住军队、铁路、煤炭、石油等单位住房的，其租金执行该单位标准，住房补贴凭出租住房单位出具的证明，按沈阳市补贴标准从提租之月起发给。

第十四条　东北制药总厂、新阳机器制造公司等提租补贴一步到位的房改试点单位，其补贴水平仍按试点规定执行。

由市、县（市）、区房管部门所属房产经营单位经租的青年公寓的押金成本租金标准不变。

第十五条　本细则由市住房制度改革办公室负责解释。

第十六条　本细则自发布之日起执行。

附：《沈阳市公有住房租金计算办法》

附件：

沈阳市公有住房租金计算办法

一、凡本市国有直管住房和单位自管公有住房的租金标准和计算办法均按本规定执行。

二、公有住房租金由基础租金，调节租金和附加租金组成。

三、公有住房按房屋使用面积计算租金，以平方米为计租单位。

四、使用面积一律从内墙墙面测丈，测丈时小数点后保留两位，乘积面积小数点后保留一位。

五、使用面积包括：居室（拉格、壁橱等）厨房、厕所、卫生间（浴室、洗脸室），小仓库、走廊、方厅等户门以内的有效面积。

六、两户共用的使用面积每户各分摊二分之一；三户以上（含三户）的共用面积不计租。

七、复式住宅按底层面积外加20%的合计面积计租。

八、楼房底层和七层以上（含七层）的各层，每平方米使用面积减0.02元，不递减；二、六层不增不减；三、四、五层每平方米使用面积加0.03元（不管有无电梯均按此规定增减）。

九、每户只要有一个南窗居室的即加南向调节租金；仅有北窗居室（指全部居室）的减北向调节租金。

十、木地板按实际铺设面积；铝合金门窗按樘计算，另加附加租金。

十一、阳台不计租。

十二、属住房自费安装的项目，按原有条件计租。

十三、简易房是指“二四砖墙”或土坯墙及油毡屋面的房屋。

十四、室内净高在1.5米以上的斜坡的屋项间或阁楼间和可供使用的地下室，按其使用面积的50%计租。

十五、公有住房租金计算标准是由基础租金，调节租金，附加租金三部分组成（平均每平方米使用面积为0.38元）；

十六、计算公式

单位面积租金＝基础租金±调节租金；

每户月租金＝单位面积租金×使用面积＋附加租金。

十七、每户月租金计算到人民币“分”，以下四舍五入。

十八、住房计租条件发生变化时，重新评定租金。

沈阳市建筑工程施工招标投标管理办法

第一章　总　则

第一条　为加强建筑工程施工招标投标管理，维护建筑市场交易秩序，确保工程质量，提高投资效益，依据国家有关规定，结合我市实际，制定本办法。

第二条　凡在本市行政区域内投资的新建、改建、扩建和技术改造工程项目，其建筑面积在二千平方米以上或造价在三十万元以上的安装工程、装饰工程、土石方工程、非标制作及构筑物等，均应按本办法实行招标投标。

第三条　建筑工程招标投标坚持公平、等价、有偿、讲求信用的原则，以技术水平、管理水平、社会信誉和合理报价进行平等竞争，不受地区、部门限制。

第四条　建筑工程招标投标是双方当事人依法进行的经济活动，受国家法律保护和约束。凡具备条件的建设单位和具备相应资质的施工企业均可参加招标投标。

第二章　机构与职责

第五条　市成立建筑工程招标投标领导小组。市招标投标领导小组由市建委和市建工局、市房产局、市工商局、市建设银行组成。其主要职责是：

（一）贯彻执行国家有关建设工程施工招标投标的政策和法律、法规，制定施工招标投标实施办法；

（二）监督、检查招标投标活动，总结、交流工作经验；

（三）调解招标投标重大纠纷；

（四）对国家、省、市重点工程、涉外工程及大型工程实行全过程管理。

第六条　市招标投标领导小组设办公室，负责建筑工程施工招标的日常管理工作。其主要职责是：

（一）审查招标及投标单位的资质；

（二）审查招标文件并审定标底；

（三）监督开标、评标、定标和议标，签发中标通知书；

（四）调解招标投标活动中的纠纷；

（五）否决违反招标投标规定的定标结果；

（六）处罚违反招标投标规定的行为。

第七条　在我市的国家直属、省属专业招投标管理机构，负责其专业内工程项目的招投标管理。其他民用项目及我市规划内的项目的招投标，管理机构，由市招标投标管理办公室统一管理。

未经市招标投标领导小组同意，任何单位不得另行设置招标投标管理机构。

第三章 招标

第八条 建设单位招标应具备下列条件：

(一)法人或依法成立的其他组织；

(二)有与招标工程相适应的经济、技术管理人员；

(三)有编制招标文件的能力；

(四)有组织开标、评标、定标的能力。

不具备上述条件的，须委托或由市招标投标管理部门代为委托具有相应资质的监理、咨询机构代理招标。委托代理应采用书面形式。

第九条 建设单位经资格认证后，在招标活动中，享有下列权力：

(一)按照有关程序规定，进行招标活动；

(二)根据政府规定的资质标准，选择和确定投标单位；

(三)根据有关评标原则及价格管理规定，选定中标价格和中标单位。

第十条 建筑工程施工招标应具备下列条件：

(一)初步设计及概算已经批准；

(二)项目已正式列入年度固定资产投资计划；

(三)建设用地的征用工作已经完成；

(四)有能够满足施工、标价计算要求的施工图纸及技术资料；

(五)建设资金和主要建筑材料、设备的来源已经落实并经审计确认；

(六)施工现场的“三通一平”已经完成或一并列入施工招标范围。

第十一条 建筑工程施工招标可采用全部工程招标、单位工程招标、特殊专业工程招标及工程实物量招标。不得对单位工程的分部、分项工程进行招标。

第十二条 施工招标可采用公开招标、邀请招标、议标的方式。

不宜公开招标或邀请招标的特殊工程，应报市招标投标管理办公室，经批准后，方可议标。参加议标的单位不得少于二家。

第十三条 建设工程施工招标按下列程序进行：

(一)建设单位向市招标管理办公室提出书面申请并接受资质审查；

(二)编制招标文件和标底，并经市建设工程预算审查中心审查后，报市招标投标管理办公室审定；

(三)发布招标公告或发出招标邀请书；

(四)投标单位申请投标，并接受资质审查；

(五)向审定的投标单位分发与招标活动有关的材料并答疑；

(六)召开开标会议，审查投标标书，组织评标，决定中标单位；

(七)招标单位在中标通知书签发之日起15日内，依据中标通知书内容，与中标单位签订承包工程合同并返还投标保证金；

(八)未中标的投标单位应在接到通知的7日内，向招标单位返回招标文件及有关资料，招标单位同时返还投标保证金。

第十四条 招标活动时间应自发出招标文件至投标截止，小型工程不少于15天，大中型工程不少于30天。

招标文件发出后10日内，招标单位组织签疑会，答疑纪要报市招标投标管理办公室备案。

第十五条 招标文件一经发出，招标单位不得擅自变更其内容或增加附加条件。确需变更和补充的，报市招标投标管理办公室批准后，在投标截止日期7日前通知投标单位。

第四章 标底

第十六条 工程施工招标必须编制标底。标底由有资质的招标单位自行编制或委托招投标代理机构及具有编制标底资质的咨询部门编制。

第十七条 编制标底应遵循下列原则：

(一)根据招标文件设计图纸及有关资料，按照国家及地方规定的技术、经济标准，进行定额、规范和确定工程量；

(二)标底价格应由成本、利润、税金租成，并应控制在批准的总概算或修正概算及投资包干的限额内；

(三)标底价格应包括人工、材料、机械台班等价格变动因素及施工不可预见费、措施费和优质工程补偿费等；

(四)标底价格应充分考虑市场的实际变化；

(五)一项工程只能编制一个标底。

第十八条 标底价格作为招投标市场定价的依据，其中标工程价格可高于标底价，也可低于标底价，并限制在标底价的上下百分之三区间浮动。

第十九条 标底必须经市建设工程预审查中心审查，报市招标投标管理办公室审定。

标底应密封保存至开标。所有接触过标底的人员均负有保密责任，不得泄漏。

第五章 投标

第二十条 凡持有我市工商行政管理部门核发的营业执照和相应的投标证书、资质证书的施工企业，均可按招标文件的要求参加投标。

第二十一条 施工企业可自主决定是否参与投标竞争。施工企业在施工招投标活动中，有权确定投标报价并提出工期和优质工程补偿。

第二十二条 施工企业参加投标，应向招标单位提供以下材料：

(一)营业执照、资质证书、投标证书和取费等级证书；

(二)企业简历及业绩；

(三)自有资金情况；

(四)经济、技术管理人员，全员职工数量，平均技术等级及主要施工机械设备一览表。

第二十三条 投标单位在领取招标文件时，须按规定交纳投标保证金。

第二十四条 施工企业参加投标，应按招标文件的要求制作投标书，并在规定日期内送达招标单位。投标书须盖有单位（法人）和法人代表或法人代表委托的代理人的印鉴。投标书应在标底公布后启封。

投标单位发现送出的投标书有误，须在投标截止日期前，用正式函件更正。

第二十五条　投标单位可以提出修改设计、合同条件等建议方案，并做出相应标价和投标书，同时密封送达招标单位，供招标单位参考。

第六章　市场交易

第二十六条　招投标活动可本着自愿的原则在招投标市场进行。招投标市场设在市建筑工程管理局。

第二十七条　市场交易采取明标明投，暗标暗投，多向议标的方式。

经市招标办审批的议标工程项目，方可由招标单位同两个或两个以上施工单位进行多向议标。

第二十八条　在招标工程类别与投标单位施工资质等级相应的条件下，招标单位和投标单位可择优互选交易对象。

第二十九条　在市场交易中，建设单位不准自行组织"一口价"、"包工不包料"等工程的招标活动。

第七章　开标　评标　决标

第三十条　开标、评标、决标活动，应在市招标投标管理办公室的监督下，由招标单位主持进行。

第三十一条　招标单位应邀请有关部门参加开标会议，当众开标公布标底，宣布评标、决标办法，开启投标书及补充函件，公布投标书内容。

第三十二条　开标、评标、决标过程中，有下列情况之一时，投标书作废：

（一）投标书未密封；

（二）无法人（单位）和法人代表或法人代表委托代理人的印鉴；

（三）未按规定的格式填写，内容不全或字迹辨认不清；

（四）逾期送达；

（五）开标后投标单位迟到半小时以上或未参加开标会议。

第三十三条　成立评标小组。评标小组由建设单位及其上级主管部门（包括建设单位委托的代理机构）和建设单位邀请的有关单位组成。

评标、决标应按照平等竞争、公正合理的原则，对投标单位的报价、工期、质量、主要材料用量、施工方案、企业信誉等进行综合评价，择优确定中标单位。在同等条件下，应优先考虑就地就近的施工企业。

第三十四条　自开标（或开始议标）至定标的期限，小型工程不超过7天，大型工程不超过15天。

第三十五条　确定中标单位后，招标单位应将决标书抄报市招标投标管理办公室备案，由市招标投标管理办公室签发中标通知书。

第三十六条　中标工程的招投标双方向招标投标管理办公室交纳中标总价千分之一的招投标管理费，其中招标单位承担百分之七十，中标单位承担百分之三十。标价暂定的，按其工程预结算追加或退还其差额。

第八章　罚　则

第三十七条　工程未经招标施工的，由市招标投标管理办公室对建设单位、施工企业分别按工程总价百分之一处以罚款，并责令其终止建设单位与施工单位的承发包关系，取消施工单位投标资格一年。

第三十八条　发出招标文件后，由于招标单位原因而中止招标或招标失败的，除返还投标保证金外，工业、公建工程，招标单位按底价的千分之三向各投标单位赔偿其经济损失；民用工程，招标单位按底价的千分之五向各投标单位赔偿经济损失。

第三十九条　决标后拒绝签订承发包合同的责任方应按决标价格的千分之三赔偿对方经济损失，并由市招标投标管理办公室处以决标价格千分之二的罚款。

第四十条　投标单位串通作弊、哄抬标价，致使决标困难或无法决标的，由招标投标管理办公室视情节取消其对该工程的投标资格或给予一年以下停止参加投标活动的处罚。

第四十一条　投标单位不如实制作投标申请书，虚报企业资质等级或采取不正当手段夺标的，取消投标资格一年。

第四十二条　建设单位利用招标权索贿收受"回扣"；投标单位以行贿、给"回扣"等不正当手段获取工程任务的，由其上级主管部门给予责任人相应的行政和经济处罚。构成犯罪的，由司法机关追究法律责任。

第四十三条　泄漏标底、影响招标工作正常进行、招标单位在其招标中隐瞒工程真实情况的，由其上级主管部门给予责任人以警告、记过等行政处分。

第四十四条　招标投标中双方发生纠纷，可自行协商解决。协商不成的，可向经济合同仲裁机构申请仲裁或向人民法院起诉。

第四十五条　招标管理工作人员以权谋私，徇私舞弊的，由其所在单位或上级主管部门给予行政处分。构成犯罪的，由司法机关追究法律责任。

第四十六条　当事人对处罚决定不服的，可以在收到处罚通知书之日起15日内，向作出处罚决定的上一级机关申请复议。对复议决定不服的，可以在收到复议决定之日起15日内向人民法院起诉；当事人也可在接到处罚决定书之日起15日内直接向人民法院起诉。当事人逾期不申请复议也不向人民法院起诉，又不履行处罚决定的，由作出处罚决定的行政机关申请人民法院强制执行。

第九章　附　则

第四十七条　新民市、辽中县、康平县、法库县、苏家屯区、新城子区、于洪区、东陵区的招投标管理工作，可参照本办法执行。

第四十八条　本办法实施当中的具体问题由沈阳市建筑工程管理局负责解释。

第四十九条　本办法自一九九四年一月一日起施行。《沈阳市建筑工程招标投标市场管理暂行办法》（沈政发[1988]54号）即行废止。

三资企业简介

【沈阳普利司通有限公司】

详细地址：沈阳市铁西区贵和街十号

邮政编码：110021　　电　话：5855181

经济类型：合资　　经　理：刘曾凡

电报挂号：5445

沈阳普利司通有限公司是中国第一家生产港口码头及船舶用橡胶护舷系列产品的中日合资企业。总投资额为9亿日元，注册资本为76 740万日元，平均全年橡胶护舷产品2 300多吨。

该公司1989年被授于技术先进企业。公司全面引进日本株式会社普利司通的生产技术和管理方法，坚持"以最高质量忠诚为用户服务"的经营宗旨，不断把产品质量提高到新的水平。

公司开业以来，积极开拓国内外市场，产品畅销全国及世界26个国家和地区。在用户中享有较高的信誉。在取得较好经济效益的同时，也取得优良的社会效益。相继获"全国外商投资双优企业"、"出口创汇超百万美元"、"人均利润超万元"等荣誉称号，并多次得到省、市政府的表彰。

优良的投资环境使沈阳普利司通有限公司获得了良好的效益。公司正抓住新的机遇，迎接新的挑战。

【沈阳美亚不锈钢管有限公司】

详细地址：沈阳市铁西区路官一街12号

邮政编码：110023　　电　话：5893053

经济类型：合资　　经　理：冯书顺

中外合资沈阳美亚不锈钢管有限公司成立于1993年10月，是沈阳铝材厂与香港联兴五金公司的合资企业。公司有员工200人，拥有固定资产550万美元。公司全套引进国外先进技术和设备，拥有完善的生产工艺、雄厚的技术力量，已成为东北地区、华北地区唯一生产不锈钢管的基地，也是全国最大的不锈钢管专业生产公司。

该公司适应市场需求，建有12条不锈钢管焊接生产线，年产量可达万吨。产品有：圆形管外径$\varnothing$9.5mm～$\varnothing$101.6mm，壁厚0.3～3.0mm，13种不同规格；方型管15×15mm～50×50mm，6种不同规格；矩型管15×30mm～45×75mm，5种不同规格；花样管15.9mm～50.8mm，6种不同规格。

不锈钢管材以其光泽美观、耐用、耐腐蚀等特点广泛用于建筑、装饰、医药、化工等行业。

工厂高度重视产品质量，产品水平全部达到国际标准，产品畅销海内外。

【沈阳松花木材加工有限公司】

详细地址：沈阳市苏家屯区乔松路48号区种畜场院内

邮政编码：110101　　电　话：9811522

经济类型：独资　　董事长：姜珧熙

经　　理：林炳柱

该公司是韩国独资企业，是由大韩民国(株)思瓦尼家俱会社投资兴办的。公司成立于1993年8月28日，厂区占地面积为8 000多平方米，有职工200名，投资额为50万美元。其生产规模将达到月产值100万元人民币。产品销往韩国，以后陆续销往日本、美国等国家。公司按照中华人民共和国的法律、法令和有关条例的规定，依法办厂。公司的宗旨是引进韩国的先进设备，充分发挥韩国的先进技术和先进管理方式，利用中国丰富的人力资源和物资资源，充分利用东北三省优质的木材资源，生产制造高档家俱、家俱部件及各种雕刻品、装饰用小型家俱，还有其它各种木制加工品，品种达100余种。深受用户的好评，获得满意的经济效益。

【沈阳宁翔康复设备有限公司】

详细地址：沈阳市皇姑区宁山中路42号

邮政编码：110031　　电　话：6840888

经济类型：合资　　经　理：马文汉

电报挂号：6265

沈阳宁翔康复设备有限公司，是沈阳市康复设备厂与香港嘉荣医疗有限公司合资经营的企业，注册资本为50万美元，1993年7月1日开业。

公司主要生产和经营心肺复苏人体模型系列产品以及急救复苏所需设备制造的专业公司，又是挪威罗达公司急救系列模型和设备在中国经销总代理。生产和经营的人体模型，制造精良、造型逼真美观、经久耐用、技术指标完善，完全符合国际CPR标准。该产品由中国红十字会总会监制，荣获中华人民共和国《实用新型》专利证书，在北京经过鉴定，具有国内外先进水平。经辽宁省医疗器械产品质量监督检验站检验，结论为"符合标准规定"。取得辽宁省医药管理局医械登字(91)第2560161号。

公司的产品已销往全国各地，在30个省、市、自治区的医疗、急救、消防、交通、工厂、矿山、医学院校、红十字会等2 000多个单位得到广泛应用和好评。

【沈阳金杯客车制造有限公司】

详细地址：沈阳市大东区山咀子路14号

邮政编码:110044　　电　话:8893183
电报挂号:5298　　经　理:赵毓琛
经济类型:合资

沈阳金杯客车制造有限公司是于1992年7月由金杯汽车股份有限公司(中国)与华晨中国汽车控股有限公司·百慕大(香港)合资,经国家对外经贸部正式批准的中外合资企业。企业占地面积99万平方米,建筑面积17万平方米。拥有员工6 766人,其中工程技术人员583人,拥有设备731台。企业总投资额29 798万美元,注册资本17 116万美元。主要经营是设计制造和销售各种轻型客车及零部件(含进口件)并提供售后服务等,是全国最大的轻型客车生产基地。

从合资以来,经济效益不断增长。由1990年2 000多万元增长到2亿多元。金客公司又是第一家在国际市场成功地发行了股票,将收入的资金用于扩大再生产。在1992年全国最大500家外商投资工业中按销售收入计算金客公司排列第七名,在全国质量效益型企业评选中榜上有名,沈阳市大中型企业经济效益中实现利税总额第一名。1993年度再次名列榜首,实现利税总额27 178万元。

金客公司具有先进的技术和设备,先后从日本、德国、意大利等国家引进衡压、焊装、涂装、装配四大现代化生产车间,采用国际上最先进的工艺,生产金杯牌轻型客车。专营海狮RZH114L系列产品引进日本丰田公司第四代客车技术,该产品达到国际90年代产品的水平;SY6474系列轻型客车为国家部优产品,该车连续四年在全国同行业质量评比中荣获第一名,1992年被评为中国名牌产品。

【沈阳泰新房屋开发有限公司】

详细地址:沈阳市和平区中华路192号
邮政编码:110001　　电　话:3873101
经济类型:合资　　经　理:杜春发
电报挂号:0927

沈阳泰新房屋开发有限公司是由沈阳新型建材房屋开发建设公司与泰国磐石股份有限公司合资兴办的,1993年6月25日成立。公司注册资本为136.4万美元,双方各投资50%。

公司集房屋开发、建筑施工、房屋装修、商品房销售于一体。年开发能力为10万平方米。主要经营房屋开发、建设施工、装饰装修、各种新型建筑材料、销售商品房、建筑小构件、木制品加工、机械运输及设备租赁等。

公司所属的单位有:工程公司、装修公司、物资配套公司、新万达房屋经销公司、综合加工厂和机械维修站。公司现有员工555名,其中工程技术人员58名,管理人员64名。

沈阳泰新房屋开发有限公司为二级开发企业,具有比较雄厚的经济和技术实力,拥有固定资产500万元,流动资金2 100万元。公司在经济交往中重合同守信誉,曾被评为AAA信誉单位。

高效、一流、竭诚为用户服务,为沈阳人民提供既具现代特色,又有民族风格,集各家建筑之精华的住宅是公司始终不逾的追求目标。公司将继续为推广新型建材住宅,最大限度地改善沈阳市人民的居住条件和美化市容做出贡献。

【沈阳辽普通信电脑有限公司】

详细地址:沈阳市和平区南十马路79号
邮政编码:110005　　电　话:3858280
经济类型:合资　　经　理:孙运成

沈阳辽普通信电脑有限公司是台湾普全电脑股份有限公司与辽宁省邮电科研所合资兴办的高科技术企业,也是东北地区第一家集生产、销售、维修于一体的通信产品之合资公司。

辽普公司管理严谨,技术力量雄厚,科技人才经国外培训,有着坚强的维修、研制和开发能力,且配备先进的大型生产流水线及仪器,具有优良的测试、计量手段。辽普人敬业的实干精神加之先进的科学管理体系,致使整个公司正以坚稳迅速的步伐迈向成功之途。

辽普公司主要生产、经营的产品均以"大东北"品牌为商标,种类有:多功能无线数字寻呼机及汉字机、大哥大、无绳电话、对讲设备、传呼机大哥大建台、屏蔽室建造、通信仪表、铁线24路载波机、传真机、用户交换机及数位线路倍增器(0+4)、(0+8)等。其中,"大东北"无线寻呼机在沈阳电信局999台及127台(全省漫游台)隆重推出后,由于品牌一流,特别受到沈城市民的拥戴。

辽普通信电脑公司有着完善的维修服务系统,设施先进,配套设备齐全,对本公司产品终身维修。

在未来的发展中,辽普公司必将以雄厚的实力和灵活的市场经营观念独占鳌头,享誉五洲。

【沈阳三叶实业有限公司】

详细地址:沈阳市东陵区竞赛路6号
邮政编码:110166　电　话:3816390　3816531
经济类型:合资　经　理:马成泰
电报挂号:0218

沈阳三叶实业有限公司是由沈阳三山精细化学厂与印尼叶氏有限公司共同投资兴建的高新技术型中外合资企业,具有较高的市场竞争能力和新产品开发能力。

公司主要生产"三杉"牌节能添加剂,有3个系列40种产品,其中JZ—A机油增效剂、QZ—A汽油增效剂、CZ—A柴油增效剂、ZZ—A重油增效剂均列为国家星火计划,是替代进口的高效节能、环保增效添加剂。它们具有节约油料、减少排放、增加动力、保护机件等多种功能,其性能、技术、经济指标已达到和超过国外80年代末期同类产品水平,曾荣获印尼、泰国国际博览会金奖和国家星火计划二等奖,并已被列为国家重大新产品试产计划、国家星火计划、国家顶替进口产品目录。

公司为开拓更广阔的市场，经过不断的研制，开发了二苯胺、间胺基苯酚、十环烯等化工产品中间体，其中二苯胺填补国内空白项目，而且韩国、美国、泰国等生产染料的公司也纷纷表示订货。

【沈阳新科防爆器材有限公司】

详细地址：沈阳市东陵区五三乡五里台村浑河堡东街67号
邮政编码：110168　电　话：3818233
经济类型：合资　经　理：马俊彦
电报挂号：4044

沈阳新科防爆器材有限公司，是由沈阳五金防爆灯具总厂与香港新科集团公司于1992年9月共同投资组建的中外合资企业。注册资本360万美元，位于沈阳南湖高科技开发区的东陵区五三乡，占地面积为1.2万平方米，建筑面积4 000平方米，各类专业技术人员49人，占员工总数51%。公司拥有固定资产原值1 260万元，设备20余台及挤出、焊接、装配生产线。主要生产从德国史达尔公司引进具有90年代最先进的EXLUX—6000型高效节能防爆荧光灯具新型产品，规格有2×20W、2×40W等5个系列。产品广泛适用石油、化工、军工油库、制药Ⅱ类C级T_5组及爆炸性混合物场所户内外照明，符合国际电工委员会IEC_{79}标准、欧共体EN标准及德国DIN标准。产品为增安型、隔爆型、充砂型的复合结构，其壳体采用高强度聚脂树脂材料制成。透明罩采用强度高、透光率好的聚碳酸脂挤塑成型，镇流器选用电子镇流器，节能达50%。电子镇流器为交、直流两用，可在频率为0—60Hz范围内正常工作。功率因素COS∅达0.98。在零下－35℃、＋50℃的情况下瞬时启动。在使用过程中，根据不同用户的要求，采用多种不同的安装方式，从而填补了我国荧光防爆灯具空白。1993年批量生产的EXLUX—6000型产品，首批投放市场，深受用户的欢迎和好评。

【沈阳埃默药业有限公司】

详细地址：沈阳市和平区中山路61号
邮政编码：110001　电　话：3400629
经济类型：合资　经　理：王峰
电报挂号：4755

沈阳埃默药业有限公司是在沈阳南湖科技开发区注册的高科技企业；系由美国艾柯塔制药有限公司、东北轻工股份有限公司、沈阳埃默新技术产业公司三方合资建立的集科研、生产、贸易为一体的综合性企业，对外享有经济贸易及三来一补经营权。

公司主要从事高值合成药品、生物化学制品、精细化工、食品添加剂、保健食品等产品的生产、技术开发和转让。目前推向市场的主要产品有①唯一收载英国药典的减肥药芬美琳。②治疗心脑血管疾病的海洋药物艾可心。③抗病毒新药病毒苷。④治疗高血压疾病的贝特心安等。1993年被南湖科技开发区评为先进高新技术企业。

公司现有资产1 200万元，有员工120人，1993年公司人均产值40 000元，人均创利12 500元。

公司宗旨是：以科技为先导，以效益为目的，在万物所依之时间里，在万物所栖之空间上，仰赖万物之灵的英才骁将创一流产品，争一流信誉，提供一流服务。埃默员工正在向AIM(追求的目标)迈进。

【沈阳富东制药有限公司】

详细地址：沈阳市大东区大北街46号
邮政编码：110041　电　话：8852393
经济类型：合资　经　理：王玉仑
电报挂号：9183

沈阳富东制药有限公司，是中外合资的专业制药生产企业。于1993年7月23日在沈阳登记注册，注册资金人民币1 268万元。公司具备较强的中成药加工、提取和制剂能力，检测仪器先进，生产设备精良。公司主要生产利胆排石颗粒剂等纯中药制剂，是沈阳市的重点制药企业。

公司占地面积近2万平方米，建筑面积达5 700多平方米。厂房布局合理，生产环境优雅、洁净。并有一支较高的现代化管理水平和高科技人才队伍，是一个具有专业化和现代化的有中国特色的新型企业。

公司的宗旨，将遵照“高效、进取、务实、拚搏”的方针，不断开拓，稳步前进。

【沈阳盛港建设机械有限公司】

详细地址：沈阳市于洪区沈新路104号
邮政编码：110141　电　话：5814546
经济类型：合资　经　理：訾禹新
电报挂号：8013

沈阳盛港建设机械有限公司是由沈阳建设机械总公司、香港高仕洋行有限公司、德国普茨迈斯特(PM)三家投资兴办的中外合资企业。1993年4月1日正式开业，合资年限为11年，注册资本为256.46万美元，公司定员180人。

公司主要生产经营混凝土搅拌输送机械，其主导产品为从德国引进技术生产的HBT50、HBT60、HBT30拖式混凝土输送泵，并获得了德国PM公司的生产许可证，形成了年产150台的生产能力。具有国际先进水平，其技术含量为国际80年代末期的先进技术。并在国内同类产品中位居领先地位。其中HBT50型号获1993年沈阳市政府颁发的二等奖证书。1993年销售收入5 274万元(人民币)，实现利润总额573万元(人民币)。

公司经营宗旨是：采用先进而适用的技术和科学的经营方法，组织生产销售建筑工程机械，以满足国内外建筑工程机械的需求，并在质量、价格等方面增强国际市场竞争能力。

公司具有一支以高级工程技术人员为核心的科

研队伍，这一雄厚的技术力量保证了产品的高质量，顺利地进行新产品、新技术的开发和提高。为我国建筑施工机械化而努力奋斗。

【沈阳东大粮油食品实业有限公司】

详细地址：沈阳市大东区草仓路154号

邮政编码：110041　　电　话：8851582

经济类型：合资　　经　理：夏冰

沈阳东大粮油食品实业有限公司，是由原沈阳市第五粮库与香港鹏源发展有限公司于1993年6月合资兴建的大型中外合资企业。"东大"座落在沈阳市大东区，拥有两条铁路专用线，毗邻市区公路网，交通运输极为便利。公司占地18万平方米，现有员工1 600余人，固定资产约1.3亿元人民币。

"东大"现有两条面粉生产线，东大系列面粉作为公司的主产品，所属玉米烘干、加工、大米、饲料、饮料、高档家俱等厂，各厂均有相当规模和档次，同时开展盐业批发、餐饮娱乐、储运及国内外贸易业务。新引进的日本乌东面生产线和台湾速冻食品生产线，具有广阔的市场前景；年内引进投产的瑞士布勒公司面粉生产线，将使东大一举跻为国内特大型面粉生产企业之列。

培养高素质员工，生产高质量产品，提供高标准服务，建设高档次企业正成为"东大"公司全体同仁的共同目标。

【沈阳天盛金属丝材制品有限公司】

详细地址：沈阳市铁西区北一西路50号

邮政编码：110026　　电　话：5820180

经济类型：合资　　经　理：张忠强

电报挂号：5271

沈阳天盛金属丝材制品有限公司是由沈阳轧钢总厂与香港卫盛发展有限公司合资兴办的企业，成立于1991年3月。

公司投资额为395万元。其中固定资产160万元，生产设备完整、配套。冷拔、热处理、酸洗等工艺比较先进。可产∅7—∅0.1.m/m各种不同性能要求的不锈钢丝。由于合资前具有30余年的生产历史，150余名员工均具有较丰富的管理和生产经验，因此，产品质量优良，产品销往全国各地。

公司可生产各种牌号的不锈钢丝(包括铬不锈钢、奥氏体不锈钢，具有特殊性能的不锈钢等)、不锈钢焊丝、不锈钢弹簧丝。广泛用于机械、石油化工、仪器仪表以及金属制品等行业，在市场上有较高的信誉。

【威士特(沈阳)开发有限公司】

详细地址：沈阳市沈河区西顺城街233号

邮政编码：110011　电　话：(024)4840411　4810413

经济类型：独资　　经　理：尹太镐

威士特(沈阳)韩国城是韩国威士特公司在中国独立投资融汇了餐饮、娱乐服务、业务洽谈与贸易合作的综合企业。公司位于市内较繁华地带之一，与五爱市场、金城大厦毗邻，总投资100多万美元的威士特(沈阳)韩国城，内设快餐店、韩式厅、酒吧、KTV、韩国商品展示中心、旅游纪念品商店、业务便宜室、高级韩式家俱厂及贸易中心。同时，代办辽宁通达航空公司国际航线，天津——仁川的船票、飞机票的代购业务。其本部威士特公司是韩国颇负名气和影响的贸易公司。威士特在共存共荣的基础上与响誉世界的韩国化学制造公司——乐喜公司精诚合作，开辟威士特取之不尽、用之不绝的货源，其中有畅销五洲的生活用品，驰名海外的室内装饰材料、家俱材料、产业制材，闻名遐尔的韩国汽车工业和韩国汽车配件展销。威士特在拓展世界经济范围的同时，尤为珍视多年与中国贸易合作的历史，在平等互利、相互尊重、相互信赖、紧守承诺的前提下，创建威士特(沈阳)韩国城，并以此为纽带，更牢固地架起中韩经济文化的友谊之桥。威士特(沈阳)韩国城已在韩国发展和招收到中国大陆尤其东北地区投资或合作的各类韩国商业伙伴为会员，成立中韩贸易俱乐部，威士特(沈阳)韩国城力求成为其在中国推动和促进中韩贸易发展的窗口。

【沈阳日月潭大酒楼有限公司】

详细地址：沈阳市和平区望湖路2号

邮政编码：110005　　电　话：3869588

经济类型：独资　　董事长：金万里

沈阳日月潭大酒楼有限公司是台湾唐州开发国际集团在大陆投资的独资企业。它以雄厚的资本、财力、国际化的先进经营观念和庞大的大企业群为后盾，稳健敬业地为市场呈献第一流的产品，为企业创造第一名的声誉，为消费者贡献第一流的服务品质。

沈阳日月潭大酒楼有限公司，继沈阳新北站"万宝新村"住宅群，大连国际名人社区，大连黑石村游东区，大连国际高尔夫俱乐部，上海宜兴国际大镇……等大规模投资开发之后，又戮力贡献中国之代表作——亚洲商务贸易中心。

由沈阳日月潭大酒楼有限公司投资近2亿元人民币的亚洲商务贸易中心，是具国际五星级智慧型，集办公、会议、餐饮、休闲、交谊和现金商务服务功能于一体的综合性大楼，由亚洲商务办公大楼、亚洲精品购物中心、亚洲企业家俱乐部三部分组成。设有对应21世纪国际专业级的全方位商务支援服务系统，提供全满意顾客服务以及杰出名品名店，以无以伦比的情境式卖场，为政商名流创造了跻身国际商务舞台，拓展雄伟事业版图的圣殿。

此外，为进一步拓展业务，以适应企业发展的需要，相继成立了沈阳唐州房产开发有限公司、大连唐州海产有限公司、宜兴唐州房产开发有限公司等合资企业。

【沈阳鹏源大都会房产发展有限公司】

详细地址:沈阳市大东区津桥路66号 大东供电局二楼
邮政编码:110042 电 话:8861148 8860749
经济类型:合资

沈阳鹏源大都会房产发展有限公司,是由沈阳市大东区房屋土地开发总公司,香港鹏源发展有限公司联合组成。

"鹏源大都会"是由沈阳鹏源大都会房产发展有限公司投资20亿元人民币,兴建的全国最大型21世纪综合性商场群,及全沈阳第一个高层豪华住宅群,地处黄金地段,座落于沈阳市繁华商业区中街的延长地段,占地9万多平方米,总体建筑面积60万平方米,此项工程气势庞大,凝聚沈阳经贸发展之动力,得到沈阳市政府、大东区政府的大力支持。

"鹏源大都会"是集购物、餐饮、娱乐、酒店、办公及现代化住宅为一体的商业文化百汇中心,建设的总体构思着意于把香港现代化的生活模式展示给沈阳,使这座繁荣的古城更具国际化都市的风采。28万平方米的4座连体商场由过街天桥连为一体,为零售业缔造理想环境,商场汇集世界各地之名家产品,日本、法国、香港、新加坡、韩国等著名商家经营的国际名牌产品,将汇萃于此;座落于商场花园平台上的面积达24万平方米的13幢32层高级豪宅,装修堂皇华丽,社区服务应有尽有;而面积为8万平方米的2幢28层的高档写字楼,更将使您感到"鹏源大都会"现代化商业区的宏大气魄以及大都市的风采。

"鹏源大都会"缔造的不仅仅是豪宅、商厦,沈阳鹏源大都会房产发展有限公司,更愿与您携手共拓此项"功在沈阳,利在市民"的事业。

【沈阳兴维保健品有限公司】

详细地址:沈阳市和平区南十一马路58号
邮政编码:110005 电 话:3872760 3872418
经济类型:合资 经 理:许宝月
电报挂号:1524

沈阳兴维保健品有限公司始建于1988年7月,系中日合资企业,中方为沈阳市管城制药厂,日方为日本精诚有限会社。公司以生产保健药品、保健食品为主,"飞燕减肥茶"为本企业代表性产品,产品自投放市场以来,受到用户普遍好评,国内市场销售日渐上升,产品出口美国、加拿大、日本、韩国及东南亚、香港等10多个国家和地区。企业年盈利200余万元,人均创利5万元人民币。企业不断成长壮大,知名度不断提高。

公司组建6年来,已拥有了一支雄厚的技术力量和先进的生产设备。产品除"飞燕减肥茶外",相继问世了"西施健美茶"、"纯阳回春茶"、"杜仲思仙茶"、"天伦茶"等系列保健品。

目前,公司在新产品开发、保证产品质量、扩大销售网络、提高经济效益的同时,正向集团化迈进。

【沈阳三洋空调有限公司】

详细地址:沈阳市大东区小二台子柳林街4号
邮政编码:110044 电 话:8898278
电报挂号:9187 经 理:徐春明

沈阳空调器厂与日本三洋电机株式会社、丰田通商株式会社合资组建"沈阳三洋空调有限公司",于1993年3月8日登记注册。

公司被列为沈阳市"七大重点建设项目"之一,投资规模为2 980万美元,其中:中方投资45%,三洋电机(株)投资50%,丰田通商(株)投资5%,企业占地面积20 000平方米,建筑面积33 500平方米,公司拥有员工1 000人,各类专业技术人员占20%,年生产能力20万台,(单班)最终产值将达到30多亿元人民币。

公司使用的商标为"SANYO"三洋商标,全部技术资料、产品图纸、工艺文件、管理资料均由日本三洋电机(株)提供,主要设备、仪器仪表及原材料等也由日方提供,其标准为三洋电机(株)的现行标准。沈阳空调器厂为合资公司输送了大量的具有多年生产经验的空调专业技术人员。公司技术力量雄厚,设备精良,工艺技术先进,检测手段齐全,在国内同行业中处于领先地位。

公司目前生产的分体挂壁式空调器有5个系列10个规格品种,全都使用"SANYO"三洋商标,产品具有智能化、静音化、制冷(制热)快,节约能源及适用范围广等特点。

公司本着"为您创造美好环境条件"的宗旨,以全体员工的聪明才智和辛勤的劳动,竭诚为国内外广大用户提供理想和舒适的工作生产环境。

【沈阳泰格国际电脑新技术有限公司】

详细地址:沈阳市和平区三好街82号209室
邮政编码:110003 电 话:3841385
经济类型:合资 经 理:戴北北

沈阳泰格国际电脑新技术有限公司是中国长白计算机集团公司与美国N·泰格尔有限公司于1992年9月成立的合资企业,中美合资双方经济技术实力雄厚。长白计算机集团公司是东北地区计算机专业中心,美国N·泰格尔有限公司信誉优良,在美国有多处实业及不动产。双方本着加强经济合作和技术交流的宗旨,友好合作,现已初见成效。

沈阳泰格国际电脑新技术有限公司以高新技术产业为主体,实行独立核算、自主经营的经济实体。开发生产各种电脑OEM产品,生产机箱、电源、UCS车灯、计价器、软件工程设计等产品。产品技术先进,绝大部分销往美国、香港、东南亚等地。

沈阳泰格国际电脑新技术有限公司拥有国际电子业最新信息来源,有长白计算机集团公司的技术力量为坚强后盾,将不断更新技术,生产出更新的产品,并在质量、价格等方面具有国际市场上的竞争能力。

【沈阳万能国宅开发有限公司】

详细地址:沈阳市和平区东纬路3号
邮政编码:110003　电　话:3236726　3237965
经济类型:合资　　经　理:刘庆华

沈阳万能国宅开发有限公司系沈阳砂山国宅建设指挥部与香港万能投资有限公司合作经营的大型房屋开发公司。

香港万能投资有限公司系在香港从事房屋开发、建筑旅馆等大型投资企业的投资公司,具有较强的经济实力。近年来又在北京、深圳等地分别投资兴建了企业,经营良好。经在沈阳考察,对房屋开发项目产生极大兴趣,本着加强国际合作的愿望出资1.7亿元人民币与砂山国宅指挥部15万平方米的场地使用权为合作条件,在沈兴办此项目,建立合资企业。

合资公司在沈阳市砂山地区进行'国民区'改造,解决'棚户区'居民急待解决的住房问题。工程总占地面积为15万平方米,建筑面积40万平方米,建设期4年,全部工程分二期进行。总合作期限为10年。

新建小区建成后,不仅会大大改善居民生活,而且使沈阳市的市容市貌有很大的改观与提高。同时也将为沈阳市迫在眉睫的房屋开发、建设、改造等基建工作做出贡献,为沈阳市尽早地进入国际化、现代化城市贡献一份力量。

【沈阳二和五金机械有限公司】

详细地址:沈阳市东陵区白塔镇下深村
邮政编码:110167　　电　话:3819898
经济类型:独资　　经　理:郑淳禧

沈阳二和五金机械有限公司成立于1992年8月27日,为韩国独资企业。公司机器设备先进,技术力量雄厚。主要生产排风机及风管、热交换器。排风机和风管的规格有EPF—直径200mm、EPF—直径300mm、EPF—直径400mm。排风机主要特点是可携带、风力强、小型轻量、性能好、效率高、耗电量小、可用于民用电源(500W * 110/220V),亦可根据需要,随意作为送排气用;风管为软管,卸装方便、能缩能伸。它是主要用途在于排放有害气体:如造船、大型罐焊接;密闭、容气内部的焊接、维修;清除下水道;铺设电缆等。

公司生产排风机、风管的原材料全部由韩国进口,经过组装全部出口韩国。最近应广大用户的需求,公司准备在沈阳设立销售网点。

【沈阳依特诺特种电缆有限公司】

详细地址:沈阳市东陵区长白西路11号
邮政编码:110166　　电　话:3872972
经济类型:集体　　经　理:王崇
电报挂号:0094

沈阳依特诺特种电缆有限公司是国家机电部特定生产"特种电线电缆"的专业化生产厂——沈阳特种电缆厂与香港华闽旅游有限公司合作经营。于1993年5月份正式投入生产。工厂占地面积25 000平方米,有职工157人,其中工程技术人员32人,有中高级技术职称19人,拥有固定资产315万元,主要生产设备75台。主要生产为国家重点工程配套的阻燃型及非阻燃型电子计算机用屏蔽电缆,阻燃型及非阻燃型控制电缆,直流高压电缆,耐高温电缆,架空绝缘电缆,钢芯铝绞线等8个系列,70余种型号,1 100个规格。产品销往全国28个省市自治区,并远销东南亚和南非等国家和地区。目前生产能力,生产各种电缆4 000km以上,钢芯铝绞线2 000t以上。

企业主导产品——阻燃控制电缆,阻燃计算机电缆填补了省内空白,获得省优质产品证书,新产品——耐高温控制电缆、直流高压电缆、除尘器电缆获沈阳市青年科学技术博览会金奖。

沈阳依特诺特种电缆有限公司技术力量雄厚,生产流水线先进,检测手段完善。严格执行国家标准,部标和国际电工委员会标准,并可根据用户的具体要求设计生产。

【沈阳兴利房产开发经营有限公司】

详细地址:沈阳市和平区和平北大街44—1号
邮政编码:110002　　电　话:2825178
经济类型:合资　　　　2824060—407
电报挂号:1157　　经　理:李兴治

沈阳兴利房产开发经营有限公司系多年从事房地产开发的企业,主营房地产开发和经营。兼营建材产品销售等,注册资本为248万美元。有职工57人,其中专业技术人员45人,占82%。公司在广西北海市成立了北海南亚房地产开发公司,在泰国曼谷成立了泰宏盛有限公司,在俄罗斯组成建立了辽宁国际贸易海通公司。开展房地产开发、经营、投资、贸易及组织农副产品、仪器、仪表轻工产品等进出口业务。

近年来,公司在万莲小区、浑河居住区六小区、沈河区十三纬路开发建设商品住宅50 000平方米,均已交付使用。

1993年4月份在中街开发建设的"沈阳东亚商业广场",建筑面积19.8万平方米,投资6亿元,规模宏大,气势壮观,是亚洲最大的现代化购物、餐饮、娱乐、旅游、文化中心。广场将于1995年建成,它将为沈阳市场注入新的血液,为沈阳发展成为国际名城增光彩。

1993年2月开工在广西北海兴建的"南亚大厦"居于北海市中心。环境优雅,大厦总建筑面积51 955平方米,是集购物、餐饮、旅游、娱乐、文化为一体的综合性大型建筑。1995年建成后的"南亚大厦"将为北海市人民提供一个新景观。

【沈阳大发镀膜玻璃有限公司】

详细地址:新民市法哈牛国道102线27公里处
电　　话:(024)7862016
经济类型:合资　　董事长:林东亮

沈阳大发镀膜玻璃有限公司是沈阳市新民第三塑料厂与香港大大集团公司共同投资兴建的，总投资额987万元，占地面积1.2万平方米。年计划产量22万平方米，可创产值3 000万元，税利600万元。

公司是东北地区最大的生产磁控溅射镀膜玻璃生产线。亦称热反射幕墙玻璃和太阳能控制玻璃。对太阳辐射热有颇高的反射能力，其表面金属层极薄，具有单向透像的特性，同时采用这种玻璃装修建筑物可以使室内夏季清新凉爽，冬季温暖如春，给人一种富丽豪华的美感和舒适典雅的艺术效果，可以达到节能的目的。

全套设备采用美国和德国的标准，电控部分选用德国西门子产品，电器原件由日本进口。其产品质量经国家玻璃质量监督检验测试中心检测，完全符合QSB701—93国家标准，达到国际同行业产品质量水平。同时可获得单质膜、反应膜、复合膜的镀层，从而形成遮阳膜及低辐射膜的幕墙系列产品。

产品品种有宝石兰、茶色、仿金色、银灰色、海兰色、绿色、玫瑰色等多种颜色。

【辽宁文韵演艺器材安装维修有限公司】

详细地址：沈阳市和平区太原南街59号
邮政编码：110001　电　话：3863757　3874981
经济类型：合资　经　理：马景丰
电报挂号：0159

辽宁文韵演艺器材安装维修有限公司是由中国辽宁文艺器材公司与香港汇韵有限公司共同投资举办的合资经营企业。

合资经营的目的是：本着加强经济合作和技术交流的愿望，采用先进而适用的技术和科学的经营管理办法，提高演艺器材安装维修服务的质量。

维修范围是：凡经辽宁文艺器材公司出售的各类进口及国产舞台舞厅专用灯具、音响器材、电子乐器等。牌号主要有日本YAMAHA（雅马哈）、美国（百威、依威）等。保证售后服务，使用户无后顾之忧。

为各类餐厅酒楼、厂矿文化宫、剧场等文化娱乐场所提供技术咨询、场地设计、器材调试和安装，保证工期和质量。

沈阳市计划经济委员会 沈阳市技术监督局 推荐产品

根据沈计经发[1993]147号文件规定，经对申报企业的生产条件、质量保证能力方面审查，经法定检验机构依据标准对产品进行抽样检验，确定推荐产品选介。

扭矩扳手及扭矩实验机

沈阳随机工具厂是国家机械部生产机床工具的定点企业之一，该厂生产的"工环"牌系列扭矩扳手及扭矩实验机居国内先进水平，并获得沈阳市技术监督局颁发的制造计量器具许可证书，主要用于飞机、汽车、发动机、数控机床等精密机械的螺纹联接。该厂80年代从美国CDI公司引进了微调扭矩扳手全套生产、检验技术。近年来又开发研制了定值扭矩板手、指示表式扭矩扳手及扭矩实验机，并为国内引进的几条轻型轿车生产线提供了大量装配工具，受到汽车制造厂的好评。曾获市技术监督局1993年推荐产品。

详细地址：大东区望花南街41号

邮政编码：110044

厂长：梁滨昌

联系电话：8892610 8892432

*   *

比亚王啤酒

12°比亚王啤酒，是沈阳北方啤酒厂采用最新的啤酒工艺酿制而成的。

该啤酒酒液呈淡黄色，清亮透明，泡沫洁白，细腻、持久挂杯，酒花香气和麦芽香气明显，口味纯正，醇厚杀口，各项指标均达到国家优级品标准，产品达到辽宁省内同类产品先进水平，并在1993年香港国际名酒博览会获得了特别金奖。尤其是它与10°兰妮啤酒组成了情侣啤酒，加之有一个情调浓郁的精制礼品盒包装，使人有心心相印的感觉。情侣啤酒祝天下有情人终成眷属，地久天长。

详细地址：沈阳市东陵区白塔街2甲—19号

邮政编码：110167

厂长：徐杰

联系电话：024—3819655

*   *

香雪牌系列面粉、挂面

沈阳市香雪面粉厂生产的香雪系列面粉——特精粉、面包粉、上白粉等产品，是用英国西蒙公司的等级粉生产线，选用优质进口小麦精加工而成的，具有洁白、精细、面筋高等特点，是制做各种高档食品的精制原料。香雪系列挂面——精粉挂面、上白粉挂面、茯龄挂面、蕃茄挂面、乔麦挂面等产品，是由日本铃木生产线，选用香雪系列面粉为原料加工而成的，具有色泽白、光洁度好、保质期长、下锅后不浑汤、不断条、口感好等特点。深受省内外广大消费者欢迎，先后获得了部优、省优、市优等称号。行销省内外，是食品厂、宾馆、饭店及家庭选用的佳品。

详细地址：沈阳市铁西区兴工北街46号

邮政编码：110025

厂长：张　宝

联系电话：5872883

*   *

西式糕点

沈阳富丽华食品有限公司生产的西式糕点，全部采用进口原辅料，并由高薪聘用的港澳台名师亲自操作、指导加工，其生产依据为高于国家标准的富丽华公司企业标准（QJ/FS02·02—91），各项理化与卫生指标均达到或超过国家有关要求。

特别是生日蛋糕系列，造型美观、尺寸齐全，最高价达几千元。全部西式糕点均具有口感绵软、蛋香浓郁、裱花细致、营养丰富等特点，并由沈阳市技术监督局产品检验所常年监检。

详细地址：沈阳市和平区延边街33号

邮政编码：110002

经理：施健康

联系电话：（024）3833138 3833737

********************** **********************

东大牌系列面粉

中外合资沈阳东大粮油食品实业有限公司是我国与外商全面合资的大型粮食企业之一。为了提高产品档次，公司从瑞士布勒公司引进一条世界一流等级面粉生产线。采用高质量的进口小麦为原料。公司主导产品是东大牌系列面粉，其中包括：特精粉、颗粒粉（俗称沙子面）、东大精粉（高于精粉）、东大1号粉（副精粉）、东大2号粉（特二粉）、东大3号面粉（特三粉）、东大4号面粉（标准粉）。东大2号面粉曾荣获辽宁省优质产品奖。

详细地址：沈阳市大东区草仓路154号

邮政编码：110041

总经理：夏冰

联系电话：8852611 8851283

********************** **********************

辉山牌鲜牛奶系列、果汁奶系列

沈阳市辉山乳制品厂是集奶牛饲养、牛奶加工、产品销售一体化的国有企业。牛奶生产已实现全封闭机械化挤奶，牛奶卫生，理化指标达到国内先进水平。牛奶加工选用国内90年代先进机械加工设备，全封闭自动加工工艺。该厂生产的辉山牌鲜牛奶系列、果汁奶系列产品自产原料好，引进设备精，配方科学，工艺先进，质量监测严格。《消毒鲜牛奶》、《强化铁锌鲜牛奶》、《可可奶》、《果味奶》、《学生营养奶》等，在广大消费者中享有较高的信誉。

详细地址：沈阳市东陵区辉山畜牧场

邮政编码：110164

厂长：韩伯昌

联系电话：8893403—3305

********************** **********************

碳酸饮料、果汁饮料

沈阳八王寺食品饮料有限公司是由沈阳八王寺汽水厂与香港嘉里饮料有限公司共同经营的中外合资企业。公司依靠“东北第一甘泉”的优质水源，配以先进的技术和科学的管理，在原有的基础上，不断开发新产品，生产出具有90年代国际先进水平和国际流行风味的软饮料。产品酸甜适口，风味独特，配方合理，质量上乘。使消费者在饮用产品的同时回归自然，走向健康，使国内饮料工业的水平和软饮料产品的质量有更大的提高。

详细地址：沈阳市大东区八王寺街90号

邮政编码：110041

经理：徐传国

联系电话：8852882

********************** **********************

附录

与沈阳建立友好城市关系各市简介

·札幌市·

札幌市位于日本北部大岛——北海岛西部。从土地面积看属日本第三大城市,全市面积1 118平方公里,人口160万,是北海道的首府和政治、经济、文化交流中心。

由于经济高速增长和城市化以及消费者的大量需求,札幌市的第三产业非常发达,产业结构是:第一产业占0.1%,第二产业占12.7%,第三产业占87.2%。商业、服务业、观光旅游业比重很大,且以食品、印刷、出版、家俱等轻工业居多,属消费型城市。

札幌从建市时起,城市建设便依据北海道首府的出发点做出规划,按照计划进行建设。根据札幌1976—1995年长期综合发展规划,制定了城市建设发展的4个目标,即:按使用规定地区,按组织划分社区,按类型综合组成,按规划更新、改造城市。到1995年全市人均公园面积要达40平方米,还将拥有50平方米的环境绿地。该市最有代表性、最吸引人的是大通公园,它是一条东西长1.5公里的带状地区,地处市中心,整齐地把札幌分为南北两大部分。每年2月札幌雪节在此举行。札幌市有135条道路可以直通国内各地,还有两个机场。丘珠机场是为地方性航空服务的小机场,千岁机场用于国际航线和国内长距离航线。

按照日本地方教育管理法,札幌成立了教育委员会,共管理185所小学、87所初中和8所高中。该市区有12所专为盲聋哑及弱智儿童设立的福利专门学校。此外还有70所技术专业学校和51所职业学校。大学共有21所,其中12所为大专,2所国立大学。札幌市立病院有118年历史,全院设有26个专科,对全市开放服务。全市7个区各有1个保健所。全市共有190座医院,814所医疗所和627个牙科诊所和市康复中心。

札幌市频繁地与外国城市进行各方面交流,已趋于一个国际城市。又由于札幌市地处北部亚寒带地区,致力于发展同纬度外国城市进行北方圈内的城市间国际交流,因而正逐渐成为北方圈内的"据点城市"。1959年11月17日,札幌同美国波特兰市缔结为友好城市关系,又于1972年8月28日同德国慕尼黑、1980年11月18日同沈阳建立友好城市关系。1984年札幌举办了国际产品样品会,共有37个国家和地区的企业、商务代表参加。由札幌市倡导,1982年2月,札幌市主办了6国9市代表参加的第一次北方城市国际会议。从此,该会不断发展新成员,已经成功地召开了五次会议,第六次会议将于1994年3月在美国安格雷奇市召开。

(姜玉明)

·川崎市·

川崎位于日本神奈川县与东京都一桥之隔,全市面积142.63平方公里,人口110万,市辖7个区,是日本著名的工业城市之一,京滨工业地带的中心,大型石油化工联合企业以及钢铁、电子、矿山机械、食品等工业基地。全市共有企业5 824个。日本许多大企业在川崎市设有工厂,如日本钢管、东芝电器、富士通电器、五十铃汽车、三菱汽车、三菱石油、小松制作所、味精川崎工厂等。

川崎港属京滨港区的一部分,是日本国内屈指可数的综合港湾之一。码头总长11.7公里,有164个泊位。川崎市内交通网纵横交错,交通便利,川崎市农业具有典型的城市农业特点,耕地较少,80%集中在市区,农业生产和经营水平较高,4个农产品生产供给基地正在形成。

川崎市的文化教育、体育、医疗等事业也很发达。由于尖端产业集中,人力、物力、财力、技术资源丰富,川崎市实行由工业城市向科研城市转化,正在推进"学园城市"和"情报信息中心城市"构想,以振兴和发展市民文化。全市现有大中小学校194所,医疗设施1 132所,医务人员9 508人。体育设施有市立体育馆、各类体育馆、运动场、游泳场和各种项目专业设施,每年都举行各种项目体育活动和运动大会。

川崎市1934年制定了市歌,并于1974年经市民投票,把杜鹃花和山茶树定为市花和市树,象征着秩序和美德。川崎市每年都举行丰富多彩、形式多样的祭典,如3月的保育节,4月的政令指定城市纪念日,5月的绿化节,7月的市制纪念日,10月的体育节,11月的市民节等,深受市民欢迎。

川崎分别于1977年6月同南斯拉夫里耶卡市,1979年6月同美国巴尔巾摩市,1981年8月18日同中国沈阳市结为友好城市。(姜玉明)

·杜塞尔多夫市·

杜塞尔多夫市(Düsseldorf)是北莱茵——威斯特法伦州的首府,这是德国人口最密集、经济力量最强的一个州。杜塞尔多夫市的人口为56.5万人，地处莱茵河——鲁尔区的中心，也是欧洲人口和工业密集区之一。800万人在50公里范围内生活和工作，只要飞行一小时就可到达欧洲所有的重要城市，如伦敦、巴黎或布鲁塞尔。

杜塞尔多夫市是一个国际经济中心，有2.5万多家国内外工业企业和重要的贸易公司在这里落脚，其中约有3 000家为闻名的外商公司分号或子公司，50个是跨国公司在欧洲的贸易据点。因此杜塞尔多夫在德国对外贸易上占有显著的领先地位。杜塞尔多夫还是国际上重要的交易会会址之一，每年举行约30项展览会，其中半数以上在其专业中均排名世界第一，参展者和参观者来自全球各地。

(姜玉明)

·都灵市·

都灵，意大利西北部城市，皮埃蒙特区首府。位于波河上游谷地，海拔243米，人口140万。始建于罗马帝国时期，文艺复兴时曾为一个城市国家。1720年是撒丁王国都城，1861—1865年是意大利王国首都。现为全国最大的工业中心之一，多为大型的现代化企业。是意大利的汽车城，也是欧洲最大的汽车产地，产品占全国的90%。还有钢铁、飞机制造、拖拉机、机床、纺织、化学与印刷等工业。它还是通往勃朗峰(法、意边境)与大圣伯纳德隧道(意瑞边境)的交通枢纽。有多巴罗克式教堂等文艺复兴时代的古迹，有建于1404年的大学、工学院等高等学校。

(姜玉明)

·芝加哥市·

芝加哥位于北美大陆中心，伊利诺斯州东北部、密执安湖西南岸，是美国第三大城市。面积601平方公里，市区人口377万(含郊区共700万)，是美国重要的工商业城市，最大的内陆湖港和铁路枢纽，又是世界最大的铁路中心之一。它还是世界肉类加工工业、农业机械制造业的重要基地，美国第二大印刷和出版中心。近年来电子计算机工业也逐渐发达起来。

在历史上，芝加哥是美国工人运动的重要发祥地。1886年5月1日，以芝加哥为中心的35万美国工人，举行了声势浩大的罢工和示威游行，要求实现8小时工作制，统治阶级派军警镇压。通过激烈斗争，工人罢工取得了胜利。资本家被迫答应8小时工作制。1889年7月由恩格斯组织的马列主义者在巴黎举行大会时，决定5月1日为“国际劳动节”。1909年3月8日，该市女工为争取自由平等权力，举行罢工和游行示威，这一行动得到了广大妇女的响应。1910年8月，德国社会主义革命家蔡特金在哥本哈根召开的第二国际社会主义妇女代表会议上提议，3月8日为“世界妇女斗争日”。

芝加哥工业是从农产品加工开始的。素以粮食加工、屠宰和罐头生产闻名于世。其次机械、电机、石油、化学、木材加工和运输机械、机车、货车、电话机、电视机、收录机、印刷塑料等工业也很发达。芝加哥河以南有许多机械加工、金属冶炼和钢铁工业企业；芝加哥河以北有木材、家具和运输机械工业企业；芝加哥共有130个国内银行的分支机构和来自20多个国家的70多家银行营业处，提供各种形式的金融服务。各种保险公司，金融联合会，提供巨大的投资来源，贷款数额居美国之首。芝加哥是美国重要交通枢纽之一。有全国最大的内陆港口，与60多个国家121个港口有直接贸易往来关系，还有14条通过汽艇入海的水路，可向24个国家的47个港口运送货物。有32条通向全国各地的铁路干线，市内有3个具有不同功能的飞机场。芝加哥文化设施较多，有图书馆90所，博物馆25座，剧场27座，电影院114座，9个电视台，31个广播电台，公园578座，各类学校620所和123所大小医院。

(姜玉明)

·伊尔库茨克市·

伊尔库茨克市是俄罗斯联邦伊尔库茨克州首府，俄罗斯东西伯利亚的第二大城市和最大经济中心之一。人口60.2万。该市得名于伊尔库特河，此名在布里亚特蒙古语意为“任性”、“固执”。该市位于伊尔库特河和安加拉河汇流处，是西伯利亚铁路干线的重要枢纽，东南距贝加尔湖66公里。

伊尔库茨克建于安加拉河右岸，1652年俄罗斯人在此建立越冬站，1686年建立要塞，1764年成为伊尔库茨克省及东西伯利亚商业和行政中心，是俄国同蒙古和中国进行贸易的重要运转站。沙皇政府统治时期，这里曾是流放政治犯的地方。19世纪中叶工业得到发展。1902—1904年在社会主义民主党的领导下，举行了铁路工人罢工游行。1905年伊尔库茨克工人参加了全俄10月总罢工，并成立了外贝加尔地区职工代表苏维埃。1918年1月建立苏维埃政权。1918年7月被白匪占领，1920年3月恢复苏维埃政权。在苏联卫国战争时期，这里是苏联的后方，西部地区的许多企业迁到这里。

目前，伊市成为东西伯利亚经济区的工业和文化中心。主要资源有煤、铁、有色金属、森林；水力资源丰富，建有伊尔库茨克水电站。该市机器制造业发达，有重型机器厂、机床厂、机械修理厂、生产黄金和金刚石采掘电动机、高炉设备等。还有大型炼铝厂及电缆厂。还有食品工业、建筑材料工业和云母加工业。伊尔库茨克座落在安加拉河两岸，有大桥相通，城市被安加拉，伊尔库特和乌拉科夫卡3条河流分割为4大块。伊尔库特河左岸建有苏联科学院西伯利亚分院的科学城，安加拉河左岸是工业区和伊尔库茨克铁路枢纽，乌拉科夫卡左岸是古比雪夫重型机器制造厂。

安加拉河从贝加尔湖流后，形成一个大的湖湾，号称伊尔库茨克海，风景佳胜。城市中心街是马克思大街，中心广场是斯维尔德洛夫广场。电车、公共汽车四通八达。公园、街心花园错落有致,风景最佳的一座公园里建有列宁纪念像。市行政机关、高等院校和剧院集中在市中心区。

伊尔库茨克是东西伯利亚的科学文化中心。1949年在此建立了苏联科学院西伯利亚分院;在安加拉河左岸建有新的科学城,有9所研究所和工学院、农学院、国民经济学院、医学院、师范学院和师范外语学院等9所大学。伊尔库茨克大学是东西伯利亚第一所大学。早在1778年,城内就建有东西伯利亚第一所公共图书馆。市内还有一所收藏西伯利亚古物的博物馆。电影院、话剧院、木隅剧院、俱乐部、文化宫等文化设施齐备。

(姜玉明)

·奎松市·

奎松市是菲律宾首都马尼拉的卫星城市。位于马尼拉东北8公里。1939年在马里基纳河畔开始建城。1948年国会通过决议将奎松定为新首都,但实际首都仍在马尼拉。城市面积为15 359公顷,设4个行政区,人口170万。

1939年10月12日,马努尔·奎松签署联邦502号法令,奎松建立市并制定宪法。在此以前,奎松总统以委任弗罗斯特为城市做出总体规划,并将他的朋友托马斯·马拉多任命为市长。同时还任命了副市长、警察局长、大法官、财政官等官员。

马拉多市长任职不到两年,第二次世界大战爆发,他和副市长被日本人投入监狱,在1942—1944年日本战领期间,奎松变为马尼拉的一部分,并被分为二个区。解放后,奎松一直到1947年才获得独立的城市位置,贝尔南多被任市长。1946年4月菲律宾共和国独立以后,罗克萨斯总统成立一个特别委员会以选择一个作为首都的城市,因为马尼拉被战争摧毁,该委员会就将奎松定为首都,作为政府永久的所在地。1949年市长大选,亚莫兰多成为市长,并于1963年再次当选,1967年第三次当选。

1975年11月17日,大马尼拉市成立,奎松失去自治地位,亚莫兰多市长辞职。1976年,马科斯总统恢复马尼拉为首都。

1987年2月2日,新宪法生效,西蒙当选为市长。根据新的选举法令,1992年5月11日伊斯梅尔·马泰议员当选为市长,普拉那什当选为副市长。

1992年10月马泰市长致函沈阳市长表示愿意同沈阳开展经济、文化、艺术等方面的交流,并希望建立友好城市关系。

1993年5月5日,以副市长查礼东·普拉那什为团长的奎松市政府代表团一行13人来沈阳市进行了友好访问。1993年5月7日,沈阳市副市长任殿喜和奎松市副市长查礼东在沈阳签定了友好城市协议书。从此在沈阳的友好交往史上又翻开了新的一页。

(姜玉明)

·蒙特雷市·

蒙特雷(Monterrey)位于墨西哥东北部圣卡塔里纳谷地,海拔538米,气候干燥,冬凉夏热。原为印第安人的重要居民点,1579年建城。1882年通向美国拉雷多的铁路建成后,逐渐形成以大型冶金业为主的工业中心。该市现为新莱昂州的首府,墨西哥的第三大城市,人口350万,是墨西哥的重工业基地和交通枢纽,工业门类齐全,生产全国半数以上的钢铁、极大部分的铅以及铜、银、铋、锑等金属,并有玻璃、水泥、化学、纺织、烟草、食品等工业。蒙市附近开采了铅、金、银等矿,盛产棉花和柑橘。该市北部地区陆空交通方便,郊区有温泉和岩洞,为旅游圣地。

沈阳市于1993年10月5日同该市建立友好城市关系。

(姜玉明)

索 · 引

一、本索引采用分析索引方法，按汉语拼音的顺序排列。

二、本索引依据主要条目、信息资料所在的列序的位置，分别注明页码，其后“a、b、c”表示所在栏目，供读者在检索时查阅。

R

S

T

W

X

Y

Z

中国统计出版社最新统计资料书简目

沈阳华润雪花啤酒有限公司
沈　阳　啤　酒　厂

该厂始建于1936年，现有职工近3000人，固定资产总值近4亿元。主导产品有：雪花牌12度雪花啤酒，雪花牌11度雪花啤酒，沈阳牌11度沈阳特制啤酒，沈阳牌11度沈阳啤酒及桶装楂啤酒和荔枝汁、橙汁、柠檬汁等高级听装饮料。

12度雪花啤酒是国优产品，曾获得国家颁发的优质产品银牌奖，中国出口名特产品87金奖，首届全国食品博览会金奖，第一、二届北京国际博览会金奖及全国啤酒行业评比金奖，全国明星啤酒等一系列荣誉称号。

厂长　肖庆森

拳头产品—雪花牌12度雪花啤酒

沈阳牌（黄牌）11度沈阳啤酒

沈阳市老龙口酒厂

该厂始建于 1662 年，已有 330 年酿酒历史，现有职工 2000 多人，是国家大型二级企业。产品有白酒、补酒、佐料酒三大系列，38 个品种，档次齐全，年产销量 4．5 万吨。38° 和 48° 陈酿头曲酒 1988 年获得首届中国食品博览会金奖；1991 年布鲁塞尔国际博览会金奖；38° 陈酿 1989 年获首届北京国际博览会银奖；中国鹿鞭酒 1989 年获首届北京国际博览会铜奖，1990 年获轻工部优质产品铜奖；老龙口牌 45° 口杯酒 1992 年获市第七届金星杯奖。

地址：沈阳市大东区珠林路 1 号　电话：8852559　传真：（024） 8852996　邮编：110043

沈阳雪花啤酒集团

沈阳市酿酒厂

厂长　于忠春

该厂是具有 60 年历史的国家大型二档综合性酿造企业。1993 年创工业总产值 1862 万元，实现利润 482 万元。具备年产啤酒 6 万吨；果、白酒 6000 吨；酒精 6000 吨；麦芽 5000 吨的生产规模。

主要产品沈阳牌沈阳啤酒获省优产品，红梅牌精制山楂酒，自 1964 年以来一直获国家银奖，素有“中国山楂王”之称。近两年开发的乾葡萄系列新产品，深受广大消费者的青睐。该厂生产的果酒、葡萄酒、白酒自 80 年代起批量销往俄罗斯、日本、朝鲜、蒙古等国的十几个地区，主导产品啤酒在沈阳市及周边地区畅销不衰。

该厂主要产品

地址：沈阳市铁西区兴华北街 49 号
电话：5878737　传真：5850373
邮编：110021

法库县啤酒厂

该厂始建于1986年，厂区占地面积3.1万平方米，有职工300人，固定资产1800万元。在生产技术上，采用了德国的工艺流程，丹麦的发酵技术，国内一流灌装设备。所生产3个系列8个牌号的啤酒，畅销2省6市。其中北京牌啤酒已达部优产品标准。沈法牌11度熟啤酒，1992年被评为省优质产品；沈法牌7.5度、11度白啤酒在省“兴食杯”评比中荣获优质新产品奖。1988年以来，企业连续获得“省级文明工厂”、市“小巨人企业”、“明星企业”；1990年进入“省级先进企业”，1991年被国家农业部授予“全国先进乡镇企业”。1993年实现啤酒产量9500吨，总产值1364万元，实现利税465万元。

地址：法库县法库镇河南街
电话：（04203） 23918 电挂：0802
邮编：110400

法库县三工业总公司总经理
法库县啤酒厂厂长 付金良
法库桃山酒厂厂长

法库县桃山酒厂

该厂是辽宁省酒行业重点企业，拥有240多年的历史。有职工600多人，固定资产1220万元，白酒年产能力3万吨。

桃山白酒是开国大典上的国宴佳酒，是抗美援朝中送给最可爱人的慰问品，曾多次被评为轻工部、省、市优质酒；曾出口日本、独联体、阿尔巴尼亚、香港等10多个国家和地区。现已发展两种香型，有三王贡酒、桃白、红梅、大帅等4个系列产品，40多个品种。近年来，又开发研制了营养型“桃山茶酒”、清香低度“桃山白酒”和专供女士饮用的“梅菊酒”。其中低度“桃山白酒”荣获省首届食品博览会金奖和省优秀新产品奖，1993年被评为布鲁塞尔银奖。

地址：法库县桃山村　邮编:112100
电话：（04203） 23181　传真：（04203） 23918

沈阳味精厂

工厂办公楼

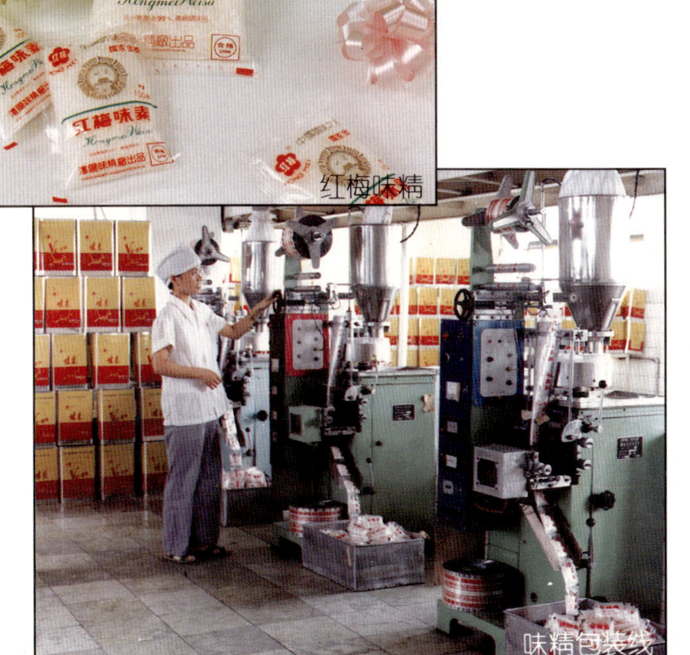

红梅味精

味精包装线

沈阳味精厂是国家大型二类企业，年产能力1.5万吨。主导产品红梅牌味精曾连续3次荣获国家质量金奖，在味精行业中首家取得国际公认的《方圆标志》使用权，并荣获“中国公认名牌产品”称号。红梅味精不仅畅销国内，而且远销世界30多个国家和地区，在国内外市场均享有很高声誉。

厂长、高级经济师　刘慧鸣

地址：沈阳市铁西区卫工北街44号
邮编：110026　电话：5820821
传真：5820297　电挂：5377

沈阳丽港日用化学有限公司

总经理 颜富利

该公司是轻工部定点生产化妆品的骨干企业，曾获国家二级企业，省级先进企业。主要生产洗发、护发、护肤、浴洗、美容5大类产品。“派丽“、“奥赛”系列化妆品为主导产品。其中有11种产品分别获部、省、市优质产品。公司获沈阳市质量管理奖，具有年产洗发香波5000吨，护肤霜2500吨的生产能力，产品畅销全国各地，并远销东欧各国及日本、独联体等国家。

生产线

地址：沈阳市沈河区大南街306号
电话：4812285　电传：4805213
邮编：110015　电挂：4528

沈阳市青年食品厂

厂长、市“三八”红旗手　郝芷华

该厂始建于 1980 年。1993 年有职工 130 余人，完成工业总产值 500 万元，实现利税 75 万元，企业连续 8 年被沈阳市人民政府评为“明星企业”。

该厂主要生产各种糕点、生日蛋糕两个系列 60 余种产品。其中蒸糕、绿豆糕、花生蛋糕、缸炉、桂花糕、四花糕、各种高级盒糕点、翻毛月饼、无糖月饼等产品分别获省、市名优产品称号。在 1991 年召开的东北、西北、华北地区糕点生产企业经验交流会上，该厂生产的缸炉、绿豆糕、蒸糕获金银优秀奖。

1993 年，工厂自筹资金 400 余万元，新建厂房 2800 平方米，投产后生产条件和规模将会有更大的提高。

厂址：沈阳市沈河区南关路 4-8 号
电话：4806147　4812067
电挂:4420　邮编：110011

沈阳市酱油总厂

厂长　赵东先

该厂是具有 76 年历史的酱油生产厂家，“甘露”酱油久负盛名，低盐生抽王、特制老抽、“沈”字牌酱油蜚声海外，“沈”字牌二级软包装酱油连续 3 年被评为省、市优质产品和最受欢迎食品。

该厂新近推出的“酱油王”、“寿星康”、“神童”等系统产品比其它酱油更具有香味浓、咸甜适口，后味绵长等特点。

地址：沈阳市和平区北七马路 14 号
电话：3839553
邮编:110001

沈阳市铁西重工肉食加工厂

厂长市劳动模范　牛丽雪

该厂是小型国营企业，以肉食品加工为主。主要产品有蛋清肠、波罗尼亚肠、三文治火腿肠、麦迪斯特火腿肠等 20 几个品种，产品销往省内各大城市，并荣获金星杯一等奖，省、市食品协会“兴食杯”奖，国家保健食品协会金银奖。

1993 年完成产值 1200 万元，实现利润 119 万元，人均创利 5.1 万元，居全省同行业之首，被评为“小型巨人企业”。

地址：沈阳市铁西区南六西路 20 号
电话：5873520　5855931
邮编：110024

沈阳松陵实业总公司

总经理、高级工程师 张德育

建築工程魯班奬

该公司是一个多行业、多门类的综合性集团公司。下属 9 个专业公司及游乐设备制造厂等 160 余个经济实体。

公司以工业、建筑安装业和第三产业共同发展的格局立足于市场，1993 年创销售收入 2.8 亿元，创利润 3000 万元。承建各种建筑工程；制造并安装各类铝门窗工程及大型玻动屏幕；室内装饰与装修；各类食品包装机械的研制；机械加工；各吨位的锅炉安装与维修；各类压力容器制造；各种模具及压铸件、锻铸件的制造；特种汽车的生产及大、中型客车、吉普车座椅、微型汽车钣金件，各类汽车配件的制造与安装；卫星通迅设备的研制；激光防伪商标研制；图书档案装具的制造及安装；系列游乐设备的制造与安装；各类防火门，防盗门及卷帘门的制造与安装。

自动双头、单头软包装机

与沈阳华龙客车厂联合研制的卧铺旅游客车

手动、电动密集架、
底图柜、多用途档案车

由该公
司建筑及铝门窗
安装工程获国家
最高奖—鲁班奖

高空观览车

地址：沈阳市皇姑区柳江街 14 号
邮编：110034　电话：6800681
传真：6800689

厂长兼党委书记　曲绍谦

东北机器制造总厂

该厂始建于1937年，是国家兵器行业大一型综合性骨干企业。占地40平方公里，建筑面积34万平方米，拥有职工1.3万人，固定资产3亿元。为国家二级企业。

该厂充分发挥技术优势，研制生产了30余种大中产品，拥有高压气瓶系列，溶解乙炔瓶系列，便携式医用气瓶系列及纺织机械、印刷机械、化工机械、轻质合金轧辊、正压呼吸器、室内装饰材料、水泥、乙炔气、粮食烘干机、绝缘板等产品生产线。其中环中牌氧气钢瓶，年产能力12万支，为省优产品；环中牌乙炔气瓶，年产能力10万支，为国优银牌产品。年出口创汇300多万美元。

高压气瓶

溶解乙炔气充灌车间

地址：沈阳市大东区正新路42号　电话：8891170　邮编：110045

瀋陽市造紙工業總公司

总经理 赵永毅

公司领导班子

该公司是集科、工、贸于一体的实体公司，直属企业有：造纸实业公司、造纸供销公司、实验厂以及物资经销部等。并负责对全市造纸行业的13家企业履行行政管理职能。

该公司在制浆、造纸和纸张深加工方面具有雄厚的技术力量和产品开发能力。主要生产机制纸、纸版、加工纸及造纸用脱水器材等4大类70余种产品。主导产品有：铜版纸、油毡原纸、瓦楞纸、箱版纸、考贝纸以及造纸用铜网、聚酯网、拉丝模等。纸及纸版年产能力12万吨。1993年，以公司为依托，成立了沈阳市造纸协会，加强了国内外，省、市之间的技术交流与行业管理工作。

晒图纸

地址：沈阳市和平区南京北街27甲
电话：2722245　传真：2722245　邮编：110002

东北输变电设备公司

董事长兼总经理 左长林

该公司是一个跨地区、跨行业的大型企业集团。共有 26 个成员单位，包括大中型企业、高等院校、科研院所。集团于 1990 年起在国家计划中实行单列，是国务院选择的第一批 15 家试点企业集团之一。

该公司（集团）是中国最大的输变电设备制造、科研及出口基地，在国际市场上有较强的竞争力，已形成 400 万千瓦发电设备装机综合配套能力，占全国年装机配套能力的 40 %，国内市场覆盖率 90 %以上，重要设备成套率 90 %以上。主要产品有：变压器、互感器、电力电缆、高压断路器、电抗器、全封闭组合电器、高压隔离开关、通信电缆等。1993 年 6 家紧密层企业实现总产值 22.8 亿元，是 1992 年的 119．5 %；实现利税 2．3 亿元，是 1992 年的 145．2 %；出口创汇 3500 万美元。6 家紧密层企业主要经济指标均为同行业之首。

东北输变电设备公司

东北输变电集团公司

厂长 唐启新

工厂正门

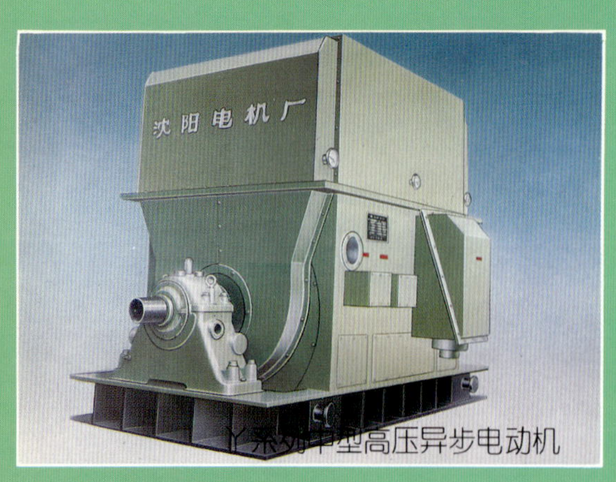

Y系列中型高压异步电动机

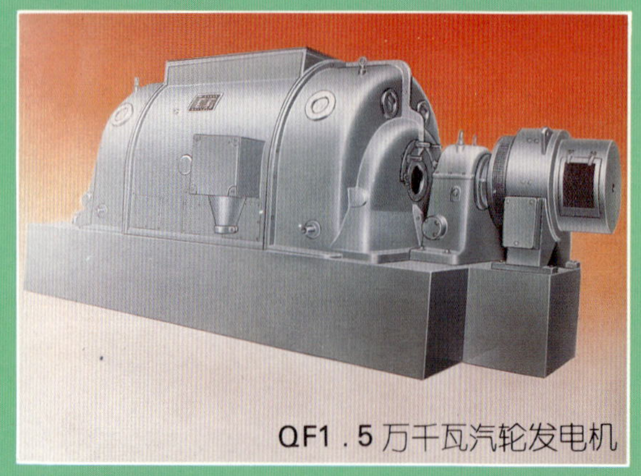

QF1.5万千瓦汽轮发电机

沈阳传感器制造集团

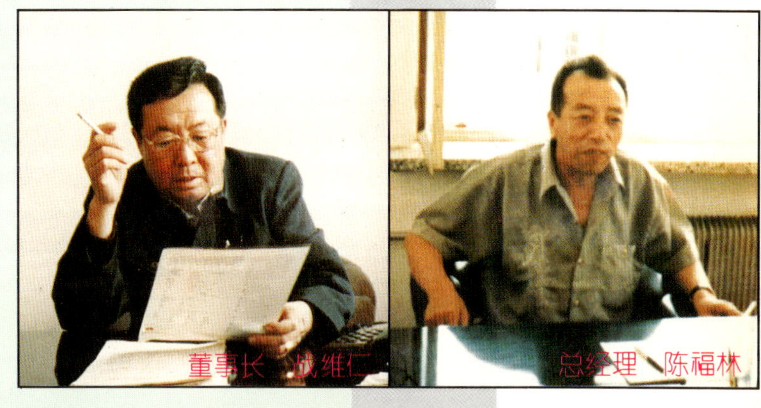

董事长　战维仁　　总经理　陈福林

集团办公楼

该集团是科工贸集于一体的综合实体企业，沈阳市“明星”企业，有职工1500余人，所属7个生产工厂。

生产经营范围以传感器为主，其中包括光电、红外、压敏、色标、应力、压力、角度、液位、给水、传动、位移、限位、职别速度等各类光电、电感、电容、电阻、磁性传感器及接近开关和自控设备、电器元件、电木五金、机械加工制造等。SSB-1红外水分测控仪，综合了美国和日本同类产品的先进性，而且有了创新，并填补了国内空白；与印尼合资生产的高效多功能氧原子消毒器远销国内外。

地址：沈阳市大东区东站街51号甲-4

电话：8896579　　电挂：4294

邮编：110044

沈阳线材厂

厂长　孟祥锁

该厂是冶金部地方钢铁骨干企业，有职工 2120 人，固定资产 2.9亿元，为国家大二型企业。

主要产品有：线材与钢丝帘线，其中线材主导产品Ø6．5MM 制绳钢丝用盘条和Ø6.5MM 普通低碳钢热轧圆盘条分别保持国家金牌和部优质产品称号，在用户中享有良好的信誉。沈阳线材厂坚持转换经营机制，强化管理，推进技术进步，实现了技术与管理两个“轮子”同步运转。企业经济效益逐年提高，并一直保持沈阳市利润排名 50 大户地位之一。

工厂正门

线材生产车间

地址：沈阳市铁西区北三东路 16 号
电话：5872228　邮编：110025

沈阳塔山防撬门厂

厂长 高文庆

该厂是全国门窗行业中的骨干企业，其产量、销量、质量、信誉、服务均居全国同行业第一。1988年研制开发的新产品FQ－1型塔山牌防撬门，投放市场供不应求。1989年和1990年进行两次改型和开发，形成了3个项目，6个品种的塔山系列防撬门。其中FQ－3型防撬门在1991年全国首届轻工博览会和1992年全国新产品、新技术博览会首次荣获金牌，三防门、半封闭高级防撬门在1992年名优产品展示会上被评为名牌产品，1993年最新开发出的新产品豪华型高级防撬门，荣获沈阳市第二届青年新技术博览会金奖。

明星企業

沈阳市人民政府

地址：沈阳市沈河区南翰林路6号
电话：4801533
传真：86－024－4801533
邮编：110015

沈阳轧辊厂

厂长 王文祥

该厂创建于1958年，已有30多年生产铸铁轧辊的历史。是沈阳铸铁轧辊协作中心，是国家定点生产铸铁轧辊的专业厂并生产高炉风口等。

主要产品有：铸铁轧辊、高炉风口（专利产品），自开自闭伞（专利产品）。环流式双室高炉风口小套，国内独家生产，在用戶中有较高的信誉。惯流式高炉，风口小套是采用日本技术制造，属当今世界大中高炉（水压$\geqslant 12kg/cm^2$)的必需之品，居国内先进水平。1993年，全厂实现工业总产值1825万元，利税总额完成426万元，超过历史最好水平。

地址：沈阳市铁西区北一西路44号
电话：5822338 传真：5820085 邮编：110026

沈阳冶炼厂实业总公司

总经理马红九向各界朋友致意
欢迎莅临惠顾、洽谈合作

明星企業

沈阳市人民政府

公司连续五年被市政府授予明星企业称号

该公司是沈阳冶炼厂所属的集科工贸为一体的综合企业，有职工 3600 人，下属 18 个企业和 22 个分支机构，连续 5 年被市政府授予明星企业称号。产品有 8 大类 140 多个品种，其中铅银合金阳极板获劳动部优质产品奖；铅钙锶银四元合金阳极板获市科技进步一等奖，并列入国家级重点新产品；焊接用垫砖出口日本，并深受日本客户欢迎。该公司拥有雄厚的科技实力，愿意与各界朋友广泛合作。

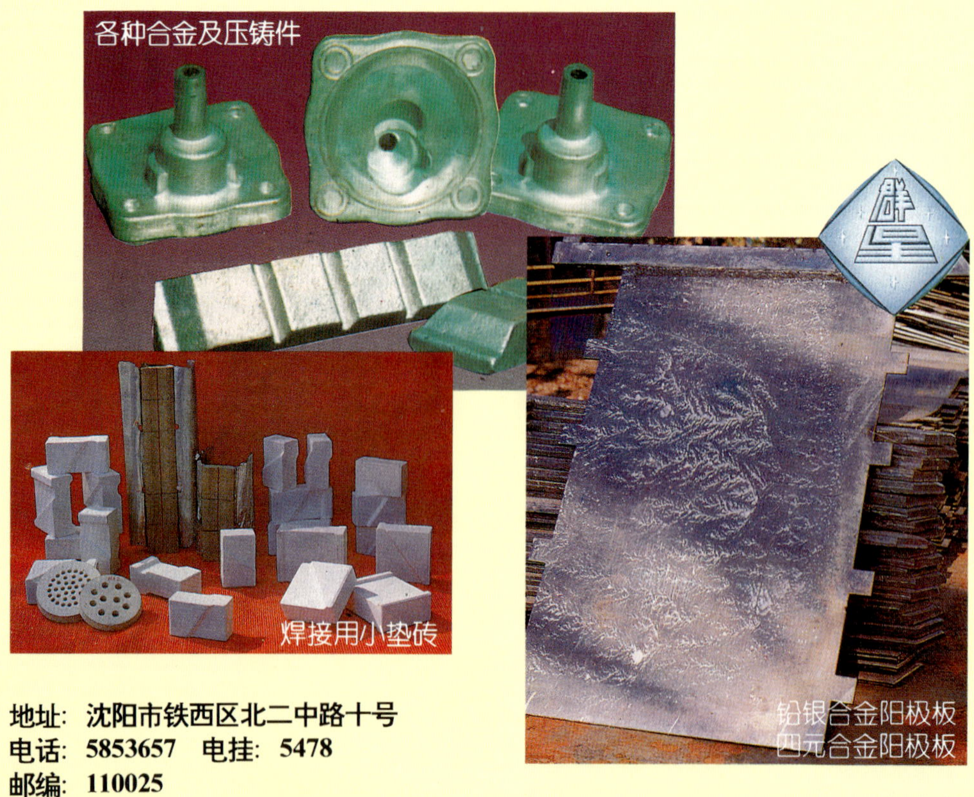
各种合金及压铸件
焊接用小垫砖
铅银合金阳极板
四元合金阳极板

地址：沈阳市铁西区北二中路十号
电话：5853657　电挂：5478
邮编：110025

沈阳彩版门窗总厂

厂长　杨恭礼

该厂始建于1956年，是沈阳市制造金属门窗的骨干企业之一。由该厂研制的钢窗及防火门曾获轻工部优秀新产品奖及金龙腾飞优秀设计奖。彩版门窗采用意大利先进技术生产，具有重量轻、强度高、采光面积大，使用寿命长等优点。价格适中，是门窗产品中首选品种。

该厂主要产品有：彩版门窗、型材、空、实腹钢窗，铝合金门窗，钢制防火防盗门，木制防火门，防火玻璃，各种铁塔及钢结构产品，活动房。

装饰材料波音版生产线

由该厂生产的阳台窗

地址：沈阳市大东区联合路188号　电话：893719　邮编：110044

法库县水泥厂

厂长　省劳动模范　孙玉忱

厂区

该厂始建于 1980 年，厂区占地面积 8.3 万平方米，有职工 350 人，固定资产 937 万元。

1987 年工厂进行了企业改造和扩建，引进了水泥生产新工艺和先进设备，采用微机技术控制生产，解决了生料配料和熟料配料两个生产关键。该厂生产的石冠牌矿渣硅酸盐水泥，畅销省内各市、地，被评为市优产品。

1993 年，共生产水泥 3.5 万吨，创产值 1037 万元，上交利税 153 万元。被评为省矿建系统先进单位；销售明星企业；被省建材局和省乡企局评为产品质量优胜企业等称号。

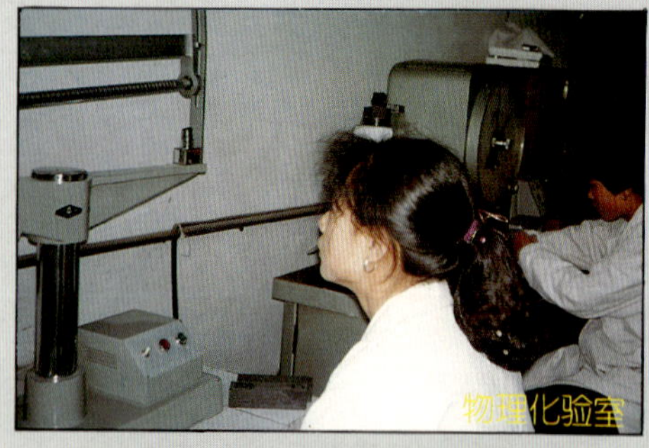
物理化验室

现代化管理——微机室

地址：法库县十间房　　电话：04203－23144

沈阳造币人

该厂始建于 1896 年，是国内现代化水平较高，生产规模最大的造币厂家，固定资产总规模超过亿元，1992 年被定为国家大型一档企业，是全国 500 家效益最佳企业和 100 家最大金属制品企业之一，利税总额在同行业排序列 10 强企业之一。

厂长　张维斌

该厂主要为国家铸造各种流通硬币及各种金、银纪念币（章），至今已铸造发行百余种。1982 年铸造的“狗”年纪念银币获得国际最佳银币奖，1983 年马可·波罗纪念币又获世界最有历史意义题材奖；十二生肖纪念金、银币于 1985 年和 1990 年连续获得国家工艺品百花奖；1991 年研制出金芯银环纪念币和∅150MM 重 5 公斤特大金币，∅10MM 微型纪念币均成为世界之最。

地址：沈阳市大东区大东路 138 号
电话：4843906
传真：4832001
邮编：110042

瀋陽造幣廠
証券印刷公司

该公司是中国印钞造币总公司所属企业，是各级银行和金融部门印制有价证券、重要凭证的专业厂家。

该公司提供有价证券、股票、礼仪存单、支票的设计和印制，亦可印制磁条卡、信用卡、无碳复写、条形码。在生产流程各环节运用多种手段，设计极其复杂的图案纹锦、暗记等措施，防止复制和伪造。按印件各异，采用特殊原材料，水纹纸和防伪油墨等，给鉴别假冒奠定可靠基础。

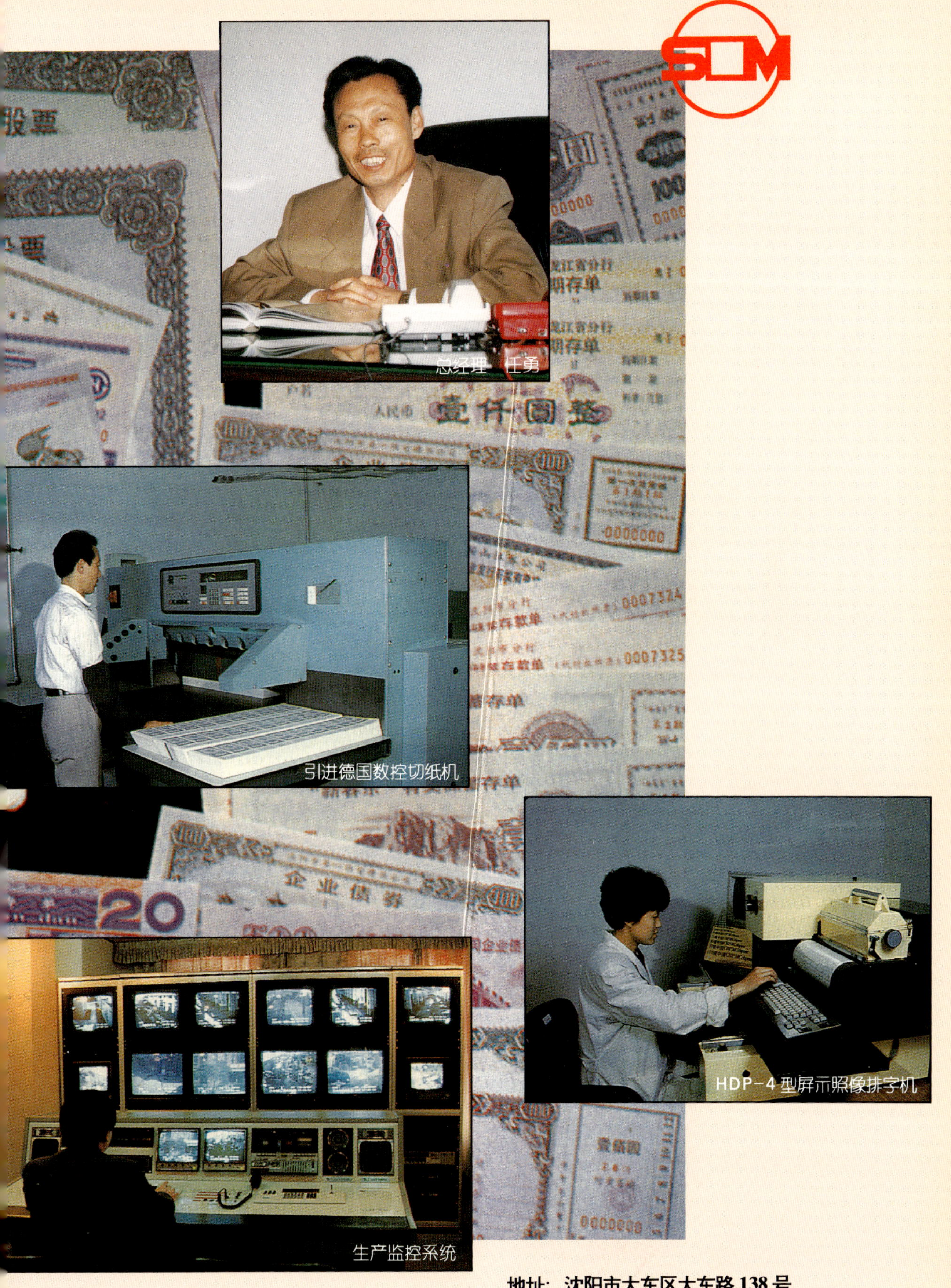

总经理 任勇

引进德国数控切纸机

HDP-4型屏示照像排字机

生产监控系统

地址：沈阳市大东区大东路138号
电话：4835354 传真：4848037 邮编：110042

沈陽文新物業有限公司

该公司是辽宁省文物总店与香港越新实业有限公司共同兴办的合资企业。主要从事房地产综合开发。

由该公司投资兴建的文新大厦，座落在“太原街金三角商业区”內，地理位置极为优越，交通方便，是经商和办公的宝地。文新大厦是集商场、办公、高级住宅、餐饮、娱乐、停车场为一体的多功能综合建筑，占地 2800 平方米。地下一层，地上 16 层，总建筑面积 2600 平方米。大厦造型端庄大方，外墙镶高级釉面砖，合金门窗，宝石蘭玻璃。楼内设中央空调，3 部迅达客梯。200 门直拨电话机线路及有线电视接收线路。

地址：沈阳市和平区民主路 72 号　电话：3865385　传真：3860341　邮编：110001

沈阳远东波纹管制造有限公司

总经理　李鹤千

该公司是中韩合资，开发和制造波纹管系列产品的专业公司。公司下属一个研究所和 2 个制造厂。

该公司在引进国外先进技术的基础上，结合国情开发了具有特色的新一代波纹管系列产品，其中主导产品有：金属波纹膨胀节、金属软管、电力互感器、橡胶膨胀节及塑料软管等。FEP 系列金属波纹膨胀节是该公司面向管道行业的全新设计，具有性能好、价格低、安全可靠等特点，是跨入新世纪管道必不可少的补偿构件。

金属波纹膨胀节

金属波纹膨胀器

地址：沈阳市皇姑区向工街 1 段 3 里 8 号
电话：6860264
传真：6879483
邮编：110035

沈阳市广厦热力设备开发制造公司

总经理、高级工程师　顾广瑞

BH系列波纹管换热器及发明者顾广瑞获42届尤里卡博览会3项大奖

研制开发新产品

该公司是民营科技型企业，1992年创办。主要产品有“广厦牌BH系列波纹管式换热器”、“碟式加强型波纹膨胀节”、“两用散热器”等，已形成了年产值1亿元的生产能力。“广厦牌BH系列波纹管式换热器”采用超薄不绣钢波纹管作为换热器元件，实现了瞬态传热，具有节省能源和材料、减少使用费用、降低劳动强度等优点，广泛应用于东北、华北及大庆、中原油田等重要工程。

该产品以其独创性强，商品化程度高、经济效益好等优势，一举夺得第42届尤里卡博览会金奖，总经理顾广瑞以多项发明成果荣获比利时王国军官十字勋章和布鲁塞尔政府特别奖。

地址：沈阳市大东区联合路
电话：8900205　邮编：110043

省城镇集体企业优秀厂长
沈 阳 市 人 大 代 表 尹文仲

该厂始建于 1977 年，是国家轻工部定点生产 LDPE 薄膜专业厂家。主要产品有 LDPE 地膜、农膜、包装膜、棚膜、管材、中空容器、PVDC 肠衣膜、PVC 阻燃管等 7 个系列 40 个品种。1993 年与大专院校、科研单位合作，开发增光型水稻育秧薄膜（含有烯土元素的兰光膜）。被国家农业部技术推广总站列为向全国推广项目。

1991～1993 年平均创工业总产值 1200 万元，利润 40 万元，企业曾获铁岭市“小巨人企业”，铁岭、沈阳市“重合同、守信用”单位。

沈阳市法库县塑料厂
沈阳华利塑料制品有限公司

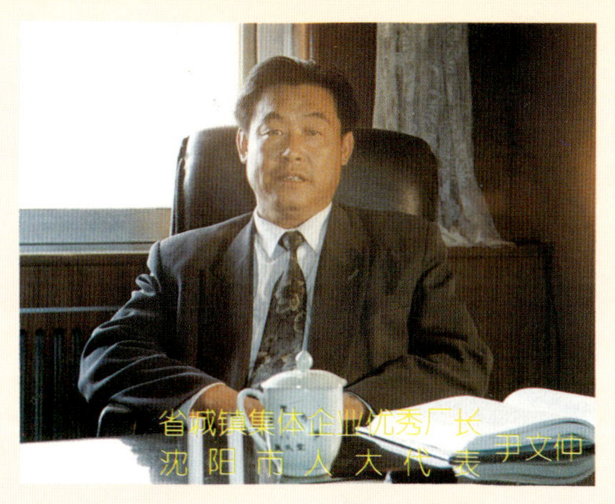

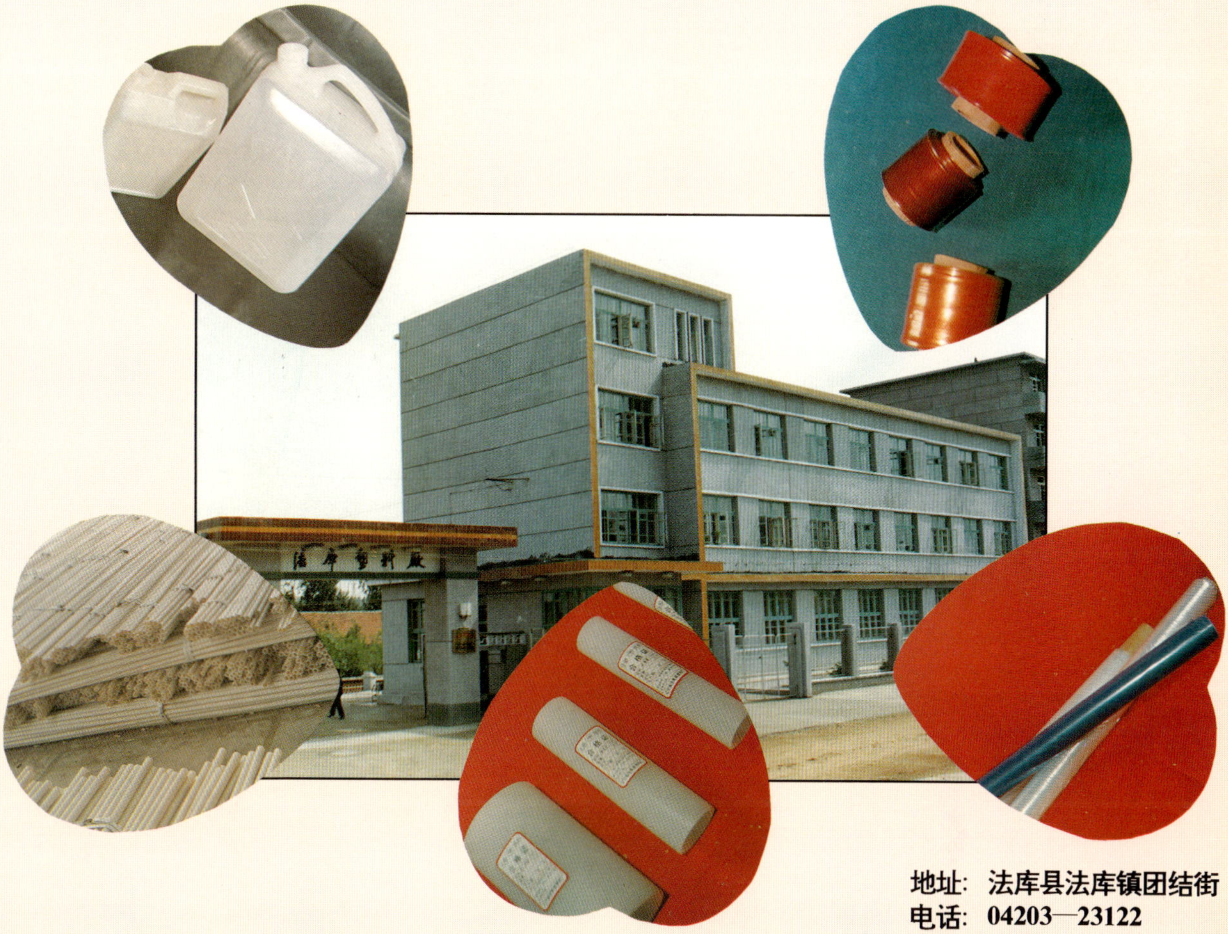

地址：法库县法库镇团结街
电话：04203—23122
电挂：1043
邮编：110400

沈陽
機械設備進出口公司

总经理　孙希斌

沈阳机械设备进出口公司是国家机电部直属的由经贸部批准的，具有工贸结合优势的专业外贸公司，成立于一九八五年。

公司主要经营机电部归口的各种机、电、仪产品及成套设备的进出口业务。同时大力开展灵活的贸易方式，如合资经营、合作生产、补偿贸易、来图、来样、来料加工以及为企业代理进出口业务。

公司成立以来，进出口业务迅速发展。出口创汇额从公司成立时的 155 万美元，至一九九三年已达到 2000 万美元。出口产品由 21 种，发展到 76 种，出口的国家和地区已达 36 个之多。

在做好正常出口业务的同时，公司还集中力量开展国际投标业务。几年来，公司在泰国、马来西亚、印尼、巴基斯坦、孟加拉、斯里兰卡、巴林、阿联酋、塞浦路斯、香港等国家和地区进行过多次投标；同时也参加了国内的国际投标业务，曾多次中标。特别是对泰国电力变压器的十几次投标中，中标率达 50%以上，中标产品在泰国运行情况良好，深得用戶好评。

公司的进出口业务，具体划为以下五个部门。

出口一部：经营电工、仪器仪表产品、输变电及成套设备的投标业务。

出口二部：经营机床、工具、磨具、磨料等。

出口三部：经营重型矿山设备、通用机械设备、起重运输机械、工程机械、阀门、轴承等。

出口四部：经营石化管件、铸锻件等。

进口部：经营各种机、电、仪产品的进口业务，原材料和零部件的进口以及三来一补等灵活贸易。

地址：沈河区青年大街 35 号　电话：2725023　邮编：110014

沈阳市纺织工业供销总公司

总经理　宋保纲

该公司占地面积 6.1 万平方米，其中仓库面积 6 万平方米，仓库备有铁路专用线，拥有各种大型装卸机械，储运条件良好。总公司由棉纺原料、综合材料、产品经销、储运、苏东贸易和满州里边境贸易等 14 个部门组成。以经营纺织原、燃材料为主，包括原料、原毛、各种棉、毛、印染布、坯布，针织品、长短回丝。

目前，总公司已与俄罗斯 9 个地区 16 家客戶建立了比较稳定的贸易伙伴关系。公司愿意在互利基础上与国内外客戶开展合资经营，易货贸易，补偿贸易，来料加工及技术合作业务。

标准库房外景

地址：沈阳市沈河区惠工街 53-1 号 1-2-1
电话：2732000　传真：2721169　邮编：110013

沈阳市纺织工业供销总公司储运库全景

沈阳服装集团

沈阳服装集团拥有核心层企业 23 家，职工 14000 余人。该集团产品在国内外市场上具有较高的知名度和市场占有率，有 40 余种产品分别获部、省、市优质名牌产品。在上海“92 年中国服装博览会”上，“奥尼特”男西装荣获设计金奖；“奥尼特”男西装、“迎春”户外便装、“红莲”童装、“红翎”女西装、“金鳌”男西装等 5 种产品获得名牌产品奖，在沈阳市场上，“美旋”风衣独占鳌头，畅销不衰。

董事长兼总经理 贾震环

该集团生产出口服装已有 30 多年历史，所生产的毛料、棉麻、丝绸、革皮、裘皮等高中档服装，远销西欧、北美、大洋洲、非洲、东欧、独联体、日本和香港等 50 多个国家和地区，享有较高的信誉。

集团领导在研究服装新款式

地址：沈阳市和平区中山路 140 号
电话：2821983　传真：2719498
邮编：110002

沈阳西服厂

厂长 刘善刚

该厂创建于1952年，现有职工700余人，拥有现代化设备688台，其中进口533台，固定资产原值1481万元。

产品以出口西服为主，年生产能力50万件，年创汇380多万美元，"荃翠"牌男西服套装获省、市优质产品，"射雕"牌男大衣获市优质产品。产品远销日本、美国、加拿大和意大利等20多个国家和地区。1988年以来连续被市政府命名为出口创汇明星企业，1989年被省政府命名为管理先进单位，1992年被评为"小型巨人"企业。

地址：沈阳市沈河区沈阳路东华南巷7号
电话：4843468　传真：4842846　邮编：110011

沈阳集装箱仓储联运中心

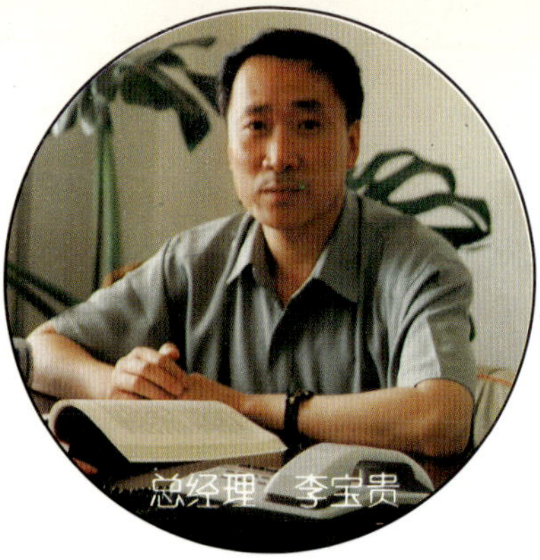

总经理 李宝贵

该中心是东北地区规模最大，功能齐全的集装箱仓储联运基地，已被交通部列为全国公路运输体系中的主枢纽和物流中心。下设 10 个基层单位，拥有 50 余台进口、国产大中型运输车和 40 英尺，20 英尺国际标准集装箱拖挂车，可为用户提供集装箱、大件、散货、长途、短途汽车零担运输，还设有水陆运输，铁路零担、整车发运等服务项目。集装箱零担公路运输已开辟 26 条线路，以沈阳为中心，连接省内，辐射东北，通达全国 27 个省市 800 多个站点。水陆运输已开通沿海沿江 18 个港口，是大连港务局在沈阳唯一的代理单位。

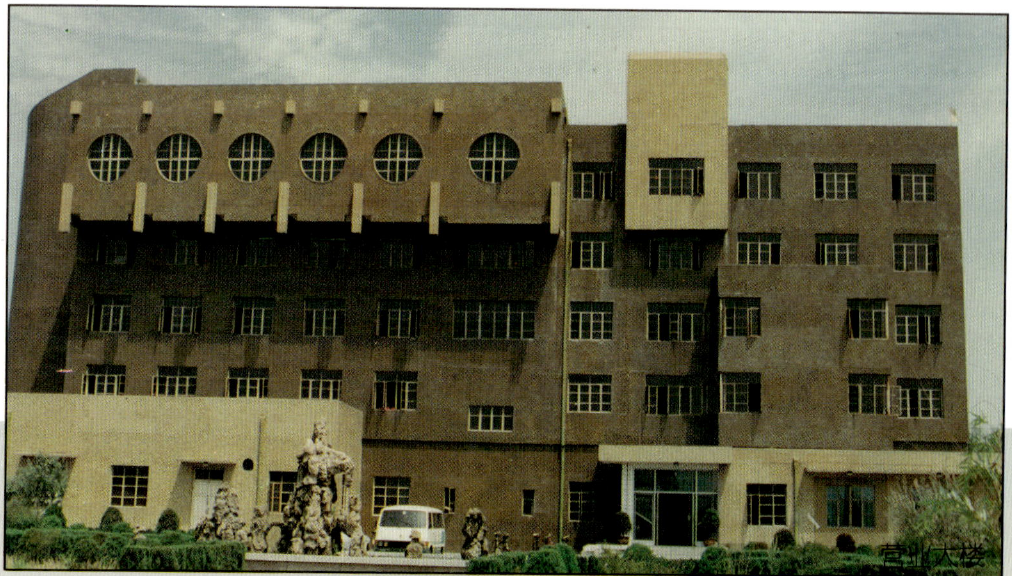

营业大楼

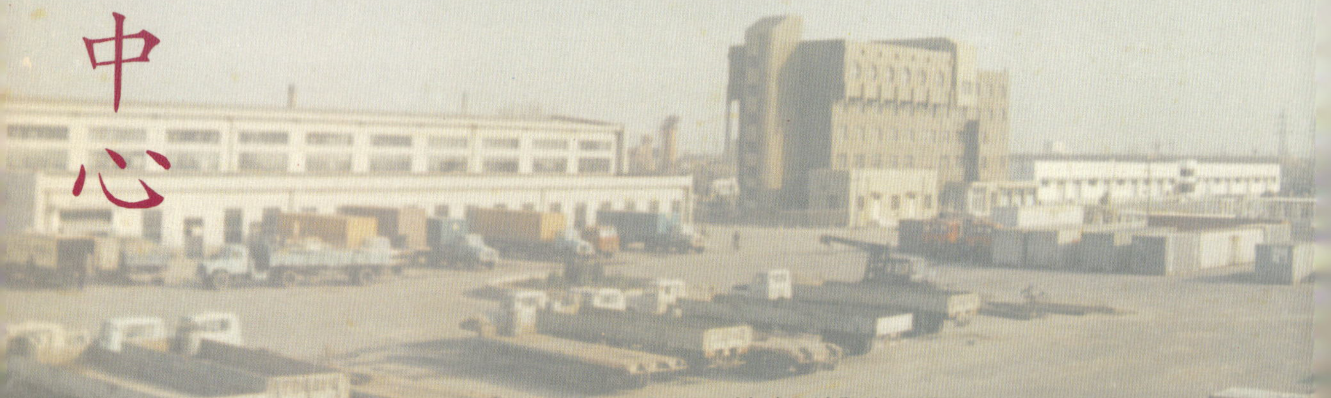

地址：沈阳市于洪区沈新路 105 号
电话：5812557 传真:5815147 邮编：110141

沈阳新乐精密机器公司

总经理　蔡德功

该公司是中国航天工业的大型企业，始建于 1956 年。现有职工 7000 多人，其中，高、中级技术人员和管理人员 1100 多人。

公司技术力量雄厚，各种设备精良，测试手段先进。近年来，以航天工业的先进技术和严格的管理，开发了多种民用产品。

沈乐牌全自动冰块机，引进意大利技术，日制冰量达 60 公斤。该机具有体积小、重量轻、无需人工操作等特点，是宾馆、酒吧、歌舞厅的理想设备。

沈乐牌吸尘器引进德国技术，具有吸力大、噪声低、自动控制和音乐报警等优点，被誉为国优产品。

沈乐牌全自动冰块机

沈乐牌吸尘器

地址：沈阳市皇姑区乐山路 1 号
电话：6800368　**电报挂号**：6594
电传：804020 XLGSMCN
传真：024-6801369
邮编：110034